U0492563

中国反垄断与规制经济学

学术年鉴

（2021 卷）

上册

山东大学反垄断与规制经济学研究基地　编

中国财经出版传媒集团
经济科学出版社
Economic Science Press

图书在版编目（CIP）数据

中国反垄断与规制经济学学术年鉴. 2021 卷/山东大学反垄断与规制经济学研究基地编. —北京：经济科学出版社，2021.9

ISBN 978 -7 -5218 -2834 -4

Ⅰ. ①中… Ⅱ. ①山… Ⅲ. ①反垄断 - 中国 - 2021 - 年鉴②经济学 - 中国 - 2021 - 年鉴 Ⅳ. ①F121 - 54

中国版本图书馆 CIP 数据核字（2021）第 177538 号

责任编辑：宋　涛
责任校对：王苗苗　王肖楠　靳玉环
责任印制：范　艳

中国反垄断与规制经济学学术年鉴
（2021 卷）
山东大学反垄断与规制经济学研究基地　编
经济科学出版社出版、发行　新华书店经销
社址：北京市海淀区阜成路甲 28 号　邮编：100142
总编部电话：010 - 88191217　发行部电话：010 - 88191522
网址：www. esp. com. cn
电子邮箱：esp@ esp. com. cn
天猫网店：经济科学出版社旗舰店
网址：http：//jjkxcbs. tmall. com
北京季蜂印刷有限公司印装
880 ×1230　16 开　89. 5 印张　2650000 字
2021 年 11 月第 1 版　2021 年 11 月第 1 次印刷
ISBN 978 -7 -5218 -2834 -4　定价：280. 00 元

#《中国反垄断与规制经济学学术年鉴（2021卷）》

2021 卷序言

《中国反垄断法与规制经济学学术年鉴》（以下简称《年鉴》）是按照年度持续反映反垄断与规制经济学发展状况的文摘类学术著作，也是本研究领域内信息容量最大、资料索引最全面的大型工具书。《年鉴（2010 卷）》出版以来，不断收到专家学者、产业界人士以及反垄断与规制机关的积极反馈和建议，我们对此深表感谢。

本次出版的《年鉴（2021 卷）》收录了 2018 年、2019 年和 2020 年三年内反垄断与规制经济学领域的研究成果和重大事件，介绍了三年内活跃于这一领域的研究机构，并进一步完善了我国反垄断与规制机构的信息。在编写过程中，我们在《年鉴（2018 卷）》的基础上结合专家建议，对栏目略作调整。《年鉴（2021 卷）》共十个部分，其中有部分内容做了调整。第一，在学科发展总体分析中，增加了近年来比较受关注的数字经济和平台企业反垄断研究以及环境规制领域研究的最新进展；第二，在学术论文和学位论文索引中，通过缩减关键词的方式严格把控入选论文的主题和范围，使其更加符合年鉴的学科特点和学术特性；第三，在政策法规、反垄断政府机构和学术机构以及附录中，只对 2018 年之后新增的政策和机构进行介绍，对于非新增机构读者可以参阅《年鉴（2018 卷）》。

《年鉴（2021 卷）》基本结构如下：第一部分为 2018 ~ 2020 年中国反垄断与规制经济学的研究状况及学科发展的总体分析；第二部分为重点学术论文全文收录，共全文收录重要学术论文 29 篇，其中 2018 年和 2019 年各 10 篇，2020 年 9 篇；第三部分为重要学术论文观点摘要，共摘录 94 篇重要学术论文观点，其中 2018 年和 2019 年各 33 篇，2020 年 28 篇；第四部分为重要学术著作观点摘录，共介绍了 52 部学术著作的主要内容和观点，其中 2018 年 15 部，2019 年 20 部，2020 年 17 部；第五部分为学位论文摘要索引，共摘录博士论文 40 篇（2018 年 13 篇，2019 年 16 篇，2020 年 11 篇），索引硕士论文 3 475 篇（2018 年 1 102 篇，2019 年 1 097 篇，2020 年 1 276 篇）；第六部分为学术论文索引，为 2018 年（4 830 篇）、2019 年（5 803 篇）和 2020 年（5 909 篇）共 16 542 篇学术论文编目索引；第七部分为国内反垄断与规制案例和热点介绍，共介绍 2018 年（4 个）、2019 年（3 个）和 2020 年（3 个）社会关注的重要反垄断与规制案例 10 个；第八部分为 2018 ~ 2020 年国内新增的反垄断与规制相关政策法规；第九部分为 2018 ~ 2020 年国内新增的反垄断与规制相关政府机构和学术机构简介；附录部分为 2018 ~ 2019 年新增的国外反垄断机构、法规和案例。

最后，我们再次感谢在本卷年鉴编辑过程中对我们工作提供帮助和建议的各界人士，特别是那些提供他们的著作和论文原文供我们摘录和评析的同行学者，他们无私的帮助使年鉴内容更加翔实准确。限于编写人员的知识水平和经验，《年鉴（2021 卷）》的缺点和疏漏在所难免。我们欢迎社会各界的批评和建议，以利于今后各卷的编纂。

于良春

2021 年 6 月

目　　录

第一部分　中国反垄断与规制状况及学科发展总体分析

第二部分　重点学术论文全文收录

2020 年

第三部分 重要学术论文观点摘要

2018 年

2019年

2020 年

第四部分　重要学术著作观点摘要

2018 年

2019 年

2020 年

第五部分　学位论文摘要索引

一、博士论文观点摘要

2018 年

2019 年

2020年

二、硕士论文索引

2018年

2019年

2020年

第六部分　学术论文索引

2018年

2019年

2020年

第七部分　国内反垄断与规制案例及热点介绍

第八部分　国内反垄断与规制相关政策法规

第九部分　国内反垄断与规制相关政府机构及学术机构

附录　国外反垄断机构、法规和案例

第一部分

中国反垄断与规制状况及学科发展总体分析

中国反垄断与规制经济学研究进展（2018～2020）

于良春　付　强

一、引　　言

2018～2020年，中国在反垄断与规制领域发生了深刻变化。2018年3月，国务院机构改革方案中关于组建国家市场监督管理总局的提议获得了第十三届全国人民代表大会第一次会议的批准。该方案将国家工商行政管理总局的职责、国家质量监督检验检疫总局的职责、国家食品药品监督管理总局的职责、国家发展和改革委员会的价格监督检查与反垄断执法职责、商务部的经营者集中反垄断执法的职责、国务院反垄断委员会办公室的职责进行整合，组建国家市场监督管理总局，作为国务院直属机构。中国反垄断执法机构的"三驾马车"终于在国家市场监管总局之下实现"三合一"。其不仅有利于进一步加大反垄断执法力度，优化执法机制，查处重大典型垄断案件，从而营造公平竞争的市场环境，切实发挥市场机制配置资源的决定性作用，还有利于组建更为稳定、专业和高效的反垄断执法队伍，提升反垄断执法机构的专业性和权威性，从而统一反垄断执法标准，提高反垄断执法工作的透明度。

与此同时，以互联网、大数据为代表的数字科技在重塑全球经济，深刻改变消费、生产和贸易模式的同时，也加剧了行业内的竞争，涉及互联网不正当竞争行为的案件大量涌现。而网络市场监管在国际上尚无先例可依，更重要的是，互联网反垄断的复杂性使得传统的反垄断理论应用于互联网领域面临着巨大的挑战。众所周知，互联网企业是典型的双边市场，具有交叉网络外部性、价格结构非中性、需求互补性及参与人多归属等特征。因此，互联网企业在采用传统的需求替代认定法、供给替代认定法和假定垄断者测试法时存在大量问题，此外，在传统的反垄断分析框架下，市场份额是认定市场支配地位的主要依据，但由于互联网行业具有动态竞争、平台竞争以及注意力竞争等特点，所以，在互联网领域，市场份额不再是认定市场支配地位唯一标准。在这一背景下，针对数字经济和平台企业的反垄断研究开始大量涌现。

值得一提的是，随着中国由高速增长转入高质量发展阶段，尤其是在绿色发展理念的引领之下，无论是政府还是学界，对于环境规制和环境治理的重视和关注程度都达到了前所未有的高度，相关的研究成果也层出不穷。我们将从中国反垄断领域研究的最新进展、中国规制领域研究最新进展、行政垄断领域研究最新进展三个方面对2018～2020年中国反垄断与规制经济学研究进行总体回顾，在此基础上，对数字经济和平台企业反垄断以及环境规制这两个细分领域进行重点回顾。由于篇幅有限，在回顾过程中不能面面俱到，还望读者多多谅解。

二、中国反垄断领域研究的最新进展

（一）反垄断、产业政策与垄断行业改革

吴汉洪和刘雅甜（2018）对中国反垄断政策实施 10 年以来中国反垄断领域的成就和挑战进行了系统分析。他们指出自《反垄断法》正式生效至 2017 年底，中国反垄断行政执法机构的设置可概括为“一家协调、多头执法”，即国家发改委负责与价格相关的垄断协议、滥用市场支配地位及行政垄断的反垄断执法，国家工商总局负责非价格垄断协议、滥用市场支配地位及行政垄断的反垄断执法，商务部负责经营者集中的反垄断审查。与此同时，国务院反垄断执法机构之上设有国务院反垄断委员会，负责组织、协调和指导反垄断工作。在过去 10 年中，三家反垄断执法机构积极工作。反垄断法实施后，三家反垄断执法机构先后制定出台了一系列配套法规和规章，将反垄断制度进一步明确化和具体化，增强了相关制度的针对性和可操作性，为反垄断执法提供了有效的指引和规范。在行政执法方面，三家反垄断执法机构均查处了反垄断的大案和要案：商务部于 2009 年禁止可口可乐公司收购中国汇源公司案，国家发改委于 2015 年发布对高通公司滥用市场支配地位案的行政处罚决定书，国家工商总局于 2016 年发布对利乐滥用市场支配地位案的行政处罚决定书。这些案件的查处和公布在国内外均产生了较大的积极影响。但需要注意的是，中国的反垄断领域在竞争文化培育和推进、算法合谋以及知识产权领域反垄断等方面还面临着一系列挑战。

曹平和王桂军（2018）以国家“五年计划（规划）”为切入点，分析了中国选择性产业政策对企业创新的微观效应。结果发现，选择性产业政策可以显著地提高被扶持企业以新产品为表征的创新能力，该结论通过了工具变量法、双重差分法等多种稳健性测试。进一步地，中介效应检验表明，选择性产业政策对企业创新的促进作用可以通过财政补贴、税收优惠和市场准入机制实现。但与民营企业相比，国有企业只能通过税收优惠和市场准入机制提高创新能力，财政补贴这一直接干预机制对国有企业的创新能力甚至具有显著的负向效应。此外，还基于生存分析法研究了选择性产业政策对企业创新生存时间的影响，结果表明，选择性产业政策可以明显地延长企业的创新生存时间。上述结论不仅丰富了相关文献研究，而且给予了政府部门重要的政策启示，为后续产业政策的制定提供了理论支持。

蔡庆丰和田霖（2019）发现国家产业政策实质上是一种政府通过对各行业进行不同程度的政策支持，引导社会资源向受支持行业流动以实现政府主导产业结构转型升级的政策工具。实证结果显示，主并企业更可能对受到产业政策支持的目标企业发起跨行业并购；在此基础上，如果主并企业自身没有受到产业政策支持，上述结论会得到进一步强化；考虑企业所有权性质后发现，国有企业更可能发起与产业政策导向一致的跨行业并购；但是，如果主并企业本身受到产业政策支持，那么国有企业也将比非国有企业更少进行跨行业并购。进一步的分析发现，部分企业跨行业并购后主营收入占比不降反增，其并购后并未将资源转移至新行业，可能仅是一种套取政府补贴的“政策套利”行为；而相对于非国有企业，国有企业出于“政策套利”动机进行跨行业并购的可能性更低。

刘戒骄（2019）立足于推进新一轮改革开放和完善社会主义市场经济体制视角，挖掘分析了中国经济体制与竞争中性的兼容性，梳理了经济学理论有关竞争中性的论述，提出了以政府增进市场促进公平竞争、统一市场建设与制度性开放、规制改革与产业政策转型为关键点的竞争中性的制度范式。其认为竞争中性在学理上是一个相对中性的概念，与古典经济学反对保护特殊利益、新古典经济学把市场看作不受干涉和价值中立的自然力量、凯恩斯主张实施积极和有限政府干预政策等理论具有悠久深厚的渊源。竞争中性主张约束政府给市场主体造成竞争优势差异的措施，非歧视性地

对待国有企业和私有企业、本国企业和外国企业，以及要求高标准知识产权保护、增强行政行为透明度等规定，体现了各类市场经济体制共同的价值理念，也是贯穿中国社会主义市场经济体制的思想和原则之一。面对世界经济百年不遇之复杂变局，响应和接受竞争中性既是中国自身推进改革开放的内在需要，也是积极应对经济全球化新趋势和国际贸易与投资规则新变化，增强中国经济体制国际认同度的客观要求。

杨娟和郭琎（2019）研究了我国垄断行业改革进展与深化思路，他们指出垄断行业改革是我国经济体制改革的重要组成部分。其主要内容是经营体制的商业化、市场化和规制现代化。改革历程大体可分为局部探索阶段（1978～1997 年）、系统推进阶段（1997～2013 年）和重点领域全面深化改革阶段（2013 年至今）。改革实施以来，成就斐然。实践表明，改革要坚持商业化和市场化方向，坚持正确处理垄断和竞争的关系，坚持激发市场主体活力，坚持推进政府职能转变。进一步推进垄断行业市场化改革和规制，应切实促进有效竞争的形成，大力加强对自然垄断环节的规制，建立并完善相关法律法规及程序，设立职能完备的现代规制机构。

张伟和于良春（2019）分析了垄断领域中国有企业改革方案的设计以及不同改革方案实施次序的选择对国有企业的改革绩效有显著的影响。研究了在一个企业顺序进行研发竞争与产量竞争的框架下，国有企业的混合所有制、结构化以及市场化等改革方案的绩效以及可能的改革路径选择问题。结果显示，以社会总福利为标准，国有企业改革应首先推动以提高行业集中度为特征的结构化改革；进而在国有企业中引入非国有资本以实施混合所有制改革，形成不同所有制资本共同持有的混合所有制企业；在混合所有制改革的基础上，适时启动市场化改革，以实现最优的资源配置效率扩张路径。伴随着国有企业改革沿改革路径的推进，国有企业的所有制结构以及所在行业的市场结构均需做出相应改变，这意味着要同时实施所有制结构与市场结构的双结构调整。

（二）市场势力的决定、测度及其治理

傅联英和钟林楠（2018）研究了基础设施投入作为中间变量在市场势力决定支付平台交易量过程中所产生的间接效应。结果发现基础设施投入在市场势力决定支付平台交易量过程中发挥了（完全）中介作用而非调节作用。即考虑到基础设施投入的作用后，市场势力对支付平台交易量的直接影响不再显著，市场势力只通过基础设施投入的“管道”功能间接影响支付平台的交易量。进一步分析发现，基础设施投入是一项被调节的中介变量，其间接效应（中介作用）受支付平台所有制的调节而表现出明显的异质性：在开放式支付平台情境下呈现出显著的完全中介效应，在封闭式支付平台场景下则展现出显著的部分中介效应。政策启示是，中国银联致力于为成员机构营造基础设施开放共享的支付生态，共建和盘活并举，化解后银联时代交易量分流的威胁。

李明辉等（2018）探讨了市场竞争、银行市场势力与流动性创造效率之间的关系，并得到以下结论：（1）市场竞争与流动性创造效率之间存在倒“U”型关系，中国银行业存在最优的市场结构；（2）银行市场势力过强是中国商业银行流动性创造效率较低的重要原因，银行市场势力越强，其流动性创造效率越低；（3）市场竞争程度与市场势力的流动性创造效率系数之间存在不显著的负相关关系，寄希望于通过增强中国银行业竞争程度来改善银行市场势力过强所导致的流动性创造效率过低，作用可能非常有限。中国应沿着“增强商业银行流动性创造能力，扩大直接融资规模”的改革方向继续前进。文章的研究丰富了已有文献，而且为中国银行体系改革的顶层设计提供了重要参考。

沈曦（2018）基于新实证产业组织理论对全球光伏产业的市场势力进行了测度。结果表明，处于产业上游的硅片企业比下游的电池和组件企业拥有更大的市场控制力和溢价能力；而基于跨期样本的动态研究则显示，2011 年开始的“双反”确实影响了产业结构，大大削弱了在位企业的市场势力，但是随着产业的回暖，企业境遇得到了一定的改善。进一步针对市场规模的研究发现，市场

规模的扩大会加剧企业间的竞争，从而证明了可竞争市场理论存在于光伏市场。从产业政策角度看，当前我国市场结构重组不仅是寡头企业谋求更大市场势力的手段，更是产业通过市场实现更新换代的过程。政策制定者需根据实情，引导企业培育差异化发展战略。

李兰冰等（2019）基于企业成长与企业间关系的双重维度，以是否存在生产率溢价为切入点打开市场势力“黑箱”，厘清交通基础设施和企业市场势力、资源配置效率之间的关系。研究发现：高速公路对非中心城市制造业具有显著的生产率溢价效应，能够通过生产率溢价引致的成本路径以及定价能力引致的价格路径共同推动市场势力的提升；伴随着生产率与市场势力水平的提高，生产率离散度与市场势力离散度趋向降低，高速公路通达性对非中心城市制造业资源配置效率优化的促进作用显著；高速公路对市场势力、生产率以及配置效率的影响效应呈现异质性特征，这种异质性主要源于企业性质、行业特性与城市区位等因素差异。研究证实，高速公路对非中心城市经济发展具有积极作用，为非中心城市交通基础设施影响效应研究提供了新视角和新证据。

汪敏达等（2019）运用理论建模和实验经济学方法分析双寡头默契合谋的行为规律与发生动因。双寡头均选择退让的合谋称为“相安无事”，轮流获得最大竞争优势的合谋称为“轮流坐庄”。模型分析和实验结果表明，相安无事的安全得益越低，轮流坐庄发生的频率越高，维持的时间越长，进入轮流坐庄合谋所需要的时间越少，中断后也更容易重新进入。进一步考虑寡头的行为决策动因发现，有经验的寡头更有可能进入轮流坐庄，强互惠使得谋求单边优势的寡头受到针锋相对的惩罚，从而促使双方选择合谋。惩罚成本上升并没有降低轮流坐庄的发生频率，反而提高了其稳定性。

（三）横向并购和纵向并购反垄断及其效应研究

韩春霖（2018）以微软并购领英案为案例对反垄断审查中数据聚集的竞争影响进行评估。结果发现导致数据聚集的并购案与不涉及数据的并购案在竞争评估原则、方法等方面无实质差别，但数据市场兼具多边市场、网络效应、多归属性、动态性、隐私保护等特殊性，需依个案具体分析。

王燕等（2018）以中国南车和中国北车合并案为例对横向并购反垄断控制效果进行了事后评估，结果发现公布合并后中国南车和中国北车股票累计异常收益率出现非常明显的正向反应，而竞争对手股票平均累计异常收益率出现负向反应，与效率充分改进横向并购模型的结论一致，证明中国南车和中国北车合并带来了效率改进。此外，中国南车和中国北车合并后在国际竞争力、技术进步和资源配置方面都表现出明显的效率改进。

叶光亮和程龙（2019）分析了纵向并购的反竞争效应，结果发现，上游企业控股并购下游企业时，上游企业合谋将更稳定，而非控股并购会降低合谋的稳定性。下游企业提高在上游企业的交叉持股比例，同样会降低合谋稳定性。当下游企业成本不对称时，上游企业更倾向于非控股并购高成本下游企业，作为其不背叛合谋的承诺，以增加合谋的稳定性。反垄断执法机构进行经营者集中的审查时，需加强纵向并购协调效应的分析，审慎分析部分并购影响企业合谋动机造成的反竞争效应。

白让让（2019）利用手动汇总的经营者集中案件数据库（2008～2016年），对我国商务部反垄断局的救济决定及其行为化偏好进行了初步的计量检验，主要发现有：救济与否的决定与兼并案件关联市场的集中度、参与者市场份额、是否纵向兼并和股权收购的比例显著正相关；一个兼并活动被施加行为性救济的力度则与所在行业的网络特性、参与者的市场占有率和股权收购比例有关联。这表明，商务部的经营者集中救济行为基本上符合我国反垄断法设定的“单边效应”和“协调效应”原则。该文对专利密集型产业执法实践的案例分析，也揭示出在反垄断法执行权力分割配置的背景下，行为性救济低效或无效的事实和成因。基于此，建议统一和集中三个反垄断执法部门的权责范围，并制定公开、透明和可实施的救济机制，强化竞争中性原则的应用。

三、中国规制领域研究的最新进展

（一）规制经济学的发展及其演进

肖兴志和张伟广（2018）以中国知网（CNKI）的CSSCI期刊文献为数据来源，通过限定主题检索得到1998~2018年中国规制经济学研究论文20026篇，运用Bicomb、Ucinet和NetDraw等软件，从不同视角分析学科发展轨迹和特征。研究结果发现，中国规制经济学学科发展以2008年为节点，近10年来发展迅速，不同类型的期刊起着助推作用；学科研究主体多元，国家重点建设高校的优势明显，而作为独立学科发展仍需加强；学科研究主题与中国经济社会现实紧密结合，不同阶段的研究重心有所不同，不同高校的研究主题也有明显的偏好和特色差异。

戚聿东和李颖（2018）从企业进入战略、面临的新机会、市场需求条件、生产要素转换、相关产业支持以及政府角色六个方面，揭示了新经济的产生机理，并从底层推动力、内部运行系统、外部环境三个方面阐述了新经济的运行逻辑。在新经济的运行逻辑下，传统上基于垄断、信息不对称、外部性、公共产品、信息安全等因素而产生的政府规制需求发生了根本变化。为适应新经济发展，政府规制改革势在必行。为此，方向上应从强化规制转向放松规制，内容上从经济性规制转向社会性规制，方式上从歧视性规制转向公平竞争规制，方法上从正面清单制转向负面清单制，流程上从前置审批转向后置监管，机构上从专业型部门转向综合型部门，机制上注重使用“规制沙盒”。

张宝（2020）分析了规制内涵变迁与现代环境法的演进之间的关系，其指出百余年来，规制内涵经历了由直接规制到激励性规制再到规制治理的变迁，这一变迁也影响到作为社会性规制之典型场域的环境规制与环境法。从形式上看，中国环境规制和环境法的发展历程同样可以分为三个阶段，并且也呈现出由以命令控制为主的“监管之法”向强调多元共治的“治理之法”的演进趋势，并逐渐形成了具有自身独特性的理论和制度体系。但是，当前中国环境法仍然存在一些局限，主要表现为理念上仍受还原主义法律观的支配，目的上未确立环境规制的权利保障目标，体系上难以适应风险预防和规制的要求，适用上尚未厘清各种规制工具的适用条件，内容上还需实现多元规范的协同和衔接。要发挥环境法在推进国家治理现代化、构建现代环境治理体系中的作用，就需要以整体主义法律观作为推进环境法治建设的指导思想，通过环境权入宪入法确立环境法的权益保障目标，推动环境法由危害防止向风险预防的转身，优化各种环境规制工具的衔接适用，健全各种规范类型之间的协同机制。

（二）规制政策实践及其影响

吕炜等（2018）基于市场进入这一视角，运用动态随机一般均衡模型分析了政府市场进入管制政策对上游行业杠杆率的影响机制。研究发现，政府放松市场管制会拉动上游行业的杠杆率水平，而且，政府前期的管制程度越高，放松管制时上游行业的杠杆率水平上升的幅度就相对越高。对政府而言，若不放松管制，社会福利就会受损；若放松管制，就必然面临高杠杆问题。面对这一两难选择，政府在放松管制时需要把握好时机，降低决策成本。

王赫奕和王义保（2018）分析了供给侧改革的动因及其与政府微观规制之间的关系，结果发现政府作为供给侧改革的实施者，推行供给侧改革具有深刻的动因。旧常态下全面政府的博弈组合模式不再能适应新常态的大环境，使得经济增速下降，此时的政府在博弈之中需要对市场做出适当的让步，恢复与“强市场”的并存的均衡路径，通过对两部门模型的分析，找到供给侧改革的关键所在。并且供给侧改革的实施者——政府对微观经济体的规制也需要革新。如此，在实现有限政府与有效市场的良性互动的条件下，才能使得供给侧结构性改革得以有效实施。

徐璐和叶光亮（2018）探讨了银行业竞争政策与金融风险的关系。基于空间竞争模型，探讨银行贷款市场的竞争博弈和企业家的风险选择行为，由此分析市场均衡的贷款利率以及企业家风险偏好水平。研究表明：强化竞争政策可以降低市场整体风险，竞争上升会降低单家银行垄断势力，促使均衡贷款利率下降，减弱企业家的风险偏好行为，使得银行经营风险下降、稳健性增强；从社会福利角度分析，虽然竞争可能损害银行业的经营利润，但会通过大幅提升存款者收益以及企业家盈利使得社会总福利提高。同时，竞争对市场风险的作用受到市场结构的影响，市场集中度增强将削弱竞争政策的实施效果。总之，强化竞争政策与加强竞争性金融监管可以有效降低银行经营风险，提升社会福利，实现效率和稳定的双赢。

曹阳（2019）分析了我国对违反“爬虫协议”行为的法律规制，其指出随着大数据时代来临，一些与“爬虫协议”有关的案件先后宣判，以违反“爬虫协议”为代表的数据抓取类不正当竞争行为不断进入普通民众视野，并引发了学界和业界的高度关注。违反“爬虫协议”行为具有诸多危害性，但新近颁行的反不正当竞争法并未将对该行为的规制问题纳入互联网专条中，因而法院只能依据一般条款对其作出裁判，这显然已不能适应社会的需要。因此，有必要对相关法律条款加以进一步优化和细化，以便更有效地规制违反“爬虫协议”的行为，保障各方合法权益，形成多方共赢局面。

陈林和万攀兵（2020）从消费者角度对产品质量规制的制度绩效进行了评价。结果表明，产品质量规制仅有助于提升知名导演主导影片的在线评分，而未能提升整体影片的在线评分。因此，当前我国电影产业内的产品质量规制体系只有进一步优化和调整，才能完成党的十九大提出的“深化简政放权”与“完善市场监管体制”等经济体制改革目标。

四、行政垄断领域研究最新进展

（一）地区行政垄断的影响、测度及其治理

余东华等（2018）采用CES生产函数并以“扭曲税”的形式将要素价格扭曲与技术进步偏向纳入统一的理论框架，分析了要素价格扭曲对制造业国际竞争力的作用机制，并在此基础上运用动态面板模型实证研究了要素价格扭曲对制造业国际竞争力的直接影响以及通过技术进步偏向而产生的间接影响。研究结果表明，中国要素市场上资本和劳动要素价格均存在负向扭曲，资本价格的绝对扭曲程度更高，劳动力价格的相对扭曲则更为严重；技术进步整体表现出资本偏向型特征，要素价格扭曲是影响技术进步偏向的主要因素；要素价格扭曲对制造业国际竞争力的直接影响具有显著的行业异质性，通过技术进步偏向对制造业国际竞争力的间接影响也与行业要素密集度密切相关。加快要素市场化改革、理顺要素价格形成机制、纠正要素价格扭曲，同时注重研发创新、引进与经济发展阶段相适宜的技术，是加快制造业转型升级和提质增效的有效措施。

豆建民和崔书会（2018）分析了市场一体化对污染产业转移影响的贸易创造与生产替代效应，以及要素流动与产业转移效应，前者通过增加进口贸易量对本地生产的替代，导致其污染产业所占比重下降，后者通过要素成本差异与集聚引力的对比变化，引起污染产业扩散及其所占比重下降。利用2000~2015年中国省际面板数据探讨国内市场一体化等因素是否促进了污染产业转移。结果表明，国内市场一体化程度的提高显著降低了区域污染产业比重。分地区估计结果显示，国内市场一体化程度的提高显著降低了东部地区重污染产业比重，对中西部地区重污染产业比重的影响则不

显著。

卞元超等（2020）从规模变化效应、结构转型效应和技术进步效应三个方面分析了市场分割影响雾霾污染的传导机制，并基于卫星监测的 PM2.5 栅格数据，采用空间自滞后模型和两阶段最小二乘法实证分析了市场分割对雾霾污染的影响效应及其传导机制的作用效果。研究发现：考察期内，市场分割显著加剧了雾霾污染，且邻近地区的市场分割对本地区雾霾污染也具有显著的恶化作用；市场分割对雾霾污染的影响效应存在显著的时间和空间异质性；就传导机制来说，地方政府之间的市场分割行为抑制了规模变化效应、结构转型效应和技术进步效应的发挥，进而对雾霾污染产生重要影响；不仅如此，市场分割还进一步阻碍了地方政府围绕雾霾污染所开展的区域协同治理活动。

吕冰洋和贺颖（2020）采用价格法系统测算了 2001～2015 年各城市的商品市场分割程度，并考察了影响商品市场分割的地区因素。研究发现：（1）除 2008～2009 年商品市场分割短暂加剧以外，2001～2015 年商品市场分割程度整体呈现下降态势。（2）各地区在市场一体化进程方面存在明显差距，东南部地区的市场整合程度高于西部地区。全国层面的商品市场分割程度大于局部地区层面的市场分割程度。（3）地区间竞争会促使地方政府干预市场，加剧商品市场分割；而较好的经济发展条件和市场规模的扩大会减轻地区间恶性竞争，促进区域市场一体化。（4）城市层面的商品市场分割受行政区划的影响表现出一定的规律性：省界会阻碍城市之间的贸易往来，加剧商品市场分割。

马述忠和房超（2020）从市场分割角度对电子商务发展的中国模式给出一种解释。作者构建了市场分割环境下异质性企业线上、线下销售渠道选择模型，并基于世界银行中国企业投资环境调查等数据集对模型假说进行检验。研究发现：第一，自然性市场分割和制度性市场分割均会在一定程度上提高企业线上销售的可能性；第二，由于线上市场是相对统一完整的，以跨区域经营为主的企业通过线上销售能更多地摊薄进入成本，其更有可能选择线上销售；第三，高生产率企业能够在一定程度上突破市场分割带来的负面影响。作者的研究为理解中国电子商务产业快速扩张提供了新的视角，为新冠肺炎疫情背景下依托数字化手段开展贸易活动，发展电子商务提供了理论支持。

彭聪等（2020）从高管校友圈这一社会资本入手，研究上市公司发起并完成的并购交易。研究发现，高管校友圈显著降低了市场分割对资源流动的阻碍作用，校友关系网络越强的企业，参与跨省、跨市并购的概率越高，并且这种效应在市场分割程度严重的地区更为明显。研究表明校友圈存在“信息机制”和“润滑剂机制”，即校友圈能够降低市场分割对信息传递和资源整合的阻碍作用，校友圈这一非正式制度具有影响市场分割这一正式制度运行的能力。该文的研究从侧面反映了我国省际存在较为严重的市场分割现象，需要加速推进市场化机制建设，促进省际跨区域的资源配置效率。

王璐等（2020）以地级市设立行政审批中心作为准自然实验，使用双重差分方法研究了行政审批制度改革对于企业价格加成的影响，并讨论作用机制与异质性。研究发现：行政审批中心的建立显著降低了企业的价格加成水平，这一结果在不同的方程形式下均稳健；行政审批制度改革对价格加成的作用机制主要有成本降低效应和竞争效应，其中，竞争效应主导，主要的作用机制在于：加剧企业进入退出，加速市场竞争，减弱市场壁垒，创造更为竞争性的市场环境，促使企业降低价格加成水平；对于不同类型、不同特征的企业，行政审批制度改革对价格加成具有异质性影响。该文的研究对于深入理解行政审批制度改革的经济效果，持续优化营商环境，构造更具一体化的国内市场等具有一定现实意义。

张昊（2020）基于国家发改委价格监测中心 2006～2017 年中国近 100 个地级市、10 大类 57 种商品的旬度价格数据，采用多种方法测算市场分割度并根据其原理进行比较印证，结果表明地区间生产分工深化的特征确实存在。进一步考察省际边界效应，发现运输距离等决定的交易成本对市场统一的妨碍正在减小，而地区间软环境的差异却未能同步改善。因此，未来研究应更关注地区间市场联动及其中的隐性壁垒问题。

（二）行业行政垄断的形成、影响及其治理

李世杰和李伟（2019）重点关注了原料药市场的垄断问题，其指出中间产品市场的垄断加价会通过“传导效应”“协同效应”“抑制效应”三种途径影响产业链效率与社会福利。基于三种效应的模型化讨论，作者构建测度中间产品市场垄断加价损失的理论公式，并予以仿真分析；进而结合中国原料药市场垄断案例，探讨当前原料药市场垄断的影响及作用机理，并提出相应的反垄断规制建议。

付强（2020）重点关注了电力行业的行政垄断问题，其指出当区域之间完全同质时，政府竞争会成为抵制电力市场规制失效的有效制度设计。但是在区域异质的现实条件约束之下，有效政府竞争与电力市场规制失效总是相伴相生。尤其是当外部环境存在监督不完美时，规制主体的目标只能沿着监督成本最小化的路径实现。这不仅导致了一种全新的规制失效，而且还将对整体经济增长产生“挤出效应”。因此，在引进国外先进改革经验的过程中，为了避免出现尴尬局面，必须要考虑外部环境对于规章制度设计的影响。

聂辉华等（2020）分析了中国煤矿的安全治理问题，其指出中国在过去 20 年里成功地遏制了矿难频发的趋势，极大地降低了煤矿死亡率。作者在梳理 1949～2018 年煤矿监管体制的基础上，整理了关于矿难的翔实数据，并在一个统一的政企关系框架下总结了中国成功治理矿难的三条经验。第一，在政策目标上，中国巧妙地在经济增长和生产安全两者之间权衡取舍；第二，在制度设计上，中国将煤矿生产部门和安全监管部门分立；第三，在治理体系上，中国构建了以垂直管理为主、群众监督为辅的多元治理体系。中国在煤矿领域的成功治理经验，为其他领域的公共治理问题提供了有益启发。

于良春和甘超（2020）研究了中国医疗行业的行政垄断问题，他们指出公立医院在医疗市场的垄断势力导致行业效率低下，医疗费用快速上涨。民营资本进入在一定程度上改善了医疗市场结构，提高了行业竞争程度。作者分析了竞争与医疗行业效率的内在逻辑，并选取 2010～2017 年省际面板数据，实证分析竞争是否提高了医疗行业效率。研究发现：民营医院数量的增多能够引起医疗行业效率提高，但在医疗服务提供方面，目前公立医院的垄断地位仍难以打破，民营医院进入对医疗行业效率的影响尚不显著；需要在消除制度性进入障碍，形成有效竞争的市场结构，促进医疗行业要素流动等方面进一步深化医疗体制的改革。

于明远（2020）重点分析了过度医疗及其规制路径，其指出过度医疗问题对我国社会经济发展产生了较大负面效应。作者将医疗供需双方的过度医疗行为纳入预算约束分析框架，并分析其内在逻辑和传递机制。结果表明：中国过度医疗问题的根源首先在于医疗服务供方预算约束的硬化及其内部利益相关者的行为变化，由此产生医疗收入最大化动机；其次在于医疗服务需方能够实现预算约束的软化及其基础上的自由选择，由此产生医疗福利最大化动机。过度医疗问题的治理本质上为信息不对称条件下的委托—代理和机制设计问题，医疗行业的激励性规制是解决这一问题的突破口。

五、数字经济和平台企业反垄断研究

李治文等（2018）研究了互联网平台排他性条款下服务质量差异对双边定价策略及社会福利的影响，结果发现当强交叉网络外部性平台提供高质量服务时，服务质量差异能强化其双边的定价优势，扩大其单归属用户规模，进而拉大其与弱交叉网络外部性平台间的收益差距；当弱交叉网络外部性平台提供高质量服务时，服务质量差异能助其实现高于强交叉网络外部性平台的双边定价，缩

小其与强交叉网络外部性平台在单归属一边的用户规模差距，进而反超强交叉网络外部性平台的利润；同时，强交叉网络外部性平台提供高质量服务对消费者剩余及社会福利更优。

曲创和刘洪波（2018）对平台对角兼并进行了研究，他们指出对角兼并是一种有别于纵向兼并的特殊兼并模式，虽然形式上类似于纵向兼并，但在双边市场中二者的反竞争效应有很大差异。考察在平台异质性和交叉网络外部性的双重作用下，平台对角兼并行为的市场圈定效应，并对谷歌与DoubleClick并购案进行剖析。平台异质性程度增强会加强对角兼并对关键性投入品价格上升的作用，交叉网络外部性则会进一步加剧对角兼并对竞争性平台利润的侵蚀，最终形成市场圈定效应。该研究结果为针对平台对角兼并行为的反垄断审查提供理论依据。

姜琪和王璐（2019）对平台经济市场结构决定因素、最优形式和反垄断启示进行了研究，结果发现平台经济市场结构的最优形式由平台类型决定：功能型平台行业市场结构会趋于垄断，其最优形式为双平台竞争性垄断；内容型平台行业市场结构会趋于竞争，其最优形式允许存在较多的企业数量以满足多样化需求，且行业发展初期存在过度进入的情况。在平台经济规制政策的制定中，应注重市场结构的优化，重新审视平台经济垄断、竞争、社会福利三者间的关系及其与传统经济的差异，针对不同类型平台最优市场结构的特点，对反垄断法适用范围合理调整，在市场准入方面张弛有度，在规制滞后领域注重“监管沙盒”和多元治理等方式的结合使用。

孟昌和李词婷（2019）对网络平台企业免费产品相关市场界定进行了分析，结果发现虽然传统的SSNIP测试法不适用于免费产品，但是影响用户“注意力”的变量“广告时长”能降低产品质量，是SSNIP测试法中价格的有效替代变量。该文证明了改进的SSNDQ测试法具有一般性，并给出了基于SSNDQ测试法的相关市场判断条件。作者还给出了界定网络平台免费产品相关市场的思路和分析框架、平台付费化趋势下免费产品与付费产品共存状态下的情形，并推导出不同利润差结果下判断平台用户不同行为及相关市场范围的条件。基于这一方法的测试为并购审查和反垄断认定，提供了依据和证据。

白让让（2020）使用案例比较与文献述评相结合的研究范式，基于欧盟委员会对谷歌比较购物服务的反垄断裁决，提炼出平台产业反垄断执法过程中面临的三个基础性问题：如何界定平台产业中免费产品或服务的市场？如何认定平台运营商滥用数字化资产的行为？平台中性规制的设想是否具有可行性？并梳理出专家学者在这三个问题上的主要观点。平台产业已经成为引领中国经济增长的主要引擎，一些运营商在经营活动所使用的接入歧视、信息扭曲和霸王条款等手段，既损害了消费者福利，又影响了行业的健康发展。该文借鉴欧盟和美国在平台产业反垄断执法中的经验教训，提出了修订《中华人民共和国反垄断法》和适时推出《平台产业的反垄断执法指南》等建议。

陈林和张家才（2020）研究了数字时代中的相关市场理论，重点分析从传统时代的单边市场到数字时代的双边市场的理论跃进，从而为学术研究和执法实践提供理论支撑与实践参考。研究发现：（1）相关市场理论在反垄断经济执法中至关重要，虽然部分学者倡导弱化市场界定，但目前在大多数情况下相关市场界定仍然可以是反垄断执法分析的起点。（2）数字经济所具有的双边市场特性给相关市场带来了理论与实践挑战，传统的单边市场分析方法不能直接应用于数字经济的反垄断研究。（3）学界对双边市场下的相关市场理论进行了广泛研究，但仍有待深化，目前理论研究和实证分析均存在诸多不足，国内学者应积极投身其中。

王世强等（2020）分析了数字经济中企业歧视性定价与质量竞争，结果发现，在质量提升方面处于技术劣势的企业总是选择歧视性定价，技术优势企业在优势较小时选择歧视性定价。技术优势企业采用歧视性定价的倾向性与信息搜集成本正向相关。总之，歧视性定价会使企业获得竞争优势，企业广泛采用歧视性定价将引发过度竞争，降低产品质量水平，损害社会福利。数字经济市场竞争中禁止“大数据杀熟”或将有利于提升产品质量和社会福利。因此，数字经济时代的竞争政策需要审慎对待歧视性定价，关注其对产品质量及社会福利的影响，以推动市场良性发展。

唐要家和尹钰锋（2020）研究了算法合谋的反垄断规制及其工具创新，他们指出在数字经济领域，数字商务企业采用算法定价会明显提高合谋的可能性和可实施性，具有较大的价格合谋风险，因而成为反垄断法关注的重点。学理上尚待明确的问题有：算法定价促进合谋的内在机理和类型化机制；如何创新反垄断执法体制以有效规制自主学习算法；在反垄断事后执法无效情况下，是否需要以及如何实行事前规制等。研究表明：算法合谋的反垄断规制宜坚持分类治理原则，采取事后反垄断禁止为主并辅之以事前规制的政策组合，反垄断政策工具创新应主要针对自主学习算法合谋。算法合谋反垄断规制政策需重新界定构成非法合谋的“协议”要件，明确当事企业的主体责任，重在采取以“软执法”为主的反垄断执法体制。事前规制政策应坚持“基于设计来遵守法律”的原则，强化算法审查机制和审查能力建设，并将提升算法透明度和可问责性作为重点。

六、环境规制领域研究最新进展

（一）地方政府环境规制的策略选择

薄文广等（2018）基于地方政府吸引 FDI 的视角，深入探讨了地方政府在不同竞争动机下对异质性环境规制采取的差异化竞争策略。结果发现 FDI 进入决策既受环境成本影响，还与内外资企业污染物排放强度差异有关，地方政府会对异质性环境规制采取“逐底”或“逐顶”的差异性策略。具体来说，地方政府的命令型和市场型环境规制表现为“逐底竞争”特征，且后者具有区域差异性；自主型环境规制呈现“逐顶竞争”特征。

陈卓和潘敏杰（2018）基于地方政府的环境规制竞争视角，结合我国财政分权和政治集权的体制，考察了地方政府间环境规制竞争的策略选择行为及对雾霾污染的作用。结果发现地方政府通过权衡自身的环境规制收益与成本进行策略选择。随着中央政绩考核体系的不断调整，地方政府在环境规制的竞争中采取“差异化”的策略选择，对雾霾污染具有一定的抑制作用，肯定环境规制政策与财政分权对治理雾霾污染的积极效果。

沈坤荣和周力（2020）基于中国七大流域干流县域数据，首次实证验明了“污染回流效应”的存在性。研究发现，“污染回流效应”主要是由于上下游地方政府竞争引致的，而以“国控点”环境监测制度为代表的垂直型环境规制可起到一定抑制作用。“污染回流效应”主要发生于内资企业而非外资企业。该效应也会被辖区内的“标尺竞争”进一步放大。为治理流域污染问题，国家应统筹考虑流域经济带的税收、财政与环境政策等方面的顶层设计，严控由地方政府竞争引致的非期望环境后果。

余泳泽等（2020）在中国式分权制度背景下，基于将环境绩效纳入官员考核这一外生冲击，通过手工收集整理城市政府工作报告中公开的环境目标约束数据，在理论分析的基础上，采用 DID 模型和工具变量法从城市和企业两个维度实证检验了地方政府环境目标约束对产业转型升级的影响。研究发现，在将环境绩效纳入官员考核后，面临环境目标约束的地方政府，其产业转型升级效果较为明显，与此同时，环境目标约束会使地方政府通过加强环境规制，调整产业政策和财政支出结构等行为推动当地产业转型升级。

（二）环境规制的效应分析

范庆泉（2018）分析了环境规制政策所导致生态保护者与环境受益者的收入分配失衡问题。主要结论为：渐进递增的环保税及政府补偿率的环境政策组合，实现了经济持续增长、环境质量提升和收入分配格局改善的三重红利。相比而言，过度的政府补偿政策，会抑制经济增长速度，延缓收入分配格局改善进度；而不足的政府补偿政策，会导致收入分配格局失衡，扩大的产出规模也不会带来社会福利增进。齐绍洲等（2018）以我国排污权交易试点政策为例，研究环境权益交易市场是否诱发了企业绿色创新，结果发现，相对于非试点地区以及相对于清洁行业，排污权交易试点政策诱发了试点地区污染行业内企业的绿色创新活动，而且相对于国企，非国企的绿色创新活动对试点政策的诱发反应强度更为显著。

杜龙政等（2019）系统考察了环境规制、治理转型对中国工业绿色竞争力提升的复合效应，得出以下结论：中国环境规制与工业绿色竞争力之间呈现“U”型曲线关系，在此基础上加入治理转型，产生了初步复合效应，发现对工业绿色竞争力的作用是积极的，可加快环境规制拐点到来、波特假说实现；进而加入治理转型与研发交互项，产生了深度复合效应，进一步加速了拐点到来和波特假说实现。作者为考察工业绿色增长转型提供了新的视角。王毅等（2019）实证检验了环境规制对企业出口国内附加值率（DVAR）的影响并分析其作用机制。结果表明环境规制显著提高了企业出口 DVAR，这一效应对国有企业不显著而对非国有企业显著为正，而且企业进口中间品使用比是环境规制影响企业出口 DVAR 的显著中介变量，而全要素生产率效应不显著。

李青原和肖泽华（2020）从微观企业和环境规制工具异质性的角度研究了环境规制如何释放制度红利，促进经济与环境协调发展，结果发现排污收费“倒逼”了企业绿色创新能力，环保补助却“挤出”了企业绿色创新能力，这意味着不同性质的环境规制工具对企业产生了截然相反的效果，对已有关于环境规制经济后果研究的争论提供了中国的微观证据，为如何实现环境保护与企业绿色竞争力提升的“双重红利”提供了理论支持。

斯丽娟和曹昊煜（2020）分析了排污权交易对污染物排放的影响，结果发现排污权交易对二氧化硫、氨氮和化学需氧量三类约束性总量控制污染物具有显著的减排效应，并且排污权交易的环境影响并未受到排污费和“两控区”政策的干扰；东、中、西部地区具有异质性，东部地区依托其市场和技术优势，能够实现三类污染物的有效减排，而中部地区对二氧化硫和氨氮的减排规模占实验组排放的比例更高；环境规制强度深刻影响着排污权交易的实施效果，规制强度更高的地区，排污权交易对三类污染物的减排效果更为明显。

（三）环境规制的政策选择

邱兆林和王业辉（2018）发现中国特色政治经济管理体制下，环境规制对工业生态效率的影响会受到行政垄断的约束。具体来说，环境规制对工业生态效率具有正向影响，而且环境规制存在空间溢出效应和区域异质性。而且当地区性行政垄断程度低于门槛值 0. 343 时，环境规制有效提升工业生态效率，当地区性行政垄断程度超过门槛值时，环境规制的系数不显著。据此他们提出制定异质性环境规制政策、放松地区性行政垄断、建立企业清洁生产技术研发激励机制、提高人力资本水平的政策建议。

范庆泉和张同斌（2018）将环境污染累积过程和污染治理机制刻画到同一理论框架中，构建了包括企业治污资本投入、政府实施环境税和减排补贴两种环境规制政策的理论模型，结果发现：渐进递增的动态环境税和渐进递减的动态减排补贴率的政策组合，提高了企业的污染减排动机，有效控制了环境污染累积水平，实现了福利最大化目标。相比而言，仅实施环境税政策对企业污染减排动机的激励不足，环境污染无法得到有效控制，将会产生倒“U”型的污染累积路径，并造成较高的生产效率损失和社会福利损失；而过高的减排补贴政策虽然短期内缓解了环境税对产出的不利影响，但长期来看将会扭曲生产要素的配置，扩大的产出规模并没有带来更高的福利水平。实现环境税与减排补贴之间的优化组合，对于发挥环境规制政策的有效性具有重要意义。

胡志高等（2019）从集体行动理论出发结合共同但有区别原则从经济、地理、气象、污染物、污染源角度提炼出了有效施行大气污染联合治理的五大要素，并从大气污染治理的实际状况入手将五大要素具体化为可操作性更强的五大抓手，然后基于中国 2004～2015 年大气环境污染状况和污染产业分布状况提出了中国大气污染联合治理的最优分区治理方案。

谌仁俊等（2019）探讨了极具中国环境治理特色的中央环保督察对企业绩效的影响，对中国在新时代推动高质量发展，具有重要的现实意义。研究发现：整体而言，中央环保督察能通过创新驱动改善上市工业企业绩效，且在督察后仍保持显著正效应。同时，中央环保督察对大气污染密集型企业的提升作用比水污染密集型企业更大，对最后一批接受督察、地方环境规制较强地区，以及高税负、中央和地方国有、大规模的上市工业企业，存在创新驱动的企业绩效改善。因此，想要使中央环保督察全方位激发企业创新并提升绩效，需要针对不同企业采取差异化措施。

张国兴等（2020）选取京津冀及周边地区作为研究区域，通过量化分析 2004～2016 年中央层面和京津冀及周边地区的环境规制政策，研究“中央＋地方”多重环境规制政策对产业结构变动的时滞效应。产业结构变动亦是多期环境规制政策作用的结果，多期环境规制政策对产业结构变动的影响呈现倒“U”型，与此同时，环境规制政策通常在颁布当年由于“冲击效应”对污染企业产生规制作用，但冲击往往是强烈且短暂的，会导致污染企业在短期内做出暂时性应对行为。

七、小　　结

综上所述，随着中国《反垄断法》的深入实施和市场在资源配置中决定性作用的不断加强，中国反垄断与规制经济学领域的研究文献越来越充实，我们在综述过程中难免挂一漏万，有不足之处还请读者多多批评指正。

随着中国逐渐由高速增长转入高质量发展阶段，环境规制等社会性规制在经济生活中的地位和作用必然会不断加强。与此同时，经济领域的激励性规制正在逐渐取代传统的规制手段成为中国垄断行业规制的主要选择。而互联网、数字经济和平台企业的发展又给中国反垄断与规制经济学学术研究提出了全新的挑战，同时也给这一学科的发展提供了前所未有的历史性契机。此外，医疗行业、电力行业和煤炭行业等特定行业的体制机制改革和规制手段创新也引起了越来越多学者的关注，这不仅是提高社会福利和人们生活水平的必然要求，同时也是在 2035 年实现“碳达峰”、2050 年实现“碳中和”的必然选择。正是从这个意义上来说，反垄断与规制经济学已经成为经济学中“实用性”最强的学科之一。在此，我们也希望能够通过《中国反垄断与规制经济学学术年鉴》的连续出版和发行向读者呈现出这一“实用学科”的发展历程及其现状，并为后续研究的持续推进提供一个便利的参考工具。

参考文献：

1. 白让让：《平台产业反垄断规制的执法范式、困境和新趋势——基于“谷歌购物案”的研究述评》，载于《财经问题研究》2020 年第 11 期。

2. 白让让：《我国经营者集中的反垄断审查与执法者的“行为性救济”偏好分析——兼论专利密集领域的执法困境》，载于《经济研究》2019 年第 2 期。

3. 卞元超、吴利华、周敏、白俊红：《国内市场分割与雾霾污染——基于空间自滞后模型的实证研究》，载于《产业经济研究》2020 年第 2 期。

4. 薄文广、徐玮、王军锋：《地方政府竞争与环境规制异质性：逐底竞争还是逐顶竞争?》，载于《中国软科学》2018 年第 11 期。

5. 蔡庆丰、田霖：《产业政策与企业跨行业并购：市场导向还是政策套利》，载于《中国工业经济》2019 年第 1 期。

6. 曹平、王桂军：《选择性产业政策、企业创新与创新生存时间——来自中国工业企业数据的经验证据》，载于《产业经济研究》2018 年第 4 期。

7. 曹阳：《我国对违反“爬虫协议”行为的法律规制研究》，载于《江苏社会科学》2019 年第 3 期。

8. 陈林、万攀兵：《产品质量规制与电影在线评分——基于经典估计贝叶斯平均法和倾向得分匹配法》，载于《经济学动态》2020 年第 3 期。

9. 陈林、张家才：《数字时代中的相关市场理论：从单边市场到双边市场》，载于《财经研究》2020 年第 3 期。

10. 陈卓、潘敏杰：《雾霾污染与地方政府环境规制竞争策略》，载于《财经论丛》2018 年第 7 期。

11. 谌仁俊、肖庆兰、兰受卿、刘嘉琪：《中央环保督察能否提升企业绩效？——以上市工业企业为例》，载于《经济评论》2019 年第 5 期。

12. 豆建民、崔书会：《国内市场一体化促进了污染产业转移吗》，载于《产业经济研究》2018 年第 4 期。

13. 杜龙政、赵云辉、陶克涛、林伟芬：《环境规制、治理转型对绿色竞争力提升的复合效应——中国工业的经验证据》，载于《经济研究》2019 年第 10 期。

14. 范庆泉：《环境规制、收入分配失衡与政府补偿机制》，载于《经济研究》2018 年第 5 期。

15. 范庆泉、张同斌：《中国经济增长路径上的环境规制政策与污染治理机制研究》，载于《世界经济》2018 年第 8 期。

16. 付强：《区域异质、政府竞争与电力市场规制绩效：机制及其影响分析》，载于《社会科学辑刊》2020 年第 4 期。

17. 傅联英、钟林楠：《市场势力、基础设施投入与银行卡支付平台交易量》，载于《产经评论》2018 年第 3 期。

18. 韩春霖：《反垄断审查中数据聚集的竞争影响评估—以微软并购领英案为例》，载于《财经问题研究》2018 年第 6 期。

19. 胡志高、李光勤、曹建华：《环境规制视角下的区域大气污染联合治理——分区方案设计、协同状态评价及影响因素分析》，载于《中国工业经济》2019 年第 5 期。

20. 姜琪、王璐：《平台经济市场结构决定因素、最优形式与规制启示》，载于《上海经济研究》2019 年第 11 期。

21. 李兰冰、阎丽、黄玖立：《交通基础设施通达性与非中心城市制造业成长：市场势力、生产率及其配置效率》，载于《经济研究》2019 年第 12 期。

22. 李明辉、黄叶苨、刘莉亚：《市场竞争、银行市场势力与流动性创造效率——来自中国银行业的证据》，载于《财经研究》2018 年第 2 期。

23. 李青原、肖泽华：《质性环境规制工具与企业绿色创新激励——来自上市企业绿色专利的证据》，载于《经济研究》2020 年第 9 期。

24. 李世杰、李伟：《产业链纵向价格形成机制与中间产品市场垄断机理研究——兼论原料药市场的垄断成因及反垄断规制》，载于《管理世界》2019 年第 12 期。

25. 李治文、韩启然、熊强：《互联网平台排他性条款下服务质量差异对双边定价策略及社会福利的影响》，载于《产经评论》2018 年第 4 期。

26. 刘戒骄：《竞争中性的理论脉络与制度范式》，载于《中国工业经济》2019 年第 6 期。

27. 吕冰洋、贺颖：《迈向统一市场：基于城市数据对中国商品市场分割的测算与分析》，载于《经济理论与经济管理》2020 年第 4 期。

28. 吕炜、高帅雄、周潮：《严格管制还是放松管制——去杠杆背景下的市场进入政策研究》，载于《财贸经济》2018 年第 4 期。

29. 马述忠、房超：《线下市场分割是否促进了企业线上销售——对中国电子商务扩张的一种解释》，载于《经济研究》2020 年第 7 期。

30. 孟昌、李词婷：《网络平台企业免费产品相关市场界定与案例应用——以视频平台为例》，载于《经济理论与经济管理》2019 年 10 月。

31. 聂辉华、李靖、方明月：《中国煤矿安全治理：被忽视的成功经验》，载于《经济社会体制比较》2020 年第 4 期。

32. 彭聪、申宇、张宗益：《高管校友圈降低了市场分割程度吗？——基于异地并购的视角》，载于《管理世界》2020 年第 5 期。

33. 戚聿东、李颖：《新经济与规制改革》，载于《中国工业经济》2018 年第 3 期。

34. 邱兆林、王业辉：《行政垄断约束下环境规制对工业生态效率的影响——基于动态空间杜宾模型与门槛效应的检验》，载于《产业经济研究》2018 年第 5 期。

35. 曲创、刘洪波：《交叉网络外部性、平台异质性与对角兼并的圈定效应》，载于《产业经济研究》2018 年第

2 期。

36. 沈坤荣、周力：《地方政府竞争、垂直型环境规制与污染回流效应》，载于《经济研究》2020 年第 3 期。

37. 沈曦：《基于新实证产业组织理论的市场势力测度——以全球光伏产业（2010～2013 年）为例》，载于《产经评论》2018 年第 2 期。

38. 斯丽娟、曹昊煜：《排污权交易对污染物排放的影响——基于双重差分法的准自然实验分析》，载于《管理评论》2020 年第 12 期。

39. 唐要家、尹钰锋：《算法合谋的反垄断规制及工具创新研究》，载于《产经评论》2020 年第 2 期。

40. 汪敏达、李建标、曲亮、乜标：《相安无事还是轮流坐庄：双寡头动态默契合谋的实验研究》，载于《世界经济》2019 年第 7 期。

41. 王赫奕、王义保：《供给侧改革的动因与规制研究：基于政府与市场的博弈关系》，载于《中国软科学》2018 年第 3 期。

42. 王璐、吴群锋、罗頔：《市场壁垒、行政审批与企业价格加成》，载于《中国工业经济》2020 年第 6 期。

43. 王世强、陈逸豪、叶光亮：《数字经济中企业歧视性定价与质量竞争》，载于《经济研究》2020 年第 12 期。

44. 王燕、臧旭恒、刘龙花：《基于效率标准的横向并购反垄断控制效果事后评估——以中国南车和中国北车合并案为例》，载于《财经问题研究》2018 年第 5 期。

45. 吴汉洪、刘雅甜：《中国反垄断领域的成就和面临的挑战》，载于《东北财经大学学报》2018 年第 5 期。

46. 肖兴志、张伟广：《中国规制经济学发展轨迹与特征分析——基于 CSSCI 期刊的文献计量考察》，载于《财经论丛》2018 年第 11 期。

47. 徐璐、叶光亮：《银行业竞争与市场风险偏好选择——竞争政策的金融风险效应分析》，载于《金融研究》2018 年第 3 期。

48. 杨娟、郭琎：《我国垄断行业改革进展与深化思路》，载于《宏观经济管理》2019 年第 5 期。

49. 叶光亮、程龙：《论纵向并购的反竞争效应》，载于《中国社会科学》2019 年第 8 期。

50. 于良春、甘超：《垄断与竞争：中国医疗行业市场效率分析》，载于《经济与管理研究》2020 年第 6 期。

51. 于明远：《过度医疗、预算约束与医疗行业激励性规制》，载于《经济理论与经济管理》2020 年第 9 期。

52. 余东华、孙婷、张鑫宇：《要素价格扭曲如何影响制造业国际竞争力？——基于技术进步偏向的视角》，载于《中国工业经济》2018 年第 2 期。

53. 余泳泽、孙鹏博、宣烨：《地方政府环境目标约束是否影响了产业转型升级?》，载于《经济研究》2020 年第 8 期。

54. 张宝：《规制内涵变迁与现代环境法的演进》，载于《中国人口·资源与环境》2020 年第 12 期。

55. 张国兴、刘薇、保海旭：《多重环境规制对区域产业结构变动的时滞效应》，载于《管理科学学报》2020 年第 9 期。

56. 张昊：《地区间生产分工与市场统一度测算：“价格法”再探讨》，载于《世界经济》2020 年第 4 期。

57. 张伟、于良春：《创新驱动发展战略下的国有企业改革路径选择研究》，载于《经济研究》2019 年第 10 期。

（本文载于《世界经济》2018 年第　期）

第二部分

重点学术论文全文收录

2018 年

中国经济增长路径上的环境规制政策与污染治理机制研究

范庆泉　张同斌

摘　要： 本文将环境污染累积过程和污染治理机制刻画到同一理论框架中，构建了包括企业治污资本投入、政府实施环境税和减排补贴两种环境规制政策的理论模型，模拟解出了拉姆齐－卡斯－库普曼模型鞍点路径上的均衡解，主要结论为：渐进递增的动态环境税和渐进递减的动态减排补贴率的政策组合，提高了企业的污染减排动机，有效控制了环境污染累积水平，实现了鞍点路径上的福利最大化目标。相比而言，仅实施环境税政策对企业污染减排动机的激励不足，环境污染无法得到有效控制，将会产生倒"U"型的污染累积路径，并造成较高的生产效率损失和社会福利损失；而过高的减排补贴政策虽然短期内缓解了环境税对产出的不利影响，但长期来看将会扭曲生产要素的配置，扩大的产出规模并没有带来更高的福利水平。实现环境税与减排补贴之间的优化组合，对于发挥环境规制政策的有效性具有重要意义。

关键词： 环境规制政策　污染治理机制　经济增长　鞍点路径

一、引　　言

工业革命以来，环境污染与治理是世界各国在经济发展过程中共同面临的重要课题（UNEP，2010）①。特别是在工业化进程中，经济发展消耗了大量的能源资源，使得各国普遍出现了严重的环境污染。实践表明，企业是污染排放的主要来源，自然也成为污染减排的主体。因此，为应对环境污染问题，各国政府都采取污染排放惩罚、减排补贴等多种环境规制政策以激发和提高企业的污染治理动机。

据统计，发达国家的污染治理投入占 GDP 比重达到 3% 左右时，环境污染得到了有效控制。主要原因在于，一方面依靠强大的经济基础，发达国家建立了严格和完善的环境管理法规体系，同时公众也具有良好的环境保护意识和绿色行为习惯，这有利于激发企业的污染减排动机；另一方面，由于经济进入低速增长阶段，社会资本的边际回报率在变小，使得污染治理投资的机会成本在下降，这也有利于提高企业的治污投入水平。

与之相对，中国的环境污染程度很高，而污染治理投入占比却很低。据统计，2016 年中国 338 个地级以上城市中，环境空气质量未达标的城市占比为 75.1%；6 124 个地下水质监测点中，水质为较差以下等级的监测点占比为 60.1%②。同时，中国环境污染治理投资额占 GDP 的比重却多年徘徊在 1.5% 左右。中国政府主要通过实施排污收费制度促使企业进行污染减排，然而很多企业宁可缴纳排污费也不进行减排努力。政府还通过加大财政补贴力度来降低企业的污染减排成本，甚至出现补贴

① 资料来源：UNEP Yearbook 2010，United Nations Environment Programme（UNEP），网址：http：//www.unep.org/。

② 数据来源：《2016 中国环境状况公报》，中华人民共和国环境保护部，网址：http：//www.zhb.gov.cn/。

资金超出排污收费金额的现象，以至于很多企业借机套取国家补贴资金，但未加大治污投入力度。

中国的环境污染恶化趋势虽然得到遏制，但环境系统还在遭受着严重破坏，生态功能也在逐渐退化。党的十九大报告明确指出优质生态环境供给能力不足与人民对美好生活需要之间的矛盾日益突出，当前严峻的环境污染问题已成为制约经济增长的瓶颈，解决环境污染问题已经迫在眉睫。建立并完善环境规制政策体系，统筹经济发展和环境治理的战略抉择，实现经济健康发展和生态环境明显改善的双重目标，是现阶段推动中国经济高质量发展的必由之路。

在经济发展初期，中国政府长期采取排污收费制度而非税收制度，主要是因为在保持经济高速增长的目标下，前者更具灵活性，且易于调整政策执行力度。很多学者认为，中国现行的排污收费制度存在着征收标准偏低、范围过窄、资金使用缺乏约束性等诸多问题，已经无法满足环境污染治理的规制需求。2016 年 12 月，中国政府已经明确按照“税负平移”原则将现行的排污费改为环境保护税，并于 2018 年 1 月开征。

当环境污染存在负外部性时，政府针对污染排放者课税①，可以将污染排放的社会边际成本转变为私人边际成本，促使企业减少污染排放量，降低环境污染负外部影响，发挥了环境税的正外部效应。然而，环境税本身也存在一定的税收扭曲性（金戈，2013）。尤其在资本累积的经济增长阶段，政府在生产环节征收较高的环境税，不利于资本的累积，会造成产出增长乏力，甚至会导致经济停滞不前。面对越来越严格的环境规制政策，企业污染排放的成本越来越高，污染减排的动机也就越来越强；同时，政府将环境税的部分收入作为污染治理的补贴资金②，支持企业污染减排活动，会加大企业治污投入力度，也会减少环境税的扭曲效应。在这一背景下，本文企业的污染治理机制为：企业权衡资本的使用成本及污染排放的惩罚力度进行治污资本投入。

未来一段时期内，环境税的征收及其使用问题将会对中国经济增长与生态环境产生重要影响。政府应如何把握污染排放惩罚与减排补贴两者的主次关系和力度大小，既能够保持经济持续增长和社会福利改善，又能够推动企业进行污染减排，都需要从理论研究与中国环境治理实践中找出答案。

二、文献述评

环境税是促进企业污染减排的一项重要手段（Bovenberg and Ploeg，1994）。由于环境污染问题日益凸显，世界主要发达国家都陆续实施环境税政策并不断提高环境税水平（Barde and Owens，1996）。有关环境税的外部效应方面，鲍温伯格和穆艾（Bovenberg and Mooij，1997）等在一般均衡模型中设计环境污染的负外部性以及税收的扭曲性等机制，在稳态求解中得出最优的环境税不仅可以减少污染排放，而且能够提高产出水平。同时，他们认为税收扭曲机制导致最优环境税将不等于庇古税，有关最优环境税与庇古税的理论之争也成为一时的研究热点（Bovenberg and Goulder，1996；Bovenberg and Heijdra，1998；Goodstein，2003）。此后，有关环境规制与经济增长的关系也逐渐成为该领域的研究主流（徐现祥和李书娟，2015；黄滢等，2016；Chang et al.，2016）。陈诗一和陈登科（2018）研究指出政府的雾霾治理政策有助于改善大气环境和提高经济发展质量。

直观上看，环境税主要通过限制污染型生产要素的投入或商品的生产来降低污染水平。实际上，环境税还可以促使企业进行治污投入，以减少单位产出的污染排放这一途径降低污染水平（Pang and Shaw，2011），很多文献在研究环境税的理论模型中加入了企业的污染减排机制（Fredriksson，1997a；Pang and Shaw，2011；Beladi et al.，2013）。大多数学者认为，为应对越来越

① 本文设定的环境税，是一种从量计征的税种，按照征税对象（污染排放物）的计量单位征收固定税额。

② 污染治理补贴资金也是政府的一项环境政策，本文以政府对治污资本的财政补贴额占企业治污资本总额的比重作为财政补贴率指标，用于衡量政府对污染减排的支持力度。

严格的环境税政策，企业有动机不断地加大治污投入以减少污染排放，使得污染治理投入占 GDP 的比重不断提高，相应的环境质量也得到了明显改善，这一现象在发达国家中较为普遍。由于缺乏严格的环境税政策，导致许多发展中国家企业进行污染减排的动机不足，出现了严重的环境污染问题（Chen，2013；Greenstone and Hanna，2014；梁平汉和高楠，2014）。发展中国家政府对于开征环境税表现得非常谨慎，相应的环境污染治理投入也始终处于较低水平。

在有关环境税政策优化的研究中，很多文献都是针对新古典模型的稳态经济状态或者在稳态均衡附近展开研究（Heutel，2012；Oueslati，2014；Hassler et al.，2016）。还有文献采用内生增长模型进行研究（Rubio et al.，2009；Acemoglu et al.，2012；Acemoglu et al.，2016）。内生经济增长理论放松了新古典增长理论中技术进步率等假设条件，认为经济增长的动力来自内生化的技术进步率。然而发展中国家主要通过资本要素的不断累积、资源能源的大量消耗推动经济增长（田国强和陈旭东，2015）。在以要素投入为主的经济追赶模式下，中国经济发展水平仍处于 Ramsey 模型的鞍点路径上，还远未达到稳态经济状态（李稻葵等，2012）。大部分文献基于稳态经济状态或是平衡增长路径上展开研究，显然无法刻画出发展中国家经济发展的特征以及环境污染的累积过程，也就无法满足处于经济增长阶段国家中环境规制政策相关研究的需要。因此，通过构建新古典模型，求解鞍点路径上的均衡解，刻画以要素投入为主的发展中国家经济增长模式，建立通过治污资本投入进行污染减排的机制，寻找企业污染减排的时机，是本文的第一个重点研究内容。

为了降低企业污染减排的成本，在世界贸易组织（WTO）倡导下的政府污染减排补贴，已逐渐成为各国普遍实施的一种重要的环境规制政策（Fredriksson，2001）。与环境税这一惩罚性的规则政策相比，减排补贴是正向激励政策。有关政府最优减排补贴率、减排补贴是否能够降低环境污染水平等是这一领域新的研究热点（Fredriksson，1997a；肖欣荣和廖朴，2014；Aghion et al.，2016）。政府对企业进行污染减排补贴的目标在于促使企业加大治污投入并降低污染水平，但是弗雷德里克松（Fredriksson，1997b）、庞和肖（Pang and Shaw，2011）通过理论推导得出政府最优的减排补贴将会产生更高的污染水平，原因在于政府的污染减排补贴减弱了环境税的政策效果，导致最优环境税下降，进而使得产出规模扩大。由于规模效应造成的污染排放增加量大于单位产出污染水平下降所带来的污染排放减少量，最终导致污染水平上升。阿吉翁等（Aghion et al.，2016）在理论框架中假设技术进步具有路径依赖性，初始时期污染行业的生产率高于清洁型行业，对污染型行业进行征税和清洁型行业进行补贴，通过清洁产品替代降低环境污染水平。

然而，一些学者发现，在给定环境税不变的前提下，政府的减排补贴是有利于提高产出水平和降低污染排放量的（Pang and Shaw，2011），这对于仍然以要素驱动为主要增长模式的发展中国家而言，具有非常重要的政策启示。范庆泉等（2016）研究指出，无论环境外部性影响大小，在政府开征环境税的初始时期，税收扭曲效应将占据主导地位，导致产出水平下降。但从长期来看，污染排放的减少量以及累积释放的外部效应将会使得环境税的正外部性逐渐显现，最终实现环境税的“双重红利”；而减排补贴政策有利于缩小长短期目标之间的差距。因此将环境税与减排补贴①两种环境规制政策纳入统一的新古典模型理论框架中，分析环境规制政策对经济增长和污染累积的动态影响，厘清福利最大化目标下环境税与减排补贴之间的组合关系和变化趋势，促使企业加大治污投入力度，是本文的第二个重点研究内容。

本文构建包含环境污染累积过程的理论研究框架，刻画了污染减排的机制，采用射击（shooting）方法求解新古典模型鞍点路径上的均衡解②，既使得初始资本的选择不再受到求解的技术限

① 在本文中，环境税指的是为限制企业的污染排放行为政府征收的专门性税种；减排补贴指的是为鼓励企业的污染治理行为政府实施的财政补贴政策。

② 永奎斯特和萨金特（Ljungqvist and Sargent，2004）给出了一种可以计算出从新古典模型任意初始状态到稳态的均衡转移路径的数值模拟方法，并将其称之为射击（shooting）方法。本文在新古典模型鞍点路径上研究环境污染动态累积与长期经济增长之间的相互影响机制，这是以往有关环境经济学的相关文献（如 Hetuel，2012,；姚昕和刘希颖，2010；刘凤良和吕志华，2009）所未能涉及的。

制，又可以刻画出中国经济增长的现实特征，同时将环境污染的出现及累积过程内生于经济增长当中，解释了不同经济发展阶段环境规制政策对企业污染治理投入的影响差异，设计动态环境税和减排补贴率的环境规制政策组合，对于发展中国家建立完善的环境规制政策体系，实现经济平稳增长和环境质量改善，具有重要的参考价值。

本文剩余部分的结构安排如下：第三部分是环境污染累积与企业污染减排动机的理论框架构建和参数校准；第四部分是环境税对企业治污投入及治污时点选择的影响分析；第五部分是动态环境税与减排补贴政策组合下的企业治污投入与污染累积路径；最后是本文的结论。

三、环境污染累积过程与污染治理机制的理论框架构建

本文在拉姆齐－卡斯－库普曼模型基础上，参照海特尔（Heutel，2012）包含环境污染动态累积方程在内的理论模型设定思路，在新古典模型的鞍点路径上构建了包括能源消耗产生污染排放物、企业进行治污资本投入、政府征收环境税和实施减排补贴政策的理论模型，将环境污染的出现及累积过程内生于经济增长当中，刻画环境污染动态累积过程与长期经济增长之间的相互影响机制，研究如何运用动态环境规制政策以提高企业污染减排动机和促进经济增长的作用机制。

（一）模型设定

1. 产品部门与环境污染累积过程。自2000年以来，在资本的不断积累和大量消耗能源的基础上，中国经济实现了快速发展，同时粗放式增长成为中国经济发展的主要特征。根据海特尔（2012）、哈斯勒等（Hassler et al.，2016）的模型构建思路，本文设定生产过程中需要资本和能源两种投入要素，产品部门的生产函数表达式为[①]：

$$Y_t = [1 - D(X_t)] A_t K_{y,t}^{\alpha} E_{d,t}^{1-\alpha} \tag{1}$$

其中，Y_t 为第t期的产品部门的产出水平，$K_{y,t}$表示第t期产品部门的资本要素（y代表产品部门），$E_{d,t}$表示第t期的能源消费量（d代表能源的需求方），α为产品部门资本的生产弹性，1－α为能源要素的产出弹性。A_t 表示第t期的技术水平，X_t 表示第t期生态环境中未分解的污染排放物的累积存量，$D(X_t)$ 为效率损失函数，代表第t期环境污染对生产效率的负向影响。能源作为产品部门的中间投入品，能源部门的生产函数为：

$$E_{s,t} = B_t K_{e,t}^{\gamma} \tag{2}$$

其中，$E_{s,t}$为第t期的能源生产量（s代表能源的供给方），$K_{e,t}$表示第t期能源生产部门的资本要素（e代表能源生产部门），γ为能源生产部门的资本产出弹性，B_t 表示第t期的能源部门的技术水平。此外，本文将能源部门的生产函数代人产品部门，得到 $F(K_{y,t}, K_{e,t}) = [1 - D(X_t)] A_t B_t^{1-\alpha} K_{y,t}^{\alpha} K_{e,t}^{(1-\alpha)\gamma}$，该生产函数是二阶可微且单调递增的严格凹函数，满足稻田条件：$F_y>0$、$F_e>0$、$F_{yy}<0$、$F_{ee}<0$、$F_y(\infty, \circ)=0$、$F_e(\circ, \infty)=0$、$F_y(0, \circ)=\infty$、$F_e(\circ, 0)=\infty$ 等成立，其中“∘”表示相应位置的经济变量为任意值；由于 $1-[\alpha+(1-\alpha)\gamma]>0$，则 $F_{yy}F_{ee}-(F_{ye})^2>0$ 成立。

能源消耗过程中产生污染排放物EM_t，参照Pang和Shaw（2011）的思路，本文将污染排放函数设定为：

$$EM_t = f(E_{d,t}, K_{sd,t}) \tag{3}$$

其中，$K_{sd,t}$表示第t期企业投入的治污资本（sd代表资本的补贴方）。假设 $f_E(E_{d,t}, K_{sd,t})>0$ 表示

① 为刻画资本和能源要素驱动中国经济发展模式的主要特征，不失一般性，本文假设两部门生产函数中劳动力要素（L）保持不变，且始终取值为1。

随着能源消耗量增加，污染排放物也将增多；$f_K(E_{d,t}, K_{sd,t})<0$ 表示随着企业治污资本投入的增加，污染排放物将会减少。同时，设定 $f_{KK}(E_{d,t}, K_{sd,t})>0$ 表示随着治污资本投入的增加，其边际治污效果越来越小。

由于生态环境对污染排放物具有一定的分解能力，且设定生态环境即期分解的污染物排放量上限为 EM_0。我们假设当污染排放量低于 EM_0 时，不会造成环境污染。但随着能源消费量的不断提高，当期的污染排污量越来越大，以至于生态环境无法容纳更多的污染物，污染排放物逐年累积在生态环境中，形成了环境污染。环境污染的动态累积方程可以表示为：

$$\begin{cases} X_{t+1}=(1-\eta)X_t; & EM_t\leqslant EM_0 \\ X_{t+1}=(1-\eta)X_t+(EM_t-EM_0); & EM_t>EM_0 \end{cases} \tag{4}$$

其中，X_t 为第 t 期的环境污染存量，η 为生态环境对上期污染累积存量的分解系数，$0<\eta<1$。η 越小表示环境分解污染物的能力越弱。我们假设在经济发展初期由于污染排放量较小，不存在环境污染，即污染存量 $X_1=0$。

2. 环境税与污染治理机制。本文假设政府实施两种环境规制政策：对于企业污染排放进行征税（环境税）、对企业治污投入进行补贴（减排补贴），在此基础上，分析两种规制政策对于企业污染减排动机的影响。企业在生产活动中追求利润最大化，其利润函数表达式为：

$$\prod\nolimits_{y,t} = Y_t - r_{y,t}K_{y,t} - P_{e,t}E_{d,t} - r_{sd,t}(1-sd_t)K_{sd,t} - \tau_t(EM_t - EM_0)\Psi(EM_t) \tag{5}$$

$$\prod\nolimits_{e,t} = P_{e,t}E_{s,t} - r_{e,t}K_{e,t} \tag{6}$$

其中，$\prod_{y,t}$、$\prod_{e,t}$ 分别表示第 t 期产品部门和能源部门的利润水平，$r_{y,t}$、$r_{e,t}$、$r_{sd,t}$ 表示第 t 期的产品部门资本、能源生产部门资本和治污资本的租赁成本（即各种类型资本的回报率），$P_{e,t}$ 表示第 t 期能源价格水平。τ_t 为第 t 期政府针对污染排放量征收的环境税，是企业单位污染排放量的惩罚成本，$sd_t=\tau_t(EM_t-EM_0)\Psi(EM_t)rsd_t/r_{sd,t}K_{sd,t}$ 是第 t 期政府治污的财政补贴资金占企业治污资本总投入的比重，是对企业治污资本投入的一种补偿手段，rsd_t 是污染减排的财政补贴率，是第 t 期治污投入补贴资金的支出规模占环境税收入的比重。

在实际中，政府一般都会给企业一定的污染排放限额，当企业污染排放量低于该限额时，企业可以免费排污。本文假定当企业的污染排放量高于 EM_0 时，此时污染排放物开始逐渐累积并形成环境污染，政府对企业排污进行征税。如式（5）所示，$\Psi(EM_t)$ 为示性函数，当 $EM_t>EM_0$ 时，$\Psi(EM_t)=1$，设定 $\tau_t>0$；当 $EM_t\leqslant EM_0$ 时，$\Psi(EM_t)=0$，同时设定 $\tau_t=0$。

企业进行治污资本投入时需要权衡两方面因素，一方面是政府对企业单位污染排放物的征税力度，征税力度越大，污染排放的成本就越高，则污染减排的收益就会越大，企业治污资本的投入也就越多；另一方面是企业进行治污投入时的资本边际回报率，资本边际回报率越高，治污资本的机会成本就会越高，企业治污投入也就越少。

通过求解企业治污资本的拉格朗日条件，本文给出了企业治污动机的函数表达式：

$$[r_{sd,t}(1-sd_t)+\tau_t f_K(E_{d,t}, K_{sd,t})\Psi(EM_t)]K_{sd,t}=0 \tag{7}$$

其中，当 $EM_t\leqslant EM_0$ 时，式（7）可以简化为 $r_{sd,t}(1-sd_t)K_{sd,t}=0$，由于 $r_{sd,t}(1-sd_t)>0$ 恒成立，则 $K_{sd,t}=0$；当 $EM_t>EM_0$ 时，为了叙述方便，本文分为两种情况进行讨论，根据前文假设已知 $f_{KK}(E_{d,t}, K_{sd,t})>0$，则 $-\tau_t f_{KK}(E_{d,t}, K_{sd,t})<0$，相应的，$-\tau_t f_K(E_{d,t}, K_{sd,t})$ 为 $K_{sd,t}$ 的减函数。由于 $K_{sd,t}\geqslant 0$，则 $-\tau_t f_K(E_{d,t}, 0)$ 为该函数的最大值。当满足如下不等式条件时：

$$r_{sd,t}(1-sd_t)\geqslant -\tau_t f_K(E_{d,t}, 0) \tag{8}$$

则不存在 $K_{sd,t}>0$ 使得 $r_{sd,t}(1-sd_t)+\tau_t f_K(E_{d,t}, K_{sd,t})=0$ 成立，即 $K_{sd,t}=0$；当满足如下不等式条件时：

$$r_{sd,t}(1-sd_t)< -\tau_t f_K(E_{d,t}, 0) \tag{9}$$

则存在 $K_{sd,t}>0$ 满足 $r_{sd,t}(1-sd_t)+\tau_t f_K(E_{d,t}, K_{sd,t})=0$。此时，治污资本投入大于零，企业有了进

行污染减排的动机。显然，政府对污染排放的征税、对企业治污资本投入的补贴、资本边际回报率以及企业减排的边际效率都可能会影响企业的污染减排动机。值得注意的是，当政府对污染排放不征税的情况下，无论其他因素取值高低，企业都将不具备污染减排的动机。换言之，政府针对污染排放征税是企业进行污染减排的前提条件。在这一条件下，政府针对治污资本投入进行补贴才能进一步提高企业的污染减排动机。

此外，产品部门和能源生产部门的资本要素以及能源投入要素的一阶条件分别为：

$$r_{y,t}=\alpha\frac{Y_t}{K_{y,t}} \tag{10}$$

$$r_{e,t}=\gamma\frac{P_{e,t}E_{s,t}}{K_{e,t}} \tag{11}$$

$$P_{e,t}+\tau_t f_e(E_{d,t},\ K_{sd,t})\Psi(EM_t)=(1-\alpha)\frac{Y_t}{E_{d,t}} \tag{12}$$

3. 家庭部门的效应函数设定。根据刘凤良和吕志华（2009）、卢比奥等（Rubio et al.，2009）、阿西莫格鲁等（Acemoglu et al.，2012）、黄茂兴和林寿富（2013）等的相关研究的思路，本文假设存在一个以追求终生效用最大化为目标的代表性家庭，家庭部门的目标函数设定为：

$$\text{Max}\quad \sum_{t=0}^{\infty}\beta^t U_t(C_t,\ Q_t) \tag{13}$$

代表性家庭的预算约束为：

$$C_t+I_t=r_tK_t+\prod\nolimits_{y,t}+\prod\nolimits_{e,t}+Tr_t \tag{14}$$

其中，U_t 为代表性家庭的效用函数，其具体形式为 $U_t=(C_tQ_t^{\theta})^{1-\sigma}/(1-\sigma)$；$\sigma$ 为代表性家庭消费跨期替代弹性系数的倒数（$\sigma>0$），该值越大表明代表性家庭跨期消费的意愿就越小；θ 反映了代表性家庭对环境质量的偏好程度，该值越大，表明代表性家庭对环境质量的重视程度越高；β 表示效用贴现率。C_t 表示代表性家庭在第 t 期的消费水平，Q_t 表示第 t 期的环境质量，由 $Q_t=Q_0-X_t$ 计算而得，Q_0 表示初始时期的环境质量水平。I_t 表示代表性家庭在第 t 期的投资水平，K_t 表示总资本水平，Tr_t 表示政府对代表性家庭的转移支付额，该额度等于政府征收的环境税收入减去治污资本的财政补贴额。为简单起见，本文假设政府不存在其他类型的税收收入。此外，效用函数是二阶可微且单调递增的严格凹函数，满足稻田条件：$U_C>0$，$U_{CC}<0$，$U_C(0)=\infty$、$U_C(\infty)=0$①。

不失一般性，假设总资本等于产品部门资本、能源生产部门资本和治污资本三种资本水平之和，即：

$$K_{y,t}+K_{e,t}+K_{sd,t}=K_t \tag{15}$$

相应地，由于不同资本之间可以完全替代，不同类型资本的回报率也相等，即：

$$r_{y,t}=r_{e,t}=r_{sd,t}=r_t \tag{16}$$

总资本的动态累积方程如式（17）所示。

$$K_{t+1}=(1-\delta)K_t+I_t \tag{17}$$

其中，δ 表示资本折旧率。进一步求解可得代表性家庭跨期消费选择的欧拉方程为：

$$C_{t+1}^{\sigma}=C_t^{\sigma}(Q_{t+1}/Q_t)^{\theta(1-\sigma)}\beta[r_{t+1}+(1-\delta)] \tag{18}$$

4. 政府预算平衡与市场出清条件。政府预算约束平衡条件的表达式为：

$$Tr_t=\tau_t(EM_t-EM_0)-r_{sd,t}sd_tK_{sd,t} \tag{19}$$

为了进行均衡求解，还需要给出产品市场和能源市场的出清条件：

$$C_t+I_t=Y_t \tag{20}$$

$$E_{d,t}=E_{s,t} \tag{21}$$

① 由于效用函数和生产函数均满足稻田条件，理论模型均衡解存在且唯一（Mangasarian，1966）。

（二）参数校准

1. 资本生产弹性系数的校准。参考张军和章元（2003）对中国资本存量的测算方法，本文计算了 1998～2013 年中国的资本存量序列，选取年折旧率 $\delta = 9.6\%$。在这一阶段中，产品部门资本和能源生产部门资本是促进中国经济高速增长的主要来源，企业治污资本的形成还处于起步阶段，与上述两种资本相比，治污资本数额非常小。不失一般性，根据能源工业固定资产投资额占全社会固定资产投资额的比重，将中国总资本存量序列拆分为产品部门资本和能源生产部门资本两部分。为了能够估计不同类型的资本弹性系数，针对产品部门和能源生产部门的生产函数分别进行了估计：

$$\ln gdp_t = \omega_0 + \alpha \ln capital_{y,t} + (1-\alpha)\ln energy_{d,t} + \omega_1 \ln Z_t + \varepsilon_t \tag{22}$$

$$\ln energy_{s,t} = \varphi_0 + \gamma \ln capital_{e,t} + \varphi_1 \ln labor_{e,t} + \mu_t \tag{23}$$

其中，gdp_t 是中国 1998～2013 年不变价的产出序列，$energy_{d,t}$、$energy_{s,t}$分别表示能源消费量和能源生产量序列，$capital_{y,t}$是产品部门资本存量序列，$capital_{e,t}$是能源生产部门资本存量序列，$labor_{e,t}$是能源生产部门的就业人数，Z_t 是包含全要素生产率和产品部门就业人数在内控制变量的向量组。中国全要素生产率根据赵志耘和杨朝峰（2011）、白重恩和张琼（2015）估算结果整理而得。能源生产部门的就业变量选取采矿业部门的从业人数，产品部门的就业人数是扣除能源生产部门就业人数后的全国从业人数。通过估计得到产品部门的资本产出弹性系数为 $\alpha = 0.508$，能源生产部门的资本产出弹性系数 $\gamma = 0.390$。

2. 污染排放函数和效率损失函数的系数估计。对于污染排放函数 $f(E_{d,t}, K_{sd,t})$ 和污染效率损失函数 $D(X_t)$ 的设定，本文借鉴了海特尔（2012）使用一元二次方程式拟合函数的思路，根据污染排放函数中治污资本一阶、二阶导数的特征，选取相应的曲线部分；类似地，根据环境污染累积对产出的负向影响程度越来越大的特征，选取一阶导数（D_X）和二阶导数（D_{XX}）均大于零的某一曲线部分。对于这些方程中系数的估计，本文重点参考了杨继生等（2013）的研究结果，以环境污染成本约占实际产出的 8%～10% 作为环境污染对生产率影响程度的基准，多次调试理论模型的拟合值，使得实际损失程度与理论模拟的损失程度保持一致，以尽可能地提高理论模型的拟合度，最后得到初始环境质量取值为 $Q_0 = 6.5$；污染排放函数为 $f(E_{d,t}, K_{sd,t}) = 0.435E_{d,t}(0.0192K_{sd,t}^2 - 0.192K_{sd,t} + 1)$；污染效率损失函数为 $D(X_t) = 0.0277X_t^2$。此外，生态环境对上期污染累积存量的分解系数 $\eta = 0.25$（Heutel，2012）。

3. 其他参数校准。本文选取代表性家庭消费跨期替代弹性系数倒数 $\sigma = 1.1$、代表性家庭对环境质量的偏好程度参数 $\theta = 0.08$（刘凤良和吕志华，2009）；根据李成等（2011）给出中国季度效用贴现率为 0.993，换算成本文使用的年度效用贴现率为 $\beta = 0.975$；参考范庆泉等（2016）有关产品部门和能源部门技术水平参数值的选取，我们设定产品部门技术水平为 $A_t = 1$、能源部门技术为 $B_t = 0.93$。

中国环境污染问题自 2000 年以来逐渐凸显（范庆泉等，2016）。基于此，本文选择的鞍点路径上经济发展的初始时期应早于 2000 年。根据张军和章元（2003）对中国资本存量的测算值和中国实际 GDP 序列，本文测算了中国 1998 年的资本产出比为 2.04。在确定理论模型其他所有参数的基础上，我们将理论模型初始时期选取为 1998 年。参照李稻葵等（2012）思路，本文以 1998 年的资本产出比校准理论模型中初始资本的取值。在初始资本取值为 $K_1 = 2.4$ 时，本文的理论模型通过模拟测算初始时期的资本产出比为 2.04。在确定初始资本值的基础上，进一步模拟理论模型 1999 年和 2000 年的污染排放量，我们假设 EM_0 大于 1999 年的污染排放量，但小于 2000 年的污染排放量。因此，本文将 EM_0 取值为两个时期污染物排放量模拟的平均值 0.35。

此外，借鉴刘凤良和吕志华（2009）有关模型参数敏感性分析的思路，本文构造了单位能耗（能源消费量/总产出）、资本产出比（资本水平/总产出）、投资消费比（投资/消费）、环境税收入占总产出的比重、财政补贴金额占治污总投入的比重等五种经济结构变量，并在稳态经济阶段对主要参数进行了敏感性测试。结果表明，随着参数小幅变化，资本产出比等经济结构变量变化幅度不大，并且参数的不同取值并未影响本文的主要结论①。

四、环境税对企业治污投入水平和时点选择的影响分析

在现实经济中，政府实施环境税既能够通过增加企业污染排放的边际成本，限制企业使用污染型生产要素，还可以增加企业污染减排的边际收益，促使企业加大治污资本投入，降低单位产出的污染排放量。然而，环境税设定过高又不利于企业的生产活动进而会对经济增长造成一些负向影响。因此，环境税是一把“双刃剑”，是否存在适度的环境税政策，既能够激发企业的污染减排动机，又可以促进经济持续增长，本文将对此进行分析。

（一）环境税政策的设定

在新古典模型的鞍点路径上，环境污染是从无到有逐渐累积的。相应地，根据环境污染对经济增长影响的负外部性逐渐增大，环境税也应从小到大逐渐提高。基于这一研究思路，本文在鞍点路径上设定两种类型的环境税政策，分别是在各个时期环境税由零逐渐增加到稳态环境税的“动态”环境税政策②，以及各个时期环境税都为稳态环境税的“严格”环境税政策。其中，稳态环境税指的是在新古典模型的稳态状态下求解得出的最优环境税。为了直观地反映环境税的外部性特征，本文在理论模拟中增加了不实施环境税的情景，称为“无”环境税政策。

需要说明的是，环境税设定的上限是不高于稳态环境税。稳态环境税是在新古典模型稳态阶段福利最大化目标下求得的最优环境税，如果税额设定高于稳态环境税，一方面会造成福利水平的下降，不利于优化目标的实现；另一方面，在鞍点路径上的经济增长阶段，环境污染还处于初步累积阶段，其负外部影响还处于较低水平，高于稳态环境税的税额设定会限制生产要素投入并造成经济增长乏力，因此税额设定不宜高于稳态环境税。

（二）环境税对企业治污投入水平的影响分析

在图 1 中，本文给出了不同环境税政策下企业治污资本投入水平的变化情况。在无环境税政策的情况下，根据式（7），由于污染减排的边际收益为零，企业没有污染减排的动机，以至于治污资本的投入水平在各个时期始终为零；在税额逐渐提高的动态环境税政策下，企业在鞍点路径上的第 24 期开始进行治污资本投入，并逐期提高治污资本的投入水平，直到稳态时达到均衡治污资本水平。在各个时期都采取稳态税额的严格环境税政策下，企业进行治污投入的时点向前移动了 11 期左右，并且在以后各期的严格环境税政策下，企业的治污资本投入水平也都高于动态环境税政策下的投入水平，直到稳态时两种环境税政策下的治污资本投入水平相等。

---

① 在给定环境规制政策下，针对新古典模型鞍点路径进行求解，并不会影响经济稳态时各变量的均衡解，仅会影响各变量到达经济稳态的时间。鉴于此，本文在稳态经济阶段对主要参数进行了敏感性测试。限于篇幅，正文中没有报告相关结果。

② 在新古典模型鞍点路径上，由于环境污染的负外部效应是逐期变大的，因此，在这一阶段实施的环境税也应该是动态变化、逐渐增大的。本文以鞍点路径上第 1 至 T_1 期效用贴现之和作为福利目标的优化函数对环境税政策进行优化。限于数值模拟技术，在缺少其他有效约束条件的前提下，在 T_1 的维度空间中，T_1 个环境税变量的优化解无法得到。因此本文选取一元二次函数的部分曲线拟合动态环境税。具体函数设定为 $\tau_t = a_1 t^2 + b_1 t + c_1$，该函数所有参数的取值分别为 $a_1 = -1.970 \times 10^{-4}$，$b_1 = 0.0394$，$c_1 = 0$。此外，在本文给定的理论模型和参数值的情况下，求得新古典模型稳态阶段的最优环境税为 $\tau_t = 1.97$，动态环境税满足：$0 \leq \tau_t \leq 1.97$。当拟合函数取值小于零时，则 $\tau_t = 0$；当拟合函数取值大于 1.97 时，则 $\tau_t = 1.97$。限于篇幅，详细求解过程，作者留存备案。

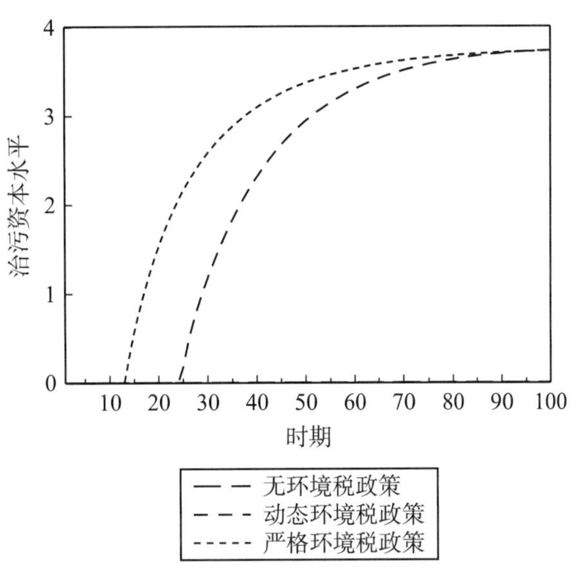

图 1　不同环境税下企业治污资本的投入水平

环境税设定的越高，企业进行治污资本投入的时点就越早，在鞍点路径上各个时期治污投入的力度也越大。就激发企业污染减排动机而言，严格环境税似乎更好一些。然而，即使在严格的环境税政策下，企业进行污染减排的动机也是不足的，主要表现为两个方面：一是相对于污染产生的时点而言，严格环境税下企业进行治污投入的时点还是滞后了 11 期左右；二是在稳态环境税的“天花板”下，鞍点路径上各个时期环境税无法进一步促进企业加大治污投入力度（见图 1）。

（三）环境税对经济增长和福利改善的政策效应分析

除了实现降低污染水平的目标外，政府实施环境税政策更为关键的目标是保持经济持续增长和社会福利不断改善，发挥环境税的正外部性。在图 2、图 3 中，本文分别给出了不同环境税政策下鞍点路径上均衡产出水平和均衡消费水平的变化趋势。

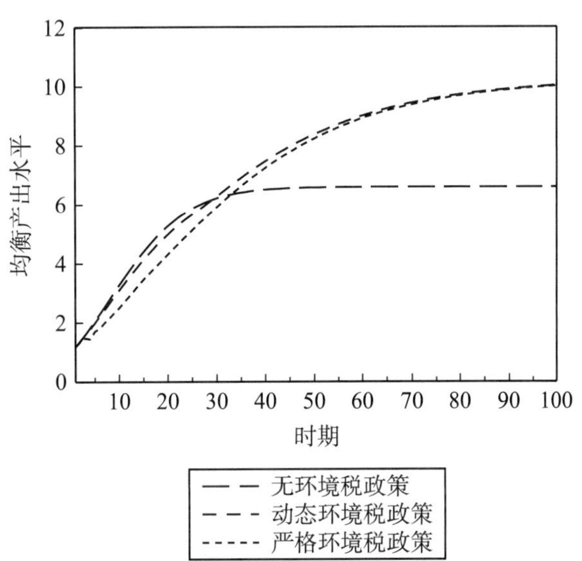

图 2　不同环境税下鞍点路径上的均衡产出水平

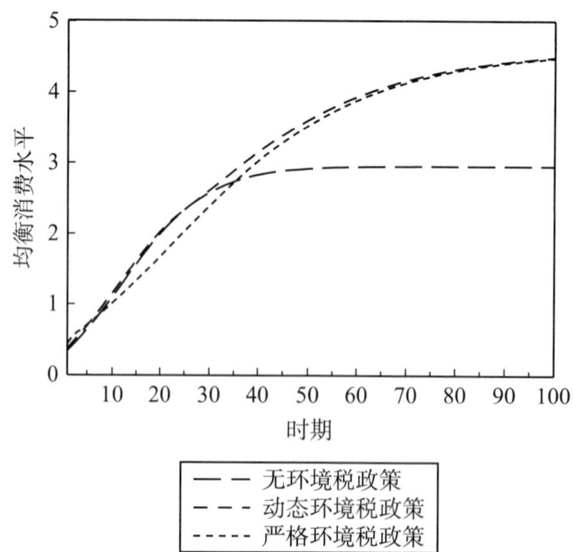

图3　不同环境税下鞍点路径上的均衡消费水平

从均衡产出的角度来看，无环境税政策下，尽管在短期内（前29期）经济中维持了高产出水平，但是由于环境污染累积对产出造成的负外部性影响，使得在第30期至100期无环境税政策下的均衡产出始终处于较低水平；严格环境税政策下，在短期内（前33期）税收的扭曲效应占据主导地位，由于限制能源生产要素的投入，导致产出水平在很长时间内大幅低于无环境税政策下的产出水平；相比而言，由于前期环境税设定的较低，动态环境税在短期内的税收扭曲效应较小，并没有造成产出水平的大幅下降，而且中后期动态环境税的外部效应不断凸显，使得产出长期处于较高水平。

消费是效用函数中的主要变量，在一定程度上可以作为福利水平的代表。从均衡消费的角度来看，在无环境税政策情景下，经济发展对能源的过度依赖行为不能得到有效抑制，环境污染的负外部性导致均衡消费始终处于较低水平；严格环境税将会促使代表性家庭将更多的产出分配到消费领域，然而在经济增长阶段这种高消费不具有可持续性，高消费导致资本的累积水平偏低，迅速造成经济增长乏力，使得鞍点路径上均衡消费长期处于较低水平。与上述两种情形相对照，动态环境税则维持了资本累积与消费之间动态平衡关系，可以使整条鞍点路径上均衡消费长期处于较高水平，实现了鞍点路径上福利最大化的目标。

总之，政府设定的环境税越高，企业的污染减排动机越大；而为了实现鞍点路径上福利最大化目标，在经济快速增长阶段，环境税又不宜设定过高。显然，环境税税率的确定要兼顾提高企业污染减排动机和保持经济持续增长两个方面。

（四）企业进行治污投入的时点选择

基于上述分析可得，渐进递增的动态环境税政策能够适度激发企业的污染减排动机。实际上，在动态环境税政策作用下，企业进行治污资本投入的边际成本与边际收益不断发生变化，两者关系的大小决定了企业进行治污资本投入所选择的时点。图4给出了鞍点路径上企业治污投入的边际成本与边际收益曲线。

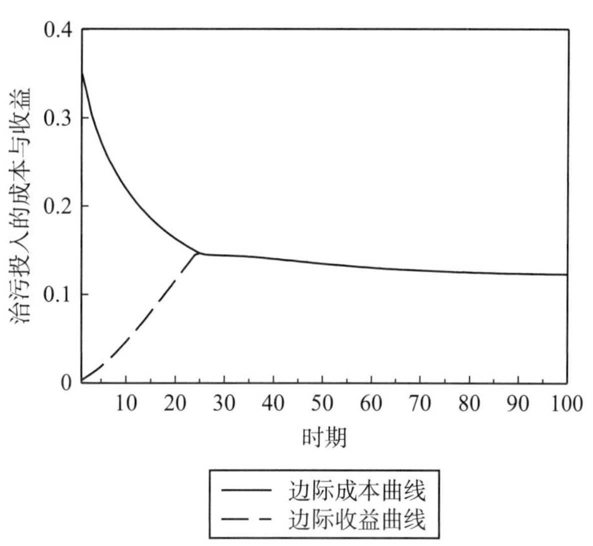

图 4　鞍点路径上企业治污投入的成本收益分析

在图 4 中，随着鞍点路径上经济增长与环境污染程度的加重，环境税不断提高，政府对污染排放的征税力度不断加大，污染排放的成本不断提高，污染减排的收益持续上升，即企业进行治污资本投入的边际收益逐渐增大；与之相对，在鞍点路径上在资本要素不断累积和经济规模不断扩大的过程中，资本的边际回报率则不断下降。实际上，资本边际回报率决定了企业进行治污资本投入的机会成本，资本回报率的持续下降正是企业治污资本投入的边际成本不断降低的体现。随着治污资本投入边际成本的下降与边际收益的上升，当两者相等时，就出现了企业进行治污投入的时机。与之相对，在鞍点路径上的第 1 至第 24 期（见图 4），治污资本的边际成本大于边际收益时，企业最优的治污投入水平为零。

在保持鞍点路径上福利水平最大化的前提下，如何进一步提高企业的污染减排动机，使得企业治污投入的时点与污染出现的时点相一致，即从第 1 期开始企业就进行治污资本投入，以实现环境污染有效控制的目标，则需要在给定环境税政策的前提下，从政府减排补贴政策对企业治污投入影响的角度进一步展开研究。

五、动态环境税与减排补贴政策组合的效果分析

政府减排补贴可以降低企业治污投入的边际成本，从理论角度看，当单位治污资本的补贴比率很高时，企业治污投入的边际成本趋近于零，当出现环境污染并实施环境税时，无论税额大小，企业都将有激励进行污染减排投入。因此，政府污染减排补贴政策可以使得企业治污投入时点与环境污染出现时点相一致。对于如何实现政府污染减排补贴资金和环境税收入之间的优化组合，以及发挥政策组合在控制污染累积水平、促进经济增长与福利增进中的作用，是第五部分的重点研究内容。

（一）政府污染减排补贴政策的设定

在鞍点路径上的经济增长阶段，在实施环境税的初始时期，税收扭曲效应占据主导地位。同时，在这一阶段资本边际回报率较高，环境税限制了生产要素的投入规模，导致了产出损失。此时，如果将环境税收入全部或者部分以减排补贴的形式转移给企业，一方面可以缓解环境税对企业产出水平的不利影响，将有利于提高企业的产出水平；另一方面还可以尽早地促进企业进行污染减

排，降低环境污染水平。显然，政府减排补贴在激发企业污染减排动机、促使经济增长等方面具有重要作用。

前面我们已经分析了在无环境税、严格环境税和动态环境税三种情形下环境税与企业的污染减排动机的关系。动态环境税能够在保证经济增长与社会福利的目标下，适度激发企业的污染减排动机，因此，在三种环境税政策中，动态环境税是最优的政策选择。另外，在新古典模型的稳态阶段，在给定稳定环境税的前提下，可以求解得出政府的最优减排补贴率。本文发现，在稳态阶段的最优减排补贴率是小于 1 的，这意味着以福利最大化为目标时，政府应该将环境税收入中的部分资金以减排补贴的形式转移给企业。

对此，与第四部分中有关动态环境税的设定思路类似，本文在理论模型中设定了两种补贴情形，分别进行模拟分析：第一种，政府将环境税的收入全部作为减排补贴返还给企业，即政府的“完全”减排补贴政策；第二种，在鞍点路径上设定动态减排补贴率，由完全补贴逐渐下降到稳态时的最优减排补贴率，称为“动态”减排补贴政策①。图 5 给出了减排补贴政策的设定形式。在给定动态环境税的前提下，为了进行对比分析，本文在两种减排补贴政策基础上增加了无减排补贴政策的情景，因此形成了三种环境规制政策组合情形，分别是动态环境税—无减排补贴、动态环境税—动态减排补贴、动态环境税—完全减排补贴。

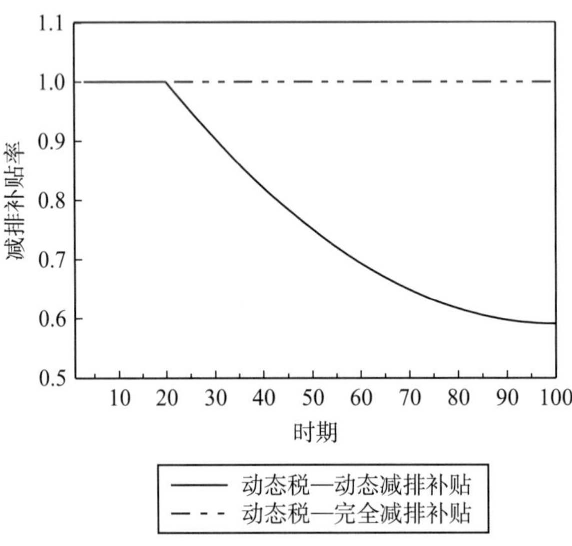

图 5　鞍点路径上减排补贴占环境税的比重

（二）动态环境税与减排补贴政策对企业治污投入的影响分析

基于上述分析，本文给出了动态环境税与不同污染减排补贴政策对企业治污资本投入水平影响情况（见图 6）。显然，动态环境税—动态减排补贴、动态环境税—完全减排补贴两种环境规制政策组合使得在环境污染出现时企业开始了治污资本投入，即减排补贴政策实现了企业治污投入时点与环境污染出现时点相一致的目标。同时，与无减排补贴政策相比，在鞍点路径上各个时期，动态减排补贴、完全减排补贴作用下的企业治污资本投入水平更高。

总体而言，政府污染减排补贴政策解决了在鞍点路径上单独实施环境税政策时企业污染减排动

① 类似于动态环境税的优化过程，本文选取一元二次函数的部分曲线拟合动态减排补贴率。具体函数设定为 $rsd_t = a_2 t^2 + b_2 t + c_2$，该函数所有参数的取值分别为 $a_2 = 6.094 \times 10^{-5}$，$b_2 = -0.0122$，$c_2 = 1.219$。此外，在本文给定的理论模型和参数值的情况下，求得新古典模型稳态阶段的最优补贴率（政府对企业治污投入的补贴占环境税收入的比重）为 $rsd_t = 0.61$，动态补贴率满足：$0.61 \leqslant rsd_t \leqslant 1$。当拟合函数取值小于 0.61 时，则 $rsd_t = 0.61$；当拟合函数取值大于 1 时，则 $rsd_t = 1$。详细求解过程，作者留存备索。

机不足的问题，一方面在环境污染出现时（见图6的第3期）企业就开始进行治污投入，另一方面鞍点路径上各个时期企业的治污投入水平都得到了大幅度提高。因此，政府减排补贴政策有效提高了企业进行污染减排的动机。尽管动态减排补贴和完全减排补贴政策在初期（见图6的前20期）对企业治污投入水平的影响是一致的，但随着动态减排补贴政策中减排补贴率的下降，相应的企业治污资本的投入水平也逐渐地低于完全减排补贴政策下的投入水平。

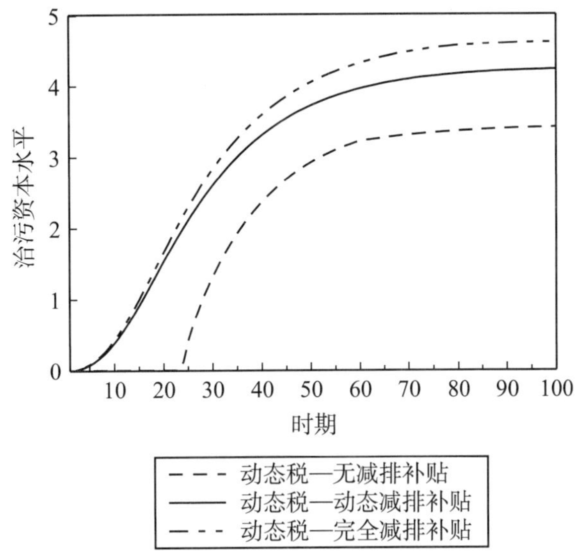

图6 不同减排补贴下企业治污资本的投入水平

（三）动态环境税与减排补贴对经济增长和社会福利的影响分析

与环境税政策类似，政府减排补贴政策提高企业污染减排动机的最终目的，是实现鞍点路径上福利最大化目标。在这一目标下，本文将比较政府不同减排补贴的政策效果，以期得出最优的环境规制政策组合。在图7、图8中，本文分别给出了动态环境税与不同政府减排补贴政策下鞍点路径上均衡产出水平和均衡消费水平的变化趋势。

从均衡产出的角度来看（见图7），政府减排补贴政策下鞍点路径上的产出水平要明显高于无减排补贴政策时的产出水平，同时动态环境税—政府完全减排补贴政策下的产出水平也要高于动态环境税－动态减排补贴政策时的水平。政府减排补贴力度越大，企业的产出水平就越高，主要是因为政府减排补贴提高了企业的治污资本投入水平，降低了单位产出的污染排放量。这不仅减弱了环境污染对于产出的不利影响，而且降低了企业污染型生产要素使用的边际成本，提高了企业对生产要素的投入需求，产生了规模效应。

从均衡消费的角度来看（见图8），与无减排补贴政策相比，鞍点路径上政府减排补贴政策下的消费水平要更高，然而，与动态环境税—动态减排补贴政策相比，动态环境税—政府完全减排补贴政策下的消费水平更低。结合图7和图8可得，动态环境税—政府完全减排补贴政策下“高产出、低消费”的现象表明，如果始终保持高水平的减排补贴政策，扩大的产出规模并没有带来更高的福利水平，产出是无效率的。换言之，政府将环境税收入全部以减排补贴的方式转移给企业，在经济发展初期阶段，是有利于保持经济持续增长的，但是随着环境税收入的规模扩大和资本边际回报率的持续下降，政府的减排补贴率也应该随之下调，否则过度的减排补贴将会扭曲企业生产要素的配置，反而导致鞍点路径上福利水平的下降。

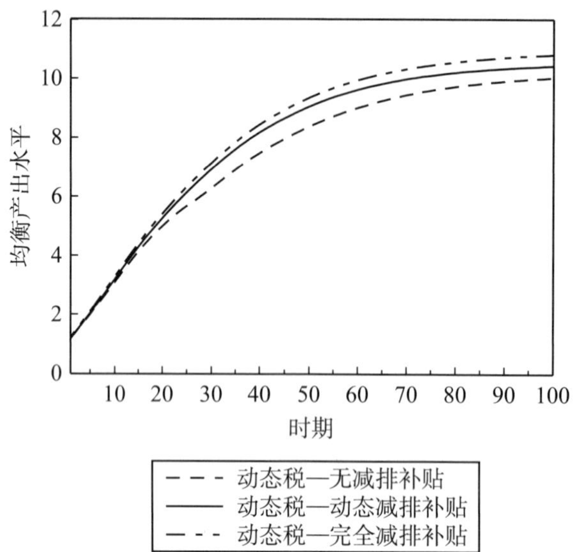

图 7　不同减排补贴下鞍点路径上的均衡产出水平

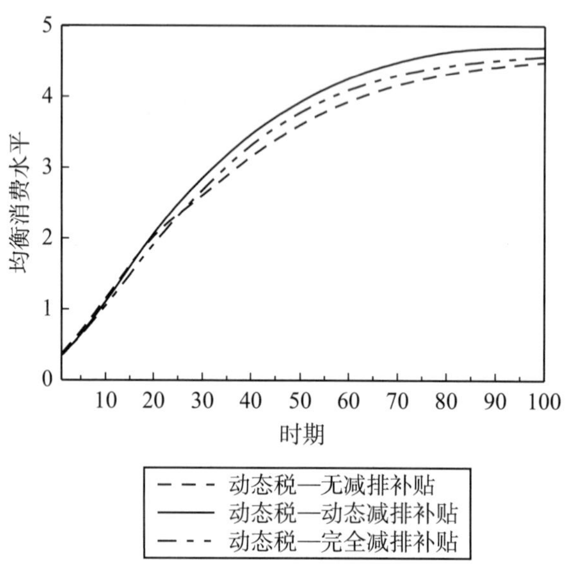

图 8　不同减排补贴下鞍点路径上的均衡消费水平

基于上述分析可得，在各种环境规制政策中，实施渐进递增的动态环境税和渐进递减的动态减排补贴这一政策组合可以实现鞍点路径上福利水平最大化目标，提高了企业污染减排动机。需要注意的是，环境税是促使企业进行污染减排的前提条件，然而单独的环境税政策，无论税额高低，都无法充分调动企业的污染减排动机。此外，在动态环境税政策下，减排补贴政策可以激发企业的污染减排动机并提高治污投入力度。然而，政府减排补贴资金的支出规模不能高于环境税收入，并且应逐渐下调减排补贴资金占环境税收入的比重。

（四）动态环境规制政策下的污染累积路径

在本文中，各种环境规制组合政策通过激发企业污染减排动机，主要是为了有效控制环境污染，只有这样才能够减少环境污染负外部性对经济增长和福利改善的不利影响。因此，不同环境规制政策下环境污染的状况能够进一步反映政策的有效性。图 9 给出了无环境规制政策、动态环境税政策、动态环境税—动态减排补贴政策三种情况下鞍点路径上的环境污染累积路径。

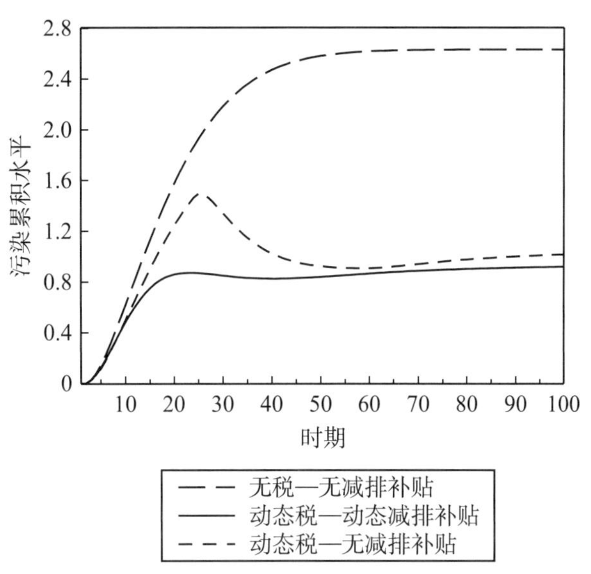

图9　不同环境规制政策下鞍点路径上的污染累积水平

图9显示，如果没有环境规制政策，环境污染将无法得到控制，环境污染水平会迅速上升，直到稳态中保持高污染的均衡特征；与无环境规制政策相比，仅实施动态环境税政策下的环境污染累积水平在各个时期均有大幅度的下降，然而却无法避免在环境税较低阶段环境污染的过度累积，出现了倒“U”型环境污染路径。相比之下，如果实施动态环境税—动态减排补贴政策，鞍点路径上的环境污染累积水平始终处于最低水平，环境污染得到了有效控制。因此，动态环境税—动态减排补贴政策解决了环境税在控制环境污染和保持经济增长中面临的两难选择问题，是最优的环境规制政策组合。

六、结论及政策启示

本文在同一理论框架中分析了环境污染的累积过程、污染减排机制以及要素驱动型的经济发展模式，构建了包括企业进行治污投入、政府针对污染排放进行征税和实施减排补贴的理论模型，采用射击（shooting）方法计算鞍点路径上的均衡解，厘清了环境税与减排补贴之间的优化结构和变化趋势，主要结论为：

环境税是促使企业进行治污投入的前提条件，但是仅实施环境税对企业污染减排动机的激励不足，环境污染无法得到有效控制，将会产生倒“U”型的污染累积路径，环境污染的负外部性会造成较高的生产效率损失和社会福利损失。政府减排补贴政策将环境税收入以减排补贴的方式转移给企业，可以缓解环境税在短期内对经济发展造成的不利影响，并且提高了企业的污染减排动机。但是，在政府实施环境税和完全减排补贴的情形下，虽然初始时期缓解了环境税对产出的不利影响，但长期来看将会扭曲企业生产要素的配置，扩大的产出规模并没有带来更高的福利水平，导致过高的无效率产出。

通过对比可知，渐进递增的动态环境税和渐进递减的动态减排补贴率的环境规制政策组合平衡了经济增长与环境污染的关系，提高了企业的污染减排动机，并使得企业治污资本的投入时点与环境污染出现的时点相一致，不仅有效控制了环境污染的累积，而且实现了鞍点路径上的福利最大化目标，解决了环境税在控制环境污染和保持经济增长之间的两难选择问题，是最优的环境规制政策组合。

参考文献：

1. 白重恩、张琼：《中国生产率估计及其波动分解》，载于《世界经济》2015 年第 12 期。

2. 陈诗一、陈登科：《雾霾污染、政府治理与经济高质量发展》，载于《经济研究》2018 年第 2 期。

3. 范庆泉、周县华、张同斌：《动态环境税外部性、污染累积路径与长期经济增长：兼论环境税的开征时点选择问题》，载于《经济研究》2016 年第 8 期。

4. 黄茂兴、林寿富：《污染损害、环境管理与经济可持续增长——基于五部门内生经济增长模型的分析》，载于《经济研究》2013 年第 12 期。

5. 黄滢、刘庆、王敏：《地方政府的环境治理决策：基于 SO_2 减排的面板数据分析》，载于《世界经济》2016 年第 8 期。

6. 金戈：《最优税收与经济增长：一个文献综述》，载于《经济研究》2013 年第 7 期。

7. 李成、马文涛、王彬：《学习效应、通胀目标变动与通胀预期形成》，载于《经济研究》2011 年第 10 期。

8. 李稻葵、徐欣、江红平：《中国经济国民投资率的福利经济学分析》，载于《经济研究》2012 年第 9 期。

9. 梁平汉、高楠：《人事变更、法制环境和地方环境污染》，载于《管理世界》2014 年第 6 期。

10. 刘凤良、吕志华：《经济增长框架下的最优环境税及其配套政策研究——基于中国数据的模拟运算》，载于《管理世界》2009 年第 6 期。

11. 田国强、陈旭东：《中国经济新阶段的发展驱动转型与制度治理建设》，载于《中共中央党校学报》2015 年第 5 期。

12. 肖欣荣、廖朴：《政府最优污染治理投入研究》，载于《世界经济》2014 年第 1 期。

13. 徐现祥、李书娟：《政治资源与环境污染》，载于《经济学报》2015 年第 1 期。

14. 杨继生、徐娟、吴相俊：《经济增长与环境和社会健康成本》，载于《经济研究》2013 年第 12 期。

15. 姚昕、刘希颖：《基于增长视角的中国最优碳税研究》，载于《经济研究》2010 年第 11 期。

16. 张军、章元：《对中国资本存量 K 的再估计》，载于《经济研究》2003 年第 7 期。

17. 赵志耘、杨朝峰：《中国全要素生产率的测算与解释：1979 ~ 2009 年》，载于《财经问题研究》2011 年第 9 期。

18. Acemoglu, D.; Aghion, P.; Bursztyn, L. and Hemous, D. "The Environment and Directed Technical Change." *American Economic Review*, 2012, 102 (1), 131 – 166.

19. Acemoglu, D.; Akcigit, U.; Hanley, D. and Kerr, W. R. "Transition to Clean Technology." *Journal of Political Economy*, 2016, 124 (1), 52 – 103.

20. Aghion, P.; Dechezleprêtre, A.; Hémous, D. and Reenen, J. "Carbon Taxes, Path Dependency and Directed Technical Change: Evidence from the Auto Industry." *Journal of Political Economy*, 2016, 124 (1), 1 – 51.

21. Barde, J. P. and Owens, J. "The Evolution of Eco – Taxes." *OECD Observer*, 1996, 198, 11 – 16.

22. Beladi, H.; Liu, L. and Oladi, R. "On Pollution Permits and Abatement." *Economics Letters*, 2013, 119 (3), 302 – 305.

23. Bovenberg, A. L. and Heijdra, B. J. "Environmental Tax Policy and Intergenerational Distribution." *Journal of Public Economics*, 1998, 67 (1), 1 – 24.

24. Bovenberg, A. L. and Goulder, L. H. "Optimal Environmental Taxation in the Presence of Other Taxes: General Equilibrium Analyses." *American Economic Review*, 1996, 86 (4), 985 – 1000.

25. Bovenberg, A. L. and Mooij, R. A. D. "Environmental Tax Reform and Endogenous Growth." *Journal of Public Economics*, 1997, 63 (2), 207 – 237.

26. Bovenberg, A. L. and Ploeg, F. V. D. "Environmental Policy, Public Finance and the Labor Market in a Second – Best World." *Journal of Public Economics*, 1994, 55 (3), 349 – 390.

27. Chang, T.; Zivin, J.; Gross, T. and Neidell, M. "Particulate Pollution and the Productivity of Pear Packers." *American Economic Journal: Economic Policy*, 2016, 8 (3), 141 – 169.

28. Chen, Y.; Ebenstein, A.; Greenstone, M. and Li, H. "From the Cover: Evidence on the Impact of Sustained Exposure to Air Pollution on Life Expectancy from China's Huai River Policy." *Proceedings of the National Academy of Sciences of the United States of America*, 2013, 110 (32), 12936 – 12941.

29. Fredriksson, P. G. "Environmental Policy Choice: Pollution Abatement Subsidies." *Resource & Energy Economics*, 1997a, 20 (1), 51 -63.

30. Fredriksson, P. G. "The Political Economy of Pollution Taxes in a Small Open Economy." *Journal of Environmental Economics & Management*, 1997b, 33 (1), 44 -58.

31. Fredriksson, P. G. "How Pollution Taxes may Increase Pollution and Reduce Net Revenues." *Public Choice*, 2001, 107 (1), 65 -85.

32. Greenstone, M. and Hanna, R. "Environmental Regulations, Air and Water Pollution, & Infant Mortality in India." *American Economic Review*, 2014, 104 (10), 3038 -3072.

33. Goodstein, E. "The Death of the Pigovian Tax? Policy Implications from the Double - Dividend Debate." *Land Economics*, 2003, 79 (3), 402 -414.

34. Hassler, J.; Krusell, P. and Nycander, J. "Climate Policy." *Economic Policy*, 2016, 31 (87), 503 -558.

35. Heutel, G. "How Should Environmental Policy Respond to Business Cycles? Optimal Policy under Persistent Productivity Shocks." *Review of Economic Dynamics*, 2012, 15 (2), 244 -264.

36. Ljungqvist, L. and Sargent, T. J. *Recursive Macroeconomic Theory*. Cambridge, Massachusetts: MIT Press, 2004, 310 -312.

37. Mangasarian, O. L. "Sufficient Conditions for the Optimal Control of Nonlinear Systems." *Siam Journal on Control*, 1966, 4 (1), 83 -93.

38. Oueslati, W. "Environmental Tax Reform: Short - Term versus Long - Term Macroeconomic Effects." *Journal of Macroeconomics*, 2014, 40 (4), 190 -201.

39. Pang, A. and Shaw, D. "Optimal Emission Tax with Pre - Existing Distortions." *Environmental Economics & Policy Studies*, 2011, 13 (2), 79 -88.

40. Rubio, S. J.; García, J. L. and Hueso, J. L. "Neoclassical Growth, Environment and Technological Change: The Environmental Kuznets Curve." *The Energy Journal*, 2009, 30 (S2), 143 -168.

（本文载于《世界经济》2018 年第 8 期）

反垄断审查中数据聚集的竞争影响评估

——以微软并购领英案为例

韩春霖

摘　要： 涉及数据聚集的企业并购案正逐年增多。数据聚集可扩大企业规模、提高效率，使消费者受益，但也会增强企业市场力量，对相关市场产生排除限制竞争的效果。本文通过梳理欧盟竞争委员会2016年对微软并购领英案的反垄断审查思路，分析数据聚集对竞争的影响，为中国相关的反垄断审查提供借鉴。导致数据聚集的并购案与不涉及数据的并购案在竞争评估原则、方法等方面无实质差别，但数据市场兼具多边市场、网络效应、多归属性、动态性、隐私保护等特殊性，需依个案具体分析。

关键词： 数据聚集　并购　反垄断审查　微软　领英

一、问题的提出

在数字经济时代，数据的获取、存储、使用等问题颇受关注。互联网普及之前，数据被用来提供增值服务和构建新商业模式的速度和范围有限。随着互联网、移动宽带和连接设备的迅速发展，数据收集成本大幅下降，通过算法，数据越来越呈现商业价值。市场中出现了以收集和商业化使用数据为业务模式的企业，为消费者提供免费服务。这些企业通过收集用户个人信息，基于数据再为其他企业提供商业服务，从而实现收益，如谷歌和百度的搜索服务和在线广告服务，微信和脸书的社交网络服务。这种商业模式为消费者和商家带来好处，但也产生新问题，如垄断行为导致反竞争效果。

就企业并购而言，近年来，涉及数据聚集的企业并购案有所增加。用户数据逐渐成为企业重要的战略资产，并购导致的数据聚集形成企业新的竞争优势，对于从事在线广告、在线搜索、社交网络服务和软件产品的企业而言，拥有的用户数量越多，其竞争优势越明显，市场控制力越强。通过海量数据，企业能够更好地追踪和分析用户的行为和偏好，并据此提高产品质量，优化相关服务，促进竞争，增强消费者福利。但数据聚集也可能导致市场份额扩大，市场集中度提高，形成市场进入或扩张障碍，从而产生排除限制竞争的效果。本文通过研究欧盟竞争委员会2016年对微软并购领英案的反垄断审查决定，分析数据聚集对竞争造成的影响及欧盟竞争委员会对涉及数据并购案的审查思路，为中国反垄断审查提供相关借鉴，这对完善中国的反垄断制度建设具有理论和现实意义。

索科尔和科姆福德（Sokol and Comeforda）认为，研究数据和反垄断主题的文章相对较少，学界尚未对数据因何引起垄断问题，以及反垄断法如何比消费者保护法更适合解决数据垄断问题进行深度分析。涉及数据的反垄断考量更多是一个实务问题，围绕数字市场的竞争政策和竞争影响等问题，经济合作与发展组织等国际机构，欧盟、美国、英国、德国、法国、日本等国家和地区的竞争机构，以及部分学者开展了相关研究。关于数据或大数据的概念，法国竞争管理局与德国卡特尔局的报告指出，“数据”一词尚无独立定义。狭义而言，数据用来指科学实验或测量的结果；广义而言，数据指任何信息或信息的体现形式，通常存储于计算机中。目前反垄断和数字经济涉及的不是简单的“数据”，而是“大数据”。大数据的定义虽未达成共识，但通常指不同类型的海量数据，由多种渠道高速产生，其处理和分析需要新的、更强大的中央处理器和算法，具有4V 特征：高速、多样、大量、重要。经济合作与发展组织的报告认为，数字经济是用来描述数字技术集中型市场的一个涵盖性术语，包括通过电子商务实现的信息产品或信息服务的贸易，并将个人数据价值链分为数据收集和获取、存储和聚合、分析和分配、个人数据的适用等四个环节。美国联邦贸易委员会的报告认为，大数据的生命周期包括数据收集、整合、分析、利用等四个主要阶段。

针对数据相关的市场特点，卡达尔（Kadar）提出数字市场的概念，认为数字市场是与数据关联的应用产品市场，主要包括操作系统、智能手机应用程序、手机操作系统平台、应用程序商店、搜索引擎、社交网络、网络或软件平台数字化内容供应商市场等。该市场具有发展迅速、破坏性创新、“中间人”作用、固定成本高但边际成本低甚至接近于无、网络效应、“雪球效应”等特点。经济合作与发展组织认为，数字市场的竞争具有“赢家通吃”网络效应、双边市场、快速创新、高水平投资等特点。Evans 提出一个创新的观点，认为互联网企业为争夺消费者有限的注意力而竞争，功能、产品和服务都是获取注意力的工具，其收入来自向商户、开发者和其他企业出售已获取的注意力，竞争体现在“获取消费者有限的时间”和“对外提供消费者关注”两个层面。网络注意力的争夺者彼此形成竞争约束，竞争超越产品或服务的界限，没有固定形态，呈动态和创新的特点。

在对数据相关的市场进行反垄断审查时，经济合作与发展组织认为，对数字市场竞争执法，要确立合适的范围，加强竞争监管与数据保护规则及机构之间的协调，选择最佳执法时机；欧盟的报告指出，数据是现代经济发展的新能源，谁掌握数据谁就拥有市场力量。欧盟数据保护监督委员会的报告认为，在分析相关市场时，要重点评估这种新的商业模式特点，如个人信息作为无形资产所体现的价值，企业收集海量数据并将其货币化后提供的服务和其他付费服务之间的竞争。法国竞争管理局与德国联邦卡特尔局的报告主要关注数据是否容易被竞争对手获得，以及数据是否具有规模经济和范围经济。一家在位企业与一家新进入的创新企业合并，对既有的市场结构影响不大，针对数据相关的市场，如果新企业拥有大量数据，合并将导致新企业获得差异化数据，提高数据集中度。反垄断机构在评估合并产生的竞争约束时，要仔细分析数据合并后新实体的市场力量。如果在不同上下游市场具有市场力量的两家企业合并，有可能对新竞争者形成封锁效应。但数据相关的并购也可能产生效率效应，因而可以据此进行效率抗辩。埃文斯（Evans）认为，在反垄断审查中，当界定相关市场、分析市场力量和潜在的反竞争效果时，重点应放在获取和传递注意力层面的竞争，而非特定的产品和服务。全球移动通信系统协会（GSMA）的报告认为，随着网络用户的增加，聚集的数据成为数字生态系统中市场参与者的战略性资产，具有一定的价值。评估数据对市场力量产生的影响时，一要考虑数据信息被复制的难度；二要考虑数据规模与范围对市场竞争力的重要性。日本公平交易委员会2017 年7 月6 日发布报告指出，数据的收集和使用本身可以促进竞争和创新。当审查涉及数据的企业并购案时，主要考虑三个因素：一是该并购是否会减少人工智能技术或数据相关的产品和服务的竞争；二是当相似的数据在数据市场上买卖时，该并购是否会减少数据市场的竞争；三是免费市场如社交网络服务 SNS 由于构成了“市场”，也受反垄断法管辖。索科尔和科姆福德认为，反垄断对市场力量的干涉对消费者福利造成威胁，特别是市场变化很快，附加的救济措施诸如限制收集和使用大数据，或逼迫大企业与竞争对手分享信息，可能损害竞争和创新，也可能引起隐私保护的关注。韩伟认为，数据驱动型并购是全球并购的新趋势，数据整合成为很多并购交易的目的。其在重点分析了微软并购领英的案例后指出，数据原料封锁及相关市场的界定、网络效应与云计算、多归属的关系，以及竞争评估中的隐私问题，是数据驱动型并购反垄断审查中需要重点关注的新问题。

二、微软和领英并购案反垄断审查分析

微软是全球知名的技术公司，产品包括个人电脑操作系统，服务器和移动设备，以及相关的服务、跨设备应用和其他软件解决方案、硬件设备、云计算解决方案、在线广告等。领英是一家职业社交网络（PSN）公司。微软和领英各自拥有庞大的用户群，都能收集、存储和加工数百万用户行为的数据，因而微软并购领英的交易在全球关注度颇高。2016 年 12 月 6 日欧盟竞争委员会附加限制性条件批准该项交易。审查中，欧盟竞争委员会首先确定了受数据聚集影响的相关市场范围；其次分析数据在相关市场的作用方式，如在双方有重合的在线广告市场是否会产生横向非协调效应，在客户关系管理（CRM）软件解决方案市场是否会产生以数据作为投入品（原料）的纵向封锁效应；最后在分析职业社交网络服务市场的混合效应时，考察微软将领英的功能接入 Office 系统后，是否会利用双方用户数据封锁其他职业社交网络服务商①。

（一）相关市场界定

在审查中，欧盟竞争委员会总共界定了八个相关产品市场，分别是个人电脑操作系统、办公软件、客户关系管理软件解决方案、智能销售解决方案、在线通讯服务、职业社交网络服务、在线录用服务、在线广告服务（见表 1）。需要注意的是，在该案中欧盟竞争委员会并没有界定一个独立的数据市场，而是根据数据的应用界定产品市场。此外，对软件类相关产品市场的界定分类则是沿袭了欧盟竞争委员会之前对微软垄断案判决中的市场界定方法。

表 1　相关产品市场

相关产品市场	微软	领英
个人电脑操作系统	√	×
办公软件	√	×
客户关系管理软件解决方案	√	×
智能销售解决方案	×	√
在线通讯服务	√	×
职业社交网络服务	×	√
在线录用服务	×	√
在线广告服务	√（搜索和非搜索）	√（非搜索）

注：√表示有此业务，×表示无此业务。
资料来源：作者根据欧盟竞争委员会判决书 Case M. 8124 Microsoft Ainked In 整理。

就相关地域市场而言，欧盟竞争委员会界定个人电脑操作系统、办公软件、客户关系管理软件解决方案、在线通讯服务等五个地域市场为欧洲经济区市场（EEA）；职业社交网络服务地域市场为欧洲经济区国别市场；在线录用服务地域市场未确定；在线广告服务地域市场为欧洲经济区国别市场或依据语言边界确定的市场。与数据有关的市场仅包括在线广告服务、客户关系管理软件解决方案、职业社交网络服务、个人电脑操作系统、办公软件市场等五个市场。

① European Commission D G Competition. Case M. 8124 Microsoft/LinkedIn, 2016.

（二）横向非协调效应

根据欧盟横向合并指南（2010 年），横向合并对有效竞争造成重大阻碍的方式有两种：一种是非协调效应（单边效应）；另一种是协调效应。如果合并后的实体不论其他竞争对手如何反应，提高价格就能盈利，一般认为该横向并购会导致非协调效应。在微软并购领英这一案例中，参与交易的经营者微软和领英都拥有大量用户数据，因此，在竞争分析时要考察数据聚集是否会导致合并后实体市场控制力增强，市场进入壁垒提高，并是否由此产生排除限制竞争的效果。欧盟竞争委员会曾经审查过多起引发数据聚集的横向合并案，如 2008 年的 Thomson/Reuters 案，Google/Doubleclick 案，TomTom/Tele Atlas 案；2010 年的 Microsoft/Yahoo！Search Business 案；2012 年的 Telefonica UK/Vodafone UK/Everything Everywhere/JV 案；2014 年的 Publicis/Omnicom 案，IMS Health/Cegedim 案，Facedbook/WhatsApp 案；2016 年的 Verizon/Yahoo 案等，形成了两种评估思路：一是合并方数据不可能发生聚集的情形。因事实、技术、合同或法律法规等造成限制，合并后的实体无法接入和处理对方数据。在这种情况下，如果双方在合并前就是紧密的竞争者，那么合并后，即便没有产生数据聚集，也会引发竞争关注。二是合并导致数据聚集的情形。在这种情况下，如果数据聚集增强了合并后实体的市场力量，提高了事实上或潜在竞争对手进入市场或进行扩张的壁垒，也将引发竞争关注。

1. 在线广告服务市场。根据选择机制不同，在线广告服务分为搜索广告服务和非搜索广告服务。搜索广告服务是一种利用互联网传递营销信息以吸引客户的在线广告形式。根据用户在搜索栏内的搜索要求，基于用户选择的关键词来推送广告，同时提供相邻的搜索结果。非搜索广告服务则根据网页内容投放关联或非关联广告。除依据搜索关键词、用户访问的页面内容及用户地理位置外，搜索广告服务和非搜索广告服务还会根据“小文本文件”（Cookies）捕捉的用户浏览网页行为推送广告。就广告主而言，搜索和非搜索服务目的不同，广告效果不同。搜索广告可指向用户精确的兴趣，而非搜索广告则缺乏精准性。但就需求替代性而言，市场调查分析显示，两种类型的广告在一定程度上可相互替代。从技术角度看，不同类型广告的差别正在消失，非搜索广告定位相关客户的能力逐步提高；从广告目的看，搜索广告向非搜索广告靠拢，转化为培养品牌意识，而非直接销售。根据以上分析，可将在线广告服务市场作为一个相关产品市场而不再细分。在本案中，微软提供搜索和非搜索广告服务，领英只提供非搜索广告服务，因此，从严格意义上讲，微软和领英仅在非搜索广告服务市场具有横向重合。

2. 竞争分析。在评估在线广告市场的竞争影响时，欧盟竞争委员会使用了前述的分析思路。微软和领英均有大量用户数据。微软通过搜索引擎为用户提供搜索服务，同时利用用户信息为广告商提供在线广告服务。微软对搜索用户提供免费服务，向广告服务商收费。二者之间的关系表现为用户数量越多，广告商的数量也越多。领英则拥有大量职业人士的信息。鉴于数据特殊性和敏感性的特点，各国在数据收集、处理、使用等方面制定了相关数据保护规则和消费者保护规则。根据注册地原则，微软和领英适用爱尔兰数据保护规则。因此，正如上文提及的数据聚集不可能发生的情形，爱尔兰数据保护规则对数据使用形成约束，将限制合并后实体获取和加工用户个人数据的能力。此外，微软和领英虽然都是在线广告服务市场活跃的企业，但市场份额不高，合计市场份额小于 10%，不具有市场控制力，且非紧密的竞争者。考虑数据聚集的情形，欧盟竞争委员会认为，微软和领英合并前都拥有数据，理论上讲，如果存在一个假设的数据市场，合并将增强双方在假设数据市场的市场力量，提高需要使用这些数据的竞争对手的进入壁垒。但事实上，微软和领英并不向第三方为广告目的而提供数据，因而不存在所谓的数据市场，并购不会形成进入壁垒，市场上依然存在大量的对在线广告服务有价值的数据。根据以上分析，欧盟竞争委员会认为合并不会对相关市场造成竞争损害。

（三）纵向封锁效应

根据欧盟非横向合并指南（2008 年），非横向合并可分为纵向合并和混合合并。纵向合并造成封锁时，会导致非协调效应，对有效竞争造成重大阻碍。封锁指合并以后，实际或潜在的竞争对手在获得上游原材料供应或进入下游市场时遇到障碍或被完全排除，进而损害这些厂商进行竞争的能力和意愿的情形。由于封锁效应，合并后的公司或部分竞争者可通过提高对消费者收取的价格而获利。评估封锁效应的思路是分析并购后公司实施封锁的能力、动机及对有效竞争的影响。

1. 纵向关系。在微软并购领英案中，有第三方投诉认为，领英的完整数据是某些软件解决方案通过机器学习或人工智能（ML）提供先进功能的重要投入要素。尤其对客户关系管理软件解决方案而言，其原有的客户数据与领英的相关数据（如用户工作和职业联系）聚集后，可为商业销售团队提供更好的市场判断力。微软此前在客户关系管理软件领域的市场力量很小，但通过并购可以排他性接入领英数据，这将为其客户关系管理软件解决方案开发先进的功能提供竞争优势，造成其他竞争者难以竞争和进行创新。

2. 封锁效应。欧盟竞争委员会分析发现，领英在任何潜在的上游市场都不具有显著的市场势力，因而不具备封锁能力。首先，领英的完整数据或分类数据在未来 2～3 年并不具备资格成为客户关系管理软件解决方案竞争对手的重要投入品，因此，接入领英数据不会为微软带来反竞争的优势。其次，市场可获得的客户关系管理软件已经提供了基于机器学习的功能，而这些正在运行的软件并没有接入领英数据。在客户关系管理软件解决方案中为机器学习目的所需要的数据来源包括四种：一是上传至客户关系管理软件的内部客户数据，如相关账户、服务票据、互动情况、线索等，这是每个相关的客户关系管理软件解决方案都需要的数据。二是作为补充的第三方数据，领英的数据只是第三方数据的一种。根据市场调查，领英的完整数据可能仅与客户关系管理软件解决方案 B2B 销售和 B2B 营销子市场相关，而与其他市场无关。三是领英现在没有、未来也无计划向第三方提供数据。四是按照欧盟数据保护的规定，微软对领英完整数据的处理将受到限制。领英只能按照隐私政策的规定，与其控制公司分享收集、加工、存储适用的数据。欧盟《一般数据保护规则》将通过加强现有的权利和给予个人更多控制个人数据的能力，进一步限制微软处置领英完整数据的能力。欧盟竞争委员会也注意到，提供机器学习的可能数据源比较多，即便领英的数据成为机器学习的投入品，也只是可供选择的数据之一。

领英不具备封锁的动机。由于领英并不向市场提供完整数据，因而无法估算领英与合并后的实体从许可使用数据中获取多少实际利益。领英提供的销售导航（Sales Navigator）产品，可视作微软客户关系管理软件解决方案，特别是客户关系管理销售解决方案的补充产品，二者构成互补或紧密的相关市场。销售导航能从领英的完整数据中获取信息，但对用户仅显示以供寻找销售机会的分类数据，如客户背景及联系信息，包括姓名、地址、电话号码、职业所在地、职务等，以及公司信息，如财务情况、组织架构和领导结构、产品和服务、行业背景等。销售人员可以利用这些信息寻找新的销售线索或更新既有的联系，以便快速找到潜在的客户和相应的公司决策者。鉴于销售导航是许可使用领英分组数据的一款工具，因而可以被用来估算采取封锁策略的损失。如果领英的完整数据被视作独一无二的投入品，领英的利润和合并后实体从数据许可获取的收益应该与目前销售导航产生的收益持平或更大。微软在欧洲经济区客户关系管理营销市场（CRM Marketing Segment）的份额只有 0～5%。虽然微软在客户关系管理销售市场（CRM Sales Segment）的市场份额更大些，排名第二，但排名第一的 Salesforce 份额在欧洲经济区市场比微软大两倍多，在全球市场比微软大三倍，紧随其后的 SAP 公司和 Oracle 公司在欧洲经济区市场上与微软的市场份额相当。正如前文所言，考虑 B2B 子市场，微软的市场地位没有发生变化。如果领英的完整数据在客户关系管理软件解决方案市场与机器学习相关，与其他活跃的竞争者相比，微软的市场份额相当有限。考虑到使用客户关系管理软件的客户不愿意转换供应商，以及所有微软的大型竞争对手提供或即将提供机器学习的事实，任何限制竞争对手接入领英完整数据的策略都面临遭受巨大损失的风险，即便是扩大客户关系管理软件解决方案的市场份额也无法弥补。微软内部文件也称，其有动力与其他客户关系管理软件解决方案的供应商在集中后加强合作。

并购对有效竞争的影响。欧盟竞争委员会认为，首先，领英的完整数据有可能只与客户关系管理软件解决方案 B2B 营销和 B2B 销售的机器学习相关，而这些市场的合计份额少于整个客户关系管理软件解决方案市场的30%，2020 年前有望保持相同的市场份额；其次，客户关系管理软件解决方案的机器学习要求接入多种数据源以便为客户提供有用的参考，领英的数据仅是其中之一，不能视作关键的投入品。因此，客户关系管理软件解决方案的竞争对手虽然受到限制，不能接入领英完整数据，但其在客户关系管理软件解决方案市场的竞争和创新不可能受到阻碍，合并后的实体采取封锁策略提高潜在竞争对手的进入门槛也不可能发生。根据以上分析，交易不可能对客户关系管理软件解决方案市场的有效竞争产生负面影响。

（四）混合封锁效应

欧盟竞争委员会认为，微软在合并后会把其在个人电脑操作系统市场和办公软件市场的市场力量传导至职业社交网络服务市场，由此封锁领英的竞争对手，对竞争造成损害。

1. 职业社交网络服务市场的特点。职业社交网络服务市场和其他社交网络市场有所不同：一是目的性，消费者使用领英是为了建立职业联系，使用其他社交网络（如脸书）是为了娱乐和社交；二是联系范围，领英的联系人多为同事和商业伙伴，社交网络的联系人主要是朋友和家人；三是内容，在领英发布的信息与职业相关，在社交网络发布的信息具有个性化和消遣性的特点；四是功能，领英的功能是举荐工作，社交网络的功能与职业介绍关系不大。欧盟竞争委员会根据上述原因将职业社交网络服务市场界定为单独的相关产品市场。

2. 封锁效应。欧盟竞争委员会根据微软的申报材料和内部文件，以及先前的反垄断案例分析认为，根据利润最大化原则，微软会采取两种排除竞争的策略：一是通过合作协议，要求代工厂将领英的应用程序预先安装在 Windows 操作系统中。微软有动机，且技术也能做到。二是实施捆绑和限制互操作性，微软能预先将领英的某些应用程序集成到 Office 办公软件中，包括允许 Outlook 用户通过 Outlook 看到领英联系人的消息，或基于 Outlook 通讯录名单建立新的领英联系。微软能够阻止有竞争关系的 PSN 服务程序并入 Office 办公软件，如拒绝领英的竞争者接入应用程序接口。微软也可拒绝领英的竞争对手接入微软绘图，通过微软云服务为用户提供接入数据的功能。微软还有动机限制互操作性。微软的一份内部文件表明其在德国等国家已经锁定了有关的 PSN 竞争对手，计划在这些国家优先发展领英的业务。欧洲经济区市场目前 80% ~90% 的新增个人电脑安装 Windows 操作系统，其中，约 90% 的电脑安装 Office 办公软件，领英与微软操作系统及办公软件的捆绑为领英创造了面向大量领英现有和潜在用户的机会，如果考虑领英超过一半的新用户和 1/3 的老用户使用微软电脑，并购将导致领英的业务快速增长。领英的竞争者将无法对领英形成有效的竞争约束。代工厂既无能力也无动机在 Windows 操作系统预先安装与领英功能相同的其他职业社交网络应用程序。鉴于 Windows 操作系统和 Office 办公软件强大的市场渗透力，职业社交网络竞争者与其他操作系统供应商捆绑销售也无意义。

3. 数据聚集的影响。与数据相关的职业社交网络市场具有网络效应、多归属性等特点。网络效应的特征是，平台中的用户数量对其自身数量和价值产生正反馈。市场调查也显示，一个网络平台内职业人士越多，平台对用户的价值越大，对非该平台用户的吸引力也越大。并购后，通过预先安装系统和捆绑软件带来的用户数据聚集将导致用户数量大幅增长，并因网络效应继续扩大。大量用户被吸引加入领英，产生活跃度，导致其竞争对手的用户量减少，活跃度下降。照此趋势，市场最终会偏向领英的平台，其强大的市场地位会得到巩固。虽然用户可以选择加入多个职业社交网络平台，但事实上，使用 PSN 需要投入相当大的时间和精力，如更新履历，建立职业联系、进行互动等，平台间转换成本较高。用户倾向于使用一个用户量大的职业网络平台，而非同时关注多个类似平台，因而即便存在多归属性，也无法抵消网络效应。职业社交网络市场还涉及消费者隐私保护问题。通过前述“封锁”策略，微软可边缘化诸多职业社交网络竞争对手，减少消费者的选择权。领英平台将成为欧洲经济区唯一的职业社交网络服务供应商。并购前，有些职业社交网络竞争者如 XING，被认为在提供消费者隐私保护方面比领英做得好，而随着 XING 因微软“封锁”被排挤出市场，消费者关于隐私的选择权将受到限制。

三、对中国反垄断实践的启示

2008 年以来，欧盟竞争委员会已审查了十多起涉及数据的并购交易，主要涉及横向关系。2016 年微软并购领英的交易是迄今对相关数据聚集竞争影响分析最全面的案例，欧盟竞争委员会首次将数据作为重要的投入品进行分析。从近十年来的审查情况看，欧盟竞争委员会基本遵循了相同的审查思路，即根据横向和非横向并购指南进行竞争分析，兼顾考察数据的特殊性，笔者认同这种分析框架。微软并购领英的横向关系涉及网络平台，因此，审查中要结合平台经济的特点进行分析。对于纵向关系，欧盟竞争委员会分析了数据作为投入品与下游客户关系管理软件解决方案市场一体化以后，对其他竞争对手的封锁效应。但从前文所列的八个相关市场来看，领英的数据并不构成单独的相关商品市场，即本交易中并不存在一个商业化的数据市场，但欧盟竞争委员会还是根据第三方的投诉分析了这一纵向关系，也是其审查史上第一次分析数据市场的纵向竞争影响。对于混合关系，欧盟竞争委员会根据微软垄断行为的先例，对微软是否会以捆绑和限制互操作性的模式损害竞争进行了分析。

由此可见，大数据本身不是问题，仔细评估企业并购的动机和反竞争效应后能够做出判断。但大数据已经给反垄断执法带来挑战，目前审查的局限性有两点：一是未分析数据算法对竞争的潜在影响。数据是开发成功的应用程序与算法所需的一种重要但非独特的投入品，即企业的竞争力更多体现在应用程序和算法上，这比数据库本身更重要，而目前对交易的审查只分析市场结构，并未分析合并导致的应用程序和算法能力的整合情况，及其可能导致的垄断行为。加拿大竞争局日前发布的白皮书草案指出，很多数据平台收集用户数据并用于产生广告收入，大数据的崛起可能对传统相关市场界定和市场力量分析带来新一轮挑战。为了准确评估大数据公司的并购行为是否可能产生排除限制竞争的效果，要了解参与并购的公司如何使用这些数据，但数字经济的高度动态性会使这种前瞻性分析更加复杂。二是未考虑效率的抵消作用。拥有大量用户数据的企业合并有可能带来效率和消费者福利，如在线广告通过数据匹配可以为消费者提供更精准的服务，并改善服务质量，减少不必要的广告滋扰。审查中应该进行正反竞争效应的权衡。

数据相关的市场呈现多边市场、网络效应、多归属性、可获得性、隐私等特点。就竞争分析而言，在中国的执法实践中，以下六个问题需要特别考虑：

第一，相关市场的界定。如果首先能界定一个数据的相关市场，则整体的分析思路会比较直接明了。如果无法界定单独的数据市场，则根据数据适用的领域界定相关市场。涉及数据的交易大多发生在拥有网络平台的企业间，考虑到多边市场的特点，可界定一个利用数据提供产品或服务的市场，既可以是消费者用户端市场，也可以是企业用户端市场，这取决于交易双方业务重合的情况。如果界定消费者用户端市场，这个市场通常是免费的，因而不涉及价格影响，需要考虑的是服务质量、创新及消费者用户隐私和数据保护问题。如果界定企业端市场，需要分析价格和上述所有涉及的问题。

第二，平台的特征。由于市场是数据平台市场，在分析中要紧密结合平台市场的特点，如网络效应、多归属性等。直接的网络效应指用户使用某项服务所获得的价值直接取决于使用该服务的用户数量。间接的网络效应指用户使用该服务获得的价值取决于使用该服务的不同群体的用户数量。在本交易中，领英的职业社交网络平台市场的直接网络效应体现在消费者用户数量越多，平台越具有吸引力，间接网络效应体现在消费者用户越多，对企业用户（如招聘广告主）的价值越大。但网络效应不是在所有平台市场都具有同样的作用，在欧盟竞争委员会审查的另外两个涉及数据的交易如微软并购 Skype 和脸书并购 WhatsApp 中，相关市场是消费者通信应用（Consumer Communication Applications）市场，一部分朋友和家人会形成一个内部网络，大家进行互动，这种情况会抵消网络效应的影响。此外，商业合同条款的约束也会影响网络效应。数据网络平台的多归属性体现在消费者用户可从多个供应商处得到同类型的服务，但可能存在转换成本。例如，在搜索引擎市场，消费者用户转换市场不需要太多的转换成本，但不同的用户体验可能会阻碍消费者用户在不同的平台间转换。由于转换成本较低，多归属性在消费者通信应用市场普遍存在。欧洲经济区市场 80% ~90% 的消费者通信应用的用户每个月使用一个以上类似的应用程序。而职业社交网络市场因转换成本高，不受多归属性的影响。

第三，隐私保护。关于隐私和消费者保护是涉及数据监管问题还是竞争问题，目前尚存争议。有观点认为，这是一个网络监管问题，但也有观点认为，这是一个影响竞争的问题。在欧美早期的审查中，反垄断审查只局限于竞争损害，并不关注隐私问题。但在后期如脸书并购 WhatsApp 的交易审查中，隐私问题也引起了重视，美国联邦贸易委会 2014 年批准脸书并购 WhatsApp 后，消费者保护局致函两家公司，要求其遵守 WhatsApp 严格的隐私政策，包括承诺不对定向广告使用注册用户的个人数据，如有违反，将依据《联邦贸易委员会法》提起诉讼。

第四，数据的可获得性和替代性。对数据相关市场，竞争分析的重点是数据的可获得性和替代性。无论是欧盟竞争委员会审查的第一个涉及数据的交易即谷歌并购 DoubleClick 案，还是本文分析的交易，这些从事在线广告服务的企业都有能力收集海量的信息，因而不存在唯一的、不可复制的数据。在广告服务中，数据的竞争并非仅由单纯的数据库决定，而是由竞争对手可获取的不同数据类型，以及哪种数据最终对互联网广告最有用来决定的。合并后的实体可利用双方的数据改进服务质量，将两个消费者用户的数据库整合，尤其是将搜索历史和上网习惯进行匹配，从而获得更多的用户信息。但两个公司数据库的合并不会在广告业创造出对类似数据有访问权的竞争对手无法复制的竞争优势。

第五，互联网市场的动态性。在借鉴国外反垄断机构审查思路时，要结合互联网快速发展的现实。在中国，随着互联网行业迅速发展，新产品、新业务、新商业模式和新业态层出不穷，互联网正由个人电脑端向智能手机为代表的移动端扩展，并向万物互联快速演进，未来工业互联网和车联网将成为新的亮点，数据作为重要的要素将发挥越来越重要的作用，反垄断审查中，基于技术快速变革等动态因素，竞争分析考察的因素将更复杂，要在充分了解行业的基础上，继续完善数据相关市场的审查思路，逐步减少对相关市场和市场结构的关注，更加关注分析交易和行为的竞争效果，同时兼顾创新性和动态性。

第六，数据监管规则和反垄断规制的关系。数据监管可以构成对数据使用的竞争约束，反垄断控制也可以更好地保护数据的使用和消费者利益，二者相辅相成，彼此关系要妥善处理。

参考文献：

1. 韩伟：《数据驱动型并购的反垄断审查》，载于《竞争法律与政策评论》2017 年第 3 期。

2. De la Autorite Concurrence，Bundeskartellamt. Competition Law and Data [DB/OL]. http：//www. bundeskartellamt. de/SharedDocs/Publikation/DE/Berichte/Big%20Data%20Papier. pdf? _blob = publicationFile&v = 2，2016 - 03 - 10.

3. European Data Protection Supervisor. Privacy and Competitiveness in the Age of Big Data：The Interplay Between Data Protection，Competition Law and Consumer Protection in the Digital Economy [R]. Preliminary Opinion of the European Data

Protection Supervisor, 2014.

4. Evans, D. S. Attention Rivalry Among Online Platform [J]. *Journal of Competition Law and Economics*, 2013, 9 (2): 313 - 357.

5. Kadar, M. European Union Competition Law in the Digital Era [J]. *Zeitschrift fur Wettbewerbsrecht*, 2015, 13 (4): 342 - 363.

6. New GSMA Study Charts Course to Reset Competition Policy for Digital Ecosystems [EB/OL]. https://www.businesswire.com/news/home/20161020005098/en/, 2016 - 10 - 20.

7. OECD Competition Committee. Report of Two Hearings [R]. The Digital Economy DAF/COMP, 2012.

8. Phillips, H. US Clears Facebook/WhatsApp With Warning Over Privacy [EB/OL]. https://globalcompetitionreview.com/, 2014 - 04 - 11.

9. Sokol, D. D., Comeford, R. Antitrust and Regulating Big Data [R]. University of Florida Levin College of Law Legal Studies Research Paper, 2016.

10. The US Federal Trade Commission. Big Data: A Tool for Inclusion or Exclusion? Understanding the Issues [R]. The US Federal Trade Commission, 2016.

11. Understanding Japan's Approach to Competition and Big Data [EB/OL]. https://globalcompetitionreview.com/article/1144911/understanding - japans - approach - to - competition - and - big - data, 2017 - 07 - 25.

12. Van Gorp, N. Cross - Competition Among Information (Digital) Platform [R]. European Parliament, Directorate - General for Internal Policies Proceedings of the Workshop, 2015.

（本文载于《财经问题研究》2018 年第 6 期）

借壳上市与杠杆增持下的并购风险叠加

——基于上海斐讯借壳慧球科技的案例研究

梁上坤　李　丹　谷旭婷　马逸飞

摘　要：借壳上市是中国公司上市资格稀缺背景下的热点问题，其中的借壳风险为各方关注。同时，利用杠杆增持股票是近年来我国资本市场上的新手段，其中蕴含的机遇与风险也值得考察。借助上海斐讯多次杠杆增持慧球科技但最终借壳失败的案例，本文立足法律风险和财务风险两个视角，研究了借壳上市与杠杆增持两种方法并存下的风险叠加问题。文章具体分析了杠杆增持背后的原因、渠道及后果，研究发现，战略发展、定增失败、控制权危机等原因促使上海斐讯选择了杠杆增持这一"快捷"方式。然而杠杆增持高股价、高杠杆、高平仓线的特性埋下了"爆仓"隐患，最终造成借壳上市失败。由于杠杆增持借壳上市中涉及的股份和金额数量巨大，其成功与否和过程起伏会对投资者的利益和金融市场的稳定造成巨大的影响，本文的研究和发现因而具有较大的警示性。本文的研究有助于全面理解杠杆增持的利弊得失，并为借壳方、被借壳方、投资者和监管机构提供了一些前瞻性的建议和启示。

关键词：借壳上市　杠杆增持　上海斐讯　慧球科技　风险叠加

一、问题提出

随着经济活动的日益深化和竞争的加剧，出于发展壮大的目的，除了常规式的发展，不少中国企业开始尝试并购重组这一资本运作和产业融合的手段。自 2009 年以来，中国的并购市场整体处于上升趋势。根据中国证券监督管理委员会的统计数据，中国上市公司并购重组的交易金额从 2013 年的 8 892 亿元已增至 2016 年的 2. 39 万亿元，年均增长率超过 40%，交易金额居于全球第二位①。而对于拟上市公司，在当前上市核准制以及上市资源稀缺的背景下，更是借助并购演化出多种方式以实现借壳上市，借助杠杆增持以借壳上市正是其中新近展现的一种。党的十九大报告指出："建设现代化经济体系，就要健全金融监管体系，守住不发生系统性金融风险的底线。"那么作为一种新兴出现的金融现象，杠杆增持以及借壳上市其中蕴含的机遇及风险值得关注。

杠杆增持指的是在增持过程中，股东通过与基金公司、券商或银行的合作，以商定的杠杆比例出资购买公司股票的行为②。通过杠杆增持，股东可以以较少的自有资金持有更大规模的公司股份。在 2015 年的股灾中，多部门表态支持中央企业与国有企业的增持行为，中国证券监督管理委员会也要求上市公司通过多种方式稳定股价，其中之一便是大股东增持。大股东增持可以提振市场对公司的信心，同时低价增持也可以降低资本成本，因此 2015 年下半年起 A 股市场出现了大量的大股

---

① 相关报道参见：中国证券监督管理委员会 2017 年 8 月 15 日发布《上市公司并购重组服务实体经济转方式调结构取得明显成效》，http：//www. csrc. gov. cn/pub/newsite/gjb/dyxc/201708/t20170815_322153. html。

② 杠杆增持的概念在媒体报道和证券交易所的文件中广泛出现，比如上海证券交易所《关于对新湖中宝股份有限公司股东增持事项的问询函》等。

东增持行为①。然而随着 2016 年股票市场的整体低迷，上述增持中有一半已经跌破了成本价，有 17% 跌幅达到 20%。慧球科技、鼎立股份、金洲管道等甚至先后出现了第一大股东资管计划“爆仓”的事件，前两者更是遭遇强平。这一系列负面事件引发了社会各界的广泛关注和热烈讨论。

杠杆增持可以帮助股东在资金短缺的情况下收购数量更多的股份，甚至为借壳上市提速。然而作为一种高成本的上市方式，借壳上市存在法律、财务、信息、整合等多方面的风险。并且，在中国目前壳资源稀缺的背景下，壳资源的价值往往被炒作，进一步加大了借壳方的资金压力与财务风险。那么新兴出现的杠杆增持方式，在借壳上市过程中得到了怎样的应用？其中的风险如何？对借壳方、被借壳方的行为有何影响，后果如何？这些问题值得探究。

本文借助案例研究，围绕上述问题展开探索。以上海斐讯数据通信技术有限公司（以下简称“上海斐讯”）实际控制人顾国平杠杆增持广西慧球科技股份有限公司（以下简称“慧球科技”，股票代码：600556）借壳上市的案例为对象，本文对杠杆增持的动机、杠杆增持的手段、杠杆增持对风险的影响以及杠杆增持被“强平”的后果进行了分析。研究发现，战略发展、资金短缺等因素导致上海斐讯急于借壳上市，加之定增失败，上海斐讯被迫选择了杠杆增持。然而杠杆增持高股价、高杠杆、高平仓线的特性埋下了“爆仓”隐患。由于他方势力介入和市场变化，资管计划被“强平”，造成借壳上市失败。本文的研究表明，在中国股票市场系统性风险较高、壳公司股价异常、借壳方资金短缺的情况下，以杠杆增持这种方式获取壳公司的控制权会增大借壳方的成本与风险，并可能带来多方不利的结果。

本文的研究贡献表现在以下几个方面：（1）并购交易中的风险识别和防范是本文关注的核心问题。本文选取了中国资本市场上大股东首次遭遇“强平”的案例，针对多方关注的借壳上市与杠杆增持问题进行研究，提供了杠杆增持对借壳上市风险影响的直接证据，具有较强的现实意义。（2）本文对借壳上市风险的文献进行了完善和补充。借助上海斐讯借壳慧球科技的失败案例，本文对于新兴市场背景下的并购交易风险类别进行了细致的梳理与分析，将杠杆增持放大风险纳入分析框架，为日后的大样本实证研究提供了思路。（3）本文从信号传递、概念炒作、财务风险等多个角度对案例进行剖析，并系统分析了杠杆增持的动因、渠道与后果，有助于全面理解杠杆增持的利弊得失，对借壳方、被借壳方、投资者和监管机构均有一定启示。随着《证券期货经营机构私募资产管理业务运作管理暂行规定》《关于积极稳妥降低企业杠杆率的意见》等规定的实施，监管机构对杠杆交易愈加重视。但是在注册制尚未实施的背景下，借壳上市将依然会受公司及投资者的热捧。考虑到杠杆增持借壳上市中涉及的股份和金额数量巨大，其成功与否和过程起伏会对投资者的利益和金融市场的稳定造成巨大的影响，因而在股票市场波动、杠杆失衡、借壳上市火热的局面下，本文的研究和发现将具有极大的警示性②。

本文的后续结构安排如下：第二部分是文献综述与理论框架，第三部分是研究设计与案例介绍，第四到第六部分对杠杆增持的动机、借壳上市的成本和风险以及“爆仓”后果进行讨论，最后是案例结论与启示。

二、文献综述与理论框架

（一）借壳上市

借壳上市指的是非上市公司使用资产置换、股权交换等方式控股一家已上市公司，以达到自身

① 根据券商中国统计，截至 2016 年 1 月，A 股市场累计发生 10 499 次增持事件，增持股数达 207.53 亿元。在这轮增持浪潮中，杠杆增持闪耀登场，多家基金甚至为大股东增持量身定做了相应的资管产品。

② 本文案例涉及的股份超过 3 000 万股，金额超过 6 亿元。

上市的方法（邓路和周宁，2015）。阿雷亚诺·奥斯塔和布鲁斯科（Arellano - Ostoa and Brusco，2000）认为，潜在的高增长和高收益公司倾向于 IPO 上市，而效益不好、未来获得盈利项目可能性较低的公司只能另寻出路借壳上市。邓路和周宁（2015）进一步指出，当借壳公司价值被高估时，其倾向于发起反向并购实现上市，并倾向于选择价值被低估的壳公司。相对于直接发行上市（IPO），借壳上市具有短期收益高、制度制约低等优势（Gleason et al.，2006）。由于中国证券发行实施核准制，IPO 进程一直存在排队公司多、审核时间长、条件苛刻等特点，一些公司出于择机和加速融资等目的，往往青睐成本相对较高但速度更快的借壳上市方式。其一般流程是：非上市公司收购壳公司，在获得壳公司的控制权后，由壳公司通过配股等"反向收购"的方式，注入借壳方的资产，从而完成借壳上市。虽然借壳上市操作方便，时间成本低，能短期内实现融资目的，并且因为资产置换，壳公司的盈利能力会大幅提高，股价可以迅速提升，创造出巨大的收益，但是由于中国资本市场和法律法规不完善等条件的限制，借壳上市的行为往往会埋下多方面的风险。

并购风险可以理解为企业并购失败及因此引发的市场价值降低与管理成本上升的风险（Healy et al.，1990）。米切尔和穆勒林（Mitchell and Mulherin，1992）与博格塞（Borghese，2002）指出并购方与被并购方的战略不匹配也会增大并购风险。对于借壳上市而言，并购方与被并购方的战略差异往往更大，其中的并购风险更加不容忽视。根据以往研究总结，借壳上市的风险主要包括法律风险、财务风险、信息风险和整合风险。

1. 法律风险（监管风险）。在中国，企业间的并购市场并不发达，借壳上市的公司往往缺乏经验，并且借壳过程可能存在较多的不规范之处。陈威和曹丽萍（2009）研究了青岛中金借壳国药科技的案例，指出"不干净的壳"存在债务多、经营亏损、涉及法律纠纷、有违反上市交易规则等问题，将为借壳方遗留大量的不良资产。而有些公司法制观念较为淡薄，"重上市，轻改制"，在借壳上市成功后违规操作，无视监管，由于不能合法规范重组很快会变成新的壳公司（朱三英，2006）。如果借壳重组中涉及利益输送，还可能引发中小股东抵制等问题（周业安和韩梅，2003）。此外，中国目前规范企业借壳上市行为的法律法规尚存不足，并购立法滞后于并购现状，加之监管机构的执法力度有待提升，这会进一步加大借壳上市的风险。

2. 财务风险。因为人为干预和壳资源的稀缺性，借壳的成本往往较高，而相对便宜的壳公司，一般会拥有较高的负债率。较高的收购成本将增大公司投资的回收期，而新股东的加入也会降低每股净收益，导致股价下跌和原有股东收益的减少。除了收购时的高成本投入，收购后借壳方还要不断投入资金与资源以维持壳公司的运营，保持和提高业绩。如果存在剧烈的市场波动，没有足够资金实力的借壳方将难以承受与维持。此外，如果借壳引发了被借壳方的反收购或其他势力的觊觎，那么恶性的股价竞争将更大幅度地提升借壳成本。而即使取得了公司的控制权，后续的重组同样需要付出大量成本。重组后的上市公司若经营业绩不佳，达不到再融资的要求，那么借壳方将很难实现通过上市进行融资（叶育甫和沈卫，2002）。

3. 信息风险。借壳上市能否最终成功在很大程度上取决于借壳双方掌握信息的充分程度。孙军和刘莉（2008）等指出借壳上市中存在着信息风险，信息的不对称将增加交易成本和不确定性。一方面，目前的国内资本市场仍存在着较为严重的信息不对称问题，投资者难以知晓壳公司真实的经营和发展情况，从而给予正确的定位与估值。壳公司还可能通过有目的的包装，以提高壳价值。若目标公司故意隐瞒问题或收购方自身判断能力不足，则在未探明目标公司生产、管理、市场等情况下，收购方很可能做出错误的并购判断（Bruner，2002）。另一方面，借壳方为了成功借壳，也可能夸大自身的实力与业绩。由此，双方信息的披露都可能不充分或者失真，这会为之后的重组埋下巨大的隐患。另外，借壳上市还会涉及保密风险：如果借壳上市的消息提前泄漏，将导致壳公司股价大幅上扬，增大收购成本，甚至导致买壳失败（徐超，1999）。

4. 整合风险。叶育甫和沈卫（2002）指出，如果壳公司重组后仍未形成核心竞争力，业绩和效益未能取得提升，以至于无法达到公司配股、增发等再融资的规定要求，则意味着重组失败。此外，王芳（2001）提出壳公司一般经营困难，借壳后买壳方往往需要担负改良原公司资产的责任，短期内非但不能融资，反而可能需要承担不良资产处置带来的损失。由于借壳公司和壳公司通常存在着差异化的技术优势、管理风格和文化理念，若重组方式和整合策略不当，或注入资产的质量不符合壳公司改善业绩的要求、作价过高、支付方式不当，便会不可避免地发生各种冲突，影响重组后的绩效（陈小林，2005）。

（二）杠杆交易

杠杆交易是中国资本市场的新生事物，起始于 2010 年 3 月的融资融券业务试点。但受制于融券资源不足以及融券成本较高等因素，融券业务开展的比例很低，不及整体业务的 1%（褚剑和方军雄，2016）。2014 年 7 月股市行情启动后，投资者积极加大杠杆，融资余额快速攀升。然而郭彦金（2015）指出，杠杆增持行为对金融稳定会产生一定影响。杠杆交易规模的快速上升加剧了 A 股市场的波动，并直接引发了市场的暴涨暴跌，对资本市场的监管提出了巨大挑战。为了提高行业监管政策的稳定性，2016 年中国证券投资基金业协会对 2015 年 3 月颁布的《证券期货经营机构落实资产管理业务“八条底线”禁止行为细则》进行了修订，在部分机构间征求意见。随后出台的《证券期货经营机构落实资产管理业务“八条底线”禁止行为细则（修订版征求意见稿）》对资产管理计划杠杆倍数进行了较为严格的限制，针对不同类别资产管理计划设定了不同的杠杆倍数限制，并加强了风险披露要求①。

西方的金融市场比中国发达，杠杆交易出现得也更早。在美国 1929 年的股灾中，杠杆交易便被认为是主要诱因之一。其实，危机发生前已经有各种“红灯”预警信号，但直到“事件”发生，人们还总抱着侥幸心理（Reinhart and Rogoff，2008）。基亚克洛斯（Geanakoplos，2010）发现杠杆周期在美国金融史上反复出现，通过模型推导，文章显示在繁荣时期均衡的杠杆水平过高，而在萧条时期均衡的杠杆水平过低。此外文章还指出了通常情况下，坏消息引发的不确定性和违约、担保比例的快速上升以及最乐观的杠杆投资者破产是杠杆周期终结的三方面主要原因。格罗姆和瓦亚诺斯（Gromb and Vayanos，2002）以及福斯特尔和吉纳科普洛斯（Fostel and Geanakoplos，2012）针对历史上出现的金融危机，检验了杠杆融资与股票市场流动性之间的因果关系，并提出识别与隔离影响交易者杠杆融资能力与市场流动性变化的共同因素是此方面研究成功实施的要点。

由于杠杆交易目前在国内并不成熟，因此国内这方面的研究较为有限。货币政策驱使、金融企业的去中介化等原因导致了近年来杠杆交易的盛行，而券商渠道的融资融券、股票质押业务及银行信托渠道的伞形信托则是杠杆资金入市的三大渠道，并且杠杆资金对市场流动性扩张和收缩有放大效应（邓雄，2015；林采宜，2015）。而对于如何发展杠杆交易，任泽平和宋双杰（2015）在总结美国、日本、中国香港以及中国台湾历史上股灾经验教训的基础上，提出 A 股市场需要从践行法治、推动注册制改革等方面加强制度环境建设，以推动健康持续的发展。同时，推进养老金、企业年金等长期资金入市，改善投资者结构也非常重要（赫凤杰，2015）。这一举措可以降低散户对于杠杆交易过高的参与度，提升市场的稳定性。而对于杠杆交易的恶性循环机制，学者们的意见基本一致：信用交易泛滥会导致高杠杆交易，高杠杆促使股票交易稍有波动便需要追缴保证金，而一旦股价波动剧烈且保证金不足，将导致股票被大量平仓抛售，加剧股价下跌，造成自我强化的恶性循环。

（三）股东增持

股东增持是上市公司的股东在二级市场上买进上市公司股票、增加持股比例的行为（姜英兵和

① 比如明令禁止机构“向投资者宣传预期收益率”等。

张晓丽，2013）。有关股东增持直接的研究文献较少，但股东增持在一定程度上与股票回购相似，股票回购的相关理论对股份增持的作用有较强的借鉴意义。公司股份回购的相关研究中最著名的当属信号传递假说，即要约回购的行为将向市场传递公司运作的信息（Dann，1981）。迪特马尔（Dittmar，2000）针对以往提出的股票回购的信号传递假说、自由现金流假说、财务杠杆假说等进行了比较研究，发现信号传递假说对股票回购的动机最富解释力。信号传递假说同质于价值低估假说，即：因为公司内部人与外部之间存在信息不对称，当公司内部人认为公司的价值被低估时便展开回购，那么股票回购就向市场传递了公司价值被低估的信号。另外当市场不是完全有效时，具有一定成本的股票回购可以更有力地向市场传递公司未来现金流和盈利将会增加的积极信号（Vermaelen et al.，1981）。伊肯贝里等（Ikenberry et al.，1995）和陈等（Chan et al.，2004）的研究都表明市场对上市公司股票回购释放的信号做出了积极反应，尽管短期来看市场反应不足，但长期市场反应符合股价低估假说。

在中国，股票回购仅限于以减少注册资本为目的的交易，并且针对股份回购行为的监管也较为严格，这无疑促使增持成了中国上市公司向外部传递利好信号的选择。上市公司增持公告日及前后1日的累计异常回报率较高且公告效应持续性较强，增持行为对市场的影响可能是由于增持被视为一种具有价值含量的信息（李俊峰等，2011）。唐松等（2014）以2012年发生大股东增持事件的上市公司为样本，研究发现股价的低估程度会显著影响非国有大股东的增持决策，而对于国有大股东的增持决策则无显著影响；且国有大股东增持后的股价长期改善程度比非国有大股东要低。所以他们推断，非国有大股东的增持是为了经济利益最大化，而国有大股东的增持更可能是一种短期的政策性行为①。

梳理以上文献可以看出，大股东的增持行为虽然有时是一种政策性行为（尤其是国有公司），但是很大程度会被投资者视为一种具有价值含量的信息，会向市场传递利好信号，提振市场信心。对比西方股票市场，中国当前的股票市场一方面依然以散户投资者为主（温军和冯根福，2012；孔东民等，2015），另一方面即使是被认为更专业、更理性的机构投资者也存在着普遍的羊群效应（蔡庆丰等，2011；许年行等，2013）。在这一背景下，大股东如果连续增持极可能引发市场的过度反应，加剧成本和风险。

（四）研究框架

本文的研究核心是杠杆增持与借壳上市中的风险识别与防范问题。鉴于并购风险的研究基础较为丰富，而杠杆增持的相关讨论较为少见，因而本文以并购风险的分析框架为基准，纳入杠杆增持引发的风险进行分析。通过研究资料的初步归纳，在上海斐讯借壳慧球科技失败的案例中，其呈现的表层原因是上海斐讯的实际控制人顾国平所持的部分股份因诉讼而被冻结。然而深入思考后，本文认为借壳上市与杠杆增持引发的风险叠加是造成这一结果的深层原因。对于借壳上市而言，这一过程本身即包含诸多风险，比如法律风险（监管风险）、财务风险、信息风险和整合风险。鉴于本案例的收购行为尚未进入实质整合阶段，因此后两项风险未明显暴露，而主要在于第一项法律风险（监管风险）和第二项财务风险。这两项风险又受到中国新兴市场的法律和经济背景的放大，包括上市资格管制以及投资者不成熟等基本环境。

在上海斐讯借壳慧球科技的案例中，实际控制人顾国平正是同时采用了借壳上市与杠杆增持这两种方式，结果造成风险叠加，持仓被强平，不仅借壳失败，也引发了较大的市场波动。对此，本文构建了如图1所示的理论框架，用于后续分析。

① 沈艺峰等（2009）通过2008年8月30日至2009年2月5日上市公司增持股份的样本研究发现，2008年8月《关于修改〈上市公司收购管理办法〉第六十三条的决定》出台后，上市公司的股份增持行为主要出于政治动机，而非一般意义上传递积极信号的财务动机。

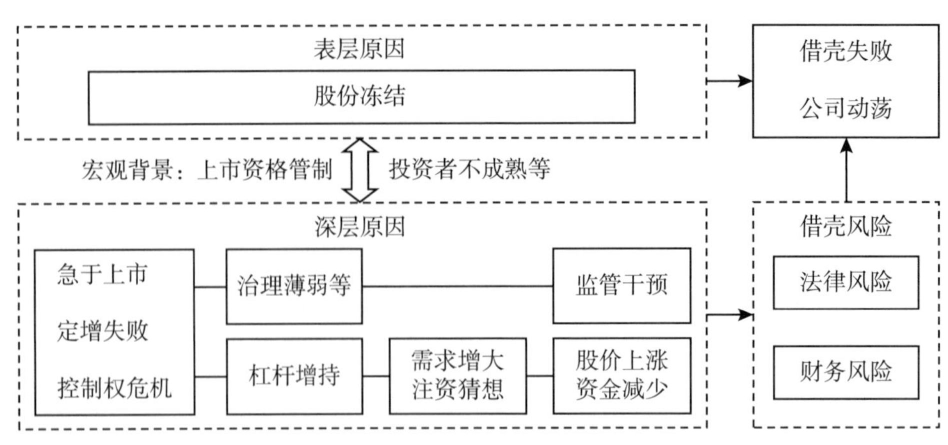

图 1　本文的研究框架

资料来源：笔者绘制。

三、研究设计及案例介绍

（一）研究方法

本文的研究方法是案例研究法。相比其他研究方法，案例研究法更加深入，容易将事件的因果关系解释清楚，也适合研究新兴的趋势和现象。本文研究的对象是上海斐讯借壳慧球科技事件。该事件是 A 股市场上的首个大股东爆仓事件，影响深刻，具有较强的典型性和时效性。此外，由于该事件影响巨大，相关的新闻报道比较丰富，可以提供充足的参考和比对①。

（二）案例介绍

1. 公司概况。被借壳方：慧球科技。慧球科技原为北海通发实业股份有限公司，成立于 1993 年。1998 年，公司更名为广西北生药业股份有限公司，2001 年 8 月 7 日成功在上海证券交易所挂牌上市，属于民营控股企业。公司上市后的经营状况并不是特别理想，先后 3 次被 ST，两次被 *ST，上市 15 年来，六度变更经营主业。从 2008 ~ 2012 年，慧球科技先后与中能石油、尖山光电、罗益生物等计划借壳重组，但皆因各种原因未获成功。

借壳方：上海斐讯。上海斐讯是一家成立于 2009 年的高新技术企业，主要的经营范围是向客户提供移动终端、数据通信、云计算等技术设备及整体解决的方案和服务。在公司发展的早期，上海斐讯以其路由器产品被人们所熟知。在 2011 年，公司进军智能机行业。虽然上海斐讯在该领域的起步较晚，但多元化的产业分布为其终端产品线打下了良好的基础，使之成为通信设备行业备受瞩目的新锐品牌。

2. 借壳事件介绍分为四个阶段。第一阶段：北生药业重组失败，顾国平间接入主。2014 年 6 月 2 日，上海斐讯期望通过反向收购的方式借助北生药业（慧球科技前身）实现借壳上市。但由于广西与上海地方政府就未来上市后公司注册地引发的税收归属问题存在分歧，导致重组失败。这是北生药业近年来第六次重组，随后的第七次重组终告成功，大股东变更为瑞尔德嘉。2014 年 11 月 12 日，瑞尔德嘉向中信证券出售了北生药业 1 500 万股，背后的真实买家是上海斐讯的所有者顾国

① 限于篇幅，主要参考的报道请详见《中国工业经济》网站（http：//www. ciejournal. org）公开附件部分。

平。由此，顾国平间接持有了北生药业 3.8% 的股份。伴随着李占国等曾在上海斐讯任职的人员进入北生药业董事会与监事会，顾国平成为公司的实际控制人。同时，在第六次重组失败后不到 30 天，2014 年 7 月 29 日，北生药业以其新业务——智慧城市募集资金，以 3.6 元/股的发行价，拟增发 6.44 亿股，实现募集资金 23.5 亿元。其中，顾国平及其一致行动人拟认购 2.92 亿股。若定增成功，顾国平及其一致行动人将持有北生药业 28.17% 的股份。

第二阶段：定增失败，第三者低价抢位大股东，顾国平高价杠杆增持。2015 年，北生药业更名为慧球科技，并不断释放出关于智慧城市项目的利好消息，推动了股价的大幅上涨。但是伴随着 2015 年下半年股票市场的震荡下行，慧球科技股价从最高时的 36.98 元/股一路下跌到了 8 元/股左右。其中一名叫陈建的自然人在低价时购入了 1 890 万股，持股比例 4.79%，超过了顾国平间接持有的 3.8%，成为第一大股东。但由于定增方案正在审核之中，一旦通过，顾国平可以以远低于市场的价格获得大量股份。

然而 2015 年 10 月，由于智慧城市项目信息披露存在问题，中国证券监督管理委员会否决了慧球科技的定增方案，顾国平失去了超低价增持股份的机会。此时股价相较最低点已开始回升。顾国平因急于提升自己的持股比例恢复第一大股东地位，且资金有限，从 2015 年 10 月 23 号开始通过华安汇增 1 号、华安汇增 2 号、华安汇增 3 号及德邦慧金 1 号，分别以 13.92 元/股、14.13 元/股、16.07 元/股、19.27 元/股、21.44 元/股及 25.45 元/股的价格买入 610 万股、100 万股、643.7 万股、526.51 万股、500 万股及 841.5 万股。加上 2014 年从瑞尔德嘉收购的 1 500 万股，合计持有 3 471.69 万股，超过陈建，重新成为第一大股东。这 4 个资管计划的出资比例均为 1∶2，德邦慧金的补仓线与平仓线分别为 0.91 与 0.88。在股价上升的背景下连续的杠杆增持为后来的“爆仓”危机埋下了祸根。

第三阶段：顾国平遭遇强平，公司紧急宣布重组。在 2015 年 12 月 21 日达到 29.04 元/股的高点后，慧球科技股价在短时间内出现了大幅下跌。2016 年 1 月 18 日股价下跌至 17.56 元/股，在 16 个交易日内下跌幅度超过 41%。2016 年 1 月 18 号，在股价已低于平仓线的情况下，德邦创新的优先级份额委托人浦发银行将资管计划持有的慧球科技股份全部卖出，提前结束了德邦慧金 1 号资管计划。这导致顾国平所持有的股份由 8.79% 降至 6.66%。同时伴随着股价的持续下跌，其华安汇增 1、2、3 号资管计划同样面临“爆仓”风险。顾国平为防止资管计划的进一步瓦解，于 2016 年 1 月 20 日追加资金 2 000 万元，解除了短期的风险。为了止跌，慧球科技于 2016 年 1 月 25 日宣布将进行重大资产重组，拟将上海斐讯部分资产注入公司。

第四阶段：长期停牌重组失败，顾国平退出，新资本玩家入主。然而，这一重组计划一波三折。起初停牌的理由是将上海斐讯的部分资产注入公司。但是 2016 年 3 月 9 日，慧球科技发布公告称与上海斐讯重组失败，转而与上海远御接触。但 2016 年 4 月 26 号，公司再次宣布重组失败。同年 5 月 4 日，慧球科技再次宣布将与上海斐讯进行重组，此次是将上海斐讯所有的资产注入慧球科技中，并以国资委审批为由延长停牌两个月。6 月，慧球科技披露与上海斐讯的重组事项正在稳健开展。然而就在投资者期待上海斐讯成功借壳之际，7 月 4 日慧球科技突然宣布由于顾国平上海斐讯的股份被冻结无法注入，导致重组失败①。慧球科技股份随之暴跌，顾国平的华安汇增 2 号与 3 号资管计划分别低于平仓线。由于顾国平未再进行补仓，上述资管计划被强行平仓，顾国平的股份随之降低至 5% 以下。此时和熙 2 号与顾国平一致行动人的条件也不再具备，一致行动关系被解除。至此，顾国平持有慧球科技的股份仅剩 710 万股，约占 1.8%。

2016 年 7 月 18 日，顾国平辞去了一切职务，其他上海斐讯系董事会、监事会成员也相继离职。随后 7 月 30 日慧球科技披露，新设立的四家子公司与原匹凸匹董事长鲜言控制的深圳柯塞威基金

① 从 2015 年 10 月起，慧球科技的实际控制人顾国平及标的资产上海斐讯作为共同被告或被申请人涉及四起民事纠纷，同时对方亦向相关人民法院申请对顾国平所持有上海斐讯股权进行财产保全。

管理有限公司之间存在联系。8 月 9 日慧球科技聘请鲜言为公司证券事务代表，众多曾任职于匹凸匹的高管人员入职，自此慧球科技初步完成了由上海斐讯系到鲜言系的控制权过渡（见图 2）。

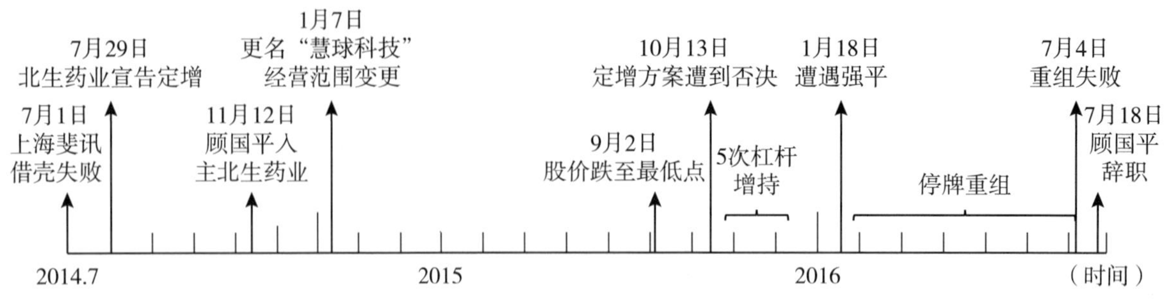

图 2　上海斐讯借壳慧球科技事件轴

资料来源：笔者绘制。

四、增持动机及杠杆增持动机的分析

（一）增持的动机分析

1. 被借壳方：慧球科技经营业绩差，成为壳公司。慧球科技的前身北生药业自 2001 年成立起多次向银行贷款，自身债务负担较大。公司 2006 年、2007 年连续两年亏损，变为 * ST。为改善财务状况，北生药业亟须资产重组，实现主营业务的转型升级。自 2008 年起，北生药业相继与中能石油、郡原地产等尝试重组，但由于双方无法达成协议或拟注入资产行业低迷，最终皆以失败告终。2013 年北生药业净资产由年初负值转为年末正值，公司向上海证券交易所提出撤销 * ST 的申请，上海证券交易所于 2014 年 5 月 6 日同意了此申请。但 2014 年第一季报显示其经营状况并未得到实质性改善，所有者权益再次成为负值。而分析其 2013 年的利润表可以发现，北生药业净资产由负转正的主要原因是公司获得了郡原地产 3 200 万元的债务豁免，审计师对年度的财务报表出具了带强调事项段的无保留意见。董事会在年报中也注明，尽管公司扣除非经常性损益后每股收益为正，但公司持续经营能力有待加强，需寻求优良资产注入。

从股权结构来看（见表 1），北生药业在上海斐讯借壳前的股份结构较为分散。因为北生药业以资本公积转增股本偿还债务，使得中国工商银行广西分行被动地成为北生药业的第一大股东；而因为涉及诉讼，第二大股东北生集团所持股份全部被保全。北生药业前五位大股东的持股比例差距较小且持股比例均低于 10%，这些情况为借壳上市提供了便利条件。

表 1　　北生药业 2014 年一季度报中前五大股东及持股比例

股东名称	持股比例
中国工商银行股份有限公司广西壮族自治区分行	9.03%
广西北生集团有限责任公司	7.10%
北京瑞尔德嘉创业投资管理有限公司	7.00%
北海腾辉商贸有限公司	4.11%
吴鸣霄	3.55%

资料来源：根据北生药业 2014 年第一季度报，笔者整理。

2. 借壳方：上海斐讯上市多次尝试失败、急于注资上市。上海斐讯成立于2009年，其2009年、2010年、2011年的销售收入分别是0.6亿元、4.5亿元和11.8亿元，2012年的销售额突破了30亿元，2013年销售额高达65亿元。公司快速发展的背后是对流动资金的极度渴求，上市提升公司和品牌的知名度尤为迫切，所以上海斐讯在2013年年底就提出了上市的想法。但当时国内的IPO已经停止，因此其打算转战香港。然而上海松江区国有资产投资经营管理有限公司于2011年对上海斐讯投资7 000万元，获得11.67%的股权，并在2012年松江区内部文件中提出要继续增资上海斐讯。国有资本的介入，使得中国证券监督管理委员会未通过其赴港上市的计划。几番尝试无果，上海斐讯寄希望于借壳，通过业务分拆进行上市。北生药业于2014年6月2日发布公告称，拟采取以发行股份购买资产的方式与上海斐讯进行重大资产重组，并进行配套融资。然而业绩急剧上升的上海斐讯为上海松江区的财政收入做出了巨大贡献，而借壳后公司注册地将影响到广西与上海的税收分配，两地政府就此问题存在较大的分歧，最终导致借壳失败。

由于北生药业股东持股极度分散，那么通过增发成为大股东，再注入资产看起来不失为曲线借壳上市的妙招。但是，当定增预案被否、资产重组计划泡汤、顾国平成为实际控制人的愿望落空时，上海斐讯被迫加速了借壳的重组进程，希望最后一搏，争取实现借壳上市。2016年，慧球科技连续两次启动收购上海斐讯计划，希望将上海斐讯整体注入。因上海斐讯资产存在争议，重组最后终止。

从以上分析来看，慧球科技的前身北生药业历经多次失败的重组后，仍因经营困难需要进行重大重组，恰好上海斐讯意欲上市，两者一拍即合。但由于两地行政机关因注册地的税收利益存在冲突，最终借壳失败。接着，上海斐讯的大股东顾国平开始从北生药业的控制权入手，首先接受北生药业的定增方案。在定增被否决，其控制权受到威胁时，他不顾后果地在北生药业股价持续走高的状况下以极高的平仓率进行杠杆增持。当其面临平仓危机，被迫补仓后，已受其控制下的慧球科技接连启动收购上海斐讯的计划，第二次希望能将上海斐讯整体注入。此时，顾国平的目的已经非常明显：先获得控制权，然后将资产注入。这无疑是一条借壳上市的道路。因此，顾国平投资慧球科技的多次努力的根本目的一直是借壳上市。

（二）杠杆增持的动机分析

首先，当时上海斐讯资金链紧张。公司曾在红岭创投发布1.5亿元的融资公告用于公司周转，资金链紧张可见一斑。在智慧城市项目中，顾国平个人垫资高达数十亿元。同时为了拓宽海外市场，2015年9月上海斐讯耗资7 500万美元，对UT斯达康（在美国纳斯达克上市）实施了30%的股权收购。且公司计划对UT斯达康实现绝对控股，预计为此将再支出1.5亿美元。这一系列操作使上海斐讯在很大程度上陷入了资金短缺的困境，其后来的众筹、员工融资、裁员及借款等行为亦可从侧面予以佐证。

其次，从顾国平的视角来看，杠杆增持算是当时最合适的选择。在决策时点，可供顾国平考虑的方案主要有：协议收购、负债收购、股份转换和杠杆增持。协议收购是借壳上市中较为温和的方式，可以以较少的协议次数、较低的成本获得控制权，但是对于顾国平来说并不适用，因为协议收购的一般前提是目标公司股权集中、存在控股股东，可是慧球科技股份结构较为分散，借壳前五大股东的持股比例均未达到10%，且无控股股东和实际控制人。负债收购也很难进行，因为当时上海斐讯本身资金链紧张，通过其实施众筹、借款等行为，可以推测其负债率应该不低。而随负债而来的巨额利息也将是一笔沉重的负担，故负债收购极可能给其带来较大的财务压力。股份转换常在借壳上市案例中出现，它是指一家公司（目标公司）的全体股东将其持有的本公司全部股权让与给另一公司（并购公司）作为对价，以缴足公司股东承购另一公司所发行之新股或发起设立所需股款的法律行为，股份转换结束后，目标公司的全体股东成为并购公司的股东，并购公司则成为目标公司的母公司。但可惜的是中国的《公司法》尚未规定股份转换制度，所以这个方式在中国资本市场上很少使用。另外，股份转换也需要上市主体发行权益性工具“购买”非上市主体这一步骤，而之前的定增方案被否，也一定程度表明这个方案实现的难度很大。出于谨慎和对相似错误的回避心理，顾国平不会中意这一方式。而顾国平开始期望采用的是定增获得壳公司这种安全低成本的方式，然而一年多后，中国证券监督管理委员会因公司项目信息披露存在问题，否决了慧球科技的定增方案。出于对定增方案通过的乐观，顾国平在股价低位的最佳增持时机无动于衷，甚至在 2015 年 6 月还抛售了慧球科技的部分股票。由于自然人陈建在股价低位的大幅增持，顾国平的控制人地位岌岌可危，而不太具备金融风险意识的顾国平为了维持自己第一的持股比例，慌乱之下才急迫地选择杠杆增持。

此外，当时使用杠杆是一种较为流行的增持方式。自 2015 年 6 月的股灾之后，监管层鼓励上市公司加入救市，不少上市公司都采取了通过银行配资发产品、券商收益互换以及资管通道加杠杆增持。即使 2016 年已经出现多起爆仓事件，但是 2017 年一季度，资管计划等带有杠杆效力的工具已占上市公司增持金额的 31%。杠杆工具的吸引力可见一斑。看好上市公司价值，利用杠杆撬动更加丰厚的收益本无可厚非。而对于顾国平来说，杠杆增持可以使其利用较少的资金获取更大的股权，而在得到壳公司控制权的诱惑前，杠杆的风险就被忽视，或者说即使知晓杠杆交易的危险，仍自认为能承担风险。2018 年顾国平接受记者采访时，就将自己增持慧球科技失败的原因归结为不懂资本市场及运气不佳。他表示，在借壳慧球科技这个事情上，自己在“股灾”期间加杠杆买股份是错误的，其所有的信息都是透明的，而潜在对手的目的很难判断；实业思维的他对于资本市场并不是很了解，缺乏资本市场运作经验和风险意识，对于平仓线没有概念，且平时对股价涨跌不敏感，以至于出现爆仓窘境。

五、杠杆增持带来的成本和风险分析

（一）杠杆增持带来的股权结构变化

借壳上市过程中，收购成本的波动会显著地影响资金链脆弱的上海斐讯的财务风险。由于大盘暴跌，慧球科技年中股价下跌幅度超过 75.6%，其一方面使得公司的市值缩水，另一方面也是借壳方低价重组的良机。然而顾国平在股价两轮下跌时均无重大增持行为，其主要原因是慧球科技定增方案的存在。定向增发股票的价格按要求不低于定价基准日前 20 个交易日股票均价的 90%。该阶段北生药业营收惨淡，2013 年第一、二、三季度均告亏损，同时尚未转型至智慧城市概念，因此股价一直处于疲软状态。

然而在定增方案被否后，上海斐讯不仅失去了通过定增的方式超低价获得股权的机会，而且第一大股东地位易主，同时股灾过后智慧城市板块被热捧，股价开始上扬。面对急于上市、控制权危机和资金短缺的局面，顾国平选择了使用 1 : 2 的杠杆，分五次以 13. 92/股到 25. 45 元/股的价格通过资管计划增持，最终将持股比例提升至 8. 79%，重新成为公司的实际控制人。从表 2 可以看出，顾国平通过资管计划合计买入 3 221. 69 万股，不及定增计划的 12%，而加权平均股价却为 19. 41 元/股，达到了定增价格的 5. 3 倍。考虑到顾国平使用了 1 : 2 的基金杠杆，顾国平实际出资金额约为 2. 08 亿元，成本远高于定增，略低于股价下跌时直接买入，但风险却非常之高①。顾国平在股价

① 顾国平分别在 11 月 11 日与 12 月 3 日将原通过和熙成长 2 号基金持有的 1 500 万股（即原持有的 3. 8% 的股份），卖出 250 万股与 500 万股。而卖出的对象正是顾国平的华安汇增 2 号与德邦慧金 1 号资管计划。其行为可能是通过将原有非杠杆股份转化为 1 : 2 的杠杆，获得更高的持股比例。

持续上涨背景下的不断使用杠杆方式增持股票，极大地提升了收购成本，恶化了现金资源，导致了潜在的杠杆风险。

表 2　　上海斐讯增持方式成本分析

增持方式	价格（元/股）	增持数量	总成本	持股比例
低成本增持行为（未发生）				
定增	3.65	2.92 亿股	10.66 亿元	28.17%
股价最低点买入	8.66	3 221.69 万股	2.79 亿元	8.16%
实际增持行为				
响应国家号召增持	14.13	100.00 万股	1 413.00 万元	0.25%
华安汇增 2 号资管计划	16.07	643.66 万股	10 343.62 万元	1.63%
华安汇增 1 号资管计划	13.92	610.00 万股	8 491.20 万元	1.55%
华安汇增 3 号资管计划	19.27	526.51 万股	10 145.85 万元	1.33%
德邦慧金 1 号资管计划	21.44	500.00 万股	10 720.00 万元	1.27%
德邦慧金 1 号资管计划	25.45	841.52 万股	21 416.68 万元	2.13%
平均价格与合计持股数	19.41	3 221.69 万股	6.25 亿元	8.16%
卖出				
和熙成长型 2 号基金	13.08	250.00 万股	3 270.00 万元	0.63%
和熙成长型 2 号基金	21.44	500 00 万股	10 720.00 万元	1.27%

注：限于篇幅，主要参考的公司公告详见《中国工业经济》网站（http：//www.ciejournal.org）公开附件部分。
资料来源：根据慧球科技公司公告，笔者整理。

（二）杠杆增持带来的股票价格变化

壳公司的市值决定了借壳方购买该公司的成本与难易程度。市值被低估的壳公司是借壳方理想的目标公司。但是在中国借壳上市盛行的背景下，“壳资源” 甚至被作为一个概念板块为投资者所追捧。在借壳消息泄露后，壳公司股价往往会出现不同程度的上涨，加大公司收购的成本。

对于慧球科技，情况则更为复杂。一方面，其前身北生药业从 2008 年开始先后尝试了 7 次重组，一直被市场认定为“壳公司”。但在 2014 年年底顾国平及上海斐讯入主后，公司变更其主营业务为智慧城市，并更名为慧球科技。其也一反壳公司业绩低迷的普遍特点，依托上海斐讯的技术支持，在智慧城市领域业务拓展迅速，与多个城市签订了智慧城市合同。业绩上一改之前北生药业依靠巨额营业外收入扭亏的局面，在前三个季度均报盈利，且增速良好。在 2015 年，其一直以智慧城市板块的概念股形象出现在各大证券网站的报道与推荐中，业界对其业务普遍持乐观态度。伴随着智慧城市这一新兴概念的热捧，智慧城市板块在股灾过后呈上扬态势。慧球科技的股价也随之回升。但是即使是热门板块的股票，也可以发现慧球科技的股价涨幅远远领先于同板块公司。以 10 月 8 日为基准点，从 10 月 8 日到 11 月 5 日慧球科技与对比公司英飞拓及先锋电子涨幅相近，均为 30%左右。但是 11 月 5 日后，慧球科技股价上涨速度异军突起，与对比公司的差距越拉越大。到 12 月 24 日，慧球科技累积涨幅达 162%，同期先锋电子与英飞拓分别为 72%与 44%，而大盘则相对平稳，累积涨幅为 14.9%（见图 3）。由此可见慧球科技股价在顾国平杠杆增持期间出现了迅猛的上涨。

然而，这样的增长有多大程度是顾国平增持行为驱动的呢，是否是经营改善等其他原因带来的呢？对此本文进行三个方面的分析。

1. 比较智慧城市板块公司在 2015 年各季度的经营状况。图 4 显示，慧球科技的资产收益率（ROA）表现在同板块公司中并不突出，第三季报甚至在 4 家对比公司中仅居第三。同时市盈率的比较更为异常，2015 年底慧球科技市盈率高达 2 085，而同板块对比公司最高仅为 140。作为市场热门板块，市盈率偏高有一定道理，但是超过 2 000 的市盈率则意味着其股价被严重高估。结合资产收益率（ROA）和市盈率的分析，本文认为公司经营业绩外的其他因素导致了股价的高涨。

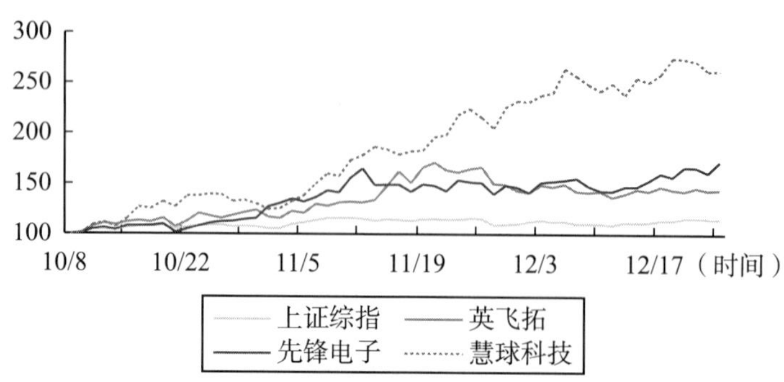

图 3　慧球科技与同板块公司及上证综指对比

资料来源：根据国泰安数据，笔者绘制。

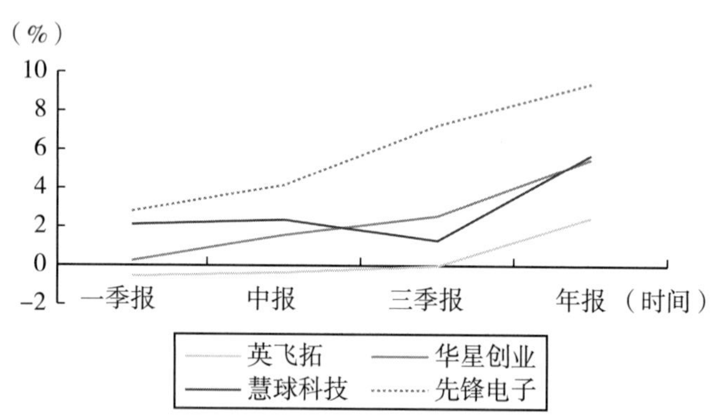

图 4　2015 年智慧城市板块公司资产收益率（ROA）比较

资料来源：根据国泰安数据，笔者绘制。

2. 分析慧球科技 2015 年末各重大事件的市场反应。2015 年 10 月至 2015 年年底除去大股东增持公告，在顾国平 12 月 4 日最后一次通过杠杆增持之前，慧球科技仅有签订重大合同这一重大利好消息。在此期间公司公布的三季报业绩不尽如人意，11 月宣布第一大股东发生变更。而证券公司对于慧球科技的推荐及“买入”评级的变更，主要发生在 12 月 22 日后。通过计算这段时间内主要事件的累计超额收益率（见图 5），可以发现公司签订重大合同（事件 1）、增持华安汇增 1、2、3 号（事件 3、事件 4）及增持德邦慧金 1 号（事件 5）前后超额收益率出现了显著增加，而顾国平宣告增持 100 万股（事件 2）市场反应较为平静。可能在于其 100 万股的增持是响应国家号召，且增持股份相对较少，仅 0.25%，向市场传递大股东信心的利好作用较弱。而重大合同签订带来的超额收益率变动相对独立，事前积极影响较为显著，后期则相对平静，这也主要是因为公告日为董事会通过该合同日，之前与政府签订合同存在信息上的提前披露。而宣告通过华安汇增 1、2、3 号及德邦慧金 1 号增持前后增长幅度最为强烈，累积超额收益率从 20% 上升到了 80%。由此本文进一步推断推动慧球科技股价高涨的原因主要是顾国平的杠杆增持行为。

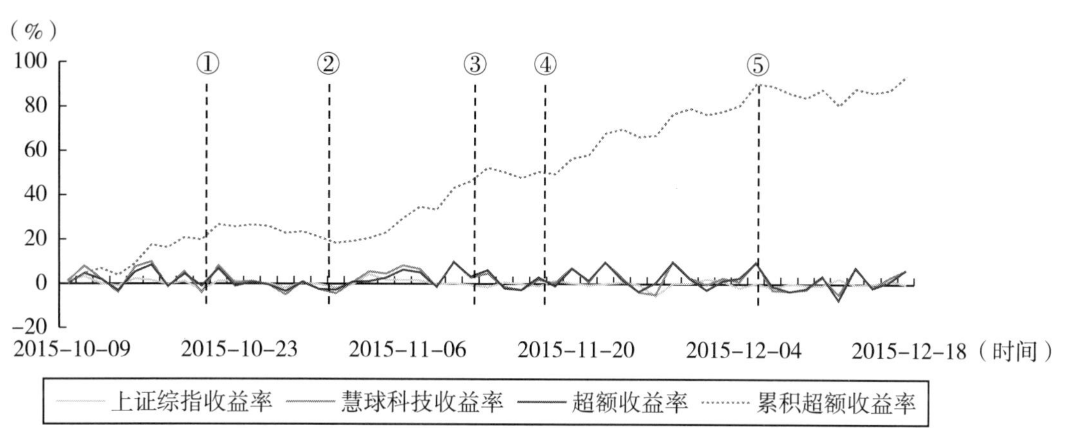

图 5　顾国平杠杆增持前后超额收益率情况

注：①公司签订重大合同；②宣布顾国平增持 100 万股；③公告通过华安汇增 1、2 号增持；④公告通过华安汇增 3 号增持；⑤公告通过德邦慧金 1 号增持。

资料来源：根据国泰安数据，笔者绘制。

3. 通过百度指数的需求图谱观察三次公告带来的市场关注变化。百度指数的需求图谱体现了其他字段与主关键词“慧球科技”的相关程度。图 6 列示了从以上事件 3 前一个自然周到事件 5 后一个自然周“慧球科技重组”及其类似关键词（如“重组”）搜索指数增长率和它们的主关键词“慧球科技”的相关性排名。在图 6 中，第 0 周为事件 3 所在自然周，第 4 周为事件 5 发生后一自然周（事件 5 公告于第 3 周周六）。通过百度指数的分析可以看出，顾国平杠杆增持行为带来了“慧球科技重组”搜索指数的持续上涨，且相关性排名均位列前四之内，仅次于“慧球科技股吧”“hqkj”与“慧球科技官网”等非事件性检索词。由此本文推测，顾国平多次的杠杆增持行为重新引发了市场对于其与上海斐讯重组的猜测，推升了股价的异常上涨。大股东增持意味着股东对于公司未来的信心，将向市场传递积极的信号。而在短期内连续多次增持，更是提升了投资者对上海斐讯借壳上市决心的认识以及对于借壳上市成功的预期，推动了股价持续上扬。然而这一上扬的负面后果无疑是进一步加大了已面临资金短缺的上海斐讯借壳的成本与难度。增持——股价上涨——加剧增持成本这一循环，不断加深了借壳上市的困境。

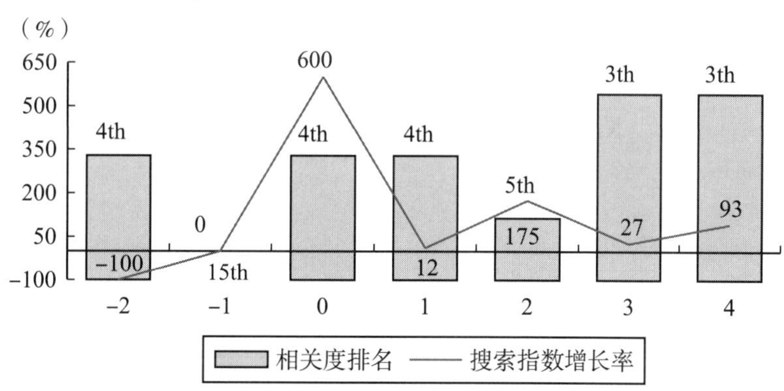

图 6　百度指数需求图谱分析

资料来源：根据百度指数，笔者绘制。

（三）杠杆增持带来的爆仓风险

在 2015 年年中，股票市场经历了从 5 178 点到 2 850 点的暴跌，原因之一便是过多的杠杆投资。杠杆投资的风险主要来源于股价波动。顾国平在股价不断上涨时期，通过 4 个资管计划分六次以 1∶2 的杠杆买入慧球科技股票，达到快速提升持股比例掌握控制权的目的。一般杠杆比例为

1∶3的股票配资平仓线是0.85。与之相比，在2016年万科股权争夺战中，宝能系资管计划中的广钜2号，其杠杆比例为1∶2，持仓成本价为22.06元/股，平仓线为17.65元/股，即平仓线约为0.8。而交易均价最高的德邦慧金1号资管计划的杠杆比例为1∶2，其补仓线与平仓线已分别达到0.91与0.88。与顾国平爆仓风波同期的金洲管道约定的预警线和止损线也仅分别为0.85和0.8。由此可见，顾国平选择的资管计划相较业界平均水平更为苛刻。德邦慧金1号的增持价格为25.45元/股，即意味着当股价下降至23.16元/股时，即需要补仓，当股价下降至22.40元/股时，即面临平仓。该资管计划增持慧球科技时股价已被推到高点，而22.40元/股的平仓线甚至比其前一期资管计划开启时的股价21.44元/股还要高，可见风险极大①。同时，慧球科技所在的生物制品板块本身的股价波动就比较剧烈。以2016年10月底为中心点，顾国平增持的前后四月中，生物制品板块的股指波动最高达到38%。股价持续升高的现象本身即伴随着较高的风险（Hutton et al.，2009；陈国进和张贻军，2009），而设置苛刻的平仓线无疑进一步加剧了这一风险。此外，多次连续的杠杆增持还会加剧股价下行时爆仓——抛售——股价下跌——爆仓连锁反应的可能性。

除以上分析，本文更直接地测算比较了顾国平第一次取得慧球科技股份（2014年11月12日）、顾国平第一次通过杠杆增持（华安汇增1号，2015年10月23日）、华安汇增2号生效日（2015年11月5日）、华安汇增3号生效日（2015年11月13日）及德邦慧金1号杠杆购进日（2015年12月4日）的股价崩盘风险，结果如图7、图8所示。通过对负收益偏态系数（NCSKEW）及收益上下波动比（DUVOL）的测算可以看出，顾国平从10月23日第一次开始进行杠杆增持起，其股价崩盘风险便已处于较高的水平，且均显著高于同时期借壳上市标的公司的中位数及进入时点的值。在此背景下，顾国平依然以不断提高的价格多次杠杆购入，并约定相对苛刻的平仓线，无疑为其股权的稳定性埋下了巨大的隐患。一旦顾国平的资管计划发生爆仓，一方面其在资金短缺背景下将蒙受大量资金损失，另一方面也将失去通过杠杆获得的公司股权，影响借壳上市。

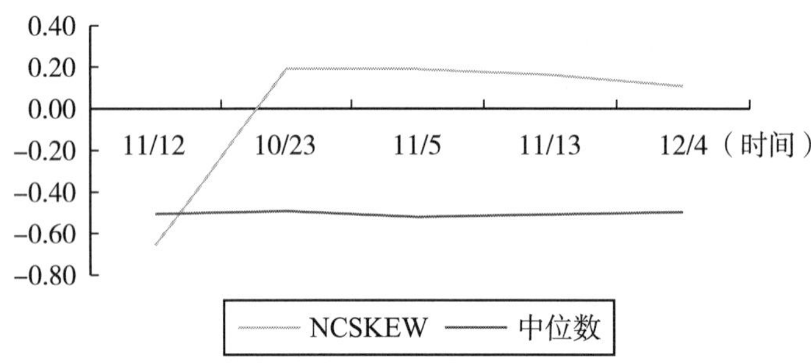

图7　不同时期慧球科技的NCSKEW

资料来源：根据Wind数据，笔者计算绘制。

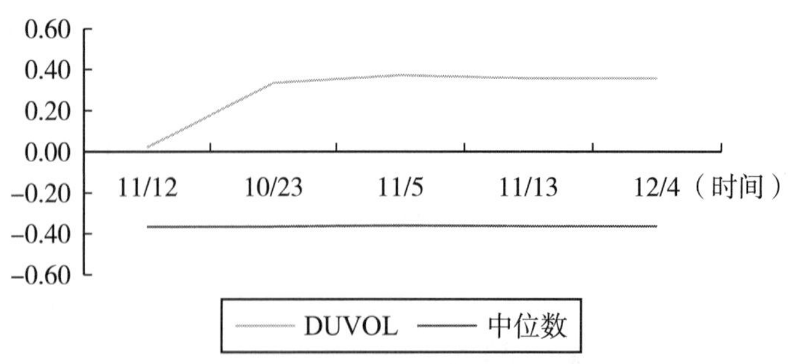

图8　不同时期慧球科技的DUVOL

资料来源：根据Wind数据，笔者计算绘制。

① 21.44元/股及25.45元/股的成交均价对应的市盈率均超过2 000。

六、杠杆增持的后果分析

（一）对顾国平个人的影响

在定增失败后，顾国平急切地希望提高在慧球科技的持股比例，于是通过股票增持以及与一致行动人进行的5次杠杆增持，将持股比例提升至8.79%（见表3）。这一比例是2014年10月以来顾国平在慧球科技最高的持股份额。

表3　　顾国平及其一致行动人持股变化情况

持股主体	持股数量（股）			占总股本比例
	1月10日	1月19日	7月15日	
顾国平	1 000 000	1 000 000	1 000 000	0.25%
华安汇增1号	6 100 000	6 100 000	6 100 000	1.55%
和熙2号基金	7 500 000	7 500 000	0	1.90%
华安汇增2号	6 436 601	6 436 601	0	1.63%
华安汇增3号	5 265 100	5 265 100	0	1.33%
德邦慧金1号	8 415 174	0	0	2.13%
总持股比例	8.79%	6.66%	1.8%	

注：限于篇幅，主要参考的公司公告详见《中国工业经济》网站（http：//www.ciejournal.org）公开附件部分。
资料来源：根据慧球科技公司公告，笔者整理。

然而好景不长，伴随着市场风险带来的慧球科技股价的快速滑坡，杠杆增持背后的平仓风险开始爆发。首先，德邦慧金1号于2016年1月19日触及0.88的平仓线，解除与顾国平的一致行动关系。顾国平及其一致行动人的持股比例降至6.66%。随后，华安汇增2号、华安汇增3号于2016年7月14日因顾国平未能及时补仓，先后解除与顾国平的一致行动关系，导致顾国平及其一致行动人持股比例低于5%。此时，和熙2号与顾国平作为一致行动人的条件也不再具备，因此随之解除与顾国平的一致行动关系。在上述一系列变化之后，顾国平及其一致行动人的持股比例仅剩余1.8%，实际控制人地位名存实亡。7月18日，顾国平辞去慧球科技董事长、总经理职务，自此黯然退出慧球科技。顾国平及其团队累计在二级市场上亏损3亿多元。此外顾国平还借给公司8 000万元并承诺注入一处价值5 000万元的楼房，可谓损失巨大。

（二）对被借壳方慧球科技的影响

1. 控制权之争扑朔迷离。随着顾国平控股地位的下降，深圳市瑞莱嘉誉投资公司（以下简称“瑞莱嘉誉”）看准时机介入，从7月21日其分三次增持慧球科技，最终持股比例达到4.999978%，逼近5%的举牌线，按照《证券法》与《上市公司收购管理办法》的要求，已触发权益变动披露义务。瑞莱嘉誉随即要求慧球科技发布权益变动报告书，但慧球科技一直拒绝配合。8月5日，在上海证券交易所多次对公司履行权益变动披露义务的告知监督下，慧球科技才召开了董事会，但却以瑞莱嘉誉持股数未触及5%为由否决了披露权益变动报告书的议案。此外，匹凸匹原实际控制人鲜言被质疑与慧球科技存在关联关系，“隐身”控制董事会。

2. 公司管理混乱，面临ST。慧球科技自控制权之争陷入混乱后，不配合信息披露监管等问题频繁出现。上海证券交易所无法取得公司董事会秘书的通讯方式，难以进行沟通。上海证券交易所还针对慧球科技多个新设的"三无"子公司是否具备人员、资金、管理团队等可行性条件及其必要性发出监管问询，但均未获得回复。另外，上海证券交易所质疑鲜言在慧球科技中的身份，要求提供书面函件披露鲜言持有慧球科技股份的情况以及对董事会与公司管理和披露事务的控制情况，但鲜言一直未提供相关文件，慧球科技也始终没有回复中国证券监督管理委员会。鉴于以上信息披露混乱、拒不配合监管等情况，上海证券交易所对慧球科技实施纪律处分程序，并暂停了慧球科技信息披露直通车的资格。

（三）对借壳方上海斐讯的影响

1. 借壳上市失败，流动资金匮乏。随着资管计划陆续爆仓以及二次重组失败，顾国平及其管理团队逐步退出慧球科技，慧球科技的董事会中已不再包含上海斐讯背景的董事，上海斐讯借壳上市的目的也正式宣告失败。顾国平原本计划对上海斐讯实施注资，以迅速发展公司业务，并且其后根据监管要求转变为现金认购增发股份的方式，但仍遭到了中国证券监督管理委员会的否决。可以说，在这个时间段借壳上市失败对上海斐讯来说是雪上加霜。

2. 主业停滞，转型受阻。截至目前，据非官方数据统计，上海斐讯裁员达上千人，比例超过50%，上海斐讯的手机业务停滞。同时在失去了慧球科技这一智慧城市发展平台与上市融资机会后，上海斐讯的智慧城市与云计算的新兴业务发展无疑将面临市场与资金的双重压力。若慧球科技在鲜言等人的股权之争中业绩衰落，影响到已签订的智慧城市合约，无疑将对上海斐讯智慧城市业务产生巨大打击。在借壳上市失败损失大量资金的背景下，上海斐讯的转型将举步维艰（见表4）。

表4　　杠杆增持后果总结

	杠杆增持行为前	杠杆增持行为后
顾国平个人	稳步控制公司	二级市场上的亏损累计超过3亿元
	和熙2号基金收益颇丰	承诺注入5 000万元房产难以收回
	上海斐讯实际控制人	终身禁入证券市场
被借壳方：慧球科技	前三季度扭亏为盈	公司控制权之争扑朔迷离
	智慧城市发展顺利、多次签订重大合同	管理、信息披露混乱，被ST
借壳方：上海斐讯	注入"智慧城市"优质资产	借壳上市失败，流动资金匮乏
	依托慧球科技平台，云计算、智慧城市业务发展迅速	主业停滞，转型受阻

资料来源：笔者整理。

（四）借壳上市最终失败的根源分析

基于希利等（Healy et al.，1990）提出的并购风险划分，本文提出了上海斐讯借壳慧球科技案例的理论框架，以探寻其失败的根源。尽管股份冻结、股价波动等诸多因素都作用于最终的结果，但本案例失败的根本原因可以总结为法律风险和财务风险的叠加。

从法律风险（监管风险）而言，中国并购市场的发展时间较短，并购交易的法律建设落后于发展现状。除《公司法》《证券法》等相关法律规定外，上市公司的并购交易行为主要由中国证券监督管理委员会规范管理。茅铭晨（2007）指出，中国的政府管制机构往往是集管制与管理于一身的"综合性管制机构"，拥有巨大的权力。陈冬华等（2008）认为不同的时期，尽管程度上存在差别，中国证券监督管理委员会始终拥有上市公司的遴选权和裁量权。对此一方面，管制者拥有的裁量权以及不同时期、不同情境下资本市场发展管理目标和手段的变化会增加并购交易的不确定性（陈冬华等，2008；Jiang et al.，2009）；另一方面借壳交易中，借壳方往往是未能达到直接上市条件的公司，而被借壳方往往是财务不佳、陷入困境的公司，双方较差的治理和财务状态以及不规范的交易操作极容易触发监管风险（比如本案例中多次资产重组失败）。这一点在被借壳方慧球科技体现得十分明显：独立董事监督方面，慧球科技的独立董事花炳灿于 2016 年 1 月申请辞去公司第八届董事会独立董事及相应的董事会专门委员会委员职务。然而其于 2014 年 12 月被提名，履职刚满一年；外部审计监督方面，2016 年 1 月，慧球科技聘请大华会计师事务所为公司 2015 年度财务审计机构及内部控制审计机构，但聘期仅一年。2016 年 12 月，董事会同意聘请中喜会计师事务所为公司 2016 年度财务审计机构和内部控制审计机构（但最终却仍是大华所发表审计意见）；信息披露方面，2008 年 10 月及 2009 年 2 月，上海证券交易所两次公开谴责北生药业履行信息披露义务和重大事项内部审议程序等方面存在违规事项。2014 年 11 月，中国证券监督管理委员会因北生药业信息披露违法行为对财务总监刘俊奕、副总经理兼财务部经理姚全作出市场禁入决定。上述的诸多事项显然有违发展健康有效资本市场的宗旨，会引发监管部门的注意和警觉，从而加大借壳方的法律风险。此外，由于涉及对价问题，并购重组可能会带来巨额的资产增值和资产流失问题。当交易双方中存在国有股东时，监管机构会十分谨慎，进一步加大不确定性（比如本案例中涉及的广西和上海地方政府股东）。

从财务风险而言，由于上市资格管制，上市壳资源在中国十分稀缺，使得壳资源本身即具有较高的价格（陈冬华等，2008）。而一旦出现其他可能的竞争者，壳资源的取得成本和取得风险会急剧增加（比如本案例中出现的自然人陈建）。同时在本案例中，大股东采用了新兴的杠杆增持的交易方式，这一交易方式会引发直接的股票供需变化效应和间接的信号传递效应，不断推高成本和风险。供需变化效应下，大股东连续增持本身会带来短时间内股票需求的大幅增加，推高股票价格，增大未来风险。信号传递效应下，大股东增持会引发市场对于优质资产注入的猜想。在股票市场不成熟的背景下，会引发投资者的盲目跟进，推高股票价格，积聚风险。同时这一过程中增持者的成本也在不断增加，可用现金资源下降，一旦未来出现无法掌控的股价波动，增持者的平仓风险将大大增加。而一旦爆发一次平仓事件，释放出来的股票抛售将进一步压制股价，引发后续平仓的连锁反应。

在本案例中，法律风险（监管风险）是导火索。由于借壳双方特征的限制，使之难以通过监管方面的各种规则：上海斐讯含国有股不可赴港上市导致顾国平寄希望于借壳上市，而一年多漫长的定增预案审批时间又极具不确定因素，最终因定增预案信息披露不规范导致定增失败，所以顾国平在无更好增持方式的背景下，选择铤而走险，采用了杠杆增持的方式。杠杆本身在其资金链不足的情况下已潜藏极大的财务风险，而在此层风险下又与慧球科技这家本身不太规范壳公司进行借壳上市这种备受监管部门关注的操作，无疑是险上加险。第一次爆仓后，上海斐讯与慧球科技已成为监管部门关注对象，而慧球科技与上海斐讯后来的资产重组由于顾国平上海斐讯的股份被冻结无法注入，导致重组失败，慧球科技股份随之暴跌，由于补仓不及时，顾国平的另外两支资管计划被平仓。所以在法律风险和财务风险两两相生、环环相扣的束缚下，顾国平欲杠杆增持来借壳上市还是以失败告终。

在这场借壳上市的博弈中，就借壳方而言，以顾国平为代表的上海斐讯预期过于乐观，无论是从最初的赴港上市的打算，到定增失败，最后到杠杆增持爆仓，顾国平都低估了其中的法律风险和财务风险。而多次成为壳公司的被借壳方慧球科技，因为其经营能力差及多次信息披露不规范，已经受到了监管机构的格外注意。而顾国平在成功掌控董事会的背景下，慧球科技仍频频出现操控信息披露的事件。这些表现不仅没有规避，反而加剧了法律风险，导致了最终的失败。

七、结论与启示

本文以上海斐讯借壳慧球科技为例，研究了杠杆增持与借壳上市中的动因、风险及后果问题。战略发展、资金短缺等因素导致上海斐讯急于上市，又因为前期定增失败，上海斐讯不得已选择了在二级市场杠杆增持的方式借壳上市。然而杠杆增持高股价、高杠杆、高平仓线的特性埋下了“爆仓”隐患。最终由于他方势力介入和市场变化，资管计划遭遇“强平”，借壳上市失败。

中国当前的“核准制”上市制度使得借壳上市成为非上市公司登陆资本市场的重要手段。伴随着公司发展步伐的加快以及中概股回归的浪潮，借壳上市也成为公司实现快速上市的首要选择。然而在这一案例中可以发现，当公司出于自身因素不顾市场时机急于推动上市进程时，往往会付出极为高昂的成本，承担高杠杆带来的巨大风险。在失败后不仅无法享受上市带来的利好，还会严重损害公司及股东的利益。尽管本文研究的是一例个案，但是作为中国股票市场第一个大股东遭遇“强平”的案例，无疑值得深挖。其背后的动因与风险，在股票市场波动、借壳上市火热的背景下具有普适性、重要性和警示性。

杠杆增持作为一种投资方式，最大的特点是通过高杠杆以较少的本金撬动较大的收益。但是杠杆本身兼具高收益与高风险的特性。在股价异常波动，存在较大崩盘风险的背景下，杠杆增持无疑将面临更大的补仓压力与平仓风险。而大股东以增加持股比例为目的，通过杠杆买进公司股票更将面临股价与股份的双重风险。在本案例中，投资人作为壳公司的第一大股东与借壳方的实际控制人，其增持行为既向市场传递了大股东对公司信心的利好，同时连续的增持行为也引发了市场对于借壳上市的猜想，推动股价持续上涨，市值被严重高估，加大了后续杠杆的风险，也提升了借壳上市的成本与难度。当股价出现下行，不同于普通投资者单纯的投资收益考量，大股东将面临追加本金与保存股份的“两难”抉择。作为借壳方，股份是其实现借壳上市的基础，补仓便意味着借壳成本的上升。本案例中，股价下行压力下借壳方被迫提前与壳公司的重组，最终导致借壳失败。由此可见，杠杆增持如一把“双刃剑”，既能在借壳方缺乏资金时助力其对壳公司的控制，也为借壳方带来股权和成本上的巨大风险。

中国有关部门近期也出台了一系列政策规范借壳上市行为，限制壳公司估值的暴涨。但是由于 IPO 较长的周期以及严格的审核，借壳上市依旧为公司及投资者所追捧。从顾国平成为 A 股大股东爆仓第一人后，已有多家公司股价跌破平仓线。可见在中国当前的股市背景下，高平仓线及高补仓线的杠杆是极其危险的选择，需要慎重决定。结合以上的案例研究，本文对资本市场参与各方提出了如下建议。

（一）对借壳公司的建议

借壳上市本身就是以高成本换取较快上市速度的一种方式。壳资源的质量、收购成本与方式、企业自身的治理与财务状况等都将影响到借壳上市的风险。（1）借壳方应当采取风险相对较小的股权收购方式，在成本合理的情况下优先保障未来股权或控制权的稳定性。在无法通过定向增发等相对安全及低成本方式获取股份的情况下，可以采取股份置换甚至负债收购的方式，避免在股价波动严重，存在较高股价崩盘风险的情况下杠杆增持。否则一旦出现股价下跌，则可能需要多次追加资金补仓，导致借壳成本的提高，甚至失去对壳公司的控制。（2）在收购目标公司时，也应注重对目标公司市值的管理，避免人为推动壳公司股价的上升，导致市值被高估，增大后续收购的成本与难度。（3）借壳方应努力完善自身的治理水平，同时在选择目标公司时，除成本外，其治理和财务状况也应加以考虑，尽可能减轻借壳过程中的法律风险。

（二）对金融机构的建议

本文认为基金、证券公司应当更为谨慎地对待杠杆增持这类业务。虽然大股东对公司内部状况有一定的信息优势，同时在遭遇股价下跌后有较大的可能进行补仓，风险有所降低。但是相关机构还是应该在全面了解大股东增持动机、公司经营状况及股价崩盘风险的背景下，合理把控该类业务的数量，设置相对合理的补仓线与平仓线，规避可能出现的风险与损失。

（三）对投资者的建议

本案例中，第一大股东的增持行为推动了公司股价的异常上涨以及市值的严重高估，并引发了随后的暴跌。这有悖于伊肯贝里等（Ikenberry et al.，1995）、李俊峰等（2011）以往有关增持行为正面效应的发现。在借壳上市这样的特殊情境下，市场投资者应当合理解读增持行为背后的行为动机，理性评估壳资源的价值，避免对壳公司的盲目投机与炒作。在公司未来重组及实际控制人情况不明朗的情况下，应合理评估未来风险，做出谨慎的投资选择。

（四）对监管机构的建议

金融市场的发展对于经济增长至关重要（Levine and Zervos，1998；Aghion et al.，2005）。然而从本案例的研究可以看出，借壳上市和杠杆增持会造成并购风险的双重叠加。如果这一资本运作方式被市场中大量的公司同时采用，一旦发生系统性的负面事件，将会引发金融市场的剧烈动荡，带来难以想象的后果。因此本文认为，在公司杠杆增持与借壳上市过程中，监管机构有必要发挥更强的监管作用。比如，加强对壳资源高估值与炒作的控制、规范公司相关信息披露的程序和内容、重点监控此类业务中的补仓线与平仓线等。通过保障市场的合理秩序，避免资本炒作对上市公司正常经营的影响，保护中小投资者的利益，进而提升资本市场和经济运行的稳定和效率。

参考文献：

1. 蔡庆丰、杨侃、林剑波：《羊群行为的叠加及其市场影响——基于证券分析师与机构投资者行为的实证研究》，载于《中国工业经济》2011 年第 12 期。

2. 陈冬华、章铁生、李翔：《法律环境、政府管制与隐性契约》，载于《经济研究》2008 年第 3 期。

3. 陈国进、张贻军：《异质信念、卖空限制与我国股市的暴跌现象研究》，载于《金融研究》2009 年第 4 期。

4. 陈威、曹丽萍：《民营企业买壳上市风险分析》，载于《财会通讯》2009 年第 5 期。

5. 陈小林：《公司控制权的频繁转移、企业业绩与投机性并购》，载于《南开管理评论》2005 年第 4 期。

6. 褚剑、方军雄：《中国式融资融券制度安排与股价崩盘风险的恶化》，载于《经济研究》2016 年第 5 期。

7. 邓路、周宁：《市场时机、反向收购及其经济后果——基于“山煤国际”的案例研究》，载于《中国工业经济》2015 年第 1 期。

8. 邓雄：《高杠杆下股市剧烈波动的影响与应对：国际比较及启示》，载于《国际金融》2015 年第 12 期。

9. 郭彦金：《正确认识金融发展、改革与稳定的关系》，载于《人民日报》2015 年 7 月 23 日。

10. 赫凤杰：《A 股市场杠杆交易与监管》，载于《财经科学》2015 年第 11 期。

11. 姜英兵、张晓丽：《上市公司大股东增持的市场实际选择能力及其影响因素研究》，载于《经济管理》2013 年第 12 期。

12. 孔东民、孔高文、刘莎莎：《机构投资者、流动性与信息效率》，载于《管理科学学报》2015 年第 3 期。

13. 李俊峰、王汀汀、张太原：《上市公司大股东增持公告效应及动机分析》，载于《中国社会科学》2011 年第 4 期。

14. 林采宜：《A 股杠杆交易的风险传导机制》，载于《21 世纪经济报》2015 年 7 月 8 日。

15. 茅铭晨：《政府管制理论研究综述》，载于《管理世界》2007 年第 2 期。

16. 任泽平、宋双杰：《“6. 15”后的救市退出与制度改革：经验与启示》，载于《中国投资》2015 年第 9 期。

17. 沈艺峰、醋卫华、李培功：《增持股份：财务动机还是政治动机》，载于《会计研究》2011 年第 1 期。

18. 孙军、刘莉：《民营企业买壳上市要规避风险》，载于《经营与管理》2008 年第 8 期。

19. 唐松、温德尔、赵良玉、刘玉：《大股东股份增持的动机与效应研究》，载于《财经研究》2014 年第 12 期。

20. 王芳：《风险资本的六种退出渠道》，载于《经济纵横》2001 年第 2 期。

21. 温军、冯根福：《异质机构、企业性质与自主创新》，载于《经济研究》2012 年第 3 期。

22. 徐超：《企业买壳上市的风险控制》，载于《企业活力》1999 年第 1 期。

23. 许年行、于上尧、伊志宏：《机构投资者羊群行为与股价崩盘风险》，载于《管理世界》2013 年第 7 期。

24. 叶育甫、沈卫：《借壳上市与风险控制》，载于《学术论坛》2002 年第 5 期。

25. 周业安、韩梅：《上市公司内部资本市场研究——以华联超市借壳上市为例分析》，载于《管理世界》2003 年第 11 期。

26. 朱三英：《民营企业买壳上市的法律风险及其防范》，暨南大学博士论文，2006 年。

27. Aghion, P., P. Howitt, and D. Mayer – Foulkes. The Effect of Financial Development on Convergence: Theory and Evidence [J]. *Quarterly Journal of Economics*, 2005, 120 (1): 173 – 222.

28. Arellano – Ostoa, A., and S. Brusco. Understanding Reverse Mergers: A First Approach [R]. Working Paper, 2000.

29. Borghese, R. J. *M&A from Planning to Integration: Executing Acquisitions and Increasing Shareholder Value* [M]. New York: McGrew – Hill, 2002.

30. Bruner, R. F. Does M&A Pay? A Survey of Evidence for the Decision – Maker [J]. *Journal of Applied Finance*, 2002, 12 (1): 48 – 68.

31. Chan, K., D. Ikenberry, and I. Lee. Economic Sources of Gain in Stock Repurchases [J]. *Journal of Financial & Quantitative Analysis*, 2004, 39 (3): 461 – 479.

32. Dann, L. Y. Common Stock Repurchases: An Analysis of Returns to Bondholders and Stockholders [J]. *Journal of Financial Economics*, 1981, 9 (2): 113 – 138.

33. Dittmar, A. K. Why Do Firms Repurchase Stocks [J]. *Journal of Business*, 2000, 73 (3): 331 – 55.

34. Fostel, A., and J. Geanakoplos. Endogenous Leverage in a Binomial Economy: The Irrelevance of Actual Default [R]. Working Paper, 2012.

35. Geanakoplos, J. Solving the Present Crisis and Managing the Leverage Cycle [J]. *Economic Policy Review*, 2010, 16 (1): 101 – 131.

36. Gleason, K. C., R. Jain, and L. Rosenthal. Alternatives for Going Public: Evidence from Reverse Takeovers, Self – Underwritten IPOs, and Traditional IPOs [R]. Working Paper, 2006.

37. Gromb, D., and D. Vayanos. Equilibrium and Welfare in Markets with Financially Constrained Arbitrageurs [J]. *Journal of Financial Economics*, 2002, 66 (2 – 3): 361 – 407.

38. Healy, P. M., K. G. Palepu, and R. S. Ruback. Does Corporate Performance Improve after Mergers? [J]. *Journal of Financial Economics*, 1990, 31 (2): 135 – 175.

39. Hutton, A. P., A. J. Marcus, and H. Tehranian. Opaque Financial Reports, R^2, and Crash Risk [J]. *Journal of Financial Economics*, 2009, 94 (1): 67 – 86.

40. Ikenberry, D., J. Lakonishok, and T. Vermaelen. Market Underreaction to Open Market Share Repurchases [J]. *Journal of Financial Economics*, 1995, 39 (2 – 3): 181 – 208.

41. Jiang, D., S. Liang, and D. Chen. Government Regulation, Enforcement and Economic Consequences in Transition Economy: Empirical Evidences from Chinese Listed Companies Conducting Split Share Structure Reform [J]. *China Journal of Accounting Research*, 2009, 2 (1): 71 – 99.

42. Levine, R., and S. Zervos. Stock Markets, Banks and Economic Growth [J]. *American Economic Review*, 1998, 88 (3): 537 – 558.

43. Mitchell, M. L., and J. H. Mulherin. *Managing the Merger: Making it Work* [M]. Prentice Hall, 1992.

44. Reinhart, C. M. , and K. S. Rogoff. This Time is Different: A Panoramic View of Eight Centuries of Financial Crises [J]. *Annals of Economics & Finance*, 2008, 15 (2): 1065 – 1188.

45. Vermaelen, T. Common Stock Repurchases and Market Signalling: An Empirical Study [J]. *Journal of Financial Economics*, 1981, 9 (2): 139 – 183.

（本文载于《中国工业经济》2018 年第 6 期）

新经济与规制改革

戚聿东　李　颖

摘　要： 发展新经济是引领经济新常态和培育经济增长新动能的必然选择。作为新型业态，新经济的运行在基础支撑、技术特征、组织结构、产业组织等方面都迥然有别于传统经济。本文从企业进入战略、面临的新机会、市场需求条件、生产要素转换、相关产业支持以及政府角色六个方面，揭示了新经济的产生机理，并从底层推动力、内部运行系统、外部环境三个方面阐述了新经济的运行逻辑。在新经济的运行逻辑下，传统上基于垄断、信息不对称、外部性、公共产品、信息安全等因素而产生的政府规制需求发生了根本变化。为适应新经济发展，政府规制改革势在必行。为此，方向上应从强化规制转向放松规制，内容上从经济性规制转向社会性规制，方式上从歧视性规制转向公平竞争规制，方法上从正面清单制转向负面清单制，流程上从前置审批转向后置监管，机构上从专业型部门转向综合型部门，机制上注重使用“规制沙盒”。

关键词： 新经济　创新　审慎监管　放松规制

一、新经济的业态及态势

美国《商业周刊》1996年12月最早提出“新经济”一词以来，“新经济”便不胫而走，流行开来。2016年，国务院总理李克强首次把“加快发展新经济”写入中国《政府工作报告》。关于新经济的界定，一般是指在经济全球化和信息化背景下，由信息技术和应用而产生的新型经济形态，具体涉及互联网+、物联网、云计算、智能制造、3D打印、新能源、跨国商务、智慧物流、航空经济、绿色经济、新农业合作组织、众创空间、众筹、众扶、众包等领域。由于新经济并没有一个固定的称谓和内涵，人们经常将之与信息经济、数字经济、大数据产业、互联网+等概念交叉重叠使用。因具体业态正在动态衍生和不断“刷新”中，新经济产业的统计口径也难以明确下来。从实务角度，新经济业界的领军人物马云2016年将新经济概括为“新零售、新制造、新金融、新技术、新能源”。显然，新经济是相对于传统经济而言的，在当代语境下，凡是与信息技术和应用相关的新技术、新产业、新业态、新模式，均可归到新经济范畴内。其中，新技术是指对已有主流技术产生替代性冲击效果的颠覆性技术；新产业是以新技术为基础、引发现有产业体系重大变革的新兴产业；新业态是指基于新技术从现有产业经济中衍生出的新环节；新模式是以市场需求为中心、实现资源高效整合的商业模式。新经济的具体类型如表1所示。

表1　新经济的主要类型

类型	典型代表
新技术	人工智能（机器人技术、自动驾驶技术、虚拟现实与增强现实技术等），大数据，物联网，5G，电池储能技术等
新产业	新兴电子信息产业（互联网及移动互联网产业等），大数据产业，人工智能产业，基因产业，新材料，新能源等

续表

类型	典型代表
新业态	互联网金融（网络借贷、众筹、虚拟货币、数字支付、大数据金融等），新能源汽车，数据挖掘，服务型制造业等
新模式	平台经济，共享经济，社区经济，微经济，跨境经济，C2B 运作模式，智慧供应链，线上 + 线下，全渠道零售等

马克思在《资本论》中指出："各种经济时代的区别，不在于生产什么，而在于怎样生产，用什么劳动资料生产。"的确，千百年来，人类吃穿住用行的基本需求是差不多的，但满足需求的方式手段却发生了日新月异乃至天翻地覆的变化。新经济作为经济发展的新引擎或新动能，有别于传统经济的生产资料和手段，主要体现为新基础设施（如云计算 + 互联网、物联网 + 终端）、新要素（如数据）和新结构（如大规模协作）。新经济的跨界融合特征非常明显，原有行业分类法已不大适合。毫无疑问，新经济都是创新的结果，根据创新理论鼻祖熊彼特的五大创新来源视角，可以将纷繁复杂的新经济业态重新划分为以下五类（见表 2）。

表 2　　熊彼特创新视角下的新经济业态划分

产品创新	工艺创新	市场创新	资源配置创新	组织创新
先进数码设备，电动力汽车，新材料，3D 打印机，智能可穿戴设备等	高端集成电路，新型平板显示，智能制造，太空科技，合成生物科技，增材制造等	虚拟现实，增强现实，数据分析，人类增强，基因疗法，直播，数字交付等	跨境商务，共享经济，网络借贷平台，众包，众创等	平台型组织，社交网络，自媒体，云社区，创客，孵化器等

在技术推动和需求拉动双重作用下，新经济业态发展日新月异，催生出产品、工艺、市场、资源配置、组织等方面的一系列创新。尽管创新程度不尽相同，但对生产、生活、生态均产生着全面而深刻的影响。为进一步认识新经济的本质特征，本文从基础支撑、技术特征、组织结构、产业组织特征几方面对新经济与传统经济加以区别（见表 3）。

表 3　　新经济与传统经济的区别

	基础支撑	技术特征	组织结构	产业组织特征
新经济	互联网及新一代互联网技术，移动互联网，大数据，量子计算，物联网，移动物联网，区块链，云计算，云脑，数字孪生技术，人工智能，机器学习，仿生技术，新能源，新材料等	数字化，虚拟化，去中心化，开源开放，多样共享，跨界，个性化，就地化，柔性化，大规模协作，产品生命周期快速更迭，用户参与，机器代替人的神经和大脑	大型平台型组织，基于上下游产业的全网络生态系统，多事业部制，扁平化，组织边界模糊	规模起点较低，市场进入壁垒下降，边缘式创新为主，小企业发起较多，周期短，衍生速度快、互联网特征显著，边际成本递减，边际收益递增，用户效用递增，市场分散竞争特征显著
传统经济	无线电磁波，磁盘记录技术，光纤技术，半导体，材料合成，化工技术，煤炭、石油、电力等传统能源	机械化，专用性，规模化，自动化，体系化，机器解放人的四肢	科层结构，垂直一体化，中央集权，组织边界清晰	规模起点较高，边际成本递增，边际收益递减，模块化创新、系统集成创新为主，大企业集团主导，经济性集中垄断显著

从表 3 可以看出，新经济的基础支撑、技术特征、组织结构、产业组织均与传统经济有着显著区别。基础能源从传统的煤炭、石油、电力转向更为绿色环保的太阳能、风能、核能等。以新一代信息技术为基础的新经济业态均具有网络附加效应，节点和连接构成网络两要素，新经济机制下，节点逐渐缩小，连接趋于多且强，表现为从个体到高度互联的跨越过程。随着网络上节点和连接数量增多，技术特征也向去中心化、多样化、通用化、跨界化、个性化发展。互联网运行的自身逻辑在于打通地域、时间和规模的限制，合理重聚配置资源，强连接、富信息、跨时空、自由流动等网络特性，都为企业打破市场进入壁垒进而自由竞争提供了技术保障。此外，区块链、云计算、云脑、数字孪生技术、人工智能、机器学习、仿生技术等颠覆式技术的应用使产品趋向虚拟化、数字化、复杂化。物理学、生物学等科学基础原理的重大突破，使技术和产品生命周期快速更迭，市场竞争更加激烈。新经济下技术的通用性和跨产业性使产业间融合跨界进一步加速，产业之间产生交叉进而边界模糊化，企业间跨越生产边界的大规模协作成为普遍现实（李海舰等，2014）。在互联网驱动下，企业组织流程推动了结构变革，进而引起产业组织特征发生改变，平台型组织正逐渐成为新经济社会的基础设施和企业商业模式的创新基石。平台型企业的产生动因是供求双方的规模经济与范围经济在平台上可以实现良性互动，产生空间效应和网络消费时间价值增值的外部效应（冯华和陈亚琦，2016）。平台型企业遵循网络生态系统发展规律，产业链发展由垂直一体化转向跨领域综合运营商和开放性基础设备提供商，企业组织管理机构由集中管控的“金字塔形”科层结构向扁平化、多事业部方向发展。开放、共享、协同发展的新理念使企业更加注重用户的需求，多主体的参与使得企业组织边界进一步模糊化。

新经济正在改写和重构世界经济的版图，其对传统经济的颠覆性作用和替代式地位，用“十年河西，十年河东”来形容并不为过。从全球公司市值排名情况看，2007 年全球市值前十名的新经济企业仅有微软一家，其余皆为埃克森美孚、通用电气、中国工商银行、花旗银行、美国电报电话公司、壳牌等传统经济企业；2017 年，苹果、字母表、微软、脸书、亚马逊、阿里巴巴、腾讯等新经济企业非常耀眼地呈现在前十名榜单中，而当初第一、现居第十名的埃克森美孚成为榜单中传统经济企业的唯一“幸存者”。在中国，新经济的引领下，新企业不仅如雨后春笋般兴起，而且迅速发展壮大。如阿里巴巴零售平台年交易额超过 3 万亿元，已超越沃尔玛而成为全球最大零售商；支付宝的支付峰值为每秒 8.59 万元，超越了世界上最大的信用卡国际组织维萨（Visa）；共享单车用户超过 1 亿，商业模式正向海外扩散；腾讯市值已超过 5 000 亿美元，成为全球第 6 家超过 5 000 亿美元的公司；成立仅仅 3 年的蚂蚁金融服务集团，目前估值已经超过 750 亿美元。新经济企业的异军突起，助推了相关产业的迅猛发展，正在成为经济发展的新动能。

从新技术来看，以机器人技术、自动驾驶技术、虚拟现实（VR）与增强现实（AR）技术等为代表的人工智能技术不断突破，大数据、物联网、第五代移动通信技术（5G）、电池储能技术等不断取得进展。以人工智能为例，根据艾媒咨询发布的《2017 中国人工智能产业专题研究报告》，中国人工智能相关专利申请数近些年来持续增长，2010 年为 6 879 项，2016 年达到 29 023 项；人工智能产业产值 2016 年达到 100.6 亿元，同比增长 43.3%，预计 2019 年将达到 344.3 亿元。

从新产业和新业态来看，根据国家信息中心发布的《战略性新兴产业 2016 年发展情况及 2017 年展望》，2016 年，中国战略性新兴产业主营业务收入达 19.1 万亿元，同比增长 11.3%，其中，光伏产业增长 41.2%，锂电子电池制造业增长 31.6%，信息化学品制造业增长 17.8%，软件和信息技术服务业增长 14.9%。作为金融业新业态的移动支付领域，根据中国互联网络信息中心发布的《中国互联网络发展状况统计报告》，2013 ~ 2016 年，中国移动支付业务笔数年均增长率超过 175%，金额年均增长率超过 165%，移动支付普及程度和便利程度均已超过了美国和欧盟。

从新模式来看，根据中国电子商务协会发布的《中国电子商务发展报告（2016 ~ 2017）》，2016 年中国网上商品和服务零售额达 5.1 万亿元，同比增长 26.2%。根据国家信息中心发布的《中国分享经济发展报告 2017》，2016 年分享经济交易额为 3.5 万亿元，比上年增长 103%，其中，知识技能分享增长 205%，房屋住宿分享增长 131%，交通出行分享增长 104%。预计到 2025 年分享经济规模占 GDP 比重将达到 20%左右。

新技术、新产业、新业态和新模式的迅速崛起，在不断向传统经济“赋能”的同时，也使得整个国民经济越来越“新经济化”。中国信息通信研究院测算，2015 年，美国数字经济（大体相当于新经济，下同）规模为 10.2 万亿美元，占 GDP 比重为 57%；英国 1.4 万亿美元，占 GDP 比重为 48%；日本为 2 万亿美元，占 GDP 比重为 48%。在中国，国家统计局测算，2015 年中国新经济的增加值占 GDP 比重为 14.8%。中国人民大学国家发展与战略研究院的研究报告指出，到 2017 年 8 月，中国新经济占总体经济的比重达到 31%。2017 年 12 月发布的《世界互联网大会蓝皮书》显示，中国新经济总量为 22.6 万亿元，同比增长 19%，占 GDP 的 30.3%。中国信息通信研究院发布的《中国数字经济发展白皮书》（2017）预测，到 2020 年，中国新经济规模将达到 32 万亿元，占 GDP 的 35%，到 2030 年将超过 50%。上海社会科学院的研究报告《中国数字经济宏观影响力评估及中长期税收政策走向设计》预测，2030 年中国新经济将达到 150 万亿元，占 GDP 的 80%左右。可以看出，尽管各家机构预测存在一定的差异性，但毋庸置疑的是，新经济在世界范围内正在潮涌般兴起，在中国亦是如火如荼。捕捉新经济、发展新经济已成为大势所趋，更是未来经济领域的新制高点，谁发展谁受益，早发展早受益。可以预见，随着中国在新经济领域战略规划的部署和实施，将会大大加速中国经济的追赶和超越进程。随之而来的问题是，在大力发展新经济过程中，现有的政府规制体系和手段是否适用于新经济？政府规制应该进行怎样的改革和创新?[①] 毕竟，新经济的产生机理和运行逻辑都大大有别于传统经济，继续沿用现有规制体系会损害新经济的发展活力，正如李克强总理在 2017 年 6 月 21 日国务院常务会议上所言：“如果仍沿用老办法去管制，就可能没有今天的微信了。”[②] 大量事实已证明这点，如 2016 年底网约车准入新政实施后，造成平台上可预约车辆的急剧减少；实施跨境电商进口规制新政后，各保税仓业务呈断崖式下降。现实中种种教训警示，代表先进生产力的新经济与相对落后的规制体制之间的矛盾将是新经济发展面临的主要矛盾，政府规制只有主动适应新经济的运行规律，才能促进新经济的发展。

二、新经济的产生机理和运行逻辑

（一）新经济的产生机理

新经济的产生是创新的结果，包括技术创新、商业模式创新以及二者的融合。作为新经济发展的基础动力，来自“改变游戏规则”的颠覆式技术创新，一般具有两个共性：一是基于坚实的科学原理，是对科学原理的创新性应用；二是跨学科、跨领域的集成创新。高度发展的互联网网络把局部的知识汇聚起来，构成“共享知识”，最大限度地发挥知识共有性，激发了个体的创新精神，使得各种颠覆式创新成果层出不穷（Hamel and Prahalad，2015）。世界银行首席经济学家 Romer（1993）的新内生增长理论引入技术创新作为内生变量解释经济增长，创新后的“知识商品”具有非竞争性和不完全排他性，带来的收益递增性和溢出效应进一步刺激经济增长。新经济时代下，除颠覆式技术创新外，改善资源配置效率的平台经济、共享经济、协同经济模式等也方兴未艾。凯利（2017）认为互联网时代下创新往往来源于边缘、产业交（跨）界处，从行业外部推动产生，离不开市场竞争，发展初期有质量低、风险高、利润低、市场小等特性，初创企业规模较小，传统规制

① 需要说明的是，规制、管制和监管三个词汇的含义和本质一致，规制和管制只是中译时的不同译法，中国政府部门更习惯于监管这一表达。除非引用原文的场合，本文一律使用规制这一正统说法。

② 参见中国政府网（www.gov.cn）2017－06－21 报道。

往往对这类型企业约束过多。理论和实证研究均表明，就对创新的影响而言，市场进入条件的重要性远大于市场势力，即便是高度垄断企业，在没有自由进入障碍的情况下，也会面临潜在进入者的明显威胁，也不得不提高经营效率和推动创新，否则就会在颠覆式创新或替代式竞争面前被淘汰出局。而在政府规制限制市场进入的情况下，即使高度竞争的市场也可能会缺乏创新。除了企业自身作为新进入者为适应竞争环境而不断进行创新外，企业的顺利成长也离不开政府的制度创新，僵化的制度机制势必会束缚企业活力，降低企业家及从业人员的积极性。经济发展到一定阶段后，由于生产要素、市场需求、外部环境的变化，新的市场机会和经济增长机遇不断孕育。能否将潜在机会、机遇转换为现实竞争优势，取决于诸多方面努力的合力。下面，本文借鉴战略管理学家波特分析国家竞争优势使用的六大关键要素即“钻石模型”，分别从企业进入战略、面临的新机会、市场需求条件、生产要素转换、相关产业支持以及政府角色来阐述新经济的产生机理。

1. 企业进入战略。新经济企业作为市场新进入者，进入的形式包括：（1）建立新产能；（2）把原用于其他产业的产能转向该产业，如“互联网 +”战略，更进一步，蔡宁等（2017）认为“互联网 +”背景下新企业多发生于强政策规制下的传统行业，企业需要突破已有的制度约束；（3）重新激活闲置状态产能。为打破市场进入壁垒，初入市场时，新企业往往利用波特所言的三种竞争战略构筑竞争优势：一是利用网络减少中间商赚差价，形成成本领先优势；二是调动多方参与产业链各环节，面向不同市场形成差异化优势；三是探索利基领域对市场无限细分，形成专一化的目标集聚优势。在新经济的形成和发展中，波特所言的五种竞争力量起着非常重要的作用，特别是技术创新基础上形成的新替代品的竞争，即便是现有独家垄断企业也不会高枕无忧。马云 2008 年 12 月以来一再扬言“如果银行不改变，我们就改变银行”，这句当时在银行界看来非常不以为然的“大话”如今已成为现实。

2. 面临的新机会。从技术因素看，技术进步不以人的主观意志为转移，新经济亦是技术曲线发展到一定程度后形成的跃迁，传统经济企业基于规模经济、范围经济和经验（学习）曲线效应形成的竞争优势，在技术跃迁面前可能会丧失殆尽。原有优势企业特别是垄断企业会由于路径依赖形成惯性甚至惰性，不易接纳新技术。甚至原有的技术经验、所形成的巨大体量、大批的固定资产在新动能面前会突然变为所谓“负资产”，成为市场退出的壁垒，成为企业升级转型的障碍。在这方面，美国柯达公司的命运是一个极其典型的教训。曾经占有全球胶卷市场 2/3、也是数码相机发明商的美国柯达公司，由于长期固守胶卷市场而不重视开拓数码业务，最终走向了破产命运。在转型升级面前，中小企业反而相对容易灵活“转身”，所谓“船小好调头”。对中国而言，新经济所孕育的潜在增长机会，正是实现跨越式发展和变道超车的大好机遇。

3. 市场需求条件。社会越发达，社会分工越细化，新经济本身就是社会分工不断细化的结果。互联网击穿了资源壁垒、交易壁垒，使得市场交易变得不断扁平化，各种平台型企业如雨后春笋般兴起。基于创新的替代式竞争性产品和商业模式，更容易打破原有市场准入壁垒。除了打破原有市场壁垒外，在新经济环境下，快速找准新细分市场抢占新滩头也成为创新创业的关键。找到新的细分市场后，企业会选择差异化战略建立结构化壁垒，如早期的小米公司运用电商渠道分销。总之，“撕开一道口，分得一杯羹”是新经济下创新创业企业不断细分市场的初始动机所在。正是在这个意义上，李开复、汪华、傅盛等创新创业型企业家联合宣称“创业就是要细分垄断”。除了企业家通过挖掘细分市场创造出新需求外，随着消费升级，用户参与到产品生产的过程中，在某些方面可以改变市场需求，引导生产的柔性化和个性化。

4. 生产要素转换。以新一代信息技术为代表的技术基础是新经济业态产生的基本条件。在内生增长模型中，技术进步被看作保证经济持续增长的决定性因素。在熊彼特体系中，企业家打破惯例，通过意识到市场中的新机会生产出新产品或引入新的生产技术，从而获得利润。新经济以创新驱动为核心，创新企业家和复合型人才是新经济业态产生发展的人才基础。新经济具有跨界、互联互通的特征，行业之间界限模糊、互相交叉融合，这也要求相关从业人员不仅具有专业知识，还要有相关技能。新经济发展中，技术作为底层设施的生产要素被广泛应用于各类新型业态。

5. 相关产业支持。新经济发展具有跨产业性，使得新兴产业和传统产业界限模糊。新经济的飞速发展也是传统产业升级转型的契机，颠覆式技术的应用为传统产业盘活潜在增长动力，优化整体资源配置效率，进而促使新的业态产生。以制造业为代表的实体经济在经济增长中始终占有重要位置，通过智能化升级，通过服务化转型，通过互联网 + 拓展，制造业实体企业正在脱胎换骨。2015 年国务院提出了“服务型制造”的概念，引导和支持制造业企业延伸服务链条，从主要提供产品制造向提供产品和服务转变。在服务型制造业态中，引导制造业企业增加“服务环节”的投入，如个性化定制、网络精准营销等，由单纯提供设备转向提供系统集成总承包服务，由提供产品转向提供整体解决方案。通过业务流程再造，一些制造业企业将研发、设计、营销、售后、产品回收利用等环节“裂变”成为子公司，开始提供专业化服务，甚至一些大型制造业企业开始建立财务公司、融资租赁公司，向金融机构转型。可以看出，新经济下企业开始向多维度、跨领域事业部和平台化方向发展。

6. 政府角色。基于政府规制缝隙的边缘性进入，往往也会造就一批新业态企业。如同计划经济末期的“非法出生”企业一样，发展初期只是一种边缘性替代，满足少部分市场需求，使得在位者反应较为缓和，规制者对此多采取默认态度，这也促使新进入者得以发展迅速（白让让和郁义鸿，2004）。同样，在新经济发展初期，应该鼓励企业家发挥开拓探索创新精神，“法不禁止即可为”，在政府规制的“负面清单”之外，赋予各类企业家以较为宽松的政策环境，给予企业可以“试水”新产品的自由空间，就会有助于新经济业态的不断诞生。当然，新经济发展过程也不意味着政府的完全放任，针对可能产生的重大问题，主动规制同样是政府的职责所在，但需强化规制的问题意识和问题导向，“规制跟着问题走”，避免因噎废食的各种做法。

新经济的产生离不开以上六大要素，且六大要素之间互相交织、相互制约、相互支撑，共同催生了新经济，共同塑造了新经济下企业的竞争优势来源。

（二）新经济的运行逻辑

新经济的知识链、技术链、价值链不同于传统经济，新经济的运行特征和模式发生了巨大变化，相应地，企业资源配置与组织形态也发生了新的改变。下文从新经济运行的底层推动力、新业态内部运行系统、外部环境三个方面来阐述新经济的运行逻辑，具体框架如图 1 所示。

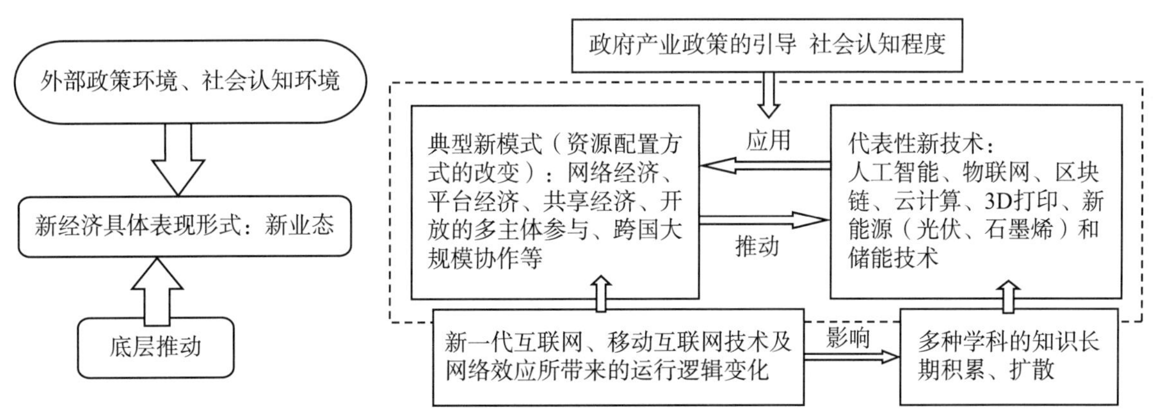

图 1　新经济的运行逻辑框架

新业态作为新经济具体的表现形式，新的资源配置模式和新技术是其实现高附加值和高效率的主要手段和方式。新的商业模式在新一代互联网和移动互联网的网络效应推动下爆发式发展，以平台经济、共享经济、跨区域大规模协作模式为代表的新模式使资源配置效率得到显著提高；经过多学科长期的知识积累和扩散，以人工智能、物联网、区块链、云计算、量子计算为代表的颠覆式技术使人类文明上升到全新高度。网络的运行逻辑无处不在，也影响着知识的积累和跨学科知识之间的扩散速度。新的商业模式和新技术互相影响，共同推动新经济业态的运行。此外，外部环境也是影响新经济运行的重要因素。

1. 新经济运行的底层推动力。新经济运行的底层推动力包括新一代互联网、移动互联网技术及网络效应所带来的运行逻辑变化和多种学科的知识长期积累扩散两个部分，这两种底层推动力共同推动了新经济的整体运行。

第一，互联网、移动互联网技术及网络效应带来运行逻辑变化。无论有形网络还是无形网络均遵循梅特卡夫法则，具有网络外部效应，即随着接入网络用户增多，网络价值几何倍提升，促使更多用户接入网络，形成效用递增的正反馈性循环（见图 2）。网络的外部性使先进入细分市场的企业获得“先动优势”，战略的正确选择使企业“强者恒强”，很快借助网络的外部性赢得竞争。正如美国圣达非研究所布莱·恩亚瑟所说“垄断某一类产品远远比不上在遍布新技术的网络上寻找更多未来商机”（凯利，2017），赢得竞争的企业会进一步借助网络的外部性和强连接性进行跨界，实现“多元创新”“赢家通吃”的局面。网络效应的带动发展与生物传染传播类似，低固定成本意味着较小的规模阈值，极少的边际成本和迅速地扩散效应，使某种新产品或业务形态在短时间内以指数倍速度蔓延。与之相对，互联网效应下取得的成功也更容易被更新、更有市场的商业模式或技术颠覆，新业态天生面临着比传统经济运行更激烈的竞争格局。

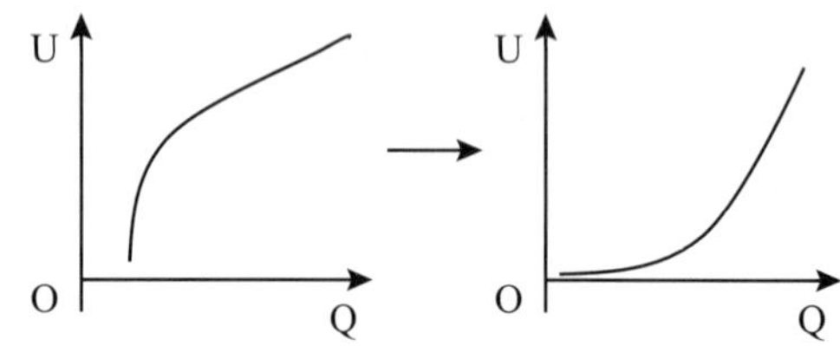

图 2　基于网络外部性接入网络用户效用变化

作为网络外部性扩展，经济学家保罗·克鲁格曼认为新规则下供给曲线向下，需求曲线向上，与传统经济学恰好相反（见图 3）。需求曲线向右上方倾斜，表明资源（数据）被消耗越多，证明其越有价值，对其需求也越大；供给曲线向右下方倾斜，是因为由于重复学习、累积经验，制造某物越多，再次制造就会越简单，价格也会随供给量的增加而下降。这意味着在网络效应显著的新经济中，技术的通用性、互联性和开放性更受欢迎，对技术标准的竞争也更加激烈，大规模推广普及需求具有更大价值。

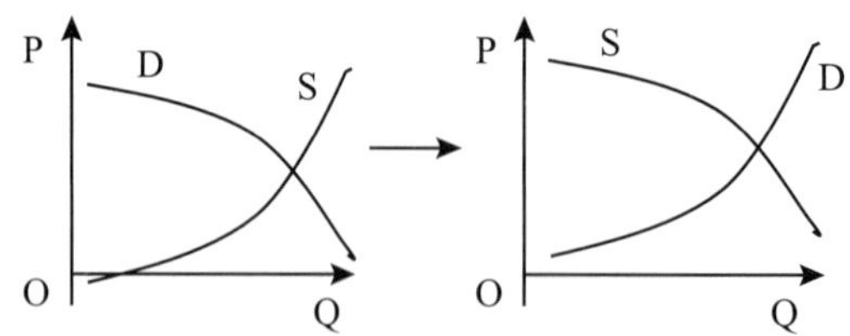

图 3　互联网新规则下供给需求曲线变化

第二，多种学科的知识长期积累、扩散。通过新旧技术替换的 S 曲线可知，新技术并非凭空产生，离不开旧技术的发展和积累，新技术在产生初期发展缓慢，面临旧技术锁定、不确定性等带来的风险，经过一段时间发展后，被市场最终认可，替代性地颠覆旧技术。而新技术的产生离不开前期多种学科的知识漫长积累及知识在不同学科、不同组织、不同环节中的扩散、集成。互联网的发展降低了沟通成本，使知识可以更加自由的流动，而网络效应使知识的扩散、传播速度进一步加快，对新技术的发展提供更坚实的推动力。

2. 新业态的内部运行系统。新模式与新技术共同组成新经济内部的运行系统，两者之间互动频繁、相互影响，催生出多种新业态。

新模式即是资源配置的方式改变，具体是指以市场需求为核心，打破垂直分布的产业链和价值链，实现资源的高效配置，本质是资源配置的优化。新经济中最典型、应用最广的新模式就是平台型组织，共享经济、网络经济、开放的多主体参与、跨国大规模协作均是依托平台型组织实现运行的。了解平台型组织的运行规律对把握新经济整体运行至关重要。基于平台双（多）边市场产生的外部性被称为“间接网络外部性”或“交叉网络外部性”。不同于传统组织边际成本递减到一定程度后的递增现象，平台型组织的边际成本一直处于递减态势（见图4）。随着平台上应用的增加，用户福利也随之增加，平台的功能发挥和收益回报带来巨大提升，成本投入也随着双边接入者的增加逐渐被稀释。同时，平台型组织在达到一定规模后边际收益不再呈现出递减的传统特性，而是变为向右上方递增延伸的曲线（见图5）。平台型组织利润最大化的基本条件受递增的边际收益和递减的边际成本影响，随着平台双（多）边接入量的增多，价格会逐渐下降，同时自我增强的正反馈效应、需求方规模经济、自适应性，使得率先进入细分行业并取得一定规模的平台型组织的利润呈指数倍增长，所以吸引更多双（多）边用户、扩大规模成了现存平台组织运营成功的关键所在。以双边市场为例，平台组织作为“中间商”，可以提高一边收费或降低另一边费用，改变平台总体交易量（Rochet，2006），基于需求的互补依赖性，为吸引一边接入量，对另一边定价模式多为免费或补贴（Ambrus et al.，2016），平台的最优定价结构是凹增函数，也就是随着平台收益增加，提成比例是降低的（梯若尔，2017）。平台采取对预期回报率高的项目给予一定优惠战略，而非采取统一收费标准，这就使得免费、礼物经济等挑战传统定价模式的现象大行其道。

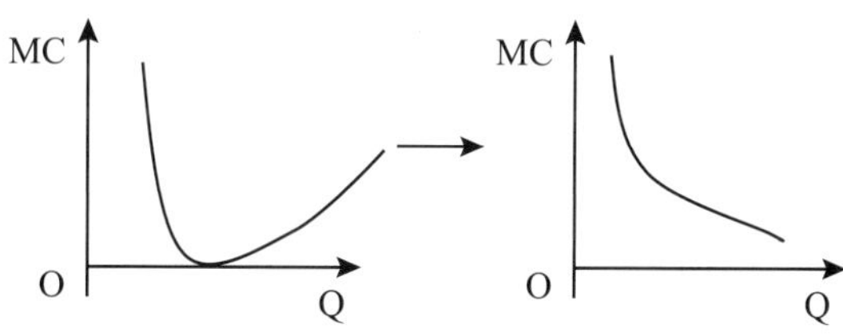

图4　平台型组织边际成本函数变化

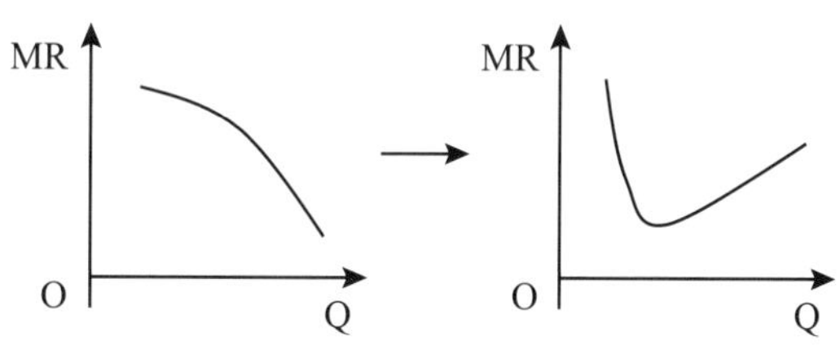

图5　平台型组织边际收益函数变化

平台企业依托互联网效率和组织效能，扁平化组织结构不仅有助于激活员工活力，同时由于用户的协同参与，开创了平台与用户协同嵌入式开放创新方式（金杨华和潘建林，2014）。平台型企业作为新经济下重要的企业组织形式，为共享经济、多主体参与、跨区域大规模协作等模式的发展奠定了基础。

共享经济是在数字信息规则下，通过平台型组织的媒介，在一定条件下所有者将使用权让渡给他人，以实现资源的最大化利用。共享平台在具体实践中遵循平台型组织的运作规律，不再赘述。传统经济讨论产权内部化还是公有化，共享模式重视使用权而忽视所有权的新产权观，哈马里（Hamari et al.，2016）根据交易过程中所有权是否转移分为“非拥有使用型”和“转移所有权型”，提倡建立在不完全契约基础上“使用所有权”和“不使用即浪费”的观念。共享经济表面上分享产品和服务，实质是切割买和租。共享经济模式通过盘活聚集闲置低效碎片化资源，以网络平台为媒介扩大市场容量和交易范围进行供需匹配，减少信息不对称，规避中间商的“盘剥”从而使消费者剩余增加。共享模式是建立在共享商品具有普遍需求和使用状况易控制基础上，以市场为导向，以经济收益为目标，以个体为主要分享主体。第三次工业革命理论的代表人物里夫金也认为共享经济是新经济的基本范式，核心机制是协同共享，构建零边际成本的运营模式（张玉明，2017）。

网络没有明显中心和边界的特点使得组织边界模糊，随着用户主权意识的增强，渴望更多话语权、控制权。追求个性、小众消费心理，越来越不满足于被动接受现成的产品及服务。教育水平的提高及知识获取扩散的便捷，为用户参与到设计、生产、营销环节中提供了基础，用户、平台、企业共同创造价值，消费的升级使用户参与已经成为新经济模式发展的重要特点和主导趋势。平台型组织整合零碎资源、无库存、维护费用低的特点，使销售产品和提供服务的种类多样化、复杂化可以较低成本来实现。“长尾效应”进一步增强，“小众”“个性化”“生僻”等利基市场需求被进一步挖掘，使市场边界进一步扩张（江小涓，2017）。制造领域面对产能过剩和同质产品的竞争，传统只为重要客户（VIP）提供的个性化需求定制向更多普通用户扩展。海尔集团张瑞敏表示新经济下的智能制造是一个为满足用户个性化需求的生态体系。新经济下柔性化、小规模生产单元代替大规模流水线，以更低成本、更快速度满足用户个性化需求体验，甚至会为单一用户生产单一产品（如 3D 打印技术等）。除用户外，企业边界的模糊化，使得其他外部人员也参与到企业价值创造中。外部人员“嵌入”组织有助于组织利用分散化信息搜索、挖掘需求，以便更加准确地契合需求。而且，对嵌入组织的个人或群体更多依靠社交、自我实现的社会动机激励方式，大幅度降低了组织的研发成本和风险。在价值共创模式中，用户和其他参与者变为主导角色，企业变为支持者和服务主体，变为聚合多边参与者的平台（朱良杰等，2017）。多主体参与者通过资源整合和关联互动，共创企业价值，在一定程度上颠覆了经济学中的自私自利的“经济人”假设，利他主义基础上的互利共赢成为现实。

新模式作为新业态重要的实现方式和手段，与新技术互为依托。新技术的运行与传统技术运行类似，都作为基础性技术推动，应用于产业发展过程中。新技术除了开创新的产业领域，在新经济运行中更多的表现是与新商业模式的融合应用，进一步发挥新技术的价值。如物联网应用于大规模协作生产中，人工智能、云计算用于大型平台型企业后台运行，3D 打印技术用于众创领域，通用技术人工智能更是应用于各种新型商业模式和各种领域。而从根本上改变资源配置效率的新模式，促进了新技术在多领域范围内的应用，使新技术快速更迭、改善。总之，新模式与新技术是共生互动的，新业态运行是二者共同作用的结果。

3. 外部环境。社会认知程度和政府政策等外部环境对新经济的运行具有重要影响，无论是新技术还是新产业、新业态和新模式，都要受制于消费者的认知和接受程度。同时，社会认知程度尤其是群体内认知程度能够显著影响互联网创业，如依靠“朋友圈”带动的“网红”现象（刘刚等，2016）。在这方面，加强新经济相关知识的教育和普及，引导社会大众不断向服务消费、信息消费、绿色消费、时尚消费、品质消费等方面进行消费升级，将会助推新经济的健康良性发展。在新经济发展过程中，政府产业政策的“窗口指导”作用同样不可或缺。2013 年以来，国务院就新经济发展各个方面已经颁布了近百个“指导意见”，对新经济的快速发展起了有力的引导和推动作用。

新经济的“细胞”正逐渐扩散渗透到各行各业，旧的经济形态叠加新的网络规则，物联网使连入互联网的设备能够实现自动更新并向网络反馈数据。在数据共享、快速变革的“动荡”环境中，享受新经济带来的巨大福利的同时，隐私保护、网络安全性、风险、负外部性等问题也随之产生。互联网作为全球基础设施，具有无国界特点，严重削弱了国家对信息的控制力，对现有一系列规制政策提出了挑战。第三方集中统一规制与新经济互联互通、跨区域的网络特性不相匹配，政府规制需要与时俱进，进行结构性改革。

三、新经济对政府规制的需求变化

规制需求是政府提供规制政策的理论依据，政府规制的必要性取决于市场失灵。在古典乃至现代经济学中，市场失灵主要表现为垄断、信息不对称、外部性、公共产品、公共安全等。其实，即便在规制最为必要的自然垄断产业和公共事业领域，长期规制的结果也导致了“规制失灵”。故从20世纪70年代后期，国际上掀起了以竞争化、民营化和放松规制为主要内容的改革浪潮，结果使得传统垄断行业能够“化腐朽为神奇”，一度成为发达国家和部分发展中国家的经济增长“新动能”。新经济更是如此，新经济主要依托于互联网、物联网运行，新经济的运行是否会导致市场失灵？退一步讲，即便是新经济不可避免地遭遇某些方面、某种程度的市场失灵，是否就意味着加强规制的必要？

（一）垄断

新经济时代下，在高度发达的信息技术和网络科技推动下，经过经济离散化解构与全息化重构，产业经济正在发生着结构性变革。近年来，在多边市场交叉网络外部性和需求方规模经济驱动下，在“流量为王”准则驱动下，为争取用户注意力，平台企业之间的合并重组非常活跃，如美国订餐平台 Grub Hub 和 Semless 合并，团购平台 Groupon 和 Living Social 合并，中国的滴滴和快滴、美团和大众点评等平台的合并。主要原因在于平台企业达到一定用户基数后会形成自反馈，产生锁定用户效应，用户被锁定后转移成本将会增加，被成功锁定的用户更能接受该平台提供的产品和服务。所以，平台企业在初创时往往采用免费策略吸引用户、扩大流量，以期形成用户黏性，在发展后期则向黏性用户提供其他收费产品或服务，形成某种形式、某种程度的垄断效应。但新经济下的垄断效应，不同于传统经济垄断、自然垄断和行政垄断，是分工细化的结果，是技术创新的结果，是错位竞争的结果，是消费者选择的结果。这与现代企业家常说的“人无我有，人有我廉，人廉我快，人快我转”可谓异曲同工。从理论上讲，新经济下的垄断，非常类似于经济学中的垄断竞争概念。在垄断竞争市场中，为数众多的企业基于产品差别化进行竞争，这样，每一个竞争者都是某种形式和某种程度的垄断者，每一个垄断者也都面临着各种形式的竞争，如同熊彼特（1999）在阐述“创造性毁灭的过程”（Process of Creative Destruction）所总结的：“在迥然有别于教科书构图的资本主义现实中，有价值的不是这种竞争，而是关于新商品、新技术、新供给来源、新组织类型（如巨大规模的控制机构）的竞争，也就是占有成本上或质量上决定性优势的竞争，这种竞争打击的不是现有企业的利润边际和产量，而是它们的基础和它们的生命。这种竞争比其他竞争更富效率，犹如炮轰和徒手攻击的比较。”谈到垄断，熊彼特（1999）进而认为，垄断地位是借机敏和精力赢得和保持的，一个独家卖主的地位，一般只能在他行动得不像一个垄断者时，才能够争取到并保持住。可以说，熊彼特所提出的五种创新来源及其对应的五种竞争手段，从实践上看，正是当代新经济的主要源泉，也预示着新经济未来的演化路径。因此，新经济下的垄断现象，绝不意味着市场失灵，而是内生于市场竞争机制之中，是竞争的应有之义，而且这种垄断与竞争是相互促进和转化的，有助于资源配置效率的不断提高。所以，对待新经济下的垄断现象，应该慎用反垄断法进行规制。新经济产生和运行的特殊性使得传统反垄断规制具有一定局限性，需从政策目标、规制重点、手段和方法等方面进行调整。以相关市场的界定为例，需考虑网络效应、早期用户安装基础、转换成本、平台兼容性等实际问题，如网约车与巡游车应该作为一个相关市场，互联网金融与传统金融、电商平台与实体商场亦应如此。同时，新经济运行中由于网络的强外部性，更易出现优势平台企业滥用市场支配地位、掠夺性定价、排他性交易等垄断行为，这些都应毫无例外地依法进行规制。此外，针对标准和兼容性问题，要在合法性和反竞争性之间进行权衡，要以保障公平有效竞争原则为主。

（二）信息不对称

在经济学中，由于市场交易双方不能掌握对称的信息，造成交易过程中的逆向选择、道德风险等问题，导致市场交易减少，严重时导致市场关闭现象，最经典的例子就是诺贝尔经济学奖得主阿克洛夫（Akerlof，1970）论述的柠檬市场的情形。因此，信息不对称的普遍存在，导致了政府规制的必要。政府规制最常用的手段主要是要求信息优势方做到信息透明公开。其实，现实中的市场从来没有因为信息不对称而导致失效，因为信息不对称是劳动分工和社会分工的固有特征和必然结果，而且在奥地利学派看来，“不对称信息远远不是市场失败的一个迹象，而实际上是市场成功的一个迹象”（辛普森，2012）。在新经济下，几乎完全陌生的交易双方，依托互联网平台中介进行交易，在发展初期信息不对称程度更高，除虚拟数据性产品外，很多价值高的商品或服务多采用线上、线下结合的交易模式。随着信息技术和网络手段的发展，信息甄别变得容易，网络的交叉外部性使得双（多）边市场参与者处于相对同等地位，用户不再作为产品或服务的被动接受者，参与程度逐渐提高。正如卡斯特（2003）所说：如果实行信息私有制和信息垄断，互联网绝对不会有今天的发展规模和速度。信息的公开透明使得传统经济中信息不对称引发的道德风险和逆向选择问题得到有效缓解，从长期来看，新经济基于互联网平台的发展模式，使得市场配置效率显著提高，不同于信息不对称下的“逆向选择”效应，新经济市场中留下的更多是优质低价的商品和服务。

市场对资源的配置除依赖“看不见的手”，还要依赖“看得见的眼”的信誉机制，新经济背景下，信誉机制对资源配置的调节作用被进一步放大。在信誉机制对线上交易成交率和成交量影响研究中，各种实证研究得出了几乎一致的结论：各种信誉评价指标与线上成交率成正比，信誉差会导致低成交量（龚辰滢，2014）。新经济背景下信息传递有效性、历史评价体系的公开透明，使得线上交易变成重复多次博弈，用户参与的主动性积极性提高，使得市场长期信誉机制的建立成为可能。当信誉机制充分发挥作用时，市场自动实现资源高效配置，且信誉机制比规制机制运行成本更低，从长期看来更有效。此外，平台企业基于声誉考虑不仅会自发约束自己的行为，也会主动管理卖家行为，平台的自发规制取代了部分社会规制，节约了交易成本，更具有管理优势。而过度规制使企业对未来政策变化难以预料，不确定因素增多，不利于信誉机制的建立，政府注意力应转向建立良好的外部信息环境，而非对交易双方和交易内容的过多规制。在完善的信誉机制下，政府机构为信息提供的成本反而太过昂贵，某些信息是不必要披露的，披露本身会存在误导消费者、干预正常的市场竞争。而且新经济下信息不对称更多体现在各方对信息生产、传递、处理和管理能力上的差异性，而非资源匮乏造成的信息不对称，对资源的有效配置更多依赖于市场而非政府。

（三）外部性

经济学认为外部性的广泛存在，造成市场失灵，故需要政府规制介入，对制造负外部性的企业进行严格规制，对产生正外部性的企业进行补贴。对负外部性进行社会性规制，仍适用于新经济运行。此外，新经济下外部性问题还发生了新的改变，一些新经济业态的发展对于消除生态环境负外部性影响因素具有积极作用，如太阳能和风能发电能够有效减少对化石能源的依赖，改善了环境质量。共享经济让资源获得更有效的利用，减少了重复购买、重复建设等浪费消耗不必要资源的行为。共享单车绿色出行方式和互联网专车、顺风车等新业态的兴起，有助于降低车辆空载率、减少出行车次、缓解交通拥堵、实现节能减排。

基于互联网产生的网络外部性成为新经济业态运行的重要特征。产品是否兼容，在高度网络外部性的经济环境中对企业长远发展非常重要。政府制定有关标准政策会干预企业和市场的行为，网络使得标准竞争变为全球化竞争，标准往往是市场选择而非规制的结果，相关政策实施应充分考虑到网络经济的特点，尊重市场对标准产品的选择。此外，网络外部性的放大效应，又使先行进入的企业获得“先动优势”。这种由技术创新或商业模式创新形成的壁垒将会被下一轮创新打破，在被打破之前又可防止过多逐利者进入，有助于避免过度竞争。新经济网络外部性易产生的最大问题即垄断问题，前已述及，此处不再赘述。

（四）公共产品

经济学中的公共产品是指消费上不具有排他性的产品或领域，由于不具有排他性，导致不付费的人群也不能排除在该产品的消费之外，也就无人愿意为该产品的消费进行付费，于是，搭便车、偷懒、道德风险等行为成为理性的必然选择。由于私人没有动力提供公共产品，于是政府供给成为唯一选择。除了国防、司法、公共管理等正常的政府职能领域外，在被看成典型公共产品的自然垄断产业、基础设施、公共事业等领域，各国或者直接纳入政府职能进行经营，或者组建国有企业进行经营，或者实施私人经营下的政府严格规制。但在现实中，由于公共产品的内涵和外延被人为延伸的过宽过泛，结果使得政府职能不断扩张和国有企业无所不在，“国有独资 + 垄断经营 + 政府规制”成为中国公共产品领域的普遍规制模式。实际上，这种规制模式是一种典型的“繁苛规制”，必然造成普遍的“公地悲剧”现象，应该按照竞争化导向成为改革的锋芒指向。

作为新经济的一种重要业态，共享经济模式的出现，使得产权和使用权分离，共享物品在共享过程中会呈现出准公共产品的一些特征。哈佛大学教授本科勒（2013）认为共享经济发展到一定程度后，与公地悲剧恰好相反，在共享低价免费经济中，维护公地比商业化更重要，每个人都在积极打理公地，共享经济让人们把丰裕资源甚至冗余劳动时间贡献出来，放入“公共资源池”，以极低费用实现效率与公平在更高形态上统一。共享经济发展初期，可能会出现类似共享单车随意停放或丢弃、共享雨伞被借走无人归还等现象，但随着平台对共享物品监控的加强和对规则设计的完善后，此类公地悲剧现象会逐渐减少消失。共享经济的目标就是把参与共享模式的每个个体都纳入到共同治理中，符合低成本高效率的资源配置理论。因此，在共享经济等新经济业态发展过程中，不要以为其具有公共产品的某些特征就将其纳入国有企业的范畴，也不要因为暂时带来的一些问题将其纳入政府长期规制的范围。很多情况下，新经济发展过程中的一些问题恰恰是不当规制造成的，而不当规制造成的问题又会成为进一步强化规制的依据和理由，产生规制依赖症，陷入过度规制状态，最终导致规制失灵，贻误经济发展的战略机遇。同时，对公共产品企业的规制可借鉴共享经济的运行逻辑放松规制，采取企业、社会、协会、政府协同治理的模式，激活市场中的竞争和创新，减少由国有企业主导公共产品领域带来的低效性。

（五）公共信息安全风险

新经济下，随着互联网、全球定位系统、云计算等技术的发展，大数据的价值和潜力被进一步挖掘。信息技术的发展推动物联网的发展，人与人、人与物、物与物基本实现互联互通，全球数据量大约每两年翻一番，数据作为新的生产要素创造了前所未有的价值。随着存储成本的下降和分析工具的进步，采集、存储、循环利用的数据规模和数量将呈爆发式增长，基于大数据的各种新经济业态将会日益发展壮大起来。在这种背景下，2017 年 12 月 8 日，中共中央政治局就实施国家大数据战略进行集体学习，习近平总书记主持会议时强调指出，要推动实施国家大数据战略，加快完善数字基础设施，推进资源整合和开放共享，在保障数据安全的基础上，加快建设数字中国的进程。当然，大数据产业发展过程中也会引发一些问题，如信息安全问题、公权私权滥用问题。美国国家安全局实施的棱镜计划（PRISM）① 被披露后，引发了美国外交“地震”，同时引起了各个国家对信息安全、网络安全问题的高度重视。

各个平台公司所采集的大部分数据，都包含个人信息，甚至有的数据表面上并非个人数据，但经过大数据技术处理后可以追溯到个人。在平台上，基于交易需求用户需提供真实姓名、身份证号、银行卡号、家庭住址等敏感信息，同时平台可以通过交易分析获取私人喜好、消费习惯、需求等数据信息。这些信息存储在平台数据库中，由平台管控，平台的权利进一步增大。数据的更大价值在于其二次利用，量化的数据被深度挖掘关联价值，重新输送和分配，创造更大利益。大数据时代很多信息在收集时并无其他用途，最终却产生创新性用途，平台不能告知用户尚未被开发出的用途，用户由于技术障碍和成本也很难授权同意新用途，大数据间的交叉检验使得匿名化、模糊化处理无法实现。传统告知与许可、匿名、模糊三大隐私保护策略在大数据时代均失效。基于“数据可以共享、隐私不可共享”原则，亟须建立新型隐私保护模式，建立数据使用者承担责任体系，可以使用自产生之日起自动带有保密性的区块链技术和IOTA量子纠缠技术，实现多个经营主体数据保密性需求。此外，如果平台的安全性出现纰漏，很有可能出现大规模隐私信息泄露的风险。立法部门需要通过赔偿、追责等相关法律来完善量化责任、进行保护。总之，无论是出于公共信息安全考虑，还是出于个人信息安全考虑，都需要政府加强严格的社会性规制。

中国新经济尚处于发育和成长阶段，新兴业态如同脆弱婴儿需要呵护，政府通常扮演“阶段性托管角色”。即便在纯粹意义上的市场失灵面前，政府也应报以包容规制的态度，因为同样存在规制俘获、“旋转门”、规制成本过高等造成的规制失效现象。面对市场失效和规制失效，两害相权取其轻，审慎包容规制成为理性选择，正如美国总统里根1981年在12291号总统令中所言：“除非规制条例对社会的潜在收益超过了社会的潜在成本，否则规制行为就不应该发生”，政府针对新经济业态的规制更应如此。2016年5月9日，李克强总理在全国“简政放权放管结合优化服务改革”电视电话会议上指出：“繁苛管制必然导致停滞与贫困，简约治理则带来繁荣与富裕”②。因此，为促进新经济的繁荣发展，规制改革势在必行，刻不容缓。

四、新经济下的规制改革方向

新经济发展需要遵循市场规律，在政府规制需求发生了根本性变化的情况下，将新经济纳入传统规制体系，既无法达到规制目的，又会挫伤新经济企业的积极性，要从根本上解决问题，只能通过规制改革。2017年，国务院印发了《“十三五”市场监管规划》，提出要改变传统“管”的观念，把激发市场活力和创造力作为市场监管的重要改革方向，提出了“简约监管”和“审慎监管”的原则。特别提出要适应新技术、新产业、新业态、新模式蓬勃发展的趋势，探索科学高效的监管机制和方式方法，实行包容式监管。这为中国规制转型提供了明确的方向，为新经济的规制改革提供了基本原则和政策指南。

（一）方向上从强化规制转向放松规制

无论是发挥市场对资源配置的决定性作用，还是更好发挥政府作用，无论是供给侧结构性改革的长期任务，还是发展新经济的根本要求，均内在呼唤着放松规制。从美国历史看，20世纪20年代，柯立芝政府对市场经济运行基本保持缄默，以汽车业和电力业迅速发展为“新动能”，带动美

① 自2007年小布什时期起实施的全球电子监听计划，主要通过电子邮件、即时信息、视频、照片、存储数据、语音聊天、文件传输、视频及社交网络资料等分析个人的联系方式与行动。

② 参见中国政府网（www.gov.cn）2016-05-09报道。

国经济步入“黄金时代”，创造了“柯立芝繁荣”。20 世纪 80 年代，里根政府启动了以减税、削减社会福利和放松规制为主要内容的供给侧改革，使美国走出了经济滞胀的泥潭。克林顿政府和小布什政府时期的放松规制程度接近甚至超过里根政府时期，使得美国经济出现了人类社会有史以来最长久的繁荣景象（刘鹤，2013）。2017 年，特朗普政府废除了 22 项规制措施，政府各部门发布了 67 项放松规制的措施，只颁布了三条新规，按照特朗普的说法，“每发布一条新规定，就要先废除两条旧规定”。新经济下，技术创新大大降低了交易成本，新型检测和计量技术不断被开发，使权益责任得到越发明晰确认，公共产品领域的收费难题以及由此带来的“搭便车”、偷懒、道德风险等现象很大程度上得以克服，信息变得更易获取，买方不再处于交易弱势，私人部门在处理质量和安全方面更加高效，这些都为进一步放松规制提供了技术前提。在中国，无论是竞争性行业还是垄断行业，加强规制的政策声音长期以来一直不绝于耳，过度规制现象极为普遍。2011 年美国发布的《全球经济自由化指数报告》显示，中国经济自由化指数在纳入统计的 179 个国家中排名第 135 位。在航空、电信、电力、天然气、邮政、铁路和公路 7 大传统自然垄断行业，中国规制指数仍大大高于西方发达国家、新兴工业化国家和其他发展中大国（戚聿东和李峰，2016）。特别是 2014 年以来开始流行“穿透式监管”，这个概念频繁出现于金融部门、财政部门、行业协会的政策文件中。当面临新经济时，地域、辖区、功能分割等传统规制模式遭遇了挑战，这便是规制改革的恰当时机，从主体规制转向行为规制，从繁苛规制转型为简约规制。然而，“穿透式监管”这个本来只是属于产品监管中的定性判断，现在已经“穿透”到主体、行为、客体三个层面进行全面细致的监管，属于《“十三五”市场监管规划》中所批评的人盯人、普遍撒网的“繁苛监管”和“无限监管”现象，大大僭越了监管的本质和界限，有悖于发挥市场决定性作用和竞争基础性作用的改革要求。新经济的繁荣发展离不开宽松的氛围和条件，规制改革总体上应该从强化规制转向放松规制，特别是放松市场进入和价格两个方面的规制程度，让规制尽可能成为竞争机制的剩余和替代。为确保新经济发展潜力，政府需严格清理和调整不适合新经济发展的行政许可、商事登记等规章制度，打破各种不合理限制和隐性壁垒。此外，政府还应编制并发布新经济规制指数，动态监测放松规制改革的具体进展和实施效果。

（二）内容上从经济性规制转向社会性规制

放松规制是就总体规制特别是经济性规制而言，社会性规制无论如何都是应该强化的。社会性规制是针对涉及居民生命健康安全、防止公害、保护环境和确保教育、文化、福利等为目的进行的规制，主要通过设立标准、发放许可证、罚款、维护市场秩序等方式进行规制。在新经济领域，社会性规制更多是对产品质量及其相关活动制定一定的标准。近 40 年来，各国在放松经济性规制的同时，纷纷加强社会性规制。美国联邦规制机构每年用于社会性规制的支出，从 1960 年的 388 亿美元增长到 2008 年的 2 157 亿美元，增长了 5 倍，社会性规制支出占到规制总支出的 86%。可以说，社会性规制恰恰是中国规制的弱点甚至是盲点，很多领域规制缺失，规制目标不尽明确，规制手段缺乏科学性。

新经济公权与私权界限、所有权与使用权分离使得产权和责任的明晰面临新挑战，政府应结合新经济业态和具体的运行模式进行规制。新经济在发展过程中，不可避免地产生各种问题，如表 4 所示，社会性规制正是针对这些潜在问题而言的。解决此类问题的方法之一就是设立明确标准，标准的地位与法律法规同等重要。标准竞争并非在封闭系统中产生，与互联网本身的开放性不谋而合，新经济下政府应只起辅助作用，把标准的选择权交由市场，由市场高效筛选出最具兼容性的标准。近年来中国正处于新经济发展的前标准期向标准期过渡，市场活力空前，尤其是依托于互联网的商业模式创新层出不穷，放松经济性规制的同时，加强社会性规制对营造健康良好的市场环境有重要意义。

表 4　　新经济下的潜在问题

规制内容	负面问题
安全	①信息安全问题，泄露网络后台隐私信息可能带来的财产、人身安全问题；②特殊物品（如食品、药品安全）网络交易第三方平台安全责任明晰问题；③技术安全风险，如互联网金融资金账户、支付环境等存在的技术漏洞，无人机“黑飞”干扰核电站威胁航空安全和公共安全
健康	①医疗风险，如未取得资质审核的医疗整容、打着高科技幌子蒙骗的伪高端医疗机构等；②转基因食品引发的新探讨，包括基因克隆引发的伦理、道德新问题；③数字药丸、数字疗法替代常规药品、检查后可能带来的健康隐患
环境	①由辐射等新污染源引起的动植物变异、生物多样性被破坏问题；②粗犷式发展遗留的对大气、税源、土壤的污染，如雾霾、臭氧层黑洞、温室效应等；③城市化进程不平衡可能带来的生态隐患
秩序	①刷单、买卖线上评论和平台流量等把“可视化信用”变为“可视化欺骗”等行为扰乱社会征信建立；②城市交通秩序，共享物品如单车的随意停放对市容的影响；③新生业态破坏市场秩序投机行为，如小贷平台畸高利率、旁氏骗局、多头借贷引发的坏账攀升、资金链断裂甚至破产跑路问题，无人便利店、共享单车倒闭等

（三）方式上从歧视性规制转向公平竞争规制

新经济下很多业态作为新生事物，政府对其运营流程和盈利模式并不十分了解，对运行中可能出现的问题难以预见，对可能发生的风险缺少防范。而当新经济发展达到一定规模后，对传统产业和相关利益相关者形成冲击，政府迫于利益受损者的挟持对新经济进行规制，规制方法和手段都具有路径依赖性，迫使新经济接受旧规制，抑制了新经济发展活力。以网约车为例，在中国多地发生出租车停运以抗议网约车的事件后，2016 年底各地政府纷纷发布了网约车新政，对平台、车辆和司机进行了严格准入规制，结果使得可预约车辆急剧减少、价格大幅提升，消费者出行更加不便。出租车市场本应是可竞争市场，但由于政府严格的进入规制造成了寡头垄断格局，各地政府对车辆许可牌照的严格控制使得出租车市场分配严重不公、倒卖牌照现象严重，甚至出现出租车司机对消费者的歧视选择问题。网约车打破原有垄断局面，各地政府迫于出租车垄断利益受损对网约车进行准入、价格等传统手段规制，100 多个地市级城市政府制定的实施细则，几乎都涉嫌违背“公平竞争审查”机制，严重影响了公平竞争原则，不利于城市出行体系的完善。在美国，城市网约车平台具有相对自由地宽松环境，如美国联邦第七巡回上诉法院曾在判决书中称，“Uber 和 Lyft 等网约车平台不需要接受价格规制，也不需要获得经营牌照”。

中国传统的规制方式一般都具有歧视性效应，往往重视企业的所有制和规模，偏好于国有企业和大企业。新经济的发展，有助于从边缘和边际上打破众多传统行业的垄断态势，形成替代式竞争格局。政府部门应该以一视同仁的开放观念，不断营造更为宽松的环境，激发企业创新创业的积极性。世界银行发布的《2018 年营商环境报告：改革以创造就业》指出，对全球 190 个经济体的商业规制法规和产权保护进行分析和评估，中国排名第 78 处于中上游，表明中国规制环境对包容新企业开设程度在逐渐提高，但与发达国家仍有一定差距。中共十九大报告提出，清理废除妨碍统一市场和公平竞争的各种规定和做法，激发各类市场主体活力。而“统一市场和公平竞争”的必经之路，就是要落实 2016 年 6 月国务院印发的《关于在市场体系建设中建立公平竞争审查制度的意见》。遵守该意见中从市场准入和退出标准、商品和要素自由流动标准、生产经营成本标准和生产经营行为标准四方面为公平竞争审查设定的 18 个标准，贯彻实施对行政权力划定的 18 个“不得”。2017 年 10 月，国家发展和改革委员会、财政部、商务部、国家工商行政管理总局和国务院法制办公室联合印发了《公平竞争审查制度实施细则（暂行）》，从审查机制和程序、审查标准、例外规定、社会监督、责任追究等方面对 18 个“不得”逐条进行了细化，形成了 50 多条二级标准，还专门以附件形式制定了《公平竞争审查基本流程》和《公平竞争审查表》。应该说，在《反垄断法》为核心的政府规制体系中，深入开展公平竞争审查制度及其实施细则，通过从歧视性规制转向公平竞争规制，有助于实现各类企业之间的权利平等、机会平等和规则平等，有助于为新经济的繁荣发展提供宽松的外部环境。

（四）方法上从正面清单制转向负面清单制

长期以来，中国规制部门的规制内容基本上属于正面清单制，通常规定企业“只能做什么”，造成规制内容的事无巨细、无所不包，走向了过度规制乃至无限规制的深渊。相反，规定企业“不能做什么”的负面清单制，有助于企业自主权，也有助于规范政府的权责和行为，符合国际惯例，符合市场化改革方向。因此，按照“鼓励创新、包容审慎”原则，对于市场准入领域应以负面清单制为原则，“法不禁止即可为”。对政府规制宜遵循许可原则，“法不授权不可为”。为此，2013 年，中共十八届三中全会通过的《关于全面深化改革若干重大问题的决定》提出，实行统一的市场准入制度，在制定负面清单基础上，各类市场主体可依法平等进入清单之外领域。2015 年 10 月，国务院发布了《关于实行市场准入负面清单制度的意见》，规定对各类市场主体基于自愿的投资经营行为，凡涉及市场准入的领域和环节，都要建立和实行负面清单制度。负面清单包括禁止准入类和限制准入类两大类，对市场准入负面清单以外的行业、领域、业务等，各类市场主体皆可依法平等进入。今后，企业投资项目，政府应该最大限度地缩小企业投资项目的核准范围。除关系国家安全和生态安全、涉及全国重大生产力布局、战略性资源开发和重大公共利益等项目外，一律由企业自主决策，政府不再审批。对于涉及规划、国土资源、环保、技术、安全等社会性规制的重点领域，政府通过环境保护、资源节约、技术、安全标准等实行严格的社会性规制。为激发新经济活力，政府应及时修订并公布《政府核准的投资项目目录》和《产业结构调整指导目录》。全面实施市场准入负面清单制度，标志着中国市场准入管理从以正面清单制到以负面清单制的深刻转型，是资源配置的市场决定性作用与更好发挥政府作用的一个完美结合。

（五）流程上从前置审批走向后置监管

长期以来，中国行政管理部门对于企业创办、投资、上市等，不仅实行严格的审批许可制，而且基本上都是前置性审批，仅企业登记方面，前置审批事项就高达 226 项。自 2014 年，中国启动了商事制度改革，经过四批集中调整，87% 的前置审批事项已经改为后置审批或彻底取消，目前前置审批事项仅保留了 29 项。与此同时，累计分 9 批取消下放国务院部门行政审批事项 618 项，占原有底数的 40%，取消 491 项，约占总数的 80%。其中大量涉及企业生产经营、金融领域简政放权、个人或企业资质资格认定的审批事项。审批程序的置换，不是一放了之，这就要求从程序上加强后置监管。国务院明确要求，在取消下放审批事项时，必须同步跟进落实事中事后监管的措施和办法。对直接涉及国家安全、公共安全、生态环境保护以及直接关系人身健康、生命财产安全等的行政审批事项和中介服务，确保安全监管职责无缝隙。通过加强针对违规行为和潜在问题的事中、事后监管，营造有利于公平竞争的发展环境，推动新经济企业成长壮大。通过审批制改革，在激发企业活力、繁荣市场的同时，也极大地提升了政府行政效率。2014 年 3 月到 2017 年 2 月，全国累计新登记企业 1 374 万户，是改革前八年新登记企业数的总和。平均每天新登记企业 1. 25 万户，较改革前增长 83%。2016 年中国营商环境在 189 个国家和经济体中排名第 78 位，较 2013 年提高了 18 位。

（六）机构上从专业型部门转向综合型部门

政府规制水平的提升有赖于规制的制度建设，依托政府平台或其他途径，吸纳从业者和社会大众广泛参与，通过协同治理的方式，促进政府规制水平的不断提升。发展社会共治模式，与新经济共享逻辑不谋而合。现行对新经济的规制均存在一定程度上的责任不明现象，如对网络规制，规制主体有国家新闻出版广电总局、国家互联网新闻办公室、工业和信息化部等多部门；在金融、交通、能源、农业、服务业等行业领域，均存在着“八个大盖帽对着一顶破草帽”的“多头规制”现象，造成“上面千条线，下面一根针”。为此，适应科技创新、产业融合、跨界发展的大趋势，需要继续推进大部制的改革思路，将职能相近的部门、业务范围趋同的事项相对整合为一个规制机构，如分别成立大金融、大交通、大能源、大通讯、大工商的综合性规制部门，将有助于克服职能交叉、政出多门、多头管理、标准不一等弊端。在区域规划上，推进“多规合一”改革，将国民经济和社会发展规划、城乡规划、土地利用规划、生态环境保护规划等多个规划融合到一个区域上，实现一个市县一本规划、一张蓝图，解决现有各类规划自成体系、内容冲突、缺乏衔接等问题。在企业创立的登记管理上，全面实施营业执照、组织机构代码证、税务登记证、社会保险登记证和统计登记证“五证合一”的登记制度，积极扩大将刻章许可证、住房公积金缴存单位登记证纳入其中的“七证合一”执行力度。与此同时，推行“一照一码”改革，使营业执照成为企业唯一“身份证”，统一社会信用代码成为企业唯一身份代码。政府应对标先进水平的国际营商环境，大幅缩减企业开办时间，建立开办企业时间统计及通报制度。

（七）机制上注重使用“规制沙盒”

“规制沙盒”借鉴了沙盒运行原理，具体指规制部门划定范围允许一部分高科技、互联网领域新企业在“安全空间”内试错、进行创新，以期有效解决规制滞后性问题。“规制沙盒”首先被应用于金融规制体系，英国于2016年5月启动全球首个“规制沙盒”项目，由规制者主动发起“规制沙盒”，金融科技新企业、新业态可以在沙盒中模拟经营，规制者在沙盘模拟过程中放宽规定，减少创新规则障碍，鼓励创新者积极探索，以实现风险控制和创新的双赢。随后，“规制沙盒”理念在全球迅速传播。“规制沙盒”非常类似于中国改革开放试点中的“先行先试”“试错容错”的做法，迎合了新经济下软法治理和柔性规制的理念。“规制沙盒”由规制主体和规制对象共同参与，利用新技术对沙盒中的模拟业态进行实时动态监测，既可避免规制对创新的桎梏，又有助于避免创新的风险，实现了风险控制与创新的动态平衡。借鉴金融科技创新领域的做法，今后，政府对新经济各业态的规制，按照“智慧监管”原则，均应使用“规制沙盒”这种创新机制，给予规制部门和新经济企业一定的缓冲空间，不能“一出事就收紧”或做出封杀整个行业的极端措施。

参考文献：

1. 白让让、郁义鸿：《强制性管制放松与边缘性进入的发生》，载于《中国工业经济》2004年第8期。

2. ［美］本科勒，简学译：《企鹅与怪兽：互联时代的合作、共享与创新模式》，浙江人民出版社2013年版。

3. 蔡宁、贺锦江、王节祥：《“互联网+”背景下的制度压力与企业创业战略选择》，载于《中国工业经济》2017年第3期。

4. 冯华、陈亚琦：《平台商业模式创新研究——基于互联网环境下的时空契合分析》，载于《中国工业经济》2016年第3期。

5. 龚辰滢：《网络交易中信誉与管制关系研究》，华东师范大学，2014年。

6. 江小涓：《高度联通社会中的资源重组与服务业增长》，载于《经济研究》2017年第3期。

7. 金杨华、潘建林：《基于嵌入式开放创新的平台领导与用户创业协同模式》，载于《中国工业经济》2014年第2期。

8. ［西］卡斯特，夏铸九和王志弘译：《信息时代三部曲：经济、社会与文化》，社会科学文献出版社2003年版。

9. ［美］凯利，刘仲涛等译：《新经济新规则——网络经济的始终策略》，电子工业出版社2017年版。

10. 李海舰、田跃新、李文杰：《互联网思维与传统企业再造》，载于《中国工业经济》2014年第10期。

11. 刘刚、王泽宇、程熙鎔：《“朋友圈”优势、内群体条件与互联网创业》，载于《中国工业经济》2016年第

8 期。

12. 刘鹤：《两次全球大危机的比较》，载于《管理世界》2013 年版。

13. ［德］马克思，中共中央马恩列斯著作编译局译：《资本论》（第一卷），人民出版社 1975 年版。

14. 戚聿东、李峰：《垄断行业放松规制的进程测度及其驱动因素分解》，载于《管理世界》2016 年版。

15. ［法］梯若尔，寇宗来等译：《创新、竞争与平台经济——诺贝尔经济学奖得主论文集》，法律出版社 2017 年版。

16. ［德］辛普森，乔安儒译：《市场没有失败》，吉林出版集团有限责任公司 2012 年版。

17. ［奥］熊彼特，吴良建译：《资本主义、社会主义与民主》，商务印书馆 1999 年版。

18. 张玉明：《共享经济学》，科学出版社 2017 年版。

19. 朱良杰、何佳讯、黄海洋：《数字世界的价值共创：构念、主题与研究展望》，载于《经济管理》2017 年第 1 期。

20. Akerlof, G. A. he Market for "Lemons": Quality Uncertainty and the Market Mechanism [J]. *Quarterly Journal of Economics*, 1970, 84 (3): 488 - 500.

21. Ambrus, A., E. Calvano, and M. Reisinger. Either or Both Competition: A 'Two - Sided' Theory of Advertising with Overlapping Viewership [J]. *American Economic Journal*, 2016, 8 (3): 189 - 222.

22. Hamari, J., M. Sjöklint, and A. Ukkonen. The Sharing Economy: Why People Participate in Collaborative Consumption [J]. *Journal of the Association for Information Science & Technology*, 2016, 67 (9): 2047 - 2059.

23. Hamel, G., and C. K. Prahalad. Competing in the New Economy: Managing Out of Bounds [J]. *Strategic Management Journal*, 2015, 17 (3): 237 - 242.

24. Rochet, J. C., and J. Tirole. Two - Sided Markets: A Progress Report [J]. *Rand Journal of Economics*, 2006, 37 (3): 645 - 667.

25. Romer, P. Idea Gaps and Object Gaps in Economic Development [J]. *Journal of Monetary Economics*, 1993, 32 (3): 543 - 573.

（本文载于《中国工业经济》2018 年第 3 期）

环境权益交易市场能否诱发绿色创新？

——基于我国上市公司绿色专利数据的证据

齐绍洲　林　屾　崔静波

摘　要： 本文以我国排污权交易试点政策为例，研究环境权益交易市场是否诱发了企业绿色创新。基于1990～2010年我国沪深股市上市公司绿色专利数据，运用三重差分的方法，通过比较排污权交易试点政策实施前后、试点地区相对于非试点地区、污染行业相对于清洁行业，企业的绿色专利申请占比是否提升来检验政策对企业绿色创新的诱发作用。并进一步，根据专利类型、企业所有制、行业污染物测度标准、政策节点等，进行了一系列关于政策诱发企业绿色创新的异质性讨论和稳健性检验。研究发现：首先，相对于非试点地区以及相对于清洁行业，排污权交易试点政策诱发了试点地区污染行业内企业的绿色创新活动；其次，该政策对绿色创新的诱发作用主要针对绿色发明专利，而非绿色实用新型专利；最后，就研究样本而言，相对于国企，非国企的绿色创新活动对试点政策的诱发反应强度更为显著。

关键词： 环境权益交易市场　企业绿色专利　三重差分

一、引　言

2015年10月，十八届五中全会，习近平总书记提出创新、协调、绿色、开放、共享“五大发展理念”，把绿色和创新放在了重要位置。习近平总书记多次强调：“我们既要绿水青山，也要金山银山。宁要绿水青山，不要金山银山，而且绿水青山就是金山银山。”要按照绿色发展理念，树立大局观、长远观、整体观，坚持保护优先，坚持节约资源和保护环境的基本国策，把生态文明建设融入经济建设、政治建设、文化建设、社会建设各方面和全过程，建设美丽中国，努力开创社会主义生态文明新时代。同年11月，“十三五”规划中，明确提出：“建立健全用能权、用水权、排污权、碳排放权初始分配制度，培育和发展交易市场。”2017年10月，习近平总书记在中国共产党第十九次全国代表大会上做了《决胜全面建成小康社会，夺取新时代中国特色社会主义伟大胜利》的报告，提出“加快生态文明体制改革，建设美丽中国”，再次强调了“构建市场导向的绿色技术创新体系，发展绿色金融，壮大节能环保产业、清洁生产产业、清洁能源产业”。水权、用能权、排污权、碳排放权等一直是个人、地区和国家拥有的基本环境权益，也是发展权在资源利用上的具体体现。建立健全环境权益交易市场，将使环境权益的价格信号更加清晰，有利于资金向更绿色、更环保的领域流动和倾斜，也有利于基于环境权益的企业绿色创新，从而落实以企业为主体、市场为导向，产学研深度融合的绿色创新战略。相比以往的命令型环境规制政策，近年来国家更加倡导市场型环境规制手段来改善环境（王班班和齐绍洲，2016），市场型环境规制政策在我国是否真正存在优势亟待验证。排污权交易试点政策在我国已运行十几年，可以为这一问题的验证提供充分的历史数据。

2002年7月，原国家环保部开始推行“4＋3＋1”的二氧化硫排污权交易试点政策，在山东、山西、江苏、河南四省，上海、天津、柳州三市以及中国华能集团公司实行排污权交易政策。[①] 2007 年，试点范围扩大，财政部、环保部、发展改革委先后批复了江苏、天津、浙江、湖北、重庆、湖南、内蒙古、河北、陕西、河南、山西 11 个试点省市，污染物品种逐渐增多，涉及交易量逐年提升（王金南等，2009）。2010 年，我国二氧化硫排放总量比 2005 年下降 14.29%，[②] 企业绿色发展与市场化的环境权益交易政策紧密结合，验证排污权交易试点这一市场型环境权益交易政策在我国是否诱发企业绿色创新具备了条件。

目前，对排污权交易试点这一环境规制政策的创新激励效果分析，缺乏微观企业层面的经验证据。因此，厘清企业、市场和政策因素对企业绿色创新的影响机制，尤其是市场型政策效果的因果推断，为政策评估提供更准确的定量分析十分必要。本文力求说明环境权益交易市场诱发绿色创新的机制是什么，为什么环境权益交易市场可以诱发绿色创新，在此基础上回答一定时期内环境权益交易市场与绿色创新之间的相互作用规律及其定量关系。为进一步深化建立区域性或全国性环境权益交易制度，为市场型政策如何能更好地促进企业低碳技术创新提供理论指导和建议。

二、文献评述与本文的作用机理

（一）文献评述

环境规制能否诱发创新一直以来是环境经济学和创新领域的研究热点问题，环境权益交易政策也属于环境规制的一种。波特和范德林德（Porter and Van der Linde，1995）通过理论分析和案例研究认为，如果设计得当，环境规制（特别是基于市场的工具，如税收或总量与配额交易机制）可以导致“创新抵消”（innovation offsets），这不仅会改善环境绩效，而且还会部分地，有时甚至完全地抵消额外的监管成本。阿姆贝克等（Ambec et al.，2013）发现基于绩效或基于市场的环境规制与创新的增长趋势一致。谢弗和帕默（Jaffe and Palmer，1997）首次区分了强波特假说和弱波特假说。本研究基于波特假说，进一步聚焦于灵活的环境权益交易市场对企业绿色创新的诱发作用。

绿色创新的研究起源于 20 世纪九十年代，主要是指绿色技术创新。绿色技术是指减少环境污染，减少原材料和能源使用的技术、工艺或产品的总称。绿色技术的名称和定义通常根据不同的研究议题而有所差别，例如，环境友好型技术、节能技术、可再生能源技术和生态创新等。世界知识产权组织（World Intellectual Property Organization，WIPO）定义的“绿色创新”涉及范围最广，包括了与环境相关的污染物处置和与减缓气候变化相关的技术，并对所有相关技术的专利分类号进行了说明，可供研究者使用。

环境规制能否诱发绿色创新的国内外相关文献较为丰富，早期研究主要运用环境强度指标来定义环境规制，包括污染治理费用、污染物排放标准以及绿色技术研发补贴等指标（Jaffe and Palmer，1997；Hamamoto，2006；Lanjouw and Mody，1997；Brunnermeier and Cohen，2003；Popp，2002，2006；Carmen et al.，2010；Acemoglu et al.，2012；景维民等，2014）。近期研究则更关注环境规制对绿色创新影响的因果联系，例如，运用能源市场价格或准自然实验的方法来定义环境规制（Popp，2002；Johnstone et al.，2010）。随着总量与配额交易机制（Cap-and-trade）在美国和欧盟的环境与气候治理中运用，国内外相关学者逐渐开始关注环境权益交易市场对绿色创新的影响（Calel and Dechezleprêtre，2016；刘海英和谢建政，2016；涂正革和谌仁俊，2015）。同时在技术路线方

---

① 2002 年《关于二氧化硫排放总量控制及排污交易政策实施示范工作安排的通知》。

② 中国网，新闻中心：《2010 年我国二氧化硫排放总量比 2005 年下降 14.29%》，http://www.china.com.cn/news/2012-03/02/content_24781189.htm。

面，三重差分法（difference-in-difference-in-differences method）已经成为环境经济学领域通用的国际前沿研究方法，大部分文献采用时间维度作为第一重差分，地区维度作为第二重差分，行业污染物测度作为第三重差分（Greenstone et al.，2012；Hering and Poncet，2014；Tanaka，2015；Cai et al.，2016；Deschênes et al.，2017）。近年来，国内学者开始运用三重差分法进行政策评估（付明卫等，2015）。本文在方法论方面紧跟国际前沿研究方法，采用三重差分处理微观企业环境经济学问题，在国内同类研究问题中，具有一定的创新性。

综合上述研究可以发现，国内现阶段研究环境规制对绿色创新活动影响的文献很少考虑到以下几点：一是缺乏微观数据的运用，大部分研究采用行业或者区域面板数据，无法从企业这一绿色创新的主体出发，研究环境规制对绿色创新的促进机制；二是没有厘清企业、市场和环境规制因素对企业绿色创新的影响机制，忽视环境规制效果的因果推断，未能为环境规制效果评估提供更准确的定量分析；三是缺少深入研究异质性因素对环境规制诱发绿色创新的影响，大多数文献仅研究环境规制是否诱发了绿色创新活动，并未探讨这一诱发作用在异质性主体中的表现，异质性主体的绿色创新动机以及诱发作用的可能实现路径。

（二）本研究的作用机理及主要贡献

我们以波特假说和国内外相关研究文献为基础，以我国社会主义市场经济为背景，结合《生态文明体制改革总体方案》[①] 的总要求，运用有限理性人假设试着分析环境规制政策对企业绿色创新的作用机理。

1. 环境权益交易市场规制下，企业绿色创新的动机分析。《生态文明体制改革总体方案》中强调，自然生态是有价值的，保护自然就是增值自然价值和自然资本的过程，就是保护和发展生产力，就应得到合理回报和经济补偿。企业的绿色创新就是保护自然的一种方式，因此排污权交易试点政策对企业来说是机遇与挑战并存的，以污染物为标的物的排污权具有产权属性，企业的利润等于企业的收益（包括出售排污权获得的收益、绿色创新获得的收益等）减去成本（包括购买排污权付出的成本、绿色创新付出的成本等），在利润最大化的驱动下，企业会依据各自的实际情况做出是否进行绿色创新、进行何种绿色创新以及出售或购买排污权的决策。

排污权交易试点政策的初衷是，以排污权市场价格为信号，使污染企业成本增加，收益减少，利润下降，当边际收益接近边际成本时，企业可以选择停产、搬迁或就地绿色创新，从而控制该区域的污染物排放总量并促使污染企业绿色转型。企业如果选择停产或搬迁，相当于退出当地市场，那么之前的厂房建设与维护、当地市场开拓、客户群维系等成本将变为沉没成本，重新选址过程中将会面临各种新的投入成本，且新址也存在即将被纳入排污权交易试点的可能。如果上述成本过大，企业会选择就地绿色创新（沈坤荣等，2017）。从绿色专利类型来看，一般来讲，绿色发明专利带来的利润大于绿色实用新型专利，企业可以在市场上出售更多排污权获得额外收益。从企业所有制类型来看，一般来讲，非国有企业对市场上价格信号反应敏感，更追求短期利润最大化，因此会更积极地进行绿色创新活动；国有企业体量大、从业人数较多，对当地政府来讲经济效益要求和政治稳定要求并存，因此环境规制政策对其绿色创新活动的激励作用，不一定立竿见影，可能存在一定时滞。从行业类型来看，一般来讲，搬迁成本较高的行业需直面环境规制，会更积极地进行绿色创新活动，搬迁成本的衡量标准可能包括，企业固定资产占比，企业与当地市场联系是否紧密。

2. 不同强度与类型的环境规制下，企业绿色创新的动机分析。排污权交易试点政策作为市场型环境规制，政策强度会受到覆盖地域，纳入行业和参与主体的影响，如果前期缺少足够的政策覆盖

---

① 2015 年中共中央国务院印发《生态文明体制改革总体方案》，http：//www. gov. cn/guowuyuan/2015 -09/21/content_2936327. htm。

范围、纳入行业和参与主体，环境规制政策的运行效果可能会受影响，企业会存在观望情绪，其绿色创新积极性也会打折（Anouliès，2017）。市场型环境规制与命令型环境规制的差异在于，前者赏罚分明，可能更容易诱发企业绿色创新的决策，后者大多运用惩罚措施，对企业绿色创新的激励作用可能不足够。

本文的可能贡献主要体现在：第一，本文搜集了我国上市公司企业层面的专利数据，并采用国际通用方法甄别绿色专利信息，在国内尚属首次；第二，本文运用环境经济学领域的国际前沿研究方法，即三重差分法，有助于提炼排污权交易试点政策与绿色创新的因果性，在同类问题的研究中具备一定优势；第三，本文研究了专利类型、企业所有制和行业污染物测度标准的异质性，研究策略相比之前文献更加全面；第四，本文还比较了 2002 年排污权交易试点政策与 2007 年排污权交易试点政策，并归纳出 2002 年政策没有诱发绿色创新的可能原因，力求为全国碳市场政策的制定提供现实参考；第五，本文控制了同时期并行的排污费征收政策，以更好地提炼出因果关系；第六，本文分行业研究排污权交易试点政策对绿色创新的激励机制，尝试分析企业绿色创新的动机，为今后环境权益交易市场政策的优化和精准定位提供参考。

文章余下部分安排如下，第三部分为数据来源、变量选取与处理；第四部分为模型与实证分析结果；第五部分为进一步稳健性讨论；最后一部分为结论与政策启示。

三、模型数据来源、变量选取与处理

（一）数据来源

本文采用 1990～2010 年我国沪深股市上市公司专利数据以及对应的经济数据。上市公司专利数据来自中华人民共和国国家知识产权局（State Intellectual Property Office，SIPO），其经济特征数据来自国泰安数据服务中心（China Stock Market and Accounting Research Database，CSMAR），污染行业测度数据参考塔娜等（Tanaka et al.，2014）中的划分，以分行业 SO_2 排放占比和煤炭消耗占比为依据。

世界知识产权组织（WIPO）于 2010 年推出一个旨在便于检索环境友好型技术相关专利信息的在线工具，即“国际专利分类绿色清单”，该检索条目依据《联合国气候变化框架公约》对绿色专利进行了七大分类：交通运输类（transportation）、废弃物管理类（waste management）、能源节约类（energy conservation）、替代能源生产类（alternative energy production）、行政监管与设计类（administrative regulatory or design aspects）、农林类（agriculture or forestry）和核电类（nuclear power generation）。我们依照上述划分标准，识别并核算了企业每年的绿色专利数量，进一步区分了绿色发明专利和绿色实用新型专利，作为企业绿色创新活动的核心衡量指标。

我国在 2002 年试点“4+3+1”计划（2002 Emission Trading Pilot，ETP02）的最初几年，由于排污权交易活跃程度较低，所以政策效应很弱。2007 年以来我国政府深化排污权交易试点工作，批复了 11 个地区为排污权交易试点地区。相对于 2002 年，这一期间的试点地区都出台了排污权交易相关的政策文件，制度上得到了很大完善，排污权交易活跃程度明显增加，绝大多数试点地区实现了省域内全覆盖，交易规模和交易范围大幅度扩大。所以，相对于 2002 年，2007 年的扩大试点可以被看作一个更加有效的自然实验（李永友和刘云飞，2016），因此本文主要研究 2007 年这一扩大试点后的排污权交易政策对企业绿色创新的诱发作用，下文若无特殊说明 ETP 政策均指 2007 年扩大试点后的政策。

（二）变量选取与处理

我们选取样本中的上市公司已授权绿色专利占其当年所有专利申请的占比作为分析对象，用 EnvrPatRatio 表示，因为相比单纯的专利数量，采用绿色专利占比指标能有效地剔除试点政策以外的促进企业创新的其他不可观察到的因素（Popp，2002，2006），比如，创新补贴政策。一种观点认为，选用专利申请占比而不是专利授权占比来衡量，是因为专利技术很可能在申请过程中就对企业绩效产生影响，因此专利申请数据会比授予量更稳定、可靠和及时（黎文靖和郑曼妮，2016）。另一种观点认为，申请占比可能存在问题，只是反映了企业对绿色技术的重视程度并不代表实际技术有多大提升，原则上专利授予情况更能反映技术创新程度。此外，专利授权存在滞后性问题，一项专利从申请到授权往往需要 1 年至 2 年时间。综合以上观点，本文样本选用“已授权的当期绿色专利申请占比”，本文样本中的绿色专利数据实际上是已授权的绿色专利数据，我们认为这样更有利于体现企业当期的实际创新能力（齐绍洲等，2017）。一般认为，专利的创新性由高到低依次为发明专利、实用新型专利和外观设计专利，因此为了进一步考察专利类型的异质性，我们选取样本中的上市公司未来已授权绿色发明专利占其当年所有发明专利申请的占比作为分析对象，用 InvtEnvrPatRatio 表示；选取样本中的上市公司已授权绿色实用新型专利占其当年所有实用新型专利申请的占比作为分析对象，用 UtyEnvrPatRatio 表示，通过区分发明专利和实用新型专利对专利的难度进行划分（王班班，2017）。下文若无特殊说明，绿色专利均表示未来已授权的绿色专利。

我们选取了企业层面经济特征作为模型的控制变量。企业规模，根据基本的企业生产函数，我们将专利视为产出，将资本和劳动力视为投入要素，一般认为企业规模越大创新成功率越高（王刚刚等，2017），因此选取样本中的上市公司的企业净资产和企业员工数量作为控制变量来衡量企业规模的大小，取对数后分别用 lnCapital 和 lnLabor 表示。企业成熟度，研究发现成立时间较长的企业具有更强烈的创新意识（张杰等，2015），因此选取样本中上市公司的企业年龄作为控制变量来衡量企业的成熟度，取对数后用 lnAge 表示。企业社会财富创造力，一般认为企业为社会创造价值大于成本投入的，其创新意识越强，企业市场价值与资本重置成本之比定义为 TobinQ，数值越大表明企业创造了更多社会财富，因此选取样本中上市公司的企业 TobinQ 作为控制变量来衡量企业的社会财富创造能力，取对数后用 lnTobinQ 表示。企业信用评价，研究认为银行贷款衡量了市场投资者对企业信用的评价（Colombo et al.，2013），同时适度负债经营可以弥补企业营运和长期发展资金的不足，企业可以利用更多资金改善技术设备、改革工艺和开展创新活动，因此选取样本中上市公司的企业 Debts 作为控制变量来衡量企业的信用评价，取对数后用 lnDebts 表示。

本文选取变量的描述性统计如表 1 所示。企业绿色专利占比均值为 0.015，表明在样本期间，所有企业专利申请中，绿色专利占比达 1.48%，可见在我国专利申请中，申请绿色专利的比重并不大。进一步细分专利类型，其中企业申请绿色发明专利占比的均值为 0.0105，绿色实用新型专利占比的均值 0.0110，可见申请绿色专利的难度也随着专利类型创新性的提高而增大。

表 1　　主要变量描述性统计值

变量	指标含义	平均值	标准差	最小值	最大值
EnvrPatRatio	企业绿色专利占比	0.015	0.072	0.000	0.947
InvtEnvrPatRatio	企业绿色发明专利占比	0.0105	0.063	0.000	0.944
UtyEnvrPatRatio	企业绿色实用新型专利占比	0.0110	0.063	0.000	0.889

续表

变量	指标含义	平均值	标准差	最小值	最大值
lnCapital	企业净资产对数	19.661	1.496	10.919	25.927
lnLabor	企业员工数量对数	7.619	1.241	0.000	13.129
lnAge	企业年龄对数	1.747	0.772	0.000	3.045
lnTobinQ	企业托宾 Q 值对数	0.394	0.756	-2.831	4.452
lnDebts	企业负债的对数	20.244	1.396	12.635	30.439

注：样本中剔除了所在行业 SO_2 排放占比为 0 的企业，即非排放企业。

四、模型与实证分析结果

（一）三重差分法基本模型

政策评估实证研究文献采用传统的双重差分模型，通过对比政策前后变动对政策试点地区（即实验组）与非试点地区（即对照组）的影响之差，剔除掉不随时间变化且不可观察到的混淆因素（confounding factors），把政策的处置效应（treatment effects）从混淆因素中剥离开来，从而评估政策的因果促进效应。在环境经济学研究中，国际前沿研究则基于双重差分模型，引入第三重差分，即行业的污染属性（Greenstone et al.，2012；Cai et al.，2016）。环境规制主要针对的是污染行业，试图改善或促进污染行业内企业的相关经济活动或者污染治理行为。然而对于清洁行业来说，环境规制对其行业内企业的相关环境压力会远小于政策对污染企业带来的压力。因此，通过比较环境规制对污染行业与清洁行业的绿色创新活动的影响，我们可以进一步剔除掉不随时间变化的、不可观察到的以及试点政策之外的因素，比如，影响行业创新的政策激励因素，从而尽可能把试点政策的效果从其他不可观察到的混淆因素中剥离出来，提炼试点政策对绿色创新的因果促进作用。

1. 三重差分模型。基于三重差分模型，我们关于区域内排污权交易试点政策对企业绿色专利申请占比的基本模型如下：

$$EnvrPatRatio_{ijt} = \beta_0 + \beta_1 Pilot_r \times Post_t \times Pollution_j + \beta_2 Pilot_r \times Pollution_j + \beta_3 Post_t \times Pollution_j + \beta_4 Pilot_r \times Post_t + \rho X_{it} + \delta_r \times time + \varepsilon_j \times time + \gamma_t + \alpha_i + \varepsilon_{ijrt} \quad (1)$$

其中 i，j，r，t 分别表示上市公司、行业、地区以及时间，ε_{ijrt}是随机扰动项。

被解释变量为 $EnvrPatRatio_{ijt}$，表示上市公司绿色专利占其当年所有专利申请的占比。在机制探索中，我们会进一步将专利类型分解成发明专利和实用新型专利，分别考察排污权交易试点政策对绿色专利中的发明专利占比（$InvtEnvrPatRatio_{ijt}$）和实用新型专利占比（$UtyEnvrPatRatio_{ijt}$）的促进作用。

模型的解释变量包括政策试点时间虚拟变量，政策试点区域虚拟变量，行业污染属性变量等。$Pilot_r$ 表示 ETP 试点地区的虚拟变量，如果是政策试点地区时，取值为 1，否则取值为 0。$Post_t$ 为政策试点前后的虚拟变量，ETP 试点期间（2007 年及以后）取值为 1，在非试点期间（2007 年以前）取值为 0。$Pollution_j$ 为行业污染属性指标，即企业所属行业在 1995 年 SO_2 排放占全国排放的比重。采用单一年份的行业排放指标而非跨年度面板数据行业排放指标的原因在于，避免随时间变化的行业排放指标有可能造成模型的内生性问题。此外，模型控制了有可能促进专利申请的上市公司其他经济特征控制变量，由 X_{it}表示。该企业经济特征控制变量包括：上市公司净资产、员工数量、企业年龄、市场价值与资本重置成本之比（TobinQ）和负债等。

$Pilot_r \times Post_t \times Pollution_j$ 是我们感兴趣的交互项也是模型最重要的关注变量，其系数估计是三重差分估计量。经典的双重差分模型考察的是政策变动前后对政策试点地区与非试点地区企业绿色创新的促进作用。在双重差分的基础上，我们进一步比较政策变动对试点地区与非试点地区、污染行业与清洁行业之间企业绿色创新的影响，从而剔除了不随时间变化的地区层面和行业层面不可观察到的混淆因素，有效地提高了政策因果处置效应估计的可信度。最后，模型引入了 $\delta_r \times time$，用于控制地区的时间趋势效应，并引入 $\varepsilon_j \times time$，用于控制行业的时间趋势效应。同时，年份固定效应（γ_t）和企业固定效应（α_i）的添加进一步巩固了政策评估的因果关系提炼。

2. 三重差分模型的平行趋势假设。双重差分或者多重差分估计量的一致性需要平行趋势假设成立（付明卫等，2015），即在政策实施之前，控制组与实验组的时间趋势是一样的，表明影响控制组和实验组的不可观察到的因素从图形显示中的确是不随时间变化的。在本文的三重差分模型中，平行趋势是指在排污权交易试点政策实施之前，上市公司污染行业的工业企业（以下简称"污染企业"）与清洁行业的工业企业（以下简称"清洁企业"）在绿色专利申请指标上的时间趋势尽可能是一致的。然而，在试点政策实施之后，平行趋势的打破主要体现在试点地区污染行业相对于清洁行业绿色创新存在趋势变化。

3. 平行趋势的经验观察。图1为三重差分平行趋势图。图中横轴表示年份，纵轴表示当年加总到地区省级层面的企业绿色专利申请总数除以该地区企业总数。以2007年扩大试点为分界点，本研究年份可分为非试点期（1990～2006年）和试点期（2007～2010年），左图为非试点地区图，右图为试点地区图。图中的实垂线为2007年政策试点开始的年份，实线为污染行业内企业加总到地区层面的绿色专利申请占比，而虚线则表示清洁行业内企业加总到地区层面的绿色专利申请占比。污染行业属性的衡量为虚拟变量，取值为1，如果该行业1995年 SO_2 排放占比超过全国排放占比的5%，否则该行业定义为清洁行业，即虚拟变量取值为0（Greenstone，2002；Greenstone et al.，2012）。[①] 如图1左侧所示，在非试点地区，污染行业与清洁行业的绿色专利申请活动随时间变化呈现出平行趋势，即无论是2007年政策实施前后，非试点地区污染行业的绿色专利申请都略低于清洁行业。然而，图1右图显示出在试点地区，在首次执行2002年试点政策之前，污染行业与清洁行业的绿色专利申请保持平行趋势。当2002年之后，开始初步实施排污权交易制度，该项政策在第二年的确有效地提高了污染行业相对于清洁行业的绿色创新，然而在2004～2007年，污染行业的绿色创新活动水平又重新落后于清洁行业的绿色创新活动，该图形进一步佐证了2002年试点政

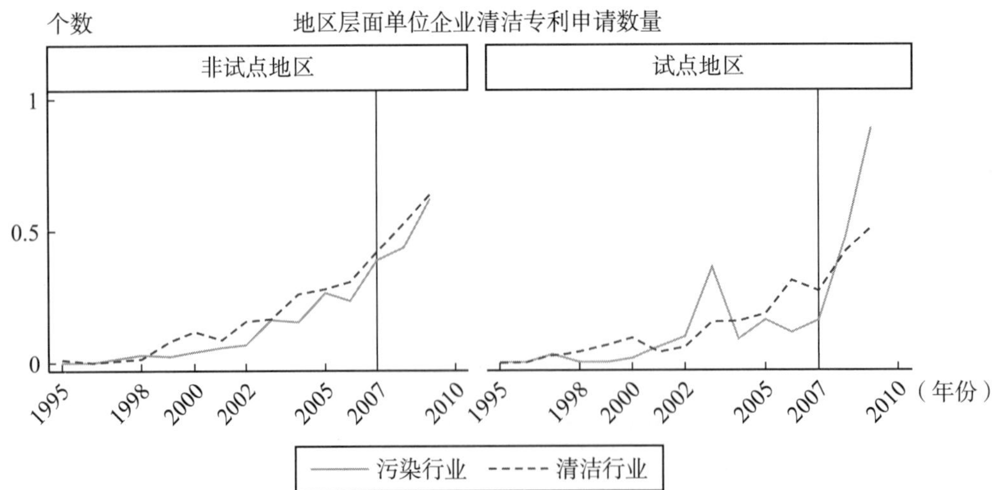

图1　ETP政策前后地区层面单位企业绿色专利申请数量

注：依据试点区虚拟变量绘制。

① 将污染行业属性的虚拟变量设定改为行业污染超过全国污染7%不改变图形的结论。

策的初步实施并未能够长期的促进污染行业的绿色创新。因此，在2007年进一步扩大排污权交易试点地区，并加大政策实施力度的背景下，从图形中，清晰地显示出2008年开始，即扩大政策实施的第二年，污染行业的绿色创新再一次超越清洁行业，其趋势持续到样本结束的年份。因此，三重差分的平行趋势假说是可以得到图形支持。在本文的稳健性讨论章节中，我们将进一步通过比较试点地区与非试点地区、污染行业与清洁行业之间的差异，验证2002年初步实施政策和2007年扩大实施政策对我国上市企业绿色创新的促进作用。

（二）实证结果与分析

如前文所述，在基本模型检验中我们以模型（1）为基础，在第（1）~（3）列，逐步添加年份固定效应、地区的时间趋势效应和行业的时间趋势效应，在第（4）~（6）列进一步添加了企业固定效应。所有回归分析都采用了行业层面的聚类调整标准误差（cluster standard errors）。

表2的回归结果显示，首先，ETP政策诱发了试点地区污染企业的绿色创新活动。表2中第（1）~（3）列的回归结果显示，"$Pilot_r \times Post_t \times Pollution_j$"三次交互项系数为正，系数均在1%水平上显著，说明ETP政策对试点地区污染企业绿色创新活动具有正向的推动作用，以列（3）为例，该政策会使得绿色专利申请占比提升0.054。添加企业固定效应后，第（4）~（6）列的回归结果显示，"$Pilot_r \times Post_t \times Pollution_j$"三次交互项的系数依然在1%水平上显著为正，说明本文基本模型设定是合理的，ETP政策使试点地区的污染企业的绿色专利申请占比提升，支持了本文的波特效应假定。

表2　ETP政策对绿色专利占比的影响——基于三重差分法

变量	绿色专利占比					
	（1）	（2）	（3）	（4）	（5）	（6）
$Pilot_r \times Post_t \times Pollution_j$	0.053*** （0.012）	0.049*** （0.008）	0.054*** （0.013）	0.051*** （0.008）	0.055*** （0.006）	0.054*** （0.008）
$Pilot_r \times Pollution_j$	0.008 （0.011）	0.013 （0.011）	0.006 （0.011）			
$Post_t \times Pollution_j$	-0.012 （0.009）	-0.007 （0.011）	-0.007 （0.012）	-0.004 （0.009）	0.006 （0.013）	0.005 （0.014）
$Pilot_r \times Post_t$	-0.006 （0.007）	0.004 （0.004）	-0.006 （0.007）	-0.009 （0.007）	-0.001 （0.003）	-0.008 （0.007）
观测值	6 509	6 509	6 509	6 509	6 509	6 509
R-平方	0.036	0.041	0.060	0.018	0.017	0.022
企业固定效应				Y	Y	Y
年份固定效应	Y	Y	Y	Y	Y	Y
省份×时间趋势固定效应	Y		Y	Y		Y
行业×时间趋势固定效应		Y	Y		Y	Y

注：$Pilot_r$表示ETP试点地区的虚拟变量，如果是政策试点地区时，取值为1，否则取值为0。$Post_t$为政策试点前后的虚拟变量，ETP试点期间（2007年及以后）取值为1，在非试点期间（2007年以前）取值为0。$Pollution_j$为行业污染属性指标，即企业所属行业在1995年SO_2排放占全国排放的比重。小括号内为行业层面的聚类调整标准误差，*、**和***分别表示显著性水平为10%、5%和1%。表中模型都控制了上市公司经济特征变量，包括：上市公司净资产、员工数量、企业年龄、Tobin Q和负债，因篇幅有限不作报告。

其次，企业成熟度和社会财富创造能力对绿色创新活动有促进作用。企业经济特征层面的控制变量中，劳动力要素、资本要素和企业信用评级控制变量的回归系数绝对值很小，且不显著，在控制了企业层面固定效应后，企业成熟度和社会财富创造能力控制变量对绿色专利申请占比有正向的促进作用，其中企业成熟度每提高1%，绿色专利申请占比提升0.01，企业社会财富创造能力每提高1%，绿色专利申请占比提升0.003，系数均在10%水平上显著（限于篇幅，不作报告），与理论预期相符。

（三）异质性与稳健性检验

1. 考察专利类型的异质性。为进一步保证回归结果的稳健性，考察ETP政策诱发的污染企业绿色创新活动类别，我们使用绿色发明专利申请占比和绿色实用新型专利申请占比作为企业绿色专利申请占比的替代变量。在SIPO专利数据库中，发明专利和实用新型专利中存在绿色创新活动的可能性更大，因此我们选用发明专利申请和实用新型专利申请中绿色专利申请的占比来验证不同专利类型的波特效应。在表3中固定效应的添加与表2类似，根据表3的回归结果，我们发现：首先，ETP政策同时诱发了试点地区污染企业绿色发明专利申请和绿色实用新型专利申请占比的提升。其次，ETP政策诱发了试点地区污染企业难度更大的绿色创新活动。这可能与符合中国国情的绿色技术缺失有关，该政策通过市场化手段实际上弥补了这一缺失。

表3　　专利类型的异质性

变量	绿色发明专利占比		绿色实用新型专利占比	
	(1)	(2)	(3)	(4)
$Pilot_r \times Post_t \times Pollution_j$	0.037*** (0.013)	0.052*** (0.009)	0.036*** (0.012)	0.032*** (0.008)
$Pilot_r \times Pollution_j$	0.029*** (0.008)		−0.012 (0.010)	
$Post_t \times Pollution_j$	−0.011* (0.006)	−0.008 (0.006)	−0.005 (0.014)	0.005 (0.014)
$Pilot_r \times Post_t$	−0.006 (0.007)	−0.009 (0.007)	−0.004 (0.006)	−0.006 (0.006)
观测值	6 509	6 509	6 509	6 509
R－平方	0.046	0.021	0.054	0.023
企业固定效应		Y		Y
年份固定效应	Y	Y	Y	Y
省份×时间趋势固定效应	Y	Y	Y	Y
行业×时间趋势固定效应	Y	Y	Y	Y

注：$Pilot_r$表示ETP试点地区的虚拟变量，如果是政策试点地区时，取值为1，否则取值为0。$Post_t$为政策试点前后的虚拟变量，ETP试点期间（2007年及以后）取值为1，在非试点期间（2007年以前）取值为0。$Pollution_j$为行业污染属性指标，即企业所属行业在1995年SO_2排放占全国排放的比重。小括号内为行业层面的聚类调整标准差，*、**和***分别表示显著性水平为10%、5%和1%。表中模型都控制了上市公司经济特征变量，包括：上市公司净资产、员工数量、企业年龄、Tobin Q和负债，因篇幅有限不作报告。

2. 考察企业所有制的异质性。为进一步保证回归结果的稳健性，考察 ETP 政策对不同所有制企业绿色创新活动的促进作用，令 SOE 为企业所有制类型指标，即企业为国企取值为 1，否则取值为 0。表 4 中固定效应的添加与表 3 类似，在此基础上加入了国有企业四次交互项和其他三次交互项（因篇幅有限不作报告），对波特效应进行检验。可以得到以下结论：

表 4　考察企业所有制的异质性

变量	绿色专利占比		绿色发明专利占比		绿色实用新型专利占比	
	(1)	(2)	(3)	(4)	(5)	(6)
$Pilot_r \times Post_t \times Pollution_j \times SOE$	−0.597*** (0.143)	−0.365*** (0.117)	−0.547*** (0.097)	−0.279*** (0.074)	−0.377*** (0.094)	−0.283*** (0.073)
$Pilot_r \times Post_t \times Pollution_j$	0.624*** (0.136)	0.389*** (0.111)	0.558*** (0.089)	0.308*** (0.067)	0.393*** (0.095)	0.293*** (0.072)
观测值	6 509	6 509	6 509	6 509	6 509	6 509
R－平方	0.089	0.028	0.082	0.025	0.066	0.027
企业固定效应		Y		Y		Y
年份固定效应	Y	Y	Y	Y	Y	Y
省份×时间趋势固定效应	Y	Y	Y	Y	Y	Y
行业×时间趋势固定效应	Y	Y	Y	Y	Y	Y

注：SOE 为企业所有制类型指标，即企业为国企取值为 1，否则取值为 0。三次交互项中 $Pilot_r \times Post_t \times SOE$、$Pilot_r \times Pollution_j \times SOE$、$Post_t \times Pollution_j \times SOE$ 已控制；$Pilot_r$、$Post_t$、$Pollution_j$ 和 SOE，四者的二次交互项均已控制，因篇幅有限不作报告，其余指标说明同表 2。

首先，ETP 政策同时促进了试点地区污染行业国企和非国企的绿色专利申请。其次，ETP 政策下，试点地区污染企业中非国企的绿色创新水平高于国企的绿色创新活动水平。当然，从事物的另一方面来看，可能存在国企绿色专利申请积极性比非国企高的情况，只不过这种积极性受 ETP 政策影响不大。更进一步讲，上述结果并不一定是企业国有属性导致的，而很可能是因为大企业（例如国企）的研发部门和研发投入相对稳定，不会因为环境规制的变动而剧烈变动。

综上所述，ETP 政策对试点地区国企与非国企的绿色创新活动均有正向促进作用，相比以往的命令型环境规制政策只能对国有化程度高的行业产生正的诱发创新效果（王班班和齐绍洲，2016），市场型的 ETP 政策对绿色创新企业主体产生了范围更广的促进作用，使得具备市场势力的国企和在市场中处于相对弱势的非国企自发加强了绿色创新活动。

3. 考察行业污染物测度的稳健性。为进一步保证回归结果的稳健性，我们替换上市公司行业污染物测度标准为行业煤炭消耗占比。在以行业煤炭消耗占比作为污染物测度标准后，ETP 政策依然诱发了试点地区污染企业的绿色创新活动，煤炭消耗会产生大量碳排放，是高碳排放行业的主要标志，这体现了 ETP 政策对高污染高碳排放行业绿色创新活动的一致性。此外，我们替换上市公司行业污染物测度标准为虚拟变量，使用严格意义上的三重差分来进一步验证结果。在以虚拟变量作为污染物测度标准后，ETP 政策依然诱发了试点地区污染企业的绿色创新活动。

五、进一步稳健性讨论

（一）政策节点的选取问题

排污权交易这一环境权益交易政策在理论上具有两个政策节点，即 2002 年以后的试点地区和 2007 年以后扩大的试点地区。前文检验了 2007 年 ETP 政策诱发了试点地区污染企业的绿色创新活动，涂正革和谌仁俊（2015）的研究表明 2002 年排污权交易试点政策在我国未能产生波特效应，根据图 1 我们也发现 2002 ~ 2004 年试点地区污染企业的绿色专利申请数量确实存在一次跳跃，然而 2002 年的 ETP 政策是否诱发了试点地区污染企业的绿色创新活动？2002 ~ 2007 年的 ETP 政策的诱发作用是否存在？2007 年以后的 ETP 政策是否比 2002 年的 ETP 政策更有效？这些问题值得进一步讨论。

根据以上问题，我们拟选取 3 个细分层面进一步讨论和检验。第一，将 ETP 政策替换为 ETP02，对波特效应进行检验，结果发现：ETP02 政策没有诱发试点地区污染企业的绿色创新活动。这表明，制定环境规制只是第一步，我国监管部门是否可以有效的运用环境规制压力，来诱发企业的绿色创新发展是另一回事，这一结论支持了涂正革和谌仁俊（2015）的观点。第二，考察 ETP02 政策和 ETP 政策的总体效应，对波特效应进行检验，结果发现：首先，两次 ETP 政策总体上促进了试点地区污染企业的绿色创新活动。其次，两次 ETP 政策总体上对试点地区污染企业中国企的绿色创新活动作用不明显。第三，为了进一步区分比较 ETP02 政策和 ETP 政策，我们引入 $Post02_t$ 和 $Post07_t$ 变量，规定 $Post02_t$ 变量在 2002 年至 2006 年时取值为 1，$Post07_t$ 变量在 2007 年以后取值为 1，其余年份两组变量均取值为 0，再结合 $Pilot'_r$（见表五注）和 $Pilot_r$ 构建两组并存的三重差分，如模型（2）：

$$\begin{aligned} EnvrPatRatio_{ijt} = {} & \beta_0 + \beta_1 Post02_t \times Pilot'_r \times Pollution_j + \beta_2 Post07_t \times Pilot_r \times Pollution_j + \beta_3 Post02_t \\ & \times Pilot'_r + \beta_4 Post02_t \times Pollution_j + \beta_5 Post07_t \times Pilot_r + \beta_6 Post07_t \times Pollution_j \\ & + \rho X_{it} + \delta_r \times time + \varepsilon_j \times time + \gamma_t + \alpha_i + \varepsilon_{ijrt} \end{aligned} \tag{2}$$

观察“$Post02_t \times Pilot'_r \times Pollution_j$”三次交互项和“$Post07_t \times Pilot_r \times Pollution_j$”的系数变化，对波特效应进行检验，根据表 5 的回归结果，可以得到以下结论：首先，ETP02 政策对试点地区污染企业绿色创新活动的作用不显著；其次，2007 年的 ETP 政策诱发了试点地区污染企业的绿色创新活动。

表 5　　ETP02 政策和 ETP 政策的异同

变量	全样本			国企样本			非国企样本		
	绿色专利占比（1）	绿色发明专利占比（2）	绿色实用新型专利占比（3）	绿色专利占比（4）	绿色发明专利占比（5）	绿色实用新型专利占比（6）	绿色专利占比（7）	绿色发明专利占比（8）	绿色实用新型专利占比（9）
$Post02_t \times Pilot'_r \times Pollution_j$	−0.024 (0.017)	−0.017 (0.014)	−0.001 (0.013)	−0.034** (0.015)	−0.023 (0.016)	−0.007 (0.015)	0.156 (0.188)	−0.031 (0.130)	0.328 (0.260)
$Post07_t \times Pilot_r \times Pollution_j$	0.048*** (0.009)	0.049*** (0.009)	0.030*** (0.008)	0.017 (0.011)	0.025** (0.011)	0.006 (0.012)	0.404*** (0.064)	0.303*** (0.044)	0.314*** (0.042)
观测值	6 509	6 509	6 509	4 558	4 558	4 558	1 951	1 951	1 951

续表

变量	全样本			国企样本			非国企样本		
	绿色专利占比（1）	绿色发明专利占比（2）	绿色实用新型专利占比（3）	绿色专利占比（4）	绿色发明专利占比（5）	绿色实用新型专利占比（6）	绿色专利占比（7）	绿色发明专利占比（8）	绿色实用新型专利占比（9）
R－平方	0.023	0.022	0.024	0.031	0.031	0.031	0.093	0.075	0.080
企业固定效应	Y	Y	Y	Y	Y	Y	Y	Y	Y
年份固定效应	Y	Y	Y	Y	Y	Y	Y	Y	Y
省份×时间趋势固定效应	Y	Y	Y	Y	Y	Y	Y	Y	Y
行业×时间趋势固定效应	Y	Y	Y	Y	Y	Y	Y	Y	Y

注：$Pilot'_r$表示 ETP02 试点地区的虚拟变量，如果是 2002 年政策试点地区时，取值为 1，否则取值为 0。$Post02_t$为政策试点前后的虚拟变量，ETP02 试点期间（2002 年及以后）取值为 1，在非试点期间（2002 年以前）取值为 0。二次交互项中 $Post02_t \times Pilot'_r$、$Post02_t \times Pollution_j$、$Pilot'_r \times Pollution_j$、$Post07_t \times Pilot_r$、$Post07_t \times Pollution_j$、$Pilot_r \times Pollution_j$ 均已控制，因篇幅有限不作报告，其余指标说明同表 2。

综合上述分析可以得出，2007 年的 ETP 政策才是更有效的环境权益交易政策，ETP02 政策没有显著诱发试点地区污染企业的绿色创新活动，因此本文选用 2007 年作为排污权交易政策的节点进行准“自然实验”是合理的（李永友和刘云飞，2016）。①

（二）同时期政策并行的问题

1979 年，《中华人民共和国环境保护法（试行）》正式确立了排污费制度，现行环境保护法延续了这一制度。2003 年国务院公布的《排污费征收使用管理条例》对排污费征收、使用的管理作了规定。排污费征收政策与排污权交易试点政策并行，因此需要控制排污费征收政策对企业绿色创新的影响，进一步提炼排污权交易试点政策对企业绿色创新的因果关系。

根据以上问题，我们拟选取全国重点监控企业排污费征收额，排污费解缴入库户数，排污费解缴入库户金额 3 个指标，分别作为排污费征收政策的替代变量，进一步讨论和检验。结果表明，排污费征收政策对污染企业的绿色创新活动影响不大，ETP 政策才是诱发试点地区污染企业的绿色创新的主要原因，相比于命令型的排污费征收政策，市场型的排污权交易试点政策可能更有利于诱发企业绿色创新。② 这可能是因为，排污费征收政策更多的是对企业污染物排放行为的限制、约束甚至惩罚，解缴入库的资金经过环保和财政部门的再分配后才能用于环境治理；排污权交易市场既是对企业排污行为的限制、约束和惩罚，同时也是奖励在市场上出售排污权配额企业的减排行为。排污权配额在市场上出售后，资金可以及时流向减排企业，既能够奖励企业当期通过绿色技术进步的减排行为，也能激励企业进一步的绿色创新活动，促使企业进行更持久彻底的绿色创新，形成创新的路径依赖。

① 2007 年以前各试点还停留在理论学习阶段，多是研究项目的形式以及地方开展的个案探索，总体上处于摸索和理论研究的阶段，并没有出台完善的相关制度文件，几乎没有交易额。随着市场经济不断完善，2007 年扩大试点以后，各试点相继出台了与排污权交易相关的《指导意见》《暂行办法》和《管理办法》等制度文件，并从纳入污染物种类、纳入行业和纳入地域三个方面逐步扩大覆盖范围，相应的交易额大幅提升。

② 资料来源：国家环境保护部，为省级层面的年度数据，根据数据的可得性，全国重点监控企业排污费征收额样本期间为 2002～2010 年；排污费解缴入库户数和排污费解缴入库户金额样本期间为 2000～2010 年（其中 2009 年数据缺失用插值法补全），三个指标均取对数。

六、结论与政策启示

本文以我国国内排污权交易试点这一环境权益交易市场为准自然实验，利用上市公司企业层面的绿色专利申请数据，运用三重差分估计，界定创新申请、企业所有制、行业污染物测度标准以及政策节点等的不同，来验证环境权益交易市场对企业层面绿色创新活动的影响。实证结果表明，波特假说在我国确实存在，具体来看：第一，ETP 政策诱发了试点地区污染企业的绿色创新活动；第二，ETP 政策对绿色发明专利申请的诱发作用强于对绿色实用新型专利申请的诱发作用；第三，ETP 政策对污染企业中非国企样本的绿色创新活动诱发效应优于国企样本；第四，ETP02 政策在我国未能产生波特效应而 2007 年的 ETP 政策在我国产生了波特效应；第五，ETP 政策下，大部分行业中的企业专注于更有效的绿色发明专利的研发，重资产且与所在地区生产生活联系较紧密的行业中的企业，积极参与到各种类型的绿色创新，轻资产且主营业务成本较高的行业中的企业，并不倾向于绿色创新。根据上述结论，本文得出以下政策启示。

第一，排污权交易试点作为市场型环境权益交易政策，促进了企业绿色创新活动，这为市场型环境规制政策对企业绿色创新活动的诱发效应提供了理论和经验支撑。可以预见，2017 年启动的全国统一碳市场作为一类环境权益交易市场，也将会诱发企业新一轮的低碳技术创新。第二，环境权益交易市场不仅诱发了绿色创新本身，还会促进难度更大的绿色创新，为我国企业国内外绿色竞争力的增强提供政策环境。2017 年启动的全国统一碳市场，通过鼓励先进，限制落后的市场机制，将会对未来低碳发明专利提供更强的政策冲击。第三，在全国碳市场制度设计过程中，各行业应考虑降低纳入排放门槛，充分引入不同所有制不同行业的企业，进一步优化制度设计，对排放企业精准定位，激活碳市场的交易和价格发现机制，更好地在碳市场中激励企业绿色创新活动。第四，监管机构在制定环境权益交易机制时要更多地考虑被监管者的企业属性层面的异质性，有针对性地推出环境权益交易机制的具体措施，上级单位在制定国企业绩考核指标时可以加大绿色创新方面的权重，或推出环境问题一票否决制，以调动国有企业的绿色创新积极性。同时，以环境权益交易市场为抓手，推动国有企业深化改革，完善市场的进入和退出机制。

参考文献：

1. 付明卫、叶静怡、孟俣希、雷震：《国产化率保护对创新的影响——来自中国风电制造业的证据》，载于《经济研究》2015 年第 2 期。

2. 景维民、张璐、黎文靖：《环境管制、对外开放与中国工业的绿色技术进步》，载于《经济研究》2016 年第 9 期。

3. 黎文靖、郑曼妮：《实质性创新还是策略性创新？——宏观产业政策对微观企业创新的影响》，载于《经济研究》2016 年第 4 期。

4. 李永友、刘云飞：《中国排污权交易政策有效性研究——基于自然实验的实证分析》，载于《经济学家》2016 年第 5 期。

5. 刘海英、谢建政：《排污权交易与清洁技术研发补贴能提高清洁技术创新水平吗—来自工业 SO_2 排放权交易试点省份的经验证据》，载于《上海财经大学学报》2016 年第 5 期。

6. 齐绍洲、张倩、王班班：《新能源企业创新的市场化激励——基于风险投资和企业专利数据的研究》，载于《中国工业经济》2017 年第 12 期。

7. 沈坤荣、金刚、方娴：《环境规制引起了污染就近转移吗?》，载于《经济研究》2017 年第 5 期。

8. 涂正革、谌仁俊：《排污权交易机制在中国能否实现波特效应?》，载于《经济研究》2015 年第 7 期。

9. 王班班：《环境政策与技术创新研究述评》，载于《经济评论》2017 年第 4 期。

10. 王班班、齐绍洲：《市场型和命令型政策工具的节能减排技术创新效应——基于中国工业行业专利数据的实证》，载于《中国工业经济》2016 年第 6 期。

11. 王刚刚、谢富纪、贾友：《R&D 补贴政策激励机制的重新审视——基于外部融资激励机制的考察》，载于《中国工业经济》2017 年第 2 期。

12. 王金南、董战锋、杨金田、李云生、严刚：《中国排污权交易制度的实践和展望》，载于《环境保护》2009 年第 5 期。

13. 张杰、陈志远、杨连星、新夫：《中国创新补贴政策的绩效评估：理论与证据》，载于《经济研究》2015 年第 10 期。

14. Ambec, S., Cohen, M. A., Elgie, S., Lanoie, P., 2013, "The Porter Hypothesis at 20: Can Environmental Regulation Enhance Innovation and Competitiveness?", *Review of Environmental Economics & Policy*, Vol. 7, 2 – 22.

15. Anouliès, L., 2017, "Heterogeneous firms and the environment: a cap-and-trade program", *Journal of Environmental Economics and Management*, Vol. 84, 84 – 101.

16. Brunnermeier, S. and Cohen, M., 2003, "Determinants of Environmental Innovation in US Manufacturing Industries", *Journal of Environmental Economics and Management*, Vol. 45, 278 – 293.

17. Cai, X., Lu, Y., Wu, M. and Yu, L., 2016, "Does Environmental Regulation Drive away Inbound Foreign Direct Investment? Evidence from a Quasi-natural Experiment in China", *Journal of Development Economics*, Vol. 123, 73 – 85.

18. Calel, R. and Dechezleprêtre, A., 2016, "Environmental Policy and Directed Technological Change: Evidence from the European Carbon Market", *The Review of Economics and Statistics*, Vol. 98, 173 – 191.

19. Carmen, E., Carrion, F. and Robert, I., 2010, "Environmental Innovation and Environmental Performance", *Journal of Environmental Economics and Management*, Vol. 59, 27 – 42.

20. Colombo, M., Groce, C. and Guerini, M., 2013, "The Effect of Public Subsidies on Firms' Investment – Cash Flow Sensitivity: Transient or Persistent", *Research Policy*, Vol. 42, 1605 – 1623.

21. Deschênes, O., Greenstone, M. and Shapiro, J. S., 2017, "Defensive Investments and the Demand for Air Quality: Evidence from the NOx Budget Program", *American Economic Review*, Vol. 107, 2958 – 2989.

22. Francesco N. and Francesco V., 2016, "Heterogeneous Policies, Heterogeneous Technologies: the Case of Renewable Energy", *Energy Economics*, Vol. 56, 109 – 204.

23. Greenstone, M., List, J. and Syverson, C., 2012, "The Effects of Environmental Regulation on the Competitiveness of U. S. Manufacturing", *NBER Working Paper*, No. 18392.

24. Greenstone, M., 2002, "The impact of environmental regulations on industrial activity", *Journal of Political Economy*, Vol. 110, 1175 – 1219.

25. Hamamoto, M., 2006, "Environmental Regulation and the Productivity of Japanese Manufacturing Industries", *Resource and Energy Economics*, Vol. 28, 299 – 312.

26. Hering, L. and Poncet, S., 2014, "Environmental Policy and Exports: Evidence from Chinese Cities", *Journal of Environmental Economics and Management*, Vol. 68, 296 – 318.

27. Horbach, J., Rammer, C. and Rennings, K., 2012, "Determinants of Eco-innovations by Type of Environmental Impact—The Role of Regulatory Push/pull, Technology Push and Market Pull", *Ecological Economics*, Vol. 78, 112 – 122.

28. Jaffe, A. B. and Palmer, K., 1997, "Environmental Regulation and Innovation: A Panel Data Study. Review of Economics and Statistics", *The Review of Economics and Statistics*, Vol. 79, 610 – 619.

29. Johnstone, N., Hascic, I. and Popp, D., 2010, "Renewable Energy Policies and Technological Innovation: Evidence Based on Patent Counts", *Environmental and Resource Economics*, Vol. 45, 55 – 133.

30. Lanjouw, J. and Mody, A., 1996, "Innovation and the International Diffusion of Environmentally Responsive Technology", *Research Policy*, Vol. 25, 549 – 571.

31. Popp, D., 2002, "Induced Innovation and Energy Prices", *The American Economic Review*, Vol. 92, 160 – 180.

32. Popp, D., 2006, "International Innovation and Diffusion of Air Pollution Control Technologies: the Effects of NO_X and SO_2 Regulation in the US, Japan, and Germany", *Journal of Environmental Economics and Management*, Vol. 51, 46 – 71.

33. Porter, M. and Van der Linde, C., 1995, "Toward a New Conception of the Environment – Competitiveness Relationship", *Journal of Economic Perspectives*, Vol. 9, 97 – 118.

34. Tanaka, S., 2015, "Environmental Regulations on Air Pollution in China and Their Impact on Infant Mortality", *Journal of Health Economics*, Vol. 42, 90－103.

35. Tanaka, S., Yin, W., and Jefferson, H., 2014, "Environmental Regulation and Industrial Performance: Evidence from China", *Tufts University Working Paper*.

（本文载于《经济研究》2018 年第 12 期）

行政垄断约束下环境规制对工业生态效率的影响

——基于动态空间杜宾模型与门槛效应的检验

邹兆林　王业辉

摘　要： 中国特色政治经济管理体制下，环境规制对工业生态效率的影响会受到行政垄断的约束。首先，本文将行政垄断与环境规制纳入生产函数，构建了环境规制与行政垄断影响生态效率的理论框架；其次，利用 Super - SBM 模型测算了中国 2000 ~ 2015 年 30 个省份的工业生态效率，结果表明，中国工业生态效率整体呈上升趋势，东部地区显著高于中西部地区；最后，构建动态空间杜宾模型检验环境规制和地区性行政垄断对工业生态效率的影响，结果显示，环境规制对工业生态效率具有正向影响，而且环境规制存在空间溢出效应和区域异质性。考虑到不同地区行政垄断程度存在差异，进一步设定面板门槛模型进行检验，结果发现，当地区性行政垄断程度低于门槛值 0.343 时，环境规制有效提升工业生态效率，当地区性行政垄断程度超过门槛值时，环境规制的系数不显著。据此提出制定异质性环境规制政策、放松地区性行政垄断、建立企业清洁生产技术研发激励机制、提高人力资本水平的政策建议。

关键词： 环境规制　行政垄断　工业生态效率　空间效应　门槛效应

一、引　　言

改革开放以来，工业部门在中国经济增长奇迹中发挥了举足轻重的推动作用，然而，长期粗放式发展带来的资源和环境问题日益严重，污染排放和资源消耗已经接近环境承载极限。环境污染给中国带来的经济损失约占 GDP 的 8% ~15%，环境保护与经济增长的协调发展亟待解决。近年来，政府出台了大量环境保护政策措施，甚至强制关停部分污染严重的工业企业，充分彰显了党中央保护生态环境的决心。对于尚处在经济高速增长的中国来说，面对资源短缺和环境保护的双重约束，为了建设生态系统与经济系统有机统一的现代经济体系，制定合理的环境规制政策来提升工业生态效率成为绿色发展的重要保障。

中国经济增长方式转型的探讨中，行政垄断在中国经济发展中的作用不容小觑。作为经济主体的地方政府为了维持本地区经济增长和就业稳定会运用行政权力限制或排斥市场竞争，通过弱化环境规制实现招商引资和地区经济快速增长的目的。鉴于地方政府在地区经济社会发展中所扮演的重要角色，研究经济发展方式转型以及环境规制对工业生态效率的影响等问题必然要考虑行政垄断的作用。本文将行政垄断纳入环境规制影响生态效率的分析框架，探讨行政垄断约束下环境规制对工业生态效率的影响机制。

二、文 献 综 述

关于环境规制与工业生态效率（或绿色全要素生产率）的关系成为学界研究的焦点问题，这些研究主要涉及三方面：一是中国工业生态效率测算及其影响因素分析；二是环境规制影响工业生态效率的间接效应；三是行政体制约束下环境规制政策的实施效果。一些学者测算了中国工业的生态效率，样本涵盖行业层面和区域层面，李斌等发现中国工业行业的绿色全要素生产率出现倒退；不同行业的绿色全要素生产率存在较大差异；林伯强和刘泓汛发现中国工业行业的能源环境效率水平不高，但整体处于上升趋势；李胜兰等发现中国区域生态效率呈现“东高西低、逐渐收敛”的状态。部分文献探讨了工业生态效率的影响因素，环境规制被认为是环境保护技术进步的前提，从静态视角看，环境规制加剧了企业的成本负担，削弱了被规制企业的创新能力；从动态视角看，合理的环境规制能够激励企业产生“创新补偿效应”。还有学者研究发现，环境规制在短期不利于增进企业绩效，但长期存在积极影响；环境规制在异质性行业中存在差异化效应；环境规制与绿色全要素生产率之间呈“U”型关系；不同类型环境规制政策工具对经济发展的影响存在较大差异。因此，通过制定合理的环境规制政策推进工业绿色全要素生产率提升成为新型工业化发展的必然之路。

环境规制还通过其他中介因素对工业生态效率产生间接影响，环境规制与FDI存在交互作用，从而对生态效率产生影响；环境规制引致的技术创新促进绿色全要素生产率提升，主要来自非环保技术创新的贡献。此外，童健等基于要素结构差异导致的环境规制行为差异分析了环境规制对工业行业升级的影响；刘华军和刘传明、沈坤荣等分析了环境规制对污染产生空间溢出和就近转移效应；王勇等、余东华和孙婷研究了环境规制通过劳动力再配置和劳动者技能溢价的中介效应影响制造业国际竞争力；肖兴志和李少林、原毅军和谢荣辉、韩超等还研究了环境规制对产业结构调整和资源再配置的影响。

上述研究大多忽略了体制因素尤其是行政垄断与环境规制的交互作用，分税制改革之后，地方政府拥有了较大的财政自主权，环境规制被地方政府视为争夺流动性资源的博弈工具，从而形成了环境规制的非完全执行现象。朱平芳等基于地方分权的视角检验地方环境竞争效应和环境规制强度对FDI作用方向来判断“逐底竞争”的存在；李胜兰等研究表明地方政府在环境规制的制定和实施过程中存在相互“模仿”行为；罗能生和王玉泽发现财政分权程度提升引致生态效率下降，随着环境规制强度的提高，财政分权对生态效率的作用由“攫取之手”向“援助之手”转变；国内市场一体化程度的提高能够降低区域污染产业比重。

通过梳理现有文献可以发现，现有研究主要集中在工业生态效率测算和环境规制等因素对工业生态效率的影响两大方面，部分文献涉及财政分权约束下环境规制的影响，鲜有文献涉及行政垄断约束下环境规制对生态效率的影响。鉴于政府在经济增长与环境保护中扮演的重要角色，环境规制与行政垄断对工业生态效率的影响必然存在交互作用。本文将构建理论模型和计量模型，深入剖析行政垄断和环境规制对工业生态效率的影响。

三、理论分析与研究假说

中国特色政治经济治理体制下，行政垄断在环境规制实施过程中发挥着重要作用。本文把行政垄断和环境规制纳入生产函数，构造行政垄断约束下环境规制与生态效率关系的分析框架。

（1）生产函数。行政垄断是政府干预经济的复杂行为，为简化起见，这里使用政府投资规模来衡量。将行政垄断和环境规制强度纳入生产函数，人均产出函数设定为：

$$y = f(k,\ g,\ z) = Ak^{\alpha}g^{\beta}z^{\theta} \tag{1}$$

式中，y表示人均产出；A是外生给定的生产技术系数；k表示人均物质资本积累；g表示人均政府投资，z表示环境规制强度。

假设扣除税收之后的最终产出y全部用于消费、折旧、研发支出、治污支出和生产性投资，则生产性资本存量的动态方程为：

$$\dot{k}=(1-\tau)y-c-(\delta+r)k-w \tag{2}$$

式中，τ 表示税率，c 表示人均消费，δ 表示折旧率，r 代表技术进步率，则 rk 即为研发支出，w 表示治污支出。结合本文的研究内容，技术进步率可以用生态效率来衡量。

（2）消费者行为。假设代表性个体的总效用取决于人均消费和环境质量，消费者在自身约束、政府预算约束和环境约束下选择消费来使贴现效用最大化，消费者效用函数设为：

$$\int_0^{\infty}u[c(t),h(t)]e^{-\rho t}dt \tag{3}$$

式中，u 为福利的瞬时效用函数，c 和 h 分别表示人均消费和环境质量，$h\in(0,1)$，$\rho>0$ 表示主观贴现率。效用函数 u 是 c 和 h 的增函数，设瞬时效用函数符合不变跨期替代弹性形式：

$$u(c,h)=\frac{c^{1-\sigma}-1}{1-\sigma}+\frac{h^{1-\omega}-1}{1-\omega} \tag{4}$$

式中，σ 表示相对风险规避系数，ω 表示环保意识参数，$\sigma>0$，$\omega>0$ 且 $\sigma\neq1$，$\omega\neq1$。

假设污染排放是产出水平和治污支出的函数，污染排放函数设为 $p=by-qw$，p 为污染排放，w 为治污支出，参数 b，q 都大于零，分别表示产出的排污强度和治污支出的减排强度；治污支出又是环境规制强度的增函数，即 $w=\varphi z$，φ 为环境规制强度系数，且满足 $\varphi>0$。随着污染的加剧，环境质量被逐渐消耗，但环境本身具有再生能力，设其再生速度为 η，满足 $\eta>0$，则环境质量变化的动态方程可表示为：

$$\dot{h}=-p+\eta h=-by+q\varphi z+\eta h \tag{5}$$

（3）政府行为。政府通过征税为投资进行融资，其预算约束方程为：

$$g=\tau y=\tau Ak^{\alpha}g^{\beta}z^{\theta} \tag{6}$$

（4）竞争性均衡求解。综合以上分析，建立在人均消费水平和环境质量上代表性个体的决策问题是一个动态最优化问题，该最优化问题可以刻画为：

$$\max_{\{c,z,k,h\}}\int_0^{\infty}u(c,h)e^{-\rho t}dt \tag{7}$$

$$\text{s.t. }\dot{k}=(1-\tau)y-c-(\delta+r)k-w;\ \dot{h}=-by+q\varphi z+\eta h \tag{8}$$

代表性个体在预算约束方程式（8）给定的条件下，通过选择消费来极大化自己的效用水平，构建如下现值汉密尔顿函数求解该最优化问题：

$$H=u(c,h)+\lambda_1[(1-\tau)y-c-(\delta+r)k-w]+\lambda_2(-by+q\varphi z+\eta h) \tag{9}$$

其中，λ_1、λ_2 表示汉密尔顿乘子，求解上述最优化问题，得到一阶条件和横截条件：

$$H_c=u_c-\lambda_1=0 \tag{10}$$

$$H_z=\lambda_1[(1-\tau)f'_z-\varphi]+\lambda_2(-bf'_z+q\varphi)=0 \tag{11}$$

$$H_k=\lambda_1[(1-\tau)f'_k-(\delta+r)]+\lambda_2(-bf'_k)=\rho\lambda_1-\dot{\lambda}_1 \tag{12}$$

$$H_h=u_h+\lambda_2\eta=\rho\lambda_2-\dot{\lambda}_2 \tag{13}$$

$$\lim_{t\to\infty}\lambda_1ke^{-\rho t}=0;\ \lim_{t\to\infty}\lambda_2he^{-\rho t}=0 \tag{14}$$

由式（10）可以得到人均消费的增长率为：

$$\frac{\dot{c}}{c}=-\frac{1}{\sigma}\frac{\dot{\lambda}_1}{\lambda_1} \tag{15}$$

由式（1）、式（6）、式（11）和式（12）式整理得到：

$$\frac{\dot{\lambda}_1}{\lambda_1}=\rho-\frac{(1-\tau)\alpha g}{\tau k}+\delta+r+\frac{b\alpha g[(1-\tau)\theta g-\varphi\tau z]}{\tau k(b\theta g-q\varphi\tau z)} \tag{16}$$

在均衡增长路径（Balanced Growth Path）上经济达到一种竞争性均衡，这时 c 和 h 的增长率均为常数 Ω，由式（15）和式（16）可以得到：

$$\Omega=\frac{\dot{c}}{c}=\frac{1}{\sigma}\left[\frac{(1-\tau)\alpha g}{\tau k}-\delta-r-\frac{b\alpha g((1-\tau)\theta g-\varphi\tau z)}{\tau k(b\theta g-q\varphi\tau z)}-\rho\right] \tag{17}$$

根据式（17）可知，本文已经构建出关于环境规制、行政垄断和技术进步率之间的理论框架，下面本文将具体分析它们之间的内在关系，对式（17）变形可以得到：

$$r=\frac{(1-\tau)\alpha g}{\tau k}-\frac{b\alpha g[(1-\tau)\theta g-\varphi\tau z]}{\tau k(b\theta g-q\varphi\tau z)}-\sigma\Omega-\rho-\delta \tag{18}$$

（一）环境规制对工业生态效率的影响机制分析

对式（18）求解技术进步率 r 关于环境规制强度 z 的偏导数，得到 $\partial r/\partial z=\frac{b\alpha\varphi\theta g^2[b-(1-\tau)q]}{k(b\theta g-q\varphi\tau z)^2}$。当 $\frac{b}{q}>1-\tau$ 时，$\partial r/\partial z>0$，表明当产出的排污强度较大，而治污支出的减排强度较小时，加强环境规制可以提高技术进步率。中国经济发展进入新常态，环境规制是政府为实现高质量发展而采取的重要工具，长期来看，加强环境规制可以倒逼企业进行技术创新，从而实现创新补偿效应。随着人们对美好生活的诉求不断加强，公众环境保护意识逐渐增强，对环境污染的关注度和参与度越来越高，源于社会压力的非正式环境规制迫使企业清洁生产，敦促政府加强环保力度，提升工业生态效率。由此得到本文第一个假说。

假说1：当产出的排污强度较大时，加强环境规制能够控制企业污染排放，提升工业生态效率。

（二）行政垄断对环境规制的约束机制分析

在经济分权与垂直的政治管理体制相结合的中国特色政治管理体制下，环境规制对生态效率的影响会受到行政垄断的约束。环境规制和地区性行政垄断被地方政府视为争夺资源发展本地经济的博弈工具，行政垄断对工业生态效率的影响可以通过经济增长和环境保护两种途径来实现。首先，地方政府通过行政垄断和市场分割来保护辖区经济，短期可以产生经济快速增长的明显效果，但长期不利于市场竞争和企业创新；其次，行政垄断使得地方政府宏观调控加强，政府利用行政权力保证环境保护政策有效落实，控制企业污染排放。中国目前正处在政治经济体制改革过程中，命令控制型环境规制的落实还需辅以一定的行政手段。由此得到本文第二个假说。

假说2：行政垄断与环境规制存在交互作用，一定程度的地区性行政垄断有助于环境规制政策有效落实。

四、中国工业生态效率测算

（一）测算方法

数据包络分析（DEA）是目前常用的测算效率的方法，主要包括两种处理方法：一是依靠传统距离函数的DEA方法；二是方向性距离函数模型。工业生产过程中除了得到“期望产出”外，还可能会产生污染环境的“非期望产出”，因此，测算生态效率需要考虑污染对产出的影响。如果存在非期望产出，依靠传统距离函数容易导致效率结果出现偏差。Tone提出一种基于松弛变量的DEA模型，即SBM模型（Slacks - Based Measurement），该方法测算得到的效率值会出现多个决策单元同时有效的情况（即效率值都为1），无法进行有效排序和评价。Tone基于修正松弛变量提出Super - SBM模型，这样得到的决策单元效率值可以大于1，可对多个有效率的决策单元进行排序。假设有 n 个决策单元，每个决策单元使用 m 种要素投入 $x\in R_m^+$，生产得到 s_1 种期望产出

$y^g \in R_{s_1}^+$ 和 s_2 种非期望产出 $y^b \in R_{s_2}^+$，定义矩阵 $X = [x_1, \cdots, x_n] \in R_{m\times n}^+$、$Y^g = [y_1^g, \cdots, y_n^g] \in R_{s_1\times n}^+$、$Y^b = [y_1^b, \cdots, y_n^b] \in R_{s_2\times n}^+$。一个排除决策单元（$x_0$，$y_0^g$，$y_0^b$）的有限生产可能性集可表示为：$p\backslash(x_0, y_0^g, y_0^b) = \{(\bar{x}, \bar{y}^g, \bar{y}^b) \mid \bar{x} \geqslant \sum_{j=1}^{n}\lambda_j x_j, \bar{y}^g \leqslant \sum_{j=1}^{n}\lambda_j y_j^g, \bar{y}^b \geqslant \sum_{j=1}^{n}\lambda_j y_j^b, \lambda \geqslant 0\}$，考虑非期望产出的 Super - SBM 模型可表示为：

$$\rho^* = \min \frac{\frac{1}{m}\sum_{i=1}^{m}\frac{\bar{x}_i}{x_{i0}}}{\frac{1}{s_1+s_2}\left(\sum_{r=1}^{s_1}\frac{\bar{y}_r^g}{y_{r0}^g}+\sum_{l=1}^{s_2}\frac{\bar{y}_l^b}{y_{l0}^b}\right)} \tag{19}$$

$$\text{s.t.}\begin{cases}\bar{x} \geqslant \sum_{j=1,\neq 0}^{n}\lambda_j x_j, \ \bar{y}^g \leqslant \sum_{j=1,\neq 0}^{n}\lambda_j y_j^g, \ \bar{y}^b \leqslant \sum_{j=1,\neq 0}^{n}\lambda_j y_j^b \\ \bar{x} \geqslant x_0, \ \bar{y}^g \leqslant y_0^g, \ \bar{y}^b \leqslant y_0^b, \ \lambda \geqslant 0, \ \sum_{j=1,\neq 0}^{n}\lambda_j = 1\end{cases}$$

式中，ρ^* 为目标效率值，x、y^g、y^b 分别表示投入向量、期望产出向量和非期望产出向量；m、s_1、s_2 分别表示要素投入种类、期望产出种类和非期望产出种类，$\lambda \in R_n$ 为权重向量。

（二）指标选取和数据来源

采用 Super - SBM 模型测算工业生态效率需要确定期望产出、非期望产出和投入指标，借鉴已有研究，期望产出用各地区工业增加值表示，非期望产出用工业废水排放量和工业二氧化硫排放量来衡量；投入指标包括资本投入、劳动投入和能源投入，分别用工业固定资产净值、年末从业人数和能源消费来表示。其中，地区工业增加值来自《中国工业经济统计年鉴》和国泰安数据库，工业固定资产净值来自《中国统计年鉴》，工业城镇年末就业人数来自《中国劳动统计年鉴》，工业能源消费根据《中国能源统计年鉴》中区域能源平衡表提供的各地区分行业终端能源消费量（实物量）测算得到。工业废水和工业废气排放数据来自《中国环境统计年鉴》。工业增加值和固定资产净值分别用各地区工业品出厂价格指数和固定资产投资价格指数进行平减（2000 年为基期）。

（三）结果分析

本文利用 MaxDEA 软件测算得到中国 30 个省份 2000 ~ 2015 年的工业生态效率，如表 1 所示。①从时间趋势来看，中国工业生态效率整体呈现上升趋势。改革开放之后，中国经济逐步实现计划经济向市场经济转型，经济增长方式发生根本性转变，政府部门出台大量政策促进经济增长方式向创新驱动转变，发展绿色经济，推进生态文明建设。②分区域来看，东中西三大区域工业生态效率差距明显，东部地区远高于中西部地区，以 2015 年为例，东部地区工业生态效率达到 1，中西部地区只有 0. 613 和 0. 625。北京、天津、上海、江苏、浙江、福建、广东、海南等省份工业生态效率提升较快，实现经济增长和环境保护的“双赢”；中西部地区工业生态效率较低，山西、黑龙江、贵州、甘肃、新疆等资源型省份的效率值都低于 0. 6。中西部地区市场化改革进程相对缓慢，阻碍了产业结构转型升级，重污染行业比重较高。

表 1　　各地区 2000 ~ 2015 年工业生态效率

地区	2000 年	2002 年	2004 年	2006 年	2008 年	2010 年	2012 年	2013 年	2014 年	2015 年
北京	0. 962	1. 059	1. 156	1. 285	1. 258	1. 266	1. 257	1. 283	1. 347	1. 774
天津	1. 081	1. 021	1. 016	1. 079	1. 094	1. 071	1. 110	1. 127	1. 137	1. 153

续表

地区	2000 年	2002 年	2004 年	2006 年	2008 年	2010 年	2012 年	2013 年	2014 年	2015 年
河北	0.806	0.774	0.729	0.704	0.671	0.665	0.670	0.802	0.709	0.693
山西	0.703	0.687	0.658	0.608	0.576	0.553	0.531	0.534	0.512	0.476
内蒙古	0.711	0.687	0.711	0.698	1.008	1.065	1.105	1.087	1.062	1.033
辽宁	0.760	0.778	0.716	0.680	0.694	0.705	0.698	0.698	0.680	0.655
吉林	0.756	0.758	0.747	0.683	0.688	0.718	0.825	0.694	0.688	0.668
黑龙江	1.053	1.062	1.014	0.703	0.654	0.644	0.586	0.576	0.553	0.530
上海	1.076	1.042	1.093	1.096	1.047	1.063	1.005	1.018	1.019	1.026
江苏	1.007	1.020	1.017	1.004	1.000	1.009	1.034	1.044	1.027	1.031
浙江	1.053	1.054	1.044	0.811	0.799	0.765	0.779	1.030	1.024	1.020
安徽	0.767	0.754	0.737	0.675	0.649	0.677	0.695	0.694	0.690	0.670
福建	1.072	1.108	1.032	1.012	1.001	1.049	1.003	1.039	1.036	1.029
江西	0.711	0.711	1.001	1.001	0.606	0.666	0.646	0.640	0.630	0.588
山东	1.027	1.040	1.022	1.045	0.830	0.758	0.748	0.834	1.004	0.857
河南	0.795	0.763	0.740	0.722	0.702	0.678	0.675	0.675	0.664	0.649
湖北	1.027	0.824	0.718	0.663	0.654	0.681	0.712	0.710	0.705	0.695
湖南	0.700	0.706	0.674	0.681	0.659	0.691	0.685	0.703	0.688	0.669
广东	1.106	1.088	1.093	1.105	1.116	1.145	1.129	1.133	1.131	1.128
广西	0.630	0.624	0.625	0.624	0.570	0.599	0.626	0.631	0.631	0.628
海南	1.000	1.000	1.000	1.000	1.000	1.000	1.000	1.000	1.000	1.000
重庆	0.621	0.652	1.010	0.660	0.642	1.057	1.028	1.015	0.688	0.669
四川	0.668	0.660	0.663	0.666	0.659	0.675	0.724	0.728	0.713	0.681
贵州	0.678	0.674	0.685	0.649	0.628	0.591	0.557	0.573	0.566	0.557
云南	0.749	0.749	0.716	0.679	0.644	0.648	0.600	0.581	0.577	0.559
陕西	0.681	0.660	0.644	0.637	0.607	0.652	0.639	0.655	0.636	0.613
甘肃	0.656	0.661	0.643	0.627	0.575	0.560	0.578	0.544	0.523	0.474
青海	1.304	1.472	1.000	1.009	0.731	0.711	0.770	0.760	0.806	0.742
宁夏	0.688	0.658	0.687	0.617	0.551	0.543	0.597	0.600	0.603	0.582
新疆	1.016	0.778	0.696	0.636	0.555	0.526	0.531	0.510	0.498	0.489
东部地区	0.989	0.992	0.982	0.967	0.938	0.935	0.929	0.987	0.993	1.000
中部地区	0.804	0.776	0.776	0.710	0.647	0.662	0.664	0.650	0.638	0.613
东部地区	0.743	0.728	0.725	0.675	0.642	0.674	0.685	0.678	0.649	0.625

注：东、中、西三大区域工业生态效率为相应省份的几何平均值。

五、实证检验与结果分析

本部分采用中国 30 个省份（西藏自治区除外，不含港澳台地区）2000～2015 年的面板数据，首先，利用空间杜宾模型从全国和区域层面实证分析环境规制和地区性行政垄断对工业生态效率的影响；其次，利用面板门限模型检验环境规制影响工业生态效率的门槛效应。

（一）模型设定

1. 空间相关性检验。在建立空间计量模型之前，需要根据空间自相关检验进行空间相关性识别，一般采用莫兰指数（Moran's I）法确定变量是否存在空间相关性，计算公式如下：

$$\text{Moran's I} = \frac{\sum_{i=1}^{n}\sum_{j=1}^{n} W_{ij}(Y_i - \bar{Y})(Y_j - \bar{Y})}{S^2 \sum_{i=1}^{n}\sum_{j=1}^{n} W_{ij}} \tag{20}$$

其中，$S^2 = \frac{1}{n}\sum_{i=1}^{n}(Y_i - \bar{Y})^2$，$\bar{Y} = \frac{1}{n}\sum_{i=1}^{n} Y_i$，$Y_i$ 为 i 地区观测值，n 为地区总数，W_{ij}为空间权重矩阵。Moran's I 指数的值介于 $-1 \sim 1$，如果 Moran's I 指数大于零，表明变量存在空间正相关；如果 Moran's I 指数小于零，表明变量存在空间负相关；如果 Moran's I 指数等于零，表明变量相互独立，不存在空间相关性。

2. 空间计量模型。中国地区环境规制的空间关联性客观存在，在设定模型时需要充分考虑空间计量模型，本文探讨环境规制对地区工业生态效率的影响，构建了包含被解释变量滞后一期的动态空间杜宾模型（Spatial Durbin Model，SDM），具体形式如下：

$$EE_{it} = \tau EE_{i,t-1} + \rho\sum_{j=1}^{n} W_{ij}EE_{jt} + X'_{it}\beta + \sum_{j=1}^{n} W_{ij}X'_{jt}\delta + u_i + \lambda_t + \varepsilon_{it} \tag{21}$$

式中，i 和 t 分别表示省份和时间，EE 表示生态效率，X 代表核心解释变量和控制变量，μ 衡量不随时间变化的个体差异，ε 为随机扰动项。W_{ij}表示空间权重矩阵，为了检验结果的稳健性，空间权重矩阵采用两种方式：一是省会城市间实际距离的倒数；二是省会城市间实际距离平方的倒数。

（二）变量选取与数据说明

1. 被解释变量。本文第四部分测算得到的地区工业生态效率。

2. 核心解释变量。一是环境规制强度（ER），借鉴张成等和胡建辉的处理方法，选用各地区工业污染治理投资额占工业增加值的比重作为环境规制强度的代理变量；二是地区性行政垄断程度（AM），借鉴于良春和余东华提出的 ISCP 分析框架，构建了包含 4 个一级指标、13 个二级指标和 24 个三级指标的地区性行政垄断指标体系，测算了中国 30 个省份 2000 ~ 2015 年地区性行政垄断程度。

3. 控制变量。本文构建的测算地区性行政垄断程度的指标体系中已经包含了 24 个三级指标，这些指标都会对工业生态效率产生影响。为避免重复选取和多重共线性问题，借鉴已有研究选取了 4 个主要控制变量：一是利用外资（FDI），用各地区 FDI 占地区生产总值的比重表示，用于检验外资利用对中国省域的“污染天堂”假说；二是城镇化率（URBAN），用各地区城镇人口占总人口的比重表示；三是研发支出强度（R&D），用各地区研发经费内部支出除以地区生产总值表示；四是人力资本水平（HC），以各地区就业人员的平均受教育年限来衡量，一般来说，人们受教育程度越高，环境保护意识越强，可以用来衡量非正式环境规制强度。基于数据的可获得性，借鉴姚洋和崔静远的处理方法，将劳动力平均受教育程度分为未上过学、小学、初中、高中、大学专科、大学本科、研究生七级水平，各阶段平均受教育年数分别定为 1.5 年、6 年、3 年、3 年、3 年、4 年、3.5 年。

4. 数据来源。各省份历年工业生态效率和地区性行政垄断程度由作者计算得到，测算环境规制强度的基础数据来源于《中国环境统计年鉴》《中国工业经济统计年鉴》，外商直接投资和城镇化率来源于 Wind 数据库，研发经费内部支出来源于《中国科技统计年鉴》，测算人力资本所需数据来源于《中国劳动统计年鉴》，表2给出了各变量描述性统计。

表2　　变量描述性统计

变量名	样本数	均值	标准差	最小值	最大值
生态效率（EE）	480	0.805	0.209	0.474	1.774
环境规制（ER）	480	0.465	0.376	0.036	2.855
地区性行政垄断（AM）	480	0.377	0.054	0.255	0.533
利用外资（FDI）	480	2.605	2.280	0.067	14.647
城镇化率（URBAN）	480	48.789	15.246	23.200	89.600
研发支出强度（R&D）	480	1.242	1.033	0.151	6.280
人力资本水平（HC）	480	10.435	1.237	7.236	14.978

（三）实证结果分析

表3给出了2000～2015年中国各地区工业生态效率和环境规制强度的空间相关性检验结果。结果显示，工业生态效率和环境规制的Moran's I指数在10%的显著水平上大部分通过检验，说明地区工业生态效率和环境规制存在空间相关性，适宜采用空间计量分析方法。尤其从2005年开始，工业生态效率的空间相关性更显著，“十一五”规划纲要提出“建设资源节约型、环境友好型社会”，要求各地区加大环境保护力度，有效推进绿色经济发展和生态文明建设。

表3　　2000～2015年工业生态效率和环境规制的莫兰指数

年份	工业生态效率		环境规制强度		年份	工业生态效率		环境规制强度	
	Moran's I	P值	Moran's I	P值		Moran's I	P值	Moran's I	P值
2000	-0.006	0.440	0.012	0.190	2008	0.065	0.006	0.026	0.056
2001	-0.010	0.498	0.001	0.063	2009	0.025	0.101	0.061	0.007
2002	-0.017	0.630	0.065	0.002	2010	0.021	0.126	0.024	0.094
2003	-0.038	0.923	0.030	0.078	2011	0.017	0.159	0.060	0.009
2004	0.020	0.142	-0.007	0.289	2012	0.015	0.172	0.028	0.073
2005	0.035	0.053	-0.049	0.699	2013	0.054	0.015	0.038	0.023
2006	0.044	0.030	-0.007	0.451	2014	0.079	0.002	0.040	0.006
2007	0.079	0.002	-0.009	0.447	2015	0.077	0.001	0.029	0.060

注：空间权重矩阵选择省会城市间实际距离的倒数。

空间杜宾模型解释变量中包含被解释变量的滞后项，采用普通最小二乘法（OLS）得到的结果是有偏的，应采用极大似然估计法（MLE）对模型进行回归。豪斯曼检验统计结果拒绝随机效应的原假设，应该选择固定效应空间杜宾模型。为了检验回归结果的稳健性，这里同时汇报了采用两种空间权重矩阵的回归结果（见表4）。我们以模型（1）和模型（2）为准具体分析，工业生态效率的空间自相关系数ρ大于零，且通过1%的显著性检验，说明工业生态效率存在空间溢出效应。模型（1）没有加入行政垄断，回归结果显示，环境规制（ER）系数为正，表明加强环境规制有利于工业生态效率提升，验证了“波特假说”的存在性，环境规制能够促使企业从长远发展考虑主动进行技术创新；环境规制的空间滞后项（W＊ER）系数为负，表明邻近地区的环境规制对目标地区的工业生态效率具有负向影响，说明地方政府在环境规制上存在“逐底竞争”现象，地方政府倾向于把加快本地区经济增长作为首要目标，通过弱化本地环境规制强度来吸引投资、降低企业成本。模型（2）加入地区性行政垄断，回归结果显示，地区性行政垄断（AM）的系数不显著，而且控制地区性行政垄断之后，环境规制的系数变小了，说明环境规制效果受行政垄断的约束，中国实施的环境保护政策主要是命令控制型，由此决定了行政垄断可以保证环境规制政策有效落实。然而地区性行政垄断本身对工业生态效率的影响不显著，行政垄断限制市场竞争，制约企业创新，政府干预导致地区资源错配，长远来看不利于工业生态效率提升。

表 4　　全国 SDM 模型估计结果

变量	权重矩阵：距离的倒数		权重矩阵：距离平方的倒数	
	(1)	(2)	(3)	(4)
L. EE	1.021*** (21.40)	1.021*** (21.34)	1.024*** (21.70)	1.023*** (21.58)
ER	0.0130* (1.84)	0.0118* (1.71)	0.0124* (1.80)	0.0115* (1.68)
AM		0.0487 (0.53)		0.0441 (0.49)
FDI	0.0007 (0.25)	0.00097 (0.36)	0.0002 (0.07)	0.0005 (0.18)
URBAN	-0.0006 (-0.65)	-0.0007 (-0.78)	-0.0005 (-0.58)	-0.0006 (-0.70)
R&D	0.0112 (1.42)	0.0114 (1.43)	0.00997 (1.29)	0.0102 (1.31)
HC	0.0069 (1.00)	0.0073 (1.02)	0.0038 (0.53)	0.0043 (0.57)
W * ER	-0.101 (-1.32)	-0.116 (-1.48)	-0.0221 (-0.70)	-0.0279 (-0.89)
Spatial rho	0.192** (2.12)	0.186** (2.05)	0.0132 (0.49)	0.0121 (0.45)
时间效应	控制	控制	控制	控制
N	450	450	450	450
R^2	0.870	0.870	0.872	0.872
Log - L	522.139	521.944	524.549	525.386

注：*、**、*** 分别表示在 1%、5% 和 10% 的水平上通过显著性检验。

从其他控制变量来看，利用外资的系数大于零，但没有通过显著性检验，说明 FDI 在一定程度上带来了国外先进技术，促进了工业技术进步。城镇化率系数为负，说明中国城镇化和工业化发展过程中带来了较为严重的环境污染。研发支出强度和人力资本水平的系数都为正，但没有通过显著性检验，这是因为中国核心技术研发水平不高，企业倾向于规模扩张的生产性技术研发，忽视清洁环保型生产技术研发；人力资本水平可以用来衡量非正式环境规制，人力资本水平较高地区的居民追求环境质量的意愿更强，但这种非正式环境规制的效果往往不如正式环境规制效果明显。

（四）区域异质性考察

鉴于中国各地区工业发展存在较大差异，本文对东中西三大区域分别进行实证检验，回归结果如表 5 所示，我们以模型（5）~模型（7）为准进行分析。（1）工业生态效率滞后一期的系数全都通过 1% 的显著性检验，说明各区域工业生态效率都受上期效率的影响，三大区域空间自相关系数 ρ 都大于零，且通过 1% 的显著性检验，说明工业生态效率存在空间溢出效应。（2）从环境规制和地区性行政垄断的影响来看，环境规制的系数都为正，但只有东部地区通过显著性检验，地区性行政垄断对工业生态效率的影响在东部和西部地区显著为正，但中部地区影响为负，且不显著。根据本文的理论分析，由于环境规制和地区性行政垄断存在交互作用，东部地区行政垄断程度偏低，市场机制比较完善，政府干预较少涉及微观领域，既有利于环境规制政策落实，又不会对微观经济产生过度干预；中部地区行政垄断程度较高，限制竞争，企业创新缺乏活力；西部地区的工业发展主要承接中东部地区产业转移，生态效率的提高主要表现在减少污染排放，较高的地区性行政垄断恰好适合实施命令型环境规制政策。（3）环境规制空间滞后项的系数在东部和中部地区都为正，西部地区系数为负，说明中东部地区的环境规制存在集聚效应，地方政府更加关注环境质量，西部地区为了吸引投资，仍存在环境规制的“逐底竞争”。

表 5　　分区域 SDM 模型估计结果

变量	权重矩阵：距离的倒数			权重矩阵：距离平方的倒数		
	（5）东部	（6）中部	（7）西部	（8）东部	（9）中部	（10）西部
L. EE	1.387*** (23.78)	0.553*** (2.98)	0.707*** (7.58)	1.115*** (19.99)	0.588*** (2.99)	0.731*** (7.82)
ER	0.0720*** (3.63)	0.0075 (0.28)	0.0051 (0.38)	0.0327 (1.47)	-0.0088 (-0.35)	0.0029 (0.26)
AM	1.028*** (7.89)	-0.0648 (-0.41)	0.351*** (3.38)	1.097*** (7.93)	-0.0640 (-0.40)	0.336*** (3.14)
FDI	0.00325 (1.01)	0.00945 (1.22)	0.0179 (1.23)	0.00336 (1.10)	0.00934 (1.09)	0.0196 (1.30)
URBAN	-0.0039*** (-4.24)	0.0022 (1.26)	0.0034** (2.52)	-0.0038*** (-4.22)	0.0023 (1.15)	0.0037** (2.40)
R&D	-0.0253*** (-3.96)	0.0264*** (2.75)	0.0028 (0.41)	-0.0021 (-0.35)	0.0233** (2.13)	-0.0011 (-0.18)
HC	0.0130 (1.14)	0.000871 (0.06)	-0.0173** (-2.07)	0.0151 (1.45)	-0.00116 (-0.07)	-0.0197** (-2.29)
W * ER	0.667*** (8.76)	0.252* (1.90)	-0.0796 (-1.19)	0.197*** (5.46)	0.132 (1.64)	-0.0393 (-1.21)
Spatial rho	0.267* (1.81)	0.576*** (3.10)	0.515*** (2.85)	0.0723 (1.16)	0.280** (2.42)	0.146*** (2.81)
时间效应	控制	控制	控制	控制	控制	控制
N	165	120	165	165	120	165
R^2	0.674	0.518	0.776	0.741	0.534	0.782
Log-L	-131.409	63.683	162.354	135.278	116.096	176.931

注：*、**、*** 分别表示在 1%、5% 和 10% 的水平上通过显著性检验。

（五）门槛效应分析

环境规制政策效应的发挥需要多种规制工具组合使用，一种规制工具对另一种规制效应的发挥可能存在“门槛效应”。考虑到环境规制会受地区性行政垄断的约束，本文选取地区性行政垄断程度作为门槛变量进行门槛效应检验。表6列出了采用Bootstrap方法自助抽样100次得到的地区性行政垄断程度的门槛值，结果显示，地区性行政垄断程度单一门槛的F统计量在5%的显著水平上通过检验，门槛值为0.343，双重门槛和三重门槛都没有通过显著性检验。

表6　门槛效应检验

门槛变量	模型检验	门槛估计值	F值	P值	BS次数	临界值		
						1%	5%	10%
行政垄断程度	单一门槛	0.343	17.946**	0.030	100	24.203	11.893	9.414
	双重门槛	门槛值1：0.343 门槛值2：0.508	-0.740	0.290	100	11.957	4.767	3.667
	三重门槛	0.285	2.417	0.220	100	7.89	5.558	4.029

注：*、**、***分别表示在1%、5%和10%的水平上通过显著性检验。

借鉴Hansen提出的面板门限回归模型，建立单门槛面板门限回归模型。由于当前缺乏成熟的方法将空间计量模型和门限回归模型结合起来，最终采用普通面板门限回归模型。考虑到当期工业生态效率可能受上一期生态效率的影响，本文在解释变量中加入被解释变量的滞后一期，建立动态面板门限回归模型：

$$EE_{it} = \alpha_0 + \alpha_1 EE_{i,t-1} + \alpha_2 X_{it} + \beta_1 ER_{it} \cdot I(q_{it} \leqslant \gamma_1) + \beta_2 ER_{it} \cdot I(q_{it} > \gamma_1) + \mu_i + \varepsilon_{it} \qquad (22)$$

式中，i和t分别表示个体和年份，EE表示工业生态效率，X表示控制变量，q表示门槛变量，I(·)为示性函数，γ_1表示门槛变量的门槛值，ε为随机扰动项。

由于门限回归模型中含有被解释变量的滞后项，采用OLS方法估计得到的结果是有偏的，因此这里采用系统GMM方法进行估计，回归结果如表7所示。结果表明，环境规制对工业生态效率的影响受地区性行政垄断的约束，当行政垄断程度低于门槛值0.343时，环境规制的系数为0.0223，且在5%的显著性水平上通过检验；当行政垄断程度超过0.343时，环境规制对工业生态效率的影响不显著。表明地区性行政垄断与环境规制存在交互作用，当行政垄断程度处于较低水平时，一方面，市场机制可以有效发挥作用，激发企业创新活力；另一方面，政府干预可以保证环境规制政策有效实施。中国正处在改革的攻坚阶段和发展的关键时期，适应于创新驱动经济发展的需要，不断完善市场机制，逐步放松行政垄断，激励企业主动选择绿色生产方式。

表7　门槛效应回归结果

解释变量	门槛变量	系数	t值	P值
环境规制	AM≤0.343	0.0223**	3.02	0.003
	AM>0.343	0.0075	1.64	0.101

注：*、**、***分别表示在1%、5%和10%的水平上通过显著性检验。

六、主要结论及政策启示

本文构建了三部门模型理论分析行政垄断与环境规制对生态效率的影响，结论显示：当产出的排污强度较高时，环境规制可以提高生态效率；行政垄断与环境规制存在交互作用，地区性行政垄断在一定程度上有助于环境规制政策有效实施。采用中国 2000 ~ 2015 年 30 个省份的面板数据建立动态空间模型进行实证检验，结果发现，中国工业生态效率整体呈上升趋势，东部地区显著高于中西部地区；环境规制对工业生态效率具有正向影响，而且存在空间溢出效应和区域异质性；地区性行政垄断对生态效率的影响在全国不显著，在不同区域存在异质性。进一步设定面板门限回归模型，以地区性行政垄断程度为门槛变量进行门槛效应检验，结果发现，当地区性行政垄断程度低于门槛值 0. 343 时，环境规制对生态效率产生显著的正向影响；当行政垄断程度高于 0. 343 时，环境规制的系数不显著，说明地区性行政垄断程度较低时，可以产生环境规制效果的促进作用。

本文的研究结论提供了部分有益的政策启示：（1）坚持环境保护与绿色发展导向，实行差异化的区域性环境规制政策。针对不同地区经济发展的特征实施分类环境规制政策，形成行政垄断与环境规制提升工业生态效率的合力，东部地区的行政垄断程度较弱，市场型环境规制政策可以激励企业进行生产技术创新，促进工业生态效率提升；中西部地区行政垄断程度较强，企业创新能力较弱，加强命令型环境规制约束企业排污行为。（2）放松地区性行政垄断，推进地方高质量发展的制度供给。行政垄断限制竞争、阻碍企业创新，要提升工业生态效率，必须放松地区性行政垄断，形成竞争的市场环境。在以重经济绩效、轻环境质量为特点的目标函数下，极易引发地方政府的“逐底竞争”行为。这就需要提供可以改变地方政府目标函数的制度供给，增加生态环境在政府绩效考核中所占比重，激励地方政府实施高质量发展。（3）建立长效机制激励企业加强清洁型生产技术的自主研发。发展绿色经济不能完全依靠技术引进，更需要企业进行自主创新，通过环境规制鼓励和支持国内企业进行清洁型生产技术研发，政府制定严格的补贴程序和补贴标准给予企业技术创新以税收优惠或补贴支持。（4）着力提高人力资本水平，充分发挥人力资本的资源优势和环保监督作用。人力资本是技术进步的根本源泉，高质量人力资本是知识经济社会最重要的战略资源；人力资本流动可以实现要素的优化配置，激励高质量人力资本向中西部流动，释放人力资本的溢出效应，从而实现区域经济协调发展；人力资本水平较高的地区，人们对生态文明的诉求更加迫切，公众和媒体监督有助于环境规制政策有效落实，这种非正式环境规制形成地方政府非完全执行的约束因素。

参考文献：

1. 陈诗一：《中国的绿色工业革命：基于环境全要素生产率视角的解释（1980—2008）》，载于《经济研究》2010 年第 11 期。

2. 豆建民、崔书会：《国内市场一体化促进了污染产业转移吗?》，载于《产业经济研究》2018 年第 4 期。

3. 韩超、胡浩然：《清洁生产标准规制如何动态影响全要素生产率——剔除其他政策干扰的准自然实验分析》，载于《中国工业经济》2015 年第 5 期。

4. 韩超、张伟广、冯展斌：《环境规制如何“去”资源错配——基于中国首次约束性污染控制的分析》，载于《中国工业经济》2017 年第 4 期。

5. 韩剑、郑秋玲：《政府干预如何导致地区资源错配——基于行业内和行业间错配的分解》，载于《中国工业经济》2014 年第 11 期。

6. 贺俊、刘亮亮、张玉娟：《税收竞争、收入分权与中国环境污染》，载于《中国人口·资源与环境》2016 年第 4 期。

7. 胡建辉：《高强度环境规制能促进产业结构升级吗？——基于环境规制分类视角的研究》，载于《环境经济研究》2016 年第 2 期。

8. 黄新华、于潇：《环境规制影响经济发展的政策工具检验——基于企业技术创新和产业结构优化视角的分析》，载于《河南师范大学学报（哲学社会科学版）》2018 年第 3 期。

9. 李斌、彭星、欧阳铭珂：《环境规制、绿色全要素生产率与中国工业发展方式转变——基于 36 个工业行业数据的实证研究》，载于《中国工业经济》2013 年第 4 期。

10. 李玲、陶锋：《中国制造业最优环境规制强度的选择——基于绿色全要素生产率的视角》，载于《中国工业经济》2012 年第 5 期。

11. 李胜兰、初善冰、申晨：《地方政府竞争、环境规制与区域生态效率》，载于《世界经济》2014 年第 4 期。

12. 林伯强、刘泓汛：《对外贸易是否有利于提高能源环境效率——以中国工业行业为例》，载于《经济研究》2015 年第 9 期。

13. 刘华军、刘传明：《环境污染空间溢出的网络结构及其解释——基于 1997—2013 年中国省际数据的经验考察》，载于《经济与管理评论》2017 年第 1 期。

14. 罗能生、王玉泽：《财政分权、环境规制与区域生态效率——基于动态空间杜宾模型的实证研究》，载于《中国人口·资源与环境》2017 年第 4 期。

15. 沈坤荣、金刚、方娴：《环境规制引起了污染就近转移吗?》，载于《经济研究》2017 年第 5 期。

16. 宋马林、王舒鸿：《环境规制、技术进步与经济增长》，载于《经济研究》2013 年第 3 期。

17. 童健、刘伟、薛景：《环境规制、要素投入结构与工业行业转型升级》，载于《经济研究》2016 年第 7 期。

18. 王兵、吴延瑞、颜鹏飞：《中国区域环境效率与环境全要素生产率增长》，载于《经济研究》2010 年第 5 期。

19. 王勇、李雅楠、李建民：《环境规制、劳动力再配置及其宏观含义》，载于《经济评论》2017 年第 2 期。

20. 肖兴志、李少林：《环境规制对产业升级路径的动态影响研究》，载于《经济理论与经济管理》2013 年第 6 期。

21. 谢荣辉：《环境规制、引致创新与中国工业绿色生产率提升》，载于《产业经济研究》2017 年第 2 期。

22. 姚洋、崔静远：《中国人力资本的测算研究》，载于《中国人口科学》2015 年第 1 期。

23. 于良春、余东华：《中国地区性行政垄断程度的测度研究》，载于《经济研究》2009 年第 2 期。

24. 余东华、孙婷：《环境规制、技能溢价与制造业国际竞争力》，载于《中国工业经济》2017 年第 5 期。

25. 原毅军、谢荣辉：《环境规制的产业结构调整效应研究——基于中国省际面板数据的实证检验》，载于《中国工业经济》2014 年第 8 期。

26. 张成、陆旸、郭路、于同申：《环境规制强度和生产技术进步》，载于《经济研究》2011 年第 2 期。

27. 张华：《地区间环境规制的策略互动研究——对环境规制非完全执行普遍性的解释》，载于《中国工业经济》2016 年第 7 期。

28. 朱东波、任力：《环境规制、外商直接投资与中国工业绿色转型》，载于《国际贸易问题》2017 年第 11 期。

29. 朱平芳、张征宇、姜国麟：《FDI 与环境规制：基于地方分权视角的实证研究》，载于《经济研究》2011 年第 6 期。

30. BARBERA A J, MCCONNEL V D. The impact of environmental regulations on industry productivity: direct and indirect effects [J]. *Journal of environmental economics and management*, 1990, 18 (1): 50-65.

31. CHUNG Y H, FARE R and GROSSKOPF S. Productivity and undesirable output: a directional distance function approach [J]. *Journal of environmental management*, 1997, 51 (3): 229-240.

32. HANSEN B. Threshold effects in non-dynamic panel: estimation, testing and inference [J]. *Journal of econometrics*, 1999, (2): 345-368.

33. PORTER M E. America's green strategy [J]. *Scientific American*, 1991, 31 (4): 168-189.

34. PORTER M E, Van Der LINDE C. Toward a new conception of the environment competitiveness relationship [J]. *Journal of economic perspectives*, 1995, 9 (4): 97-118.

35. SUPHI S. Corporate governance, environmental regulation, and technological change [J]. *European economic review*, 2015, 80 (10): 36-61.

36. TESTA F, F IRALDO and M FREY. The effect of environmental regulation on firm' competitive performance: the case of the building & construction sector in some EU regions [J]. *Journal of environmental management*, 2011, 92 (9): 2136-2144.

37. TONE K. A slacks-based measure of efficiency in data envelopment analysis［J］. *European journal of operational research*，2001，130（3）：498－509.

38. TONE K. A slacks-based measure of super-efficiency in data envelopment analysis［J］. *European journal of operational research*，2002，143（1）：32－41.

（本文载于《产业经济研究》2018 年第 05 期）

中国反垄断领域的成就和面临的挑战

——纪念中国《反垄断法》实施十周年

吴汉洪　刘雅甜

摘　要：2008 年 8 月 1 日起正式实施的中国《反垄断法》，是中国社会主义市场经济体制建设的重要里程碑。《反垄断法》的出台和实施，不仅标志着中国社会主义市场经济竞争法律体系的形成，也标志着中国反垄断政策正式实施。中国制定和实施反垄断政策体现了国家让市场发挥配置资源决定性作用，进一步完善社会主义市场经济体制的坚定决心。中国反垄断政策已经实施了十年，本文梳理了中国反垄断领域的成就，指出了反垄断领域面临的挑战。

关键词：反垄断　成就　挑战

一、反垄断领域的成就

（一）反垄断行政执法队伍和体系基本形成

过去十年，中国的反垄断行政执法队伍经历了从无到有、从不太专业到较为专业的发展过程，取得较大成就。自《反垄断法》正式生效至 2017 年底，中国反垄断行政执法机构的设置可概括为“一家协调、多头执法”。根据《反垄断法》正式生效前国务院发布的“三定方案”，国家发展和改革委员会（以下简称“国家发改委”）、国家工商总局和商务部是负责反垄断执法工作的三家行政执法机构。国家发改委负责与价格相关的垄断协议、滥用市场支配地位及行政垄断的反垄断执法，国家工商总局负责非价格垄断协议、滥用市场支配地位及行政垄断的反垄断执法，商务部负责经营者集中的反垄断审查。国务院反垄断执法机构之上设有国务院反垄断委员会，负责组织、协调和指导反垄断工作。

在过去十年中，三家反垄断执法机构积极工作。反垄断法实施后，三家反垄断执法机构先后制定出台了一系列配套法规和规章，将反垄断制度进一步明确化和具体化，增强了相关制度的针对性和可操作性，为反垄断执法提供了有效的指引和规范。在行政执法方面，三家反垄断执法机构均查处了反垄断的大案和要案：商务部于 2009 年禁止可口可乐公司收购中国汇源公司案，国家发改委于 2015 年发布对高通公司滥用市场支配地位案的行政处罚决定书，国家工商总局于 2016 年发布对利乐滥用市场支配地位案的行政处罚决定书。这些案件的查处和公布在国内外均产生了较大的积极影响。

据初步统计，从 2008 年 8 月 1 日至 2017 年 12 月底，国家发改委累计查处各类垄断案件 40 起，工商总局累计立案调查 93 起经济垄断案件，结案 53 件，商务部共审结经营者集中案件 2 124 件，其中附条件批准 35 件，禁止两件。①

① 此处数据为笔者搜集整理。

（二）反垄断民事诉讼工作启动并有效地开展工作

自《反垄断法》实施以来，虽然中国的反垄断民事诉讼工作已经开启，但由于在诉讼程序和法律适用等方面均缺乏司法解释指导，反垄断民事诉讼工作存在大量问题，例如，反垄断民事诉讼的立案案由、地域管辖与级别管辖、举证责任一级救济方式等重要问题尚未明确[1]。2012年6月开始实施的《关于审理因垄断行为引发的民事纠纷案件应用法律若干问题的规定》作为中国反垄断民事诉讼的分水岭，由此，中国的反垄断民事诉讼开始有效开展[2]。

第一，案件数量持续增长。《反垄断法》实施十年来，中国法院每年受理和审理的反垄断民事诉讼案件呈现出持续增长趋势。2012年以后，增速大幅提高。据初步统计，从2008～2017年底，我国法院共受理的反垄断民事诉讼案件700件，审结620件（见图1）。

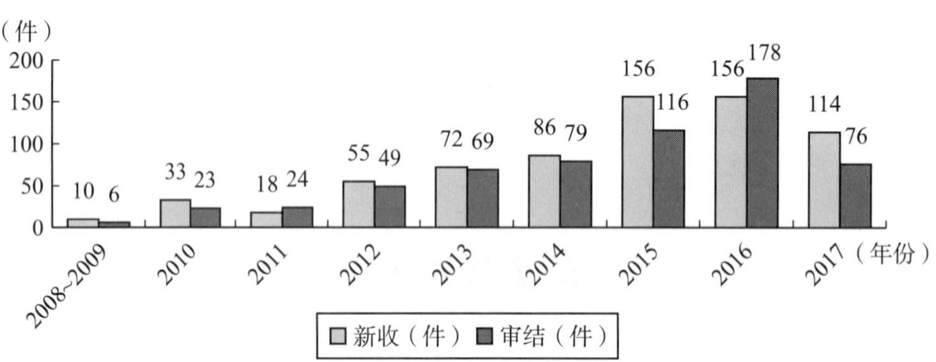

图1　2008～2017年人民法院受理和审理的反垄断民事诉讼案件

第二，试探性案件不断减少，维护自身权益的诉讼不断增加。在《反垄断法》实施初期，很多诉讼案由法律界的专业人士提起，目的在于试探和检验反垄断法实施的具体规则和使用标准。不同于以前，最近几年的诉讼案大多是为维护自身权益。

第三，案件类型呈多样化趋势。一方面，在从2008～2017年的垄断案件纠纷中，滥用市场支配地位案件有176件，行政垄断司法案件73件，横向垄断协议6件，纵向垄断协议6件[2-3]。另一方面，国外诉讼案件逐渐增多，例如，华为诉IDC案，苹果诉高通案等。

第四，涉及的行业领域比较广泛。据统计，反垄断民事诉讼当前已涵盖了电信、交通运输、能源、电子设备制造、水产批发以及互联网等各个领域，表明反垄断诉讼在多个行业都有效开展起来，特别地，近年来互联网领域的垄断诉讼不断增加。

第五，原告胜诉的案件不断增加。众所周知，原告在举证责任方面一直处于不利地位，不过，随着举证制度的不断完善，原告胜诉的案件也不断增加，如娄丙林案、吴小秦案以及华为诉IDC案等。

（三）经济学在反垄断领域的作用越来越重要

自《反垄断法》实施以来，经济学在反垄断领域中发挥的作用越来越大。反垄断法的实施实际上是对经营者反竞争行为的识别和惩罚，而识别的标准在于给定企业的竞争行为是否导致了正常竞争过程的扭曲和经济福利的降低，对这些问题的分析是经济学的专长。具体而言，经济学在反垄断领域中的作用主要体现在以下三个方面[4]：

第一，帮助反垄断执行机构制定法律的实施细则和指南。《反垄断法》虽然已经颁布并施行，但很多法律条文的表述过于抽象。随着反垄断案件逐渐增多，为确保《反垄断法》的有效实施，在

2016 年，根据国务院反垄断委员会的部署，国家发改委会同有关单位起草了《滥用知识产权反垄断指南》《反垄断案件经营者承诺指南》《横向垄断协议案件宽大制度适用指南》《汽车业反垄断指南》《垄断协议豁免的一般性条件和程序的指南》《认定违法所得和明确罚款的指南》（以下简称《指南》）等。这些《指南》由经济和政策专家与政府部门的职业律师共同制定，其中都蕴含着经济学（确切地说，是产业组织理论）的分析框架。

第二，反垄断案件中的事实认定需要经济学分析。在反垄断案件诉讼过程中，很多情况下会出现不同的当事方对同一个商业行为有完全不同的评价这种问题。此时，各方都需要使用相应的论据以支持各自观点，而这些论据可能涉及市场、成本、价格、进入障碍及福利等经济学概念。这意味着经济学分析可以而且有必要作为证据或证言出现在反垄断案件中。以利乐案为例，2016 年 11 月，国家工商总局在利乐案的行政处罚决定书中指出“2009～2013 年期间，利乐实施了没有正当理由搭售包材、没有正当理由限定交易和排除、限制竞争的忠诚折扣等滥用市场支配地位行为”。国家工商总局详细论证了利乐公司的市场状态和垄断行为，其中对忠诚折扣竞争损害理论的分析更是长达 13 页，并且首次在行政处罚决定书中使用了经济模型。根据工商总局掌握的利乐竞争对手的财务数据，利乐的忠诚折扣政策已经对竞争对手造成了实质性的损害，即便是与利乐同等有效率乃至更有效率的竞争对手也不能幸免[5]。因此，工商总局依法责令利乐停止违法行为，并对其课以 6.68 亿元人民币的罚款。

第三，反垄断案件的审理和裁决需要经济学的帮助。虽然反垄断民事诉讼案件中的当事人可以借助经济学分析提供证据，但最终判定事实和给出裁决的却是法官。一般而言，法官在反垄断诉讼中的主要任务之一是审视法律的适用，而非认定事实，但当法官们意识到他们的判决对当事方和经济的影响时，便需要经济学的帮助。随着中国反垄断事务的演进，诉讼判决对经济学的依赖也更加普遍，例如，在奇虎诉腾讯案中，腾讯公司要求 QQ 用户删除奇虎 360 的软件，否则便停止向其提供相关的软件服务，奇虎公司认为这一强迫用户“二选一”的行为排斥了相关市场的竞争，因而以腾讯滥用市场支配地位为由向广东省高级人民法院提起诉讼。在案件审理过程中，经济学家首次作为专家证人①出庭作证，并就如何界定相关市场、腾讯是否具有市场支配地位以及是否构成滥用等焦点问题提交了大量的经济学分析，对案件的审理以及法官的裁决提供了重要帮助。

（四）公平竞争审查制度得以建立，并取得了阶段性成效

竞争是获致繁荣和保证繁荣的最有效手段[6]，是经济发展的核心机制。统一开放、竞争有序的市场体系是“发挥市场在资源配置中的决定性作用”与“更好发挥政府作用”的基础。随着经济体制改革不断深化，全国统一市场基本形成，公平竞争环境逐步建立。这就要求政府在制定政策时必须促进和保障公平竞争，但中国当前却普遍存在着地方保护、区域封锁，行业壁垒、企业垄断，以及违法给予优惠政策或减损市场主体利益等问题，破坏了市场经济的正常运行，也扭曲了市场机制。因此，规范政府有关行为，防止出台排除、限制竞争的政策措施，逐步清理废除妨碍全国统一市场和公平竞争的规定和做法，是当前经济体制改革的重要工作。

2016 年 6 月，国务院出台了《关于在市场体系建设中建立公平竞争审查制度的意见》（以下简称《意见》），详细阐述了建立公平竞争审查制度的重要性、紧迫性，总体要求和基本原则，明确规定了审查对象（政策制定机关）、审查方式（自我审查）、审查标准（18 项标准）和审查例外情况，标志着公平竞争审查制度的落地，是中国确立竞争政策基础性地位的一项重要举措[7]。

为保障公平竞争审查工作的顺利开展，推动公平竞争审查制度有效实施，相关部门开展了以下

① 奇虎 360 聘请的经济学专家是曾担任英国伦敦公平贸易局官员、现任欧洲 RBB 调研机构顾问的英国学者及调研机构职员，腾讯聘请的经济学专家是中国社会科学院信息化研究中心秘书长和中央财经大学法学院副教授。

工作。首先，建立了由 28 个部门参与的部际联席会议，组织召开了一次全体会议，加强各部门之间的沟通与合作，统筹推进公平竞争审查制度的实施。其次，定制了配套规则。《推进落实公平竞争审查制度 2017 年工作重点》部署了 2017 年的重点工作，《公平竞争审查制度实施细则（暂行）》用于指导增量政策的公平竞争审查，《2017 ~ 2018 年清理现行排除限制竞争政策措施的工作方案》规定了国务院各部门和各级政府部门按照“谁制定，谁清理”的原则清理存量政策中排除限制竞争的内容。最后，开展专项督查。2017 年 8 月，中改办对国家发改委、吉林和广西进行了专项督查，2017 年 9 月以来，国家发改委会同财政、商务、工商、法制等部门，以部际联席会议名义组织开展了覆盖全国其他省份的公平竞争审查督查工作。

公平竞争审查制度实施一年以来取得了阶段性的成果。在国务院部门层面，28 个成员单位均明确内部审查机制，对新出台的政策措施开展审查，11 个部门专门印发通知和实施方案；根据各单位反馈情况，2016 年 7 月至 2017 年 8 月共对 1 200 余份部门文件进行了公平竞争审查。在地方层面，31 个省（区、市）已印发具体实施方案、开展文件审查；市县政府也逐步开始部署落实；根据各省反馈情况，2016 年 7 月至 2017 年 8 月共对 1 000 余份省政府文件进行了公平审查。

（五）民间反垄断事务蓬勃发展

《反垄断法》的实施推动了民间反垄断事务的蓬勃发展，相关学术团体也逐渐活跃起来，反垄断会议也不断增多。参会人员涵盖执法机构、高校、研究机构、实务界与企业界的专家学者，会议内容既包括垄断协议、滥用市场支配地位以及经营者集中三大传统议题，同时又涉及互联网、大数据、算法以及知识产权等新兴问题。以 2017 年下半年在国内举行的一部分与反垄断相关的会议为例，便可感受到民间反垄断事务的活跃程度。

2017 年 8 月在上海举办了第六届“中国竞争政策论坛”。作为由国务院反垄断委员会专家咨询组主办的一年一度的竞争政策领域的国际盛会，本次研讨会以“经济全球化背景下的竞争政策”为主题，围绕经济全球化对国内竞争政策的影响，经济全球化背景下竞争政策的国际协调，反垄断与保护知识产权的协调以及数字经济与竞争政策等主题展开；2017 年 10 月，“互联网应用程序分发领域反垄断法律问题研讨会”在北京召开，会议围绕互联网应用程序分发这一前沿领域，介绍了该领域的概况，探讨了相关的法律问题，并就达晓案中的滥用行为进行了深入分析；2017 年 11 月，由上海研究院、中国社科院国际法研究所联合主办的“数据时代下的反不正当竞争与反垄断法律问题”研讨会，围绕数据时代下的反不正当竞争与反垄断的前沿议题展开，深入讨论了反垄断法与知识产权、互联网、大数据、人工智能、算法交互的热点问题。2017 年 12 月，对外经济贸易大学竞争法中心举办的“互联网‘创新与竞争’研讨会”在京举行，与会者共同就互联网领域中的竞争政策实施、反垄断法适用、经济学分析对反垄断法的影响等主题展开深入研讨，并发布了《高频度创新与颠覆性竞争——互联网领域创新与产业竞争报告》。

（六）相关的学术研究不断深入

随着中国反垄断政策的实施，反垄断理论的研究更加系统和深入，形成了反垄断执法和反垄断学术研究的高效互动。高等院校是反垄断执法机构、司职与反垄断事务律所以外另一重要的反垄断研究基地。为适应国家对于经济学以及法学背景反垄断领域人才的需求，国内高校在 2007 年以后相继设立了为数不少的与反垄断或竞争政策有关的法律方面和经济学方面的研究中心，并积极开展相关的学术活动。这些研究机构不仅定期或不定期的举办与反垄断相关的学术会议，还与反垄断执法机构紧密合作，以高水平研究成果为政策制定提供相关建议。与此同时，各高校相继开设竞争法律课程或反垄断法律课程、产业组织理论、反垄断经济学以及竞争政策等课程，培养学生在反垄断领域的相关知识和技能，为国家输送反垄断和竞争政策方面的人才。

值得指出的是，经过十年的磨合，中国反垄断领域的一个共识是，反垄断事业更需要既懂法律（反垄断法或竞争法），又懂经济学的复合型人才。在这一背景下，无论是在国内执法机构举行的相关案件的研讨，还是国内学术机构举办的学术活动，都有法学专家和经济学专家参与。笔者认为，这种跨学科的融合是有利于中国反垄断领域的发展的。

二、面临的挑战

（一）竞争文化有待于进一步培育和推进

竞争文化是指全社会形成的维护竞争机制、尊重竞争规则的一种共识和氛围。竞争文化的培育和形成是多方面因素综合作用的结果。从消费者的观念、企业的行为到政府的职能定位，从民族传统文化的继承传播，商事交易规则的理解运用到经济法律的颁布实施，都在潜移默化地影响竞争文化的形成。

由于中国缺少以公平竞争为特征的市场经济传统，所以，竞争文化可能没有发达市场经济国家深厚。这种情况不仅使各类市场经营者缺乏运用反垄断法律保护自身利益的意识，也有可能使掌握着经济管理权力的各类机关缺乏维护竞争机制、尊重竞争规则的意识。究其原因主要在于儒家的“和合”伦理思想和中国古代“重农抑商”政策，致使中国传统文化中竞争意识的匮乏[8]。

一方面，儒家的“和合”伦理思想使得竞争缺乏文化支撑。不同于西方“非此即彼”的二元对立文化，儒家“和合”文化的人文精神曾是中国数千年传统社会的官方意识形态[9]。孔子以“和”作为人文精神核心，强调“礼之用，和为贵”，主张治国处事、礼仪制度应以和为价值标准。而在中国人的传统观念中，利益算得太清楚就会引起争执。因此，在崇尚“和合”文化的社会中，“逐利”不符合道德标准，而由利益引发争执更需要极力避免，所以，民众缺乏足够的动力去追逐利益，经济中的竞争精神和意识也就不会具有生存和发展的空间，进而导致了中国的传统文化缺乏竞争观念。另一方面，为了维护小农经济和中央集权，传统社会历代所推行的重农抑商政策使得作为竞争主体的商人阶层无论在地位上还是组织性上都处于低级发展阶段。在这两种因素的共同作用下，中国传统社会并不具备培育和发展竞争文化的可能。

一切问题由文化问题产生；一切问题，又可由文化问题解决[10]。虽然《反垄断法》已经实施10年，但中国的竞争文化仍然需要进一步培育和推进，这就需要从政府的职能定位、国有企业和中小企业的行为、消费者意识三个方面进一步推动竞争文化，解决反垄断法实施的困境。首先，政府需要完成从运动员到裁判员的转变，明确自己的职能定位。其次，国有企业应当消除特权意识，做到公平竞争。最后，消费者和中小企业应该树立竞争主体的意识，自觉维护自身的合法权益。

（二）技术与反垄断

技术的进步和反垄断执法的实施使得企业的反竞争行为变得更加隐蔽，算法合谋、默示合谋等新型反竞争手段随技术创新一同被开发。随着数字经济在全球的发展，越来越多的企业利用算法来改善价格模型、提供客制化服务、预测市场趋势。但在提高企业效益的同时，算法也造成了反竞争的可能——企业无须经过当面讨论或书面协议，便可达成合谋。因此，算法逐渐成为全球主要反垄断辖区关注的问题，算法合谋对中国反垄断执法来说也是一大挑战。

2017年经济合作与发展组织发布的《算法与合谋》报告，详细地梳理和介绍了算法概念及商业应用、算法促进竞争的效果、算法合谋风险、算法给竞争执法带来的挑战以及针对算法的市场管制等问题。算法是一系列解决问题的指令。只要给定初始条件，这一系列指令就会自动给出相应答案。算法对于合谋问题具有两方面影响：其一，算法能够改变产业结构特征、需求特征以及供给特征等合谋的环境。其二，算法可以作为一种工具被应用到合谋过程中。作为合谋工具的算法有四种：监督算法、平行算法、信号算法和自我学习算法。根据算法在合谋过程中所起的作用，可以将算法合谋分为四类：信使合谋、轴辐合谋、预测者合谋和自主机器合谋。

算法合谋相关的反垄断案例在欧美已经出现，其中最为著名的就是利用算法进行“轴辐合谋”的 Uber 案，目前该案处于仲裁之中。2015 年 12 月，美国一名居民在纽约南区联邦地区法院向 Uber 前任 CEO 提起反垄断民事集团诉讼。原告主张 Uber 前任 CEO 与利用 Uber 定价算法的司机之间达成了合谋，限制了司机之间的价格竞争，损害了包括原告在内的 Uber 乘客的利益。在该案中，每个独立的司机（辐）经第三方即 Uber（轴）来进行合谋。

Uber 案涉及算法等一系列技术问题，这就加大了竞争执法机构的执法难度。在这一背景下，美国的竞争执法机构应该加强与技术专家的沟通与合作。因此，为了应对技术革新带来的挑战，中国竞争执法部门应该关注以算法为核心的人工智能技术的发展，尤其是那些对商业模式演化造成实质影响的技术发展。适当把握技术发展的现状，有助于执法部门对市场有更深入的理解，从而确保有效执法[11]。

（三）知识产权领域的反垄断

知识产权法和反垄断法是现代化经济体系中促进技术进步和创新的重要制度。知识产权领域反垄断规制的核心在于，静态效率与动态效率的协调。这需要根据市场竞争状况的具体情势及时做出权衡取舍。

为此，《反垄断法》第 55 条做出特别规定，强调反垄断法适用于知识产权领域，为知识产权领域反垄断规制提供了制度保障。在此基础上，反垄断机构积极推进实施，颁布了《关于禁止滥用知识产权排除、限制竞争行为的规定》，处理了涉及知识产权的经营者集中和滥用市场支配地位案件，包括与专利权相关的华为诉 IDC 案、高通行政处罚案和齐鲁制药诉四环制药案，还有与商业秘密相关的利乐行政处罚案。

反垄断机构对这些案件的查处，有助于积累总结有益经验，也呈现出在协调静态效率与动态效率二者关系时所面临的难题，主要包括四个方面：

第一，如何分配特定行为损害静态效率的证明责任。尤其是在涉及知识产权的纵向垄断协议案件中，应由原告或行政执法机构证明静态效率遭受损害，还是应在推定其构成违法的基础上由被告或行政相对人证明静态效率并未遭受损害。

第二，如何评估特定行为对动态效率的影响。这种影响受制于现有技术水平、在位经营者数量与市场份额分布情况、特定行为所处的具体研发环节等复杂因素，评估框架有待研究探索。

第三，如何明确知识产权领域反垄断规制的重点领域。现有案件来自民事诉讼或投诉举报，相对集中于通信行业标准必要专利的价格行为。为提升知识产权反垄断规制的主动性与实效性，反垄断机构需要研究哪些行业哪类行为类型应予以重点关注。这种关于规制重点的机制有待确立。

第四，如何理顺知识产权反垄断法律责任的实施体制。以专利强制许可为例，如果拒绝许可被认定违法，是由反垄断执法机构依据《反垄断法》以“责令停止违法行为”的方式实施强制许可，还是由专利行政部门依据《专利法》第 48 条的规定实施强制许可，二者衔接机制有待明确。

（四）互联网领域的反垄断

以互联网、大数据为代表的数字科技正在重塑全球经济，深刻改变消费、生产和贸易模式。近几年，中国的互联网经济由复制欧美模式发展为创造中国模式，走到了世界互联网经济的前端。与此同时，互联网行业的快速发展加剧了行业内的竞争，涉及互联网不正当竞争行为的案件大量涌现，例如，天猫京东二选一、腾讯数字音乐独家授权、菜鸟物流和顺丰之争，今日头条和微信之争等，限制了互联网经济的发展。在这些反垄断案件中，商业实践和法律底线的边界不仅模糊不清而且不断变动，用户和媒体的反应越来越大。而由于中国的互联网实践处于世界的前端，网络市场监管在国际上尚无先例可依，互联网科技的蓬勃发展，又使得互联网相关领域的垄断问题不断出现。因此，急需建立适合中国国情的网络市场监管模式，以便更好地发挥市场的作用，提高监管效率。

此外，更大的问题是由于互联网反垄断的复杂性，将传统的反垄断理论应用于互联网领域面临着巨大的挑战。现有的反垄断规则和市场监管主要适用于传统商业模式，难以有效解决以动态竞争、平台经济和双边市场为特征的互联网反垄断问题，具体表现在以下三个方面：[12]

首先，在相关市场界定方面的困难。由于互联网企业是典型的双边市场，具有交叉网络外部性、价格结构非中性（平台对一边用户免费而对另一边用户收取高价）、需求互补性及参与人多归属等特征。因此，互联网企业在采用传统的需求替代认定法、供给替代认定法和假定垄断者测试法时存在大量问题，例如，在 360 诉腾讯垄断案中，传统的 SSNIP 测试法不再适用，需要采用基于质量下降的假定垄断者测试。[13]。

其次，在市场份额确定方面的困难。即便已经界定了相关市场，在互联网领域，经营者市场份额的确定依然困难重重。在传统的反垄断法分析框架下，市场份额往往通过经营者在相关市场中的销售量或销售额来加以测度。而在互联网领域，由于平台企业大多采用“倾斜式定价”策略，即对一边参与人免费而对另一边参与人收取高价的定价策略，因而，平台企业的市场份额难以通过销售量或销售额来衡量。事实上，在互联网领域，用户使用时长被越来越多地用于衡量平台企业的市场份额。

最后，在认定市场支配地位方面的困难。虽然，在传统的反垄断分析框架下，市场份额是认定市场支配地位的主要依据，但由于互联网行业具有动态竞争、平台竞争以及注意力竞争等特点，所以，在互联网领域，市场份额不再是认定市场支配地位唯一标准。考虑到互联网行业的竞争特点，平台企业在认定市场支配地位时应该综合考虑市场份额、进入壁垒以及动态效率等因素。[14]。

三、结　　论

2018 年上半年，中国市场监管领域发生了重大调整。2018 年 3 月，国务院机构改革方案中关于组建国家市场监督管理总局的提议获得了第十三届全国人民代表大会第一次会议的批准。方案指出，改革市场监管体系，实行统一的市场监管，是建立统一开放竞争有序的现代市场体系的关键环节。方案提出，将国家工商行政管理总局的职责、国家质量监督检验检疫总局的职责、国家食品药品监督管理总局的职责、国家发展和改革委员会的价格监督检查与反垄断执法职责、商务部的经营者集中反垄断执法的职责、国务院反垄断委员会办公室的职责进行整合，组建国家市场监督管理总局，作为国务院直属机构。由此，反垄断执法职能将统一归属于新组建的国家市场监督管理总局。根据此次国务院机构改革方案，反垄断职能将统一归属市场监督管理总局，中国反垄断执法机构的“三驾马车”将实现在国家市场监管总局之下的“三合一”，这将有利于解决中国反垄断行政执法中“多头执法”的问题，也将提高反垄断执法的一致性、专业性和权威性。

从目前看，中国反垄断执法机构整合至少具有如下积极意义：一是有利于建设现代化经济体系。建设现代化经济体系是党的十九大做出的重大战略部署。为落实这一部署，需要实现包括建设统一开放，竞争有序的市场体系和构建市场机制有效、微观主体有活力、宏观调控有度的经济体制在内的一些目标。毫无疑问，随着中国反垄断执法机构的整合，将进一步加大反垄断执法力度，优化执法机制，查处重大典型垄断案件，能够营造公平竞争的市场环境，切实发挥市场机制配置资源的决定性作用，对实现上述目标具有不可替代的重要作用。二是有利于反垄断执法工作的专业化与常态化。反垄断业务的整合不仅有利于反垄断执法机构组建更为稳定、专业和高效的反垄断执法队伍，提升反垄断执法机构的专业性和权威性，而且有利于整合原来三家机构的执法经验，统一反垄断执法标准，提高反垄断执法工作的透明度。

展望未来，笔者坚信，随着中国改革开放的不断深入，在实现中共十九大所确定的各项社会和经济目标过程中，反垄断领域必将取得更大和更辉煌的进步。

参考文献：

1. 韩伟：《算法合谋反垄断初探——OECD〈算法与合谋〉报告介评（下）》，载于《竞争政策研究》2017 年第 6 期。

2. 黄坤：《互联网产品和 SSNIP 测试的适用性——3Q 案的相关市场界定问题研究》，载于《财经问题研究》2014 年第 11 期。

3. 黄勇、江山：《反垄断法实施的文化维度论纲——以竞争文化、诉讼文化与权利文化为中心》，载于《江西社会科学》2008 年第 7 期。

4. 路德维希·艾哈德，祝世康译：《来自竞争的繁荣》，商务印书馆 1983 年版。

5. 钱穆著：《文化学大义》，正中书局 1983 年版。

6. 王闯：《中国反垄断民事诉讼概况及展望》，载于《竞争政策研究》2016 年第 2 期。

7. 吴汉洪：《对我国建立公平竞争审查制度的认识》，载于《中国价格监管与反垄断》2016 年第 8 期。

8. 吴汉洪、周炜、张晓雅：《中国竞争政策的过去、现在和未来》，载于《财贸经济》2008 年第 11 期。

9. 吴宗法、陈伟：《互联网反垄断规制的难点及应对思路》，载于《价格理论与实践》2016 年第 6 期。

10. 詹昊：《评 360 诉腾讯垄断行为侵权纠纷一审判决：中国反垄断民事诉讼制度构建的首次真实尝试》，载于《电子知识产权》2013 年第 4 期。

11. 张汉东：《在中国政法大学“反垄断法十周年纪念：趋势、挑战与成果”研讨会上的讲话》，载于《中国价格监管与反垄断》2017 年第 12 期。

12. 张立文：《儒家和合文化人文精神与二十一世纪》，载于《学习与探索》1998 年第 2 期。

13. 最高人民法院：《中国法院知识产权司法保护状况》，人民法院出版社 2016 年版。

14. Fu，X.，Tan，G. Abuse of Market Dominance Under China's Anti – Monopoly Law：The Case of Tetra Pak［J］. *Social Science Electronic Publishing*，2018，（6）：1 – 26.

（本文载于《东北财经大学学报》2018 年第 5 期）

中国规制经济学发展轨迹与特征分析

——基于 CSSCI 期刊的文献计量考察

肖兴志　张伟广

摘　要： 本文以中国知网（CNKI）的 CSSCI 期刊文献为数据来源，通过限定主题检索得到 1998 ~ 2018 年中国规制经济学研究论文 20 026 篇，运用 Bicomb、Ucinet 和 NetDraw 等软件，从不同视角分析学科发展轨迹和特征。研究结果发现，中国规制经济学学科发展以 2008 年为节点，近 10 年来发展迅速，不同类型的期刊起着助推作用；学科研究主体多元，国家重点建设高校的优势明显，而作为独立学科发展仍需加强；学科研究主题与中国经济社会现实紧密结合，不同阶段的研究重心有所不同，不同高校的研究主题也有明显的偏好和特色差异。

关键词： 规制经济学　学科发展　CSSCI 期刊　文献计量

一、引言与文献综述

（一）中国规制经济学学科的发展

“规制”也称“管制”，在社会实际部门中通常也被称为“监管”。规制经济学是政府对私人经济部门进行规制活动的系统研究。以 1970 年美国经济学家阿尔弗雷德 E. 卡恩（Alfred E. Kahn）的《规制经济学：原理与制度》的出版为标志，该学科作为一门新兴经济学科发展起来。中国经济理论界对规制经济学的研究起步较晚。1992 年，朱绍文等翻译出版日本经济学家植草益的《微观规制经济学》是国内引进国外规制经济学最早的著作。1998 年，王俊豪教授出版的《英国政府管制体制改革研究》可称得上是国内最早的规制研究专著。此后，越来越多的西方规制经济理论逐步引入中国，国内规制经济学论著迅速增长。

在国内学科体系中，规制经济学常与产业组织学并列作为产业经济学的重要分支，三个学科在研究方法和研究内容上有较多的一致性，均属于应用经济学科中的二级学科。截至 2018 年 3 月，教育部根据发展战略和重大需求，共确立 9 所高校的产业经济学二级学科为国家重点学科或重点培育学科，具有规制经济学博士学位授予权的高校仅 3 所（东北财经大学、辽宁大学和浙江财经大学）。其中，浙江财经大学是依托“城市公用事业政府监管”博士人才培养项目授予经济学博士学位的。

（二）规制经济学的综述评价

现有对国内规制经济学研究进展的综述性文章或书籍比较丰富。臧旭恒和王立平（2004）从激励性规制理论、接入价格理论及公共事业领域中跨国公司的规制理论的三个阶段，回顾和分析规制经济理论的发展。汪秋明（2005）对新规制经济学理论进展的五个方面进行述评，为市场经济下政府规制和产业规制改革提供理论参考。肖兴志和陈长石（2009）从理论框架、研究视角和领域拓展等角度，总结归纳规制经济学的最新发展。王俊豪和王岭（2010）系统梳理和分析中国管制经济学的发展脉络、理论前沿及热点问题。肖兴志（2010）主编出版的《产业经济学理论研究新进展与文献评述》对国内外规制经济学研究文献予以评述。

与上述综述类文献不同，本文着重从学科发展的角度，通过文献计量的分析方法来具体考察规制经济学学科在中国的发展轨迹和研究特征。对某一学科发展现状和整体实力评估时，可从学生人才培养、招生就业规模、科研产出能力等角度综合评判。目前，国内关于学科发展评价的文献，其研究对象包括如下的类型：（1）硕士和博士学位论文，反映学科建设和学生人才培养质量，如张立（2009）从博士和硕士学位论文数据统计分析中国图书馆专业学科建设和研究热点情况；（2）学科单位和教师的学术论文产出量，考察该学科领域的科研产出能力、发展进程和研究热点，如林杰等对中国高等教育研究作者及单位进行成熟度分析；（3）学科相关权威期刊的载文信息，综合分析学科发展特点和规律，如曹亮等（2012）、钟赛香等（2015）分别基于若干权威期刊对国际贸易学、人文地理学进行统计分析；（4）学科内高频关键词为主题检索文献，分析一定时期内某一具体领域的研究热点和发展演变，如陈静和吕修富（2014）、吴远仁和沈利生（2015）、杨虎涛等（2016）。

具体到产业经济学或规制经济学的学科评价研究，仅有刘曙光（2007）对产业经济学学科建设的会议综述、胡晓鹏和李欣（2015）选取2012～2013年经济管理类期刊作为研究对象的会议报告、肖兴志和张伟广（2018）以学科内权威期刊《中国工业经济》刊载文献对产业经济学进行统计分析，而尚未出现系统评价和分析中国规制经济学学科发展演变的学术文献。因此，综合考虑规制经济学学科在国内的专业设置和相关的期刊定位，本文拟采用高频关键词为主题限定检索，同时限定CSSCI期刊和经济类学术文献，以检索得到的文献样本来考察中国规制经济学学科发展轨迹与特征。

二、样本来源与数据处理、方法说明

（一）样本来源与数据筛选处理

本文的研究样本来源于中国知网（CNKI）期刊数据库。首先将研究主题精确限定为“规制”“管制”和“监管”，中图分类号模糊限定为“F”（即经济类）。以相对准确地筛选出规制经济学学科的学术论文。同时，为提高研究样本的学术价值，再将期刊来源限定为CSSCI期刊，由此检索得到20 026篇文献，时间跨度为1998年1月至2018年3月。

在检索下载得到全部样本的基础上，通过严苛的手工筛选，剔除非学术性文章的样本1 135篇，最终确定有效数据18 891篇文献，共计1 851家第一作者单位，以此为样本进行统计分析。具体的数据筛选处理过程如下：

1. 对搜索的总体文献样本进行无效样本剔除，包括会议通知、会议综述、书籍评介、期刊致谢、征稿启事、政策法规、通知公告及作者单位空白等，核心原则为该论文样本不包含有意义的关键词和作者单位不明确。

2. 在剔除无效样本的基础上，手工处理“作者单位”信息时只保留到第一责任单位，且保留单位为高校、政府或企业的一级单位名称。

3. 经过对单位信息初步排序后，筛选出在样本期内单位名称发生变更的高校或政府机构，将名称统一并对样本数量进行加总，以保证样本质量的稳定可靠。共涉及47家作者单位，如“浙江财经学院”于2013年更名为“浙江财经大学”。

4. 为保证后文对期刊来源分析的严谨准确性，对样本期内名称发生变更的期刊同样进行统一和数据加总。共涉及19种期刊，如“现代财经—天津财经学院学报”于2008年更名为“现代财经(天津财经大学学报)”。

（二）研究方法与分析工具说明

本文主要采用词频分析法和共词分析法，以书目共现分析系统Bicomb2.0、综合型社会网络分析工具Ucinet、内部集成的可视化工具NetDraw等为技术手段，结合图表对样本文献进行统计描述。其中，词频分析法能对反映文献核心内容的关键词出现的频次进行统计。当某个关键词在该领域文献中反复出现时，说明它是这一领域的研究热点和发展动向。共词分析法能统计一组词在同一篇文献中共同出现的次数。在同一篇文献中出现的次数越多，说明这两个词的关系越紧密，进而反映这些词之间的亲疏关系。

在此基础上，本文分别从期刊发文量、作者及单位来源、关键词主题变化等角度，结合经济学逻辑和现实经济社会发展背景，总结中国规制经济学学科发展演进的一些特征规律。

三、发文数量与期刊来源

（一）历年发文数量的筛选统计

某一学科在学术期刊的发文数量是衡量该学科受到研究学者关注和重视程度的最直观指标。通过跟踪分析学科历年发文数量，我们可以发现学科的演进趋势和总体特征。表1列示1998～2018年规制经济学文献的历年发文数量和样本筛选情况。

表1　　1998～2018年规制经济学文献的历年发文数量和样本筛选情况

年份	总发文量	删除量	保留量	年份	总发文量	删除量	保留量
1998	321	79	242	2009	1 359	57	1 302
1999	382	86	296	2010	1 401	62	1 339
2000	403	49	354	2011	1 416	58	1 358
2001	551	54	497	2012	1 484	90	1 394
2002	550	43	507	2013	1 511	99	1 412
2003	611	25	586	2014	1 546	62	1 484
2004	645	27	618	2015	1 478	98	1 380
2005	723	27	696	2016	1 514	69	1 445
2006	713	25	688	2017	1 293	42	1 251
2007	784	23	761	2018	127	4	123
2008	1 214	56	1 158				

从表 1 可以直观看出，1998～2007 年中国规制经济学学科发文数量逐渐平缓上升，并在 2007 年达到 784 篇；而在 2008 年之后，学科的学术论文量急剧攀升并呈稳定发展态势，保持在每年 1 200 篇以上。这表明规制经济学研究在国内越来越受到重视，且在近 10 年间逐渐走向成熟发展。

结论 1：中国规制经济学学科：2008 年为节点，近十年来的研究得到蓬勃发展，学科逐渐走向成熟。

（二）文献来源期刊的统计分析

学术期刊的刊文主题和数量与该期刊的自身定位密切相关，而通过学科主题的检索得到文献来源期刊发文量频次统计则可反映期刊在助推学科发展中的重要作用。表 2 显示，在期刊发文量频次分布上，排名前五位的期刊均与金融保险相关，这与“金融监管与规制”主题始终作为我国经济现实和经济学理论研究的热点相吻合。同时，检索得到文献来源于 610 种期刊，表明中国规制经济学学科发展得到不同类型和平台期刊的重视与推动。

表 2　　1998～2018 年规制经济学文献发文量前 20 位期刊分布

序号	期刊	发文量（累计%）	序号	期刊	发文量（累计%）
1	中国金融	1 154（6.11）	11	证券市场导报	230（22.55）
2	上海金融	680（9.71）	12	经济体制改革	214（23.68）
3	国际金融研究	335（11.48）	13	当代财经	212（24.81）
4	金融研究	311（13.13）	14	金融论坛	206（25.90）
5	保险研究	295（14.69）	15	经济问题	195（26.93）
6	生产力研究	275（16.15）	16	管理世界	192（27.94）
7	价格理论与实践	261（17.53）	17	中央财经大学学报	190（28.95）
8	经济纵横	245（18.82）	18	财贸经济	189（29.95）
9	财经问题研究	238（20.08）	19	改革	179（30.90）
10	财经科学	236（21.33）	20	中国工业经济	178（31.84）

四、作者及所属单位分析

（一）论文的第一作者分布

在全部样本 18 891 篇文献中，共涉及第一作者（含个人署名和课题组署名）11 911 个[①]。1998～2018 年，发文量最多的五位学者分别是国务院发展研究中心的巴曙松（60 篇）[②]、浙江财经大学的王俊豪（48 篇）、东北财经大学的肖兴志（42 篇）、中国社会科学院的何德旭（35 篇）和中国银监会的王兆星（33 篇）。发文量 16 篇及以上的第一作者 24 人，累计占比 3.03%，具体分布如表 3 所示。

① 全部样本共涉及作者 19 085 个。限于篇幅，文中未列示该频次分布表，作者备案。

② 仅列示该学者发文所署单位最多的机构，下文同此。

表 3　　1998～2018 年规制经济学文献发文量 16 篇及以上的第一作者分布

序号	关键字段	发文量（累计%）	序号	关键字段	发文量（累计%）
1	巴曙松	60（0.32）	13	蒋海	18（2.07）
2	王俊豪	48（0.57）	14	王国刚	18（2.17）
3	肖兴志	42（0.79）	15	张伟	18（2.26）
4	何德旭	35（0.98）	16	王勇	17（2.35）
5	王兆星	33（1.15）	17	项俊波	17（2.44）
6	郝旭光	24（1.28）	18	李强	16（2.53）
7	陈文辉	24（1.41）	19	胡颖廉	16（2.61）
8	李成	23（1.53）	20	白让让	16（2.69）
9	吴定富	23（1.65）	21	陈华	16（2.78）
10	周小梅	21（1.76）	22	张强	16（2.86）
11	于良春	21（1.87）	23	谢地	16（2.95）
12	陈富良	19（1.97）	24	钟伟	16（3.03）

（二）论文作者的共现分析

对文献作者的共现分析，有助于发现各学者间的合作关系。首先使用 Bicomb2.0 对全部样本的作者信息进行提取统计，根据频次分布离散度较大的实际情况，设置阈值≥12，生成 96×96 的共词矩阵。利用社会网络分析工具 Ucinet 和内部集成的可视化工具 NetDraw 进行可视化中心度分析，生成作者的共现网络分析图。其中，关联节点的大小和连接线的多少分别代表相关学者与其他学者合作的关联程度和频次。如图 1 所示，以肖兴志、钟伟、李成、何德旭和于良春等学者为连接节点的共现关系较多，说明相关学者为丰富和推动规制经济学领域内的学术交流和合作研究起到一定的引领作用。

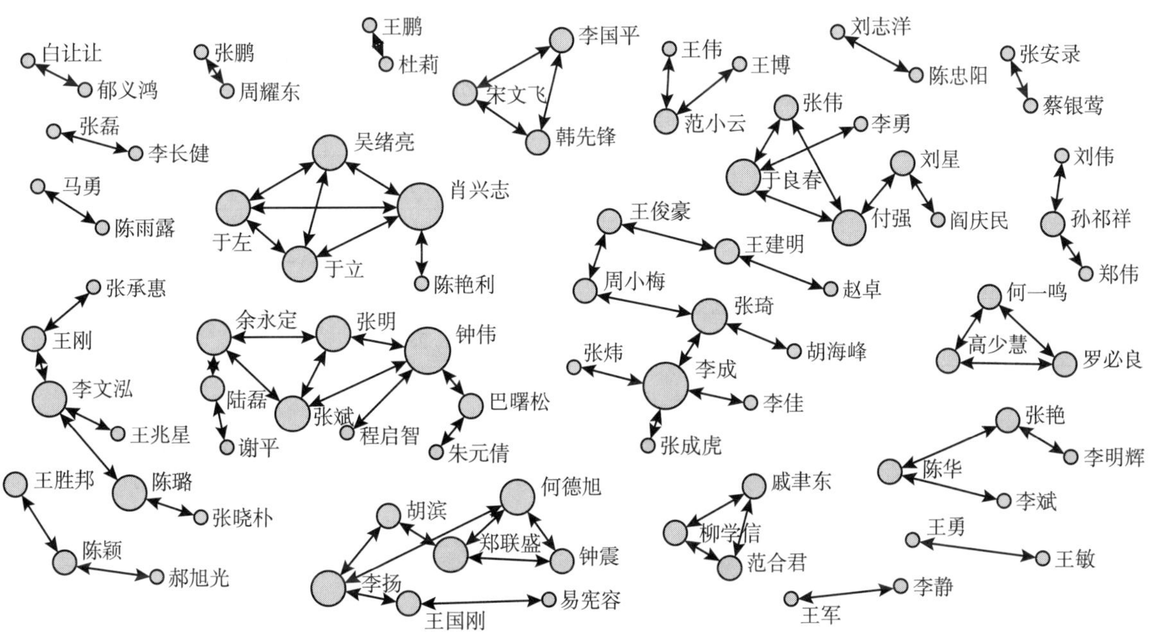

图 1　论文作者共现网络分析

（三）作者单位的数量分布

作者单位是学者进行相关科学研究依托的平台和载体，对作者单位来源进行分析，有助于发现规制经济学领域学术研究的主要机构和团队力量的分布情况。

全部 18 891 篇文献共涉及第一责任单位 1 851 所，而且作者单位分布比较广泛，包括全国高等院校及国家部委、研究机构等。排名前三位的单位发文量均超过 550 篇，中国人民银行作为政府机构，对国内金融市场监管研究并负责宏观调控政策的制定实施，发文 654 篇；中国人民大学作为高等院校的代表和国内经济学研究的“重镇”，发文 604 篇；中国社会科学院作为哲学社会科学的学术机构和研究中心，发文 578 篇。统计来看，发文量 108 篇及以上的机构 40 所，累计占比 63%，超过整体发文量的一半①。

结论 2：作者单位来源广泛，学科研究主体多元，但发文数量集中度较高，学科发展在一定程度上仍依赖部分机构平台。

（四）作者单位的学科内类别分析

在分析论文第一责任单位总体数量分布的基础上，为进一步探究不同类别高校在学科发展和学术推动中的贡献比例，首先将发文量仅 1 篇的 1 087 家作者单位删除，从而得到更稳健的 17 804 篇文献、764 所作者单位。对规制经济学博士学位授予点高校（3 所）、产业经济学国家重点学科/重点培育学科高校（9 所）两种类别进行统计分析②，以探讨中国规制经济学学科发展是集中依赖于国家重点建设类别高校还是呈现百家争鸣、全面发展的局面。

表 4 的数据对比显示，学科内两种类别高校的平均发文量均远远高于稳健样本的单位平均值，表明现阶段规制经济学学科研究主要依托于国家重点建设扶持和整体学科实力较强的高校单位。同时，产业经济学国家重点学科/重点培育学科高校单位发文量又高于规制经济学博士学位授予点高校，表明规制经济学尚未完全形成一门独立的学科，在学科发展上仍作为产业经济学二级学科方向而受到局限，较依赖原有产业经济学学术平台。

表 4　规制经济学博士学位点、产业经济学重点学科/重点培育学科高校发文数量及占比

指标	规制经济学博士学位授予点	产业经济学重点学科/重点培育学科点	稳健样本
数量	551	2 585	17 804
占比	3.09%	14.52%	100%
平均单位发文量	183.67	287.22	23.31

结论 3：国家重点建设高校对中国规制经济学学科的发展起着主体作用，尤其是国家重点学科/重点培育学科高校的优势更为明显，规制经济学作为一门独立学科的发展仍有待加强。

① 限于篇幅，文中未列示作者单位的频次分布表，作者备索。

② 需要说明的是，东北财经大学既是规制经济学博士学位授予单位，又是产业经济学国家重点学科高校。

五、关键词主题共现与变化特征

（一）传统规制经济学文献研究热点的频次分布

由于全部样本包含大量的金融、金融监管类关键词，为深入分析传统规制经济学研究的主题演变特征，有必要对样本数据进一步筛选剔除，以得到更稳健的文献样本。经比对关键词词频，特删除包含“金融监管”“金融”“银行”“保险”“证券”等五个关键词的文献，最终得到传统规制经济学样本（以下简称“传统样本”）11 179 篇文献。

对传统样本的关键词进行提取统计后得到原始关键词 19 748 个，关键词呈现总频次为 46 516 次。表 5 列示不同时间跨度的文献中前 16 位高频关键词的频次分布。

表 5　　传统样本不同时间跨度的关键词频次分布（前 16 位）

排序	1998～2018 年		1998～2007 年		2008～2018 年	
	关键字段	出现频次	关键字段	出现频次	关键字段	出现频次
1	环境规制	631	政府管制	133	环境规制	604
2	监管	477	监管	132	监管	345
3	食品安全	362	规制	125	食品安全	334
4	政府规制	335	政府规制	121	政府规制	214
5	规制	301	企业	109	政府监管	189
6	政府管制	273	企业管理	101	规制	176
7	政府监管	223	自然垄断	93	政府管制	140
8	企业	182	管制	76	博弈	107
9	企业管理	150	放松管制	56	技术创新	97
10	管制	148	改革	47	环境管制	95
11	博弈	146	竞争	42	演化博弈	89
12	自然垄断	145	博弈	39	法律规制	83
13	改革	115	信息不对称	39	信息披露	83
14	环境管制	109	上市公司	37	国有企业	80
15	上市公司	108	会计监管	36	企业	73
16	信息不对称	108	放松规制	35	管制	72

由表 5 各列对比可以直观看出，“环境规制”“食品安全”“环境管制”等具体的社会性规制主题词明显集中于后 10 年，而“自然垄断”“放松管制”“放松规制”等关键词主要集中于前 10 年。具体的主题演变特征的背后逻辑，下文予以详细论述。

（二）关键词的共现分析和主题演变特征

对文献关键词的共现分析，不仅可直观了解不同研究主题之前的关联度，还可清晰反映关键词的整体特征和可视化中心凸显。为尽可能客观科学地反映中国规制经济学研究主题的发展变迁和演变特征，本文采用纵向分年度阶段，即分别对近20年、近15年、近10年、近5年、近3年的文献关键词进行细致分析。限于篇幅，本文不再一一列示高频关键词分布表和共现网络关系图，仅给出主题变化的分析结果。

“自然垄断”“公用事业”“放松管制”“放松规制”“民营化”等关键词集中于前10年（1998～2007）。公用事业主要是指自来水、电力、天然气、电信和铁路运输等具有网络性的行业，该类行业的最大特点是自然垄断性，因此自然垄断的公用事业具有典型的市场失灵特征。早期规制经济学理论提出以国有化和政府管制两条途径来解决这一问题，而高度集中的管理体制必然带来效率低下、竞争活力缺乏的问题。从20世纪90年代以来，我国对自然垄断性的公用事业采取一系列改革，其中一项重要内容就是放松政府管制，鼓励非公有制经济（民营经济）进入自然垄断行业。

由图2的左图可以明显看出，自然垄断性公用事业的改革从1998年开始，重点集中在2003～2007年，随后频次逐渐降低。2013年之后，对此类行业的规制改革尤其是“放松规制”的研究极少。这既与规制经济学学科理论的发展有关，更与我国经济社会现实的发展演进相关。随着国家对垄断性公用事业完善规制体制、放松规制并引入民营经济的同时，一方面解决了原有政府规制的低效率；另一方面也与我国以发展来代替改革、在经济发展中解决问题的战略思路密不可分。

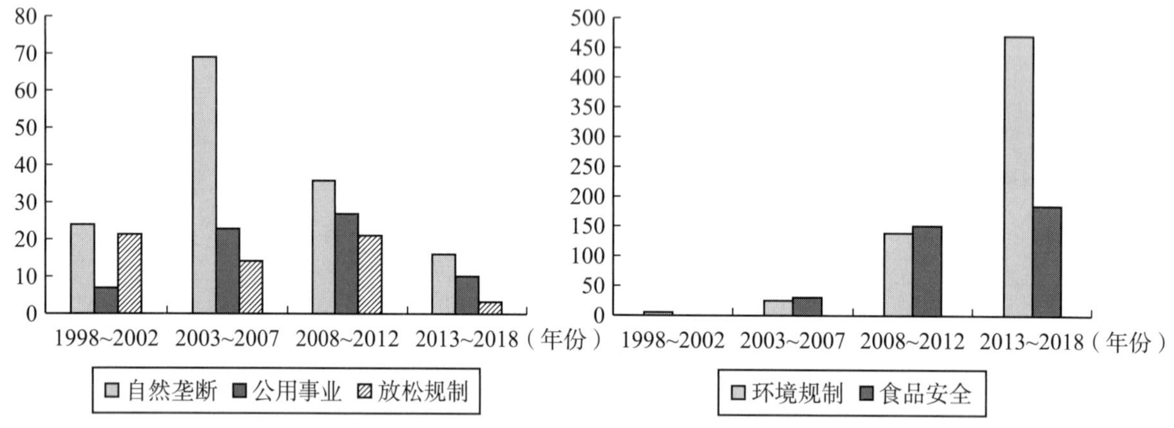

图2　部分高频关键词分时段频次变化

“食品安全”“环境规制”等具体的社会性规制主题的研究频次在2008年之后急剧攀升。早期规制经济学的理论研究主要以经济性规制为主，随着学科研究领域的拓展，关注健康、环境安全的社会性规制研究不断增多。我国在保持经济快速增长的同时，以2008年爆发的“三聚氰胺”毒奶粉事件为典型代表的食品安全问题、近些年频繁出现的重度雾霾天气等环境污染问题及人民群众对高质量生活的追求都迫切要求社会性规制理论与经济社会现实有效结合。

2012年11月，党的十八大首次将生态文明建设纳入“五位一体”的总体布局，“既要金山银山，又要绿水青山”可持续发展理念的提出，中国政府不断通过将环境质量纳入官员政绩考核、重组国务院相关产品质量安全监管和环境监管机构等方式来加强对食品安全和环境问题的监管和治理，均对规制经济学理论研究具有较强的政策导向作用，相关的热点研究大量涌现（如图2的右图所示）。

结论4：研究主题与中国经济发展和改革开放的时代特征紧密结合，体现与时俱进的特点，也反映规制经济学研究者密切关注现实经济问题和国家的经济政策导向。

（三）规制经济学博士学位授予高校的关键词特征

为进一步考察学科内部不同高校间的研究偏向，本文重点对具有规制经济学博士学位授予权的

3 所高校的高频关键词进行统计（见表6）。研究关键词的出现频次在一定程度上反映所在高校规制经济学学科建设发展的特色历程和关注热点的特征。

表 6　　规制经济学博士学位授予高校的高频关键词分布

高校	频次（10 及以上）	频次（6～9）	频次（4～5）
东北财经大学	环境规制、金融监管、规制效果、管理控制	监管、食品安全、规制、煤矿安全规制、规制改革、放松规制、商业银行、内部控制、政府监管	企业管理、自然垄断、上市公司、社会性规制、企业、技术创新、会计监管、博弈分析、自然垄断产业、价格规制、反垄断、产业、金融、公司治理、规制失灵
辽宁大学	—	金融监管、监管、商业银行	自然垄断、政府规制、影子银行、财政金融、交易成本、金融危机、金融、混业经营、环境规制
浙江财经大学	政府管制	城市公用事业、管制机构、金融监管、垄断性产业	民营化、管制、垄断行业、环境管制、监管、市场结构重组、改革

注：限于篇幅，本文仅列示出现频次在 4 次及以上的高频关键词。

东北财经大学依托教育部人文社会科学重点研究基地——产业组织与企业组织研究中心，重点关注规制经济理论、自然垄断行业规制、规制效果评价等领域的研究，其高频关键词“环境规制”“煤矿安全规制”“规制效果”“规制改革”“自然垄断产业”等具有鲜明的特色导向。辽宁大学作为综合性高校，在“金融监管”“自然垄断”“环境规制”等领域均有涉及，研究覆盖面较宽。浙江财经大学依托城市公用事业政府监管博士人才培养项目，在“政府管制”“城市公用事业”“垄断性产业”等领域拥有一定的研究优势和特色。

结论 5：不同高校的规制经济学研究主题具有明显的偏好和特色差异，对学科发展起到重要的推动作用。

六、结　　语

通过对中国规制经济学学科研究近 20 年来发文量变化、期刊来源、作者与所属单位结构及关键词等信息的深度文献计量分析，本文从多角度解析国内高校科研院所和学者在紧跟中国改革开放与现代化建设进程，洞察、思考并破解中国政府规制领域存在的现实问题，推动中国规制经济学学科建设等方面作出的突出贡献。同时，在一定程度上刻画中国规制经济学学科的当前发展格局，旨在厘清中国规制经济学学科发展的现状和特征，以期对规制经济学领域的各位专家和学者了解并支持中国规制经济学学科的建设与发展有所裨益。

参考文献：

1. 曹亮、盛月、黄建忠：《国际贸易学发展的基本特点和前沿动态——基于对 1990～2012 年间国际贸易学权威文献的统计结果》，载于《经济学动态》2012 年第 11 期。

2. 陈静、吕修富：《基于 CSSCI（2000—2011）的中国统计学学科知识图谱研究》，载于《图书与情报》2014 年第 2 期。

3. 崔雷、刘伟、闫雷、张晗、侯跃芳、黄莹娜、张浩：《文献数据库中书目信息共现挖掘系统的开发》，载于《现代图书情报技术》2008 年第 8 期。

4. 胡晓鹏、李欣：《2012—2013 年上海学者在产业经济领域的研究特点及学科发展建议（2012—2013）》，载于《上海学术报告》2015 年第 3 期。

5. 林杰、王军、郭淑玲、赵武：《中国高等教育研究作者成熟度的文献计量学分析——以 CSSCI 期刊为例》，载于《大学教育科学》2011 年第 3 期。

6. 刘曙光：《中国产业经济学科发展与建设的路径选择——2006 全国产业经济学专业博士点、重点学科及重点研究基地建设经验交流会观点综述》，载于《中国海洋经济评论》2007 年第 1 期。

7. 汪秋明：《新规制经济学研究述评》，载于《经济评论》2005 年第 4 期。

8. 王俊豪、王岭：《国内管制经济学的发展、理论前沿与热点问题》，载于《财经论丛》2010 年第 6 期。

9. 王俊豪：《英国政府管制体制改革研究》，三联书店 1998 年版。

10. 吴远仁、沈利生：《中国数量经济学学科知识图谱研究——基于 CSSCI（2000 - 2014）数据的文献计量分析》，载于《经济学动态》2015 年第 8 期。

11. 肖兴志：《产业经济学理论研究新进展与文献评述》，科学出版社 2010 年版。

12. 肖兴志、陈长石：《规制经济学理论研究前沿》，载于《经济学动态》2009 年第 1 期。

13. 肖兴志、张伟广：《中国产业经济学发展轨迹与特征分析——基于〈中国工业经济〉期刊文献的计量分析》，载于《产业组织评论》2018 年第 1 期。

14. 杨虎涛、李思思、邓川：《中国政治经济学的文献计量研究——基于 1998—2013 年的 CSSCI 文献分析》，载于《政治经济学报》2016 年第 2 期。

15. 臧旭恒、王立平：《规制经济理论的最新发展综述》，载于《产业经济评论》2004 年第 1 期。

16. 张立：《从博硕士论文看中国图书馆专业学科建设和研究热点》，载于《图书馆工作与研究》2009 年第 4 期。

17. ［日］植草益著，朱绍文等译：《微观规制经济学》，三联书店、中国发展出版社 1992 年版。

18. 钟赛香、袁甜、苏香燕、胡鹏、薛熙明：《百年 SSCI 看国际人文地理学的发展特点与规律——基于 73 种人文地理类期刊的文献计量分析》，载于《地理学报》2015 年第 4 期。

（本文载于《财经论丛》2018 年第 11 期）

并购商誉、投资者过度反应与股价泡沫及崩盘

杨 威 宋 敏 冯 科

摘　要：本文以近年来兴起的并购重组市场为背景，探讨投资者是否会对并购过度反应从而引发股价的泡沫与崩盘。由于商誉仅源于上市公司并购时支付的溢价，本文以商誉作为并购的年度代理指标，在更长的时间跨度上识别了并购引发的泡沫与崩盘。研究发现：商誉加剧股价崩盘风险且两者的关系主要源于商誉较高的样本，初步证明高商誉的公司股价具有一定程度的泡沫；商誉提升了公司业绩，投资者对并购过度反应从而使股价积累了泡沫；并购后业绩下滑可视为股价高估的信号，此时商誉与股价崩盘风险的关系更明显。进一步分析表明，当投资者持股期限较短、公司估值较高和市场行情较好时商誉与股价崩盘风险的关系更为明显。此外，高商誉公司高管的减持规模显著高于低商誉或无商誉的公司，表明管理层利用并购引发的股价泡沫实现了财富转移。本文丰富了上市公司并购行为经济后果的研究，体现了转型经济国家并购市场发展初期的独特性质，对于降低股价崩盘风险、维护金融市场稳定有一定的启示作用。

关键词：并购　泡沫　股价崩盘风险　过度反应　商誉

一、问题提出

寻找增长新动能与防范化解重大风险是当前中国经济领域的两大重要课题。十九大报告指出中国经济已由高速增长阶段转向高质量发展阶段，正处在转变发展方式、优化经济结构、转换增长动力的攻关期。2017 年 12 月举行的中央经济工作会议明确指出未来 3 年的工作重点是“三大攻坚战”，且“防范化解重大风险”是“三大攻坚战”的首要目标。并购重组作为资本市场存量资源配置的主要方式日益得到了重视，并且成为资本市场服务国家重大战略和实体经济的重要任务。在相关政策的支持下，2015 年上市公司的并购金额迅速飙升至 16 100 亿元，相比 2014 年的 2 170 亿元增速超过 7 倍①。监管层的初衷是希望上市公司通过并购重组优化资源配置、提升公司业绩，但并购重组引发股价暴涨暴跌、加剧市场波动的负面效果也逐渐显现出来。以全通教育为例，当该公司于 2015 年 1 月 28 日带着重组预案复牌时，公司股价在短短 8 个交易日内翻倍。此后股价一路上涨并在 2015 年 5 月 18 日达到历史高点，随后该股便开始一路下跌，至 2017 年 5 月 25 日公司股价相对于 2015 年的高点跌幅达到 90%。因并购股价飙升最后却陨落的公司并非仅此一家②。在此背景下，本文试图探讨并购重组引发股价暴涨暴跌这一资产定价“异象”的根源。

本文认为中国的资本市场为研究公司并购事件引发的泡沫与崩盘提供了理想的实验场所：（1）就以股票作为支付方式的并购而言，国内外文献普遍发现公告之前收购方股价会明显上涨，这种现象可能是因为收购方利用了市场错误估值（Shleifer and Vishny，2003）、操纵媒体提升自身股价（Ahern

① 数据由作者根据 CSMAR 并购重组数据库整理得到。

② 并购后股价大幅上涨并最终崩盘的现象较为普遍，比较有代表性的如乐视网、东方财富等。

and Sosyura，2014）或内幕交易（邵新建等，2014），而在并购公告时投资者能及时调整自己的认识，因此并购公告后股价会下跌，并不会形成明显的泡沫。而近年来中国上市公司多以定向增发的股权支付方式完成收购且在并购公告之后股价涨幅较大（见本文表 4），这与国外换股并购后股价普遍下跌的现象明显不同（Savor and Lu，2009；Fu et al.，2013），使本文怀疑并购后的股价上涨可能意味着泡沫的存在。（2）中国股市虽然在不断发展和完善，但中国资本市场以散户为主体的现象并未改变（Bailey et al.，2009），中国股市也以超高的换手率和投机性交易区别于其他国家的资本市场（Pan et al.，2015）。在资本市场投机氛围较为浓厚的背景下，已有较多研究发现投资者对 IPO、"高送转"、股权转让等重大公司事件进行炒作从而使股价在短期内明显上涨（韩立岩和伍燕然，2007；李心丹等，2014；王化成等，2010），据此推测，兼具"眼球效应"与改善公司业绩效果的并购也很可能引发投资者的过度反应进而导致股价泡沫。（3）中国的融资融券因制度设计问题使得卖空功能发挥受限，当公司股价出现泡沫时难以在短时间内出清，通常会以暴跌这种极端形式得到释放（褚剑和方军雄，2016）。

商誉仅源于上市公司并购时支付的溢价，本文以商誉作为公司并购的年度代理指标，并借鉴股价崩盘风险文献的分析框架，利用以下发现识别了并购引发的泡沫与崩盘①：（1）泡沫是指资产价格超出基本面价值的现象（Xiong and Yu，2011），然而基本面价值难以准确衡量，学者们普遍将事后发生崩盘作为判断股价泡沫的一个必要条件（Bhattacharya and Yu，2008；Xiong，2013）。本文发现商誉与股价崩盘风险正相关且两者的相关性主要源于商誉较高的样本，初步表明商誉较高公司的股价可能具有一定程度的泡沫。（2）商誉在当期和下一期均提升了公司的总资产收益率，但商誉对股价表现的促进作用仅在当期显著且幅度大于对总资产收益率的促进作用，表明投资者对并购这一利好反应过度从而使股价积累了泡沫。（3）以业绩下滑作为判断股价是否存在泡沫的标志，本文发现业绩下滑时商誉与股价崩盘风险的关系更为明显（Demarzo et al.，2008）。分样本的回归结果显示，商誉对股价崩盘风险的影响在投资者持股期限较短、公司估值较高、市场行情较好时更为明显，进一步表明泡沫是商誉加剧股价崩盘风险的路径机制。同时，当分别以杠杆率和盈余操纵衡量管理层隐藏负面消息的动机和程度时，结果发现商誉对股价崩盘风险的影响在杠杆率较高时更为明显，而在盈余操纵程度不同的公司没有明显差别，部分支持了管理层隐藏负面消息也是商誉加剧崩盘风险的机制。此外，本文还发现高商誉公司高管的减持比例明显高于低商誉或无商誉的公司，表明管理层利用并购引发的股价泡沫进行高位减持、实现财富转移。

本文可能在以下五个方面丰富了已有文献：（1）对并购的经济后果提供了新的研究视角。以往文献多从公告日市场反应的角度研究并购（Netter et al.，2011；潘红波和余明桂，2011），本文则以投资者对并购的过度反应为切入点，为并购引发股价泡沫与崩盘的资产定价"异象"提供了来自新兴市场的微观证据。（2）丰富了股价泡沫与公司并购之间关系的认识。国外研究仅发现股价泡沫与公司并购之间存在单向关系，即股价高估时上市公司会利用股权融资实施并购（Shleifer and Vishny，2003；Ahern and Sosyura，2014），本文则发现中国上市公司的并购会因投资者的过度反应引发股价泡沫，且管理层利用股价泡沫实现了财富转移。（3）对从公司层面研究股价崩盘风险的文献提供了新的补充。公司层面的股价崩盘包含股价泡沫以及负面消息集中释放两个部分，多数研究利用崩盘的发生验证管理层"捂盘"负面消息的行为及其影响因素（孟庆斌等，2017；林乐和郑登津，2016）。以上文献均将崩盘前股价存在泡沫作为一个不言自明的假设且认为管理层对负面信息的隐藏是导致股价泡沫的原因。本文则从上市公司并购这一重大投资决策出发，从投资者过度反应的视角指出了另一种股价泡沫的成因，在逻辑上与已有文献保持一致的前提下丰富了该领域的研究。（4）丰富了商誉相关的研究。目前关于商誉的文献大多集中于探讨商誉的内涵（杜兴强等，

① 股价崩盘风险的相关文献通常以下一期的股价崩盘风险指标作为被解释变量，本文的做法与此类文献相同。同时，崩盘意味着股价存在泡沫，虽然泡沫与崩盘有时间上的先后顺序，但都是投资者对并购过度反应所产生的后果，即股价先因投资者的过度反应产生泡沫，当泡沫无法持续时发生崩盘。

2011)、商誉高低的影响因素（Li et al.，2011；Olante，2013）和商誉减值的发生及其经济后果(Li et al.，2011；Bens et al.，2011)，本文则指出商誉较高的公司其股价可能包含了较多的泡沫成分，从资产定价的角度丰富了对商誉的理解。(5) 丰富了投资者过度反应的相关文献。以往此类文献大多利用股价的反转效应证明过度反应这一心理特征的存在，本文则说明投资者面对公司并购时同样存在过度反应的现象，且这种过度反应会影响资本市场的稳定。

二、背景介绍、文献综述和研究假设

（一）商誉的会计处理

财政部2007年颁布了新的企业会计准则，新准则第20号《企业合并》中规定："购买方对合并成本大于合并中取得被购买方可辨认净资产公允价值份额的差额应当确认为商誉。"按照该企业会计准则，涉及企业合并的会计处理首先应区分并购双方是否为同一实际控制人。只有对于并购双方非同一实际控制人的企业合并，上市公司支付金额超过被收购资产公允价值的部分才会计入商誉中。也就是说，大股东的资产注入行为并不会使公司的商誉发生变化，只有当上市公司实施非关联性质的市场化并购时支付的溢价才会计入商誉中，因而商誉就等同于上市公司市场化并购中支付的溢价①。

（二）文献综述

1. 商誉的相关研究。目前商誉的研究大多集中在商誉是否高估及其成因、商誉减值的发生及其后果（杜兴强等，2011；Li et al.，2011；Olante，2013；Ben et al.，2011)，较少有文献探讨了商誉对公司资产定价的影响。目前仅有王文娇等（2017）探讨了商誉对未来股价崩盘风险的预测作用，但他们完全从会计信息的角度对两者的关系进行解释，并认为会计稳健性和管理层操纵商誉资产是商誉加剧股价崩盘风险的机制。然而，他们并没有发现两者的关系在会计稳健性较低的样本中更为明显。此外，尽管他们发现了商誉对股价崩盘风险的影响在分析师跟踪和机构投资者较少的样本中更明显，但这并不必然意味着外部治理因素可以限制管理层操纵商誉资产，也可能是因为外部治理机制较差的公司股价更容易因投机性交易产生泡沫②，而他们在文中并未对此进行区分。本文则认为商誉较高意味着股价的泡沫程度较大，而股价泡沫源于投资者对并购的过度反应，从投资者行为的角度进行解释具有更强的说服力。

2. 投资者过度反应的相关研究。行为金融角度的过度反应是指面对不确定的突发事件时，投资者会因心理认知偏差违背贝叶斯法则，从而引起资产价格的超跌或超涨，等到投资者逐渐理解事件的真实意义后价格就会反转并最终恢复到合理的定价区间（Barberis et al.，1998)。面临政策出台、信息披露或意外事件时投资者过度反应的现象已经在股票市场（Bondt and Thaler，1985)、国债市场（Fleming and Remolona，1999）和房地产市场（邓国营等，2010）中得到了验证。总之，目前投资者过度反应的文献重点在于论证此种效应在不同市场中的广泛存在，本文则从资产定价角度考察了投资者对并购过度反应所引发的泡沫与崩盘。

3. 泡沫与股价崩盘风险的相关研究。资产价格泡沫指的是资产价格超出基本面价值的现象

---

① 限于篇幅，商誉的年度分布请参见《中国工业经济》网站（http://www.ciejournal.org）公开附件部分。

② 安德拉德等（Andrade et al.，2013）发现在A股2007年的泡沫时期，分析师跟踪较多的公司股价泡沫程度较低，原因在于分析师具有降低投资者异质信念的信息发现和传递功能。

（Demarzo et al.，2008；Xiong and Yu，2011）。因任何衡量公司基本面价值的模型都可能存在遗漏变量的问题，这使得基本面价值难以准确衡量，于是学者们将“股价经历较大涨幅后崩盘”作为定义泡沫的必要条件（Bhattacharya and Yu，2008；Xiong，2013）。从历史上看，一些著名泡沫的崩盘事前通常难以预料且发生在极短的时间内（Xiong，2013）。这意味着泡沫与崩盘如影随形，事后的崩盘是判断泡沫的一个必要条件。

目前文献对于崩盘风险的研究主要从市场层面和公司层面进行研究。基于市场层面研究股价崩盘风险的文献，重点在于说明卖空机制的不完善和投资者异质性使得负面消息无法反映到股价中造成股价高估，当公司遭受负面消息冲击时，则可能出现所有人同时卖出公司股票从而引发股价崩盘风险（Hong and Stein，2003；Chang et al.，2007）。基于公司层面的研究则主要从代理理论和信息不对称两个角度对股价崩盘风险进行解读。代理问题导致股价崩盘风险是指管理层出于构建企业帝国、企业避税、期权激励、政治晋升等动机会对公司负面消息进行管理，直到负面消息无法掩盖时集中披露出来，然后造成股价崩盘风险（Kothari et al.，2009；Kim et al.，2011a，2011b；Piotroski et al.，2015）。信息不透明为管理层“捂盘”负面消息提供了一定的便利，因此信息不透明会加剧股价崩盘风险（Jin and Myers，2006；Hutton et al.，2009）。

然而，基于市场和公司层面研究股价崩盘风险的文献均基于一个非常强的假设，即假设崩盘前股价存在泡沫。前一类文献认为市场交易机制的不完善是导致股价泡沫的成因（如卖空约束），后一类文献中的绝大多数研究均认为管理层对负面信息的“捂盘”是股价泡沫的成因，并利用负面消息集中披露引发股价崩盘验证管理层隐藏负面信息的行为及其影响因素。除了陈等（Chen et al.，2001）、褚健和方军雄（2016）明确指出泡沫是加剧股价崩盘的机制外，其他崩盘风险的文献尽管也涉及或暗示股价泡沫会加剧未来的崩盘风险，但这些研究更侧重于从负面消息的“捂盘”与曝光对崩盘进行解释。

（三）研究假设

崩盘风险包含股价高估和负面消息集中释放两个部分（Chang et al.，2017）。借鉴股价崩盘风险文献的分析框架，本文认为投资者可能会对上市公司的并购行为过度反应进而导致股价存在泡沫并加剧稍后的股价崩盘风险。

首先，尽管从总市值而言 A 股已经发展为世界第二大的股票市场，但是 A 股以散户为主体的投资者结构并未发生改变，这使得市场的投机氛围依然较为浓厚（Bailey et al.，2009；Pan et al.，2015）。散户为主体的市场其投资者异质性较大，“追涨杀跌”的投机性交易频发，使得中国股市容易形成泡沫（Scheinkman and Xiong，2003；Xiong and Yu，2011）。

其次，已有研究表明投资者对上市公司的 IPO、股权转让和股票分红（即“高送转”）等重大事件表现出投机炒作的行为（韩立岩和伍燕然，2007；李心丹等，2014；王化成等，2010），使得公司股价短期内明显上涨。与以上事件类似，并购作为公司的重大事件除了会吸引投资者关注以外，在 A 股近年来并购市场迅速兴起的大背景下，优化存量资源配置的公司并购从性质上来说可能提升了公司的业绩。如郑海英等（2014）以商誉衡量公司的并购行为，发现并购商誉在短期内提升了公司业绩。尽管不排除少数人可能提前获悉并购消息，但市场的大多数参与者通常难以事前预测并购的发生，且事后看来并购总体上改善了公司的业绩。因此从性质上来说并购事件可以归类为突发的利好事件，在此情形下投资者容易对并购过度反应。

再次，并购需通过政审批的特点以及定向增发的融资方式均可能使股价在较长时期内存在高估，为本文以年度为期限研究并购引发的泡沫与崩盘创造了条件。中国上市公司的并购需要经历较长时间的行政审批①，并购利好信息反复、持续的“发酵”容易推高股价。上市公司并购时多以定向增发作为融资方式，在并购正式公告完成时新增发的股份视大股东是否参与会有 1 年或 3 年的锁定期②，新增股份的锁定消除了短期内大量新增股票抛售对股价形成的下跌压力。

最后，A 股融资融券制度因入选标准的系统性偏差和融资融券功能的不对称性，使得卖空机制作用受限（褚剑和方军雄，2016）。融资融券系统性的制度问题使得 A 股上市公司股价积累泡沫后难以短时间内出清，通常会以股价崩盘这种极端形式得到释放。

由以上分析可知，A 股的投机性交易氛围使得投资者容易对并购这一改善公司基本面的重大事件过度反应，同时较长的行政审批流程和新增股份在锁定期内的限制流通均为股价上涨创造了有利条件，从而使股价容易产生泡沫。以商誉作为公司并购行为的代理指标，基于“并购—投资者预期公司业绩改善—对利好过度反应—股价泡沫—泡沫无法持续并最终崩盘”的逻辑链③，本文提出：

假设 1：商誉与股价崩盘风险之间呈正相关关系。

通常情形下，不同投资者对基本面价值的判断存在分歧，难以准确识别股价是否存在泡沫。一个可行的办法是利用公司盈利能力的变化判断其基本面价值的变化。理论研究指出，当公司业绩下滑时，公司股价高于预期现金流的折现值，此时可以认为股价存在泡沫（Demarzo et al.，2008）。国内外的实证研究也发现股价崩盘风险与公司业绩变化具有反向关系，进而说明投资者会根据公司业绩变化状况判断股价是否高估。林乐和郑登津（2016）发现在退市监管这一外部治理机制的作用下，受到警告的公司会努力提升业绩从而降低了股价崩盘风险。Chang et al.（2017）发现股价周收益率出现极端负值通常伴随着业绩下滑的预告，这主要是由持股期限较短的机构投资者大量卖出公司股票造成的。持股期限较短的机构投资者会在公司的业绩下滑时大量卖出公司股票，表明他们认为业绩下滑可以视为股价高估的信号。基于同样的逻辑，如果并购后公司业绩下滑④，投资者预期公司未来现金流将减少，而此前股价因投资者的乐观预期已有较大涨幅，认识到公司业绩并无持续性的投资者可能会认为公司股价存在泡沫，于是选择卖出公司股票，进而引发股价的崩盘。据此，本文提出：

假设 2：当并购后公司业绩下滑时，商誉与股价崩盘风险的正相关关系更为明显。

本文的研究框架如图 1 所示。

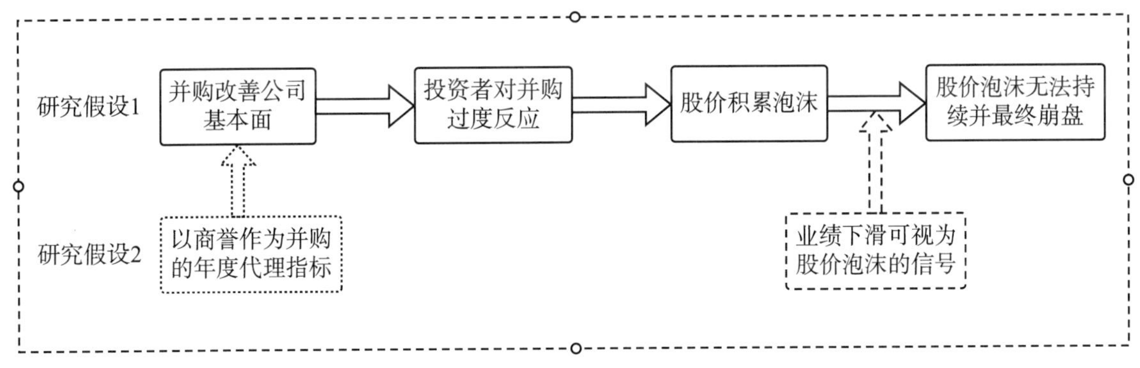

图 1　本文的研究框架

资料来源：笔者绘制。

① 上市公司通常会在召开董事会时首次公告并购的消息，首次公告后还需经历股东大会通过、发审委审批、证监会核准、正式公告完成等一系列流程。整个过程通常会持续几个月至 1 年的时间。

② 本文以双方非同一控制人的并购为研究对象，这类并购通过定向增发融资时新增股份的锁定期通常为一年。

③ 本文的逻辑链条较长，为了先将主要的结果展示出来以便读者能够理解，本文在进行实证研究时采用了逆推法，即汇报实证结果的顺序与提出假设的顺序是相反的。感谢匿名审稿人指出这一点。

④ 商誉与 ROE 下滑和 ROA 下滑虚拟变量的相关系数分别为 -0.0277 和 -0.0008，表明业绩下滑并不是高商誉的产物。然而，即便是累积商誉值超过 1 万亿元的 2016 年，商誉减值也仅约为 101 亿元。因此，本文认为业绩下滑可以作为商誉加剧股价崩盘风险的调节变量。

三、研究设计

（一）样本数据

本文选取 2007 ~2015 年沪深两市 A 股上市公司为研究对象。文中使用的数据均来自 CSMAR 数据库。上市公司开始出现商誉是 2007 年，因而本文的样本始于 2007 年。同时，本文的研究中需要使用下一年的股价交易数据和财务数据。而目前尚未公布 2017 年的财务数据，因此本文的样本截至 2015 年。对于初始数据，进行了如下处理：（1）剔除金融类上市公司样本；（2）为了有效估计股价崩盘风险，参照金和迈尔斯（Jin and Myers，2006），剔除了每年交易周数小于 30 的样本；（3）剔除数据缺失样本。根据上述标准，最终得到 14 842 个公司年度观测值。为控制极端值的影响，对模型中的所有连续变量在 1% 和 99% 的水平上进行缩尾（Winsorize）处理。同时，本文在所有回归中对标准误进行公司维度的聚类处理（Cluster），以控制潜在的截面相关问题（Petersen，2009）。

（二）变量的选择和说明

1. 被解释变量。本文的被解释变量的是股价崩盘风险，参照现有文献（Chen et al.，2001；Kim et al.，2011a，2011b；许年行等，2012），构造被解释变量指标的具体步骤如下：

首先，每一年对股票 i 的周收益率数据进行如下回归：

$$R_{i,t} = \alpha_i + \beta_1 R_{m,t-2} + \beta_2 R_{m,t-1} + \beta_3 R_{m,t} + \beta_4 R_{m,t+1} + \beta_5 R_{m,t+2} + \varepsilon_{i,t} \quad (1)$$

其中，$R_{i,t}$为股票 i 第 t 周考虑现金红利再投资的收益率，$R_{m,t}$为 A 股所有股票在第 t 周经流通市值加权的平均收益率。在方程（1）中，本文加入领先和滞后期的市场收益率来缓解交易非同步性带来的偏差（Dimson，1979）。定义公司特质收益率为 $W_{i,t} = Ln(1+\varepsilon_{i,t})$，$\varepsilon_{i,t}$为方程（1）的回归残差。其次，在周特质收益率的基础上定义如下两个度量股价崩盘风险的指标。

（1）采用负收益偏态系数（NCSKEW）来度量股价崩盘风险。

$$NCSKEW_{i,t} = -[n(n-1)^{3/2}\sum W_{i,t}^3]/[(n-1)(n-2)(\sum W_{i,t}^2)^{3/2}] \quad (2)$$

其中，n 为每年股票 i 的交易周数。NCSKEW 取值越大，表示负收益偏态系数越大，股价崩盘风险越高。

（2）采用收益率上下波动比率（DUVOL）度量股价崩盘风险。对于每个公司、年度，首先定义特质收益率小于均值的周为下跌周，特质收益率高于均值的周为上涨周。然后分别计算下跌周和上涨周特质收益率的标准差，得到下跌波动率和上涨波动率。最后，计算每一个公司、年度的下跌波动率与上涨波动率的比值并取自然对数，即得到 DUVOL 指标。计算公式如下：

$$DUVOL_{i,t} = \log\{[(n_u-1)\sum_{down} W_{i,t}^2]/[(n_d-1)\sum_{up} W_{i,t}^2]\} \quad (3)$$

其中，n_u 和 n_d 分别代表股票 i 的周特有收益率 $W_{i,t}$大于（小于）年平均收益$\overline{W_i}$的周数。DUVOL 的数值越大，代表收益率分布越左偏，股价崩盘风险越大。

2. 解释变量。为了判断并购后的股价上涨是否部分源于投资者的过度反应，本文需要寻找一个同时能刻画并购对公司业绩和公司股价影响的年度指标。本文以经过总资产调整后的商誉值（SY_t）作为主要的解释变量。商誉源于并购时支付的溢价，有商誉计入会计报表即意味着上市公司实施过并购。当上市公司实施并购后，如果投资者对并购过度反应使得公司股价在较长时期内存在泡沫，那么事后计入会计科目的商誉即可在某种程度上刻画股价的泡沫。

以商誉作为并购的代理指标具有如下合理性：①考虑到公司规模、同一家公司实施的并购次数以及不同并购对公司基本面的改善程度存在差异，经总资产调整后的商誉在不同公司间更具有可比性。②由于近年来上市公司的并购多以私有企业作为并购的目标公司，而在公开的数据库中难以找到单笔并购交易的详细资料，以商誉作为并购的代理指标可以利用公司、年度数据同时探讨并购对公司业绩和股价表现的不同影响，进而证明投资者对并购存在过度反应。③尽管商誉可能发生减值，然而一方面本文样本期内商誉减值的规模较小[①]，另一方面基于商誉减值引发市场负面反应的证据（Li et al.，2011），商誉减值意味着股价泡沫程度的减少，这会阻止本文发现商誉加剧股价崩盘风险的结论。

3. 控制变量。借鉴以往文献（Kim et al.，2011a，2011b；许年行等，2012），控制如下变量：公司规模（Size）、托宾Q值[②]（TobinQ）、总资产收益率（ROA）和资产负债率（Lev）；经趋势调整的股票换手率（Turn），即股票本年度的月均换手率与上年度月均换手率之差；公司经调整后周收益率的均值（Ret）与标准差（Sigma）；公司透明度（ABACC），采用操纵性应计盈余的绝对值衡量，其中可操纵应计盈余由修正的Jones模型计算得到；上年度公司负收益偏态系数（NCSKEW），用于控制收益率三阶矩特征在时间上的持续性。此外，还控制了年度（Year）和行业（Ind）的固定效应。

（三）研究模型

本文使用模型（4）来检验并购商誉是否影响股价崩盘风险：

$$CrashRisk_{i,t+1} = \beta_0 + \beta_1 SY_{i,t} + \gamma Controls_{i,t} + \varepsilon_{i,t} \tag{4}$$

其中，$CrashRisk_{i,t+1}$分别由$NCSKEW_{t+1}$和$DUVOL_{t+1}$来度量，$SY_{i,t}$表示t期经总资产调整后的商誉值。$Controls_{i,t}$为相应的控制变量，用于控制其他可能引发股价崩盘的因素[③]。

四、实证结果

（一）描述性统计和组间差异检验

描述性统计结果显示，股价崩盘风险指标$NCSKEW_{t+1}$和$DUVOL_{t+1}$的均值分别为-0.260和-0.240，标准差分别为0.920和0.740，说明这两个指标在样本公司中存在较大差异。商誉（SY_t）的均值和中位数分别为0.005和0.000，说明商誉分布的有偏性，仅有21.7%的公司、年度样本通过并购积累了商誉。SY的标准差为0.020，表明商誉分布的不平衡性，意味着在有商誉的样本中部分公司的商誉明显较高。

有无商誉（SY_t）的分组差异检验结果显示，有商誉的公司和无商誉的公司相比，前者的股价崩盘风险（$NCSKEW_{t+1}$、$DUVOL_{t+1}$）明显更高，前者与后者股价崩盘风险的均值差异分别为0.06

① 2014年和2015年全体上市公司累积商誉值分别为3 290亿元和6 500亿元，而这两年全体上市公司对应的商誉减值总和分别为32亿元和77亿元。可见在本文的样本期内，源自并购的商誉的增加额远大于商誉减值的规模，因此商誉可以作为公司并购行为的代理指标。商誉减值数据源自Wind数据库。

② 以往文献通常会控制公司的市值账面比（M/B）。而托宾Q值与市值账面比高度正相关且前者是更常用的衡量公司市场价值的指标，因此本文选择托宾Q值作为控制变量。

③ 限于篇幅，控制变量的定义方式请参见《中国工业经济》网站（http：//www.ciejournal.org）公开附件部分。

和 0.04，且均在 1% 的水平上显著；两者的中位数差异也至少在 10% 的统计水平上显著，这些证据初步支持本文的研究假说①。控制变量方面两组存在明显差异，表明控制这些变量十分必要。

（二）商誉加剧股价崩盘风险：验证假设 1

表 1 验证商誉是否加剧了股价崩盘风险。第一至三列的被解释变量为 $NCSKEW_{t+1}$，第一列仅加入主要的解释变量商誉（SY_t），回归结果显示商誉的系数为正且在 1% 的水平上显著；第二列加入除信息透明度指标（$ABACC_t$）以外的其他影响股价崩盘风险的控制变量后发现，商誉的系数依然为正且在 1% 的水平上显著；由于 Jin and Myers（2006）和 Hutton et al.（2009）的研究表明信息透明度是影响股价崩盘的重要因素，第三列进一步控制信息透明度指标（$ABACC_t$）后，商誉的符号和显著性保持一致。在第四至六列的回归中，当以 $DUVOL_{t+1}$ 作为因变量时，尽管回归系数的显著性略有下降，商誉加剧股价崩盘风险的结论保持不变。

表 1 的结果说明商誉会加剧股价崩盘风险。然而，本文样本中商誉的分布是高度有偏的，这表明少数公司通过并购积累了较高的商誉②。是否有商誉就一定会引发股价崩盘风险，还是商誉的规模必须超过一定程度？为回答这个问题，本文将商誉大于 0 的样本按照由小到大的顺序排列，以每 25% 的分位数对商誉进行分组并生成了四个虚拟变量 Q1 ~ Q4，并以这四个虚拟变量与商誉的交乘项替换商誉作为主要的解释变量进行回归。

表 1　　商誉加剧股价崩盘风险

变量	$NCSKEW_{t+1}$			$DUVOL_{t+1}$		
	(1)	(2)	(3)	(4)	(5)	(6)
SY_t	1.7319*** (4.9815)	0.9616*** (2.8195)	0.9631*** (2.8223)	1.2057*** (4.4122)	0.5474** (2.0230)	0.5502** (2.0319)
$ABACC_t$	No	No	Yes	No	No	Yes
Other CVs	No	Yes	Yes	No	Yes	Yes
Year & Ind	Yes	Yes	Yes	Yes	Yes	Yes
Cluster	Yes	Yes	Yes	Yes	Yes	Yes
N	14 842	14 842	14 842	14 842	14 842	14 842
Adj - R^2	0.135	0.154	0.154	0.158	0.180	0.180

注：括号内的数值为根据公司个体进行聚类调整的 t 值；*、**、*** 分别表示 10%、5% 和 1% 的显著性水平；Year & Ind 指的是年度和行业的固定效应；CVs 代表控制前文所述的一系列控制变量，以下各表同。

资料来源：笔者使用 Stata 软件计算整理。

表 2 验证商誉与股价崩盘风险之间是否具有非线性关系。从中可以看出，Q4 与商誉交乘项的回归系数显著为正，其绝对值也与表 1 中商誉的回归系数接近，而 Q1 ~ Q3 与商誉交乘项的回归系数并不显著。这说明商誉与股价崩盘风险之间是一种非线性关系，即低商誉不会加剧公司股价崩盘的风险，只有商誉高于一定的阈值时，商誉与股价崩盘风险之间的正相关关系才成立。本文认为这一结果出现的原因在于商誉越高对公司的基本面改善程度越大，只有当公司基本面的改善幅度高于一定阈值时，投资者的过度反应可能更为强烈，进而引发股价的泡沫与崩盘。表 3 的结果可为这一观点提供进一步的支持。

① 限于篇幅，描述性统计和组间差异检验请参见《中国工业经济》网站（http：//www.ciejournal.org）公开附件部分。

② 在商誉大于 0 的样本中前 25% 分位数的商誉值为 2.1%，而前 10% 分位数的商誉值则为 8.5%。

表 2　　商誉与股价崩盘风险的非线性关系

变量	$NCSKEW_{t+1}$			$DUVOL_{t+1}$		
	(1)	(2)	(3)	(4)	(5)	(6)
$Q1*SY_t$	-79.3653 (-1.0988)	-93.9862 (-1.2941)	-94.0713 (-1.2949)	-77.0595 (-1.3738)	-96.4703* (-1.6912)	-96.6241* (-1.6929)
$Q2*SY_t$	-6.3131 (-0.5599)	-8.3853 (-0.7399)	-8.3433 (-0.7368)	-4.7059 (-0.5164)	-7.8037 (-0.8509)	-7.7278 (-0.8438)
$Q3*SY_t$	0.5375 (0.2198)	-0.3500 (-0.1468)	-0.3497 (-0.1467)	1.2176 (0.6738)	0.3009 (0.1683)	0.3015 (0.1687)
$Q4*SY_t$	1.7232*** (4.9288)	0.9441*** (2.7569)	0.9457*** (2.7600)	1.1866*** (4.3151)	0.5202* (1.9128)	0.5230* (1.9221)
$ABACC_t$	No	No	Yes	No	No	Yes
Other CVs	No	Yes	Yes	No	Yes	Yes
Year & Ind	Yes	Yes	Yes	Yes	Yes	Yes
Cluster	Yes	Yes	Yes	Yes	Yes	Yes
N	14 842	14 842	14 842	14 842	14 842	14 842
Adj-R^2	0.135	0.154	0.154	0.158	0.180	0.180

资料来源：笔者使用 Stata 软件计算整理。

表 3　　商誉对股价表现的促进作用有着更明显的反转特征

变量	(1) ROA_t	(2) ROA_{t+1}	(3) CAR_t	(4) CAR_{t+1}
SY_t	0.1557*** (5.7157)	0.1170*** (4.0515)	2.2424*** (6.8323)	-0.1678 (-0.9316)
CVs	Yes	Yes	Yes	Yes
Year & Ind	Yes	Yes	Yes	Yes
Cluster	Yes	Yes	Yes	Yes
N	14 561	14 551	14 562	14 562
Adj-R^2	0.244	0.172	0.285	0.273

资料来源：笔者使用 Stata 软件计算整理。

（三）商誉加剧股价崩盘风险的机制检验

郑海英等（2014）发现商誉在短期提升了公司业绩，林乐和郑登津（2016）发现退市监管这一外部治理机制会通过提升公司业绩的渠道降低其股价崩盘风险。其他条件不变的情况下，如果并购商誉提升了公司业绩，那么公司的股价崩盘风险应当下降。然而，崩盘的根源在于股价高估，如果并购后公司业绩改善但崩盘风险却不降反升，则说明投资者对并购过度反应从而使得股价存在泡沫，即股价上涨幅度明显大于业绩提升的幅度。为了验证以上猜想，借鉴邵帅和吕长江（2015）、Anderson and Reeb（2004），本文利用如下模型验证商誉是否提升了公司业绩以及投资者是否过度反应。

$$ROA_{i,t}/ROA_{i,t+1} = \beta_0 + \beta_1 SY_{i,t} + \beta_2 Controls_{i,t} + \varepsilon_{i,t} \tag{5}$$

$$CAR_{i,t}/CAR_{i,t+1} = \beta_0 + \beta_1 SY_{i,t} + \beta_2 Controls_{i,t} + \varepsilon_{i,t} \tag{6}$$

其中，ROA 和 CAR 分别指的是公司的总资产收益率和股价相对于指数的年度超额收益；主要的解释变量是商誉（SY）；控制变量包括公司规模（Size）、资产负债率（Lev）、主营业务增长率（Growth）、资本支出（CPTEP）、公司前一年股价波动率（VOL）、前三名高管薪酬（Pay）、董事长与总经理是否两职合一（Dual）、独立董事数目（InNum）与独立董事比例（InRatio）。

如果并购商誉改善了公司基本面且投资者对并购过度反应，本文预计商誉在同时提升公司业绩和股价表现的情况下，对股价表现的提升作用在当期更强且表现出更明显的反转特征。回归结果如表 3 所示，从列（1）和列（3）的回归系数可以看出，商誉对当期股价表现的提升作用明显更强；同时，列（1）和列（2）的回归系数表明商誉与当期和下一期的总资产收益率均显著正相关，但列（3）和列（4）的回归系数表明商誉仅与当期的股价超额收益正相关，而与下一期的股价超额收益不相关。表 3 的结果说明商誉在短期改善了公司业绩（ROA），这一结果与郑海英等（2014）的发现一致。相比于商誉对公司业绩的短期促进作用，商誉对股价表现的提升作用期限更短、幅度更大，使得股价积累了一定程度的泡沫。表 3 的结果说明，并购商誉改善了公司业绩，但投资者对并购这一利好消息反应过度，这使得股价存在泡沫进而加剧了稍后的股价崩盘风险。

表 1 至表 3 的结果说明高商誉公司的股价可能存在一定程度的泡沫，表 4 利用事件研究法计算了并购公告前后不同时间窗口股价的超额收益，以证明股价的显著上涨发生在并购之后。这样做的主要目的是排除并购和股价泡沫的反向因果关系，因为国外大量研究表明利用高估的股票换取相对低估的资产是上市公司进行收购的动因（Shleifer and Vishny，2003；Fu et al.，2013）。表 4 汇报了定向增发收购资产事件在不同时间窗口的市场反应。CAR（－20，0）和 CAR（0，20）分别表示首次公告前 20 个交易日和公告后 20 个交易日公司股价相对于指数的累积超额收益，BHAR240 则表示首次公告后 240 个交易日内公司股价相对于指数的购买并持有超额收益。从中可以发现，股价的上涨发生在并购公告以后。即便是公告一年后，股价的超额收益 BHAR240 依然显著为正，这说明是并购引发股价上涨，排除了并购与股价泡沫之间的反向因果关系①。

表 4　　定向增发收购资产不同时间窗口的市场反应

样本期	样本数	CAR（－20，0）	CAR（0，20）	BHAR240
2007～2013 年	156	11.7%***	4.5%***	52.1%***
2014 年	157	10.9%***	13.2%***	94.8%***
2015 年 1～6 月	95	17.2%***	50.1%***	46.7%***
2015 年 7～12 月	133	8.1%***	4.5%***	21.3%***

注：*、**、*** 分别表示在 10%、5% 和 1% 的水平上显著大于 0.
资料来源：笔者使用 Stata 软件计算整理。

（四）业绩"变脸"与商誉加剧股价崩风险：验证假设 2

在盈利能力可持续的情况下，股价的上涨不脱离公司的基本面，因而不会引发股价崩盘风险。而一旦公司业绩下滑，之前股价较高的涨幅会使投资者认为公司股价存在高估，于是抛售公司股票进而加剧股价崩盘风险。为了验证以上逻辑，表 5 的 Panel A 和 Panel B 分别按照公司下一年的总资产收益率（ROA）和净资产收益率（ROE）是否下滑进行子样本的划分。回归结果显示，当业绩下滑时商誉加剧股价崩盘风险的关系更为明显，这说明并购后的股价上涨并不一定意味着泡沫，只有

① CAR 和 BHAR 的计算方法请参考王化成等（2010）。此外，陈仕华等（2013）以 2004～2011 年发生在上市公司之间的并购为样本，发现并购后公司的总资产收益率下滑且长期股价超额收益为负。本文的样本期为 2007～2015 年且并购的目标公司多为私有企业，本文以商誉衡量公司的并购行为，发现商誉提升了公司的总资产收益率和股价表现，说明这一时期的并购在性质上与之前明显不同。

当公司并购后业绩无法持续时，投资者才认为之前较高的股价涨幅存在泡沫，进而导致股价崩盘风险的出现。

表 5　　业绩“变脸”与商誉加剧股价崩盘风险

Panel A：按 ROA 是否下降区分样本

变量	$NCSKEW_{t+1}$		$DUVOL_{t+1}$	
	（1）ROA 下降	（2）ROA 上升	（3）ROA 下降	（4）ROA 上升
SY_t	1.4231*** (3.0293)	0.5053 (1.0165)	0.8989** (2.4600)	0.2504 (0.6089)
CVs	Yes	Yes	Yes	Yes
Year & Ind	Yes	Yes	Yes	Yes
Cluster	Yes	Yes	Yes	Yes
N	8 221	6 621	8 221	6 621
$Adj-R^2$	0.148	0.168	0.171	0.205

Panel B：按 ROE 是否下降区分样本

变量	$NCSKEW_{t+1}$		$DUVOL_{t+1}$	
	（1）ROE 下降	（2）ROE 上升	（3）ROE 下降	（4）ROE 上升
SY_t	1.4334*** (2.6738)	0.7807* (1.7680)	0.9842** (2.4222)	0.4214 (1.1693)
CVs	Yes	Yes	Yes	Yes
Year & Ind	Yes	Yes	Yes	Yes
Cluster	Yes	Yes	Yes	Yes
N	7 061	7 781	7 061	7 781
$Adj-R^2$	0.153	0.167	0.176	0.200

资料来源：笔者使用 Stata 软件计算整理。

（五）稳健性测试

1. 更换被解释变量的度量指标。参考 Hutton et al.（2009），使用极端正（负）值收益率度量股价收益率的分布。当某周的特质收益率大于年平均特质收益率 3.09 个标准差时，即发生 $W_{i,t} \geq Average(W_{i,t}) + 3.09\sigma_i$ 时定义 $Jump_i$ 等于 1，否则为 0；当某周的特质收益率小于年平均特质收益率 3.09 个标准差时，即当发生 $W_{i,t} \leq Average(W_{i,t}) - 3.09\sigma_i$ 时，定义 $Crash_i$ 等于 1，否则为 0。由以上定义可知，$Jump_{i,t}$和 $Crash_{i,t}$这两个变量用于度量周收益率是否出现极端正值或极端负值。由于这两个因变量均是虚拟变量，因此回归时采用 Logit 模型。检验结果显示，商誉提高下一年“暴跌”的概率且降低下一年“暴涨”的概率，这说明投资者对并购的过度反应“透支”了公司未来股价上涨的空间。

2. 内生性问题。为了控制遗漏变量问题可能对本文结果造成的困扰，这里使用两阶段最小二乘法（2SLS），以同行业所有其他公司商誉的平均值作为工具变量进行回归。傅超等（2015）发现公司商誉与同行业其他公司的商誉高度相关，表明该工具变量满足相关性。同时，目前没有证据表明同行业其他公司的商誉会影响公司下一年的股价崩盘风险，即该工具变量满足排他性。一阶段的回归结果显示，商誉与同行业其他公司的商誉均值之间的正向关系十分显著，从统计意义上说明这是一个比较理想的工具变量。二阶段的回归系数依然显著为正，表明商誉加剧股价崩盘风险的结论在控制内生性问题后依然成立。

3. 剔除涉及控制权转移样本。王化成等（2010）的研究表明投资者会对控制权转让事件表现出过分乐观的行为，而并购事件可能与控制权转让事件同时发生。为了排除控制权转让事件可能对本文结果的干扰，借鉴王化成等（2010）的做法，本文将发生实际控制人发生变更且新的大股东持股比例超过 30% 的样本认定为股权转让样本。剔除股权转让样本之后，商誉加剧股价崩盘风险的结论依然成立。

4. 控制治理因素。加入其他治理因素的控制变量，包括董事会规模（BoardSize）、独立董事比例（Dudongratio）和 CEO 是否两职兼任（Dual），前文的结论未发生改变①。

五、进一步检验作用机制：泡沫 VS 管理层“捂盘”负面消息

（一）商誉加剧股价崩盘机制的进一步检验

本文在表 6 中进一步提供了泡沫是商誉加剧股价崩盘风险机制的证据。(1) 表 6 的 Panel A 按照换手率是否大于年度中位数进行子样本的划分，因为换手率越高的股票意味着投资者持股期限越短，其投机性交易的动机可能越强，因而股价的泡沫程度可能越大（Pan et al.，2015）。(2) 表 6 的 Panel B 按照托宾 Q 值是否大于年度中位数进行子样本的划分，因为托宾 Q 值较高的公司可能包含了更大程度的泡沫。(3) 表 6 的 Panel C 将样本从时间上划分为 2007 ~ 2013 年和 2014 ~ 2015 年两个阶段。这样划分样本的理由在于，商誉集中产生于 2014 年和 2015 年，同时 2014 ~ 2015 年是本文样本期内主板和创业板市场整体估值较高的年份。表 6 的回归结果表明，当换手率较高、估值较高或市场行情较好时，商誉与股价崩盘风险的关系更为明显。

表 6　股价泡沫与商誉加剧股价崩盘风险

Panel A：区分换手率高低				
变量	$NCSKEW_{t+1}$		$DUVOL_{t+1}$	
	(1) 高换手率	(2) 低换手率	(3) 高换手率	(4) 低换手率
SY_t	1.0730** (2.2748)	0.7386 (1.4810)	0.7185* (1.8720)	0.2841 (0.7583)
CVs	Yes	Yes	Yes	Yes
Year & Ind	Yes	Yes	Yes	Yes
Cluster	Yes	Yes	Yes	Yes
N	6 844	7 998	6 844	7 998
Adj - R^2	0.162	0.158	0.212	0.166
Panel B：区分估值水平				
变量	$NCSKEW_{t+1}$		$DUVOL_{t+1}$	
	(1) 高估值	(2) 低估值	(3) 高估值	(4) 低估值
SY_t	1.0068** (2.5111)	-0.0307 (-0.0458)	0.5935* (1.8999)	-0.2343 (-0.4272)

① 限于篇幅，稳健性测试的具体结果均可在《中国工业经济》网站（http：//www.ciejournal.org）公开附件部分查看。

续表

Panel B：区分估值水平				
变量	$NCSKEW_{t+1}$		$DUVOL_{t+1}$	
	（1）高估值	（2）低估值	（3）高估值	（4）低估值
CVs	Yes	Yes	Yes	Yes
Year & Ind	Yes	Yes	Yes	Yes
Cluster	Yes	Yes	Yes	Yes
N	6 945	7 897	6 945	7 897
$Adj-R^2$	0.169	0.146	0.226	0.153

Panel C：区分并购的不同发展阶段				
变量	$NCSKEW_{t+1}$		$DUVOL_{t+1}$	
	（1）2014～2015 年	（2）2006～2013 年	（3）2014～2015 年	（4）2006～2013 年
SY_t	0.9388** （2.1768）	0.8971 （1.5080）	0.5982* （1.6800）	0.3962 （0.9236）
CVs	Yes	Yes	Yes	Yes
Year & Ind	Yes	Yes	Yes	Yes
Cluster	Yes	Yes	Yes	Yes
N	4 032	10 810	4 032	10 810
$Adj-R^2$	0.043	0.190	0.062	0.222

资料来源：笔者使用 Stata 软件计算整理。

本文在表 7 中探讨管理层“捂盘”负面消息在商誉加剧股价崩盘风险中的作用。Hutton et al.（2009）指出较高的盈余操纵意味着较低的财务信息透明度，因此盈余操纵程度越大时管理层“捂盘”负面消息的行为越强。基姆等（Kim et al.，2011b）指出高负债率意味着公司面临更大的财务风险，因而负债率较高时管理层隐藏负面消息的动机更强。表 7 的 Panel A 根据公司的会计盈余（$ABACC_t$）是否大于年度中位数对样本进行划分，回归结果显示当以 $NCSKEW_{t+1}$ 作为被解释变量时商誉的回归系数均显著，而 $DUVOL_{t+1}$ 作为被解释变量时商誉的回归系数均不显著。同时，在两个子样本中商誉回归系数的绝对值也较为接近。Panel B 按照公司的负债率是否大于年度中位数对样本进行划分。回归结果显示商誉加剧股价崩盘风险在杠杆率较高的企业中更为明显。Panel A 的结果与赫顿等（Hutton et al.，2009）的预测相反，而 Panel B 的回归结果与基姆等（2011b）的发现一致，部分证明管理层对负面消息的管理也是商誉加剧股价崩盘风险的机制。

表 7　　　　管理层“捂盘”负面消息与商誉加剧股价崩盘风险

Panel A：按会计透明度区分样本				
变量	$NCSKEW_{t+1}$		$DUVOL_{t+1}$	
	（1）高盈余操纵	（2）低盈余操纵	（3）高盈余操纵	（4）低盈余操纵
SY_t	0.9653** （2.2461）	1.0387* （1.8740）	0.5482 （1.5798）	0.6003 （1.3918）
CVs	Yes	Yes	Yes	Yes
Year & Ind	Yes	Yes	Yes	Yes
Cluster	Yes	Yes	Yes	Yes
N	7 330	7 512	7 330	7 512
$Adj-R^2$	0.143	0.167	0.172	0.189

续表

Panel B：按负债率高低区分样本				
变量	$NCSKEW_{t+1}$		$DUVOL_{t+1}$	
	（1）高杠杆	（2）低杠杆	（3）高杠杆	（4）低杠杆
SY_t	1.1773** (2.4515)	0.8412* (1.8616)	0.6798* (1.7539)	0.4752 (1.3357)
CVs	Yes	Yes	Yes	Yes
Year & Ind	Yes	Yes	Yes	Yes
Cluster	Yes	Yes	Yes	Yes
N	7 835	7 007	7 835	7 007
$Adj-R^2$	0.143	0.173	0.154	0.219

资料来源：笔者使用Stata软件计算整理。

综合表6和表7的发现，本文认为相比于管理层“捂盘”负面消息，股价泡沫对商誉加剧股价崩盘风险的解释力更强。因任何崩盘的发生都包括股价高估以及负面消息集中释放两个部分，本文并不否认负面消息的累积与释放也是股价崩盘的重要因素。本文重点在于说明投资者会对并购过度反应从而引发股价泡沫，且当泡沫无法持续时会发生崩盘。

（二）并购泡沫的社会福利效应

前文的结果表明并购商誉会引发股价泡沫和崩盘，那么，并购引发泡沫是否会导致财富在公司内部人员和其他投资者之间发生转移呢？为了探讨泡沫可能引发的财富转移效应，表8汇总了公司高管年度的减持股数占公司总股本的比例，并对比了高商誉公司与低商誉公司和无商誉公司高管减持比例是否存在差异。其中高商誉公司指的是商誉大于零且位于前25%分位数的公司，低商誉指的是商誉大于零且排在25%分位数之后的公司，无商誉公司指的是商誉等于零的公司。均值检验结果表明，高商誉公司高管的减持比例显著高于低商誉或无商誉的公司，表明公司内部人员能认识到股价存在高估，于是利用并购引发的股价泡沫进行高位减持、实现财富的转移。

表8　　高管减持规模

	（1）高商誉	（2）低商誉	（3）无商誉	（1）~（2）	（1）~（3）
高管减持比例（‰）	2.0950 (10.7346)	0.9512 (11.8953)	0.7563 (24.0519)	1.1438*** (6.4058)	1.3387*** (10.1621)

注：括号中是相应的t值，***表示组间均值的差异在1%，水平上显著大于0。
资料来源：笔者使用Stata软件计算整理。

六、研究结论与启示

（一）研究结论

随着并购重组市场的迅猛发展，越来越多的上市公司选择并购作为外延式成长方式。针对这一背景，本文基于中国上市公司的经验证据，以商誉作为公司并购行为的年度代理指标，研究了公司并购引发股价泡沫与崩盘的经济后果并探讨了其内在机制。本文的研究表明，商誉加剧了股价崩盘风险，且两者的相关性主要源于商誉较高的公司。本文对此的解释是投资者对并购过度反应从而使股价积累了一定程度的泡沫，当业绩下滑时投资者意识到股价高估，此时泡沫无法持续进而发生崩盘。为了验证这一观点，本文发现商誉改善了公司的业绩，但相比于商誉对公司业绩的改善幅度，商誉对公司股价表现的提升作用效果更强且期限更短。在对比泡沫与管理层“捂盘”负面消息两种解释股价崩盘的机制后，实证结果表明股价泡沫的解释力更强，具体表现为商誉与股价崩盘风险的关系在投资者持股期限较短、公司估值水平较高、市场行情较好时更为明显。此外，本文还发现高商誉公司高管的减持比例显著高于低商誉或无商誉的公司，表明就社会福利效应而言内部人利用了并购引发的股价泡沫实现了财富转移，损害了其他投资者的利益。

（二）启示与政策建议

1. 提升资产定价效率，抑制资产价格泡沫。本文发现投资者会对并购过度反应，进而引发股价的泡沫与崩盘，这表明中国资本市场的定价效率仍有待完善。然而，另一方面，本文也发现并购后股价是否崩盘与公司业绩是否下滑有明显关系，这说明股价表现与公司的内在基本面价值密切相关，市场能够对公司价值做出大致准确的判断。据此，本文提出：（1）进一步完善各种制度，提升市场的定价效率，例如可以考虑进一步放松卖空约束、扩大融资融券标的股票，使部分投资者掌握的负面消息可以及时反映到股价中，这将有利于抑制资产价格泡沫。（2）本文发现商誉加剧股价崩盘风险与投资者的过度反应密切相关，因此监管层需要进一步加强投资者教育，使投资者树立正确的价值投资理念，避免跟风炒作并购重组等市场热点，以免引发股价的巨大波动。（3）投资者对并购的过度反应或多或少源于无法准确识别并购的价值创造作用，因此上市公司需要加强并购重组的相关信息披露，使投资者能理性看待并购重组的积极作用。

2. 上市公司应注重利用并购市场优化资源配置的积极作用，而非将并购作为拉升股价的资本运作手段。本文发现，并购后股价显著上涨，且高商誉公司管理层的减持规模显著高于低商誉或无商誉的公司。尽管没有证据表明并购后股价上涨的现象是管理层有意为之，但不可否认的是管理层利用了投资者对并购的过度反应实现了高位减持和财富转移。据此，本文提出：（1）上市公司在并购时不应盲目支付高溢价，应科学、合理地评估并购对公司整体业绩的促进作用并确保这种促进作用具有可持续性，否则一旦并购后业绩下滑，很可能导致公司股价出现崩盘风险。（2）为了避免部分上市公司通过并购等资本运作手段拉升股价、进行减持，监管层应进一步规范上市公司的并购行为，确保经理人从长远利益出发、实施真正为股东创造价值的并购。

3. 监管层应进一步完善并购的相关流程与规则，以促进并购重组市场的健康发展。上市公司以股权作为支付方式实施并购后股价会显著上涨，尽管并未提出明确的证据，但本文猜测这一现象可能与上市公司并购的定价规则以及股权融资存在锁定期有一定关系。上市公司并购时通常以定向增发作为融资方式，这种融资方式的特点在定价日期先于并购实施日和新增股份的解禁日。资金供给方的认股价格一旦确定，相关利益方会有动机通过各种方式刺激股价上涨，而部分投资者也可能会将增发价格视为“保底”价格并加剧了股票交易时的冒险行为。新增股份通常会存在一年到三年的锁定期，新增股票在限售期内并不会在市场内流通，不会形成股价下跌的压力。据此本文提出：进一步探讨和完善并购重组的定价机制，降低制度套利的可能性，使股价更密切地反映公司基本面价值。

需要说明的是，本文虽然发现了并购会引发股价泡沫与崩盘的不利后果，但这并不代表对并购市场优化资源配置作用的全盘否定。随着资本市场相关制度的逐步完善以及投资者认知水平的逐渐提高，通过并购市场优化资源配置从而更好地服务实体经济将是一个非常重要的命题。资本市场的不同参与方，尤其是上市公司更应当具备长远的战略眼光，要充分利用并购市场实现资源的整合，以便持续提升公司业绩并为投资者创造更多的价值，而不是利用市场的炒作热情将并购作为拉升股价进行减持的自利工具。

参考文献：

1. 陈仕华、姜广省、卢昌崇：《董事联结、目标公司选择与并购绩效——基于并购双方之间信息不对称的研究视角》，载于《管理世界》2013 年第 12 期。

2. 褚剑、方军雄：《中国式融资融券制度安排与股价崩盘风险的恶化》，载于《经济研究》2016 年第 5 期。

3. 邓国营、甘犁、吴耀国：《房地产市场是否存在“反应过度”?》，载于《管理世界》2010 年第 6 期。

4. 杜兴强、杜颖洁、周泽将：《商誉的内涵及其确认问题探讨》，载于《会计研究》2011 年第 1 期。

5. 傅超、杨曾、傅代国：《“同伴效应”影响了企业的并购商誉吗？——基于我国创业板高溢价并购的经验证据》，载于《中国软科学》2015 年第 11 期。

6. 韩立岩、伍燕然：《投资者情绪与 IPOs 之谜——抑价或者溢价》，载于《管理世界》2007 年第 3 期。

7. 李心丹等：《中国股票市场“高送转”现象研究》，载于《管理世界》2014 年第 11 期。

8. 林乐、郑登津：《退市监管与股价崩盘风险》，载于《中国工业经济》2016 年第 12 期。

9. 孟庆斌、杨俊华、鲁冰：《管理层讨论与分析披露的信息含量与股价崩盘风险——基于文本向量化方法的研究》，载于《中国工业经济》2017 年第 12 期。

10. 潘红波、余明桂：《支持之手、掠夺之手与异地并购》，载于《经济研究》2011 年第 9 期。

11. 邵新建等：《借壳上市、内幕交易与股价异动——基于 ST 类公司的研究》，载于《金融研究》2014 年第 5 期。

12. 王化成等：《控制权转移中投资者过度乐观了吗?》，载于《管理世界》2010 年第 2 期。

13. 王文姣、傅超、傅代国：《并购商誉是否为股价崩盘的事前信号？——基于会计功能和金融安全视角》，载于《财经研究》2017 年第 9 期。

14. 许年行等：《分析师利益冲突、乐观偏差与股价崩盘风险》，载于《经济研究》2012 年第 7 期。

15. 郑海英、刘正阳、冯卫东：《并购商誉能提升公司业绩吗？——来自 A 股上市公司的经验证据》，载于《会计研究》2014 年第 3 期。

16. Ahern, K. R. , and D. Sosyura. Who Writes the News? Corporate Press Releases during Merger Negotiations [J]. *Journal of Finance*, 2014, 69 (1): 241 – 291.

17. Andrade S. C. , J. Bian, and T. R. Burch. Analyst Coverage, Information, and Bubbles [J]. *Journal of Financial & Quantitative Analysis*, 2013, 48 (5): 1573 – 1605.

18. Bailey, W. , et al. , Stock returns, order imbalances, and commonality: Evidence on individual, institutional, and proprietary investors in China [J]. *Journal of Banking & Finance*, 2009, 33 (1): 9 – 19.

19. Barberis, N. , A. Shleifer, and R. Vishny. A model of investor sentiment [J]. *Journal of Financial Economics*, 1998, 49 (3): 307 – 343.

20. Bens, D. A. , W. Heltzer and B. Segal. The information content of goodwill impairments and the adoption of SFAS 142 [J]. *Journal of Accounting, Auditing and Finance*, 2007, 26 (3): 527 – 555.

21. Bhattacharya, U. , and X. Yu. The causes and consequences of recent financial market bubbles: An introduction [J]. *The Review of Financial Studies*, 2008, 21 (1): 3 – 10.

22. Bondt, W. F. M. D. , and R. Thaler. Does the Stock Market Overreact? [J]. *Journal of Finance*, 1985, 40 (3): 793 – 805.

23. Chang, E. C. , J. W. Cheng and Y. U. Yinghui. Short – Sales Constraints and Price Discovery: Evidence from the Hong Kong Market [J]. *Journal of Finance*, 2007, 62 (5): 2097 – 2121.

24. Chang, X. , Y. Chen and L. Zolotoy. Stock Liquidity and Stock Price Crash Risk [J]. *Journal of Financial & Quantitative Analysis*, 2017, 52 (4): 1605 – 1637.

25. Chen, J. , H. Hong. and J. C. Stein. Forecasting crashes: trading volume, past returns, and conditional skewness in stock prices [J]. *Journal of Financial Economics*, 2001, 61 (3): 345 – 381.

26. Demarzo, P. M. , R. Kaniel and I. Kremer. Relative Wealth Concerns and Financial Bubbles [J]. *Review of Financial Studies*, 2008, 21 (1): 19 – 50.

27. Dimson, E. Risk measurement when shares are subject to infrequent trading", *Journal of Financial Economics*, 1979, 7 (2): 197 - 226.

28. Fleming, M. J. and E. M. Remolona. Price Formation and Liquidity in the U. S. Treasury Market: The Response to Public Information [J]. *Journal of Finance*, 1999, 54 (5): 1901 - 1915.

29. Fu, F., L. Lin and M. S. Officer. Acquisitions driven by stock overvaluation: Are they good deals? [J]. *Journal of Financial Economics*, 2013, 109 (1): 24 - 39.

30. Hong, H. and J. C. Stein. Differences of opinion, short-sales constraints, and market crashes [J]. *The Review of Financial Studies*, 2003, 16 (2): 487 - 525.

31. Hutton, A. P., A. J. Marcus and H. Tehranian. Opaque financial reports, R^2, and crash risk [J]. *Journal of financial Economics*, 2009, 94 (1): 67 - 86.

32. Jin, L. and S. C. Myers. R^2 around the world: New theory and new tests [J]. *Journal of financial Economics*, 2006, 79 (2): 257 - 292.

33. Kim, J. B., Y. Li and L. Zhang. CFOs versus CEOs: Equity incentives and crashes [J]. *Journal of Financial Economics*, 2011b, 101 (3): 713 - 730.

34. Kim, J. B., Y. Li and L. Zhang. Corporate tax avoidance and stock price crash risk: Firm-level analysis [J]. *Journal of Financial Economics*, 2011a, 100 (3): 639 - 662.

35. Kothari, S. P., S. Shu and P. D. Wysocki. Do managers withhold bad news? [J]. *Journal of Accounting Research*, 2009, 47 (1): 241 - 276.

36. Li, Z., P. K. Shroff and R. Venkataraman, et al. Causes and consequences of goodwill impairment losses [J]. *Review of Accounting Studies*, 2011, 16 (4): 745 - 778.

37. Netter, J., M. Stegemoller and M. B. Wintoki. Implications of data screens on merger and acquisition analysis: A large sample study of mergers and acquisitions from 1992 to 2009 [J]. *The Review of Financial Studies*, 2011, 24 (7): 2316 - 2357.

38. Olante, M. E. Overpaid acquisitions and goodwill impairment losses — Evidence from the US [J]. *Advances in Accounting*, 2013, 29 (2): 243 - 254.

39. Pan, L., Y. Tang and J. Xu. Speculative trading and stock returns [J]. *Review of Finance*, 2015, 20 (5): 1835 - 1865.

40. Petersen M A. Estimating standard errors in finance panel data sets: Comparing approaches [J]. *The Review of Financial Studies*, 2009, 22 (1): 435 - 480.

41. Piotroski, J. D., T. J. Wong and T. Zhang. Political incentives to suppress negative information: evidence from Chinese listed firms [J]. *Journal of Accounting Research*, 2015, 53 (2): 405 - 459.

42. Savor, P. G., and Q. Lu. Do stock mergers create value for acquirers? [J]. *The Journal of Finance*, 2009, 64 (3): 1061 - 1097.

43. Scheinkman, J. A., and W. Xiong. Overconfidence and speculative bubbles [J]. *Journal of political Economy*, 2003, 111 (6): 1183 - 1220.

44. Shleifer, A., and R. W. Vishny. Stock market driven acquisitions [J]. *Journal of financial Economics*, 2003, 70 (3): 295 - 311.

45. Xiong, W. Bubbles, crises, and heterogeneous beliefs [R]. National Bureau of Economic Research, 2013.

46. Xiong, W., and J. Yu. The Chinese warrants bubble [J]. *American Economic Review*, 2011, 101 (6): 2723 - 2753.

（本文载于《中国工业经济》2018 年第 6 期）

要素价格扭曲如何影响制造业国际竞争力？

——基于技术进步偏向的视角

余东华　孙　婷　张鑫宇

摘　要：本文采用 CES 生产函数并以“扭曲税”的形式将要素价格扭曲与技术进步偏向纳入统一的理论框架，分析了要素价格扭曲对制造业国际竞争力的作用机制，并在此基础上运用动态面板模型实证研究了要素价格扭曲对制造业国际竞争力的直接影响以及通过技术进步偏向而产生的间接影响。研究结果表明，中国要素市场上资本和劳动要素价格均存在负向扭曲，资本价格的绝对扭曲程度更高，劳动力价格的相对扭曲则更为严重；技术进步整体表现出资本偏向型特征，要素价格扭曲是影响技术进步偏向的主要因素；要素价格扭曲对制造业国际竞争力的直接影响具有显著的行业异质性，通过技术进步偏向对制造业国际竞争力的间接影响也与行业要素密集度密切相关。加快要素市场化改革、理顺要素价格形成机制、纠正要素价格扭曲，同时注重研发创新、引进与经济发展阶段相适宜的技术，是加快制造业转型升级和提质增效的有效措施。

关键词：要素价格扭曲　技术进步偏向　动态面板模型　制造业国际竞争力

一、引　　言

随着改革开放的深入和世界经济形势的变化，中国制造业转型升级与要素价格扭曲的矛盾日益突出，这种矛盾不仅导致经济运行的低效率，还不断削弱经济增长的潜力和动力。现有研究表明，目前中国制造业内部的资源错配大约造成了 15% 的产出缺口（陈永伟和胡伟民，2011），纠正要素价格扭曲、促进经济增长的潜力巨大。但不可忽视的一个问题是，调整要素配置是否一定能够促进制造业发展、提升国际竞争力？优化要素配置结构只是重要条件之一，更为关键的是与技术进步相融合，才能真正实现提质增效和转型升级，从而提升制造业国际竞争力。技术进步是经济增长的重要驱动力，其通常耦合于资本和劳动积累过程中，并对资本和劳动的边际产出产生非对称影响，因而通常表现出一定的偏向性特征。发达国家因其资本相对充裕，技术进步具有资本偏向型特征；虽然中国的要素禀赋结构与发达国家差异较大，却同样表现为资本偏向型技术进步。一些学者认为，这是由于改革开放以来中国从发达国家大量引进技术和设备所致（Gancia and Zilibotti，2009）。发达国家偏向资本的技术能够适应中国经济的发展，说明中国的要素使用结构是与之相适应的，但这种使用结构显然与中国的要素禀赋优势不一致。资本偏向性技术在中国没有出现“水土不服”，很重要的一个原因就是要素价格扭曲的作用，甚至价格扭曲本身就是技术进步偏向性的决定因素之一。在纠正要素价格扭曲时，要先充分了解这种扭曲对技术进步偏向的影响，做好技术衔接，避免陷入要素与技术相互掣肘进而制约制造业国际竞争力提升的误区。

探究纠正要素价格扭曲、优化要素配置后的要素禀赋结构变化能否与技术结构相适应，能否推动制造业可持续发展，首先需要理清以下几个问题：中国制造业行业的要素价格扭曲程度到底如何，近年来是有所加剧还是有所缓解？中国的技术进步是偏向资本还是劳动？要素价格扭曲如何影响了技术进步方向？要素价格扭曲对制造业国际竞争力的影响机制怎样，如何通过技术进步偏向性对国际竞争力产生间接影响？把握以上问题对推动制造业转型升级、提升国际竞争力具有十分重要的现实意义，但相关研究较少，关注要素价格扭曲对技术进步偏向影响的研究更为稀缺。有鉴于此，本文将围绕以上问题开展研究，以期为中国在消除要素价格扭曲、优化资源配置过程中，如何进行合理的技术选择、实现资源优化配置与技术进步相融合提供决策参考。

二、文献综述

在要素价格扭曲程度的测算方面，现有研究大多事先假定存在要素价格扭曲的事实，然后通过生产函数、成本函数或者利润函数等形式间接测度要素价格的扭曲程度。阿特金森和哈沃森（Atkinson and Halvorsen，1984）提出了一般化成本函数模型对生产要素价格的扭曲程度进行估计。斯科尔卡（Skoorka，2000）首次通过估计生产可能性边界以反映整个市场的价格扭曲程度。陶小马等（2009）通过要素的真实成本函数和影子成本函数的变换对比，定量估算了中国能源价格扭曲水平。施炳展和冼国明（2012）以通过CD函数估算的边际产出作为要素报酬，将其与要素价格进行对比得到价格扭曲程度。杨帆和徐长生（2009）、蒋含明（2013）等学者则借助参数化随机前沿方法估计了中国要素市场的扭曲程度。王宁和史晋川（2015a）梳理了目前要素价格扭曲测算的主要方法，并深入探讨了测算结果之间存在差异的主要原因，其研究结果表明中国资本和劳动要素价格均存在负向扭曲，且在多数时期内资本的价格扭曲程度更严重。

要素价格扭曲的经济效应主要是指资源错配造成的经济效率损失。谢地和克雷诺（Hsieh and Klenow，2009）通过构建HK模型研究了中国和印度的要素价格扭曲引起的效率损失。研究结果显示，如果按照等边际收益对中国和印度的资本和劳动要素进行重新配置，中国的全要素生产率（TFP）可以提升25%～40%，而印度的TFP可以提升50%～60%。勃兰特等（Brandt et al.，2013）也对要素价格扭曲导致的效率损失进行了讨论。史晋川和赵自芳（2007）运用DEA方法分析了中国制造业因要素价格扭曲导致的资源非效率配置问题。陈永伟和胡伟民（2011）在HK模型的基础上，将资源配置和效率损失纳入传统的增长核算分析框架，研究发现中国制造业资源配置效率的改善能够显著提高TFP并缩小产出缺口。除了资源配置效率损失外，近年来要素价格扭曲的其他影响也引起国内学者的关注。张杰等（2011a）、李永等（2013）、张宇和巴海龙（2015）等分析了要素市场扭曲对中国技术研发和技术溢出的影响，研究发现要素市场扭曲越严重，对中国企业R&D投入的抑制效应就越大，引进国外技术的溢出效应也越明显。张杰等（2011b）、施炳展和冼国明（2012）等分析了要素价格扭曲对中国企业出口的影响，发现两者呈显著正相关关系。陈彦斌等（2014）、蒋含明（2013）、王宁和史晋川（2015b）则分别研究了要素价格扭曲对收入差距及投资消费结构的影响，研究结论表明扭曲程度越严重收入差距就越大，要素价格扭曲不利于投资和消费结构的改善。

要素市场改革滞后无疑是中国改革过程中出现的重要现象，政府对各类要素分配权和定价权的控制使得中国要素价格存在着明显扭曲。本文发现在众多研究中，要素价格扭曲的另一重要经济效应却被忽视了，那就是对技术进步偏向的影响。如果一种技术与行业的要素禀赋结构相匹配，将缩小行业全要素增长率与潜在水平之间的差距，这种技术可称为适宜技术。阿西莫格鲁（Acemoglu，2002，2003）系统阐述了偏向性技术进步的内生化过程并利用美国数据进行了检验。萨凯拉里斯和威尔逊（Sakellaris and Wilson，2000）、克伦普等（Klump et al.，2007）等的研究表明，美国的技术进步是偏向资本的，资本体现式技术进步的贡献逐年增加。安东内利等（Antonelli et al.，2010）利用OECD国家的数据进行实证分析发现，与资源禀赋优势一致的技术进步有助于生产率的提高，为技术选择是否适宜提供了判断依据。国内学者也对技术进步偏向性进行了研究，戴天仕和徐现祥

(2010)、傅晓霞和吴利学（2013）、陆菁和刘毅群（2016）等从不同视角研究了技术进步偏向性对要素收入份额的影响。陈晓玲和连玉君（2012）通过对资本与劳动替代弹性和偏向性技术进步的研究，发现资本－劳动替代弹性的提高能够推动经济增长。

通过上述文献分析可以看出，由于发达国家资本要素相对充裕，所以技术进步偏向资本。大量研究表明中国的技术进步也是偏向资本的，但就为什么中国的技术进步偏向与要素禀赋结构相背离这一事实进行的研究相对较少，往往仅将此归结为中国从发达国家引进技术，导致技术进步偏向明显具有发达国家的痕迹，而对要素价格扭曲在解释这一现象中所起的作用重视不足。本文在既有研究的基础上，将要素价格扭曲以“扭曲税”的形式纳入含有技术进步偏向的理论模型，定义要素价格的绝对和相对扭曲系数以及技术进步偏向指数，并借助 CES 标准化生产函数进行参数估计，测算行业要素价格扭曲水平，并分析要素价格扭曲对技术进步偏向的影响。在此基础上，研究要素价格扭曲与技术进步偏向对制造业国际竞争力的传导机制，实证分析要素价格扭曲对制造业国际竞争力的直接影响以及通过技术进步偏向所产生的间接影响。本文对要素价格扭曲及技术进步偏向作用机制的分析有助于丰富制造业国际竞争力的相关研究，为推进中国要素市场化改革与制定合理的产业发展政策提供更加准确的决策参考，以尽可能削弱相关改革举措对制造业国际竞争力的不利冲击。

三、理论模型与分析框架

本部分将讨论 CES 生产函数形式下的要素价格扭曲水平测算方法和工具，考虑要素价格扭曲后技术进步偏向性的变化，以及要素价格扭曲自身和要素价格扭曲通过技术进步偏向对制造业国际竞争力的作用机制和作用路径。

（一）“扭曲税”与要素价格扭曲系数

考虑一个 N 行业的生产问题。假设行业生产函数为 CES 形式，不同行业内生产要素的替代弹性为 σ_i，那么行业 i 的代表性企业生产函数为：

$$Y_{it} = [(1-\theta_i)(A_{it}L_{it})^{\frac{\sigma_i-1}{\sigma_i}} + \theta_i(B_{it}K_{it})^{\frac{\sigma_i-1}{\sigma_i}}]^{\frac{\sigma_i}{\sigma_i-1}} \tag{1}$$

由于本文主要关注行业间要素价格扭曲的变化，因此假设行业内企业的生产函数均为相同的 CES 形式，主要要素投入为资本 K 和劳动 L，且企业的生产规模报酬不变，行业 i 的资本产出弹性为 θ_i，劳动产出弹性为 $1-\theta_i$。A_{it}和 B_{it}分别表示行业 i 的劳动和资本产出效率，σ_i 表示行业 i 的要素替代弹性。假设行业内企业面临的要素价格是扭曲的，且以“扭曲税”的形式体现：行业 i 资本和劳动的价格分别为（$1+\tau_{Ki}$）$p_{K,t}$和（$1+\tau_{Li}$）$p_{L,t}$，其中 $p_{K,t}$和 $p_{L,t}$是竞争性条件下行业 i 两种要素的价格水平，τ_{Ki}和 τ_{Li}分别表示行业 i 内资本和劳动两种要素的“扭曲税”。

在存在价格扭曲的要素市场约束下，代表性企业寻求最大化其当期利润：

$$\underset{K_{it},L_{it}}{Max}\ p_{it}Y_{it} - (1+\tau_{Ki})p_{K,t}K_{it} - (1+\tau_{Li})p_{L,t}L_{it} \tag{2}$$

上式中，p_{it}表示行业 i 的产品价格，上述最大化问题的一阶条件为：

$$\theta_i p_{it} B_{it}^{\frac{\sigma_i-1}{\sigma_i}} \left(\frac{Y_{it}}{K_{it}}\right)^{\frac{1}{\sigma_i}} = (1+\tau_{Ki})p_{K,t} \tag{3}$$

$$(1-\theta_i)p_{it} A_{it}^{\frac{\sigma_i-1}{\sigma_i}} \left(\frac{Y_{it}}{L_{it}}\right)^{\frac{1}{\sigma_i}} = (1+\tau_{Li})p_{L,t} \tag{4}$$

假设每期两种生产要素总量是外生给定的，那么整个制造业面临的资源约束条件为：

$$\sum_{i=1}^{N} K_{it} = K_t,\ \sum_{i=1}^{N} L_{it} = L_t \tag{5}$$

根据上述利润最大化的一阶条件和资源约束条件，即可解得带有价格扭曲的竞争均衡条件下行业 i 的资本与劳动投入：

$$K_{it} = \frac{\dfrac{\theta_i^{\sigma_i} p_{it}^{\sigma_i} B_{it}^{\sigma_i - 1} Y_{it}}{(1+\tau_{Ki})^{\sigma_i} p_{K,t}^{\sigma_i}}}{\sum_{j=1}^{N} \dfrac{\theta_j^{\sigma_j} p_{jt}^{\sigma_j} B_{jt}^{\sigma_j - 1} Y_{jt}}{(1+\tau_{Kj})^{\sigma_j} p_{K,t}^{\sigma_j}}} K_t,\quad L_{it} = \frac{\dfrac{(1-\theta_i)^{\sigma_i} p_{it}^{\sigma_i} A_{it}^{\sigma_i - 1} Y_{it}}{(1+\tau_{Li})^{\sigma_i} p_{L,t}^{\sigma_i}}}{\sum_{j=1}^{N} \dfrac{(1-\theta_j)^{\sigma_j} p_{jt}^{\sigma_j} A_{jt}^{\sigma_j - 1} Y_{jt}}{(1+\tau_{Lj})^{\sigma_j} p_{L,t}^{\sigma_j}}} L_t \tag{6}$$

为对式（6）进行进一步分析，本文定义行业 i 的资本与劳动价格的绝对扭曲系数为：

$$\gamma_{Ki} = \frac{1}{1+\tau_{Ki}},\quad \gamma_{Li} = \frac{1}{1+\tau_{Li}} \tag{7}$$

在竞争均衡条件下，将行业 i 的产值占整个制造业总产值的份额记为 $s_{it} = p_{it}Y_{it}/Y_t$，将产出加权形式的制造业资本占产出份额记为 $\theta_{K,t} = [\sum_{j=1}^{N}(s_{jt}\theta_j)^{\sigma_j}]^{\sigma_i^{-1}}$，则该行业资本要素价格的相对扭曲系数可定义为：

$$\gamma_{K_{it}}^{\sigma_i} = \frac{Y_{it}^{1-\sigma_i} B_{it}^{\sigma_i - 1} p_{K,t}^{-\sigma_i} Y_t^{\sigma_i} \gamma_{Ki}^{\sigma_i}}{\sum_{j=1}^{N} \dfrac{s_{jt}^{\sigma_j}\theta_j^{\sigma_j}}{\theta_{K,t}^{\sigma_i}} Y_{jt}^{1-\sigma_j} B_{jt}^{\sigma_j - 1} p_{K,t}^{-\sigma_j} Y_t^{\sigma_j} \gamma_{Kj}^{\sigma_j}} \tag{8}$$

同理可定义劳动要素价格的相对扭曲系数 $\gamma_{L_{it}}^{\sigma_i}$。从式（8）可以看到，在 CES 生产函数形式下，要素价格的相对扭曲程度不但决定于绝对扭曲水平，而且还受到要素生产效率与行业相对产出份额的影响。将式（7）与式（8）代入式（6），可以得到：

$$K_{it} = \left(\frac{s_{it}\theta_i}{\theta_{K,t}}\right)^{\sigma_i} \gamma_{K_{it}}^{\sigma_i} K_t,\quad L_{it} = \left[\frac{s_{it}(1-\theta_i)}{\theta_{L,t}}\right]^{\sigma_i} \gamma_{L_{it}}^{\sigma_i} L_t \tag{9}$$

通过上述推导，行业 i 的要素价格相对扭曲系数就转换为下述形式：

$$\gamma_{K_{it}} = \left(\frac{K_{it}}{K_t}\right)^{\sigma_i^{-1}} \Big/ \left(\frac{s_{it}\theta_i}{\theta_{K,t}}\right),\quad \gamma_{L_{it}} = \left(\frac{L_{it}}{L_t}\right)^{\sigma_i^{-1}} \Big/ \left[\frac{s_{it}(1-\theta_i)}{\theta_{L,t}}\right] \tag{10}$$

行业整体的要素价格相对扭曲系数可以表示为：$dis_{it} = \gamma_{K_{it}}/\gamma_{L_{it}}$。

（二）包含要素价格扭曲的技术进步偏向指数

由公式（1）可得出第 i 个行业的资本劳动边际产出比：

$$H_{it} = \frac{\partial Y_{it}/\partial K_{it}}{\partial Y_{it}/\partial L_{it}} = \frac{\theta_i}{1-\theta_i}\left(\frac{B_{it}}{A_{it}}\right)^{\frac{\sigma_i - 1}{\sigma_i}} \left(\frac{L_{it}}{K_{it}}\right)^{\frac{1}{\sigma_i}} \tag{11}$$

根据阿西莫格鲁（2002）对技术进步偏向的定义，可以用技术进步偏向指数（Bias）表示技术进步引致的资本劳动产出比的变化率，其表达式如下：

$$Bias_{it} = \frac{1}{H_{it}} \frac{dH_{it}}{d(B_{it}/A_{it})} \frac{d(B_{it}/A_{it})}{dt} = \frac{\sigma_i - 1}{\sigma_i} \frac{A_{it}}{B_{it}} \frac{d(B_{it}/A_{it})}{dt} \tag{12}$$

在现有关于技术进步偏向的研究中，多数直接假定资本和劳动要素按其边际产出获得报酬，如果市场是完全竞争的，那么 H_{it} 可以直接等于资本和劳动的实际价格比（戴天仕和徐现祥，2010）。但如前文所述，现实中的要素市场往往是不完全竞争的，厂商面临资本和劳动的价格扭曲，因此要考虑由价格扭曲导致的要素实际价格与其边际产出的偏离，也由此得以将要素价格扭曲与要素生产效率进而与技术进步偏向联系起来。前文中给出了厂商面临扭曲条件下的资本和劳动价格 $(1+\tau_{Ki})p_{K,t}$ 和 $(1+\tau_{Li})p_{L,t}$，其中 $p_{K,t}$ 和 $p_{L,t}$ 是竞争性条件下行业 i 两种要素的价格水平，则有：

$$\frac{P_{K,t}}{P_{L,t}} = \frac{r_{it}/(1+\tau_{Ki})}{w_{it}/(1+\tau_{Li})} = \frac{\partial Y_{it}/\partial K_{it}}{\partial Y_{it}/\partial L_{it}} = \frac{\theta_i}{1-\theta_i}\left(\frac{B_{it}}{A_{it}}\right)^{\frac{\sigma_i - 1}{\sigma_i}} \left(\frac{L_{it}}{K_{it}}\right)^{\frac{1}{\sigma_i}} \tag{13}$$

上式中的 r_{it} 和 w_{it} 是厂商面临的资本和劳动要素的实际价格，分别用资本租赁价格与劳动者平均工资表示，则有 $(1+\tau_{Ki})p_{K,t}=r_{it}$，$(1+\tau_{Li})p_{L,t}=w_{it}$。将式（13）代入式（1）得：

$$Y_{it}=\left[(1-\theta_i)(A_{it}L_{it})^{\frac{\sigma_i-1}{\sigma_i}}+\theta_i\left(\frac{1-\theta_i}{\theta_i}\frac{(1+\tau_{Li})r_{it}K_{it}}{(1+\tau_{Ki})w_{it}L_{it}}\right)(A_{it}L_{it})^{\frac{\sigma_i-1}{\sigma_i}}\right]^{\frac{\sigma_i}{\sigma_i-1}} \tag{14}$$

由式（14）可以解得劳动效率与资本效率，分别为：

$$A_{it}=\frac{Y_{it}}{L_{it}}\left[\frac{1}{1-\theta_i}\frac{(1+\tau_{Ki})w_{it}L_{it}}{(1+\tau_{Ki})w_{it}L_{it}+(1+\tau_{Li})r_{it}K_{it}}\right]^{\frac{\sigma_i}{\sigma_i-1}} \tag{15}$$

$$B_{it}=\frac{Y_{it}}{K_{it}}\left[\frac{1}{\theta_i}\frac{(1+\tau_{Li})r_{it}K_{it}}{(1+\tau_{Ki})w_{it}L_{it}+(1+\tau_{Li})r_{it}K_{it}}\right]^{\frac{\sigma_i}{\sigma_i-1}} \tag{16}$$

将式（15）和式（16）代入式（12）可以发现，技术进步的方向和程度取决于两种生产要素替代弹性的大小以及产出效率的相对变化情况。当 σ_i 小于 1，资本与劳动生产效率比值变大（变小）时，技术进步表现为劳动偏向型（资本偏向型）；当 σ_i 大于 1，资本与劳动要素生产效率的比值变大（变小）时，技术进步呈现资本偏向型（劳动偏向型）。也就是说，当 Bias 大于 0 时，技术进步表现为资本偏向型，当 Bias 小于 0 时，技术进步表现为劳动偏向型。

（三）要素价格扭曲与技术进步偏向对制造业国际竞争力的作用机制

生产要素价格扭曲对制造业国际竞争力的影响是多方面的，不仅包含直接影响，还会通过影响技术进步偏向产生间接影响。直接影响可以分为正向和负向影响两方面：

1. 正向影响。由于中国要素市场化机制不够完善，要素价格大多存在负向扭曲，即要素的实际价格低于其边际产出，直接降低了要素使用成本，有利于制造业国际竞争力的提升。对于内需动力不足的中国经济，投资拉动和出口导向型发展战略成为制造业发展的重要支撑，而这两种战略都深受要素价格扭曲的影响。投资拉动型发展需要大量资本，而金融市场发育滞后、贷款利率的形成受政府管制，资本要素价格存在严重负向扭曲，且信贷数量也多受到行政性控制，形成投资的重要资金来源。出口导向型发展策略的成功则主要得益于扭曲引致的低成本优势：政府制定各种优惠政策降低土地、资源、环境等的使用成本，以及依靠大量农村剩余劳动力长期维持较低的劳动力工资。扭曲的要素成本转化为出口优势并得以不断强化，成为中国制造业迅速崛起的重要动力之一。

2. 负向影响。要素价格负向扭曲虽为企业节约了成本、增加了利润空间，但同时也严重影响了资源配置效率，而且随着经济发展阶段的演进，这种效率损失越来越严重，甚至成为制约产业转型升级的“绊脚石”。谢地和克雷诺（2009）对此进行了开创性研究，他们的研究结果表明，若中国的资源配置效率达到美国的水平，制造业 TFP 可以提高 30% ~50%；若完全消除要素市场的扭曲，制造业 TFP 可以提高 86.6% ~115%。陈永伟和胡伟民（2011）对制造业内部各行业之间要素价格扭曲造成的资源错配程度及其影响进行了研究，发现中国制造业内部各行业之间的资源错配大约造成了 15% 的潜在产出缺口。要素价格扭曲主要通过以下两个路径降低配置效率：（1）静态效率损失，它影响了市场优胜劣汰机制发挥作用。生产效率低的企业因要素价格扭曲、成本较低而获得超额利润，挤占了高效率企业的市场和资源，从而降低了制造业整体的生产效率；（2）动态效率损失，政策干预引致的要素市场扭曲影响了不同类型制造业企业的进入退出行为，部分具有更高生产效率的潜在进入者由于其要素成本较高而无法真正进入市场，从而降低经济的配置效率。彼得斯（Peters，2013）认为资源配置不当会改变企业的研发行为和进入决策而影响经济增长，引起的动态效率损失是静态效率损失的 4 倍之多。

从以上分析可以看出，一方面，要素价格负向扭曲可能带来成本节约，从而有利于制造业国际竞争力的提升；另一方面，要素价格扭曲将导致配置效率损失，从而对制造业国际竞争力产生不利影响。随着经济的发展，要素价格扭曲带来的成本节约效应正在减弱，而资源配置效率损失却愈渐增强。要素价格扭曲对制造业国际竞争力的直接影响取决于正反两方面影响的合力。

除上述直接效应外，要素价格扭曲还通过与偏向性的技术进步相融合，间接影响制造业国际竞争力。在完善的市场中，一个部门使用的技术与其要素禀赋联系密切，偏向资本的技术进步更适合资本密集型生产部门，而偏向劳动的技术进步更适合劳动密集型行业。当要素市场存在价格扭曲时，生产部门的技术选择将存在一定偏差。从要素禀赋结构来说，中国是劳动要素相对丰裕的国家，按照比较优势理论推断，中国的技术进步应偏向劳动，而实际上却是偏向资本的，这是要素价格扭曲导致的结果，但符合经济快速发展的需要。长期以来，国内存贷款利率受到严格管制，资本价格远低于实际价格，加之其他制度性因素的作用，改变了要素禀赋的相对结构，使技术发展呈现较强的资本偏向性特征，最终使中国出口结构实现了由劳动密集型到资本技术密集型的转变，夯实了提升制造业国际竞争力的基础。另外，要素价格扭曲意味着能够以较低价格获得质量相对较高的生产要素（Brandt et. al.，2013），从而在一定程度上提高企业的获利能力，使企业更有能力引进先进技术和进行技术革新，提高产品技术复杂度。因此中国的要素价格扭曲催生了资本偏向型的技术进步，成为制造业实现出口技术复杂度升级、跻身高技术复杂度行列的“助推型资源”，从而有利于提升制造业国际竞争力。

综合上述分析，在中国经济转型的特殊时期和经济腾飞的起步阶段，要素价格的负向扭曲可能对制造业国际竞争力产生正向的直接效应并与资本偏向性技术相融合产生积极的间接影响。但是，随着市场经济的发展和价格机制的逐步完善，要素价格扭曲的积极效应正在迅速衰减，对资源配置的扭曲效应逐渐显现：（1）要素价格扭曲所产生的成本优势，形成的是一种难以长期维持的竞争力，且这种竞争力只在低端产品的价格竞争中有效，在高端制造环节中和高新技术产品中表现并不明显。同时，要素价格扭曲也在一定程度上将中国制造业锁定在了全球价值链低端的价格竞争中，不利于制造业转型升级。（2）要素价格扭曲通过压低要素价格、降低生产成本、扩大出口规模，实质上将属于本国要素所有者的收入变成了对进口国的转移补贴，这样取得的出口竞争力反而是本国贸易利益的损失。因此，随着中国市场经济体制的不断完善，逐渐纠正和消除要素价格扭曲是大势所趋。纠正价格扭曲将导致要素相对价格及丰裕度发生相应变化，势必会对技术进步偏向产生影响。在此过程中，可以通过适宜技术的选择，降低要素禀赋与技术不匹配产生的负面影响，努力减少成本优势丧失对制造业竞争力的不利冲击。

四、模型设定、估计方法及数据说明

（一）参数估计方法

根据上文分析，为计算资本和劳动生产效率及技术进步偏向指数，需先估计前文构建的 CES 生产函数中的 σ_i、θ_i、τ_{Ki}、τ_{Li} 等参数。本文采用标准化系统估计法进行估计，该方法考虑了系统方程间的相关性，显著提高了参数估计的稳健性，在 CES 生产函数估计中应用广泛（Klump et al.，2007）。首先进行标准化处理，假设 $\frac{w_{i0}L_{i0}/(1+\tau_{Li})}{r_{i0}K_{i0}/(1+\tau_{Ki})}=\frac{1-\theta_i}{\theta_i}$，将其代入式（15）与式（16）可得 $A_{i0}=Y_{i0}/L_{i0}$、$B_{i0}=Y_{i0}/K_{i0}$，将劳动和资本技术效率表示为 $A_{it}=A_{i0}e^{a_i(t-t_0)}$、$B_{it}=B_{i0}e^{b_i(t-t_0)}$，其中 Y_{i0}、L_{i0}、K_{i0} 等表示相应变量的基准值，$a_i(t-t_0)$ 和 $b_i(t-t_0)$ 分别表示资本和劳动要素效率水平的变化速度。将该结果代入生产函数式（1），可得：

$$\frac{Y_{it}}{Y_{i0}}=\left[(1-\theta_i)\left(\frac{A_{it}L_{it}}{A_{i0}L_{i0}}\right)^{\frac{\sigma_i-1}{\sigma_i}}+\theta_i\left(\frac{B_{it}K_{it}}{B_{i0}K_{i0}}\right)^{\frac{\sigma_i-1}{\sigma_i}}\right]^{\frac{\sigma_i}{\sigma_i-1}} \tag{17}$$

劳动与资本收入占产出的比重可以分别表示为如下等式：

$$\frac{w_{it}L_{it}}{Y_{it}}=(1+\tau_{Li})\frac{\partial Y_{it}}{\partial L_{it}}\frac{L_{it}}{Y_{it}}=(1-\theta_i)(1+\tau_{Li})\left(\frac{Y_{it}/Y_{i0}}{L_{it}/L_{i0}}\right)^{\frac{1-\sigma_i}{\sigma_i}}\left(\frac{A_{it}}{A_{i0}}\right)^{\frac{\sigma_i-1}{\sigma_i}} \tag{18}$$

$$\frac{r_{it}K_{it}}{Y_{it}}=(1+\tau_{Ki})\frac{\partial Y_{it}}{\partial K_{it}}\frac{K_{it}}{Y_{it}}=\theta_i(1+\tau_{Ki})\left(\frac{Y_{it}/Y_{i0}}{K_{it}/K_{i0}}\right)^{\frac{1-\sigma_i}{\sigma_i}}\left(\frac{B_{it}}{B_{i0}}\right)^{\frac{\sigma_i-1}{\sigma_i}} \tag{19}$$

根据克伦普等（2007）的建议，选用各变量的样本均值作为基期值，即 $K_{i0}=\bar{K}_{it}$、$L_{i0}=\bar{L}_{it}$、$t_0=\bar{t}$。由于 CES 生产函数是非线性的、产出与要素投入的初始值关系并不确定，因此引入规模因子，令 $Y_{i0}=\xi\bar{Y}_{it}$。由于需要对产出、资本和劳动等变量取对数，因此选用相应指标的几何平均数作为基期值。行业 i 的标准化系统为：

$$\ln\left(\frac{Y_{it}}{\bar{Y}_i}\right)=\ln\xi+\frac{\sigma_i}{\sigma_i-1}\ln\left[(1-\theta_i)\left(\frac{L_{it}}{\bar{L}_i}e^{a_i(t-\bar{t})}\right)^{\frac{\sigma_i-1}{\sigma_i}}+\theta_i\left(\frac{K_{it}}{\bar{K}_i}e^{b_i(t-\bar{t})}\right)^{\frac{\sigma_i-1}{\sigma_i}}\right] \tag{20}$$

$$\ln\left(\frac{w_{it}L_{it}}{Y_{it}}\right)=\ln(1-\theta_i)+\ln(1+\tau_{Li})+\frac{\sigma_i-1}{\sigma_i}\ln\xi-\frac{\sigma_i-1}{\sigma_i}\ln\left(\frac{Y_{it}/\bar{Y}_i}{L_{it}/\bar{L}_i}\right)+\frac{\sigma_i-1}{\sigma_i}a_i(t-\bar{t}) \tag{21}$$

$$\ln\left(\frac{r_{it}K_{it}}{Y_{it}}\right)=\ln\theta_i+\ln(1+\tau_{Ki})+\frac{\sigma_i-1}{\sigma_i}\ln\xi-\frac{\sigma_i-1}{\sigma_i}\ln\left(\frac{Y_{it}/\bar{Y}_i}{K_{it}/\bar{K}_i}\right)+\frac{\sigma_i-1}{\sigma_i}b_i(t-\bar{t}) \tag{22}$$

本文采用可行广义非线性最小二乘法（FGNLS）对上述非线性系统方程进行估计。确定各参数后，分别代入相应公式，即可得到资本和劳动要素价格绝对扭曲系数、相对扭曲系数以及技术进步偏向指数。

（二）计量模型设定

根据上文得到的要素价格相对扭曲系数和技术进步偏向指数，可以判断中国当前的要素价格扭曲程度以及技术进步方向，但二者如何影响制造业国际竞争力，还需通过计量模型进行深入研究。通过前文分析可知，要素价格扭曲会对制造业国际竞争力产生影响，但亦有研究表明企业的出口竞争力也会反向影响要素价格扭曲（施炳展和冼国明，2012）。因此，本文在解释变量中纳入国际竞争力的滞后一期项，并采用动态面板模型进行估计。本文所构建计量模型如下：

$$RCA_{it}=\alpha_0+\alpha_1RCA_{it-1}+\alpha_2bias_{it}+\beta X_{it}+\mu_i+\varepsilon_{it} \tag{23}$$

$$RCA_{it}=\alpha_0+\alpha_1RCA_{it-1}+\alpha_2lndis_{it}+\alpha_3(lndis_{it})^2+\alpha_4bias1_{it}+\alpha_5disb_{it}+\beta X_{it}+\mu_i+\varepsilon_{it} \tag{24}$$

$$\begin{aligned}RCA_{it}=&\alpha_0+\alpha_1RCA_{it-1}+\alpha_2lndisk_{it}+\alpha_3(lndisk_{it})^2+\alpha_4lndisl_{it}+\alpha_5(lndisl_{it})^2\\&+\alpha_6bias1_{it}+\alpha_7diskb_{it}+\alpha_8dislb_{it}+\beta X_{it}+\mu_i+\varepsilon_{it}\end{aligned} \tag{25}$$

以上 3 个式中，X 为控制变量集，$X_{it}=\beta_1lnRD_{it-1}+\beta_2lnER_{it-1}+\beta_3lnFDI_{it-1}$；RCA 指数表示制造业国际竞争力，它是国际竞争力研究中应用较为广泛的测度方法，i 和 t 分别表示行业和时间，μ_i 代表个体效应，ε_{it}代表随机扰动项。式（23）将技术进步偏向指数作为主要解释变量，后文将依次测算出加入要素价格扭曲和不加入要素价格扭曲两种情形下的技术进步偏向指数（即 bias1 和 bias2），用以检验不考虑要素价格扭曲时的 bias 指数差异。式（24）进一步纳入了总要素价格扭曲 dis、考虑要素价格扭曲的技术进步偏向指数 bias1，并加入要素价格扭曲与技术进步偏向指数的交乘项 disb，以检验要素价格扭曲通过技术进步偏向对制造业国际竞争力的影响。式（25）将资本和劳动的相对扭曲系数 disk 和 disl 及其二次项、两者与技术进步偏向的交乘项 diskb 和 dislb 同时放入模型，区分不同要素的价格扭曲以检验其对制造业国际竞争力作用效果的异同。

为控制其他变量对制造业国际竞争力的影响，本文选择 R&D 投入、环境规制强度（ER）和外商直接投资（FDI）作为控制变量，同时为降低异方差和内生性的影响，将控制变量取对数并滞后一期加入模型。内生性问题使得混合 OLS 和固定效应估计量都是有偏的，为此在对制造业整体进行检验时，本文采用系统GMM方法进行估计。该方法的一个关键假设是，模型中的残差项不存在序列相关，但进行差分处理后一般会产生一阶自相关，所以若差分后残差项只存在一阶自相关而不存在二阶自相关，则表明这一假设是合理的，后文中给出了相应AR（2）统计量的P值用以判断是否存在二阶自相关；动态面板还需要检验工具变量的选择是否合理，本文同时给出了Sargan统计量的P值，用以判断工具变量选择的合理性。考虑到要素价格扭曲和技术进步偏向性对不同要素密集型行业的影响可能有差异，所以除对制造业整体进行实证分析外，还区分了劳动密集型和资本技术密集型行业进行实证检验，以期更准确地量化两者对制造业国际竞争力的影响。

（三）变量说明与数据来源

采用式（20）至式（22）估算生产函数的过程中，各相关变量的定义如下：产出（Y）为制造业细分行业的工业增加值，以工业生产者出厂价格指数进行调整；资本存量（K）借鉴陈诗一（2011）的计算方法，以1994年固定资产净值为初始资本存量，以固定资产投资价格指数进行调整，劳动力数量以分行业的年均就业人数表示，资本价格则以韩国高等（2011）所使用的资本租赁价格来表示。工资水平在2003年之前用分行业的平均劳动报酬表示，以居民消费价格进行平减，2003年后数据以分行业的实际年平均工资表示。

在对式（23）至式（25）进行计量分析时，RCA指数用行业出口值占总出口比重与世界上该行业出口值占总出口的比重表示。技术进步偏向指数分为bias1和bias2，bias1为考虑要素价格扭曲的基础上测算的技术进步偏向指数，而bias2则是不考虑要素价格扭曲的计算结果。要素价格相对扭曲指数dis、disk、disl分别根据前文的计算公式整理得出并取对数。控制变量中，技术创新（RD）用行业科研经费内部支出表示，技术创新是提升制造业国际竞争力的根本动力，预期该系数为正。环境规制强度（ER）则借鉴董敏杰等（2011）的衡量方法，用行业废水废气的本年运行费用及行业污染治理投资之和与行业总产值的比值表示。环境规制已成为影响制造业国际竞争力的重要因素之一，围绕“波特假说”以及“污染避难所假说”的大量文献充分说明了环境规制的重要性，所以在控制变量中引入该项是必要的。FDI用分行业实收资本中的港澳台资本和外商资本之和表示。FDI流入通常伴随先进生产和管理技术的外溢，有利于国际竞争力的提升。本文采用的数据主要来源于《中国统计年鉴》《中国工业统计年鉴》《中国劳动统计年鉴》《中国科技统计年鉴》《中国环境统计年鉴》以及联合国UNcomtrade数据库。

五、参数估计及测算结果

本部分将估计CES生产函数的各项参数，在此基础上计算要素价格的绝对和相对扭曲系数以及技术进步偏向指数，并进行分析和说明。

（一）生产函数参数估计

本文采用标准化系统方程法估计了1995~2015年中国制造业细分行业参数，得到了各行业ξ、σ、θ、τ_L和τ_K的估计值及显著性水平。从估计结果可知，规模因子ξ非常接近1；资本密集度θ的均值为0.668，与资本的产出份额相近；τ_L、τ_K分别是劳动和资本要素的“扭曲税”，均值都为负，说明多数行业面临劳动和资本要素价格的负向扭曲。由于本文主要研究要素价格扭曲及技术进步偏向性，资本－劳动的要素替代弹性σ是影响研究结论的关键因素，所以着重分析σ参数。估计结果显示，样本区间内各行业的σ取值位于0.419~3.554的范围内，与陈晓玲和连玉君（2012）、孔宪丽等（2015）测算的要素替代弹性相近；所有行业的资本劳动替代弹性均值为 0.98，略大于戴天仕和徐现祥（2010）采用宏观时间序列数据得到的估算结果 0.736，以及陈晓玲和连玉君（2012）采用省际时间序列资料得到的估算结果 0.833。参数估计的差异主要是由于以分行业要素替代弹性为研究对象所致。工业部门、省域经济与全国经济的最大区别在于经济结构差异，工业部门的资本深化程度明显高于省域经济或全国宏观经济部门，另外本文考虑了要素价格扭曲的影响，也会导致测算结果存在一定差异。中国经济发展具有较强的政府调控特征，投资不仅反映要素价格的变化情况，还受政府调控措施的影响，结果往往反映为要素价格扭曲并刺激资本流向相应领域。这种政策干预使最终的要素投入变动相对于市场价格波动的幅度更大，即替代弹性较大。进一步从行业具体情况进行观察，可以发现不同行业的要素替代弹性差别较大，轻工业或劳动密集型行业的要素替代弹性普遍大于重工业或资本密集型行业。要素替代弹性较大的行业有食品制造业、饮料制造、木材加工业、印刷业、医药制造业、化学纤维业、金属制品业、电气机械业、通信计算机设备制造业等，这些行业的要素替代弹性均大于 1，其他行业的要素替代弹性均小于 1。各行业要素替代弹性的差异明显，证明了分行业估算要素替代弹性、进而测算技术进步偏向指数的必要性。

（二）要素价格扭曲程度的测算

结合前文 τ_L、τ_K 的估计结果，本文采用公式（7）测算了各行业资本和劳动要素价格的绝对扭曲系数，具体结果如图 1 所示。从测算结果可以看出，资本和劳动要素价格都存在负向扭曲，资本负向扭曲程度高于劳动负向扭曲程度，且不同行业间存在明显差异。改革开放以来，为刺激经济发展，政府长期实行低利率政策，1980 ~2010 年的一年期实际贷款利率平均只有 2%，利率管制措施人为压低了投资成本，所以资本价格一直存在负向扭曲。劳动力市场方面，由于中国城乡二元经济结构分化严重，劳动力工资收入被人为压低，因而劳动要素价格同样呈现负向扭曲。但是近年来，外资流入及民营经济的发展使劳动力需求持续扩张，同时劳动力素质不断提升，使中国劳动力工资报酬逐年增长，但增速一直低于劳动边际产出的增长幅度，造成劳动价格仍表现出负向扭曲。

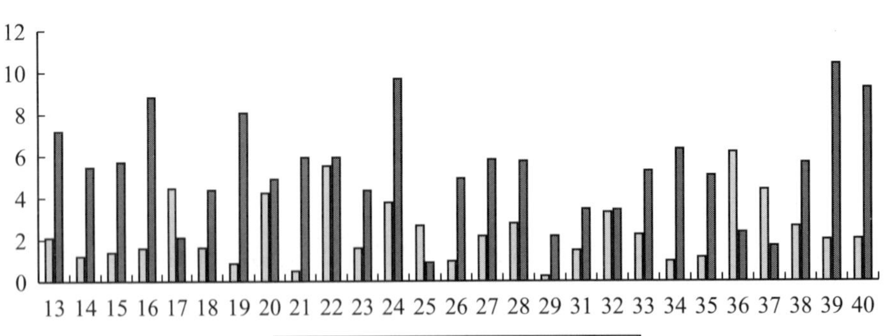

图 1　分行业要素价格的绝对扭曲系数

注：图 1 中行业代码对应的行业如下：农副产品制造业（13）；食品加工业（14）；饮料制造业（15）；烟草制造业（16）；纺织业（17）；纺织服装、鞋帽制造业（18）；皮革、皮毛、羽毛及其制品业（19）；木材加工及木竹藤棕草制品业（20）；家具制造业（21）；造纸及纸制品业（22）；印刷业和记录媒介的复制工业（23）；文教体育用品制造业（24）；石油加工、炼焦及核燃料加工业（25）；化学原料及化学制品制造业（26）；医药制造业（27）；化学纤维制造业（28）；橡胶和塑料制造业（29）；非金属矿物制品业（31）；黑色金属冶炼及压延加工业（32）；有色金属冶炼及压延加工业（33）；金属制品业（34）；通用设备制造业（35）；专用设备制造业（36）；交通运输设备制造业（37）；电器机械及器材制造业（38）；通信设备、计算机及电子设备制造业（39）；仪器仪表及文化、办公用机械制造业（40）。

对比图1中的两种要素价格扭曲系数可以看出，相对于劳动力价格扭曲，制造业各行业的资本价格扭曲更为严重，这与中国优先发展重工业的产业政策有关。中国长期以投资拉动经济增长，刺激企业增加资本投入以促进重工业快速发展，在很大程度上加剧了资本价格的扭曲。对于制造业的要素资源配置扭曲，资本市场起着关键作用。经历了改革开放30多年的高速增长之后，中国经济发展已积累了大量资本、利率市场化进程加快，某些行业出现一定的资本过剩现象，资本价格扭曲或将呈现新的趋势特征。

为考察各细分行业要素价格的相对扭曲水平，采用公式（10）测算了样本区间内资本和劳动要素价格的相对扭曲系数。要素绝对价格扭曲衡量的是要素价格水平与其边际产出间的差距，而相对价格扭曲则反映与整个经济的平均水平相比，各行业要素价格扭曲的相对状况，体现要素使用成本的相对信息。需要指出的是，对于要素的行业间配置，要素价格的相对扭曲更具决定意义，原因在于若所有行业的资本绝对扭曲同时变化，导致资本价格均上升同一比例，那么资本在各行业的相对使用价格仍保持不变，要素的行业间配置也没有变化。但是如果相对要素价格发生变化，将直接改变行业间的要素配置情况。测算结果显示，各行业的资本和劳动相对扭曲水平差异很大，资本价格的相对扭曲程度要小于劳动力价格的相对扭曲程度，这可能是由于资本要素的相对流动性更强，若各行业间资本价格扭曲差异较大，资本就会从绝对负向扭曲严重的行业流向其他行业，从而弱化资本扭曲的行业差异。劳动力的异质性特征更明显，不同行业对劳动者的差异化技能需求造成其流动性较差，对劳动力技能要求较高的行业的劳动要素价格扭曲较小，但是低技能劳动力很难进入这些行业，所以劳动要素相对价格扭曲的行业差异较大。因此，相对价格扭曲更能反映行业间的要素成本差异，因此后文面板计量分析中选择相对价格扭曲作为价格扭曲的代理变量。

（三）技术进步偏向指数的测算

在对CES生产函数参数估计的基础上，通过计算资本和劳动要素生产效率，本文进一步采用公式（12）测算了样本区间内中国制造业分行业技术进步偏向指数的均值。从前文分析中可知，以往研究忽略了要素价格扭曲的影响，直接将要素收入份额作为边际产出来测算技术进步偏向，其估计结果可能是有偏的。因此在附表3中分别给出了考虑价格扭曲和不考虑价格扭曲两种情形下的技术进步偏向指数、即bias1和bias2，并进行对比分析以说明考虑要素价格扭曲的必要性。测算结果显示，中国的技术进步整体上是偏向资本的，即技术进步更有助于提高资本的边际产出。将橡胶和塑料合为一个行业后，制造业包括27个细分行业，其中17个行业的技术进步是资本偏向型，10个行业是劳动偏向型。

从本文的测算结果可以看出，虽然中国的资源禀赋与发达国家存在较大差距，但技术进步总体上也是偏向资本的，对其成因的分析主要存在两种观点：①引致技术进步理论认为，要素供给变化是影响技术进步方向的主要原因，如果资本积累比劳动迅速、企业更愿意研发偏向资本的技术，这将导致技术进步偏向资本（Acemoglu，2002，2003）；②跨国技术扩散理论认为，技术模仿同样影响发展中国家的技术进步方向，发展中国家可以以较低的成本直接利用发达国家偏向资本的技术，因而其技术进步方向也偏向资本（Gancia and Zilibotti，2009）。以上是两种被广泛认可的理论，但就解释中国制造业技术进步的方向而言，生产要素价格扭曲是一个不可忽视的原因。如果一种要素相对充足，偏向该要素的技术更有价值，因而企业就有动力研发那些能够提高该要素利用水平的技术。由于发达国家的资本积累比劳动迅速得多，因而企业更愿意研究偏向资本的技术。从中国经济的发展历程看，各级地方政府长期对产业发展布局与要素资源配置进行行政干预，导致资本要素价格存在明显的负向扭曲，人为压低的资本价格使经济得以迅速发展、积累了大量资本，造成中国的技术进步总体上也呈现出明显的资本偏向。此外，还有10个行业的技术进步偏向劳动，通过与要素相对扭曲系数对比发现，这些行业的劳动价格扭曲更为严重，使企业出于成本考虑、倾向于更多使用劳动要素。通过上述分析可以看出，技术进步偏向与要素价格扭曲之间存在明显的内在联系，为准确计算技术进步偏向系数并考察其与制造业国际竞争力的关系，需要重点考虑要素价格扭曲的影响。

六、实证检验与结果分析

通过比较两种情形下的技术进步偏向指数可以发现，行业技术进步偏向指数均值的方向一致但偏向程度有显著差异：若不考虑要素价格扭曲，会明显低估技术进步的偏向程度，不能准确反映技术进步的真实水平。那么，要素价格扭曲造成的技术进步偏向性差异对制造业国际竞争力的影响又会有怎样的偏差呢？本文通过动态面板模型对此进行检验，回归结果如表 1 所示。AR（2）统计量显著拒绝存在二阶自相关的原假设，Sargan 统计量的 P 值则表明模型的工具变量选择合理、不存在过度识别，因此动态面板估计是有效的。

表 1　bias1 和 bias2 对制造业国际竞争力影响的差异

变量	bias1		bias2	
L. RCA	0.919***	(98.37)	0.929***	(147.58)
bias	0.0043***	(9.02)	-0.0088***	(-8.46)
L. RD	0.0326***	(8.80)	0.0328***	(12.59)
L. ER	0.0183***	(7.76)	0.0156***	(9.07)
L. FDI	0.0040***	(3.44)	0.0047***	(4.57)
N	324		324	
AR（2）P 值	0.790		0.893	
Sargan P 值	0.777		0.232	

注：*、**、*** 分别表示在 10%、5% 和 1% 水平上显著；括号内为 t 值；AR（2）P 值为进行二阶序列相关检验得到的 P 值；Sargan P 值表示对工具变量进行过度识别检验得到的 Sargan 统计量对应的 P 值。

从表 1 可以看出，在控制其他变量的条件下，bias1 的回归系数为 0.0043、bias2 的系数为 -0.0088 且均在 1% 的水平上显著。两种技术进步偏向对竞争力的影响方向截然相反，若不考虑要素价格扭曲对测算技术进步偏向指数的影响，则实证分析可能得出错误结论，不能为相应对策研究提供正确的理论依据。考虑要素价格扭曲后的技术进步偏向指数能够准确反映资本和劳动产出效率的变化，偏向资本的技术进步指数对制造业国际竞争力有显著正向影响，从要素相对禀赋结构来看，中国是劳动要素丰裕而资本相对缺乏的国家，但偏向资本的技术进步提高了资本使用效率，有利于制造业国际竞争力的提升。但从前文对两种技术进步指数的分析可以看出，若忽略要素价格扭曲的作用，假设要素边际报酬与其实际价格相等，则会明显低估偏向性技术进步对生产效率的激励作用，从而对制造业国际竞争力表现为负向影响。由此可以看出，在考虑要素价格扭曲的前提下研究技术进步偏向性更为准确，也更符合经济实际，因此后续实证分析均以 bias1 为基础进行。

表 2 为制造业整体层面上要素价格扭曲对制造业国际竞争力的直接影响，以及通过技术进步偏向性所产生间接影响的实证分析结果。模型（1）和模型（2）为分别加入整体及资本和劳动要素价格扭曲的回归结果，用以检验三种价格扭曲对制造业竞争力的差异性影响。模型（3）和模型（4）纳入了技术进步偏向指数及其与要素价格扭曲的交乘项，以考察整体要素价格扭曲通过技术进步偏向对制造业国际竞争力的影响程度。模型（5）和模型（6）进一步加入要素价格扭曲的二次项，检验其与制造业国际竞争力的非线性关系。

表 2　　　　制造业整体要素价格扭曲和技术进步偏向对国际竞争力的影响

变量	(1)	(2)	(3)	(4)	(5)	(6)
L. RCA	0. 868 *** (67. 97)	0. 872 *** (96. 37)	0. 868 *** (51. 39)	0. 863 *** (80. 15)	0. 856 *** (40. 75)	0. 796 *** (15. 94)
lndis	0. 0346 *** (6. 60)		0. 0331 *** (4. 74)		0. 0268 ** (2. 39)	
lndis2					0. 00657 *** (5. 30)	
lndisk		0. 0213 ** (2. 53)		0. 0261 ** (2. 29)		0. 0582 *** (3. 30)
lndisl		-0. 0377 *** (-5. 77)		-0. 0391 *** (-6. 52)		-0. 0785 *** (-3. 35)
bias1			0. 00428 *** (6. 23)	0. 00343 *** (3. 67)	0. 00370 *** (4. 79)	0. 00298 *** (3. 80)
disb			0. 00292 *** (4. 41)		0. 00213 *** (3. 41)	
diskb				0. 00307 *** (2. 87)		0. 00249 ** (2. 23)
dislb				-0. 00178 (-1. 57)		-0. 000862 (-0. 84)
lndisl2						-0. 0140 * (-1. 92)
lndisk2						0. 00688 * (1. 89)
L. RD	0. 0140 *** (4. 64)	0. 0153 *** (5. 07)	0. 0156 *** (3. 42)	0. 0133 *** (2. 80)	0. 0155 ** (2. 48)	0. 0129 ** (1. 96)
L. ER	0. 0121 *** (5. 64)	0. 0108 *** (5. 25)	0. 0130 *** (4. 54)	0. 0125 *** (3. 51)	0. 0155 *** (5. 06)	0. 0179 *** (3. 29)
L. FDI	0. 0039 ** (3. 94)	0. 00316 ** (2. 42)	0. 00529 *** (4. 09)	0. 00425 *** (2. 58)	0. 00435 *** (2. 75)	0. 00339 * (1. 72)
_cons	-0. 0239 (-0. 50)	-0. 0512 (-1. 33)	-0. 0488 (-0. 85)	-0. 00943 (-0. 17)	-0. 0255 (-0. 29)	0. 148 (1. 15)
N	324	324	324	324	324	324
AR (2)	0. 896	0. 878	0. 843	0. 831	0. 829	0. 795
Sargan	0. 220	0. 345	0. 216	0. 403	0. 272	0. 815

注：*、**、*** 分别表示在 10%、5% 和 1% 水平上显著；括号内为 t 值；AR（2）P 值为进行二阶序列相关检验得到的 P 值；Sargan P 值表示对工具变量进行过度识别检验得到的 Sargan 统计量对应的 P 值。

从表2可以看出，整体要素价格相对扭曲系数对制造业国际竞争力影响的一次项系数均显著为正，二次项系数也在1%水平上显著为正，说明要素价格整体扭曲对制造业国际竞争力的影响表现为“U”型，拐点对应的相对扭曲值为0.13。在经济发展之初，劳动密集型行业发展更为迅速，劳动力价格扭曲较强，低成本优势有利于制造业发展；而当整体相对扭曲程度逐渐增强时，说明资本价格扭曲更严重、劳动力价格扭曲相对减弱，这与中国经济的发展事实相一致。随着人口红利减少与劳动力素质提高，中国的劳动力工资逐渐提高，而与此同时国内经济发展积累了大量资本，投资成本与资产价格一直维持较低水平，仍有利于整体制造业国际竞争力的提升。

进一步比较模型（2）和模型（6）的回归结果，可以看出不同要素价格的相对扭曲对制造业国际竞争力的影响具有较大差异。从模型（6）的回归结果可以看出，资本价格扭曲对国际竞争力的影响表现为“U”型，而劳动力价格扭曲的影响则表现为倒“U”型且系数均比较显著，这与要素整体扭曲的影响具有一致性。整体扭曲系数表现为正向影响，说明资本价格相对扭曲对竞争力的促进作用大于劳动力价格扭曲的不利影响。对资本要素而言，价格相对扭曲意味着企业能够以较低价格获得质量较高的生产要素，这不仅有助于节约成本还能利用生产效率更高的资本设备，对制造业竞争力的提升作用显著；相反地，劳动要素的相对扭曲虽然也能够节约成本，但却不利于提高劳动者的工作积极性和生产效率，一个突出表现就是伴随经济规模的扩大，中国的劳动者收入占比呈现下滑趋势（陆菁和刘毅群，2016），严重影响了劳动者的生产积极性，使劳动要素价格扭曲对制造业国际竞争力总体上表现出负向影响。

模型（3）和模型（4）纳入了要素价格扭曲和技术进步偏向的交乘项，以检验要素价格扭曲通过技术进步偏向对制造业国际竞争力的间接效应。通过表2可以看出，整体价格扭曲及资本相对扭曲与技术进步偏向的交乘项回归系数均显著为正。就要素禀赋而言，中国属于劳动充裕型国家，但从现实层面看，受资本价格扭曲和资本偏向型技术进步影响，中国的出口品技术复杂度逐渐增加，出口结构由劳动密集型产品为主转变为资本及技术密集型产品为主，与发达国家越来越接近，资本及技术密集型产品表现出较强的国际竞争力。劳动力价格扭曲与技术进步偏向指数的交叉项为负但不显著，主要是由于资本偏向型技术进步提高了资本技术效率、相对降低了劳动的技术效率（孔宪丽等，2015），因此要素价格扭曲与偏向资本的技术进步并不吻合、甚至相互掣肘，不利于国际竞争力的提升。

控制变量方面，技术创新对制造业国际竞争力具有显著正向影响。大量研究指出，创新研发能够强化企业在全球市场的产品竞争力，而且可以促进本土企业更好吸收国外先进技术进行二次创新，从而提升企业生产效率。环境规制对制造业国际竞争力有显著推动作用，说明环境保护与制造业国际竞争力提升可以实现双赢。当前中国面临严峻的环境污染形势，加强环境规制是必然选择。环境规制倒逼企业进行绿色创新和清洁生产，创新补偿效应和先动优势逐渐形成企业新的竞争优势，而且能够规避发达国家的绿色壁垒、增强出口竞争力，成为制造业竞争优势的重要来源。外商直接投资对制造业国际竞争力表现出显著的正向影响。伴随着先进技术和管理经验的扩散，FDI会对本土企业产生示范效应和人力资本流动效应，有利于制造业国际竞争力的提升。

为考察不同要素密集度行业内价格扭曲和技术进步偏向对制造业国际竞争力的异质性影响，本文区分了劳动密集型和资本密集型行业分别进行实证分析，回归结果如表3所示。其中，模型（1）和模型（2）依次纳入了整体及资本和劳动要素价格扭曲系数，模型（3）在模型（1）的基础上进一步加入了技术进步偏向指数及要素价格扭曲系数的二次项，以检验其对制造业国际竞争力的非线性影响。

表 3　　　　分类行业价格扭曲与技术进步偏向对国际竞争力的影响

行业	劳动密集型			资本技术密集型		
变量	(1)	(2)	(3)	(1)	(2)	(3)
L. RCA	0.569*** (10.82)	0.481*** (6.93)	0.486*** (3.99)	0.284*** (7.13)	0.274*** (6.63)	0.423*** (5.82)
lndis	-0.0990** (-2.42)		-0.478*** (-2.58)	0.0180 (0.48)		-0.0839** (-2.13)
lndis2			-0.0859** (-2.25)			0.0241** (2.08)
bias1			0.00437 (0.70)			0.0239*** (5.48)
lndisk		-0.126*** (-3.07)			0.0579* (1.68)	
lndisl		0.134* (1.73)			-0.2003*** (-5.13)	
L. RD	0.0402*** (3.69)	0.0285* (1.72)	0.0339** (2.53)	0.0571*** (3.99)	0.0630*** (4.31)	0.0602** (2.37)
L. ER	0.0344** (2.36)	0.0267* (1.74)	0.0125 (0.67)	0.0156*** (8.58)	0.0135*** (6.56)	0.0186*** (2.72)
L. FDI	0.0247* (1.69)	0.0444** (2.03)	0.0231 (1.54)	-0.0745*** (-4.46)	-0.0666*** (-4.17)	-0.0545*** (-2.73)
_cons	-0.221* (-1.87)	-0.187* (-1.90)	-0.351** (-2.25)	0.288 (1.22)	0.0893 (0.30)	-0.00159 (-0.01)
N	132	132	132	165	165	165
AR（2）	0.346	0.378	0.330	0.131	0.124	0.386
Sargan	0.545	0.927	0.882	0.317	0.606	0.382

注：*、**、*** 分别表示在 10%、5% 和 1% 水平上显著；括号内为 t 值；AR（2）P 值为进行二阶序列相关检验得到的 P 值；Sargan P 值表示对工具变量进行过度识别检验得到的 Sargan 统计量对应的 P 值。

从表 3 可以看出，不同要素密集度行业中的要素价格相对扭曲对制造业国际竞争力的影响有很大差异。对劳动密集型行业而言，整体要素价格扭曲的一次项、二次项系数均显著为负，说明其对制造业国际竞争力的影响表现为倒“U”型。分要素来看，资本价格扭曲的系数为 -0.126、在 1% 水平上显著为负，而劳动力价格扭曲系数为 0.134 并在 10% 水平上显著，说明相对较低的劳动力价格有利于劳动密集型行业国际竞争力提升，而资本价格扭曲则表现为不利影响。劳动要素在劳动密集型行业生产过程中具有关键作用，对这类企业而言，工资在生产成本中占比较高，所以劳动力价格负向扭曲显著降低了企业生产成本，有利于国际竞争力提升；而资本价格扭曲促使企业更多地使用资本要素，虽然也有助于节约成本，但可能导致资本过度深化、超出资源有效配置范畴，反而不利于提升劳动密集型行业的国际竞争力。此类行业中整体扭曲与国际竞争力之间呈倒“U”型关系：在整体价格扭曲较低即劳动力价格扭曲相对较高而资本价格扭曲相对较低时，企业生产成本总体较低且资本与劳动配置合理，有利于制造业国际竞争力提升；当整体要素价格扭曲较高时，资本价格的相对扭曲更严重，劳动力价格相对扭曲程度下降，但资本价格的下降不足以抵消工资的上涨，这既提高了企业整体生产成本，还降低了要素配置效率，从而不利于提升劳动密集型行业竞争力。

资本技术密集型行业的要素价格扭曲对制造业国际竞争力的影响则差异明显。要素价格整体扭曲的一次项与二次项系数均在5%水平上显著为正，说明资本技术密集型行业的要素价格整体扭曲对国际竞争力表现为“U”型影响。区分不同要素来看，资本价格相对扭曲的系数为0.0579且在10%水平上显著为正，而劳动力价格扭曲系数为-0.2003且在1%水平上显著，说明资本技术密集型行业的资本价格相对扭曲越高越有利于提升行业竞争力，而劳动力价格相对扭曲越高反而不利于国际竞争力提升。对于资本技术密集型行业，若资本要素的价格较低，企业倾向于使用更多资本，而这恰好与行业特征相符，可以以相对较低的价格使用质量更高、技术更先进的机器设备，从而显著地提高生产效率。资本密集型行业的生产能力提升很大程度上依赖于相对先进的生产设备，而先进生产设备的使用需要匹配专业化的技能工人和熟练工人，因此这些行业的劳动产出效率相对较高。如果工资收入被过度压低，降低劳动者生产积极性，则产出效率损失将远大于由此带来的成本节约，因此劳动力价格扭曲不利于行业国际竞争力的提升。

从技术进步偏向的回归结果看，劳动密集型行业的系数为0.004，系数较小且不显著；资本技术密集型行业的系数为0.024且在1%水平上显著为正。这说明资本偏向型技术进步对资本技术密集型行业的生产效率有显著的正向推动作用，但对劳动密集型行业作用不明显。这是因为在既定的要素禀赋结构下，在与要素禀赋结构相契合的生产部门、技术进步偏向可以使部门生产率得到显著提升。对于资本技术密集型行业，技术进步偏向与部门要素禀赋结构一致，既有利于提升资本劳动产出效率，又提高了资本技术密集型产品质量，因此有利于制造业国际竞争力的提升，要素价格扭曲已经成为中国企业技术复杂度升级和赶超的“助推型资源”（陈晓华和刘慧，2014）。而在技术进步偏向与禀赋结构相背离的部门，技术进步对生产率的提升将有所损失。近年来由于技术进步多依赖于改进和模仿，导致要素效率提升的劳动节约倾向过于强烈，这也解释了劳动密集型行业的劳动者报酬份额持续下降的主要原因。另一方面，虽然资本偏向型技术进步对劳动生产效率的提升有所损失，但就生产率绝对水平而言，使用更先进的生产设备仍是有利的。两方面因素的综合作用使资本偏向型技术进步对劳动密集型行业国际竞争力的影响不显著。

七、结论与政策启示

本文采用CES生产函数将要素价格扭曲与技术进步偏向纳入了统一的逻辑框架，对要素价格扭曲与制造业国际竞争力之间的作用机制进行理论分析。同时，引入“扭曲税”，在竞争均衡条件下定义生产要素价格的绝对扭曲和相对扭曲，研究了价格扭曲与要素生产效率之间的关系，为分析要素价格扭曲对技术进步偏向的影响奠定模型基础。在实证分析中，借助可行广义非线性最小二乘法（FGNLS）对各参数进行估算，包括要素价格的绝对扭曲系数、相对扭曲系数和考虑价格扭曲前提下的技术进步偏向指数。在此基础上，检验了要素价格扭曲对制造业国际竞争力的直接影响，以及通过技术进步偏向对制造业国际竞争力产生的间接影响。实证研究结果表明，制造业各行业的资本和劳动要素价格均存在不同程度的扭曲，资本的绝对价格扭曲程度更高，而劳动的相对价格扭曲更为严重。对技术进步偏向指数的测算表明，整体而言中国的技术进步是偏向资本的，并且考虑要素价格扭曲时测算出的技术进步偏向更加明显。进一步实证分析表明，在考虑和不考虑要素价格扭曲条件下的技术进步偏向指数对制造业国际竞争力的影响方向是不一致的，这说明在纠正要素价格扭曲的过程中，应该充分考虑到其对技术进步偏向产生的影响。不同要素价格的相对扭曲对制造业国际竞争力的影响具有较大差异：资本价格扭曲对竞争力的影响表现为“U”型，而劳动力价格扭曲的影响则表现为倒“U”型。为考察不同要素密集度行业内价格扭曲和技术进步偏向对制造业国际竞争力的异质性影响，本文区分了劳动密集型和资本密集型行业分别进行实证分析。回归结果显示，劳动密集型行业的要素价格扭曲对制造业国际竞争力的影响表现为倒“U”型；资本技术密集型行业的要素价格整体扭曲对国际竞争力表现为“U”型影响。资本偏向型技术进步对资本技术密集型行业的生产效率有显著的正向推动作用，但对劳动密集型行业作用不明显。

中国制造业快速崛起的重要原因之一就是扭曲的要素价格为企业提供了大量廉价资本和劳动力，制造业企业凭借低成本优势实现了快速发展。但不可忽视的是，持续的要素价格扭曲也会严重影响资源配置效率，一个直接后果就是造成大量资源浪费；同时由于要素投入不能得到合理回报，使资本停留在金融体系内空转、难以流入实体经济，且劳动者收入较低、消费被长期压抑，进而侵蚀国民经济的长期增长潜力。面对发达国家和发展中国家的双向挤压，为实现制造业可持续发展目标，优化资源配置和提升技术水平是必然选择，而这两方面均与要素价格扭曲密切相关。价格扭曲导致的配置效率损失已被大量研究证实，因此加快要素市场化改革、纠正要素价格扭曲，同时注重研发和引进与经济发展阶段相适宜的技术，是加快制造业转型升级、提质增效的关键。基于以上分析，本文提出三点政策建议：

（1）加快资本要素的市场化改革，理顺资本价格形成机制。一方面利率过低使资金脱实入虚、大量流入金融和房地产领域，造成实体经济融资困难，不利于经济长远发展；另一方面长期以来，国有企业因其独特的超国民待遇与国有银行联系紧密，往往可以廉价地获取信贷资源，加剧了资本价格的相对扭曲，但这在相当程度上损害了民营经济的发展，使其很难享有国有企业的融资便利。因此，应该进一步推进资本市场改革、减少信贷歧视、增加实体经济融资渠道，以降低在纠正要素价格扭曲过程中对制造业竞争力的不利冲击。

（2）提高劳动者收入，消除劳动力价格扭曲。由于人口红利及制度性因素影响，劳动力价格被长期压低，不利于提高劳动者生活水平及消费需求。从实证测算结果看，行业间劳动要素价格的相对扭曲更为严重，说明当前制造业企业发展还是惯性地依赖低成本劳动力。因此要破除制度障碍，不断提高劳动者收入份额，同时应充分考虑企业的承受能力，实现劳动力价格扭曲的平稳降低。另外，从出口贸易角度看，要素价格负向扭曲意味着国内生产要素丧失了应得收入，企业通过低价竞争将生产要素所得补贴给了国外消费者，这种贸易条件恶化型出口模式对本国社会福利的改善十分有限。因而出口贸易政策的制定不仅要关注规模增长、更应关注贸易利益。不断改善劳动者收入水平。

（3）通过原始创新和引进吸收推动技术进步，注重技术选择的适宜性。纠正价格扭曲必然会改变要素相对价格、对要素的相对禀赋产生影响，在此过程中，要注重技术选择问题。清洁能源、新材料等新兴的高技术产业是未来世界经济发展的新动力，在这些新高技术领域，既要加强基础研究，注重培育自主创新能力；同时也要注重引进具备先进技术的外商投资，尤其是吸引外资企业在中国建立研发机构，发挥先进技术的溢出效应，挖掘技术进步对制造业发展的最大效能，以实现制造业的可持续发展并能在世界市场上与发达国家相竞争。环境规制整体上对制造业国际竞争力表现出显著正向影响，政府应适当加强环境规制，在一定程度上刺激企业进行治污技术创新，发挥环境规制对绿色制造、智能制造的倒逼作用，选择适宜的环保技术对于提高资源配置效率、促进经济增长同样会起到事半功倍的积极作用。

参考文献：

1. 陈诗一：《中国工业分行业统计数据估算：1980—2008》，载于《经济学（季刊）》2011 年第 3 期。

2. 陈晓华、刘慧：《要素价格扭曲、外需疲软与中国制造业技术复杂度动态演进》，载于《财经研究》2014 年第 7 期。

3. 陈晓玲、连玉君：《资本—劳动替代弹性与地区经济增长——德拉格兰德维尔假说的检验》，载于《经济学（季刊）》2013 年第 1 期。

4. 陈彦斌、陈小亮、陈伟泽：《利率管制与总需求结构失衡》，载于《经济研究》2014年第2期。

5. 陈永伟、胡伟民：《价格扭曲，要素错配和效率损失：理论和应用》，载于《经济学（季刊）》2011年第10期。

6. 戴天仕、徐现祥：《中国的技术进步方向》，载于《世界经济》2010年第11期。

7. 董敏杰、梁泳梅、李钢：《环境规制对中国出口竞争力的影响——基于投入产出表的分析》，载于《中国工业经济》2011年第3期。

8. 傅晓霞、吴利学：《偏性效率改进与中国要素回报份额变化》，载于《世界经济》2013年第10期。

9. 韩国高、高铁梅、王立国：《中国制造业产能过剩的测度，波动及成因研究》，载于《经济研究》2011年第12期。

10. 蒋含明：《要素价格扭曲与我国居民收入差距扩大》，载于《统计研究》2013年第12期。

11. 孔宪丽、米美玲、高铁梅：《技术进步适宜性与创新驱动工业结构调整——基于技术进步偏向性视角的实证研究》，载于《中国工业经济》2015年第11期。

12. 李永、王艳萍、孟祥月：《要素市场扭曲是否抑制了国际技术溢出》，载于《金融研究》2013年第11期。

13. 陆菁、刘毅群：《要素替代弹性、资本扩张与中国工业行业要素报酬份额变动》，载于《世界经济》2016年第3期。

14. 施炳展、冼国明：《要素价格扭曲与中国工业企业出口行为》，载于《中国工业经济》2012年第2期。

15. 史晋川、赵自芳：《所有制约束与要素价格扭曲——基于中国工业行业数据的实证分析》，载于《统计研究》2007年第6期。

16. 陶小马、邢建武、黄鑫：《中国工业部门的能源价格扭曲与要素替代研究》，载于《数量经济技术经济研究》2009年第11期。

17. 王宁、史晋川：《中国要素价格扭曲程度的测度》，载于《数量经济技术经济研究》2015年第9期。

18. 王宁、史晋川：《要素价格扭曲对中国投资消费结构的影响分析》，载于《财贸经济》2015年第4期。

19. 杨帆、徐长生：《中国工业行业市场扭曲程度的测定》，载于《中国工业经济》2009年第9期。

20. 张杰、周晓艳、李勇：《要素市场扭曲抑制了中国企业R&D吗?》，载于《经济研究》2011年第8期。

21. 张杰、周晓艳、郑文平：《要素市场扭曲是否激发了中国企业出口》，载于《世界经济》2011年第8期。

22. 张宇、巴海龙：《要素价格变化如何影响研发强度——基于地区研发强度分解数据的实证研究》，载于《南方经济》2015年第1期。

23. 赵自芳、史晋川：《中国要素市场扭曲的产业效率损失——基于DEA方法的实证分析》，载于《中国工业经济》2006年第10期。

24. Acemoglu, D. Directed Technical Change [J]. *The Review of Economic Studies*, 2002, 69 (4): 781 – 809.

25. Acemoglu, D. Labor and Capital Augmenting in Technical Change [J]. *Journal of the European Economic Association*, 2003, 1 (1): 1 – 37.

26. Antonelli, C., and F. Quatraro. The Effects of Biased Technological Change on Total Factor Productivity: Empirical Evidence from a Sample of OECD Countries [J]. *The Journal of Technology Transfer*, 2010, 35 (4): 361 – 383.

27. Atkinson, S. E., and R. Halvorsen. Parametric Efficiency Tests, Economies of Scale, and Input Demand in US Electric Power Generation [J]. *International Economic Review*, 1984: 647 – 662.

28. Brandt, L., T. Tombe, and X. Zhu. Factor Market Distortions across Time, Space and Sectors in China [J]. *Review of Economic Dynamics*, 2013, 16 (1): 39 – 58.

29. Gancia, G., and F. Zilibotti. Technological Change and the Wealth of Nations [J]. *Annual Review Economics*, 2009, 1 (1): 93 – 120.

30. Hsieh, C. T., and P. J. Klenow. Misallocation and Manufacturing TFP in China and India [J]. *The Quarterly Journal of Economics*, 2009, 124 (4): 1403 – 1448.

31. Klump, R., P. McAdam, and A. Willman. Factor Substitution and Factor-augmenting Technical Progress in the United States: A Normalized Supply-side System Approach [J]. *The Review of Economics and Statistics*, 2007, 89 (1): 183 – 192.

32. León – Ledesma, M. A., and P. McAdam. Willman A. Identifying the Elasticity of Substitution with Biased Technical Change [J]. *The American Economic Review*, 2010, 100 (4): 1330 – 1357.

33. Peters, M. Heterogeneous Mark-ups, Growth and Endogenous Misallocation [R]. London School of Economics and Political Science, LSE Library, 2013.

34. Sakellaris, P., and D. J. Wilson. The Production-side Approach to Estimating Embodied Technological Change [R]. Working Paper, Finance and Economics Discussion Series, 2001.

35. Skoorka, B M. Measuring Market Distortion: International Comparisons, Policy and Competitiveness [J]. *Applied Economics*, 2000, 32 (3): 253 - 264.

（本文载于《中国工业经济》2018 年第 2 期）

环境规制、治理转型对绿色竞争力提升的复合效应

——基于中国工业的经验证据

杜龙政　赵云辉　陶克涛　林伟芬

摘　要：现有关于制度因素如何影响波特假说的研究，更多是关注所有制结构的单方面影响，而忽略了治理转型与绿色竞争力的关系。中国改革开放的进程同时也是计划经济体制向市场经济体制转轨的“治理转型”过程。本文首先基于治理转型的视角，指出不同治理类型对企业创新影响的不同，进而导致创新阶段差异化特征的差异；然后运用全局曼奎斯特—鲁恩博格生产率指数，重新估算了 2001～2016 年中国 30 个省份的工业绿色竞争力；并利用广义最小二乘法和系统广义矩估计等计量方法，系统考察了环境规制、治理转型对中国工业绿色竞争力提升的复合效应，得出以下结论：中国环境规制与工业绿色竞争力之间呈现“U”型曲线关系，在中国情景下验证了波特假说；在此基础上加入治理转型，产生了初步复合效应，发现对工业绿色竞争力的作用是积极的，可加快环境规制拐点到来、波特假说实现；进而加入治理转型与研发交互项，产生了深度复合效应，进一步加速了拐点到来和波特假说实现。本文为考察工业绿色增长转型提供了新的视角。

关键词：环境规制　治理转型　绿色竞争力　复合效应

一、引　　言

全球性污染的出现与人类的工业化进程密不可分，伴随着各国环保与发展之间的矛盾日益尖锐，强化环境规制逐渐成为全球性趋势。环境规制肯定会增加企业成本、削弱竞争力（Gray，1995），但波特假说却提出合适的环境规制能激励企业技术创新而获得竞争优势（Porter and van der Linde，1995）。支持者认为，政府可通过环境规制在推动本国产业绿色发展、创造先行者优势（Simpson and Bradfor，1996），环保税可以加快技术进步、降低环境污染（Marconi，2009）；反对者却提出，难道管制者会比企业家做得更好（Jaffe et al.，1995），环境规制更严格的产业可能会出现竞争力下降（Ederington，2010）。中国的制度背景、市场环境不同于西方，波特假说适用于中国吗？

中国改革开放事实上选择了“稳定存量、做大增量”的发展路径——在推动国企改革的同时，以“对外开放”促进外企发展，以“对内开放”促进民企发展。这种制度创新的结果极为成功，实现了国企、民企、外企等不同所有制企业同台竞争的市场格局。中国基于自身国情，采取了务实的渐进性的改革路线，从改革初期只涉及个别部门的政策调整（如土地承包），到十二届三中全会提出“社会主义商品经济”的目标，十四大进一步将改革目标明确为“社会主义市场经济”，十五大提出非公有制经济是其重要组成部分，且否定了把国有经济的比重大小同社会主义性质联系起来的僵化观点（吴敬琏，2018a）。直至在十八届三中全会把市场在资源配置中的“基础性作用”修改为“决定性作用”，且提出国家治理现代化的目标。可见，我们对市场经济作用的实践与认识是逐步深入的。作为持续向社会主义市场经济迈进的改革中的大国，经济制度环境、市场主体格局异于

西方，中国国情下的波特假说有何特点，治理转型对绿色竞争力提升的作用又是怎样的呢？

党的十八大后持续多年的环保新政的推行（不少地方出现运动式管制）和2016年开始推行的供给侧结构性改革、“三去一补一降”等举措，使民企[①]的发展遇到了较大困难：2001～2016年民企工业增加值的历年增速均高于国企，但到2017年6月开始低于国企。以较近年份的主营业务收入、利润总额的指标来看，大致也是如此：2012～2016年民企主营业务收入的历年增速均高于国企（两者五年增速均值分别为7.4%、1%），到2017年也出现反转（民企降至4.8%，国企为11%）；2012～2016年民企利润总额的历年增速均高于国企（两者五年增速均值分别为5.2%、5%），到2017年同样出现反转（民企降至3.8%，国企为39.7%）。可见当前经济发展中民企的困难较大，对此需引起高度重视，因为这会影响到经济治理转型、供给侧改革深入及绿色发展目标的实现。新常态下中国改革迈入深水区，地方经济同时面临治理转型和绿色发展的双重压力，那么两者的关系如何，治理转型能否加快波特假说的实现？这是本文关注的核心问题。

相关综述主要涉及治理转型和波特假说两方面文献：第一，与治理转型相关的制度经济学方面文献。经济转轨模式代表性的有两种——中国渐进主义与苏联东欧的激进主义，二者差异的根源在于对快变量与慢变量（Roland，2002、2012）认识的不同，制度建设、文化习俗是慢变量，需分阶段改革（Dewatripont and Roland，1995；Roland，2002），此时政府的“补缺地位”很重要，以便构筑起从“前市场经济”向“市场经济”过渡的桥梁。陈云贤（2019）认为对“非经营性资源”以国企为主，对“产业资源”应以民企为主，而政府在“准经营性资源”领域中作用较大。叶静怡等（2019）认为国企是政府解决市场失灵的工具。随着供给侧改革的深入，政府和国企的作用也需要转型（张晓晶等，2019）；市场在资源配置中的作用应从“基础性”提升到“决定性”（高培勇等，2019）。

第二，环境规制与技术创新、竞争力关系方面文献。就环保和技术进步的关系而言是不确定的：技术进步本身难以调和经济发展与环境保护间的矛盾（Wils，2001；Czech，2008）。有的新技术会降低污染，有的却会增加污染（Jaffe et al.，2000；杜龙政和汪延明，2010），故应同时考虑技术进步和环境污染。波特假说指出了环保和竞争力之间实现“双赢”的可能性，后来的研究者们逐渐将波特假说的适用范围从企业层面拓展到产业、地区、国家甚至国际层面，但结论并不一致：支持的证据很多（Berman and Bui，2001；Hamamoto，2006；Lanoie et al.，2008；景维民和张璐，2014），然而反对者也不少（Simpson and Bradfor，1996；Lee，2008；Ederington，2010）。

本研究的主要贡献在以下两点：第一，探究了治理转型对波特假说实现的影响，提供了新的经验证据，拓展了其适用范围。已有文献从市场、产业、开放等不同视角来拓展波特假说，如马纳吉等（Managi et al.，2005）在区分市场产出和非市场产出情况下重塑了波特假说，拉诺伊等（Lanoie et al.，2008）认为波特假说更适用于污染更多或国际竞争更激烈的产业，景维民和张璐（2014）从自主创新、对外开放等方面检验波特假说，但均未考虑中国转轨经济的制度背景。当然，也有学者纳入所有制结构变量，如王兵等（2010）、陈超凡（2016）肯定了所有制结构（国企比例）对波特假说的正面影响，张成等（2011）却认为国企对波特假说的影响是负面的，李斌等（2013）则认为国企对波特假说的影响存在所有制结构的门槛效应。但是，单纯考虑国有经济（国企）作用有其片面性；本文基于国有经济与民营经济互动的角度分析问题，更加科学合理。考虑到“治理转型”是影响中国改革开放进程的关键变量，同时也是影响创新能力、实现波特假说的关键因素，验证其对波特假说的影响，以及能否促进波特假说的实现，这对于当前迈入改革深水区、探索绿色发展新路的中国而言，极有必要。

---

① 本文所述民企即民营企业的简称，范围包括“规模以上私营工业企业、外商投资和港澳台商投资工业企业”；国企即国有企业简称，范围包括“规模以上国有及国有控股工业企业”。文中民营经济、国有经济也与上述口径统一。规模以上工业企业统计口径在样本期内发生了两次变化，本文已对口径进行了统一，详细情况见第三部分。除特别说明外，本文民企均已包含了外企，民营经济包含了外资经济。

第二，本文为中国继续深化改革、扩大开放提供了经验证据。在中国，要毫不动摇地巩固和发展公有制经济，毫不动摇地鼓励、支持、引导非国有经济发展，积极创造一个良好的市场竞争环境。吴敬琏（2018b）认为降杠杆不解决根本矛盾，“三去一降一补”只是结构性改革的中间环节，最终是为了强化竞争、改善结构、纠正资源误配。本文实证结果也表明，结构性改革不仅仅是宏观的“三去一降一补”，供给侧主体结构也很重要，可促进地区工业绿色竞争力提升。政府应创造公平竞争环境，改善市场参与主体的结构，对于实现经济高质量发展、推动供给侧结构性改革深化，具有重要意义。

在外有“贸易摩擦导致外需市场收缩”，内有“环保高压、供给侧结构改革”的严峻形势下，本文围绕实现工业绿色竞争力提升的目标，通过引入治理转型以及治理转型与研发交互项，探索其对工业绿色竞争力提升、促进波特假说实现的作用，以便为未来如何深化改革扩大开放、实现经济绿色发展提供实证依据。本文结构如下：首先从理论上探讨治理转型对工业绿色竞争力影响的机理；其次采取广义矩估计、系统 GMM 和 2SLS 等方法进行实证分析，力求结果的稳健；最后得出结论、给出政策建议。

二、机制机理与假说提出

（一）环境规制对绿色竞争力的影响机制

1. 治理转型背景下环境规制对绿色竞争力的影响机制。中国的改革是自主可控的渐进主义方式——“稳定存量（国企）、做大增量（民企）”，在改革国企的同时，竞争领域逐渐对民企放开，避免了“一刀切”的社会剧变。改革的有序性应本着“总体收益越大越先推行”“先易后难”的原则（Dewatripont and Roland，1995；Roland，2002），这样先行改革可为后续改革创造条件。休克疗法体现的是华盛顿共识，遵循新古典主义传统，而渐进改革体现的是北京共识，遵循制度—演化主义的思想（Turey and Luke，2011）：前者强调统一性，后者强调特殊性；前者强调静态均衡、帕累托最优，后者强调动态演进、路径依赖性，认为体制变迁的多样性源于初始条件的不同，具有环境依赖性。在研究转轨经济、改革开放的过程中，有学者提出快变量与慢变量（Roland，2002、2012）之别。休克疗法解决的是产权问题，产权属于快变量，但市场经济制度则属于慢变量，需分阶段推行改革；而文化、习俗等是更慢的慢变量，却是市场经济运行的基础。西方市场经济制度的形成也是一个长期的过程，且各国的形成路径也有其特殊性；休克疗法的错误在于把慢变量的经济制度，简单移植到他国。在慢变量的形成过程中，发展型政府、国企的“补缺地位”很重要；西方的小政府模式不能解决改革过程中的“制度缺位”问题。西方经济学理论考虑了“资源稀缺”，但忽视了“资源生成”，政府、国企在“资源生成”领域是有价值的（陈云贤，2019）。中国改革的成功即遵循了快、慢变量有别的规律，这既体现了我们对马克思主义的科学继承与创新发展，也与中国长期以来历史形成的“儒家为主、兼容道佛”的文化传统不无关系。波特假说的实现过程中同样存在快变量、慢变量之别。环境规制属于快变量，可在政府强制下快速推行；而研发、创新则属于慢变量，需要一定时间实现，且竞争力提升需时更长。

波特假说认为环境规制与竞争力之间可能存在“U”型曲线关系：初期环保投入的“侵占效应”会削弱企业竞争力，长期来看环境规制会刺激企业创新，获得“创新补偿”，弥补“规制成本”而实现双赢。贾菲和普拉默（Jaffe and Plamer，1997）进一步将波特假说区分为弱“波特假说”、强“波特假说”，前者认为环境规制可以促进创新（蒋伏心等，2013；Du et al.，2018），但不一定能提升竞争力；后者认为环境规制能提高企业竞争能力（Managi et al.，2005；Hamamoto，

2006；Lanoie et al.，2008），常采用全要素生产率或其分项技术进步来衡量。在此可将两种波特假说统一起来（弱波特假说只是强波特假说的一个阶段）：环境规制的第一阶段是促进了技术创新，第二阶段才是创新推动了竞争力的提升。这种竞争力是基于广义环保（不仅被动地降低污染，而且有性能提升、资源节约）基础上的绿色竞争力，可用考虑了非期望产出的绿色全要素生产率进行测度。若忽略非期望产出，会导致估计偏差（Watanabe and Tanaka，2007）。

环境规制对绿色竞争力的影响，主要基于创新下降和价值提升两种力量综合作用的结果。创新下降源于环境规制成本对创新资源的侵占，价值提升源于创新驱动力量的贡献，环境规制会催生三种创新驱动力量，可从以下三个方面提升企业价值：（1）成本节约，通过废弃物再利用实现。京东方液晶 8.5 代线日耗自来水四万吨，而北京环保部门只给日五千吨用水指标，企业通过工艺改进解决了再生水所含尿素、硼等污染问题，实现了 80% 使用再生水，既降低了污染，又实现了成本节约，单片耗水量低于行业平均水平 34%。（2）性能提升。为实现节能减排改进技术创新所创造出性能提升的优势。例如京东方自主开发的 Bright View 技术，显示屏功耗降低 20%～30%，同时实现人眼感知清晰度提升 50%，亮度提升 30%。（3）心理价值提升。消费者既关注产品的“使用价值”，也关注其“环保价值”，即符合环保要求的产品会更受青睐，体现的是一种“精神价值”或者“心理价值”，尤其在绿色食品方面较为明显。企业可以通过加强技术创新，实现绿色竞争力的“U”型反转，这适用于所有制性质不同的国企、民企。

2. 治理类型差异对企业创新特征的影响。改革开放过程中邓小平提出“发展是硬道理”，公有制经济和非公有制经济在竞争中进化。总结来看，国企以“稳定”功能为主，民企以“发展”功能为主。国企的存在为外企、民企的发展提供了人才储备；民企的存在激发了经济活力，为国企提供了机制创新的源泉；国企在公益性产业领域有竞争力，民企在竞争性产业领域有竞争力。相对来说，由于国企改革尚未到位，仍然包含较多的行政型治理因素（李维安和薛澜，2012），民企则经济型治理的因素更多。国企在工资总额、干部任用、股权激励等方面受行政型治理的约束更多些，故其突破性创新的激励相对较弱；民企因生存压力较大，希望获得突破性创新，以颠覆现有市场格局，创新更冒险。

不同治理类型企业所产生的创新特质不同（杜龙政等，2010）。基于以下原因，国企更倾向于渐进性创新：（1）获得政府补贴、贷款相对容易，生存压力小于民企，创新冒险精神自然也低于后者；（2）国企受领导任期制的限制，更愿意在容易出成果的渐进性创新领域进行投资；（3）国企可能受工资总额限制等行政型治理因素影响，很难对研发人员实行重奖或股权激励，因而不易出现突破性创新；（4）国企的竞争压力相对较低，可留住愿意追求稳定的研发人才，适合渐进性创新。当然不排除国企在高铁、国防等政府长期研发投入的领域也会出现突破性创新。基于以下原因，民企更有可能在突破性创新领域投资，更容易形成创新驱动的机制：（1）获得政府补贴、贷款相对困难，生存压力大于国企，创新冒险精神自然也高于后者，自然有更大动力实施突破性创新；（2）民企的所有权清晰，不像国企受领导任期制的影响，更有可能采取符合企业长远利益的行动；（3）民企激励机制市场化，对于创新者的奖金、股权激励等容易实现，可以激励创新者突破性创新；（4）民企的竞争压力大，更适合敢于冒险的研发人才，适合突破性创新。

企业绿色竞争力的差异源于绿色全要素生产率的差异，后者主要源于技术创新水平的差异。不同所有制企业的创新特征因治理机制不同而表现出创新阶段性的差异。因此，在环境规制初期，突破性创新不容易实现，国企的渐进性创新的优势较为明显，民企的绿色竞争力弱于国企；而到环境规制后期，民企的突破性创新有可能实现，绿色竞争力可能超过国企。治理转型可以加速企业技术创新、绿色竞争力提升的步伐。但这并不否认国企同样可以实现波特假说，只是实现的过程可能要慢；而民企同样会因为创新能力不足而不能实现波特假说。

（二）国企与民企的差异化特征模型与假说提出

1. 治污曲线的差异。环境规制是国家硬约束，国企、民企均须执行。企业主动降低污染的动力有三：一是环境规制的日趋严格；二是消费者对环境友好型产品的需求压力；三是变废为宝、节约成本的需要。环境库兹涅茨曲线揭示了环境污染与人均收入间呈倒“U”型曲线关系（Grossman and Krueger，1995），初期因环保技术不足以消解污染物，大工业在发展过程中采用了大量环境难以消解的外源技术（杜龙政和汪延明，2010），污染总量会有一个逐渐上升到顶峰的过程；而后随着环保技术、绿色产品技术的创新，污染逐渐下降到环境可降解线（等同于零排放）。

国企与民企因治理模式的差异，创新特征不同，治污曲线也会表现出差异。环境规制的初期，国企因获得政府补贴较多，可以更快地实施渐进性创新，降低污染比民企要快。而到后期，因国企的突破性创新相对要慢，实现治污目标的时间更长；民企有可能实现突破性创新，绿色竞争力的提升就快于国企。治污曲线的不同之处在于，前期国企绿色竞争力的提升较快，后期民企绿色竞争力的提升更快，整体上民企所需时间可能更短。

2. 环境规制作用下国企与民企创新的阶段差异化特征模型。环境规制的目的是降低污染排放，污染排放是企业的非期望产出。因污染具有负外部性，政府会规定一个污染水平——E，企业生产必须在这个环境规制水平下进行。假设产品市场、要素市场完全竞争，目标是整个地区工业利润的最大化。假设 P 为产品价格；T、K 分别代表企业的技术资本投入、生产资本投入。假设生产技术是希克斯中性的，因此企业的生产函数为 $F=A(T)f(K)$，其中 $f(K)$ 只与生产资本投入有关，技术进步只体现于 $A(T)$。若一个地区的工业企业国企和民企同时存在，T_1 和 T_2 分别表示国企和民企（含外企）的技术资本投入；K_1 和 K_2 分别代表国企和民企的生产资本投入。不同所有制企业的技术特征不同，即 $F_1=A(T_1)f(K_1)$，$F_2=A(T_2)f(K_2)$，其中 $A(T_1)$、$A(T_2)$ 分别代表国企、民企的技术进步，$f(K_1)$、$f(K_2)$ 分别代表国企、民企既定技术水平下的产出，在 K 投入不变的情况下，企业产出 F 只与技术进步有关，$F_1'(T_1)>0$，$F_2'(T_2)>0$。国企、民企的污染函数为 $H[A(T_1)f(K_1),\ A(T_2)f(K_2)]$，污染只与两类企业的总产出有关。假设国企的单位产品治污费用为 w_1，民企的单位产品治污费用为 w_2。因为国企获得财政补贴或救济的机会较民企要多，相当于降低了自身的污染治理费用，故 $w_1<w_2$。

因此，该地区工业实现利润最大化的优化行为可表示为：

$$\text{Max}\prod = P[A(T_1)f(K_1)+A(T_2)f(K_2)]-w_1A(T_1)f(K_1)-w_2A(T_2)f(K_2) \tag{1}$$

$$\text{s.t.}\quad H[A(T_1)f(K_1),\ A(T_2)f(K_2)]=E \tag{2}$$

此时存在 $\lambda\in R$，若两类企业的生产资本 K 投入不变，该地利润最大化的优化条件为：

$$PF_1'(T_1)-w_1F_1'(T_1)+\lambda H'(T_1)=0 \tag{3}$$

$$PF_2'(T_2)-w_2F_2'(T_2)+\lambda H'(T_2)=0 \tag{4}$$

$$E=H[A(T_1)f(K_1),\ A(T_2)f(K_2)] \tag{5}$$

将式（3）至式（5）联立可得：

$$\frac{P-w_1}{P-w_2}=\frac{H'(T_1)/F_1'(T_1)}{H'(T_2)/F_2'(T_2)} \tag{6}$$

在环境规制初期，因治污技术的进步需要时间，污染增加的速度虽然在降低，但污染总量还在增加，即 $H'(T_1)>0$、$H'(T_2)>0$；$H''(T_1)<0$、$H''(T_2)<0$。在污染总量到达顶点之后，污染将越来越少，即 $H'(T_1)<0$、$H'(T_2)<0$。民企和国企的治理类型不同，绿色技术创新的激励机制也存在差异。在环境规制初期，国企更容易得到政府的补贴支持，绿色技术进步快于民企，$F_1'(T_1)>F_2'(T_2)$，绿色竞争力提升也快于民企。民企的创新激励机制较先进，在经过规制初期困难之后，绿色技术进步会反超国企，$F_1'(T_1)<F_2'(T_2)$，民企绿色竞争力提升就快于国企。国企、民企在环境规制的不同阶

段，创新表现出差异化特征：

第一阶段，由于环境规制初期，国企能够获取更多的政府环保补贴，使得 $w_1 < w_2 < P$，因此有 $\frac{H'(T_1)}{F_1'(T_1)} > \frac{H'(T_2)}{F_2'(T_2)}$，说明国企的绿色技术进步（渐进性创新的优势）要优于民企，治污效果强于民企。此阶段因民企和国企都要投入污染治理，二者的技术进步都会受到影响，但初期民企的环境规制压力要大于国企，所获政府补贴较少，生存压力大于国企，环境规制对民企技术创新的负面影响大于国企，也即此阶段民企的绿色技术进步弱于国企，因而其绿色竞争力也就低于国企。

第二阶段，民企为了减少治污支出，加大了创新激励力度，有可能实现产品技术的突破性创新而降低污染，技术进步的速度快于国企（民企产品技术的进步弥补了相对于国企环保技术的不足），其治污费用 w_2 越来越接近国企的 w_1，直到二者相等（$w_1 = w_2 < P$），此时 $\frac{H'(T_1)}{F_1'(T_1)} = \frac{H'(T_2)}{F_2'(T_2)}$，意味着民企因技术水平的提升使得污染降低程度与国企相等，说明民企的生产技术进步得以恢复，达到与国企同样的绿色竞争力水平。

第三阶段，随着民企技术水平的进一步提升（因其产品技术的优势更加明显），治污支出越来越小，使得 $w_2 < w_1 < P$，此时 $\frac{H'(T_1)}{F_1'(T_1)} < \frac{H'(T_2)}{F_2'(T_2)}$，说明此阶段民企的绿色竞争力的提升已经超越国企；若地区民营经济发展较好，会带动整体绿色竞争力的上升，加速波特假说的实现。

3. 假说提出。综上所述，若地区民营经济发展较好，会推动地区经济治理转型，也会倒逼当地国企效率提升，提升其经济型治理水平；反之，民营经济发展不充分的地方，国企的经济型治理水平可能较低，当地经济治理转型就会困难。治理转型有助于推动企业实现突破性创新，促进工业绿色竞争力提升。基于以上分析，本文提出三个假说：假说 1，环境规制与工业绿色竞争力之间呈现"U"型曲线关系，在中国情景下验证波特假说。假说 2，在假说 1 基础上加入治理转型，会产生初步复合效应，促进工业绿色竞争力提升，加快环境规制拐点的到来、波特假说的实现。假说 3 是在假说 2 基础上加入治理转型与研发交互项，产生深度复合效应，能促进工业绿色竞争力提升，进一步加快环境规制拐点的到来和波特假说的实现。

三、方法、模型与变量

（一）实证模型设定

本文接下来在理论分析的基础上，实证研究治理转型对中国工业绿色竞争力的影响，并对三个假说进行经验检验。构建计量模型如下：

$$\ln GTFP_{it} = C + \beta_1 \ln ER_{it} + \beta_2 (\ln ER_{it})^2 + \beta_3 \ln GT_{it} + \beta_4 \ln RD_{it} + \beta_5 \ln GT_{it} \times \ln RD_{it} + \gamma X_{it} + V_i + \varepsilon_{it} \quad (7)$$

其中 $GTFP_{it}$ 表示第 i 个省份第 t 年工业绿色竞争力水平；ER_{it} 表示第 i 个省份第 t 年的环境规制；GT_{it} 为治理转型，以民营经济与国有经济的比值来衡量；RD_{it} 表示研发强度；X_{it} 表示控制变量，包括对外开放度（EX、FDI）及资源禀赋（K/L）；C 为不随个体变化的截距；β、γ 为待估参数；V_i 为个体效应；ε_{it} 为随机误差项。

（二）工业绿色竞争力的测算

1. 测度方法。度量竞争力是本文的一个核心环节，文献分两类：一是采用市场全要素生产率指标（Managi et al.，2005；Yang et al.，2012）；二是采用绿色全要素生产率指标（Oh and Heshmati，

2010；景维民和张璐，2014；陈超凡等，2016），王兵等（2010）称作环境全要素生产率。钱伯斯等（Chambers et al.，1996）和钟等（Chung et al.，1997）提出的方向性距离函数（DDF）既鼓励期望产出向生产前沿扩张，又鼓励污染向最小化前沿缩减，但陈超凡等（2016）所用DDF－ML方法的度量结果不具有传递性特征，欧和赫什马提（Oh and Heshmati，2010）提出的全局Malmquist－Luenberger（GML）指数可解决这一问题。本文即采用DDF－GML方法来测度工业绿色全要素生产率，可用来度量工业绿色竞争力。

2. 绿色竞争力投入、产出指标的选择。按照上述理论方法，需中国各地2001～2016年的好产出、坏产出和投入数据，本文选择除西藏外的30个省份为研究对象。好产出采用各地工业品出厂价格指数折算为2001年为基期的各地实际工业总产值；坏产出选用各地工业SO_2排放、工业COD排放、工业CO_2排放和工业固体废弃物排放量。由于工业CO_2排放数据不像产出、劳动和能源数据可以直接获得，必须进行估算，本文借鉴陈诗一（2009）方法进行估算。其中估算工业CO_2涉及的原煤、原油和天然气的数据来源于历年《中国能源统计年鉴》的地区能源平衡表。投入变量涉及固定资本存量、年末从业人员数和能源投入。

固定资本存量、年末从业人员以及工业总产值涉及口径问题，在本文研究样本期内，规模以上工业企业数据口径调整了两次，2001～2006年为“全部国有和年主营业务收入500万元及以上的非国有工业企业”，2007～2010年为“年主营业务收入500万元及以上的工业企业”，从2011年开始为“年主营业务收入2 000万元及以上的工业企业”。2001～2011年规模以上工业企业工业总产值数据来源于《中国工业经济统计年鉴》，2012～2016年数据来源于各地统计年鉴。

统一口径的步骤如下：2004年、2008年《中国经济普查年鉴》分别公布了当年工业分地区全部工业企业主要经济指标，因此可以计算得出2004年分地区全部国有及规模以上非国有工业企业占全部工业企业的比例和2008年分地区规模以上工业企业占全部工业企业的比例数据。这样，将其他年份规模以上工业分地区数据调整为分地区全部工业企业的数据成为可能。根据2004年和2008年两组调整比例以及线性函数的假定就可以构造出其他年份的口径调整比例，从而能够把2001～2010年分地区工业企业指标统一调整为全部工业口径。

下一步是2011年后分地区工业企业数据的口径调整。首先假定2011年各地区的增长率和2010年相同，根据所得的2010年分地区全部工业企业指标，计算得出2011年的全部工业企业口径分地区指标，假定该指标构造是合理的，而且从技术上也保证了前后两组序列的衔接；然后利用2011年已有的分地区规模以上工业企业的数据就可以得到调整比例；最后计算得出2011～2016年的分地区工业企业指标统一调整为全部工业口径的数据。

上述口径调整主要针对工业总产值和从业人员年平均人数，因资本存量的口径调整较困难，所获信息更少，本文利用工业总产值调整前后的比例关系来对其进行口径调整（陈诗一，2011）。

3. 资本投入。资本存量估算往往都是根据固定资产的价值通过永续盘存法来计算，永续盘存法需要考虑当期投资指标的选择、基期资本存量的计算、折旧率的选择和投资平减四方面问题，以估算中国工业分地区的资本存量，具体步骤如下：

（1）计算折旧率。现有文献常采用一个不变的折旧率用于资本存量估算，该法太粗糙。事实上，2002～2008年度的《中国工业经济统计年鉴》提供了2001～2007年规模以上工业分地区的本年折旧和固定资产原价，利用当年折旧与上年固定资产原值的比例可以计算出相应的折旧率（陈诗一，2009、2011）。还需估算2008～2016年的折旧率，既然统计年鉴提供了该时段分地区完整的累计折旧和固定资产原价的数据，可根据变量之间的内在关系来推断出所隐含的折旧率。

$$\text{折旧率}_t = \frac{\text{本年折旧}_t}{\text{固定资产原价}_{t-1}} = \frac{\text{累计折旧}_t - \text{累计折旧}_{t-1}}{\text{固定资产原价}_{t-1}} \tag{8}$$

（2）计算每年新增固定资产投资。

$$\text{当年价投资}_t = \text{固定资产原价}_t - \text{固定资产原价}_{t-1} \tag{9}$$

最后利用工业分地区固定资产投资价格指数把 2001 ~ 2016 年分地区工业全口径当年价投资额平减成 2001 年价格水平的可比价序列。固定资产投资价格指数由历年《中国统计年鉴》提供。

（3）确定 2001 年初始资本存量。现有 2001 年分地区工业企业全口径固定资产净值数据，采用固定资产投资价格指数进一步换算成基年为 2001 年的可比价固定资产净值，以此数据作为 2001 年的起始资本存量。

（4）永续盘存法估算资本存量。在前三步估算的基础上计算工业分地区的工业资本存量：

$$\text{资本存量}_t = \text{可比价全口径投资额}_t + (1 - \text{折旧率}_t) \times \text{资本存量}_{t-1} \tag{10}$$

4. 劳动投入。在衡量劳动力投入作用时，劳动时间比劳动力人数更好，但很难获得该数据。因此本文选取各地 2001 ~ 2016 年分地区工业企业的全部从业人员年平均数代替劳动时间。

5. 能源投入。资源作为一种中间投入，传统全要素生产率不考虑能源投入。本文将能源投入考虑在内，假设其作为"坏"产出的主要来源。采用历年《中国能源统计年鉴》的地区能源平衡表公布的折算为万吨标准煤的各类能源工业终端消费量总和作为工业能源投入指标，其中各种能源折标准煤参考系数来源于《中国能源统计年鉴》。

其中，投入、产出的基础数据来源于历年《中国工业统计年鉴》《中国工业经济统计年鉴》《中国环境年鉴》《中国环境统计年鉴》《中国能源统计年鉴》以及 2004 年、2008 年《中国经济普查年鉴》，其中 2001 ~ 2010 年工业品出厂价格指数来自历年《中国城市（镇）生活与价格年鉴》，2011 ~ 2016 年来自历年《中国统计年鉴》。

本文采用 DDF - GML 方法测算各地 MI 指数。假设基期 2001 年的绿色全要素生产率为 1，则 2002 年的绿色全要素生产率等于 1 乘以 2002 年的 MI 值，依此类推，计算出各省的绿色全要素生产率。使用软件 MaxDEA7.0 进行测算。

（三）相关变量引入及说明

解释变量即影响中国工业绿色竞争力的主要因素，分为绿色创新方面核心变量和控制变量两类指标，前者包括环境规制、治理转型、研发强度；后者包括 FDI、出口、禀赋结构。

（1）环境规制（ER）。国内外学者度量的角度包括环境规制政策或规制机构对企业排污的检查次数（Brunnermeier and Cohen，2003）、治理污染设施运行费用、治理工业污染的总投资与工业增加值的比值（Berman and Bui，2001；张成等，2011）、污染排放量变化（Domazlicky and Weber，2004）等。基于数据可得性，本文分别选取了 ER1（每万元工业企业总产值的工业污染源治理投资 = 10 000 × 工业污染源治理投资/各地工业企业总产值）、ER2（每万元主营业务成本的工业污染源治理投资 = 10 000 × 工业污染源治理投资/各地工业企业主营业务成本）作为各地度量环境规制的指标，ER2 用于稳定性检验。数据来源于历年的《中国工业统计年鉴》和《中国工业经济统计年鉴》。对于波特假说的检验，景维民和张璐（2014）、童健等（2016）在实证分析中均采用了环境规制二次项的检验方式，本文同样采用此方法。

（2）治理转型（GT）。由于 2011 年以前的私营工业企业、外商投资工业企业和港澳台商投资工业企业、国有及国有控股工业企业公布的是工业总产值，2012 年及以后公布的是工业销售产值，因此为了保持口径的统一，本文采用地区工业主营业务收入作为计算依据，以民营经济中主要的"私营工业企业、外商投资和港澳台商投资工业企业"主营业务收入之和与国有经济中主要的"国有及国有控股工业企业"主营业务收入之比作为治理转型（GT1）的衡量指标，比值较低表明该地是以行政型治理为主，比值较高表明以经济型治理为主。一般来说，民企的经济型治理更好，国企的行政型治理较强；民营经济的发展可创造市场环境，促进国企的效率提升。同时，采用"私营工业企业、外商投资和港澳台商投资工业企业"的年平均就业人数之和与国有及国有控股工业企业年平均就业人数之比（GT2）作为衡量稳健性的代理变量。数据来源于历年《中国工业统计年鉴》

《中国工业经济统计年鉴》，其中 2004 年数据来自《中国经济普查年鉴》。

（3）研发强度（RD）。研发投入会促进地区技术进步、绿色竞争力提升，可以利用科技创新降低能源消耗、提升地区创新能力（杜龙政和林伟芬，2018）。本文采用各地区工业企业研发经费支出占主营业务收入的比重来衡量该指标，数据来自历年《中国科技统计年鉴》。

（4）FDI 用各地区实际使用外商投资占 GDP 的比重来表示。FDI 可能用于验证“污染避难所假说”和“绿色港湾假说”（Poelhekke and Ploeg，2012）。Aitken and Harrison（1999）认为 FDI 对国内工厂的生产率产生负面影响，王兵等（2010）认为 FDI 对中国环境全要素生产率的影响为正，故有必要检验 FDI 对工业绿色竞争力的影响。数据来源于各地区历年统计年鉴。

（5）出口（EX）用各地区出口额占 GDP 的比值来衡量。中国已成长为世界第一大出口国，出口有助于扩大国外需求，为研发提供资金而促进创新，但也可能加大污染，故有必要检测其对工业绿色竞争力的影响。数据来源于历年的《中国统计年鉴》。

（6）禀赋结构（K/L）用资本—劳动比来表示，表示资本密集度，资本密集型行业既有污染较多的重化工业，也有高科技产业，其对工业绿色竞争力的影响如何有待验证。按永续盘存法估算工业分地区的资本存量 K，L 为分地区工业企业的全部从业人员年平均数。

四、实证结果分析

（一）面板回归结果

1. 变量多重共线性检验。

（1）相关系数分析。由检验结果可知，变量间的相关系数都不大，治理转型 GT1 与工业绿色竞争力 GTFP 的相关系数最高，为 0.635。

（2）方差膨胀因子 VIF 分析。文中解释变量的方差膨胀因子 VIF 检验结果如表 1 所示，所有变量中最大的 VIF 值为 2.16，远小于 10。

表 1　　各解释变量的方差膨胀因子 VIF

变量	lnGT1	lnFDI	lnER1	lnEX	lnRD	ln（K/L）	均值
VIF	2.16	1.83	1.70	1.65	1.22	1.20	1.63
1/VIF	0.46	0.55	0.59	0.61	0.82	0.83	0.64

因此结合相关系数和方差膨胀因子 VIF 的分析结果可知，不用担心变量间存在多重共线性（陈强，2014）。

2. 面板数据回归结果。各地区之间同期经济活动可能存在相互影响，因此本文首先对面板数据进行组间异方差的修正沃尔德检验、组间自相关的伍德里奇检验和组间同期相关的 Pesaran 检验，三个检验结果均强烈拒绝原假设①，说明建立的模型存在组间异方差、组间自相关和组间同期相关。

因此本文采用允许不同个体扰动项存在异方差和同期相关的可行广义最小二乘法（FGLS）进行估计（见表 2 模型 1 ~ 模型 3）。从模型 1 结果可看出，环境规制二次项的系数在 1% 水平上显著为正，说明环境规制和工业绿色竞争力呈显著的“U”型关系，假说 1 成立。研发强度和工业绿色

① 修正沃尔德检验值为 4 875.28，伍德里奇检验值为 29.871，Pesaran 检验值为 7.463，P 值均为 0.000。

竞争力在1%水平上显著正相关，说明可通过研发获得创新补偿、弥补规制损失，提升工业绿色竞争力。

表2　　广义最小二乘法（FGLS）和系统广义矩（SYS-GMM）估计结果

变量	FGLS			FGLS-IV			SYS-GMM		
	模型1	模型2	模型3	模型4	模型5	模型6	模型7	模型8	模型9
lnER1	-0.325*** (0.000)	-0.311*** (0.000)	-0.304*** (0.000)	-0.272*** (0.000)	-0.255*** (0.000)	-0.247*** (0.000)	-0.462*** (0.000)	-0.395*** (0.001)	-0.564** (0.018)
$(lnER1)^2$	0.042*** (0.001)	0.042*** (0.000)	0.043*** (0.000)	0.035*** (0.006)	0.037*** (0.000)	0.037*** (0.000)	0.133*** (0.000)	0.128*** (0.000)	0.213*** (0.000)
lnRD	0.098*** (0.000)	0.106*** (0.000)	0.140*** (0.000)	0.079*** (0.008)	0.088*** (0.001)	0.114*** (0.000)	0.079* (0.055)	0.112** (0.042)	0.156*** (0.005)
lnGT1		0.097*** (0.000)	0.390*** (0.000)		0.101*** (0.000)	0.381*** (0.000)		0.062** (0.036)	0.445* (0.078)
lnGT1*lnRD			0.057*** (0.002)			0.054*** (0.004)			0.111** (0.029)
lnFDI	0.070*** (0.000)	0.041*** (0.005)	0.045*** (0.002)	0.080*** (0.000)	0.047*** (0.001)	0.051*** (0.000)	0.081*** (0.001)	0.054*** (0.004)	0.287*** (0.000)
lnEX	0.069*** (0.000)	0.047*** (0.006)	0.040** (0.021)	0.078*** (0.000)	0.068*** (0.000)	0.062*** (0.000)	0.049*** (0.004)	0.084*** (0.001)	0.087*** (0.007)
ln（K/L）	-0.053** (0.043)	-0.283*** (0.000)	-0.270*** (0.000)	-0.117*** (0.000)	-0.315*** (0.000)	-0.304*** (0.000)	-0.076*** (0.009)	-0.115*** (0.005)	-0.266*** (0.005)
L. lnGTFP							0.668*** (0.000)	0.562*** (0.000)	0.338** (0.011)
常数	1.849*** (0.000)	2.234*** (0.000)	2.351*** (0.000)	2.016*** (0.000)	2.304*** (0.000)	2.386*** (0.000)	1.550*** (0.000)	1.790*** (0.000)	3.676*** (0.000)
时间效应	有	有	有	有	有	有	有	有	有
地区效应	有	有	有	有	有	有	有	有	有
样本量	480	480	480	450	450	450	390	390	420
拐点	3.869	3.702	3.535	3.886	3.446	3.338	1.737	1.543	1.324
AR（1）							-3.88 (0.000)	-3.79 (0.000)	-3.00 (0.003)
AR（2）							1.37 (0.169)	1.22 (0.222)	0.54 (0.588)
Hansen检验							19.27 (0.860)	19.59 (0.810)	1.66 (1.000)

注：回归系数括号内数字代表显著性水平，AR和Hansen test括号内数分别为prob > z和prob > z的值；*、**、***分别表示10%、5%和1%显著性水平上显著，表3同；在系统GMM估计中，回归中的前定变量为$lnGTFP_{i,t-1}$，内生变量为lnER、lnGT；前定变量的一阶及更高阶的滞后项为工具变量。

为了检验模型1的稳健性，本文在模型1的基础上增加了治理转型，得到模型2。从回归结果来看，环境规制二次项系数在1%水平显著为正，假说1仍然成立；治理转型在1%水平上显著为正，表明对工业绿色竞争力影响是正面的，此时拐点比未加治理转型时提前，表明可促进波特假说实现，假说2成立。可能的原因是治理转型有助于整体经济的创新激励机制的改善，促进创新，进而提升工业绿色竞争力；治理转型的加入，对绿色竞争力提升产生了复合效应。

模型3是在模型2基础上加入治理转型与研发强度的交互项，进一步检验模型的稳健性，统计结果表明：环境规制二次项系数仍然在1%水平上显著为正，假说1仍然成立；治理转型对于中国工业绿色竞争力提升的积极作用仍然得以验证，假说2依然成立；治理转型与研发强度的交互项的加入，对工业绿色竞争力的促进产生了更加明显的复合效应，使得环境规制拐点比假说2情况下更加提前，进一步加快了波特假说的实现，假说3得证。

总结来看，模型2是在模型1基础上加入治理转型，模型3是在模型2基础上加入治理转型与研发强度交互项，故三个模型均有环境规制与工业绿色竞争力“U”曲线的拐点，但拐点值依次降低。模型2治理转型的加入对工业绿色竞争力的提升产生了初步复合效应，降低了拐点值；模型3治理转型与研发强度交互项的继续加入，对工业绿色竞争力的提升产生了深度复合效应，进一步使拐点值降低，加速波特假说实现。此外，FDI、出口的影响系数均显著为正，均可提升工业绿色竞争力。在中国经济转轨的背景下，FDI流入会加速外企发展、刺激内资企业提升效率，出口扩大往往是企业国际竞争力的体现；但禀赋结构系数为负，降低了工业绿色竞争力。

由于变量间存在内生性，估计结果可能有偏且不一致。FGLS－IV是在FGLS基础上，采用环境规制滞后一期作为当期值的工具变量而得的结果，滞后期的内生变量与当期值工业绿色竞争力的关联性较强，而当期值对前一期的内生变量没有影响，结果报告于表2的模型4～模型6。模型4、模型5、模型6的环境规制二次项在1%水平上显著为正，表明假说1成立；治理转型变量同样在1%水平上显著为正，表明结果稳健，假说2依然成立；治理转型与研发强度交互项依然在1%水平上显著为正，表明结果较为稳健，假说3同样成立；FDI、出口、禀赋结构的回归结果仍然稳健。

模型7～模型9加入工业绿色竞争力的一阶滞后项，进行动态模型估计。一般来说，经济因素本身具有惯性，因变量工业绿色竞争力很可能存在滞后效应，引入动态模型滞后项可以解决该问题。各解释变量中，环境规制（ER1）用地区工业治污投入占工业总产值的比重来衡量的，而治污投入与绿色竞争力可能存在双向因果关系，即环境规制属于内生变量。此外，工业绿色竞争力提升快的地区环境管制较好，这种特征可能会影响到治理转型水平；如果反向因果关系存在，将会影响模型估计的无偏性和一致性。为此，进一步将治理转型也作为内生变量，以其一阶和二阶滞后项为工具变量。采用一般面板数据模型的回归结果可能是有偏的。因此，本文采用布伦内尔和邦迪（Blundell and Bond，1998）提出的系统广义矩法（System GMM）对上述模型进行估计，用解释变量的滞后项作为工具变量来解决模型中存在的内生性问题。系统GMM方法估计需要通过对差分方程随机扰动项的二阶序列相关检验，和对工具变量的有效性进行Hansen过度识别约束检验（比Sargan检验更加适用于异方差情况）。从表2的检验结果可以看出，系统GMM的估计是有效的。系统GMM的估计结果与FGLS－IV、FGLS等估算结果相比，保持了极高的稳健性，假说1、假说2、假说3同样得证。

总结三种计量方法来看：第一，环境规制二次项系数显著为正，其促进工业绿色竞争力提升的假说1可以验证；第二，治理转型对于工业绿色竞争力的提升作用显著，在六种模型（见模型2、模型3、模型5、模型6、模型8、模型9）下均保持了较高的稳定性，假说2得证；第三，治理转型与研发强度的交互项为正，表明治理转型可以推动研发，二者共同作用，推进工业绿色竞争力提升，在三种模型（见模型3、模型6、模型9）下均保持了较高的稳定性，假说3得证。

（二）稳健性检验

1. 更换核心变量。本文以ER2来衡量环境规制，用GT2来衡量治理转型，进行了回归结果的稳健性检验。结果表明：在依次加入各解释变量的过程中，各变量的系数及显著性均没有明显变化；本文采用三种计量方法进行了类似的回归，九个模型中环境规制的二次项为正；六个模型中治理转型的系数都显著为正，三个模型中的治理转型与研发强度的交互项显著为正，核心解释变量系数的符号均符合理论预期，且具备较好的统计显著性，说明本文的实证结果是稳健的①。

2. 内生性问题处理（工具变量）。为解决环境规制的内生性问题，本文借鉴赫林和蓬塞（Hering and Poncet，2014）的研究，以空气流通系数（lnVC）作为环境规制的工具变量。空气流通系数等于风速乘以边界层高度（Jacobsen，2002），欧洲中期天气预报中心的 ERA - Interim 数据库提供了全球 0.75°×0.75°网格（约 83 平方公里）的 10 米高度风速（si10）和边界层高度数据（blh）。本文首先计算出各网格对应年份的空气流通系数，再根据经纬度将各网格与样本内省会城市匹配，得到各省份各年的空气流通系数（Xu and Shi，2018）。

理论上，当空气污染物排放相同时，空气流通系数低的省份的环境规制会更严格。环境规制变量与空气污染治理相关，因此环境规制变量与空气流通系数存在相关性。对这两个变量的关系进行了检验，发现结论符合理论预期，空气流通系数（lnVC）与环境规制（lnER1）呈现显著负向关系，相关系数为 -0.353。并且，由于空气流通系数仅取决于区域性的气候条件等自然现象，可以相信空气流通系数除了通过影响环境规制进而影响工业绿色竞争力，空气流通系数与环境规制之间并不存在其他的作用机制，因此空气流通系数作为环境规制的工具变量具备外生性。

表 3 报告了 2SLS 回归结果。可见，第一阶段回归的 F 值均大于 10，且通过了 1% 水平的显著性检验，说明空气流通系数（lnVC）并不存在弱工具变量问题。第二阶段的估计结果显示，环境规制对工业绿色竞争力的影响存在“U”型关系，且在统计上显著，中国情景下的波特假说得证。

表 3　　稳健性检验：工具变量

变量	一阶段				二阶段	
	lnER1	lnER1	$(lnER1)^2$	$(lnER1)^2$	lnGTFP	lnGTFP
lnVC	2.086*** (0.000)	1.506*** (0.008)	11.926*** (0.000)	10.447*** (0.000)		
$(lnVC)^2$	-0.188*** (0.000)	-0.123*** (0.003)	-1.050*** (0.000)	-0.827*** (0.000)		
lnER1					-2.741*** (0.007)	-1.635** (0.043)
$(lnER1)^2$					0.501** (0.018)	0.253* (0.072)
控制变量	无	有	无	有	无	有
时间效应	有	有	有	有	有	有
地区效应	有	有	有	有	有	有
样本量	480	480	480	480	480	480
调整 R^2	0.473	0.636	0.468	0.610		
第一阶段 F 值	15.321	24.934	15.040	22.388		
p	0.000	0.000	0.000	0.000	0.000	0.000

① 由于正文篇幅所限，这里的稳健性检验的结果备索。如感兴趣，欢迎向作者索取。

五、结论及政策含义

本文首先运用全局曼奎斯特—鲁恩博格生产率指数，重新估算了 2001 ~2016 年中国 30 个省区的工业绿色竞争力，并基于静态和动态面板模型的多种模型设定，采用多种工具变量策略（包括外部工具变量、滞后期工具变量及动态模型的内部工具变量组合）控制内生性，系统考察了治理转型与中国工业绿色竞争力之间的关系，得到了丰富而有意义的结论：

第一，静态面板模型的计量结果显示，治理转型对中国工业绿色竞争力的影响是积极的，且治理转型与研发共同作用于工业绿色竞争力的提升。在考虑内生性的情况下，基于工具变量的广义最小二乘法及动态面板模型均证实了治理转型以及治理转型与研发强度交互项均可显著提升工业绿色竞争力。另外，FDI 和出口对中国工业绿色竞争力提升有积极作用，禀赋结构的影响为负。

第二，静态和动态面板模型的估计结果均表明，中国环境规制与工业绿色竞争力之间呈现“U”型曲线关系，环境规制促进工业绿色竞争力提升的波特假说得到验证。中国依靠研发创新实现波特假说的机制与西方国家不同，治理转型以及治理转型与研发交互项对中国工业绿色竞争力的作用是积极的：治理转型的加入，产生了初步复合效应，使得环境规制拐点提前；治理转型与研发强度交互项的进一步加入，产生了深度复合效应，使得环境规制拐点的到来更加提前，波特假说实现进一步加快。这在文中各种模型下均得以验证，且保持了高稳健性。

本文的政策含义在于，为考察工业绿色增长转型提供了新的视角，指出扩大对外、对内开放力度，大力发展民营经济、改善供给侧主体结构，是深化供给侧结构性改革的重要路径，可有效促进中国工业绿色竞争力提升。第一，以治理转型促进地区工业绿色发展。治理转型可促进创新激励机制的建立、创新要素的集聚和创新效率的提高，实现工业绿色竞争力提升。加大民营经济发展力度，提升其在地区工业经济中的比重，可有效提升工业绿色竞争力，促进地区绿色发展。第二，要促进治理转型，改善供给侧主体结构是深化供给侧结构性改革的重要路径。（1）扩大“对内开放”（民企，此处不包含外企）。新常态背景下需要继续加大“对内开放”力度，扩大民企准入范围，创造一个公平竞争的市场环境。（2）扩大“对外开放”（外企）。中国继续扩大“对外开放”力度，分阶段分步骤地降低外资准入门槛，FDI 的引入促进了外企发展，能够显著提升工业绿色竞争力。西部、东北对国有经济依赖过大，亟待加大对外、对内开放力度，促进民营经济发展，改善供给侧市场主体结构，以推动西部地区加快提升工业绿色竞争力。

参考文献：

1. 陈超凡：《中国工业绿色全要素生产率及其影响因素——基于 ML 生产率指数及动态面板模型的实证研究》，载于《统计研究》2016 年第 3 期。

2. 陈诗一：《能源消耗、二氧化碳排放与中国工业的可持续发展》，载于《经济研究》2009 年第 4 期。

3. 陈诗一：《中国工业分行业统计数据估算：1980—2008》，载于《经济学（季刊）》2011 年第 3 期。

4. 陈云贤：《中国特色社会主义市场经济：有为政府 + 有效市场》，载于《经济研究》2019 年第 1 期。

5. 杜龙政、林伟芬：《中国对一带一路沿线直接投资的产能合作效率研究》，载于《数量经济技术经济研究》2018 年第 12 期。

6. 杜龙政、汪延明：《基于生态生产方式的大食品安全研究》，载于《中国工业经济》2010 年第 10 期。

7. 杜龙政、汪延明、李石：《产业链治理架构及其基本模式研究》，载于《中国工业经济》2010 年第 3 期。

8. 高培勇、杜创、刘霞辉等：《高质量发展背景下的现代化经济体系建设：一个逻辑框架》，载于《经济研究》2019 年第 4 期。

9. 蒋伏心、王竹君、白俊红：《环境规制对技术创新影响的双重效应——基于江苏制造业动态面板数据的实证研究》，载于《中国工业经济》2013 年第 7 期。

10. 景维民、张璐：《环境管制、对外开放与中国工业的绿色技术进步》，载于《经济研究》2014 年第 9 期。

11. 李斌、彭星、欧阳铭珂：《环境规制、绿色全要素生产率与中国工业发展方式转变——基于 36 个工业行业数据的实证研究》，载于《中国工业经济》2013 年第 4 期。

12. 李维安、薛澜：《大型企业集团创新治理》，科学出版社 2012 年版。

13. 王兵、吴延瑞、颜鹏飞：《中国区域环境效率与环境全要素生产率增长》，载于《经济研究》2010 年第 5 期。

14. 吴敬琏：《降杠杆不解决中国根本矛盾，莫让系统性风险积聚》，载于《上海企业》2018 年第 7 期。

15. 吴敬琏：《社会主义市场经济：认识进展与制度构建》，载于《中国金融》2018 年第 24 期。

16. 叶静怡、林佳、张鹏飞、曹思未：《中国国有企业的独特作用：基于知识溢出的视角》，载于《经济研究》2019 年第 6 期。

17. 张成、陆旸、于同申、郭路：《环境规制强度和生产技术进步》，载于《经济研究》2011 年第 2 期。

18. 张晓晶、刘学良、王佳：《债务高企、风险集聚与体制变革——对发展型政府的反思与超越》，载于《经济研究》2019 年第 6 期。

19. Aitken, B., and A. Harrison, 1999, "Do Domestic Firms Benefit from Foreign Direct Investment? Evidence from Venez-uela", *American Economic Review*, 89, 605 – 618.

20. Berman, E., and L. T. M. Bui, 2001, "Environmental regulation and productivity: Evidence from oil refineries", *Review of Economics and Statistics*, 83 (3), 498 – 510.

21. Brunnermeier, S. B., and M. A. Cohen, 2003, "Determinants of Environmental Innovation in US Manufacturing Industries", *Journal of Environmental Economics and Management*, 45, 278 – 293.

22. Chambers, R. G., R. Fare, and S. Grosskopf, 1996, "Productivity Growth in APEC Countries", *Pacific Economic Review*, 1, 181 – 190.

23. Chung, Y., H., R. Fare, and S. Grosskopf, 1997, "Productivity and undesirable outputs: A directional distance function Approach", *Journal of Environmental Management*, 51 (3), 229 – 240.

24. Czech, B., 2008, "Prospects for Reconciling the Conflict between Economic Growth and Biodiversity Conservation with Technological Progress", *Conservation Biology*, 22 (6): 1389 – 1398.

25. Dewatripont, M., and G. Roland, 1995, "The Design of Reform Packages Under Uncertainty", *American Economic Review*, 85 (5), 1207 – 1223.

26. Domazlicky, B. R., and W. L. Weber, 2004, "Does Environmental Protection Lead to Slower Productivity Growth in the Chemical Industry?", *Environmental and Resource Economics*, 28, 301 – 324.

27. Du, L., Z. Zhang, and T. Feng, 2018, "Linking green customer and supplier integration with green innovation performance: The role of internal integration", *Business Strategy and the Environment*, 27 (8), 1583 – 1595.

28. Ederington, J., 2010, "Should Trade Agreements Include Environmental Policy?", *Review of Environmental Economics & Policy*, 4 (1), 84 – 102.

29. Hamamoto, M., 2006, "Environmental regulation and the productivity of Japanese manufacturing industries", *Resource and Energy Economics*, (28), 299 – 312.

30. Hering, L., and S. Poncet, 2014, "Environmental policy and exports: Evidence from Chinese cities", *Journal of Environmental Economics and Management*, 68 (2), 296 – 318.

31. Jacobsen, M. Z., 2002, Atmospheric Pollution: History, Science and Regulation, New York: Cambridge University Press.

32. Jaffe, A. B., and K. Palmer, 1997, "Environmental regulation and innovation: A panel data study", *Review of Economics and Statistics*, 79 (4), 19 – 610.

33. Jaffe, A. B., R. G. Newell, and R. N., Stavins, 2000, "Technological Change And The Environment", *Environmental Resource & Economics*, 22 (03), 461 – 516.

34. Jaffe, A. B., S. R. Peterson, P. R. Portney, and R. N. Stavins, 1995, "Environmental regulation and international competitiveness: What does the evidence tell us?", *Journal of Economic Literature*, (93): 63 – 132.

35. Lanoie, P., M. Patry, R. Lajeunesse, 2008, "Environmental Regulation and Productivity: Testing the Porter Hypothesis", *Journal of Productivity Analysis*, 30, 121 – 128.

36. Lee, M., 2008, "Environmental regulations and market power: The case of the Korean manufacturing industries", *Ecological Economics*, 68 (1), 205 – 209.

37. Managi, S., J. Opaluch, D. Jin, and T. Grigalunas, 2005, "Environmental regulations and technological change

in the offshore oil and gas industry", *Land Economics*, (81), 303 – 319.

38. Marconi, D., 2009, "Trade, Technical Progress and the Environment: the Role of a Unilateral Green Tax on Consumption", *Asia – Pacific Journal of Accounting & Economics*, 16 (3), 297 – 316.

39. Poelhekke, S., and R. V. D. Ploeg, 2012, "Green Havens and Pollution Havenss", *World Economy*, 38 (7), 1159 – 1178.

40. Porter, M. E., and C. van der Linde, 1995, "Toward a new conception of the environment-competitiveness relationship", *Journal of Economic Perspectives*, 9 (4), 97 – 118.

41. Roland, G. (ed), 2012, "Economies in Transition: The Long – Run View", Palgrave Macmillan.

42. Roland, G., 2002, "The political economy of transition", *Journal of economic perspectives*, 16 (1), 29 – 50.

43. Shi, X, and Z. Xu, 2018, "Environmental regulation and firm exports: Evidence from the eleventh Five – Year Plan in China". *Journal of Environmental Economics and Management*, 89 (5), 187 – 200.

44. Simpson, D., and R. L. Bradford, 1996, "Taxing variable cost: Environmental regulation as industrial Policy", *Journal of Environmental Economics and Management*, 30 (3), 282 – 300.

45. Watanabe, M., and K. Tanaka, 2007, "Efcienc Analysis of Chinese Industry: A Directional Distance Function Approach", *Energy Policy*, 35 (12), 6323 – 6331.

46. Wils, A., 2001, "The effects of three categories of technological innovation on the use and price of nonrenewable resources", *Ecological Economics*, 37 (3), 457 – 472.

（本文载于《经济研究》2019 年第 10 期）

环境规制视角下的区域大气污染联合治理

——分区方案设计、协同状态评价及影响因素分析

胡志高　李光勤　曹建华

摘　要：本文从集体行动理论出发结合共同但有区别原则从经济、地理、气象、污染物、污染源角度提炼出了有效施行大气污染联合治理的五大要素，并从大气污染治理的实际状况入手将五大要素具象化为可操作性更强的五大抓手，然后基于中国2004～2015年大气环境污染状况和污染产业分布状况提出了中国大气污染联合治理的最优分区治理方案。在此基础上分析了各联合小组大气污染协同治理的演变趋势和真实动力，得出中国已经产生了大气环境分区治理的萌芽，但区域内治理的协同演进缓慢，且波动性较大。为了推进大气环境联合治理的进程，本文又对影响区域大气污染联合治理的因素进行了分析，结果表明：第一，人均GDP的差异会妨碍地区间大气污染的联合治理；第二，产业结构、失业率、人力资本等经济特征的差异对联合治理没有显著影响；第三，地区间联合组织的建立能有效促进联合程度的提升。

关键词：大气污染　联合治理　环境规制　方案设计

一、问题的提出

早期的粗放型发展极大地满足了居民物质文化需求的同时，也给中国的环境治理带来了严峻的挑战。从颗粒物（PM_x）浓度和二氧化硫（SO_2）浓度来看，中国已成为世界上空气污染最严重的国家之一。如果放任环境过度恶化，环境改善的拐点可能永远不会来临（Song et al.，2008）。虽然近10年来中国每年的环境污染治理成本达到GDP的10%，远远高出其他亚洲主要经济体（Liu et al.，2017），但按照目前的经济发展模式和技术，要从根本上解决大气污染问题至少仍需20年。即便采用当前最严格的环境规制手段和最先进的技术，也至少需要15年①。对此，我们需要认识到，长期粗放型发展产生的环境遗留问题只是大气污染治理低效的一个原因，大气污染物的外溢以及因此而导致的环境协同治理问题或许更是难辞其咎。虽然大气活动全球相连，但“空气分水岭（shed）”却能将大气隔断成许多相对孤立的“空气流域”，因此，排入大气的污染物不会马上均匀扩散，而是在排放源所在“空气流域”内聚集。而“空气流域”的边界往往与行政边界相异，所以空气污染物容易蔓延至其他行政区（王金南等，2012）。部分来自环境科学领域的研究采用空气质量模型对大气污染物的跨区域传输进行数值模拟，也充分证实了区域大气污染在大气环流作用下的确可以实现跨界传输（薛文博等，2014；Wang等，2015；Qin等，2015）。这种作用在污染源较为密集的城市间或城市群内，就会造成污染物的交互影响，增加大气污染治理的难度。

而在属地治理背景下，大气污染的强大外溢性会造成区域环境治理的责任界定模糊，从而即便在约束性考核中加入环境治理指标，官员谋求晋升的最优策略仍然是最大限度地追求经济增长（袁凯华等，2014）。这就使得地方政府在环境治理过程中天然地具有“搭便车”倾向，造成环境治理

① 资料来源：《中国低碳经济发展报告（2014）》。

的低效和中央政府对地方政府约束的失灵（高明，2016）。因此，属地主义的治理模式与大气污染物扩散规律不符，无法避免区域间大气交叉污染和重复治理现象的同时，也不能充分调动各方主体治理大气污染的积极性（陶品竹，2014）。此外，由于跨界污染问题可能是单边性的，也可能是双边性的①（王金南等，2012），所以即便部分污染源属地增强环境规制，在交叉污染的情形下，其治理效果也会大打折扣。而且“污染避难所效应”的存在也会进一步抵消污染物单边治理的效果，造成区域整体治污的低效。一个典型的案例是：当上海大力整治 $PM_{2.5}$时，安徽只承诺限制 PM_{10}的排放（余懿臻，2017）。这不但不会减少安徽的空气污染物向上海扩散，还会加剧上海的污染源向安徽转移，最终造成上海和安徽的治污效果都不尽如人意。因此，局部地区严格的环境规制并不能显著改善区域整体的环境绩效，甚至难以提升本地自身的空气质量。这就意味着仅凭各自为政的大气污染治理方式已无法显著改善区域整体环境绩效，只有突破行政边界，建立监督机制，统筹环境资源，协调部门职责，落实治污责任，形成治污合力才是有效治理大气污染的必由之路（柴发合等，2013）。

其实早在1998年，中国就提出了针对酸雨和 SO_2 治理的“两控区”，这实际上就是大气污染区域联防联治的雏形（王超奕，2018）。一直到2013年10月京津冀及周边地区大气污染防治协作机制正式启动，大气污染的联合治理才有了进一步的发展。此后，各个存在大气污染问题的经济发达地区纷纷效仿。2014年1月，长三角区域大气污染防治协作小组建立。2014年3月，珠三角地区不但创立了大气污染联防联控技术示范区，还制定了中国第一个区域层面的清洁空气行动计划②。至此，中国三大经济圈都形成了各自的大气污染治理联盟，不同程度地开展了大气污染联合治理行动。但不论是“两控区”还是三大经济圈，联合程度都不够深，规制行为都不够协同，其中一个很重要的原因在于法律法规建设的滞后。联合主体间的经济利益本就难以协同，缺乏足够的强制性手段保障联合行动的实施就会导致联合主体间貌合神离。

而中国法律法规提及“联防联控”相对较晚。2010年5月，国务院办公厅转发的《关于推进大气污染联防联控工作改善区域空气质量的指导意见》首次提出③要用联防联控的方式解决区域大气污染问题。其后，国务院正式印发了《国家环境保护部“十二五”规划》以督促大气污染联防联控制度的形成。2012～2014年，国家三部委④和国务院又相继出台了《重点区域大气污染防治“十二五”规划》和《大气污染防治行动计划》。虽然这些文件的目标指向清晰、内容覆盖全面，对于实践具有较强的指导和参考意义，但它们都只是为应对短期大气污染而制定的政策性文件，并不具备法律上的强制执行力（张亚军，2017）。因此，为了切实推进联防联控建设，2015年在国家层面上又出台了《大气污染防治法》。该法第五章专门规定了联防联控制度，从而以法律形式确保了大气污染联防联控机制在大气污染治理中的重要性。但即便如此，该法也仅仅是个框架性的文件，没有就区域内各行政区之间、部门之间的协调方式等做出安排（张亚军，2017），也没有针对具体违法违规行为的惩罚措施（王超奕，2018），只是一种“软约束”，对于推进大气污染的区域联合治理仍然作用有限。

由此观之，中国大气污染治理的困境可以总结为图1关系，即污染物存量大、环境自净能力低、污染产业比重高等环境遗留问题和大气污染物空间外溢带来的污染治理的“反公地悲剧”问题直接导致了大气污染治理的低效，而法律法规的可操作性差又导致“反公地悲剧”问题和环境遗留问题无法得到有效解决。但以上问题的根源又在于中国大气污染联合治理框架体系的缺失：首先，没有联合治理的明确主体，自然无法产生具有强约束力、强执行力的联合治理法律法规；其次，没

① 单边性是指区域指扮演污染输出者或污染输入者一重角色，双边性则是指区域可能既扮演污染输出者，又扮演污染输入者。

② 珠三角清洁空气行动计划。

③ 虽然在此之前环保发言人曾在公开场合提及联防联控，但首次以文件形式正式提出大气污染治理的联防联控的是环保部提出、国务院办公厅转发的《关于推进大气污染联防联控工作改善区域空气质量的指导意见》一文。

④ 环保部、发改委、财政部。

有明确的联合治理主体，在利益关系瞬息万变的时代，自然难以形成同气连枝的治理联盟，从而无法避免污染治理过程中的相互搭便车行为；最后，没有明确的联合治理主体，环境遗留问题解决也会由于联合治理不能有效开展而差强人意。因此，要想进一步推进大气污染的联防联控，切实有效地减缓大气环境污染，就必须切实做好区域污染协同治理的具体行动指导、地区责任划分以及不同违法行为的具体处罚措施，其中首当的任务就是明确区域间联合治理的主体，形成全国统筹的大气污染联合治理格局。

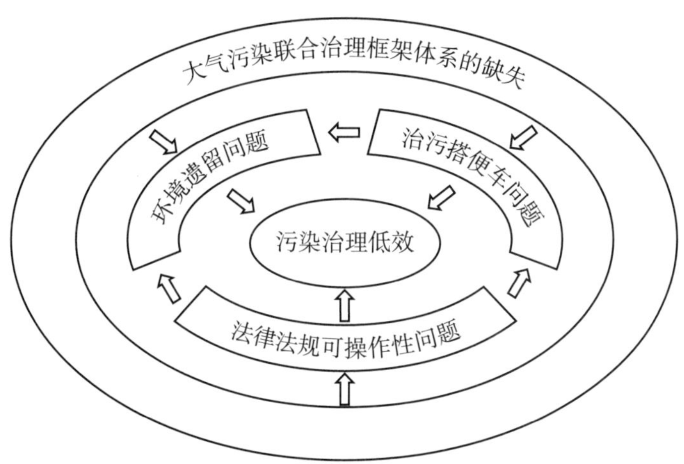

图 1　大气污染治理低效的现实逻辑

为此，本文从集体行动理论出发结合共同但有区别的原则提炼出了形成大气污染治理有效联合的五大要素，并结合大气污染的实际状况将五大要素具象化为可操作性较强的五大抓手，进而构建了大气污染联合治理的框架体系。此外，本文还探讨了理想方案下各区域联合治理的动态趋势，解析了影响联合治理程度的因素，为各区如何加强联合提供了政策指引。与以往文献相比，本文在研究内容、方法和指标选取上都有一定的创新之处。其中，在研究方法上，本文首次采用了反事实实验的研究思路论证了联合治理小组协同程度增加的来源；在指标选取上，本文首次采用单位大气污染物治理投资反映大气环境规制强度；而在研究内容上的创新也是本文对这一领域的主要贡献：第一，首次从国家统筹角度，甄别出需要进行大气污染联防联控的省市，并对各省市的联合主体进行了划分，提出了大气污染省际联合治理的最优方案，为联防联控有的放矢提供了最基本的前提；第二，从大气环境规制角度提出了评价大气环境规制严格程度的指标，首次对各区域大气污染治理的联防联控程度及其演变做出了测度，并探讨了区域治理协同程度变化的根源；第三，首次采用实证分析方法探讨了影响中国各区域大气污染联防联控程度的因素，明确了区域间不同因素的差异对联防联控的影响程度，并提出了促进区域大气污染联合治理的建议。

余下部分内容安排如下：第二部分是大气污染治理的相关文献综述，第三部分市联合治理框架设定的理论基础，第四部分是联合治理方案的设计，第五部分是各区域内联合治理的趋势演变及组内联合程度变化的来源分析，第六部分是联合治理程度影响因素的实证分析，最后为结论与建议。

二、文 献 综 述

魏巍贤（2016）认为中国大气污染问题的根源来自三个方面：第一，以消耗化石能源为主的经济增长方式；第二，难以形成减排激励的过低污染排放标准；第三，长期污染导致的环境自净功能受损。这些因素与大气污染的空间外溢属性共同导致了中国大气污染程度深、范围广，同时又易反复、难根治。所以，仅凭属地治理和末端治理已难以有效改善大气环境质量（李雪松和孙博文，2014），只能依靠各地区、各部门共同监督、协同治理（任保平和段雨晨，2015）。而贺璇和王冰（2016）的研究表明协同治理并不容易，由于区域内部存在大气环境承载力和需求的差异，协同治理产生的中央财政转移支付会违背市场原则，也会带来寻租等低效率现象。此外，金太军（2007）还指出，大气污染防治从政策制定到政策执行中存在多重博弈，在利益不协调的情形下博弈结果会落在一个坏的均衡上，从而导致区域大气污染防治的政府失灵。

对此，部分学者从体制因素层面对此进行了解释。郭施宏和齐晔（2016）认为实现大气污染协同治理基础是地方政府通过权力让渡和移交形成超越行政边界的治理协同组织，从而在大气环境的共同治理中协调府际利益、共享治理信息以及形成制度保障。但柴发合等（2013）指出，中国现有行政体制下各部门纵向关联较深但横向沟通较少，而环境保护工作涉及部门多、行业广，环保部却没有足够的权限开展相关工作。最终造成环保规划、监测和监督滞后，环保处罚难以落实。不仅如此，杨骞等（2016）还认为，由于参与区域联防联控的成员往往属于平级关系，在污染来源难以界定的情形下，各主体都有“搭便车”的倾向，容易导致区域联防联控陷入“集体行动困境”，进一步妨碍了区域联防联控的有效开展。

然而，国外联合治理的事实表明，体制因素对联合治理的阻碍并非决定性的。不论是美国州际污染治理合作还是加拿大省际污染协同治理都卓有成效（Mckitrick，2010；蔡岚，2013）。不仅如此，跨越国境的联合治理（Leaf，1992；Manson，1992；Kim，2007）以及州内、府内各部门间的联合治理（Sheldon and Ferrall，1991；Camacho and Flamand，2008）效果显著的案例也并不鲜见。这就意味着地方政府间和各级部门间复杂的横向、纵向关系并不能充分解释为什么中国大气污染联合治理没能有效开展。对此，陈贻健（2016）从法律法规的角度进行了补充解释。他认为欧美在开展大气污染联合治理方面成效显著，主要凭借的是监督和立法为联防联控提供了强大的制度保障。而我国大气污染联合治理的法律法规建设缓慢，没有成熟的法制环境支撑联合治理的有效开展。虽然2015年中国颁布了《大气污染防治法》并专门强调了污染治理的联防联控，但正如高桂林和陈云俊（2015）指出的那样，新《大气污染防治法》存在基本原则缺失、可实施性不强、地方利益失衡、法律责任模糊等问题，该法的颁布对大气污染的联合治理的实际效力并不足。

但中国当前的联合治理困境真的是完善法律制度建设就能解决的吗？也许政府间责任分担的不明确（姜玲和乔亚丽，2016），事权划分的不清晰（崔晶和孙伟，2014）可以由法律来规范。但法律制度不可能提供具体的联合行动方案，也无法优化当今破碎的联合治理格局。治理大气污染只有在统一规划、统一监测、统一监管、统一评估、统一协调（任保平和段雨晨，2015）原则下，构建包括目标协同、政策协同、主体协同、区域协同、技术协同在内的区域合作具体协同机制（李雪松和孙博文，2014）才能实现污染的有效治理。但事实上，中国大部分地区的地方政府连该与谁联合都不清楚，就更不用谈责任分担和事权划分了。因此，归根到底，中国大气污染联合治理进程缓慢，效率低下还在于缺乏全国统筹的大气污染联合治理框架。

对此，王金南等（2012）提出要根据大气污染特征（即污染物性质类别）或大气流动的规律（由地形或气象因素导致的污染物特定分布）划分联防联控区域，构建全国统筹的联合治理框架体系。而汪克亮等（2017）认为地区间资源禀赋、经济结构和生态承载力存在的差异会导致不同地区大气污染治理的积极性和效率大相径庭，所以在大气污染的联合治理体系需要在这些因素的基础上来搭建。而本文认为，虽然从特定角度上来看，以上学者的方案都合乎情理，但却没能考虑联合治理活动本身的社会属性，更缺乏方案制定的理论基础。因此，现有方案的可行性不足，都不足以形成符合中国大气污染治理国情的具体框架体系。

综上所述，以上研究全面透彻地解析了中国大气污染治理低效的原因，卓富洞见地审视了中国大气污染联合治理中面临的问题，也见仁见智地提出了加快中国大气污染联合治理步伐的政策建议。但以上文献大多采用定性分析的方法，缺乏对实际问题的定量考察；也没有对联合治理进程中面临的具体问题进行深入探讨；进而对大气污染联合治理体系的构建和联合程度的加深难以做出切实的贡献。因此，本文在沿袭以上文献思想的基础上，解析了影响大气污染联合治理的关键问题，提出了大气污染分区联合治理的合作框架，分析了框架内主体的联合程度演进，并采用实证分析的方法探讨了影响区域联合程度的因素，以期为中国大气污染联合治理进程的推进做出边际贡献。

三、大气污染联合治理的理论框架

（一）大气污染联合治理的理论与原则

地区间环境污染状况、历史排放规模和经济发展阶段都有差异，一视同仁的联合治理方案必然有失公允，所以秉承共同但有区别的原则是实现有效联合的先决条件（常纪文，2014）。但差异化的治理方针不仅实施困难，而且容易带来污染治理的权、责、利不对等，降低各地区治污的积极性。因此，联合治理的形式必须满足共同但有区别的原则，同时又不会造成污染治理权、责、利的失衡。本文认为，只有分区联合的形式才能实现二者的统一。同一联合体内，各地治理污染的权、责、利相同，保证了联合体的稳定；而不同联合体间，污染治理的权、责、利又允许有差别，保证了联合体的效率。在进行大气污染分区联合时又必须要明确两个问题：第一，什么样的地区应该要纳入联合治理？并不是每个地区都适合纳入联合治理的框架体系，也并不是每个地区在联合治理状态下都会比单独治理效果更好。联合治理也会产生协调成本和部分治理权力的让渡，从而带来效率损失，而联合治理的必要性也主要源于污染的外溢程度和污染产业的空间关联程度。第二，什么样的地区间要进行联合治理？地区之间是否应该联合与它们的空气污染程度并没有直接对应关系，也就是“强强”不一定要联合，“强弱”不一定不联合。联合治理一方面要考虑大气污染物的空间溢出，另一方面还要考虑大气污染源的空间流动。只针对污染严重的地区进行较强的规制势必造成污染源向规制弱的周边地区转移，从而造成整个区域污染治理的低效。为了解决这一问题，就必须从大气污染治理的本质开始论述。从理论上看，大气污染联合治理的本质是对公共物品治理的集体行动，也符合斯梅尔塞（Smelser，1962）集体行动逻辑的六大要素：结构性紧张（大气污染日益严重）、结构的有利条件（联合治理优于属地治理）、一般化信念的增长和扩散（环保意识的提升）、突发因素（雾霾出现）、参与者行动的动员（各环保主体的动员）、社会控制的实施（环境规制）。因此，可以采用公共物品治理中的集体行动理论来分析大气污染的联合治理。

（二）大气污染联合治理的基本要素

集体行动理论对公共物品治理的一个重要贡献在于集体规模对集体行动的影响。奥尔森（Olson，1965）认为，大集团集体行动会比小集团难度更大。原因在于以下三个方面：第一，大集团面对的“搭便车”困扰远甚于小集团；第二，随着集团规模的扩大，集团的交易成本（沟通、决策、监督等活动）将呈非线性提高，而社会激励的效果则会逐渐下降（Jonathan and Dilip，1987；Ostrom，1990）；第三，集体行动的产生需要共同的意识形态和思想基础（Turner，1987），过大的集体会导致共同意识的模糊。对于大气污染的联合治理而言，当治污行为监督困难，治污效果相互关联时，较大的污染治理联合主体就容易产生搭便车行为。而且污染治理联合主体越大，共同方案的确立、治污决策的实施过程中产生的沟通成本和监督成本也越大。此外，规模过大的集体在共同意识和思想上对于环境保护需要达到的程度、涉及范围以及愿意付出的代价均有差异。因此，大气污染治理中大集体行为并不能使得环境治理效果达到最优。虽然集体行动理论没有给出集体行动的最优规模，但布坎南（Buchanan，1965）却指出了个体是否将社会活动纳入集体范围取决于社会相互依赖程度。而对于大气污染联合治理中各主体间的社会依赖程度，则主要取决于对邻域政策的响应和经济联系程度的依赖以及地区间气象条件的相互关联。

1. 对邻域政策响应的依赖。“政策网络”理论指出，国家政策主体结构的碎片化、分权化使得官僚组织无法独立处理公共事务，对公共事务治理的效果严重依赖其他利益相关主体（Katzenstein，1978），而且距离越近的政策主体间相互依赖性也越强（Jordan and Schubert，1992）。就大气污染自身而言，首先，由于大气污染的空间外溢性，在大气污染的联合治理中邻近的地域间产生跨区域的空气污染问题较远离的地区间大得多，所以，地域上邻近的地区间具有更大的联合治理需求。其次，解决跨区域污染问题所涉及的产权模糊或责任模糊地区和事宜必须依赖邻近的地区协调处理，因此，地理上的邻近是区域共治的现实基础。最后，地理邻近还意味着污染源的转移便利，污染企业的转移往往面临巨大的迁移成本，迁移距离越长，搬迁的难度就越大，若当地规制程度增加而相邻地区不变，则污染源很有可能迁移到相邻地区。因此，建立在邻近基础上的联合才能更有效地抑制污染源的转移，实现区域环境的共同改善。所以，联合主体间在地理上的邻近是实现有效联合的第一大要素。

2. 对经济联系程度的依赖。联合主体间对经济联系程度的依赖源自两个方面：第一，与经济联系度大的地区进行联合更有效率。地区间的经济联系是微观企业间相互关联的宏观表现。为了实现利润最大化，企业依据市场导向、资源导向或交通导向等布局选址，在宏观层面上就表现为了省与省之间的经济联系。经济联系度高的省域之间要么互为原料地、市场或中间产品集散地，要么存在交通枢纽地。所以，在政策趋同的条件下以及我国经济集聚程度的现实背景下，企业转移到经济联系度高的地区更容易找到产业基础，也更容易获取生产优势从而弥补迁移损失。因此，企业的迁移在选择邻近地的基础上还会选择经济联系度更大的地区。第二，经济联系度大的地区政府间合作更频繁、更广泛，开展空气污染联合治理也更便利。经济联系度越高的地区本身就更有意愿共同发展，各方面的合作越频繁、合作程度越深，合作的流程越熟练、部门的协调越信任。而环境的改善也是合作的重要方面，特别是环境成为政绩考核的重要指标之后，各级政府对大气环境更加重视。因此，与经济联系度大的地区联合是实现有效联合的第二大要素。

3. 对气象关联的依赖。大气污染空间扩散有其相应的自然规律，这就形成了地区间污染治理的气象关联。气象条件通过影响污染物的稀释、扩散、传输和转化过程，进而影响污染物的时空分布（赵敬国等，2013）。特别是风力因素，不但影响大气污染物扩散速度，还会影响污染物扩散的方向，在污染物的跨区域流动过程中发挥了至关重要的作用。因此，气象因素在很大程度上影响了大气污染物在区域间的分布状态，进而影响了地区间的利益相关关系。所以，考虑气象关联程度是实现有效联合治理的第三大要素。

最后从大气污染治理本身来看，联合方案的构建还需要考虑空气污染因素。理论上来说，这一因素既可以从污染物浓度角度来考察，也可以从污染物排放角度来考察。但一方面注意到空气污染物浓度是诸多因素综合作用的结果，根据这一层面的特征来制定联合治理方案难以抓住治理的重点；另一方面，我国大气污染治理的手段主要是通过限制排放，利用大气生态系统的自净功能实现空气质量的改善，所以联合治理的目标实际也是针对污染源。因此，考虑各地区大气污染物的排放情况和污染源的分布状况是实现有效联合的第四和第五大要素。

（三）联合体系的逻辑框架

基本要素的提炼固然重要，但却不能成为指导大气污染联合治理体系构建的抓手，只有将五大要素转化为可操作性更强的五大条件才能为大气污染联合治理框架的搭建提供依据。对于地理邻近要素可以将其具体化为地域接邻条件。联合治理的区域必须在地理上邻近，地域范围的接壤无疑是这一要素最恰当的表达形式。集体行动理论和政策网络理论共同表明，过大的集体规模不利于行动的实施，只有利益相关程度最高的个体间形成的联合才是最有效的联合。地域接邻是指联合体内主体间行政边界两两相接或有共同接邻省域，这不但限定了联合体内部规模，也抓住了个体间的利益关系。因此，地域接邻就保证了联合体内不存在低效的联合关系，从而使得联合更加紧密。

经济联系要素则可以用经济联系度来刻画。塔菲（Taaff，1962）提出两地的经济联系度与它们的人口和经济总量成正比，与它们的距离平方成反比后，经济联系度就逐步演化出了一个广为接受的计量公式，即 $R_{ija} = \sqrt{P_i V_i} \cdot \sqrt{P_j V_j} / D_{ij}$。其中，P 为地区人口，V 为地区经济总量，D 为两地距离，i，j 为不同地区。经济联系度越大，联合越有效率，因此，量化地区间经济联系后便可依据地区经济联系程度构建最优联合方案。

气象关联要素则可以转化为可操作性较强的风向路径条件。虽然我们无法考察不同地形特征状况下风力大小对污染扩散的具体程度，但对于全国各地主体风向的路径我们却能得到大致的估计。对于处于风向路径上的地区，我们即可认为具有污染关联，路径越短关联越大。此外，由于同一地区可能与不同地区具有污染关联，而风力在空间上呈现为连续分布，最终导致全国各地整体关联，从而使得分区失去意义。所以，我们只能将气象因素在分区中的作用作为检验原则，即只要分区方案满足区域内各省在风向路径上具有污染关联，便可认定分区方案具有合理性，而无须考察所有污染关联关系。

对于污染程度要素，可以转化为污染中心地条件。只要满足污染排放量大于全国平均水平的重点污染地区，即可将其视为污染中心地。而从重点污染地区开始考察既是污染治理的逻辑起点，也是评定治污效果的主要关注点。实际操作中也只有从需要重点治理的地区开始，才能在相关区域选定联合治理的主体，而反其道而行则容易产生“去真”和“取伪”两类错误。因此，污染中心地条件是污染排放程度要素的理想表达。

污染源分布要素则可以具象化高污染产业的分布来考察。大气污染物基于其本身的物理特性导致其在空间分布上具有极强的外部性。这就导致排污少的地区空气质量不一定好，甚至可能排污多的地区空气质量不一定差。因此，联合治理一定要考虑到将污染产业所在地与污染物所在地进行联合，尽可能使得大气污染的外部性内部化。但实际操作中，我们无法寻找飘浮在空中的某些污染物的实际污染来源，也无法找到产生于某地的污染扩散到了哪些地区，一个次优策略是，在联合治理体系下，将所有的显著的污染源和显著的高污染地区分别划归在联合体内，不同联合体的空气质量得到改善，大气污染整体状况就得到了改善。

综上所述，形成大气污染联合治理框架逻辑可以表述如下：首先，从公共物品治理的理论和经验准则中探寻大气污染联合治理的理论基础和行动准则（集体行动理论和共同但有区别原则）；其次，从理论和原则中提炼出大气污染联合治理的五大基本要素（地理邻近要素、经济联系要素、气象关联要素、污染排放程度要素和污染源分布要素）；然后，将五大要素具象化为五大条件（污染中心地条件、地域接邻条件、经济联系度条件、污染产业分布条件和风向路径条件）；最后，根据五大条件，结合可获取的资料建立大气污染分区联合框架（联合治理框架的构建逻辑见图 2）。在这一分区联合方案下，对各区分别实施合适的环境规制政策不仅能够降低地区大气污染水平，还能减少污染企业的流动，倒逼企业创新，促进地区产业升级。

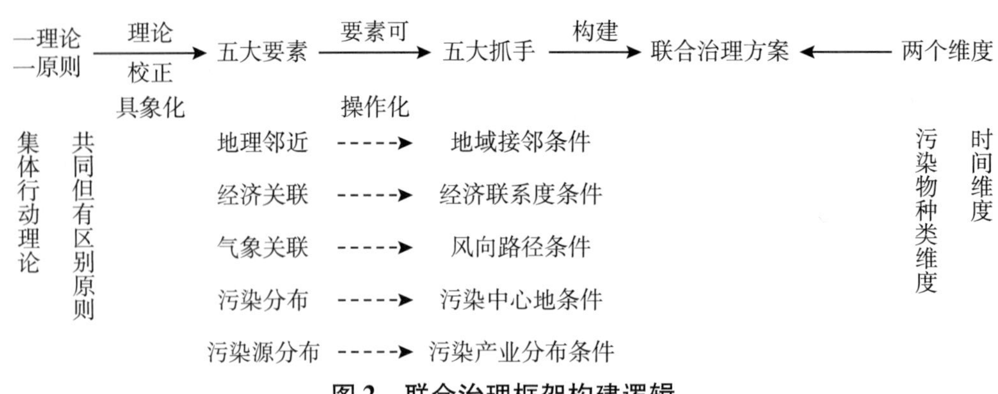

图2　联合治理框架构建逻辑

四、联合治理方案的制订

（一）联合治理方案设计的步骤

首先，确定大气污染严重地区。甄别大气污染严重地区是开展联合治理的首要步骤，考察标准的确立是一个不可回避的问题。本文制定的联合治理方案是对一段时期的大气环境状况综合考量的结果，而非只针对某一截面的静态结果。因此，污染排放的绝对量指标不适于成为本文评价大气污染程度的指标。与之相比采用相对标准评价大气污染程度更方便也更准确。由于中国整体属于污染较严重的地区，但并非每个省市都是高污染地区，因此，污染排放超过当期全国平均水平即视为高污染地区有其现实基础。

其次，寻找污染中心地的接邻省域并测算各省间经济联系度。联合治理方案的关键在于联合，而与谁联合则是决定该重点污染省份与哪些省份相邻，且经济联系度较大。省份间的相邻很好确认，只需满足省际相互接邻或者具有至少一个共同接邻省域即可。评价经济联系度较大则需要计算省际经济联系度，本文采用引力模型计算各省间经济联系度。某省与重点污染省份经济关联度较大就意味着它们的经济关联度大于重污染省份与其他省份经济关联度的平均值。满足经济关联度较大条件且相邻的省份，就将其定义为有效相邻省份。

再次，绘制重点污染省市与有效相邻省市间的关联图。每个重点污染省市都可能是其他重点污染省市的有效相邻省市，绘制关联图就是将众多局部关系整合为整体关联关系。而要将关系盘根错节的众多省市划分为多个大气污染治理联合小组除了灵活地选择初始切入点外，还需恰当使用最大经济关联优先归属条件。即某一省份可以归属于不同联合体且并未与其他条件相悖时，将该省份优先归属于与之经济关联度最大的省份对应的联合体内。

最后，联合治理方案的检验与校正。第一，将联合治理的分区方案与全国各地风向路径进行比对，考察省域间是否在彼此的风向路径上，若任意省份处在联合体内其他省份的风向路径上，则认定联合治理方案符合风向路径条件。第二，考察前述步骤产生的联合小组内是否包含大气污染产业分布的重点省份。若各联合治理小组在总体上没有遗漏大气污染产业重点分布省市，且单一小组内至少包含了一个空气污染产业重点分布省市，则联合方案是满足所有条件的理想方案。第三，通过将观测年限拉长的方式以发展的眼光考察污染地区的变动，从而进一步检验和校正原始方案。

（二）联合治理方案的规划

依照以上四个步骤以2015年为例，探究大气污染联合治理的最优联合方案。首先，确定大气污染重点省份。大气污染物种类繁多，但限于数据的可得性和研究的一般性，本文选取代表性较强的 SO_2 和烟尘粉尘这两种典型的大气污染物。以 SO_2 作为大气污染物标的时，山东、内蒙古、河南、山西…江西等16个省份超过了全国平均水平，而以烟尘粉尘作为大气污染物标的时，河北、山西、山东…湖南等12个省份超过了全国平均水平。由此可知，从 SO_2 和烟尘粉尘分别划分联合区域会有不同的起点，为了保证划分结果的科学性，分别以 SO_2 和烟尘粉尘为对象按照前文步骤进行联合区域划分。确认重点污染省份后就可以找到其接邻省域并测算各省间经济联系度。首先，构造一个省际接邻关系的0－1矩阵，值为1表示接邻，为0表明不接邻。其次，构建一个省际经济联系度的矩阵，依据经济联系度的计算公式，测算各省间的经济联系，形成矩阵。将经济联系度矩阵与接邻关系矩阵相乘，保留经济联系度大于该省与其他所有省份经济联系度平均值的数，形成联合治理备选矩阵。最后，以重点污染省市为切入点，寻找有效接邻省份。在以上信息的基础上建立污染省市与相关省市的关联图（见图3），从而在全局角度把握他们之间的关系，进而科学、准确地划定大气污染治理联合体。

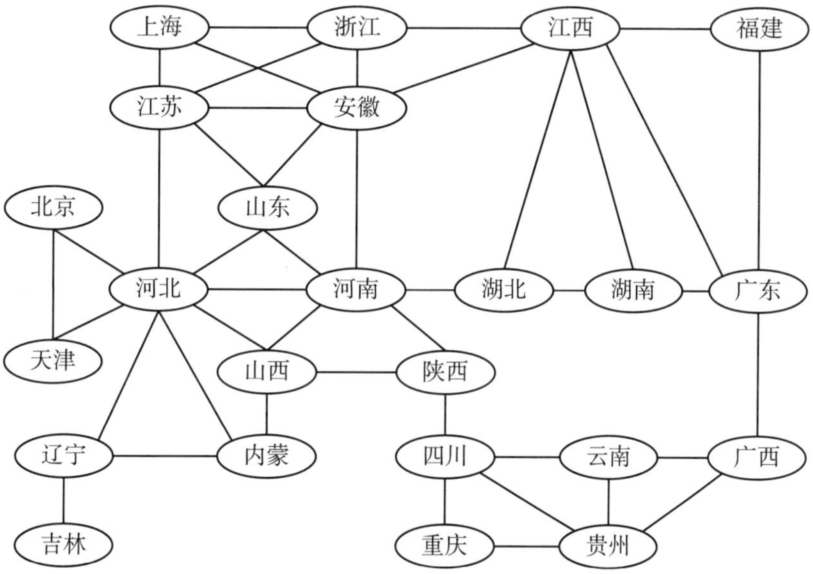

图3　以 SO_2 为污染物标的时2015年重点污染省市关联

在前文研究框架下，划定区域联合体需要在由简入繁的基础上恰当采用优先条件。首先，北京和天津必须与河北联合，吉林必须与辽宁联合，而辽宁不能与河北联合，因为吉林与北京、天津不满足地域接邻条件。因此，辽宁吉林只能与内蒙古联合，且内蒙古由于已经与吉林联合，在地域接邻限制下也不能再与其他省份联合。同理北京、天津和河北也不能再与其他省份联合。此外，上海、江苏、浙江、安徽相互接邻可以形成有效的联合，但由于上海的缘故，该联合体也不能再接纳其他省市。陕西在最大关联度的限制下最好与河南联合、同理，湖北与湖南联合，江西与湖北联合，福建与广东联合，因此，河南、山西、陕西和山东可以形成最佳联合，湖北湖南江西组成最佳联合，福建、广东、广西组成最佳联合体。剩下的四川与重庆互为最大关联度省份且云南最大关联省份为四川、贵州最大关联省份为重庆，因此四川、重庆、云南、贵州组成联合。虽然重庆和云南不满足地域接邻的限制，但考虑到重庆作为直辖市，地域范围相对狭小与其他三省的经济联系度紧密，也具有相似的经济结构，而地域接邻条件的初衷也在于使得联合体成员具有紧密的地域和经济联系。因此，认定四省可以形成联合。最后，可以初步形成以下最优联合关系。即京津冀联合治理小组：北京、天津、河北；东北联合治理小组：辽宁、吉林、内蒙古；中原联合治理小组：河南、山东、山西、陕西；长三角联合治理小组：浙江、江苏、安徽、上海；长江中游联合治理小组：江西、湖北、湖南；东南联合治理小组：广东、广西、福建；西南联合治理小组：四川、重庆、贵州、云南。

（三）联合方案的检验与校正

依据污染产业分布和风向路径两大条件对以上联合治理方法的科学性进行检验。采用污染产业分布条件首先要确定空气污染产业。国务院“大气污染防治十条措施”以及工信部“大气污染重点行业准入门槛”将大气污染重点行业指向了钢铁、水泥、石化、有色金属等行业，而环保部《“十三五”挥发性有机物污染防治工作方案》指出大气污染重点行业是石化、化工、包装印刷、工业涂装等行业。综合比对以上标准及现有行业统计口径本文选取电力热力、黑色金属及压延、有色金属及压延以及化学原料和化学制品行业作为大气污染重点行业，考察这些行业在全国的分布可以很大程度得知大气污染的实际来源。由于这四大行业都是大气污染的重点规制行业，因此，只要联合区域内存在四个行业之一，即认为联合区域内存在空气污染的真实来源，联合是有效的。将联合分组与主要空气污染产业的主要分布地进行比对，再根据风向路径条件检验方案的合理性。结合气象部门发布的2014～2015年日度风向信息制作全国主要城市的风向玫瑰图。对风向玫瑰图提取各地区主导风向汇总后得到全国各地主导风向的路径图。风向路径图结果表明，虽然各地风向并不唯一，但各省基本上处于联合体内其他省份的风向路径上，污染扩散也大体在区域内的省份间，因此，联合治理方案的划分满足风向路径条件。

以上结果表明，根据2015年情况，以SO_2为大气污染考察对象制定的联合治理分组满足所有条件。以烟尘粉尘为空气污染考察对象进行分组，经过相同的步骤，我们可以得到相似结果。为了考察联合方案的严谨性和稳定性，对有数据的年份进行各项指标的综合比对。首先是两种污染物的重点污染省市。从SO_2来看，与2015年相比2005～2015年空气污染主要省份大部分相同，且2015年空气污染主要省份基本包含了其他年份的省份，只有2005～2010年的广西也是污染大省而2015年则不是，但广西以及其在对应年份的有效相邻省份贵州、重庆、云南也在2015年联合体内，因此，省际关系与联合方案同2015年别无二致。

从烟尘粉尘来看，2005～2014年包含的省份与2015年略有差异。这些年份中包含了2015年没有包含的云南、黑龙江、吉林、四川、广东、广西和湖北。与2015年方案相比多了黑龙江，但黑龙江的有效相邻省份内蒙古和吉林都在先前的联合方案内。因此，最终能够绘制的关联图与2015年相比只是多了黑龙江省。所以从烟尘粉尘角度来看，2015年的联合方案确实忽略了黑龙江。为了确保联合治理的有效性，在此应该将黑龙江加入联合治理体系内。加入黑龙江后，由于黑龙江省与辽宁省没有有效接邻，因此，东北联合组并不能严格符合接邻条件。一种可行替代方案是将内蒙古排除在东北治理小组外，而加入京津冀小组，因为内蒙古与京津冀的经济联系确实强于东三省，因此，在经济关联度条件下，内蒙古更适合被分在京津冀联合治理小组内。所以可得最终方案如图4所示。①

需要强调的是，最终方案的合理性除了满足本文所有的条件外，还有两个非常有趣的“巧合”。第一，本研究排除在联合治理体系外的省份正好与国家“十一五”污染削减目标提出后，没有设定污染削减目标的省份基本相同。第二，本研究划定的联合治理小组基本与现实存在过污染治理合作的省域较为一致：长三角地区完全相同，京津冀地区和珠三角地区则是包含关系。以上“巧合”一方面表达了环境治理层面的政策直觉与学术研究高度吻合，另一方面也印证了本研究的现实性与合理性。

---

① 加入黑龙江前，内蒙古只有唯一可归属的联合体，而加入黑龙江后，内蒙古的联合体归属便有了选择，且在优先准则的判定下，内蒙古应归属于京津冀联合小组内。此外，对于最终方案，再次采用污染产业分布条件和风向路径条件进行检验后，依然满足以上条件。

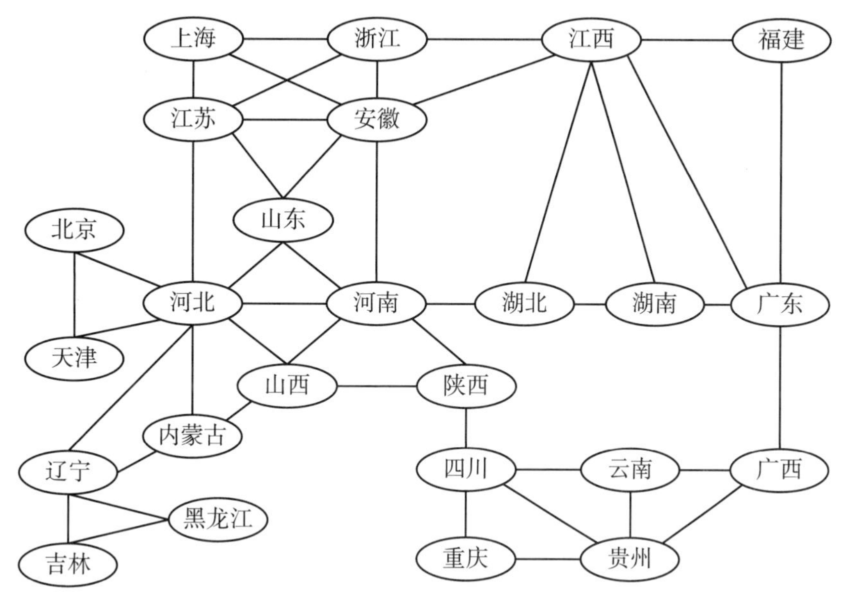

图4　大气污染联合治理的最终方案

五、大气污染联合治理的状态评估

（一）大气环境规制强度指标的选取

虽然大部分省市都没有形成空气污染治理的官方联合，但在空气污染治理的政策和措施上也可能较为默契，产生一定的协同治理效果。因此，仍有必要考察最优规划联合治理方案的现实污染治理协同状态。从环境规制的协同层面考察各地区污染治理的协同是一个相对方便而准确的方法。但由于国内外研究环境规制的文献主要致力于讨论整体环境状况的环境规制，部分专门研究大气污染治理的文献也缺乏对大气环境规制的探讨，从而少有学者对各地区环境规制的协同问题进行量化讨论。因此大气污染的环境规制指标没有直接参考，需要从整体环境规制强度度量指标中开发。

国内外对环境规制强度的度量主要从规制条例数量（如郑思齐等，2013；于文超，2014）、排污强度、排污费收入（如：王兵等，2010）、污染治理支出占 GDP 比重（如 Levinson，1996；Cole，2005；Lanoie，2008）等。但环境规制条例一方面并不能反映其执行状况，另一方面，规制条例本身完备程度和严格程度差异巨大，因此，条例数量并不能准确地度量当地环境规制的强度；征收排污费虽然能够有效反映当地对环境治理的实际状况，但现有统计口径并不支持足够年限的大气污染物排污费的单独计量，所以排污费是反映大气环境规制的理想但不现实的指标。而排污强度虽然能在一定程度上反映一个地区对经济发展与环境治理的权衡，但排污强度并不是一个衡量规制强度的纯净指标，其本身只是一种包含了庞杂因素影响的结果，因此，可以认为排污强度是衡量规制强度的现实但不太理想的指标。至于污染治理支出占 GDP 比重这一指标，本文认为其与环境规制关联并不大，因为理论上看，并不是一个地方从 GDP 中划拨用于治理污染投资的比重越大就表示该地方环境规制越严格。而应该是同样的污染排放水平下，一个地区拨付的污染治理投资越多才表示该地区对环境的保护越重视，因此，本文采用单位污染物排放的环境治理投资作为环境规制强度的度量标准。

为了较为全面和准确地考察区域间大气污染协同治理的程度，本文除了用单位大气污染物排放的大气环境治理投资衡量大气环境规制强度外（计算公式为：大气污染物排放量/大气污染治理投资），同时也将大气污染物的排放强度纳入大气环境规制强度的考察中（计算公式为：大气污染排放量/GDP）。此外，为了反映大气环境规制的具体实施状况，本文还从大气环境的监控严格程度视角选取了大气污染源监测覆盖率辅助衡量大气环境规制的强度（计算公式为：监测的大气污染排放口数/总大气污染排放口数）①。在此基础上，借鉴徐维祥等（2015）和张平淡等（2017）的方法，采用协同度计算公式（公式1）测算不同衡量指标下的大气污染治理协同状况。

$$D = \left\{ \left[\prod_{i=1}^{n} s_i \Big/ \left(\frac{1}{n} \sum_{i=1}^{n} s_i \right)^n \right]^k \left(\sum_{i=1}^{n} \alpha_i s_i \right) \right\}^{\frac{1}{2}} \tag{1}$$

其中，D表示协同度，s表示环境规制，α表示权重，i表示省份，n表示区域内省份数，k为调整系数，k≥2，本文取k=2，各地区平均赋权。

（二）大气污染治理协同状况

通过公式（1）计算七个联合治理小组2004至2015年大气污染治理的协同状况得到图5和图6。其中图5的大气污染物排放用SO_2表征，图6中的大气污染物排放用烟尘粉尘表征。图5和图6表明，在各小组在大气污染治理的协同程度上均表现为波动中上升的态势。

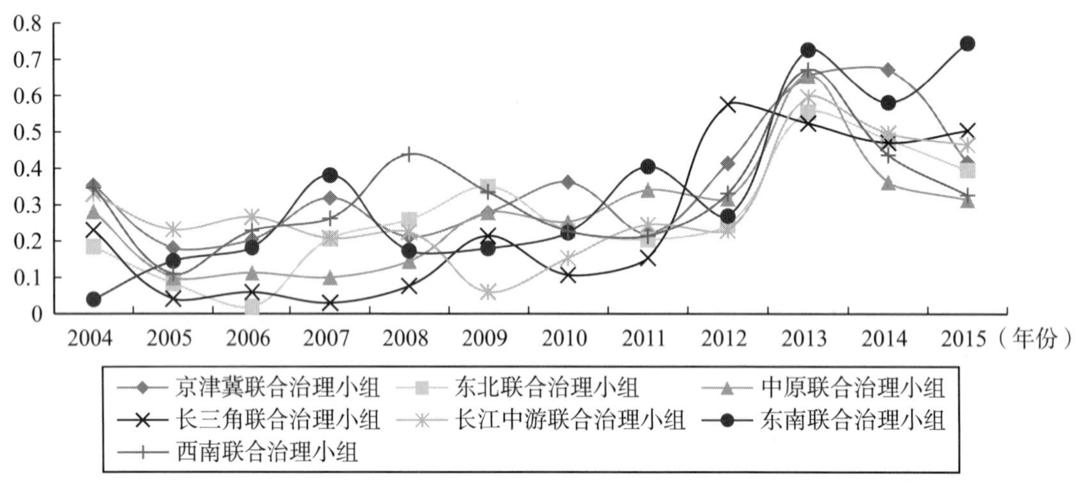

图5　单位SO_2排放的大气污染治理投资表征的规制协同

而从排污强度角度看（见图7和图8），空气污染物排放的协同状况趋势也表明，联合小组治理大气污染的协同程度也在整体上提升。由于排污强度是一个负向指标（即数值越小环境规制程度越严格），直接套用协同度公式会造成结果与事实不符，因此采用彭非等（2007）的无量纲化方法对排污强度指标正向化处理后，再代入公式计算各区域协同度。虽然无量纲化过程会缩小数据间原本差异，但不会改变数据变化的趋势，因此，经过处理后的协同度计算仍具参考意义。

① 由于没有总排放口的数据，我们可以做出一个与现实不太背离的假定，即总排放口与总的大气污染行业内的企业数成正比。因此，我们只需考察重点监测排气口与空气污染行业内企业之比就可以间接考察污染源监测的力度。但操作中还面临一个问题，即很多年份的污染行业内企业数量的数据也缺失。因此，我们只能进一步做出假定：某一地区的污染产业内企业数量占该地区工业企业的数量之比在短期内不会发生显著的变化。这样我们就能进一步的采用重点监测排气口数量与规模以上工业企业数量之比衡量一个地区污染源的监测力度。事实上，通过比对2010年和2011年的污染产业企业数量与规模以上工业企业数量之比可以证实，每个地区相应的比值都没有发生明显的变化，因此，这种衡量方法具有一定的合理性。

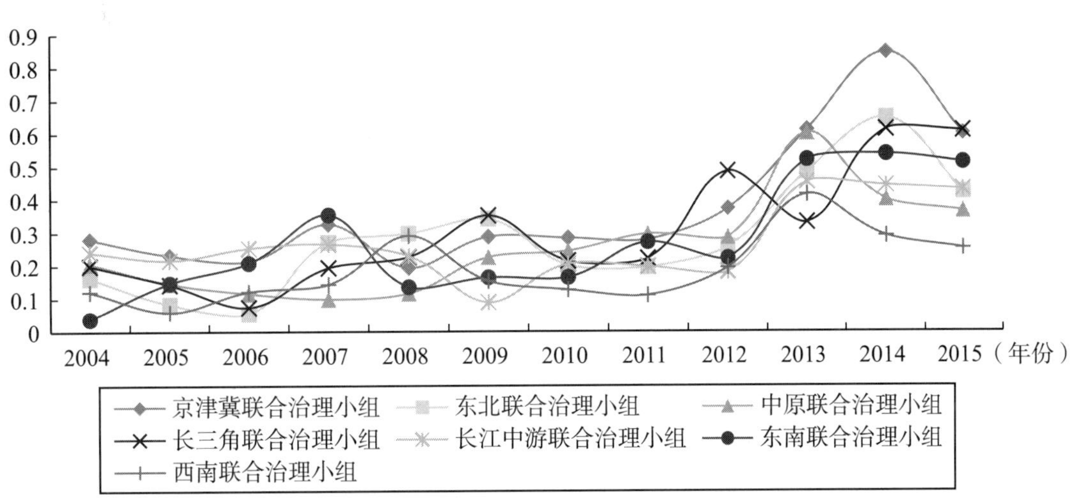

图 6　单位烟尘粉尘排放的大气污染治理投资表征的规制协同

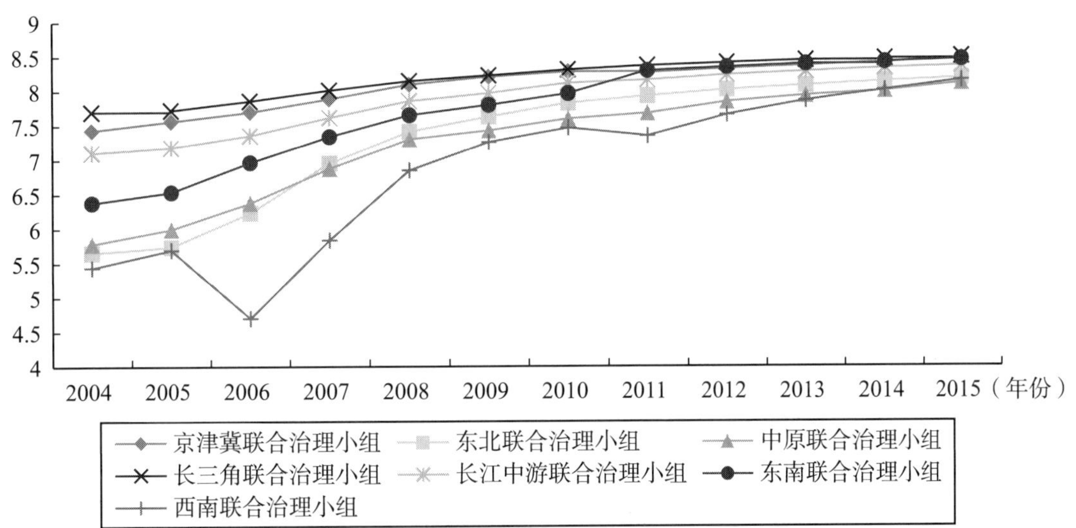

图 7　SO_2 排放强度表征的规制协同

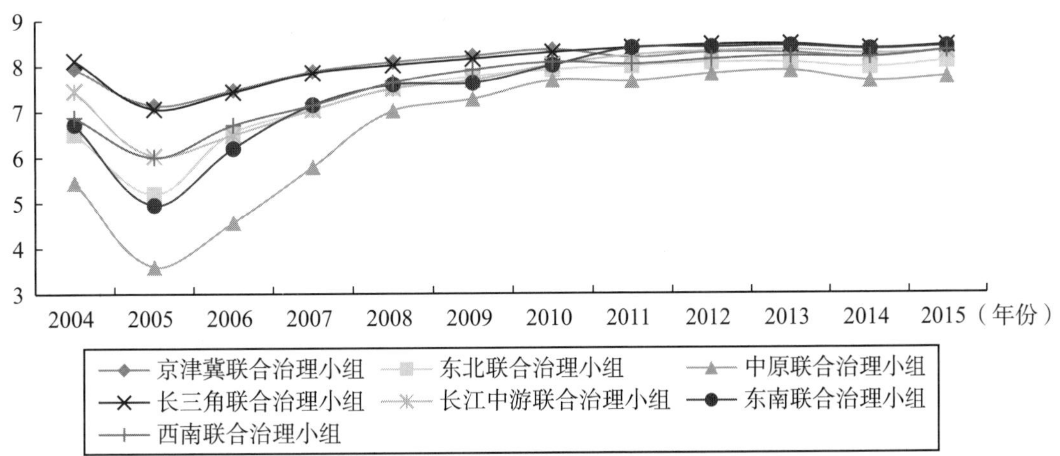

图 8　烟尘粉尘排放强度表征的规制协同

从污染源监测覆盖情况来看（见图 9），各区域大气污染规制强度的协同状况也表现为波动中缓慢上升的态势。因此，对于大气污染治理的协同状况而言，我们可以形成一个基本判定，即各区域针对大气污染的治理的协作总体上是在不断缓慢推进的。

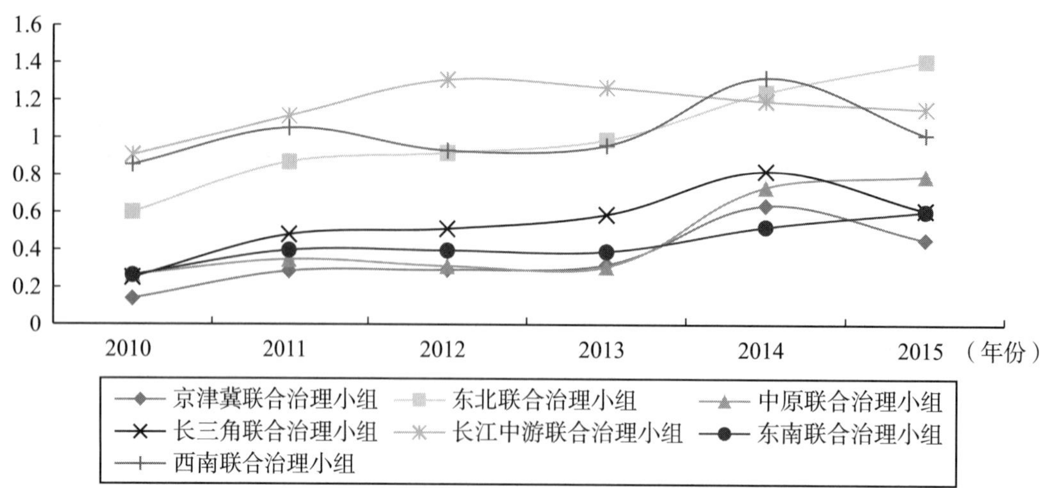

图9　污染源监控覆盖率表征的规制协同

（三）协同的来源分析

虽然以上分析表明各小组对大气污染治理的协同度呈上升态势，但无法判定这种提升源自特定区域组合的协同还是全国各省市整体协同程度的提升。为了探究区域对大气污染治理协同程度提升的真实来源，本文采用反事实实验的思路，对以上省市的联合进行随机分组，测算各组大气污染治理的协同度，考察随机分组下各组治污协同度的变化趋势。若随机分组情形下协同度并未提升则表明中国大气污染环境治理已产生了区域的联盟，在这种联盟下污染治理的协同度发生了显著的提升；反之，随机分组下协同度也显著提升，则表明上文测算的协同度趋势提升很可能只是全国整体协同度提升情形下一个局部图景的呈现。具体而言，首先生成高斯分布随机数，按年份分别对25个省市随机排序，然后将这些省市分随机分为7组（为了与前文形成对比），每年分别计算各组协同度，然后，再对每个小组协同度的变化趋势进行判定，进行形成与非随机分组情形的比较（其中，对协同度变化趋势的判定采用均值差异法和线性拟合法分别考察。均值差异法的策略是对各组前6年协同度和后6年协同度分别取平均，比较二者大小，若后6年平均协同度大于前6年，则表明协同度表现为递增态势，否则不具备递增态势；而线性拟合法的策略是对各组历年协同度与时间变量进行线性拟合，若时间系数大于0则表现为递增趋势，否则不具备递增趋势）。重复该过程1 000次，统计出现递增态势的次数占总次数的比重来判定协同度的提升是否与区域划分有关，进而判定特定协同小组大气污染治理协同度的提升是源自特定区域的划分还是全国整体协同程度的提升。按照以上思路分别对以SO_2表征和以烟尘粉尘表征的大气污染治理协同度趋势进行判定，结果如表1所示。

表1　随机分组下协同度变化趋势判定

指标	均值差异法判定协同度变化趋势		线性拟合法判定协同度变化趋势	
	SO_2	烟尘粉尘	SO_2	烟尘粉尘
概率P	0.997	0.994	0.998	0.997
结论	随机分组下各组组内协同度递增	随机分组下各组组内协同度递增	随机分组下各组组内协同度递增	随机分组下各组组内协同度递增

表1结果表明，不论从哪个方面考察，在随机组合的区域内，各成员大气污染治理的协同程度均显著提升，因此，我们有理由认为上文得到的特定分组情形下的大气污染治理协同度的提升很大

程度上是全国治理协同提升的一个缩影。那么这是否意味着划分协同治理小组失去意义了呢？这就需要我们进一步考察随机分组协同程度提升的幅度是否与特定分组无差异了。若随机分组情形下各区域协同度提升的幅度与特定分组的平均幅度无差异，则表明现阶段中国大气污染的协同治理没有形成有效的治理格局，仍处于一种混沌的、低效的状态；若随机分组情形下各区域协同程度的提升明显小于特定分组，则表明特定分组下成员间具备一定的治理默契，已初步形成了相对合理的治理格局。那么事实到底是什么呢？延续上述思想和策略，随机分组后考察随机组协同度提升的幅度与特定组进行比较，统计随机组协同度提升大于特定组提升的平均幅度的概率，得到表2。

表2　　　　随机分组下协同度提升幅度判定

指标	均值差异法判定协同度提升		线性拟合法判定协同度提升	
	SO_2	烟尘粉尘	SO_2	烟尘粉尘
概率P	0.497	0.286	0.456	0.237
结论	随机分组协同度提升略小于特定分组	随机分组协同度提升小于特定分组	随机分组协同度提升略小于特定分组	随机分组协同度提升小于特定分组

表2结果表明，从 SO_2 角度表征的大气污染治理协同度角度看，随机分组协同度的提升只是略小于特定组，甚至在统计上表现出无差异；但从烟尘粉尘表征的协同度角度看，随机分组协同度的提升幅度则明显小于特定组。因此，综合来看，一方面前文构建的大气污染治理格局具有一定的合理性；另一方面，中国大气污染的协同治理的整体格局已经萌芽，但缺乏更加实质的进展。而要想突破现有治理协同程度的缓慢进程、实现更有效率的联合治理，就必须找到影响区域联合治理的症结，对症下药。因此，接下来本文将探讨影响大气污染联合治理的因素，进而有针对性地提出提升区域大气污染治理联合程度的建议。

六、大气污染联合治理的影响因素分析

（一）模型的设定

本文用环境规制强度反映污染治理，用协同状况来衡量联合程度。因此，分析大气污染联合治理的影响因素就等价于分析影响联合体内环境规制强度协同状况的因素。与一般问题的影响因素分析略有不同，环境规制强度协同状况的影响因素分析主要突出对协同的影响，因此，需要在找到影响大气环境规制强度因素的基础上，分析这些因素的差异对联合体大气环境规制强度协同状况的影响。所以，首先建立影响大气环境规制强度因素的模型：

$$RG_{it} = \beta_0 + \sum_{k=1}^{n} \beta_k X_{it} + \mu_i + \varepsilon_{it} \tag{2}$$

其中，RG是大气环境规制强度，X是影响大气规制强度的因素，μ_i 为个体效应，ε_{it} 为随机扰动项；i表示省级行政单位，t代表时间，k则表示影响因素的个数。然后，在此模型基础上建立影响大气环境规制强度协同状况因素的模型：

$$OG_{jt} = \theta_0 + \sum_{k=1}^{n} \theta_k \frac{\sigma_{X_{jt}^k}}{X_{jt}^k} + \mu_j + \varepsilon_{jt} \tag{3}$$

其中，OG是联合体的大气环境规制强度的协同状况，$\sigma_{X_{jt}^k}$ 表示影响大气环境规制强度的因素在联合

体内的标准差，$\overline{X_{jt}^{k}}$表示影响大气环境规制强度的因素在联合体内的均值，μ_j 为个体效应，ε_{jt}为随机扰动项；j 表示联合体（由省级行政单位 i 构成），t 代表时间。θ_k 就是我们要考察的待估参数。

（二）变量的选择

环境规制协同度（OG）。上文出于对环境规制的全面考察而选取了污染物排放强度、污染源监控力度和单位污染排放下的大气污染治理投资来反映各地区的环境规制状况及其协同治理状况。但由于排污强度并不是一个非常理想的衡量大气污染规制强度的指标，而污染监测覆盖程度又存在数据可截取长度的限制，因此，为了避免指标代表性不足和样本容量不足造成的估计偏误，在以下实证分析中，本文采用以 SO_2（OG_so_2）和烟尘粉尘（OG_ycfc）为污染标的物的单位污染物排放的大气污染治理投资进行估计。

地区经济发展水平差异（vgdp）。经济发展水平较低的地区，居民愿意采用牺牲环境的方式换取经济增长，而在经济发展水平较高的地区，居民则宁愿降低经济增长也要保持更好的生态环境。此外，政治锦标赛理论还表明，地方政府为了从政治锦标赛中获胜，会干扰环境政策的执行，以换取当地经济的增长（王宇澄，2015；傅强等，2016；徐彦坤等，2017）。因此，地区实际经济发展水平是影响环境规制强度的重要因素，经济发展水平的差异也能作用于区域环境的协同治理。本文以人均实际 GDP 衡量地区经济发展，用人均实际 GDP 的相对离散程度反映地区内经济发展差异。

产业结构差异（vindu）。工业占比越大的地区污染行业越集中，受环境规制的影响越大，实施严格的环境规制就会越谨慎，也越有利用环境规制作为地方竞争工具的倾向（张文彬等，2010）。因此，产业结构的差异对区域环境联合治理也可能产生影响。本文以工业增加值占 GDP 的比重衡量产业结构，用该比重的相对离散程度反映区域内产业结构的差异程度。

非正式环境规制强度差异（vunreg）。非正式环境规制反映了公众对环境污染治理的诉求（李欣等，2017），是对正式环境规制的补充。因此，非正式环境规制强度的差异也可能影响区域环境治理的协同。借鉴李永友和沈坤荣（2008）的衡量非正式规制的方法，本文用公众就环境问题发生的上访次数进行度量，用区域内该指标的相对离散程度反映非正式环境规制强度的差异。

环境治理合作（corpor）。区域内环境治理的主体间形成正式或非正式合作组织，开展跨区域的环境治理合作不但有利于地区间治理经验的相互学习，还有利于地区间部门工作协调，因此，形成联合治理组织，开展环境治理合作对区域环境规制的协同具有积极影响。本文采用虚拟变量反映环境治理合作，取值为 1 表示地区间存在大气污染治理的正式或非正式合作组织，进行过磋商、协调或共同探讨，取值为 0 则表示没有进行过以上活动。

此外，杨海生等（2008）、李胜兰等（2014）和张华（2016）的研究还表明，失业率、人力资本和 FDI 也会影响环境规制，因此，将地区间失业率差异（vunemp）、人力资本差异（vhuman）和 FDI 差异（vfdi）也纳入控制变量。其中，失业率用各省份城镇人口登记失业率衡量，人力资本用平均教育程度衡量。

（三）数据来源

本文主要数据来自 2005～2016 年的《中国统计年鉴》《中国环境年鉴》《中国工业统计年鉴》，部分数据手工收集（见表 3）。具体而言，由于中国环境年鉴 2003 年数据没有统计公布，且 2002 年以前部分环境统计指标口径不一。因此，本文所有数据从 2004 年开始截取。其中，环境污染相关联的指标均来自《中国环境年鉴》；与宏观经济相关联指标来自《中国统计年鉴》，与具体产业相关的指标则来自《中国工业统计年鉴》；而区域内是否形成了大气污染治理的组织，是否进行过环境联防联控的协调、磋商或交流的数据则源自作者手工收集。具体做法是在各地区环保部门网站信息共公开处和搜索引擎上搜索“协调”“磋商”“交流”“合作”“联合”“联防联控”“协同治理”等关键词考察是否存在跨省的环境治理合作组织和跨省治理合作行为。

表 3　　变量的描述性统计

变量	样本量	均值	标准差	最小值	最大值
大气污染治理投资	300	123 064	138 552	3 513	1 281 351
人均 GDP	300	2 599	15 508	3 862	81 633
FDI	300	6 927	9 191	182	48 718
工业增加值占 GDP 比重	300	0.410	0.073	0.159	0.530
城镇登记失业率	300	3.617	0.702	0	6.500
人力资本水平	300	8.714	0.986	6.378	12.028
非正式环境规制	300	3.404	4.467	0.001	30.889

（四）参数估计的方法

对于面板数据的参数估计通常需要根据模型是否具有内生性来选择参数估计方法。当模型不存在内生性时，采用普通最小二乘估计即可，而当模型存在内生性时，需要寻找工具变量并采用两阶段最小二乘估计或矩估计等方法。由于模型变量皆为相对量（被解释变量为协调度，各解释变量为对应指标的相对差异程度），因此，绝对量指标之间原本可能存在的内生关系被大大降低。此外，本文还采用固定效应模型用以解决部分因遗漏变量引起的内生性。而对于解释变量与被解释变量间可能存在的联立型内生性，本文采用豪斯曼检验考察滞后期解释变量模型与当期解释变量模型之间的参数差异来判定（见表 4）。表 4 结果表明，主要解释变量与联合治理的协同度之间不存在显著的联立性。失业率差异和人力资本差异这两个控制变量虽然与被解释变量之间存在联立性，但这两个变量与其他主要解释变量之间没有显著的相关性，不会影响主要解释变量参数的估计。因此，本模型不存在明显的内生性，可以直接采用普通最小二乘法进行估计。

表 4　　变量联立型内生性检验

变量	经济发展差异	FDI 差异	产业结构差异	非正式规制差异	失业率差异	人力资本差异
卡方值	1.88	2.02	0.92	0.14	5.89	4.93
接受原假设概率	0.1708	0.1548	0.3388	0.711	0.0152	0.0264
结论	非内生	非内生	非内生	非内生	内生	内生

由于面板数据一般存在个体效应，需要选择固定效应或随机效应进行估计。而一方面，固定效应模型对于缓解遗漏变量产生的内生性具有重要作用（张文彬等，2010），另一方面，检验个体效应的豪斯曼检验结果显示，固定效应模型估计结果优于随机效应模型，因此采用固定效应模型进行估计。另外，考虑到模型中仍然可能存在一定程度的异方差或自相关问题，因此，借鉴邵帅和齐中英（2009）的做法，用修正异方差和自相关的 xtscc 进行估计。

（五）实证结果及分析

采用以上方法对影响环境规制协同度的因素进行估计得到表 5 和表 6。其中表 5 为用单位 SO_2 排放治理投资衡量的环境规制协同度，表 6 为用单位烟尘粉尘排放治理投资衡量的环境规制协同度。

表 5　　以 SO_2 为标准的大气环境协同治理影响因素分析

变量	(1) OG_so2	(2) OG_so2	(3) OG_so2	(4) OG_so2	(5) OG_so2	(6) OG_so2	(7) OG_so2
vgdp	-2.348*** (-5.64)	-2.434*** (-5.21)	-2.297*** (-6.21)	-2.221*** (-4.96)	-2.063*** (-3.94)	-2.053*** (-3.77)	-2.231** (-3.15)
corpor		0.324*** (6.99)	0.352*** (5.57)	0.360*** (5.34)	0.361*** (5.35)	0.350*** (5.53)	0.340*** (5.32)
vfdi			0.483* (2.40)	0.500* (2.29)	0.475* (2.24)	0.464* (2.24)	0.468* (2.35)
vindu				-0.188 (-0.64)	-0.177 (-0.63)	-0.190 (-0.69)	-0.221 (-1.00)
vhuman					-0.670 (-0.71)	-0.549 (-0.62)	-0.538 (-0.57)
vunreg						-0.0432 (-0.72)	-0.0417 (-0.70)
vunemp							0.246 (0.91)
_cons	1.096*** (6.08)	1.113*** (5.91)	0.797*** (5.17)	0.789*** (4.81)	0.792*** (5.05)	0.815*** (4.80)	0.835*** (4.67)
样本量	84	84	84	84	84	84	84
R^2	0.2051	0.3033	0.3357	0.3386	0.3400	0.3459	0.3547

表 6　　以烟尘粉尘为标准的大气环境协同治理影响因素分析

变量	(1) OG_ycfc	(2) OG_ycfc	(3) OG_ycfc	(4) OG_ycfc	(5) OG_ycfc	(6) OG_ycfc	(7) OG_ycfc
vgdp	-1.884** (-5.49)	-2.000*** (-5.10)	-1.888*** (-5.82)	-1.933*** (-5.33)	-2.138*** (-4.74)	-2.132*** (-4.59)	-2.281*** (-4.04)
corpor		0.433*** (11.60)	0.456*** (9.04)	0.451*** (8.28)	0.449*** (8.08)	0.442*** (7.81)	0.434*** (7.78)
vfdi			0.393* (2.15)	0.383* (1.94)	0.415* (2.19)	0.409* (2.17)	0.412* (2.27)
vindu				0.112 (0.37)	0.0963 (0.31)	0.0883 (0.28)	0.0620 (0.24)
vhuman					0.870 (1.12)	0.943 (1.27)	0.952 (1.23)
vunreg						-0.0258 (-0.51)	-0.0245 (-0.49)
vunemp							0.205 (1.04)

续表

变量	(1) OG_ycfc	(2) OG_ycfc	(3) OG_ycfc	(4) OG_ycfc	(5) OG_ycfc	(6) OG_ycfc	(7) OG_ycfc
_cons	0.917*** (5.88)	0.941*** (5.81)	0.684*** (5.49)	0.688*** (5.17)	0.685*** (4.90)	0.699*** (4.80)	0.716*** (4.74)
样本量	84	84	84	84	84	84	84
R^2	0.1651	0.3840	0.4109	0.4121	0.4152	0.4178	0.4255

由于本模型中解释变量与被解释变量形式特殊，模型估计的参数大小与一般模型意义略有不同。本模型中，参数的含义可以理解为联合体内自变量的差异化程度变化1单位所引起的联合体大气污染治理协同程度的变化量。表5结果显示，从单位SO_2排放的治理投资来看，地区人均GDP差异和联合治理行动对地区环境规制的协同具有显著影响，而产业结构差异、非正式环境规制差异、人力资本差异和失业率差异对地区间大气污染的协同治理都没有明显作用。具体而言，地区人均GDP差异越大大气污染的协同治理越困难；但大气污染的跨省合作组织的建立却有利于大气污染的协同治理。需要注意的是，表5中FDI差异对协同治理的符号为正，这表明在较低显著性水平上地域内FDI差异越大，越有利于大气污染治理的协同，这似乎与理论预期相背离。可能的原因在于不同区域对内外资的偏好不同：一方面，不同地区的市场化程度不同，对投资结构的偏好也不同，而FDI反映了市场力量，中央投资反映了政治力量（余壮雄和杨扬，2014），所以市场化程度高的地区可能更偏好外资，市场化程度低的地区可能更偏好内资；另一方面，不同地区在全国经济发展中的定位不同，而内外资投资的领域也不尽相同，所以不同地区表现出了对内资和外资的偏好不同。更偏好外资的地区，环境规制会随着外资引进需求的增加而降低，而更偏好内资的地区，环境规制强度则表现为对内资引进需求的增加而降低。从而使得区域内环境规制协同程度与FDI的差异表现出较弱的正向关联。至于表6中其他变量的结果则与表5类似，产业结构差异、非正式规制差异、人力资本差异和失业率差异对地区间大气污染的协同治理都没有显著影响，人均GDP差异不利于地区间大气污染的联合治理，合作组织的建立则有利于大气污染的联合治理。

七、结论与建议

环境问题的凸显严重妨碍了我国经济社会的发展，而高投入低成效的治理模式则使得属地治理的理念逐步被打破。随着污染的“空间溢出”效应和“污染避难所”效应对环境治理的影响被逐渐认知，倡导联合治理的呼声也开始增强。但联合治理的顶层设计缺失使得其他致力于加强地区间联合的努力对污染治理而言都成了隔靴搔痒。因此，本文从理论与实践出发，探寻了大气污染治理低效的症结，以集体行动理论为依据结合共同但有区别的原则提炼出了有效施行大气污染联合治理的五大要素，并从大气污染的实际状况入手将五大要素具象化为可操作性更强的五大抓手，然后基于中国2004～2015年大气环境污染状况和污染产业分布状况提出了中国大气污染联合治理的最优分区治理方案。在此基础上分析了各联合小组大气污染协同治理的演变趋势和真实动力，得出中国已经产生了大气环境分区治理的萌芽，但区域内治理的协同演进缓慢，且波动性较大。为了推进大气环境联合治理的进程，本文又对影响区域大气污染联合治理的因素进行了分析，结果表明：

第一，人均GDP的差异会妨碍地区间大气污染的联合治理。人均GDP一方面表征了地区污染治理能力和居民对于环境治理与经济发展的取舍；另一方面，当前的GDP本身也能反映上一阶段的经济发展目标，而对GDP追求目标的差异也会导致污染治理意愿的差异，所以人均GDP的差异越大，地区间治污意愿和能力的差异也越大，因此，越不利于开展联合治理。第二，产业结构、失业率、人力资本等经济特征的差异对联合治理没有显著影响；比起人均 GDP，产业结构、失业率和人力资本等经济特征对地区污染治理的影响较小，它们在地区间的差异并不能显著影响联合治理的开展。第三，地区间联合组织的建立能有效促进联合程度的提升。是否建立联合组织反映了地区间在内部网络、协作关系和资源整合方面的关联程度，关联程度越高，越有利于联合治理。这一结果对指导大气污染的联合治理具有如下三层含义：

首先，对于人均 GDP 的差异会妨碍地区间大气污染的联合治理可以从联合治理的社会属性角度分析。由于 GDP 是地方政绩考核的可靠保证，而环境治理不但难见成效，而且在短期内还不利于 GDP 增长，所以，在现有政绩考核体系下，治理环境污染对部分地区而言并不是一个有效的激励。即便迫于环保督查压力，地方政府也更趋向于在环境规制的落实中采取因时而异、因地而异的行动策略。对此，进一步降低甚至取消 GDP 在地方政绩考核中的权重，把环境改善作为官员晋升的激励性指标也许就能从根本上改变地方政府参与联合治理内在动力不足的境况。

其次，除了人均 GDP 之外，其他经济特征的差异对地区大气污染的联合治理影响不显著。这就表明，在联合治理进一步深化的过程中，可以不用过多关注以上经济特征的差异对联合体的影响。当然，本文研究框架下无法讨论财政状况差异对地区间大气污染联合治理的影响，因此联合体内转移支付问题的必要性仍有待商榷。事实上，从理论逻辑出发这一问也具有两面性：一方面，财政能力不足的地区确实难以保障与财政充裕的地区实行同等的环境规制政策；另一方面，在区域内形成大气污染治理联盟本身就是地方政府更好履行环保职责的必要之举，也是对参与各方都有利的行为，即便存在利益差距或短期成本问题，也难以衡量和厘清，从而使转移支付本身产生较大的交易成本，造成无谓的效率损失。

最后，联合治理组织的设立对地区联合程度的加深具有显著影响，表明联合治理组织的设立能够切实增进地区间治理大气污染行动的沟通与交流，加强政府间和部门间相关事宜的协调。因此，为了推进大气污染治理的进一步联合，应该在尽快落实全国统筹的地区联合治理框架体系的基础上建立各区的联合治理组织。特别是中原联合小组、西南联合小组、东北联合小组和长江中游联合治理小组应该尽快建立各自的联合组织，现有的珠三角联合组织应该尽快将珠三角联合治理小组中的广西和福建纳入组织，津京冀联合组织也应早日将内蒙古纳入其中。

参考文献：

1. 蔡岚：《空气污染治理中的政府间关系——以美国加利福尼亚州为例》，载于《中国行政管理》2013 年第 10 期。

2. 柴发合、云雅如、王淑兰：《关于我国落实区域大气联防联控机制的深度思考》，载于《环境与可持续发展》2013 年第 4 期。

3. 常纪文：《大气污染区域联防联控应实行共同但有区别责任原则》，载于《环境保护》2014 年第 15 期。

4. 陈贻健：《区域性复合环境污染防治法律对策研究：以霾污染为样本》，载于《法学杂志》2016 年第 12 期。

5. 崔晶、孙伟：《区域大气污染协同治理视角下的府际事权划分问题研究》，载于《中国行政管理》2014 年第 9 期。

6. 傅强、马青、Sodnomdargia Bayanjargal：《地方政府竞争与环境规制：基于区域开放的异质性研究》，载于《中国人口·资源与环境》2016 年第 3 期。

7. 高桂林、陈云俊：《评析新“大气污染防治法”中的联防联控制度》，载于《环境保护》2015 年第 18 期。

8. 高明、郭施宏、夏玲玲：《大气污染府际间合作治理联盟的达成与稳定——基于演化博弈分析》，载于《中国管理科学》2016 年第 8 期。

9. 郭施宏、齐晔：《京津冀区域大气污染协同治理模式构建——基于府际关系理论视角》，载于《中国特色社会主义研究》2016 年第 3 期。

10. 贺璇、王冰：《京津冀大气污染治理模式演进：构建一种可持续合作机制》，载于《东北大学学报（社会科学版）》2016 年第 1 期。

11. 姜玲、乔亚丽：《区域大气污染合作治理政府间责任分担机制研究——以京津冀地区为例》，载于《中国行政管理》2016 年第 6 期。

12. 金太军：《从行政区行政到区域公共管理——政府治理形态嬗变的博弈分析》，载于《中国社会科学》2007 年第 6 期。

13. 李胜兰、初善冰、申晨：《地方政府竞争、环境规制和区域生态效率》，载于《世界经济》2014 年第 4 期。

14. 李欣、杨朝远、曹建华：《网络舆论有助于缓解雾霾污染吗？——兼论雾霾污染的空间溢出效应》，载于《经济学动态》2017 年第 6 期。

15. 李雪松、孙博文：《大气污染治理的经济属性及政策演进：一个分析框架》，载于《改革》2014 年第 4 期。

16. 李永友、沈坤荣：《我国污染控制政策的减排效果——基于省际工业污染数据的实证分析》，载于《管理世界》2008 年第 7 期。

17. 彭非、袁卫、惠争勤：《对综合评价方法中指数功效函数的一种改进探讨》，载于《统计研究》2007 年第 12 期。

18. 任保平、段雨晨：《我国雾霾治理中的合作机制》，载于《求索》2015 年第 12 期。

19. 邵帅、齐中英：《基于“资源诅咒”学说的能源输出型城市 R&D 行为研究——理论解释及其实证检验》，载于《财经研究》2009 年第 1 期。

20. 陶品竹：《从属地主义到合作治理：京津冀大气污染治理模式的转型》，载于《河北法学》2014 年第 10 期。

21. 汪克亮、孟祥瑞、杨宝臣、程云鹤：《技术异质下中国大气污染排放效率的区域差异与影响因素》，载于《中国人口·资源与环境》2017 年第 1 期。

22. 汪伟全：《空气污染的跨域合作治理研究——以北京地区为例》，载于《公共管理学报》2014 年第 1 期。

23. 王兵、吴延瑞、颜鹏飞：《中国区域环境效率与环境全要素生产率增长》，载于《经济研究》2010 年第 5 期。

24. 王超奕：《“打赢蓝天保卫战”与大气污染的区域联防联治机制创新》，载于《改革》2018 年第 1 期。

25. 王金南、宁淼、孙亚梅：《区域大气污染联防联控的理论与方法分析》，载于《环境与可持续发展》2012 年第 5 期。

26. 王宇澄：《基于空间面板模型的我国地方政府环境规制竞争研究》，载于《管理评论》2015 年第 8 期。

27. 魏巍贤、马喜立、李鹏、陈意：《技术进步和税收在区域大气污染治理中的作用》，载于《中国人口·资源与环境》2016 年第 5 期。

28. 徐彦坤、祁毓：《环境规制对企业生产率影响再评估及机制检验》，载于《财贸经济》2017 年第 6 期。

29. 薛文博、付飞、王金南、唐贵谦、雷宇、杨金田、王跃思：《中国 PM_(2.5) 跨区域传输特征数值模拟研究》，载于《中国环境科学》2014 年第 6 期。

30. 杨海生、陈少凌、周永章：《地方政府竞争与环境政策——来自中国省份数据的证据》，载于《南方经济》2008 年第 6 期。

31. 杨骞、王弘儒、刘华军：《区域大气污染联防联控是否取得了预期效果？——来自山东省会城市群的经验证据》，载于《城市与环境研究》2016 年第 4 期。

32. 于文超、高楠、龚强：《公众诉求、官员激励与地区环境治理》，载于《浙江社会科学》2014 年第 5 期。

33. 余壮雄、杨扬：《市场向西、政治向东——中国国内资本流动方向的测算》，载于《管理世界》2014 年第 6 期。

34. 余懿臻：《雾霾联防联控机制的完善——以长三角为例》，载于《中国环境管理干部学院学报》2017 年第 1 期。

35. 袁凯华、李后建：《约束性考核促进了官员的减排激励吗》，载于《当代经济科学》2014 年第 11 期。

36. 张华：《地区间环境规制的策略互动研究——对环境规制非完全执行普遍性的解释》，载于《中国工业经济》2016 年第 7 期。

37. 张文彬、张理芃、张可云：《中国环境规制强度省际竞争形态及其演变——基于两区制空间 Durbin 固定效应模型的分析》，载于《管理世界》2010 年第 12 期。

38. 张亚军：《京津冀大气污染联防联控的法律问题及对策》，载于《河北法学》2017 年第 7 期。

39. 赵敬国、王式功、王嘉媛、闭建荣、史晋森、王天河、张天宇：《兰州市空气污染与气象条件关系分析》，载于《兰州大学学报（自然科学版）》2013 年第 4 期。

40. 郑思齐、万广华、孙伟增、罗党论：《公众诉求与城市环境治理》，载于《管理世界》2013 年第 6 期。

41. Buchanan J M，Tullock G，Rowley C K. *The calculus of consent*，*logical foundations of constitutional democracy* [M]. Chicago：University of Michigan Press，1965.

42. Camacho García M O, Flamand L. Intergovernmental Policies for Controlling Air Pollution in Mexican Cities: an Evaluation [J]. *Gestion Y Politica Publica*, 2008, 17 (2): 261 – 313.

43. Cole M A, Elliott R J. FDI and the capital intensity of "dirty" sectors: a missing piece of the pollution haven puzzle [J]. *Review of Development Economics*, 2005, 9 (4), 530 – 548.

44. Jonathan B, Dilip M. Institutional Structure and the Logic of Ongoing Collective Action [J]. *The American Political Science Review*, 1987, 81 (1): 130.

45. Jordan G, Schubert K. A Preliminary ordering of policy network labels [J]. *European Journal of Political Research*, 1992, (21): 7 – 27.

46. Katzenstein P J. *Between power and plenty: foreign economic policies of advanced industrial states* [M]. Madison: University of Wisconisin Press, 1978.

47. Kim I. Environmental cooperation of Northeast Asia: transboundary air pollution [J]. *International Relations of the Asia – Pacific*, 2007, 7 (3): 439 – 462.

48. Lanoie P, Patry M, Lajeunesse R. Environmental regulation and productivity: testing the porter hypothesis [J]. *Journal of Productivity Analysis*, 2008, 30 (2): 121 – 128.

49. Leaf D A. Intergovernmental cooperation: Air pollution from an U. S. perspective [J]. *Canada – United States Law Journal*, 1992 (18): 245 – 250.

50. Levinson A. Environmental regulations and industry location: international and domestic evidence [J]. *Fair Trade and Harmonization: prerequisites for free trade*, 1996 (1): 429 – 457.

51. Liu M, Shadbegian R, Zhang B. Does Environmental Regulation Affect Labor Demand in China? Evidence from the Textile Printing and Dyeing Industry [J]. *Journal of Environmental Economics & Management*, 2017 (86): 277 – 294.

52. Mancur Olson. *The Logic of Collective Action: Public Goods and the Theory of Groups* [M]. Boston: Harvard University Press, 1971.

53. Manson A N. Intergovernmental Co – operation: Air Pollution From an Canadian Perspective [J]. *Canada – United States Law Journal*, 1992 (18): 251 – 256.

54. MARIN B, MAYNTZ R. *Policy Network: Empirical Evidence and Theoretical Considerations* [M]. Campus Verlag: Boulder, Colo. Westview Press, 1991.

55. Mckitrick R. The Politics of Pollution: Party Regimes and Air Quality in Canada [J]. *Canadian Journal of Economics/revue Canadienne Déconomique*, 2010, 39 (2): 604 – 620.

56. Neil J. Smelser. *Theory of Collective Behavior* [M]. New York: The Free Press, 1962.

57. Ostrom E. *Governing the Commons: The Evolution of Institutions for Collective Action* [M]. New York: Cambridge University Press, 1990.

58. Qin M, Wang X, Hu Y, Huang X, He L, Zhong L, Song Y, Hu M, Zhang Y. Formation of Particulate Sulfate and Nitrate over the Pearl River Delta in the Fall: Diagnostic Analysis Using the Community Multiscale Air Quality Model [J]. *Atmospheric Environment*, 2015 (112): 81 – 89.

59. Ralph H T, Lewis M K. *Collective Behavior* [M]. Englewood Cliffs: Prentice – Hall, 1987.

60. RHODES R A. The New Governance: Governing Without Government [J]. *Political Studies*, 1996, 44 (4): 652 – 667.

61. ROBERT L, SMITH J P. *Local Governance in Britain* [M]. Palgrave Macmillan Limited, 2001: 81 – 135.

62. Sheldon K, Ferrall M R. Intergovernmental Relations and Clear Air Policy in Southern California [J]. *Journal of Federalism*, 1991, 21: 143 – 154.

63. Song T, Zheng T, Tong L. An empirical test of the environmental Kuznets curve in China: A panel cointegration approach [J]. *China Economic Review*, 2008, 19 (3): 381 – 392.

64. Taaffe E J. The Urban Hierarchy: An Air Passenger Definition [J]. *Economic Geography*, 1962, 38 (1): 1 – 14.

65. Wu J, Deng Y, Huang J, et al. Incentives and Outcomes: China's Environmental Policy [R]. Nber Working Papers, 2013, 9.

（本文载于《中国工业经济》2019年第5期）

产业链纵向价格形成机制与中间产品市场垄断机理研究

——兼论原料药市场的垄断成因及反垄断规制

李世杰　李　伟

摘　要：原料药市场垄断问题近年来受到各界广泛关注，也成为反垄断部门的重点规制对象。从理论层面来看，原料药市场垄断折射出产业链纵向关系下的中间产品市场垄断问题；而传统经济学研究多聚焦于最终产品市场，对中间产品市场垄断及其机理等问题关注不足。本文构建由中间产品市场和最终产品市场组成的纵向产业链模型，从分析产业链纵向价格形成机制入手，探究中间产品市场垄断加价导致的福利损失，并研究其内在机理。研究发现：中间产品市场的垄断加价会通过"传导效应""协同效应""抑制效应"三种途径影响产业链效率与社会福利。基于三种效应的模型化讨论，本文构建测度中间产品市场垄断加价损失的理论公式，并予以仿真分析；进而结合中国原料药市场垄断案例，探讨当前原料药市场垄断的影响及作用机理，并提出相应的反垄断规制建议。

关键词：中间产品市场　垄断加价　产业链效率　原料药市场　反垄断

一、问题提出

近年来，原料药市场的垄断问题受到了媒体、公众、业界和政府部门的广泛关注：中央电视台、人民网等多家权威媒体都对原料药垄断情况进行了报道；① 2016 年、2017 年、2018 年连续 3 年，多名人大代表的两会提案都直指原料药垄断问题；② 国家发展和改革委员会、国家工商总局等反垄断执法部门也相继查处了山东潍坊顺通和潍坊新华、华中药业、武汉新兴精英医药公司等多起原料药垄断案。③ 可以说，原料药垄断已经成为医药领域的"过街老鼠"。总体来看，当前对原料药垄断"罪行"的指控主要在于原料药的垄断高价提高了下游制剂企业的成本，④ 推高成品药价格，进而损害最终患者的利益。相关部门对于原料药垄断的处罚多依据《反垄断法》中独家代理和拒绝交易等滥用市场支配地位的规制方式进行处罚。但从理论角度来说，如果不厘清原料药垄断的形成机理，并科学地分析计算其福利损失，仅仅以"自身违法"的行为式处罚方式予以规制，并不足以从根本上解决原料药垄断的问题。例如，原料药垄断导致成品药价格上涨、损害消费者的机理

---

① 2015 年 2 月 2 日央视新闻直播间报道了苯巴比妥（治疗癫痫病）原料药的垄断问题。2017 年 6 月央视整点财经、第一时间等多个栏目对原料药垄断导致低价药断供的现象进行了密集的调查和报道。

② 2017 年全国"两会"期间，中国医药物资协会副会长、好医生药业集团董事长耿福能关于原料药垄断的提案《关于要求国家相关部门破除原料垄断，平抑药价的建议》。中国医药物资协会常务副会长、神威药业集团董事长李振江的提案《关于对原料药制定最高限价，促进行业良性竞争的建议》。2018 年 3 月，羚锐制药董事长熊维政等多位人大代表联名向两会上交提案《关于进一步加强监管，降低原料药准入条件的建议》，直指原料药企业与下游经销商结成联盟，通过控制供给形成垄断，人为地提高原料药价格。

③ 下文第五部分详细总结了反垄断部门查处的原料药垄断案例。

④ 据北京市医药行业协会的统计：2011 年 10 月到 2013 年 5 月，"信龙去痱水"的主要原料麝香草酚价格从 275 元/公斤暴涨到 8 808 元/公斤；2010 年 3 月到 2013 年 5 月，硫黄软膏主要原料升华硫价格从 18.5 元/公斤暴涨到 400 元/公斤。详细内容请参阅 http://sn.people.com.cn/n/2015/0305/c190216-24077162.html。

是什么？类似原料药的中间产品市场垄断与传统经济学所分析的市场垄断有没有区别？应该如何定量测度原料药垄断造成的社会福利损失？除了垄断高价以外，原料药垄断还会产生哪些影响？应该如何予以规制等？

本文认为，原料药垄断问题涉及上游原料药生产企业和下游制剂企业之间的关系，在本质上属于产业链纵向关系理论研究范畴；更具体地，是产业链纵向关系中的上游市场（下文用“中间产品市场”指代）垄断问题。[①] 因此，前述所要探讨的问题在理论上便是产业链纵向关系下中间产品市场垄断机理及其损失问题，本文试图在机理上对此予以模型化讨论。

传统经济学以价格为依托，对市场垄断的机理、经济损失和社会损失进行了深入的剖析，甚至用实证的方法定量测度了现实经济实践中垄断造成的福利损失大小（Marshall，1890；Joan Robinson，1933；Lerner，1934；Harberger，1954）。[②] 这些研究构成经济学理论的基础和核心，同时为市场竞争政策和反垄断政策的制定提供了坚实的理论根基。但是，这些垄断理论分析的对象主要是最终产品市场（郁义鸿，2005），其结论是否完全适用于中间产品市场显然还存在很大疑问。事实上，最终产品市场垄断机理和中间产品市场垄断机理是存在明显区别的——原因在于最终产品市场和中间产品市场的需求特征不同：最终产品的需求方是市场消费者，其购买动机是用于自身消费，市场垄断的直接影响对象是消费者；但中间产品的需求方和垄断的直接影响对象都是最终产品生产企业，追求利润最大化的最终产品生产企业会根据上游企业的垄断行为来调整自身决策，从而会使得垄断沿着产业链向下游传递。因此不难判断，中间产品市场的垄断作用机理会更为复杂。以卡茨（Katz）为代表的部分学者已注意到中间产品垄断与最终产品市场垄断的区别，并探讨了中间产品市场的三级价格歧视机理及其福利效应（Katz，1987；Valletti，2003；Inderst and Valletti，2009；Inderst and Shaffer，2009；O'Brien，2014）。[③] 但从中国当前的原料药垄断案例来看，中间品市场似乎并未出现原料药生产企业对下游制剂企业实施价格歧视的情形。因而，既有研究结论对中国原料药市场垄断的适用性和解释力均较为有限。此外，价格歧视只是中间产品垄断行为的表现形式之一，故而也有必要进一步讨论，在不存在价格歧视的情形下，中间产品市场的垄断行为及其影响机理。

传统经济学另一个重要特征是将企业之间纵向关系在理论模型中予以外生化处理。[④] 直到 1937 年科斯（Coase）提出企业与市场的边界这一经典问题以后（Coase，1937），企业之间的纵向关系才开始显性化，并逐渐形成以纵向一体化和纵向控制（非线性定价、转售价格维持、排他交易、搭售等）为主体的产业链纵向关系理论。[⑤] 本质上说，纵向关系是上下游企业之间的交易关系，[⑥] 这种交易关系最原始、最自然的表现状态应该是交易一方（上游企业）根据自身利润最大化制定交易价格，另一方（下游企业）按照市场出清价格购买，然后投入生产或销售，以达到自身利润最大化。但在现实经济中，企业之间的纵向关系表现形式要比自然状态下的供求关系复杂得多，例如一方企业持有另一企业的部分产权，或者通过合约对另一方的行为进行约束。那么，为何企业之间的纵向关系没有表现出初始的自然交易关系状态，而是表现为更加复杂的控制关系状态？纵向一体化和纵向控制的既有研究一直在致力于回答这一问题。当然，纵向一体化和纵向控制是纵向关系理论

① 为行文表述方便，下文用中间产品市场（或投入品市场）指代产业链上游，用最终产品市场指代产业链下游。但需要指出的是，本文研究同样适用于更一般性的纵向关系，如上游最终产品市场和下游零售市场等情形。

② 关于传统经济学对垄断的分析本文不具体展开讨论，目前主流经济学教材中均有相关内容阐述。

③ 中间产品市场价格歧视研究的系统性总结，请参阅王小芳和张杰（2005）、喻言和任剑新（2013）两篇文献。

④ 传统经济学研究对企业的组织和生产活动高度抽象化，将其看作从投入产出、追求利润最大化的“黑箱子”。其中“投入”暗含了与其他企业的纵向交易关系，但是传统经济学通过企业的成本函数对其进行了技术化处理。这样原本内容很丰富的纵向关系问题就被隐藏在了企业成本函数中，变成了经济研究的一个外生变量。

⑤ 纵向一体化和纵向控制问题是半个世纪以来产业组织理论研究最活跃的领域。囿于篇幅，本文不再展开，有兴趣的读者请参阅 Perry（1989），Joskow（2012），Katz（1989），Secrieru（2006）等综述类文献。

⑥ 经济学很大程度上是在探讨企业与企业之间的关系，这种关系无外乎有两种：一种是生产、销售相同或替代产品的企业之间关系，即横向市场关系；另一种是为了完成同一产品生产，处于不同产业链阶段的企业之间关系，即纵向市场关系。企业之间的横向市场关系在本质上是竞争关系，纵向市场关系在本质上则属于交易关系。

中重要组成部分，但却不是全部：一方面，现实经济中还有很多纵向交易的表现形式是前述中的自然交易状态。以原料药市场为例，由于原料药市场需求量相对较小，上下游交易过程很少涉及复杂的纵向控制关系，通常也鲜有纵向一体化情形；于是原料药生产企业制定批发价格，下游制剂企业购买原料，生产成品药，并在最终市场中竞争。① 显然，在这种自然状态的纵向关系中，核心问题不是纵向一体化或纵向控制，而是上下游企业行为（特别是价格行为）的影响以及产业链整体绩效问题。另一方面，上述自然状态下的纵向关系是更复杂纵向关系的基础，其背后的企业决策机理及市场效率也应该是纵向关系理论研究的基础。实际上，斯宾格勒（Spengler，1950）提出的“双重加价”模型，就是以这种形式的纵向关系作为研究对象。但斯宾格勒主要分析了上下游垄断定价产生的影响，并没有从一般意义上探讨产业链效率评判基准和上游垄断造成产业链效率损失的机理及其测度。本文试图沿着斯宾格勒的研究思路，探讨产业链效率决定因素与中间产品垄断对产业链效率的影响机理。

综上，本文从原料药垄断这一现实案例入手，提炼、探究原料药市场垄断的根本成因——中间产品市场垄断及其福利侵害问题。在此基础之上，以更具一般性的产业链纵向关系为研究依托，构造理论分析模型，揭示中间产品市场垄断的一般性机理，探索中间产品垄断的福利损失测度，进而探讨中间产品市场垄断的反垄断规制策略。论文剩余内容安排如下：第二部分主要从产业链纵向市场效率的基准和纵向价格形成两个方面构建产业链效率分析的基准；第三部分构建中间产品市场垄断加价的理论模型，基于不同的最终产品市场竞争形式分析中间产品垄断加价的作用机理，从理论上测度中间产品市场垄断加价的损失大小；第四部分用数值仿真的方法对中间产品市场垄断造成的不同类型的福利损失进行模拟仿真；第五部分对中间产品市场垄断的其他效应以及论文结论进行讨论；第六部分将以上理论研究结论应用于当前国内的原料药市场，考察原料药市场垄断影响机理，并提出反垄断规制建议；第七部分总结全文，并展望后续的研究方向。

二、文献与理论基础

（一）纵向市场效率和社会福利比较基准探讨

探讨中间产品市场的垄断损失，应首先构建在纵向市场结构下的社会福利比较基准。按照经典经济学的观点，完全竞争市场是最优的市场结构，可以实现资源最优配置和社会福利最大化；因此，完全竞争市场通常被视为市场效率的分析基准。但是，这一基准多是用于横向市场结构（更多的是最终产品市场）下的效率分析，并没有考虑到产业链的纵向关系。如果引入中间产品市场，形成纵向产业链结构，那么市场效率和社会福利的比较基准应该是什么呢？对于这个问题已有研究并没有给出明确的答案，有些时候甚至给出了令人疑惑的标准，主要表现在“双重加价基准”（Double Marginalization Benchmark）和“纵向一体化基准”（Vertical Integration Benchmark）上。正如前文所述，斯宾格勒（1950）的研究表明，在纵向分离的市场结构下，如果产业链的每一层企业都进行垄断加价，则会出现“双重加价”问题：最终市场的价格过高，甚至高于“纵向一体化”下的垄断价格；企业的利润（包括产业链总利润）会低于一体化下的垄断利润。“双重加价”构成了纵向关系理论的基石，也成了纵向关系研究的逻辑出发点。不论是从社会的角度，还是从企业的角度，“双重加价”都是不利的，它造成了资源的错误配置和市场效率的损失，也减少了企业的利润，所

① 2010年国家发改委查处了广西南宁、柳州地区米粉生产企业的垄断案。这些米粉生产企业互相合谋串通，以达到垄断米粉供应、提高米粉价格的目的。从本质上来看，这一案例反映的也是米粉生产企业对下游米粉摊点垄断定价的行为。从上下游交易关系来看，上游米粉生产企业与下游的米粉零售企业（米粉摊点）之间的纵向关系也是本文所描述的原始状态的纵向关系。

以企业本身有改变双重加价、实现纵向一体化结果的内在动机。现有纵向一体化和纵向控制的理论研究很大程度上就是探讨企业通过这两种策略行为消除双重加价的机理。由于消除双重加价在一定程度上带来了整个产业链效率的提升，所以这部分研究也以此为纵向一体化和纵向控制做理论辩护（Scherer，1983；Mathewson and Winter，1984）。由此可以看出，“双重加价”和“纵向一体化”暗含了纵向关系理论的两个逻辑基点。郁义鸿教授认为已有研究很大程度上是以“双重加价”作为纵向市场效率的基准和社会福利的评判标准（郁义鸿，2005）。实际上，通过总结已有纵向一体化和纵向控制的文献可以发现，在现有研究中，还有很多文献明确将纵向一体化作为分析基准（Katz，1989；Shaffer，1991；Rey and Vergé，2010）。那么，值得思考的问题是：“双重加价”和“纵向一体化”究竟哪个是纵向关系理论分析的基准？

本研究认为，回答该问题需要对经济学分析的基准进行深入探讨。在传统经济学的研究中，企业的目标是追求利润最大化，社会计划者的目标是实现资源的最优配置和社会福利的最大化。在横向市场的研究中，垄断市场结构下企业利润是最大的，完全竞争市场结构下社会福利是最大化的。所以，垄断自然就成为企业行为的基准，而完全竞争则是社会福利最优的基准。这样，就出现了笔者认为的“双重比较基准”（Dual Comparing Benchmark）：以垄断为目标的企业行为基准，以完全竞争为目标的市场效率和社会福利基准。[①] 前者用于企业行为动机的分析，后者则提供了经济活动的价值判断准则。以垄断作为企业行为分析的基准是显而易见的，因为经济学的基本假设就是企业追求利润最大化。所以，以往的理论研究并没有过多强调企业行为基准。但是，当横向市场扩展为纵向市场结构后，情况发生改变——单层市场下的垄断并不能使得企业获得最大化的垄断利润，反而会降低企业利润，即所谓的“双重加价”。如果进行纵向一体化则可以增加企业的利润，实现获取更多垄断利润的目标。所以，当研究问题从横向关系变迁为纵向关系后，企业的行为目标从追求单层市场垄断转变为追求纵向一体化垄断。从这一角度来看，纵向一体化是纵向市场条件下企业行为的目标。更为重要的是，在横向市场结构中，企业以垄断作为行为基准时会损害社会福利。但是，在纵向市场结构中，企业追求纵向一体化的同时在一定程度上也带来了社会福利的提升（解决双重加价，降低了最终价格）。于是，就使得很多研究混淆了企业行为的基准和社会福利的基准。不难判断，“纵向一体化”只能作为纵向关系下企业行为的基准，而不能作为纵向市场效率和社会福利的基准。原因很简单：即使企业实现了纵向一体化，仍然可以进行垄断定价，这样市场面临的仍然是垄断价格。在横向市场结构下，显然不能被接受垄断；那为何转换到纵向市场结构中就可以被接受了呢？这就像是对犯了杀人抢劫罪的人，要判处刑罚；但如果他只抢劫不杀人，就因此评价说“还不错，至少他没有杀人，值得表扬！”，这一逻辑无疑是荒谬的！所以，纵向关系理论的分析不能混淆由企业行为基准和社会福利基准组成的“双重比较基准”，更不能以企业行为基准带来了一定的社会福利提升而认为这一行为就是社会最优的。

那么，在纵向关系中，社会福利的基准是什么呢？遵循经济学形式逻辑的一致性，产业链纵向效率评判标准应当参考横向市场效率标准。在横向市场效率中，完全竞争市场结构下，边际收益等于边际成本，每个企业都获得了正常利润，社会福利实现帕累托最优。那么，将横向市场扩展到纵向市场以后，这一效率评判基准不应改变，即纵向产业链中每个单层市场都是完全竞争结构，才能达到整个产业链的福利最优化，本研究将这一基准命名为“完全竞争产业链”（Perfectly Competitive Industrial Chain）基准。在“完全竞争产业链”中，产业链每一环节的产出都以其原有的价值（边际成本）流入下一环节的生产，任何一环都不会产生加价和扭曲，从而保证了资源在产业链中达到最优配置，每一环节的企业都获得了正常利润，消费者获得最大剩余，整个社会福利也达到了最优。当然，同完全竞争市场一样，完全竞争产业链在现实经济中也是很少见的，但是它提供了纵向

① 本文的“垄断”和“完全竞争”不是基于市场结构的“垄断”和“完全竞争”，而是基于市场效率的视角。比如市场中的企业不止一家，但是同样可以通过合谋达到垄断的效果。

市场效率和社会福利的判断依据。关于“双重比较基准”的分析可以总结为表 1。后文分析中，将以“完全竞争产业链”作为中间产品市场垄断损失分析的比较基准。

表 1　双重比较基准

比较基准 \ 市场结构	横向市场	纵向市场
企业行为基准	垄断	纵向一体化
社会福利基准	完全竞争市场	完全竞争产业链

资料来源：笔者整理。

（二）纵向价格形成机制和效率损失来源分析

价格扭曲（Price Distortion，即实际价格偏离社会福利最大化价格的程度）是市场效率和社会福利损失的根本来源，所以，笔者认为中间产品市场垄断损失的分析要从纵向价格的形成机制入手。已有研究文献中，多数直接假设企业进行价格决策，忽略了对价格组成和具体形成过程的考察。这种处理方法可以简化分析，集中精力研究重点问题，但同时也失去了洞察一些经济学本质机理的机会。比如，垄断造成社会福利损失的本质原因究竟是什么？这个问题即涉及企业价格组成，产品的销售价格一般都由成本（Cost）和销售加价（Markup）组成，而垄断定价造成社会福利损失的根本原因在于企业进行了过高加价，使得价格偏离了最优状态。所以，准确来说，不是企业的价格决策造成了社会福利损失，而是企业的加价造成了社会福利损失，加价越高，社会福利损失越大。如果企业加价为零，则价格就等于成本，企业获得正常利润，市场是最有效率的，社会福利也是最优的。所以，从这一角度来看，分析或衡量社会福利损失一个更好的视角应该是企业加价程度。

具体到纵向市场关系中，中间产品价格由中间产品制造商的成本和加价组成，而最终产品市场的价格形成则同时取决于中间产品市场和最终市场。为了便于分析，假设存在由中间产品市场和最终产品市场组成的纵向市场结构。由于本文重点考察中间产品垄断的情形，所以进一步假设上游市场中只存在一家垄断的中间投入品制造商 I，以固定边际成本 c_I（Constant Marginal Cost）生产投入品 X，并提供给下游最终产品制造商。[①] 最终产品制造商利用必须投入品 X 生产同质的最终产品 Y，并直接销售给最终消费者。同时，假设最终产品的生产技术具有如下两个特征：（1）投入产出比固定为 1∶1，即一单位中间投入品 X 可以生产一单位的最终产品 Y；[②]（2）不变边际生产成本，即除投入品成本外，每单位最终产品的转化成本为常数 c_F。根据以上分析可知，中间产品批发价格 p^w 由中间产品制造商 I 的边际成本 c_I 和加价 ρ_I 组成，即 $p^w = \rho_I + c_I$。[③] 由于中间产品价格构成了下游最终产品的生产成本，所以最终产品 Y 的零售价格 p 由中间产品价格 p^w、最终产品制造商边际转化成本 c_F 和最终产品制造商的加价 ρ_F 组成，即 $p = p^w + \rho_F + c_F$。将 $p^w = \rho_I + c_I$ 代入，可得，

$$p = \rho_I + \rho_F + c_I + c_F \tag{1}$$

由式（1）可知，最终产品的价格由上下游企业的边际生产成本和各自加价形成。如果上下游企业

① 本文此处未设定最终产品制造商数量。实际上，ρ_F 很大程度上是由最终产品市场竞争程度决定；最终市场企业数量、竞争程度都会反映在 ρ_F 的变化上。

② 当制造商的投入产出比不为 1∶1 时，可以通过构建复合产品的方式将投入产出比转化为 1∶1。例如，如果需要两单位中间投入品 X 来生产一单位最终产品 Y，那么可以将两单位的中间投入品 X 看作一单位的复合投入品。此外，还需要指出的是这里并没有假设最终产品 Y 的生产只需要中间投入品 X。实际上，只要各投入品中间存在固定投入比例（fixed proportion），本文的结论同样适用。下文将对可变投入比的情况进行讨论。

③ 这里实证上暗含上下游采用线性定价的模式进行交易。这一假设的原因在于本文主要关注“自然”状态下的纵向关系，线性定价是这种纵向关系的主要特征。

都不进行加价（即 $\rho_I = 0$，$\rho_F = 0$），则相当于上下游都是完全竞争的市场结构，此时最终产品市场的价格等于各个生产阶段的成本之和，资源配置达到了最优，这种情况即是上一部分所说的“完全竞争产业链”的情形。从最终产品价格的形成过程中还可以看出，只要是上下游企业的任何一方进行加价（$\rho_I \neq 0$ 或 $\rho_F \neq 0$），都会造成最终产品市场价格的扭曲，从而产生市场效率和社会福利的损失。基于此，下一节在中间产品制造商和最终产品制造商加价外生给定的情况下，重点探讨中间产品市场垄断加价造成福利损失的机理及理论测度。同时，在第五节中对中间产品制造商和最终产品制造商垄断加价的内生化问题进行讨论。

三、中间产品市场垄断加价的福利损失机理及理论测度

为简化计算，本部分假设最终产品 Y 的反需求函数为线性函数 $p = a - bQ(a > 0,\ b > 0)$①，其中参数 b 衡量了最终产品 Y 需求弹性大小，b 越大，需求弹性越小。借鉴已有研究的处理方法本文，将最终产品制造商的边际转化成本 c_F 标准化为 0（郁义鸿，2005；Johansen and Nilssen，2016）。由上文价格形成机制分析可知，企业加价是最终市场价格的重要组成部分，也是社会福利损失的本质来源。故本部分将聚焦于企业垄断加价情况。在纵向市场结构中，最终产品制造商的需求直接来源于消费者，中间产品制造商的需求则来源于最终产品制造商的引致需求。由于最终产品市场的竞争情况会直接使得引致需求发生变化，进而会改变企业的加价决策和垄断损失。所以，本文将区分最终产品市场完全竞争和不完全竞争两种情况来分别考察中间产品市场垄断加价损失及其机理。②

（一）最终产品市场完全竞争的情形

如图 1 所示，直线 AC 表示最终产品 Y 的市场需求曲线，水平直线 CD 表示中间产品制造商 I 的边际成本曲线。将 $\rho_I = 0$，$\rho_F = 0$ 代入式（1）可得最终产品价格 $p^C = c_I$，此时，最终产品市场的均衡点（同时也是中间产品市场的均衡点）为图 1 中的 C 点。根据以上分析，C 点即为“完全竞争产业链”的均衡点，也是下文社会福利分析的比较基准。在完全竞争产业链基准中，消费者剩余为三角形 ACP^C 的面积，企业获得正常利润。

在最终产品市场完全竞争的情况下，最终产品的需求完整地映射为中间产品的需求，所以中间产品制造商 I 面临的需求曲线即为最终产品需求曲线 AC。假设中间产品制造商 I 加价为 ρ_I（用图 1 中线段 BD 的长度表示），则中间产品的批发价格 $p^w = \rho_I + c_I$。由于最终产品市场完全竞争，所以中间产品批发价格即为最终产品的零售价格，即 $p^{PC} = p^w = \rho_I + c_I$，其中上标 PC 表示最终产品市场完全竞争。此时，中间产品市场和最终产品市场的均衡点都是图 1 中的 B 点。相比于完全竞争产业链的情形，消费者剩余为三角形 ABP^{PC} 的面积，生产者剩余为矩形 $P^{PC}BDP^C$ 的面积。可见，中间产品制造商加价 ρ_I 造成的福利损失即为图中三角形 BCD 的面积。结合图 1 及以上分析，可以计算中间产品市场垄断加价造成的纵向效率损失（Vertical Efficiency Loss，VEL）为③，

$$VEL^{PC} = \frac{\rho_I^2}{2b} \tag{2}$$

① 本文的线性需求函数假设并不影响下文基本结论，在论文附录中对一般需求函数情形进行了补充分析。

② 区分为最终产品市场完全竞争和不完全竞争两种情况讨论的另一个原因是遵循了“从特殊到一般”的研究方法论。最终产品完全竞争排除了其他市场因素对中间产品垄断加价的作用，这样可以提炼中间产品市场垄断的本质机理，然后在此基础上增加其他市场环境因素的作用，讨论更加一般情形下的结论。

③ 纵向市场效率损失也即社会福利损失，本文对这两个概念不进行区分。

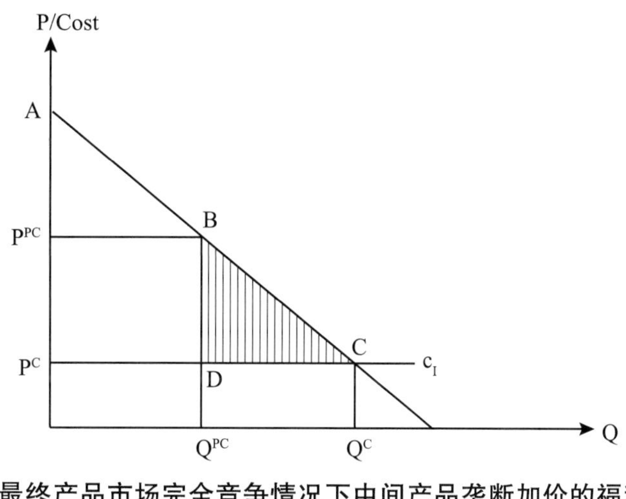

图 1　最终产品市场完全竞争情况下中间产品垄断加价的福利损失

资料来源：笔者绘制。

由式（2）可知，中间产品制造商加价 ρ_I 越高，纵向市场效率和社会福利损失也就越严重。b 越大，最终产品市场的需求弹性越低，社会福利损失越小。乍一看，后一结论似乎是违反直觉的。因为市场需求弹性越低，垄断价格应该越高，社会福利损失应该越严重才对。但是需要注意的是这里 b 对福利损失的影响是在垄断加价给定的条件下得出的。在加价一定的情况下，市场需求弹性越低，加价导致的需求降低量就越小，所以社会福利损失也就相对较小。

对照传统经济学的垄断分析结论，结合图 1 可以发现：在最终产品市场完全竞争的情况下，中间产品垄断造成的损失和传统经济学分析的垄断损失［即最终产品市场垄断造成的纯损，Dead - Weighting Loss，可参见哈伯格（Harberger，1954）］表面上看并无多大区别。但是，关键点在于社会福利损失来源问题。在本文的纵向产业链模型中，社会福利损失并非来源于最终产品制造商的垄断加价，而是来源于中间产品制造商的垄断加价；也就是说，在最终产品市场完全竞争的情况下，中间产品市场的垄断加价会完全传导到最终产品市场，进而形成最终产品市场的效率损失。本文将这种机制称为中间产品市场垄断“传导效应”。现实经济中，中间产品价格上涨导致的最终消费品价格提升多数是由传导效应引起的，以 2011 年国家发改委查处的复方利血平原料药盐酸异丙嗪为例，原料药企业将盐酸异丙嗪的价格从 200 每公斤提高到了 1 000 元以上，这种加价向下游传导，使得复方利血平的价格从一元每瓶涨到了八元以上。类似地，2011 年日用品原料价格的上涨也向下游进行了传导。

（二）最终产品市场不完全竞争的情形

若最终产品市场不完全竞争，制造商则具有一定的垄断加价能力，从而会人为改变最终产品的市场需求，并引发中间产品引致需求的变化。如图 2 所示，最终产品需求曲线仍然为 AC。通过求解可知最终产品制造商的边际收益函数为 $MR(Q)=a-2bQ$，表示为图 2 中的直线 AD。由于批发价格 p^w 构成了最终产品制造商的边际成本，所以根据垄断定价原则，最终产品制造商的最优决策为 $p^w=MR(Q)=a-2bQ$。又因为投入产品比为 1∶1，所以最终产品需求数量 Q 也是中间产品的需求量，进而可知中间产品制造商 I 的引致需求函数即为 $p^w(Q)=a-2bQ$，所以图 2 中直线 AD 也是中间产品制造商的引致需求曲线。从图中可以看出，任意给定中间产品制造商的加价 ρ_I 都对应着直线 AD 上的一个中间产品市场均衡点。比如 F 点，中间产品制造商的加价 ρ_I 为线段 EF 的长度，此时批发价格为 p^w，中间产品的需求数量为 Q^w。最终产品制造商购买 Q^w 单位的中间产品，生产 Q^w 单位的最终产品，并加价 ρ_F（即图 2 中线段 MF 的长度）进行销售。所以，最终产品市场的均衡为 M

点，最终产品的销售价格为 $p^{IC}=\rho_F+\rho_I+c_I$（上标 IC 表示最终产品市场不完全竞争），最终产品的需求数量同为 Q^w。市场均衡时，消费者剩余为图中三角形 AMP^{IC} 的面积，最终产品制造商的剩余为矩形 $P^{IC}MFP^w$ 的面积，中间产品制造商的剩余为矩形 P^wFEP^C 的面积。相比于社会最优的情形，在最终产品制造商不完全竞争的情况下，社会福利损失为图 2 中三角形 MEC 的面积，显然损失高于最终产品市场完全竞争的情形（即图 1 中三角形 BCD 的面积）。

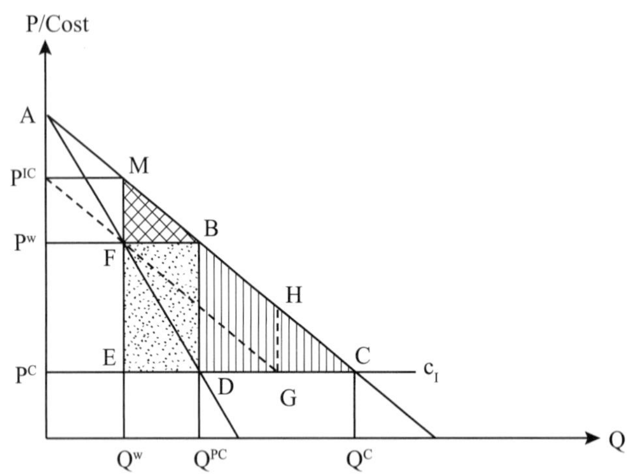

图 2　最终产品市场不完全竞争情况下中间产品垄断加价的福利损失

资料来源：笔者绘制。

从图 2 可以看出，中间产品市场垄断损失三角形 MEC 的面积可以划分为三部分：三角形 BCD 的面积、三角形 MBF 的面积以及矩形 BDEF 的面积。也就是说，中间产品垄断加价的福利损失由三部分构成，下面通过考察这三部分损失的来源来探讨中间产品市场垄断损失的机理。设想在中间产品制造商 I 加价 ρ_I 的情况下，如果最终产品制造商不进行加价，即图 2 中 M 点向右移动，直至退化为 B 点，则中间产品垄断加价损失与上一部分的分析相同，同为三角形 BCD 的面积。由此说明，三角形 BCD 面积即是中间产品市场垄断加价的“传导效应”造成的损失。同时也表明，中间产品垄断加价的“传导效应”具有稳健性，不随下游市场竞争环境而改变。再过 F 点做 AC 的平行线，交 CD 于点 G。过 G 点做 CD 的垂线，交 AC 与点 H，则 HG = MF。由于 HG 衡量了最终产品制造商的加价 ρ_F，所以三角形 HCG 表示中间产品制造商不进行加价，最终产品制造商加价 ρ_F 造成的福利损失。又因为三角形 MBF 的面积等于三角形 HCG 的面积，所以三角形 MBF 即可表示最终产品制造商加价 ρ_F 的福利损失①。简单总结一下：当中间产品制造商不加价时，最终产品制造商加价 ρ_F，社会福利损失为三角形 MBF 的面积；当最终产品制造商不加价时，中间产品制造商加价 ρ_I 造成的损失为三角形 BCD 的面积。但如果中间产品制造商和最终产品制造商同时加价，除了上述损失外还多出了一部分损失，即图 2 中矩形 BDEF 的面积。那么，这部分损失来源于哪里呢？讨论该问题需要从上下游企业策略性行为的相互作用关系入手。

实际上，纵向产业链上下游企业的加价决策是相互影响的，主要体现为上下游企业决策的外部性。从最终产品制造商角度着眼，中间产品制造商的垄断加价相当于提高了最终产品制造商的边际成本；根据前文纵向价格形成机制分析，即使在最终产品制造商加价给定不变的条件下，边际成本的增加也会提高最终零售价格，从而使市场需求进一步降低。也就是说，最终产品制造商加价导致的市场需求量降低得会更多，进而导致更严重的垄断损失。而从中间产品制造商的角度来说，最终产品市场的垄断加价改变了中间产品制造商的引致需求，使得中间产品制造商的引致需求弹性变得

① 需要指出的是：三角形 MBF 是最终产品制造商加价 ρ_F 造成的损失，而非中间产品加价的损失，这部分损失不应该计入中间产品垄断的影响中。

更大；即使中间产品制造商的加价固定不变，需求弹性变大也会使得中间产品的需求降低得更多，从而进一步降低最终产品需求，产生更严重的福利损失。由此，上下游企业纵向加价决策之间形成协同作用，并造成了更严重的社会福利损失；本文将这一机理称为中间产品垄断加价的“协同效应”。“协同效应”作用原理可简单概况为：由于纵向外部性存在，上游企业（或下游企业）的垄断加价不仅会直接产生垄断损失，还会加剧下游企业（或上游企业）垄断加价的负面效果，产生比双方单独加价更严重的福利损失。

根据以上分析，再结合图2的几何图形信息，可以求得最终产品市场不完全竞争的情形下，垄断加价造成的福利损失为

$$\begin{aligned} VEL^{IC} &= S_{\triangle BCD} + S_{\triangle MBF} + S_{BDEF} \\ &= \underbrace{\frac{\rho_I^2}{2b}}_{\text{传导效应}} + \frac{\rho_F^2}{2b} + \underbrace{\frac{\rho_I \rho_F}{b}}_{\text{协同效应}} \end{aligned} \tag{3}$$

式（3）定量衡量了纵向加价造成的社会福利损失，其中第一项表示中间产品垄断加价的“传导效应”产生的损失，第三项表示中间产品垄断加价的“协同效应”产生的损失。但是有两点需要指出：第一，正如脚注所述，式（3）中的第二项是最终产品制造商加价造成的损失，而不是中间产品垄断的损失；第二，中间投入品加价 ρ_I 和最终产品加价 ρ_F 都是外生给定的，且没有考虑二者之间的关系。从理论上来说，一方面 ρ_I 和 ρ_F 都是特定市场环境下的企业内生决策结果；另一方面 ρ_I 和 ρ_F 之间本身也存在内生关系，这是因为中间投入品加价和最终产品加价都会影响最终产品需求，这样一来，某个企业的加价决策会通过改变需求函数影响另一企业的利润，从而改变其最优决策；也就是说，如果内生 ρ_I 和 ρ_F 的关系，那么中间产品垄断加价 ρ_I 会影响式（3）中的最终产品制造商加价损失（即第二项），从而可能会出现中间产品垄断发挥作用的另外一种途径。为了揭示这种途径，这里来考察最终产品制造商的加价决策。最终产品制造商会根据最终市场需求决定最优加价 ρ_F，其市场决策函数为，

$$\begin{aligned} &\max_{\rho_F} \pi_F = \rho_F Q \\ &\text{s. t.} \quad p = a - bQ = \rho_I + \rho_F + c_I \end{aligned} \tag{4}$$

由式（4）解得，

$$\frac{\partial \rho_F^*}{\partial \rho_I^*} = -\frac{1}{2} \tag{5}$$

从式（5）可知：在线性需求函数的假设下，中间产品加价 ρ_I 增加一单位，最终产品加价 ρ_F 会降低1/2单位，即，中间产品制造商会通过抑制最终产品加价的方式来提高自身加价水平。本文将这一机理称为中间产品垄断加价的“抑制效应”。“抑制效应”表现为中间产品制造商的垄断加价增加，最终产品制造商加价就会降低；而其背后原因在于：在中间产品市场进行过垄断加价的情况下，如果下游制造商再进行较高加价，会进一步推高最终产品市场的零售价格，造成需求数量大幅度降低，从而不利于最终产品制造商的利润增加。所以，最终产品制造商通常会有激励调低加价幅度。根据这一机理，可以将最终产品加价 ρ_F 记为中间产品加价 ρ_I 的函数 $\rho_F(\rho_I)$；从而，式（3）的中间产品垄断损失测度公式就可改写为，

$$VEL^{IC} = \underbrace{\frac{\rho_I^2}{2b}}_{\text{传导效应}} + \underbrace{\frac{[\rho_F(\rho_I)]^2}{2b}}_{\text{抵制效应}} + \underbrace{\frac{\rho_I[\rho_F(\rho_I)]}{b}}_{\text{协同效应}} \tag{6}$$

需要指出的是，从表面上看，中间产品市场垄断加价的“抑制效应”降低了下游企业加价，似乎具有正向作用；而实际上，抑制下游企业加价的目的是提高中间产品制造商自身加价，且从式（5）可以看出，中间产品加价提高的幅度大于最终产品加价降低的幅度，所以“抑制效应”也会对社会福利产生负面影响。综上分析可知，中间产品市场垄断会通过“传导效应”“抑制效应”和“协同效应”三种机制影响纵向市场效率，造成社会福利损失，而社会福利总损失的大小可以用式

（3）和式（6）来衡量。从理论上来说，只要给定了产品市场需求特性以及企业加价信息，即可利用式（3）或式（6）估算出中间产品市场垄断加价的社会福利损失，从而为规制部门的处罚提供依据。

四、中间产品市场垄断下福利损失的仿真分析

为了更加直观地反映中间产品垄断福利损失，并探讨相关变量对福利损失的影响，本文对上一节的福利损失进行仿真分析。在进行仿真分析时需要对变量进行赋值，为了使得仿真结果更加接近现实，我们对原料药垄断加价的案例进行了详细分析（见表 2），从中模拟出变量的取值并进行仿真。经过测算，ρ_I 的取值范围为［0.5，5.75］，ρ_F 的取值范围为［0.6，2］。基于此，本部分按照如下步骤进行仿真分析：①将 $\rho_I(\rho_F)$ 固定在某一数值，使 $\rho_F(\rho_I)$ 在其取值范围波动；②对于需要借助需求数据予以测算的参数如 b，赋予一个固定值（如 b = 3）；③模拟参数 $\rho_F(\rho_I)$ 的波动与研究对象（如社会福利损失 VEL^{IC}）之间的关系曲线；④对于非线性关系的曲线，均采取线性拟合 p（1），观察拟合效果和曲线趋势。

（一）ρ_I、ρ_F 均为外生变量的情形

首先，本文对 ρ_I 和 ρ_F 均外生的情形进行仿真。令 $VEL^{IC} = e$，$\rho_I = f$，以满足仿真软件对字母的要求，再设置不同 ρ_F 数值：①将 $\rho_F = 0.6$，b = 3 代入式（3），绘制 e 与 f 的关系曲线，并进行线性拟合 p（1）（见图 3 左）；②将 $\rho_F = 2$，b = 3 代入式（3）绘制 e 与 f 关系曲线，并线性拟合 p（1）（见图 3 右）。

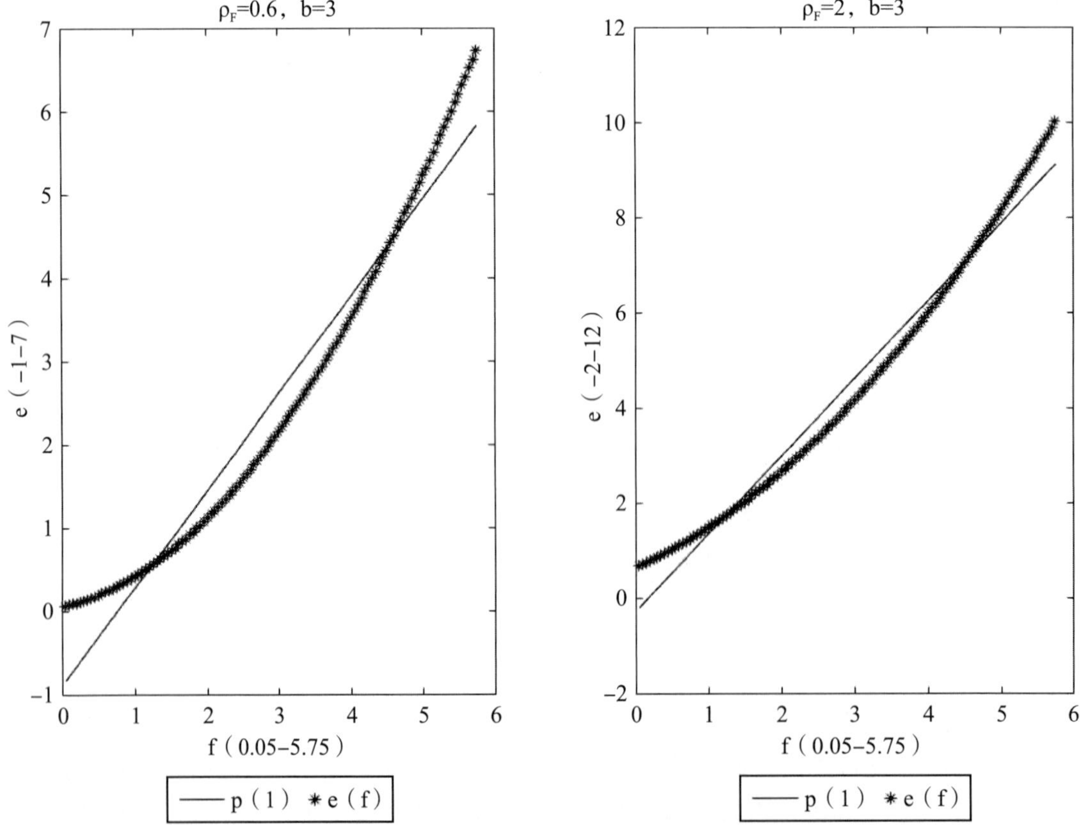

图 3　不同 ρ_F 数值下 e 与 f 的关系曲线

资料来源：笔者计算。

对比图 3 中的左右两图，不难发现：随着 ρ_I 增大，社会福利损失（VEL^{IC}）加剧，且在相同的 ρ_I 下，当 ρ_F 较大时，社会福利损失更严重。这说明，不管是中间产品制造商加价提升，还是最终产品制造商加价提高，都会造成更严重的社会福利损失。为了更清晰地呈现前文所述效应变化情况，本部分内容将分别描绘三种效应：传导效应、抑制效应和协同效应与 ρ_I 的关系曲线（即将社会福利损失分解为三种效应）。

图 4 和图 5 中，三种效应变化趋势均不相同。抑制效应为固定值，不随 ρ_I 发生变化；传导效应和协同效应均随 ρ_I 增大而增大，其中传导效应的增速随 ρ_I 而增大，协同效应增速则保持不变。其中抑制效应为固定值的原因在于假设市场需求函数为线性函数。当市场需求函数为非线性函数时，这一结果可能会发生变化，但不影响上文分析的抑制效应作用机理。

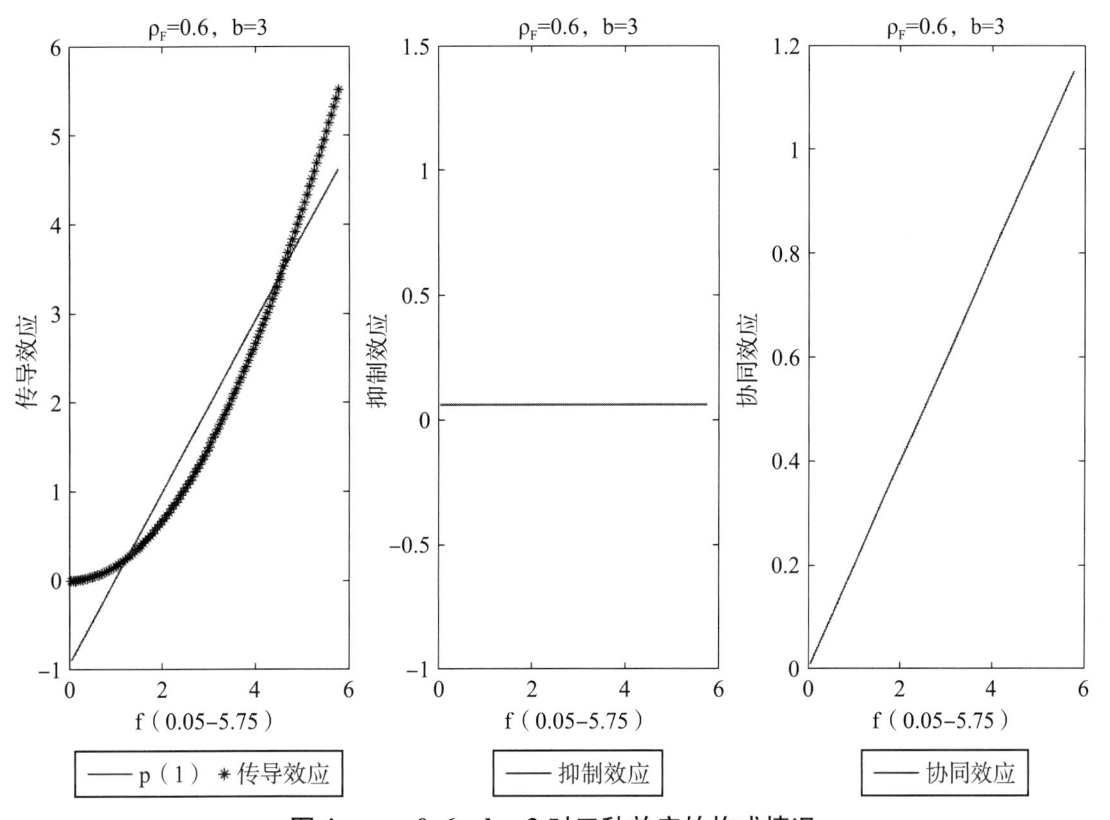

图 4　$\rho_F=0.6$，b＝3 时三种效应的构成情况

资料来源：笔者计算。

为考察 ρ_F 波动时的社会福利损失情况，令 $VEL^{IC}=e$，$\rho_F=g$，以满足仿真软件对字母的要求，再设置不同 ρ_I 数值：①将 $\rho_I=0.5$，b＝3 代入式（3），绘制 e 与 g 的关系曲线，并进行线性拟合 p（1）（见图 6 左）；②将 $\rho_I=5.75$，b＝3 代入式（3）绘制 e 与 g 的关系曲线，并进行线性拟合 p（1）（见图 6 右）。

图 6 中（左右两图），社会福利损失 VEL^{IC} 随 ρ_F 增大而增大，且在 ρ_F 较大时，社会福利损失 VEL^{IC} 更严重。具体的是，当 ρ_F 较小时，VEL^{IC} 增加的速度随 ρ_F 增大而增大；当 ρ_F 较大时，增大速度较为均匀，近乎匀速。鉴于图 6 的右图中反映的“近乎匀速”现象，本文在将 VELIC 分解为三种效应的同时，有必要探讨“近乎匀速”的成因（见图 7 和图 8）。

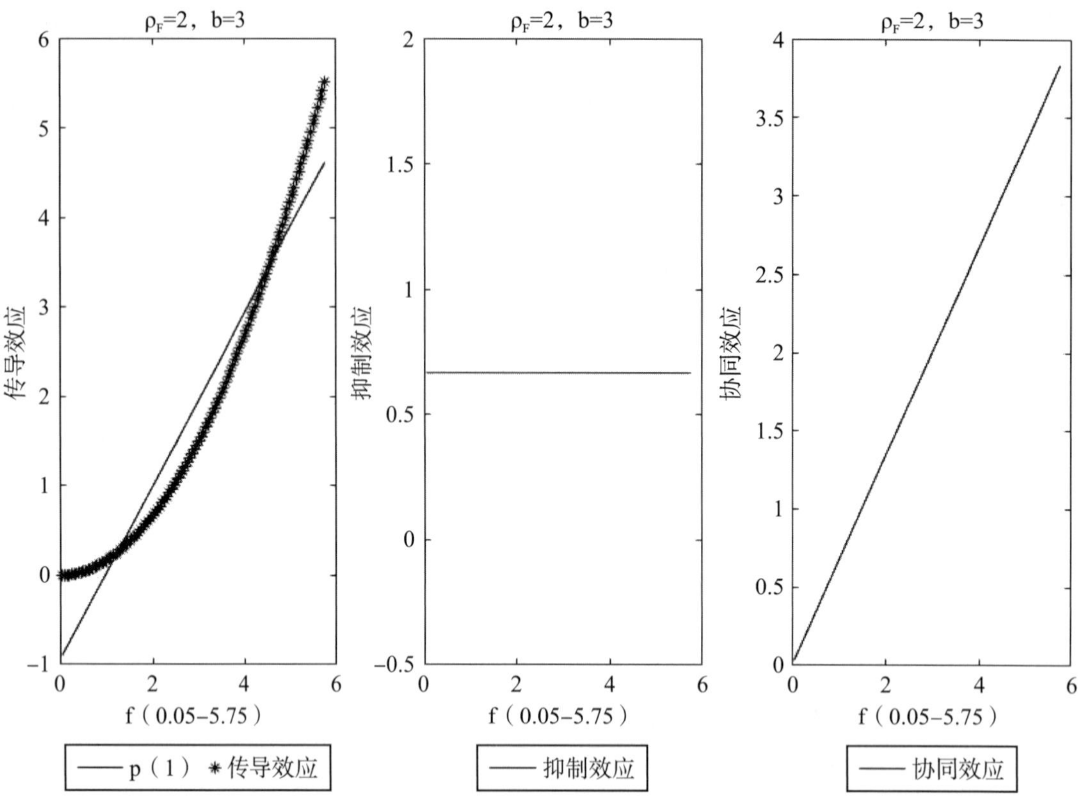

图 5　$\rho_F=2$，$b=3$ 时三种效应的构成情况

资料来源：笔者计算。

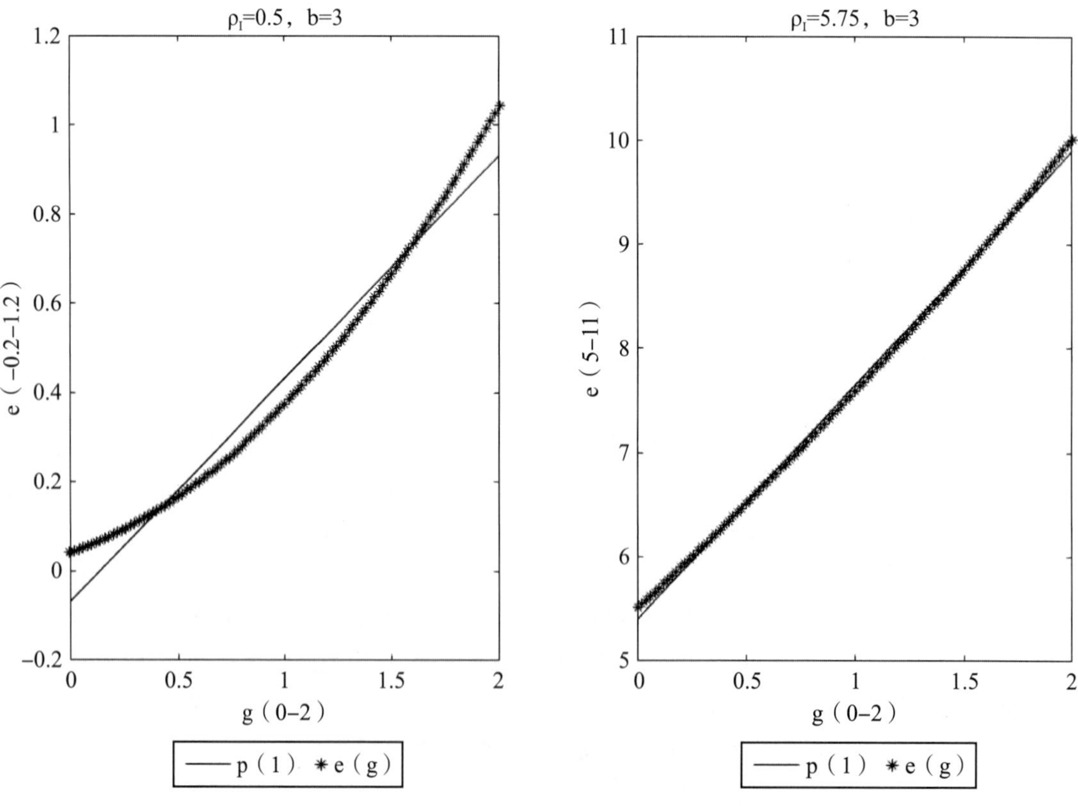

图 6　不同 ρ_I 数值下 e 与 g 的关系曲线

资料来源：笔者计算。

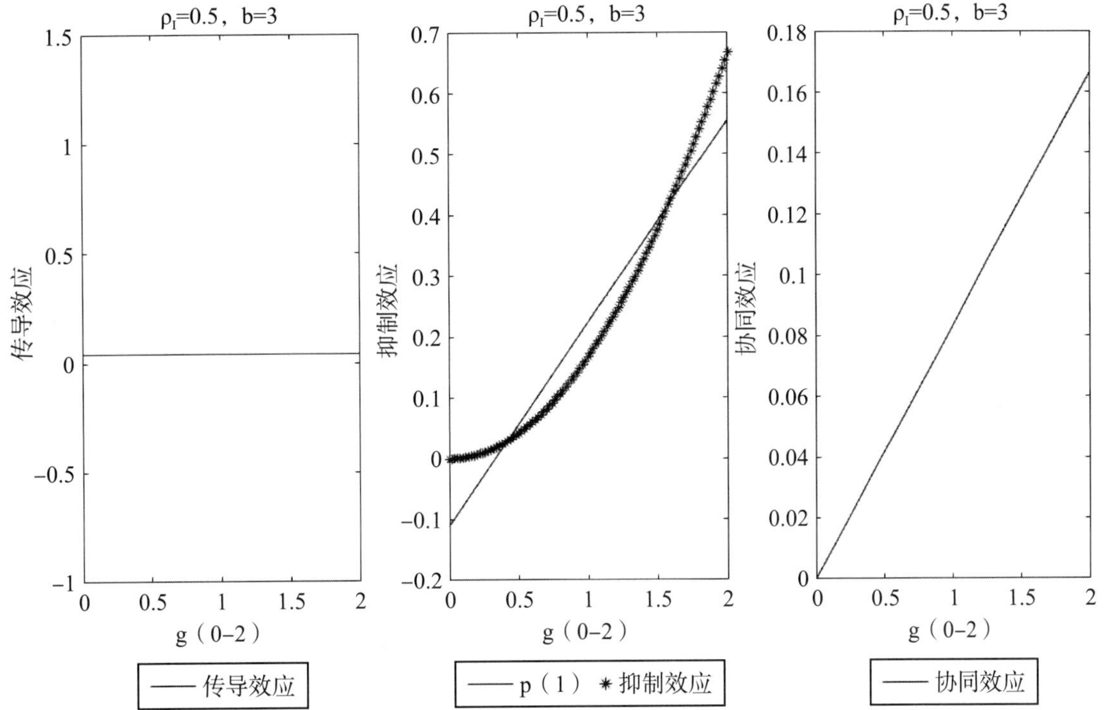

图 7　$\rho_I=0.5$，$b=3$ 时三种效应的构成情况

资料来源：笔者计算。

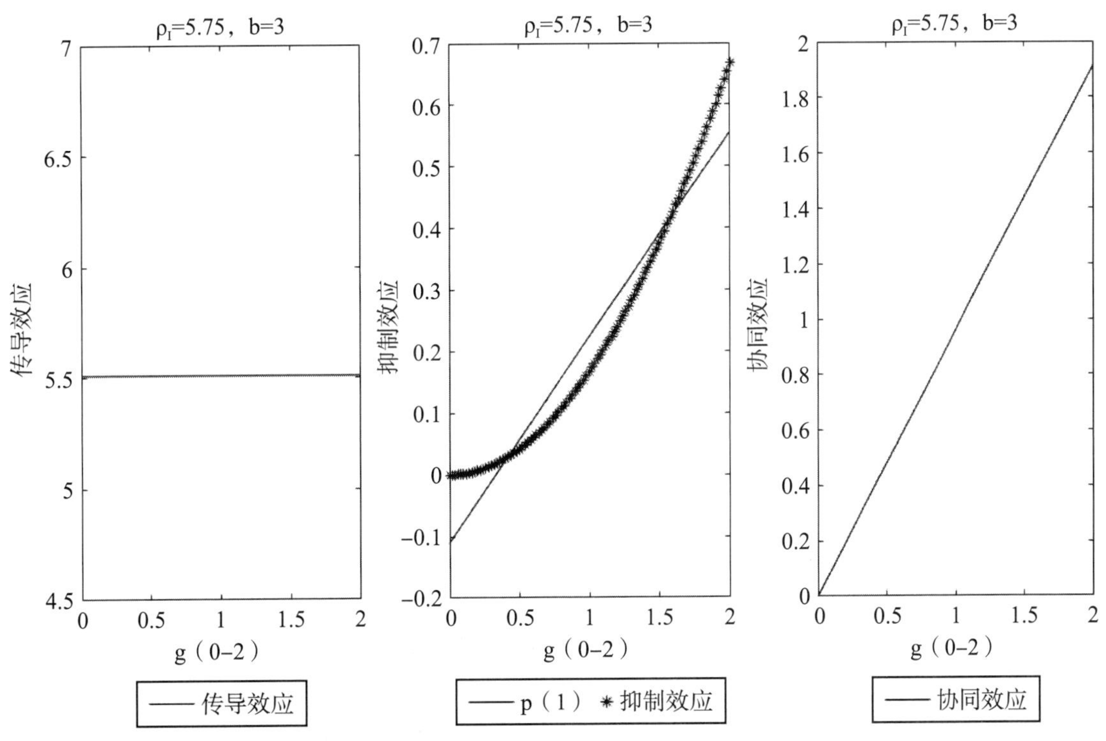

图 8　$\rho_I=5.75$，$b=3$ 时三种效应的构成情况

资料来源：笔者计算。

图 7、图 8 中，传导效应为固定值，抑制效应和协同效应均随 ρ_F 增大而增大。具体情况为：尽管传导效应保持不变，但当 ρ_I 较小时，传导效应只占社会福利损失较小部分，而在 ρ_I 较大时，传导效应则占据了主导地位；抑制效应随 ρ_F 的增大而增大且增速也随之增大，却不因 ρ_I 而改变，故抑制效应曲线保持不变；协同效应尽管增速不随 ρ_F 而改变，却因 ρ_I 增大而增大。图 6 右图的曲线

近乎均匀分布的原因为：在 ρ_I 较大的情形下，传导效应占据社会福利损失主导地位；随着 ρ_F 增大，协同效应占社会福利损失增加值主导地位，且保持匀速，故曲线上升较为均匀；尽管抑制效应增速随之增大，却只对社会福利损失增加值有较为微弱的贡献。

综上分析，在 ρ_F、ρ_I 均为外生变量的情形下，只有协同效应随而 ρ_F（ρ_I）匀速增加，传导效应和抑制效应均无一致性的变化规律。因而，本文还需进一步探讨 ρ_F 由 ρ_I 内生的情形下（即 $d\rho_F/d\rho_I=-1/2$），三种效应的变化趋势。

（二）ρ_F 为内生变量且 ρ_I 为外生变量的情形

鉴于本文探讨中间品市场的垄断问题，本部分只探讨 ρ_F 由 ρ_I 内生决定的情形，暂不探讨 ρ_I 由 ρ_F 内生决定的情形。依据式（5）可知 $\rho_F=-\rho_I/2+c$；将之代入式（3）中，得到：

$$VEL^{IC}=\frac{\rho_I^2}{8b}+\frac{c\rho_I}{2b}+\frac{c^2}{2b} \tag{7}$$

令 $VEL^{IC}=e$、$\rho_I=f$ 及 $b=3$、$c=5$ 代入式（7），绘制 e 与 f 的关系曲线（见图 9）。

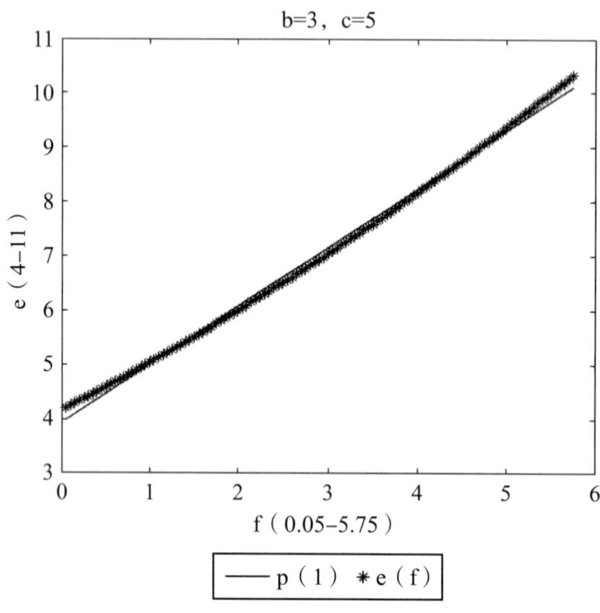

图 9　b=3，c=5 时 e 与 f 关系曲线

资料来源：笔者计算。

图 9 中，当 ρ_F 由 ρ_I 内生后，社会福利损失 VEL^{IC} 的增速变得较为平缓，这与图 6 右图较为相似。相应地，为考察其变化原因，本文分解了 VEL^{IC} 的三种效应（见图 10）。

图 10 中，三种效应（传导效应、抑制效应和协同效应）随 ρ_I 的变化规律均得以完整呈现。具体情况为：传导效应随 ρ_I 增大而增大，且增速也随之增大；在 ρ_I 取值范围内，抑制效应随 ρ_I 增大而减小且减速也随之减小。更为重要的是，在 ρ_I 较小时，抑制效应占据社会福利损失 VEL^{IC} 的主要部分；在 ρ_I 取值范围内，协同效应先随 ρ_I 增大而增大但增速随之减小，后随 ρ_I 增大而微弱地减小。因而，传导效应和协同效应增加平抑了抑制效应缩小的影响，故而，社会福利损失曲线呈现均匀上升。

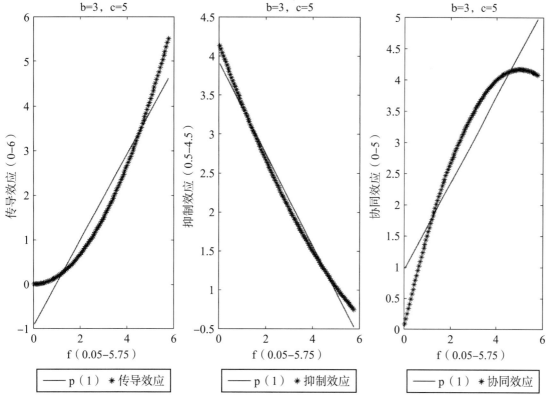

图 10　b = 3，c = 5 时各效应的构成情况

资料来源：笔者计算。

五、扩展讨论：中间产品市场垄断的影响因素及其他损失

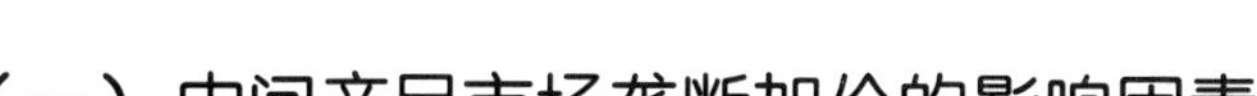

（一）中间产品市场垄断加价的影响因素

上文在制造商加价给定的条件下，探讨了中间产品市场垄断加价的传导机理和福利损失大小。正如前文指出的一样，垄断加价是基于一定市场环境下的企业内生决策变量。从这一角度来看，市场环境因素会通过加价程度影响中间产品垄断的福利损失，本部分即对内生影响制造商垄断加价的因素进行简要探讨。同以往文献对最终产品市场的分析类似，中间产品市场的竞争程度在一定程度上决定了企业的垄断加价能力，市场竞争程度越低，企业加价能力越强，根据上文的福利损失计算公式，此时中间产品垄断的社会福利损失越大。传统经济学所探讨的影响最终产品市场竞争程度的因素在中间产品市场中仍然适用，比如企业数量、进入壁垒等。中间产品市场企业数量越少、进入壁垒越高，中间产品制造商的垄断加价能力就越强，从而造成的社会福利损失也就越大。对于这类与传统横向市场相同的因素本文不再详细探讨，这里重点关注纵向市场结构特有的因素。

首先，最终产品制造商的买方谈判势力。中间产品市场的买方是最终产品制造商，相对于最终产品市场的买方（分散的消费者）来说，中间产品市场的买方比较集中，采购量比较大，这样就会使得下游最终产品制造商相对于中间产品制造商来说具有一定的买方谈判势力。出于自身利润激励，最终产品制造商有动机利用买方谈判势力获取更低的投入品价格，从而在一定程度上会削弱中间产品制造商的加价能力。假设最终产品制造商相对于中间产品制造商的买方谈判势力为 γ，则可知 $\partial\rho_1/\partial\gamma<0$，再结合式（3）和式（6）可以很容易地发现，下游最终产品制造商的买方谈判势力

会减弱中间产品制造商垄断加价程度和垄断损失。①

其次，最终产品制造商的技术特征。前文研究暗含着各中间投入品的比例固定，现实经济中很多产品的要素投入比在一定程度上是可变的。即使在短期投入比不可变，从长期来看，企业也可以通过研发在一定程度上改变各要素投入比。当最终产品的生产技术具有可变投入比特征时，中间产品过高的垄断加价会促使最终产品生产企业调整各投入品的投入比例，用一种投入品替代另一种投入品。不妨假设生产最终产品 Y 除需要投入品 X 外，还需要另外一种中间投入品 X_1，且投入品 X 的生产仍然是垄断的（与前文分析相同），但投入品 X_1 是完全竞争的。此时，如果投入品 X 的生产企业进行过高加价，那么最终产品制造商就会用投入品 X_1 替代投入品 X，从而降低投入品 X 的需求数量，这在一定程度上降低了中间产品制造商的垄断加价能力。所以，可变投入比的生产技术也可以在一定程度上降低中间产品市场的垄断加价程度和社会福利损失。

再次，中间产品的用途。中间产品往往可以用于多个最终产品的生产，比如煤炭可以用作火电市场的关键投入品，也可以用于钢铁企业炼焦（郁义鸿，2005）。如果中间产品可以用于多个最终产品的生产，那么，一方面中间产品制造商面临的整体需求弹性相对较低，进而可以制定较高的加价。另一方面由于失去一个下游客户并不会导致中间产品制造商的需求变为零，所以其可以对下游施加可置信的威胁，索取较高的价格，否则停止供货，这样也会提高中间产品生产企业的垄断加价能力。所以，中间产品的用途越广泛，中间产品生产企业的垄断势力越强，进而垄断的社会福利损失也就越大。

（二）中间产品市场垄断的其他损失

前文的分析主要集中于中间产品垄断加价造成的资源分配扭曲及相应的社会福利损失。但值得指出的是，除了垄断高价引发的福利损失外，中间产品垄断还会产生其他影响和损失。这些损失可以分为两种：一种是同传统最终产品市场垄断相同的损失，比如寻租、降低研发激励等；另一种是中间产品市场垄断特有的损失。前一种可以类比最终产品市场的垄断分析，以下重点讨论中间产品垄断的特有损失。

第一，中间产品市场的垄断可能会向下游市场延伸，从而造成最终产品市场的垄断。假设上文中的中间产品制造商 I 同时又是最终产品 Y 的制造商，那么中间产品制造商就可以通过提高中间产品价格的方式，削弱最终产品市场上的竞争，获得相对于对手的竞争优势，甚至可以将最终市场的竞争对手驱逐出市场，从而垄断最终产品市场。所以，从这一角度来看，中间产品市场的垄断势力可能会延伸到下游市场，进一步恶化下游市场的竞争。

第二，降低下游企业研发激励。传统垄断理论强调垄断对自身研发激励的影响，中间产品市场的垄断除了影响自身的研发激励外，还可能影响下游企业的研发激励。因为中间产品制造商的垄断加价造成了下游最终产品制造商的成本上升，从而会挤压下游制造商的利润空间。如果下游是研发密集型的产业，那么下游制造商很有可能会因为利润降低而缩减研发水平。

第三，中间产品市场垄断为最终产品加价提供了机会。从上文纵向价格形成的分析中可以看出，最终产品的价格 $p = p^w + \rho_F + c_F$。当中间产品制造商提高垄断加价时，最终产品制造商很有可能借机提高自身加价 ρ_F，并将原因归咎于中间产品价格上涨。因为在中间产品价格上涨的情况下，实践中很难区分最终产品价格上涨是来源于中间产品成本的上涨还是来源于最终产品制造商的过高加价。这样就给下游企业提供了“浑水摸鱼”的机会，以中间产品价格上涨为借口，进行过度的垄

① 其中隐含了最终产品制造商的买方谈判势力来源于其市场规模，最终产品市场规模较大的企业对投入品的需求量较大，进而产生了其纵向的买方谈判势力。实际上，最终产品市场规模较大的企业其横向市场势力也较强；从该角度出发，企业横向市场势力孕育其纵向谈判势力。这一情况最显著的表现就是零售商市场，沃尔玛、家乐福等大型零售商在零售市场的横向势力使得其相对于上游供应商具有很强的买方谈判势力。

断加价。尤其是在行业生产成本整体上涨的背景下，下游企业很有可能借价格上涨之机实现变向加价，甚至是默契价格合谋。例如，2011 年日化用品企业集体上涨价格（价格上涨幅度在 5% ~ 15%），并将价格上涨归咎于石油等成本上涨。但是，这一价格上涨有多大程度是由原材料成本上涨造成的，有多大程度是由最终产品制造商垄断加价甚至是合谋定价造成的则不得而知。

六、中间产品市场垄断机理在国内原料药市场的实践应用

（一）国内原料药市场的垄断现状及其影响

从当前中国的产业实践情况来看，原料药市场进入门槛较高，[①] 市场垄断的情况较为常见。据业内人士介绍：在中国原料药市场中，50 种原料药只有一家企业具有生产资质，44 种原料药只有两家企业可以生产，40 种原料药只有三家企业可以生产，10% 的原料药是由不到 10 家企业生产。此外，还有很多原料药企业虽然具有生产资质，但不进行生产，从而进一步加剧原料药市场的垄断结构[②]。高度垄断的市场结构赋予原料药生产企业很强的市场势力，大大增加了企业实施垄断行为的激励。截至 2017 年 8 月 1 日，反垄断相关执法部门查处原料药垄断案 6 起（见表 2）。

表 2　　原料药垄断案例汇总分析

年份	执法机构	涉案企业	垄断行为
2011	国家发改委价格监督检查及反垄断局	山东潍坊顺通医药有限公司、潍坊市华新医药贸易有限公司	非法控制复方利血平原料药盐酸异丙嗪，将销售价格由每公斤不足 200 元提高到 300 ~ 1 350 元不等，牟取暴利，致下游相关制药企业停产
2015	国家工商总局反垄断与反不正当竞争执法局	重庆青阳药业有限公司	垄断别嘌醇片的原料药别嘌醇，将别嘌醇的销售均价从 240 元/公斤上涨到 535 元/公斤，且从 2013 年 10 月起拒绝向下游别嘌醇片生产企业销售别嘌醇原料药
2016	国家发改委价格监督检查及反垄断局	华中药业、山东信谊、常州四药	在艾司唑仑原料药市场达成并实施了联合抵制交易的垄断协议，拒绝向下游艾司唑仑片剂生产企业提供原料药，排除下游市场竞争，致使下游唑仑片出厂价格上涨 1.6 倍到 3 倍不等
2016	国家工商总局反垄断与反不正当竞争执法局	重庆西南制药二厂有限责任公司	实施独家代理，拒绝向其他企业供货，导致市场上苯酚原料药的市场销售价格从均价 127.47 元/公斤上涨到最高 5 320 元/公斤

① 原料药生产企业需投入大量资金和科研力量获得相关资质，其中最为重要、也最为关键的是以下四个认证：一是环保测评；二是安全生产认证；三是消防验收评定；四是药品生产相关认证，如药品注册、药品生产许可和药品 GMP 认证等。关于原料药市场进入门槛的详细分析可以参见“重庆市工商行政管理局行政处罚决定书”。

② 从重庆工商总局对重庆青阳药业有限公司的处罚中就可以看出，国内具有别嘌醇原料药生产认证的企业共 6 家，其中 4 家企业的认证已于 2012 年 1 月前全部到期，且这 4 家企业中，有 3 家企业从未生产过别嘌醇原料药。截至 2014 年只有重庆青阳一家企业生产别嘌醇，占据了该原料药市场的绝对垄断地位。

续表

年份	执法机构	涉案企业	垄断行为
2017	国家工商总局反垄断与反不正当竞争执法局	武汉新兴精英医药有限公司	独家垄断水杨酸甲酯原料药的全国销售，致使水杨酸甲酯原料药由 2 万元/吨左右涨到最低 6 万元/吨，最高价达到 50 万元/吨
2017	国家发改委价格监督检查及反垄断局	新赛科公司、汉德威公司	滥用市场支配地位，以不公平高价销售异烟肼原料药，且在无正当理由的情况下拒绝和下游企业交易

资料来源：笔者整理。

从表 2 可以看出，原料药垄断情况主要有两种：第一种是原料药生产企业本身不从事下游制剂生产（盐酸异丙嗪原料药垄断案、苯酚原料药垄断案、水杨酸甲酯原料药垄断案和异烟肼原料药垄断案），这种情况下要么原料药生产商向下游收取过度的垄断高价，要么将原料药交由医药公司进行全国独家代理，医药公司再以垄断高价向下游销售原料药；第二种是原料药生产商既向下游制剂企业销售原料药，本身又从事制剂生产，参与下游市场竞争，这类的垄断行为主要表现为拒绝向下游制剂企业提供原料，或大幅度提高原料药价格，从而排除限制下游制剂市场的竞争（别嘌醇原料药垄断案和艾司唑仑原料药垄断案）。但不管是何种类型，一个共同的特征就是垄断加价提高了下游制剂企业的成本。根据上文分析，该垄断加价必然会造成最终成品药价格上涨。

由于中国药品采购制度上的原因，实践情况可能与理论结论有微小区别。中国目前实行基本药物政府招投标制度，只有中标企业的药品（处方药）才能进入医院渠道销售；而且一旦中标，企业必须按需求供货，否则视为违约，甚至取消以后年度的招标资格。所以，从短期来看，在招标价格既定的情况下，原料药垄断高价会使得制剂企业成本大幅度上涨，迫于招标合约压力，制剂企业必须进行生产，进而会出现成本和价格“倒挂”的现象，导致制剂企业的亏损。当企业亏损比较严重时，制剂企业则有明显激励来停产止损。例如，2017 年 5 月广东药品交易中心发布的药品“断供”清单中急（抢）救药品断供的共有 61 个品规（指药品规格，如剂量大小、剂型等），而整个清单有多达 1 004 个品规的药品断供，其中很大一部分原因是原料药价格上涨导致的价格“倒挂”[①]。从长期来看，正如上文的分析那样，原料药垄断加价则会向下游传递，导致最终成品药价格的上涨，损害患者的福利。

原料药垄断加价除了对成品药价格产生影响之外，实际上，如果原料药市场垄断高价长期持续，还可能对下游制剂企业的研发行为产生影响。这一影响的机理在于原料药垄断压缩了下游制剂企业的利润空间，使得制剂企业没有足够的保留利润用于研发投入。考虑到当前中国医药市场研发投入较低的现状，原料药垄断无疑大大抑制药企的研发行为。

（二）原料药市场的反垄断规制建议

综合以上分析，原料药市场垄断在一定程度上推高了市场药价，不利于医药改革的顺利推进。那么，如何才能规范原料药市场，提高市场竞争程度呢？目前，部分人士提出改原料药市场进入的审批制为备案制，破除原料药市场的进入壁垒。[②] 笔者认为，短期内这种方法并非完美。原料药市场多为利润率低，需求量较小的行业，这从根本上决定了社会资源向这一行业的流入有限。所以，审批制度的改革能否激发企业进入激励值得商榷。但是，这并不代表笔者不认同通过降低进入壁垒

① 金喆：《广东 61 个品规救命药断供背后：原料药价上天 成品药价入地》，http：//www.sohu.com/a/139008158_632014。

② 《大佬齐发问：国家到底管不管原料药垄断?》，http：//med.sina.com/article_detail_103_2_21920.html。

的方式来破除垄断。相反，笔者认为破除原料药市场不必要的行政壁垒是有利于市场竞争的。但是，在短期内原料药市场的进入壁垒不能破除、垄断结构无法彻底根除的情况下，本研究认为可从以下几个方面对原料药市场的垄断进行规制。

第一，规范原料药的销售渠道。从现有案例中可以看出，实施具体垄断行为的主体往往并不是原料药生产企业本身，而是下游的销售企业（医药公司）。在原料药市场垄断或寡占的条件下，下游销售企业很容易以利益诱惑获取原料药的独家代理权，从而垄断原料药的销售，提高垄断加价。从这一角度来看，规范原料药市场的销售变得十分重要，尤其是消除独家代理的机制。此外，还可以引导下游制剂企业与原料药生产企业建立长期交易关系。

第二，鼓励下游制剂企业形成原料药采购联盟。上文的分析已经指出，最终产品制造商的买方谈判势力可以降低中间产品制造商的垄断加价能力，通过形成采购联盟，最终产品制造商的买方谈判势力会有所提高，可以在一定程度上抵制中间产品市场的垄断势力。但是需要注意的是，这种措施有损害社会福利的风险，因为采购联盟的形成增加了企业对竞争对手生产信息的了解，而且加强了企业之间的信息交流，从而可能会促进最终产品制造商之间的价格合谋。

第三，加强反垄断宣传，健全反垄断举报和索赔制度。虽然我国《反垄断法》实施将近十年，但是很多企业对于《反垄断法》还不甚了解，对自身违法行为认识不充分，尤其是一些小型企业。原料药反垄断的相关案例（比如重庆青阳药业有限公司原料药垄断案）也表明，有些当事人对自身的违法行为并没有意识到，所以，相关反垄断执法部门要加强反垄断法的宣传，尤其是可以开展医药行业反垄断宣传的专题活动，普及反垄断知识。此外，从本文的分析也可以看出，中间产品市场垄断会对下游企业利润产生较大影响，所以相对于消费者来说，最终产品制造商举报中间产品市场垄断的激励也更大，为此，相关部门要健全垄断行为的举报机制，完善垄断行为的索赔机制。

第四，防范成品药生产企业借助原料药价格上涨之机变向提高价格。上文的分析已经指出，最终产品生产企业有可能借助原料价格上涨的机会额外提高产品价格，甚至实施价格合谋。原料药的使用量一般较小，所以价格上涨对成品药单位成本的影响究竟有多大值得探讨。以复方利血平的原料药盐酸异丙嗪为例，从国家发改委公布的处罚决定可以看出，盐酸异丙嗪价格每公斤上涨幅度最大为 1 350 元。通过查阅相关资料，笔者发现市场上最常见的复方利血平的品格是 100 片每瓶，其中每片含盐酸异丙嗪 2. 1 毫克。按照这一数据计算，每瓶复方利血平的原料药成本上涨为 0. 28 元。但是根据天津网城市快报的报道，天津某些地区的复方利血平从半年前的一块多每瓶上涨到了近八块每瓶。① 显然，如果其他成本不变的情况下，如此高幅度的价格上涨背后的原因值得怀疑。② 所以，原料药垄断问题需要反垄断部门进行严厉规制，但是也要防范下游制剂企业“贼喊捉贼”。

第五，建立健全药品价格动态监控体系。基本药物招投标制度为药品价格波动的监控提供了条件，相关部门可以建立网络信息平台，监控药价的波动变化，形成一套有效的预警机制。一旦发现最终药品价格上涨异常，可以实施向上追溯机制，查找价格异常上涨的原因；从而有效地区分药品价格上涨是来源于原料药垄断，还是来源于制剂企业自身垄断加价。

---

① 杨龙：《复方利血平涨 8 倍还断货，发改委重击 2 垄断企业》，http：//news. sohu. com/20111115/n325640845. shtml。

② 需要澄清的是，这个例子只是说明制剂企业有借助原料药上涨机会、过度提高成品药价格的可能，而非确指该情况存在于复方利血平的案例之中。

七、结论及展望

（一）主要结论

本文从国内当前原料药市场垄断的现实问题出发，揭示这一经济现象折射出的经济学本质，即在纵向关系条件下，中间产品市场垄断对产业链效率产生重要影响。基于此，构建产业链纵向关系理论模型，研究了中间产品垄断造成的产业链效率损失（垄断加价损失和其他损失）及其机理，并从理论层面尝试给出了中间产品市场垄断加价损失的测度公式。研究结果表明，中间产品市场垄断加价会通过三种效应机制影响社会总福利：（1）中间产品市场的垄断加价会通过纵向价格形成机制传递到最终产品市场，从而引起最终产品市场价格和需求数量的扭曲，这种机制称为“传导效应”；（2）在纵向外部性的作用下，中间产品市场的垄断加价恶化了最终产品市场垄断加价的负面效果，产生了比双方单独加价时更严重的社会福利损失，这种效应称为中间产品市场垄断加价的“协同效应”；（3）中间产品制造商会抑制最终产品制造商的加价程度，以提高自身加价能力，而且自身加价程度提高的幅度大于最终产品加价降低的幅度，所以这一行为也会产生更大的福利损失，这种效应被称为中间产品市场垄断的“抑制效应”。基于以上三种效应，本文以加价程度为变量，从理论上构造衡量中间产品垄断损失的计算公式。此外，本文还分析了除垄断加价外，中间产品市场的垄断损失，比如当中间产品垄断企业同时生产最终产品时，中间产品的垄断还会排除限制最终产品市场的竞争。最后，将以上分析结论应用到原料药市场，分析了原料药垄断的作用机理，并提出了相应的反垄断规制建议。

从理论角度来说，本文的贡献体现在两个方面：（1）厘清了产业链纵向效率的基准及其与企业行为基准的关系，并从纵向价格形成机制的角度分析了纵向产业链效率损失的本质来源；（2）阐明了中间产品垄断加价发挥作用的途径，并发现了中间产品垄断加价作用的三种机理，构建了衡量中间产品加价垄断损失的理论公式。从实践的角度来说，本文的研究有利于理解原料药市场垄断的机理及其影响，识别原料药垄断潜在的反竞争效应，进而为原料药反垄断提供理论基础和政策支持。

（二）后续研究展望

当然本文也有不足之处，后续研究可以从以下两个方面予以扩展：

第一，中间产品垄断损失的实证研究。本文所构造的测度中间产品垄断损失公式，囿于数据可得性等因素制约，未能从实证角度具体测度相应领域的社会福利损失大小，仅仅借助取自产业实践的部分数据进行仿真分析。后续研究拟参考传统垄断损失测度的理论研究，适当修正部分理论模型以适应实证测度的需要；同时选择可行的代理变量，实证测度中间产品垄断损失。

第二，中间产品市场垄断的其他影响机理。本文集中探讨了中间产品垄断加价造成的社会福利损失；但是，正如上文讨论中所述，除垄断加价外中间产品市场垄断还具有其他一些影响途径，比如降低下游研发水平，促进下游价格合谋等，下一步研究可以构建理论模型具体探讨其影响机理。

参考文献：

1. 郁义鸿：《产业链类型与产业链效率基准》，载于《中国工业经济》2005 年第 11 期。

2. 喻言与、剑新：《中间投入品市场区别定价最新研究进展及述评》，载于《产业经济评论：山东大学》2013 年第 3 期。

3. Coase, R. H., 1937, “The Nature of the Firm”, *Economica*, Vol. 4 (16), 386 - 405.

4. Harberger, A. C. , 1954, "Monopoly and Resource Allocation", *The American Economic Review*, Vol. 44 (2), 77 – 87.

5. Inderst, R. and G. Shaffer, 2009, "Market Power, Price Discrimination, and Allocative Efficiency in Intermediate Goods Markets", *The RAND Journal of Economics*, Vol. 40 (4), 658 – 672.

6. Inderst, R. and T. Valletti, 2009, "Price Discrimination in Input Markets", *The RAND Journal of Economics*, Vol. 40 (1), 1 – 19.

7. Johansen, B. O. and T. Nilssen, 2016, "The Economics of Retailing Formats: Competition Versus Bargaining", *The Journal of Industrial Economics*, Vol. 64 (1), 109 – 134.

8. Joskow, P. L. , 2012, "Vertical Integration", *The Antitrust Bulletin*, Vol. 57 (3), 545 – 586.

9. Katz, M. L. , 1987, "The Welfare Effects of Third-degree Price Discrimination in Intermediate Good Markets", *The American Economic Review*, Vol. 77 (3), 154 – 167.

10. Katz, M. L. , 1989, "Vertical Contractual Relations", *Handbook of Industrial Organization*, 655 – 721.

11. Lerner, A. P. , 1934, "The Concept of Monopoly and the Measurement of Monopoly Power", *Review of Economic Studies*, Vol. 1 (3), 157 – 175.

12. Marshall, A. , 1890, *Principles of Political Economy*, Maxmillan.

13. Mathewson, G. F. and R. A. Winter, 1984, "An Economic Theory of Vertical Restraints", *The RAND Journal of Economics*, Vol. 15 (1), 27 – 38.

14. O'Brien, D. P. , 2014, "The Welfare Effects of Third-degree Price Discrimination in Intermediate Good Markets: the Case of Bargaining", *The RAND Journal of Economics*, Vol. 45 (1), 92 – 115.

15. Perry, M. K. , 1989, "Vertical Integration: Determinants and Effects", *Handbook of Industrial Organization*, 183 – 255.

16. Rey, P. and T. Vergé, 2010, "Resale Price Maintenance and Interlocking Relationships", *The Journal of Industrial Economics*, Vol. 58 (4), 928 – 961.

17. Robinson, J. , 1933, *The Economics of Imperfect Competition*, MacMillan & CO LTD.

18. Scherer, F. M. , 1983, "The Economics of Vertical Restraints", *Antitrust Law Journal*, Vol. 52 (3), 687 – 718.

19. Secrieru, O. , 2006, "The Economic Theory of Vertical Restraints", *Journal of Economic Surveys*, Vol. 20 (5), 797 – 822.

20. Shaffer, G. , 1991, "Slotting Allowances and Resale Price Maintenance: a Comparison of Facilitating Practices", *The RAND Journal of Economics*, Vol. 22 (1), 120 – 135.

21. Spengler, J. J. , 1950, "Vertical Integration and Antitrust Policy", *Journal of Political Economy*, Vol. 58 (4), 347 – 352.

22. Valletti, T. M. , 2003, "Input Price Discrimination with Downstream Cournot Competitors", *International Journal of Industrial Organization*, Vol. 21 (7), 969 – 988.

（本文载于《管理世界》2019 年第 12 期）

交易所问询函有监管作用吗？

——基于并购重组报告书的文本分析

李晓溪　杨国超　饶品贵

摘　要：在国务院大力强调优化兼并重组市场环境的形势下，2014年来交易所广泛使用的并购问询函制度能否发挥监管作用，成为并购重组服务实体经济能力的重要影响因素。为此，本文研究交易所问询函是否通过降低并购重组信息不对称进而提升并购绩效。研究结果表明，交易所问询函能够识别并购重组中的潜在风险，表现为信息不对称程度较高、报告书信息披露质量较差的并购重组交易更可能收到问询函。进一步地，被问询样本在收到问询函之后的买卖价差、分析师盈余预测误差以及分析师乐观程度较低。针对具体作用机制，本文采用文本分析法比较修订前后的并购重组报告书，发现新修订报告书中标的方历史信息和前瞻信息的内容均更多，且更详细，表明问询函制度通过改善信息披露缓解了并购交易的信息不对称问题。经济后果方面，本文发现信息披露改善较多的被问询样本重组成功的可能性更大、未来市场业绩也更好。本文研究不仅丰富了问询函经济后果的相关研究，也为问询监管政策缓解并购重组信息不对称提供了理论参考。

关键词：交易所问询函　文本分析　并购重组　信息不对称

一、引　言

伴随着我国经济步入"新常态"阶段，并购整合作为重要的市场化资源配置方式，逐步成为优化产业组织结构、实现经济结构调整的关键途径（Jovanovic and Rousseau，2008；Levine，2017；刘莉亚等，2016）。然而，严重的信息不对称问题导致并购重组可能沦为交易主体不当套利的工具，从而难以发挥资源配置作用（Baek et al.，2006；Cheung et al.，2009）。比如，九好集团将"有毒资产"溢价包装为优良资产，并与鞍重股份合谋进行"忽悠式"重组，导致诸多投资者损失惨重。有鉴于此，国务院于2014年3月出台的《关于进一步优化企业兼并重组市场环境的意见》对完善并购重组市场做了全面部署，逐步强化信息披露"事中事后监管"，问询函制度日趋成为主要监管手段。例如上交所指出：通过"重组方案的事中问询，强化并购重组信息披露一线监管……通过穿透式披露，……达到'以披露促合规'的监管目标"。在"十三五"规划大力推进并购重组以优化产业结构的形势下，问询函制度能否有效发挥监管作用，成为并购重组资源配置功能的重要影响因素。为此，本文探讨问询函制度是否通过降低并购重组信息不对称进而提升并购绩效。

针对上市公司的问询函制度并非我国开创，美国自SEC设立以来就有问询监管，通常针对公司年报（Bozanic et al.，2017）。除针对年报外，我国问询监管更多针对并购重组，根据交易所网站披露，截至2017年底，沪深交易所共发出1 269封并购重组问询函，2015年、2016年、2017年分别发出383封、532封、349封；据作者统计，2015年、2016年、2017年A股市场收到问询函的并购重组样本占比分别为51%、66%、56%[①]。

在我国转轨经济的制度背景下，并购重组信息不对称问题较为严重，问询监管的审核和干预作用尤为重要，因此针对并购重组的问询函相比其他问询函，其研究意义更为凸显。具体地，并购标的大都是非上市公司，且标的价值评估过程相对复杂，并购重组信息更多描述未来前景（Kimbrough and Louis，2011），信息完整性和准确性存疑；严重的信息不对称问题甚至导致并购重组成为控股股东资本运作、利益输送的途径（Baek et al.，2006；Cheung et al.，2009；张晓宇和徐龙炳，2017），如重大事项不披露等"忽悠式"重组已成为市场顽疾。

目前关于并购重组问询函的研究较少，其能否发挥监管作用仍有待商榷。一方面，并购重组问询函制度可能有效地促使交易主体履行信息披露义务。具体地，如果公司未按照要求回函与修改预案，则并购重组不能继续进行，可能导致交易终止，且预案通过证监会并购重组委批准的概率也会大幅降低。另一方面，不同于美国的问询函由SEC直接发出，我国则是由交易所发出，其权威性不够，可能导致公司与交易所"函来函去"，难以解决实际问题。

综合以上两方面，并购重组问询函能否发挥监管作用还有待实证检验，为此，本文从以下维度进行研究：首先，本文检验交易所问询函是否识别了并购重组的潜在风险，发现信息不对称程度较高、报告书信息披露质量较低的并购重组更可能收到问询函，说明问询函发出具有很强的针对性；其次，本文检验问询函前后的并购重组信息不对称，发现被问询样本收到问询函后的买卖价差、分析师预测乐观程度、分析师预测误差下降；针对具体作用机制，本文采用文本分析比较问询函前后的并购重组报告书，发现相比未被问询样本，被问询样本修改后的报告书信息披露更为详细与充分，说明问询函通过改善信息披露降低了并购重组信息不对称；最后，本文检验问询函是否提高了并购绩效，发现信息披露改善较多的被问询样本的重组成功概率更高、未来市场业绩更高。上述研究结论表明，并购重组问询函促使交易主体提高信息披露水平，进而降低信息不对称程度，提高并购绩效。

本文研究贡献为：首先，本文有助于全面了解转轨经济阶段政府监管对并购重组的作用。作为市场化资源配置的重要途径，并购重组旨在优化产业结构，促进经济增长（Jovanovic and Rousseau，2008；Levine，2017；刘莉亚等，2016）。然而，严重的信息不对称问题会降低并购效率（Ahern and Sosyura，2015；陈仕华等，2013），如何缓解信息不对称、改善并购绩效是政策制定者以及市场参与者关注的重点问题。针对中国转轨经济背景，本文创新性地利用自2014年来交易所广泛使用的监管问询，研究其降低信息不对称、提高并购绩效的作用。

其次，目前并购重组问询函相关文献较少，本文是首次将问询函制度拓展至并购重组方面的研究。考虑到并购重组问询函和其他问询函有着诸多制度差异，且现有问询函相关文献主要针对年报和IPO（Bens et al.，2016；Johnston and Petacchi，2017；Li and Liu，2017；陈运森等，2018，2019），并购重组问询这一制度的影响尚不知晓。本文提供了并购重组问询监管的研究证据，具体地，问询函会促使并购交易主体增加标的方历史信息和前瞻信息的披露，且披露更多细节，进而降低信息不对称。

最后，本文丰富了并购重组文本分析的相关研究。并购重组标的大多为非上市公司，可供获取的公开信息十分有限（Giglio and Shue，2014），信息不确定程度较高，且包含大量非结构化信息（Kimbrough and Louis，2011）。与以往研究标的方结构化信息的文献不同（Amel-Zadeh and Zhang，2015；潘红波和余明桂，2014），本文借助文本分析方法，对并购重组标的方的文本信息含量、详细程度进行解读，打开了并购重组报告书的黑箱。

本文内容安排如下：第二部分为制度背景与研究假设，第三部分为样本选择与变量定义，第四

① 经本文样本筛选后，2015年、2016年、2017年A股市场并购重组分别为710次、670次、485次，收到问询函的并购重组样本分别为365次、443次、270次。

部分为实证分析，第五部分为进一步分析，第六部分为研究结论与政策启示。

二、制度背景与研究假设

（一）制度背景

为贯彻落实《国务院关于促进企业兼并重组的意见》《国务院关于进一步优化企业兼并重组市场环境的意见》和《国务院关于进一步促进资本市场健康发展的若干意见》的要求，证监会于 2014 年 10 月 23 日通过《上市公司重大资产重组管理办法》，以进一步简化行政审批，同时强化信息披露、加强事中事后监管。为配套落实证监会安排，交易所并购重组信息披露的一线监管逐步变革，问询函制度日趋成为主要监管手段。

图 1 显示，上市公司于并购首次公告日披露交易预案后（T_2），股票继续停牌不超过 10 个交易日；同时，交易所在停牌期间对前述预案进行审核，针对交易安排、信息披露等问题发放问询函（T_3），要求上市公司在规定时间内回函，并修订原有预案、公告修订事项（T_4）；通常，交易所与公司会经过一轮或多轮交流，直到问询函中问题被全部解决，整个问询过程结束，公司可申请股票复牌（T_5）。若公司不予回复则无法复牌，可能面临终止重组的风险。交易所明确规定，"本所提出事后审核意见的，公司按本所要求修订并披露相关文件后，可以申请股票复牌"，"上市公司筹划重大资产重组累计停牌时间不得超过 5 个月"。

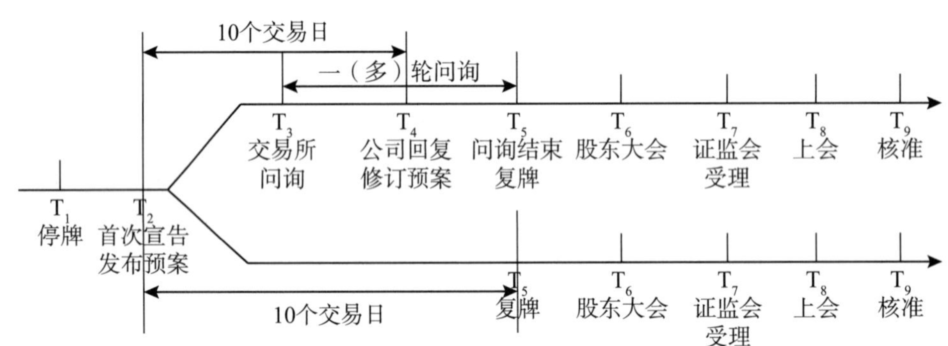

图 1　上市公司并购重组的一般流程

针对上市公司的问询函制度并非我国开创，美国自 SEC 设立以来就有问询监管（Bozanic et al.，2017）。已有文献指出，年报问询函会引起强烈的负面市场反应（陈运森等，2018），进而促使公司提高年报披露质量（Bens et al.，2016；Bozanic et al.，2017；陈运森等，2019），降低信息不对称（Johnston and Petacchi，2017）；另外，年报问询函也会促使被问询公司的同行业竞争者改善信息披露（Brown et al.，2018）。

除针对年报外，我国交易所问询更多针对并购重组，两类问询函存在诸多差异：首先，在我国转轨经济背景下，并购重组信息不对称问题较为严重，具体地，标的方多为非上市公司，公开信息十分有限（De Franco et al.，2011；王艳和阚铄，2014），且交易预案发布之前，所有参与人员均需签署保密协议，此阶段市场没有任何公开信息。不同于专注描述历史业绩的年报，鉴于标的价值评估相对复杂，并购重组信息更多关注未来前景（Kimbrough and Louis，2011），导致信息不确定性程度更高。其次，并购重组问询函强制要求公司回复且修订交易预案，市场关注度较高，特别地，预案修订为公司重大事项，更能引起市场关注；然而，针对年报问询函，公司仅发布回复公告，并非重大事项。最后，并购重组问询函发放更为迅速，监管更为及时。据作者统计，针对并购重组的问询函发生在相关预案披露后 7 天，然而，年报问询函通常在年报披露后 26 天发放。可见，并购重组问询函能否影响公司信息披露尚不明确，研究上述问题对评估问询监管制度以及优化并购重组市场环境有着重要的意义。

（二）研究假设

交易所通过发放问询函规范上市公司信息披露；然而，交易所处罚权限和手段有限，多为行政处罚。那么，问询函这一“软约束”，能否降低并购重组信息不对称？本文认为，交易所问询可能导致并购方案被监管层否决，进而促使公司改善信息披露，降低信息不对称。

交易所问询可能引发严重的负面后果，从而促使公司改善信息披露，以保证交易顺利进行，同时降低监管层的质疑。首先，并购重组问询函强制要求公司在规定时间内回复，若公司未按要求回复或修订交易预案，则会面临终止重组的风险。其次，并购重组问询函会引起行政机构和监管层的重点关注，导致交易预案面临层层检视。具体地，问询函能够揭示财务报告中重大缺陷（Bens et al.，2016；Johnston and Petacchi，2017；陈运森等，2018，2019），并购疑点的揭示不仅会引起当地证监局、行政机构（地方政府、国资委等）介入，进一步现场检查或立案调查，而且可能引发证监会并购重组委的质疑，不予批准被问询的交易预案。

特别地，考虑到交易所重点关注标的方历史信息和前瞻信息①，公司会增加此类信息披露，以避免进一步问询；同时，公司会披露地更为详细，以降低诉讼风险。正如汉利和霍伯格（Hanley and Hoberg，2012）指出发行人会详细披露招股书，以避免信息遗漏，降低上市后诉讼风险。由此，被问询公司会增加标的方历史信息和前瞻信息的信息披露，且披露更多细节。显然，信息披露的改善有助于缓解潜在的信息不对称。具体地，高质量的财务信息和非财务信息会缓解逆向选择，降低信息不对称（Bushman and Smith，2001；Muslu et al.，2014）；同时，信息披露较为详细的公司信息不确定程度较低（Leone et al.，2007；Hope et al.，2016）。

基于以上分析，本文提出研究假设 1：问询函能够降低并购重组的信息不对称程度。

需要注意的是，我国问询函的发函机构级别较低，且本质是督促公司补充披露，而非直接处罚。一方面，被问询公司可能敷衍了事，例如有媒体报道，“……回复答得冠冕堂皇，与交易所函来函去”②；另一方面，问询函处罚形式多为公开谴责或罚款等，违规成本较低。由此，并购重组问询可能难以发挥监管作用。因此，本文研究假设是否成立有待实证检验。

三、样本选择和变量定义

（一）样本选择

本文以 2014 年 12 月至 2017 年 9 月 A 股非金融上市公司重大资产重组为研究对象③。鉴于交易所自 2014 年 12 月公开披露问询函件，本文以此为起始阶段；为考察并购重组是否成功以及未来市

① http：//www.sse.com.cn/aboutus/mediacenter/hotandd/c/c_20170120_4231077.shtml。

② http：//yuanchuang.caijing.com.cn/2018/0403/4430574.shtml。

③ 具体地，根据《上证交易所关于落实非许可类并购重组事项信息披露相关工作的通知》《深证交易所关于做好不需要行政许可的上市公司重大资产重组预案等直通披露工作的通知》，接受交易所问询的并购重组包括：非许可类重组和许可类重组。其中，许可类重组是指借壳上市、涉及发行股份的重组，除此之外的重大资产重组均为非许可类重组。

场业绩，本文选取 2017 年 9 月为样本截止时间。重大资产重组数据来自 WIND 数据库；标的方是否上市、是否关联并购、并购估值方法、交易是否成功、完成宣告日期等数据通过手工获取；问询函文本来自交易所“监管信息公开”栏目；上市公司并购重组报告书来自巨潮资讯网；其他数据均来自 CSMAR 数据库。

本文样本筛选过程如下：（1）将 2014 年 12 月至 2017 年 9 月的并购重组问询函、WIND 并购重组数据和并购重组报告书进行匹配，获得被问询、未被问询的并购重组样本分别为 1 095 个、883 个；（2）删除金融类上市公司；（3）删除因报告书格式问题无法提取文本信息的样本；（4）删除主要研究变量缺失样本。本文最终获得被问询、未被问询的并购重组样本分别为 987 个、774 个观测①，其中 2014 ~2017 年被问询观测占比分别为 8%、51%、66% 和 57%，这与陈运森等（2018）描述性统计基本一致，都主要从 2015 年开始②。

（二）并购重组问询函关注重点的描述性统计

鉴于已有文献较少关注并购重组问询函，本文首先分析问询函文本，以获取交易所关注重点。考虑到标的方历史信息和前瞻信息是并购重组信息披露存疑的主要来源③，本文结合新闻报道、监管层问询指南、交易所问询函文本和已有研究总结（Kimbrough and Louis，2011），将标的方历史信息分为五个方面：财务信息、会计政策、盈利持续性、客户信息、行业特征和经营风险，同时将标的方前瞻信息分为两个方面：盈利预测、业绩承诺，并根据关键词提取上述信息④。具体地，关注标的方财务信息、会计政策、盈利持续性、客户信息、行业特征和经营风险的并购重组问询函占比分别为 64%、36%、20%、24%、41%，关注标的方盈利预测、业绩承诺的观测占比分别为 27%、62%，可见，标的方历史信息和前瞻信息为并购重组问询函关注的重点内容⑤。

（三）变量定义

1. 并购重组信息不对称变量。为检验问询函对并购重组信息不对称的影响，本文构造如下三类信息不对称变量：（1）参照科尔温和舒尔茨（Corwin and Schultz，2012）采用买卖价差；（2）分析师预测乐观程度；（3）分析预测误差。上述三个变量值越大，则信息不对称程度越大。变量定义如表 1 所示。

表 1　　变量定义表

信息不对称变量	
Spread	买卖价差，即停牌前（复牌后）3 个月的买卖价差均值（乘以 100），其中参照科尔温和舒尔茨（2012）采用日最高价、最低价计算买卖价差
Forecast Bias	分析师预测乐观程度，借鉴埃里克森等（Erickson et al.，2013），以停牌前（复牌后）180 天分析师的年度盈余预测（Forecast），计算分析师一致预测，采用其与实际每股收益（EPS）的差值，并以上年底股价（Price）平滑，即 Forecast Bias =（Median（Forecast）- EPS）/Price

① 若公司某一并购重组事件收到多次问询函，则视为多个观测；本文被问询样本的问询次数均值为 1.21 次。

② 考虑到 2014 年观测数较少，本文删除上述样本后进行稳健性检验，回归结果与主检验一致。

③ 四大证券报等频繁报道相关新闻，比如，2017 年 4 月 22 日，中国证券报：九好集团“忽悠式重组”受到行政处罚。

④ 我们首先人工读取问询函，初步总结分类关键词，然后用 Perl 提取相关段落，人工检查是否提取正确，通过反复测试以修正关键词。此外，我们参照霍普等（Hope et al.，2016）随机抽取 20% 样本，以检查分类是否正确，结果显示分类准确度达到 93%。受篇幅所限，关键词列表可向作者索要。

⑤ 一封问询函可能同时关注多个问题，比如，同时关注标的方财务信息和会计政策等，导致上述比例加总不等于 100%。

续表

信息不对称变量	
Forecast Error	分析师预测误差，借鉴程等（Cheng et al.，2016），采用分析师一致预测与实际每股收益的差异绝对值，以上年底股价平滑，即 Forecast Error = |Median（Forecast）- EPS|/Price
并购报告书文本特征变量	
PerLS	并购重组报告书的标的方历史信息含量（乘以 100），具体地，提取出现关键词的段落，上述段落内容字数占报告书全文字数的比重即文本信息含量，下同。标的方历史信息包括五类：财务信息、会计政策、盈利持续性、客户信息、行业特征和经营风险，下同
PerWL	并购重组报告书的标的方前瞻信息含量（乘以 100），包括：盈利预测、业绩承诺，下同
SpcLS	并购重组报告书的标的方历史信息的详细程度（乘以 100），即命名实体字数占报告书全文字数的比重，借鉴霍普等（Hope et al.，2016），本文采用 Python Stanford 中文 NER 模块识别命名实体，即具有特定意义的实体，包括时间、地点、机构、人名、货币、百分比和日期，下同
SpcWL	并购重组报告书的标的方前瞻信息的详细程度（乘以 100）
Factor	并购重组报告书信息披露指标，具体地，将衡量标的方历史信息和前瞻信息的四类指标（PerLS、PerWL、SpcLS、SpcWL）进行主成分分析，提取第一主成分
控制变量	
Top1	公司第一大股东持股比例
SOE	是否国企虚拟变量，若为国企则取 1，否则为 0
Duality	是否两职合一，若总经理兼任董事长则取 1，否则为 0
Independent	独立董事占比，公司董事会中独立董事的占比
Size	公司规模，年末总市值的对数
BM	账面市值比
ROA	公司业绩，净利润除以上年总资产
Debt	公司资产负债率，总负债除以总资产
Year	年度虚拟变量
Industry	行业虚拟变量

2. 并购重组报告书文本信息指标。为检验并购重组问询函是否通过改善信息披露降低了信息不对称，本文考察问询函前后并购重组报告书文本特征的变化。考虑到文本信息字数越多，信息量越大（Kimbrough and Louis，2011），同时，较为详细的文本能够降低投资者理解信息的成本（Leone et al.，2007；Hope et al.，2016），本文分别从信息含量和详细程度两个方面进行考察。

鉴于问询函重点关注标的方历史信息和前瞻信息，本文基于以上两方面，采用 Perl HMTL 模块对并购重组报告书进行分析。标的方历史信息包括五个方面：财务信息、会计政策、盈利持续性、客户信息、行业特征和经营风险①，同时标的方前瞻信息包括两个方面：盈利预测、业绩承诺，并根据关键词提取文本信息②。进一步，本文构造两类文本特征指标：（1）以文本长度占比（Per）衡量信息含量（乘以 100），即相关内容占报告书全文的比重，则 Per 越大，信息含量越大；（2）以命名实体占比（Spc）衡量详细程度（乘以 100），借鉴霍普等（Hope et al.，2016），采用 Python Stanford 中文 NER 模块③实现命名实体识别，即时间、地点、机构、人名、货币、百分比和日期，上述七类

① 考虑到标的方历史信息涉及财务指标、报表科目关键词，仅依靠此类关键词提取可能出现误差，本文首先提取并购重组报告书中“第四节　交易标的基本情况”，并在此章节中提取标的方历史信息相关内容。

② 针对并购重组报告书，本文也采用反复测试和随机抽查的方式确定关键词。受篇幅所限，关键词列表可向作者索要。

③ 基于北京大学提供的训练资料所得，详见 https：//nlp. stanford. edu/software/CRF－NER. shtml。

信息占报告书全文的比重则为文本详细程度，则 Spc 越大，文本越详细[①]。

表 2 Panel A 显示[②]，并购重组报告书的标的方历史信息含量（PerLS）为 16.30%，即 17 752 字符[③]；同时，标的方前瞻信息含量（PerWL）均值为 5.81%，少于 PerLS，可能是由于标的方的未来不确定性较大，上市公司选择较少披露此类信息。此外，标的方历史信息和前瞻信息的详细程度（SpcLS、SpcWL）分别为 1.64%、0.61%。Panel B 显示，PerLS 与 PerWL 相关系数为 0.224，SpcLS 与 SpcWL 相关系数仅为 0.042，说明上述指标从不同角度传递了并购重组的标的方信息。

表 2　　并购重组报告书的标的方历史信息和前瞻信息文本指标的描述性统计

Panel A：标的方历史信息和前瞻信息文本指标的描述性统计

	观测值	均值	p10	p25	中值	p75	p90
标的方历史信息的信息含量（PerLS）	1 761	16.30	5.03	10.44	15.10	20.95	28.84
标的方前瞻信息的信息含量（PerWL）	1 761	5.81	0.43	1.83	5.81	8.49	10.92
标的方历史信息的详细程度（SpcLS）	1 761	1.64	0.44	0.97	1.48	2.18	2.95
标的方前瞻信息的详细程度（SpcWL）	1 761	0.61	0.02	0.15	0.56	0.89	1.27

Panel B：标的方历史信息和前瞻信息文本指标的相关系数矩阵

	PerLS	PerWL	SpcLS	SpcWL
PerWL	0.224***	1		
SpcLS	0.749***	0.028	1	
SpcWL	0.195***	0.886***	0.042*	1
Factor	0.700***	0.805***	0.549***	0.797***

注：***、**、* 表示显著性水平分别小于 1%、5%、10%。

为进一步刻画并购重组报告书的文本特征，本文借鉴吴超鹏和唐菂（2016），采用主成分分析法（PCA）构建报告书信息披露指标（Factor）。具体地，将 PerLS、PerWL、SpcLS、SpcWL 进行主成分分析，提取第一主成分，其特征值为 2.06，解释百分比达到 67%。表 2 Panel B 显示，Factor 与上述四类指标间的相关系数均在 0.5～0.8 之间，表明 PerLS、PerWL、SpcLS、SpcWL 虽然从不同角度反映并购重组的标的方信息，但也存在一些共同成分。进一步，本文比较被问询观测和未被问询观测的报告书信息披露指标（Factor），发现前者显著较低（表 3 显示 t 值为 -2.11），表明并购重组报告书文本信息质量是交易所发放问询函的影响因素之一，在理论上也使得报告书信息披露指标的经济含义更明确。

3. 控制变量。本文控制以下变量：(1) 公司股权结构特征：第一大股东持股比例（Top1）、是否国企（SOE）；(2) 公司治理特征：是否两职合一（Duality）、独立董事占比（Independent）；(3) 其他公司特征：公司规模（Size）、账面市值比（BM）、公司业绩（ROA）、公司资产负债率（Debt）。

本文借鉴 Lennox et al.（2018）控制年度虚拟变量（Year）和行业虚拟变量（Industry）。为避免异常值影响，本文对所有连续变量进行 1% 缩尾处理；并借鉴 Lennox et al.（2018）对全文回归

① 命名实体识别结果示例如下：硅宝科技（300019. SZ）2016 年 6 月 7 日披露的并购重组预案中“公司 1996 年设立时，股东武汉中原塑胶型材有限公司以实物出资 50 万元，由于时间久远和文件缺失，目前无法确认其出资真实性。由于武汉中原塑胶型材有限公司于 1997 年将持有的公司全部股权转让给胡余友”，识别结果为机构（“武汉中原塑胶型材有限公司”）、人名（“胡余友”）、货币（“50 万元”）和日期（“1996 年”“目前”“1997 年”）；兴业矿业（000426. SZ）2016 年 3 月 21 日披露的并购重组预案中“因此国际上新兴市场的风险溢价通常采用美国成熟市场的风险溢价进行调整确定”“铅金属价格下跌了 5.55%”，识别结果为地点（“美国”）和百分比（“5.55%”）。

② 根据图 1，交易所对并购首次公告日披露的报告书进行审核，因此表 2 报告的是首次公告日报告书的文本特征。

③ 并购重组报告书全文长度的均值为 108 909 字符。

采用公司层面聚类（firm - level cluster）的稳健标准误估计。

四、实证分析

（一）上市公司收到交易所问询函影响因素的检验

考虑到现有研究尚未讨论交易所问询函能否识别并购重组的潜在风险，本文首先考察上市公司收到交易所问询函的影响因素。本文从以下方面计量并购重组潜在风险：（1）标的方是否为非上市公司（TPrivate）（De Franco et al.，2011；王艳和阚铄，2014）；（2）是否是关联并购（RPT）；（3）是否采用收益法估值（SYVal）（程凤朝等，2013）；（4）分析师跟踪数量（AnalystCov），即并购宣告日前 3 个月跟踪分析师的数量。鉴于问询函分析结果显示，交易所重点关注并购重组报告书的标的方信息披露，本文也将报告书信息披露指标（Factor）作为并购重组潜在风险变量之一[①]。由此，本文采用公司—并购重组数据建立如下模型：

$$CL_{it} = \alpha_0 + \alpha_1 Risk_{it} + \alpha_2 Control_{it} + Year + Industry + \varepsilon \quad (1)$$

其中，Risk 为并购重组潜在风险的替代变量，包括 TPrivate、RPT、SYVal、AnalystCov、Factor。被解释变量（CL）为并购方是否收到交易所问询函的虚拟变量，若在并购宣告日后至并购完成前的阶段并购方收到问询函则为 1，否则为 0。

表 3 表明，被问询样本多为并购非上市标的、并购关联公司、采用收益法估值、报告书信息披露质量较低的交易，且公司跟踪分析师较少、多为民企。表 4 回归结果与表 3 一致，上述结果显示，潜在风险较高的并购重组更有可能收到问询函，表明交易所发出问询函已经有所指，能够在一定程度上识别并购重组的潜在风险。

表 3　　变量描述性统计

变量	被问询样本			未被问询样本			(3) = (1) - (2)
	(1)			(2)			
	均值	中值	标准差	均值	中值	标准差	t 值
TPrivate	0.948	1	0.221	0.801	1	0.399	9.82***
RPT	0.694	1	0.461	0.606	1	0.489	3.87***
SYVal	0.762	1	0.426	0.708	1	0.455	2.56**
AnalystCov	1.161	0	2.27	1.678	1	2.431	-4.60***
Factor	-0.197	-0.322	1.104	-0.078	-0.313	1.271	-2.11**
Top1	0.318	0.299	0.142	0.334	0.310	0.139	-2.32**
SOE	0.247	0	0.432	0.322	0	0.467	-3.47***
Duality	0.297	0	0.457	0.314	0	0.464	-0.77
Independent	0.379	0.364	0.055	0.379	0.364	0.052	0.08
Size	15.765	15.67	0.767	15.682	15.59	0.811	2.20**
BM	0.389	0.335	0.282	0.399	0.335	0.283	-0.74
ROA	0.037	0.033	0.091	0.036	0.031	0.084	0.39
Debt	0.431	0.407	0.222	0.449	0.425	0.232	-1.64

注：***、**、* 表示显著性水平分别小于 1%、5%、10%。

① 感谢匿名审稿人提出的相关建议。

表4　　上市公司收到交易所问询函影响因素的回归分析

变量	(1)	(2)	(3)	(4)	(5)	(6)
	CL	CL	CL	CL	CL	CL
TPrivate	1.673*** (8.96)					1.645*** (8.70)
RPT		0.486*** (4.43)				0.371*** (3.28)
SYVal			0.258** (2.03)			0.406*** (2.88)
AnalystCov				-0.126*** (-4.60)		-0.125*** (-4.39)
Factor					-0.077* (-1.75)	-0.161*** (-3.38)
Control variables	控制	控制	控制	控制	控制	控制
N	1 761	1 761	1 761	1 761	1 761	1 761
Pseudo R^2	0.107	0.073	0.067	0.076	0.067	0.128

注：（1）Control variables包括截距项、控制变量、年度和行业固定效应；（2）括号中报告经过公司层面聚类、异方差调整的t值，***、**、*表示显著性水平分别小于1%、5%、10%。

在估计交易所问询函对并购重组信息不对称的影响时，假定所有并购重组收到问询函具有相近的概率，即要求收到问询函的可能性与并购重组信息不对称的变化不存在相互影响。上述假设可能由于“自选择问题”而存在一定的局限性，针对这一问题，本文借鉴李坤望和蒋为（2015）、王甄和胡军（2016）采用赫克曼（Heckman，1979）两步法，具体地，以表4列（6）模型作为Heckman第一阶段回归，得到*Inverse Mills Ratio*（以下简称*IMR*），并将其作为控制变量放入问询函与并购重组信息不对称的模型，以克服潜在的样本选择偏误问题。

（二）交易所问询函与并购重组信息不对称的检验

在验证问询函识别并购重组潜在风险的基础上，本文进而考察其对信息不对称的影响。值得注意的是，该检验需要排除其他不可观测因素的干扰，如，在公司发布并购重组预案（图1时间点T_2）后停牌的10个交易日（图1时间点T_5）内，投资者有充足的时间消化交易预案信息，并对股票重新定价（Greenwald and Stein，1991；Corwin and Lipson，2000），与此同时，交易所审核交易预案并发放问询函，由此，公司收到问询函前后信息不对称的变化，可能是由于停牌期间投资者充分吸收预案信息导致，而非问询函导致。为克服上述问题，本文采用Difference-in-Difference模型设计，选择未被问询样本作为控制组来控制其他因素对信息不对称的影响，通过比较处理组（被问询样本）与控制组（未被问询样本）的差异，以剥离问询函对信息不对称的效应。本文建立如下DID模型：

$$\text{Information Asymmetry}_{it} = \alpha_0 + \alpha_1 CL_{it} + \alpha_2 Post_{it} + \alpha_3 CL_{it} \times Post_{it} + \alpha_4 Control_{it} + IMR_{it} + Year + Industry + \varepsilon \quad (2)$$

Post为公司并购重组复牌前后虚拟变量，公司复牌（图1时间点T_5）后则为1，停牌（图1时间点T_1）前为0。此外，为克服潜在的自选择问题，本文采用Heckman两步法估计模型（2），将IMR作为控制变量。根据研究假设1，被问询样本收到问询函后信息不对称程度降低，则本文预期

CL×Post 系数显著小于 0①。表 5 Panel A 表明，相比未被问询公司，被问询公司收到问询函后的信息不对称程度下降，支持了假设 1。

表 5　　　　交易所问询函与并购重组信息不对称的回归分析

Panel A：交易所问询函与并购重组信息不对称的回归分析			
变量	(1)	(2)	(3)
	Spread	Forecast Bias	Forecast Error
CL	0.127*** (6.70)	0.003*** (2.63)	0.001 (0.97)
Post	0.061*** (3.55)	−0.002*** (−2.64)	−0.002*** (−2.97)
CL×Post	−0.171*** (−8.36)	−0.003*** (−3.05)	−0.003*** (−2.82)
Control variables	控制	控制	控制
N	3 522	1 944	1 944
Adj. R^2	0.271	0.107	0.172

Panel B：交易所问询函与并购重组信息不对称的平行趋势检验			
变量	(1)	(2)	(3)
	Spread	Forecast Bias	Forecast Error
CL×Post (−3)	0.004 (0.20)	−0.001 (−0.91)	−0.001 (−1.43)
CL×Post (−2)	−0.005 (−0.27)	0.001 (0.89)	−0.001 (−0.81)
CL×Post (1)	−0.097*** (−4.44)	−0.003*** (−2.90)	−0.004*** (−3.48)
CL×Post (2)	−0.182*** (−7.52)	−0.004*** (−3.88)	−0.004*** (−4.06)
CL×Post (3)	−0.236*** (−8.87)	−0.004*** (−3.15)	−0.004*** (−3.82)
Control variables	控制	控制	控制
N	10 566	5 832	5 832
Adj. R^2	0.180	0.073	0.154

注：(1) 鉴于部分公司没有分析师跟踪，列 (2) ~ (3) 观测数少于列 (1)；(2) 为验证平行趋势假设，本文将公司收到问询函前（后）的三个月按时段区分为 [−90, −60]、(−60, −30]、(−30, 0] ([0, 30]、(30, 60]、(60, 90])，由此 Panel B 观测值为 Panel A 的 3 倍；(3) Control variables 包括截距项、控制变量、IMR、年度和行业固定效应；(4) 括号中报告经过公司层面聚类、异方差调整的 t 值，***、**、* 表示显著性水平分别小于 1%、5%、10%。

然而，上述 DID 方法估计无偏的一个前提条件是被问询样本和未被问询样本之间满足平行趋势假定，即在收到交易所问询函之前，两类样本的信息不对称应呈现相同的变动趋势，否则 DID

① 模型 (2) 的回归样本包括：被问询样本收到交易所问询函前后的观测各 987 个，以及未被问询样本复牌前后的观测各 774 个，总观测值为 3 522。

方法可能会高估或低估问询函的影响。为验证平行趋势假设，本文考察问询函事件的动态效应，将公司收到问询函前后的窗口按时段进行区分，并设置相应的虚拟变量：如果为公司收到问询函前［-90，-60］的时间段则虚拟变量 Post（-3）取值为1；如果为公司收到问询函前（-60，-30］的时间段则虚拟变量 Post（-2）取值为1；如果为公司收到问询函后［0，30］的时间段则虚拟变量 Post（1）取值为1；如果为公司收到问询函后（30，60］的时间段则虚拟变量 Post（2）取值为1；如果为公司收到问询函后（60，90］的时间段则虚拟变量 Post（3）取值为1①。本文以收到问询函之前（-30，0］的时间段作为基准组，在模型（2）中分别加入虚拟变量 Post（-3）、Post（-2）、Post（1）、Post（2）和 Post（3），以及上述变量与问询函虚拟变量（CL）的交乘项，以观察平均处理效应的时间趋势，回归模型如下：

$$\begin{aligned}\text{Information Asymmetry}_{it} = {} & \beta_0 + \beta_1 \times CL_{it} + \beta_2 \times Post(-3)_{it} + \beta_3 \times Post(-2)_{it} + \beta_4 \times Post(1)_{it} \\ & + \beta_5 \times Post(2)_{it} + \beta_6 \times Post(3)_{it} + \beta_7 \times CL_{it} \times Post(-3)_{it} + \beta_8 \times CL_{it} \\ & \times Post(-2)_{it} + \beta_9 \times CL_{it} \times Post(1)_{it} + \beta_{10} \times CL_{it} \times Post(2)_{it} + \beta_{11} \\ & \times CL_{it} \times Post(3)_{it} + \beta_{12} \times Control_{it} + IMR_{it} + Year + Industry + \varepsilon \end{aligned} \tag{3}$$

表5 Panel B 显示，收到问询函之前，被问询样本和未被问询样本的信息不对称差异不显著，表明平行趋势假定得以满足，这为 Panel A 中 DID 估计的有效性提供了支持。

（三）交易所问询函降低并购重组信息不对称的机制检验

为进一步探究交易所问询函降低并购重组信息不对称的机制，本文采用文本分析法，比较收到问询函前后的并购重组报告书文本特征。本文建立如下模型：

$$Disclosure_{it} = \alpha_0 + \alpha_1 PreCL_{it} + \alpha_2 PostCL_{it} + \alpha_3 Control_{it} + IMR_{it} + Year + Industry + \varepsilon \tag{4}$$

被解释变量（Disclosure）为并购重组报告书标的方历史信息和前瞻信息的文本特征变量（Factor、PerLS、PerWL、SpcLS、SpcWL）。解释变量 PreCL（PostCL）为并购方收到交易所问询函前（后）的虚拟变量，即收到问询函之前（后）被问询公司的原始（最新修订）并购重组报告书则 PreCL（PostCL）为1，否则为0。考虑到57%的控制组样本仅披露1次报告书就已完成并购，本文难以获取控制组的报告书变化，故此，本文将控制组首次披露的报告书作为比较基准。鉴于此，本文关注 PostCL 与 PreCL 的系数差异，若收到问询函后被问询样本增加报告书信息披露，则 PostCL 系数显著大于 PreCL 系数②。

表6列（1）显示，当因变量为并购重组报告书信息披露指标（Factor）时，PreCL 系数显著为负，即相比未被问询样本，被问询样本的原始报告书的信息披露质量较低，该结果与表4一致；同时 PostCL 系数显著为正，表明相比未被问询样本，被问询样本的新修订报告书的信息披露质量显著提高；进一步，本文参照 Bauer et al.（2018），采用 Wald 系数约束性检验比较 PreCL 和 PostCL 系数差异，发现 p 值为0，即相比较原始的报告书，被问询样本新修订报告书的信息披露质量显著改善；同时列（2）~（5）结果与列（1）一致。

① 由于买卖价差（Spread）和分析师预测乐观程度（Forecast Bias）、分析预测误差（Forecast Error）的计算窗口不同，针对分析师预测乐观程度和误差的平行趋势检验，在收到问询函前［-180，-120］、（-120，-60］的窗口期虚拟变量 Post（-3）、Post（-2）分别取1，在收到问询函后［0，60］、（60，120］、（120，180］的窗口期虚拟变量 Post（1）、Post（2）和 Post（3）分别取1。

② 模型（4）回归样本包括：被问询样本（处理组）收到交易所问询函前后的并购重组报告书各987个观测，以及未被问询样本（控制组）首次披露的报告书774个观测，总观测值为2 748。

表6　交易所问询函与并购重组报告书文本信息的回归分析

变量	(1)	(2)	(3)	(4)	(5)
	报告书信息披露指标	标的方历史信息含量	标的方前瞻信息含量	标的方历史信息的详细程度	标的方前瞻信息的详细程度
	Factor	PerLS	PerWL	SpcLS	SpcWL
PreCL	-0.224** (-2.56)	-0.235 (-0.31)	-0.254 (-0.77)	0.019 (0.25)	-0.054 (-1.37)
PostCL	0.174* (1.95)	2.492*** (3.29)	0.853** (2.57)	0.335*** (4.16)	0.085** (2.13)
Control variables	控制	控制	控制	控制	控制
Wald 检验 p 值：PreCL = PostCL	0.00	0.00	0.00	0.00	0.00
N	2 748	2 748	2 748	2 748	2 748
Adj. R^2	0.065	0.075	0.149	0.053	0.132

注：(1) Control variables 包括截距项、控制变量、IMR、年度和行业固定效应；(2) 括号中报告经过公司层面聚类、异方差调整的 t 值，***、**、* 表示显著性水平分别小于1%、5%、10%。

表5和表6结果共同表明，相比未被问询样本，被问询样本修改后的并购重组报告书中标的方历史信息和前瞻信息含量均增加，且披露更为详细，进而降低了并购重组信息不对称。

（四）内生性问题的检验

1. Heckman 自选择模型的检验。鉴于伦诺克斯等（Lennox et al.，2012）指出 Heckman 方法需满足"排除性约束"（exclusion restrictions），本文参考德雷克等（Drake et al.，2014）、许年行和李哲（2016），在 Heckman 模型第一阶段加入同年同行业其他并购重组收到问询函的可能性，并重新估计 IMR，以检验 Heckman 模型本身的稳健性，回归结果与主检验一致。

2. 倾向得分匹配的检验。正如表3显示，被问询样本和未被问询样本的并购特征和公司特征存在差异，尽管回归中控制了上述变量，仍然无法排除由于遗漏相关特征变量而导致的内生性问题，这些变量可能同时影响公司是否收到问询函和并购重组信息披露行为。为此，本文采用倾向性得分匹配法（Propensity-score Matching，即 PSM）选择控制组样本。具体地，本文采用表4列（6）作为 PSM 第一阶段模型，寻找未被问询的匹配样本。不同于单变量匹配，PSM 可基于公司多个维度信息进行匹配，从而尽可能减少样本选择偏误带来的干扰。

本文采用最邻近匹配法对公司收到交易所问询函的可能性进行配对。考虑到当控制组观测值少于处理组时，重置抽样能够充分利用控制组样本、降低误差（Shipman et al.，2016），我们在配比过程中允许重置抽样，获得985个被问询观测、345个未被问询观测，并在匹配后的回归分析对重复匹配次数进行加权调整。

本文检验匹配后被问询样本和未被问询样本两组间重要变量的差异检验，发现匹配后收到问询函虚拟变量（CL）差异并不显著，其他并购特征和公司特征变量的差异也不显著，说明 PSM 所得未被问询样本特征与被问询样本较为接近。同时，倾向得分匹配的有效性还依赖于共同支撑假设，即倾向得分在处理组和控制组中有足够大的重合区域即共同支撑区域（Heckman and Vytlacil，2001）。本文发现，匹配前落在共同支撑域外的处理组和控制组样本分别为1个和0个。可见，落在共同支撑域外的样本量很少，可确保倾向得分匹配的有效性。

本文采用匹配后样本进行检验，回归结果如表7所示。表7中 Panel A-B、Panel C 结果分别与

表5和表6一致，说明潜在内生性问题并不影响本文的研究结果。

表7　　基于PSM的稳健性检验

Panel A：交易所问询函与并购重组信息不对称的回归分析			
变量	(1)	(2)	(3)
	Spread	Forecast Bias	Forecast Error
CL×Post	−0.001** (−2.34)	−0.003** (−2.45)	−0.002* (−1.92)
Control variables	控制	控制	控制
N	2 660	1 474	1 474
Adj. R^2	0.275	0.117	0.149

Panel B：交易所问询函与并购重组信息不对称的平行趋势检验			
变量	(1)	(2)	(3)
	Spread	Forecast Bias	Forecast Error
CL×Post（−3）	−0.028 (−0.64)	−0.000 (−0.24)	−0.001 (−1.25)
CL×Post（−2）	0.018 (0.55)	0.000 (0.11)	−0.001 (−0.93)
CL×Post（1）	−0.020 (−0.58)	−0.002 (−1.12)	−0.004*** (−3.36)
CL×Post（2）	−0.121*** (−3.02)	−0.003* (−1.87)	−0.005*** (−4.04)
CL×Post（3）	−0.123*** (−2.82)	−0.001 (−0.76)	−0.005*** (−3.72)
Control variables	控制	控制	控制
N	7 980	4 422	4 422
Adj. R^2	0.186	0.082	0.142

Panel C：交易所问询函与并购重组报告书文本信息的回归分析					
变量	(1)	(2)	(3)	(4)	(5)
	报告书信息披露指标	标的方历史信息含量	标的方前瞻信息含量	标的方历史信息的详细程度	标的方前瞻信息的详细程度
	Factor	PerLS	PerWL	SpcLS	SpcWL
PreCL	−0.017 (−0.21)	−0.270 (−0.41)	−0.270 (−0.41)	−0.147* (−1.86)	0.033 (1.06)
PostCL	0.381*** (4.61)	2.457*** (3.66)	2.457*** (3.66)	0.169** (2.07)	0.172*** (5.29)
Control variables	控制	控制	控制	控制	控制
Wald检验p值：PreCL = PostCL	0.00	0.00	0.00	0.00	0.00
N	2 315	2 315	2 315	2 315	2 315
Adj. R^2	0.074	0.074	0.074	0.076	0.124

注：（1）Control variables包括截距项、控制变量、年度和行业固定效应；（2）括号中报告经过公司层面聚类、异方差调整的t值，***、**、*表示显著性水平分别小于1%、5%、10%。

3. 单变量匹配的检验。考虑到 Heckman 自选择模型和 PSM 方法可能受制于匹配条件的选取，本文也采用传统的单变量匹配方法，即根据行业、年度和规模寻找控制组样本。本文选取同年同行业、总资产在［70%，130%］范围内最近的未被问询样本，允许重复匹配，回归结果与主检验一致。

五、进一步分析

（一）交易所问询函与并购成功概率、未来市场业绩的检验

考虑到信息不对称较低的并购重组未来市场业绩较高，且更可能重组成功（Kimbrough and Louis，2011；Erickson et al.，2012），本文检验被问询样本的信息披露改善程度对重组成功概率、市场业绩的影响，以考察问询函是否通过改善信息披露提高了并购重组绩效。本文预期，相比信息披露改善较少的样本，信息披露改善较多的被问询样本重组成功概率更高，且未来市场业绩更好，并建立以下模型进行检验：

$$Success_{it}(BHAR\_Anno_{it},\ BHAR\_Finish_{it}) = \alpha_0 + \alpha_1 BigChgPer_{it}(BigChgSpc_{it}) + \alpha_2 Control_{it} + IMR_{it} + Year + Industry + \varepsilon \quad (5)$$

解释变量 BigChgPer（BigChgSpc）为被问询样本信息披露改善程度的虚拟变量，即收到问询函前后的标的方历史信息和前瞻信息占全文比重（详细程度）的变化高于样本中值则 BigChgPer（BigChgSpc）为 1，否则为 0。被解释变量（Success）为并购重组成功概率，即并购方案获得交易所问询通过或监管机构核准则为 1①，否则为 0。同时，本文采用如下两类市场业绩指标：（1）并购首次宣告日后市场业绩（BHAR_Anno）；（2）并购成功后市场业绩（BHAR_Finish）②，具体地，并购成功日期是指并购重组完成或过户的公告日期，通过手工获取。BHAR_Anno（BHAR_Finish）采用并购首次宣告日（并购成功日）后 180 天市场模型调整的累计异常收益率③④。

模型（5）BigChgPer（BigChgSpc）系数 α_1 衡量了信息披露改善程度对被问询样本重组成功概率、未来市场业绩的影响，本文预期 α_1 显著大于 0。表 8 结果与预期一致，说明了问询函改善信息披露进而提高并购绩效的直接经济后果。

表 8　　交易所问询函与并购成功概率、未来市场业绩的回归分析

变量	(1)	(2)	(3)	(4)	(5)	(6)
	Success	Success	BHAR_Anno	BHAR_Anno	BHAR_Finish	BHAR_Finish
BigChgPer	0.764** (2.00)		0.055** (2.07)		0.068** (2.10)	
BigChgSpc		0.960** (2.04)		0.077** (2.16)		0.088** (2.14)

① 并购成功的定义需区分许可类重组和非许可类重组：若为许可类重组，并购方案通过公司权力机构（董事会、股东大会）和相关部门（如当地政府、国资委，针对国有上市公司）审批后，还需通过并购重组委员会审核，最终获得证监会核准，则为并购成功；若为非许可类重组，并购方案通过公司权力机构和相关部门审批后，通过交易所问询即可。

② 感谢匿名审稿人提出的相关建议。

③ 具体地，本文选择并购首次宣告日（并购成功日）后［1，180］为事件窗口，之前［-120，-30］为估计窗口，采用市场模型计算事件窗的预期收益率。此外，采用 360 天计算累计异常收益率的结果与采用 180 天一致。

④ 模型（5）回归样本包括：收到交易所问询函的被问询样本 987 个，总观测值为 987。

续表

变量	(1)	(2)	(3)	(4)	(5)	(6)
	Success	Success	BHAR_Anno	BHAR_Anno	BHAR_Finish	BHAR_Finish
Control variables	控制	控制	控制	控制	控制	控制
N	987	987	987	987	669	669
Pseudo R^2 (Adj. R^2)	0. 313	0. 454	0. 145	0. 127	0. 190	0. 173

注：（1）Control variables 包括截距项、控制变量、IMR、年度和行业固定效应；（2）括号中报告经过公司层面聚类、异方差调整的 t 值，***、**、* 表示显著性水平分别小于 1%、5%、10%。

（二）交易所问询函与并购方案调整的检验

鉴于交易所指出，监管问询不仅引导上市公司切实履行信息披露义务，而且发挥“事中干预和矫正作用”，有助于达到“以披露促合规”的监管目标，本文检验交易所问询函对并购方案的矫正作用①，考察问询函是否质疑了并购方案的不合理、不合规事项，进而迫使交易主体修改上述事项，约束其侵害中小投资者利益的行为。

我们人工读取问询函，寻找“是否有利于保护股东权益”“交易公平”“合理性”等相关问询，发现质疑事项主要体现在四个方面：（1）并购发行定价（如发行价格调整机制损害中小投资者利益）；（2）交易方案（如标的资产质量较低、发行股份锁定期较短等）；（3）募集资金安排（如募集资金数额过大）；（4）业绩承诺（如诺期限较短、承诺数额较低等）。针对上述四类质疑事项，我们手工搜索公司对问询函的回复、预案调整公告②，发现相比未被问询样本，被问询样本更可能进行实质性的并购决策调整。上述结果与表 5 和表 6 共同表明，除了通过改善信息披露降低投资者与并购交易主体之间的信息不对称外，问询函还会纠正并购交易方案中的不合理、不合规事项，直接发挥监管作用。

（三）稳健性检验

1. 交易所问询函与并购重组报告书的特定类别文本信息的检验。标的方历史信息和前瞻信息包含多方面内容，比如，标的方财务信息、业绩承诺等等，那么，问询函的信息披露改善作用是否会有差异？为此，本文重新定义模型（4）被解释变量，具体如下：（1）特定类别信息的信息含量，特定类别信息包括：标的方财务信息、会计政策、盈利持续性、客户信息、行业特征和经营风险，及标的方盈利预测、业绩承诺；（2）上述特定类别信息的详细程度，获得了与表 6 一致的结果，表明针对并购重组报告书中标的方历史信息和前瞻信息的各方面内容，问询函均发挥了不同程度的改善信息披露的作用。

2. 替换并购重组报告书文本信息指标的稳健性检验。鉴于前文文本信息指标的构建仅基于公司自身信息披露特征，可能忽略了并购重组报告书的年度和行业趋势，本文借鉴布朗等

① 如银泰资源（000975. SZ）2017 年 3 月 21 日发布的并购预案仅设置了发行价格向下调整机制，随后交易所于 3 月 27 日发放问询函，并质疑“调价机制是否充分考虑对等原则，是否需设置双向调整机制，若仅依据跌幅调整，请充分说明理由及是否有利于保护股东权益”；公司于 3 月 31 日回复并表示“（为）保证本次交易公平，……删除……发行价格调整机制”。

② 并购决策调整主要体现在：①并购发行定价变更（如修改或取消发行价格调整机制等）；②交易方案变更（如缩减交易标的范围，变更交易对方、交易支付方式等，延长发行股份锁定期等）；③募集资金安排变更（如取消募集配套资金，调整其用途或金额）；④业绩承诺变更（如延长业绩承诺期限，调整业绩承诺数额，增加业绩补偿义务人，删除业绩补偿免责条款等）。据作者统计，被问询观测中进行并购发行定价、交易方案、募集资金安排和业绩承诺变更的样本占比分别为 6. 48%、14. 79%、5. 98%、4. 36%。

（Brown et al.，2018）构造文本相似度指标进行稳健性检验①，结果与主检验一致。

3. 删除并购方案调整样本的稳健性检验。考虑到并购方案调整也会影响信息披露，即前文结论并非完全由于问询函的影响，还可能是并购交易双方依据现状就重组事项达成新的重组内容的修订，由此本文删除并购方案调整的观测，获得被问询观测数、未被问询观测数分别为722、738，回归结果与主检验一致。

4. 删除收到多次问询函样本的稳健性检验。若公司某一并购重组事件收到多次问询函，可能难以识别问询函之间的影响，由此本文删除收到多次问询函的样本，获得被问询观测数、未被问询观测数分别为819、774，回归结果与主检验一致。

六、研究结论与政策启示

在国务院大力强调优化兼并重组市场环境的形势下，2014年来交易所广泛使用的并购问询能否发挥监管作用，成为并购重组服务实体经济能力的重要影响因素。在此背景下，本文研究了交易所问询函制度在资本市场发挥的作用。研究发现，交易所问询函识别了并购重组的潜在风险。本文进一步发现交易所问询函降低了并购重组信息不对称程度，针对具体作用机制，本文采用文本分析法发现，相比较原始的并购重组报告书，新修订报告书的标的方历史信息和前瞻信息的信息含量更大，且更为详细，说明问询函通过改善信息披露降低了信息不对称。经济后果方面，本文发现信息披露改善较多的样本更可能重组成功、未来市场业绩较高。此外，本文还探讨了交易所问询函对并购方案的矫正作用。研究表明，交易所问询函能够发挥监管作用，不仅通过改善信息披露降低了投资者、监管层与并购重组交易主体之间的信息不对称，而且促使并购方案调整保护了投资者利益。

本文研究具有重要理论及实践意义。在理论层面，基于并购重组问询函与其他问询函的制度差异，本文首次将问询函制度拓展至并购重组，为并购重组市场中交易所问询函的作用提供了证据，丰富了问询函经济后果的相关研究（Bens et al.，2016；Johnston and Petacchi，2017；Li and Liu，2017）。与此同时，针对并购重组信息披露的研究，本文采用文本分析法打开了并购重组报告书的黑箱。

在实践层面，针对监管部门，本文结论有助于全面解读转轨经济阶段政府监管对并购重组的作用，以进一步完善问询监管制度，有效打击并购重组市场乱象。考虑到交易所处罚手段有限，违规成本较低，可能导致公司模糊披露，我们建议监管层应出台跟随问询函的处罚措施，比如，组织开展对并购交易主体的现场检查，视情况启动稽查执法程序。同时，我们建议问询函应加强对中介机构和独立董事职责履行的关注，不仅要求独立财务顾问、审计师和独立董事发表意见，而且可采用约谈等方式，保证中介机构发挥“看门人”的作用。

参考文献：

1. 陈仕华、姜广省、卢昌崇：《董事联结、目标公司选择与并购绩效——基于并购双方之间信息不对称的研究视角》，载于《管理世界》2013年第12期。

2. 陈运森、邓祎璐、李哲：《非处罚性监管具有信息含量吗？基于问询函的证据》，载于《金融研究》2018年第4期。

3. 陈运森、邓祎璐、李哲：《证券交易所一线监管的有效性研究：基于财务报告问询函的证据》，载于《管理世界》2019年第3期。

---

① 参照布朗和塔克（Brown and Tucker，2011），本文采用如下步骤计算文本相似度：（1）将并购重组报告书进行预处理，比如，删除停用词、分词等；（2）计算基于向量空间模型（Vestor Space Model）的TF－IDF权重，将预处理后的文本转化成向量模式；（3）计算向量间余弦夹角以获得相似度指标；（4）考虑到布朗和塔克（2011）指出越长的文档包含同一词汇的概率越大，可能导致文本相似度越大，本文采用文本长度调整后的相似度指标。

4. 程凤朝、刘旭、温馨：《上市公司并购重组标的资产价值评估与交易定价关系研究》，载于《会计研究》2013 年第 8 期。

5. 李坤望、蒋为：《市场进入与经济增长——以中国制造业为例的实证分析》，载于《经济研究》2015 年第 5 期。

6. 刘莉亚、何彦林、杨金强：《生产率与企业并购：基于中国宏观层面的分析》，载于《经济研究》2016 年第 3 期。

7. 潘红波、余明桂：《目标公司会计信息质量，产权性质与并购绩效》，载于《金融研究》2014 年第 7 期。

8. 王艳、阚铄：《企业文化与并购绩效》，载于《管理世界》2014 年第 11 期。

9. 王甄、胡军：《控制权转让，产权性质与公司绩效》，载于《经济研究》2016 年第 4 期。

10. 吴超鹏、唐菂：《知识产权保护执法力度，技术创新与企业绩效——来自中国上市公司的证据》，载于《经济研究》2016 年第 11 期。

11. 许年行、李哲：《高管贫困经历与企业慈善捐赠》，载于《经济研究》2016 年第 12 期。

12. 张晓宇、徐龙炳：《限售股解禁，资本运作与股价崩盘风险》，载于《金融研究》2017 年第 11 期。

13. Ahern, K. R., and D. Sosyura, 2014, "Who writes the news? Corporate press releases during merger negotiations", *The Journal of Finance*, 69, 241 – 291.

14. Amel – Zadeh, A., and Y. Zhang, 2015, "The economic consequences of financial restatements: Evidence from the market for corporate control", *The Accounting Review*, 90, 1 – 29.

15. Baek, J., J. Kang, and I. Lee, 2006, "Business groups and tunneling: Evidence from private securities offerings by Korean chaebols", *The Journal of Finance*, 61, 2415 – 2449.

16. Bauer, A. M., D. Henderson, and D. P. Lynch, 2018, "Supplier internal control quality and the duration of customer-supplier relationships", *The Accounting Review*, 93, 59 – 82.

17. Bens, D. A., M. Cheng, and M. Neamtiu, 2016, "The impact of SEC disclosure monitoring on the uncertainty of fair value estimates", *The Accounting Review*, 91, 349 – 375.

18. Bozanic, Z., J. R. Dietrich, and B. A. Johnson, 2017, "SEC comment letters and firm disclosure", *Journal of Accounting and Public Policy* 36, 337 – 357.

19. Brown, S. V., and J. W. Tucker, 2011, "Large-sample evidence on firms' year-over-year MD&A modifications", *Journal of Accounting Research*, 49, 309 – 346.

20. Brown, S. V., X. Tian, and J. W. Tucker, 2018, "The spillover effect of SEC comment letters on qualitative corporate disclosure: Evidence from the risk factor disclosure", *Contemporary Accounting Research*, 35, 622 – 656.

21. Bushman, R. M., and A. J. Smith, 2001, "Financial accounting information and corporate governance", *Journal of accounting and Economics*, 32, 237 – 333.

22. Cheng, Q., F. Du, X. Wang, and Y. Wang, 2016, "Seeing is believing: analysts' corporate site visits", *Review of Accounting Studies*, 21, 1245 – 1286.

23. Cheung, Y., Y. Qi, P. R. Rau, and A. Stouraitis, 2009, "Buy high, sell low: How listed firms price asset transfers in related party transactions", *Journal of Banking & Finance*, 33, 914 – 924.

24. Corwin, S. A., and M. L. Lipson, 2000, "Order flow and liquidity around NYSE trading halts", *The Journal of Finance*, 55, 1771 – 1801.

25. Corwin, S. A., and P. Schultz, 2012, "A simple way to estimate bid-ask spreads from daily high and low prices", *The Journal of Finance*, 67, 719 – 760.

26. De Franco, G., I. Gavious, J. Y. Jin, and G. D. Richardson, 2011, "Do private company targets that hire Big 4 auditors receive higher proceeds?", *Contemporary Accounting Research*, 28, 215 – 262.

27. Drake, M. S., N. M. Guest, and B. J. Twedt, 2014, "The media and mispricing: The role of the business press in the pricing of accounting information", *The Accounting Review*, 89, 1673 – 1701.

28. Erickson, M. M., S. M. Heitzman, and F. Zhang X., 2013, "Tax – Motivated Loss Shifting", *The Accounting Review*, 88, 1657 – 1682.

29. Erickson, M., S. Wang, and X. F. Zhang, 2012, "The change in information uncertainty and acquirer wealth losses", *Review of Accounting Studies*, 17, 913 – 943.

30. Giglio, S., and K. Shue, 2014, "No news is news: do markets underreact to nothing?", *The Review of Financial*

Studies, 27, 3389 –3440.

31. Greenwald, B. C. , and J. C. Stein, 1991, "Transactional risk, market crashes, and the role of circuit breakers", *Journal of Business*, 443 –462.

32. Hanley, K. W. , and G. Hoberg, 2012, "Litigation risk, strategic disclosure and the underpricing of initial public offerings", *Journal of Financial Economics*, 103, 235 –254.

33. Heckman, J. J, 1979, "Sample selection bias as a specification error", *Econometrica*: *Journal of the Econometric Society*, 153 –161.

34. Heckman, J. J. , and E. Vytlacil, 2001, "Policy – relevant treatment effects", *American Economic Review*, 91, 107 –111.

35. Hope, O. , D. Hu, and H. Lu, 2016, "The benefits of specific risk – factor disclosures", *Review of Accounting Studies*, 21, 1005 –1045.

36. Johnston, R. , and R. Petacchi, 2017, "Regulatory oversight of financial reporting: Securities and Exchange Commission comment letters", *Contemporary Accounting Research*, 34, 1128 –1155.

37. Jovanovic, B. , and P. L. Rousseau, 2008, "Mergers as reallocation", *The Review of Economics and Statistics*, 90: 765 –776.

38. Kimbrough, M. D. , and H. Louis, 2011, "Voluntary disclosure to influence investor reactions to merger announcements: An examination of conference calls", *The Accounting Review*, 86, 637 –667.

39. Lennox, C. S. , J. R. Francis, and Z. Wang, 2012, "Selection models in accounting research", *The Accounting Review*, 87, 589 –616.

40. Lennox, C. , Z. Wang, and X. Wu, 2018, "Earnings management, audit adjustments, and the financing of corporate acquisitions: Evidence from China", *Journal of Accounting and Economics*, 65 (1), 21 –40.

41. Leone, A. J. , S. Rock, and M. Willenborg, 2007, "Disclosure of intended use of proceeds and underpricing in initial public offerings", *Journal of Accounting Research*, 45, 111 –153.

42. Levine, O. , 2017, "Acquiring growth", *Journal of Financial Economics*, 126: 300 –319.

43. Li, B. , and Z. Liu, 2017, "The oversight role of regulators: evidence from SEC comment letters in the IPO process", *Review of Accounting Studies*, 22, 1229 –1260.

44. Muslu, V. , S. Radhakrishnan, K. R. Subramanyam, and D. Lim, 2014, "Forward – looking MD&A disclosures and the information environment", *Management Science*, 61, 931 –948.

45. Shipman, J. E. , Q. T. Swanquist, and R. L. Whited, 2016, "Propensity score matching in accounting research", *The Accounting Review*, 92, 213 –244.

（本文载于《经济研究》2019 年第 5 期）

竞争中性的理论脉络与制度范式

刘戒骄

摘　要：竞争中性在学理上是一个相对中性的概念，与古典经济学反对保护特殊利益、新古典经济学把市场看作不受干涉和价值中立的自然力量、凯恩斯主张实施积极和有限政府干预政策等理论具有悠久深厚的渊源。竞争中性主张约束政府给市场主体造成竞争优势差异的措施，非歧视性地对待国有企业和私有企业、本国企业和外国企业，以及要求高标准知识产权保护、增强行政行为透明度等规定，体现了各类市场经济体制共同的价值理念，也是贯穿中国社会主义市场经济体制的思想和原则之一。面对世界经济百年不遇之复杂变局，响应和接受竞争中性既是中国自身推进改革开放的内在需要，也是积极应对经济全球化新趋势和国际贸易与投资规则新变化，增强中国经济体制国际认同度的客观要求。本文立足于推进新一轮改革开放和完善社会主义市场经济体制视角，挖掘分析了中国经济体制与竞争中性的兼容性，梳理了经济学理论有关竞争中性的论述，提出了以政府增进市场促进公平竞争、统一市场建设与制度性开放、规制改革与产业政策转型为关键点的竞争中性的制度范式。

关键词：竞争中性　政府作用　规制改革　产业政策　经贸协定

一、引　言

世界经济正面临百年不遇之大变局，发达经济体谋求建立更能维护自身利益的国际经济秩序，美国特朗普政府奉行以美国优先为理念的单边主义和贸易保护主义并对中国发起贸易战，国际经贸规则和世界经济发展前景面临不断加剧的不确定性。在这样的复杂变局下，我们应该如何对待由美国等西方发达提出和推行的竞争中性规则？回答这个问题，必须从竞争中性概念的提出背景、初始目的和核心要义出发，对中国经济体制与竞争中性的兼容性、理论渊源与逻辑脉络、制度体系和关键点进行考察研究。迄今为止，世界主要经济体普遍认可竞争中性的核心理念，但国内实行竞争中性的做法和制度着力点存在差异，美国、欧盟等经济体在国际经贸规则中对竞争中性的规范也不一致。竞争中性这个概念的提出虽然直接源于国有企业基于所有权获得的相对于私有企业的竞争优势，并较快成为国际贸易与投资协定的新规则，但其内涵和实施措施涉及公平竞争、政府经济作用等现代市场经济体制的重要问题。现有文献对竞争中性的研究不多，已有研究多从国际贸易与投资规则视角进行研究，多聚焦于发达国家在双边、多边、区域和国际组织推行竞争中性及其对国际贸易与投资规则的影响（张琳和东艳，2014），对缔约国国有企业的影响及应对（余菁等，2014；姜舰等，2016），有的研究将竞争中性理解为一种规制（李宇英，2019）。国际贸易与投资协定对竞争中性的规范是缔约国彼此谈判和博弈的结果，主要聚焦于利益方关切的问题。着眼于国内需要进行竞争中性改革，涉及政府和市场关系、统一市场建设、公平竞争、产业政策等经济体制更广泛更深刻的变革。本文立足于推进新一轮改革开放和完善社会主义市场经济体制视角，挖掘分析了中国经济体制与竞争中性的兼容性，梳理了经济学说和当代经济学著作中有关竞争中性的论述，提出了以政府增进市场促进公平竞争、统一市场建设与制度性开放、规制改革与产业政策转型为关键点的竞争中性的制度范式。

二、中国经济体制与竞争中性的兼容性

许多研究认为竞争中性起源于澳大利亚国内经济改革。其实，早期贸易投资协定虽然没有使用竞争中性的词语，但普遍有要求实现政府投资与外国投资之间待遇平等的竞争平等条款，竞争中性的核心内容已经体现在相关条款中。例如，关税与贸易总协定第 17 条规定，禁止缔约方在进出口商品的销售或购买方面优待国家企业。再如，美国 1983 年投资协定范本第 2 条规定，禁止任何缔约一方为国有企业或国家控制的投资提供相对于缔约另一方国民或公司的竞争性优惠。美国以 1992 年投资协定范本为基础签订的 7 个双边投资协定含有国家企业非歧视条款，禁止国家企业在货物与服务销售时实施歧视。澳大利亚国家竞争政策调查组 1993 年提交的《希尔默报告》将竞争中性定义为“政府的商业活动不得因其公共部门所有权地位而享受私营部门竞争者所不能享受的竞争优势”。(张琳、东艳，2014；) 为解决州政府实施保护州内企业和排斥州外企业的限制竞争行为造成的各州之间市场分割问题，澳大利亚 1995 年开始全国性的竞争政策改革，联邦、六个高度自治的州和地区达成了《竞争原则协定》，明确政府在所有企业的商业竞争之间保持中性。澳大利亚认为，许多国有企业在资源获取和政策支持上享有所在州政府给予的先天优势，造成资源配置的扭曲和成本失真，提出竞争中性旨在约束政府对市场竞争的歧视性干预，要求联邦政府和各州政府出台的政策和法律应该与竞争法、竞争中性要求保持一致，实现政府干预在国有企业与非国有企业、本州企业与非本州企业之间保持中性。(张占江，2015) 竞争中性使澳大利亚联邦政府和各州政府放弃各自特权，形成一个统一的全国市场。

经济全球化的深入发展将各国经济置于相互依存之中，使一国企业的竞争优势受到另一国国内法规和政策的影响，竞争中性突破主权藩篱，从规范一国内部不同类别市场主体和不同地区之间的竞争关系，拓展到调整不同国家和地区企业之间的竞争关系，成为处理国际贸易和投资关系的一个新规则。《北美自由贸易协定》(NAFTA) 关于竞争政策、垄断机构与国有企业的第 15 章明确规定，允许一国维持或建立国有企业，但该国应将履行政府监管、行政等职能的国有企业视为政府或公共机构，并规定其应遵守该国政府在协定下的义务。美国以 1992 年双边投资协议范本为基础签署的 7 个双边投资协议的国家企业条款，将国家企业界定为缔约一方拥有的或者通过所有权权益控制的企业，并以列举方式规定了国家企业应遵守的义务，上述规定虽然没有使用竞争中性这个概念，但提出了竞争中性的理念和核心内容。《2012 年美国双边投资协议范本》对国有企业设单独章节，明确国有企业应当履行的义务及国有企业获得政府权力的途径，目的是防止国有企业利用政府权力获得不公平竞争优势。2009 年 OECD 在《竞争中性：维持公有企业和私有企业的公平竞争》将竞争中性定义为当经济市场中没有经营实体享有过度的竞争优势或竞争劣势时的状态。这一定义涵盖市场中多种市场主体和政府干预市场和企业的广泛措施，明确国有实体和私人商业企业受制于同等外部环境并应确保其在市场上进行公平竞争，政府秉持中性平等对待不同成员国的企业、承担公共职能的私有企业等各类市场主体，不能不合理地给予任何企业竞争优势，并从简化国有企业经营形式、厘清公共服务义务、核算特定职能成本、给予商业化回报等方面规定了竞争中性的政策框架。美国在贸易和投资谈判等政治、经济和外交活动中积极推行竞争中性原则，将有关约束国有企业优惠待遇的措施纳入各种双边贸易及投资协定，特别关注国有企业补贴、进行金融改革、增强规则透明度和实行高标准知识产权保护等议题，试图通过贯彻竞争中性原则重新塑造现行国际贸易与投资规则。

TPP 不禁止国有企业和指定垄断企业，但要求缔约方的该类企业从事商业活动必须基于商业因素行事，给予其他缔约方企业非歧视待遇，缔约方向国有企业和指定垄断企业提供的非商业支持不

得损害另一缔约方的利益。TPP 第 17 条对政府控制和管理国有企业的政策施加了限制，对国有企业和私营企业的公平竞争问题规定了具体措施，要求国有企业和指定垄断企业遵守非歧视待遇和商业考虑、非商业性支持、透明度等规定，从而使外国企业获得与国内企业，特别是国有企业相同的制度环境。17 条附件将国有企业区分为中央级别和中央以下级别两类，规定中央以下级别政府所有和控制的国有企业和指定垄断企业适用除外，允许美国、澳大利亚等联邦制国家州政府层面的国有企业豁免管制。尽管 2017 年唐纳德·特朗普就任美国总统伊始即签署行政备忘录宣布退出 TPP，但其确定的理念、原则和协定内容没有因此变更。《全面且先进的跨太平洋伙伴关系协定》（CPTPP）关注防止非中性的政府因素进入市场，要求缔约方承诺对贸易、投资和竞争进行约束，国有企业和私有企业、外国企业与国内企业享有同样的权利和优惠，取消政府给予国有企业的优惠政策。有研究认为，尽管原始 TPP 中有暂停的部分，但 CPTPP 仍是 21 世纪一项高标准的自由贸易协定。（刘笋和许皓，2018）这样，经过竞争中性这个概念提出以来二十多年的发展，其含义从消除国有企业因所有制性质获得的竞争优势，强调政府在国有企业与私有企业的竞争中秉持中性，演进到规范政府对市场主体和市场竞争的干预。与主要约束企业行为和市场结构的竞争政策不同，竞争中性主张平等对待各市场主体，强调规范政府政策特别是可能给市场主体造成竞争优势差异的政策措施，不使任何市场主体被赋予比其他市场主体更多的优待，体现了国际贸易与投资规则的新变化。借用道格拉斯·C. 诺思（1992，第 195～196 页）对制度的定义，可以认为竞争中性是约束政府行为的理念和行动，为国际贸易与投资确立了新的规则与秩序。

竞争中性这个概念由发达国家首先提出，但其具有悠久深厚的理论渊源，在学理上是一个相对中性的概念，体现了市场经济体制的内在要求。竞争中性并非禁止政府干预市场，而是限制政府对市场的歧视性干预，要求政府在干预市场过程中公平地向所有参与市场竞争的经营者提供交易机会。竞争中性不禁止一国设立国有企业，而是反对任何企业依靠政府补贴和歧视性政策获得竞争优势，主张国有企业与其他各类企业平等参加市场竞争。上述主张与中国经济体制改革开放的目标和内容不存在根本冲突。美国等发达国家贸易与投资协定中就竞争中性作出规定，与这些国家普遍存在国有企业，也面临国有企业与私有企业的公平竞争问题密切相关。尽管美国等国家可以利用其限制他国政府对国有企业的支持和对市场的干预，但从起源上看不能认为竞争中性剑指中国，而是全球化发展到今天必然内生出来的制度规则。无论是推进新一轮改革开放，还是处理双边和多边国际经贸关系，中国都不可避免地面临如何对待竞争中性。中国虽然采用竞争中性这个词语较晚，但改革开放四十多年以来，中国较好解决了竞争缺乏和竞争强度不足的问题，政府直接参与资源配置的领域大幅度收缩，直接支持特定市场主体的措施已经让位于普惠性的政策，有力地促进了国有企业、民营经济和外资经济的共同发展和公平竞争。竞争中性提出的政府在市场竞争问题上保持不偏不倚，避免企业间相对竞争优势因政府政策造成变化，非歧视性地对待国有企业和私有企业、本国企业和外国企业等核心内容，也是中国经济体制改革贯穿至今并将成为新一轮改革开放的理念和原则。

党的十八大以来的全面深化改革更加强调发展市场作用和规范政府作用，公平竞争制度建设显著推进。党的十九大报告将竞争公平有序、全面实施市场准入负面清单制度、清理废除妨碍统一市场和公平竞争的各种规定和做法确定为完善社会主义市场经济体制的重要任务。习近平（2018，第 27 页）多次强调保障社会公平正义，形成公平竞争的发展环境，实现各类企业依法平等使用生产要素、公平参与市场竞争、同等受到法律保护。国务院印发的《“十三五”市场监管规划》提出实行竞争中性制度，保证各类市场主体依法平等使用生产要素、公平参与市场竞争。国务院办公厅印发的《关于聚焦企业关切进一步推动优化营商环境政策落实的通知》，强调破除各种不合理门槛和限制，减少社会资本市场准入限制，清理取消市场准入负面清单以外领域的准入限制，实现市场准入内外资标准一致，使外资企业享有公平待遇。2018 年国务院政府工作报告使用竞争中性概念，提出按照竞争中性原则，在要素获取、准入许可、经营运行、政府采购和招投标等方面，对各类所有制企业平等对待。这些论述和举措表明中国改革的理念、方向和举措已经包含竞争中性的核心要求。引入和接受竞争中性原则，既是中国自身推进改革开放的内在需要，也是积极应对经济全球化新变化新趋势，吸收人类文明有益成果，增强社会主义市场经济体制道义认同度的客观要求。

三、理论渊源与逻辑脉络

（一）反对和支持政府干预理论的碰撞孕育了竞争中性胚胎

经济学对政府干预的看法存在巨大差异，竞争中性的思想和偏离竞争中性的政策贯穿于经济自由主义和与之对立的政府干预理论此起彼伏的碰撞过程。17 世纪法国重农学派强调经济活动的自然基础，认为政府的政策应适应自然法则和经济秩序的自然秩序，这一思想成为古典政治经济学思想的重要源泉。《国富论》将政府介入经济活动作为重要论题。18 世纪工业革命至 19 世纪中叶，英国推行自由放任政策，亚当·斯密（1974，第 221 ~ 227 页）对政府抱有敌意，一再斥责那些旨在保护厂商特殊利益的立法，反对政府的偏袒做法，他认为这些人的政治活动是为了欺骗并压迫公众。但是，其对政府作用特别是经济作用采取了实用主义的态度，不仅不完全否定政府的作用，而且在其分析中将政府作为重要的组织机构。他反对特权与垄断，主张一国君主对其所属各阶级人民应给予公正平等的待遇，不能为促进一个阶级的利益而伤害另一个阶级的利益，反对为生产者利益而牺牲消费者利益。在《国富论》第五篇论君主或国家的收入中，他将政府职能限定在国防、公正的司法和有限种类的公共品供给三个领域：君主的义务首在保护本国社会的安全，使之不受其他独立社会的暴行与侵略；其次是设立一个严正的司法行政机构，保护人民不使社会中任何人受其他人的欺负或压迫；第三是建立并维持某些不能期望由个人或少数人创办但从社会观点看为社会发展所必需的公共机关和公共工程。（亚当·斯密，1974，第 254 ~ 375 页）在第四篇论政治经济学体系，他主张在国防所必需的特定产业和在国内对国内产物课税这两个场合，给外国产业加上若干负担以奖励国内产业是有利的。（亚当·斯密，1974，第 34 ~ 36 页）这样，政治学和哲学中同等对待同等者的理念在经济学得以确立，并深刻影响此后经济学家对竞争是否合理、公正与公平的看法，并孕育了竞争中性的胚胎。

18 世纪欧洲古典经济学家吸纳神学家应用于整个世界和科学家应用于物质世界的自然秩序自动调节的思想，成为经济学发展的有力促进因素。重农学派借用古希腊经院学派的自然法则学说鲜明地表达了其经济理论与政策，他们认为独立于人类意志的自然法则优越于人类设计的任何秩序，主张废除对国内贸易和对外贸易的限制，将赋税对象限定在从土地取得的“纯生产物”。这一思想强调，错综复杂的现象背后存在一种秩序，保持这种秩序不是人类深思熟虑的结果，而是上帝赋予人类的本能所起的作用，这样建立起来的秩序被认为最有利于人类福祉。正如哈里·兰德雷斯和大卫·C·柯南德尔（2014，第 86 页）所说，古典经济理论偏好自由放任思想，认为经济世界存在一种自然规律和自然法则，强调自然的自有系统可以协调私人利益和社会利益。秉持这一理念并不是他们认为市场是完美的，而是基于所处时代的历史与制度结构，市场通常会比政府干预产生更好的结果。在古典经济学理论看来，人为干预是不必要和不合意的，政府应该将其活动限制在确保和平和竞争的环境，允许公民最大限度追求自己的目标。古典经济学的不干预主义刚好和英国的崛起、胜利和称霸相重合。埃里克·霍布斯鲍姆（2016，第 253 ~ 268 页）认为，恰恰是大功告成本身使得完全的放任自流不仅可能而且可取。作为唯一的工业强国，英国能够把商品卖得比任何国家都要便宜，况且，国际限制政策越少，它就能卖得越便宜。19 世纪六七十年代，由于出现了严重的贫困、健康等问题和社会成员对平等权利的要求，社会可以自我调节的乐观看法遇到越来越多的挑战。随着德国、美国和日本等国家工业化的推进，英国工业品的国际竞争力面临挑战，自由贸易不足以维持其世界工厂的地位，英国开始转向扩张政府职能之路。两次世界大战之间的萧条迎来了一个政府职能大举拓展和经济干预加强的空前时代，英国政府实施了保护关键产业和推动行业兼并重组等政策，对无线电报、电话、广播、石油等领域实施了国有化。第二次世界大战结束的最初几年，工党政府将国有化拓展到英格兰银行、铁路、航空、煤气、电力等行业，形成了政府主导型经济。

新古典主义把政府干预视为经济低效的主要原因，自由主义政治理论更是把自由界定为不受干涉的自由。安·赛德曼和罗伯特·赛德曼（2006，第 111 页）指出，新自由主义把市场看作一个不受干涉的、价值中立的自然力量，不考虑那些限定市场、扭曲财富分配的制度。显而易见，这种策略实际上试图重演欧洲早期自由竞争的历史。保罗·巴兰（2016，第 126 页）指出，在竞争的资本主义制度下，没有足够的理由预期产出的最大化得以实现，甚至最热心的资本主义辩护士也不敢希望在当代资本主义经济中使这种条件得以满足。失业、生产能力过剩和削减农业生产等足以显示，当今资本主义制度正在生产的产品产量比现有设备、资源和人力所可能生产的产品产量要小，而且常常要小得多。因此，资本主义不可能达到与技术进步、人口增长和创造性潜力相一致的增长率。面对 20 世纪 30 年代的大萧条，古典经济学理论束手无策，自由放任政策遭到批评抵制，凯恩斯在研究这次大萧条中创立了宏观经济学，提出宏观经济政策，主张大幅度扩张政府传统职能，引起政府作用扩张以及政府与市场关系根本而长期的变化。凯恩斯发现总需求波动引致市场经济不稳定，“看不见的手”不能实现总产出和充分就业的均衡，进而提出政府实施财政和货币政策实现充分就业。这种着眼于实现宏观经济稳定实施积极和有限政府干预的思想，为政府发挥更广泛作用提供了依据，培育了后来生长出竞争中性的土壤。

20 世纪 70 年代主要资本主义国家失业和通货膨胀并存，政府过度干预被认为是引致这一问题的根源，凯恩斯主义学说和政策主张受到越来越多的质疑和批评，这一变化缔造了竞争中性的种子。货币主义、理性预期和新古典宏观经济学认为凯恩斯主义宏观经济政策建立在具有本质缺陷的理论之上，市场经济有能力实现宏观经济稳定，重复运用扩张性货币政策导致通货膨胀加速，政府没有能力运用需求管理政策实现总产出和充分就业的均衡。80 年代实际经济周期理论从供给侧解释宏观经济不稳定的原因，认为技术进步率的大规模扰动、能源价格变化和政府管控等因素都能引发短期非均衡效应。该理论将总产出的波动视为外生因素冲击造成的暂时偏离，这种偏离是理性的经济行为人对外部环境变化的反应，进而主张财政和货币政策不可能具有任何实际效果。正如莱斯特·M. 萨拉蒙（2016，第 1 页）所说，七八十年代以来，世界范围开展了一场关于如何处理公共问题的反思。八九十年代在新自由主义影响下，发达国家普遍将私有企业从法律、规制和政策的限定中解放出来，国际贸易和资本流动更加便利，政府作用大幅度收缩。这种不干预主义并非适合哪个单独的国民经济，而是反映了经济全球化利益主要由跨国经营企业获得，在这些跨国企业看来，国家及其法律不过是自己谋利道路上的障碍而已。工业革命以来政府经济政策与理论的历史，也是支持和反对政府干预两种对立理论博弈、兴起、衰落、复活的历史。20 世纪末的金融动荡使人们对新自由主义热情渐退，2008 年国际金融危机之后人们对新自由主义改革提出质疑，各国的宏观经济政策重新回归通过货币和财政政策稳定经济的轨道。与此同时，更多人放弃了市场能够独自促进繁荣的教条，主张政府掌控更多的对经济控制权，贸易保护和支持国内产业等政府干预措施再次受到青睐。2019 年 5 月 16 日，美国商务部工业与安全局宣布将华为技术有限公司及其关联方列入该局的实体名单，利用中国对美国芯片等产品和技术的依赖限制企业向华为出售零部件和技术，力图切断华为获取谷歌软件、高通芯片等产品供应的措施，是美国联邦政府干预经济的最新例证。

（二）政府与市场并存和市场需要制度保障催生了竞争中性理念

经济治理理念在强调期望市场发挥作用思想和市场有效运转需要制度保障，即政府和市场同时存在共同发挥作用理论蕴含了竞争中性理念。古典经济学家主张自由竞争，但也承认政府必须参与从界定财产权、实施合约到抑制垄断势力等特定经济活动。即使18世纪的自由放任主义思想虽然强调对国家权利的限制，但也主张政治参与对维护自由制度必不可少，要求市民热衷参与公共事务，并将把公共利益置于个人利益之前的能力称为市民的美德。因此，自由放任主义思想的要点不是一极而是二极。市场经济不是天然产生的制度，更不是天然稳定和谐的制度，必须始终受到政府这个养护人的养护。（金碚和刘戒骄，2003）西方学者提醒到，当人们热衷于政府对经济进行干预的时候，要注意发挥自由市场机制的作用；当人们迷信自由放任是万能钥匙的时候，应该注意社会对政府干预的需要。（米德，2015，第5页）

古典经济理论认为经济运行天生稳定，市场通过价格机制进行自我矫正实现生产和分配的效率，但也承认实际经济状态可能偏离充分就业，只不过市场机制能够迅速有效地使其恢复到均衡状态。正如亚当·斯密（1974，第252页）所说，在自然自由的制度下，应完全解除君主监督私人产业、指导私人产业和使之最适合于社会利益的义务。要履行这种义务，君主们极易陷于错误；要行之得当，恐不是人间智慧或知识所能做到的。这一论述不反对政府创造和维护良好制度，使“看不见的手”发挥作用。古典经济学理论也认识到，现实中不曾有一种经济能够完全依赖“看不见的手”顺利运行。相反，任何实际的市场经济都面临如何完善制度，解决过度污染、失业、金融恐慌、贫富两极分化等问题。任何一个政府，无论多么保守，都不会对经济袖手旁观，而必须解决市场缺陷确保市场存在并运转良好。市场的有效运转需要政府制定和执行正式规则，保护产权和交易合约，形成一个交易成本足够低的经济体制，而这一系列制度条件恰恰需要竞争中性保障。蒂莫西·耶格尔（2010，第5页）形象地说，良好的制度好比迷宫的围墙，除了开放少数几条通道外，必须堵住所有寻租的通道，逼迫企业主攻技术创新和制造更有竞争力的产品而不是通过特殊待遇和政府保护来谋求利益。

约翰·穆勒（1991，第540～542页）在研究政府职能和作用的实际界限时，提出了政府和市场同时存在的论断。他将人类活动区分为自由领域和强制领域，前者仅与个人相关，不影响他人和社会利益，未经同意政府不能干预。后者影响他人和社会利益，政府可以为促进公共利益采取强制措施进行干预。他列举的政府必要职能有保护人民免遭暴力和欺诈、必要时接管财产、强制履行契约、解决和防止纠纷、保护弱者、铸造货币、规定度量衡单位、提供公共产品。这样古典自由主义严格有限的政府作用思想开始向更具扩张性政府的学说转变，显然这一转变也是沿着竞争中性轨道前进。当然，约翰·穆勒反对法令和政府官员进行控制和干预经济事务，主张经济事务应由具有直接利害关系的人自由地去做，因为他们比政府对结果具有强烈得多、直接得多的利害关系，比政府更清楚采用什么手段可以更好达到他们的目的。他还批评了他所处年代法国对制造业的干预，谁可以办厂、应该生产什么，应使用什么原料、工艺和生产方式，这一切都由政府来决定。仅仅把事情做好是不够的，还必须按规定去做。他认为这是家长式的统治和多管闲事而刁难人的干预。

保罗·萨缪尔森和威廉·诺德豪斯（2012，第100～123页）进一步写道，那些希望将政府缩减为警察加灯塔的人只能生活在梦幻的世界中。每个有效率并且讲人道的社会都会要求市场和政府同时存在，市场和政府二者缺一现代经济将孤掌难鸣。他们将市场经济中政府职能归纳为三项。一是政府通过促进竞争、控制污染等外部性问题和提供公共物品等活动来提高效率。二是通过财政收税和预算支出等手段，为增进公平有倾斜地进行再分配。三是通过财政政策和货币政策促进宏观经济的稳定和增长，减少失业和降低通货膨胀。在此基础上，他们批判否定政府作用的主张，指出哈耶克和弗里德曼反对的社会保障、最低工资、国家公园、累进税制，以及致力于环境保护和减缓全球变暖等政府规制，在当今高收入社会中绝大多数人都拥护这些计划。

竞争中性还源于政府参与经济活动的强制力。政府是对全体社会成员具有普遍强制力并有权征税的组织。政府之外，任何组织之间的交易都是自愿的，政府对私人部门的干预可以采取强制性手段，可能对市场主体造成差异化的影响。在经济学传统模型中，政府被视为一个外生变量和等待执行明智建议的机构，不承认政府中的每个个体也像消费者和生产者一样有自己的行事方式。与传统分析将政府视为外生的社会计划者不同，20 世纪 70 年代由诺德豪斯等提出的现代政治－经济模型认为，政府不是外源代理人，而是政治和经济体系内生的部分，具有自身动机和策略的一群个体的集合，政策制定者也是在体系内行使职责。一旦将政府作为内生因素，经济政策难免受到局部利益影响而偏离竞争中性要求，用追求福利最大化来解释经济政策的制定和实施就不再可行。布赖恩·斯诺登，霍华德·R. 文（2019，第 454～455 页）更明确揭示，新政治宏观经济学认为当政者在很大程度上受到强大的不同团体的压力和国家中心力量的影响，而不是在经济学家的建议下采取不偏不倚的行动，其决策过程是一个平衡利益的行为而不是寻求最优的行为。斯蒂格利茨（1998，第 34 页）进一步指出，政策制定不能采取从上至下的方式，而应采用系统各部分互动方式形成具有适应性和渐进性的政策。政府在影响私人生产的同时，自身也直接参与生产。政府通过法律体系和法律机制、直接和间接补贴、信贷活动、提供公共服务等方式影响了私人生产。为避免这些活动对市场竞争的干扰，必须按竞争中性约束政府经济作用，保证市场竞争不因政府的干预而扭曲。历史实践表明，市场经济不能独自有效运行，政府对经济放任不管必然导致垄断、负外部性和贫富悬殊等市场失灵问题，任何市场经济都要依靠政府解决这些问题。

（三）不同类别市场主体公平竞争使竞争中性概念破茧而出

世界各国普遍实行混合经济形态，既有私营企业又有政府出资举办的国有企业，客观存在不同市场主体之间的竞争。各类市场主体之间为追求自身利益相互竞争，促进了技术革命和生产率提高，也导致对生产和交换的控制日益集中，使资本主义市场经济形成了一套权力体系，阻碍通过市场竞争达成理想均衡状态。在讨价还价的市场竞争面具后面，是不同经济主体之间的冲突。市场经济国家在解决市场竞争缺乏和市场竞争扭曲的问题中，认识到市场有效运行只有不同市场主体之间展开充分和公平的竞争，才能实现新企业不断进入、生产率较高企业的持续成长和低效率企业被淘汰。因此，西方市场经济国家将公有制作为对私主体实施管制的替代手段，即通过拥有所有权或控制权的投资行使经济控制权。在不拥有所有权，政府就无法运用各种工具有效地影响和协调私部门经济活动领域，设立国有企业，以国有企业取代基于法律和规则对私有企业的规制。由于依靠国有企业立法和所有权可以更直接地达到目的，规避了规制在使私人利益服务于公共目标时存在的困难和矛盾。西方学者早已发现，外部规制与受规制产业存在一定程度的距离，公有制框架内含的灵活的决定程序相比正式的外部法律规制在很多领域，特别是私人垄断弊端大于公共垄断的领域更有效率，便于动用行政手段实施公益价格和标准，达成更高的效率目标。（安东尼·奥格斯，2008，第 272 页）关系国家安全和国民经济命脉的行业领域、不能引入竞争的垄断行业、私人资本无力进入的行业，设立国有企业有利于促进公平竞争。（刘戒骄，2016）当然，采取国有企业经营的前提是，其对规制不利后果的控制比根据法律对私有企业进行控制更有效。

西方发达国家主要有三种形式的国有企业：第一种作为政府部门的附属机构直接由中央各部控制，英国和美国的邮政部门属于这一类；第二种根据立法建立的法定国有企业，其经营领域和权力由立法机构决定；第三种按商法注册的公司制企业，国家拥有所有权全部或大部分。第二种类型即法定的国有企业为西方国家所常用，产品和服务供给很少采用第一种类型。如果偏离竞争中性规则，将误导市场主体的努力方向，使国有企业利用不当的机会排除竞争，谋求和维持垄断地位。即使自我标榜为自由市场经济的美国也有许多产品和服务由政府直接提供给居民，并为此设立适合承担这些任务的专门机构。美国陆军建立了许多导航、防洪、供水工程，美国国家卫生研究院直接经营生物化学实验研究室，政府印刷局从事大量印刷和零售，国家公园管理局管理联邦政府拥有所有权的公园。州和市政府机构负责道路维修、路标设置和交通信号灯的运转，供水和污水处理、港口和机场、消防、图书馆、公共卫生服务也多由地方政府经营。美国联邦政府还创办政府企业和政府支持企业，作为介于政府组织和纯粹私人企业之间从事具有公共性质的商业活动的组织。政府企业是政府所有和管理的机构，在法律地位上是一个独立的企业实体。政府支持企业是政府特许、私人拥有、由私人管理的机构，是一个合法实现公共目的的私人组织。政府支持企业具有明确的法定职能和经营范围，业务领域受到严格限制，仅能从事私人部门无法满足需求的领域，但享有税收减免、法规豁免以及隐含的政府担保，能够以较低的利息发行债券。理论上，政府支持企业获得的特殊优待与其提供的公共服务相关，而实际上政府支持企业通过各种政策制定者理解范围以外的方式获得了大量财政优惠。政府支持企业可以使用极高的金融杠杆高杠杆加上不受限制的在联邦机构债务市场发债的能力，使其可以在某些市场获得极大的竞争优势，而政府支持企业以外的其他金融服务提供者不能获得这种优势。莱斯特·M. 萨拉蒙（2016，第73～74页）指出，政府企业和政府支持企业与私有企业之间的交易是以自愿为基础的商业关系，企业无权强制消费者使用其产品或服务。但另一方面，前者作为公共企业在其业务领域普遍被政府赋予较强的垄断地位，限制了其他企业竞争，也削弱了消费者选择其他企业的机会。尽管官僚机构有许多缺点，但其一个优势是将那些需要通过合约与第三方机构建立复杂外包关系才可以解决的问题内部化。

市场资本主义模型将企业描述为在市场环境中运行，市场犹如企业与非市场力量之间的缓冲器，企业在很大程度上免受社会与政治力量的直接影响。18世纪的英国类似于这种模型，各行业普遍由众多小型所有者直接经营的公司占据市场，企业自由经营及其追求自身利润的同时可以造福消费者，政府对市场的干预不受欢迎。企业和政府主导型出现在大公司和一部分有权有势的精英控制的经济系统。19世纪的美国就属于这一类型，技术变革推动大机器和大企业的出现，中小企业受到排挤并引起垄断和集中，大公司成为商业企业的常规组织形式，腐败和社会问题堆积如山，政治经济受大企业支配。由于资本主义制度的缺陷与无效率，大企业与政府合谋垄断市场。企业游离于应该承担的各种责任之外，束缚大企业的政府管制软弱无力，市场力量无法实现有道德的经营，牺牲多数人利益为少数人谋取财富。（约翰·斯坦纳，乔治·斯坦纳，2015，第6～15页）资本主义进入垄断阶段，利益集团破坏竞争秩序和阻碍市场竞争的弊端突出，西方国家转而制定法律制止垄断和促进公平竞争，结果政府经济职能开始从保护自由竞争向促进公平竞争转型，竞争中性概念由此被提出。

四、统一市场建设与制度型开放

（一）对标国际规则促进制度型开放

市场是供给者与需求者对接的重要场所和制度安排。从效率和绩效看，开放的市场比封闭的市场更有效率。由于自然条件限制和制度差异，世界各国市场开放程度差异巨大，开放程度不同使一些国家和经济体成为拥有相对独立的贸易与投资规则的区域性市场。随着经济全球化深入推进，跨国公司要求突破区域性市场对贸易与投资的限制和分割，在更大区域范围实现贸易与投资规则的统一和市场开放。各国政府经济政策差异，特别是一国政府给予本国国有企业和其他企业的特殊支持政策给外国企业造成的竞争劣势受到关注，约束政府影响市场竞争的歧视性政策成为各国进行贸易与投资合作需要应对的问题。因此，发达经济体主张在自由贸易协定和双边投资保护协定中推行竞争中性原则，将其从边界规则扩展为边界内规则并纳入国际贸易与投资协定协商的重要议题，就是为了满足跨国公司统一全球贸易与投资规则和市场一体化的需求。（张琳和东艳，2014）

世界各经济体的发展方式和经历各不相同，经济形态和组织方式存在差异，是多样性与合一性的统一。任何类型的经济体都无法独立生存，而是与其他经济体相互联系和相互交织，进行产品和服务的广泛交换。米格尔·森特诺和约瑟夫·科恩（2013，第 7 页）将这种各个社会在你争我夺中趋于一致的历史发展定义为全球资本主义，并强调全球资本主义体系中的所有参与者都必须遵循相同的游戏规则，即尊重市场的中心地位，主张市场开放，反对市场封闭。在曼瑟·奥尔森（2018，第 185～199 页）概括的能够带来繁荣的社会规划型市场经济中，仅当社会中某些制度得以稳固时才能形成。也就是说，只有把开放的一些政策和做法制度化，财产权和合同执行十分可靠，重要的投资和交易活动才会发生，源于市场的收益才会形成。改革开放以来，中国努力推动经济立法与市场经济体制和国际经贸规则接轨，目前正处于由商品和要素流动型向规则等制度型开放转变的阶段。这个阶段应对标国际经贸规则，完善保障公平竞争和市场经济有效运作的法律体系与制度规则，加强法律和经济手段作用，最大限度收缩行政手段，实现国有企业、民营企业和外资企业等各类经济主体享有同等的营商环境。在经济贸易领域，需要更多采取法律手段，用法律和制度这种稳定、不以人的意志为转移、可预期的规则取代受权力人的偏好影响的制度，减少行政机构的自由裁量空间，为市场主体提供确定的行为规范。

（二）整治地方保护和行政垄断建设统一市场

统一是现代市场体系的基础环节，直接关系到市场配置资源作用的范围和程度。统一市场有交易场所和交易制度两层含义。从交易场所看，统一市场要求允许尽可能多的市场主体进入市场参与交易，所有潜在买者和卖者进入市场不受除自然因素以外的其他因素的阻碍，尤其不能受到政府歧视性规则和政策的排挤和限制。从交易制度看，进入市场的市场主体能够按相同规则和政策开展经营活动，公平地参与市场竞争，尤其不能受到政府政策和管理的不合理束缚和不公平对待。与碎片化的区域性市场相比，统一市场使市场主体的选择空间显著扩大。区域性市场失去独立性和封闭性发展成全国统一市场的过程，也是居于垄断地位的产品和服务面临更多更强替代竞争的过程。替代竞争提高了产品和服务的价格弹性，逼迫垄断者接近竞争性市场的经营策略以应对替代竞争，因而改善了市场绩效。

无论是发达市场经济国家还是新兴市场经济体，地方政府在促进地方发展和维护本地利益方面普遍享有广泛的权力。面对区域外产品与服务的进入，地方政府基于实现本地税收和就业目标的需要，具有保护本地企业和实施地区垄断的自利动机，倾向于为本地企业和本地项目提供支持。地方保护和行政垄断造成市场分割，相当于为本地市场设置了一个本地企业正常准入、域外企业难以逾越的壁垒，抬高域外企业市场准入门槛，排除、限制域外企业参与资源配置和市场竞争，使本地企业减轻或免受竞争冲击。这种偏离竞争中性的政府作用导致地区间企业成本和竞争优势的不合理差异，诱导企业将核心资源和能力用于谋求地方政府的更多保护，扭曲市场的资源配置作用。行政垄断的危害比市场竞争形成的垄断更严重，因为前者诱导企业谋求政府保护排挤潜在竞争者，市场竞争受到制度性挤压，效率更高的企业难以进入市场。后者企业仍然需要面对潜在竞争压力，而潜在竞争迟早会转化为现实竞争并削弱垄断者的市场势力。只有用竞争中性约束地方政府不偏不倚地发挥作用，禁止地方政府滥用权力限制和扭曲市场竞争，才能推进同时市场建设。禁止和限制成员国政府采取限制竞争措施推进统一市场建设，促进要素、产品和服务在欧盟范围自由流动的经验值得借鉴。在欧盟成立之初，国有制和政府补贴等政府设置的贸易壁垒在成员国普遍存在，约束成员国政府扭曲和限制市场竞争行为成为建立统一市场和实现统一市场内公平竞争必须应对的挑战。尽管欧盟成员国均为主权国家，但欧盟仍然采取措施整治成员国政府支持和补贴本国企业、具有非关税壁垒作用的行政行为和限制资本在统一市场内自由流动等做法。（威廉·科瓦西奇等，2017，第 44～48 页）

在改革开放中，中国按照构建全国统一市场体系和促进各类市场主体公平竞争要求，纠正了地方政府对外地企业设置的歧视性准入条件、限制企业跨地区经营等妨碍全国统一市场形成的规定和做法，开展了资源要素市场化配置改革，根本改善了各类市场主体依法平等使用生产要素、公平参与市场竞争的环境。中共中央、国务院2018年发布《关于建立更加有效的区域协调发展新机制的意见》，明确健全市场一体化发展机制，推动区域市场一体化建设，促进形成全国统一大市场。实现这一目标需要清理和废止妨碍统一市场和公平竞争的各种规定和做法，整治地方政府为特定企业排除、限制竞争提供支持，帮助其维持或加强市场力量等地方保护行为。在地方公共资源配置和公共项目招投标过程中，重点整治对域外企业规定与本地企业不同的技术和资质要求、强制域外企业在本地设立子公司、设置排他性门槛等行为。在市场监管方面，重点整治以更严格的检查、认证和许可管理等歧视性措施干扰和限制域外企业进入本地市场。在行政审批方面，削减前置条件，精简和便利市场主体取得许可和资质等文件。在要素流动方面，以改革束缚劳动力资源流动的碎片化和区域分割的社会保障制度为突破口，推进各地区社保制度的衔接，保障多地参保人员个人账户待遇，尽快建成全国统筹、覆盖全民的社会保障体系。

（三）约束局部利益和集团利益促进社会整体利益

福利经济学国家理论认为，政府是一个追求社会利益的公共组织，可以基于维护公共利益对私人部门行为进行适当干预。但是，福利经济学家同时指出，不要指望任何政府当局会按着最有利于国民所得的方式配置资源，因为所有政府当局都有可能愚昧无知、受利益集团的影响或者受私利驱使而腐败堕落。（A·C·庇古，2006，第348页）公共选择理论则强调政府的自利属性，质疑政府干预的有效性，认为政府有动机凭借强制性权力设租，私人部门有动力投入大量资源从事非生产性的寻租和捕获政府的活动，结果寻租者获得好处而不专注于组织目标，整个社会特别是无力寻租群体的利益受到损失。政府在行使经济管理职能时，容易受到利益集团的影响，歧视性地引导和配置稀缺资源。托马斯·索维尔（2018，第388页）强调，必须区分什么事情政府能够比自由市场做得更好，什么事情是政府出于政治激励与约束影响去做的，并记住它们之间的差异。当我们把政府看作社会的代理或整体的执行者时，就会混淆政府能够做什么和政府倾向于做什么之间的区别。可见，竞争中性旨在约束政府自身的局部利益和激励，使其更多地考虑社会公共利益。

经济发展推动社会群体的分化和独立，每个群体都有自己的利益和政策主张。某些利益群体具有影响政府决策的资源和能力，谋求通过影响政府政策和行为增进自己的利益，也有一些群体缺乏这种能力。谋取自身局部利益的群体往往致使政府失去独立性，损害社会整体福利。亚当·斯密（1997，第299页）对局部利益和利益集团有清晰生动的描述：每个国家拥有许多不同的阶层和社会团体，每个阶层和社会团体都有它自己特定的权力、特权和豁免权。每个人同自己的阶层或社会团体的关系自然比同其他阶层或团体的关系更密切。他自己的利益，他自己的声誉，以及他的许多朋友和同伴的利益和声誉，都在很大程度上同他人有关联。他雄心勃勃地扩展这个阶层或社会团体的特权和豁免权；他热诚地维护这些权益，防止他们受到其他阶层或社会团体的侵犯。当代西方学者进一步指出，经济发展总是由对新的经济和社会秩序感兴趣的阶级和集团推动，总是受到对维持现状感兴趣的阶级和集团的反对和阻挠，后者从现有的社会结构中获得了无穷的好处，形成了自己的思想习惯和立足点（保罗·巴兰，2016，第80页）。在美国等西方国家，利益集团的政治势力非常强大，因为议会的每个成员在很大程度上独立于其政党宗旨，他们实际代表选区的利益，并且积极回报那些资助其竞选的利益群体。利益集团通过政府可以影响优惠政策、要素配置和特许权在不同市场主体的分配并造成局部利益与整体利益差异，个体的理性选择会导致整个社会的非理性结果，使竞争中性受到干扰。原因在于，局部利益受益者坚持从政府支持和保护中获得好处，他们对于整体经济会因为这些限制受到损失置若罔闻。每一种保护对于经济的其余部分都是一个负担，有益于某一产业的保护措施对经济其他方面的损害可能甚于受保护产业带来的好处，结果是每个人的处境比没有人受保护时变糟了。即使认识到这一点，每一个利益集团仍然普遍坚持先去掉对别人的保护，然后再触及对自己的保护，于是整个经济体陷入了一个囚徒困境。竞争中性及其维护的市场有效运行能够拆除保护局部利益的壁垒。

在基础设施和公共服务领域，必须约束经营者的局部利益，禁止其利用特许经营权等行政手段进行不公平竞争，使其开放接入并按非歧视性方式提供产品和服务。只有将其行为约束到能够非歧视地对待各类用户，才能避免某些用户受到额外优惠或不公正对待，确保与其有关的市场实现公平竞争。私有企业垄断基础设施和公共服务，需要复杂的规制约束经营者的行为和选择权，使其无歧视地提供产品和服务能力，限制其实施垄断定价和反竞争行为。在规制不完善的条件下，基础设施和公共服务由国有企业提供有利于克服私人垄断的弊病，保障各市场主体平等利用基础设施和公共服务，实现竞争中性。因此，不能仅仅根据政府所有和控制而推断其对竞争中性具有阻碍作用。正如安·赛德曼，罗伯特·赛德曼（2006，第242～243页）所指出，即使发展一个生机勃勃的私营部门，也需要国家对相关制度进行改革。缺乏政府支持，私营部门很难取得成功。特别是在基础产业和金融业等领域，投资数额高且短期内难以获得丰厚的投资回报，私人创业风险太大，难以很快实现盈利。如果政府碌碌无为，这些领域会成为发展的瓶颈。所有这些因素无不呼唤成立国有企业提供配套服务。对于私人企业而言，其成功经营也离不开一个持续扩张的国有部门的大力支持。缺少富有活力的国家资本主义作后盾，私营部门不会兴旺发达。

五、规制改革与产业政策转型

（一）放松和减少规制促进市场竞争

规制作为实现特定公共政策目标对市场主体行为的约束，不可避免地束缚企业的运营和竞争选择空间，妨碍竞争、创新和生产率增长之间的良性循环。规制在促进实现公共政策目标的同时可能弱化竞争中性的目标，甚至与竞争中性存在冲突。如政府对竞争性领域的价格规制限制企业进行价格竞争的选择空间，对市场主体可能产生不同的影响，淘汰不合规企业有时与发展中小企业目标冲突。又如政府在发放特许经营权方面，如果偏好某种技术经济标准就可能使一些企业处于竞争不利地位。再如产品市场的规制以及限制劳动力流动和土地使用的政策具有保护在位企业和限制新进入者的作用，对这两类市场主体的影响存在差异。负责实施规制的基层机构和一线工作人员的自由裁量权，经常导致相似的被规制企业受到宽严不同的监督和惩罚，容许一些竞争者无视规制而获得竞争优势，规制实施这种差异性和选择性必然造成规制与竞争中性的冲突。许多规制以详细的限定性规则为主要工具，要求被规制者遵守规制指明的技术标准、产品和工艺参数，规制规则复杂且执行成本高。经济学家对复杂、低效和高成本规制持批评态度。道格拉斯·C. 诺思（1992，第198页）发现，在等级制度里，竞争越是被冲淡，对正规章程的需要就越大，为衡量绩效发明的检查手段便越复杂。埃里克·霍布斯鲍姆（2016，第249页）形象地写道，日积月累的深厚传统形成一大堆庞大、杂乱、低效、费钱的制度和制度短板。现代经济活动日趋复杂，规制者无力掌握充足信息，不能代替企业进行有效的决策。皮尔·弗里斯（2018，第8页）说，工业革命的本质是市场的兴起及市场竞争取代了中世纪的管制。经济增长以及作为经济增长特殊案例的工业革命，归根到底只有联系到市场才能予以最好的解释。

竞争中性要求国有和私有企业受到相同规则和宽严程度相当的规制，从歧视性规制转向公平竞争规制（戚聿东和李颖，2018），不使任何市场主体获得不合理的竞争优势。满足上述要求，必须减少直接受规制产业的数量和领域，放宽绝大多数产业的规制限制。一时不能放松和减少的规制，应对各类市场主体一视同仁，避免规制引发企业间成本和竞争优势差异。可以放松和减少的规制，赋予市场主体自主交易的足够自由度和空间，扩大其在具体经济活动中交易对象的选择权和交易条件的决定权，才能更好使规制与竞争中性兼容。正如戴安娜·法雷尔（2010，第148页）所说，规制虽然和税收一样难以放松和减少，但放松和减少规制可以让规制充满活力。埃伦·米克辛斯·伍德（2016，第56页）更深刻地指出，资本主义之所以在西方起源并不是具备某些因素，而是由于缺乏某些因素，即对城市经济活动的限制和束缚。穆雷·N. 罗斯巴德（2015，第825~827页）将政府干预区分为三种类型的分析可以深化经济学对规制的认识。一是封闭性干预，干预者命令被干预者做或不做某些事情，这些行动仅仅直接涉及被干预者的利益，禁止交易就是封闭性干预的典型事例。二是二元干预，干预者强迫被干预者与其交易或输送利益，直接影响干预者和被干预者之间的利益关系，典型事例包括征税、补贴和转移支付。三是三元干预，干预者强制或者禁止被干预者与他人交易，直接影响干预者和交易双方的利益关系，价格规制、特许经营属于三元干预。自由市场交易具有自愿和互利的性质，市场发生的一切活动都源于对交易者自己有利的预期。规制类似于强制干预，意味着市场主体被迫做规制者要求其做的事情，其行动策略也因规制者的强制要求而改变。在封闭和二元干预中，每个被规制者都有效用损失。在三元干预中，受影响的被规制者或其交易对象至少一方损失效用。因此与自由市场相反，每种规制情形都使某些市场主体受益，同时另一些市场主体受到损失，具有单方付出而非互惠交易的性质，并引起参与者利益的内在冲突，必须将规制限制在收益大于成本的合理范围。

简化和放松规制应按减少规制替代和压制市场竞争的原则，改变规制机构向被规制者施加过细要求的做法，重点规定被规制者应该达到的目标，对被规制者采取何种技术和措施达到规制要求进行更为一般性和原则性描述，同时赋予被规制者依托其信息优势和组织能力进行自我规制，规制机构通过建立明确的规则和有效的执行机制进行监督与干预，在科学评估的基础上决定是否进行干预以及干预的手段。这种规制有助于被规制者准确理解相关要求和选择达到要求的最优路线，能够在成本更低和被规制者接受度更高的条件下实现规制目标，且能最大限度与竞争中性目标保持一致。这方面最典型的事例是如何控制生产者造成的环境污染。以往多采取直接限制方式，由政府限定企业达到的标准和应该采取的措施，确定边际社会收益刚好等于边际社会成本的污染水平。这一做法以规制机构掌握每个污染者治理污染的成本信息这个不现实的假设为前提，由于这一假设难以成立，直接强制限制方式不能为污染者提供不污染的激励，必然使污染控制偏离经济最优状态。现在一些国家采取建立污染权交易市场的办法，根据资源环境和健康安全标准，确定一个允许的污染物总量并根据排放数量对污染者征收费用，允许对排放一定量污染的权利进行交易。这种办法赋予企业自主决定如何达到标准要求，激励企业将排放成本降低到低于排放权的市场价格，从而在各个污染者之间将允许的污染总量进行有效分配，使治理污染成本最低的企业优先承担清除污染的责任，以最有效率的方式实现规制目标。重要的是，采取市场交易办法控制污染能够与竞争中性兼容，使受规制对象享有同样的规制环境，有利于避免任何企业在规制方面受到与其他被规制者不同的对待，最大限度减少规制对市场竞争的干扰。

（二）推进市场准入管理的非歧视化

市场准入管理方式关系市场主体进入市场的可能性和便利程度，是影响竞争中性的重要因素。歧视性市场准入管理提高了一些企业市场准入成本，限制其参与竞争的能力，并使享受准入优待的企业获得不合理的成本优势。这种源于歧视性市场准入管理导致的相对成本差异，为特定企业维持和加强市场势力、实施反竞争行为提供可能，进而损害社会福利。竞争中性要求要求在市场准入管理上平等对待各类市场主体，确保国有企业与非国有企业、外资企业与东道国国内企业享有同等的市场准入规定和便利程度。中国正在全面实施全国统一的市场准入负面清单制度和动态调整机制，对外商投资实行准入前国民待遇加负面清单的管理制度，不再限定企业组织形式、经营活动等内容，外资企业享受与内资企业同等的市场准入管理。外国投资者可以在没有国内合作者的情况下建立独资企业，也可以直接收购现存的国内企业。下一步应按竞争中性要求，进一步缩减和更具体地界定负面清单领域，加强负面清单管理制度的实施机制建设，普遍落实“非禁即入”。负面清单以外的领域向各类市场主体开放，民营企业、国有企业和外资企业享有同等准入条件，确保任何市场主体不受歧视性对待。

创新市场准入管理制度，探索以准入后监管取代准入前认证许可。创新市场准入审批许可管理制度是全国统一的市场准入负面清单管理制度有效实施的保障。任何市场准入的认证和监管都会增加企业成本，并削弱市场竞争和创新激励。为解决市场准入前置条件和程序过于严格复杂，容易偏离竞争中性原则，制约市场在更大空间和领域优化资源配置，压制新企业与在位企业竞争等问题，中国正在开展精简准入前认证、实行准入后加强和规范管理的改革。以准入后监管取代准入前认证，可以大幅度降低新厂商从决定进入到实际进入并开始运营所需要的时间。这个时间越长，在位厂商阻止新厂商的进入越容易，采取垄断行为的可能性越大。乔·贝恩（2012，第 203 页）的分析表明，如果进入壁垒足够高，在位厂商可以在行业利润最大化的价格水平上阻止进入，即使阻止进入的价格水平低于利润最大化水平，也比成本高出许多。将非常高的进入壁垒降下来，即使没有同时采取降低集中度的行动，也会提高竞争的可行性并改善市场绩效。因此，应减少准入前认证，将准入前认证限定在满足最低标准要求的范围以内，除涉及人身生命健康、国家安全、系统性风险和生态环境保护等特定事项保留前置审批外，应放宽对市场准入前置条件的限制，并最大限度在市场准入后管理过程中保持中性，保障任何市场主体都能够不受歧视地获得认证许可。对于通过准入后监管能够纠正不符合准入要求且不会导致严重健康、安全和环境后果的领域，可以采取企业承诺和备案即可以准入的管理制度，合规情况由企业自我把关申请检验。政府按无事不扰守法者的原则在准入后进行复核和检查监督，加强准入后监管，加大违法违规惩罚力度对于继续实施准入前认证的领域，应避免由于管理机构偏好一种品牌和技术而损害公平竞争。

（三）促进产业政策向竞争中性转型

产业政策包括纵向产业政策和横向产业政策。前者是指政府为实现经济发展特别是产业结构目标对重点产业进行保护、促进、加强的政策以及对产能长期过剩和衰退产业实施的干预政策，其特点是促进一些产业发展而抑制另一些产业发展，通过矫正和限制市场竞争作用发挥政策效果，直接影响资源在产业间配置和一些企业的投资、生产、研发等经营行为。后者是指政府为实现特定经济和社会目标实施的科技创新、健康安全、生态环境、资源能源消耗、消费者保护等引导性和约束性政策，使市场竞争在政策约束的空间内发挥作用，其特点是采取普惠性而不对特定产业、地区和企业采取选择性支持措施，不直接影响资源在产业和企业之间的配置，而是为厂商设定要求和标准并根据企业达标合规情况间接影响资源配置和均衡状态。横向政策会对企业行为施加一定的约束，这种约束对同等企业具有共同和相同的约束而不是选择性适用，但一般允许企业自主决定如何达标合规，并通过达标合规企业之间的竞争进行资源配置。纵向产业政策聚焦于特定行业和领域，在支持传统衰退产业、促进战略性新兴产业成长方面发挥了积极作用，但也有一些企业利用这种政策提高了垄断力，阻碍了新企业成长和中小企业发展，恶化了资源配置效率。纵向产业政策主要采取影响稀缺要素供给的措施，将用地指标、财政、税收、金融等资源优先配置到若干特定产业和领域，对这些产业和领域实行有选择的支持政策。同时为保护一些产业免于竞争威胁实施了市场准入控制政策。竞争中性要求实行能够支持市场开放和促进市场竞争的横向产业政策，减少产业政策对竞争中性的限制和偏离，扩大横向产业政策的作用领域，将纵向产业政策限定在极少数行业和行业的关键环节，大幅度降低其在产业政策体系所占比重。

不同于纵向政策仅适用于个别或少数纵向行业，横向政策从横平面方向对纵向行业全部或部分产生影响。横向产业政策应注意减少对市场作用的妨碍，杜绝采取为某些企业专设和具有任意性的手段，政策手段应优先采取税收、提供公共基础设施、鼓励研发等依据明确、普适和非个人选择性决定的中性政策工具，多采用小宫隆太郎等（1988，第243页）提出的激励引导和与信息有关的政策手段。小宫隆太郎等将产业政策手段划分为直接限制、激励引导和与信息有关的政策。行政审批、配额制、限制参加经营、行政指导卡特尔等直接限制政策，既是歧视性影响该产业内部各企业的政策，又是易产生既得利益的政策，必须考虑其副作用。与此相反，激励引导政策是运用经济激励和资源倾斜配置手段，使某种产业所处的环境条件发生变化的各种政策。与信息有关的政策是指针对信息不完全，由政府协助获得并向市场主体传递有关产业和企业的信息，以减少企业决策面临的市场不确定性。

产业政策转型并不意味着完全放弃纵向产业政策。尽管亚当·斯密提出，最能推动经济发展的不是政府，而是允许各个市场参与者追求自身利益的竞争性市场，但在古典经济学取代重商主义的时代仍然存在政府支持产业发展的政策。乔纳森·休斯和路易斯·凯恩（2013，第76页）说，欧洲人和英国人利用政府权力创造工业、舰队和工作机会，而如果由市场的力量来决定生产什么、在什么地方生产、以什么方式生产、为谁生产，那么世界市场可能并不会创造这样的工业、舰队和工作机会。自那时以来，用政府政策纠正市场失灵、促进幼稚产业发展和实现国家的战略目标的做法在世界许多国家兴起。美国无论地方政府还是联邦政府都具有干预经济发展的职能。1890年被认为是美国经济政策的分水岭，之前经济政策的主线是鼓励经济发展，在制造业抵制外来竞争者以对国内制造商实施保护，之后经济政策的方向转变为控制、节约、再分配以及社会保障。（彼得·马赛厄斯和悉尼·波拉德，2004，第577～578页）美国学者也承认，即便没有十分明确的国家政策，美国政府这些年还是实施了多项创新举措，以期推动各个领域的发展和创新。其涉及的领域多种多样、举足轻重，包括晶体管、激光、互联网和搜索引擎、喷气推进、太空探索、无人机、石油和天然气水平井钻井、新材料、机器人、无人驾驶汽车等。（安东尼·范·阿格塔米尔和弗雷德·巴克，2017，第193页）上述创新的知识来源不仅是自己的研究，还需要建立与创新资源的联系，包括政府支持以及从科研院所、供应商、用户、竞争对手获得的知识和创新能力。无论美国是否存在专门且目标明确的着眼于培育特定产业发展的产业政策，美国联邦政府的军事采购和对科学技术的资助的确补贴了很多产业的发展。正如美国学者大卫·古斯通和丹尼尔·萨雷威策（2011，第155页）指出的，一个政府、学术机构和私人部门资源的结合导致了美国计算机产业发展的一种强大优势，而早些年它的商业化生存机会几乎完全是一个美国故事。初始阶段美国政府在承担高风险下购进高速运行的计算机对第一代计算机的发展做出了重大贡献。最近几十年美国技术发展由苹果、亚马逊、谷歌、微软和通用电气等大型科技集团和联邦政府共同推动。奥巴马政府向人工智能、数字化、生物技术和自动驾驶等领域提供了包括研发补贴在内的广泛支持。特朗普政府通过实施美国优先战略振兴和保护钢铁、铝、汽车工业和农业等传统工业部门，试图将此前丢失的份额重新转回美国。美国学者塞缪尔·鲍尔斯等（2013，第553页）坦率地写道，现代美国公司的强大势力使其有能力游说政府以获得好处并影响舆论。因此，大企业能够促使政府去做增加利润的事情，这方面的事例包括核工业的补贴和军事装备的过度采购。

政策采取支持公共知识创造机构和高风险新兴行业和技术的政策符合竞争中性要求。如果一个企业的研发投入对其他企业和行业发展产生正的收益，承担研发投入的企业不能享受创新的所有利益，这时企业研发活动具有正外部性。在航空航天、先进武器装备和基础研究等需要高强度研发的产业，研发活动的私人收益小于社会收益。如果私人部门在这些领域的研发投入受到抑制，私人部门和市场力量难以解决问题，就需要通过政府干预和支持来解决。像大多数公共政策一样，创新政策不可避免地具有选择性，即使是那些依靠市场竞争来避免挑选赢家的政策，在实践中也会倾向于某些产业领域和地区。既然有选择性，就存在向哪些方向倾斜和选择的问题。巨大的既得利益经常与成熟行业和技术相联系，这些行业中的大企业和行业协会比新兴行业更有能力进行游说，结果往往导致政府政策选择支持现有的成熟行业和技术，这些行业和技术一般没有继续支持的必要，而更需要支持的新兴行业和技术得不到政策应有的支持。可见，具有正外部性的创新活动，在市场不能给予足够强度的激励时，政府支持不会偏离竞争中性原则。正如米格尔·森特诺和约瑟夫·科恩（2013，第133页）指出，如果20世纪的经济史能提供一些明确的经验，那便是政府和市场力量都是强有力的组织方式。试图全部压制它们是不现实的，甚至试图以任何它们可能表现出来的形式将它们挤出市场都是愚笨的表现。目前的工作是用其所能谋利，但同时也对其加以遏制，以免有人滥用这些机制的权力，牺牲整个社会利益为个人谋福利。

参考文献：

1. ［英］A·C·庇古，朱泱等译：《福利经济学》（下卷），商务印书馆2006年版。

2. ［英］埃里克·霍布斯鲍姆，梅俊杰译：《工业与帝国：英国的现代化历程》，中央编译出版社2016年版。

3. ［加］埃伦·米克辛斯·伍德，夏璐译：《资本主义的起源——学术史视域下的长篇综述》，中国人民大学出版社2016年版。

4. ［美］安东尼·范·阿格塔米尔、弗雷德·巴克，徐一洲译：《智能转型：从锈带到智带的经济奇迹》，中信出版社2017年版。

5. ［英］安东尼·奥格斯，骆梅英译：《规制：法律形式与经济学理论》，中国人民大学出版社2008年版。

6. ［美］安·赛德曼、罗伯特·赛德曼，冯玉军、俞飞译：《发展中进程的国家与法律：第三世界问题的解决和制度变革》，法律出版社2006年版。

7. ［美］保罗·巴兰，蔡中兴、杨宇光译：《增长的政治经济学》，商务印书馆2016年版。

8. ［美］保罗·萨缪尔森、威廉·诺德豪斯，萧琛主译：《萨缪尔森谈效率、公平与混合经济》，商务印书馆2012年版。

9. ［英］彼得·马赛厄斯、悉尼·波拉德，王宏伟、钟和译：《剑桥欧洲经济史（第八卷）：经济政策和社会政策的发展》，经济科学出版社2004年版。

10. ［英］布赖恩·斯诺登、霍华德·R. 文，佘江涛、魏威译：《现代宏观经济学：起源、发展和现状》，江苏人民出版社2019年版。

11. ［美］大卫·古斯通、丹尼尔·萨雷威策，李正风等译：《塑造科学与技术政策：新生代的研究》，北京大学出版社2011年版。

12. ［美］戴安娜·法雷尔主编，朱静、陈泽亚译：《驱动增长——破除影响全球经济发展的障碍》，商务印书馆2010年版。

13. ［美］道格拉斯·C. 诺思，厉以平译：《经济史上的结构和变革》，商务印书馆1992年版。

14. ［美］蒂莫西·耶格尔，陈宇峰、曲亮译：《制度、转型与经济发展》，华夏出版社2010年版。

15. 丁茂中：《我国竞争中性政策的引入及实施》，载于《法学》2015年第9期。

16. ［美］哈里·兰德雷斯、大卫·C. 柯南德尔，周文译：《经济思想史》，人民邮电出版社2014年版。

17. 姜舰、郑伟、王翔：《美国竞争中立政策的战略目的及对中国的影响》，载于《上海经济研究》2016年第4期。

18. 金碚、刘戒骄：《构建现代市场体系有效竞争秩序若干问题探讨》，载于《东南学术》2003年第5期。

19. ［美］莱斯特·M. 萨拉蒙，肖娜等译：《政府工具：新治理指南》，北京大学出版社2016年版。

20. 李宇英：《“竞争中立”规制水平的国际比较研究》，载于《复旦学报（社会科学版）》2019年第2期。

21. 刘戒骄：《关于国有企业存在依据的新思考》，载于《经济管理》2016年第10期。

22. 刘笋、许皓：《竞争中性的规则及其引入》，载于《政法论丛》2018年第10期。

23. ［美］曼瑟·奥尔森，苏长和、嵇飞译：《权力与繁荣》，上海人民出版社2018年版。

24. ［英］米德，蔡晓陈等译：《聪明激进派的经济政策：混合经济》，机械工业出版社2015年版。

25. ［美］米格尔·森特诺、约瑟夫·科恩，郑方等译：《全球资本主义》，中国青年出版社2013年版。

26. ［美］穆雷·N. 罗斯巴德，董子云等译：《人，经济与国家》，浙江大学出版社2015年版。

27. ［荷］皮尔·弗里斯，郭金兴译：《国家、经济与大分流——17世纪80年代到19世纪50年代的英国和中国》，中信出版社2018年版。

28. 戚聿东、李颖：《新经济与规制改革》，载于《中国工业经济》2018年第3期。

29. ［美］乔·贝恩，徐国兴等译：《新竞争者的壁垒》，人民出版社 2012 年版。

30. ［美］乔纳森·休斯、路易斯·凯恩，杨宇光等译：《美国经济史（第八版）》，世纪出版股份有限公司 2013 年版。

31. ［美］塞缪尔·鲍尔斯、理查德·埃德华兹、弗兰克·罗斯福，孟捷等译：《理解资本主义：竞争、统制与变革》，中国人民大学出版社 2013 年版。

32. ［美］斯蒂格利茨，郑炳文译：《政府为什么干预经济——政府在市场经济中的角色》，中国物资出版社 1998 年版。

33. ［美］托马斯·索维尔，吴建新译：《经济学的思维方式》，四川人民出版社 2018 年版。

34. ［美］威廉·科瓦西奇等：《以竞争促增长：国际视角》，中信出版社 2017 年版。

35. 习近平：《关于“中共中央关于全面深化改革若干重大问题的决定”的说明》（2013 年 11 月 9 日），引自《论坚持全面深化改革》，中央文献出版社 2018 年版。

36. ［日］小宫隆太郎、奥野正宽、铃村新太郎，黄晓勇等译：《日本的产业政策》，国际文化出版公司 1988 年版。

37. ［英］亚当·斯密，郭大力、王亚楠译：《国民财富的性质和原因的研究》，商务印书馆 1974 年版。

38. ［英］亚当·斯密，蒋自强等译：《道德情操论》，商务印书馆 1997 年版。

39. 余菁、王欣、渠慎宁、常蕊：《国家安全审查制度与“竞争中立”原则——兼论中国国有企业如何适应国际社会的制度规范》，载于《中国社会科学院研究生院学报》2014 年第 3 期。

40. ［英］约翰·穆勒，胡企林、朱泱译：《政治经济学原理及其在社会哲学上的若干应用（下卷）》，商务印书馆 1991 年版。

41. ［美］约翰·斯坦纳、乔治·斯坦纳，诸大建等译：《企业、政府与社会》，人民邮电出版社 2015 年版。

42. 张琳、东艳：《国际贸易投资规则的新变化：竞争中性原则的应用与实践》，载于《国际商务》2014 年第 6 期。

43. 张占江：《中国（上海）自贸试验区竞争中性制度承诺研究》，载于《复旦学报（社会科学版）》2015 年第 1 期。

（本文载于《中国工业经济》2019 年第 6 期）

产业政策与企业跨行业并购：市场导向还是政策套利？

蔡庆丰　田　霖

摘　要：本文利用2006~2016年中国上市公司并购数据和人工搜集整理的国家产业政策支持信息，在考虑企业并购双方所属行业政策支持差异的基础上，实证研究了产业政策支持对企业跨行业并购的影响。结果显示，企业更可能对受到产业政策支持的并购目标进行跨行业并购；在此前提下，如果并购企业自身未受到产业政策支持，那么其对受政策支持企业进行跨行业并购的可能性更高；此外，国有企业更可能进行与国家产业政策导向一致的跨行业并购；相应的，如果并购企业受到产业政策支持，那么国有企业也将比非国有企业更加坚持主业经营。进一步分析发现，部分企业跨行业并购后并未实质性转移资源与经营重心，其并购可能仅仅是一种"政策套利"行为，同时非国有企业相对于国有企业的并购行为更可能是"政策套利"动机。本文丰富了政府宏观政策对企业决策影响的研究，并对充实企业并购行为的研究做出了一定贡献。

关键词：产业政策　跨行业并购　所有权性质　政策套利

一、问题的提出

2016年张维迎林毅夫的产业政策之争还未尘埃落定，近日来政府不断收紧新能源汽车、光伏、机场与棚户区改造等一系列产业政策补贴的举动再一次将产业政策问题推上了舆论的风口浪尖。除了现实政策层面的争议不断，产业政策对经济的影响也一直是学术界研究和争论的热点。正如饶品贵等（2016）所指出的，当前学术研究的一个重点与难点就是从宏观政策出发落脚到微观企业行为，而将宏观经济政策内化到企业微观决策行为中进行研究是更有价值的。许多学者也意识到了这一问题，分别从产业政策影响企业融资（陈冬华，2010）、生产率（宋凌云和王贤彬，2013）、投资效率（黎文靖和李耀淘，2014）、企业研发创新（黎文靖和郑曼妮，2016）以及行业进入（李莉等，2013）等方面进行了十分有意义的探索。本文认为，由于企业并购意味着企业所有权和控制权的转移以及资源的重新分配（赵勇和朱武祥，2000），进而对经济造成巨大影响，企业并购自然会为政府所的重视，同时不可避免地受到产业政策的影响，但遗憾的是目前并没有关于产业政策影响企业并购行为方面的系统研究。

对产业政策如何影响企业并购行为进行研究无疑能够完善对产业政策效应的评价，具有一定理论价值。现实中一个有趣的现象是，虽然自由主义学者不断抨击产业政策对经济的不利影响，但政府却乐此不疲的不断颁布新的产业政策：例如20世纪下半叶，不管是应用选择性产业政策较早的国家日本，还是大力施行出口导向型产业政策的"亚洲四小龙"，其政府都依靠推行强有力的产业政策实现了产业结构赶超升级，虽然在学术界对产业政策的批评贯穿始终。事实上，关于产业政策的争议由来已久，许多学者认为产业政策是无效甚至有害的（Criscuolo et al.，2007；Blonigen，2013；韩乾和洪永淼，2014），也有学者则认为产业政策对于产业发展的推动作用值得肯定（Criscuolo et al.，2012；舒锐，2013）。在双方均无法说服对方的情况下，也许阿基翁（Aghion et al.，

2012）的观点是更具现实意义的：对产业政策研究的重点不应该集中于对产业政策有效性的争论，而是应当致力于如何利用产业政策以更好地推动经济增长与社会发展，而这一点对于有着浓厚计划经济体制背景并且在政府干预市场方面存在的巨大惯性（江飞涛和李晓萍，2010）的中国经济体系而言更为重要。在当前中国经济逐渐步入新常态、亟待进行产业结构转型升级的时代背景下，能否利用产业政策合理引导企业并购，借以实现产业结构的优化调整是一个值得重视的问题。

同时，具体到对产业政策影响企业并购行为进行研究不仅具有重要的学术价值，还有着深刻的现实意义：随着中国股权投资市场的不断发展，企业并购活动也日益活跃①，然而深入观察却可以发现，伴随着并购市场迅速发展的是并购目标行业分布的不均衡：工业行业的并购交易数量与其企业基数只比却远远小于金融行业与信息技术行业②。但如果考虑到近年来国家不断通过各种政策支持措施鼓励网络信息技术行业发展，而金融业更是备受从中央到地方的各级政府青睐的“黄金产业”，那么对与金融与信息技术行业的并购交易数量较多似乎有了一种可能的解释——政府政策推动的结果。从另一角度看，并购交易中有超过半数的并购交易为跨行业并购③，许多学者尝试从政府干预的角度对大比例的企业跨行业并购现象进行解释，比如贾良定等（2005）就发现，中国的企业高管在进行跨行业并购时会考虑政策因素和制度环境的影响。随后，陈信元和黄俊（2007）、方军雄（2008，2009）、蔡地和万迪昉（2009）也都从不同角度证实了政府干预在企业跨行业并购过程中发挥了切实的影响。既然政府可能通过直接干预的手段影响企业跨行业并购，那么作为政府干预经济重要手段的产业政策具体会对企业跨行业并购行为造成何种影响呢?

实际上，产业政策正是基于“有为政府论”，通过政府主观选择与主动支持特定行业的方式，实现政府引领产业结构转型升级的政策工具。当然，政府不仅可以通过产业政策这只“有形的手”直接影响市场，还可以通过颁布产业政策向市场发送信号，引导企业做出符合政府利益的决策，将资源引导至政府期望发展的行业。邵敏和包群（2012）、黄先海等（2015）均认为，政府可能会诱使企业“为补贴而生产”，而佟等（Tong et al.，2014）、黎文靖和郑曼妮（2016）等学者也发现，企业可能依据政府相关政策主动采取一些“策略性行为”以获取政府支持。当前社会上出现的许多“蹭政策热点”、与政府战略“攀关系”的现象正是这一情况的体现。结合蔡庆丰等（2017）关于政府干预可能引起企业“政策套利”的研究论断，本文猜想，部分企业的跨行业并购行为是否更多的是出于获取政府补贴的“政策套利”行为而非真心希望涉足其他行业?

本文拟对上述问题进行解答，试图厘清产业政策对企业跨行业并购行为的影响，并为政府制定产业政策引领产业结构转型升级提出合理化建议。本文的研究可能在如下三个方面有所贡献：首先，现有关于产业政策影响企业微观行为的研究集中于产业政策如何影响企业融资、投资与投资效率、创新以及行业进入等方面，尚未有学者对产业政策如何影响企业并购行为进行系统而深入的研究，本文的研究能够丰富宏观政策对企业微观行为影响的研究；此外，以往关于产业政策影响企业行为的研究均以企业自身是否受到产业政策支持为出发点，并以此为基础研究产业政策对企业投融资等行为的影响，而由于企业并购行为涉及并购发起企业与目标企业双方这一特殊性，本文将同时对并购双方的产业政策支持情况及产业政策造成的影响进行考察，这种对不同行业间产业政策支持差异的横向对比无疑能够从更全面的视角揭示产业政策对企业行为的影响；最后，虽然政府干预对于企业并购的研究已受到学者广泛关注，但现有研究基本都是从国有企业行为、政府财政支出等方面展开的，本文从产业政策角度切入进行研究，对于充实企业并购和政府干预方面的研究也将有所裨益。

① 根据Wind资讯金融终端数据，中国境内并购交易数量已从2006年的1 315起增长至2017年的7 811起，并购金额也从2006年的1 485.17亿元飙升至2017年的23 301.97亿元。

② 以2016年为例，作为制造业大国的中国虽然工业企业数量极多，但市场上对工业企业的并购交易数量却仅为768起；而与之成鲜明对比的是，金融行业与信息技术行业的企业数量虽远远少于工业企业，但并购交易数量却分别达到了715起和667起。

③ 自2006～2016年上市公司发起的5 447起并购交易中，跨行业并购交易数量3 301起，占总量的60%。

本文后续结构安排如下：第二节将论述本文的研究理论、构建理论模型并做出相关的研究假设；第三节将对本文研究的数据来源与主要变量构建进行说明，同时根据研究假设设计回归模型；第四节为主要回归结果的实证分析；第五节为进一步的分析与稳健性检验；最后为研究结论与启示。

二、理论模型与研究假设

（一）研究理论框架与模型

政府干预是一个较为宽泛的概念，而产业政策则恰恰是政府干预在行业层面最常用的政策工具。中国所应用的产业政策是具有排他性特点的选择性产业政策，政府将根据自身所掌握的信息以及对整个行业日后发展的判断与规划选择部分行业，对符合条件的行业企业进行各种或直接或间接的支持（如税费减免、政府补助、土地划拨等），将社会资源从不受支持的行业向受支持行业引导，以达到集中力量发展重点行业的目的。这种直接作用于企业的政策措施无疑将对企业决策产生巨大影响。同时，由于政府对市场具有强大影响力，政府政策导向往往能够影响甚至一定程度上左右市场预期，从而进一步影响企业行为。所在行业受到政府产业政策支持的企业不仅能够直接获得来自政府的各项支持和扶助，还可能会因为政府政策导向的影响而获得市场对其发展前景的乐观预期，从而发展更为顺利。相反，所在行业未受到政府产业政策支持的企业不仅难以通过政策支持途径从政府处获得各种扶持，甚至会在行政审批、土地、税费等方面还会受到政府限制，还可能因为市场对整个行业的预期调低而处于不利境地。显然，不同行业间的政策支持差异会造成行业外部发展环境的不平衡，而这种不平衡又会进而影响企业决策，作为企业重大战略决策的并购行为自然也深受影响。

关于企业进行并购的原因，学术界的研究浩如烟海。学者们一般认为，并购有助于提高企业在某些资源方面的效率（Andrade et al., 2001；Betton et al., 2008），或是改善企业的金融财务状况（Mantecon, 2008；Greene, 2017；Almeida et al., 2011；Erel et al., 2015；Liao, 2014）。具体的，本文的研究重点在于政府的政策影响对企业跨行业并购决策的影响。现有关于企业跨行业并购的研究大多发现，跨行业并购非但不能帮助企业实现规模经济与范围经济，还会对企业经营绩效造成不利影响（李善民和周小春，2007）。既然跨行业并购并不能够改善企业经营绩效，为什么企业跨行业并购事件还会有增无减？显然，政府在企业的跨行业并购决策过程中发挥着重要影响。方军雄（2008）的研究发现，政府可能会积极推动辖区内企业对陷入困境的企业进行并购，但在这一过程中往往并不特别在意并购企业与目标企业是否属于同一行业，并最终导致企业的跨行业并购和多元化经营。方军雄（2009）的研究也发现，中国上市公司的同属并购多为跨行业并购，同样说明了政府在企业跨行业并购中可能扮演着重要角色。蔡地和万迪昉（2009）则发现，具有政治关联的民营企业更多的进行多元化经营，而政府干预对这一现象的出现发挥着重要作用。随着有关企业并购行为研究的深入，学者们提出制度环境对于企业并购的影响是不容忽视的（Andrade et al., 2001；李增泉等，2005）。贾良定等（2005）发现，中国的企业高管在实施跨行业并购战略时会考虑政策因素和制度环境的影响。结合前文对于产业政策影响企业经营环境与决策的论述，本文认为，政府的产业政策干预及其可能造成的行业间政策支持差异可能正是促使企业做出跨行业并购决策的深层次原因之一。具体的，图 1 展示了本文所研究的产业政策影响企业跨行业并购问题的基本逻辑思路。

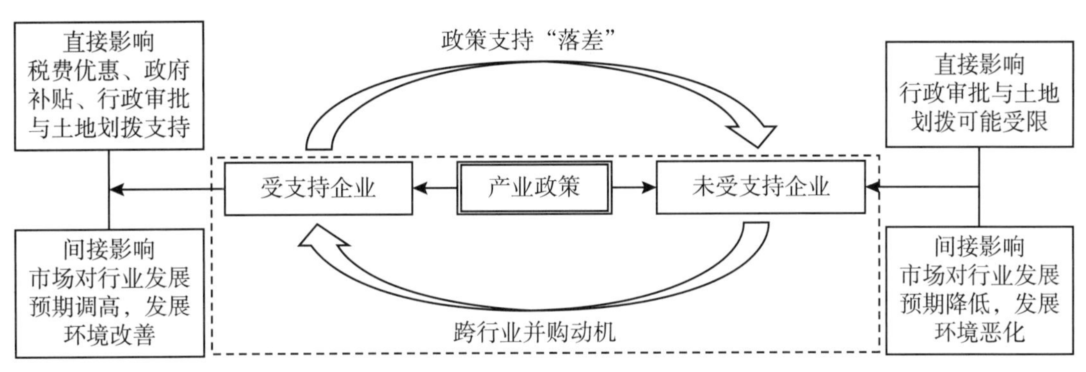

图1　产业政策影响企业跨行业并购的基本逻辑思路

依此思路，本文的研究路线基本可以分为三部分。首先，产业政策在不同行业间支持情况的差异可能导致并购目标企业因享受政策支持而更有“并购价值”，而同时受到产业政策支持的并购发起企业可能因为政策支持而更加具有“扩张性”，也可能因为已受到政策支持从而失去通过并购获取政府支持的动机。因此本文认为，产业政策将可能影响企业并购的目标选择与并购决策，本文将首先围绕这一问题展开研究。其次，作为产业政策的制定者，政府在产业政策的影响过程中扮演着重要角色，那么同样具有政府背景的国有企业是否会更加积极的响应国家产业政策以实现政治目标？对非国有企业而言，其是将产业政策视为建立或强化与政府关系的机遇从而更加积极地响应产业政策，还是将产业政策视为政府对市场的强硬干预而消极应对？本文将对该问题进行研究；最后，这种产业政策背景下的企业并购是否能够达到政府主导产业转型的目的？企业是否会依产业政策引导调配资源？企业响应政府产业政策的效果究竟如何？本文将对这一问题进行探索。

接下来本文将通过建立一个博弈模型说明政府产业政策将引导企业进行并购，且过高的政策支持可能诱导部分企业进行政策套利并购。

1. 博弈模型的设定。借鉴张国兴等（2013）的模型思想，本文将根据以上分析构建政府补贴与企业并购的不完全信息动态博弈模型。博弈参与者分别为政府和企业，企业的类型由自然（Nature）从类型空间 Φ = {企业 1，企业 2} 中随机选出，企业 1 表示对产业政策支持行业进行并购后会将部分经营资源与重心向并购行业转移的企业，企业 2 表示并购后并不会实质转移经营资源而仅仅为套取政府支持的企业。假定自然选择企业 1 的概率为 p，选择企业 2 的概率为 1 - p，企业知道自己所属类型，并从策略空间 Θ = {并购，不并购} 选择策略。政府不知道企业所属类型，仅知道企业选择的策略，并将根据观察到的企业行动，应用贝叶斯法则计算后验概率并从自己的策略空间 Ξ {补贴，不补贴} 中选择是否对企业并购行为进行补贴。

进一步地，政府选择对企业进行补贴时企业将获得收益 S，此处政府补贴 S 不仅代表政府给予的直接补助，还可以是政府在土地划拨、行政审批等方面给予企业的优惠。同时企业进行顺应政府产业政策导向的并购将付出一定的成本 C，对于企业 2 而言，若其选择并购且获得了政府补助，由于其并购动机仅为获取政府支持而非真心发展目标企业，政府可能在事后对其行为进行处罚 F。对政府而言，因为企业 1 将在并购后陆续转移部分经营资源，政府产业政策目标能够较好实现，此时政府获得较高的收益 Rg；相反，若企业 2 选择并购，因其并购后不会实质转移资源与经营重心，从而政府产业政策目标不能有效达成，政府获得较低的收益 Rb，Rb < Rg。最后，若政府对于积极响应政府政策号召并真心进行并购的企业不进行补贴，可能造成市场对政府政策支持的不信任，从而使产业政策效果大打折扣，政府损失 D。为简化分析，假定 Rg > S > 0，且政府在对企业 1 进行补贴后的仍能获得大于 0 的收益。

2. 博弈分析。图 2 展示了本文模型的关系。端点处括号内的第一组数值为企业所获收益，第二组数值为政府所获收益。若企业选择不并购，则企业与政府的收益均为 0。在企业 1 选择并购的前提下，若政府选择给予补贴，则企业 1 与政府所得分别为（S - C，Rg - S），若政府选择不予补贴，则企业 1 与政府所得分别为（ -C，Rg-D）；在企业 2 选择并购的前提下，若政府选择给予补贴，则企业 2 与政府所得分别为（S-C-F，Rb-S），若政府选择不予补贴，则企业 2 与政府所得分别为（ -C，Rb）。

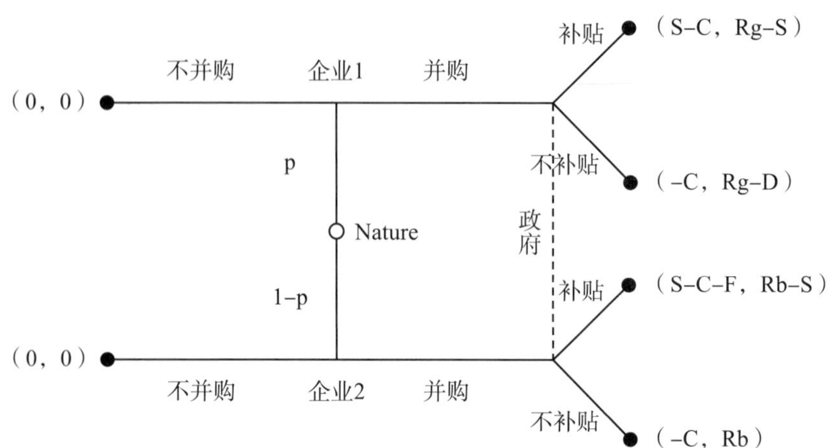

图 2　政府补贴与企业并购博弈

3. 博弈均衡分析。对于动态博弈一般采取逆向归纳法求解。对于风险中性的政府，政府选择对并购企业进行补贴的期望收益为：

$$E_1 = p(R_g - S) + (1 - p)(R_b - S) \tag{1}$$

选择不补贴的期望收益为：

$$E_2 = p(R_g - D) + (1 - p)R_b \tag{2}$$

对政府而言，其补贴与否的选择取决于其预期的市场中企业 1 类型与企业 2 类型的比例，若其预期企业 1 占比 p 大于 $p^* = S/D$ 且 $D > S$，则政府进行补贴的期望收益将大于不补贴的期望收益，政府将选择对企业进行补贴。这一解释也是符合现实的，政府补贴支出相对于政策效果减弱所带来的一系列政治经济方面的负面影响而言一般较小，因此当政府预期市场中多数企业的并购是有诚意的时候，政府自然会选择补贴。

对于企业 1 而言，只要 $S > C$，即企业所获得的政府补贴大于其所付出的成本，那么企业 1 将选择并购。对于企业 2 而言，只有当 $S < C + F$，即政府补贴过低或政府处罚足够高时，企业 2 选择并购后所获得的政府补贴不能覆盖其与并购成本与政府处罚，时企业 2 才一定选择不并购；当 $S > C + F$ 时，且企业 2 预期政府将进行补贴时，企业 2 将选择并购。

政府产业政策补贴与企业并购行为的博弈可能出现如下结果：

（1）产业政策完全有效的分离均衡。当 $C < S < C + F$ 且 p 足够大时，政府预期市场中有足够高比例的企业 1，并对所有响应产业政策进行并购企业给予适当水平的补贴，企业 1 将选择并购，企业 2 将选择不并购。此时产业政策效果最好。

（2）产业政策部分有效的混同均衡。当 $S > C + F$ 且 p 足够大时，政府仍然预期市场中有足够高比例的企业 1，并对所有顺应产业政策进行并购企业给予补贴，但由于补贴过高，此时企业 1 与企业 2 将选择并购，此时产业政策有效但效率较低。

（3）产业政策完全无效的混同均衡。当 $S < C$ 或 p 很小时，政府补贴过低或政府预期市场中多数为套利企业并拒绝对所有企业进行补贴，无论企业 1 或是企业 2 均选择不并购。此时产业政策完全无效。

结合现实背景看，当政府希望推动某产业发展时，政府往往会不遗余力的推出各项优惠措施以实现其政策目标，所以政府补贴较低的情况较为少见；同时，由于政府对于企业信息掌握可能不足，且企业是否是真心响应政府产业政策较难甄别，故政府可能采取事后处罚的期望较低，因此产业政策部分有效的混同均衡情形更可能出现。

（二）研究假设

1. 受产业政策支持企业的“吸引力”与“扩张性”。一般认为，并购发起企业在并购中扮演主导角色，它们所具备的某些优势能够通过并购创造协同效应。然而事实上并购目标企业对于并购所可能带来的协同效应同样至关重要。阿斯奎斯和偌克（Asquith and Rock，2011）的研究就发现，被并购企业的某些特质也可能带来协同效应：海外企业对美国本土企业进行并购的重要原因之一就是美国本土企业有更便利获得权益融资的比较优势。进一步地，科纳吉亚和李（Cornaggia and Li，2018）的研究则显示，获得银行融资支持的企业更可能成为被并购目标，因为对这类企业进行并购将能够帮助并购发起企业降低融资成本并提高可能获得的信贷供给，而这对于有着良好发展机会或是难以获取银行贷款的并购方而言更为重要。同理，结合上文的分析结论，企业进行并购目标选择时，在其他条件相同的前提下，对受到产业政策支持的目标企业进行并购可能带来政府补助与政治收益，这对于并购企业而言无疑具有吸引力，因此受产业政策支持的企业更可能成为其他企业的跨行业并购目标。一方面，并购发起企业通过跨行业并购可以将部分资源转移至受政府支持的行业，预期能够为企业带来更大的利益，同时分担部分行业系统性风险；另一方面，对受支持企业的并购不仅可以获取政府补贴、税费减免、土地划拨等政府支持，甚至可能帮助企业建立或强化政治关联（蔡庆丰等，2017）。由此，本文提出 H1：

H1：所在行业受到产业政策支持将提高企业成为跨行业并购目标的可能性。

在 H1 的基础上，本文将把并购发起企业自身所处行业是否受到产业政策支持的因素考虑在内。类似科纳吉亚和李（2018）的研究观点，已经具备银行支持的企业更少进行并购的原因正是其没有通过并购获取融资协同效应的动力。同样，本文认为，倘若并购发起企业所在行业受到政府产业政策支持，那么企业完全可以利用其所在行业的政策支持优势专注于行业内发展，而不必承担风险以涉足其他行业；相反，若企业自身所在行业未受到政府政策支持，那么不论是出于获取政策优惠或建立政治关联的目的，还是出于改善如上文所述的各种不利环境（如行政审批受限、市场预期不佳等）的目的，企业都有更加强烈的动机对受产业政策支持的企业进行跨行业并购。由此，本文提出 H2：

H2：若并购发起企业所在行业未受到产业政策支持，则其更可能对所在行业受到产业政策支持的企业进行跨行业并购。

2. 国有企业在产业政策引导下的并购行为。由于在中国的经济体系中国有企业占据了半壁江山，国有企业的一举一动都会对市场产生深远影响。因此，在对产业政策如何影响企业并购的问题进行研究时，国有企业在其中所发挥的影响是不容忽视的。同时，国有企业高管往往由政府官员担任，或至少有相应的政治级别。除了单纯考虑国有企业本身的经营绩效外，由于晋升激励的作用，国有企业高管还需要考虑企业行为的政治影响。所以说，国有企业除了作为市场中经济个体的角色，同时还扮演着政府意志执行者的角色。正如曾庆生和陈信元（2006）的研究所指出的，国有企业比非国有企业承担了更多的政策性负担。由于政策性负担的存在，国有企业的经营决策往往需要配合政府行为，比如陈信元和黄俊（2007）就发现，为了帮助一些企业摆脱困境，政府往往利用其所控制的国有上市公司通过跨行业并购等的方式帮助困境企业进行融资。

综上所述，本文推测作为政府意志执行者的国有企业会更加积极地配合政府产业政策导向：若国有企业所在行业未受到政府产业政策支持，那么国有企业会将资源向其他行业转移；若某行业受到政府产业政策支持，那么国有企业会将资源转移至受支持行业。此外，若企业自身所在行业受到国家产业政策支持，那么企业完全可以利用现有的各种政策支持进一步进行扩张。而对国有企业而言，除非政府有意引导国有企业将资源转移至其他受支持行业，否则更加坚持主营业务往往也是国有企业所肩负的政策性负担所要求的。在此基础上，倘若国有企业所在行业还受到国家产业政策的支持，那么国有企业无论从经济角度还是政治角度考虑，将资源用于其本行业的发展无疑是最优抉择，进行跨行业并购并将资源转移至其他行业的可能性也将随之降低。总而言之，相较于非国有企业，国有企业的决策将与政府步调更为一致。由此，本文提出H3：

H3：若企业自身所在行业未受到国家产业政策支持，那么国有企业更可能对受到国家产业政策支持的企业发起跨行业并购；若是企业自身所在行业受到国家产业政策支持，那么国有企业也将更少进行跨行业并购。

3. 跨行业并购与"政策套利"。王红建等（2016）发现，实体企业可能为获取更多的利益而进入某些高收益行业以进行跨行业套利。进一步的，正如佟等（Tong et al.，2014）、黎文靖和郑曼妮（2016）等学者所发现的，某些企业依据政府政策所进行的创新可能仅仅是为获取政府支持而采取的"策略性行为"。蔡庆丰等（2017）也提出，政府干预可能引起企业"政策套利"，当前社会上出现的许多"蹭政策热点"、与政府战略"攀关系"的现象正是这一情况的体现。此外，由博弈模型可知，对于并购与企业最优战略规划不一致的部分企业而言，顺应产业政策进行并购本不是其最优决策。但如果这种并购所带来的收益能够覆盖掉其成本，那么这类企业也将采取并购行为以获取额外收益。由此本文提出H4：

H4：产业政策可能引起部分企业进行"政策套利"并购，仅为获取政府支持而非实质转移经营资源与重心。

三、数据来源与模型构建

（一）数据来源与主要变量说明

1. 并购数据。由于本文主要研究上市公司的跨行业并购问题，而中国上市公司的并购信息披露自2004年才开始完善且初期并购市场初期样本极少，故本文将研究样本区间设定为2006～2016年。本文所涉及的并购事件数据来源于清科集团数据库，为保证数据的完备性和可靠性，还将其与通过国泰安数据中心与Wind资讯金融终端得到的并购数据进行验证补充。并购日期以并购公告日期为准。本文对于并购数据的筛选处理基于如下标准：仅保留并购方为中国A股上市公司的样本；剔除并购终止或失败的样本；剔除并购方为ST、*ST与PT的样本；剔除关联交易样本；对于针对同一家企业的多次并购事件，仅保留第一次并购事件样本①。通过筛选最终得到由1 652家上市企业（其中国有企业526家，非国有企业1 126家）发起的5 447起并购事件（其中国有企业发起1 558起，非国有企业发起3 889起）。

2. 产业政策数据。作为本文研究的基础，产业政策数据的选取构建尤为重要。随着近年来关于产业政策问题的研究逐渐受到学者们的关注，产业政策数据的构建方法也不尽相同。根据本文的文献梳理结果，目前比较有代表性的产业政策数据的构建方法主要有如下几种：（1）利用中华人民共和国国家发展和改革委员会网站公布的产业政策文件，通过"发展""鼓励"等关键词确定产业政策支持范围（黎文靖和李耀淘，2014；黎文靖和郑曼妮，2016）；（2）将政府五年规划中工业发展规划章节提到的行业作为受支持行业（宋凌云和王贤彬，2013；张莉等，2017）；（3）整理政府五年规划文件，仔细阅读文本内容并根据具体内容确定产业政策支持行业（陈冬华，2010；吴意云和朱希伟，2015）。

① 由于金融行业经营的特殊性，许多文献在对企业行为进行研究时往往剔除金融行业样本。但考虑到本文研究的问题不仅仅是产业政策对制造业企业的影响，而是对各个行业的影响，故暂未剔除金融行业数据。为保证实证结果的稳健性，在下文的实证分析中本文将把剔除金融行业样本后的回归结果一并列出。

从产业政策数据来源方面看，国民经济和社会发展五年规划纲要文件①似乎比中华人民共和国国家发展和改革委员会网站公布的专项产业政策文件更适合作为政府通过产业政策影响企业行为的数据来源：正如吴意云和朱希伟（2015）所指出的，五年规划纲要是政府通过“有形的手”进行资源配置，影响产业发展的重要手段。在数据处理方面，以上三种方法也是各有利弊：前两种方法效率较高，但可能存在结果不够准确的问题，单纯通过“鼓励”“推动”“重点支持”等关键词对支持行业进行确定显然不够合理。比如，在“十二五”期间，钢铁、水泥等行业的产能过剩问题日益凸显，淘汰落后产能、转变产业发展方式已经成为中央和各级地方政府对于钢铁水泥等行业发展规划的工作重点；但另一方面，钢铁、水泥等企业又往往能够为当地带来可观的经济效益并解决大量就业问题，其大多是当地的重要支柱产业。因此在五年规划纲要中，虽然提出要重点支持这类企业发展，但实际上其支持重心却往往落脚在推动企业转型等“调整性”工作上，对于其本身的行业发展并未有实质意义上的支持。在这种情况下，仅仅通过“鼓励”“推动”“重点支持”等关键词就将其划为重点发展行业显然是不合适的。相比之下，第三种产业政策确定方法虽然工作量较大，但却能够相对准确的确定哪些行业受到政府支持，故本文也通过逐篇阅读国家五年规划纲要文件的方法获取政府产业政策支持信息。

在将政府五年规划纲要中的产业政策支持信息转化为数据的过程中，如何对行业进行分类是一个值得注意的问题。现有的做法大多是按照国民经济行业代码对产业支持信息进行分类匹配。虽然按照国民经济行业代码对产业政策支持行业进行分类较为便利，但也存在不够严谨的问题。比如，在国民经济行业代码中，汽车制造与飞机制造均被列入“交通运输设备制造业”这一分类当中。但实际情况是，现实中存在大量汽车制造企业，其运营方式、财务结构等均与其他交通运输设备（如飞机、船舶、火车等）制造业企业差别很大，且享受的产业政策也往往与那些交通运输设备制造企业不尽相同（在五年规划纲要中，关于汽车与其他运输装备的论述也往往是分开进行的），若将这些行业均归入同一类别，显然会带来偏误。而证监会行业分类则相对合理，其将汽车制造业与其他交通运输设备制造业分离开来。因此，本文将国家和各地区五年规划纲要中受到产业政策支持的行业信息与中国证监会发布的《上市公司行业分类指引》（2012 年修订）进行匹配。

具体地，与并购数据相对应，本文搜集了“十一五”（2006～2010）至“十三五”（2016～2020）三个五年规划期间的 3 个国家五年规划纲要文件，若国家规划纲要中明确提及支持某一行业发展，则该行业取值为 1，未受到产业政策支持的行业取值为 0，由于制造业企业较多且五年规划中对于制造业的支持目标较为具体，对于制造业行业的分类具体至行业大类（即行业门类代码 C 加上二位数行业大类编码，C13～C42），其他非制造业行业分类具体至行业门类代码（A、B、D～S）。

本文所涉及的其他企业财务数据均来源于 Wind 资讯金融终端。为避免极端值对实证结果的影响，本文对所有连续变量进行 1% 和 99% 分位的 Winsorize 处理。

（二）实证模型

为验证 H1，本文将建立模型（3）并进行 Probit 回归。被解释变量 Cross. I 为二元选择变量，若并购发起企业与目标企业分属不同行业则取值为 1，否则为 0。TIP 为并购目标所在行业是否受国家产业政策支持虚拟变量，若受到国家产业政策支持则取值为 1，否则为 0。Control 为控制变量向量，参考赵勇和朱武祥（2000）、潘红波等（2008）、方军雄（2008、2009）等学者的研究，包含反映企业经营状况基本面信息的主营业务收入增长率 Growth、净资产收益率 ROE、应收账款周转率 RTR、经营净现金流量 CFO、托宾 Q 值、资产负债率 Leverage、企业规模 Size 等变量；同时包含企

① 文件全称为《中华人民共和国国民经济和社会发展第××个五年规划纲要》，方便起见，下文将在不引起歧义的情况下将其简称为“十一五”规划、“十三五”规划等；相应的五年规划期简称为“十一五”“十三五”等。

业所有权性质 SOE 与第一大股东持股比例 SHRCR 等有关公司属性与公司治理的变量；最后，本文还将企业相对于其所在行业平均水平的净资产收益率、主营收入增长率与托宾 Q 值通过变量 Diff. ROE、Diff. Growth、Diff. TQ 分别加以控制，以期能够更加准确地对企业的跨行业并购问题进行探究；Year、Industry 以及 Province 分别为年度、行业与地区控制变量。根据 H1，本文预期 TIP 项的系数 β 显著为正，即潜在并购目标受产业政策支持会提高企业对其进行跨行业并购的可能性。

$$\text{Cross. I}_i = \alpha + \beta \text{TIP}_i + \gamma \text{Control}_i + \text{Year}_i + \text{Industry}_i + \text{Province}_i + \varepsilon_i \tag{3}$$

在 H1 的基础上，本文接下来将并购发起企业所在行业是否受到国家产业政策支持纳入考虑范围，通过加入并购发起企业和并购目标企业所在行业是否受到国家产业政策支持虚拟变量的交乘项 TIP × IP 对 H2 进行验证。

$$\text{Cross. I}_i = \alpha + \beta_1 \text{TIP}_i + \beta_2 \text{TIP}_i \times \text{IP}_i + \gamma \text{Control}_i + \text{Year}_i + \text{Industry}_i + \text{Province}_i + \varepsilon_i \tag{4}$$

进而，考虑到国有企业在中国经济体系中庞大的体量和重要的影响力，并且国有企业往往具有政策性目标，根据 H3，将并购目标企业所在行业是否受到国家产业政策支持虚拟变量与国有企业虚拟变量的交乘项 TIP × SOE 以及加入并购发起企业是否受到国家产业政策支持虚拟变量的交乘项 TIP × IP × SOE 纳入模型进行研究。

$$\begin{aligned} \text{Cross. I}_i = {} & \alpha + \beta_1 \text{TIP}_i + \beta_2 \text{TIP}_i \times \text{SOE}_i + \beta_3 \text{TIP}_i \times \text{IP} \times \text{SOE} \\ & + \gamma \text{Control}_i + \text{Year}_i + \text{Industry}_i + \text{Province}_i + \varepsilon_i \end{aligned} \tag{5}$$

表 1 列示了本文实证分析所用到的主要变量即其含义及计算方法。

表 1　　主要变量含义及计算方法

变量	含义	变量	含义
Cross. I	企业跨行业并购虚拟变量。若发生跨行业并购则取值为 1，否则为 0	CFO	经营净现金流。发起企业年末经营活动产生的净现金流除以年末总资产
TIP	目标企业所在行业国家产业政策支持虚拟变量。若所在行业受到国家产业政策支持则取值为 1，否则为 0	TQ	并购发起企业年末托宾 Q 值。反映企业投资价值
IP	发起企业所在行业国家产业政策支持虚拟变量。若所在行业受到国家产业政策支持则取值为 1，否则为 0	Leverage	并购发起企业年末资产负债率
SOE	企业性质虚拟变量。国有企业则取值为 1，否则为 0	Size	并购发起企业年末资产总额
Growth	并购发起企业年末主营业务收入增长率	Diff. TQ	并购发起企业年末托宾 Q 值与其所在行业当年平均托宾 Q 值之差
SHRCR	股权集中度。发起企业年末第一大股东持股比例	Diff. Growth	并购发起企业年末主营业务收入增长率与其所在行业当年平均主营业务增长率之差
ROE	发起企业年末净资产收益率	Diff. ROE	并购发起企业年末净资产收益率与其所在行业当年平均净资产收益率之差
RTR	发起企业年末应收账款周转率		

资料来源：笔者收集整理。

四、实证结果分析

表 2 为本文主要变量的描述性统计结果。根据表 2 的信息可以看出，跨行业并购虚拟变量 Cross. I 的均值为 0.6060，可见上市公司发起的并购样本中跨行业并购占比较大，这也再次证明了对企业跨行业并购行为研究的现实意义。表示并购目标企业与发起企业受国家产业政策支持与否 TIP 与 IP 项均值分别为 0.5205 和 0.5902，说明国家产业政策支持范围较广，受影响企业较多。此外，SOE 项均值为 0.2860，有近 3 成的并购事件发起企业为国有企业。

表 2　　主要变量的描述性统计

变量	Mean	Min	Median	Max	sd	N
Cross. I	0.6060	0	1	1	0.4887	5 447
TIP	0.5205	0	1	1	0.4996	5 447
IP	0.5902	0	1	1	0.4918	5 447
SOE	0.2860	0	0	1	0.4519	5 447
TQ	2.6178	0	1.9472	12.3915	2.3184	5 399
Leverage	43.3164	5.6757	42.0098	88.5872	21.0582	5 399
Size	151.9067	4.4006	36.5431	3 024.31	417.145	5 399
Growth	0.2784	-0.5321	0.1671	3.9169	0.557	5 381
SHRCR	34.3556	2.1970	32.88	89.99	14.8704	5 352
ROE	9.5769	-23.88	9.15	36.4113	8.7401	5 387
RTR	30.4550	0.9570	5.2318	945.9836	114.9315	5 311
CFO	0.0357	-0.1932	0.037	0.2235	0.0705	5 399
MBI	-11.0432	-100	-0.33	93.52	33.1647	5 437
Income	0.5695	0.0509	0.4599	2.3726	0.4194	5 398
PE	0.6259	-5.3754	0.4477	7.4718	1.3405	5 332
Diff. TQ	-0.7975	-30.9392	-0.6273	10.7281	3.5755	5 399
Diff. Growth	-0.4646	-16.3423	-0.0821	3.865	2.2759	5 381
Diff. ROE	-1.3189	-41.6757	-1.6699	34.1015	8.9019	5 387
Diff. Income	-0.1351	-1.3987	-0.2013	2.1322	0.4904	5 398

资料来源：笔者计算整理。

（一）产业政策支持对企业跨行业并购的影响

由于中国的产业政策是具有排他性的选择性产业政策而非功能性产业政策，对于不同行业的支持情况存在差异，因此并购发起企业与目标企业所在行业是否能够受到政府产业政策支持也会存在差异。更进一步，若并购发起企业与目标企业分属不同行业，由于企业受到的产业政策支持可能存在差异，企业的跨行业并购行也更可能受到产业政策的影响。

关于产业政策如何影响企业跨行业并购的研究，本文将从并购目标是否受到产业政策支持的角度切入进行研究，即并购目标企业所在行业是否受到产业政策支持对于并购发起企业目标选择的影响。根据 H1，若目标企业受到政府产业政策支持，那么发起企业对其进行跨行业并购的可能性将更高。

表3所列为模型（3）的回归结果。其中（1）列、（2）列为并购目标企业受到国家产业政策支持的全样本回归结果，（3）列、（4）列为并购目标企业受到国家产业政策支持、并剔除金融业样本的回归结果。总体上看，TIP的系数为正，且都通过了1%水平的显著性检验，并且在剔除金融行业样本后结果依然稳健，可见TIP对Cross. I具有显著为正的影响。这说明若并购目标企业受到产业政策支持，则并购发起企业更可能发起对受到产业政策支持企业的跨行业并购。这一结果与本文所提出的H1是一致的，对此可以从两个方面进行解读。其一，从并购发起企业并购后的直接收益角度看，若企业选择的并购目标受到政府产业政策支持，那么并购后发起企业可能得到政府的各项补贴与税费减免，从而直接提高企业收益；其二，产业政策对某一行业的支持体现了政府对于该行业日后发展的重视，而在中国政府强干预的经济背景下，政府意志往往能够得到很好的贯彻落实，受到政府产业政策支持的行业往往发展更为迅速，因此选择对受到政府产业政策支持的企业进行并购，也可以理解为企业基于对该行业未来发展预期的良好判断所作出的最优反应。

表3　　　目标企业是否受产业政策支持对企业跨行业并购的影响

变量	（1）	（2）	（3）	（4）
	全样本数据		剔除金融业数据	
TIP	0.3656*** （0.0367）	0.3748*** （0.0486）	0.3812*** （0.0369）	0.3945*** （0.0488）
Growth	-0.1110*** （0.0349）	-0.0849** （0.0419）	-0.1413*** （0.0449）	0.0190 （0.0557）
SHRCR	0.0046*** （0.0013）	0.0049*** （0.0015）	-0.1205*** （0.0351）	-0.0948** （0.0421）
ROE	-0.0539*** （0.0045）	-0.0152* （0.0085）	0.0043*** （0.0013）	0.0048*** （0.0015）
RTR	-0.0005*** （0.0002）	-0.0004* （0.0002）	-0.0555*** （0.0045）	-0.0134 （0.0088）
CFO	-0.2248 （0.2824）	-0.4104 （0.3431）	-0.0004*** （0.0002）	-0.0003 （0.0002）
SOE	-0.1423*** （0.0447）	0.0148 （0.0555）	-0.4004 （0.2846）	-0.5086 （0.3485）
TQ	-0.0151 （0.0100）	-0.0040 （0.0146）	-0.0150 （0.0100）	-0.0053 （0.0147）
Size	0.0028** （0.0011）	0.0027** （0.0014）	0.0024** （0.0011）	0.0025* （0.0014）
Leverage	-0.0005*** （0.0001）	-0.0003*** （0.0001）	-0.0005*** （0.0001）	-0.0002*** （0.0001）
Diff. TQ	0.0134** （0.0053）	0.0227*** （0.0088）	0.0144*** （0.0053）	0.0227*** （0.0088）
Diff. Growth	0.0552*** （0.0083）	-0.0041 （0.0107）	0.0553*** （0.0083）	-0.0052 （0.0108）

续表

变量	(1)	(2)	(3)	(4)
	全样本数据		剔除金融业数据	
Diff. ROE	0.0427*** (0.0044)	0.0047 (0.0083)	0.0447*** (0.0044)	0.0031 (0.0086)
Constant	0.6261*** (0.0971)	−0.3676 (0.6901)	0.6698*** (0.0977)	−0.3496 (0.6924)
Year	No	Yes	No	Yes
Industry	No	Yes	No	Yes
Province	No	Yes	No	Yes
N	5 254	4 772	5 224	4 742
pseudo R^2	0.0622	0.2025	0.0644	0.2049

注：括号内数值为 White 的异方差稳健标准误；***，**，*分别表示在1%，5%，10%水平显著。
资料来源：笔者计算整理。

控制变量方面，主营业务收入增长率 Growth 显著为负，即并购发起企业主营业务收入增长率越高，其越不希望进行跨行业并购，这一结果是十分符合现实情况的。主营业务收入增长率高，意味着企业在其本行业发展更好，那么进行跨行业并购将部分资源转移到其他行业的机会成本也就更高，从而跨行业并购的意愿也就更低。同样地，企业的净资产收益率 ROE 以及应收账款周转率 RTR 均显著为负，同样说明在本行业经营发展较好的企业其跨行业并购的可能性更低。企业规模 Size 项系数显著为正，对此可以从两方面进行解释：其一，企业进行跨行业并购进入陌生行业往往伴随着巨大的风险，而规模越大的企业抵抗风险的能力越强，因此大企业相对于小企业更可能进行跨行业并购；其二，当企业发展规模壮大到一定程度，企业规模经济逐渐弱化甚至因规模过大而出现规模不经济的时候，进行多元化经营往往是许多企业的选择，所以规模越大的企业越有可能进行跨行业并购。此外，企业第一大股东持股比例 SHRCR 显著为正，即有着更高股权集中度的企业更可能进行跨行业并购。这一结果也与认知相符，企业跨行业并购意味着企业将涉足一个陌生的领域，相较于行业内并购而言往往伴随着更大的风险，同时对于企业日后的发展道路影响也更大，因此这种决策通常争议较大。更高的股权集中度意味着企业权力结构的更加集中，对于企业的控制力更强的企业家更容易做出影响企业发展的战略性决策。

表3的结果显示，总体而言并购发起企业更可能跨行业并购受到产业政策支持的企业。对这一结果，本文将之解释为并购发起企业对产业政策支持补贴的需求或是对产业政策支持行业良好发展前景的判断。那么延续这一思路，并购发起企业与目标企业所在行业受到产业政策支持的差异应当会对企业的跨行业并购目标选择进一步产生影响。具体而言，根据 H2，若并购发起企业所在行业未受到政府产业政策的支持，而标的企业受到产业政策支持，那么这种政策支持“落差”应当会强化企业进行这种产业政策导向的跨行业并购。

接下来本文通过引入并购发起企业与目标企业所在行业是否受到产业政策支持的交乘项来对 H2 进行验证，表4的（1）列、（2）列为具体回归结果，显示了国家产业政策支持差异对于企业跨行业并购的影响。不难看出，并购发起企业与目标企业所在行业是否受到产业政策支持的虚拟变量交乘项 TIP×IP 系数均在1%显著性水平上显著为负。对此结果可以解释为，若并购目标企业受到产业政策支持而发起企业未受到产业政策支持，那么企业更可能进行跨行业并购。虽然交乘项系数显著为负的解释符合本文的 H2，但其经济学意义并不直观，并可能引起争议，故本文还将通过分组回归的方法对该问题进行再次验证。

表4　　产业政策支持差异对企业跨行业并购的影响

变量	(1)	(2)	(3)	(4)
	全样本数据	剔除金融业	IP分组分析	
			IP=0	IP=1
TIP×IP	-1.3711*** (0.0977)	-1.3495*** (0.0980)		
IP	0.7685*** (0.0976)	0.7634*** (0.0978)		
TIP	1.2847*** (0.0794)	1.2881*** (0.0797)	1.4175*** (0.0885)	-0.1279** (0.0626)
SOE	-0.0004 (0.0564)	0.0027 (0.0565)	0.0867 (0.0981)	-0.1016 (0.0738)
Constant	-1.1221* (0.6715)	-1.1037 (0.6732)	0.1021 (0.5086)	-0.4325 (0.7387)
Control①	Yes	Yes	Yes	Yes
Year	Yes	Yes	Yes	Yes
Industry	Yes	Yes	Yes	Yes
Province	Yes	Yes	Yes	Yes
N	4 772	4 742	1 935	2 804
pseudo R^2	0.2321	0.2337	0.3928	0.1579

注：括号内数值为White的异方差稳健标准误；***，**，*分别表示在1%，5%，10%水平显著。
资料来源：笔者计算整理。

表4中第（3）列、（4）列为根据并购发起企业所在行业是否受到产业政策支持进行分组后的回归结果，其中左侧为并购发起企业所在行业未受到国家产业政策支持子样本，右侧为并购发起企业所在行业受到国家产业政策支持子样本。当IP=0时，目标企业所在行业产业政策支持变量TIP项系数均在1%显著性水平显著为正；而当IP=1时，目标企业所在行业产业政策支持变量TIP项系数则变成了在5%显著性水平显著为负。综合来看，若企业所在行业没有受到政府的产业政策支持，而潜在目标企业受到产业政策支持，那么企业将更有动力进行这种与政府政策导向一致的跨行业并购；另一方面，若企业自身所在行业受到政府产业政策支持，那么企业则可能会更加注重利用政府的政策支持在本行业内进行发展扩张，进行跨行业并购的可能性将降低。这一结果再一次支持了H1的相关论断，同时，本文的H2得到验证。

（二）所有权性质差异、产业政策支持对企业并购的影响

上文的结果实质上反映的是当前中国经济体系中政府政策引导对于与过产业结构转型与产业升级的影响。既然这种政策导向的影响确实存在，那么作为政府意志执行者的国有企业在这一过程中又扮演了什么样的角色呢？根据H3，国有企业相较于非国有企业而言会更加积极主动地配合政府政策导向。因此，本文将把企业所有权性质与产业政策支持的交乘项纳入模型进行进一步的研究。表5的（1）列、（2）列给出了相关的回归结果。

① 篇幅所限，控制变量的回归结果暂未列出，有需要可向作者索取，下同。

表 5　　　　企业所有权性质与产业政策支持差异对企业跨行业并购的影响

变量	(1)	(2)	(3)	(4)	(5)	(6)
	全样本	剔除金融业	IP 分组分析		全样本	剔除金融业
			IP = 0	IP = 1		
TIP × IP × SOE	−1.4743 *** (0.2509)	−1.4597 *** (0.2507)				
TIP × SOE	1.1639 *** (0.2496)	1.1533 *** (0.2493)	0.6915 *** (0.2421)	0.1105 (0.1206)		
TIPs	0.3754 *** (0.0553)	0.3944 *** (0.0555)	1.3233 *** (0.0968)	−0.1625 ** (0.0740)		
IP × SOE					−0.2326 ** (0.1026)	−0.2282 ** (0.1030)
IP					0.2005 ** (0.0867)	0.2064 ** (0.0870)
SOE	0.0407 (0.0709)	0.0433 (0.0711)	−0.0247 (0.1083)	−0.1647 (0.1067)	0.1469 * (0.0833)	0.1457 * (0.0834)
Constant	−0.6323 (0.8423)	−0.6164 (0.8444)	0.1184 (0.5146)	−0.3885 (0.7424)	−0.3838 (0.6730)	−0.3633 (0.6744)
Control	Yes	Yes	Yes	Yes	Yes	Yes
Year	Yes	Yes	Yes	Yes	Yes	Yes
Industry	Yes	Yes	Yes	Yes	Yes	Yes
Province	Yes	Yes	Yes	Yes	Yes	Yes
N	4 771	4 741	1 935	2 804	4 772	4 742
pseudo R^2	0.2111	0.2133	0.3956	0.1581	0.1939	0.1953

注：括号内数值为 White 的异方差稳健标准误；***，**，* 分别表示在 1%，5%，10% 水平显著。
资料来源：笔者计算整理。

表 5（1）列、（2）列的 TIP × IP × SOE 三项交乘项显著为负，这一结果与 H3 的推测是一致的，即所在行业未受到国家产业政策支持的国有企业会更积极地对所在行业受到国家产业政策支持的企业进行并购。但是由于三项虚拟变量交乘项在解释时容易出现歧义，故本文还将再次通过分组的方式对这一问题进行再验证。

表 5 的（3）列、（4）列为根据并购发起企业所在行业是否受到国家产业政策支持进行分组后得到的回归结果，列（3）为发起企业所在行业未受到国家产业政策支持的子样本回归结果，列（4）为发起企业所在行业受到国家产业政策支持的子样本回归结果。回归结果很直观的再次验证了假设 H3 的推断。具体而言，当 IP 分组为 0 时，TIP 与 SOE 交乘项系数为正，且通过 1% 水平的显著性检验；而当 IP 分组为 1 时，TIP 与 SOE 交乘项的系数不再显著异于零。即在企业自身所在行业未受到产业政策支持的情况下，若潜在标的企业所在行业受到国家产业政策支持，则国有企业更有可能进行跨行业并购。这一现象可以理解为国有企业会更加积极的响应国家政策号召，将资源从未受国家政策支持的行业向受到国家政策支持的行业进行转移，体现了国有企业对政府意志的贯彻执行。

既然国有企业更可能响应国家产业政策号召，将资源由未受到政府政策支持的行业转移至受到政府政策支持的行业。那么若是国有企业自身所在行业受到政府支持，国有企业是否同样会遵从政府意志，将资源用于行业内发展，从而更少进行跨行业并购呢？表 5 的最后两列给出了对该问题进行研究的回归结果。

根据表5中（5）列、（6）列的结果，并购发起企业所在行业的产业政策支持虚拟变量与国有企业属性虚拟变量交乘项 IP×SOE 系数在控制年度、行业以及地区等因素后显著为负，即受到国家产业政策支持的国有企业会更少进行跨行业并购。这一结果与许多相关研究的结论是相合的，即国有企业不仅仅是经济个体，其同时还肩负着政治使命和政策性负担，可见国有企业的行为并非如民营企业那般单纯利益驱动，还要考虑许多政策性因素。国有企业一味地进行资本利益驱动的行为是不被政府所允许的，故国有企业一般会更多坚持其主营业务，当其所在行业受到国家鼓励支持时更是如此。

五、进一步分析

（一）产业政策与企业“政策套利”并购

根据上文的结果分析可知，国家产业政策支持的确会对企业跨行业并购行为产生影响，企业可能会依据国家产业政策进行并购决策。对此现象，本文认为其实质上是国家利用产业政策引导企业资源调配，进而达到产业转型升级的政策目标。正如前文所述，政府政策对企业行为的影响十分深远，既能利用各种手段或直接或间接的干预企业行为，也能通过政策信号引导企业决策。同时，根据H4，在政府颁布各项支持政策后，企业可能出于获得政府资源支持或建立政治关联的目的主动迎合政府政策。由此，一个重要的现实问题是，通过产业政策驱动的企业跨行业并购行为究竟能否达到政府引导企业行为从而推动产业结构转型升级的目的呢？企业跨行业并购后是否真的将部分资源转移至新的行业进而进行多元化经营？抑或是仅仅做出迎合政府政策的姿态获取政府补贴？本部分将对该问题进行验证。

上文通过对H1的检验发现，若并购目标企业所在行业受到产业政策支持，企业更可能对其进行跨行业并购。那么对于跨行业并购的企业而言，并购目标企业所在行业受到产业政策支持是否能够促使并购发起企业转移部分经营重心至新行业呢？本文通过模型（6）对该问题进行研究。

$$MBI_i = \alpha + \beta TIP_i + + \gamma Control_i + Year_i + Industry_i + Province_i + \varepsilon_i \quad (6)$$

在王红建等（2016）研究思路的基础上，本文以滞后一期的主营业务收入占比变化量 MBI 作为企业经营资源与重心转移的代理变量[①]，Control 为控制变量向量，与模型（3）的区别在于加入了市净率 PE（并购发起企业年末市净率）、主营业务收入 Income（并购发起企业年末主营业务收入/公司规模）以及并购企业主营收入业务与其所在行业平均水平之差 Diff. Income（并购发起企业主营业务收入/公司规模与其所在行业当年平均主营业务收入/公司规模之差），同时剔除企业相对于其所在行业平均水平的净资产收益率 Diff. ROE、主营收入增长率 Diff. Growth 与托宾 Q 值 Diff. TQ 三个变量。Year、Industry 以及 Province 同样分别为年度、行业与地区控制变量。

表6列出了利用模型（6）对跨行业并购子样本进行回归的各项结果。可以发现，目标企业国家产业政策支持虚拟变量 TIP 项的系数显著为负，表明对所在行业受到国家产业政策支持的企业进行跨行业并购会降低并购企业的主营业务收入占比。总体而言，国家产业政策驱动的企业跨行业并

① 主营业务收入占比的变化更多地体现出企业跨行业并购后经营重心的重新分配。本文在回归时通过控制行业主营收入等多种因素尽可能全面地剔除行业整体景气等因素对企业主营业务收入占比变化的影响，故本文的回归结果至少可以验证这种跨行业并购是否使企业进行资源实质性转移，以及产业政策变量对主营收入占比变化的影响是否显著异于0。至少在总体样本上看，若产业政策支持变量的系数并不显著，部分企业进行“策略性”并购的可能性是存在的，而且这种解释也是合理的。本文承认该代理变量并非完美，但结合各种数据可得性和研究可行性，并考虑到有关“政策套利”问题的研究匮乏，该变量仍不失为一个可行的代理变量。本文将在今后的研究中，尝试更加直接的对企业并购动机进行深入剖析。

购似乎是有效的，企业基本会根据产业政策的指引将部分经营活动重心向受支持行业倾斜，从而本行业主营业务收入占比降低。

表 6　　目标企业政策支持对跨行业并购企业主营业务收入占比变化的影响

变量	(1)	(2)	(3)	(4)
	全样本数据		剔除金融业	
TIP	-4.2736*** (1.2402)	-3.6302*** (1.0035)	-4.1736*** (1.2441)	-3.6104*** (1.0067)
SOE	11.3152*** (1.2425)	7.2993*** (1.4430)	11.2879*** (1.2444)	7.3324*** (1.4513)
TQ	-0.5247 (0.3247)	-0.7909*** (0.2687)	-0.5178 (0.3250)	-0.7998*** (0.2703)
Leverage	0.0781** (0.0330)	-0.0549* (0.0300)	0.0769** (0.0333)	-0.0572* (0.0302)
Growth	0.4335 (1.1308)	1.2002 (0.9153)	0.4027 (1.1501)	1.2201 (0.9307)
RTR	0.0037 (0.0039)	-0.0073** (0.0031)	0.0038 (0.0039)	-0.0069** (0.0031)
SHRCR	0.0175 (0.0387)	-0.0006 (0.0324)	0.0171 (0.0387)	-0.0013 (0.0324)
ROE	-0.1237* (0.0668)	-0.0583 (0.0562)	-0.1216* (0.0670)	-0.0545 (0.0566)
PE	-0.1862 (0.4318)	0.2825 (0.3370)	-0.2435 (0.4345)	0.2956 (0.3409)
Income	-0.2651 (2.8661)	2.6594 (2.1535)	-0.2422 (2.8713)	2.7040 (2.1586)
CFO	-23.5191** (9.7308)	-19.1581** (8.4326)	-23.1798** (9.8160)	-19.7860** (8.5152)
Diff. Income	2.7101 (2.5069)	-1.5960 (1.6274)	2.7901 (2.5116)	-1.6426 (1.6299)
Constant	-14.3974*** (3.4099)	0.4068 (6.5153)	-14.4214*** (3.4209)	0.5560 (6.6103)
Year	No	Yes	No	Yes
Industry	No	Yes	No	Yes
Province	No	Yes	No	Yes
N	3 173	3 173	3 162	3 162
adj. R^2	0.0436	0.5273	0.0432	0.5273

注：括号内数值为 White 的异方差稳健标准误；***，**，*分别表示在 1%，5%，10% 水平显著。
资料来源：笔者计算整理。

虽然表 6 的结果似乎意味着国家产业政策对企业资源调配引导的成功，但若将更多的因素考虑进来，上述结论还能否成立呢？一个最直接的问题是，国家产业政策支持不仅仅会对并购目标公司所在行业产生影响，还可能会对并购发起公司所在行业产生影响，使并购发起公司进行跨行业并购的机会成本提高。显然，相较于通过跨行业并购的方式涉足受到国家产业政策支持的陌生行业，在同样受到政策支持的本行业内扩张发展对于企业而言似乎是更明智的选择：本行业与潜在目标行业均受到政府支持，并不存在显著的政策支持差异，进而意味着通过并购可能带来的经营环境改善或政治关联强化并不明显；相反，涉足陌生行业的风险更高，开展新业务的难度也更大。因此，本文推测并购发起企业所在行业的国家产业政策支持会对企业跨行业并购后主营业务收入占比变化产生进一步的影响。

具体地，表 7 展示了根据并购发起企业或目标企业所在行业是否受到国家产业政策进行分组后的回归结果，其中（1）列、（2）列为根据并购发起企业是否受到国家产业政策进行分组的回归结果，（3）列、（4）列为根据并购目标企业是否受到国家产业政策进行分组的回归结果。表 7（1）列、（2）列的回归结果显示，当 IP =0 时，TIP 的系数显著为负，而当 IP =1 时，TIP 的系数则不再显著异于零。该结果意味着，若并购发起企业所在行业未受到国家产业政策支持，那么对受到国家产业政策支持的目标企业进行跨行业并购会导致并购企业主营业务收入占比的降低；但若并购发起企业所在行业受到国家产业政策支持，那么对受国家产业政策支持的行业企业进行跨行业并购并不会对并购发起企业本身的主营业务收入造成显著影响。可以说，自身未受到国家产业政策支持的企业跨行业并购更加“真心实意”，并购后进行多元化经营；而自身受到国家产业政策支持的企业所进行的跨行业并购则显得“醉翁之意不在酒”，至少从主营业务收入占比变化的情况看，其并未将更多资源转移至目标行业进行多元化经营。因此，从政府能否成功调配资源的角度来讲，政府产业政策引导在并购发起企业自身所在行业受到支持时是低效甚至无效的。

表 7　　并购双方产业政策支持差异对并购企业主营业务收入的影响

变量	(1)	(2)	(3)	(4)
	IP 分组分析		TIP 分组分析	
	IP =0	IP =1	TIP =0	TIP =1
TIP	-4.8951*** (1.6345)	-1.4217 (1.2588)		
IP			-1.4706 (3.5336)	6.3467*** (2.2517)
SOE	11.4584*** (2.4349)	4.3285** (1.8019)	6.2716*** (2.3306)	7.1245*** (1.9235)
Constant	31.1009 (24.7713)	-5.6098 (5.2632)	1.2200 (8.0485)	-10.3584 (6.6569)
Control	Yes	Yes	Yes	Yes
Year	Yes	Yes	Yes	Yes
Industry	Yes	Yes	Yes	Yes
Province	Yes	Yes	Yes	Yes
N	1 320	1 853	1 332	1 841
adj. R^2	0.6000	0.4448	0.4161	0.6169

注：括号内数值为 White 的异方差稳健标准误；***，**，*分别表示在 1%，5%，10%水平显著。
资料来源：笔者计算整理。

此外，从表 7（3）列、（4）列的结果中也可以发现，当 TIP = 0 时，IP 系数不显著；当 TIP = 1 时，IP 项系数显著为正。这说明受到本行业产业政策支持的企业跨行业并购并未有效引导资源转移至并购目标行业，甚至在目标行业受到政府政策支持时还可能借助政府资源提升自身主营业务影响力。

（二）企业并购与所获政府补贴

结合表 6 与表 7 的实证结果本文发现，部分企业进行与产业政策导向一致的跨行业并购可能仅仅是一种为获取政府各种或直接或间接支持而采取的政策套利行为。政府支持的形式多种多样，而政府直接补贴应该是最为常用且影响最为直接的途径。故接下来本文将从企业所获政府补助的情况对企业的跨行业并购动机进行讨论。模型（7）为该实证部分的基础模型，具体形式如下：

$$Subsidy_i = \alpha + \beta TIP_i + \gamma Control_i + Year_i + Industry_i + Province_i + \varepsilon_i \quad (7)$$

其中 Subsidy 为并购发起企业所获政府补助[①]，Control 为控制变量向量，主要控制反映企业经营状况基本面信息的主营业务收入增长率 Growth、净资产收益率 ROE、应收账款周转率 RTR、经营净现金流量 CFO、托宾 Q 值、资产负债率 Leverage、企业规模 Size 等变量，以及企业所有权性质 SOE 与第一大股东持股比例 SHRCR 等有关公司属性与公司治理的变量。Year、Industry 及 Province 同样分别为年度、行业与地区控制变量。

表 8（1）列为模型（7）的回归结果。在控制了企业规模等各种影响因素外，TIP 项系数仍然显著为正，说明总体上并购目标受到产业政策支持会提高并购发起企业所获得的政府补助。进一步的，正如前文研究所发现的，国有企业可能因政策性负担等因素的影响，其并购行为更可能受到政府产业政策“有形的手”的引导，而非国有企业则更可能采取价值导向的决策。那么依此逻辑，非国有企业相对国有企业的并购行为更加“现实”，其所进行的并购行为应当为其带来明确的收益。表 8 的（2）列、（3）列为对不同所有权性质的企业样本进行分组后进行回归的结果。结果显示，非国有企业分组回归结果中 TIP 项显著为正，而国有企业分组的 TIP 项则不再显著。这一结果也再一次证实了前文的结论，即国有企业响应政府政策号召的并购行为可能更多出于政治因素而非市场因素的考量。而对于非国有企业，其进行的并购行为往往能够增加其所得到的直接收益。此外，由于非国有企业并不具备国有企业天然的政治纽带，在竞争中往往处于不利地位，而产业政策则为非国有企业提供了一个可以利用响应政府产业政策进行并购以拉近其与政府关系的机会。

表 8　　产业政策支持对并购企业所获政府补助的影响

变量	(1)	(2)	(3)
		SOE 分组分析	
		SOE = 0	SOE = 1
TIP	0.1605*** (0.0484)	0.0298** (0.0150)	0.2768 (0.1769)
SOE	0.0706 (0.0616)		
Constant	−0.8874 (0.6009)	−0.1590* (0.0897)	−0.7759 (1.0265)

① 值得说明的是，本文并非政府补助处以企业规模的相对值，而是采用政府补助的绝对值并通过控制变量中加入企业规模以剔除企业规模对政府补助的影响，主要有如下考虑。一般而言，政府补助的规模主要取决于企业是否满足政府的支持条件，而不是像投资支出、融资规模等变量主要由企业自身规模等因素主导。

续表

变量	(1)	(2)	(3)
		SOE 分组分析	
		SOE = 0	SOE = 1
Control	Yes	Yes	Yes
Year	Yes	Yes	Yes
Industry	Yes	Yes	Yes
Province	Yes	Yes	Yes
N	5 089	3 657	1 432
pseudo R^2	0. 1510	0. 1377	0. 2298

注：括号内数值为 White 的异方差稳健标准误；***，**，*分别表示在 1%，5%，10% 水平显著。
资料来源：笔者计算整理。

在表 8 结果的基础上，将企业并购是否为跨行业并购考虑在内，加入跨行业并购虚拟变量与其他变量的交互项以进一步研究企业跨行业并购可能的动机，并由此得到表 9 的回归结果。表 9 列（1）的三项交互项 SOE × Cross. I × TIP 系数显著为负，表明非国有企业对受产业政策支持的企业跨行业并购会显著提升企业说获得的政府补贴。同样，表 9 第（2）列、（3）列的分组回归同样证实了这一结果：当并购目标企业受到产业政策支持时，非国有企业的跨行业并购能够显著提升其所获得的政府补贴。通过以上实证结果，本文认为，获取如政府补助等政策支持是企业（主要是非国有企业）响应产业政策进行并购的重要驱动因素之一。

表 9　　产业政策支持、所有权性质对跨行业并购企业所获政府补助的影响

变量	(1)	(2)	(3)
		TIP 分组分析	
		TIP = 0	TIP = 1
TIP	0. 3368*** (0. 1093)		
SOE × Cross. I × TIP	−1. 9895*** (0. 3397)		
SOE × Cross. I	−0. 3540** (0. 1691)	0. 0688 (0. 0659)	−0. 8135*** (0. 2524)
Constant	−1. 1860** (0. 5109)	−0. 0299 (0. 1799)	−0. 9692 (0. 9580)
Control	Yes	Yes	Yes
Year	Yes	Yes	Yes
Industry	Yes	Yes	Yes
Province	Yes	Yes	Yes
N	5 089	2 417	2 672
pseudo R^2	0. 1582	0. 1894	0. 2656

注：括号内数值为 White 的异方差稳健标准误；***，**，*分别表示在 1%，5%，10% 水平显著。
资料来源：笔者计算整理。

（三）稳健性检验

为保证实证结果的稳健性，本文尝试进行多种稳健性检验。

在样本层面，考虑到金融行业与非金融行业在经营、财务、风险控制等方面均有较大差异，因此在回归时考虑剔除金融行业企业发起的并购样本以消除金融行业并购样本可能给最终回归结果带来的影响，可以发现回归结果并无显著型差异。

此外，由于国家产业政策每五年发布一次，并且政策发布后可能存在积累效应（彭纪生等，2008），因此本文在回归时还控制了时间趋势。至于行业和地区层面的系统性差异也通过加入行业和地区虚拟变量加以控制。通过结果对比可以看出，控制时间、行业与地区因素后实证结果依然有效。

由于跨行业并购企业自身在规模、财务状况等方面存在较大差异，回归结果可能存在样本选择偏误的问题。为此，本文还将通过倾向评分匹配与偏差校正匹配的方法对产业政策影响企业跨行业并购的问题进行再验证。在倾向评分匹配方面，通过核密度估计的非参数方法对数据样本进行匹配，从表 10 的 Panel A 可以看出匹配前国家产业政策的平均处理效应 ATT 为0. 1498，且在1%水平显著，数据匹配后的平均处理效应为0. 1185，虽然数值略有下降，却仍然在1%水平显著为正。说明国家产业政策支持的确对企业跨行业并购有着正向影响。至于匹配本身的情况，通过表 10 中的 Panel B 可以看出，5 253 个样本中只有 18 个样本未在共同支撑范围；而表 10 的 Panel C 则显示，经过匹配后所有变量的标准化偏差均小于 10%，且绝大多数变量的 t 检验结果并未拒绝控制组与处理组不存在显著地系统性差异的原假设，匹配后几乎所有变量的标准偏差均有所下降，匹配效果很好。

表 10　　倾向评分匹配的平均处理效应

Panel A　平均处理效应

Variable	Sample	Treated	Controls	Difference	S. E.	t – stat
Cross. I	Unmatched	0. 678886	0. 529109	0. 149777***	0. 013332	11. 23
	ATT	0. 679135	0. 560628	0. 118506***	0. 014048	8. 44

Panel B　共同支撑

Treatment assignment	Common support		
	Off support	On support	Total
Untreated	17	2 508	2 525
Treated	1	2 727	2 728
Total	18	5 235	5 253

Panel C　平衡假设检验

Variable	Sample	Mean		% reduct		t – stat
		Treated	Control	% bias	bias	
SOE	Unmatched	0. 25037	0. 32238	– 16		– 5. 79
	Matched	0. 25046	0. 25164	– 0. 3	98. 4	– 0. 1
SHRCR	Unmatched	33. 291	35. 664	– 16		– 5. 81
	Matched	33. 294	33. 607	– 2. 1	86. 8	– 0. 81
ROE	Unmatched	9. 0269	9. 7022	– 7. 9		– 2. 85
	Matched	9. 0295	8. 9245	1. 2	84. 5	0. 47

续表

Panel C 平衡假设检验						
Variable	Sample	Mean		% reduct		t - stat
		Treated	Control	% bias	bias	
RTR	Unmatched	14.098	48.4	-29.6		-10.88
	Matched	14.102	14.998	-0.8	97.4	-0.62
TQ	Unmatched	2.8854	2.4142	20.6		7.45
	Matched	2.8849	2.7461	6.1	70.5	2.24
Leverage	Unmatched	40.733	44.938	-20.3		-7.37
	Matched	40.74	40.297	2.1	89.5	0.82
Size	Unmatched	114.57	146.7	-9.1		-3.31
	Matched	114.61	101.42	3.7	59	1.59
Indus. TQ	Unmatched	3.6133	3.2874	9		3.25
	Matched	3.6141	3.5896	0.7	92.5	0.24
Indus. Leverage	Unmatched	42.919	46.258	-29.4		-10.69
	Matched	42.907	42.386	4.6	84.4	1.96
Indus. Growth	Unmatched	0.49528	0.98446	-21.9		-8.04
	Matched	0.49531	0.50013	-0.2	99	-0.13
Indus. ROE	Unmatched	10.957	10.785	3.8		1.36
	Matched	10.962	10.993	-0.7	81.7	-0.26
Indus. Size	Unmatched	2.20E+06	1.50E+06	6.2		2.22
	Matched	2.20E+06	1.60E+06	4.8	22.4	1.67

资料来源：笔者计算整理。

虽然倾向评分匹配的结果与上文实证结果一致，但该方法的准确应用十分依赖于第一阶段对于政策选择概率的估计。韩超等（2016）认为，即便不能排除政策制定过程中具体企业对于政策制定存在影响的可能，但在大样本层面看，政策制定层次与具体企业间的相关性极弱。因此返璞归真，本文还将应用偏校正匹配的方法进行检验，检验结果见表11。表11的结果显示，无论是一对一匹配还是一对四匹配，样本平均处理效应SATT与总体平均处理效应PATT均显著为正，与上文的回归结果一致，结果是稳健的。

表11　　偏差校正匹配的平均处理效应

Cross. I	Num. of Matches	Coef	Std. Err	z	Prob > |z|
匹配					
SATT	1	0.1249	0.0183	6.82	0.000
SATT	4	0.0539	0.0139	3.89	0.000
偏差校正匹配					
SATT	4	0.0557	0.0139	4.02	0.000
PATT	4	0.0557	0.0158	3.53	0.000

资料来源：笔者计算整理。

六、研究结论与启示

本文利用 2006～2016 年上市公司发起并购的数据和手工搜集整理的国家产业政策支持信息，在考虑企业并购双方所属行业政策支持差异的基础上，实证研究了国家产业政策支持对于企业跨行业并购行为的影响。实证结果显示，如果企业潜在并购目标受到国家产业政策支持，那么企业更可能对其进行跨行业并购；在此前提下，倘若并购发起企业自身所在行业未受到国家产业政策支持，那么其对于受国家产业政策支持行业的企业进行跨行业并购的可能性将进一步提高；相较于非国有企业，作为政府意志执行者的国有企业并购行为与国家产业政策导向更为一致，更可能对受到国家产业政策支持行业的企业进行跨行业并购，将资源转移至政府期望发展的领域；相对地，如果并购发起企业自身所在行业受到国家产业政策支持，那么国有企业也将比非国有企业更少的进行跨行业并购，而是更加坚持主业发展，同样将资源留存于政府支持的行业。

正如一些学者所指出的，企业可能依据政府颁布的相关政策主动采取一些“策略性”行动以获取政府资源支持，但并非真心依照政府政策转移企业资源和经营重心。本文通过深入的分析也发现，部分企业的跨行业并购行为可能正是一种获取政府支持驱动的“政策套利”行为。具体而言，在企业跨行业并购样本中，并购目标企业所在行业受到国家产业政策支持会降低企业主营业务收入占比，说明总体上企业的确将部分资源和经营重心向政府支持的行业转移。但是深入研究却发现，实际上只有自身所在行业未受到国家产业政策支持的企业的主营业务收入占比会在其并购受政策支持行业的企业后显著降低，反映出这类企业将其部分资源和经营重心进行了实质性转移；而自身所在行业受到国家产业政策支持的企业若并未坚持主业发展，反而还是进行政策导向的跨行业并购，那么其主营业务收入占比并不会发生显著变化，本文认为部分企业所发起的跨行业并购更可能仅仅是一种为获得政府资源而采取的“政策套利”行为。更进一步地，国有企业的跨行业并购并不能够为其带来显著的政府补助增长，说明国有企业的并购行为可能更多的是出于政治因素的考虑而非市场因素。相对的，非国有企业对受产业政策支持的企业进行的并购能够显著提升其所获得的政府补助。因此，非国有企业进行“政策套利”并购的可能性相对更高。

本文认为国家产业政策实质上是政府通过一系列财税、行政等支持手段引导经济个体将资源向政府期望的行业进行转移，以达到通过政府选择实现产业结构转型升级目标的政策工具。在这一过程中，企业（特别是国有企业）可能响应政府政策号召，跟随国家政策脚步进行并购投资。但另一方面，由于国家产业政策支持在不同行业之间存在差异，而这种政策支持差异将进一步导致企业在不同行业所得到的政策优惠存在落差，即政府“有形的手”将撑出一片“政策套利”的空间，使企业采取“顺从”国家政策导向的跨行业并购可能“有利可图”。

本文的研究证明了国家产业政策对于企业并购行为的切实影响，这不仅从一个新的角度再次证明了产业政策对经济的深远影响，更丰富了关于政府宏观政策影响企业微观行为的相关研究。经济问题并非绝对的，对于产业政策的评价也不应非黑即白。诚然，中国政府惯用的选择性产业政策对市场的干预和造成的影响无疑比西方成熟市场国家常用的功能性产业政策更强烈，但对经济影响的利弊似乎更多是取决于政府选择扶持行业的前瞻性与准确性，而非产业政策本身，更何况产业政策的推行对于中国近三十年来产业结构升级与经济腾飞的贡献确实不可否认。正如本文引言部分所提及的，在当前中国政府干预市场的巨大惯性下，如何客观评价产业政策效果，分析政策利弊得失并据此提出合理化的政策建议无疑才是更具现实意义的。本文将结合实证研究结果尝试总结政府在制定和推行产业政策时应当加以注意的问题。

结合本文的研究结论，主要启示如下。首先，作为政府意志执行者的国有企业可能出于政策性负担或官员晋升压力等原因而更倾向于支持政府产业政策，根据政策导向进行资源调配，但相比之下非国有企业似乎并不会完全遵从政府意志。这一现象所反映的深层次问题可能正是政府“有形的手”与市场“无形的手”之间的冲突：国有企业自然需要遵循政府“有形的手”的指挥，而非国有企业则往往更加喜欢遵循市场“无形的手”的引导。事实上，正是这种政府行政指导与市场价值规律的不一致导致了政府政策对于市场的扭曲，所以如何使政府政策更多通过价值规律引导市场，而非通过行政手段干预市场，减少对市场的扭曲是政策制定者不容忽视的问题；其次，国家产业政策支持的确可以引导企业将资源向受支持行业进行转移，但部分企业自身所在行业受到的国家产业政策支持会削弱这一效应，而这可能也是产业政策效果不如预期的原因之一。因此，政府在制定产业政策时，政策支持的不同手段、对象之间可能存在的潜在矛盾也应当引起政策制定者的注意；最后，部分企业的跨行业并购行为可能是为获取政府补贴或建立政治关联而采取的“政策套利”行为，并非资源与经营重心的实质性转移。因此，如何设计更为合理的激励机制以甄别企业的跨行业并购的动机对于产业政策效果的发挥也有着举足轻重的作用。

参考文献：

1. 蔡地、万迪昉：《民营企业家政治关联、政府干预与多元化经营》，载于《当代经济科学》2009年第6期。

2. 蔡庆丰、田霖、郭俊峰：《民营企业家的影响力与企业的异地并购——基于中小板企业实际控制人政治关联层级的实证发现》，载于《中国工业经济》2017年第3期。

3. 陈冬华：《产业政策与公司融资——来自中国的经验证据》，引自上海财经大学会计与财务研究院、上海财经大学会计学院、香港理工大学会计及金融学院：《2010中国会计与财务研究国际研讨会论文集》，2010年。

4. 陈信元、黄俊：《政府干预、多元化经营与公司业绩》，载于《管理世界》2007年第1期。

5. 方军雄：《市场分割与资源配置效率的损害——来自企业并购的证据》，载于《财经研究》2009年第9期。

6. 方军雄：《政府干预、所有权性质与企业并购》，载于《管理世界》2008年第9期。

7. 韩超、孙晓琳、肖兴志：《产业政策实施下的补贴与投资行为：不同类型政策是否存在影响差异?》，载于《经济科学》2016年第4期。

8. 韩乾、洪永淼：《国家产业政策、资产价格与投资者行为》，载于《经济研究》2014年第12期。

9. 黄先海、宋学印、诸竹君：《中国产业政策的最优实施空间界定——补贴效应、竞争兼容与过剩破解》，载于《中国工业经济》2015年第4期。

10. 贾良定、张君君、钱海燕、崔荣军、陈永霞：《企业多元化的动机、时机和产业选择——西方理论和中国企业认识的异同研究》，载于《管理世界》2005年第8期。

11. 江飞涛、李晓萍：《直接干预市场与限制竞争：中国产业政策的取向与根本缺陷》，载于《中国工业经济》2010年第9期。

12. 黎文靖、李耀淘：《产业政策激励了公司投资吗》，载于《中国工业经济》2014年第5期。

13. 黎文靖、郑曼妮：《实质性创新还是策略性创新？——宏观产业政策对微观企业创新的影响》，载于《经济研究》2016年第4期。

14. 李莉、高洪利、顾春霞、薛冬辉：《政治关联视角的民营企业行业进入选择与绩效研究：基于2005~2010年民营上市企业的实证检验》，载于《南开管理评论》2013年第4期。

15. 李善民、周小春：《公司特征、行业特征和并购战略类型的实证研究》，载于《管理世界》2007年第3期。

16. 李增泉、余谦、王晓坤：《掏空、支持与并购重组——来自我国上市公司的经验证据》，载于《经济研究》2005年第1期。

17. 潘红波、夏新平、余明桂：《政府干预、政治关联与地方国有企业并购》，载于《经济研究》2008年第4期。

18. 彭纪生、仲为国、孙文祥：《政策测量、政策协同演变与经济绩效：基于创新政策的实证研究》，载于《管理世界》2008年第9期。

19. 饶品贵、陈冬华、姜国华、陆正飞：《深化宏观经济政策与微观企业行为的互动关系研究——“第四届宏观经济政策与微观企业行为学术研讨会”综述》，载于《经济研究》2016年第2期。

20. 邵敏、包群：《政府补贴与企业生产率——基于我国工业企业的经验分析》，载于《中国工业经济》2012年第7期。

21. 舒锐：《产业政策一定有效吗？——基于工业数据的实证分析》，载于《产业经济研究》2013年第3期。

22. 宋凌云、王贤彬：《重点产业政策、资源重置与产业生产率》，载于《管理世界》2013 年第 12 期。

23. 王红建、李茫茫、汤泰劼：《实体企业跨行业套利的驱动因素及其对创新的影响》，载于《中国工业经济》2016 年第 11 期。

24. 吴意云、朱希伟：《中国为何过早进入再分散：产业政策与经济地理》，载于《世界经济》2015 年第 2 期。

25. 曾庆生、陈信元：《国家控股、超额雇员与劳动力成本》，载于《经济研究》2006 年第 5 期。

26. 张国兴、张绪涛、程素杰、柴国荣、王龙龙：《节能减排补贴政策下的企业与政府信号博弈模型》，载于《中国管理科学》2013 年第 4 期。

27. 张莉、朱光顺、李夏洋、王贤彬：《重点产业政策与地方政府的资源配置》，载于《中国工业经济》2017 年第 8 期。

28. 赵勇、朱武祥：《上市公司兼并收购可预测性》，载于《经济研究》2000 年第 4 期。

29. Aghion, P., Dewatripont, M., Du, L. S., Harrison, A., and Legros, P., 2012, Industrial Policy and Competition [R]. NBER Working Paper, No. 18048.

30. Almeida, H., Campello, M., and Hackbarth, D., 2011. Liquidity mergers [J]. *Journal of Financial Economics*, 102, 526 – 558.

31. Andrade, G., Mitchell, M. and Stafford, E., 2001, New Evidence and Perspectives On Mergers [J]. *Journal of Economic Perspectives*, 15 (2): 103 – 120.

32. Asquith, P., Rock, K., 2011. A test of IPO theories using reverse mergers [J]. *Massachusetts Institute of Technology, Cambridge, MA. Working paper.*

33. Betton, S., Eckbo, B. E., and Thorburn, K., 2008. *Corporate takeovers. In Eckbo, B. E. (Ed.), Handbook of Corporate Finance: Empirical Corporate Finance* [M]. Elsevier/North – Holland, Amsterdam.

34. Blonigen, B., 2013, Industrial Policy and Downstream Export Performance [R]. NBER Working Paper, No. 18694.

35. Cornaggia, J., and Li, J., 2018, The value of access to finance: Evidence from M&As [J]. *Journal of Financial Economics. Forthcoming.*

36. Criscuolo, C., Martin, R., Overman, H., and Reenen, J. V., 2012, The Causal Effects of an Industrial Policy [R]. NBER Working Paper, No. 17842.

37. Criscuolo, C., Martin, R., Overman, H. and Reenen, J. V., 2007. The Effect of Industrial Policy on Corporate Performance: Evidence from Panel Data [J]. *Center for Economic Performance, London School of Economics.*

38. Erel, I., Jang, Y., and Weisbach, M. S., 2015. Do acquisitions relieve target firms' financial constraints? [J]. *Journal of Finance* 70, 289 – 328.

39. Greene, D., 2017. Valuations in corporate takeovers and financial constraints on private targets [J]. *Journal of Financial and Quantitative Analysis* 52, 1343 – 1373.

40. Mantecon, T., 2008. An analysis of the implications of uncertainty and agency problems on the wealth effects of acquirers of private firms [J]. *Journal of Banking and Finance* 32, 892 – 905.

41. Tong, T., He, W., He, Z., and Lu, J., 2014, Patent Regime Shift and Firm Innovation: Evidence from the Second Amendment to China's Patent Law [J]. *In Academy of Management Proceedings*, 2014 (1): 14174.

（本文载于《中国工业经济》2019 年第 1 期）

环境规制与中国外商直接投资变化

——基于 DEA 多重分解的实证研究

王　兵　肖文伟

摘　要：中国经济进入“新常态”，产能过剩和环境污染问题日益突出，国际投资环境不容乐观，“供给侧结构性改革”为中国经济“新常态”下的必要举措。本文探索环境规制下我国 FDI 变化的影响因素，通过 FDI 的子向量距离函数定义“环境规制生产技术”和“非环境规制生产技术”，以此构造环境规制的成本效应，测度中国 30 个省份 1999 ~ 2015 年的环境规制成本，并在此基础上对实际 FDI 的变化进行分解。本文的主要结论有：2001 年后，中国各省份的环境规制成本呈现整体上升趋势，东部地区的环境规制效果最为明显；环境规制下，中国各省份的实际 FDI 增速先加快后减缓，2015 年之前，第二产业对 FDI 的吸引力最强，2014 年开始，第三产业对 FDI 的吸引显著增强，“供给侧结构性改革”初显成效，促进了我国的产业结构优化升级。反事实检验显示导致各个时期 FDI 变化的影响因素不尽相同，但随着改革开放的力度不断加大，全要素生产率和产业结构对 FDI 分布的影响显著增强。

关键词：环境规制　外商直接投资　数据包络分析

一、引　　言

自改革开放以来，中国不断提升开放水平，完善投资环境，经济持续高速增长，逐步成为全球跨国投资主要目的地之一。但随着人口红利衰减、“中等收入陷阱”风险累积、国际经济格局深刻调整等一系列内因与外因的作用，中国经济发展正进入“新常态”。经济“新常态”之前，出口导向战略作为拉动我国经济增长的重要战略，吸引了大量外资，改善了我国资本短缺的状况，然而，这种“大进大出”的对外开放模式，加剧了我国的资源消耗，环境状况急剧恶化，根据《2016 年全球环境绩效指数（EPI）评估报告》显示，在全世界 180 个参加排名的国家和地区中，中国以 65. 1 分的得分位居 109 位，排名十分落后。“绿水青山就是金山银山”，建设生态文明是中华民族永续发展的千年大计，党的十九大报告明确提出要实行最严格的生态环境保护制度。

2015 年 11 月 10 日，习近平总书记在中央财经领导小组会议上首次提出“供给侧结构性改革”，在党的十九大报告中又明确提出要深化“供给侧结构性改革”，坚持质量第一、效益优先，推动经济发展质量变革、效率变革、动力变革，调整经济结构，提高全要素生产率，实现创新—协调—绿色—开放—共享的发展。如今，改革开放进入新阶段，产能过剩问题、环境污染问题等解决不了，经济增长就难以持续，“新常态”下的经济发展需要多方探索，采取供给侧管理与对外开放新格局有机融合的方式，一方面，在对内改革的过程中化解过剩产能、加强环境规制；另一方面，在吸引外资的过程中优化投资结构、产业结构开源疏流。

根据联合国贸发组织最新发布的《世界投资报告》，2016 年全球外商直接投资流量下降了 13%，约 1. 52 万亿美元，这主要是由于全球经济增长疲软以及世界贸易增长乏力，其中，亚太发展中经济体 FDI 流入量普遍下降，约为 4 130 亿美元，同比减少了 22%，在此情况下，中国内地的外商投资虽保持稳步增长，但增速也有所下滑。面对不容乐观的国际投资环境与愈加严重的国内环境问题，结合现阶段中国经济的现状研究环境规制对 FDI 的影响就具有十分重要的现实意义。本文将采用数据包络分析（Data Envelopment Analysis，DEA）的方法来探究环境规制下 FDI 变化的影响因素，从环境规制成本的角度对实际 FDI 的变化进行分解，对全面开放新格局下的外资引入进行探索，最终，对 FDI 变化的影响因素进行反事实检验。

二、文献综述

现阶段，学术界对环境规制与 FDI 之间关系的研究，多集中于对“污染天堂假说”的实证检验。该假说最早是由沃尔特和乌格罗（Walter and Ugelow，1979）提出，并经科普兰和泰勒（Copeland and Taylor，1994）结合南北贸易模型进一步发展。该假说认为，在开放经济条件下，自由贸易的结果将导致高污染产业不断从发达国家迁移到发展中国家。关于环境规制与 FDI 的关系，已经涌现出大量的文献，不同的学者分别采用不同的研究方法。大多数学者研究环境规制对 FDI 的影响，利斯特（List，2001）采用改进的两步计数模型从美国县级层面研究外商直接投资的影响因素。汉娜（Hanna，2010）采用改进的 DD 模型和工业企业层面的面板数据研究清洁空气法修正案对美国的跨国公司的影响。钟（Chung，2014）采用倍差法研究环境规制对外商直接投资的影响，证明了“污染天堂假说”显著成立。卡伊等（Cai et al.，2016）同样采用倍差法研究中国的“双控区”政策。朱克纳特等（Jugurnath et al.，2017）采用固定效应稳健模型研究了环境规制对 FDI 的影响。也有学者发现外商投资会对东道国的环境政策产生影响，科尔等（Cole et al.，2006）采用政治经济模型从内生的角度研究外商直接投资对环境政策的影响。董等（Dong et al.，2012）采用南北市场博弈模型探究环境规制和 FDI 之间的关系。

随着我国经济规模的不断扩大，外商直接投资对我国经济发展发挥着越来越重要的作用，与此同时，经济增长所带来的环境问题也日益突出，国内学者对环境规制与 FDI 之间的关系也展开了一系列深入研究。吴玉鸣（2006）利用面板数据模型和 Granger 因果关系模型对我国 FDI 与环境规制之间的关系作了实证分析。耿强等（2010）采用动态面板回归模型研究环境规制程度对 FDI 区位选择的影响。朱平芳等（2011）基于地方分权的视角，采用空间计量模型和分位点估计研究 FDI 竞争下地方政府环境规制的“逐底效应”。张宇和蒋殿春（2013）采用联立方程模型从能耗强度指标分解的角度分析 FDI、环境监管与能源消耗之间的关系。杨子晖和田磊（2017）采用面板协整分析方法，验证了“污染天堂假说”在我国一些地区成立。

以上关于环境规制与 FDI 之间关系的研究多采用计量模型的方法，需要设定具体的函数形式，主要存在内生性、工具变量的主观选择等问题，此外，与环境规制相关的数据一般不具有可得性，环境规制与 FDI 之间的影响机制也不清晰。数据包络分析不需要假设函数形式，可以对研究对象进行分解，不需要环境规制的代理变量，还避免了内生性等问题。本文将采用这种方法来分析环境规制对 FDI 的影响，我们通过环境规制下实际 FDI 和潜在 FDI 的变化构造一种指数，来探究环境规制的成本效应，最终对实际 FDI 的变化进行全面分解，从动态的角度分析环境规制下我国 FDI 的变化。

关于采用 DEA 的方法研究环境规制的成本效应，目前国外已有相关研究。弗雷等（Färe et al.，2017）在摩根斯坦等（Morgenstern et al.，2002）的基础上，采用 DEA 方法来研究环境规制的劳动成本。帕苏尔卡（Pasurka，2008）和弗雷等（2016）则从好产出变化的角度来分解环境规制的机会成本。国内对于环境规制成本效应的研究较少，王群伟等（2009）采用减少非期望产出时期望产出的变化来度量环境规制成本。弗雷等（2017）采用传统的投入距离函数，没有区分各投入要素的生产效率，也没有考虑产业结构效应，我们对弗雷等（2017）的方法进行改进，采用 FDI 的子向量距离函数构造相关指数，对环境规制下 FDI 的变化进行全面分解，不仅将 FDI 的变化与全要素生产率和其他投入要素联系起来，而且还分析了我国经济结构变化对 FDI 变化的影响。

三、研 究 方 法

本文采用既包含“好”产出，又包含“坏”产出的生产可能性集。通过构造“坏”产出可自由处置下的环境规制生产边界和“坏”产出不可自由处置下的非环境规制生产边界，来计算给定“好”产出和“坏”产出时每个生产决策单位的最优投入。两个生产边界，分别代表在有环境规制和没有环境规制的生产技术下，对于给定的“好”产出，所需投入的外商直接投资和其他投入的组合。基于此，本文通过进一步构造“环境规制生产技术”与“非环境规制生产技术”下的潜在 FDI 投入之间的比值，来衡量环境规制下污染治理的 FDI 成本。

在本文中，我们定义一个环境生产技术。假设每个评价对象都使用 FDI 和其他 N 种投入 $X=(X_1, \cdots, X_N) \in R_N^+$，生产出 M 种“好”产出 $Y=(Y_1, \cdots, Y_M) \in R_M^+$ 和 I 种“坏”产出 $B=(B_1, \cdots, B_I) \in R_I^+$；在每一个时期 $t=1, \cdots, T$，第 $k=1 \cdots K$ 个省份的投入和产出值为（$X^{k,t}$, $FDI^{k,t}$，$Y^{k,t}$，$B^{k,t}$）。生产可能性集满足零结合公理、“好”产出和“坏”产出的联合弱可处置性、“好”产出的强可处置性和投入的强可处置性。

根据弗雷等（2007），我们将环境技术表示为：

$$P(X, FDI) = \{(Y, B): \sum_{k=1}^{K} z_k Y_{km} \geqslant Y_m, m=1, \cdots, M; \sum_{k=1}^{K} z_k B_{ki} = B_i, i=1, \cdots, I$$

$$\sum_{k=1}^{K} z_k X_{kn} \leqslant X_n, n=1, \cdots, N; \sum_{k=1}^{K} z_k FDI_k \leqslant FDI; z_k \geqslant 0, k=1, \cdots, K\} \tag{1}$$

式（1）中，$z_k \geqslant 0$ 表示生产技术是规模报酬不变的。

（一）环境规制和非环境规制下的子向量距离函数

弗雷等（2017）采用传统的投入距离函数定义环境生产技术，对环境规制的劳动投入变化进行分解，所有投入的距离函数得到的分解结果不能区分环境规制下劳动投入和其他投入的变化。本文对弗雷等（2017）的方法进行改进，采用 FDI 的子向量距离函数，分别定义有环境规制和没有环境规制时的生产技术。使用投入导向的子向量 DEA 模型来度量技术的无效率，分别计算给定产出水平下 FDI 的最大收缩比例。因此，“环境规制生产技术”可以表示为：

$$D_i(X, FDI, Y, B) = \left[\sup\lambda: \left(X, \frac{FDI}{\lambda}, Y, B\right) \in T \right] \tag{2}$$

$D_i(X, FDI, Y, B) > 1$ 表示评价对象的生产是无效率的，$D_i(X, FDI, Y_1, Y_2, Y_3, B) = 1$ 表示评价对象的生产是有效率的。$FDI/D_i(X, FDI, Y, B)$ 即表示在给定“好”产出、“坏”产出和其他投入的情况下，每个生产决策单位最优的 FDI 投入。因此，环境规制下的子向量距离函数可以通过求解以下线性规划方程①：

$$D_i(X_{k'}, FDI_{k'}, Y_{k'}, B_{k'})^{-1} = \min\theta$$

$$\text{s.t.} \quad \sum_{k=1}^{K} z_k X_k \leqslant X_{k'}; \sum_{k=1}^{K} z_k FDI_k \leqslant \theta FDI_{k'}; \sum_{k=1}^{K} z_k Y_k \geqslant Y_{k'}; \sum_{k=1}^{K} z_k B_k = B_{k'}$$

$$z_k \geqslant 0, k=1, \cdots, K \tag{3}$$

同样的，非环境规制下的生产技术可以表示为：

① 为了尽量避免出现不可行解，我们采用以下策略：t 期的生产边界通过 t-1 期和 t 期的观测值共同构造；t+1 期的生产边界通过 t 期和 t+1 期的观测值共同构造。

$$D_i(X,\ FDI,\ Y)=\left[\sup\lambda:\left(X,\ \frac{FDI}{\lambda},\ Y\right)\in T\right] \tag{4}$$

$FDI/D_i(X,\ FDI,\ Y)$ 即表示在给定“非环境规制生产技术”和“好”产出的情况下，每个生产决策单位最优的 FDI 投入。

（二）环境规制下 FDI 的变化

1. 环境规制的成本效应。本文主要研究环境规制与外商直接投资的关系，因此，我们从外资的角度定义 t 时期污染治理的成本效应：

$$CE^t=\frac{FDI^t/D_i^t(X^t,\ FDI^t,\ Y^t,\ B^t)}{FDI^t/D_i^t(X^t,\ FDI^t,\ Y^t)}=\frac{D_i^t(X^t,\ FDI^t,\ Y^t)}{D_i^t(X^t,\ FDI^t,\ Y^t,\ B^t)} \tag{5}$$

同样的，t+1 期的污染治理成本：

$$CE^{t+1}=\frac{FDI^{t+1}/D_i^{t+1}(X^{t+1},\ FDI^{t+1},\ Y^{t+1},\ B^{t+1})}{FDI^{t+1}/D_i^{t+1}(X^{t+1},\ FDI^{t+1},\ Y^{t+1})}=\frac{D_i^{t+1}(X^{t+1},\ FDI^{t+1},\ Y^{t+1})}{D_i^{t+1}(X^{t+1},\ FDI^{t+1},\ Y^{t+1},\ B^{t+1})} \tag{6}$$

CE 定义为“环境规制生产技术”与“非环境规制生产技术”下潜在 FDI 投入之间的比值，测度了环境规制所带来的潜在 FDI 投入的增加，也就是从外资的角度定义污染治理的机会成本。对于“坏”产出不同约束条件下的生产技术：$D_i(X,\ FDI,\ Y)>D_i(X,\ FDI,\ Y,\ B)$，因此，$CE\geqslant 1$。所以，环境规制下的潜在 FDI 投入大于或等于非环境规制下的潜在 FDI 投入。如果 t+1 期的环境规制相对于 t 期的环境规制增强，污染治理的机会成本将增加，因此，$CE^{t+1}>CE^t$。

结合式（5）和式（6），我们进一步定义环境规制强度的变化所带来的成本效应，即环境规制趋严或者放松时潜在 FDI 投入的变化：

$$\begin{aligned}\Delta CE_t^{t+1}&=\frac{CE^{t+1}}{CE^t}\\&=\frac{(FDI^{t+1}/D_i^{t+1}(X^{t+1},\ FDI^{t+1},\ Y^{t+1},\ B^{t+1}))/(FDI^{t+1}/D_i^{t+1}(X^{t+1},\ FDI^{t+1},\ Y^{t+1}))}{(FDI^t/D_i^t(X^t,\ FDI^t,\ Y^t,\ B^t))/(FDI^t/D_i^t(X^t,\ FDI^t,\ Y^t))}\\&=\frac{(FDI^{t+1}/D_i^{t+1}(X^{t+1},\ FDI^{t+1},\ Y^{t+1},\ B^{t+1}))/(FDI^t/D_i^t(X^t,\ FDI^t,\ Y^t,\ B^t))}{(FDI^{t+1}/D_i^{t+1}(X^{t+1},\ FDI^{t+1},\ Y^{t+1}))/(FDI^t/D_i^t(X^t,\ FDI^t,\ Y^t))}\\&=\frac{D_i^{t+1}(X^{t+1},\ FDI^{t+1},\ Y^{t+1})/D_i^t(X^t,\ FDI^t,\ Y^t)}{D_i^{t+1}(X^{t+1},\ FDI^{t+1},\ Y^{t+1},\ B^{t+1})/D_i^t(X^t,\ FDI^t,\ Y^t,\ B^t)}\end{aligned} \tag{7}$$

ΔCE_t^{t+1} 定义为 t+1 期和 t 期之间“环境规制生产技术”与“非环境规制生产技术”下潜在 FDI 投入比值的比率。最终，环境规制强度的变化而带来的 FDI 投入的变化表示为非环境规制与环境规制之间随时间变化的子向量距离函数变化的比率。如果 $\Delta CE_t^{t+1}>1$，环境规制的成本效应上升，治理污染需要投入更多的 FDI；如果 $\Delta CE_t^{t+1}<1$，环境规制的成本效应下降；$\Delta CE_t^{t+1}=1$，环境规制的成本效应不变。

2. 环境规制下 ΔFDI 的分解。李（Li，2010）采用 DEA 的方法将我国碳排放变化的影响因素分解为产出规模效应、技术效率变化、技术改变、投入变化以及产出结构变化，王（Wang，2013）同样采用 DEA 的方法将能源强度的变化分解为技术效率变化、技术改变、资本—能源比率、劳动—能源比率以及产出变化五个影响因素，弗雷等（2017）将污染治理的劳动成本分解为技术效率变化、技术改变、投入变化和产出变化。本文则对 FDI 的变化进行了更加详尽的分解。

对于混合时期的线性规划求解，我们总是使用 t+1 期的技术作为参考集，本文考虑国内资本（KD）、外商直接投资（FDI）、劳动（L）、能源（E）四种投入要素，第一产业产出（Y_1）、第二产业产出（Y_2）、第三产业产出（Y_3）三种“好”产出，以及“坏”产出二氧化硫（SO_2）和化学需氧量（COD）。此时，$X=(KD,\ L,\ E)$，$Y=(Y_1,\ Y_2,\ Y_3)$，$B=(SO_2,\ COD)$。实际 FDI 变化的分解如下：

$$
\begin{aligned}
\Delta FDI_t^{t+1} &= \frac{FDI_{t+1}}{FDI_t} \\
&= \left[\frac{D_i^{t+1}(X^{t+1},\ FDI^{t+1},\ Y^{t+1},\ B^{t+1})}{D_i^t(X^t,\ FDI^t,\ Y^t,\ B^t)}\right] \times \left[\frac{D_i^t(X^t,\ FDI^t,\ Y^t B^t)/FDI^t}{D_i^{t+1}(X^t,\ FDI^{t+1},\ Y^t,\ B^t)/FDI^{t+1}}\right] \\
&\quad \times \left[\frac{D_i^{t+1}(X^t,\ FDI^{t+1},\ Y^t,\ B^t)}{D_i^{t+1}(X^{t+1},\ FDI^{t+1},\ Y^t,\ B^t)}\right] \times \left[\frac{D_i^{t+1}(X^{t+1},\ FDI^{t+1},\ Y^t,\ B^t)}{D_i^{t+1}(X^{t+1},\ FDI^{t+1},\ Y^{t+1},\ B^{t+1})}\right] \\
&= \left[\frac{D_i^{t+1}(X^{t+1},\ FDI^{t+1},\ Y^{t+1},\ B^{t+1})}{D_i^t(X^t,\ FDI^t,\ Y^t,\ B^t)}\right] \times \left[\frac{D_i^t(X^t,\ 1,\ Y^t,\ B^t)}{D_i^{t+1}(X^t,\ 1,\ Y^t,\ B^t)}\right] \\
&\quad \times \left[\frac{D_i^{t+1}(X^t,\ FDI^{t+1},\ Y^t,\ B^t)}{D_i^{t+1}(X^{t+1},\ FDI^{t+1},\ Y^{t+1},\ B^{t+1})}\right] \\
&= TE \times TC \times IOC
\end{aligned}
\tag{8}
$$

接下来，我们将 IOC 进一步分解①：

$$
\begin{aligned}
IOC &= \frac{D_i^{t+1}(KD^t,\ L^t,\ E^t,\ FDI^{t+1},\ Y_1^t,\ Y_2^t,\ Y_3^t,\ SO_2^t,\ COD^t)}{D_i^{t+1}(KD^{t+1},\ L^{t+1},\ E^{t+1},\ FDI^{t+1},\ Y_1^{t+1},\ Y_2^{t+1},\ Y_3^{t+1},\ SO_2^{t+1},\ COD^{t+1})} \\
&= \left[\frac{D_i^{t+1}(KD^t,\ L^t,\ E^t,\ FDI^{t+1},\ Y_1^t,\ Y_2^t,\ Y_3^t,\ SO_2^t,\ COD^t)\times Y^t}{D_i^{t+1}(KD^{t+1},\ L^{t+1},\ E^{t+1},\ FDI^{t+1},\ Y_1^{t+1},\ Y_2^{t+1},\ Y_3^{t+1},\ SO_2^{t+1},\ COD^{t+1})\times Y^{t+1}}\right] \times \left[\frac{Y^{t+1}}{Y^t}\right] \\
&= \left[\frac{D_i^{t+1}(kd^t,\ l^t,\ e^t,\ FDI^{t+1},\ y_1^t,\ y_2^t,\ y_3^t,\ b_1^t,\ b_2^t)}{D_i^{t+1}(kd^{t+1},\ l^{t+1},\ e^{t+1},\ FDI^{t+1},\ y_1^{t+1},\ y_2^{t+1},\ y_3^{t+1},\ b_1^{t+1},\ b_2^{t+1})}\right] \times \left[\frac{Y^{t+1}}{Y^t}\right] \\
&= \left[\frac{D_i^{t+1}(kd^t,\ l^t,\ e^t,\ FDI^{t+1},\ y_1^t,\ y_2^t,\ y_3^t,\ b_1^t,\ b_2^t)}{D_i^{t+1}(kd^{t+1},\ l^t,\ e^t,\ FDI^{t+1},\ y_1^t,\ y_2^t,\ y_3^t,\ b_1^t,\ b_2^t)}\right] \\
&\quad \times \left[\frac{D_i^{t+1}(kd^{t+1},\ l^t,\ e^t,\ FDI^{t+1},\ y_1^t,\ y_2^t,\ y_3^t,\ b_1^t,\ b_2^t)}{D_i^{t+1}(kd^{t+1},\ l^{t+1},\ e^t,\ FDI^{t+1},\ y_1^t,\ y_2^t,\ y_3^t,\ b_1^t,\ b_2^t)}\right] \\
&\quad \times \left[\frac{D_i^{t+1}(kd^{t+1},\ l^{t+1},\ e^t,\ FDI^{t+1},\ y_1^t,\ y_2^t,\ y_3^t,\ b_1^t,\ b_2^t)}{D_i^{t+1}(kd^{t+1},\ l^{t+1},\ e^{t+1},\ FDI^{t+1},\ y_1^t,\ y_2^t,\ y_3^t,\ b_1^t,\ b_2^t)}\right] \\
&\quad \times \left[\frac{D_i^{t+1}(kd^{t+1},\ l^{t+1},\ e^{t+1},\ FDI^{t+1},\ y_1^t,\ y_2^t,\ y_3^t,\ b_1^t,\ b_2^t)}{D_i^{t+1}(kd^{t+1},\ l^{t+1},\ e^{t+1},\ FDI^{t+1},\ y_1^{t+1},\ y_2^t,\ y_3^t,\ b_1^t,\ b_2^t)}\right] \\
&\quad \times \left[\frac{D_i^{t+1}(kd^{t+1},\ l^{t+1},\ e^{t+1},\ FDI^{t+1},\ y_1^{t+1},\ y_2^t,\ y_3^t,\ b_1^t,\ b_2^t)}{D_i^{t+1}(kd^{t+1},\ l^{t+1},\ e^{t+1},\ FDI^{t+1},\ y_1^{t+1},\ y_2^{t+1},\ y_3^t,\ b_1^t,\ b_2^t)}\right] \\
&\quad \times \left[\frac{D_i^{t+1}(kd^{t+1},\ l^{t+1},\ e^{t+1},\ FDI^{t+1},\ y_1^{t+1},\ y_2^{t+1},\ y_3^t,\ b_1^t,\ b_2^t)}{D_i^{t+1}(kd^{t+1},\ l^{t+1},\ e^{t+1},\ FDI^{t+1},\ y_1^{t+1},\ y_2^{t+1},\ y_3^{t+1},\ b_1^t,\ b_2^t)}\right] \\
&\quad \times \left[\frac{D_i^{t+1}(kd^{t+1},\ l^{t+1},\ e^{t+1},\ FDI^{t+1},\ y_1^{t+1},\ y_2^{t+1},\ y_3^{t+1},\ b_1^t,\ b_2^t)}{D_i^{t+1}(kd^{t+1},\ l^{t+1},\ e^{t+1},\ FDI^{t+1},\ y_1^{t+1},\ y_2^{t+1},\ y_3^{t+1},\ b_1^{t+1},\ b_2^{t+1})}\right] \times \left[\frac{Y^{t+1}}{Y^t}\right] \\
&= KY \times LY \times EY \times OC_1 \times OC_2 \times OC_3 \times OC_b \times SC
\end{aligned}
\tag{9}
$$

其中，$Y = Y_1 + Y_2 + Y_3$，$kd = KD/Y$，$l = L/Y$，$e = E/Y$，$y_1 = Y_1/Y$，$y_2 = Y_2/Y$，$y_3 = Y_3/Y$，$b_1 = SO_2/Y$，$b_2 = COD/Y$。

因此，最终结果如下：

$$
\Delta FDI_t^{t+1} = \frac{FDI^{t+1}}{FDI^t} = TE \times TC \times KY \times LY \times EY \times OC_1 \times OC_2 \times OC_3 \times OC_b \times SC \tag{10}
$$

式（10）中，环境规制下实际 FDI 的变化被分解为：技术效率变化（TE）、技术改变（TC）、

① 根据弗雷（1988），当假设生产技术是规模报酬不变时，产出导向的距离函数具有负一次齐次性。同样，对于本文定义的投入导向的子向量距离函数，对子向量具有正一次齐次性，对于其他要素具有负一次齐次性，即：$\alpha D_i(X,\ FDI,\ Y,\ B) = D_i(X,\ \alpha FDI,\ Y,\ B) = D_i(\alpha^{-1}X,\ FDI,\ \alpha^{-1}Y,\ \alpha^{-1}B)$，$\alpha > 0$。因此，$D_i^t(X^t,\ FDI^t,\ Y^t B^t)/FDI^t = D_i^t(X^t,\ 1,\ Y^t,\ B^t)$，$D_i^{t+1}(KD^t,\ L^t,\ E^t,\ FDI^{t+1},\ Y_1^t,\ Y_2^t,\ Y_3^t,\ SO_2^t,\ COD^t)\times Y^t = D_i^{t+1}(KD^t/Y^t,\ L^t/Y^t,\ E^t/Y^t,\ FDI^{t+1},\ Y_1^t/Y^t,\ Y_2^t/Y^t,\ Y_3^t/Y^t,\ SO_2^t/Y^t,\ COD^t/Y^t)$。

国内资本—产出比的变化（KY）、劳动—产出比的变化（LY）、能源强度的变化（EY）、第一产业比重变化（OC_1）、第二产业比重变化（OC_2）、第三产业比重变化（OC_3）、“坏”产出排放强度变化（OC_b）以及产出规模效应（SC）。其中，我们将技术效率变化和技术改变的共同影响称为全要素生产率（Färe et al.，1992）；国内资本、劳动和能源强度对FDI的影响，我们称之为投入替代效应（王兵等（2013））；第一、第二、第三产业比重的变化对FDI的影响称为产业结构效应；“坏”产出排放强度变化对FDI的影响称为污染强度效应；经济规模变化对FDI的影响称为规模效应。下面对这些影响因素作简要说明：

（1）全要素生产率。TE是生产决策单位在两期之间技术效率的改变，表示从t期到t+1期每个评价对象对生产前沿水平的追赶程度，如果TE小于1，则表示t+1期较t期的技术效率水平提高，环境规制下的实际FDI成本效应将降低；TE大于1表示技术效率水平降低。TC反映从t期到t+1期环境规制生产前沿面的移动，如果TC小于1，则表示技术进步，环境规制的实际FDI成本将下降；反之，则表示技术退步，实际FDI投入将增加①。

（2）投入替代效应。KY反映国内资本—产出比的变化对外商投资的影响，如果KY小于1，则表示国内资本强度增加，会对外商投资产生“挤出效应”，实际FDI将减少；反之，实际FDI将增加。LY反映劳动—产出比的变化对外商投资的影响，如果LY大于1，表示经济结构由劳动密集型向资本密集型转变，此时资本对劳动的替代效应增强，实际FDI将增加；反之，实际FDI将减少。EY反映能源强度的变化对外商投资的影响，如果EY大于1，则经济发展的能源强度降低，此时资本对能源的替代效应增强，实际FDI将增加；反之，实际FDI将减少。

（3）产业结构效应。OC_1反映第一产业增加值比重的变化对外商投资的影响，如果OC_1小于1，则表示第一产业比重下降，第一产业对FDI的需求降低，实际FDI将减少；反之，实际FDI将增加。OC_2和OC_3分别表示第二产业和第三产业对FDI的影响，影响方向与OC_1相同。

（4）污染强度效应。OC_b反映“坏”产出排放强度的变化对外商投资的影响，如果OC_b大于1，随着“坏”产出排放强度的降低，环境规制的成本效应将增加，实际FDI投入将增加；反之，实际FDI投入将减少。

（5）规模效应。SC反映经济规模变化对外商投资的影响，如果SC大于1，产出规模的变大将吸引更多的外商投资，实际FDI流入将增加；反之，实际FDI流入将减少。

四、数据处理

我们选取中国各个省份1998~2015年的“好”产出、“坏”产出和投入数据。由于我们将资本分为国内投资和外商直接投资，所以我们剔除香港、澳门和台湾地区，同时，由于数据的可得性，我们不考虑西藏地区。最终，我们选取中国大陆除西藏以外的其他30个省份的面板数据。这些数据主要来源于《中国统计年鉴》《中国固定资产投资统计年鉴》《中国能源统计年鉴》《中国环境年鉴》《中国环境统计年鉴》以及各个省份的统计年鉴和Wind数据库。

（1）“好”产出。我们选用各个省份以2015年为基期计算的第一、第二、第三产业的实际增加值，各个省份总的“好”产出则为第一、第二、第三产业的实际增加值的和。

（2）“坏”产出。弗雷等（2014）选择了CO_2、NO_X和SO_2作为“坏”产出；王兵等（2010）选择了SO_2和COD作为“坏”产出；吴等（Wu et al.，2012）、陈诗一（2010）、林伯强和刘鸿汛（2015）选择了CO_2作为“坏”产出；弗雷等（2016）、涂正革和谌仁俊（2015）选取了SO_2作为“坏”产出。考虑到研究周期和环境规制政策变化，我们选择SO_2和COD作为坏产出。

① 关于技术进步对FDI的影响，有研究表明技术进步会在一定程度上降低FDI的流入（宋在斗和陈秀山（2009））。

（3）能源投入。由于各个评价对象当期的能源消费结构有很大的不同，为了统一口径，我们采用各个省份折算为标准煤的能源消费总量作为能源投入。

（4）劳动投入。本文采用各个省份历年全部从业人员数作为劳动投入指标。

（5）资本投入。资本对一国经济发展是一个动态长期的过程，因此，本文的国内投资和外商直接投资均采用存量的方法。而按可比价格计算资本存量最常用的方法是"永续盘存法"，主要涉及当期投资指标的选择、基期投资数量的计算、折旧率的选择和投资平减四个问题。关于当期投资指标的选择，国内投资我们选择当期各个省份固定资产投资完成额中按注册类型分的内资企业投资，外商直接投资我们选择当期各个省份固定资产投资完成额中按注册类型分的外资企业（包括港澳台商投资企业和外商投资企业）投资。然后，按照张军等（2004）的方法构造了 1952 ~ 2015 年的投资品价格指数，从而得到以 2015 年为不变价格计算的各个省份的实际投资序列数据并计算得到各省份每年的资本存量。关于折旧率的选择，吴延瑞（2008）首次使用各个地区不同的折旧率进行了研究，本文选择了吴延瑞（2008）研究中所采用的各个省份的折旧率。

五、实证分析

运用上述研究方法及样本数据，我们计算出中国大陆地区 30 个省份（西藏自治区除外）的环境规制成本效应（ΔCE），并对实际 FDI 的变化（ΔFDI）进行分解。下面我们对 ΔCE 和 ΔFDI 以及它们的分解项从时间趋势和地区[①]差异的角度进行全面分析。

（一）成本效应的变化及其分解

1. 时间趋势的动态分析。从图 1 我们可以看出，环境规制和非环境规制下的潜在 FDI 均呈现不

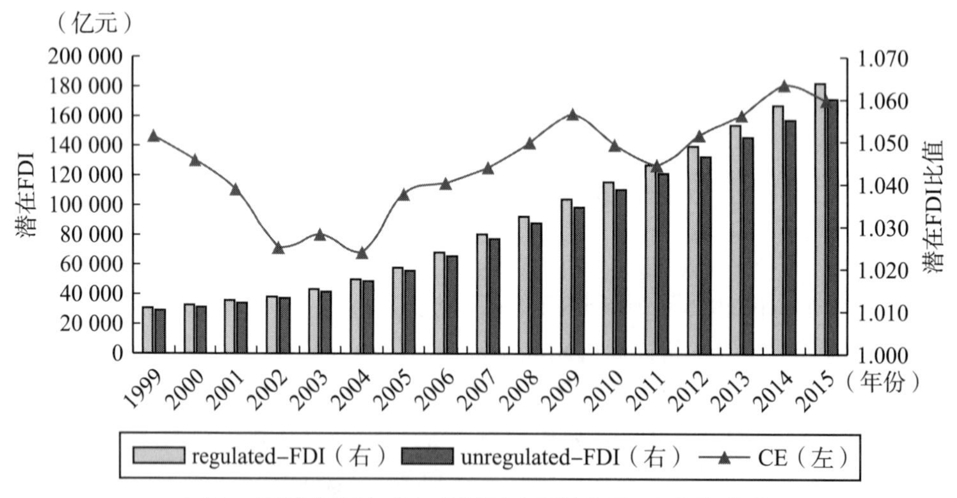

图 1　环境规制与非环境规制下潜在 FDI 变化趋势

注：我们首先求解每年各个省份在环境规制和非环境规制下的方向性距离函数，然后分别计算出每年各个省份在环境规制和非环境规制下的潜在 FDI，然后进行加总得到每年全国水平的潜在 FDI。

① 根据国家统计局最新分类标准，我国大陆地区整体上可划分为四大经济地区：东部地区是指北京、天津、河北、上海、江苏、浙江、福建、山东、广东和海南 10 省（份）；中部地区是指山西、安徽、江西、河南、湖北和湖南 6 省；西部地区是指内蒙古、广西、重庆、四川、贵州、云南、西藏、陕西、甘肃、青海、宁夏和新疆 12 省（份）；东北地区是指辽宁、吉林和黑龙江 3 省。本文不考虑西藏自治区。

断增长的趋势，且2001年以后，增长速度明显加快，这与我国在2001年加入WTO后，对外开放格局不断扩大密切相关。总体来看，我国的境规制成本（CE）始终大于1，2001年以后的境规制成本呈现整体上升趋势。

从表1我们可以看出，“十五”时期和“十一五”时期的成本效应均小于1，而“十二五”时期的成本效应大于1，表明从2011年开始，我国环境规制的强度显著增强。我国“十二五”规划纲要和国家环境保护“十二五”规划提出要开创科学发展新局面，明确提出加强环境保护力度，因此，我国环境规制的成本效应也不断上升。

表1　　1999～2015年环境规制强度变化的成本效应

年份	ΔCE
“十五”时期	0.8787
“十一五”时期	0.9968
“十二五”时期	1.0204

注：表中的结果是对每年各省份的结果取几何平均然后按年份相乘得到。

2. 空间维度的静态分析。根据表2，我们可以看出，平均意义上而言，我国环境规制强度的成本效应为0.9926，由于环境规制强度的变化导致我国FDI的环境规制成本平均每年减少0.74%。其中，只有东部地区的成本效应大于1，表明东部地区的环境规制效果最为明显，而东北地区的成本效应最低。

表2　　中国各区域环境规制的成本效应

地区	ΔCE
全国	0.9926
东部地区	1.0043
中部地区	0.9871
西部地区	0.9894
东北地区	0.9770

注：表中的结果是对地区内各省份的结果取几何平均得到。

（二）实际FDI的变化及其分解

1. 环境规制下FDI的时间趋势及其分解。根据表3，环境规制下实际FDI的增速先加快后减缓，其中，2006～2007年的增长速度最快，全国各个省份的平均增速达到20.13%。根据联合国贸易和发展组织（UNCTAD）发布的《世界投资报告》，2007年全球FDI创1.5万亿美元新高。但自2008年国际金融危机以来，国际经济形势疲软，总需求持续疲弱，在此背景下，我国的FDI增速不断降低，2014～2015年各省份的FDI平均增速降低为8.21%。那么，在我国经济发展的过程中，经济增长的内在因素如何影响环境规制下FDI的变化呢？

表 3　　1999～2015 年中国实际 FDI 变化及其分解

年份	ΔFDI	TE	TC	KY	LY	EY	OC_1	OC_2	OC_3	OC_b	SC
1999～2000	1.0950	0.9839	0.9899	0.9612	1.3852	1.0293	0.7185	1.0197	1.0158	1.0090	1.0915
2000～2001	1.0879	0.9494	0.9683	0.9580	1.2965	1.0427	0.8012	1.0126	0.9673	1.0668	1.0919
2001～2002	1.1111	1.0277	0.9457	0.9695	1.3354	0.9837	0.7875	1.0164	0.9988	1.0193	1.1010
2002～2003	1.1356	1.0134	0.9997	0.9717	1.4073	0.9900	0.8229	1.0544	0.9788	0.8780	1.1103
2003～2004	1.1774	0.9626	1.0331	0.9776	1.2896	0.9763	0.8374	1.0443	0.9347	1.0033	1.1245
2004～2005	1.1890	1.0111	1.0019	0.9808	1.3813	0.9755	0.8341	1.0135	0.9761	0.9595	1.1217
2005～2006	1.1938	0.9776	1.0083	0.9707	1.2980	1.0245	0.7964	1.0269	0.9931	1.0238	1.1286
2006～2007	1.2013	0.9826	0.9998	0.9737	1.2509	1.0389	0.8022	1.0281	0.9943	1.0347	1.1389
2007～2008	1.1780	0.9950	0.9877	0.9590	1.1796	1.0374	0.8624	1.0358	1.0027	1.0348	1.1200
2008～2009	1.1648	0.9985	0.9894	0.9515	1.2054	1.0413	0.8401	1.0190	1.0010	1.0327	1.1155
2009～2010	1.1467	1.0070	0.9752	0.9635	1.1941	1.0406	0.8303	1.0367	0.9741	1.0293	1.1285
2010～2011	1.1327	1.0182	0.9702	0.9769	1.2090	1.0317	0.8272	1.0616	0.9896	0.9655	1.1207
2011～2012	1.1300	1.0081	0.9723	0.9588	1.1379	1.0497	0.8712	1.0128	0.9935	1.0372	1.1074
2012～2013	1.1069	1.0024	0.9593	0.9471	1.1209	1.1087	0.8500	1.0158	0.9911	1.0414	1.0969
2013～2014	1.1072	1.0099	0.9754	0.9557	1.1348	1.0671	0.8617	1.0023	0.9981	1.0419	1.0836
2014～2015	1.0821	0.9917	0.9670	0.9569	1.1503	1.0904	0.8761	0.9412	1.0118	1.0433	1.0797
G. M.	1.1393	0.9960	0.9837	0.9645	1.2451	1.0323	0.8253	1.0210	0.9886	1.0128	1.1099

从全要素生产率的角度来看，2009～2014 年的 TE 均大于 1，FDI 投入的技术效率不断下降，与这段时间我国的粗放型经济增长方式密切相关；除了 2003～2006 年，其他年份的 TC 均小于 1，都表现出技术进步，尤其是 2006 年以后，表现出连续的技术进步。波特和林德（Porter and Linde，1995）认为，合理的环境规制能够激励企业进一步优化资源配置效率、改进技术水平，激发企业的“创新补偿”效应。“供给侧结构性改革”明确提出要提升经济增长的质量，提高全要素生产率，因此，加强环境规制可以提高技术效率、推动绿色技术创新，促进技术进步并引导 FDI 流向。

从投入替代效应的角度来看，所有年份的 KY 均小于 1，说明国内投资对 FDI 具有非常明显的“挤出效应”①；所有年份的 LY 均大于 1，说明 FDI 对劳动具有很强的替代效应，但是替代效应随着时间趋势不断减弱，这也说明我国的经济结构从劳动密集型向资本密集型转变；能源的替代效应呈现出先降低后波动上升的趋势，说明随着我国经济的发展，我国对能源强度的约束也在不断加强。我国经济发展正进入“新常态”，人口红利逐步消失、资源的过度消耗导致生态环境严重恶化，“供给侧结构性改革”可以有效提升外资和其他投入要素的配置效率，促进经济可持续发展。

从产业结构的角度来看，所有年份的 OC_1 都小于 1，说明随着我国第一产业产出比重的下降，其对 FDI 的吸引也在不断减少；整体而言，OC_2 呈现先增大后减小的趋势，除了 2014～2015 年小于 1，其他时间段 OC_2 均大于 1，这是自 1999 年以来我国经济发展的过程中首次出现这种情况，我们还可以发现，在 2002～2003 年，第二产业比重的变化对 FDI 变化的贡献大幅增加，由上一年的 1.64% 上升到 5.44%，说明 2001 年我国加入 WTO 对 FDI 的流入具有明显的促进作用，此外，2008～2011 年的贡献又进入稳定上升趋势，这可能是由于我国在 2008 年全球金融危机后提出的“四万亿”计划吸引了大量 FDI 进入第二产业；2014 年以前，OC_3 大多小于 1（2007～2009 年略大

① 目前的文献多研究 FDI 对国内投资的“挤出效应”。从投入的角度来看，FDI 与国内投资之间为替代关系，我们将国内投资对 FDI 的影响也称为“挤出效应”。

于1），从2014年开始，OC_3 显著大于1，说明从2014年开始，第三产业对FDI的吸引明显增强，因此，我们发现，我国的产业结构升级初显成效，第三产业将对我国的经济发展带来巨大潜力。2015年，我国第三产业增加值对GDP的贡献已达到51.6%，但仍远低于欧美等发达国家，我们要继续加快结构调整，有效推进“供给侧结构性改革”。

从污染强度效应的角度来看，2005年以后，OC_b 均大于1（2010～2011年除外），与之相对应的是，各个省份的“坏”产出排放强度均降低，说明环境规制对污染强度的约束会带来FDI投入的增加。弗雷等（2007）和周和昂（Zhou and Ang，2008）将此称为污染治理的机会成本，这主要是由于随着环境规制的约束增强，对污染物排放的控制需要投入更多的FDI。

从规模效应的角度来看，所有年份的SC均大于1，产出增长对FDI增长的贡献均达到7.97%以上，并且我们发现，FDI增速与经济规模的增速具有高度相关性，2006～2007年，外资的增速和我国经济总产出的增速同时达到峰值，说明我国的产出规模效应对FDI的吸引具有举足轻重的作用。在经济“新常态”下，我们要继续稳增长、调结构、促改革，进一步完善投资环境，吸引外资流入。

2. FDI变化及其分解的地区异质性。根据表4，东部、中部和西部地区均表现出技术效率的提高，各个地区均表现出技术进步，中部地区既表现出技术效率的显著提高又表现出显著的技术进步，说明中部地区的经济发展更具有可持续性，而东部地区的技术进步最显著，说明东部地区的技术外溢效果最明显。

表4　　1999～2015年中国四大区域实际FDI的变化及其分解

地区	ΔFDI	TE	TC	KY	LY	EY	OC_1	OC_2	OC_3	OC_b	SC
全国	1.1393	0.9960	0.9837	0.9645	1.2451	1.0323	0.8253	1.0210	0.9886	1.0128	1.1099
东部	1.1123	0.9968	0.9706	0.9675	1.1056	1.0070	0.9329	1.0166	0.9929	1.0121	1.1109
中部	1.1464	0.9874	0.9882	0.9253	1.1525	1.0712	0.8451	1.0534	0.9872	1.0557	1.1082
西部	1.1629	0.9962	0.9997	0.9912	1.3457	1.0369	0.7678	1.0099	0.9841	0.9985	1.1112
东北	1.1309	1.0097	0.9611	0.9380	1.6240	1.0249	0.6817	1.0125	0.9941	0.9840	1.1053

就国内资本对FDI的影响而言，中部地区的“挤出效应”最强——为7.47%，对于经济欠发达的西部地区，国内资本对FDI的“挤出效应”最弱——为0.88%；从劳动的替代效应来看，东北地区的替代效应最强，FDI对劳动的替代效应对FDI增速的影响达62.40%，而东部地区的替代效应最弱——为10.56%，这是由于东部地区劳动投入强度的下降速度最慢，资本对劳动的替代效应最小；就FDI对能源的替代效应而言，东部地区的替代效应最弱——为0.70%，而中部地区的替代效应最强——为7.12%，从历年来各地区FDI的变化及分解结果①来看，这主要是因为近年来中部地区FDI对能源的替代效应大幅增强。

再来看环境规制下产业结构对实际FDI的影响，东部地区第一产业比重的变化对FDI变化的影响最小，这主要是因为东部地区第一产业的比重较小。而从平均来看，四大地区第二产业比重的变化对FDI变化的影响均是正向的，第三产业比重的变化对FDI的平均影响均是负向的，这主要是由于这段时间内我国第二产业比重的增长一直占据主要地位，这与这段时间我国经济发展的状况是密切相关的——传统工业制造业以及建筑业的大力发展，成为这段时期我国经济发展的主要推动力，而随着我国经济的发展，第三产业占据着越来越重要的地位，根据历年来各地区FDI的变化及分解结果，2014～2015年，四大地区第二产业比重的变化对FDI的吸引均为负向的，与之相对应的是2015年我国第二产业比重首次出现下降，而就第三产业对FDI的影响而言，东部地区从2011年就

① 由于篇幅限制，我们省略了1999～2015年各地区实际FDI的变化及其分解结果，读者若有需要，可向作者索取相关资料。

开始连续出现正向影响，且这种影响呈现增强的趋势，2015 年，第三产业对 FDI 流入增加的贡献达 1.03%，东北地区、中部地区和西部地区分别从 2012 年、2013 年和 2014 年开始出现正向影响，这说明经济越发达的地区第三产业发展速度越快，对 FDI 的吸引力也越强。

从污染强度的角度来看，中部地区的污染强度对 FDI 的影响高于全国平均水平，其他地区均低于全国平均水平。此外，经济规模对 FDI 的影响均较为显著，对 FDI 流入的影响均达到 10% 以上，西部地区贡献最大。

六、环境规制下实际 FDI 分布的反事实检验

为了进一步检验环境规制下我国 FDI 变化的影响因素对其变化的影响程度，根据李（Li，1996）、范和乌拉（Fan and Ullah，1999），我们采用非参的方法进行反事实检验，检验反事实分布与实际分布之间是否具有显著的差别，杜等（Du et al.，2014）也采用了同样的方法研究了我国绿色经济增长。我们首先假设实际分布和反事实分布分别为 f(x) 和 g(x)，并且设立原假设 H_0：f(x) = g(x)，备择假设 H_1：f(x) ≠ g(x)，根据（10）式，我们将实际 FDI 的变化改写为：

$$FDI^{N} = (TE \times TC \times KY \times LY \times EY \times OC_1 \times OC_2 \times OC_3 \times OC_b \times SC) \times FDI^{M} \tag{11}$$

因此，各个省份第 N 年的 FDI 可以表示为各个分解项与第 M 年 FDI 的乘积，根据非参检验的原理，我们可以将各个影响因素分别与第 M 年的实际 FDI 相乘来构造反事实分布，并在此基础上依次乘上其他影响因素，最终将这些反事实分布与第 N 年的实际分布进行检验。

我们用上述方法依次对 1999 ~ 2005 年、2005 ~ 2010 年和 2010 ~ 2015 年的影响因素进行检验。首先，我们对 1999 ~ 2005 年的 FDI 变化情况进行检验，当只考虑技术效率变化时，2005 年的反事实分布可以表示为：

$$FDI^{2005*} = TE \times FDI^{1999} \tag{12}$$

如果我们进一步考虑技术变化的影响，2005 年的反事实分布又可以表示为：

$$FDI^{2005*} = TE \times TC \times FDI^{1999} \tag{13}$$

同样的，我们可以依次考虑其他影响因素。最终，我们将所有 10 个影响因素构建了 1024 种反事实分布，并进行非参检验①。根据 2005 年 FDI 的反事实分布与实际分布的检验结果，在所有单个影响因素的反事实分布中，考虑经济规模、第二产业比重和“坏”产出排放强度的反事实分布与实际分布没有显著差异。在所有接受原假设的结果中，考虑了以上三个影响因素的检验占比高达 93%。由此可以判断，1999 ~ 2005 年经济规模、第二产业比重和“坏”产出排放强度对环境规制下实际 FDI 的变化具有显著影响。

为了更加直观地说明各影响因素对 FDI 变化的影响程度，我们采用核密度图来进一步检验反事实分布与实际分布的差异情况。根据图 2，我们发现在加入除以上三个因素以外的其他因素时，2005 年的反事实分布与实际分布显著不同，在加入以上三个影响因素后，反事实分布与实际分布非常接近，进一步验证了上述结论。

2005 ~ 2010 年，非参检验显示除了经济规模、第二产业比重和“坏”产出排放强度，能源强度对 2005 ~ 2010 年环境规制下实际 FDI 的变化也有显著影响（见图 3）。通过核密度图进一步检验，首先加入除上述四个影响因素以外的其他因素，然后加入经济规模、第二产业比重和“坏”产出排放强度，最后加入能源强度，我们发现 2010 年的反事实分布与实际分布不断接近，最后两者基本重合。

① 由于篇幅限制，我们省略了非参检验的具体结果，读者若有需要，可向作者索取相关资料。

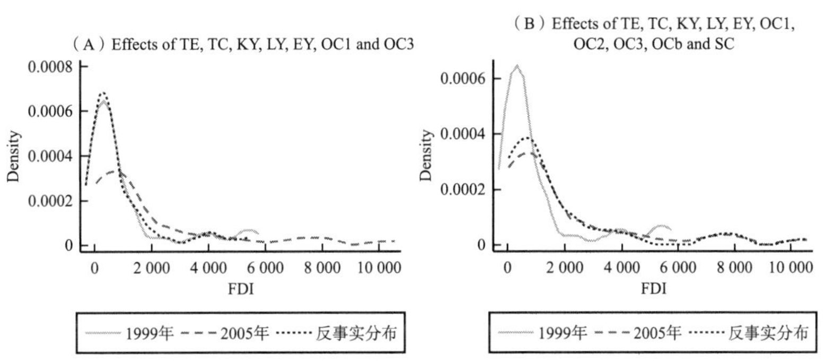

图 2　1999～2005 年环境规制下 FDI 变化的反事实分布

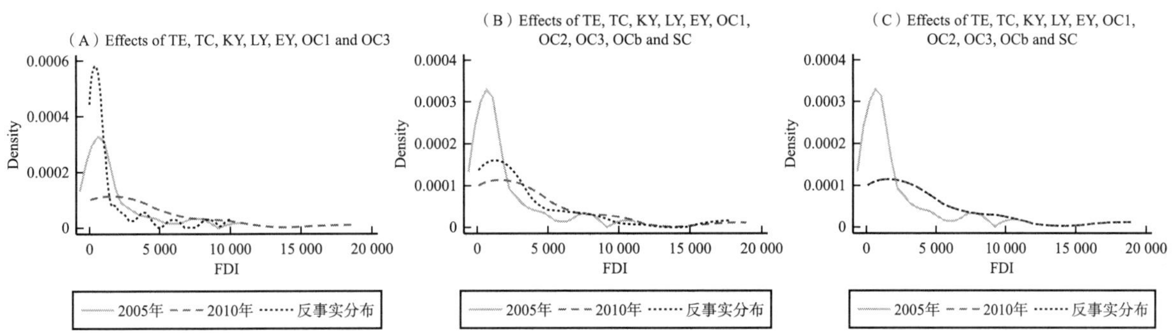

图 3　2005～2010 年环境规制下 FDI 变化的反事实分布

2010～2015 年，非参检验显示除了经济规模、第二产业比重、“坏”产出排放强度和能源强度，技术效率、技术进步、第一产业比重和第三产业比重对 2010～2015 年环境规制下实际 FDI 的变化也有显著影响（见图 4）。通过核密度图进一步检验，首先加入除上述八个影响因素以外的其他因素，然后加入经济规模、第二产业比重、“坏”产出排放强度和能源强度，最后加入技术效率、技术进步、第一产业比重和第三产业比重，我们发现 2015 年的反事实分布与实际分布不断接近，最后两者基本重合。

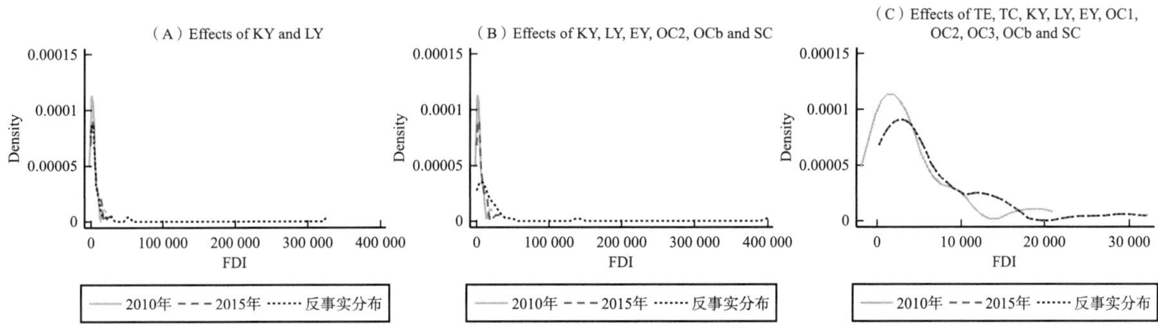

图 4　2010～2015 年环境规制下 FDI 变化的反事实分布

综合以上分析，我们可以发现，导致各个时期 FDI 变化的影响因素不尽相同。经济规模变化、第二产业比重和“坏”产出排放强度的变化对 1999～2005 年实际 FDI 的变化有显著影响，伴随着我国经济发展，能源强度对 2005～2010 年环境规制下实际 FDI 的变化也产生显著影响，而技术效率、技术进步、第一产业比重和第三产业比重对 2010～2015 年环境规制下实际 FDI 的变化也产生显著影响。我们发现，随着改革开放的力度不断加大，全要素生产率和产业结构对 FDI 分布的影响显著增强，因此，我们要进一步加大改革开放力度，有效推进“给侧结构性改革”，不断推动我国经济高质量发展。

七、结　　论

对于环境规制与外商直接投资之间的关系，以前的研究多采用计量模型的方法，计量模型由于内生性问题、变量选取的主观性等原因导致环境规制对 FDI 影响的分析结果存在较大分歧，也无法分析环境规制下 FDI 变化的影响机制。本文采用数据包络分析的方法定义环境生产技术，并以此构造中国 30 个省份 1999 ~ 2015 年环境规制的成本指数，对环境规制下实际 FDI 的变化进行分解，不仅将 FDI 的变化与全要素生产率和其他投入要素联系起来，而且还分析了我国经济结构变化对 FDI 的影响，并对环境规制下实际 FDI 变化的影响因素进行反事实检验。

2001 年以后，中国各省份的环境规制成本呈整体上升趋势。平均而言，我国环境规制的成本效应为 0.9926，由于环境规制强度的变化导致我国 FDI 平均每年减少 0.74%，只有东部地区的成本效应大于 1，表明东部地区的环境规制效果最为明显，而东北地区的环境规制效果最弱。

环境规制下，中国各省份 1999 ~ 2015 年的实际 FDI 增速先加快后减缓，其中，2006 ~ 2007 年的增长速度最快，全国各个省份的平均增速达到 20.13%。劳动投入强度的变化和经济规模的增长是导致 FDI 增长的主要因素，说明一国的经济结构和经济规模对 FDI 具有显著的影响，我们要抓住全球“第三次产业革命”的浪潮和我国“供给侧结构性改革”的新机遇，不断完善投资环境、优化要素投入结构。从产业结构的角度来看，2015 年之前，第二产业对 FDI 的吸引力最强，从 2014 年开始，第三产业对 FDI 的吸引增强，我国的产业结构升级初显成效，第三产业将对我国的经济发展带来巨大潜力，我们要继续加快结构调整。最后，我们通过反事实检验发现导致各个时期 FDI 变化的影响因素不尽相同，但随着改革开放的力度不断加大，全要素生产率和产业结构对 FDI 分布的影响显著增强。因此，在经济“新常态”下，我们仍然要以稳增长为改革的基础，有效推进“供给侧结构性改革”，坚定不移地扩大改革开放。

参考文献：

1. 陈诗一：《中国的绿色工业革命：基于环境全要素生产率视角的解释（1980 ~ 2008）》，载于《经济研究》2010 年第 11 期。

2. 耿强、孙成浩、傅坦：《环境管制程度对 FDI 区位选择影响的实证分析》，载于《南方经济》2010 年第 6 期。

3. 林伯强、刘鸿汛：《对外贸易是否有利于提高能源环境效率——以中国工业行业为例》，载于《经济研究》2015 年第 9 期。

4. 宋在斗、陈秀山：《外商直接投资与技术进步能相关性研究——基于对 1981 ~ 2005 年长三角与珠三角地区的分析》，载于《广东社会科学》2009 年第 1 期。

5. 涂正革、谌仁俊：《排污权交易机制在中国能否实现波特效应?》，载于《经济研究》2015 年第 7 期。

6. 王兵、吴延瑞、颜鹏飞：《中国区域环境效率与环境全要素生产率增长》，载于《经济研究》2010 年第 5 期。

7. 王兵、於露瑾、杨雨石：《碳排放约束下中国工业行业能源效率的测度与分解》，载于《金融研究》2013 年第 10 期。

8. 王群伟、周德群、葛世龙、周鹏：《环境规制下的投入产出效率及规制成本研究》，载于《管理科学》2009 年第 6 期。

9. 吴延瑞：《生产率对中国经济增长的贡献：新的估计》，载于《经济学（季刊）》2008 年第 7 卷第 3 期。

10. 吴玉鸣：《外商直接投资对环境规制的影响》，载于《国际贸易问题》2006 年第 4 期。

11. 杨子晖、田磊：《“污染天堂”假说与影响因素的中国省际研究》，载于《世界经济》2017 年第 5 期。

12. 张军、吴桂英、张吉鹏：《中国省际物质资本存量估算：1952—2000》，载于《经济研究》2004 年第 10 期。

13. 张宇、蒋殿春：《FDI，环境监管与能源消耗：基于能耗强度分解的经验检验》，载于《世界经济》2013 年第3期。

14. 朱平芳、张征宇、姜国麟：《FDI与环境规制：基于地方分权视角的实证研究》，载于《经济研究》2011年第6期。

15. Cai, X., Lu, Y., Wu, M., and Yu, L. 2016. "Does environmental regulation drive away inbound foreign direct investment? Evidence from a quasi-natural experiment in China." *Journal of Development Economics*, 123: 73 ~ 85.

16. Chung, S. 2014. "Environmental regulation and foreign direct investment: Evidence from South Korea." *Journal of Development Economics*, 108: 222 – 236.

17. Cole, M. A., Elliott, R. J., and Fredriksson, P. G. 2006. "Endogenous pollution havens: Does FDI influence environmental regulations?" *The Scandinavian Journal of Economics*, 108 (1): 157 – 178.

18. Copeland, B. R., and Taylor, M. S. 1994. "North – South trade and the environment." *The quarterly journal of Economics*, 109 (3): 755 – 787.

19. Dong, B., Gong, J., and Zhao, X. 2012. "FDI and environmental regulation: pollution haven or a race to the top?" *Journal of Regulatory economics*, 41 (2): 216 – 237.

20. Du, M., Wang, B., and Wu, Y. 2014. "Sources of China's economic growth: An empirical analysis based on the BML index with green growth accounting." *Sustainability*, 6 (9): 5983 – 6004.

21. Fan, Y., and Ullah, A. 1999. "On goodness-of-fit tests for weakly dependent processes using kernel method." *Journal of Nonparametric Statistics*, 11 (1 – 3): 337 – 360.

22. Färe, R. 1988. "Fundamentals of production theory." *Berlin: Springer – Verlag.*

23. Färe, R., Grosskopf, S., Lindgren, B., and Roos, P. 1992. "Productivity changes in Swedish pharamacies 1980 – 1989: A non-parametric Malmquist approach." *Journal of productivity Analysis*, 3 (1 – 2): 85 – 101.

24. Färe, R., Grosskopf, S., and Pasurka, C. A. 2014. "Potential gains from trading bad outputs: The case of US electric power plants." *Resource and Energy Economics*, 36 (1): 99 – 112.

25. Färe, R., Grosskopf, S., and Pasurka, C. 2016. "Technical change and pollution abatement costs." *European Journal of Operational Research*, 248 (2): 715 – 724.

26. Färe, R., Grosskopf, S., and Pasurka, C. A. 2007. "Environmental production functions and environmental directional distance functions." *Energy*, 32 (7): 1055 – 1066.

27. Färe, R., Grosskopf, S., Pasurka, C. A., and Shadbegian, R. 2017. "Pollution abatement and employment." *Empirical Economics*, 54 (1): 259 – 285.

28. Hanna, R. 2010. "US environmental regulation and FDI: evidence from a panel of US – based multinational firms." *American Economic Journal: Applied Economics*, 2 (3): 158 – 189.

29. Jugurnath, B., Roucheet, B., and Teeroovengadum, V. 2017. "Moving To Greener Pastures: Untangling The Evidence About Fdi And Environmental Regulation In Eu Countries." *The Journal of Developing Areas*, 51 (2): 405 – 415.

30. Li, M. 2010. "Decomposing the change of CO_2 emissions in China: a distance function approach." *Ecological Economics*, 70 (1): 77 – 85.

31. Li, Q. 1996. "Nonparametric testing of closeness between two unknown distribution functions." *Econometric Reviews*, 15 (3): 261 – 274.

32. List, J. A. 2001. "US county-level determinants of inbound FDI: evidence from a two-step modified count data model." *International Journal of Industrial Organization*, 19 (6): 953 – 973.

33. Morgenstern, R. D., Pizer, W. A., and Shih, J. S. 2002. "Jobs versus the environment: an industry-level perspective." *Journal of Environmental Economics and Management*, 43 (3): 412 – 436.

34. Pasurka, C. 2008. "Perspectives on pollution abatement and competitiveness: Theory, data, and analyses." *Review of Environmental Economics and Policy*, 2 (2): 194 – 218.

35. Porter, M. E., Van Der Linde, C. 2003. "Toward a New Conception of the Environment – Competitiveness Relationship." *Journal of Economics and Management*, 46 (3): 384 – 402.

36. Walter, I., and Ugelow, J. L. 1979. "Environmental policies in developing countries." *Ambio*, 102 – 109.

37. Wang, C. 2013. "Changing energy intensity of economies in the world and its decomposition." *Energy Economics*, 40: 637 – 644.

38. Wu, F., Fan, L. W., Zhou, P., and Zhou, D. Q. 2012. "Industrial energy efficiency with CO_2 emissions in

China: a nonparametric analysis." *Energy Policy*, 49: 164 – 172.

39. Zhou P, Ang B W. 2008. "Linear Programming Models for Measuring Economy-wide Energy Efficiency Performance." *Energy Policy*, 36 (8): 2911 – 2916.

（本文载于《金融研究》2019 年第 2 期）

环境规制是否降低了中国企业出口国内附加值率

王　毅　黄先海　余　骁

摘　要： 利用2000~2006年中国工业企业数据库与海关数据库匹配数据，本文在理论分析的基础上以2003年国务院要求重点城市环境限期达标为准自然实验，采用双重差分法从微观层面实证检验了环境规制对企业出口国内附加值率（Domestic Value - Added Ratio，DVAR）的影响并分析其作用机制。结果表明：①环境规制显著提高了企业出口DVAR，这一效应对国有企业不显著而对非国有企业显著为正；②影响渠道检验发现，企业进口中间品使用比是环境规制影响企业出口DVAR的显著中介变量，而全要素生产率（Total Factor Productivity，TFP）效应不显著。此外环境规制政策没有影响企业融资约束；③扩展分析表明环境规制对企业出口DVAR存在行业和地区层面的差异化效应。本文认为环境规制可以倒逼企业提升出口DVAR，但这一效应具有异质性，可以按照不同企业所有制、贸易方式、行业比较优势以及地区市场化程度制定差异化规制政策，同时促进金融市场发展，加快产业转型升级，以“绿色发展”理念推进经济可持续增长。

关键词： 环境规制　全要素生产率　进口中间品　出口国内附加值率

一、引　言

自加入WTO以来，中国凭借成本优势嵌入全球价值链，以出口为导向带动经济高速发展，逐渐超越美国成为全球第一贸易大国。但在贸易总量不断扩大的同时，中国仍处于全球价值链（GVC）低端环节，出口国内附加值比率平均不足70%，与发达国家相比存在明显差距①。基于这一原因，贸易总额无法准确衡量中国真实贸易利得。2018年美国制造中美贸易摩擦的理由之一是两国之间长期存在巨大贸易顺差，而根据最新发布的《2010~2016年中美贸易增加值核算报告》，如果用增加值衡量中美贸易，两国顺差将缩小50%左右②。提升出口国内附加值率可以在保持出口总额不变的同时增加贸易利得，从而兼顾经济发展与国际贸易收支平衡。

2018年政府工作报告中提出“要实现经济高质量、可持续发展”。绿色发展是五大发展理念之一，党的十九大报告中进一步强调“绿水青山就是金山银山”。然而中国现阶段环境质量仍然堪忧，根据美国耶鲁大学发布的《环境绩效指数报告》（Environmental Performance Index），中国环境绩效的世界排名由2006年的94名降至2018年的120名。相关研究表明工业污染是造成中国大气污染的主要原因（林伯强和蒋竺均，2009）。中国工业体系较为完善，工业增加值在2000~2016年年均增长约9.98%，对经济发展贡献超过三成③。另一方面，工业发展在创造红利的同时也使环境不断恶化，生态污染不仅降低居民生活质量，也给中国带来8%~15%的GDP损失（韩超和胡浩然，2015）。环境质量改善需要政府实施环境规制（张红凤等，2009）。2018年5月，中央环保督察组

① 数据来源于OECD数据库，网址：https：//data. oecd. org/trade/domestic - value - added - in - gross - exports. htm。

② 具体数据已整理成表格，备索。

③ 数据来源于中国统计局官方网站。

对河北、江苏等 10 个省份（自治区）进行回头看，所有省份均存在违规现象。这便提出一个问题：环境规制会对企业绩效产生何种影响，其背后机理又是什么？已有文献以出口总额代理企业绩效分析了环境规制的经济效应，但在全球价值链背景下，出口国内附加值率（DVAR）更能准确衡量企业参与国际贸易的真实利得。因此正确评估环境规制对企业出口国内附加值率的影响对于打好生态攻坚战、促进中国经济实现高质量、可持续发展具有一定理论价值和现实意义。

本文的边际贡献有以下三点：（1）用企业出口国内附加值率代替出口规模，实证分析 2003 年环境规制政策对企业贸易利得的影响，结果表明环境规制政策可以倒逼企业提高出口 DVAR，兼顾绿色与发展；（2）发现环境规制会对不同所有制企业出口 DVAR 产生异质性影响，然后从 TFP 和进口中间品使用比两个渠道进行中介效应分析。此外还从垂直效应进一步研究非国有企业降低进口中间品使用比的方式；（3）区分不同贸易方式、行业比较优势和地区研究了环境规制对企业出口 DVAR 的差异化影响，讨论了行业和地区层面特征变量的调节效应，为分析环境规制对企业贸易利得的影响提供更为全面的经验证据。

二、文献综述与理论框架

环境规制对出口的影响一直是学界关注的热点。早期研究大都基于行业比较优势或企业出口总额等视角展开（Hering and Poncet，2014；Shi and Xu，2018），而中国企业在参与全球价值链活动中存在一定比例的国外增加值比重，且中国整体出口附加值率较低（Koopman et al.，2014；Kee and Tang，2016），因此以出口总额作为代理变量会高估企业贸易利得。近年来微观层面的研究开始选取出口国内附加值率衡量企业获利能力，一些学者也力求准确测算中国企业的出口 DVAR（Upward et al.，2013；张杰等，2013）。后续研究分别从贸易自由化、进口中间品质量、汇率等角度考察了 DVAR 的影响因素（王孝松等，2017；诸竹君等，2018；余淼杰和崔晓敏，2018）。但鲜有文献基于全球价值链视角，从微观层面分析环境规制对企业出口 DVAR 的效应及其影响机制。下面本文试图通过一个理论框架考察二者之间的关系。

参考基和唐（Kee and Tang，2016）的模型设定，具体推导过程备索，求解最优化问题可以得到以下两式：

$$\frac{\partial DVAR}{\partial c} = -\frac{\alpha_M}{P}\frac{P^I M^I}{P^M M} < 0 \tag{1}$$

$$\frac{\partial DVAR}{\partial\left(\frac{P^I M^I}{P^M M}\right)} = -\alpha_M \frac{c}{P} < 0 \tag{2}$$

式（1）和式（2）表明边际成本和进口中间品使用比与企业出口 DVAR 呈负相关。工业企业数据库没有企业产品价格和数量信息，因此无法直接计算企业边际成本。已有研究表明全要素生产率（TFP）会影响企业生产的边际成本（Bernard et al.，2003；Melitz and Ottaviano，2008），即 TFP 越高，企业边际生产成本越低。因此本文选择 TFP 代理企业边际成本（毛其淋和许家云，2017），根据上文可得企业 TFP 与出口 DVAR 呈正相关。环境规制对企业出口 DVAR 最终呈现何种影响取决于规制政策对这两种因素影响的正负及相对大小。下面本文进一步分析环境规制如何通过企业 TFP(c) 和进口中间品使用比$\left(\frac{P^I M^I}{P^M M}\right)$影响企业出口 DVAR。

首先，对生产率渠道进行分析。TFP 是衡量企业竞争力的重要指标，已有大量学者从理论和实证考察环境规制对企业 TFP 的影响，发现存在“遵循效应”（Gray，1987）和“补偿效应”（Porter，1991）两种机制。后续学者基于不同前提和样本选取不同方法进行了大量实证研究，但所得结果不一（Jaffe and Palmer，1997；Greenstone，2002；Yin et al.，2015）。理论方面，一些文献尝试从效应时间长短（张成等，2011）及政策强度（王杰和刘斌，2014）的不同对此进行解释，但学界对于环境规制的生产率效应仍无统一观点。环境规制效应的异质性以及学者对环境规制衡量的主观性是造成研究结果迥异的两个重要原因（张成等，2011），且用综合指标代理环境规制也难以处理内生性问题（Yin et al.，2015）。因此，选取适当方法研究是准确评价环境规制对企业 TFP 影响的重要前提。综上，环境规制对企业 TFP 的影响不确定，既可能通过提高 TFP 进而促进出口 DVAR 提升，也可能降低 TFP，抑制出口 DVAR 上升；当规制强度较低时，可能对 TFP 影响不显著。

然后，考察进口中间品渠道。根据对企业出口 DVAR 的分解可知，DVAR 会受到 TFP 和进口中间品使用比两方面的影响。从静态角度分析，环境规制政策会使企业增加一定投入用于处理污染（Ryan，2012），这会在当期显著提高生产总体成本，而企业进口中间品需要支付一定预先成本（Manova and Yu，2016），因此企业将选择减少进口中间品转而使用价格更低廉的本国中间品进行生产；动态来看环境规制会迫使部分污染严重且盈利能力不足的企业退出市场，提高污染行业进入成本。企业数量减少会降低对中间投入品的需求，导致国内中间品相对价格下降，降低企业进口中间品使用比。将上述分析结合式（2）可得，环境规制会通过减少进口中间品使用提升企业出口 DVAR。当规制强度较低时，这一效应也可能不显著。

综上所述，环境规制对企业出口 DVAR 的最终影响由生产率效应和进口中间品效应共同决定：当生产率效应为正时，两种效应均会提升企业出口 DVAR，因此 DVAR 总体效应为正；当生产率效应为负时，两种效应一正一负，其相对大小将决定环境规制对企业出口 DVAR 最终效应的正负；当规制强度较低且企业资金充裕时，也可能不受规制政策的显著影响。基于上述分析，本文提出命题 1。

命题 1：环境规制会通过生产率效应和进口中间品效应影响企业出口 DVAR，而规制政策对 DVAR 的最终影响是两种效应综合作用的结果，其正负也取决于两种效应的相对大小。

企业排污存在负外部性，在环境规制实施前企业会选择较低的污染治理水平；当规制政策实施后，企业治污成本提高，此时环境规制对企业的效应会受到规制强度、企业经营状况、污染水平、融资能力等因素影响。若企业盈利能力高、污染水平低、融资能力强就会削弱环境规制影响。国有企业相对而言企业规模大、技术水平高、受监管更严格且资金雄厚，往往生产环节比较规范，污染排放较少。此外国有企业在融资能力上具有非对称优势（Wei and Dollar，2007），更容易获得政府补贴与银行信贷，其生产行为受环境规制影响相对较弱；非国有企业中的中小型企业较多，这类企业研发资金受限，融资成本较高，大多数长期从事低技术水平、低附加值的生产活动，企业盈余较少。此外，中小型企业数量庞大，政府监管成本过高，导致其排污量可能远高于规定水平。当政府实施规制政策时，金融机构出于资金安全考虑会减少甚至停止借贷，使企业面临融资困境，因此其生产行为更容易受环境规制影响。综上所述提出命题 2。

命题 2：国有企业相比非国有企业抵御负面冲击的能力更强，在受到环境规制冲击后所受影响较弱，可能不会调整企业 TFP 和进口中间品使用比，因此 DVAR 变动较小。

上述命题从微观层面分析了企业在受环境规制影响后生产策略的调整。从宏观视角出发，行业和地区层面的特征变量可能对环境规制效应产生条件影响。行业比较优势会影响企业研发效率，越具有比较优势的行业创新难度越低，研发效率越高（Ju et al.，2015）。因此若企业受到环境规制影响减少其研发投入，则具有比较优势的行业 TFP 所受影响也越大。另一方面，当行业具有比较优势时，其上游企业竞争性更强（吕云龙和吕越，2017），供给的本国中间品更多，可以使下游企业减少更多进口中间品使用。市场化程度是影响当地企业绩效的重要调节变量，较高的市场化水平可以增强创新溢出效应，提高企业创新效率（Chakraborty，2016），因此市场化水平会加强环境规制对企业 TFP 的影响。此外市场化水平还会影响企业竞争强度，使其为下游企业提供价格更低，种类更多的中间投入品。当下游企业受环境规制影响时，可以用更多本国中间品替代进口中间品进行生产。

命题 3：环境规制对于企业出口 DVAR 的效应可能受到行业比较优势和地区市场化程度的条件

影响。行业比较优势和地区市场化指数会增强环境规制对企业TFP和进口中间品使用比的效应，当生产率效应为正时，调节效应为正，此时进口中间品使用比调节效应为负，则企业出口DVAR的调节效应为正；若生产率效应为负，调节效应也为负，则DVAR的最终调节效应取决于TFP和进口中间品使用比这两种调节效应的相对大小。

三、研究设计与模型设定

（一）研究设计

为避免主观选择偏误，克服反向因果问题，本文利用政策冲击作为准自然实验，采用双重差分法研究环境规制对企业出口DVAR的影响。数据样本期为2000～2006年，故选择中国生态环境部于2003年下发的《关于大气污染防治重点城市期限达标工作的通知》（下文简称《通知》）作为准自然实验。2002年12月原环保总局发布《大气污染防治重点城市划定方案》（下文简称《方案》），划定113个城市作为“十五”期间大气污染防治重点城市，并将这113个城市依据现有污染情况区分为39个达标城市和74个未达标城市，要求到2005年39个达标城市继续保持，74个未达标城市要达到大气环境质量标准，这一方案在2003年初正式实施。工业企业生产活动是污染排放的主要来源，因此这一政策实施的重要落脚点为中国工业企业。鉴于被选中的113个城市与其他未被选中城市经济环境差距较大，为避免选择性偏误[①]，本文借鉴鲁和于（Lu and Yu，2015）和刘和邱（Liu and Qiu，2016）的方法，将113个城市中受环境规制政策影响较大的未达标城市企业作为处理组，将受规制影响较小的达标城市企业作为控制组，实证检验上文中三个命题。

（二）估计方法

DID基准模型一般设定如下：

$$DVAR_{ict} = \beta_0 + \gamma_1 \times Post + \gamma_2 \times Treat + \gamma_3 Treat \cdot Post + \beta \times X_{ict} + \varepsilon_{it} \tag{3}$$

但该模型设定更适用于两期数据，如果为多期面板则应采用类似固定效应模型的设定以得到更准确的估计。鉴于本文使用了2000～2006年工业企业与海关数据库合并的多期面板数据，参考董香书和肖翔（2017）等文献的处理方法，设定如下模型考察环境规制政策对企业出口DVAR的影响[②]：

$$DVAR_{ict} = \beta_0 + \gamma \times D_{ct} + \beta \times X_{ict} + \mu_c + \lambda_t + \varepsilon_{it} \tag{4}$$

其中，$DVAR_{ict}$表示t年c城市i企业的出口国内附加值率，D_{ct}为本文核心解释变量，当在时间t时若政策冲击已在c城市发生，取值为1，否则为零。D_{ct}项的实质就是时间与个体虚拟变量的交互项，即基准模型的Treat·Post项；X_{ict}为控制变量，包括企业层面的资本劳动比、规模、存续年份、所有制以及行业层面的竞争程度等；μ_c代表城市层面不可观测的不随时间变动的特征，即基准模型的Treat项；λ_t表示年份固定效应，即基准模型的Post项，但可以捕捉更多不随个体变化的效应；ε_{it}是随机干扰项。为处理可能存在的组间异方差及自相关问题，本文的标准误聚类到企业层面。

① 本文在后面的稳健性检验中会对这一点做出进一步验证。

② 为验证合理性以及稳健性，本文将在稳健性检验的最后报告利用DID基准模型进行回归的估计结果。

四、数据处理、指标选取与描述性统计

（一）数据来源与处理

借鉴黄先海等（2016）的两步法，将 2000 ~ 2006 年中国工业企业数据和海关数据库相匹配，并剔除不符合会计准则的异常值与缺失值。最后保留原环保总局发布的《方案》中划定的 113 个城市的企业样本，共得到 25 802 家企业的 73 936 个观测值。

（二）指标选取与测算

（1）企业出口国内增加值率（DVAR）的测算：借鉴奥普瑞德等（Upward et al.，2013）和基和唐（2016）等的研究，考虑了进口中间投入、贸易代理商、进口中间品使用比异质性以及资本品折旧率等问题，对中国企业层面出口国内增加值进行了测算，具体方法可联系作者索取。

（2）企业全要素生产率（TFP）的测算：首先对数据进行消胀处理，资本存量按照永续盘存法进行计算。然后采用 ACF 法测算出企业 TFP。为验证结论的稳健性，本文还采用 OP 法测算了企业 TFP。

（3）其他变量（控制变量）：根据基和唐（2016）、吕越等（2018），本文主要控制如下变量：①资本劳动比（caplab）：采用企业固定资产净值年平均余额与企业从业人数的比值取对数来表示。②企业规模（size）：用企业从业人数的对数表示。③企业存续年限（age）：将当年年份减去企业开业年份再加 1，结果取对数得到企业存续年限。④企业所有制（gyqy）：如果企业为国有企业则取值为 1，否则取值为 0。⑤行业竞争程度（hhi）：采用赫芬达尔指数表示，结果汇总在 4 位码层面。⑥进口中间品使用比例（imratio）：用进口中间品与中间品投入总额之比来表示。

（三）变量的描述性统计

命题 2 提到国有企业相比非国有企业存在外部融资优势，这一部分利用统计数据简要观察不同所有制企业特征的异同。表 1 显示，国有企业的出口国内附加值率（DVAR）、资本劳动比、规模、存续时间、全要素生产率均高于非国有企业，而非国有企业的进口中间品使用比更高。统计结果初步表明中国国有企业整体上并非出口获利能力差、生产效率低。

表 1　　主要变量的描述性统计

变量	非国有企业样本				国有企业样本			
	mean	sd	min	max	mean	sd	min	max
DVAR	0. 6875	0. 2551	0. 0001	0. 9972	0. 8328	0. 181	0. 011	0. 9957
Lcaplab	3. 9917	1. 5105	-6. 9968	14. 8486	4. 3285	1. 1755	-2. 9469	14. 6258
size	5. 5169	1. 1766	2. 0794	11. 9654	7. 0981	1. 3098	2. 3026	11. 3447
Lage	2. 0255	0. 6405	0. 0000	5. 0999	3. 4566	0. 7522	0. 0000	5. 0499
LTFP	4. 1827	1. 0809	-5. 7382	12. 0656	4. 5386	1. 1202	-1. 2692	11. 8237
imratio	0. 2372	0. 2492	0. 0000	0. 9998	0. 0859	0. 1422	0. 0000	0. 8262

注：非国有企业的样本量为 72 819，国有企业的样本量为 1 117。
资料来源：笔者利用 stata 软件计算。

五、计量结果与分析

（一）整体样本估计结果

进口中间品使用受关税变动影响，且样本期间中国加入WTO，关税波动较大，因此本文控制了进口自由化效应①。表2第（1）列为初步回归，DID系数显著为正。第（2）~（4）列分别纳入企业资本劳动比、规模、存续年限和所有制，并引入2位码行业层面固定效应，DID系数均显著为正。第（5）列控制了行业层面竞争程度和进口自由化程度，但没有包括行业固定效应，第（6）列则包括了全部控制变量及行业层面固定效应，DID系数仍显著为正，这表明在考虑了遗漏变量、反向因果等内生性问题的情况下，2003年的环境规制政策显著提高了出口企业DVAR。表2结果初步表明“绿色”与“发展”可实现内在自洽，保护生态环境可能成为中国经济转型升级，提升贸易质量的驱动力之一。

表2　　环境规制对企业出口DVAR的影响估计（整体样本）

变量	(1)	(2)	(3)	(4)	(5)	(6)
	DVAR	DVAR	DVAR	DVAR	DVAR	DVAR
DID	0.0156** (0.0064)	0.0146** (0.0063)	0.0140** (0.0063)	0.0131** (0.0063)	0.0150** (0.0065)	0.0130** (0.0063)
caplab		-0.0190*** (0.0010)	-0.0191*** (0.0010)	-0.0191*** (0.0010)	-0.0141*** (0.0010)	-0.0191*** (0.0010)
size			-0.0016 (0.0013)	-0.0022* (0.0013)	-0.0077*** (0.0014)	-0.0022* (0.0013)
age			0.0204*** (0.0020)	0.0174*** (0.0021)	0.0222*** (0.0021)	0.0174*** (0.0021)
gyqy				0.0776*** (0.0088)	0.0876*** (0.0088)	0.0778*** (0.0088)
hhi					0.1766* (0.0979)	-0.0425 (0.0994)
duty					0.0038*** (0.0003)	-0.0010* (0.0005)
adj. R^2	0.158	0.167	0.170	0.171	0.120	0.171
Year FE	Yes	Yes	Yes	Yes	Yes	Yes
City FE	Yes	Yes	Yes	Yes	Yes	Yes
Ind FE	Yes	Yes	Yes	Yes	No	Yes
N	73 936	73 936	73 936	73 936	73 936	73 936

注：括号内为聚类稳健标准误，***、**、*分别表示1%、5%和10%的显著水平。

① 进口关税为二位码行业层面，由产品层面关税按进口额加权平均所得。产品层面关税来自WTO官方网站。

（二）分样本估计结果（按企业不同所有制划分）

基准回归未对企业所有制进行区分。国有企业可能凭借其自身政治地位（Hering and Poncet，2014）和融资的非对称优势（Wei and Dollar，2007）减弱环境规制的负面效应，本节对此进行实证检验，表3汇报了相关结果。第（1）~（3）列为国有企业回归结果，在添加不同控制变量后，DID系数均不显著，说明环境规制政策对于国有企业的DVAR并无明显影响。第（4）~（6）列汇报了非国有企业的回归结果，DID系数显著为正，即环境规制对于非国有企业DVAR有正向影响。国有企业效应不显著的原因还不能确定，是因为两种中介效应正负相互抵消还是国有企业凭借其自身优势可以更好地应对规制政策有待后文进一步检验。

表3　　环境规制对企业出口DVAR的影响估计（分所有制样本）

变量	(1)	(2)	(3)	(4)	(5)	(6)
	SOE	SOE	SOE	N-SOE	N-SOE	N-SOE
DID	-0.0064 (0.0250)	-0.0066 (0.0250)	-0.0041 (0.0256)	0.0166** (0.0065)	0.0156** (0.0064)	0.0151** (0.0064)
caplab		0.0011 (0.0062)	0.0004 (0.0059)		-0.0191*** (0.0010)	-0.0192*** (0.0010)
hhi			0.2849 (0.1861)			-0.0637 (0.1035)
size			0.0067 (0.0072)			-0.0022* (0.0014)
age			0.0241** (0.0102)			0.0168*** (0.0021)
duty			-0.0014 (0.0028)			-0.0011** (0.0006)
adj. R^2	0.222	0.222	0.229	0.157	0.167	0.168
Year/City/Industry FE	Yes	Yes	Yes	Yes	Yes	Yes
N	1 117	1 117	1 117	72 819	72 819	72 819

注：括号内为聚类稳健标准误，***、**、*分别表示1%、5%和10%的显著水平。

六、稳健性检验

（一）DID安慰剂检验

为确保双重差分法得到有效估计，这一部分进行安慰剂检验。借鉴蒋灵多和陆毅（2017）等的研究，设定如下计量模型：

$$DVAR_{ict} = \alpha_0 + \gamma_t \times treat_c \times year_t + \beta' \times X_{ict} + \mu_c + \lambda_t + \varepsilon_{it} \tag{5}$$

其中交互项为2001年、2002年虚拟变量与$treat_c$项交乘，样本区间为2000~2003年。回归结果显示平行趋势检验的交互项系数不显著，即处理组与控制组具有可比性。动态回归显示环境规制对企业出口 DVAR 的效应逐步加强，正向效应存在一定滞后性。安慰剂检验则分别假定政策实施时间提前为 2002 年和 2001 年，结果显示 2002 年交互项系数显著性下降，但仍在 10% 的水平上显著，2001 年交互项系数则不显著。检验结果没有严格排除安慰剂效应，由于《通知》中所选城市可能不满足随机性，下面利用倾向得分匹配法进行进一步检验。

（二）PSM – DID 检验结果

本节采用倾向得分匹配法（PSM），尝试降低处理组与控制组中企业在政策实施前的差异。参考董香书和肖翔（2017）等文献的处理方法，按照 1∶1 最近邻匹配方法对处理组和控制组企业进行倾向得分匹配。平衡性检验结果表明匹配后处理组与控制组企业之间的协变量不存在显著差异，且偏差绝对值均小于 2%。PSM – DID 的回归中核心解释变量 DID 项系数的符号与显著性均与前文表 2 和表 3 结果一致。平行趋势检验、动态回归中各交互项系数的显著性及正负与匹配前结果基本相同。安慰剂检验的结果显示，2002 年和 2001 年的交互项系数均不显著，可以认为满足平行趋势假定，也进一步验证了前文结论的稳健性。

（三）更换控制组的稳健性检验

113 个城市是根据该城市是否属于直辖市、省会城市、沿海开放城市、重点旅游城市以及城市的综合经济能力和环境污染现状划定的。为避免可能存在的城市选择效应，本节选取其他未被划定城市作为另一控制组进行稳健性检验。实证结果与前文相反，环境规制对非国有企业效应不显著，对国有企业则显著为正。由于处理组和控制组可能因城市经济发展水平不同存在企业选择性行为，本文利用 PSM 后样本再次进行检验，匹配后结果与匹配前和前文均不相同，各效应不再显著。更换控制组后，处理组与控制组企业在各方面存在较大不同，且倾向得分匹配只能减少可观测因素造成的差异。此外，未被划定城市可能存在污染不达标情况，因此不应作为控制组。

（四）DID 基准模型的稳健性检验

本文所设定的 DID 模型实质上为两期 DID 模型针对多期面板数据的变形。本小节利用两期基准 DID 模型进行稳健性检验，结果证实 TreatPost 项的系数符号与显著性较先前结果相比没有发生明显变化。

七、影响机制分析

理论部分表明，TFP 和进口中间品使用比是环境规制影响企业出口 DVAR 的两个重要渠道。环境规制会提升非国有企业出口 DVAR，但背后存在几种不同作用路径。本节通过建立中介效应模型实证检验理论部分的分析，探究环境规制提升企业出口 DVAR 的作用机制。参考吕越等（2018）等的做法，建立如下中介效应模型：

$$DVAR_{ict} = \beta_1 + \gamma_1 \times D_{ct} + \beta \times X_{ict} + \mu_c + \lambda_t + \varepsilon_{it} \tag{6}$$

$$imratio_{ict} = \beta_2 + \gamma_2 \times D_{ct} + \beta \times X_{ict} + \mu_c + \lambda_t + \varepsilon_{it} \tag{7}$$

$$TFP_{ict} = \beta_3 + \gamma_3 \times D_{ct} + \beta \times X_{ict} + \mu_c + \lambda_t + \varepsilon_{it} \tag{8}$$

$$DVAR_{ict} = \beta_4 + \gamma_4 \times D_{ct} + \omega \times imratio_{ict} + \sigma \times TFP_{ict} + \beta \times X_{ict} + \mu_c + \lambda_t + \varepsilon_{it} \tag{9}$$

基准回归表明环境规制只对非国有企业出口 DVAR 产生影响，因此表 4（1）~（5）列的中介效应检验针对非国有企业样本。第（1）列 DID 项系数显著为负，表明环境规制显著降低了非国有企业进口中间品使用。第（2）列显示环境规制对企业 TFP 不产生显著影响，结合相关研究可做出如下分析：环境规制政策强度较弱，企业的研发和进口中间品均需要前置资金（Manova and Yu，2016），但研发更直接影响企业 TFP 这一核心竞争力，同时其前期投入可能较高，因此企业在权衡后选择降低进口中间品使用并保持原有研发投入水平。另一方面，进口中间品也会影响企业的竞争力及出口获利能力（诸竹君等，2018），非国有企业降低进口中间品使用比可能受制于融资约束，这一点将在下文进行验证。第（3）列将 imratio 纳入方程中，DID 项不再显著而 imratio 项显著为负，说明进口中间品使用比是环境规制影响企业出口 DVAR 的重要渠道。此外第（4）、（5）列结果也验证了 TFP 是企业出口 DVAR 的影响因素之一。

表 4 第（6）、（7）列显示环境规制对国有企业的进口中间品使用比（imratio）和全要素生产率（TFP）影响均不显著，这也验证了环境规制对国有企业出口 DVAR 影响不显著的稳健性。这一结果背后存在两种可能的原因：（1）国有企业拥有外部融资优势，面对环境规制可以通过低成本借贷治理污染，不会对生产策略产生影响；（2）国有企业相对而言更易于监管，且规模更大、资本雄厚，其生产环节更加规范，对污染排放要求更严，因此受环境规制影响较弱。后文将对这两种原因进行检验和分析。为避免可能产生的选择性偏误，作者进一步使用 PSM 后样本进行回归，核心变量的显著性及符号没有发生改变。

表 4　　中介效应检验

变量	(1)	(2)	(3)	(4)	(5)	(6)	(7)
	N - SOE	N - SOE	N - SOE	N - SOE	N - SOE	SOE	SOE
	imratio	TFP	DVAR	DVAR	DVAR	TFP	imratio
DID	-0.0189*** (0.0061)	-0.0263 (0.0267)	-0.0016 (0.0035)	0.0127* (0.0066)	-0.0038 (0.0036)	0.2105 (0.1582)	0.0118 (0.0198)
imratio			-0.8410*** (0.0034)		-0.8415*** (0.0034)		
TFP				0.0051*** (0.0014)	0.0124*** (0.0007)		
控制变量	Yes	Yes	Yes	Yes	Yes	Yes	Yes
adj. R^2	0.179	0.268	0.754	0.171	0.762	0.359	0.238
Year/City/Industry FE	Yes	Yes	Yes	Yes	Yes	Yes	Yes
N	71 168	69 469	71 168	69 469	67 885	1 048	1 106

注：括号内为聚类稳健标准误，***、**、* 分别表示 1%、5% 和 10% 的显著水平。

八、进一步分析

（一）不同贸易方式的影响

加工贸易企业主要利用中国劳动力的低廉成本嵌入到全球价值链中，贸易获利能力相对较低

（Kee and Tnag，2016）。本小节就不同贸易方式进行实证检验，结果汇报在表 5 中。第（1）、（4）列表明，环境规制会显著提升加工贸易企业出口 DVAR，对一般贸易企业则无明显影响。第（2）、（5）列说明环境规制对两种贸易方式企业的 TFP 均无显著影响。第（3）、（6）列显示环境规制会降低加工贸易企业的进口中间品使用比而不会影响一般贸易企业。一般贸易企业技术水平更高、获利能力更强，可利用销售利润筹集资金应对环境规制对成本的负面冲击。加工贸易企业更多从事附加值较低的生产环节，企业盈余资金有限，选择减少进口中间品使用以治理污染。综上，环境规制不对中国一般贸易和加工贸易企业出口 DVAR 产生负向影响。加工贸易企业通过本国中间品替代进口中间品进行生产，提升其出口 DVAR；一般贸易企业可凭借其盈利优势缓解环境规制的负向冲击，当规制强度较弱时将不影响其生产决策。

表 5　环境规制对不同贸易方式企业影响的检验结果

变量	(1)	(2)	(3)	(4)	(5)	(6)
	加工贸易	加工贸易	加工贸易	一般贸易	一般贸易	一般贸易
	DVAR	TFP	imratio	DVAR	TFP	imratio
DID	0.0396** (0.0175)	-0.0059 (0.0677)	-0.0595*** (0.0174)	-0.0059 (0.0086)	0.0791 (0.0570)	0.0103 (0.0096)
控制变量	Yes	Yes	Yes	Yes	Yes	Yes
adj. R^2	0.080	0.192	0.075	0.167	0.259	0.136
Year/City/Industry FE	Yes	Yes	Yes	Yes	Yes	Yes
N	12 944	12 147	12 361	18 407	17 561	18 239

注：括号内为聚类稳健标准误，***、**、* 分别表示 1%、5% 和 10% 的显著水平。

（二）行业比较优势的调节效应

表 6 汇报了对比较优势调节效应的检验，其中交叉项 DID × RCA 为关键解释变量。表 6 中前三列和后三列分别为非国有企业和国有企业的回归结果。第（1）列显示更具有比较优势的行业可以获得更强的 DVAR 提升效应。第（2）、（3）列分别检验了 RCA 对中介变量 imratio 和进口中间品质量①的调节效应，更具有比较优势的行业进口中间品使用比减少的越多、进口中间品质量也下降得越多。第（4）~（6）列表明国有企业的调节效应均不显著。根据古典经济学理论，更具有比较优势的行业往往规模较大，上下游供应商也更多，更容易选择本土中间品替代；另一方面，中国最具有比较优势的制造业行业多为劳动密集型产业，对中间品的技术要求相对较低。中国最具有比较优势的几个行业技术水平较低，中间品替代弹性较高，因此企业可以在降低进口中间品质量的同时保持一定出口竞争力。实证结果证实了中国加快产业转型升级的必要性：当一国优势行业技术水平较低时，低成本是主要竞争力，企业关注减少成本而非提高质量。企业面对冲击时会牺牲质量以降低成本，这将促使其陷入“低端锁定”。

① 中介效应检验显示环境规制通过影响进口中间品使用而非全要素生产率对企业出口 DVAR 产生作用，故此处进一步考察 RCA 对进口中间品质量的调节效应，从垂直差异化角度得到更细致的结论。

表 6　　**各行业 RCA 指数的调节效应**

变量	(1)	(2)	(3)	(4)	(5)	(6)
	N - SOE	N - SOE	N - SOE	SOE	SOE	SOE
	DVAR	imratio	quality	DVAR	imratio	quality
DID	0.0011 (0.0085)	-0.0059 (0.0081)	0.0223*** (0.0066)	-0.0504 (0.0319)	0.0084 (0.0263)	-0.0006 (0.0426)
DID × RCA	0.0087*** (0.0028)	-0.0083*** (0.0027)	-0.0120*** (0.0021)	0.0213 (0.0131)	0.0042 (0.0129)	-0.0268 (0.0175)
RCA	-0.0077 (0.0077)	0.0030 (0.0075)	0.0025 (0.0050)	0.0134 (0.0387)	0.0265 (0.0266)	0.0727* (0.0419)
控制变量	Yes	Yes	Yes	Yes	Yes	Yes
adj. R^2	0.166	0.178	0.217	0.240	0.248	0.329
Year/City/ Industry FE	Yes	Yes	Yes	Yes	Yes	Yes
N	64 075	62 550	55 501	960	950	777

注：括号内为聚类稳健标准误，***、**、*分别表示1%、5%和10%的显著水平。

（三）不同地区（市场化程度）的影响

本节从地区层面分析环境规制对企业的差异化效应，表7（1）~（3）列分别利用全样本检验了环境规制对东部、中部、西部企业出口 DVAR 的影响，其中仅东部地区效应显著。地区市场化水平会影响当地企业的经营绩效（Chakraborty，2016），表7第（4）列证实市场化程度对非国有企业出口 DVAR 存在显著正向调节作用。表7第（5）列表明市场化水平对非国有企业进口中间品存在显著负向调节效应，其原因可能是市场化程度越高其区域内上游供应商也更多，企业便于以低成本搜寻国内中间品替代进口中间品。对国有企业样本的回归显示市场化的调节效应均不显著，实证结果限于篇幅省略备索。一个值得关注的问题是，环境规制对中西部地区企业没有产生显著影响并非说明该地区企业污染程度较低。随着生产要素价格的提高和环保标准日趋严格，东部地区企业面临“高低挤压”的双重压力，因此将污染部分转向中西部地区成为其选择，即“污染天堂”效应。中西部地区企业对环境规制政策不敏感是因为“逐底效应”的存在：市场化程度较低的地区一般经济水平也相对落后，地方政府以牺牲环境为代价，采用追逐到底的做法来吸引流动性要素以谋求经济发展。市场化程度越高的地区可能执行环境规制政策更严格，也就越容易受到环境规制政策的影响。

表 7　　**环境规制对不同地区 DVAR 的异质性影响及市场化程度的调节效应**

变量	(1)	(2)	(3)	(4)	(5)	(6)
	All	All	All	N - SOE	N - SOE	N - SOE
	EAST	MID	WEST	DVAR	imratio	quality
DID	0.0157** (0.0068)	-0.0129 (0.0277)	-0.0061 (0.0276)	-0.0405** (0.0187)	0.0481*** (0.0178)	-0.0005 (0.0152)
DID × M				0.0067*** (0.0020)	-0.0082*** (0.0019)	0.0003 (0.0016)

续表

变量	(1)	(2)	(3)	(4)	(5)	(6)
	All	All	All	N - SOE	N - SOE	N - SOE
	EAST	MID	WEST	DVAR	imratio	quality
market				-0.0168*** (0.0041)	0.0241*** (0.0040)	-0.0006 (0.0029)
控制变量	Yes	Yes	Yes	Yes	Yes	Yes
adj. R^2	0.163	0.165	0.184	0.169	0.180	0.220
Year/City/Industry FE	Yes	Yes	Yes	Yes	Yes	Yes
N	69 731	1 713	1 385	72 829	71 178	62 725

注：括号内为聚类稳健标准误，***、**、* 分别表示 1%、5% 和 10% 的显著水平。

九、结论与政策建议

本文研究了环境规制对企业出口 DVAR 的影响，以国务院 2003 年发布的《通知》为准自然实验，使用中国工业企业与海关数据库的匹配数据进行实证检验，主要结论如下：（1）环境规制对企业出口 DVAR 产生显著正向效应。从不同所有制角度出发，非国有企业 DVAR 会受到环境规制的正向影响，国有企业的效应不显著。（2）中介效应模型检验显示，进口中间品使用比是环境规制影响企业出口 DVAR 的主要渠道，规制政策没有显著影响企业 TFP。（3）进一步研究发现，环境规制没有对企业的内、外部融资约束产生影响，表明 2003 实施的环境规制政策可能强度较低。此外规制政策没有使非国有企业降低进口中间品质量，企业可能通过水平效应减少进口中间品的投入。（4）环境规制对加工贸易企业出口 DVAR 有正向效应，对一般贸易企业影响不显著；更高显示性比较优势的行业对企业出口 DVAR 有显著正向调节效应；企业所处地区的市场化程度越高，其 DVAR 越会受到环境规制的正向影响。

本文政策含义如下：（1）全面贯彻绿色发展理念，加强对环境规制执行的监督。党的十八大将绿色发展列为五大发展理念之一。中国大气污染情况已得到一定改善，但空气质量仍存在问题，其中重要原因之一是各地方政府担心严格的环境规制政策会影响当地企业发展。实证结果表明环境规制没有对企业出口 DVAR 产生负面影响，政府应为企业提供良好的市场营商环境，同时加强对其污染的监督；（2）发挥国有企业引领作用，推动中小型企业发展。国有企业在企业规模、生产技术、存续时间、资本劳动比等方面存在优势，在面对强度较弱的环境规制时没有受到显著影响；而做强非国有企业与加工贸易企业，促进中小型企业技术升级可以提高其盈利能力以抵御各种不确定性风险。国有企业拥有资金优势，可以在技术研发与生产环节清洁规范等方面起到示范性作用；（3）促进地区市场化改革，推动地方官员考核多样化。在中西部地区执行环境规制政策可能导致大量污染性企业无法继续生产。如果将 GDP 水平作为官员唯一考核标准容易引发“逐底效应”，使中西部地区成为“污染避难所”。推动地区市场化发展可以提升企业经营绩效，增强企业活力，帮助其减轻环境规制对成本的不利影响。在此基础上将环境保护、产业转型升级等内容纳入官员考评体系，给落后地区调整空间，引导其根据地方特色开发清洁型产业，实现“绿色发展”。

参考文献：

1. 董香书、肖翔：《“振兴东北老工业基地”有利于产值还是利润？——来自中国工业企业数据的证据》，载于《管理世界》2017 年第 7 期。

2. 韩超、胡浩然：《清洁生产标准规制如何动态影响全要素生产率——剔除其他政策干扰的准自然实验分析》，载于《中国工业经济》2015 年第 5 期。

3. 黄先海、诸竹君、宋学印：《中国出口企业阶段性低加成率陷阱》，载于《世界经济》2016 年第 3 期。

4. 蒋灵多、陆毅：《最低工资标准能否抑制新僵尸企业的形成》，载于《中国工业经济》2017 年第 11 期。

5. 林伯强、蒋竺均：《中国二氧化碳的环境库兹涅茨曲线预测及影响因素分析》，载于《管理世界》2009 年第 4 期。

6. 吕越、盛斌、吕云龙：《中国的市场分割会导致企业出口国内附加值率下降吗》，载于《中国工业经济》2018 年第 5 期。

7. 吕云龙、吕越：《上游垄断与制造业出口的比较优势——基于全球价值链视角的经验证据》，载于《财贸经济》2017 年第 8 期。

8. 毛其淋、许家云：《中间品贸易自由化提高了企业加成率吗？——来自中国的证据》，载于《经济学（季刊）》2017 年第 1 期。

9. 王杰、刘斌：《环境规制与企业全要素生产率——基于中国工业企业数据的经验分析》，载于《中国工业经济》2014 年第 3 期。

10. 王孝松、吕越、赵春明：《贸易壁垒与全球价值链嵌入——以中国遭遇反倾销为例》，载于《中国社会科学》2017 年第 1 期。

11. 余淼杰、崔晓敏：《人民币汇率和加工出口的国内附加值：理论及实证研究》，载于《经济学（季刊）》2018 年第 3 期。

12. 张成、陆旸、郭路、于同申：《环境规制强度和生产技术进步》，载于《经济研究》2011 年第 2 期。

13. 张红凤、周峰、杨慧、郭庆：《环境保护与经济发展双赢的规制绩效实证分析》，载于《经济研究》2009 年第 3 期。

14. 张杰、陈志远、刘元春：《中国出口国内附加值的测算与变化机制》，载于《经济研究》2013 年第 10 期。

15. 诸竹君、黄先海、余骁：《进口中间品质量、自主创新与企业出口国内增加值率》，载于《中国工业经济》2018 年第 8 期。

16. Bernard, A. B., J. Eaton, J. B. Jensen, and S. Kortum. Plants and Productivity in International Trade [J]. *American Economic Review*, 2003, 93 (4): 1268 – 1290.

17. Chakraborty, P. Judicial Quality and Regional Firm Performance: The Case of Indian States [J]. *Journal of Comparative Economics*, 2016, 44 (4): 902 – 918.

18. Gray, W. B. The Cost of Regulation: OSHA, EPA and the Productivity Slowdown [J]. *American Economic Review*, 1987, 77: 998 – 1006.

19. Greenstone, M. The Impacts of Environmental Regulation on Industrial Activity: Evidence from the 1970 and 1977 Clean Air Act Amendments and the Census of Manufactures [J]. *Journal of Political Economy*, 2002, 110 (6): 1175 – 1219.

20. Hering, L. and Poncet, S. Environmental Policy and Exports: Evidence from Chinese Cities [J]. *Journal of Environmental Economics & Management*, 2014, 68 (2): 296 – 318.

21. Jaffe, A. B. and Palmer, K. Environmental Regulation and Innovation: A Panel Data Study [J]. *Review of Economics and Statistics*, 1997, 79 (4): 610 – 619.

22. Ju, J., Lin, J. Y. and Wang, Y. Endowment Structures, Industrial Dynamics, and Economic Growth [J]. *Journal of Monetary Economics*, 2015, 76: 244 – 263.

23. Kee, H. L. and Tang, H. Domestic Value Added in Exports: Theory and Firm Evidence from China [J]. *American Economic Review*, 2016, 106 (6): 1402 – 1436.

24. Koopman, R., Wang, Z. and Wei, S. J. Tracing Value – Added and Double Counting in Gross Exports [J]. *American Economic Review*, 2014, 104 (2): 459 – 494.

25. Liu, Q. and Qiu, L. D. Intermediate Input Imports and Innovations: Evidence from Chinese Firms' Patent Filings [J]. *Journal of International Economics*, 2016, 103: 166 – 183.

26. Lu, Y. and Yu, L. Trade Liberalization and Markup Dispersion: Evidence from China's WTO Accession [J]. *American Economic Journal: Applied Economics*, 2015, 7 (4): 221 – 253.

27. Manova, K. and Yu, Z. How Firms Export: Processing vs. Ordinary Trade with Financial Frictions [J]. *Journal of*

International Economics, 2016, 100: 120 – 137.

28. Melitz. M. J. , and G. I. P. Ottaviano. Market Size, Trade, and Productivity [J]. *Review of Economic Studies*, 2008, 75 (1): 295 – 316.

29. Porter, M. E. America's Green Strategy [J]. *Scientific American*, 1991, 264 (4): 168 – 264.

30. Ryan, S. P. The Costs of Environmental Regulation in A Concentrated Industry [J]. *Econometrica*, 2012, 80 (3): 1019 – 1061.

31. Shi, X. Z. and Xu, Z. F. Environmental Regulation and Firm Exports: Evidence from The Eleventh Five – Year Plan in China [J]. *Journal of Environmental Economics and Management*, 2018, 89: 187 – 200.

32. Upward, R. , Z, Wang. , and J, Zheng. Weighing China's Export Basket: The Domestic Content and Technology Intensity of Chinese Exports [J]. *Journal of Comparative Economics*, 2013, 41 (2): 527 – 543.

33. Wei, S. J. and Dollar, D. Capital: Firm Ownership and Investment Efficiency in China [R]. NBER Working Paper, 2007, 05 (13103).

34. Yin, J. H. , Zheng, M. and Chen, J. The Effects of Environmental Regulation And Technical Progress on CO2 Kuznets Curve: An Evidence from China [J]. *Energy Policy*, 2015, 77: 97 – 108.

（本文载于《国际贸易问题》2019 年第 10 期）

论纵向并购的反竞争效应

叶光亮　程　龙

摘　要： 兼并收购不仅影响企业内部生产效率，还会改变企业间的合谋动机。建立理论模型分析上下游企业间的部分并购与行业合谋稳定性的关系，并探讨并购控制权、纵向交叉持股以及成本不对称等因素的影响，结果发现，上游企业控股并购下游企业时，上游企业合谋将更稳定，而非控股并购会降低合谋的稳定性。下游企业提高在上游企业的交叉持股比例，同样会降低合谋稳定性。当下游企业成本不对称时，上游企业更倾向于非控股并购高成本下游企业，作为其不背叛合谋的承诺，以增加合谋的稳定性。反垄断执法机构进行经营者集中的审查时，需加强纵向并购协调效应的分析，审慎分析部分并购影响企业合谋动机造成的反竞争效应。

关键词： 反垄断　纵向部分并购　默示合谋　交叉持股　成本不对称

一、引　　言

经济新常态下，并购重组作为企业资源整合的重要途径，在实现传统企业转型升级、促进新老企业优势互补、提升企业自主研发能力等方面意义重大。近年来，我国并购案逐年增多，涉事金额大幅上涨（见图 1），逐渐成为全球并购市场的中心。

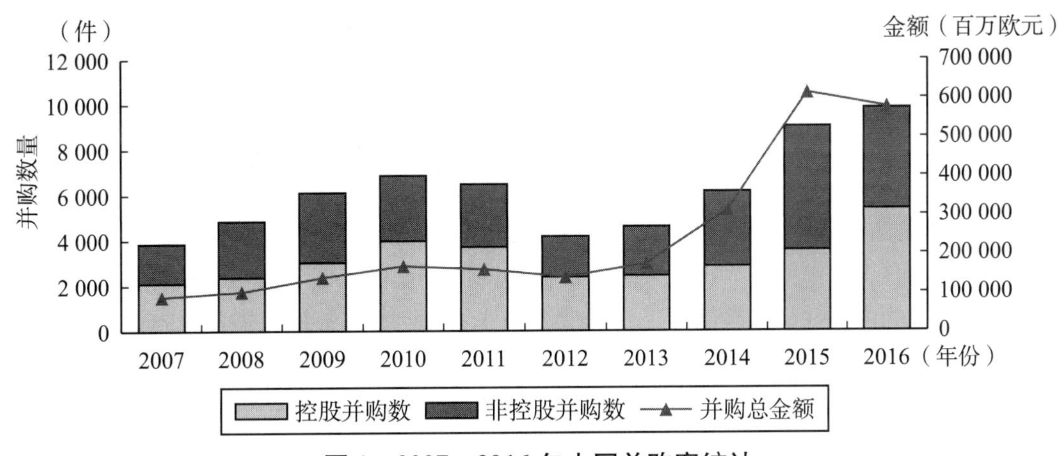

图 1　2007 ~ 2016 年中国并购案统计

资料来源：BVD – ZEPHYR 全球并购交易分析库。

并购一方面为企业注入活力；另一方面减弱市场竞争程度。并购重组的反竞争效应，在反垄断执法领域一直备受关注。该效应主要分为单边效应（unilateral effects）与协调效应（coordinated effects）两类。单边效应指并购减少市场中企业的数量，将参与并购的企业外部竞争内部化，并购企业得以在单方面定价过程中提高价格，减弱市场竞争程度。并购的单边效应体现在差异化产品定价等诸多市场竞争关系中，是并购对市场的直接影响，在并购审查时备受重视。[①] 协调效应指并购通过改变市场竞争结构，引发市场中全部企业潜在的协调合作结构变化。协调效应同样会危害市场运行效率。企业合谋是并购协调效应的重要表现形式。美国法律经济学家理查德·波斯纳（Richard Posner）在审理美国医院集团（HCA）案时认为，“并购反垄断的终极问题是，分析并购是否可以令市场中的企业更容易明示或默示合谋，使价格高于竞争水平，最终损害消费者利益”。[②] 然而，与对并购单边效应的重视形成鲜明对比，目前各国相对忽视对并购协调效应的考察。[③]

以我国为例，自2008年《反垄断法》实施以来，反垄断执法机构共审结经营者集中反垄断案2 437起，其中无条件批准2 396起，附加限制性条件批准39起，禁止集中2起。限制性条件的设立，在保证并购效率最大化的前提下，对并购的反竞争因素做了有针对性的防范。但这些反竞争因素几乎都来源于对单边效应的考察，对协调效应的分析亟待加强。以谷歌收购摩托罗拉案为例，考虑到谷歌开发的安卓手机系统存在市场支配地位，以及摩托罗拉在手机领域拥有众多专利，反垄断执法机构决定附加限制性条件批准该项集中。谷歌被要求继续在免费开放的基础上许可安卓平台，以非歧视方式对待其他手机制造商；在摩托罗拉移动专利方面，继续遵守公平、合理和非歧视（FRAND）义务，规避并购可能带来的封锁效应。反垄断执法机构提出的对专利授权许可方面的限制性条件，主要基于对单边效应的考虑。

近年来，随着我国经济持续发展，企业为了应对产业转型升级，打造合理的产业布局，市场上下游企业间的纵向并购行为频繁，市场的寡头化趋势明显加速。例如，中粮集团携手厚朴基金，以61亿港元收购蒙牛20.03%的股份，并成为蒙牛最大股东，以完善集团的全产业链布局策略。我国钢铁行业也通过参股、控股或者签订战略合作协议等方式，在产业链上下游进行大面积纵向整合，如对铁矿石开采、炼制焦炭等市场的后向整合，以及对下游汽车零部件、家电制造等市场的前向整合。[④] 在这一背景下，企业间潜在合谋问题日趋显著，要求人们重视并购的协调效应。但理论文献中考虑并购对合谋影响的文章主要集中在横向并购，研究纵向并购影响合谋稳定性的文献相对较少。

本文讨论纵向并购与合谋的关系，发现纵向并购对于上游企业合谋稳定性的影响，取决于具体并购程度，包括并购企业对被并购企业的控制，及其在被并购企业的财务权益。上游企业纵向并购下游企业，一方面可以防止被并购的下游企业从其他上游企业购买中间产品，减弱未参与并购的企业背叛合谋的动机；另一方面，纵向并购使得参与并购的上游企业即使在合谋惩罚期，也能借由被并购的下游企业获取利润，增强并购企业背叛合谋的动机。纵向部分并购比例将通过影响被并购企业的控制权与财务权益，分别影响上述两方面力量。[⑤] 与现有研究相比，本文研究的进展主要体现在以下方面：第一，首次考虑纵向部分并购对上游企业合谋稳定性的影响，明确公司控制权与财务权益对于合谋稳定性的作用，得出控股并购可以提高行业的合谋稳定性、非控股并购可能降低合谋稳定性的机理。第二，拓展讨论现实经济中常见的交叉持股关系对合谋稳定性的影响，发现交叉持股比例的上升提高合谋稳定的临界折现因子，反而会降低合谋稳定性。第三，从合谋角度讨论下游企业成本不对称时的内生并购选择问题，发现上游企业更倾向于非控股并购高成本的下游企业，作为其不背叛合谋的可置信承诺，以增加合谋的稳定性。

本文构成如下。第一部分关于并购协调效应的文献综述，讨论并购与合谋之间的内在关系。第

① 参见Jonathan B. Baker，“Why Did the Antitrust Agencies Embrace Unilateral Effects?” *George Mason Law Review*，Vol. 12，No. 1，2003，31 –37.

② 参见Hospital Corporation of America v. Federal Trade Commission，United States Court of Appeals for the Seventh Circuit 807 F. 2d 1381，1986.

③ 参见Stuart D. Gurrea and Bruce M. Owen，“Coordinated Interaction and Clayton Section 7 Enforcement，” *George Mason Law Review*，Vol. 12，No. 1，2003，89 –118；Adrian J. Proctor，“Tacit Collusion Indicators in Merger Control under Varied Focal Points，” *Journal of Competition Law & Economics*，Vol. 10，No. 4，2014，959 –987.

④ 参见周勤、吴利华、杨家兵：《中国钢铁行业上市公司纵向整合的模式选择》，载于《中国工业经济》2007年第7期。

⑤ 关于纵向部分并购两种权利对于市场竞争的影响，参见Daniel P. O'Brien and Steven C. Salop，“Competitive Effects of Partial Ownership：Financial Interest and Corporate Control，” *Antitrust Law Journal*，Vol. 67，2000，559 –614.

二部分介绍本文理论模型的设定。第三部分给出纵向部分并购情况下的合谋均衡。第四部分考虑上下游企业的交叉持股关系，以及下游企业成本不对称情况下的合谋均衡。最后是对文章的总结。

二、文献综述

企业间合谋作为并购协调效应的重要表现形式，虽未直接减少企业数目，却因企业间建立共同的利益目标，降低了市场的竞争性。根据是否达成有形的垄断协议，合谋分为明示合谋（explicit collusion）与默示合谋（tacit collusion）。明示合谋指企业通过协商达成价格、产量等方面的协议，排除、限制市场竞争的行为。明示合谋行为在美国反垄断法中适用本身违法原则（illegal per se rule）。默示合谋指企业通过长期的竞争互动，形成价格与产量默契，共同将市场价格与产量推向垄断水平的行为。默示合谋的维持依赖于企业间形成对背叛合谋的可置信的惩罚措施，学术界借助重复博弈的框架，对此进行了大量理论研究。参与默示合谋的各方每一期默契地为各自产品制定高价格，市场表现出较高的垄断性。此时，如果某家企业降低价格背叛合谋，将在当期获取更多的市场份额与利润。但随后，原本的高价将不复存在，取而代之的是企业间激烈的价格战与相应的低利润。因此，默示合谋参与方在考虑是否背叛合谋时，会权衡背叛合谋当期的额外收益，与合谋破裂后进行价格战的损失。当损失足够大时，企业不会降价背叛，市场维持高价格的合谋状态。

由于不存在有形的垄断协议，以及合谋企业存在背叛合谋的内在激励，默示合谋不容易长期维持，但一旦达成，对市场的危害性很大。同时，默示合谋的相对隐蔽性为反垄断审查带来了诸多不便。如何确定市场竞争时的合理价格，进而判断市场价格是否超过了竞争水平？如何证明产品价格是默示合谋的结果？诸多难题阻碍了反垄断执法。反垄断规制应采用事前规制的思路，在进行并购反垄断审查时，重点考察并购是否会诱发默示合谋，引导市场向默示合谋难以达成的结构演化，在源头上降低默示合谋的稳定性与可能性。

目前，国外学术界对横向并购的合谋影响已有较多的理论探讨。横向并购减少市场中企业的数量，增强企业之间的利润相关关系，一般而言会提高价格、降低产量，减弱市场竞争。① 但横向并购并不总是促成稳定的合谋。横向部分并购或者交叉持股关系，在线性空间市场、产能约束以及一般需求函数下，都被发现与默示合谋之间不存在单向关系。企业并购或者交叉持股程度上升，可能会削弱合谋的稳定性。② Reitman 利用推测变分模型（conjecture variation）发现企业在进行产量竞争，或对竞争对手策略采取更合作的推测时，企业间的部分持股不是出自个体理性；而当推测更具竞争性时，部分持股为个体理性决策。③ 吉奥、摩西和施皮格尔（Gilo，Moshe and Spiegel）考察企业间交叉持股对默示合谋稳定性的影响，发现交叉持股结构与合谋稳定性之间的关系复杂，可以明确的是，一家企业增加在另一家企业的持股有利于合谋。④

不同于横向并购，纵向并购对竞争的影响并不直接。芝加哥学派认为，纵向并购不一定会损害

① 参见 Robert J. Reynolds and Bruce R. Snapp, "The Competitive Effects of Partial Equity Interests and Joint Ventures," *International Journal of Industrial Organization*, Vol. 4, 1986, 141 - 153; Joseph Farrell and Carl Shapiro, "Horizontal Mergers: An Equilibrium Analysis," *The American Economic Review*, Vol. 80, No. 1, 1990, 107 - 126; Joseph Farrell and Carl Shapiro, "Asset Ownership and Market Structure in Oligopoly," *The RAND Journal of Economics*, Vol. 21, No. 2, 1990, 275 - 292.

② 参见 Carl Davidson and Raymond Deneckere, "Horizontal Mergers and Collusive Behavior," *International Journal of Industrial Organization*, Vol. 2, 1984, 117 - 132; William A. Brock and José A. Scheinkman, "Price Setting Supergames with Capacity Constraints," *Review of Economic Studies*, Vol. 52, 1985, 371 - 382; David A. Malueg, "Collusive Behavior and Partial Ownership of Rivals," *International Journal of Industrial Organization*, Vol. 10, 1992, 27 - 34.

③ David Reitman, "Partial Ownership Arrangements and the Potential for Collusion," *The Journal of Industrial Economics*, Vol. 42, No. 3, 1994, 313 - 322.

④ David Gilo, Yossi Moshe and Yossi Spiegel, "Partial Cross Ownership and Tacit Collusion," *The RAND Journal of Economics*, Vol. 37, No. 1, 2006, 81 - 99.

市场竞争。[①] 但随着研究的深入，越来越多的文献开始关注纵向并购的反竞争效应。[②] 考虑纵向并购对于企业单边竞争的影响，雷伊和蒂罗尔（Rey and Tirole）发现，纵向一体化可以帮助上游垄断企业获取行业垄断利润。[③] 奥多弗、沙龙和萨洛普（Ordover，Saloner and Salop）认为，纵向并购可以通过垂直封锁（vertical foreclosure）提高竞争对手的成本。[④] 陈和里奥丹（Chen and Riordan）对该思想进行拓展，发现纵向一体化可以推高下游企业成本，减弱市场竞争。[⑤] 胡诺尔德和斯塔尔（Hunold and Stahl）则发现，下游企业可以非控股并购有效率的上游供应商，将外部竞争内部化从而提升行业利润。[⑥] 以上研究可以总结为，企业通过纵向并购提高垄断力量、减弱市场竞争的垄断动机说。除此之外，纵向并购的动因解释还包括生命周期说、技术经济说和不确定性规避说等。[⑦]

诺克和怀特（Nocke and White）讨论经并购的纵向一体化，对上游企业合谋稳定性的影响。[⑧] 在上游企业向下游企业提供从量费和固定费两部收费契约的情况下，纵向一体化会降低一体化企业背叛合谋时受到的惩罚，以及降低未参与一体化企业在背叛合谋时的利润。这两种效应共同决定纵向一体化对合谋稳定性的影响。特别地，对称市场中的首次纵向一体化，会提高合谋稳定性。对应于垄断动机说，上述讨论发现，企业可以通过纵向并购形成更稳定的合谋。因此，诺克和怀特的分析可被近似地视为合谋动机说。诺曼（Normann）在线性契约模型下得到了相似的结果。线性契约模型带来了双重价格加成（double marginalization）问题，此时纵向并购可使并购企业间的中间产品价格回归到边际成本，从而给出纵向并购提高社会福利的渠道。[⑨] 沿用诺克和怀特的模型，比安奇尼和埃廷格（Biancini and Ettinger）讨论纵向一体化对下游企业合谋的影响，认为纵向一体化提高市场合谋利润，有利于合谋稳定性。[⑩] 需要注意，就研究对象而言，之前的文献主要都是讨论纵向一体化即完全并购。而部分并购或交叉持股也是市场上非常普遍的现象，纵向一体化只是部分并购比例达到完全并购时的特例。因此，本文一般地以部分并购为研究对象，探讨部分并购中存在的财务权益与公司控制权分离的情况，以助于厘清两项权利对合谋稳定的作用。

国内学术界对并购与合谋的研究以实证研究为主，鲜有机理、机制的分析。在为数不多的理论文献中，于左、孟昕和张兴探讨拍卖与招投标市场中，横向并购的单边效应。[⑪] 李长英和宋娟认为，

① 参见 George J. Stigler，“A Theory of Oligopoly，” *The Journal of Political Economy*，Vol. 72，No. 1，1964，44－61.

② 参见 Michael H. Riordan，“Competitive Effects of Vertical Integration，” in Paolo Buccirossi，ed.，*Handbook of Antitrust Economics*，Cambridge：The MIT Press，2008，145－182.

③ Patrick Rey and Jean Tirole，“A Primer on Foreclosure，” in Mark Armstrong and Robert H. Porter，eds.，*Handbook of Industrial Organization III*，Amsterdam：North－Holland，2007，2145－2220.

④ Janusz A. Ordover，Garth Saloner and Steven C. Salop，“Equilibrium Vertical Foreclosure，” *The American Economic Review*，Vol. 80，No. 1，1990，127－142.

⑤ Yongmin Chen，“On Vertical Mergers and Their Competitive Effects，” *The RAND Journal of Economics*，Vol. 32，No. 4，2001，667－685；Yongmin Chen and Michael H. Riordan，“Vertical Integration，Exclusive Dealing，and Ex Post Cartelization，” *The RAND Journal of Economics*，Vol. 38，No. 1，2007，1－21.

⑥ Matthias Hunold and Konrad Stahl，“Passive Vertical Integration and Strategic Delegation，” *The RAND Journal of Economics*，Vol. 47，No. 4，2016，891－913.

⑦ 产品生命周期说，参见 George Stigler，“The Division of Labor Is Limited by the Extent of the Market，” *Journal of Political Economy*，Vol. 59，No. 3，1951，185－193. 技术经济说，参见 Oliver Williamson，“The Vertical Integration of Production：Market Failure Considerations，” *The American Economic Review*，Vol. 61，No. 2，1971，112－123. 不确定性规避说，参见 Dennis Carlton，“Vertical Integration in Competitive Markets Under Uncertainty，” *Journal of Industrial Economics*，Vol. 27，No. 3，1979，189－209.

⑧ Volker Nocke and Lucy White，“Do Vertical Mergers Facilitate Upstream Collusion?” *The American Economic Review*，Vol. 97，No. 4，2007，1321－1339.

⑨ Hans－Theo Normann，“Vertical Integration，Raising Rivals' Costs and Upstream Collusion，” *European Economic Review*，Vol. 53，No. 4，2009，461－480.

⑩ Sara Biancini and David Ettinger，“Vertical Integration and Downstream Collusion，” *International Journal of Industrial Organization*，Vol. 53，2017，99－113.

⑪ 于左、孟昕、张兴：《拍卖或招投标市场上横向合并的单边效应及其识别——对甲骨文和仁科公司合并的案例分析》，载于《中国工业经济》2013年第5期。

并购作为技术转让的替代方式，可近似视为一种协调合作，但其本质仍然属于单边效应的研究。① 关于合谋问题，刘丰波和吴绪亮探讨默示合谋的甄别机制，认为企业的序贯提价行为是默示合谋的重要表现。② 周勤进一步论证，合谋企业成本结构的相似性是合谋长期稳定的重要条件。③ 然而本文发现，纵向并购导致的不对称结构，反而会改变合谋期的利润分配，降低未参与并购企业的背叛动机，进而促进合谋稳定。而且，不同于纵向完全并购可使企业获得竞争优势，进而扩大均衡市场份额的机制，④ 纵向部分并购可以不直接改变市场竞争环境，通过影响合谋结构，间接地改变均衡时的利润分配。

三、模型基本设定

考虑一个存在纵向结构的行业，上游企业 $M\geqslant 2$ 家，记为 U_1，U_2，…，U_M；下游企业 $N\geqslant 2$ 家，记为 D_1，D_2，…，D_N。上游企业以 c 的固定边际生产成本，生产完全同质的中间产品，并将中间产品销售给下游企业再加工为最终产品，由下游企业向消费者出售。中间产品以 1∶1 的比例转化为最终产品。不失一般性地，将再加工成本标准化为 0。下游企业生产的最终产品间的竞争，为同质产品的产量竞争（或者存在差异化的产量、价格竞争等形式）。⑤

上游企业同时向下游提供供应中间产品的两部收费（two-part tariff）契约，记（w_{ij}，F_{ij}）为 U_i 向 D_j 提供的契约。其中，w_{ij}为从量费，指 D_j 每从 U_i 购买 1 单位中间产品，须向其支付 w_{ij}的价格，记 $\bar{w}=(w_1, w_2, \cdots, w_N)$ 为被下游企业接受的许可从量费向量；F_{ij}为固定费，指契约一旦被接受，D_j 要支付给 U_i 的固定费用。下游企业要么接受要么放弃（take-it-or-leave-it）上游企业提供的契约，不存在议价的余地。⑥ 与此同时，下游企业 D_j 根据均衡时的中间品契约，选择各自价格 p_j（或产量 q_j），记价格向量 $\bar{p}=(p_1, p_2, \cdots, p_N)$（或产量向量 $\bar{q}=(q_1, q_2, \cdots, q_N)$）。⑦

总结本模型的博弈结构，市场竞争中的企业进行生产销售的重复博弈，重复博弈的每一期分为以下三个阶段。

（1）定价阶段：上游企业 U_1，U_2，…，U_M 同时向下游企业提供公开的契约（w_{ij}，F_{ij}）；同时，下游企业 D_1，D_2，…，D_N 承诺最终产品的价格 $\bar{p}$（或产量 $\bar{q}$）。

（2）契约接受阶段：下游企业 D_1，D_2，…，D_N 同时选择接受上游企业的契约，并支付该契约的固定费部分 F。若存在多个相同的最优契约，下游企业等概率地选择接受其中之一。

（3）消费阶段：消费者根据最终产品的价格向量 $\bar{p}$ 进行购买。下游企业从各自签订契约的上游

---

① 李长英、宋娟：《古诺竞争条件下异质品企业之间的兼并与技术转让》，载于《世界经济》2006 年第 7 期。

② 刘丰波、吴绪亮：《基于价格领导制的默契合谋与反垄断规制——来自中国白酒市场的证据》，载于《中国工业经济》2016 年第 4 期。

③ 周勤：《这样的卡特尔为什么难以维持》，载于《管理世界》2002 年第 6 期。

④ 参见李杰、李捷瑜、黄先海：《海外市场需求与跨国垂直并购——基于低端下游企业的视角》，载于《经济研究》2011 年第 5 期。

⑤ 模型对下游企业间竞争状况的假设较为一般化，仅排除同质产品价格竞争［零利润伯川德竞争（Bertrand competition）］一种情况。对于其他任意竞争类型，只要在上游企业竞争时，下游各企业存在正利润，结论成立。即使下游企业进行同质产品伯川德竞争，结论也基本稳健。即只有上游企业对下游企业的纵向控股并购，会提升合谋的稳定性，而非控股并购不会提升合谋的稳定性。

⑥ 上游企业在制定契约的过程中，已反映了上下游企业的谈判势力变化。如后文所述，上游企业合谋时，上游企业可以制定（w^m，F^m）的垄断契约，因其处于垄断地位，谈判势力强于下游企业；而上游企业合谋破裂时，上游企业只能制定（c，0）的边际成本契约，这是因为上游企业处于完全竞争状态，谈判势力弱于下游企业。同时，我们对存在议价过程的情况进行了稳健性检验，考虑纵向并购前后谈判力量与谈判破裂点均发生变化，上下游企业讨价还价确定中间产品契约时的主要结论保持稳健。

⑦ 下游企业的价格或产量决策在接受契约之前，基于长期均衡契约制定价格。上游企业背叛合谋契约，将不会在当期改变下游企业决策。这可以理解为背叛合谋的突然性，使企业来不及在当期进行调整。该设定沿用 Nocke 和 White 的上述研究设定，是合谋问题中较为普遍的假设。对于下游企业价格或产量决策在契约接受之后的情况，本文主要结论不变，将在后文相应位置脚注中进行简要介绍。

企业处，购买相应数量的中间产品，以满足最终产品的供应。所有企业利润在本阶段结束后实现。

此时，上游企业从下游企业收取的固定费，实际上只会改变行业利润在上下游企业之间的分配，不会影响下游企业的定价或产量决策。因此，对于任意满足一般性假设的最终产品需求函数 $Q(\bar{p})$[①]，存在使整个行业利润最大化的最终产品价格向量 $\bar{p}^m$（或产量 $\bar{q}^m$）。根据市场对称性条件可知，达到全行业总利润最大化的价格（或产量）为 $\bar{p}^m=(p^m, p^m, \cdots, p^m)$［或 $\bar{q}^m=(q^m, q^m, \cdots, q^m)$］。所以，当下游企业统一制定 p^m 的最终产品价格（或 q^m 产量）时，整个行业的利润达到最大，记为 $\prod^m$，此时的总产量记为 Q^m。

假设企业在市场中存在无穷期，目标为最大化长期折现利润之和。记企业 i 在 t 期的利润为 π_{it}，其利润最大化问题为：

$$\max_{p_i(\text{or } q_i)} \sum_{t=0}^{\infty} \delta^t \pi_{it}$$

其中，δ 为折现因子，代表企业对于未来利润的重视程度。当 δ 趋近于零时，企业只关注当期利益，模型退化为静态博弈。此时企业利润最大化的博弈结果为，静态纳什均衡价格与产量，企业没有参与默示合谋的动力。即静态卡特尔无法默示维持。当 $\delta>0$ 时，企业关注未来利润。此时企业可以通过惩罚背叛者，要求合谋参与者遵守合谋策略，维护默示合谋。当企业联合制定较高的产品价格时，如果一家企业单方面降低价格，该降价行为可获得较高的当期收益 π_{i0}，但作为对降价行为的惩罚，企业间开始价格战，背叛者在未来期的收益 $\sum_{t=1}^{\infty} \delta^t \pi_{it}$ 将下降。随着 δ 增大，未来期的惩罚对于企业而言更加重要，默示合谋更容易形成。本文所研究的合谋稳定性，为达成默示合谋时，临界折现因子 $\underline{\delta}$ 的大小。当 $\delta<\underline{\delta}$ 时，企业权衡其在当期背叛获得的收益，与其在未来接受惩罚的损失。如果收益大于折现损失，企业将背叛合谋。反之 $\delta \geq \underline{\delta}$ 时，默示合谋稳定。因此临界 $\underline{\delta}$ 越小，合谋越稳定。[②]

现探讨纵向部分并购对合谋临界折现因子的影响，分析合谋的稳定性，进而评判纵向并购行为对社会福利的影响。提高价格或限制产量的合谋，一般会损害社会福利。[③] 当纵向部分并购提高合谋稳定性时，合谋持续时间上升。另外，模型中企业合谋时，纵向部分并购并不会改变行业最终产品的价格和产量，纵向并购的社会福利效应，因而与其对合谋稳定性的影响存在对应关系。如果纵向部分并购提高了合谋的稳定性，期望社会福利将下降；反之，期望社会福利将上升。从合谋角度考查纵向部分并购时，原则上应尽力避免促成稳定合谋的纵向并购行为的发生。

作为默示合谋基础的惩罚策略多种多样，本文采用经典的冷酷触发策略（grim trigger strategy），该策略由 Friedman 在 1971 年总结提出。[④] 当有参与人背叛合谋时，所有参与人在其后无穷期采用单期纳什均衡价格（或产量），以对该背叛进行惩罚。假设企业 i 永远遵循合谋价格 p^m（或产量 q^m），其折现收益为 V_i^m。本文称此遵循合谋的阶段为合谋期。当出现企业背叛合谋时，其在当期所能获

① 假设需求函数为关于自身企业产品价格的减函数、关于其他企业产品价格的增函数，并在单期同时行动博弈中，存在价格竞争的纳什均衡。

② 从另一个角度来看，假设企业的折现因子未知，而服从的分布已知，通过临界 $\underline{\delta}$ 可以求得 $\delta \geq \underline{\delta}$ 的概率，从而可将 $\underline{\delta}$ 解释为合谋的可能性。两种叙述侧重点稍有不同，但本质上等价。本文主要采取稳定性的叙述。

③ 传统经济学关于企业间合谋问题的社会福利效应分析一般认为，合谋的发生会提高市场价格，降低社会福利。其表现在早期美国反垄断法中，合谋固定、操纵价格的行为属于核心卡特尔行为，适用于本身违法原则。虽然有一些学者对合谋必定会损害社会福利提出了质疑（如 Donald Dewey, "Information, Entry, and Welfare: The Case for Collusion," *The American Economic Review*, Vol. 69, No. 4, 1979, 587－594; Stephen C. Pirrong, "An Application of Core Theory to the Study of Ocean Shipping Markets," *Journal of Law and Economics*, Vol. 35, No. 1, 1992, 89－131 等），但本文不涉及这些渠道。

④ James W. Friedman, "A Non－Cooperative Equilibrium for Supergames," *The Review of Economic Studies*, Vol. 38, No. 1, 1971, 1－12.

得的最大背叛利润为 $\pi_i^d = \max_{p_i}\pi_i(p_i,\ p_{-i}^m)$ ［或$\max_{q_i}\pi_i(q_i,\ q_{-i}^m)$］。[①] 相应地，本文将发生背叛的一期称为背叛期。背叛后的折现收益为单期纳什均衡收益的累计，记为 V_i^{nc}，作为对背叛的惩罚，将该期称为惩罚期。因此，保证合谋稳定的条件为，企业背叛合谋的折现收益低于维持合谋的折现收益，即：

$$V_i^m \geqslant \pi_i^d + \delta V_i^{nc} \tag{1}$$

四、纵向部分并购与合谋均衡

下面讨论上游企业对下游企业的部分并购，对上游企业合谋稳定性的影响。作为先行准备，首先推导上下游企业竞争时的单期纳什均衡，以明确惩罚期企业的利润。由于上游企业生产完全同质的中间产品，伯川德竞争均衡时，上游企业中间产品契约受企业间激烈竞争影响，被压低到边际成本，即 $(w_{ij},\ F_{ij}) = (c,\ 0)$。此时，上游企业惩罚期折现利润和为零。而下游企业根据具体最终产品差异化情况，获得中间品价格为 w 时的静态纳什均衡利润。根据纳什均衡的定义可得，均衡价格为 $p_j^*(\bar{w}) = \operatorname{argmax}_{p_j}\pi_j(p_1^*,\ \cdots,\ p_{j-1}^*,\ p_j,\ p_{j+1}^*,\ \cdots,\ p_N^*;\ \bar{w})\ \forall j$[②]，利润为 $\pi_j^*(\bar{w}) = \pi_j(\bar{p}^*(\bar{w});\ \bar{w})$。由于上游企业竞争时的契约为 $(w_{ij},\ F_{ij}) = (c,\ 0)$，所有下游企业通过同样的从量费 c 获取中间产品，对称的单期纳什均衡价格相等，均为 $p^{nc} = p_j^*(\bar{c})\ \forall j$，利润为 $\pi^{nc} = \pi_j^*(\bar{c}) = \pi_j(\bar{p}^{nc};\ \bar{c})$。首先讨论不存在纵向部分并购时的合谋稳定性，作为部分并购稳定性分析的基准。

（一）无纵向部分并购时的合谋稳定性

考虑上游企业进行合谋，讨论获取最大合谋利润时的合谋稳定性。[③] 由模型设定可知，当最终产品价格为 p^m 时，整个行业的利润为 $\prod^m$，达到最大垄断利润。由于下游企业最终产品纳什均衡价格 $p_j^*(\bar{w})$ 为中间产品均衡价格 $\bar{w}$ 的增函数，上游企业可以充分预知下游竞争情况，故统一制定中间产品价格 $\bar{w}^m$，使最终产品价格 $p_j^*(\bar{w}^m) = p^m\ \forall j$，此时整个行业的利润达到 $\prod^m$。同时，上游企业选择契约固定费 $F^m = \pi_j^*(\bar{w}^m)$，可将下游企业利润收归上游。因此，上游企业可以凭借契约 $(w^m,\ F^m)$，在合谋期得到行业垄断利润 $\prod^m$。考虑最大化合谋安排，由于市场完全对称，M 家上游企业平分该利润，每家企业单期合谋利润为 $\prod^m/M$，合谋期的折现收益为：

$$V_i^m = \frac{\prod^m}{M(1-\delta)} \tag{2}$$

当一家上游企业背叛合谋时，由于中间产品完全同质，背叛企业可为所有下游企业提供稍低于合谋价格的契约，即 $(w^m-\varepsilon,\ F^m-\varepsilon)$，其中 ε 为无穷小的正数。在契约接受阶段，所有下游企业将选择该契约，从而合谋背叛企业得到当期行业全部利润 $\prod^m$。即背叛期利润为：

$$\pi_i^d = \prod{}^m \tag{3}$$

在惩罚期，企业转入单期同质产品伯川德竞争，单期纳什均衡利润为零，长期折现收益也为零 $V_i^{nc}=0$。将式（2）、式（3）代入式（1），得到无纵向部分并购情况下，上游企业合谋稳定的约束条件为：

---

① 其中 p_{-i}^m 指 $p_j = p^m$，$\forall j \neq i$；q_{-i}^m 指 $q_j = q^m$，$\forall j \neq i$。

② 为了叙述的方便，对于下游企业竞争，后续只对价格竞争的情况进行介绍，产量竞争的情况类比可得。

③ 针对临界折现因子的两种解释，在处理合谋问题时，也分为两种方法。一种是已知企业的折现因子，求最大合谋利润；另一种是固定合谋利润最大，求使得合谋稳定的临界折现因子。本文采用后者。

$$\frac{\prod^m}{M(1-\delta)} \geqslant \prod^m \tag{4}$$

整理上式，得到无纵向部分并购时合谋稳定的临界折现因子为：

$$\underline{\delta}^N = \frac{M-1}{M} \tag{5}$$

该折现因子为经典伯川德竞争时合谋稳定的临界折现因子。从表达式来看，合谋的稳定性与参与合谋的企业数量密切相关，随着企业数量的上升，$\underline{\delta}^N$ 上升，默示合谋更加难以维持。因此，保证市场中企业的数量足够多，不仅能够在企业间竞争时，降低价格、提高产量，提升市场运行效率，还有助于规避企业合谋行为，降低潜在合谋风险。

（二）纵向部分并购时的合谋稳定性

当一家上游企业部分并购一家下游企业时，不失一般性地，考虑 U_1 收购 D_1 比例为 β 的股权。部分并购分为：取得被并购企业控制权的控股并购；无法取得控制权的非控股并购。[①] 定义取得控制权的并购比例阈值为 $\bar{\beta}$。当 $\beta \geqslant \bar{\beta}$，为控股并购；当 $\beta < \bar{\beta}$，为非控股并购。取得控制权的并购比例阈值 $\bar{\beta}$ 受多种因素的影响，如优先股与普通股的比例构成、协议控制安排、公司规章制度以及国家范围内公司法的约束。一般而言，51% 的股权比例可以获得被并购企业的完全控制权。

U_1 纵向并购 D_1 打破了上下游对称的市场结构。在上下游都拥有市场力量的并购企业 U_1，生产经营决策拥有相对竞争优势。此时如果依然维持合谋期垄断利润平均分配的话，U_1 将拥有较强的背叛合谋动机，不利于整个市场的合谋稳定。因此，为了提高合谋稳定性，U_1 在合谋时将分得更大的合谋利润，以平衡其较强的背叛合谋动机。[②] 记 U_1 合谋期利润为 $\alpha\prod^m$，剩余 $M-1$ 家上游企业的合谋期利润为 $(1-\alpha)\prod^m/(M-1)$，$\alpha>1/M$ 代表 U_1 拥有合谋利润分配的优势。为了维持 $\prod^m$ 这一最大垄断利润，与无纵向并购时相同，合谋契约依然为（w^m，F^m），上述利润分配在事后利润转移阶段完成。[③] 下游企业在契约（w^m，F^m）下的最终产品竞争均衡，不会受到纵向部分并购行为的影响。[④]

由于纵向部分并购后上下游市场不对称，上游企业参与合谋的激励存在差异，合谋均衡的稳定性条件需要分别进行分析。首先来看 U_1，凭借纵向并购获得的利润分配优势，U_1 在合谋期的折现利润为：

① 假设控股并购获取被并购企业的控制权，而非控股并购只得到财务权益，无法获取控制权。O'Brien 和 Salop 对部分并购与控制权关系的讨论，认为除非受企业规章制度或公司法总体性约束的制约，持有被并购企业多数股权的并购企业，将拥有被并购企业的全部控制权。后来的学者（如 Foros 等）也普遍采用了这种设定。参见 Øystein Foros，Hans Jarle Kind and Greg Shaffer，"Mergers and Partial Ownership，" *European Economic Review*，Vol. 55，2011，916－926. 因此，本文假设只要部分并购形成控股，并购企业就拥有被并购企业的全部控制权。

② 该思想类似于 Bernheim 和 Whinston 讨论企业在多市场接触时提高合谋稳定性的思想。参见 B. Douglas Bernheim and Michael D. Whinston，"Multimarket Contact and Collusive Behavior，" *The RAND Journal of Economics*，Vol. 21，No. 1，1990，1－26.

③ 上游企业对下游企业的纵向部分并购行为，并未影响合谋时上游企业对下游企业的契约（w^m，F^m）。这是因为在该两部费制契约下，行业达到垄断利润，且下游企业的利润都通过固定费而被上游企业获得。进行纵向部分并购的上游企业控制力的提高，表现在合谋期利润分配比例 α 提升。

④ 无论上游企业对下游企业持股、控股与否，下游企业将维持原有的最终产品竞争价格。具体而言，当上游企业以非控股方式部分并购下游企业时，下游企业依然保有自身控制权，其经营目标为剩余利润最大化，纵向持股并不会改变竞争模式。故而若中间产品定价不变，最终产品定价在此基础上也不会改变。当上游企业经控股部分并购下游企业时，下游企业控制权被上游企业获得。此时，上游企业依然可以控制下游企业保持原有的竞争价格，并将此作为与其他上游企业合谋的一部分，最终产品价格也不会改变。综上可知，在维持原有的合谋契约（w^m，F^m）条件下，上游企业对下游企业的部分并购行为，不会改变下游最终产品的竞争状况。

$$V_1^m = \frac{\alpha \prod^m}{1-\delta} \tag{6}$$

假设 U_1 背叛合谋，降低中间产品契约价格，向所有下游企业提供（$w^m-\varepsilon$，$F^m-\varepsilon$）的契约。在契约接受阶段，该契约被所有下游企业接受，U_1 将获取单期行业垄断利润 $\pi_1^d = \prod^m$。① 与无纵向并购的情况相比，对 U_1 背叛合谋的惩罚，将受到下游企业财务权益的制约。无纵向并购时，上游企业在惩罚期进行同质产品伯川德竞争，将持续遭受零利润惩罚；而当 U_1 以 β 比例部分并购下游企业 D_1 后，由于在惩罚期 D_1 会获得 π^{nc} 的单期纳什均衡利润，即使合谋破裂，U_1 在惩罚期依然可以凭借在 D_1 的财务权益获得 $\beta\pi^{nc}$ 的利润。正是因为进行纵向部分并购的上游企业 U_1 在背叛合谋后，依然可以通过被并购下游企业的利润获得收益，降低了合谋惩罚对 U_1 的威胁性，U_1 更容易背叛合谋。也正因为有较强背叛合谋动机，U_1 在合谋期的利润分配 $\alpha > 1/M$，以平衡该背叛动机。由式（1）得出决定纵向部分并购企业 U_1 合谋稳定性的公式为：

$$\underbrace{\frac{\alpha \prod^m}{1-\delta}}_{\text{合谋期利润}} \geqslant \underbrace{\prod^m}_{\text{背叛期利润}} + \underbrace{\frac{\delta}{1-\delta}\beta\pi^{nc}}_{\text{惩罚期利润}} \tag{7}$$

上游并购企业在下游被并购企业的财务权益（部分并购比例 β），影响 U_1 在惩罚期获取 D_1 利润的比例。式（7）显示，β 越高，U_1 的背叛动机越强。而对于公司控制权，因为纵向并购是否获取被并购企业控制权，并不影响并购企业 U_1 在惩罚阶段通过 D_1 获取利润的大小，所以取得控制权与否，并未直接影响 U_1 的合谋稳定性条件。若 $\beta=0$，即企业间未进行部分并购，各企业依然对称，$\alpha=1/M$，合谋稳定性退化为无并购合谋的均衡情况。

U_1 对 D_1 的并购行为不仅改变了 U_1 自身的稳定性条件，还会影响整个市场的合谋结构，改变其他上游企业的合谋动机。考虑未参与部分并购的其他上游企业。首先，未参与并购的上游企业合谋期利润减少为 $(1-\alpha)\prod^m/(M-1)$。其次，考虑合谋惩罚期，由于未参与并购企业没有下游企业的财务权益，同质产品伯川德竞争使它们惩罚期利润为零。最后，考虑合谋背叛期，此时纵向部分并购是否取得控制权，将对未参与并购上游企业是否背叛合谋产生重要影响。由此分为以下两种情况。

1. U_1 对 D_1 进行控股并购（$\beta \geqslant \bar{\beta}$）。当 U_1 拥有 D_1 的控制权时，未参与并购的上游企业最优背叛契约仍为（$w^m-\varepsilon$，$F^m-\varepsilon$），U_1 对 D_1 的控制，使后者不会从其他上游背叛企业处购买中间产品。因此，当未参与并购的上游企业背叛合谋时，无法获得被并购下游企业 D_1 的中间产品市场，从而也就无法获取经由 D_1 销售的最终产品利润，该利润为 $\prod^m/N$。此时，控股并购下未参与并购企业的合谋稳定性条件为：

$$\frac{(1-\alpha)\prod^m}{(M-1)(1-\delta)} \geqslant \prod^m - \frac{1}{N}\prod^m \tag{8}$$

2. U_1 对 D_1 进行非控股并购（$\beta < \bar{\beta}$）。当 U_1 非控股纵向并购 D_1 时，U_1 只获取了 D_1 利润收益中 β 比例的财务权益，而无法影响 D_1 的生产经营决策。D_1 在契约接受阶段，以最大化被并购后剩余股权收益为目标，依然会接受其他未参与并购的上游企业（$w^m-\varepsilon$，$F^m-\varepsilon$）的背叛契约，未参

① 由于在博弈顺序上，中间产品契约和最终产品价格（或产量）同时做出，U_1 采取（$w^m-\varepsilon$，$F^m-\varepsilon$），并在控股并购时承诺最终产品价格 p^m 可以获得整个行业垄断利润。进一步考虑最终产品价格在中间产品契约之后制定的情况。非控股并购时，D_1 最大化自身剩余利润，均衡时最终产品价格为 p^m，U_1 采取（$w^m-\varepsilon$，$F^m-\varepsilon$）同样可以获得整个行业垄断利润。当控股并购时，若 U_1 采取（$w^m-\varepsilon$，$F^m-\varepsilon$）的契约背叛合谋，由于无法承诺 p^m 的最终产品价格，未参与并购的上游企业将准确预测到，D_1 将凭借成本优势降低最终产品价格，以获得更大市场份额，从而不会接受 $F^m-\varepsilon$ 的固定费。因此，U_1 背叛契约的固定费必须更低。这将降低 U_1 背叛合谋的收益，进一步强化控股并购提高合谋稳定性的结论。

与并购企业的背叛利润依然可以达到 $\prod^m$。[①] 此时，非控股并购下，未参与并购企业的合谋稳定性条件为：

$$\frac{(1-\alpha)\prod^m}{(M-1)(1-\delta)} \geqslant \prod^m \tag{9}$$

与无纵向并购合谋均衡相比，上游企业控股并购下游企业，可以防止被并购企业从其他未参与并购的上游背叛企业处购买中间产品，降低未参与并购企业的背叛期利润，提高未参与并购企业维持合谋的动力。被控股并购的下游企业无法从其他上游企业购买中间产品的情况，就是纵向一体化中常见的市场封锁（market foreclosure）。而上游企业对下游企业的非控股并购，则无法封锁市场，无法有效防止被并购企业购买未参与并购的上游背叛企业的中间产品，从而纵容了背叛合谋的行为。

默示合谋需要参与合谋的全部企业共同维持。为了研究整个行业合谋的稳定性，需要统一考察合谋各个参与者的合谋动机，进而得到维持合谋的行业临界折现因子。合谋企业根据合谋动机的不同，调整合谋期的利润分配比例，综合式（7）与式（8），可得出控股纵向并购临界折现因子最小化的分配比例：

$$\alpha^{SP} = \frac{N[(1-\delta)\prod^m + \beta\delta\pi^{nc}]}{(MN-M+1)(1-\delta)\prod^m + N\beta\delta\pi^{nc}} \tag{10}$$

其中，上标 SP 表示单向、有控制权的并购。[②] 由表达式可知 $\alpha^{SP} > 1/M$，且为 β 的增函数。即随着并购比例的上升，为了使合谋稳定，U_1 在合谋均衡中将分配到更多的利润。将式（10）带回到合谋稳定性条件，可求得最稳定合谋的稳定临界折现因子：

$$\underline{\delta}^{SP} = \frac{M-1}{M + \dfrac{\prod^m - N\beta\pi^{nc}}{(N-1)\prod^m}} \tag{11}$$

由定义可知，行业的垄断利润大于下游企业的纳什均衡利润，即 $\prod^m > N\pi^{nc}$。因此，$\underline{\delta}^{SP} < \underline{\delta}^N$，即上游企业纵向控股并购下游企业，将促进上游企业合谋保持稳定。同时，$\underline{\delta}^{SP}$ 是 β 的增函数，即在纵向并购上游企业获取下游企业控制权的条件下，提高并购比例，会推高合谋临界折现因子，结果反而会降低合谋稳定性。随着并购比例进一步提升，当 $\beta = 1$ 时，合谋稳定性退化为上述诺克和怀特研究中纵向一体化的结果，记此时临界折现因子为 $\underline{\delta}^I$。

对于非控股并购的情况，综合式（7）与式（9），可得出非控股纵向并购临界折现因子最小化的分配比例：

$$\alpha^{SPn} = \frac{(1-\delta)\prod^m + \beta\delta\pi^{nc}}{M(1-\delta)\prod^m + \beta\delta\pi^{nc}} \tag{12}$$

其中，上标 SPn 表示单向、无控制权的并购。当 $\beta > 0$ 时，$\alpha^{SPn} > 1/M$，即相较于不并购，上游企业非控股并购下游企业，同样可以获得合谋期利润的分配优势。上游企业在下游企业的财务权

① 与 U_1 背叛合谋的情况类似，由于中间产品契约和最终产品价格（或产量）同时制定，下游企业承诺最终产品价格为 p^m，未参与并购的上游企业可以通过（$w^m-\varepsilon$，$F^m-\varepsilon$）契约价格，在对 D_1 控股并购发生时，获得扣除 D_1 部分后的利润 $\prod^m - 1/N\prod^m$，或者在非控股并购时的整个行业垄断利润 $\prod^m$。同样转而考虑最终产品价格在中间产品契约之后制定的情况。当非控股并购时，D_1 最大化自身剩余利润，均衡时最终产品价格为 p^m，未参与并购的上游企业采取（$w^m-\varepsilon$，$F^m-\varepsilon$）契约价格，同样可以获得整个行业垄断利润。而当控股并购时，若未参与并购的上游企业背叛合谋，将遭到 D_1 降价惩罚，其他下游企业愿意支付的中间产品费用下降。这同样将降低未参与并购企业背叛合谋的收益，进一步强化控股并购提高合谋稳定性的结论。

② 其与后文 SPn 表示单向、无控制权的并购对应；后文上标 CP 表示交叉、有控制权的并购，和上标 CPn 表示交叉、无控制权的并购对应；上标 AP 表示成本不对称、有控制权的并购，和上标 APn 表示成本不对称、无控制权的并购对应。

益，使其拥有较强的背叛合谋动机。提高非控股并购上游企业的利润分配，降低其背叛动机，有助于行业合谋稳定。与相同 β 下的控股并购分配比例相比，$\alpha^{SPn} < \alpha^{SP}$，即非控股并购分配优势弱于控股并购，上游企业对下游企业的控制权，将进一步提高前者在合谋利润分配时的优势。当 $\beta = 0$ 时，$\alpha^{SPn} = 1/M$，模型退化到无并购的情况。将式（12）带回到合谋稳定性条件，得到非控股并购合谋稳定临界折现因子：

$$\underline{\delta}^{SPn} = \frac{M-1}{M - \frac{\beta\pi^{nc}}{\prod^{m}}} \tag{13}$$

通过比较可知，$\underline{\delta}^{SPn} > \underline{\delta}^{N}$，即上游企业非控股并购下游企业，会降低上游企业间合谋稳定性，并随着非控股并购比例的上升，降低作用更为显著。综合上述结果，可得到命题 1。

命题 1：企业纵向部分并购影响企业间合谋的稳定性，按部分并购获取控制权与否，分以下两种情况。当 $\beta \geqslant \bar{\beta}$ 时，$\underline{\delta}^{SP} < \underline{\delta}^{N}$，控股并购可以提高合谋的稳定性；当 $\beta < \bar{\beta}$ 时，$\underline{\delta}^{SPn} > \underline{\delta}^{N}$，非控股并购会降低合谋的稳定性。从控股并购与非控股并购自身来看，公司控制权不变时，合谋稳定性随着并购比例的上升而下降。

下面通过线性函数的例子，给出命题 1 的直观描述。假设下游企业最终产品间进行古诺竞争（cournot competition），反需求函数为 $P(Q) = a - bQ = a - b\sum_{i=1}^{N} q_i$，下游企业 D_j 的利润函数为 $\pi_j = P(Q)q_j - wq_j - F$。中间产品边际生产成本固定为 $c(q_i) = cq_i$。当上游企业完全竞争时，中间产品契约为 $(w_{ij}, F_{ij}) = (c, 0)$。由下游企业反需求函数和利润函数可知，下游企业古诺竞争的均衡产量为 $q_j = \frac{a-c}{b(N+1)}$，$j = 1, \cdots, N$，均衡利润为 $\pi^{nc} = \frac{(a-c)^2}{b(N+1)^2}$。当上游企业合谋时，整个行业的垄断产量为 $Q^m = \frac{a-c}{2b}$，利润为 $\prod^m = \frac{(a-c)^2}{4b}$。由定义可知，$\prod^m - N\pi^{nc} = \frac{(a-c)^2(N-1)^2}{4b(N+1)^2}$。

以下进一步求解合谋均衡，并讨论企业的合谋稳定性条件。将均衡利润代入并购企业合谋稳定性条件式（7），解得 $\delta \geqslant \frac{(1-\alpha)(N+1)^2}{(N+1)^2 - 4\beta}$，可知并购比例 β 的提升将导致合谋动机下降。这是因为在惩罚期，并购企业能够从被并购企业的财务权益中获得收益，并购比例 β 的提升将增加该收益，进而减弱企业合谋动机。市场中发生控股并购时，未参与并购企业的合谋稳定性条件式（8）简化为 $\delta \geqslant \frac{(M-1)(N-1) - (1-\alpha)N}{(M-1)(N-1)}$；发生非控股并购时，合谋稳定性条件式（9）变为 $\delta \geqslant \frac{M+\alpha-2}{M-1}$。由上述二式可知，未参与并购企业的合谋稳定性与并购比例无关，仅取决于控制权。因此，随着并购比例 β 逐渐上升，在非控股并购阶段，并购比例上升使并购企业在合谋破裂后惩罚期利润上升，提高并购企业的背叛动机，降低合谋稳定性；当达到控股并购时，$\prod^m/N - \pi^{nc} > 0$，即控股并购通过市场封锁，降低未参与并购企业背叛合谋动机的效应，优于并购企业背叛动机提高的效应，因此总合谋稳定性上升。求得合谋稳定临界折现因子，与纵向并购比例的关系如图 2 所示。

图 2 为通过数值例子求解的纵向控股并购与非控股并购后，上游企业合谋稳定的临界折现因子与并购比例的关系图。图 2 显示，上游企业对下游企业的非控股并购，将提高临界折现因子，不利于合谋的稳定性。控股并购则刚好相反，有利于合谋的稳定。一方面，并购企业 U_1 部分并购下游企业 D_1，获取 D_1 的部分财务权益，使 U_1 在背叛合谋时可以凭借在 D_1 的部分财务权益获取收益，降低了惩罚对于 U_1 背叛合谋的威慑力，增强了 U_1 的背叛激励。另一方面，对于未参与并购的上游企业而言，U_1 控股并购 D_1，可以防止 D_1 在未参与并购企业背叛合谋时，转而从背叛企业购买中间产品。这降低了未参与并购企业在背叛期的收益，从而减弱它们的背叛激励。加之合谋期利润分配的调整，未参与并购企业背叛合谋动机的减弱程度，大于并购企业背叛动机的增强程度，最终使合

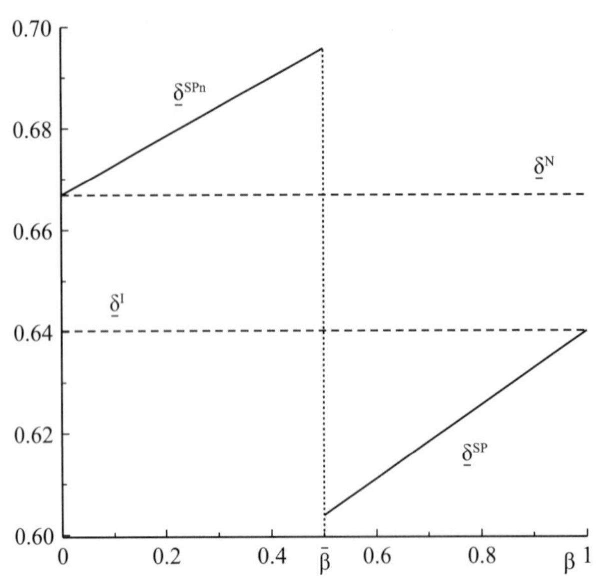

图 2　控股并购与非控股并购临界折现因子与纵向并购关系

注：a = 2，b = 1，c = 1，M = N = 3；$\underline{\delta}^{SP}$，$\underline{\delta}^{SPn}$，$\underline{\delta}^{N}$，$\underline{\delta}^{I}$ 分别代表纵向控股并购、非控股并购、无并购以及纵向一体化时合谋稳定临界折现因子。

谋更加稳定。而非控股并购则未掌握被并购企业的控制权，无法防止 D_1 向上游背叛企业购买中间产品，上游未参与并购企业的背叛激励不变，只存在增强并购企业背叛激励的渠道，导致合谋稳定性下降。另外，在公司控制权不变的并购比例区间内（$[0, \bar{\beta})$ 或 $[\bar{\beta}, 1]$），合谋稳定性随着并购比例的提高而降低。这是因为在不改变控制权的条件下，并购比例对合谋稳定性的影响，仅表现在并购企业取得被并购企业的财务权益，只影响并购企业在惩罚期获得利润的多少。因此并购比例上升，惩罚期利润上升，并购企业更有动力背叛合谋，不利于上游市场合谋结构的稳定。

合谋稳定性在并购比例 $\bar{\beta}$ 处跳跃式激增。当并购比例从 $\bar{\beta}-\varepsilon$ 增长到 $\bar{\beta}$ 时，合谋的稳定性由最低（对应图中折现因子最高点）提高到最高（折现因子最低点）。上游市场企业间合谋稳定性的质变，源于上游企业对下游企业控制后的市场封锁。因此，企业可能会出于稳定市场中合谋关系的考虑，纵向控股并购下游相关企业，实行纵向市场封锁。对于纵向控股并购，特别是刚好达到临界比例的并购，主观上可能出于并购企业促成市场合谋的目的；即便并购企业无此意图，客观上该并购也存在引起潜在市场合谋的风险。反垄断执法部门应当对控股并购可能引起的合谋，予以足够重视，在考虑单边效应的同时，加强对协调效应的分析。与控股并购相反，非控股并购反而会降低合谋稳定性。反垄断执法机构对非控股并购案件进行审查时，可以酌情放松对于其协调效应的考量。

进一步内生化并购问题，考虑企业内生选择纵向部分并购比例。出于合谋结构的考虑，上游企业选择部分并购比例时，将全面权衡合谋的稳定性与合谋时的利润分配。一方面，$\underline{\delta}^{SP}$，$\underline{\delta}^{SPn}$ 是 β 的增函数，合谋稳定性随着纵向持股比例的上升而下降。另一方面，由式（10）、式（12）可知，合谋时的利润分配比例 α^{SP}，α^{SPn} 也是 β 的增函数，即较高的纵向持股比例将提高合谋时并购企业分配得到的利润。因此，充分考虑合谋因素的企业内生并购行为，其会在保证并购稳定性的前提下尽量提高并购比例，以便为并购企业在合谋期谋求尽可能高的利润分配比例。

值得注意的是，若在纵向并购前，上游企业就已处于合谋状态，U_1 对 D_1 的部分并购依然维持了合谋。并购没有改变企业的均衡决策，并购后合谋期的均衡价格与产量保持不变。但根据上述分析，并购可以改变合谋企业间行业垄断利润的分配比例。上下游企业间的纵向并购行为在此时作为威胁，间接地影响合谋企业的利润。因此，对于存在合谋时的并购行为，不能仅仅考虑并购对企业决策的直接影响，还应该考虑其对合谋稳定性的作用。从模型中可以看到，并购不会影响市场价格、产量等因素，但其会改变合谋惩罚条件，作为威胁同样会影响市场合谋结构。

五、纵向交叉持股与成本不对称

上述讨论表明，纵向部分并购中的财务权益与公司控制权，从不同角度影响上游企业的合谋稳定性，且影响结果截然相反。下面对模型进行两个方面的拓展。首先，考虑纵向交叉持股关系对合谋稳定性的影响。其次，考虑下游企业最终产品边际生产成本不对称的情况。

（一）纵向交叉持股时的合谋均衡

交叉持股是现代市场中常见的企业联合形式。企业间通过收购股权等方式，互相持有对方一定比例的股权，形成某种程度的利益共同体。它在巩固企业经营权、分散经营风险等方面，有利于企业的长期稳定发展，在现代经济中被广泛采用。但交叉持股企业利益共同体的特性，也是市场有效竞争的一大隐患。特别是横向交叉持股，在企业进行单边竞争时，对市场的危害已经受到广泛关注。[①] 但若考虑其对合谋结构的影响，横向交叉持股并不一定有利于企业合谋。[②] 与之不同，纵向交叉持股并不会提高横向合谋企业间的利益相关性。现讨论纵向交叉持股对合谋影响的传导渠道，进而明确其对合谋稳定性的影响。

假设 U_1 的控股人持有 D_1 比例为 β 的股份，同时 D_1 的持股人又持有 U_1 比例为 γ 的股份。[③] 同样假设纵向部分并购企业 U_1，在合谋时分得比例为 α 的行业垄断利润。但由于 D_1 的持股人持有 U_1 比例为 γ 的股份，此时 U_1 的控股人合谋期单期收益为 $\alpha(1-\gamma)\prod^m$。当 U_1 采用（$w^m-\varepsilon$，$F^m-\varepsilon$）的中间产品契约价格背叛合谋时，U_1 可以在当期获得 $\prod^m$ 的垄断利润，U_1 的控股人最终在合谋背叛期获利（$1-\gamma$）$\prod^m$。在惩罚期，U_1 的控股人将获得 D_1 单期纳什均衡利润的 β 部分，即 $\beta\pi^{nc}$。因此，交叉持股下纵向并购企业的合谋稳定性条件为：

$$\frac{\alpha(1-\gamma)\prod^m}{1-\delta} \geqslant (1-\gamma)\prod^m + \frac{\delta}{1-\delta}\beta\pi^{nc} \tag{14}$$

如果 $\alpha(1-\gamma)\prod^m-\beta\pi^{nc}<0$，即 U_1 合谋期利润低于惩罚期利润，则企业完全没有动力参与合谋。因此，假设 $\alpha(1-\gamma)\prod^m-\beta\pi^{nc}\geqslant 0$。化简式（14），两边同时除以 $1-\gamma$ 得：

$$\frac{\alpha\prod^m}{1-\delta} \geqslant \prod^m + \frac{\delta}{1-\delta}\frac{\beta}{1-\gamma}\pi^{nc} \tag{15}$$

此式等价于 U_1 对 D_1 进行单向比例为 $\beta/(1-\gamma)$ 的部分并购时的合谋稳定性。

对于未参与并购的上游企业而言，交叉持股中 D_1 对 U_1 的持股比例 γ 并不会影响合谋稳定性，

---

① 参见 Robert J. Reynolds and Bruce R. Snapp，“The Competitive Effects of Partial Equity Interests and Joint Ventures”；Joseph Farrell and Carl Shapiro，“Horizontal Mergers：An Equilibrium Analysis”；Joseph Farrell and Carl Shapiro，“Asset Ownership and Market Structure in Oligopoly.”

② 参见 Carl Davidson and Raymond Deneckere，“Horizontal Mergers and Collusive Behavior”；William A. Brock and José A. Scheinkman，“Price Setting Supergames with Capacity Constraints”；David A. Malueg，“Collusive Behavior and Partial Ownership of Rivals.”

③ 该比例为全部持股比例，系经过迭代运算后的实际持股比例。全部持股比例与直接持股比例的区别，参见 Gilo 等 2006 年的文献。具体而言，假设 U_1、D_1 被两个持股人 A、B 共同持有，A 直接持有 U_1 的 β_{AU_1}股份，持有 D_1 的 β_{AD_1}股份；B 分别直接持有 U_1、D_1 的 β_{BU_1}、β_{BD_1}股份。企业 U_1 和 D_1 还相互持有 $\beta_{U_1D_1}$、$\beta_{D_1U_1}$的股份。经过迭代运算后，U_1 的控股人 A 持有 D_1 的全部持股比例为 $\beta=\frac{\beta_{AD_1}+\beta_{AU_1}\beta_{U_1D_1}}{1-\beta_{U_1D_1}\beta_{D_1U_1}}$，$D_1$ 的持股人 B 持有 U_1 的全部持股比例为 $\gamma=\frac{\beta_{BU_1}+\beta_{BD_1}\beta_{D_1U_1}}{1-\beta_{U_1D_1}\beta_{D_1U_1}}$。在讨论交叉持股问题时，本节引入控股人和持股人概念，控股人为持股人中拥有企业控制权的特殊持股人，掌握企业经营决策权。

其稳定性条件根据控股与否，依然为式（8）、式（9）。因此，交叉持股时合谋期利润分配比例为：

$$\alpha^{CP}=\frac{N[(1-\delta)\prod^{m}+\beta^{c}\delta\pi^{nc}]}{(MN-M+1)(1-\delta)\prod^{m}+N\beta^{c}\delta\pi^{nc}},\ \alpha^{CPn}=\frac{(1-\delta)\prod^{m}+\beta^{c}\delta\pi^{nc}}{M(1-\delta)\prod^{m}+\beta^{c}\delta\pi^{nc}} \tag{16}$$

其中，$\beta^c=\beta/(1-\gamma)$，[①] 上标 CP 表示交叉、有控制权的并购，上标 CPn 表示交叉、无控制权的并购。交叉持股下合谋稳定的临界折现因子分别为：

$$\underline{\delta}^{CP}=\frac{M-1}{M+\dfrac{\prod^{m}-N\beta^{c}\pi^{nc}}{(N-1)\prod^{m}}},\underline{\delta}^{CPn}=\frac{M-1}{M-\dfrac{\beta^{c}\pi^{nc}}{\prod^{m}}} \tag{17}$$

交叉持股关系对合谋期利润分配比例和临界折现因子的影响，仅体现在将原有的部分并购比例 β 替换为 $\beta^c=\beta/(1-\gamma)$。通过类比命题 1，可以得到命题 2。

命题 2：纵向交叉持股中的下游企业持股人对上游企业的全部持股比例 γ，会影响合谋稳定性及合谋利润分配。当给定上游企业控股人对下游企业全部持股比例 β 不变时，γ 上升将提高合谋稳定的临界折现因子，降低合谋稳定性，并提高合谋期利润分配比例 α^{CP} 和 α^{CPn}。[②]

沿用本文第三部分的数值例子，将下游企业持股人对上游企业的全部持股比例 γ 对临界折现因子的影响，展示于图 3。无论 U_1 是否拥有 D_1 的控制权，增加 D_1 在 U_1 的全部持股比例 γ，都不利于稳定的合谋结构，会减弱合谋稳定性。这是因为 D_1 对 U_1 的持股，降低了 U_1 在合谋期的持股收益，从而减弱 U_1 维持合谋的激励。特别地，当 $\gamma>0$ 时，存在 $\beta/(1-\gamma)>1$，使 $\underline{\delta}^{CP}>\underline{\delta}^{I}$。即存在当交叉持股比例区间使上游企业在拥有下游企业控制权时，合谋稳定性低于纵向一体化时的情况。

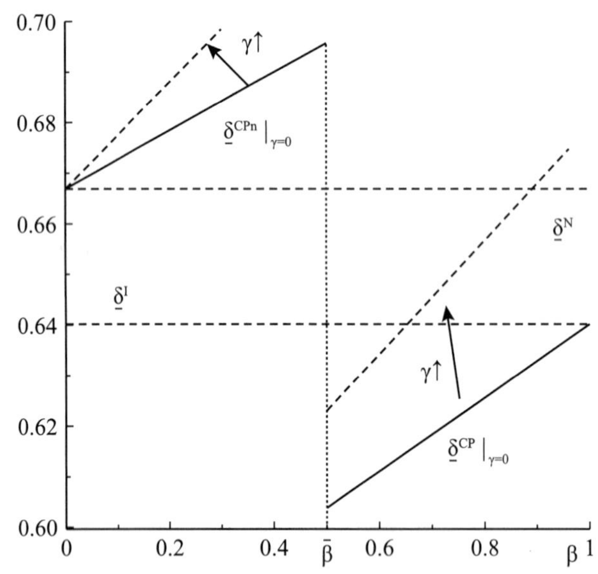

图 3　下游企业对上游企业的持股比例与合谋稳定性关系

注：a = 2，b = 1，c = 1，M = N = 3；$\underline{\delta}^{CP}$，$\underline{\delta}^{CPn}$，$\underline{\delta}^{N}$，$\underline{\delta}^{I}$ 分别代表纵向控股并购、非控股并购、无并购以及纵向一体化时合谋稳定临界折现因子。

① β^c 可近似理解为交叉持股时，并购企业对被并购企业的真实并购比例。考虑具体交叉持股形式时，$\beta^c=\frac{\beta_{AD_1}+\beta_{AU_1}\beta_{U_1D_1}}{\beta_{AU_1}+\beta_{AD_1}\beta_{D_1U_1}}$。

② 命题 2 对交叉持股的分析基于全部持股比例（β 和 γ）的概念。纵向交叉持股对合谋稳定性的最终影响，可通过分析持股结构对全部持股比例的影响直接得到。

在反垄断案件中，假若上下游企业的持股人间存在交叉持股关系，下游企业持有上游企业的股权，将不利于上游企业市场合谋的稳定。因此，对于纵向交叉持股关系，反垄断执法对协调效应方面的审查可以相对宽松。

（二）下游企业成本不对称时的合谋均衡

本文之前的讨论都假设下游企业生产最终产品时，对中间产品的再加工成本相同，并标准化为零。然而，参与合谋的企业成本差异也是影响合谋稳定的一大因素，一般认为，相似的成本结构是企业间稳定合谋的重要条件。[①] 当下游企业存在不对称的再加工成本时，下游被并购企业再加工成本的高低，将影响纵向并购后的合谋稳定性。因此，企业可能会基于合谋目的选择并购目标企业。下面讨论下游被并购企业成本不对称，对合谋稳定性的影响。

假设下游企业生产最终产品的再加工成本不对称，K 家为低成本，N－K 家为高成本，再加工成本分别为 $c_L(q)$ 和 $c_H(q)$，$c_L(q)<c_H(q)$；上游企业充分了解各家下游企业再加工成本的情况。并假设下游低成本企业存在产能约束 $\bar{q}_L$。[②] 考虑上游企业的部分并购对象选择问题，根据被并购的下游企业成本不同，企业合谋稳定性条件为：

$$\frac{\alpha\prod^{m}}{1-\delta}\geqslant\prod^{m}+\frac{\delta}{1-\delta}\beta\pi_j^{nc}j=H\text{ or }L^{③}\tag{18}$$

对比式（18）与式（7），只有惩罚期的利润发生变化。此时根据被并购企业成本的高低分为两种情况。单期纳什均衡利润，低成本企业记为 π_L^{nc}，高成本企业记为 π_H^{nc}，$\pi_L^{nc}>\pi_H^{nc}$。当 D_1 为低成本时，U_1 在惩罚期获得 $\beta\pi_L^{nc}$；当 D_1 为高成本时，U_1 在惩罚期获得 $\beta\pi_H^{nc}$。

考虑未参与并购的其他上游企业，它们在非控股并购时的合谋稳定性条件依然为式（9）。而在控股并购时，未参与并购的上游企业合谋稳定性条件变为：

$$\frac{(1-\alpha)\prod^{m}}{(M-1)(1-\delta)}\geqslant\prod^{m}-\theta_j\prod^{m}j=H\text{ or }L\tag{19}$$

其中，$1-\theta$ 代表未参与并购的上游企业背叛合谋时，实际可获利润的比例。由于并购企业在其控股下游企业进行市场封锁，未参与并购的上游企业无法将中间产品销售给被并购的下游企业 D_1，从而无法获得比例为 θ 的利润，称其为背叛未得利润。当再加工成本对称时，$\theta=1/N$；成本不对称时，下游企业再加工成本的大小将影响背叛未得利润的大小。当被并购下游企业 D_1 是低成本企业时，由于 D_1 在合谋时的市场份额较高，当未参与并购的企业背叛合谋时，因 D_1 市场封锁，背叛未得利润较大，$\theta_L>1/N$；反之，背叛未得利润较小，$\theta_H<1/N$。综合式（18）、式（19）与式（9），分别得到控股并购与非控股并购时，合谋稳定的临界折现因子为：

$$\underline{\delta}_j^{AP}=\frac{M-1}{M+\dfrac{\theta_j\prod^{m}-\beta\pi_j^{nc}}{(1-\theta_j)\prod^{m}}},\ \underline{\delta}_j^{APn}=\frac{M-1}{M-\dfrac{\beta\pi_j^{nc}}{\prod^{m}}}\quad j=H\text{ or }L\tag{20}$$

其中，上标 AP 表示成本不对称、有控制权的并购，上标 APn 表示成本不对称、无控制权的并购。两种情况下的临界折现因子，都与被并购下游企业的成本情况有关。首先考虑非控股并购，由于 $\pi_H^{nc}<\pi_L^{nc}$，可知 $\underline{\delta}_H^{APn}<\underline{\delta}_L^{APn}$。即非控股并购时，上游企业并购下游高成本企业，更有利于上游企业间的合谋稳定。对于控股并购时的折现因子，$\underline{\delta}_H^{AP}$ 和 $\underline{\delta}_L^{AP}$ 的大小关系取决于背叛未得利润的比例 θ_L

① 参见周勤：《这样的卡特尔为什么难以维持》，载于《管理世界》2002 年第 6 期。

② 如果没有此约束，当上游企业合谋时，上游企业只向下游低成本企业提供中间产品，并通过他们获得市场的垄断利润，合谋时高成本的下游企业不存在。

③ 下游企业不对称的再加工成本将影响行业垄断利润 $\prod^{m}$。

和 θ_H。当 $(\theta_L - \theta_H)\prod^m < \beta[(1-\theta_H)\pi_L^{nc} - (1-\theta_L)\pi_H^{nc}]$ 时，并购高成本下游企业合谋稳定性较高，$\underline{\delta}_H^{AP} < \underline{\delta}_L^{AP}$；反之，并购低成本下游企业时的合谋稳定性高。整理上述结果，得命题 3。

命题 3：上游企业非控股并购高成本下游企业后的合谋稳定性，高于并购低成本下游企业，$\underline{\delta}_H^{APn} < \underline{\delta}_L^{APn}$。而对于控股并购，并购高、低成本下游企业后，合谋稳定性取决于背叛未得利润比例 θ_L 和 θ_H。

由命题 3 可知，即使并购高、低成本下游企业的费用相同，上游企业也有动力主动并购高成本下游企业。被并购的高成本下游企业在上游企业合谋破裂进入惩罚期时，只能为上游企业提供较低的古诺竞争利润 π_H^{nc}，与并购低成本下游企业相比，上游企业缺乏激励背叛合谋。企业并购高成本的下游企业的行为，实际上可视为对将来不背叛合谋的可置信承诺。同样，本文用数值例子对命题 3 进行直观阐释，结果展示于图 4。

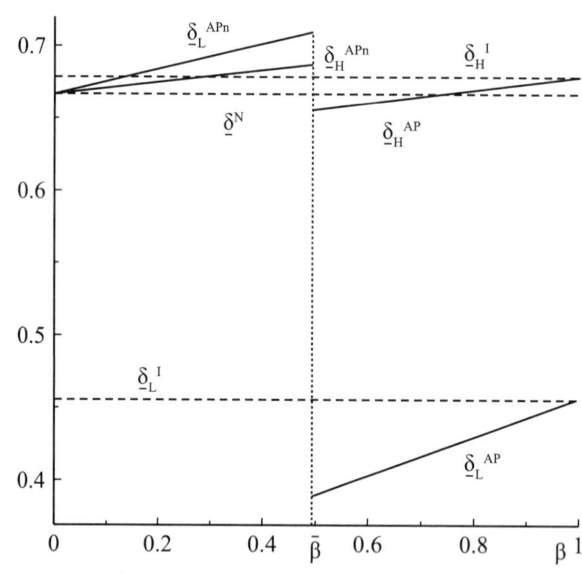

图 4　下游企业成本不对称情况与合谋稳定性

注：$a=3$，$b=1$，$c_L=0.8$，$c_H=1$，$M=N=3$，$K=1$，$\bar{q}_L=7/8$；$\underline{\delta}^{AP}$，$\underline{\delta}^{APn}$，$\underline{\delta}^N$，$\underline{\delta}^I$ 分别代表纵向控股并购、非控股并购、无并购以及纵向一体化时合谋稳定临界折现因子；下标 H 与 L 代表被并购企业成本情况。

六、结论与启示

本文讨论纵向部分并购对上游企业合谋稳定性的影响，从合谋角度对企业间部分并购行为的竞争效应进行剖析。借助理论模型的分析，考察纵向部分并购中的财务权益和公司控制权，对行业合谋稳定性的影响，并进一步探讨并购控制权、成本不对称等因素的作用。上游企业对下游企业的控股并购，可以提高上游企业合谋的稳定性；与之相反，非控股并购则会降低合谋的稳定性。从控股并购与非控股并购自身来看，保持公司控制权不变，合谋稳定性随着并购比例的上升而下降。在交叉持股关系下，上游企业控股人对下游企业持股比例不变时，下游企业持股人对上游企业持股比例的上升，将提高合谋稳定的临界折现因子，降低合谋稳定性。同时，为了保证合谋的稳定性，交叉持股的企业在合谋期的利润分配比例，随着相互持股比例的上升而上升。最后，对下游企业成本不对称情况的考察发现，上游企业非控股并购高成本下游企业的合谋稳定性，高于并购低成本下游企业。这为理解企业并购标的的选择提供了新的视角。企业在考虑并购后的合谋稳定性时，有动力并购高成本、存在竞争劣势的下游企业，以作为不背叛合谋的有效承诺。

本文区分了部分并购产生的财务权益与公司控制权的作用，有助于清楚地把握纵向部分并购对合谋影响的本质。财务权益随着并购比例连续变化，代表并购企业在被并购企业中的利润分成，影响并购企业在合谋惩罚期的收益。部分并购比例越高，并购企业惩罚期收益越高，合谋背叛动机越强，合谋越不稳定。并购企业对被并购下游企业的控制会形成市场封锁，影响未参与并购企业合谋背叛期的利润。并购企业控制被并购企业时，未参与并购企业背叛合谋的低价，将无法吸引被并购企业购买其中间产品，从而降低未参与并购企业合谋背叛期的利润，减弱了它们背叛合谋的动机。因此，纵向部分并购中财务权益与公司控制权在影响合谋稳定性方面，扮演着截然相反的角色。

自2008年以来，我国反垄断执法工作经历了从无到有的过程，相应的经济学政策分析也存在从弱到强的过程。目前对于经营者兼并集中案的反垄断审理，已比较系统、完善。但主要侧重并购对市场效率直接影响的单边效应，而对并购协调效应的分析相对不足。并购不仅会通过单边效应直接使企业获得潜在的市场支配地位，更会通过协调效应影响其他企业行为，间接促使各类市场主体合作取得联合市场支配地位。本文认为在并购审查时，应积极考虑并购的合谋影响，关注并购的协调效应。在企业并购阶段对潜在合谋协调行为进行事前规制，转变合谋反垄断事后规制的不利局面，提升规制效率。在各种纵向并购中，须重视控制权归属，重点审查刚好达成控股的并购。严防并购企业因通过纵向控制进行市场封锁，诱发企业间的协调合谋行为。对于提升效率但危害竞争的并购，要权衡利弊，有针对性地附加限制性条件，避免纵向并购可能达成的市场封锁等反竞争因素。

总之，加强并购对合谋影响的审查，谨防并购活动中产生的反竞争协调效应，对并购反垄断工作意义重大。其工作成果将影响以人民为中心发展宗旨的贯彻，以及正确处理好初级阶段新时代中国特色社会主义社会的主要矛盾。在经济下行压力加大的国内外复杂环境下，贯彻新发展理念建设现代化经济体系，以供给侧结构性改革为主线、向经济高质量发展的转型变得尤为迫切和艰巨。一方面，纵向并购重组有助于优化供给结构，优化存量资源配置，扩大优质增量供给，实现供需动态平衡，形成建设技术创新体系的现代供应链新动能，加快国有经济布局优化、结构调整、战略性重组。另一方面，又要防范其衍生的破坏或干扰作用，以便构建市场机制有效、微观主体有活力、宏观调控有度的现代化经济体制，打破行政性垄断，防止市场垄断，清理废除妨碍统一市场和公平竞争的各种规定和做法，从而推动产权有效激励、要素自由流动、价格反应灵活、竞争公平有序、企业优胜劣汰的社会主义市场经济新发展。

参考文献：

1. 李长英、宋娟：《古诺竞争条件下异质品企业之间的兼并与技术转让》，载于《世界经济》2006年第7期。

2. 李杰、李捷瑜、黄先海：《海外市场需求与跨国垂直并购——基于低端下游企业的视角》，载于《经济研究》2011年第5期。

3. 刘丰波、吴绪亮：《基于价格领导制的默契合谋与反垄断规制——来自中国白酒市场的证据》，载于《中国工业经济》2016年第4期。

4. 于左、孟昕、张兴：《拍卖或招投标市场上横向合并的单边效应及其识别——对甲骨文和仁科公司合并的案例分析》，载于《中国工业经济》2013年第5期。

5. 周勤、吴利华、杨家兵：《中国钢铁行业上市公司纵向整合的模式选择》，载于《中国工业经济》2007年第7期。

6. 周勤：《这样的卡特尔为什么难以维持》，载于《管理世界》2002年第6期。

7. Adrian J. Proctor, "Tacit Collusion Indicators in Merger Control under Varied Focal Points," *Journal of Competition Law and Economics*, Vol. 10, No. 4, 2014, 959 - 987.

8. B. Douglas Bernheim and Michael D. Whinston, "Multimarket Contact and Collusive Behavior," *The RAND Journal of Economics*, Vol. 21, No. 1, 1990, 1 - 26.

9. Carl Davidson and Raymond Deneckere, "Horizontal Mergers and Collusive Behavior," *International Journal of Industrial Organization*, Vol. 2, 1984, 117 - 132.

10. Daniel P. O'Brien and Steven C. Salop, "Competitive Effects of Partial Ownership: Financial Interest and Corporate

Control," *Antitrust Law Journal*, Vol. 67, 2000, 559 – 614.

11. David A. Malueg, "Collusive Behavior and Partial Ownership of Rivals," *International Journal of Industrial Organization*, Vol. 10, 1992, 27 – 34.

12. David Gilo, Yossi Moshe and Yossi Spiegel, "Partial Cross Ownership and Tacit Collusion," *The RAND Journal of Economics*, Vol. 37, No. 1, 2006, 81 – 99.

13. David Reitman, "Partial Ownership Arrangements and the Potential for Collusion," *The Journal of Industrial Economics*, Vol. 42, No. 3, 1994, 313 – 322.

14. Dennis Carlton, "Vertical Integration in Competitive Markets Under Uncertainty," *Journal of Industrial Economics*, Vol. 27, No. 3, 1979, 189 – 209.

15. Donald Dewey, "Information, Entry, and Welfare: The Case for Collusion," *The American Economic Review*, Vol. 69, No. 4, 1979, 587 – 594; Stephen C. Pirrong, "An Application of Core Theory to the Study of Ocean Shipping Markets," *Journal of Law and Economics*, Vol. 35, No. 1, 1992, 89 – 131.

16. George J. Stigler, "A Theory of Oligopoly," *The Journal of Political Economy*, Vol. 72, No. 1, 1964, 44 – 61.

17. George Stigler, "The Division of Labor Is Limited by the Extent of the Market," *Journal of Political Economy*, Vol. 59, No. 3, 1951, 185 – 193.

18. Hans – Theo Normann, "Vertical Integration, Raising Rivals' Costs and Upstream Collusion," *European Economic Review*, Vol. 53, No. 4, 2009, 461 – 480.

19. Hospital Corporation of America v. *Federal Trade Commission*, United States Court of Appeals for the Seventh Circuit 807 F. 2d 1381, 1986.

20. James W. Friedman, "A Non – Cooperative Equilibrium for Supergames," *The Review of Economic Studies*, Vol. 38, No. 1, 1971, 1 – 12.

21. Janusz A. Ordover, Garth Saloner and Steven C. Salop, "Equilibrium Vertical Foreclosure," *The American Economic Review*, Vol. 80, No. 1, 1990, 127 – 142.

22. Jonathan B. Baker, "Why Did the Antitrust Agencies Embrace Unilateral Effects?" *George Mason Law Review*, Vol. 12, No. 1, 2003, 31 – 37.

23. Joseph Farrell and Carl Shapiro, "Asset Ownership and Market Structure in Oligopoly," *The RAND Journal of Economics*, Vol. 21, No. 2, 1990, 275 – 292.

24. Joseph Farrell and Carl Shapiro, "Horizontal Mergers: An Equilibrium Analysis," *The American Economic Review*, Vol. 80, No. 1, 1990, 107 – 126.

25. Matthias Hunold and Konrad Stahl, "Passive Vertical Integration and Strategic Delegation," *The RAND Journal of Economics*, Vol. 47, No. 4, 2016, 891 – 913.

26. Michael H. Riordan, "Competitive Effects of Vertical Integration," in Paolo Buccirossi, ed. , *Handbook of Antitrust Economics*, Cambridge: The MIT Press, 2008, 145 – 182.

27. Oliver Williamson, "The Vertical Integration of Production: Market Failure Considerations," *The American Economic Review*, Vol. 61, No. 2, 1971, 112 – 123.

28. Patrick Rey and Jean Tirole, "A Primer on Foreclosure," in Mark Armstrong and Robert H. Porter, eds. , Handbook of Industrial Organization Ⅲ, Amsterdam: North – Holland, 2007, 2145 – 2220.

29. Robert J. Reynolds and Bruce R. Snapp, "The Competitive Effects of Partial Equity Interests and Joint Ventures," *International Journal of Industrial Organization*, Vol. 4, 1986, 141 – 153.

30. Sara Biancini and David Ettinger, "Vertical Integration and Downstream Collusion," *International Journal of Industrial Organization*, Vol. 53, 2017, 99 – 113.

31. Stuart D. Gurrea and Bruce M. Owen, "Coordinated Interaction and Clayton Section 7 Enforcement," *George Mason Law Review*, Vol. 12, No. 1, 2003, 89 – 118.

32. Volker Nocke and Lucy White, "Do Vertical Mergers Facilitate Upstream Collusion?" *The American Economic Review*, Vol. 97, No. 4, 2007, 1321 – 1339.

33. William A. Brock and José A. Scheinkman, "Price Setting Supergames with Capacity Constraints," *Review of Economic Studies*, Vol. 52, 1985, 371 – 382.

34. Yongmin Chen and Michael H. Riordan, "Vertical Integration, Exclusive Dealing, and Ex Post Cartelization," *The*

RAND Journal of Economics, Vol. 38, No. 1, 2007, 1 – 21.

35. Yongmin Chen, "On Vertical Mergers and Their Competitive Effects," *The RAND Journal of Economics*, Vol. 32, No. 4, 2001, 667 – 685.

36. Øystein Foros, Hans Jarle Kind and Greg Shaffer, "Mergers and Partial Ownership," *European Economic Review*, Vol. 55, 2011, 916 – 926.

（本文载于《中国社会科学》2019 年第 8 期）

创新驱动发展战略下的国有企业改革路径选择研究

张　伟　于良春

摘　要： 国有企业改革方案的设计以及不同改革方案实施次序的选择对国有企业的改革绩效有显著的影响。在一个企业顺序进行研发竞争与产量竞争的框架下，本文对国有企业的混合所有制、结构化以及市场化等改革方案的绩效以及可能的改革路径选择问题进行了研究。结果显示，以社会总福利为标准，国有企业改革应首先推动以提高行业集中度为特征的结构化改革；进而在国有企业中引入非国有资本以实施混合所有制改革，形成不同所有制资本共同持有的混合所有制企业；在混合所有制改革的基础上，适时启动市场化改革，以实现最优的资源配置效率扩张路径。伴随着国有企业改革沿改革路径的推进，国有企业的所有制结构以及所在行业的市场结构均需做出相应改变，这意味着在要同时实施所有制结构与市场结构的双结构调整。

关键词： 国有企业　混合所有制改革　结构化改革　市场化改革

一、引　　言

在经历了放权让利、建立现代企业制度、抓大放小等阶段后，以在国有企业中引入非国有资本为特征的混合所有制改革目前构成了国有企业改革的一个重要方向①。伴随着混合所有制改革的启动，中国的国有企业在2015年开始加速推进企业间的兼并重组，使相关行业的市场结构发生了重要改变。那么在创新驱动发展战略背景下，应如何理解国有企业混合所有制改革与结构化改革之间的相互关系以及改革方案实施的次序安排？另外，以构建公平竞争环境为特征的市场化改革与混合所有制改革在改革绩效等方面存在何种差异？国有企业改革的最优路径应如何选择？

无论国有企业改革采取何种模式，改革的目标最终应落脚于提高整个经济系统内的资源配置效率，因此本文以社会总福利作为衡量标准，对国有企业改革方案的绩效进行对比研究，并根据研究结果分析改革路径的选择问题。使用一个企业顺序参加研发与产量竞争的博弈模型，本文发现：(1) 如果市场中均为混合所有制企业，那么当企业中的非国有资本比重较低时，市场内企业数量越多，所实现的社会总福利水平将越高；随着企业中非国有资本比重的提高，企业间竞争的重点将逐渐由产量竞争转变为研发竞争，在这种情形下，行业集中度的提高将导致更高的社会总福利。(2) 允许不同所有制企业自由进入退出某一产业领域的市场化改革在短期内不一定产生比混合所有制改革更好的改革绩效，只有当国有企业中的非国有资本比重达到一定水平后，在相同的市场结构下，市场化改革才能够实现比混合所有制改革更高的社会总福利水平。(3) 在综合考虑现实经济背景以及改革方案的实施效率后，本文认为最优的国有企业改革路径为首先推动企业间的兼并重组，提高行业集中度，然后实施混合所有制改革，当企业中的非国有资本比重达到一定水平后，适

---

① 2015年8月，中共中央、国务院发布了《关于深化国有企业改革的指导意见》，提出推进国有企业混合所有制改革，以促进国有企业转换经营机制，放大国有资本功能，提高国有资本配置和运行效率，实现各种所有制资本取长补短、相互促进、共同发展为目标，稳妥推动国有企业发展混合所有制经济。

时启动市场化改革，以实现更高的研发绩效及资源配置效率。

自实施"抓大放小"改革战略以来，文献从生产效率、产出水平、盈利能力等多个角度研究了改制的效果（刘小玄和李利英，2005；宋立刚和姚洋，2005；白重恩等，2006；胡一帆等，2006a；李远勤和张祥建，2008），肯定了改制对企业绩效的促进作用；马连福等（2015）则发现混合所有制企业中的非国有资本比例与企业绩效间呈倒"U"型关系。盛丹（2013）考察了国有企业改制对社会总福利的影响，认为在低竞争度的行业中，改制可能不利于社会总福利的改善。在不同的发展阶段，研究显示国有企业进行改制的原因也有所差异，分别使用1980～1999年、1996～2001年以及2003～2007年的数据，王红领等（2001）、胡一帆等（2006b）与杨记军等（2010）认为其原因主要在于增加政府财政收入、增进企业经营效率以及为保持稳定和战略性行业的政治考虑。理论研究则从企业的成本结构（平新乔，2000）、相对生产效率（孙群燕等，2004）等角度，认为在一定条件下国有资本具有存在的合理性。本文研究涉及的另一支文献为混合寡头模型，德弗拉贾和德尔博诺（De Fraja and Delbono，1989）分析了以社会总福利最大化为目标的国有企业与私营企业间竞争的情形，使用这一模型，怀特（White，1996）、吉尔莫托等（Gil－Moltó et al.，2011）等分别对企业的生产补贴与研发补贴等问题进行了研究。松村（Matsumura，1998）发展了德弗拉贾和德尔博诺（1989）给出的混合寡头模型，其中企业由国有资本与非国有资本共同持有，之后藤原（Fujiwara，2007）、欧瑞秋等（2014）等使用这一模型分别对差异化产品下企业的最优所有制结构、国有企业的竞争策略选择等方面的问题进行了分析①。海伍德和耶（Heywood and Ye，2009）则首次将研发竞争模型与混合寡头模型结合起来，在双寡头背景下分析了混合所有制企业研发激励的影响因素。

经过长期发展，目前国有企业呈现出了两个方面的重要特征：(1) 经过国有经济布局与结构战略调整，国有企业规模有了较大幅度的增长②。(2) 国有企业在研发绩效等方面的表现则差强人意，研究显示国有企业资产总额与研发强度之间没有必然的联系（邹国平等，2015），而且与民营企业相比，国有企业存在着创新效率方面的损失（吴延兵，2012），跨国研究的结果也发现中国国有企业的研发绩效仍处于较为落后的状态（杨高举和黄先海，2013）。但国有企业的性质及规模使其在创新驱动发展战略中承担着其他经济主体无法替代的角色，因此如何通过改革方案的设计与选择提高国有企业的研发绩效也构成了当前国有企业改革的一个重要取向。

二、基本模型

本文首先对要讨论的国有企业混合所有制、结构化及市场化改革方案进行说明。混合所有制改革也即在国有企业中引入其他国有资本或非国有资本以实现企业股权的多元化。需要说明的是，本文是从剩余控制权，而不是仅从资本或股权的角度理解混合所有制改革，但为研究的方便，仍以混合所有制企业中的非国有资本比重表示非国有资本对企业的控制力。结构化改革指通过对在位企业进行分拆或兼并重组等方式来改变国有企业所在行业的市场结构，但对新企业的市场进入保持着严格控制。市场化改革则主要着眼于改善企业的外部环境，尤其是保证不同所有制性质的企业能够自由进入或退出某一市场，而且在市场竞争中不存在所有制歧视。

考虑在某一市场中存在 n 个寡头垄断企业，$n \geqslant 2$，企业生产同质产品，企业 i 生产的产量为 q_i，

① 陈林和王凤生（2017）对混合寡头模型的研究进展进行了综述。

② 根据国务院国有资产监督委员会2011年发布的《中央企业2010年度分户国有资产运营情况》，可公开分户国有资产运营信息的中央国有企业的资产总规模为24.4万亿元；根据2014年发布的《中央企业2013年度总体运行情况》，截至2013年底，中央国有企业资产总规模达到35万亿元；根据财政部2019年1月发布的数据，至2018年12月，中央国有企业的资产总规模则已达到80.3万亿元。

市场逆需求函数为 $p=a-Q$，其中 p 为产品的市场价格，Q 为总产量，$Q=\sum_i q_i$。企业生产的边际成本为 c，固定的成本投入为 f①，为降低生产的边际成本，企业 i 投入 $x_i \geqslant 0$ 进行研发，由此发生的研发成本为 $\tau x_i^2/2$，其中 $\tau \geqslant 1$ 表示企业的研发效率。由于研发具有外溢性特征，因此企业 i 的研发收益不仅来自本身的研发投入，还将包括所吸收的其他企业的研发产出，令 σ 表示研发的溢出系数，因此企业 i 获得的研发产出为 $x_i+\sigma x_{-i}$，下标 $-i$ 表示除企业 i 之外的其他企业。企业 i 的总成本为 $C=(c-x_i-\sigma x_{-i})q_i+\tau x_i^2/2+f$，其利润函数可写为：

$$\pi_i(q_i,\ q_{-i},\ x_i,\ x_{-i})=(a-c-Q+x_i+\sigma X_{-i})q_i-\frac{1}{2}\tau x_i^2-f,\ i=1,\ \cdots,\ n \tag{1}$$

由于市场逆需求函数为线性函数，因此消费者剩余为 $CS=\frac{Q^2}{2}$，社会总福利为 $W=CS+\sum_i \pi_i$。对于非国有企业，式（1）便刻画了企业的目标函数；如果企业为国有资本与非国有资本共同持有的混合所有制企业，那么企业的目标函数应为非国有资本与国有资本部分各自目标的加权平均。根据 Matsumura（1998），混合所有制企业的支付函数可以写为：

$$U_i(q_i,q_{-i},x_i,x_{-i}) = \theta\pi_i+(1-\theta)(CS+\sum \pi_i),\ i=1,\cdots,n \tag{2}$$

其中，θ 表示混合所有制企业中的非国有资本比重，$\theta=0$ 意味着企业为完全的国有资本企业；如果企业为完全的非国有资本性质，则 $\theta=1$。根据以上设计，企业数量 n 与企业中的非国有资本比重 θ 可以分别用来表示市场结构与企业的所有制结构。

三、所有制结构与市场结构对国有企业改革绩效的影响

在这一部分，本文在企业顺序进行研发与产量竞争的设定下，分析混合所有制改革与结构化改革对国有企业研发及社会总福利的影响。式（2）的混合所有制企业支付函数可整理为：

$$U_i(q_i,q_{-i},x_i,x_{-i}) = \pi_i+(1-\theta)(CS+\sum_{j\neq i}\pi_j),\ i,j=1,\cdots,n \tag{3}$$

设市场中有 n 个混合所有制企业，政府能够决定企业中的非国有资本比重与市场中的企业数量，也即可以选择企业的所有制结构以及所在行业的市场结构。考虑如下三阶段动态博弈，首先政府选择混合所有制企业中的非国有资本比重 θ 及企业数量 n 以实现社会总福利最大化；在第二阶段，企业选择研发投入 x_i 以最大化企业利润 π_i；在博弈第三阶段，企业各自选择产量水平 q_i 以最大化其支付 U_i。在本文模型中，企业在博弈第二阶段参与研发竞争的目标设定为利润最大化，而不是支付最大化。进行这样处理的原因主要来自以下两个方面：（1）目前的研究已经证明，与非国有企业相比，国有企业的创新效率相对较低（姚洋和章奇，2001；董晓庆等，2014），而且国有企业的规模甚至与研发强度间呈现负相关关系（邹国平等，2015）。另外，国有企业的技术效率甚至低于创办时间较短的乡镇企业（刘小玄，2000），这进一步说明国有企业本身难以进行有效的研发。与之相对应，可以认为混合所有制企业所要实现的研发将主要由企业内的非国有资本部分予以驱动，而非国有资本部分研发决策的目标则在于利润最大化。（2）如果混合所有制企业研发决策的目标为实现支付水平最大化，那么根据混合所有制企业的支付函数，其对社会总福利的考虑在某些条件下将导致产品的市场价格趋于边际成本，这将使企业只能获得接近于零的利润，从而难以积累起研发所需要的资源。

根据博弈规则，企业 i 在博弈第三阶段面临的最大化问题为 $\max_{q_i} U_i(q_i,\ q_{-i},\ x_i,\ x_{-i})$，由最大化问题的一阶条件可以得到企业在产品市场上的最优反应函数：

① 对于本文所分析的国有企业，固定成本可考虑主要来自林毅夫和李志赟（2004）所定义的政策性负担。

$$q_i = \frac{a - c + x_i + \sigma x_{-i}}{n + \theta},\ i = 1,\ \cdots,\ n \tag{4}$$

在博弈第二阶段，企业选择研发投入实现利润最大化，根据式（1），可以得到企业 i 在本阶段博弈中最大化问题的一阶条件：

$$\frac{\partial \pi_i}{\partial x_i} = \underbrace{(a - c - Q + x_i + \sigma x_{-i})\frac{\partial \pi_i}{\partial q_i}\frac{\partial q_i}{\partial x_i}}_{\text{直接效应}(+)} + \underbrace{q_i\left(1 - \frac{\partial \pi_i}{\partial Q}\frac{\partial Q}{\partial x_i}\right)}_{\text{策略效应}(+)} \underbrace{- \tau x_i}_{\text{成本效应}(-)},\ i = 1,\ \cdots,\ n \tag{5}$$

式（5）显示企业 i 在研发投入上的增加所产生的影响可以分解为直接效应、策略效应以及成本效应。由于企业研发效率参数 $\tau \geqslant 1$，因此研发的成本效应小于零。根据本文的设计，企业 i 的研发投入能够降低本企业的边际成本，这将使企业 i 获得比其他企业更强的竞争优势。由式（4），$\partial q_i/\partial x_i = 1/(n + \theta) > 0$，因此企业 i 研发投入的增加将使企业的产量上升；另外由于企业利润构成了产量水平的凹函数，也即 $\partial \pi_i/\partial q_i > 0$，由此得到 $(\partial \pi_i/\partial q_i) \cdot (\partial q_i/\partial x_i) > 0$；而根据企业利润函数的设计，$a - c - Q + x_i + \sigma x_{-i} > 0$，因此企业 i 研发投入的直接效应大于零。对企业研发投入的策略效应，我们只需关注 $-(\partial \pi_i/\partial Q) \cdot (\partial Q/\partial x_i)$ 的符号，前面已经得到 $\partial q_i/\partial x_i = 1/(n + \theta)$，同样由式（4）还能够得到 $\partial q_j/\partial x_i = \sigma/(n + \theta) > 0$，因此企业 i 研发投入的增加不仅使本身产量增加，而且还增加了其他企业的产量水平，从而提高了市场中的总产量，也即 $\partial Q/\partial x_i > 0$；另外，由于企业研发的溢出系数 $\sigma \leqslant 1$，因此 $\partial q_i/\partial x_i > \partial q_j/\partial x_i$，或者说企业 i 研发投入的增加对自身产量的提升要超过对其他企业的影响，从而使企业 i 的市场份额上升，上述结果是企业 i 利用研发形成的相对成本优势对其他企业市场份额进行侵占所形成的，本文称为企业研发的策略效应。另外根据企业利润函数式（1）也能够得到 $\partial \pi_i/\partial Q < 0$。综上所述，可以得到 $-(\partial \pi_i/\partial Q) \cdot (\partial Q/\partial x_i) > 0$，也即企业研发的策略效应大于零。

将式（4）给出的产量表达式代入式（5），根据企业在博弈第二阶段最大化问题一阶条件所对应的 n 个方程可以得到：

$$x_i = \frac{2(a - c)\theta + [(n + \theta - 2)\sigma - 1]x_{-i} + (n - 1)(1 - \sigma)(a - c + \sigma x_{-i})}{(n + \theta)[(n + \theta)\tau - 2] + 2},\ i = 1,\ \cdots,\ n \tag{6}$$

由式（6）可以发现 $\mathrm{sgn}(\partial x_i/\partial x_j) = \mathrm{sgn}(n\sigma + 2\sigma\theta - n\sigma^2 + \sigma^2 - 1)$，这显示企业在研发投入方面是否存在着策略性替代不仅取决于企业研发的溢出系数 σ，在给定企业数量的条件下，还取决于企业的所有制结构，这与在非国有企业背景下得到的结果，例如 d'Aspremont and Jacquemin（1988），有明显的不同。进一步的计算显示，只有在溢出系数满足 $\sigma \leqslant \sigma^*$ 的条件，$\partial x_i/\partial x_j \leqslant 0$，其中：

$$\sigma^* = \frac{n + 2\theta - \sqrt{(n + 2\theta)^2 - 4(n - 1)}}{2(n - 1)} \tag{7}$$

由式（7）可以得到 $\partial \sigma^*/\partial n < 0$，也即随着市场中混合所有制企业数量的增加，企业间在研发方面形成策略性替代所需要的溢出参数的门槛值将降低；此外还能得到 $\partial \sigma^*/\partial \theta > 0$，说明混合所有制企业中的非国有资本比重越高，企业间在研发方面形成策略性替代所需要的溢出参数门槛值将越大。以上结果可以总结为：

命题1：当混合所有制企业的研发溢出系数 σ 低于特定的门槛值 σ^* 时，企业在研发投入方面将体现出策略性替代特征。

根据式（6），考虑企业间在研发投入上的对称解，企业 i 的研发投入水平为：

$$x_i = \frac{[2\theta + (n - 1)(1 - \sigma)](a - c)}{\tau(n + \theta)^2 - [1 + (n - 1)\sigma][2\theta + (n - 1)(1 - \sigma)]},\ i = 1,\ \cdots,\ n \tag{8}$$

将以上结果代入式（4）可以得到企业 i 的产量 q_i。在博弈第一阶段，政府选择混合所有制企业中的非国有资本比重 θ 及企业数量 n 以实现社会总福利最大化，也即政府面临的最大化问题为 $\max_{\theta,n} W$。这里可以将上面得到的结果代入社会总福利函数进行求解，但结果的显式解表达式较为复杂，因此本文采用数值模拟的方式对结果进行分析。设 $a = 10$，$c = 2$，$\tau = 1$，$\sigma = 0.5$，$f = 2$，图 1

显示了混合所有制企业研发投入与企业数量及企业所有制结构间的关系，图 2 则给出了当混合所有制企业数量 n = 2，3，5 的情形下社会总福利与企业所有制结构间的关系。

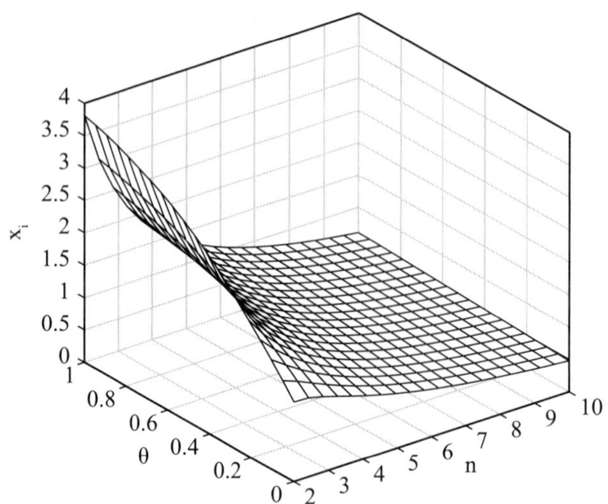

图 1　混合所有制企业中 x_i 与 n 及 θ 的关系

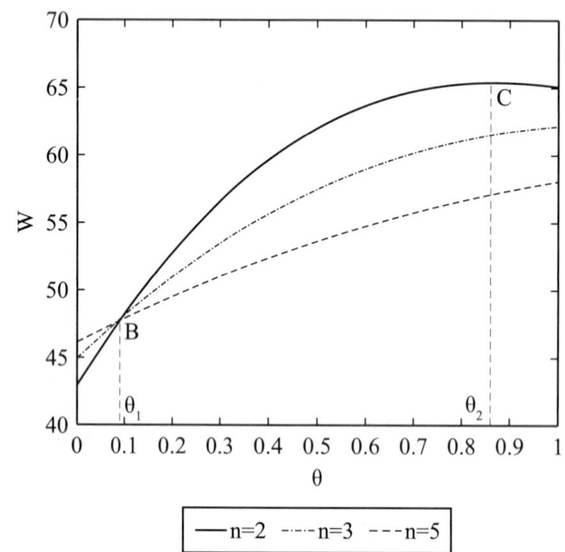

图 2　不同市场结构下 W 与 θ 间的关系

由图 1 可以看到，均衡的研发投入随市场中企业数量的增加而减少。另外，图 1 也显示在给定的市场结构下，研发投入随企业中的非国有资本比重上升而增加，这可以由式（8）得到证明：

$$\frac{\partial x_i}{\partial \theta}=\frac{2(a-c)(n+\theta)\tau[1-\theta+(n-1)\sigma]}{\{(n+\theta)^2\tau-[(n-1)\sigma+1][2\theta+(n-1)(1-\sigma)]\}^2}>0 \tag{9}$$

图 2 显示在混合所有制企业顺序进行研发及产量竞争下，所实现的社会总福利水平也同时取决于市场结构以及企业的所有制结构。在图 2 中，如果 $\theta \geqslant \theta_1$，那么双寡头情形下所实现的社会总福利水平要高于市场结构为 $n \geqslant 3$ 时的结果；而若 $\theta \leqslant \theta_1$，则为行业集中度越低，对应的社会总福利水平越高，在本文设定的参数下，$\theta_1 = 0.09$。另外还可以发现，C 点为在所有可能的市场结构及企业所有制结构组合下最高的社会总福利水平，其对应的市场结构及所有制结构分别为 n = 2 及 $\theta_2 = 0.86$。形成图 2 中结果的原因在于，当混合所有制企业中的非国有资本比重较小时，根据式（9），此时企业在研发上的投入水平也较低，这意味着当前情形下企业间更多的是进行产量竞争。根据标

准的古诺模型，社会总福利最大化要求有更多的企业进入市场，因此在 $\theta \leqslant \theta_1$ 范围内，当市场中企业数量增加时，社会总福利水平也越高。当混合所有制企业中的非国有资本比重逐渐提高后，企业在其支付函数中赋予利润的权重随之上升，从而导致企业最优的研发投入及产量选择发生改变，或者说随着混合所有制企业中非国有资本比重的上升，企业间竞争的重点由产量竞争逐渐转换为研发竞争，而能够形成更高研发绩效的市场结构与企业所有制结构会在资源配置效率方面有更好的表现。为更清晰地了解不同市场结构及所有制结构下混合所有制企业的研发水平，本文在图 1 的基础上对特定市场结构下混合所有制企业的研发投入与所有制结构间的关系进行了刻画。图 3 显示，与其他市场结构相比，双寡头市场结构下企业的研发投入水平更高，而且研发投入随混合所有制企业中非国有资本比重增加上升的速度也更快，这导致随混合所有制企业中非国有资本比重的增加，不同市场结构下研发绩效间的差距越来越大，最终使双寡头市场结构在企业所有制结构满足 $\theta \geqslant \theta_1$ 后实现的社会总福利超过了其他情形下的结果。

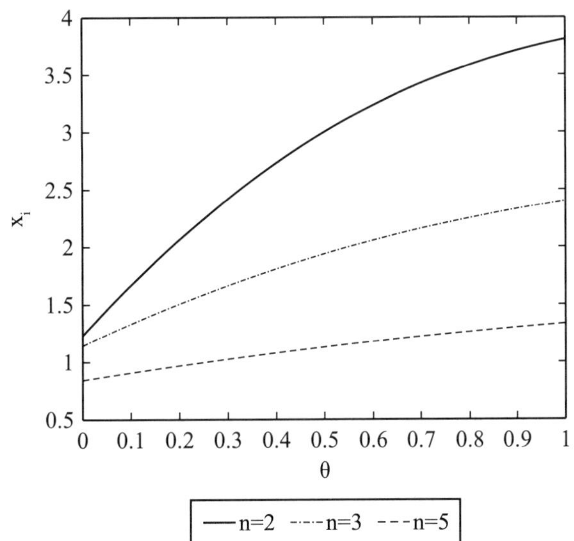

图 3　不同市场结构下 x_i^* 与 θ 间的关系

此外，图 2 还显示在不同的市场结构下所实现的社会总福利随混合所有制企业中非国有资本比重的上升呈现出先上升后下降的特征，其原因在于消费者剩余与 θ 间呈现倒“U”型关系，拉动社会总福利在企业所有制结构达到一定水平后开始下降。对消费者剩余与企业所有制结构间的关系可证明如下，由于消费者剩余构成了产品总产量的二次函数，因此其变化趋势与总产量相一致。将式（8）中的企业研发投入 x_i 代入式（4）中企业产量 q_i 的表达式，进而可得到总产量水平：

$$Q=\frac{(a-c)(n+\theta)\tau}{(n-1)^2\sigma^2+\tau(n+\theta)^2-(n-1)(2\theta\sigma-1)-\sigma(n^2-3n+2)-2\theta} \tag{10}$$

由上式可以得到：

$$\frac{\partial Q}{\partial \theta}=\frac{n\tau(a-c)[\sigma^2(n-1)^2+(1+n\sigma)(n+1)-\tau(\theta^2-2\theta+n^2)-2\sigma]}{[(n-1)^2\sigma^2+\tau(n+\theta)^2-(n-1)(2\theta\sigma-1)-\sigma(n^2-3n+2)-2\theta]^2} \tag{11}$$

因此 $\mathrm{sgn}(\partial Q/\partial\theta)=\mathrm{sgn}[\sigma^2(n-1)^2+(1+n\sigma)(n+1)-\tau(\theta^2-2\theta+n^2)-2\sigma]$，其中等式右端括号内的表达式为 θ 的二次函数，计算显示在 $\theta \geqslant (\leqslant)\hat{\theta}$ 条件下，$\partial Q/\partial\theta \leqslant (\geqslant) 0$。其中，

$$\hat{\theta}=\frac{\sqrt{\tau[1+\sigma(n-1)][n+1+\sigma(n-1)]}-n\tau}{\tau} \tag{12}$$

在本文设定的参数下，当市场中企业数量 $n=2$ 时，$\hat{\theta}=0.29$，也即在双寡头市场结构下，当 $\theta \leqslant 0.29$ 时，总产量随混合所有制企业中非国有资本比重 θ 增加而上升；但当 $\theta \geqslant 0.29$ 后，总产量则随 θ 的增加而下降，消费者剩余则表现出与总产量相同的变化趋势。本文基于式（10），在图 4

中给出了在不同市场结构下总产量与企业所有制结构间的关系，可以看到在不同的市场结构下，Q 与 θ 均呈现倒“U”型关系；另外，图 4 还显示给定企业的所有制结构，当市场中的企业数量越多时，能够提供的总产量水平也越高。

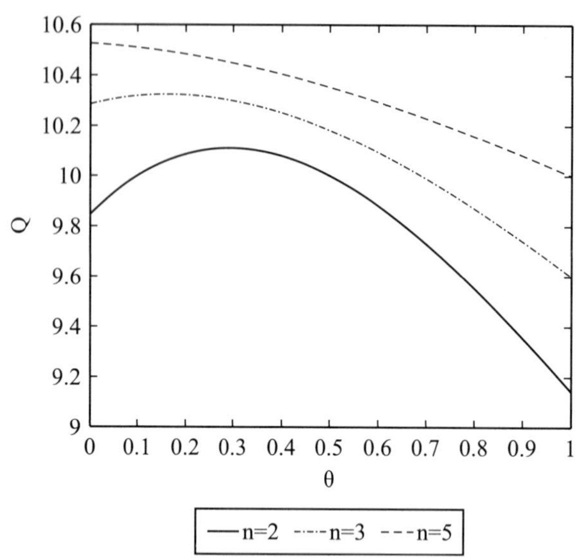

图 4　不同市场结构下 Q 与 θ 间的关系

结合上面的分析，我们可以对图 2 中所显示结果的内在机制总结为，当混合所有制企业的所有制结构在 $\theta \leqslant \hat{\theta}$ 范围内时，随着 θ 的增加，企业的研发投入以及总产量水平均上升；而当 $\theta \geqslant \hat{\theta}$ 后，企业的研发投入继续随 θ 的增加而上升，但总产量，或者说消费者剩余则开始随 θ 的增加而下降，也即企业的研发收益全部用于了企业利润的增长；而且当混合所有制企业中的非国有资本比重上升到一定程度后，企业利润总和增加的幅度将无法弥补消费者剩余的损失，导致社会总福利开始下降①。另外图 3 的结果说明随着 θ 的增加，在更高的行业集中度下，企业能够以更快的速度积累起更高的研发投入资源。结合图 3 与图 4 可以看到，更高的行业集中度一方面能够使企业形成更高的研发投入水平，另一方面则通过抑制产品市场中的竞争形成了较低的产量水平。但当 θ 较小时，在不同的市场结构下，企业所能形成的研发投入水平均相对较低，市场结构的产量效应超过了研发效应，使提供更高产量的市场结构实现了更高的社会总福利水平；而当 θ 上升到一定程度后，市场结构的研发效应将超过产量效应，企业间的竞争逐渐由产量竞争转换为研发竞争，能够形成更高研发绩效的市场结构对应着更高的社会总福利水平。本文将以上分析总结在下述命题中：

命题 2：如果混合所有制企业顺序进行研发及产量竞争，那么市场结构与企业所有制结构将共同决定企业的研发绩效及社会总福利水平。存在一个特定的所有制结构 θ_1，当 $\theta \leqslant \theta_1$ 时，行业集中度越低，社会总福利水平越高；而当 $\theta \geqslant \theta_1$ 时，行业集中度越高，社会总福利水平也越高。

上述命题说明在不同所有制结构范围内，最大化社会总福利所要求的最优市场结构也有差异，所有制结构 θ_1 构成了最优市场结构发生改变的门槛值。对于国有企业的改革路径选择来说，命题 2 的政策含义有以下三个方面：（1）当混合所有制企业中的非国有资本比重较低时，应通过引入新的混合所有制企业或对在位混合所有制企业进行分拆等方式改变市场结构，在产品市场中形成更为激烈的竞争，以消费者剩余的增加作为驱动社会总福利增长的主要工具。（2）当混合所有制企业中的非国有资本比重上升到一定程度后，政府可以通过政策工具引导混合所有制企业进行兼并重组或破产退出，提高行业集中度，通过更大规模的研发降低企业的生产成本，以企业利润的增加作为提高

① 在图 2 给出的结果中，当市场结构为双寡头垄断时，所有制结构 $\theta \geqslant \theta_2$ 后社会总福利开始下降。

社会总福利的主要工具。（3）命题 2 也给出了国有企业在混合所有制及结构化改革方面最优的理论路径，也即对国有企业所在行业，应首先通过引入更多企业的方式改造市场结构，进而推进国有企业的混合所有制改革，使国有企业成为不同所有制资本共同持有的市场主体；当混合所有制企业中的非国有资本比重上升到使企业间竞争的重点由产量竞争转换为研发竞争后，最优的改革路径则要求实施以提高行业集中度为结果的结构性改革，积累起更高的研发投入所需要的企业规模基础，并进一步推进企业的混合所有制改革，以实现更高的资源配置效率。

以上给出了国有企业在混合所有制及结构化改革下的最优理论改革路径，但由于以下两个方面的原因，本文认为可以对最优理论改革路径进行修正：（1）最优理论改革路径要求当混合所有制企业中的非国有资本比重处于 $\theta \geqslant \theta_1$ 以及 $\theta \leqslant \theta_1$ 范围内时，要对市场结构做出方向相反的调整，从实际操作的角度，这增加了改革方案的实施难度，并有可能造成方案实施的混乱。（2）目前相当数量的国有企业，特别是中央国有企业大多已为上市企业，非国有资本已经通过二级市场等方式获得了一定比重的企业股权，因此对国有企业可以更多地考虑在 $\theta \geqslant \theta_1$ 范围内的最优改革路径选择问题。由于图 2 中的 C 点为当前情形下所能实现的最优结果，因此一条清晰、更具可操作性的改革路径可以围绕这一目标进行设计，也即首先进行以提高行业集中度为特征的结构调整，进而推动混合所有制改革，这可以称为最优的实际改革路径①。从整体上看，改革方案实施效率的提高不仅能够实现更好的改革收益，而且有利于改革目标的最终实现。因此，在国有企业改革路径选择方面应同时注重市场结构及企业所有制结构的相互协调与调整，将推动企业间的兼并重组、破产退出与混合所有制改革有序结合起来，实施包含市场结构与企业所有制结构的双结构改革。

四、市场化改革在短期及长期中的绩效

由于目前国有企业大多集中在资本密集型的产业领域，因此即使通过对国有企业实施市场化改革，消除了企业在市场进入等方面制度上的门槛，但由产业特征所决定的资本、规模等方面的门槛将依然存在。因此，市场化改革后短期内将只有少数非国有企业能够达到市场进入的技术门槛，而长期内则应有数量更多的企业有能力进入市场。在这一部分，本文分别对国有企业市场化改革后短期及长期内实现的研发绩效及福利结果进行研究，并与混合所有制改革的结果进行比较，以确定两种改革方案间的关系。

（一）市场化改革在短期内的结果

设最初市场中存在一个混合所有制企业，市场化改革后的短期内，只有一个非国有企业进入市场与混合所有制企业进行竞争。混合所有制企业的利润及支付函数仍由式（1）及式（2）给出，本文将混合所有制企业记为企业 0，非国有企业记为企业 1。由于非国有企业中并不存在国有企业所承担着的政策性负担，在本文中将这一特征刻画为非国有企业的固定成本低于国有企业，为分析的方便，将其标准化为零，因此非国有企业的利润函数为：

$$\pi_1(q_0, q_1, x_0, x_1) = (a - c - Q + x_1 + \sigma x_0) q_1 - \frac{1}{2}\tau x_1^2 \tag{13}$$

① 从图 2 来看，实现 C 点的结果似乎既可以通过首先进行混合所有制改革，然后进行结构化改革实现；也可以通过首先进行结构化改革，然后进行混合所有制改革实现。但在创新驱动发展战略下，国有企业改革路径的选择更应关注对国有企业研发绩效的影响，考虑到这一点之后，图 3 的分析结果显示，如果首先进行结构化改革，在行业集中度提高后，国有企业的研发投入能够随着混合所有制改革的推进在更高水平上扩展，从而使国有企业能够在改革路径上实现更好的研发绩效，这构成了本文对结构化改革与混合所有制改革方案选择顺序进行判断的依据。

其中，$Q=q_0+q_1$。考虑如下两阶段动态博弈，首先市场中的所有企业同时选择研发投入以最大化各自的利润水平；在博弈第二阶段，混合所有制企业与进入市场的非国有企业进行产量竞争以最大化各自的支付，根据式（3），混合所有制企业的支付函数可整理为：

$$U_0(q_0,\ q_1,\ x_0,\ x_1)=\pi_0+(1-\theta)(CS+\pi_1) \tag{14}$$

由混合所有制企业与非国有企业最大化问题的一阶条件，可以得到两个企业在博弈第二阶段的最优反应函数：

$$q_0=\frac{a-c+(2\sigma-1)x_1+(2-\sigma)x_0}{1+2\theta};\ q_1=\frac{(a-c)\theta+(1-\sigma)(x_1-x_0)+(x_1+\sigma x_0)\theta}{1+2\theta} \tag{15}$$

进而得到总产量为 $Q=[(1+\theta)(a-c)+x_1(\sigma+\theta)+x_0(1+\sigma\theta)]/(1+2\theta)$。可以看到混合所有制企业与非国有企业研发投入的增加对总产量的影响是不同的，事实上能够得到：

$$\frac{\partial Q}{\partial x_0}-\frac{\partial Q}{\partial x_1}=\frac{(1-\theta)(1-\sigma)}{1+2\theta}>0 \tag{16}$$

上式显示如果混合所有制企业与非国有企业在研发投入上同样增加一单位的话，混合所有制企业的研发投入对总产量，进而对消费者剩余的边际拉动作用将更为明显。将式（14）给出的产量水平代入混合所有制企业与非国有企业的利润函数式（1）与式（13），由两个企业利润最大化问题的一阶条件分别得到：

$$x_0=\frac{2\theta(2-\sigma)[a-c+(2\sigma-1)x_1]}{A};\ x_1=\frac{(a-c)\theta+(1+x_0)\sigma}{B} \tag{17}$$

其中，$A=4\tau\theta(1+\theta)+2\sigma\theta(4-\sigma)+\tau-8\theta$，$B=4\theta[(1+\theta)\tau+\sigma-1]+4\sigma+\tau-2(1+\sigma^2+\theta^2)$。联立式（17）中的方程，能够得到混合所有制企业与非国有企业均衡下的研发投入 x_0^* 以及 x_1^*，将 x_0^* 与 x_1^* 代入式（15），可以得到两类企业均衡下的产量水平 q_0^* 以及 q_1^*。根据以上结果，可以计算对应的企业利润与消费者剩余，进而得到均衡下的社会总福利水平。同第三部分中的分析相类似，由于 x_0^*，x_1^*，q_0^*，q_1^* 都能够表达为企业所有制结构 θ 的函数，因此也可将均衡下的社会总福利记为 θ 的函数 $W^*(\theta)$。同样设 $a=10$，$c=2$，$\tau=1$，$\sigma=0.5$，$f=2$，本文采用数值模拟方式进行分析，图 5 显示了市场化改革后短期内混合所有制企业与非国有企业的研发投入 $x_i^M(i=0,\ 1)$ 与企业所有制结构 θ 间的关系；图 6 中的虚线给出了社会总福利 W^M 与企业所有制结构 θ 间的关系。为进行比较分析，在图 6 中用实线刻画了混合所有制改革下，市场结构为双寡头时的社会总福利 W^P 与企业所有制结构 θ 间的关系，其中上标 M 表示市场化改革后短期，而上标 P 用来表示混合所有制改革。

图 5 中的模拟结果显示：（1）市场化改革后短期内，当混合所有制企业中的非国有资本比重 $\theta\leqslant\theta_3$ 时，非国有企业的研发投入 x_1^{M*} 高于混合所有制企业的研发投入 x_0^{M*}；而当 $\theta\geqslant\theta_3$ 后，x_1^{M*} 将低于 x_0^{M*}。（2）图 3 显示当对国有企业实施混合所有制改革时，企业的研发投入随企业中非国有资本比重增加而上升，但在市场化改革下，混合所有制企业与非国有企业的研发投入水平则随混合所有制企业中非国有资本比重的增加呈现出先上升后下降的倒“U”型特征。

图 6 的模拟结果则显示，市场化改革后短期内与混合所有制改革后实现的社会总福利在不同的所有制结构下也呈现出了不同的特征，也即当 $\theta\geqslant(\leqslant)\theta_4$ 时，$W^{M*}\geqslant(\leqslant)W^{P*}$；另外，当 $\theta=\theta_5$ 时，市场化改革后短期内的社会总福利 W^{M*} 达到最大值。图 6 中的 θ_2 为图 2 中 C 点对应的企业所有制结构，也即混合所有制改革下能够实现的最高社会总福利水平所对应的所有制结构。可以看到市场化改革后短期内，在 θ_5 的所有制结构下所实现的最高社会总福利 $W^{M*}(\theta_5)$ 高于混合所有制改革下所有制结构为 θ_2 时对应的最高社会总福利 $W^{P*}(\theta_2)$，而且 $\theta_5<\theta_2$。

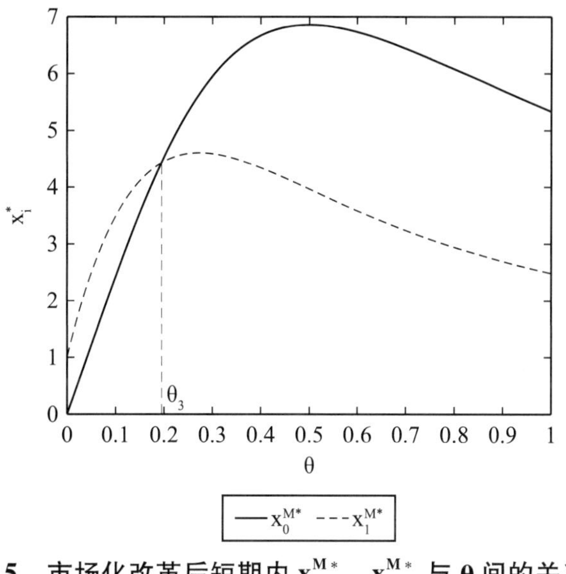

图 5　市场化改革后短期内 x_0^{M*}、x_1^{M*} 与 θ 间的关系

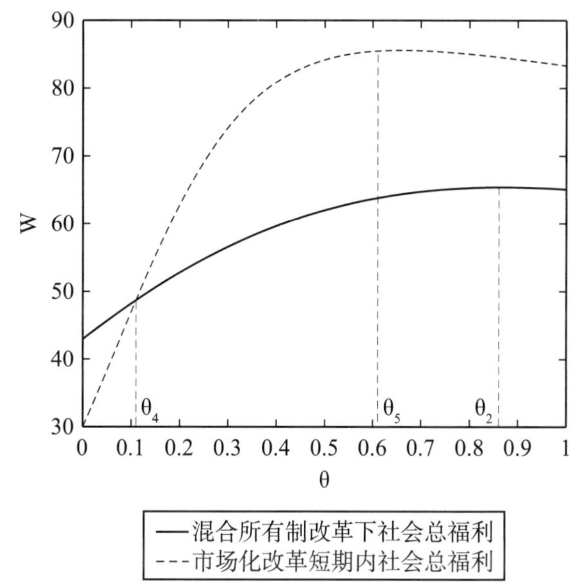

图 6　市场化改革后短期内 W^{M*} 与 θ 间的关系

对市场化改革后短期内混合所有制企业与非国有企业的研发投入 x_0^{M*} 与 x_1^{M*} 来说，当混合所有制企业中的非国有资本比重处于 $\theta \leqslant \theta_3$ 范围内时，混合所有制企业在其支付函数中赋予了社会总福利相对较高的权重水平。在这种情形下，为使其支付最大化，混合所有制企业的最优策略应为选择更高的产量来降低产品价格，主要依靠消费者剩余的上升来提高其支付水平。虽然与混合所有制企业相比，非国有企业的固定成本更低，但赋予社会总福利更高权重的混合所有制企业将选择使产品价格趋近于其边际成本的产量，这将使非国有企业无法得到更高的利润水平。因此，在当前所有制结构范围内，非国有企业为获取更高的利润，只能采取在研发上投入比混合所有制企业更多的资源，进一步降低其边际成本的方式来实现，这反映为 $x_1^{M*} \geqslant x_0^{M*}$。随着混合所有制企业中非国有资本比重的增加，在其支付函数中对企业利润赋予的权重也将提高，在这种情形下，混合所有制企业对利润的考虑要求其在研发方面投入比非国有企业更多的资源，以抵消固定成本较高所带来的竞争劣势，这导致在所有制结构处于 $\theta \geqslant \theta_3$ 范围时，混合所有制企业在研发上的投入开始高于非国有企业，也即 $x_0^{M*} \geqslant x_1^{M*}$。

另外，混合所有制企业与非国有企业的研发投入 x_0^{M*} 与 x_1^{M*} 都随混合所有制企业中非国有资本比重的增加呈现先上升后下降，其原因在于，在 $\theta \leqslant \theta_3$ 范围内，本文上面的分析显示，在此情形下混合所有制企业与非国有企业研发投入的上升主要是由非国有企业所驱动实现的。随着混合所有制企业中非国有资本比重增加，利润在混合所有制企业支付函数中占有的权重也随之上升，在本文考虑的框架内，这使企业间竞争的重点逐渐转换为研发竞争，从而导致混合所有制企业与非国有企业的研发投入随 θ 的增加而上升。图5显示当混合所有制企业中非国有资本比重达到一定水平后，非国有企业的研发投入开始下降，这是由于当 $\theta \geqslant \theta_3$ 后，混合所有制企业的研发投入开始超过非国有企业，非国有企业由此能够获得更高的技术溢出水平 σx_0^{M*}，这使非国有企业可以在更大程度上借由混合所有制企业在研发上的投入来降低其生产的边际成本；另一方面，由于非国有企业的固定成本较混合所有制企业要低，在以利润为导向的竞争中，非国有企业固有的成本优势将充分地转化为竞争优势，并使其有动力降低在研发上的投入，以降低所发生的研发成本。以上两个方面的共同作用将使非国有企业在 θ 达到一定水平后开始降低研发投入。对于混合所有制企业来说，图5显示同样存在一个特定的所有制结构值，当混合所有制企业中的非国有资本比重超过这一值后，其均衡的研发投入也将下降。导致这一结果的原因同样在于 θ 的增加使利润在混合所有制企业支付函数中的权重上升，对利润的考虑需要混合所有制企业以更高的研发投入进行支持，但更高的研发投入不仅将带来更高的研发成本，而且还将通过技术的溢出机制使一部分研发投入转化为非国有企业的竞争优势，特别是在混合所有制企业与非国有企业间存在着非对称的成本结构的条件下，研发的溢出机制将进一步扩大非国有企业的竞争优势，这使混合所有制企业的研发投入在 θ 达到一定水平后开始下降。以上的分析可以总结为：

命题3：在市场化改革后短期内，存在一个特定的所有制结构 θ_3，当 $\theta \leqslant \theta_3$ 时，非国有企业的最优研发投入高于混合所有制企业，而当 $\theta \geqslant \theta_3$ 时，非国有企业的最优研发投入将低于混合所有制企业。混合所有制企业与非国有企业的最优研发投入均随混合所有制企业中非国有资本比重的增加呈现先上升后下降的倒“U”型关系。

在图6中分别给出了混合所有制改革与市场化改革后短期内所实现的社会总福利水平，其中出人意料的结果是当混合所有制企业中的非国有资本比重 $\theta \leqslant \theta_4$ 时，$W^{M*} \leqslant W^{P*}$。因为通常会期望在市场中引入一个固定成本更低的非国有企业后，将有利于资源配置效率的提高，但图6却显示在市场化改革后短期内，这一结果是否能够出现还取决于混合所有制企业的所有制结构。其中的原因在于，在动态效率框架下，资源配置效率的提高最终取决于整个行业内所实现的研发绩效，因此解释混合所有制改革与市场化改革后短期内在社会总福利方面的不同需要了解两种改革方案下企业研发总投入上表现出来的差异。基于图3及图5的结果，本文在图7中给出了混合所有制改革下行业的研发总投入 $2x_i^{P*}$ 与市场化改革后短期内行业的研发总投入 $x_0^{M*}+x_1^{M*}$ 间的关系。

图7显示，当混合所有制企业中的非国有资本比重较小时，市场化改革后短期内实现的行业研发总投入低于混合所有制改革下的结果；当非国有资本比重上升到一定程度后，市场化改革后短期内的研发总投入才会更高。结合图3与图5可以发现，当 θ 较小时，市场化改革后短期内的研发投入低于混合所有制改革下的结果，这构成了 $x_0^{M*}+x_1^{M*}$ 小于 $2x_i^{P*}$ 的主要原因。

命题3说明混合所有制企业与非国有企业的均衡研发投入分别在 θ 达到某一水平后开始下降，这意味着两类企业间的研发竞争在这一所有制结构范围内逐渐趋于缓和。但随着混合所有制企业中非国有资本比重的上升，其对利润的诉求也随之提高，在均衡研发投入下降的条件下，更高的利润诉求只能通过在市场上缓和产量竞争的方式实现。本文在图8中分别用点画线与虚线给出了市场化改革后短期内混合所有制企业与非国有企业的均衡产量水平 q_0^{M*} 以及 q_1^{M*}，为便于比较，图8中用实线给出了混合所有制企业的产量水平 q_i^{P*}。

图8显示在市场化改革后短期内，混合所有制企业的均衡产量随 θ 的增加呈现出先上升后下降的特征；而非国有企业的均衡产量则随 θ 的增加逐渐提高，但即使混合所有制企业中的非国有资本比重逐渐趋近于1，其均衡产量仍将高于非国有企业。由于消费者剩余直接取决于总产量，因此本文在图9中又分别用虚线与实线给出了市场化改革后短期内以及混合所有制改革下的总产量与所有

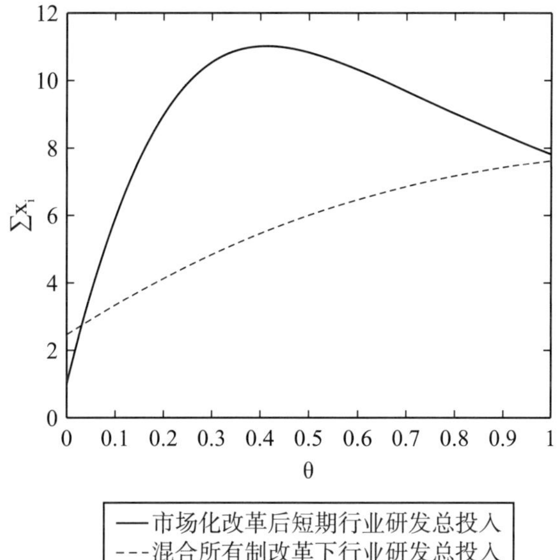

图 7　市场化改革后短期内与混合所有制改革下的行业研发总投入

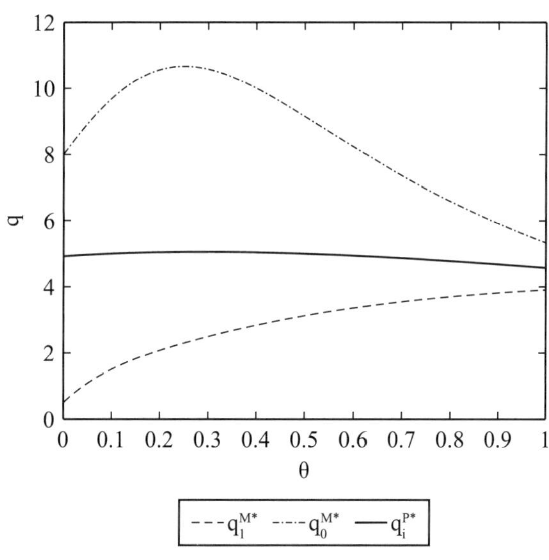

图 8　市场化后改革短期内 q_1^{M*}、q_0^{M*} 与 θ 间的关系

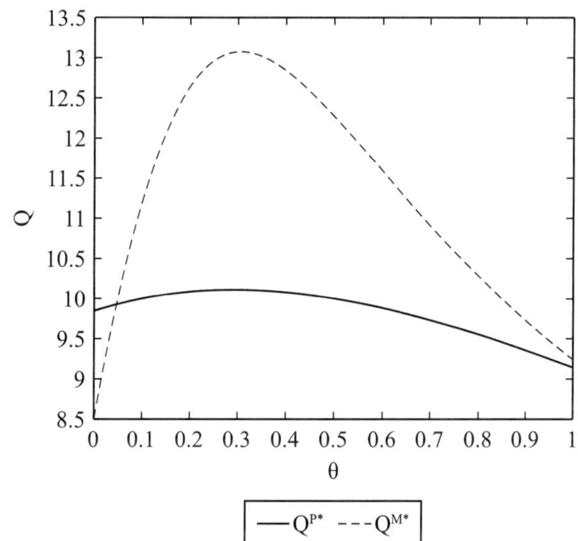

图 9　市场化改革后短期内 Q^{M*} 与 θ 间的关系

制结构间的关系。由图 9 可以发现，当 θ 较小时，市场化改革后短期内实现的总产量较低，根据图 8，其原因在于当前情形下非国有企业所实现的产量水平较低。

根据图 7 及图 9 所显示的结果，可以看到当混合所有制企业中非国有资本比重较小时，市场化改革后短期内，行业的研发总投入与总产量均低于混合所有制改革下的结果，这意味着在这一所有制结构范围内，市场化改革后短期内的社会总福利将低于混合所有制改革下的社会总福利；而当所有制结构值上升到一定水平后，市场化改革后短期内研发总投入与总产量将高于混合所有制改革下的结果，从而市场化改革后短期内实现的社会总福利水平更高。在图 6 中，这表现为在 $\theta \leqslant (\geqslant) \theta_4$ 的条件下，$W^{M*} \leqslant (\geqslant) W^{P*}$，本文将这一部分的分析总结在下述命题中：

命题 4：市场化改革后短期内，最优的社会总福利水平随混合所有制企业中非国有资本比重 θ 的提高呈现出先上升后下降的特征；另外，存在一个所有制结构门槛值 θ_4，只有在 $\theta \geqslant \theta_4$ 的条件下，市场化改革后短期内实现的社会总福利才会高于混合所有制改革后的结果。

在国有企业改革路径选择方面，上述命题的政策含义在于刻画了混合所有制改革与市场化改革间的关系：（1）根据命题 4，当混合所有制企业中的非国有资本比重较低时，即使启动了市场化改革，所实现的社会总福利也将低于对国有企业进一步实施混合所有制改革后的结果，这意味着在市场化改革之前，应首先针对国有企业启动混合所有制改革；（2）只有当混合所有制企业中的非国有资本达到一定比重之后，再适时启动市场化改革，方能够借由更高的行业研发绩效与总产量水平实现更高的社会总福利。

（二）市场化改革在长期内的结果

在市场化改革实施后的长期内，不仅限制非国有企业进入特定行业的制度性壁垒将消失，而且能够达到进入特定行业所需资本或规模等标准的非国有企业数量也将增加。从直觉上来说，市场化改革在长期内所形成的可竞争市场状态一方面将在产品市场中形成更为激烈的竞争，从而能够压低产品价格；但另一方面，竞争的加剧有可能使企业难以积累起研发所需要投入的资源，使研发绩效下降，对这两方面效应的权衡将决定市场化改革后长期内混合所有制企业的所有制结构以及行业的市场结构。

与上一部分对市场化改革后短期内的分析相一致，仍然设市场中存在一个混合所有制企业，记为企业 0；另外考虑市场中存在 n 个非国有企业，$n \geqslant 2$。博弈的时间线仍为混合所有制企业与非国有企业顺序进行研发及产量竞争，根据式（3），当前混合所有制企业的支付函数为：

$$U_0(q_0, q_1, \cdots, q_n, x_0, x_1, \cdots, x_n) = \pi_0 + (1-\theta)(CS + \sum_{i=1}^{n} \pi_i),\ i = 1, \cdots, n \tag{18}$$

混合所有制企业与非国有企业的利润函数 π_0 与 π_i 分别为：

$$\pi_0 = (a - c - Q + x_0 + \sigma \sum_{i=1}^{n} x_i) q_0 - \frac{1}{2}\tau x_0^2 - f;$$

$$\pi_i = (a - c - Q + x_i + \sigma x_0 + \sigma \sum_{j \neq i} x_j) q_i - \frac{1}{2}\tau x_i^2,\ i = 1, \cdots, n \tag{19}$$

其中 $Q = q_0 + \sum_i q_i$。在博弈第二阶段，两类企业的最大化问题分别为 $\max_{q_0} U_0$ 以及 $\max_{q_i} \pi_i$，由最大化问题的一阶条件得到两类企业在博弈第二阶段的最优反应函数：

$$q_0 = \frac{a - c + [n(1-\sigma) + 1] x_0 + [(n+1)\sigma - n] x_i + \sigma \sum_{j \neq i} x_j}{(n+1)\theta + 1};$$

$$q_i = \frac{\theta(a - c) + [\sigma(1+\theta) - 1] x_0 + (1 + \theta - \sigma) x_i + \sigma\theta \sum_{j \neq i} x_j}{(n+1)\theta + 1},\ i, j = 1, \cdots, n \tag{20}$$

将以上结果代入式（19），可以将 π_0 与 π_i 分别整理为混合所有制企业与非国有企业研发投入 x_0 与 x_i 的函数。在博弈第一阶段，混合所有制企业与非国有企业的最大化问题分别为选择研发投入以最大化企业利润，联立 n + 1 个最大化问题的一阶条件得到均衡下混合所有制企业与非国有企业的研发投入 x_0^{ML*} 以及 x_i^{ML*}，进而得到均衡产量 q_0^{ML*} 以及 q_i^{ML*}，其中上标 ML 表示市场化改革后长期。本文仍采用数值模拟方式对以上结果进行分析，令 $a = 10$，$c = 2$，$\tau = 1$，$\sigma = 0.5$，$f = 2$，图 10 与图 11 分别给出了市场化改革后长期内不同市场结构下混合所有制企业均衡的研发投入以及社会总福利与企业所有制结构 θ 间的关系。

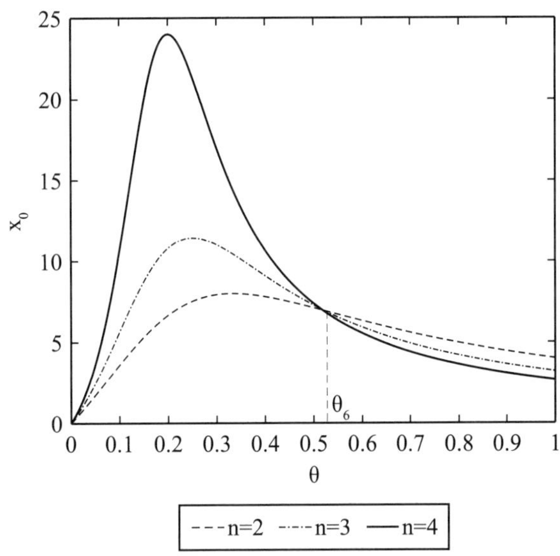

图 10　市场化改革后长期内 x_0^{ML*} 与 θ 间的关系

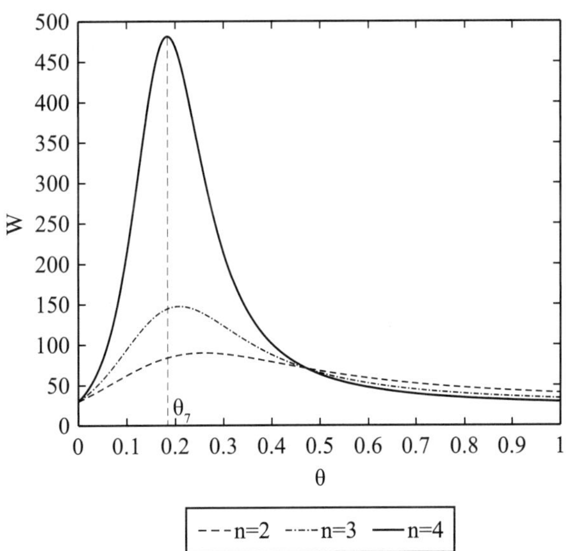

图 11　市场化改革后长期内 W^{ML*} 与 θ 间的关系

在图 10 与图 11 中，本文针对非国有企业数量 n = 2，3，4 的情形，分别用相应的曲线给出了 x_0^{ML*} 及 W^{ML*} 随 θ 的变化趋势。图 10 显示当所有制结构 $\theta \leqslant \theta_6$ 时，混合所有制企业均衡的研发投入随市场中非国有企业数量的增加而上升；但当 $\theta \geqslant \theta_6$ 后，研发投入在更高行业集中度下的表现更好，类似的结果也体现在了图 11 中。本文将上述结果总结在以下命题中：

命题 5：在市场化改革后长期内，存在一个所有制结构门槛值 θ_6，当混合所有制企业中的非国有资本比重 $\theta \leqslant \theta_6$ 时，混合所有制企业的研发投入随行业集中度的下降而上升；而当 $\theta \geqslant \theta_6$ 时，混合所有制企业的研发投入则随行业集中度的提高而上升。

在市场化改革后长期内，令人感兴趣的另外一个问题是与最优社会总福利对应的企业所有制结构与市场结构的特征。图 11 显示当 n = 2，3，4 时，混合所有制企业与非国有企业顺序进行研发与产量竞争后，所实现的社会总福利均构成了 θ 的凹函数，也即在以上市场结构下均存在一个最优的所有制结构。另外，本文的数值模拟显示，当 $n \geqslant 5$ 时，混合所有制企业的产量将小于零，也就是说存在一个企业数量的上限。根据本文的模型设定，市场化改革后长期内，最高的社会总福利将在 n = 4 以及 $\theta = \theta_7$ 的条件下实现。本文将以上结果总结在以下命题中：

命题 6：在市场化改革后长期内，社会总福利随混合所有制企业中非国有资本比重的增加呈现先上升后下降的特征。而且在长期内，存在一个能够实现最高社会总福利水平的市场结构与企业所有制结构的组合。

在前面几个部分中，本文对不同国有企业改革方案的绩效进行了研究，基于这些结果，可以对国有企业改革的路径选择进行分析。设改革前的初始状态为市场中存在一定数量的国有独资企业，为实现更高的资源配置效率，针对国有企业实施混合所有制、结构化或市场化改革。在短期内，命题 4 说明混合所有制改革应先于市场化改革启动，本文认为这一设计也符合对现实经济背景的考虑。因为当非国有资本比重较低时，混合所有制企业在公司治理、竞争策略选择等方面可能会体现出非市场化的特征，从而使企业间的有效竞争难以形成。当混合所有制企业中的非国有资本比重提高后，将逐渐倒逼混合所有制企业建立起规范的公司治理结构，并促使混合所有制企业的行为模式逐渐与非国有企业趋于一致，这能够为市场化改革提供在企业层面上良好的微观基础，有利于市场化改革的顺利实施。结合对命题 2 修正得到的最优实际改革路径与命题 4 的结果，本文认为国有企业启动改革后，短期内的改革方案顺序选择应为首先进行结构化改革，提高国有企业所在行业的行业集中度，进而实施混合所有制改革；当国有企业中的非国有资本比重达到一定水平后，启动市场化改革。从长期内来看，市场化改革将使更多的非国有企业进入国有企业所在行业，从图 6 与图 11 显示的市场化改革后短期及长期内所实现的社会总福利来看，长期内混合所有制企业的所有制结构与所在行业的市场结构经过不断地调整，能够实现比短期内更好的资源配置效率。根据前面几个部分的分析，本文将国有企业的改革路径选择总结为：

命题 7：以社会总福利作为衡量标准，应首先对国有企业所在行业实施以提高行业集中度为特征的结构化改革，进而推进国有企业的混合所有制改革，使国有企业成为不同所有制资本共同持有的企业；在混合所有制改革的基础上，适时启动市场化改革，利用市场竞争的压力促使国有企业进一步优化所有制结构，以实现更为良好的改革绩效。

五、结　　论

本文研究了国有企业在混合所有制改革、结构化改革以及市场化改革下所能够实现的改革绩效，并以社会总福利为标准，结合现实经济背景分析了国有企业改革的最优路径选择问题。研究发现，在混合所有制企业顺序进行研发及产量竞争的情形下，当企业中的非国有资本比重较低时，企业间主要进行产量竞争，此时更低的行业集中度所实现的社会总福利更高；而当企业中的非国有资本比重提高后，企业间竞争的重点将逐渐转向研发竞争，在更高的行业集中度下，企业的研发投入将更大，实现的社会总福利也更高。在市场化改革后短期内，能够进入市场的非国有企业数量较少，与只启动混合所有制改革相比，虽然非国有企业的生产效率更高，但只有当混合所有制企业中的非国有资本比重超过某一门槛值后，市场化改革后短期内实现的社会总福利才会优于混合所有制改革下的结果。在市场化改革后长期内，数量更多的非国有企业将进入市场，所能实现的社会总福利将高于混合所有制改革以及市场化改革后短期内所能达到的最高水平。结合现实经济背景，本文给出的国有企业改革路径为首先对国有企业进行结构化改革，提高国有企业所在行业的行业集中度，进而在国有企业中引入非国有资本，进行混合所有制改革；在混合所有制改革的基础上启动市场化改革，以更强的市场竞争压力实现更高的研发绩效以及资源配置效率。

本文的结论显示，在不同阶段，国有企业改革方案的最优选择也存在着差异，这意味着随着国有企业改革进程的深入，适用于国有企业改革的方案也需要进行动态的调整。但在具体的实施中，对特定改革方案的选择可能会在一段时间内形成路径依赖，使不同改革方案之间的转换与衔接出现困难，这需要对国有企业总体改革方案的设计在事前进行审慎地分析。

参考文献：

1. 白重恩、路江涌、陶志刚：《国有企业改制效果的实证研究》，载于《经济研究》2006 年第 9 期。

2. 陈林、王凤生：《混合寡头理论研究进展》，载于《经济学动态》2017 年第 1 期。

3. 董晓庆、赵坚、袁朋伟：《国有企业创新效率损失研究》，载于《中国工业经济》2014 年第 2 期。

4. 胡一帆、宋敏、张俊喜：《中国国有企业民营化绩效研究》，载于《经济研究》2006 年第 7 期。

5. 胡一帆、宋敏、郑红亮：《所有制结构改革对中国企业绩效的影响》，载于《中国社会科学》2006 年第 4 期。

6. 李远勤、张祥建：《中国国有企业民营化前后的绩效对比分析》，载于《南开经济研究》2008 年第 4 期。

7. 林毅夫、李志赟：《政策性负担、道德风险与预算软约束》，载于《经济研究》2004 年第 2 期。

8. 刘小玄、李利英：《企业产权变革的效率分析》，载于《中国社会科学》2005 年第 2 期。

9. 刘小玄：《中国工业企业的所有制结构对效率差异的影响——1995 年全国工业企业普查数据的实证分析》，载于《经济研究》2000 年第 2 期。

10. 马连福、王丽丽、张琦：《混合所有制的优序选择：市场的逻辑》，载于《中国工业经济》2015 年第 7 期。

11. 欧瑞秋、李捷瑜、李广众、李杰：《部分民营化与国有企业定位》，载于《世界经济》2014 年第 5 期。

12. 平新乔：《论国有经济比重的内生决定》，载于《经济研究》2000 年第 7 期。

13. 盛丹：《国有企业改制、竞争程度与社会福利——基于企业成本加成率的考察》，载于《经济学（季刊）》2013 年第 12 卷第 4 期。

14. 宋立刚、姚洋：《改制对企业绩效的影响》，载于《中国社会科学》2005 年第 2 期。

15. 孙群燕、李杰、张安民：《寡头竞争情形下的国企改革——论国有股份比重的最优选择》，载于《经济研究》2004 年第 1 期。

16. 王红领、李稻葵、雷鼎鸣：《政府为什么会放弃国有企业的产权》，载于《经济研究》2001 年第 8 期。

17. 吴延兵：《国有企业双重效率损失研究》，载于《经济研究》2012 年第 3 期。

18. 杨高举、黄先海：《内部动力与后发国分工地位升级——来自中国高技术产业的证据》，载于《中国社会科学》2013 年第 2 期。

19. 杨记军、逯东、杨丹：《国有企业的政府控制权转让研究》，载于《经济研究》2010 年第 2 期。

20. 姚洋、章奇：《中国工业企业技术效率分析》，载于《经济研究》2001 年第 10 期。

21. 邹国平、刘洪德、王广益：《我国国有企业规模与研发强度相关性研究》，载于《管理评论》2015 年第 12 期。

22. d'Aspremont，C.，and A. Jacquemin，1988，"Cooperative and Noncooperative R&D in Duopoly with Spillovers"，*American Economic Review*，78（5），1133 - 1137.

23. De Fraja，G. and Delbono，F.，1989，"Alternative Strategies of a Public Enterprise in Oligopoly"，*Oxford Economic Papers*，41（1），302 - 311.

24. Fhjiwara，K.，2007，"Partial Privatization in a Differentiated Mixed Oligopoly"，*Journal of Economics*，92（1），51 - 67.

25. Gil - Moltó M. J.，J. Poyago - Theotoky and V. Zikos，2011，"R&D Subsides，Spillovers，and Privatization in Mixed Markets"，*Southern Economic Journal*，78（1），233 - 255.

26. Heywood，J.，and Ye G.，2009，"Partial Privatization in a Mixed Duopoly with an R&D Rivalry"，*Bulletin of*

Economic Research, 61 (2), 165 – 178.

27. Matsumura. T, 1998, "Partial Privatization in Mixed Duopoly", *Journal of Public Economics*, 70 (3), 473 – 483.

28. White, M. D., 1996, "Mixed Oligopoly, Privatization and Subsidization", *Economics Letters*, 53 (2), 189 – 195.

（本文载于《经济研究》2019 年第 10 期）

2020 年

区域异质、政府竞争与电力市场规制绩效：机制及其影响分析

付 强

摘 要：当区域之间完全同质时，政府竞争会成为抵制电力市场规制失效的有效制度设计。但是在区域异质的现实条件约束之下，有效政府竞争与电力市场规制失效总是相伴相生。尤其是当外部环境存在监督不完美时，规制主体的目标只能沿着监督成本最小化的路径实现。这不仅导致了一种全新的规制失效，而且还将对整体经济增长产生“挤出效应”。因此，在引进国外先进改革经验的过程中，为了避免出现尴尬局面，必须要考虑外部环境对于规制制度设计的影响。

关键词：区域异质 政府竞争 电力市场 规制失效

一、引 言

近年来，日益严重的行业收入差距和竞争不平等引起了学界对于垄断行业规制有效性的种种质疑和批评，与此相对应，规制治理理论得以迅速发展，这其中影响最大的就是以市场化改革为取向的放松规制理论。[1]在这一理论的指导下，我国通过借鉴西方成熟市场经济国家的改革经验相继对金融、电信、电力、铁路等传统的垄断行业进行了结构拆分和企业重组，并分别成立了相应的规制机构。然而，从这些行业的规制绩效来看，其改革效果并不理想，甚至还出现了一系列新的问题。对此学者们通常将其归因于改革措施本身，认为解决这些问题的关键在于进一步放松规制，推进市场化改革。然而，本文认为规制作为一项针对垄断中间投入品部门的特定制度安排，其作用效果必然会受到基本制度环境和经济增长机制的影响，孤立地分析规制失效问题和盲目地推进市场化改革都会导致不理想的后果。因此，本文尝试将规制体系置于更加宏观的视角下，探讨一般的制度环境尤其是政府竞争对于规制绩效的影响，从而得出更加科学可靠的分析结论和切实可行的政策建议。

事实上，垄断产业放松规制和市场化改革的目标之一就是消除由于规制失效所形成的垄断者的市场势力，进而提高产业运行的效率。但是在以往的研究中，学者们大都主张直接借鉴西方成熟市场经济国家的改革经验来改革中国的垄断产业，比如电信行业的分拆重组。但是无论何种形式的改革，其初衷并不在于市场化形式本身，而在于通过市场化改革来消除规制失效和市场势力。因此，科学的改革路径首先在于探讨规制失效和垄断厂商市场势力的形成机制，然后才能判断国外成熟的改革经验是否适用于本国特定的产业，否则很可能会造成尴尬局面。所以从这个角度来说，对规制失效和市场势力的形成机制进行分析还是非常有必要的。为了更容易理解，我们以垄断的中国电力市场为例进行分析。本文的基本思想是，在一个转型和发展的双重制度环境中，由于区域异质和监督不完美等外部因素的影响，电力市场规制体系的功能会发生异化，从而导致全新的规制失效和垄断厂商的市场势力，并可能会对整体经济增长产生“拖累效应”。这意味着外部环境将是我们选择垄断行业改革策略以取得理想规制效果的关键影响因素。

二、文献综述：基本制度环境与规制体制改革

根据已有研究，规制要发挥作用至少需要具备以下几个条件：独立性、公正性、透明性和专业性。[2]而这些条件的实现需要通过一国的政治体制、法治环境和监督体系等基本的制度安排来保证。这其中，规制机构的独立性是最根本的，独立性意味着规制主体不仅要与被规制企业、消费者利益集团保持距离，更要与行政管理部门即政府隔绝联系。但是从各国的实践来看，很少有国家能够将规制主体真正独立于政府，这在全球贸易竞争的环境下表现得尤其明显。在全球贸易竞争的约束之下，政府不仅可以通过规制来治理投资波动和非自愿性失业等[3]，而且还可以通过规制来提高企业的国际竞争力。[4]贝戈因（Bergoeing et al.）的研究就表明为国际竞争而扭曲规制的现象在发展中国家中普遍存在，因此，对于发展中国家而言，规制体系的运行不仅仅是为了弥补市场失灵，更是为了实现政府特定的经济和政治目标。[5]而后者尤其适合于中国，中国特殊的转型路径、典型的强势政府和严格的政绩考核一起所构成的地方政府竞争使得中国规制主体的独立性被大大削弱。韩超等学者就通过实证研究发现规制官员与其他行政官员的行为方式并无显著差异，这与规制独立性的要求相差甚远，在未来环境规制过程中亟待重视与解决。[6]肖兴志和韩超在对中国垄断产业改革与发展 40 年进行回顾与展望时也明确指出中国垄断产业改革仍然面临不完全、不彻底的问题，独立规制机构尚未真正建立，规制体系仍待理顺。[7]韩超更首次将制度环境的因素纳入对国内规制问题的分析上。[8]其认为社会性规制失效主要在于制度因素，核心可以归结为强势政府主导下地方政府竞争。由此可见，制度环境的确对中国规制机构的独立性及其规制绩效产生了重要影响。但是需要注意的是，政府竞争并不必然导致规制失效，因此，我们必须要进一步分析到底在何种条件下，政府竞争才会导致规制失效。这也是本文的主要创新和贡献之所在。

与此同时，随着电力在区域经济发展过程中重要性的不断凸显，地方政府对电力规制权的要求也越来越迫切，因此，与中国的整体改革路径相一致，电力产业改革走的也是一条放权让利的道路，即将规制权力由中央政府转移到地方政府手中[9]，并且经过 1996 年的第二轮改革，中国电力产业以“省为实体”的规制分权局面已经基本形成[10]，而且这种分权集中体现在电价规制权方面。[11]随着“省为实体”电力产业规制分权带来的弊端逐步凸显，中央政府于 2003 年启动了第三轮电力产业运行体制改革，这一轮改革的核心在于削弱地方政府的电力规制权，那么其成效如何呢？现在就结合相关学者的研究对此进行说明。余晖通过调研指出，由于我国国内政府间关系的失范，无论是银行还是证券和保险，其监管机构均未严格按照大区派出制实行。[12]换句话说，试图打破“省为实体”分权格局的大区派出制由于不适应基本的制度环境和经济增长机制而无法得到有效实施。2013 年电监会并入能源局的最终结果也证实了余晖分析的预见性。此外，白让让和王小芳还指出旨在提高电力产业运行效率的“厂网分开”不仅没有实现预期目标，反而由于严重的价格歧视而导致了更严重的效率损失。[13]正是基于以上原因，林伯强认为“（第三轮）电力改革的进程缓慢；结果和预期相去甚远”[14]，刘纪鹏更是直接指出第三轮电力体制改革不仅没有改变“省为实体”的电力运行体制，反而使这种体制得到进一步加强。[15]所以基于以上分析，就可以发现中国电力产业的规制体制的改革路径和运行绩效在很大程度上受制于现行的基本制度环境和经济增长机制。下面我们就以电力产业为例进一步分析这种基本制度环境和增长机制对于垄断行业规制绩效的影响。

三、理论分析：制度环境与垄断行业的规制绩效

本节将以第二轮电力产业改革所形成的运行体制作为模型设定的基本制度背景，并把输配售一

体化的上游垄断厂商引入基于政治晋升激励视角的中国式政府竞争框架以分析制度环境对于电力行业规制绩效的影响。

（一）模型假定

1. 输配售一体化的上游垄断者：输配售一体化的垄断厂商利润主要来自电力的买卖差价，假设垄断者的电力购买价格为 P，其对大工业的电价为 P_1，小工商业用户的电价为 P_2，保留利润为 π_0，垄断者只有在获得该利润的基础之上才有动力保证其正常的生产和经营。虽然电价是由增长型规制者制定的，但是其具体的执行仍然由垄断的供电者负责，这有利于充分利用垄断者分布广泛的经营网络，从而大大降低执行成本。

2. 增长型规制者：在一个中央政府集权的政府竞争框架内，存在着两个管辖着异质区域 A 和 B 的地方政府 G_A 和 G_B。为简单起见，假设区域之间的异质性主要体现在发电成本上，如果发电厂商按照成本加成的原则将电力卖给输配售一体化的垄断者，且两区域的加成比例相同，那么发电成本的不同将表现为垄断者购电价格的不同，可以设 $P_A > P_B$，即 A 区域垄断者的购电价格要大于 B 区域垄断者的购电价格。每一个区域内都存在着大工业用户和小工商业用户，大工业用户的数量较少、规模较大、产值较高，小工商业用户的数量较多、规模较小、产值较低。

3. 下游需求端用户：下游小工商业和大工业用户所面临的电价由增长型规制者制定的。为了使分析更加简洁，我们假设电力是最终产品生产过程中的唯一投入要素。电力产出弹性分别为 t_1 和 t_2，且满足 $t_1 > t_2$，其产出分别为 Y_1 和 Y_2，电力的投入量分别为 q_1 和 q_2，则最终产品的生产函数为 $Y_j = (q_j)^{t_j}$，其中，j = 1，2。在下游产品市场上，大工业和小工商业产品的价格分别为 p_1 和 p_2。本文关注的核心变量为 P_1 和 P_2。此外，需要注意的是，小工商业用户和大工业用户除了电力产出弹性不同之外，其在监督电价执行的动力和成本方面也存在不同，小工商业用户由于电力成本在总成本中占比较小，没有动力去监督电价的执行，而且由于小工商业数目较多，集体行动的成本较高，搭便车心理严重，再加上产值较低，地方政府规制者对其也不重视；相反，对于大工业用户而言，购电费用在其总成本中占比较大，电价的小幅变动就会极大影响其利润，因此其有很大的动力监督电价的执行，而且由于大工业用户数目较少、产值较高，容易形成集体行动，地方政府对其也比较重视。因此，在监督电价执行的成本上面，小工商业用户较高，而大工业用户较低。

其具体的决策顺序为：首先，增长型规制者（地方政府）规定一个电力需求端价格；其次，下游电力用户决定电力使用量，同时形成了各自的产量和区域产值；最后，中央政府根据区域产值决定对地方政府首长的晋升与否。本文使用逆向归纳法求解均衡。

（二）参照系：区域同质下的规制均衡

本文将一个理想状态下出现的均衡结果作为参照系来判断不完美状态下均衡结果偏离的程度。既然制度软约束是区域异质政府竞争情形下一种次优选择，其对应的理想状态就是区域同质下的政府竞争，因此，可以将区域同质下政府竞争的均衡结果作为区域异质下政府竞争均衡结果的一个参照系。

在一个理想的状态下，区域 A 和 B 是同质的，为了追求区域产值最大化，其对输配售一体化的垄断者进行价格规制。在区域同质即 $P_A = P_B$ 的假定下，得到均衡结果：

$$
\begin{aligned}
P_{B1} &= P_{A1} = aP/[(1+a)t_1] \\
P_{B2} &= P_{A2} = aP/[(1+a)t_2] \qquad (1)
\end{aligned}
$$

在该均衡结果下（a 为拉格朗日乘子），区域 A 和 B 的产值是相同的。中央政府对两地方政府的晋升概率是一致的，此时，参与者没有退出政府竞争的激励，政府竞争能够有效运行。

此外，为了说明该规制均衡的特性，我们还可以计算出无规制情形下垄断供给者为实现利润最大化的最优均衡价格为：

$$P'_{B1} = P'_{A1} = P/t_1$$
$$P'_{B2} = P'_{A2} = P/t_2 \tag{2}$$

对比式（1）和式（2），可以发现由于 $a/1 + a < 1$，因此，$P_{B1} = P_{A1} < P'_{B1} = P'_{A1}$，$P_{B2} = P_{A2} < P'_{B2} = P'_{A2}$，这表明地方政府为了实现经济增长的目标，主动降低了终端电价水平。此外，如果对有无规制情形下的均衡价格结构进行分析，可以发现$\frac{P_{i1}}{P_{i2}} = \frac{P'_{i2}}{P'_{i2}} = \frac{t_2}{t_1}$，其中，i = A、B，这说明理想状态下的增长型规制者并没有改变需求端电价结构的动力，其只是在利用市场自发机制的基础上对均衡施加了一定的约束以更好地促进经济增长。由此得到本文的第一个理论命题：

命题一：在区域同质的理想状态下，增长型规制者在追求自身目标的过程中无意识地实现了独立规制者的规制目标，这种调节机制类似于“无形的手”，因此更不容易被垄断者所俘获，而且理想状态下的政府竞争并没有扭曲市场运行的自发机制，其只是在利用该机制的基础上对无规制条件下的均衡施加了必要的约束，从而更好地促进经济增长。

（三）区域异质、有效政府竞争与规制失效

在区域异质的情况下，得到如下均衡结果：

$$P_{A1} = aP_A/[(1+a)t_1]；P_{A2} = aP_A/[(1+a)t_2]$$
$$P_{B1} = aP_B/[(1+a)t_1]；P_{B2} = aP_B/[(1+a)t_2] \tag{3}$$

式（3）中，由于 $P_A > P_B$，所以，$P_{Aj} > P_{Bj}$，最终得到 $Y_A < Y_B$。因此最终的均衡结果仍然是占据先天比较优势（发电成本低）的地方政府 G_B 得到晋升。机会不平等即使在规制分权的情况下还是在最终的均衡结果中起了决定性作用，地方政府 G_A 一旦预期到这种均衡就会失去参与竞争的积极性，政府竞争最终归于失效。

为了避免这一结果，中央政府就将相关的规制权力下放给地方政府。而地方政府在获得规制权力后总是有激励利用手中的规制权力来扭曲规制初衷，从而出现执行不完美和规制失效。而监督成本的差异性又决定了这种规制失效产生的具体路径。首先，既然小工商业用户的监督成本较高，而垄断者又是电价的实际执行者，因此，其总是有动力来提高小工商业用户的电价来获得更多的利润，对此，规制者地方政府和数量众多的小工商业用户很难进行有效监督；其次，劣势地区的地方政府不会甘心失败，其总是有动力促进规模较大、产值较高的重工业的发展，而这些工业发展的关键条件之一就是需要一个较低的电价，因此，规制者地方政府总是有动力在原有价格结构的基础上进一步降低大工业用电价格，从而推动在位厂商规模与产量的扩张以及更多新厂商的进入，而且由于大工业用户监督电价执行的成本较低，一个较低的电价总是能够被有效执行。由此，垄断者和规制者本着各自的目标很容易达成一个默契的“合谋”，垄断者执行一个较低的大工业电价 P_1^*，规制者默许垄断者执行一个较高的小工商业电价 P_2^*，于是，在中国式政府竞争框架下，一种新型的规制失效产生了。

在基本制度环境和监督不完美的共同作用下，新的需求端电价结构为 P_{i1}^*/P_{i2}^*，且满足 $P_{i1}^*/P_{i2}^* < P_{i1}/P_{i2} = t_2/t_2$，因此，与区域同质情形下的参照系相比，大工业和小工商业面临的电价结构被人为扭曲，工业结构出现了过度重型化的倾向，经济增长也由之前轻重工业共同驱动转变为主要依靠重工业驱动。在这种情况下，即使中央政府通过成功的电力产业运行体制改革将电价的实际规制权收回，而在之前的电价结构保持改变的情况下，过度重工业化的问题就不会消失，这也是本次重工业产能过剩持续时间长，遍及行业广、过剩程度高的根源所在。由此我们得到本文的第二个理论命题。

命题二：在区域异质的现实条件约束之下，有效政府竞争与规制失效总是相伴相生。而当制度环境存在不完美监督时，一方面，处于弱势地区的地方政府总是有激励降低监督成本较小的大工业电价以更好地促进经济增长，另一方面，处于被规制地位的垄断供给者总是有激励提高监督成本较大的小工商业电价以攫取更多利润。因此，在基本制度环境和监督成本最小化的共同驱动下，增长型规制者地方政府与独家垄断的能源供给者达成了默契的“合谋”，对重工业制定一个较低的电价，而对小工商业制定或执行一个较高的电价，从而导致了一种与独立规制情形下迥然不同的全新规制失效。

四、经验分析：垄断行业规制失效的表现与影响

（一）垄断行业规制失效的表现

根据上文的理论分析，基本制度环境所导致的规制失效会使电力行业的需求端价格结构发生扭曲，即大工业电价过低，而小工商业电价过高。根据李虹与国际电价结构相比，中国的商业用电与居民用电价格之比要明显高于国外的商业用电与居民用电价格之比，而工业电价/居民电价与国外相比差别则没有那么明显。[16]由于小工商业电价/大工业电价 =（小工商业电价/居民电价）/（大工业电价/居民电价），因此，李虹的研究就充分表明中国确实存在理论分析中所描述的电价结构扭曲问题。

更重要的是，在2015年实行供给侧改革之后，中央政府似乎已经察觉到电价结构扭曲的隐患，因此在全国各省实施了降低一般工商业电价的专项整治活动，我们从中国电力知库中获得了2018年和2019年的最新电价数据（见表1）。需要注意的是，表1中的2018年工商业电价为降价幅度超过10%之后的电价，而相对于2018年、2019年工商业电价的降幅再度超过10%，相反，居民电价和大工业电价均出现一定幅度的提高，这充分说明了供给侧改革之前的电价确实存在工商业电价过高而大工业电价过低的结构性扭曲问题。

表1　　2018～2019年各用户电价对比表

指标	2018年	2019年
居民生活用电	0.5107	0.5133
一般工商业用电（不满1千伏）	0.7591	0.6684
一般工商业用电（10千伏）	0.7402	0.6515
一般工商业用电（35千伏）	0.7205	0.6334
大工业用电（10千伏）	0.5772	0.5790
大工业用电（35千伏）	0.5585	0.5598
大工业用电（110千伏）	0.5398	0.5410
大工业用电（220千伏）	0.5273	0.5288

注：原始数据来源于各地发展和改革委员会、物价局公开的电价数据，单位均为元/千瓦时。

（二）垄断行业规制失效的影响

根据上文的理论分析，在电价结构较为合理的情况下，重工业发展不会产生“挤出效应”，这

有利于整体经济的增长，但是在电价结构被严重扭曲的情况下，重工业的发展就会对小工商业尤其是第三产业的发展产生“挤出效应”，从而不利于整体经济的增长。

因此，本节中我们将使用面板门限模型对重工业发展与经济增长之间的这种非线性关系进行检验。我们将使用经济增长作为被解释变量，重工业的发展程度作为核心解释变量，而将电价结构的扭曲作为门限变量。其中，重工业的发展程度我们使用基于各省重工业产品产量计算得出的主成分来衡量，这些重工业产品主要包括煤炭、电力、钢、铁合金、电解铝、铜、纱、水泥、电石、焦炭、合成氨、烧碱、原油加工量、化学纤维、机制纸及纸板、乙烯、塑料、橡胶、平板玻璃等，由于这些产品的计量单位不同，不能直接加总，因此我们使用主成分分析法对其进行处理。经济增长则使用以1990年为基期的地区生产总值来表示。遗憾的是，我们无法找到各省重工业和小工商业的实际电价数据，但由于不同行业的用电量与实际电价直接相关，电价越低，则用电量越高。更重要的是，由于存在不可观测的乱收费乱加价行为，因此常用的目录电价并不能反映实际的电价水平，所以我们可以使用重工业的用电量和小工商业的用电量之比来衡量电价结构的扭曲程度。而各省分行业的用电量数据我们只能够在《中国电力年鉴（2017）》以及相应年份的《电力工业统计资料汇编》中找到各省2008年、2009年、2010年、2013年、2014年和2016年共6年的数据，由此我们最终得到28个省际行政区（不包括重庆、海南和西藏）共6年的平衡面板数据。

与此同时，经济增长还受其他多种因素的影响，因此，我们还需要在面板门限模型中引入控制变量。这些控制变量主要包括：（1）固定资本存量，为稳健起见，我们将分别使用张军等[17]和单豪杰[18]的方法对中国省际的固定资本存量进行计算；（2）劳动力，主要使用各省的年末从业人数来衡量；（3）技术进步，以各省的年度专利授权量来衡量；（4）对外直接投资，采用对外直接投资与地区生产总值的比值来衡量；（5）产业结构升级，通过如下的产业结构升级指数来衡量，$S=\sum_{i=1}^{3}(\sqrt{T_i}\times U_i)=\sum_{i=1}^{3}(\sqrt{Y_i/L_i}\times Y_i/Y)$，其中 i = 1，2，3，$T_i$ 为各产业的劳动生产率，其具体计算方法为各产业的增加值 Y_i 除以各产业的就业人数 L_i，U_i 为各产业增加值占总产出 Y 的比重；（6）对外依存度，使用经营单位所在地进出口总额与地区生产总值的比值来衡量。以上所有原始数据均来源于相应年份的《中国统计年鉴》和各省统计年鉴。在计量检验中，除产业结构升级外，各变量均取自然对数。

我们使用STATA14.0对以上平衡面板数据进行处理。表2给出了门限值数量的检验结果。从中我们可以发现，对于该样本我们应该使用单门限模型进行估计。表3给出了门限值的估计结果，其置信区间的下限为1.1052，上限则为1.1936。表4则分别给出了使用张军等和单豪杰方法所计算的固定资本存量进行回归所得到的计量分析结果。

表2　　门限值数量的检验结果

门限数量	RSS值	MSE值	F统计量	P值	10%临界值	5%临界值	1%临界值
一个	0.0698	0.0004	23.24	0.0800	21.9636	26.0698	35.6188
两个	0.0608	0.0003	23.93	0.2233	37.1780	45.7946	57.0227
三个	0.0546	0.0003	18.58	0.2167	28.2448	33.4049	56.9806

表3　　门限值的估计结果（95%置信区间）

模型	门限值	置信区间下限	置信区间上限
单门限模型	1.1910	1.1052	1.1936

表 4　　面板门限模型的估计结果

指标	固定资本存量使用张军等（2003）的方法进行计算	固定资本存量使用单豪杰（2008）的方法进行计算
固定资本存量	0. 6675*** （0. 0398）	0. 6663*** （0. 0399）
劳动力	0. 3073*** （0. 1048）	0. 3108*** （0. 1049）
创新	0. 1002*** （0. 0203）	0. 0980*** （0. 0204）
外商直接投资	-0. 0123 （0. 0271）	-0. 0038 （0. 0284）
产业结构升级	0. 3044*** （0. 0330）	0. 2975*** （0. 0337）
对外依存度	-0. 0157 （0. 0229）	-0. 0095 （0. 0237）
重工业发展 （0 < 电价结构扭曲程度≤1. 1910）	0. 0678*** （0. 0247）	0. 0836*** （0. 0292）
重工业发展 （电价结构扭曲程度 > 1. 1910）	-0. 0536** （0. 0247）	-0. 0685** （0. 0288）
常数项	-1. 3779*** （0. 3724）	-1. 3027*** （0. 3797）
样本数量	168	168
拟合优度	0. 9726	0. 9698
F 统计量	840. 48***	747. 37***

注：***、**、*分别表示估计结果在 1%、5% 和 10% 的水平上显著，括号内为标准差。

根据表 4 的估计结果我们可以发现，首先，无论是使用张军等的方法计算得到的固定资本存量还是使用单豪杰的方法计算得到的固定资本存量，重工业发展对于经济增长都具有显著的非线性影响。当电价结构低于门限值时，重工业的发展能够显著促进经济增长，但是当电价结构高于门限值时，重工业的发展就对经济增长产生挤出效应。这就有力地验证了我们在上文提出的规制失效所带来的电价结构的扭曲将会导致重工业的过度发展，并对整体经济的可持续增长产生不利影响。其次，与直觉和经验相符，固定资本存量、劳动力、创新以及产业结构升级都对经济增长具有显著的影响，其中，固定资本存量的影响依然是最大的，创新的影响则相对较小。让人稍感意外的是，对外依存度的影响均为负，尽管这种影响是不显著的，这可能与近年来日益严重的贸易保护主义密切相关。最后，与对外依存度相似，外商直接投资的影响也不显著地为负，这意味着我国引入的 FDI 存在着结构不合理的问题，从而使其难以发挥对于经济增长的积极促进作用。

五、结论与启示

本文从区域异质的视角系统分析了政府竞争导致中国电力市场规制失效的机制及其具体影响。研究发现，政府竞争的基本制度环境对于电力市场规制体制的运行具有至关重要的影响。其不仅会影响规制失效产生的机制，还是改变规制失效产生的具体路径。更重要的是，由于这种规制失效是由基本制度环境引起的，因此其还会进一步通过基本制度环境对整体经济增长产生影响。本文的研究就表明电力市场的规制失效会对整体经济增长产生“拖累效应”，从而导致我国经济增长速度的下滑。

综上所述，根据本文的分析，为了更好地推进电力市场改革，我们至少应该从以下两个方面着手：一方面，重新设计地方政府的政绩考核机制，增强规制机构的独立性。在适当降低经济增长在地方政府政绩考核中的比重的同时，在政绩考核中考虑区域异质性的影响，尽可能使不同的地方政府面临着公平的考核环境。另一方面，改变传统的“一味放松规制”的改革思路，变直接盲目引进为间接选择性引进。在外部环境不完善的情况下，盲目地放松规制可能会引发新的更严重的问题。

参考文献：

1. 白让让、王小芳：《规制权力配置、下游垄断与中国电力产业的接入歧视——理论分析与初步的实证检验》，载于《经济学（季刊）》2009年第2期。

2. 白让让：《制度偏好差异与电力产业规制放松的困境——“厂网分开”引发的深层思考》，载于《中国工业经济》2006年第3期。

3. 干春晖、吴一平：《规制分权化，组织合谋与制度效率——基于中国电力行业的实证研究》，载于《中国工业经济》2006年第4期。

4. 韩超、刘鑫颖、王海：《规制官员激励与行为偏好——独立性缺失下环境规制失效新解》，载于《管理世界》2016年第2期。

5. 韩超：《制度影响、规制竞争与中国启示——兼析规制失效的形成动因》，载于《经济学动态》2014年第4期。

6. 李虹：《中国电力工业监管绩效实证分析》，载于《财贸经济》2007年第4期。

7. 林伯强：《中国电力工业发展：改革进程与配套改革》，载于《管理世界》2005年第8期。

8. 林伯强：《中国电力工业发展：改革进程与配套改革》，载于《管理世界》2005年第8期；吴一平：《规制分权化对电力行业发展的影响：基于中国省级面板数据的经验研究》，载于《世界经济》2007年第2期。

9. 刘继鹏：《电力改革输配分开，谋定而后动》，载于《中国经济时报》2006年4月24日。

10. 单豪杰：《中国资本存量K的再估算：1952～2006年》，载于《数量经济技术经济研究》2008年第10期。

11. 肖兴志、韩超：《中国垄断产业改革与发展40年：回顾与展望》，载于《经济与管理研究》2018年第7期。

12. 余晖：《监管权的纵向配置——来自电力、金融、工商和药品监管的案例研究》，载于《中国工业经济》2003年第8期。

13. 张军、章元：《对中国资本存量K的再估计》，载于《经济研究》2003年第7期。

14. Afsah S., Laplante B., Wheeler D., “Regulation in the Information Age: Indonesian Public Information Program for Environmental Management,” *World Bank, Policy Research Working Paper*, 1998.

15. Bergoeing R., Loayza Norman V., Piguillem Facundo, “Why Are Developing Countries So Slow in Adopting New Technologies? The Aggregate and Complementary Impact of Micro Distortions,” *World Bank, Policy Research Working Paper*, 2010.

16. Goolsbee, A., “Investment Tax Incentives, Prices, and the Supply of Capital Goods,” *Quarterly Journal of Economics*, Vol. 113, No. 1 (1998), 121 - 148.

17. Kumbhakar S. C., Sarkar S., “Deregulation, Ownership, and Productivity Growth in the Banking Industry: Evidence from India,” *Journal of Money, Credit & Banking*, Vol. 35, No. 3 (2013), 403 - 424.

18. Levi - Faur David, “Regulation and Regulatory Governance,” in Levi - Faur David, eds., *Handbook on the Politics of Regulation*, Gloucestershire: Edward Elgar Publishing, 2011, 25.

（本文载于《社会科学辑刊》2020年第4期）

环境规制、地方政府竞争策略对产能过剩的影响

韩国高　邵忠林

摘　要：基于2004～2016年中国省际面板数据，本文利用空间杜宾模型考察了环境规制、地方政府竞争策略对产能过剩的影响。研究结果显示：（1）从全国层面来看，命令控制型、市场型和自主型三种类型的环境规制均有助于本地产能利用率提升；命令控制型环境规制下地方政府采取模仿竞争策略，竞相降低环境规制强度会加剧产能过剩；市场型环境规制下地方政府采取差异化竞争策略，易造成污染企业转入地区出现产能过剩；自主型环境规制下地方政府的竞争策略尚不明确。（2）从区域层面来看，三种类型的环境规制对东部地区和中西部地区本地产能利用率均具有显著促进作用，但幅度不同。与东部地区相比，命令控制型环境规制下中西部地区地方政府的模仿竞争策略和市场型环境规制下中西部地区地方政府的差异化竞争策略更加显著，易形成产能过剩；自主型环境规制下东部地区地方政府采取差异化竞争策略，易加剧污染企业转入地区产能过剩问题，而中西部地区自主型环境规制的溢出效应不显著。

关键词：环境规制　地方政府竞争策略　产能过剩　空间杜宾模型

一、引　言

自改革开放四十多年以来，中国经济发展迅速，取得了令世界瞩目的成就，然而粗放的经济增长方式与环境恶化之间的矛盾日益严峻，产能过剩问题已经严重制约中国经济转型升级和经济增长质量提升，有效治理过剩产能和提升产能利用率刻不容缓。2013年国务院《关于化解产能严重过剩矛盾的指导意见》指出，加强环保准入管理和强化执法监督检查是有效化解产能过剩的重要举措。"十三五"规划纲要也强调，要实行最严格的环境保护制度，强化排污者主体责任，建立以工艺、技术、能耗和环保等为约束条件的推进机制，强化行业规范和准入管理，坚决淘汰落后产能。由此可见，环境规制硬约束不仅是产能调整的重要手段，更是不断提高产品质量和促进产业绿色发展的重要路径，对推进中国供给体系效益提升和经济高质量发展具有重要意义。

根据现有研究成果，环境规制对产能过剩的影响主要分为两种：一是环境规制强度提高会增加企业生产成本，使部分高污染企业因无力承担激增的成本而被淘汰，同时也会提高潜在进入者的准入门槛，从而有利于产能过剩化解和产能利用率提升；二是为应对环境规制所带来的成本增加，企业会选择加大技术改造和创新，实现创新补偿效应，提高企业生产效率，从而有效提升产能利用率。然而，市场条件等差异使得环境规制类型的选择必须恰当，不同类型环境规制对工业增长的作用存在明显差异，引发笔者对不同类型环境规制治理产能过剩效果可能存在差异的思考。

在财政分权和政治集权的中国式分权体制下，地方政府围绕经济增长展开激烈竞争，在环境产权模糊、环境保护制度不完善的背景下往往选择以环境换增长。在有限资源约束下，本地环境规制强度降低不仅会增加企业利润，还会吸引其他地区资本进入，进一步拉动经济增长，因而各地方政府存在足够激励采取主动降低环境标准的方式吸引更多生产性资源流入，呈现出地方政府间环境规

制的趋底竞争，这种环境规制强度的普遍降低进一步加剧产能过剩。张华发现，从 2006 年之后，地区间环境规制趋底竞争的策略互动有所减弱，且向差异化策略转变。从区域角度来看，东部地区传统的以污染换增长的发展模式对经济增长的拉动效果日益下降，加快污染企业转移、促进企业转型升级已经成为东部地区地方政府关注的首要问题，部分地区已着手提高环境标准。中西部地区经济发展水平相对落后，创新能力较差，极有可能降低环境标准以促进本地税收增加和经济增长，由此引发笔者对地方政府竞争策略可能对产能过剩存在空间异质性影响的思考。综上，本文主要研究环境规制、地方政府竞争策略对产能过剩的影响，从空间溢出角度对通过环境硬约束手段调整产能的效果给出科学回答。

二、文献综述与机制分析

（一）环境规制与产能波动

现有对环境规制与产能之间关系的研究中，学者们基本都持有利观点，认为环境规制强度的提高能够促进产能利用率提升。主要围绕两个角度展开：一是环境成本增加会抑制产能增加，主要是因为环境规制强度提高使企业生产成本增加，资本收益率下降，资本积累和长期资本形成减少，新企业进入受到限制。贾弗等（Jaffe et al.）发现，环境规制强度提高还会降低美国企业的国际竞争力，最终使其转移至其他国家。二是环境成本增加会创造新的市场需求，主要是因为环境成本提升会激发企业创新，提高企业生产效率和产出，利用“波特假说”来解释环境规制对产出和产能利用率的促进作用。也有学者从两个角度综合分析环境规制对产能利用率的作用，如杨振兵和张诚认为，环境规制一方面可以通过增加企业生产成本，使部分企业被市场淘汰；另一方面会促使企业提高技术水平，并对产品竞争力具有提升作用，环境规制可以从生产侧和消费侧共同提高产能利用率。韩国高认为，环境规制从遵循成本和创新补偿两方面来提升产能利用率，且遵循成本效应占主导地位。杜和李（Du and Li）认为，环境规制一方面可以通过遵循成本效应促使部分僵尸企业退出市场；另一方面又可以倒逼企业进行技术创新，通过创新补偿效应化解产能过剩，并且创新补偿效应占主导地位。

然而环境规制能否促使企业淘汰低效落后产能和加大技术改造创造市场需求的关键在于政府环境规制类型的选择，其直接决定着环境规制的执行效果。闫文娟和郭树龙从市场型和命令控制型环境规制手段对产能影响的差异着手，发现政府对高污染高耗能企业征收税费会抑制这些企业规模扩张，同时政府采用命令控制型手段，如关停部分高耗能高污染企业或强制部分企业使用低碳技术等，会使部分企业被淘汰。其他学者多从不同类型环境规制对创新激励作用的差异进行探讨，如米利曼和普林斯（Milliman and Prince）指出，经济激励型环境规制如排放税和拍卖许可证等对企业创新具有最强激励作用，而命令控制型环境规制最不利于企业技术创新。而蒙特罗（Montero）发现，相比可交易许可证和拍卖许可证等市场型环境规制，排放标准和绩效标准等标准类环境规制更能激励研发。郭进发现，行政处罚和颁布地方性法规规章等命令控制型环境规制使企业缺乏主动创新动机，短期内可缓解污染排放，但未从本质上促进排污企业技术创新；收缴排污费和环保财政支出等市场型环境规制可以通过提高企业研发强度促进绿色技术创新，但其成功的关键在于市场交易秩序和交易环境的优劣，适度的公众参与型环境规制才能够有效提升企业技术创新绩效。不同地区不同类型的环境规制也存在较大的空间异质性，如游达明和蒋瑞琛指出，命令控制型环境规制促进了西部地区技术创新，却对东部地区和中部地区技术创新的影响不明显，市场激励型环境规制对东部地区和中部地区技术创新则产生了促进作用，公众参与型环境规制对西部地区技术创新则表现为阻碍作用。

（二）地方政府竞争策略及其影响

独特的分权体制和以 GDP 增长为主的政绩考核机制导致中国地方政府之间展开激烈竞争，杨海生等发现，中国的财政分权和政绩考核机制使得地方政府的环境政策之间存在攀比式竞争，环境规制被地方政府视为争夺流动性资源和固化本地资源的博弈工具，各地环境规制存在逐底竞争的特点，即地方政府竞相降低环境规制强度，在制定环境政策时会向环境规制宽松的地区看齐。随着政绩考核机制的不断完善，环境规制逐底竞争逐渐被弱化，地方政府在环境规制竞争方面呈现出差异化竞争。张文彬等发现，环境规制竞争策略出现时间上的异质性，在 1998 ~ 2002 年，地方政府环境规制竞争呈现差异化竞争策略，在 2004 ~ 2008 年，由于科学发展观不断深入、环境指标在绩效考核中的比重不断上升，环境规制的省际竞争行为形成了标尺效应，即相邻的地方政府会竞相提高环境规制强度。这种环境规制的策略性互动给经济变量带来了诸多影响，如蒋勇发现，地方政府环境规制竞争对就业有显著影响，某地降低环境规制强度会对邻近地区的就业产生正的溢出效应；李胜兰等认为，地区间存在环境规制模仿行为，且环境规制对区域生态效率具有制约作用。

上述文献为本文提供了研究依据和思路，但鲜有文献将环境规制、地方政府竞争策略与产能利用率纳入统一研究框架。基于此，本文利用空间杜宾模型考察了环境规制对产能利用率的空间溢出效应，并分析了地方政府竞争策略及其对产能利用率的异质性影响。本文的边际贡献在于：第一，拓展了现有环境规制与产能利用率之间关系的研究，将环境规制具体划分为命令控制型、市场型和自主型三种类型，研究不同环境规制政策对产能过剩的作用效果差异。第二，在政治集权和经济分权的体制框架下，不同类型环境规制下地方政府竞争策略会对企业生产带来重要影响，为此本文将地方政府竞争纳入环境规制与产能利用率之间关系的研究框架中，利用空间杜宾模型考察了不同类型环境规制对产能利用率的直接效应和间接效应，并分析了地方政府竞争策略及其对产能利用率的空间异质性影响，从空间角度解读了环保硬约束对供给侧产能的调整作用，这在以往文献中鲜有涉及。第三，研究内容契合了供给侧结构性改革深化“破”“立”的方向定调，不同类型环境规制为存量过剩产能清理和供给体系效益提升提供了切实可行的实现路径，同时研究财政分权体制背景下地方政府竞争策略如何影响供给体系的存量变化，对重塑地方政府竞争模式和推动中国经济高质量发展具有重要启发。

三、研 究 设 计

（一）变量选取与数据来源

1. 被解释变量。鉴于产能利用率（CU）可以用来度量产能过剩，本文借鉴张亚斌等与刘京星等的做法，利用数据包络分析方法测度产能利用率，通过投入和产出数据构造生产前沿面，得到潜在生产能力 Y^* 和产能利用率，即 $CU = Y/Y^*$。Y^* 的计算公式为：$\mathrm{Max}Y_j^t(K_j^t, L_j^t, E_j^t) = \sum_{i=1}^{n}\lambda^t y^t$，s. t. $\sum_{i=1}^{n}\lambda_i^t y_i^t \geqslant Y_j^t$，$\sum_{i=1}^{n}\lambda_i^t K_i^t \leqslant K_j^t$，$\sum_{i=1}^{n}\lambda_i^t L_i^t \leqslant L_j^t$，$\sum_{i=1}^{n}\lambda_i^t E_i^t \leqslant E_j^t$，$\sum_{i=1}^{n}\lambda_i^t = 1$，$\lambda_i^t \geqslant 0$。其中，$Y_j^t(K_j^t, L_j^t, E_j^t)$ 表示 t 期被考察单元 j 的潜在产出 Y^*，λ_i^t 表示权重向量，n 表示生产单元个数，y_i^t、K_i^t、L_i^t、E_i^t 和 y_j^t、K_j^t、L_j^t、E_j^t 分别表示 t 期生产单元 i 和被考察单元 j 的实际产出、资本投入、劳动投入和能源

投入。$\sum_{i=1}^{n}\lambda_i^tK_i^t \leqslant K_j^t$，$\sum_{i=1}^{n}\lambda_i^tL_i^t \leqslant L_j^t$ 和 $\sum_{i=1}^{n}\lambda_i^tE_i^t \leqslant E_j^t$ 分别表示被考察单元的资本投入、劳动投入和能源投入大于或等于有效的资本投入、劳动投入和能源投入。$\sum_{i=1}^{n}\lambda_i^ty_i^t \geqslant Y_j^t$ 表示被考察单元实际产出小于或等于潜在产出。$\sum_{i=1}^{n}\lambda_i^t = 1$ 表示规模报酬可变，采用产出导向型的规模报酬可变模型测算产能利用率。

本文选取各地区规模以上工业企业的工业总产值作为产出指标，将规模以上工业企业的固定资本存量、劳动力数量和能源消耗量作为投入指标。具体说明如下：（1）工业总产值，鉴于 2012 ~ 2016 年未公布该数据，本文利用工业总产值 = 主营业务收入 + 期末存货 - 期初存货进行估算得到。（2）固定资本存量，采用永续盘存法估计资本存量，基期资本存量采用 2004 年各地区规模以上工业企业固定资产原价减去累计折旧得到。（3）劳动力数量，采用各地区规模以上工业企业全部从业人员数来衡量。（4）能源消耗量，采用各地区工业能源消费量来衡量，部分地区个别年份存在数据缺失情况，利用相邻年份工业能源消费量的增长率补充；部分地区以实物量形式给出工业能源消耗情况，利用《中国能源统计年鉴》中的能源折标准煤参考系数换算为标准量。

2. 解释变量。结合国内外环境规制的实践，本文借鉴薄文广等的做法，将环境规制类型划分为命令控制型环境规制（mlx）、市场型环境规制（scx）和自主型环境规制（zzx）。命令控制型环境规制是立法或行政部门根据相关法律、法规和技术标准直接对企业排污行为进行规范，选取当年完成环保验收项目数、环保行政主管部门人数、环保监察机构人数和环境行政处罚案件数等指标；市场型环境规制是通过价格、税收、收费、补贴和信贷等市场信号来影响企业排污行为，选取排污费收入、环境污染治理投资总额和污染源治理投资总额等价值性指标；自主型环境规制主要是通过社会舆论压力迫使企业采取相应的环保改进措施，选取人大代表、政协委员建议和提案数以及信访总数①等指标。参照任胜钢等的做法，本文分别利用上述指标构建三种类型的环境规制，具体方法如下：（1）首先对各单项指标进行标准化处理：$E_{ij}^s = [E_{ij} - \min(E_j)]/[\max(E_j) - \min(E_j)]$，其中，$E_{ij}$ 为指标 j 的原始值，E_{ij}^s 为指标 j 的标准化值；$\max(E_j)$ 和 $\min(E_j)$ 分别为指标 j 在所有地区中的最大值和最小值。（2）计算环境规制指标的调整系数。鉴于地区间差异造成总产值、企业数量等经济指标差异较大，进而影响到基础指标的大小，因而需要计算 i 地区指标 j 的调整系数 $W_{ij} = (T_i/\sum_{i=1}^{i=30}T_i)/(S_i/\sum_{i=1}^{i=30}S_i)$，其中，$T_i$ 为 i 地区工业总产值，T_i 为 i 地区工业企业数量。（3）计算不同类型环境规制强度为 $ER_i^m = (\sum_{j=1}^{j=n}W_{ij} \times E_{ij}^s)/n$，其中，n 是各类环境规制所含有的基础指标个数。

3. 控制变量。为了体现地区发展特征，本文还引入了如下控制变量：资本密集度（zbmj），采用各地区规模以上工业企业的资本存量与平均从业人数之比来衡量；借鉴刘航和孙早的做法，引入贷款支持（dkzc）和财政支持（czzc），前者采用各地区城镇固定资产投资中国内贷款比重来衡量，后者采用各地区城镇固定资产投资中国家预算内资金比重来衡量；出口密集度（ckmj），采用各地区规模以上工业企业的出口交货值与工业增加值之比来衡量。

本文选取 2004 ~ 2016 年中国 30 个省份（不含西藏和港澳台地区）的面板数据作为研究样本进行分析。上述变量均进行取自然对数处理，相关数据主要来源于《中国工业经济统计年鉴》《中国劳动统计年鉴》《中国能源统计年鉴》《中国环境统计年鉴》《中国环境年鉴》等，含有价格因素的变量全部平减为 2004 年不变价。

① 《中国环境年鉴》2010 年前分别报告信访来信总数和信访来访总人数，2010 年后信访来信总数降低，且新增电话/网络投诉渠道，故一并纳入信访总数。

（二）模型设定

本文不仅需要考虑环境规制对本地区产能调整的边际效应，还需要考虑不同地方政府环境规制决策的策略性互动效应，因而应引入空间相关性。考虑到空间杜宾模型不仅可以捕捉被解释变量的空间相关性，还可以捕捉解释变量和误差项的空间相关性，更具有一般性，因而本文模型设定如下：

$$Y=\rho WY+X\beta+WX\theta+\varepsilon_{it} \tag{1}$$

其中，Y 为 NT×1 维向量；X 为 NT×k 维向量，包括解释变量和控制变量；ρ 为反映相邻地区内生变量 Y 互相影响程度的参数；β 和 θ 均为 k×1 维不随时间变化的待估参数向量；W 为 N×N 维空间权重矩阵；ε_{it}为 NT×1 维向量，服从独立同分布的随机扰动项。

空间杜宾模型相比空间滞后模型和空间误差模型更具综合性，LsSage 和 Pace 指出，可以利用 Wald 检验和 LR 检验判断其能否退化为空间滞后模型和空间误差模型，原假设为 $\theta=0$ 和 $\theta+\rho\beta=0$，若不能显著拒绝 $\theta=0$，则空间杜宾模型可以退化为空间滞后模型；若不能显著拒绝 $\theta+\rho\beta=0$，则空间杜宾模型可以退化为空间误差模型，若同时拒绝 $\theta=0$ 和 $\theta+\rho\beta=0$，则说明空间杜宾模型更加合理。

环境规制、地方政府竞争策略对产能利用率影响的具体模型如下：

$$\begin{aligned}\ln CU_{it} = {} & \alpha+\rho\sum_{j=1}^{n}\omega_{ij}\ln CU_{jt}+\beta_1\ln nmlx_{it}+\beta_2\ln scx_{it}+\beta_3\ln zzx_{it}+\beta_4\ln Z_{it}+\theta_1\sum_{j=1}^{n}\omega_{ij}\ln nmlx_{jt}\\ & +\theta_2\sum_{j=1}^{n}\omega_{ij}\ln scx_{jt}+\theta_3\sum_{j=1}^{n}\omega_{ij}\ln zzx_{jt}+\theta_4\sum_{j=1}^{n}\omega_{ij}\ln Z_{jt}+\mu_i+\lambda_t+\varepsilon_{it}\end{aligned} \tag{2}$$

其中，CU_{it}为 i 地区 t 期产能利用率；mlxit、scxit 和 zzxit 分别为 i 地区 t 期命令控制型环境规制、市场型环境规制和自主型环境规制；Z_{it}为控制变量；ρ 为地区间产能利用率的溢出作用；β_1、β_2 和 β_3 分别为地区命令控制型环境规制、市场型环境规制和自主型环境规制对本地产能利用率的作用，β_4 为控制变量对本地产能利用率的作用；θ_1、θ_2 和 θ_3 分别为相邻地区命令控制型环境规制、市场型环境规制和自主型环境规制对本地产能利用率的作用，θ_4 为相邻地区控制变量对本地产能利用率的作用；ω_{ij}为空间权重矩阵 W 中的非负权数。

在空间杜宾模型基础上，根据 $\beta(j=1,2,3)$ 和 $\theta(j=1,2,3)$ 的符号可以识别地方政府竞争策略类型。若 $\beta>0$ 和 $\theta>0$ 或 $\beta<0$ 和 $\theta<0$，地方政府环境规制呈现出逐底竞争、标尺竞争的模仿策略，若 $\beta>0$ 和 $\theta<0$ 或 $\beta<0$ 和 $\theta>0$，地方政府环境规制则呈现出差异化竞争策略。

上述空间杜宾模型中的系数仅考虑了变量的即时效应，未考虑反馈效应，本地区变量的影响系数称为模型的主效应，相邻地区变量的影响系数称为模型的邻里效应。同时，由于空间杜宾模型中含有滞后项，系数大小不具有直接解释力，本文进一步利用偏导数的方法来解释冲击对模型变量的影响，避免点估计方法在检验空间溢出效应上的偏误。LeSage 和 Pace 提出了直接效应和间接效应的概念，具体是将空间杜宾模型重新设定为式（3），其所对应的偏导数矩阵为式（4）：

$$Y=(I-\rho W)^{-1}\alpha+(I-\rho W)^{-1}(X\beta+WX\theta)+(I-\rho W)^{-1}\varepsilon \tag{3}$$

$$\left(\frac{\partial Y}{\partial x_{1k}},\cdots,\frac{\partial Y}{\partial x_{Nk}}\right)=\begin{pmatrix}\frac{\partial y_1}{\partial x_{1k}} & \cdots & \frac{\partial y_1}{\partial x_{Nk}}\\ \vdots & \ddots & \vdots\\ \frac{\partial y_N}{\partial x_{1k}} & \cdots & \frac{\partial y_N}{\partial x_{Nk}}\end{pmatrix}=(I-\rho W)^{-1}\begin{pmatrix}\beta_k & \cdots & \omega_{1N}\theta_K\\ \vdots & \ddots & \vdots\\ \omega_{N1}\theta_k & \cdots & \beta_k\end{pmatrix} \tag{4}$$

根据 LeSage 和 Pace 的定义，在偏导数矩阵式（4）中，对角线元素的均值为直接效应，反映本地区解释变量对本地区被解释变量的影响，间接效应为非对角线元素的均值，反映其他地区解释变量对本地区被解释变量的影响。相比主效应和邻里效应，直接效应和间接效应均考虑了变量冲击后对其他地区所带来的反馈效应，因而本文在回归结果中报告了四种效应。

本文选取四种空间权重矩阵来刻画邻近地区：（1）经济距离矩阵（W_1），$\omega_{ij}^1 = 1/|\overline{RGDP_i} - \overline{RGDP_j}|$，$\overline{RGDP}$表示各地区 2004 ~ 2016 年实际人均 GDP。（2）地理距离矩阵（W_2），ω_{ij}^2为地区 i 和地区 j 之间直线距离 d_{ij}的倒数。（3）地理邻接矩阵（W_3），当地区 i 与地区 j 边界相邻时，ω_{ij}^3等于 1；当地区 i 与地区 j 不相邻时，ω_{ij}^3等于 0，并对矩阵 W_1 进行行和单位化。（4）时间距离矩阵（W_4），当两个地区的高铁交通时间（d_{t-ij}）小于阈值 5 小时，则认为两个地区存在相关关系，$\omega_{ij}^4 = 1$，否则为 0（d_{t-ij}代表地区 i 和地区 j 之间高铁交通时间，通过距离除以速度得到，设定高铁时速为 250km）。

本文主要变量的描述性统计如表 1 所示。

表 1　　主要变量描述性统计

符号	名称	样本数	均值	标准差	最小值	最大值
lnCU	产能利用率	390	-0.406	0.311	-1.115	0.000
lnmlx	命令控制型环境规制	390	-1.283	0.593	-3.065	0.290
lnscx	市场型环境规制	390	-1.653	0.986	-5.931	0.034
lnzzx	自主型环境规制	390	-1.646	1.006	-6.300	-0.068
lnzbmj	资本密集度	390	3.599	0.637	2.193	5.510
lnczzc	财政支持	390	-3.013	0.686	-5.019	-1.438
lndkzc	贷款支持	390	-1.902	0.493	-3.800	-0.471
lnckmj	出口密集度	390	-1.742	1.206	-5.973	0.614

四、结果分析

（一）全国层面分析

产能调整是政府干预、企业规划和市场失灵等多方面的综合体现，本文将研究视角集中于地方政府行为，观察他们通过加强环境规制对产能调整的作用机制，特别是地方政府可能存在的策略性互动行为。表 2 是控制了地区固定效应后的全国空间杜宾模型的回归结果，[①] 利用 Wald 检验和 LR 检验对 $\theta = 0$ 和 $\theta + \rho\beta = 0$ 的原假设进行检验，发现不同空间权重矩阵下其统计量在 1% 水平下均拒绝原假设，表明空间杜宾模型不能简化为空间滞后模型和空间误差模型，因而选择空间杜宾模型是合适的。

表 2　　全国空间杜宾模型的回归结果

变量	经济距离矩阵 W_1				地理距离矩阵 W_2			
	主效应	直接效应	邻里效应	间接效应	主效应	直接效应	邻里效应	间接效应
lnmlx	0.076*** (3.741)	0.081*** (3.893)	0.103** (2.099)	0.140** (2.563)	0.073*** (3.734)	0.077*** (3.868)	0.155 (1.642)	0.235** (2.050)

① 鉴于该模型存在空间滞后项，利用 OLS 进行估计有偏，因而本文采用极大似然法进行估计。

续表

变量	经济距离矩阵 W_1				地理距离矩阵 W_2			
	主效应	直接效应	邻里效应	间接效应	主效应	直接效应	邻里效应	间接效应
lnscx	0.060*** (4.045)	0.057*** (3.965)	-0.074** (-2.069)	-0.071* (-1.662)	0.067*** (4.630)	0.063*** (4.516)	-0.196*** (-3.933)	-0.240*** (-3.363)
lnzzx	0.019** (2.152)	0.020** (2.320)	-0.014 (-0.679)	-0.011 (-0.459)	0.026*** (2.923)	0.027*** (3.112)	-0.034 (-1.449)	-0.035 (-1.089)
R^2	0.298				0.348			

变量	地理邻接矩阵 W_3				时间距离矩阵 W_4			
	主效应	直接效应	邻里效应	间接效应	主效应	直接效应	邻里效应	间接效应
lnmlx	0.075*** (3.579)	0.085*** (3.995)	0.107*** (2.641)	0.161*** (3.446)	0.073*** (3.863)	0.080*** (4.235)	0.172*** (3.813)	0.287*** (4.784)
lnscx	0.056*** (3.655)	0.051*** (3.384)	-0.084*** (-2.889)	-0.087** (-2.349)	0.057*** (4.201)	0.053*** (3.970)	-0.129*** (-4.131)	-0.158*** (-3.441)
lnzzx	0.027*** (2.908)	0.026*** (2.889)	-0.039** (-2.319)	-0.040* (-1.875)	0.021** (2.494)	0.021*** (2.610)	-0.032* (-1.726)	-0.036 (-1.328)
R^2	0.237				0.393			

注：*、** 和 *** 分别表示 10%、5% 和 1% 的显著性水平，括号内数值为 t 值。Wald 检验和 LR 检验均拒绝了原假设，限于篇幅，该检验结果和控制变量结果未列出，留存备索。下同。

表 2 分别给出采用经济距离矩阵、地理距离矩阵、地理邻接矩阵和时间距离矩阵估计的回归结果，上述回归结果基本一致，反映了本文研究结果具有较强的稳健性，下文对此展开论述。

1. 命令控制型环境规制。命令控制型环境规制通常根据政府部门制定的严格排放标准强制企业排污行为符合规范，迫使不符合环境标准的落后产能退出市场。以经济距离矩阵为例，命令控制型环境规制主效应的系数为 0.076，且在 1% 水平下显著。考虑反馈效应的直接效应系数为 0.081，说明命令控制性环境规制从长期看有助于促进本地产能利用率提升，其他矩阵情况类似。除地理距离矩阵外，命令控制型环境规制的邻里效应均显著为正，考虑长期反馈效应的间接效应均显著为正，说明命令控制型环境规制下地方政府采取的是模仿竞争策略。在财政分权和政绩考核机制共同作用下，各地政府为在晋升锦标赛中获胜，会竞相放松环境规制，吸引利大税高重化工项目进入，因而在其他地区放松命令控制型环境规制时，本地区占优策略也是放松命令控制型环境规制，最终造成地区性产业结构趋同和产能过剩加剧。随着环境保护被纳入官员政绩考核体系以及经济进入高质量发展阶段，未来节能减排和绿色发展将成为大势所趋，这些高污染、高排放企业将是地方政府首要限制对象，命令控制型环境规制主要针对的就是此类污染严重企业，可能会形成区域间环境规制竞争向上局面，促使地区产能利用率集体上升。

2. 市场型环境规制。市场型环境规制通过市场信号引导企业作出生产投资决策，往往采取排污收费制度、可交易许可证制度和补贴等手段纠正扭曲的环境要素价格，将环境的负外部性内化到企业生产成本中，不仅能够淘汰不符合环境要求和技术标准的落后产能，而且还能够引导企业改进工艺和生产技术等减少污染排放。以经济距离矩阵为例，市场型环境规制主效应的系数为 0.060，直接效应的系数为 0.057，且均在 1% 水平下显著，说明市场型环境规制强度提高能够促进本地区产能利用率上升。市场型环境规制邻里效应和间接效应的系数显著为负，说明地区间环境规制对产能利用率具有负向溢出效应，其他地区提高市场型环境规制强度会降低本地产能利用率，各地区市场型环境规制采取的是差异化竞争策略。市场型环境规制更多体现了市场信号和优胜劣汰原则，对排污企业给予更大的灵活性和更多的激励选择先进技术，当其他地区政府提高市场型环境规制强度时，会增加这些地区企业的生产成本，创新能力较差的污染企业在短期难以进行技术创新，就会向环境规制强度较低地区进行生产转移，因而会造成转入地区产能利用率降低。中国地区之间经济发展水平和产业结构各异，沿海地区经济发展水平较高、产业结构升级较快，逐步从能源密集型为主的重工业向服务业和技术密集型产业转移，通过有效的产业政策和严格的环境政策积极参与环境治理，环境污染减少。而部分中西部地区经济发展较慢，为追求经济高速增长和迫于政绩考核压力，这些地方政府会选择主动降低环境标准来承接东部西迁的污染密集型产业，牺牲了经济增长可持续性，带来投资过度扩张和产能过剩问题。①

3. 自主型环境规制。自主型环境规制主要通过具有环保意识的组织或个体直接或间接对企业排污行为施加压力，迫使不符合环境标准的低效企业退出或主动采取措施进行技术改造，进而有助于减少落后产能。以经济距离矩阵为例，自主型环境规制主效应的系数为 0.019，直接效应的系数为 0.020，且均在 5% 水平下显著，说明社会大众对改善环境的要求和对企业污染排放的监督会促进本地产能利用率提高。自主型环境规制邻里效应和间接效应的系数仅在地理邻接矩阵和时间距离矩阵下显著，而在其他两种空间权重矩阵下并未通过显著性检验，说明自主型环境规制对产能利用率的空间溢出效应还有待于观察。

（二）区域层面分析

中国经济发展的区域不平衡问题严重，东部地区和中西部地区在经济发展、环境规制、经济驱动力和制度建设等方面存在较大差异，因而本文将分区域考虑环境规制和地方政府竞争策略与产能过剩之间的空间相关性，四种不同权重矩阵下的回归结果如表 3 和表 4 所示。

表 3　　东部地区空间杜宾模型的回归结果

变量	经济距离矩阵 W_1				地理距离矩阵 W_2			
	主效应	直接效应	邻里效应	间接效应	主效应	直接效应	邻里效应	间接效应
lnmlx	0.039* (1.718)	0.069*** (2.731)	0.135*** (2.799)	0.256*** (3.469)	0.041* (1.787)	0.042* (1.792)	0.010 (0.154)	0.015 (0.214)
lnscx	0.066*** (4.714)	0.059*** (3.960)	−0.071** (−2.217)	−0.062 (−1.174)	0.069*** (4.896)	0.066*** (4.779)	−0.092** (−2.517)	−0.091** (−2.105)
lnzzx	0.033*** (2.634)	0.027** (1.972)	−0.059*** (−2.713)	−0.070* (−1.904)	0.044*** (3.318)	0.044*** (3.391)	−0.059** (−2.157)	−0.058* (−1.819)
R^2	0.424				0.536			

变量	地理邻接矩阵 W_3				时间距离矩阵 W_4			
	主效应	直接效应	邻里效应	间接效应	主效应	直接效应	邻里效应	间接效应
lnmlx	0.074*** (2.904)	0.083*** (3.073)	0.026 (0.642)	0.068 (1.364)	0.023 (0.907)	0.027 (1.029)	0.060 (0.878)	0.089 (1.057)
lnscx	0.070*** (4.421)	0.068*** (4.193)	−0.033 (−1.139)	−0.010 (−0.256)	0.069*** (4.789)	0.065*** (4.420)	−0.083** (−2.180)	−0.082 (−1.521)
lnzzx	0.029** (2.081)	0.020 (1.439)	−0.072*** (−4.252)	−0.082*** (−3.581)	0.042*** (3.039)	0.040*** (3.043)	−0.059** (−2.217)	−0.063* (−1.704)
R^2	0.372				0.495			

① 命令控制型环境规制更多体现的是政府意志，对企业技术创新促进作用较小，很有可能会在政策监管减弱的情况下成为一纸空文，因而污染企业进行生产转移可能性不大，这也是命令控制型环境规制未形成负向溢出效应的原因。

表 4　　中西部地区空间杜宾模型的回归结果

变量	经济距离矩阵 W_1				地理距离矩阵 W_2			
	主效应	直接效应	邻里效应	间接效应	主效应	直接效应	邻里效应	间接效应
lnmlx	0.102*** (3.569)	0.104*** (3.502)	-0.031 (-0.377)	-0.041 (-0.557)	0.099*** (3.429)	0.101*** (3.462)	0.278** (1.963)	0.305** (2.181)
lnscx	0.058** (2.522)	0.059*** (2.615)	-0.122** (-2.143)	-0.113** (-2.134)	0.064*** (2.714)	0.062*** (2.712)	-0.181** (-2.200)	-0.183** (-2.029)
lnzzx	0.024** (2.152)	0.025** (2.321)	0.001 (0.033)	-0.001 (-0.029)	0.023** (2.061)	0.025** (2.245)	-0.015 (-0.529)	-0.014 (-0.434)
R^2	0.327				0.319			
变量	地理邻接矩阵 W_3				时间距离矩阵 W_4			
	主效应	直接效应	邻里效应	间接效应	主效应	直接效应	邻里效应	间接效应
lnmlx	0.081*** (2.642)	0.088*** (2.863)	0.109* (1.843)	0.142** (2.186)	0.089*** (3.188)	0.093*** (3.330)	0.170*** (3.148)	0.195*** (3.569)
lnscx	0.037 (1.484)	0.033 (1.349)	-0.071 (-1.606)	-0.072 (-1.396)	0.046** (2.095)	0.043** (2.024)	-0.146*** (-3.726)	-0.152*** (-3.491)
lnzzx	0.024** (2.062)	0.024** (2.175)	-0.023 (-1.054)	-0.021 (-0.815)	0.018* (1.754)	0.019* (1.918)	-0.018 (-0.829)	-0.017 (-0.725)
R^2	0.245				0.399			

从表 3 和表 4 的回归结果可以看出：

1. 命令控制型环境规制。除东部地区的时间距离矩阵外，东部地区和中西部地区命令控制型环境规制主效应和直接效应的系数均显著为正，说明东部地区和中西部地区均可以通过命令型环境规制促使企业进行生产调整，这种法律法规强制性规范企业的做法短期见效明显。东部地区命令控制型环境规制邻里效应和间接效应的系数为正，但显著性不强，而中西部地区除经济距离矩阵外其他三个矩阵下该系数均显著为正，表明命令控制型环境规制下东部地区和中西部地区地方政府均采取模仿竞争策略，但中西部地区的模仿竞争策略更加显著。中西部地区正处于工业化快速发展阶段，各地方政府更加注重经济增速，在增长和污染之间可能选择前者，严苛的环境标准会导致工业项目落户其他地区，导致本地经济利益受损并且不利于官员业绩提升，因而地方政府竞相降低环境标准，造成区域性产能过剩问题。

2. 市场型环境规制。除中西部地区的地理邻接矩阵外，东部地区和中西部地区市场型环境规制主效应和直接效应的系数均显著为正，说明市场型环境规制依靠市场规律来引导企业节能减排，优胜劣汰机制会倒逼低效无效供给顺利退出市场，激发企业选择技术改造和创新来降低成本，甚至是开拓新产品创造市场需求来促进产出增加，进而缓解产能过剩。东部地区和中西部地区市场型环境规制邻里效应和间接效应的系数均为负，但中西部地区更加显著，说明市场型环境规制下东部地区和中西部地区地方政府均采取差异化竞争策略，提高市场型环境规制强度会增加企业排污成本，迫使企业转入区域内环境规制强度较低的地区，加剧转入地区产能过剩，这种情况在中西部地区表现突出。

3. 自主型环境规制。东部地区和中西部地区自主型环境规制主效应和直接效应的系数基本上显著为正，说明具有社会自发性的环保诉求会倒逼部分污染严重企业减少生产和投资，有助于缓解产能过剩。东部地区自主型环境规制邻里效应和间接效应的系数均显著为负，而中西部地区自主型环境规制邻里效应和间接效应在四种空间权重矩阵下均不显著，说明仅东部地区自主型环境规制表现出差异化竞争策略，即某地区自主型环境规制强度提高时，会使部分污染严重的企业转移至其他地区，造成其他地区产能利用率下降，而中西部地区未呈现溢出效应。

（三）稳健性检验

为了验证上述结论是否具有稳健性，本文进一步采用将非线性 2SLS 应用到空间模型中的 GS2SLS（Generalized Spatial Panel Two Stage Least Squares）和考虑了空间滞后变量的动态空间面板两种方法重新估计模型，可以发现在不同的空间权重矩阵下，命令控制型环境规制、市场型环境规制和自主型环境规制对产能利用率的影响结果与表 2 基本一致，说明本文的研究结论较为稳健可靠。①

五、研究结论与政策启示

基于 2004～2016 年中国省际面板数据，本文利用空间杜宾模型考察了环境规制、地方政府竞争策略对产能过剩的影响，得出以下研究结论：

首先，从全国层面来看，地方政府采用命令控制型、市场型和自主型三种类型的环境规制均有助于本地产能利用率提升；命令控制型环境规制下地方政府采取模仿竞争策略，竞相降低环境规制会加剧产能过剩；市场型环境规制下地方政府采取差异化竞争策略，将会导致污染企业迁入地区产能过剩；自主型环境规制的竞争策略尚不明确。

其次，从区域层面来看，三种类型的环境规制对东部地区和中西部地区本地产能利用率均具有显著促进作用，但幅度不同；与东部地区相比，命令控制型环境规制下中西部地区地方政府的模仿竞争策略和市场型环境规制下中西部地区地方政府的差异化竞争策略更加显著，易形成产能过剩；自主型环境规制下东部地区地方政府采取差异化竞争策略，易加剧污染企业转入地区产能过剩问题，而中西部地区自主型环境规制的溢出效应不显著。

根据上述研究结论，笔者得到如下政策启示：

首先，综合利用多种类型的环境规制治理产能过剩。政府部门应积极推进要素市场化改革，将生态环境成本纳入经济成本，运用多种类型的环境规制遏制企业投资行为扭曲现象，推动环境规制从单纯依靠行政法规向综合运用经济、法律、技术和必要的行政法规转型，加强多种手段协同配合。传统命令控制型环境规制的作用不可替代，但需要从制度上规范政府行为，强化环境保护责任机制。加强市场型环境规制的主导作用，不断创新环境规制工具，完善环境规制的交易机制，有序推进资源税和环境税改革进程，构建反映资源稀缺程度和环境成本的价格体系。加强自主型环境规制的柔性作用，鼓励社会公众和社交媒体积极参与到环境监督治理中，积极完善公开透明的环境规制公众平台建设。

其次，加强区域政策针对性和协调性，实施分区域差别化的环境规制。不同类型的环境规制在东部地区和中西部地区的作用效果存在差异，应结合经济发展水平和资源禀赋条件，合理确定各个区域环境规制的方向，构建科学有效的区域差异化环境监管体系。可根据地区差异细分不同污染物的排放标准和收费标准等，推动区域发展目标与环境规制政策的统一。同时为防止污染性企业发生区域间转移，中央政府应加强对地方政府竞争的引导作用，推动地方政府环境政策的协调性，综合考虑不同区域的利益诉求，利用市场交易、转移支付和税收等手段协调多方利益，促进区域环境协同治理。

最后，完善环境规制缓解产能过剩的配套政策。政府应加强中西部地区市场化制度建设，健全

① 限于篇幅，本文的稳健性检验结果未在正文列出，留存备索。

优胜劣汰市场化退出机制，完善企业破产制度。政府应积极发挥引导作用，给予相关的政策支持和资金支持鼓励企业创新，特别应促进中西部地区企业加大科技研发投入，促成企业与地区科研院校联合创新，有效应对环境成本上升对企业生产经营所带来的冲击。另外，应改进中国地方政府绩效考核机制，适当提高环境在政绩考核中所占比重，实施生态环境损害责任终身追究制度，强化绿色GDP考核机制，引导地方政府良性竞争，打消地方政府以环境换增长的念头。积极探索建立因地制宜、分类指导的政绩考核体系，防止中西部地区出现环境规制逐底竞争现象。

参考文献：

1. 薄文广、徐玮、王军锋：《地方政府竞争与环境规制异质性：逐底竞争还是逐顶竞争?》，载于《中国软科学》2018 年第 11 期。

2. 郭进：《环境规制对绿色技术创新的影响——“波特效应”的中国证据》，载于《财贸经济》2019 年第 3 期。

3. 韩超、张伟广、单双：《规制治理、公众诉求与环境污染——基于地区间环境治理策略互动的经验分析》，载于《财贸经济》2016 年第 9 期。

4. 韩国高：《环境规制能提升产能利用率吗？——基于中国制造业行业面板数据的经验研究》，载于《财经研究》2017 年第 6 期。

5. 侯新烁、张宗益、周靖祥：《中国经济结构的增长效应及作用路径研究》，载于《世界经济》2013 年第 5 期。

6. 黄德春、刘志彪：《环境规制与企业自主创新——基于波特假设的企业竞争优势构建》，载于《中国工业经济》2006 年第 3 期。

7. 蒋勇：《地方政府竞争、环境规制与就业效应——基于省际空间杜宾模型的分析》，载于《财经论丛》2017 年第 11 期。

8. 李胜兰、初善冰、申晨：《地方政府竞争、环境规制与区域生态效率》，载于《世界经济》2014 年第 4 期。

9. 刘航、孙早：《城镇化动因扭曲与制造业产能过剩——基于 2001 ~ 2012 年中国省级面板数据的经验分析》，载于《中国工业经济》2014 年第 11 期。

10. 刘京星、黄健柏、丰超：《企业性质、区域差异与产能过剩治理——基于三层级共同前沿 DEA 模型的研究》，载于《中国软科学》2017 年第 9 期。

11. 彭星、李斌：《不同类型环境规制下中国工业绿色转型问题研究》，载于《财经研究》2016 年第 7 期。

12. 任胜钢、蒋婷婷、李晓磊等：《中国环境规制类型对区域生态效率影响的差异化机制研究》，载于《经济管理》2016 年第 1 期。

13. 王孝松、李博、翟光宇：《引资竞争与地方政府环境规制》，载于《国际贸易问题》2015 年第 8 期。

14. 闫文娟、郭树龙：《环境规制政策的就业及工资效应——一项基于准自然实验的经验研究》，载于《软科学》2018 年第 3 期。

15. 杨海生、陈少凌、周永章：《地方政府竞争与环境政策——来自中国省份数据的证据》，载于《南方经济》2008 年第 6 期。

16. 杨振兵、张诚：《中国工业部门产能过剩的测度与影响因素分析》，载于《南开经济研究》2015 年第 6 期。

17. 游达明、蒋瑞琛：《我国环境规制工具对技术创新的作用——基于 2005 ~ 2015 年面板数据的实证研究》，载于《科技管理研究》2018 年第 15 期。

18. 张华：《地区间环境规制的策略互动研究——对环境规制非完全执行普遍性的解释》，载于《中国工业经济》2016 年第 7 期。

19. 张文彬、张理芃、张可云：《中国环境规制强度省际竞争形态及其演变——基于两区制空间 Durbin 固定效应模型的分析》，载于《管理世界》2010 年第 12 期。

20. 张亚斌、贺唯唯、张滨沙：《技术水平、市场结构与产能利用率》，载于《改革》2019 年第 4 期。

21. 赵霄伟：《地方政府间环境规制竞争策略及其地区增长效应——来自地级市以上城市面板的经验数据》，载于《财贸经济》2014 年第 10 期。

22. Du, W., Li, M. Can Environmental Regulation Promote the Governance of Excess Capacity in China's Energy Sector? The Market Exit of Zombie Enterprises [J]. *Journal of Cleaner Production*, 2019, 207 (2): 306 - 316.

23. Garofalo, G. A., Malhotras, D. M. Effect of Environmental Tegulations on State - Level Manufacturing Capital Formation [J]. *Journal of Regional Science*, 1995, 35 (2): 201 - 216.

24. Jaffe, A. B. , Peterson, S. R. , Portney, P. R. , et al. Environmental Regulation and the Competitiveness of US Manufacturing: What Does the Evidence Tell Us? [J]. *Journal of Economic Literature*, 1995, 33 (1): 132 - 163.

25. Jorgenson, D. W. , Wilcoxen, P. J. Environmental Regulation and U. S. Economic Growth [J]. *The RAND Journal of Economics*, 1990, 21 (2): 314 - 340.

26. LeSage, J. P. , Pace, R. K. *Introduction to Spatial Econometrics* [M]. Boca Raton: CRS Press Taylor & Francis Group, 2009.

27. Milliman, S. R. , Prince, R. Firm Incentives to Promote Technological Change in Pollution Control [J]. *Journal of Environmental Economics and Management*, 1989, 17 (3): 247 - 265.

28. Montero, J. P. Permits, Standards, and Technology Innovation [J]. *Journal of Environment Economics and Managemant*, 2002, 44 (1): 23 - 44.

（本文载于《财经问题研究》2020 年第 3 期）

异质性环境规制工具与企业绿色创新激励

——来自上市企业绿色专利的证据

李青原　肖泽华

摘　要：环境规制如何释放制度红利，促进经济与环境协调发展？鲜有文献从微观企业和环境规制工具异质性的角度进行考察。本文以中国A股重污染行业上市企业2011～2017年的数据作为样本，研究发现：排污收费“倒逼”了企业绿色创新能力，这一“倒逼”效应体现在外部压力和内部激励；环保补助却“挤出”了企业绿色创新能力，这一“挤出”效应体现在迎合政府和机会主义，在控制内生性、排除干扰性因素、改变变量定义等稳健性检验后，该结论依然成立。进一步研究发现，当企业资源基础较强时，排污收费对绿色创新的“倒逼”效应更加明显，但环保补助不存在这一现象；排污收费促进了企业绿色发明专利成果的产出，而环保补助却“挤出”了企业绿色发明专利和绿色实用新型专利成果的产出。本文发现了不同性质的环境规制工具对企业产生了截然相反的效果，对已有关于环境规制经济后果研究的争论提供了中国的微观证据，为如何实现环境保护与企业绿色竞争力提升的“双重红利”提供了理论支持。

关键词：异质性环境规制工具　排污收费　环保补助　绿色创新

一、引　　言

中国经济在改革开放40年间取得了世界瞩目的成就，然而长期以来粗放的经济发展模式却加重了生态环境负担，与“绿水青山就是金山银山”的社会主义生态文明理念背道而驰，并成为制约经济与社会可持续发展的瓶颈。打破经济与环境“非此即彼”的局面是建设中国特色社会主义经济和生态文明的重要内容，企业是创造社会经济财富的核心载体，也是自然资源的索取者，是协调经济发展与生态环境保护的最关键因素（李维安等，2019）。遗憾的是，已有关于环境规制经济后果的研究大都围绕政府和社会层面展开，鲜有文献从微观企业的角度进行考察，而中央提出的绿色发展理念能否转化为政策红利，取决于环境污染主体的应对策略（张琦等，2019）。为此，深入探索企业如何应对环境规制，对于我国现阶段环境规制政策的落实，以及企业绿色竞争力提升的“双重红利”具有重要意义。

生态环境具有公共物品属性，在缺乏管制的情况下，私人企业没有动机改善生态环境。企业参与环境治理存在成本与收益的非对称性，一方面，企业进行环境治理的收益由所有经济当事人共同享有，成本却由其独自承担；另一方面，企业无需为其攫取自然资源的行为付出成本。因此激励企业参与环境治理的关键，是将外部性问题内部化，包括对企业污染环境的行为进行收费，对企业削减污染的行为进行补贴（Harford，1978）。排污收费和环保补助是我国现阶段环境规制体系的主要政策工具，其政策依据是《排污费征收使用管理条例》《中华人民共和国环境保护税法》以及《关于加强环境保护补助资金管理的若干规定》。排污收费和环保补助旨在将环境因素纳入企业管理者的生产决策函数，从而实现环境污染外部性问题的内部化。

2018年中央经济工作会议强调，要坚持转变经济发展方式，大力培养经济新动能，提升科技创新水平，实现“大众创业、万众创新”的良好局面。绿色创新是协调经济增长与环境保护的关键因素（Magat，1978），实现经济效率与环境保护的“共赢”，不仅是国家、社会的共同追求，也是提升企业绿色竞争力的现实需要。遗憾的是，鲜有文献就如何实现这一“共赢”进行深入考察，已有研究更多侧重于如何提升企业承担环境保护责任的积极性，如开展环保投资（张琦等，2019）、直接参与环境治理（范子英和赵仁杰，2019）等，但这些治理环境的活动却增加了企业额外的成本，减少了企业对股东的财务回报（Clarkson et al.，2004）。克拉克等（Clarke et al.，1994）认为企业将环境问题纳入战略决策时，需要的是产品、技术的飞跃和突破性创新，而不是被动地迎合环境法规；Hart（1995）发现绿色创新有助于企业全面降低环境成本，获得独特的供应商和客户的信任，进而抢占绿色竞争优势。与直接参与环境治理和环保投资不同，绿色创新不仅能够减少企业对环境的污染、提升环境绩效，更重要的是，绿色创新使企业得以生产绿色差异化的产品，激发新的市场需求，切实提升企业绿色竞争力，从而真正实现企业经济效率与环境保护的“共赢”。

本文基于中国社会主义市场经济转轨时期的制度环境，结合现行环境规制体系的具体措施，在微观企业层面考察异质性环境规制工具对企业绿色创新活动的影响，进而诠释环境规制如何实现企业竞争力与环境保护的“共赢”。研究发现，排污收费增强了企业绿色创新能力，产生了“倒逼”效应，这一“倒逼”效应体现在外部压力与内部激励；环保补助却减弱了企业绿色创新能力，产生了“挤出”效应，这一“挤出”效应体现在迎合政府与机会主义，在控制内生性、排除干扰性因素、改变变量定义等稳健性检验后，该结论依然成立。进一步研究发现，企业资源基础实力越强，排污收费对企业绿色创新的“倒逼”效应越明显，但环保补助不存在这一现象；排污收费“倒逼”企业创造了更多绿色发明专利成果，而环保补助对企业绿色发明专利和绿色实用新型专利却产生了“挤出”效应。本文的研究贡献体现在以下几个方面：

第一，为环境规制与企业竞争力是“冲突”还是“协调”的争论（Rugman and Verbeke，1998）提供了中国的微观证据。目前关于环境规制经济后果的研究尚存较大争议，且大都关注国家和地区层面的因素（金刚和沈坤荣，2018），鲜有文献从中国微观企业如何应对环境规制的角度进行考察。本文发现排污收费对企业绿色创新产生了“倒逼”效应，而环保补助对企业绿色创新产生了“挤出”效应；同时，企业所拥有的资源基础，是异质性环境规制工具在影响企业绿色创新活动过程中的重要因素。因此，环境规制对企业的影响具有两面性，这种两面性来自异质性环境规制工具对企业管理者决策产生的差异化影响。

第二，诠释了如何激励企业积极开展绿色创新活动，拓展了波特假说的理论外延。目前文献更多关注在地区环境规制压力下，企业能否承担起治理环境的责任（范子英和赵仁杰，2019；张琦等，2019），而对如何实现企业竞争力与环境保护“共赢”的探讨明显不足。绿色创新是实现企业竞争力与环境保护“共赢”的重要环节（Hart，1995；齐绍洲等，2018），本文从环境规制工具异质性的角度，发现真正对企业绿色创新活动起到促进作用的环境规制工具是排污收费，而不是环保补助。

第三，为现阶段政府如何选择环境规制政策，以及企业如何应对环境规制提供了理论指导。本文建议政府进一步强化对企业污染环境行为的收费，充分发挥排污收费的“倒逼”效应；同时，政府还应加强对企业绿色创新活动的扶持和激励，切实推进重污染企业的绿色创新转型，而非局限于直接补贴企业的环境治理投资。企业应当充分利用自身资源，通过有效的内部激励措施，积极开展绿色创新活动，从而实现企业竞争力与环境保护的“共赢”。

二、文献回顾与问题提出

环境规制对企业的影响具有两面性，深入考察企业管理者应对环境规制的措施，能够为环境规制与经济绩效是“相辅相成”还是“互相冲突”的争论提供进一步的证据（Rugman and Verbeke，1998）。环境规制在实现节能减排、保护环境的同时，不可避免地改变了经济资源分配的格局。支持环境规制抑制企业创新的观点认为，环境规制加大了企业污染治理成本和制度遵循成本（Clarkson et al.，2004），在环境规制高压下，企业不得不采取减产、停工等措施（Palmer et al.，1995；Petroni et al.，2019），减少了企业可供创新投入的资金。相反，支持环境规制对企业创新起到促进作用的观点认为，环境规制向企业施加的外部压力能够有效克服组织惰性，与企业内部治理机制形成了互补关系（Ambec and Barla，2002），并将外部压力转化为促进企业创新活动的激励性因素。

关于环境规制经济后果的研究，学术界尚未形成一致意见。一方面，已有研究忽略了环境规制工具的异质性，“一刀切”式地采用地区层面的指标，如将环境规制定义为环保执法力度（包群等，2013；范子英和赵仁杰，2019）、地区环境治理投资与综合权重指标等（Wei et al.，2017），忽略了异质性环境规制工具发挥作用的差异，以及环境污染主体应对异质性环境规制工具的措施。另一方面，对于环境规制如何影响微观企业行为，已有研究大都关注如何使企业主动承担起保护和治理环境的社会责任（范子英和赵仁杰，2019；张琦等，2019），鲜有文献探索如何实现企业竞争力与环境保护的“共赢”。那么，排污收费和环保补助作为异质性环境规制工具，它们对企业绿色创新的影响是否存在差异？如何在中国的现实背景下激发企业绿色创新活力，实现企业绿色竞争力与生态环境的“共赢”以上恰是本文亟待解决的关键问题。

三、本文的理论机理

绿色创新能够减少环境污染，节约能源，实现环境保护与企业竞争力相协调的绿色可持续发展。要素投入和技术进步是制约经济增长的两大主要因素（Romer，1990），绿色创新更是协调环境规制与企业绩效增长的关键环节（Magat，1978）。而创新活动具有周期长、高投入、高风险的特点，因此企业从事创新活动的强度，取决于管理者对企业创新活动风险和预期收益的判断（Brav et al.，2018）。图1是本文的理论框架。

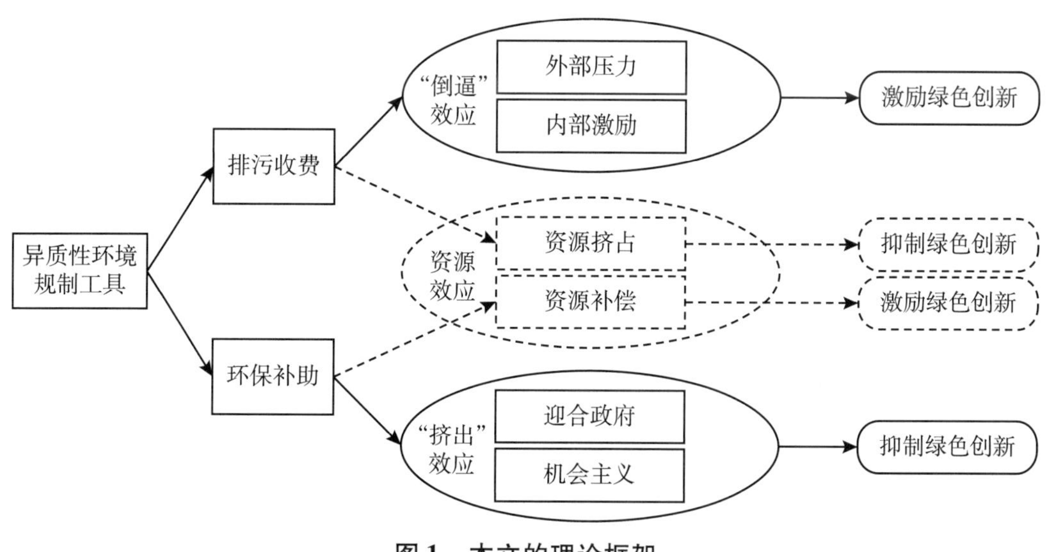

图1　本文的理论框架

（一）排污收费与企业绿色创新

1. 资源效应：资源挤占。新古典学派认为，环境规制增加了企业制度遵循成本，企业需为其生产过程中污染环境的行为缴纳排污费，因此加重了企业资金负担，挤占了企业用于绿色创新的资源（Palmer et al.，1995；Petroni et al.，2019）。而绿色创新依赖企业大量资源投入，且对企业节能减排、绩效提升等积极影响需要较长时间才得以显现，在排污收费造成的短期业绩和现金流压力下，管理者被迫放弃高投入、高风险、高不确定性的绿色创新。

2. “倒逼”效应。“波特假说”认为，适宜的环境规制有助于“倒逼”企业绿色技术革新，形成超过环境规制成本的“补偿性收益”（Porter and Van der Linde，1995），企业将绿色创新成果运用于生产过程，能够减少对原有污染性生产方式的依赖，有效规避环境监管成本（Berrone et al.，2013）。排污收费对企业绿色创新的“倒逼”效应体现在利益相关者的外部压力，以及企业内部的激励性因素。

就外部压力而言，绿色发展是外部利益相关者对重污染企业的现实诉求。2003 年开始实施的《排污费征收使用管理条例》，以及 2018 年开始实施的《中华人民共和国环境保护税法》明确规定对企业污染排放物按照污染当量征收排污费（环境税）。亨利克斯和萨多斯基（Henriques and Sadorsky，1996）发现，来自利益相关者的压力迫使管理者权衡其污染环境所造成的后果，影响了管理者响应环境规制的方式；徐等（Xu et al.，2016）发现，投资者对因环境问题受到惩罚的企业给予了更低的估值，而对致力于实现绿色发展的企业给予了更高的估值。因此，绿色创新能够增强利益相关者对企业绿色发展的信心，减少利益相关者对企业污染环境产生的负面预期（Buysse and Verbeke，2003），提升企业产品价值和客户价值，促使管理者在外部利益相关者的诉求下选择绿色创新战略。

就内部激励而言，实现绿色发展固然是企业社会效益的体现，但作为利润的追求者，企业更关注经济利益。尽管排污收费构成了企业的成本，减少了可直接实现的利润，但排污收费能促使管理者积极反思企业自身绿色发展存在的不足（Grossman and Helpman，2018），有效弥补企业治理机制的固有缺陷，克服组织不思变革的惰性（Ambec and Barla，2002）。通过绿色创新，企业不仅能够实现节能减排的社会效益，更能生产出比竞争对手更具有绿色差异化的产品，从而获得新的市场份额，培养独特的绿色竞争优势（Barney，1991）。鉴于此，排污收费会促使企业激励管理者开展绿色创新。

在波特假说的“倒逼”效应理论框架下，绿色创新所拥有的独特优势，促使企业管理者在环境规制压力和利益相关者对“绿色”的诉求下，将绿色、可持续的创新方案纳入其经营决策和战略规划，股东也会更加积极地激励管理者开展绿色创新活动，从而为企业创造更加可持续的绿色价值，打造绿色竞争优势，实现环境保护与企业竞争力提升的“共赢”。

（二）环保补助与企业绿色创新

1. 资源效应：资源补偿。诸多研究发现了政府扶持对创新的积极作用（Montmartin and Herrera，2015）。绿色创新需要大量资源的长期投入，资源约束和激励不足是困扰企业绿色创新的首要难题（Manso，2011），而政府补助为企业绿色创新提供了资金来源，使绿色创新所需资金匮乏的局面得到缓解，降低了绿色创新的成本（Montmartin and Herrera，2015），有利于减少管理者对创新活动不确定性的担忧，增强企业对绿色创新风险的事前容忍度（Stiglitz，2015）。因此在政府扶持对创新的“资源补偿”效应理论框架下，环保补助缓解了企业受到的资源约束，企业得以将更多资源投入于绿色创新。

2. “挤出”效应。黑菲等（Murphy et al.，1993）、施莱弗和维什尼（Shleifer and Vishny，1994）基于政府干预“掠夺之手”理论，发现企业获得政府扶持后，需要迎合政府的要求，甚至在政府的“支配”下进行资源配置“挤出”了企业从事技术创新的动机和资源。环保补助与一般性政府补助的共性在于，两者都是政府对企业的扶持，但环保补助作为专项补助，其资金管理方案遵循《关于加强环境保护补助资金管理的若干规定》，其中第四条规定，“环保补助的资金应当用于重点污染源治理、环境综合性治理，不得挪作其他用途”。因此环保补助的直接扶持对象是企业环保直接投资，而不专门针对绿色创新。环保补助对企业绿色创新的“挤出”效应体现在迎合政府与机会主义。

第一，近年来我国地方政府面临较大的环境治理压力，环保补助是政府为了激励企业积极参与环境治理、减少污染排放而向企业提供的资金支持（张琦等，2019）。企业获得环保补助后，需要迎合政府的意愿进行环保投资，[①]“挤出”了企业用于绿色创新的资源。此外，相比环保投资、直接治理环境，企业开展绿色创新活动的风险较大，周期较长，相应的环境效益与经济效益需要较长时间才得以回报，如果企业通过环保直接投资达到了政府的环保要求，那么其开展绿色创新的动力则会受到抑制。

第二，政府扶持所诱发的机会主义行为同样会扭曲资金的最优配置方向。政府与企业之间存在信息不对称，政府难以直接监督企业对环保补助资金的使用，甚至难以确定获得环保补助的企业是否真正具有相应资质。管理层的机会主义动机容易造成资源不是流人创造企业价值和社会效益的领域，而是流入为管理层带来私人收益的领域（Roychowdhury，2006），从而“挤出”企业绿色创新。

排污收费和环保补助作为异质性环境规制工具，阿西莫格鲁等（Acemoglu et al.，2012）主张通过这两种政策工具的结合来提升企业绿色技术创新能力。本文立足企业绿色创新的视角，为这两种政策工具的实施效果提供中国的证据。通过理论分析，排污收费对企业绿色创新活动的影响既可能表现为“资源挤占”效应，又可能表现为“倒逼”效应；环保补助对企业绿色创新活动的影响既可能表现在补贴的“资源补偿”效应，又可能表现为“挤出”效应。以上正是本文实证研究亟待验证的问题。

四、研究设计

（一）样本选择与数据来源

本文以我国A股重污染行业上市企业2011～2017年的数据作为样本，[②]实证检验异质性环境规制工具对企业绿色创新活动的影响。我们选择重污染行业上市企业作为样本的原因一方面是由于数据的可获得性；[③]另一方面是由于重污染行业是供给侧结构性改革“三去一降一补”的对象，研究重污染企业的绿色转型之路具有较强的现实价值。我们选择2011～2017年的样本区间是出于以下两个方面的考虑：一是为了克服企业信息披露“自由裁量”的影响，2010年环保部发布了《上市

---

① 张琦等（2019）等认为，环保投资是企业迎合政府环境政策的体现，发现重污染企业环保直接投资占企业总资产的百分比均值为0.112，而本文采用与张琦等（2019）同样的标准化方式与计算口径，发现环保补助占企业总资产的百分比均值为0.038，因此重污染企业平均环保直接投资近3倍于环保补助。Clarkson et al.（2004）也证实环保直接投资增加了企业额外成本，减少了企业对股东的正向财务回报。

② 根据中华人民共和国环保部2010年发布的《上市公司环境信息披露指南》，结合证监会2012版行业分类标准，本文选用的重污染行业上市企业包括：采矿、纺织、造纸及纸制品、石油、化工、化学纤维、黑色（有色）金属冶炼加工、橡胶塑胶、制药、皮毛制品。

③ 2010年环保部发布的《上市公司环境信息披露指南》的实施对象是重污染行业上市企业，第三条规定，重污染行业上市企业应当准确、及时、完整地披露环境信息，不得有虚假记载、误导性陈述或重大遗漏。

公司环境信息披露指南》，[①] 首次规定从 2011 年起，重污染行业上市企业应当定期披露环境信息，定期发布环境报告，其中就包括企业缴纳排污费的情况，因此本文将 2011 年作为样本的起始年份；二是为了减少政策干预导致的“噪音”《中华人民共和国环境保护税法》于 2018 年 1 月 1 日起正式实施，2003 年起实施的《排污费征收使用管理条例》同时废止，新环保税法将“排污费”变更为“环境税”，且在征管措施、征收标准、细分领域等方面较《排污费征收使用管理条例》更为严格，所以本文将 2017 年作为样本期间的结束年份，从而尽可能地减少政策影响。但需要说明的是，不论是环境税，还是排污费，它们的性质均是对企业负外部性的经济活动进行收费，环境税的征税对象、性质等相比排污费变化较小，因此不会影响本文的结论和政策启示。

本文的数据来源如下：（1）排污收费、环保补助的数据来源于上市企业年报附注以及《上市公司环境信息披露指南》强制要求重污染行业上市企业发布的年度环境报告，该项数据由我们手工收集得到；（2）上市企业绿色创新的数据来源于国家专利产权局（SIPO），相应数据由我们手工收集获得；（3）其余变量的数据来源于国泰安（CSMAR）数据库、万德（WIND）数据库、中国问题研究（CNRDS）数据库。

在收集原始数据的基础上，本文对原始数据进行了以下处理：（1）剔除样本期内被 ST 的企业；（2）删除变量观测值缺失的样本；（3）为了尽可能减少企业信息披露行为造成的干扰，剔除排污费和环保补助均为 0 样本；（4）控制极端值的影响，对所有连续变量进行上下 1% 的缩尾处理（Winsorise）。经过上述筛选，本文总共得到 1 600 个样本。

（二）变量定义

1. 排污收费、环保补助。本文从重污染行业上市企业依据《上市公司环境信息披露指南》所要求编制的年度环境报告，以及财务报表附注中，手工收集整理排污收费、环保补助的金额。为了增强文章可读性，我们计算排污收费、环保补助占企业总资产的百分比，将它们分别记为 Charge、Subsidy。在稳健性检验中，还将排污收费、环保补助采用营业收入标准化的方法加以度量。

2. 绿色创新。本文首先从中国国家知识产权局（SIPO）的检索页面对重污染行业上市企业的专利申请、专利授权情况，以及专利的 IPC 分类号进行手工检索，然后使用世界知识产权组织（WIPO）于 2010 年推出的“国际专利绿色分类清单”中的绿色专利 IPC 分类号，[②] 对从 SIPO 检索得到的企业层面专利类型进行匹配，从而得出企业每年申请、授权的绿色专利数。我们借鉴齐绍洲等（2018）的研究，将替代能源生产类（alternative energy production）、废弃物管理类（waste management）、能源节约类（energy conservation）专利作为绿色专利的具体项目。将每个样本的上述三项专利申请数相加，并加 1 后取自然对数，从而作为企业绿色创新活动的度量指标（TGreen），该值越大，企业绿色创新水平越高。

3. 控制变量。本文借鉴张璇等（2017）、齐绍洲等（2018）、张琦等（2019）的研究，选取 10 个可能影响企业绿色创新的指标作为控制变量。限于篇幅，我们仅列示控制变量的定义，而经济学含义和方向预期则留存备索。（1）企业规模（Size）：企业资产总额的自然对数；（2）资本结构（Lev）：负债总额/资产总额；（3）现金流水平（Cfo）：经营活动现金流量净额/资产总额；（4）企业成长性（Growth）：（本期营业收入 - 上期营业收入）/上期营业收入；（5）历史绩效（Lroa）：上期净利润/上期总资产；（6）市场势力（Market）：ln（销售收入/营业成本）；（7）资本密集度（Density）：ln（固定资产总额/员工人数）；（8）管理层激励（Share）：管理层持股/公司总股本；

---

① 《上市公司环境信息披露指南》第九条规定，重污染行业上市企业应当披露依法缴纳排污费的情况。因此，对重污染行业上市企业而言，自本文的样本区间 2011 年起，排污费便属于强制性信息披露的范畴。

② “国际专利绿色分类清单”的制定依据是《联合国气候变化框架公约》，具体见世界知识产权组织网站 https://www.Wipo.int/classifications/ipc/en/green_inventory/。

（9）CEO 公职背景（PC）：虚拟变量，当企业 CEO 曾在政府部门任职，则赋值为 1，否则赋值为 0；（10）CEO 任期（Tenure）：样本年份 - CEO 任职开始年份。

（三）模型设定

$$TGreen_{i,t} = \beta_0 + \beta_1 Charge_{i,t}(Subsidy_{i,t}) + \beta_n Controls + \sum Area + \sum Year + \xi \quad (1)$$

在模型（1）中，Area 和 Year 为省份和年度虚拟变量，本文主要关注的系数是如果排污收费、环保补助对企业绿色创新活动产生了促进效应，那么应该发现显著为正，反之应发现显著为负。此外，在研究过程中还将排污收费、环保补助放置于同一个模型进行回归检验。

五、实证检验结果分析

（一）变量描述性统计

表 1 显示，我国重污染行业上市企业绿色创新水平 TGreen 的均值为 0.208，中位数为 0，超过一半的重污染行业上市企业没有绿色创新产出，因此我国重污染行业上市企业的绿色创新水平整体较低。排污收费 Charge 的均值为 0.043，环保补助 Subsidy 的均值为 0.038，我国重污染行业上市企业缴纳排污费、获得环保补助的金额较为庞大。其余控制变量的描述性统计与已有研究（黎文靖和郑曼妮，2016；张璇等，2017；张琦等，2019）基本一致。

表 1　　变量描述性统计

变量	观测值	平均值	10% 分位数	中位数	90% 分位数	标准差
TGreen	1 600	0.208	0.000	0.000	0.693	0.497
Charge	1 600	0.043	0.000	0.000	0.131	0.100
Subsidy	1 600	0.038	0.000	0.008	0.086	0.100
Size	1 600	22.396	20.893	22.234	24.159	1.252
Lev	1 600	0.457	0.164	0.455	0.722	0.209
Cfo	1 600	0.054	-0.021	0.053	0.133	0.066
Growth	1 600	0.172	-0.162	0.099	0.447	0.524
Lroa	1 600	0.031	-0.009	0.026	0.091	0.051
Market	1 600	0.310	0.061	0.218	0.678	0.315
Density	1 600	12.954	11.936	12.924	13.981	0.813
Stmt	1 600	0.039	0.000	0.000	0.127	0.104
PC	1 600	0.229	0.000	0.000	1.000	0.421
Tenure	1 600	3.578	1.500	3.591	5.471	1.494

（二）组间均值、中位数差异检验

本文分别按照企业是否缴纳排污费、是否获得环保补助进行了分组均值、中位数差异检验，但限于篇幅，结果留存备索。未缴纳排污费组 TGreen 均值为 0.182，缴纳排污费组 TGreen 均值为

0.248，均值、中位数差异在1%的水平上显著，初步支持了排污收费的“倒逼”假说。未获得环保补助组TGreen均值为0.281，获得环保补助组TGreen均值为0.187，均值、中位数差异在1%的水平上显著，初步支持了环保补助的“挤出”假说。

（三）基本回归检验

表2显示，排污收费Charge的回归系数至少在5%的水平上显著为正，表明排污收费对企业绿色创新发挥了“倒逼”效应，而非“资源挤占”效应；环保补助Subsidy的回归系数至少在5%的水平上显著为负，表明环保补助对企业绿色创新产生了“挤出”效应，而非“资源补偿”效应。以列（2）、列（4）为例，排污收费提高1个标准差，企业绿色创新成果产出提高19.18%[(0.399×0.1)/0.208]，环保补助提高1个标准差，企业绿色创新成果产出减少13.03%[(0.271×0.1)/0.208]。其他控制变量的回归结果表明，企业规模越大、现金流越充沛、资本密度越大，绿色创新力度越强；而负债率越高、管理者任期越长，绿色创新水平越低，上述结论大都符合我们的理论预期。各变量方差膨胀因子检验（VIF检验）的结果表明，所有变量的VIF值均小于3，每个模型的整体VIF值最大为1.7，远小于10，故回归均不存在严重的多重共线性问题。

表2　　基本回归检验

变量	(1)	(2)	(3)	(4)	(5)	(6)
	TGreen	TGreen	TGreen	TGreen	TGreen	TGreen
Charge	0.298** (0.131)	0.399*** (0.125)			0.293** (0.130)	0.393*** (0.125)
Subsidy			-0.382*** (0.119)	-0.271** (0.119)	-0.385*** (0.125)	-0.262** (0.118)
Intercept	0.032 (0.068)	-3.539*** (0.297)	-0.054 (0.472)	-3.39*** (0.300)	0.048 (0.068)	-3.449*** (0.299)
控制变量	No	Yes	No	Yes	No	Yes
年度、地区	Yes	Yes	Yes	Yes	Yes	Yes
N	1 600	1 600	1 600	1 600	1 600	1 600
Adj - R^2	0.045	0.160	0.107	0.157	0.051	0.162

注：*、**、***分别表示回归系数在10%、5%、1%的水平上显著，括号内为聚类到企业层面的标准误。

（四）排污收费“倒逼”效应、环保补助“挤出”效应的检验

1. 排污收费的“倒逼”效应。根据本文的理论机理，外部压力和内部激励是排污收费“倒逼”企业绿色创新的具体表现。一方面，我们采用媒体报道作为外部压力的度量指标，媒体报道会使企业受到更广泛的外部关注，影响着利益相关者对企业的评价，增加了企业受到监管的可能性（Snyder and Stromberg，2010），提升了管理者危机意识。另一方面，本文采用前三名高管薪酬作为内部激励的度量指标，管理者是企业绿色创新战略的制订者和发起者，企业是否开展创新活动，很大程度上取决于管理者受到激励的程度（Brav et al.，2018）。对于外部压力，本文引入虚拟变量Cover，如果企业当年被媒体报道的数量大于样本中位数，那么Cover赋值为1，否则Cover赋值为0；对于内部激励，我们引入虚拟变量Salary，如果企业当年前三名高管薪酬水平大于样本中位数，那么Salary赋值为1，否则Salary赋值为0。表3显示Cover×Charge的回归系数均在1%的水平上显著为

正，表明当企业面临较多的媒体关注时，即当企业外部压力较大时，排污收费对企业绿色创新活动的“倒逼”效应越强；Salary × Charge 的回归系数均在 10% 的水平上显著为正，表明内部激励水平越高，排污收费对企业绿色创新活动“倒逼”效应越强。Cover × Subsidy、Salary × Subsidy 的回归系数均不显著。上述结果表明，外部压力和内部激励是排污收费“倒逼”企业绿色创新活动的具体表现，且上述效应对环保补助并不成立。

表 3　　排污收费的“倒逼”效应

变量	外部压力：媒体关注			内部激励：薪酬水平		
	(1)	(2)	(3)	(4)	(5)	(6)
	TGreen	TGreen	TGreen	TGreen	TGreen	TGreen
Charge	0.0692 (0.163)		0.0631 (0.163)	0.144 (0.190)		0.136 (0.190)
Subsidy		-0.154 (0.148)	-0.157 (0.147)		-0.271* (0.150)	-0.263* (0.150)
Cover × Charge	0.720*** (0.233)		0.710*** (0.233)			
Cover × Subsidy		-0.314 (0.242)	-0.276 (0.241)			
Cover	0.00784 (0.0290)	0.0525* (0.0287)	0.0171 (0.0303)			
Salary × Charge				0.405* (0.241)		0.408* (0.241)
Salary × Subsidy					0.000486 (0.238)	0.00357 (0.238)
Salary				-0.0195 (0.0284)	-0.000158 (0.0283)	-0.0196 (0.0297)
截距、控制变量	Yes	Yes	Yes	Yes	Yes	Yes
年度、地区	Yes	Yes	Yes	Yes	Yes	Yes
N	1 600	1 600	1 600	1 600	1 600	1 600
Adj - R^2	0.165	0.158	0.167	0.161	0.156	0.162

注：*、**、*** 分别表示回归系数在 10%、5%、1% 的水平上显著，括号内为聚类到企业层面的标准误。

2. 环保补助的“挤出”效应。根据本文的理论机理，迎合政府与管理者机会主义是环保补助“挤出”企业绿色创新的具体表现。第一，本文采用企业环保投资作为迎合政府的代理变量。近年来环境绩效在地方政府官员考核中的权重逐渐增加，在环境规制高压下，地方政府会向企业发放环保补助，并要求企业承担保护环境的责任，同时企业收到环保补助后，也会迎合地方政府的环保要求，将更多的资金用于环保直接投资（张琦等，2019）。① 第二，由于政府与企业之间存在信息不对称，政府补助很有可能被管理层用以谋求私人收益，杨国超等（2017）发现政府扶持容易滋生企业在创新活动过程中的机会主义，企业为“面子工程”而进行的操控活动损害了研发绩效；孔东民

① 与绿色创新不同，环保直接投资是企业为减少环境污染而付出的额外成本，对企业而言产生更多的是社会效益，而不是经济效益（Clarkson et al.，2004）。因此环保直接投资体现了“迎合政府”的特征。

等（2013）发现企业攫取政府补助的一个重要动机是满足自身操控盈余的需要；王红建等（2014）发现企业会为“寻求扶持”而进行盈余操控，扭曲了资源的最优配置。罗伊乔杜里（Roychowdhury，2006）指出，操控企业生产经营活动是管理者满足短期利益目标的重要手段，其所提出的真实活动操控模型被广泛应用于刻画管理者的机会主义行为（陈德球和陈运森，2018）。故本文选用罗伊乔杜里（2006）的真实活动操控模型，考察管理者操控生产经营活动的机会主义行为。

对于企业迎合政府，我们考察企业当年是否开展环保投资活动（Invest），如果企业当年进行环保直接投资，或直接参与了环境治理，那么 Invest 赋值为 1，否则 Invest 赋值为 0。

对于机会主义，我们设置虚拟变量 REM，如果企业当年罗伊乔杜里（2006）模型回归残差大于样本中位数，那么 REM 赋值为 1，否则 REM 赋值为 0。表 4 显示 Invest × Subsidy 的系数均为负，表明重污染行业上市企业的环保直接投资是环保补助“挤出”企业绿色创新活动的表现；REM × Subsidy 的回归系数均显著为负，表明管理者的机会主义行为同样是环保补助“挤出”企业绿色创新活动的表现。Invest × Charge、REM × Charge 的系数没有支持“挤出”效应。上述结果表明，迎合政府和机会主义是环保补助“挤出”企业绿色创新活动的具体表现，且上述效应对排污收费并不成立。

表 4　　环保补助的“挤出”效应

变量	迎合政府：环保直接投资			机会主义：生产经营活动操控		
	(1)	(2)	(3)	(4)	(5)	(6)
	TGreen	TGreen	TGreen	TGreen	TGreen	TGreen
Charge	0.282** (0.129)		0.278** (0.129)	0.327* (0.168)		0.336** (0.168)
Subsidy		−0.206 (0.128)	−0.203 (0.127)		0.0846 (0.208)	0.0964 (0.207)
Invest × Charge	1.163* (0.398)		1.097** (0.399)			
Invest × Subsidy		−0.536* (0.322)	−0.448 (0.321)			
Invest	0.122* (0.0376)	0.188*** (0.0369)	0.144** (0.0397)			
REM × Charge				0.158 (0.241)		0.132 (0.240)
REM × Subsidy					−0.523** (0.249)	−0.527** (0.249)
REM				0.0851** (0.0308)	0.114** (0.0307)	0.109** (0.0326)
截距、控制变量	Yes	Yes	Yes	Yes	Yes	Yes
年度、地区	Yes	Yes	Yes	Yes	Yes	Yes
N	1 600	1 600	1 600	1 600	1 600	1 600
Adj − R^2	0.175	0.170	0.178	0.165	0.164	0.169

注：*、**、*** 分别表示回归系数在 10%、5%、1% 的水平上显著，括号内为聚类到企业层面的标准误。

六、进一步研究

（一）地区提高排污费标准的准自然试验

排污收费和环保补助是将外部性问题内部化的政策工具，鉴于外部性问题的内部化可能会造成内生性问题，此处我们采用相对外生的事件，使用准自然实验的方法，检验排污收费对企业绿色创新的影响。我国现行的排污收费制度起源于 2003 年 3 月国务院颁布的《排污费征收使用管理条例》，为完成“十一五”期间的节能减排目标，2007 年 5 月国务院发布了《节能减排综合性工作方案》，将二氧化硫的排污费标准提高了一倍。该项方案发布之后，各省份的排污费标准陆续上调，截至 2017 年底，一共有 15 个省市陆续全面调整了排污费标准。在本文的样本期间内，共有 4 个省份提高了排污费标准，分别是新疆（2012. 8. 1）、北京（2014. 1. 1）、宁夏（2014. 3. 1）、浙江（2014. 4. 1）。本文设置虚拟变量 Rise × Post，表示样本期内提高了排污费标准的省份（Rise，处理组）在提高排污费标准之后（Post）的观测值，并赋值为 1，其余观测值赋值为 0。

表 5 中列（1）、（2）对全部样本进行检验，列（3）、（4）采用 PSM 的方法，将处理组的样本与控制组的样本进行一对一匹配后，保留满足共同支撑假设的样本进行检验。列（1）、（3）中 Rise × Post 的回归系数不显著，原因可能是来自企业和地区层面的异质性，尽管地区提高了排污费的标准，但不是所有企业都对此敏感。列（2）、（4）中交互项 Rise × Post × Charge_dummy 的回归系数分别在 1% 和 5% 的水平上显著为正，表明当地区提高排污费标准后，相比没有缴纳排污费的企业，缴纳排污费的企业开展了更多绿色创新活动。该结果从相对外生的角度检验了排污收费的“倒逼”效应。

表 5　　地区提高排污费标准的准自然试验

变量	原始样本		PSM 配对样本	
	（1）	（2）	（3）	（4）
	TGreen	TGreen	TGreen	TGreen
Rise × Post	-0. 0219 （0. 0657）	-0. 157* （0. 0810）	0. 0640 （0. 104）	-0. 0756 （0. 117）
Charge_dummy		0. 0160 （0. 0276）		0. 0407 （0. 0413）
Rise × Post × Charge_dummy		0. 256 （0. 0898）		0. 363 （0. 142）
截距、控制变量	Yes	Yes	Yes	Yes
年度、地区	Yes	Yes	Yes	Yes
N	1 600	1 600	741	741
Adj - R^2	0. 155	0. 158	0. 139	0. 145

注：*、**、*** 分别表示回归系数在 10%、5%、1% 的水平上显著，括号内为聚类到企业层面的标准误。

（二）排除干扰因素

1. 信息披露问题。尽管本文在样本选择方面尽可能控制了企业信息披露问题的干扰，然而我国重污染行业上市企业环境信息披露违规的现象屡见不鲜。由于企业信息披露行为会影响资本市场估值和未来盈利能力（Chen et al.，2018），因此企业会选择性地披露，如排污费、环保补助等信息。如果企业因违规披露招致的处罚成本小于隐藏环境利空消息所带来的收益，那么企业仍然会选择隐藏坏消息，故信息披露这一干扰性因素需进一步排除。为此，在检验排污收费对企业绿色创新的影响时，我们只保留排污费不为 0 的样本；在检验环保补助对企业绿色创新的影响时，我们只保留环保补助不为 0 的样本。检验结果显示，排污收费 Charge 的回归系数在 1% 的水平上显著为正，环保补助 Subsidy 的回归系数在 10% 的水平上显著为负，该检验分别将没有披露排污费、没有披露环保补助的“干扰性”样本完全剔除，排除了信息披露的干扰性因素。

2. 企业战略差异。缴纳排污费的企业与获得环保补助的企业间可能存在与战略相关的差异，一方面，采取非市场战略的企业更倾向于保持较好的政企关系，并使其更容易获得环保补助，但缺乏足够动力进行绿色创新；另一方面，采取市场战略的企业较少建立政企关系，因此更可能向政府缴纳排污费，同时又难以获得环保补助，但拥有足够动力进行绿色创新。为了排除企业战略差异的干扰性因素，我们仅保留那些既缴纳了排污费，又获得了环保补助的样本，因此“两类企业”变为“同一企业”，克服了企业战略差异的影响。检验结果显示，排污收费 Charge 的回归系数均在 1% 的水平上显著为正，而环保补助 Subsidy 的回归系数均为负。因此，排污收费和环保补助对绿色创新的差异化影响，是由政策工具本身，而非企业固有战略所引起的。

（三）自选择偏差

排污收费和环保补助作为我国现阶段环境规制体系中最重要的两个政策工具，其目的在于将环境成本融入企业管理者的成本与收益权衡之中，激励企业积极开展对环境有利的活动。但就研究本身而言，外部性问题的内部化在一定程度上加剧了内生性问题，即企业缴纳排污费、获得环保补助是企业内生化决策的结果。此处我们采用 Heckman 两步法，对内生性问题予以控制。

Heckman 检验分为两个步骤进行，在第一阶段，我们使用 Probit 模型回归，因变量为企业是否缴纳了排污费 Charge_dummy、企业是否获得了环保补助 Subsidy_dummy。如果企业缴纳了排污费（获得了环保补助），则 Charge_dummy（Subsidy_dummy）赋值为 1，否则赋值为 0。同时，由于企业某项决策活动容易受到同行业、同地区其他企业相同活动的影响（Kaustia and Rantala，2015），为此我们分别计算同行业、同地区其他上市企业缴纳排污费（获得环保补助）的均值，作为企业是否缴纳排污费（获得环保补助）的工具变量。在第二阶段，我们将第一阶段得到的逆米尔斯比率（Inverse Mills Ratio）加入模型（1）进行回归。结果显示，在第一阶段，工具变量的回归系数均在 1% 的水平上显著为正，表明工具变量是有效的；在第二阶段，Charge 的回归系数在 1% 的水平上显著为正，Subsidy 的回归系数在 10% 的水平上显著为负。因此在控制了企业是否缴纳排污费、是否获得环保补助的内生性问题后，结果仍然支持了排污收费“倒逼”企业绿色创新、环保补助“挤出”企业绿色创新的结论。

（四）企业资源基础的影响

企业所拥有的资源是影响决策的重要因素，奥斯特隆德（Ostlund，1994）基于资源基础观，认为对所拥有资源的依赖性决定了企业对环境规制的反应，是企业在环境管理方面必须考虑的刚性因素。绿色创新项目风险高、投资大、周期长，在成果转化与创造经济效益等方面具有较强的不确定性，因此企业进行绿色创新的积极性容易受到企业固有资源的影响，资源基础较弱的企业开展创新活动的意愿更低。我们从财务资源、人力资源两个方面，考察企业资源基础如何影响异质性环境规制工具与企业绿色创新活动的关系。

对于财务资源，我们选用哈德洛克和皮尔斯（Hadlock and Pierce，2010）提出的SA指数加以度量，$SAindex = -0.737 \times size + 0.043 \times size^2 - 0.04\ Xage$，该值越小，企业受到的融资约束越低，财务资源实力越强。我们引入虚拟变量 Finance，当 SAindex 小于样本中位数时，Finance 赋值为1，否则赋值为0。对于人力资源，我们采用管理者持股比例加以度量，能力较强的管理者更容易实现股权激励计划所要求的条件，表现在持有企业较多的股票。高能力管理者拥有较强的创新意识，能够领导企业创造相对竞争对手的独特竞争优势（Demerjian et al.，2013）。本文引入虚拟变量 Ability，当管理者持股比例大于样本中位数时，Ability 赋值为1，否则赋值为0。结果显示 Finance × Charge、Abiloty × Charge 的回归系数均在1%的水平上显著，表明当企业资源基础较强时，排污收费对企业绿色创新活动的"倒逼"效应更加明显；Finance × Subsidy 的回归系数均没有支持较强资源基础企业的环保补助能够促进其绿色创新。

（五）异质性环境规制工具与企业绿色专利类型

相当一部分企业的创新活动并非出于提升竞争力、创造差异化产品、推动生产方式变革的动机，而是将创新作为一种"策略性"活动，片面追求创新的数量和金额，而不注重创新的质量（Kelm et al.，1995）。诸多研究表明，只有发明专利才是企业创新实力的真正体现（黎文靖和郑曼妮，2016），为此本文进一步将企业绿色创新专利的类型区分为绿色发明专利和绿色实用新型专利，并使用模型（1）重新检验。

表6的列（1）~（3）以绿色发明专利申请数量加1取自然对数的结果 IGreen 作为因变量，列（4）~（6）以绿色实用新型专利申请数量加1取自然对数的结果 UGreen 作为因变量。列（1）~（3）显示排污收费 Charge 的回归系数均在1%的水平上显著为正，环保补助 Subsidy 的回归系数均在10%的水平上显著为负，表明排污收费"倒逼"了企业绿色发明专利的产出，而环保补助"挤出"了企业绿色发明专利的产出。列（4）~（6）显示环保补助 Subsidy 的回归系数均在10%的水平上显著为负，表明环保补助对重污染企业绿色实用新型专利产生了"挤出"效应。综上所述，排污收费真正"倒逼"重污染企业产生了更多绿色发明专利成果，真正提升了企业绿色创新能力，而环保补助"挤出"了企业绿色创新活动。

表6　　异质性环境规制工具与企业绿色专利类型

变量	绿色发明专利申请			绿色实用新型专利申请		
	(1)	(2)	(3)	(4)	(5)	(6)
	IGreen	IGreen	IGreen	UGreen	UGreen	UGreen
Charge	0.267*** (0.0806)		0.263*** (0.0806)	0.135 (0.0997)		0.131 (0.0996)
Subsidy		-0.146* (0.0764)	-0.140* (0.0762)		-0.181* (0.0942)	-0.178* (0.0942)
截距、控制变量	Yes	Yes	Yes	Yes	Yes	Yes
年度、地区	Yes	Yes	Yes	Yes	Yes	Yes
N	1 600	1 600	1 600	1 600	1 600	1 600
$Adj-R^2$	0.104	0.100	0.105	0.152	0.153	0.153

注：*、**、*** 分别表示回归系数在10%、5%、1%的水平上显著，括号内为聚类到企业层面的标准误。

七、稳健性检验

（一）改变自变量度量方式

本文将排污收费和环保补助采用营业收入标准化的计算方法，分别定义为排污费占企业营业收入的百分比（Charge2）、环保补助占营业收入的百分比（Subsidy2），然后使用模型（1）重新检验。结果显示，Charge2 的回归系数均在 5% 的水平上显著为正，Subsidy2 的回归系数均在 5% 的水平上显著为负。该结果没有改变本文的主要研究结论。

（二）改变因变量度量方式

本文采用另外三种方法度量企业绿色创新，并利用模型（1）重新检验。第一，使用（1 + 企业当年绿色专利授权数）取自然对数（Grants）；第二，使用（1 + 企业当年全部专利申请数）取自然对数（Total_patent）；第三，陈强远等（2020）通过机器学习、文本分析、语义引用，对企业专利的创新基因进行提取，创新性地建立了衡量我国企业创新专利质量的测度指标，本文使用这一方法，将专利量（Quality）定义为 ln（1 + 专利知识基因数），重新检验排污收费、环保补助如何影响企业专利质量。结果显示，不论如何更改因变量，排污收费 Charge 的回归系数均显著为正，而环保补助 Subsidy 的回归系数均为负。上述结果与本文的研究结论保持一致。

（三）改变计量模型

本文使用其他计量模型重新检验。一方面，将企业绿色创新定义为虚拟变量 TGreen_dummy，采用 Logit 模型进行检验；另一方面，使用 Tobit 模型对绿色创新左侧截取样本的偏误加以控制。结果显示，不论选用哪种计量模型，排污收费 Charge 的回归系数显著为正，而环保补助 Subsidy 的回归系数均显著为负。该结果与本文的研究结论保持一致。

（四）改变时间序列

考虑到企业绿色创新成果的形成需要一定时间，此处我们考察当期的排污收费、环保补助对未来期间企业绿色创新活动的影响，TGreen（t + 1）表示下一期企业的绿色创新水平。结果显示，排污收费 Charge 的回归系数均在 5% 的水平上显著为正，环保补助 Subsidy 的回归系数均在 10% 的水平上显著为负。上述结论与本文的主要结论保持一致。

（五）克服样本选择偏误

考虑到并不是所有的企业都缴纳排污费或获得环保补助，本文进一步采用 PSM 倾向评分匹配方法，针对排污收费、环保补助分别生成虚拟变量 Charge_dummy、Subsidy_dummy。当企业缴纳的排污费不为 0 时，Charge_dummy 赋值为 1，否则赋值为 0；同理，当企业获得的环保补助不为 0 时，Subsidy_dummy 赋值为 1，否则赋值为 0。随后我们采用 Logit 模型，将所有特征变量（控制变量）分别对 Charge_dummy、Subsidy_dummy 进行回归，计算倾向得分值，保留满足共同支撑假设的样本，然后使用模型（1）重新检验。结果没有改变本文的主要结论。

八、结论与政策建议

排污收费和环保补助是我国现行环境规制体系中两个异质性的政策工具，虽然它们均旨在实现外部性问题的内部化，但发挥作用的机理却存在差异。阿西莫格鲁等（Acemoglu et al.，2012）主张使用污染收费和创新补贴的政策工具组合，实现绿色技术创新与节能减排。差异化地分析中国情境下排污收费、环保补助发挥作用的微观机理，对于政府合理执行环境规制政策，提升企业绿色竞争力，实现经济增长与环境保护的"共赢"具有重要意义。

本文以中国A股重污染行业上市企业2011～2017年的数据作为样本，手工收集了排污收费、环保补助、绿色创新的有关信息，实证检验了异质性环境规制工具对企业绿色创新活动的影响。结果发现排污收费增强了企业绿色创新能力，产生了"倒逼"效应，这一"倒逼"效应表现在外部压力和内部激励；环保补助却减弱了企业绿色创新能力，产生了"挤出"效应，这一"挤出"效应表现在迎合政府与管理者机会主义，在控制内生性、排除干扰性因素、改变变量定义等稳健性检验后，该结论依然成立。进一步研究发现，企业资源基础实力越强，排污收费对企业绿色创新的"倒逼"效应越明显，但环保补助不存在上述效应，同时排污收费"倒逼"企业创造了更多绿色发明专利成果，而环保补助对企业绿色发明专利和绿色实用新型专利都产生了"挤出"效应。可见，环境规制具有两面性，这种两面性来自异质性环境规制工具对微观企业决策产生了差异化的影响。本文为已有研究关于环境规制与企业竞争力是"冲突"还是"协调"的争论提供了进一步的证据，探索了激励企业绿色创新活动的有效途径，诠释了如何实现环境保护与企业竞争力"共赢"。基于本文的研究，我们提出以下四条政策建议：

第一，进一步强化对企业污染环境行为的收费。政府应当探索更加合理的环境收费依据，加强环境税的执法力度，充分发挥排污收费这一环境规制工具的"倒逼"效应。在具体实施过程中，充分发挥社会公众、媒体在推动企业节能减排、绿色创新方面的积极作用，完善政府执法信息公开、公众信访举报等机制，建立政府与社会公众、媒体之间的有效沟通渠道，坚决曝光企业污染环境的行为，并予以法律惩戒。同时，对研发出绿色创新知识产权和工艺流程、将绿色创新成果广泛应用于生产的企业负责人和研发人员进行表彰、宣传、物质奖励。

第二，加强对企业绿色创新活动的扶持，而非局限于对企业环保直接投资的扶持，从而实现经济增长与环境保护的"双重红利"。同时在扶持企业绿色创新的过程中，应当建立合理的评价机制，实现程序透明化，防止部分企业通过寻租活动攫取补贴资源。

第三，落实环境规制应充分考虑企业的异质性，对于资源基础较好的企业，政府应强化环境监管，克服企业创新动力不足的惰性，充分发挥污染收费这一政策工具的"倒逼"效应。而对于资源基础较差的企业，政府应当拓宽其融资渠道，强化绿色信贷支持，减少信贷歧视，鼓励绿色创新，同时强化对其环保专用资金投向的监控，防范企业机会主义行为。

第四，在应对环境规制的过程中，环保直接投资固然是企业积极参与环境治理、承担社会责任的重要表现，但作为利润的追求者，为了实现股东财富的创造，企业更应当强化绿色创新活动，激励管理者树立绿色创新理念，制定绿色创新战略，培育研发人员绿色创新意识，从而在尽可能减少负外部性经济活动的同时，打造独特的竞争优势。

参考文献：

1. 包群、邵敏、杨大利：《环境管制抑制了污染排放吗?》，载于《经济研究》2013年第12期。

2. 陈强远、林思彤、张醒：《中国技术创新激励政策：激励了数量还是质量》，载于《中国工业经济》2020年第4期。

3. 陈德球、陈运森：《政策不确定性与上市公司盈余管理》，载于《经济研究》2018 年第 6 期。

4. 范子英、赵仁杰：《法治强化能够促进污染治理吗？——来自环保法庭设立的证据》，载于《经济研究》2019 年第 3 期。

5. 金刚、沈坤荣：《以邻为壑还是以邻为伴？——环境规制执行互动与城市生产率增长》，载于《管理世界》2018 年第 12 期。

6. 孔东民、刘莎莎、王亚男：《市场竞争、产权与政府补贴》，载于《经济研究》2013 年第 2 期。

7. 黎文靖、郑曼妮：《实质性创新还是策略性创新？——宏观产业政策对微观企业创新的影响》，载于《经济研究》2016 年第 4 期。

8. 李维安、张耀伟、郑敏娜、李晓琳、崔光耀、李惠：《中国上市公司绿色治理及其评价研究》，载于《管理世界》2019 年第 5 期。

9. 齐绍洲、林屾、崔静波：《环境权益交易市场能否诱发绿色创新？——基于我国上市公司绿色专利数据的证据》，载于《经济研究》2018 年第 12 期。

10. 王红建、李青原、邢斐：《金融危机、政府补贴与盈余操纵——来自中国上市公司的经验证据》，载于《管理世界》2014 年第 7 期。

11. 杨国超、刘静、廉鹏、芮萌：《减税激励、研发操纵与研发绩效》，载于《经济研究》2017 年第 8 期。

12. 张琦、郑瑶、孔东民：《地区环境治理压力、高管经历与企业环保投资——一项基于〈环境空气质量标准（2012）〉的准自然实验》，载于《经济研究》2019 年第 6 期。

13. 张璇、刘贝贝、汪婷、李春涛：《信贷寻租、融资约束与企业创新》，载于《经济研究》2017 年第 5 期。

14. Acemoglu, D., P. Aghion, L. Bursztyn, and D. Hemous, 2012, "The Environment and Directed Technical Change", *American Economic Review*, 102 (1), 131-166.

15. Ambec, S., and P. Barla, 2002 "A Theoretical Foundation of the Porter Hypothesis", *Economics Letters*, 75 (3), 355-360.

16. Barney, J., 1991, "Firm Resources and Sustained Competitive Advantage", *Journal of Management*, 17 (1), 99-120.

17. Berrone, P., A. Fosfuri, L. Gelabert, and L. R. Gomez-Mejia, 2013, "Necessity as the Mother of" Green' Inventions: Institutional Pressures and Environmental Innovations, *Strategic Management Journal*, 34 (8), 891-909.

18. Brav, A., W. Jiang, S. Ma, and X. Tian, 2018, "How Does Hedge Fund Activism Reshape Corporate Innovation?", *Journal of Financial Economics*, 130 (2), 237-264.

19. Buysse, K., and A. Verbeke, 2003, "Proactive Environmental Strategies: A Stakeholder Management Perspective", *Strategic Management Journal*, 24 (5), 453-470.

20. Chen, Y., M. Hung, and Y. Wang, 2018, "The Effect of Mandatory CSR Disclosure On Firm Profitability and Social Externalities: Evidence From China", *Journal of Accounting and Economics*, 65 (1), 169-190. 206

21. Clarke, R. A., R. N. Stavins, J. L. Greeno, J. L. Bavaria, F. Cairncross, D. C. Esty, B. Smart, J. Piet, R. P. Wells, R. Gray, K. Fischer, and J. Schot, 1994, "The Challenge of Going Green", *Harvard Business Review*, 72 (4), 37-48.

22. Clarkson, P. M., Y. Li, and G. D. Richardson, 2004, "The Market Valuation of Environmental Capital Expenditures by Pulp and Paper Companies", *Accounting Review*, 79 (2), 329-353.

23. Demerjian, P. R., B. Lev, M. F. Lewis, and S. E. Mcvay, 2013, "Managerial Ability and Earnings Quality", *Accounting Review*, 88 (2), 463-498.

24. Grossman, G. M., and E. Helpman, 2018, "Growth, Trade, and Inequality", *Econometrica*, 86 (1), 37-83.

25. Hadlock, C. J., and J. R. Pierce, 2010, "New Evidence on Measuring Financial Constraints: Moving Beyond the KZ Index", *Review of Financial Studies*, 23 (5), 1909-1940.

26. Harford, J. D., 1978, "Firm Behavior Under Imperfectly Enforceable Pollution Standards and Taxes", *Journal of Environmental Economics and Management*, 5 (31), 26-43.

27. Hart, S., 1995, "A Natural-Resource-Based View of the Firm", *Academy of Management Review*, 20 (4), 986-1014.

28. Henriques I. and P. Sadorsky 1996 "The Determinants of an Environmentally Responsive Firm: An Empirical

Approach" *Journal of Environmental Economics and Management*, 30 (3), 381 –395.

29. Kaustia, M. , and V. Rantala, 2015, "Social Learning and Corporate Peer Effects", *Journal of Financial Economics*, 117 (3), 653 –669.

30. Kelm, K. M. , V. K. Narayanan, and G. E. Pinches, 1995, "Shareholder Value Creation During R&D Innovation and Commercialization Stages", *Academy of Management Journal*, 38 (3), 770 –786.

31. Magat, W. A. 1978, "Pollution Control and Technological Advance: A Dynamic Model of the Firm", *Journal of Environmental Economics and Management*, 5 (1), 1 –25.

32. Manso, G. , 2011, "Motivating Innovation", *Journal of Finance*, 66 (5), 1823 –1860.

33. Montmartin, B. , and M. Herrera, 2015, "Internal and External Effects of R&D Subsidies and Fiscal Incentives: Empirical Evidence Using Spatial Dynamic Panel Models", *Research Policy*, 44 (5), 1065 –1079.

34. Murphy, K. M. , A. Shleifer, and R. W. Vishny, 1993, "Why is Rent –Seeking so Costly to Growth?", *American Economic Review*, 83 (2), 409 –414.

35. Ostlund, S. , 1994, "The Limits and Possibilities in Designing the Environmentally Sustainable Firm", *Business Strategy and the Environment* , 3 (2), 21 –33.

36. Palmer, K. , W. E. Oates, and P. R. Portney, 1995, "Tightening Environmental Standards: The Benefit-cost Or the No-cost Paradigm?", *Journal of Economic Perspectives*, 9 (4), 119 –132.

37. Petroni, G. , B. Bigliardi, and F. Galati, 2019, "Rethinking the Porter Hypothesis: The Underappreciated Importance of Value Appropriation and Pollution Intensity", *Review of Policy Research*, 36 (1), 121 –140.

38. Porter, M. E. , and C. Van der Linde, 1995, "Toward a New Conception of the Environment –Competitiveness Relationship", *Journal of Economic Perspectives*, 9 (4), 97 –118.

39. Romer, P. M. , 1990, "Endogenous Technological Change", *Journal of Political Economy*, 98 (5), 71 –102.

40. Roychowdhury S. 2006, "Earnings Management through Real Activities Manipulation" *Journal of Accounting and Economics* , 42 (3), 335 –370.

41. Rugman A. M. and A. Verbeke, 1998, "Corporate Strategies and Environmental Regulations: An Organizing Framework" *Strategic Management Journal* , 19 (4), 363 –375.

42. Shleifer, A. , and R. W. Vishny, 1994, "Politicians and Firms", *Quarterly Journal of Economics*, 109 (4), 995 –1025.

43. Snyder, J. , and D. Stromberg, 2010, "Press Coverage and Political Accountability", *Journal of Political Economy*, 118 (2), 355 –408.

44. Stiglitz, J. E. , 2015, "Leaders and Followers: Perspectives on the Nordic Model and the Economics of Innovation", *Journal of Public Economics*, 127, 3 –16.

45. Wei Z. H. Shen K. Z. Zhou and J. J. Li, 2017, "How Does Environmental Corporate Social Responsibility Matter in a Dysfunctional Institutional Environment? Evidence From China", *Journal of Business Ethics*, 140 (2), 209 –223.

46. Xu, X. D. , S. X. Zeng, H. L. Zou, and J. J. Shi, 2016, "The Impact of Corporate Environmental Violation On Shareholders'Wealth: A Perspective Taken From Media Coverage", *Business Strategy and the Environment*, 25 (2), 73 –91.

（本文载于《经济研究》2020 年第 9 期）

中国煤矿安全治理：被忽视的成功经验

聂辉华　李　靖　方明月

摘　要：中国曾经是全球矿难最严重的地区，但是中国在过去20年里成功地遏制了矿难频发的趋势，极大地降低了煤矿死亡率。文章在梳理1949～2018年煤矿监管体制的基础上，整理了关于矿难的翔实数据，并在一个统一的政企关系框架下总结了中国成功治理矿难的三条经验。第一，在政策目标上，中国巧妙地在经济增长和生产安全两者之间权衡取舍；第二，在制度设计上，中国将煤矿生产部门和安全监管部门分立；第三，在治理体系上，中国构建了以垂直管理为主、群众监督为辅的多元治理体系。中国在煤矿领域的成功治理经验，为其他领域的公共治理问题提供了有益启发。

关键词：矿难　安全生产　治理　政企合谋

一、导　　论

诺贝尔经济学奖得主诺斯认为，政府的主要职责是向公民提供保护和公正（North，1981）。最重要的保护对象当然是公民的生命。因此，除了战争、自然灾害和流行病，确保安全生产就是和平时期政府的主要职责之一。在安全生产领域，煤矿事故（简称“矿难”）往往是重灾区。历史上，至少发生过两次死亡人数超过千人的矿难：一次是1906年法国库里耶耳矿难，导致1 140人死亡；另一次是1942年辽宁本溪矿难，导致1 594人死亡，这也是人类历史上最严重的矿难（胡尘白和翁发春，2012）。对于中国来说，矿难治理是国家治理的重要任务，也是衡量国家治理水平的重要标志。这有两方面的原因：第一，煤炭是中国最重要的能源，中国也是全球最大的煤炭生产国。2018年，中国能源消费总量是46.4亿吨标准煤，其中煤炭消费量占能源消费总量的59.0%。[①] 高峰期，中国70%左右的能源供应依赖煤炭（Wang，2006）。中国的煤炭产量在过去十年一直稳居世界第一，占比从2007年的44%上升到了2017年的46%。[②] 第二，中国的矿难死亡人数位居全球最高。根据官方估计，2003年中国生产了全世界35%的煤炭，但是却出现了80%的矿难死亡人数。[③]

由于矿难频仍，中国在安全生产领域面临严峻形势。2000～2010年，中国每年因矿难死亡的平均人数高达4 870人，而美国同期每年矿难死亡人数仅为33人。最高峰的2002年，中国死亡6 995人，美国死亡27人，前者是后者的259倍。[④] 考虑到煤炭产量与死亡人数正相关的因素，国际上一般按每百万吨煤的死亡人数（百万吨煤死亡率）来衡量安全生产水平。即便如此，1988～2002年中国煤矿百万吨煤死亡率也远高于美国、日本和德国等发达国家，甚至比非洲和印度等发展中国家高几十倍（聂辉华和蒋敏杰，2011）。

---

① 数据来自国家统计局《2018年国民经济和社会发展统计公报》。网址 http：//www.stats.gov.cn/tjsj/zxfb/201902/t20190228_1651265.html。

② 数据来自《BP世界能源统计年鉴》2018版，网址 https：//www.bp.com/zh_cn/china/reports－and－publications/_bp_2018－_.html。

③ 参考“Coal mining：Most deadly job in China”，China Daily，Nov.13，2004，http：//www.chinadaily.com.cn/english/doc/2004－11/13/content_391242.htm。

④ 中国矿难数据来自历年《中国煤炭工业年鉴》，美国矿难数据来自劳工部煤矿安全与健康管理署网站。

但是，很多人可能忽视了中国在矿难治理方面的快速进步。将视角从2000年一直延伸到最近时，我们发现：中国的煤矿安全治理水平已经有了极大地提高。图1显示了2001～2018年中国每年的矿难死亡人数和百万吨煤死亡率。① 无论是死亡人数还是死亡率，从2002年开始都呈现出急剧下降的趋势。2001年矿难死亡人数是5 670人，死亡率是5.3，而2018年死亡人数为333人，死亡率为0.093，历史上首次低于0.1。2018年和2001年相比，死亡人数减少了94.13%，平均每年减少5.23%。从死亡率来看，0.093这一数值相当于美国1986年的安全水平（0.09）。考虑到中国是一个发展中国家，而且大部分煤矿都是地下煤矿，而美国大部分为露天煤矿，我们认为中国的矿难治理水平已经达到了一个成功的高峰。② 与其他公共治理（例如环境污染）相比，煤矿治理应该是近20年来最成功的公共管理实践之一。然而，中国的煤矿治理经验似乎没有引起足够的重视。因此，本文的主要目的就是分析新中国成立至今矿难治理的特征事实和成功经验。

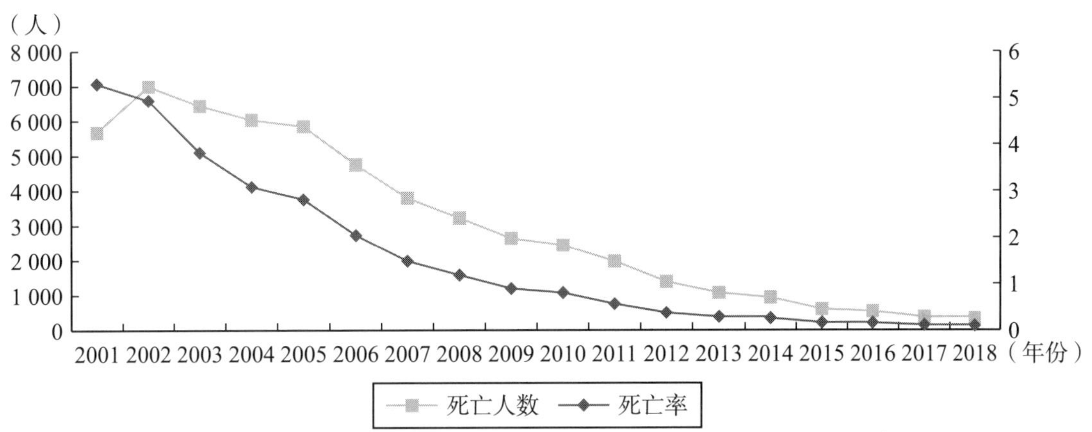

图1 2001～2018年中国矿难死亡人数和百万吨煤死亡率

本文认为，中国矿难治理的成功经验可以概括为以下三点：第一，在政策目标上，中国巧妙地在经济增长和生产安全两者之间权衡取舍，这是矿难得以遏制的大前提；第二，在制度设计上，中国将煤矿生产部门和安全监管部门分立，避免了代理人的多任务冲突问题；第三，在治理体系上，中国构建了以垂直管理为主、群众监督为辅的多元治理体系，既避免了公共代理难题，又解决了信息不对称难题。

接下来，我们首先概述学术界关于中国矿难频发的主要原因和对策，然后通过翔实的数据归纳中国矿难的特征事实，继而用一个政企关系框架来分析中国矿难治理的成功经验，最后是一个总结。

二、对矿难治理的多维文献分析

国内外学者关于矿难的研究主要体现在矿难原因上，并且可以概括为以下四个维度。③ 第一个维度是从工程技术上解释矿难爆发的原因。张同乐和毕顺堂（2006）归纳了导致矿难频发的几个技术性原因：违背煤炭开掘规律，超负荷生产（煤炭产量有时一年增加48%），井下采掘容易引起自然灾害。高建宁（2013）以1 500余个案例为基础，将引发矿难的自然因素和技术因素概括为瓦斯、煤尘、自然发火、水文地质条件、顶板条件、地质构造六大类。

① 笔者根据《中国煤炭工业统计资料汇编（1949～2009）》以及历年《中国煤炭工业年鉴》相关数据整理。

② 美国在20世纪初期，矿难死亡人数曾高达3 000人，1930年才降到2 000余人，1948年降到1 000人以下，1984年降到100人以下。从下降速度来看，中国比美国更快。

③ 相关综述可参考聂辉华（2015）和聂辉华等（2017）。

第二个维度是从企业管理的角度解释矿难爆发的原因。陈红等人（陈红等，2005；Chen et al.，2012）通过对 1980～2000 年 410 次重大瓦斯爆炸事故的案例分析进行了统计分析，认为人为因素（含故意违章、管理失误、设计缺陷）导致的事故比率超过 96.59%。这说明矿难主要是一个治理问题，而不是不可解决的技术问题。① 此外，怀特、涂建军等学者将矿难归咎于工人素质，包括麻痹大意、技能不高和缺乏维权意识等（Whyte，1999；Tu，2007）。

第三个维度是从经济政策的角度解释矿难爆发的原因。这个维度可以概括为三个方面。（1）安全投入不足。汤凌霄和郭熙保（2006）认为，煤矿安全投入具有数额大、收益慢、隐蔽性和外部性等特点，这导致很多煤矿投入长期不足，或者只有大煤矿才能承担巨额的安全投入（陶长琪和刘劲松，2007）。（2）产权保护不足。以乡镇煤矿为主的中小煤矿是中国矿难的主要原因，因为它们缺乏清晰的产权，没有稳定的预期，更加缺乏足够的安全投入，还有最糟糕的职业安全条件（Wright，2004；钱永坤等，2004；Tu，2007；周肇光和黄敏，2006；钟笑寒，2011）。白重恩等（2011）发现关井政策虽然导致乡镇煤矿的产量下降了，但死亡率却上升了，因此明晰产权比强化监管更重要。（3）经济赔偿不足。在 2005 年之前，煤矿给予死亡工人的赔偿金是 3 万～5 万元，2005 年之后首先从矿难重灾区的山西省开始，将赔偿金提高到了 20 万元。即便如此，赔偿金仅相当于煤矿毛利润的 1%～4%，无法对肇事煤矿形成有效的威慑（Nie and Zhao，2015）。

第四个维度是从治理体制的角度解释矿难爆发的原因。第一种观点认为，矿难频仍的主要原因是缺乏严格监管，因此建立垂直管理的煤炭监管机构有效地减少了矿难（Wang，2006）。肖兴志等（2009）发现，加强煤矿的安全监管能够有效地降低矿难死亡率。聂辉华等（2017）利用跨国面板数据，发现煤炭安全生产的集权监管有利于减少矿难死亡率。但也有学者认为，“一刀切”式的关井限产政策导致煤矿企业缺乏长远预期和安全投入不足（谭满益和唐小我，2004；肖兴志等，2011）。第二种观点属于“政企合谋论”（聂辉华和李金波，2006；聂辉华和蒋敏杰，2011；Jia and Nie，2017），基本逻辑是：在强调 GDP 考核以及信息不对称的前提下，地方政府为了政治升迁和财政分权的利益，会与煤矿企业合谋，纵容煤矿企业选择低成本、高危险的生产方式（例如减少安全投入和疏于管理）来增加产量，这提高了矿难发生的概率。与此类似的观点是“官商勾结论”，如陶长琪和刘劲松（2007）、王天龙（2010）以及费斯曼和汪勇祥（Fisman and Wang，2015）等。因此，加强监管本身并不能从根本上解决矿难问题，还必须改变地方官员的考核方式。

只有极少数论文分析了中国矿难治理的成功经验。一些学者发现了目标考核的正面作用。姜雅婷和柴国荣（2018）基于 2001～2012 年各省政府工作报告的编码分析，发现安全生产的目标考核能够显著改善安全生产治理效果。同时，官员晋升概率和政治联系会影响目标考核与死亡人数间的负向关系（姜雅婷和柴国荣，2017）。石襄禹和席天扬推测，在相对绩效考核体制下，一省内部的产煤城市之间会进行一种煤矿安全竞赛（Shi and Xi，2018）。聂辉华等（2020）利用地级市的矿难数据发现，基于历史因素确定的安全生产指标总量管理，使同一地区的煤矿企业之间在安全生产方面形成了一种零和博弈，从而导致了矿难死亡人数的逐步降低。除了自上而下的监管体系，群众监督在矿难治理中扮演了不可或缺的角色。张欢和王新松（2016）基于 2003～2007 年 84 个特大安全事故案例的实证分析发现，来自社会的压力是推动 2003 年之后中国政治问责变化的主要因素，其中媒体参与对政府的监督至关重要。毛庆铎和马奔（2017）以 2014 年黑龙江省五起矿难事故的瞒报行为为例，发现其中四起事故曝光源于群众举报。

相对于已有文献，本文的贡献主要体现在两个方面：第一，本文整理了 1949～2018 年的矿难数据，归纳了翔实的特征事实，为矿难研究提供了一个可靠的数据基础和制度环境分析。第二，本文在一个统一的政企关系框架下，总结了中国矿难治理的成功因素，并提供了定量分析证据。

① 在一次访谈中，某国有重点煤矿矿长告诉我们，如果 100% 严格按安全手册操作，应该不会发生矿难事故。

三、关于矿难的特征事实

（一）煤矿企业类型

中国是世界上最大的能源消费国，也是世界上最大的煤炭生产国。煤矿企业主要分为国有重点煤矿、国有地方煤矿和乡镇煤矿，其中前两者都是国有煤矿，乡镇煤矿包括私营煤矿和集体煤矿。2002 年之前还有国有煤矿的矿办小井。从产量上看，2008 年国有重点煤矿的原煤产量大约占全国总产量的 1/2，国有地方煤矿大约占 1/6，乡镇煤矿大约占 1/3（聂辉华、蒋敏杰，2011）。从矿难死亡来源上看，1966 ~ 2009 年乡镇煤矿导致的平均死亡人数大约占全部矿难死亡人数的 53%，国有地方煤矿和国有重点煤矿分别占大约 23% 和 22%，剩下的属于矿办小井（中国煤炭工业协会，2011）。

（二）煤矿安全监管体制

自新中国成立以来，煤矿安全监管体制经历了蜿蜒曲折的变迁。在颜烨（2009）的基础上，我们结合之后的重要事件，将 1949 ~ 2007 年煤矿安监体制变迁的过程概括如下（见图 2）。这一变迁过程体现了几个重要特点：第一，“大跃进”时期（1958 ~ 1961 年）和“文革”时期（1966 ~ 1976 年），煤矿安监机构被撤销或者处于停顿状态；第二，直到 2000 年设立国家煤监局，煤矿生产和安全监管职能才首次分离，这是安全监管的重要突破；第三，总体上安全生产越来越受重视，安监机构的行政级别逐步提高（处—局—国家局—总局—部）。为了方便比较，我们将加强安监的事件填在实线框里并放在时间轴上方，将削弱安监的事件填在虚线框里并放在时间轴下方。

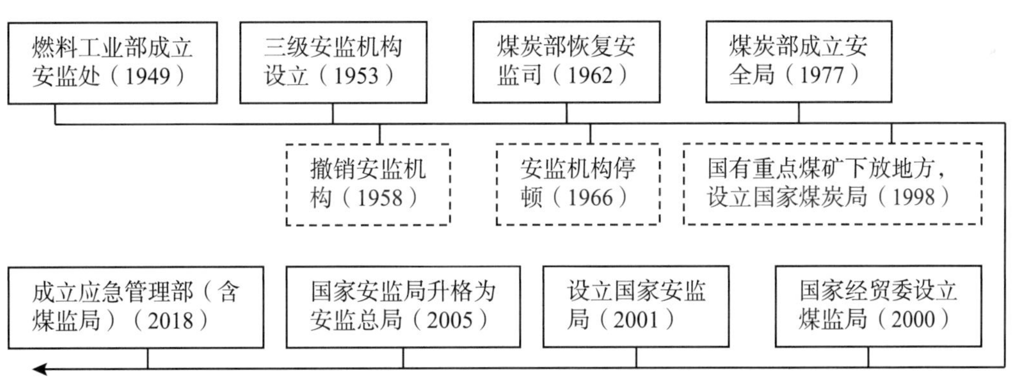

图 2　煤矿安监体制变迁

（三）矿难的描述性统计

中国的矿难到底有多严重？这是一个核心问题。第一，分年度来看，我们整理了 1949 ~ 2018 年矿难死亡人数和煤炭产量数据（见表 1）①。依据每年的死亡人数和煤炭产量，可以算出百万吨煤死亡率。我们将在后面分析矿难死亡率变化规律及其原因。

① 1949 ~ 1999 年矿难死亡人数来自《中国煤炭工业统计资料汇编（1949 ~ 2009）》（简称“汇编”），2000 ~ 2013 年矿难死亡人数来自《中国煤炭工业年鉴》，2014 年之后来自国家安监总局网站。1949 ~ 1999 年煤炭产量来自“汇编”，2000 ~ 2015 年煤炭产量数据来自中国统计年鉴，2016 年之后来自国家统计局的统计公报。

表1　　1949～2018年矿难死亡人数和煤炭产量

年份	死亡数	煤炭产量	年份	死亡数	煤炭产量	年份	死亡数	煤炭产量
1949	731	3 243	1973	4 079	41 697	1997	7 083	132 525.0
1950	634	4 292	1974	3 722	41 317	1998	6 302	123 251.0
1951	242	5 308	1975	4 736	48 224	1999	6 469	104 363.0
1952	513	6 649	1976	4 948	48 345	2000	5 796	138 418.5
1953	713	6 968	1977	5 637	55 068	2001	5 670	147 152.7
1954	861	8 366	1978	6 001	61 786	2002	6 995	155 040.0
1955	760	9 830	1979	5 566	63 554	2003	6 434	183 489.9
1956	759	11 036	1980	5 165	62 013	2004	6 027	212 261.1
1957	822	13 073	1981	5 162	62 163	2005	5 938	236 514.6
1958	3 049	27 000	1982	4 873	66 632	2006	4 746	252 855.1
1959	5 933	36 879	1983	5 431	71 453	2007	3 786	269 164.3
1960	7 072	39 721	1984	5 698	78 923	2008	3 215	280 200.0
1961	4 819	27 762	1985	6 659	87 228	2009	2 631	297 300.0
1962	2 723	21 955	1986	6 736	89 404	2010	2 433	342 844.7
1963	1 784	21 707	1987	6 897	92 809	2011	1 973	351 600.0
1964	1 350	21 457	1988	6 751	97 987	2012	1 384	394 512.8
1965	1 104	23 180	1989	7 625	105 415	2013	1 067	397 432.2
1966	1 556	25 147	1990	7 473	107 930	2014	931	387 391.9
1967	1 431	20 570	1991	6 412	108 428	2015	598	374 654.2
1968	1 687	21 959	1992	5 992	111 455	2016	538	341 000.0
1969	2 017	26 595	1993	6 244	115 137	2017	375	344 500.0
1970	3 027	35 399	1994	7 239	122 953	2018	333	368 000.0
1971	3 766	39 230	1995	6 907	129 218	—	—	—
1972	3 597	41 047	1996	6 646	137 408	—	—	—

注：笔者根据《中国煤炭工业统计资料汇编（1949～2009）》以及历年《中国煤炭工业年鉴》相关数据整理。煤炭产量的单位为万吨。

第二，分煤矿类型来看。我们分析了1949～2009年三类煤矿每年的死亡人数比例。① 以1980年为界，在此之前，国有重点煤矿的死亡人数最高（最高峰时占全部死亡人数的62.42%），其次是国有地方煤矿，最后是乡镇煤矿；1980年之后，情况完全相反，乡镇煤矿死亡人数一直遥遥领先，长期处于60%～70%的高位区间（最高峰为76.6%）。② 为什么乡镇煤矿的死亡人数比例后来居上呢？这是因为中央曾两次（1958年和1970年）将大部分中央国有企业下放给地方管理，这些中央企业很多变成了隶属地方政府的乡镇企业。

第三，分原因来看。基于《中国煤炭工业统计资料汇编1949～2009》，我们分析了1953～2009

① 限于篇幅，我们将矿难的分类描述图省略。读者如果需要，可以向作者发邮件索取。

② 一些学者认为，小煤窑是导致中国矿难死亡人数居高不下的主要原因（例如Wright，2004；Tu，2007）。如果小煤窑是指矿办小井，那么这个因素显然被高估了。1993～2001年国有重点煤矿的矿办小井导致的死亡人数，大约占同期全部死亡人数的4%，基本可以忽略。如果小煤窑是指乡镇煤矿，这个因素也没有成为主导因素，因为国有重点煤矿、国有地方煤矿和乡镇煤矿三类煤矿的死亡人数比例和产量比例一直比较稳定。我们在后面的回归分析中控制了乡镇煤矿的产量，发现其对矿难死亡率和死亡人数的回归系数都不显著。

年各类事故导致的死亡人数比例分布。结果表明，导致矿难的“第一杀手”是顶板事故，占比超过30%，其次是瓦斯爆炸，最后是运输事故，这三种事故导致了大约75%的死亡事故。

第四，分季节来看。基于2000年7月至2010年6月的7 083个矿难案例，我们发现：无论是矿难次数还是死亡人数，1月、2月都是低谷，死亡人数在11月成为高峰。这是因为，1月、2月是各省份举行地方“两会”的特殊时期，而11月往往是为了尽快实现当年核定生产任务的冲刺时期。因此，矿难爆发呈现了明显的“政治周期”特征（Nie et al.，2013）。

第五，分地区来看。基于聂辉华等（Nie et al.，2013）的统计表明，爆发矿难最严重的地方，主要是贵州、山西、湖南、四川和重庆五个省份。事实上，这五个省份是中国主要的地下产煤区，煤炭产量高，再加上地质条件不好，因此成为矿难重灾区。

四、对矿难的理论分析和经验总结

如何归纳中国治理矿难的成功经验？这是本文的重点。我们首先利用一个政企关系分析框架，对矿难的发生和变化提供一个逻辑一致的解释，然后从中概括治理矿难的若干推论，并提供证据支持这些经验。

本文的政企关系分析框架基于聂辉华等人的系列研究（聂辉华和李金波，2006；聂辉华，2013；聂辉华和张雨潇，2015；聂辉华，2016；Jia and Nie，2017）。这一分析框架的优点是，可以在一个统一的逻辑下同时解释中国的高速经济增长和各种事故频繁爆发，这里说的“事故”包括安全生产、环境污染、食品安全、假冒伪劣、豆腐渣工程、偷税漏税和产能过剩等现象。图3是这一框架的基本示意图（聂辉华，2016）。

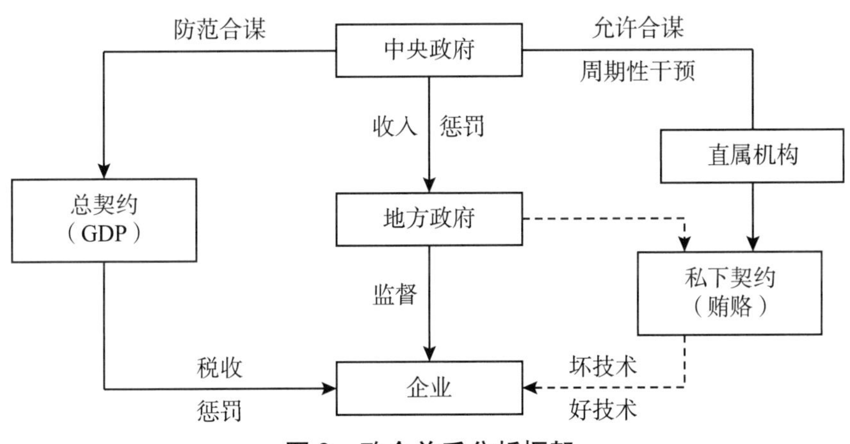

图3　政企关系分析框架

政企关系框架的基本假设如下。有三个博弈参与人：中央政府、地方政府和企业。在政治集权和经济分权的中国特色制度环境下，中央政府授权地方政府监督企业的生产活动。企业作为唯一的生产主体，它可以采取高成本、很安全的“好技术”，也可以采取低成本、不安全的“坏技术”。中央政府只能观察到企业的产出，不了解企业的生产技术，但是地方政府了解并且可以影响企业的技术选择。地方政府主要官员任期较短，只追求短期利益。中央政府是最后的委托人，它同时关心经济增长和社会稳定。

这一框架为矿难的频繁发生提供了一个逻辑一致的解释。在信息不对称和“唯GDP”考核体系下，地方政府为了财政收入、政治升迁或者寻租收益，必然会纵容、默许甚至保护企业选择低成本、不安全的技术（例如不安装合格的排水或通风设施、迫使工人疲劳加班），这种地方政府和企业的合谋（简称“政企合谋”）会带来快速的经济增长（煤炭产量上升），但是也会带来大量安全生产事故（爆发矿难）。为了防范政企合谋，中央政府设立垂直的安监机构，这样可以遏制矿难，但是会减缓经济增长。因此，当经济增长比社会稳定更重要时，中央就会放松合谋防范，此时煤矿产量增加、矿难上升；当社会稳定比经济增长重要时（例如重要的政治周期），中央就会加强合谋防范，矿难减少。这可以解释政府对煤矿的周期性整顿以及矿难的季节性特征（Nie et al.，2013）。

根据政企关系框架，如果中央政府只关注经济增长，忽视安全生产，那么地方政府和煤矿之间的政企合谋一定会导致大量矿难。对于煤矿企业来说，忽视安全生产，可以减少安全投资，节约生产成本，提高利润率；对于地方政府来说，在“唯 GDP”考核指标体系下，煤矿企业忽视安全生产会给本地带来更快的经济增长和更多的财政收入（聂辉华，2013、2016）。因此，中央政府在考核目标上的“顶层设计”成为治理矿难的大前提。于是我们得到第一个关于矿难治理经验的结论。

推论 1：政府同时关注经济增长和社会稳定（生产安全），是有效治理矿难的前提条件。

图 4 展示了 1949～2018 年矿难死亡人数和百万吨煤死亡率。结合表 1 可以发现，从矿难死亡人数上看，在过去 70 年间有两个矿难死亡人数高峰期，一是 1958～1962 年，当时处于“大跃进”时期，煤矿安监机构被撤销；二是 1984～2002 年，当时处于国民经济快速增长时期，煤矿安全问题没有得到足够重视。在此期间的 1989 年，矿难死亡人数高达 7 625 人，是新中国成立以来矿难死亡人数最多的一年。此外还有一个快速上升期，1966～1978 年，此时正是“文革”期间以及滞后两年，安监机构基本上停滞了。从百万吨煤死亡率上看，在忽视煤矿安监机构的 1958～1961 年和“文革”时期，死亡率急剧上升；相反，当中央政府高度重视安全生产时（例如 1962 年和 2001 年），死亡率立即出现了下降趋势。总体上，凡是安全生产问题被忽视的时期，矿难死亡人数就多。

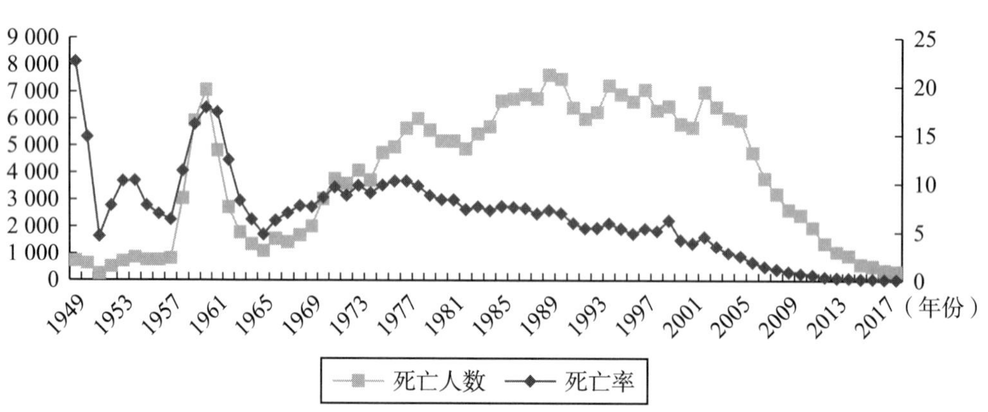

图 4　1949～2018 年矿难死亡人数和死亡率

有一种相反的观点认为，煤矿安全领域和环境污染领域一样，存在一种所谓的“库兹涅茨曲线”（Kuznets curve）效应，即伴随收入不断增加，矿难数量会出现先上升后下降的趋势。图 4 表明，这种观点是不成立的。不管是以死亡人数还是用百万吨煤死亡率度量矿难程度，都没有呈现倒“U”型曲线的形状。而且，死亡率的高峰期在 1960 年，死亡人数的高峰期在 1989 年，这两年都不是临近高收入时期，无法解释“拐点”的出现。

为了进一步证明我们的观点，不妨做一个简单的线性回归分析。我们将设立了安监机构的年份赋值为 1，其余年份赋值为 0。回归结果如表 2。表 2 第 1～2 列显示，衡量库兹涅茨曲线的人均 GDP 及其平方项几乎都不显著，而且符号与库兹涅茨曲线效应完全相反。第 3～4 列显示，变量“安监机构 1”的系数为负，说明有一定效果，但不显著。

表 2　　矿难的回归分析

自变量	死亡率 (1)	死亡人数 (2)	死亡率 (3)	死亡人数 (4)	死亡率 (5)	死亡人数 (6)
人均 GDP	-0.002 (0.115)	-2.69*** (0.000)				
人均 GDP 平方	1.31e-07 (0.134)	0.0001 (0.082)				
安监机构 1			-1.54 (0.171)	-350.29 (0.544)		
安监机构 2					-2.36*** (0.008)	-5093.57*** (0.000)
年份	控制	控制	控制	控制	控制	控制
观测个数	59	59	70	70	70	70

注：小括号内为 p 值，*** 表示 1% 的显著水平。

自从 1977 年重新成立煤炭部安全局之后，安监机构一直存在，但为什么矿难死亡人数在 2002 年之后才开始显著下降？这涉及制度设计问题。根据经典的多任务代理模型（Holmstrom and Milgrom，1991），如果代理人同时承担两项冲突的任务，并且两项任务的激励强度不同，那么代理人就会把主要精力用于高激励强度的任务，而有意忽视低激励强度的任务。在地方政府考核体系下，经济增长是加分项，安全生产做得再好也不会加分。① 因此，如果煤矿安监机构和煤炭生产部门是同一个机构，那么该机构一定会重生产而轻安全。这就可以解释，为什么在 2001 年成立独立于煤炭生产的国家安监局之前，矿难一直难以遏制，之后却成功遏制。我们将设置独立安监机构的 2001 年之后赋值为 1，其余年份赋值为 0。表 2 第 5 ~ 6 列显示，变量“安监机构 2”的系数显著为负，并且系数大于第 3 ~ 4 列。这说明，安监机构有效的前提是，它必须独立于煤炭生产。② 我们将上述结果概括如下。

推论 2：将煤矿生产部门和安全监管部门分立，解决了多任务冲突问题，是治理矿难的关键制度安排。

有一种观点认为，既然安全生产是“红线”，那么在考核体系中将其纳入“一票否决”的范围，这样就可以让地方政府绝对重视安全，从而避免出现矿难。这其实是对激励机制的误读。理论上，加入一票否决范围的指标越多，代理人的目标就越多，风险就越大，从而激励扭曲就越严重。我们利用 2005 年煤矿关井数据发现（聂辉华等，2019），地方政府总是会在经济增长和安全生产之间权衡取舍，不会为了绝对的安全生产而放弃经济增长。这种避免走极端的策略选择，实际上实现了安全生产和经济增长两者之间的有效平衡，在“稳增长”的同时，遏制了矿难，符合中国的发展阶段需求。

传统观念认为，一旦出现重大公共治理问题，应该多个部门齐头并上、齐抓共管。但是，公共代理模型（Bernheim and Whinston，1986）认为，如果一个代理人面对多个委托人的监管，每个委托人有不同目标，并且多个委托人之间存在信息不对称的话，代理人的激励会被扭曲。直觉上，每增加一个委托人，代理人就多一份风险。中国矿难的成功治理从反面证明了公共代理模型的正确性。正是因为煤监局（安监局）从头到尾负责煤矿安全监管，避免了多个部门的协调成本，更重要

① 我们在调研中得到一份地方政府《经济发展目标考评实施细则》。考核总分为 100 分，其中招商引资为 27 分，财政收入为 25 分，两者合计超过一半。安全生产、信访稳定工作不达标要扣分，但达标后不加分。

② 王绍光（Wang，2006）也表达了类似的观点。

的是明确了责任归属问题，反而实现了监管责任和权力的激励相容。图 3 右上角表示，如果中央设立垂直管理机构，可以减少政企合谋。现实中，按照属地管理原则，煤矿企业的日常经营活动受到当地政府主管部门监督。因此目前的煤矿安监体系是“国家监察、地方监管和企业负责”的三层纵向体系。对比之下，食品安全问题层出不穷，难以管好，一个重要原因是监管部门太多，权力分散，边界不清，容易导致“九龙治水”的后果。例如，光是一头生猪从出生到屠宰再到上市，就有 11 个部门监管。[①] 于是我们有：

推论 3：设立垂直管理的安监部门，有效避免了公共代理难题，实现了监管机构的激励相容。

既然在中央政府和地方政府之间存在煤炭安全生产方面的不对称信息，那么唯一的主管机构安监局如何能够破除信息不对称困境呢？一方面，安监局（煤监局）构建了中央 - 省 - 市 - 矿区的四级安监体系，并且实行垂直管理，这保证了信息渠道的畅通；另一方面，伴随互联网技术的发展，群众成为矿难的重要曝光者。张欢和王新松（2016）、毛庆铎和马奔（2017）等人的案例研究证明了媒体监督的作用，而贾瑞雪和聂辉华（Jia and Nie，2017）的经验研究表明，一个地方的媒体曝光度越高，矿难发生的概率越低。因此，以垂直管理的安监系统为主、以群众监督为辅的治理体系，在很大程度上缓解了信息不对称问题，遏制了地方政府与煤矿企业之间的政企合谋。上述推论 3 和下述推论 4 从不同角度概括了中国特色的矿难治理经验。

推论 4：建立以垂直管理为主、群众监督为辅的治理体系，减少了信息不对称问题。

五、结　　论

频繁爆发的矿难问题一度被视为中国经济增长的“阿喀琉斯之踵”（Tu，2007）。言下之意是，矿难是中国政府治理的短板。然而，不到 20 年时间，中国政府成功地遏制了矿难频发的趋势，将百万吨煤死亡率降低到了 0.1 以下，使矿难死亡人数减少了 94%。学术界对中国矿难的成功治理缺乏足够的重视，为此本文梳理了 1949 ~ 2018 年中国煤矿监管体制的变迁，并整理了翔实的矿难数据，进而在政企关系框架下总结了矿难治理的三条成功经验。第一是政府要同时考虑经济增长和安全生产两个目标，第二是安监机构和生产经营分立，第三是构建以垂直管理体系为主、群众监督为辅的多元治理体系。

在公共治理领域，除了煤矿灾害，还有食品卫生、环境污染、干旱水涝、交通事故等比较严重而普遍的问题。我们认为，本文总结的矿难治理经验，在一定程度上可以为其他公共问题的治理提供借鉴价值。特别是，如何构建以监管机构为主、群众监督为辅的多元化治理体系，如何消除信息不对称，以及如何破除政企合谋，这些问题都是普遍的共性问题。

参考文献：

1. 白重恩、王鑫、钟笑寒：《规制与产权：关井政策对煤矿安全的影响分析》，载于《中国软科学》2011 年第 10 期。

2. 陈红、祁慧、谭慧：《中国煤矿重大瓦斯爆炸事故规律分析》，载于《中国矿业》2005 年第 3 期。

3. 高建宁：《我国煤矿事故自然因素特征分析》，载于《煤矿安全》2013 年第 3 期。

4. 胡尘白、翁发春编：《20 世纪煤矿矿难纪年》，煤炭工业出版社 2012 年版。

5. 姜雅婷、柴国荣：《目标考核、官员晋升激励与安全生产治理效果——基于中国省级面板数据的实证检验》，载于《公共管理学报》2017 年第 3 期。

① 根据我们的调研，11 个监管部门的职责大致如下：（1）猪的育种、授精由农业部管理，繁殖补贴由发改委管理；（2）猪吃的饲料由粮食局组织研究，饲料生产由农业部管理，饲料的存储由中储粮公司负责，饲料的进出口和安检由海关和质检总局负责；（3）在猪的养殖环节，传染病由卫健委管理，排泄物由环保部管理，屠宰由农业部和公检法等部门一起管理；（4）在猪肉上市环节，销售由市场监督总局负责，价格由商务部负责。

6. 姜雅婷、柴国荣：《目标考核如何影响安全生产治理效果：政府承诺的中介效应》，载于《公共行政评论》2018 年第 1 期。

7. 毛庆铎、马奔：《矿难事故瞒报行为的解释：基于“系统—利益相关者”视角》，载于《中国行政管理》2017 年第 1 期。

8. 聂辉华：《从管制型国家到治理型国家：以煤矿安全为例》，载于《教学与研究》2015 年第 7 期。

9. 聂辉华、蒋敏杰：《政企合谋与矿难：来自省级面板数据的证据》，载于《经济研究》2011 年第 6 期。

10. 聂辉华、李琛、吴佳妮：《监管体制、政治制度与矿难：来自跨国面板数据的证据》，载于《经济理论与经济管理》2017 年第 9 期。

11. 聂辉华、李金波：《政企合谋与经济发展》，载于《经济学（季刊）》2006 年第 1 期。

12. 聂辉华、阮睿、宋佳义：《地方政府如何面对安全与增长的两难冲突？——来自煤矿关闭的证据》，载于《山东大学学报（哲社版）》2019 年第 3 期。

13. 聂辉华、张雨潇：《分权、集权与政企合谋》，载于《世界经济》2015 年第 6 期。

14. 聂辉华：《政企合谋：理解“中国之谜”的新视角》，载于《阅江学刊》2016 年第 6 期。

15. 钱永坤、谢虹、徐建博：《安全投入与经济效益关系——以中国乡镇煤矿为例》，载于《数量经济技术经济研究》2004 年第 8 期。

16. 谭满益、唐小我：《产权扭曲：矿难的深层次思考》，载于《煤炭学报》2004 年第 6 期。

17. 汤凌霄、郭熙保：《我国现阶段矿难频发成因及其对策：基于安全投入的视角》，载于《中国工业经济》2006 年第 12 期。

18. 陶长琪、刘劲松：《煤矿企业生产的经济学分析——基于我国矿难频发的经验与理论研究》，载于《数量经济技术经济研究》2007 年第 2 期。

19. 王天龙：《最优贿赂、腐败与矿难事故的内生性——解释与防治矿难的经济模型》，载于《辽宁大学学报》2010 年第 2 期。

20. 肖兴志、陈长石、齐鹰飞：《安全规制波动对煤炭生产的非对称影响研究》，载于《经济研究》2011 年第 9 期。

21. 肖兴志等：《中国煤矿安全规制经济分析》，首都经济贸易大学出版社 2009 年版。

22. 颜烨：《新中国煤矿安全监管体制变迁》，载于《当代中国史研究》2009 年第 2 期。

23. 张欢、王新松：《中国特大安全事故政治问责：影响因素及其意义》，载于《清华大学学报（哲学社会科学版）》2016 年第 2 期。

24. 张同乐、毕顺堂：《新中国煤矿矿难高发期分析及对策研究》，载于《河北师范大学学报（哲学社会科学版）》2006 年第 1 期。

25. 中国煤炭工业协会编：《中国煤炭工业统计资料汇编（1949～2009）》，煤炭工业出版社 2011 年版。

26. 钟笑寒：《死亡率与产量负相关：煤炭行业“关井”政策效应分析》，载于《经济学报》2011 年第 5 期。

27. Bernheim, D., and M. Whinston, 1986. “Common Agency”, *Econometrica*, 54 (4): 923 – 942.

28. Chen, H., H. Qi, R. Long, and M. Zhang, 2012. “Research on 10 – year Tendency of China Coal Mine Accidents and the Characteristics of Human Factors”, *Safety Science*, 50 (4): 745 – 750.

29. Fisman, R. and Y. Wang, 2015. “The Mortality Cost of Political Connections”, *Review of Economic Studies*, 82 (4): 1346 – 1382.

30. Holmstrom, B., and P. Milgrom, 1991. “Multi – task Principal – Agent Analyses: Incentive Contracts, Asset Ownership and Job Design”, *Journal of Law, Economics and Organization*, 7: 24 – 52.

31. Jia, R., and H. Nie, 2017. “Decentralization, Collusion and Coalmine Deaths”, *Review of Economics and Statistics*, 99 (1): 105 – 118.

32. Nie, H. and H. Zhao, 2015. “Leverage and Employee Death: Evidence from China's Coalmining Industry”, working paper.

33. Nie, H., M. Jiang, and X. Wang, 2013. “The impact of political cycle: Evidence from coalmining accidents in China”, *Journal of Comparative Economics*, 41 (4): 995 – 1011.

34. North, D. C., 1981. *Structure and Change in Economic History*, New York: W. W. Norton & Company.

35. Shi, X., T. Xi, 2018. “Race to Safety: Political Competition, Neighborhood Effects, and Coal Mine Deaths in China”, *Journal of Development Economics*, 131: 79 – 95.

36. Tu, J., 2007. "Coal Mining Safety: China's Achilles' Heel", *China Security*, 3: 36 – 63.

37. Wang, S., 2006. "Regulating Death at Coalmines: Changing Mode of Governance in China", *Journal of Contemporary China*, 15 (46): 1 – 30.

38. Whyte, M., 1999. *The Paradox of China's Post – Mao Reforms*, MA: Harvard University.

39. Wright, T., 2004. "The Political Economy of Coal Mine Disasters in China: Your Rice Bowl or Your Life", *China Quarterly*, 179: 629 – 646.

（本文载于《经济社会体制比较》2020 年第 4 期）

地方政府竞争、垂直型环境规制与污染回流效应

沈坤荣　周　力

摘　要：在“共抓大保护，不搞大开发”理念下，中国流域经济带的高质量发展亟须关注水污染密集型产业转移的动态、成因及后果。自21世纪以来，中国水污染密集型产业呈现出“逆流而上”的态势，若其污染物“顺流而下”，则会加大下游地区的环境风险。本研究基于中国七大流域干流县域数据，首次实证验明了这一“污染回流效应”的存在性。研究发现，“污染回流效应”主要是由于上下游地方政府竞争引致的，而以“国控点”环境监测制度为代表的垂直型环境规制可起到一定抑制作用。“污染回流效应”主要发生于内资企业而非外资企业。该效应也会被辖区内的“标尺竞争”进一步放大。为治理流域污染问题，国家应统筹考虑流域经济带的税收、财政与环境政策等方面的顶层设计，严控由地方政府竞争引致的非期望环境后果。

关键词：地方政府竞争　环境规制　工业污染　流域

一、引　　言

自进入21世纪以来，中国环境保护工作成绩斐然。然而，在环境质量整体改善的同时，污染产业空间布局正悄然改变，呈现出由东向西的转移态势①，区域环境风险逐渐凸显。“十三五”开局之年，习近平总书记在推动长江经济带发展座谈会上提出“共抓大保护，不搞大开发”的发展理念，为流域经济带的高质量发展奠定了新基调。但截至目前，学术界针对流域经济带上污染产业转移的动态、成因及后果尚缺乏深入研究。据本文估算②，2015年中游与上游省份工业废水排放量占全国排放总量的58.1%，与2005年相比，上升了4.3个百分点。可见，中国水污染密集型行业的产业转移及其流域污染问题已不容忽视，相关研究亟待开展。

针对中国水污染密集型行业向中上游省份转移的现象，存在两种代表性解释：一是要素成本及生产率的区域性差异。中游和上游省份恰好是经济相对欠发达的地区，生产要素相对价格较低。下游省份会逐渐淘汰污染产能至经济相对欠发达的中上游省份，同时升级自身的产业结构以获求经济增长新的动力源泉，进而呈现污染产业转移的“飞雁模式”（曲玥等，2013）。二是“地方政府竞争”假说。在广义上，地方政府竞争是指某个区域内部不同经济体的政府通过税收、财政支出、环

① 林伯强和邹楚沅（2014）利用2000~2011年的数据研究发现，对于西部地区来说，“东部－西部”经济转移过程中引致的环境污染转移弹性甚至高于“世界－中国”。张宇和蒋殿春（2014）认为，水污染密集型行业正呈现出由东部发达地区向中西部地区转移的特征，这带来了东部地区产业结构的“去污染化”和中西部地区产业结构的“污染化”趋势。Wu et al.（2017）利用2006~2010年新建的污染企业微观数据，发现“十一五”规划首次将“二氧化硫和化学需氧量这两项主要污染物排放总量减少10%”明确为约束性指标后，企业更多地偏向于在西部地区设厂，从而形成污染的向西转移。

② 根据曾文慧（2008）的上游、中游、下游省份分类法，上游省份包括了：甘肃、青海、宁夏、内蒙古、四川、贵州、云南、湖北、河南、安徽；中游省份包括了河北、山西、吉林、江西、山东、湖南、广西、陕西；下游省份包括了北京、天津、辽宁、黑龙江、上海、江苏、浙江、广东。越界污染的考察不包括西藏、新疆、福建和海南四个省级区域，这些区域的流域污染以省内污染为主。

境政策等手段，吸引资本与劳动力等流动性要素进入，以增强经济体自身竞争优势的行为（Breton，1998；周业安等，2004）。地方政府竞争过程中，实际税率相对更低、财政支出相对更高和环境规制相对较弱的上游地区更具竞争性①，更易于吸引（包括水污染密集型行业）流动性要素向上游集聚。然而，这些解释尚未在一个系统性的分析框架中被实证检验。

更重要的是，学界对于水污染密集型行业“逆流而上”、其污染物却可能“顺流而下”的“污染回流效应”缺失考察。中国主要流域多发源于西部欠发达地区，通过东部发达地区汇入海洋，流域河道可能成为转移负外部性的通道。在水污染密集型行业由下游向中上游省份转移的同时，2016年，下游省份Ⅳ ~ 劣Ⅴ类水的河长占全国Ⅳ ~ 劣Ⅴ类水河长的 40.0%，与 2005 年相比，该比例上升了 1.3 个百分点，这为“污染回流效应”提供了些许佐证。

基于此，本文利用 2004 ~ 2013 年中国七大流域覆盖的干流县域数据，以中国生态环境部实施的国家重点监控企业环境监测制度（后文简称“国控点”）作为垂直型环境规制的代理变量，采用2SLS 等方法展开相关实证分析。本文将重点分析两个议题：一是中国水污染密集型行业缘何向上游转移？二是中国水污染密集型行业向上游转移是否产生了“污染回流效应”？本文的贡献主要体现在以下几方面：第一，本文基于流域全貌的县级数据分析，虽然是中国案例，但是对于世界各国乃至跨国的流域污染治理而言，具有普遍的政策意义；第二，以“国控点”环境监测制度作为垂直型环境规制的代理变量，将环境规制从地方政府竞争中剥离出来，基于分权的地方财税竞争与集权的垂直型环境规制这一分析框架展开实证检验，这为考察流域污染提供了一个崭新的视角；第三，首次采用实证方法证明了“污染回流效应”的存在性，丰富了地方政府竞争、环境规制与污染产业转移领域的文献。

本文结构安排如下：第二部分是文献回顾，第三部分是计量模型、变量与数据，第四部分是实证结果与分析，第五部分是结论。

二、文献回顾

地方政府竞争的理论分析主要论述了以下机制：（1）地方政府之间的行为是策略互动的，存在“溢出效应”（Spillover effect），主要表现为竞相削减税率（Zodrow and Mieszkowski，1986）、竞相提升财政支出（Case et al.，1993）、或竞相降低环境规制水平（Woods，2006）这三大代表性行为；（2）地方政府策略互动行为的目的，在于获取资本与劳动力等流动性要素进入（Breton，1998）；（3）在统一辖区下，地方政府策略互动行为的动机还在于“标尺竞争”（Yardstick competition）。与溢出效应、获取流动性资源机制不同，“标尺竞争”侧重于利用“相对绩效”的比较来解决委托—代理框架中的信息不对称问题。

中国地方官员同时处于两种竞争之中：既有为地方经济产出和税收而竞争，同时又为各自的政治晋升而竞争（周黎安，2004）。出于经济竞争或政治晋升动机，地方政府的非合作行为使公共品的供给偏离最优水平。地方政府竞争性较强的地区，环境质量往往受到负面影响。例如，奥茨和施瓦布（Oates and Schwab，1988）通过构建两区域模型对区域政府竞争的分析结果表明，税收竞争会影响企业决策，企业会从高税收地区迁移到低税收地区，从而加剧企业迁入地的环境污染。在没有相应激励与惩罚的情况下，上游区域倾向于通过地方政府竞争获取流动性资源（即使是污染密集型的），进而通过流域河道这一转移负外部性的通道，迫使下游地区承担更多的规制职能（曾文慧，2008）。

---

① 据作者统计，中上游省份企业实际所得税率低于下游省份，2017 年中上游省份企业所得税占 GDP 百分比为 0.90%，下游省份为 2.17%。中上游省份企业财政支出与收入之比高于下游省份，2017 年，中上游省份地方财政支出与收入之比为 2.74，下游省份为 1.68。

但当污染损害较高时，地方政府竞争也可能产生“别在我家后院”（Not in my backyard）的结果。例如，库森等（Markusen et al.，1995）采用两地区模型分析了流动性污染公司的跨行政区竞争，他们发现如果污染损害大于其带来的经济福利，各地区会竞相提升环境税（标准）来竞争，直到污染企业被逐出市场，出现“别在我家后院”的结果。黑等（He et al.，2018）对此也持类似观点，他们认为，水质监测结果对地方政府的政绩评估很重要，由于水质监测信息仅采集上游污染信息，地方政府有强烈的动机要求上游企业减少排放。卡伊等（Cai et al.，2016）的研究综合考虑了污染产业向上游、向下游转移的两种可能，利用中国 24 条主要河流附近的县级数据，研究发现，污染企业存在从省域内部向行政边界转移的倾向，且偏好在省域内的河流下游集中（即转移至本省下游、外省上游的行政边界区域），这揭示出辖区内政府既想获得污染企业带来的 GDP 增长效应，又想尽可能地降低本辖区的污染规制成本。

如上所述，环境规制的区域间策略性互动就是一种典型的地方政府竞争行为。它一般有三种表现：第一，逐底竞赛（Race to the Bottom），地方政府为了竞争流动性要素，会争相降低自身的环境规制水平（Woods，2006）；第二，竞相向上（Race to the Top），地方政府因邻避主义及其对“偏好优质环境的流动性要素”（如高级人才）的追逐，会竞相提升环境规制水平（Fredriksson and Millimet，2002）；第三，逐底竞赛与竞相向上共存（Konisky，2007）。一项基于中国样本的研究表明，中国的水污染规制强度正逐年提高，区域间环境规制呈现竞相向上（Race to the Top）的趋势，但中上游省份的规制强度远低于下游省份，且差距日益扩大（曾文慧，2008）。当地区间环境规制强度相对扩大时，依据“污染避难所”假说，企业会通过迁址来降低污染治理相对成本（Becker and Henderson，2000；List et al.，2004）。沈坤荣等（2017）认为区域间不协调的环境规制引发了污染向周边城市的就近转移，该效应在 150 千米达到峰值。即使考虑到“波特假说”的本地创新效应（Porter and van der Linde，1995），“污染避难所”假说依然成立（金刚和沈坤荣，2018），生产率较低的企业选择跨地迁移、而非就地创新，进而呈现地理相邻城市间以邻为壑的生产率增长模式。

在有关环境规制的文献中，学者们主要采用如下几种方式度量环境规制工具：（1）命令－控制式工具，是指通过立法和政策执行所做出的强制性管制措施。包群等（2013）基于 1990 年以来中国各省份地方人大通过的 84 件环保立法，采用倍差法分析了地方环境立法监管的实际效果，该文研究发现，单纯的环保立法并不能显著地抑制当地污染排放，只有在环保执法力度严格的省份，环保立法才能起到明显的环境改善效果。（2）市场化工具，主要包括了排污收费、排污许可证制度和环境税等，是借助于市场机制的一些经济激励工具。大量研究表明排污收费制度在中国治污方面是相对稳健有效的政策工具（Dasgupta et al.，2001；李永友和沈坤荣，2008）。2002 年，中国开始推行 SO_2 排放权交易试点政策。从 2013 年起，中国先后在深圳等 7 个省市试行碳排放权交易制度，但其治理污染效果尚未显现（李永友和沈坤荣，2008；涂正革和谌仁俊，2015）。中国的环境税改革也起步较晚，2018 年 1 月 1 日起正式实施《中华人民共和国环境保护税法》。现有针对环境税的研究，主要为环境税改革的影响效果模拟（陈诗一，2011）与开征时点选择问题讨论等（范庆泉等，2016）。（3）公众参与及信息披露工具。国外研究表明，公众可以通过“用脚投票”或“用手投票”的方式影响地方政府环境治理政策。郑思齐等（2013）研究发现，中国公众环境关注度的提高，同样能够有效地推动地方政府对环境问题的关注，并通过环境治理投资、改善产业结构等方式来改善城市的环境污染状况。以往文献多采用上述环境规制工具等刻画地方环境规制水平，也有文献选取一些间接指标作为环境规制的代理变量。比如：直接以污染物相对排放量作为地区环境监管的代理变量（朱平芳等，2011），或采用环境污染治理投资额来表示环境规制（应瑞瑶和周力，2006），或选取治理设施运行费用来刻画环境规制强度（涂正革和谌仁俊，2015）。本文认为，污染相对排放量、治理投资及治理设施运行费用都是环境规制的结果，他们并不直接由环境规制机构控制，不能被理解为规制行为。

有观点认为，地方环保机构的环境规制行为内生于地方政府的财税竞争行为，并强调后者应是地方环境规制失败的主要原因（List et al.，2004）。在分权治理的背景下，中央政府将环保目标分解到地方。来自同级地方政府的压力使地方环保机构在实施具体管制时存在很大差异，这导致了我国环境质量的区域间差异（李永友和沈坤荣，2008）。行政区划的分割性与水污染的外部性，致使地方政府在流域污染规制问题上难以有效合作。与上级职能监督机构相比，中国的地方环保机构与地方政府有着更密切和直接的权威关系（林伯强和邹楚沅，2014），地方环境规制部门在人事、经费等方面均受制于地方政府，其环境规制可能缺乏独立性[①]。周雪光和练宏（2011）的案例分析也可为此机制提供了一些佐证[②]。

综上所述，现有文献在地方政府竞争、环境规制与污染产业转移领域已经展开大量研究，有待完善之处在于：(1) 现有研究主要从环境规制视角分析了污染产业转移的成因（例如，Oates and Schwab，1988），而针对地方政府通过竞相削减税率或竞相提升财政支出而引起的污染产业转移问题缺乏实证研究；(2) 有关环境规制的文献，主要采用环境税、排污收费、环境立法、排污权交易试点等环境规制工具展开分析，但是鲜有文献采用“国控点”环境监测制度展开分析 [He et al.(2018) 的研究是个例外]；(3) 有关地方环境规制与地方政府财税竞争的内生性关系探讨已有很多（比如，李永友和沈坤荣，2008），学者试图采用工具变量或者联立方程方法来解决此问题（比如，张宇和蒋殿春，2014），但尚未有文献将环境规制从地方政府竞争中剥离出来，基于分权的地方财税竞争与集权的垂直型环境规制这一分析框架展开实证检验；(4) 大量文献基于“污染避难所”假说研究了污染产业转移的空间动向，例如，沈坤荣等（2017）验证的“就近转移”假说，但鲜有文献讨论污染产业在流域经济带上的空间布局动态；(5) 虽然已有学者开始关注于下游污染产业“逆流而上”、而污染物“顺流而下”这一现象，但是针对“污染回流效应”的分析内容多为概念性的、描述性的（例如，曾文慧，2008），缺乏实证研究；(6) 现有研究多以省、市为单位展开计量分析，鲜有文献刻画中国主要流域中干流县域的相关行为，对“标尺竞争”下县域间的地方政府竞争行为及其环境影响讨论不足。基于此，本文拟以“国控点”环境监测制度为代表的垂直型环境规制为切入点，以全国七大流域干流县级数据展开计量分析。本研究的边际贡献在于检验“污染回流效应”的存在性，并从环境政策的集权与财税政策的分权视角做出经济解释。

三、模型、变量与数据

（一）污染回流效应

本文所界定的“污染回流效应”，是指下游点位 i 所在 D 县的环境规制强度相对加强、地方政府竞争程度相对减弱，或者生产要素成本相对提升，导致污染产业向上游转移（上游区域 K 的水污染密集型行业规模增加）[③]，进而通过流域跨界污染，反而致使点位 i 水质恶化的现象。

假设某河流干流的流向为由西向东。如图 1 中，编号 A ~ D 为干流流经的县代码。在县 A、D 各

① 以排污费收费制度为例，国家虽然提供指导标准，但是也明确规定“结合当地实际情况，在调整主要污染物排污费征收标准的同时，适当调整其他污染物排污费征收标准。鼓励污染重点防治区域及经济发达地区，按高于上述标准调整排污费征收标准，充分发挥价格杠杆作用，促进治污减排和环境保护”。

② 据周雪光和练宏（2011）的案例描述：2007 年，W 省某市环保局管辖区域内的一个大型污水处理厂，未能按照项目设计的要求运转，导致污染的测量指数超标。面对这一困境和绩效评估不被认可的威胁，市环保局通过正式报告与省环保厅沟通，表明其重视程度，以减轻相关责任。当省环保厅对污水处理厂的减排量不予认可时，市环保局局长通过书面文件向省环保厅反馈：“建议对政府主导的减排工程，充分考虑项目的实际投资，使减排投入和减排数据能够统一，这样才能提高政府继续加大减排投入的积极性。否则，不但影响减排工作的整体推进，还使得我们基层环保部门很难向政府交代。”

③ 本文所界定的上游水污染密集型行业规模增加，但是无从辨别它的产业转移方向性，也无法识别上游水污染产业集聚是否来自下游地区的产业或要素转移，这一污染转移的“方向性”问题有待进一步研究。

有一个水质监测点位 j 与 i；河流流经县 B、C。点位 i 观测的水质不仅反映本县的污染水平，还取决于上游所有污染活动的累积影响（Cai et al.，2016）。点位 i 水质的影响因素主要包括：（1）上游点位 j 的水质，COD_j；（2）上游各类经济活动所产生的污染，P_k，即点位 j 到 D 县上游边界 c 点之间的各类经济活动所产生的污染；（3）本地各类经济活动所产生的污染，P_l，即 D 县上游边界 c 点到点位 i 之间的各类经济活动所产生的污染；（4）其他影响因素，比如，点位 j 与 i 之间的降雨、温度等。

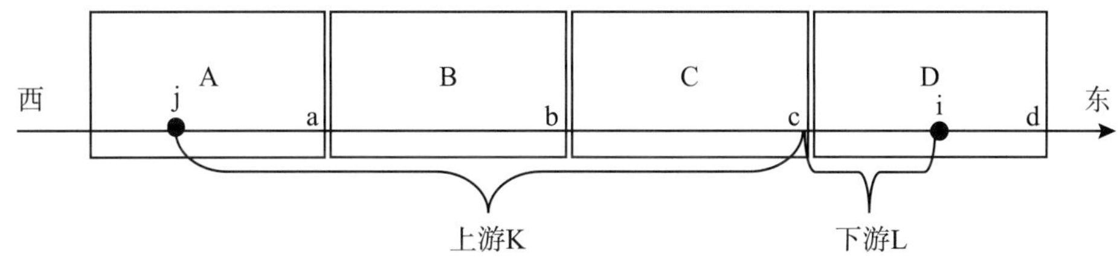

图 1　流域、县域与点位示意图

（二）实证模型构建

流域污染不同于空气污染，前者有固定方向性的规律。本文基于流域污染关系，将下游点位的水质 COD_{it} 表示为：

$$COD_{it} = f_1(S_{kt},\ S_{lt},\ COD_{jt},\ Z_{(ij)t}) + e_1 \tag{1}$$

其中，下标 i 表示下游监测点位，下标 j 表示与 i 紧邻的上游监测点位，下标 t 表示时间。COD_{it} 为 i 监测点位在 t 时间点的化学需氧量浓度，COD_{jt} 为与下游监测点位 i 紧邻的 j 监测点在 t 时间点的化学需氧量浓度。S 为水污染密集型企业规模，用污染密集型企业主营业务收入与所在区域行政面积的比值①表示。$Z_{(ij)t}$ 表示在 t 时间点，点位 i 与 j 之间的非工业污染活动的算术平均值②，包括了生活污染、种植业污染和养殖业污染等。此外，$Z_{(ij)t}$ 还可控制点位 i 与 j 之间的其他自然条件（如：温度、降雨等）。式（1）中的上游污染规模表示为上游区域水污染密集型行业规模的算术平均值；下游污染规模 S_{lt} 是一个关于上下游相对环境规制强度（$\bar{R}_{下游t}$）的函数，即 $S_{lt} = f_2(\bar{R}_{下游t}) + e_2$，其可以用简化式中的环境规制代理。代入式（1）可得：

$$COD_{it} = f_1(S_{kt},\ (f_2(\bar{R}_{下游t}) + e_2),\ COD_{jt},\ Z_{(ij)t}) + e_1 \tag{2}$$

可以采用计量方程表示为：

$$COD_{下游t} = \alpha_0 + \alpha_1 \cdot S_{上游t} + \alpha_2 \cdot \bar{R}_{下游t} + \alpha_3 \cdot COD_{上游t} + \alpha_4 \cdot Z_{下游t} + \mu_{下游} + \nu_t + \varepsilon_{下游t} \tag{3}$$

在式（3）中，$\mu_{下游}$ 为监测点固定效应，ν_t 为时间固定效应（包含年份固定效应和月份固定效应），$\varepsilon_{下游t}$ 为误差项。

在式（3）中，由于反向因果或遗漏变量问题，上游水污染密集型行业规模 $S_{上游t}$ 存在内生性。例如，上游水污染密集型行业集聚时可能会考虑到其对下游水质 $COD_{下游t}$ 的影响。因此，本文采用 2SLS 方法，为 $S_{上游t}$ 选取了两个工具变量：（1）上下游地区间的所得税实际税率的差值；（2）上下游地区间的财政支出与财政收入比值的差值。这两个工具变量表示地方政府间的财税竞争程度差异，对上游污染产业集聚 $S_{上游t}$ 构成直接影响，但对下游点位的水质 $COD_{下游t}$ 没有直接影响（而是通过 $S_{上游t}$ 的间接传导构成影响）。为避免潜在的内生性问题，这两个工具变量都选择了滞后 1 年的变量度量方式。

（三）变量设定

1. 水质指标及监测点数据。本文采用各监测点位的月度平均的化学需氧量（COD_{Mn}）浓度指

---

① 因为企业工业增加值数据在个别年份系统性缺失，因此，本文采用企业主营业务收入表示。

② 可考虑采用每个县域到下游点位的距离，以及该县覆盖河段的长度进行加权平均。

数，也称“高锰酸盐指数”，以测度 $COD_{下游t}$ 与 $COD_{上游t}$ 水质指标。2004 年至 2013 年，中华人民共和国生态环境部在全国主要水系设置的水质自动监测点位由 2004 年的 73 个逐步增加到 2013 年的 131 个。由于大量监测点不存在上游监测点，我们仅选取了既可作为 $COD_{下游t}$ 又可作为 $COD_{上游t}$ 的 58 个样本监测点，以及仅可作为 $COD_{下游t}$ 的 19 个样本监测点，共计 77 个。这些监测点分布在长江、黄河、淮河、海河、珠江、松花江和辽河七大流域（且主要集中在长江和淮河流域）。监测点间干流流经 23 个省 102 个市级行政单位的 308 个县级行政单位。监测点间干流平均流经 14 个县，相距最远的一对监测点流经 28 个县。

2. 水污染密集型行业规模。基于中国工业企业数据库，本文将企业数据汇总到县级层面，采取县级水污染密集型企业主营业务收入除以行政面积，表示水污染密集型行业规模（主营业务收入以 2004 年为基期剔除价格影响）。以往文献设定污染密集型行业目录的方法一般有两种：一是参考官方标准，例如 Cai et al.（2016）依据生态环境部标准选取了 7 个水污染密集型行业；二是依据污染排放强度，如李树和陈刚（2013）将 2001～2008 年单位产值废气排放强度超过平均水平的行业视为空气污染密集型行业。本文采用后一种方法，依据 2004～2013 年中国各工业行业 COD 排放强度，将高于均值的视为水污染密集型行业①。

3. 垂直型环境规制。为度量垂直型环境规制强度，我们根据生态环境部历年“国控点”名单②，将废水企业以县为单位进行整理，并采用（4）式来度量水污染密集型企业“国控点”强度。其中，$m_{下游t}$ 表示下游县废水“国控点”企业数量，$n_{下游t}$ 表示下游县水污染密集型企业数量，m_t 表示所有样本县废水“国控点”企业总数，n_t 表示所有样本县水污染密集型企业数量。上下游相对环境规制强度（$\bar{R}_{下游t}$）的数值越大，表示下游县的水污染监控水平相对越高。其值超过 1 时，意味着下游县的水污染规制强度高于全国平均水平。上游垂直型环境规制的度量方法与此一致。在模型中，本文采取了上下游垂直型环境规制的差值作为环境规制的代理变量。本文采用差值度量的原因在于一些县域没有“国控点”企业，导致无法用比值来表示。为了统一度量方法，其他衡量上下游相对值的变量都采取了差值法度量。

$$\bar{R}_{下游t} = \frac{m_{下游t}/n_{下游t}}{m_t/n_t} - \frac{m_{上游t}/n_{上游t}}{m_t/n_t} \tag{4}$$

4. 地方政府竞争。代表性文献主要从税收与财政竞争两个方面度量地方政府竞争③：（1）以税收竞争为基础构造政府竞争指标。研究表明，中国的地方政府无法直接改变法定税率，但能够通过改变税收征管力度影响企业实际税率，从而展开税收竞争。例如，傅勇和张晏（2007）采用各省外资企业的相对实际税率来刻画地方政府竞争的努力程度。（2）以财政竞争为基础构造政府竞争指标。乔宝云等（2005）认为各地方政府为吸引外部资本，也会通过财政竞争竞相投入资源，改善与投资项目相关的投资环境，该文采用了省级人均财政支出占全国人均总财政支出的份额来表示财政竞争。作者认为，地方政府竞争同时体现在税收竞争和财政竞争两方面，前者通过竞相降低实际税率吸引流动性要素，后者通过提供优良的基础设施招商引资（乔宝云等，2005；李永友和沈坤荣，2008）。因此，本文测算了上下游地区间的税率差异与“财政支收比”差异两个指标来表示地方政府竞争。

---

① 本研究中的水污染密集型行业包含了造纸及纸制品业、纺织业、农副食品加工业、食品制造业、饮料制造业、皮革、毛皮、羽毛及其制品和制鞋业、医药制造业、化学纤维制造业、化学原料和化学制品制造业、有色金属矿采选业、其他采矿业、水的生产和供应业等行业。

② 国家环保总局（现为生态环境部）2007 年下达《关于印发〈国家重点监控企业名单〉的通知》［环办函（2007）93 号］，筛选国家重点监控企业。它是以环境统计数据库为基础，分别按化学需氧量和氨氮排放量大小排序，筛选占工业排放量 65% 的废水企业。

③ 一些文献以引资程度为基础构造政府竞争指标（例如，朱英明等，2012）、或以土地出让金为基础构造政府竞争指标（陶然等，2007）。另有一些研究采用多指标度量地方政府竞争，例如，周业安等（2004）采用了市场化指数、贸易投资开放度、区际贸易关系、地区创新能力、公共品供给能力、区位因素来体现地方政策竞争程度。综合看来，引资程度是地方政府竞争的间接度量指标，是地方政府竞争的“结果”；土地出让金度量法和多指标法，在县级层面数据难以获得。这些方法在本文皆不作考虑。

依据许敬轩等（2019）的方法，基于中国工业企业数据库，本文采用“企业所得税/总资产×100%”的方式计算了县级层面的所得税实际税率，并采用了滞后1年的上下游税率差值，以表示上下游之间的税收竞争关系。

此外，本文参考郭庆旺和贾俊雪（2010）的方法，采用县级层面的“财政支收比”（按2004年价格计算的财政支出与财政收入的比值）反映地方财政困难程度。这一指标越大，既表示相对财政支出越高，也表示县级地方政府财政自给能力越弱、财政困难程度越高。本文采用滞后1年的上下游“财政支收比”的差值，表示上下游之间的财政竞争关系。

5. 人均GDP差距。近年来我国制造业呈现出从沿海地区向中部地区、再到西部地区转移的“飞雁模式”（曲玥等，2013），这意味着诱使产业继续向东部沿海地区集中的效应已经减弱，生产要素相对价格的地区差异性在引导产业转移方面的作用逐渐增强。在我国，经济发展水平高与低，与河流的下游与上游，恰好是重叠的，可能导致回归结果只是一个“伪回归”。为排除竞争性解释，本文将滞后12个月的上下游人均GDP差距作为控制变量纳入模型中。

6. 其他控制变量。在下游水质方程中，本文还纳入人口密度、农作物播种面积与行政面积比值、肉类产量与行政面积比值这些变量，以控制居民生活与农业生产所产生的生活污染、种植业污染、养殖业污染。肉类数据由年度数据简单平均至12个月。本文还匹配了每个县最近气象站的月度温度与月均降雨量，以控制气候条件。

（四）数据来源

本文的水质数据来源于中华人民共和国生态环境部提供的“全国主要流域重点断面水质自动监测周报”。水污染密集型企业主营业务收入数据、企业实际所得税率数据来源于中国工业企业数据库，由作者以县为单位计算得出。垂直型环境规制数据来源于国家生态环境部历年下达的“国控点”名单，将废水企业名单以县为单位进行手工整理。县级财政支出与收入数据来源于历年《中国县域经济统计年鉴》。人口及行政面积数据来源于《中国区域经济统计年鉴》。县级层面的农作物播种面积及肉类产量数据来自中国农业科学院的统计数据。本文基于各县不同农作物生长期，将年度播种面积数据分解为月度播种面积，其中，各县农作物生长期数据来自全国778个农业气象站发布的农作物生长发育状况报告（2008年）。温度与降水数据来自中国气象局824个国家级地面气象观测站统计的日平均气温数据与日累计降水量，本文将其转化为月平均气温与月累计降水量。

变量定义及描述统计如表1所示。数据覆盖了2004～2013年，77个上下游点位间的河流流经23个省的102个市的308个县。本文既有月度数据，又有年度数据，我们采用下标m表示月度数据，下标m－12表示月度数据滞后12个月；采用下标y表示年度数据，下标y－1表示年度数据滞后1年。

表1　　变量定义与描述统计

变量名	定义	均值	标准差
$COD_{下游m}$	下游点位i月度的化学需氧量（mg/L）	4.557	5.834
$COD_{上游m}$	上游点位j月度的化学需氧量（mg/L）	4.282	5.417
$S_{上游m}$	上游地区K水污染密集型企业主营业务收入/行政面积（百万元/平方公里）（2004年价格）	0.546	0.694
$R_{下游(y-1)}-R_{上游(y-1)}$	滞后1年的下游地区K与上游地区L的“国控点”强度差值	0.117	3.021
$T_{下游(y-1)}-T_{上游(y-1)}$	滞后1年的下游地区K与上游地区L的实际税率差值（%）	0.153	2.251
$F_{下游(y-1)}-F_{上游(y-1)}$	滞后1年的下游地区K与上游地区L的“财政支收比”差值	－0.298	1.871

续表

变量名	定义	均值	标准差
$AGDP_{下游(m-12)}$ − $AGDP_{上游(m-12)}$	滞后 12 个月的下游地区 K 与上游地区 L 的人均 GDP 差值（2004 年价格，千元）	0.767	5.835
$Population_{下游y}$	点位 i 与 j 间的人口密度（百人/平方公里）	6.411	6.310
$Crop_{下游m}$	点位 i 与 j 间的农作物播种面积/行政面积 * 100（%）	25.517	16.867
$Livestock_{下游m}$	点位 i 与 j 间的肉类总产量/行政面积（吨/平方公里）	1.728	1.344
$Rain_{下游m}$	点位 i 与 j 间的月降水量（分米）	0.775	0.862
$Temperature_{下游m}$	点位 i 与 j 间的月平均气温（℃）	14.232	11.094

四、实证结果与分析

（一）基准回归结果

本文采用工具变量法进行了估计（见表 2）①。在上游污染产业方程中，研究发现：（1）垂直型环境规制对上游水污染密集型行业规模的估计系数显著为负，符合“别在我家后院”假说。与何等（He et al.，2018）的研究结论相一致，他们发现以水质监测点所表示的环境管制会导致劳动力和资本等生产要素由监测点上游向监测点下游转移。可见，下游地区环境规制相对加强并非水污染密集型行业向上游转移的动因，相反，却会促使污染产业向下游转移。（2）上游地区污染密集型行业规模对上下游间税率差异并不敏感（列 1、3、4 中变量 $T_{下游(y-1)}-T_{上游(y-1)}$ 的估计参数皆不显著）。（3）上游地区财政竞争程度越高，越会吸引污染密集型行业向上游集聚。自我国实施分税制以来，上游地方政府投入了大量生产性财政投资以吸引资本流入，这往往轻视了地方公共物品的提供，并导致了区域经济的粗放发展。（4）有学者认为财政竞争与税收竞争存在交互效应（傅勇和张晏，2007），但是，本研究发现财政竞争对上游水污染密集型行业规模的影响并不随着税收竞争强度的变化而发生改变（可能是因为采用县域数据衡量的上下游税率相差不大，差值的均值仅为 0.153%）。（5）人均 GDP 差距对上游水污染密集型行业规模影响显著为正。尽管上游地区相对较低的生产成本会吸引污染密集型行业向上游转移，但是相对较低的人均 GDP 可能促使上游地区劳动力流出与人力资本下降，进而致使劳动生产率降低，而生产率机制可能占主导作用。

表 2　　基准回归结果（2SLS）

变量	1	2	3	4
上游污染产业方程（因变量 $S_{上游m}$）				
$T_{下游(y-1)}-T_{上游(y-1)}$	0.001	—	0.004	0.004
$F_{下游(y-1)}-F_{上游(y-1)}$	—	-0.050^{***}	-0.051^{***}	-0.050^{***}
$(T_{下游(y-1)}-T_{上游(y-1)})\times(F_{下游(y-1)}-F_{上游(y-1)})$	—	—	—	−0.001
$AGDP_{下游(m-12)}-AGDP_{上游(m-12)}$	-0.022^{***}	-0.023^{***}	-0.022^{***}	-0.022^{***}

① 表 2 列 3 中的 Hausman 检验表明方程中的上游污染产业规模存在内生性，采用 2SLS 进行回归可以解决此问题；第一阶段回归的 F 值大于 10 且通过了 1% 水平下的显著性检验，由此，我们认为弱工具变量问题在回归中并不明显。列 1、2、4 未通过 Hausman 内生性检验，表明 2SLS 与普通最小二乘法回归结果并不存在系统差异。

续表

变量	1	2	3	4
$R_{下游(y-1)}-R_{上游(y-1)}$	-0.016***	-0.017***	-0.017***	-0.017***
$COD_{上游m}$	-0.007***	-0.007***	-0.007***	-0.007***
$Population_{下游y}$	0.047***	0.052***	0.052***	0.052***
$Crop_{下游m}$	-0.0004	-0.0004	-0.0004	-0.0004
$Livestock_{下游m}$	0.189***	0.178***	0.183***	0.185***
$Rain_{下游m}$	-0.010	-0.010	-0.010	-0.010
$Temperature_{下游m}$	0.002	0.002	0.002	0.002
常数项	-0.454***	-0.485***	-0.497***	-0.501***
F 值	183.96***	190.16***	183.96***	178.05***
下游水质方程(因变量 $COD_{下游m}$)				
$S_{上游m}$	1.119	2.462**	2.451**	2.397**
$AGDP_{下游(m-12)}-AGDP_{上游(m-12)}$	0.055	0.084***	0.084***	0.083***
$R_{下游(y-1)}-R_{上游(y-1)}$	0.021	0.043	0.042	0.042
$COD_{上游m}$	0.250*	0.260***	0.260***	0.259***
$Population_{下游y}$	0.201	0.139	0.139	0.142
$Crop_{下游m}$	-0.045***	-0.044***	-0.044***	-0.044***
$Livestock_{下游m}$	-2.519	-2.770***	-2.768***	-2.758***
$Rain_{下游m}$	-0.043	-0.030	-0.030	-0.030
$Temperature_{下游m}$	-0.008	-0.011	-0.011	-0.011
常数项	8.611	9.216***	9.211***	9.187***
卡方值	11 800.20***	11 028.44***	11 036.63***	11 073.47***
年份固定效应	是	是	是	是
月份固定效应	是	是	是	是
点位固定效应	是	是	是	是
Hausman 检验(卡方值)	0.03	39.92	40.88*	39.83
样本量	4 967	4 967	4 967	4 967

注：* 表示在 10% 水平上显著，** 表示在 5% 水平上显著，*** 表示在 1% 水平上显著。

在下游水质方程中，研究发现：（1）上游水污染密集型行业规模对下游点位水质有显著正向影响[①]，这意味着上游污染产能增加会导致下游水质恶化。（2）上下游人均 GDP 差距越大，下游点位水质越差。（3）其他控制变量的结果显示，上游点位的水质对下游水质有正向影响；上游地区的种、养殖规模对下游水质有改善作用，可能的原因在于农业生产挤出了工业生产；此外，降雨和温度对下游水质影响不显著。

总体来看，水污染密集型行业向上游集聚是地方分权的财政竞争所致（税收竞争的影响效果不显著）；而垂直型环境规制的影响方向相反。水污染密集型产业向上游转移会显著导致下游水质恶化。可见，地方政府财政竞争会引致负面的“污染回流效应”，而垂直型环境规制可以在一定程度起到抑制作用。

① 列 1 除外，这可能是因为列 1 中工具变量不显著所致。

（二）稳健性检验

为了探讨上述结论的稳健性，本研究基于表2第3列的回归模型展开了一系列稳健性检验，结果如表3所示：

1. 本文根据2004~2013年各行业COD排放量（而非排放强度），选取了污染排放量最高的9个行业，其中，包含了医药制造业、黑色金属冶炼及压延加工业、化学纤维制造业、食品制造业、饮料制造业、纺织业、化学原料和化学制品制造业、农副食品加工业、造纸及纸制品业。这9个行业占COD年均排放总量的82.35%。基于排放量重新设定水污染密集型行业目录，本研究再次估计了模型，结果基本稳健（见表3第1列）。

表3　稳健性检验

变量	1	2	3	4
	变更污染密集型产业清单	采用当期的垂直型环境规制	使用2009~2013年样本	成立2年以上企业数据
上游污染产业方程（因变量 $S_{上游m}$）				
$T_{下游(y-1)}-T_{上游(y-1)}$	-0.002	0.005*	-0.0003	0.004*
$F_{下游(y-1)}-F_{上游(y-1)}$	-0.034***	-0.048***	-0.035***	-0.051***
$AGDP_{下游(m-12)}-AGDP_{上游(m-12)}$	-0.023***	-0.022***	-0.033***	-0.022***
$R_{下游(y-1)}-R_{上游(y-1)}$	-0.014***	—	-0.008**	-0.017***
$R_{下游y}-R_{上游y}$	—	-0.002*	—	—
其他控制变量	yes	yes	yes	yes
常数项	-0.407***	-0.534***	1.934***	-0.494***
F值	157.62***	179.21***	93.34***	184.61***
下游水质方程（因变量 $COD_{下游m}$）				
$S_{上游m}$	3.476**	2.556**	3.536**	2.439**
$AGDP_{下游(m-12)}-AGDP_{上游(m-12)}$	0.109**	0.087***	0.127**	0.084**
$R_{下游(y-1)}-R_{上游(y-1)}$	0.050*	—	0.007	0.043
$R_{下游y}-R_{上游y}$	—	0.011	—	—
其他控制变量	yes	yes	yes	yes
常数项	9.458***	9.372***	-1.729	9.198***
卡方值	9 951.71***	10 953.43***	13 093.21***	11 044.83***
年份固定效应	是	是	是	是
月份固定效应	是	是	是	是
点位固定效应	是	是	是	是
Hausman检验（卡方值）	30.98	39.63	143.45***	40.93*
样本量	4 967	4 967	2 873	4 967

注：（1）*表示在10%水平上显著，**表示在5%水平上显著，***表示在1%水平上显著。
（2）其他控制变量包括了：$COD_{上游m}$、$Population_{下游y}$、$Crop_{下游m}$、$Livestock_{下游m}$、$Rain_{下游m}$、$Temperature_{下游m}$。

2. 当期的“国控点”环境规制对于县级政府而言可能已是外生的。因此，本文采用当期的垂直型环境规制替换滞后期变量，且研究发现，在上游污染产业方程中，上下游相对环境规制的估计结果与基准结果相一致。替换为当期垂直型环境规制后，税收竞争的估计参数变为正向显著；财政竞争的估计参数依旧十分稳健（见表3第2列）。

3. 由于“国控点”名单是从2007年开始公布，本文舍弃2008年及之前的样本（考虑到采用了滞后1期的变量）重新进行估计。估计结果与基准结果相一致（见表3第3列）。

4. 基准结果表明垂直型环境规制促使上游污染产能下降，若如此，其实现机制应在于垂直型环境规制促使上游水污染密集型的老企业关停或减产来实现。基于成立2年以上的企业样本，本文展开稳健性检验，结果与基准结果相一致（见表3第4列）。研究还发现，对于成立2年以上企业而言，税率竞争也会促使其向上游集聚（变量 $T_{下游(y-1)} - T_{上游(y-1)}$ 的估计参数为0.004，在10%的水平上显著）。

（三）安慰剂检验

本文展开两个安慰剂检验①：(1) 产业错配。依据基准回归中的COD排放强度分类法，整理出“非水污染密集型”产业清单，并用其计算出“非水污染密集型”行业规模 $NS_{上游m}$ 替换 $S_{上游m}$，利用基准模型的估计方法展开安慰剂检验。研究发现，垂直型环境规制对“非水污染密集型”行业规模影响不显著；“非水污染密集型”行业规模对下游点位的水质影响也不显著。皆与预期相符。(2) 河流错配。本研究为每个下游点位匹配了与其距离最近的、位于该点位西侧的、但不存在上下游关系的上游河段（覆盖多个县）。模型中不纳入错配上游河段的 $COD_{上游}$、人口密度、农作物播种面积、肉类产量、降水量和气温等变量。相对税率用下游点位所在县的税率和错配上游河段的税率差值表示，其他相对变量的处理也如此。研究发现，垂直型环境规制不会改变其他河流中“伪上游”地区的水污染密集型行业规模。

这些安慰剂检验可以用来反证：垂直型环境规制确实促使本流域上游的（而非其他流域上游的）水污染密集型（而非“非水污染密集型”）的行业规模减小。

（四）拓展分析

1. 企业所有制类型的异质性分析。本文基于不同所有制类型企业的分样本回归发现，“污染回流效应”存在明显的企业异质性（见表4第1和第2列）。学者普遍认为，地方政府为吸引流动性要素而展开的竞争，更多地体现在吸引FDI的竞争。这是因为FDI的进入，可以绕过中国僵化的金融体制，为地区经济发展注入大量的金融资本、并产生积极的技术溢出效应。从税收竞争视角看，外商投资企业长期以来享受着超国民待遇，所负担的实际税率与名义税率差别很大（傅勇和张晏，2007）。

本文研究发现：(1) 地方政府税收竞争（$T_{下游(y-1)} - T_{上游(y-1)}$）确实会促使上游地区水污染密集型的外资企业规模显著增加（而对内资企业没有显著影响）；(2) 地方政府财政竞争（$F_{下游(y-1)} - F_{上游(y-1)}$）主要促使了上游地区水污染密集型的内资企业规模增加（而对外资企业没有显著影响）；(3) 垂直型环境规制（$R_{下游(y-1)} - R_{上游(y-1)}$）对上游地区污染密集型的内资与外资产业规模都有显著负向影响（与基准结果一致）；(4) 在下游水质方程的估计结果中，内资企业污染规模对下游水质构成显著负面影响、而外资企业规模的估计参数不显著。综合看来，地方政府财政竞争引起的“污染回流效应”主要体现于内资企业。

① 篇幅所限，安慰剂检验结果未予汇报，感兴趣的读者可向作者索取。

2. 边界效应。本研究进一步纳入“是否同属于一个城市”（City），以及“是否同属于一个省份”（Province）两个虚拟变量，分别采取交互项方式展开“边界效应”分析。在研究的河段样本中，10.6%的样本同属一个城市，45.1%的样本跨市不跨省，44.3%的样本跨省。本文研究发现：一方面，边界效应扩大了“别在我家后院”的垂直型环境规制影响。如果样本河段同属于一个城市时，垂直型环境规制对上游污染规模的负效应会显著增强。迪维维耶和熊（Duvivier and Xiong，2013）研究发现企业偏向于向行政边界的污染转移现象，他们利用河北省的县级数据发现，距离省界越近的县吸引污染企业的概率越高，因此，省界附近的居民受到污染的风险较高。卡伊等（Cai et al.，2016）研究发现，每个省份下游县的水污染活动比该省其他县高出20%，这个导致了“污染邻居”（Polluting thy neighbor）的现象。这类研究结论都暗含着，当河段同属一个城市时，县域间环境规制具有统筹协调性。

另一方面，边界效应也放大了地方政府竞争对上游污染产业集聚的影响。如果上下游地区同属一个城市时，税收与财政竞争都会构成预期影响，即相对税率较低、相对财政支出较高的上游地区会倾向从本市的下游地区吸引污染产业，并通过流域向该城市的下游地区释放污染。本文进一步估算了省际边界效应，其影响效果与市际边界效应相似。但是，仅税收竞争与省界交互项的估计参数是显著的，而财政竞争与省界交互项的估计参数不显著（见表4第4列）。

表4　拓展分析

变量	1	2	3	4
	内资企业	外资企业	市界交互	省界交互
上游污染产业方程（因变量 $S_{上游m}$）				
$T_{下游(y-1)} - T_{上游(y-1)}$	0.001	0.003***	-0.006**	-0.015***
$F_{下游(y-1)} - F_{上游(y-1)}$	-0.050***	-0.001	-0.042***	-0.055***
$AGDP_{下游(m-1)} - AGDP_{上游(m-1)}$	-0.020***	-0.002***	-0.021***	-0.021***
$(T_{下游(y-1)} - T_{上游(y-1)}) \times City$	—	—	0.060***	—
$(F_{下游(y-1)} - F_{上游(y-1)}) \times City$	—	—	-0.106***	—
$(AGDP_{下游(m-1)} - AGDP_{上游(m-1)}) \times City$	—	—	-0.163***	—
$(T_{下游(y-1)} - T_{上游(y-1)}) \times Province$	—	—	—	0.038***
$(F_{下游(y-1)} - F_{上游(y-1)}) \times Province$	—	—	—	0.015
$(AGDP_{下游(m-1)} - AGDP_{上游(m-1)}) \times Province$	—	—	—	-0.019**
$R_{下游(y-1)} - R_{上游(y-1)}$	-0.020***	-0.004***	-0.008***	0.001
$(R_{下游(y-1)} - R_{上游(y-1)}) \times City$	—	—	-0.185***	—
$(R_{下游(y-1)} - R_{上游(y-1)}) \times Province$	—	—	—	-0.039***
控制变量	yes	yes	yes	yes
常数项	-0.331***	-0.142***	-0.228**	-0.419***
F值	177.35***	56.79***	192.77***	172.45***
下游水质方程（因变量 $COD_{下游m}$）				
$S_{上游m}$	2.469**	4.881	1.384**	4.456***
$AGDP_{下游(m-1)} - AGDP_{上游(m-1)}$	0.078***	0.042	0.063**	0.093***
$(AGDP_{下游(m-1)} - AGDP_{上游(m-1)}) \times City$	—	—	-0.664**	—
$(AGDP_{下游(m-1)} - AGDP_{上游(m-1)}) \times Province$	—	—	—	0.358***
$R_{下游(y-1)} - R_{上游(y-1)}$	0.034	0.022	0.014	-0.023

续表

变量	1	2	3	4
	内资企业	外资企业	市界交互	省界交互
$(R_{下游(y-1)}-R_{上游(y-1)})\times City$	—	—	0.150	—
$(R_{下游(y-1)}-R_{上游(y-1)})\times Province$	—	—	—	0.233***
其他控制变量	yes	yes	yes	yes
常数项	8.829***	8.762***	8.234***	9.896***
卡方值	11 221.20***	11 796.02***	11 707.97***	9 554.26***
年份固定效应	是	是	是	是
月份固定效应	是	是	是	是
点位固定效应	是	是	是	是
Hausman 检验（卡方值）	43.32*	1.56	49.94**	192.84***
样本量	4 967	4 967	4 967	4 967

注：（1）* 表示在 10% 水平上显著，** 表示在 5% 水平上显著，*** 表示在 1% 水平上显著。

（2）其他控制变量包括了：$COD_{上游m}$、$Population_{下游y}$、$Crop_{下游m}$、$Livestock_{下游m}$、$Rain_{下游m}$、$Temperature_{下游m}$。

综合看来，在“标尺竞争”中的模式下，参与竞争者不仅有激励做有利于自己的事情，而且也有同样的激励去做不利于其竞争对手的事情（周黎安，2004），而这种“标尺竞争”在城市内部（相比省份内部而言）更为激烈。过去很长一段时期，地方经济已经对粗放式增长模式产生一定的“锁定效应”，尽管省、市政府有一定“自上而下”的动机通过协调县域间环境规制将污染转移至下游，但是县域间激烈的“标尺竞争”仍可能放大“污染回流效应”的负面影响。可见，边界效应是把“双刃剑”。当然，随着资源节约、环境保护“目标问责制”和“一票否决制”逐步纳入政绩考核体系，地方政府竞争行为可能发生转变①。

五、结　　论

本文基于 2004～2013 年中国工业企业数据库、生态环境部地表水质监测数据及县域统计年鉴数据，以中国七大流域干流县域为观测对象，采用 2SLS 等方法展开相关实证分析。研究发现：（1）地方政府竞争会促使水污染密集型行业由下游地区向上游地区转移，反而引致下游地区的水质恶化，呈现“污染回流效应”；（2）垂直型环境规制可促使上游水污染密集型行业规模减小，这符合“别在我家后院”（Not in my backyard）假说；（3）“污染回流效应”主要发生于内资企业，上游地区税收优惠政策虽然可吸引外资流入，但是上游布局的水污染密集型外资产业规模变化对下游水质并未构成显著影响，这可能是由于外资企业具备相对较高的清洁生产技术和末端治理技术水平；（4）尽管辖区内部具有一定统筹协调性，但是激烈的“标尺竞争”仍会进一步放大地方政府财税竞争导致的“污染回流效应”，这一现象在省、市边界内皆有存在。

流域是动态的，中国需要将静态的、孤立的环境治理，转变为动态的、全面的协同规制。虽然政府的集权与分权各有千秋，但是实现绿色发展则需强化中央的垂直化管理。在地方政府群雄逐鹿下，行政边界的分割必然暗含着跨界污染风险。从经验结果来看，垂直型环境规制的积极影响或不

① 2011 年 11 月 20 日国务院发布了《国务院关于加强环境保护重点工作的意见》，其中提到“制定生态文明建设的目标指标体系，纳入地方各级人民政府绩效考核，考核结果作为领导班子和领导干部综合考核评价的重要内容，作为干部选拔任用、管理监督的重要依据，实行环境保护一票否决制”。

足以抵消由地方政府竞争引起的污染回流的消极影响。治理流域污染问题的关键，不仅在于能否设计一套行之有效的环境制度，还在于能否制定一套有效约束地方政府竞争行为的体制。中国应以河长制、湖长制，而非以省长制、市长制来治理流域环境。国家应由统筹考虑流域经济带在税收、财政与环境政策等方面的顶层设计，规避由地方政府竞争引致的非期望环境后果。

参考文献：

1. 包群、邵敏、杨大利：《环境管制抑制了污染排放吗?》，载于《经济研究》2013年第12期。

2. 陈诗一：《边际减排成本与中国环境税改革》，载于《中国社会科学》2011年第3期。

3. 范庆泉、周县华、张同斌：《动态环境税外部性、污染累积路径与长期经济增长——兼论环境税的开征时点选择问题》，载于《经济研究》2016年第8期。

4. 傅勇、张晏：《中国式分权与财政支出结构偏向：为增长而竞争的代价》，载于《管理世界》2007年第3期。

5. 郭庆旺、贾俊雪：《财政分权、政府组织结构与地方政府支出规模》，载于《经济研究》2010年第11期。

6. 金刚、沈坤荣：《以邻为壑还是以邻为伴? ——环境规制执行互动与城市生产率增长》，载于《管理世界》2018年第12期。

7. 李树、陈刚：《环境管制与生产率增长——以APPCL2000的修订为例》，载于《经济研究》2013年第1期。

8. 李永友、沈坤荣：《我国污染控制政策的减排效果——基于省际工业污染数据的实证分析》，载于《管理世界》2008年第7期。

9. 林伯强、邹楚沅：《发展阶段变迁与中国环境政策选择》，载于《中国社会科学》2014年第5期。

10. 乔宝云、范剑勇、冯兴元：《中国的财政分权与小学义务教育》，载于《中国社会科学》2005年第6期。

11. 曲玥、蔡昉、张晓波：《“飞雁模式”发生了吗? ——对1998～2008年中国制造业的分析》，载于《经济学（季刊）》2013年第12卷第3期。

12. 沈坤荣、金刚、方娴：《环境规制引起了污染就近转移吗?》，载于《经济研究》2017年第5期。

13. 陶然、袁飞、曹广忠：《区域竞争、土地出让与地方财政效应：基于1999～2003年中国地级城市面板数据的分析》，载于《世界经济》2007年第10期。

14. 涂正革、谌仁俊：《排污权交易机制在中国能否实现波特效应?》，载于《经济研究》2015年第7期。

15. 许敬轩、王小龙、何振：《多维绩效考核、中国式政府竞争与地方税收征管》，载于《经济研究》2019年第4期。

16. 应瑞瑶、周力：《外商直接投资、工业污染与环境规制——基于中国数据的计量经济学分析》，载于《财贸经济》2006年第1期。

17. 曾文慧：《流域越界污染规制：对中国跨省水污染的实证研究》，载于《经济学（季刊）》2008第7卷第2期。

18. 张宇、蒋殿春：《FDI、政府监管与中国水污染——基于产业结构与技术进步分解指标的实证检验》，载于《经济学（季刊）》2014年第13卷第2期。

19. 郑思齐、万广华、孙伟增、罗党论：《公众诉求与城市环境治理》，载于《管理世界》2013年第6期。

20. 周黎安：《晋升博弈中政府官员的激励与合作：兼论我国地方保护主义和重复建设问题长期存在的原因》，载于《经济研究》2004年第6期。

21. 周雪光、练宏：《政府内部上下级部门间谈判的一个分析模型——以环境政策实施为例》，载于《中国社会科学》2011年第5期。

22. 周业安、冯兴元、赵坚毅：《地方政府竞争与市场秩序的重构》，载于《中国社会科学》2004年第1期。

23. 朱英明、杨连盛、吕慧君、沈星：《资源短缺、环境损害及其产业集聚效果研究——基于21世纪我国省级工业集聚的实证分析》，载于《管理世界》2012年第11期。

24. 朱平芳、张征宇、姜国麟：《FDI与环境规制：基于地方分权视角的实证研究》，载于《经济研究》2011年第6期。

25. Becker, R. A., and Henderson, J. V., 2000, “Effects of Air Quality Regulations on Polluting Industries”, *Journal of Political Economy*, 108 (2): 379 - 421.

26. Breton, A., 1998, Competitive Governments: An Economic Theory of Politics and Public Finance, Cambridge University Press.

27. Cai, H., Chen, Y., and Gong, Q., 2016, "Polluting thy Neighbor: Unintended Consequences of China's Pollution Reduction Mandates", *Journal of Environmental Economics and Management*, 76, 86 - 104.

28. Case, A. C., Rosen, H. S., and Hines, J. R., 1993, "Budget Spillovers and Fiscal Policy Interdependence: Evidence from the States", *Journal of Public Economics*, 52 (3): 285 - 307.

29. Dasgupta, S., Huq, M., Wheeler, D., and Zhang, C., 2001, "Water Pollution Abatement by Chinese Industry Cost Estimates and Policy Implications", *Applied Economics*, 33 (4): 547 - 557.

30. Duvivier, C., and Xiong, H., 2013, "Transboundary Pollution in China: A Study of Polluting Firms' Location Choices in Hebei Province", *Environment and Development Economics*, 18 (4): 459 - 483.

31. Fredriksson, P. G., and Millimet, D. L., 2002, "Strategic Interaction and the Determination of Environmental Policy across U. S. States", *Journal of Urban Economics*, 51 (1): 101 - 122.

32. He, G., Wang, S., and Zhang, B., 2018, "Environmental Regulation and Firm Productivity in China: Estimates from a Regression Discontinuity Design", Working Paper.

33. Konisky, D. M., 2007, "Regulatory Competition and Environmental Enforcement: Is There a Race to the Bottom?", *American Journal of Political Science*, 51 (4): 853 - 872.

34. List, J. A., Mchone, W. W., and Millimet, D. L., 2004, "Effects of Environmental Regulation on Foreign and Domestic Plant Births: Is There a Home Field Advantage?", *Journal of Urban Economics*, 56 (2): 303 - 326.

35. Markusen, J. R., Morey, E. R., and Olewiler, N., 1995, "Noncooperative Equilibria in Regional Environmental Policies When Plant Locations are Endogenous", *Journal of Public Economics*, 56 (1): 55 - 77.

36. Oates, W. E., and Schwab, R. M., 1988, "Economic Competition among Jurisdictions: Efficiency Enhancing or Distortion Inducing?", *Journal of Public Economics*, 35 (3): 333 - 354.

37. Porter, M. E., and van der Linde, C., 1995, "Toward a New Conception of the Environment Competitiveness Relationship", *Journal of Economic Perspectives*, 9 (4): 97 - 118.

38. Woods, N. D., 2006, "Interstate Competition and Environmental Regulation: A Test of the Race - to - the - Bottom Thesis", *Social Science Quarterly*, 87 (1): 174 - 189.

39. Wu, H., Guo, H., Zhang, B., and Bu, M., 2017, "Westward Movement of New Polluting Firms in China: Pollution Reduction Mandates and Location Choice", *Journal of Comparative Economics*, 45 (1): 119 - 138.

40. Zodrow, G. R., and Mieszkowski, P., 1986, "Pigou, Tiebout, Property Taxation and the Underprovision of Local Public Goods", *Journal of Urban Economics*, 19 (3): 356 - 370.

（本文载于《经济研究》2020 年第 3 期）

算法合谋的反垄断规制及工具创新研究

唐要家　尹钰锋

摘　要：在数字经济领域，数字商务企业采用算法定价会明显提高合谋的可能性和可实施性，具有较大的价格合谋风险，因而成为反垄断法关注的重点。学理上，尚待明确的问题有：算法定价促进合谋的内在机理和类型化机制；如何创新反垄断执法体制以有效规制自主学习算法；在反垄断事后执法无效情况下，是否需要以及如何实行事前规制等。研究表明：算法合谋的反垄断规制宜坚持分类治理原则，采取事后反垄断禁止为主并辅之以事前规制的政策组合，反垄断政策工具创新应主要针对自主学习算法合谋。算法合谋反垄断规制政策需重新界定构成非法合谋的"协议"要件，明确当事企业的主体责任，重在采取以"软执法"为主的反垄断执法体制。事前规制政策应坚持"基于设计来遵守法律"的原则，强化算法审查机制和审查能力建设，并将提升算法透明度和可问责性作为重点。

关键词：算法合谋　自主学习算法　反垄断　事前规制　政策工具创新

一、问题提出

随着数字驱动商业模式和人工智能技术的快速发展，数字商务企业日益转向采用计算机算法处理大数据，并将其作为基础性的商业决策机制。从技术层面来说，算法本质上是为解决特定问题的一系列计算处理逻辑规则，其主要是按一定的任务指令对输入的数据变量执行计算、处理和自动任务分配等基本功能，并输出一定结果。近年来，人工智能和机器学习技术的发展将算法提升到一个新的高度，它允许计算机自动地解决复杂问题、进行预测、制定决策。算法会使数字商务企业明显提升商业决策水平，自动制定和实施利润最大化的商业战略。因此，算法也是一种智能化的决策制定软件，与其他决策制定方式不同，算法决策的质量主要取决于算法本身的质量和算法运行所依据的数据质量。近年来大数据和人工智能算法的紧密结合，使数字商务企业拥有更有效的实现利润最大化的手段。从输入的角度来说，算法可以使数字商务企业更好地收集市场数据，包括消费者在线消费行为数据、市场变化信息数据和竞争对手信息数据，降低信息不完全性；从输出的角度来说，数字商务企业可以采用算法来实施最优目标性广告、个人化促销活动、个人化价格歧视、根据市场竞争状况来灵活制定利润最大化价格、对商品和商家进行算法排名等经营战略。

算法能够明显降低消费者的搜寻成本，享受更多个性化的高质量服务，有助于提高消费者福利。对数字商务企业来说，算法为企业提供新的商业机会和更及时有效的竞争策略，会促进市场竞争和商业创新，但算法也可能便利企业之间的价格合谋，具有较大的价格合谋风险。欧盟委员会2018年的研究报告指出"在被调查的电子商务零售商中，有53%的零售商追踪竞争对手的定价，这些零售商中有67%的零售商采用专门为此设计的软件来实现对竞争对手定价的自动追踪，其中有

78%的零售商基于竞争对手价格追踪软件来调整自己的定价。"① 由于价格合谋一直被认为是企业滥用行为的首恶，因此，算法合谋问题成为各国反垄断执法机关关注的新重点。与传统企业之间价格合谋执法不同，基于算法的价格合谋通常是由算法自动执行的动态定价，特别是在基于自主学习算法合谋时，由于企业之间并不存在信息交流，价格合谋更多的是基于算法的自动协调或平行行为，不存在"价格协议"，依据现行反垄断法，这很难构成非法合谋的前提要件，即存在价格合谋协议。同时，由于算法合谋具有高度的技术性和隐秘性，在算法合谋的反垄断执法中，执法机关在取证以及采取有效的救济措施等方面都存在一定的障碍。因此，需要基于算法合谋的独特机制来创新反垄断规制政策。

目前关于算法合谋的反垄断理论和政策研究主要集中在探讨算法合谋的机制和反垄断政策。埃兹拉奇和斯塔克（Ezrachi and Stucke，2017）、哈林顿（Harrington，2018）指出现行反垄断政策无法有效应对自主学习算法，主张在创新反垄断政策同时可采取算法审查的事前规制政策。但卡尔瓦诺等（Calvano et al.，2018）在对算法合谋不同反垄断规制政策进行分析的基础上明确反对采取事前规制政策。国内学者钟原（2018）、柳欣玥（2019）分析了算法合谋反垄断执法面临的难题并指出对算法合谋应采取类型化反垄断政策思路，周围（2020）则重点针对自主学习算法的反垄断政策问题进行了分析。已有理论研究尚待明确的问题是：第一，算法定价促进合谋的内在机理？第二，如何创新反垄断执法体制以有效规制自主学习算法？第三，在反垄断事后执法无效的情况下是否需要以及如何实行事前规制？本文主要分析算法合谋的内在机理和类型化机制，并重点探讨如何创新反垄断事后执法体制与建立有效的事前规制政策。

二、算法促进合谋的机理及类型化机制

（一）算法促进合谋的机理

经济学家斯蒂格勒（Stigler，1964）指出，企业合谋具有天然的不稳定性。因为在达成合谋协议后，每个企业都具有很强的背叛激励，从而会陷入彼此都降价的"囚徒困境"状态。因此，"卡特尔本身就带有不稳定的种子。"现代寡头动态博弈理论分析显示，在无限期动态博弈过程中，寡头企业合谋的激励根本上来自价格合谋的预期收益与被发现后面临的预期惩罚损失之间的权衡。从动态博弈来说，一个寡头企业的定价必须考虑现在定价的收益以及由此引发的竞争对手未来定价反应可能带来的影响。通常，现在制定高价格会引发竞争对手也制定高价格，从而降低竞争对手实施低价格的可能并增加了未来的预期收益；现在制定低价格将会引发竞争对手也制定低价格，从而降低未来的预期收益。

根据寡头动态博弈理论，寡头企业要达成并有效维持价格合谋需要解决三个核心问题：一是企业之间容易达成价格协议或一致同意，协议达成具有较低的沟通协调成本；二是由于单个企业具有较强的背叛协议的激励，价格合谋必须确保能够及时发现单个企业的背叛行为；三是为制止背叛，背叛行为被发现后，背叛企业必须面临可信的严厉处罚，以保证单个企业的背叛行为无利可图或要付出较高的代价（唐要家，2011）。显然，在合谋收益给定的情况下，协议谈判成本越低、背叛被发现得越迅速、背叛后的惩罚越严厉，则合谋越容易维持。在传统的非数字经济情况下，企业之间的默契合谋主要通过信息沟通机制来实现，但是在企业数量众多、企业间差别较大、市场需求波动和快速技术变革的行业，这种信息沟通机制往往难以有效发挥作用，由此造成这些市场合谋协议的

① European Commission. Vertical Restraints, Digital Marketplaces, and Enforcement Tools [R]. 2018: 2.

可维持性比较差。

在数字经济算法合谋的情况下，算法实际构成了寡头企业的“代理人”，它收集和处理大量的市场数据和竞争对手信息，可以更精确地判断竞争对手的价格变动，并对竞争对手的定价行为做出迅速反应，从而促进了企业之间的合谋。正如迈赫拉（Mehra，2016）所指出的，对价格变化信息获取精度的日益提高，对竞争对手定价的反应日益迅速，以及不合理价格折扣发生的可能性降低，都会使基于算法的商家成为更技能娴熟的寡头企业，并更便利了企业之间的合谋。算法促进合谋的机理主要体现在如下三个方面：

第一，算法降低了合谋的沟通协调成本，促进寡头企业更容易达成合谋协议。基于算法的商业决策通常并不需要寡头企业之间通过直接的沟通交流来达成协议，算法会自动根据竞争对手的定价来制定自己的利润最大化价格，机器定价而非人来定价大幅降低了合谋定价的沟通协调成本，同时也模糊了显性合谋与默契合谋之间的界限。在市场竞争中，算法能使企业自动监督竞争对手的行为，自动识别和获取竞争对手的商业敏感信息，寡头企业之间不需要进行复杂的人与人之间沟通和合谋协议谈判，尤其是基于深度学习技术的算法能在没有人工指令的情况下自动制定合谋价格，成为自动实现合谋的工具；同时算法能对市场条件的变化和竞争对手的定价自动做出反应，进行动态定价，更容易在市场变化中实现默契合谋。

第二，算法提高了市场交易的透明度，使寡头企业彼此更容易低成本地进行相互监督，消除了单个企业偷偷降价来谋利的激励，增强了寡头企业之间信任度和对合谋协议的忠诚度。威胁合谋协议实施的最主要因素是单个企业的偷偷背叛，之所以单个企业有背叛的动机是因为其背叛行为不会被其他企业迅速发现，而这主要是由信息不透明造成的。在数字商业市场中，大数据和算法的结合明显提高了企业间相互作用频率和市场透明度。另外，在市场需求波动的情况下，威胁合谋协议的重要因素是市场需求波动带来的不同企业价格不断调整使其他企业无法准确区分价格背叛行为和正常的动态价格调整行为，从而造成合谋的瓦解。算法合谋通常是基于对大数据的采集和实时动态处理分析来运行，大数据算法使企业不仅可以实时跟踪分析竞争对手的定价行为，还明显提高了市场透明度，可以有效区分市场价格变化是单个企业的定价行为还是市场波动造成的，避免了不确定的价格战，从而使寡头企业更容易及时准确识别单个企业的背叛行为。

第三，算法提高了对单个企业背叛合谋协议的惩罚严厉性。由于算法定价是基于对竞争对手定价的实时跟踪分析并自动做出的反应，因此一旦发现单个企业的背叛行为，算法定价使其他寡头企业快速实施惩罚性低价格，算法定价自动启动实施最具威慑力和惩罚性的“冷酷战略”，使惩罚战略成为一种非人格化的合谋维持博弈的可信策略。由于基于算法的价格合谋能够自动达成合谋协议，及时发现背叛行为并迅速做出可信的严厉惩罚，从而使背叛合谋协议的行为变得无利可图，降低了单个企业的降价激励，促进了企业之间的价格合谋。正如哈林顿（Harrington，2017）所指出的“合谋是一个企业使竞争对手也制定高于竞争水平价格的行为。换句话说，合谋就是企业采用奖励——惩罚政策，即当一个企业坚持实施合谋高价格将得到奖励，而背离合谋高价格则将面临惩罚。”如果遵守合谋协议的预期收益足够高而背叛面对的预期惩罚足够严厉，则合谋就具有稳定性。

由于算法降低了企业之间的沟通协调和监督成本、增加了市场透明度、提高了对背叛行为的监督和惩罚的有效性，因此算法在很大程度上会降低传统价格合谋理论所要求的合谋协议实施的门槛条件。在传统市场中，当市场结构具有企业数量相对较多、市场集中度和进入门槛相对较低、信息不透明、市场供求波动性大等因素时，寡头企业往往难以实现合谋，或者寡头企业实现合谋需要有效的便利合谋机制来保证合谋协议的实施，因此，寡头企业合谋面临较多的障碍。在数字经济中，由于算法有效降低了合谋协议的达成成本、监督背叛行为的信息成本和提高了对背叛企业惩罚的及时性，使寡头企业在传统不容易实现合谋的市场也能实现相对稳定的价格合谋。因此，算法不仅便利了价格合谋和提高了价格合谋出现的可能性，还扩大了合谋发生的市场范围。卡尔瓦诺等（2018）对人工智能（Q 学习）算法定价的实验研究发现，即使没有彼此沟通，人工智能算法定价也能一致地实现明显高于竞争水平的定价，并且即使在动态博弈是有限期、企业之间的成本或需求存在不对称、企业数量变化、需求不确定等情况下，合谋的结果依然是稳定的。这些在非算法定价下不利于合谋的因素此时并不会削弱合谋的稳定性。奈尔等（Nair et al.，2016）的实验经济分析发现，数字商务企业结合采用价格合谋与基于大数据的价格歧视的“混合”默契合谋更有效，即寡头企业对低价值商品实行默契合谋定价，对高价值商品实行基于大数据的行为性价格歧视，从而在差别化市场实现更稳定的价格合谋。由于算法使寡头企业更容易达成和实施合谋协议，并具有更大的适用范围，算法定价更可能带来更大的合谋风险，严重扭曲数字市场的价格竞争，损害消费者福利，因此受到反垄断法的重点关注。

（二）算法合谋的类型化实施机制

不同类型的算法合谋具有不同的合谋机制，并提出了不同的反垄断政策问题，需要基于不同类型算法有针对性地进行反垄断执法。为此，本文基于埃兹拉奇和斯塔克（Ezrachi and Stucke，2017）提出的四种类型算法合谋来展开分析。

1. 信息传递者算法合谋。信息传递者算法合谋是人有意识地采用算法作为工具来实现合谋，此时算法成为企业实施已有合谋协议的一种新的更有效的方式，使合谋企业更好地监督彼此和实施价格合谋，是促进企业合谋的便利机制。在企业之间存在合谋协议的情况下，这一算法合谋适用本身违法原则是适当的。在2015年美国司法部查处的拓扑金斯（Topkins）案中，司法部发现以拓扑金斯所在公司为首的商家在亚马逊销售的海报经营中协商定价，为保证实施价格协调，它们采用专门的定价算法来收集竞争对手的价格信息并用来指导定价，即借助算法协调彼此的定价，实施已达成的合谋协议。美国司法部据此认定其构成非法的价格合谋，并处以2万美元的罚款。在2016年英国竞争与市场局（CMA）对超德（Trod）公司和“GB眼”公司在在线海报市场（包括在英国亚马逊）价格协调的调查中发现，两家公司为实施价格协议，采用自主定价算法软件来监督和调整价格，以防止任何一家企业偷偷降价。据此，英国竞争与市场局认为两家公司的行为构成非法价格合谋，对超德公司处以16万欧元的罚款，并根据宽大政策对主动合作的“GB眼”公司给予罚金免除。

2. 轴辐协议算法合谋。轴辐协议算法合谋是指竞争企业共同采用同一个第三方提供的定价算法或者共同通过同一个采用算法定价的平台来完成结算交易（见图1）。此时，第三方既可能是一个定价算法的软件开发者，也可能是一个支配性平台。轴辐协议算法合谋分为代码层次和数据层次。代码层次是指第三方可能开发适用于所有企业的定价算法软件代码，代码层次的协调主要是实现共同的决策；数据层次是指第三方主要是起到“数据池”的作用，竞争企业基于相同的大数据来进行算法定价，数据层次的协调主要是实现信息交换和决策数据共享。在轴辐协议算法合谋情况下，合谋是相互竞争的企业通过采用共同算法来实现的，因此轴辐协议算法合谋与传统的“基点定价”或采用共同定价公式的合谋方式本质上相同，只不过此时平台与其商业用户之间存在纵向协议。尽管轴辐协议算法涉及企业之间的纵向关系，但是纵向关系只是实现横向价格合谋的手段，这不应影响对竞争企业之间实行横向价格合谋的认定。因此，在存在明确的合谋结果和非法合谋动机证据的情况下，可以适用本身违法原则。德国联邦卡特尔局则认为，对于代码层次的轴辐协议算法合谋可以直接适用本身违法原则，对于数据层次的轴辐协议算法合谋则应适用与分析信息交换相同的合理推定原则。在大多数情况下，如果证据充分，轴辐协议算法合谋可以直接适用本身违法原则，但为了防止执法错误，在个别案件中应采用合理推定规则，允许当事企业对轴辐协议算法定价效率理由举证说明，如果确实有证据证明其具有明显的效率效应或其是实现效率效应所带来的附属性限制效果，则可以免于反垄断处罚。

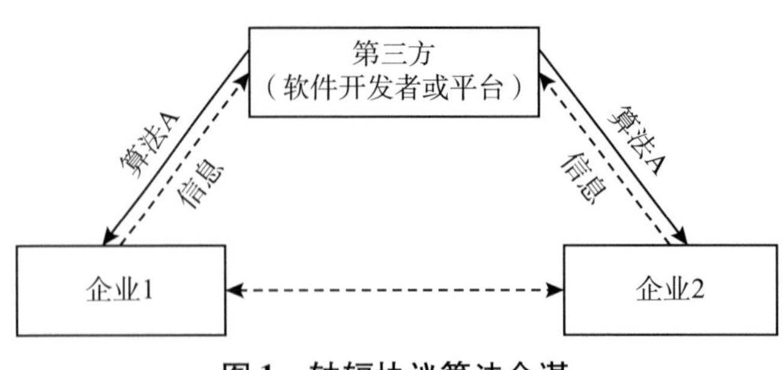

图1　轴辐协议算法合谋

2015年美国优步（UBER）公司案和2016年欧盟埃塔瑞斯（Eturas）案是典型的轴辐协议算法合谋案例。在美国优步（UBER）公司案中，法院指控UBER公司与每个网约车司机签订了纵向协议并要求其采用相同的定价算法，这样每个司机通过采用UBER平台提供的相同算法实现了非法价格合谋。在欧盟埃塔瑞斯案中，立陶宛在线预订系统管理者向在平台交易的各旅行社发了一封电子通知邮件，宣布对各个旅行社给予顾客的价格折扣率实行一个技术性的上限限制，即折扣率不得超过3%，折扣率超过3%的定价将通过系统自动调整为3%。欧盟法院指出，这些旅行社知道共同通过第三方在线平台来实行统一的折扣率会构成卡特尔协议，但并没有明确拒绝而是同意加入，因此构成了非法的合谋。欧盟法院指出，判定其构成非法合谋可以从在线旅行预订系统管理者发布的邮件以及各个旅行社客观和一致认同的事实基础上得出，即在各个旅行社意识到该行为会有反竞争合谋效果的情况下没有明确反对的事实说明，各个旅行社之间存在一致的同意或协议。由此，根据该案的判决，判定轴辐协议算法合谋有两个重点证据条件：一是竞争企业都明确地通过第三方算法定价或采用共同的定价算法；二是参与的企业都知晓或合理地预见到这会产生反竞争的合谋效果，但是它们并没有拒绝。

3. 可预测代理人算法合谋。可预测代理人算法合谋是指行业中的每个企业都单独地采用最大化利润算法来提高市场透明度和增强对竞争对手竞争行为的预测，此时算法扮演监督竞争对手的价格、产量的变化和市场供求变化，并根据竞争对手的定价及时采取应对策略（包括合谋的惩罚措施等）的代理人角色（见图2）。在此情况下，任何单个企业的降价都会被竞争对手及时发现并跟进，从而使单个企业的降价行为无利可图。如果整个行业的企业都采用这种定价算法，就会产生价格合谋的结果。在可预测市场代理人算法合谋下，每个企业使用根据利润最大化定价原则运行的算法独立地对竞争对手的定价做出反应，尽管企业之间并不存在明确的沟通协调行为，但寡头企业采用算法定价往往具有合谋的动机或算法程序设计包含合谋的动机或明显的具有导致合谋效果的可能，因此其实际上是一种有意识的平行行为。

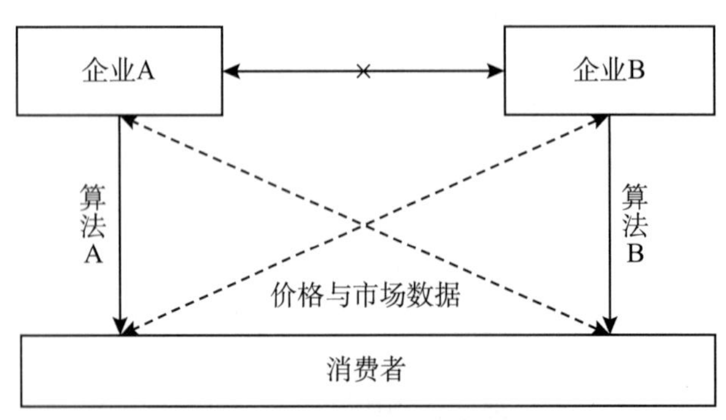

图2　可预测代理人算法合谋

根据各国反垄断法的现有规定，单纯的有意识平行行为是本身合法的，并不违反反垄断法。由于在算法有意识平行行为中，企业之间缺乏一致同意的“协议”，在各国现行反垄断政策下，反垄断执法往往缺乏判定其构成非法的直接证据并对其加以禁止；而且由算法定价带来的市场定价透明度的提高，既可能便利价格合谋，也可能带来更激烈的价格竞争。因此，反垄断执法不应采用本身违法原则，而应主要采用合理推定原则，合理区分合法的算法平行定价与非法的算法合谋定价。但是如果其存在明显的反竞争动机，即算法程序设计本身可能就包含合谋的动机以及惩罚背叛行为的程序代码，并且企业都知道如果行业企业都采用类似的定价算法会带来合谋的结果，则可以认定其构成非法，适用本身违法原则。对于有意识平行行为，美国法院在类似案件中已经发展了有效的反垄断审查证据方法和审查的“附加因素”。对于算法有意识平行行为的审查，反垄断执法机构可以根据企业实施算法的动机和结果并考虑其他的“附加因素”来做出其是否构成非法价格合谋的裁定，重点是审查算法程序代码、企业算法运行输入的数据、企业算法决策过程和算法输出结果等。

4. 自主学习算法合谋。在基于人工智能自主学习算法合谋情况下，每个企业各自采取长期利润最大化算法来定价，此时的算法主要是基于人工智能深度学习技术或 Q 学习技术，在没有人类介入或明确人工指令的情况下，算法深度神经网络模拟人脑功能，基于大数据和试错的实验，通过“探索－挖掘”机制来自动调整定价规则并对竞争对手的定价做出快速反应，市场透明度的大幅度提高和算法自主学习决策会使追求利润最大化的算法根据竞争对手的定价自动实现寡头动态博弈的合谋均衡，从而产生协同定价的合谋结果。由于算法是基于人工智能的深度学习技术，算法定价决策始终处于变化过程中并脱离了人工的实时控制或指令，自主学习算法不是按照原始设计代码一直运行，而是基于自主学习在大数据基础上不断试验来获得经验并不断优化算法，以最佳的方式达成目标。因此，在模仿人的神经网络的算法自主学习中，当事企业往往很难事先预知算法程序运行的最终结果及其影响，即使最初的程序设计没有合谋动机，但算法的自主学习也可能“有意识地”产生合谋结果。由于这种算法完全是机器自主学习的过程，合谋是在当事企业完全不知情的情况下机器自主实现的，因此也被称为“黑箱”算法。在自主学习算法合谋中，即使算法最初设计没有明确的合谋动机或算法运行过程中不存在明显的人为干预，但是算法的有意识自主学习仍然可能根据长期利润最大化原则来实施动态稳定的寡头价格合谋。

自主学习算法合谋本质上依然属于一种寡头平行定价行为，但是与上述有意识平行定价行为不同，此时的合谋完全是机器自己完成的而非人为的结果，是一种无意识的平行行为，对此反垄断执法部门无法获得企业采用最优算法定价来从事合谋的“协议”或“动机”证据，但是市场确实存在默契合谋的结果。与前三种通过审查算法程序代码可以判定是否存在合谋动机不同，执法机构通过对自主学习算法程序源代码的分析并不能完全识别企业是否存在明确的合谋动机，无法为反垄断审查提供有力的“动机”证据。各国现有的反垄断政策对自主学习算法价格协同行为违法性认定的审查依据和审查方法还存在空白，目前也缺乏直接的反垄断判例。2017 年英国竞争与市场局（CMA）向 OECD 提交的报告指出，自主学习算法对反垄断政策提出了两个尚未解决的重要问题：一是如何判定在何种情况下自主学习算法会带来竞争损害；二是如何采取有效的分析方法和调查工具来准确识别非法的算法合谋①。

总体来说，对自主学习算法合谋的反垄断审查应采取合理推定原则，需要创新违法审查的证据方法，判定其是否构成非法应综合依据算法程序代码审查、算法输入数据审查、算法模拟运行结果审查等来确定合谋的动机，并依据协同定价的结果、市场结构性“附加因素”和情景证据来做出判断。同时，案件裁决应赋予被告充分的辩护权，其可以举证来证明算法定价具有显著的效率理由，在没有可信的效率理由并且不符合正常市场竞争规则下单个企业正常竞争行为情况下，自主学习算法价格协同行为就可能会被认定为非法。具体执法中，如何科学区分合法的平行行为与非法的协调行为仍是一个难题。为防止执法失误，谨慎干预仍然是目前最好的政策选择。

综合上述分析，四种类型算法合谋及其面临的反垄断问题总结如表 1 所示。可以看出，对于信

① OECD. Algorithms and Collusion – Note from the United Kingdom，DAF/COMP/WD（2017）19，2017. Footnote 8，6.

息传递者、轴辐协议的显性算法合谋、可预测代理人有意识平行行为这三种类型，算法主要是执行垄断企业或人类合谋意图的工具，因此现有的反垄断法能够有效地加以应对，通过企业间的协议证据、信息沟通证据以及附加因素分析或算法审查，执法机关可以找到企业之间存在合谋动机和协议的证据。但是对于自主学习算法合谋，现有反垄断执法的法律依据和有效的审查方法尚存在空白，在非法合谋的协议要件认定、主体责任确定和救济措施设计方面有所不足，自主学习算法合谋反垄断执法面临较大的政策缺口，需要通过反垄断政策创新加以解决。

表 1　　算法合谋的类型及反垄断政策问题

类型	类型	性质	协议证据	反垄断政策
信息传递者	显性合谋	实施已有合谋的新手段	明确证据	本身违法
轴辐协议	显性合谋	借助第三方实现合谋	混合证据	本身违法为主，个别案件合理推定
可预测代理人	默契合谋	有意识平行行为	间接证据	合理推定为主，个别案件本身违法
自主学习	默契合谋	无意识平行行为	无证据	合理推定（违法审查依据和方法存在空白）

资料来源：笔者整理。

三、算法合谋的反垄断政策

（一）扩展合谋“协议”的界定

由于自主学习算法合谋仅仅是单个企业采用的算法针对市场情况的自动反应，缺乏合谋协议的直接证据，因此无法据此判定其构成非法合谋，成为算法合谋反垄断执法的主要障碍。根据美国、欧盟等现行反垄断法律规定，要判定非法合谋成立，法院需要认定当事企业之间存在限制竞争的协议，并且该协议导致反竞争的合谋结果。由此，法院和执法机构要判定非法合谋，必须首先证明企业之间存在“合谋协议”的证据要件。在具体行政执法和司法实践中，法院和执法机构重点关注“动机”并据此来判定是否存在非法的“协议”。传统上，在具体的反垄断案件中，这通常基于企业之间存在明确的相互沟通证据来做出判定。正如波斯纳法官所指出的“《谢尔曼法》第 1 条仅仅禁止企业间共同同意或串通来从事的反竞争行为。”根据美国案例法，美国联邦最高法院将协议定义为“统一的目的或共同的设计和理解、或心里预期的一致”，或者“对实现非法目标的共同设计的有计划有意识的一致承诺”。欧盟法院将协议界定为“共同的意思”或“一致的意愿”。显然，上述界定“协议”的方法实际是针对由人来实施的价格合谋，但依据“相同的想法”“共同的意思”“一致同意”等概念来认定协议的做法无法有效适用于自主学习算法合谋。中国 2007 年颁布的《反垄断法》第 13 条对垄断协议的界定采取了“原则规定 + 列举”的方式，并未对“协议”的概念给予明确的法律界定，这给算法合谋的反垄断执法带来一定困扰。

美国案例法在司法实践中发展了对合谋协议的概念界定，法院对是否存在“相同的想法”的判定主要是依据邀约（通常是指邀请参与合谋）和接受来进行。在洲际巡回影院案中，联邦法院指出“接受竞争者的邀请参与某一计划，并且实施该计划的必然结果是限制竞争，这足以认定存在非法合谋行为。”在美国派拉蒙影业公司案中，联邦法院指出“判定非法合谋并不一定要找到企业之间存在一个明确协议的证据，一个计划的一致行动和被告都遵守这个计划安排就足以认定存在非法合谋协议。”在欧盟拜耳公司案中，法院指出，判定是否存在协议的依据是当事人之间是否存在“一致的意愿”，这个意义上的协议与其是否是明确地表达出来无关。根据上述“协议”的界定，如果采用算法定价的企业之间都共同知晓它们的行为将会产生限制市场竞争的结果并且都采用该算法或遵守算法定价规则，则可以认定企业之间存在非法的协议，此时的“协议”与企业之间是否存在明确的沟通或书面协议并无必然联系。因此，企业之间“同意或串通”的过程是决定非法合谋的关键要素，而非合谋本身。

根据现有法律规定，有意识的平行行为是合法的，因为在高集中的寡头市场企业，寡头相互依赖会导致依据利润最大化目标来定价的寡头企业最终获得超过完全竞争市场的经济利润。波斯纳法官指出“在企业之间不存在沟通的情况下，单个企业基于竞争对手的定价来提高价格并不违法，这是正常的寡头竞争行为。”当然，这并不是说有意识的平行行为的结果是社会所期望的，而是因为执法机构无法科学分辨正常的寡头竞争行为和有意识的价格合谋行为。因此，长期以来法院和执法机关关注的重点是企业之间是否存在明确的促进合谋的沟通（即协议）而非合谋本身。正如哈林顿（2018）所指出的“合谋结果本身并不一定违法，但是导致合谋结果的过程则一定违法。”

为了应对算法默契合谋带来的挑战，反垄断法应对合谋的“协议”采取更宽泛的界定，而不是仅仅局限在企业之间存在明确的相互沟通证据上，应更多关注“一致行为”的事实和达成限制竞争的合谋结果事实，并加强附加证据因素的获取，从而确保竞争规则的科学适用。如果对算法程序的审查证据显示当事企业都清楚采用该算法定价会带来价格合谋结果并且没有拒绝而是共同采用，则可以认定当事企业之间存在反竞争的合谋协议。在美国乙酯（Ethyl）案中，法院裁决指出，如果被告在开发算法过程中具有谋求反竞争结果的动机或意识到采用算法会自然而然地带来反竞争结果的可能，则可以认定为其构成反竞争的合谋协议。对于获取算法合谋的证据方法，一些学者建议吸收技术专家来审查算法程序代码，以此判断程序设计本身是否存在明确的合谋动机，这也被称为“读心”政策。

为此，克罗尔等（Kroll et al.，2017）提出两种技术性算法审查方法：一是静态的检验，主要是在程序不运行的情况下检验程序代码；二是动态检验，主要是在程序运行的情况下人为设定一些输入变量来观察算法运行的输出结果，以判定算法运行是否会自然产生合谋的结果。当然，如果对算法程序代码的审查发现其具有明确的反竞争合谋动机和产生反竞争合谋效果的可能，则应对其适用本身违法原则。

（二）灵活适用竞争法的有关条款

在目前对自主学习算法直接适用非法合谋协议有关条款还存在一定障碍的情况下，反垄断执法可以灵活适用竞争法的有关条款来应对。在美国反垄断执法中，根据《谢尔曼法》第1条的规定，判定非法价格合谋的重要要件是企业之间存在共同意思的“协议”，由于自主学习算法合谋案件很难找到明确的“协议”证据，为此一些学者建议采用《联邦贸易委员会法》第5条禁止“不公平竞争方法”的规定来进行执法。根据美国判例法，《联邦贸易委员会》第5条禁止的“不公平竞争方法”不仅包括反垄断法所禁止的非法行为，也包括不违反反垄断法，但是与维护市场竞争目标相违背的行为。根据该条款的规定，判定“不公平交易行为”并不需要以存在“协议”为前提要件。即当有证据显示在开发和应用算法的过程中，被告有明显的动机来取得限制竞争的效果或明确意识到算法的应用具有自然的和较大可能产生限制竞争的结果，就构成非法。因此，《联邦贸易委员会法》第5条是“原则基础的”而非“规则为基础的”，它赋予联邦贸易委员会较大的自由裁量权，可以灵活处理各种反竞争行为，克服了《谢尔曼法》第1条适用范围的限制，能适用于自主学习算法合谋。根据《欧盟运行条约》第101条的规定，欧盟竞争法禁止的合谋主要是针对“协议”和“一致的行动”。如果有明确的证据显示企业之间具有共同的动机或“协议”来协调市场定价，则其将违反《欧盟运行条约》第101条关于禁止卡特尔的规定。如果没有确凿的证据显示企业之间具有共同实现合谋的动机，则这些企业仍可能违反《欧盟运行条约》第102条所禁止的集体滥用市场支配地位行为，即如果这些企业集体设定不公平的高价格将构成非法滥用。《欧盟运行条约》第

102条在一定程度上弥补了第101条适用于算法合谋可能面临的限制，增强了对算法合谋行为的法律适用性。中国《反垄断法》的制定很大程度上借鉴了欧盟的立法和执法经验，具有与欧盟类似的自主学习算法合谋执法依据难题，为此中国反垄断执法机关可以扩展解释《反垄断法》第19条关于集体市场支配地位的法律界定，激活“集体滥用支配地位”条款来应对自主学习算法合谋。

（三）明确当事企业的法律责任主体

显然，在上述四类算法合谋中，信息传递者和轴辐算法两种合谋是明显的人为实施的结果，算法仅仅是一种实现合谋的工具或手段，因此承担法律责任的主体当然应该是采用算法实施合谋并从中受益的企业。但是在可预测代理人和自主学习两种算法合谋下，价格合谋是算法自动实现的，当事企业并没有主动干预或主动协调，其可能据此来主张自己应该免责。如在2015年美国优步（UBER）公司案中，UBER公司就主张“不是我们设定价格而是市场设定价格，我们只不过是采用算法来确定现实的市场状态而已。”目前，对于自主学习算法法律责任主体的确定问题，即是应该由算法、算法程序开发者还是算法程序使用者（当事企业）来承担法律责任问题还存在较大的争议。对于算法合谋，反垄断法律责任主体应该是使用算法程序的当事企业。首先，在合谋事实成立的情况下，当事企业不能以自己不知情或未主动参与来免责，因为算法始终是工具，人才是主体。当事企业在采用算法时有责任确保算法的应用不会带来限制竞争的结果，这是其应尽的基本义务。即对于算法的使用，当事企业负有合理地注意和预测其可能产生反竞争非法效果的义务。算法始终是执行人的指令或任务、体现人意志的工具，本质上它是人实行合谋的一种便利机制。不管算法的人工智能水平有多高，如何独立地做出价格决策，采用该算法来作为决策工具的当事企业都应更清楚其可能带来的后果或竞争损害风险，如同采用其他任何的工具一样，都应对其产生的后果负责。因此，那种主张“算法带来的合谋，其与我无关”的观点不能作为一个合理有效的辩护理由。其次，欧盟委员会对数字经济自主决策的法律责任的研究报告指出，严格的反垄断法律责任配置应该依据风险原则，即责任主体应配置给最可能产生风险并能最有效管控风险的主体①。显然，在算法合谋情况下，算法程序使用者承担主要法律责任是实现有效规制的最佳配置。综上，不管何种形式的算法合谋，反垄断责任主体都应该是当事企业和企业的直接责任人。正如欧盟竞争政策专员维斯塔格指出，“企业不能把自己隐藏在计算机程序的后面来逃避法律责任。当决定采用自主决策算法程序时，企业应该认识到其将对算法应用带来的后果承担责任。”②

（四）采取以“软执法”为主的反垄断执法

数字经济发展带来很多新的竞争关注，但是大多数算法合谋基本上属于反垄断法能够有效应对的老问题。对于自主学习算法合谋等新的合谋形式，反垄断政策不应急于草率立法加以直接禁止或采用直接查处相关企业的“硬执法”方式，以防止在快速技术创新的市场出现执法失误，阻碍人工智能技术的商业化应用和数据驱动的创新。对于还处于发展当中、竞争影响还不清楚、竞争损害还不明确、相关案例还比较缺乏的人工智能自主学习算法定价合谋问题，反垄断执法应更多地突出“软执法”体制的独特优势，采用市场研究、专家意见报告、公众咨询、竞争倡导和企业人员培训等“软执法”方式。埃兹拉奇和斯塔克（2017）就强烈建议对算法合谋采用市场研究等“软执法”方法，并指出“这些方法在反垄断执法机构了解算法驱动市场的运行及其引发的竞争问题中将提供有用的帮助。”对于中国反垄断执法来说，由于目前算法合谋问题仅限于学术讨论，自主学习算法

① European Commission. Commission Staff Working Document on the Free Flow of Data and Emerging Issues of the European Data Economy Brussels. 10. 1. 2017 SWD（2017）2 Final，at 43.

② Vestager. Algorithms and Competition，Speech at the Bundeskartellamt 18th Conference on Competition，Berlin，2017.

合谋尚缺乏具体的案例或频发的态势，同时国际上尚未有自主学习算法合谋的借鉴判例，算法合谋的很多细节问题还有待澄清，现阶段应将市场研究作为优先的反垄断应对政策，通过市场研究深化对算法合谋机制的认识。另外，为了应对算法合谋执法面临的信息不对称问题，执法机关也要同时开发更有效地基于人工智能的合谋甄别机制，以算法执法来应对算法合谋，实现反垄断执法的智能化。

四、算法合谋的事前规制政策

对于算法合谋的问题，一些学者认为市场化解决机制和技术手段可以有效应对算法合谋，没有必要对算法采取规制措施。但是现有的经验证据和理论研究都无法充分证明市场化机制和技术性手段能够消除算法合谋，其作用仅仅是一种可能，具体效果具有较大的不确定性。因此，有效的反垄断执法仍然是应对算法合谋的最主要途径。在数字经济算法定价日益普遍和算法合谋的可能性与危害性都较高的情况下，反垄断执法机关不应是被动的事后查处违法行为，应该将事后查处违法行为来威慑犯罪与事前规制以确保守法结合起来。卡尔瓦诺等（2018）指出，应对算法合谋的政策选择主要有三种：一是适用现行合谋执法的反垄断规则；二是建立新的算法合谋反垄断规制；三是采用事前算法规制政策。由于算法定价具有较高的合谋风险，同时消费者和反垄断执法机构面临严重的信息不对称问题，以及反垄断执法在规制自主学习算法合谋面临的“政策工具缺口”问题，因此一定的事前规制政策非常必要。算法合谋的反垄断规制应由单一的事后反垄断案件查处为主，转变为在坚持事后查处为主的同时辅之以一定的事前规制政策，建立“事前 + 事后”的反垄断政策组合，从而更有效地规制非法算法价格合谋行为。

（一）创新算法合谋事前规制行政制度和政策工具

对于数字经济的算法合谋问题，反垄断政策关注的重点应是如何创新算法合谋的规制体制和政策工具以取得最佳的政策效果。首先，算法合谋事前规制应采取审慎干预原则。只有在特定企业算法定价行为具有充分理论依据和明确证据显示存在非法合谋效应时，执法机关才采取有针对性的执法行动。算法合谋反垄断政策应遵循竞争优先、慎用管制的原则（韩伟，2017）。其次，鉴于事前规制可能存在执法失误的风险，特别是对中国这样行政主导的反垄断实施体制，完善算法合谋事前规制的行政制度尤其重要。索尔文等（Saurwein et al.，2015）分析了应对算法合谋各种政策选项及其优缺点和适用条件，强调谨慎干预，并主张将市场化治理和政府规制有机结合起来。经合组织（OECD，2009）指出，政府需要评估规制政策可能存在的竞争影响，强调竞争影响评估应成为政府规制政策的重要组成部分①。因此，竞争中立应成为政府规制政策遵守的基本原则，并将竞争影响评估纳入规制政策制定程序中，防止出现规制严重增加企业合规成本、扭曲竞争和阻碍创新的问题。再次，执法机关应尽量避免采取具有较大可能扭曲的结构性干预措施，特别是不要对企业采集、利用和共享大数据的行为进行限制，如要求企业不得采集某些市场价格数据、不得公开某些价格信息、要求企业降低价格调整频率、要求企业公开算法程序代码、禁止企业组建数据池等政策。由于大数据的采集和使用是数字商务创新的重要基础，这样的数据规制政策会严重阻碍数据驱动的创新，同时大数据的采集和利用并不必然导致垄断，禁止大数据采集和共享使用会产生“将洗澡水与孩子一同倒掉”的执法失误。算法合谋的事前规制政策应该优先采用诸如制定算法编程规则、提高算法代码透明度、建立事前算法审查机制、禁止寡头竞争企业共享价格数据等“竞争敏感数据”

① OECD. Recommendation of the OECD Council on Competition Assessment，C/M（2009）21/PROV，2009.

政策，以及建立算法“黑名单”制度，对个别具有明确反竞争效果的算法类型直接加以禁止或者禁止寡头竞争企业购买和使用相同的算法定价软件。

（二）事前规制政策应该突出“基于设计来遵守法律”的原则

“基于设计来遵守法律”的原则要求算法程序在设计阶段就要遵守和体现竞争原则。它是从规范事前算法设计入手来消除算法合谋的风险，即从源头来消除算法合谋问题的产生。“基于设计来遵守法律”的理念是由莱西希（Lessig）提出的，他指出数字经济的代码会削弱法律规制的有效性，并伤害网络空间的社会价值，政府通过对网络架构设计的规制实际就是确定了网络行为规则，政府通过对代码的规制能够有效地提高规制能力并保护社会价值（Lessig，2006）。“基于设计来遵守法律”规则要求算法开发者和算法使用者必须通过算法设计来确保遵守竞争法，即算法设计应该确保其不会带来反竞争的合谋效应。这主要包括两个方面的设计：一是技术设计。技术设计是指规制机关可以在事前的算法设计阶段就介入，尤其是对算法程序设计提出一定的不能违反的红线或原则，如对算法设计提出明确的“竞争中立”或“竞争友好”要求，要求算法开发者和算法应用企业要确保算法的设计和应用不会带来限制竞争的效果，从而突出技术设计的基础性和预防性作用。二是组织设计。组织设计要求当事企业要建立有效的内部治理制度，对算法运行可能产生的反竞争效应进行有效监督，通过制度保障来确保算法运行遵守竞争法。“基于设计来遵守法律”原则实际强调算法设计者和使用者的主体责任，突出算法使用者私人规制的主体地位，这是一种低强度和低成本的规制方式。

（三）事前规制政策应重点强调算法透明度和可问责性

事前算法程序审查是规避算法合谋风险的有效规制手段，其主要是采用技术性方法对算法程序设计及其运行是否存在严重限制竞争的合谋效应进行判断，重点是算法程序代码审查、输入数据审查和模拟运行结果审查。算法合谋风险的事前规制政策应将提高算法透明度和可问责性作为重点。2017年美国计算机协会（USACM）下属的公共政策委员会发布的声明也将算法透明度和可问责性作为基本的原则，建议算法合谋的相关方应关注算法可能存在的合谋风险及其危害，规制者应该鼓励受算法影响的相关方能接入算法设计，为确保可问责性，有关组织应对算法运算可能产生的结果给出充分解释，执法机关保留对算法的审查权①。算法透明度一般要求算法应用企业对以下内容保持透明性：使用算法的动机、算法使用的数据、算法对数据的基本处理过程（不是源代码）、算法运行的输出结果。执法机关在审查算法程序过程中，如果发现算法可能会导致严重的限制竞争结果，如存在较大的增加价格透明度、增加惩罚的可信性、降低背叛激励等的可能性时，则可以要求当事企业对算法进行修改或重新设计，或者对某个对维持价格合谋具有决定性影响的变量的发布或分享加以适当限制。

（四）事前规制政策实施应强化执法机构能力建设

为了推进算法合谋的事前规制，应该注重反垄断执法机关的能力建设。美国、英国、澳大利亚等国家都在反垄断机构内设立专门的部门或专家组来负责算法竞争政策的技术和经济分析，尤其是对算法可能产生的合谋效应进行程序代码审查和运行模拟分析，在为具体反垄断案件审查提供证据

① USACM. Statement on Algorithmic Transparency and Accountability, Association for Computing Machinery, US Public Policy Council, Washington, DC, 2017.

支持的同时，还就市场研究和案件审查中发现的问题提出相应的技术性干预手段以及如何设计更科学有效的规制政策来提供建议。如美国联邦贸易委员会（FTC）下属的消费者保护局设立了专门的机构——“技术研究与调查办公室”，其职责是对包括算法透明度等问题进行独立的调研并向联邦贸易委员会提供政策建议。英国竞争与市场监管局（CMA）成立了由数据科学家、计算机专家和经济学家组成的团队，对算法、人工智能和大数据的竞争问题展开市场研究并提供竞争政策建议。借鉴国际经验，中国国家市场监管总局应该考虑在适当时候设立专家组，逐步引进数字技术专业背景的人才优化人员结构。为了保证事前规制政策的实施，在法定的程序和保密规则下，反垄断机构应有权接入被调查企业的算法程序和数据库；同时采用人工智能技术来建立“算法规制”的智能反垄断体制。

参考文献：

1. 韩伟：《算法合谋反垄断初探———OECD〈算法与合谋〉报告介评（上）》，载于《竞争政策研究》2017 年第 5 期。

2. 柳欣玥：《垄断协议规制中算法合谋分类研究》，载于《竞争政策研究》2019 年第 5 期。

3. 唐要家：《价格合谋的反垄断政策研究》，中国社会科学出版社 2011 年版。

4. 钟原：《大数据时代垄断协议规制的法律困境及其类型化解决思路》，载于《天府新论》2018 年第 2 期。

5. 周围：《算法共谋的反垄断法规制》，载于《法学》2020 年第 1 期。

6. Calvano, E., Calzolari, G., Denicolò, V., et al.. Algorithmic Pricing What Implications for Competition Policy? [J]. *Review of Industrial Organization*, 2019, 55 (2): 155 – 171.

7. Calvano, E., Calzolari, G., Denicolò, V., et al.. Artificial Intelligence, Algorithmic Pricing and Collusion [R]. CEPR Discussion Paper 13405, 2018.

8. Ezrachi, A., Stucke, M.. Artificial Intelligence and Collusion: When Computers Inhibit Competition [J]. *University of Illinois Law Review*, 2017, 10 (3): 1775 – 1810.

9. Ezrachi, A., Stucke, M. E.. Two Artificial Neural Networks Meet in an Online Hub and Change the Future (of Competition, Market Dynamics and Society) [R]. University of Tennessee Legal Studies Research Paper, No. 323, 2017.

10. Harrington, J. E.. Developing Competition Law for Collusion by Autonomous Agents [J]. *Journal of Competition Law and Economics*, 2018, 14 (3): 331 – 363.

11. Kroll, J., Huey, J., Barocas, S., et al.. Accountable Algorithms [J]. *University of Pennsylvania Law Review*, 2019, 165: 633 – 705.

12. Lessig, L.. *Code*: *Version* 2.0 [M]. New York: Basic Books, 2006.

13. Mehra, S. K.. Antitrust and the Robo – seller: Competition in the Time of Algorithms [J]. *Minnesota Law Review*, 2015, 100: 1323 – 1375.

14. Nair, H. S., et al.. Big Data and Marketing Analytics in Gaming: Combining Empirical Models and Field Experimentation [J]. *Marketing Science*, 2017, 36 (5): 645 – 812.

15. Saurwein, F., Just, N., Latzer, M.. Governance of Algorithms: Options and Limitations [J]. *Info*, 2015, 17 (6): 35 – 49.

16. Stigler, G. J.. A Theory of Oligopoly [J]. *Journal of Political Economy*, 1964, 72 (1): 44 – 61.

（本文载于《产经评论》2020 年第 2 期）

垄断与竞争：中国医疗行业市场效率分析

于良春　甘　超

摘　要：公立医院在医疗市场的垄断势力导致行业效率低下，医疗费用快速上涨。民营资本进入在一定程度上改善了医疗市场结构，提高了行业竞争程度。本文分析竞争与医疗行业效率的内在逻辑，并选取 2010～2017 年省际面板数据，实证分析竞争是否提高了医疗行业效率。研究发现：民营医院数量的增多能够引起医疗行业效率提高，但在医疗服务提供方面，目前公立医院的垄断地位仍难以打破，民营医院进入对医疗行业效率的影响尚不显著；需要在消除制度性进入障碍，形成有效竞争的市场结构，促进医疗行业要素流动等方面进一步深化医疗体制的改革。

关键词：医疗行业　市场结构　医院竞争　医疗效率　民营医院

一、问题提出

医疗服务行业是国民经济的重要分支，不仅影响国民经济发展，而且与人民健康息息相关。目前国内对医疗行业重视程度不断提升，国家已出台各种政策促进医疗服务行业健康发展。但是，由于之前长期实行的计划经济体制造成公立医院不仅在硬件设施、医疗资源等方面占绝对优势地位，患者也更加偏好大型公立医院，公立医院一直垄断着中国的医疗市场[1]。缺乏有效竞争的医疗市场效率低下，“看病难、看病贵”等现象日益突出。根据 2009 年 3 月颁布的《中共中央国务院关于深化医疗卫生体制改革的意见》，医改的核心内容是切实缓解“看病难、看病贵”现象，进行公立医院改革，鼓励民营资本办医。在此基础上，国家又出台了一系列政策文件促进民营资本的发展，激发市场活力。新医改之后，民营资本的进入到底是否能与公立医院产生强有力的竞争，进而有效改善医疗服务效率低下的状况，是医疗市场发展需要研究的重要问题。

关于医疗市场竞争的研究，国外起步较早。守谷等（Moriya et al.，2010）详细说明了如何将 SCP 分析方法应用到医疗行业，描述医疗市场结构、竞争与行业绩效的关系，表明竞争能够促进医疗行业效率的提高[2]。库克森（Cookson，2011）使用 2003～2008 年部分国家的面板数据进行计量研究发现，固定价格下的医院竞争可以提高质量降低成本[3]。蔡等（Chua et al.，2011）发现当使用 HHI 作为竞争衡量标准时，竞争与公立医院效率成正比，当使用私立医院数量作为竞争衡量标准时，结果是负向的[4]。切利尼等（Cellini et al.，2000）试图研究竞争能否对意大利医疗行业效率产生积极影响，并通过 DEA 方法测算效率，最终发现竞争并不是提高效率的有价值的方法，并且效果受到政府管制的影响较大[5]。福德和阿伦（Forder and Allan，2014）则研究得出竞争越激烈，医疗成本和质量越低的结论[6]。国内关于医疗行业竞争的研究尚处在发展阶段。孟庆跃（2003）通过对省级、县城、乡镇医院市场集中度分别测量发现省会城市竞争程度高，县城和乡镇垄断程度高，而具备竞争条件并不意味着能够进行有效的竞争[7]。董四平等（2009）研究表明医院规模扩张不仅没有在根本上解决看病难现象，反而造成卫生资源利用率不高、诱导需求、医疗费用快速上涨等问题[8]。李林和刘国恩（2008）选取 2002～2006 年中国省级面板数据，利用固定效应模型实证分析营利性医院对医疗费用的影响，研究表明营利性医院能够明显降低医疗费用，对非营利性医院产生一定的竞争作用[9]。杜晓璐（2014）通过对江苏省宿迁市进行竞争对医疗服务质量影响的计量分析，认为民营医院的进入和医疗质量之间呈正向变动关系，但是还未能打破公立医院垄断，民营医院还需继续发展[10]。徐文英等（2011）也指出公立医院面临竞争不足，需要民营医院进入市场进行公平竞争以提高效率[11]。

本文将运用产业组织理论分析医疗市场的竞争状况，研究医疗竞争与绩效的内在逻辑联系，进而采用 2010～2017 年省级面板数据对竞争对医疗市场效率的影响进行广义最小二乘法（FGLS）回归分析，最后在实证研究结果的基础上针对目前中国医疗行业发展中的竞争问题提出相应的政策建议。

二、医疗市场竞争格局分析

医疗市场结构决定医院之间的竞争行为表现，市场竞争状况最终通过绩效表现出来。深入探索三者之间的相互关系，可以全面地展现医疗市场的发育状况及其发展方向。

（一）医疗市场结构变化与进入障碍分析

市场中厂商的数目及其市场份额是分析市场结构进而衡量市场竞争状况的重要指标。公立医院作为中国医疗服务供给的主体，一直在医疗市场中处于主导地位。由于新医改鼓励民营资本办医，民营医院数量增加较多，公立医院数量占比逐渐降低（见表 1）。自 2015 年开始，公立医院数量比重逐渐低于民营医院。到 2017 年，公立医院数量占比已下降到 39.6%，民营医院数量占比达到 60.4%。从不同类型医院的数量及其构成方面来看，中国医疗市场的结构状况已经开始发生明显的变化。

表 1　　2010～2017 年公立医院与民营医院数量　　单位：个

年份	医院总数	公立医院		民营医院	
		数量	比重	数量	比重
2010	20 918	13 850	66.21%	7 068	33.79%
2011	21 979	13 539	61.60%	8 440	38.40%
2012	23 170	13 384	57.76%	9 786	42.24%
2013	24 709	13 396	54.22%	11 313	45.78%
2014	25 860	13 314	51.48%	12 546	48.52%
2015	27 587	13 069	47.37%	14 518	52.63%
2016	29 140	12 708	43.61%	16 432	56.39%
2017	31 056	12 297	39.60%	18 759	60.40%

虽然政策上放开对民营医院的限制大大增加了民营医院的数量，但是从公立医院与民营医院的医院等级构成方面来看，却没有发生实质性的改变。公立医院中三级医院数量占比虽然有所下降，但是新医改以来仍一直维持在 90% 以上，民营医院占比不及 10%（见表 2）。专科医院中，公立医院占比不断下降，民营医院占比不断上升。这表明经过政府多次在政策和制度上对民营医院的开放，民营医院数量得到明显的增加，但是主要集中在专科医院领域中，大型综合性的民营医院数量很少。

表 2　　**2010～2017 年公立医院与民营医院构成**　　单位：个

年份	三级医院数					专科医院数				
	总数	公立	比重	民营	比重	总数	公立	比重	民营	比重
2010	1 284	1 258	97.98%	26	2.02%	3 956	1 767	44.67%	2 189	55.33%
2011	1 399	1 350	96.50%	49	3.50%	4 283	1 740	40.63%	2 543	59.37%
2012	1 624	1 558	95.94%	66	4.06%	4 665	1 760	37.73%	2 905	62.27%
2013	1 787	1 692	94.68%	95	5.32%	5 127	1 804	35.19%	3 323	64.81%
2014	1 954	1 842	94.27%	112	5.73%	5 478	1 802	32.90%	3 676	67.10%
2015	2 123	1 972	92.89%	151	7.11%	6 023	1 823	30.27%	4 200	69.73%
2016	2 232	2 060	92.29%	172	7.71%	6 642	1 810	27.25%	4 832	72.75%
2017	2 340	2 112	90.26%	228	9.74%	7 220	1 758	24.35%	5462	75.65%

市场份额是指市场中的一个或者一类市场主体销售额占整个市场的比重。分析医疗市场中市场主体的市场份额，要考察医院的服务收入和服务数量。医院的服务主要分为门诊和住院两方面，由于现有统计年鉴缺乏门诊收入和住院收入的具体数据，所以本文采用医院整体服务收入数据作为分析基础，对服务数量采用门诊人次和住院人次进行衡量。从表 3 和表 4 来看，从绝对数量上看，公立医院不论在服务收入还是服务数量上，都占据 90% 左右的比重，民营医院服务收入的占比仅为 10% 左右。民营医院市场份额处于非常低的水平，这一比例远远落后于民营医院数量上所占的比例。从占比增速上看，民营医院服务收入和服务数量占比的增长速度每年都在 1% 左右，市场份额扩张速度十分缓慢。而且，民营医院服务收入所占比重在 2010～2017 年始终低于服务数量所占比重。可以看出，目前民营医院的扩张主要体现在医院数量方面的增加，而医院本身内涵式增长的动力明显不足。

表 3　　**2010～2017 年公立医院与民营医院服务收入**　　单位：亿元

年份	总收入	公立	比重	民营	比重
2010	10 284	9 699	94.31%	585	5.69%
2011	12 451	11 641	93.49%	810	6.51%
2012	15 288	14 213	92.97%	1 075	7.03%
2013	17 749	16 430	92.57%	1 319	7.43%
2014	20 458	18 843	92.11%	1 615	7.89%
2015	22 879	20 843	91.10%	2 036	8.90%
2016	25 784	23 270	90.25%	2 514	9.75%
2017	28 660	25 469	88.87%	3 191	11.13%

表 4　　2010～2017 年公立医院与民营医院服务数量　　单位：万次

年份	门诊人次				入院人次			
	公立	比重	民营	比重	公立	比重	民营	比重
2010	187 381	91.87%	16 582	8.13%	8 724	91.60%	800	8.40%
2011	205 254	90.87%	20 629	9.13%	9 708	90.26%	1 047	9.74%
2012	228 899	90.06%	25 262	9.94%	11 331	89.03%	1 396	10.97%
2013	245 511	89.54%	28 667	10.46%	12 315	87.92%	1 692	12.08%
2014	264 742	89.08%	32 465	10.92%	13 415	87.25%	1 960	12.75%
2015	271 244	87.96%	37 121	12.04%	13 721	85.30%	2 365	14.70%
2016	284 772	87.10%	42 184	12.90%	14 751	84.16%	2 777	15.84%
2017	295 202	85.84%	48 691	14.16%	15 595	82.44%	3 321	17.56%

通过以上对市场中医院的数量和市场份额的分析可以看出：民营医院虽然数量不断增加，但数量的增加主要集中在中小型医院和专科医院，而非大型综合医院；市场份额的增长主要集中在服务数量的增长而非服务收入的增长，其发展规模远远不及大型公立医院。资金、技术以及人才资源等方面的劣势使其在门诊和住院领域还不具备足以与公立医院抗衡的实力，只能在公立医院涉及较少的专科领域的夹缝中生存，整个医疗市场还是公立医院绝对垄断的局面。

目前医疗市场的进入障碍问题仍然比较突出。由于医疗行业的特殊性，对于所有潜在的进入者来说，都面临着较高的进入壁垒，这种状况在一定程度上削弱了医疗市场的竞争程度[12]。对于民营医院来说，尽管政府自 2009 年新医改之后陆续发布各种政策促进民营医院的发展，但是一直以来公立医院在医疗市场的主导地位根深蒂固，造成民营医院的进入壁垒不会在短时间内被打破。民营医院进入医疗市场还是困难重重，其面临的竞争环境不容乐观，这大大限制了民营医院的长足发展。本文将从经济性进入壁垒和政策性进入壁垒两个方面考察民营医院面临的进入壁垒状况。

从经济性进入壁垒来看，所有进入医疗行业的企业都面临着必要的资本投入问题。新建医院不仅需要基建投资，还要购入大量的医疗设备、聘请专业医务人员等。而医院投资回报期较长，医疗设备专用性强，更新换代快，一旦投资失败会形成巨大的沉没成本，高额的初始投资及沉没成本构成医疗行业进入的巨大障碍；市场上现有医院相对于新进入医院具有丰富的人力资本、先进的技术、良好的口碑以及长期积累的患者群，这些优势都是潜在的进入者短时间内很难具备的，要付出更多的成本才能达到可以与已有医院竞争的水平。目前医疗市场上公立医院所具有的绝对成本优势主要表现为人力资本优势，2017 年民营医院各类技术人员数仅约为公立医院数量的 1/4，远远低于民营医院与公立医院数量的对比。医院分为综合医院、中医医院、中西医结合医院、民族医院、专科医院等，不同类型医院之间提供的服务具有差异性。大型综合医院由于规模大，服务类型丰富，对患者吸引度更高，再加上患者更倾向于去口碑更好、级别更高的公立医院就医，新进入的民营医院若要改变这种消费者偏好、吸引患者需要付出巨大的成本。

从政策性进入壁垒来看，政府对医疗行业的进入管制严格。对所有进入市场的医院来说，首先需要复杂的施工建设与布局审批，再由卫生局设置执业许可审批，接受物价局定价审批、医保局医保费用审批、卫生监督所监督等多个部门批准方可获得准入资格。对于民营医院来说，即便满足准入条件，也会因为出身背景受到更加严格的审查，差别待遇使之不易获得办医资格，进入困难。在政府财政补助方面，政府承担了公立医院基础设施建设、大型医疗设备采购和科研资金投入等，而民营医院基本得不到政府财政上的扶持，2017 年民营医院收入中来自政府财政投入的比重不到 1%。市场准入严苛和政府扶持少是当前民营医院进入面临的巨大障碍。

（二）医疗市场主体的价格竞争与质量竞争

一般来说，厂商数量增加和进入壁垒降低会提高市场竞争水平，竞争会促使市场主体采取降低价格或者提高质量的行为来增加市场份额。医疗市场不同于其他市场，具有需求不确定性、信息不对称等特殊性。政府的价格管制和市场垄断状况导致其市场主体的竞争行为也与其他市场不同。

2016 年国家发展改革委等部门制定《推进医疗服务价格改革的意见》，公立医疗机构与非公立医疗机构实行不同定价政策：对公立医疗机构提供的基本医疗服务实行政府指导价，对公立医疗机构提供的特需医疗服务及其他市场竞争比较充分、个性化需求比较强的医疗服务、非公立医疗机构提供的医疗服务等实行市场调节价。由于民营医院规模小实力弱，虽然具有自主定价的资格，但是不具备自主定价的能力，只能参照市场中公立医院医疗服务的价格进行定价。这样虽然会对公立医院形成一定程度上的价格竞争，但民营医院市场占有率低，综合性医院数量少，再加上医疗保险的存在，使得患者对医疗服务价格不敏感，在基本医疗服务领域难以用价格优势来吸引患者，竞争仅能集中在公立医院不受政府价格管制的特殊服务领域，在与公立医院价格竞争中还是处在弱势地位[13]。在公立医院内部，政府实行价格管制的同时没有增加财政补助，公立医院自负盈亏。在价格管制的情况下，公立医院为保证营业收入，一般不会选择降低价格吸引更多的患者，而是利用医患之间的信息不对称来增加收入，如为患者增加不必要的检查项目，用利润率高的药品替代利润率低的药品等，形成供方引致需求的局面[1]。医疗市场的价格竞争受到价格管制的影响，不仅范围窄程度小，而且供方引致需求反而导致医疗费用上涨，效率下降。因此，价格竞争不是中国医疗市场上医疗机构主要采取的竞争方式。

医疗市场不同于其他市场之处在于供给方占绝对主导地位，需求方具有质量偏好并且对价格不敏感，供需双方信息不对称[14]。这样的市场特征导致医院更加注重质量竞争而非价格竞争，通过提高质量来获取市场份额、吸引患者。医院间的非价格竞争主要表现为质量竞争、人才竞争、医备竞争。

医疗质量包括硬性质量和软性质量。硬性质量包括医院环境、医疗技术、医技人员等，软性质量包括服务态度、医患沟通等。总体来看，二三级医院中公立医院所占的比重较大，患者更倾向于去级别高的大型综合医院，公立医院人满为患。虽然公立医院掌握先进的技术和优质的医疗资源，硬性质量高，但是就医人员多导致公立医院就诊等待时间长、医生服务态度差等软性质量低。而大多数民营医院选择与公立医院进行差别化竞争，在公立医院占比较大的大型综合医院领域，民营医院涉及较少，大多数为中小型与专科医院，门诊服务中对医疗质量要求较低的服务，患者往往会选择就近医治，民营医院相对于公立医院来说就医人数较少，患者就诊等待时间相对较短。而且一些民营医院定位在高端医疗服务上，目标群体为资金充足、想要获得更优质的服务与良好的就医环境的患者，把服务重点放在服务态度和定制服务上，为患者提供良好的就医体验，利用公立医院弱项来发展自己的强项，提高竞争力。

人才资本是医院之间争夺的重要资源。在医疗市场中，医生的级别与声誉对患者的就医选择有重要影响。患者就医时即便其病症不需专家问诊，普通医师即可治疗，也往往优先考虑更高级别与口碑更好的医生。所以医院会高度重视人才的引进，通过名医效应带动自身医疗服务数量与收入的提升。同时医疗服务中品牌效应也十分显著，医院具体科室的先进诊疗技术与高治愈率会形成该医院的品牌，通过品牌效应吸引更多的患者，抢夺市场份额。名医与名科室的打造需要非常优质的医疗技术人员，医院之间为吸引优秀人才会展开一定的竞争。大型公立医院平台高，优秀人才更倾向去公立医院积攒工作经验，而且公立医院相对于民营医院更具保障性，人才竞相涌入。民营医院为争夺名医，可以提供丰厚的报酬与舒适的办公环境，对公立医院引进人才产生竞争压力。

医疗市场上患者偏好质量，但普遍对诊断质量判断模糊，大多通过医院拥有的先进技术与设备数量来判断医院好坏。因此，各个医院都在医疗设备购进与更新上竞相投入大量资本，以提供更先进技术与更高端的设备作为竞争手段，希望通过高端医疗设备向患者传达医院服务质量高的信号。公立医院由于受到政府的扶持，历来掌握较先进的医疗设备，医院规模大的同时配备高端设备的数量多，相对来说更能提供先进优质诊疗服务，对患者吸引力较大。而且公立医院享受国家的财政补贴，压力较小。民营医院受政府管制，资本投入较少，设备数目与公立医院还有一定差距，但为与公立医院形成竞争，争夺患者，也会投入大量资本进行医疗设备购进和技术的升级。

民营医院与公立医院进行的质量竞争、人才竞争与医备竞争，从理论上来说可以在民营医院提高自身管理与诊疗水平的同时，对公立医院形成一定的竞争压力，从而倒逼公立医院更加注重质量与服务的改善，提高自身效率。但是目前民营医院的规模与实力都与公立医院存在较大差距，在价格竞争受到限制的情形下，即便民营医院与公立医院展开质量竞争，竞争的力度与产生的效果对于公立医院来说影响并不大。

总体来说，从市场结构来看，目前医疗市场中虽然已经形成民营医院与公立医院数量相当的局面，但是民营医院规模小，实力弱，市场份额远不及公立医院，并且发展过程中面临较高的经济性进入壁垒与政策性进入壁垒，阻碍其更好地发展，以致在门急诊服务和住院服务方面仍未能打破公立医院绝对垄断的地位。从市场行为来看，医疗市场由于受到价格管制，价格竞争空间较小，医院之间主要采取非价格竞争，针对质量、人力资本与医疗设备展开竞争。但是，民营医院的市场地位决定其与公立医院竞争产生的效果较弱。

三、医疗市场效率的实证分析

医疗行业竞争的效果最终会通过市场绩效表现出来。本文利用省级数据，运用相应的效率评价方法，对当前医疗行业的效率进行评价分析，并进一步探究民营医院进入及其与公立医院的竞争对医疗行业效率的影响。

（一）医疗市场效率评价

1. 模型原理与投入产出指标选取。目前评价效率主要采用参数估计方法和非参数估计方法。参数估计方法的主要代表是随机前沿分析（SFA），该方法需要建立函数并且要求产出为单一变量。由于医疗卫生服务具有复杂性和信息不对称等特点，如果采用单一的产出变量将很难准确衡量医院的效率，而且医院多投入多产出的特征也不适用参数估计方法。非参数估计方法主要以数据包络分析法（DEA）为代表，此方法无须选择生产函数和进行参数估计，不仅适用于单一变量，还可以有效解决多投入多产出问题，是目前国际上用于评价医疗机构效率中较为成熟的方法之一。

数据包络分析法包含两种基本模型：基于生产可能集规模收益不变假定的 CCR 模型和基于生产可能集规模收益可变假定的 BCC 模型。由于医疗服务的产出是规模收益可变的，并且医院效率的目标是给定投入的情况下如何达到产出的最大化，所以本文采取规模收益可变且以产出为导向的 BCC 模型计算医院效率，进而分析中国医疗市场的绩效。

本文采用 2010 ~2017 年《中国卫生和计划生育统计年鉴》中的省级数据，结合已有文献，选取床位数、卫生技术人员数、非卫生技术人员数作为投入指标，门急诊人次、出院人次、手术人次作为产出指标[8,15]。运用 DEAP 2. 1 软件，基于 BCC 产出导向模型对医院综合效率、纯技术效率、规模效率进行评价。

2. 测算与结果分析

表 5 为 31 个省级区域（限于数据可得性，不含香港、澳门、台湾）医院综合效率、纯技术效

率、规模效率的测算结果，为更准确地反映真实效率，原始数据采用2010～2017年各省级区域的加权平均数。从测算结果来看，决策单元共31个，所有样本的综合效率、纯技术效率、规模效率平均值都在0.9之上，但仅有6个省份医院综合有效，仅占样本总数的19%，绝大部分省份医院综合效率不佳。15个省份纯技术有效，意味着超过一半省份医院投入的资源没有得到有效利用，造成资源浪费，效率低下。31个省份中，6个省份规模报酬不变，12个省份规模报酬递增，13个省份规模报酬递减，规模报酬递增的省份仅占样本总数的38%，规模报酬递减的省份占样本总数的42%，意味着整体来说，各省份医院效率规模经济不显著，近一半的省份医院规模过度扩张，主要集中在大型公立医院规模过大，导致规模效率不佳。

表5　　　　　　　　　　　　　　　　BCC模型测算结果

省份	综合效率	纯技术效率	规模效率	规模报酬	省份	综合效率	纯技术效率	规模效率	规模报酬
北京	0.979	0.982	0.997	递减	湖北	0.989	1.000	0.989	递减
天津	0.934	0.985	0.948	递增	湖南	0.979	1.000	0.979	递减
河北	0.927	0.968	0.958	递减	广东	1.000	1.000	1.000	不变
山西	0.675	0.676	0.999	递增	广西	1.000	1.000	1.000	不变
内蒙古	0.724	0.730	0.992	递增	海南	0.830	0.913	0.908	递增
辽宁	0.776	0.795	0.976	递减	重庆	0.935	0.944	0.991	递增
吉林	0.785	0.789	0.994	递增	四川	0.943	1.000	0.943	递减
黑龙江	0.748	0.751	0.995	递减	贵州	0.993	0.997	0.996	递增
上海	1.000	1.000	1.000	不变	云南	1.000	1.000	1.000	不变
江苏	0.945	1.000	0.945	递减	西藏	0.736	1.000	0.736	递增
浙江	0.981	1.000	0.981	递减	陕西	0.891	0.904	0.985	递减
安徽	0.975	0.989	0.986	递减	甘肃	0.951	0.971	0.979	递增
福建	1.000	1.000	1.000	不变	青海	0.800	1.000	0.800	递增
江西	1.000	1.000	1.000	不变	宁夏	0.880	0.957	0.920	递增
山东	0.915	1.000	0.915	递减	新疆	0.999	1.000	0.999	递增
河南	0.914	0.995	0.919	递减					

从横向对比来看，综合效率无效的省份中，由纯技术效率无效造成的省份有9个，这些省份多处于东北地区和中西部地区。表明在东北和中、西部地区医院技术管理水平欠佳，原因可能在于在这些省市医院数量相对较少，医院发展水平不如东部地区，医院掌握较少的先进技术，民营医院能够获得的政策支持少，公立医院缺乏民营医院的竞争，管理不佳，进步的动力不足，导致综合效率无效，资源利用率低。由规模效率无效造成的省份有16个，主要是东部和中部地区。说明在东部和中部地区医疗技术发展迅速，医院数目多，但是由于规模过度扩张，导致投入的资源出现冗余，多数省份出现规模报酬递减的状况。而过度扩张多集中在大型公立医院，其在原有的优势医疗资源基础上不断扩大规模，民营医院市场份额较小，公立医院规模的过度扩张导致整体效率降低。

从2010～2017年各省级区域数据包络分析结果（见表6）纵向比较来看，31个省份中，有效省份个数最多的为2011年，最少的为2010年，其他年份个数大体相似。综合技术效率有效的省份个数与规模效率有效的个数基本一致，仅占样本总数的20%左右，纯技术效率有效的省份占40%左右。规模报酬递减的省份占40%左右。从各年的数据来看，医疗市场整体呈现低效率的状态。

表6　　2010～2017年DEA有效省份个数

年份	综合效率有效	纯技术效率有效	规模效率有效	规模报酬递减
2010	5	9	5	14
2011	10	16	10	13
2012	8	12	8	13
2013	9	16	9	10
2014	6	13	7	12
2015	7	16	8	13
2016	6	16	6	12
2017	7	17	8	11

通过前文的分析可以得出以下基本结论：虽然中国医疗市场发展迅速，民营医院占比上升，展现出竞争形态多样的局面，但竞争是片面的，不充分的，医疗市场的垄断性质没有改变，市场绩效没有得到有效改善。

（二）竞争与医疗效率关系的进一步分析

1. 变量选取与模型构建。在测算各个省份医院效率值之后，进一步研究民营医院进入对医院效率的提升是否具有显著影响。本文实证分析的被解释变量为效率，即BCC模型下测算的31个省份医院各年份的效率值，主要解释变量为竞争程度，具体用“民营医院的数量占比”“民营医院的门急诊人次占比”“民营医院的住院人数占比”三个指标衡量。控制变量选取地区人均GDP增速、人口抚养比、老年人口比重、三级医院数量比重四个变量共同控制经济、人口和社会环境。本文关键解释变量的数据来源于2011～2018年《中国卫生和计划生育统计年鉴》，控制变量的数据来源于2011～2018年《中国统计年鉴》。

在前文理论分析的基础上建立如下计量模型：

$$y_{it} = \beta_0 + \beta_1 COMP_{it} + \beta_2 X'_{it} + \varepsilon_{it} \quad (1)$$

式（1）中，i代表省份，t代表时间。y_{it}为效率指标，$COMP_{it}$为竞争程度，X'_{it}为控制变量，ε_{it}为残差。

通过进行沃尔德检验发现模型存在异方差和组内自相关，所以本文为修正异方差和组内自相关，利用FGLS模型进行估计。

2. 实证结果分析。表7的实证结果显示，在3个模型中，民营医院的数量占比对医院效率的影响均显著，并且呈正向变动关系，这表示民营医院的数量增加，医院效率受其影响也会有所提升，但是系数均很小，意味着虽然有所影响，但程度有限。目前新医改之后民营医院数量不断增加，至今为止其数量达到医院总量的半数以上，表明多年政策的实行产生了一定效果，民营医院的竞争在规模上削弱了公立医院的垄断地位，一定程度上抑制了公立医院规模报酬递减的情况，对于医疗行业效率具有促进作用。

表7　　回归结果

变量	（1）	（2）	（3）
数量占比	0.0021*** （6.4902）	0.0037*** （7.3646）	0.0036*** （6.6205）

续表

变量	(1)	(2)	(3)
门急诊人次占比		-0.0057*** (-3.8471)	-0.0071*** (-4.0401)
住院人数占比			0.0014 (1.134)
GDP	0.0019* (2.2505)	0.0025** (3.0466)	0.0027** (3.1762)
人口抚养比	0.0036*** (4.7828)	0.0038*** (5.3431)	0.0039*** (5.6473)
老年人口比重	-0.0046 (-1.8317)	-0.0053* (-2.1715)	-0.0055* (-2.2724)
三级医院数量比重	0.0076*** (4.6203)	0.0053** (3.1212)	0.0057*** (3.4389)
常数项	0.6651*** (18.9979)	0.6688*** (19.7914)	0.6665*** (19.0756)
样本量	248	248	248

注：***、**、*分别表示1%、5%、10%的显著性水平。括号内为t值。

从民营医院门急诊人次占比来看，在两个模型中都统计显著，对医院效率有显著影响，但两个模型中均显示在1%的统计水平下系数为负数，表明民营医院门急诊人次占比与医院效率之间呈反方向变动关系。也就是说民营医院门急诊人次占比越高，医疗行业的效率越低。这一方面表明公立医院由于市场结构状况与患者的就医偏好，导致存在过度产出现象，民营医院的进入在门急诊方面分担了公立医院的就诊压力，减少公立医院门急诊人次，导致公立医院产出减少，所以会降低医疗行业的效率。另一方面是因为民营医院的质量两极分化比较严重，一部分的定位是中高端，而一部分定位是低质低价的服务，对于设置门急诊部门的基础医疗机构来说，民营医院数量少，质量参差不齐，数量上的增多反而会引起医疗效率的下降。

从民营医院住院人数占比来看，统计结果不显著，表明民营医院在住院服务方面对公立医院的垄断地位并不会造成威胁，这样的实证结果与公立医院医疗水平高和患者的就医偏好有关。门急诊对医生的专业性要求相对来说没有住院服务高，公立医院与民营医院的医疗技术水平没有特别大的差距。但是在需要更高专业性和时间更长治疗的住院服务方面，公立医院长期以来拥有的资源垄断，医疗技术人才的绝对优势展现出来。公立医院掌握绝大部分高端医疗设备与先进技术，对于需要住院治疗的病症治愈效果更好，所以民营医院不具备与公立医院在住院服务方面竞争的实力，对行业效率的提升没有影响。

3. 稳健性检验。为避免指标选择的随意性，本文选择将DEA方法的投入指标中的非卫生技术人员数指标进行剔除，运用FGLS进行面板回归分析，最终结果如表8所示，主要解释变量与控制变量的显著性与系数都无明显改变，进一步证实回归的稳健性。

表8　稳健性检验结果

变量	(1)	(2)	(3)
数量占比	0.0021*** (6.4927)	0.0036*** (7.1227)	0.0034*** (6.3188)

续表

变量	(1)	(2)	(3)
门急诊人次占比		-0.0053*** (-3.5066)	-0.0064*** (-3.5737)
住院人数占比			0.0012 (0.9456)
GDP	0.0022* (2.5116)	0.0027** (3.1844)	0.0028** (3.2411)
人口抚养比	0.0041*** (5.5044)	0.0043*** (5.9746)	0.0043*** (6.1014)
老年人口比重	-0.0045 (-1.7750)	-0.0054* (-2.1901)	-0.0056* (-2.2727)
三级医院数量比重	0.0087*** (5.3876)	0.0064*** (3.7599)	0.0067*** (3.9969)
常数项	0.6267*** (17.9597)	0.6364*** (18.6751)	0.6366*** (18.0372)
样本量	248	248	248

注：***、**、*分别表示1%、5%、10%的显著性水平。括号内为t值。

四、结论与政策建议

本文从医疗市场结构入手，分析发现目前医疗市场公立医院占据绝对垄断地位，民营医院面临经济性进入壁垒与政策性进入壁垒的双重阻碍。此种市场结构状况导致公立医院与民营医院的竞争多为更加注重质量的非价格竞争，但是竞争不充分且不全面，总体效率呈现出低效状态，医疗行业效率的提升是亟待解决的重要问题。文章对竞争能否促进医疗行业效率提高，民营医院的进入能否打破目前公立医院的垄断地位并改善医疗行业效率进行了实证分析。通过实证分析发现，当前环境下，民营医院数量的增多可以形成对公立医院的竞争，对效率提升具有一定影响。但是，民营医院进入的影响并不显著，在门急诊人次和住院人次等方面还是无法打破公立医院绝对垄断的格局。

针对研究得出的结论，本文认为，医疗改革促进社会资本进入在一定程度上能促进医疗效率提高，但是根本性的公立医院垄断格局没有打破。为促进医疗行业健康发展和效率改善，本文提出以下具体政策建议：

第一，消除制度性进入障碍，形成有效竞争的市场结构。针对民营医院的发展，政府颁布了多项政策法规鼓励民营医院进入医疗行业，希望民营医院能够对公立医院产生一定的竞争压力，改善医疗服务行业的效率。民营医院近几年的发展比较迅速，数量和规模上相较于以前有很大的改善，逐渐改变了市场竞争格局。但是，民营医院的竞争效果还有待加强，民营医院进入对公立医院产生的影响还需进一步加大。目前市场的竞争环境还不是特别有利于民营医院的充分发展，进入壁垒等没有完全消除，依然以各种方式存在。所以，要发挥民营医院的积极作用，促进医疗行业的效率提升，最基本的就是要消除制度性进入障碍，加大对民营医院的扶持力度，形成有效竞争的市场结构。要鼓励和支持发展大型民营医院，提高民营医院的竞争实力，使得民营医院缩小在硬件资源和技术水平等方面与公立医院的差距，更好地发挥民营医院竞争对效率提升的作用。

第二，促进医疗行业要素流动。当前民营医院主要集中在高端服务和专科医院，只能寻找与公立医院互补的领域发展。民营医院与公立医院竞争的领域不多，各自在各自的领域中发展，民营医院很难对公立医院造成竞争威胁。所以要扩展民营医院的发展领域，多发展大型综合医院，在医疗市场上发挥更加积极的作用。同时，要通过深化公立医院人事制度和管理体制改革，推动公立医院各类医疗资源的合理流动，发挥市场机制对于优化资源配置的积极作用。

第三，完善医疗业监管制度。医疗行业受多个政府部门监管，管理职能碎片化，部门之间监管衔接不畅。由于监管权力分散，权责界定不清，监管效率低下。同时，缺少社会力量的参与，单靠政府监管不足以保证市场的有效竞争。医疗行业的法律法规有待完善，法律不完备导致部门监管无法有效开展，监管过度与监管不足并存。对于行业准入的管制过多，对于市场行为监管过少，市场上妨碍竞争的行为得以泛滥。因此，应该成立专门的医疗市场监管部门，改进医疗行业的监管方式，提高监管效率。

参考文献：

1. 董四平、左玉玲、陶红兵等：《中国医院效率DEA研究分类与投入产出指标分析》，载于《中国卫生政策研究》2014年第10期。

2. 杜创、朱恒鹏：《中国城市医疗卫生体制的演变逻辑》，载于《中国社会科学》2016年第8期。

3. 杜晓璐：《医院竞争对我国医疗服务市场质量的影响及效应研究》，浙江财经大学，2014年。

4. 李林、刘国恩：《我国营利性医院发展与医疗费用研究：基于省级数据的实证分析》，载于《管理世界》2008年第10期。

5. 孟庆跃：《医疗服务竞争：市场结构、竞争强度及其作用分析》，载于《中国卫生经济》2003年第3期。

6. 石磊：《医疗产业进入壁垒、进入管制与竞争机制的建立》，山东大学，2008年。

7. 王箐、魏建：《我国医院市场的竞争效果——基于省级数据的实证研究》，载于《经济科学》2012年第1期。

8. 徐文英、李超、吴明：《我国卫生资源配置失衡的实证分析——基于医疗竞争模式的视角》，载于《经济管理》2011年第8期。

9. 张晓岚、刘朝：《我国医院效率的省域水平及影响因素分析——基于省际面板数据的DEA－Tobit估计》，载于《华东经济管理》2014年第11期。

10. CELLINI R，PIGNATARO G，RIZZO I. Competition and efficiency in health care：an analysis of the Italian case［J］. *International Tax and Public Finance*，2000，7（4－5）：503－519.

11. CHUA C L，PALANGKARAYA A，YONG J. Hospital competition，technical efficiency and quality［J］. *Economic Record*，2011，87（277）：252－268.

12. COOKSON R，LAUDICELLA M，LIDONNI. Does hospital competition harm equity? Evidence from the English national health service［Z］. *University of York Working Papers No.* 066，2011.

13. DRANOVE D，SATTERTHWAITE M A. *The industrial organization of health care markets*［M］//CULYER A J，NEWHOUSE J P. Handbook of health economics. Amsterdam：Elsevier，2000：1093－1139.

14. FORDER J，ALLAN S. The impact of competition on quality and prices in the English care homes market［J］. *Journal of Health Economics*，2014，34：73－83.

15. MORIYA A S，VOGT W B，GAYNOR M. Hospital prices and market structure in the hospital and insurance industries［J］. *Health Economics*，*Policy and Law*，2010，5（4）：459－479.

（本文载于《经济与管理研究》2020年第6期）

过度医疗、预算约束与医疗行业激励性规制

于明远

摘　要：过度医疗问题对我国社会经济发展产生了较大负面效应。本文将医疗供需双方的过度医疗行为纳入预算约束分析框架，并分析其内在逻辑和传递机制。结果表明：中国过度医疗问题的根源首先在于医疗服务供方预算约束的硬化及其内部利益相关者的行为变化，由此产生医疗收入最大化动机；其次在于医疗服务需方能够实现预算约束的软化及其基础上的自由选择，由此产生医疗福利最大化动机。过度医疗问题的治理本质上为信息不对称条件下的委托—代理和机制设计问题，医疗行业的激励性规制是解决这一问题的突破口。

关键词：过度医疗　预算约束　激励性规制

一、引　言

过度医疗是中国当前医疗服务领域中的一个顽疾，在很大程度上抵消了医疗卫生体制改革带来的一系列成果。过度医疗现象导致了中国医疗费用的持续高速增长，加剧了医疗资源供需规模和结构矛盾，并严重制约着医疗服务行业生产效率与社会总体福利水平的提高。此外，由过度医疗导致的庞大医疗卫生费用将会吸走本应投放到经济与社会发展其他领域的经济资源。因此，有必要对过度医疗问题产生的深层次原因进行分析，并设计具有针对性的激励性规制机制有效解决该问题。

与本文研究相关的文献主要包括三个方面：第一，对中国过度医疗问题的形成机理分析。刘小鲁（2012）运用价格管制基础上的医疗信号博弈模型分析了中国过度医疗的形成机理。研究表明，中国的过度医疗问题是由市场结构、信息结构与价格管制的合力导致的。杜创（2013）通过构建博弈论模型对价格管制与过度医疗的关系进行了分析，研究表明，对医疗机构诊疗服务实施价格管制是导致过度医疗现象的重要原因。若不存在诊疗服务的价格管制，具有垄断地位的医疗机构没有必要进行一系列过度医疗行为。韩玉珍等（2008）从医药利益驱动机制的视角分析了中国过度医疗现象形成的原因，认为医药利益驱动机制下医疗服务利益链上各主体的利益最大化动机必然导致过度医疗问题。第二，对中国过度医疗现象防控机制的研究。胡宏伟等（2013）提出了包括解决诱导需求、防御医疗行为、深化医疗保险体制改革等方面的解决框架。杨同卫（2002）认为应通过引入竞争机制、切断医生收入与服务数量内在联系、加强医务人员医德教育与职业素质等措施遏制过度医疗现象。第三，对过度医疗问题产生的负面效应分析。李中凯等（2016）运用描述性统计的方法实证比较分析了过度治疗、过度检查和过度用药等过度医疗具体形式对医疗保险费用增长的影响。刘帅和刘珍明（2015）从抑制国民经济持续稳定增长、增加医疗风险等方面分析了过度医疗产生的负面效应。

综上所述，学术界对过度医疗这一问题已经取得了一些很好的研究成果。但是，过度医疗问题涉及多方面利益相关者的行为博弈和利益均衡，需要从不同的角度持续地进行研究：第一，需要从

经济学视角出发对过度医疗负面效应的分析。目前许多文献在分析该问题时一般会将伦理学视角、法律视角、经济视角等多个视角混在一起，从而导致其在每个分析视角都不够系统和深入。第二，需要系统的对过度医疗问题形成机制分析。现有文献提出的诸多问题仅仅是形成过度医疗问题的表面原因，需要对其内在机理做进一步深入的整体分析。第三，需要有效解决当前中国过度医疗问题的规制机制设计。医疗服务供方和医疗服务需方相对于规制者均具有显著信息优势，因此过度医疗治理问题本质上为信息不对称条件下的委托代理和机制设计问题。本文将医疗供需双方的过度医疗行为纳入预算约束的分析框架，从预算约束的角度分析了过度医疗问题的形成机制及其内在逻辑，并从经济学的视角系统地分析了过度医疗影响医疗服务行业生产效率和消费者福利的内在机理，提出了建立激励性规制机制的主要思路。

二、中国医疗费用支出状况与过度医疗问题

（一）中国医疗费用支出状况分析

1. 改革开放以来医疗费用支出变化趋势及阶段性特点分析。1978～2018 年中国医疗卫生总费用发展变化情况如表 1 所示。

表 1　　1978～2018 年中国医疗卫生费用发展变化趋势　　单位：亿元

年份	医疗卫生费用	年份	医疗卫生费用	年份	医疗卫生费用	年份	医疗卫生费用
1978	110.21	1989	615.50	2000	4 586.63	2011	24 345.91
1979	126.19	1990	747.39	2001	5 025.93	2012	28 119.00
1980	143.23	1991	893.49	2002	5 790.03	2013	31 668.95
1981	160.12	1992	1 096.86	2003	6 584.10	2014	35 312.40
1982	177.53	1993	1 377.78	2004	7 590.29	2015	40 974.64
1983	207.42	1994	1 761.24	2005	8 659.91	2016	46 344.88
1984	242.07	1995	2 155.13	2006	9 843.34	2017	52 598.28
1985	279.00	1996	2 709.24	2007	11 573.97	2018	59 121.91
1986	315.90	1997	3 196.71	2008	14 535.40		
1987	379.58	1998	3 678.72	2009	17 541.92		
1988	488.04	1999	4 047.50	2010	19 980.39		

资料来源：《中国卫生统计年鉴》相关年份数据。

可将 1978～2018 年中国医疗卫生费用的发展变化划分为三个阶段：第一阶段为 1978～1993 年，该阶段中国医疗卫生费用呈缓慢增长态势且绝对水平较低。该阶段医疗卫生总费用为 7 360.31 亿元，平均每年医疗卫生费用支出仅有 460.02 亿元；该阶段医疗卫生费用共增加 1 267.57 亿元，平均每年仅增加 79.22 亿元。第二阶段为 1994～2008 年，该阶段中国医疗卫生费用增长速度明显加快且绝对水平大幅度增加。该阶段医疗卫生总费用为 91 738.32 亿元，为第一阶段的 12.46 倍，平均每年医疗卫生费用支出为 6 115.89 亿元，为上一阶段的 13.29 倍；该阶段医疗卫生费用共增加了

12 774. 16 亿元，为上一阶段的 10. 08 倍，平均每年增加 851. 61 亿元，为第一阶段的 10. 75 倍。第三阶段为 2009 ~2018 年，该阶段中国医疗卫生费用开始迅速膨胀，医疗卫生费用绝对水平也达到了空前的高度。该阶段虽然仅有短短 10 年时间，但医疗卫生总费用却达到了 356 008. 28 亿元，为第二阶段的 3. 88 倍，为第一阶段的 48. 37 倍，平均每年医疗卫生费用支出为 35 600. 83 亿元，为第二阶段的 5. 82 倍，为第一阶段的 77. 39 倍；该阶段医疗卫生费用共增加 41 579. 99 亿元，为第二阶段的 3. 26 倍，为第一阶段的 32. 80 倍，平均每年增加 4 158. 00 亿元，为第二阶段的 4. 88 倍，为第一阶段的 52. 49 倍（见图 1）。

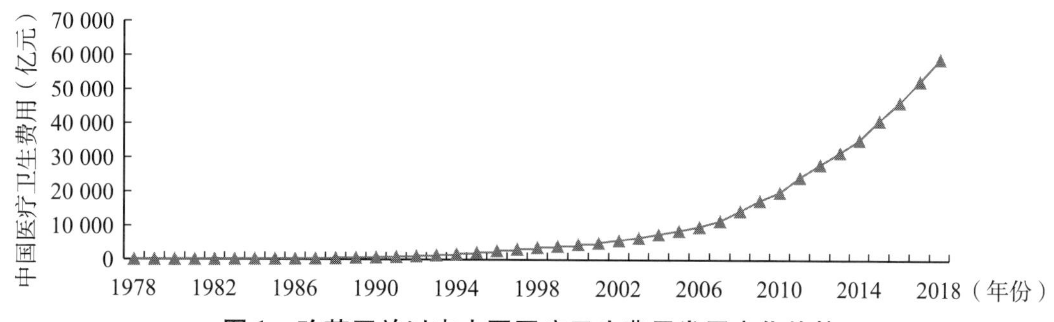

图 1　改革开放以来中国医疗卫生费用发展变化趋势

资料来源：《中国卫生统计年鉴》相关年份数据。

2. 中国医疗费用支出增长速度的国际比较。本文选取德国、日本、英国、法国、新加坡、巴西、印度 7 个国家同中国进行医疗卫生经费支出增长速度的国际比较。原因在于，德国、日本、英国、法国为发达国家代表，新加坡、巴西为新型工业化国家代表，印度与中国同为发展中国家。本文对各国 2000 ~2015 年人均医疗卫生费用增长速度进行国际对比分析。各国 2000 ~2015 年人均医疗卫生费用增长状况如表 2 所示。

表 2　2000 ~2015 年人均医疗卫生费用支出增长的国际比较　单位：美元

年份	中国	德国	日本	英国	法国	新加坡	巴西	印度
2000	42. 5	2 355. 5	2 740. 5	1 672. 5	2 156. 5	820. 7	313. 1	18. 6
2001	45. 3	2 363. 1	2 479. 6	1 736. 5	2 190. 8	706. 7	270. 0	19. 9
2002	51. 7	2 580. 0	2 404. 5	1 964. 8	2 438. 2	752. 3	246. 2	20. 3
2003	58. 3	3 182. 6	2 642. 0	2 347. 6	2 999. 6	828. 9	251. 0	22. 1
2004	66. 0	3 506. 3	2 875. 7	2 835. 8	3 452. 4	829. 2	296. 0	25. 1
2005	75. 0	3 614. 7	2 883. 1	3 017. 1	3 573. 6	863. 3	383. 6	27. 8
2006	86. 8	3 746. 2	2 754. 2	3 262. 6	3 693. 6	945. 8	484	29. 7
2007	106. 8	4 240. 5	2 772. 5	3 756. 3	4 168. 0	1 084. 9	600. 4	36. 0
2008	145. 8	4 730. 1	3 213. 4	3 615. 6	4 614. 3	1 275. 1	704. 9	38. 0
2009	174. 4	4 742. 3	3 685. 8	3 272. 6	4 523. 6	1 318. 5	720. 0	38. 4
2010	198. 9	4 696. 7	4 060. 2	3 306. 8	4 385. 4	1 503. 0	894. 9	45. 3
2011	254. 1	5 030. 8	5 087. 1	3 501. 5	4 725. 4	1 690. 6	1 029. 3	48. 7

续表

年份	中国	德国	日本	英国	法国	新加坡	巴西	印度
2012	298.7	4 761.3	5 212.1	3 532.1	4 447.7	1 848.3	960.8	49.1
2013	339.1	5 103.5	4 336.1	4 193.7	4 679.1	2 099.6	975.9	56.2
2014	376.2	5 293.4	4 099.5	4 566.7	4 779.2	2 221.2	1 014.1	57.2
2015	425.6	4 591.8	3 732.6	4 355.8	4 026.1	2 280.3	780.4	63.3

资料来源：《世界卫生组织》相关年份数据。

由于社会经济发展水平差异等原因，中国人均医疗卫生费用支出绝对水平远低于发达国家，但是人均医疗费用支出的膨胀速度确是惊人的。2015年中国人均医疗卫生费用支出是2000年的10.01倍，2000～2015年年平均增长速度为15.76%，而德国、日本、英国、法国的年均增长速度仅为4.58%、2.50%、6.53%和4.37%，中国分别是他们的3.44倍、6.30倍、2.41倍和3.61倍，新加坡和巴西的年均增长速度为6.87%和6.98%，中国分别是他们的2.29倍和2.26倍，印度年均增长速度为8.13%，中国是其1.94倍。

3. 中国医疗卫生费用、国内生产总值与人口老龄化的增速对比分析。医疗卫生费用增长的影响因素错综复杂，国内生产总值、老龄化人口比重的增加是其中的重要因素。第一，经济增长会使消费者收入增加，进而增加消费者对医疗服务的需求。因此经济增长越快，医疗卫生费用增加越快。第二，人口中65岁以上老年人占比的增加会导致各种疾病数量增加，从而使医疗服务需求和费用增加。因此老龄化比重越高，医疗卫生费用增加越快。本文将2001～2018年中国国内生产总值、老龄化人口比重与医疗卫生费用的增长速度进行比较，如表3所示。

表3　2001～2018年医疗卫生费用、国内生产总值人口老龄化增速对比　单位：%

年份	医疗卫生费用增速	国内生产总值增速	人口老龄化比重增速
2001	9.58	8.30	1.43
2002	15.20	9.10	2.82
2003	13.71	10.00	2.74
2004	15.28	10.10	1.33
2005	14.09	11.40	1.32
2006	13.67	12.70	2.60
2007	17.58	14.20	2.53
2008	25.59	9.70	2.47
2009	20.68	9.40	2.41
2010	13.90	10.60	4.71
2011	21.46	9.60	2.25
2012	15.86	7.90	3.30
2013	12.62	7.80	3.19
2014	11.50	7.30	4.12
2015	16.03	6.90	3.96

续表

年份	医疗卫生费用增速	国内生产总值增速	人口老龄化比重增速
2016	13. 11	6. 70	2. 86
2017	11. 34	6. 90	5. 56
2018	12. 40	6. 60	4. 39

资料来源：根据《中国卫生统计年鉴》《中华人民共和国国家统计局》《中国统计年鉴》相关数据整理计算而得。

由表 3 可知，中国医疗卫生费用增长速度远高于国内生产总值和人口老龄化比重的增长速度。2001 ~ 2018 年，国内生产总值平均增速为 9. 18%，人口老龄化比重平均增速为 3. 00%，而医疗卫生费用平均增速却高达 15. 20%，明显高出国内生产总值的增速，是人口老龄化比重增长速度的 5 倍之多。这就说明，中国医疗费用的快速膨胀除了由于经济条件改善所导致的医疗服务投入增加、人口结构老龄化等原因之外，还有其他影响因素，其中一个重要和普遍的因素就是过度医疗现象导致了医疗卫生费用的快速增长。

（二）过度医疗及其具体表现形式

关于过度医疗的概念，由于学者们研究视角和经验的差异，目前并无统一和权威的认定。本文将过度医疗概念界定为：在正常医疗服务过程中，供求双方或其中的一方在自身利益动机的驱使下，选择医疗产品和服务的数量超出了实际需要，且被当前普遍接受的临床评估和科学标准证明效果甚微，降低医疗资源利用效率的行为。

过度医疗有多种形式：第一，过度检查。过度检查指的是在医疗机构对患者进行超过常规的疾病诊断所需要的检查（黄胜利和徐建维，2009）。中国综合医院门诊和住院病人人均检查费用从 2010 年的 509 元上升到 2018 年的 1 038 元，短短 8 年上升了 103. 93%。第二，过度用药。较为典型的是过度使用抗菌药物和抗生素。中国每年的输液总量和人均输液量远远高于国际水平（李爽和张树江，2017）。第三，过度手术。过度手术是指医务人员利用信息优势，通过夸大病情或手术效果等方式诱导消费者进行不必要的手术。2016 年中国住院病人手术人次为 5 082. 20 万人次，2018 年是 6 171. 58 万人次，仅仅 2 年就上升了 21. 44%，其中很大一部分手术是没有必要进行的（李德玲，2003）。第四，过度保健。过度保健主要包括两种形式：一是将高精尖医疗技术和检查设备用于普通体检；二是部分医务人员利用消费者心理向其推销补品和药品从而代替正常保健的行为。

三、基于预算约束理论的过度医疗问题形成机制分析

中国过度医疗问题的根源首先在于外部环境的变化，包括整体社会经济制度的转型与疾病谱系的改变。这些变化使医疗服务供方面临着预算约束硬化这一事实，并导致其内部利益相关者的行为变化。同时，这些变化又会使医疗服务需方能够实现预算约束软化及在此基础上的自由选择。二者共同构成了基于预算约束的过度医疗问题形成机制。

（一）供方形成机制：预算约束硬化与医疗收入最大化动机

在传统体制下，绝大多数医疗资源由国家行政化的方式来配置，国家财政对医疗机构实行全额拨款，使得医疗机构的生存和发展几乎不受偿付能力的限制，因而医疗机构无须承担任何风险，可

以将外部环境和自身行为的不利后果转嫁给国家。在这种情况下，医疗机构及医务人员不以追求业务收入为目标，也不具备医疗收入最大化的条件，因此缺乏足够的动力对消费者实施过度医疗行为。20 世纪 80 年代以来，中国医疗服务行业外部环境发生了巨大的变化，体现为整体社会经济制度的转型与疾病谱系的改变。一方面，医疗卫生体制开始逐渐脱离计划经济体制并走向市场经济；另一方面，疾病谱系也开始转型。新中国成立初期，使居民健康受到威胁的最为主要的疾病为各种急性和慢性传染病等，使得医疗服务的整体外部性较强。此时，由政府进行大规模的财政投入，对医疗机构实行全额拨款，建立公有和等级化的医疗卫生服务体系取得的治疗效果更加明显。随着经济社会的发展和居民平均寿命的提高，疾病谱系开始逐渐转型，威胁居民健康的主要疾病变成各种慢性病等，医疗服务的外部性减弱，此时政府的最优行为不再是对医疗机构进行全额拨款，而是承担一定的筹资责任并建立医疗保险制度。

整体社会经济制度的转型与疾病谱系的改变使得政府对医疗机构的补偿机制发生实质性的变化，由全额拨款变为差额拨款，导致医疗机构获得的财政补贴开始逐年降低。到 2018 年，城市综合医院获得的财政补助收入仅占其总收入的 7.70%。这些变化必然导致医疗机构预算约束的硬化，使其各项支出开始受到自身货币存量与收入的约束。当预算约束硬化成为一种长期发展趋势后，必将对医疗机构产生实质性的影响，主要体现在以下三个方面：第一，医疗机构的生存与各项医疗服务成本密切相关，由于财政补贴比重逐年下降，医疗机构在很大程度上成为自负盈亏的主体，各项医疗服务成本在价值上必须由医疗机构自身的门诊收入和住院收入等医疗收入进行补偿。如果各项医疗收入无法补偿各项医疗服务成本，医务人员的收入水平就会收到严重影响，甚至医院的生存也会受到威胁，因而各项医疗服务成本开始变得与医疗机构高度相关。第二，医疗机构技术进步和规模扩大所需的资金来源将更多来自内部的积累。医疗技术进步是医疗服务行业生产效率提高的必要条件，是医疗机构医疗服务质量的内在核心，因而对提高医疗机构核心竞争力意义重大；医疗机构规模的进一步扩大有助于增加医疗服务的有效供给数量，而规模的扩大同时又有利于增加医疗机构创收、降低各项运营成本。由于政府对医疗机构的投入明显不足，在此前提下，医疗机构技术进步和规模扩大的实现在更大程度上需依靠各项医疗收入形成的内部积累。第三，医疗机构各项活动开展的不确定性和风险将明显增加，需承担外部环境和自身行为导致的后果。由于政府对医疗机构的财政补贴远不足以保障各项活动的开展，各项活动能否持续进行更加依靠医疗机构自身的创收。在此背景下，各项医疗活动的进行在很大程度上将会面临不确定性，从而导致决策风险、筹资风险等各种风险，严重影响自身的发展。

医院是由利益相关者构成的经济组织，医院激励约束机制发生的巨大变化使得各利益相关者不断调整自身行为。医院所有者、管理者和医生都有个人的利益追求，在市场环境下，利益相关者利益的实现都离不开医院收入。财政补贴的削减压缩了医院的收入空间，但同时也放松了政府对医院的公益性约束，医院管理者可以引导医生通过各种方式增加医院的服务收入。这样一来，所有者能够实现收入的最大化，管理者和医生也可以获得更高的工资和福利收入。从医疗监管的内容和程度上来看，政府对不同性质和等级医院的监管存在着差异，这使得不同类型医院在医疗行为（包括过度医疗的程度）上表现出一定的差异性。另外，由于不同医院在患者的选择偏好中存在着较大的差异，医疗活动中供需双方的地位和影响能力存在着差异性。因此，各类医院实施过度医疗行为的约束条件不同，过度医疗的程度也有所差别。由于医疗服务市场信息不对称，患者对诊治效果缺乏有效的判断力（Arrow，1963）。医生可以提供价格高昂但效果差异不明显、不易识别的药品和检查服务，或引导患者增加消费医疗服务的数量，以增加医疗收入，从而最终导致过度医疗。

（二）需方形成机制：预算约束软化与选择自由

整体社会经济制度的转型与疾病谱系的变化在改变医疗机构补偿机制的同时也推动了市场化医

疗保障制度的构建。一方面，市场化改革的实质性推进导致传统的医疗保障制度走向解体；另一方面，疾病谱系的转型使得医疗服务的整体外部性开始变弱。此时政府的最优行为并非对医疗机构进行全额拨款或直接投资建立医疗机构，而是着手构建市场化的医疗保险制度并承担一定的筹资责任。截至2018年底，基本医疗保险制度已覆盖中国96.72%以上的城乡居民。

自从经济学家阿罗（Arrow，1964）首次将道德风险引入医疗问题的经济学分析，国外有大量文献运用道德风险理论研究患者的医疗行为。国内学者对于道德风险与患者医疗行为之间的关系也有许多理论研究和实证分析，为推进我国医疗保障体制的改革提供了重要的理论支持。但是，也有学者（谢明明等，2016）认为，我国非就业居民在很长一段时间内没有被纳入医疗保险范畴或者保障水平很低，其医疗需求会得到一定的抑制。当医疗保险使个人医疗服务支出下降之后，这部分人的就医倾向就会提高，由此带来的医疗费用增长属于正常的需求释放，而不应该归结为道德风险因素。

对于我国医疗改革过程中需方行为与过度医疗问题关系的研究，可以借鉴道德风险的有关理论，但是需要有针对性地具体研究我国现有医疗保障体制对于需方行为的影响，以及需方行为变化对于过度医疗问题产生的传导机制。我国现有医疗保障制度与西方国家的医疗保障制度在许多方面存在着差异性，其基本特征是由政府、用人单位和个人共同出资建立医疗保险基金，并在此基础上引入竞争机制。与此同时，允许消费者自由选择若干定点医疗机构就医，这种医疗保障制度使医疗服务需方实现了预算约束软化及在此基础上的自由选择。预算约束软化即预算约束对消费者所起的限制作用趋于疲软和无效，产生消费者医疗服务需求增加的价格效应和收入效应，导致非理性医疗服务需求的增加，为过度医疗现象创造了前提条件。给予消费者就医自主选择权即不受定点医疗机构的限制，则为过度医疗现象创造了实现路径。具体而言，当预算约束软化成为一种长期发展趋势后，消费者就医时医疗费用中的很大一部分比例便来自社保资金支持。此时，消费者的医疗需求不再取决于消费者当前和预期的收入，超出自身收入的部分能够从外部资金中得到弥补。这样，在总收入既定的情况下消费者能够获得更多医疗服务产品，即医疗服务产品对于消费者而言变得相对便宜，从而产生医疗服务需求增加的价格效应，导致消费者对医疗服务和产品价格更加不敏感。因此，在消费者就医时会出现以下两种情形：一是在医疗服务产品价格既定的情况下，由于消费者对价格敏感度下降，因而对医疗服务和产品的需求必定会增加。二是当医疗服务产品价格上升时，由于需求价格弹性变得更加缺乏，消费者的医疗服务需求降低程度必定会变小，两种情形必然会导致消费者医疗服务需求的膨胀和非理性医疗服务需求的增加，从而产生一系列过度医疗行为。从另一个角度来看，当消费者在就医过程中得到来自外部资金支持时，其各种医疗服务需求不再完全受自身持有货币存量与各项收入之和的约束。在此情形下，消费者能够购买医疗服务产品的实际收入会相应提高，产生医疗服务需求增加的收入效应。即在消费者需求收入弹性既定的情况下随着实际收入的提高，医疗服务需求上升，非理性医疗服务需求增加，导致一系列的过度医疗行为。计划经济时期实行严格的分级诊疗制度，消费者的就医选择权一般受到限制，一旦患病首先在本地区或本企业医疗机构就医，如有需要再进行逐级转诊。这种制度安排的作用在于减少了消费者的非理性医疗服务需求，从而在一定程度上避免了过度医疗行为。与计划时期的医疗保障体制不同，市场化的医疗保障制度中引入了竞争机制，不再限制消费者就医的选择权。因而在市场化医疗保障制度下，消费者能够实现预算约束软化及其基础上的就医自主选择权，此时消费者就医时既能够得到外部资金支持，又不受定点医疗机构的限制，能够选择医疗资源更加丰富且优质的高层次医疗机构。当这两个条件同时得到满足时必将产生来自医疗服务需方的过度医疗行为，导致各种滥用医疗资源的现象。因此，预算约束软化及其基础上的就医自由选择权为需方过度医疗现象创造了前提条件和实现路径（见图2）。

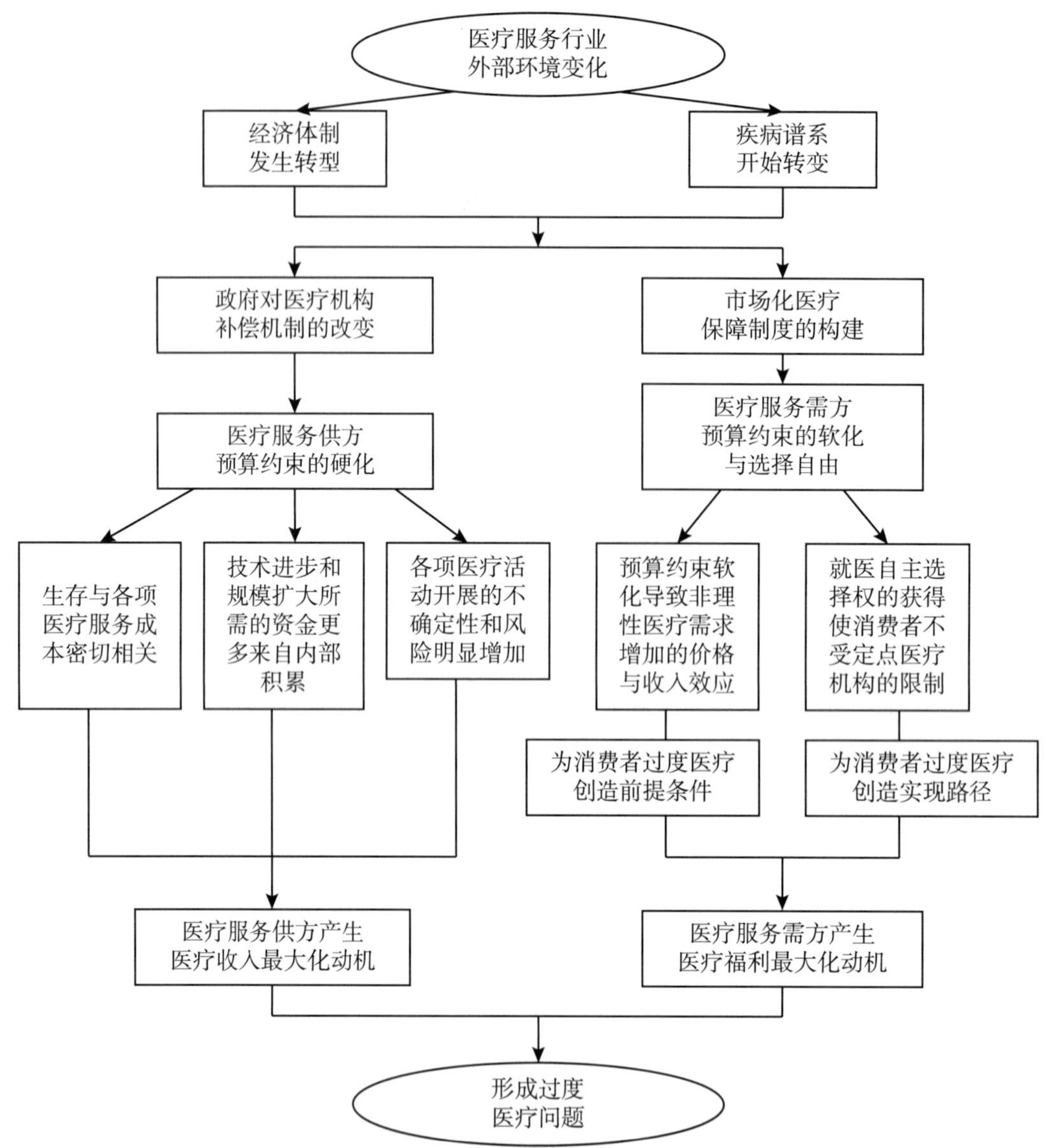

图2　基于预算约束理论的过度医疗问题形成机制

四、过度医疗对医疗服务行业生产效率与消费者福利影响分析

过度医疗问题不仅会造成医疗资源的极大浪费，加剧医疗资源投入的有限性与医疗需求无限扩增之间的矛盾。还将会对整个医疗服务行业生产效率及消费者福利水平产生不利影响，进而对整个社会经济发展造成一系列负面效应。

（一）过度医疗对医疗服务行业生产效率的影响分析

过度医疗通过阻碍医疗行业技术进步，不利于医疗机构管理创新，造成各种医疗资源的浪费等三个途径降低医疗服务行业生产效率。第一，过度医疗行为阻碍了医疗行业的技术进步。一方面，过度检查、过度用药、过度手术与过度保健等其中任何一种过度医疗行为都会占用大量的医疗资源，从而降低了医疗技术创新过程中的研发投入强度，在一定程度上影响医疗技术创新效果，不利于医疗技术进步；另一方面，过度医疗在一定程度上导致医务人员在提供医疗服务过程中过度地依赖各种高新技术检查设备和仪器，容易忽视自身的日常医疗技术创新活动，必将从整体上不利于医疗机构的技术进步。第二，过度医疗不利于医疗机构各项管理创新活动的进行。通过一系列管理创新行为如人力资源管理创新、研发活动管理创新、财务管理创新等能够使医疗机构内部各种生产要素得到更加充分的利用。但是，通过管理创新提高医疗服务行业生产效率的周期相对较长，无法从短期内满足医疗机构的生存和发展需求。而通过向消费者实施各种过度医疗行为却能够在短时间内创造巨大的经济利益，在解决医疗机构预算约束硬化后导致各种问题的效果上立竿见影，因而医疗机构存在短视行为不可避免，导致其对各种管理创新活动的重视与投入不足。第三，过度医疗造成了医疗资源的极大浪费。根据已有学者的相关研究，医疗机构中由于各种过度医疗行为所导致的医疗资源消耗比重高达20% ~30%（许琳，2005），使得本就相对稀缺的医疗卫生资源用于边际收益很低或者为零的医疗服务活动。医疗服务行业生产效率可进一步分解为技术进步、纯技术效率和规模效率。其中纯技术效率能否达到理想值取决于各种生产要素在生产的过程中能否得到较为充分的利用。由于过度医疗的存在使得相当一部分医疗资源投入无法转换成真正具有价值的医疗产出，形成纯技术效率损失，降低了医疗服务行业生产过程的投入产出比。

（二）过度医疗对消费者福利水平的影响分析

过度医疗通过加剧看病难、加剧看病贵、损害人力资本等三个途径降低消费者福利水平。第一，过度医疗在一定程度上加剧了消费者的看病难现象。当前中国医疗服务供给不足与需求不断增长之间的矛盾依然十分突出，集中体现为医疗资源供需总量规模的不平衡。过度医疗行为造成了医疗行业大量本就相对稀缺的人力资源、财力资源及物质资源浪费在没有价值或价值较低的医疗服务活动上，从而进一步扩大了医疗服务供给与需求在总量规模上的缺口，造成消费者整体福利水平的下降。第二，过度医疗在一定程度上加剧了消费者的看病贵现象。改革开放以来中国医疗卫生费用膨胀速度惊人，从1978 年的110.21 亿元增加到2018 年的59 121.91 亿元，过度医疗行为是其中的重要推动力量。一方面，预算约束的硬化导致医疗机构和医务人员产生医疗收入最大化动机，从医疗服务各个环节增加了消费者的经济负担，加深了看病贵这一局面。另一方面，过度医疗行为加深了中国医疗资源供需矛盾，使原本有限的医疗资源更加稀缺，导致本地与外地消费者就医时排队等待现象更加严重，使其时间与住宿成本上升，导致看病难问题进一步转化为看病贵。第三，过度医疗行为在很大程度上造成了消费者健康水平的下降进而导致人力资本的贬值。过度医疗会加重消费者经济与心理负担，而且对其身体造成一系列严重的直接和间接伤害，对消费者健康资本的形成产生不利的影响。一方面，从造成的直接伤害来看，过度医疗行为会产生不同程度的医源性疾病，如过度检查会对消费者产生放射性损伤等人体伤害，过度用药使消费者承受过多由药物导致的副作用，过度手术使消费者接受过多的组织损害等，这些都会使消费者身体健康水平下降，进而造成人力资本的贬值。另一方面，从造成的间接伤害来看，过度医疗行为在一定程度上妨碍了正确医疗措施的实施，容易造成消费者错失最佳治疗时间和方案，对身体健康造成伤害。

五、医疗行业激励性规制与过度医疗问题治理的政策建议

（一）基于过度医疗治理的激励性规制机制

对于过度医疗问题的治理，需要从医疗服务的供方和需方同步进行，单方面的治理措施难以取得实质性的效果。从医疗服务供方来看，消费者疾病状况、可选择的治疗方案，由治疗方式可能给

消费者健康状况带来的总效用和边际效用等信息均由医生及医疗机构掌握，医疗服务供方对于需方和医疗监管机构都具有显著信息优势。从医疗服务需方来看，参保人对自身的健康状况、行为偏好、效用函数等重要信息的掌握相对于医疗保险机构具有显著优势，从而无法避免部分消费者加入医疗保险后在利益最大化动机驱使下产生非理性的医疗需求。因此，医疗服务的需求方相对于医疗监管机构来说也具有显著信息优势。

综上可以发现：第一，过度医疗行为是在信息不对称条件下由医疗服务供方和需方的行为特征共同引发的。第二，在过度医疗问题治理中政府是规制者与信息劣势方，医疗服务供方和需方是被规制者与信息优势方。因此，过度医疗治理问题本质上是一个信息不对称条件下的委托—代理和机制设计问题。根据新规制经济学的有关理论，只有形成基于过度医疗治理的激励性规制机制才是有效解决当前中国过度医疗问题的突破口。

基于过度医疗治理的激励性规制机制是指通过一系列方案设计，诱导医疗服务供需双方正确地利用信息优势，选择合理的医疗行为，减少过度医疗行为，最终同时实现医疗服务供需双方利益最大化及社会福利最大化。因此，激励性规制机制的设计是以过度医疗治理的实际效果作为出发点，充分考虑到医疗服务供需双方各相对于规制者而言具有的信息优势，在此基础上制定相应的过度医疗治理方案，从而最大限度增强治理效果并减少过度医疗行为。具体而言，基于过度医疗治理的激励性规制机制设计思路需要考虑以下几个方面：第一，激励性规制机制的设计需要同时将医疗服务供方和医疗服务需方对于监管机构的信息不对称问题与其各自的行为特征考虑在内。从目前制定的过度医疗防控与治理措施来看，其中的大多数仅仅是考虑由医疗机构和医务人员等医疗服务供方导致的过度医疗行为，因而从取得的实际效果上来看并不理想。由上文分析可知，医疗服务需方预算约束软化及其基础上的选择自由所导致的医疗福利最大化动机也是导致过度医疗问题的重要因素。因此，基于过度医疗治理的激励性规制机制在设计时不应只考虑来自其中一方造成的过度医疗现象，而是需要同时将医疗服务供方与医疗服务需方考虑在内，从而使激励性规制机制的设计能够更加科学与合理。第二，激励性规制机制的设计需要同时考虑和明确委托人与代理人目标。目标是决定委托人和代理人自身行动的出发点，同时也是激励性规制机制设计具有一定科学性与合理性的重要前提条件。政府作为委托人，目标是医疗服务行业生产效率与社会福利的最大化，其通过设计各种激励方案调整代理人的行为目标，优化代理人的医疗行为，以实现医疗服务行业生产效率与社会福利最大化的目的。医疗服务供方和医疗服务需方作为代理人，其真实目标是在一定约束条件下实现医疗收入的最大化与医疗福利的最大化。第三，激励性规制机制的设计需要考虑相应的规制约束。规制约束是激励性规制机制能够得以有效发挥作用的重要保障。规制约束主要包括个体理性约束和激励相容约束两类。其中个体理性约束主要针对代理人，是指医疗服务供方和需方从接受激励方案中得到的期望效用较大，从而能够接受政府的规制。激励相容约束即政府通过机制设计消除各种非效率现象从而使医疗服务供需双方与政府在追求自身的目标时能够实现各自利益的相互协调，以激励医疗服务供方和需方能够采取最有利于政府所期望的行为，达到有效治理过度医疗问题的最终目的。

（二）过度医疗问题治理的政策建议

1. 完善医疗服务供方的激励性规制。对于供方的激励性规制应当进一步推进付费机制改革，建立声誉激励机制、价格补偿与绩效考核机制等。（1）付费机制改革。付费改革机制能够对供方过度医疗行为构成有效约束，目前各地正在进行医疗付费方式和医疗收费制度改革。各地普遍进行了总额预付制改革，部分地区和医院试行了按人头付费和按病种付费等改革。总额预付制在控制医疗费用过快增长和门诊与住院次均费用等方面发挥了积极作用，但也存在预付总额难以精确测算以及医疗机构为了自身利益推诿重症病人等问题，需要在总结已有经验的基础继续完善。收费制度改革实行时间较短，能否达到预期目标尚有待评估，需要在实践中大力推进，不断完善。（2）声誉激励机制。建立合理的声誉激励机制能够使医生自动减少过度医疗行为。传统的政府规制措施很难动摇医生相对于消费者的优势地位，从而无法避免医生利用自身信息优势对消费者实施过度医疗行为。要综合考虑医生服务态度、技术水平、检查项目适应性等指标并赋予相应的权重形成科学合理的医生声誉评价体系。声誉激励机制的核心点在于建立一种医生和消费者的长期合约关系，自动减少过度医疗行为。（3）价格补偿与绩效考核机制。现有的医疗服务价格管制使医生劳务报酬远低于应有的市场价格，必将导致部分医生通过选择实施过度医疗行为而进行自我补偿。合理的价格补偿机制包括提高各级医生工资水平和建立激励性的薪酬制度两个方面，有助于使医生的劳务价值得到充分体现，从而增强自律性并减少过度医疗行为。

2. 完善医疗服务需方的激励性规制。需方激励机制可由疏通与控制机制、费用控制机制等组成。（1）疏通与控制机制。疏通机制的目的在于疏通消费者与基层医疗机构之间的渠道，从而提高基层医疗机构对于消费者的可及性，合理分流聚集在大城市高层次医疗机构的消费者，减少过度医疗需求。控制机制即通过适度限制就医自主选择权来避免过多的消费者流向医疗资源丰富的大医院，从而降低消费者进行过度医疗的可能性。（2）费用控制机制。费用控制机制的核心在于通过激励性质的方案使消费者从自主控制非必要医疗服务支出中获得的长期预期收益大于过度医疗获得的预期收益，从而达到有效减少医疗服务需方过度医疗的目的。费用控制机制主要包括剩余奖励制和阶梯式报销比例制两种激励机制。

3. 推动医疗体制的深层次改革。过度医疗问题是我国医疗体制系统性问题的表现，从根本上治理过度医疗问题，需要在我国医疗体制的深层次改革中解决以下几个主要问题。（1）医院的公益性责任问题。明确界定医院的公益性责任并以适当的制度安排支持医院承担这一责任，有利于避免医疗行为的扭曲。在明确界定医院公益性责任边界及其保障机制的基础上，要更好地发挥市场机制在非公益性医疗领域中的作用，有效地约束医疗服务供需双方的行为。（2）公立医院的垄断地位问题。竞争能够有效地促进效率提升，改善社会福利，这已经在其他产品市场中被反复证实。医疗领域的市场结构以及竞争状态对医疗服务价格和质量等方面的影响应当引起足够的重视。我国的公立医院依靠规模和资源占据了医疗供方市场的垄断地位，缺少不同层次的医疗机构与之竞争，导致医疗服务效率和质量较低，甚至出现医疗行为的扭曲。公立医院的垄断地位与信息不对称、道德风险等行业特征交织在一起，使得医疗领域中包括过度医疗在内的各种问题很难得以真正解决。因此，应当进一步消除经济性和制度性进入障碍，鼓励和支持发展大型民营医院，提高民营医院的竞争实力。（3）公立医院的混合所有制改革问题。公立医院的混合所有制改革可以引入社会资本，增加医疗领域的资源投入。在科学设计改革方案的基础上也能够保证混合所有制医院在履行公益性责任的基础上，通过市场化机制优化医疗资源的配置，这是中国公立医院改革的一个可能的方向。社会资本的进入还会对公立医院的人事制度改革、分配制度改革等方面形成重要的影响，从而促进现代医院管理体制的形成。可以根据医疗领域的特点，优化改革环境，鼓励多元化投资主体进入，逐步推进公立医院的混合所有制改革。

六、简要结论

本文将医疗供需双方的过度医疗行为纳入预算约束的分析框架，提出了基于预算约束理论的过度医疗问题形成机制。外部制度环境的变化导致医院预算约束硬化，并使得各利益相关者的行为目标和行为特征发生变化。在利益驱动和信息优势的作用下，医院作为医疗服务的供方推动了过度医疗问题的产生。预算约束软化对医疗服务需方产生价格效应和收入效应，导致非理性医疗服务需求的增加，为过度医疗现象创造了前提条件。而在预算约束软化基础上的就医自主选择权则为医疗服务需方的过度医疗行为创造了实现路径。过度医疗问题是导致中国医疗卫生费用支出呈加速上升趋势的重要原因，其不仅会造成医疗资源的极大浪费，加剧医疗资源投入的有限性与医疗需求无限扩增之间的矛盾，还将会对整个医疗服务行业生产效率及消费者福利水平产生不利影响。过度医疗的治理问题本质上是一个信息不对称条件下的委托—代理和机制设计问题，激励性规制机制的设计需要在同时考虑医疗服务供方和需方对于监管机构的信息不对称及其行为特征的基础上，解决个体理性约束和激励相容约束两方面的问题。基于过度医疗治理的激励性规制机制是有效解决过度医疗问题的突破口，而从根本上解决这一问题还需要医疗体制深层次的改革。

参考文献：

1. 代英姿、王兆刚：《中国医疗资源的配置：失衡与调整》，载于《东北财经大学学报》2014 年第 1 期。

2. 杜创：《动态激励与最优医保支付方式》，载于《经济研究》2017 年第 11 期。

3. 杜创：《价格管制与过度医疗》，载于《世界经济》2013 年第 1 期。

4. 杜创、朱恒鹏：《中国城市医疗卫生体制的演变逻辑》，载于《中国社会科学》2016 年第 8 期。

5. 韩玉珍、赵金楼、齐英、武之更：《从医药利益驱动机制探讨过度医疗的形成与对策》，载于《商业研究》2008 年第 7 期。

6. 胡宏伟、高敏、赵英丽、李延宇：《过度医疗行为研究评述》，载于《社会保障研究》2013 年第 1 期。

7. 黄胜利、徐建维：《过度医疗行为的表现、成因及监管路径选择》，载于《中国卫生事业管理》2009 年第 10 期。

8. 李德玲：《过度医疗的成因与对策》，载于《医学与哲学》2003 年第 24 卷第 9 期。

9. 李爽、张树江：《新医改背景下过度医疗的原因及其对策分析》，载于《中国卫生产业》2017 年第 9 期。

10. 李忠凯、姚晓叶、廖原：《过度医疗对医保费用增长的影响》，载于《解放军医院管理杂志》2016 年第 23 卷第 6 期。

11. 刘军强、刘凯、曾益：《医疗费用持续增长机制》，载于《中国社会科学》2015 年第 8 期。

12. 刘帅、刘珍明：《过度医疗的危害及其预防探讨》，载于《中外医学研究》2015 年第 13 卷第 2 期。

13. 刘小鲁：《价格上限管制下的预付制比较：总额预付制与按人头预付制》，载于《经济评论》2015 年第 4 期。

14. 刘小鲁：《我国劝诱性医疗的成因：管制、市场结构还是信息不对称?》，载于《经济评论》2012 年第 2 期。

15. 谢明明、王美娇、熊先军：《道德风险还是医疗需求释放？——医疗保险与医疗费用增长》，载于《保险研究》2016 年第 1 期。

16. 许琳：《如何远离用药风险》，载于《中国医药报》2005 年第 4 期。

17. 杨同卫：《过度医疗的对策》，载于《中国医学伦理学》2002 年第 15 卷第 2 期。

18. 赵国宇、禹薇：《股权激励、过度投资抑制与公司价值》，载于《经济与管理评论》2019 年第 4 期。

19. Arrow，K. J.，1964，“The Role of Securities in the Optimal Allocation of Risk Bearing”，*Review of Economic Studies*，(31)：91 –96.

20. Arrow，K. J.，1963，“Uncertainty and the Welfare Economics of Medical Care”，*American Economic Review*，53 (5)：941 –973.

21. Gaynor，M.，K.，Ho，and Robert，J. Town，2015，“The Industrial Organization of Health – Care Markets ”，*Journal of Economic Literature*，53 (2)：235 –284.

22. Grosskopf，S.，Valdmanis，V.，1987，“Measuring hospital perfermance：A non-parametric approach”，*Journal of Health Ecomomics*，6 (2)：89 –107.

23. Murray，CJL.，Frenk，J.，2008，“Health metries and evaluation：strengthening the science”，*The lancet*，371 (9619)：1191 –1199.

24. Ozcan，YA.，Luke，RD.，1992，“HakseverC. Ownership and organizational performance A comparison of technical efficiency across hospital types”，*Medical Care*，30 (9)：781 –794.

（本文载于《经济理论与经济管理》2020 年第 9 期）

地方政府环境目标约束是否影响了产业转型升级?

余泳泽　孙鹏博　宣　烨

摘　要: 在中国式分权制度背景下，基于将环境绩效纳入官员考核这一外生冲击，本文通过手工收集整理城市政府工作报告中公开的环境目标约束数据，在理论分析的基础上，采用DID模型和工具变量法从城市和企业两个维度实证检验了地方政府环境目标约束对产业转型升级的影响。研究结果表明:(1)将环境绩效纳入官员考核后，面临环境目标约束的地方政府，其产业转型升级效果较为明显。这一结论在一系列稳健性检验中均成立;(2)机制分析发现，环境目标约束会使地方政府通过加强环境规制，调整产业政策和财政支出结构等行为推动当地产业转型升级;(3)进一步的研究发现主动推行环境考核官员更有积极性推动本地产业结构升级。以上结论为我国实现环境治理与产业转型升级的“双赢”提供了现实依据。

关键词: 环境目标约束　绩效考核　环境规制　产业转型升级

一、问题的提出

改革开放以来，中国依靠重工业先行的发展战略推动了经济的高速增长（蔡昉，2013）。但是，由于我国重工业发展方式具有明显的高污染和粗放式的特点，环境问题随着重工业发展被迅速放大，国内各大城市PM2.5频繁爆表，环境污染事件频发。严重的环境污染不仅导致社会福利降低，更给中国造成了占GDP的8%~15%的经济损失（韩超和胡浩然，2015）。在这样的背景下，习近平同志提出了“绿水青山就是金山银山”的论断，并进一步在十九大报告中将建设富强、美丽中国作为全面建设社会主义现代化国家的重大目标，提出着力解决突出的环境问题，促进经济高质量发展。而产业转型升级是协调经济高质量发展和环境保护的关键路径（金碚，2018）。因此，环境治理能否与产业转型升级实现“双赢”，是我们要研究的一个重大现实问题。

从现有的研究来看，诸多学者研究视角集中于环境政策效应，即对环境规制与产业升级的关系进行了大量的研究。现有研究主要从以下两个视角展开：一是遵循“成本理论”，认为环境规制增加了企业的生产成本，降低生产效率与利润，并通过企业进入或退出、生产规模调整和资源再配置等行为而影响行业结构（Millimet et al.，2009）。为了规避环境规制或降低环境成本，环境标准或环境规制程度的区域差异将促使污染企业进行转移，从而引起区域或国家产业结构的调整，即“污染避难所”效应（Millimet et al.，2016；Solarin et al.，2017）。二是验证了“波特假说”，即适度环境规制会刺激企业进行技术创新，产生创新补偿效应，达到帕累托改进（Porter M.，1991；Ramanathan et al.，2017）。环境规制将通过倒逼企业创新的方式推动产业结构调整升级（李虹和邹庆，2018）。

综合已有文献，在讨论环境问题与产业升级关系的文献中，大多文献集中于环境政策对产业转型升级的影响。较少的文献能够将环境政策与有为政府结合起来，缺少从政府环境目标视角分析政府自主性约束对产业转型升级的影响。在现有研究的基础上，本文选取了地方政府环境目标约束性考核这一现实证据，从政府目标约束与晋升激励的视角出发，考察地方政府在面临环境目标约束时，如何通过调整产业发展政策实现产业转型升级。与已有的文献相比，本文可能的贡献在于：首先，在研究视角上，将环境政策与政府目标约束行为相结合，探讨了地方政府执行环境规制政策的内在动因即地方政府环境目标约束性考核对产业转型升级的影响，从而拓展了中国情形下环境政策影响产业转型升级的相关研究；其次，在研究样本上，本文从城市和企业两个维度考察城市产业转型升级情况。一方面，本文通过手工收集历年各地市的政府工作报告，得到了环境目标约束这一政策变量，通过环境绩效指标纳入地方官员考核性指标体系这一外生冲击，检验污染物减排目标下发后地方政府自我约束差异对产业转型升级的影响；另一方面，为了克服内生性问题，本文采用了 DID 模型和工具变量法以及企业数据检验了环境目标约束对产业转型升级的影响；最后，进一步考察了在经济增长目标和环境约束目标双重约束下，地方政府异质性行为对产业升级效果的差异化影响。

二、制度背景与理论分析

自改革开放以来，中央政府致力于经济建设，对地方官员的提拔标准从以政治表现为主转变成注重经济绩效（杨海生等，2010）。在中国式分权的制度下，对地方政府的政绩考核将直接影响地方政府的行为，最终表现为当地经济社会发展的显著差异。地方官员为实现政治上的晋升，会根据考核办法中具体指标来调整自身行为，以期完成考核目标（周黎安，2007）。因此，在资源有限的条件下，地方官员为了获得晋升，不惜降低环境标准以吸引资本等流动性要素流入，牺牲地区生态环境谋求短期经济增长。面对日益严重的环境问题，2006 年 12 月国务院发布了《关于贯彻落实科学发展观、进一步加强环境保护的决定》，其中明确提出要将干部的污染减排绩效作为其任用选拔以及奖惩的依据。随后，环保部于2007 年与各省市、自治区、直辖市签订了《“十一五” 主要污染物总量削减目标责任书》。在 2011 年国务院颁布的《主要污染物总量减排考核办法》中更是增加了环保考核问责制和“一票否决” 制，进一步增强了对地方干部污染物减排实绩考核的力度。

在新形势下，体现可持续发展的政绩评价应是影响官员晋升的一个重要因素，因此领导干部环境目标约束考核绩效将直接影响到官员的晋升（Heberer and Senz，2011）。在中国以政治集权和经济分权为特征的分权模式下，地方政府对地方经济的发展具有巨大的影响力和控制力（Jin et al.，2005）。在原有的经济目标考核体系中，加入环境目标强约束，使地方政府的行为发生了转变。而长期以来地方政府具有非完全执行中央环境政策的激励（张华，2016）。为了更清楚地解释环境目标考核后地方政府环境治理行为的变动，本文从地方政府面临的权责与约束出发，构建了中央—地方环境目标制定执行的理论分析框架（见图 1）。图 1 中包含了三条线索：一是环境目标制定的纵向关系（即中央政府→省级政府→地市政府），从中央政府作为环境减排目标的制定者，层层分配减排目标，由地市政府执行；二是减排考核的权责关系（即地市政府→省级政府→中央政府层层向上负责）。下级政府向上级负责，并且上级政府保有对下级问责的权利；三是约束形式的差异。外在约束强度的提升推动自我约束的提升。公众环保诉求和上级政府的监督会提升下级政府的环境污染治理意愿和环境监管的力度。本文主要从第三条线索进行分析。政府工作报告作为新一年重要的政府文件阐述了当年的主要工作，而政府工作报告中的目标导向能够充分反映当年政府的工作重点（徐现祥和刘毓芸，2017）。因此，在政府工作报告中公开上级制定的减排目标必然会对辖区内不同类型的微观企业产生冲击，从而影响辖区内不同类型的微观企业的生存与发展，进而导致辖区内产业结构的变动。

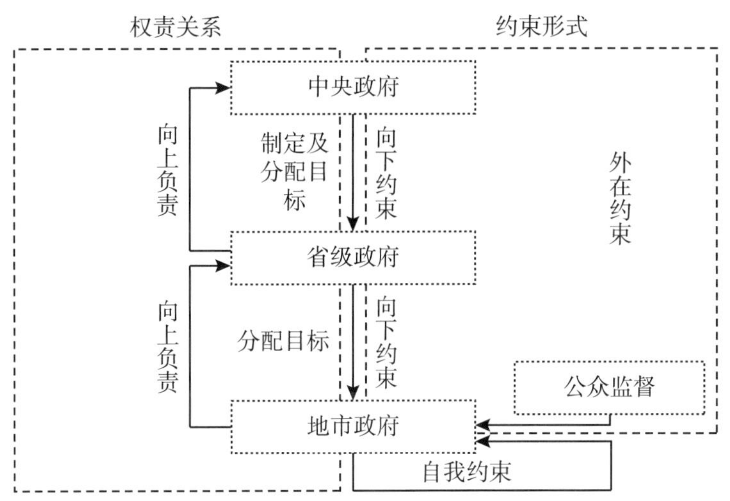

图1　环境目标约束形式及权责关系

基于上述分析，本文以中国式分权制度为背景，从以下两个方面分析了地方政府环境目标约束影响当地产业结构的内在逻辑。

第一，地方政府公开环境目标的自我约束强化了政府环境规制行为，以直接和间接的方式推动了当地的产业转型升级。地方政府在面临强环境目标约束时，会出台更为严格环境规制政策，以期完成环境目标约束的考核目标。张文彬等（2010）研究发现在环境目标约束性考核后，环境规制在省际形成"标尺效应"。环境目标约束不仅强化了政府环境规制行为，也推动了产业结构调整（Zhou et al.，2017）。就政策的直接效应而言：一方面，对于辖区内的现有污染密集型产业会产生"挤出效应"，从而促进当地的产业升级。高水平的环境规制增加了企业的生产成本，如果环境成本过高，污染密集型企业会向周边转移或者向环境规制水平低的国家转移（Keller and Levinson，2002；沈坤荣等，2017）。也有研究指出在金融企业盈利不断增长的情形下，实体经济会将部分资金投入类金融领域以获取较高收益（刘珺等，2014）。尤其对于资本密集型的污染企业来说，严格的环境规制降低了企业利润率，该类企业更有动力涉足类金融业务（王书斌和徐盈之，2015）。这一转型也遏制了行业内的高污染产能，推动了行业的"绿色化"。地方政府在面对环境目标约束时，也会产生"环境壁垒"效应，即对新进入的企业进行筛选，禁止高污染的产业进入；另一方面，对于清洁生产产业来说，环境法规越严格，该行业的厂商的利润就越高，拉大了不同行业间利润差距，促使生产要素流向高利润企业，从而推动产业结构升级（Wang and Shen，2016）。

而由环境目标约束引致的环境规制对产业升级的间接效应，现有的研究大多基于"波特假说"展开分析（Porter M.，1991）。环境规制不仅不会使企业丧失竞争力，还会诱发创新获得创新补偿。因此，政府可以通过对本地区企业进行技术改进和创新补贴，推动传统产业实现产业升级（傅京燕和李丽莎，2010）。波伊克特（Peuckert，2014）验证了波特的观点，认为环境规制会引致技术创新从而对企业的竞争力产生积极影响效应，使受到规制的企业能够提升自身资源配置水平和技术进步能力（Domazlicky and Weber，2004）。对于微观企业的管理者而言，在环境规制产生作用之前，企业为了应对不同强度的环境规制，必须提前制定战略规划缩减生产成本并采用"绿色"新技术生产（Sohn et al.，2015），而这种效应在中国的国有污染型企业中尤为明显（Zhou et al.，2017）。王等（Wang et al.，2016）认为在环境规制的影响下，各省为提升环境绩效，通过技术投资减少了环境污染，优化了产业结构。

另外，技术创新不仅能够促进特定行业企业的产业转型升级，而且技术创新带来的需求结构变动与劳动生产率变革，也是区域产业结构升级的重要驱动力。虽然从各行业对比来看，中高技术行业不必然是劳动生产率增长较快的行业，但其技术创新活动有助于中高技术行业成为相对生产率高增长的行业，从而有助于区域产业结构的优化（Varum et al.，2009）。

需要指出的是，环境污染物减排目标的出现势必增加地方政府政策目标的复杂性。考核体系的调整不仅是环境约束性目标的加入，还将涉及产业政策调整和财政转移支付的跟进等配套措施来稳定经济增长来完成考核目标（张文彬等，2010）

第二，地方政府面对环境目标约束时，由于结构效应的存在，政府会通过财政支出转型、对污染企业的创新和技术改造支持等产业政策推动当地产业转型升级。在中国式分权的制度安排下，地方政府有着强烈发展当地经济的动机（周黎安，2007）。政府相对于企业来说具有总量信息优势，能够通过制定合适的产业政策引导产业发展，推进产业升级（林毅夫，2011）。在资源有限的条件下，地方政府会推动资源密集型产业向知识和技术密集型产业转型。一方面，地方政府在经济增长目标和环境目标“双重约束”下，其财政补贴、税收优惠和行政审批等行政政策会产生明确的倾向性，即会给予低污染、高产值的技术创新型企业更多的财政优惠政策，如减税、R&D 补贴和土地优惠政策等促进其发展（魏福成等，2013）。陆国庆等（2014）以战略性新兴产业为研究对象，研究发现政府的创新补贴促进了战略性新兴产业的发展；另一方面，地方官员会出台鼓励高新技术产业发展和环境友好型技术创新的政策，并帮助传统污染密集型行业进行“绿色化”技术改造，以期达到考核要求。如：提供技术支持、提供资金支持、政府采购和创新园区建设等（张同斌和高铁梅，2012）。并且政府具有明确倾向性的财政行为也会发挥“定向诱导”功能并通过“租金创造”机制推动产业转型升级（石奇和孔群喜，2012）。

综合来看，在中国情形下，当地方政府面对环境目标约束时，会通过提高环境规制水平、促进技术创新、提高科教支出水平和提供技术改造的资金支持，推动当地的产业转型升级。

三、研究设计

（一）实证设计

首次将环保问题上升到国家整体规划的层面要追溯到 2001 年颁布的“十五计划”，其具体规定了主要污染物总量减排 10% 的目标。但遗憾的是，由于设定的只是预期性指标，对地方官员没有形成有效约束，最终导致了“十五”规划的减排目标未能完成。因此，在 2006 年 12 月国务院又正式发布了《关于贯彻落实科学发展观、进一步加强环境保护的决定》，其中明确提出要将干部环境治理的绩效作为其任用选拔以及奖惩的依据。随后，环保部于 2007 年与各省市、自治区、直辖市签订了《“十一五”主要污染物总量削减目标责任书》（以下简称《责任书》）。至此，开始环境目标约束才正式纳入各地市的官员考核指标中。因此，2007 年的《责任书》是一个比较外生式的冲击。在面对这种冲击时各地方政府反应各不相同，有的地方政府将环境目标约束写入政府工作报告中，明确列为当年的政绩目标，有的则未将其列入。地方官员对上级指定的减排目标反应不一致导致的自我约束差异为本文区分实验组和对照组提供了现实依据。本文收集了历年各省各地市的政府工作报告，得到了公开环境目标约束数据。需要说明的是：只有在当年政府工作报告中提出工业污染物排放数值控制目标的地市本文才认定其受到了环境目标约束。① 我们将在政府工作报告中明确提出工业污染物减排数值目标的地市作为“实验组”，将政府工作报告未明确指出当年的工业污染物减

① 如 2008 年北京市政府工作报告中明确了提出了“化学需氧量和二氧化硫排放量分别下降 4% 和 10%”的环境目标。本文认定北京市 2008 年地方政府受到了环境目标约束；而 2004 年天津市政府工作报告中提出：“提高城市环境质量。努力完成创建国家环保模范城的既定目标”，本文则认定天津市政府 2004 年未受到环境目标约束。

排数值目标的地市作为“对照组”。①

在中国独特的政治经济制度下，“行政发包制”是中国政府常态的治理模式（周黎安，2007）。在指标下发的过程中，会伴随着对约束指标的具体数值分配的复杂政治博弈。但对地方主政官员来说，这种复杂的政治博弈对其是否会在政府工作报告中公开其环境考核目标几乎不会产生影响。对于其辖区内的微观企业来说，更是一种相对外生的冲击。据此思路，本文的估计方程设定如下：

$$Y_{it} = \gamma P + \theta T + \alpha P \times T + \sum \beta X_{it} + d_i + d_t + \mu_{it} \quad (1)$$

上式中，i 和 t 分别代表地市和年份，Y_{it}表示地市 i 在第 t 年产业转型升级状况；T 为虚拟变量，当 t≥2007 时取值为 1，否则为 0；P 为虚拟变量，如果地市 i 在样本区间内受到政策的影响取值为 1，否则为 0；α 是本文关注的重点。此外，X_{it}是一系列影响产业转型的其他控制因素；d_i 为地市固定效应；d_t 为时间固定效应；μ_{it}为随机误差项。

这里需要说明的是，有部分城市在 2007 年前就制定了环境目标，为了对比分析，对 2007 年以前制定环境目标的城市进行了剔除，使用模型（2）进行估计。

$$Y_{it} = \gamma P + \sum \beta X_{it} + d_i + d_t + \mu_{it} \quad (2)$$

本文的前两步实证策略是将公开环境目标的城市作为实验组，采用类似 DID 模型的思路进行实证检验。但使用 DID 模型需要严格的前提假设，一方面要求在 2007 年前各地区产业发展的趋势一致；另一方面，《责任书》不能影响对照组的产业发展趋势。尤其对于上述条件中的第二个本文的政策很难满足。为了缓解内生性问题，本文进一步使用企业数据进行分析。由于清洁生产行业的企业几乎不受《责任书》的影响，因此本文参考阿克博斯坦奇等（Akbostanci et al.，2007）和童健等（2016）的标准，将城市内企业中划分为清洁生产行业和非清洁生产行业，并使用模型（3）进行估计。

$$Y_{fit} = \alpha P \times clean \times T + \lambda clean \times T + \gamma P + \sum \beta X_{ft} + d_i + d_t + d_j + \mu_{fit} \quad (3)$$

上式中，i 和 t 分别代表地市和年份，Y_{fit}表示地市 i 内的企业 f 在第 t 年企业升级状况；clean 为虚拟变量，当企业 f 所属行业为清洁生产行业时取值为 1，否则为 0；其中 α 是本文关注的重点。此外，X_{it}是一系列影响企业升级的其他因素；d_j 为二位行业固定效应。上述设定并不能完全克服内生性问题，在下文中还将通过寻找工具变量进一步检验本文的结论。

（二）变量选取与设定

1. 产业转型升级。本文拟从城市和企业两个方面来考察产业转型升级情况。一方面，在城市层面上使用主成分分析方法构建了城市产业转型升级指数。按照表 1 从城市整体产业结构变动、制造业结构水平和制造业技术水平三个方面构建产业转型升级指数；另一方面，使用专利申请、发明专利申请和企业劳动生产率考察企业升级。

表 1　　产业转型升级综合评价指标体系

一级指标	二级指标	三级指标	指标属性	参考文献
城市整体产业结构	产业间结构变动	第三产业产值/第二产业产值（RIS）	+	干春晖等（2011）
制造业结构水平	投入结构：要素依赖度	技术密集型比重（techratio）	+	陈丰龙和徐康宁（2012）
		资本密集型比重（captalratio）	–	
	产出结构：产出清洁化	清洁生产产业比重（cleanratio）	+	童健（2016）
制造业技术水平	出口技术水平	出口技术复杂度（TSI）	+	王永进等（2010）

① 本文讨论的环境目标约束更多的是地方政府官员的自我约束，更关注的是地方政府是否对其环境治理任务进行公开，并且作为当年一项重要的工作执行。

2. 环境目标约束。本文以上级政府对地方官员下达污染物减排的任务后，地方官员反应不一致导致的自我约束差异作为认定是否受到环境目标约束的依据。根据各地市当年的政府工作报告中是否公开考核减排数值目标，如果公开了减排考核目标，赋值为1，其他赋值为0。

3. 中间变量：在反应环境规制强度上，参考沈坤荣等（2017）方法构建环境规制综合强度（$ClSO_2$）；在反应技术创新上，选取每万人专利申请数（ppatent）、城市总专利数量（万件）（zpatent）和根据OECD标准统计得到的绿色专利（千件）（gpatent）进行度量；在反映财政支出结构上，分别选取科教支出占政府支出比（scedu）和科研、技术服务和地质勘查业从业人员占城市总就业的比重（csworker）进行度量；在反应技术改造投入上，选取更新改造投资占固定资产投资的比重（rnew）进行度量。

4. 控制变量。在城市层面上，按照既有经典文献的处理方式，选取了财政分权度、贸易依存度、金融发展程度、城市化水平、城市人力资本水平、外商投资、基础设施建设、投资潮涌、城市污染状况、经济发展水平及其平方项作为控制标量；在企业层面上，参考李兵等（2016）选取了企业规模、资本密度、企业年龄、出口份额、财务成本、资产负债率、新产品开发、营业利润率和企业所有制作为控制变量。

本文实证检验使用的样本为2004～2013年我国23个省份所辖的230个地级市的面板数据和2004～2013年中国工业企业数据库的数据（参考Brandt et al.（2012）进行处理）。环境目标考核数据和经济增长目标数据来源于各省地市历年政府工作报告。[①]

四、实证结果分析

（一）环境目标约束与产业升级

表2的基准估计结果显示，不加入2007年政策外生冲击的情况下，制定公开环境目标的城市产业转型升级指数要高于未公开环境目标的城市，环境目标约束对产业转型升级影响显著为正。而在加入2007年政策外生冲击后，变量交叉虚拟项（P×T）的估计系数为正，并且通过了1%的显著性检验。在此基础上，第（3）列和第（4）列进一步加入一系列控制变量，模型的整体解释力有所增强；同时环境目标约束对产业转型升级的影响依然十分稳健，其他变量的估计结果也与预期基本一致。从基准估计的结果可以看出，环境目标约束对产业转型升级具有显著的正效应。

表2　　基本回归结果（城市）

变量	(1)	(2)	(3)	(4)
P×T		0.311*** (0.0814)		0.341*** (0.0816)
P	0.212*** (0.0606)	-0.129** (0.0617)	0.238*** (0.0585)	-0.140** (0.0599)
T		0.337*** (0.0890)		0.189 (0.127)

① 由于篇幅所限，详细的控制变量设定和变量统计性描述未能列出，感兴趣的读者可向作者索取。

续表

变量	(1)	(2)	(3)	(4)
控制变量	未控制	未控制	控制	控制
观测值	1 196	2 213	1 120	2 112
R^2	0.102	0.179	0.162	0.202

注：*** 、** 和 * 分别表示 1% 、5% 和 10% 显著性水平，括号内汇报的聚类到城市的标准误。所有估计均控制了城市和年份固定效应。

表 3 中汇报了企业层面的基本回归结果。其中，第（1）和第（2）列被解释变量为企业劳动生产率的对数；第（3）和第（4）列被解释变量为企业每千人专利申请量；第（5）和第（6）列被解释变量为企业每千人发明专利申请量。“环境目标约束 ×《责任书》冲击 × 清洁生产行业”的估计系数为正（1% 显著性水平），说明环境目标约束提高了城市内清洁生产产业劳动生产率和创新水平，推动整个城市的产业升级。

表 3　　基本回归结果（企业）

变量	laboratio		firnpatent		firnpatent	
	(1)	(2)	(3)	(4)	(5)	(6)
T × clean × P	0.0476*** (0.00503)	0.0422*** (0.00521)	1.243*** (0.307)	1.420*** (0.324)	0.403*** (0.142)	0.474*** (0.154)
T × clean	−0.0459*** (0.00562)	−0.0424*** (0.00576)	0.0830 (0.342)	−0.106 (0.358)	−0.0464 (0.158)	−0.111 (0.170)
P	−0.0571*** (0.00327)	−0.0481*** (0.00334)	−0.393** (0.199)	−0.309 (0.208)	−0.373*** (0.0919)	−0.302*** (0.0984)
控制变量	控制	控制	控制	控制	控制	控制
观测值	1 549 010	1 417 681	1 549 182	1 417 849	1 549 182	1 417 849
R^2	0.267	0.254	0.012	0.012	0.011	0.011

注：*** 、** 和 * 分别表示 1% 、5% 和 10% 显著性水平。其中偶数列汇报的是剔除 2010 年数据的估计结果，同时控制了控制变量、企业所有制以及城市、行业和年份三个固定效应。

（二）稳健性检验

本文从指标选取、城市异质性、安慰剂检验、排除干扰政策、平行趋势检验和宏观因素系统性变化五个方面考虑估计结果的稳健性问题。在指标选取上，替换多个指标考察基础实证结果的稳健性：(1) 使用韩峰和阳立高（2020）对要素密集度的分类替换在上文中构建的城市产业转型升级指数中的分类标准，计算得到产业转型升级指数（score1）；(2) 在反映制造业结构和技术水平的指标选取上使用 OECD 要素密集度行业的分类方法，在反映城市制造业技术水平上，使用城市全球价值链嵌入程度（gvc）和加工贸易制造业出口技术复杂度（adjord）来表示城市的技术水平，计算得到产业转型升级指数（score2）；(3) 对所有主成分分析使用的分项指标进行估计。上述三种指标处理方式下的估计结果与基础实证结果基本一致，结果稳健；在城市异质性上，一方面，剔除了惠州、丽水、珠海、台州、福州、厦门、贵阳、深圳、中山、烟台、昆明和青岛这些环境相对较好的城市；另一方面，剔除产业转型升级指数的最高和最低两端各 2.5% 的样本，进行稳健性检验；并且，分别将实际政策年份之前的一年（2006）和两年（2005）视为政策开始发挥影响的年份进行了安慰剂检验；同时，考察了“两控区”政策和“经济增长目标硬约束”对本文结论的影响；另外，本文也进行了平行趋势假设检验；最后，进一步控制了省份与年份的交互项，考察了宏观因素系统性变化对估计结果的影响。经过上述的稳健性检验后，本文的研究结论仍然成立，基础估计结果具有较强的稳健性。[①]

（三）内生性问题

虽然在上文中基本排除了城市异质性和干扰政策造成本文结论不可信的可能性，但是仍然有政策对于对照组存在影响和逆向因果造成本文结论不可信的担忧。一方面，环保部在2007年与各地签订的污染物削减目标时考虑到了各地的减排难度和产业结构，环保部的目标对各地的约束力可能存在差异，导致实验组并不是完全外生的；另一方面，也存在这样一种可能性，地方可能不是为了减排而进行结构转型，而是因为预期到结构转型，减排也自然能够实现，所以才制定减排目标，即在确定能够完成减排目标的情况下公开环境治理目标，以期获得上级的青睐而获得晋升。在这种情况下，环境目标约束推动了城市产业转型升级的结论不再成立。因此，本部分将使用解决此类问题的一个通常策略——为内生变量寻找合意的工具变量。

本文具体从以下两个角度选取工具变量。一方面，从地方政府竞争的视角出发选取了同省内的地级市个数。在中国的政府架构中，与自上而下的官员任命制方式相耦合的是政府的绩效评价。这种晋升激励方式致使地方官员聚焦于辖区内考核绩效的提高并以此向上级展现自身执政能力。但其晋升的可能性在金字塔式的科层制结构下愈来愈小，为了更好地赢得上级的信赖与认可从而获得有限的“入场券”，同级之间存在着一种“较劲”。在2003年后，环境指标的权重在官员晋升考核中逐渐增加（冉冉，2013）。为了避免因“数字不如人”而输在起跑线上的情况发生，地方政府在决定是否公开污染物减排的数值目标的过程中不可避免地会受到临近地区或经济发展水平较接近地区的影响，即存在“标尺竞争”的典型特征。并且现有研究也表明环境的改善能显著提升市长晋升概率（Zheng et al.，2014）。再者，在省内晋升职位固定且有限的情况下，地级市数量越多，则晋升锦标赛越激烈。在晋升职位既定且有限的情况下，相比于地级市数量较少的省份而言，地级市数量越多的省份，省内竞争越为激烈。为了在省内同级竞争者之间达到“先声夺人”的效果以便更好地获得上级的认可，在是否进行环境目标约束目标的设定上，具有较强晋升动机的地级市官员，越有可能公开污染物减排的数值目标。而无论地级市数量的多少，可晋升的职位数量大致相当，从而在地级市数量较少的省份，官员晋升的概率会随着对手的减少而大大提升，晋升竞争相对缓和，公开污染物减排的数值目标的可能性也就相对较低。

除此之外，该地级市所在省份的地级市数量还满足外生性要求。这是因为各省份地级市数量是一个固定值。本文样本期间内各省地级市数量基本保持不变，不会随着时间变动而发生改变。各省地级市的划分取决于中央政府，不会受到各地级市经济变量的影响。因此，选择地级市所在省内的地级市数量作为工具变量满足外生性要求。

另一方面，从自然地理的角度出发选取城市的河流密度作为工具变量。在相关性上，首先，河流密度越高的城市，交通运输成本较低，容易吸引工业企业尤其是污染型企业入驻。在将环境目标纳入官员考核体系后，环境污染的治理也会产生“标尺竞争”的效应。而相对于其他考核目标，环境污染治理的见效更快更直观。同样为了在省内同级竞争者之间达到“先声夺人”的效果以便更好地获得上级的认可，在是否进行环境目标约束目标的设定上，具有较强晋升动机的地级市官员，越有可能公开污染物减排的数值目标；其次，在样本期2004～2013年中，公众关注较多的水污染的问题，如最知名的事件为太湖蓝藻事件。而河流密度越高的城市，水域面积越大，受到公众监督的力度越强，地方政府越有可能出于公众压力进行污染治理，并在政府工作报告中公开环境治理的数

① 由于篇幅所限，详细的稳健性检验结果未能列出，感兴趣的读者可向作者索取。

值目标；最后，河流密度越高的城市，城市辖地内的国控监断点越多，受到上级的监督力度越大（Ghanem and Zhang，2014）。为了更好地获得上级的认可，是否进行环境目标约束目标的设定上，具有较强晋升动机的地级市官员，越有可能公开污染物减排的数值目标。另外，城市自然河流密度取决于当地的自然条件，不会受到地级市经济变量的影响，因而满足工具变量的外生性要求。在估计时，参考纳恩和钱（Nunn and Qian，2014）研究中工具变量的设定方法，通过构造所在上述 2 个工具变量（与个体变化有关）与未来两年全国公开环境目标城市数量的均值（与时间有关）的交互项，作为地级市环境目标约束的工具变量。

表 4 和表 5 分别汇报了两个工具变量的城市和企业层面的估计结果。两个工具变量的第一阶段的 Kleibergen – Paap rk Wald F（简称“RKF 检验”）统计量均明显大于斯托克和尤戈（Stock and Yogo，2002）审定的 F 值在 10% 偏误水平下的 16.39 的临界值，说明不存在弱工具变量问题。并且估计系数均通过了 5% 的显著性检验，其符号与基本回归中相一致。

表 4　　内生性问题：工具变量估计（城市）

变量	score	score	score	score
	(1)	(2)	(3)	(4)
工具变量	IV1	IV1	IV2	IV2
P	0.429** (0.189)	−0.0635 (0.160)	0.311** (0.144)	−0.00226 (0.154)
P × T		0.947** (0.470)		1.302*** (0.455)
控制变量	控制	控制	控制	控制
观测值	1 109	2 100	1 119	2 110
KP – LM 统计量	31.376*** (0.000)	23.416*** (0.000)	45.836*** (0.000)	24.427*** (0.000)
CD – Wald F 统计量	107.118	21.902	193.414	28.775

注：***、** 和 * 分别表示 1%、5% 和 10% 显著性水平，括号内汇报的聚类到城市的标准误。IV1 表示河流密度作为 IV，IV2 表示地级市个数作为 IV，同时控制了固定效应和控制变量。同时也进行了工具变量简化式和使用两步 GMM 方法的估计。限于篇幅未汇报第一阶段及上述估计的结果，备索。

表 5　　内生性问题：工具变量估计（企业）

变量	laboratio	laboratio	firnpatent	firnpatent	ffirnpatent	ffirnpatent
	(1)	(2)	(3)	(4)	(5)	(6)
工具变量	IV1	IV2	IV1	IV2	IV1	IV2
T × clean × P	1.357*** (0.405)	0.688*** (0.0710)	212.283*** (38.0720)	16.711*** (4.405)	53.917*** (13.416)	6.571*** (1.988)
P	0.514 (0.632)	0.389*** (0.0290)	−0.003*** (59.279)	−8.320*** (1.780)	−85.754*** (20.890)	−2.394*** (0.803)
控制变量	控制	控制	控制	控制	控制	控制
观测值	1 549 010	1 357 116	1 549 182	1 357 214	1 549 182	1 357 214

续表

变量	laboratio	laboratio	firnpatent	firnpatent	ffirnpatent	ffirnpatent
	(1)	(2)	(3)	(4)	(5)	(6)
KP - LM 统计量	46.0570*** (0.000)	4 291.859*** (0.000)	46.474*** (0.000)	4 290.374*** (0.000)	46.474*** (0.000)	4 290.374*** (0.000)
CD - Wald F 统量	23.028	2 152.653	23.237	2 151.905	23.237	2 151.905

注：***、** 和 * 分别表示 1%、5% 和 10% 显著性水平，括号内汇报的聚类到城市的标准误。IV1 表示河流密度作为 IV，IV2 表示地级市个数作为 IV，同时控制了固定效应和控制变量。同时也进行了工具变量简化式和使用两步 GMM 方法的估计。限于篇幅未汇报第一阶段及上述估计的结果，备索。

五、进一步分析

（一）环境目标约束政策效应识别："环境目标约束"与"两控区"

在笔者收集的环境目标约束数据中，大部分约束性数值目标控制的污染物为 SO_2，这与我国在 1999 年推行的"两控区"政策高度相关。如果环境目标约束的政策效应是由"两控区"政策引致的，那么政策对二氧化硫去除率的影响效果在"两控区"城市和非"两控区"城市之间应该有显著的差异。表 6 的第（1）和第（2）的估计结果可知，在全部的样本中，环境目标约束对二氧化硫去除率的影响对于所在的城市是否为"两控区"无显著差异；对于产业转型升级来说，虽然从产业转型升级指数的估计结果来看两控区明显迟滞了城市的产业升级，但对本文的环境目标约束政策的产业转型升级效应影响不大。这表现在"两控区 × 环境目标约束 ×《责任书》"通过了 5% 的显著性检验，但"环境目标约束 ×《责任书》"也通过了 1% 的显著性检验，并且估计系数和符号与基准回归中一致。

表 6 政策效应识别

变量	clso22	score	clso22	score
	(1)	(2)	(3)	(4)
twocontrol × P × T	-0.171 (0.142)	-0.294** (0.141)		
P × T	0.249** (0.119)	0.489*** (0.108)	0.244** (0.115)	0.526*** (0.107)
控制变量	控制	控制	控制	控制
观测值	2 176	2 112	880	865
R^2	0.277	0.214	0.271	0.154

注：***、** 和 * 分别表示 1%、5% 和 10% 显著性水平，括号内汇报的聚类到城市的标准误，并且同时控制了年份和城市固定效应以及控制变量。

由于"两控区"政策实施（1998 年）早于《责任书》（2007 年），另一种方法是剔除样本中不在"两控区"名单内城市，重新进行估计。由表 6 的第（3）和第（4）列汇报的估计结果可知，无论是环境规制还是产业升级的回归系数均与全样本几乎相同，并且在"两控区"的样本中环境目标约束市和非约束城市的环境规制强度依然存在显著的差异。这说明了"两控区"政策并没有对本文的结论产生干扰。

（二）环境目标约束政策强度

为了考察环境目标约束的政策强度，参考沈坤荣和金刚（2018）检验河长制的执行力度的做法，从市级政府对环境保护的关注程度出发，构造刻画河长制执行力度的连续变量。考虑到数据的可得性，采用历年各个城市发布公文中的环保文件数进行刻画。① 具体构造如下 3 个连续变量。一是人均环保文件数（万人/件）；二是地级市政府发布环保文件数与辖区区县级数的比值；三是地级市政府发布环保文件数与其辖区面积的比值。如果辖区内面积过大或县区过多，环境目标在执行力度上会有所减弱，相对而言上级对具体区域的关注程度也会下降。如果县区个数过多，也会造成"法不责众"的问题，造成环境政策的执行力度下降。表 7 报告了用连续变量刻画环境目标约束政策强度的结果。估计结果表明采用连续型变量替换环境目标约束的虚拟变量，环境目标约束的政策效果依然存在（见表 7）。

表 7　　　　环境目标约束执行力度：环保文件数

变量	环保文件/人口		环保文件/辖区县区数		环保文件/行政区域面积	
	(1)	(2)	(3)	(4)	(5)	(6)
apaper	0.342* (0.181)	-0.571** (0.268)				
apaper×T		0.721*** (0.271)				
qxpaper			0.315** (0.134)	-0.320** (0.146)		
qxpaper×T				0.407*** (0.117)		
mpaper					8.249*** (3.045)	-6.249 (4.043)
mpaper×T						10.263*** (3.131)
控制变量	控制	控制	控制	控制	控制	控制
观测值	1 120	2 112	1 060	1 894	1 120	2 112
R^2	0.148	0.198	0.146	0.181	0.151	0.201

注：***、**和*分别表示 1%、5%和 10%显著性水平，括号内汇报的聚类到"省份-年份"的标准误，并且同时控制了控制变量和双向固定效应，控制变量结果备索。

（三）机制检验

1. 城市层面检验。本部分将对环境目标约束推动产业升级的作用机理进行检验，尝试寻找到产业转型升级的政策传导机制。依据前文所述的作用机理，本文以此选择了环境规制强度、技术创新、更新改造投资和科教投入四个机制进行了检验。由表 8 可知地方政府环境目标约束提高了当地

① 选取哑变量表示环境目标约束和选用环保文件刻画政策强度的理由感兴趣的读者可向笔者索取。

的环境规制的水平、技术创新水平、更新改造投资支出和科教支出水平并且推动了当地的产业转型升级。

表8　理论机制检验

变量	$ClSO_2$	ppatent	zpatent	gpatent	scedu	scworker	rnew
	(1)	(2)	(3)	(4)	(5)	(6)	(7)
P×T	0.157** (0.0753)	0.114** (0.0492)	0.237*** (0.0886)	0.585** (0.252)	1.322*** (0.435)	0.357* (0.216)	0.0150* (0.00800)
控制变量	控制	控制	控制	控制	控制	控制	控制
观测值	2 174	2 193	2 193	2 193	2 193	2 193	2 193
R^2	0.707	0.763	0.735	0.773	0.748	0.956	0.782

注：***、**和*分别表示1%、5%和10%显著性水平，括号内汇报的聚类到城市的标准误，并且同时控制了控制变量以及城市和年份固定效应。

2. 环境目标约束与不同要素类型企业进入退出。参考毕青苗等（2018）使用企业的开工年份推算2004~2013年技术密集型企业市场进入率（tech2013）与资本和劳动力密集型企业市场进入率（cl_2013）；参考毛其淋和盛斌（2013）的做法计算了2004~2013年技术密集型企业退出率（exittech2013）与资本和劳动力密集型企业退出率（exitcl2013）。①

表9中前4列汇报了估计结果，无论从技术密集型企业的进入率、退出率还是存量来看，环境目标约束对技术密集型企业进入有正向促进作用并降低了其退出；而对于资本和劳动力密集型企业来说，环境目标约束降低了其进入率，增加了其退出率，验证了理论机制中的相关论述。

表9　企业进入率、退出率和创新投入

变量	技术密集型行业		劳动力和资本密集型行业		企业创新投入		
	进入率	退出率	进入率	退出率	rd_cost	lnrd	rd_sale
	(1)	(2)	(3)	(4)	(5)	(6)	(7)
P×T	0.0599*** (0.00399)	-0.0553*** (0.00291)	-0.140*** (0.0230)	0.155*** (0.00417)	0.186** (0.0913)	0.169* (0.0944)	0.109* (0.0584)
控制变量	控制	控制	控制	控制	控制	控制	控制
观测值	481 126	1 523 389	480 721	278 500	23 105	23 131	188 994
R^2	0.431	0.927	0.279	0.921	0.805	0.871	0.710

注：***、**和*分别表示1%、5%和10%显著性水平，括号内汇报聚类在企业层面的标准误。回归时所有的因变量均进行了1%缩尾处理。计算进入率和退出率的年份为2004~2009和2011~2013。控制变量的选取和控制的各类固定效应与毕青苗等（2018）的研究一致。企业创新的控制变量选取与表3相同，同时还控制了企业所有制以及企业、年份和行业固定效应。

3. 环境目标约束与企业创新投入。虽然在上文中对城市层面的技术创新的中介机制进行了检验，但对于微观企业来说，环境目标约束是否增加了微观企业的创新投入还有待于实证检验。进一步使用研发支出占主营业务成本的比重对数（rd_cost）、研发支出占销售额的比重的对数（rd_sale）和企业研发支出加1后取对数（lnrd）三个指标作为研发强度的代理变量。表9中后三列的估计结果表明环境目标约束确实促进了当地企业研发投入。

① 本文也考察了各类企业的存量比重，限于篇幅未汇报在正文中，感兴趣的读者可向笔者索取。

4. 环境目标约束与不同要素密集型企业经营环境和融资约束。中国的产业政策数目繁多，尤其在各个城市层面很难从实证上给予检验。但是，所有的产业政策最终会反映到企业的经营环境上。具体到本文使用工业企业数据库检验环境目标约束政策对不同行业内企业的税负和融资约束的影响。参考卢盛峰和陈思霞（2017）的做法选择了所得税占工业总产值比（Int-vgo）和增值税占工业总产值比（Advt-vgo）、增值税占利润总额比（Advt-profit）表示企业税费负担；选取了利息支出占销售总额的对数（r-s-ratio）和应收账款占销售额的对数（Rec-s-ratio）作为融资约束的代理变量。表10的估计结果表明环境目标约束降低了技术密集型行业企业的税收负担并且缓解了融资约束状况。

表10　　地方环境目标约束对企业税负和融资约束的影响

变量	(1)	(2)	(3)	(4)	(5)
	Int-vgo	Advt-vgo	Advt-profit	r-s-ratio	Rec-s-ratio
Tech×P×T	-0.0164* (0.00985)	-0.165*** (0.0389)	-0.0231 (0.0188)	-0.0761 (0.0806)	-0.132*** (0.0337)
控制变量	控制	控制	控制	控制	控制
观测值	172 220	224 491	118 085	187 106	270 661
R^2	0.245	0.266	0.281	0.332	0.344

注：***、**和*分别表示1%、5%和10%显著性水平，括号内汇报的聚类在城市层面的标准误。汇报的是剔除2010年数据的估计结果，控制变量选取参考了卢盛峰和陈思霞（2017）变量，同时控制了“城市—年份”“城市—行业”和“行业—年份”三个联合固定效应。

（四）异质性分析

事实上，中国的对地方政府环境目标约束政策在类型上可以分为“市先省后”与“省先市后”两类，即城市先于所属省份在政府工作报告明确提出环境目标考核为“市先省后”（cfpl），城市所在省份先在政府提出环境考核目标再分解下发到各地市即“省先市后”（clpf）。两者在调动地方官员的主观能动性上存在巨大的差别。前者是在晋升激励的推动下，地方政府基于城市发展水平响应中央的号召而推进实施，因此在政策过程中有更强烈的制定和推动一系列优化环境的政策的内在动力；而后一类政策则是在上级领导的压力下，被动地接受环境目标考核。表11前2列的估计结果表明，市先省后型环境目标约束的地市推动了当地的产业转型升级；而被动实施的地方政府环境目标约束迟滞了当地的产业转型升级进程。

表11　　异质性分析

变量	cfpl	clpf	Age=1	Age=0
	(1)	(2)	(3)	(4)
P×T	0.270*** (0.0860)	0.431*** (0.0876)	0.203 (0.248)	0.315*** (0.0769)
cfpl×P×T	0.161*** (0.0576)			
clpf×P×T		-0.161*** (0.0576)		
观测值	2 112	2 112	228	1 744
R^2	0.209	0.209	0.421	0.189

注：***、**和*分别表示1%、5%和10%显著性水平，括号内汇报的聚类在城市层面的标准误。并且同时控制了控制变量和双向固定效应。

需要进一步对这种差异化影响进行解释的是，由于政府工作报告从撰写到定稿有着严格的程序，两种类型的环境目标约束政策对于地市内的微观企业而言是一种外生性的政策冲击。但是不同的是，“市先省后”型的地方主政官员具有出台一系列相关政策并坚决执行的内在动力；而“省先市后”型多源于上级政府硬性要求，地市官员在多目标约束下会最大化自己的考核绩效。而在传统的“GDP出官”的思想影响下，会降低环境治理政策出台力度和执行强度。因此，“市先省后”型政策发生后，地方政府对不同类型企业的政策支持会发生明显的变动。这一变动一方面源自其自身出台的相关政策；另一方面原因在于其经济发展激励和财政经济性支出转型变化，而这最终导致了辖区企业不同类型的企业发展的差异。与此不同的是，由于“省先市后”型政策更多存在一种不得已而为之的现象，因此地方政府的在出台有关政策的强度以及执行政策力度上有所下降，从而在表11中第（2）列呈现出一种与“市先省后”政策效应明显不同的结果。

另外本文也对晋升激励差异的年龄异质性进行了分析，表11的后两列的估计结果显示：当官员年龄大于57岁时（Age=1），由于其晋升激励不强，环境目标约束的产业升级效应不再存在，这也从一个侧面验证了晋升激励假说的真实性。

六、结论与政策性建议

在中国经济进入高质量发展阶段的现实背景下，本文利用主成分分析法从城市整体产业结构、制造业结构、制造业技术水平和企业升级四个维度测算了2004～2013年230个地级市的产业转型升级指数。在此基础上，通过整理城市层面2004～2013年政府工作报告的环境目标约束数据，从具有典型中国特色的环境目标约束视角出发，基于环境绩效纳入官员考核这一冲击，以公开环境目标的城市为实验组，利用DID模型和工具变量法从城市和企业两个层面系统研究了地方政府环境目标约束对城市产业转型升级的影响。研究结果表明：在环境绩效纳入官员考核体系后，地方官员主动公开环境目标的约束行为显著推地动了城市的产业转型升级。在考虑城市异质性、安慰剂检验、政策干扰性事件以及宏观因素系统性因素变化等的一系列稳健性检验后，本文的结论依然保持稳健。不仅如此，环境目标约束政策改变了地市的环境规制、技术创新、技术改造投资和财政支出行为，这导致不同产业的企业获得政府政策支持的发生变化，尤其反应在不同要素密集型企业的进入和退出上，推动了当地的产业转型升级。政府制定环境目标后，会通过加大环保立法等环境治理以及直接和间接引导企业进行创新等方式实现本地区经济的高质量发展。进一步分析发现主动推行和晋升激励较强的城市环境目标约束引导产业升级效应更强。

以往的经验表明，要解决中国的环境问题实现经济高质量发展，仅仅依靠中央或者地方政府各自的努力是远远不够的。本文的研究表明要实现高质量的产业转型升级，不仅需要中央“提纲挈领”，更需要地方政府“自主有为”。只有切实地将两者结合，才能真正发挥出我国的制度优势。本研究启示了我们：（1）完善官员考核评价体系，切实强化环境绩效考核。在做好顶层设计的同时，也要破除“唯GDP论”的思想，落实环保与经济双挂钩的绿色考核体系，打造生态良好、人民获得感不断提升的发展新格局，实现真正意义上的经济高质量发展；（2）树立绿色高效的发展导向，正确引导地方政府竞争。地方政府间竞争被视为我国创造“经济奇迹”的重要因素，然而竞争也给我国经济发展带来一系列问题。在今后的社会经济发展实践中，要扬长避短、去粗取精，正确引导地方政府的竞争目标，严防地方政府在环境保护上出现“竞次”的现象。在竞争中求发展，在竞争中求繁荣，在竞争中重获蓝天白云绿水青山；（3）持续推进“放管服”改革，推进政府治理转型。未来各个城市在制定环境规制政策时，应结合自身实际采取因地适宜的环保政策，有效发挥环境规制的倒逼效应，努力实现城市经济发展、产业结构转型升级和生态环境改善的共赢局面；（4）进一步提升官员的环境保护意识，加强环境信息披露制度建设，进一步扩大环境信息披露范围，强化政务公开机制，配合“放管服”改革，加强民主监督；（5）大力调整投资结构，制定政策激励和引导资金更多地流向高新技术行业，将有限的资金更多地转向新兴产业的培育上，推动城市产业结构转型升级，同时，将城市转型成效、系统创新能力纳入地方政府考核体系，突出政府的政策引导和服务功能，使政府政策在产业结构转型中发挥应有的促进作用。

参考文献：

1. 毕青苗、陈希路、徐现祥、李书娟：《行政审批改革与企业进入》，载于《经济研究》2018 年第 2 期。

2. 蔡昉：《中国经济增长如何转向全要素生产率驱动型》，载于《中国社会科学》2013 年第 1 期。

3. 陈丰龙、徐康宁：《本土市场规模与中国制造业全要素生产率》，载于《中国工业经济》2012 年第 5 期。

4. 傅京燕、李丽莎：《环境规制、要素禀赋与产业国际竞争力的实证研究——基于中国制造业的面板数据》，载于《管理世界》2010 年第 10 期。

5. 干春晖、郑若谷、余典范：《中国产业结构变迁对经济增长和波动的影响》，载于《经济研究》2011 年第 5 期。

6. 韩超、胡浩然：《清洁生产标准规制如何动态影响全要素生产率——剔除其他政策干扰的准自然实验分析》，载于《中国工业经济》2015 年第 5 期。

7. 韩峰、阳立高：《生产性服务业集聚如何影响制造业结构升级？——一个集聚经济与熊彼特内生增长理论的综合框架》，载于《管理世界》2020 年第 2 期。

8. 金碚：《关于“高质量发展”的经济学研究》，载于《中国工业经济》2018 年第 4 期。

9. 李兵、岳云嵩、陈婷：《出口与企业自主技术创新：来自企业专利数据的经验研究》，载于《世界经济》2016 年第 12 期。

10. 李虹、邹庆：《环境规制、资源禀赋与城市产业转型研究——基于资源型城市与非资源型城市的对比分析》，载于《经济研究》2018 年第 11 期。

11. 林毅夫：《新结构经济学——重构发展经济学的框架》，载于《经济学（季刊）》2011 年第 1 期。

12. 刘珺、盛宏清、马岩：《企业部门参与影子银行业务机制及社会福利损失模型分析》，载于《金融研究》2014 年第 5 期。

13. 卢盛峰、陈思霞：《政府偏袒缓解了企业融资约束吗？——来自中国的准自然实验》，载于《管理世界》2017 年第 5 期。

14. 陆国庆、王舟、张春宇：《中国战略性新兴产业政府创新补贴的绩效研究》，载于《经济研究》2014 年第 7 期。

15. 毛其淋、盛斌：《中国制造业企业的进入退出与生产率动态演化》，载于《经济研究》2013 年第 4 期。

16. 冉冉：《“压力型体制”下的政治激励与地方环境治理》，载于《经济社会体制比较》2013 年第 3 期。

17. 沈坤荣、金刚、方娴：《环境规制引起了污染就近转移吗?》，载于《经济研究》2017 年第 5 期。

18. 沈坤荣、金刚：《中国地方政府环境治理的政策效应——基于“河长制”演进的研究》，载于《中国社会科学》2018 年第 5 期。

19. 石奇、孔群喜：《动态效率、生产性公共支出与结构效应》，载于《经济研究》2012 年第 1 期。

20. 童健、刘伟、薛景：《环境规制、要素投入结构与工业行业转型升级》，载于《经济研究》2016 年第 7 期。

21. 王书斌、徐盈之：《环境规制与雾霾脱钩效应——基于企业投资偏好的视角》，载于《中国工业经济》2015 年第 4 期。

22. 王永进、盛丹、施炳展、李坤望：《基础设施如何提升了出口技术复杂度?》，载于《经济研究》2010 年第 7 期。

23. 魏福成、邹薇、马文涛、刘勇：《税收、价格操控与产业升级的障碍——兼论中国式财政分权的代价》，载于《经济学（季刊）》2013 年第 4 期。

24. 徐现祥、刘毓芸：《经济增长目标管理》，载于《经济研究》2017 年第 7 期。

25. 杨海生、罗党论、陈少凌：《资源禀赋、官员交流与经济增长》，载于《管理世界》2010 年第 5 期。

26. 张华：《地区间环境规制的策略互动研究——对环境规制非完全执行普遍性的解释》，载于《中国工业经济》2016 年第 7 期。

27. 张同斌、高铁梅：《财税政策激励、高新技术产业发展与产业结构调整》，载于《经济研究》2012 年第 5 期。

28. 张文彬、张理芃、张可云：《中国环境规制强度省际竞争形态及其演变——基于两区制空间 Durbin 固定效应模型的分析》，载于《管理世界》2010 年第 12 期。

29. 周黎安：《中国地方官员的晋升锦标赛模式研究》，载于《经济研究》2007 年第 7 期。

30. Akbostanci, E., G. I. Tunc., and S. Turut - Asik, 2007, "Pollution Haven Hypothesis and the Role of Dirty Industries in Turkey's Exports", *Environment and Development Economics*, 12, 297 - 322.

31. Domazlicky, B. R., and Weber W. L., 2004, "Does Environmental Protection Lead to Slower Productivity Growth in the Chemical Industry?", *Environmental & Resource Economics*, 28 (3), 301 - 324.

32. Ghanem, D. and J. Zhang, 2014, "Effortless Perfection: 'Do Chinese Cities Manipulate Air Pollution Data?'", *Journal of Environmental Economics & Management*, 68 (2), 203 - 225.

33. Heberer, T., and Senz, A., 2011, "Streamlining Local Behavior through Communication, Incentives and Control: A Case Study of Local Environmental Policies in China", *Journal of Current Chinese Affairs*, 40 (3), 77 - 112.

34. Jan, P., 2014, "What Shapes the Impact of Environmental Regulation on Competitiveness? Evidence from Executive Opinion Surveys", *Environmental Innovation and Societal Transitions*, 10, 77 - 94.

35. Jin, H., Y. Y. Qian, and B. Weingast, 2005, "Regional Decentralization and Fiscal Incentives: Federalism, Chinese Style", *Journal of Public Economics*, 89, 1719 - 1742.

36. Keller, W., and A. Levinson, 2002, "Pollution Abatement Costs and Foreign Direct Investment Inflows to U. S. States", *Review of Economics and Statistics*, 84 (4), 691 - 703.

37. Loren B., B. Biese, V. Johannes and Y. F. Zhang, 2012, "Creative Accounting or Creative Destruction? Firm-level Productivity Growth in Chinese Manufacuring.", *Journal of Development Economics*, 97 (2), 339 - 351.

38. Millime, D. L. and R. Jayjit, 2016, "Empirical Tests of the Pollution Haven Hypothesis When Environmental Regulation is Endogenous", *Journal of Applied Econometrics*, 31 (4), 652 - 677.

39. Millime, D. L., R. Santanu and A. Sengupta, 2009, "Environmental Regulations and Economic Activity: Influence on Market Structure", *Annual Review of Resource Economics*, 1 (1), 99 - 118.

40. Nathan, N. and N. Qian, 2014, "US Food Aid and Civil Conflict", *American Economic Review*, 104 (6), 1630 - 1666.

41. Porter, M. E., 1991, "America's Green Strategy", Scientific American, 264, 168.

42. Ramanathan, R., Q. L. He, B. Andrew, et al, 2017, "Environmental Regulations, Innovation and Firm Performance: a Revisit of the Porter hy-pothesis", *Journal of Cleaner Production*, 155 (2), 79 - 92.

43. Sohn, S. Y., J. Jeon and E. J. Han, 2015, "A New Cost of Ownership Model for the Acquisition of Technology Complying with Environmental Regulation", *Journal of Cleaner Production*, 100 (8), 269 - 277.

44. Solarin, S. A., U. Al - Mulali, I. Musah, et al., 2017, "Investigating the Pollution Haven Hypothesis in Ghana: An Empirical Investigation", *Energy*, 124, 706 - 719.

45. Stock, J. H. and M. Yogo, 2002, "Testing for Weak Instruments in Linear IV Regression", NBER Technical Working Papers, 14, 80 - 108.

46. Varum, A., B. Cibrão and A. Morgado, 2009, "R&D, Structural Change and Productivity: The Role of High and Medium-high Technology Industries", *Economia Aplicada*, 13 (4), 399 - 424.

47. Wang, J., T. Zhao and X. Zhang, 2016, "Environmental Assessment and Investment strategies of Provincial Industrial Sector in China—Analysis Based on DEA Model", *Environmental Impact Assessment Review*, 60 (9), 156 - 168.

48. Wang, Y. and N. Shen, 2016, "Environmental Regulation and Environmental Productivity: The Case of China", *Renewable and Sustainable Energy Reviews*, 62, 758 - 766.

49. Zheng, S. Q., E. K. Matthew, W. Z. Sun and D. L. Luo, 2014, "Incentives for China's Urban Mayors to Mitigate Pollution Externalities: The Role of the Central Government and Public Environmentalism", *Regional Science and Urban Economics*, 47 (1), 61 - 71.

50. Zhou, X. Y., K. Lei, M. Wei and S. T. Khu, 2017, "Industrial Structural Upgrading and Spatial Optimization Based on Water Environment Carrying Capacity", *Journal of Cleaner Production*, 165, 1462 - 1472.

（本文载于《经济研究》2020 年第 8 期）

第三部分

重要学术论文观点摘要

2018 年

[1] 薄文广，徐玮，王军锋 . 地方政府竞争与环境规制异质性：逐底竞争还是逐顶竞争？. 中国软科学 . 2018（11）.

基于地方政府吸引 FDI 的视角，该文深入探讨了地方政府在不同竞争动机下对异质性环境规制采取的差异化竞争策略。理论模型认为 FDI 进入决策既受环境成本影响，还与内外资企业污染物排放强度差异有关，地方政府会对异质性环境规制采取“逐底”或“逐顶”的差异性策略。应用中国数据的实证研究发现在全国和区域层面，地方政府环境规制水平整体呈现日益严格特征，但更多表现在命令型环境规制上；地方政府的命令型和市场型环境规制表现为“逐底竞争”特征，且后者具有区域差异性；自主型环境规制呈现“逐顶竞争”特征。在政策建议上，中央政府应根据不同区域环境问题实行差别化而非一体化环境规制政策；改变当前过多依赖命令型规制格局，重视发挥市场型环境规制的调节作用，弥补自主型环境规制短板；地方政府应明确主次竞争动机并充分利用环境规制异质性进行理性博弈竞争。

[2] 蔡宁伟 . 共享经济不经济？——兼评共享经济的模式、定位、内外部经济性和倒闭悖论 . 产经评论 . 2018（04）.

自 2010 年以来，我国共享经济迅速发展，大步进入知识消费、闲置资源配置、衣食住行等生产生活众多领域，也提出理论上深入研究共享经济本质性、发展模式、产品特征和发展规律等问题的必要性。借助类型学的思维归纳共享经济的主要模式，总结共享经济的本质特征。共享经济的经济性主要体现为外部经济，即可循环性和可分享性对用户的经济性；共享经济的可复制性和可替代性又可能陷入“不持续投入就失去市场”“持续投入却盈利不足”的悖论，导致内部不经济，使共享产品企业显示出发展不可持续的特征。共享产品的选择和发展主要依托两条路径：一是弱化私人品的竞争性；二是提高公共品的排他性。共享产品的经济学属性本质定位于自然垄断品，以规模经济实现更好的盈利。垄断经营是共享经济的盈利模式。值得关注的是，共享产品还需考虑其所处的人文环境和国别差异，否则可能导致共享产品成本高企，制约共享企业发展。

[3] 曹平，王桂军 . 选择性产业政策、企业创新与创新生存时间——来自中国工业企业数据的经验证据 . 产业经济研究 . 2018（04）.

以国家“五年计划（规划）”为切入点，基于 2001 ~ 2010 年中国工业企业数据经验分析了中国选择性产业政策对企业创新的微观效应。研究发现，选择性产业政策可以显著地提高被扶持企业以新产品为表征的创新能力，该结论通过了工具变量法、双重差分法等多种稳健性测试。进一步地，中介效应检验表明，选择性产业政策对企业创新的促进作用可以通过财政补贴、税收优惠和市场准入机制实现。但与民营企业相比，国有企业只能通过税收优惠和市场准入机制提高创新能力，财政补贴这一直接干预机制对国有企业的创新能力甚至具有显著的负向效应。此外，还基于生存分析法研究了选择性产业政策对企业创新生存时间的影响，结果表明，选择性产业政策可以明显地延长企业的创新生存时间。上述结论不仅丰富了相关文献研究，而且给予了政府部门重要的政策启示，为后续产业政策的制定提供了理论支持。

[4] 陈卓，潘敏杰 . 雾霾污染与地方政府环境规制竞争策略 . 财经论丛 . 2018（07）.

该文利用中国 2001 ~ 2010 年省级面板数据，基于地方政府的环境规制竞争视角，结合我国财政分权和政治集权的体制，考察地方政府间环境规制竞争的策略选择行为及对雾霾污染的作用。静态博弈分析表明，地方政府通过权衡自身的环境规制收益与成本进行策略选择。空间面板杜宾模型的回归结果显示，随着中央政绩考核体系的不断调整，地方政府在环境规制的竞争中采取“差异化”的策略选择，对雾霾污染具有一定的抑制作用，肯定环境规制政策与财政分权对治理雾霾污染的积极效果。为此，应继续完善并加强多元化的政绩考核体系，厘清中央与地方财政事权及支出责任的划分，明确清晰的责权关系，因地制宜制定治污减排目标和监管考核办法。

［5］豆建民，崔书会．国内市场一体化促进了污染产业转移吗？．产业经济研究．2018（04）．

分析了市场一体化对污染产业转移影响的贸易创造与生产替代效应，以及要素流动与产业转移效应，前者通过增加进口贸易量对本地生产的替代，导致其污染产业所占比重下降，后者通过要素成本差异与集聚引力的对比变化，引起污染产业扩散及其所占比重下降。利用 2000～2015 年中国省际面板数据探讨国内市场一体化等因素是否促进了污染产业转移。结果表明，国内市场一体化程度的提高显著降低了区域污染产业比重。分地区估计结果显示，国内市场一体化程度的提高显著降低了东部地区重污染产业比重，对中西部地区重污染产业比重的影响则不显著。

［6］樊兰．环境规制、外商直接投资与工业集聚——基于省际动态面板数据的实证研究．产经评论．2018（01）．

改革开放让更多资源配置到效率较高的地区，这些地区工业集聚水平的提高，有力地促进了地区以及全国经济的快速增长。但快速的经济增长也带来了生态环境日益恶化的问题，而协调好环境规制、外商直接投资和工业集聚之间的关系是兼顾环境保护与经济可持续增长的有效途径。利用 1998～2013 年中国 30 个省、市、自治区的数据，运用动态面板模型，对环境规制、外商直接投资如何影响工业集聚进行实证检验。结果表明，环境规制和工业集聚之间呈现倒“U”型关系；目前我国的情况是各省、市、自治区的环境规制强度还处于倒“U”型曲线的左边，适当提高环境规制强度，会促进工业集聚，但必须因地制宜，环境规制强度的提升必须考虑企业的可承受力，灵活采取多种规制形式，增强环境规制工具的有效性；外商直接投资能够促进产业集聚，而且能与环境规制相匹配，因此应进一步加大贸易开放力度和深度，以促进经济的进一步增长；单纯的道路投资、增加企业数量或引进技术是不够的，要针对性地投资，减少企业的成本，发挥大企业的辐射作用，并增强自主创新力度，探索多样化创新方式，促进企业发展和工业集聚。

［7］范庆泉．环境规制、收入分配失衡与政府补偿机制．经济研究．2018（05）．

在新古典理论的鞍点路径上，该文构建了包括清洁品、污染品及能源生产三个部门的理论模型，加入政府治污投入外部效应的污染治理机制，采用 shooting 方法计算鞍点路径上的均衡解，设计动态环保税及政府补偿率的优化政策组合，研究环境规制政策所导致生态保护者与环境受益者的收入分配失衡问题。主要结论为：渐进递增的环保税及政府补偿率的环境政策组合，实现了经济持续增长、环境质量提升和收入分配格局改善的三重红利。相比而言，过度的政府补偿政策，会抑制经济增长速度，延缓收入分配格局改善进度；而不足的政府补偿政策，会导致收入分配格局失衡，扩大的产出规模也不会带来社会福利增进。绿色经济增长路径上环保税与政府补偿机制之间的动态优化组合，对于发挥环境规制的有效性和调动全社会参与生态保护的积极性具有重要的政策启示。

［8］傅联英，钟林楠．市场势力、基础设施投入与银行卡支付平台交易量．产经评论．2018（03）．

市场势力决定交易量的传导过程包含直接效应和间接效应，但后者常被忽视。银行卡支付平台的基础设施投入使其市场势力与交易量相衔接，是形成间接效应的重要来源。基于寡头银行卡支付平台 2006～2013 年的季度运行数据，在考虑内生性问题的前提下，重点分析基础设施投入作为中间变量在市场势力决定支付平台交易量过程中所产生的间接效应。构建和运用基准模型研究的结果表明：基础设施投入在市场势力决定支付平台交易量过程中发挥了（完全）中介作用而非调节作用。即考虑到基础设施投入的作用后，市场势力对支付平台交易量的直接影响不再显著，市场势力只通过基础设施投入的“管道”功能间接影响支付平台的交易量。进一步分析发现，基础设施投入是一项被调节的中介变量，其间接效应（中介作用）受支付平台所有制的调节而表现出明显的异质性：在开放式支付平台情境下呈现出显著的完全中介效应，在封闭式支付平台场景下则展现出显著的部分中介效应。政策启示是，中国银联宜致力于为成员机构营造基础设施开放共享的支付生态，共建和盘活并举，化解后银联时代交易量分流的威胁。

［9］韩超，桑瑞聪．环境规制约束下的企业产品转换与产品质量提升．中国工业经济．2018（02）．

通过识别两控区城市和重点受政策影响产业，该文研究了环境规制通过产品转换对产品质量提升的影响机制。研究表明：整体而言，两控区政策显著提升了出口企业的产品转换率；环境规制对产品组合行为的影响与企业内在经营能力有关，对于存续时间长、规模较大和高生产率企业来说，环境规制对产品转换的影响较小；考虑外在所有制差异后发现，国有资本越高的企业对两控区政策越不敏感，其产品转换率显著越低。更重要的是，研究还发现两控区政策虽然总体上有抑制产品质量的趋势，但其可以通过提升企业产品转换行为相对地提升产品质量。在未来环境规制政策制定与实施中，有效利用环境规制对产品转换行为的诱导作用，是实现环境友好和产品质量提升“双赢”局面的重要工具。

［10］韩先锋，惠宁，宋文飞．政府 R&D 资助的非线性创新溢出效应——基于环境规制新视角的再考察．产业经济研究．2018（03）．

新时代背景下提升政府 R&D 资助效果是推动经济高质量发展和打造“有为政府”的重要内容。与以往研究不同，基于环境规制的新视角再考察了政府 R&D 资助对企业创新效率的非线性影响。结果发现：（1）政府 R&D 资助有利于企业创新效率提升，但资助效果的有效实现具有一定的环境规制约束；（2）在环境规制门槛下，政府 R&D 资助效果表现出明显的“U”型非线性特征，只有当环境规制水平超过一定限度时，政府 R&D 资助才会有效，也只有在更为严厉的环境规制强度下，才能最大限度地提升资助效果；（3）环境规制约束下的政府 R&D 资助效果存在显著的空间异质性：一是环境规制对东部地区资助效果的约束性最强，只有在相对更高的环境规制水平下才能最大限度地发挥资助的创新溢出。二是过低的环境规制水平会负向调节中部地区的政府 R&D 资助效果，较高的环境规制水平则能在一定程度上克服这种负面影响。三是西部地区环境规制正向调节政府 R&D 资助效果，但只有当环境规制水平超越一定限度时，资助效果才能实现最优。因此，充分注重环境规制的约束，推动政府资助政策和环境规制政策在更高水平上实现有机融合，可能是新时代有效提升政府 R&D 资助效果的重要着力点。

［11］蒋殿春，谢红军．外资并购与目标企业生产率：对中国制造业数据的因果评估．世界经济．2018（05）．

该文利用中国 1999～2007 年微观制造业数据考察了两个问题：（1）被外资并购的内资企业具备哪些禀赋特征？（2）外资并购是否以及如何影响目标企业生产率？研究表明，外资倾向于并购生产率高、规模大、出口密度强的内资企业，即存在典型的“掐尖”现象。利用 PSM－DID 方法控制可能存在的内生性问题后发现，目标企业生产率在并购后第二年平均提升 14% 左右，且该生产率效应具有一定的持续性。进一步分析目标企业在生产要素使用、投资融资结构和出口市场等方面的转变显示，生产率增进主要来源于有效资本积累（物化技术）和出口能力改善。

[12] 李虹，邹庆．环境规制、资源禀赋与城市产业转型研究——基于资源型城市与非资源型城市的对比分析．经济研究．2018（11）．

产业转型是城市转型的关键。该文在分析了环境规制、资源禀赋对产业转型影响机制的基础上，以中国 2005～2016 年 282 个城市的面板数据为研究对象，并将其划分为资源型和非资源型城市两个组，在考虑资源型城市特征指标、将产业转型划分为产业结构合理化和高级化的基础上，利用面板门槛回归等方法深入探讨了环境规制、资源禀赋对城市产业转型的门槛特征以及变量间的数量关系。结果表明，对于资源型和非资源型城市，无论是产业结构合理化还是高级化，环境规制、资源禀赋均对其存在着显著的门槛效应。环境规制对产业结构合理化和高级化趋于有利，即可将环境规制作为倒逼机制来推进城市的产业转型发展。对于资源型城市特征指标资源禀赋而言，其对非资源型城市的影响并不凸显，但却阻碍了中国资源型城市的产业转型发展。

[13] 李明辉，黄叶苨，刘莉亚．市场竞争、银行市场势力与流动性创造效率——来自中国银行业的证据．财经研究．2018（02）．

商业银行是中国社会融资的主要渠道，银行向社会提供流动性的效率直接决定了社会融资的效率。为弥补流动性创造研究在效率和中观层面的不足，文章采用中国商业银行 2000～2015 年微观数据，探讨了市场竞争、银行市场势力与流动性创造效率之间的关系，得到以下结论：（1）市场竞争与流动性创造效率之间存在倒“U”型关系，中国银行业存在最优的市场结构；（2）银行市场势力过强是中国商业银行流动性创造效率较低的重要原因，银行市场势力越强，其流动性创造效率越低；（3）市场竞争程度与市场势力的流动性创造效率系数之间存在不显著的负相关关系，寄希望于通过增强中国银行业竞争程度来改善银行市场势力过强所导致的流动性创造效率过低，作用可能非常有限。中国应沿着“增强商业银行流动性创造能力，扩大直接融资规模”的改革方向继续前进。文章的研究丰富了已有文献，而且为中国银行体系改革的顶层设计提供了重要参考。

[14] 李治文，韩启然，熊强．互联网平台排他性条款下服务质量差异对双边定价策略及社会福利的影响．产经评论．2018（04）．

凭借独特的双边市场属性，平台型企业的商业模式迅速扩展至诸如在线交易、第三方支付、婚恋交友、共享经济等众多产业中。现有的双边市场理论大多强调交叉网络外部性在平台竞争中的作用，而忽略事实上平台本身服务质量差异对平台竞争均衡的影响。针对平台排他性条款下导致的一边用户单归属、另一边用户多归属特点，构建两平台 Hotelling 竞争模型，考察强或弱交叉网络外部性平台分别实施服务质量差异化策略对平台竞争均衡的影响。结果显示：当强交叉网络外部性平台提供高质量服务时，服务质量差异能强化其双边的定价优势，扩大其单归属用户规模，进而拉大其与弱交叉网络外部性平台间的收益差距；当弱交叉网络外部性平台提供高质量服务时，服务质量差异能助其实现高于强交叉网络外部性平台的双边定价，缩小其与强交叉网络外部性平台在单归属一边的用户规模差距，进而反超强交叉网络外部性平台的利润；同时，强交叉网络外部性平台提供高质量服务对消费者剩余及社会福利更优。

[15] 刘莉亚，金正轩，何彦林，朱小能，李明辉．生产效率驱动的并购——基于中国上市公司微观层面数据的实证研究．经济学（季刊）．2018（04）．

企业并购是否创造价值一直是学术界以及社会公众的重要议题。该文利用 2004～2014 年中国沪深两市 A 股上市公司的面板数据实证研究了不同企业的效率差异对企业并购决策的影响。研究表明：（1）那些中等规模且盈利能力较强的高生产率企业倾向于收购规模较小但经营良好的低生产率企业；（2）在收购之后，收购方提高了标的方的生产效率和产出。因此，生产率差异是驱动并购的关键因素，并购的确可以创造价值、可以改善资源的配置效率。

［16］刘悦，周默涵．环境规制是否会妨碍企业竞争力：基于异质性企业的理论分析．世界经济．2018（04）．

该文在异质性企业的垄断竞争模型框架内，从理论上讨论环境规制对企业研发投资和生产率的影响。企业生产率取决于其内生的研发投资决策，而企业异质性体现在不同企业的研发投资效率不同。如果仅考虑局部均衡，随着环境规制强度不断增加，企业的最优反应是降低投资，导致生产率下降。但是，如果考虑一般均衡，由于短期管制加强带来的成本，一些企业会退出市场，这使得所有存活企业面临的竞争降低，企业预期利润有上升趋势，因此企业有激励增大投资，提高生产率。同时，环境改善给消费者带来正的效用。因此，政府可以选择一个最优的环境规制水平，既可保证企业竞争力不会受到影响，居民的效用水平也会上升。

［17］马骥涛，郭文．环境规制对就业规模和就业结构的影响——基于异质性视角．财经问题研究．2018（10）．

该文基于柯布—道格拉斯生产函数分析了环境规制对就业规模和就业结构的影响机理，利用中国30个省份2000～2015年的面板数据进行全样本实证检验，再根据省份在污染程度和产业结构方面的异质性做分样本实证分析，结果表明：（1）环境规制对就业规模的影响呈现“U”型变化趋势，样本期间中国环境规制强度仍处于“U”型曲线的下降阶段，其规模效应发挥主要作用；环境规制对就业结构具有正向作用，推动了高技能劳动力对低技能劳动力的替代。（2）经济总量、技术水平对就业规模具有显著正向影响，而资本存量、劳动力工资水平对就业规模并没有影响；经济增长率、劳动力工资水平和技术水平能显著调节就业结构，资本深化程度的影响不显著。（3）环境规制对轻污染地区就业规模“U”型曲线的移动没有影响，影响重污染地区就业规模的“U”型曲线向右下方移动，影响第三产业为主地区就业规模的“U”型曲线向左上方移动，其拐点值小于工业为主地区。

［18］曲创，刘洪波．交叉网络外部性、平台异质性与对角兼并的圈定效应．产业经济研究．2018（02）．

对角兼并是一种有别于纵向兼并的特殊兼并模式，虽然形式上类似于纵向兼并，但在双边市场中二者的反竞争效应有很大差异。考察在平台异质性和交叉网络外部性的双重作用下，平台对角兼并行为的市场圈定效应，并对谷歌与DoubleClick并购案进行剖析。平台异质性程度增强会加强对角兼并对关键性投入品价格上升的作用，交叉网络外部性则会进一步加剧对角兼并对竞争性平台利润的侵蚀，最终形成市场圈定效应。研究结果为针对平台对角兼并行为的反垄断审查提供理论依据。

［19］沈曦．基于新实证产业组织理论的市场势力测度——以全球光伏产业（2010～2013年）为例．产经评论．2018（02）．

传统的市场势力测度实证分析依赖于单纯的市场份额数据，忽略了企业间竞争博弈行为因而受到批评。相比传统的方法，运用新实证产业组织的计量方法能更有效地分析外部环境、潜在竞争等不可直接观察的变量对市场结构的影响。基于全球光伏企业2010～2013年截面数据样本，研究市场势力的变化情况，静态分析结果表明，处于产业上游的硅片企业比下游的电池和组件企业拥有更大的市场控制力和溢价能力；而基于跨期样本的动态研究则显示，2011年开始的“双反”确实影响了产业结构，大大削弱了在位企业的市场势力，但是随着产业的回暖，企业境遇得到了一定的改善。进一步针对市场规模的研究发现，市场规模的扩大会加剧企业间的竞争，从而证明了可竞争市场理论存在于光伏市场。从产业政策角度看，当前我国市场结构重组不仅是寡头企业谋求更大市场势力的手段，更是产业通过市场实现更新换代的过程。政策制定者需根据实情，引导企业培育差异化发展战略。

［20］孙婷，余东华，张明志．技术创新、资本深化与制造业国际竞争力——基于环境规制视角的实证检验．财经论丛．2018（01）．

文章基于环境规制视角，通过构建联立方程模型实证分析技术创新、资本深化与制造业竞争力的内生关系，并利用分行业数据进一步检验不同污染密集度下三者之间的相互影响有何差异。研究结果发现，整体来看各变量间存在显著相关关系，“波特假说”得到验证。分行业回归结果显示，重度污染行业的多数变量对技术创新表现负向影响、缺乏内在创新动力，中度污染行业则明显存在资本过度深化问题。由于行业异质性，环境规制对国际竞争力表现差异化的影响，整体、中度和轻度污染行业呈现“U”型特征，而重度污染行业则表现为倒“U”型特征。

［21］孙玉环，刘宁宁，张银花．中国环境规制与全要素生产率关系的区域比较．东北财经大学学报．2018（01）．

该文以波特假说为切入点，从区域比较的视角，采用长期均衡关系模型探究环境规制强度与全要素生产率的关系，并对污染治理成本高的省区进行重点分析。结果显示，环境规制强度的加大能产生一定的创新补偿效应，但不足以弥补企业由此产生的规制遵循成本，全要素生产率有所降低，且环境规制强度对全要素生产率的影响程度存在地区差异，华东地区最低，华北地区和东北地区相对较高。河北、山西、贵州和宁夏四个污染治理成本偏高的重点省区中，只有河北和山西的环境规制强度与全要素生产率间存在显著的长期均衡关系。

［22］田彬彬，范子英．征纳合谋、寻租与企业逃税．经济研究．2018（05）．

在不完善的税收征管体制下，具备自由裁量权的税收征管人员会通过接受贿赂的方式来纵容企业逃税，征纳双方之间的合谋行为事实上是引发税收收入流失的重要原因。基于2010～2014年中国上市公司的微观层面数据，该文从经验上考察了征纳合谋对于企业所得税逃税的影响。以企业的业务招待费支出占比作为其贿赂支出的代理变量，我们发现，企业的业务招待费支出占比越高，其逃税程度也越高。同时，由于合谋的动机是为了逃税，业务招待费支出对于企业逃税的提升作用主要存在于名义税率较高的企业，而在享受税收优惠的企业中则不明显。最后，由于反腐败力度的提升增加了征纳双方合谋的成本，降低了合谋的意愿，研究发现，2012年12月中央“八项规定”实施之后，业务招待费支出对于企业逃税的影响显著下降。

［23］汪海凤，白雪洁，李爽．环境规制、不确定性与企业的短期化投资偏向——基于环境规制工具异质性的比较分析．财贸研究．2018（12）．

以企业投资期限选择为切入点，选取中国A股工业上市公司作为研究对象，对环境规制影响企业投资期限选择的总效应及其差异化效应来源进行理论与实证分析。结果显示：（1）环境规制会抑制企业的长期投资行为，使其投资期限结构呈短期化偏向，其中不确定性发挥了重要的中介作用。（2）源于环境规制工具的异质性，规制效应差异明显。经济型环境规制工具使企业投资的短期化偏向有所减弱，而立法管制型环境规制工具最易导致企业投资的短期化偏向。因此，未来环境规制政策的完善应朝着更加透明的方向，努力降低其不确定性的影响，同时不同类型环境规制工具的组合运用也是提升环境规制政策有效性的关键。

［24］王赫奕，王义保．供给侧改革的动因与规制研究：基于政府与市场的博弈关系．中国软科学．2018（03）．

供给侧改革作为当今的热点话题之一，对我国今后的紧急发展有着至关重要的影响。政府作为供给侧改革的实施者，推行供给侧改革具有深刻的动因。旧常态下全面政府的博弈组合模式不再能适应新常态的大环境，使得经济增速下降，此时的政府在博弈之中需要对市场做出适当的让步，恢复与“强市场”的并存的均衡路径，通过对两部门模型的分析，找到供给侧改革的关键所在。并且供给侧改革的实施者——政府对微观经济体的规制也需要革新。如此，在实现有限政府与有效市场的良性互动的条件下，才能使得供给侧结构性改革得以有效实施。

［25］王燕，臧旭恒，刘龙花．基于效率标准的横向并购反垄断控制效果事后评估——以中国南车和中国北车合并案为例．财经问题研究．2018（05）．

基于竞争效应评估的基本理论，该文以2015年商务部无条件通过的中国南车和中国北车合并案为例，对横向并购反垄断控制效果进行事后评估，着重分析了中国南车和中国北车合并带来的效率改进。研究发现，公布合并后中国南车和中国北车股票累计异常收益率出现非常明显的正向反应，而竞争对手股票平均累计异常收益率出现负向反应，与效率充分改进横向并购模型的结论一致，证明中国南车和中国北车合并带来了效率改进。此外，中国南车和中国北车合并后在国际竞争力、技术进步和资源配置方面都表现出明显的效率改进。

［26］徐璐，叶光亮．银行业竞争与市场风险偏好选择——竞争政策的金融风险效应分析．金融研究．2018（03）．

该文探讨了银行业竞争政策与金融风险的关系。基于空间竞争模型，文章探讨银行贷款市场的竞争博弈和企业家的风险选择行为，由此分析市场均衡的贷款利率以及企业家风险偏好水平。研究表明：强化竞争政策可以降低市场整体风险，竞争上升会降低单家银行垄断势力，促使均衡贷款利率下降，减弱企业家的风险偏好行为，使得银行经营风险下降、稳健性增强；从社会福利角度分析，虽然竞争可能损害银行业的经营利润，但会通过大幅提升存款者收益以及企业家盈利使得社会总福利提高。同时，竞争对市场风险的作用受到市场结构的影响，市场集中度增强将削弱竞争政策的实施效果。文章进一步讨论银行成本不对称对均衡的影响。总之，强化竞争政策与加强竞争性金融监管可以有效降低银行经营风险，提升社会福利，实现效率和稳定的双赢。

［27］徐志伟．环境规制扭曲、生产效率损失与规制对象的选择性保护．产业经济研究．2018（06）．

随着环境保护逐步成为地方社会经济发展的硬性约束指标，环境规制愈发成为一种影响资源配置的重要政策工具，规制强度在不同地区、产业或企业间的异质性必然会对不同经济主体的行为和绩效产生强烈影响。迄今为止，较少有文献从要素价格相对扭曲视角对环境规制强度的异质性及其影响问题进行考察。以2001年至2015年中国排污费征缴为研究对象，将环境规制内生于企业生产过程，从要素比价效应角度通过“企业—产业—地区”三重维度的逐一加总考察了中国30个省份环境规制扭曲程度及其造成的生产效率损失。在此基础上，继续探究了规制对象选择性保护与规制扭曲之间的关系。研究发现，中国长期存在环境规制不足扭曲，这种扭曲在一些中西部省份的表现尤为明显。规制扭曲与其引致的生产效率损失之间存在“剪刀差”，随着扭曲程度的不断加深，其所造成的生产效率损失逐步下降。由行业选择性保护造成的政府严格管制行业环境规制力度不足是造成规制扭曲的直接原因，而所有制因素在其中的作用并不显著。

［28］杨万中，蒋传海．消费者议价能力对寡头厂商定价和产品质量投资的影响．产经评论．2018（03）．

厂商之间的价格歧视竞争和消费者议价能力对创新激励会产生较大影响。消费者对商品的偏好存在差异，讨价还价能力也大有不同。建立模型研究市场上讨价还价消费者的存在对于寡头厂商投资激励和定价行为的影响，以及寡头厂商在歧视性定价和统一定价体制下的投资选择问题。在考虑了消费者讨价还价能力的歧视性定价均衡中，厂商对价格接受者索取高价，而对讨价还价者索取低价。如果禁止价格歧视，相比歧视性定价，接受价格的消费者支付相同的价格，讨价还价消费者支付更高的价格，降低了消费者剩余。价格歧视减弱了厂商之间的投资竞争，导致厂商减少投资，而禁止歧视性定价，增强了厂商的投资激励，同时增加了厂商的利润和社会总福利。公共政策的制定不仅要考虑到效率，还要充分考虑不同群体的收入分配。

[29] 袁宝龙，李琛．环境规制政策下创新驱动中国工业绿色全要素生产率研究．产业经济研究．2018（05）.

创新驱动工业绿色发展已成为中国迈向工业强国的必由之路。采用2000~2015年中国30个省域工业面板数据，利用扩展的CDM模型分析工业行业在回应环境规制时的创新行为差异，以及不同创新行为对工业创新绩效的影响。结果发现：（1）在不考虑环境规制的情况下，研发强度对实质性创新和策略性创新均具有显著的促进作用，但在考虑环境规制的情况下，研发强度仅对策略性创新具有显著的促进作用。（2）实质性创新对全要素生产率（TFP）和绿色全要素生产率（GTFP）具有显著的促进作用，但是，策略性创新对TFP和GTFP的影响并不显著，表明发明专利创新才是促进工业绿色增长的驱动因素。（3）分区域来看，中、西部地区工业存在以“小发明”“小创造”回应政府环境规制的策略性创新行为。从创新绩效来看，实质性创新能够促进三大地区的TFP和东、中部地区的GTFP，但是策略性创新只对西部地区的GTFP具有促进作用。最后，提出了有针对性的政策建议。

[30] 张梦婷，俞峰，钟昌标，林发勤．高铁网络、市场准入与企业生产率．中国工业经济．2018（05）.

该文通过匹配1999~2011年中国城市数据、中国高铁网络数据和工业企业数据，定量探究了高铁对企业生产率的影响及其内在机制。结果显示：（1）高铁开通负向影响了外围城市的企业生产率，效应值为12.46%；进行稳健性检验并处理内生性问题，研究结论依然成立。（2）机制探究结果表明，高铁提高了地区市场准入，促进外围城市资本和劳动力等生产要素向中心城市的集聚而对外围城市产生虹吸效应，进而负向影响其企业生产率。进一步，该文对机制进行了验证，发现城市初始交通禀赋越低、行业资本或技术密集度越高、高铁站距离城市中心越近，高铁的虹吸效应越明显；高铁虹吸效应的有效范围是高铁站与城市中心30km的道路距离。该文的研究表明，提高高铁的经济福利和减少其对地区间发展不平衡的影响，可以从科学控制高铁修建速度、优化高铁站选址和培育地区特色产业等方面着手。

[31] 张彦博，寇坡．环境规制、互联网普及率与企业污染排放．产经评论．2018（06）.

环境规制实施效果受多方因素影响，互联网的普及丰富了社会主体环境参与的途径，对环境规制的实施与效果表现起着不可忽视的作用。把互联网技术的社会进步纳入分析框架，运用中国30个省、市、自治区2003~2014年的面板数据，以互联网普及率作为门槛变量，探究政府环境规制与企业污染排放之间的关系。结果表明，在互联网普及率的约束下环境规制强度对企业污染排放强度影响呈现明显的倒“U”型特征。目前我国的互联网普及率已经跨过门槛值，政府宜加大环境规制强度，同时转变环境监管模式，借助互联网技术平台实现政府主体和社会主体对企业排污行为的合力监督。

［32］张志强．环境管制、价格传递与中国制造业企业污染费负担——基于重点监控企业排污费的证据．产业经济研究．2018（04）．

排污费作为重要的环境治理手段被很多国家广泛应用。基于公共经济税收负担理论和实证产业组织研究框架，提出了企业排污费征收价格传递效应和污染费负担的实证研究框架，以中国重点监控企业为样本，实证检验了污染费征收的企业负担。研究结论认为，重点监控企业污染费对多产品企业边际成本、价格和价格加成具有显著的影响效应，提高了企业边际成本和价格，降低了企业的价格加成，这一效应在不同行业之间存在明显差异。表明污染费征收具有边际成本的不完全传递效应，存在污染费负担的转嫁机制，在垄断竞争行业尤为明显。过高的污染费转嫁直接影响到这些重点监控企业的经营绩效。据此提出了优化中国环境规制政策组合的对策建议。

2019 年

［1］白让让．我国经营者集中的反垄断审查与执法者的“行为性救济”偏好分析——兼论专利密集领域的执法困境．经济研究，2019（02）．

防止经营者集中活动对市场竞争效率的潜在危害，是各国反垄断立法、执法的主要目标，结构性和行为性救济就是对这类行为的主要干预方式。该文利用手动汇总的经营者集中案件数据库（2008～2016 年），对我国商务部反垄断局的救济决定及其行为化偏好进行了初步的计量检验，主要发现有：救济与否的决定与兼并案件关联市场的集中度、参与者市场份额、是否纵向兼并和股权收购的比例显著正相关；一个兼并活动被施加行为性救济的力度则与所在行业的网络特性、参与者的市场占有率和股权收购比例有关联。这表明，商务部的经营者集中救济行为基本上符合我国反垄断法设定的“单边效应”和“协调效应”原则。该文对专利密集型产业执法实践的案例分析，也揭示出在反垄断法执行权力分割配置的背景下，行为性救济低效或无效的事实和成因。基于此，建议统一和集中三个反垄断执法部门的权责范围，并制定公开、透明和可实施的救济机制，强化竞争中性原则的应用。

［2］薄文广，崔博博，陈璐琳．环境规制对工业企业选址的影响——基于微观已有企业和新建企业数据的比较分析．南开经济研究．2019（04）．

该文以 288 个地级市微观的工业新建企业和已有企业为研究对象，通过匹配中国工业企业数据库（2013）和相关年份的《中国城市统计年鉴》，深入分析了环境规制对已有企业和新建企业选址的影响及其在不同区域、不同污染程度及不同规模等细分数据方面存在的差异。实证结果表明，样本期内环境规制对已有企业和新建企业选址的影响均呈现先促进后抑制的倒“U”型，中国大多数地级市环境规制强度均低于转折点，且已有企业环境规制转折点大于新建企业环境规制转折点，稳健性检验、内生性检验和细分结果也支持这个结论。细分结果还发现，环境规制对企业选址的影响存在着区域、污染程度及规模的异质性特征。环境规制对东部地区新建企业选址更多发挥抑制作用，而对东部地区已有企业及中部地区企业选址更多发挥促进作用，环境规制对轻污染企业和大型企业选址发挥促进作用的范围更广，对重污染企业和中小型企业选址发挥约束作用的程度更强。

［3］蔡庆丰，田霖．产业政策与企业跨行业并购：市场导向还是政策套利．中国工业经济．2019（01）．

该文的研究发现，国家产业政策实质上是一种政府通过对各行业进行不同程度的政策支持，引导社会资源向受支持行业流动以实现政府主导产业结构转型升级的政策工具。实证结果显示，主并企业更可能对受到产业政策支持的目标企业发起跨行业并购；在此基础上，如果主并企业自身没有受到产业政策支持，上述结论会得到进一步强化；考虑企业所有权性质后发现，国有企业更可能发起与产业政策导向一致的跨行业并购；但是，如果主并企业本身受到产业政策支持，那么国有企业也将比非国有企业更少进行跨行业并购。进一步的分析发现，部分企业跨行业并购后主营收入占比不降反增，其并购后并未将资源转移至新行业，可能仅是一种套取政府补贴的“政策套利”行为；而相对于非国有企业，国有企业出于“政策套利”动机进行跨行业并购的可能性更低。

［4］曹阳．我国对违反“爬虫协议”行为的法律规制研究．江苏社会科学．2019（03）．

随着大数据时代来临，一些与“爬虫协议”有关的案件先后宣判，以违反“爬虫协议”为代表的数据抓取类不正当竞争行为不断进入普通民众的视野，并引发了学界和业界的高度关注。违反“爬虫协议”行为具有诸多危害性，但新近颁行的反不正当竞争法并未将对该行为的规制问题纳入互联网专条中，因而法院只能依据一般条款对其作出裁判，这显然已不能适应社会的需要。因此，有必要对相关法律条款加以进一步优化和细化，以便更有效地规制违反“爬虫协议”的行为，保障各方合法权益，形成多方共赢局面。

［5］陈爱贞，张鹏飞．并购模式与企业创新．中国工业经济．2019（12）．

近年来，境内并购稳步增长但跨境并购趋于下降引发了诸多质疑。该文构建数理模型，对比分析了跨境并购与境内并购对企业创新的影响机制，利用 2007 ~ 2017 年中国 A 股制造业上市公司数据所做的实证检验表明，两种模式的并购都能够促进创新，且跨境并购的创新效应更强。进一步的研究发现，两种模式并购都提升了企业生产率和无形资产存量，该“效率提升”效应促进了企业创新；两种模式并购也都加重了并购方的资产负债率，对创新产生负效应。不同的是，跨境并购没有带来垄断效应，而境内并购所提升的市场势力对创新造成负效应，使得其“资源替代”效应对创新产出的负面影响更大。可见，当前跨境并购仍是中国企业创新的重要战略，而境内并购的垄断效应亟须规制。

［6］邓慧慧，杨露鑫．雾霾治理、地方竞争与工业绿色转型．中国工业经济．2019（10）．

该文的研究发现：（1）雾霾治理能够显著推动当地工业绿色转型，在考虑了一系列稳健性检验后结论仍然成立；（2）机制评估发现，工业产业结构改善和生产效率提升是雾霾治理推动工业绿色转型的重要途径；（3）引入地方政府行为和污染空间溢出效应后发现，地区间的模仿竞争总体上会严重削弱雾霾治理激励工业绿色转型的效果，且地方政府在执行雾霾治理政策时呈现出东部地区“模仿抑制”、中西部地区“模仿无效”的异质性策略互动特征；（4）进一步对各地雾霾治理边际成本的分析发现，地方政府的雾霾治理政策存在资源错配，这种错配抑制了雾霾治理对工业绿色转型发展的正向效应；除此之外，市场分割所导致的资源错配也是影响雾霾治理正向效应发挥的重要原因；而政府科学合理的政绩考核有助于强化雾霾治理的正向效果，但需要更加重视创新性指标，激励地方政府依靠科技创新来治理环境的积极性，推动工业绿色转型和经济高质量发展。

［7］范子英，赵仁杰．法治强化能够促进污染治理吗？——来自环保法庭设立的证据．经济研究．2019（03）．

强化法治是生态环境建设的重要保障，也是确保环境法律法规发挥作用的关键所在。该文利用中国 2007 年开始在中级人民法院设立环保法庭这一准自然实验，运用 283 个地级市 2003 ~ 2014 年的面板数据和双重差分方法，评估了环保司法强化对环境污染治理的影响。研究表明：第一，环保法庭有效降低了工业污染物的排放总量和人均排放量，法治强化能够促进环境污染治理。第二，环保法庭的污染治理效应受到环保法庭的组织效率和该项制度的执行情况的影响；相比于环保合议庭，环保审判庭的减排效应更加明显，实际运行良好的环保法庭更能够促进环境污染治理。第三，在作用机制上，设立环保法庭能够有效改善地区环境污染纠纷司法处理水平，提升政府环境行政处罚和公众环保参与度；在居民司法维权、公众环保参与和政府环境监管程度越高的地区，法治强化的污染治理效应更加明显。该文的结论意味着，在完善环保法律法规体系的同时，还应该不断加强环境司法的能力建设和法治水平，实现中国环境污染治理“有法可依”与“有法必依”的同步推进。

［8］胡浩然．清洁生产环境规制能提升产品质量吗？．经济科学．2019（03）．

治理环境和促进产品质量升级是党的十九大报告的重要内容，该文具体以2006年以后中国环保部密集出台的清洁生产行业标准作为研究案例，研究发现：（1）平均来看，清洁生产环境规制降低了产品质量，但是政策的时间边际效应在逐年增大，长期内对产品质量的影响逐步由负转正。（2）成本和价格是其中重要的影响因素，清洁生产环境规制由于挤出效应增大了企业的运营成本，进而降低了生产率、产品价格以及产品质量。（3）清洁生产环境规制可以影响企业动态变化，进而影响资源的配置状况，具体表现为清洁生产环境规制降低了企业和产品层面的市场进入概率，以及降低了企业—产品层面的退出概率和提高了企业的退出概率。

［9］胡珺，黄楠，沈洪涛．市场激励型环境规制可以推动企业技术创新吗？——基于中国碳排放权交易机制的自然实验．金融研究．2020（01）．

提高环境标准以推进企业低碳环保转型是供给侧结构性改革的重要内容。在众多环境规制的政策工具中，以市场激励为导向的排放权交易机制在西方国家得到了较为广泛的认可与应用，但是否同样适用于尚处在转轨期的新型中国市场还有待进一步检验。该文基于中国2013年开始试点实施的碳排放权交易机制，考察了市场激励型的环境规制对中国企业技术创新的影响。研究发现：碳排放权交易机制的实施显著推动了企业的技术创新，且当碳市场的流动性程度越高，该市场激励型环境规制对企业技术创新的推动作用更加明显。但企业成本转嫁能力会在一定程度上削弱该环境规制的积极影响，当企业所承受的产品市场竞争程度更低、企业对客户和供应商的议价能力更高时，碳排放权交易机制对企业技术创新的推动作用相对降低。综上，该文的研究不仅从市场激励的角度丰富了环境规制与企业技术创新的相关文献，同时也为中国碳排放权交易实施的政策效果提供了微观证据，研究结论可为后续在全国范围内统一推进碳排放权交易市场建设提供政策参考。

［10］黄嫚丽，张明，皮圣雷，陆诗夏．中国企业逆向跨国并购整合组态与并购整合绩效关系研究．管理学报．2019（05）．

通过引入相关性概念中包括资源相似性与互补性的前沿理论，以模糊集定性比较分析（fsQCA）方法来研究相关性（资源相似性、资源互补性）与并购整合模式（战略依赖性、组织自治性）包含的4个条件对中国企业逆向跨国并购整合绩效的联合效应。研究结果表明，当利用中国企业逆向跨国并购“轻触式”整合模式来替代整合的高组织自治性模式时，高度资源互补的“轻触式”组态和非资源相似—非战略依赖的“轻触式”组态是有利于跨国并购整合绩效的两种组态。研究结果厘清了中国企业逆向跨国并购“轻触式”整合模式选择的情境条件，并从相关性的角度进一步阐释了“轻触式”整合模式有利于整合绩效的必要条件和充分条件，深化了中国企业跨国并购整合的相关研究。

［11］季华，刘海波．跨国并购溢价度、公司国际化程度与并购绩效．宏观经济研究．2019（06）．

该文以2012~2016年成功实施跨国并购的上市公司为研究对象，对跨国并购溢价度、公司国际化程度与并购绩效之间的关系进行了实证检验。研究发现：跨国并购溢价度与并购绩效显著正相关；公司国际化程度对跨国并购溢价度与并购绩效之间的关系会产生显著影响，公司国际化程度越高，并购溢价度与并购绩效之间的正相关关系会越显著。此外，该文进一步分析的结果还表明："一带一路"倡议实施后，跨国并购溢价度与并购绩效之间呈现出更为显著的正相关关系，公司国际化程度对跨国并购溢价度与并购绩效两者之间关系的正向促进作用也更加显著。为此，该文建议：跨国并购的上市公司应提升公司的国际化程度，弥补信息不对称的劣势，对标的资产进行更为准确的估值定价，进而提升并购绩效；中国上市公司应充分利用"一带一路"倡议带来的政策红利，积极通过跨国并购的方式加快开拓国际市场的步伐，不断提升国际竞争力。

［12］姜琪，王璐．平台经济市场结构决定因素、最优形式与规制启示．上海经济研究．2019（11）．

该文在分析平台经济市场结构决定因素的基础上，对 Salop 模型进行拓展，加入交叉网络外部性、需求差异化、用户黏性等决定因素，基于社会福利最大化推导平台经济市场结构的最优形式。研究发现，平台经济市场结构的最优形式由平台类型决定：功能型平台行业市场结构会趋于垄断，其最优形式为双平台竞争性垄断；内容型平台行业市场结构会趋于竞争，其最优形式允许存在较多的企业数量以满足多样化需求，且行业发展初期存在过度进入的情况。在平台经济规制政策的制定中，应注重市场结构的优化，重新审视平台经济垄断、竞争、社会福利三者间的关系及其与传统经济的差异，针对不同类型平台最优市场结构的特点，对反垄断法适用范围合理调整，在市场准入方面张弛有度，在规制滞后领域注重"监管沙盒"和多元治理等方式的结合使用。

［13］李兰冰，阎丽，黄玖立．交通基础设施通达性与非中心城市制造业成长：市场势力、生产率及其配置效率．经济研究．2019（12）．

交通基础设施建设是地区经济发展的重要政策工具。该文基于企业成长与企业间关系的双重维度，以是否存在生产率溢价为切入点打开市场势力"黑箱"，厘清交通基础设施和企业市场势力、资源配置效率之间的关系。研究发现：高速公路对非中心城市制造业具有显著的生产率溢价效应，能够通过生产率溢价引致的成本路径以及定价能力引致的价格路径共同推动市场势力的提升；伴随着生产率与市场势力水平的提高，生产率离散度与市场势力离散度趋向降低，高速公路通达性对非中心城市制造业资源配置效率优化的促进作用显著；高速公路对市场势力、生产率以及配置效率的影响效应呈现异质性特征，这种异质性主要源于企业性质、行业特性与城市区位等因素差异。该文研究证实，高速公路对非中心城市经济发展具有积极作用，为非中心城市交通基础设施影响效应研究提供了新视角和新证据。

［14］李强，王琰．环境规制与经济增长质量的"U"型关系：理论机理与实证检验．江海学刊．2019（04）．

绿色发展与高质量发展相辅相成、相互促进。环境规制作为促进绿色发展的重要举措，对于经济增长质量也有重要影响。从创新发展、协调发展、绿色发展、开放发展、共享发展五个方面对我国经济增长质量进行定量评价的结果显示，中国各省（市、区）经济增长质量指数总体呈上升趋势，但区域差异明显。基于省级面板数据的实证研究结果显示，命令控制型、市场激励型、公众参与型三种环境规制模式与我国经济增长质量皆存在"U"型关系，即在短期内环境规制会抑制经济增长质量的提升，但在长期环境规制对经济增长质量有促进作用，且市场激励型环境规制的促进作用要高于其他两类环境规制模式。为此，应根据不同规制模式的特点，有针对性地探索提升经济增长质量的有效路径，如培育低碳节能环保产业、建立绿色政绩考核机制、合理运用环境保护税等。

［15］孟昌，李词婷．网络平台企业免费产品相关市场界定与案例应用——以视频平台为例．经济理论与经济管理．2019（10）．

平台企业对单边提供免费品，使基于价格变动的 SSNIP 测试法无法用于判断相关市场。该文以视频平台为例，基于 Filistrucchi 双边市场测试法，通过将 SSNIP 测试法中对一边市场的产品价格提升替代为广告时长的增加，改进了基于价格变动的假定垄断测试法，构建了网络平台企业免费产品的 SSNDQ 模型。在此基础上分析了加入会员收入的情况。主要结论是：（1）虽然传统的 SSNIP 测试法不适用于免费产品，但是影响用户“注意力”的变量“广告时长”能降低产品质量，是 SSNIP 测试法中价格的有效替代变量。该文证明了改进的 SSNDQ 测试法具有一般性，并给出了基于 SSNDQ 测试法的相关市场判断条件。（2）给出了界定网络平台免费产品相关市场的思路和分析框架、平台付费化趋势下免费产品与付费产品共存状态下的情形，并推导出不同利润差结果下判断平台用户不同行为及相关市场范围的条件。基于这一方法的测试为并购审查和反垄断认定，提供了依据和证据。

［16］潘爱玲，刘昕，邱金龙，申宇．媒体压力下的绿色并购能否促使重污染企业实现实质性转型．中国工业经济．2019（02）．

该文基于 2012 ~ 2016 年重污染企业并购数据，考察了媒体压力对重污染企业绿色并购的影响，并以绿色并购前后会计信息质量的变化为切入点，探究了媒体压力下企业绿色并购的真正动机。研究发现：媒体压力越大，重污染企业越倾向于进行绿色并购；在实施绿色并购后，重污染企业的会计信息质量显著下降，存在着降低信息透明度以减少外界关注的问题。同时，基于媒体压力的重污染企业绿色并购规模偏小，并购后环保投资并没有显著增加，且并购后披露了更多的软环境信息。这些证据表明，重污染企业迫于媒体压力所实施的绿色并购仅仅是转移舆论焦点的策略工具，而非实质性的绿色转型。在拓展性研究中发现，企业 CEO 的环保经历、内部控制质量和外部市场化水平能够抑制绿色并购后的会计信息质量下降，有助于保障媒体环境治理功能。

［17］庞磊，朱彤．中国企业海外并购与母国技术进步同化吸收与异化排斥效应测度——基于中国数据的实证分析．国际贸易问题．2019（12）．

该文利用 BVD 子数据库全球并购交易分析库 Zephyr 1990 ~ 2016 年数据，收集中国境内 1 205 家海外并购企业数据，研究中国企业海外并购与母国技术进步问题，结论如下：母国技术进步源于国内 R&D 资金投入、人力资本存量以及海外并购企业逆向技术溢出效应，其中，逆向技术溢出效应含逆向研发资金溢出与逆向人力资本溢出，逆向技术溢出推动母国技术进步的程度强于前面二者；母国 R&D 资金投入和人力资本存量分别为企业海外并购设置了“高门槛”和“低门槛”，当企业海外并购跨越 R&D 资金投入“门槛”后，母国海外并购企业能够有效地学习、模仿并同化吸收目标企业先进技术；企业海外并购数量为母国技术进步的单调递增函数，相反，当其未跨越“门槛”时，由于技术具有显著差距，母国异化排斥目标企业先进技术地有效吸收，随着企业海外并购数量的增加，其对母国技术进步的抑制效应不断增强，同理，企业海外并购跨越人力资本存量“门槛”前呈现同化吸收效应，跨越后呈现异化排斥效应。

［18］戚聿东，张任之．新时代国有企业改革如何再出发？——基于整体设计与路径协调的视角．管理世界．2019（03）．

改革开放 40 年来，作为经济体制改革中心地位和核心环节的国有企业改革取得了巨大进展和成就，也面临着不少新问题。在步入高质量发展的新时代背景下，国有企业改革如何“再出发”？该文基于系统化改革的理念，构建了以“逻辑起点、核心问题、特殊难题、内部机制、外部保障”为内在联系的改革框架，提出进一步调整优化国有经济总体规模和布局，坚持国有企业去“六化”，不断放松规制。作为特殊难题，该文最后专门对垄断行业国有企业改革的路径问题作了探讨。

[19] 任胜钢，郑晶晶，刘东华，陈晓红．排污权交易机制是否提高了企业全要素生产率——来自中国上市公司的证据．中国工业经济．2019（05）．

该文利用中国首次大规模的市场型环境规制——2007 年 SO_2 排放权交易试点政策——作为准自然实验，研究排污权交易制度对企业全要素生产率的影响，以检验“波特假说”在中国是否成立。基于省份和地级市层面数据的预评估，该文发现，试点地区的 SO_2 减排和经济增长显著高于非试点地区，排污权交易制度实现了经济与环境的“双赢”。在此基础上，该文运用双重差分法、三重差分法、工具变量法以及一系列稳健性检验，研究发现，排污权交易制度显著提高了试点地区的上市企业全要素生产率，且年度效应滞后两年后逐年递增。进一步的分析表明，排污权交易制度主要通过促进企业技术创新和改善资源配置效率两条途径作用于全要素生产率。从企业所有制类型看，非国有企业比国有企业对排污权交易制度更加敏感；从环境执法力度看，环境执法力度越高的地区排污权交易制度对全要素生产率促进作用越大。

[20] 谌仁俊，肖庆兰，兰受卿，刘嘉琪．中央环保督察能否提升企业绩效？——以上市工业企业为例．经济评论．2019（05）．

探讨极具中国环境治理特色的中央环保督察对企业绩效的影响，对中国在新时代推动高质量发展，具有重要的现实意义。为此，该文使用 2014～2017 年中国上市工业企业季度数据，试图回答中央环保督察对企业绩效的影响。研究发现：整体而言，中央环保督察能通过创新驱动改善上市工业企业绩效，且在督察后仍保持显著正效应。同时，中央环保督察对大气污染密集型企业的提升作用比水污染密集型企业更大，对最后一批接受督察、地方环境规制较强地区，以及高税负、中央和地方国有、大规模的上市工业企业，存在创新驱动的企业绩效改善。因此，想要使中央环保督察全方位激发企业创新并提升绩效，需要针对不同企业采取差异化措施。

[21] 王镝，唐茂钢．土地城市化如何影响生态环境质量？——基于动态最优化和空间自适应半参数模型的分析．经济研究．2019（03）．

该文首先运用动态最优化模型，在土地利用结构引起产业结构变化视角下，分析经济快速发展过程中土地城市化对生态环境质量的影响机理，得出以下结论：（1）当土地城市化率较低时，经济发展以粗放式发展模式为主，土地利用效率不高，工业生产过程对生态环境的破坏程度大，这使得地均土地生态环境质量下降；（2）当土地城市化率较高时，经济发展以集约式发展模式为主，国家在土地政策和产业政策上向服务业及高新技术产业等倾斜，同时出台环境规制政策控制环境污染程度，生产过程对土地生态环境质量的影响降低，这使得地均土地生态环境质量有所提高。土地城市化率和地均土地生态环境质量之间呈现“U”型曲线关系。随后，运用空间自适应半参数模型，对土地城市化率与地均土地生态环境质量之间的关系进行计量分析，验证了土地城市化率和地均土地生态环境质量之间呈现“U”型曲线关系的假说。样本数据显示东部地区基本上均位于“U”型曲线的右边，而中西部大部分地区位于“U”型曲线的左边。由此得出以下启示：（1）进一步完善环境规制政策；（2）实施建设用地减量化政策；（3）实施土地指标的跨区域交易。

[22] 汪敏达，李建标，曲亮，乜标．相安无事还是轮流坐庄：双寡头动态默契合谋的实验研究．世界经济．2019（07）．

在没有信息披露与沟通时垄断厂商之间也可能达成默契合谋，该文运用理论建模和实验经济学方法分析双寡头默契合谋的行为规律与发生动因。双寡头均选择退让的合谋称为“相安无事”，轮流获得最大竞争优势的合谋称为“轮流坐庄”。模型分析和实验结果表明，相安无事的安全得益越低，轮流坐庄发生的频率越高，维持的时间越长，进入轮流坐庄合谋所需要的时间越少，中断后也更容易重新进入。进一步考虑寡头的行为决策动因发现，有经验的寡头更有可能进入轮流坐庄，强互惠使得谋求单边优势的寡头受到针锋相对的惩罚，从而促使双方选择合谋。惩罚成本上升并没有降低轮流坐庄的发生频率，反而提高了其稳定性。

［23］王勇，李雅楠，俞海．环境规制影响加总生产率的机制和效应分析．世界经济．2019（02）．

基于中国工业企业 1998 ~2007 年微观数据，该文从企业内和企业间效应考察了环境规制影响加总生产率增长的机制路径及其效应大小。结果表明：环境规制引致产出更多地向高生产率企业配置，同时促使低生产率企业退出，有利于资源在企业间的优化再配置。同时，环境规制抑制了企业生产率增长，环境规制可能诱发的创新补偿效应并未呈现。通过计算不同机制路径对行业加总生产率增长的贡献发现，环境规制对行业加总生产率的影响较小，企业内效应微乎其微，环境规制主要通过企业间效应影响加总生产率增长。企业更替效应未能在环境规制驱动行业加总生产率增长中发挥应有的作用，这为发挥环境保护在供给侧结构性改革中的积极作用提供了经验证据。

［24］巫强，余鸿晖．中国制造业企业出口模式选择研究：基于市场势力和生产率的视角．南京社会科学．2019（08）．

当前我国制造业企业面临着零出口、间接出口和直接出口的三元选择，而不仅是出口与不出口的二元选择。该文匹配中国工业企业和海关数据，识别制造业企业出口模式三元选择，并发现我国制造业企业在国内市场培育市场势力后，能提高利润水平，足以支付国际市场进入成本，出口模式从零出口转向间接出口，进而直接出口。该机理在产品完全差异化行业中更为明显。相对于零出口，低生产率企业更倾向于直接出口或间接出口，产生出口模式三元选择的生产率悖论。剔除加工贸易企业样本会部分削弱该悖论；仅考虑间接出口和直接出口企业时，该悖论消失，说明国内市场进入成本高于国际市场是产生该悖论的主因。企业市场势力增强也能削弱该悖论。该文还运用套索算法避免主观选择控制变量导致的估计偏误，证明结论稳健。

［25］吴先明，张雨．海外并购提升了产业技术创新绩效吗——制度距离的双重调节作用．南开管理评论．2019（01）．

该文选取 2001 ~2011 年中国企业海外并购数据，实证检验了海外并购与产业技术创新绩效的关系，并验证了制度距离的双重调节作用。结果显示：第一，中国企业海外并购有效提升了产业技术创新绩效。第二，国家间的制度距离对海外并购与产业技术创新绩效的关系有正向调节作用。第三，对国家的分组检验显示，在成熟市场，海外并购对产业技术创新绩效有正向影响，制度距离对二者关系有显著的负向调节作用；在新兴工业化市场，海外并购有效提升了产业技术创新绩效，但制度距离对二者关系有显著的正向调节作用；在新兴市场，制度距离的调节作用不显著。第四，对国有企业和民营企业的分组检验显示，不管是国有企业还是民营企业，海外并购对产业技术创新绩效均有显著的正向影响。在国有企业中，制度距离对二者关系有显著正向调节作用；但在民营企业中，制度距离的调节作用不显著。这表明制度距离的调节作用是双重的，一方面，较大的制度距离会限制或阻碍海外并购创新绩效的实现过程；另一方面，较大的制度距离蕴含着更多创新机会，促进海外并购创新绩效的提升。

［26］徐晓慧，李杰，黄先海．企业内部治理对跨国并购绩效的影响——基于不同制度环境的研究．国际贸易问题．2019（03）．

该文以 2003 ~2014 年中国 A 股上市企业跨国并购为样本，选用 43 个企业内部治理属性指标构建企业治理指数 CGI，通过多种模型设定实证检验不同制度环境下企业内部治理对跨国并购绩效的影响。实证研究结论表明：企业内部治理对跨国并购绩效有积极的影响；制度环境越好，企业内部治理对跨国并购绩效的积极影响越显著，两者之间呈正相关关系。

[27] 杨娟，郭琎．我国垄断行业改革进展与深化思路．宏观经济管理．2019（05）．

垄断行业改革是我国经济体制改革的重要组成部分。其主要内容是经营体制的商业化、市场化和规制现代化。改革历程大体可分为局部探索阶段（1978～1997 年）、系统推进阶段（1997～2013 年）和重点领域全面深化改革阶段（2013 年至今）。改革实施以来，成就斐然。实践表明，改革要坚持商业化和市场化方向，坚持正确处理垄断和竞争的关系，坚持激发市场主体活力，坚持推进政府职能转变。进一步推进垄断行业市场化改革和规制，应切实促进有效竞争的形成，大力加强对自然垄断环节的规制，建立并完善相关法律法规及程序，设立职能完备的现代规制机构。

[28] 杨威，赵仲匡，宋敏．多元化并购溢价与企业转型．金融研究．2019（05）．

以往研究表明多元化并购源于代理问题、内部市场和生命周期，其绩效一般低于同行业并购。该文利用我国 2008～2014 年 277 个重大资产重组样本发现多元化并购存在 8.42% 的溢价。机制上，转型到新业务企业（“另起炉灶”型）完全导致了多元化并购溢价，其并购前业绩较差，并购后业绩明显改善，企业转型的力度可以解释多元化溢价。同时，此类并购改善公司业绩的效果在并购后三年依然存在。上述结果说明，多元化并购在短期内帮助业绩较差的已上市企业实现转型，金融市场能部分反映并购后基本面的改善。

[29] 余东华，崔岩．双重环境规制、技术创新与制造业转型升级．财贸研究．2019（07）．

先从理论层面分析正式环境规制与非正式环境规制对技术创新及制造业转型升级的影响机制。在此基础上，利用 2005～2015 年中国省级面板数据，实证检验双重环境规制对技术创新的影响，以及对制造业转型升级的直接效应与间接效应。研究结果显示：正式环境规制对技术创新的影响存在显著的门槛效应，随着规制强度的提升，其对技术创新的促进作用呈“先下降—后上升—再下降”的倒“N”型关系，正式环境规制强度存在最优区间；非正式环境规制能显著促进技术创新，但其促进作用随规制强度的提升而减弱；对于直接效应，正式环境规制与制造业转型升级之间呈“U”型关系，非正式环境规制对于制造业转型升级的影响弱于正式环境规制；对于间接效应，非正式环境规制与正式环境规制对制造业转型升级的间接影响存在差异，非正式环境规制未能通过技术创新路径促进制造业转型升级。

[30] 余东华，邢韦庚．政绩考核、内生性环境规制与污染产业转移——基于中国 285 个地级以上城市面板数据的实证分析．山西财经大学学报．2019（05）．

设环境规制内生于经济发展的阶段性特征之中，以分析地方政府在进行经济发展与环境保护权衡取舍时的环境规制行为，并将我国特殊财政分权体制和政府治理结构下的经济逻辑与政治逻辑结合在一起，共同纳入拓展的 EKC 模型中，从理论层面分析了政绩考核机制、环境规制强度与污染产业跨地区转移之间的作用机理，同时采用 2006～2016 年全国 285 个地级以上城市的面板数据，基于空间 Durbin 模型和污染物排放异质性假定，实证分析了政绩考核、环境规制与污染产业转移之间的关系，检验了“EKC 假说”和“污染天堂假说”在我国地级城市的存在性。研究结果表明，实现全局环境治理需要中央政府进行科学的顶层设计，合理制定考核指标，加快财税改革与事权确权，将精准扶贫与污染防治结合起来，加强地区间的环保交流与合作。

[31] 余东华，张鑫宇，孙婷．资本深化、有偏技术进步与全要素生产率增长．世界经济．2019 (08).

该文探讨资本深化和有偏技术进步对全要素生产率的交互影响机制，并利用 1999～2016 年中国制造业大中型企业分行业数据，采用增长核算和计量回归两种方法对理论机制进行检验。研究结果表明，资本深化程度、技术进步偏向性及二者对全要素生产率的交互影响效应在制造业行业间具有明显的异质性特征；与基期相比，中国制造业资本深化程度呈现上升趋势且技术进步偏向资本，资本深化程度和技术进步偏向性相匹配，从而推动了全要素生产率的增长；资本偏向型技术进步有助于削弱资本深化对全要素生产率增长的不利影响，但是未能完全抵消资本深化对全要素生产率增长的直接抑制作用。

[32] 张永旺，宋林．环境规制与创新的出口质量效应——技术开发与技术改造谁扮演了更重要的角色．经济科学．2019 (02).

将环境规制纳入技术创新与出口质量分析框架内，探讨在环境规制约束下，技术开发、技术改造对出口质量的影响。该文的经验研究发现：总体制造业的环境规制对技术创新有显著的激励作用，且技术开发相比技术改造对出口质量的影响更大；细分行业层面检验表明，环境规制约束下，技术水平高、污染程度低，则技术开发作用较大，环境规制与出口质量呈现倒“U”型关系；相反，技术水平低、污染程度高，则技术改造作用较大，环境规制与出口质量呈现“U”型关系。此外，环境规制与创新投入通过技能溢价、资源再配置的作用渠道对行业出口质量施加积极影响。该文具有深刻的政策含义：为了实现出口的高质量发展，应结合低技术、重污染行业成本承担能力，适当提高环境规制与技术改造的力度，而高技术、轻污染行业则在增加技术开发投入的同时，需要加大环境规制的监督力度，避免出现机会主义行为。

[33] 钟宁桦，温日光，刘学悦．“五年规划”与中国企业跨境并购．经济研究．2019 (04).

在国家产业政策的激励下，中国企业越来越多地通过跨境并购来贯彻产业政策，以在短期内实现产业升级。然而，中国企业的跨境并购普遍存在溢价高和完成率低的现象。针对此现象，该文以 1991～2015 年中国企业的跨境并购交易为样本，考察“五年规划”中的产业政策与中国企业海外并购之间的关联。实证结果表明，与所在行业不受当期“五年规划”产业政策支持的企业相比，受到支持的企业支付了更高的并购溢价，平均达到 8%～10%；然而，并购完成的平均概率却要低 36% 左右。进一步，该文发现，受产业政策支持的企业能从金融体系中得到更多廉价的资金，并从政府得到更多补贴。基于上述实证结果，该文认为，在完成“政策性任务”的激励以及金融体系等的支持下，中国企业倾向于支付高价以实现并购。然而，正是因为中国企业跨境并购的重要意图是为了贯彻国家战略，因此更容易受到被并购企业所在国的阻挠，导致完成率较低。

2020 年

[1] 安同良，杨晨．互联网重塑中国经济地理格局：微观机制与宏观效应．经济研究．2020 (02).

通过观察互联网快速发展时期中国企业“集聚逆转”的事实，该文使用融入房地产部门的新经济地理模型，基于互联网对企业的“引力机制”与放大房价分散力的“放大机制”，推演互联网对中国经济地理格局的“重塑机制”。实证方面，应用动态空间面板模型检验互联网影响企业区位选择的微观机制，运用工具变量法验证互联网重塑经济地理格局的宏观效应。研究发现：网络经济时代，互联网已成为地区竞争优势的源泉，对企业具有极强的吸引力。快速上涨的房价大幅提高了拥挤成本，成为分散企业的力量。中国的“基础设施奇迹”填平了“接入鸿沟”，在充分发挥网络外部性的同时，助推企业由高房价地区流入低房价地区。互联网放大了以房价为表征的拥挤成本的分散力，正在重塑着中国的经济地理格局。

［2］白让让．平台产业反垄断规制的执法范式、困境和新趋势——基于“谷歌购物案”的研究述评．财经问题研究．2020（11）．

该文使用案例比较与文献述评相结合的研究范式，基于欧盟委员会对谷歌比较购物服务的反垄断裁决，提炼出平台产业反垄断执法过程中面临的三个基础性问题：如何界定平台产业中免费产品或服务的市场？如何认定平台运营商滥用数字化资产的行为？平台中性规制的设想是否具有可行性？并梳理出专家学者在这三个问题上的主要观点。平台产业已经成为引领中国经济增长的主要引擎，一些运营商在经营活动所使用的接入歧视、信息扭曲和霸王条款等手段，既损害了消费者福利，又影响了行业的健康发展。该文借鉴欧盟和美国在平台产业反垄断执法中的经验教训，提出了修订《中华人民共和国反垄断法》和适时推出《平台产业的反垄断执法指南》等建议。

［3］卞元超，吴利华，周敏，白俊红．国内市场分割与雾霾污染——基于空间自滞后模型的实证研究．产业经济研究．2020（02）．

该文从规模变化效应、结构转型效应和技术进步效应三个方面分析了市场分割影响雾霾污染的传导机制，并基于卫星监测的 PM2.5 栅格数据，采用空间自滞后模型和两阶段最小二乘法实证分析了市场分割对雾霾污染的影响效应及其传导机制的作用效果。研究发现：考察期内，市场分割显著加剧了雾霾污染，且邻近地区的市场分割对本地区雾霾污染也具有显著的恶化作用；市场分割对雾霾污染的影响效应存在显著的时间和空间异质性；就传导机制来说，地方政府之间的市场分割行为抑制了规模变化效应、结构转型效应和技术进步效应的发挥，进而对雾霾污染产生重要影响；不仅如此，市场分割还进一步阻碍了地方政府围绕雾霾污染所开展的区域协同治理活动。

［4］蔡庆丰，陈熠辉．开发区层级与域内企业并购．中国工业经济．2020（06）．

该文的研究发现，不同层级开发区的运行机制及其对域内企业并购行为的影响机理和结果存在明显差异。实证结果显示，国家级开发区设立会抑制企业的并购扩张行为，这一抑制效应在市场化程度较高地区和中央企业中更明显；而省级开发区设立对企业的并购行为起正向促进作用，并且在市场化程度较低地区和地方国有企业中促进效应更显著；进一步地，国家级开发区内企业的并购行为更多是基于内涵式的创新驱动，体现在增加企业的技术并购、高新技术企业并购、被并购方拥有更多专利、行业内横向并购，以及减少无关多元化并购、属地并购和纵向并购，这带来了更好的长期并购绩效；而省级开发区内企业的并购行为更多是基于地区经济竞争的规模扩张和产业链延伸，表现为更多的无关多元化并购、属地并购和纵向并购，而且降低了企业的长期并购绩效。

［5］陈登科．贸易壁垒下降与环境污染改善——来自中国企业污染数据的新证据．经济研究．2020（12）．

该文将中国企业污染这一独特数据库与中国工业企业数据库以及行业关税税率数据合并，借助中国加入 WTO 准自然实验考察了贸易壁垒下降对中国环境污染的影响及机制。研究发现，贸易壁垒下降显著降低了企业主要污染物 SO_2 排放强度。机制分析表明，企业 SO_2 排放强度下降主要是由于企业污染排放下降而非产出上升；企业污染排放下降主要由企业生产过程更加清洁而非污染排放末端处理；煤炭使用强度下降是贸易壁垒下降导致 SO_2 排放强度下降的重要机制；在贸易壁垒变化影响企业污染排放的技术效应中，有偏技术进步而非中性技术进步占据主导地位。该文研究结论意味着，扩大对外开放不仅可以通过经典文献识别的经济增长机制，还能够通过改善环境增进中国社会福利。

［6］陈林，万攀兵．产品质量规制与电影在线评分——基于经典估计贝叶斯平均法和倾向得分匹配法．经济学动态．2020（03）．

作为传统的产业规制手段，产品质量规制对消费者福利影响重大，但鲜有研究从消费者角度评价产品质量规制的制度绩效。为此，该文基于产业组织理论的 ISCP 分析框架，手工整理出 2002 ~ 2019 年 834 部国产电影的产品级微观数据，采用经典估计贝叶斯平均法改良传统的倾向得分匹配法，检验了产品质量规制与电影在线评分之间统计意义上的“因果关系”。实证结果表明，产品质量规制仅有助于提升知名导演主导影片的在线评分，而未能提升整体影片的在线评分。因此，当前我国电影产业内的产品质量规制体系只有进一步优化和调整，才能完成党的十九大提出的“深化简政放权”与“完善市场监管体制”等经济体制改革目标。

［7］陈林，张家才．数字时代中的相关市场理论：从单边市场到双边市场．财经研究．2020（03）．

该文试图对相关市场理论的历史演进与发展前沿进行系统梳理，重点分析从传统时代的单边市场到数字时代的双边市场的理论跃进，从而为今后的学术研究和执法实践提供理论支撑与实践参考。研究发现：（1）相关市场理论在反垄断经济执法中至关重要，虽然部分学者倡导弱化市场界定，但目前在大多数情况下相关市场界定仍然可以是反垄断执法分析的起点。（2）数字经济所具有的双边市场特性给相关市场带来了理论与实践挑战，传统的单边市场分析方法不能直接应用于数字经济的反垄断研究。（3）学界对双边市场下的相关市场理论进行了广泛研究，但仍有待深化，目前理论研究和实证分析均存在诸多不足，国内学者应积极投身其中。

［8］陈胜蓝，刘晓玲．最低工资与跨区域并购：基于劳动力成本比较优势的视角．世界经济．2020（09）．

中国最低工资制度带来的劳动力成本在时间和空间上的外生差异，使一些区域的公司产生劳动力成本的比较优势。该文以公司并购决策作为获取比较优势的方式，考察公司劳动力成本比较优势创造的并购协同效应。研究发现由最低工资标准差异带来的劳动力成本比较优势提高了公司作为并购目标方的吸引力，并且并购后公司的劳动力成本显著降低。进一步研究发现目标方劳动力成本比较优势对劳动力依赖程度更高、成本转嫁能力较弱以及所在区域劳动力供给较为缺乏的并购方具有更强的吸引力。该文发现目标方劳动力成本的相对优势可以产生显著为正的并购公告市场反应。

［9］程聪．中国企业跨国并购后组织整合制度逻辑变革研究：混合逻辑的视角．管理世界．2020（12）．

在中国企业大规模的跨国并购浪潮中，如何对目标企业进行有效的组织整合是决定中国企业并购成效及未来高度的决定性因素。该文从制度逻辑的视角出发，通过对吉利完成并购沃尔沃后的组织整合过程展开分析，构建了一个企业跨国并购完成后的组织整合制度逻辑变革模型，并从业务单元和组织管控两个层面探讨了这种制度逻辑变革的机制问题。研究发现，并购完成后的组织整合制度逻辑变革过程中涌现出了结构混合逻辑、交互混合逻辑以及“结构 + 交互”混合逻辑 3 种逻辑决策形态。在不同的制度逻辑决策形态中，不仅业务单元之间逻辑决策紧密度差异大，而且业务单元与组织管控之间的跨层次性影响机制也显著不同。

［10］方芳，杨岚，周亚虹．环境规制、企业演化与城市制造业生产率．管理科学学报．2020（04）．

该文从企业演化的视角，以“十一五”期间全国主要污染物排放总量控制计划作为准自然实验，结合工业企业数据库和《中国城市统计年鉴》2002 ~ 2008 年的数据，运用双重差分法考察环境规制与城市制造业经济效率的因果关系，并进一步使用动态 Olley - Pakes 方法对城市制造业全要素生产率增长结构进行分解，剖析了环境规制的具体作用渠道。实证结果表明：相比于低减排指标城市，在排放总量控制计划实施后，高减排指标城市的制造业 TFP 平均提高 8.8%；环境规制政策主要通过提升存活企业 TFP 和阻止低 TFP 企业进入的途径提升了生产率，但短期内也导致高 TFP 企业退出比例的上升和资源配置效率的降低。

［11］华忆昕，许恒，马清．网约车平台公司并购的福利效应研究．财贸研究．2020（09）．

借助塞洛普圆周模型构建理论框架，分析网约车平台公司并购对出租汽车市场结构及市场福利的影响。结果发现，网约车平台公司并购能够缓解网约车进入出租汽车市场时对巡游车的冲击，但当新老业态共存的市场中技术融合规制缺位时，消费者福利及市场总福利均会降低。据此，提出政策建议：促进网约车与巡游车的技术融合，在实行市场调节定价模式的基础上加强对网约车运价的引导，科学设定网约车平台公司市场准入条件，以包容审慎的态度审查数字行业内的企业并购。

［12］李广众，朱佳青，李杰，李新春．经理人相对绩效评价与企业并购行为：理论与实证．经济研究．2020（03）．

该文通过构建寡头市场竞争模型对经理人相对绩效评价（RPE）如何影响企业并购行为进行理论分析。结果表明，在其他条件不变的情况下，RPE 实施与强度的增加将抑制具有协同效应的并购行为。市场竞争程度的上升可以减弱这种负面作用。实证研究中，该文利用国务院国有资产监督管理委员会 2006 年与 2008 年发布的中央企业绩效评价管理改革的文件作为企业实施相对绩效评价的外生事件，对 RPE 影响企业并购的效果进行双重差分估计。与理论模型的结论一致，实证研究发现 RPE 抑制了国有企业并购行为的发生，同时国企并购对提升公司价值的积极作用随着 RPE 的实施与强度的上升有所减弱。基于股权激励的公司治理手段以及行业竞争程度的上升可以减弱这种抑制作用。

［13］李善民，黄志宏，郭菁晶．资本市场定价对企业并购行为的影响研究——来自中国上市公司的证据．经济研究．2020（07）．

该文基于信号理论提出了中国资本市场定价对企业并购行为影响新的解释机制。研究发现：（1）上市公司更愿意在股价低估时发起并购，且在股价低估时，主并公司的市场表现更好，但这种择时行为并没有产生协同效应。（2）当上市公司面临的信息不对称程度越高和融资约束越低时，股价低估对企业并购行为的影响越显著。（3）上市公司的董事和高管倾向于在股价低估时增加其持股比例，并在随后积极发起并购。（4）融资融券制度能够显著提高资本市场的定价效率，从而显著抑制了上市公司的并购活动。上述结果表明，上市公司更愿意在股价低估时通过并购活动提升股票估值水平，并且当公司或个人能够从中套利时，上市公司发起并购的动机就更加强烈。

［14］刘信恒．国内市场分割与出口产品质量升级——来自中国制造业企业的证据．国际贸易问题．2020（11）．

该文的实证结果表明：国内市场分割是以放弃国内市场规模效应为代价，从而利用国外市场规模效应促进企业出口产品质量升级这一结论，在考虑内生性、样本选择性偏误、一系列稳健性检验以及分样本回归分析后依然稳健；国内市场分割引致国内贸易成本高于国际贸易成本，最终使企业进口中间品强度增加和加工贸易占比上升，这是促进企业出口产品质量升级的两个途径；在贸易开放程度越高的地区，国内市场分割对企业出口产品质量升级的促进作用越大；剔除国际市场效应后，国内市场分割对出口产品质量升级具有显著的抑制作用。因此，打破行业垄断和地方保护，消除市场分割，深化国内市场一体化改革是中国经济良性发展的关键。

[15] 吕冰洋，贺颖．迈向统一市场：基于城市数据对中国商品市场分割的测算与分析．经济理论与经济管理．2020（04）．

统一的国内大市场对区域专业化分工和发挥规模效应起着重要作用。该文采用价格法系统测算了 2001～2015 年各城市的商品市场分割程度，并考察了影响商品市场分割的地区因素。研究发现：（1）除 2008～2009 年商品市场分割短暂加剧以外，2001～2015 年商品市场分割程度整体呈现下降态势。（2）各地区在市场一体化进程方面存在明显差距，东南部地区的市场整合程度高于西部地区。全国层面的商品市场分割程度大于局部地区层面的市场分割程度。（3）地区间竞争会促使地方政府干预市场，加剧商品市场分割；而较好的经济发展条件和市场规模的扩大会减轻地区间恶性竞争，促进区域市场一体化。（4）城市层面的商品市场分割受行政区划的影响表现出一定的规律性：省界会阻碍城市之间的贸易往来，加剧商品市场分割。

[16] 吕朝凤，余啸．排污收费标准提高能影响 FDI 的区位选择吗？——基于 SO_2 排污费征收标准调整政策的准自然实验．中国人口·资源与环境．2020（09）．

该文的研究结果表明，2007 年各省开始实施的 SO_2 排污费征收标准调整政策，对地区 FDI 的流入有显著的抑制效果，并且通过稳健性检验。这说明，总体上中国环境规制强度对 FDI 的影响主要表现为“污染天堂效应”。区域异质性分析还表明，该政策对北方城市 FDI 流入的抑制影响强于南方城市。另外，非线性估计发现，随政策时间的推移和 SO_2 排污费征收强度的提高，SO_2 排污费征收标准调整对 FDI 的影响均呈“U”型特征。这表明，中国环境规制强度对 FDI 的影响存在多种效应和影响渠道。对此，作者还利用 1998～2012 年中国工业企业数据，采用三重差分（DDD）等方法进行机制分析。研究发现，该政策对 SO_2 高污染行业 FDI 具有抑制作用；对高新技术行业 FDI 具有促进作用；对非 SO_2 高污染非高新技术行业 FDI 也具有抑制作用，但抑制影响不及 SO_2 高污染行业。这说明，“污染天堂效应”和“污染光环效应”在中国同时成立但适用对象存在差异。

[17] 马述忠，房超．线下市场分割是否促进了企业线上销售——对中国电子商务扩张的一种解释．经济研究．2020（07）．

该文试图从市场分割角度对电子商务发展的中国模式给出一种解释。该文构建了市场分割环境下异质性企业线上、线下销售渠道选择模型，并基于世界银行中国企业投资环境调查等数据集对模型假说进行检验。该文的研究发现：第一，自然性市场分割和制度性市场分割均会在一定程度上提高企业线上销售的可能性；第二，由于线上市场是相对统一完整的，以跨区域经营为主的企业通过线上销售能更多地摊薄进入成本，其更有可能选择线上销售；第三，高生产率企业能够在一定程度上突破市场分割带来的负面影响。该文的研究为理解中国电子商务产业快速扩张提供了新的视角，为新冠肺炎疫情背景下依托数字化手段开展贸易活动，发展电子商务提供了理论支持。

[18] 潘越，汤旭东，宁博，杨玲玲．连锁股东与企业投资效率：治理协同还是竞争合谋．中国工业经济．2020（02）．

学术界关于连锁股东对企业发展的影响仍然存在“治理协同”和“竞争合谋”的意见分歧。该文以企业的投资效率为研究视角，考察连锁股东对于企业行为的影响。研究发现：（1）在企业的投资活动中，连锁股东的影响主要体现为“竞争合谋”，并导致同行业企业出现投资不足；（2）行业集中度和地区市场分割加强了连锁股东的影响，而中国对外反倾销事件带来的市场机遇弱化了这一作用，说明取得合谋收益是连锁股东干预企业投资的根本原因；（3）向企业委派董事以及更少实施股权激励计划是两条潜在的作用渠道；（4）在非国有企业中，连锁股东对投资不足的影响更为明显，同时连锁股东引发的合谋行为减少了企业的固定资产、无形资产与并购投资，并降低了企业的市场价值。

［19］彭聪，申宇，张宗益．高管校友圈降低了市场分割程度吗？——基于异地并购的视角．管理世界．2020（05）．

该文从高管校友圈这一社会资本入手，研究上市公司发起并完成的并购交易。研究发现，高管校友圈显著降低了市场分割对资源流动的阻碍作用，校友关系网络越强的企业，参与跨省、跨市并购的概率越高，并且这种效应在市场分割程度严重的地区更为明显。研究表明校友圈存在“信息机制”和“润滑剂机制”，即校友圈能够降低市场分割对信息传递和资源整合的阻碍作用，校友圈这一非正式制度具有影响市场分割这一正式制度运行的能力。该文的研究从侧面反映了我国省际存在较为严重的市场分割现象，需要加速推进市场化机制建设，促进省际跨区域的资源配置效率。

［20］斯丽娟，曹昊煜．排污权交易对污染物排放的影响——基于双重差分法的准自然实验分析．管理评论．2020（12）．

该文基于中国 2004 ~2017 年的省际面板数据，使用双重差分等方法评估了排污权交易试点政策对约束性总量控制污染物的影响效果。研究发现：排污权交易对二氧化硫、氨氮和化学需氧量三类约束性总量控制污染物具有显著的减排效应，并且排污权交易的环境影响并未受到排污费和“两控区”政策的干扰；东、中、西部地区具有异质性，东部地区依托其市场和技术优势，能够实现三类污染物的有效减排，而中部地区对二氧化硫和氨氮的减排规模占实验组排放的比例更高；环境规制强度深刻影响着排污权交易的实施效果，规制强度更高的地区，排污权交易对三类污染物的减排效果更为明显。当前我国的排污权交易试点政策已经取得了良好的成效，应进一步扩大交易范围和主体，缩小地区间技术与市场发育水平的差异，加快构建全国统一的排污权交易市场。

［21］王璐，吴群锋，罗頔．市场壁垒、行政审批与企业价格加成．中国工业经济．2020（06）．

该文以地级市设立行政审批中心作为准自然实验，使用双重差分方法研究了行政审批制度改革对于企业价格加成的影响，并讨论作用机制与异质性。研究发现：行政审批中心的建立显著降低了企业的价格加成水平，这一结果在不同的方程形式下均稳健；行政审批制度改革对价格加成的作用机制主要有成本降低效应和竞争效应，其中，竞争效应主导，主要的作用机制在于：加剧企业进入退出，加速市场竞争，减弱市场壁垒，创造更为竞争性的市场环境，促使企业降低价格加成水平；对于不同类型、不同特征的企业，行政审批制度改革对价格加成具有异质性影响。该文的研究对于深入理解行政审批制度改革的经济效果，持续优化营商环境，构造更具一体化的国内市场等具有一定现实意义。

［22］王世强，陈逸豪，叶光亮．数字经济中企业歧视性定价与质量竞争．经济研究．2020（12）．

信息搜集技术是否会引致参与市场竞争的企业采用歧视性定价策略？歧视性定价对市场博弈均衡时产品或服务的质量有怎样的影响？该文构建质量差异和空间价格歧视模型对上述问题进行分析。结论表明，在质量提升方面处于技术劣势的企业总是选择歧视性定价，技术优势企业在优势较小时选择歧视性定价。技术优势企业采用歧视性定价的倾向性与信息搜集成本正向相关。总之，歧视性定价会使企业获得竞争优势，企业广泛采用歧视性定价将引发过度竞争，降低产品质量水平，损害社会福利。数字经济市场竞争中禁止“大数据杀熟”或将有利于提升产品质量和社会福利。因此，数字经济时代的竞争政策需要审慎对待歧视性定价，关注其对产品质量及社会福利的影响，以推动市场良性发展。

［23］颜士梅，张钢．并购整合中身份凸显性转化以及对离职意愿的影响：多案例研究．管理世界．2020（08）．

该研究将社会身份理论与身份理论相结合，从身份凸显性视角，运用多案例研究方法，揭示了并购整合中身份凸显性转化的内在机理以及对离职意愿的影响。研究发现，并购整合中，员工角色身份凸显性能够转化为群体身份凸显性，群体相对剥夺感在该转化过程中发挥着催化剂的作用，该转化会导致群体离职或者群体离职意愿，该过程实质上是将个体态度/行为聚合为群体态度/行为的过程；员工群体身份凸显性也能够转化为角色身份凸显性，个体公平感在该转化过程中扮演着发酵母的角色，该转化会抑制甚至消除个体离职意愿，该过程实质上是将群体态度/行为离散为个体态度/行为的过程。

[24] 杨勃，许晖．企业逆向跨国并购后的组织身份管理模式研究．中国工业经济．2020（01）．

与传统跨国并购相比，逆向跨国并购呈现“以弱并强”甚至“蛇吞象”的独特特征，导致并购双方存在显著的身份落差。身份落差使得并购后的“组织身份管理”变得尤为重要，因为不恰当的身份管理模式会对并购整合产生负面影响。基于此，该文综合采用探索性案例研究方法与大样本统计方法，探究中国企业逆向跨国并购后的组织身份管理模式。研究发现，组织身份落差的方向和强度是决定并购后组织身份管理模式选择的重要因素；高强度身份逆差与“单一隔离型”模式匹配，低强度身份逆差与“双元联邦型”模式匹配，身份顺差与“统一吸收型”模式匹配；不同身份管理模式在话语建构、业务运营、权力关系、象征行为等方面存在显著差异。进一步大样本统计研究表明，身份落差与身份管理模式的匹配关系具有较高普适性，但也受核心业务相关性、业务分割等因素影响。

[25] 张宝．规制内涵变迁与现代环境法的演进．中国人口·资源与环境．2020（12）．

百余年来，规制内涵经历了由直接规制到激励性规制再到规制治理的变迁，这一变迁也影响到作为社会性规制之典型场域的环境规制与环境法。从形式上看，中国环境规制和环境法的发展历程同样可以分为三个阶段，并且也呈现出由以命令控制为主的“监管之法”向强调多元共治的“治理之法”的演进趋势，并逐渐形成了具有自身独特性的理论和制度体系。但是，当前中国环境法仍然存在一些局限，主要表现为理念上仍受还原主义法律观的支配，目的上未确立环境规制的权利保障目标，体系上难以适应风险预防和规制的要求，适用上尚未厘清各种规制工具的适用条件，内容上还需实现多元规范的协同和衔接。要发挥环境法在推进国家治理现代化、构建现代环境治理体系中的作用，就需要以整体主义法律观作为推进环境法治建设的指导思想，通过环境权入宪入法确立环境法的权益保障目标，推动环境法由危害防止向风险预防的转身，优化各种环境规制工具的衔接适用，健全各种规范类型之间的协同机制。

[26] 张国兴，刘薇，保海旭．多重环境规制对区域产业结构变动的时滞效应．管理科学学报．2020（09）．

该文选取京津冀及周边地区作为研究区域，通过量化分析 2004～2016 年中央层面和京津冀及周边地区的环境规制政策，研究“中央＋地方”多重环境规制政策对产业结构变动的时滞效应。结果表明：（1）环境规制政策对产业结构变动的时滞效应是多期的，不同时期的影响效应不相同。产业结构变动亦是多期环境规制政策作用的结果，多期环境规制政策对产业结构变动的影响呈现倒“U”型；（2）环境规制政策通常在颁布当年由于“冲击效应”对污染企业产生规制作用，但冲击往往是强烈且短暂的，会导致污染企业在短期内做出暂时性应对行为；（3）环境规制政策从颁布后的第三年开始对产业结构变动发挥持续稳定的规制作用，使京津冀及周边地区第二产业结构向政策期望的方向变动。

[27] 张昊．地区间生产分工与市场统一度测算：“价格法”再探讨．世界经济．2020（04）．

利用价格指数数据测算跨地区交易成本、衡量市场分割度的“价格法”建立在各地同时生产多种商品并形成套利均衡的基础之上。而在地区间形成生产分工时，通过地区间价差的动态波动特征考察供求联系决定的商流活动对价格变化是否灵敏，能够更加综合地反映市场整合程度。该文基于国家发改委价格监测中心2006～2017年中国近100个地级市、10大类57种商品的旬度价格数据，采用多种方法测算市场分割度并根据其原理进行比较印证，结果表明地区间生产分工深化的特征确实存在。进一步考察省际边界效应，发现运输距离等决定的交易成本对市场统一的妨碍正在减小，而地区间软环境的差异却未能同步改善。因此，未来研究应更关注地区间市场联动及其中的隐性壁垒问题。

[28] 周清香，何爱平．环境规制能否助推黄河流域高质量发展．财经科学．2020（06）．

该文从动力转换、结构优化、成果共享、环境保护4个维度构建黄河流域高质量发展综合评价指标体系，通过理论阐释和实证分析发现，总体来看，环境规制能够显著促进黄河流域高质量发展，二者之间呈现倒“U”型关系。目前，环境规制强度处于门槛值左侧，环境规制强度的增加对推进黄河流域高质量发展具有显著助推作用；从分维度指标来看，环境规制有助于动力转换、结构升级以及成果共享，但对环境改善的促进作用并不显著，说明黄河流域生态环境脆弱是制约高质量发展的重要因素，应该加强生态保护与治理。进一步从区域异质性来看，上游地区环境规制强度的增加对高质量发展并未产生显著影响。中、下游地区环境规制与高质量发展之间存在倒“U”型关系。

[29] 祝志勇，刘昊．市场分割、地区异质性与经济增长质量．改革．2020（04）．

该文通过对市场分割对经济增长质量的影响机制的理论分析，以及就不同类型市场分割对我国地区经济增长质量的影响的实证分析，结果显示：东部地区商品市场的分割对经济增长质量的不利影响程度较大，资本市场的分割是中部和东北地区经济增长质量的主要影响因素，西部地区则受到多类型市场分割的共同影响。为此，我国应当健全区域协调发展的政策体系，把基本经济制度优势转化为区域协调发展的治理效能，落实公平竞争审查制度、市场准入负面清单制度，建立统一开放、竞争有序的市场体系；各地区应当发挥自身比较优势，合理分工，在聚集过程中走向新的平衡，进一步优化营商环境，减少对资源配置的直接干预，实现区域高质量发展。

第四部分

重要学术著作观点摘要

2018 年

[1] **高伟娜著．垄断行业普遍服务机制与管制政策研究，中国社会科学出版社．2018.**

普遍服务是指由政府制定政策，企业负责执行，确保所有用户都能以合理的价格获得可靠的、持续的、基本的产品或服务。20 世纪 90 年代以来，“打破垄断，促进竞争”成为中国垄断行业改革的主旋律。垄断行业在引入竞争、提高效率的同时，也引发了一些新问题，其中最主要的问题是如何实现垄断行业的普遍服务。为了实现普遍服务，迫切需要建立与垄断行业改革进程相一致的普遍服务机制与制度。

在垄断行业改革进程中，我国需要借鉴经济发达国家的普遍服务研究和实践，以制定符合我国垄断行业的普遍服务机制与政策。本书以垄断行业的普遍服务机制与管制政策为研究对象，对垄断行业的改革进程和普遍服务机制进行系统研究，并提出垄断行业普遍服务管制的政策建议，为加强垄断行业普遍服务管制提供理论依据。本书对垄断行业的普遍服务机制与管制政策做了系统研究和积极探索，努力在以下五个方面有所创新：

第一，对普遍服务的相关理论进行系统梳理，为普遍服务研究提供基本的理论基础。本书归纳提出公共产品理论、自然垄断理论、责任理论和外部性理论是普遍服务的理论基础。垄断行业提供的产品和服务具有准公共产品性，普遍服务是为了实现公共利益而实施的一项收入再分配政策；普遍服务是政府管制的一个重要内容，对垄断行业不同阶段，政府采用自然垄断管制、亲贫管制和统一定价管制等配合普遍服务政策；普遍服务的责任主体是政府，实施主体是企业；普遍服务机制的选择是实现社会福利最大化的关键，在普遍服务实施过程中，机制设计理论、激励相容理论、和谐社会建设等都为普遍服务机制的选择提供了理论依据。

第二，从历史和发展角度，提出普遍服务的三种阶段性实现机制。垄断行业最适应的普遍服务机制与其管理体制改革的进程高度相关。垄断结构时期，普遍服务的最优实现机制是交叉补贴；政府财政支持时期，普遍服务的最优实现机制是财政补贴；竞争市场结构时期，普遍服务的最优实现机制是普遍服务基金。本书构建了这三种普遍服务机制的模型，分析了三种普遍服务机制运行的基础，归纳了三种机制运行的本质特征，识别了三种普遍服务机制面临的挑战。

第三，对普遍服务基金在我国作为主导性机制的应用前景做了预测。中国垄断行业的传统体制是国有企业垄断经营，基于垄断和国有条件下的普遍服务机制主要是交叉补贴和财政补贴。普遍服务基金是与市场经济相适应的一种普遍服务机制。中国经济体制 40 年的改革，市场经济体制基本形成，实现了以市场为主的资源配置机制，普遍服务基金发挥作用的基础条件逐渐成熟。本书认为建立符合国际惯例的普遍服务基金机制，将是中国解决垄断行业普遍服务的主导机制。

第四，设计了符合我国特色的普遍服务基金管理制度和运行机制。我国垄断行业所处的外部环境与发达国家有很大不同，不能简单地照搬国外的普遍服务基金机制。我国垄断行业普遍服务的实施主体通常是国有企业，垄断行业有随价格征收政府性基金的先例。因此，本书提出应尽快设立垄断行业普遍服务基金，普遍服务基金的收缴和拨付纳入国家财政管理体制，建立普遍服务基金的国库集中收付制度。普遍服务基金直接上缴国库，基金由国库直接拨付给普遍服务实施主体或低收入用户。同时建立普遍服务基金的管理机构，配合财政部门做好普遍服务基金的申请、拨付等业务。

第五，研究了我国典型垄断行业的普遍服务与管制对策。垄断行业的普遍服务研究集中在电信、邮政、电力等行业，借鉴经济发达国家的普遍服务经验，积累了丰富的理论研究成果。水务行业的普遍服务研究还十分薄弱，鲜有以自来水普遍服务或污水处理普遍服务为研究对象的成果。本书对电信、电力、供水和污水处理四个垄断行业普遍服务进行了系统深入的研究。根据各行业普遍服务的现状，发现各行业普遍服务存在的问题，并提出了相应的普遍服务管制政策。

［2］李世杰著．跨国公司垄断势力纵向传导机制及规制研究，经济科学出版社．2018.

本书在既有文献关于RPM问题的研究成果基础上，以中国反垄断规制实践为时代背景，以在华跨国公司价格垄断行为为研究对象；在关键概念界定与经典文献回顾、评述基础上，解析上游制造商RPM植入过程中的合作策略与非合作策略。进一步，本书分析跨国公司垄断势力纵向传导的内在动力来源与外部动力来源，探讨在跨国公司坚持植入RPM策略下本土零售商的参与激励。本书聚焦于跨国汽车厂商RPM策略，考察不同种定价机制下，无约束建议零售价和RPM口头协议对进口汽车产业链利润分成情况及其对本土消费者的福利影响。本书从本土消费者消费参考依赖偏好入手，构建在华跨国制造商RPM策略下消费者偏好对市场竞争影响的解释模型。在理论构建基础上，本书还拟借助中国产业实践的规制案例来印证模型的主要结论，并结合多案例分析工作，反思当前政府反垄断规制效果及过程中存在的不足。本书内容结构安排如下：

第1章，导论。本章介绍研究问题的理论背景与现实情境，呈现在华跨国公司以RPM为核心的垄断定价策略造成中国本土消费者福利损失的严重情况，指出研究在华跨国制造商向下游零售商传递垄断势力后果的必要性与紧迫性。进而本章还阐述了该选题的研究意义、研究思路及本书研究技术路线。

第2章，相关概念与文献评述。本章从基础概念入手，回顾了RPM概念的由来，以及厂商RPM行为规制的早期案例；对与RPM关系紧密建议零售价、市场垄断势力的内涵及理论认识进行文献梳理。在此基础上，本书对相关前沿文献进行评述，阐述在华跨国公司RPM行为的后果及规制必要性；并关注跨国公司向下植入RPM，迫使中国本土零售商以广告等形式强化引导本土消费者对国际品牌产品的购买决策，故而有必要引入消费者偏好，以尝试在华跨国公司垄断势力纵向传导的机制问题。

第3章，上游制造商转售价格控制策略实施动因及规制初步探讨。本章基于上游制造商合作与非合作两种类型的RPM策略选择，从理论层面探讨了上游制造商RPM策略的实施动因。进而，基于现有的国内外反垄断规制案件判决的实践基准，针对上游制造商合作策略与非合作策略的差异，将RPM策略的规制路径分别解析为惩戒式规制路径、焦点式规制路径和豁免式规制路径，以试图给出针对不同RPM策略的一般性规制路径。

第4章，跨国公司垄断势力传导动力与本土零售商参与激励。本章内容着重探讨在华跨国公司垄断势力沿产业链向下传导的动力来源与本土零售商的参与激励。处于顶端或前端的跨国厂商凭借RPM策略沿产业链向下游传导垄断势力，受到哪些动力驱动？处于中间环节但也是关键环节的零售商参与纵向传导经济激励何在，零售商是否完全被动地接受RPM策略，又是如何实现自身的利益动机，这些问题在本章内容中得到初步探讨。此外，本章还将分别分析不同情形下的消费者福利情况。

第5章，本土零售商服务与跨国汽车厂商纵向控制机理。鉴于高档进口汽车行业存在严重的纵向价格垄断现象，本章研究对象聚焦于跨国高档汽车厂商，并把本土零售商提供产品服务引入研究视野，设计、构造上下游厂商连续垄断市场结构的纵向关系博弈模型，据此分别考察RPM策略与两部收费制两种定价机下，无约束建议零售价和RPM口头协议对进口汽车产业链利润分成情况，及其对本土消费者福利的影响。

第6章，建议零售价、消费者偏好与在华跨国厂商垄断势力传导。中国本土消费者对国外产品存在强烈品牌偏好。本章将从中国本土消费者的消费参考依赖偏好入手，构建在华跨国制造商RPM策略下消费者偏好对市场竞争影响的数理模型，分别考察跨国制造商在两部收费制和转售价格控制（RPM）两类定价机制下的模型均衡。在理论模型的基础上，还拟借助中国产业实践的双案例来印证模型结论。

第 7 章，在华高档汽车厂商 RPM 实施及规制的案例分析。跨国公司垄断势力纵向传导机制的模型研究结论尚需要实践案例的印证。本章将借助调研案例信息回顾和案情分析，解释跨国汽车厂商在中国市场形成和巩固其垄断势力的基本过程与策略性行为表现，印证前述各章对跨国公司基于 RPM 植入向中国市场传导其垄断势力的主要研究结论；并结合多案例分析工作，讨论当前政府反垄断规制效果及过程中存在的不足。

第 8 章，研究结论与政策建议。本章概括性总结全书的主要研究结论，并针对中国当前的反垄断规制现状，分别针对反垄断法立法机构和规制执行部门，提出若干适用性政策建议，以供相关政府部门决策参考。此外还反思本书尚存在的不足与局限性，并明确今后的主要研究方向。

[3] 丁茂中著．竞争中立政策研究，法律出版社．2018.

竞争中立，按照媒体所言，是美国国务院负责经济、能源和农业事务的副国务卿罗伯特·霍尔马茨在纽约外国记者中心举行的发布会上提及的概念，意思是使竞争不受外来因素的干扰，其核心是对现有国际经济规则进行更新和调整，以弥补现有国际经济规则无法保证国有企业和私营企业公平竞争的缺陷。竞争中立逐步与政策、框架等联系在一起成为中国官方与民间社会各界关注的重大问题。

党的十八届三中全会审议通过的《中共中央关于全面深化改革若干重大问题的决定》开创性地提出：经济体制改革是全面深化改革的重点，核心问题是处理好政府和市场的关系，使市场在资源配置中起决定性作用和更好发挥政府作用。就内容而言，使市场在资源配置中起决定性作用和更好地发挥政府作用实质就是要求政府在干预市场过程中更加保持合理的中立性。

市场经济要求市场在资源配置中起决定性作用，竞争是市场的核心机制。没有竞争，也就无所谓市场，更遑论市场经济。政策文件、法律文本上的“市场经济”，并不必然意味着市场或竞争能够在现实的资源配置中发挥积极作用。对于尚处于转型期的中国来说，计划经济的一些习惯，仍残留在经济政策制定的过程之中，或隐或显地影响或干扰着经济运行，其典型体现便是坊间所称的“行政垄断”。这不仅损害市场公平竞争，也损害市场运行效率。与此同时，竞争的自我毁坏性在我国市场经济运行中也不可避免。如何有效规制垄断便成为市场经济运行中不可回避的话题。1993 年出台的《反不正当竞争法》和 2007 年颁布的《反垄断法》相继成为我国打击垄断、保护竞争的法制支撑，在矫正竞争扭曲行为、维护市场竞争秩序方面发挥了不容忽视的效用。但我国改革进入深水区之时面临包括体制、机制在内的诸多束缚和挑战，显然已不是反垄断法所能承载之重，需将竞争政策与法律置于中国全面深化改革的时代大背景之下整体考量、全面筹划。

在欧美成熟市场经济法域，丰富的反垄断理论学说与实践经验的积累，源自制度与市场长时期的共同演进。而在中国，反垄断法诞生伊始就面临着浓缩的改革大时代和迭代的经济新潮流，既要夯实制度基础、因应改革变局，又要立足理论前沿、迎接未来挑战。为此，与之相关的竞争政策与立法的基础性、系统性和前沿性、开创性的研究都亟待充实。当前，竞争政策与法律所处的宏观环境是动态的。正推进着的全面深化改革战略，不仅从制度层面上不断改变着现行的制度与规范体系，更改变着制度所处的环境，需要研究动态之下的制度把握与应用。唯有宏观把握竞争政策与产业政策作为经济发展政策工具选择的优劣、消长，方能从容布置规划，为经济改革的路径选择、制度设计和政策制定建言献策。与此同时，反垄断法的不确定性也呼唤理论与实践的深化。这种不确定性由多种因素促成，既有规范文字的原则抽象，也有垄断行为的千变万化，更有市场情势的瞬息万变。也正是因为这种不确定性，使反垄断法适用极具技术性、专业性，无论是具体实务还是理论探讨，无不需要跨领域、跨学科的多角度、多层次深入思考、比较分析、潜心研究，借鉴和吸取域外有益经验，总结和归纳国内反垄断实践之得失。竞争政策与反垄断法不是停留在政策与法律文本的字里行间，而是要落地、生根，在政策实施与法律适用中方能获得生命。脱离实际、远离中国市场竞争的竞争政策与法律研究注定是灰色的。该领域的研究不仅要着眼于竞争政策与反垄断法深层次的理论追寻，更要善于把握现实中的实践需求，如当下的公平竞争审查、执法机制与程序完善、创新与反垄断等问题，深入挖掘、扎实研究，小心求证、谨慎结论。唯有如此，竞争政策与法律研究在中国方可开花、结果。

［4］朱海波著．三网融合竞争与规制，社会科学文献出版社．2018.

三网融合产业是由电信网、广播电视网和互联网融合而来的新型产业，主要涵盖互联网宽带接入、视听节目内容、语音通信三大类业务。本书分析了三网融合产业的多重属性，运用产业组织理论，论证了三网融合的产业市场结构、企业市场行为、产业市场绩效及竞争有效性，并据此提出了相应的规制和政策建议。

关于三网融合产业的市场结构分析表明，互联网宽带接入和语音通信业务的市场结构属于高寡占型，视听节目内容业务属于低寡占型，都处于寡头垄断的阶段。在互联网宽带接入市场中，广播电视网络企业和互联网企业作为后入者，市场竞争力相对较弱，难以对基础电信企业形成实质性冲击；在视听节目内容方面，IPTV、OTTTV 与有线电视形成了较为接近的同质化竞争，网络视频则形成差异化竞争，因此视听节目内容的竞争日趋激烈；在语音通信方面，各企业服务基本趋同，虽然引入了移动通信转售企业，但仍以基础电信企业为主。此外，三网融合产业具有显著的市场准入壁垒、网络和内容建设资金壁垒，也具有较大的市场消费空间。

关于三网融合竞争的企业市场行为分析表明，三网融合竞争的企业市场行为主要包括定价和兼并两类市场竞争行为。在网络接入定价方面，基础电信企业作为纵向一体化的骨干网络提供商，当其下游宽带接入业务的成本较其他独立 ISP 具有优势时，则会对下游 ISP 实行接入价格歧视和接入排斥。在视听节目内容定价方面，产品定价行为与产品差异化高度相关，有线电视与 IPTV、OTTTV 产品差异化较小，三者的定价行为相关性较高。而网络视频差异化较大，定价行为较为独立。在市场兼并方面，基础电信企业的重组、广播电视网络企业的整合和互联网企业的并购等，强化了垄断企业的市场支配力量，提升了小企业的规模经济和范围经济效益，也改变了市场进入壁垒。

关于三网融合产业的市场绩效分析表明，其市场绩效尚未达到理想状态。从资源配置效率来看，网络融合促进了消费者剩余的增加和生产者剩余的减少，社会总剩余也有所增加，但各子行业、各企业的利润率却不尽相同。从规模结构效率来看，不同行业、不同企业的效率水平差异较大。从技术进步水平来看，基础电信企业是推动产业技术进步的主要力量，但其研发投入的力度仍然不够。

基于有效竞争衡量标准，本书认为中国三网融合尚未实现有效竞争。究其原因，一方面，在垄断型的市场结构下难以形成较高的市场绩效；另一方面，较强的意识形态、文化属性又制约了产业发展水平。

本书各章节主要内容如下所示：

第一章，绪论。本章主要阐述论文的研究背景及意义；对国内外关于三网融合的产业竞争、产业规制等方面的文献进行梳理，在此基础上进一步明确本书值得深入研究的突破点；对产业组织理论进行综述；说明本书研究方法和研究思路；提出本书的主要研究内容及研究重点；介绍本书的创新点。

第二章，三网融合产业的边界及属性。本章主要论述三网融合的内涵，运用产业边界、产业融合理论论证三网融合产业的边界；对三网融合产业的经济特性、意识形态属性、文化属性、科技属性进行分析，并论述电信普遍服务和广播电视公共服务的内涵。

第三章，全球三网融合的演进路径。本章先后介绍主要发达国家及中国的三网融合发展历程、产业发展情况、产业规制情况。

第四章，三网融合产业的市场结构。本章按照产业组织理论中市场结构的分析范式，通过对相关指标的实证分析，得出三网融合产业中互联网宽带接入、视听节目内容、语音通信等主要业务的市场结构情况，并对影响市场结构的市场集中度、产品差异化、进入和退出壁垒、市场增长需求等因素进行分析。

第五章，三网融合竞争的企业市场行为。本章按照产业组织理论中市场行为的分析范式，通过建模及实证分析，分别对三网融合竞争的网络接入定价行为、视听节目内容定价行为、市场兼并行为等市场竞争行为，以及有关市场协调行为进行分析。

第六章，三网融合产业的市场绩效。本章按照产业组织理论中市场绩效的分析范式，通过建模及实证分析，对当前三网融合产业的资源配置效率、规模结构效率、技术进步水平三个因素进行评估分析。

第七章，三网融合竞争的规制与发展建议。按照有效竞争理论，对三网融合竞争的有效性进行评价，对其影响因素进行剖析。在此基础上，提出相应的促进三网融合竞争的产业规制、规制机构演变等建议。

第八章，结论与展望。全面总结本书的研究结论，并提出本领域下一步值得关注的研究方向。

[5] 何中兵著．集群企业共享经济环境规制与集群价值共创路径研究，中国经济出版社．2018.

共享经济将改变人类未来的生活方式。在我国，共享经济是实现新旧功能转化、形成新业态、促进传统产业升级的重要途径。共享经济还可以突破产权约束，提高社会资源的配置效果，缩短社会等级差别，改善社会财富分配不均的状况，促进社会和谐与稳定。发展共享经济具有重要的经济意义和社会意义。

研究表明，共享经济的可持续发展面临着一些较为严重的问题。比如，作为准公共品的共享物品破坏严重，负的经济外部性突出，基于市场机制自发形成的共享经济自身也具有不可克服的缺陷。引导共享经济发展，需要发挥“有形之手”的作用，健全公共服务体系，规范市场机制，提高对共享经济过程的监督与控制。构建共享经济的环境规制体系至关重要。

共享经济可持续发展的核心在于企业共享经济模式的可持续发展能力。企业的共享经济模式打破了传统商业模式的束缚，通过互联网平台识别并创造用户价值，在动态的企业生态网络中实现价值转化，并通过有效的价值链治理维系或调整利益相关者结构。探求共享经济可持续发展模式，不能局限于平台方的利润获取，还需依法依规保障供给方和需求方的合法权利，实现多赢局面。因此，宏观层面和中观层面的共享经济可持续发展问题与微观层面的企业共享经济模式的可持续发展能力之间存在着内在的必然联系。

主流共享经济理论中有三种理论：交易成本理论、协同消费理论和多边市场理论。运用这些理论可以分别解释共享经济行为产生的诱因、动机以及实现共享产品或服务交易的市场特征。这些理论只能从一个或几个研究视角解释共享经济或企业共享经济模式中存在的问题，无法系统阐释共享经济或企业共享经济模式的可持续发展机理。在原有主流理论的基础上，有必要通过系统分析企业共享经济环境规制、共享经济路径选择以及共享经济效益之间的内在联系，阐释企业共享经济模式可持续能力的形成机理与治理机制。

产业集群是现代经济的主要表现形式，集群企业必将成为现代企业的组织方式。因此，要实证研究与拓展一般性的企业共享经济理论，可以把集群企业共享经济模式作为首选研究对象。

从选址动机、协同方式以及集群网络治理的特点分析，集群企业战略模式可以纳入企业共享经济模式范畴。理由如下：第一，降低交易成本是集群企业选址和共享产业聚合优势的主要动因；第二，集群企业的集群营销、协同生产、协同创新的动机和合作方式与协同消费具有相似的行为逻辑；第三，集群网络也具有多边市场机制，数字化平台在集群时空范围内具有更为有效的治理机制。实证研究进一步证明，共享经济环境诱因与共享途径中含有集群因素，而且共享经济的实施具有创造性破坏的过程特征，对原有经济结构、产业形态和演进趋势均具有显著影响。因此，集群企业共享经济模式的环境规制机制与战略选择之间存在内在联系。

当集群企业战略纳入企业共享经济范畴后，集群企业共享经济诱因、产生共享经济环境约束以及共享经济可持续发展的战略路径之间便产生了依赖关系。集群企业利益相关者可以通过多边或双边治理机制影响企业选择共享经济的环境诱因、共享渠道以及利益分配机制。集群企业共享经济模式则影响产业集群资源配置、产业结构、竞争态势以及由此形成的演进趋势。产业集群的网络集群环境规制与集群企业共享经济模式相互作用，影响集群共享经济的可持续发展能力。

本书采用跨学科研究范式，在“结构——行为——绩效”架构下，系统研究集群企业共享经济模式的集群环境规制力量、实施共享经济的战略路径、组织设计以及由此产生的可持续发展能力。通过理论的整合与深化，形成了阐释集群企业共享经济的新概念和新命题，从而在产业集群时空中发展和完善企业共享经济理论。

［6］申坤著．中国烟草业规制问题研究——原因、措施与影响，社会科学文献出版社．2018.

本书以烟草业为研究对象，基于实地调查数据，主要利用产业经济学和流通经济学相关理论，结合计量经济学和博弈论进行分析，实现了理论和实践的有机结合，弥补了烟草业实证研究匮乏的不足，希望能够进一步发展相关理论和模型，使其更加符合中国国情。本书的基本内容如下：

第一章，引言。介绍本书的选题背景与意义、相关概念、主要内容和研究方法、创新与不足以及结构框架。

第二章，文献综述。通过对所涉及的理论和国内外相关研究进行梳理，在前人研究的基础上进行更加深入细致的研究，以发现存在的不足并加以完善。

第三章，中国烟草业的发展现状。首先，介绍中国烟草业发展的国际化背景、国际烟草形势以及四大跨国烟草企业和两大跨国烟叶公司的情况。其次，分析中国烟草业的生产和流通现状，认为中国烟草业虽然在适种面积和品种上具有优势，并拥有巨大的卷烟产销量和全世界最多的烟民，但也存在烟草质量普遍不高、国际市场竞争力较弱、生产及流通缺乏激励、研发创新不足和人力资源匮乏等问题，其中最严重的是走私烟和假烟问题。再次，指出中国加入 WTO 及签署《烟草控制框架公约》后烟草业面临的机遇和挑战。最后，利用 SC 框架分析中国烟草业的产业特征，发现烟草市场集中度较低，具有严格的进入和退出壁垒，还实行许可证制度，产品种类繁多且以品牌取胜，并具有税收效应，而对应的市场行为主要是垄断、收购兼并、变相广告和努力研发等。

第四章，中国烟草业规制的原因、措施与演进。首先，分析中国烟草业规制的原因，主要包括烟草具有负外部性、烟草批发市场混乱、烟叶的盲目种植与收购、烟草业存在极强的市场势力并造成社会福利净损失、政府对烟草业严重依赖等。同时，结合原始—对偶索洛残差法和新实证产业组织法测度烟草业的市场势力，采用最高限估计法计算其造成的社会福利净损失，结果证明烟草业确实存在较高的市场势力和净损失，而且净损失呈现逐年递增的趋势。其次，讨论中国烟草业生产领域的相关规制措施、烟草流通的概念及其发展的六个阶段、烟草流通现状及相关规制措施、现阶段四大跨国烟草公司的流通战略等。再次，结合中国烟草业的发展史，介绍相关规制措施的历史演进。最后，介绍美国、日本、欧盟等国家或地区烟草业规制的历史和现状，并提出这些国家或地区在坚持市场化运作、规范化和法治化建设、严控青少年吸烟和“二手烟”，以及国家扶持等方面的法律措施很值得我国借鉴，而出现的烟草企业干预政治经济生活的现象则需要引起重视并加以防范。

第五章，中国烟草业规制的影响。基于实证的角度，首先，利用 PLS－SEM 模型研究规制对我国烟草生产的影响，测度内外部因素的影响程度，发现烟叶税的影响最大。其次，通过 X 烟草的数据来分析规制对我国烟草企业流通竞争力的影响，结合主成分分析法和偏最小二乘法，发现资本结构、人力资本和研发等的影响显著，同时揭示了流通竞争力和地方财政相互促进的现状。再次，采取最优规划法分析规制执行者内部的信息不对称问题，利用博弈论分析规制产生的烟草零售商困境以及地区流通困境，讨论烟草零售商之间的“价格战”以及烟草企业与地方政府之间、地方政府之间、省域烟草企业之间的行为决策。最后，利用博弈论分析了烟草业规制虽然在控烟和维护烟农利益方面具有积极作用，但也带来了烟叶种植面积不减反增的不利影响。此外，通过云南省玉溪市的案例来分析烟草业规制的“双控”政策效应，讨论其带来的积极导向作用和不利影响。

第六章，中国烟草业规制存在的问题分析。首先，讨论国家烟草专卖制度存在的问题，分析烟草业规制的政策悖论。其次，分析烟农受到的双重“剥削”：一是烟草专卖局（公司）在烟草收购环节的“剥削”，二是政府税收的“剥削”。再次，讨论烟草税设置和征收的不合理性，并分析烟草业规制中的信息不对称以及寻租、套利和非法交易等问题。最后，讨论地方保护主义现象，它虽然阻碍了我国烟草业的兼并重组和烟草制品的自由流通，但也实现了地方烟草企业和地区经济的“双赢”。

第七章，结论、政策建议与展望。本章是全书的总结，提出有针对性的政策建议，并对今后的研究进行展望，方便学者们做进一步研究。

［7］段礼乐著．市场规制工具研究，清华大学出版社．2018.

本书将市场规制工具作为研究对象，通过对市场规制工具的制度重化、功能优劣、匹配性、工具创新和组合运用等问题的研究，构建市场规制工具选取和运用的基本框架，进而深化对市场规制的研究。

根据研究背景、研究方法、研究范围和研究目的，本书分为以下八章：

第一章重点研究市场规制工具的基本理论问题，总结市场规制工具的基本内涵，从理论和实践两个方面阐述市场规制工具在经济法中的体系地位。规制工具在市场规制中具有基础性地位，它贯穿于市场规制过程并影响规制效果。同时，规制工具研究以问题为导向，可以沟通经济法理论与制度，提高经济法理论的解释力和科学性，促进经济法理论的自足。

第二章研究市场规制工具的制度生成以及不同制度之间的关联与分野。市场有其自身的运作规律，市场主体是其自身利益的最佳判断者。一般而言，市场无须公权干预就能获得良性运行并取得良好的经济绩效。因此，市场经济体制下，民法永远是市场的基础性制度之一。对市场问题的规制有多种方式，采用规制工具干预市场运行只是其中的方法之一，如果通过市场主体的自主行为可以解决市场失灵问题，规制就是不必要的。

第三章研究市场规制工具的类型化。市场失灵问题的类型和程度随着市场演化而呈现动态性。相应地，经济法中的市场规制工具也必定是多样化的。主体和强度是判别市场规制工具类型的主要维度。不同主体的参与可以改变规制工具的性质，而强度也是划分规制工具类型的主要标准。

第四章研究市场规制工具的匹配性。市场失灵问题和市场规制工具多种多样，针对某类市场失灵应采用何种规制工具对解决问题具有重要意义，此时就需要针对市场失灵和规制工具之间展开匹配性分析。规制工具与市场问题之间的匹配是有效规制的基础，其中重点研究公权能力、资源约束、市场状况等因素对市场规制工具匹配性的影响。

第五章研究市场规制工具的制度创新。中国的市场经济实践具有特殊性，这和我国转轨经济的阶段性特征具有密切关联，因此，市场规制既是对一般性的市场失灵问题的解决，也是对中国特有的市场问题的介入。针对这些特殊性，本书研究市场转型背景下规制工具的创新问题，探索我国规制工具创新的基本框架和可行路径。

第六章研究信息维度的市场规制工具。运用信息经济学的研究方法，重新阐释了羞辱性执法这一规制工具在经济法中的应用价值。羞辱具有信号生产和信息传递的作用，增强统治者对社会的掌控力，从而形成符合其利益的社会秩序，成为组织社会的工具。作为一种重要的责任实现方式，羞辱可以在制度实践和法律体系中确立其独立地位，以替代某些法律责任，降低责任的实现成本，满足法律所要求的损失填补功能。这种规制工具的创新具有重要的理论意义和实践价值，可以作为市场规制工具创新的典型形式，为经济法的实施探索可行的制度路径。

第七章以食品安全风险交流为例，研究了市场规制工具的制度整合。在食品安全治理中，需要超越公权机构的单一视角，避免传统研究中“放松规制”或“强化规制”这种简单化的思维模式。通过在食品安全治理中引入风险交流机制，将社会共治涉及的相关主体都纳入制度视野，丰富制度设计的内涵，分析不同主体的制度角色和制度权能，完善食品安全治理模式。

第八章，对金融市场规制工具的研究扩展了规制工具的应用范围，可以对市场规制工具的基本理论进行制度检验。金融市场规制具有一定的独特性，主要体现为金融市场是一个信息高度不对称的市场，并且，金融市场存在非理性的情形，会加重金融市场规制的复杂性。金融市场规制也会受制于宏观经济环境和金融政策，而呈现出一定的政策色彩，这些都会对金融市场规制及规制工具的运用带来影响。金融市场的专业性对规制提出了较高的要求。互联网金融的发展也为金融市场规制带来挑战。

［8］戈峻，刘维著．创新与规制的边界——科技创新的政策法规调节之道，法律出版社．2018.

本书初稿刚刚完成的时候，在美国和中国，两个和本书所涉及的诸多话题密切相关的事件几乎同时发生了——脸书（Facebook）CEO 扎克伯格在美国国会听证会上就滥用消费者数据、脸书内容失控并对消费者权益保护不足表示“全是我的错”，并诚恳道歉；在中国，头条新闻 CEO 张一鸣就“内涵段子”所涉内容有违中国社会主义核心价值观发布公开信道歉，表示“产品走错了路，所有责任在我”，并承诺永久关闭该栏目。中外两家互联网巨头，两位年轻的企业领袖，分别就其企业行为向政府、社会、员工和消费者承认错误并致歉，事件看似巧合，但个中涉及的问题耐人寻味。

普通消费者也许还在对上述两位互联网时代的精英敢于放下身段、撕破看似永远先进的商业模式和技术贵族的面纱、承诺改进商业行为的点点滴滴津津乐道，但对世界上大多数高科技和互联网企业的领导者而言，上面的故事显得并不那么轻松和有趣，两家公司的所作所为及其相关听证、道歉中所牵涉的政策法律问题及预示的未来趋势，实在是太有指导价值了。

就企业而言，被称为史上最严格的欧盟《一般数据保护条例》（General Data Protection Regulation，GDPR）2018 年 5 月生效。各大跨国公司纷纷投入人力物力研究商业模式调整和合规经营问题。根据 GDPR，即使是非欧盟成员国的公司（包括免费服务），只要满足下列两个条件之一：（1）为了向欧盟境内可识别的自然人提供商品和服务而收集、处理他们的信息；（2）为了监控欧盟境内可识别的自然人的活动而收集、处理他们的信息，该公司就受到 GDPR 的管辖。如果没有满足 GDPR 设定的合规义务，企业面临的罚款标准是“一般违规政罚款的上限是 1000 万欧元或该企业上一财年全球年度营业总额的 2%（以较高者为准）”“严重违规行政罚款的上限是 2000 万欧元或该企业上一财年全球年度营业总额的 4%（以较高者为准）”。

同样，在中国，继《网络安全法》于 2017 年开始实施后，大量配套的政策法规也应运而生，而中国版的《数据保护法》也在孕育之中，其出台实施指日可待。中外高科技企业很快会发现，它们自改革开放以来在中国经历的营商环境将再一次发生巨大变化，互联网法律“蛮荒”和“自律”年代将一去不复返，它们所要面对的是一个远超技术层面，商业、政策、法律、道德、伦理、责任、消费者权益等多层面问题交织，需要综合考量和平衡的营商环境。

上面谈及的两个企业看似仅是互联网企业，或再宽一点来看，是高科技企业。所以，所谓营商环境的变化仅仅影响一小部分企业罢了，人们何必大惊小怪？传统产业和其他新兴产业照样可以稳坐钓鱼船，或做“吃瓜的群众”？其实不然。扎克伯格在国会听证会上面临诸多棘手问题，其中一个问题就是脸书属于什么企业？是互联网、数据处理、云服务、广告、电子商务、金融、媒体还是其他？当今时代几乎所有企业都在触网，因此，不了解网络和科技行业规则和潜在问题的话，对企业来说会存在重大风险。另外，由于技术发展迅速、渗透力极强，技术应用几乎是所有企业和实体的不二选择，不管是主动的还是被动的。

然而对这些问题和标准解决方案要做出一部教科书般的全面论述又谈何容易。技术的发展和其商业应用日新月异，政策法律制定者、执法者、司法者、学者和其他从业者普遍感到力不从心，气喘吁吁地追赶也往往不得要领。我们还常常看到，许多为实现某一社会价值的政策法律的实施还对技术创新发展带来了不成比例的成本。

在这样的背景下，要找到能够解决问题的普遍适用的政策法律具体方案几乎是不可能的。然而，从更高的层面看，一系列决定政策法律取向的宏观和微观的因素和矛盾却是可以去梳理和总结的。这些因素和矛盾的合理分析也许能够帮助科技乃至更宽广的产业价值链上的各个参与者找到各自存在的平衡点。本书试图去完成这样的工作。

[9] 谭秀杰著．气候规制与国际贸易：经济、法律、制度视角，人民出版社．2018.

气候变化是全人类面临的共同挑战，国际贸易是也是世界经济增长的强劲动力，两者的任何关系都会成为国际政治、经济领域的焦点问题。多边气候协议确立了共同但有区别责任原则，在该原则下各国制定的气候规制存在强弱差异。这引发了严格气候规制国家对贸易、投资、碳排放转移等的担忧，气候规制与国际贸易的冲突与协调迅速成为气候谈判和学术研究的热点。气候规制与国际贸易的研究包含着许多前沿的理论问题，而且我国既是第一贸易大国也是温室气体排放最多的国家，因而该研究对我国具有重要的理论意义和现实价值。为此，本书从三大方面展开了论述：

第一，竞争力问题和碳泄漏问题的理论和实证。理论上，竞争力问题和碳泄漏问题既存在理论支持，也面临理论挑战。“污染避难所”理论虽然支持了竞争力问题，但是其本身也面临着“波特假说”“资本—劳动力假说”等理论的挑战。碳泄漏的机制主要包括竞争力渠道、需求渠道和能源渠道，其中竞争力渠道最为重要，因而竞争力问题也可以看作碳泄漏的一个方面。同时，碳泄漏也存在一些相反的渠道，如生产侧的要素投入变动、诱导技术进步和外溢效应，以及需求侧的消费替代效应和收入效应。对竞争力问题和碳泄漏问题的检验大致分为两类：事前模拟研究和事后实证研究。模拟研究往往发现存在竞争力问题或碳泄漏问题，而实证研究多数并未发现这两个问题存在的可靠证据。本书引入衡量各国气候规制强弱的指标，采用投资区位选择模型和贸易引力模型进行实证研究，并未在国际投资领域或国际贸易领域发现竞争力问题。随后本书还基于可计算一般均衡模型构建了碳泄漏渠道的分解框架，并以湖北碳交易试点为例进行了模拟，结果显示存在碳泄漏问题。综上，竞争力问题和碳泄漏问题的理论基础面临挑战，而相关检验的结论也存在分歧。

第二，气候贸易措施的由来、形式及合法性。虽然竞争力问题和碳泄漏问题的研究存在分歧，但是严格气候规制仍会引发对类似问题的担忧，于是“碳关税”、欧盟航空减排措施、碳标识以及气候技术壁垒等气候贸易措施逐渐受到重视。在欧美相关利益集团的推动下，气候贸易措施一方面被当作是竞争力问题和碳泄漏问题的应对措施，另一方面还被看作气候谈判的博弈手段。然而，气候贸易措施普遍存在法律争议和不确定性，尤其是涉及世界贸易组织（WTO）相关规则。“碳关税”难以适用边境调节规则，基于碳排放权交易体系的“碳关税”很可能违反一般禁止数量限制原则，而基于碳税的“碳关税”会与最惠国待遇原则相违背。在援引一般例外条款时，“碳关税”也面临较大困难。国际社会对欧盟航空减排措施是否符合国际法的分歧明显，争论从该措施诞生之初就一直不断，主要争论点包括管辖权问题、《京都议定书》有关问题、税费问题等。碳标识、气候技术壁垒并不必然违背 WTO 相关规则，其违法与否具体取决于方案实施细节的设计，而方案设计的关键在于不给国际贸易造成不必要的障碍。

第三，气候规制与国际贸易的协调。WTO 对于跨境环境问题倾向于多边解决方案，以防止单边措施对多边贸易体制的损害，但在严格符合相关规则的情况下也并不禁止单边措施。WTO 关于环境规则的模糊性为气候贸易措施提供了“灰色区域”，但真正通过 WTO 审查也并非易事。于是一些协调方案被提出，包括 WTO 框架内和框架外的方案。但这些方案要么过于理想，要么会遭到发展中国家的反对。唯一政治可行的方案是达成诸边协议。现有国际气候制度对贸易措施基本持反对态度，单边贸易措施对其构成一定挑战。在后京都气候制度中，《巴黎协定》明确反对具有对抗性、惩罚性的措施，单边气候贸易措施的合理性大为下降；但是欧盟航空减排措施不仅促成了国际航空碳抵消和减排计划，还影响到了航运业减排谈判。此外，学者们还试图更合理地划分贸易内涵碳排放责任，以此来协调气候规制与国际贸易的关系。新原则将贸易内涵碳划分给进口国或者在出口国和进口国之间分担，即消费责任原则和共担责任原则。上述原则本身具有进步意义，但是目前在理论和实践上都仅仅处于探讨阶段。

[10] 石涛著．规制视角下公益类国有企业改革及政府监管改革研究，上海人民出版社．2018.

党的十九大明确中国特色社会主义进入了新时代，确定了我国发展新的历史方位。从而也推动了国有企业改革开始新征程。中国的国有企业先后经历了放权让利、两权分离、现代企业制度建立及国资监管体系发展等阶段的改革后，实现了从传统的国有企业形态向现代国有企业形态的顺利转变，基本上实现了与市场经济的融合发展。随着社会主义市场经济的不断发展，国有企业发展中的许多深层次问题逐步暴露出来，迫切需要新的改革来解决这些问题。党的十八届三中全会提出“准确界定不同国有企业功能”，随后发布的《中共中央、国务院关于深化国有企业改革的指导意见》（简称《意见》）则对国有企业改革进行了顶层设计和全面部署，并随着 1 + N 文件的陆续出台，国有企业改革的大环境得到了极大的改善。在这次改革中，国有企业被划分为商业类国有企业和公益类国有企业两大类，从而首次实现了国有企业的分类改革，从而标志着国有企业改革从“整体式”改革进入“分类式”改革的新阶段。特别需要指出的是，党的十九大报告中关于国有企业改革的重要论述为今后一段时期国有企业改革指明了方向。

公益类国有企业在目标导向、影响力以及重要性等许多方面与商业类国有企业存在着很大的差异。特别是公益类国有企业提供的产品和服务与社会公众的生产、生活紧密相关，并且这些产品和服务具有不同程度的公益性，如果仅仅依靠市场机制则无法满足人民日益增长的美好生活需要。因此，为了确保公益类国有企业的发展满足社会公众对美好生活的需要，就不可避免地需要进行规制。西方主要发达国家先后经历了规制加强、规制放松和规制重构的改革运动，在这个改革浪潮中，围绕着“规制”先后形成了一系列的理论观点和政策措施，在这些理论和政策实践中，有一些是对市场经济规律的一般性认识，体现了在微观领域中政府和市场关系的一些基本特征，具有很强的借鉴和启发作用。因此，通过规制的视角来研究公益类国有企业：一方面，在理论方面可以通过对规制理论的理念、方式、方法深刻理解的基础上来有效地指导对公益类国有企业的改革，既防止公益类企业改革中可能过度市场化的倾向，也防止用行政手段单纯进行命令式管理。另一方面，在实践中，一些在市场经济条件下经常使用的规制战略、工具等都可以运用在公益类国有企业改革的实际操作中，从而尽量避免改革走弯路。上述方面体现了从规制的视角来审视公益类国有企业改革的基本价值所在。当然，这种探索在微观上也初步回答了政府该不该干预微观领域、什么时候干预微观领域以及如何干预微观领域等一系列重大问题，同时在宏观上有利于政府职能的调整和优化，从而实现政府和市场边界清晰化。

本书在回顾西方规制经济理论发展脉络的基础上，介绍了西方国家对公益类国有企业改革的一般性做法，以及相应监管机构的改革历程。通过规制的视角，深入分析了当前公益类国有企业改革存在的问题和面临的挑战，系统性地提出了公益类国有企业改革的基本思路、基本方式和基本工具和政策措施；考虑到网络型公益类国有企业的特殊性，对其进行了重点分析。“经济基础决定上层建筑”，当前的国资监管机构改革并不能完全适应国有企业改革的需要，因此，根据一般监管机构发展的规律性，本书对公益类国有资产和国有企业的监管制度进行了积极的探索。由于规制经济理论是西方发达国家根据本国市场经济发展的实际情况所产生的一种理论，特别是在实践中不同发达国家在对本国的公益类国有企业改革的过程中所采取的具体规制措施和规制方法来看，虽然都是按照市场规律在改革，但是都存在很大的不同。因此，本书始终强调要结合中国的实际国情来进行借鉴，防止教条式的“生搬硬套”和“理论移植”。

从整体性改革阶段到分类改革阶段，表明了国有企业改革已经进入一个相对更加精准的阶段，这就要求公益类国有企业改革既要遵循国有企业改革的一般性原则，同时加强对公益类国有企业的针对性、有效性改革措施的研究。本文在这方面进行了积极的尝试，试图在公益类国有企业改革方面有所突破。

［11］陈书全，邓宇冠著．海域资源市场化配置及政府规制研究，经济科学出版社．2018.

本研究以海域公共资源为研究对象，以海域资源的配置管理为研究内容。基于海域资源综合管理视角，以提高海域资源配置效率，兼顾公平、环境、社会效益的保障与实现，促进海域资源科学利用与海洋经济可持续发展为目标，分析海域资源市场化配置的内在机理与政府规制理论渊源，实证分析我国海域资源市场化配置管理探索实践取得的进展成效并查找分析存在的问题与不足。沿着理论构架、问题及原因分析、域外经验借鉴、制度与机制创新和实施路径构建的思路展开相关研究，从制度完善、机制健全、法律保障和监管创新等方面提出并建构系统、合理、可操作的海域资源市场化配置管理进程中如何优化、加强政府规制的政策选择和实施路径，以实现与完善市场机制与必要政府规制的有机结合。

（1）海域资源配置管理坚持市场化方式为主导，不仅具有充分的理论依据支撑，也是历史的选择和现实发展的必然要求。对海域使用权出让行为的分析表明，出让兼具行政行为和民事行为双重属性，这一方面反证了海域所有权由政府代表国家行使；另一方面也为通过民事手段出让海域使用权提供了法理依据，经济学和法社会学的研究进一步指出，海域使用权是应当出让的。在出让方式的选择上必须认识到虽然行政配置在诸如国家安全等领域不可替代，但在其他领域容易过于重视配置效率而忽视效益，与之相比招标、拍卖、挂牌出让等市场化配置出让方式更能提高资源的配置效率、优化配置结果、增加经济效益。因此，应当坚持海域资源配置一级市场出让方式以市场化为主、非市场化为辅的配置模式，确立市场化配置的核心地位。在海域资源配置二级市场中，政府已然不是资源配置的主体，更应当找准角色定位，以监管者的身份维护出租、继承、抵押等市场流转方式，并做好社会公平、生态环境等方面的监督管理工作。

（2）实证分析海域资源市场化配置取得的成就，检视查找市场化进程中存在的问题与不足。经过努力，我国在海域资源市场化配置进程中取得了长足进步和多方面成就。经济成效方面，一级市场海域使用证发放激活，海域使用金征收总额大幅增长；二级市场使用权流转不断加快，抵押、作价入股等多种市场化方式促进了海域经济的发展。社会成效方面，市场化配置有助于防范自然资源安全风险、促进海洋功能区划更加合理，并起到有效防治腐败、建设廉洁政府的重要作用。在肯定海域资源市场化配置所取得的一系列成就的同时，市场化过程中存在的问题也不容忽视，这些问题有市场本身的弊端，也有政府管理缺位带来的问题。市场自身的问题主要是市场失灵导致的经济发展与社会、环境保护之间的矛盾。结合政府管理的缺位，海域资源市场化过程中主要存在以下问题：宏观上，虽然市场化配置方式已经占据了主导地位，但政府主体思想难以根治；微观上，市场经济运行机制不健全，导致市场化配置只能在各地的摸索中徘徊，降低了市场化配置应有的效益。

（3）比较分析域外海域资源配置管理的可行性做法经验，为我国海域资源配置管理改革完善提供有益借鉴。域外沿海国家和地区的海域资源配置管理大多采用市场化模式，并结合必要的政府规制手段措施，具体体现在：首先，转变政府职能，很少直接审批海域使用权。其次，实行科学的海域资源价值评估和海域使用金制度，通过海域资源价值评估，对海域使用权合理估价，使用权出让或转让以估价为基准收取海域使用金。再次，通过发放许可证，有效监督市场配置。最后，针对多头管理的问题，有些国家设立统一的海域资源管理机构。其他半集中或分散型管理模式的国家，也逐渐意识到集中管理的优势，管理体制正逐步改革向集中型靠拢。

（4）坚持必要合理的政府规制，为海域资源市场化配置健康发展保驾护航。微观经济学的研究揭示，市场失灵是不可避免的。发展海域市场经济必须尊重这一客观经济规律，利用政府规制回避和解决市场失灵带来的风险。规制学提供了社会性规制、经济性规制和法律规制三种工具。结合海域资源市场化配置中存在的问题，应从以下几方面着手：首先，完善宏观管理制度，制度是基础。其次，健全微观运行机制，运行机制是制度实施的升华。最后，创新有效的监管体制，形成有效运用行政权、司法权等国家公权力监督的行政监管、司法监管与市场自律、社会监督等共同组成有机配合的立体、全面、动态多元化的海域使用监管体系。

［12］［英］科林·斯科特著．规制、治理与法律：前沿问题研究，清华大学出版社．2018.

斯科特教授在本书中致力于建构规制与治理的一般法律理论，对规制、治理、规制空间、规制国等概念流变与学术流脉加以爬梳，对标准制定、私人规制、规制治理、互联网规制、欧盟规制等制度加以探究，去反思反身治理、全球规制、元规制的功用与局限，分析规制问责、治理问责及独立机构的可问责性，为我们初步摹绘出了规制与治理的法律蓝图。

斯科特教授在本书第一章中，讨论了“治理”概念的流变，确如斯科特指出，“治理”概念与公司治理有着密切的关联。治理的主体已不限于国家，而是涉及政府主体以外的各种非政府主体，治理更为强调国家与非国家主体之间的相互作用。

斯科特教授在本书第二章中，对“规制空间”理念加以阐发，探究了以“规制空间”理念重新审视规制过程，设计规制制度的可能性。规制空间呈碎片化分布的样态，在规制空间理论下，更要强调法律与政策过程的多元化，关注规制空间内所有规制资源与主体。

斯科特教授在本书第三章中，讨论了标准的工具类型、性质、制定主体与可问责性。斯科特指出，政府可以通过公法手段制定规制标准；可以通过契约的方式，为特定缔约方施加标准约束；企业可以通过供应链合同中对规制的要求，为他者设定标准。

斯科特在本书第四章中，讨论了如何由私人主体来规制公共部门。规制公共部门的私人主体多为独立的私人组织，权力运作的来源可以是法律授予的公共职能；有的通过公共合同获得权力，有的并无正式权力。

斯科特在本书第五章中，勾勒了后规制国背景下，治理时代的规制转型。认为规制国更关注权威、规则与标准制定，而非之前的公共所有权、公共补贴和直接提供服务。提出应关注规范的多样性，强调控制机制的多样性和控制者的多样性。还论及被控制者的多样性，可以区分被规制者的不同类型和不同风险程度，实施量体裁衣式的规制。

斯科特在本书第七章中，在欧盟治理的背景下，对新治理加以讨论。首先关注政策目标和宗旨的重整；其次关注如何利用正式权威、财富、信息节点资源和组织，通过开放协调方法、软法等工具，实现政策目标；最后关注如何通过欧盟机构、成员国机构及自我规制机构的作用，实现欧盟层次的规制目标。

斯科特在本书第八章中，对反身治理与规制学习进行了探讨。认为反身治理与规制学习其实也是“回应性法”的经典功能，有可能通过思考规制体系的实际有效性，思考体系中各项内容是否需要变更，进而对规制规范、政策与目标加以修正，来推动规制体系的发展。

斯科特在本书第九章中，对全球规制进行了体系性探讨。指出全球规制不等于全球行政，因为出现跨国层面的政府间组织以及非政府组织，它们都在制定规则和标准。应当探讨在全球规制网络中，各方主体能以何种程序，在何种程度上参与规制过程，以更好地实现公共利益。斯科特探讨了国际条约、技术标准、供应链合同、自我规制等工具在全球规制中的作用。

斯科特在本书第十章中，对元规制理论与制度实践进行讨论。认为实现规制目标的能力，首先掌握于被规制者而非规制者之手。元规制强调“对行为的训导”，法律能发挥一定的作用，对内部规范系统和企业自我规制进行间接控制。

斯科特在本书第十一章中，在规制国家和公共部门改革的背景下，探讨了“延伸的可问责性”，指出问责包括内部问责和外部问责、正式问责与非正式问责、水平问责与垂直问责、直接问责与间接问责。

斯科特在本书第十二章中，则讨论了如何以过程和绩效为基础，来评估规制机构的绩效和可问责性。因此要考虑引入更好规制的理念，引入规制影响评估制度，合理设计评估指标，通过绩效评估、发布排行榜、标尺竞争、同行评审等方式，来监督规制机构的绩效。

斯科特在本书第十三章中，则讨论了独立规制机构的独立性。相对于一般部门而言，规制机构具有更强的专业性和独立性，它相对独立于政治机构的干预，相对较少受到被规制产业的影响。规制机构在运用规制能力开展规制活动的过程中，具有相当程度的自治空间，因此更有必要确保规制机构的可问责性。

[13] 王勋著．金融管制——理解中国的金融改革与经济增长：1979～2008，中国社会科学出版社．2018.

中国金融改革和经济增长的实践中，产生两个有趣且相互联系的研究问题：一是，尽管扭曲性的金融管制仍然普遍存在，但是中国的金融体系在数量和规模上已经取得了较快的发展；二是，金融管制的同时，中国实现了良好的宏观经济绩效。本书尝试运用非对称的市场化改革视角，解释中国金融改革的独特模式：在金融体系构建与金融市场规模扩张的过程中，保持并审慎降低对金融体系的管制程度。

理解金融政策对中国经济改革和增长的特殊作用是本书的主要目的。通过回顾金融改革的进程，评估金融改革取得的成效和面临的挑战，我们发现，中国金融改革总体上注重框架和数量，而在改善金融监管和开放市场方面较为薄弱。我们可以将改革以来金融部门的演进分四个方面：（1）发展金融框架和体系，如中央银行和股票市场的建立和发展；（2）扩大金融活动，如金融机构数量和金融资产规模的增加；（3）金融机构重组，如国有商业银行改革；（4）金融市场开放，如取消利率限制，开放市场竞争。

为实现经济快速增长，政府在发展金融部门，快速扩张金融资产总量的同时，继续保留金融抑制的政策。原因在于：第一，政府担心市场完全开放会导致较大的市场波动和金融风险；第二，政府可以采取金融抑制政策，直接将金融资源分配到优先发展的行业；第三，受抑制的资本成本（如扭曲的利率和汇率），至少在短期内促进了投资和出口。如果没有金融抑制政策，中国可能不会在金融危机期间实现强劲的经济增长。

实证分析得出了两个有趣的结论：金融管制指标表明，改革开放以来，中国金融体系经历了渐进且稳定的金融市场化进程。第二，20 世纪 80～90 年代，金融管制政策对经济增长有显著的促进作用（斯蒂格利茨效果），而进入 21 世纪后，金融管制表现出显著的阻碍作用（麦金农效果）。这意味着，政府在利用金融抑制政策促进经济增长方面取得了较大成功。然而，继续采用金融管制政策将会影响经济增长效率。

相对于金融结构而言，中国的金融规模明显偏高，以广义货币占 GDP 的比例衡量的金融规模不但高于新兴经济体，也高于发达国家。畸高的金融规模的根源正在于中国的金融管制。政府采取金融抑制政策，压低了实际利率，相当于利用居民家庭部门补贴企业部门，以较低的融资成本支持特定产业和部门发展以促进经济较快增长。然而，以投资和出口驱动的增长模式中，难有充足的资源支持和相对完善的社会保障体系建立。居民出于养老、医疗、子女教育等方面的考虑，必须压缩消费，增加储蓄。由于中国资本市场不完善，金融资产结构较为单一，可供选择的金融资产种类较少，对于居民和企业而言，银行储蓄自然地成为安排金融资产的主要渠道。这两方面的原因，造成了中国货币化率过高的事实。

在金融管制损害经济效率，阻碍经济增长的效果越来越显著的情况下，积极稳妥地推进金融市场化，进而坚定扩大金融开放具有现实的必要性。中国目前具有良好的改革条件：健康的财政金融状况，充足的外汇储备，不断改善的资产质量和金融监管，以及中高速的经济增长等。同时，人民币长期面临升值压力，资本项目管制的有效性不断降低，资本项目管制成为抑制经济增长的主要因素之一，都意味着进一步推进金融市场化改革与金融开放势在必行。

总之，金融管制的成本在显著增加。尽管金融管制政策在过去有助于经济金融稳定，但是现在已日益成为不稳定的根源。尤其是 2012 年经济进入常规增长以来，扭曲性的金融管制政策造成的金融风险已显著增加。金融危机期间中国的资本市场承受了地方政府大规模的债券和商业银行大规模的贷款。金融抑制造成的金融有效供给不足催生了影子银行和互联网金融的无序扩张。这很可能会增加将来的财政和金融风险。更重要的是，金融管制政策的负面效果已经开始延续，试图继续通过管制资金的价格与配置来稳定金融的努力，不但会降低效率，同时还会增加风险，金融管制政策也已经成为其他重要政策的障碍。资本项目管制也是政府推进金融开放和将上海打造成国际金融中心的主要障碍。因此，进一步推进金融市场化改革和开放，已成为当前政府面临的重要任务。

[14] 叶建亮著．资源型产品价格管制研究，浙江大学出版社．2018.

在我国，市场化改革的不断推进，促成了国民经济的高速增长。但是在资源型产品领域，市场化改革的进展相对滞后，资源配置扭曲问题突出。如何在资源型产品领域实施有效的政府规制，不仅事关这些产业自身的健康有序发展，同时也关系到整个国民经济发展的稳定性和可持续性。资源型产品的政府管制，核心是理顺价格形成机制，进而优化配置资源，同时促进国民经济结构合理化。

资源型产品（resource products）是以资源为直接投入要素，通过初次加工而成的成品或半成品。资源型产品具有区别于一般产品的四个特征：

第一，资源型产品的价值和使用价值存在巨大的落差。从劳动价值角度看，资源型产品的价值普遍不高。但是从使用价值的角度看，资源型产品的使用价值往往非常高。生产上投入价值相对较低和使用上用途巨大所形成的落差，在很大程度上会困扰资源型产品的研究、定价和政府管制问题。思考和研究资源型产品，必须基于其价值和使用价值巨大落差的这一特征，对两者进行较为合理的平衡。

第二，资源型产品具有基础性，或称强前向关联性（forward linkage）。即在生产链上，资源型产品处于最前端，是整个国民经济的最上游行业。因此，资源型产品价格和供给的变化，具有很强的连锁反应，会对下游行业带来冲击。因此，资源型产品的管制政策，不能局限于资源型行业内，而必须放置于纵向关联的市场结构中，从生产链的角度加以统一考虑。

第三，资源在一定条件下具有稀缺性，即在一定的时空条件下，资源的供给总是给定的，从而导致资源型产品的供给弹性缺乏，利用价格信号难以有效调节市场供需。考虑到资源型产品投入缺乏价格弹性，一方面，需求的变动更有可能引起价格的剧烈波动；另一方面，价格变化又难以迅速指导资源的配置。考虑到资源型产品的基础性特征，客观上需要资源型产品的价格具有较强的稳定性，如何在一个低弹性市场维持价格问题具有高度的复杂性。

第四，资源型产品管制目标具有多元性。即不仅是资源空间上的优化配置问题，同时还必须考虑资源时间上的优化配置问题。既要考虑资源的集约利用，又要考虑下游产业的发展空间。而对于政府在资源型产品市场的介入目标上，则存在多元目标的协同问题。一方面，作为国民经济的基础性行业，资源型产品的价格必须避免过高的增长，否则容易引起普遍性的成本推动型的通货膨胀。另一方面，从资源集约利用的角度考虑，有必要适当提高资源价格，严格控制资源的开采量。两者在一定情况下是矛盾和冲突的。如何平衡两者的关系，是资源型产品管制的核心问题。

考虑到资源型产品的上述特点，本书基于多目标协同规制视角，将上下游产业纵向关联纳入产业分析，通过构建纵向关联市场结构下的企业资源争夺策略理论模型，梳理“市场结构—企业竞争策略—资源配置绩效”的内在关系，在此基础上将多目标协同嵌入政府规制政策分析，并进行绩效评估和政策筛选，从而为政府制定更为有效的资源型产品价格管制政策提供理论支持和政策建议。

第二章，基于基本的市场供需理论，考察资源型产品的价格决定。从三个方面考察资源型产品的价格决定：一是考察资源型产品投入缺乏弹性的背景下，市场均衡价格及波动；二是考虑存货与投机需求情况下，市场出清与价格决定；三是考虑纵向关联与市场结构条件下的价格决定。

第三章，讨论政府直接和间接的价格管制措施，以及在纵向关联的资源型产品市场上的传导及其福利效应。本书主要探讨直接定价、最高限价两种直接价格管制措施，以及数量管制和许可证管制两种间接价格管制的作用机理，对最终价格和市场福利的影响。

第四章和第五章分别从理论和实证数据两个层面探讨资源税问题。第四章立足动态优化的视角，分别考虑资源开采优化和需求福利优化问题，研究最优资源税的时序路径。第五章基于可计算一般均衡（CGE）模型，研究不同资源税税制对我国宏观经济增长和结构的影响。

第六章，立足中国的情况，进一步分析价格扭曲对中国资源型行业的资源错配的影响。测度资源型行业的资源错配缺口在时间和空间上的特征，并对其影响因素进行实证分析。

[15]［美］亚历克斯·莫塞德，尼古拉斯·L. 约翰逊著．平台垄断：主导21世纪经济的力量，机械工业出版社．2018.

本书有小而生动的故事，也有大而富有远见的洞察；有对基础理论的梳理，也有对时下潮流的把控。即便是经济学门外汉，作者循循善诱、浅显易懂、抽丝剥茧般的阐述方式也一定会让你阅读本书的整个过程更加从容，不知不觉中对时下经济现状了然于心。更为重要的是，本书甚至会颠覆你的思维，仿佛一颗小石子投入湖心，激荡起层层涟漪。你会有困惑，会有思考，会有顿悟。而读完本书，你会改变对现代经济甚至是整个现代生活的定势思维。本书中，你眼看着企业兴衰；所有的个中缘由，用心良苦的笔者都将其浓缩在篇幅不长的文字中。本书绝不仅仅是企业家必备读物，同样也适用于每一个身处快节奏的现代社会中的人，适用于那些跃跃欲试想创业却毫无头绪或畏缩不前的人，适用于那些登上某个行业的巅峰却随时可能摔落谷底的人。本书所讲述的看似经济领域的起起伏伏，其实恰是人生的摸爬滚打。本书如良师、如益友，是励志，更是警钟。

十几年来，诺基亚没有看到社会和经济的根本性转变，这导致了它的衰落。这种转型彻底改变了商业的运行模式。像诺基亚那样忽视这一点，即便是最成功的企业也会很快发现自己已经身处燃烧的平台。意识到这个根本性的转变，财富就会滚滚而来。

然而，仅凭科技本身还不足以改变世界。本书也同样是改变人和公司、产品以及人与人之间互动方式的故事。这一过程随着21世纪早期移动通信的兴起而开始。但直到今天，这种变化还只是刚刚开始。

无须费力就能发现不同之处。十几年前科技狂才用的东西——移动通信、社交媒体等，如今已是很多蒸蒸日上的企业的核心。未来几年，新的商业模式将持续挑战传统组织架构。

这种新的商业模式就是平台：一种将两个或者更多个相互独立的团体以共赢的方式连通起来的模式。平台是对传统商业运作模式的彻底背离。大多数平台都是从20世纪的思维模式中衍生出来的，而这种思维模式并没有预料到我们今天所拥有的连通程度。简单来说，平台连通了消费者和生产者，他们因此能进行商品、服务及信息的交换。这样一来，这些企业又催生了新的市场，不妨想想购物网站是如何连通购买者和销售者的，iOS和安卓又是如何连通用户和开发者的，优步（Uber）为乘客和司机所做的事情，以及爱彼迎（Airbnb）为旅行者和房主所做的事情也一样。

现在，平台商业模式是世界上绝大多数公司成功的关键。2016年初，两家在美国拥有最高市值的公司正是平台企业：苹果和谷歌（谷歌现在上市名称为Alphabet）。很多人认为，苹果公司既是硬件制造商又是软件开发者，的确如此，但是苹果崛起的真正原因是它近些年来从产品公司向平台公司的转变。苹果不再仅仅制造硬件和软件，通过iOS、iTunes及应用商店（App Store），它还提供各种你所能想到的连通购买者和销售者的平台。正是这个平台使苹果得以取代诺基亚登上手机市场的巅峰。

同样，如果你认为谷歌仅仅是软件开发者，就说明你还没有抓住它成功的秘诀。谷歌所有的核心服务都是平台，包括谷歌搜索和安卓。就像安卓所显示的那样，使用核心搜索平台在其他看似不相关的市场成立新平台方面，谷歌已经非常熟练了。谷歌最近的并购表明其平台野心并没有止步于手机领域。谷歌已经推出了耐用设备、健康数据以及互联汽车平台，最近对因智能恒温器成名的Nest的并购成为谷歌进入智联家居的桥头堡，甚至还有传闻称谷歌将尝试打造优步的竞争对手。同时谷歌还在探索打造和亚马逊旗鼓相当的在线购物平台和本土快递平台。

过去5年，Applico身处科技变革的中心，而且以实际行动获得成功。Applico将分享从前沿、创新的公司那里获得的经验教训。本书的第一部分，从第一章到第四章，将解释平台商业模式到底是什么，以及为什么平台能改造今天的经济。第五章到第八章，将深入挖掘平台商业模式是如何运作的，以及Applico帮助客户形成平台垄断的框架和见解。

2019年

[1] 占佳著．“互联网+”时代互联网产业相关市场界定研究，经济管理出版社．2019.

经过20年左右的商业化发展，互联网产业取得了长足的进步，并涌现了一批在全球范围内具有较大影响力的优秀互联网企业。然而伴随互联网产业一起“成长”的，还有在世界范围内逐渐增多的互联网产业反垄断执法案件。鉴于互联网产业在世界经济社会中的重要地位以及互联网产业反垄断案件的频繁出现，反垄断法能否在互联网产业得以有效实施成为社会各界关注的焦点。正确的反垄断分析是有效执法的前提，而相关市场的界定是反垄断分析的关键步骤和逻辑起点。所以，能否对互联网产业进行合理的相关市场界定分析成为反垄断法能否在该产业得以有效实施的关键。但是互联网产业的技术经济特征给反垄断相关市场界定带来了极大的困难，特别是在互联网产业中同行的基于双边市场的免费商业模式更是使传统单边市场逻辑和价格理论的相关市场界定分析供给无法直接适用。若该问题无法解决，将很有可能使针对互联网产业的反垄断执法行为抑制伴随着较高的失误风险。这不仅会阻碍目前最具活力的互联网产业的健康发展，由此带来的其他社会成本也将是巨大的。

本书在系统梳理双边市场理论与传统相关市场界定方法并从反垄断经济学的视角全面分析了互联网产业技术经济特征的基础上，以互联网产业具有的免费和双边市场特征为切入点，采用结构计量的方法，利用相关优化条件和Lerner指数构造了需求弹性结构方程，并且设定了嵌套选择模型代表反垄断案件中焦点产品的替代关系。之后，本书运用上述模型对被誉为“中国互联网反垄断第一案”的奇虎360诉腾讯案进行了完整的相关市场界定分析。最后通过理论分析与案例分析相结合的方式，为互联网产业的相关市场界定分析提供了一个可供借鉴的、完整的分析思路和框架。

双边市场并非某一产业固有的特征，在进行相关案件的分析时应首先界定涉案企业是否属于双边市场以及双边市场特征在其经营决策中是否至关重要，以此来判断后续的反垄断分析时按照传统的单边市场逻辑还是按照双边市场逻辑进行。尽管学术界对于双边市场的概念莫衷一是，但是本书通过对国内外相关文献的系统梳理，总结出双边市场的本质特征是需要解决“鸡蛋相生”的问题、交叉网络外部性和价格结构非中立性。判定双边市场的主要依据则是平台两端顾客群体之间存在交叉网络外部性、科斯定理失效及价格结构的非中立性。在判定过程中，应采用定性和定量相结合的方法，重点考察平台两边用户间交叉网络外部性的存在性及其重要性以及它们之间是否存在转移。传统相关市场界定分析的方法可以成为，也应该成为互联网产业相关市场界定的基本方法。这些方法是互联网产业相关市场界定方法改进的逻辑起点，并且每种方法所蕴含的经济思想是永恒的，只是在实际操作过程中要结合涉案企业（产业）的特征改进这些方法所需指标的测算方法。

在对互联网产业进行相关市场界定时，首先要详细分析涉案企业的商业模式。尽管基于双边市场的免费商业模式是当前互联网产业的主流盈利模式，但仍需仔细识别和互联网平台免费背后的经济逻辑，仔细甄别涉案企业的商业模式是否属于双边市场。这是决定后续相关市场界定是按照单边市场逻辑还是双边市场逻辑进行的关键所在，也是正确界定相关市场的重要基础。具体来讲，双边市场界定时可有以下判别标准：平台两边连接着两（多）组需求相互依赖的顾客群体；相比两边客户群体间的双边交易而言，平台能更好地内部化双边用户间的交叉网络外部性，即科斯定理失效；价格结构的非中立性。满足以上条件后还需要进一步分析双边市场特征性在涉案企业的盈利模式中是否具有重要作用。对于采用单边市场逻辑的互联网企业只需要按照多产品定价情形来进行相关市场界定即可。对于具有双边市场特征的互联网企业，则可以根据产品功能分析方法等定性分析方法确定案件相关市场界定的焦点产品，而后可根据本书所构建的理论模型收集相关数据并对模型进行拟合得到相关参数，并可直接利用这些参数再结合本书所推导出的自弹性、交叉弹性、转移率等计算公式得到这些需求替代性参数。在具体的案件分析中，可以根据案件的具体情况和数据获得情况对本书所述模型加以改进，但是本书中所提供的建模思路依然值得借鉴和参考。

[2] 王国红，曾国安著．银行并购反垄断管制与中国的管制政策，经济科学出版社．2019.

中国对银行并购的管制还比较薄弱，存在机构缺失、法律缺失、程序和方法缺失的问题，这样既不能有效地管制国内银行实施的滥用市场势力的并购，也不能有效地管制外资银行在中国境内实施的有损中国金融安全的并购，更不利于国内银行通过海外并购占领国际市场。因此，研究中国银行业的并购反垄断管制具有十分重要的价值。本书系统全面地介绍了国外银行并购的反垄断管制实践，结合中国实际，重点构建中国对银行业并购的反垄断管制体系。

2008 年席卷全球的美国金融危机引发了人民对金融危机的反思。在这场危机中，掠夺性定价扮演了重要的角色，而美国监管部门的“不作为”助长了危机的蔓延，因此需要加强银行业的反垄断（包括对银行并购的反垄断），传统上讲，银行并购不受反垄断的制裁，但随着人民对银行业集中与稳定观点的改变，银行并购越来越成为银行业竞争政策的重要组成部分，中国更加需要加强对银行并购的反垄断规制。银行并购反垄断的机理可以描述为：银行并购是一把双刃剑，一方面并购可能带来社会福利损失（并购—集中度提高—银行市场力提高—社会福利损失）；另一方面，银行并购也有可能带来效率的提高（并购—成本降低—社会福利提高或并购—创新—社会福利提高）。银行并购反垄断就是权衡这两方面的得失。其机制可以分为五种：相关市场界定机制、市场势力测定机制、并购效应评估机制、垄断缓释因素分析机制（进入障碍、买方市场力、转换成本等因素）、分拆机制。

通过对有代表性的发达国家、新兴工业化国家及中东欧转轨经济国家的银行并购的管制政策的研究，从价值取向、机构设置、相关市场界定、并购反垄断临界值的确定、竞争效应分析等方面比较它们在银行并购反垄断政策上的异同，对于中国银行并购反垄断管制的启示在于：相关市场的界定应以现实的竞争为依据，不能简单依循费城银行案的界定标准，应从案件的竞争现实出发，具体分析相关地区市场和相关产品市场；应以“显著降低竞争”作为竞争评估的标准；需重视分拆机制的设计，只要分拆机制设计得当，一项有损竞争的银行并购，经过分拆后，同样能做到效率和公平兼顾；还要重视竞争效应评估的经济性分析。

本书主要探讨了银行并购中相关市场的界定，讨论“群”方法与本地市场假设的适用性；引入单边效应和协调效应，为国内学者研究银行并购的市场力提供了依据，并且在引入国外先进方法的同时，力求对传统的协调效应的分析方法进行改进；尝试为银行并购的效率抗辩提供经济学的分析方法，为中国银行业并购的反垄断经济学分析提供参考；通过对银行并购反垄断政策的国际比较，一方面为中国竞争性权威制定银行业并购指南提供了依据，一方面又为中国银行业走出国门参与国际金融市场并购提供了建议；通过分析跨国银行并购的动机与效应，为中国合理有效地管制跨国银行在华并购行为提供了政策建议。

通过研究发现：掠夺性借贷是导致美国金融危机的一个重要原因，而产生掠夺性借贷的原因在于美国放松了对金融业的竞争性管制，因此加强金融业的竞争性管制是应对危机的必然措施；金融业的强势性决定了金融业竞争政策的必要，金融业的脆弱性决定了对金融业实施审慎监管的必要，竞争权威负责金融业的竞争性管制，金融监管部门负责审慎性监管，二者相互补充；中国目前尤其需要加强银行业的竞争性管制，只有这样，才能切实维护消费者的利益，提升中国银行业的可持续发展能力；对银行并购反垄断，竞争性权威应更加关注经济分析在竞争性评估中的运用，包括对协调效应和单边效应的分析，对缓释因素的分析、分拆机制的设计等。

［3］蒋岩波著．互联网行业反垄断问题研究，复旦大学出版社．2019.

近年来，国内互联网行业可谓是反垄断案件的多发地区。百度案件、“3Q 大战”等此起彼伏的互联网行业垄断案件和不正当竞争案件的发生，不仅搅乱了原本看似平静的国内互联网行业这池“春水”，亦折射出我国互联网产业存在竞争严重失序、网民利益保护严重不足等问题。单纯依靠市场自发调节已经很难消除上述弊端，政府的干预，尤其是以重构互联网行业竞争秩序的干预不可避免。在此背景下，有必要深入考察互联网行业竞争失序的成因、系统梳理国外规制互联网行业的反垄断法律规范及典型案例，努力探索各国规制互联网行业的共同规律，尤其是各国认定垄断行为的具体方法，总结出供我国规制实践参考、借鉴的经验，为政府规制互联网行业提供价值判断的依据和政策参考。

互联网行业呈现出了典型的寡头垄断特征。如果仅仅从市场份额和市场集中度来看，很多互联网企业在各自的细分市场中都已经具有绝对的市场支配地位。尽管从反垄断法的角度，拥有市场支配地位本身并不是禁止的理由，但是支配地位本身无疑会引起竞争对手和竞争主管部门的更多关注。互联网行业特殊的技术与经济特性，使得其市场结构、企业经营模式及市场竞争行为，与传统产业有较大的差异性，所以在传统产业中使用的反垄断规则和认定标准，对互联网行业的垄断行为的适用性有一定的局限。针对互联网行业变化的反垄断政策的调整，其方向应该是建立动态的、行为主义的、创新主导的反垄断分析模式，以适应互联网市场变化的要求。

我国互联网市场一直以来是在缺乏反垄断规制的环境中“野蛮”生长的，互联网行业的发展虽然取得了重大的成就，但是也存在诸多竞争失序的问题。随着互联网行业的继续发展，我国互联网行业的竞争力缺乏的问题日益显现，与美国互联网企业比较，中国的互联网企业的技术创新明显落后。因此，重视反垄断法律在互联网行业的适用问题，分析具体的互联网企业的垄断行为并进行合理的规制，建立互联网市场竞争的正常秩序，对于保持和提升我国互联网企业在国际市场的竞争力有重大作用。

与传统的实体经济相比，互联网经济中的经营者的关注重点多已经不是土地、厂房、机器设备等传统生产资料，而是数据、用户流量、知识产权等要素，信息资源成为经营者竞争的主要对象。互联网平台利于整合信息、降低交易成本、扩大经营范围等特点导致其成为互联网经济中势在必行的商业模式，同时也是经营者进行竞争的媒介。在平台化的商业模式中，经营者面临双边市场或多边市场，即一方面向广大网络用户提供免费或低价的优质服务，另一方面向广告商、增值服务提供商、商家等提供收费服务，从而进行交叉补贴、实现平台的整体盈利。

理论上看，互联网产业可能存在四种价格滥用行为：不公平定价行为、掠夺性定价行为、价格歧视行为和价格挤压行为。除了价格挤压行为之外，其余三类行为在认定上都存在着争议。但这并不能排除互联网产业不可能产生价格垄断行为的结论。因此，在对互联网产业结构滥用行为的反垄断规制保持审慎态度的前提下，有必要改进价格垄断行为认定的传统方法。尽管价格挤压行为在认定过程中相对于其他三类价格垄断行为更加简单，但是它在互联网产业的适用范围有限，主要限于规制互联网接入服务领域的纵向一体化企业。互联网产业的双边市场属性、网络外部性、标准性和兼容性等特征决定了互联网交易市场或交易平台一旦形成，具有市场支配地位的互联网企业通过实施排他性交易行为就能够将其市场支配地位持续放大，从而对资源配置效率和消费者福利产生显著影响。所以，应该特别引起关注。

由于互联网行作为一个新兴的行业，其技术创新、经营模式处于不断的变革和发展过程中，互联网企业的竞争和垄断行为表现也随之不断变化，产生反垄断的新难题，因此，需要反垄断执法机构运用反垄断法的基本原理，对互联网市场的竞争状况作出合理的经济分析，针对具体案件作出及时的正确判断，维护互联网市场的有效竞争，推动互联网行业的健康有序发展。

[4] 周孝著．双边市场平台企业兼并与反垄断问题研究，中国财政经济出版社．2019.

伴随着信息通信、互联网、大数据、人工智能等技术的快速发展以及互联网应用的广泛普及，以科技创新、信息技术、服务业为主要领域，以新技术、新业态、新模式为内核的新经济不断发展壮大，在国民经济中的占比及其重要性日益提高。与此同时，新经济的发展也带来了很多新的挑战。新经济催生了平台经济、数字经济、互联网经济、共享经济等一系列新概念，提高认识和深化理解对于政府部门制定相关政策、市场主体进行投资决策、个人选择就业等都必不可少。另外，新经济在促进国民经济发展的同时，也给传统实体经济带来了巨大冲击，同时新经济的发展也引发了过去未曾遇到的新问题，包括数字垄断与治理、税收征管、隐私保护、经济社会不确定性加大、数据孤岛等。妥善应对这些新问题和挑战，是促进新经济规范发展和国民经济高质量发展的必然要求。

传统单边市场中，主导企业的横向兼并通常会削弱市场竞争并损害社会福利，所以是反垄断规制关注的重点。然而受网络外部性等因素的影响，这一观点以及相应做法在双边市场中并不完全适用，因此反垄断执法机构在应对双边市场平台企业的横向兼并时常常会陷入难以抉择的困境。基于典型案例——滴滴合并优步中国来探讨双边市场平台企业横向兼并的竞争效应和福利效应，结果发现：用户之间存在的间接网络外部性会对平台企业滥用市场势力形成有力制约，这将使完全垄断市场可能获得优于竞争市场的效率和总福利结果；与单个平台企业垄断市场相比，兼并后各独立平台间的联合经营将放松企业所受约束并内部化企业的定价外部性，最终导致大于垄断情形的市场无效率；与平台企业横向兼并相比，产品或服务差异化程度的提高更能给平台企业带来可以使用的市场势力以及相应的高额利润；当存在成本节省时，平台企业的横向兼并可能给兼并企业以及非兼并企业提供降低价格的激励，因而允许兼并发起方进行效率抗辩至关重要。

考察平台企业纵向一体化对双边市场竞争和用户剩余的影响时发现：双边市场平台企业的纵向一体化发展会对市场两边产生差异化影响，从而引致市场剩余在各边用户之间的再分配；双边市场中存在的间接网络外部性将给平台企业实行纵向一体化提供正向激励，而市场差异化竞争则会降低实施一体化的预期收益；纵向约束强度的提高会引起市场两边用户在平台间的转移，同时对不同用户产生方向相反的福利效应；纵向一体化是平台企业解决用户协调问题并实现双边平台成功运营的核心手段之一，该策略在市场培育阶段的使用具有较强的合理性，但是在成熟阶段则可能对市场竞争、资源配置效率和社会福利产生负面影响。

平台企业兼并可能损害市场一方用户的利益，但是会增加市场另一边用户以及平台企业自身的收益，所以需要用谨慎的态度对其进行反垄断审查和规制。在考察平台企业兼并时，我们应当将注意力集中于主导企业的市场势力扩张和平台企业兼并可能存在的长期或间接福利效应两个方面，从而在进行更加全面的分析之后作出更优决策，避免决策失误导致更严重的市场扭曲和福利损失。

在对平台企业兼并进行反垄断审查和规制时，需要考虑双边性质等双边市场具有的特征，否则对平台企业兼并的反垄断审查将会得出违背市场效率要求的结论，最终可能引致更加严重的市场扭曲和福利损失。因此需要对原有理论、方法以及评价工具进行适用性调整，其中非常重要的方面就是改进相关市场界定与市场势力测度的原则与方法。尽管目前已经出现了对传统方法的改良，但是双边市场的多样性、复杂性以及商业模式的不断创新都对我们提出了更高的要求。而双边市场和传统单边市场之间的界限正在日渐模糊，这不仅为研究者施加了更加严峻的挑战，又为传统方法在新情景中的“复兴”创造了有利条件。

本书全面考察了平台企业兼并的竞争效应和福利效应，可以为反垄断执法机构应对平台企业兼并申请或实际行为提供基本的框架、评估方法和决策依据，且能为双边市场或平台经济相关政策的制定（特别是竞争政策）提供有益的指导，从而提高公共政策的合理性、可行性和适用性，避免因政府公共政策不当而引发更严重的市场扭曲和效率损失，最终确保政策能够如期发挥对平台经济的促进作用。

［5］王中美著．互联网反垄断的难题及其解决，上海社会科学院出版社．2019.

在互联网产业中，创新和动态竞争是根本性的特点。与传统市场相比，从互联网市场表现出复杂的技术溢出、网络效应、规模经济、标准化和兼容性的依赖，这对反垄断执法提出了新的挑战。互联网经济的这些特点也使得限制竞争行为难以被发现，或者难以恰当地被矫正。如果执法者和管理者固执地用静止的眼光来看待互联网市场，那么他们就可能忽略潜在的竞争，或者因为干预而妨碍了正在发生的创新。以互联网企业为代表的新经济，影响着很大范围的消费者，超出地理、性别、语言、种族的许多限制，关系到一个国家和地区未来的竞争力。由于它们的创新和高科技特点，对它们的反垄断总是引起关于价值、限度、方式等方面的激烈争论。除此之外，其竞争形式有许多技术因素和全新特点，为传统的反垄断法带来许多新的适用难题。“反垄断的自相矛盾”问题在互联网行业体现得最为明显，互联网反垄断案件也常常因此引起争议。

在本书中选取了包括搜索引擎、网上购物、即时通信、App 平台和基础网络等几个典型的细分市场加以分析并通过具体案例加以说明，有欧美的也有中国的。基于这些案例所暴露的具体问题和执法难点，本书归类出了互联网反垄断的四大关键性问题：（1）平台市场的界定；（2）基于关联性的市场支配地位的确认；（3）具有杠杆特点的滥用支配地位行为的认定；（4）建立弹性多元的执行与救济。

互联网的相关产品市场很多是平台市场，即双面或多面市场，免费端与收费端之间的联系以及替代性都是需要以创新方法加以界定的问题。互联网企业市场份额的计算则应纳入营业额、利润、流量、点击率、稳定用户数等多个指标，又因为动态竞争变化太快而需要灵活认定市场支配地位。互联网的主要限制行为类型是滥用市场垄断地位，普遍会利用多个产品市场之间的杠杆作用，在掠夺性定价、捆绑、独占交易、垄断高价等方面都有特殊之处，往往采用高技术手段加以掩饰。为了及时发现和纠正这些隐蔽的、复杂的和创新的限制竞争行为，必须鼓励互联网反垄断中的私人救济，同时也要采取更弹性多元的救济手段，比如准入救济等。

在落实到中国的实践上之后，发现与欧美等发达国家相比，反垄断执罚经验本来就不足的我国在面对迅猛发展的互联网市场时，会显得游移不定、招架乏力。但是留给中国的时间窗口可能比欧美还要少，因为中国互联网市场垄断格局的出现仅花了不到 5 年的时间，其背后与政府的产业支撑和偏向有密切关系。目前在中国已经出现的一些反垄断民事诉讼，对互联网产业显示出极大的兴趣。但是不论是从民事诉讼还是从行政执罚案例所反映的情况来看，中国对反垄断的现有立法和执法，都还是比较初步的，较之欧美更加粗糙，需要极大的改进。

对于在传统反垄断的逻辑基础上，如何引入一些新的标准和角度来确认互联网企业的限制竞争行为并加以恰当的干预和救济这一问题，本书提出的基本观点是：互联网反垄断的首要准则应该是“灵活、宽容的标准和全面、动态的考量”。这意味着，在立法、执法和司法中都要考虑反垄断的价值问题。

对互联网反垄断的难题的解决措施，本书提出：首先，要考虑到互联网产业的动态竞争问题，除非是持续一段合理时间以上的垄断行为，否则原则上应当不加以干预；其次，考虑到网络效应、平台市场和免费的特点，对垄断地位的考量和滥用行为的确认，都应该采用更综合、灵活和纵向衡量的标准；再者，对限制竞争的影响的评价，应当采取更加动态的视角，允许效率抗辩；然后，在执法和司法效率上，要求高效、节约与克制；最后，应当纳入更多元的救济手段，鼓励信息披露和多方监督。

［6］李嘉晨著．双重外部性约束下中国可耗竭资源型产业的间接进入规制研究，中国经济出版社．2019.

长久以来，中国有很多不可再生的资源面临过渡耗竭和生态环境污染两大难题。2001 年中国加入世界贸易组织之后，随着经济的快速增长，这两大问题在各类可耗竭资源型产业尤其是有战略地位的资源型产业中不断加剧。中央政府及各级地方政府多次出台政策试图缓解和解决这些问题，取得了阶段性成效，但是问题依然严峻。从理论上来讲，过度进入是造成可耗竭资源型产业出现外部性的根本原因之一。由于大部分战略性的可耗竭矿产资源在短期内寻找替代资源较为困难，经济快速发展伴随着很多矿产的长期过度开采，致使资源迅速耗竭，产生了代际使用不公的问题，形成资源的代际外部性。而准入机制的不完善无法限制小规模、技术水平低的企业的进入，这些质量参差不齐的企业在资源开采的过程中会对当地的土壤和植被产生破坏，引发空气污染和人员伤亡等问题。

从储量、成本、价格、外部性和对外依存度等角度看我国可耗竭资源型产业的基本特征主要是：可耗竭资源型产业普遍存在储量不确定、资产专有性高、沉没成本较大等特点，且目前中国资源的储产比水平较其他国家的同类资源水平低很多，资源的产出量和实际储量的分布出现了非对称的情况；以稀土为代表的战略性可耗竭资源的对外贸易量巨大，但是毫无国际定价权和市场势力，低价出口不仅使战略资源大量外流，较直接的政府干预也容易引发国际贸易争端和能源安全问题；可耗竭资源型产业的产权不明晰容易引发市场失灵和公地悲剧等问题，如果采用不合理的规制或者规制过度会加剧双重外部性损失和资源配置无效率等。

针对可耗竭资源型产业的特殊性和现存的问题，运用规范分析，将外部性纳入传统的过度进入理论和进入规制模型，分别在企业数量外生和企业数量内生两种假设下，将增加国有股权比例作为一种间接进入规制手段，并验证其有效性。结果发现，当过度进入和负外部性同时存在时，如果企业数量外生，国有化的有效性取决于外部性和进入门槛的高低，其中外部性成本越高，国有化越有效；如果企业数量内生，国有化可以在相同产出量的基础上，减少私有企业的外部性成本，从而提高社会福利。

将双重外部性作为企业行为的因变量和影响绩效的自变量分别纳入“结构—行为—绩效”范式，构建 SCP－2E 模型。研究结果表明，中国资源型产业有着明显的周期性特征，且有些规模过大的企业没有突出自身的规模经济性，实现应有的效率水平；目前企业绩效的提高，主要依赖于地区经济增长的拉动，但在用电量增速较快的地区，也伴随着较大的环境外部性损失，这些地区暂时没有发现受到来自政府治理层面的刚性约束。可见，政府部门应该加强资源开采权的审查，提高资源型企业的进入门槛和技术标准，适当鼓励企业在不增加生产投资和规模的前提下，通过技术进步和劳动率的提高提升绩效，尤其是国有企业的改革力度重点应放在解决大型国企的低效率问题上。

在前述 SCP－2E 结构范式下，加入进出口等开放经济因素后构建协整模型发现，国有化水平的提高会显著减少可耗竭资源的代际外部性和环境外部性；可耗竭资源型企业资产规模的扩大会显著增加可耗竭资源的代际外部性和环境外部性。若具体到特殊产业会发现，进出口只显著降低了黑金属产业的外部性，对于其他两类可耗竭资源型产业的外部性的减少作用并不显著。随着代际外部性的提高，国有化对资源型产业绩效的负面影响先下降后上升，意味着在较低的代际外部性和较高的代际外部性水平下，国有化程度提高对企业效率的负面影响较强，而在代际外部性居中时，国有化对资源绩效的负面影响较弱，对外部性的治理效果较好；随着环境外部性的提高，国有化水平上升对企业绩效的负面影响不断下降，说明环境外部性越高时越应该提升国有化水平。

本书提出对国有股权赋予新的职能角色，一方面可以提高国有企业的经营效率，为国有企业混合所有制改革提供新的思路；另一方面政府可以通过国有股权比例这个间接渠道，履行一定的间接监管职能。通过调整国有化水平整合有限的不可再生资源，提高资源利用效率，促进资源的绿色发展和经济的可持续发展，为供给侧结构性改革助力。

［7］赵昌文著．平台经济发展与规制研究，中国发展出版社．2019.

平台一词早已有之，中文最早出现于 752 年，英文最早出现于 1574 年，但平台经济却是近年来兴起并快速发展的全新事物，已经并还将更加深刻地改变我们的生产和生活方式。当今的平台经济既是一种商业模式创新，也是一种产业范式的变迁，更是新工业革命背景下的一种新经济形态。以智能技术为支撑，以数据化的数字平台为基石，以聚合器为利器，通过聚合数量众多且零散的资源，连接具有相互依赖的多方，促进彼此互动与交易就能形成健壮的、多样化的数字平台生态系统，而所有的这些有着内在联系与互动的数字平台生态系统的集合与整体就构成了平台经济。简言之，平台是引擎，平台企业是主体，平台生态系统是载体，平台生态系统的整体就构成了平台经济。

纵览全球发展，平台经济的发展表现出了很多与以往不同的新特点。平台经济是以“互联网＋”和“人工智能＋”等技术为支撑的新经济，以连接创造价值为理念，以开放的生态系统为载体，以信任创造为核心，可以高效且规模化地匹配零散需求与供给，造就并依赖规模化的产消者新种群。近年来，我国平台经济发展如火如荼，无论是规模与影响还是创新力与活力都位居世界前列。平台经济在稳定经济增长、促进产业升级、创造就业机会等方面都发挥着重要作用，成为新动能的重要组成部分。目前，我国平台经济规模已经占 GDP 的 10% 左右。平台经济已经深度融入工业、零售、交通、物流、能源、金融等诸多领域之中。

影响平台经济发展的关键因素包括数字平台可以连接的潜在资源与用户数量、需要数字平台连接而消除的痛点多寡、数字化与人工智能技术发展水平、数字平台的连接能力、政府与社会对数字平台连接的认可与支持程度等。从这些方面来看，考虑到我国经济社会发展的基本面，平台经济在我国的发展前景十分广阔。平台经济作为新工业革命的重要组成部分，其健康持续发展也必将助力我国的产业升级、现代化经济体系建设和高质量发展，助力全面建成小康社会和现代化“两步走”战略目标的实现。

新特性显著的平台经济与传统经济中的既有规制间的冲突不可避免，平台经济的快速发展也已经给既有的产业或利益格局、政府管理模式带来了巨大的冲击。为了更好地发展和规制平台经济，学者们纷纷提出规制数字平台。所谓规制多是指政府为市场制定规则，市场参与者遵守规则，这个市场既包括供需双方直接交易的单边市场，也包括供需双方经过第三方交易的双边市场，只是在传统经济体系中，双边市场规模有限，多是局部或地区市场，而且双边市场的组织者所提供的服务较少，往往在遵守政府的规制下制定若干市场管理规则即可。在平台经济中，数字平台企业是供需双边乃至多边互动与交易的组织者，这个组织是无边界的平台生态系统，数字平台运营商提供的服务种类繁多且异常复杂，特别是通过组织多边市场互动过程产生的大数据为己谋利。数字平台运营商通过平台接口的标准这类规则塑造着心目中的平台生态系统，通过评级管理着双边市场，扮演着市场管理者的角色。

在平台生态系统中，只有平台提供与运营商、平台用户、包括政府在内的为平台提供服务机构，它们都是数字平台生态系统的利益相关方，数字平台生态系统发展好坏直接关系到这些利益相关方的利害，规制平台生态系统需要利益相关方的共同参与。规制平台经济的本质是规制一个市场，不仅要规制平台企业，还要包括其他利益相关方，这与传统的反垄断规制有重要的区别。

规制平台经济需要数字平台生态系统利益相关方共同参与，我们认同共同规制平台经济理念，但认为应该实施基于多利益相关方的“三位一体”共同规制新体系。其中，基层是数字平台企业的自我规制与合规，第二层是建立多利益相关的共同治理机制，第三层是政府政策与监管，三者紧密互动而成整体，构成“三位一体”的共同规制新体系。在平台经济发展的过程中，政府要积极制定相应的政策，并严格监管。平台经济中的数字平台既有不易监管的一面也有容易监管的一面，那就是监管数字平台的接口，实施数据有条件的共享。另外，平台经济的核心资源是数据，而用户数据的属性与隐私保护也要求政府必须制定相应政策并严格监管。

[8] 李怀政著. 大型网络零售商市场势力及其规制研究，中国社会科学出版社. 2019.

贸易大国向贸易强国转型与零售业发展水平高度相关，伴随着国内贸易流通体制改革逐步深化，网络强国战略和“互联网+”行动计划付诸实施，我国网络零售业呈现出蓬勃发展势头，大型网络零售商异军突起。传统规制理论一般支持零售企业不易获取市场势力，但是新规制经济学理论认为，基于企业异质性与规模经济、范围经济、信息技术创新等优势，大型网络零售商可能获取市场势力并借此实现供应链纵向约束与控制。因此，探究大型网络零售商市场势力及其规制问题就很有必要。

与传统零售商相比，网络零售商的业务运营不再局限于时空条件，企业边界不断扩大，且商品和服务信息更加对称，有利于为顾客降低交易成本、机会成本或沉没成本，而企业投资、运营和物流成本也大幅下降，交互式零售有利于更好地创造顾客价值。大型网络零售商通常拥有较大数量的消费者群体，占有较高的市场份额，这主要取决于能否持续保障现有顾客不流失，并不断吸引新顾客。在某种程度上，是否持续拥有优质顾客资源对大型网络零售商能否获取市场势力至关重要。而大型 B2C 网络零售商由于先天优势或规模效应导致吸引顾客的渠道多元化、品牌知名度高、营销策略复合化，其顾客的忠诚度高、规模庞大，又由于受到产品价格优势的影响，大型 B2C 网络零售商从其他渠道吸引的顾客数量大大超越从返利网吸引的顾客数量，从而当商品价格发生变化时，顾客群体仍然较为稳定，即其面对的需求价格弹性较小；由于需求价格弹性较小，大型 B2C 网络零售商往往倾向提供较低的折扣率或优惠率，但是仍能占有较大的市场份额，进而获取一定的市场势力。

网络零售是商业变革和业态变迁的结果，尽管互联网作为新的营销平台或渠道有助于消除信息不对称、减少交易成本，但是网络零售市场仍然难以实现完全竞争，网络资源的配置同样存在市场失灵。网络零售具有双边市场的性质，在这一独特市场条件下，大型网络零售商有可能发挥规模经济、范围经济、信息技术创新等优势，持续改进产品组合和营销策略，进而获取市场势力并最终实现价值链纵向控制与价格支配，乃至占据垄断或支配地位。若不考虑政府监管与网络零售商策略差异，在社会消费能力的约束下，互联网普及率、物流效率、人均 GDP 和人口出生率等多种因素的耦合机制与交互作用对网络零售规模的变动产生着显著的积极作用。另外，社会消费能力和互联网零售之间存在双向因果关系，进而引致了模型的内生性：一方面，消费能力的提升有助于扩大网络零售规模，另一方面，网络零售发展也会引致社会消费能力的提升。长途光缆线路长度和交通事故死亡人数等工具变量的发现和应用有助于缓解内生性的问题，即工具变量通过社会消费能力对网络零售规模变动产生了间接正向影响。

从长期来讲，我国网络零售发展与互联网渗透水平、物流效率之间存在着较为稳定的均衡关系，互联网渗透水平和物流效率会将其所受到的外部冲击传递至网络零售系统，进而促进网络零售增长与发展。但是网络零售对互联网渗透水平的脉冲响应较之物流效率更加敏感和显著，即互联网渗透水平的贡献率远远超过物流效率的贡献率，所以物流效率对于网络零售发展产生的积极影响尚未充分显现，持续改进物流效率十分必要。

在任何市场经济国家，规制与宏观经济政策通常作为政府干预市场经济的两种主要方式共同构成了政府调节体系。在现有国内流通体制与市场格局下，紧紧围绕大型网络零售商市场势力构建一个强有力的网络零售业规制体制是我国网络零售业可持续发展的必然要求。当务之急必须借鉴发达国家互联网产业规制经验，结合我国国情国力和网络零售市场特征，尽快健全完善与网络零售相关的法律法规，创新网络零售业政策体系，优化网络零售规制工具组合，为网络零售的可持续发展提供法律依据，为相关经济主体行为决策创造良好的法律环境、政策环境与制度环境。

［9］臧传琴著．环境规制绩效的区域差异研究，经济科学出版社．2019.

环境作为一种全球性的公共物品，在人类社会的发展中发挥着举足轻重的作用。一方面，环境为人类社会的发展提供了丰富的资源；另一方面，随着环境污染的加重，它反过来又制约了人类社会的可持续发展。因此，自20世纪70年代以来，国际社会开始对环境污染问题展开了大规模的政府干预，环境规制的力度不断增强，环境规制的方式和工具不断创新和丰富，环境规制绩效不断提高。中国是一个疆域大国，由于自然、历史、经济和社会等因素的影响，环境规制绩效在不同区域必然表现出一定的差异性。本书在已有研究的基础上，从中国环境规制的实践出发，重点分析了环境规制绩效的区域差异，以及造成这一差异的原因，从而为协调环境规制绩效的区域差异，提高环境规制的整体绩效提供了切实可行的有效的政策建议。

环境规制政策从制定到最终对环境质量发生作用，中间必然要借助一定的媒介或桥梁。政府环境规制既可以通过影响市场主体行为来影响环境质量，又可以通过影响区域协调发展来影响环境质量。深入分析环境规制影响环境质量的作用机理，是正确认识环境规制绩效及其影响因素并提出有效的政策建议的前提和基础。本文研究发现，政府环境规制主要通过以下方面影响环境质量：一是通过影响市场主体的行为来影响环境质量。如：环境规制对消费者产生的收入分配效应会使得消费更加环境保护，消费方式更趋健康；环境规制对生产者产生的产品结构调整效应和创新补偿效应，会使得生产更趋清洁化，产业结构日趋高级化合理化，绿色技术创新有利于提高企业的竞争力；环境规制对政府规制的循环强化效应有利于在环境规制和环境质量的改善之间形成一种良性循环，进而放大政府环境规制效果。二是环境规制通过促进区域协调发展来影响环境质量。如：环境规制可以促进资金、技术、人才等生产要素在区域间的流动和经验教训的区域间借鉴，帮助落后地区发挥后发优势，尽可能避免“先污染后治理”的发展路径，最大限度地减少经济发展的环境成本；区域间环境规制协调机制的建立有利于协调不同区域的利益，实现跨区域的联合环境治理；体现不同区域资源环境特点和环境承载能力的差异化环境规制政策的实施，有利于将不同地区的资源环境优势转化为生产力优势，实现经济与环境的双赢。

我国环境规制绩效总体上呈现出逐渐上升的态势，但是环境规制绩效的区域差异明显：一是从基于综合指标的环境规制绩效来看，2010年之前的大部分时间里中部和西部地区环境规制绩效高于东部地区，但从2010年开始，东部地区的环境规制绩效开始明显超越中部和西部地区；中部和西部地区的环境规制绩效很相近。二是从基于具体指标的环境规制绩效来看，单位产值的水污染、大气污染和固体废弃物污染均呈现出明显的区域差异：西部地区最高，中部地区次之，东部地区最低，考虑到自西向东经济发展水平逐渐提高，说明东部地区在很大程度上实现了经济增长与环境的双赢，而中西部地区则尚有较大的改进空间。

本书分别从环境库兹涅茨曲线、污染密集型产业和社会资本的环境保护投入三个方面对环境规制绩效的区域差异进行了实证分析。结果发现，样本期内并未得到严格意义上的倒“U”型EKC曲线，全国以及东、中、西部经济增长与环境污染均呈现出“∽”型关系。污染密集型产业的区域分工优势清晰，但环境规制对区位熵的影响存在明显的地区差异：东部地区主要分布的是一些资本和技术密集型产业，部分产业的分工优势有所加强；中部地区主要分布的是一些劳动密集型污染产业，大多数产业的分工优势趋于下降；西部地区主要分布的是一些资源密集型污染产业，产业分工优势均呈下降趋势。中国的东部、中部和西部地区污染密集型产业在经济中均占有相当高的比重，作为中间投入品的污染密集型产业在三大区域的42部门总产品中的平均比重超过了25%，在整体地区经济中具有不可忽视的影响。但是污染密集型产业带动值区域差异较大，西部地区最低，仅相当于东部和中部地区的20%和62%。若考虑的经济发展水平因素和经济规模的因素，污染密集型产业对经济的带动作用在三大区域的差异并不明显。环境规制对社会资本环境保护支出有明显的引导作用，但这种引导作用在区域间存在差异：自东向西，引导作用越来越大。

在影响环境规制绩效的诸因素中，非本地晋升的地方官员、地方官员的中央从政经历、经济发展水平和产业结构与环境规制绩效正相关，而能源结构、污染治理水平和外商直接投资与环境规制绩效的关系不确定，东部、中部和西部地区因情况不同而存在明显差异。

[10] 周志波，吴钰菲著．环境税规制污染问题理论前沿，经济管理出版社．2019.

从西方发达国家近几十年的成功经验来看，环境税在点源污染的治理中发挥了重要的积极作用，取得了一系列的理论和实践成果，并上升为国家环境经济制度；同时，环境税在面源污染的规制中也发挥着越来越重要的作用，美国等发达国家已经将相关制度应用于农业面源污染规制的实践中，相关的理论研究也积累了丰富的成果。规制污染问题，需要加强顶层设计，创新制度机制。环境税如何才能在点源和面源污染两大领域发挥制度优势，助力供给侧结构性改革，有效治理污染，这是摆在世界各国面前的一大课题。党的十八大以来，中央对“四个全面”战略布局和“五位一体”总体布局做了重大部署。党的十九大进一步对加快生态文明体制改革，推进绿色发展做出了明确部署，这对创新生态文明建设的制度供给提出了新的要求。

对环境税的研究开始于庇谷提出的“庇谷税”。自 20 世纪 90 年代 OECD 国家纷纷实施环境税改革以来，关于环境税效应的文献大量出现。这些研究围绕点源污染的环境经济规制问题，高度关注环境税改革的政策效应以及合意的环境税制度设计等，沿着“双重红利”假说的理论主线，就环境税的效应进行了持续深入的分析。最初的研究大多是基于完全竞争市场框架，之后劳动力市场和产品市场中的不完全竞争因素被逐渐引入环境税效应的研究，同时博弈论以及信息经济学也融入了环境税效应研究。根据现有的研究发现，不同市场结构对环境税的效应具有重要影响。环境税规制点源污染的理论前沿除了不同市场结构对环境税效应的影响外，主要集中在“双重红利”效应的 CGE 实证研究方面。环境税的“双重红利”假说认为，环境税改革通过返还环境税收入对扭曲性税种实施结构性减税，不仅可以获得环境方面的红利，还可以获得经济、社会方面的红利，进而实现环境和非环境“双重红利”。本书围绕 CGE 模型在环境税改革研究中的应用，通过研究发现，合意的制度设计和有力的政策执行可以提高“双重红利”的可能性；有关环境税改革的研究应当更加关注影响“双重红利”的因素以及如何进行制度设计以最大限度获得改革红利，同时应更加注重环境税改革效应的动态均衡分析。

现有的文献在论证环境税规制农业面源污染的有效性、可操作性问题上取得了重要成就，并且揭示了环境规制机制如何在解决不对称信息、逆向选择、道德风险等问题的基础上对面源污染主体的行为进行引导进而达到减污控污的目的。但是还应更加重视五个方面的问题：第一，重新审视基础的理论假设，如农业面源污染者以利润最大化为目标，可以引入实验经济学的研究方法，论证农业面源污染者的目标函数，让整个研究建立在更加坚实的理论基础之上。第二，农业面源污染的异质性问题未得到足够的关注，但异质性问题对于研究结论的影响十分重要，可以逐步放松农业面源污染者同质性的假设，扩展研究的广度和深度。第三，环境污染损害函数的非线性因素考虑不够，可以尝试由线性环境损害函数向非线性环境损害函数的拓展深化。第四，应该同时关注纵向信息不对称和横向信息不对称对环境税规制效率的影响。第五，环境税规制农业面源污染的环境效应得到了比较深入的研究，但是关于环境税规制政策的非环境效应分析得较少。未来有关环境税规制农业面源污染的研究将会取得新的突破。

现有的关于环境税政治可行性影响因素的研究，在三个方面做出了重要贡献。第一方面是在环境政策和公共财政视角之外，引入了环境税研究的第三种视角——政治经济学框架；第二方面是从关注环境税对外界的影响转向研究环境税自身的可行性问题，让有关环境税的研究沿着“由外向内，由表及里”的方向发展，有利于发现更深层次的本质问题；第三方面是为进一步研究如何提升环境税的政治可行性，进而为环境税改革决策提供建议奠定较为坚实的研究基础。但还可以对相关因素在多大程度上影响环境税的政治可行性以及如何在政策实践中避免决策失误、提升环境税的政治可行性进行深入的探讨分析。

［11］汤旖璆著．财税视角下环境规制相关问题研究，中国社会科学出版社．2019.

改革开放以来，我国先后出台了 29 部与环境以及资源保护相关的法律，各地政府也依据本辖区具体特点，制定了数量众多的与环境、资源保护相关的地方政策法规，目前已经建成了包含法律以及地方行政法规的环境规制体系，但是我国的环境治理状况并没有因环境监管体系的构建而大幅改善。鉴于生态环境的公共物品特征，地方政府介入污染治理活动并对高污染企业实施有针对性的规制，具有无可辩驳的逻辑起点。但是自 1994 年分税制改革以来，具有“财政分权、政治集权”这一特征的中国式分权使中央政府与地方政府之间的动态偏好发生了严重偏离。在收入及晋升方面，中国式分权扭曲了对地方政府的激励机制，地方政府追逐以要素扭曲、资源错配、地方保护、环境破坏为代价的经济增长，缺乏独立性的环境规制，难以对环境破坏行为产生真正意义上的硬约束；在支出方面，在经济分权与政治集权的制度框架下，中央政府将经济决策权下放至地方政府，形成“增长型政府”的经济发展模式，但是这种分权模式逐步演化出了以环境代价换取经济利益的短期行为，出现了地方政府环境规制的竞次效应。

自 2003 年以来，当政绩考核中引入“科学发展”“环境友好”等因素之后，多数地方政府组织筹集财政收入时，主动摒弃过去“以环境换发展”的恶性循环模式，多数地区财政收入分权程度的提高并未显著地引致污染排放量的增加，但是也有地区政府对于环境规制策略性地选择非完全执行，即在迎合上级考核重点以及公众需要的基础上，有意识地放松环境规制标准达标率，以此来平衡地方经济发展和污染治理之间可能存在的矛盾，最终导致了我国环境规制的制度软化。造成环境规制相对效果的损失实质上是地方政府实际规制水平与政策要求规制水平之间的偏离。

本书在借鉴魏玖长等（2012）的基础上构建了污染控制表现（PCP）估算模型，并基于此模型，利用 2004 ~ 2010 年的相关数据，对全国 31 个省份的污染控制表现进行估算结果发现，东部地区污染控制表现明显好于中部地区和西部地区。在利用随机前沿分析方法对工业用水技术效率进行测算的基础上，结合环境库兹涅茨曲线，从财税政策、经济发展、产业结构、技术进步等多角度对污染控制表现进行分析发现目前的排污收费政策不利于各省、市、自治区优化污染控制表现。

地方政府税收竞争会显著不利于污染物排放量的降低，税收的低效率无法补偿企业过度生产所带来的环境损害成本，最终造成社会福利损失，以税收竞争为主要动力机制的非均衡发展模式难以为继。但是税收竞争对环境治理的负面影响需要经过一段时间才能显现。地方政府会结合污染物外溢性特征，制定差别化环境治理策略，重点治理外溢性较弱的污染物，而对外溢性较强的污染物放松监管，并辅之以降低实际税率等手段，秉承本地区利益最大化原则，吸引流动性资源涌入本地区。地方政府的赶超行为同样不利于环境治理成效的改善，也就是说地方政府之间资本竞争无论是否以降低实际税率的方式展开，均不会改变其阻碍地区生态环境质量提升的实质。

当前我国城市财政综合分权对环境治理效率的影响主要通过地方政府赶超行为作为渠道变量进行传导，且该传导效应的发挥受地区特征制度环境影响，市场经济发育程度越滞后、城市行政等级越低，财政综合分权通过地方政府赶超行为对环境治理效率产生的负向影响越显著。以资本竞争为代表的地方政府赶超行为对不同经济发展水平的城市影响不同：三线和四线等经济欠发达的城市群的地方政府通过以经济增长为主要目的的赶超行为，能够缓解地方财力不足的局面，为环境治理效率的提升带来正向影响，但是一线及新一线等经济发达城市群地方政府的赶超行为与该区域产业布局重点相违背，不利于环境治理效率的提升。财政综合分权的门槛效应主要集中在地级市、三线和四线城市等城市群，即财政综合分权对环境治理效率的非线性影响主要分布于行政级别较低、经济发展落后的区域。在上述区域财政综合分权只有达到或者超过门槛值时，地方政府赶超行为才会对环境治理效率产生促进作用。

在研究环境税开征对贵州省域经济与污染减排影响问题时发现：开征环境税对贵州省GDP有一定的负面影响，但是影响程度较为有限；不同税率水平下，重污染、高排放行业的产出水平均受到不同程度的影响，有助于贵州省调整产业结构；在不同税率水平下，开征环境税对高污染行业的出口竞争力影响较大，上述行业出口总量呈现出萎缩态势；开征环境税将会促使高污染、高能耗行业释放出资本和劳动力等生产要素，有助于加快清洁行业的发展速度，间接起到调整贵州省产业结构的作用；无论是清洁行业还是高污染行业，其单位产值的污染物排放量会在开征环境税后显著降低，但总体来讲，高污染行业的减排程度高于清洁行业。从减排的驱动因素来看，征收环境税所起到的减排作用主要通过技术效应实现，它也能够在一定程度上促进产业结构的调整，并且结构效应贡献度随着税率的升高而逐渐上升，所以政府应该出台相关配套机制以此来加快产业结构调整速度，尽早实现产业结构的绿色转型。

［12］孙婷著．要素价格扭曲和环境规制趋紧双重约束下中国制造业国际竞争力研究，经济科学出版社．2019.

改革开放以来，凭借传统比较优势以及外向型发展战略，中国制造业通过不断承接全球产业转移，积极融入国际分工体系，逐步发展成为世界第一制造大国。中国经济的高速增长，在很大程度上也得益于制造业的快速发展，但这种发展建立在要素价格扭曲引致的低成本优势和以牺牲资源环境为代价的基础之上，致使中国制造企业多位于全球价值链的劳动密集型或低附加值加工生产等低端环节。后金融危机时代，发达经济体复苏缓慢、新兴经济体增速回落，全球经济增长持续低迷，受此影响中国对外贸易增速放缓，经济发展步入新常态。

本书主要从生产要素价格扭曲和环境规制趋紧背景下剖析中国制造业国际竞争力，并构建双重约束下制造业国际竞争力的评价指标体系，对制造业国际竞争力进行评价研究。进一步，要素价格方面，在统一的理论框架内，通过引入“扭曲税”的形式，构建要素价格扭曲指数以及包含要素价格扭曲的技术进步偏向系数，在此基础上分析要素价格扭曲对制造业国际竞争力的多维影响；在环境规制方面，通过双层嵌套的CES生产函数，将环境规制纳入技能溢价的影响因素，分析环境规制对制造业国际竞争力的直接影响，以及通过技能溢价对其产生的间接影响；并在理论模型的基础上展开实证研究甄别影响制造业国际竞争力的关键因素，丰富了制造业国际竞争力研究的内容。

近十几年来我国制造业竞争力虽有波折但总体呈上升趋势。分行业看，综合考虑要素价格、环境规制、制度和技术创新四个因素的情况下，相比劳动密集型行业，资本技术密集型行业的制造业国际竞争力更强；分地区看，东部地区的制造业国际竞争力优势最明显，中部地区稳健提升，西部地区后期表现乏力，地区发展不平衡现象比较严重。要素价格和制度是当前影响制造业国际竞争力的两个主要因素，尤其是要素价格，依然是我国制造业国际竞争力的主要来源。技术创新虽然对制造业国际竞争力影响明显，但这与发达国家技术进步对经济发展的带动作用相比还有较大差距，技术进步的能动作用还需继续挖掘。环境规制对制造业国际竞争力的影响最弱。技术创新、资本深化与制造业国际竞争力三者之间有错综复杂的内部关系，而环境规制对技术创新和制造业国际竞争力有显著正向影响，而对资本深化的影响则表现出较强的行业异质性。将环境规制纳入技术进步偏向的影响因素，研究其对技能溢价的影响，结果发现，滞后一期的环境规制对技能溢价提升作用显著，且中度和重度污染行业的系数更大。

中国制造业快速崛起的重要原因之一就是扭曲的要素价格为企业提供了大量廉价资本和劳动力，但是持续的要素价格扭曲也会严重影响资源配置效率，一个直接后果就是造成大量资源浪费；而且由于要素投入不能得到合理回报，使得资本停留在金融体系内空转、难以流入实体经济，且劳动者收入较低、消费被长期压抑，进而侵蚀国民经济的长期增长潜力。随着中国人口红利的逐渐消失，新增劳动力供给下降，技能人才和制造业发展需求不匹配，高科技人才短缺，劳动力市场出现

“两头用工荒”和“中间就业难”并存的现象。伴随工业化和城镇化进程加快，长期粗放型的经济增长方式使中国现阶段集中出现了诸如环境污染、人力成本快速提高等发达国家在上百年工业化过程中出现的同类问题，致使制造业转型升级面临重重困难。针对如此发展困境，本书提出：要加快资本要素的市场化改革，理顺资本价格形成机制；要提高劳动者收入，消除劳动力价格扭曲；坚持环境规制政策导向，制定和实施分类规制政策，充分发挥环境规制对技能溢价和制造业国家竞争力的正面效应以及通过原始创新和引进吸收推动技术进步，注重技术选择的适宜性。

［13］解川波，张虎婴著．新中国货币政策与金融监管制度变迁，西南财经大学出版社．2019.

自 1988 年 9 月以来，联行清算制度突然陷入了前所未有的危急之中，出现了极其严重的支付危机和占用汇差现象，其爆发之突然，来势之迅猛，波及范围之广大，以及后果之严重都堪称空前。1989 年 1 月召开的人民银行全国分行长会议也提出了《关于改革联行制度建立人民银行清算中心的方案》。银行间的资金往来与清算制度，不是货币政策所议事务，而是金融业的支付系统事务，但直接关联着货币的稳定。经此危机，人民银行的金融监管开始从信贷监控扩大到金融安全管理。但是支付危机仍然在部分农村地区残存，对农民出售农产品和汇款“打白条”的现象仍在克服中。

进入 1984 年，中国人民银行被确认为国家中央银行，各种金融机构、市场和交易工具也开始新建。发展生产和稳定物价的双目标货币政策开始具有通过市场对货币数量和宏观经济发展进行调节的部分作用。中央银行系统恢复后的头等大事就是要保证各专业银行适应新的信贷计划的要求，为国民经济继续发展提高信贷保障，同时还要面对私人经济体系兴起的信贷需求，因此可以观察到在这一时期银行的信贷量迅速增长。

依照 2002 年 11 月党的十六大决定的完善社会主义市场经济制度的任务，按照朱镕基总理在 2002 年 2 月第二次全国金融工作会议上对下一阶段金融工作的全面部署，从本期起，中国政府对金融行业进行了大量的管理体制、企业制度、市场制度、产品研发与交易规则的改革与建设。加强金融监管与国有银行改革的设计得到实施。同时，人民银行作为中央银行集中力量从事与货币政策有关的调查研究、政策建议，并对国务院下达的政策加以执行，具体处理货币市场管理与日常调控以及日益重要纷繁的外汇管理等事务。1992 ~ 2002 年，在经济发展的层面，中国经济存在着三个与之前不同的基本推动力：一是比前十年更宏大的基础设施投资和房地产开发投资；二是中国更广泛地承接西方国家的工业生产转移和本国工业的升级；三是加入世界贸易组织后有了更广阔的国际贸易领域。同时，中国对外投资日渐发展，开始成为货币政策与金融监管的比较支持和关注的对象。

在 2003 ~ 2012 年，进一步修订了与货币政策和金融监管相关的国家法律，成立了银监会及其监管体系。2007 年 1 月中央第三次全国金融工作会议决定加深股份制改造银行的改革，强调构建多层次金融市场体系，扩大直接融资规模和比重，希望减轻银行信贷负担，把市场风险在时空上和承担者上加以分散，以免重复前期反复出现的银行贷款损失长期积累成灾的局面。扩大企业债券发行规模，同时大力发展公司债券，国有企业、地方城市投资平台公司、私人企业和各类银行和非银行金融机构成为债市主要交易者。中央银行货币政策操作目标也开始更多地转向债市。这对后来产生了非常巨大和复杂的影响。进入 21 世纪前后，我国开始建立有中国特色的金融监管系统，力图改变金融风险长期积累后集中释放模式。中国金融监管系统的基本分工是：在党中央、国务院领导下，中国人民银行对货币、信贷、金融机构间的债市及货币与金融交易结算系统的监管；国家外汇管理局对外汇交易的监管；中国银监会对银行业的监管；中国保监会对保险业的监管；中国证监会对股市及非金融机构间的债市的监管。对于跨系统间的行为规范与风险管理，则由上述机构间的非常设联席会议决定。在 2008 年全球金融危机之后，为应对大型金融机构“太大而不能够倒”的道德风险问题，有关国际组织、中央银行与监管当局、学术界都开始广泛关注和探讨宏观审慎政策。

在 2013 ~ 2018 年，国内城市化与工业化在升级后持续地在数量与地域上扩张，产能与资本过剩加剧，资本输出从“走出去”与建立境外工业园到“一带一路”新阶段，货币政策与金融监管都进入到了一个远比前面几个时期更加复杂的阶段。在这一阶段面临着三个基本任务：一是顺经济发展趋势继续发展，并顶住经济增长幅度下行的压力，小心谨慎地实行不引发高通货膨胀但又要推动经济发展的货币政策；二是化解国内产能、劳动力、资本以及人民币过剩的压力，继续执行“走出去”的战略部署，在全球范围内通过贸易与投资获取更大更多的资源与市场；三是监控、引导和处置国内金融风险对国家金融主体的危害，守住不发生系统性金融风险的底线，把金融风险分散到体制外的空间，再加以化解和处置。目前我国已经初步形成货币政策和宏观审慎政策双支柱调控框架和基础性制度建设，经过实践证明，“双支柱体调控框架”使我国在金融宏观调控政策框架实践方面取得重要成果，在维护金融稳定方面发挥了较好作用。为了应对日益复杂的国际国内经济金融运行状况，改善金融服务实体经济的能力，推动中国金融进一步对外开放，应继续健全货币政策和宏观审慎政策“双支柱”的调控体系。

[14] 杜创著．声誉、市场竞争与管制：高质量发展的微观激励机制研究，中国社会科学出版社．2019.

中国经过四十年的改革开放，经济已经由高速增长阶段转向高质量发展阶段，消费者需求特征发生深刻变化。一方面层次提升，对产品和服务品质的关注度越来越高；另一方面是范围的扩展，在物质文化需要之外，对健康、教育、文化、专业咨询等服务的需求凸显，然而产品（服务）质量却成了我国市场经济建设的“短板”——供给体系产能大多数只能满足中低端、低质量的需求，产品质量事件时有发生。与此同时，虽然服务业逐渐超越工业成为我国国民经济的第一大产业，经济服务化仍存在趋于低端化的风险，医疗卫生、教育咨询、科学文化等知识密集型服务业的发展面临市场机制不畅、服务质量不高等问题。高质量发展的微观基础是高质量产品和服务的供给。

将消费者需求特征上述两个方面的变化放在产业组织理论框架内，正好分别对应了“体验品”和“信任品”。体验品的特征是只有通过实际使用才能体验到产品质量，同时产品质量是不可验证的，即无法被法院等第三方证实或诉诸法律的成本太高，从而消费者购买到低质量的产品后难以诉诸法律索偿。工业产品及一般性服务都具有体验品特征。信任品则是消费者需要专家“诊断”后才能确切知道其所需的产品或服务，当专家和卖家合一时就可能诱导消费者过度消费。信任品的典型例子包括医疗、教育、管理咨询、技术咨询等。信息不对称使得体验品和信任品市场上消费者面临供给者的道德风险等问题，市场结果可能是低效率的，消费者苦于产品低质量，甚至导致市场消失。经济学表明声誉机制可以克服厂商道德风险。如果厂商足够耐心、有长远的眼光，就会克制短期诱惑以获得长远回报。

在体验品市场上，厂商是博弈的长期参与人，消费者面临厂商的重复道德风险问题，若假设消费者对产品质量的敏感性存在垂直差异，即相同质量的产品，有些消费者获得的效用较高，有些较低，这是消费者的私人信息。在此基础上，以双寡头市场为例完整刻画了一类声誉机制——递归信念均衡；仅利用纯粹道德风险的框架就揭示了寡头市场上品牌与声誉的动态变化。

若在体验品市场上，厂商是博弈的长期参与人，消费者是短期参与人（或匿名的长期参与人），分为两类：一类是“品牌偏好型消费者”，只会从两家厂商中固定的某一家购买或是不购买；另一类是“转换型消费者”（无品牌偏好），可以从两家厂商中任选一家购买，或不从任何厂商购买。转换型消费者的相对比例刻画了两家厂商之间产品的可替代程度。若只有品牌偏好型消费者，则两家厂商的产品可视作完全不同的；若只有转换型消费者，则两家厂商的产品不存在水平差异。基于该模型，均衡中的厂商之间的竞争可视作是重复进行的、争夺“转换型消费者”的声誉锦标赛；两家厂商总是选择高努力，其激励来自转换型消费者在两家之间的转换。声誉锦标赛有效的前提是产品水平差异度不能太大；而且产品水平差异越小越有助于激励厂商维持声誉。

针对我国普遍存在的过度医疗问题，若没有价格管制，则作为垄断者的医疗机构没有必要实施过度医疗，通过一次性收取高额诊费即可获得全部垄断租金，但低收入者将面临医疗诊疗不足。当对诊费进行严格规制时，将会出现高收入者被过度医疗、低收入者被诊疗不足的现象。再考虑政府举办的医疗保险机构、患者、医院之间的三方重复博弈，其中医保机构和医院是博弈的长期参与人，患者是短期参与人。医保机构和患者面临医院的一系列道德风险问题。构建医院、患者、医保机构三方信息不对称条件下的重复博弈模型以研究医保机构对医院的最优支付方式及其决定因素。结果发现：无论医保机构实行预付制还是后付制，为激励医院诚实诊疗，最优价格管制应该保证医院获得正利润；最优预付制价格可以得到显式解且形式简单，而有效规避医院道德风险的后付制价格组合则依赖于医保机构目标函数、患者收入分布的具体形式，后付制要求医保机构有更高的信息搜集能力；若患者自付比例足够低，则预付制优于后付制；若治疗成本随疾病严重程度变化足够大或医院不重视未来收益，则后付制优于预付制。

本书充实了产业经济学关于寡头市场声誉机制的研究，尤其是将研究扩展到了不完美监督的情形，同时考虑了消费者异质性的影响。除此之外，本书还应用了不完美公共监督重复博弈理论，充实了寡头市场的声誉理论。

［15］卢昱杰著．政策管制和企业价值视角下建筑业企业绿色化转型研究，同济大学出版社．2019.

在全球化和工业发展背景下，环境污染、社会责任缺少等问题日益严重，绿色化得到广泛关注。绿色化的内涵意味着经济发展对环境和社会是友好的。而建筑行业背后却隐藏着巨大的环境问题。全球建筑业消耗约 20% 的水资源，25% ~40% 的能源，产生 30% ~40% 的固体废料，排放 38% 的 CO_2 污染。若再考虑建筑业上下游材料制造、物流交通、设备运行等各方面的因素，建筑业对环境的污染和破坏显得更为严重。因此推行建筑业的绿色化战略转型有重大的现实意义。

企业作为建筑业中最主要的参与主体，其积极参与程度与环境绩效决定了整个行业的绿色化程度，但是，目前建筑业绿色化研究主要关注项目层面，较少关注企业层面，实践层面更为缺乏，从而导致建筑业绿色企业的数量较少，绩效表现程度较低。特别是我国的建筑业企业绿色化水平和国外发达国家相比还有较大差距。在全球气候变暖和绿色化发展背景中，以及我国十二五期间节能减排、低碳环保的宏观政策的指引下，研究建筑业企业绿色化转型具有重大理论和实践意义。

绿色化是一个综合概念，尽管已经成为全球讨论的热点，但目前仍没有一个最权威的定义。本书所认为的绿色化内涵是在人类活动及各种生产环节中（包括生产、加工、运输、建造、维护、拆除），尽可能地节约资源能源、保护环境、增加社会和谐，同时考虑包括环境、社会和经济三方面的影响，将人类活动过程对环境和生态的影响降低到最小。将绿色化应用到建筑业源于 20 世纪 60 ~70 年代，产生背景是由于 1970 年的石油危机，人们增强了提高节能效率和环境保护的意识。绿色化对建筑业影响深远，包括诸多方面，例如对建设项目、施工工艺和流程、专业技术人员和公司企业组织的影响等。

本书针对建筑业企业绿色化问题，以系统性观点出发，通过系统动力学的方法和思路，建立了建筑业企业绿色化转型研究的框架和思路，囊括了外部政策管制、干预措施、市场环境、竞争结构范式、竞争程度，以及企业内部包括自身利润、财务绩效、超额价值、文化、声誉、人力资源等在内的一系列系统性模型。从企业外部管制角度出发建立建筑业企业针对外部政策管制的博弈均衡模型，并以目前国内外形势最为关心的企业的碳排放管制问题为例，构造了包括行政政策管制、经济政策管制及市场政策管制在内的三类博弈模型。在该模型的基础上进行研究得出以下结论：大型建筑业企业比小型企业更倾向于走绿色化；绿色化将提升企业成本，但该成本由企业和最终消费者共同承担；绿色化管制越严格，企业绿色化程度将呈指数级别快速增加；经济政策管制比行政、市场政策管制更适合于建筑业的绿色化调控和管理。从企业内部价值角度出发，围绕“绿色化能否带来价值增长”这一核心问题，分别从企业财务利润、长期价值增长、资本市场价值三个方面构建综合评价指标并设计了统计检验方法，以检验绿色企业和常规企业的绩效差异。结果发现绿色企业在短期财务绩效和长期价值增长方面获得了超额价值，但尚未在资本市场显现出估值优势和评价认可。通过 DuPont 分析法对净资产回报率进行五项式分解，发现绿色企业有较高的财务杠杆、高资产周转率、低利息成本三个方面的优势，且通过 EVA 视角下的回归模型发现绿色化转型三条超额价值创造路径：运营利润传递路径、资产管理差异路径、借债融资成本路径。

目前国内建筑业对碳排放管理和绿色化战略转型都还处于初级阶段。但是绿色化是未来建筑业不可避免的趋势，既是机遇也是挑战，面对这种大型绿色转型契机，我国建筑业企业主体必须主动思考企业绿色化转型问题，将企业的内外部因素相结合，根据企业自身的特点，共同制定绿色化的管理决策和管理重点，为企业带来长期的价值增长。

[16] 向立力著．竞争推进的理论与制度研究，法律出版社．2019.

在竞争政策的组成方面，学术界大多倾向于宽泛的理解，认为除竞争法是竞争政策的核心部分之外，竞争政策的内容应该更加广泛。竞争政策包括诸如政府用于决定和影响市场竞争条件的各种政策措施和工具，甚至包括国有企业私有化、放松管制政策等等。对竞争政策给予宽泛的理解，是为了把更多的经济政策纳入竞争政策的价值体系，当不同的政策目标发生冲突时，在竞争政策的价值体系内，其他一切价值目标都能够自然地被“公平和自由的竞争秩序目标”所吸纳。所以，在如何确保竞争政策目标的实现上，就分化出两条路径。一是依靠竞争法的实施，对竞争法的适用对象进行必要的规制，使市场秩序向竞争政策目标回归；二是依靠实施竞争法律以外的其他政策手段，作用于那些不属于竞争法规制，但是又对市场秩序造成破坏的主体及其行为，同样达到使市场秩序向竞争政策目标回归的效果。这两条路径相互依存，共同维护竞争政策目标。

本书可能是国内首本系统介绍和研究竞争推进问题的专著，因此在厘定研究主题、界定研究范围、把握研究思路以及选择研究方法等方面都有一定的开创性。本书基于向国内学界系统引入竞争推进的研究目的，试图构建一个基本完备的概念体系，在梳理总结竞争推进的概念之后，更多地关注于有利于制度移植的问题上，即归纳抽象出竞争推进最常见的制度措施，并逐一介绍比对，以推动国内启动相应的制度探索。经过分析发现，我国建立市场经济体制的过程中，关于竞争推进的思想萌芽已经出现，一些与国际上竞争推进的具体措施极为相似的制度也不断涌现。经过从上海市行政审批制度改革、国内电力市场引入竞争改革两个角度切入进行分析发现，因为缺乏对竞争推进机制的系统引入，我国在行政审批制度改革、垄断行业引入竞争等问题上遇到了不少困境。所以我们应该尽早关注竞争推进制度建设。

竞争推进制度主要包括：公平竞争审查制度、垄断行业引入竞争制度和竞争文化培育制度。公平竞争审查制度的实质是一国政府有意识地对公权力干预市场的能力采取的内部控制机制，体现了决策层对市场自发形成的竞争秩序的敬畏。其所应用的基本方法是政策目标之间的价值对比分析。垄断行业引入竞争制度是针对管制行业而产生的，它与放松管制是一体两面的政策组合。放松管制是从内部对现有管制政策的检视，而垄断行业引入竞争制度是一种由外部推动的改革措施，是通过一系列主动措施，在管制行业引入新的竞争者，破除各种限制竞争的政策和规则，以建立管制政策的预警机制，来持续降低市场壁垒，推动管制行业内的市场结构向更有活力的方向发展。但是垄断行业引入竞争制度多是由竞争主管部门策动的，其执行过程必然更多体现出竞争法和竞争政策的元素，也更容易与竞争执法机构协调配合实施。竞争文化培育工作是一项长期、缓慢的过程，它要改变的往往是一个国家、一个民族的传统文化中不利于市场经济和竞争机制生存和发展的因素。移风易俗之艰难是可以想象的，但是新风气一旦确立给社会带来的推动力也是难以估量的。因此，无论是已经建立了完备的市场经济体制的国家，还是正在构建公平的市场竞争机制的国家，无不把竞争文化氛围培育作为一项长期战略来筹划和部署。

从美国、日本、韩国、俄罗斯等国家先后实施的竞争推进机制来看，它们在具体推进方法的侧重上各有特色。经过对比发现，公平竞争审查制度重在突破体制障碍，垄断行业引入竞争制度重在改变市场结构，竞争文化培育制度重在为竞争法和竞争政策强根固本。虽然对市场竞争机制最深层的抵制因素来自文化传统，但最直接的限制因素却常常是一个国家的法律制度，所以要在短期内为市场经济寻找生存空间，最有效的办法就是进行法律制度的改革。竞争推进的目的是遏制垄断、限制竞争的行为，只有打破对经济行为的人为管制，降低市场进入和退出门槛，才能建立起最有利于竞争机制发挥作用的市场结构。无论是传统的市场经济国家还是经济转轨的国家，各国实施竞争推进的历程都表现为不断地放松国内经济管制政策，鼓励更多竞争者参与和更自由的竞争。

中国市场经济体制改革的过程就是一次引入竞争政策、竞争机制的过程。竞争推进的核心制度大体上可以分为三个方面：一方面是对一国的法律和规范性文件进行公平竞争审查；一方面是在垄断行业引入竞争；另一方面是竞争文化培育。

［17］郝晓燕，乔光华著．我国乳品安全规制：理论与实践研究，北京理工大学出版社．2019.

我国乳业经过多年的发展，已经成为包含三次产业的庞大经济系统，其利益相关者涉及奶户、奶站、乳企、消费者、股东、政府等，在很多省份已经成为国民经济下一个重要产业部门，对于推动地方经济发展，帮助农户脱贫致富，解决地方就业等具有重要意义。

在乳业快速扩张时期，由于我国食品安全规制体系不完善，乳品安全事件频发。“三聚氰胺”事件后，我国加大了安全规制力度，乳品安全事件减少，但消费者对国内乳品的质量安全依然有疑虑。近年来，我国乳品进口规模越来越大，对我国乳业发展构成了一定的冲击。一方面，国内奶牛养殖规模缩减，奶牛存栏数波动剧烈；另一方面，国内乳品企业的市场信誉因为早期频发的乳品安全事件受到消费者的质疑，尤其是一些消费者盲目青睐于进口奶粉。这也意味着我国乳品安全问题日益复杂，既涉及消费者对乳品供给的质量安全需求，还包括应对国际竞争挤压下的乳业的安全问题，更需要防范应对的是乳品安全危机事件引发的公共安全问题。因此，我国乳品安全规制面临更为复杂的风险因素。

从食品安全规制的实践来看，国外经过20世纪80年代的管制放松，90年代开始的规制绩效评价，到目前区域社会性规制手段的不断加强，其规制方式的实施主要基于多主体合作参与食品安全的治理。而我国的食品安全监管实践则以强制性规制为主，这种自上而下的规制方式的制定多出自政府行政决策，并没有考虑社会多元化发展趋势下，现代社会对食品安全治理的多样性需求，如企业、消费者、行业协会、社会媒体等多主体参与治理、政府规制与私人规制的合作协调等。在2013年国务院及有关部门相继颁布的一系列政策法规对乳制品企业的管理、生产进行改革、规范和指导以来，我国乳品行业规制的混乱现象得以管理和整治，规制体系也趋于完善，但较乳品产业的高度发达，我国乳品安全规制体制仍需深化改革和转变。

内蒙古地处我国北部边疆，属于温带大陆性季风气候，适宜奶牛生长。作为中国乃至世界最重要的奶牛养殖区和乳制品加工区之一，内蒙古的乳业形成了包括牧草种植、奶牛养殖、乳品加工、乳品流通等多个环节在内的完整产业链，呈现出明显的集群化趋势，乳业已经成为推动内蒙古区域经济发展的支柱产业。2013年，自治区政府明确指出要把内蒙古建设成为绿色农畜产品生产加工输出基地，乳制品生产加工与制造无疑是其中的重点产业。近年来内蒙古陆续出台了《关于质量强区的决定》《关于进一步加强质量技术监督工作的指导意见》等一系列政策文件，提出了打造“四个内蒙古”。在此背景下，乳业作为内蒙古的优势产业，要打造乳业标准、乳业创造、乳业品牌、乳品质量，就要加强乳品质量安全管理，内蒙古通过多项措施加强了乳品质量安全管理并取得了一定成效。

基于此，本书围绕两个核心线索展开研究：一方面对我国乳品安全规制体系的构成、演变、发展趋势以及乳品安全规制效果进行全面阐述与评价，另一方面对内蒙古乳品安全管理的政府规制和企业自我规制实践进行分析与评价。同时，本书也对国外乳品安全规制体系进行了比较分析，对国内其他乳业大省的安全规制经验进行了全面总结，试图从国际比较、国家层面、自治区层面多视角描述乳品安全规制的全貌，为维护和提高我国乳品安全提出一些有针对性的建议政策。

针对乳业发展面临着的日益复杂的产业内外部环境，基于我国乳品安全范畴本书提出以下具体建议。从规制目标来看，我国乳业发展以行业准入和事后惩戒为导向的规制体系不足以全面保障乳品安全涉及的全产业风险，必须转变注重对末端产品评价的做法思维，加大乳品安全生产过程风险评估的事前预防导向；以法律法规手段为主的强制性规制的“管住”导向必须向强制性规制兼顾市场激励的“管好”思维转变，以保障国内乳品安全供给向全面提升我国乳业的国际竞争力转变。从规制的主体与客体来看，本书认为规制主体必须由事实上的政府单一主体向多主体协调规制转变。政府部门作为规制主体实施的机构改革就是为了实现行政部门的职能转变，从事前审批更多地向事中控制、事后监管。乳品企业既是政府规制的客体，又是私人规制的主体，因此实现乳品安全供给不仅在于生产企业遵守强制性规制的规定，更有赖于企业的自律与社会责任。

[18] 杨秀玉著．转轨时期中国电信行业垄断问题研究，中国社会科学出版社．2019.

在我国社会主义市场经济建立和完善过程中，行政垄断问题引起了社会各界的普遍关注，成为我国当代经济学的研究前沿领域之一，也成为我国政治体制改革和经济体制改革的焦点。行业性行政垄断是计划经济的产物，大多发生在关系国计民生的基础设施性行业，带来的后果是效率低、服务差，缺乏竞争性，甚至限制了新技术的开发和应用。

电信行业是一个国家国民经济的重要组成部分，覆盖全国的电信网络是保障其他行业顺利发展的重要基础设施之一。因此，电信行业的发展状况对其他行业乃至整体经济产生的影响不可小视。长期以来人们一直把电信行业视为自然垄断行业，认为电信服务的基础性、网络的完整性、固定资产的沉没性以及电信运营的规模经济决定了电信行业的自然垄断特性。但是在我国，电信行业一直是在政府的严格控制之下发展的，带有明显的行政垄断色彩。电信行业的行政垄断造成了很多的不利影响，制约着电信行业的健康发展，所以对电信行业的行政垄断问题的深入研究与探讨具有较强的理论价值和现实意义。

本书以理论与实践相结合、抽象与具体相结合和比较分析的方法，以电信行业行政垄断为研究对象，以产业组织理论和西方规制理论为基础，结合我国电信行业发展改革历程，对电信行业行政垄断问题进行了全面深入的分析，提出了电信行业行政垄断程度的测算指标体系，并对行政垄断对电信行业造成的影响进行了实证分析，通过博弈模型分析了电信行业价格竞争和非价格竞争的情况，最后提出打破电信行业行政垄断、促进竞争格局形成的政策建议，以期推动我国电信行业的健康、快速发展。

本书从体制成因和经济主体原因两方面分析了我国行政垄断形成的原因，通过对市场失灵、政府规制和规制失灵相关理论回顾，提出行业性行政垄断的形成机理。并在新产业组织理论的基础上，将政府因素内生到是整个系统中来，构成对行政垄断分析的 G－SCP 研究框架。在该 G－SCP 分析框架下，设置政府、结构、行为和绩效四大类的指标，在四大类指标下分设 12 个二级和 33 个三级指标，建立测量电信行业行政垄断程度的指标体系，并测量 1990～2008 年我国电信行业的行政垄断程度。

本书从电信企业的经营绩效、电信行业技术进步、电信行业经济效率和社会福利四个方面分析行政垄断对电信行业资源配置效率造成的影响。电信企业经营绩效方面，我国电信行业的网络技术水平、设备先进性已经超过了不少发达国家，但是运行效率、运行质量和经济效益则相差太远。我国电信运营商在高利润的背后是高成本、高浪费，并且缺乏国际竞争力。电信行业技术进步方面，电信行业行政垄断程度对全要素生产率贡献率的贡献系数为负值。电信行业经济效率方面，当电信行业垄断程度降低时，全要素生产率的增长速度放慢，前沿技术进步加快，相对前沿技术效率降低，资源配置效率加强，规模总报酬递增，规模经济性改善降低。社会福利方面，从电信行业的垄断福利、管制机构非正常开支、电信企业的寻租成本以及行政垄断造成的社会净福利损失四方面考察了电信行业行政垄断造成的社会福利影响。

本书结合我国电信行业的竞争状况，运用价格博弈模型和非价格博弈模型进行分析，认为价格竞争带来的结果是恶性的价格战，长期而言对大家都是非常不利的，只有紧跟技术进步，不断推陈出新，通过服务和产品的升级换代来满足消费者的新需要，从长期动态发展的角度寻找各自不同竞争优势的竞争战略，才能促进整个电信行业有效竞争格局的形成和整个行业竞争力的提升。

［19］王文祥著．银行卡组织竞争与反垄断政策研究，经济科学出版社．2019.

当前我国银行卡产业已具有相当规模，本土银行卡组织中国银联起到了举足轻重的作用。在金融服务对外开放和中国银联境外拓展的大趋势下，我国已经于 2014 年确立了银行卡清算市场开放的总体政策，随后相关政策文件和配套措施陆续出台。因此，境内人民币银行卡清算市场将逐渐由中国银联独家垄断向市场开放转型。不过，市场开放并不是朝夕之功，更不是达到产业健康发展目标的充分条件，有效竞争市场格局的形成必然需要相应的司法和政策保障。然而，作为平台型企业的银行卡组织与传统单边型企业的商业模式存在根本的差异，基于对传统单边型企业行为分析而形成的传统的反垄断理论与政策对银行卡组织市场行为的解释力和适用性存疑；并且，我国在银行卡组织的反垄断方面缺乏经验，国内学者也还没有在结合理论研究、国际经验和我国国情的基础上，从整体上为我国银行卡组织的反垄断政策给出具有针对性的建议。因此，为保护银行卡清算市场公平竞争、促进银行卡组织效率提升和银行卡产业健康发展，有必要密切跟踪国外双边市场理论与银行卡组织研究的重要文献和前沿动态，比较分析国外银行卡组织反垄断与规制监管实践的经验和教训，并结合我国银行卡产业衍生发展的历史背景和特征，从整体上为我国银行卡组织反垄断政策提供具有针对性的建议。

本书以反垄断理论、规制经济学和双边市场理论为主要理论基础，基于对银行卡组织经济特征和竞争结构的把握，从商业实践、理论研究和监管政策等方面对银行卡组织的定价、纵向限制和标准竞争等行为进行研究。在此基础上，借鉴典型国家和地区银行卡组织反垄断与规制监管的经验和教训，结合我国银行卡组织发展、扶持与监管的历史和现实，为我国银行卡组织反垄断政策的角色定位、违法确认的原则的适用以及银行卡组织典型限制行为的监管给出政策建议。

本书认为：第一，基于对传统单边型企业行为分析而形成的传统的反垄断理论与政策对双边平台型企业行为的解释力和适用性存疑，对银行卡组织市场行为的反垄断分析必须考虑该行为对市场双边或多边参与者的影响，才有可能更为准确地评价其对市场竞争的影响。第二，不论是在国家间还是在各主要国家和地区内部，银行卡组织的竞争结构均呈现高度的寡占特征。除了中国银联在境内的垄断地位主要源自既往的产业扶持政策，其他国家和地区内银行卡组织的寡占结构多是市场自发竞争的结果，从而可大致推定银行卡清算业务在很高的业务量范围内具有成本弱增性。第三，由于发卡侧和收单侧向客户的成本传递不对称，以及交易利益变动的不对称，私人最优的交换费与社会最优的交换费通常会发生偏离，但两者之间发生偏离的方向并不确定。因此出于对私人设定的交换费过高的怀疑而实施的反垄断监管措施或上限规制，缺乏充足的理论依据。交换费及其集中定价机制具有明显的经济合理性，这一貌似竞争者之间横向固定价格的定价机制本身不应被认定为违反反垄断法而受到法律的调整。第四，美国立法机构要求美联储对交换费实施的规制的名义收益主体和实际需求主体不一致，因此其名义动因并不可信；澳大利亚储备银行对交换费进行规制的基本依据并不充分，有关“商户将成本节约转移给消费者”的结论所依据的两个前提也不坚实，其规制动机反映出过度干预微观经济活动的倾向；欧盟委员会强化交换费实际上是服务于建立单一欧元支付区、推动欧盟经济一体化的战略需要。第五，对纵向非价格限制的反垄断违法确认一般应该适用合理原则分析。并且要认定一个纵向非价格限制对竞争产生负面影响，必须证明它对适当界定的相关市场的很大比重产生了影响。第六，消费者多归属的能力往往会降低政策制定者对兼容问题的关注，但理论模型的分析表明，在多归属情形下更有可能出现银行卡组织之间兼容不足的问题，用于市场优势的一方对推进网络兼容的积极性更低。第七，以保护市场公平竞争为主要宗旨的反垄断法也应被用以预防和制止银行卡组织的垄断行为，可逐渐建立起融合规制机构事前监管和反垄断法基础上的事后监管两种方式的混合监管模式。其中，除非相关行为是行业规制机构所明确要求或授权的，并且行业规制机构有效履行了其规制责任，否则反垄断执法机构拥有对银行卡组织涉嫌垄断行为案件的管辖权。此外，规制机构应考虑逐步减少原本多由银行卡组织向商户施加的纵向限制，淡化规制机构角色和企业角色的重叠部分，增强规制机构角色和功能的中立性和客观性。第八，长期以来，我国监管机构对发卡行服务费的直接规制总体来说是必要的、合乎逻辑的。不过，在走向银行卡清算市场开发、营造银行卡清算市场有效竞争格局的趋势下，有必要逐步放松和减少对交换费的直接规制，而代之以必要的反垄断考察。

［20］朱英明，张珩著．产业集聚、环境污染与环境规制研究，经济管理出版社．2019.

人类活动与环境相互作用问题的研究可以追溯到马尔萨斯时代。1798 年，马尔萨斯在著名的《人口论》中指出，在缺乏技术进步的条件下，人口增长最终将达到资源基础的极限。18 世纪工业革命后，世界人口开始快速增长，人类经济活动正在以前所未有的水平影响和改变着全球环境。20 世纪 70 年代早期，著名的 IPAT 公式概况了人类活动对环境的影响，即人类活动的总环境影响是人口规模、富裕程度和技术进步的乘积。经济活动在本质上具有空间集聚的特征，产业集聚是经济活动的普遍现象。正如 1994 年《经济学家》论述的那样，甚至最新的产业也在遵守地理集中的老规则。作为人类重要经济活动的产业集聚现象，对生态环境产生了广泛而深刻的影响，因为空间上密集的经济活动比空间上分散的经济活动对生态环境的影响更为深刻与复杂。美国耶鲁大学最新公布的《全球环境指数报告》强度，全球范围内，不断推进的工业生产、城市建设和交通发展所产生的空气污染，对人们生命健康的危害越来越大，因空气污染造成的死亡人数在过去十年中持续上升。对于处于产业集聚快速发展阶段的中国而言，在 179 个国家与地区的“2016 环境指数排行榜”榜单中居第 109 位。

目前，中国已经进入了以高效率、低成本、低能源消耗、低环境污染、可持续和符合市场经济发展规律的中高速增长阶段为主要特征的经济新常态，导致众多结构性因素发生变化，相应产生了区域环境的新特征和环境治理的新要求。在经济新常态的背景下，产业集聚新常态将随之形成，产业集聚发展模式将发生新的变化，产业集聚发展模式将以规模扩张为主的粗放型集聚转向以结构化为主的内涵式集聚。产业集聚一方面会增加对资源和能源的消耗，排放更多的污染物（负环境外部性）；另一方面又会产生正环境外部性而减少污染排放，这两种不同的环境效益导致了产业集聚对环境影响的复杂性。那么究竟产业集聚的环境效应是以正环境效应为主，还是以负环境效应为主？不同的环境效应又有什么政策含义？如果产业集聚是环境污染加剧的原因，那么这一发展模式就不再那么有效，产业集聚水平的降低乃至产业分散可能是区域发展战略的优选方向。相反，如果产业集聚有助于降低环境污染，那么这一发展模式的科学意义就不再仅仅局限于经济层面，它也是解决环境污染这一系统工程的一个重要举措。

产业集聚区是我国促进新型工业化、信息化、城镇化与农业现代化“四化”协调发展，构建现代产业体系、现代成长体系和自主创新体系“三大体系”的有效载体，是落实科学发展、可持续发展和包容性发展“三种发展”的实现途径，是经济转型升级的战略突破口。因此，在经济新常态下，深入研究产业集聚引发的环境效应和生态风险，科学分析产业集聚究竟是减轻还是加剧了区域环境污染和生态风险，正确评价产业集聚的环境污染和生态风险是否存在区域差异，在此基础上，制定经济新常态下的产业集聚与区域环境协调发展的调控政策，不仅仅有助于减轻当前雾霾频发等环境问题，而且有助于中国经济的转方式调结构，因而本书对新常态下中国经济发展具有重要的现实意义和深远的历史意义。

本书从中国工业集聚的环境效应理论和实证研究—新型城镇化背景下产业集聚的环境污染效应

研究—产业模式、环境污染与资源错配研究—产业集聚对环境规制的响应研究—产业集聚带高质量发展与生态文明建设研究—产业集聚背景下雾霾污染治理研究展开研究。研究内容跨多个学科，涉及新常态经济理论、集聚经济学、新经济地理学、环境经济学、环境地理学、国际经济学理论、空间结构理论、区域经济学理论等。本书不仅能够促进相关学科的融合与交叉，而且能够进一步丰富和发展新常态下区域经济可持续发展理论体系。因此本书有重要的研究价值。

2020 年

［1］吴伟巍著．房地产网络平台多平台接入及相关市场界定，东南大学出版社．2020.

毋庸置疑，互联网平台已经在深刻改变着我们的生活方式。从产业方向来看，基于互联网进行产业的升级和改造是必然方向，平台是“互联网＋”战略下最有效的产业升级改造的方式之一。房地产作为重要产业之一，也一直在尝试借助互联网平台进行转型升级。然而房地产网络平台同质化严重，用户多平台接入现象普遍，加剧了房地产网络平台的竞争。已有的研究并未从双边市场理论对房地产网络平台及用户经济行为进行系统性研究，无法对新型市场结构下房地产网络平台的竞争进行解释。因此，本书以双边市场理论为基础，通过分析房地产网络平台的双边市场特征、市场结构，在霍特林（Hotelling）模型框架下构建房地产网络平台的竞争模型，研究用户多平台接入情形下房地产网络平台的竞争策略。

此外，因为房地产网络平台的双边市场特征，逐渐呈现出一家独大的发展趋势，对反垄断理论提出新的挑战。相关市场界定是反垄断实施的关键第一步，目前针对房地产网络平台相关市场界定的研究还很少。本书结合双边市场理论，对房地产网络平台相关市场的界定方法进行了研究，一方面构建了双边方式下房地产网络平台相关市场界定的定量分析框架，另一方面明确了不同情形下房地产网络平台相关市场界定方式的策略选择。

本书的内容主要分为两个部分：多平台接入情形下房地产网络平台竞争模型研究和房地产网络平台相关市场界定方法研究。

第一部分的研究目标就是基于双边市场理论基础，对房地产网络平台进行定义，并建立房地产网络平台竞争模型，提出不同市场结构下房地产网络平台的竞争策略。通过理论研究与分析，试图回答以下问题：（1）房地产网络平台是什么？有什么特征？呈现什么市场结构？（2）房地产网络平台是否存在用户多平台接入现象？为什么？（3）在用户多平台接入情形下房地产网络平台如何选择竞争策略？房地产网络平台应采用何种基准模型？（4）本书构建的房地产网络平台的竞争模型是否能够解释市场现象和企业行为？

本章节的基本思路是首先对双边市场和多平台接入的基本理论进行综述，然后从房地产网络平台产业入手，将国内外房地产网络平台的竞争策略进行比较，透过现象思考并总结出它们背后的双边市场内在特征规律，并建立适合房地产网络平台的数学模型，对其均衡结果进行分析，得到竞争特征。最后选取一个具体的实例，考察一般规律作用于具体企业的确凿性，本书从整体上完成了从实践到理论再到实践的“归纳—演绎”过程。

第二部分的基本思路是首先对双边市场和相关市场界定的基础理论进行综述，结合房地产网络平台产业定价模式分析，构建适合于房地产网络平台的相关市场界定模型。然后，将本书界定模型与传统单边市场的相关市场界定模型进行比较，并对两种界定结果的差异进行分析和解释。同时，模拟一个房地产网络平台反垄断案件的相关市场界定过程。最终，给出房地产网络平台相关市场界定的建议和策略。

（1）房地产网络平台的界定及市场分类。首先界定了房地产网络平台的概念，明确了其市场范围；然后，基于房地产网络平台的双边市场特征，分析了房地产网络平台的定价模式；最后，依据相关市场界定的需要和房地产网络平台的定价模式，将其产品市场进行了分类。

（2）相关市场界定模型的构建和解析。首先整体分析了传统单边方式下界定方法思路的适用性；然后，基于房地产网络平台产品市场的分类，分别对各类产品市场中界定方法的适用性进行了分析；最后，为适用的房地产网络平台产品市场构建了 SSNIP 测试和 CLA 模型，并求解出用于判别相关产品市场范围大小的判别式，简要分析了与传统单边方式下的区别。

（3）房地产网络平台产品市场 CLA 模型的模拟实验。参照房天下及非房地产网络平台广告服务市场的情况，合理限定广告服务市场各待估测指标取值的范围，以此表示不同状态的广告服务市场。然后，运用 MATLAB 绘图功能，用图形的方式，直观展示单双边方式下 CLA 模型对不同状态广告服务市场的判别结果，并对此进行分析。最后，选择其中三组取值，代表三种不同的广告服务市场状态，以此模拟了“房天下垄断模拟案”相关市场界定的过程，并给出实际案件中房地产网络平台相关市场界定的建议。

［2］方燕著．互联网竞争逻辑与反垄断政策：纷争与出路，社会科学文献出版社．2020.

在当前互联网时代和移动互联网时代交接之际，国内乃至全球互联网形势发生了显著的变化，呈现一些新特征。（1）互联网是一个任何人都能接入的平等开放网络。只要匹配到一个 TCP/IP 协议，任何人或组织就拥有联通全球的同等机会和条件。（2）互联网接入率（Connectivity）增速快，推动着互联网发展的硬件高度商业化后，变得更微小、更便宜、更强大。（3）软件平台和程序语言催生了新平台、App 和网址等的涌现。麦肯锡（2014）报告显示，中国互联网正在经历从以消费者为中心向以企业为中心的演变，并预测从 2013 年到 2025 年互联网对 GDP 的贡献度将从 7% 升至 22%，到 2025 年互联网对生产率的贡献度将超过 22%。在从 PC 互联网时代向移动互联网时代的过渡期间，网络用户获得网络内容的方式，正在发生从“PC + 浏览器”到“移动智能终端（手机/平板等）+ App”的变化（Bhargava，Evans and Mani，2016），目前有迹象显示开始向智能互联网时代过渡。这些变化还给互联网领域的反垄断与竞争政策、消费者权益保护以及数据与国家安全等方面的立法执法带来巨大挑战。

如在 2018 年 12 月召开的“互联网时代的竞争与治理”研讨会上诺贝尔经济学奖得主让·梯若尔所言，政府对企业的监管主要包括四个方面：针对水电煤气这样的公共事业的规制、像针对美国 AT&T 和标准石油那样的强制拆分、实施产业政策以及实施反垄断与竞争政策。其中反垄断与竞争政策最值得重视，而公共事业规制和拆分补救政策不值得在互联网经济中鼓励。本书将重点关注互联网反垄断与竞争政策的研究，给出不应鼓励采用规制和拆分的理由。

首先，以现有智慧和制度设计在互联网情景下的适用性及其政策态度争论为开端，系统阐述了互联网经济的本质特征及其竞争寓意。强调互联网平台和主流服务的主导地位更迭快、研发创新频繁、为市场领导权而竞争、进入退出壁垒极低、固定成本高昂与边际成本极低并存等经济技术特征，揭示出互联网领域竞争持续性跨界性、垄断短暂性合理性，及其对互联网反垄断执法和科技企业策略选择的寓意。从互联网服务视角探讨互联网多层竞争逻辑及其反垄断政策取向。其次，倚仗在线服务产品的身份多重性来揭示互联网竞争多层次性的逻辑，揭示互联网竞争激烈的观点。再次，初步解读平台经济理论及其竞争政策，强调平台经济学理论相对于传统经济理论的前提假设、分析框架和重要结论方面的新颖性，明确互联网领域普遍的网络效应给互联网科技企业的竞争策略带来的影响。又次，归纳和解答互联网反垄断过程中的认识误区和常见争议，客观阐述互联网市场集中化的促进因素和抑制因素，变相驳斥网络效应导致进入壁垒高企和市场地位稳固的传统认识。随后聚焦于互联网反垄断问题，重新审视互联网反垄断的目标诉求和分析范式、正视互联网反垄断政策设计的困难性，比较了欧盟和美国在反垄断上的理念差异及其启示。以相关市场界定为抓手阐述互联网反垄断的困难、争议及其基本共识和思路。最后，简要总结后给出互联网审视原则和反垄断审查建议，初步探讨从公平竞争审查、竞争中立倡导和反不正当竞争三方面确保政策环境、竞争主体和行为合规性问题；对互联网反垄断审查和竞争执法提供一些政策建议。总体而言，本文适用于非经济背景或非数学背景的读者，本书通篇都是文字表述，几乎没有采用多少公式，也只在必要时采用了一些图标作为辅助。本书大幅引用相关文献来提升论述的科学性，避免给人以过于主观和毫无根据的印象。有兴趣的读者可以查阅所指向的参考文献来核实观点或进一步深入理解相关观点。此外，由于本书涉及许多经济学或法学的概念、原理和法则等，同时也有一些笔者自己的理解，读者在阅读有些段落和理解有些知识点时，可能联系上下文情景是有帮助的。

［3］肖海军著．公用事业垄断经营法律规制研究，社会科学文献出版社．2020.

1. 选题的社会背景

公用事业经营体制和公共产品供给机制的深化改革和制度创新，涉及国家经济安全、市场经济秩序、企业经营自主和民生普遍福利等诸多方面的问题。

就我国而言，在相当长时间里，政府及相关职能部门对部分公用事业实行行政管治式垄断经营，没有理顺公用事业的公共性与公用企业主体的私法性身份之间的区别。既有公用企业对公用事业的垄断经营者排斥、限制甚至禁止市场的公开、公平竞争，既破坏了自由、公平、竞争、有序的营商环境，也严重损害了社会公众消费者的合法权益和基本福利。可见，针对公用事业垄断经营制订必要的法律规制，不仅是公用事业领域平等准入与公平竞争的需要，也是化解公用企业或公用事业垄断经营者与社会公众矛盾与冲突、提高社会公众普遍福利的需要。

2. 选题的现实意义

本课题研究集中反映了公用事业经营体制和公共产品供给机制这一经济、社会问题的实质，是我国公用事业经营体制和公共产品供给机制改革必须解决的核心课题。对此课题进行深入、专门的研究，从实践上可以细化党的十六大报告特别是十八届三中全会《关于全面深化改革若干重大问题的决定》所提出并正在推行的公用事业和垄断行业领域的改革设想，对推进我国国有资本投融资立法、市场规制立法（反垄断法）、国有企业立法、国家宏观调控立法（如价格法）的不断完善，均具有现实指导意义。

3. 本研究的切入点

本研究从我国公用事业垄断经营格局的现状和成因入手，分析公用事业垄断所产生的投资效应、产业效应、消费效应和收入效应，在公用事业领域的营业准入、公共产品交易的具体过程、公用企业经营的多个环节、公用事业垄断的损害赔偿四个层面，对公用事业垄断经营整体性法律规制作出立法安排和制度设计，并针对典型个案提出相应的改革途径、法律规制与立法对策。

4. 本研究的基本论证思路

本研究的基本思路为：比较分析→现状抽象与成因探源→效应分析与评价→多层面对法律规制方案的设计与论证→以设计的规制方案进行个案研究。即从制度的历史演变和域外法两个角度出发，以对国外在公用事业垄断经营管理体制上的异同进行比较为视角，剖析我国公用事业垄断经营的现状和成因，通过对公用事业垄断行为的效应分析与评价，提出一套多层面的规制公用事业垄断行为的整体制度方案，即以公用事业领域准入制度的改革来减少公用事业垄断经营形成的概率；以强制缔约和格式合同的制度安排来规范公用企业的垄断交易行为；以公共产品或服务质量的标准化和定价的公开化、民主化来控制公用企业垄断经营权的滥用，解决公用事业垄断行为的任意性问题；借助社会团体力量、公益诉讼制度和民事代表诉讼制度等多元救济机制，以有效地保护公众消费者的合法权益和维护社会的普遍福利。在此基础上，将设计的规制方案运用于电力、民航、铁路、邮政、通信、公共基础设施等领域进行实证研究，提出有针对性的具体改革与规制措施。

5. 本研究的主要研究方法

（1）逻辑分析方法从法律的基本概念、原理、原则等角度，分析公用事业垄断经营的制度背景、权力源、权力束、权力配置、权力运行环节、权力运行约束机制等逻辑关系，以解释公用事业营业准入和垄断经营过程中的权利与权利、权利与权力、权力与权力的互换和博弈概念、特征和基本关系。

（2）比较分析方法从制度的历史演变和域外法两个角度，对英、美、德、日、法等国家和地区在公用事业垄断经营管理体制上的异同进行比较分析。

（3）实证分析方法通过重点选择电力、民航、铁路、邮政、通信、公共基础设施等领域或个案，对公用事业垄断性经营的现状、结构、改革路径、对策措施和立法方案进行专题研究，对不同公用事业领域反垄断经营规制的范式比较和制度选择、交易供给模式、营业方式、监管体制以及垄断损害救济制度，进行情况调查、数据分析和问题归纳。

6. 本研究的基本框架

本研究以“公用事业垄断经营的法律规制”为题，主要内容包括绪论、域外公用事业经营模式的比较分析、转型期我国公用事业垄断经营的现状分析、公用事业垄断经营的主要情形与效应分析、公用事业垄断经营规制的范式比较和制度选择、公用事业领域的分类改革与准入开放、公共产品交易的过程控制与权利限制、公用企业经营环节与产品定价监督的社会化、公用事业垄断经营损害的法律救济、公用事业具体行业垄断经营的法律规制及结论。

［4］张希栋著．中国天然气价格规制改革与政策模拟，上海社会科学院出版社．2020.

随着我国社会经济发展阶段的演进，城乡居民越来越注重生活环境质量的提升。而我国空气污染问题突出，尤其是雾霾污染问题，受到全社会的普遍关注。煤炭的大规模使用，是造成我国雾霾问题的重要原因之一。因此，国家积极推动调整以煤为主的能源消费结构，增加清洁能源消费占比。天然气由于具有“清洁性、安全性、经济性”特征，是我国优化能源消费结构、改善空气质量（缓解雾霾问题）的重要抓手。当前，我国正在着力推进天然气价格规制改革，从而为天然气产业发展提供良好的外部环境。

然而，我国天然气价格规制改革对天然气产业会产生何种影响，是否能够促进实际 GDP 的增长，改善居民福利，优化能源消费结构，提升产业绩效，推动天然气产业的发展，降低大气污染物的排放？这些问题既是学术界需要研究的理论问题，也是国家推进天然气价格规制改革需要考虑的现实问题。基于此，本书通过构建能够反映中国天然气产业非完全竞争特征的可计算一般均衡模型，同时刻画了政府对天然气的价格规制行为，以模块化的形式，系统地勾勒环境经济体系及其子系统之间的相互作用关系，模拟了中国天然气价格规制改革对宏观经济、部门经济以及大气污染物排放的影响，得出相关研究结论，在此基础上，针对中国天然气价格规制改革提出政策建议。

本书共八章，按照“理论研究 – 改革进展 – 模型构建 – 政策模拟”的研究思路进行撰写。

第一章与第二章是理论研究部分。第一章为导论。首先，介绍了研究背景。当前，天然气在全球能源消费结构中的地位正不断上升。我国迫切需要转变以煤为主的能源消费结构，而可再生能源由于技术和经济性限制，大规模发展并不现实。发展天然气产业，提高天然气的消费比重成为我国优化能源消费结构的重要抓手。其次，提出了本研究拟解决的关键问题。最后，介绍了本书的选题意义以及本成果的贡献。第二章为文献综述，从 4 个角度对国内外文献进行回顾：首先，由于天然气产业具有典型的自然垄断特征，梳理了自然垄断产业相关的价格规制理论；其次，梳理了国内外学者对天然气产业价格规制改革的相关研究；再次，对可计算一般均衡模型在资源环境经济学里的应用进行了梳理；最后，梳理了天然气价格变动传导机制的相关文献，明确了天然气价格规制变动对环境经济体系的影响。

第三章为改革进展部分。首先，研究了中国天然气产业发展现状及面临的问题。其次，研究了中国天然气产业价格规制改革的进展以及存在的问题。最后，研究了中国天然气产业监管体制存在的问题。

第四章为模型构建部分。首先，介绍了可计算一般均衡模型的优势。相比于局部均衡模型，可计算一般均衡模型能够对经济系统进行完整的刻画，更具系统性、整体性；相比于投入产出模型，可计算一般均衡模型，将价格引入模型体系，并能采用非线性函数描述经济行为，还能刻画不同经济主体的收入支出行为，更符合实际；相比于计量经济模型，可计算一般均衡模型更具经济理论基础，对历史数据的依赖性也较弱。其次，构建了关于中国经济基本的可计算一般均衡模型。最后，对模型所需要的数据来源、SAM 表编制与平衡、参数标定、模型检验以及程序实现等进行了介绍。

第五、六、七、八章为政策模拟部分。第五章针对国际天然气价格上涨在是否存在天然气价格规制的情景下展开了模拟研究。第六章研究了天然气资源税改革的环境经济影响。第七章研究了天然气交叉补贴改革的环境经济影响。第八章研究了天然气市场化改革的环境经济影响。

[5] 李剑著．零售垄断的竞争法规制：以超市入场费为视角，法律出版社．2020.

零售业是我国经济体制中的重要行业。在我国 GDP 中的占比一般超过四成，其巨大的经济体量使该行业中的竞争问题往往受到社会的广泛关注，本书中所研究的“入场费”问题就是其中的典型代表。本书具有如下几个鲜明的特征。

首先，该书的研究基于经济学但又不依赖经济学。反垄断法的实践执法和学术研究在进入 20 世纪 70 年代以后就开始与经济学深度融合。这一方面是因为经济学在社科领域的影响力日趋提高，另一方面也是由于反垄断法的特性所使然。反垄断法是调整竞争程度的部门法，其以效果为主的规制模式与传统的行为规制模式存在巨大差别。一则，传统的法益分析不能完全解释垄断行为对于市场整体的损害；二则，反垄断法的调整目的——竞争程度——只能基于经济学进行构建。但经济学毕竟是基于假设而构建的理论，其理论体系不但存在内部的派系冲突，而且也无法直接被外部化为法律规则。这就需要法律学者对其取舍、整合使之成为可执行性的规则。李剑教授对于经济学的研究并非是简单的介绍和移植而是将之纳入法律分析框架之中的真正的法经济学分析。尤其是该书对于市场结构、双边市场等主题的研究充分体现反垄断法律学者所应该具备的基本素质。

其次，该书对于垄断行为的研究深入结合行业特征。反垄断法的常规研究要求学者必须同时具备法学和经济学的双重功底。但具体行业垄断行为的研究又增加了行业特征这个维度。反垄断法是在微观层面探讨竞争机制运行的部门法，缺乏具体行业的相关知识，不了解具体行业的运行特征，是没有办法进行真正的行业反垄断研究的。该书全面且又深入地梳理、总结了零售行业的商业模式与企业形态，从零售行业的组织方式入手，详细分析大型连锁零售商经营特征。这不但要求研究者要了解相应的实践操作更要具备较高的商业管理方面的理论知识，否则后续的经济学解释与法律建构就会浮于表面。该书在这一部分的完成度非常高，不但为后续的研究打造了坚实的基础，更为其他从事行业研究的学者提供了研究范本。

再次，该书在研究中高度体现了中国问题意识。我国的反垄断研究历时尚短，学术基础薄弱，早期的研究主要集中于国外制度的介绍或者经济学理论的简单法学移植，但反垄断研究不应当是简单粗暴的西方化或者经济学化。随着研究以及执法的深入，我们必须、也应当加强中国问题的研究。入场费问题虽然是一个世界性问题，但在我国的争议尤为激烈，该书以此为主题展开研究这本身就体现了李剑教授的中国问题意识。尤其是在该书后半部分的具体规范分析中，李剑教授全面收集了我国的零售业的各种数据深入结合我国《反垄断法》的分析要件，并最终提出了适合我国国情的解决方案，真正做到了谈中国问题、用中国素材、讲中国故事的当代学术思路。

最后，该书也展现了作者广阔的研究视野。该书各个部分的研究都能详细梳理国内相关学者的代表性成果，并且系统总结国际层面在相关领域的典型案例。李剑教授对于文献和案例的梳理和总结不但展示了他严谨的研究态度，更展示了他的研究写作功力。学界诸多文献梳理和案例总结往往呈现简单罗列的弊端。该书的文献梳理不但全面，而且逻辑性极强，真正将文献梳理融入了自身的分析之中，使人读之往往会忘记这是文献梳理，而就是文章不可分割的有机组成部分。该书的案例分析也非常好地做到了类案研究和个案研究的融合，既有发展源流的深度捏合，也有具体案例的入微评析：既能简明扼要阐述案例本身呈现的问题，又能在应用层面进行逻辑展望。能够做到这几点，实际上是要求研究者具备高于研究材料的研究视野、知识储备以及研究能力，如此才能做到既基于研究材料，又不拘泥于研究材料。

入场费问题在我国学术界长期思考辩论的过程已经引发了一系列的研究成果，但既有研究往往侧重于该问题的某个局部；李剑教授的《零售垄断的竞争法规制——以超市入场费为视角》是国内首次全面、系统研究该问题的专著。该书的出版不但可以让读者了解该问题的全貌，也为反垄断初学者提供了学术研究的标准范式：该书后半部分的规范分析更可成为执法部门和法律实务人士在做竞争法律分析时的参考模本。虽然该书批驳性的基调可能不会被每一个人所接受，但即便完全不支持本书观点的人士也可以将该书作为了解研究该问题的基本工具书。

[6] 张卫东著．邮政行业的管制创新与反垄断法规制，中国法律图书有限公司．2020.

邮政是寄递信件或物品等各类邮件的通信部门，通常由国家管理或直接经营。当前，提高邮政普遍服务质量是构建社会主义和谐社会、维护社会公平正义的迫切需要，对于加快经济发展方式转变、扩大内需特别是消费需求具有十分重要的意义。虽然其他公共服务部门的改革已经取得了显著进步，但是，大多数国家的国家邮政运营商依然在法定垄断的保护下提供邮政服务。可以说，邮政行业是垄断存在的最后堡垒之一。

市场的发展为管制改革提供了动力。在其他网络行业，如电信行业，持续的放松管制和自由化促进了竞争，消费者足不出户就可以依托电脑、手机等信息平台，便捷安全地完成网络购物、网上缴费等消费。现代技术的发展，特别是传真、电话、电子邮件和互联网通信技术侵蚀着国家邮政运营商的信件业务，潜在地威胁其资助普遍服务的能力。在竞争性领域，如特快专递，包裹服务和金融服务，国家邮政运营商利用专营特权和优惠排除、限制竞争。邮政专营体制受到来自各方的严厉指责，要求邮政市场开放的呼声日益高涨。

本书研究的主线是通过管制与反垄断规制两种方式，在邮政行业引入竞争，避免国家邮政运营商利用特权和优惠政策限制竞争，促进邮政行业经济效率和普遍服务质量的提高。为此，本书围绕邮政行业的管制现实、管制改革和反垄断法规制的脉络展开，各章的具体内容如下：

第一章，邮政行业管制与反垄断的基本理论。本章首先界定基本概念，然后从国家邮政运营商的经营困境出发，分析了这种现实产生的原因。民营快递的出现和互联网等电子替代的发展只是表层原因，追根溯源还在于管制制度本身。现行管制制度在为国家邮政运营商提供特权和优惠政策、限制竞争的同时，也削弱了国家邮政运营商灵活应对市场竞争的能力。本章主要分析邮政行业的竞争与垄断，邮政行业的管制根据和手段，管制手段包括政策性手段和主体性手段，并对进入性障碍及其管制及普遍服务管制进行了深入分析。

第二章，竞争导向的邮政行业管制改革。本章分析邮政行业管制改革的原因、原则，不但探讨了国家邮政运营商的商业化、公司化和民营化三种方法，还深入分析了邮政行业进入管制、价格管制和普遍服务管制改革的具体内容。在许可其他邮政运营商经营普遍服务领域业务的同时，邮政网络接入定价成为邮政行业管制改革的关键。分析管制改革中管制与反垄断的互动和协调，以竞争促进管制改革。

第三章，邮政行业管制改革的欧盟经验。本章是以当今世界邮政行业管制改革先驱和自由化程度最高的欧盟为例，讨论分析市场自由化条件下反垄断法规则的运用。首先分析改革背景、过程和基本特点，然后从竞争法角度重点分析改革目标、基本框架和主要成效，结合改革法律、执法和司法案例等，分析邮政行业进入、价格和普遍服务管制改革的具体政策运用。

第四章，邮政行业的反垄断法规制。本章首先分析邮政行业适用《反垄断法》的必要性，论述国家邮政运营商是否适用《反垄断法》，探讨《反垄断法》适用中最基本的相关市场界定问题，其次研究欧盟、美国和我国邮政行业《反垄断法》适用的具体实践，再次分析邮政行业中典型垄断行为的《反垄断法》适用及其相关问题，最后研究《反垄断法》适用中的管制与反垄断协调问题。

第五章，我国邮政行业的管制改革与反垄断协调。本章主要研究我国邮政行业竞争与管制的个性，梳理我国邮政行业改革与发展的过程，总结经验教训，最后对我国邮政行业改革、普遍服务保障、反垄断法规制，以及管制与反垄断法规制协调提出对策。

改革开放 40 多年来，我国邮政体制改革尚在推进。在邮政行业引入竞争，可以提高国家邮政运营商的经济效率，推动其产品和服务创新，增进社会整体福利。保障邮政普遍服务与促进竞争并不矛盾，普遍服务可以以竞争中立的方式来提供。欧盟邮政自由化的实践表明包括取消邮政专营制度在内的管制改革并非一定会威胁普遍服务。传统完全保障社会公平的管制目标需要调整，应当更加重视竞争，只有通过竞争才能摆脱国家邮政运营商的亏损困境。

竞争中立要求普遍服务保障机制在补偿普遍服务净成本时，应避免扭曲相关市场竞争。也就是说国家邮政运营商和新进入者应在平等的基础上竞争。这样，应当废除国家邮政运营商的各种特权和优惠政策。同样，国家邮政运营商应该从私人运营商不具有的特殊要求中解放出来。

无论是邮政专营还是邮政市场自由化，国家邮政运营商都可能利用其特殊地位和优势，限制邮政市场竞争，反垄断法应毫无例外地加以控制。反垄断法不但适用于完全开放市场竞争情形下的国家邮政运营商，也适用于没有放开市场竞争条件下国家邮政运营商的非专营业务和行为。要从根本上预防和制止国家邮政运营商的限制竞争行为，需要切断其特有的资金来源，包括来自专营业务的远高于成本的收入，政府补贴和税费减免措施。为此，加快邮政行业体制改革，推动邮政自由化、民营化，实现竞争业务和非竞争业务分离，以及平等适用《反垄断法》是大势所趋。

［7］张衡著．大数据时代个人信息安全规制研究，上海社会科学院出版社．2020.

21 世纪以来，以数据驱动的大数据、人工智能技术可能成为未来破坏性创新的最重要领域。大数据应用为人类社会带来巨大福祉的同时，也给个人信息安全带来极大的风险。

一方面，各类商业组织通过追踪个人的数字足迹持续并普遍地收集个人数据，并利用大数据、人工智能等技术将其转换为利润流，形成了哈佛大学经济学教授苏珊娜·朱伯夫（Shoshana Zuboff）所谓的“监控资本主义”经济模式。与此同时，大数据广泛应用于政府公共管理和执法活动，引发了“数字监控社会”的担忧；人工智能等新兴技术本身试图通过自我学习和经验存储，模仿人类的思维过程，重塑人类行为理性，也将对人类的自主性产生重大的影响。大数据时代，个人信息安全所面临的威胁早已超越了物理层面的系统和数据安全，而是从信息技术和社会变革的背景下考虑个人、企业和国家三者之间的信息权力（权利）的不对称性带来的风险。

另一方面，“斯诺登事件”之后，国家间网络空间博弈越来越与地缘政治情报获取、产业竞争、网络主权、权利保护等各种议题交织融合。而个人数据跨境流动与安全规制成为这一复杂博弈关系的焦点。当前，全球政治经济形势正发生重大转变，美国加快对我国经济和科技的全方位打压，包含个人数据在内的数据资源的贸易规则的重塑，以及数据跨境流动带来的产业链威胁和主权威胁，也成为非传统安全领域的重要组成部分。

在理解科技发展和社会变迁内在逻辑的基础上，笔者提出了权利重塑、风险规制、技术规制三种规制模式，以回应大数据带来的新的技术和社会形态引发的系统性风险。同时，以产业发展推动数据主权为基础，提出个人数据跨境流动中保障个人隐私和国家安全的规制路径。

基于上述思考，本书将从以下四个方面展开论述：

1. 梳理大数据时代个人信息安全面临的系统性风险

首先，论述大数据监控经济引发个人信息的失控风险。主要表现为，大数据技术的发展使数据主体和数据控制者之间信息力量发生严重失衡，数据主体失去了对个人信息的控制力；“知情同意”规则形同虚设等。大数据算法自动配置消费者偏好，通过“助推”（Nudge）技术影响消费者的决策和行为，甚至对低价值消费者实施歧视。个人数据大规模的汇集却未采取适当的安全措施，使海量个人数据泄露事件频发。

其次，论述政府大数据监控对个人隐私权等基本权利的威胁。大数据技术的广泛应用重新塑造了政府的数据利用能力和模式。以风险预防为主旨的大数据监控使用了大量非接触性、秘密的监控手段，适用于全方位，无差别的监控范围，存在违法正当程序原则的极大可能。

最后，斯诺登事件之后，国家间网络空间博弈与地缘政治、情报获取、产业竞争、网络主权、权利保护等各种议题交织融合，而个人数据跨境流动与安全规制成为这一复杂博弈关系的焦点。

2. 提出大数据时代个人信息安全规制需实现范式转型

通过实证分析，提出当前以用户“知情同意”机制为核心的我国个人信息安全保护模式面临的巨大挑战。信息不透明、告知不充分、强制同意、捆绑同意、越权收集、无法删除等现象高比例发生。

在规制目标方面，涉及价值排序与利益平衡，最终实现个人权利、企业利益和国家安全三方的利益平衡。在规制理念塑造方面，需要坚持个人数据流动与安全的动态平衡，实施必要与适当的规制，并积极寻求规制工具的创新。

3. 就个人安全规制实现的三种路径

本书提出了规制实现的三种路径：一是权利重塑路径，超越“知情同意”机制，进一步拓展个人信息自决权的内涵，将财产权理论融入个人信息权利之中，并重新定位隐私权作为基本权利的价值与功能；二是风险规制路径，通过引入个人信息处理的风险评估机制，科学地识别和分级分类个人信息安全风险，实施适当的风险减轻措施；三是技术规制路径，即将立法与技术规制相结合，通过技术设计，为个人数据提供全生命周期的安全保护，为数据主体提供便捷的个人信息管理工具。

4. 设计个人数据跨境流动与安全规制的政策路径

通过对主要国家个人信息跨境流动政策的梳理，总结个人数据跨境流动中的风险关切，包括国家安全威胁，产业竞争力劣势，无法得到个人数据同等保护水平以及大国长臂管辖带来的数据主权威胁。通过 SWOT 分析我国在产业竞争力、地缘政治环境、法律政策现状的机遇、威胁、优势、劣势，提出我国个人信息跨境流动与安全规制的政策路径。对于个人数据出境，提出：一是应当坚持以市场机制为主，企业自律和政府监管相结合，通过提升产业竞争力增强数据主权。二是充分利用“一带一路”建设等契机，由国家网信部门负责牵头，统筹外交部、商务部等相关部门以及主要龙头科技企业，启动跨境数据流动对外合作工作推进机制。三是明确数据相关国际执法协作的框架与条件，应对美国、欧盟长臂管辖，设计符合国家利益和中国企业全球化战略的执法数据调取方案，并积极与各国建立双边 - 多边的数据执法调取协议。

［8］范欣著．市场分割的性质及经济效应研究，社会科学文献出版社．2020.

市场作为商品或要素交换的场所，自诞生之日起，并未以统一的整体而存在，而是被分割成众多细小的单元。市场从分割走向整合是一个渐进的历史过程，而并非我国从计划经济向市场经济转型时期的特有现象，只是在转型过程中制度不完善等因素使得市场分割的程度加深而已。当然，影响市场分割程度的因素众多，既有制度性因素（如法律法规等正式制度），又有非制度性因素（如自然因素、技术因素等）。随着经济水平的不断提高，市场规模将不断扩大，统一的市场将有利于资源在市场上充分自由流动，实现资源的优化配置。

目前，关于市场分割这一主题，学者们尚缺乏深入系统的探讨。针对既有研究中存在的不足，本书试图重新构建市场分割的理论分析框架，运用政治经济学、区域经济学、新经济地理学等多学科理论知识，采用空间计量经济学、面板数据分析等科学研究方法，对市场分割问题进行理论与实证分析。这不仅有利于丰富社会主义市场经济理论，还将为打破市场分割、构建现代市场体系提供相应的政策建议。在此过程中，本书试图回答以下一系列问题：市场分割是经济转轨时期的特有现象吗？如何对市场分割进行界定与分类？市场分割是如何形成的？影响市场分割的因素有哪些？应通过哪些途径打破国内市场分割？市场分割带来了怎样的经济效应？等等。

本书的研究思路是：首先，针对既有市场分割概念中存在的问题，对市场分割重新加以界定与分类，剖析市场分割的成因；其次，通过比较分析已有的各种测度市场分割程度方法的利弊，选择较为通用的并经过修正的相对价格指数法进行测度，分析市场分割的变化趋势，并对其影响因素进行实证分析；再次，针对市场分割对国家或地区社会经济发展带来的影响，分析其经济效应；最后，在借鉴发达国家治理市场分割成功经验的基础上，给出相应的政策建议。基于上述思路，本书内容包括以下 6 章：

第 1 章，绪论。本章内容主要包括选题背景及意义、相关文献述评、研究方法、主要内容及结构框架和主要创新点。其中，在相关文献述评上，本章主要对国内外文献加以梳理、归纳及评述，包括三个方面：（1）针对市场分割的测度方法进行分类说明，并评述其利弊；（2）分析市场分割的影响因素，解析既有文献在此方面存在的问题；（3）针对市场分割的经济效应进行归纳，并从对外开放和经济增长两个角度加以说明。

第 2 章，理论基础与市场分割理论分析框架。本章旨在介绍市场分割与经济增长的理论溯源，为研究提供理论支持，并给出市场分割的理论分析框架。市场分割的相关理论梳理主要从以下两个方面进行阐释：（1）探索马克思市场分割相关理论。首先，分析市场与市场规律；其次，分析分工、生产力与生产关系的关系；再次，分析交通运输状况对市场范围的作用效果；最后，分析马克思主义经典理论家视域中政府与市场的关系。（2）评述西方经济学市场分割相关理论。首先，阐释贸易、分工与市场扩展的关系；其次，分析分工、规模经济与区域经济一体化的关系；最后，研讨西方经济学家视域中政府与市场的关系。考虑到经济增长是经济效应的主要体现形式，我们从经济史和经济思想史的视角系统梳理了现代经济增长理论的起源流变，为后文的实证分析提供理论支撑。理论分析框架主要从以下两个方面进行说明：（1）现有市场分割理论分析框架的缺陷。（2）市场分割理论分析框架的构建。

第 3 章，市场分割的性质。首先，对市场分割重新加以界定，并将市场分割分为自然性市场分割、技术性市场分割和制度性市场分割；其次，分析国内市场分割的成因，并以东北区域市场为例加以阐述；再次，利用修正后的相对价格指数法测算市场分割指数，并分析其趋势；最后，针对市场分割的影响因素，从打破市场分割的有效途径出发，分析基础设施建设和税收对市场分割的影响。

第 4 章，市场分割与经济增长。本章主要是从宏观层面分析市场分割对国家或区域经济发展所带来的影响。首先，针对市场分割对国家或区域经济发展的利弊进行定性分析；其次，分析市场分割与国内经济增长的关系，并对其传导途径加以阐释；最后，分析区域发展战略背景下市场分割与区域经济增长之间的关系。

第 5 章，市场分割与企业产能过剩。本章主要是从微观层面分析市场分割对企业产能过剩所带来的影响。第一，针对市场分割对企业产能过剩的影响进行分析；第二，从时空层面、行业层面、动机方面等对两者的异质性进行分析。

第 6 章，国外经验借鉴及治理市场分割的对策建议。借鉴国际上发达国家在治理市场分割方面的成功经验，并结合经验分析的主要结论，给出相应的政策建议，最后是结论。

［9］吴添，杨竺松著．基于市场经济的行业垄断现象与政府应对研究，旅游教育出版社．2020.

由于市场摩擦、进入成本、商品特性等因素，经济中大多数行业都很难达到完全竞争状态。在具有垄断性的行业中，企业会关注自身利润的最大化，而不会考虑行业垄断性带来的负外部性与消费者剩余，从而降低了市场的效率，因此政府的适当干预可以提升社会福利。市场经济的运行环境中，政府干预企业运行的方式是有限的，持股和税收补贴是主要的方式，但预算约束会给政府的干预行为带来额外的限制。

本书首先以单一产品垄断性行业为基准模型，讨论了完全垄断市场中政府预算平衡约束条件下的政府的最优干预模式。当企业成本函数是边际成本递增时，政府可以通过将持股分红所得收入补贴企业生产的方式实现社会最优的结果，此时政府的最优选择既不是完全控股，也不是企业完全民营化。对于允许企业自由进入，但是存在准入门槛的寡头垄断市场，我们发现单一的补贴政策虽然促进了企业生产，但是企业会过度进入；单一的税收政策虽然抑制了企业进入，但是同时抑制了企业生产。因此，单一的补贴或税收政策均无法实现社会最优的结果，此时政府实现社会最优的方法是限制企业进入，同时对于企业的生产给予比例补贴，并通过持股获取收入的方式平衡预算约束。

本书接下来将单一产品垄断性行业模型拓展为差异化产品垄断竞争模型。引入推测变分概念后的垄断竞争模型均衡结果表明，政府不干预的情况下，企业过度进入还是企业进入不足取决于差异化效应与商业盗窃效应的相对大小关系；政府可以通过持股并补贴生产来提升社会福利，随着行业竞争性强度的增加，政府会降低持股比例，并选择部分持股，产品差异化并不是造成政府对不同行业持股比例不同的原因。

本书的贡献和研究意义主要体现在以下四个方面：

（1）从选题意义上看，是因为行业具有垄断性所以政府持股得以提升社会福利，还是因为政府选择了持股所以造成了行业的垄断，这始终是一个非常重要的研究问题，特别是现有媒体或者报道中更多的是持有后者的观点，但是很少有学术研究可以给出严格证明，可能政府垄断就是社会最优的结果，因此必须通过建立最一般化的理论模型进行系统分析，才可以回答这一问题。

（2）在理论模型的建立上，本书在求解政府最优干预方式的过程中，考虑了政府的预算约束平衡条件，可以弥补已有研究的不足。对于行业垄断带来的负外部性，为了让企业选择并非利润最大化而是社会福利最大化的生产方式生产，政府必须通过给予企业补贴以增加企业生产外部性的激励，此时政府用于补贴的收入来源就很重要，因为在政府的优化问题中，是否可以通过干预方式实现社会最优很大程度上取决于政府是否有足够多的资金提供足够大的补贴力度，当政府将所有的收入都补贴给企业的生产并实现最大的补贴力度时，如果政府收入依然无法支撑补贴支出，那么此时政府的干预方式就无法实现社会最优的结果，这也是考虑政府预算约束平衡条件的重要性。

（3）关于影响政府持股的因素，现有文献已有讨论，比如寻租行为、代理问题等，本书的研究围绕行业的垄断性和政府持股比例展开，对于为什么政府持股的研究提出一个新的视角，与已有的研究并不矛盾，是对已有研究的补充。本书的理论研究是基于市场化运作机制下的讨论，因此并不讨论控制价格等非市场化的政府干预，仅关注于税收、补贴和政府持股等市场化行为下的政府干预方式。

（4）本书的研究具有明确的政策性含义，通过理论模型的求解，可以为国有企业存在必要性、混合所有制经济开展的重要性提供必要的理论支持，对于政府选择在哪类行业中保有国有企业地位具有重要意义。特别的，政府持股成本较高的问题并不严重，因为政府已经持有了一些企业的股份，因此我国政府实现合理的干预比西方资本主义国家更有优势，也更容易操作。本书的研究结果也表明，政府通过限制进入、持股并给予补贴的方式可以消除垄断负外部性带来的福利损失，而且行业的垄断性越强，政府的持股比例也会越高，这些结果将为政府基于市场化运作机制下的最优干预方式的选择提供思路。

［10］荆文君著．互联网平台企业的垄断现象与福利效应，中国财政经济出版社．2020.

以信息技术为代表的新一轮科技和产业革命正在萌发，以互联网、大数据、人工智能等为核心的数字技术发展迅猛，互联网经济应运而生。经过二十多年的商业化发展，互联网经济在我国已经跨越了原始积累阶段，出现了以百度、阿里巴巴、腾讯等（简称 BAT）为代表的大型互联网平台企业。随着这类企业的快速发展，一些弊端也随之暴露出来，正如传统产业往往遵循着由自由竞争走向垄断市场结构的一般规律，互联网行业中的市场结构似乎也呈现出了“垄断”式的集中。

传统理论中对垄断之诟病由来已久，而现实中互联网经济却正在经历繁荣。理论与现实的矛盾引出了本书的研究主题——互联网平台企业的垄断现象与福利效应。在该主题下，包含两个方面主要研究内容。一是针对“垄断现象”的研究。事实上，互联网行业的“垄断”更多的是市场结构集中程度上表现的，而其在具体特征，如企业行为、进入壁垒等方面却与传统意义上的垄断有所差别。因此，研究的第一步，是明确互联网行业中的“垄断”特征，不仅包括现象层面的梳理，也包括内在机理的分析。鉴于已有研究对互联网平台企业形成的市场结构解释力不足，本书首先树立了行业市场结构的典型化事实，进而提出可以准确描述其市场结构的全新理论——分层式垄断竞争理论，该理论认为互联网行业的市场结构是垄断与竞争分层共存的，且这种共存形式是由行业特征决定的。二是“福利效应”的研究。学术界或业界关于互联网反垄断话题不断升温，亦有学者开始讨论平台企业应当如何治理。但在此之前，我们需要明确治理的落脚点，那互联网行业的“垄断”究竟产生怎样的不良后果，这些不良后果才能构成治理的对象。本书的第二部分重点解决这个问题——分析互联网行业特殊市场结构下的福利效应。首先分别从垄断层、竞争层分析互联网平台企业形成的特殊市场结构对社会福利的影响；其次，通过新实证产业组织理论（New Empirical Industrial Organization，NEIO）对上述福利效应进行实证检验；最后，本书依据上述分析结果，思考了应如何治理互联网平台企业。

本书选择福利变动作为市场结构影响的落脚点。探索互联网平台企业特殊的市场结构及特征带来的区别于传统垄断的影响，既能丰富垄断与竞争的相关理论，亦可澄清目前数字经济时代反垄断管制中的误区，促进我国互联网行业反垄断制度完善。

本书针对已有研究均无法很好解释互联网平台企业市场结构的问题，创新性地提出了一种市场结构理论——分层式垄断竞争理论，用以描述互联网平台企业形成的市场结构。该理论认为行业中的垄断与竞争以分层的形式共存，扩展了市场结构相关理论。此外，本书分析了互联网平台企业特殊市场结构下的福利效应，指出其与传统经济理论的区别，即高度集中的市场结构也可增进社会福利。明确了互联网平台企业“垄断”的具体性质与实际效果，为行业反垄断管制奠定理论基础。

本书的实践意义不仅在于实证结果证实了在互联网平台企业中，市场结构和市场势力之间的不对等，从而打破了传统经济中以市场份额衡量市场势力的固有标准，指出需要采取更符合行业标准特征的反垄断审查指标，为政府制定反垄断政策提供新思路，而且提出了符合互联网行业发展的平台治理思路，可供政府相关部门参考。

［11］骆旭旭著．自然垄断产业的管制与反垄断法适用平衡机制研究，吉林大学出版社．2020.

政府与市场是配置资源的两种基本手段。合理地处理好政府和市场两种手段之间的相互关系是每一个政府都必须面对的问题，也是经济法学固有的课题。由于我国的市场经济脱胎于传统的计划经济，因此我国市场经济体制改革的目的更多是减少政府对市场干预，发挥市场自由竞争机制的基础作用。但是，发挥市场机制的基础性作用并不意味着政府完全放弃对市场的有效管制。产业管制和市场机制并行是我国自然垄断行业的改革趋势和发展方向。2008 年 8 月 1 日，《中华人民共和国反垄断法》（以下简称《反垄断法》）正式生效，成为维护我国市场自由竞争的基本法律。产业管制的措施和行为会对市场竞争产生限制或促进的作用，不可避免地会与《反垄断法》的实施发生冲突与协调的互动关系。处理好《反垄断法》与产业管制之间的关系，是经济法学的基础理论问题，也是有效实施我国《反垄断法》的现实需求。虽然我国《反垄断法》第 7 条涉及了自然垄断行业和专营行业的规定，但是关于产业管制与反垄断审查之间的关系，我国《反垄断法》缺乏具体、明确的规定。如何对我国《反垄断法》的现有条文进行具有可操作性的解释，建构产业管制与有效实施《反垄断法》的平衡机制，对于优化我国《反垄断法》实施机制、促进我国垄断产业的体制改革具有十分重要的现实意义和理论价值。政府产业管制与反垄断维护市场自由竞争之间的关系一直是经济学、政治学和经济法学的热点问题，并且随着经济形势变化及基础理论的革新而经久不衰。

本书拟以问题为导向，尝试对以下几个问题进一步分析和研究，以期在反垄断法修改背景下，为我国自然垄断产业中的反垄断适用问题提供有益的借鉴。第一，在竞争政策国际化趋势下，研究自然垄断产业反垄断适用的最新发展趋势以及我国如何应对。在全球化背景下，讨论自然垄断产业的管制与反垄断法实施互动关系不仅应在本国的背景下，而且应考虑国际竞争政策的最新发展趋势以及这种发展趋势对我国的影响。第二，从实证分析的角度看，我国应如何进一步完善自然垄断产业的《反垄断法》实施机制。第三，针对自然集新产业管制机构实施的管制行为，我国司法机关应在一定范围与程度上进行反垄断司法审查。第四，关于新兴互联网产业的管制与《反垄断法》适用问题。

上述几个问题既相互关联，又具有一定的独立性。沿着问题的先后顺序，采取理论分析到具体适用的研究思路，本书将研究内容划分为以下五个部分，每一部分单独成章。

第一部分，关于自然垄断产业管制与《反垄断法》实施互动关系的基础理论。这一部分主要分析自然垄断产业管制与《反垄断法》实施的基础概念，比较美国、欧盟等发达国家及地区，俄罗斯等转型国家产业管制与《反垄断法》实施互动关系的不同模式及特点，研究竞争政策国际化对各国产业管制与《反垄断法》实施互动关系的影响。

第二部分，关于自然垄断产业管制与反垄断法实施的一般关系及管制行为在反垄断法中的豁免或除外适用制度。这部分分析了产业管制与反垄断法实施的对立统一关系以及管制行为豁免适用反垄断法的原则和条件。

第三部分，关于产业管制机构与反垄断执法机构的关系研究。这部分主要研究产业管制机构与反垄断执法机构之间的分权关系与协作关系。

第四部分，关于管制行为的反垄断司法审查限度研究。产业管制机关一般拥有制定管制规则、执行管制规则的广泛权限。产业管制机关的管制行为如果对市场竞争构成限制，司法审查的限度如何确定是一个重要问题。这一部分借助我国行政诉讼法和公法上的比例原则，分析了我国管制行为的反垄断司法审查限度问题。

第五部分，该部分对新兴的互联网反垄断法适用问题进行了针对性的分析。该部分主要借助谷歌案件、腾讯 - 奇虎的滥用市场支配地位案件，分析我国反垄断法在互联网行业的适用问题。

[12] 何芸著．市场转型期的行业分割与收入不平等，中国社会科学出版社．2020.

收入不平等问题一直以来都是社会分层研究中的热门话题。改革开放 40 年来，中国经历着市场转型这一最为重要的社会变迁，在不断转变发展的进程中，中国社会发生了翻天覆地的变化。我国在经济实现高速发展的同时，收入不平等状况日益凸显，收入差距过大被认为是“最为突出的社会问题，也是最令人困扰的问题”。过大的收入差距对经济社会的可持续发展带来了严重的恶果，不仅阻碍了经济的快速发展，而且也不利于人民生活水平的提高，严重妨碍了社会公平正义的实现，可以说，收入分配体制已经到了不得不改革的时候。

研究表明，制度性和结构性因素——包括所有制、地区、行业与工作单位等是导致收入不平等的根本原因。本书从行业这一重要的结构性因素出发，以市场转型理论和劳动力市场分割理论作为理论基础，以结构主义的“分割”逻辑为基点，将行业收入不平等问题置于市场转型的背景中进行考察，旨在论说中国市场转型期行业的分割性结构对收入不平等的影响及其形成机制。根据研究目的和旨在分析和解决的问题，本书主要依据以下思路展开研究。

一是简要阐述分析近年来学界关于劳动力市场分制与行业收入分配方面的研究成果，把握当前研究的动态和趋势，为整个研究奠定基础。

二是探讨不同分割场域下的行业收入不平等状况。在以往的相关研究中，往往侧重于分析行业间收入不平等的总体平均状态，却忽视了对不同分割场域下的行业收入不平等的深入挖掘。因此，我们将对不同分割场域下的行业收入不平等进行深入分析。具体而言，首先需要明确的是行业间收入差距的总体特征和趋势，在此基础上再进一步探讨不同分割结构下的行业收入不平等。众所周知，国家和市场的力量是主导收入分配的最为核心的机制，由于国家和市场在不同行业间的作用和影响力的差异，行业中的国有部门与非国有部门以及垄断行业和非垄断行业（竞争行业）间的收入存在较大差距，即存在行业收入分配的“体制性分割”，这种“体制性分割”达到何种程度、表现出怎么样的特征、有着怎样的影响效应则是需要厘清的。其次，区域差异是在考察行业收入不平等中必须关注的重要维度，即行业的区域性分割带来的收入分配效应。再次，行业主、次劳动力市场的异质性及其收入分配效应和机制也是本书考察的重要方面，主要包括行业主、次劳动力市场在收入结构的影响、福利待遇、职业阶层等方面的收入差距等，并深入探讨人力资本、政治资本、管理位置、现职年资等因素对行业主、次劳动力市场的收入分配的影响。

三是分析行业收入不平等的合法性问题。不平等的社会现实往往与人们追求社会公平的愿望是紧密联系的，行业收入不平等的合法性强调的是社会各阶层认同什么性质的不平等，接受多大程度的不平等，换句话说即怎样的行业收入分配是合理的、是社会可以广泛接受的。这也就是要处理收入不平等与社会公平的问题。而要探清行业收入不平等的合法性问题，则需要分析行业收入不平等的社会认知状态，进而确定行业收入不平等与社会公平的关系。

最后对整体研究进行总结，提出的缩小行业收入差距、降低行业收入不平等的政策建议，旨在从现实的实践层面上推进社会公平。

书中通过对行业劳动力市场的多重分割结构与收入不平等的深入分析，延续和拓展了劳动力市场二元分割理论，并在这一理论框架下丰富了劳动力市场分割研究的中国经验。

[13] 唐要家著. 标准必要专利许可滥用反垄断研究，知识产权出版社，2020.

在数字通信、电信、视听技术、计算机等高技术行业，标准和专利是行业技术创新和企业竞争力的最重要影响因素。近年来，标准必要专利成为国家间高技术竞争的主要着力点。国际标准必要专利垄断企业对中国本土企业滥用标准必要专利成为中国高技术企业创新能力提升和实现技术赶超的重要障碍，严重影响了中国高技术产业的发展和高新技术企业的国际竞争力，典型的如广东高院裁定的华为诉 IDC 公司案、国家发改委处罚的高通公司垄断案等。标准必要专利滥用成为中国反垄断执法重点关注的领域，为更好地指导知识产权领域的反垄断执法，目前国务院反垄断委员会正在加紧制定《滥用知识产权反垄断规制指南》，《滥用知识产权反垄断规制指南》已经过了多轮讨论修改，但某些问题仍然存在一定的争议，需要通过进一步的理论研究加以明确。未来标准必要专利的反垄断政策实施、具体案件审查、反垄断救济措施等都需要以系统科学的经济学理论分析为基础，因此，需要基于标准必要专利的独特性，深入剖析专利滥用的行为激励和策略机制，系统分析消除专利滥用的各种治理机制，明确反垄断政策干预边界审查方法和救济措施，建立科学的反垄断政策体系，提高反垄断执法的有效性，更好地促进技术创新和经济高质量增长。

一、研究目标

标准必要专利是指行业技术标准包含企业的专利，在成为标准之前，尽管不同的专利技术之间存在一定的替代竞争，但是某一专利技术一旦成为标准就具有了独家垄断性。在被许可企业已经根据标准进行投资后，标准必要专利企业就有激励利用事后垄断势力索要过高的许可费和实施不合理许可交易条款等实施专利劫持行为，从而提高下游企业成本、占有更多下游企业利润、造成消费者支付高价格，从而造成对市场竞争、技术创新和社会福利的伤害。有效的反垄断执法是规制标准必要专利滥用的主要手段，但这需要以科学的反垄断审查方法和救济措施为基础，以合理平衡鼓励创新和维护竞争。因此，本书的研究重点是厘清标准必要专利的经济学理论基础、典型滥用行为的竞争影响，并据此提出相应的反垄断审查政策和救济措施。

二、主要研究内容

本书的主要研究内容包括三大部分：标准必要专利滥用的基础理论研究、标准必要专利主要滥用行为的竞争效应与反垄断审查机制分析、中国标准必要专利的反垄断政策设计。具体来说：首先，研究标准必要专利许可独特的经济学规律、专利劫持的竞争伤害理论基础、许可滥用行为机理及基础条件，不同规制治理机制的有效性，从而明确反垄断何时介入，反垄断介入的条件是什么。其次，研究标准必要专利典型滥用行为的竞争效应，尤其是分析反竞争效应的博弈机理，伤害社会福利的必要条件。具体包括歧视性专利许可、捆绑与搭售、许可回授、拒绝许可等经济型滥用行为和包括滥用禁令救济、滥用侵权诉讼和损害救济（专利流氓）等法律型滥用行为。最后，设计标准必要专利许可滥用行为“合理推定”反垄断审查方法，包括市场界定、竞争损害分析、合理许可费的确定方法等，并结合中国反垄断立法和执法现实，具体设计标准必要专利滥用的反垄断政策。

本书第二章主要分析标准必要专利引发的创新阻碍效应，指出标准必要专利事前竞争的基准价值，从而证明标准制定组织的FRAND许可承诺机制的有效性。第三章在对世界主要标准制定组织知识产权政策分析的基础上，重点分析标准制定组织知识产权政策规制必要专利滥用的机制及其有效性，并探讨反垄断法对标准制定组织许可协调行为应采取的政策导向。第四章重点界定FRAND的含义，探讨保证其得到有效实施的机制，并分析确定FRAND许可费的具体方法。第五章在分析界定专利劫持行为属性的基础上重点探讨标准必要专利“不公平高许可费”的反垄断政策。第六章分析证明标准必要专利歧视性许可的反竞争效应以及科学的反垄断审查方法。第七章重点探讨在FRAND许可承诺下必要专利持有人实行搭售的许可行为动机及其竞争效应以及可行的反垄断政策。第八章证明专利持有企业拒绝许可的动机和竞争效应，探讨在何种情况下拒绝许可应该受到反垄断法的禁止。第九章重点探讨许可回授的效率效应和产生竞争损害的条件，并设计更科学的合理推定反垄断审查方法。第十章主要探讨专利持有人滥用禁令救济行为的反竞争效应，以及法院对必要专利持有人授予禁令救济的情况和反垄断法干预滥用禁令救济的条件。第十一章针对专利主张实体滥用侵权诉讼问题进行了探讨，并介绍了美国与欧盟及中国的政策应对。第十二章论证专利侵权赔偿救济的基本原则和最优损害赔偿方式，并在检验中国现行侵权损害赔偿政策低绩效的基础上提出相应的改革建议。第十三章总体探讨了中国标准必要专利的反垄断政策设计。

[14] 张占江著．政府反竞争行为的反垄断法规制研究，上海三联书店．2020.

对经济的致命损害往往并不是源自企业的反竞争行为，而是源自“公权力对市场竞争的破坏”。政府限制竞争问题在我国比较突出。针对所有制结构、经营规模、经营期限、所在地域的歧视性准入政策，还比较明显；歧视性的税收优惠、政策补贴、融资（信贷）政策、政府采购政策、政府定价政策、能源环境政策，仍然大量存在；地方保护、地区封锁、行政性强制交易、指定性交易等各种行政性垄断行为，还时有发生。对竞争秩序最致命的损害正是源于这些政府自身法律制度安排的失当。随着我国向市场经济转型的深入，改革的重点变为夯实市场经济的制度基础、改善治理与减少腐败、降低大量的反竞争壁垒所构成的威胁。本书的主旨在于在承认政府直接干预的缺陷的前提下，通过反垄断法的精神、原理，减少不必要、不合理的政府限制，促进合理的公共干预方案的形成和有效实施。或者说，是以竞争法为尺度，建立面向竞争的政府监管体系。因此，本书的研究具有重大的理论和实践意义。

在研究思路方面，本书按照“规制什么——为什么可以规制——如何规制”的逻辑展开，最终落脚点是提出“中国方案”。

（一）规制什么：对政府反竞争行为的界定

作为一个全新的概念，政府反竞争行为的内涵和外延（与相关概念的区别）到底该如何界定？这是本书第一章要集中解决的问题，也是整个课题研究展开的基础。

与私人反竞争行为相对，所谓政府反（限制）竞争行为，在欧盟法上称为“政府扭曲”，在美国反垄断法上称为政府导致（强制实施）的反竞争行为。在中国竞争法上称为“滥用行政权力排除、限制竞争”行为。在法治背景下，它是指“在政府干预经济运行过程中，其制定、实施法律行为有意或无意导致的对竞争的限制”。其本质上强调的是“公权力对竞争的损害”。市场本身存在缺陷，即使发达经济体也不能完全排除政府干预的存在，而有政府干预就会损害竞争。所以，政府反竞争行为是一个中性的概念，其是否应该禁止关键是看其是否逾越政府与市场的合理边界。

类型化是反垄断法行为规制的基本方法。借鉴欧盟法上的附属理论，并基于行为的构成结构，可以将政府反竞争行为划分为单层政府反竞争行为与双层政府反竞争行为。前者是直接由政府实施，不指向特定企业的反竞争行为，诸如政府援助、与企业共谋的政府采购、限制商品（服务）的自由流通；后者由政府与特定企业共同实施，也就是，同时表现为特定企业的反竞争行为，诸如“‘政府－公共企业’反竞争行为”“‘政府－国有企业’反竞争行为”。这种类型化区分的意义在于，分别采取直接规制、间接规制两种路径进行规制。换言之，可以在规制企业反竞争行为时，审查考虑导致其反竞争效果的政府行为的合理性。

（二）为什么可以规制：以反垄断法进行规制的正当性

规制公权力首先想到的是行政法，为什么政府反竞争行为需要纳入反垄断法的规制范围？以规制企业反竞争行为著称的反垄断法，是否能够胜任？同样是对市场经济介入，又为什么反垄断法能够规制其他政府机构干预市场的行为？简言之，通过反垄断法规制政府反竞争行为的合理、合法性何在？这是所有制度构造的基础。

针对上述问题，本书第二章从产业经济学的可竞争市场理论、SCP 范式完善理论，揭示了公共政策是独立地决定市场绩效的内生变量，反垄断法本身越来越强调对这一要素的考量，从而论证了政府反竞争行为完全可以纳入反垄断法的规制范围；而通过将竞争自由与宪法基本权利、基本原则相联系，证明了反垄断法具有规制政府反竞争行为的合法空间（也证明了竞争政策在国家经济政策体系中处于基础性地位）。

（三）如何规制：反垄断法的制度架构

是否通过反垄断法规制行政性垄断是立法过程争议极大的问题，虽然《反垄断法》最终采取了专章立法的模式，但并不意味着理论和制度设计上的分歧彻底得到了解决。事实上尽管在立法中被寄予厚望，但从实际实施效果来看（2008～2018 年只处理了 183 起案件），与制度设计的最初期望还有很大的差距。究竟该依据什么样的标准、沿着什么样的路径、依靠什么样的工具进行规制，是决定规制有效性的关键问题，也是亟待反思和解决的问题。这是本书第三章至第七章要解决的问题。

关于规制标准的确定，由于政府反竞争行为的双重属性，理应以行政法对政府行为评价为基础，但最终落脚于经济法对政府行为规制的独特视角。而规制路径的厘清关键在对反垄断法制度机理的准确把握，这既涉及从纵向角度对法律历史（尤其是作为欧盟竞争法产生基础的秩序自由主义理论）的梳理，还涉及从横向角度对先进法域制度经验的比较，关于规制工具，则主要是现代反垄断法不断适应规制实获的需求发展形成的，同时又受到各司法辖区具体制度环境的影响。

（四）规制建议：中国的制度方案

寻求中国的制度方案，需要有一个清晰、稳固的理论范式作为支撑，这一理论范式能够将法理、规范及其国家经济治理逻辑巧妙融合在一起。本课题借鉴了具有前沿性、权威性的策略分析框架，最后第八章按照价值定位（法律定位、规制标准、规制范围和其他法律冲突）、授权空间（主要考虑宪法授权）、机构能力（规制路径、规制工具和权限优化）这三个要素，提出规制建议。

［15］王少南著．双边市场与反垄断：平台优势滥用及其规制研究，武汉大学出版社．2020.

自 20 世纪末以来，基于信息技术革命而产生的新商业模式，为全球经济发展和科技创新带来源源不断的动力。其中，一些平台型企业以其成功的商业模式引领着现代化经济发展潮流，同时对人们的生活方式和消费观念产生着深远的影响。比如，易贝、易趣、淘宝这类的电子商务平台，同时服务商品的供给市场和需求市场；谷歌、百度、搜狗这类网络搜索平台，同时服务网络广告市场和网络搜索市场等。上述这些由平台企业连接两边市场并同时提供服务的市场形态，就是 21 世纪以来被经济学界和法学界广泛关注和研究的双边市场（two - sided markets）。在双边市场中，平台两边的用户之间呈现互补关系并存在着交叉网络效应，平台企业对两边的用户采取不同的价格竞争策略。市场竞争行为在双边市场的条件下表现出新的内涵与外延，反垄断法在适用时应当充分考虑这些新的特征对传统规制方法的影响。因此，深入研究双边市场的发展和运行规律，探讨双边市场中市场支配地位滥用的反垄断法规制理论，针对双边市场进一步完善禁止滥用市场支配地位的法律制度体系，并结合我国实际提出相应的反垄断法律建议，是当前反垄断法学研究与实践中应当直面的重要课题。

本书从双边市场理论展开，以禁止滥用市场支配地位理论为主线，论述其在双边市场条件下具体适用的有关反垄断法律问题。全文共分为七个部分。第一章为导论部分，第二章至第六章为正文部分，最后为结论部分。各部分主要内容如下：

第一章为导论。本书写作的缘起是奇虎诉腾讯案引发的对于双边市场条件下如何规制滥用市场支配地位行为的思考。在双边市场模式快速发展的同时，一些滥用市场支配地位行为严重损害了市场竞争秩序和消费者利益，阻碍了双边市场模式的健康发展。本章提出本书的研究目的在于完善双边市场条件下的禁止滥用市场支配地位的反垄断规制理论，进而为双边市场条件下滥用市场支配地位的反垄断司法及执法实践提供支持。检索中外文献发现，现有的理论研究对双边市场条件下适用禁止滥用市场支配地位法律制度的体系化研究不足。后续各章将主要通过经济分析法学、比较研究、具体案例分析等方法对双边市场条件下的滥用市场支配地位法律问题进行系统的讨论。

第二章对双边市场理论作了简要阐述。双边市场理论是本书研究的经济学理论基础。在展开法学研究之前，必须对其有一个理性的认识，以把握双边市场的基本运行规律。本章对其中的交叉网络效应、倾斜性价格结构等基本概念作出界定，对呈现双边市场特征的具体产业进行了分析，并梳理了平台企业在竞争中常用的策略。

第三章对传统禁止滥用市场支配地位理论在双边市场条件下的运用所涉及的基本理论问题作了论述。禁止滥用市场支配地位理论作为反垄断理论的重要组成部分，与经济和社会的发展、经济学理论的变革密不可分。双边市场理论作为产业经济学的新兴领域，对禁止滥用市场支配地位理论在新的经济条件下的准确适用提出了发展的要求。基本的态度是，禁止滥用市场支配地位理论从总体上仍然应予坚持，但是在适用于双边市场条件下具体进行结构分析和行为分析时，需要充分考虑双边市场的特殊性，不能将双边市场中平台企业正常的经营行为误认为垄断行为，同时也要注意不能滥用双边市场概念，造成概念的混乱，不当地放纵了双边市场中本应该予以规制的垄断行为。

第四章对双边市场条件下如何认定市场支配地位作了论述。市场支配地位认定是从结构上分析垄断行为的归责基础，是禁止滥用市场支配地位理论在具体实践中运用的起点。本章分析了双边市场特征对界定相关市场所产生的影响，对目前经济学界、法学界对双边市场条件下界定相关市场主要方法作了比较和分析，提出了相应的完善措施，并就绕开相关市场界定、直接使用相关证据认定市场支配地位的观点作了评析。在此基础上，分别论述了在双边市场条件下认定平台企业的市场支配地位所应考量的市场份额、市场壁垒、交叉网络效应、考察时间等各种因素。

第五章对规制双边市场条件下的价格滥用行为作了论述。在双边市场条件下，平台企业由于采取倾斜性价格结构策略，会在一边实施高价，而在另一边实施低价甚至免费。这种在价格方面表现出来的特征会对反垄断法规制价格垄断行为尤其是超高定价行为和掠夺性定价行为产生误导，从而容易使反垄断执法产生误差。本章分析了在双边市场条件下认定不公平定价、价格歧视、掠夺性定价等价格滥用行为的各种参考因素，比较了其在双边市场和传统单边市场条件下的异同，厘清了相关行为的分析要点。

第六章对规制双边市场条件下的非价格垄断行为作了论述。在双边市场条件下，交叉网络效应使平台企业得到了强大的市场力量。在具有了市场支配地位之后，平台企业可能会实施各种非价格垄断行为，例如搭售、独家交易、拒绝交易等。同传统单边市场一样，这些行为在双边市场中是否要受到反垄断法规制，需要进行具体的竞争分析。在双边市场的影响下，相关考量因素需要作出一定的调整，才能作为合法与非法分析的依据。

最后为结论部分。本章总结全文观点，得出概括性的结论，并立足中国实际提出若干建议。这部分既是对第一章提出的若干问题的回应，亦是本书写作的落脚点。

［16］陈彬著．大国环境规制的构建：中国地方政府竞争与污染产业转移，格致出版社．2020.

中国是一个体量庞大的“大国经济体”，人口众多、土地辽阔、区域间要素资源禀赋差异大，从中国的大国特征和基本国情出发，中国政府创造了政治集权和经济分权相结合、市场机制和政府调控相结合的“适宜制度”。改革开放以来，中国工业化、城市化取得了巨大的经济成效，持续高速的GDP增长使近7.9亿人口脱离贫困，对世界减贫事业作出了巨大贡献。但是在这种分权治理模式下，地方政府既要为经济发展殚精竭虑，又要千方百计赢得政治“锦标赛”。因此，在多任务委托代理目标下，“唯GDP论”的地方官员政绩考核机制、政治“锦标赛”与环境规制政策之间存在着激烈矛盾，在大力发展地方经济的过程中，高增长、高耗能与高污染的发展模式导致一系列资源、环境、社会矛盾问题产生。环境规制问题争议不断，环境规制效果及其对污染产业的影响也暂无定论。因此，本书旨在系统地厘清环境规制、地方政府竞争与污染产业之间的关系。首先，相关环保政策在中国实施的效果如何？是否真如外界所质疑的那样，仍然停留在字面意义上？环保政策执行是否存在地区差异？其次，在分权治理和以经济增长为主要政绩考核的晋升锦标赛机制下，地方政府间竞争是否导致环境规制行为的“逐底竞争”？最后，中国东西部经济发展和环境资源承载能力存在明显差异，污染密集型产业是否以产业梯度转移的名义向中西部地区迁移，导致中西部地区成为“污染天堂”？带着以上问题，本书采用1999～2009年中国工业企业数据库，将微观企业数据加总至地级市行业层面和地级市层面运用DID模型、安慰剂测试，空间面板杜宾模型、空间面板自回归模型等计量方法，系统研究环境规制、地方竞争与污染产业之间的关系。

第一，本书构建了环境规制、地方政府竞争与企业行为的理论框架，试图从理论视角探究三者之间的互动博弈关系。首先，借鉴并简化分析马库斯等（Markusen et al.，1995）的理论模型，认为福利水平更低的地区会降低环境规制标准以吸引污染产业投资，污染企业会转移至环境规制标准低的地区以获得最大利润，从而形成“污染天堂”效应。在朱平芳等（2011）模型的基础上，调整地方政府总效用函数，推导出环境规制对采用不同清洁技术的污染企业生产活动的影响，以及地方政府环境规制在不同参数条件下出现“逐底竞争”和“差异化竞争”的策略形态。

第二，为检验数据的可靠性，本书检验了加总1999～2009年中国工业企业数据库的准确性，即分别计算了加总的生产活动数据与来自《中国城市统计年鉴》中各地级市的GDP、工业总产值和《中国工业经济统计年鉴》中各行业的销售总产值、企业总数、工业总产值的皮尔逊相关系数，发现他们的相关系数均高于90%，表明本书将微观企业数据加总至地级市行业层面和地级市层面的准确性较高。

第三，为探究环境规制政策的有效性，本书运用双重差分模型（DID），通过对比中国污染产业与非污染产业在“两控区”与“非两控区”的生产活动变化来捕捉环境政策的实施效果。实证结果表明：“两控区”政策是有效的，当环境规制强度提高1%时，“两控区”污染产业的总销售产值减少0.12%。而且，“两控区”污染产业生产活动减少的主要原因是“两控区”新增污染企业数减少和“两控区”污染企业总数减少，而不是现有污染企业生产规模缩减。这暗示中国环境规制政策实施采取的是“一刀切”模式，即通过行政手段，提高准入门槛，并强制关停污染企业。同时，“两控区”政策执行时存在地区异质性和时间异质性，即东部和南部沿海地区的规制效果显著，其他地区不明显；“十一五”期间的环境规制效果要明显强于“十五”期间。倾向得分匹配－双重差分模型（PSM－DID）与安慰剂测试均进一步论证了上述结论的稳健性。

第四，由于环境规制执行存在东西差异，因此“污染天堂”效应是否在中国成立成为本书关注的焦点。本书从静态和动态、存量和流量的角度构建了污染产业转移指标，运用空间杜宾面板模型回归发现，污染产业在区位选择时更倾向于往集群方向发展，形成以人口密度大、人均收入高、环境规制严格的大城市为“中心”，人口密度较低，劳动力成本较低、环境规制较宽松的周边城市为“外围”的“中心城市污染少—外围城市污染多”的污染产业布局模式。地方政府环境规制强度的高低是污染产业进行区位选择所考虑的重要因素之一，相对较低的环境规制强度可以吸引污染产业资本流入，即“污染天堂”假说在中国成立。这暗示我们某地级市“环境改善”的结果在很大程度上只是“转移”了污染、“远离”了污染，而非“解决”了污染。大国环境问题最终仍是一个全局性问题，一个地区可以暂时远离污染损害，但是最终还是不能脱离环境恶化对本地区的影响。因此，地方政府间“合作”而非“对抗”的发展模式才能实现大国经济可持续发展。

第五，在中国“政治集权、财政分权”的行政模式下，地方政府之间在执行环境规制政策时存在“逐底竞争”行为。中国环境规制存在空间自相关性，南部沿海和东部港海城市的环境规制较严格，中西部城市的环境规制较弱，且均其有地理临近的空间吸引力。本书使用空间自回归模型（SAR）发现，地方政府间环境规制政策确实存在相互效仿的策略关系。在“经济锦标赛”的作用下，竞争者环境规制策略的改变会引起该地级市环境规制政策的同向改变，最终演变成“逐底竞争”行为。从分地区回归结果看，东、中、西部各地级市环境规制政策的相互效仿程度不一。东部地区经济发达、竞争激烈，环境规制策略的相互效仿程度最高；东北地区次之；西部地区土地辽阔、自然资源丰富且经济发展差距较大，趋同性竞争不显著，因而环境规制政策的“模仿”行为不明显。

［17］孟雁北著．管制行业反垄断执法问题研究，法律出版社．2020.

观察与思考我国已经出现的管制行业反垄断执法甚至司法案例，我国在管制行业反垄断执法中如何看待国有企业的属性，如何考量电信等管制行业的产业特点等一系列实践问题，已经提出了反垄断法理论研究的需求；同时，当代中国特殊的国情和发展轨迹，也决定了我国管制行业反垄断执法制度的构建和实施很难照搬国外的理论和经验，而需要放在我国管制行业改革的时代背景下进行思考。管制行业反垄断执法中出现的诸多问题源于实践，这些问题的解决又需要系统化的理论作为支撑，鉴于目前我国学术界尚缺乏对相关问题的系统研究，因此，亟须学术界对管制行业反垄断执法问题进行深入系统的理论研究。

本书分我国管制行业反垄断执法之理论问题和我国管制行业反垄断执法之典型行业问题两大部分，展开了有针对性的研究，进而得出相关的研究结论。本书除“导论”和“结论”两个部分外，共包括 10 章内容。

我国管制行业反垄断执法之理论问题研究包括 6 章内容。第一章是我国《反垄断法》在管制行业的适用范围问题研究，该章在对《反垄断法》在管制行业的适用范围受政府产业规制的限制、《反垄断法》在管制行业的适用范围不受企业所有制差异的影响、《反垄断法》在管制行业适用范围界定上面临的挑战进行研究的基础上，提出了界定我国《反垄断法》在管制行业适用范围的对策建议。第二章是我国管制行业竞争友好型产业政策问题研究，该章在对我国管制行业产业政策仍将存续并会进行系统性改革、我国管制行业产业政策向竞争友好型方向的自我重塑等进行研究的基础上，提出了公平竞争审查制度是实现管制行业竞争友好型产业政策的重要举措、反垄断法的有效实施是实现管制行业竞争友好型产业政策的另一路径的结论。第三章是我国反垄断执法机构与政府产业规制部门关系问题研究，该章在对动态变化中的我国竞争政策与产业政策、法治化进程中的我国反垄断法与产业规制法律制度进行研究的基础上，探讨了政府与市场关系重构中的反垄断执法机构与政府产业规制部门的关系。第四章是我国管制行业规制行为之公平竞争审查问题研究，该章在对管制行业规制的理论和我国管制行业规制之改革进行梳理的基础上，研究了我国管制行业规制行为公平竞争审查制度的构建与实施。第五章是我国管制行业反垄断执法中非竞争要素问题研究，该章在梳理反垄断执法考量非竞争要素的理论、立法与实践的基础上，研究了我国管制行业反垄断执法规制垄断协议、滥用市场支配地位及经营者集中的非竞争要素的考量问题。第六章是我国管制行业反垄断执法中经营者承诺制度研究，该章在界定与解读经营者承诺制度及其逻辑主线、关注我国反垄断执法中经营者承诺制度的构建与完善的基础上，提出了我国管制行业反垄断执法中适用经营者承诺制度具有天然契合性的结论。

我国管制行业反垄断执法之典型行业问题研究共包括4章内容。第七章是我国电信行业反垄断执法问题研究，该章在对我国电信业的发展历程与立法沿革、电信行业改革进程中的反垄断执法进行探讨的基础上，重点研究了我国电信行业反垄断执法中的必需设施原则和滥用市场支配地位行为的分析框架。第八章是我国石油天然气行业反垄断执法问题研究，该章在梳理我国石油天然气产业的发展历程与石油天然气体制改革历程的基础上，研究了我国石油天然气产业非自然垄断领域与自然垄断领域的反垄断执法问题，以及我国石油天然气行业反垄断执法重点关注的行为。第九章是我国电力行业反垄断执法问题研究，该章在梳理我国电力产业的发展历程与电力体制改革的基础上，研究了我国电网公司的自然垄断属性、电力行业协会的双重性与反垄断执法的关系，以及我国电力行业反垄断执法重点关注的行为。第十章是我国盐业反垄断执法问题研究，该章在梳理我国盐业的发展历程与立法沿革的基础上，研究了我国食盐专营制度、中国盐业集团有限公司与反垄断执法的关系，以及我国盐业反垄断执法重点关注的行为。

第五部分

学位论文摘要索引

一、博士论文观点摘要

2018 年

[1] 陈洪天 . 风险投资对新三板企业经济行为影响研究 . 厦门大学 . 2018.

该文基于新三板市场情境，从风险投资的视角，考察风险投资及其特征属性对新三板企业做市行为、定向增发，以及被并购退出时的作用和影响，所获得的主要结论如下：首先，通过对风险投资参与新三板企业定向增发动因部分的研究，该文考察了风险投资在投资环节的实施策略。结果表明，风险投资发挥了事前筛选职能，挑选财务绩效好创新能力强的企业进入。通过风险投资对企业做市转让，以及参与定向增发后对企业的影响研究，该文考察了风险投资在监督管理环节所发挥的作用，结果表明，风险投资事后监督职能和认证效应的发挥得到了验证。再次，通过风险投资对新三板目标企业被并购的影响研究，该文考察了风险投资在退出环节发挥的影响。结果表明，整体上风险投资的监督职能和认证效应得到上市公司收购方和资本市场投资者的认可，并给予并购交易过程中更高的并购溢价和正面的市场反应。与现有文献相比，该文的主要贡献在于：首先，丰富和拓展了风险投资的研究文献。该文基于新三板市场全新情境和独特规则，探讨了风险投资在其投资、管理和退出环节对被投企业具体行为的影响和作用。其次，丰富和拓展了做市商制度和企业定增、并购行为的研究文献。本研究，从风险投资视角出发，以新三板企业为研究对象，考察风险投资对新三板企业做市转让、定向增发和被并购行为的影响和作用。这一实证结果也为学术界更好地理解新三板市场和客观评价风险投资作用提供了新的经验证据。

[2] 承上 . 互联网行业经营者集中的反垄断规制研究 . 西南政法大学 . 2018.

在互联网技术创新、社会应用以及产业发展高歌猛进的同时，因合并与收购所产生的限制竞争问题也随之而来。首先，从市场结构角度来看，互联网行业的垄断结构已经显现。大企业纷纷开展平台化、多元化经营，主导与推动着企业的合并与收购。其次，从互联网企业达成垄断协议的角度来看，企业通过合并与收购后形成的寡头垄断结构，为其相互之间利用算法共谋，达成明示协议或者默契协同提供了实施与监督的便利，互联网企业得以通过更为隐蔽的方式实施限制竞争行为。再次，从互联网企业实施的市场滥用行为角度来看，经由合并与收购成长起来的互联网寡头平台采取搭售、拒绝交易和歧视性排序等行为的频率显著提升。该文以“互联网行业经营者集中的特殊性——互联网行业经营者集中反垄断规制理念与审查框架的挑战与回应——互联网行业经营者集中审查框架的具体内容”为线索展开论述。首先，分析与总结互联网行业区别于传统行业的经营者集中特质，揭示互联网行业经营者集中对于反垄断规制理论的挑战。其次，通过对经营者集中的规制理念与审查框架的发展沿革进行勾勒总结，回答经营者集中反垄断规制“从哪里来”的问题；结合互联网行业经营者集中的特质进一步辨析规制理念与完善审查框架，探讨“向何处去”的问题。再次，在确定互联网行业经营者集中的规制理念与审查框架的基础上，针对性地解决相关市场界定、限制竞争效果评估、抗辩机制、救济措施等审查框架中的具体问题，并提出互联网行业经营者集中反垄断规制的完善路径。

[3] 胡德勤 . 竞争政策与创新 . 上海社会科学院 . 2018.

怎样的市场结构能更好地促进创新，是各国竞争政策制定者关注的核心议题。该文的写作目的，在于厘清关于市场结构与创新关系的理论争议，为我国竞争政策执法实践提供清晰可靠的理论指引。该文以“微软拆分案”为例，结合美国反垄断执法机构竞争政策的新发展，讨论我国竞争政策在反垄断执法实践中所遇到的挑战。同时，搜集并整理了关于市场集中度以及企业规模与创新关系的相关实证研究文献，发现由于研发上规模效应的存在，创新与企业规模呈正相关关系，而创新与市场集中度的关系则不甚明朗。通过实证验证后，该文得出如下结论：一，企业规模与研发之间存在着正相关关系，其根源在于企业规模对研发产生的成本分摊影响。二，尽管市场集中度与研发强度之间也许存在关联，但市场集中度并非决定创新的唯一因素，也不是重要因素。通常采用的衡量市场集中度的标准并不能准确反映竞争的本质或强度。三，需求、独占性及技术机会等行业特征和资金流动、产品多样性等企业特征是创新活动和绩效的重要影响因素。四，熊彼特和阿罗的观点可以经由可竞争性原则，独占性原则和协同效应原则整合在一起。由此，该文提出我国竞争政策中反垄断执法的指导理念应当从传统静态的、结构主义的、价格主导的反垄断分析范式，转向建立动态的、行为主义的、创新主导的反垄断分析模式。更多地考虑互联网等高新科技产业中的竞争呈现的新形态，积极运用经济分析手段，将企业行为而非企业结构作为反垄断分析的基本出发点、鼓励创新而非降低价格作为反垄断法规制的目标。

［4］荆文君．互联网行业的市场结构特征及其福利影响研究．中央财经大学．2018.

该文包括以下四部分主要内容：第一，梳理互联网行业市场结构的典型化事实。该文首先按照传统方法实际测量了行业市场集中度，发现行业确实具有近似垄断或寡头垄断的市场结构。第二，证明互联网行业呈现出的分层式垄断竞争结构是一种稳定的市场结构。本部分从不同规模的互联网平台企业行为入手，运用演化博弈理论，分析了行业中市场结构的形成机制与表现特征，也证明了分层式垄断竞争结构的稳定性及趋势性。第三，分析分层式垄断竞争下的社会福利变动。该文选择社会福利为入手点，分析了分层式垄断竞争结构所产生的福利影响。得到的主要结论包括：由于互联网行业具有需求多样化、网络外部性等特征，虽然垄断因素在行业中稳定存在，但却在一定程度上增进了消费者剩余；而在竞争中，大型平台企业的用户基数会导致行业中的剩余向其集中，但是差异化竞争可以降低不同规模企业之间产量及利润上的差异，但这种差异并不是大型平台企业刻意打压中小型平台企业的结果。第四，对互联网行业特殊市场结构下的社会福利变动进行实证检验。在对福利变动理论分析的基础上，该文选取合适的指标——市场势力溢价率，从行业整体发展的角度，对其特殊市场结构下的福利变动情况进行实证检验。从总体上看，互联网行业市场势力较低，行业保持着较强的竞争活力，大型企业也并未采取提价限产等行为，由此说明行业并未产生明显的福利损失。最后，该文结合上述研究，对互联网平台治理进行了政策思考，分析了互联网行业反垄断的经济学基础，同时指出传统行业反垄断管制在互联网行业的不适用性，提出互联网平台治理的新思路。

［5］李宇坤．控股股东股权质押的动机及经济后果研究．厦门大学．2018.

近年来，股权质押作为一种新兴融资方式，在我国资本市场得到了快速发展，学术上对于控股股东股权质押的研究还有待深入。该文以中国资本市场中控股股东股权质押问题为主线，结合中国制度背景，围绕上市公司控股股东股权质押的现状与问题、动机与经济后果，对控股股东股权质押与上市公司的政策选择以及公司价值展开深入系统的研究，试图从更加全面、新颖的视角揭示出中国上市公司控股股东股权质押所具有的多种动机和复杂的经济后果。具体来讲，该文主要研究了三个问题：第一，考察控股股东股权质押除了缓解自身融资约束之外，是否具有其他动机；第二，实证检验控股股东股权质押对于企业创新投入的影响；第三，基于公司并购视角，考察控股股东股权质押如何利用公司并购进行市值管理，降低股权质押风险。概括而言，该文的主要研究结论如下：第一，参与认购定向增发新股与控股股东股权质押正相关；第二，控股股东股权质押会抑制企业创新投入；第三，控股股东股权质押与公司并购选择显著正相关。该文的贡献在于：第一，该文借助定向增发情景，直接对控股股东股权质押的动机展开研究，是为数不多的实证考察控股股东股权质押动机的研究，拓展了现有股权质押领域的研究范围。第二，该文为控股股东股权质押的经济后果研究提供了新的研究视角和经验证据。该文基于公司创新投入和公司并购这两个新颖的视角，揭示了控股股东股权质押影响上市公司的微观作用机制。第三，该文丰富了定向增发、企业创新与并购相关领域的研究。鲜有研究考察控股股东股权质押与上述三个分支领域之间的关系，该文的研究是对相关领域的有益补充。

［6］唐晶晶．外商投资准入领域负面清单法律问题研究．大连海事大学．2018.

随着中国（上海）自由贸易试验区的正式挂牌，负面清单开始了在中国外商投资准入领域的正式适用。该文通过对北美自由贸易协定（NAFTA）等国际协定和美国、澳大利亚等不同类型的国家负面清单运用情况的实证分析，总结其经验，并结合中国经济、行政、司法现状，给出负面清单准入模式在中国外商投资准入领域适用的对策。第一章外商投资准入领域负面清单概述。从历史沿革、概念、性质、特点、存在形式和法律定位等多个角度对负面清单进行界定，阐述了负面清单的法理基础，从负面清单的效力来源和应用模式入手，论述了国民待遇是负面清单的效力来源，负面清单在国际投资领域的应用即为负面清单投资准入模式，从多角度对正面清单和负面清单两种准入模式的利弊做了评价；从立法维度、行政管理维度、对外经济交往维度多角度分析了负面清单在我国外商投资准入领域适用的价值。第二章国际条约中的负面清单。对多项国际条约进行实证研究，总结出负面清单在国际条约中的表现形式及特点，并分门别类对自由贸易协定、全面伙伴关系协定和双边投资协定中的负面清单进行评析。第三章不同类型国家负面清单之比较。分别对不同类型国家的负面清单进行实证研究，将其分为发达国家、中等发达国家和发展中国家，结合不同国家经济发展程度分析总结各自负面清单的发展现状、形式内容、突出特点、产业保护原则等内容。第四章我国外商投资准入领域负面清单之解析。介绍了负面清单准入模式在我国外商投资准入领域的确立，分析了我国的适用模式为东道国制定的负面清单与国际条约中的负面清单并举。第五章完善我国外商投资准入领域负面清单之路径。

［7］田璞玉．养殖户动物疫病防控：决策、规制与激励．华南农业大学．2018.

该文基于传统的成本收益理论的防控政策分析刻画政策对规制主体的激励结构。在我国养殖户基数庞大，监管资源有限，养殖户与政府间存在严重信息不对称的背景下，政策对于养殖户防控激励作用凸显，激励相容是保证规制效率的条件。在此背景下，该文分析了养殖户疫病防控决策机制，以及当前动物疫病防控政策是否实现激励相容，为何没有实现以及如何实现的问题。将动物疫病防控决策划分为事前预防和事后控制阶段，并根据疫病类型分为一般和重大动物疫病。在不同阶段和疫病类型下，养殖户决策环境和机制不同；在此基础上，分析政策对养殖户防控的规制和激励作用及政策组合。根据此研究思路，该文首先以效用最大化为理论框架分析了养殖户疫病防控的决策机制，并以广东省家禽养殖户的调查数据为例进行了实证检验；然后在信息不对称的假设下，使用委托代理理论，分析了政策的规制和激励作用，和不同政策目标下最优政策组合，并使用数值模拟方法进行了验证。

［8］魏鲁彬．数据资源的产权分析．山东大学．2018.

数据资源正逐步渗透到国民经济的每个行业和职能领域，成为必不可少的生产要素。但是，相应数据产权安排的缺失，限制了数据资源的正常交易和使用，并导致相关的知识产权和隐私权缺乏保护。因此，数据产权的安排以及数据利用机制，已经成为亟待研究的基础性问题。有鉴于此，该文依据新古典产权理论，通过归纳和分析数据资源的性质及类型，探讨数据产权的界定原则和具体安排；并在此基础上，分析数据市场的运行和相关政府职能；此外，通过讨论隐私保护、知识产权和数据产权的关系，进而阐明数据产权对于数据经济发展的关键作用。在基本概念、分析框架和理论观点上，该文实现以下创新：第一，以数据资源为分析对象，构建了数据资源的产权分析框架，并通过分析和归纳数据资源的基本性质、多维度划分数据的基本类别，为数据资源的相关研究奠定概念基础。第二，探讨了数据产权安排的基本原则，并深入分析了数据市场的本质，确保数据产权安排契合以公平为基础的效率目标，并促进数据交易市场的规范和深化。第三，研究了数据资源的隐私权和知识产权问题，并阐明隐私权、知识产权和数据产权的关系。与此同时，在数据资源巨大的潜在价值与匮乏的数据资源研究之间，存在严重的不匹配，预示着数据资源的经济分析具备相当的潜力，有可能成为经济学研究的重要领域，而该文为该领域的深入研究，提供了概念和框架基础。

［9］杨洋．油气垄断企业技术创新效率研究．西南石油大学．2018.

该文以具有垄断属性的油气企业为研究对象，以市场结构理论和技术创新理论为基础，利用分析归纳、实证分析、比较研究等有关研究方法，围绕油气垄断企业技术创新效率，对我国油气垄断企业的垄断属性、影响油气垄断企业技术创新效率的因素、我国油气垄断企业技术创新效率水平、提升我国油气垄断企业技术创新效率的策略和建议等四个方面的问题进行研究。主要取得了以下研究成果：一是研究借鉴市场结构、技术创新有关理论，界定了我国油气垄断存在自然垄断、经济垄断、行政垄断三重属性，分析了我国油气行业和国外油气行业的市场结构类型，分析描述了我国油气企业在垄断经营前提下的技术创新现状、特点和存在的问题。二是采用系统工程理论方法，分析垄断属性、油气企业内部和外部存在的诸多不同因素对技术创新效率的影响，利用 ISM 模型分析多因素的影响作用方式和层级结构，利用 DEMATEL 模型分析各类因素的影响强弱关系。三是以中国石油、中国石化、中国海油三大油气垄断企业 2005 ~ 2017 年的数据为依托，对我国油气垄断企业技术创新效率进行实证评价。四是基于比较视域，采用 DEA – Malmquist 模型对我国油气垄断企业与 10 家代表性国有大型工业企业的技术创新效率进行比较评价，采用同期横向比较方法对比分析我国油气垄断企业与国外三家大型跨国石油公司的技术创新效率。五是基于油气垄断企业技术创新影响因素分析，从政府层面和企业层面两种视角，从国家创新政策、油气经营管理体制、企业创新管理和创新文化等诸多方面，为我国油气垄断企业技术创新效率的提升提出了策略与建议。

［10］赵建武．中国上市公司并购重组中的支付方式与绩效．华东师范大学．2018.

并购交易过程中，支付方式的选择一直是交易双方关注的重要议题。该文系统阐述了融资优序偏好理论、市场错误定价理论和控制权制衡理论，从而为研究支付方式奠定理论基础。进一步从市场信号显示视角、风险共担视角、公司治理视角以及税收规避视角出发，阐述了支付方式影响并购绩效的理论机制。在上述理论模型以及假设基础上，该文采取筛选后的我国 2013 ~ 2017 年 A 股上市公司 534 个并购重组案例作为实证研究样本，研究的主要结论有：（1）公司控制权结构显著影响并购支付方式选择。第一大股东控制权不稳定或者相对稳定时，股权制衡度对于股票支付方式具有显著的抑制作用，而当第一大股东控制权比较稳定时，则不存在这种抑制作用。（2）上市公司在选择并购支付方式时存在市场择时动机，上市公司股票估值水平越高，其在并购支付方式越倾向于股份支付。（3）上市公司在选择支付方式时不会考虑自身现金禀赋。（4）在并购重组过程中，相较于现金支付，股份支付方式会为上市公司股东带来正的累计超额收益，即股份支付的并购市场绩效较好，这种优异绩效无论在长期还是短期均得以体现，也就是说，股份支付的并购市场绩效优于现金支付。（5）在并购重组过程中，支付方式对于上市公司经营绩效的变动影响不显著，也就是说，选择何种支付方式与经营绩效的变动没有关系。

[11] 赵利娟．融资约束对企业并购的影响．辽宁大学．2018.

该文以2007～2017年我国A股主板上市公司为研究样本，基于宏观经济周期的研究视角，以“提出问题—理论分析—实证分析—研究结论”为基本思路，运用并购动因理论、融资约束相关理论及金融加速器理论分析了在宏观经济周期背景下融资约束对企业并购的影响，并提出该文的研究假设，通过描述性统计分析、倾向得分匹配法、二元逻辑回归和多元线性回归分析等方法对研究假设进行实证检验，得出该文的研究结论。该文主要的研究工作和内容如下：第一，根据该文的研究主题，梳理了融资约束、企业并购、经济周期等方面已有研究文献，指出已有研究文献的贡献和不足，进而提出该文的研究问题。第二，在理论分析和作用机理方面，该文运用代理理论、信息不对称理论、融资优序理论和金融加速器理论针对融资约束对企业并购影响的机理进行分析，据此提出该文的研究假设。第三，在实证研究方面，运用描述性统计分析、倾向匹配得分法、二元逻辑回归和多元线性回归分析等方法检验了在宏观经济周期不同阶段融资约束对样本企业并购的影响，并验证了市场化程度和股权性质在其中的调节作用，得出该文的实证结论，最后采用更换样本和主要研究变量的方法进行了相应的稳健性检验。第四，给出该文的主要研究结论，并指出该文的研究局限和未来研究方向。

[12] 郑博．金融消费者保护的国际比较研究．中央财经大学．2018.

该文对金融消费者保护的相关理论进行梳理，对世界上主要发达国家在金融消费者保护领域的做法进行比较研究和实证研究，总结良好经验，并探讨如何进一步完善我国金融消费者保护机制建设，以构建公平公正市场环境，维护人民群众切实利益，促进金融业长远健康发展。该文第1章从美国次贷危机后国际金融监管改革的趋势入手，介绍国内外金融消费者保护开展情况，阐述选题意义、研究思路等。从为什么对金融消费者进行保护、金融消费者保护的现状和改进金融消费者保护三方面对现有研究成果及文献进行了梳理。第2章对金融消费者保护概念进行研究与界定。第3章对英、美、澳等国际上主要国家的金融消费者保护监管制度进行比较研究与趋势分析。得出结论：经过对2008年全球金融危机中金融消费者保护监管失败和金融消费者权益受损问题的深刻反思，各国都将强化金融消费者保护和行为监管作为监管改革的主要内容，双峰模式、“类”双峰模式逐渐成为发达国家在监管架构重建中的主流趋势和普遍选择。第4章从金融消费者保护的事前、事中、事后角度入手，对英、美等国际上主要国家在金融教育、销售规范、争议解决等方面的主要做法进行国际比较。第5章主要对金融消费者保护国际比较进行实证分析。第6章对我国金融消费者保护现状及存在的主要问题进行了梳理和分析。第7章在国际比较研究及实证分析的基础上，就改进和加强我国金融消费者保护提出三点建议：一是持续提升民众受教育程度，探索将金融知识教育纳入义务教育范畴；二是持续推进普惠金融，提高社会金融机会均衡性；三是优化监管资源配置，更加重视行为监管。

[13] 邹越．互联网经济中反垄断法的司法适用．西南政法大学．2018.

互联网经济领域的反垄断诉讼正在成为司法体系必须面对的一类重大案件。尽管有些投诉可以在相关行政部门介入后得到一定程度的解决，但绝不意味着互联网经济中反垄断只应通过行政管制，而非适用反垄断法的司法方式解决。互联网经济中的垄断之弊需要反垄断法规制，由于互联网经济的许多属性还在形成之中，尚未充分揭示，频繁修法不现实，研究互联网经济中的反垄断法适用已是当务之急。该文基于现行反垄断法的基本法理、分析框架和市场经济的根本法则，从法官司法实践理性的视角，按照互联网经济反垄断的特殊性和复杂性——反垄断法司法适用的原则和路径——反垄断法的适用主体——认定相关市场、市场支配地位的基础要件——认定违法垄断行为的构成要件——执法社会效果的逻辑链，突出“问题”意识，抓住若干关键问题深入辨析，探讨互联网经济领域反垄断法的适用，并对相关问题提供理论思考、法律和政策建议。研究认为，在互联网经济领域适用反垄断法时：一，应当审慎考虑垄断的竞争性。二，应当优先采用的审判原则和路径。三，应当扩大原告适格的范围。四，应当改进市场支配地位的认定方法。五，应当改进违法垄断行为的构成要件和处罚手段。六，应当更加关注改进法律效果和社会效果。

2019 年

［1］薄萍萍．证券服务机构监管机制研究．西南政法大学．2019.

作为功能发挥的外在保证，对证券服务机构监管则显得尤其重要，如何通过监管外强约束、内生动力是证券服务机构监管的重要目标。该文从理论上界定证券服务机构的范畴与特征，对证券服务机构作用发挥的历史成因进行分析，并对证券服务机构的功能与责任进行界定。在此基础上，遵循从微观现状到宏观设计对当前的监管进行抽丝剥茧式的分析，并指出对证券服务机构的监管理念需要在考察现有监管基础、监管对象特征以及监管目标定位的基础上确定政府与市场的力量界限，同时还要在综合公司能力、融资标准等因素的情况下满足监管适应性的要求。最后该文从理论与实证两个角度出发，提出具体的对策建议。首先针对委托关系错位的问题，要从证券服务机构的职责本意出发，实现证券服务机构委托由私人性向公共性的转变。其次，从现有监管模式类型考虑，行政监管在模式构建上几乎已经穷尽其能，可以考虑扩大发挥自律监管的效用发挥，设立专门的证券服务机构协会作为自律组织。最后要建立全面的责任制度体系，同时要优化现行的过错责任原则，尤其是在交叉引用情况下的责任进行区分。

［2］卞元超．市场分割的环境污染效应研究．东南大学．2019.

本研究围绕市场分割与环境污染之间的内在关系，旨在探究以下三个方面的关键问题：第一，地方政府之间的市场分割是否提升了企业污染排放的动机，即市场分割是否对环境污染产生了显著的影响？影响机制又是什么？第二，市场分割所引发的“片块化”发展模式阻碍了地方政府之间的交流与协作，这是否显著地影响了地区之间围绕环境污染的区域协同治理行为？第三，面对经济高质量发展，以及地方政府在经济增长与环境治理方面的双重责任约束，市场分割下的经济增长与环境治理能否实现“共赢”？市场分割是否抑制了绿色经济增长？因此，在对以往的相关基础理论和研究文献进行回顾的基础上，本研究通过探讨分权体制下地方政府的策略选择，构建了一个理论分析框架，从规模变化机制、结构转型机制和技术进步机制三个方面考察了市场分割影响环境污染的内在机制，进而通过构建一个动态博弈模型分析了市场分割下环境污染区域协同治理的内在逻辑，并考察了市场分割影响绿色经济增长之间的理论机制。本研究的相关结论为进一步优化地方政府之间的关系、推动区域市场整合和区域协调发展、改善环境污染和提升环境质量，进而促进中国经济高质量发展提供有益启示。

［3］杜晓丽．专利积聚的反垄断法规制．郑州大学．2019.

该文基于市场竞争由单一专利竞争走向专利集群竞争这一新的竞争态势，在反垄断法语境下，创新性地提出和界定专利积聚这一概念范畴，总结、提炼专利积聚具有动态发展、产生于专利获取环节等特点。在此基础上，论文阐释专利积聚虽然有降低专利技术研发成本、提高经济效率、实现规模经济、整合专利资源等主要价值，但是仍具有产生共谋、滥用市场支配地位、形成市场进入壁垒、抑制技术创新等危害竞争问题，即由专利积聚引发的知识产权垄断的一种新形式——专利积聚中的垄断。专利积聚中的垄断需要反垄断法的规制，规模经济理论、利益平衡理论及竞争理论构成规制专利积聚中垄断的理论基础。专利积聚动态发展的特性决定了专利积聚中的垄断既有专利积聚形成过程中的垄断，也有专利积聚运营过程中的垄断；专利积聚中的垄断规制既需要事前防控，又需要事后规制，它不同于专利权“行使”过程形成的垄断。该文即是在对专利积聚基本问题及其动态发展过程进行深入剖析的基础上，着重深入探讨专利积聚这两个阶段中的垄断以及事前防控与事后规制两个环节的规制措施，实现对专积聚中垄断链条式整体防控。同时，为应对国际国内市场竞争中专利积聚的垄断形势，该文从我国反垄断立法、执法与司法上提出对策。

[4] 李明峰．军事工业的垄断与进入问题研究．中央财经大学．2019.

该文从“民参军”的视角来分析军事工业垄断形成的历史原因、垄断形式演进的内在动力、垄断形式新的表现特征及其影响，并基于经济学原理研究阻碍民营企业进入的机理和问题的症结，据此有针对性地提出促进军民融合发展的政策建议和改革措施。研究对拓展和完善中国特色国防经济理论、推动军事工业基础制造领域打破垄断进而实现军民企业的公平竞争以及提高生产与研发效率、推进军民融合转型发展的体制机制改革具有重要意义。该文的总体思路是：首先从历史发展的角度，根据我国军事工业特殊的发展道路和多次改革的变化历程，对垄断的形成和演变进行梳理，探究历史原因与利弊影响，分析新时期的垄断形式和特征；其次基于对现阶段垄断形式的分析，结合我国军事工业的产业特征，采用经典的SCP模型对基础制造领域中的市场结构、市场行为和市场绩效等方面进行系统分析，研究现阶段仍然存在的垄断现状和垄断对绩效造成的影响，以及形成垄断的关键因素；然后再进一步从市场竞争角度，针对形成垄断的关键因素分别深入军事工业基础制造的生产和研发领域，运用多个博弈模型对阻碍民营企业进入原因的微观经济学机理进行研究，找出垄断和影响公平竞争问题的症结所在，最后提出解决的方案和政策建议。

[5] 刘可．我国团体标准法律问题研究．中央财经大学．2019.

研究我国团体标准的法律问题首先应厘清团体标准在我国的概念以及它区别于其他四种标准的特征。该文首先论述了我国团体标准的起源与发展，认为团体标准是具有规范性、自愿性、市场性、灵活性和开放性的，由市场主导的、社会团体制定的一种标准。并在此基础上，探讨我国的团体标准在制定、实施和监管中的法律问题，提出适合我国团体标准健康发展的意见与建议。通过对团体标准制定过程中法律问题的研究发现，该文认为除了依法成立的社会团体以外，与团体标准化活动相关的、能够满足国家发展团体标准的原则与目的的市场主体，均可以参与制定。司法部门应完善团体标准的专利滥用抗辩制度、明确团体标准实施中垄断行为的违法性认定原则，降低团体标准的法律风险。该文具有一定的创新性。首先，论文探讨了团体标准的构成要素，包括主体、内容、程序和编号；其次，论文分析了在制定团体标准过程中，团体标准化组织会遇到哪些法律风险，应如何规避法律风险，以保护自身权益不被侵害；再次，论文总结了在团体标准实施阶段，团体标准化组织可能出现的违法行为，具体分析了各违法行为的表现方式和遭受不法侵害时的救济方式；最后，论文首次提出了我国法律法规援引团体标准的规则。

[6] 刘重阳．互联网平台中的信息提供机制与产品质量问题研究．山东大学．2019.

平台信息质量问题是信息与相应产品的筛选和传播问题，在经济学研究的范畴内，平台既是市场主体又是局部市场规则的制定者，因此该文从个体厂商与局部机制两个层面提出以下五个问题：平台是否有动机向供需双方提供足够的市场信息？平台是否有动机推动局部市场形成优胜劣汰的良性选择机制？平台是否有能力通过排名实现供需的最佳匹配？平台内信息质量是否存在规律和改善的可能？是否存在平台监管的逻辑起点或有效原则？该文围绕上述五个问题，以信息不对称为切入点，综合应用双边市场、委托代理等理论工具研究平台行为的激励机制，并基于大量的平台数据发掘并揭示信息不对称情形下平台内买卖双方的行为特征，最后讨论相应的行业监管问题。文本的政策含义为：平台竞争不足以带来信息质量的提高，降低平台策略性行为带来的信息效率损失是互联网平台监管的关键支撑。平台经济中，对传统的反垄断观点应当持谨慎的态度，市场份额大小与平台行为之间不存在必然的联系。激烈竞争环境中的平台在内部机制设计上存在向用户提供不完全信息的动机。非中立的筛选机制会导致“劣币现象”，平台应当保证中立筛选机制的存在。中立选择机制与竞价排名的设置要求平台厂商在长期与短期利润间权衡。

［7］龙欣．中国上市公司并购融资方式选择及其对绩效的影响研究．华东师范大学．2019.

该文以并购融资方式选择为研究对象，基于融资理论、控制权理论从上市公司的内、外融资环境以及控制权威胁角度搭建了并购融资方式选择的理论分析框架。重点研究了并购融资决策两个阶段的影响因素、不同所有权的上市公司并购融资行为的差异，以及融资环境和控制权因素在并购融资决策中的主导作用。进一步地，该文以自由现金流假说、债务治理假说以及信号传递理论为基础，建立了并购融资方式对并购绩效的影响的理论分析框架。在理论分析的基础上，该文以从融资环境以及控制权两个角度研究了我国上市公司并购融资决策两个阶段的影响因素，并对不同融资方式的长、短期市场绩效进行了分析。该文可能的研究贡献在于：（1）严格区分了并购融资方式以及并购支付方式，就并购融资方式的影响因素进行了研究，提高了相关研究结论的准确性。（2）将并购融资决策细分为两个阶段分别研究不同阶段公司选择并购融资方式时的影响因素，研究两个阶段影响因素的差异，能更深入理解中国上市公司并购融资决策行为。（3）扩展了并购融资方式影响因素的研究范畴，立足中国的制度背景，将经济发展、信贷总量等宏观因素纳入研究框架，并研究国有上市公司以及民营上市公司并购融资决策的差异，有利于更好地揭示我国上市公司并购融资行为。

［8］马丽．网络交易平台治理研究．中共中央党校．2019.

平台是一个具有变革性的概念，彻底大范围地改变了商业、经济和社会。平台的崛起带来了显著的效率改进、创新能力提升和扩大的消费者选择，加速商业模式更迭，引发经济结构、组织方式的深刻变革。该文从多视角对平台的基本含义进行比较研究，并在网络平台分类的基础上明确了该文的研究对象——网络交易平台，网络交易平台的发展也成为一种独特的经济现象，即平台经济。网络交易平台在引领经济增长和推动社会发展的同时，也存在诸多负面问题和潜在的危害。网络交易平台在一定程度上延续了线下市场的大多数失灵现象，由于互联网所特有的虚拟性、开放性、网络效应等特征，同时网络交易平台中也会衍生出新的更为错综复杂的网络市场失灵的法律问题，给政府公共规制带来严峻的挑战。政府对网络交易平台直接规制方式存在诸多困境。论文对法治框架下的网络交易平台治理问题进行研究，摆脱以政府管制为研究中心的局限，将治理理论与行政法革新相结合，为网络交易平台治理提供新的研究视野与理论工具，对平台治理主体、治理工具以及治理责任等内容的充实也构成了新的解决问题的实践框架或相关脉络，进而探索出了新的问题域，丰富了学术界关于平台治理的研究。

［9］穆朗峰．制造业产业升级背景下制造业企业进入壁垒及其突破问题研究．中共中央党校．2019.

随着中国经济转型及产业升级逐渐推进，中国制造业已由生产低端制造品过渡到生产中高端产品，中国制造业正向高端制造业不断迈进。该文按照时间顺序梳理了进入壁垒问题的理论发展脉络，通过理论梳理尽可能地涵盖不同种类进入壁垒的成因及可能突破路径，为找到突破中国企业在全球高端产品市场面临的进入壁垒的路径做好理论积累。该文通过分析汽车制造业以及 ICT 产业这两项全球制造业领域内产值最高的产业内中国主要企业的发展现状，归纳出中国制造业发展现状，即：大而强却不是全球最强，部分领域仍存短板。中国大量制造业企业进入全球高端产品市场之时面临各种进入壁垒，该文研究核心在于找到中国企业面临进入壁垒的深层原因并给出路径建议，因此分析不同类型中国制造业企业面临不同种类进入壁垒的成因具有重要意义。该文按照进入壁垒的种类，依次从绝对成本优势进入壁垒、产品差异进入壁垒、政策性进入壁垒三个层面对中国企业面临相关进入壁垒的成因进行了分析。该文分析并总结了大多数中国制造业企业突破相关进入壁垒之时所面临的困难，分别从中国企业面临的技术劣势、市场在位者垄断企业所具有的占先优势、中国市场经济地位以及中国产业政策在不同所有制企业间的倾斜四个维度分析中国厂商在努力突破进入壁垒之时所面临的困难。

[10] 欧阳丹丹．环境污染强制责任保险法律制度研究．西南政法大学.2019.

该文以我国环境污染责任保险制度的发展方向——环境污染强制责任保险制度为中心，运用交叉分析、实证研究、比较研究及文献考察等方法对该制度进行深入研究，在阐述制度原理的基础上通过分析试点经验与国外相关制度实践，详细论述我国现有制度存在的问题，同时提出完善制度的建议。第一章以环境污染强制责任保险制度的缘起—理论基础—必要性分析—可行性分析的逻辑线索进行论述。从环境侵权的特殊性质入手，阐释了传统环境侵权救济手段的局限性。第二章遵循问题与对策的研究思路，梳理我国现存有关环境污染强制责任保险相关法律法规。第三章论述环境污染强制责任保险制度的立法选择。该文选取了实践中争议最为集中的几个主要问题，包括保险承保范围与除外责任的认定、投保人与被保险人的告知义务以及法律监管四个方面。因此第四章至第七章围绕上述内容，深入探讨目前我国环境污染强制责任保险制度中存在的问题，并提出相应的解决与完善建议。第四章遵循环境污染强制责任保险立法的基本原则与理念，结合我国现实基础并借助法学与经济学理论，探讨承保责任范围中存在争议及特殊的风险责任。第五章分析环境污染强制责任保险的除外责任。第六章探讨环境污染强制责任保险中的告知义务问题。第七章主要探讨环境污染强制责任保险的法律监管问题。

[11] 孙林．实物期权视角下企业战略调整时机选择与价值研判．湖南大学.2019.

该文从实物期权视角，基于企业战略调整方式开展研究：选择最优战略调整时机以及制定相应投资决策来最大化企业价值；宏观经济环境和战略实施效果双重不确定性对战略调整时机的影响；互联网环境下，具有不同资本结构企业的前向并购时机选择问题；内部增长与外部并购战略调整案例研究。研究结果表明，状态转换概率越大，相对战略水平阈值、托宾值、增长期权价值与企业价值比值的越大。互联网环境下，企业倾向于提前进行顺周期前向并购，而存在破产可能时，企业倾向于推迟并购；与传统环境下相比，互联网环境下，并购时机随规模收益参数或原材料价格弹性系数变化而变化的方式发生改变。对比分析互联网环境与传统环境下企业最优战略调整策略，有助于理解互联网环境下的企业决策行为，并为其提供科学参考。具体应用案例研究。从潍柴动力成长历程入手，剖析潍柴动力实施内部增长战略及潍柴动力并购湘火炬的动机和特征，着重分析了互联网环境对并购效果的影响，并辅以数值模拟验证。该文从企业战略调整方式切入，基于实物期权视角研究不同情况下企业战略调整时机选择和企业价值研判问题，丰富了企业战略调整理论与投资决策理论，为企业战略调整决策提供有效的理论依据及实践借鉴。

[12] 薛秀玟．台湾产品质量监管政策研究．华中科技大学.2019.

本研究主要目的是建立“制造产品质量监管模型”，分析厂商在哪些因素的作用下制造优良产品的意愿最大，并依照该模型设计有效的产品质量监管政策，达到提升台湾产品竞争力的目的。首先，本研究构建“制造产品质量监管模型”。其次，判断和分析相关因素对厂商生产优质产品意图的直接与间接影响。最后，分别对政府、厂商与消费者提供政策建议。由实验结果可知：首先，厂商守法利润对厂商优良产品制造意愿有显著的正向影响，而厂商违规利润对厂商优良产品制造意愿有显著的负向影响。因此，提高厂商守法之利润并降低厂商违规之利润为可以双管齐下。通过降低厂商守法利润和厂商违规利润的差距才能更有效地提升厂商制造优良产品的意愿。其次，厂商违规商业损失对厂商优良产品制造意愿有正向影响，消费者重新信任意愿对厂商违规商业损失有负向影响，厂商补救态度对消费者重新信任意愿有正向影响。因此，提高厂商违规商业损失、降低消费者重新信任意愿和专门抽查“高补救态度厂商”是政府政策制定的重要方向。同时，由于政府对违规厂商处罚程度对厂商优良产品制造意愿有正向影响，而厂商违规公开风险会干扰厂商违规商业损失对厂商优良产品制造意愿的正向影响，提高厂商违规处罚程度和提高违规公开风险亦为政府公共政策努力的目标。

[13] 袁波．大数据领域的反垄断问题研究．上海交通大学．2019.

大数据的产生从根本上改变了商业运营和竞争的方式，在数字经济领域，大数据已然成为关键生产要素，数据收集或者使用能够对市场竞争产生重要影响，进而引起反垄断法的高度关切。大数据的商业应用不仅有助于经营者从事卡特尔等传统垄断行为，更是催生出不当收集或者处理数据、个人信息与隐私保护等特殊问题，这给传统反垄断法基础理论和实体制度造成一定冲击，亟须从理论和制度方面予以回应。该文主要结合既有反垄断实践，紧扣垄断协议、滥用市场支配地位和经营者集中三大反垄断法实体制度，就大数据对反垄断法价值构造、具体规则和分析框架的挑战与制度影响进行探讨，力图破解反垄断法在大数据领域适用的难题，并对学界就此存在的混乱认识和激烈争论加以澄清及辨正。须对传统反垄断法理论和制度进行必要的延伸和拓展，调适的维度有三：一是将质量、隐私等非价格因素纳入消费者福利指标；二是把相关数据市场作为界定相关市场的新维度；三是对反垄断法三大支柱制度进行针对性调整；从我国反垄断实践的制度诉求、国家大数据战略的制度保障以及国际规则话语权的竞争角度看，亟待推出大数据领域的反垄断“中国方案”，对此制定大数据领域的反垄断指南不失为一种可行的选择，该指南应包含概念界定、一般问题及三类垄断行为的分析指引等内容。

[14] 张格．抗战时期重庆金融市场研究（1937～1945）．西南大学．2019.

本篇论文以重庆市档案馆未刊档案、已经出版的档案资料汇编、民国时期期刊与报纸、各地方志与文史资料为主要史料，以历史学的研究方法为基础，并结合经济学与金融学的研究方法，对战时重庆金融市场进行全面细致的研究，以求还原战时重庆金融市场的发展原貌，探索重庆金融市场的作用与特点，分析重庆金融市场与战时财政、经济与社会的关系。本篇论文的主要内容共分为五个章节进行论述，主要写作思路如下：文章首先解决 1937～1945 年重庆金融市场中各金融子市场的发展过程、发展原因以及发展结果等方面的问题。然后，文章通过论述重庆金融市场的发展，解决重庆金融市场在 1937～1945 年的地位变化问题。再者，文章通过论述重庆金融市场在战时发展的过程与地位，分析该时期重庆金融市场与战时经济、战时财政与战时社会的相互关系，并指出 1937～1945 年重庆金融市场的重要作用。全面抗战时期重庆金融市场对于战时经济与金融的影响具有双重属性。重庆金融市场在不断发展和完善过程中，将自身的各种业务向抗战大后方各地金融市场中传播，推动各地金融市场的发展。同时，重庆金融市场为抗战大后方工、农、商业提供了重要的融资渠道，为战时国民经济的发展做出了贡献。而另外，重庆金融市场也对战时经济与金融造成了很大的破坏。

[15] 张梦婷．中国交通网络发展对出口贸易的影响研究．上海大学．2019.

本研究全面、系统地考察了中国国内交通网络发展对出口贸易的影响及其作用机制。理论分析，构建了一个基本的一国之内城市间生产供应模型，并借鉴梅利茨（Melitz，2003）和钱尼（Chaney，2008）整合企业异质性到模型中解释生产率在其中的影响与作用。实证分析，基于梅利茨（2003）的异质性企业贸易理论和中心—外围理论，借鉴唐纳森和霍恩贝克（Donaldson and Hornbeck，2016）的“市场准入”指标对 1999～2013 年的国内交通网络发展进行刻画，并整合匹配历年的城市经济数据和工业企业数据库，来考察交通网络发展对出口贸易的影响。另外，本研究基于 1999～2013 年中国工业企业数据库采用 ACF 方法计算了企业生产率（TFP）并在地级城市层面进行再处理，从而得到了地级城市的生产率和资源错配率，进而更细致地探究交通网络发展影响出口贸易的传导机制。为了处理交通基础设施修建非随机而导致的内生性问题，本研究借鉴唐纳森和霍恩贝克（2016）构建和计算了“市场准入”作为交通网络发展的代理变量来考察其对城市出口的影响。该文从市场准入的视角为大国国内交通网络发展影响出口及其作用机制提供了一个较为全面的诠释，不仅在理论层面给出了作用机制分析，而且基于经济数据寻找到了现实层面的经验证据。从某种程度上来说，该文丰富了异质性企业贸易理论的大国实践分析，拓展完善了交通基础设施的经济效应评估，对我国交通网络的进一步建设以及出口贸易发展具有重要的政策含义。

［16］张璇．企业内部控制权的安排和攫取．东北财经大学．2019.

该文作了以下研究：第一，在对企业剩余权利进行界定的基础上，将控制权安排分为大股东、董事会、管理层三个层次，衡量我国民营上市公司大股东、董事会、管理层相互攫取和侵占控制权的情况。第二，运用大宗股权转让溢价估计我国民营上市公司的大股东控制权私利水平，并探讨股权结构、董事会特征等因素对控制权私利水平的影响；从控制权的角度审视公司治理机制中的问题并加以改善。第三，董事会和管理层为实现控制权收益而进行控制权争夺可能导致控制权转移。因此，运用企业内部控制权转移行为及其转移路径来间接考察董事会和管理层的控制权私利。第四，对 MBO 和合谋的形成机理和实现机制进行梳理。通过国美和万科两个案例分析不同的控制权结构为大股东、董事会、管理层争夺控制权私利提供了不同渠道：或利用资本市场排除异己，或管理层与董事会合谋侵占大股东利益，或大股东因利益分歧罢免管理层等。分析在控制权发生转移的过程中董事会和管理层可挤占的控制权及可攫取的控制权收益。第五，围绕中国民营上市公司的内部人控制问题及既定侵权状态，归纳内部人控制治理方案，构建企业控制权治理的一般数理和实证模型。同时就股权激励和报酬激励进行回归，揭示这两种治理方案与企业绩效的关系，验证治理方案的效率，并据此提出政策建议。

2020 年

［1］陈佳．增长期权创造视角下并购与剥离对资产风险溢价的影响研究．电子科技大学．2020.

该文从增长期权创造的视角，综合运用实物期权、定价核技术、数值仿真和多元回归等方法，研究了并购和资产剥离两种行为通过创造增长期权影响并购方资产构成，进而影响并购方资产风险溢价的机理，以及增长期权特征、并购市场竞争等因素对并购创造增长期权作用的影响，并利用上市公司数据，进行实证检验。该文研究内容及成果如下：（1）从理论和实证上揭示了创造增长期权的并购通过改变资产构成而影响资产风险溢价的基本机理，并分析不同生命周期阶段中并购对资产风险溢价的不同影响。（2）从理论上揭示了增长期权创造过程中并购方资产风险溢价的动态变化，分析了并购市场竞争对并购作用的影响。研究结果表明：增长期权的出现概率越高，并购方的资产风险溢价越高；如果并购带来的技术互补和资产协同两种效应都较小，或者增长期权所需的持续投入成本较高的条件下，并购行为提升了并购方资产风险溢价；并购市场的竞争越激烈，潜在并购方的资产风险溢价越高。（3）从理论上分析了现金持有对并购决策的影响。实证结果表明：现金持有对并购决策具有促进作用，现金持有越高，并购方越可能发起并购，现金持有还会增强并购对资产风险溢价的影响程度。（4）从理论上分析资产剥离决策的等待灵活性、企业所处生命周期阶段等对资产剥离作用的影响。实证结果表明：非核心和核心两类资产两类资产的价值占比差异越大，交换期权的价值越小，资产剥离对资产风险溢价的影响程度越大。等待剥离的决策灵活性会削弱资产剥离的影响；相对于成熟阶段，年轻阶段进行资产剥离对资产风险溢价的提升作用更强。

[2] 陈洋．地方政府官员自利行为的环境污染治理效应——基于腐败和市场分割的视角．上海财经大学．2020.

基于地区间存在经济竞争的现实背景，该文首先将第三方监督而形成的非正式环境规制引入政企合谋的风险函数，构造了包含政府、企业和居民的动态博弈模型，首次从寻租风险视角，一般性地讨论了就腐败对环境污染治理表现出的“双向”影响效果。同时，进一步基于腐败和市场分割的联动性假设，将市场分割行为引入政府、企业和居民之间策略互动的动态博弈模型，阐释了地方政府官员的腐败、市场分割行为影响地区环境治理的理论机制，论证了在此假设下非正式环境规制对地方政府官员自利行为的监管效应。实证上，该文采用面板门槛回归模型和空间杜宾模型验证了腐败和市场分割对地区污染治理的影响，并借助中介效应模型检验了腐败和市场分割影响地区污染治理的相关机制，同时检验并分析了非正式环境规制对政府官员自利行为及地区环境污染治理的监管效应。该文结论如下：（1）腐败对环境污染的影响存在门槛效应，当非正式环境规制强度较低时，腐败通过弱化正式环境规制而加剧环境污染；但当非正式环境规制强度超过某一阈值后，腐败程度的提高促使理性的政府通过强化正式环境规制以降低腐败行为败露的风险，有利于改善环境污染治理效果。（2）地方政府的市场分割行为通过弱化本地的环境规制强度而加剧环境污染，也会引发其他地区倾向于采取弱化环境规制强度的策略以寻求经济竞争优势，进而引致其他地区的环境污染加剧。（3）腐败行为引发市场分割而提升了自利官员的不合规收益，自利官员愿意承担较高的腐败败露风险，因而更高的非正式环境规制强度才能实现对地方政府官员自利行为的有效监管。

[3] 黄琳琳．FTAs 中跨境金融服务贸易规则研究．华东政法大学．2020.

该文探究 FTAs 中规则的差异性，以及规则差异背后所映射出的发展趋势，同时总结归纳出规则适用的方式与特点，最终反思规则设计上与其适用实践中所具备的优势与缺陷，以期为中国参与国际规则制定提供建议。主要研究结论：（1）从 NAFTA 中的初级规则演变到 USMCA 中的高级规则，展现出了较为明显的特征：即市场准入成为跨境金融服务贸易的前提条件、非歧视性待遇规则成为跨境金融服务贸易的中间保障、审慎例外规则成为跨境金融服务贸易的风险屏障。（2）市场准入是服务贸易得以进行的前提条件，GATS 项下的跨境金融服务贸易市场准入规则对于以产品分类为主的跨境金融服务贸易，显然供给不足，主要表现为市场准入框架不利于跨境金融服务贸易自由化的实现、跨境金融数据流动成为市场准入争议的焦点等。（3）非歧视性待遇是实现跨境金融服务贸易自由化后维持国内外平等竞争环境的重要保障，然而跨境金融服务贸易所具有的合法的安全稳健性、国际义务与国家安全间的平衡性以及跨境金融数据流动的特殊性决定了原本 GATS 项下对于跨境交付与境外消费的区别问题、服务原产地的认定问题等对于跨境金融服务贸易既具有普遍性又具有特殊性。（4）金融服务的特殊性以及市场失灵决定了必须存在审慎规制。但对于跨境金融服务贸易的服务提供者和消费者常处于不同的管辖权范围内，其所依赖的审慎例外条款则本身具有原则性监管的性质，因而具有较大程度的灵活性。（5）为对接并引领跨境金融服务贸易规则的制定，我国可从完善国内跨境金融服务贸易体系、加快在 FTAs 中有关跨境金融服务贸易规则谈判以及促进跨境金融服务贸易监管科技等层面加以考虑。

[4] 康智．民国时期新兴大众电子传媒的伦理问题及其规制研究．河北大学．2020.

该文主要以民国时期新兴大众电子传媒发展进程为依据，探究其在发展初期出现的伦理问题、社会认知与评议以及管理规制。深入探讨民国时期新兴大众电子传媒在社会化进程中与政治、文化、经济等的内在关联以及与国内外其他媒介伦理思想之间的关系。该文主要内容如下：（1）从传媒发展视角剖析新兴大众电子传媒发展及伦理观形成的社会基础，总结民国不同阶段时期，纪录片与广播发展的特征与作用；并阐述了新的大众传媒出现对于当时社会的深刻影响。（2）从传媒的自由与责任出发，通过史料分析，以娱乐伦理、教育伦理、社会责任、社会价值、真实性等伦理议题为主线，从整体上研究纪录片与广播在发展之初所出现的伦理问题，展现民国社会对新兴大众电子传媒伦理所持有的基本观点。(3) 围绕抗日战争时期，对战时纪录片与广播的传媒伦理进行考量。研究发现虽然在抗战时期新兴大众电子传媒在信息传播、宣传动员、舆论引导方面发挥了积极的作用，但依旧存在不少伦理失序与问题。(4) 从伦理学理论视域入手，剖析传媒之于社会的责任义务，明确传媒应有的德性，并以此从北洋政府、国民政府、中国共产党等多个主体进行伦理规制概述。此外，还对同一时期的上海租界、欧美等国的新兴大众电子传媒伦理问题与规制进行横向比对，探寻共通的伦理道德观念。(5) 从民国时期新兴大众电子传媒伦理与规制思想演进反观其对于现实社会的意义，剖析民国时期不同大众传媒伦理思想间存在的共性与差异，进而反思传媒自由、娱乐伦理、社会责任等问题，以及传媒规制中所体现出的发展传播学理念。

[5] 马帅．高管声誉对企业并购的影响研究．浙江工商大学．2020.

该文基于委托代理理论，结合资源依赖理论、社会资本理论等，从治理效应和资源效应视角分析了高管声誉影响企业并购（并购决策、并购溢价和并购绩效）的作用机制，采用事件研究法，利用我国 A 股上市公司并购事件为样本对上述问题进行了实证检验。该文研究结果如下：(1) 拥有较高声誉的高管更容易发起并购；在职业生涯前期时，高管在投资上更加激进所致，高管声誉对并购决策的正向影响更强；在非国有企业中，高管声誉对企业并购决策的正向影响更强，这是由于国有企业的投资决策受到行政干预以及声誉机制扭曲所致；高管声誉能够通过资源效应帮助企业缓解融资约束，为并购提供足够的资金保障，从而增强了高管声誉对企业并购决策的促进作用。(2) 拥有较高声誉的高管在并购交易中支付的并购溢价更低；在职业生涯后期时，高管具有更丰富的经验和更强的信息获取能力，从而进一步降低并购溢价；国有企业代理成本较高且声誉机制在行政干预下难以发挥作用，高管声誉对并购溢价的负向影响更弱；高管声誉能够发挥资源效应，帮助并购公司降低信息不对称程度，从而降低并购溢价。(3) 拥有较高声誉的高管能够提高并购绩效；在职业生涯后期，高管拥有更丰富的社会资本和管理经验，更有利于并购之后的资源整合。在非国有企业中，声誉机制能够更好地发挥，高管声誉对并购绩效的正向影响更强；外部经理人市场较为成熟时，经理人面临着更加激烈的竞争，会更加珍惜自己的声誉，从而努力提升并购绩效。

[6] 米歇尔（Jean Michel Marone）. The Regulation on Venture Capital：A Study of West and East Africa and the European Union. 上海财经大学 . 2020.

该文基于非洲和欧洲两个地缘政治实体的三个代表性风险投资监管案例展开研究。该文比较分析了欧盟，东非和西非在风险投资监管体系上的差异。该文主要研究内容如下：(1) 该文分析比较了不同政治体制在专利和知识产权保护等方面的差异，以及这种差异对吸引投资的影响。(2) 该文从法律角度分析风险投资监管体系阻碍投资者的问题。(3) 以中国发展风险投资经验为参照，分析如何促进东非和西非等发展中国家的风险投资监管法律体系改革。该文研究结果如下：(1) 不友好的监管环境，包括社会制度架构中的腐败现象，项目经营不善，国内交易规模过小以及撒哈拉以南地区的交易限制等问题，阻碍了公司作为投资者进入这些国家。(2) 语言障碍影响风险资本的投资偏好，在非洲的案例研究中，大多数风险投资公司都创立在英语国家，这些国家的风险投资文化发展的更加完善，自然而然风险资本在英语环境中发展的更加畅通。(3) 风险资本自身并不需要依赖复杂的金融手段就取得成功，而是依赖于经验丰富的专家，他们非常了解所投资的行业以及需要采取的决策。(4) 养老基金和富裕人士的贡献促进了非洲风险投资的发展；有效率的制度促进创新和经济增长；在东非和西非对资本和投资者的保护与资本和税收水平之间都存在正相关性。因此，新的改革和监管机构是有必要的，非洲国家应改善商业氛围，以吸引更多的投资者。

［7］倪嘉成．制度复杂性视角下市场分割对技术创业的作用机制研究．对外经济贸易大学．2020.

该文探究制度复杂性视角的起源与发展、多种不同制度逻辑的定义及其冲突，以及这种制度逻辑不兼容构成的制度复杂性如何在中国的社会情境下得到体现，进而挖掘制度复杂性视角下市场分割与技术创业之间的内在联系。同时，使用 2002～2018 年的省级面板数据，考察了这种联系。主要研究结果如下：（1）在商品市场分割程度越高时，高新技术企业的产品需求市场受到的限制越严重，高投入与高风险的创新活动越难以获得收益补偿，从而不利于技术创业企业的生存和发展。商品市场分割阻碍了附着于商品上的产品理念与技术知识在区域之间的流动和传播，导致知识溢出创业机制难以实现。另外，商品市场分割对技术创业的负面影响存在一定的空间异质性，这种关系在东、中部地区得到体现，而企业家精神则能够有效缓和制度复杂性压力，减轻商品市场分割对技术创业的消极作用。（2）资本品市场分割程度越高，表明地方部门的资本管制和资源配置能力越强，从而更容易导致产业资源错配以及企业家的寻租活动，抑制了创新与技术创业活动的开展。资本品市场分割阻隔了资本的跨地区流动，使得技术和知识难以通过投资活动得到溢出和扩散，不利于技术创业机会向商业价值转化的实现。企业家精神可以有效地调和这种负面联系。（3）劳动力市场分割不利于知识溢出，使得具有丰富知识和技能的人才难以在地区之间流动，进而抑制了知识的传递以及技术创业机会的开发与实现。同时，劳动力市场分割对技术创业的负面作用在西部地区得到了体现，而地区的企业家精神能够在劳动力市场分割与技术创业之间起到缓和作用。

［8］唐兴李．GATS 下跨境医疗服务准入法律问题研究．对外经济贸易大学．2020.

该文用 GATS 框架下的四种提供服务方式（跨境提供、跨境消费、商业存在和自然人流动）来分析医疗服务行业中市场准入方面所面临的法律问题。主要研究内容及结论如下：（1）该文阐述了 GATS 下医疗服务市场准入的基本概念和界定，以及 GATS 下四种提供方式的适用范围。随后通过分析各成员国对其进入医疗服务市场的承诺，总结了主要成员国进入医疗服务市场的模式，并从四种提供方式出发，分析了医疗服务市场准入面临的法律问题。（2）跨境提供和跨境消费模式中的市场准入问题主要包括互联网医疗以及跨境医疗消费的准入问题、互联网医疗的准入涉及的国家和个人信息安全问题、政府在国内规制和贸易自由化之间的平衡问题。（3）该文以我国现状为典型案例进行分析，梳理了我国当前医疗服务市场外资准入的设立形式、条件，新《外商投资法》对医疗服务市场外资准入的影响以及我国医疗服务市场目前存在的有关外资准入的法律问题。论文对医疗服务的外资准入范围、比例条件、外资准入履行方面以及审批等内容进行了分析，并从法律角度提出了相关完善建议。（4）该文研究了在 GATS 框架下各成员国在医疗服务市场中对自然人流动方面的准入问题。各成员国在医疗服务方面的人员准入主要体现为对外国执业医师的限制，限制内容包括对服务提供者数量的限制、对特定服务部门或服务提供者雇佣的限制以及对服务业务范围及地域的限制。文中分析了主要成员国在医疗服务行业自然人流动的准入模式，总结了医疗服务行业自然人流动市场准入的法律障碍。

［9］徐志强．清至民国时期的“会”研究．华东政法大学．2020.

该文以与“会”有关的民间会簿文书为中心，结合契约、地方志、族谱等资料开展实证研究。通过对会簿文本结构和内容等方面的静态分析解读，考察三种类型“会”（血缘型会、地缘型“会”、业缘型“会”）的运行规制和主体形态。主要结论：（1）“会”在没有国家成文法规制的情形下，具有民事主体性质。“会”并非国家律法有意规制。在清至民国时期，民事活动的秩序主要由民众按照契约、礼俗、习惯进行自我规范。民国时期虽有民法颁布，但是对于“会”的组织形态、主体地位等内容并未予以明文规定。“会”在与其他社会主体互动中建构民事主体地位，成为参与地方公共事务建设和维护社会秩序的民间力量。从内部建构视角，自定章程是“会”内部管理的组织规范，专属业权是“会”主体人格的物质保障，共同代表是“会”独立意志的外部表达方式。从外部建构视角，“会”通过主动配合谋求官方认可支持并从中获得合法性，同时以自己的行为参与社会经济生活，与其他民间组织积极互动建构社会关系。(2) 通过对“会簿”文本内容的考释，从性质上看它是一种法律文书。它是共同体的自治规范，发挥着组织章程的功能。其次，它是成员间的集体契约，发挥着构建成员关系的功能。最后，它是成员的权利凭据，发挥着保障各方权益的功能。“会”作为民事主体可以自己的名义参加社会经济活动，承担各种社会公益责任，几乎所有民间社会举办的公共事业背后，都能看到“会”的影子。

[10] 张爱萍 . 交通出行附加服务搭售研究 . 北京交通大学 . 2020.

该文引入了心理账户理论，建立了特定时空不可替代性理论框架，从消费者特定时空出行决策的视角研究交通出行附加服务搭售问题。主要研究内容如下：(1) 对搭售理论、心理账户理论和附加服务理论的相关文献进行了梳理、总结，并结合时空经济理论提出了特定时空不可替代性理论。(2) 通过引入心理账户理论对消费者剩余进行进一步调整，提出交通出行附加服务搭售问题的核心解释框架，对交通出行附加服务搭售特征、作用机制和影响过程进行理论阐述，围绕特定时空、心理账户和物信关系的互相作用关系展开。(3) 进行案例实证分析。以铁路行业为例分析火车票与保险合约型搭售中不同搭售形式下消费者福利的变化情况；以高铁行业为例分析高铁票与外卖服务技术型搭售中竞争策略不同对消费者的影响；以网约车行业为例分析网约车与调度费心理型搭售中平台的定价策略和物信关系对消费者福利的影响。(4) 从技术不可替代性和心理不可替代性两个层面分析合约型搭售、技术型搭售和心理型搭售是否违反竞争原则的判断，并提出了特定时空不可替代原则分析反垄断问题。针对交通出行附加服务搭售进行反垄断经济分析应兼顾技术不可替代性和心理不可替代性。技术不可替代性程度较高则是垄断存在的直接依据，心理不可替代性程度较高是参考依据。

[11] 张谦 . 企业捆绑销售及相关行为策略研究 . 上海财经大学 . 2020.

该文将企业实施捆绑销售的动机与并购、契约和双边平台的价格协调等相关行为策略结合起来，分别研究了传统企业实施混合捆绑并购策略及其动态效率、传统企业实施混合捆绑销售契约策略、双边平台实施纯捆绑销售策略的杠杆效应、双边平台不同捆绑销售策略的价格歧视效应等行为的动机及其福利效应。主要内容及创新成果如下：(1) 通过构建一个动态博弈模型，将企业具有混合捆绑销售的并购策略与研发决策结合起来，并一般性地探讨企业的捆绑销售与并购策略的动态效率性。(2) 该文将企业通过合并而实施混合捆绑销售的策略与企业的“一站式”购买模式等相关研究进行有机整合，在较为一般性的框架下探讨企业混合捆绑销售及相关行为策略的选择问题。(3) 该文从双边市场的角度分析具有水平差异的双边平台纯捆绑销售策略杠杆效应发挥作用的机制。该文有力回应了双边市场中“非负价格约束”对纯捆绑销售杠杆效应的关键性影响，并从平台差异化的角度对双边市场中纯捆绑销售杠杆效应的作用机制进行了拓展和完善。(4) 针对捆绑销售的价格歧视效应，该文还考察了双边平台的捆绑销售与消费者估值之间的关系，并分别探讨了双边市场中纯捆绑销售、混合捆绑销售策略的价格歧视效果。(5) 通过将捆绑销售与企业的并购、谈判行为及双边市场等进行综合分析，该文综合考察企业多种策略性行为并深化了对各个行为策略研究，挖掘了捆绑销售及相关行为策略共同影响所带来的新机制。因此，该文认为针对捆绑销售及相关行为策略的研究需要综合不同市场环境下企业多样化的行为特征进行有针对性的审查和评估，并通过健全实施细则进一步完善我国现有的反垄断法律体系。

二、硕士论文索引

2018 年

［1］Danci Petre. 技术并购对企业的创新影响. 首都经济贸易大学. 2018.

［2］Lee Haiyan. 现金贷平台风险控制模式创新研究. 西南科技大学. 2018.

［3］Libia R. Chinese Merger and Acquisition in Italy：Case Study on Lessons from Qianjiang – Benelli Co.. 北京工商大学. 2018.

［4］安高宏. 互联网产业相关产品市场界定研究. 河北经贸大学. 2018.

［5］安占英. 基于资产配置视角下的保险资金投资组合管理及策略研究. 内蒙古财经大学. 2018.

［6］白朝铁. 楚雄州快递行业政府监管研究. 云南财经大学. 2018.

［7］白婷婷. 现货电子交易的法律规制研究. 甘肃政法学院. 2018.

［8］白文杰. 网络经济中定价策略及公平性研究. 上海交通大学. 2018.

［9］包晶. 完善我国共享单车法律规制路径研究. 山西财经大学. 2018.

［10］鲍昱. 我国钢铁行业产能过剩对碳排放的影响研究. 哈尔滨工程大学. 2018.

［11］毕加灏. "限制在线分销条款" 的反垄断法探析. 华东政法大学. 2018.

［12］蔡佳奇. 大学生 "校园贷" 监管的法律问题探析. 江西财经大学. 2018.

［13］蔡娇娇. 战略性新兴产业的市场竞争与过度投资研究. 北京工业大学. 2018.

［14］蔡锦鹏. GACC 并购 MZQH 风险管理案例研究. 华南理工大学. 2018.

［15］蔡凌峰. 腾讯控股并购 Supercell Oy 案例分析. 深圳大学. 2018.

［16］蔡龙. 通用航空制造企业并购重组战略研究. 西安理工大学. 2018.

［17］曹丰千. 建设工程备案合同效力问题研究. 大连海事大学. 2018.

［18］曹佳. 滥用民事诉讼权利之规制. 南昌大学. 2018.

［19］曹佳丹. 互联网 + 时代下网络经营市场主体监管研究. 西北大学. 2018.

［20］曹黎明. 乡土官员对区域经济发展路径的影响. 中国地质大学（北京）. 2018.

［21］曹靓璇. "美都能源" 并购中业绩补偿协议的风险识别及应对研究. 长沙理工大学. 2018.

［22］曹宁. 部门分割视角下收入差距代际传递变动研究. 安徽大学. 2018.

［23］曹蕊. 四川省青神县食品安全监管问题及对策研究. 四川师范大学. 2018.

［24］曹师谦. 工商行政管理 "金信工程" ——综合业务系统设计与实现. 电子科技大学. 2018.

［25］曹文婧. 我国烟草行业规制问题研究. 内蒙古大学. 2018.

［26］曹兴婷. 医养结合养老机构市场准入监管制度研究. 西南大学. 2018.

［27］曹雅琪. 电子商务平台价格和非价格行为及其规制研究. 安徽财经大学. 2018.

［28］曹阳. 我国契约型私募基金监管问题研究. 北京邮电大学. 2018.

［29］曾传溢. 沪港通背景下 A 股和 H 股交叉上市股票价差研究. 暨南大学. 2018.

［30］曾焕奎. 晋江市药品安全监管研究. 华侨大学. 2018.

［31］曾庆龙. 经营者承诺制度中的恢复调查研究. 西南政法大学. 2018.

［32］曾芮 . L 公司并购 G 公司后的财务绩效案例研究 . 哈尔滨商业大学 . 2018.
［33］曾宪泰 . 标准必要专利垄断高价认定研究 . 西南政法大学 . 2018.
［34］常婷婷 . 我国代孕有限合法化问题研究 . 安徽财经大学 . 2018.
［35］车辉辉 . 我国房地产上市公司并购绩效实证研究 . 云南财经大学 . 2018.
［36］陈畅 . 中国短期国际资本流动传导渠道与影响研究 . 东北财经大学 . 2018.
［37］陈醇 . 并购互联网金融企业对公司融资约束的影响 . 浙江大学 . 2018.
［38］陈斐嫣 . 业绩承诺对企业并购绩效的影响分析 . 浙江工商大学 . 2018.
［39］陈锋 . 标准必要专利侵权纠纷中禁令救济适用研究 . 重庆大学 . 2018.
［40］陈冠汝 . 上市企业反并购策略分析 . 郑州航空工业管理学院 . 2018.
［41］陈海威 . 高速公路标准化施工与监管的博弈分析 . 浙江大学 . 2018.
［42］陈健 . 中国企业跨行业并购的财务风险及其防范 . 厦门大学 . 2018.
［43］陈杰 . 人民币国际化风险影响因素及监管研究 . 陕西师范大学 . 2018.
［44］陈军胜 . 新形势下肇庆市公共场所电梯安全监管研究 . 华南理工大学 . 2018.
［45］陈可心 . 网约车监管问题研究 . 苏州大学 . 2018.
［46］陈梨 . 我国上市公司章程反收购条款的合法性问题 . 山东大学 . 2018.
［47］陈梁萍 . XJ 农村信用社并购风险管理研究 . 山东大学 . 2018.
［48］陈琳琳 . 并购前后的盈余管理对商誉减值的影响研究 . 北京交通大学 . 2018.
［49］陈龙 . 共享单车监管的法律问题研究 . 西南政法大学 . 2018.
［50］陈璐 . 内蒙古银行业监管存在的问题及其对策研究 . 内蒙古大学 . 2018.
［51］陈璐 . 我国网络预约出租汽车的准入监管研究 . 山东大学 . 2018.
［52］陈露 . 中央企业重组有助于提升国际化程度吗？. 华东师范大学 . 2018.
［53］陈琦 . 互联网行业反垄断中相关市场界定研究 . 华东政法大学 . 2018.
［54］陈倩 . 平台型企业与双边市场主体间信任关系的构建 . 安徽财经大学 . 2018.
［55］陈巧彬 . 申通快递反向购买艾迪西的会计处理方法研究 . 深圳大学 . 2018.
［56］陈青 . 海口市秀英区环卫 PPP 项目监管问题研究 . 海南大学 . 2018.
［57］陈睿 . 电力市场代理报价策略研究及平台开发 . 东南大学 . 2018.
［58］陈莎 . 基于 SCP 分析的我国电影产业市场结构优化研究 . 长安大学 . 2018.
［59］陈深远 . 移动支付风险防范法律问题研究 . 贵州师范大学 . 2018.
［60］陈思露 . 药企合并风险研究 . 吉林财经大学 . 2018.
［61］陈天姿 . 电子商务对我国居民消费的影响研究 . 湖南大学 . 2018.
［62］陈曦 . 互联网行业反垄断相关市场界定研究 . 中国地质大学（北京）. 2018.
［63］陈曦 . 中国体育赛事转播权市场的管制与竞争 . 上海交通大学 . 2018.
［64］陈晓迎 . 目标公司高管变更对并购绩效的影响 . 北京交通大学 . 2018.
［65］陈晓于 . 我国幼儿园安全监管法律机制研究 . 云南师范大学 . 2018.
［66］陈雪 . 服装企业嫁接进入互联网行业的价值效应研究 . 浙江工商大学 . 2018.
［67］陈雪欢 . 比特币反洗钱监管研究 . 四川省社会科学院 . 2018.
［68］陈妍 . 互联网企业合并风险识别与防控 . 吉林财经大学 . 2018.
［69］陈艳邱 . 论我国经营者集中申报标准的问题与完善 . 深圳大学 . 2018.
［70］陈洋 . 我国传媒企业并购协同效应研究 . 江西师范大学 . 2018.
［71］陈瑶 . 我国互联网上市公司并购财务风险研究 . 安徽农业大学 . 2018.
［72］陈颖倩 . 企业并购后财务整合问题探讨 . 江西财经大学 . 2018.
［73］陈宇程 . 并购中不同支付方式下所得税筹划分析 . 南昌大学 . 2018.
［74］陈中飞 . 考虑输电权的输电定价机制研究 . 华南理工大学 . 2018.

[75] 谌志卫．反垄断法视角下的忠实折扣研究．南昌大学 . 2018.
[76] 成丽娟 . FX 公司并购 GX 公司财务风险控制研究．安徽大学 . 2018.
[77] 程澳．并购过程中对赌协议的会计处理研究．上海国家会计学院 . 2018.
[78] 程恒秀．我国食品安全监管中公众参与研究．安徽大学 . 2018.
[79] 程华．无船承运人监管法律问题研究．大连海事大学 . 2018.
[80] 程文婕．拓尔思并购天行网安的动因及绩效研究．深圳大学 . 2018.
[81] 程晓．定增式并购中的业绩承诺与盈余管理行为研究．浙江工商大学 . 2018.
[82] 程心浩．对外开放与连锁零售企业的市场势力及发展绩效．浙江大学 . 2018.
[83] 程宇宸．我国网络海外代购经营者市场准入法律问题研究．贵州大学 . 2018.
[84] 迟名．科技创新对预算松弛的治理效应研究．东北财经大学 . 2018.
[85] 崔洪峰 . X 公司并购中资产估值的收益法改进研究．河北工业大学 . 2018.
[86] 崔金星．创业板上市公司并购绩效影响因素的实证研究．上海工程技术大学 . 2018.
[87] 崔坤．民事虚假诉讼的识别与程序法规制研究．贵州民族大学 . 2018.
[88] 崔世鹏．上市公司章程反收购条款法律问题研究．辽宁大学 . 2018.
[89] 崔贻模．深圳光启集团并购后业务整合研究．兰州大学 . 2018.
[90] 崔越．第三方支付监管法律问题研究．山西财经大学 . 2018.
[91] 代婉琳．浅析以停牌的方式抵御收购．华东政法大学 . 2018.
[92] 代源．我国农产品出口信贷问题研究．云南大学 . 2018.
[93] 代紫薇．网络食品监管问题及对策研究．中共重庆市委党校 . 2018.
[94] 邓家涛．手机媒体对大学生人际关系的影响及对策研究．成都理工大学 . 2018.
[95] 邓婕．我国房地产企业垄断行为法律规制研究．福州大学 . 2018.
[96] 邓琳．上市公司收购中的信息披露及监管制度研究．华东政法大学 . 2018.
[97] 邓琳惠．我国油气上游市场准入法律制度研究．西南石油大学 . 2018.
[98] 邓梦愿．经营者滥用相对优势地位的法律规制研究．广东外语外贸大学 . 2018.
[99] 邓少东．商业类国有企业滥用市场支配地位反垄断法规制研究．广东财经大学 . 2018.
[100] 邓翔东．上市公司自愿性信息披露与监管研究．上海国家会计学院 . 2018.
[101] 邓雅丹．道路交通运输行政执法自由裁量权的规制．湘潭大学 . 2018.
[102] 邓艺．我国私募股权投资基金退出方式研究．南昌大学 . 2018.
[103] 邓兆龙．江西省食品小作坊食品安全监管问题研究．江西农业大学 . 2018.
[104] 丁海平．案外人执行异议中虚假诉讼的识别困境与立法规制．苏州大学 . 2018.
[105] 丁环宇．专利质量对企业市场价值的影响研究．江苏大学 . 2018.
[106] 丁康宇．论经营者集中救济措施中的专利权许可．浙江大学 . 2018.
[107] 丁雪洋 . 2013 年以来中企在德并购活动分析．北京外国语大学 . 2018.
[108] 董丹妮．企业滥用市场支配地位的反垄断法规制．吉林财经大学 . 2018.
[109] 董宏达．现金流折现法在医院并购估值中的应用研究．天津大学 . 2018.
[110] 董荟慧．大窑湾出入境检验检疫局风险管理研究．大连理工大学 . 2018.
[111] 董金．实物期权法在 A 公司并购定价中的应用研究．南京大学 . 2018.
[112] 董玲玲．改善一汽夏利盈利能力的对策研究．天津商业大学 . 2018.
[113] 董青．商誉与企业价值相关性实证研究．天津大学 . 2018.
[114] 窦海桦．中国企业连续海外并购的绩效研究．广东外语外贸大学 . 2018.
[115] 窦晓丽．互联网企业并购中财务风险评价与研究．北京邮电大学 . 2018.
[116] 杜涛．铁路危险货物办理站安全状态监管评价及信息化监管系统模块原型设计．北京交通大学 . 2018.

[117] 段芳娥．市场整合对碳排放的影响研究．湖南大学 . 2018.
[118] 段莉．上市公司并购支付方式对并购绩效的影响研究．陕西师范大学 . 2018.
[119] 段义学．跨国并购对企业成本加成率的影响研究．浙江工商大学 . 2018.
[120] 樊丽伟 . DT 地产并购 HH 公司的财务风险成因及控制建议．江西财经大学 . 2018.
[121] 樊斯瑶．马克思自由观视角下网络表达权规制研究．陕西科技大学 . 2018.
[122] 樊晓洁．商事登记制度改革问题研究．山东科技大学 . 2018.
[123] 范耀鲜．相对封闭区域不公平高价行为法律规制研究．西南政法大学 . 2018.
[124] 范悦华．我国高校教师招聘工作中的机会主义行为及其治理．西北大学 . 2018.
[125] 方姮．互联网金融领域补贴现象的竞争法分析．武汉大学 . 2018.
[126] 方俊敏．并购双方地理距离与并购绩效研究．厦门大学 . 2018.
[127] 方颖漪．新药品推广效果影响因素分析及优化策略研究．华东理工大学 . 2018.
[128] 方玉梅．我国反垄断民事诉讼证据制度研究．南京财经大学 . 2018.
[129] 方昱．环境规制与产业绩效．广东省社会科学院 . 2018.
[130] 房子微．光线传媒并购新丽传媒中的高估值问题研究．辽宁大学 . 2018.
[131] 丰晓军．企业合并中或有对价的确认与计量．中国财政科学研究院 . 2018.
[132] 冯双．鑫科材料并购西安梦舟的案例研究：传统企业跨界并购是转型还是卖壳．重庆大学 . 2018.
[133] 冯骁晟．网络文化市场监管问题与对策研究．苏州大学 . 2018.
[134] 冯晓阳．保健食品涉罪行为规制研究．西南政法大学 . 2018.
[135] 符景帅．输配电价改革下电价交叉补贴测算模型的研究．华北电力大学（北京）. 2018.
[136] 付陈佳 . H 公司并购的财务风险及控制策略研究．沈阳大学 . 2018.
[137] 付晨阳．反垄断公力执行的争议问题．上海交通大学 . 2018.
[138] 付菁．七匹狼并购国际奢侈品牌中财务风险的案例研究．华中科技大学 . 2018.
[139] 付瑶．生产性服务业 FDI 对我国汽车制造业市场结构影响研究．山东大学 . 2018.
[140] 傅承哲．反垄断法视角下互联网行业相关市场界定研究．福州大学 . 2018.
[141] 傅忠琴．我国大宗商品电子交易市场监管问题研究．西南政法大学 . 2018.
[142] 盖京．企业市场势力对跨国并购绩效影响研究．中南财经政法大学 . 2018.
[143] 甘陈澄．互联网企业搭售行为的反垄断法规制研究．西南科技大学 . 2018.
[144] 高春亚．互联网个人征信法律问题研究．四川省社会科学院 . 2018.
[145] 高春钊．掌趣科技对赌协议设计研究．深圳大学 . 2018.
[146] 高尔旆．关键技术领域外资并购国家安全审查制度及其完善．华中师范大学 . 2018.
[147] 高建龙．宁夏回族自治区兽药信息化监管技术建立及应用．西北农林科技大学 . 2018.
[148] 高静．标准必要专利滥用法律规制研究．广西民族大学 . 2018.
[149] 高士献．雷科防务公司并购战略调整研究．上海交通大学 . 2018.
[150] 高晓阳．浙江省出口商品结构优化研究．中共浙江省委党校 . 2018.
[151] 高杨．私募股权投资机构并购退出机制研究．天津工业大学 . 2018.
[152] 高镇．中国石油进口贸易的国际市场势力测度及国际比较．江西财经大学 . 2018.
[153] 高子英．资本市场拒绝野蛮人．河北师范大学 . 2018.
[154] 葛浩．上市公司并购绩效评价研究．吉林财经大学 . 2018.
[155] 葛季承．房地产网络平台相关市场界定方法研究．东南大学 . 2018.
[156] 葛倩倩．宝万之争．广东财经大学 . 2018.
[157] 耿广正．转售价格维持实施机制分析．江西财经大学 . 2018.
[158] 龚成．深港通对 AH 股价差的影响研究．上海外国语大学 . 2018.

［159］龚霞．反垄断法中滥用市场支配地位的认定研究．云南财经大学．2018.
［160］巩凡．邮政普遍服务补偿工作对策研究．西藏大学．2018.
［161］辜海生．基本养老保险基金投资决策监管法律制度研究．西南大学．2018.
［162］古一帆．传播法视角下我国竞技类游戏直播盗播的法律规制．西南政法大学．2018.
［163］谷洋．政府主导下的中国南北车并购的经济后果研究．广州大学．2018.
［164］顾博超．国有企业经营者集中审查的控制权标准研究．上海交通大学．2018.
［165］顾嘉．S公司并购中关键人才保留策略优化的研究．上海外国语大学．2018.
［166］顾勇．兴化市真品卷烟非法流通监管研究．南京理工大学．2018.
［167］顾宇丰．赣锋锂业锂资源并购模式、绩效与风险研究．上海交通大学．2018.
［168］关婕．新电改背景下增量配电网价格机制与规则研究．华北电力大学（北京）．2018.
［169］关菊．股份制商业银行监管存在的问题及对策研究．吉林大学．2018.
［170］桂国栋．新时期多元主体参与我国食品安全监管的路径研究．云南大学．2018.
［171］郭超．平台厂商市场份额的衡量与案例应用．山东大学．2018.
［172］郭红．网络互助保险行为法律问题研究．北京工商大学．2018.
［173］郭虹．上市公司合并商誉的若干问题研究．厦门大学．2018.
［174］郭徽．我国境外非政府组织管理存在的问题与对策研究．广西师范大学．2018.
［175］郭家昊．中心辐射型卡特尔的规制．中国政法大学．2018.
［176］郭利颖．网络经济下基于消费者参与的农产品品牌价值共创研究．湖南农业大学．2018.
［177］郭梦蝶．欧洲竞争法律一体化的方法研究．华东政法大学．2018.
［178］郭明民．XX基金公司风控管理研究．北京交通大学．2018.
［179］郭胜男．并购蒙牛对中粮的贡献研究．哈尔滨工业大学．2018.
［180］郭欣．首旅酒店并购如家酒店集团的动因及绩效分析．广东工业大学．2018.
［181］郭鑫．自媒体时代泉州市网络舆情监管研究．华侨大学．2018.
［182］郭一飞．开封市商事登记制度改革现状与发展对策研究．河南大学．2018.
［183］郭园园．标准必要专利滥用的反垄断法规制研究．山东大学．2018.
［184］郭袁伟．首旅酒店并购如家集团协同效应分析．南京邮电大学．2018.
［185］郭越敏．论互联网行业中滥用市场支配地位行为的界定．哈尔滨商业大学．2018.
［186］郭哲．专利流氓的法律规制研究．华南理工大学．2018.
［187］郭芷艺．旅游强制购物监管法律制度研究．福州大学．2018.
［188］郭瞩宇．影视行业并购重组中业绩承诺与兑现研究．西南财经大学．2018.
［189］国艺博．中档质量产品空缺现象研究．辽宁大学．2018.
［190］海燕．农村食品安全监管的问题及完善路径研究．云南大学．2018.
［191］韩春洪．代孕合法化问题研究．西南政法大学．2018.
［192］韩骞．长电科技并购星科金朋的并购绩效研究．南京农业大学．2018.
［193］韩金伶．利益相关者视角下的城市网约车营运监管及完善对策研究．青岛大学．2018.
［194］韩娟．买方垄断势力下排他策略研究．首都经济贸易大学．2018.
［195］韩容．我国网约车政府规制研究．西南石油大学．2018.
［196］郝虹蔷．新监管要求下新华人寿四川分公司个人营销渠道管理策略研究．西南财经大学．2018.
［197］郝俊杰．数字货币监管研究——自由与管制之间的平衡探索．山东大学．2018.
［198］郝迎佳．国企混改下民资持股对合谋行为影响的博弈分析．华北电力大学．2018.
［199］郝兆伦．限制最低转售价格的反垄断法规制．河北大学．2018.
［200］何俊蓉．关联企业合并破产法律问题研究．厦门大学．2018.

[201] 何凯．传媒行业生态链并购的行为研究．苏州大学．2018.
[202] 何松伟．中航汽车并购NT公司案例研究．中国财政科学研究院．2018.
[203] 何新宝．我国网络广告监管法律研究．中国地质大学（北京）．2018.
[204] 何妍静．多中心视角下的网约车治理研究．中国矿业大学．2018.
[205] 何祎萍．企业并购协同效应分析．湖南科技大学．2018.
[206] 贺娟．P2P网络借贷平台的法律问题研究．太原科技大学．2018.
[207] 贺晓清．竞价排名服务商侵权责任的认定研究．湘潭大学．2018.
[208] 洪珂为．政府与社会资本合作（PPP）融资的法律规制．华中科技大学．2018.
[209] 洪亮．基于技术创新的企业并购决策研究．天津大学．2018.
[210] 洪涛．我国民间隐性高利贷法律规制研究．华中科技大学．2018.
[211] 洪许健．互联网相关市场界定研究．苏州大学．2018.
[212] 洪宇鑫．麦捷科技并购星源电子的动机及效应分析．深圳大学．2018.
[213] 侯伟萍．房地产上市公司的并购动因及短期并购绩效．南京农业大学．2018.
[214] 侯妍妍．联想并购摩托罗拉移动绩效分析．湖南大学．2018.
[215] 胡安栋．美国知识产权搭售反垄断规制实践与借鉴．河北经贸大学．2018.
[216] 胡涵．金融科技公司的监管模式问题研究．华东政法大学．2018.
[217] 胡锦秋．我国经营者集中豁免的实质标准研究．云南大学．2018.
[218] 胡蔓菁．企业合并商誉的会计处理及其减值研究．深圳大学．2018.
[219] 胡仕民．快递企业上市路径及其财务影响探究．福州大学．2018.
[220] 胡婷婷．监管政策对中国P2P平台发展影响的实证研究．电子科技大学．2018.
[221] 胡伟芳．国企并购后财务整合研究．浙江工业大学．2018.
[222] 胡文峰．我国网络直播平台法律监管研究．云南财经大学．2018.
[223] 胡烨烨．论对自主性武器系统的国际法规制．华东政法大学．2018.
[224] 胡于恒．经营者承诺制度中利害关系人权益保护研究．西南政法大学．2018.
[225] 胡榆青．中石油燃气企业并购中的人力资源整合研究．西南财经大学．2018.
[226] 华夏．股权投资基金、业绩补偿承诺与并购绩效研究．云南财经大学．2018.
[227] 黄迪．经营性公墓市场法律规制研究．西南政法大学．2018.
[228] 黄桂冰．我国药品定价的反垄断问题研究．南京工业大学．2018.
[229] 黄佳影．不对称市场势力下人民币均衡汇率研究．浙江工商大学．2018.
[230] 黄铠．LNG船舶海事安全监管对策研究．大连海事大学．2018.
[231] 黄丽芳．战略视角下九鼎投资的资本运作路径研究．浙江工商大学．2018.
[232] 黄丽莎．儿童虐待的民法规制研究．广西师范大学．2018.
[233] 黄林辉．美国反托拉斯法对搭售的规制．上海外国语大学．2018.
[234] 黄容．纵向地域限制协议的反垄断法规制研究．上海交通大学．2018.
[235] 黄姗．电商走私监管的博弈分析．浙江大学．2018.
[236] 黄世瑾．"放管服"改革视角下深化行政审批制度改革研究．湖南师范大学．2018.
[237] 黄思倩．数据分享的反垄断法规制．西南政法大学．2018.
[238] 黄婷婷．行业周期视角下石油公司并购行为研究．中国石油大学（北京）．2018.
[239] 黄维军．中国建材并购阿旺西斯公司案例研究．华南理工大学．2018.
[240] 黄希晶．保险资金投资股票市场法律监管规则的完善．华东政法大学．2018.
[241] 黄鑫．四川"煤改电"和"煤改气"工程中电价和天然气价的定价研究．电子科技大学．2018.
[242] 黄雅潋．植入式广告的法律规制．广西大学．2018.

［243］黄展洋．深圳市宝安区政府的安全生产监督管理研究．湖南大学．2018.
［244］黄真真．互联网软件搭售行为之认定．中南财经政法大学．2018.
［245］霍逸飞．专利国际化对中国出口贸易的影响．吉林大学．2018.
［246］霍煜馨．美国宽恕制度评析．华东政法大学．2018.
［247］贾悦华．欧盟竞争法对国家援助的规制以及对我国相关法制完善的启示．华东政法大学．2018.
［248］江佳玲．苏宁并购聚力传媒的财务问题研究．吉林财经大学．2018.
［249］江融榕．互联网涉烟违法行为监管问题与对策研究．福建师范大学．2018.
［250］姜德慧．论著作权集体管理组织垄断行为的法律规制．黑龙江大学．2018.
［251］姜楠．我国网约车经营法律规制问题研究．云南师范大学．2018.
［252］姜杉．自媒体时代的言论自由及其法律规制．河南师范大学．2018.
［253］蒋利．对赌协议业绩补偿承诺条款研究．内蒙古大学．2018.
［254］蒋佩玲．上海莱士并购同路生物的财务绩效研究．湖南科技大学．2018.
［255］蒋芝玉．我国纯网络银行运营风险法律规制研究．西南政法大学．2018.
［256］焦安山．网约车市场监管研究．吉林财经大学．2018.
［257］焦亚菲．圆通速递反向收购的经济后果研究．西安工业大学．2018.
［258］金玲．制度环境、私募股权基金支持并购与并购长期绩效．浙江工商大学．2018.
［259］金姝瑶．电商平台“二选一”行为的反垄断分析．中国社会科学院研究生院．2018.
［260］金鑫．杭州市食品安全监管问题与对策研究．西北大学．2018.
［261］金盈雨．食品安全监管效能研究．宁波大学．2018.
［262］景晨羲．互联网企业并购战略研究．电子科技大学．2018.
［263］阚旭．并购目标公司的特征及选择研究．天津大学．2018.
［264］孔涵．基于产业整合的骅威文化并购绩效研究．安徽财经大学．2018.
［265］孔佳．股价信息含量与并购投资—托宾 Q 敏感性．华中师范大学．2018.
［266］孔略．民营企业跨国并购对融资约束影响的研究．浙江财经大学．2018.
［267］孔维岩．网约车市场准入法律问题研究．黑龙江大学．2018.
［268］邝振媛．监管视角下的互联网金融消费者权益保护．新疆大学．2018.
［269］兰恩龙．Z 公司资本运作策略和实施方案研究．首都经济贸易大学．2018.
［270］兰雅文．“一带一路”背景下中国高铁产业“走出去”竞争策略研究．山东大学．2018.
［271］劳帅卿．并购企业支付方式选择的影响因素研究．浙江财经大学．2018.
［272］乐磊．家电企业海外并购绩效研究．南京农业大学．2018.
［273］雷雪．互联网企业价格滥用行为的反垄断法规制．西南科技大学．2018.
［274］雷梓妍．康美药业并购整合的经营绩效研究．广西大学．2018.
［275］冷冰．搭售的竞争法规制研究．哈尔滨商业大学．2018.
［276］冷可．新南洋并购昂立教育的财务绩效研究．广西大学．2018.
［277］黎佳佳．中国网约车准入制度研究．南昌大学．2018.
［278］黎晓峰．区域市场分割对资源错配的影响及机制研究．东北财经大学．2018.
［279］李柏桥．厂区人员设备监控系统移动客户端的设计与实现．大连交通大学．2018.
［280］李博雅．华润三九并购天和药业协同效应之会计评价研究．云南师范大学．2018.
［281］李搏．企业并购对公司绩效的影响研究．湖南科技大学．2018.
［282］李陈峰．TZ 公司并购的绩效研究．广东工业大学．2018.
［283］李成龙．迅游科技收购狮子吼案例分析．广东财经大学．2018.

[284] 李聪．应用商店经营者滥用相对优势地位的反垄断法规制研究．西南政法大学．2018.
[285] 李达．共享经济监管研究．湖南大学．2018.
[286] 李丹．中小学校外辅导机构存在问题与监管对策研究．山东师范大学．2018.
[287] 李丹妮．控制链长度、终极控制人行为及其治理效果分析．苏州大学．2018.
[288] 李栋．论我国国有资产监管法律制度的完善．西北大学．2018.
[289] 李菲．电子商务产业专业化对制造业成本加成的影响分析．暨南大学．2018.
[290] 李凤鸣．反垄断法视角下金融消费者保护制度研究．天津财经大学．2018.
[291] 李红．基于智力资本的并购价值创造机理分析．江西财经大学．2018.
[292] 李歡澎．宝能收购万科的案例研究．沈阳理工大学．2018.
[293] 李环宇．黑龙江省基金会监管问题与对策研究．哈尔滨工业大学．2018.
[294] 李慧．公安基层派出所选择性执法问题研究．青岛大学．2018.
[295] 李慧．农业投入品监管制度研究．烟台大学．2018.
[296] 李慧峰．董事会成员金融背景对企业并购行为的影响研究．山东财经大学．2018.
[297] 李骥强．标准必要专利反垄断规制研究．云南大学．2018.
[298] 李佳敏．我国利用外资对国家价值链参与度的影响研究．东北财经大学．2018.
[299] 李娇娇．知识产权诉讼证明妨碍的规制．海南大学．2018.
[300] 李洁．我国反垄断法中宽大制度之完善．山东政法学院．2018.
[301] 李晶晶．大股东与高管合谋掏空问题研究．广东财经大学．2018.
[302] 李菊香．家电企业并购绩效分析．西南石油大学．2018.
[303] 李坤．互联网行业并购的价值链整合研究．华中科技大学．2018.
[304] 李立志．宁波海关监管体制改革研究．宁波大学．2018.
[305] 李琳．微商的法律规制研究．中国地质大学（北京）．2018.
[306] 李霖．中国企业跨境并购中的反垄断风险防控研究．贵州师范大学．2018.
[307] 李璐．论我国网络借贷监管法律制度的完善．浙江大学．2018.
[308] 李梦姣．业绩补偿协议与跨区域并购的股东财富效应．暨南大学．2018.
[309] 李敏．肇庆市高要区农贸市场的监管问题研究．仲恺农业工程学院．2018.
[310] 李敏．股价指数、CEO 权力与上市公司并购．安徽工业大学．2018.
[311] 李明．迁安市食品安全监管研究．燕山大学．2018.
[312] 李明阳．火电企业资产组价值评估研究．华北电力大学．2018.
[313] 李娜．家电行业并购财务风险控制研究．西安科技大学．2018.
[314] 李娜．市场分割对地区产业结构升级的影响研究．安徽财经大学．2018.
[315] 李柰．标准必要专利权滥用及其法律规制．外交学院．2018.
[316] 李楠．外企对民营企业的兼并收购分析．华东理工大学．2018.
[317] 李佩．我国分享经济监管研究．辽宁大学．2018.
[318] 李澎澍．用户基础、交叉网络外部性与平台进入及监管．山东大学．2018.
[319] 李琪．企业合并后财务整合问题的研究．东北财经大学．2018.
[320] 李琦．我国证券市场内幕交易影响因素与监管研究．济南大学．2018.
[321] 李祺．央企并购支付策略及效果研究．浙江工商大学．2018.
[322] 李茜．论民事诉讼中当事人虚假陈述的法律规制．西南政法大学．2018.
[323] 李茜楠．论我国网约车平台的法律规制．华中科技大学．2018.
[324] 李姗姗．并购后 AD 公司薪酬体系整合设计研究．对外经济贸易大学．2018.
[325] 李诗怡．始兴县农业标准化建设研究．仲恺农业工程学院．2018.
[326] 李世粱．大连花园口区食品流通领域监管问题与对策研究．大连理工大学．2018.

［327］李思婷．并购业绩承诺对上市公司股价影响研究．广西大学 . 2018.
［328］李思璇．“传导效应”理论及其在互联网反垄断法中的适用和发展．外交学院 . 2018.
［329］李维婷．生态理论视角下我国数字营销传播领域并购现象及影响研究．暨南大学 . 2018.
［330］李伟．皖南地区城乡一体化进程中土地监管对策研究．东南大学 . 2018.
［331］李玮．济南海关跨境电子商务监管问题研究．山东大学 . 2018.
［332］李炜．光明乳业海外并购 Synlait 协同效应研究．南京农业大学 . 2018.
［333］李雯雯．海南省小额贷款公司监管问题研究．海南大学 . 2018.
［334］李晓北．优酷公司并购土豆公司财务协同效应分析．吉林财经大学 . 2018.
［335］李晓蒙 . CQL 发展战略研究．对外经济贸易大学 . 2018.
［336］李昕禹．反不正当竞争法中“相对优势地位”研究．云南大学 . 2018.
［337］李兴．产业政策对制造业企业技术创新的影响研究．西南大学 . 2018.
［338］李亚超．我国互联网保险监管法律制度研究．河北经贸大学 . 2018.
［339］李亚平．轮轴式垄断共谋的认定分析．上海交通大学 . 2018.
［340］李岩．知识产权滥用的法律规制研究．天津大学 . 2018.
［341］李伊洁．知识产权保护对我国出口商品结构升级的影响研究．长沙理工大学 . 2018.
［342］李翼夫．鞍山经济开发区职业卫生监管问题研究．东北大学 . 2018.
［343］李颖．民间借贷利率法律问题研究．大连海事大学 . 2018.
［344］李勇勇．人类干细胞研究与临床转化的伦理和管理研究．北京协和医学院 . 2018.
［345］李昱东．互联网产业滥用市场支配地位问题研究．吉林大学 . 2018.
［346］李渊．我国 P2P 网络借贷监管研究．广西大学 . 2018.
［347］李媛玲．跨行业并购风险分析．暨南大学 . 2018.
［348］李占霞．最低工资、人力资本与中国制造业企业加成率．天津财经大学 . 2018.
［349］李长红．票据收益权资产证券化法律问题研究．华东政法大学 . 2018.
［350］李兆雯 . RH 公司并购 JK 公司的案例研究．南京师范大学 . 2018.
［351］李芝霖．故意传播艾滋病病毒定罪与量刑的实证研究．西南政法大学 . 2018.
［352］李志鹏．商品房预售资金监管法律问题研究．河北大学 . 2018.
［353］李智．涪陵榨菜并购惠通食业动因及绩效分析．深圳大学 . 2018.
［354］李中元．我国互联网经营者滥用市场支配地位法律问题研究．山西大学 . 2018.
［355］李宗霖．产业并购基金结构化安排对并购的影响．兰州大学 . 2018.
［356］李作栋．高新技术企业并购协同效应价值评估研究．福州大学 . 2018.
［357］栗菲．北京市海淀区大众跆拳道俱乐部的 SWOT 分析及战略选择．北京体育大学 . 2018.
［358］梁皓．合并巨额商誉的成因及计量问题探究．青岛大学 . 2018.
［359］梁慧英．商事登记制度改革后市场主体监管研究．海南大学 . 2018.
［360］梁娜．收购 KN 现金贷公司的估值研究．华南理工大学 . 2018.
［361］梁涛．基于网络爬虫与短文本相似度的网售化妆品监管系统的研究与设计．南昌航空大学 . 2018.
［362］梁文丹．跨文化语境下的他者感知．北京外国语大学 . 2018.
［363］梁莺．第三方支付机构跨境支付的法律监管研究．华东政法大学 . 2018.
［364］梁运添．企业并购动因及并购绩效研究．厦门大学 . 2018.
［365］梁振瀚．协同治理视角下完善共享单车监管研究．广西大学 . 2018.
［366］廖颖异．顺丰控股借壳上市的动因、风险及绩效研究．深圳大学 . 2018.
［367］林宏．论我国工程招投标监管法律制度的完善．华中师范大学 . 2018.
［368］林俊波．影视产业并购案例研究．天津大学 . 2018.

[369] 林俊鹏．漳浦县经营性国有资产监管研究．华侨大学.2018.
[370] 林亮杰．温州市鹿城区社会保险基金监管研究．福建农林大学.2018.
[371] 林琳．共享经济市场准入法律规制研究．河南大学.2018.
[372] 林木子．完善政府对社会组织灾害救助行为监管的对策研究．沈阳师范大学.2018.
[373] 林坪坪．中国上市公司 OFDI 对其技术创新的影响研究．福州大学.2018.
[374] 林秋红．泉州市场价格监管研究．华侨大学.2018.
[375] 林为.T 公司并购整合期的营销整合问题研究．广东财经大学.2018.
[376] 林晓静．我国上市公司并购溢价成因及影响研究．天津大学.2018.
[377] 林晓珊．网络交易中信用欺诈的经济法规制．中国计量大学.2018.
[378] 林欣．共享经济的政府规制研究．山东科技大学.2018.
[379] 林星辰．互联网垄断行为的"谦抑性"规制研究．西南政法大学.2018.
[380] 林叶．中国款待业上市公司并购问题研究．海南大学.2018.
[381] 林玉婷．忠诚折扣行为反垄断法规制研究．西南政法大学.2018.
[382] 凌文玲．雷柏科技并购商誉的案例研究．华南理工大学.2018.
[383] 刘斌．中概股回归路径选择与效果研究．浙江工商大学.2018.
[384] 刘博.ST 岩石信息披露违规行为研究．郑州大学.2018.
[385] 刘卜瑜．超级网络平台的法律规制．北京邮电大学.2018.
[386] 刘畅．明代官袍结构与规制研究．北京服装学院.2018.
[387] 刘成泽．论第三方支付监管立法的完善．中央民族大学.2018.
[388] 刘頔．乳制品上市公司并购绩效分析．东北农业大学.2018.
[389] 刘飞．完善我国短期国际资本流动监管对策研究．河北经贸大学.2018.
[390] 刘谷欲．上海浦东新区食品安全监管研究．大连海事大学.2018.
[391] 刘桂菊．广东省仁化县农村食品监管问题研究．仲恺农业工程学院.2018.
[392] 刘昊英．网络暴力规制研究．湖南工业大学.2018.
[393] 刘慧.P2P 网贷平台信息披露监管法律问题研究．华东政法大学.2018.
[394] 刘激涛．我国股权众筹的法律风险与规制研究．兰州大学.2018.
[395] 刘佳伟．沙隆达并购 ADAMA 公司案例研究．吉林财经大学.2018.
[396] 刘家元．个体工商户食品安全监管的难题及对策研究．西南政法大学.2018.
[397] 刘金金．欧盟谷歌反垄断案分析．西南政法大学.2018.
[398] 刘金铭．内地投资者情绪对 AH 股价差的影响研究．天津大学.2018.
[399] 刘京伟．双边市场下众筹平台的定价策略．北方工业大学.2018.
[400] 刘经城.ZY 公司并购 F 公司后期财务整合风险的研究．长沙理工大学.2018.
[401] 刘晶晶．我国保健食品监管研究．上海师范大学.2018.
[402] 刘婧祎．康恩贝公司并购绩效分析．沈阳理工大学.2018.
[403] 刘静．玉林市财政民生资金监管研究．广西大学.2018.
[404] 刘俊龙．基于平衡计分卡分析并购效率．电子科技大学.2018.
[405] 刘磊．铁路辅业的反垄断法规制研究．温州大学.2018.
[406] 刘璐．中国独立董事制度的本土化研究．青岛大学.2018.
[407] 刘美琴．招商公路换股吸收合并华北高速案例研究．华南理工大学.2018.
[408] 刘敏．我国反垄断法没收违法所得制度的实证研究．浙江理工大学.2018.
[409] 刘瑞佳．并购前后杠杆变化的标的企业价值评估研究．广东财经大学.2018.
[410] 刘润华．城市共享汽车分时租赁监管法律问题研究．西南政法大学.2018.
[411] 刘双珲．互联网企业并购动因及绩效研究．南京农业大学.2018.

［412］刘硕敏．内蒙古农畜产品质量安全的精细化监管研究．内蒙古大学 . 2018.
［413］刘思恒．权责关系视角下农产品安全监管问题研究．浙江工商大学 . 2018.
［414］刘素坤．论我国商业特许经营监管的立法完善．广州大学 . 2018.
［415］刘彤瑶．医生薪酬规制研究．河北经贸大学 . 2018.
［416］刘伟．山东省境外非政府组织的监管问题研究．山东大学 . 2018.
［417］刘小群．互联网理财平台项目管理研究．北京化工大学 . 2018.
［418］刘小英．污水处理厂并购过程中的人力资源整合研究．福建农林大学 . 2018.
［419］刘小云．核材料许可制度立法完善．西南科技大学 . 2018.
［420］刘晓曦．目标企业创新能力对并购溢价和短期超额收益的影响研究．天津大学 . 2018.
［421］刘晓晔 . W 地产并购财务风险识别与防范研究．长沙理工大学 . 2018.
［422］刘欣．互联网行业反垄断中“必需设施理论”的适用．华东政法大学 . 2018.
［423］刘秀．产品市场竞争对盈余管理影响的实证研究．山东财经大学 . 2018.
［424］刘秀秀．高新技术企业并购财务风险问题研究．哈尔滨商业大学 . 2018.
［425］刘彦赫．战略调整力度对企业连续并购行为的影响研究．浙江工商大学 . 2018.
［426］刘艳．航空联盟反垄断豁免法律制度研究．中国民航大学 . 2018.
［427］刘杨．从宝万之争分析我国险资运用的监管．安徽大学 . 2018.
［428］刘叶菡．互联网企业并购整合的风险防范．云南财经大学 . 2018.
［429］刘一航．工商行政管理部门网络市场监管研究．郑州大学 . 2018.
［430］刘怡廷．山西省城镇职工基本养老保险基金监管研究．山西财经大学 . 2018.
［431］刘艺行．经营者集中救济制度在高技术产业中的适用研究．吉林大学 . 2018.
［432］刘毅．主板上市公司并购新三板公司目标企业选择的案例研究．安徽财经大学 . 2018.
［433］刘毅．企业合营行为的反垄断法律规制研究．西南科技大学 . 2018.
［434］刘颖越．襄阳市樊城区网络订餐食品安全监管研究．华中科技大学 . 2018.
［435］刘玉荣 . PPP 项目监管法律问题研究．云南大学 . 2018.
［436］刘媛媛．投资者关注与并购重组事件的停牌效应．天津大学 . 2018.
［437］刘云龙．农村小额贷款公司监管政策改进研究．南昌大学 . 2018.
［438］刘长稳 . JC 公司并购 B 公司的税务风险管理．中国财政科学研究院 . 2018.
［439］刘振琳．“互联网 +”时代网约车规制研究．华东师范大学 . 2018.
［440］刘竹羽．网络直播存在的问题及对策研究．湘潭大学 . 2018.
［441］柳红梅．“走出去”背景下中国轨道交通装备制造业“南北合璧”之路．新疆财经大学 . 2018.
［442］柳杨．我国网贷平台的风险度量及其监管研究．山东财经大学 . 2018.
［443］娄小宇．申银万国并购宏源证券的动因及绩效分析．江西财经大学 . 2018.
［444］娄星．首旅酒店并购南苑股份的协同效应研究．南昌大学 . 2018.
［445］卢宏超．基层警察职权滥用行为的规制研究．浙江大学 . 2018.
［446］卢娟．医药企业连续并购下的财务风险分析．重庆大学 . 2018.
［447］卢璐．欣泰电气公司会计信息披露违规案例研究．南京信息工程大学 . 2018.
［448］卢沛玄．无锡市锡山区食品生产监管问题研究．华东政法大学 . 2018.
［449］卢桃．政治关联与企业并购绩效．浙江工商大学 . 2018.
［450］卢雅昆．经营者集中行为性救济措施中欧比较研究．南京大学 . 2018.
［451］鲁琪．轻资产公司并购的财务绩效及其影响因素研究．天津财经大学 . 2018.
［452］陆嘉敏．我国绿色债券监管问题研究．华东政法大学 . 2018.
［453］陆瑛．企业兼并后人力资源管理改善研究．华东理工大学 . 2018.

[454] 陆羽．大学生网络借贷的实证研究．福州大学.2018.
[455] 陆震．市场结构对产业技术创新的影响研究．兰州大学.2018.
[456] 陆芷玄．SQ公司并购融资方式的案例研究．沈阳理工大学.2018.
[457] 鹿璐．河南省商事登记制度改革研究．郑州大学.2018.
[458] 路灿灿．我国劳务派遣法律规制探析．华东师范大学.2018.
[459] 罗聪．搭售行为的反垄断法规制研究．湖南大学.2018.
[460] 罗佳．网络视频企业并购的动因及绩效研究．江西师范大学.2018.
[461] 罗淋尹．经营者集中审查中的社会公共利益豁免制度研究．西南政法大学.2018.
[462] 罗曼利．职业传递与代际收入流动．安徽大学.2018.
[463] 罗男．中国职业足球联赛的反垄断法律规制．贵州大学.2018.
[464] 罗婷．友谊股份换股吸收合并百联股份的动因及绩效分析．江西财经大学.2018.
[465] 罗文娟．互联网领域下滥用市场支配地位的法律问题研究．上海师范大学.2018.
[466] 罗文燕．秦皇岛市海港区电梯安全监管研究．燕山大学.2018.
[467] 罗璇.B快递公司借壳上市并购财务风险研究．长沙理工大学.2018.
[468] 罗亚丽．彭州市消费投诉举报监管问题研究．西南财经大学.2018.
[469] 罗颖．标的企业股东类型与并购支付方式选择．广东外语外贸大学.2018.
[470] 罗芸莎．我国国有钢铁企业并购绩效研究．西南科技大学.2018.
[471] 闾岑．泰兴市企业信用监管问题研究．扬州大学.2018.
[472] 吕晨曼．上海莱士并购邦和药业案例研究．河北经贸大学.2018.
[473] 吕存吉．跨国公司转移定价的海关监管研究．天津财经大学.2018.
[474] 吕慧．日海通讯并购案财务风险分析与对策研究．山东大学.2018.
[475] 吕美玲．公共治理视角下广东省电梯安全监管研究．华南理工大学.2018.
[476] 吕萌．宜华地产定向增发实现并购转型的财务效应研究．广州大学.2018.
[477] 吕梦．反收购条款、并购活跃度和债务融资．南京大学.2018.
[478] 吕梦蝶．论网约车市场准入行政监管制度的完善．吉林大学.2018.
[479] 吕宁．西北核与辐射安全监督站人才队伍建设研究．兰州大学.2018.
[480] 吕秋鸣．特定市场结构下政府补助对企业技术创新影响研究．中国矿业大学.2018.
[481] 吕志伟．关联交易法律规制完善研究．河北大学.2018.
[482] 麻一顺．光大证券收购新鸿基金融动因及绩效分析．天津科技大学.2018.
[483] 马国晴．互联网企业并购动因的经济分析．北京交通大学.2018.
[484] 马琨嫣．华夏幸福基业股份有限公司并购绩效研究．云南财经大学.2018.
[485] 马能飞．内蒙古检验检疫风险管理研究．内蒙古大学.2018.
[486] 马佩榕．论忠诚折扣行为的反垄断法规制．安徽大学.2018.
[487] 马瑞琳．我国网约车平台的法律规制研究．中国地质大学（北京）.2018.
[488] 马社青．行政法视角下的企业国有资产监督．西南政法大学.2018.
[489] 马翔．并购对上市家族企业CEO薪酬和CEO离职的影响．浙江大学.2018.
[490] 马晓磊．ZST公司并购整合策略优化研究．东华大学.2018.
[491] 马晓丽．企业文化差异、文化整合能力与并购绩效的实证研究．中国石油大学（华东）.2018.
[492] 马晓莉．呼和浩特市玉泉区食品安全监管现状、存在问题及对策研究．内蒙古师范大学.2018.
[493] 马晓青．我国电能电表企业并购后财务整合研究．东南大学.2018.
[494] 马艳玲．乌鲁木齐市草原防火监管工作中存在的问题及对策研究．东北财经大学.2018.

［495］马艳云．虚假诉讼的成因与规制研究．南京大学．2018.
［496］马艺菲．我国民间借贷法律规制研究．长春理工大学．2018.
［497］马银霞．论民事虚假诉讼的检察规制．苏州大学．2018.
［498］马羽翼．治理理论视角下的网络订餐食品安全监管研究．河南师范大学．2018.
［499］马玉婷．九好集团并购重组财务造假的案例探析．江西财经大学．2018.
［500］马媛玲．乌鲁木齐社会保险反欺诈机制构建中政府责任研究．东北财经大学．2018.
［501］满朝晖．河钢并购斯梅代雷沃钢铁公司财务风险研究．吉林财经大学．2018.
［502］毛虹昊．企业并购财务风险控制探讨．江西财经大学．2018.
［503］毛磊．互联网视听产业版权纠纷及其规制研究．西南政法大学．2018.
［504］梅阁．达实智能并购久信医疗的动因与绩效分析．深圳大学．2018.
［505］梅雨农．养老机构内老年人权益保障研究．西南政法大学．2018.
［506］孟丽．滥用市场支配地位诉讼举证责任研究．华南理工大学．2018.
［507］孟若琦．J 公司并购中反向购买法的运用研究．哈尔滨商业大学．2018.
［508］孟炎．ZW 公司的“互联网 +”转型并购绩效研究．吉林财经大学．2018.
［509］苗菁．PPP 项目全生命周期政府寻租行为规制研究．天津理工大学．2018.
［510］缪涵虚．复星医药并购以色列 Alma Lasers 财务绩效研究．南昌大学．2018.
［511］莫等闲．湘潭电化并购湘潭污水厂动因及绩效研究．湖南科技大学．2018.
［512］穆笛．论我国网络慈善募捐法律制度的完善．西南政法大学．2018.
［513］穆楠．互联网众筹刑法规制问题研究．天津商业大学．2018.
［514］穆天明．稀土资源开发利用制度研究．重庆大学．2018.
［515］那峰．铁岭市工商行政管理部门网络交易监管问题研究．辽宁师范大学．2018.
［516］瑙明陶格斯．行政许可中介服务立法完善．内蒙古大学．2018.
［517］倪柳青．我国经营者集中监督受托人制度问题研究．华东政法大学．2018.
［518］倪敏华．绍兴市柯桥区电梯物联网系统监管研究．浙江工业大学．2018.
［519］年悦．TR 数娱跨行业并购风险分析与控制．湖南大学．2018.
［520］牛晚青．PPP 模式中政府部门之间关系的立法规制研究．华中师范大学．2018.
［521］牛铮．HXN 并购 BCW 电商的绩效研究．吉林财经大学．2018.
［522］欧诗韵．高校大学生“校园贷”问题与对策研究．广西师范大学．2018.
［523］欧筱蕾．交通基础设施对全要素生产率的作用机制研究．厦门大学．2018.
［524］欧阳群．我国第三方支付的反垄断问题研究．南昌大学．2018.
［525］潘二恒．水权交易中的智慧合约设计及支持交易的过程化服务研究．西安理工大学．2018.
［526］潘凤凤．L 城商行非信贷资产业务发展问题及对策研究．河南科技大学．2018.
［527］潘蕾．基于高通量测序数据的癌症驱动基因集筛选方法研究．大连理工大学．2018.
［528］潘璐艳．常州市药品零售连锁企业监管研究．南京理工大学．2018.
［529］庞舒月．钢铁企业并购绩效研究．哈尔滨商业大学．2018.
［530］庞欣．西安市农家乐餐饮服务食品安全监管问题研究．西北大学．2018.
［531］彭乐乐．地方政府融资平台监管研究．西北师范大学．2018.
［532］彭松．我国建筑业市场准入制度研究．云南大学．2018.
［533］彭型娜．大型线上综合购物平台滥用相对优势地位行为规制研究．江西财经大学．2018.
［534］彭志兵．中国社会工作机构行政规制研究．赣南师范大学．2018.
［535］浦宝婧．创业板市场准入制度相关问题研究．沈阳工业大学．2018.
［536］戚恒．CEO 财务背景、并购类型与并购绩效．浙江工商大学．2018.

[537] 戚荪嘉．融资约束对我国上市公司跨国并购行为选择影响的研究．浙江财经大学 . 2018.
[538] 戚天菁．论互联网企业滥用市场支配地位行为之认定．深圳大学 . 2018.
[539] 戚业敏．我国小额贷款公司监管的立法研究．内蒙古财经大学 . 2018.
[540] 戚应艳．中国纺织行业职业安全健康监管问题研究．华东政法大学 . 2018.
[541] 齐镇宇．PPP 模式土壤修复监管法律问题研究．福州大学 . 2018.
[542] 祁华龙．溧阳市住宅小区物业管理监管研究．大连海事大学 . 2018.
[543] 祁琪 . FDI 溢出效应与我国制造业企业成本加成率之间的关系分析．厦门大学 . 2018.
[544] 钱坤．中国平安并购深圳发展银行协同效应研究．桂林理工大学 . 2018.
[545] 钱旻．恶意抢注商标行为的法律规制研究．华东政法大学 . 2018.
[546] 钱诗农．并购基金的介入对企业估值的影响．江西财经大学 . 2018.
[547] 钱文静．基于沙盒模式的比特币监管法律机制研究．四川省社会科学院 . 2018.
[548] 乔星．网约车市场准入法律制度研究．北方工业大学 . 2018.
[549] 乔玉轩．地方政府行政审批改革研究．郑州大学 . 2018.
[550] 郄童舒．基于需求弹性的我国高速铁路差别定价研究．北京交通大学 . 2018.
[551] 秦佳军．新零售下我国进口跨境电商的物流模式及监管研究．天津财经大学 . 2018.
[552] 秦梦丹．经营者集中行为性救济法律问题研究．辽宁大学 . 2018.
[553] 秦瑶．食品安全基层监管困境及对策研究．山西农业大学 . 2018.
[554] 秦忠莲．论标准必要专利禁令救济的反垄断法规制．安徽大学 . 2018.
[555] 邱国申．通辽市热电公司安全生产执行力研究．沈阳大学 . 2018.
[556] 邱黎．股权众筹的法律规制研究．吉林财经大学 . 2018.
[557] 邱璞．产业政策偏误、民营企业行为扭曲与制造业产能过剩研究．山东大学 . 2018.
[558] 邱文勋．东方财富并购同信证券财务风险控制研究．江西师范大学 . 2018.
[559] 屈银萍．双边平台的技术进步、进入壁垒与监管．山东大学 . 2018.
[560] 瞿晨．外资并购影响目标企业全要素生产率的机制及效应研究．浙江财经大学 . 2018.
[561] 任莎莎．市场监督管理中企业信用监管问题研究．山东农业大学 . 2018.
[562] 任小丽．企业并购中的财务风险管控问题研究．对外经济贸易大学 . 2018.
[563] 任弈霖．基于 EVA 的公司并购业绩研究．天津财经大学 . 2018.
[564] 任政．我国社保基金监管存在的问题与对策研究．吉林财经大学 . 2018.
[565] 荣春蕾．我国 P2P 网贷增信机制研究．对外经济贸易大学 . 2018.
[566] 商德．论个人网络募捐监管制度的建构．宁波大学 . 2018.
[567] 邵磊．农村资金互助社法律制度研究．河北科技师范学院 . 2018.
[568] 邵晓宇．国有企业混合所有制改革路径研究．首都经济贸易大学 . 2018.
[569] 邵新苍．政企博弈下的电网企业转型研究．南京大学 . 2018.
[570] 佘理怡．基于平衡计分卡的华录百纳并购蓝色火焰绩效分析．江西师范大学 . 2018.
[571] 申峰源．互联网企业相关市场界定研究．西南科技大学 . 2018.
[572] 沈慈妮．武汉市民营医院的准入问题研究．华中师范大学 . 2018.
[573] 沈丹．奥飞娱乐并购四月星空差异化对价支付研究．浙江工商大学 . 2018.
[574] 沈莉．长电科技引入财务投资者跨境并购星科金朋的案例研究．上海交通大学 . 2018.
[575] 沈亮．西安市体育产业发展规制研究．陕西师范大学 . 2018.
[576] 沈炎林．农村地区民间投融资机构监管对策研究．武汉轻工大学 . 2018.
[577] 盛蓓琳．兴化市食品安全监管问题及对策研究．南京理工大学 . 2018.
[578] 盛恒阳．国有上市公司并购母集团子公司的估值分析．江西财经大学 . 2018.
[579] 盛彦皓．永安林业并购森源股份的动因和绩效分析．深圳大学 . 2018.

［580］师丽．金融科技法律监管问题研究．兰州大学．2018.
［581］师美娜．并购整合能力对协同效应的影响．吉林财经大学．2018.
［582］施俊．大数据平台滥用市场支配地位的法律规制研究．安徽财经大学．2018.
［583］施雅．青岛海尔并购 GE 家电的协同效应研究．安徽工业大学．2018.
［584］施有禄．宗教信仰自由背景下宗教服饰的表达与规制．湖北大学．2018.
［585］石荣愿．我国网络市场食品安全监管的困境与对策研究．中国矿业大学．2018.
［586］石思颖．定增式并购中的内幕交易行为．浙江工商大学．2018.
［587］石心远．企业并购动因及绩效分析．东华大学．2018.
［588］石榆川．京津冀协同发展中的金融市场分割度测度及其影响因素研究．天津财经大学．2018.
［589］石玉．58 同城并购赶集网的财务协同效应分析．湘潭大学．2018.
［590］史方重．标准必要专利滥用的反垄断规制研究．哈尔滨商业大学．2018.
［591］史凯．我国民宿在线短租法律问题探讨．华南理工大学．2018.
［592］史晓同．我国 P2P 网络借贷平台的法律监管研究．山东大学．2018.
［593］史耀文．网络外部性与平台厂商市场进入研究：仿真实验与现实依据．山东大学．2018.
［594］史宇霞．企业合并商誉会计问题研究．兰州大学．2018.
［595］史源．国企并购后业务整合及协同效应研究．北京交通大学．2018.
［596］舒刚．TOGO 共享汽车监管的创新与应用研究．北京邮电大学．2018.
［597］司达显．我国反垄断诉讼专家辅助人问题研究．贵州民族大学．2018.
［598］司婷．我国远程医疗规制研究．湖北中医药大学．2018.
［599］司徒玉琴．双边市场中平台经营者搭售行为的反垄断法规制研究．安徽大学．2018.
［600］宋帆．福建省注册会计师行业监管研究．福建农林大学．2018.
［601］宋佳南．网络金融诈骗犯罪问题研究．吉林财经大学．2018.
［602］宋锐．互联网企业滥用市场支配地位问题研究．哈尔滨商业大学．2018.
［603］宋晓杰．我国物业维修资金管理制度研究．吉林大学．2018.
［604］苏琼．ZH 地产公司并购 ZX 地产公司的企业文化融合案例研究．海南大学．2018.
［605］苏心．证券公司并购绩效分析．河北金融学院．2018.
［606］苏云汉．基于收益管理的铁路客票定价以及席位管理研究．北京交通大学．2018.
［607］隋禄浩．酒店企业并购动因和绩效研究．吉林财经大学．2018.
［608］孙碧雅．印度建筑服务贸易的市场准入法律问题研究．东南大学．2018.
［609］孙福临．深港通开通对 A 股和 H 股市场分割的影响研究．华东政法大学．2018.
［610］孙瑾琤．深圳供港农产品质量监管问题研究．华中师范大学．2018.
［611］孙坤．我国福利企业的发展困境及法律对策研究．西南政法大学．2018.
［612］孙璐．多域软件定义弹性光网络中 Broker 间的博弈研究．中国科学技术大学．2018.
［613］孙蒙蒙．共保体成员制度研究．湖南大学．2018.
［614］孙瑞．农产品生产环节质量安全监管研究．山东财经大学．2018.
［615］孙瑞雪．非法经营罪适用范围扩张与规制研究．天津工业大学．2018.
［616］孙爽．有奖销售行为的法律规制．东北财经大学．2018.
［617］孙太周．国贸雅诗阁夹层融资并购项目案例分析．吉林财经大学．2018.
［618］孙甜甜．百圆裤业并购环球易购财务绩效的案例研究．吉林财经大学．2018.
［619］孙小鸽．3D 框架下中原城市群环境污染排放影响因素研究．武汉大学．2018.
［620］孙小泽．我国互联网金融监管问题研究．中共中央党校．2018.
［621］孙小梓．互联网产业相关市场界定的挑战与应对研究．浙江理工大学．2018.

［622］孙晓旋．创业板 SWS 公司并购整合效应研究．福建农林大学 . 2018.
［623］孙懿靖．金融产品集中销售法律规制研究．宁波大学 . 2018.
［624］塔拉．基于实物期权企业并购定价研究．内蒙古大学 . 2018.
［625］谈学思．企业反并购原因、策略及市场反应．浙江工商大学 . 2018.
［626］谭格格．我国林业碳汇交易法律问题研究．东北林业大学 . 2018.
［627］谭靖嫄．股权众筹平台监管问题研究．兰州大学 . 2018.
［628］谭青青．中国—东盟贸易中农产品农药残留问题研究与对策．广西大学 . 2018.
［629］谭宇莹．标准必要专利权人滥用市场支配地位的认定．外交学院 . 2018.
［630］谭姊烨．同业业务对商业银行风险承担影响的实证研究．苏州大学 . 2018.
［631］汤冰霄．宜宾市翠屏区城乡结合部留守儿童成长问题调查及监管对策建议．四川农业大学 . 2018.
［632］汤凌飞．论标准必要专利不公平高价的认定．厦门大学 . 2018.
［633］汤清源．跨区域水环境监管法律机制研究．中南林业科技大学 . 2018.
［634］汤瑞．标准必要专利的反垄断规制研究．西南科技大学 . 2018.
［635］汤问津．龙净环保并购策略研究．厦门大学 . 2018.
［636］汤显炜．技术并购对创新绩效的影响研究．浙江财经大学 . 2018.
［637］唐丽．昆明市流通领域食品安全监管分析与研究．昆明理工大学 . 2018.
［638］唐庆业．校园贷服务平台法律监管制度的完善．烟台大学 . 2018.
［639］唐抒韵．产品市场势力、税收征管与企业避税．浙江大学 . 2018.
［640］唐无澜．我国敌意收购及防御的法律规制研究．云南大学 . 2018.
［641］唐小焱．经营者集中豁免法律制度研究．西南科技大学 . 2018.
［642］唐雪琪．上市公司并购交易特征对并购绩效的影响研究．西安科技大学 . 2018.
［643］唐亚杰．网络时代我国媒体监管机构建设研究．华北电力大学（北京）. 2018.
［644］陶家仪．靖江市政府采购管理研究．苏州大学 . 2018.
［645］田玓．北京市社区民宿警务监管研究．首都经济贸易大学 . 2018.
［646］田甜．我国 P2P 网络借贷监管制度研究．山西财经大学 . 2018.
［647］田小静．选择性分销的反垄断法规制研究．安徽大学 . 2018.
［648］童飞．标准必要专利持有人市场地位认定．上海交通大学 . 2018.
［649］童越．共享物租赁押金制度研究．安徽大学 . 2018.
［650］涂乃心．中国市场准入国民待遇的发展．南京大学 . 2018.
［651］涂思雨．企业跨界经营风险及其管控．安徽财经大学 . 2018.
［652］万俊峰．动产浮动抵押中的债务人行为监管研究．扬州大学 . 2018.
［653］万路．“苹果收取打赏费”事件的竞争法分析．西南政法大学 . 2018.
［654］万佩．我国军事装备竞争性采购问题研究．华中科技大学 . 2018.
［655］万思．基于平衡计分卡的蒙牛乳业并购雅士利绩效评价研究．湘潭大学 . 2018.
［656］汪赛徽．异地并购下企业家为何弃“养子”．浙江工商大学 . 2018.
［657］汪鑫．经营者集中附加限制性条件批准制度研究．西南政法大学 . 2018.
［658］汪雨虹．振华重工并购美国 F&G 公司的财务风险控制研究．长沙理工大学 . 2018.
［659］王媛．中国知识产权保护对技术密集型产品进口结构的影响分析．东北财经大学 . 2018.
［660］王泊涵．我国农产品质量安全监管法律研究．天津工业大学 . 2018.
［661］王晨．保险资金运用的法律监管制度研究．山东大学 . 2018.
［662］王春阁．价格挤压垄断行为的认定研究．天津师范大学 . 2018.
［663］王大可．网络游戏中未成年人保护法律问题研究．辽宁大学 . 2018.

[664] 王丹．论旅游合同格式条款的规制．北京化工大学 .2018.
[665] 王铎．并购重组中企业文化融合的研究．首都经济贸易大学 .2018.
[666] 王枫 .S 煤化工企业发展战略研究．北京化工大学 .2018.
[667] 王冠花．里外贷网贷平台倒闭案例分析．西北师范大学 .2018.
[668] 王冠男．共享单车法律问题研究．辽宁大学 .2018.
[669] 王桂珍．因特网内容安全监管研究．上海交通大学 .2018.
[670] 王海 .QNE 旅游网差异化战略研究．山东理工大学 .2018.
[671] 王海燕．共享单车经营监管法律问题研究．河北大学 .2018.
[672] 王汉林．我国职业体育协会限制竞争行为的法律规制．西南政法大学 .2018.
[673] 王浩．股票市场分割视角下 A、H 股价格差异性研究．昆明理工大学 .2018.
[674] 王晖．中国南北车并购绩效研究．中国石油大学（北京）.2018.
[675] 王徽．村级财务监管问题及对策研究．江西财经大学 .2018.
[676] 王惠．食品安全监管困局的形成与化解．上海交通大学 .2018.
[677] 王嘉婷．绿地集团借壳金丰投资的动因及绩效分析．江西财经大学 .2018.
[678] 王嘉兴．论网络经济对认定滥用市场支配地位行为的影响．华东政法大学 .2018.
[679] 王嘉仪．计算机算法运用中的价格垄断问题．上海外国语大学 .2018.
[680] 王金秋．委托代理视角下 PPP 项目政府激励监管研究．西南交通大学 .2018.
[681] 王菁菁．共享单车法律监管问题研究．天津工业大学 .2018.
[682] 王静．网络环境下滥用市场支配地位法律规制研究．贵州民族大学 .2018.
[683] 王君莹．网约车的行政法规制．黑龙江大学 .2018.
[684] 王珺洁．龙头企业横向并购效果研究．北京交通大学 .2018.
[685] 王乐．我国商业银行风险管理控制体系及优化研究．山东财经大学 .2018.
[686] 王乐琴 .P2P 信息披露制度的有效性研究．温州大学 .2018.
[687] 王丽达．互联网企业市场支配地位的认定及法律规制．北京交通大学 .2018.
[688] 王丽娟．标准必要专利许可制度研究．西南交通大学 .2018.
[689] 王林雨．反垄断私人诉讼的完善研究．首都经济贸易大学 .2018.
[690] 王岭．共享单车押金的法律监管研究．对外经济贸易大学 .2018.
[691] 王路遥．俄罗斯反垄断规制与国家安全审查制度对中国企业在俄罗斯投资的影响．广东外语外贸大学 .2018.
[692] 王璐璐．三一重工并购德国普茨迈斯特价值创造研究．黑龙江八一农垦大学 .2018.
[693] 王曼．中日韩 FTA 货物贸易规则研究．浙江大学 .2018.
[694] 王曼云 .H 公司并购 G 公司协同效应研究．西安工业大学 .2018.
[695] 王旻昊．开放式创新视角下的企业并购价值创造．郑州航空工业管理学院 .2018.
[696] 王明敏．我国证券公司柜台市场研究．对外经济贸易大学 .2018.
[697] 王沛珺．新三板并购中的中小股东权益保护研究．暨南大学 .2018.
[698] 王苹．我国企业并购中劳动者权益保障研究．安徽大学 .2018.
[699] 王奇．设区的市立法权扩张的风险及规制．苏州大学 .2018.
[700] 王琪．我国上市金融机构的系统性风险研究．山东财经大学 .2018.
[701] 王琪．滥用市场支配地位民事诉讼的举证责任研究．华东师范大学 .2018.
[702] 王琦睿．乳品企业并购的财务风险分析及控制研究．哈尔滨商业大学 .2018.
[703] 王乾坤．论中国法官自由裁量权的规制．哈尔滨商业大学 .2018.
[704] 王潜．保千里公司并购案例研究．华南理工大学 .2018.
[705] 王青．我国经营者集中反垄断法豁免制度研究．湖南师范大学 .2018.

[706] 王青阳. 论我国大学生国家助学贷款制度的完善. 内蒙古大学. 2018.
[707] 王琼. 关于虚开增值税专用发票的监管问题研究. 内蒙古师范大学. 2018.
[708] 王人仙. 基于系统动力学的网约车监管演化博弈分析. 福州大学. 2018.
[709] 王瑞. Non-GAAP 指标在我国的应用研究. 厦门大学. 2018.
[710] 王瑞璇. 沪港通对 AH 股价差的影响分析. 西北大学. 2018.
[711] 王睿. 网络订餐食品安全监管调查研究. 西北农林科技大学. 2018.
[712] 王少杰. 反垄断法公共执行结论在后继民事诉讼中的证明效力研究. 安徽大学. 2018.
[713] 王顺清. 中国对境外非政府组织境内活动的监管研究. 南京财经大学. 2018.
[714] 王思苑. 企业并购中的文化整合问题研究. 苏州大学. 2018.
[715] 王甜. 医疗保险基金监管风险问题研究. 首都经济贸易大学. 2018.
[716] 王廷伟. 政府购买公共服务的监管问题研究. 苏州大学. 2018.
[717] 王彤. 基于俱乐部产品视角的企业大数据共享策略研究. 东北财经大学. 2018.
[718] 王文君. 网约车双边平台滥用市场支配地位行为的认定及其规制研究. 浙江财经大学. 2018.
[719] 王文锟. 电影行业经营者集中附加限制性条件适用问题研究. 西南政法大学. 2018.
[720] 王文亮. 锁定效应下著作权许可的反垄断控制. 宁波大学. 2018.
[721] 王向. 政府采购的地方保护主义规避与治理研究. 东北财经大学. 2018.
[722] 王小俊. 纺织服装企业并购的风险测评与管理. 青岛大学. 2018.
[723] 王小满. 我国医药行业垄断行为的法律规制. 上海师范大学. 2018.
[724] 王晓. 公共治理理论视角下共享单车社会问题研究. 宁波大学. 2018.
[725] 王晓丹. 电信网络诈骗犯罪问题研究. 宁波大学. 2018.
[726] 王晓燕. 知识产权滥用的反垄断法规制研究. 华东政法大学. 2018.
[727] 王新建. K 公司新建精炼车间项目风险管理研究. 华东理工大学. 2018.
[728] 王新阔. 北京市演出市场监管研究. 首都经济贸易大学. 2018.
[729] 王雪莹. 列宁的帝国主义理论及其当代价值. 渤海大学. 2018.
[730] 王雅兰. 我国股份制商业银行市场进入的离散博弈分析. 天津财经大学. 2018.
[731] 王亚丽. 反垄断视角下标准必要专利的禁令救济问题研究. 中国计量大学. 2018.
[732] 王亚轩. 万通地产并购正奇投资财务效应研究. 河南工业大学. 2018.
[733] 王乙幸. 市场势力视角下的中国液态乳行业竞争态势研究. 东北农业大学. 2018.
[734] 王颖. 阿里巴巴并购优酷土豆的动因及财务风险分析. 南京农业大学. 2018.
[735] 王俞歆. 上海市污水处理市场化规制研究. 上海交通大学. 2018.
[736] 王宇航. 我国反洗钱监管研究. 哈尔滨工程大学. 2018.
[737] 王雨青. 行政裁量权在政府信息公开中的运用及其规制. 对外经济贸易大学. 2018.
[738] 王园婷. 青岛海尔并购通用家电财务风险评价与控制案例研究. 西安石油大学. 2018.
[739] 王源. 水价定价政策的有效性研究. 浙江大学. 2018.
[740] 王岳. 转基因食品的引进与管理研究. 南京大学. 2018.
[741] 王之文. 甘南州产品质量监管体系创新性研究. 兰州大学. 2018.
[742] 王植. 神州优车股权融资研究. 吉林大学. 2018.
[743] 王志强. 支付方式对企业并购绩效影响的实证分析. 广东外语外贸大学. 2018.
[744] 王治强. SD 公司并购 A 公司电网的可行性研究. 重庆理工大学. 2018.
[745] 王智渊. 滴滴并购快的案例研究. 哈尔滨工业大学. 2018.
[746] 王子墨. 私募股权基金并购退出案例研究. 兰州大学. 2018.
[747] 王宗辉. 技术标准中专利劫持反垄断规制研究. 河南大学. 2018.

[748] 韦应鹏．非政府组织参与特种设备安全监管问题研究．海南大学 . 2018.
[749] 尉建功．新三板借壳上市动因及绩效研究．南京农业大学 . 2018.
[750] 魏红月．信息工具的行政法规制研究．辽宁大学 . 2018.
[751] 魏琳琳．双汇并购史密斯菲尔德的绩效分析．山东农业大学 . 2018.
[752] 魏美佳．民事虚假诉讼及其规制研究．广西师范大学 . 2018.
[753] 魏文瑾．我国网约车行业规制问题研究．海南大学 . 2018.
[754] 魏显瑞．电商企业对大数据杀熟的策略选择．东北财经大学 . 2018.
[755] 魏昕．天舟文化并购游爱网络绩效问题研究．山东财经大学 . 2018.
[756] 魏亚强．政府投资工程设计审计中合谋防范博弈分析．郑州大学 . 2018.
[757] 魏艳冬．申银万国并购宏源证券的绩效研究．上海师范大学 . 2018.
[758] 魏子仁．标准必要专利权人滥用禁令救济的反垄断法规制．西南政法大学 . 2018.
[759] 温寒．专利联盟的反垄断规制研究．中国政法大学 . 2018.
[760] 温莎娜 . PPP 项目监管体系及其改善研究．天津理工大学 . 2018.
[761] 温淑怡．合谋掏空情况下大股东利益转移路径研究．广东财经大学 . 2018.
[762] 文斌．知识产权滥用的反垄断法规制．兰州大学 . 2018.
[763] 文殊虞．株洲市服装实体企业发展的策略研究．中南林业科技大学 . 2018.
[764] 文小华．国有股东交叉持股对我国上市公司竞争性行为的影响研究．华东理工大学 . 2018.
[765] 翁迪．蒙牛与雅士利并购绩效研究．辽宁大学 . 2018.
[766] 翁敏．华录百纳并购蓝色火焰对企业价值的影响研究．广东工业大学 . 2018.
[767] 翁倩玉．首旅酒店并购如家集团：动因、估值与绩效的分析．西南财经大学 . 2018.
[768] 巫建芳．河源市农村食品安全监管问题研究．仲恺农业工程学院 . 2018.
[769] 吴灿灿．政府投资工程项目招标人与投标人合谋倾向强度测算研究．长沙理工大学 . 2018.
[770] 吴淙斌．东山县餐饮业食品安全现状分析与对策．集美大学 . 2018.
[771] 吴迪．“互联网 +”背景下共享单车的政府管理问题研究．安徽大学 . 2018.
[772] 吴翰明．外贸结构对要素市场扭曲的影响研究．南京财经大学 . 2018.
[773] 吴昊．“PE + 上市公司”模式对上市公司异常收益的影响研究．上海外国语大学 . 2018.
[774] 吴浩．区块链技术在金融领域应用的监管研究．中国社会科学院研究生院 . 2018.
[775] 吴洪英．自由现金流量贴现法在美国 A 集团并购估值中的运用．厦门大学 . 2018.
[776] 吴湖军．我国消费信托之法律规制问题研究．上海大学 . 2018.
[777] 吴佳雯．滥用标准必要专利禁令救济的反垄断法规制．华东政法大学 . 2018.
[778] 吴杰．家族二代的成长经历会影响企业的“成长”路径吗？．厦门大学 . 2018.
[779] 吴晶晶．非专利实施主体专利聚合及其反垄断规制研究．浙江工商大学 . 2018.
[780] 吴梦鹤．影视剧植入式广告的法律规制研究．湖南师范大学 . 2018.
[781] 吴倩倩．保障性住房建设期质量监管研究．北京交通大学 . 2018.
[782] 吴小凤 . FRAND 原则在标准必要专利反垄断规制中的适用．南京大学 . 2018.
[783] 吴阳．星河公司公司治理模式研究．中国地质大学（北京）. 2018.
[784] 吴一帆．审计市场结构对审计质量影响的实证研究．辽宁大学 . 2018.
[785] 吴伊维．房屋中介企业垄断问题的法律分析．天津财经大学 . 2018.
[786] 吴乙婕．专利聚合模式的市场实践及反垄断规制．武汉理工大学 . 2018.
[787] 吴翊．企业合并商誉的后续计量研究．重庆大学 . 2018.
[788] 吴莹．环境规制对产业结构调整的影响研究．华东政法大学 . 2018.

[789] 吴越．搜索引擎领域滥用市场支配地位的认定．沈阳师范大学．2018.
[790] 吴仲巍．滥用市场支配地位行为的认定问题研究．哈尔滨商业大学．2018.
[791] 伍钰．LN 上市公司重组案例分析．华南理工大学．2018.
[792] 武鹏．淄博市食品安全示范城市创建研究．长安大学．2018.
[793] 夏舸洋．中概股回归动因与回归风险的案例分析．广东财经大学．2018.
[794] 夏梦．神州信息并购华苏科技动因研究．西南交通大学．2018.
[795] 夏约．欧盟竞争法的域外适用研究．华东政法大学．2018.
[796] 夏子轩．企业破产虚假诉讼问题研究．天津财经大学．2018.
[797] 肖欣怡．新三板企业年报未按期披露的现象研究．南京审计大学．2018.
[798] 肖一．SH 公司并购 BS 公司财务尽职调查案例研究．厦门大学．2018.
[799] 肖知雨．国有上市公司海外经营战略转变动因及其效果研究．广东财经大学．2018.
[800] 萧培君．集成电路设计企业 M 公司之并购绩效研究．上海交通大学．2018.
[801] 谢惠．携程并购去哪儿网的财务风险控制研究．湖南科技大学．2018.
[802] 谢时雨．中国竞争政策基础性地位的确立与实现路径．上海交通大学．2018.
[803] 谢树青．医用质子重离子加速器监管工作研讨．兰州大学．2018.
[804] 谢虢．互联网企业的大数据垄断法律问题研究．首都经济贸易大学．2018.
[805] 谢永生．晋江市危险化学品安全生产监管研究．华侨大学．2018.
[806] 谢钊云．标准必要专利权人滥用市场支配地位问题研究．浙江大学．2018.
[807] 谢子宜．基于实物期权法的 XZ 公司价值评估研究．长沙理工大学．2018.
[808] 熊克弟．我国互联网金融立法模式研究．兰州大学．2018.
[809] 熊亚云．我国建筑工程“挂靠”法律规制问题研究．长沙理工大学．2018.
[810] 徐碧云．上市公司并购公告期收益中的锚定效应研究．浙江财经大学．2018.
[811] 徐畅．吉艾科技剥离不良资产案例研究．重庆大学．2018.
[812] 徐晨炯．博弈论视角下“忽悠式”重组研究．浙江工商大学．2018.
[813] 徐东阳．长城电脑并购长城信息的绩效分析．广东财经大学．2018.
[814] 徐芳．C 公司并购海外 A 公司可行性调研报告．首都经济贸易大学．2018.
[815] 徐飞．网络警察行政执法规制研究．郑州大学．2018.
[816] 徐福穗．我国公益众筹的法律问题研究．兰州大学．2018.
[817] 徐靖雯．电力市场双边竞争环境下市场势力研究．华北电力大学（北京）．2018.
[818] 徐琳．软件行业并购绩效研究．上海国家会计学院．2018.
[819] 徐猛．产品相似性对主并方技术创新的影响．大连理工大学．2018.
[820] 徐鹏超．我国电力企业滥用市场支配地位行为的法律规制．北方工业大学．2018.
[821] 徐舒铭．均胜电子连续跨国并购绩效研究．浙江工商大学．2018.
[822] 徐斯佳．保险合同格式条款的规制研究．广西师范大学．2018.
[823] 徐挺．基于价值投资的上市公司并购定价研究．浙江大学．2018.
[824] 徐晓璇．论经营者集中救济制度．河北大学．2018.
[825] 徐信予．关联企业合并破产多层次处理机制研究．华东政法大学．2018.
[826] 徐咏宁．标准必要专利侵权中的禁令适用条件研究．上海交通大学．2018.
[827] 徐则华．横向垄断协议行为性诊断指标体系研究．天津商业大学．2018.
[828] 徐昭媛．反恐刑事立法的预防转向研究．武汉大学．2018.
[829] 徐桢．南安市农产品生产环节质量安全监管研究．华侨大学．2018.
[830] 徐正宇．中国平安并购深发展的价值效应分析．上海师范大学．2018.
[831] 徐志威．商业银行引入战略投资者的选择及其经济后果研究．苏州大学．2018.

[832] 徐治理. 基于区块链的可监管数字货币模型研究. 西安电子科技大学. 2018.
[833] 许超. 并购的企业文化整合研究. 华东理工大学. 2018.
[834] 许海彬. 我国检验检疫监管改革思考. 黑龙江大学. 2018.
[835] 许俊伟. 我国经营者集中豁免实体审查标准研究. 安徽财经大学. 2018.
[836] 许艺铧. 高额业绩承诺：保障机制还是套利工具. 暨南大学. 2018.
[837] 宣琳露. 劳动价格扭曲与中国技术进步偏向. 武汉大学. 2018.
[838] 薛辰. 上市公司支付溢价对并购绩效影响的研究. 南京大学. 2018.
[839] 薛坤珠. "爬虫协议"竞争法规制研究. 西南政法大学. 2018.
[840] 薛帅. 我国企业并购中商誉的会计处理问题研究. 江西师范大学. 2018.
[841] 闫高阳. 我国农村资金互助社监管法律制度探析. 广西师范大学. 2018.
[842] 闫永芳. 东北制造业服务化动因及其与绩效关系研究. 吉林大学. 2018.
[843] 严光星月. 互联网游戏企业业绩承诺风险研究. 暨南大学. 2018.
[844] 严慧聪. 铜绿假单胞菌PAO1群体感应监管机制初探. 浙江工商大学. 2018.
[845] 严岚. 中小银行发展对信贷资源配置效率的影响研究. 湖南师范大学. 2018.
[846] 严玉莹. 网络游戏市场准入法律制度研究. 长安大学. 2018.
[847] 颜雅晴. 企业合并商誉减值问题研究. 上海国家会计学院. 2018.
[848] 杨波. 企业并购中劳动合同承继问题研究. 辽宁大学. 2018.
[849] 杨成. SYT公司分销业务的并购策略优化研究. 安徽财经大学. 2018.
[850] 杨代琪. 中国南北车并购的协同效应评价研究. 长沙理工大学. 2018.
[851] 杨帆. 证券市场场外配资监管研究. 厦门大学. 2018.
[852] 杨奉山. 网约车行业市场结构及政府规制研究. 广东财经大学. 2018.
[853] 杨珩. 武汉A房地产开发公司投资并购决策体系. 清华大学. 2018.
[854] 杨洪涛. 我国企业合并重组所得税制度完善研究. 中南民族大学. 2018.
[855] 杨建浩. P2P网络借贷法律监管研究. 江西财经大学. 2018.
[856] 杨健秋. 搜索引擎自然排名服务市场主体权利研究. 南京师范大学. 2018.
[857] 杨珽. 企业社会网络对并购绩效的影响. 杭州电子科技大学. 2018.
[858] 杨婧. 论深度链接行为刑法规制. 广西民族大学. 2018.
[859] 杨静思. 预售型众筹产品定价模型比较研究. 北京外国语大学. 2018.
[860] 杨坤. 黑龙江省出口食品安全监管问题研究. 哈尔滨工程大学. 2018.
[861] 杨堃. 第三方支付法律监管的研究. 天津大学. 2018.
[862] 杨柳. 论经营者承诺制度中利害关系人的权益保护. 西南政法大学. 2018.
[863] 杨柳纤. FTA发展对中国货物出口的市场准入影响. 苏州大学. 2018.
[864] 杨璐多. 我国地方政府对中小型食品企业监管现状及对策分析. 西南科技大学. 2018.
[865] 杨璐吉. 我国上市公司章程设置反收购条款监管态度研究. 上海交通大学. 2018.
[866] 杨露. 百度并购91无线的财务绩效案例研究. 沈阳理工大学. 2018.
[867] 杨孟坤. 上海市市级机关档案外包及其风险防控研究. 中共上海市委党校. 2018.
[868] 杨孟奇. 我国契约型私募基金监管问题研究. 首都经济贸易大学. 2018.
[869] 杨梦蝶. 物业管理行业并购审计风险研究. 西南政法大学. 2018.
[870] 杨旻昊. 江溪街道在线餐饮外卖食品安全监管研究. 西北师范大学. 2018.
[871] 杨萍. 复星医药产业链垂直整合战略：动因、实施与绩效. 浙江工商大学. 2018.
[872] 杨琦. 中国中车资产重组财务绩效研究. 河北经贸大学. 2018.
[873] 杨秋秋.《监管的新视角》(第六章) 翻译实践报告. 郑州大学. 2018.
[874] 杨秋桐. 基于消费者感知质量的产品众筹定价策略. 电子科技大学. 2018.

[875] 杨蕊．欣泰电气 IPO 欺诈发行及监管案例研究．沈阳工业大学．2018.
[876] 杨若兰．高管变更对并购绩效的影响研究．浙江工商大学．2018.
[877] 杨劭禹．信用违约互换的监管逻辑与路径选择．西南政法大学．2018.
[878] 杨松松．我国商业保理监管制度研究．天津工业大学．2018.
[879] 杨小伟．长春市居民对食品安全的认知现状及监管部门执法情况分析．吉林大学．2018.
[880] 杨雪．边境开放对国家主权的影响研究．吉林大学．2018.
[881] 杨雪．反垄断法执法中消费者利益标准适用探究．暨南大学．2018.
[882] 杨轶．我国警察行政拘留权规制研究．贵州民族大学．2018.
[883] 杨意．我国第三方支付的风险监管研究．首都经济贸易大学．2018.
[884] 杨莹．海南电力输配电价改革对策研究．海南大学．2018.
[885] 杨雨晴．互联网环境下平台的政府管制研究．东南大学．2018.
[886] 杨昀．快递废弃物规制研究．华东政法大学．2018.
[887] 姚广朋．银行市场势力对银行效率的影响．山东大学．2018.
[888] 姚祺晨．相对优势地位之合理性与合法性研究．上海交通大学．2018.
[889] 姚青．宿迁市宿城区文化市场监管研究．大连海事大学．2018.
[890] 姚宋伟．我国环境修复基金法律制度实证研究．郑州大学．2018.
[891] 姚月宁．上市银行会计信息有效性披露及监管分析．东北财经大学．2018.
[892] 姚志峰．互联网行业反垄断“相关市场”界定．天津商业大学．2018.
[893] 叶楠．企业并购对其绩效影响的研究．北京外国语大学．2018.
[894] 叶挺．永嘉县无证无照小作坊监管的困境及建议．江西农业大学．2018.
[895] 易婷婷．我国滥用相对优势地位法律规制研究．安徽财经大学．2018.
[896] 殷珊珊．跨国集团并购整合研究．电子科技大学．2018.
[897] 银星仪．我国电力市场信息披露制度研究．暨南大学．2018.
[898] 尹贝贝．山东省食品安全监管问题的调查与问题思考．烟台大学．2018.
[899] 尹朝阳．我国网约车监管问题研究．河南大学．2018.
[900] 尹玲馨．自由与规制：网络话语表达权及其实现．中共浙江省委党校．2018.
[901] 尹薇．雄侨城多元化经营协同效应及财务绩效研究．西南交通大学．2018.
[902] 尹雨顺．B－S 模型在高新技术企业并购估值中的应用研究．重庆理工大学．2018.
[903] 印道胜．政府公共服务合同外包的监管问责机制研究．南京理工大学．2018.
[904] 印惠珺．大数据垄断与竞争问题的法理基础分析．上海交通大学．2018.
[905] 雍逊．我国互联网金融监管问题研究．吉林财经大学．2018.
[906] 游懿轩．中国证券市场国际化背景下的 B 股折价问题及解决 B 股措施．上海交通大学．2018.
[907] 于文竹．网络市场监管中的问题与对策研究．南京航空航天大学．2018.
[908] 于晓萌．宝钢股份并购武钢股份案例研究．山东财经大学．2018.
[909] 于洋．公共租赁住房法律制度研究．云南财经大学．2018.
[910] 余国林．第三方支付业务中金融消费者个人信息保护问题研究．西南政法大学．2018.
[911] 余俊杰．我国商品市场一体化的测度与影响因素探究．江西财经大学．2018.
[912] 余莉莉．我国投资型人身保险监管法律问题研究．华东政法大学．2018.
[913] 余洋．中国第三方支付平台滥用市场支配地位的规制研究．福建师范大学．2018.
[914] 俞晨洁．S 房地产公司医疗美容领域非相关多元化战略研究．苏州大学．2018.
[915] 俞娜．交通违法行为代扣分及其规制研究．苏州大学．2018.
[916] 俞青．互联网行业中市场支配地位的认定研究．安徽财经大学．2018.

[917] 郁静慧．互联网信息内容监管领域行政约谈制度研究．内蒙古大学.2018.
[918] 喻亦爽．我国民资发起设立民营银行的市场准入研究．福建师范大学.2018.
[919] 袁方园．标准必要专利垄断行为法律规制研究．广西大学.2018.
[920] 袁浩捷．共享单车押金法律问题与对策研究．四川师范大学.2018.
[921] 袁华松．河源市农产品质量追溯体系存在的问题及对策．仲恺农业工程学院.2018.
[922] 袁吉.Z公司重大资产重组经济后果研究．天津大学.2018.
[923] 袁见．青岛海尔并购通用电气家电业务案例分析．山东财经大学.2018.
[924] 袁雯娟．基于战略视角下的乐视并购动因及财务绩效分析．南京信息工程大学.2018.
[925] 袁艺．公私合作模式中的公权力规制研究．黑龙江大学.2018.
[926] 袁振华．经营者集中附加限制性条件制度之困境与反思．深圳大学.2018.
[927] 袁志航．恒大地产并购深深房财务风险研究．华东交通大学.2018.
[928] 袁子龙．房地产企业并购绩效分析．哈尔滨商业大学.2018.
[929] 袁子扬．富临精工并购升华科技案例分析．湘潭大学.2018.
[930] 月茹．骗婚行为的刑法规制．黑龙江大学.2018.
[931] 岳楷斌．考虑用户成本的双边平台动态定价模型．山西大学.2018.
[932] 岳田田．应用内购买模式的反垄断法律规制研究．西南政法大学.2018.
[933] 再丽莱姆·居麦.P2P校园网贷平台的法律监管研究．新疆大学.2018.
[934] 翟东辉．论我国警察行政调查权的法律规制．黑龙江大学.2018.
[935] 翟愉．基于双边市场的第三方支付市场的反垄断法分析．山东财经大学.2018.
[936] 詹娜．电子商务对我国商品市场分割的影响研究．浙江工商大学.2018.
[937] 张傲霜．国际商事仲裁中第三方出资的法律问题研究．北京外国语大学.2018.
[938] 张朝辉．我国上市公司高送转行为研究．山东财经大学.2018.
[939] 张驰．移动游戏企业并购的动因和风险分析．南京农业大学.2018.
[940] 张春雨.A公司并购B公司支付方式选择研究．长沙理工大学.2018.
[941] 张丹．环境不确定性、内部控制质量与债务契约．安徽财经大学.2018.
[942] 张丹丹.B公司并购L公司财务风险控制案例研究．西安石油大学.2018.
[943] 张端．行为性救济制度在我国的实践和完善．华东政法大学.2018.
[944] 张凤艳．巴彦淖尔市临河区农村食品安全政府监管问题研究．内蒙古大学.2018.
[945] 张国辉．优势企业捆绑折扣反垄断规制研究：理论与实践．天津商业大学.2018.
[946] 张昊．共享单车的市场结构分析．云南财经大学.2018.
[947] 张浩．最低质量标准对寡头垄断厂商的规制效应研究．首都经济贸易大学.2018.
[948] 张红．昆明市危险废物监管能力提升研究．云南大学.2018.
[949] 张红蕾．滥用标准必要专利的反垄断规制．北京交通大学.2018.
[950] 张后宽.A公司并购后人力资源配置研究．苏州大学.2018.
[951] 张华英．互联网企业多元化经营的财务风险分析及控制研究．中国地质大学（北京）.2018.
[952] 张慧．论我国药品价格垄断的法律规制．安徽财经大学.2018.
[953] 张家铭．深港通制度实施对深市投资者行为影响研究．吉林大学.2018.
[954] 张嘉升.A股上市公司股权激励各阶段盈余管理实证分析．华南农业大学.2018.
[955] 张建．无人机监管立法问题研究．湖南师范大学.2018.
[956] 张建东．旅游市场治理研究．山西大学.2018.
[957] 张建杰．互联网企业R&D活动对市场势力的影响．浙江工商大学.2018.
[958] 张婕．“上市公司+PE”视角下金城医药并购案例分析．广东财经大学.2018.

[959] 张金萍．使用逻辑模型评估 X 社区校外托管班监管项目．厦门大学．2018.

[960] 张进华．企业合并会计处理方法问题研究．对外经济贸易大学．2018.

[961] 张晶．相互保险公司的法律监管研究．西南政法大学．2018.

[962] 张晶晶．专业化水平、地方保护对中国上市公司跨地区并购影响的实证研究．浙江大学．2018.

[963] 张静．我国社区矫正衔接机制的研究．河北经贸大学．2018.

[964] 张俊杰．海南省普惠金融监管问题研究．海南大学．2018.

[965] 张宽．网络经济对经济增长的空间效应研究．西北大学．2018.

[966] 张磊．济南市章丘区网络交易监管问题研究．山东师范大学．2018.

[967] 张力．A 公司并购后财务整合研究．河北工业大学．2018.

[968] 张丽．知识产权许可反垄断法规制之安全港规则研究．南京航空航天大学．2018.

[969] 张丽．互联网汽车金融风险及法律规制．华东政法大学．2018.

[970] 张丽莉．特殊工时政府管理的优化研究．华东政法大学．2018.

[971] 张林．P2P 金融“中介”服务平台法律性质辨析及其规制．南京大学．2018.

[972] 张路．表限定的“だけ”与“しか…ない”的比较．上海外国语大学．2018.

[973] 张敏．学校食堂规范化管理现状及策略研究．河北大学．2018.

[974] 张敏．自媒体时代言论自由的法律规制问题研究．广西师范大学．2018.

[975] 张娜．英语演讲的交替传译策略—萨姆·莱博维克演讲的口译实践报告．大连外国语大学．2018.

[976] 张鹏．基于拓扑分析体系的科大讯飞公司并购风险评估．华中科技大学．2018.

[977] 张琪．互联网游戏企业海外并购动因及财务绩效分析．南京农业大学．2018.

[978] 张琴．T 市慈善组织监管问题研究．扬州大学．2018.

[979] 张庆龙．中信银行条码支付业务的发展现状及未来发展策略研究．山东大学．2018.

[980] 张庆伟．栖霞市食品安全监管存在问题与对策研究．青岛大学．2018.

[981] 张珊．基于平衡计分卡视角的天神娱乐并购绩效研究．广东工业大学．2018.

[982] 张士书．业绩承诺的动机与经济后果研究．华东理工大学．2018.

[983] 张思琦．互联网企业并购风险控制研究．河北经贸大学．2018.

[984] 张斯然．券商并购中的财务风险管理研究．中南财经政法大学．2018.

[985] 张涛．新能源汽车产业公平竞争审查研究．华东政法大学．2018.

[986] 张玮．上海城市轨道交通运营安全监管优化对策研究．西北师范大学．2018.

[987] 张文．上海市药品集中招标采购监管问题研究．上海师范大学．2018.

[988] 张文彬．网络直播行政法律监管研究．兰州大学．2018.

[989] 张文静．供给侧改革下煤炭企业并购绩效评价研究．南京师范大学．2018.

[990] 张文亮．基于搭售背景下数量型忠诚折扣行为研究．天津财经大学．2018.

[991] 张文苑．环境规制对中国发电行业绩效的影响研究．长沙理工大学．2018.

[992] 张雯．G 市职业病防治的监管问题及对策研究．暨南大学．2018.

[993] 张武洲．新形势下大连海关稽查机制研究．辽宁师范大学．2018.

[994] 张翔．并购重组中业绩补偿承诺与中小股东利益保护．浙江工商大学．2018.

[995] 张潇．反向支付协议的反垄断法规制研究．华东政法大学．2018.

[996] 张小媛．收费公路市场准入规制效率研究．长安大学．2018.

[997] 张晓琴．国有资源型企业并购绩效研究．云南财经大学．2018.

[998] 张辛未．采用 NFC 技术的智能手机监管及考勤系统研发．吉林大学．2018.

[999] 张馨心．中超联赛转播权垄断问题研究．大连理工大学．2018.

［1000］ 张鑫．并购重组的风险研究．西安理工大学．2018.
［1001］ 张璇．专利权滥用的法律规制研究．西南政法大学．2018.
［1002］ 张雪．私募股权投资退出方式研究．对外经济贸易大学．2018.
［1003］ 张雪莹．人工智能的法律规制．西北政法大学．2018.
［1004］ 张妍妍．重组业绩补偿承诺对并购溢价的影响．浙江财经大学．2018.
［1005］ 张燕．庄河市农村食品安全监管问题调查研究．大连理工大学．2018.
［1006］ 张洋．烟草行业反垄断法规制．内蒙古大学．2018.
［1007］ 张一东．标准必要专利停止侵权责任的适用条件．北京化工大学．2018.
［1008］ 张一鸣．在线评价累积效应对共享经济平台成交量的影响．大连理工大学．2018.
［1009］ 张苡熔．本溪市政府网络舆情监管问题及解决对策．东北大学．2018.
［1010］ 张艺多．“专利蟑螂”的知识产权法分析．南昌大学．2018.
［1011］ 张盈．专利交叉许可的反垄断规制研究．武汉工程大学．2018.
［1012］ 张赢赢．斯伦贝谢公司发展战略、并购行为和企业绩效研究．中国石油大学（北京）．2018.
［1013］ 张颖培．商誉减值问题研究．深圳大学．2018.
［1014］ 张应媛．并购对研发及企业价值影响的实证研究．电子科技大学．2018.
［1015］ 张于．我国制造业上市公司并购对经营绩效的影响．山东大学．2018.
［1016］ 张宇．吉林省聚乳酸产品质量监管研究．吉林大学．2018.
［1017］ 张雨迪．区域市场分割的空间经济增长效应研究．武汉大学．2018.
［1018］ 张雨萌．汽车零部件行业并购动因及绩效研究．西南交通大学．2018.
［1019］ 张玉凤．对赌协议法律问题研究．辽宁大学．2018.
［1020］ 张钰卿．中国在德国的企业并购实践．北京外国语大学．2018.
［1021］ 张媛媛．上市企业并购支付方式对财务绩效的影响研究．云南师范大学．2018.
［1022］ 张悦．实物期权 Geske 模型在影视传媒企业并购价值评估中的应用研究．北京工商大学．2018.
［1023］ 张泽敏．盐业体制改革背景下 Y 公司发展战略研究．云南师范大学．2018.
［1024］ 张志昂．律师庭外言论的法律规制研究．广西民族大学．2018.
［1025］ 张庄熠．服务型政府建设下政府规制性职能的优化．厦门大学．2018.
［1026］ 张祖源．高通垄断案焦点法律问题研究．广东财经大学．2018.
［1027］ 赵彩芹．基于人力资源视角的 ABC 公司并购整合研究．深圳大学．2018.
［1028］ 赵超烽．供给侧改革背景下我国钢铁行业并购重组模式研究．浙江财经大学．2018.
［1029］ 赵铎．跨境电商检验检疫监管研究．辽宁师范大学．2018.
［1030］ 赵格．华谊兄弟溢价并购银汉科技的财务风险分析．浙江工商大学．2018.
［1031］ 赵弘扬．基于财务战略矩阵的企业合并财务评价研究．南京审计大学．2018.
［1032］ 赵鸿川．上市公司大额并购的融资决策研究．天津大学．2018.
［1033］ 赵俊豪．非法定数字货币风险研究．中共中央党校．2018.
［1034］ 赵梁．不同权力结构下供应链决策与契约协调研究．山东科技大学．2018.
［1035］ 赵敏．基于风险防范的第三方支付监管研究．首都经济贸易大学．2018.
［1036］ 赵茜．我国医疗保险监管法律制度研究．内蒙古大学．2018.
［1037］ 赵睿．马克思地租理论的思想张力．长春理工大学．2018.
［1038］ 赵双．我国经营者集中附条件适用完善．暨南大学．2018.
［1039］ 赵桐宇．基于 GIS 的加油站管理系统设计与实现．电子科技大学．2018.
［1040］ 赵晓菁．欧盟竞争法规则对互联网企业滥用支配地位行为的认定．吉林大学．2018.

[1041] 赵筱涵．监管视角下欣泰电气财务造假案例研究．南京农业大学．2018.
[1042] 赵旭莹．标准必要专利反垄断规制研究．首都经济贸易大学．2018.
[1043] 赵莹．相对优势地位滥用的反垄断法规制基础与限度．北京交通大学．2018.
[1044] 赵咏梅．专营市场企业搭售行为违法性认定研究．兰州大学．2018.
[1045] 赵宇蒙．我国商业银行理财市场势力对绩效水平的影响研究．西南财经大学．2018.
[1046] 赵云虎．首次代币发行法律监管研究．华东政法大学．2018.
[1047] 赵振森．我国股东非货币出资形式扩展与规制研究．浙江财经大学．2018.
[1048] 赵正华．P2P 网贷平台的风险控制策略研究．广东外语外贸大学．2018.
[1049] 郑卉殷．我国环保产业 PPP 模式运行机理及规制政策研究．广东财经大学．2018.
[1050] 郑江文．限定交易行为认定研究．厦门大学．2018.
[1051] 郑克振．我国上市公司并购绩效分析．苏州大学．2018.
[1052] 郑桥烨．《证券法》上“证券公开发行”再界定．武汉大学．2018.
[1053] 郑盛太．我国反不正当竞争法律制度研究．延边大学．2018.
[1054] 郑偲．全通教育定向增发并购财务效应研究．广东外语外贸大学．2018.
[1055] 郑欣瑜．我国互联网上市公司并购对公司财务绩效影响的实证研究．北京邮电大学．2018.
[1056] 郑杨杨．沪港通对 AH 股票溢价收敛及沪港股市联动性的影响．哈尔滨工业大学．2018.
[1057] 郑泽波．论我国食品安全的刑法规制．宁波大学．2018.
[1058] 钟静．创业板上市公司合并商誉对公司绩效影响研究．南京师范大学．2018.
[1059] 钟榆钦．一个公安监管综合数据系统的设计与实现．华中科技大学．2018.
[1060] 周波明．我国反垄断民事诉讼举证责任分配研究．湘潭大学．2018.
[1061] 周陈．论我国融资租赁登记制度的完善．天津工业大学．2018.
[1062] 周寰．论程序权利的滥用及其规制．西南政法大学．2018.
[1063] 周慧芳．企业合并中不同会计处理方法对合并报表的影响研究．长安大学．2018.
[1064] 周静．反向收购的会计相关问题研究．东北财经大学．2018.
[1065] 周堪贞．广东省药品流通监管大数据分析平台的设计与实现．华南理工大学．2018.
[1066] 周梦吉．对网络食品交易第三方平台的行政监管研究．东南大学．2018.
[1067] 周琪．竞争法视角下的药品专利强制许可．武汉大学．2018.
[1068] 周帅萍．并购情境下领导问责对员工个人认同的影响机制研究．浙江大学．2018.
[1069] 周涛．富士康并购夏普之案例分析．兰州大学．2018.
[1070] 周旺．论房地产投资信托个人投资者的法律保护．浙江大学．2018.
[1071] 周文浩．我国食品安全监管执法机制研究．深圳大学．2018.
[1072] 周向楠．康美药业的纵向一体化效果研究．北京交通大学．2018.
[1073] 周晓盈．基于电商平台视角的商家刷单行为监管策略研究．湖南大学．2018.
[1074] 周雪婷．沪港通运行对 AH 股价差的影响研究．安徽财经大学．2018.
[1075] 周雅兰．我国页岩气开发环境监管法律制度研究．西南石油大学．2018.
[1076] 周盈．无锡市北塘区小餐饮单位食品安全问题及其对策研究．苏州大学．2018.
[1077] 周玉薇．同一控制下的企业合并会计处理方法选择．首都经济贸易大学．2018.
[1078] 周钰萍．并购商誉会计计量的探讨．华东交通大学．2018.
[1079] 周远昊．人民币国际化背景下的不当货币行为规制研究．西南政法大学．2018.
[1080] 朱晨晔．民事诉权滥用及其规制研究．安徽大学．2018.
[1081] 朱楚珺．互联网企业多元化经营的动因及绩效研究．广东外语外贸大学．2018.

［1082］朱宏．申银万国合并宏源证券会计处理方法研究．云南师范大学 . 2018.
［1083］朱俊星．天桥起重并购华新机电的财务效应研究．深圳大学 . 2018.
［1084］朱丽霞．梅州市梅江区蔬菜质量安全监管研究．仲恺农业工程学院 . 2018.
［1085］朱娜娜．中国航空业并购重组的潜在收益度量．华东政法大学 . 2018.
［1086］朱少鹏．网络直播法律监管制度研究．广东财经大学 . 2018.
［1087］朱晓洁．产业价值链视角下华策影视并购绩效研究．浙江工商大学 . 2018.
［1088］朱星宇．我国网络公益众筹监管法律制度研究．安徽财经大学 . 2018.
［1089］朱亚丽．我国 PPP 项目的反垄断法规制探究．浙江大学 . 2018.
［1090］朱艳．网约车监管法律问题研究．辽宁大学 . 2018.
［1091］朱永红．我国网络广告监管研究．新疆大学 . 2018.
［1092］朱宇辰．微传播伦理失范与规制研究．江苏师范大学 . 2018.
［1093］朱玉洁．不确定条件下卡特尔行为的反垄断经济学研究．中南财经政法大学 . 2018.
［1094］朱郑．北京市网络游戏监管现状、问题及对策研究．北京工业大学 . 2018.
［1095］庄碧伟．企业合并的企业所得税制改革研究．云南财经大学 . 2018.
［1096］卓敏华．我国福利彩票公益金监管问题研究．广西民族大学 . 2018.
［1097］宗娟娟．朔州市城镇职工基本医疗保险存在的问题及监管对策研究．首都经济贸易大学 . 2018.
［1098］邹林琪．苍南县海洋捕捞渔船监管研究．西北农林科技大学 . 2018.
［1099］邹明君．目的地市场特征与中国出口企业产品价格加成．大连理工大学 . 2018.
［1100］邹少雯．网约车监管中的问题及对策研究．南京理工大学 . 2018.
［1101］邹杨亨妮．标准必要专利滥用行为的反垄断法律规制研究．南昌大学 . 2018.
［1102］左家华．表外融资成因及资产确认会计问题研究．云南大学 . 2018.

2019 年

［1］Chong Zhongjioa. 网购食品安全监管演化博弈分析．安徽理工大学 . 2019.
［2］Savvin Nikolai. 影响俄罗斯电能社会消费定额的家庭特征研究．中国矿业大学 . 2019.
［3］艾策．论个人信息的行政法保护．河北经贸大学 . 2019.
［4］艾敏．我国矿业企业“走出去”研究．江西财经大学 . 2019.
［5］安雨．网络预约出租汽车法律规制研究．北方工业大学 . 2019.
［6］安玉．屏蔽网络广告行为竞争法规制实证研究．郑州大学 . 2019.
［7］白清维．中国平安并购深圳发展银行的协同效应分析．西南财经大学 . 2019.
［8］白书雅．地方保护、上市公司竞争战略选择与补贴依赖．河南财经政法大学 . 2019.
［9］白文．首旅酒店并购如家酒店协同效应研究．东北石油大学 . 2019.
［10］白文泽．劳动合同承继中的劳动者权利及其实现方式研究．西南政法大学 . 2019.
［11］白幸幸．通化金马公司并购资产被否的原因与启示研究．重庆大学 . 2019.
［12］白旭明．非法期货交易的刑法规制与完善．浙江大学 . 2019.
［13］白艺博．并购目标公司财务特征研究．河北地质大学 . 2019.
［14］白玥．百圆裤业业务转型的动因及绩效研究．中国石油大学（北京）. 2019.
［15］白玥．新三板企业并购风险及防范．天津财经大学 . 2019.
［16］白玥．网络直播行政法律监管研究．延边大学 . 2019.
［17］白云天．上市公司并购新三板挂牌公司的短期财富效应研究．华中师范大学 . 2019.
［18］柏亭羽．忠诚折扣的反垄断规制．华东政法大学 . 2019.

[19] 班宏扬．首旅酒店并购南苑集团的动因与绩效分析．广东财经大学．2019.

[20] 鲍梦菲．北京市丰台区劳务派遣机构监管对策研究．中国地质大学（北京）．2019.

[21] 边秋莹．反垄断视角下的忠诚折扣研究．吉林大学．2019.

[22] 边韵煦．公司并购中业绩承诺未兑现问题研究．东北财经大学．2019.

[23] 蔡宸．坚瑞沃能并购重组中高溢价估值问题研究．河南财经政法大学．2019.

[24] 蔡乐乐．并购对教育培训上市企业可持续发展能力影响．湖北经济学院．2019.

[25] 蔡生运．我国药品电视虚假广告的监管问题研究．广西师范大学．2019.

[26] 蔡雯璟．大数据引起的市场支配地位滥用行为法律规制．上海交通大学．2019.

[27] 蔡鑫．政府主导下的 L 市城投企业重组整合案例研究．兰州交通大学．2019.

[28] 蔡颖．单用途预付卡消费的法律规制．哈尔滨师范大学．2019.

[29] 蔡宇．标准必要专利禁令救济的反垄断法规制．吉林大学．2019.

[30] 曹号．我国互联网企业并购风险控制研究．华中师范大学．2019.

[31] 曹睿倩．我国虚拟货币监管立法现状、问题及对策．海南大学．2019.

[32] 曹胜男．金融市场分割对企业存活期限的影响研究．河南大学．2019.

[33] 曹欣桐．资本市场错误定价、融资约束与企业并购方式的选择：基于上市技术密集型企业的实证．苏州大学．2019.

[34] 曹砚秋．"走出去"战略下央企横向并购重组价值创造研究．苏州大学．2019.

[35] 曹羽凤．我国在线少儿英语教育产业发展研究．武汉大学．2019.

[36] 曹玉杰．申银万国并购宏源证券的动因及绩效研究．南京信息工程大学．2019.

[37] 柴晓娟．外国高校驻华代表机构的法律监管问题研究．苏州大学．2019.

[38] 常皓．"营改增"与中国经济一体化．山东大学．2019.

[39] 常甜甜．万达院线高溢价并购慕威时尚的动因与绩效研究．天津财经大学．2019.

[40] 常兴．东旭光电公司并购绩效研究．天津科技大学．2019.

[41] 巢邦略．信息技术服务业全产业链并购的动因与绩效研究．苏州大学．2019.

[42] 陈柏卉．融创中国并购万达文旅项目的财务风险分析及防范．吉林财经大学．2019.

[43] 陈彬彬．机构投资者持股对上市公司并购的影响．西南财经大学．2019.

[44] 陈纯．安全监督管理系统设计与实现．湖南大学．2019.

[45] 陈丹璐．好想你并购百草味协同效应研究．广西大学．2019.

[46] 陈帆．市场集中度对平台型 B2C 网络零售业市场势力的影响研究．浙江工商大学．2019.

[47] 陈光普．美国反垄断法域外适用问题研究．西南政法大学．2019.

[48] 陈慧敏．我国职业年金运营监管问题研究．安徽大学．2019.

[49] 陈佳潞．*ST 安泰上市公司大股东"掏空"行为研究．西安工业大学．2019.

[50] 陈杰．LX 集团公司并购重组业务的税收筹划研究．南京师范大学．2019.

[51] 陈静．面向可持续增长的集团型公司多业务开发支撑体系研究．东南大学．2019.

[52] 陈琳．考虑公平性的机场拥挤收费方案设计与评价研究．南京航空航天大学．2019.

[53] 陈玲玲．跨国并购多层次文化整合与并购协同效应研究．苏州大学．2019.

[54] 陈露霜．乐清市中小学食堂食品安全监管研究．浙江中医药大学．2019.

[55] 陈吕斌．市场结构影响下政府补贴对企业创新投入作用效果研究．中国矿业大学．2019.

[56] 陈玫珊．我国民事恶意诉讼的程序法规制研究．安徽工业大学．2019.

[57] 陈梦黎．基于用户画像的政府投资工程招标人与投标人合谋行为监测研究．长沙理工大学．2019.

[58] 陈梦莹．换股吸收合并的价值效应研究．江西师范大学．2019.

[59] 陈睿．我国国有上市公司并购绩效研究．苏州大学．2019.

［60］陈婉莹．高校校办企业国有资产监管法律问题研究．福建师范大学．2019.
［61］陈文锋．新阳洲并购业绩承诺案例研究．华南理工大学．2019.
［62］陈显．商业银行并购贷款的风险管理研究．中南财经政法大学．2019.
［63］陈潇瑜．上市公司并购商誉及其减值风险研究．东北财经大学．2019.
［64］陈晓涵．网络广告屏蔽行为的竞争法规制研究．中南财经政法大学．2019.
［65］陈晓韦．九有股份投机性并购重组行为及其后果研究．南京审计大学．2019.
［66］陈新野．企业流动性对我国上市公司并购绩效的影响研究．上海社会科学院．2019.
［67］陈星．考虑服务影响的互补品双渠道供应链优化策略研究．广东工业大学．2019.
［68］陈秀梅．即时通讯行业相关市场界定的法律问题研究．福建师范大学．2019.
［69］陈雅素．我国汽车融资租赁监管的法律问题研究．兰州财经大学．2019.
［70］陈瑶．互联网企业并购中的财务风险研究．重庆理工大学．2019.
［71］陈一鋆．双边市场视角下P2P网贷平台市场势力对企业行为影响．厦门大学．2019.
［72］陈毅华．数据驱动型并购的相关市场界定研究．中国政法大学．2019.
［73］陈尤佳．仪征市食品小作坊监管问题与对策研究．扬州大学．2019.
［74］陈钰怡．惠州市居民阶梯电价政策实施中的问题与对策研究．广西师范大学．2019.
［75］陈玥．忠诚折扣行为的反垄断法规制．厦门大学．2019.
［76］陈跃龙．知识产权滥用的反垄断法规制研究．河北经贸大学．2019.
［77］陈韵欣．业绩补偿承诺对公司治理效应的影响研究．广东财经大学．2019.
［78］陈增毅．P2P网络借贷风险管控研究．广西大学．2019.
［79］陈正超．社会共治视角下自媒体言论自由的法律规制研究．武汉工程大学．2019.
［80］陈支平．P2P网络借贷监管研究．上海社会科学院．2019.
［81］陈子菡．经营者集中附行为性条件批准制度研究．中南财经政法大学．2019.
［82］成建辉．农村资金互助社法律制度研究．南京财经大学．2019.
［83］成敏．中国反垄断法域外适用制度问题研究．西北大学．2019.
［84］程瀚．并购视角下高新技术企业价值评估．西南财经大学．2019.
［85］程敏．商业保理法律问题研究．兰州大学．2019.
［86］程佩．政府职能转变背景下海关监管模式优化研究．上海师范大学．2019.
［87］程睿．产权性质、并购与股价崩盘风险．南京财经大学．2019.
［88］初晓艺．产品壁垒、资产特征与制造业服务化水平的实证研究．河北大学．2019.
［89］储熙．企业并购、三去一降与全要素生产率．南京财经大学．2019.
［90］楚雨凡．传媒企业合并商誉计量研究．北京印刷学院．2019.
［91］褚婷婷．新城控股合并江苏新城的财务绩效研究．江苏大学．2019.
［92］从鸿全．论民事检察监督调查核实权．江西财经大学．2019.
［93］丛梦．现金持有、分析师跟踪与并购绩效．东北财经大学．2019.
［94］崔宝林．完善我国人工代孕法律规制的探索．江西师范大学．2019.
［95］崔璨．神州信息并购华苏科技的协同效应研究．天津财经大学．2019.
［96］崔金漪．阿里巴巴并购大麦网财务协同效应研究．天津财经大学．2019.
［97］崔萍．我国电力领域反垄断法规制制度研究．郑州大学．2019.
［98］崔月月．威创股份的并购绩效研究．天津财经大学．2019.
［99］代洁．深港通对AH股价差敛散性影响的实证研究．北京交通大学．2019.
［100］代旭．政府购买公共服务监管问题研究．长春工业大学．2019.
［101］戴娇娇．金融控股公司关联交易监管问题研究．华东政法大学．2019.
［102］戴宁．创造性资产寻求视角下吉利并购沃尔沃绩效分析．新疆财经大学．2019.

[103] 戴清慧．流动性冲击对我国国债价格波动影响的实证分析．上海师范大学．2019.
[104] 戴祎．曲靖市麒麟区农村“三资”处置程序监管研究．云南财经大学．2019.
[105] 单宝雄．我国社区矫正中电子监控的法律规制研究．青岛大学．2019.
[106] 党鲁梦．并购中高估值及相关风险管理研究．河南财经政法大学．2019.
[107] 邓曼菲．投资者关注能否提升监管的指向性．西南财经大学．2019.
[108] 邓鹏．民事诉讼管辖权异议滥用的实证研究．四川省社会科学院．2019.
[109] 狄莺．互联网企业滥用市场支配地位行为的认定．扬州大学．2019.
[110] 翟利敏．双边市场中掠夺性定价行为研究．浙江理工大学．2019.
[111] 丁俊元．信息不对称视角下食品安全监管问题与对策研究．山东师范大学．2019.
[112] 丁伦桢．政治关联对企业跨界并购的影响研究．武汉理工大学．2019.
[113] 丁宁．高额“苹果税”涉垄断问题研究．东北财经大学．2019.
[114] 丁帅骊．管理层非理性行为对并购溢价的影响及经济效应研究．浙江财经大学．2019.
[115] 丁薇．传统企业跨行业并购动机及经济后果分析．苏州大学．2019.
[116] 丁媛．企业合并商誉会计问题的分析研究．成都理工大学．2019.
[117] 董贵龙．中联重科连续并购的战略动因及绩效研究．内蒙古大学．2019.
[118] 董加徐．大数据环境下价格歧视的法律规制．广西大学．2019.
[119] 董帅．中国自媒体监管体系建构研究．湖南大学．2019.
[120] 董婷．论网约车市场的反垄断规制．黑龙江大学．2019.
[121] 杜梦锦．基于监管的高速铁路旅客运输服务质量影响因素研究．西南交通大学．2019.
[122] 杜英．管理层薪酬及其结构对盈余管理的影响研究．西北大学．2019.
[123] 段蓉晖．D 公司 Y 公司合并税收筹划研究．东北农业大学．2019.
[124] 段睿．海大集团并购大信集团财务绩效案例研究．华南理工大学．2019.
[125] 樊文静．中粮集团公司的发展战略研究．厦门大学．2019.
[126] 樊玉玉．腾讯文学横向并购的协同效应研究．北京印刷学院．2019.
[127] 范凯松．福建海洋渔船监管研究．福建农林大学．2019.
[128] 范欣．江西省生产安全事故防控政策的形态转变研究．南昌大学．2019.
[129] 范雅睿．文娱产业并购中未达标的业绩承诺对并购方的影响研究．河北大学．2019.
[130] 方宸．不同市场类型下厂商推荐机制的研究．湖南大学．2019.
[131] 方迪．公安系统网络安全监管问题研究．辽宁师范大学．2019.
[132] 方洁．金融机构资产管理产品刚性兑付法律问题研究．安徽大学．2019.
[133] 方天雨．政府信息公开诉讼中滥用诉权的研究．北京交通大学．2019.
[134] 方翔．威慑理念下我国反垄断行政处罚制度的检视．浙江理工大学．2019.
[135] 方志明．公众参与食品安全监管的演化博弈分析及政策建议．浙江财经大学．2019.
[136] 冯采怡．互联网企业滥用市场支配地位的法律规制研究．新疆财经大学．2019.
[137] 冯超宇．上市公司并购动因及效应的案例分析．华中科技大学．2019.
[138] 冯梦琦．数据垄断的竞争法规制．哈尔滨商业大学．2019.
[139] 冯世斌．我国私人银行业务发展的法律困境及对策研究．长春理工大学．2019.
[140] 冯玉梅．我国互联网金融征信体系建设研究．四川农业大学．2019.
[141] 冯周卫．互联网融资中介平台个人信息保护问题研究．西南政法大学．2019.
[142] 付秋铜．首旅酒店并购如家酒店的动因与绩效研究．中国财政科学研究院．2019.
[143] 付天祺．总体国家安全观视野下我国境外非政府组织境内活动监管研究．内蒙古大学．2019.
[144] 付银茹．寻衅滋事罪扩张适用的规制．山西大学．2019.

[145] 傅楚涵．中国债券市场开放及其主要影响因素分析．上海社会科学院．2019.
[146] 高彩．互联网企业合并动因及风险分析．山东大学．2019.
[147] 高晨晨．金融混业并购下的协同效应研究．江西师范大学．2019.
[148] 高丹丹．网络食品交易第三方平台监管法律制度研究．西南科技大学．2019.
[149] 高皓凌．负责任的企业会更容易获得政府与社会资本合作（PPP）项目吗？．南京大学．2019.
[150] 高捷羽．我国共享单车监管问题研究．上海交通大学．2019.
[151] 高李莹．轻资产运营模式下企业的并购绩效研究．东北财经大学．2019.
[152] 高立春．我国药品安全监管法律问题研究．河北科技大学．2019.
[153] 高朔．互联网货币基金流动性风险及监管探析．浙江大学．2019.
[154] 高思敏．反垄断法对国有企业的豁免制度研究．吉林财经大学．2019.
[155] 高威．B 企业并购 SW 企业案例研究．郑州大学．2019.
[156] 高艳丽．企业并购重组所得税筹划研究．浙江工商大学．2019.
[157] 高钰正．公司并购中的大股东减持分析．广州大学．2019.
[158] 葛青．基于并购视角的商业模式创新影响因素分析．北京邮电大学．2019.
[159] 耿晓宇．企业并购中的股权投资价值评估．西南财经大学．2019.
[160] 耿续桐．企业并购财务协同效应分析．吉林财经大学．2019.
[161] 宫政．古诺模型下交叉持股对企业合谋的影响．上海社会科学院．2019.
[162] 巩静文．同一控制下企业合并盈余管理研究．青岛大学．2019.
[163] 缑亚伦．河南省涉外法律服务的现状、制约及完善．河南大学．2019.
[164] 谷晓彤．日照市网约车规制问题研究．曲阜师范大学．2019.
[165] 顾家伊．中国家电企业海外并购整合问题研究．天津财经大学．2019.
[166] 顾永威．论我国内幕交易规制的路径选择．厦门大学．2019.
[167] 郭慧敏．上市公司股权结构对关联并购绩效的影响研究．西安建筑科技大学．2019.
[168] 郭京生．药品行业超高定价行为的反垄断规制．安徽大学．2019.
[169] 郭雅哲．我国传媒上市公司并购绩效研究．华南理工大学．2019.
[170] 郭彦彦．平台厂商市场份额的度量及其市场势力研究．山东大学．2019.
[171] 郭子芸．反垄断法视域内消费者权益保护机制研究．西南科技大学．2019.
[172] 韩桂月．吉利并购沃尔沃案例财务风险控制研究．哈尔滨理工大学．2019.
[173] 韩书同．厦华电子引入战略投资者失败案例分析．新疆财经大学．2019.
[174] 韩叔君．双边市场视角下 OTA 对酒店的纵向约束策略研究．山东大学．2019.
[175] 韩燕兰．高管海外经历与企业并购绩效．苏州大学．2019.
[176] 韩烨．康恩贝并购贵州拜特协同效应研究．天津财经大学．2019.
[177] 郝洪洋．网络借贷平台监管法律制度研究．兰州大学．2019.
[178] 郝瑞卿．宝钢并购武钢的财务绩效研究．东北石油大学．2019.
[179] 郝韵．母国市场规模对中国海外并购绩效的影响研究．浙江财经大学．2019.
[180] 何昊洋．移动互联网领域经营者集中审查反垄断法律问题研究．西南政法大学．2019.
[181] 何吉利．老年保健食品电视广告的监管研究．浙江工业大学．2019.
[182] 何文杰．跨国混合并购财务风险的防范．天津财经大学．2019.
[183] 何予．连续并购的战略动因与绩效研究．南京审计大学．2019.
[184] 何元静．在线短租的行政法规制研究．西南政法大学．2019.
[185] 何源．ZY 公司并购绩效研究．云南师范大学．2019.
[186] 和旭．基于 CGE 模型的广东省天然气终端价格模拟研究．中国石油大学（北京）．2019.

[187] 衡尧．搜索引擎歧视行为的反垄断法规制．西南科技大学.2019.
[188] 洪宏.W 集团并购韩国 G 公司跨文化冲突管理策略的研究．浙江工商大学.2019.
[189] 侯讷敏．网络借贷机构的市场准入制度完善．浙江大学.2019.
[190] 侯巧玲．大市场监管模式下餐饮服务食品安全监管难点和对策研究．河南大学.2019.
[191] 胡凡．公司治理对并购绩效的影响及作用机制．厦门大学.2019.
[192] 胡杰文．房地产企业联合开发模式的收益分配研究．广西大学.2019.
[193] 胡珂滢．首旅并购如家的绩效评价研究．南昌大学.2019.
[194] 胡梦琳.AT&T 收购时代华纳“久拖不决”的市场反应及其启示．南京审计大学.2019.
[195] 胡沛．专利联营反垄断规制论析．长安大学.2019.
[196] 胡睿．产品市场势力对证券分析师预测行为的影响研究．西南财经大学.2019.
[197] 胡若普．我国信用评级监管法律制度研究．重庆大学.2019.
[198] 胡世康．电商物流企业并购研究．上海交通大学.2019.
[199] 胡文杰．数据垄断中的滥用市场支配地位行为法律问题研究．北京交通大学.2019.
[200] 胡欣悦．青岛海尔并购 GE 家电的协同效应分析．天津商业大学.2019.
[201] 胡兴宁．供给侧视角下柳州市网约车的政府规制研究．广西大学.2019.
[202] 胡永．机器人权利引发的社会问题及其风险规制．河北师范大学.2019.
[203] 胡蕴哲．并购背景下蓝色光标股权激励实施效果研究．华东交通大学.2019.
[204] 胡志明．阳光城与物产中大并购绩效评价的案例研究．大连理工大学.2019.
[205] 华梦迪．植入式广告法律规制研究．郑州大学.2019.
[206] 华耀．“放管服”背景下江西省消毒产品监督管理研究．南昌大学.2019.
[207] 黄丰．深港通背景下 AH 股价差影响因素的研究．华东师范大学.2019.
[208] 黄涵．浙江省区域市场准入环境评估及其与“经济－社会－生态”复合系统的耦合分析．浙江工商大学.2019.
[209] 黄继红．中国南车吸收合并中国北车动因及绩效分析．江西财经大学.2019.
[210] 黄家达．并购重组中业绩承诺对上市公司的绩效影响．上海交通大学.2019.
[211] 黄建烨．盈利能力支付计划在跨境并购中的应用．广东财经大学.2019.
[212] 黄健．上海市劳务派遣中的政府规制研究．新疆大学.2019.
[213] 黄静敏．企业产品差异程度与股价信息含量的关系．哈尔滨工业大学.2019.
[214] 黄力．论我国高速公路 PPP 模式的法律规制．吉林财经大学.2019.
[215] 黄潋．《反垄断法》域外适用标准与冲突解决问题研究．华东政法大学.2019.
[216] 黄琳伊.J 汽车公司跨境并购融资策略研究．福建农林大学.2019.
[217] 黄珊．壳公司频繁重组动因、后果及对策研究．广东财经大学.2019.
[218] 黄韶丹．武汉市油气管道高后果区监管研究．华中科技大学.2019.
[219] 黄思哲．企业海外并购财务风险及其绩效研究．广东财经大学.2019.
[220] 黄天宇．南京市共享单车协同治理途径研究．南京理工大学.2019.
[221] 黄碗贞．我国中药产品在美国市场准入的研究．北京中医药大学.2019.
[222] 黄文婕．佛山市农村合作金融机构监管的问题及对策．华中科技大学.2019.
[223] 黄文仁．工商部门网络交易监管问题与对策研究．广西大学.2019.
[224] 黄文文．汽车零部件行业横向整合产业链的经济效益研究．暨南大学.2019.
[225] 黄晓钰．上市公司并购新三板企业对公司绩效的影响．中南财经政法大学.2019.
[226] 黄欣欣．管理者过度自信视角下千山药机连续并购案例研究．湘潭大学.2019.
[227] 黄兴涛.A 集团公司重组中的纳税筹划问题研究．北京工业大学.2019.
[228] 黄怡．影视业并购中对赌协议的中小股东利益保护机制研究．厦门大学.2019.

［229］黄悦．医患报道中的舆论乱象与规制．华东政法大学.2019.
［230］黄泽华．中国商业银行市场竞争、非利息收入与风险承担研究．中南财经政法大学.2019.
［231］黄子轩．金一文化并购交易的财务风险案例研究．南昌大学.2019.
［232］火高鑫．淮安市公共资源交易监管研究．南京大学.2019.
［233］吉泽莫尔洛．垄断行为刑事责任研究．西南民族大学.2019.
［234］籍晶莹．借壳上市会计处理问题研究．长安大学.2019.
［235］纪晨晓．网络民意介入刑事审判问题研究．重庆大学.2019.
［236］贾馥华.SH并购SFD融资风险识别与管理研究．哈尔滨商业大学.2019.
［237］贾媛媛．阿里巴巴并购优酷土豆的协同效应研究．天津财经大学.2019.
［238］贾子冰．滥用市场支配地位诉讼中消费者举证责任问题研究．外交学院.2019.
［239］江德亮．柬埔寨联合投资与资本市场规制研究．安徽大学.2019.
［240］江凤．跨国技术并购与企业创新绩效研究．湖南大学.2019.
［241］江林彬．影视公司高溢价并购明星资本动因及经济后果分析．苏州大学.2019.
［242］江琳．忠诚折扣行为的反垄断法规制研究．西南财经大学.2019.
［243］江启泓．民营企业中期票据发行定价之殇．南京大学.2019.
［244］江沙沙．个人教育回报率差异的实证研究．浙江财经大学.2019.
［245］姜寒．独家交易行为的反垄断规制．上海交通大学.2019.
［246］姜嘉路．企业并购中的律师尽职调查问题研究．吉林大学.2019.
［247］姜俊鹏．论汽车售后市场搭售安排的反垄断规制．浙江大学.2019.
［248］姜可意．并购中业绩承诺兑现与中小股东利益保护．广东外语外贸大学.2019.
［249］姜良佼.T市中国农业银行政府监管问题研究．陕西师范大学.2019.
［250］姜心韵．合谋掏空动机下大股东减持行为研究．广东财经大学.2019.
［251］姜瑶．对赌协议防控并购风险的有效性研究．暨南大学.2019.
［252］蒋嫚丽．企业合并商誉减值问题研究．湖北经济学院.2019.
［253］蒋敏．基于协同效应的影视行业商誉估值问题研究．河南财经政法大学.2019.
［254］蒋艳辉．涉及标准必要专利的反垄断规制研究．湖南大学.2019.
［255］焦彦敏．中国火力发电行业环境效率及市场分割研究．深圳大学.2019.
［256］解亚菲．企业并购战略实施效果分析．云南财经大学.2019.
［257］金博文．“大家居”背景下帝王洁具并购欧神诺．江西财经大学.2019.
［258］金嘉琦．大陆与香港股市之间联动效应的实证分析．南京理工大学.2019.
［259］金京．技术型搭售的反垄断问题研究．湖南大学.2019.
［260］金龙君.O2O商业模式下虚假宣传行为的法律规制研究．重庆大学.2019.
［261］金文慧．国泰集团并购税收筹划研究．青岛科技大学.2019.
［262］金嫣然．法律服务市场准入规则的比较研究．华东政法大学.2019.
［263］金逸权．数据驱动型企业滥用市场支配地位之反垄断法规制．浙江理工大学.2019.
［264］靳安祺．药品专利反向支付协议的反垄断法规制研究．华中科技大学.2019.
［265］靳迎华．企业合并中会计处理方法选择的经济后果研究．华北电力大学.2019.
［266］荆华．中国银行D分行个人外汇业务政府监管问题与对策研究．辽宁师范大学.2019.
［267］鞠阳．论互联网付费搜索的法律规制．辽宁大学.2019.
［268］具宏杰．烟草专卖市场监管问题及对策研究．华南理工大学.2019.
［269］康硕．中国医药与天方药业合并的协同效应及绩效研究．北京印刷学院.2019.
［270］柯欣．竞争政策协调推动粤港澳大湾区融合的作用机理研究．广东外语外贸大学.2019.

［271］孔庆磊．政府风险规避视角下公私合作模式激励监管体制研究．云南财经大学.2019.
［272］孔珊珊．我国企业海外并购后整合对并购绩效影响的研究．上海社会科学院.2019.
［273］孔祥睿．神华与国电合并效应研究．扬州大学.2019.
［274］寇豫阳．房地产企业收购不良资产风险评价研究．重庆大学.2019.
［275］赖旭芸．“上市公司+PE”型并购基金的运作对上市公司绩效的影响研究．广东财经大学.2019.
［276］兰淑榕．上市公司并购商誉后续持续计量及减值风险．厦门大学.2019.
［277］兰欣鋙．我国民用航空垄断法律规制研究．东北财经大学.2019.
［278］蓝莉莉．大部制改革背景下浙江省云和县食品安全监管问题研究．西北大学.2019.
［279］劳玄玑．私营保安公司海外护航法律问题研究．大连海事大学.2019.
［280］乐慧娟．论警察盘查权的法律规制．黑龙江大学.2019.
［281］乐晓．我国外资并购国家安全审查制度解析与应对．宁波大学.2019.
［282］雷大涛．武汉市零售业上市公司的业务重组战略研究．华中科技大学.2019.
［283］雷梦琪．我国反垄断民事诉讼举证责任分配制度研究．广西民族大学.2019.
［284］冷松．财务尽职调查视角并购目标公司财务风险管理研究．东北财经大学.2019.
［285］黎承文．资管新规下期货公司资产管理业务发展策略探讨．河北金融学院.2019.
［286］黎荟颖．“上市公司+PE”型并购基金风险管理研究．广西大学.2019.
［287］李安基．警察用枪裁量权规制．山东师范大学.2019.
［288］李昂．反垄断法视野下体育赞助行为的法律规制研究．北京化工大学.2019.
［289］李邦宪．认罪认罚从宽视角下的检察裁量权．深圳大学.2019.
［290］李宝治．永春县餐饮服务食品安全监管问题研究．华侨大学.2019.
［291］李彪辉．捆绑销售行为的反垄断法规制研究．长春理工大学.2019.
［292］李冰．患者同意权行使的研究．长春工业大学.2019.
［293］李博文.PPP模式下养老服务业政府监管法律问题研究．黑龙江大学.2019.
［294］李灿．智慧松德横向并购大宇精雕动因及绩效研究．河北地质大学.2019.
［295］李程．天津市口腔医疗行业监督管理问题研究．天津财经大学.2019.
［296］李丹枝．邵阳市新媒体政府监管问题探析．湖南大学.2019.
［297］李东红．忠诚折扣行为反垄断规制研究．安徽财经大学.2019.
［298］李凤翔．合并商誉信息与企业融资约束．中南财经政法大学.2019.
［299］李冠新．第三方支付的监管研究．西南交通大学.2019.
［300］李广．轻资产企业并购动因与绩效研究．中南财经政法大学.2019.
［301］李海天.P2P网络借贷平台监管问题研究．四川省社会科学院.2019.
［302］李昊．中联重科并购奇瑞重工财务绩效研究．河北经贸大学.2019.
［303］李湖佳．国有企业混合所有制改革与职工教育的研究．暨南大学.2019.
［304］李慧．中国矿产企业海外并购风险与应对研究．内蒙古大学.2019.
［305］李佳．电力行业竞争性业务的政府管制研究．华北水利水电大学.2019.
［306］李佳惠．行政立案登记制度下诉权滥用的规制．黑龙江大学.2019.
［307］李剑．上海医药收购康德乐中国业务动因和绩效分析．重庆大学.2019.
［308］李健．企业并购的协同效应研究．江苏大学.2019.
［309］李健豪．基于供应链的食品安全监管研究．山东农业大学.2019.
［310］李京文．网络平台滥用市场支配地位行为法律问题研究．北京交通大学.2019.
［311］李竞雄．并购重组在国有金控平台上市中的运用研究．广东财经大学.2019.
［312］李婧祎．网络直播监管问题研究．北京邮电大学.2019.

［313］李靖雯．基于 EVA 法的长电科技并购星科金朋的财务绩效评价研究．东北农业大学．2019.

［314］李静．网约车运营的法律问题研究．西南政法大学．2019.

［315］李静雅．提单管辖权条款效力研究．广西大学．2019.

［316］李俊清．医药并购对医药企业技术创新的影响．南京大学．2019.

［317］李俊廷．上市公司并购、市场竞争与企业创新关系研究．西南财经大学．2019.

［318］李岚．基于商誉性质的商誉会计初始计量改进研究．对外经济贸易大学．2019.

［319］李蕾．滥用知识产权市场支配地位的反垄断法界定．烟台大学．2019.

［320］李理．重庆市商事登记制度改革现状、问题及对策研究．重庆大学．2019.

［321］李琳．论流量劫持行为的反不正当竞争法规制．华东政法大学．2019.

［322］李路．多元主体共治下的食品安全监管研究．江西财经大学．2019.

［323］李璐．网约车车辆准入法律规制研究．山西大学．2019.

［324］李蒙苏．基于战略视角的红阳能源并购沈阳焦煤绩效研究．江苏科技大学．2019.

［325］李梦琳．虚拟货币交易平台的法律监管研究．华东政法大学．2019.

［326］李梦屹．关联企业合并破产重整研究．江西财经大学．2019.

［327］李明月．大晟文化并购对赌协议风险防范研究．北京印刷学院．2019.

［328］李慕隽．武汉市公办养老机构政府监管研究．华中科技大学．2019.

［329］李娜．运城市食品安全监管现状及对策研究．山西农业大学．2019.

［330］李楠．完善我国共享经济监管对策研究．青岛大学．2019.

［331］李凝．C2C 微信购物消费者权益保护制度研究．河北经贸大学．2019.

［332］李佩茹．强化监管背景下大股东套现行为研究．内蒙古财经大学．2019.

［333］李森．区域化竞争背景下今世缘酒业品牌推广策略研究．长春工业大学．2019.

［334］李思凝．金融消费者个人金融信息法律保护研究．西南政法大学．2019.

［335］李嵩．政府规制视角下广州市化妆品生产监管现状和对策研究．兰州大学．2019.

［336］李田田．私募股权基金并购退出方式研究．中南财经政法大学．2019.

［337］李唯茜．哈尔滨市网约车管制问题研究．哈尔滨工业大学．2019.

［338］李维．凯撒文化股份有限公司系列并购中的价值创造案例研究．沈阳工业大学．2019.

［339］李维垣．大股东掏空上市公司行为研究．江西财经大学．2019.

［340］李文锋．吉利并购沃尔沃汽车整合绩效评价与经验分析．广东财经大学．2019.

［341］李文嘉．WJ 县乡镇政府环境保护监管对策研究．河北科技大学．2019.

［342］李文俊．智能投顾监管法律问题研究．福建师范大学．2019.

［343］李夏．虚拟货币监管创新法律问题研究．兰州大学．2019.

［344］李仙．私募股权投资基金并购退出机制研究．中国地质大学（北京）. 2019.

［345］李祥．我国共享经济的法律规制研究．江苏大学．2019.

［346］李小君．互联网平台经营者掠夺性定价认定研究．厦门大学．2019.

［347］李欣．共享单车运行的行政法规制研究．西北大学．2019.

［348］李萱然．华谊兄弟高溢价并购的动因及风险分析．苏州大学．2019.

［349］李雪莹．市场分割对绿色经济增长的影响．厦门大学．2019.

［350］李雅琦．并购情境下领导成员交换对员工离职意愿的影响研究．浙江大学．2019.

［351］李亚龙．智能汽车监管法律制度研究．山西大学．2019.

［352］李亚男．网游企业并购财务风险与应对研究．天津财经大学．2019.

［353］李彦蓉．基于多元化战略下国内上市公司并购军工企业动因与绩效研究．西南财经大学．2019.

[354] 李燕．现代农装同一控制下企业合并绩效问题研究．湘潭大学 .2019.
[355] 李扬．昆明市国土资源信息数据管理研究．云南大学 .2019.
[356] 李一萱．大股东与高管合谋掏空的公司特征研究．广东财经大学 .2019.
[357] 李依琳．中国反向并购上市与首发上市公司比较分析．上海交通大学 .2019.
[358] 李宜濛．互联网企业并购的财务风险控制案例研究．哈尔滨商业大学 .2019.
[359] 李宜璇．转售价格维持规制原则研究．华东政法大学 .2019.
[360] 李莹．互联网金融市场准入法律制度研究．西南政法大学 .2019.
[361] 李颖超．千山药机多元化并购前后绩效比较研究．天津财经大学 .2019.
[362] 李钰．首旅酒店并购如家酒店财务绩效评价研究．江苏大学 .2019.
[363] 李圆．上海家化被平安收购前后的绩效比较分析．广东财经大学 .2019.
[364] 李媛媛．奥飞娱乐并购四月星空协同效应研究．湘潭大学 .2019.
[365] 李昀．三类股东对公司并购价值的影响研究．上海交通大学 .2019.
[366] 李长盛．加密货币法律问题研究．西南政法大学 .2019.
[367] 李中生．中国的市场分割对企业异地并购的影响．河南大学 .2019.
[368] 李钟．鹤庆县食品小作坊和食品摊贩监管信息系统的研究与分析．云南大学 .2019.
[369] 连丙帅．实物期权法在航空运输企业并购估值中的应用研究．天津财经大学 .2019.
[370] 梁天一．传媒上市公司溢价并购对绩效的影响．厦门大学 .2019.
[371] 梁宵．勤上光电并购龙文教育中的商誉减值研究．吉林财经大学 .2019.
[372] 梁潇．中央国有企业合并重组动因和效应研究．山东大学 .2019.
[373] 梁志刚．我国共享单车市场法律监管制度研究．兰州财经大学 .2019.
[374] 梁嘉玲．劳动保障监察执法问题研究．长春理工大学 .2019.
[375] 廖梦颖．保险代理人监管问题及对策研究．西南财经大学 .2019.
[376] 林晨．消费返利法律问题研究．西南政法大学 .2019.
[377] 林继彬．我国并购集团诉讼制度构建研究．福建师范大学 .2019.
[378] 林洁婧．境外间接上市法律规避现象及监管路径研究．上海交通大学 .2019.
[379] 林宇翔．YT 公司被 SK 公司并购后的协同绩效案例研究．华南理工大学 .2019.
[380] 凌嘉忆．新监管政策下类借壳研究．暨南大学 .2019.
[381] 凌卿之．腾讯公司并购 Supercell 的绩效研究．江西财经大学 .2019.
[382] 刘冰．同一控制下母子公司置换合并的会计方法研究．上海交通大学 .2019.
[383] 刘炳文．基于博弈视角的上市 B 公司并购案例研究．西南科技大学 .2019.
[384] 刘博．广东省高等院校独立学院教育质量政府监管研究．华南理工大学 .2019.
[385] 刘畅．融创中国并购发展战略下的财务风险研究．天津财经大学 .2019.
[386] 刘畅．中国二类疫苗价格畸高与竞争政策．东北财经大学 .2019.
[387] 刘笛．我国经营者集中审查制度研究．吉林财经大学 .2019.
[388] 刘典．H 企业并购美国通用家电影响财务绩效的案例研究．吉林财经大学 .2019.
[389] 刘富盘．新三板公司 A 并购 B 公司的估值研究．河北地质大学 .2019.
[390] 刘国照．论上市公司重组中业绩补偿协议的监管问题研究．辽宁大学 .2019.
[391] 刘晗．业绩补偿承诺对高溢价并购的商誉减值影响研究．广东财经大学 .2019.
[392] 刘恒宇．航空旅客运输合同变更与解除制度研究．西南政法大学 .2019.
[393] 刘佳明．大数据背景下数据垄断的反垄断规制研究．华东交通大学 .2019.
[394] 刘娇．利用标准必要专利实施独家交易行为的反垄断研究．东北财经大学 .2019.
[395] 刘杰．互联网金融风险防范中的县级政府监管研究．曲阜师范大学 .2019.
[396] 刘婕．企业合并商誉会计问题研究．南京大学 .2019.

[397] 刘京京．中国牛肉进口市场结构与市场势力研究．吉林农业大学.2019.
[398] 刘俊廷．圆通并购大杨风险案例研究．吉林财经大学.2019.
[399] 刘凯．行政规范性文件后评估制度研究．中国政法大学.2019.
[400] 刘琨．无锡市机动车检验机构监管研究．华东政法大学.2019.
[401] 刘璐．深科技通过并购实现产业链整合的路径分析．北京工业大学.2019.
[402] 刘璐．互联网金融风险防范机制研究．华中师范大学.2019.
[403] 刘梅．我国程序化广告规制的问题及其完善研究．重庆大学.2019.
[404] 刘娜．全国社会保障基金投资风险管理研究．吉林财经大学.2019.
[405] 刘琪．电商平台经营者“大数据杀熟”行为的法律规制．中南财经政法大学.2019.
[406] 刘琪欢．中国国有商业银行的政府监管研究．大连海事大学.2019.
[407] 刘倩．曲美家居并购 Ekornes ASA 财务风险研究．天津财经大学.2019.
[408] 刘青．我国上市公司合并商誉及其减值研究．天津财经大学.2019.
[409] 刘茹玥．技术并购后并购企业关键研发者合作网络变化及其对创造力影响研究．西安建筑科技大学.2019.
[410] 刘润泽．南方黑芝麻并购礼多多的财务风险防范研究．天津财经大学.2019.
[411] 刘术永．我国民间金融市场准入法律问题研究．西南科技大学.2019.
[412] 刘薇．蓝色光标连续并购绩效研究．湘潭大学.2019.
[413] 刘维．我国上市公司股份回购的法律规制研究．天津工业大学.2019.
[414] 刘晓楠．互联网游戏行业并购溢价影响因素的实证研究．首都经济贸易大学.2019.
[415] 刘芯汝．网约车安全保障法律制度研究．河北经贸大学.2019.
[416] 刘昕.X 公司并购 Y 公司业绩承诺设计研究．天津财经大学.2019.
[417] 刘昕．大型银行分支机构高管任职监管问题对策研究．新疆大学.2019.
[418] 刘欣．董事会非正式层级对群体决策极化的影响．东北财经大学.2019.
[419] 刘欣怡．连续并购对 FX 集团绩效影响的研究．天津财经大学.2019.
[420] 刘延伟.S 公司并购 Q 公司风险管理研究．西安石油大学.2019.
[421] 刘严．信息化视角下广州市食品安全监管建设研究．兰州大学.2019.
[422] 刘妍．影视行业的高溢价并购的动因及效果分析．西南财经大学.2019.
[423] 刘彦君．网络直播不正当竞争行为法律规制研究．云南大学.2019.
[424] 刘燕洁．君实生物换股吸收合并众合医药的动因及价值效应研究．天津财经大学.2019.
[425] 刘杨.DFGX 并购 YTXX 的案例分析．哈尔滨商业大学.2019.
[426] 刘洋铭．复星国际跨国多角化并购战略与绩效研究．苏州大学.2019.
[427] 刘耀．市场准入负面清单制度下监管机制的优化研究．电子科技大学.2019.
[428] 刘野．我国网约车市场准入条件研究．吉林大学.2019.
[429] 刘叶．论防治邮轮污染海洋环境的法律机制．大连海事大学.2019.
[430] 刘仪．第三方支付客户沉淀资金治理法律问题研究．湖南大学.2019.
[431] 刘怡凡．企业并购业绩承诺的盈余管理研究．中南财经政法大学.2019.
[432] 刘轶辰．食品生产环节肉制品质量安全监管研究．南京大学.2019.
[433] 刘奕彤．关联企业实质合并破产的制度研究．河南大学.2019.
[434] 刘翌．高管风险偏好对企业并购决策及并购绩效的影响．苏州大学.2019.
[435] 刘莹．标准必要专利禁令救济研究．广东外语外贸大学.2019.
[436] 刘莹．上市公司大股东减持手段研究．西南财经大学.2019.
[437] 刘莹．我国区块链技术在金融应用中的法律问题研究．河北经贸大学.2019.
[438] 刘映含．企业多元化并购与融资约束的关系．东北财经大学.2019.

[439] 刘永安．论民事诉讼管辖异议权滥用及其法律规制．南昌大学.2019.
[440] 刘源．市场整合、产业集聚与能源效率．深圳大学.2019.
[441] 刘远伟．我国农产质量安全监管问题研究．北京化工大学.2019.
[442] 刘媛媛．中国商业银行跨国并购财务绩效评价研究．江苏大学.2019.
[443] 刘泽．关联企业合并破产制度研究．首都经济贸易大学.2019.
[444] 刘振华．标准必要专利滥用的法律规制研究．湖南工业大学.2019.
[445] 刘志霞．基于市值管理的主板上市公司并购新三板企业的绩效研究．内蒙古财经大学.2019.
[446] 刘质美．珠宝企业并购财务风险的评估及防范研究．杭州电子科技大学.2019.
[447] 刘壮．健康中国背景下陕西省体育特色小镇的规制研究．西安体育学院.2019.
[448] 柳钰．基于智力资本视角的互联网企业并购价值研究．西南财经大学.2019.
[449] 龙寒宇．大数据杀熟中消费者公平交易权的保护．西南政法大学.2019.
[450] 龙慧．我国网约车市场准入制度研究．西南政法大学.2019.
[451] 隆季红．主并双方的文化距离影响并购绩效吗?．重庆大学.2019.
[452] 娄欣辉．网约车企业舆情管控及规制研究．湖南大学.2019.
[453] 娄振斌．陆某某诉某市发改委政府信息公开一案评析．湖南师范大学.2019.
[454] 卢朝辉．国资监管系统—财务快报子系统设计与实现．河北师范大学.2019.
[455] 卢春叶．并购对企业核心竞争力的影响研究．辽宁大学.2019.
[456] 卢乐宁．我国药品行业反垄断问题研究．浙江理工大学.2019.
[457] 卢伟桐．论标准必要专利的禁令救济限制．山东大学.2019.
[458] 卢烨．并购对汽车之家的绩效影响研究．辽宁石油化工大学.2019.
[459] 芦惠．兰州市装配式建筑施工质量安全监管研究．兰州理工大学.2019.
[460] 鲁瀚林．合并商誉计量问题研究．天津科技大学.2019.
[461] 鲁捷．我国慈善组织公信力提升的法律问题探讨．江西财经大学.2019.
[462] 鲁娜．大众点评和美团网合并后人力资源整合效果研究．南京邮电大学.2019.
[463] 鲁斯迪．公司高管军队经历与所得税避税．浙江财经大学.2019.
[464] 鲁小帅．利亚德公司成长性的案例研究．沈阳工业大学.2019.
[465] 陆菲．基于财务战略矩阵的帝龙新材并购绩效评价研究．天津科技大学.2019.
[466] 陆天颖．我国商业银行理财业务政府监管的研究．华东政法大学.2019.
[467] 陆文琪．知识基础结构视角下企业技术并购绩效研究．武汉理工大学.2019.
[468] 陆晓辉．网约车监管法律问题研究．西南政法大学.2019.
[469] 路鹤．共享经济背景下房屋在线短租法律问题研究．东北农业大学.2019.
[470] 罗冬明．"16千里01"违约案例分析．河北金融学院.2019.
[471] 罗宏月．环境规制、地方保护和企业技术创新投入．东北财经大学.2019.
[472] 罗萌．基于战略转型视角的公司并购绩效研究．西南财经大学.2019.
[473] 罗奇江．华谊兄弟并购动因与绩效研究．重庆大学.2019.
[474] 罗群．中国稀土产业国际市场势力测度及提升路径研究．中国矿业大学.2019.
[475] 罗潇．海航集团过度并购了吗?．重庆大学.2019.
[476] 罗虞梅．融创中国并购万达文旅项目绩效研究．重庆大学.2019.
[477] 骆紫薇.BS钢铁与WH钢铁合并重组的绩效分析．南昌大学.2019.
[478] 吕丹．我国TMT行业并购重组中的溢价影响因素分析．首都经济贸易大学.2019.
[479] 吕丹．论我国网约车的行政规制．黑龙江大学.2019.
[480] 吕金昊．海尔并购GE集团家电业务的动因及效应分析．阜阳师范学院.2019.

[481] 吕姊默．业绩承诺方式对企业并购的影响研究．苏州大学 . 2019.
[482] 马超群．农村食品安全监管中公众参与研究．山东大学 . 2019.
[483] 马宁．蓝丰生化并购方舟制药财务绩效研究．天津财经大学 . 2019.
[484] 马乾．抽象行政行为限制竞争的反垄断法规制研究．苏州大学 . 2019.
[485] 马晴．环保企业连续并购绩效研究．天津财经大学 . 2019.
[486] 马庆．中资银行海外并购的协同效应研究．江苏大学 . 2019.
[487] 马拓．民办高等教育企业并购策略研究．云南大学 . 2019.
[488] 马晓航．互联网行业反垄断相关市场界定方法研究．安徽财经大学 . 2019.
[489] 马岩冬．石家庄市民办幼儿园监管问题研究．燕山大学 . 2019.
[490] 马云飞．新电改背景下发电商市场势力与政府规制研究．对外经济贸易大学 . 2019.
[491] 毛晨晨．陆港交叉上市公司股票价差影响因素研究．西北大学 . 2019.
[492] 毛宁．俄罗斯油气企业的并购估值研究．中国石油大学（北京）.
[493] 毛荣．“区块链 + 电子证据保全”制度研究．四川省社会科学院 . 2019.
[494] 毛雯婷．业绩补偿承诺在企业并购重组中的应用研究．桂林理工大学 . 2019.
[495] 毛智磊 . R 医药并购绩效研究．广西大学 . 2019.
[496] 冒小庆．岭南控股集团多元化战略并购及其绩效研究．东华大学 . 2019.
[497] 孟祥虎．大数据垄断的法律规制研究．东北财经大学 . 2019.
[498] 孟依梦．酒店企业并购的动因及协同效应研究．阜阳师范学院 . 2019.
[499] 孟雍杰．论人工智能武器的国际法规制．浙江大学 . 2019.
[500] 闵佳凤．大数据时代数据适用必需设施原理的反垄断法分析．武汉大学 . 2019.
[501] 明祎琳．管理层动机、公司治理机制与商誉的关系研究．重庆大学 . 2019.
[502] 明月．互联网行业并购财务风险问题研究．天津财经大学 . 2019.
[503] 明宗宏．移动应用商店平台滥用市场支配地位的认定．西南财经大学 . 2019.
[504] 慕彩萍．高校“校园贷”风险的法律规制研究．甘肃政法学院 . 2019.
[505] 南金伟．乳品产业链并购扩展的财务风险分析．武汉纺织大学 . 2019.
[506] 倪啸东．大型互联网平台的用户迁移策略对市场竞争的机理研究．东北财经大学 . 2019.
[507] 倪震．双边市场下网约车平台并购行为研究．浙江财经大学 . 2019.
[508] 聂新淑．经验学习与组织绩效之间的关系．天津财经大学 . 2019.
[509] 宁海燕．首旅酒店并购如家酒店的财务风险评估研究．兰州财经大学 . 2019.
[510] 宁婧．电影市场商业误导行为认定与规制．武汉大学 . 2019.
[511] 牛宇飞．业绩补偿承诺、盈余管理及其治理效应．东北财经大学 . 2019.
[512] 欧阳雪宁．央视春晚节目表演者特征结构的变迁：1983—2018 年．湖南师范大学． 2019.
[513] 欧阳业．行业协会参与垄断协议行为的反垄断法规制．天津财经大学 . 2019.
[514] 欧阳元凯．湖北商事主体信用建设研究．华中科技大学 . 2019.
[515] 潘辉燕．速研科技公司 SaaS 服务定价策略研究．深圳大学 . 2019.
[516] 潘佳慧．扶贫领域村干部腐败问题治理研究．江西财经大学 . 2019.
[517] 潘淑君 . FRAND 原则实现路径的选择与构建．南京大学 . 2019.
[518] 潘政 . CX 公司跨境并购融资安排优化研究．苏州大学 . 2019.
[519] 庞伟昌．论网络表达自由的规制．山东大学 . 2019.
[520] 裴夕红．网络餐饮服务食品安全监管研究．延边大学 . 2019.
[521] 裴潇雨．共享厨房监管法律问题研究．山西财经大学 . 2019.
[522] 彭江．我国股权众筹的法律障碍探析．兰州大学 . 2019.
[523] 彭聚飞．劳动力市场多重分割下的城乡劳动力工资差异及其分解研究．重庆大学 . 2019.

[524] 彭友维．我国期货公司市场准入法律制度研究．西南政法大学．2019.
[525] 彭雨瑶．多重效应下锦江股份连续并购动因及绩效分析．暨南大学．2019.
[526] 彭圆圆．目的国知识产权保护对中国出口贸易的影响研究．东南大学．2019.
[527] 齐嘉晨．我国动漫产业上市公司市场结构与市场绩效之关系研究．长安大学．2019.
[528] 齐子惠．上市公司高溢价并购的商誉会计问题研究．苏州大学．2019.
[529] 祁文博．湖北省网络交易监管执法研究．华中科技大学．2019.
[530] 祁晓凤．基于市场分割视角的中国省际能源效率研究．浙江财经大学．2019.
[531] 钱邦睿．公路货物运输市场的法律规制问题研究．江西财经大学．2019.
[532] 钱槿．标准必要专利的反垄断规制．南京师范大学．2019.
[533] 钱珍光．医疗机构中药制剂法律问题研究．南京中医药大学．2019.
[534] 乔昶斌．康恩贝并购珍诚医药财务风险及防范研究．广东工业大学．2019.
[535] 乔新刚．不定期船运输的反垄断规制研究．大连海事大学．2019.
[536] 秦赛赛．我国外资准入负面清单制度法律问题研究．东北农业大学．2019.
[537] 秦毅凯．DH 公司并购 ZG 公司的动因与绩效研究．辽宁石油化工大学．2019.
[538] 秦正轩．市场分割与省际间资源错配．天津财经大学．2019.
[539] 丘宇丽．限售股解禁与减持监管问题研究．广东外语外贸大学．2019.
[540] 屈文艳．C 国有商业银行跨境并购贷款业务风险管理研究．长安大学．2019.
[541] 任雅勋．我国上市公司跨境并购融资相关问题研究．首都经济贸易大学．2019.
[542] 任玉晓．上市公司商誉减值研究．山东工商学院．2019.
[543] 阮芳．网约车行政监管法律问题研究．广东外语外贸大学．2019.
[544] 阮际通．去产能背景下的钢铁企业并购案例分析．新疆财经大学．2019.
[545] 阮琴．共同市场支配地位的认定研究．安徽大学．2019.
[546] 阮钊．我国信用评级行业监管现状及政策建议．对外经济贸易大学．2019.
[547] 芮佳娴．企业并购融资方式与绩效研究．南京审计大学．2019.
[548] 桑琳琳．我国医院管理集团的发展模式和融资方式研究．东南大学．2019.
[549] 商鼎鼎．反垄断执法和解制度中的利益平衡．扬州大学．2019.
[550] 商鹏俊．滥用相对优势地位的规制研究：基于 PTA 期货现货市场案例的分析．浙江大学．2019.
[551] 邵光达．银行融资视角下的企业横向并购经营协同效应分析．东南大学．2019.
[552] 邵敏琦．企业并购重组与制造业转型升级．苏州大学．2019.
[553] 邵占强．投资便利化对中国引进外资水平影响的研究．河南财经政法大学．2019.
[554] 佘长城．H 公司并购中的估值问题研究．北京工业大学．2019.
[555] 沈娜．“互联网 +”时代出租车行业规制问题研究．上海交通大学．2019.
[556] 沈天依．专利反向劫持行为的法律规制．黑龙江大学．2019.
[557] 盛莹．JL 集团并购项目风险应对策略研究．江西财经大学．2019.
[558] 施明新．永泰县安全生产监管研究．福建农林大学．2019.
[559] 施宇翔．深化电力体制改革下电价形成机制和规制研究．厦门大学．2019.
[560] 石宝锋．私募股权投资基金管理人监管法律制度研究．郑州大学．2019.
[561] 石吉玉．责任保险的食品安全治理功能研究．中南民族大学．2019.
[562] 石金舟．Y 看守所被羁押人员监管风险量化分析．华南理工大学．2019.
[563] 石舒瑜．锦江股份混合所有制改革的财务效应研究．天津财经大学．2019.
[564] 石晓萍．申银万国并购宏源证券绩效分析．吉林财经大学．2019.
[565] 石依林．掌趣科技并购中的业绩承诺与中小股东利益保护研究．天津财经大学．2019.

［566］时丕彬．我国农村食品安全监管机制研究．河南师范大学.2019.
［567］史超群．天津市宝坻区外卖食品安全的监管问题研究．军事科学院.2019.
［568］史俊荣．去产能、经营者集中对中国煤炭价格的影响机制研究．东北财经大学.2019.
［569］史利琴．社区卫生服务中政府与社会资本合作（PPP）模式研究．南昌大学.2019.
［570］史腾腾．制度变迁视角下我国食盐业专营体制改革研究．浙江工商大学.2019.
［571］宋晨赫．互联网平台经济相关市场的界定研究．吉林大学.2019.
［572］宋城承．"小产权房"法律问题研究．烟台大学.2019.
［573］宋达．并购对并购方公司自主研发的影响．厦门大学.2019.
［574］宋冬华．国际并购后T公司实施全面预算管理的案例分析．东南大学.2019.
［575］宋宏宇．文化传媒上市企业并购绩效研究．上海师范大学.2019.
［576］宋家敏．纵向非价格限制的法律规制．郑州大学.2019.
［577］宋家念.A股与H股双重上市的价差影响因素分析．安徽农业大学.2019.
［578］宋鹏姬．我国上市公司大股东－管理层合谋对企业财务资源配置效率的影响研究．武汉工程大学.2019.
［579］宋瑞．山东高速集团多元化经营对财务绩效的影响研究．山东大学.2019.
［580］宋韶山．高校大学生网络舆情监管与疏导研究．西安理工大学.2019.
［581］宋思雨.LB公司并购绩效研究．辽宁石油化工大学.2019.
［582］宋夏炎．邹城市居民阶梯电价政策效果研究．山东大学.2019.
［583］宋鑫红．滥用市场相对优势地位的竞争法规制．郑州大学.2019.
［584］苏虹．西王食品并购Kerr的Earn－out支付方式案例研究．河北地质大学.2019.
［585］苏华明．福建省泉州市市场价格监管研究．福建师范大学.2019.
［586］苏晶莹．药品行业超高定价行为的反垄断规制研究．中南财经政法大学.2019.
［587］苏留明．"一带一路"跨国并购中文化差异分析与文化整合策略．江西财经大学.2019.
［588］苏荣．共享单车的行政规制问题研究．黑龙江大学.2019.
［589］苏蓉．优势企业行为性价格歧视的竞争效应研究．天津商业大学.2019.
［590］苏芮．上市公司连续并购的动因、方式及其经济后果研究．苏州大学.2019.
［591］苏珊珊．原料药超高定价的反垄断规制．暨南大学.2019.
［592］苏洋．并购重组中业绩承诺及其后果研究．南京审计大学.2019.
［593］苏义茹．基于专利视角的技术并购目标选择方法研究．首都经济贸易大学.2019.
［594］苏彧楠．股权众筹信息披露制度构建研究．上海师范大学.2019.
［595］苏志强．民用飞机制造业纵向反垄断法律合规研究．华东政法大学.2019.
［596］隋全.RS并购MG公司的主要投资风险和对策研究．北京工业大学.2019.
［597］孙富强．企业并购商誉计量研究．哈尔滨商业大学.2019.
［598］孙红艳．农村食品安全监管研究．西北农林科技大学.2019.
［599］孙宏超．港口联盟的反垄断规制研究．大连海事大学.2019.
［600］孙金铭．支付方式对企业并购投资价值和交易价格的影响研究．首都经济贸易大学.2019.
［601］孙林玉．平台经营者实施最惠国待遇条款的反垄断法规制．安徽大学.2019.
［602］孙佩．产业链演化视域下影视传媒行业并购动机与后果研究．苏州大学.2019.
［603］孙奇．基于风险导向的海关加工贸易监管研究．天津财经大学.2019.
［604］孙青．融资担保机构监管评价指标体系研究．中国财政科学研究院.2019.
［605］孙若涵．新监管政策下第三方支付与商业银行竞合关系研究．贵州财经大学.2019.
［606］孙威威．丹东市中小学食堂食品安全监管问题研究．辽宁师范大学.2019.

[607] 孙希明．道路货运市场结构分层发展机理研究．长安大学.2019.
[608] 孙小文．互联网平台垄断法律规制研究．郑州大学.2019.
[609] 孙昕玥．利益的算计：默克尔政府对华经济外交研究．广西民族大学.2019.
[610] 孙新艳．中国情境下政府投资项目工程总承包模式监管研究．天津理工大学.2019.
[611] 孙扬．互联网企业经营者集中的反垄断审查研究．中南财经政法大学.2019.
[612] 孙友豪．中国出口企业成本加成率影响研究．中南财经政法大学.2019.
[613] 孙宇．比特币价格泡沫的识别与原因分析．东北财经大学.2019.
[614] 谭淇文．企业并购与控制权问题的研究．北京交通大学.2019.
[615] 汤文琪．基于区块链技术的企业资产证券化法律监管．湖南大学.2019.
[616] 汤晔．华东重机并购润星科技的财务风险控制研究．河北大学.2019.
[617] 唐荣华．保健食品监管公众满意度研究．广西大学.2019.
[618] 唐盛．个人信息利用法律制度研究．西南大学.2019.
[619] 唐顺奇．企业并购财务风险防范与控制的研究．广东财经大学.2019.
[620] 唐笑．网络舆论中群体极化现象的扩散及规制．山东师范大学.2019.
[621] 唐秀玲．联络互动公司跨国并购美国电商 Newegg Inc. 的绩效分析．江苏大学.2019.
[622] 陶磊．中国互联网个人征信市场的垄断问题与法律对策．北方工业大学.2019.
[623] 陶思延．清代滇西边地的土地秩序研究．中国政法大学.2019.
[624] 陶委伶．上市公司并购商誉减值因素分析．西南财经大学.2019.
[625] 陶歆楠．对赌协议的初始确认和计量问题研究．中国财政科学研究院.2019.
[626] 田海明．精益生产系统在派克公司并购整合中的实践研究．江苏大学.2019.
[627] 田浩．微商销售自制食品的监管研究．中共四川省委党校.2019.
[628] 田力扬．居家养老服务的困境与法律对策研究．中南财经政法大学.2019.
[629] 田真鸣．QDJW 公司并购绩效研究．辽宁石油化工大学.2019.
[630] 佟厦．大连金普新区经营性人力资源服务机构监管问题研究．辽宁师范大学.2019.
[631] 佟元．管理层权力与并购溢价．东北财经大学.2019.
[632] 童双．百润股份关联并购巴克斯酒业：利益协同还是利益输送．重庆大学.2019.
[633] 涂霖墨．反垄断法公共执行和私人执行的相互关系研究．湖南大学.2019.
[634] 涂若愚．论互联网企业滥用市场支配地位的认定及法律规制．南昌大学.2019.
[635] 万炳含．中信证券并购里昂证券：动因、行为、绩效分析．山东农业大学.2019.
[636] 万萌．经济政策不确定性、产品市场势力与企业税收规避．河南财经政法大学.2019.
[637] 万勇．浔兴股份收购价之链商誉减值研究．吉林大学.2019.
[638] 万紫璇．中国能源企业海外并购绩效研究．南京审计大学.2019.
[639] 汪阳汇知．区块链技术应用监管．华东政法大学.2019.
[640] 汪永鑫．国内市场分割对我国出口贸易的影响及实证研究．浙江工商大学.2019.
[641] 王蓓蕾．中信银行海外并购对其绩效的影响研究．天津财经大学.2019.
[642] 王彬仰．换股合并方式下的中小投资者保护研究．云南财经大学.2019.
[643] 王冰．襄阳市网约车监管研究．华中科技大学.2019.
[644] 王冰琪．公共行政民营化中私主体的法律规制研究．华南理工大学.2019.
[645] 王炳龙．供应链视角下水产品安全的监管研究．曲阜师范大学.2019.
[646] 王超．基于纵向市场势力的实体零售商经营模式选择．大连理工大学.2019.
[647] 王丑罡．我国反垄断法中互联网行业相关市场界定研究．华侨大学.2019.
[648] 王楚君．我国 PPP 市场反垄断法律问题研究．山西大学.2019.
[649] 王楚童．供给侧改革背景下宝钢并购武钢的协同效应研究．广东财经大学.2019.

［650］王丹丹．专利许可搭售行为的反垄断法规制研究．吉林大学 . 2019.
［651］王豆．我国数字经济下独家交易行为的反垄断规制．天津财经大学 . 2019.
［652］王芳芳．伊泰集团多元化经营对财务绩效的影响研究．天津师范大学 . 2019.
［653］王福坤．忠诚折扣行为的反垄断法规制研究．中南财经政法大学 . 2019.
［654］王阁．大连市普兰店区企业信用监管研究．辽宁师范大学 . 2019.
［655］王广彦．创业板上市公司连续并购的风险及对策研究．华中师范大学 . 2019.
［656］王海龙．宝钢、武钢的合并成效研究．中国财政科学研究院 . 2019.
［657］王贺．维维股份并购枝江酒业动因及绩效分析．阜阳师范大学 . 2019.
［658］王宏伟．我国药品质量安全监管方式现状与思考．延边大学 . 2019.
［659］王华 . HS 公司并购 MJ 公司的案例分析．南京邮电大学 . 2019.
［660］王晖．超图软件高溢价并购国图信息动因及效果研究．东华大学 . 2019.
［661］王佳悦．非法移植人体器官行为的刑法规制研究．辽宁大学 . 2019.
［662］王嘉伟．南洋股份并购新三板天融信公司动因及绩效研究．安徽财经大学 . 2019.
［663］王健羽．共享住宿监管法律研究．中国矿业大学 . 2019.
［664］王杰．跨国公司并购中的企业文化整合研究．北方工业大学 . 2019.
［665］王婕．中国上市公司股票交易停复牌制度研究．四川师范大学 . 2019.
［666］王进宇．对外反倾销与贸易转移：来自中国的证据．厦门大学 . 2019.
［667］王菁．跨境并购融资风险及控制研究．暨南大学 . 2019.
［668］王敬锋．我国私募股权投资基金并购退出方式研究．首都经济贸易大学 . 2019.
［669］王静．有害信息监管法律制度研究．中南财经政法大学 . 2019.
［670］王娟．营运资金预测在目标企业价值评估中的应用研究．广东财经大学 . 2019.
［671］王君旸．供给侧改革背景下央企并购的动因与经济后果研究．苏州大学 . 2019.
［672］王俊青．市场势力对 OFDI 的影响研究．天津财经大学 . 2019.
［673］王珺．网络排他性竞争行为法律规制研究．南昌大学 . 2019.
［674］王凯迪．内幕交易的法律制度研究．西南政法大学 . 2019.
［675］王克然．蓝色光标并购多盟、亿动财务绩效研究．河北大学 . 2019.
［676］王丽．电商平台下生鲜农产品安全监管法律问题研究．新疆财经大学 . 2019.
［677］王丽颖．论我国异种自由刑并罚原则的完善．华中科技大学 . 2019.
［678］王莉芳．市场分割、要素错配与经济收敛．浙江大学 . 2019.
［679］王玲．企业并购中业绩承诺运用及影响研究．兰州财经大学 . 2019.
［680］王露．移动商务环境下消费者信任修复机理研究．北京化工大学 . 2019.
［681］王明杰．锦江股份系列并购的动因及绩效研究．北京交通大学 . 2019.
［682］王沛 . QD 集团并购 PH 公司财务风险及防范研究．广东工业大学 . 2019.
［683］王鹏飞．内部控制缺陷对企业合并绩效的影响研究．西南财经大学 . 2019.
［684］王琪．政府信息公开滥诉行为的认定标准及其规制．湘潭大学 . 2019.
［685］王茜．网络音乐独家版权滥用的反垄断规制研究．安徽财经大学 . 2019.
［686］王秋红．基于复合系统协同度模型的上市公司并购财务协同效应评价研究．南京航空航天大学 . 2019.
［687］王瑞．上市公司以表决权委托间接持股的法律问题研究．华东政法大学 . 2019.
［688］王珊珊．创业板上市公司海外技术并购与创新的关系研究．暨南大学 . 2019.
［689］王诗语．国际民事诉讼中滥用诉权问题研究．黑龙江大学 . 2019.
［690］王士权．广东国际信托投资公司破产原因剖析及启示．河北金融学院 . 2019.
［691］王轼博．企业并购的财务风险分析及控制．天津财经大学 . 2019.

[692] 王舒怡．滥用标准必要专利行为的反垄断法规制．哈尔滨商业大学．2019.

[693] 王双．上市公司注册制改革下的信息披露法律问题研究．吉林财经大学．2019.

[694] 王韬．上市公司合并商誉及其减值计量问题研究．河北经贸大学．2019.

[695] 王特．大东南公司并购商誉减值案例研究．华南理工大学．2019.

[696] 王天为．我国社会抚养费制度完善研究．东北财经大学．2019.

[697] 王甜甜．互联网产业中滥用市场支配地位法律问题研究．辽宁大学．2019.

[698] 王婷．互联网产业经营者集中审查制度研究．西南政法大学．2019.

[699] 王婷婷．第三方电子支付平台的法律规制问题研究．吉林大学．2019.

[700] 王炜琳．上市公司与专业投资机构合作信息披露指引效果分析．中国石油大学（北京）．2019.

[701] 王文艺．我国互联网企业搭售的反垄断法规制研究．西南财经大学．2019.

[702] 王纤纤．论互联网领域独家交易的反垄断法规制．西南政法大学．2019.

[703] 王贤．基层食品安全监管信息化实施阻力分析与路径选择．郑州大学．2019.

[704] 王潇杨．被并方高管薪酬对被并公司绩效影响．厦门大学．2019.

[705] 王小军．我国医疗器械行业并购绩效研究．西南财经大学．2019.

[706] 王晓杰．国内上市公司跨境并购交易结构对融资方式的影响．厦门大学．2019.

[707] 王晓君．中国通讯设备制造业对外直接投资模式选择研究．首都经济贸易大学．2019.

[708] 王晓熹．我国进口食品安全监管存在的问题及对策研究．山东大学．2019.

[709] 王晓霞．司法过程中的利益衡量研究．沈阳工业大学．2019.

[710] 王心禹．我国房地产行业并购绩效研究．吉林财经大学．2019.

[711] 王鑫博．百利电气并购成都瑞联案例研究．天津财经大学．2019.

[712] 王鑫雅．我国外资券商市场准入监管研究．商务部国际贸易经济合作研究院．2019.

[713] 王星慧．基于收益管理的 Z 酒店定价策略研究．大连海事大学．2019.

[714] 王雅瑗．Z 集团并购 F 公司财务整合案例研究．中国财政科学研究院．2019.

[715] 王亚芬．格式合同中不公平格式条款的规制研究．深圳大学．2019.

[716] 王亚辉．宝钢并购武钢财务整合风险控制研究．哈尔滨理工大学．2019.

[717] 王亚鹏．并购商誉高估的影响因素分析．北京交通大学．2019.

[718] 王亚璇．协同效应视角下 KD 乳业并购 JE 乳业的绩效研究．天津科技大学．2019.

[719] 王岩．即时通讯企业滥用市场支配地位的反垄断法规制．西南政法大学．2019.

[720] 王焱敏．我国行政指导卡特尔的反垄断规制．浙江大学．2019.

[721] 王阳．均胜电子并购高田公司绩效研究．华中师范大学．2019.

[722] 王一星．电子支付的法律规制研究．云南财经大学．2019.

[723] 王英彬．电力行业反垄断法律制度研究．重庆大学．2019.

[724] 王英琦．地方政府行政垄断对区域经济影响研究．辽宁大学．2019.

[725] 王颖．基于并购驱动的制造业上市公司转型升级效果研究．燕山大学．2019.

[726] 王永磊．农村食品安全监管研究．西北农林科技大学．2019.

[727] 王永强．银行保险监管法律制度研究．山东大学．2019.

[728] 王彧蔚．广汇汽车连续并购绩效的案例研究．华南理工大学．2019.

[729] 王远征．酒泉市肃州区乡镇食品安全监管有效性研究．兰州大学．2019.

[730] 王跃平．基于博弈论的 P2P 网络借贷风险防控研究．郑州大学．2019.

[731] 王泽宇．我国职业体育产业反垄断豁免制度研究．北方工业大学．2019.

[732] 王志南．我国滥用相对优势地位行为的规制路径研究．华东政法大学．2019.

[733] 王智永．企业并购的财务协同效应分析．天津财经大学．2019.

［734］王姿淇．互联网企业数据垄断问题研究．首都经济贸易大学 . 2019.
［735］王梓安．我国“网约车”的法律监管问题研究．云南大学 . 2019.
［736］王梓勋．我国企业海外并购获取创造性资产的研究．厦门大学 . 2019.
［737］韦慧．企业商誉减值风险及其防范研究．暨南大学 . 2019.
［738］韦晶．华润医疗并购凤凰医疗的估值研究．云南财经大学 . 2019.
［739］韦卫玲．我国内地引入国际商事仲裁机构的必要性和可行性研究．华东政法大学 . 2019.
［740］委芮．业绩补偿协议对金利科技并购宇瀚光电的财务影响研究．长安大学 . 2019.
［741］卫婵．基于协同效应理论的 W 教育培训企业并购评价．昆明理工大学 . 2019.
［742］魏朝永．南宁市城镇职工大病统筹基金监管研究．广西民族大学 . 2019.
［743］魏肖峰．网络经营者虚假宣传行为的竞争法规制．郑州大学 . 2019.
［744］魏瑶．神华国电合并重组的财务绩效评价研究．西安科技大学 . 2019.
［745］魏永辉．上市公司并购中概股研究．中南财经政法大学 . 2019.
［746］魏泽中．互联网企业滥用市场支配地位的认定．扬州大学 . 2019.
［747］魏征．并购风险的识别与防范．天津财经大学 . 2019.
［748］魏志伟．投资贸易便利化对中国农产品出口二元边际的影响研究．河南财经政法大学 . 2019.
［749］温馨．影子银行国际监管研究．厦门大学 . 2019.
［750］文永春．“管资本”改革背景下国有资本监管法律问题研究．西南政法大学 . 2019.
［751］闻祥．基于 Hotelling 的众包物流平台定价研究．广东工业大学 . 2019.
［752］吴成伟．海关加工贸易监管风险管理研究．天津财经大学 . 2019.
［753］吴迪．海尔并购通用家电对绩效的影响研究．吉林大学 . 2019.
［754］吴迪 . JDTZ 并购 ZJDC 案例分析．哈尔滨商业大学 . 2019.
［755］吴迪倩．高铁开通、政治关联与异地并购．武汉大学 . 2019.
［756］吴昊．县域食用农产品生产环节质量安全监管研究．华南理工大学 . 2019.
［757］吴家骅．数据驱动型企业经营者集中的反垄断法规制研究．浙江理工大学 . 2019.
［758］吴婕欢．家电企业海外并购的绩效分析．中国石油大学（北京）. 2019.
［759］吴锦熙．基于无边界组织理论的食品安全监管体制机制研究．厦门大学 . 2019.
［760］吴菁菁．取保候审制度中层次性监管之探讨．厦门大学 . 2019.
［761］吴楷杰 . T 公司在新三板并购中的估值定价问题研究．广西大学 . 2019.
［762］吴丽涵．中国企业在印度投资面临的反垄断法律风险及防范研究．华东政法大学 . 2019.
［763］吴玫．政府对商业银行金融风险监管的研究．湖南农业大学 . 2019.
［764］吴妹．全球价值链嵌入与中国企业自主创新效应研究．浙江工商大学 . 2019.
［765］吴明霞．南宁市农产品质量安全监管研究．广西民族大学 . 2019.
［766］吴茜．高溢价并购与价值创造．北京交通大学 . 2019.
［767］吴沁．机构投资者持股对企业并购绩效的影响研究．重庆交通大学 . 2019.
［768］吴睿．旅游产业投资基金退出方式案例研究．西南科技大学 . 2019.
［769］吴书妮 . N 公司跨国并购 H 公司财务风险控制的问题及对策研究．天津财经大学 . 2019.
［770］吴姝．我国上市公司自愿性信息披露监管研究．云南财经大学 . 2019.
［771］吴淑君．基于弱监管条件下电商的“杀熟”行为研究．湖南大学 . 2019.
［772］吴思聪．同一控制下企业合并的会计处理方法研究．浙江工业大学 . 2019.
［773］吴思颖．皇氏集团并购盛世骄阳的合并商誉问题研究．广西大学 . 2019.
［774］吴小静．中文传媒战略并购协同效应问题与对策研究．天津财经大学 . 2019.
［775］吴晓昧．农村食品药品监管问题与对策．华中师范大学 . 2019.

[776] 吴欣静. 京津冀农产品流通效率测度及影响因素研究. 首都经济贸易大学. 2019.
[777] 吴旭栋. 华谊嘉信并购中使用对赌协议的动因及其风险防范研究. 东华大学. 2019.
[778] 吴雨泽. 业绩承诺对并购标的业绩增长及其持续性影响的研究. 中国财政科学研究院. 2019.
[779] 伍聪聪. 欧盟标准必要专利禁令规则研究. 西南政法大学. 2019.
[780] 伍梓维. 2007－2016 年我国旅行社产业集中度演化及影响因素分析. 湘潭大学. 2019.
[781] 武湘君. 基于平衡计分卡的并购协同效应研究. 中南财经政法大学. 2019.
[782] 席燕. 文化企业并购投资价值评估研究. 天津财经大学. 2019.
[783] 夏莉娜. 东方财富并购同信证券动因及绩效研究. 东华大学. 2019.
[784] 夏梦涵. 标准必要专利许可费之定价规则探析. 西南财经大学. 2019.
[785] 夏翩翩. 政府机关购买后勤服务的监管问题研究. 西北大学. 2019.
[786] 夏圣绮. 企业并购中业绩补偿承诺失效的案例研究. 浙江财经大学. 2019.
[787] 夏伟. 我国互联网金融的政府监管策略研究. 华中师范大学. 2019.
[788] 夏雪. 中国经营者集中的实质性审查问题研究. 华东政法大学. 2019.
[789] 夏誉丹. 企业并购失败原因分析. 广州大学. 2019.
[790] 项玲芳. 台州市单用途商业预付卡政府监管现状及对策研究. 江西农业大学. 2019.
[791] 项猛. 我国民营养老机构监管法律问题研究. 南京师范大学. 2019.
[792] 项尚. 公共租赁住房法律规制研究. 南京工业大学. 2019.
[793] 项晓苹. 沃尔核材与长园集团并购反并购案例研究. 中国石油大学（北京）. 2019.
[794] 肖斌. 特许经营法律问题研究. 湘潭大学. 2019.
[795] 肖磊. 大额持股披露制度研究. 厦门大学. 2019.
[796] 肖黎婕. 上市公司设立并购基金的模式及绩效研究. 暨南大学. 2019.
[797] 肖鸣. 中概股私有化回归的动因与路径研究. 浙江大学. 2019.
[798] 肖思宇. 企业合并中税务与会计处理差异分析. 云南财经大学. 2019.
[799] 肖文闻. 行业协会信息交换行为反垄断规制研究. 重庆大学. 2019.
[800] 肖亚峰. K 市企业国有资产监管研究. 苏州大学. 2019.
[801] 肖杨. 政府干预对地方国有上市公司并购绩效的影响分析. 云南财经大学. 2019.
[802] 肖昱. 运用并购基金进行杠杆收购的策略与效应分析. 暨南大学. 2019.
[803] 谢晨. 我国网络外卖食品安全监管的法律问题研究. 广东外语外贸大学. 2019.
[804] 谢蕙羽. 玉溪市福利彩票公益金监管研究. 云南财经大学. 2019.
[805] 谢佳文. 论财产犯中解释客观构成要件的占有. 上海社会科学院. 2019.
[806] 谢煜君. 绿地集团并购上海金丰绩效及分析. 江西财经大学. 2019.
[807] 辛至诚. 互联网企业并购财务风险防范研究. 天津财经大学. 2019.
[808] 邢璐. 资管新规实施背景下我国影子银行监管问题研究. 天津财经大学. 2019.
[809] 邢雪媚. 信托融资在企业并购中的应用. 沈阳工业大学. 2019.
[810] 邢颖. 海尔公司并购通用家电公司的绩效问题研究. 辽宁大学. 2019.
[811] 邢由娜. 反垄断民事诉讼制度研究. 长春理工大学. 2019.
[812] 邢宇瑛. 美的集团连续并购绩效研究. 天津财经大学. 2019.
[813] 邢智勇. 西安市城市管道（网）燃气特许经营监管研究. 西北大学. 2019.
[814] 熊伟. 寄递实名制行政法规制研究. 南昌大学. 2019.
[815] 熊雅娴. 湖北省民间金融的监管困境及对策研究. 华中科技大学. 2019.
[816] 修扬. 法律场域中媒介审判的运行机制与规制路径. 山东大学. 2019.
[817] 徐春雷. 我国中药企业全产业链并购效应研究. 西南财经大学. 2019.

[818] 徐丹萍．不同类型机构投资者对并购绩效的影响．浙江工商大学．2019.
[819] 徐方睿．港口经营人滥用优势地位法律规制研究．大连海事大学．2019.
[820] 徐飞璇．并购对赌协议对企业经营绩效的影响研究．湖南大学．2019.
[821] 徐海燕．民营企业联合反腐的困境与对策研究．湖南大学．2019.
[822] 徐虹．网络交易中虚假信用评价的刑法规制．浙江大学．2019.
[823] 徐龙硕．网约车市场准入法律问题研究．大连海洋大学．2019.
[824] 徐诺然．我国职业体育运动中的反垄断法律问题研究．西南科技大学．2019.
[825] 徐勍．中药注射剂价格畸高与竞争政策．东北财经大学．2019.
[826] 徐世森．“PE + 上市公司”模式的并购绩效研究．重庆大学．2019.
[827] 徐婷．申银万国并购宏源证券财务协同效应研究．贵州财经大学．2019.
[828] 徐婉新．论我国环保“三同时”制度存在的问题及完善．浙江工商大学．2019.
[829] 徐晓琪．改进的市场法在文化传媒企业价值评估中的应用研究．江西财经大学．2019.
[830] 徐兴帅．A 公司并购财务风险控制研究．中南财经政法大学．2019.
[831] 徐亚君．信贷支持、资本流动对减贫效应的影响．广东外语外贸大学．2019.
[832] 徐一春．浅析大数据算法歧视的法律规制．苏州大学．2019.
[833] 徐媛．主流意识形态引领下微信传播规制研究．重庆交通大学．2019.
[834] 徐志豪．在线旅游企业并购动因及绩效研究．西南财经大学．2019.
[835] 许冬萍．L 市水利安全生产监管存在的问题和对策研究．华中师范大学．2019.
[836] 许敦锴．实物期权法在并购企业价值评估中的应用．广东外语外贸大学．2019.
[837] 许建林．大连市石灰石行业监管对策研究．大连理工大学．2019.
[838] 许瑾．互联网票据理财业务的风险及控制研究．对外经济贸易大学．2019.
[839] 许立．我国文化产业市场监管法律问题研究．西南大学．2019.
[840] 许玲琦．龙薇传媒收购万家文化信息披露违规案例研究．吉林大学．2019.
[841] 许明强．K 资本并购投资 D 公司投后管理的研究．浙江工商大学．2019.
[842] 许鑫淼．亚文化视角下恶搞短视频的媒介伦理反思．内蒙古大学．2019.
[843] 许妍．中药饮片质量监管研究．西北农林科技大学．2019.
[844] 许媛媛．网约车市场准入制度研究．江西财经大学．2019.
[845] 许云鹏．企业合并商誉及其减值研究．首都经济贸易大学．2019.
[846] 许正钰．农村食品安全监管问题研究．郑州大学．2019.
[847] 许孜恒．商誉减值风险形成及治理研究．中南财经政法大学．2019.
[848] 轩梦月．旅游企业上市规律的组织生态学分析．华南理工大学．2019.
[849] 宣蓉娟．奥的斯机电并购快速电梯的财务协同效应研究．浙江工商大学．2019.
[850] 玄倬铭．凤凰传媒连续并购的动因及绩效研究．天津财经大学．2019.
[851] 薛峰．中国 P2P 网络借贷平台利率的影响因素研究．西南财经大学．2019.
[852] 闫文娟．物流企业多元化经营对企业成长性的影响研究．大连理工大学．2019.
[853] 严波波．杭州市药品流通领域质量风险管理研究．浙江工业大学．2019.
[854] 阎乐云．反垄断视角下第三方贴付法律问题研究．山西大学．2019.
[855] 阎颖．美的集团跨国并购库卡财务风险及防范研究．天津财经大学．2019.
[856] 阎谆．住宅房屋专项维修资金制度研究．深圳大学．2019.
[857] 晏文清．企业并购中所得税纳税筹划研究．江西师范大学．2019.
[858] 杨安琪．募集资金用途披露与 IPO 抑价．湖南大学．2019.
[859] 杨楚楚．我国共享经济发展中政府治理问题研究．山东大学．2019.
[860] 杨淳．上市公司跨境并购交易设计及风险研究．暨南大学．2019.

［861］杨寸思．中国民航个人信息安全的政府规制优化研究．华东政法大学.2019.
［862］杨帆．收益法下企业价值评估应用研究．云南财经大学.2019.
［863］杨高超．大数据时代个人信息保护行政法规制．中国人民公安大学.2019.
［864］杨光．石家庄地区包装饮用水的调查、监测与监管策略研究．河北科技大学.2019.
［865］杨红梅．上市公司合并商誉会计处理问题研究．天津财经大学.2019.
［866］杨宏．重庆市在线教育监管存在的问题与对策研究．重庆大学.2019.
［867］杨洁．“上市公司+PE”模式下并购风险控制研究．天津财经大学.2019.
［868］杨景博.N公司并购R公司的财务风险控制案例研究．东北石油大学.2019.
［869］杨坤．第三方电子支付平台沉淀资金监管问题研究．上海师范大学.2019.
［870］杨萌．我国未申报经营者集中行政处罚案例研究．西北大学.2019.
［871］杨秦．标准必要专利权人滥用市场支配地位的反垄断规制问题研究．深圳大学.2019.
［872］杨荣．我国环保企业海外并购绩效研究．广西民族大学.2019.
［873］杨胜明．股东持续原则下免税重组法律制度研究．厦门大学.2019.
［874］杨爽．民事再审案件自由裁量权研究．西南财经大学.2019.
［875］杨硕．多元监管下PPP项目税收激励的博弈分析．昆明理工大学.2019.
［876］杨松柏.D集团并购W公司财务整合研究．江苏大学.2019.
［877］杨涛．合肥市网约车监管问题研究．安徽大学.2019.
［878］杨婷钧．青岛海尔并购通用家电的绩效研究．青岛科技大学.2019.
［879］杨喜枝．我国民营银行市场准入制度研究．中南财经政法大学.2019.
［880］杨先凯．移动医疗软件监管体系的建设研究．湖南农业大学.2019.
［881］杨翔翔．对第三方支付沉淀资金的监管研究．吉林财经大学.2019.
［882］杨晓梅．华润三九并购众益制药的绩效研究．华南理工大学.2019.
［883］杨旭．汽车行业并购中评估增值率影响因素的实证分析．首都经济贸易大学.2019.
［884］杨艳华．烟草制品销售中搭售行为的反垄断法规制分析．中国政法大学.2019.
［885］杨洋．中国乳制品企业并购分析．辽宁大学.2019.
［886］杨烨．“PE+上市公司”模式的利益冲突及模式优化研究．西南财经大学.2019.
［887］杨奕．美的并购东芝白色家电的财务整合问题及对策研究．天津财经大学.2019.
［888］杨银芳．我国上市公司董事网络对并购方长期绩效的影响研究．湖南大学.2019.
［889］杨宇泓．胜利精密商誉管理案例研究．广西大学.2019.
［890］杨玉姣．价格歧视对消费者购买意愿的影响实验研究．浙江财经大学.2019.
［891］杨悦．路径选择：证人保证书对证人出庭作证规制研究．辽宁大学.2019.
［892］杨忠月．保障房PPP项目中政府对社会资本的监管研究．南京林业大学.2019.
［893］杨兹弘．高溢价并购风险问题研究．暨南大学.2019.
［894］姚仕钰．关联并购中的利益输送研究．苏州大学.2019.
［895］姚欣华．互联网非公开股权融资监管制度研究．中国矿业大学.2019.
［896］姚瑶．论滥用相对优势地位的竞争法规制．西南科技大学.2019.
［897］姚宜彤．我国药品行业价格垄断行为法律规制研究．郑州大学.2019.
［898］姚月晔.S海关进口固体废物监管风险管理问题及对策研究．天津财经大学.2019.
［899］叶晓晶．互联网企业搭售行为的反垄断规制研究．山西财经大学.2019.
［900］叶俞辛．港股通对AH股价格关系的影响分析．广西大学.2019.
［901］殷冲．我国第三方支付市场对外开放的安全问题及其法律应对．中南财经政法大学.2019.
［902］殷玉涵．共享经济背景下过度竞争的政府规制研究．西南财经大学.2019.

[903] 尹泊然．供应链视角的港口并购绩效评价研究．大连海事大学 . 2019.
[904] 尹若涵．HRSJ 并购 SFYY 案例分析．哈尔滨商业大学 . 2019.
[905] 尹维英．政府主导下企业并购效应研究．西南财经大学 . 2019.
[906] 应梦琦．智能投顾的监管问题研究．浙江大学 . 2019.
[907] 游永豪．S 公司并购中对赌协议风险及其控制的问题分析．南昌大学 . 2019.
[908] 于东焕．光一科技合并商誉减值问题研究．吉林大学 . 2019.
[909] 于璐．镇江市企业信用政府监管研究．大连海事大学 . 2019.
[910] 余东．百视通并购东方明珠的财务协同效应研究．吉林大学 . 2019.
[911] 余飞．市场分割与企业增加值率．中共江苏省委党校 . 2019.
[912] 余丽燕．城乡居民医保基金监管问题研究．西北农林科技大学 . 2019.
[913] 於丽卿．融创中国并购财务协同效应问题研究．河北地质大学 . 2019.
[914] 俞梦．并购对企业成长的影响分析．东华大学 . 2019.
[915] 俞笑笑．互联网金融中非法集资的刑事法律规制研究．宁波大学 . 2019.
[916] 俞亦奇．新研股份并购明日宇航绩效研究．东华大学 . 2019.
[917] 俞颖．上市公司章程反收购条款的法律效力．南昌大学 . 2019.
[918] 郁万兵．H 集团并购 D 公司财务风险案例研究．沈阳理工大学 . 2019.
[919] 袁宏巨．FX 医药公司连续并购的绩效研究．湖南大学 . 2019.
[920] 袁满霞．上市公司并购融资风险管理研究．湖北工业大学 . 2019.
[921] 袁铭．虚拟货币的国际法监管问题研究．山东大学 . 2019.
[922] 袁源．新零售背景下 L 支付公司的战略转型与商业模式研究．北京邮电大学 . 2019.
[923] 袁桢．美丽生态并购八达园林业绩承诺的案例研究．天津财经大学 . 2019.
[924] 原明慧．管道燃气企业滥用市场支配地位的法律规制．北方工业大学 . 2019.
[925] 岳嵩森．盗窃虚拟财产的行为性质及刑法规制研究．兰州大学 . 2019.
[926] 岳原州．互联网企业相关产品市场界定研究．上海交通大学 . 2019.
[927] 岳志龙．风险因素对并购估值的影响研究．厦门大学 . 2019.
[928] 曾柏寒．宝钢吸收合并武钢协同效应分析．江西财经大学 . 2019.
[929] 曾春红．基于 Sinobrand 模型对贵州茅台品牌价值评估的案例研究．华中科技大学．2019.
[930] 曾仿月．深圳市卫计委滥用行政权力、排除限制竞争行为问题研究．湖南大学 . 2019.
[931] 曾纪帆．PPP 模式下污水处理行业的政府监管研究．广东财经大学 . 2019.
[932] 曾杰文．广西北部湾某口岸进口食品安全现状分析及监管策略研究．广西大学 . 2019.
[933] 曾旭霞．网络交易中恶意负面评价行为的法律规制研究．重庆大学 . 2019.
[934] 曾严珍子．金融监管视角下的“安邦并购”探析．河北金融学院 . 2019.
[935] 曾勇．涉及大数据的经营者集中反垄断审查问题研究．上海交通大学 . 2019.
[936] 曾雨昕．创业板上市公司并购财务风险问题研究．云南财经大学 . 2019.
[937] 詹逸凡．企业并购重组所得税特殊性税务处理政策研究．广东财经大学 . 2019.
[938] 张彬．并购事件中投资者的锚定效应研究．浙江财经大学 . 2019.
[939] 张博华．地方政府网约车监管存在的问题及对策研究．湘潭大学 . 2019.
[940] 张晨光．绿地集团多元化经营的协同效应及绩效分析．东北财经大学 . 2019.
[941] 张晨婧．机构投资者在能源公司 IPO 和并购中的收益与风险研究．湖南大学 . 2019.
[942] 张程程．网络经济下传统企业与互联网企业间的竞合博弈研究．华南理工大学 . 2019.
[943] 张崇勇．主并方应对目标公司税务风险研究．中南财经政法大学 . 2019.
[944] 张丹媚．移动互联网领域滥用市场支配地位行为的认定研究．西南政法大学 . 2019.
[945] 张德伟．基于实物期权法的传统公司并购互联网公司案例研究．湖南大学 . 2019.

[946] 张广亚．论“二选一”交易安排的竞争法规制．武汉大学．2019.
[947] 张国慧．均胜电子并购对其绩效的影响探究．天津科技大学．2019.
[948] 张海涛．GJ 股份并购 SH 医疗财务风险分析与控制研究．浙江工商大学．2019.
[949] 张豪渠．我国《反垄断法》第 7 条的适用与立法完善．暨南大学．2019.
[950] 张洪岗．代驾碰瓷行为的刑法规制问题研究．中南财经政法大学．2019.
[951] 张虎．零资费、优先通道和网络中立：宽带运营商定价策略分析．江西财经大学．2019.
[952] 张荟．网约车行业反垄断法律问题研究．山西大学．2019.
[953] 张慧芳．反垄断法合理原则适用问题研究．吉林大学．2019.
[954] 张慧捷．行业协会反垄断法规制研究．天津商业大学．2019.
[955] 张佳婧．我国网约车保险法律问题研究．延边大学．2019.
[956] 张建红．成都综保区 H 公司工单核销管理研究．西南石油大学．2019.
[957] 张建涛．专利许可协议不质疑条款效力研究．河南大学．2019.
[958] 张进．并购基金对企业并购绩效的影响研究．南京审计大学．2019.
[959] 张晶．对赌协议在威创股份并购中的运用及效果分析．兰州财经大学．2019.
[960] 张婧．海信并购东芝财务风险识别与防范研究．吉林财经大学．2019.
[961] 张静．论忠诚折扣的反垄断法规制．上海交通大学．2019.
[962] 张可心．我国企业资产证券化信息披露法律制度研究．华东政法大学．2019.
[963] 张澜．并购财务信息披露与内部审计差异的治理机制研究．贵州财经大学．2019.
[964] 张磊．大数据下精准营销在 B2C 电子商务中的应用研究．长江大学．2019.
[965] 张立明．我国“校园贷”法律监管问题研究．吉林财经大学．2019.
[966] 张丽贤．乳品企业战略性并购模式的影响因素研究．天津科技大学．2019.
[967] 张利飞．经营者集中救济中的资产剥离制度研究．郑州大学．2019.
[968] 张幔昀．结构化主体合并的控制“三要素”判定研究．安徽财经大学．2019.
[969] 张漫群．消费者保护视野下的微商规制研究．深圳大学．2019.
[970] 张旻．“放管服”改革背景下微商信用监管路径探析．南京航空航天大学．2019.
[971] 张明轩．东方航空并购上海航空绩效分析．河北师范大学．2019.
[972] 张楠．日照市 L 区食品生产环节监管研究．曲阜师范大学．2019.
[973] 张宁宁．政府信息公开诉权滥用的规制．安徽大学．2019.
[974] 张朋宇．考虑交叉补贴的电力普遍服务双层优化模型研究．华北电力大学（北京）．2019.
[975] 张鹏飞．企业并购对创新的影响．厦门大学．2019.
[976] 张乾．我国房屋在线短租监管法律问题研究．兰州大学．2019.
[977] 张锐．成都市体育社会组织监管影响因素研究．西南财经大学．2019.
[978] 张瑞．比特币的法律规制初探．山东师范大学．2019.
[979] 张瑞雯．论关联企业合并重整中的债权人利益保护．贵州大学．2019.
[980] 张润锋．城投债与其他债券联动性的实证研究．西南财经大学．2019.
[981] 张莎莎．陕建机并购天成机械财务风险控制案例研究．西安石油大学．2019.
[982] 张胜柯．非上市股份公司股权变动公示制度研究．云南大学．2019.
[983] 张淑妍．顺丰速运借壳上市的定价效应研究．南昌大学．2019.
[984] 张帅杰．政府监管中的政策学习：北京市网络订餐案例分析．中共中央党校．2019.
[985] 张爽爽．光明乳业并购绩效分析．沈阳理工大学．2019.
[986] 张思佳．JL 药业借壳上市的财务效应分析．天津科技大学．2019.
[987] 张婉馨．虚假医药广告的行政法规制．黑龙江大学．2019.
[988] 张巍．N 市 X 区网络餐饮服务的食品安全监管策略研究．南昌大学．2019.

[989] 张纬．制度距离视角下城乡创业水平差异研究．吉首大学. 2019.
[990] 张文波．天舟文化并购神奇时代的绩效研究．南昌大学. 2019.
[991] 张文卉．坚瑞沃能商誉减值风险及应对研究．天津财经大学. 2019.
[992] 张文晶．互联网金融监管问题研究．山东师范大学. 2019.
[993] 张翔．凯撒文化溢价并购天上友嘉对企业绩效影响研究．杭州电子科技大学. 2019.
[994] 张晓晨．网络谣言型寻衅滋事罪的定性问题研究．华东政法大学. 2019.
[995] 张晓兰．基于财务重述视角的内部控制研究．江西师范大学. 2019.
[996] 张心怡．跨国公司的人权义务及其规制．外交学院. 2019.
[997] 张新兴．管理层激励、内外部制衡与商誉的关系研究．重庆大学. 2019.
[998] 张鑫亚．我国“PE + 上市公司”模式下企业并购绩效研究．重庆大学. 2019.
[999] 张栩凡. BEPS 规则下有害税收竞争的规制方式研究．辽宁大学. 2019.
[1000] 张雪．并购商誉、审计质量与企业债务融资．东北财经大学. 2019.
[1001] 张雪．我国区块链平台的法律问题研究．贵州大学. 2019.
[1002] 张雅．欧盟国家援助控制制度研究．郑州大学. 2019.
[1003] 张亚玉．医药行业上市公司信息披露问题研究．中南财经政法大学. 2019.
[1004] 张杨．联建光电公司快速扩张的并购风险及防范研究．重庆大学. 2019.
[1005] 张洋．电子商务企业滥用市场支配地位的法律规制．新疆大学. 2019.
[1006] 张一．行政允诺制度研究．中南民族大学. 2019.
[1007] 张一帆．农村食品小作坊市场监管问题及对策研究．湖南农业大学. 2019.
[1008] 张乂丹．我国上市银行法律规制研究．吉林财经大学. 2019.
[1009] 张毅凯．论律师行业竞争的法律规制．浙江财经大学. 2019.
[1010] 张颖．第三方支付法律问题研究．黑龙江大学. 2019.
[1011] 张宇．东道国国家风险对跨国并购绩效影响研究．中南财经政法大学. 2019.
[1012] 张雨婷．论大数据反垄断分析中的相关市场界定．上海交通大学. 2019.
[1013] 张煜唯．集中采购下体外诊断试剂价格畸高与竞争政策．东北财经大学. 2019.
[1014] 张悦．上市公司财务违规监管研究．北京交通大学. 2019.
[1015] 张哲雯. K 公司并购重组“M 系”公司的案例研究．湖南大学. 2019.
[1016] 张哲哲．双边市场条件下掠夺性定价的反垄断法规制．郑州大学. 2019.
[1017] 张志伟．我国食品安全公私协作监管之路研究．中共中央党校. 2019.
[1018] 张智．跨境并购交易结构设计研究．东南大学. 2019.
[1019] 张转军．并购对创新投入的影响研究．西安科技大学. 2019.
[1020] 章文华．我国民宿的监管问题研究．苏州大学. 2019.
[1021] 章艺文．并购商誉会计处理问题研究．西安理工大学. 2019.
[1022] 赵豪．基于自由现金流贴现模型的我国上市医药企业价值评估研究．安徽财经大学. 2019.
[1023] 赵吉杰．浩物机电并购方向光电的动因及效果研究．电子科技大学. 2019.
[1024] 赵晶. DG 并购 JYW 风险研究．长沙理工大学. 2019.
[1025] 赵科鹏．注册制背景下加强上市公司监管研究．吉林大学. 2019.
[1026] 赵丽颖．招商蛇口换股吸收合并招商地产的动因及绩效研究．河北经贸大学. 2019.
[1027] 赵宁．从禁榷制度看我国烟草专卖制度改革．云南财经大学. 2019.
[1028] 赵庆霖．论网联平台法律风险及其应对．河北大学. 2019.
[1029] 赵珊珊．定价准则公开性对内部交易均衡的影响研究．贵州师范大学. 2019.
[1030] 赵淑雅．广汇汽车连续并购绩效与风险案例研究．沈阳工业大学. 2019.

[1031] 赵威桦．动漫企业的投资价值评估研究．首都经济贸易大学.2019.

[1032] 赵文文．独立董事对上市公司多元化并购的影响研究．哈尔滨工业大学.2019.

[1033] 赵璇．IPTV 监管系统的设计与实现．内蒙古大学.2019.

[1034] 赵怡悦．国有钢铁企业合并绩效研究．云南财经大学.2019.

[1035] 赵艺聪．我国法官自由裁量权的规制研究．河北大学.2019.

[1036] 赵颖．三安光电全产业链布局的财务绩效研究．广西大学.2019.

[1037] 赵越．网络小额贷款公司的法律监管研究．吉林大学.2019.

[1038] 赵政．永泰能源债券违约案例分析．河北经贸大学.2019.

[1039] 郑安琪．数字音乐独家版权的反垄断问题研究．上海交通大学.2019.

[1040] 郑迪．欧盟贸易协定中公共服务豁免条款研究．西南政法大学.2019.

[1041] 郑海红．涉及标准必要专利的经营者集中反垄断法规制研究．河南财经政法大学．2019.

[1042] 郑杰．信邦制药连续并购绩效研究．深圳大学.2019.

[1043] 郑露．宁波市共享单车协同治理研究．宁波大学.2019.

[1044] 郑萍．服务型政府下的食品质量监管研究．南昌大学.2019.

[1045] 郑舒心．企业跨行业并购绩效对比研究．桂林理工大学.2019.

[1046] 郑小宝．基于电商平台的商品质量管控机制研究．江南大学.2019.

[1047] 郑雪．并购支付方式对并购绩效的影响研究．电子科技大学.2019.

[1048] 郑宇婷．清代棉甲的结构与规制研究．北京服装学院.2019.

[1049] 郑月．我国私募股权退出方式研究．西南财经大学.2019.

[1050] 郑智真．我国网购食品安全监管长效机制构建研究．南京航空航天大学.2019.

[1051] 钟蒙申．我国互联网企业市场支配地位的认定问题研究．昆明理工大学.2019.

[1052] 钟少芳．区镇合谋：肇庆市 C 区 H 镇“一门式一网式”改革的选择性应付考核逻辑分析．华南理工大学.2019.

[1053] 钟文捍．民航大飞机制造业进入壁垒及竞争行为分析．上海交通大学.2019.

[1054] 钟雅祯．网络订餐食品安全监管机制研究．厦门大学.2019.

[1055] 仲海滨．共享单车发展过程中政府责任研究．青海师范大学.2019.

[1056] 周本娇．蒙牛乳业并购雅士利案例研究．中国财政科学研究院.2019.

[1057] 周波波．互联网消费金融资产证券化的应用研究．贵州财经大学.2019.

[1058] 周楚健．青岛海尔并购通用家电的绩效研究．暨南大学.2019.

[1059] 周丹阳．数字时代互联网平台市场力量的反垄断分析．华东政法大学.2019.

[1060] 周荟．湖北省 N 市干部“带病提拔”监管研究．华中科技大学.2019.

[1061] 周健．中国企业境内并购成败的影响因素研究．浙江大学.2019.

[1062] 周杰．医药企业并购中的价值链整合与财务效果分析．西南财经大学.2019.

[1063] 周静．股权众筹融资市场监管法律问题研究．海南大学.2019.

[1064] 周琳琳．互联网企业市场支配地位认定的困境与出路．中南财经政法大学.2019.

[1065] 周轻旋．企业高溢价并购行为的动因及风险研究．广东外语外贸大学.2019.

[1066] 周泉岑．沈阳局集团公司装卸设备运用管理优化研究．中国铁道科学研究院.2019.

[1067] 周润来．中国液态奶零售商买方势力研究．东北农业大学.2019.

[1068] 周淑烟．不公平高价行为的认定研究．厦门大学.2019.

[1069] 周苏湘．互联网租赁自行车行政监管法律问题研究．东南大学.2019.

[1070] 周小莎．国有企业并购民营企业的财务风险研究．江西财经大学.2019.

[1071] 周鑫翔．对赌协议对并购企业财务绩效的影响研究．长沙理工大学.2019.

[1072] 周延宾．企业并购中对赌协议防范收购方商誉减值风险问题研究．广东财经大学．2019.

[1073] 周怡．创业板科技公司并购对核心竞争力的影响研究．暨南大学．2019.
[1074] 周宇．企业集团产融结合协同效应研究．浙江工商大学．2019.
[1075] 周宇．专利联营反垄断规制问题研究．新疆大学．2019.
[1076] 周玉霞．电商平台差异化定价行为法律规制路径研究．东北师范大学．2019.
[1077] 周正．多家企业生产的基本药物价格畸涨与竞争政策．东北财经大学．2019.
[1078] 周志勇．华夏幸福横向并购的动因与绩效分析．中南财经政法大学．2019.
[1079] 周志远．股权性质、股权结构与上市公司并购绩效的关系研究．内蒙古大学．2019.
[1080] 周子璇．我国央企合并中公平竞争审查制度研究．西南政法大学．2019.
[1081] 朱灏琦．境内机构经纪业务发展的现状、问题与对策研究．浙江工业大学．2019.
[1082] 朱佳云．独家交易协议的反垄断法规制研究．暨南大学．2019.
[1083] 朱丽静．外资保险公司市场准入监管法律问题研究．吉林财经大学．2019.
[1084] 朱萌．E 公司并购 D 公司后整合策略研究．苏州大学．2019.
[1085] 朱敏．海航集团并购扩张的绩效与财务风险研究．上海外国语大学．2019.
[1086] 朱明权．关联企业合并破产重整的判断标准研究．暨南大学．2019.
[1087] 朱婷．海南橡胶集团海外并购战略研究．海南大学．2019.
[1088] 朱文可．南风股份并购商誉减值问题研究．石河子大学．2019.
[1089] 朱晓雨．Z 上市公司纵向并购 X 公司效率研究．电子科技大学．2019.
[1090] 朱一丁．居民阶梯电价政策效果评估及优化研究．浙江财经大学．2019.
[1091] 朱昱瑾．大连长兴岛经济区商事登记改革问题研究．大连理工大学．2019.
[1092] 朱州．基于套现视角的高业绩承诺动因研究．中南财经政法大学．2019.
[1093] 诸葛泽辉．我国汽车零部件企业并购风险防范研究．东南大学．2019.
[1094] 祝甜媚．网络餐饮食品安全监管问题研究．西南政法大学．2019.
[1095] 卓荣家．广西地方政府食品安全监管问题及对策研究．广西大学．2019.
[1096] 宗舍．竞争法视野下互联网领域不兼容问题研究．上海交通大学．2019.
[1097] 邹涛．武汉市土地二级市场管理问题研究．华中科技大学．2019.

2020 年

[1] Carlos，F L A. Brickell 旅游管理公司全球化策略分析．上海外国语大学．2020.
[2] 安俊衡．标准必要专利禁令救济规则研究．沈阳工业大学．2020.
[3] 安学鹏．业绩补偿协议对公司治理效应影响研究．兰州财经大学．2020.
[4] 敖润楠．CEO 权力与并购决策．广东外语外贸大学．2020.
[5] 白成民．赛腾股份定向可转债融资并购案例研究．湘潭大学．2020.
[6] 白鸽．基于平衡计分卡的郑煤机并购博世 SG 绩效评价研究．东北石油大学．2020.
[7] 白雪松．B 公司并购 Z 公司财务绩效研究．辽宁石油化工大学．2020.
[8] 包正华．盈利能力支付计划在海外并购中的应用研究．兰州财经大学．2020.
[9] 薄宇宙．山西省煤炭企业并购动因、特征与效应研究．西安科技大学．2020.
[10] 鲍涵．LED 企业产业链并购动机和绩效研究．苏州大学．2020.
[11] 贲绍华．出版传媒上市公司商誉类型及会计处理研究．北京印刷学院．2020.
[12] 毕圣玉．管理者过度自信、支付方式与并购绩效．云南财经大学．2020.
[13] 毕思琪．大数据“杀熟”的法律规制路径研究．华东理工大学．2020.
[14] 毕晓宇．科达股份并购转型互联网营销公司的策略与绩效研究．河北经贸大学．2020.
[15] 边灵惠．盈峰环境并购中联环境财务风险分析与控制．东北石油大学．2020.

[16] 边宇晓．并购高溢价的成因和风险研究．河南大学.2020.
[17] 波丽．白罗斯劳务输出政府监管研究．大连海事大学.2020.
[18] 蔡成．业绩承诺在跨界并购中的应用研究．江西财经大学.2020.
[19] 蔡丹华．华谊嘉信并购迪思传媒的业绩承诺案例研究．华南理工大学.2020.
[20] 蔡芳芳．数据驱动型企业经营者集中的反垄断审查问题研究．华侨大学.2020.
[21] 蔡璐．证监会道歉惩罚机制与企业业绩承诺完成效果．山东大学.2020.
[22] 蔡娜婷．经济政策不确定性对企业并购的影响研究．华东师范大学.2020.
[23] 蔡文倩．坚瑞沃能并购中业绩承诺未达标的成因及经济后果研究．中原工学院.2020.
[24] 蔡文英．上市公司并购商誉减值问题探讨．江西财经大学.2020.
[25] 蔡小龙．通辽广电网络的政府监管问题及对策研究．黑龙江八一农垦大学.2020.
[26] 蔡雪月．滥用市场支配地位民事诉讼举证责任分配研究．华南理工大学.2020.
[27] 蔡奕枫．基于EVA的企业并购绩效评价．上海师范大学.2020.
[28] 曹嘉炜．企业跨行业连续并购绩效研究．杭州电子科技大学.2020.
[29] 曹坤．中国企业海外技术并购高创新绩效的匹配模式研究．广东外语外贸大学.2020.
[30] 曹亮．并购对赌的风险及防控研究．广东外语外贸大学.2020.
[31] 曹美霞．管理团队异质性对并购绩效的影响研究．集美大学.2020.
[32] 曹鹏翔.GLS公司系列并购绩效研究．兰州交通大学.2020.
[33] 曹天翔．大数据背景下滥用市场支配地位行为的法律规制．黑龙江大学.2020.
[34] 曹亚红．联想控股并购卢森堡国际银行的财务风险分析及防范．北京印刷学院.2020.
[35] 曹扬．我国反垄断惩罚性赔偿制度研究．黑龙江大学.2020.
[36] 曹宇纯．深港通对AH股市场分割的影响研究．浙江大学.2020.
[37] 曹悦．我国企业海外并购风险应对分析．北京交通大学.2020.
[38] 岑聪．交通基础设施建设、互联网普及与区域市场一体化．广东外语外贸大学.2020.
[39] 常焕城．赛腾股份运用定向可转债并购的案例研究．湘潭大学.2020.
[40] 车岳涵．安科生物并购苏豪逸明财务风险研究．哈尔滨商业大学.2020.
[41] 陈傲．我国上市公司要约收购的动因及绩效研究．浙江大学.2020.
[42] 陈璨．我国上市公司商誉减值研究．暨南大学.2020.
[43] 陈晨．美的跨境并购KUKA的财务风险与防范研究．广东工业大学.2020.
[44] 陈淳淳．大数据背景下价格歧视的法律规制研究．暨南大学.2020.
[45] 陈冠卿．顺丰横向并购敦豪的动因及并购绩效评价研究．北京交通大学.2020.
[46] 陈海．上市公司并购重组中关联交易的监管．华东政法大学.2020.
[47] 陈海磐．惠民县食品流通安全监管问题研究．山东师范大学.2020.
[48] 陈航．并购业绩承诺与商誉减值．西南大学.2020.
[49] 陈虹．宝通科技跨界并购易幻网络绩效研究．华侨大学.2020.
[50] 陈惠容．再制造企业的决策和收益研究．上海大学.2020.
[51] 陈慧．内部控制质量对并购绩效的影响研究．合肥工业大学.2020.
[52] 陈捷．长城动漫并购东方国龙商誉会计计量研究．长春工业大学.2020.
[53] 陈凯．基于EVA的有色金属企业海外并购绩效分析．江西理工大学.2020.
[54] 陈锴．先导智能并购泰坦新动力的动因及其财务绩效研究．华侨大学.2020.
[55] 陈力．涉及业绩承诺的年报审计风险与应对．武汉纺织大学.2020.
[56] 陈丽天．盐城市网络舆情监管研究．扬州大学.2020.
[57] 陈璐．军民融合战略下船舶建造的法律问题研究．大连海事大学.2020.
[58] 陈梦．文化产业并购的动因及绩效分析．安徽财经大学.2020.

［59］陈梦晗．地方政府支持、所有权性质与并购成败．浙江大学 . 2020.
［60］陈咪．保险公司并购绩效评价研究．安徽财经大学 . 2020.
［61］陈璞．阿里巴巴并购饿了么的财务风险控制研究．广东工业大学 . 2020.
［62］陈琪．曲美家居溢价并购案例研究．南昌大学 . 2020.
［63］陈蓉．雷柏科技并购商誉会计处理问题研究．中南林业科技大学 . 2020.
［64］陈锐．我国民营上市公司跨国并购融资方式选择研究．西安科技大学 . 2020.
［65］陈士旗．科创板 IPO 抑价与政府管制关系研究．华北水利水电大学 . 2020.
［66］陈思梅．南洋股份并购天融信绩效研究．中南林业科技大学 . 2020.
［67］陈思睿．技术并购对高技术企业创新绩效的影响研究．北京交通大学 . 2020.
［68］陈思晓．业绩承诺下并购轻资产企业的估值风险研究．北京交通大学 . 2020.
［69］陈苏 . XLM 公司并购业务中对赌协议的会计处理研究．重庆理工大学 . 2020.
［70］陈天鑫．海澜之家并购英氏婴童的绩效研究．湘潭大学 . 2020.
［71］陈葳．终极控制人对家族上市公司支持与掏空行为转换研究．广东外语外贸大学 . 2020.
［72］陈玮玮．基于平衡计分卡的顺丰控股连续并购绩效研究．广东工业大学 . 2020.
［73］陈文君 . QH 学校集团化办学的协同绩效评价研究．中国政法大学 . 2020.
［74］陈文轩 . SW 公司并购重组中文化融合的研究．江西财经大学 . 2020.
［75］陈夏婕．并购商誉及减值对公司业绩影响研究．杭州电子科技大学 . 2020.
［76］陈晓光．我国上市公司对新三板企业并购溢价的原因及影响研究．华北水利水电大学 . 2020.
［77］陈晓艺．海外并购财务协同效应研究．福建农林大学 . 2020.
［78］陈新．投行关系、投行声誉与并购绩效．广东外语外贸大学 . 2020.
［79］陈学涛．园林行业会计信息质量、并购与投资效率研究．广东外语外贸大学 . 2020.
［80］陈亚帝．产品市场竞争对企业并购绩效的影响．辽宁大学 . 2020.
［81］陈岩 . HT 公司并购风险管理研究．南开大学 . 2020.
［82］陈艳华．并购业绩承诺与股价崩盘风险．河南财经政法大学 . 2020.
［83］陈亦南．天神娱乐巨额商誉减值动因及经济后果研究．广东外语外贸大学 . 2020.
［84］陈易鑫．阿里巴巴并购“饿了么”动因及绩效分析．南昌大学 . 2020.
［85］陈奕涵．对赌协议对百花村并购风险的规避研究．兰州理工大学 . 2020.
［86］陈逸晖．木林森照明“蛇吞象”跨国并购动因与绩效分析．华侨大学 . 2020.
［87］陈莹．城市轨道交通 PPP 融资模式研究．福建农林大学 . 2020.
［88］陈俞均．媒体报道对并购溢价的影响研究．湖南师范大学 . 2020.
［89］陈宇昌．美团并购摩拜财务风险研究．南昌大学 . 2020.
［90］陈钰婷．新民促法背景下教育行业并购的协同效应研究．暨南大学 . 2020.
［91］陈志娟．隆盛科技并购微研精密案例研究．华南理工大学 . 2020.
［92］陈周熠．交易所问询函对并购重组的监督效应分析．广东外语外贸大学 . 2020.
［93］陈子涵．异质机构投资者对并购绩效影响研究．浙江大学 . 2020.
［94］陈梓填．对赌协议对企业并购绩效的影响分析．广东外语外贸大学 . 2020.
［95］程丹 . S 公司杠杆收购下并购基金的运作方式及风险研究．广东工业大学 . 2020.
［96］程敬业．对赌协议下被并购方盈余管理研究．杭州电子科技大学 . 2020.
［97］程丽．企业并购商誉确认与计量研究．南昌大学 . 2020.
［98］程绍林．星期六跨行业并购遥望网络风险与控制探析．江西财经大学 . 2020.
［99］程颖．基于业绩承诺的企业并购风险研究．浙江工商大学 . 2020.
［100］池光琪．跨国并购中的资源编排对企业战略绩效的影响路径研究．内蒙古大学 . 2020.

[101] 楚天宇．我国企业境外并购税收筹划研究．河北经贸大学.2020.
[102] 丛琳．盈峰环境公司横向并购协同效应研究．哈尔滨商业大学.2020.
[103] 崔丽杰．双渠道融合背景下零售商买方势力对上游供应商利润影响的研究．河南财经政法大学.2020.
[104] 崔梦云．基于资源基础论的连续并购提升企业价值研究．哈尔滨商业大学.2020.
[105] 崔思博．网络洗钱犯罪及其治理．中国社会科学院研究生院.2020.
[106] 代鹏．中国南车并购中国北车绩效分析．辽宁大学.2020.
[107] 戴冬林．医药企业并购财务风险研究．重庆理工大学.2020.
[108] 戴江秀．我国汽车行业跨境并购绩效研究．南京邮电大学.2020.
[109] 戴亮．基于央企地产并购重组动因的并购绩效研究．北京交通大学.2020.
[110] 戴锡飞．人工智能领域并购绩效研究．苏州大学.2020.
[111] 戴扬翼．南京市鼓楼区安全生产监管问题研究．南京师范大学.2020.
[112] 戴悦媛．基于上市公司+PE的平衡基金运作效果研究．南京邮电大学.2020.
[113] 邓丹丹．协同治理视角下单用途预付卡治理对策研究．江苏科技大学.2020.
[114] 邓晋．并购方技术多元化对创新产出的影响．南京大学.2020.
[115] 邓穗涛．跨境电商零售贸易的海关监管问题研究．华南理工大学.2020.
[116] 邓伟锋．肇庆高新区政商关系研究．华南理工大学.2020.
[117] 邓先旗．实物期权法在S公司并购估值中的应用研究．西安石油大学.2020.
[118] 邓小婷．垄断协议入罪后宽恕制度适用研究．兰州财经大学.2020.
[119] 翟菲菲．网游行业商誉计量问题及其风险防范研究．河南财经政法大学.2020.
[120] 翟家琪．家电行业并购财务风险控制研究．沈阳农业大学.2020.
[121] 邸宇丹．掌趣科技并购重组中的对赌协议价值分析．上海师范大学.2020.
[122] 丁晗．国有钢铁企业合并动因与绩效研究．北京交通大学.2020.
[123] 丁加晋．并购重组反馈意见与商誉减值．浙江工商大学.2020.
[124] 丁娜．数据驱动型并购的反垄断法规制研究．华东政法大学.2020.
[125] 丁瑞．新华医疗连续并购的风险与控制策略研究．广东工业大学.2020.
[126] 丁歆．商誉减值、投资者关注与股价崩盘风险．南京大学.2020.
[127] 丁一．飞乐音响系列并购商誉减值研究．辽宁大学.2020.
[128] 丁银盈．环境规制背景下污染密集型企业成本影响因素研究．河南大学.2020.
[129] 丁政尧．连续并购中资源编排的价值创造．内蒙古大学.2020.
[130] 董彩萍．消费者福利标准在反垄断法中之适用研究．浙江理工大学.2020.
[131] 董琳．证监会并购重组反馈意见的监管效应研究．浙江工商大学.2020.
[132] 董润杰.BG公司并购WG公司的财务绩效案例研究．沈阳理工大学.2020.
[133] 董尚昆.MBS集团跨境并购合并财务报表案例研究．华南理工大学.2020.
[134] 董师宁．并购金融化与商誉减值风险．广东外语外贸大学.2020.
[135] 董轶坤．我国企业并购中的商誉减值及风险防范研究．云南财经大学.2020.
[136] 董宇翔．上市公司并购中业绩补偿承诺风险及成因分析．广东外语外贸大学.2020.
[137] 窦林柯．海尔对美国通用家电的并购协同效应及风险研究．石河子大学.2020.
[138] 杜大洋．产业政策视角下商誉与并购绩效关系研究．西南科技大学.2020.
[139] 杜飞．内蒙古食品安全监管研究．内蒙古师范大学.2020.
[140] 杜慧鸣．大股东与高管合谋掏空上市公司行为探究．江西财经大学.2020.
[141] 杜马莉．互联网企业并购财务风险及防范研究．南京信息工程大学.2020.
[142] 杜美玲．利欧股份业绩补偿承诺对中小股东利益影响研究．西北师范大学.2020.

[143] 杜帅栋．沪港通对 AH 股溢价影响的研究．上海外国语大学 . 2020.
[144] 杜薇．阿里巴巴并购新浪微博的动因、效应及风险防范研究．江西师范大学 . 2020.
[145] 杜相宜．从国际金融中心建设角度探究上海自贸区离岸银行活动监管制度．上海社会科学院 . 2020.
[146] 杜学凯．沪工公司多元化并购的价值创造研究．哈尔滨商业大学 . 2020.
[147] 杜亚其．业绩补偿承诺对并购协同效应的影响研究．云南财经大学 . 2020.
[148] 段继涯．企业海外并购的风险研究．广东外语外贸大学 . 2020.
[149] 段文杰．融创中国并购动因及绩效分析．青岛科技大学 . 2020.
[150] 段玉力 . Z 市污水处理厂 PPP 项目财政风险监管问题研究．中国矿业大学 . 2020.
[151] 樊洁．我国原料药行业反垄断法律问题研究．湘潭大学 . 2020.
[152] 樊欣斐．东方航空并购上海航空绩效评价研究．中国民航大学 . 2020.
[153] 范蕾．华录百纳并购蓝色火焰财务绩效研究．黑龙江八一农垦大学 . 2020.
[154] 范璞．产品市场势力、分析师关注与盈余管理．中国矿业大学 . 2020.
[155] 范时云 . H 公司跨国并购 TY 公司的绩效研究．广东工业大学 . 2020.
[156] 范文慧．中国 A 股房地产企业在横向并购下的绩效研究．云南财经大学 . 2020.
[157] 范宜新．长城电脑连续并购财务绩效研究．东北石油大学 . 2020.
[158] 范永进．经济政策不确定性、融资约束与企业并购支付方式．暨南大学 . 2020.
[159] 范昱琪．美的并购德国库卡的绩效研究．中南林业科技大学 . 2020.
[160] 方维娜．跨所有制并购对企业价值的影响研究．安徽财经大学 . 2020.
[161] 方越．民用航空领域行政处罚自由裁量权行使研究．中国民航大学 . 2020.
[162] 房贻庆 . YH 公司并购绩效评价研究．吉林大学 . 2020.
[163] 冯奇．中小企业板上市公司会计信息披露违规研究．江西理工大学 . 2020.
[164] 冯瑞轩．陇南市城市无障碍设施监管研究．西北师范大学 . 2020.
[165] 冯薇薇．基于定性比较分析法的信息披露违规多重并发因果分析．中原工学院 . 2020.
[166] 冯昕瑶 . MD 集团并购 KK 集团的协同效应及经济后果研究．天津商业大学 . 2020.
[167] 冯钰茹．债务融资并购对并购绩效的影响．江西财经大学 . 2020.
[168] 付德莉．我国家电企业连续海外并购动因及绩效研究．杭州电子科技大学 . 2020.
[169] 付旭．企业并购审计风险及防控研究．安徽财经大学 . 2020.
[170] 傅博闻．青岛啤酒系列并购活动价值创造研究．中南林业科技大学 . 2020.
[171] 傅福龙．并购支付方式对科技公司并购绩效的影响研究．浙江大学 . 2020.
[172] 傅浩岚．网络直播行政法规制研究．广东外语外贸大学 . 2020.
[173] 盖方圆 . M 公司并购 K 公司的动因及绩效案例分析．吉林大学 . 2020.
[174] 高陈璐．东旭光电资本运作的经济后果案例研究．沈阳工业大学 . 2020.
[175] 高家坤．算法合谋的反垄断法规制研究．郑州大学 . 2020.
[176] 高嘉辉．天神娱乐连续高溢价并购中大股东掏空行为研究．山东大学 . 2020.
[177] 高建超．中国医药上市公司并购绩效研究．山东大学 . 2020.
[178] 高娟．我国食品安全监管的问题及对策研究．山西大学 . 2020.
[179] 高梁静．“上市公司 + PE”并购基金在跨境并购中的应用研究．河北大学 . 2020.
[180] 高亮 . H 风电公司并购业务财务风险管理研究．中国地质大学（北京）. 2020.
[181] 高凌云．迷你歌咏亭发展中多元主体监管的问题与对策研究．扬州大学 . 2020.
[182] 高琪 . RC 公司并购 HQ 公司的绩效研究．电子科技大学 . 2020.
[183] 高强．海润光伏业绩补偿监管的案例研究．哈尔滨商业大学 . 2020.
[184] 高赛赛．数据驱动型企业经营者集中反垄断规制研究．安徽大学 . 2020.

[185] 高帅磊．大股东掏空动机下的高溢价并购与股价崩盘风险．郑州航空工业管理学院．2020.

[186] 高婷．业绩承诺在并购风险防范中的应用研究．浙江工商大学．2020.

[187] 高向雷．价值链视角下新零售企业并购绩效研究．哈尔滨商业大学．2020.

[188] 高星雨．市场分割对绿色创新全要素生产率增长的影响研究．山东大学．2020.

[189] 高雪琪．携程并购去哪儿网绩效评价．浙江工商大学．2020.

[190] 高雅平．华测检测与华测瑞欧控制权争夺研究．燕山大学．2020.

[191] 高妍．战略选择下企业连续并购的价值创造研究．哈尔滨商业大学．2020.

[192] 高逸群．反垄断法框架下忠诚折扣条款行为研究．华东政法大学．2020.

[193] 高滢．网络直播平台监管法律制度研究．兰州财经大学．2020.

[194] 葛慧敏．我国企业并购绩效研究．南京大学．2020.

[195] 葛思颖．信雅达并购中业绩承诺的经济后果研究．广东工业大学．2020.

[196] 耿朋哲．经营者集中限制性条款的变更与解除规则研究．江西财经大学．2020.

[197] 耿青青．产业价值链视角下数字文化企业连续并购绩效研究．浙江工商大学．2020.

[198] 耿玥．Z公司并购后技术人会员离职影响因素研究．北京化工大学．2020.

[199] 龚家丽．小米集团多元化经营动因及绩效研究．江西财经大学．2020.

[200] 龚明．全球价值链视角下美的并购库卡的整合优化研究．江西财经大学．2020.

[201] 苟芮．女性高管、行业景气度与并购商誉．重庆理工大学．2020.

[202] 辜凌云．数字音乐独家版权模式反垄断法问题研究．北京外国语大学．2020.

[203] 古惠琪．洛阳钼业连续跨国并购的风险防范研究．广东工业大学．2020.

[204] 古丽米热·阿不来提．盈峰环境并购中联环境的财务绩效案例研究．北京林业大学．2020.

[205] 古曼佳．并购重组中业绩补偿承诺对商誉减值的影响研究．东北林业大学．2020.

[206] 顾冰．ZY公司薪酬体系再造．北京第二外国语学院．2020.

[207] 顾慧宁．东山精密连续并购创造价值的案例研究．苏州大学．2020.

[208] 顾洁．韵达快递反向购买新海股份的会计处理研究．华北水利水电大学．2020.

[209] 顾梦颖．内部控制与企业并购决策．苏州大学．2020.

[210] 顾欣仪．制造业定向可转债并购风险研究．暨南大学．2020.

[211] 顾颖．上市公司高溢价并购过程中商誉减值风险研究．苏州大学．2020.

[212] 顾影．农村食品安全监管研究．南京师范大学．2020.

[213] 顾竹青．基于全球价值链视角的绿叶制药集团跨国并购效果分析．浙江工商大学．2020.

[214] 关靖．雏鹰农牧多元化经营失败案例研究．河南大学．2020.

[215] 关闻心．TL网络公司并购商誉计量问题研究．辽宁大学．2020.

[216] 邴长臻．知识产权领域滥用市场支配地位行为的相关市场界定．外交学院．2020.

[217] 郭芳兵．高管过度自信对并购绩效的影响研究．辽宁大学．2020.

[218] 郭佳仪．影视行业并购溢价成因及其对商誉减值的影响．南京师范大学．2020.

[219] 郭金．基于改进平衡记分卡对企业并购绩效评价．兰州交通大学．2020.

[220] 郭乾．天堂大康－“PE＋上市公司”并购基金模式分析．河北经贸大学．2020.

[221] 郭倩．上市公司为什么要进行一元收购?．暨南大学．2020.

[222] 郭清源．文化传媒行业高溢价并购的绩效研究．华北水利水电大学．2020.

[223] 郭秋彤．大股东与股权投资机构参与配套融资是否会提高公司并购绩效?．山东大学．2020.

[224] 郭晓燕．国企混改并购整合方式对战略绩效的影响路径研究．内蒙古大学．2020.

［225］郭亚杰．互联网企业并购动因及效应分析．西北师范大学 . 2020.
［226］郭之颖．华谊兄弟并购商誉减值案例研究．江西财经大学 . 2020.
［227］韩冰清．公司治理对技术并购绩效的影响研究．中北大学 . 2020.
［228］韩冬．“阿里巴巴”并购“饿了么”整合风险案例研究．吉林大学 . 2020.
［229］韩冬．建设工程项目管理多主体多阶段的博弈研究．安徽建筑大学 . 2020.
［230］韩慧娴．新劲刚并购宽普科技的混合支付方式研究．辽宁大学 . 2020.
［231］韩纪冬．企业并购风险评价研究．沈阳工业大学 . 2020.
［232］韩露．上市公司换股吸收合并研究．哈尔滨商业大学 . 2020.
［233］韩茜茜．上市公司的反收购策略及其经济后果研究．北京交通大学 . 2020.
［234］韩晓玉 . H 市居民商品房贷款监管问题研究．山东大学 . 2020.
［235］韩雪．并购支付方式对长期并购绩效影响的实证研究．辽宁师范大学 . 2020.
［236］韩亚萌．企业跨行业并购的动因及绩效研究．北京交通大学 . 2020.
［237］韩阳．基层安全生产监管权责模糊问题研究．山东农业大学 . 2020.
［238］韩雨虹．高管薪酬外部公平性与并购商誉．内蒙古大学 . 2020.
［239］郝春延．工程项目投标中合谋行为及其防治研究．河南工业大学 . 2020.
［240］郝嘉宇 . HX 电器并购 DZ 绩效研究．天津商业大学 . 2020.
［241］郝萌．“两票制”背景下横向兼并战略的并购策略与绩效研究．郑州航空工业管理学院 . 2020.
［242］郝雪岩．“中珠医疗”并购“一体医疗”失败的财务问题研究．南京师范大学 . 2020.
［243］何丹 . M 公司兼并收购后的组织结构优化问题研究．广东外语外贸大学 . 2020.
［244］何蝶．通化金马并购圣泰生物的价值创造研究．华北水利水电大学 . 2020.
［245］何丽娜．管理层能力与商誉泡沫的抑制．内蒙古大学 . 2020.
［246］何良燕．互联网领域最惠待遇条款的反垄断法规制．黑龙江大学 . 2020.
［247］和美辰．高溢价并购下企业商誉减值成因及经济后果研究．广东外语外贸大学 . 2020.
［248］贺桥路．并购绩效、高管特征与盈余管理．西安科技大学 . 2020.
［249］贺筠航．并购协同效应掩盖下的巨额商誉减值风险研究．郑州航空工业管理学院 . 2020.
［250］赫嘉乾．腾讯并购 Supercell 案例研究．沈阳理工大学 . 2020.
［251］洪嘉琪．中小企业不正当竞争行为市场监管研究．华南理工大学 . 2020.
［252］侯江薇．基于协同效应的携程并购去哪儿网的并购绩效评价．东北石油大学 . 2020.
［253］侯睿．中国传媒上市公司并购绩效及影响因素的实证分析．河南财经政法大学 . 2020.
［254］胡超颖．绿色并购对中国高耗能行业上市公司绩效的影响．华东政法大学 . 2020.
［255］胡高鹏．盛趣游戏回归 A 股市场案例研究．湘潭大学 . 2020.
［256］胡赫．专利许可限制性条款反垄断规制研究．大连海事大学 . 2020.
［257］胡佳星．民事诉讼管辖权异议的滥用及其规制．吉林大学 . 2020.
［258］胡家亮 . S 公司多元化并购 L 公司的财务绩效研究．哈尔滨商业大学 . 2020.
［259］胡静怡．盈利能力支付计划在联络互动并购 Newegg 中的应用研究．南京邮电大学 . 2020.
［260］胡丽娜．基于平衡计分卡视角的美的并购库卡绩效研究．河北师范大学 . 2020.
［261］胡清滢．艾派克跨国并购美国利盟的动因和绩效分析．江西财经大学 . 2020.
［262］胡锐峥．并购视角下的现代中药企业价值评估．云南财经大学 . 2020.
［263］胡诗琪．渤海租赁并购爱尔兰 Avolon 公司的绩效研究．江西财经大学 . 2020.
［264］胡涛．世纪华通并购绩效分析．西安石油大学 . 2020.
［265］胡彤．基于 EVA 的 D 公司并购财务绩效研究．湖南工业大学 . 2020.

[266] 胡晓青．腾讯并购 Supercell 的财务风险评价与控制研究．黑龙江八一农垦大学 . 2020.

[267] 胡晓雅．知识产权滥用的反垄断法规制．兰州财经大学 . 2020.

[268] 胡秀芳．我国医药 CRO 行业产业链并购行为研究．苏州大学 . 2020.

[269] 胡燕尹．百润股份并购巴克斯业绩承诺失约的问题研究．南昌大学 . 2020.

[270] 胡一宁．中国乳品市场的价格非对称传递．河北经贸大学 . 2020.

[271] 胡艺亭．基于平衡计分卡视角的危险废物处理企业 A 的并购绩效研究．北京交通大学 . 2020.

[272] 胡雨帆．中粮地产并购大悦城的绩效研究．吉林大学 . 2020.

[273] 胡禹竹．天神娱乐并购商誉减值问题研究．吉林大学 . 2020.

[274] 胡芝．高估值高业绩承诺并购的动因及经济后果研究．武汉纺织大学 . 2020.

[275] 扈梦笛．宏观减税背景下企业并购的节税动因研究．中南林业科技大学 . 2020.

[276] 黄超凯．基于产业链视角的我国新能源企业并购行为研究．苏州大学 . 2020.

[277] 黄楚丞．数据驱动型企业滥用市场支配地位行为的法律规制．郑州大学 . 2020.

[278] 黄慧．"三小"新规下小餐饮行业的食品安全监管现状及对策研究．江西师范大学 . 2020.

[279] 黄菁菁．管理层私利和过度自信对上市公司成立并购基金的影响．北京交通大学 . 2020.

[280] 黄晶晶．互联网产业相关市场界定的立法问题研究．上海师范大学 . 2020.

[281] 黄俊菲．产业政策、企业生命周期与并购支付方式．山东大学 . 2020.

[282] 黄昆鹏．"坚瑞消防"并购"沃特玛"业绩补偿承诺案例研究．华南理工大学 . 2020.

[283] 黄巧迷．高溢价并购商誉减值研究．暨南大学 . 2020.

[284] 黄诗玥．连续跨国并购对于企业价值创造的影响研究．广东外语外贸大学 . 2020.

[285] 黄世欢．科大智能连续并购动因与绩效研究．广东工业大学 . 2020.

[286] 黄斯龙．粤传媒并购香榭丽的道德风险及其治理研究．华南理工大学 . 2020.

[287] 黄小君．温州市平阳县强化网络食品市场监管对策研究．黑龙江八一农垦大学 . 2020.

[288] 黄星．要约收购方式下分析师关注对并购质量影响研究．内蒙古大学 . 2020.

[289] 黄幸运．美国外商投资国家安全审查制度实体标准研究．华东政法大学 . 2020.

[290] 黄莹．经营者集中控制权标准研究．南京大学 . 2020.

[291] 黄颖．SEP 许可中的 FRAND 承诺性质及禁令适用限制研究．苏州大学 . 2020.

[292] 黄玉敏．天神娱乐并购商誉减值风险防范研究．哈尔滨商业大学 . 2020.

[293] 黄育真．物流企业并购对供应商、客户议价能力的影响．广东外语外贸大学 . 2020.

[294] 黄月希．中国电子产品制造业企业海外并购财务风险识别与控制研究．南京邮电大学 . 2020.

[295] 黄粤川．宝德股份重大资产重组中突击入股的动因及其影响效应研究．广东工业大学 . 2020.

[296] 惠敬琦．标准必要专利使用费的反垄断规制．哈尔滨商业大学 . 2020.

[297] 霍然．技术密集型企业并购、研发投入与企业绩效．辽宁大学 . 2020.

[298] 霍武略．互联网行业横向并购申报标准的完善．哈尔滨商业大学 . 2020.

[299] 霍展飞．我国经营者集中的反垄断规制研究．哈尔滨商业大学 . 2020.

[300] 吉素敏．横向并购与纵向并购对技术创新及企业绩效的影响．内蒙古大学 . 2020.

[301] 吉喜．漳泽电力逆周期并购重组经济后果研究．兰州理工大学 . 2020.

[302] 计先骏．"进口固体垃圾"监管制度研究．黑龙江大学 . 2020.

[303] 季琳．我国信用违约互换（CDS）的风险规制研究．华东政法大学 . 2020.

[304] 季敏．传媒行业并购商誉减值风险管控．安徽财经大学 . 2020.

［305］季鋆．上市公司参与设立并购基金的并购绩效研究．江西财经大学 . 2020.
［306］冀玄玄．农地产权结构对农业绩效的影响研究．湘潭大学 . 2020.
［307］冀宇．业绩承诺下粤传媒并购香榭丽传媒的风险控制分析．辽宁大学 . 2020.
［308］贾丽晨．大数据背景下互联网企业滥用市场支配地位问题研究．华东政法大学 . 2020.
［309］贾睿娟．“气改”背景下港华燃气发展战略转型研究．山东大学 . 2020.
［310］贾甜甜．国内市场分割对中国对外直接投资的影响研究．山西财经大学 . 2020.
［311］贾翔宇．美团并购大众点评的支付方式研究．广东工业大学 . 2020.
［312］贾玉慧．内外协同创新对技术并购后长短期绩效影响研究．山东大学 . 2020.
［313］菅娅靖．银亿股份债券违约案例分析．河北经贸大学 . 2020.
［314］江敏．互联网企业反向并购 A 股上市绩效研究．苏州大学 . 2020.
［315］江维玮．私募股权投资基金对企业并购的影响及效果研究．广东外语外贸大学 . 2020.
［316］江星潭．融创中国并购万达商业的财务风险控制研究．哈尔滨商业大学 . 2020.
［317］姜嘉宝．上市公司商誉减值的监管研究．华侨大学 . 2020.
［318］姜吕琴．浔兴股份并购价之链财务风险问题探析．江西财经大学 . 2020.
［319］姜士洁．埃斯顿跨国技术并购模式及绩效研究．山东大学 . 2020.
［320］姜文潇．我国商业银行并购贷款风险管理研究．南京邮电大学 . 2020.
［321］姜彦竹．传统企业新能源转型并购商誉问题研究．北京交通大学 . 2020.
［322］姜杨．康美药业会计信息披露违规行为研究．南昌大学 . 2020.
［323］姜奕妃．家电企业并购的价值创造研究．哈尔滨商业大学 . 2020.
［324］姜莹．天神娱乐公司连续并购的经济后果研究．哈尔滨商业大学 . 2020.
［325］姜瑜佳．宝钢并购武钢的协同效应研究．江西理工大学 . 2020.
［326］姜悦．企业并购财务风险分析及防范研究．华侨大学 . 2020.
［327］蒋露．并购商誉对企业财务风险的影响研究．安徽大学 . 2020.
［328］蒋明育．国际化战略背景下圆通速递跨境并购先达国际绩效分析．中原工学院 . 2020.
［329］蒋云燕．并购支付方式、业绩承诺补偿方式对并购绩效的影响．浙江大学 . 2020.
［330］解嘉彬．新电改背景下 S 省分电压等级输配电定价研究．西安理工大学 . 2020.
［331］解晓怡．跨境并购对中国企业生产率的影响．北京外国语大学 . 2020.
［332］金晨施．业绩承诺保护了中小股东利益吗？．浙江工商大学 . 2020.
［333］金国锋．基于 DCF 模型 IXYS 企业并购估值研究．东华大学 . 2020.
［334］金泓宇．平台屏蔽行为的垄断违法性问题研究．江西财经大学 . 2020.
［335］金珂南．影视行业企业全产业链并购动因和后果研究．苏州大学 . 2020.
［336］金苹果．并购中的上市公司异议股东回购请求权法律适用研究．华东政法大学 . 2020.
［337］金秋．城镇燃气企业垄断行为的法律规制研究．华中师范大学 . 2020.
［338］金苑婷．通过跨界并购实现转型的效果分析．暨南大学 . 2020.
［339］靳萌．百润股份并购上海巴克斯酒业利益输送研究．河北经贸大学 . 2020.
［340］靳怡．基于 EVA 的 DK 公司并购绩效评价研究．沈阳工业大学 . 2020.
［341］鞠铭．基于平衡计分卡的美的并购东芝家电绩效评价研究．东北石油大学 . 2020.
［342］康光辉．基于商誉视角的天神娱乐溢价并购风险研究．河北大学 . 2020.
［343］康文彬．HD 集团并购重组民企定价研究．山西大学 . 2020.
［344］柯莹莹．制造业转型背景下企业并购财务绩效分析．河北师范大学 . 2020.
［345］柯朱骊．“PE + 上市公司”型并购基金模式下体检行业盈余管理研究．武汉纺织大学 . 2020.
［346］孔静远．上市公司跨国并购的协同效应分析．华北水利水电大学 . 2020.

[347] 孔维荣．并购商誉对企业经营业绩的影响．兰州大学．2020.
[348] 赖晓倩．昆百大 A 并购我爱我家的财务绩效分析．黑龙江八一农垦大学．2020.
[349] 郎璐米．基于演化博弈的短视频平台参与主体行为监管机制研究．重庆邮电大学．2020.
[350] 劳成名．资源型企业横向并购的整合策略及绩效分析．北京交通大学．2020.
[351] 乐涵．文化产业上市公司溢价并购案例研究．江西财经大学．2020.
[352] 雷成玉．企业生命周期视角下不同支付方式对并购绩效的影响研究．青岛大学．2020.
[353] 雷茂娟．数据驱动型并购的反垄断审查问题研究．华东政法大学．2020.
[354] 雷梦秋．文化传媒企业借壳上市风险控制研究．云南财经大学．2020.
[355] 雷鸣．美诺华并购新三板燎原药业案例研究．沈阳工业大学．2020.
[356] 雷艺彬．安妮股份跨界并购轻资产公司的商誉减值问题研究．福建农林大学．2020.
[357] 雷雨．商誉"减值 + 摊销"法对企业业绩的影响研究．广东外语外贸大学．2020.
[358] 黎慧．高管激励、产权性质与并购绩效．辽宁大学．2020.
[359] 黎绮熳．我国 P2P 平台信用风险评估及监管研究．华南理工大学．2020.
[360] 李冰轮．一带一路背景下企业海外并购动机及经济效果研究．郑州航空工业管理学院．2020.
[361] 李秉轩．飞乐音响合并商誉减值案例研究．吉林大学．2020.
[362] 李璨．高估值高业绩承诺并购动因及经济后果研究．河南大学．2020.
[363] 李宸．并购重组问询函与分析师盈利预测乐观偏差的实证研究．华南理工大学．2020.
[364] 李城斌．业绩补偿承诺在互联网企业并购中的作用与风险研究．广东外语外贸大学．2020.
[365] 李大鹏．我国企业海外并购国家安全审查风险及其防范．华中师范大学．2020.
[366] 李旦．坚瑞沃能混合并购沃特玛商誉确认与计量研究．兰州财经大学．2020.
[367] 李方钰．跨国技术并购对制造企业创新效率的影响研究．华南理工大学．2020.
[368] 李根．华录百纳商誉会计处理案例研究．南昌大学．2020.
[369] 李冠霖．如何通过技术并购进入新的行业．北京交通大学．2020.
[370] 李桂桂．民勤县薛百镇农村集体资金监管有效性研究．兰州大学．2020.
[371] 李海嘉．四川省青神县餐饮行业食品安全监管中存在的问题及对策研究．四川师范大学．2020.
[372] 李寒昱．企业合并中商誉及其减值问题研究．北京交通大学．2020.
[373] 李红峰．汽车零部件企业跨国并购的供应链整合研究．青岛科技大学．2020.
[374] 李环．国有 A 集团并购民营 B 公司的案例研究．华南理工大学．2020.
[375] 李辉辉．众业达收购工控网的并购绩效评价．西安石油大学．2020.
[376] 李佳琪．跨境并购中盈利能力支付计划对并购协同效应影响研究．内蒙古大学．2020.
[377] 李娇．嘉林药业借助并购基金借壳上市的绩效研究．广东工业大学．2020.
[378] 李金宝．纳思达并购利盟国际绩效评价研究．青岛科技大学．2020.
[379] 李晶．民办教育培训预收款监管法律问题研究．北京交通大学．2020.
[380] 李靖．互联网企业并购绩效研究．武汉纺织大学．2020.
[381] 李静．安洁科技高溢价并购威博精密商誉减值风险防范研究．哈尔滨商业大学．2020.
[382] 李静．我国互联网企业并购估值定价研究．哈尔滨工业大学．2020.
[383] 李娟．反垄断公益诉讼的理论证成与制度构建．武汉大学．2020.
[384] 李珏彬．企业海外并购财务风险分析与控制研究．湖南工业大学．2020.
[385] 李坤展．我国社会保险欺诈法律规制研究．华中师范大学．2020.
[386] 李林菁．杠杆收购中财务风险研究．广东外语外贸大学．2020.

[387] 李领伟．互联网平台排他性交易的反垄断法规制．华东政法大学．2020.
[388] 李璐．民营养老机构监管法律问题研究．长江大学．2020.
[389] 李罗赟．共享经济中的定价方法研究．电子科技大学．2020.
[390] 李满．中国传媒企业并购商誉对公司价值影响研究．华南理工大学．2020.
[391] 李梦琦．高管金融背景与企业内部资本市场．南京大学．2020.
[392] 李苗苗．O2O模式下传统零售企业的转型及其效果研究．暨南大学．2020.
[393] 李敏．H公司连续并购中的财务风险研究．广东工业大学．2020.
[394] 李明．并购中目标企业价值评估方法的应用研究．兰州交通大学．2020.
[395] 李娜．医疗废物监管法律问题研究．山西财经大学．2020.
[396] 李沛瑶．FRAND承诺下标准必要专利禁令救济研究．大连海事大学．2020.
[397] 李鹏举．大数据市场的竞争法律规制研究．天津师范大学．2020.
[398] 李鹏宇．跨境并购知识型企业估值风险管理研究．北京交通大学．2020.
[399] 李琪．财务顾问声誉与并购业绩承诺．中国矿业大学．2020.
[400] 李倩倩．"上市公司+PE"型并购基金对企业价值影响．安徽财经大学．2020.
[401] 李庆祥．宇顺电子并购雅视科技商誉减值案例研究．沈阳工业大学．2020.
[402] 李秋仁．基于竞争环境与战略演化的房地产企业并购决策动态选择研究．北京交通大学．2020.
[403] 李蓉．西王食品杠杆收购Kerr的财务绩效研究．沈阳大学．2020.
[404] 李瑞青．民事恶意诉讼法律规制研究．江西财经大学．2020.
[405] 李睿君．中国南车和中国北车合并绩效研究．西安石油大学．2020.
[406] 李三江．企业并购绩效研究．河南大学．2020.
[407] 李莎．中概股回归动因、路径及其效果研究．河北经贸大学．2020.
[408] 李尚津．并购审计风险的影响因素及其应对措施研究．河北经贸大学．2020.
[409] 李圣洁．均胜电子海外连续并购绩效研究．武汉纺织大学．2020.
[410] 李姝葶．酒店业并购绩效评价研究．哈尔滨商业大学．2020.
[411] 李树伟．升华拜克跨行业并购绩效研究．吉林大学．2020.
[412] 李爽．航空口岸食品安全监管研究．西北农林科技大学．2020.
[413] 李爽．旋极信息收购泰豪智能的并购基金风险分析．哈尔滨商业大学．2020.
[414] 李思琪．企业并购中财务风险管控问题研究．南昌大学．2020.
[415] 李唐晨．爱使股份并购游久时代商誉减值研究．广东工业大学．2020.
[416] 李王荣．国资买壳的动因及效果分析．河北大学．2020.
[417] 李伟平．行政过程中个人信息的法律保护问题研究．山西大学．2020.
[418] 李文芳．万里马IPO募集资金投向变更监管研究．湖南师范大学．2020.
[419] 李文姣．基于平衡计分卡的目标公司并购绩效研究．辽宁石油化工大学．2020.
[420] 李文杰．安妮股份对赌协议防范并购风险研究．广东工业大学．2020.
[421] 李文书．出版传媒企业并购动因与绩效研究．北京印刷学院．2020.
[422] 李潇旸．上市公司子公司负面信息的市场反应及如何影响上市公司商誉．上海大学．2020.
[423] 李晓晗．华策影视并购克顿传媒价值提升的案例研究．哈尔滨商业大学．2020.
[424] 李晓阳．海尔并购通用家电的动因和绩效分析．江西财经大学．2020.
[425] 李晓志．反不正当竞争法恶意不兼容条款的司法适用研究．南京师范大学．2020.
[426] 李馨．专利恶意诉讼的识别与规制．南京大学．2020.
[427] 李秀芝．商誉减值对医药企业绩效的影响研究．江西财经大学．2020.

[428] 李绪江．重庆市J区工程建设质量安全监管问题研究．西南大学．2020.
[429] 李学飞．天山生物并购大象多元化案例研究．石河子大学．2020.
[430] 李雅楠．“PE＋上市公司”模式下企业并购绩效研究．北京印刷学院．2020.
[431] 李雅婷．无形资产、新托宾Q与企业并购．南京大学．2020.
[432] 李亚东．分析师关注对企业并购决策的影响研究．海南大学．2020.
[433] 李娅妮．基于并购的江西巴夫洛田园小镇人力资源整合研究．江西财经大学．2020.
[434] 李彦瑾．上市公司并购业绩承诺中的利益输送研究．西南大学．2020.
[435] 李艳丽．煤企纵向一体化对创新能力的影响路径及其经济后果研究．中国矿业大学．2020.
[436] 李叶．天际股份并购商誉减值研究．广东工业大学．2020.
[437] 李晔．大数据背景下价格歧视行为的反垄断法规制研究．河南财经政法大学．2020.
[438] 李一鸣．阿里巴巴并购饿了么动因及绩效研究．南京邮电大学．2020.
[439] 李怡楠．制造业转型升级背景下东山精密连续并购绩效研究．武汉纺织大学．2020.
[440] 李颖．并购对赌协议价值偏离度的影响因素研究．广东外语外贸大学．2020.
[441] 李颖．环境保护黑名单制度研究．内蒙古科技大学．2020.
[442] 李颖．科大讯飞溢价并购乐知行的绩效研究．广东工业大学．2020.
[443] 李宇涵．万达院线并购北欧院线的绩效分析．黑龙江八一农垦大学．2020.
[444] 李雨阳．互联网行业排他性交易的反垄断规制研究．河南财经政法大学．2020.
[445] 李玉佳．阿里巴巴并购东南亚LAZADA的绩效评价及其启示．江西财经大学．2020.
[446] 李源．企业并购财务风险识别与控制研究．北京交通大学．2020.
[447] 李悦宁．证券市场信息披露监管制度研究．内蒙古大学．2020.
[448] 李云霞．外延式并购、业绩承诺及商誉减值风险．广东外语外贸大学．2020.
[449] 李运乐．浙江省县域小餐饮食品安全监管研究．上海师范大学．2020.
[450] 李泽辉．富春股份并购上海骏梦的商誉减值研究．广东工业大学．2020.
[451] 李长胜．美的集团跨国并购库卡的财务风险研究．北京交通大学．2020.
[452] 李卓芮．中文传媒并购智明星通目标公司估值研究．哈尔滨商业大学．2020.
[453] 李子延．西王食品“蛇吞象”跨境并购的策略研究．浙江工商大学．2020.
[454] 厉丽．我国离岸信托避税法律规制的研究．上海师范大学．2020.
[455] 栗延庆．“上市公司＋PE”并购基金风险控制研究．江西财经大学．2020.
[456] 连慕华．跨国技术并购中企业吸收能力对创新绩效的影响机理研究．内蒙古大学．2020.
[457] 廉鹏涛．水权动态确权管理设计及过程化服务系统实现．西安理工大学．2020.
[458] 廉文峥．华策影视对赌协议案例的绩效分析．华北水利水电大学．2020.
[459] 廉彦彦．航空公司并购与盈余质量关系研究．中国民航大学．2020.
[460] 梁晨．我国上市公司跨境并购的融资方式选择及并购绩效分析．华东交通大学．2020.
[461] 梁冠路．广西食品监管职业化检查制度的探索与实践．广西大学．2020.
[462] 梁国强．利益衡量司法适用规制研究．山西财经大学．2020.
[463] 梁华管．广东省政府对互联网金融的监管研究．华南理工大学．2020.
[464] 梁娇旸．药品上市许可持有人制度研究．辽宁大学．2020.
[465] 梁俊云．企业并购中核心员工流失的问题与对策研究．广东外语外贸大学．2020.
[466] 梁梦缘．华贸物流并购中特物流的动因及绩效研究．哈尔滨商业大学．2020.
[467] 梁书娟．洪涛股份并购对赌学尔森绩效后果研究．河北经贸大学．2020.
[468] 梁潇艺．基于“店选网购”的跳单行为选择与影响因素研究．北京交通大学．2020.
[469] 梁燕文．内部控制缺陷对公司并购完成率的影响机制研究．山东大学．2020.

［470］梁燕霞．企业并购中的业绩承诺机制研究．广东外语外贸大学．2020.
［471］梁倚菲．跨界并购中企业业绩失诺原因及对策研究．暨南大学．2020.
［472］梁针．中南传媒集团多元化经营对企业绩效影响研究．华东交通大学．2020.
［473］林峰．温州空港口岸卫生检疫监管研究．浙江中医药大学．2020.
［474］林佳佳．温州市瓯海区保健食品安全监管问题及对策研究．四川师范大学．2020.
［475］林剑．“暴风科技 + 浸鑫基金”参与并购 MPS 案例分析．河北大学．2020.
［476］林亮．“友好型”独立董事对上市公司并购决策的影响研究．西安理工大学．2020.
［477］林娜．澳大利亚对外援助法律制度研究．华东政法大学．2020.
［478］林淑纯．数字经济企业海外并购风险识别和防范研究．天津商业大学．2020.
［479］林爽．并购业绩承诺诱发财务造假的研究．武汉纺织大学．2020.
［480］林婷．反垄断法视角下的企业拆分制度研究．暨南大学．2020.
［481］林侠磊．企业安全生产网格化监管研究．西北农林科技大学．2020.
［482］凌婷．零售业态演化动力、电商平台市场势力与效率研究．浙江工商大学．2020.
［483］刘博．L 酒店并购 H 酒店财务绩效案例研究．沈阳理工大学．2020.
［484］刘畅．中天运事务所并购审计风险研究．辽宁大学．2020.
［485］刘大玲．基于并购计分卡的 L 公司并购绩效评价研究．哈尔滨工业大学．2020.
［486］刘多．HHM 框架下业绩承诺衍生并购风险与防控研究．内蒙古农业大学．2020.
［487］刘帆．连续并购下估值调整协议对并购方盈利质量影响研究．内蒙古大学．2020.
［488］刘芳媛．政府信息公开申请权滥用的规制问题研究．中共湖北省委党校．2020.
［489］刘高为．对赌协议下并购商誉减值风险防控研究．武汉纺织大学．2020.
［490］刘光辉．聊城市农村生态环境规制问题研究．延安大学．2020.
［491］刘国艳．企业并购中对赌协议的设计研究．西北师范大学．2020.
［492］刘海娟．中国企业海外并购风险控制研究．江西财经大学．2020.
［493］刘皓帆．跨界并购中盈利补偿机制应用研究．山东大学．2020.
［494］刘宏伟．互联网平台滥用市场支配地位法律规制研究．兰州大学．2020.
［495］刘慧慧．我国国家公园特许经营立法研究．北京交通大学．2020.
［496］刘慧敏．高管过度自信、信息不对称对公司并购重组使用对赌协议的影响研究．上海外国语大学．2020.
［497］刘慧敏．三泰控股高溢价并购动因及绩效分析．江西财经大学．2020.
［498］刘慧倩．合并商誉减值研究．华东交通大学．2020.
［499］刘继航．美团并购摩拜的动因及绩效研究．北京交通大学．2020.
［500］刘佳．慈善信托监管问题研究．吉林大学．2020.
［501］刘佳．基于 EVA 的 GM 公司跨界并购绩效研究．天津商业大学．2020.
［502］刘金璐．坚瑞沃能并购风险识别与防控研究．广东工业大学．2020.
［503］刘瑾珂．低碳视角下宝钢武钢并购综合绩效研究．河北经贸大学．2020.
［504］刘婧钰．供应链金融与核心企业多元化响应．山东大学．2020.
［505］刘静婷．上市公司并购商誉会计计量研究．四川师范大学．2020.
［506］刘俊文．HB 出版传媒企业并购绩效分析．长春理工大学．2020.
［507］刘俊霞．基于平衡计分卡的 S 集团并购 R 酒店绩效评价研究．江西理工大学．2020.
［508］刘珺．企业并购税务筹划风险管理研究．华东交通大学．2020.
［509］刘柯廷．海澜之家并购英氏童装财务风险案例研究．沈阳理工大学．2020.
［510］刘丽娜．携程网并购去哪儿网财务风险控制研究．江西财经大学．2020.
［511］刘莉莉．汤臣倍健高溢价并购 LSG 风险研究．湘潭大学．2020.

［512］刘良浩．服务业跨国并购模式的影响因素研究．山东大学．2020.

［513］刘玲玲．信邦制药并购中肽生化商誉减值风险防范研究．河南财经政法大学．2020.

［514］刘岭凤．上市公司商誉减值原因及风险防范研究．广东外语外贸大学．2020.

［515］刘梦洁．银信混业并购的动因及绩效研究．上海师范大学．2020.

［516］刘闽雪．优化营商环境视角下的反垄断法制度完善研究．浙江理工大学．2020.

［517］刘琪．融创中国并购万达的动因和绩效研究．长春理工大学．2020.

［518］刘庆琼．供给侧改革背景下并购绩效研究．华东交通大学．2020.

［519］刘秋月．均胜电子并购高田协同效应分析．江西财经大学．2020.

［520］刘荣荣．考虑 R&D 溢出的两阶段 Bertrand 寡头模型的动力学研究．兰州交通大学．2020.

［521］刘书恺．L 公司延保服务运营模式研究．电子科技大学．2020.

［522］刘思明．新华医疗并购成都英德财务风险管理案例研究．广东工业大学．2020.

［523］刘松．巴安水务海外并购 KWI 绩效研究．西安石油大学．2020.

［524］刘婷．吉利集团战略转型的动因及效果研究．兰州财经大学．2020.

［525］刘薇．天神娱乐并购商誉减值问题探析．江西财经大学．2020.

［526］刘文华．CY 公司并购后财务整合研究．山东大学．2020.

［527］刘小凤．制造业上市公司并购商誉对全要素生产率的影响研究．青岛科技大学．2020.

［528］刘晓丹．沃森生物高溢价并购案例研究．南华大学．2020.

［529］刘晓静．业绩承诺补偿的确认与计量问题研究．兰州财经大学．2020.

［530］刘晓茹．互联网平台企业滥用市场支配地位法律规制研究．河北大学．2020.

［531］刘肖楚．我国上市公司反收购立法立场研究．苏州大学．2020.

［532］刘新新．经营活动现金流操纵、机构投资者和并购绩效．北京交通大学．2020.

［533］刘兴．互联网代销基金清算系统的设计与实现．南京大学．2020.

［534］刘璇．定向增发并购下企业业绩承诺与盈余管理行为研究．广东外语外贸大学．2020.

［535］刘雅蓓．网约车的行政法规制研究．电子科技大学．2020.

［536］刘雅迪．战略转型企业在连续并购中的价值创造研究．北京交通大学．2020.

［537］刘艳秋．交易支付安排对并购绩效的影响．北京交通大学．2020.

［538］刘洋．美的集团基于并购的价值链整合策略研究．华侨大学．2020.

［539］刘一帆．信息不对称下的供电市场双寡头博弈研究．江苏大学．2020.

［540］刘一鸣．中国化工并购先正达财务风险管理研究．长春工业大学．2020.

［541］刘伊琳．阿里巴巴集团全资收购饿了么的并购动因及绩效分析．华南理工大学．2020.

［542］刘怡临．互联网企业并购财务风险及防范．北京交通大学．2020.

［543］刘莹．德国反垄断民事损害赔偿诉讼制度研究及其对我国的启示．上海外国语大学．2020.

［544］刘宇．民间金融法律风险防控研究．山东政法学院．2020.

［545］刘玉兰．论大数据“杀熟”行为的反垄断法规制．华南理工大学．2020.

［546］刘玉茹．高溢价并购会带来高绩效吗？．安徽财经大学．2020.

［547］刘昱希．招商公路换股吸收合并华北高速财务绩效研究．广东工业大学．2020.

［548］刘媛媛．溢价并购下对赌协议防范商誉减值风险研究．苏州大学．2020.

［549］刘月．完美环球并购完美世界的财务绩效分析．沈阳大学．2020.

［550］刘云刚．吉利并购沃尔沃的协同效应分析．天津商业大学．2020.

［551］刘钊．H 集团并购战略绩效评价研究．内蒙古大学．2020.

［552］刘珍．如意集团海外并购的动因及绩效研究．江西理工大学．2020.

[553] 刘政阳．互联网跨领域间的并购效应研究．华东交通大学 . 2020.
[554] 刘洲．泛海控股并购金融企业的并购绩效影响研究．武汉纺织大学 . 2020.
[555] 刘梓琳．并购重组中股权支付与补偿效应的多案例研究．沈阳工业大学 . 2020.
[556] 柳润泽．独立董事网络、并购绩效与 CEO 权力强度．青岛大学 . 2020.
[557] 柳雪茹．美的集团连续跨国并购绩效评价研究．河南工业大学 . 2020.
[558] 柳亚铮．多边平台掠夺性定价的反垄断法规制研究．华东政法大学 . 2020.
[559] 龙成林．美丽生态会计信息披露违规问题分析．江西财经大学 . 2020.
[560] 龙怡君．大数据征信监管法律问题研究．四川省社会科学院 . 2020.
[561] 楼晴昊．互联网产业中相关商品市场的识别与界定．华东政法大学 . 2020.
[562] 卢春艳．海尔集团跨国并购的动因及绩效分析．天津商业大学 . 2020.
[563] 卢梦令．业绩承诺对财务舞弊的影响．北京交通大学 . 2020.
[564] 卢西．盈利能力支付计划对并购风险的防控研究．北京交通大学 . 2020.
[565] 卢宇健．天神娱乐股价高估与商誉减值风险研究．南京师范大学 . 2020.
[566] 芦依．高溢价并购下股权质押融资风险管控研究．广东外语外贸大学 . 2020.
[567] 芦奕．宋城演艺并购商誉的形成与减值计量问题研究．江西财经大学 . 2020.
[568] 鲁吉．战略并购下企业财务整合及效果评价．苏州大学 . 2020.
[569] 鲁家鹏．互联网银行监管研究．四川省社会科学院 . 2020.
[570] 鲁舒萍．太阳鸟借助并购基金并购亚光电子案例研究．华南理工大学 . 2020.
[571] 鲁文静．并购方视角下业绩承诺协议应用研究．北京交通大学 . 2020.
[572] 陆珵．市盈率能够预测商誉吗？．南京大学 . 2020.
[573] 陆家丽．中国天楹设立并购基金跨境并购 Urbaser 案例研究．广东工业大学 . 2020.
[574] 陆胜男．金一文化连续并购财务风险分析．西南科技大学 . 2020.
[575] 陆怡安．融资约束、支付方式与企业并购绩效．扬州大学 . 2020.
[576] 鹿芳薇．B2C 电商平台大数据“杀熟”的规制研究．湘潭大学 . 2020.
[577] 鹿思原．出售式破产重整制度研究．山西大学 . 2020.
[578] 罗佳益（Joey Luo）．农村儿童游戏商品化现象分析与对策研究．浙江海洋大学 . 2020.
[579] 罗美．并购基金在企业并购中的应用案例分析．河北大学 . 2020.
[580] 罗萍．基于价格歧视的古诺与斯塔克博格博弈的均衡分析．桂林理工大学 . 2020.
[581] 罗收．完美环球高溢价并购的风险及控制研究．浙江工商大学 . 2020.
[582] 罗爽．乳制品行业企业并购的财务整合问题研究．云南财经大学 . 2020.
[583] 罗婷婷．上市公司定增并购中壳资源的会计处理研究．北京交通大学 . 2020.
[584] 罗文壮．电商平台限定交易行为的反垄断法适用．浙江理工大学 . 2020.
[585] 罗震东．长园集团高溢价并购重组的商誉减值效应及防范对策分析．南昌大学 . 2020.
[586] 骆兰艺．湖南电广传媒股份有限公司并购绩效评价研究．中南林业科技大学 . 2020.
[587] 骆梦琪．数字音乐独家授权模式的反垄断规制研究．中国社会科学院研究生院 . 2020.
[588] 骆怡．基于协同效应的安踏集团系列并购案例研究．西安工业大学 . 2020.
[589] 吕博闻．大股东控制下的并购重组：掏空抑或支持．云南财经大学 . 2020.
[590] 吕丹阳．关联企业合并破产的制度探索．北京外国语大学 . 2020.
[591] 吕慧娟．房屋在线短租交易的法律规制研究．郑州大学 . 2020.
[592] 吕佳垚．合伙制并购基金退出机制的应用研究．河北经贸大学 . 2020.
[593] 吕晓慧．多阶段产品众筹的定价策略研究．华南理工大学 . 2020.
[594] 马诚．N 县电子商务监管研究．山东农业大学 . 2020.
[595] 马栋．数字经济背景下平台市场力量评估方法的系统性重构．中国政法大学 . 2020.

[596] 马慧慧．控股合并中目标上市公司的价值评估研究．河北经贸大学．2020.
[597] 马靖茹．“PE＋上市公司”并购基金的价值创造分析．北京交通大学．2020.
[598] 马岚．中科金财并购商誉减值研究．山西大学．2020.
[599] 马铭钰．西王食品并购 Kerr 融资策略研究．哈尔滨商业大学．2020.
[600] 马蓉蓉．商业银行并购贷款业务风险识别与管理研究．苏州大学．2020.
[601] 马沙．搜索引擎服务商滥用市场支配地位的法律规制．郑州大学．2020.
[602] 马文静．业绩承诺对标的企业的盈余管理影响研究．广东外语外贸大学．2020.
[603] 马翔宇．商业银行混业并购的绩效评价研究．长春工业大学．2020.
[604] 马彦雯．上市公司商誉减值原因及对策探析．江西师范大学．2020.
[605] 马银鹤．ST 银亿海外并购的财务风险研究．河北师范大学．2020.
[606] 马颖．包商银行托管给中小银行监管带来的启示．河北师范大学．2020.
[607] 马宇辰．B2P 模式下一类寡头竞争的非线性动力学研究．南京大学．2020.
[608] 马占坡．XX 医药公司市场准入项目管理研究．北京化工大学．2020.
[609] 毛明震．上市公司企业社会责任表现对其并购的短期和长期绩效影响研究．电子科技大学．2020.
[610] 毛娜薇．我国制造业企业对外直接投资经营绩效评价．江西财经大学．2020.
[611] 毛琪．基于盈利能力支付计划的神开股份并购支付研究．吉林大学．2020.
[612] 毛依婷．融资方式对海外并购绩效的影响研究．南京信息工程大学．2020.
[613] 梅浩然．文化距离与并购经验对跨国并购绩效的影响研究．广东外语外贸大学．2020.
[614] 梅天元．海外并购对中国企业创新的影响．南京大学．2020.
[615] 梅彦．论关联企业适用实质合并破产规则的标准．华东政法大学．2020.
[616] 孟繁鑫．关联企业实质合并破产重整制度研究．青岛大学．2020.
[617] 孟世超．信邦制药公司并购 ZT 公司商誉问题研究．辽宁大学．2020.
[618] 孟婷．“放管服”改革背景下 P 市旅游业监管的困境与对策．郑州大学．2020.
[619] 孟祥梅．高管团队外倾性对企业扩张型战略的影响．南京大学．2020.
[620] 孟于超．汇率不确定性对企业研发投资的影响．暨南大学．2020.
[621] 孟媛媛．天神娱乐并购项目商誉减值及经济后果研究．河北经贸大学．2020.
[622] 弥曜曜．溢价并购对商誉减值风险影响的案例研究．苏州大学．2020.
[623] 苗佳．跨行业并购的动因及绩效分析研究．广东外语外贸大学．2020.
[624] 苗杨柳．阿里巴巴并购饿了么的战略绩效分析．河南大学．2020.
[625] 莫丽莹．网络虚假宣传的法律规制研究．哈尔滨商业大学．2020.
[626] 牟婉晴．基于 EVA 分析的恒大集团并购绩效评价研究．东北石油大学．2020.
[627] 牟雪．管理层过度自信、债务约束与并购商誉．山东农业大学．2020.
[628] 穆烁东．爱尔眼科并购绩效研究．辽宁大学．2020.
[629] 穆雍韬．我国上市公司商誉后续计量问题研究．北京交通大学．2020.
[630] 倪佳．帝王洁具并购欧神诺动因及绩效研究．河北经贸大学．2020.
[631] 倪金．双汇国际跨国并购绩效评价研究．沈阳农业大学．2020.
[632] 倪鑫．上市公司商誉减值风险及其防范研究．浙江工商大学．2020.
[633] 倪艳．政府购买公共服务的行政法规制．苏州大学．2020.
[634] 宁申．食品安全监管问题研究．山东农业大学．2020.
[635] 宁馨．蓝色光标并购商誉减值问题研究．沈阳大学．2020.
[636] 牛恒谦．电商平台企业布局实体零售的模式、策略研究．浙江工商大学．2020.
[637] 牛林艳．经营者集中附限制性条件研究．扬州大学．2020.

[638] 牛爽．“一带一路”框架下复星医药并购 Gland Pharma 风险评价研究．燕山大学.2020.
[639] 欧维坤．基于产业转型视角下传统制造业并购的商誉减值问题研究．云南财经大学.2020.
[640] 欧阳慧平．“上市公司+PE”并购基金在跨境并购中的应用分析．江西财经大学.2020.
[641] 帕可．中国粮食消费对世界粮食价格影响的研究“大国效应”．中国矿业大学.2020.
[642] 潘芳霞．并购、产权性质与高管薪酬业绩敏感性．山东大学.2020.
[643] 潘如海．维格娜丝并购甜维你动因及绩效研究．兰州理工大学.2020.
[644] 潘锐．网络直播平台盈利模式分析．广东外语外贸大学.2020.
[645] 潘言．太阳鸟跨行业并购动因及经济效果研究．广东工业大学.2020.
[646] 庞若楠．木林森跨境并购朗德万斯案例研究．河南财经政法大学.2020.
[647] 彭彬．高新技术企业的跨行业并购动因及绩效研究．安徽财经大学.2020.
[648] 彭宸．联建光电并购的商誉减值风险与防范策略研究．广东工业大学.2020.
[649] 彭枫．建设工程竣工结算合谋博弈分析．江西理工大学.2020.
[650] 彭婕．企业并购动机及绩效研究．广东外语外贸大学.2020.
[651] 彭山山．飞利信并购商誉会计研究．山东大学.2020.
[652] 彭薇．勤上股份并购广州龙文动因及绩效研究．广东工业大学.2020.
[653] 彭夏斯．业绩补偿承诺、机构投资者持股与商誉减值．广东外语外贸大学.2020.
[654] 彭阳．中国核电企业“走出去”的绩效分析．江西财经大学.2020.
[655] 彭杨晓杰．上市公司跨界并购绩效研究．云南财经大学.2020.
[656] 彭艺薇．业绩承诺视角下传媒业溢价并购的风险研究．广东外语外贸大学.2020.
[657] 彭紫婷．银亿股份转型并购的财务危机研究．广东工业大学.2020.
[658] 齐振梁．华东医药并购英国 Sinclair 动因及绩效探析．江西财经大学.2020.
[659] 齐子悦．专利联营中搭售行为的反垄断法规制．吉林大学.2020.
[660] 祁琳琳．公共景区门票价格政府管制的行政法分析．苏州大学.2020.
[661] 钱凯旋．强化取水许可管理模式设计与实现．西安理工大学.2020.
[662] 乔琳琳．同一控制下企业合并会计处理方法探析．青岛大学.2020.
[663] 乔晓朵．成本粘性对并购绩效的影响研究．哈尔滨工业大学.2020.
[664] 秦楚玥．传媒行业支付方式对企业并购财务绩效影响研究．南京信息工程大学.2020.
[665] 秦晓玉．论我国行政强制交易的法律规制．西南科技大学.2020.
[666] 庆育红．业绩补偿协议在并购中的作用及效果研究．兰州财经大学.2020.
[667] 邱林．业绩承诺下的并购绩效研究．南昌大学.2020.
[668] 邱珊珊．反垄断法上价格歧视行为的正当理由认定．南京师范大学.2020.
[669] 邱杨．CEO 外部薪酬不公平对并购溢价的影响．辽宁大学.2020.
[670] 邱玉良．疏水颗粒对微细低阶煤浮选行为的影响及机理研究．中国矿业大学.2020.
[671] 邱钰婷．创业板上市公司合并商誉问题研究．苏州大学.2020.
[672] 曲鹤．我国企业并购商誉、超额回报与大股东利益输送．吉林大学.2020.
[673] 曲倩汶．影视传媒行业商誉的确认计量问题研究．北京林业大学.2020.
[674] 瞿伟豪．上市公司合并商誉信息披露问题研究．武汉纺织大学.2020.
[675] 冉光清．植物品种权许可的反垄断规制．华中农业大学.2020.
[676] 饶康．拒绝交易行为的司法认定．西南科技大学.2020.
[677] 任鹤．基于电力市场的寡头动态博弈模型建立及其混沌控制研究．沈阳大学.2020.
[678] 任双洋．网络互助计划法律问题研究．华东政法大学.2020.
[679] 任万隆．跨国杠杆式并购的财务绩效研究．广东外语外贸大学.2020.

[680] 任学良．“一带一路”背景下我国企业海外并购风险及防控．吉林大学．2020.
[681] 任勇圳．国企混合所有制改革模式探索及效果研究．河南财经政法大学．2020.
[682] 阮珺艺．格式合同中的单方变更条款效力及规制．华东政法大学．2020.
[683] 阮孝青．产品市场竞争、内部控制与信息披露违规研究．陕西科技大学．2020.
[684] 山茂峰．算法价格歧视的反垄断法规制研究．北京交通大学．2020.
[685] 尚冰琦．经济周期视角下支付方式对并购绩效的影响研究．东北电力大学．2020.
[686] 尚亚娟．“好想你”并购“百草味”动因及绩效研究．西北师范大学．2020.
[687] 邵勃葳．改进的市场法在医药企业并购估值中的应用研究．暨南大学．2020.
[688] 邵润秋．我国股权众筹投资者保护的法律制度完善．华东政法大学．2020.
[689] 邵天天．搜索引擎滥用市场支配地位的反垄断法规制研究．安徽财经大学．2020.
[690] 申璞．雄安新区普惠金融监管问题研究．河北大学．2020.
[691] 申倩倩．我国房地产行业整合的动因、路径及市场集中度分析．中国社会科学院研究生院．2020.
[692] 申宇．CEO 任期与并购决策．山东大学．2020.
[693] 申运萍．天顺公司并购 AB 公司的并购决策研究．浙江工商大学．2020.
[694] 沈佳金．京东并购 1 号店的绩效研究．华东交通大学．2020.
[695] 沈茜．经营者涉大数据垄断法律规制研究．湖南师范大学．2020.
[696] 沈香香．限定交易型行政垄断的认定和规制．南京师范大学．2020.
[697] 沈钰．生态链并购与企业价值提升研究．苏州大学．2020.
[698] 盛瑶．赛轮集团并购金宇实业整合绩效评价研究．青岛科技大学．2020.
[699] 施海英．农贸市场食品安全监管问题研究．黑龙江八一农垦大学．2020.
[700] 石冰清．圆通速递并购先达国际的协同效应研究．云南财经大学．2020.
[701] 石桂阳．企业并购巨额商誉成因及其减值研究．广东外语外贸大学．2020.
[702] 石敏．多元化并购风险与业绩承诺补偿机制研究．云南财经大学．2020.
[703] 石英杰．论互联网企业搭售行为的反垄断规制．西北民族大学．2020.
[704] 石媛媛．黑芝麻纵向并购的动因与绩效研究．兰州交通大学．2020.
[705] 时溪蔓．P2P 网络借贷平台退出法律机制研究．兰州大学．2020.
[706] 史琮．西王食品海外并购 Kerr 融资方式选择研究．广东工业大学．2020.
[707] 史佳祎．国企改革背景下宝钢并购武钢绩效研究．兰州理工大学．2020.
[708] 史锦浩．BG 公司并购 NC 公司财务风险案例研究．沈阳理工大学．2020.
[709] 史钰．新宁物流并购亿程信息的业绩承诺案例研究．南京邮电大学．2020.
[710] 舒迅．赛腾股份并购菱欧科技的动因及绩效探析．江西财经大学．2020.
[711] 舒展．H 集团跨行业并购的动因与财务绩效案例研究．广东工业大学．2020.
[712] 双明慧．连续并购对可持续增长的影响分析．浙江工商大学．2020.
[713] 税可．企业并购过程中的管理层过度自信与商誉减值风险．上海师范大学．2020.
[714] 宋春杰．A 公司海外并购 X 公司并购风险管理问题研究．长春工业大学．2020.
[715] 宋丹丹．商誉减值审计问题研究．河南农业大学．2020.
[716] 宋佳琪．协同效应作用下的被并购企业绩效研究．内蒙古大学．2020.
[717] 宋婧雯．我国同一控制下企业合并的会计处理方法研究．北京交通大学．2020.
[718] 宋丽霞．管理者过度自信、债务约束与并购溢价．江西财经大学．2020.
[719] 宋莉娇．TS 公司并购商誉减值及其绩效影响研究．重庆理工大学．2020.
[720] 宋姝妍．上市公司并购能力评价研究．沈阳工业大学．2020.
[721] 宋玉琴．银禧科技并购兴科电子商誉减值案例研究．广东工业大学．2020.

[722] 宋园园．全球价值链视角下家电企业海外并购整合研究．南京信息工程大学．2020.
[723] 苏昕怡．爱尔眼科设立“PE＋上市公司”并购基金的绩效研究．江西财经大学．2020.
[724] 苏翊栋．XK并购轻资产标的风险及防范策略研究．广东工业大学．2020.
[725] 隋艺．我国文化产业跨国并购业绩分析．青岛科技大学．2020.
[726] 孙彪．基于业绩补偿承诺视角下的中小股东利益保护．河南大学．2020.
[727] 孙丹妮．“上市公司＋PE”型并购基金对企业的绩效影响研究．内蒙古农业大学．2020.
[728] 孙何．温州市L区餐饮业食品安全量化分级监管研究．江西师范大学．2020.
[729] 孙慧珍．基于平衡计分卡的互联网企业并购绩效评价研究．河南农业大学．2020.
[730] 孙嘉悦．腾邦国际连续并购案例研究．华侨大学．2020.
[731] 孙菁．我国物流企业战略性并购的目标企业选择研究．浙江工业大学．2020.
[732] 孙嫚嫚．互联网企业并购的财务风险研究．青岛科技大学．2020.
[733] 孙萌芽．南京新百连续并购案例研究．石河子大学．2020.
[734] 孙庆恒．肥城市网络餐饮市场监管问题研究．山东大学．2020.
[735] 孙荣健．并购重组不同涉税方案的比较研究．山东大学．2020.
[736] 孙天龙．中国天楹跨境并购Urbaser的案例研究．沈阳工业大学．2020.
[737] 孙幸袁．并购方式对并购绩效的影响研究．广东外语外贸大学．2020.
[738] 孙亚苹．游戏行业并购商誉减值风险防范研究．河北大学．2020.
[739] 孙艳．并购支付方式与并购绩效的相关性研究．哈尔滨工业大学．2020.
[740] 孙毅．网络互助法律问题研究．河北师范大学．2020.
[741] 孙元舒．黑龙江省民办非企业单位外部监管环境研究．黑龙江大学．2020.
[742] 孙志超．上市公司“蛇吞象”式并购策略及其经济后果研究．苏州大学．2020.
[743] 孙梓贤．知识产权滥用的反垄断法规制研究．中央民族大学．2020.
[744] 谭珺．我国掠夺性定价法律规制的冲突与协调．暨南大学．2020.
[745] 谭坤．支付方式对并购企业中长期绩效的影响研究．西安科技大学．2020.
[746] 谭晴．影视业高溢价并购财务风险研究．南昌大学．2020.
[747] 谭少红．昆百大跨界并购我爱我家动因和绩效分析．广东工业大学．2020.
[748] 汤彩琴．上市公司并购后盈利质量研究．福建农林大学．2020.
[749] 唐海艳．金发科技并购宁波海越的动因和协同效应研究．广东外语外贸大学．2020.
[750] 唐青．HE公司并购TY公司的财务绩效案例研究．沈阳理工大学．2020.
[751] 唐劭俊．数字音乐版权独家授权的反垄断规制．华南理工大学．2020.
[752] 唐诗意．数字音乐版权独家授权模式的反垄断规制．浙江理工大学．2020.
[753] 唐思懿．文娱游戏行业并购溢价对商誉减值的影响分析．北京交通大学．2020.
[754] 唐兴．江都区农村食品安全监管的问题与对策研究．扬州大学．2020.
[755] 唐珍婷．复星国际战略并购协同效应研究．兰州大学．2020.
[756] 唐子涵．中公教育反向并购亚夏汽车绩效分析．哈尔滨商业大学．2020.
[757] 陶虹．天神娱乐的商誉减值行为研究．南京信息工程大学．2020.
[758] 陶恺言．“PE＋上市公司”型并购基金跨境并购的交易设计及效果分析．暨南大学．2020.
[759] 陶莉．医药流通行业并购估值研究．上海财经大学．2020.
[760] 陶龙泉．贝瑞基因借壳上市的动因及财务绩效研究．广东工业大学．2020.
[761] 田博超．美的跨国并购库卡财务风险的识别与防范研究．广东工业大学．2020.
[762] 田佳鑫．跟踪缠扰行为的刑法规制问题研究．辽宁大学．2020.
[763] 田嘉松．商誉减值、管理层过度自信与股价崩盘风险．暨南大学．2020.

[764] 田竞. 我国反垄断纠纷可仲裁性问题研究. 郑州大学. 2020.
[765] 田蕾. 广汇汽车系列并购案例研究. 华南理工大学. 2020.
[766] 田丽雯. “上市公司 + PE” 并购基金的风险与防范研究. 河南大学. 2020.
[767] 田桐嘉. 基于 EVA 与非财务指标相结合的企业并购绩效研究. 内蒙古农业大学. 2020.
[768] 田晓娜. 中国民航客运机票定价的反垄断规制研究. 哈尔滨商业大学. 2020.
[769] 田煦. 中美贸易战背景下中国企业赴美并购成败的影响因素. 北京外国语大学. 2020.
[770] 田永新. 新生代董事与企业并购重组行为研究. 南京大学. 2020.
[771] 田园. 腾讯海外并购 Riot Games 公司市场效应及财务绩效分析. 北京林业大学. 2020.
[772] 田钊. 企业并购对赌协议应用问题研究. 河南大学. 2020.
[773] 仝育鸣. 借壳上市中业绩承诺与盈余管理研究. 山东大学. 2020.
[774] 童碧君. 虚假诉讼违法行为的识别与规制. 华东政法大学. 2020.
[775] 童驿惠. 高管团队特征、技术整合能力与并购企业绩效. 东华大学. 2020.
[776] 童震宇. 上市公司跨境并购财务风险研究. 沈阳工业大学. 2020.
[777] 涂操. 大数据算法歧视的危机及法律应对. 天津师范大学. 2020.
[778] 涂鸣越. 警察现场选择性执法研究. 中国人民公安大学. 2020.
[779] 万春松. 中国化工跨国并购先正达风险与控制探析. 江西财经大学. 2020.
[780] 汪纯. 宋代商人经营方式研究. 南昌大学. 2020.
[781] 汪姗. 上市公司的反并购策略分析. 安徽财经大学. 2020.
[782] 汪艳. 女性高管与并购商誉. 河南财经政法大学. 2020.
[783] 汪瑶. 民事虚假诉讼的法律规制研究. 安徽大学. 2020.
[784] 汪翌旭. 企业并购重组对降成本的影响研究. 苏州大学. 2020.
[785] 汪媛媛. 企业社会责任、声誉资本与并购价值创造的研究. 北京交通大学. 2020.
[786] 王贝贝. 汤臣倍健跨境并购 LSG 案例研究. 河北大学. 2020.
[787] 王承婧. 并购中对赌协议机制设计及效果研究. 东华大学. 2020.
[788] 王程程. 千方科技“控股股东 + PE” 型并购基金的融资路径与风险防控. 浙江工商大学. 2020.
[789] 王传铭. 整体性治理视域下的安溪县社区矫正研究. 华侨大学. 2020.
[790] 王丹丹. 沪宁杭三大都市圈市场一体化比较研究. 浙江理工大学. 2020.
[791] 王丹璐. 美的集团并购价值链整合影响研究. 石河子大学. 2020.
[792] 王冬燕. 我国公用事业领域反垄断执法的实证分析. 苏州大学. 2020.
[793] 王栋彬. 整体性治理视角下中小学食堂食品安全监管问题研究. 郑州大学. 2020.
[794] 王芳. 国际化战略下的跨国并购绩效研究. 西北师范大学. 2020.
[795] 王芳. 居民阶梯电价方案设计与评价研究. 合肥工业大学. 2020.
[796] 王锋波. 制造业服务化对企业绩效的影响. 广东外语外贸大学. 2020.
[797] 王福财. 基于消费者绿色偏好视角下乳制品定价模型研究. 陕西科技大学. 2020.
[798] 王干. 数据市场拒绝交易行为的反垄断规制研究. 安徽大学. 2020.
[799] 王海江. 基于协同效应的横向并购提升公司价值研究. 哈尔滨商业大学. 2020.
[800] 王惠莹. 基于平衡计分卡的 Z 公司连续并购绩效评价研究. 哈尔滨工业大学. 2020.
[801] 王佳慧. 上市公司并购重组中业绩承诺的风险识别与应对. 四川师范大学. 2020.
[802] 王嘉琦. 东方精工并购普莱德的商誉减值风险管理研究. 河南大学. 2020.
[803] 王嘉欣. 跨境并购对我国商业银行绩效的影响研究. 苏州大学. 2020.
[804] 王峤. 企业并购中基于大数据工具的信息获取框架及应用. 浙江大学. 2020.
[805] 王杰. 目标企业反恶意并购策略及经济后果研究. 华侨大学. 2020.

［806］王洁．百花村并购中业绩对赌及绩效影响研究．南京邮电大学．2020.
［807］王结．盈峰环境跨行业连续并购动因及绩效分析．河南大学．2020.
［808］王晶．海绵城市建设中的法律问题研究．山西大学．2020.
［809］王晶．中信基金主导的蓝帆股份并购柏盛国际案例研究．沈阳工业大学．2020.
［810］王婧洁．智能投顾服务监管问题研究．兰州大学．2020.
［811］王婧怡．我国反垄断宽大制度检讨与完善．江西财经大学．2020.
［812］王婧云．“上市公司＋PE”型结构化基金的运作模式及风险分析研究．浙江工商大学．2020.
［813］王敬雯．并购对涉农上市公司影响的实证研究．成都大学．2020.
［814］王静静．鹿城区大病保险制度运行存在的问题及改进策略研究．黑龙江八一农垦大学．2020.
［815］王娟．技术创新与产业结构升级的经济增长效应研究．天津商业大学．2020.
［816］王凯．对赌协议在企业并购重组中的影响研究．哈尔滨工业大学．2020.
［817］王蓝天．数据驱动型经营者集中行为的法律规制．郑州大学．2020.
［818］王乐乐．利益衡量理论的司法适用．黑龙江大学．2020.
［819］王磊．执行异议之诉中外观主义适用问题研究．山东大学．2020.
［820］王莉分．美年健康并购慈铭体检的动因与绩效分析．江西财经大学．2020.
［821］王璐．MDS公司连续并购的动因及效应分析．南昌大学．2020.
［822］王璐．首旅酒店并购如家财务绩效案例研究．沈阳理工大学．2020.
［823］王璐媛．内部人减持与溢价并购关系研究．华东政法大学．2020.
［824］王萌．M县城乡居民基本养老保险实施中的问题及对策研究．河北科技大学．2020.
［825］王梦寒．老百姓大药房连续并购对财务状况质量的影响研究．华北水利水电大学．2020.
［826］王梦珂．私募股权投资以并购方式退出的案例分析．湘潭大学．2020.
［827］王梦园．政府数据开放中个人信息风险及其行政法规制．浙江工商大学．2020.
［828］王佩尧．混合所有制并购对企业创新绩效的影响．山东大学．2020.
［829］王萍．对我国微商经济的导引、监管与税收管理研究．辽宁师范大学．2020.
［830］王萍萍．基于创新网络的制造业技术获取型海外并购整合与产业技术创新．浙江大学．2020.
［831］王倩．公司并购中的劳动者权益保护法律规制．西南科技大学．2020.
［832］王倩倩．蓝色光标连续并购案例研究．西北师范大学．2020.
［833］王倩倩．支付方式对上市公司并购绩效影响研究．安徽财经大学．2020.
［834］王乔明．阿里巴巴并购饿了么的动因及绩效分析．吉林大学．2020.
［835］王秋慧．美的集团并购库卡集团的案例分析．辽宁大学．2020.
［836］王荣燕．汽车零部件企业海外并购分析．江西财经大学．2020.
［837］王蕊．中华企业并购中星集团财务协同效应案例研究．南昌大学．2020.
［838］王若舒．并购商誉的后续计量研究．河北大学．2020.
［839］王寿燕．公共事件网络传播中的道德失范问题研究．山东农业大学．2020.
［840］王舒翔．达华智能并购动机及经济后果研究．浙江工商大学．2020.
［841］王澍．海关邮递物品监管的政务流程再造研究．山东大学．2020.
［842］王帅．竞争中性视角下国有企业适用反垄断法研究．兰州大学．2020.
［843］王双壮．DFJG并购PLD商誉减值研究．天津商业大学．2020.
［844］王思慧．K公司并购T公司财务风险案例分析．沈阳理工大学．2020.
［845］王思宇．我国私募股权投资基金退出研究．北京交通大学．2020.

[846] 王斯颖．跨境并购中“上市公司 + PE”并购基金的应用流程分析．江西财经大学．2020.

[847] 王涛．商业信用与公司并购绩效．石河子大学．2020.

[848] 王天昊．复星医药并购 Gland Pharma 协同效应的财务评价．哈尔滨理工大学．2020.

[849] 王田田．基于哈佛分析框架的金冠股份并购绩效研究．北京印刷学院．2020.

[850] 王婷．溢价并购中业绩承诺对商誉减值风险的防范研究．兰州财经大学．2020.

[851] 王维新．文化行业上市公司并购估值方法研究．西南科技大学．2020.

[852] 王伟艺．民法典公用企业强制缔约制度研究．中国政法大学．2020.

[853] 王稳凯．证券交易所问询函对企业并购绩效的影响研究．北京交通大学．2020.

[854] 王习习．锦江酒店系列并购效应分析．武汉纺织大学．2020.

[855] 王喜悦．对赌协议的应用风险及其防范研究．华侨大学．2020.

[856] 王霞．我国保险业系统性风险测度与成因研究．山西财经大学．2020.

[857] 王湘．并购重组中业绩承诺风险及防范研究．河南财经政法大学．2020.

[858] 王向阳．App 标识商标侵权问题研究．兰州大学．2020.

[859] 王潇潇．艾派克公司跨境并购利盟公司案例分析．辽宁大学．2020.

[860] 王小佳．苏州工业园区安全生产监管问题研究．苏州大学．2020.

[861] 王晓枫．大理州巍山县税务局纳税服务监管机制．云南财经大学．2020.

[862] 王晓琪．论出口卡特尔的反垄断法豁免．南京大学．2020.

[863] 王昕．中资银行海外并购协同效应的成因研究．中国社会科学院研究生院．2020.

[864] 王昕然．Y 公司并购重组中内幕交易的成因及影响研究．广东工业大学．2020.

[865] 王欣．我国反垄断法中宽恕制度研究．沈阳工业大学．2020.

[866] 王馨苑．医药企业基于长期发展战略的连续并购绩效研究．北京交通大学．2020.

[867] 王煊莹．复星医药跨国并购 Gland Pharma 的绩效研究．华南理工大学．2020.

[868] 王炫琪．“PE + 上市公司”并购模式研究．哈尔滨商业大学．2020.

[869] 王雪．京东并购一号店财务风险案例研究．沈阳理工大学．2020.

[870] 王杨．大病保险支持基本医保的问题及其化解对策研究．华南理工大学．2020.

[871] 王垚．基于平衡计分卡的 SL 并购 RJ 绩效研究．天津商业大学．2020.

[872] 王一平．传媒行业并购绩效研究．苏州大学．2020.

[873] 王奕丁．雷柏科技并购商誉减值问题研究．哈尔滨商业大学．2020.

[874] 王滢．全域旅游背景下四川省 A 级旅游景区监管问题及对策研究．电子科技大学．2020.

[875] 王颖达．信息披露与价格歧视对众筹绩效影响的机理研究．南京大学．2020.

[876] 王宇．支付工具对并购交易定价的影响：定向可转债与现金和股份的比较．北京交通大学．2020.

[877] 王宇辰．网络平台滥用市场支配地位的反垄断规制：欧盟的经验．兰州大学．2020.

[878] 王昱竹．兖州煤业跨境并购联合煤炭案例研究．沈阳工业大学．2020.

[879] 王钰琪．再融资政策调整对企业并购支付方式的影响．沈阳工业大学．2020.

[880] 王媛．机构投资者异质性、业绩承诺与并购绩效研究．云南财经大学．2020.

[881] 王云飞．中金公司并购中投证券案例研究．湘潭大学．2020.

[882] 王泽同．“好想你”对赌并购“百草味”案例研究．湘潭大学．2020.

[883] 王震．并购后控制权配置、合法性与并购绩效．上海应用技术大学．2020.

[884] 王子涵．我国医疗损害鉴定制度的困境及规制．安徽大学．2020.

[885] 王籽媚．中国平安并购汽车之家协同效应研究．华侨大学．2020.

[886] 王自牧．并购基金参与情境下支付方案设计与跨国并购风险防范研究．山东大学 . 2020.
[887] 韦苏晴．家族企业会计稳健性与并购绩效的研究．上海外国语大学 . 2020.
[888] 卫丹．博雅生物设立产业并购基金动机及效果案例研究．西南大学 . 2020.
[889] 魏东．行政协议中行政优益权规制研究．南京师范大学 . 2020.
[890] 魏俊芳．完善公共资源交易平台建设对策研究．河北师范大学 . 2020.
[891] 魏可意．企业并购中的著作权问题及对策研究．山东大学 . 2020.
[892] 魏丽敏．并购与 ERP 系统重组．南京大学 . 2020.
[893] 魏佩云．艾派克跨境并购利盟国际的融资方式研究．西安石油大学 . 2020.
[894] 魏兴亚．全通教育连续并购的动因及绩效分析．苏州大学 . 2020.
[895] 魏一杰．新零售视角下互联网企业并购动因与风险研究．山东大学 . 2020.
[896] 温蕾．益佰制药溢价并购百祥制药财务风险研究．青岛科技大学 . 2020.
[897] 温学．“一带一路”并购投资的估值风险及其保障体系研究．北京交通大学 . 2020.
[898] 温学博．政府信息公开视角下公民知情权保障与规制研究．西南民族大学 . 2020.
[899] 文红蔚．网络借贷平台的法律规制研究．广西师范大学 . 2020.
[900] 翁海汀．并购商誉减值与股价崩盘风险．暨南大学 . 2020.
[901] 翁启航．百花村并购华威医药业绩承诺案例研究．广东工业大学 . 2020.
[902] 翁裕毫．金石亚药跨界并购财务风险控制研究．广东工业大学 . 2020.
[903] 吴博．业绩补偿承诺、信息不对称与并购绩效．北京第二外国语学院 . 2020.
[904] 吴海涛．JY 公司并购 BS 公司案例研究．西安理工大学 . 2020.
[905] 吴昊南．域外国际商事法庭管辖权启示及中国对策研究．大连海事大学 . 2020.
[906] 吴悔．企业业绩承诺风险研究．浙江工商大学 . 2020.
[907] 吴洁．高管持股、研发投入与并购绩效．浙江财经大学 . 2020.
[908] 吴俊．我国涉外协议管辖的立法缺陷与完善路径研究．浙江工商大学 . 2020.
[909] 吴开艳．奥飞娱乐连续并购的风险与控制策略研究．广东工业大学 . 2020.
[910] 吴梦琦．云南旅游央企化债务风险分析．石河子大学 . 2020.
[911] 吴娜娜．我国温室气体监测法律制度的构建．武汉大学 . 2020.
[912] 吴南．业绩承诺期后业绩变脸问题研究．广东外语外贸大学 . 2020.
[913] 吴佩骏．艾派克并购美国利盟国际的融资方式研究．江西财经大学 . 2020.
[914] 吴穹．新医保制度下呼和浩特市定点零售药房的监管问题研究．内蒙古农业大学 . 2020.
[915] 吴瑞琪．涉税专业服务行业监管研究．山西大学 . 2020.
[916] 吴胜寒．中国转供电法律问题研究．华东理工大学 . 2020.
[917] 吴暑霞．东方精工高溢价并购普莱德的影响因素及经济后果的研究．苏州大学 . 2020.
[918] 吴婉妍．天神娱乐高溢价并购成因及经济后果研究．华侨大学 . 2020.
[919] 吴小静．我国 C2C 模式在线短租监管法律制度研究．兰州财经大学 . 2020.
[920] 吴鑫裕．企业价值链并购研究．苏州大学 . 2020.
[921] 吴雪．美的集团并购德国库卡的风险及其防范研究．东华大学 . 2020.
[922] 吴妍．我国居民阶梯电价政策的实施效果评估．浙江财经大学 . 2020.
[923] 吴岩．风险过滤视角下并购基金对并购绩效的影响研究．山东大学 . 2020.
[924] 吴怡燕．同业业务监管对上市商业银行盈利性的影响研究．浙江大学 . 2020.
[925] 吴章峰．保险保障基金参与风险处置法律问题研究．华东政法大学 . 2020.
[926] 吴卓玥子．我国 PPP 模式监管法律问题研究．杭州师范大学 . 2020.
[927] 伍兵．管理层过度自信、董事联结与公司并购绩效．上海外国语大学 . 2020.
[928] 伍婉仪．帝王洁具并购欧神诺财务风险控制案例研究．华南理工大学 . 2020.

［929］伍卓峰．道氏技术跨界并购动因及绩效研究．广东工业大学．2020.
［930］武明月．浦发银行并购上海国际信托价值提升研究．哈尔滨商业大学．2020.
［931］武群．并购特征对合并商誉的价值相关性影响研究．合肥工业大学．2020.
［932］武瑞娟．论我国反垄断民事诉讼中的举证责任分配．西北民族大学．2020.
［933］席方方．盈利能力支付计划在企业并购中的应用研究．河南大学．2020.
［934］夏春阳．BS 公司并购 WH 公司的绩效研究．辽宁石油化工大学．2020.
［935］夏翠玉．美的并购库卡的财务风险分析与控制研究．青岛科技大学．2020.
［936］夏娜．对 M 市商业银行的外汇监管问题研究．江西师范大学．2020.
［937］夏楠姝．中国企业海外并购绩效评价研究．吉林大学．2020.
［938］夏若凡．海关行政处罚自由裁量权的规制研究．中国人民公安大学．2020.
［939］夏澍．天神娱乐并购幻想悦游商誉减值的动因研究．南华大学．2020.
［940］夏勇．二叉树模型在高新技术企业并购估值中的应用研究．西南大学．2020.
［941］相杰．大数据平台滥用市场支配地位的规制研究．中国政法大学．2020.
［942］肖国芳．我国互联网平台企业并购因子对财务风险的影响研究．武汉科技大学．2020.
［943］肖海波．中广核核技术并购浙江俊尔财务整合研究．兰州大学．2020.
［944］肖雅玲．企业并购定价研究．安徽财经大学．2020.
［945］肖义男．基于战略调整的融创中国并购案例研究．吉林大学．2020.
［946］肖媛媛．社区矫正调研报告．湖南师范大学．2020.
［947］谢爱珍．反垄断法视域下的忠诚折扣研究．华南理工大学．2020.
［948］谢秋云．定向可转债应用于赛腾股份并购支付的案例研究．华南理工大学．2020.
［949］谢姗姗．中国平安并购汽车之家的绩效研究．河北经贸大学．2020.
［950］谢悦．基于并购视角 SKZY 公司价值评估研究．西南科技大学．2020.
［951］谢智菲．关于数据垄断行为的反垄断法规制研究．华东政法大学．2020.
［952］谢舟妹．基于外部性视角的互联网平台企业横向并购社会福利研究．重庆邮电大学．2020.
［953］辛建轩．比特币价格波动影响因素分析．哈尔滨工业大学．2020.
［954］辛智琳．轻资产企业间并购协同价值评估模型优化研究．北京交通大学．2020.
［955］昕昀．美团并购大众点评整合效应研究．北京印刷学院．2020.
［956］邢小雨．我国民事虚假诉讼及其规制研究．南昌大学．2020.
［957］熊雪琪．新能源汽车行业政府补贴退坡背景下企业商誉减值研究．华东交通大学．2020.
［958］熊雅臻．定向可转债并购的动因及风险研究．暨南大学．2020.
［959］胥静．H 企业并购 L 企业财务风险控制研究．西安石油大学．2020.
［960］徐传冬．资本市场开放背景下 AH 股价格差异的影响因素．山东大学．2020.
［961］徐丹妮．标准必要专利的禁令救济研究．哈尔滨商业大学．2020.
［962］徐凤．SDJC 医药公司并购财务风险分析与防范研究．山东理工大学．2020.
［963］徐昊宇．永安林业纵向一体化战略效果研究．西北师范大学．2020.
［964］徐慧．我国创业板上市公司并购商誉对企业价值的影响研究．海南大学．2020.
［965］徐慧琳．首旅酒店跨境并购如家酒店集团案例研究．江西财经大学．2020.
［966］徐坚．张家港企业信用监管研究．西北农林科技大学．2020.
［967］徐丽娅．爱康国宾反并购策略实施效果及演化博弈分析．浙江工商大学．2020.
［968］徐鹏旻．吉利实施自主决策权战略面临的挑战和对策研究．南京师范大学．2020.
［969］徐胜男．金风科技并购 VENSYS 事件对其企业价值的影响研究．吉林大学．2020.
［970］徐伟强．利率市场化影响银行市场势力的机制研究．湖南师范大学．2020.

［971］徐晓丹．互联网平台企业“二选一”行为的反垄断法规制研究．华东交通大学．2020.
［972］徐嫣然．并购审计风险防范研究．重庆理工大学．2020.
［973］徐迎港．传媒行业并购商誉泡沫成因研究．安徽财经大学．2020.
［974］徐云蕾．常州市新北区政府采购监管问题及对策研究．中国矿业大学．2020.
［975］徐镇．民营上市公司跨境并购研究．云南财经大学．2020.
［976］徐志伟．股权众筹中提前退出机制研究．中国科学技术大学．2020.
［977］徐子雅．民营企业跨境并购的财务风险识别与控制研究．河南工业大学．2020.
［978］许慧．政府引导与企业海外并购绩效．苏州大学．2020.
［979］许孟超．金城医药高溢价并购商誉减值问题的研究．广东工业大学．2020.
［980］许淼．阿里巴巴并购恒生电子的绩效分析．华北水利水电大学．2020.
［981］许世珍．收益法及其参数在软件信息行业并购评估中的应用．南京邮电大学．2020.
［982］许亚倩．天神娱乐并购幻想悦游商誉及其减值研究．河北经贸大学．2020.
［983］许伊莲．定向可转债在上市公司并购交易中的运用研究．北京交通大学．2020.
［984］许议文．互联网企业并购协同效应研究．哈尔滨商业大学．2020.
［985］许银霞．行政法视野下的第三方认证．南开大学．2020.
［986］许月．企业的社会关系网络对企业异地并购行为的影响．苏州大学．2020.
［987］宣苏洁．中国快递业空间市场势力的测度、空间联系演化及其影响因素研究．浙江工业大学．2020.
［988］薛尔江．必需设施原理在互联网反垄断领域的适用问题研究．安徽大学．2020.
［989］薛蕾．基于业绩补偿承诺视角的中小股东利益保护研究．华东交通大学．2020.
［990］薛睿．企业数据的法律规制研究．河北大学．2020.
［991］薛思航．剥离期权价值的对赌协议对并购重组溢价的影响研究．哈尔滨工业大学．2020.
［992］薛思齐．我国 CRO 企业高溢价并购动因及财务风险问题研究．河南财经政法大学．2020.
［993］薛薇．F 公司海外并购 B 公司的绩效研究．东北石油大学．2020.
［994］薛宇鹏．并购资金募集引入被并购方股东对并购溢价及业绩的影响．暨南大学．2020.
［995］闫佳静．中信银行收购阿尔金银行的绩效研究．西南科技大学．2020.
［996］闫佳妮．中天运会计师事务所并购审计失败的案例研究．河北经贸大学．2020.
［997］严城．淮安市 H 区政府安全生产监管问题研究．大连海事大学．2020.
［998］严聪．基于财务视角下神州数码并购重组审核未通过案例研究．哈尔滨商业大学．2020.
［999］严梦竺．医药企业连续并购动因及绩效研究．广东外语外贸大学．2020.
［1000］严肃．城市社区财务监管的困境与对策研究．山东农业大学．2020.
［1001］严新亚．平安集团并购深圳发展银行的绩效研究．长春工业大学．2020.
［1002］杨灿．新能源汽车行业溢价并购下对赌协议风险研究．北京交通大学．2020.
［1003］杨晨瑞．海外并购估值方法的应用及溢价并购风险研究．广西民族大学．2020.
［1004］杨集．企业并购商誉减值原因及后续计量问题研究．北京印刷学院．2020.
［1005］杨家超．万达院线并购万达影视的绩效分析．吉林大学．2020.
［1006］杨家祥．关联并购下资产评估与利益输送行为研究．浙江财经大学．2020.
［1007］杨建艺．广东省社会组织的政府监管问题研究．广东外语外贸大学．2020.
［1008］杨靖旭．金隅集团并购冀东水泥的协同效应研究．北京交通大学．2020.
［1009］杨军平．经济法视域下我国上市公司市值管理规制研究．中国政法大学．2020.
［1010］杨可娜．网约车市场的规制与反垄断问题研究．北方工业大学．2020.
［1011］杨立．对赌式并购中业绩承诺与控制权冲突问题研究．山东大学．2020.

［1012］杨立丽．企业合并中税务和会计处理差异分析．安徽财经大学．2020.
［1013］杨林杰．W 公司基于并购重组驱动企业创新能力发展的研究．浙江工业大学．2020.
［1014］杨梦菲．大数据价格歧视的法律规制问题研究．南昌大学．2020.
［1015］杨梦娇．信息技术企业并购绩效研究．云南财经大学．2020.
［1016］杨鹏．亿帆医药连续并购动因及绩效研究．青岛科技大学．2020.
［1017］杨瑞．海达股份并购科诺铝业税务风险研究．广东工业大学．2020.
［1018］杨圣．民事诉讼中滥用管辖权异议的规制研究．江西财经大学．2020.
［1019］杨天麟．国际专利许可中的搭售问题研究．内蒙古大学．2020.
［1020］杨婷婷．温州网络订餐食品安全监管研究．西北农林科技大学．2020.
［1021］杨婉君．临时 CEO 继任行为及其经济后果分析．江西财经大学．2020.
［1022］杨微微．X 电子公司市场营销策略研究．吉林大学．2020.
［1023］杨文正．德尔股份承债式收购 CCI 案例研究．华南理工大学．2020.
［1024］杨燕娜．中联重科并购奇瑞重工动因及绩效研究．广东外语外贸大学．2020.
［1025］姚峦珊．上海医药并购康德乐马来西亚的绩效研究．北京交通大学．2020.
［1026］姚诗炜．青岛海尔并购美国通用家电财务风险管理研究．黑龙江大学．2020.
［1027］姚舒溶．吉利收购戴姆勒是成功的战略吗？．浙江工商大学．2020.
［1028］姚震庆．跨国医疗器械公司并购整合过程和策略研究．东华大学．2020.
［1029］叶超．并购重组中业绩补偿承诺与中小股东利益保护．南京师范大学．2020.
［1030］叶轲．乐清市中小微餐饮业食品安全监管研究．浙江中医药大学．2020.
［1031］叶石花．社会共治视角下广州市白云区化妆品生产质量监管研究．兰州大学．2020.
［1032］叶文．长城影视连续并购下的绩效分析．江西财经大学．2020.
［1033］叶雪婷．完美环球并购完美世界的并购绩效研究．东北石油大学．2020.
［1034］叶祯．华谊兄弟巨额并购商誉形成及减值探讨．江西财经大学．2020.
［1035］叶梓锐．基于 EVA 的并购绩效评价研究．华东交通大学．2020.
［1036］易宪中．天神娱乐高溢价并购的商誉减值研究．石河子大学．2020.
［1037］殷睿鹃．K 市网络餐饮食品安全监管现状、存在问题及对策研究．苏州大学．2020.
［1038］尹涵．中国上市公司高管团队特征对企业并购绩效的影响．辽宁师范大学．2020.
［1039］尹姝一．A 公司连续并购的案例研究．华南理工大学．2020.
［1040］尹艺达．食品安全监管中公众举报问题研究．山东大学．2020.
［1041］尹昱杰．基于平衡计分卡的首旅并购如家绩效评价研究．东北石油大学．2020.
［1042］游祎婕．智慧产业外延式并购的动因与绩效研究．广东外语外贸大学．2020.
［1043］于芳彬．长电科技并购星科金朋融资策略研究．哈尔滨商业大学．2020.
［1044］于鉴轩．分析师预测对企业并购绩效的影响．中国矿业大学．2020.
［1045］于梦琦．基于煤电纵向一体化视角的 GN 集团合并 D 集团并购绩效研究．北京交通大学．2020.
［1046］于青青．网络平台掠夺性定价行为认定问题研究．安徽大学．2020.
［1047］于婷．三维通信并购巨网科技的动因与效应研究．北方工业大学．2020.
［1048］于政小涵．业绩补偿承诺与盈利能力支付计划对比研究．山东大学．2020.
［1049］余浩．金字火腿并购中钰资本的并购风险研究．西北师范大学．2020.
［1050］余鉴霖．跨国技术并购对企业创新绩效的影响研究．四川师范大学．2020.
［1051］余署风．我国企业海外并购融资风险分析．江西财经大学．2020.
［1052］余硕．新三板公司被“借壳”并购后的绩效研究．浙江大学．2020.
［1053］余希．两阶段并购：缓解信息不对称抑或利润操纵．武汉纺织大学．2020.

[1054] 俞亮．并购重组中资产评估结果的认可度研究．中国矿业大学.2020.
[1055] 俞茜茜．标准必要专利滥用的反垄断规制研究．安徽财经大学.2020.
[1056] 俞怡．纳思达并购商誉的价值创造效应与减值风险研究．浙江财经大学.2020.
[1057] 雨思．标准必要专利禁令救济滥用的反垄断法规制研究．华东政法大学.2020.
[1058] 禹美辰．基于博弈论的航空公司安全信息报告激励机制研究．中国民航大学.2020.
[1059] 郁志志．并购资源整合与并购绩效研究．北京交通大学.2020.
[1060] 喻曦.JF公司并购G公司案例研究．南昌大学.2020.
[1061] 袁琪岚．顶级财务顾问在企业并购中的作用及表现．北京外国语大学.2020.
[1062] 袁涛．互联网企业并购财务风险问题研究．西南大学.2020.
[1063] 袁银．我国限定交易行为反垄断规制的法律适用与立法完善．暨南大学.2020.
[1064] 原泽娟．企业海外并购财务风险研究．江西理工大学.2020.
[1065] 月玫．俄罗斯外商投资市场准入的法律制度研究．辽宁大学.2020.
[1066] 岳亚斌．控股股东股权质押与公司并购．华南理工大学.2020.
[1067] 曾登航．关于上市公司并购初创企业的绩效研究．山东大学.2020.
[1068] 曾涵钰．对赌协议在企业并购中应用的动因及效果研究．江西理工大学.2020.
[1069] 曾思捷．业绩承诺对创业板上市公司合并商誉的影响研究．武汉纺织大学.2020.
[1070] 曾小康．基于Roger模型的我国制造业市场势力测度．天津商业大学.2020.
[1071] 查琳．我国共享单车企业发展现状及对策．华中师范大学.2020.
[1072] 查媛媛．并购重组问询函严重程度的影响因素和经济后果的实证研究．华南理工大学.2020.
[1073] 张博尧．并购重组在产业结构调整中的效应分析．吉林大学.2020.
[1074] 张才纲．万丰奥威连续并购绩效研究．兰州理工大学.2020.
[1075] 张昶敏．皇氏集团并购御嘉影视商誉减值成因及经济后果研究．广东工业大学.2020.
[1076] 张畅．行政协议单方变更解除权的规制研究．山东师范大学.2020.
[1077] 张晨.SH医药连续并购绩效研究．南昌大学.2020.
[1078] 张晨钰．互联网企业的定价策略分析．江西财经大学.2020.
[1079] 张创．中国原油进口贸易的国际市场势力研究．江西财经大学.2020.
[1080] 张恩铨.RC并购LS失败的成因研究．天津商业大学.2020.
[1081] 张帆．金马股份并购永康众泰中对赌协议的应用及其影响研究．河北经贸大学.2020.
[1082] 张凤燕．产业政策对坚瑞消防战略性并购决策与绩效的影响研究．兰州理工大学.2020.
[1083] 张涵．携程网并购去哪儿网的财务风险控制案例研究．哈尔滨商业大学.2020.
[1084] 张昊．论大数据企业合并的国际反垄断审查．华东政法大学.2020.
[1085] 张浩．中国平安并购汽车之家财务绩效案例研究．沈阳理工大学.2020.
[1086] 张皓然．混业化下网络竞争法律规则适用研究．哈尔滨商业大学.2020.
[1087] 张红靖．我国民企海外并购融资方式研究．广东外语外贸大学.2020.
[1088] 张华鑫．反垄断法宽恕制度研究．黑龙江大学.2020.
[1089] 张华旭．赛腾股份定向可转债并购案例分析．河北金融学院.2020.
[1090] 张挥羽．中国房地产企业并购绩效研究．江西财经大学.2020.
[1091] 张惠珠．关联并购中的利益输送问题研究．暨南大学.2020.
[1092] 张吉婕．企业合并商誉减值问题研究．云南财经大学.2020.
[1093] 张继康．太阳鸟并购亚光电子的财务风险研究．沈阳大学.2020.
[1094] 张佳静．高管薪酬粘性与上市公司并购行为研究．中国地质大学（北京）.2020.

[1095] 张佳璐．广播电影电视行业并购商誉对股价崩盘风险的影响研究．南京信息工程大学．2020.

[1096] 张佳美．船舶融资租赁 SPV 模式的法律问题研究．大连海事大学．2020.

[1097] 张嘉伦．宝钢股份并购武钢股份案例分析．辽宁大学．2020.

[1098] 张建峰．产融结合视角下蓝帆医疗并购柏盛国际的动因及策略研究．河北金融学院．2020.

[1099] 张晋玮．传统企业跨界溢价并购失败的案例研究．广东外语外贸大学．2020.

[1100] 张敬群．新零售时代互联网企业并购的价值增值研究．南京信息工程大学．2020.

[1101] 张敬业．复星医药并购 Gland Pharma 绩效分析．河北经贸大学．2020.

[1102] 张靖悦．我国海关行政自由裁量权规制问题研究．大连海事大学．2020.

[1103] 张静．广州市网吧实名登记监管研究．华南理工大学．2020.

[1104] 张钧．电商平台滥用市场支配地位行为法律规制实证研究．郑州大学．2020.

[1105] 张俊．我国开放银行业的风险防控研究．暨南大学．2020.

[1106] 张峻睿．并购价值创造中的协同效应研究．青岛大学．2020.

[1107] 张珂．大数据领域经营者滥用市场支配地位的法律适用研究．郑州大学．2020.

[1108] 张黎晴．华禹并购基金“上市公司 + PE”模式的应用案例研究．湘潭大学．2020.

[1109] 张立媛．会计信息可比性对企业并购绩效的影响．内蒙古大学．2020.

[1110] 张砺文．郑州航空枢纽发展对经济开放度的影响研究．郑州航空工业管理学院．2020.

[1111] 张柳鑫．追逐风口式并购：价值创造还是价值毁损．武汉纺织大学．2020.

[1112] 张敏．加强“小饭桌”食品安全监管的研究．山西大学．2020.

[1113] 张铭真．过劳自杀的法律认定及规制研究．中国政法大学．2020.

[1114] 张娜．互联网平台并购的反垄断法规制．吉林大学．2020.

[1115] 张宁．宝钢并购武钢的财务风险及控制研究．河北经贸大学．2020.

[1116] 张佩瑶．世纪华通并购重组中对赌协议运用的案例分析．江西财经大学．2020.

[1117] 张鹏．战略视角下益佰制药连续并购行为及其绩效分析．南京师范大学．2020.

[1118] 张琪．业绩对赌条款对并购溢价的影响．华东师范大学．2020.

[1119] 张琪．制造企业服务化、地域多元化与绩效的关系研究．华南理工大学．2020.

[1120] 张琦．均胜电子并购高田公司绩效评价研究．燕山大学．2020.

[1121] 张琦．企业并购对公司价值创造的影响研究．山西财经大学．2020.

[1122] 张茜茜．N 市 J 区食品安全监管问题研究．西华师范大学．2020.

[1123] 张清．数字普惠金融的创新、风险与监管研究．西华大学．2020.

[1124] 张求英．我国个人数据跨境流动规制研究．安徽大学．2020.

[1125] 张然．环保行业并购绩效研究．河北经贸大学．2020.

[1126] 张仁宇．标准必要专利过高定价行为的反垄断规制研究．暨南大学．2020.

[1127] 张蓉．德阳市实施校外培训机构“黑白名单”监管案例研究．电子科技大学．2020.

[1128] 张润秋．银禧科技并购兴科电子的财务风险研究．武汉纺织大学．2020.

[1129] 张胜兰．芒果超媒并购重组的动因及财务绩效研究．湖南工业大学．2020.

[1130] 张诗妮．南洋股份跨界并购天融信的绩效研究．华南理工大学．2020.

[1131] 张书宁．阿里巴巴并购饿了么的财务风险分析与防范．哈尔滨商业大学．2020.

[1132] 张帅．我国版权技术保护措施制度研究．中原工学院．2020.

[1133] 张天慧．基于剩余收益模型的并购成长型企业价值评估研究．江西财经大学．2020.

[1134] 张婷．天神娱乐并购中的商誉减值问题及其应对研究．南昌大学．2020.

[1135] 张婷婷．黑龙江省国有银行监管中存在的问题及对策．黑龙江大学．2020.

［1136］张婷婷．联建光电并购重组中业绩承诺运用及效果研究．苏州大学．2020.
［1137］张婷婷．制造业转型的并购路径研究．北京交通大学．2020.
［1138］张微．“一带一路”下政治距离对A股企业OFDI模式选择的影响．北京交通大学．2020.
［1139］张伟莉．有价格歧视的古诺博弈动态有限理性调整模型研究．桂林理工大学．2020.
［1140］张玮帆．合并商誉的会计处理问题研究．云南师范大学．2020.
［1141］张文科．“上市公司+PE”并购模式下的协同效应研究．江西师范大学．2020.
［1142］张文龙．昆百大并购我爱我家案例研究．沈阳工业大学．2020.
［1143］张文涛．战略视角下企业并购动因及绩效研究．青岛大学．2020.
［1144］张锡铸．企业连续并购背景下基于业绩承诺的并购风险分析．广东外语外贸大学．2020.
［1145］张小雨．标准必要专利拒绝许可的反垄断规制研究．河南大学．2020.
［1146］张晓萍．艾派克并购Lexmark动因及绩效分析．北京交通大学．2020.
［1147］张啸林．数据经济中企业滥用市场支配地位行为的类型化研究．华东政法大学．2020.
［1148］张馨．互联网平台市场支配地位的认定问题研究．南京大学．2020.
［1149］张馨瑜．“重混音乐作品”的法律保护与规制研究．吉林大学．2020.
［1150］张馨月．跨国科技企业数据垄断治理问题研究．吉林大学．2020.
［1151］张秀倩．知识治理对创新绩效的影响路径及机理．内蒙古大学．2020.
［1152］张学丰．南岭民爆并购神斧民爆案例研究．华南理工大学．2020.
［1153］张雪．“渤海租赁”并购“Avolon”案例研究．湘潭大学．2020.
［1154］张雅榕．论网约车承运人强制缔约义务．北京交通大学．2020.
［1155］张亚南．产业链视角下新希望连续并购案例研究．河北经贸大学．2020.
［1156］张妍．皇氏集团跨行并购盛世骄阳业绩承诺的问题研究．南昌大学．2020.
［1157］张燕燕．酒店企业并购财务风险评价体系构建研究．河北师范大学．2020.
［1158］张怡．海航实业并购新加坡CWT物流的财务绩效分析．华北水利水电大学．2020.
［1159］张义东．我国中小企业并购策略研究．中国政法大学．2020.
［1160］张艺．携程网并购去哪儿网的动因及绩效研究．西安科技大学．2020.
［1161］张毅．跨国公司人权保护责任研究．内蒙古大学．2020.
［1162］张翼飞．赣锋锂业产业链整合并购的动因和绩效研究．苏州大学．2020.
［1163］张英姿．华东重机并购润星科技的动因及绩效研究．河北经贸大学．2020.
［1164］张莹．西王食品并购Kerr的动因及绩效研究．南昌大学．2020.
［1165］张有力．行政性垄断受益经营者法律责任研究．山东大学．2020.
［1166］张宇青．M银行南京分行并购银行业务竞争战略研究．南京大学．2020.
［1167］张雨．M公司并购N公司财务协同效应分析．长春理工大学．2020.
［1168］张雨萌．民营企业海外并购中的财务风险管理．电子科技大学．2020.
［1169］张月洁．村民自治中村庄派系竞争规制研究．内蒙古大学．2020.
［1170］张再鑫．美的并购小天鹅的动机及效应研究．吉林大学．2020.
［1171］张泽兰．传媒行业巨额商誉减值原因及对策研究．北京交通大学．2020.
［1172］张祯宇．数字平台滥用市场支配地位的反垄断规制研究．安徽大学．2020.
［1173］张志凯．标准必要专利禁令救济滥用的反垄断法规制．扬州大学．2020.
［1174］张智文．并购视角下机器设备价值评估．重庆理工大学．2020.
［1175］张卓．营口市教育培训市场政府监管问题研究．辽宁师范大学．2020.
［1176］张子娴．“上市公司+PE”并购基金在跨境并购中的应用及效果研究．苏州大学．2020.

［1177］章安琪．互联网企业跨界并购的财务整合与风险分析．南昌大学 . 2020.

［1178］章益瑄．研发并购与创新绩效．浙江大学 . 2020.

［1179］章煜．并购商誉对审计师行为的影响及其机理研究．南京邮电大学 . 2020.

［1180］章渊．温州市非法行医治理机制研究．黑龙江八一农垦大学 . 2020.

［1181］赵城．新时代我国区域协调发展的市场分割困境与破解路径研究．兰州财经大学 . 2020.

［1182］赵航．“一带一路”背景下工商银行并购土耳其 Tekstilbank 绩效分析．河北师范大学 . 2020.

［1183］赵君苓．上海市旅游消费维权规制研究．华东政法大学 . 2020.

［1184］赵玲玲．阿里巴巴集团跨国并购风险评价研究．哈尔滨商业大学 . 2020.

［1185］赵璐．在建房地产项目并购估值方法研究．北京化工大学 . 2020.

［1186］赵倩倩．业绩补偿承诺对股东利益的影响研究．苏州大学 . 2020.

［1187］赵容容．大数据领域滥用市场支配地位的反垄断法规制．山西财经大学 . 2020.

［1188］赵蓉．机构投资者持股及其异质性对公司并购溢价的影响研究．北京交通大学 . 2020.

［1189］赵天喜．山东如意并购新疆金天阳纺织案例研究．石河子大学 . 2020.

［1190］赵文俊．酒店企业并购绩效比较研究．哈尔滨商业大学 . 2020.

［1191］赵欣宇．阿里巴巴并购饿了么财务风险研究．辽宁石油化工大学 . 2020.

［1192］赵雅琪 . BSZX 公司并购风险的识别与控制研究．天津商业大学 . 2020.

［1193］赵艳茹．吉利汽车跨国并购戴姆勒协同效应研究．华东交通大学 . 2020.

［1194］赵翌存．“毒丸计划”在反敌意并购中的有效性分析．暨南大学 . 2020.

［1195］赵羽．基层食品安全监管问题与对策研究．山西大学 . 2020.

［1196］赵昱博．复星医药跨国并购绩效研究．哈尔滨商业大学 . 2020.

［1197］赵毓森．专利搭售的反垄断法规制研究．山西大学 . 2020.

［1198］赵月莹．盈利能力支付计划机制对并购绩效的影响．北京交通大学 . 2020.

［1199］赵玥．中瑞思创并购医惠科技案例研究．哈尔滨商业大学 . 2020.

［1200］赵越．基于掏空动机的大股东与高管合谋研究．苏州大学 . 2020.

［1201］赵越．银保并购的协同效应研究．山东大学 . 2020.

［1202］赵芝琳．中粮地产并购大悦城地产财务风险研究．黑龙江八一农垦大学 . 2020.

［1203］赵志林．中材科技并购泰山玻纤动因及绩效研究．兰州财经大学 . 2020.

［1204］赵智玉．快乐购并购重组的案例研究．河北经贸大学 . 2020.

［1205］甄亚旭．并购视角下海航控股投资效率研究．江西理工大学 . 2020.

［1206］郑德嘉．中弘公司系列并购风险管理案例研究．华南理工大学 . 2020.

［1207］郑津．关联企业合并重整法律问题研究．辽宁大学 . 2020.

［1208］郑厉严．超图软件并购国图信息的绩效研究．吉林大学 . 2020.

［1209］郑人豪．董事关联交易规制研究．华东政法大学 . 2020.

［1210］郑若男．技术吸收型海外并购整合风险研究．武汉纺织大学 . 2020.

［1211］郑伟铭 . LZ 地产并购绩效研究．广东工业大学 . 2020.

［1212］郑曦．美的集团收购无锡小天鹅的绩效分析．北京交通大学 . 2020.

［1213］郑亚杰．我国出口卡特尔反垄断豁免法律问题研究．华东政法大学 . 2020.

［1214］郑奕．基于产业链延伸的 XR 公司并购绩效研究．广东工业大学 . 2020.

［1215］郑莺．互联网企业并购的风险及防范研究．浙江工商大学 . 2020.

［1216］郑钰晓．业绩补偿承诺对并购绩效的影响研究．山东大学 . 2020.

［1217］钟海．公司战略与公司并购研究．南昌大学 . 2020.

[1218] 钟涵．“PE＋上市公司”型并购基金应用价值研究．湖南工业大学．2020.
[1219] 衷奇．行政黑名单类型化研究．南昌大学．2020.
[1220] 仲宏伟．吉利集团跨国并购中的财务整合研究．南京信息工程大学．2020.
[1221] 仲致鸣．并购对赌协议对商誉减值影响的实证研究．上海师范大学．2020.
[1222] 周彬．产业价值链视角下捷成股份并购绩效研究．华东交通大学．2020.
[1223] 周东城．跨境电商海关监管问题研究．华中师范大学．2020.
[1224] 周芳．企业并购、资本结构对产能利用率的影响研究．华东政法大学．2020.
[1225] 周佳鹿．网络餐饮食品安全监管问题与对策研究．上海师范大学．2020.
[1226] 周金珠．并购重组中业绩承诺与盈余管理分析．河南财经政法大学．2020.
[1227] 周静．并购能力对并购绩效的影响．沈阳工业大学．2020.
[1228] 周静怡．万向集团国际化经营研究．黑龙江大学．2020.
[1229] 周录录．公民拒绝服兵役惩戒行为法律规制研究．内蒙古科技大学．2020.
[1230] 周倩．航空客运业横向并购中的相关市场界定问题研究．北京外国语大学．2020.
[1231] 周倩倩．城中村改造中的政府行为研究．西北农林科技大学．2020.
[1232] 周芹娜．华东重机并购润星科技动因和绩效研究．华南理工大学．2020.
[1233] 周荣娅．宁阳县食用农产品监管中跨部门协作问题研究．山东农业大学．2020.
[1234] 周如意．温州市苍南县“三小一摊”实施登记管理存在的问题与对策分析．黑龙江八一农垦大学．2020.
[1235] 周淑婷．聚力文化商誉减值风险研究．广东工业大学．2020.
[1236] 周婷．华润三九并购圣火药业财务风险控制研究．中南林业科技大学．2020.
[1237] 周婷．结构化安排在新潮能源并购鼎亮汇通中的应用案例研究．湘潭大学．2020.
[1238] 周文江．常熟市商品住宅专项维修资金政府监管研究．苏州大学．2020.
[1239] 周晓波．并购重组背景下的上市公司对赌协议动因及效果探讨．江西财经大学．2020.
[1240] 周晓薇．企业连续并购下的新旧动能转换．山东大学．2020.
[1241] 周亚楠．农业上市公司一体化与企业绩效关系研究．沈阳农业大学．2020.
[1242] 周燚儒．人工智能时代算法歧视与平等权保护研究．山东大学．2020.
[1243] 周莹．大洋电机并购商誉巨额减值成因及对策研究．南昌大学．2020.
[1244] 周钰强．开元公司跨行业并购中的财务整合研究．南华大学．2020.
[1245] 周云焱．网约车应用市场结构研究．湖南师范大学．2020.
[1246] 朱宝川．绵阳市三台县“三合一”食品安全监管的案例研究．电子科技大学．2020.
[1247] 朱炳昇．吉利连续跨国并购提升企业价值研究．南昌大学．2020.
[1248] 朱才伟．刷单炒信行为的刑法分析．浙江工商大学．2020.
[1249] 朱丹妮．行政审批改革与企业市场势力．暨南大学．2020.
[1250] 朱广冰．世纪华通并购绩效研究．景德镇陶瓷大学．2020.
[1251] 朱棘．互联网企业并购风险研究．杭州电子科技大学．2020.
[1252] 朱京．政策性农业保险运行效率评价研究．安徽财经大学．2020.
[1253] 朱菁菁．轻资产公司并购商誉减值风险与防范问题研究．安徽财经大学．2020.
[1254] 朱景景．支付方式对我国上市公司并购绩效的影响．北京交通大学．2020.
[1255] 朱露．四维图新并购杰发科技动因及绩效分析．江西财经大学．2020.
[1256] 朱敏行．业绩补偿承诺对企业并购风险及经济后果的影响研究．苏州大学．2020.
[1257] 朱诺谦．基于GONE理论视角的财务舞弊动因识别与防范对策研究．云南财经大学．2020.
[1258] 朱思奇．恒康医疗商誉会计处理问题探析．江西财经大学．2020.

［1259］朱婉瑶．基于平衡计分卡的并购绩效评价研究．江西财经大学．2020.

［1260］朱伟杰．浦发银行并购上海信托绩效研究．河北师范大学．2020.

［1261］朱雯雯．对赌协议在商誉减值风险防范中的应用研究．云南财经大学．2020.

［1262］朱霄霄．互联网行业相关市场界定的反垄断法研究．华东政法大学．2020.

［1263］朱雅琴．我国互联网和相关服务行业并购商誉减值风险研究．广东外语外贸大学．2020.

［1264］朱雨欣．阿里巴巴并购银泰商业的财务风险分析与控制研究．东北石油大学．2020.

［1265］朱雨珠．阅文集团并购新丽传媒动因及绩效分析．广东工业大学．2020.

［1266］朱媛琪．社会资本并购医院的动因及绩效分析．广东外语外贸大学．2020.

［1267］朱媛媛．大数据视角下“相关市场界定”立法问题研究．中央民族大学．2020.

［1268］朱喆峰．大数据“杀熟”行为的法律规制．华中师范大学．2020.

［1269］祝华夏．跨境并购中“赢家诅咒”现象存在性及影响因素研究．山西财经大学．2020.

［1270］庄靖．技术并购后研发投入波动对企业绩效的影响．华南理工大学．2020.

［1271］庄恺威．PL港务集团并购重组税务筹划研究．福建农林大学．2020.

［1272］邹击．深港通对我国A－H股价差的影响研究．苏州大学．2020.

［1273］邹甜雨．中国科技型企业海外并购风险识别研究．吉林大学．2020.

［1274］邹亚楠．天神娱乐商誉减值问题研究．河北师范大学．2020.

［1275］祖嘉蔚．卧龙电驱连续并购动因及绩效研究．北京交通大学．2020.

［1276］祖鹏利．联建光电连续并购的商誉减值风险研究．西北师范大学．2020.

中国反垄断与规制经济学

学术年鉴

（2021卷）

下册

山东大学反垄断与规制经济学研究基地　编

中国财经出版传媒集团
经济科学出版社
Economic Science Press

《中国反垄断与规制经济学学术年鉴（2021卷）》

编 辑 委 员 会

2021 卷序言

《中国反垄断法与规制经济学学术年鉴》（以下简称《年鉴》）是按照年度持续反映反垄断与规制经济学发展状况的文摘类学术著作，也是本研究领域内信息容量最大、资料索引最全面的大型工具书。《年鉴（2010 卷）》出版以来，不断收到专家学者、产业界人士以及反垄断与规制机关的积极反馈和建议，我们对此深表感谢。

本次出版的《年鉴（2021 卷）》收录了 2018 年、2019 年和 2020 年三年内反垄断与规制经济学领域的研究成果和重大事件，介绍了三年内活跃于这一领域的研究机构，并进一步完善了我国反垄断与规制机构的信息。在编写过程中，我们在《年鉴（2018 卷）》的基础上结合专家建议，对栏目略作调整。《年鉴（2021 卷）》共十个部分，其中有部分内容做了调整。第一，在学科发展总体分析中，增加了近年来比较受关注的数字经济和平台企业反垄断研究以及环境规制领域研究的最新进展；第二，在学术论文和学位论文索引中，通过缩减关键词的方式严格把控入选论文的主题和范围，使其更加符合年鉴的学科特点和学术特性；第三，在政策法规、反垄断政府机构和学术机构以及附录中，只对 2018 年之后新增的政策和机构进行介绍，对于非新增机构读者可以参阅《年鉴（2018 卷）》。

《年鉴（2021 卷）》基本结构如下：第一部分为 2018～2020 年中国反垄断与规制经济学的研究状况及学科发展的总体分析；第二部分为重点学术论文全文收录，共全文收录重要学术论文 29 篇，其中 2018 年和 2019 年各 10 篇，2020 年 9 篇；第三部分为重要学术论文观点摘要，共摘录 94 篇重要学术论文观点，其中 2018 年和 2019 年各 33 篇，2020 年 28 篇；第四部分为重要学术著作观点摘录，共介绍了 52 部学术著作的主要内容和观点，其中 2018 年 15 部，2019 年 20 部，2020 年 17 部；第五部分为学位论文摘要索引，共摘录博士论文 40 篇（2018 年 13 篇，2019 年 16 篇，2020 年 11 篇），索引硕士论文 3 475 篇（2018 年 1 102 篇，2019 年 1 097 篇，2020 年 1 276 篇）；第六部分为学术论文索引，为 2018 年（4 830 篇）、2019 年（5 803 篇）和 2020 年（5 909 篇）共 16 542 篇学术论文编目索引；第七部分为国内反垄断与规制案例和热点介绍，共介绍 2018 年（4 个）、2019 年（3 个）和 2020 年（3 个）社会关注的重要反垄断与规制案例 10 个；第八部分为 2018～2020 年国内新增的反垄断与规制相关政策法规；第九部分为 2018～2020 年国内新增的反垄断与规制相关政府机构和学术机构简介；附录部分为 2018～2019 年新增的国外反垄断机构、法规和案例。

最后，我们再次感谢在本卷年鉴编辑过程中对我们工作提供帮助和建议的各界人士，特别是那些提供他们的著作和论文原文供我们摘录和评析的同行学者，他们无私的帮助使年鉴内容更加翔实准确。限于编写人员的知识水平和经验，《年鉴（2021 卷）》的缺点和疏漏在所难免。我们欢迎社会各界的批评和建议，以利于今后各卷的编纂。

于良春

2021 年 6 月

目　　录

第一部分　中国反垄断与规制状况及学科发展总体分析

第二部分　重点学术论文全文收录

2020年

第三部分　重要学术论文观点摘要

2018年

2019 年

2020 年

第四部分　重要学术著作观点摘要

2020 年

第五部分　学位论文摘要索引

一、博士论文观点摘要

2018 年

2019 年

2020年

二、硕士论文索引

2018年

2019年

2020年

第六部分　学术论文索引

2018年

2019年

2020年

第七部分　国内反垄断与规制案例及热点介绍

第八部分　国内反垄断与规制相关政策法规

第九部分　国内反垄断与规制相关政府机构及学术机构

附录　国外反垄断机构、法规和案例

第六部分

学术论文索引

2018 年

[1] 许中雅．跨国并购中的文化因素．21 世纪商业评论．2018（11）：17.

[2] 陈素华．上市公司并购中董事义务研究：以万科控制权之争为切入点（英文）. China Legal Science. 2018（05）：125－158.

[3] 正月．中国企业海外并购新趋势．IT 经理世界．2018（23）：4－5.

[4] 王双双，张磊，胡振．中国食品安全监管机构改革方案的地方落实评估（英文）. Journal of Resources and Ecology. 2018（01）：39－49.

[5] 章毅．规制与传统：元代富山汪王庙的演变．安徽大学学报（哲学社会科学版）. 2018（06）：1－8.

[6] 梁淼，葛娇敏．中日环境犯罪立法的比较研究．安徽电气工程职业技术学院学报．2018（04）：62－66.

[7] 张春晓．电商平台经营者虚假交易的行为定性与规制．安徽电子信息职业技术学院学报．2018（06）：97－100.

[8] 柳剑晗，周伟良．互联网个人信息的保护与合理使用的法律规制．安徽工业大学学报（社会科学版）. 2018（01）：42－45.

[9] 李帅．个人信息保护中的行政给付问题研究．安徽行政学院学报．2018（06）：81－88.

[10] 李志，彭博成．我国公共服务民营化供给及政府监管对策——以公共自行车服务为例．安徽行政学院学报．2018（03）：57－65.

[11] 黄德和．坚持问题导向实现对工程质量有效监管．安徽建筑．2018（02）：267－268.

[12] 张慧．智能快递柜的法律问题分析——以《快递暂行条例》为视角．安徽警官职业学院学报．2018（06）：18－21.

[13] 刘奕麟．代孕协议的法律性质与准据法的选择．安徽警官职业学院学报．2018（04）：25－29.

[14] 杨培华．足球反赌的刑法学规制．安徽警官职业学院学报．2018（03）：68－70.

[15] 臧阿月．农村土地承包经营权确权登记的法律规制研究——以安徽省试点乡镇王庄、大新镇为例．安徽警官职业学院学报．2018（01）：47－53.

[16] 方玲燕．浅析互联网金融存在的风险及监管措施．安徽警官职业学院学报．2018（04）：53－56.

[17] 王维全．国际金融科技发展和监管趋势及对我国的启示．安徽科技．2018（12）：32－34.

[18] 魏良胜．农产品质量安全监管现状及对策建议．安徽农学通报．2018（08）：112－114.

[19] 张林燕，狄秀华，嵇静慧，濮阳倩．溧阳市农产品质量安全网格化监管现状与对策．安徽农学通报．2018（06）：2－16.

[20] 赵雅玲．跨国农业公司影响我国粮食安全的规制研究．安徽农业科学．2018（02）：197－200.

[21] 杨森，龙飞扬．商品众筹定价策略研究．安徽商贸职业技术学院学报（社会科学版）. 2018（03）：41－45.

[22] 顾晨婴，李德才．推动地方企业海外并购的政府制度体系构建．安徽师范大学学报（人文社会科学版）. 2018（03）：110－116.

[23] 宋佩玉，庞思娇．上海解放初期外汇市场结构与业务变动历程探析（1949—1952）. 安徽

师范大学学报（人文社会科学版）.2018（06）：105－112.

［24］马维强．政治规制与革命伦理教化：集体化时代的乡村私人生活——以山西平遥双口村为考察中心．安徽史学.2018（06）：161－168.

［25］姚群娇，谢媛．共享单车市场中政府监管的研究．安徽文学（下半月）.2018（02）：153－155.

［26］杨有义．共享单车押金性质及其监管．安徽文学（下半月）.2018（05）：140－141.

［27］朱燕子，张存江．现代学徒制试点中企业师傅角色困惑及其对策——以江苏联合职业技术学院如东分院现代学徒制项目为例．安徽冶金科技职业学院学报.2018（03）：79－81.

［28］余为青，陈义龙．刑事异地管辖的乱象与规制．安庆师范大学学报（社会科学版）.2018（05）：56－59.

［29］周鋆．我国高危行业强制实行安全生产责任保险的法律研究．安全与健康.2018（07）：44－45.

［30］杨进容．论商业流动广告及其法律规制．安顺学院学报.2018（05）：128－131.

［31］邹开亮，刘佳明．大数据背景下价格歧视行为的法律规制．安阳工学院学报.2018（01）：16－19.

［32］姜飞．新时代背景下我国企业海外并购问题研究——基于财务管理视角分析．安阳师范学院学报.2018（06）：33－35.

［33］唐夕雅．公司权利的规制逻辑．百色学院学报.2018（03）：128－131.

［34］李荣，张译匀．中国疫苗流通存储现状与发展对策．办公自动化.2018（08）：42－46.

［35］周永华，武永超，张凯．中国互联网上市公司并购绩效实证研究．宝鸡文理学院学报（社会科学版）.2018（02）：83－89.

［36］翟艺丹．中日互联网金融犯罪的刑法规制比较及其反思．保定学院学报.2018（05）：30－34.

［37］赵树文，张勇，郝丹丹．公司控制股东信义义务法律制度完善研究．保定学院学报.2018（02）：36－43.

［38］梁鹏．年龄超限之保险合同的法律规制辩谬．保险研究.2018（06）：88－99.

［39］郑坤城，朱健齐，欧誉菡．中国互联网保险产品创新：意义、问题、理念和监管．保险职业学院学报.2018（03）：80－87.

［40］李天语，张焱．影像合谋：影视视觉修辞与视知觉行为原理探究．北方传媒研究.2018（06）：58－61.

［41］李卓．析网络表达自由的法律边界及路径．北方法学.2018（06）：148－157.

［42］缪因知．证券虚假信息规制的原理反思与实证评价．北方法学.2018（04）：68－78.

［43］张恩典．风险规制公众参与模式的反思与转型．北方法学.2018（03）：66－80.

［44］秦雪娜．论涉医犯罪的刑事法规制．北方法学.2018（03）：44－56.

［45］陈筱然，邱峰．租金贷在长租公寓中的运作及风险规制——基于2012～2017年上市银行数据的分析．北方金融.2018（11）：6－12.

［46］卢文华．我国商业银行开展并购金融业务研究．北方金融.2018（03）：21－27.

［47］李明哲，王子宁．金融科技的贡献、风险与监管．北方金融.2018（10）：74－76.

［48］中国人民银行赤峰市中心支行课题组，朱沛庆，刘敬宜．人工智能应用于反洗钱监管的探讨与建议．北方金融.2018（07）：43－45.

［49］张嘉莉．互联网金融监管与风险防范研究．北方金融.2018（07）：38－42.

［50］孙平．中国经济金融化的制度性制约因素分析．北方经贸.2018（12）：56－58.

［51］孙善微．大数据背景下价格欺诈行为的法律规制——以大数据“杀熟”为例．北方经贸．

2018（07）：51－52.

［52］高珏倩，刘舜佳．环境规制与国际贸易的关系、影响及对策研究．北方经贸．2018（03）：12－14.

［53］蔡佳奇．浅析移动支付的法律规制．北方经贸．2018（03）：52－54.

［54］王渃婷．协同效应在企业并购的应用研究．北方经贸．2018（03）：122－123.

［55］刘松．我国国有企业并购重组开启新时代．北方经贸．2018（04）：129－130.

［56］高健，孙铖．财务视角下企业并购问题研究——以苏宁并购天天快递为例．北方经贸．2018（08）：86－88.

［57］庄园，倪武帆，杨慧芳，文杰．P2P网贷业务存在的问题及监管对策研究——以“现金贷”为例．北方经贸．2018（10）：92－95.

［58］崔池阳．虚拟货币的现实风险与法律规制．北方经贸．2018（07）：46－48.

［59］倪武帆，杨慧芳，庄园，文杰．“校园贷”现状调查及监管对策探讨——以武汉地区高校为例．北方经贸．2018（07）：90－93.

［60］朱兆伟，王君玺，谢春燕．农产品质量安全问题及监管“囚徒困境”分析．北方经贸．2018（03）：117－119.

［61］贾宜臻．论互联网背景下的经营者集中——兼议滴滴出行和优步中国合并事件．北方经贸．2018（01）：76－77.

［62］赵志昆．河北省蛋鸡肉鸡产业品牌建设与环境控制培训会在保定涞源举办．北方牧业．2018（15）：19.

［63］朱清杰，曹凯云．票决制改为成本结算制，河北奶业再次“吃螃蟹”．北方牧业．2018（02）：4.

［64］本刊讯．河北省2018年第一季度生鲜乳交易参考价出台．北方牧业．2018（01）：18.

［65］陈忠海，宋晶晶．论档案治理视域下的公民利用档案权利实现．北京档案．2018（05）：12－15.

［66］李九如．电影教育化改造的华南困境：论战前香港电影清洁运动．北京电影学院学报．2018（03）：153－160.

［67］王松．论统计数字腐败的刑法规制．北京电子科技学院学报．2018（02）：81－90.

［68］冯科，杨威．并购商誉能提升公司价值吗？——基于会计业绩和市场业绩双重视角的经验证据．北京工商大学学报（社会科学版）．2018（03）：20－32.

［69］郭毅，郝帅．全球跨国并购网络特征、演变及影响因素研究．北京工商大学学报（社会科学版）．2018（06）：113－122.

［70］谢一驰．我国自动驾驶汽车法律规制探析．北京工业大学学报（社会科学版）．2018（06）：72－77.

［71］张迅雷，张娜．我国快递服务行业的行政法律规制初探．北京工业职业技术学院学报．2018（04）：121－124.

［72］魏露露．网络平台责任的理论与实践——兼议与我国电子商务平台责任制度的对接．北京航空航天大学学报（社会科学版）．2018（06）：7－15.

［73］高国柱．空间法专题．北京航空航天大学学报（社会科学版）．2018（06）：69.

［74］罗超，胡未婷．“一带一路”下航空运输企业准入制度的完善．北京航空航天大学学报（社会科学版）．2018（02）：62－68.

［75］李伟．互联网行为规范的伦理困境及其应对．北京交通大学学报（社会科学版）．2018（04）：152－158.

［76］郑翔．无人机物流业发展的法律障碍和立法思考．北京交通大学学报（社会科学版）．

2018（01）：136－142.

［77］杨青，周绍妮．投资者保护能够降低并购溢价吗？——基于收购方公司成长压力视角．北京交通大学学报（社会科学版）．2018（02）：71－81.

［78］朱大庆．我国煤、电厂商的短期市场势力与煤电一体化关系分析．北京交通大学学报（社会科学版）．2018（03）：72－81.

［79］陈华．马来西亚警察权的配置、运行与法律规制．北京警察学院学报．2018（06）：42－48.

［80］李绍昆．非法集资防控中部门协作机制建设初探．北京警察学院学报．2018（03）：83－88.

［81］肖飞燕．“一战”背后的社会发生和心理发生——埃利亚斯和辜鸿铭的视角对比．北京科技大学学报（社会科学版）．2018（05）：73－81.

［82］屈文波．环境规制、空间溢出与区域生态效率——基于空间杜宾面板模型的实证分析．北京理工大学学报（社会科学版）．2018（06）：27－33.

［83］孙嘉楠，肖忠东．政府规制下废旧汽车非正规回收渠道的演化博弈．北京理工大学学报（社会科学版）．2018（05）：26－36.

［84］赵国浩，马明．地方政府环境规制竞争背景下地区间的企业污染排放行为．北京理工大学学报（社会科学版）．2018（05）：1－9.

［85］卢珂，周晶，林小围．基于三方演化博弈的网约车出行市场规制策略．北京理工大学学报（社会科学版）．2018（05）：97－104.

［86］王哲，李帮义，刘志，王玥，陈玉玉．双责任闭环供应链的生产决策和责任分担机制．北京理工大学学报（社会科学版）．2018（04）：109－119.

［87］李杉，阮毅．新常态经济下传媒产业规制的改革逻辑．北京理工大学学报（社会科学版）．2018（03）：159－164.

［88］任小静，屈小娥，张蕾蕾．环境规制对环境污染空间演变的影响．北京理工大学学报（社会科学版）．2018（01）：1－8.

［89］邓翔，张卫．大城市加重地区环境污染了吗？．北京理工大学学报（社会科学版）．2018（01）：36－44.

［90］储陈城．德国兴奋剂刑法规制的变迁及对我国的启示．北京体育大学学报．2018（11）：42－48.

［91］岳红举，钱俊成．公民跳广场舞的权利边界与规制．北京体育大学学报．2018（11）：55－61.

［92］张现成，商执娜，吴家琳，毛旭艳．我国体育赛事产业化实践中的法律规制问题与对策．北京体育大学学报．2018（06）：27－32.

［93］李潇莹．新媒体视阈下新闻传播格局的演变与规制思路探究．北京印刷学院学报．2018（04）：38－40.

［94］徐硕，张嘉航，李治堂．我国传媒行业社会责任报告分析——基于A股上市公司视角．北京印刷学院学报．2018（01）：11－14.

［95］张春龙．民事司法中利益衡量论的引入和规制．北京邮电大学学报（社会科学版）．2018（01）：43－49.

［96］陆文琪．基于PSM－DID模型的上市公司并购创新绩效研究．北京邮电大学学报（社会科学版）．2018（05）：69－79.

［97］于晓萍．试论电商网络服务平台的间接商标侵权规制——兼谈避风港原则在商标侵权中的适用问题．北京政法职业学院学报．2018（01）：44－51.

［98］王小梅．我国广播影视规制对人权的保障及其完善．比较法研究．2018（06）：89－100.

［99］纵博．侦查中运用大规模监控的法律规制．比较法研究．2018（05）：82－105.

［100］赵鹏．搜索引擎对信息传播的影响及其法律规制．比较法研究．2018（04）：188－200.

［101］谢增毅．无固定期限劳动合同的价值及其规制路径——以《劳动合同法》第14条为中心．比较法研究．2018（04）：89－102.

［102］彭岳．贸易规制视域下数据隐私保护的冲突与解决．比较法研究．2018（04）：176－187.

［103］刘宪权．人工智能时代机器人行为道德伦理与刑法规制．比较法研究．2018（04）：40－54.

［104］邵海．虚假广告治理中的侵权诉讼．比较法研究．2018（02）：131－142.

［105］吴亮．学生网络欺凌的法律规制：美国经验．比较教育研究．2018（10）：52－59.

［106］高牟．日本民办教育培训行业自律模式探析——以全国学习塾协会为例．比较教育研究．2018（08）：14－22.

［107］冯婷．美国联邦贸易委员会对原生广告的治理研究．编辑之友．2018（06）：103－107.

［108］张龙．互联网广告管理的法律规制与问题思考．编辑之友．2018（04）：70－75.

［109］宁青青．我国出版传媒产业特殊管理股制度实施问题研究．编辑之友．2018（02）：55－59.

［110］许文峰．著作权在新媒体时代的发展趋势．编辑之友．2018（06）：77－84.

［111］李惠，林文都，张鑫．印度光伏产品市场准入信息研究．标准科学．2018（12）：78－82.

［112］杨小琪，张志强，孙成均，万渝平，庄晓洪，蒋定国．食品安全标准与监管的思索．标准科学．2018（06）：33－39.

［113］周海文．南安多部门联合检查电镀行业企业安全生产．表面工程与再制造．2018（02）：72.

［114］田大兴．投资并购中的财务尽职调查路径研究．才智．2018（34）：204－206.

［115］李高平，李远航．浅谈采石场管理的问题及对策．才智．2018（20）：235.

［116］姚贝．谈家庭教育对大学生心理健康的影响．才智．2018（10）：118.

［117］余文雯．大数据时代下体育产业金融风险控制探讨．财会通讯．2018（32）：116－118.

［118］谢莎莎，方俊，吴春虹，张瑀．营改增规制下房地产开发企业成本管理策略分析．财会通讯．2018（35）：103－106.

［119］张倩．波特假说框架下环境规制、技术创新与企业绩效关系的再审视．财会通讯．2018（33）：58－61.

［120］朱秀芬．基于平衡计分卡的互联网企业并购绩效评价研究——以阿里巴巴并购恒生电子为例．财会通讯．2018（02）：100－104.

［121］何璐伶．企业并购协同效应的财务分析——基于汉威电子的案例研究．财会通讯．2018（04）：3－8.

［122］徐海川，陈溪．上市公司并购定向增发方式与股权治理——基于格力电器收购珠海银隆失败案的分析．财会通讯．2018（04）：8－11.

［123］黄晶，李丽．企业换股并购行为财务效应分析．财会通讯．2018（05）：83－86.

［124］黄生权，张思雯．政治关联、内部控制与并购绩效．财会通讯．2018（06）：74－77.

［125］曹湘平，刘欢．融资方式选择与并购绩效评价——基于融资约束视角．财会通讯．2018（06）：82－86.

［126］杨懿丁．高管持股、多元化战略与公司长期并购绩效．财会通讯．2018（06）：78－81.

［127］杨士英，刘海燕．政府干预、高管联结与企业并购绩效．财会通讯．2018（09）：60－64.

［128］蔡依霖．高管从军经历与企业并购行为．财会通讯．2018（09）：3－10.

［129］夏扬，沈豪．基于长短期窗口的民企连续并购绩效研究——以均胜电子为例．财会通讯．

2018（11）：3－8.

［130］刘强．基于所得税收益获得的上市公司并购税务筹划．财会通讯．2018（14）：121－125.

［131］李玉兰，邢妍．投资者情绪与上市公司并购行为的“顺周期效应”研究．财会通讯．2018（14）：3－6.

［132］吕超．并购类型、并购商誉与市场反应．财会通讯．2018（15）：103－108.

［133］李刚．上市公司并购重组动因及结果分析——以中国南北车合并为例．财会通讯．2018（20）：96－100.

［134］曾贵荣．上市公司溢价并购财务绩效研究——以上海莱士并购邦和药业为例．财会通讯．2018（29）：105－109.

［135］刘玉冰．企业海外并购的文化冲突与整合策略．财会通讯．2018（29）：97－100.

［136］张岚，范黎波，鲍哿．为什么企业会连续并购？——来自我国制造业企业的证据．财会通讯．2018（30）：10－17.

［137］王婷婷．迪瑞医疗并购瑞源生物所得税筹划方案改进研究．财会通讯．2018（32）：122－126.

［138］李可欣．对赌协议在企业并购中的应用研究——以华策影视并购克顿传媒为例．财会通讯．2018（32）：3－5.

［139］张辉．业绩承诺在并购风险规避中的应用——以聚光科技并购北京吉天为例．财会通讯．2018（32）：105－110.

［140］刘运国，李思琪，刘洋．我国酒店业海外并购动因与效果研究——以锦江股份并购卢浮酒店为例．财会通讯．2018（34）：3－9.

［141］路晓莹．反向并购会计处理问题探讨．财会通讯．2018（34）：62－65.

［142］刘运国，钟秀琴，刘芷蕙．购买境外控制的境内资产——基于东山精密海外并购案例．财会通讯．2018（35）：3－7.

［143］张春．民营企业海外并购融资创新——以天保重装收购圣骑士为例．财会通讯．2018（35）：16－20.

［144］赵文君，张建章．关联并购对国有上市公司并购绩效影响研究——基于沪市A股交通运输业的实证．财会通讯．2018（35）：44－49.

［145］张媛．环保产业类企业税务风险控制探究．财会学习．2018（27）：161－162.

［146］马婕．FDI、环境规制对碳排放的影响研究．财会学习．2018（01）：179.

［147］韩宇坤．公立医院药价虚高问题成因及对策分析．财会学习．2018（33）：78－79.

［148］肖杉，姚欢．管理经济学理论在峨眉山景区门票定价中的运用．财会学习．2018（09）：220.

［149］侯旭．我国企业并购重组的纳税筹划研究．财会学习．2018（02）：162.

［150］詹理鑫．4S店并购相关问题分析及建议．财会学习．2018（03）：126－127.

［151］陈莉．企业并购财务风险及防范．财会学习．2018（04）：25－26.

［152］韩燕霞．企业并购财务问题研究．财会学习．2018（04）：31－32.

［153］张子君．探究带回购条款的境外企业并购交易价格形成机制．财会学习．2018（05）：84－85.

［154］张春霞．房地产企业并购后的财务整合分析．财会学习．2018（07）：64－65.

［155］张新华．企业并购中的财务风险及其防范．财会学习．2018（12）：52－53.

［156］王桂荣．企业并购中的财务风险管理．财会学习．2018（12）：72－74.

［157］陕捷．公司并购的财务会计问题研究．财会学习．2018（12）：144.

[158] 黄文剑，何祖元，张帅．海外并购的内控设计策略．财会学习．2018（12）：225－228.

[159] 李艳红．并购重组中的会计与税务问题处理实务．财会学习．2018（13）：192.

[160] 潘声海．现金流折现法在轻资产公司并购估值中的运用．财会学习．2018（13）：203－204.

[161] 张晓伟．众创空间并购财务问题研究．财会学习．2018（14）：61－63.

[162] 蒋华．企业财务能力与并购支付方式研究．财会学习．2018（16）：59.

[163] 李京志．企业并购与重组的风险研究．财会学习．2018（16）：192.

[164] 张天河．企业并购的财务风险分析及防范．财会学习．2018（16）：29.

[165] 游育慧．上市企业并购中的财务风险及其防范．财会学习．2018（17）：44－45.

[166] 杜修峰．浅议企业并购后的财务整合．财会学习．2018（19）：40－42.

[167] 闫文婧，颜苏莉．企业并购策略及案例分析．财会学习．2018（20）：220－222.

[168] 扈永福．并购对公司发展的影响分析．财会学习．2018（21）：194－195.

[169] 李静．中国企业并购的发展及问题探析．财会学习．2018（21）：208－210.

[170] 朱林平．浅谈企业并购视角下收益法在无形资产评估中的优势与难点．财会学习．2018（21）：106－108.

[171] 张弘晔．收益法在外资并购企业估值环节中的应用．财会学习．2018（22）：105.

[172] 徐石尖．试探互联网企业并购财务风险控制．财会学习．2018（22）：66.

[173] 郑墨林．企业并购中财务风险及其防范．财会学习．2018（22）：15－16.

[174] 陈慧丽．企业并购中财务整合及风控研究．财会学习．2018（23）：65－66.

[175] 高磊．互联网企业并购的风险与防范．财会学习．2018（25）：186.

[176] 干建玲．媒体关注对并购绩效的影响．财会学习．2018（26）：177－181.

[177] 胡运芝．并购中目标企业的业绩承诺与盈利预测——以网络游戏企业为例．财会学习．2018（26）：208－210.

[178] 张婉婷．“PE＋上市公司”并购模式对资本市场的影响及对策研究．财会学习．2018（26）：199－200.

[179] 杨勇．企业并购后财务整合效应的实现路径．财会学习．2018（28）：32－34.

[180] 祁振林．企业并购后的财务整合问题之我见．财会学习．2018（30）：26－27.

[181] 史丽敏．企业并购中市场价值的研判．财会学习．2018（31）：194－196.

[182] 杨帆．对企业并购重组中的财务及税收问题的探讨．财会学习．2018（32）：141－142.

[183] 邱晓荣．基于对赌协议的并购动机和风险分析．财会学习．2018（33）：201－202.

[184] 王芳．企业并购的财务风险分析及防范．财会学习．2018（33）：46－48.

[185] 余梅．企业并购重组的风险分析及控制措施．财会学习．2018（34）：180－181.

[186] 石聪．国企并购私企的财务风险探析．财会学习．2018（34）：65.

[187] 骆艳宁．企业并购的风险分析及防范措施．财会学习．2018（35）：170－171.

[188] 骆任．财政专项资金监管的问题与对策．财会学习．2018（34）：45－46.

[189] 李瑛．商业银行监管中存在的问题及对策．财会学习．2018（34）：182－184.

[190] 陈润红．集团公司财务总监委派制探析．财会学习．2018（23）：24－25.

[191] 郝鹏．房地产企业宏观调控下的金融投资模式．财会学习．2018（22）：221.

[192] 曹红芳．医院负债经营财务风险研究．财会学习．2018（20）：20－21.

[193] 王瑞平．探讨运用预算管理控制模式对医保基金监管的作用和意义．财会学习．2018（19）：68－69.

[194] 周忠雨．高校金融产品的现状及其拓展前景．财会学习．2018（10）：202.

[195] 周星迪．香港慈善筹款监察机制对中国香港慈善筹款监察机制对中国的启示——基于香

港审计署对监察慈善筹款活动的绩效审计案例．财会研究．2018（10）：61－66.

［196］黄申，邵琴．多次交易控股合并之会计处理．财会月刊．2018（07）：74－77.

［197］刘明玉，袁宝龙．环境规制与绿色创新效率的空间异质效应——基于长江经济带工业企业数据．财会月刊．2018（24）：144－153.

［198］王瑾，李田，苑泽明．环境规制、代理冲突与企业环保投资．财会月刊．2018（17）：15－22.

［199］邱凯，毛洁．财务伦理：证券市场健康运行的重要维度．财会月刊．2018（17）：129－135.

［200］朱一中，杨倩楠．PPP模式在基础设施建设管理中的应用．财会月刊．2018（12）：109－114.

［201］苏慧，张济建．碳披露规制下企业碳减排项目投资决策分析．财会月刊．2018（03）：41－47.

［202］董红星，李丹．财务舞弊中“合谋性沉默”的伦理学解析．财会月刊．2018（11）：15－18.

［203］张晨，董晓君，郑宝红．董事薪酬、CEO薪酬与会计信息质量——监督还是合谋．财会月刊．2018（09）：10－18.

［204］邵炜艺，魏晓卓，吴君民．审计合谋行为的演化博弈研究．财会月刊．2018（08）：143－148.

［205］吴浩强，刘树林．并购对企业技术创新能力的影响——基于中国制造业分行业的视角．财会月刊．2018（01）：130－134.

［206］高恩胜．税收规避与企业并购绩效之相关性——基于法律诉讼的调节效应．财会月刊．2018（03）：28－34.

［207］姚成．高管团队人力资本差异与并购期间．财会月刊．2018（10）：131－135.

［208］宋迎春，黄婉婕．基于突变级数法的制造企业绿色并购绩效剖析．财会月刊．2018（12）：41－47.

［209］殷爱贞，马晓丽，于澎．基于并购动机的并购绩效评价——以东方航空并购上海航空为例．财会月刊．2018（11）：107－114.

［210］刘为权，王珏玮．财务重述、并购收益与高管薪酬变动．财会月刊．2018（12）：86－92.

［211］李璐，姚海鑫．并购双方共享审计对并购目标选择的影响．财会月刊．2018（12）：148－153.

［212］陆正华，谢敏婷．“上市公司＋PE”型并购基金如何创造价值——基于爱尔眼科的案例．财会月刊．2018（17）：101－108.

［213］田丽丽．企业并购商誉、无形资产与市场价值．财会月刊．2018（18）：21－31.

［214］赵晴，袁天荣，许汝俊．我国企业海外并购融资方式创新——以艾派克并购利盟国际为例．财会月刊．2018（19）：92－98.

［215］焦海涛．“二选一”行为的反垄断法分析．财经法学．2018（05）：78－92.

［216］姜开锋．美国法对虚假选举言论的规制．财经法学．2018（05）：146－160.

［217］叶逸群．互联网平台责任：从监管到治理．财经法学．2018（05）：49－63.

［218］牛犁．正当其时　大幅度放宽市场准入．财经界．2018（13）：29－30.

［219］贾雪．根据案例分析煤炭企业并购中存在的财务风险及其应对．财经界．2018（13）：115－116.

［220］王采奕．电子商务企业并购的财务风险控制浅谈．财经界．2018（16）：108.

［221］朱成建．国企并购的财务风险分析及应对建议．财经界．2018（22）：97.

[222] 陈卓，李红亮，李海燕，李湛杰．企业跨国投资和并购税务问题研究．财经界．2018（34）：166－169.

[223] 简义龙．企业并购财务风险及其协调机制．财经界．2018（34）：153－154.

[224] 李应芳．并购商誉确认及后续计量分析．财经界．2018（34）：102－103.

[225] 金爱华，周航．论互联网金融监管．财经界．2018（34）：57－59.

[226] 市场准入管理制度的重大改革和创新实践．财经界（学术版）．2018（32）：1－2.

[227] 张智慧．电信普遍服务补偿的经济法规制研究．财经界（学术版）．2018（23）：140.

[228] 姜丁．电信行业规制与经济增长关系的实证研究．财经界（学术版）．2018（20）：12.

[229] 钱本成．浅谈上市公司并购重组商誉减值风险．财经界（学术版）．2018（02）：29－30.

[230] 袁丽华．企业并购商誉计量及披露问题探究．财经界（学术版）．2018（02）：57.

[231] 董亚芹．企业并购的税收筹划存在问题及对策研究．财经界（学术版）．2018（09）：125－126.

[232] 卢明洋．企业并购中的涉税处理．财经界（学术版）．2018（18）：126.

[233] 仲维峰．并购业务处理中涉及的税务筹划．财经界（学术版）．2018（20）：130.

[234] 陈蔚萱．我国汽车企业跨国并购现状浅析．财经界（学术版）．2018（21）：16－17.

[235] 刘兰．企业并购税务筹划及财务风险的应对分析．财经界（学术版）．2018（26）：127.

[236] 段锦美．上市公司并购决策的行业同群效应探讨．财经界（学术版）．2018（27）：15－16.

[237] 陈小芳．上市公司并购重组中的业绩对赌风险探讨．财经界（学术版）．2018（35）：59.

[238] 李绍密．企业并购重组财务风险的防范的研究．财经界（学术版）．2018（35）：137.

[239] 侯巧红．轨道交通建设资金管理措施及建议．财经界（学术版）．2018（29）：52.

[240] 高洁．浅谈私募投资基金的现状及发展．财经界（学术版）．2018（26）：56.

[241] 隋静媛．我国互联网金融监管政策的演变：从整体把控到细节把握．财经界（学术版）．2018（17）：4.

[242] 周正宏，李行云，陈若愚．区域体育产业集聚与增长的政策效应——基于合成控制法的分析．财经科学．2018（07）：121－132.

[243] 吴静．环境规制能否促进工业“创造性破坏”——新熊彼特主义的理论视角．财经科学．2018（05）：67－78.

[244] 许坤．信贷价格歧视与银企共生关系．财经科学．2018（12）：1－13.

[245] 梁敏，郭金来．激励与约束视角下共享经济的法律规制研究．财经理论研究．2018（03）：66－74.

[246] 薛君，周鸿．心理距离与中国企业海外并购股权选择研究——基于2004—2014年样本．财经理论研究．2018（04）：90－102.

[247] 石玉英．美国对境外投资企业反贿赂法律规制及其启示．财经理论与实践．2018（06）：153－157.

[248] 屈茂辉，宋泽江．美国油气法捕获规则的形成与发展——兼及对中国立法的启示．财经理论与实践．2018（03）：155－160.

[249] 汪爽，彭正银，郭晓彤．联合风险投资网络能提升企业投资效率吗——基于创业板数据的PSM回归分析．财经理论与实践．2018（01）：56－62.

[250] 李沁洋，刘向强，黄岩．投行关系与并购财务顾问选择．财经理论与实践．2018（01）：69－75.

[251] 刘端，朱颖，陈收．企业技术并购、自主研发投资与创新效率——来自技术密集型行业的实证．财经理论与实践．2018（02）：51－58.

[252] 肖兴志，张伟广．中国规制经济学发展轨迹与特征分析——基于CSSCI期刊的文献计量

考察．财经论丛．2018（11）：104－112.

［253］于雪锋，任光辉．互联网经济平台隐私风险的适度规制——以共享经济环境为基本背景．财经论丛．2018（06）：104－112.

［254］闫文娟，郭树龙．环境规制与出口强度——基于两控区政策的考察．财经论丛．2018（08）：97－105.

［255］尹秀，刘传明．环境规制、技术进步与中国经济发展——基于DMSP/OLS夜间灯光校正数据的实证研究．财经论丛．2018（09）：106－113.

［256］陈卓，潘敏杰．雾霾污染与地方政府环境规制竞争策略．财经论丛．2018（07）：106－113.

［257］刘瀚龙，范黎波，李德辉．政府规制负担降低了高技术企业的生存概率吗？——基于微观企业的经验分析．财经论丛．2018（06）：96－103.

［258］曹慧平，沙文兵．公司治理对环境规制与技术创新关系的调节效应研究．财经论丛．2018（01）：106－113.

［259］孙婷，余东华，张明志．技术创新、资本深化与制造业国际竞争力——基于环境规制视角的实证检验．财经论丛．2018（01）：3－11.

［260］徐鹏杰．环境规制、绿色技术效率与污染密集型行业转移．财经论丛．2018（02）：11－18.

［261］王秋雯．公用事业公私合作模式中的限制竞争与规制对策．财经问题研究．2018（12）：44－51.

［262］马骥涛，郭文．环境规制对就业规模和就业结构的影响——基于异质性视角．财经问题研究．2018（10）：58－65.

［263］许慧，李国英．环境规制对绿色创新效率的影响研究．财经问题研究．2018（09）：52－58.

［264］张淑慧，甘露润．贷款信息披露认证效应研究——来自制造业上市公司并购宣告收益的证据．财经问题研究．2018（04）：63－70.

［265］王燕，臧旭恒，刘龙花．基于效率标准的横向并购反垄断控制效果事后评估——以中国南车和中国北车合并案为例．财经问题研究．2018（05）：35－43.

［266］韩春霖．反垄断审查中数据聚集的竞争影响评估——以微软并购领英案为例．财经问题研究．2018（06）：27－34.

［267］王晓彦，胡德宝．中国汽车产业市场势力与福利损失测度．财经问题研究．2018（11）：42－49.

［268］蒋传海，杨万中，朱蓓．消费者寻求多样化、拥塞效应和厂商歧视定价竞争．财经研究．2018（01）：100－112.

［269］李路，贺宇倩，汤晓燕．文化差异、方言特征与企业并购．财经研究．2018（06）：140－152.

［270］李明辉，黄叶苨，刘莉亚．市场竞争、银行市场势力与流动性创造效率——来自中国银行业的证据．财经研究．2018（02）：103－114.

［271］顾利民．上市公司跨境并购的实践与启示．财经智库．2018（01）：82－92.

［272］吕炜，高帅雄，周潮．严格管制还是放松管制——去杠杆背景下的市场进入政策研究．财贸经济．2018（04）：5－19.

［273］孙淑伟，何贤杰，王晨．文化距离与中国企业海外并购价值创造．财贸经济．2018（06）：130－146.

［274］汪海凤，白雪洁，李爽．环境规制、不确定性与企业的短期化投资偏向——基于环境规

制工具异质性的比较分析．财贸研究．2018（12）：80－93.

［275］陈俊龙．产品差异化、政府规制与产能过剩．财贸研究．2018（09）：1－11.

［276］郑加梅．环境规制产业结构调整效应与作用机制分析．财贸研究．2018（03）：21－29.

［277］陈志斌，汪官镇，朱迪．高管风险偏好、企业生命周期与公司并购．财务研究．2018（06）：44－55.

［278］饶景丽．非同一控制下企业合并现金流量表编制技巧．财务与会计．2018（03）：57－59.

［279］陈树民，汪侨．企业并购商誉确认计量存在的问题及建议．财务与会计．2018（03）：77.

［280］邢正．企业并购财务风险防范与控制浅析．财务与会计．2018（04）：77.

［281］朱磊，王梦川．GE 油气并购贝克休斯案例浅析及启示．财务与会计．2018（05）：79.

［282］牟谦．房地产项目并购方式与流程案例分析．财务与会计．2018（05）：30－32.

［283］孙梦，张松．并购重组业务中疑难财税处理问题例解．财务与会计．2018（07）：55－57.

［284］王玉红，曲波．上市公司并购中的财务风险及防范对策．财务与会计．2018（07）：70－71.

［285］任云龙．海外并购整合财务风险防范与控制的几点建议．财务与会计．2018（08）：56.

［286］张军华．上市公司海外并购风险防范措施探讨．财务与会计．2018（08）：58－59.

［287］王简，王琪．奇虎 360 与江南嘉捷兼并重组的案例浅析及启示．财务与会计．2018（09）：70－71.

［288］刘丽华，陶蕴彬．医疗器械行业企业并购的协同效应分析——以 Y 企业并购 S 集团为例．财务与会计．2018（10）：51－53.

［289］张金斗．海外并购整合的风险控制：以中海油收购尼克森为例．财务与会计．2018（11）：32－34.

［290］汪翼鹏，盛利军．中企海外并购股权间接转让税务风险管控．财务与会计．2018（11）：63－64.

［291］龚如峰，程六满．企业并购中相关财税问题的探析——以乙企业为例．财务与会计．2018（15）：60－61.

［292］孙玥璠，梁田，杨超．两种不同并购模式下业绩承诺补偿的会计处理探析．财务与会计．2018（17）：32－34.

［293］秦晓路．地产公司并购中股权转让的税收筹划探析．财务与会计．2018（19）：57－58.

［294］朱长胜．对一起成品油特许经营权并购交易的财税分析．财务与会计．2018（20）：42－44.

［295］周运兰，魏婧娅，陈玥．万达商业、融创与富力地产股权并购案分析．财务与会计．2018（21）：22－24.

［296］谢获宝，孔紫璇．背离反向并购实质的会计核算分析——以顺丰控股反向并购鼎泰新材为例．财务与会计．2018（21）：27－29.

［297］李萍．招商银行并购永隆银行商誉保值分析．财务与会计．2018（23）：22－24.

［298］罗勇君．民营企业兼并重组对绩效的影响分析．财务与会计．2018（23）：25－27.

［299］文昭晶．基于平衡计分卡的央企并购绩效评价研究——以中国移动并购中国铁通为例．财务与金融．2018（04）：90－95.

［300］黄艺农，江云云．企业并购后的整合绩效分析——以锦江股份并购维也纳为例．财务与金融．2018（06）：41－45.

［301］翟继光．论财政收入的法律规制．财政监督．2018（13）：5－9.

［302］汪伟韬．财政违法行为的法律规制．财政监督．2018（07）：53－61.

［303］雷志鹏．企业并购后战略成本管理问题探讨——对真实投资项目的案例分析．财政监督．

2018（16）：95－98.

［304］湖北省襄阳市财政局课题组，范景玉，马善记，葛炜．扶贫领域项目资金监管问题研究——以湖北省谷城县为例．财政监督．2018（24）：56－61.

［305］刘晓青．财政扶贫资金使用管理现状分析及对策研究——以河南省信阳市 3 个贫困县为例．财政监督．2018（17）：68－73.

［306］文秋良，黄利红，张帆．专员办转移支付资金监管问题与对策探讨．财政监督．2018（14）：18－22.

［307］冀慧峰．新时代财政转移支付资金监管问题探析．财政监督．2018（14）：27－31.

［308］江庆，张曼曼．我国财政收入增长质量评价与监管分析．财政监督．2018（12）：5－10.

［309］刘晓青．加强财政收入质量监管的实践与探索——基于非税收入收缴情况和收入真实性专项检查的经验．财政监督．2018（12）：16－21.

［310］苏云．从财政监督案例谈预算单位往来资金监管．财政监督．2018（12）：66－69.

［311］谢艳云．全面加强财政扶贫资金监管的思考——以某贫困县扶贫资金检查调研为例．财政监督．2018（11）：54－58.

［312］林冰美．美国分享经济的政府管制及其借鉴问题研究．财政科学．2018（09）：139－148.

［313］李强．河长制视域下环境规制的产业升级效应研究——来自长江经济带的例证．财政研究．2018（10）：79－91.

［314］张锐君．美国媒体机器写作中的信源规制问题——以美联社为例．采写编．2018（02）：27－28.

［315］许咏梅．2006—2016 中国茶叶出口国际市场势力的实证研究．茶叶．2018（02）：65－71.

［316］方励伟．并购式进化，多元型棋局．产城．2018（09）：76－79.

［317］李治文，韩启然，熊强．互联网平台排他性条款下服务质量差异对双边定价策略及社会福利的影响．产经评论．2018（04）：30－41.

［318］蔡宁伟．共享经济不经济？——兼评共享经济的模式、定位、内外部经济性和倒闭悖论．产经评论．2018（04）：51－61.

［319］张彦博，寇坡．环境规制、互联网普及率与企业污染排放．产经评论．2018（06）：128－139.

［320］雷玉桃，游立素．区域差异视角下环境规制对产业生态化效率的影响．产经评论．2018（06）：140－150.

［321］郭启光，王薇．环境规制的治污效应与就业效应："权衡"还是"双赢"——基于规制内生性视角的分析．产经评论．2018（02）：116－127.

［322］樊兰．环境规制、外商直接投资与工业集聚——基于省际动态面板数据的实证研究．产经评论．2018（01）：26－39.

［323］杨万中，蒋传海．消费者议价能力对寡头厂商定价和产品质量投资的影响．产经评论．2018（03）：22－33.

［324］傅联英，钟林楠．市场势力、基础设施投入与银行卡支付平台交易量．产经评论．2018（03）：5－21.

［325］沈曦．基于新实证产业组织理论的市场势力测度——以全球光伏产业（2010～2013 年）为例．产经评论．2018（02）：21－36.

［326］刘亚婕，高伟，李成海．市场结构、效率与企业绩效：对我国风电产业的一项实证．产经评论．2018（02）：37－48.

［327］陈长缨．中国制造业海外并购和效果评估．产权导刊．2018（01）：65－71.

［328］中国企业国有产权交易机构协会秘书处．2018 中国国企混改与企业并购成都见解．产权导刊．2018（08）：25.

［329］刘英团．从并购中缔造超级增长的战略．产权导刊．2018（08）：43－44.

［330］杜海蓉．我国食品药品监管的症结及其出路．产权导刊．2018（11）：43－46.

［331］孙冠豪．网络公益信息风险与治理机制研究——以企业公益为视角．产业创新研究．2018（06）：41－43.

［332］李正章．基于文化视角探索中国企业跨国并购整合问题．产业创新研究．2018（01）：54－56.

［333］吴兰，黎芊含．复星医药跨国并购 Gland Pharma 效应与风险分析．产业创新研究．2018（10）：23－25.

［334］李晚秋，乔翠霞．基于 SCP 范式的中国智能手机产业分析．产业经济评论．2018（06）：51－62.

［335］许松涛，陈霞，De－Li Yuan. 环境规制、政治关联与研发创新资源配置．产业经济评论．2018（01）：24－39.

［336］马清，许恒．共享经济平台交易费用规制研究．产业经济评论．2018（01）：15－23.

［337］杜威剑．环境规制、企业异质性与国有企业过剩产能治理．产业经济研究．2018（06）：102－114.

［338］金晓雨．环境规制与国内污染转移——基于“十一五”COD 排放控制计划的考察．产业经济研究．2018（06）：115－125.

［339］徐志伟．环境规制扭曲、生产效率损失与规制对象的选择性保护．产业经济研究．2018（06）：89－101.

［340］邱兆林，王业辉．行政垄断约束下环境规制对工业生态效率的影响——基于动态空间杜宾模型与门槛效应的检验．产业经济研究．2018（05）：114－126.

［341］袁宝龙，李琛．环境规制政策下创新驱动中国工业绿色全要素生产率研究．产业经济研究．2018（05）：101－113.

［342］张志强．环境管制、价格传递与中国制造业企业污染费负担——基于重点监控企业排污费的证据．产业经济研究．2018（04）：65－75.

［343］豆建民，崔书会．国内市场一体化促进了污染产业转移吗？．产业经济研究．2018（04）：76－87.

［344］曹平，王桂军．选择性产业政策、企业创新与创新生存时间——来自中国工业企业数据的经验证据．产业经济研究．2018（04）：26－39.

［345］韩先锋，惠宁，宋文飞．政府 R&D 资助的非线性创新溢出效应——基于环境规制新视角的再考察．产业经济研究．2018（03）：40－52.

［346］曲创，刘洪波．交叉网络外部性、平台异质性与对角兼并的圈定效应．产业经济研究．2018（02）：15－28.

［347］曹小林．新能源产业项目融资风险控制研究．产业与科技论坛．2018（20）：196－198.

［348］崔莹．互联网非法集资行为的刑法规制探究．产业与科技论坛．2018（19）：41－42.

［349］孙铜阳．个体网络借贷平台刑法规制问题研究．产业与科技论坛．2018（18）：37－38.

［350］孙燕云，李思．新形势下互联网金融风险的规制路径探索．产业与科技论坛．2018（17）：242－243.

［351］吴纬地．超市食品安全法律规制研究．产业与科技论坛．2018（16）：31－32.

［352］张旭琴．我国农村生活垃圾污染防治的法律规制——以华北地区 Y 村为例．产业与科技论坛．2018（15）：35－36.

［353］余鹏翼，余言，任晓雪．战略性并购对中小企业技术创新能力的影响研究．产业与科技论坛．2018（03）：72－74.

［354］周正．中国企业海外并购的问题与对策——以联想公司为例分析．产业与科技论坛．2018（07）：202－203.

［355］张寒忆．医药行业高溢价并购价值效应研究．产业与科技论坛．2018（08）：138－139.

［356］龙晶莹，叶栋梁．青岛海尔并购通用家电的绩效研究．产业与科技论坛．2018（10）：120－122.

［357］许晋玮．并购的财务分析及对策建议——以美的并购库卡为例．产业与科技论坛．2018（15）：129－131.

［358］钱玉文，吴炯．论共享单车押金的性质及其法律规制．常州大学学报（社会科学版）．2018（04）：1－14.

［359］王峰，崔良莉．民生金融创新与监管的动态博弈研究．巢湖学院学报．2018（06）：20－26.

［360］石东洋．论设区的市停车场管理问题的立法规制．成都行政学院学报．2018（02）：40－43.

［361］孔德娥，谢颖．社保缴费基数不足问题的法律规制．成都行政学院学报．2018（01）：29－32.

［362］胡传东，石菁菁，史欣欣．我国互联网金融风险监管创新研究．成都行政学院学报．2018（03）：46－50.

［363］郎正午．经济法与刑法的良性互动——以ASMR为例，兼论ASMR主播的刑责与ASMR知识产权的完善．成功营销．2018（11）：164.

［364］黄梓佳．浅析吉利并购沃尔沃．成功营销．2018（10）：77－78.

［365］控成本与扩规模兼顾　并购成开发商“另类”拿地模式．成功营销．2018（10）：13－14.

［366］刘文博，钱雨辰，张亮．浅谈江苏省社保基金监管问题及对策．成功营销．2018（10）：33.

［367］孙鸥梦．机构预计技术、媒体及电信行业将成今年并购热点．城市党报研究．2018（05）：47.

［368］李鸿漫．公交企业成本规制研究．城市公共交通．2018（04）：16－19.

［369］杨向前．公交成本规制下的公交车辆维修制度改革．城市公共交通．2018（01）：26.

［370］何登辉，王克稳．我国区域合作：困境、成因及法律规制．城市规划．2018（11）：64－70.

［371］林小如，王丽芸，文超祥．陆海统筹导向下的海岸带空间管制探讨——以厦门市海岸带规划为例．城市规划学刊．2018（04）：75－80.

［372］鲁力．绿色建筑市场的政府规制研究．城市建设理论研究（电子版）．2018（04）：205－206.

［373］任典超．乡镇财政资金监管的问题及对策．城市建设理论研究（电子版）．2018（19）：204.

［374］麦建稳．建筑管理与工程质量监督相关问题．城市建设理论研究（电子版）．2018（13）：26.

［375］周璐．房地产并购方案与风险管控？．城市开发．2018（20）：24－25.

［376］周璐．房地产收并购一般流程．城市开发．2018（22）：22－23.

［377］陈定光，曹福想．小区庭院燃气管的监管和检验初探．城市燃气．2018（11）：4－7.

［378］宋德勇，赵菲菲．环境规制对城市生产率的影响——兼论城市规模的门槛效应．城市问

题 . 2018 (12): 72 – 79.

[379] 弓媛媛 . 环境规制对中国绿色经济效率的影响——基于30个省份的面板数据的分析 . 城市问题 . 2018 (08): 68 – 78.

[380] 张艳纯, 陈安琪 . 公众参与和环境规制对环境治理的影响——基于省级面板数据的分析 . 城市问题 . 2018 (01): 74 – 80.

[381] 蒋峻峰, 魏如约 . 基于因子分析对我国房地产上市公司并购绩效的研究 . 赤峰学院学报 (自然科学版). 2018 (07): 20 – 22.

[382] 姚锋, 卢宇, 邓乔月 . 数字化时代我国网络自助出版的现状、反思与法律规制 . 出版发行研究 . 2018 (12): 80 – 84.

[383] 胡志斌 . "洗稿" 的违法性解析与法律规制 . 出版发行研究 . 2018 (11): 13 – 15.

[384] 金一超 . 一稿多投权利的实现: 规制进路与配套措施 . 出版发行研究 . 2018 (03): 49 – 51.

[385] 王洪友 . 著作权集体管理的反垄断预防机制——兼评《关于禁止滥用知识产权排除、限制竞争行为的规定》. 出版发行研究 . 2018 (03): 68 – 71.

[386] 王超然 . 自媒体时代网络舆论治理规制的构建 . 出版广角 . 2018 (17): 78 – 80.

[387] 马瑞洁 . 再论同人作品的法律规制——基于著作权法和反不正当竞争法的框架 . 出版广角 . 2018 (15): 14 – 17.

[388] 张惠彬 . "傍名" 出版的法律规制 . 出版科学 . 2018 (04): 19 – 22.

[389] 司文 . 域外出版业外资准入立法规制对我国的启示 . 出版科学 . 2018 (03): 111 – 115.

[390] 杨伟德 . 谈畜禽养殖档案规范建立与监管重点 . 畜牧兽医杂志 . 2018 (05): 74 – 75.

[391] 李国治, 党武吉 . 凉州区兽药行业监管中存在的问题与对策 . 畜牧兽医杂志 . 2018 (01): 23 – 24.

[392] 曹剑文, 周建斌, 温铭亮 . 现阶段肉食品安全问题与监管对策 . 畜禽业 . 2018 (05): 79 – 81.

[393] 白双洋 . 三网融合下广播电视新闻传播规制的目标与路径 . 传播力研究 . 2018 (35): 59 – 89.

[394] 王雨桐 . 中国电视节目低俗化现象与规制 . 传播力研究 . 2018 (33): 40.

[395] 杨林 . 网络舆情传播特征及其规制策略研究——以食品安全热点事件为例 . 传播力研究 . 2018 (27): 4 – 6.

[396] 梅梅 . 文化体制改革背景下中国广播电视的政府规制范式研究 . 传播力研究 . 2018 (18): 20 – 21.

[397] 邓儿枫, 熊芳芳 . 自由市场的规制: 网络评论的治理策略探讨 . 传播力研究 . 2018 (15): 219 – 220.

[398] 苏婵 . 地方媒体产业政府规制的发展研究 . 传播力研究 . 2018 (09): 163.

[399] 孟小晖, 管晞羽 . 自媒体涉军舆情中军人公众形象的问题与规制 . 传播力研究 . 2018 (09): 72.

[400] 施朋洋 . 新媒体信息传播的问题与法律规制 . 传播力研究 . 2018 (13): 189.

[401] 周怀君 . 互联网 + 背景下广播电视新闻传播的规制探析 . 传播力研究 . 2018 (12): 226 – 229.

[402] 彭峰 . 社会化媒体下新闻报道权与公民隐私权冲突的规制研究 . 传播力研究 . 2018 (10): 57.

[403] 董艳芳 . 电视新闻传播在三网融合下的规制路径探究 . 传播力研究 . 2018 (01): 38 – 39.

[404] 李明轩. 宏观调控出租车产业垄断性经营的必要性. 传播力研究. 2018 (30): 221.

[405] 胡馨桐. 合谋与共生——现代媒介环境下的媒介文化与消费主义. 传播力研究. 2018 (36): 38.

[406] 朱敬文. 我国网络自制节目侵权研究——以爱奇艺为例. 传播与版权. 2018 (12): 177 - 180.

[407] 白云. 论非交互式网络传播行为的法律规制——兼评《著作权法修改（送审稿）草案》"播放权" 条款. 传播与版权. 2018 (09): 174 - 177.

[408] 李中元. 认定互联网行业相关市场法律问题研究. 传播与版权. 2018 (02): 169 - 170.

[409] 陶洋, 潘蕾娜, 王进, 杨柳. 防御信任攻击的无线传感器网络安全信任评估模型. 传感技术学报. 2018 (12): 1876 - 1881.

[410] 赵京文. 以 "综合治理" 引领行业行稳致远——中国网络视听规制的历程与经验分析. 传媒. 2018 (24): 50 - 52.

[411] 徐驰. 以 "抖音" 为例看短视频行业的发展与规制. 传媒. 2018 (20): 52 - 53.

[412] 张颖. 网络主播的现状、问题与规制. 传媒. 2018 (18): 94 - 96.

[413] 霍宁波, 李首庆. 欧美政府舆情管理的经验与启示. 传媒. 2018 (11): 58 - 59.

[414] 王瑞华. 新媒体信息传播的问题与法律规制. 传媒. 2018 (08): 95 - 96.

[415] 刘本燕, 孔令南. 美国社交媒体广告的法律规制研究. 传媒. 2018 (03): 58 - 59.

[416] 段然. 自媒体新闻传播存在问题的成因与规制. 传媒. 2018 (02): 41 - 42.

[417] 毛银秀, 王京山. 我国资本跨境并购媒体的路径和策略——以阿里巴巴收购《南华早报》为例. 传媒. 2018 (01): 74 - 76.

[418] 李灵. 美国迪士尼并购的策略与启示. 传媒. 2018 (01): 50 - 51.

[419] 刘海龙. 网络直播的监管困局及其长效机制构建. 传媒. 2018 (21): 91 - 93.

[420] 高海峰. 新闻记者权利的保护与行为的规制. 传媒论坛. 2018 (07): 110 - 111.

[421] 梁充瑶. 民营企业并购动因及并购效应研究——以万达院线的并购案为例. 创新创业理论研究与实践. 2018 (24): 80 - 81.

[422] 才大颖. 把握全球发展机遇推动品牌战略并购. 创新世界周刊. 2018 (05): 6 - 7.

[423] 杜婷. 并购与重组背后的 "大棋局". 大飞机. 2018 (08): 14 - 19.

[424] 任治潞. 并购与重组: 航空业发展的动力. 大飞机. 2018 (08): 28 - 30.

[425] 韩舒淋, 陈亮, 左琳. 巨头拆分潮下的最大航空并购——UTC 收购罗克韦尔柯林斯. 大飞机. 2018 (12): 36 - 39.

[426] 钟丹丹, 董岗. 基于非合作博弈的区域港口默契合谋定价机理. 大连海事大学学报. 2018 (04): 61 - 67.

[427] 陈琦. 邮轮旅游法律规制的理论困境与制度因应. 大连海事大学学报（社会科学版). 2018 (06): 9 - 15.

[428] 孙思琪, 金怡雯. 邮轮旅游航程变更: 法律规制、立法进展及司法实践. 大连海事大学学报（社会科学版). 2018 (04): 13 - 23.

[429] 高丽丽. 环境刑事犯罪的刑法规制与完善——以恢复性司法的引入为视域. 大连海事大学学报（社会科学版). 2018 (03): 21 - 26.

[430] 王秋雯. 欧盟司法实践视角下海运业之竞争法律规制. 大连海事大学学报（社会科学版). 2018 (01): 4 - 10.

[431] 刘霄鹏. 国资监管与国企监督机制的新维度思考——以中国现行企业立法为分析视角. 大连海事大学学报（社会科学版). 2018 (01): 31 - 36.

[432] 韩旭至. 大数据时代下匿名信息的法律规制. 大连理工大学学报（社会科学版). 2018

(04)：64-75.

[433] 王馨康，任胜钢，李晓磊．不同类型环境政策对我国区域碳排放的差异化影响研究．大连理工大学学报（社会科学版）．2018（02）：55-64.

[434] 王磊．论作为信息规制工具的悬赏举报．大连理工大学学报（社会科学版）．2018（01）：72-81.

[435] 安永．2018 中国企业海外投资并购趋势分析．大陆桥视野．2018（09）：57-62.

[436] 陶然，胡恩华．基于 EVA 的跨国并购绩效分析——以联想集团并购．大陆桥视野．2018（10）：76-78.

[437] 马海峰，朱文娟．企业并购绩效研究文献综述．大陆桥视野．2018（12）：74-76.

[438] 刘锐．共享经济模式下网约车法律规制问题研究．大庆师范学院学报．2018（05）：83-87.

[439] 王恒睿．大数据杀熟背景下的消费者公平交易权保护．大数据时代．2018（11）：20-24.

[440] 齐朝顺，杜晓君．政治关联对中国企业国际并购绩效影响研究．当代财经．2018（01）：68-77.

[441] 韵小娟，王安航，李强．畜禽产品质量安全监管面临的风险与对策．当代畜牧．2018（14）：7-8.

[442] 王建军．浅谈饲料安全监管存在的问题及改进对策．当代畜禽养殖业．2018（12）：50.

[443] 黄鑫．畜产品质量安全监管在农业推广中的问题与对策．当代畜禽养殖业．2018（06）：60-61.

[444] 李永霞．乡镇养殖场监管工作存在的问题及对策．当代畜禽养殖业．2018（03）：51.

[445] 卜新章．媒体融合时代传媒经济发展中的利益博弈．当代传播．2018（06）：66-69.

[446] 肖梦黎．大数据背景下个人信息保护的更优规制研究．当代传播．2018（05）：91-94.

[447] 唐英，刘瀚骏．新《广告法》视阈下微信广告的规制路径．当代传播．2018（04）：88-90.

[448] 袁潇，张晓．手机社交游戏的传播价值与规制方式研究．当代传播．2018（04）：45-47.

[449] 孟茹．美国网络用户隐私保护的自律规制研究．当代传播．2018（03）：74-78.

[450] 王长潇，位聪聪．乱象与回归：我国网络视频政府规制的现状、特点与发展．当代传播．2018（02）：79-81.

[451] 沈广明．分享经济的规制策略——以辅助性原则为基点．当代法学．2018（03）：48-59.

[452] 王勇．互联网时代的金融犯罪变迁与刑法规制转向．当代法学．2018（03）：29-39.

[453] 郝艳兵．互联网金融时代下的金融风险及其刑事规制——以非法吸收公众存款罪为分析重点．当代法学．2018（03）：40-47.

[454] 罗英．论我国食品安全自我规制的规范构造与功能优化．当代法学．2018（01）：58-67.

[455] 杨利华．双边市场条件下第三方支付相关市场的界定——基于互联网行业的反垄断法分析．当代法学．2018（06）：79-89.

[456] 赵剑飞．危险化学品安全监管模式与体系的建立探讨．当代化工研究．2018（04）：25-26.

[457] 田园．山西煤炭产业市场集中度影响因素研究．当代会计．2018（12）：32-33.

[458] 周大千．基于海外并购重组的公司短期股票收益率影响因素实证研究．当代会计．2018（01）：41-43.

[459] 勇本谦．企业集团并购资金融资渠道研究．当代会计．2018（04）：35-36.

[460] 唐顺慧．内部审计在企业并购中的应用研究．当代会计．2018（04）：53-54.

[461] 张健．企业并购整合中的财务风险防范研究．当代会计．2018（05）：22-23.

[462] 陈茜. 企业并购的财务动因分析. 当代会计. 2018 (07): 39-41.

[463] 卞学军. 财务尽职调查在项目并购中的应用. 当代会计. 2018 (07): 44-45.

[464] 何梦兰，陈矜. 并购商誉与企业绩效相关性的实证研究. 当代会计. 2018 (07): 3-4.

[465] 张秋兰. 关于企业项目并购中风险控制的思考——以HFJT集团为例. 当代会计. 2018 (08): 21-22.

[466] 孙月萍. 项目并购如何实施财务尽职调查. 当代会计. 2018 (09): 65-66.

[467] 李二花. 企业并购财务风险防范与控制浅析. 当代会计. 2018 (10): 27-28.

[468] 欧阳丁. 乡镇财政专项资金使用监管中的问题及对策. 当代会计. 2018 (10): 24-25.

[469] 宋海生，薛海平. 我国影子教育机构的规范与治理——基于博弈论的视角. 当代教育论坛. 2018 (01): 79-87.

[470] 王文，刘玉书. 区块链十周年：发展现状、趋势与监管政策研究. 当代金融研究. 2018 (04): 1-10.

[471] 冯春江，王延伟. 美国跨境资金交易监管经验借鉴研究. 当代金融研究. 2018 (04): 108-116.

[472] 杨凡. 浅谈产业园项目的资金成本控制. 当代经济. 2018 (21): 116-117.

[473] 高孝平. 政府作用视角下产业技术创新战略联盟的激励规制探究. 当代经济. 2018 (13): 116-117.

[474] 吴术豪，徐子淇. 论预付消费的法律规制——基于美日的经验比较. 当代经济. 2018 (12): 132-135.

[475] 胡承华. 基于法律规制角度的分享经济概念界定. 当代经济. 2018 (11): 139-141.

[476] 侯庆琳，王海浪. 新形势下民营资本进入银行业的壁垒与策略分析. 当代经济. 2018 (10): 60-61.

[477] 刘平，向昌勇. 环境规制对经济增长的影响——来自中国地级市层面的证据. 当代经济. 2018 (06): 10-13.

[478] 陆敏，苍玉权. 碳交易机制下政府监管和企业排放的博弈研究. 当代经济. 2018 (01): 78-80.

[479] 杨泽威，孙艳香. 在线旅社大数据“杀熟”现象分析及对策研究——基于精准营销视角. 当代经济. 2018 (24): 122-123.

[480] 黄祎. 首旅并购如家动机和效果分析. 当代经济. 2018 (08): 60-61.

[481] 邓越. 中国电力企业在巴基斯坦并购中的风险控制——基于上海电力并购卡拉奇电力(KE)公司案例. 当代经济. 2018 (11): 116-119.

[482] 张鑫. 互联网企业并购动因分析与思考——以滴滴出行并购案为例. 当代经济. 2018 (14): 50-51.

[483] 王志亮，孙盈盈. 电商企业并购战略分析. 当代经济. 2018 (21): 94-97.

[484] 孙志桓. 中日跨国并购比较分析及其启示. 当代经济. 2018 (24): 30-31.

[485] 赵嘉欣. 股权众筹的监管. 当代经济. 2018 (22): 33-35.

[486] 马林. 农村会计发展现状及对策探析——以济南市五峰山街道办事处七个村庄为例. 当代经济. 2018 (10): 124-125.

[487] 王娟，傅洁. 中美数字货币监管比较. 当代经济. 2018 (08): 15-17.

[488] 胡雅芬，杨晓双. 北京市网约车市场政府监管问题研究——基于经济学视角的分析. 当代经济. 2018 (07): 98-99.

[489] 吴真. 互联网金融监管问题分析. 当代经济. 2018 (06): 30-31.

[490] 曾冰. 我国省际绿色创新效率的影响因素及空间溢出效应. 当代经济管理. 2018 (12):

59 - 63.

［491］周春波．文化与旅游产业融合对旅游产业结构升级的影响效应．当代经济管理．2018（10）：69 - 75.

［492］张芳芳．现金持有、并购决策与高管私有收益．当代经济管理．2018（10）：28 - 36.

［493］姚博．比特币、区块链与ICO：现实和未来．当代经济管理．2018（09）：82 - 89.

［494］夏诗园．区块链技术在金融行业的应用优势及风险应对．当代经济管理．2018（11）：85 - 89.

［495］张羽琦．“互联网 +”背景下传统出租车改革与网约车发展．当代经济管理．2018（04）：46 - 51.

［496］屈小娥．异质型环境规制影响雾霾污染的双重效应．当代经济科学．2018（06）：26 - 37.

［497］何兴邦．环境规制与中国经济增长质量——基于省际面板数据的实证分析．当代经济科学．2018（02）：1 - 10.

［498］李晓英．FDI、环境规制与产业结构优化——基于空间计量模型的实证．当代经济科学．2018（02）：104 - 113.

［499］韩国高．环境规制、技术创新与产能利用率——兼论“环保硬约束”如何有效治理产能过剩．当代经济科学．2018（01）：84 - 93.

［500］涂远博，王满仓，卢山冰．规制强度、腐败与创新抑制——基于贝叶斯博弈均衡的分析．当代经济科学．2018（01）：26 - 34.

［501］马草原，王婷，魏梅．垄断与所有制的收入溢价：理论解释与经验证据．当代经济科学．2018（06）：38 - 48.

［502］齐文浩，田露，杨兴龙．社会网络分析视角下的企业行为与规制效应．当代经济研究．2018（11）：73 - 80.

［503］赵璐，李昕．目标方信息质量、并购溢价与交易终止．当代经济研究．2018（11）：81 - 88.

［504］徐克勤．农村集体“三资”管理亟待纳入法律规制轨道．当代农村财经．2018（03）：42 - 44.

［505］邓永忠．村级财务监管问题探析．当代农村财经．2018（04）：30 - 33.

［506］连晔．全球LNG行业并购潮引发的思考．当代石油石化．2018（05）：13 - 15.

［507］聂向锋．境外炼油资产并购的风险和防控浅析．当代石油石化．2018（08）：28 - 33.

［508］阙天舒．网络空间中的政府规制与善治：逻辑、机制与路径选择．当代世界与社会主义．2018（04）：184 - 192.

［509］吴橙俐．浅析体育产业海外并购风险防范．当代体育科技．2018（26）：243 - 245.

［510］孙军．法律视野中的破产企业档案保管及其市场化规制．档案学研究．2018（05）：19 - 22.

［511］侯水平．大数据时代数据信息收集的法律规制．党政研究．2018（02）：22 - 28.

［512］周万里．《德国反限制竞争法》的第九次修订．德国研究．2018（04）：78 - 89.

［513］张怀岭．德国外资并购安全审查：改革内容与法律应对．德国研究．2018（03）：57 - 71.

［514］田焱．人才安居住房制度安排的理论与现实考量．邓小平研究．2018（02）：123 - 129.

［515］向润芝．农村土地确权登记工作规制问题及措施．低碳世界．2018（03）：344 - 345.

［516］黄辉平．基层环保监管网格化工作浅析．低碳世界．2018（03）：12 - 13.

［517］茅孝军．共享经济下兼职收入的税法规制——兼评《法国共享经济税收法案》．地方财政研究．2018（07）：36 - 42.

［518］马勇，童昀，任洁，刘军．公众参与型环境规制的时空格局及驱动因子研究——以长江

经济带为例．地理科学．2018（11）：1799－1808.

［519］田光辉，苗长虹，胡志强，苗健铭．环境规制、地方保护与中国污染密集型产业布局．地理学报．2018（10）：1954－1969.

［520］朱向东，贺灿飞，刘海猛，周沂．环境规制与中国城市工业 SO_2 减排．地域研究与开发．2018（04）：131－137.

［521］王淑英，李博博，张水娟．基于空间计量的环境规制、空间溢出与绿色创新研究．地域研究与开发．2018（02）：138－144.

［522］杨钰婷．电动自行车规制问题研究．电动自行车．2018（11）：40－44.

［523］郑红雯．电动自行车交通安全法律规制研究．电动自行车．2018（03）：45－50.

［524］董达鹏．我国电力建设企业并购方向与策略探讨．电力勘测设计．2018（09）：74－76.

［525］游维扬，王秀娜．输配电价监管下电网投资项目效率效益评估．电力科学与工程．2018（12）：43－48.

［526］丛野，张粒子，高磊，车文燕，陆继东，唐虎．基于浅度回收模式的发电厂接入价定价机制．电力系统自动化．2018（11）：163－168.

［527］高赐威，童格格．区块链技术在分布式发电市场化交易中的应用分析．电力需求侧管理．2018（04）：1－4.

［528］陈君艳，吕雪雪．水产品质量安全监管追溯平台中监管追溯子系统的分析与设计．电脑知识与技术．2018（16）：58－59.

［529］吉斌，谭建成，曾雪彤．电力市场环境下新能源产业园储能优化控制策略研究．电气技术．2018（08）：22－29.

［530］董少波，蔡英．三网融合下广播电视新闻传播规制的目标与路径．电视指南．2018（12）：198.

［531］苏婵．东莞市属媒体产业发展的政府规制研究．电视指南．2018（05）：214.

［532］于琳．自媒体时代公民新闻自由的特点与规制的完善．电视指南．2018（04）：117.

［533］景凯洋．英国广播电视业监管分析．电视指南．2018（12）：44－45.

［534］于丽，靳丽娜．中国电影市场影响力的界定及分类．电影评介．2018（05）：1－4.

［535］陆卫强，张朝路，田毅辉，雷鸣，李思敏．基于博弈论的认知无线电频谱分配算法．电子测量技术．2018（12）：58－63.

［536］迎九．ADI 并购 Linear：产生 1＋1＞2 效应．电子产品世界．2018（03）：86.

［537］石刚．民航航空管制网络化技术．电子技术与软件工程．2018（20）：24.

［538］龙静怡．基于北斗的数码雷管监管系统的设计．电子技术与软件工程．2018（08）：84－85.

［539］杜俊，李孟军．分析框架、概念内涵与影响模型——供方视角的我国宇航元器件市场准入本质．电子科技大学学报（社科版）．2018（04）：56－63.

［540］蔡晓明，高广阔．跨境电商并购的绩效与风险探究．电子商务．2018（07）：41－45.

［541］金依婷，王翠，胡佳颖，钱俊飞，戴丹．基于农产品信任机制的电商销售平台研究与设计．电子商务．2018（08）：70－71.

［542］赵志远，朱智强，王建华，孙磊．属性可撤销且密文长度恒定的属性基加密方案．电子学报．2018（10）：2391－2399.

［543］张效羽．试验性规制视角下“网约车”政府规制创新．电子政务．2018（04）：32－41.

［544］贾开，赵彩莲．智能驾驶汽车产业的治理：发展、规制与公共政策选择．电子政务．2018（03）：12－21.

［545］叶正国．网络预约出租汽车的回应型法律规制．电子政务．2018（01）：39－46.

［546］杨莉萍．拒绝专利许可行为的欧盟竞争法规制及其启示．电子知识产权．2018（11）：43－53.

［547］曹阳．数据视野下的互联网平台市场支配地位认定与规制．电子知识产权．2018（10）：89－97.

［548］李丹．专利领域市场支配地位的认定——基于专利价值评估的角度．电子知识产权．2018（05）：21－29.

［549］王苑亭．新经济行业反垄断分析中的市场界定演化．电子知识产权．2018（07）：65－74.

［550］丁茂中．反垄断法实施中的相关技术市场问题．电子知识产权．2018（05）：13－20.

［551］罗静，陈静．电源适配器产品监督抽查常见不合格项目浅析．电子质量．2018（06）：58－63.

［552］吴汉洪，刘雅甜．中国反垄断领域的成就和挑战——纪念中国《反垄断法》实施十周年．东北财经大学学报．2018（05）：28－34.

［553］孙玉环，刘宁宁，张银花．中国环境规制与全要素生产率关系的区域比较．东北财经大学学报．2018（01）：33－40.

［554］罗艳，陈平．环境规制对中国工业绿色创新效率改善的门槛效应研究．东北大学学报（社会科学版）．2018（02）：147－154.

［555］邢栋，郭晓珍，何军明．政府公司："互联网＋"时代政府规制理想模式之证成．东北大学学报（社会科学版）．2018（02）：184－188.

［556］司玉琢，袁曾．建立海外军事基地的国际法规制研究．东北大学学报（社会科学版）．2018（02）：189－196.

［557］叶晓丹，周文康．网络治理中的法律规制路径——以习近平互联网法治思想为基点．东北农业大学学报（社会科学版）．2018（01）：6－11.

［558］徐翕明．"网络隐私权"刑法规制的应然选择——从"侵犯公民个人信息罪"切入．东方法学．2018（05）：63－71.

［559］申海平．市场准入负面清单的印度尼西亚经验及其启示．东方法学．2018（04）：141－149.

［560］沈国明．论规制公权力与强化法治监督体系建设．东方法学．2018（01）：6－13.

［561］袁远．我国互联网金融理财产品法律监管研究——以 P2P 网贷"自动投标"理财产品为中心．东方法学．2018（04）：150－160.

［562］熊文聪．反垄断法中"技术市场"概念的引入与界定．东方法学．2018（02）：78－85.

［563］高希华．以共享单车为例浅谈共享经济法律规制的创新发展．东方企业文化．2018（S2）：160.

［564］胡帮达．《原子能法》立法的功能定位和制度构建——兼评《原子能法（征求意见稿）》．东南大学学报（哲学社会科学版）．2018（06）：97－107.

［565］沈明伟，张海玲．环境规制影响中国污染排放的作用机制研究——基于 TFP 及其分解项的视角．东岳论丛．2018（12）：139－147.

［566］于杰，刘颖．我国公民碳排放规制法律制度探究与构建．东岳论丛．2018（09）：142－148.

［567］祁述裕．放宽文化市场准入，扩大文化市场开放．东岳论丛．2018（01）：63－66.

［568］李宏，郑婧，曹清峰．海外并购影响我国产业结构优化升级的机制研究．东岳论丛．2018（11）：169－180.

［569］孙旭．跨境并购五问董事会．董事会．2018（06）：67－69.

［570］宋清辉．跨界并购失败"综合征"．董事会．2018（07）：58－59.

［571］熊锦秋．并购重组别搞成“赌石”游戏．董事会．2018（08）：13.

［572］熊锦秋．遏制上市公司并购“有毒资产”．董事会．2018（09）：11.

［573］泰奇．新三板并购，中小股东不该遭歧视．董事会．2018（10）：90－91.

［574］白景涛．招商局港口：推进高质量的海外投资并购．董事会．2018（11）：41－42.

［575］崔永梅，傅祥斐．玩转海外并购整合．董事会．2018（11）：39－40.

［576］陈捷．海外并购新思维．董事会．2018（11）：26.

［577］沈永锋．境外并购新蓝海．董事会．2018（11）：27－29.

［578］梁莹．“好评返现”行为的违法性分析及规制路径——兼议新《反不正当竞争法》相关规定之缺漏．对外经贸．2018（06）：121－125.

［579］施熠，薛鹏．中国制造业海外并购趋势及原因探究．对外经贸．2018（06）：61－65.

［580］周文君，卢晓莉．废旧轮胎：如何改造实现“走出去”——中欧轮胎再制造的发展与贸易现状．对外经贸实务．2018（10）：29－32.

［581］李寿喜，焦艳芳．跨国公司商业贿赂行为的根源与规制路径——从巴西建筑巨头行贿案说起．对外经贸实务．2018（06）：17－20.

［582］匡敏，曲玲玲．由一则物流企业成功跨境并购案引发的几点启示．对外经贸实务．2018（02）：76－78.

［583］苏丽娟．中国药企海外并购面临的风险与防范策略．对外经贸实务．2018（03）：77－80.

［584］张童．一起中企赴美投资并购受阻的案例及风险防范．对外经贸实务．2018（11）：69－72.

［585］纪峰．中国企业海外并购的发展态势及优化策略．对外经贸实务．2018（11）：8－11.

［586］王艳茹．我国商业银行国际保理业务法律适用研究．鄂州大学学报．2018（02）：11－14.

［587］王瑜．新时代习近平对领导干部家属经商办企业规制思想研究．鄂州大学学报．2018（01）：10－13.

［588］钱锋．张国军：应切实减少民营企业市场准入限制．发展．2018（12）：36－37.

［589］田丽芳．城乡医保制度一体化中的政府规制分析．发展改革理论与实践．2018（08）：21－24.

［590］袁冬梅．手机漫游费全面取消的因素分析及策略——基于价格歧视视角．发展改革理论与实践．2018（02）：40－42.

［591］杨奉山．企业并购及网约车企业垄断行为分析——以滴滴并购 Uber 为例．发展改革理论与实践．2018（04）：41－47.

［592］明丰．产业政策与竞争政策逻辑分析、优先适用及现实选择路径．发展研究．2018（12）：48－51.

［593］孙飞．我国大股东减持现状、监管及政策建议．发展研究．2018（06）：47－50.

［594］魏际刚，赵昌文．促进中国制造业质量提升的对策建议．发展研究．2018（01）：11－15.

［595］吕炳斌．论网络用户对“数据”的权利——兼论网络法中的产业政策和利益衡量．法律科学（西北政法大学学报）．2018（06）：56－66.

［596］马长山．人工智能的社会风险及其法律规制．法律科学（西北政法大学学报）．2018（06）：47－55.

［597］阴建峰，刘雪丹．互联网股权众筹的刑法规制问题论纲．法律科学（西北政法大学学报）．2018（01）：89－99.

［598］潘静．从政府中心规制到社会共治：互联网金融治理的新视野．法律科学（西北政法大学学报）．2018（01）：67－77.

［599］田海鑫．论民事虚假诉讼的类型化体现及规制——基于北京市司法实践的考察．法律适

用.2018（23）：67－78.

［600］杨军.反垄断行政执行的司法规制途径.法律适用.2018（15）：125－134.

［601］齐力莼.P2P借贷的刑法规制现状研究.法律适用.2018（11）：110－115.

［602］岳林.超越身份识别标准——从侵犯公民个人信息罪出发.法律适用.2018（07）：36－42.

［603］于莹.共享经济法律规制的进路与策略.法律适用.2018（07）：51－59.

［604］邢会强.权益类众筹的法律规制.法律适用.2018（05）：47－52.

［605］郝廷婷，龚成.滥用民事管辖权异议程序的规制路径——兼谈管辖权异议案件前置审查环节的设置.法律适用.2018（03）：116－121.

［606］李文莉，宋华健.投资性众筹的法律风险及其监管逻辑.法律适用.2018（05）：53－58.

［607］王星光.刑事司法中举轻以明重的滥用与规制.法律适用（司法案例）.2018（24）：66－75.

［608］刘依佳，焦清扬.流量劫持的不正当竞争认定问题研究——评淘宝诉“帮5买”不正当竞争纠纷案.法律适用（司法案例）.2018（24）：12－19.

［609］钱海玲，张军强.流量劫持不正当竞争行为的司法规制.法律适用（司法案例）.2018（22）：95－106.

［610］商浩文，郭冬冬.利用信息优势操纵证券市场犯罪的刑法规制——以全国首例刑事案件为切入.法律适用（司法案例）.2018（20）：65－72.

［611］冉博.“重复诉讼”与“既判力”的混同及其规制.法律适用（司法案例）.2018（16）：82－90.

［612］秦卫民，石鹏飞.社会公共治理端口前移后的司法跟进——以环境生态治理中对行政检查加以规制并依法审查为视角.法律适用（司法案例）.2018（12）：93－97.

［613］李群群，张龑.单用途商业预付卡消费法律问题研究——以南京市12315消费者维权热线投诉数据为样本.法律适用（司法案例）.2018（02）：76－83.

［614］陈伟华，任莉志.“具有指导作用的案例”柔性拘束力之客观影响与规制路径.法律适用（司法案例）.2018（02）：7－13.

［615］张伟华.并购交易中善用“政治正确”承诺.法人.2018（03）：54－56.

［616］陶光辉.并购法务：成就总法律顾问的利器.法人.2018（10）：66－68.

［617］李剑.论反垄断法对标准必要专利垄断的规制.法商研究.2018（01）：73－82.

［618］毕金平.美国州际税收竞争的司法规制及其启示——以美国宪法“潜伏贸易条款”为中心.法商研究.2018（06）：156－166.

［619］孙也龙.医疗决定代理的法律规制.法商研究.2018（06）：3－15.

［620］刘辉.论互联网金融政府规制的两难困境及其破解进路.法商研究.2018（05）：58－69.

［621］熊浩.论中国调解法律规制模式的转型.法商研究.2018（03）：115－125.

［622］陈如超.民事司法鉴定中的法官行为规制.法商研究.2018（02）：124－137.

［623］刘仁文.论规制自杀关联行为刑法的完善.法商研究.2018（02）：150－158.

［624］侯利阳.共同市场支配地位法律分析框架的建构.法学.2018（01）：141－155.

［625］张骏.转售价格维持规制路径选择的评判标准.法学.2018（12）：161－173.

［626］朱娟.我国区块链金融的法律规制——基于智慧监管的视角.法学.2018（11）：129－138.

［627］宋亚辉.网络市场规制的三种模式及其适用原理.法学.2018（10）：81－94.

［628］冯果，张阳.商事交易场所的类型化检视及多层次架构——从场内衍生品交易规制边界突破.法学.2018（08）：93－106.

[629] 陈兵．大数据的竞争法属性及规制意义．法学．2018（08）：107－123.

[630] 李伟群，胡鹏．保险机构股票投资行为的法律规制——以“金融与商业分离原则”为视角．法学．2018（08）：182－192.

[631] 彭中礼．论国家政策的矛盾及其规制．法学．2018（05）：63－73.

[632] 陶建平．高利贷行为刑事规制层次论析．法学．2018（05）：180－192.

[633] 叶名怡．结构化资管计划的私法规制——以“宝万之争”为例．法学．2018（03）：29－45.

[634] 张祺好．互联网新业态的“软法”兴起及其规制．法学．2018（02）：86－93.

[635] 宁立志，王宇．叫停网络音乐市场版权独家交易的竞争法思考．法学．2018（08）：169－181.

[636] 钟维．跨市场操纵的行为模式与法律规制．法学家．2018（03）：113－126.

[637] 许多奇．个人数据跨境流动规制的国际格局及中国应对．法学论坛．2018（03）：130－137.

[638] 黄明儒．行贿罪刑法规制之检视——以H省2016年各级法院所办理的一审行贿案件为切入．法学论坛．2018（02）：141－151.

[639] 李剑．市场支配地位认定、标准必要专利与抗衡力量．法学评论．2018（02）：54－65.

[640] 许光耀．互联网产业中双边市场情形下支配地位滥用行为的反垄断法调整——兼评奇虎诉腾讯案．法学评论．2018（01）：108－119.

[641] 肖顺武．混淆行为法律规制中“一定影响”的认定．法学评论．2018（05）：176－185.

[642] 谢晴川．论含国名商标的法学分类及法律规制．法学评论．2018（04）：94－106.

[643] 王红霞．从引人误认到引人困惑：经营者新型不当信息行为及其规制．法学评论．2018（04）：115－125.

[644] 纪海龙．数据的私法定位与保护．法学研究．2018（06）：72－91.

[645] 陈越峰．关键信息基础设施保护的合作治理．法学研究．2018（06）：175－193.

[646] 丁晓东．个人信息私法保护的困境与出路．法学研究．2018（06）：194－206.

[647] 谭冰霖．环境行政处罚规制功能之补强．法学研究．2018（04）：151－170.

[648] 徐铭勋．论强迫交易罪对垄断行为的规制．法学杂志．2018（04）：88－93.

[649] 马平川．大数据时代的经济法理念变革与规制创新．法学杂志．2018（07）：92－98.

[650] 涂永前，马海天．食品安全法治研究展望：基于2009—2016年相关文献的研究．法学杂志．2018（06）：105－114.

[651] 吴烨，叶林．“智能投顾”的本质及规制路径．法学杂志．2018（05）：16－28.

[652] 侯卓．行为的异质性对税法规制的影响及其缓释思路——一种“能力——行为”的分析范式．法学杂志．2018（03）：88－100.

[653] 彭凤莲．食品安全社会共治的刑法学分析．法学杂志．2018（02）：98－107.

[654] 张宇楠．标准必要专利许可费用的定价标准．法制博览．2018（33）：276.

[655] 刘昕．论滥用市场支配地位行为的法律规制．法制博览．2018（17）：195.

[656] 徐天宇．浅探标准必要专利的反垄断法规制．法制博览．2018（15）：220.

[657] 钟霜，刘建国．经济法视域下分享经济规制问题探究．法制博览．2018（36）：47.

[658] 郑伊伊．基于新《民事诉讼法》视野的恶意诉讼规制．法制博览．2018（36）：260.

[659] 孙玉国．浅议如何发挥法律对校园暴力的规制作用．法制博览．2018（35）：242.

[660] 吴一鸣．论互联网金融刑法规制的“两面性”．法制博览．2018（35）：199－200.

[661] 蒋葵．关于网络诽谤的刑法规制的分析与研究．法制博览．2018（35）：218.

[662] 伏小瑞．浅议商誉权的侵权保护模式．法制博览．2018（35）：1－3.

［663］许云鹏．论建筑工程非法转包与违法分包的法律规制．法制博览．2018（35）：105－106.

［664］赵金贵．网约车经营监管的法律对策研究．法制博览．2018（35）：221.

［665］龚海峰．从本身违法原则到合理原则：美欧对纵向垄断协议的规制方法．法制博览．2018（35）：238.

［666］罗蓉．浅议跨境数据流动规制．法制博览．2018（34）：220－221.

［667］李紫菱．网络文学抄袭预防与法律规制研究．法制博览．2018（34）：223－224.

［668］任娅婷，乔一丹，余薇莹，李航宇．在刑法角度下对网络淫秽互动直播的规制与完善．法制博览．2018（34）：80－81.

［669］董君勇．中国网约车合法化后法律问题研究．法制博览．2018（34）：53－54.

［670］吕红蕾．小额贷款公司的法律规制——以黑龙江省为例．法制博览．2018（34）：78－79.

［671］吕仝，徐帅，曹禹新．网络慈善众筹的风险及其法律规制．法制博览．2018（33）：215－216.

［672］杜婷婷．互联网金融理财风险的法律规制．法制博览．2018（33）：100－101.

［673］柏琳．关于校园贷利弊分析与法律规制研究．法制博览．2018（33）：104－105.

［674］刘一鸣．大数据时代的经济法理念变革与规制创新．法制博览．2018（33）：247.

［675］刘晓玉，安梓毓，武婷婷．探究辽宁省垃圾分类的法律法规实证调查及问题分析．法制博览．2018（32）：60.

［676］崔静．新《反不正当竞争法》环境构架下的互联网竞争规制探讨．法制博览．2018（32）：254.

［677］赵承波．试论对经营者集中的审查规制．法制博览．2018（32）：83－84.

［678］孟子莹．排污权交易法律问题探究．法制博览．2018（31）：116－117.

［679］杨柳．跨国贸易电子合同欺诈的法律规制．法制博览．2018（31）：102－103.

［680］陈卿巧．编造、传播虚假信息的刑法规制的研究．法制博览．2018（31）：235.

［681］关莉．论微商行为的法律规制．法制博览．2018（31）：207－208.

［682］李佳薇．发展智能制造产业的政策法规制．法制博览．2018（31）：246.

［683］潘立波．我国网络安全犯罪刑法规制的完善．法制博览．2018（29）：218.

［684］关轶男．浅论明星代言虚假广告的法律责任．法制博览．2018（29）：205.

［685］陈志方．刍议信访人违法信访行为法律规制问题．法制博览．2018（28）：84－85.

［686］徐宏远，徐雪芹，胡继力．论行政处罚自由裁量权的行使和规制．法制博览．2018（28）：1－4.

［687］司红波．侵权责任法中高校医疗纠纷的法律规制研究．法制博览．2018（28）：32－33.

［688］苏旭．浅谈互联网金融刑法规制的“两面性”．法制博览．2018（28）：221.

［689］胡鹏鹏．数据网络时代公民网络信息安全保护之刑法规制研究．法制博览．2018（28）：195.

［690］田昕扬．内河航运市场准入完善措施．法制博览．2018（28）：219.

［691］李茜．共享单车存在的法律问题及规制研究．法制博览．2018（28）：207.

［692］曾桂芳，张婧宜．完善我国代孕法律规制的建议．法制博览．2018（27）：186.

［693］张子潮．互联网金融下非法集资行为的刑法规制．法制博览．2018（27）：160－161.

［694］张琳．浅议母公司与子公司民事问题规制．法制博览．2018（27）：142－143.

［695］张璐．网络司法拍卖法律问题探究．法制博览．2018（27）：208.

［696］姜雅琪．家庭财产犯罪的刑事责任问题．法制博览．2018（26）：211.

［697］张剑芸．刷单炒信的刑法规制．法制博览．2018（26）：40－41.

［698］王梦晴，金鑫，宁立芳．经济法视野下的网约车服务规制研讨．法制博览．2018（26）：

223.
［699］刘创．建筑施工噪声污染：危害、成因及其立法规制．法制博览.2018（25）：37－38.
［700］薛晓洁．吉尔吉斯斯坦投资的市场准入法律分析的文献综述．法制博览.2018（25）：207.
［701］易俞孜．论非标准劳动关系的法律规制．法制博览.2018（25）：215.
［702］徐飞雄．有限责任公司股权转让的法律规制．法制博览.2018（25）：126－127.
［703］胡艳．中国证券市场操纵行为规制研究．法制博览.2018（25）：180.
［704］李江萍．浅析网络暴力的法律规制．法制博览.2018（24）：204.
［705］万千越．网络购物中消费者反悔权研究．法制博览.2018（24）：4－6.
［706］李文芳，林翠娜．共享单车带来的问题及其法律思考——以广深地区为例．法制博览.2018（24）：22－24.
［707］刘印卿．互联网股权众筹中的法律规制问题分析．法制博览.2018（24）：90－91.
［708］刘振华．浅析标准必要专利的滥用．法制博览.2018（23）：160－161.
［709］王军．老年人非婚同居之财产法律规制．法制博览.2018（23）：182.
［710］付嗣全．知识产权滥用及其法律规制．法制博览.2018（23）：187.
［711］孙浩宇．论职业打假现象的法律规制——对消保法惩罚性赔偿制度的再思考．法制博览.2018（23）：89－90.
［712］王小一．校园暴力问题在刑法中的规制．法制博览.2018（23）：220.
［713］谢润康．青少年校园暴力犯罪的刑法规制．法制博览.2018（23）：37－40.
［714］王爱军．农产品生产流通法律规制分析．法制博览.2018（23）：115－116.
［715］韦钰琦，贺佳琳，李昱娇．浅谈网络零售交易法律规制——以西安高校调研为例．法制博览.2018（23）：62－63.
［716］林琦．我国行政垄断规制的完善建议．法制博览.2018（23）：73－75.
［717］梁宇浩．共享经济的法经济学思考．法制博览.2018（22）：104－105.
［718］高风仪．婚姻法中的忠实规制．法制博览.2018（22）：220.
［719］蒙曾恺．论未成年人网络缔约的法律规制．法制博览.2018（22）：49－50.
［720］王蕊军．个性化推荐服务的定性和规制．法制博览.2018（22）：234.
［721］黄小兰．非婚同居财产纠纷的法律规制新探．法制博览.2018（22）：146－147.
［722］师格．互联网金融非法集资行为的刑法规制研究．法制博览.2018（22）：100－101.
［723］赵磊．汇票直接交付转让的危害及民事法律规制初探——从一起承兑汇票案谈起．法制博览.2018（22）：156－157.
［724］李曼．股权众筹平台法律规制研究．法制博览.2018（22）：202.
［725］黄俊杰．证券市场操纵行为法律规制研究．法制博览.2018（22）：204.
［726］黄灵灵．网络直播对大学生负面影响及法律规制问题的研究．法制博览.2018（21）：53－54.
［727］申颖．我国流浪宠物法律规制问题研究．法制博览.2018（21）：149－150.
［728］杨明祺，战玥璇，王轶峰，熊慧．网络谣言侵害人身权利的规制．法制博览.2018（21）：50－51.
［729］付雪．民法典编纂背景下商业代孕的法律规制．法制博览.2018（21）：187.
［730］孟晓梵．当前校园贷的风险及多元规制研究．法制博览.2018（21）：46－47.
［731］陈莹婷．机会提供型诱惑侦查法律制度构建．法制博览.2018（21）：96－97.
［732］刘春颖．浅析社会的自我规制与行政法的任务．法制博览.2018（20）：196.
［733］徐诺然．职业体育运动中的反垄断法律问题研究．法制博览.2018（20）：222.

［734］赵紫伊．恶意诉讼问题分析．法制博览.2018（20）：213.
［735］颜馨，董琳，齐佳浩．网络直播普法活动研究．法制博览.2018（19）：58－59.
［736］苏诺．《消费者权益保护法》中“拒绝强制交易权”的制度定位与经营者规制．法制博览.2018（19）：8－10.
［737］刘杨．论网络“刷单”的法律规制．法制博览.2018（19）：19－20.
［738］杨陌聪．我国农产品流通领域法律规制探讨．法制博览.2018（19）：100－101.
［739］喻哲鑫．合伙企业所得税反避税法律规制研究．法制博览.2018（19）：106－107.
［740］马鹏斐．诱惑取证规制路径初探．法制博览.2018（18）：79－80.
［741］张春梦．论社会投机行为的法律规制——基于新中国建立以来相关政策法规的思考．法制博览.2018（18）：101－102.
［742］王振宇．校园信贷法律风险规制．法制博览.2018（18）：73－74.
［743］成慧玲．互联网消费金融中消费信贷套现的法律规制研究．法制博览.2018（18）：27－29.
［744］沈洁．官员腐败行为对雾霾治理的影响机制研究．法制博览.2018（17）：212.
［745］韩万鑫．网络言论自由的法律规制．法制博览.2018（17）：185.
［746］佘宇晗．试论我国就业歧视的立法规制．法制博览.2018（17）：76－77.
［747］胡贵雪．网络募捐的法律规制研究．法制博览.2018（17）：184.
［748］李猛．论双重劳动关系的法律再规制．法制博览.2018（17）：200.
［749］蓝菡单．浅析民商法的规制与企业商事信用的缺失．法制博览.2018（17）：236.
［750］申姗姗．中国食品安全犯罪的刑法规制．法制博览.2018（17）：162－163.
［751］高歌，崔晓田．网络犯罪的刑法应对新理念探析．法制博览.2018（17）：238.
［752］张鑫莉．试论如何完善网络不正当竞争行为的法律规制．法制博览.2018（17）：169－170.
［753］艾杭枫，杜宛鸿．互联网消费信贷套现的规制——以“花呗”套现为例．法制博览.2018（16）：171.
［754］郑永成，薛可懿．替考入刑的法律规制探讨．法制博览.2018（16）：150－151.
［755］成涛，刘喻春，宿永利．共享单车的若干法律适用问题研究．法制博览.2018（16）：34－35.
［756］桂筱羽．透视大学生“裸贷”的法律问题．法制博览.2018（16）：163.
［757］蔡旻君，张嫣然．共享经济的法律难题与保障机制．法制博览.2018（16）：170.
［758］谢泽宜．房地产中介欺诈行为的法律规制．法制博览.2018（16）：1－4.
［759］王佳．清代对血亲复仇的制度规制．法制博览.2018（15）：152－153.
［760］封玥光．平台型媒体的法律规制研究．法制博览.2018（15）：186.
［761］王迪．浅析虐待动物行为入罪的合理性．法制博览.2018（15）：75－76.
［762］常鹏．论快递服务合同格式条款法律规制．法制博览.2018（15）：192.
［763］谢蓉．论“校园网贷”行为的法律规制．法制博览.2018（14）：175－176.
［764］张钦尧．“互联网＋”政策下纯正计算机犯罪体系研究．法制博览.2018（14）：220.
［765］刘吉．网络刷单行为的法律性质及立法规制．法制博览.2018（14）：228.
［766］魏晗羽．注册资本认缴制度下的股东瑕疵出资法律问题研究．法制博览.2018（14）：190.
［767］蔡旻君，张嫣然．浅谈网络舆论的规制．法制博览.2018（13）：187.
［768］冯湃．浅析政府购买公共服务法律规制及现状问题．法制博览.2018（13）：176.
［769］鲁宏立．关于校园贷的刑法规制研究．法制博览.2018（13）：193.
［770］孙业礼，靳来．论风险社会背景下网络借贷犯罪的刑法应对．法制博览.2018（13）：

146－147.

［771］潘晓峰．关于互联网贷款的法律规制——以“校园贷”为例．法制博览．2018（13）：165－166.

［772］苏月婷．从民商法与经济法视角看信息不对称的法律规制．法制博览．2018（12）：189.

［773］万嘉诚．浅析互联网暴力侵权及其法律规制．法制博览．2018（12）：55－57.

［774］代艳丽，匡广琴．C2C网购合同格式条款法律规制模式探析．法制博览．2018（12）：67－68.

［775］张光顺．对于食品安全的刑法规制．法制博览．2018（12）：177.

［776］冯元．经济法是市场规制法与宏观调控法有机结合的理论分析．法制博览．2018（12）：213.

［777］赵博瑜．试论共享单车押金的法律性质和规制模式．法制博览．2018（12）：23－24.

［778］陈靓．新型支付方式下的犯罪与规制．法制博览．2018（11）：22－23.

［779］沈叶．网络造谣、传谣行为刑法规制研究．法制博览．2018（11）：117－118.

［780］宋时仙，王琳娜．互联网弹出式广告的法律规制研究．法制博览．2018（11）：69－70.

［781］赵博瑜．论捆绑软件安装的竞争法规制——以腾讯QQ安装为例．法制博览．2018（11）：18－19.

［782］彭梦迪．论我国债权出资制度的完善．法制博览．2018（11）：154.

［783］周禹杉．浅析未成年人犯罪的成因及法律规制．法制博览．2018（10）：53－54.

［784］刘欢欢．水权转让的政府管制及影响评价研究．法制博览．2018（10）：63－64.

［785］陈吉远．互联网时代网络金融犯罪的刑法规制．法制博览．2018（10）：170.

［786］孙业礼，靳来．网络犯罪刑法规制问题探讨．法制博览．2018（10）：138－139.

［787］徐娜．论“互联网＋”时期网络服务提供者的刑事责任．法制博览．2018（10）：182.

［788］刘正颖．论街头艺人的法律规制．法制博览．2018（09）：211.

［789］康曼．商标平行进口的理论探讨与中国的对策．法制博览．2018（09）：29－31.

［790］陈安迪．从反垄断法的角度谈如何完善我国纵向垄断协议的法律制度．法制博览．2018（09）：169.

［791］邓思，徐佳路．浅议规制网络隐性广告的管辖权．法制博览．2018（09）：176.

［792］宋佳平，张静怡．网络医疗广告竞价排名法律规制研究．法制博览．2018（09）：83－84.

［793］杨然．知识产权恶意诉讼法律规制的思考．法制博览．2018（09）：220.

［794］饶润东．格式条款的法律规制．法制博览．2018（08）：200.

［795］郭靖波．“狱侦耳目”制度的合法性解释及合理化规制．法制博览．2018（07）：88－89.

［796］刘超．网络直播的违法问题规制．法制博览．2018（07）：202.

［797］聂政宇．论过度医疗侵权行为及其法律规制．法制博览．2018（07）：198.

［798］杨帆．试论个人信息网络侵权的民法规制．法制博览．2018（07）：223.

［799］徐秋燕．传销刑法规制的思考——以司法实务为视角．法制博览．2018（07）：120.

［800］张潮．我国电信网络诈骗犯罪的法律规制研究．法制博览．2018（07）：226.

［801］文斌．我国网络借贷法律规制的完善建议．法制博览．2018（07）：233.

［802］徐爱玲．网络广告的法律规制问题．法制博览．2018（07）：209.

［803］韩储临，肖诗萌．浅析个人律师事务所的规制完善．法制博览．2018（07）：42.

［804］张爽．浅谈公民个人信息安全的法律规制．法制博览．2018（06）：99－100.

［805］周飞羽．论股东派生诉讼调解的公司法规制．法制博览．2018（06）：178.

［806］李奎．我国电子金融领域法律规制研究．法制博览．2018（06）：216.

［807］邓纬韬．市场不正当竞争行为的法律规制．法制博览．2018（06）：102－103.

［808］龙林虎．我国政府采购中串通投标行为法律规制的路径．法制博览．2018（06）：229.

［809］申慕蓉．公共管理领域的政府社会性规制．法制博览．2018（05）：247.

［810］孟美，李茜．商品房销售欺诈现象及法律规制．法制博览．2018（05）：197.

［811］晏赛舟．行政裁量权的程序性规制．法制博览．2018（05）：225.

［812］周锦轩．浅谈未成年人犯罪问题及其法律规制．法制博览．2018（04）：98－99.

［813］昝白雪．浅析 P2P 网贷平台的风险及防范．法制博览．2018（04）：158－159.

［814］平萍．植入式广告的法律规制研究．法制博览．2018（04）：51－52.

［815］文红蔚．网络理财的法律规制研究．法制博览．2018（04）：218.

［816］周文卿．法律规制共享经济的事实前提研究．法制博览．2018（04）：220.

［817］李勇．从法律角度浅谈劳务工管理和规制．法制博览．2018（04）：134.

［818］高玉红，李贤武．P2P 网络借贷平台的法律风险及规制．法制博览．2018（03）：183.

［819］杨欣．试论大数据垄断的法律规制．法制博览．2018（03）：144－145.

［820］毕媛媛．反校园霸凌的法律规制研究．法制博览．2018（02）：74.

［821］雷雯．互联网众筹融资的刑事风险及规制．法制博览．2018（02）：213.

［822］夏彬．“一带一路”倡议下我国企业海外能源投资环保法律规制．法制博览．2018（02）：128－129.

［823］潘映宇，李秋月．浅析市场规制法体系．法制博览．2018（02）：204.

［824］杨威．当前校园借贷中存在的法律风险及规制分析．法制博览．2018（02）：216.

［825］黄桂冰．海淘奶粉的法律监管分析．法制博览．2018（02）：165－166.

［826］顾伟媛．城市房地产开发中土地闲置问题法律规制研究．法制博览．2018（01）：114－115.

［827］樊妍君．论著作权集体管理组织反垄断规制的新思路——兼论《著作权集体管理条例》的完善．法制博览．2018（01）：174.

［828］徐滢朝．现代法律对代孕制度之有限开放——完全代孕合法化规制．法制博览．2018（01）：15－16.

［829］张艺禾．校园欺凌的法律问题研究．法制博览．2018（01）：226.

［830］张勇利．未成年人性犯罪的网络色情诱因及法律规制．法制博览．2018（01）：141－142.

［831］徐昭媛．网络水军不当行为的法律规制．法制博览．2018（01）：148－149.

［832］黄乔丹．有限责任公司股东出资之意思自治的边界——兼评（2011）民提字第 6 号最高人民法院民事判决．法制博览．2018（01）：70－71.

［833］王慧．浅析行政垄断行为的法律规制与法治社会的建设——从全国首例反行政垄断诉讼案谈起．法制博览．2018（01）：82－83.

［834］蒋圆成．标准必要专利的反垄断法规制．法制博览．2018（13）：155－156.

［835］朱浩．经济法中的垄断与反垄断研究．法制博览．2018（08）：210.

［836］赵倩，李岩．论述知识产权与反垄断法的逻辑自洽．法制博览．2018（34）：216－217.

［837］谈雨齐．探究企业兼并重组过程中应该注意的几个法律问题．法制博览．2018（05）：126.

［838］杨伊婷．中国企业赴美并购的成败原因及启示——从美国国家安全审查角度分析．法制博览．2018（06）：12－14.

［839］刘玲利．企业并购中尽职调查及知识产权风险的规避——以专利为视角．法制博览．2018（14）：50－51.

[840] 邓旭东．企业并购中的利益博弈与协调探究．法制博览．2018（16）：140－141.

[841] 杨会娟．企业并购中尽职调查及知识产权风险的规避——以专利为视角．法制博览．2018（28）：216.

[842] 李想．企业并购重组的法律风险探讨．法制博览．2018（32）：243.

[843] 韩思通．国有企业投资并购中的法律问题与对策研究．法制博览．2018（32）：101－102.

[844] 姚殿玺．网络直播法律监管问题研究．法制博览．2018（36）：48.

[845] 杨硕，杨特．校园贷法律问题及完善对策．法制博览．2018（34）：35－37.

[846] 吴锐．高校大学生遭受网络诈骗原因及对策．法制博览．2018（33）：201－202.

[847] 汪啸龙．论金融消费者的权益保护．法制博览．2018（32）：89－90.

[848] 刚彦．试论高危险性社区矫正人员监管措施的完善．法制博览．2018（31）：96－97.

[849] 孙博雅，韩文蕾．无人机行业发展对隐私权的法律挑战与保护．法制博览．2018（31）：80.

[850] 张晓华，石京岭，吴殿勇．危爆物品安全管理新动态．法制博览．2018（28）：161－162.

[851] 臧聚慧．浅谈新型烟草制品监管．法制博览．2018（27）：188.

[852] 郭帅鹏．浅析无人驾驶汽车的责任承担．法制博览．2018（26）：184.

[853] 鲁南希，姚宇．区块链技术在金融领域的运用及监管应对．法制博览．2018（26）：29－33.

[854] 谢俊．以比特币为例探讨数字货币的法律监管．法制博览．2018（25）：214.

[855] 梁恒瑜．我国影子银行体系监管之法律风险防范．法制博览．2018（24）：154－155.

[856] 柴燕婷．美国经验下的中国原生广告的监管体系研究．法制博览．2018（22）：196－197.

[857] 杨帆．不当强制医疗折抵刑期问题研究．法制博览．2018（22）：206.

[858] 沈洁，周伯煌．互联网理财产品监管的法律问题研究．法制博览．2018（21）：44－45.

[859] 孙翔宇．网络直播的监管问题探讨．法制博览．2018（21）：221.

[860] 许建能．民间借贷法律问题分析．法制博览．2018（19）：143.

[861] 全璞．电商平台经营者的责任与监管——以《电子商务法》二审稿为视角．法制博览．2018（17）：78－79.

[862] 郑永成．农村经营性公墓管理法律问题研究——以宁波市鄞州区31个公墓为例．法制博览．2018（16）：54－55.

[863] 杨坤直．网络食品安全问题——强化第三方平台责任．法制博览．2018（15）：217.

[864] 张永毅．美国对私募基金进行监管的法律体系演变历程．法制博览．2018（13）：68－69.

[865] 刘欢，焦璐，靳岩岩．共享单车押金监管制度研究．法制博览．2018（07）：80－81.

[866] 王琪文．论我国食品安全监管法律制度之完善．法制博览．2018（05）：87－88.

[867] 严凤．跨境电子商务中我国消费者权益的保护．法制博览．2018（05）：81－82.

[868] 郭石垒．沿海“三无”船舶监管的法律思考．法制博览．2018（03）：137－138.

[869] 熊晨晨．浅析互联网金融创新下的法律监管问题．法制博览．2018（03）：219.

[870] 李金泽．未成年人犯罪问题及其法律规制探讨．法制与经济．2018（12）：113－114.

[871] 陈凤俊．浅析行政不作为及其法律规制．法制与经济．2018（12）：17－18.

[872] 张媛．论市场经济体制下商业贿赂的查处对策及制度完善．法制与经济．2018（12）：107－108.

[873] 罗朝辉．论对违规运输危险化学品的规制．法制与经济．2018（11）：130－131.

[874] 荆秋，邢林．虚假广告执法中的“以罚代刑”及其规制探析．法制与经济．2018（11）：

64 – 66.

[875] 冷芳雅．互联网行业经营者市场支配地位认定．法制与经济．2018 (11)：25 – 26.

[876] 于晓旭．碳信息披露的行政规制研究．法制与经济．2018 (10)：51 – 54.

[877] 吉宏宇，章诗怡，宋丽云．非法经营罪的适用范围研究．法制与经济．2018 (10)：150 – 152.

[878] 黄少迪．试论小额贷款公司的法律规制．法制与经济．2018 (09)：117 – 118.

[879] 康世强．移动互联网时代下共享经济模式的法律问题研究．法制与经济．2018 (09)：178 – 180.

[880] 杨亚，杨飞．民事异议权滥用问题规制——以德国为主视角探析．法制与经济．2018 (09)：168 – 169.

[881] 袁恬．探究律师协会实习登记的性质与规制——以杨某诉广州律协案为例．法制与经济．2018 (09)：172 – 173.

[882] 范聪聪．人工智能时代的刑事风险与刑法规制．法制与经济．2018 (08)：165 – 167.

[883] 苏玉鸿．环保法基本原则之公众参与原则研究．法制与经济．2018 (07)：188 – 189.

[884] 李贝贝，谢立慧，郑安琪．媒体接近权的法律规制探析．法制与经济．2018 (07)：171 – 172.

[885] 邹灵佩．公司治理视角下事业合伙人制度的法律规制探讨——以阿里巴巴模式为例．法制与经济．2018 (07)：118 – 120.

[886] 崔孟飞．浅论我国生态补偿制度的法律规制．法制与经济．2018 (06)：73 – 74.

[887] 王军．探究校园暴力行为之规制路径．法制与经济．2018 (06)：187 – 188.

[888] 陈致陶．互联网金融犯罪刑法治理规制探究．法制与经济．2018 (06)：166 – 167.

[889] 周佳胜．离岸公司国际避税法律规制问题研究．法制与经济．2018 (06)：133 – 134.

[890] 郑海红．关于劳务派遣法律规制的探析．法制与经济．2018 (06)：86 – 87.

[891] 胡永芬．民法之诚信原则在共享经济中的应用研究．法制与经济．2018 (05)：127 – 128.

[892] 姜盈帆．论控制股东权利滥用的法律规制——以资本多数决原则为视角．法制与经济．2018 (05)：105 – 107.

[893] 王富世，蔡圣．上海自贸区离岸金融市场准入监管研究．法制与经济．2018 (05)：114 – 116.

[894] 李国铭．民事举证责任规则适用难点及规制路径探析．法制与经济．2018 (05)：81 – 82.

[895] 何麒．电子商务行为的法律性质及电商主体法律责任规制探析．法制与经济．2018 (04)：119 – 120.

[896] 杨旭．有限代孕法律规制研究．法制与经济．2018 (03)：99 – 101.

[897] 程琛．新《刑事诉讼法》下隐匿身份侦查的困境及法律规制探究．法制与经济．2018 (03)：141 – 144.

[898] 张逸娜．浅析共享单车平台的法律规制．法制与经济．2018 (02)：94 – 95.

[899] 李照东，张继文．专利权滥用反垄断规制的哲学辩护．法制与经济．2018 (02)：32 – 34.

[900] 张馨予，陈昊．劳务派遣中同工同酬的法律规制研究．法制与经济．2018 (02)：191 – 192.

[901] 胥运帷．探析“两权”适度分离破解村民自治所致的权利冲突．法制与经济．2018 (01)：184 – 186.

[902] 杜贵蓉．北极航道石油污染预防法律规制．法制与经济．2018 (01)：20 – 23.

[903] 吴丁旺．知识产权刑事犯罪基础理论之知识产权垄断研究．法制与经济．2018 (08)：

47 –48.

［904］王智远．我国企业并购所得税制之研究——基于企业所得税与个人所得税协调一致的视角．法制与经济．2018（01）：118 –121.

［905］易际娟，陈美红，王亚萍．浅谈民用无人机监管的制度困境与路径选择．法制与经济．2018（11）：72 –74.

［906］陈烜．浅谈机动车安全技术检验监管工作的规范化管理．法制与经济．2018（08）：42 –43.

［907］刘睿暄．网络直播产生的法律问题及解决对策．法制与经济．2018（07）：104 –106.

［908］樊邦来．探究“健康城市”的食品安全问题治理——以上海市、宁波市为例．法制与经济．2018（04）：97 –99.

［909］方文．负面清单模式对我国外商投资准入制度的影响研究．法制与经济．2018（02）：117 –118.

［910］于龙涛．反垄断执法新常态下快消行业企业的挑战．法制与社会．2018（35）：75 –76.

［911］刘景春．淘宝“十月围城”事件双方当事人行为的违法性分析．法制与社会．2018（25）：69 –70.

［912］王月．标准必要专利信息不披露行为问题研究——以反垄断法为视角．法制与社会．2018（07）：88 –90.

［913］何雨航．从ofo和摩拜的合并传闻谈我国反垄断的法律规制．法制与社会．2018（05）：76 –77.

［914］张鹏，王超．加强网络空间治理的路径研究——以P2P网络借贷平台的法律规制为视角．法制与社会．2018（36）：128 –131.

［915］文翔．互联网分享经济对行政法规制的挑战与措施．法制与社会．2018（35）：138 –139.

［916］邹竞颖．试论区块链背景下智能合约的法律属性．法制与社会．2018（35）：18 –21.

［917］王玉童．滴滴打车平台的法律责任．法制与社会．2018（35）：64 –65.

［918］赵首元．浅析行政审判中的法律漏洞及修复．法制与社会．2018（35）：109 –110.

［919］郑珏．知识产权滥用及其法律规制．法制与社会．2018（34）：24 –25.

［920］张欣钰．网络用户协议中争议解决条款的适用及实证分析．法制与社会．2018（34）：44 –45.

［921］纪然．浅谈我国生育权保护法律实践．法制与社会．2018（34）：216 –231.

［922］于嘉仪，张朔，鲍润楠．刷单炒信行为刑法规制途径探析．法制与社会．2018（34）：54 –56.

［923］宋泰玮，宋慈，邢梦宇，赵丽楠，徐静柳．大数据时代下网络隐私权的刑法保护研究．法制与社会．2018（34）：238 –240.

［924］孙露．“一带一路”倡议下我国海外能源投资的若干法律问题研究——以我国投资俄罗斯能源为例．法制与社会．2018（34）：71 –72.

［925］宋雨蒙．民间借贷虚假诉讼的法律规制．法制与社会．2018（34）：79 –80.

［926］杨璎，李衡．浅论保安服务业法律规制中的刑行衔接．法制与社会．2018（33）：215 –216.

［927］柬秀珍，周心慧．职业打假人的消费者身份认定与法律规制研究．法制与社会．2018（33）：60 –61.

［928］严伟青，谷莺．以刑事司法为重点探讨校园暴力治理之法律完善．法制与社会．2018（33）：149 –150.

［929］曾昕，刘滔．创新与规范：区块链企业合法性审查的思考．法制与社会．2018（33）：

73 –74.

［930］张为民．商事领域犯罪法律规制研究．法制与社会．2018（32）：20 –22.

［931］高美娜．知识产权相关的不正当竞争行为及其规制．法制与社会．2018（31）：44 –45.

［932］孙玉国．浅谈商品房销售的欺诈现象及法律规制．法制与社会．2018（31）：89 –90.

［933］程爽．恶意民事诉讼的法律规制．法制与社会．2018（31）：40 –41.

［934］张开羽．浅议个人网络募捐的违法性及其法律规制．法制与社会．2018（29）：36 –37.

［935］洪汝逵．以民商法视角来看我国 P2P 网络借贷平台中的法律问题．法制与社会．2018（29）：59 –61.

［936］李艳天，李林林．英、法两国 PPP 法律规制的比较分析．法制与社会．2018（28）：74 –75.

［937］朱舒凡．利用互联网消费信贷套现的刑法学分析——以花呗为例．法制与社会．2018（28）：88 –89.

［938］严骥．房地产信托股权模式的创新与规制——以名义股东与实质股东为展开．法制与社会．2018（28）：86 –87.

［939］陈思信，刘欣．民用无人机监管的困境与对策．法制与社会．2018（27）：156 –158.

［940］黄慧崇．P2P 网络借贷的刑法规制问题分析．法制与社会．2018（27）：70 –71.

［941］李凯蒙．共享经济模式下网约车的法律规制．法制与社会．2018（27）：247 –248.

［942］李静．浅析对滥用行政起诉权行为规制．法制与社会．2018（27）：91 –92.

［943］刘彻，李一凡．网络表达权的保护和规制．法制与社会．2018（26）：213 –214.

［944］李雨默．浅析民用核能的法律规制．法制与社会．2018（26）：37 –38.

［945］万诗雄，熊玉桥．浅析恶势力犯罪的法律规制．法制与社会．2018（26）：39 –40.

［946］王红斌，李晓丽．试析人民检察院对仲裁司法的监督规制．法制与社会．2018（26）：102 –103.

［947］陈正月．死者隐私与刑事侦查权冲突和规制——基于死者人格利益的思考．法制与社会．2018（25）：216 –218.

［948］唐丽．介绍卖淫行为的刑法规制问题研究．法制与社会．2018（25）：60 –64.

［949］卢欣可，王超颖，周潇敬，赵煊贺，师凤．共享单车致人损害问题的对策与相关法律规制．法制与社会．2018（24）：54 –55.

［950］朱李越，穆梦晓．共享经济与行政规制——以“专车”共享经济为例．法制与社会．2018（24）：85 –86.

［951］林毅斌，盛梓铭．涉毒案件中诱惑侦查的法律规制．法制与社会．2018（24）：48 –49.

［952］齐绪震．论我国智能投资顾问规制路径的选择．法制与社会．2018（24）：72 –73.

［953］付韫桦．无人汽车事故责任主体的规制路径探析．法制与社会．2018（23）：221 –222.

［954］张奥．网络恐怖主义犯罪及其法律规制．法制与社会．2018（23）：25 –26.

［955］毛颖达．互联网不正当竞争行为的法律规制及完善建议．法制与社会．2018（23）：40 –42.

［956］杜彬，任佳．论习近平舆论观下网络安全法律规制与政府监管对策．法制与社会．2018（22）：119 –120.

［957］杨珺．中国食品安全监管中行政法的规制分析．法制与社会．2018（22）：121 –122.

［958］潘静，宋凌瑶．校园外卖的食品安全规制研究——以河北高校为例．法制与社会．2018（22）：140 –141.

［959］张羽．法治化视阈下网约车规制的挑战与应对．法制与社会．2018（22）：138 –139.

［960］陈韩杰．以诱惑侦查手段破获的毒品犯罪案件之证据认定．法制与社会．2018（22）：

101 – 118.

［961］何芷怡．浅谈共享经济的法律规制问题——以互联网专车为例．法制与社会．2018（21）：76 – 77.

［962］王楠．探析商业银行隐形“刚兑”之法律监管与风险抑制——基于《资管新规》的视域下．法制与社会．2018（20）：68 – 69.

［963］刘素．国际贸易中限制竞争行为及其法律规制．法制与社会．2018（20）：61 – 63.

［964］马雪萌．人工智能时代的侵权责任研究——以无人驾驶汽车为例．法制与社会．2018（19）：48 – 49.

［965］高林雪．对扶贫资金截留贪污的犯罪行为规制．法制与社会．2018（19）：63 – 64.

［966］贾梦晨．“互联网 +”时代下搜索引擎竞价排名的法律规制．法制与社会．2018（19）：45 – 47.

［967］刘畅．网约车保险模式法律问题研究．法制与社会．2018（19）：59 – 60.

［968］付嗣全．我国劳务派遣的法律规制分析．法制与社会．2018（19）：57 – 58.

［969］冯建新．网络造谣、传谣行为刑法规制研究．法制与社会．2018（18）：233 – 234.

［970］李玉静，王晶晶．论如何完善对 LGBT 群体性犯罪的规制——以《刑法》第 236、237 条为视角．法制与社会．2018（18）：21 – 22.

［971］刘懿萌．网约车法律规制中应处理好的几个问题．法制与社会．2018（16）：169 – 170.

［972］汤源馨．北京市网约车服务法律规制评析．法制与社会．2018（15）：158 – 159.

［973］子映湘．论网络舆情的特点及其立法现状．法制与社会．2018（15）：237 – 238.

［974］董亚琦．私募股权基金法律规制及其完善研究．法制与社会．2018（15）：80 – 81.

［975］秦晓玉．浅议行政垄断的法律规制——以全国首例行政垄断诉讼案件为引．法制与社会．2018（14）：104 – 105.

［976］孙均敏．企业惩戒权的法律规制研究．法制与社会．2018（14）：34 – 35.

［977］安童．农村土地股份合作社法律规制研究．法制与社会．2018（13）：88 – 89.

［978］张东方．第三方支付市场准入法律规制研究．法制与社会．2018（13）：71 – 72.

［979］方莹．宜昌市磷化工产业发展的环境法律规制．法制与社会．2018（12）：153 – 154.

［980］马文静．浅析代孕合法化及其法律规制问题．法制与社会．2018（12）：214 – 216.

［981］王高迪．格式合同免责条款的民商法规制研究．法制与社会．2018（12）：231 – 232.

［982］刘梦洁．新闻聚合 App 的侵权规制路径探讨．法制与社会．2018（12）：248 – 250.

［983］梁文超．网络租房法律规制研究．法制与社会．2018（12）：80 – 83.

［984］周律格．解析考生在我国国家考试中实施作弊行为的法律责任——以 2016 年首例考研替考案切入．法制与社会．2018（12）：209 – 211.

［985］崔馨予．违法建筑的法律定位．法制与社会．2018（12）：161 – 162.

［986］夏英杰．“校园贷”现状分析及法律规制．法制与社会．2018（12）：92 – 93.

［987］余越洋．论人工智能技术的立法规制——以人工智能给社会治安带来的新挑战为切入点．法制与社会．2018（11）：207 – 208.

［988］车若雯．网络消费信贷产品套现行为的刑法规制．法制与社会．2018（11）：81 – 82.

［989］宋天骐．农地金融化的囹途：我国农村金融机构法制化改革的探索．法制与社会．2018（11）：78 – 80.

［990］汪杭丹，李京津，汪琴．论大学生校园网贷的法律规制．法制与社会．2018（11）：83 – 84.

［991］杨雨晨．互联网领域商业诋毁行为及其法律规制的研究．法制与社会．2018（11）：90 – 92.

[992] 王百合．在线旅游时代消费者权益维护的法律规制．法制与社会．2018（10）：241－242.

[993] 曾扬杨．校园网络借贷问题及其法律规制．法制与社会．2018（10）：86－88.

[994] 郭胜男，倪佳纯．大学生网络贷款平台催收方式法律问题研究．法制与社会．2018（10）：93－94.

[995] 李红晓．论网络谣言的法律规制．法制与社会．2018（09）：41－42.

[996] 赵永健．酒后驾驶的行政法律规制报告．法制与社会．2018（09）：56－59.

[997] 王净南．浅析网络销售保健品监管的相关法律问题．法制与社会．2018（09）：178－179.

[998] 梁陈元．代孕立法规制研究．法制与社会．2018（09）：209－210.

[999] 王怡之．反商业贿赂的法律缺失与对策．法制与社会．2018（09）：64－65.

[1000] 刘轶凝．我国知识产权侵权行为特征与规制策略探讨．法制与社会．2018（08）：241－242.

[1001] 尹强．浅析互联网保险的制约因素及法律规制．法制与社会．2018（08）：75－76.

[1002] 陶宁．网络骗捐行为若干法律问题研究——以刑法规制为视角．法制与社会．2018（07）：63－65.

[1003] 魏霄翔．共享经济的法律规制问题——以互联网专车为例．法制与社会．2018（06）：137－138.

[1004] 余向阳，苏根荣，黄薇．交通事故纠纷案件保险人滥用诉权的应对．法制与社会．2018（06）：53－87.

[1005] 邓建．缺席审判被当事人不当利用的法律规制．法制与社会．2018（06）：100－101.

[1006] 邢嘉悦．如何发挥法律对校园暴力的规制作用．法制与社会．2018（05）：177－178.

[1007] 涂明辉．网络舆论监督法律机制研究．法制与社会．2018（05）：30－31.

[1008] 喜炎，刘小彦．论航空垄断行为的法律规制．法制与社会．2018（05）：242－243.

[1009] 杨洵．浅析共享单车押金的金融法律风险及其规制．法制与社会．2018（05）：74－75.

[1010] 麦智杰．论校园网络借贷的法律问题与规制路径．法制与社会．2018（05）：84－86.

[1011] 潘涛．论政治行为的法律规制．法制与社会．2018（04）：121－122.

[1012] 张宁．我国代孕的行政规制模式探析．法制与社会．2018（04）：41－42.

[1013] 李一可．刍议城市房屋租赁中介市场的法律规制．法制与社会．2018（04）：39－40.

[1014] 张敏，张婉怡．论“一带一路”背景下 PPP 项目立法的必要性——基于法经济学视角的分析．法制与社会．2018（03）：73－75.

[1015] 袁慧敏，韩孟君．快递服务公司免责条款——不可抗力的界定．法制与社会．2018（03）：56－57.

[1016] 何昊．我国民间融资刑法规制体系的构建与完善．法制与社会．2018（03）：83－85.

[1017] 臧冬斌．食品源头环节刑事规制．法制与社会．2018（03）：210－211.

[1018] 杨旭．论网络平台新型不正当竞争行为的法律规制．法制与社会．2018（03）：86－87.

[1019] 李超，张祚维，李洋．刍议打折机票“退改签”的法律规制．法制与社会．2018（03）：91－93.

[1020] 吴苑．物流领域政府监管信息共享机制建设的现状、问题及对策．法制与社会．2018（03）：179－180.

[1021] 冯娴．婚外同性同居的法律规制．法制与社会．2018（02）：245－246.

[1022] 王光星．我国网络反腐的法律规制研究初探．法制与社会．2018（02）：128－129.

[1023] 凡冬梅．企业商事信用缺失的民商法规制探究．法制与社会．2018（01）：228－229.

[1024] 张平．民生刑法视角下食品安全犯罪之刑法规制．法制与社会．2018（01）：25－26.

[1025] 裴久徵．互联网金融下分析我国股权众筹法律规制的完善．法制与社会．2018（01）：

87 - 88.

［1026］张履正．浅谈法律对新事物的容忍与规制——以新生互联网产品为例．法制与社会．2018（01）：209 - 210.

［1027］龚楷迪．医药领域易发生垄断的原因探究．法制与社会．2018（18）：249 - 250.

［1028］田浩男．知识产权刑事犯罪基础理论之知识产权垄断．法制与社会．2018（03）：215 - 216.

［1029］杨旭．论互联网时代“杀熟”现象的法律监管．法制与社会．2018（18）：142 - 143.

［1030］郑男，王佳．中企美国并购国家安全审查问题．法制与社会．2018（12）：67 - 68.

［1031］王敏琴．股权并购法律实务问题研究．法制与社会．2018（16）：91 - 92.

［1032］王正．投资并购法律风险控制研究．法制与社会．2018（18）：73 - 74.

［1033］陆明．论我国劳动力市场的演进与劳动关系的构建．法制与社会．2018（36）：245 - 246.

［1034］高昕菡．共享单车法律监管问题研究．法制与社会．2018（35）：62 - 63.

［1035］康娜．浅析山西省省属国有企业投资的监管要求．法制与社会．2018（33）：91 - 92.

［1036］王宏伟．将游戏应用于行业基层单位在岗培训工作的尝试．法制与社会．2018（33）：163 - 164.

［1037］李丰宇．从法律责任视角论证券市场内幕交易行为监管．法制与社会．2018（29）：57 - 58.

［1038］杨贵新．监管安全工作的“小问题”隐藏的“大隐患”．法制与社会．2018（25）：173 - 174.

［1039］卢珊，敖旭，陈晓玉，杨能，李化梅．浅谈养老机构监管制度的立法现状及完善．法制与社会．2018（22）：37 - 38.

［1040］谭卜铭，胡兆超，李雨，满蓉桦，李姣．共享单车法律问题的解决对策——以长沙市为例．法制与社会．2018（22）：41 - 42.

［1041］王兴．融资融券法律制度分析．法制与社会．2018（20）：64 - 65.

［1042］赵勇，姬云香．“一带一路”视域下综合保税区监管模式研究．法制与社会．2018（20）：156 - 157.

［1043］刘桂贤，李永彩，魏慧超．快递行业需要建立信用积分制度．法制与社会．2018（18）：225 - 226.

［1044］姜嘉莹，蔡维德．北美数字资产监管革命以及可能对国外代币市场带来的冲击．法制与社会．2018（16）：74 - 75.

［1045］陈丽慧，高妍，刘演强，崔宇华，郐凤珍．个人信息泄露的事前防范研究——以监管和行业自律为切入点．法制与社会．2018（16）：165 - 168.

［1046］张延悦．北京市网络预约出租车事前监管制度评析．法制与社会．2018（16）：48 - 49.

［1047］陈序溢，孙可平．论互联网金融消费者知情权的法律保护．法制与社会．2018（14）：78 - 79.

［1048］董怡平．沈阳市共享单车的运营、风险与监管研究．法制与社会．2018（08）：145 - 146.

［1049］王健飞．网络直播的乱象以及对策分析．法制与社会．2018（07）：159 - 160.

［1050］金诚．浅析基层市场监管中的选择性执法困局．法制与社会．2018（06）：171 - 172.

［1051］严玉莹．网络运营法律监管研究．法制与社会．2018（05）：162 - 163.

［1052］覃林．网约车合法化及监管问题研究．法制与社会．2018（05）：160 - 161.

［1053］周海荣．监管经营过期食品的法律困境——以深圳为例．法制与社会．2018（04）：

139－141.

［1054］唐声文．法治视域下食品质量安全研究．法制与社会．2018（02）：132－133.

［1055］邝平．共享单车有关治安问题研究．法制与社会．2018（01）：141－142.

［1056］郭子升．人人诉百度案的再思考．法制与社会．2018（26）：43－47.

［1057］贾海龙，周阳．美国“行政国”的理论与实践．法治社会．2018（06）：117－126.

［1058］贾学胜，肖敏．民间借贷的法律规制逻辑与刑法干预．法治社会．2018（02）：117－126.

［1059］刘素华．大数据时代的公民数据信息安全规制问题研究．法治研究．2018（06）：57－65.

［1060］吕明瑜．数字音乐版权独家授权的垄断规制问题．法治研究．2018（05）：51－53.

［1061］杨海坤，郝炜．共享单车的行政法调控——兼评互联网新经济的行政法调控模型．法治研究．2018（04）：40－57.

［1062］李宇．徘徊于自治与管制之间：外国投资法草案述评．法治研究．2018（03）：10－19.

［1063］王健．数字音乐相关市场界定的思考．法治研究．2018（05）：41－44.

［1064］关仕新．对互联网金融的客观画像．方圆．2018（04）：60－61.

［1065］崔书健．并购升级．纺织科学研究．2018（12）：36－37.

［1066］邓勇胜，林希平．深度链接行为入罪化的困境与出路．佛山科学技术学院学报（社会科学版）．2018（01）：22－26.

［1067］段贞锋．基于“一带一路”背景下的中国茶叶贸易法律规制问题研究．福建茶叶．2018（10）：48.

［1068］马永平．中小茶企互助性信用担保的民法规制的具体建议．福建茶叶．2018（10）：85.

［1069］陆丽．浅谈我国茶叶食品安全犯罪的刑法规制现状及建议．福建茶叶．2018（02）：9.

［1070］徐武．共享单车押金返还之法律规制．福建广播电视大学学报．2018（03）：49－51.

［1071］胡睿超．职业资格“挂靠”行为的公共规制路径研究．福建行政学院学报．2018（02）：14－22.

［1072］洪东升．关注监管问题规范财务管理和信息披露．福建建材．2018（01）：98－100.

［1073］陈象艺．湾坞产业新城控制性详细规划编制方法研究——基于生态理念．福建建筑．2018（11）：1－5.

［1074］陈伟铭．上市公司控制并购基金的法律路径及悖论．福建金融．2018（12）：44－50.

［1075］刘薇．国际金融危机后对冲基金业的发展与监管．福建金融．2018（08）：44－49.

［1076］张琦．政府信息公开行政滥诉及其法律规制．福建警察学院学报．2018（06）：59－66.

［1077］李敏．我国网约车监管问题与对策．福建警察学院学报．2018（06）：26－33.

［1078］贾成宝，傅秀连．“网络黑社会”的刑法规制与体系化应对——以“沉默的螺旋”效应为视角．福建警察学院学报．2018（05）：31－39.

［1079］许新承．我国劳务派遣法律规制及其完善．福建警察学院学报．2018（03）：81－88.

［1080］蔡婷婷．操纵证券市场犯罪刑法规制路径之优化——基于2010—2017年相关裁判案例的实证分析．福建警察学院学报．2018（02）：62－70.

［1081］张荣芳，罗曼．论我国“民间”票据融资行为及其规制．福建论坛（人文社会科学版）．2018（05）：36－43.

［1082］胡雪萍，陶静．供给侧结构性改革下环境规制对绿色技术创新的影响——基于30个省市动态面板数据的实证分析．福建论坛（人文社会科学版）．2018（01）：44－53.

［1083］高瑜玲，林翊．环境规制对区域生态效率的影响——基于中国省际面板数据的检验．福建农林大学学报（哲学社会科学版）．2018（03）：44－50.

［1084］吴琼梅．农药使用环节监管现状及推进措施——以南平市为例．福建农业科技．2018（03）：51－53.

［1085］李明星，吴俊芳．新业态背景下集体建设用地入市供地监管研究——基于成都市郫都区改革试点案例分析．阜阳师范学院学报（社会科学版）．2018（06）：132－135.

［1086］姚荣．从程序性管制走向监管型治理：法德两国公立高校与政府关系变革的法律透视．复旦教育论坛．2018（06）：48－55.

［1087］董圣足．民办学校“关联交易”的规制与自治．复旦教育论坛．2018（04）：30－36.

［1088］熊庆年，蔡樱华．高校学术权力组织的制度再造与政府规制．复旦教育论坛．2018（04）：37－42.

［1089］李奇．美国高校年度报告的法律规制研究．复旦教育论坛．2018（01）：42－47.

［1090］黄雯，杨柳青．管理者代理动机与并购绩效：246起国有上市公司并购样本．改革．2018（09）：115－125.

［1091］刘菁．二次元文化对我国青年成长的影响及其规制．改革与开放．2018（18）：137－139.

［1092］赵梓含．高校大学生裸贷乱象背后的法律问题及规制研究．改革与开放．2018（12）：66－67.

［1093］林丽丽．“为官不为”的生成逻辑及其规制．改革与开放．2018（10）：54－55.

［1094］董翔．网约车运行中的政府规制研究——以徐州市为例．改革与开放．2018（09）：34－36.

［1095］陈铭璇，程珍珍，陈琼花．共享经济下基于共享单车规制问题研究．改革与开放．2018（09）：64－65.

［1096］杨芳，许丹敏，邬艳梅，陈创菊．政府规制与行业自律并行的家政行业监管体系研究．改革与开放．2018（03）：114－116.

［1097］滕曼茹．管理者背景特征对公司并购决策影响的研究．改革与开放．2018（24）：25－27.

［1098］诺敏，李琪．快消品非技术性创新与市场势力——以瓶装水市场为例．改革与开放．2018（13）：21－24.

［1099］刘维维，李后建．政府管制、市场竞争与企业资源投资——来自中国企业信息技术资源投资的证据．改革与战略．2018（04）：35－42.

［1100］余子威．中国企业跨国并购文化重组的冲突与化解．改革与战略．2018（12）：97－103.

［1101］许俊伟．我国商事制度改革的时代价值与深化路径．改革与战略．2018（10）：32－36.

［1102］陕进忠．影响提高临夏县畜产品质量安全的因素与应对措施探析．甘肃畜牧兽医．2018（06）：20－21.

［1103］申纯，胡桑．二孩政策下女性就业歧视现状及法律规制．甘肃广播电视大学学报．2018（04）：48－51.

［1104］李靖，陈兵．论商品房交易中欺诈行为的法律规制．甘肃广播电视大学学报．2018（01）：63－66.

［1105］孙志建．迈向助推型政府监管：机理、争论及启示．甘肃行政学院学报．2018（04）：57－66.

［1106］王薇．我国互联网金融发展的风险与监管．甘肃金融．2018（11）：42－43.

［1107］李栋．甘肃省结构性存款业务发展问题研究．甘肃金融．2018（07）：32－34.

［1108］王宗祥．2017年我国新出台金融监管政策及其对金融业的影响分析．甘肃金融．2018（02）：24－27.

［1109］温万德．关于商业银行同业业务监管的几点思考．甘肃金融．2018（01）：30－34.

［1110］苏杭，丁静之，姜磊．基于价格歧视的铁路货运定价方案．甘肃科技．2018（13）：66－68.

［1111］高延德．甘肃铁通网内专线用户纳入移动管控平台的实现方案．甘肃科技．2018（05）：8－10.

［1112］王瑜．工程建设招投标过程存在的问题及改善建议．甘肃科技．2018（03）：9－10.

［1113］苏楠楠．基于财务指标角度的并购战略分析——以沃森生物为例．甘肃科技纵横．2018（07）：72－76.

［1114］赵息，刘欣．稳增长背景下并购支付方式与并购绩效研究．甘肃科学学报．2018（01）：118－122.

［1115］张永杰，刘媛媛，张曦匀．投资者有限关注与并购重组事件的停牌效应．甘肃科学学报．2018（03）：133－140.

［1116］李迪．对赌协议的法律规制．甘肃理论学刊．2018（02）：120－128.

［1117］成随强．浅析通渭县农产品质量安全监管的现状及对策分析．甘肃农业．2018（22）：58－60.

［1118］孙玲．临洮县农产品质量安全监管现状与对策．甘肃农业．2018（08）：21－23.

［1119］曹鹏，白永平．中国省域绿色发展效率的时空格局及其影响因素．甘肃社会科学．2018（04）：242－248.

［1120］陈柳卉，邢天才．我国上市公司并购绩效评价及其发展．甘肃社会科学．2018（04）：235－241.

［1121］孙晋，闫晓梦．反垄断法视角下药品集团采购（GPO）发展困境及突破——以深圳市GPO被国家发改委叫停事件为切入点．甘肃政法学院学报．2018（05）：43－55.

［1122］莫林．网约车规制策略转向：从整体管控到技术治理．甘肃政法学院学报．2018（05）：139－149.

［1123］许明月，单新国．社会性市场监管权主体监管权的法律规制．甘肃政法学院学报．2018（04）：1－11.

［1124］刘乃梁．规制语境下银行业垄断的问题澄清——从经济学到法学的逻辑演进．甘肃政法学院学报．2018（03）：32－43.

［1125］徐涛．论我国市场准入负面清单的完善——基于草案文本限制条款的考察．甘肃政法学院学报．2018（03）：90－99.

［1126］何志鹏，姜晨曦．网络仇恨言论规制与表达自由的边界．甘肃政法学院学报．2018（03）：20－31.

［1127］万艺．"敌人"条款的演变及规制——基于我国宪法文本的分析．甘肃政法学院学报．2018（01）：127－137.

［1128］张生玲，王瑶，李跃．地区雾霾舆论对空气质量有影响吗？——来自中国北方54个地级市月度数据证据．干旱区资源与环境．2018（08）：100－106.

［1129］信春华，赵金煜，蔡国艳．环境规制对煤炭企业生态投资的影响——基于面板数据的实证分析．干旱区资源与环境．2018（03）：17－22.

［1130］谢智慧，孙养学，王雅楠．环境规制对企业环保投资的影响——基于重污染行业的面板数据研究．干旱区资源与环境．2018（03）：12－16.

［1131］罗爱梅．话语民主下"网络暴力"的反思与法律规制．赣南师范大学学报．2018（04）：93－97.

［1132］姚荣．西方国家高等教育质量保障的法律规制及其启示——基于国家与社会互动关系

的视角. 高等教育研究. 2018 (12): 86 – 97.

[1133] 申海平. 外来高等教育资源引进的法律规制——马来西亚、新加坡和香港的经验与启示. 高等教育研究. 2018 (03): 101 – 107.

[1134] 杨芸伊. 干部考核视域下高校中层干部庸能怠业的行为逻辑与制度规制. 高教论坛. 2018 (08): 91 – 94.

[1135] 李慧, 王玉杰, 张静晓. 环境规制下创新型城市技术创新效率测度——以西安为例. 工程管理学报. 2018 (04): 53 – 58.

[1136] 于素芹. 以蒙古某铅锌矿为例探索海内外矿业并购过程中对矿山选矿厂的评判体系. 工程技术研究. 2018 (13): 67 – 69.

[1137] 张晨. 美国外籍建筑师市场准入管理模式概况及其启示. 工程建设与设计. 2018 (05): 14 – 16.

[1138] 靖明. "第二份半价"的诱惑. 工会博览. 2018 (30): 61 – 62.

[1139] 韩冰, 孟凡生. 我国装备制造企业低碳技术创新外部驱动机制分析. 工业工程与管理. 2018 (03): 42 – 49.

[1140] 冯严超, 王晓红. 环境规制对中国绿色经济绩效的影响研究. 工业技术经济. 2018 (11): 136 – 144.

[1141] 郑云虹, 高茹, 李岩. 基于非正式环境规制的污染企业区际间转移决策研究. 工业技术经济. 2018 (10): 137 – 142.

[1142] 李华, 马进. 环境规制对碳排放影响的实证研究——基于扩展STIRPAT模型. 工业技术经济. 2018 (10): 143 – 149.

[1143] 肖德, 侯佳宁. 环境规制技术诱导作用与清洁生产模式对制造业出口竞争力的影响研究. 工业技术经济. 2018 (10): 150 – 160.

[1144] 张倩, 姚平. 波特假说框架下环境规制对企业技术创新路径及动态演化的影响. 工业技术经济. 2018 (08): 52 – 59.

[1145] 宋德勇, 蔡星. 地区间环境规制的空间策略互动——基于地级市层面的实证研究. 工业技术经济. 2018 (07): 112 – 118.

[1146] 王涛, 石丹. 环境规制与区域工业经济增长——规模和效率的门槛效应. 工业技术经济. 2018 (04): 70 – 77.

[1147] 胡雪萍, 方永丽. 中国大气污染的影响因素及防治措施研究——基于STIRPAT模型和固定效应面板模型. 工业技术经济. 2018 (02): 107 – 113.

[1148] 何任, 王纯. 公司并购行为、会计信息质量与高管薪酬变动. 工业技术经济. 2018 (03): 153 – 160.

[1149] 李凯, 郭晓玲, 冯达. 市场势力、技术创新与价格歧视. 工业技术经济. 2018 (09): 3 – 10.

[1150] 李新. 会计稳健性、高管持股与并购决策. 公共财政研究. 2018 (02): 64 – 80.

[1151] 张伟, 刘忻忆. 高溢价视角下的游戏企业并购对赌协议防范商誉减值风险研究——以神州泰岳并购天津壳木为例. 公共财政研究. 2018 (05): 75 – 89.

[1152] 雷艳红. 财政市场: 概念发展与制度存在. 公共行政评论. 2018 (01): 150 – 165.

[1153] 高晓云, 吴金中, 范文姬. 危险货物道路运输分类监管指标设计. 公路交通科技 (应用技术版). 2018 (11): 335 – 337.

[1154] 平怀君. 网约车价格规制研究. 公路与汽运. 2018 (03): 30 – 32.

[1155] 李春青, 柴纪阳. 北京清代蒙古车林巴布郡王府建筑研究. 古建园林技术. 2018 (01): 62 – 66.

［1156］雪球财经，面包财经．中泰化学：并购业绩不达标　股东再套现离场．股市动态分析．2018（19）：31.

［1157］韦顺．海格通信（上）：并购后遗症频发　高成长还看民用．股市动态分析．2018（43）：32－33.

［1158］股市动态分析，南方汇金．中国电影：股权并购致业绩大涨．股市动态分析．2018（44）：18－19.

［1159］绿景控股：传继续寻求并购或股权转让．股市动态分析．2018（44）：28.

［1160］田闯．并购热潮推升商誉　过往减值并不充分．股市动态分析．2018（46）：7－9.

［1161］黄飞翔．共享经济视域下共享单车法律规制研究．管理工程师．2018（04）：59－66.

［1162］沈能，周晶晶．技术异质性视角下的我国绿色创新效率及关键因素作用机制研究：基于 Hybrid DEA 和结构化方程模型．管理工程学报．2018（04）：46－53.

［1163］吴士亮，仲琴，Wortmann Hans，Tan Chee－Wee. 面向 SaaS 模式的价格歧视要素研究．管理工程学报．2018（04）：209－218.

［1164］王涵．我国城市宠物管理现状剖析及反思．管理观察．2018（36）：73－76.

［1165］施元红．自贸区为我国航运市场准入带来新变化的启示．管理观察．2018（32）：48－49.

［1166］高邓．乡村旅游产业政策与行业管理规制研究．管理观察．2018（26）：59－61.

［1167］张显未．地方政府间环境规制政策的比较研究——以粤港区域为例．管理观察．2018（25）：42－45.

［1168］李鸿焕．薪酬激励交易规模与并购绩效研究．管理观察．2018（03）：128－131.

［1169］黄雪勤．企业并购中的财务管理．管理观察．2018（05）：149－150.

［1170］马晓明．试探公司兼并与收购决策中的实物期权方法．管理观察．2018（06）：11－12.

［1171］付晨曦．关于杠杆并购中适应我国的融资方式．管理观察．2018（06）：142－144.

［1172］孙静谦．目标企业股权结构对并购防御的影响．管理观察．2018（07）：135－136.

［1173］范思远．企业并购后财务整合效应的实现路径．管理观察．2018（08）：22－24.

［1174］高传国．大健康产业并购中存在的财务管理问题及对策．管理观察．2018（09）：159－162.

［1175］杜婷婷．企业并购的人力资源整合研究．管理观察．2018（17）：11－12.

［1176］邹杜．企业并购后财务整合问题及对策．管理观察．2018（20）：177－178.

［1177］吉浩，刘灵，李璐．关于医疗行为监管以及信息化发展的思考．管理观察．2018（32）：174－175.

［1178］宁普颖．构建和谐医患关系的对策思考．管理观察．2018（29）：181－183.

［1179］李霄楠．我国互联网金融发展及其监管问题浅谈．管理观察．2018（23）：164－165.

［1180］黄菲菲．企业落实职业病防治主体责任之探讨．管理观察．2018（20）：45－46.

［1181］章泽学．城乡居民基本养老保险基金基层监管问题探析．管理观察．2018（13）：100－101.

［1182］胡邦．互联网第三方支付法律监管问题研究．管理观察．2018（09）：187－188.

［1183］李若鹏．植物提取物行业现状与发展．管理观察．2018（02）：175－176.

［1184］赵爱武，关洪军．企业环境技术创新激励政策优化组合模拟与分析．管理科学．2018（06）：104－116.

［1185］应珊珊，蒋传海．收入共享契约下价格歧视及配置效率分析．管理科学学报．2018（10）：74－83.

［1186］金宇超，靳庆鲁，严青蕾．合谋与胁迫：作为经济主体的媒体行为——基于新闻敲诈曝光的事件研究．管理科学学报．2018（03）：1－22.

［1187］赵凯，王健．企业与政府并购控制的不完全信息动态博弈．管理科学学报．2018（11）：35－49.

［1188］石丽娜，张顺明．暧昧与部分知情交易的资产定价．管理科学学报．2018（12）：70－94.

［1189］冯苏苇，林昌．车牌额度拍卖市场管制有效性及效率改进空间．管理科学学报．2018（09）：12－22.

［1190］曹霞，邢泽宇，张路蓬．政府规制下新能源汽车产业发展的演化博弈分析．管理评论．2018（09）：82－96.

［1191］刘满凤，李昕耀．产业转移对地方环境规制影响的理论模型和经验验证——基于我国产业转移的实证检验．管理评论．2018（08）：32－42.

［1192］翟进步．并购双重定价安排、声誉约束与利益输送．管理评论．2018（06）：212－226.

［1193］金刚，沈坤荣．以邻为壑还是以邻为伴？——环境规制执行互动与城市生产率增长．管理世界．2018（12）：43－55.

［1194］苏治，荆文君，孙宝文．分层式垄断竞争：互联网行业市场结构特征研究——基于互联网平台类企业的分析．管理世界．2018（04）：80－100.

［1195］肖土盛，李丹，袁淳．企业风格与政府环境匹配：基于异地并购的证据．管理世界．2018（03）：124－138.

［1196］肖红军，李井林．责任铁律的动态检验：来自中国上市公司并购样本的经验证据．管理世界．2018（07）：114－135.

［1197］童纪新，王青青．中国重点城市群的雾霾污染、环境规制与经济高质量发展．管理现代化．2018（06）：59－61.

［1198］杨恺钧，王婵．双向FDI、环境规制与环境污染——基于长江经济带面板数据的门槛模型分析．管理现代化．2018（04）：75－77.

［1199］孔海涛．环境规制类型与地区经济发展不平衡．管理现代化．2018（03）：48－50.

［1200］王艳丽，王中影．外商直接投资对技术创新的影响路径分析——基于门槛特征与空间溢出效应．管理现代化．2018（03）：58－61.

［1201］张倩，姚平，邬丽群．环境规制下企业技术创新的动态演化．管理现代化．2018（02）：35－37.

［1202］杨若愚，陈卫东，达娃．委托—代理视角下我国环境监管过程中的多元主体博弈——一个文献综述．管理现代化．2018（02）：123－125.

［1203］张淦．商业银行并购策略研究综述及展望．管理现代化．2018（03）：126－129.

［1204］杨洪涛，李瑞，李桂君．环境规制类型与设计特征的交互对企业生态创新的影响．管理学报．2018（10）：1019－1027.

［1205］孟凡臣，赵中华．跨文化吸收能力对国际并购知识转移影响机制的多案例研究．管理学报．2018（08）：1221－1230.

［1206］李潇．基于农户意愿的国家重点生态功能区生态补偿标准核算及其影响因素——以陕西省柞水县、镇安县为例．管理学刊．2018（06）：21－31.

［1207］李雨石．市场主体的垄断行为．光彩．2018（07）：12－13.

［1208］黎展鹏．基于互联网的音视频监管系统．广播电视信息．2018（06）：43－45.

［1209］王志雄．浅谈电视节目低俗化的监管对策．广播电视信息．2018（04）：54－55.

［1210］王俊驰．基于网络爬虫的智能电视盒子监管方案．广播电视信息．2018（02）：105－107.

［1211］王海萍．基于情感分析的微博舆情监管系统设计与实现．广播与电视技术．2018（01）：109－111.

［1212］张根文，邱硕，张王飞．强化环境规制影响企业研发创新吗——基于新《环境保护法》实施的实证分析．广东财经大学学报．2018（06）：80－88.

［1213］王志红．论情谊行为侵权责任的法律规制．广东蚕业．2018（11）：119－121.

［1214］李晶晶．论代孕的正当性及法律规制．广东蚕业．2018（02）：123－124.

［1215］闭志杰，蔡佳奇．试论微商中虚假宣传的法律规制．广东蚕业．2018（01）：138.

［1216］谢玉娟．以价值评估分析国内银行的并购．广东蚕业．2018（02）：44－45.

［1217］郑惠艳．浅谈险资举牌上市公司的监管．广东蚕业．2018（03）：111.

［1218］刘颖，王岳．药品价格治理主体及其行为规范探讨．广东行政学院学报．2018（03）：67－72.

［1219］曲艺，张华，冯国行，方雁恒，石金平．一种特种设备安全检查的新方案——基于里水镇特种设备普查对特种设备检验监管工作的思索．广东化工．2018（13）：161－163.

［1220］杨琼利．国外主要国家/地区牙膏监管现状分析．广东化工．2018（09）：148－149.

［1221］陈永娟，刘旭，蒲文鹏．黑臭水体评价、监管及模型模拟的应用研究．广东化工．2018（02）：130－131.

［1222］李新仓，阎其华．土地开发权转移框架下我国建设用地指标行政配置的法律规制．广东社会科学．2018（05）：229－236.

［1223］冯辉．公共产品视野下信用卡滞纳金的法律规制．广东社会科学．2018（05）：221－228.

［1224］刘劭君．再论合同格式条款效力规制．广东社会科学．2018（05）：237－245.

［1225］阮汩君．荣誉称号的困境与法律规制．广东社会科学．2018（05）：246－253.

［1226］邱金龙，潘爱玲，张国珍．正式环境规制、非正式环境规制与重污染企业绿色并购．广东社会科学．2018（02）：51－59.

［1227］刘玉芽．跨国并购中权利距离取向对组织公民行为的影响研究——基于变革型领导调节作用的研究框架．广东省社会主义学院学报．2018（03）：103－108.

［1228］臧阿月．论股权众筹的证券法属性与规制．广东石油化工学院学报．2018（05）：13－17.

［1229］杨通新．毒驾入刑研究——以毒驾与醉驾的比较研究为视角．广东石油化工学院学报．2018（02）：21－24.

［1230］李丹．欧盟监管再升级，数字税剑指科技巨头．广东通信技术．2018（10）：32－34.

［1231］许莲华，王海．俄罗斯媒体市场化转型与集中化发展的法律基础．广东外语外贸大学学报．2018（05）：108－113.

［1232］段淳林，杨恒．尺度与边界："创意中插"广告的研究框架与规制构建．广告大观（理论版）．2018（02）：43－48.

［1233］崔立志，常继发．非正式环境规制的就业效应研究——基于空间面板杜宾模型的实证分析．广西财经学院学报．2018（05）：45－57.

［1234］崔仕绣．我国互联网金融领域的涉罪分析与刑法规制．广西大学学报（哲学社会科学版）．2018（04）：117－124.

［1235］李梦，肖燕雄．论我国网络游戏规制中的制度失调问题．广西大学学报（哲学社会科学版）．2018（05）：55－59.

［1236］万里鹏．我国专利行政处罚权的立法规制研究．广西大学学报（哲学社会科学版）．2018（05）：67－71.

［1237］莫洪宪，刘芷含．互联网股权众筹的刑事风险防范及规制．广西大学学报（哲学社会科学版）．2018（02）：27－32.

［1238］李陶深，周雄，黄汝维．云环境下支持多用户的保序加密方案．广西大学学报（自然

科学版). 2018 (03): 1044-1052.

[1239] 陆颖. 大数据产业发展倒逼反垄断规制改革探讨. 广西经济管理干部学院学报. 2018 (01): 95-101.

[1240] 王江伟. 群体性活动法律规制与警务处置的域外经验及启示. 广西警察学院学报. 2018 (04): 13-20.

[1241] 吴纪树. 行政法成本收益分析的美国实践与借鉴——评《为生命定价: 让规制国家更加人性化》. 广西警察学院学报. 2018 (02): 13-17.

[1242] 徐磊. 认罪认罚从宽制度视角下供述自愿性激励保障模式研究. 广西民族大学学报(哲学社会科学版). 2018 (02): 191-196.

[1243] 陈丹妮. 互联网金融股权众筹融资的法律规制与完善——以"厦信贷"为例. 广西民族师范学院学报. 2018 (06): 62-64.

[1244] 宋海彬, 郑志泽. 自媒体语境下网络民族仇恨言论法律规制问题探析. 广西民族研究. 2018 (04): 26-33.

[1245] 缪文升. 人工智能时代个人信息数据安全问题的法律规制. 广西社会科学. 2018 (09): 101-106.

[1246] 石静霞, 张舵. 跨境数据流动规制的国家安全问题. 广西社会科学. 2018 (08): 128-133.

[1247] 林泽昕, 陈超俊. 农地"三权分置"的实践及其法律规制研究. 广西社会科学. 2018 (05): 110-114.

[1248] 周艳云, 周忠学. 第三方资助国际商事仲裁中受资方披露义务的规制——基于"一带一路"视阈. 广西社会科学. 2018 (02): 101-106.

[1249] 冯旺舟, 靳晓斌. 超越网络技术与资本的合谋——论网络技术的溢出效应及其启示. 广西社会科学. 2018 (01): 66-71.

[1250] 穆赤·云登嘉措, 彭瑞花. 内生性规范与外生性规制的统一——论当代宗教事务的依法管理. 广西师范学院学报(哲学社会科学版). 2018 (02): 51-59.

[1251] 林洋. "重拳治贪腐": 关于《刑法修正案(九)》的解读与思考. 广西政法管理干部学院学报. 2018 (06): 25-30.

[1252] 徐汉滨. 参与式治理视阈下"政务微博"的现实困境及其规制之道. 广西政法管理干部学院学报. 2018 (05): 39-43.

[1253] 王勇. 付费搜索广告的法律规制探析. 广西政法管理干部学院学报. 2018 (05): 29-34.

[1254] 应弘毅. "风险共治人": 多元视角下政府角色的应然定位. 广西政法管理干部学院学报. 2018 (04): 122-126.

[1255] 齐爱民, 李维波. 数据挖掘中的权利冲突与法律规制. 广西政法管理干部学院学报. 2018 (04): 3-8.

[1256] 李谦. 私力救济及其法律规制探讨. 广西政法管理干部学院学报. 2018 (04): 111-116.

[1257] 张添舒. 知识产权人拒绝许可的反垄断法分析. 广西政法管理干部学院学报. 2018 (04): 87-93.

[1258] 袁剑瑜. 外卖塑料餐盒的环境资源法律规制——从限塑令到餐盒费. 广西政法管理干部学院学报. 2018 (03): 51-54.

[1259] 杨月, 孔孟佳. 经济法视域下第三方支付法律规制研究. 广西质量监督导报. 2018 (12): 109.

[1260] 沈安琪. 互联网票据理财的法律风险及其防范——以金银猫平台为例. 广西质量监督

导报.2018 (11): 107 - 109.

[1261] 徐博文. 共享经济的法律规制——构建政府和平台企业双重监管体系. 广西质量监督导报.2018 (09): 92 - 94.

[1262] 祝崔南. 共享单车的法律规制问题研究. 广西质量监督导报.2018 (05): 54.

[1263] 陈善. 并购类型与盈余管理. 广西质量监督导报.2018 (06): 44 - 45.

[1264] 冯娅. 企业并购中对赌协议的会计处理分析. 广西质量监督导报.2018 (06): 31 - 52.

[1265] 胡蕴哲. 蒙牛并购雅士利财务整合分析. 广西质量监督导报.2018 (09): 42 - 43.

[1266] 王小瑕. 跨国并购能否带来企业价值增值? ——基于中国上市企业的实证研究. 广西质量监督导报.2018 (12): 57 - 58.

[1267] 范琳, 关宏. 互联网金融背景下我国 P2P 网络借贷存在的风险及对策分析. 广西质量监督导报.2018 (12): 90 - 91.

[1268] 徐乐. 法治视角下微博舆论的监管问题. 广西质量监督导报.2018 (09): 109 - 110.

[1269] 李源, 岳桂华, 渠淑洁, 杨思源. 对民间传统民族医药从业人员及医技的法律监管研究. 广西中医药大学学报.2018 (01): 127 - 130.

[1270] 李天栋, 蒋理. 我国装备制造业跨国并购的经济绩效研究: 基于 DEA 方法的测算. 广义虚拟经济研究.2018 (02): 29 - 37.

[1271] 谢雄伟, 施雄文. 损害商业信誉、商品声誉罪视角下的刑法规制研究. 广州大学学报 (社会科学版).2018 (09): 44 - 51.

[1272] 陈多旺. 食品安全风险评估的程序规制. 广州大学学报 (社会科学版).2018 (01): 56 - 64.

[1273] 王慧君. 经济刑法立法理念与原则论纲. 广州广播电视大学学报.2018 (06): 98 - 106.

[1274] 胡兴洁. 涉法网络舆情危机的刑法规制. 广州广播电视大学学报.2018 (03): 100 - 106.

[1275] 刘正强, 唐铁龙, 刘威尔. 对资源性危险废物应尽快豁免部分管理环节. 广州化工. 2018 (02): 179 - 181.

[1276] 吴丹洁, 黄群慧, 苏俊华. 绿色发展背景下福建滨海生态旅游发展路径与环境规制研究. 贵阳学院学报 (自然科学版).2018 (02): 61 - 67.

[1277] 张成华, 王海军, 王华. 虚拟公司治理视角下国有企业产学研公共地悲剧治理研究——基于寻租、合谋、机会主义行为抑制的中介效应检验. 贵州财经大学学报.2018 (06): 81 - 90.

[1278] 徐琴. 中国企业海外并购绩效评价实证研究. 贵州财经大学学报.2018 (05): 55 - 63.

[1279] 田文勇. 环境规制背景下生猪养殖户适度规模养殖决策分析. 贵州畜牧兽医.2018 (05): 10 - 13.

[1280] 裴煜. 论刑事强制采样法律规制. 贵州警官职业学院学报.2018 (01): 19 - 26.

[1281] 唐华. 民事审判中调查令使用规制和完善——以审判中心主义下的法官指挥权为视角. 贵州警官职业学院学报.2018 (01): 76 - 85.

[1282] 赵万一. 机器人的法律主体地位辨析——兼谈对机器人进行法律规制的基本要求. 贵州民族大学学报 (哲学社会科学版).2018 (03): 147 - 167.

[1283] 翟君, 郭文浩. 文化包容视角下民族地区跨国并购机制研究. 贵州民族研究.2018 (11): 165 - 168.

[1284] 赵卓, 李玖灵. PPP 模式运作及规制研究. 贵州商学院学报.2018 (03): 53 - 59.

[1285] 何晓丹, 沈大军. 农业生物技术市场准入的决策本质与逻辑探讨——基于欧美转基因

生物安全管理制度的比较．贵州社会科学．2018（11）：155－161.

［1286］宋思根．植入式广告的受众反应与规制依据．贵州省党校学报．2018（03）：89－97.

［1287］刘强，郑日晟．职务发明报酬法律规制正当性研究．贵州师范大学学报（社会科学版）．2018（01）：139－152.

［1288］曾林．生态理性的张扬与经济理性的规制——基于习近平生态文明建设思想的辩证思考．桂海论丛．2018（03）：40－45.

［1289］申华林．新时代法治政府建设研究．桂海论丛．2018（03）：86－90.

［1290］侯鹏．商事仲裁中的第三方出资及其规制．国际法研究．2018（05）：87－101.

［1291］肖笛，常云波，魏彤．跨国并购的整合实践——以中国交建对康科玛特公司为例．国际工程与劳务．2018（09）：69－71.

［1292］何卉，常云波．境外混合所有制探索——以中国交建并购巴西咨询公司为例．国际工程与劳务．2018（12）：71－72.

［1293］林振明，屠莉云．象山县医疗器械计算机信息化质量管理及智能监管的实践与思考．国际检验医学杂志．2018（11）：1396－1399.

［1294］王晓明．新形势下村镇银行并购趋势与实践．国际金融．2018（12）：23－25.

［1295］益言．关于对银行卡支付行业监管的国际比较．国际金融．2018（07）：27－31.

［1296］曾繁荣．人工智能在金融行业的应用与影响．国际金融．2018（04）：36－42.

［1297］范文仲，李伟．美、英等国家现金贷款业务发展的教训及启示．国际金融．2018（03）：13－16.

［1298］孙慧，陈传兴．主并企业的成长性、股权集中度与并购溢价水平——基于非国有上市公司的实证研究．国际经济合作．2018（07）：89－95.

［1299］聂平香．融资租赁业利用外资：发展现状、问题及对策．国际经济合作．2018（02）：84－87.

［1300］周建军．寡头竞合与并购重组：全球半导体产业的赶超逻辑．国际经济评论．2018（05）：135－156.

［1301］李冬冬．TBT 协定规制目标正当性审查之研究．国际经贸探索．2018（07）：94－106.

［1302］赵竞竞．银行业外资“准入前国民待遇”制度比较——以上海自贸区的实践为视角．国际经贸探索．2018（02）：69－82.

［1303］齐俊妍，高明．服务贸易限制的政策评估框架及中美比较——基于 OECD－STRI 数据库的分析．国际经贸探索．2018（01）：4－18.

［1304］柯美高．国际贸易与庇古税规则——基于完全垄断的视角．国际经贸探索．2018（10）：17－30.

［1305］任康钰，谢丹，孙文莉．金砖国家国际并购的决定因素及实证分析．国际经贸探索．2018（06）：78－92.

［1306］薛新红，王忠诚．东道国金融自由化与跨国并购——来自全球金融危机后中国企业的经验证据．国际经贸探索．2018（07）：79－93.

［1307］蒲红霞，葛顺奇．美国的外资安全审查制度与我国企业跨国并购的对策．国际贸易．2018（03）：51－55.

［1308］张晓涛．“万华化学”跨国并购：从最佳重组交易到海外产业园区建设．国际贸易．2018（05）：44－50.

［1309］郭凌威，闫实强，李思静．中国企业海外并购逆向技术溢出效应研究．国际贸易．2018（05）：31－36.

［1310］谢会强，黄凌云，刘冬冬．全球价值链嵌入提高了中国制造业碳生产率吗．国际贸易

问题.2018（12）：109－121.

［1311］吕建兴，曾寅初.中国FTA中原产地规则例外安排对农产品进口的影响.国际贸易问题.2018（11）：132－144.

［1312］傅京燕，胡瑾，曹翔.不同来源FDI、环境规制与绿色全要素生产率.国际贸易问题.2018（07）：134－148.

［1313］韩先锋，惠宁，宋文飞.OFDI逆向创新溢出效应提升的新视角——基于环境规制的实证检验.国际贸易问题.2018（04）：103－116.

［1314］高厚宾，吴先明.新兴市场企业跨国并购、政治关联与创新绩效——基于并购异质性视角的解释.国际贸易问题.2018（02）：137－148.

［1315］薛安伟.跨国并购对企业管理效率的影响研究——基于倾向得分匹配方法的实证分析.国际贸易问题.2018（03）：24－36.

［1316］朱学红，张宏伟，李心媛.中国稀土国际市场势力测度及政策有效性研究.国际贸易问题.2018（01）：32－44.

［1317］仅一.2017年中企海外并购回归理性.国际融资.2018（01）：21－23.

［1318］曹月佳.企业并购的经验分享.国际融资.2018（02）：52－55.

［1319］李路阳，杨云舒.何为最好的企业并购？.国际融资.2018（02）：8－13.

［1320］董贵昕.说说海外并购.国际融资.2018（10）：42－44.

［1321］贺之杲.中国企业并购欧洲企业的成功案例——烟台万华收购匈牙利宝思德公司.国际融资.2018（11）：47－50.

［1322］赵海乐.贸易自由的信息安全边界：欧盟跨境电子商务规制实践对我国的启示.国际商务（对外经济贸易大学学报）.2018（04）：134－145.

［1323］金巍，毛广雄，刘双双，王呈祥.FDI、环境规制对工业用水效率的门槛效应研究.国际商务（对外经济贸易大学学报）.2018（02）：100－112.

［1324］陈虹，杨巧.基于地方政府竞争视角的环境规制对出口的影响研究.国际商务（对外经济贸易大学学报）.2018（01）：12－22.

［1325］黄亮雄，钱馨蓓，李青.领导人访问与中国企业在"一带一路"沿线国家的海外并购.国际商务（对外经济贸易大学学报）.2018（06）：47－60.

［1326］何珊."互联网＋"背景下传统企业并购转型研究——以电广传媒为例.国际商务财会.2018（04）：75－78.

［1327］陈珊.企业并购风险及其防范.国际商务财会.2018（05）：68－69.

［1328］游建民.企业并购定价博弈的案例研究.国际商务财会.2018（08）：36－41.

［1329］王占龙.企业并购中目标企业价值评估方法比较——以日出东方并购帅康电气为例.国际商务财会.2018（09）：22－28.

［1330］王奇波.基于产权安排的境外并购风险防范.国际商务财会.2018（09）：6－7.

［1331］杨晓彤."上市公司＋PE"并购：合作模式、风险与对策.国际商务财会.2018（12）：28－31.

［1332］沈泽琴.论企业并购的财务风险及其规避.国际商务财会.2018（12）：39－41.

［1333］孙南申.PPP模式投资风险的法律规制.国际商务研究.2018（03）：12－24.

［1334］王淑敏，陈晓.中国建设自由贸易港的离岸金融监管问题研究.国际商务研究.2018（04）：19－27.

［1335］侯明扬.2017年全球油气资源并购市场特点及前景展望.国际石油经济.2018（03）：28－35.

［1336］卢家银.社交媒体对青年政治参与的影响及网络规制的调节作用——基于大陆九所高

校大学生的调查研究．国际新闻界．2018（08）：98－121.

［1337］陈绚．美国“外国代理人”注册媒介宣传游说规制．国际新闻界．2018（01）：142－153.

［1338］赵睿，喻国明．“互联网下半场”中传媒经济研究的问题意识与技术进路——基于2017年中国传媒经济研究的文献分析．国际新闻界．2018（01）：59－71.

［1339］熊跃敏，梁喆旎．虚假诉讼的识别与规制——以裁判文书为中心的考察．国家检察官学院学报．2018（03）：158－169.

［1340］国家检察官学院课题组，朱丽欣．P2P网络借贷平台异化的刑事规制．国家检察官学院学报．2018（01）：76－95.

［1341］石敏俊．环境规制促进产业转型：浙江上虞的经验与启示．国家治理．2018（12）：39－43.

［1342］刘春生．海外并购与中国企业技术创新．国家治理．2018（28）：10－15.

［1343］才大颖．把握全球发展机遇　推动品牌战略并购．国企管理．2018（01）：50－52.

［1344］董雷．美的并购德国库卡始末．国企管理．2018（17）：94－97.

［1345］董为红，胡碧霞，乌日娜．加强我国国有土地资产管理的建议．国土资源情报．2018（01）：9－12.

［1346］谢国荣，王迟，黄子杰，徐琼．基于数据挖掘的能源监管系统研发．国外电子测量技术．2018（04）：70－77.

［1347］张佳华，鞠成伟．新自由主义市场规制理论及其批判．国外理论动态．2018（08）：34－43.

［1348］乌尔里希·布兰德，克里斯蒂娜·迪茨，米里亚姆·兰，刘琦．拉丁美洲的新榨取主义：全球资本主义动力机制的新表现．国外理论动态．2018（01）：54－67.

［1349］饶恒．海外并购如何跳出“七七定律”．国资报告．2018（04）：99－102.

［1350］唐忠民，张明．共享经济的规制治理．哈尔滨工业大学学报（社会科学版）．2018（05）：8－14.

［1351］施鑫．犯罪场视域下网络暴力行为的控制路径．哈尔滨工业大学学报（社会科学版）．2018（01）：31－38.

［1352］石贤平，陈东，李悦榕．P2P网络借贷平台的担保问题及其法律规制．哈尔滨商业大学学报（社会科学版）．2018（06）：116－128.

［1353］苏卡妮．对涉外协议管辖当事人“选择法院”的规制与保障——中国加入《选择法院协议公约》的考量．哈尔滨师范大学社会科学学报．2018（04）：63－67.

［1354］张雅．我国滥用相对优势地位行为规制路径．哈尔滨师范大学社会科学学报．2018（03）：45－49.

［1355］邹盛，马青连．公民言论自由权利行使与网络言论型犯罪的界限．哈尔滨师范大学社会科学学报．2018（04）：68－71.

［1356］槐玲芝．私占共享单车行为的刑法规制．哈尔滨师范大学社会科学学报．2018（01）：68－71.

［1357］朱杰．网络大数据环境下价格歧视行为研究．哈尔滨师范大学社会科学学报．2018（02）：64－66.

［1358］吴自豪，朱家明，钱礼会，宁冰冰．基于Logistic回归微商发展前景的分析与预测．哈尔滨师范大学自然科学学报．2018（02）：63－69.

［1359］赵果巍，孙大海．黑龙江省冰雪体育旅游的产业规制与开发策略．哈尔滨体育学院学报．2018（03）：56－60.

[1360] 邵娜，李晓坤，陈虹旭，郑永亮．P2P 网络集资行为的入罪化限度与路径．哈尔滨学院学报．2018（12）：38－40.

[1361] 张雅露．我国网络专车服务法律规制研究．哈尔滨学院学报．2018（09）：38－41.

[1362] 宋嘉玲．代孕生育法律规制问题研究．哈尔滨学院学报．2018（06）：50－53.

[1363] 杨仕兵．互联网“秒杀”行为的法律规制研究．哈尔滨学院学报．2018（05）：118.

[1364] 杨仕兵，邱小玲．互联网“秒杀”行为的法律规制研究．哈尔滨学院学报．2018（04）：65－68.

[1365] 杨通新，黄良．委托网络举报中的刑法问题研究．哈尔滨学院学报．2018（03）：75－78.

[1366] 黄婉茹．电信诈骗犯罪立法规制问题研究．哈尔滨学院学报．2018（02）：57－60.

[1367] 黄子湄．政府信息公开领域中公民知情权滥用之规制——以“陆红霞诉南通市发改委”为例．哈尔滨学院学报．2018（01）：80－83.

[1368] 王涛．共享经济法律规制探究．哈尔滨学院学报．2018（08）：49－52.

[1369] 沈培培．民办高职院校非营利性法律规制问题的探析．哈尔滨职业技术学院学报．2018（03）：118－120.

[1370] 李之俏．股票与股指期货跨市场操纵行为法律规制研究．哈尔滨职业技术学院学报．2018（01）：108－111.

[1371] 王霖，阎二鹏．海南自贸区建设对刑法适用之影响及罪刑规则建构．海南大学学报（人文社会科学版）．2018（06）：17－24.

[1372] 秦天宝．自由贸易港建设和发展中的环境规制．海南大学学报（人文社会科学版）．2018（03）：8－15.

[1373] 刘瑶．后危机时代我国金融规制失灵的防范制度之构建．海南金融．2018（05）：46－52.

[1374] 闵晓鸣，张兴权．国外对加密资产的监管实践及其对中国的启示．海南金融．2018（12）：48－52.

[1375] 石文倩，马志刚，王玲玲．监管推动、博弈分析与路径探讨——基于不完全信息的银行监管与套利的动态博弈．海南金融．2018（11）：10－16.

[1376] 张绍合．上市公司信息披露行为的分类监管模式设计与创新．海南金融．2018（01）：37－45.

[1377] 刘爱军，姚超宇，刘晓玲，张欣妍，陶海燕．农业企业海外并购的税务尽职调查．海外投资与出口信贷．2018（05）：45－48.

[1378] 宋锡祥，吴瑶芬．国际商事仲裁第三方资助利益冲突的合理规制及其借鉴意义．海峡法学．2018（02）：72－82.

[1379] 赵月．互联网企业并购风险及管理措施研究．海峡科技与产业．2018（03）：25－26.

[1380] 郑雅频，庄晓蕙．福建省温泉旅游法律规制优化探析．海峡科学．2018（09）：48－51.

[1381] 于文涛，姚海燕，曹婧，李琴．浅析我国海上工程大气污染的监测与监管现状．海洋开发与管理．2018（07）：48－51.

[1382] 陈欢欢．共享单车退款“难”问题的法律规制．邯郸职业技术学院学报．2018（01）：24－27.

[1383] 谢尧雯．论美国互联网平台责任规制模式．行政法学研究．2018（03）：133－144.

[1384] 张力．迈向新规制：助推的兴起与行政法面临的双重挑战．行政法学研究．2018（03）：88－98.

[1385] 孙清白，王建文．大数据时代个人信息“公共性”的法律逻辑与法律规制．行政法学研究．2018（03）：53－61.

[1386] 王静．中国网约车新政的变革方向．行政法学研究．2018（04）：116－125.

[1387] 刘莘，余积明.2017年中国共享经济法律规制概况. 行政管理改革.2018 (10)：35－40.

[1388] 樊裕. 共享单车地方法律规制的改进和完善——以北京等九地市规范性文件为例. 行政管理改革.2018 (10)：52－56.

[1389] 王松. 论《统计法实施条例》对统计数字腐败的规制创新. 行政管理改革.2018 (10)：75－80.

[1390] 姚瑶. 中国共享民宿的制度规制路径探析. 行政管理改革.2018 (10)：47－51.

[1391] 王茹. 互联网经济规制的原则与多元规制体系的构建. 行政管理改革.2018 (01)：42－47.

[1392] 王静. 网约车给中国出租车行业及其监管带来的变革. 行政管理改革.2018 (10)：41－46.

[1393] 刘华涛. 发达国家自然垄断行业的政府管制改革及启示. 行政论坛.2018 (03)：127－131.

[1394] 金睿雯. 浅析美国企业并购发展历程及其财务应对措施——以石油大亨皮肯斯恶意收购海湾石油公司为例. 行政事业资产与财务.2018 (01)：84－85.

[1395] 吴少敏. 浅谈企业并购与反并购——以万科为例. 行政事业资产与财务.2018 (01)：45－46.

[1396] 孙龙婷，刘洁玉，龙奕交，焦雅娜. 浅谈企业并购管理. 行政事业资产与财务.2018 (14)：23－24.

[1397] 蒲晓华. 校园贷发展现状及管理研究. 行政事业资产与财务.2018 (18)：27－28.

[1398] 林晓光. 地方国有企业招标采购监管问题研究. 行政事业资产与财务.2018 (13)：22－23.

[1399] 山东国子软件股份有限公司. "放管服"背景下行政事业单位资产处置监管探讨. 行政事业资产与财务.2018 (11)：6－7.

[1400] 王海燕，董文兵. 保险业资金投资风险与监管问题探究——以恒大人寿和宝能系事件为例. 行政事业资产与财务.2018 (09)：44－45.

[1401] 罗晓华. 公共物品及其提供方式的类型学分析——基于非排他性与非竞争性的程度以及互动集团的规模. 行政与法.2018 (02)：35－41.

[1402] 陈秀萍，马悦. 网络预约出租车行政规制方法探析. 行政与法.2018 (10)：29－36.

[1403] 魏小雨. 互联网平台经济中的合作治理. 行政与法.2018 (10)：43－50.

[1404] 张秋华，邱黎. 股权众筹之法律规制. 行政与法.2018 (10)：96－107.

[1405] 张璟，李龙飞. 美国核废料运输风险规制及其启示. 行政与法.2018 (09)：74－82.

[1406] 岳宇君，张耀珍. 微媒体著作权保护面临的际遇及其路径选择. 行政与法.2018 (03)：119－123.

[1407] 沈者寿. 改革：在新旧观念的撞击中前行——忆27年前娃哈哈兼并"杭罐"厂的台前幕后. 杭州（周刊）.2018 (40)：12－17.

[1408] 闫帅，胡保亮. 联合创新平台驱动下的竞争性企业发展机理. 杭州电子科技大学学报（社会科学版）.2018 (01)：30－34.

[1409] 江乾坤，臧林华，王燕洁. 上市公司海外并购的媒体治理效应研究. 杭州电子科技大学学报（社会科学版）.2018 (04)：1－6.

[1410] 戚明钧，沈霄鹏，王婷. 网约车行业中道德缺失现象及治理对策研究. 杭州电子科技大学学报（社会科学版）.2018 (06)：55－59.

[1411] 赵亦昕，谢轩. YNCT集团并购贷款项目 以并购贷款银团方式支持国企并购. 杭州金融研修学院学报.2018 (02)：34－35.

［1412］钟鹏．浅析自由现金流折现法在银行并购业务中的应用．杭州金融研修学院学报．2018（06）：51－58.

［1413］黄艳．跨国公司环境责任国际法律规制．合作经济与科技．2018（21）：188－189.

［1414］陈卫华．我国旅游价格规制机构调整研究．合作经济与科技．2018（21）：64－66.

［1415］张荣．智能金融法律规制国际比较及借鉴．合作经济与科技．2018（17）：186－187.

［1416］单孟林．“校园贷”类P2P平台涉嫌风险及规制．合作经济与科技．2018（15）：46－47.

［1417］徐斌，刘燕．环境规制对区域就业的影响．合作经济与科技．2018（07）：151－155.

［1418］周旻嘉．论信托“刚性兑付”法律规制的完善．合作经济与科技．2018（06）：188－192.

［1419］张鸽．网约车监管现状及优化建议．合作经济与科技．2018（01）：188－192.

［1420］彭亚伦，解星华．公司兼并中资产评估问题探究．合作经济与科技．2018（03）：154－155.

［1421］王蓉．青岛海尔并购通用电气绩效实证分析．合作经济与科技．2018（06）：107－109.

［1422］杨岩岩．企业并购税收筹划研究．合作经济与科技．2018（10）：132－133.

［1423］陈芳益．我国资源型企业跨国并购研究．合作经济与科技．2018（11）：86－87.

［1424］刘雯雯．企业跨国并购绩效分析．合作经济与科技．2018（12）：100－101.

［1425］曹太云，戴祥，郭重梅，刘星鹏，方梦晨．我国上市公司跨国并购浅议．合作经济与科技．2018（13）：86－87.

［1426］张倩．上市公司并购中东欧企业法律架构选择．合作经济与科技．2018（18）：190－192.

［1427］朱芳影．美的集团成功并购库卡案分析．合作经济与科技．2018（20）：136－138.

［1428］王雅妮，杨景海．企业并购专利资产价值评估浅议．合作经济与科技．2018（20）：121－123.

［1429］吴红梅．企业并购中的财务风险．合作经济与科技．2018（21）：122－124.

［1430］俞萍萍，赵永亮．技术密集度对跨国并购的影响．合作经济与科技．2018（22）：116－117.

［1431］汪永忠，张翔．美的并购德国库卡集团动因及绩效分析．合作经济与科技．2018（02）：133－135.

［1432］张琛．企业兼并动因与相关政策．合作经济与科技．2018（02）：124－125.

［1433］李彦宇．我国金融科技监管改革探讨．合作经济与科技．2018（17）：58－60.

［1434］周沐琪．网络借贷平台特点及风险控制．合作经济与科技．2018（13）：56－57.

［1435］安文茜，黄春丽．网络借贷监管体系研究．合作经济与科技．2018（14）：86－87.

［1436］杨巧燕．我国影子银行发展现状及监管探讨．合作经济与科技．2018（14）：80－81.

［1437］刘晓楠．货物贸易本外币一体化监管研究．合作经济与科技．2018（07）：182－183.

［1438］卢楠，仲之豪，计文叶．第三方支付平台沉淀资金监管探讨．合作经济与科技．2018（01）：94－96.

［1439］孟鑫．产品市场势力视角下上市公司盈余管理实证分析．合作经济与科技．2018（11）：75－77.

［1440］史诗然．供给侧结构性改革下中国并购市场的优化研究——基于供求再平衡视角．河北北方学院学报（社会科学版）．2018（06）：72－75.

［1441］梁秀娟，王海珍，张玥琪．P2P网络借贷平台风险及管理研究．河北北方学院学报（社会科学版）．2018（01）：80－83.

［1442］吴镝飞．驾驶证“代扣分”行为的刑法规制研究．河北大学学报（哲学社会科学版）．

2018（02）：155－160.

［1443］常继发，崔立志．环境规制对就业的影响研究——基于省际面板数据的分析．河北地质大学学报．2018（01）：90－95.

［1444］孙瑜晨．互联网共享经济监管模式的转型：迈向竞争导向型监管．河北法学．2018（10）：16－33.

［1445］姜野．算法的规训与规训的算法：人工智能时代算法的法律规制．河北法学．2018（12）：142－153.

［1446］董静然．国际投资规则中的国家规制权研究．河北法学．2018（12）：102－113.

［1447］施春风．定价算法在网络交易中的反垄断法律规制．河北法学．2018（11）：111－119.

［1448］韩子燕．循环经济法中消费者责任之规制解构——现实定位与困境重释．河北法学．2018（11）：145－157.

［1449］管俊兵．外域法查“明”的失范与规制路径探究．河北法学．2018（07）：62－71.

［1450］任惠华，金浩波．人工智能侦查的实践应用与制度构建．河北法学．2018（06）：46－54.

［1451］史佳欣．论内幕交易法律规制的核心逻辑——基于公司治理与证券监管的双重面向．河北法学．2018（04）：127－140.

［1452］姜盼盼．互联网金融刑法风险的应对逻辑．河北法学．2018（03）：177－183.

［1453］唐兴李，马其家．我国外资医疗机构法治监管措施探析．河北法学．2018（07）：100－111.

［1454］刘诗瑶．各国股权众筹法律监管逻辑之比较研究．河北法学．2018（07）：127－136.

［1455］庞云霞，王超群．网络“裸持”信贷中的犯罪及其刑法规制．河北工程大学学报（社会科学版）．2018（01）：66－68.

［1456］丁蕾．互联网金融与河北省小微企业融资创新研究．河北广播电视大学学报．2018（05）：52－55.

［1457］李晏，何姗姗．我国民间借贷法律规制路径探析．河北金融．2018（12）：38－41.

［1458］王超．非银行支付机构垄断风险及治理．河北金融．2018（12）：42－44.

［1459］卢文华．商业银行并购金融业务的困境与展望．河北金融．2018（07）：34－39.

［1460］胡娟，杜晓燕，李雪萍．网联时代第三方支付监管思考．河北金融．2018（12）：28－30.

［1461］柳叶．看门人机制失灵：证券中介机构监管问题研究．河北金融．2018（09）：50－55.

［1462］丁斌．我国银行业分类监管现状及改进研究．河北金融．2018（08）：9－14.

［1463］高逸凡，雷庚．羁束行政行为中滥用职权的表现及规制．河北科技大学学报（社会科学版）．2018（04）：44－50.

［1464］朱新健．海门市农产品产地准出及市场准入的调研与思考．河北农机．2018（12）：19－20.

［1465］刘瑞平．国有企业并购财务风险分析及防范．河北农机．2018（11）：44.

［1466］任睿敏，李桂琴．基于食品安全法的网售自制食品的监管研究．河北农机．2018（07）：44－45.

［1467］邓海卓．医养结合养老保障制度的规制及发展研究．河北企业．2018（08）：25－26.

［1468］林倩倩，葛雅璇．就业歧视的法律问题研究．河北企业．2018（07）：144－145.

［1469］张迎．网购合同风险的法律控制．河北企业．2018（07）：154－155.

［1470］王艳娟．民间借贷的法律规制．河北企业．2018（05）：121－122.

［1471］郭德雨．共享经济下网约车的法律规制．河北企业．2018（04）：119－120.

［1472］刘怡玲．浅析“人肉搜索”视角下网络隐私权保护的法律规制．河北企业．2018（03）：113－114.

[1473] 刘曦雯．土地财政视角下农村建设用地入市的法律规制．河北企业.2018（02）：152－153.

[1474] 赵振，李晓阳．P2P 网贷与非法集资的界限．河北企业.2018（02）：124－125.

[1475] 张攀攀．地方政府债务风险的法律规制．河北企业.2018（02）：126－127.

[1476] 王旭阳洋．浅析央行集中采购过程中的法律规制．河北企业.2018（02）：150－151.

[1477] 翟周艺，乔娜．企业并购中的财务管理问题研究．河北企业.2018（03）：27－28.

[1478] 付薇，焦苗苗．企业并购动因分析——以百度收购 PPS 案为例．河北企业.2018（04）：90－91.

[1479] 于凯地．我国企业跨国并购中存在的劳工风险及防范．河北企业.2018（06）：74－75.

[1480] 夏贤兰．企业并购之杠杆收购的负效应——基于赵薇夫妇收购万家文化案例．河北企业.2018（06）：78－79.

[1481] 李科．企业并购中的财务风险分析与防范对策．河北企业.2018（10）：98－99.

[1482] 倪语晗．我国地方政府债务分析及管理建议．河北企业.2018（11）：43－44.

[1483] 张奇．论我国险资运用监管与规制．河北青年管理干部学院学报.2018（01）：70－74.

[1484] 成军帅，康露月．PPP 模式下政府购买公共服务的规制对策建议——以巴音郭楞蒙古自治州为例．河北水利电力学院学报.2018（03）：68－71.

[1485] 卢莎莎．体育场地侵权责任研究．河北体育学院学报.2018（06）：21－24.

[1486] 刘默，赵宗跃．校园足球裁判员队伍建设影响因素和发展路径研究．河北体育学院学报.2018（06）：30－34.

[1487] 马斌虎，金宗强．我国职业体育共同治理机制研究．河北体育学院学报.2018（03）：47－51.

[1488] 陈丹，陈阳．共享经济背景下网约车规制路径研究．河北学刊.2018（02）：201－205.

[1489] 李家龙．环境规制与区域工业经济增长——基于我国省际数据的空间动态面板分析．河池学院学报.2018（05）：107－114.

[1490] 邵利敏，高雅琪，王森．环境规制与资源型企业绿色行为选择："倒逼转型"还是"规制俘获"．河海大学学报（哲学社会科学版）.2018（06）：62－68.

[1491] 姜渊．《大气污染防治法》规制手段与目标的断裂与弥合．河南财经政法大学学报.2018（05）：24－31.

[1492] 刘一达．预防原则视角下环境行政权的司法规制．河南财经政法大学学报.2018（03）：107－113.

[1493] 李欣洋，张宇庆．版权蟑螂现象之法律规制——以法定赔偿制度为视角．河南财经政法大学学报.2018（02）：133－141.

[1494] 何小勇．我国劳务派遣法律规制之反思．河南财经政法大学学报.2018（02）：55－68.

[1495] 张恩典．环境风险规制下的公众参与制度研究．河南财经政法大学学报.2018（01）：140－149.

[1496] 丁庭威．论大数据"杀熟"行为的法律规制．河南财政税务高等专科学校学报.2018（06）：49－52.

[1497] 何虹，何深．共享经济发展存在的问题及政策建议．河南财政税务高等专科学校学报.2018（01）：47－50.

[1498] 胡巍．购物卡法律规制问题研究．河南教育学院学报（哲学社会科学版）.2018（06）：79－87.

[1499] 潘照东．代替考试入刑必要性及犯罪构成要件刍议．河南教育学院学报（哲学社会科学版）.2018（02）：81－86.

［1500］高丽丽．恐怖犯罪刑法规制之理论进路与规范解构．河南警察学院学报．2018（03）：65－72.

［1501］刘琳璘．紧急状态下警察权的扩张与法律规制．河南警察学院学报．2018（02）：79－87.

［1502］胡小雅．虚拟成像表演的版权规制——以邓丽君20周年虚拟人纪念演唱会为例．河南科技．2018（09）：26－28.

［1503］冯纪元．口述影像的版权规制探究——以影视作品为例．河南科技．2018（03）：36－38.

［1504］孙林玉．论忠诚折扣行为的反垄断法规制——以“利乐案”为视角．河南科技大学学报（社会科学版）．2018（02）：108－112.

［1505］龚义年．论知识产权犯罪网络化及其刑法回应．河南科技大学学报（社会科学版）．2018（01）：99－105.

［1506］沈克正，马抗美．基于国际化背景的上市公司跨国并购影响因素研究．河南科学．2018（03）：456－462.

［1507］管媛媛．农地“三权分置”风险的法律规制研究．河南牧业经济学院学报．2018（03）：72－76.

［1508］尚慧．互联网金融背景下民间借贷存在的法律风险．河南农业．2018（24）：54－55.

［1509］姬文婷，晁鹏飞．枣庄市农产品质量安全监管存在的问题及对策．河南农业．2018（26）：57－58.

［1510］向长艳．论自媒体意见表达自由之边界及其限制．河南社会科学．2018（09）：106－110.

［1511］程晨，李贺．环境规制与产业结构调整：一个非线性关系验证．河南社会科学．2018（08）：84－89.

［1512］茹莉．微商商业模式解析及其规范化发展．河南社会科学．2018（10）：117－120.

［1513］黄新华，于潇．环境规制影响经济发展的政策工具检验——基于企业技术创新和产业结构优化视角的分析．河南师范大学学报（哲学社会科学版）．2018（03）：42－48.

［1514］李瑞升．资本认缴制下公司股东表决权的规制．河南师范大学学报（哲学社会科学版）．2018（03）：79－85.

［1515］李捷瑜，朱惊萍．文化整合成本对跨国并购及其持股方式的影响——基于人力资本差异的角度．河南师范大学学报（哲学社会科学版）．2018（01）：46－54.

［1516］姚保松．买方卡特尔的反垄断法规制．河南司法警官职业学院学报．2018（04）：54－59.

［1517］李飞．校园“裸贷”现象分析及其规制路径．菏泽学院学报．2018（01）：69－72.

［1518］牛雪芳．论金融科技视角下我国智能投顾规制的法律路径．黑河学刊．2018（06）：119－121.

［1519］晋婷婷．女大学生就业权益的法律规制研究．黑河学院学报．2018（10）：20－21.

［1520］胡雪璐．特许经营权下的准入歧视论析——基于对黑车市场角度．黑河学院学报．2018（04）：76－77.

［1521］吴飞凡．中国汽车产业政策与市场势力分析．黑河学院学报．2018（12）：65－66.

［1522］陈宝泽，陈万春，刘祎婷．齐齐哈尔市食品安全监管体制现状及改进机制的研究．黑龙江八一农垦大学学报．2018（06）：51－55.

［1523］郝晓燕，刘玲玉．国外乳品安全规制体系比较分析及启示．黑龙江畜牧兽医．2018（18）：19－28.

［1524］周建军，梁炜韬，谭莹．环境规制对家禽产业布局及转移的影响分析——基于空间计量的实证研究．黑龙江畜牧兽医．2018（16）：24－31.

［1525］黑河市爱辉区档案局．黑河市爱辉区档案局联合区粮食局深入西岗子粮库对国有企业

档案工作进行指导．黑龙江档案．2018（04）：6.

［1526］陈静．反垄断视野下的药品价格垄断问题探究．黑龙江工业学院学报（综合版）．2018（12）：90－95.

［1527］马世理．民事虚假诉讼的法律规制研究．黑龙江工业学院学报（综合版）．2018（07）：107－112.

［1528］邓勇胜．人体器官移植的刑法规制．黑龙江工业学院学报（综合版）．2018（06）：85－88.

［1529］周京，李方一．环境规制对企业盈利能力影响分析．黑龙江工业学院学报（综合版）．2018（04）：80－86.

［1530］潘伟．天地一体化在生态环境监测、监管中的应用．黑龙江环境通报．2018（04）：85－88.

［1531］吴承八．探索公路与桥梁试验检测工作存在的问题及对策．黑龙江交通科技．2018（06）：201－203.

［1532］程亮．上市公司并购重组的融资决策影响因素探究．黑龙江金融．2018（06）：66－70.

［1533］刘帆，林国轩．中国建设银行黑龙江省分行与省住房和城乡建设厅联合举办全省供热企业贷款金融服务对接会．黑龙江金融．2018（10）：1.

［1534］刘昕昊．互联网金融环境下加强支付结算体系监管的对策建议．黑龙江金融．2018（10）：41－42.

［1535］庞丽媛．商业银行创新业务风险分析及监管建议．黑龙江金融．2018（10）：77－80.

［1536］吴桐，颜繁琪．绿色贷款发展存在的问题及建议——以黑河市为例．黑龙江金融．2018（08）：31－32.

［1537］朱美玉．加强监管　避免商业银行资金清算账户成为管理盲区．黑龙江金融．2018（08）：78－79.

［1538］中国人民银行鹤岗市中心支行课题组．银行履行展业三原则的制约因素及破解路径．黑龙江金融．2018（07）：28－30.

［1539］朱兴龙，邱凯．美国现金贷行业监管经验对我国的启示．黑龙江金融．2018（04）：21－23.

［1540］宋威．“严监管”下银行理财转型问题研究．黑龙江金融．2018（03）：62－63.

［1541］吴晓霞．提升我国反洗钱监管有效性的思索．黑龙江金融．2018（03）：69－71.

［1542］白纪年．现钞出入境监管国际经验借鉴．黑龙江金融．2018（01）：24－26.

［1543］苏欣．乡村振兴背景下村居治理监督机制创新——以村居审计为例．黑龙江社会科学．2018（05）：23－27.

［1544］刘晓梅，刘行星．网络刷单行为规制研究．黑龙江社会科学．2018（02）：22－26.

［1545］宋典．直觉思维对审判的影响及其弊端规制．黑龙江生态工程职业学院学报．2018（05）：57－59.

［1546］胡亚军．网约车中保险和税收的法律规制．黑龙江生态工程职业学院学报．2018（03）：72－74.

［1547］袁也，刘俊娇．危险废物越境转移的法律规制研究．黑龙江生态工程职业学院学报．2018（02）：1－2.

［1548］蔡晓美．C2C 模式下微商发展的法律问题及规制．黑龙江生态工程职业学院学报．2018（01）：55－56.

［1549］申峰源．关于互联网企业相关市场界定的思考．黑龙江生态工程职业学院学报．2018（02）：34－35.

［1550］孟旭，刘慧萍．“专车新政”背景下网约车法律制度研究．黑龙江省政法管理干部学院学报．2018（03）：16－18.

［1551］赵晓红，苏彦来．民事虚假诉讼法律规制——兼论虚假诉讼之检察监督．黑龙江省政法管理干部学院学报．2018（03）：136－138.

［1552］蔡国庆．行政自由裁量权滥用之禁止——以行政内部规制为视角．黑龙江省政法管理干部学院学报．2018（01）：19－22.

［1553］袁荣义．我国反避税港避税行为认定及其法律规制研究．黑龙江省政法管理干部学院学报．2018（01）：73－76.

［1554］郭家昊．忠诚折扣的反垄断规制——兼评利乐案中对忠诚折扣的分析和认定．黑龙江省政法管理干部学院学报．2018（01）：69－72.

［1555］郑含博．小额诉讼：灵活与规制——以小额诉讼审理规则为对象．黑龙江省政法管理干部学院学报．2018（01）：101－104.

［1556］陈亚男．中国体育产业海外并购风险及应对．黑龙江省政法管理干部学院学报．2018（04）：96－98.

［1557］孙丽娟．基于精益建造理念的水利工程质量管理模式探析．黑龙江水利科技．2018（09）：212－214.

［1558］陶永朝，田贵贤，文正再．外商直接投资、环境规制与产业结构升级——基于空间杜宾模型的实证研究．衡水学院学报．2018（01）：46－50.

［1559］王晓慧．环境约束下海域资源开发保护的思路与建议．宏观经济管理．2018（06）：36－42.

［1560］朱健，李芳芳，丁美美．我国电子信息产业跨国并购模式与政策研究．宏观经济管理．2018（01）：61－66.

［1561］孙灵希，储晓茜．跨国并购与绿地投资的逆向技术溢出效应差异研究．宏观经济研究．2018（10）：141－153.

［1562］徐建斌，李春根，祁毓．信任与放权：社会信任影响管制需求的中国证据．宏观质量研究．2018（02）：13－27.

［1563］姚恩雪．整体性治理：农村中小学校食品安全监管路径选择．呼伦贝尔学院学报．2018（02）：31－34.

［1564］江岚．食品安全的风险管控及刑法规制．湖北大学学报（哲学社会科学版）．2018（02）：111－117.

［1565］秦赞谨．论我国网络游戏直播的法律规制．湖北第二师范学院学报．2018（10）：70－75.

［1566］李淑婷．论民法对商法规制的局限及商法走向．湖北第二师范学院学报．2018（03）：55－59.

［1567］李文新，李亚琪，芦梦圆．环境规制对融资效率的影响——基于重污染与非重污染行业的对比．湖北工业大学学报．2018（03）：9－14.

［1568］何琳，张颖．我国共享单车立法规制路径研究．湖北工业大学学报．2018（03）：44－47.

［1569］佟义旭．行政不作为法律问题初探．湖北函授大学学报．2018（11）：104－105.

［1570］吕卓文．“自由主义”市场经济体制下的海南社区矫正监管探讨．湖北函授大学学报．2018（11）：106－108.

［1571］吕朝辉．边疆治理体系现代化视域下的规制稳边研究．湖北行政学院学报．2018（05）：41－45.

［1572］王喜平，刘哲．环境规制、空间溢出与工业绿色增长效率．湖北经济学院学报．2018

(01)：70－77.

［1573］高静，王慧．人力资本集聚、环境规制与湖南省机械制造业出口增长——基于门槛模型的非线性分析．湖北经济学院学报（人文社会科学版）.2018（10）：35－39.

［1574］徐赫．《反不正当竞争法》对互联网领域不正当竞争行为的规制与解构——从一般条款到具体条文的适用轨迹变迁．湖北经济学院学报（人文社会科学版）.2018（10）：96－100.

［1575］谭赛．日本民事诉讼异议权滥用及其规制研究．湖北经济学院学报（人文社会科学版）.2018（07）：92－94.

［1576］张莉．绿色发展理念下企业环境责任的法律规制．湖北经济学院学报（人文社会科学版）.2018（05）：92－94.

［1577］章道润．论就业歧视的法律规制——以学历为例．湖北经济学院学报（人文社会科学版）.2018（05）：98－100.

［1578］杨馥华，曾帅，李梓源．基于博弈论研究方法的民营银行规制分析．湖北经济学院学报（人文社会科学版）.2018（04）：48－51.

［1579］汪兰，徐宝琴．互联网环境下商业诋毁行为及其法律规制．湖北经济学院学报（人文社会科学版）.2018（02）：78－81.

［1580］张席领．上市公司收购中一致行动人的法律界定．湖北经济学院学报（人文社会科学版）.2018（01）：74－76.

［1581］王晓月．中国企业海外并购文化整合过程中的问题、原因及对策探析．湖北经济学院学报（人文社会科学版）.2018（06）：62－64.

［1582］李艳琴，吴海燕．“互联网＋”背景下传媒企业并购的经济后果分析——以百视通并购东方明珠为例．湖北经济学院学报（人文社会科学版）.2018（11）：68－72.

［1583］刘仪．第三方支付沉淀资金监管法律问题研究．湖北经济学院学报（人文社会科学版）.2018（11）：78－81.

［1584］王红姝．论注册制下 IPO 信息披露监管制度．湖北经济学院学报（人文社会科学版）.2018（07）：53－55.

［1585］薛微．我国移动金融发展的风险与监管研究．湖北经济学院学报（人文社会科学版）.2018（02）：46－48.

［1586］何士青，张贞隆．论刑事警察侦查权行使的法律规制——基于《人民警察法》修订的视角．湖北警官学院学报.2018（05）：103－109.

［1587］郭晓虹．代孕合同的规制模式探析．湖北警官学院学报.2018（05）：76－84.

［1588］洪泉寿．庭前会议阶段非法证据排除启动程序问题研究．湖北警官学院学报.2018（04）：50－57.

［1589］樊启荣，尹迪．风险治理语境下基本养老金投资的法律规制．湖北警官学院学报.2018（02）：14－22.

［1590］宁立志，吴雨虹．银行业市场结构的竞争法思考．湖北警官学院学报.2018（02）：114－121.

［1591］石正义，晏丽．鄂南书院的基本规制．湖北科技学院学报.2018（04）：72－76.

［1592］程小勇，王学舜．中国家电企业跨国并购中的技术整合路径探讨．湖北科技学院学报.2018（03）：26－32.

［1593］龚波．人体器官商业化刑法规制模式及其价值评价．湖北民族学院学报（哲学社会科学版）.2018（05）：183－188.

［1594］杨信，曹文娟．民族传统工艺传承与发展中的反不正当竞争．湖北民族学院学报（哲学社会科学版）.2018（03）：94－98.

［1595］涂亦楠．环境权视角下的秸秆焚烧法律分析．湖北农业科学．2018（11）：124－129.

［1596］袁帆，严三九．新闻传播领域算法伦理建构．湖北社会科学．2018（12）：182－189.

［1597］陈伟，熊波．论民生刑法观在环境污染防控体系的融合路径．湖北社会科学．2018（11）：144－155.

［1598］王华伟．行政诉讼立案登记制源流及实施效果再思考．湖北社会科学．2018（11）：134－143.

［1599］董邦俊，侯晓翔．“套路贷”的刑事规制及其防控研究．湖北社会科学．2018（10）：141－148.

［1600］江作苏，张瑞希．“算法”在智能化场域中的冲击性及约束探讨．湖北社会科学．2018（10）：193－198.

［1601］唐国平，倪娟，何如桢．地区经济发展、企业环保投资与企业价值——以湖北省上市公司为例．湖北社会科学．2018（06）：93－99.

［1602］王君安．新时代产业发展与结构优化与湖北省工业经济学会2018年年会会议综述．湖北师范大学学报（哲学社会科学版）．2018（05）：89－91.

［1603］王志民．论域外剥夺政治权利刑的宪法规制．湖北师范大学学报（哲学社会科学版）．2018（03）：56－59.

［1604］简筱昊．职业型乞讨的刑法规制——以武汉职业型乞讨现象为例．湖北职业技术学院学报．2018（02）：83－89.

［1605］韩国珍，王英．神农架林区农产品质量安全监管现状与对策．湖北植保．2018（05）：52－54.

［1606］刘莉莉，邱祖杨，唐萍，陈桂忠，贝学武．桂林市荔浦县农产品质量安全监管现状与对策．湖北植保．2018（01）：47－49.

［1607］《关于进一步推进煤炭企业兼并重组转型升级的意见》发布　到2020年底发展培育一批现代化煤企．湖南安全与防灾．2018（02）：5.

［1608］全承相，李志春．国际对华反补贴风险的国内法律规制．湖南财政经济学院学报．2018（06）：45－52.

［1609］周忠民，刘容．财政科技经费监管合谋的演化博弈分析．湖南财政经济学院学报．2018（05）：49－57.

［1610］谢宗宝，叶正华，黄旖婷．关于对常德市病死畜禽无害化处理信息化监管的探讨．湖南畜牧兽医．2018（02）：11－15.

［1611］钟凯丽．论《新青年》作者群的排他性．湖南工程学院学报（社会科学版）．2018（03）：44－47.

［1612］曹湘平，刘煜．基于自由现金流的上市公司并购绩效实证研究．湖南工业大学学报（社会科学版）．2018（05）：33－39.

［1613］敖双红，周裕淋．公交站点商业化命名及其司法规制．湖南行政学院学报．2018（05）：30－37.

［1614］曾文峰，文秋林．“爱有差等”思想的历史合理性与时代局限性及法律规制．湖南行政学院学报．2018（04）：108－112.

［1615］徐伟红，谢晶仁．网络语言暴力的法律规制研究．湖南行政学院学报．2018（03）：61－66.

［1616］李瑛．论监察措施的法律规制．湖南警察学院学报．2018（05）：60－65.

［1617］张学文．“婚闹”现象的社会规制缺失与刑法介入．湖南警察学院学报．2018（06）：17－24.

［1618］钱晓萍，白惟萱．台湾地区人口贩运罪及其法律规制研析．湖南警察学院学报．2018（03）：67－73.

［1619］李莹．我国公司职工持股会的法律规制维度．湖南科技学院学报．2018（12）：70－71.

［1620］翟俊义．唐代借贷契约法律规制初探．湖南科技学院学报．2018（09）：110－111.

［1621］王健．网络言论治理中刑法的作用机理．湖南科技学院学报．2018（04）：98－99.

［1622］付培军．跨境电商发展中诚信体系构建的法治维度．湖南科技学院学报．2018（06）：96－97.

［1623］聂建刚．合谋抢栽图补偿　既赔老本又违法．湖南农业．2018（05）：34.

［1624］陈金，刘品超，黄国强，李智勇，刘金玉．基于无人机遥感影像的烟草种植面积信息提取．湖南农业科学．2018（01）：96－99.

［1625］黄福华，卢巧舒，李艳．我国生鲜农产品物流的政府规制演进分析与优化策略．湖南社会科学．2018（04）：118－125.

［1626］高志宏．国家保护消费者权益的正当基础与责任逻辑．湖南社会科学．2018（03）：99－105.

［1627］罗英，钟光耀．面向共享经济的政府监管创新研究．湖南社会科学．2018（02）：121－126.

［1628］董树军．整体性治理视域下洞庭湖生态经济区府际博弈规制研究．湖南省社会主义学院学报．2018（03）：68－70.

［1629］莫漫漫．论国际投资协定中履行要求的问题及对策．湖南师范大学社会科学学报．2018（06）：82－88.

［1630］王天，张凌．P2P犯罪风险的再认识与法律规制的完善．湖南师范大学社会科学学报．2018（04）：67－73.

［1631］李奇伟．域外城市污染场地治理制度的范式转换及其启示．湖南师范大学社会科学学报．2018（01）：50－61.

［1632］刘博．论互联网金融风险规制路径．湖南税务高等专科学校学报．2018（01）：34－36.

［1633］张清．地方立法权宪法规制初论．湖湘论坛．2018（01）：42－47.

［1634］杨博文．论气候人权保护语境下的企业环境责任法律规制．华北电力大学学报（社会科学版）．2018（02）：1－7.

［1635］陈眺．信息型操纵市场主观意图的认定．华北金融．2018（10）：30－38.

［1636］卢文华．商业银行开展并购金融业务研究．华北金融．2018（06）：52－58.

［1637］张竣．基于博弈论视角的反洗钱监管研究．华北金融．2018（12）：42－47.

［1638］张洋洋，马汉鹏，刘凯，王语萌．我国矿山应急救援队伍监管存在的问题与对策．华北科技学院学报．2018（06）：103－111.

［1639］张洋洋，马汉鹏，刘凯，王语萌．矿山应急救援队伍监管制度建设的调查分析．华北科技学院学报．2018（01）：88－97.

［1640］吴旭，姜德鑫．我国影子银行的风险监管与法律规制研究．华北理工大学学报（社会科学版）．2018（06）：20－26.

［1641］胡本田，皇慧慧．政府环境规制对中国能源效率的影响分析．华北理工大学学报（社会科学版）．2018（02）：17－23.

［1642］刘华涛，梁超．我国电信行业竞争性业务的政府管制分析．华北水利水电大学学报（社会科学版）．2018（04）：19－22.

［1643］刘宇．改革开放四十年我国铁路行业的转型质效与深改探索——基于公共管理视角．华东经济管理．2018（12）：32－41.

［1644］朱红根，葛继红．政府规制对农业企业绿色创业影响的理论与实证——以江西省农业龙头企业为例．华东经济管理．2018（11）：30－36.

［1645］郭英远，张胜，张丹萍．环境规制、政府研发资助与绿色技术创新：抑制或促进？——一个研究综述．华东经济管理．2018（07）：40－47.

［1646］欧元军．风险规制领域中科学原则探究——以食品安全标准制定为例．华东经济管理．2018（06）：179－184.

［1647］王丽霞，陈新国，姚西龙，李晓瑜．环境规制对工业企业绿色经济绩效的影响研究．华东经济管理．2018（05）：91－96.

［1648］程发新，孙雅婷．环境规制对低碳制造实践影响的实证研究——以水泥企业为例．华东经济管理．2018（03）：167－175.

［1649］李光勤，刘莉．环境规制、财政分权与中国绿色经济效率．华东经济管理．2018（01）：39－45.

［1650］颜士梅，陈丽哲．并购中合作目标互依性对上向信任的影响机制．华东经济管理．2018（08）：169－176.

［1651］陈丰．我国危险化学品监管失范及其制度成因．华东理工大学学报（社会科学版）．2018（02）：48－53.

［1652］潘志斌，葛林楠．政治关联、股权性质与海外并购——基于“一带一路”沿线的视角．华东师范大学学报（哲学社会科学版）．2018（05）：120－127.

［1653］李云鹤，葛林楠，唐梦涵．我国民营公司海外并购创造市场价值了吗？——来自短期市场价值效应的证据．华东师范大学学报（哲学社会科学版）．2018（05）：142－151.

［1654］李明辉，吴小伟，周斌泉．公司并购支付方式与股票市场反应——来自中国上市公司的证据．华东师范大学学报（哲学社会科学版）．2018（05）：152－161.

［1655］胡文伟，李湛，孙娟．我国科技并购参与者的分布结构分析．华东师范大学学报（哲学社会科学版）．2018（05）：128－141.

［1656］于立深．城市家养动物自由的行政法规制——美国经验的中国借鉴．华东政法大学学报．2018（05）：156－169.

［1657］丁晓东．什么是数据权利？——从欧洲《一般数据保护条例》看数据隐私的保护．华东政法大学学报．2018（04）：39－53.

［1658］刘绍宇．论互联网分享经济的合作规制模式．华东政法大学学报．2018（03）：72－82.

［1659］于莹．共享经济用工关系的认定及其法律规制——以认识当前“共享经济”的语域为起点．华东政法大学学报．2018（03）：49－60.

［1660］吴美满，刘琛．合成毒品中间体犯罪的定性与规制．华东政法大学学报．2018（02）：182－187.

［1661］张青波．自我规制的规制：应对科技风险的法理与法制．华东政法大学学报．2018（01）：98－111.

［1662］张鹏．规制网络链接行为的思维与手段．华东政法大学学报．2018（01）：37－49.

［1663］韩红星，覃玲．美国经验：原生广告的原罪与规制．华南理工大学学报（社会科学版）．2018（01）：90－102.

［1664］牛亮云，吴林海．政府与食品生产企业的合谋监管博弈．华南农业大学学报（社会科学版）．2018（02）：107－117.

［1665］刘宪权，房慧颖．涉人工智能犯罪刑法规制的正当性与适当性．华南师范大学学报（社会科学版）．2018（06）：109－115.

［1666］陈莹莹．中国转基因食品安全风险规制研究．华南师范大学学报（社会科学版）．2018

(04)：121－127.

［1667］何鹰．我国碳排放权交易立法规制思考．华南师范大学学报（社会科学版）.2018（02）：157－161.

［1668］张洪林，薛锐．从习惯调整到国家规制：潮汕侨批中的法律文化透析．华南师范大学学报（社会科学版）.2018（01）：13－23.

［1669］刘焰，庄婉婷，吴泽萍．企业技术产权价值评估指标的选择——基于高科技企业技术并购溢价的实证研究．华南师范大学学报（社会科学版）.2018（01）：126－138.

［1670］张骏．转售价格维持可抗辩违法推定规则的证成——丽晶案及其后续发展的启示．华侨大学学报（哲学社会科学版）.2018（06）：87－94.

［1671］吴淼，徐小丰．PPP模式中的政府规制：西方发达国家的经验研究．华中科技大学学报（社会科学版）.2018（02）：133－140.

［1672］安永军．关系吸纳制度：寡头治村与基层民主的变异．华中农业大学学报（社会科学版）.2018（05）：137－143.

［1673］龚谨，孙致陆，李先德．我国大麦进口贸易具有“大国效应”吗？．华中农业大学学报（社会科学版）.2018（04）：46－53.

［1674］潘爱玲，吴倩．产业生态环境异质性与文化企业异地并购的区位选择．华中师范大学学报（人文社会科学版）.2018（05）：65－79.

［1675］徐寅智．“一带一路”背景下海外代购经营行为的法律规制．怀化学院学报.2018（03）：87－89.

［1676］邓智超．从“杀熟”看大数据的法律边界．怀化学院学报.2018（08）：93－95.

［1677］李梦杰．论完善中国转基因食品安全的法律规制．淮北职业技术学院学报.2018（06）：93－97.

［1678］金梦婷．标准必要专利权人禁令请求权滥用的规制．淮北职业技术学院学报.2018（03）：84－87.

［1679］孙利娟．关于特殊职业劳动者约定竞业限制问题研究．淮海工学院学报（人文社会科学版）.2018（12）：19－22.

［1680］赵雪婷．企业环境责任对财务绩效的影响——政府管制与组织裕度的调节作用．环渤海经济瞭望.2018（09）：28.

［1681］隋阳旸．PPP项目招投标阶段资格预审的法律规制初探——兼及台湾地区之经验．环渤海经济瞭望.2018（02）：155－156.

［1682］丁朝．企业并购的财务风险及其防范研究．环渤海经济瞭望.2018（05）：111.

［1683］王明月．供给侧改革背景下企业并购绩效的影响因素．环渤海经济瞭望.2018（06）：21.

［1684］王俊．对我国投资银行并购业务的分析．环渤海经济瞭望.2018（07）：13－15.

［1685］潘文韬．中国企业海外并购现状分析．环渤海经济瞭望.2018（08）：39.

［1686］杨芳．企业并购重组的纳税筹划．环渤海经济瞭望.2018（10）：24.

［1687］于小晴．新常态下互联网金融监管研究．环渤海经济瞭望.2018（10）：32.

［1688］张劲松．对电商价格欺诈监管的思考．环渤海经济瞭望.2018（04）：47.

［1689］许康利，熊娅，贺蓉，薛亦峰，周震．排污许可证监管和执法关键问题及解决路径研究．环境保护.2018（22）：56－59.

［1690］刘媛，彭溶，张驰，王睿．环境监测从业人员监管制度研究．环境保护.2018（18）：33－35.

［1691］赵嘉，雷健，李丽平，张彬，张莉．借鉴美国经验　进一步完善我国危险废物监管制度．环境保护.2018（16）：29－34.

[1692] 孙彩萍，刘孝富，孙启宏，刘柏音，王莹，罗镭，白杨，曹春玲．美国固定源监管机制对我国排污许可证实施的借鉴．环境工程技术学报．2018（02）：191－199.

[1693] 陈婉，雷英杰．危废市场“蓝海”正蓝　市场内并购整合不断，市场外资本不断涌入，危废市场日渐火爆．环境经济．2018（14）：10－12.

[1694] 何凌云，仇泸毅．消费者环保意识与政府环境规制的关系与边界．环境经济研究．2018（04）：10－22.

[1695] 安瑶，张林．环境规制、能源供需结构与工业污染．环境经济研究．2018（04）：126－149.

[1696] 高明，郭峰．城市化对空气质量的影响研究——以京津冀城市群为例．环境经济研究．2018（03）：88－105.

[1697] 徐飞．中央点名通报、地方环境规制与经济增长．环境经济研究．2018（01）：57－75.

[1698] 王雅楠，左艺辉，陈伟，王博文．环境规制对碳排放的门槛效应及其区域差异．环境科学研究．2018（04）：601－608.

[1699] 张亚非．基于环境规制的污染型产业发展问题研究．环境科学与管理．2018（02）：62－65.

[1700] 王毅钊，许乃中，张玉环，滕建标．简政放权背景下环评机制改革与监管探析——以珠海市为例．环境科学与管理．2018（02）：190－194.

[1701] 许小攀．产业园区规划环评如何发挥污染源头控制作用．环境与发展．2018（05）：43－44.

[1702] 关丽捷．环境规制倒逼涉重金属产业转型升级．环境与发展．2018（08）：232－234.

[1703] 张鹏．水污染源自动监控系统运行存在的问题及对策研究．环境与发展．2018（09）：72－74.

[1704] 金善明．反垄断法解释中经济学分析的限度．环球法律评论．2018（06）：101－116.

[1705] 赵鹏．平台、信息和个体：共享经济的特征及其法律意涵．环球法律评论．2018（04）：69－86.

[1706] 彭岳．数据本地化措施的贸易规制问题研究．环球法律评论．2018（02）：178－192.

[1707] 沈铁松．租购并举住房供给市场化机制研究．黄冈职业技术学院学报．2018（05）：84－89.

[1708] 宣梦婷．政府信息公开申请权滥用的立法建议．黄冈职业技术学院学报．2018（02）：55－58.

[1709] 孙旻．BOT业务并购中的财务问题研究．会计师．2018（02）：41－42.

[1710] 陈家勤．投资并购中的税收筹划．会计师．2018（02）：29－30.

[1711] 唐文娟，张泽，朱海英．企业并购动因分析及策略思考．会计师．2018（05）：44－46.

[1712] 李毅．上市公司并购重组的突出问题、监管难点及对策研究．会计师．2018（08）：32－33.

[1713] 俞云飞．上市公司并购重组财务风险探析．会计师．2018（09）：30－31.

[1714] 郭芬．物业公司并购的财务风险及对策．会计师．2018（10）：21－22.

[1715] 董刚．关于企业并购中的融资管理及并购后的财务整合研究．会计师．2018（12）：43－44.

[1716] 刘坚侠．水务企业并购之风险管控与财务融合．会计师．2018（17）：30－31.

[1717] 王雨田．基于平衡计分卡的企业并购绩效研究——以南车并购北车为例．会计师．2018（19）：16－18.

[1718] 朱锡峰．从商誉减值看上市公司并购风险防范——以A公司并购J公司为例．会计师．

2018 (22): 37 -39.

[1719] 颜月清. 关于上市公司并购跨境电商企业估值方法的借鉴与思考. 会计师. 2018 (23): 14 -15.

[1720] 蒋春凤, 王荣霞. 高校教育资金监管中存在的问题与对策. 会计师. 2018 (01): 70 -71.

[1721] 王诗雨, 陈志红. 企业财务风险衍化及其产业效应——基于规制环境和竞争环境的双重情境分析. 会计研究. 2018 (11): 56 -62.

[1722] 刘白璐, 吕长江. 基于长期价值导向的并购行为研究——以我国家族企业为证据. 会计研究. 2018 (06): 47 -53.

[1723] 吴娜, 于博, 吴家伦. 逆周期并购的经济后果及其异质性特征. 会计研究. 2018 (06): 54 -61.

[1724] 李丹蒙, 叶建芳, 卢思绮, 曾森. 管理层过度自信、产权性质与并购商誉. 会计研究. 2018 (10): 50 -57.

[1725] 刘向强, 孙健, 袁蓉丽. 并购业绩补偿承诺与审计收费. 会计研究. 2018 (12): 70 -76.

[1726] 徐虹, 李敏, 芮晨. 集团控制、并购与上市公司现金持有. 会计与经济研究. 2018 (02): 58 -74.

[1727] 孙辉东. 关于企业合并商誉会计核算问题的思考. 会计之友. 2018 (02): 2 -5.

[1728] 聂秀萍, 李齐云. 环境规制下中小企业涉税风险影响因素 AHP 模型构建. 会计之友. 2018 (15): 21 -26.

[1729] 陈静. 政治成本视域下重污染企业真实盈余管理研究——基于雾霾规制颁布的准自然实验考察. 会计之友. 2018 (11): 51 -56.

[1730] 赵国宇, 禹薇. 合谋掏空中的利益博弈与监管问题研究. 会计之友. 2018 (01): 90 -94.

[1731] 王殿华, 赵园园, 丁茵茵, 徐娜, 苏雅. 企业环境损益账户的建立与实施——环境账户与奖励制度的联合. 会计之友. 2018 (02): 31 -34.

[1732] 于成永, 崔艳. 混合所有制、高管薪酬与并购企业费用粘性. 会计之友. 2018 (04): 155 -161.

[1733] 魏亚平, 杜玉金. 基于目标文化企业资产结构视角的并购溢价研究. 会计之友. 2018 (04): 38 -43.

[1734] 周霞, 毕添宇, 张攀, 邵全. 城市更新视角下房地产投资并购标的评价研究. 会计之友. 2018 (06): 45 -50.

[1735] 张丽君, 王保乾. 融资约束、并购支付与财务绩效交互式影响. 会计之友. 2018 (09): 29 -33.

[1736] 佟岩, 宫雯, 王志秀, 孙雨晨, 田甜. 行业背景、竞争程度与创新驱动型并购. 会计之友. 2018 (10): 31 -36.

[1737] 于博, 吴家伦. 企业并购支付方式的决定因素分析——兼论市场择时理论在本土化样本下的适用性. 会计之友. 2018 (13): 87 -92.

[1738] 苑泽明, 顾家伊, 富钰媛. “蛇吞象” 海外并购模式绩效评价研究——以吉利集团为例. 会计之友. 2018 (16): 60 -65.

[1739] 许敏, 王雯. 高管风险偏好、并购特征与并购绩效. 会计之友. 2018 (15): 113 -120.

[1740] 周娟. 创业板并购重组资产评估问题新探——基于 2014—2015 年创业板市场并购数据分析. 会计之友. 2018 (16): 42 -47.

[1741] 张际萍. 机构持股、杠杆缺口与企业并购绩效. 会计之友. 2018 (16): 66 -72.

[1742] 高方露, 康健. 国有企业并购重组效率研究. 会计之友. 2018 (18): 67 -70.

[1743] 李欠强, 刘际陆. 中国企业跨国并购对经营绩效的影响研究——基于 PSM 方法. 会计

之友. 2018 (20): 70 - 75.

[1744] 李明娟，于卓群. 互联网转型并购绩效实证研究——基于中国A股上市公司并购交易. 会计之友. 2018 (20): 76 - 80.

[1745] 吴清. 我国民营企业的跨国并购动机和目标选择——以恒安并购皇城为例. 会计之友. 2018 (21): 126 - 129.

[1746] 何顶. 业绩承诺、尽职调查和并购风险管理——以中水渔业收购新阳洲为例. 会计之友. 2018 (21): 130 - 133.

[1747] 嵇存海，王琳，王孟举. 高管持股、支付方式与并购长期绩效的研究. 会计之友. 2018 (23): 46 - 50.

[1748] 肖合燕. 反向并购、IPO上市与债务融资成本. 会计之友. 2018 (23): 132 - 137.

[1749] 郑波，戴鸿丽. 中小城市地方政府性债务监管及其风险防范——以D市为例. 会计之友. 2018 (15): 40 - 43.

[1750] 龚光明，王熠琳. 产品市场势力、内部控制与分析师预测. 会计之友. 2018 (03): 130 - 135.

[1751] 曾斯平. 法治视野下的高校教育决策失误及其规制. 惠州学院学报. 2018 (02): 108 - 112.

[1752] 贾薛飞. 校园网贷的现状分析与管控策略. 吉林工程技术师范学院学报. 2018 (10): 20 - 22.

[1753] 臧阿月. 竞争法视野下新型互联网不正当竞争行为的规制——兼论新《反不正当竞争法》“互联网专条”. 吉林工商学院学报. 2018 (04): 92 - 97.

[1754] 高梅梅. 网络谣言的法律规制现状及立法建议. 吉林工商学院学报. 2018 (01): 94 - 96.

[1755] 孙瑞瑞. 大部制改革下“互联网+餐饮”存在的安全问题及监管对策研究. 吉林广播电视大学学报. 2018 (10): 108 - 110.

[1756] 李吉. 我国P2P网贷异化模式及法律规制. 吉林金融研究. 2018 (07): 67 - 71.

[1757] 于欣鹭. 浅析中国企业跨国并购的风险及其控制. 吉林金融研究. 2018 (08): 25 - 29.

[1758] 王在高，李亦楠，于文婷，赵文宏. 人工智能促进经常项目外汇管理方式的探索. 吉林金融研究. 2018 (11): 37 - 41.

[1759] 刘峰. 监管引领银行业着力支持吉林省老工业基地振兴. 吉林金融研究. 2018 (02): 1 - 6.

[1760] 吕健. 长白山安监局、住建局联合查封一家违法经营企业. 吉林劳动保护. 2018 (11): 18.

[1761] 季新梅. 多措并举　提升监管　保障基层食用农产品安全. 吉林农业. 2018 (24): 90.

[1762] 季新梅. 完善乡镇农产品监管机制　推动农产品质量提升. 吉林农业. 2018 (23): 40.

[1763] 李清锐，杨国红，张兴国. 食用农产品质量安全监管探析. 吉林农业. 2018 (12): 78.

[1764] 姜中涛，寇玉兰. 公主岭市国家临储粮监管工作对策分析. 吉林农业. 2018 (09): 109.

[1765] 张丹. P2P网络借贷的风险与对策分析. 吉林农业科技学院学报. 2018 (02): 54 - 56.

[1766] 盛明科，李代明. 生态政绩考评失灵与环保督察——规制地方政府间“共谋”关系的制度改革逻辑. 吉首大学学报（社会科学版）. 2018 (04): 48 - 56.

[1767] 姚辰. 双边市场中相关市场的界定问题研究. 吉首大学学报（社会科学版）. 2018 (S2): 53 - 58.

[1768] 赖斌慧. 企业战略对并购溢价的影响. 集美大学学报（哲社版）. 2018 (03): 77 - 84.

[1769] 陈薇，贺青，田亚飞，李辰. 合理选择表征磁共振成像仪主磁场指标的必要性. 计量技术. 2018 (05): 10 - 12.

［1770］石亚丽，王良民．VANETs 中基于时空分析的抗合谋 Sybil 攻击检测方法．计算机学报．2018（09）：2148 – 2161.

［1771］敖丽，刘璟，姚绍文，武楠．抗合谋攻击能力可调的有状态组密钥更新协议．计算机应用．2018（05）：1372 – 1376.

［1772］武楠，刘璟，姚绍文，郑琳．基于混合结构的广播加密方案的设计和实现．计算机应用研究．2018（10）：3096 – 3099.

［1773］雷丽楠，李勇．基于密文策略属性基加密的多授权中心访问控制方案．计算机应用研究．2018（01）：248 – 252.

［1774］陈宏，谢国荣，王迟．基于序关系分析法的电力市场监管指标体系评价．计算机与数字工程．2018（05）：941 – 944.

［1775］李欣，曹建华．环境规制的污染治理效应：研究述评．技术经济．2018（06）：83 – 92.

［1776］范黎波，武天兰，翟正男．资源相关性与企业并购成败的关系——以中国制造业企业为例．技术经济．2018（05）：71 – 80.

［1777］张秀广，刘晓君．环境规制对区域产业结构优化调整的影响研究．技术经济与管理研究．2018（11）：124 – 128.

［1778］张改清．环境不确定下企业财务弹性储备水平与并购决策．技术经济与管理研究．2018（05）：13 – 18.

［1779］赵曼，赵德志，綦颖．高管的政治关联对民营企业并购绩效的影响研究．技术经济与管理研究．2018（09）：52 – 56.

［1780］陈庭翰．中国汽车产业的技术创新问题与解决路径分析——以技术维度为视角．技术经济与管理研究．2018（09）：124 – 128.

［1781］崔雅雯，杨磊，郭延禄．供给侧改革下的政府规制与企业的标准化行为演化博弈分析．技术与创新管理．2018（06）：753 – 760.

［1782］王立东．科研不端行为法律规制研究．技术与创新管理．2018（05）：530 – 536.

［1783］张娇，孙慧．我国钢铁企业高管政治关联程度与并购绩效的关系研究．技术与创新管理．2018（02）：199 – 206.

［1784］占咪，张峥．并购类型和知识基础维度对创新绩效的影响．技术与创新管理．2018（03）：254 – 259.

［1785］陈珍珍，张峥．对企业并购动机和企业盈利能力的创新性水平研究．技术与创新管理．2018（03）：346 – 350.

［1786］陈捷．中国制造业企业技术并购创新协同机理研究．技术与创新管理．2018（04）：380 – 385.

［1787］闰芹芹，郭健全．经济距离、并购经验与跨国公司股权进入模式研究．技术与创新管理．2018（05）：563 – 568.

［1788］戴津伟．实质法律解释的逻辑规制．济南大学学报（社会科学版）．2018（06）：15 – 24.

［1789］葛金田，张小涵．新型城镇化对我国产业结构升级的影响．济南大学学报（社会科学版）．2018（02）：32 – 38.

［1790］刘洋．公司并购中的文化整合：基于 HS 公司的案例．济南大学学报（社会科学版）．2018（03）：73 – 83.

［1791］郝颖钰．“不重复上位法”原则对地方立法的合理性规制——以山东省及设区的市大气污染防治立法为样本．济南职业学院学报．2018（06）：91 – 96.

［1792］刘广平．侵犯个人信息犯罪的刑法规制——以《刑法修正案（九）》为视角．济南职业学院学报．2018（02）：107 – 110.

［1793］柳长浩．反垄断法视野下知识产权继受取得的行为区分及经营者集中的界定——兼评《关于滥用知识产权的反垄断指南（征求意见稿）》．济宁学院学报．2018（04）：58－64.

［1794］邹开亮，刘佳明．大数据背景下价格协同行为的法律规制．济宁学院学报．2018（01）：61－64.

［1795］贺小雪，曾祥华．共享单车运营的法律监管问题探析．济宁学院学报．2018（03）：104－108.

［1796］于文轩．论可再生能源效率促进的工具选择．暨南学报（哲学社会科学版）．2018（12）：50－58.

［1797］张英．互联网金融创新下的经济犯罪防控机制探究．暨南学报（哲学社会科学版）．2018（08）：75－84.

［1798］陶锋，王余妃．环境规制、研发偏向与工业绿色生产率——“波特假说”再检验．暨南学报（哲学社会科学版）．2018（05）：45－60.

［1799］罗子爱．互联网领域不正当竞争行为法律规制研究．佳木斯职业学院学报．2018（10）：165－166.

［1800］陈鑫．政府管制、竞争结构与企业创新．佳木斯职业学院学报．2018（02）：455－456.

［1801］张亭亭．负面清单管理的国际经验及对福建自贸区的借鉴意义．佳木斯职业学院学报．2018（01）：430－431.

［1802］孟凡岭．统战工作新媒体平台的监管．佳木斯职业学院学报．2018（12）：446－448.

［1803］朱程，李锦梅．律师调查令“申请—审查”制度的程序性构建．嘉应学院学报．2018（07）：47－52.

［1804］张瑞，付立忠．校园暴力刑法规制探讨．嘉应学院学报．2018（01）：63－67.

［1805］黄海英．司法鉴定收费新标准的“放”与“管”．嘉应学院学报．2018（03）：53－57.

［1806］杜晓丽．专利聚合经营模式的垄断威胁及其规制研究．价格理论与实践．2018（06）：30－33.

［1807］许光耀．知识产权拒绝许可行为的反垄断法分析方法——以欧盟微软案为例．价格理论与实践．2018（03）：22－25.

［1808］许光建，魏嘉希．我国价格认定工作的政策、性质与实践．价格理论与实践．2018（06）：5－9.

［1809］娄卫阳．品牌供应商网络销售限制的反垄断规制．价格理论与实践．2018（06）：26－29.

［1810］詹馥静，王先林．反垄断视角的大数据问题初探．价格理论与实践．2018（09）：37－42.

［1811］曾杨欢．品牌药超高定价的反垄断规制．价格理论与实践．2018（07）：15－18.

［1812］丁潇君，房雅婷．中国环境规制与绿色创新关系研究——基于元分析方法的实证分析．价格理论与实践．2018（06）：34－37.

［1813］张维，张帆，朱青．城市垃圾处理PPP项目定价模式比较研究——基于产业升级因素的分析．价格理论与实践．2018（06）：130－133.

［1814］李金栋．英国“规制沙盒”对我国金融创新与风险防范的启示．价格理论与实践．2018（12）：99－102.

［1815］邹开亮，徐晓丹．网络购物节商家“恶意超售”行为的法律规制——基于《反不正当竞争法》的视角．价格理论与实践．2018（12）：65－68.

［1816］杨娟．推动自然垄断环节价格规制现代化．价格理论与实践．2018（11）：22－24.

［1817］孟雁北．我国垄断行业规制行为之公平竞争审查问题研究．价格理论与实践．2018（11）：25－29.

［1818］郭娜，代雨晴，李建平．新时代价格机制的完善与价格改革——中国价格协会高校价

格理论与教学研究会第34次年会观点综述．价格理论与实践．2018（10）：40－41.

［1819］邹开亮，刘佳明．大数据“杀熟”的法律规制困境与出路——仅从《消费者权益保护法》的角度考量．价格理论与实践．2018（08）：47－50.

［1820］韩纪琴，夏梦．环境规制对产业竞争力影响的研究——基于江苏制造业数据的分析．价格理论与实践．2018（08）：135－138.

［1821］李华晶，王祖祺，吴睿珂．能源价格、制度环境对企业绿色绩效影响研究——基于资源效益、技术效益、环境效益的分析．价格理论与实践．2018（04）：126－129.

［1822］杨娟．输配电价改革进展及进一步推进的建议．价格理论与实践．2018（04）：22－25.

［1823］徐菡．热门景区旅游市场发展及其价格机制作用研究．价格理论与实践．2018（07）：12－14.

［1824］刘洪峰．论药品价格垄断及其法律规制．价格理论与实践．2018（06）：22－25.

［1825］朱利民，赵全新．价格成本监管体系研究．价格理论与实践．2018（03）：67－70.

［1826］王磊．电信网络接入定价理论与政策研究．价格理论与实践．2018（02）：32－36.

［1827］张碧星．乡村特色旅游商品定价研究．价格理论与实践．2018（04）：159－162.

［1828］陈绍刚，王浩先．跨国公司中间产品转移定价方法研究——基于税率差异性的分析．价格理论与实践．2018（05）：115－118.

［1829］郑新业，吴施美．电改中的监管能力建设：必要性和举措．价格理论与实践．2018（01）：10－14.

［1830］张玉洁．互联网行业相关市场界定的司法困境与对策——以双边市场为视角．价格理论与实践．2018（01）：45－48.

［1831］徐新鹏，杨柏．自贸区反垄断综合执法机制构建．价格月刊．2018（03）：80－85.

［1832］高翔．电商平台价格垄断行为规制初探．价格月刊．2018（11）：32－36.

［1833］李洁璇，王诗烨．当前中国电价规制中存在的问题及国外经验借鉴．价格月刊．2018（08）：17－22.

［1834］陈桂生，刘梦琦．基于利益博弈的药品价格规制问题研究．价格月刊．2018（05）：7－14.

［1835］贾晓慧．市场化视阈下我国民航运价改革问题研究．价格月刊．2018（02）：14－17.

［1836］陈冰洁．全民直播时代网络直播泛娱乐化现象思考．价值工程．2018（16）：247－248.

［1837］于赛飞．工程师形成的质量规制模式——以英美为例．价值工程．2018（12）：241－243.

［1838］姜洪．我国制造业企业跨国并购的风险研究．价值工程．2018（05）：4－6.

［1839］陈玥．房地产企业并购案例分析——以融创、万达“世纪并购”为例．价值工程．2018（08）：19－22.

［1840］徐维增．我国上市公司并购绩效研究方法刍议．价值工程．2018（08）：85－86.

［1841］李智林，戚拥军．中小板公司高管减持与并购行为研究．价值工程．2018（16）：16－18.

［1842］周倩倩，贾创雄．经济转型背景下中国汽车行业并购重组的机遇与挑战．价值工程．2018（31）：103－105.

［1843］刘耘．促进民营制造跨国并购的政策支持体系的探讨．价值工程．2018（31）：93－95.

［1844］陈莉萍．我国企业跨国并购财务风险及其防范——以天海投资并购英迈国际为例．价值工程．2018（33）：43－44.

［1845］李冠斯，温巧玲，魏霜，宦萍，李志勇．东盟主要贸易国农食产品农药残留监管体系研究．检验检疫学刊．2018（02）：22－25.

［1846］陈文，麦伟强，袁俊杰，陈国杰，袁琛，梁文，陈成桥．新形势下进境粮食检验检疫

及监管模式的探讨．检验检疫学刊．2018（01）：44－46.

［1847］沈虹，彭盈．环境规制文献综述．建材与装饰．2018（12）：189.

［1848］王明．试论建筑工程施工的精细化施工管理．建材与装饰．2018（50）：178－179.

［1849］吴俊荣．国内外建筑业安全生产政府管制对比研究．建筑安全．2018（04）：28－31.

［1850］李美，尹贻林，王翔．基于全生命周期的PPP项目政府寻租行为规制研究．建筑经济．2018（09）：70－74.

［1851］周静瑜．并购与整合（一）——“一带一路”倡议下的企业深度国际化系列之四．建筑设计管理．2018（06）：39－43.

［1852］周静瑜．并购与整合（二）——“一带一路”倡议下的企业深度国际化系列之四．建筑设计管理．2018（07）：38－42.

［1853］宋明．保险行业公司治理监管迭代的取向与路径——以控制权规制为中心．江海学刊．2018（04）：218－224.

［1854］杨昕，王太高．行政决定中的科学不确定性审查：美国的实践及其启示．江海学刊．2018（03）：225－231.

［1855］李雅琴．论互联网医药广告的法律规制．江汉大学学报（社会科学版）．2018（01）：27－32.

［1856］王燕玲．网络刷单犯罪的演变形态与刑法规制．江汉论坛．2018（12）：119－124.

［1857］徐英军．契约群：企业资产证券化的风险动因及其法律规制．江汉论坛．2018（11）：121－128.

［1858］叶亚杰．藐视法庭行为的刑法规制．江汉论坛．2018（08）：128－138.

［1859］侯卓．“法外分配”的税法规制：思路与局限——以个人所得税为中心的审视．江汉论坛．2018（02）：136－144.

［1860］陈敬根，刘志鸿．海上安全风险规制的范式安排——从单边管控到区域协同．江淮论坛．2018（05）：105－111.

［1861］崔开云．中国社会组织自我规制失灵及其治理．江淮论坛．2018（04）：44－50.

［1862］高丽虹．法律规制视域下权力清单后评估制度研究——基于安徽省16市实施状况分析．江淮论坛．2018（01）：98－102.

［1863］蓝发钦，赵建武，王凡平，陈后兴．控制权结构、估值水平与并购支付方式选择——来自我国上市公司的经验证据．江淮论坛．2018（01）：11－18.

［1864］吴国平．论继父母子女关系法律规制的立法完善．江南大学学报（人文社会科学版）．2018（01）：32－38.

［1865］董成惠．网约车无序竞争的法律解读．江南大学学报（人文社会科学版）．2018（06）：55－61.

［1866］郭肖萌．网络募捐的弊病与法律规制探析．江南论坛．2018（09）：39－40.

［1867］柳剑晗．互联网信息类型建构及立法规制．江苏第二师范学院学报．2018（05）：60－64.

［1868］魏红梅，王曦．论高校教师职称评审权力的下放与规制．江苏高教．2018（09）：38－43.

［1869］刘菲．群体性事件行政不作为的法律规制．江苏警官学院学报．2018（04）：28－34.

［1870］王春业，牟梓榕．立案登记制背景下行政滥诉的规制．江苏警官学院学报．2018（01）：25－30.

［1871］刘莹．医师故意移植非法来源器官的刑法规制．江苏科技大学学报（社会科学版）．2018（04）：77－82.

［1872］朱添金．基于博弈论的我国碳市场监管制度研究．江苏科技信息．2018（16）：64－66.

［1873］谭莹，胡洪涛，周建军．地区环境规制对生猪养殖生产的影响机制．江苏农业科学．

2018（13）：347－352.

［1874］林珊，胡浩，卢华．我国肉鹅生产布局变动及影响因素分析．江苏农业科学.2018（11）：314－318.

［1875］董平．技术并购后技术资源整合研究：基于吸收能力的视角．江苏商论.2018（02）：98－100.

［1876］金小康．阿里巴巴并购饿了么案例分析．江苏商论.2018（09）：112－113.

［1877］殷楠．我国企业海外并购融资路径的法律分析．江苏社会科学.2018（02）：264－272.

［1878］徐丽媛．生态补偿中政府与市场有效融合的理论与法制架构．江西财经大学学报.2018（04）：111－122.

［1879］张力，杨绎．人口城镇化背景下农民自愿退出农村地权的法律规制．江西财经大学学报.2018（03）：113－123.

［1880］喻玲，曾杨欢．药品领域超高定价行为的反垄断规制．江西财经大学学报.2018（02）：108－117.

［1881］郝照辉，高笛．科技类并购、溢价决策与全要素生产率．江西财经大学学报.2018（06）：41－49.

［1882］陈德胜．建筑施工现场起重机械的安全监管探讨．江西建材.2018（12）：44－45.

［1883］吴加明，顾颐蕾．刑法与反不正当竞争法之暗合与衔接适用——以修订后的《反不正当竞争法》为切入．江西警察学院学报.2018（06）：58－63.

［1884］钟升，魏琼．不正当竞争型行政行为及法律规制．江西警察学院学报.2018（05）：123－128.

［1885］赵炜佳．P2P网贷平台资金池的刑法理性规制——非法吸收公众存款罪与时俱进解释之提倡．江西警察学院学报.2018（04）：23－28.

［1886］陈永辉．网约车刷单行为的刑法规制研究．江西警察学院学报.2018（04）：96－101.

［1887］林志敏，王超．非聚众型哄抢行为的刑法规制研究．江西警察学院学报.2018（03）：92－98.

［1888］孙晓博．网络信用炒作行为的刑法规制探析．江西警察学院学报.2018（02）：22－27.

［1889］童云峰．侵犯商业秘密犯罪刑法规制研究．江西警察学院学报.2018（02）：28－34.

［1890］齐力莼．虚拟财产的刑法规制现状及保护路径．江西警察学院学报.2018（02）：35－40.

［1891］刘美娟，郑华，陈丽琼．江西省危险化学品事故分析与监管对策．江西科学.2018（04）：558－562.

［1892］程晓珍．加强村级财务监管的措施．江西农业.2018（22）：124.

［1893］夏国永，郑青．规制变革的政策困境与国家共同体的构建短板．江西社会科学.2018（12）：189－196.

［1894］王柱国．适宜性行政规制：生态规划适宜理念的借鉴．江西社会科学.2018（08）：156－166.

［1895］江南．分享经济视域下共享出行的政府规制行为．江西社会科学.2018（06）：74－79.

［1896］宗玲．惩罚与预防：安全生产之刑事规制．江西社会科学.2018（05）：187－194.

［1897］卢代富，刘云亮．社会信用体系属性的经济法认知．江西社会科学.2018（05）：159－167.

［1898］齐亚伟．节能减排、环境规制与中国工业绿色转型．江西社会科学.2018（03）：70－79.

［1899］刘俊毅，白彦．资本结构对并购支付方式的影响研究——基于公司负债比率的视角．江西社会科学.2018（07）：75－81.

［1900］陈伟，琚泽霞，陶长琪．金融效率、环境规制与R&D创新——基于价值链理论的2阶

段分析．江西师范大学学报（自然科学版）. 2018 (05)：535-543.

[1901] 张凌寒．风险防范下算法的监管路径研究．交大法学. 2018 (04)：49-62.

[1902] 许伟．关于建立轨道交通成本规制的思考．交通财会. 2018 (01)：47-51.

[1903] 熊浩．浅谈企业并购中的财务风险及其控制．交通财会. 2018 (03)：33-37.

[1904] 李亚．网约车背景下出租车市场规制问题研究．交通企业管理. 2018 (01)：40-44.

[1905] 李红枫，石安琪．新加坡出租汽车管理对我国的借鉴意义．交通世界. 2018 (35)：3-6.

[1906] 冯苏苇．错误规制如何恶化美国停车状况．交通与港航. 2018 (06)：84-85.

[1907] 霍艳丽．我国顺风车存在的合理性及规制路径探析．交通运输部管理干部学院学报. 2018 (03)：7-11.

[1908] 王芙蓉，倪少权，李雪婷，吴贞瑶．铁路运输业进入规制决策与相关政策分析．交通运输工程与信息学报. 2018 (01)：66-71.

[1909] 李战国，姚荣．"放管服"背景下我国高校专业设置与调整的行政规制逻辑——基于政策工具的分析视角．教育发展研究. 2018 (01)：19-25.

[1910] 赵晓兰，谭靖．小学教育培训市场政府规制研究——以某市某区的小学教育培训市场为例．教育观察. 2018 (12)：83-85.

[1911] 许扬，薛香梅，李丽，吕宏灵，柏榛．浅析建立健全公共服务体系法律规制．教育教学论坛. 2018 (39)：123-124.

[1912] 邱晗凌，赵传贤，黄兰芳．高校院系对科研经费的监管研究．教育教学论坛. 2018 (26)：11-12.

[1913] 孙伯龙．我国校外培训机构的市场准入管制转型：理论与路径．教育学报. 2018 (04)：56-65.

[1914] 姚荣．保障与限制之间：高校教师兼职活动的法律规制研究．教育学报. 2018 (03)：65-80.

[1915] 沈钢．基于科学监管体系控制机动车排气的探讨．节能. 2018 (11)：56-57.

[1916] 中国企业天价并购背后　另有心酸故事．今日养猪业. 2018 (04)：104-106.

[1917] 李紫阳，朱佩．反向刷单行为的刑法规制——以南京市反向刷单第一案为例．金华职业技术学院学报. 2018 (01)：58-62.

[1918] 张庭溢，柯丽芬．碳排放规制政策演化及上限-交易机制内涵．金陵科技学院学报（社会科学版）. 2018 (01)：16-20.

[1919] 卓武扬，潘云春．我国互联网现金贷的现状及监管对策．金陵科技学院学报（社会科学版）. 2018 (04)：11-14.

[1920] 李皓．资管新规对并购基金的影响．金融博览. 2018 (02)：13-15.

[1921] 刘胜利．中资商业银行并购融资需明确转型方向．金融博览. 2018 (12)：56-57.

[1922] 李庚南．重构监管与创新的关系．金融博览（财富）. 2018 (03)：24-25.

[1923] 周登宪，孟宪东，许加宏，关健．环境规制视角下产业结构升级的金融支持问题研究——基于山东省17地市面板数据的实证分析．金融发展评论. 2018 (12)：116-129.

[1924] 常宇豪．绿色信贷中的信息流动：障碍、成因与对策．金融发展评论. 2018 (10)：148-158.

[1925] 朴成镇，朱泽成，李仙子．国外金融控股集团监管模式对我国的启示．金融发展评论. 2018 (12)：29-33.

[1926] 吴星．金融科技对银行及其监管机构的影响．金融发展评论. 2018 (05)：7-15.

[1927] 徐士伟，门成昊．研发投入与并购市场收益——一个有调节的中介模型．金融发展研

究 . 2018 (02): 11 – 17.

[1928] 徐策. 我国银行业的并购与整合模式研究. 金融会计 . 2018 (08): 51 – 56.

[1929] 张大龙. 对完善我国地方政府债券制度的若干思考. 金融会计 . 2018 (07): 50 – 56.

[1930] 刘辉. 欧盟监管货币市场基金的做法及启示. 金融会计 . 2018 (01): 69 – 72.

[1931] 刘瑜恒. 我国私募基金风险及监管对策研究——基于美国的比较分析. 金融监管研究 . 2018 (08): 42 – 60.

[1932] 刘娟，黄小勇. 并购重组中谁在为不达标的业绩补偿承诺买单? ——以掌趣科技为例. 金融教育研究 . 2018 (02): 37 – 41.

[1933] 郭施亮. 科创板来了，中国版纳斯达克离我们还远吗? . 金融经济 . 2018 (23): 33 – 34.

[1934] 高玉美. 国内自贸区金融开放经验对河南自贸区的启示. 金融经济 . 2018 (14): 27 – 29.

[1935] 杨继红. 我国 P2P 网络借贷平台的信息不对称及政府管制. 金融经济 . 2018 (14): 118 – 119.

[1936] 朱琳. 地方民间借贷服务中心风险防控研究. 金融经济 . 2018 (12): 95 – 96.

[1937] 安梅. 国家审计权执法中的裁量权与规制强化. 金融经济 . 2018 (06): 110 – 112.

[1938] 戚拥军，李智林，刘安心. 创业板公司高管减持过程中的并购行为研究. 金融经济 . 2018 (02): 94 – 98.

[1939] 邵梦馨，邵友元. 跨境并购对股东财富的影响——以国内企业为例. 金融经济 . 2018 (10): 66 – 68.

[1940] 高燕燕. 管理防御与企业多元化并购: 述评与展望. 金融经济 . 2018 (14): 48 – 49.

[1941] 罗军林，郭翠. 基于云物元模型的公司并购风险的识别、评价及控制——以宝万之争为例. 金融经济 . 2018 (22): 94 – 97.

[1942] 张智. 基于互联网企业并购下财务整合风险及措施的思考. 金融经济 . 2018 (22): 200 – 202.

[1943] 冯强. 金融科技发展、影响与监管研究. 金融经济 . 2018 (24): 50 – 51.

[1944] 周照乘. 程序化交易发展及监管研究. 金融经济 . 2018 (22): 124 – 126.

[1945] 王璐. 关于银行卡境外交易统计监管的难点及建议. 金融经济 . 2018 (22): 138 – 140.

[1946] 张蕾，李静，卜敏，曾煜. 京津冀协同发展背景下促进共享单车发展的对策研究. 金融经济 . 2018 (16): 111 – 113.

[1947] 叶恩泽. 人民币国际化背景下银行卡境外交易监管框架研究. 金融经济 . 2018 (12): 60 – 61.

[1948] 杨奎，严思雅，国晓丽. 第三方支付的潜在风险分析与监管探索——以支付宝为例. 金融经济 . 2018 (08): 68 – 70.

[1949] 汪婷婷. 地方金融监管问题及对策. 金融经济 . 2018 (06): 15 – 17.

[1950] 韩李强. 浅谈金三系统的精准监管. 金融经济 . 2018 (04): 83 – 84.

[1951] 田蕾. 我国政府引导基金运行问题研究. 金融经济 . 2018 (04): 112 – 113.

[1952] 陈宝贵. 对互联网金融风险与监管的研究. 金融经济 . 2018 (02): 9 – 10.

[1953] 刘彬. 关于互联网金融的若干思考. 金融经济 . 2018 (02): 26 – 28.

[1954] 吴卫明，张钰. 金融用户画像的法律规制研究. 金融科技时代 . 2018 (09): 13 – 19.

[1955] 黄磊. 中小商业银行信息系统运行保障及监管的思考. 金融科技时代 . 2018 (09): 56 – 58.

[1956] 付蓉，李永红. 金融科技监管的国际经验借鉴及启示. 金融科技时代 . 2018 (04): 31 – 34.

[1957] 夏云安. 聚合支付风险分析与监管建议. 金融科技时代 . 2018 (02): 57 – 60.

[1958] 谷勤．ICO 被叫停引发的数字货币监管的思考．金融科技时代．2018（01）：70－72.

[1959] 李林汉，田卫民．环境规制、金融发展与产业结构升级．金融理论探索．2018（06）：15－24.

[1960] 刘轶，董捷．保险欺诈风险的关键因素及法律规制．金融理论探索．2018（04）：60－70.

[1961] 李莉莎，王智浩．P2P 网络借贷征信：现实困境与机制完善．金融理论与教学．2018（04）：31－34.

[1962] 刘晓宇．基于金融伦理视角下我国 P2P 网络借贷平台的监管研究．金融理论与教学．2018（03）：33－35.

[1963] 金香爱，李岩峰．我国地方政府债券发行法治化的路径选择——以新修订的《预算法》实施为背景．金融理论与实践．2018（12）：67－71.

[1964] 陈万科．P2P 网贷平台违规业务的刑法规制研究——以风险备付金、超级放款人为切入点．金融理论与实践．2018（08）：88－93.

[1965] 刘文涛．基于商业和司法实践的股权众筹法律制度完善研究．金融理论与实践．2018（07）：80－84.

[1966] 李承竺，涂艳．对私募基金中“新型可转债”模式否定之证立．金融理论与实践．2018（09）：77－81.

[1967] 储雪俭，李喆．基于动态二维码技术的存货质押融资监管．金融理论与实践．2018（06）：34－38.

[1968] 沈赫．民营企业跨境并购：银行的角色．金融市场研究．2018（12）：99－107.

[1969] 庞家任，周桦，王玮．上市公司成立并购基金的影响因素及财富效应研究．金融研究．2018（02）：153－171.

[1970] 冼国明，明秀南．海外并购与企业创新．金融研究．2018（08）：155－171.

[1971] 王锋，石啸天，刘娟，何晓玲，陈洪涛．环境规制、金融发展与产业结构升级．金融与经济．2018（08）：55－61.

[1972] 聂嘉琪．政治关联与企业环境责任：基于我国重污染行业的经验证据．金融与经济．2018（03）：65－72.

[1973] 杜亚飞．商业银行交叉金融产品的成因分析及规制研究．金融与经济．2018（02）：79－82.

[1974] 舒春燕，冷知周．地方政府投融资平台市场化转型的现实困境与路径思考．金融与经济．2018（12）：90－93.

[1975] 秦军，居佳欢．违规减持大股东与监管者之间的演化博弈研究．金融与经济．2018（10）：39－44.

[1976] 董晶，黄旭．大数据差别定价现象解析及启示．金融纵横．2018（08）：30－34.

[1977] 陈禹衡，刘敏．论微整形的法律性质及规制．锦州医科大学学报（社会科学版）．2018（04）：15－17.

[1978] 宫迅伟．跨国并购：实现全球采购与供应链的整合．进出口经理人．2018（03）：36－38.

[1979] 李毅．被大数据杀熟，关键要收集证据．经济．2018（10）：78－79.

[1980] 于佳乐．上市并购新退路．经济．2018（05）：68－70.

[1981] 许亚岚．保护知识产权是中国企业创新的根本——访知产宝联合创始人张璇．经济．2018（22）：92－94.

[1982] 伍格致，游达明．财政分权视角下环境规制对技术引进的影响机制．经济地理．2018（08）：37－46.

[1983] 聂国卿，郭晓东．环境规制对中国制造业创新转型发展的影响．经济地理．2018

(07)：110 - 116.

[1984] 于冠一，修春亮．辽宁省城市化进程对雾霾污染的影响和溢出效应．经济地理．2018 (04)：100 - 108.

[1985] 朱向东，贺灿飞，毛熙彦，李伟．贸易保护背景下中国光伏产业空间格局及其影响因素．经济地理．2018 (03)：98 - 105.

[1986] 王秋玉，尚勇敏，刘刚，曾刚．跨国并购对全球—地方创新网络演化的作用研究——以中国工程机械产业为例．经济地理．2018 (02)：1 - 9.

[1987] 王烈琦．竞争法的政策功能及其实现机制——以系统功能理论为视角．经济法论坛．2018 (02)：80 - 97.

[1988] 姚海放．关于优化营商环境的几点审思．经济法学评论．2018 (02)：3 - 16.

[1989] 刺森．我国《反垄断法》中横向垄断协议罚款计算的问题分析．经济法研究．2018 (02)：304 - 317.

[1990] 张彩云，盛斌，苏丹妮．环境规制、政绩考核与企业选址．经济管理．2018 (11)：21 - 38.

[1991] 刘志鹏，吴彬．"一带一路" ODI 规制评价与企业决策模型研究．经济管理．2018 (04)：36 - 49.

[1992] 张彩云，吕越．绿色生产规制与企业研发创新——影响及机制研究．经济管理．2018 (01)：71 - 91.

[1993] 吴剑峰，乔璐．企业社会责任与跨国并购的关系：研究综述与展望．经济管理．2018 (11)：191 - 208.

[1994] 曾倩，曾先峰，刘津汝．产业结构视角下环境规制工具对环境质量的影响．经济经纬．2018 (06)：94 - 100.

[1995] 赵妍，赵立彬．晋升激励影响并购价值创造吗？——来自国有控股企业的经验证据．经济经纬．2018 (02)：158 - 164.

[1996] 雷卫，何杰．资本结构选择、内部控制与企业并购绩效——基于 A 股上市公司的经验研究．经济经纬．2018 (01)：108 - 114.

[1997] 杨瑞龙．四十年我国市场化进程的经济学分析——兼论中国模式与中国经济学的构建．经济理论与经济管理．2018 (11)：38 - 45.

[1998] 程华，鞠彬．互联网金融规制与市场有效性改善——来自中国网络借贷行业的证据．经济理论与经济管理．2018 (02)：51 - 63.

[1999] 唐国华，李晨韵．环境规制对制造业转型升级的作用机制研究．经济论坛．2018 (09)：33 - 40.

[2000] 金爱华，杨宇明．论互联网金融之伦理规制．经济论坛．2018 (06)：12 - 15.

[2001] 刘华光，刘彤瑶，白建锋．我国公立医院医生薪酬规制问题研究：一个租值耗散的视角．经济论坛．2018 (05)：33 - 36.

[2002] 刘津．"挂名企业"现象的经济学分析——兼论非正式制度对经济行为的影响．经济论坛．2018 (12)：101 - 105.

[2003] 张文佳．"一带一路"背景下光明食品跨国并购案例分析．经济论坛．2018 (04)：129 - 131.

[2004] 程达军．基于企业海外并购的中国文化跨文化传播：途径与创新．经济论坛．2018 (12)：106 - 109.

[2005] 李梦洁，杜威剑．空气污染对居民健康的影响及群体差异研究——基于 CFPS (2012) 微观调查数据的经验分析．经济评论．2018 (03)：142 - 154.

［2006］秦楠，刘李华，孙早．环境规制对就业的影响研究——基于中国工业行业异质性的视角．经济评论．2018（01）：106－119.

［2007］王思文，管新帅，刘雪强．出口、创新与生产率：基于异质性企业的联合决策模型．经济评论．2018（05）：75－89.

［2008］刘小鲁．标准制订强化了市场势力吗：基于中国制造业企业数据的经验研究．经济评论．2018（04）：101－114.

［2009］崔可欣．共享经济的法律风险与规制．经济师．2018（11）：76－77.

［2010］李洪帅，张德润，魏博．网络跨境代购中代购人的法律责任问题研究．经济师．2018（07）：66－67.

［2011］耿玉娟．“网约车”的法律规制问题研究．经济师．2018（07）：71－73.

［2012］周准．上市公司的并购风险分析及其防范措施．经济师．2018（01）：84－85.

［2013］孙志桓．中外企业在跨国公司并购案中人力资源整合差异研究．经济师．2018（01）：285－286.

［2014］刘益军．我国上市公司跨国并购风险问题研究．经济师．2018（03）：92－93.

［2015］孙淑华．我国跨国并购财务风险问题研究．经济师．2018（05）：105－106.

［2016］赵建勇．企业并购之融资渠道研究．经济师．2018（06）：272－273.

［2017］杨进波．上市企业并购绩效研究——以南京新百收购中国脐带血库为例．经济师．2018（06）：74－75.

［2018］张子君．并购整合背景下上市公司内控管理路径探究．经济师．2018（07）：81－82.

［2019］杨丽．文化企业并购财务风险研究．经济师．2018（08）：103－104.

［2020］施熠，薛鹏．中国制造业海外并购失败因素研究．经济师．2018（08）：57－58.

［2021］刘学登．关于房地产企业并购重组税收筹划研究．经济师．2018（09）：113－115.

［2022］杨淑敏．上市公司并购支付方式研究．经济师．2018（10）：90－91.

［2023］傅颖．保健食品会议营销监管法律问题浅析．经济师．2018（11）：73.

［2024］徐晨钟．新常态下商业银行临柜业务风险分析及对策．经济师．2018（11）：171－172.

［2025］张爱琴，刘雨然，钱琦，王成军．质量管理工具在医院餐饮外包服务监管中的应用．经济师．2018（09）：262－263.

［2026］汪涛．互联网金融风险及监管探析．经济师．2018（08）：131－132.

［2027］李怡然，侯璐．我国银行业交叉金融产品的风险控制与监管问题研究．经济师．2018（05）：32－33.

［2028］韩晓宏．关于我国生产要素价格形成机制的思考．经济视角．2018（04）：9－17.

［2029］牟晓伟，吴雨桐．“一带一路”背景下我国企业跨国并购的文化整合研究．经济视角．2018（03）：74－80.

［2030］朱虹宇，马杰．人力资本视角下我国境内上市互联网企业并购效率研究——基于 Super－SBM 模型和 Malmquist 指数的分析．经济视角．2018（04）：18－26.

［2031］宋雪，匡贤明．服务业发展是否有利于改善资源环境？——基于能源效率视角．经济体制改革．2018（03）：179－186.

［2032］刘弘阳．我国地方政府竞争运行机理及其规制途径研究．经济体制改革．2018（01）：32－37.

［2033］赵息，陈佳琦．目标资本结构对并购融资方式选择的影响研究．经济体制改革．2018（05）：126－132.

［2034］肖慧敏，周红霞．二元研发、关系嵌入与海外并购绩效．经济体制改革．2018（06）：103－108.

［2035］王艳丽，何新容．美国对慈善机构滥用捐赠财产行为的法律规制及其启示．经济问题．2018（12）：105－111.

［2036］刘鹏．自由与管制的均衡——以风险资本投资网约车市场制度为视角．经济问题．2018（12）：117－123.

［2037］赵春江，付兆刚．农地经营权抵押贷款政策的背离风险及其制度规制——基于供需主体的行为博弈分析．经济问题．2018（06）：53－58.

［2038］翟啸林．博弈论视角下的互联网金融创新与规制．经济问题．2018（02）：57－61.

［2039］王丽霞，陈新国，姚西龙．环境规制政策对工业企业绿色发展绩效影响的门限效应研究．经济问题．2018（01）：78－81.

［2040］杨国佐，李达，张峰，郭雨涵．互联网旅游企业并购策略——以携程为例．经济问题．2018（02）：118－122.

［2041］张芳丽，李玥，刘芳．货币政策、融资方式与并购绩效——基于后危机时代背景．经济问题．2018（07）：104－110.

［2042］张婧．经济法对第三方支付价值实现维度的探究．经济问题．2018（12）：112－116.

［2043］梁枫．金融安全视角下商业银行流动性风险监管路径选择．经济问题．2018（07）：39－43.

［2044］景守武，陈红蕾．外商直接投资是否有助于改善中国能源环境效率？．经济问题探索．2018（12）：172－182.

［2045］成喜玲，刘凇延．环境规制与区域经济一体化——基于三大自由贸易区面板数据的实证研究．经济问题探索．2018（11）：43－51.

［2046］孙玉阳，宋有涛．环境规制对产业区域转移正负交替影响研究——基于污染密集型产业．经济问题探索．2018（09）：132－139.

［2047］张运书，李玉文．信息失灵与矫正：网络借贷中金融消费者权益保护信息规制路径．经济问题探索．2018（09）：105－110.

［2048］赵菲菲，宋德勇．环境规制能否推动产业区域转移？——基于中国261个地级市面板数据的实证分析．经济问题探索．2018（08）：95－102.

［2049］于潇．环境规制政策影响经济增长机理的生成逻辑．经济问题探索．2018（06）：175－181.

［2050］武建新，胡建辉．环境规制、产业结构调整与绿色经济增长——基于中国省级面板数据的实证检验．经济问题探索．2018（03）：7－17.

［2051］宓泽锋，曾刚．生态省建设对生态创新和经济发展的影响——基于波特假说的拓展．经济问题探索．2018（02）：163－168.

［2052］李珮璘，黄国群．跨国并购促进我国产业升级的典型案例、效应与对策研究．经济问题探索．2018（10）：171－178.

［2053］邱金龙，潘爱玲，张国珍．政府在文化产业发展中的角色解析：定位与补位．经济问题探索．2018（04）：73－79.

［2054］刘莉亚，金正轩，何彦林，朱小能，李明辉．生产效率驱动的并购——基于中国上市公司微观层面数据的实证研究．经济学（季刊）．2018（04）：1329－1360.

［2055］刘玉海，赵鹏．地方官员治理与城市绿色增长．经济学报．2018（04）：45－78.

［2056］李凯，赵伟光．转售价格维持与竞争损害：以中国乘用车市场为例．经济学动态．2018（12）：64－82.

［2057］董志芯，杨俊．人工智能发展的资本逻辑及其规制——兼评《人类简史》与《未来简史》．经济学家．2018（08）：20－26.

［2058］龙登高，王正华，伊巍．传统民间组织治理结构与法人产权制度——基于清代公共建设与管理的研究．经济研究．2018（10）：175－191.

［2059］齐绍洲，林屾，崔静波．环境权益交易市场能否诱发绿色创新？——基于我国上市公司绿色专利数据的证据．经济研究．2018（12）：129－143.

［2060］李虹，邹庆．环境规制、资源禀赋与城市产业转型研究——基于资源型城市与非资源型城市的对比分析．经济研究．2018（11）：182－198.

［2061］范庆泉．环境规制、收入分配失衡与政府补偿机制．经济研究．2018（05）：14－27.

［2062］邵新建，洪俊杰，廖静池．中国新股发行中分析师合谋高估及其福利影响．经济研究．2018（06）：82－96.

［2063］田彬彬，范子英．征纳合谋、寻租与企业逃税．经济研究．2018（05）：118－131.

［2064］张培丽．人口、资源与环境经济学研究进展及未来发展．经济研究参考．2018（62）：10－27.

［2065］刘清华，张建斌．内蒙古沿黄地区二维水权准市场交易构建逻辑与发展路径研究．经济研究参考．2018（50）：73－79.

［2066］刘贝贝，周力．环境规制对我国污染密集型产业省际贸易的影响．经济研究参考．2018（25）：36－45.

［2067］施仲波，江少波．上市公司并购动机研究——以艾迪西收购申通快递为例．经济研究参考．2018（29）：60－65.

［2068］李伟．企业跨国并购问题研究综述．经济研究参考．2018（30）：48－59.

［2069］孙玥璠，陈爽，梁田．企业并购重组中业绩承诺未达标的风险及应对策略研究．经济研究参考．2018（56）：66－68.

［2070］赵卓，李玖灵．PPP模式真的优于传统模式吗——一个基于文献的比较研究．经济研究参考．2018（39）：44－51.

［2071］梁彦红，王延川．公私合营项目风险治理机制构建研究．经济研究参考．2018（22）：51－54.

［2072］刘莉，王瑞．基于GMM的大宗农产品市场结构与行为分析研究——以世界大豆市场为例．经济研究参考．2018（55）：57－65.

［2073］尹慧，李学迁．环境政策调节下FDI引进质量与环境污染的相关性分析．经济研究导刊．2018（33）：148－150.

［2074］徐益楠．共享经济中的法律监管与责任——以网约车为例．经济研究导刊．2018（33）：198－199.

［2075］张显未．粤港环境规制政策的比较分析．经济研究导刊．2018（30）：156－158.

［2076］翟洪宇．政府规制、政治关联与企业碳信息披露研究．经济研究导刊．2018（20）：99－101.

［2077］王海均．论刑法视角下的网络犯罪．经济研究导刊．2018（18）：198－199.

［2078］张祎芪．绿色物流法律规制研究．经济研究导刊．2018（17）：194－195.

［2079］吴雨．环境规制、自主创新与重庆市工业绿色全要素生产率增长——基于行业异质性的实证研究．经济研究导刊．2018（09）：44－47.

［2080］令狐克勇．论我国“代孕”的合法化．经济研究导刊．2018（07）：195－199.

［2081］傅安瑞，王子心，张洋洋．区域市场分割与融合的环境效应．经济研究导刊．2018（06）：58－60.

［2082］马静．浅析城市环境管理问题——以济南市政府城市环境管理为例．经济研究导刊．2018（05）：91－93.

[2083] 岳楷斌．双边平台非对称竞争模型．经济研究导刊．2018（07）：83－84.

[2084] 杨一渠．新能源汽车企业并购重组对财务绩效的影响．经济研究导刊．2018（02）：151－152.

[2085] 高儒铠，田发．上市公司并购新三板挂牌企业的财务绩效评估——基于因子分析的方法．经济研究导刊．2018（04）：72－74.

[2086] 黄乐乐．我国企业并购中的会计问题研究．经济研究导刊．2018（10）：108－110.

[2087] 胡静静，于谦龙．资管计划在并购上市公司中的风险管控研究——以宝能资管计划为例．经济研究导刊．2018（14）：12－14.

[2088] 章煜，何卫红．通信制造业战略并购与财务协同效应——基于紫光股份收购华三通信的案例分析．经济研究导刊．2018（23）：153－156.

[2089] 邵巍．平安并购深发展的并购协同效应研究．经济研究导刊．2018（36）：72－74.

[2090] 孔祥蕊．我国互联网保险发展与监管研究．经济研究导刊．2018（35）：147－148.

[2091] 黄涛．新常态背景下互联网金融监管核心原则．经济研究导刊．2018（26）：149－150.

[2092] 胡争光，李琦．中国重开比特币交易平台的可能性．经济研究导刊．2018（25）：69－71.

[2093] 袁月，饶海琴．财政支出中的扶贫投入及其效果．经济研究导刊．2018（20）：131－132.

[2094] 伍彬．监管视角下的P2P网贷模式分析．经济研究导刊．2018（19）：82－84.

[2095] 祁健，戴杨．众筹融资的发展及监管分析．经济研究导刊．2018（14）：138－139.

[2096] 薛蓉娜，董蕊，赵会娟．价格管制下中国铁塔公司策略行为影响研究．经济研究导刊．2018（12）：24－28.

[2097] 刘琳．资产证券化中信用评级机构的作用与监管．经济研究导刊．2018（07）：114－116.

[2098] 胡萍，黄维彬．基于政府监管视角剖析网络暴力监管与治理对策．经济研究导刊．2018（05）：195－198.

[2099] 冯思遐．基于高校政府采购监管机制的“双随机一公开”抽查模式探讨．经济研究导刊．2018（03）：183－184.

[2100] 付为祥，谭泽敏．银行业超额利润来源：市场势力还是技术进步．经济研究导刊．2018（33）：83－85.

[2101] 沈超红，胡安．共享经济背景下政府规制与供给意愿关系研究．经济与管理评论．2018（06）：47－59.

[2102] 唐建荣，杜娇娇，唐雨辰．环境规制下的区域物流效率可持续发展研究．经济与管理评论．2018（05）：138－149.

[2103] 李金保，冷俊峰．社会公众在环境保护中发挥作用的条件与对策研究．经济与管理评论．2018（02）：62－68.

[2104] 贾宪军，胡海峰．宏观经济因素对中国企业海外并购意愿影响的实证分析．经济与管理评论．2018（06）：73－85.

[2105] 谭静，张建华．碳交易机制倒逼产业结构升级了吗？——基于合成控制法的分析．经济与管理研究．2018（12）：104－119.

[2106] 肖兴志，韩超．中国垄断产业改革与发展40年：回顾与展望．经济与管理研究．2018（07）：3－15.

[2107] 文洪星，韩青．食品安全规制能提高生产者福利吗？——基于不同规制强度的检验．经济与管理研究．2018（07）：80－91.

[2108] 付晨玉，杨艳琳．中国P2P网络借贷的产业规制效果分析．经济与管理研究．2018

(07)：69－79.

［2109］徐建．风险规制决策的实效悖论与制度因应——以深圳“禁摩限电”整治行动为例的考察．经济与社会发展．2018（05）：53－61.

［2110］茹少峰，刘家旗．网络经济资本深化对我国潜在经济增长率的贡献解析．经济纵横．2018（12）：78－87.

［2111］毕海霞，陈小荣，刘玉娟．我国跨境资本流动新动态、潜在风险与化解对策．经济纵横．2018（05）：114－122.

［2112］栾福茂，李华，尹雷．我国银行业交叉金融业务风险与监管研究．经济纵横．2018（01）：106－113.

［2113］平新乔，黄昕．不同所有制企业在各类市场中的异质性研究．经济纵横．2018（02）：35－48.

［2114］陈秋英．电影主题酒店的IP新思路．经理人．2018（06）：50－53.

［2115］孔孟佳．互联网行业滥用市场支配地位的法律研究．经贸实践．2018（09）：291－293.

［2116］谢嘉琪．校园“套路贷”的刑法规制之非法经营罪．经贸实践．2018（22）：129.

［2117］孙芷欣．“专车”类共享经济的规制路径分析．经贸实践．2018（21）：176.

［2118］余利民．互联网金融风险规制路径探讨．经贸实践．2018（21）：137－138.

［2119］刘家兴．互联网金融风险规制路径．经贸实践．2018（15）：145.

［2120］庞玉芳．浅谈互联网金融风险的规制路径及监管措施．经贸实践．2018（09）：172.

［2121］刘丽．众筹出版的法律风险及其规制．经贸实践．2018（03）：212.

［2122］刘丁萌．浅谈“专车”类共享经济的规制路径．经贸实践．2018（03）：170.

［2123］张珉澎．试论“专车”类共享经济的规制路径．经贸实践．2018（01）：156.

［2124］申世妹．从经济学视角分析“双十一”现象．经贸实践．2018（02）：179－180.

［2125］董睿智，郝睿凝．企业跨国并购中的财务风险与防范．经贸实践．2018（02）：277.

［2126］钱晨．富临运业并购商誉变“伤誉”案例研究．经贸实践．2018（04）：209－210.

［2127］王明月，张威．供给侧结构性改革背景下企业跨界并购绩效的市场反应研究．经贸实践．2018（05）：42－43.

［2128］王潇．互联网企业并购整合对绩效的影响——以携程并购去哪儿网为例．经贸实践．2018（05）：224－226.

［2129］郑超雪．金融在企业杠杆并购中的角色定位——以宝万之争为例．经贸实践．2018（06）：81－83.

［2130］李秀玲．企业并购中的财务应对策略分析．经贸实践．2018（10）：123.

［2131］叶俊超．中国企业跨境并购中的国家风险的防范．经贸实践．2018（12）：1－4.

［2132］李文星，宁薛平．创业公司横向并购的协同效应分析——以滴滴出行并购优步中国为例．经贸实践．2018（13）：228－229.

［2133］赵尚鸣．上市公司并购重组财务风险及应对措施探讨．经贸实践．2018（13）：128－129.

［2134］刘令．探究企业并购重组过程中的财务风险及控制．经贸实践．2018（13）：157－159.

［2135］高建玲．企业并购下的商誉减值隐患——以维维食品饮料股份有限公司为例．经贸实践．2018（14）：234－235.

［2136］吴凯，高弘，郭翔．新形势，新思路，新打法——资管新规下商业银行并购业务发展路径．经贸实践．2018（14）：255.

［2137］尹萍．论企业并购贷款风险及应对．经贸实践．2018（16）：157－158.

［2138］邵巍．所有权结构、资本投向和并购溢价——基于科大智能并购案分析．经贸实践．

2018（17）：19－20.

［2139］高天一．企业并购中的会计问题研究．经贸实践．2018（18）：128－129.

［2140］杨向前．企业并购的融资方法探讨．经贸实践．2018（18）：209.

［2141］厉海淼，李学瑞．简述企业并购中财务风险管控．经贸实践．2018（20）：99.

［2142］戴哲瑜．中国企业逆向并购的分类研究、比较及建议．经贸实践．2018（21）：185.

［2143］叶贝聪．基于L－G模型的并购评价研究——以中国平安对深发展的并购为例．经贸实践．2018（22）：125－126.

［2144］刘双双．企业并购重组后的财务整合探讨．经贸实践．2018（22）：107－108.

［2145］杨荣．我国环保企业海外并购的PEST分析．经贸实践．2018（23）：38.

［2146］陈秋芳．浅析企业并购中两种并购方式的差异．经贸实践．2018（24）：15－16.

［2147］吴肖琨．关于资管新规等系列监管对保险资金运用的影响．经贸实践．2018（19）：10－11.

［2148］姜桑桑．中国P2P行业存在问题及监管建议．经贸实践．2018（13）：163.

［2149］王晨．中国金融改革与监管初析．经贸实践．2018（11）：164－165.

［2150］胡超颖．我国互联网金融监管策略研究．经贸实践．2018（05）：122－124.

［2151］丁美东，陈孟琰．共享单车治理之策——公共规制．经营与管理．2018（09）：127－129.

［2152］刘翔，张瑶．共享单车的现金与信用组合定价营销模式．经营与管理．2018（06）：50－51.

［2153］罗仕华，罗章财．企业并购对债权价值的影响．经营与管理．2018（02）：45－47.

［2154］张梓琳，代雪雅，汪雯仪，吴锡，邓天胜．目标方CEO继任对并购溢价的影响实证研究——基于CEO成熟度的调节效应．经营与管理．2018（07）：52－57.

［2155］张禹寒．企业并购的财务风险及其防范措施．经营与管理．2018（12）：106－108.

［2156］华维，张杰．CEO特征与公司治理对国企并购的影响研究．荆楚理工学院学报．2018（04）：74－85.

［2157］曾菊芬，孙欣．技术进步、环境规制与经济增长动态关系的实证研究——基于面板VAR模型．荆楚学刊．2018（04）：79－85.

［2158］梁国鹏．网络直播治安监管浅析．净月学刊．2018（02）：103－109.

［2159］乔纳森·贝克，臧俊恒，牛喜堃．从“错误成本”分析中走出错误：反托拉斯权利有哪些错误？．竞争政策研究．2018（04）：95－119.

［2160］顾正平．2017年国际反垄断十大经典案例评析．竞争政策研究．2018（02）：73－89.

［2161］吴青．人工智能时代下流量竞争行为的法律规制．竞争政策研究．2018（06）：73－82.

［2162］许恋天．互联网金融反垄断规制谦抑性．竞争政策研究．2018（06）：83－95.

［2163］余杰．移动平台软件干扰的反不正当竞争法规制——兼评“互联网专条”．竞争政策研究．2018（05）：59－70.

［2164］孙伯龙．新经济下的共享经济创新与政府管制转型：挑战与因应——“中国的共享经济：为求创新是该继续管制还是放松管制”会议综述．竞争政策研究．2018（03）：46－53.

［2165］叶光亮，陈逸豪．“北京反垄断与竞争政策研讨会”综述．竞争政策研究．2018（02）：103－109.

［2166］Mark Anderson，Max Huffman，时建中，王佳倡．共享经济遇上反垄断法：Uber是公司，还是卡特尔，或是介于两者之间？．竞争政策研究．2018（03）：5－36.

［2167］兰磊．以竞争政策应对欧美对华反倾销．竞争政策研究．2018（02）：38－59.

［2168］土田和博，陈丹舟，王威驷．关于“竞争法保护的是竞争而非竞争者”之格言．竞争

政策研究.2018（01）：70-80.

［2169］第七届“知识产权、标准与反垄断法”国际研讨会会议综述（节选）.竞争政策研究.2018（06）：49-71.

［2170］陈永伟.平台反垄断问题再思考：“企业-市场二重性”视角的分析.竞争政策研究.2018（05）：25-34.

［2171］杨建辉.数字经济动态性特征对现行反垄断规则的挑战.竞争政策研究.2018（05）：35-49.

［2172］弗兰茨·尤根·翟克，金枫梁.告别需求可替代性的相关市场界定方法：经营计划书作为界定产品相关市场的方法.竞争政策研究.2018（03）：55-69.

［2173］崔丽莎.中国网络图片库市场竞争现状分析.竞争政策研究.2018（03）：71-79.

［2174］顾正平.2017年国际反垄断十大经典案例评析（下）.竞争政策研究.2018（03）：81-96.

［2175］张江莉.多边平台的产品市场界定——兼论搜索引擎的产品市场.竞争政策研究.2018（01）：5-19.

［2176］李璐.人工智能与司法事务的碰撞及其刑事风险与刑法规制.九江学院学报（社会科学版）.2018（02）：115-119.

［2177］王琳.房地产项目股权并购与资产并购模式对比分析.居业.2018（01）：72-74.

［2178］林东.社会治理视域下网络新媒体的法律规制研究.决策探索（下）.2018（12）：38-39.

［2179］王若谷.我国环境保护法制管理问题探究.决策探索（下）.2018（02）：80.

［2180］蔡榛榛.浅析第三方支付平台企业免费策略与掠夺性定价行为.决策探索（下）.2018（06）：26.

［2181］艾克武，赵旭，李婷.基于管理者视角的军事装备市场准入管理制度研究.军事运筹与系统工程.2018（03）：58-63.

［2182］赵霄伟，张帆.环境规制对地区经济增长的效应分析——基于动态面板GMM估计的实证研究.开发性金融研究.2018（01）：11-23.

［2183］宣頔.防范互联网金融风险的动态规制构建.开放导报.2018（05）：96-101.

［2184］高启明.航空企业海外并购风险考察.开放导报.2018（06）：64-67.

［2185］陈莹莹.欧盟食品安全监管法律制度及其对我国的启示.开封教育学院学报.2018（09）：247-249.

［2186］王金金，秦正发.技术保护措施及其规避行为规制路径选择.科技传播.2018（02）：161-163.

［2187］徐静休.短视频社区存在的问题及完善策略.科技传播.2018（14）：106-107.

［2188］熊峰.在低压配电系统中电力自动控制的应用.科技创新导报.2018（15）：6-8.

［2189］于霞.通化市医药企业并购重组情况调研分析.科技创新与生产力.2018（10）：51-53.

［2190］雷媛.通讯行业竞争态势分析.科技创业月刊.2018（08）：50-53.

［2191］李让.人工智能创作物的版权保护与规制.科技创业月刊.2018（04）：33-38.

［2192］肖军，熊渐.垄断条件下创业型O2O平台定价研究.科技创业月刊.2018（02）：134-138.

［2193］刘磊，刘晓亭，牟新娣，董纪昌，刘佳佳.互联网金融发展的国际比较研究.科技促进发展.2018（10）：927-933.

［2194］张梓烨.产业并购基金在上市企业发展中的价值与实践途径探索.科技风.2018（20）：222-235.

［2195］韩庆兰，廖佩君．环境规制、市场需求与生态技术创新——基于34个工业行业的实证分析．科技管理研究．2018（24）：246－254.

［2196］李娜．法律激励理论视角下我国专利池的法律规制完善．科技管理研究．2018（23）：145－149.

［2197］程如烟．一些国家面向创新的规制改革浅析．科技管理研究．2018（22）：20－24.

［2198］殷阿娜，李素峰，邓思远．我国生态资本存量影响因素实证研究——基于动态面板模型．科技管理研究．2018（22）：254－259.

［2199］游达明，蒋瑞琛．我国环境规制工具对技术创新的作用——基于2005～2015年面板数据的实证研究．科技管理研究．2018（15）：39－45.

［2200］向小东，林健．环境规制下中国工业全要素生产率评价研究——基于全局网络DEA－Malmquist指数．科技管理研究．2018（06）：60－68.

［2201］宛群超，杨晓岚，邓峰．外商直接投资如何影响省域创新效率——兼论环境规制的空间调节效应．科技管理研究．2018（05）：14－21.

［2202］董平，周小春．技术并购、吸收能力与企业技术创新动态能力——来自创业板上市公司的证据．科技管理研究．2018（07）：34－40.

［2203］徐涛，尤建新，邵一磊．基于进化博弈的高技术企业并购定价策略研究．科技管理研究．2018（13）：221－226.

［2204］杨妍妍，丰景春，黄跃群，李明，薛松，王龙宝，张可．建设市场主体信用动态综合评价模型研究——以施工企业为例．科技管理研究．2018（18）：57－66.

［2205］郭汉丁，张印贤，马辉．既有建筑节能改造EPC模式内外在要素双向驱动机理与实施策略．科技和产业．2018（02）：66－71.

［2206］刘鸿雁，张一枫．环境规制对产业结构的作用机理研究．科技和产业．2018（01）：46－49.

［2207］康捷，袁永，胡海鹏．科技巨头主要特征、存在问题及对策建议．科技和产业．2018（03）：75－78.

［2208］朱金鹤，王雅莉．创新补偿抑或遵循成本？污染光环抑或污染天堂？——绿色全要素生产率视角下双假说的门槛效应与空间溢出效应检验．科技进步与对策．2018（20）：46－54.

［2209］徐建中，王曼曼．FDI流入对绿色技术创新的影响及区域比较．科技进步与对策．2018（22）：30－37.

［2210］张秀娥，张坤．创业导向对新创社会企业绩效的影响——资源拼凑的中介作用与规制的调节作用．科技进步与对策．2018（09）：91－99.

［2211］吴传清，张雅晴．环境规制对长江经济带工业绿色生产率的门槛效应．科技进步与对策．2018（08）：46－51.

［2212］张哲飞．我国科技风险议题设置的行政法反思．科技进步与对策．2018（07）：133－140.

［2213］崔永梅，赵妍，于丽娜．中国企业海外并购技术整合路径研究——中国一拖并购Mc Cormick案例分析．科技进步与对策．2018（07）：97－105.

［2214］刘璐，杨蕙馨．制度距离对中国上市公司跨国并购绩效的影响——国际经验与知识吸收能力的中介作用．科技进步与对策．2018（05）：113－119.

［2215］谢洪明，邵乐乐，李哲麟．中国企业跨国并购创新绩效影响因素及模式——基于清晰集的定性比较分析．科技进步与对策．2018（05）：81－87.

［2216］农诗竹，李彦萍，李晨曦，陈玉佳．论网约车存在的问题及其法律规制．科技经济导刊．2018（07）：200－202.

[2217] 项怡雯．论我国警察盘查权的争议与规制．科技经济导刊.2018（02）：124－125.

[2218] 陈星宇．浅析见危不救行为的刑法规制．科技经济导刊.2018（02）：156－157.

[2219] 高文芳．企业兼并重组中相关税金问题的思考．科技经济导刊.2018（08）：239.

[2220] 王威然，田明升，高瑞泽．公司兼并重组方案思考．科技经济导刊.2018（09）：167－169.

[2221] 严欣悦．中国投资银行并购业务存在的问题及解决方案．科技经济导刊.2018（36）：168－169.

[2222] 郭佳玉．我国互联网理财的风险和监管策略研究．科技经济导刊.2018（35）：233.

[2223] 宋雨珈．浅析区块链技术及其应用的发展与监管．科技经济导刊.2018（29）：203－204.

[2224] 庄志杰，杨艳慧，刘阳，代冬芳．基于行业异质性的河北省制造业环境效率与规制研究．科技经济市场.2018（12）：47－49.

[2225] 姜萱．环境规制对安徽省出口贸易的影响研究．科技经济市场.2018（09）：47－49.

[2226] 韩燕雄，朱旭．环境规制、FDI与农民工城镇就业分析．科技经济市场.2018（09）：119－120.

[2227] 王静雯，潘杭．我国互联网金融存在的风险及对策分析．科技经济市场.2018（04）：117－120.

[2228] 陈涛．美国放松管制市场电力结算价形成机制概述．科技经济市场.2018（03）：122－124.

[2229] 肖国云．互联网金融信息披露问题研究．科技经济市场.2018（05）：154－155.

[2230] 马建梅，曹明福．我国科技小巨人企业海外并购的动因与类型研究．科技视界.2018（08）：87－88.

[2231] 王粲然．浅谈对城市防洪的认识与思考．科技视界.2018（30）：299－300.

[2232] 陈群，宗利永，刘朝霞．P2P网贷平台运营与政府监管的信号博弈分析．科技通报.2018（08）：10－14.

[2233] 王志刚，度冉．大数据时代网络文学版权保护的新问题及其规制．科技与出版.2018（11）：26－31.

[2234] 李思羽．互联网平台企业滥用市场力量的杠杆作用认定——以“奇虎诉腾讯滥用市场支配地位案”为例．科技与法律.2018（02）：21－30.

[2235] 马治国，张楠．中国自贸区知识产权保护研究．科技与法律.2018（06）：1－8.

[2236] 陈泽宇．商标许诺销售行为的法律规制．科技与法律.2018（01）：79－84.

[2237] 贾晓燕，封延会．网络平台行为的垄断性研究——基于大数据的使用展开．科技与法律.2018（04）：25－33.

[2238] 李淑莹，俞雅乖．我国环境规制效率的动态演变及影响因素分析——基于超效率DEA－Tobit的研究．科技与管理.2018（03）：79－85.

[2239] 张旭，王纬文．不同类型环境规制对中国工业绿色发展的政策效应仿真模拟．科技与管理.2018（01）：34－44.

[2240] 陆莹．中国发电行业市场势力及福利损失效应研究——以上市企业为例．科技与管理.2018（03）：58－62.

[2241] 广东材料谷．走进珠海港区，探讨精细化工并购重组与产业升级之路．科技与金融.2018（10）：2.

[2242] 证监会推出“小额快速”并购重组审核机制．科技与金融.2018（10）：3.

[2243] 侯德贤．现代服务业发展中介服务产品知识化、信息化与规制化分析．科技与经济.

2018（04）：56－60.

［2244］王洪东，张衔．建设现代化经济体系：市场与政府在创新速度和方向中的作用．科技与经济.2018（04）：16－20.

［2245］姚玉剑．非上市公司股权并购的实体性风险及防范．科技资讯.2018（09）：233－235.

［2246］徐玉奎，范磊．江苏省辐射环境检测机构监管体系研究．科技资讯.2018（25）：92－93.

［2247］李龙之，冯太，王建伟，王孚懋．基于网格化管理的本科毕业设计全程监管体系构建及实践．科教导刊（下旬）.2018（06）：29－30.

［2248］王莹莹．英国供水行业成本规制经验及上海借鉴．科学发展.2018（08）：79－85.

［2249］孙元欣，牛志勇，应珊珊．进一步探索完善市场准入负面清单制度．科学发展.2018（06）：62－68.

［2250］陆丽萍，樊星，陈畅．构建内外资一致市场准入制度，优化上海营商环境．科学发展.2018（02）：75－80.

［2251］韩俊华，王宏昌，刘博．技术并购、整合与创新研究．科学管理研究.2018（01）：57－60.

［2252］韩贺洋，周全．科技企业并购方式、创新路径与并购后整合研究．科学管理研究.2018（01）：65－68.

［2253］何春丽．全过程视角下的企业技术并购与整合控制研究．科学管理研究.2018（05）：82－85.

［2254］曹崇延，郭成，长谷川惠一．战略性新兴产业的认定与监管机制研究．科学管理研究.2018（02）：35－38.

［2255］胡宗金．信息网络侮辱诽谤行为的刑法规制及完善路径．科学经济社会.2018（03）：94－98.

［2256］张峰，薛惠锋，史志伟．资源禀赋、环境规制会促进制造业绿色发展？．科学决策.2018（05）：60－78.

［2257］徐鹏杰，卢娟．异质性环境规制对雾霾污染物排放绩效的影响——基于中国式分权视角的动态杜宾与分位数检验．科学决策.2018（01）：48－74.

［2258］王永妍，肖玥，佟岩．上市公司设立并购基金的信号效应研究．科学决策.2018（02）：40－57.

［2259］李冬琴．环境政策工具组合、环境技术创新与绩效．科学学研究.2018（12）：2270－2279.

［2260］谢乔昕．环境规制、规制俘获与企业研发创新．科学学研究.2018（10）：1879－1888.

［2261］贾辰君．我国规制ICT产业标准必要专利挟持的强度选择．科学学研究.2018（06）：974－983.

［2262］徐建中，王曼曼．绿色技术创新、环境规制与能源强度——基于中国制造业的实证分析．科学学研究.2018（04）：744－753.

［2263］王娟茹，张渝．环境规制、绿色技术创新意愿与绿色技术创新行为．科学学研究.2018（02）：352－360.

［2264］王锋正，陈方圆．董事会治理、环境规制与绿色技术创新——基于我国重污染行业上市公司的实证检验．科学学研究.2018（02）：361－369.

［2265］江志鹏，樊霞，朱桂龙，李广宇．技术势差对企业技术能力影响的长短期效应——基于企业产学研联合专利的实证研究．科学学研究.2018（01）：131－139.

［2266］陈侃翔，谢洪明，程宣梅，王菁．新兴市场技术获取型跨国并购的逆向学习机制．科学学研究.2018（06）：1048－1057.

［2267］王向阳，齐莹，郗玉娟．技术兼容性、惯例兼容性与跨国并购知识转移．科学学研究．2018（11）：2030－2037．

［2268］李广培，李艳歌，全佳敏．环境规制、R&D投入与企业绿色技术创新能力．科学学与科学技术管理．2018（11）：61－73．

［2269］杨成越，罗先觉．算法歧视的综合治理初探．科学与社会．2018（04）：1－12．

［2270］林玲，赵子健，曹聪丽．环境规制与大气科技创新——以SO_2排放量控制技术为例．科研管理．2018（12）：45－52．

［2271］周晶晶，赵增耀，蒋薇薇．环境约束对外商直接投资企业研发创新的影响——基于PSM方法的研究．科研管理．2018（06）：131－140．

［2272］马艳艳，张晓蕾，孙玉涛．环境规制激发企业努力研发？——来自火电企业数据的实证．科研管理．2018（02）：66－74．

［2273］王锋正，姜涛，郭晓川．政府质量、环境规制与企业绿色技术创新．科研管理．2018（01）：26－33．

［2274］时乐乐，赵军．环境规制、技术创新与产业结构升级．科研管理．2018（01）：119－125．

［2275］程聪，钟慧慧，钱加红．企业绩效评价方式与并购绩效Meta分析．科研管理．2018（S1）：11－19．

［2276］朱华．外来者劣势、组织学习与中国企业跨国并购意图的实现．科研管理．2018（08）：80－90．

［2277］程聪，王立丰，钟慧慧，陈盈．业务关联、技术匹配与企业国际竞争力：跨国并购的视角．科研管理．2018（10）：90－99．

［2278］李飞，陈岩．并购资源互补性、海外子公司自主权与技术创新．科研管理．2018（12）：18－29．

［2279］王昀，孙晓华．加价能力、行业结构与企业研发投资——市场势力与技术创新关系的再检验．科研管理．2018（06）：141－149．

［2280］赵恒喆，谷婧菲，张卓然，张亚楠．律师庭外自媒体言论的规制——从44个影响性诉讼切入．克拉玛依学刊．2018（03）：72－79．

［2281］贾晓慧．民航国内客票的市场化定价问题研究——基于价格歧视理论的视角．空运商务．2018（05）：48－50．

［2282］畅琦．新海关出入境特殊物品卫生检疫监管探讨．口岸卫生控制．2018（06）：1－3．

［2283］王瑞剑．刑事证据印证模式省思：理论、运作与规制．昆明学院学报．2018（01）：61－66．

［2284］王思婷，王涛．辽宁省档案局、省国资委联合召开省属企业档案业务建设评价工作推进会．兰台世界．2018（04）：9．

［2285］梁坤丽，刘亚丽．环境规制的产业结构调整效应——基于资源型地区的实证分析．兰州财经大学学报．2018（05）：73－82．

［2286］崔立志，常继发．环境规制影响就业的空间效应研究．兰州财经大学学报．2018（02）：15－25．

［2287］王喜平，刘哲．环境规制与工业绿色增长效率——基于空间计量模型的实证．兰州财经大学学报．2018（02）：26－34．

［2288］褚童．国际投资争端仲裁对东道国知识产权实施的影响与对策——以礼来公司诉加拿大仲裁案为例．兰州大学学报（社会科学版）．2018（06）：186－195．

［2289］郑丽娜．竞争法视域下的网约车治理模式研究．兰州教育学院学报．2018（02）：152－

153.

［2290］冯敏良．略论社会工作实践教学的内部规制．兰州教育学院学报．2018（02）：111－113.

［2291］薛亮．PPP 背景下完善城市供水安全的立法构想——以系统论范式为视角．兰州学刊．2018（10）：126－138.

［2292］王海霞．非现金支付时代来临后的法律调整研究．兰州学刊．2018（12）：83－91.

［2293］张锋．信息不对称视角下我国食品安全规制的机制创新．兰州学刊．2018（09）：160－168.

［2294］祁芮如．“小饭桌”扰民问题的法律规制路径．劳动保障世界．2018（30）：71－72.

［2295］刘科，胡华伟．论大气环境污染的地方政府规制路径．劳动保障世界．2018（24）：77.

［2296］侯俊华．证券行业并购绩效评价分析及其启示——以方正证券并购民族证券为例．老区建设．2018（08）：20－23.

［2297］盛德荣．论文化公共品生产供给的类型及其规制．理论导刊．2018（10）：68－73.

［2298］鲁篱，刘弘阳．论我国地方政府竞争失范之规制．理论探讨．2018（03）：95－101.

［2299］张贤明，崔珊珊．规制、规范与认知：制度变迁的三种解释路径．理论探讨．2018（01）：22－27.

［2300］叶林，杨宇泽．行政区兼并、模糊绩效与制度黏性——以 A 市撤市设区为例．理论探讨．2018（01）：157－165.

［2301］陈伟．绿色出版的法律规制．理论与现代化．2018（05）：98－104.

［2302］刘丹．论当事人事实主张的应有规制——兼论民事诉讼中审前程序之完善．理论月刊．2018（12）：129－135.

［2303］窦玉前．被保险人权益保护的必要——以规制免责条款的滥用为逻辑起点．理论月刊．2018（08）：152－159.

［2304］范芙蓉，秦书生．科技风险的基本特征及其防范对策．理论月刊．2018（08）：175－181.

［2305］吴光恒．“互联网＋”时代政府立法问题探究．理论月刊．2018（05）：90－96.

［2306］朱琳．股权众筹规制的路径选择．理论月刊．2018（02）：136－141.

［2307］邓红艳．基层粮食质量监管工作探究．粮食科技与经济．2018（03）：48－50.

［2308］宋锋，王雅琳，莫魏林，袁平，吕军，李强才．浅析粮食质量安全监管中存在的问题与对策．粮油仓储科技通讯．2018（05）：1－3.

［2309］祁潇哲．加强粮食收储环节转基因质量安全监管探讨．粮油食品科技．2018（05）：58－62.

［2310］刘岩，宋吉鑫．大数据伦理问题中的权利冲突及法律规制——以个人信息权为中心．辽宁大学学报（哲学社会科学版）．2018（06）：123－130.

［2311］叶良芳．P2P 网贷平台刑法规制的实证分析——以 104 份刑事裁判文书为样本．辽宁大学学报（哲学社会科学版）．2018（01）：98－108.

［2312］赵德志，赵曼．政治关联、市场化程度与民营企业并购绩效．辽宁大学学报（哲学社会科学版）．2018（06）：63－71.

［2313］栾福茂，刘思妤．关于深化我国天然气产业市场化改革的思考．辽宁大学学报（哲学社会科学版）．2018（02）：45－51.

［2314］马艳红，吕慧．CAPD&云软件助推教学过程质量监管的探索．辽宁高职学报．2018（02）：30－33.

［2315］周梦杰．国家监察委员会职能重心探究——以法治理念为视角．辽宁公安司法管理干

部学院学报．2018（06）：1－7.

［2316］吴波．环境污染犯罪的刑法规制问题研究．辽宁公安司法管理干部学院学报．2018（05）：37－44.

［2317］乔雪，吕向文．“套路贷”犯罪特点与刑法规制研究．辽宁公安司法管理干部学院学报．2018（05）：45－49.

［2318］单琳琳．论社保基金运营中政府监管作用．辽宁行政学院学报．2018（02）：31－34.

［2319］常宇豪．民间借贷法律规制中能动司法的逻辑与进路．辽宁教育行政学院学报．2018（04）：18－24.

［2320］杨筠桦．经济法视角下刷单行为的法律规制．辽宁经济．2018（04）：52－55.

［2321］王丰．市场垄断现象的利弊分析．辽宁经济．2018（04）：27－29.

［2322］葛婷蕾．国外政府互联网保险监管的经验与启示．辽宁经济．2018（01）：44－46.

［2323］蒯莉．企业并购的财务风险与防范策略．辽宁经济职业技术学院．辽宁经济管理干部学院学报．2018（03）：32－34.

［2324］朱冲．论检察机关自侦案件中技侦措施的程序规制．辽宁警察学院学报．2018（05）：33－38.

［2325］陈亮，丁寒．技术侦查证据材料转换若干问题思考．辽宁警察学院学报．2018（03）：26－31.

［2326］詹孟欣．人工智能安全的行政法规制．辽宁警察学院学报．2018（03）：11－14.

［2327］关伟，孙艺丹．中国沿海11省市环境规制效率评价．辽宁师范大学学报（自然科学版）．2018（03）：378－384.

［2328］于海．避免科技论文摘要和关键词中英文不一致现象的措施．辽宁师专学报（自然科学版）．2018（03）：106－108.

［2329］徐鹏杰．基于城市化的农村剩余劳动力转移影响因素及实证研究．聊城大学学报（社会科学版）．2018（04）：117－123.

［2330］周仪，吴君，宋跃晋．中国药品价格管理机制历史演变．岭南急诊医学杂志．2018（06）：601－602.

［2331］梁丽．利益激励视角下地方政府行为偏好与环境规制效应分析．领导科学．2018（32）：22－24.

［2332］李巍．科学不确定性视镜下环境正义的实现进路．领导科学．2018（26）：11－14.

［2333］钟世潋．话语权博弈视角下单位核心圈层道德风险的成因与规制．领导科学．2018（23）：35－37.

［2334］赵丽娜．单位权力核心层博弈常见形态及规制之道．领导科学．2018（13）：15－17.

［2335］周中梁．协商行政视域下的裁量规制研究．柳州职业技术学院学报．2018（04）：18－23.

［2336］于江磊，何珊．地方特色小吃无序化发展的规制措施研究．柳州职业技术学院学报．2018（04）：13－17.

［2337］胡贵雪．网络募捐的法制化探究．龙岩学院学报．2018（04）：49－55.

［2338］刘少军，马玉婷．认罪认罚从宽制度中不起诉裁量权的扩张与规制．鲁东大学学报（哲学社会科学版）．2018（03）：73－78.

［2339］阳旸，刘霞．金融监管中的道德风险探究．伦理学研究．2018（06）：98－101.

［2340］展孟丽．政府部门对网络直播问题的规制研究．漯河职业技术学院学报．2018（04）：76－78.

［2341］康露月．资产证券化破产隔离法律制度探析．漯河职业技术学院学报．2018（04）：27－31.

［2342］欧阳伊萌．对于性骚扰行为的法律规制现状分析及思考．漯河职业技术学院学报．2018（04）：36－40.

［2343］骆梅英．PPP 模式下旅游产业的政府规制：目标与路径．旅游研究．2018（06）：10－14.

［2344］邓皓．上海市民宿发展及法律规制初探．旅游纵览（下半月）．2018（02）：72－73.

［2345］江小龙．我国慈善组织的信息披露问题研究．绿色财会．2018（03）：41－44.

［2346］刘新奕．工程建设招投标监管机制问题与措施．绿色环保建材．2018（04）：209.

［2347］王峥，李萍，谭小蓉．关于建筑管理中加强工程质量监管的对策认识．绿色环保建材．2018（02）：184.

［2348］陆俊，陈英．煤炭质量监管中存在的问题和对策．绿色科技．2018（24）：105－106.

［2349］常天平．基于第三方环境检测机构的监管对策建议．绿色科技．2018（04）：148－149.

［2350］仲显芳．云南楚雄“三品一标”认证监管工作存在的问题及建议．绿色科技．2018（03）：158－160.

［2351］项露，王聪．环境规制、低碳技术创新与煤炭消费碳减排的动态关系研究．煤炭工程．2018（07）：177－180.

［2352］王幸福．环境规制与煤炭产业生态效率的动态关系研究．煤炭技术．2018（10）：377－380.

［2353］赵青春．兖煤并购联合煤炭的实践剖析．煤炭技术．2018（10）：365－368.

［2354］2018 年我国将推进炭企业兼并重组、继续去产能．煤炭加工与综合利用．2018（01）：82.

［2355］张倩，彭亦廷．以环境规制推进煤炭企业高质量绿色发展——兼论改革开放 40 年来的环境规制发展历程．煤炭经济研究．2018（11）：23－28.

［2356］刘满芝．兼并重组是化解煤炭行业过剩产能的重要举措．煤炭经济研究．2018（04）：1.

［2357］韩沚清．供给侧改革下煤炭企业兼并重组动因、策略及路径．煤炭经济研究．2018（04）：6－13.

［2358］高新阳，史琳．煤炭企业兼并重组的税收筹划研究．煤炭经济研究．2018（04）：18－21.

［2359］张迪．企业兼并重组后的财务整合研究——以煤炭企业为例．煤炭经济研究．2018（04）：22－25.

［2360］吕宜磊．煤化工企业并购重组中纳税筹划的实践研究．煤炭经济研究．2018（04）：26－30.

［2361］周恩堂，秦建强，李会利．我国煤炭企业兼并重组的路径及对策思考．煤炭经济研究．2018（06）：16－19.

［2362］宋晓波．基于高质量发展的国有煤炭企业兼并重组实践研究．煤炭经济研究．2018（09）：46－50.

［2363］朱艳春．国有煤炭企业设立产业并购基金发展新兴产业的探讨．煤炭科技．2018（03）：139－142.

［2364］张业亮．“解构行政国”：特朗普保守主义国内政策的目标．美国研究．2018（06）：48－82.

［2365］杨学兵．我国民航业反垄断法律规制完善研究．民航管理．2018（10）：26－30.

［2366］马乾．行政性垄断的公平竞争审查规制研究．闽西职业技术学院学报．2018（03）：36－41.

［2367］陈新．妨害民事、行政诉讼强制措施的定位及立法规制——从行政权与司法权角度辨析．牡丹江大学学报．2018（02）：111－114.

［2368］李昊成．试论房地产投资基金的法律规制．纳税．2018（35）：176－177.

[2369] 闫晓霞．环境规制与经济绩效协同发展研究．纳税．2018（33）：211.

[2370] 冯雪，刘倩，张春利．大气污染背景下的绿色就业问题研究——以河北省为例．纳税．2018（15）：173 - 174.

[2371] 易小丽，范璇，陈鑫．论互联网校园贷的使用风险与规制措施．纳税．2018（15）：198.

[2372] 赵彬．对城市公交企业成本规制问题的分析．纳税．2018（01）：190.

[2373] 陈平．我国上市公司审计合谋治理对策研究．纳税．2018（28）：161 - 164.

[2374] 杨岩松，宋云雁．企业并购的财务风险分析及防范．纳税．2018（01）：36 - 37.

[2375] 储前进．新时期企业并购重组的财务决策研究．纳税．2018（05）：53 - 56.

[2376] 王清泉．企业并购中的财务问题探讨．纳税．2018（05）：59 - 60.

[2377] 李家苏．企业并购中的风险浅析．纳税．2018（07）：198.

[2378] 李长艳．企业并购重组中企业所得税税务问题研究．纳税．2018（13）：19.

[2379] 贾豪毅．我国上市公司并购溢价影响因素综述．纳税．2018（14）：150 - 151.

[2380] 魏嘉．浅析我国企业并购重组的纳税筹划方案．纳税．2018（15）：22.

[2381] 王雪晶．企业并购中的税务筹划探析．纳税．2018（17）：31.

[2382] 李军．企业并购中的财务风险问题研究．纳税．2018（17）：52 - 54.

[2383] 陈海波．浅谈企业并购风险控制．纳税．2018（17）：142 - 144.

[2384] 黄晓红．关于企业并购重组税收筹划相关问题的探讨．纳税．2018（20）：11.

[2385] 李肖双．联想并购摩托罗拉的案例研究．纳税．2018（21）：192.

[2386] 郎翠霞．浅谈企业并购中的财务风险及其控制．纳税．2018（21）：76.

[2387] 苏站站．上市公司并购中的税务筹划风险与对策．纳税．2018（22）：17 - 19.

[2388] 康国娟，杨淑敏．论某电气集团公司并购过程中商誉的会计处理．纳税．2018（23）：164 - 165.

[2389] 宋宜生．论企业并购整合中的矛盾及其破解．纳税．2018（24）：223.

[2390] 周晨昱．企业并购中财务尽职调查风险识别的方法初探．纳税．2018（24）：64 - 65.

[2391] 曾小洵，朱心怡．美的集团海外并购KUKA机器人经济后果分析．纳税．2018（26）：181 - 183.

[2392] 杨芳．关于企业并购重组商誉探析．纳税．2018（27）：192.

[2393] 李亚萍．房地产企业并购重组中税务风险管控研究．纳税．2018（29）：44.

[2394] 朱晨．企业并购中的财务风险防范问题探究．纳税．2018（29）：105.

[2395] 王加慧．谈企业并购重组中的财务风险以及防范措施．纳税．2018（30）：86 - 88.

[2396] 商俊．房地产企业并购中的税务风险控制研究．纳税．2018（31）：23.

[2397] 谭海峰．企业重组并购中的问题探讨．纳税．2018（31）：197 - 200.

[2398] 孙永秀．企业并购中的注册会计师审计风险与防范对策．纳税．2018（34）：105 - 107.

[2399] 苏晓玉．企业并购重组中的财务风险及其防范．纳税．2018（35）：93 - 94.

[2400] 张翠君．互联网金融监管问题分析．纳税．2018（33）：167 - 168.

[2401] 符子牛．论互联网金融风险的预防与监管对策．纳税．2018（32）：185 - 187.

[2402] 陈思．我国影子银行的风险与监管．纳税．2018（32）：208.

[2403] 宋进婉．加强医保基金监管的途径．纳税．2018（31）：202 - 204.

[2404] 张亚磊．互联网金融风险分析及其监管研究．纳税．2018（24）：206 - 208.

[2405] 孙翊菲．试论互联网金融发展的监管建议．纳税．2018（20）：177.

[2406] 查宇丰．第三方支付的风险分析和监管．纳税．2018（19）：176 - 177.

[2407] 朱嘉俊．我国现金贷的发展现状及监管方向．纳税．2018（12）：172 - 175.

[2408] 杨琨．浅析我国互联网金融监管问题．纳税．2018（09）：124.

［2409］欧义昌．论物业管理中的涉税事项．纳税．2018（08）：8－10.

［2410］郑婧．人口老龄化背景下的互联网社区居家养老模式分析．纳税．2018（04）：212.

［2411］赵歌．互联网金融管理的必要性及其核心原则的探析．纳税．2018（04）：228.

［2412］李鑫，蔡文婷．政府管制视野下德国空间规划框架及体系特点与启发．南方建筑．2018（03）：90－95.

［2413］杜佳佳，吴英霞．双层股权结构的价值、风险与规范进路．南方金融．2018（08）：90－98.

［2414］中国人民银行广州分行课题组，李思敏．美国对掠夺性放贷行为的法律规制及启示．南方金融．2018（05）：83－92.

［2415］李耀跃．"粮食银行"风险及规制策略．南方金融．2018（02）：69－74.

［2416］武晋．"独角兽"公司回归境内上市的投资者保护问题研究——以换股并购模式为视角．南方金融．2018（07）：81－91.

［2417］刘曼琴，张耀辉．城市生活垃圾处理价格规制的比较分析：按量收费与回收补贴．南方经济．2018（02）：85－102.

［2418］贾玉成，张诚．中国企业"逆周期"跨国并购研究．南方经济．2018（09）：50－67.

［2419］唐德淼．"特色小镇"发展模式与产业规制．南方论刊．2018（09）：13－15.

［2420］陈嘉慧，向格格．政府信息公开申请权滥用及其规制研究．南方论刊．2018（06）：54－56.

［2421］唐德淼．分享经济平台发展机理与产业规制——以共享单车为例．南方论刊．2018（01）：15－17.

［2422］袁浩文．农村改革中土地承包经营权流转的法律规制．南方农机．2018（18）：168.

［2423］刘俊霖．农村改革中土地承包经营权流转的法律规制．南方农机．2018（07）：102－103.

［2424］孔凡畅．佛山市禅城区食用农产品安全监管体系建设模式及对策分析．南方农业．2018（14）：112－113.

［2425］张黎华，陈开伟．效益衡量规制下天然林保护工程建设的任务及策略．南方农业．2018（11）：68－69.

［2426］白亚峰，阴少锋．铜川市农产品质量安全监管措施与成效．南方农业．2018（36）：81－82.

［2427］何苗．无公害农产品监管的现状与对策探讨．南方农业．2018（30）：111－113.

［2428］丁剑波．浅议汉寿县聂家桥乡乡村兽医社会化服务改革．南方农业．2018（28）：78－80.

［2429］黄建萍，房新艳．浅谈农药残留速测技术应用在基层农产品质量安全监管工作中的必要性．南方农业．2018（18）：125－126.

［2430］赵平．有机蔬菜种植技术推广对策．南方农业．2018（14）：57－61.

［2431］王璐．共享经济法律规制的进路与策略．南方企业家．2018（04）：207.

［2432］张云云．租赁人毁损共享单车行为的法律规制研究．南方企业家．2018（03）：213－219.

［2433］尚绪明．西部地区战略新兴产业发展的法律规制研究．南方企业家．2018（01）：158.

［2434］冯钰钰．中国企业海外并购中的挑战和对策．南方企业家．2018（03）：165.

［2435］甘咏梅．浅析财务管理在企业并购重组中的作用．南方企业家．2018（03）：39.

［2436］梁亚，王芳．浅析企业并购法律风险防范．南方企业家．2018（04）：203.

［2437］徐思琪．中国影子银行监管问题研究．南方企业家．2018（03）：65.

［2438］朱慧利．企业会计舞弊及监管的博弈探究．南方企业家．2018（02）：95.

［2439］邱益群．我国商业银行中小企业信贷资产证券化研究——民生银行信贷资产证券化产品为例．南方企业家．2018（01）：5－6.

［2440］应亮亮．政府信息收集行为下公民权利的维护．南海法学．2018（06）：105－115.

［2441］李丹萍．政府公共服务外包合同中的政府责任及其实现机制．南海法学．2018（05）：96－103.

［2442］王子潇．“互联网不正当竞争”条款的法教义学检讨．南海法学．2018（05）：41－54.

［2443］江国华，符迪．行业协会商会自治规则的性质、效力及其合法性规制．南海法学．2018（02）：7－16.

［2444］李锦春．论平面文物摄影不当版权标识之规制．南海法学．2018（01）：107－115.

［2445］周密．论职业自由视阈下公司法竞业禁止的规制限度——基于对德国法职业规制“三阶理论”和比例原则的借鉴．南海法学．2018（01）：29－42.

［2446］跨国公司垄断势力纵向传导机制及规制研究．南海学刊．2018（04）：2.

［2447］刘进．反垄断法视野中的欺诈行为．南京大学学报（哲学·人文科学·社会科学）．2018（01）：51－64.

［2448］刘志云，龙稳全．论完善投资银行勤勉义务规制的路径选择．南京大学学报（哲学·人文科学·社会科学）．2018（06）：135－147.

［2449］肖梦黎．监管竞争背景下证券交易所自律规制的司法介入机制研究——以《证券交易所管理办法》为切入点．南京大学学报（哲学·人文科学·社会科学）．2018（06）：148－154.

［2450］肖红军，程俊杰，黄速建．社会责任规制会抑制企业对外直接投资吗？．南京大学学报（哲学·人文科学·社会科学）．2018（03）：20－29.

［2451］吴志良，丰月．“耕地保护”的法际融合与制度互动——以税法与环境法的协同规制为中心．南京工业大学学报（社会科学版）．2018（04）：1－14.

［2452］张福君，张宏志．新常态下非权力行政的出场与规制．南京航空航天大学学报（社会科学版）．2018（02）：31－36.

［2453］栾爽．民用无人机法律规制基本问题探讨．南京航空航天大学学报（社会科学版）．2018（02）：54－58.

［2454］汪恭政．网络直播平台色情行为的刑法规制．南京航空航天大学学报（社会科学版）．2018（01）：52－57.

［2455］葛继红，郑智聪，周曙东．中国农村化学品企业发展存在“污染天堂效应”吗？．南京农业大学学报（社会科学版）．2018（06）：128－136.

［2456］尹培培，常文芳．网约车市场准入制度建构．南京社会科学．2018（12）：95－99.

［2457］朱娟．区块链金融消费者权益保护：实验性规制的路径．南京社会科学．2018（12）：100－105.

［2458］刘云亮．经济法的软法形式、理性与治理．南京社会科学．2018（04）：86－93.

［2459］丁捷，周佑勇．美国独立管制机构的兴衰及其对我国的启示．南京社会科学．2018（03）：105－111.

［2460］明瑶华，赵秀文．我国征信体系建设中信息提供者的法律规制探析．南京社会科学．2018（03）：100－104.

［2461］刘建勇，李晓芳．环境规制、技术创新与产能过剩．南京审计大学学报．2018（05）：12－20.

［2462］孙文远，程秀英．环境规制对污染行业就业的影响．南京审计大学学报．2018（02）：25－34.

［2463］吴超，施建军．股票市场超额回报、参考机制与企业并购——来自制造业上市公司的

经验证据．南京审计大学学报．2018（04）：72－80.

［2464］邓伟，王涛，成园园．券商背景独立董事对企业并购影响的实证研究．南京审计大学学报．2018（04）：62－71.

［2465］陶弈成，龙圣锦．体育环境侵权的法律规制研究．南京体育学院学报．2018（02）：24－29.

［2466］马晓平，鲁起闻，李帮义，Yildirim Mustafa Kemal. 生产者责任延伸规制研究的基本问题和框架思考．南京晓庄学院学报．2018（02）：113－117.

［2467］张建文，贾章范．《侵权责任法》视野下无人驾驶汽车的法律挑战与规则完善．南京邮电大学学报（社会科学版）．2018（04）：25－34.

［2468］金健．德国公私合作规制理论及其对中国的启示．南京政治学院学报．2018（01）：114－119.

［2469］唐清泉，韩宏稳．关联并购与公司价值：会计稳健性的治理作用．南开管理评论．2018（03）：23－34.

［2470］潘爱玲，刘文楷，王雪．管理者过度自信、债务容量与并购溢价．南开管理评论．2018（03）：35－45.

［2471］杨超，谢志华，宋迪．业绩承诺协议设置、私募股权与上市公司并购绩效．南开管理评论．2018（06）：198－209.

［2472］申晨，李胜兰，黄亮雄．异质性环境规制对中国工业绿色转型的影响机理研究——基于中介效应的实证分析．南开经济研究．2018（05）：95－114.

［2473］张彩云，陈岑．地方政府竞争对环境规制影响的动态研究——基于中国式分权视角．南开经济研究．2018（04）：137－157.

［2474］马草原，王东阳，程茂勇．家庭背景与就业机会——父母的职位特征为何介入了子女在首要部门的就业竞争？．南开经济研究．2018（06）：149－169.

［2475］钟锦文．生态文明视野下环境库兹涅茨曲线的理论反思．南通大学学报（社会科学版）．2018（06）：131－136.

［2476］杨宇冠，郑英龙．监察机关取证录音录像的价值、功能与过程规制．南通大学学报（社会科学版）．2018（06）：43－50.

［2477］孔志坚，徐志亮．国际非政府组织在老挝的活动及其影响．南亚东南亚研究．2018（04）：45－52.

［2478］赵源，袁慧玲．高新技术产业安全研究进展．内江科技．2018（02）：22－23.

［2479］庄志坚．程序法视角下对诈害案外人恶意诉讼之规制．内江师范学院学报．2018（09）：107－112.

［2480］王新．“规制缓和”语境下回应型金融刑法的建构——以中日金融刑法的对比为视角．内蒙古财经大学学报．2018（03）：131－136.

［2481］郭巧莉．蓝色光标并购案例分析．内蒙古财经大学学报．2018（01）：66－70.

［2482］陈瑶，程克群．我国互联网上市公司并购的财务风险研究．内蒙古财经大学学报．2018（01）：71－76.

［2483］宣春艳．基于激励与约束的法律视角下地方政府债务监管研究．内蒙古财经大学学报．2018（05）：82－84.

［2484］杜海蓉．我国食品药品监管的症结及应对．内蒙古科技与经济．2018（20）：7－9.

［2485］张耀宝．用监管机制体制改革促进安全生产和应急管理工作．内蒙古科技与经济．2018（17）：31－32.

［2486］胡燕春．盛乐百亭园门票价格的政府规制研究．内蒙古统计．2018（03）：53－56.

［2487］丰李发．在用特种设备动态信息化监管系统建设探究．内燃机与配件．2018（06）：166－167.

［2488］吴琦．商业银行如何做煤企并购贷款．能源．2018（02）：88－90.

［2489］林子．发改委鼓励煤炭、电力和钢铁企业兼并重组　行业有望诞生“新巨头”．能源研究与利用．2018（02）：15－16.

［2490］任军科．矿井兼并重组整合项目基本建设安全设施初探．能源与节能．2018（05）：14－15.

［2491］王灏．侵犯公民个人信息犯罪及其法律规制对策．宁波大学学报（人文科学版）．2018（01）：127－132.

［2492］开放发展深入推进　并购重组风生水起．宁波经济（财经视点）．2018（10）：25.

［2493］邓楚．关于设立宁波产业并购母基金的对策研究．宁波经济（三江论坛）．2018（09）：23－25.

［2494］李碧珍，王静媛．我国互联网金融平台违规经营行为及其监管探析．宁德师范学院学报（哲学社会科学版）．2018（02）：15－21.

［2495］邢文增．垄断的发展与当代资本主义危机的加剧．宁夏党校学报．2018（02）：123－128.

［2496］胡德宝，林于汕，严晗．环境规制提高企业创新能力了吗？——基于省级 FDI 面板数据的实证检验．宁夏社会科学．2018（06）：97－102.

［2497］钟先锋，刘静思，张瑾，胡伟君，黄桂东．比较食品专业和非食品专业大学生对政府食品安全监管工作的评价．农产品加工．2018（12）：76－78.

［2498］冯超．我国商业银行并购业务发展研究．农村金融研究．2018（02）：51－55.

［2499］王杨．新型农村合作金融的异化及法律规制．农村经济．2018（10）：72－77.

［2500］余嘉勉．农村金融贷款保险制度：创新与规制．农村经济．2018（10）：91－96.

［2501］徐超．论农业供给侧改革下农产品质量信息失灵的法律规制．农村经济．2018（02）：92－98.

［2502］唐军．新型农业经营主体之法治思考：理念检视与路径选择．农村经济．2018（01）：82－89.

［2503］杨皖宁．农民专业合作社信用合作业务监管研究．农村经济．2018（03）：70－76.

［2504］吴恩，万芯宇．恶意诉讼的认定及法律规制探究．农村经济与科技．2018（19）：306－308.

［2505］吴迪．“专车”类共享经济的规制路径探究．农村经济与科技．2018（14）：142.

［2506］王继伟．基础设施价格规制方法文献综述．农村经济与科技．2018（12）：54－55.

［2507］施丽芝．环境纠纷解决中自主规制的运用．农村经济与科技．2018（10）：19.

［2508］刘雪梦．我国环境规制对制造业 FDI 影响的区域异质性研究．农村经济与科技．2018（09）：217－220.

［2509］桂阳．电子商务市场准入及退出制度研究．农村经济与科技．2018（06）：72.

［2510］张义来，杜红梅．控制生猪养殖污染的环境规制政策研究．农村经济与科技．2018（05）：32－34.

［2511］陈禹衡．浅析农村环境污染的刑法规制．农村经济与科技．2018（03）：54－56.

［2512］赵自豪．南北车并购绩效研究．农村经济与科技．2018（01）：173－174.

［2513］赵庆国，杨龙倩．基于因子分析的主并公司并购财务绩效实证研究．农村经济与科技．2018（09）：181－182.

［2514］刘丹，尉京红．上市公司并购重组评估值与交易价格间差异研究——按关联与非关联

交易分类．农村经济与科技．2018（17）：173－174．

［2515］张牧歌．交叉持股上市公司的并购效应理论初探．农村经济与科技．2018（18）：131．

［2516］徐美红，黄月眉．浅析我国企业的跨国并购效应——以万达收购传奇影业为例．农村经济与科技．2018（19）：183－185．

［2517］聂绿．关于企业并购会计方面问题研究．农村经济与科技．2018（20）：147．

［2518］魏雅隽．论P2P网络借贷的风险防范与监管．农村经济与科技．2018（24）：73－74．

［2519］刘文倩，左安洁．我国电力行业监管问题研究．农村经济与科技．2018（14）：123－125．

［2520］邱勋．P2P网贷借贷行业发展现状分析及展望．农村经济与科技．2018（08）：127．

［2521］李薇．信贷资产证券化对我国商业银行经营稳定性影响研究．农村经济与科技．2018（02）：116－118．

［2522］王新风．库车县农产品质量安全监管存在的问题及今后工作思路．农村科技．2018（06）：69－70．

［2523］顾垣．包头市农机质量监管现状、存在问题及改进措施．农村牧区机械化．2018（01）：40－41．

［2524］黄鑫．影子银行对农村金融改革的影响．农村实用技术．2018（08）：31－32．

［2525］柳琪．为什么现在不是并购整合的最佳时期？．农机市场．2018（12）：13．

［2526］于喜东．新形势下不同农产品质量安全规制体系研究．农家参谋．2018（14）：75．

［2527］张婧．互联网新型不正当竞争行为法律规制分析．农家参谋．2018（04）：293．

［2528］于莹爽．共享单车平台法律规制的调查与研究．农家参谋．2018（01）：270．

［2529］李娜．并购重组对企业发展能力的影响．农家参谋．2018（05）：279．

［2530］张烨．新常态下中国企业跨国并购的战略选择．农家参谋．2018（13）：286．

［2531］贾韵儒，包苏日古嘎．中国企业跨国并购中的财务风险问题分析——以W集团并购AMC院线为例．农家参谋．2018（18）：293－294．

［2532］朱薇，王茂宇，黄懿．太仓市种子市场监管现状与建议．农家参谋．2018（20）：5．

［2533］吴飞燕．山阳区畜产品安全现状、监管实践及思考．农家参谋．2018（09）：144．

［2534］张晓远．政府在文化产业发展中的角色研究．农家参谋．2018（06）：283．

［2535］王晓雯，李建明．榆林市农产品质量安全监管工作提升对策．农家参谋．2018（04）：3－4．

［2536］马骁．绿色食品监管问题与对策．农家参谋．2018（04）：64．

［2537］周卫华．勐遮镇农村饮水安全监管存在的问题及对策思考．农家参谋．2018（02）：46－49．

［2538］陶武．加强监管体系建设确保“舌尖上的安全”——县域农产品质量安全监管体系建设初探．农家参谋．2018（01）：18－19．

［2539］徐晶．生猪产业对环境污染及控制措施分析．农民致富之友．2018（05）：120．

［2540］杨莉，冯少龙，刘勇军，阳红．浅析桃源县种业市场的现状与对策．农民致富之友．2018（05）：162．

［2541］杨晓蓉．扎实做好动物屠宰检疫，严把畜禽产品市场准入关．农民致富之友．2018（04）：219．

［2542］张锋，万靓军．农产品质量安全监管实践与问题思考——基于对山东省寿光市实地调研．农学学报．2018（04）：61－64．

［2543］付鑫羽，董记萍，本刊编辑．农药管理新政策问答（七）．农药科学与管理．2018（07）：3－4．

［2544］刘学艺．我国农业经济增长影响因素与发展对策．农业工程．2018（11）：146－147.

［2545］魏平娟．基于法律视角的农业产业化组织发展研究．农业工程．2018（11）：133－136.

［2546］刘大鹏．我国食品安全监管存在问题及提升途径．农业工程．2018（04）：73－75.

［2547］赵红萍．新疆玛纳斯县农产品质量安全监管存在问题及解决对策．农业工程技术．2018（14）：71－73.

［2548］尤雷．农产品质量安全监管现状及发展建议．农业工程技术．2018（02）：71.

［2549］李艳玲．微耕机的安全使用与监管．农业机械．2018（03）：67－69.

［2550］田刚，张义，张蒙，马国建．生鲜农产品电子商务模式创新对企业绩效的影响——兼论环境动态性与线上线下融合性的联合调节效应．农业技术经济．2018（08）：135－144.

［2551］谭莹，胡洪涛，李大胜．经济政策不确定性对农产品产业链的价格冲击研究——基于供需双方“议价能力”视角．农业技术经济．2018（07）：80－92.

［2552］聂文静，李太平，林光华．食品信息标签制度的福利效应：竞争市场与市场势力——理论测算及案例评估．农业技术经济．2018（02）：15－29.

［2553］王允华，杨兴东．绿色发展视野下农村环境治理法律规制研究．农业经济．2018（12）：38－40.

［2554］李桂红．供给侧改革下农村电商的法律规制．农业经济．2018（10）：139－140.

［2555］阎其华，李新仓．辽宁省农地规模经营的法律政策问题研究．农业经济．2018（06）：86－87.

［2556］贾蕊．新媒体时代我国农村地区物流营销的影响及其法律规制研究．农业经济．2018（06）：121－123.

［2557］杨春黎．个人隐私保护视野下农村地区物流活动的法律规制研究．农业经济．2018（05）：127－129.

［2558］赵新宇．农村非法集资类犯罪问题研究．农业经济．2018（04）：83－85.

［2559］李炎媛．浅析我国农村民间借贷法律规制问题．农业经济．2018（03）：102－104.

［2560］翁玉玲．我国农民工地位弱化的制度反思——以非正规就业法律规制为视角．农业经济问题．2018（06）：98－107.

［2561］仇相玮，韩若冰，胡继连．黄河下游生态水权侵蚀与保障制度研究．农业经济与管理．2018（06）：78－87.

［2562］吕军，韩东升．供给侧结构性改革背景下农业工程咨询设计行业发展思考．农业开发与装备．2018（12）：20－21.

［2563］魏兴芸，邵旭平，常彦莉．农产品质量安全监管体系建设研究．农业开发与装备．2018（09）：61－94.

［2564］曹长玮，王洪军．联合体如何监管好试验点．农业开发与装备．2018（07）：46－47.

［2565］何晓求，王鹰，王永刚，卢新松，程丹．婺源县立足优势聚力打造“中国有机茶之乡”．农业开发与装备．2018（06）：47－48.

［2566］王翠艳，程显峰，于绍山．把牢五道关口，做实耕地地力补贴资金发放．农业开发与装备．2018（04）：59－62.

［2567］吴琼，王斌飞，李欣颖，郝思丞．盘锦市气象局防雷安全监管系统设计．农业科技与信息．2018（16）：41－42.

［2568］尹玉花．浅谈农产品质量安全监管．农业科技与信息．2018（10）：34－35.

［2569］周华．瓜州县农药市场现状及监管建议．农业科技与信息．2018（06）：79－80.

［2570］王拓野．昌图县农机安全生产现状及对策．农业科技与装备．2018（03）：91－92.

［2571］王晓霞．北票市农机化发展思路探讨．农业科技与装备．2018（02）：68－69.

［2572］王海艳．抚顺市农业机械化结构及发展探析．农业科技与装备．2018（01）：77－78.

［2573］周建军，谭莹，胡洪涛．环境规制对中国生猪养殖生产布局与产业转移的影响分析．农业现代化研究．2018（03）：440－450.

［2574］杨秀峰．建设新农村背景下农村小型农田水利工程管理的发展．农业与技术．2018（22）：79.

［2575］谭琳元，李先德．进口对中国大麦产业发展的影响．农业展望．2018（12）：60－64.

［2576］田俊庆．加强金融机构员工行为管理的五点思考．农银学刊．2018（05）：29－32.

［2577］符维．强化定量监管　加强同业管控——《商业银行流动性风险管理办法》的解读．农银学刊．2018（05）：42－45.

［2578］姜卫平．提高执政党防控金融风险的能力．攀登．2018（02）：47－56.

［2579］胡良．精准扶贫：缘起、现状和法律规制——以检察机关法律监督为视角．品牌研究．2018（04）：188－193.

［2580］郭雅楠．智慧城市物联网产业中的主体规制问题研究．品牌研究．2018（04）：164－166.

［2581］许灿，刘彤．网络信息安全法律规制研究．品牌研究．2018（01）：28－35.

［2582］胡睿，赫琦．互联网行业跨国并购风险分析——以滴滴出行收购优步中国为例．品牌研究．2018（05）：70－71.

［2583］向艳．我国互联网企业并购与整合的风险控制分析．品牌研究．2018（05）：52－54.

［2584］刘自挥，刘清田．教材管理的依据与对策．品牌研究．2018（06）：61－62.

［2585］魏薇．网约车平台的监管问题探究．品牌研究．2018（06）：69－70.

［2586］史东梁．P2P 网络借贷的市场准入监管研究．品牌研究．2018（04）：83－84.

［2587］姚明，朱笑涵．我国摊贩管理地方立法研究——基于对 20 部地方立法文件的实证分析．平顶山学院学报．2018（04）：59－63.

［2588］罗小燕．共享经济的负外部性及其规制．萍乡学院学报．2018（05）：31－36.

［2589］王涛．共享经济下的法律良性规制．普洱学院学报．2018（01）：37－38.

［2590］朱海林．公共健康伦理的基本论域．齐鲁学刊．2018（03）：64－69.

［2591］王乔祎．企业并购重组过程中的税收筹划研究．齐鲁珠坛．2018（06）：54－56.

［2592］唐婷婷．“互联网＋”个人求助的刑法规制路径．齐齐哈尔大学学报（哲学社会科学版）．2018（08）：85－88.

［2593］马雪菲．破产重整中的待履行购房合同法律规制研究．齐齐哈尔大学学报（哲学社会科学版）．2018（06）：111－115.

［2594］陈震，宋清华．独狼式恐怖主义犯罪的法律规制及立法展望．齐齐哈尔大学学报（哲学社会科学版）．2018（01）：87－89.

［2595］曹文强，刘晓宇．网约车运营过程中监管问题的法律研究．齐齐哈尔师范高等专科学校学报．2018（05）：68－69.

［2596］杨辛夷．环境规制工具对企业环境成本的影响研究．企业改革与管理．2018（21）：202－203.

［2597］盛炜杰，张成科．博弈视角下知识付费经济的对策研究．企业改革与管理．2018（11）：3－5.

［2598］周景龙．中国企业海外并购存在的问题及对策分析．企业改革与管理．2018（03）：14－20.

［2599］杨一渠．后补贴时代新能源汽车上市公司并购重组的风险管控．企业改革与管理．2018（04）：13－25.

［2600］罗莉艳．企业并购财务风险研究．企业改革与管理．2018（05）：131－134.

［2601］张义军．基于支付方式的企业并购税收筹划及案例分析．企业改革与管理．2018（06）：45－55.

［2602］谢仁鸿．建筑业国企并购动因及其风险控制．企业改革与管理．2018（06）：8－9.

［2603］邹立宽．上市公司信雅达并购投资战略的可行性研究．企业改革与管理．2018（09）：57－58.

［2604］林海．企业并购的财务风险及其防范措施．企业改革与管理．2018（09）：140－141.

［2605］章潮霞．企业兼并重组税收优惠政策及税收筹划问题探讨．企业改革与管理．2018（09）：168－172.

［2606］范佳龙．对国企并购重组的趋势、模式和挑战的思考．企业改革与管理．2018（09）：15－21.

［2607］吕峰．上市公司并购中的常见问题及应对措施．企业改革与管理．2018（12）：10－37.

［2608］张又心．企业并购的协同效应分析——以优酷土豆为例．企业改革与管理．2018（12）：26－27.

［2609］薛川．融资约束、并购支付方式与并购财务绩效的关系研究．企业改革与管理．2018（17）：165－167.

［2610］杜瑞红．如何规避企业并购的风险．企业改革与管理．2018（17）：31－40.

［2611］张涛．企业并购重组的风险与防范建议．企业改革与管理．2018（17）：21－26.

［2612］孙梅．企业并购交易中的瑕疵担保责任——兼论权利买卖中也可存在物的瑕疵．企业改革与管理．2018（18）：24－30.

［2613］卢琪．企业并购后的五大整合策略．企业改革与管理．2018（18）：37－41.

［2614］应勇．企业并购重组中的人力资源整合问题及对策．企业改革与管理．2018（18）：95－96.

［2615］范思远．企业并购重组的财务协同效应研究．企业改革与管理．2018（20）：120－127.

［2616］崔天铭．跨境并购杠杆融资的偿债风险分析．企业改革与管理．2018（20）：3－6.

［2617］孙文娟．公司股权并购中的风险因素及防范措施．企业改革与管理．2018（20）：7－12.

［2618］刘培伟．并购和处置国企非经营性不动产过程中的问题与风险．企业改革与管理．2018（20）：8－9.

［2619］马跃．企业并购风险及其管控对策．企业改革与管理．2018（21）：25－29.

［2620］龚灿会．新形势下我国企业并购中的财务风险及防范路径．企业改革与管理．2018（23）：136－137.

［2621］王剑玉．企业并购中的财务风险控制及其有效措施探讨．企业改革与管理．2018（24）：169－170.

［2622］许广权．企业并购重组的风险分析及控制措施．企业改革与管理．2018（24）：33－35.

［2623］王舒．电力安全生产监管执法研究．企业改革与管理．2018（06）：194－195.

［2624］吕翔滨．现阶段道路运输安全监管工作措施及策略．企业改革与管理．2018（04）：221－222.

［2625］张秀萍，王利艳．全方位规制外包企业产品与服务质量——以滴滴事件为例．企业管理．2018（11）：110－112.

［2626］李累．对国家特殊管理股法律规制的思考．企业管理．2018（06）：100－103.

［2627］李军．大数据权力背后的贪欲．企业管理．2018（06）：46－48.

［2628］汪翼鹏，孙朋．论电企海外并购股权间接转让税务风险管控．企业管理．2018（S2）：228－229.

［2629］李永存．可罚的妥当：非法经营行为类型化与犯罪化的双重展开．企业经济．2018（03）：188－192.

［2630］李宗彦．我国上市公司舞弊揭发制度建设：基于内容分析的经验证据．企业经济．2018（02）：95－101.

［2631］司银元，杨文胜．考虑消费者转移成本和优惠券的竞争性企业歧视定价与对策．企业经济．2018（08）：111－118.

［2632］张海亮，骆红．企业金融化与海外并购财务风险．企业经济．2018（08）：84－90.

［2633］李亚波．“一带一路”背景下企业所有制身份对海外并购的影响．企业经济．2018（11）：13－22.

［2634］黄美玲，向辉．人工智能与文化产业融合模式及规制路径研究．企业科技与发展．2018（11）：117－120.

［2635］姜亚，马艳娜，付文磊．环境规制对区域生态效率的影响研究．企业科技与发展．2018（08）：22－23.

［2636］王杨．行星环境污染的国际法规制及其法律困境．企业科技与发展．2018（03）：179－182.

［2637］林少惠．共享单车行业政府规制路径探索．企业科技与发展．2018（03）：68－69.

［2638］丁毓．“新三板”企业并购存在的问题与对策探析．企业科技与发展．2018（04）：62－63.

［2639］王菲．基于支付方式不同的企业并购税收筹划案例分析．企业科技与发展．2018（04）：307－308.

［2640］武有伟．互联网企业并购风险及防范措施．企业科技与发展．2018（08）：312－313.

［2641］王亦鹏．上市公司并购策略对企业绩效的影响分析——以东方航空为例．企业科技与发展．2018（12）：151－153.

［2642］李明岩．我国互联网金融监管的若干思考．企业科技与发展．2018（08）：284－285.

［2643］中国华电集团公司香港有限公司．并购重组中的跨文化管理．企业文明．2018（12）：37－40.

［2644］朱敏慧．从德纳、吉凯恩合并看汽车业兼并重组趋势．汽车与配件．2018（08）：4.

［2645］郑雪芹．七大海外市场准入政策及最新发展趋势．汽车纵横．2018（09）：38－45.

［2646］社情民意．前进论坛．2018（09）：47－48.

［2647］邹伟勇，张丽苹，唐蜜．空间视角下我国全要素生产率及影响因素研究——基于 DEA－CCR 空间面板数据模型．钦州学院学报．2018（08）：59－65.

［2648］王立明．实施精准扶贫法律问题调查报告——以青海省互助土族自治县为例．青藏高原论坛．2018（04）：103－110.

［2649］时军，张美君．农产品安全视角下我国土壤污染防治法律规制研究．青岛农业大学学报（社会科学版）．2018（04）：50－55.

［2650］李军，王鹏程，陈龙，荆欣，顾洪辉，刘涛，李文军．州级不动产登记汇交与监管平台建设研究．青海国土经略．2018（05）：53－59.

［2651］徐克勤．村镇银行法律规制缺陷与完善．青海金融．2018（04）：43－46.

［2652］卢文华．严监管环境下的商业银行业务发展．青海金融．2018（05）：40－45.

［2653］何文虎．上市商业银行表外资产研究．青海金融．2018（03）：32－35.

［2654］王冲．地方金融有效供给不足：制度成因及解决路径．青海金融．2018（01）：5－11.

［2655］王永红．高校科研经费“放管服”实施的几点思考．青海科技．2018（05）：36－38.

［2656］朱翠翠．元代纳钵若干问题新论．青海民族研究．2018（01）：130－134.

［2657］郭倩．短视频治理的“规制”与“自由”．青年记者．2018（33）：83－84.

［2658］冼春妮．微信群的表达失范及约束规制思考．青年记者．2018（32）：19－20.

［2659］李辛扬，张帆．新闻聚合App著作权侵权行为及规制路径．青年记者．2018（27）：79－80.

［2660］吴子倩．言论与公共利益：日本对仇恨言论的规制．青年记者．2018（21）：43－44.

［2661］张惠彬，吴运时．发现事实抑或制造新闻？——规制“狗仔队”的方案设计．青年记者．2018（21）：77－79.

［2662］王国中，李庆雯．原生广告及监管规制研究．青年记者．2018（18）：84－85.

［2663］朱志伟．不当网络删帖的危害及规制．青年记者．2018（17）：16－17.

［2664］朱勇．公民新闻规制的立法缺失与完善．青年记者．2018（06）：99－100.

［2665］王敏．从Talkback透视澳大利亚媒介规制及困境．青年记者．2018（03）：93－94.

［2666］闵兢，徐永祥．青年社工的流失与留驻：从“角色规制”到“身份认同”．青年探索．2018（04）：15－23.

［2667］陈伟，熊波．儿童监护失职行为的刑法规制——基于互联网媒体报道的907个案件的分析．青年研究．2018（01）：46－56.

［2668］黄河．中日校园暴力问题及法律规制比较研究．青少年犯罪问题．2018（03）：81－87.

［2669］慎洁，徐菲，胡祥松．以优质生产示范区提升塑料管材质量的对策研究．轻工标准与质量．2018（03）：28－29.

［2670］张世奇．“在家上学”的规制研究——基于国家义务教育特点的分析．轻工科技．2018（07）：188－189.

［2671］殷金莲．浅析我国食品安全问题的原因及建议．轻工科技．2018（06）：18－19.

［2672］陈洁．内幕交易事实认定中自由裁量权的适用及其规制——以内幕交易“知悉”要件的推定为视角．清华法学．2018（06）：6－23.

［2673］陈甦．籍合组织的特性与法律规制的策略．清华法学．2018（03）：26－40.

［2674］郭晶．刑事诉讼时间应如何获得审查和规制？．清华法学．2018（03）：138－158.

［2675］曹炜．转基因食品风险规制中的行政裁量．清华法学．2018（02）：144－162.

［2676］方净植．中资企业赴德并购所引发的上市公司跨境监管思考．清华金融评论．2018（06）：85－88.

［2677］程浩，陈丹．资管新规来了，并购基金风险管理指引还会远吗？．清华金融评论．2018（08）：87－91.

［2678］程浩，陈丹．推进并购类债转股以支持民营上市公司股东．清华金融评论．2018（11）：85－88.

［2679］杨晗露．从网络诽谤现象看网络空间表达自由的保护与规制．清远职业技术学院学报．2018（02）：75－79.

［2680］孙笛，刘杰．言词情报搜集偏误及其规制．情报杂志．2018（11）：31－35.

［2681］孙瑜晨．医药专利反向支付协议的反垄断规制研究——基于美国近十年学术文献的分析．情报杂志．2018（10）：112－119.

［2682］黄扬，李伟权．网络舆情推动下的网约车规制政策变迁逻辑——基于多源流理论的案例分析．情报杂志．2018（08）：84－91.

［2683］史宇航．主权的网络边界——以规制数据跨境传输的视角．情报杂志．2018（09）：160－166.

［2684］李永，张丽娜．海洋石油开发中的环境保护立法之完善——以规制海洋石油开发溢油为视角．求是学刊．2018（03）：100－107.

［2685］齐爱民，张哲．共享经济发展中的法律问题研究．求是学刊．2018（02）：97－108.

［2686］刘亮．长期成本－收益视角下的环境规制与企业绩效．求索．2018（04）：103－109.

［2687］黄蕾，王志亮．重污染企业环境行为及其驱动因素研究．全国流通经济．2018（32）：27－28.

［2688］王婧，陈晨．环境规制、技术创新对经济可持续发展的影响．全国流通经济．2018（17）：25－26.

［2689］陈晨，王婧．环境规制与技术创新的相互作用及相互影响．全国流通经济．2018（16）：50－51.

［2690］黄铁军．成品油零售价格规制对石油产业经济影响的实证分析．全国流通经济．2018（06）：60－61.

［2691］朱珂．基于共享单车的共享经济消费行为规制对策建议．全国流通经济．2018（04）：67－68.

［2692］李金蔚．对核心技术在国际贸易中所起作用的几点思考．全国流通经济．2018（14）：15－16.

［2693］李楷，李滨．互联网金融内在垄断特质的成因．全国流通经济．2018（30）：100－101.

［2694］董子梅．文化影视企业并购案例研究．全国流通经济．2018（01）：72－74.

［2695］戴书琴．我国企业并购融资方式选择及优化研究．全国流通经济．2018（01）：36－38.

［2696］喻静．上市公司并购动机及其效果研究．全国流通经济．2018（01）：43－45.

［2697］吴法群．上市公司并购中的内控管理的强化．全国流通经济．2018（03）：36－37.

［2698］胡晨茹．浅析横向并购中无形资产的价值评估问题．全国流通经济．2018（10）：29－30.

［2699］冯晓明．国有控股上市公司资产并购重组风险探讨．全国流通经济．2018（12）：27－28.

［2700］张霞．企业并购中的管理整合问题分析．全国流通经济．2018（14）：42－43.

［2701］张欢．浅析海外并购对我国纺织服装企业发展的影响．全国流通经济．2018（17）：13－15.

［2702］刘杰微．论跨国兼并业务的财务风险．全国流通经济．2018（17）：15－17.

［2703］王叶．运用平衡记分卡评价企业并购绩效——以百度并购业务为例．全国流通经济．2018（17）：26－28.

［2704］罗业腾．关于国有企业并购重组中涉财问题的几点思考．全国流通经济．2018（18）：35－36.

［2705］李艳云．并购重组中的会计与税务问题处理实务．全国流通经济．2018（18）：94－96.

［2706］谢梅花．论电商企业并购的财务协同效应．全国流通经济．2018（19）：19－21.

［2707］蔡奕茂．论财务尽职调查在企业并购中的关键性．全国流通经济．2018（19）：106－107.

［2708］吕孙战．企业并购整合的财务协同效应及实现路径分析．全国流通经济．2018（20）：106－107.

［2709］陈丽旭．企业海外并购财务风险的分析与规避——以海尔公司为例．全国流通经济．2018（21）：17－18.

［2710］李孟珂．房地产企业并购动因及风险的研究——以万科并购普罗斯为例．全国流通经济．2018（24）：67－68.

［2711］徐振宇．企业并购财务风险分析与防范．全国流通经济．2018（26）：48－49.

［2712］龚昕烨．对中国企业跨国并购的思考——以光明集团为例．全国流通经济．2018（29）：30－31.

［2713］朱赫．企业并购的支付方式决策研究．全国流通经济．2018（33）：110－111.

[2714] 乔永东．企业并购协同效应的研究与发展．全国流通经济．2018（34）：50－51.

[2715] 隋瑗．浅析我国互联网金融风险及监管策略．全国流通经济．2018（32）：124－125.

[2716] 赵一洋．浅析互联网金融的风险与监管．全国流通经济．2018（32）：127－128.

[2717] 白洋．股权众筹监管分析及发展对比．全国流通经济．2018（28）：97－98.

[2718] 李昆，肖计划．基于位置服务的共享自行车政府监管与服务平台设计与实现．全球定位系统．2018（04）：73－76.

[2719] 何曼青．我国外商投资"负面清单"管理实践的成效、问题与建议．全球化．2018（04）：21－37.

[2720] 陈肇新．提升教育公平感的法律程序治理——以中小学校外培训机构的法律规制为视角．全球教育展望．2018（09）：87－100.

[2721] 陈兵，马贤茹．大数据时代迎来反垄断新局面．群言．2018（05）：38－41.

[2722] 田利辉，王泽坤．收购兼并优化中国产业结构．群言．2018（07）：29－31.

[2723] 陈柳．建设自主可控现代产业体系．群众．2018（20）：42－43.

[2724] 金利霞，张虹鸥，兰芳，叶玉瑶，王长建，陈伟莲．政府规制下生态发展区精细化工产业生态化发展路径——以韶关市涂料产业为例．热带地理．2018（03）：372－383.

[2725] 邢瑞惠．企业并购重组中的人员整合分析．人才资源开发．2018（14）：69－70.

[2726] 熊正良．完善地方政府行政作为法律规制的思考．人大建设．2018（02）：52－53.

[2727] 浙江省丽水市中级人民法院课题组．新形势下执破衔接程序滥用规制研究．人民法治．2018（24）：83－89.

[2728] 吴卫清．网络刷单行为的刑法责任．人民法治．2018（22）：42－43.

[2729] 康静怡．《电子商务法》对消费者知情权的保护——围绕《电子商务法》第十七条展开．人民法治．2018（20）：32－35.

[2730] 翟继光．地方政府债务风险的法律规制．人民法治．2018（17）：11－14.

[2731] 颜美宁．当前我国网游外挂犯罪的刑法规制．人民法治．2018（14）：111－114.

[2732] 杨立新．规制性骚扰行为还须注重保护职场的性安全．人民法治．2018（04）：85－87.

[2733] 倪煜棋．私有化并购下商业判断规则的创新适用——以 Kahn v. M& F Worldwide Corp 案为例．人民法治．2018（24）：36－37.

[2734] 陈凌．浅谈成本规制对公交企业的重要性——以常州公交成本规制为例．人民公交．2018（08）：41－42.

[2735] 吴根法．浅谈公交企业如何适应成本规制政策确保企业持续发展．人民公交．2018（05）：45－47.

[2736] 卢建平．严密医药知识产权刑事规制法网．人民检察．2018（22）：47.

[2737] 李楠．加大医药知识产权犯罪规制力度．人民检察．2018（22）：48.

[2738] 宋维彬，邵奇聪．对笔录证据过度适用的规制．人民检察．2018（22）：79－80.

[2739] 蒋筱悦．打码平台的规制——以国内首例"打码撞库"案为分析样本．人民检察．2018（19）：31－35.

[2740] 逄政，任志伟．单位行贿罪司法实务若干问题思考．人民检察．2018（18）：54－58.

[2741] 徐岱，李方超．侵犯知识产权罪立法的不足与完善．人民检察．2018（17）：63－67.

[2742] 阮小慧．网络金融犯罪的法律规制．人民检察．2018（15）：38－41.

[2743] 何邦武，凌雯婧．网络实名制下侵权行为的法律规制——破坏网络实名制行为的法律规制问题研讨会述要．人民检察．2018（13）：57－60.

[2744] 高一飞，王刚．借壳侦查的限度与规制．人民检察．2018（13）：9－13.

[2745] 张申杰，李思远．编造、散布虚假信息类网络寻衅滋事案件的司法认定．人民检察．

2018（12）：29－31.

［2746］谢幸福，宋文田．在食品中添加罂粟壳犯罪问题实证分析——以40起案件数据为样本．人民检察．2018（12）：38－40.

［2747］刘英旭．电商虚假代运营面临的刑法问题．人民检察．2018（12）：75－76.

［2748］陈凯明．两岸比较视野下网络谣言的刑法规制．人民检察．2018（10）：68－72.

［2749］周征远．网络犯罪的实务规制策略——基于司法办案一线的调查分析．人民检察．2018（08）：51－54.

［2750］郭建鸾．欧盟互联网反垄断有哪些“新招”．人民论坛．2018（34）：127.

［2751］何必夫．把握“网络圈群”舆论引导的主动权．人民论坛．2018（19）：108－109.

［2752］刘雪梅．如何推进法治型政党建设．人民论坛．2018（35）：96－97.

［2753］桑莱丝．以行政权力规制网络直播．人民论坛．2018（31）：74－75.

［2754］汪婧．发展人工智能须把好法律关．人民论坛．2018（29）：100－101.

［2755］张杰英．杜绝不合理的“选择性执法”．人民论坛．2018（29）：98－99.

［2756］高阳．我国公司高管职务犯罪之反思．人民论坛．2018（29）：102－103.

［2757］徐轶博．莫让网络成为消费欺诈“重灾区”．人民论坛．2018（29）：82－83.

［2758］付余．“网络暴力”的刑法规制．人民论坛．2018（23）：104－105.

［2759］张妮．以大数据助力律师法律服务．人民论坛．2018（22）：114－115.

［2760］郑坤．网贷行业亟待强化法律规制．人民论坛．2018（20）：106－107.

［2761］朱娅．“弱者维权”的正确引导与社会规制．人民论坛．2018（20）：102－103.

［2762］张舵．为数据信息收集夯实法治根基．人民论坛．2018（19）：89－91.

［2763］张学永．环境犯罪的刑法规制．人民论坛．2018（18）：98－99.

［2764］李邵根，王丹丹．法律规制让网约车更舒心．人民论坛．2018（15）：92－93.

［2765］李凯瑞，王海蛟．校园网贷乱象呼唤法律规制．人民论坛．2018（15）：94－95.

［2766］李文峰．完善网络慈善行政法规体系．人民论坛．2018（11）：106－107.

［2767］张希梅．大数据信息开发的伦理规制．人民论坛．2018（10）：88－89.

［2768］钟代军．自媒体时代怎样理性发声．人民论坛．2018（08）：58－59.

［2769］王浩骅．如何对跨境电子商务进行激励性监管．人民论坛．2018（06）：88－89.

［2770］王瑞华．刑事私了行为应受法律规制．人民论坛．2018（03）：120－121.

［2771］马晓瑜．对网络公益众筹，监管不能“缺位”．人民论坛．2018（34）：74－75.

［2772］钱鹤群．全面依法治国背景下的行政立法评估制度研究．人民论坛·学术前沿．2018（17）：80－83.

［2773］夏先良．当前深化负面清单制度改革的重大意义．人民论坛·学术前沿．2018（14）：52－67.

［2774］檀畅．公海保护区法律机制创新的理论与实践．人民论坛·学术前沿．2018（09）：76－79.

［2775］宋皓．共享经济的民商法规制研究——以共享汽车为例．人民论坛·学术前沿．2018（01）：92－95.

［2776］邓超，曾飞．我国房地产企业并购现状与对策建议．人民论坛·学术前沿．2018（21）：92－95.

［2777］严骥．我国公用事业监管的法治路径．人民论坛·学术前沿．2018（11）：95－99.

［2778］邓建华．抽逃出资股权转让的司法规制．人民司法（案例）．2018（35）：4－8.

［2779］徐娟．人工辅助生殖法律规制中的公私权平衡．人民司法（应用）．2018（34）：58－65.

［2780］赵旭，李硕．认缴制下公司不当关联债权的清偿顺位．人民司法（应用）．2018（25）：

43－48.

［2781］向前，陈莉．行政首长消极应诉的表现及其治理．人民司法（应用）．2018（25）：97－99.

［2782］饶群．网络司法拍卖公告瑕疵的规制与救济．人民司法（应用）．2018（22）：61－65.

［2783］余杰．反不正当竞争法视野下网络主播跳槽问题研究．人民司法（应用）．2018（10）：28－33.

［2784］朱艳萍．刑事涉案财产裁判程序的缺失与司法规制．人民司法（应用）．2018（10）：78－83.

［2785］马文玲，徐文进．变型P2P网络融资平台的刑事监管路径．人民司法（应用）．2018（04）：84－89.

［2786］顾天翔．P2P网络借贷履约保证保险的性质及规制．人民司法（应用）．2018（04）：17－21.

［2787］吴广强．双边市场视角下互联网垄断相关市场的界定．人民司法（应用）．2018（22）：103－106.

［2788］倪楠．人工智能发展过程中的法律规制问题研究．人文杂志．2018（04）：122－128.

［2789］王威驷．日本独占禁止法解释论的发展和局限．日本法研究．2018（00）：117－135.

［2790］苏淑华．标准化助力企业技术创新，提升品牌核心竞争力——访九阳标准化与市场准入总监苗帅．日用电器．2018（06）：1－3.

［2791］王东杰，董晓霞，王玉庭．乳企跨境并购对中国乳业的影响分析．乳品与人类．2018（05）：20－23.

［2792］李竺袁，李廷元．无人智能产品的日常监管与融入生活．软件．2018（01）：83－86.

［2793］刘旭东，张文芳，王小敏．分布式无中心授权的属性基可变门限环签名．软件学报．2018（11）：3528－3543.

［2794］陈俊龙，牛月．市场不确定性、政府规制与产能过剩分析．软科学．2018（10）：38－42.

［2795］郭春香，谭越．规制环境下基于回收质量不确定的闭环供应链决策研究．软科学．2018（10）：112－118.

［2796］崔立志，常继发．环境规制对就业影响的门槛效应．软科学．2018（08）：20－23.

［2797］何玉梅，罗巧．环境规制、技术创新与工业全要素生产率——对“强波特假说”的再检验．软科学．2018（04）：20－25.

［2798］闫文娟，郭树龙．环境规制政策的就业及工资效应——一项基于准自然实验的经验研究．软科学．2018（03）：84－88.

［2799］张渝，王娟茹．主观规范对绿色技术创新行为的影响研究．软科学．2018（02）：93－95.

［2800］杨朝均，呼若青，冯志军．环境规制政策、环境执法与工业绿色创新能力提升．软科学．2018（01）：11－15.

［2801］游达明，宋姿庆．政府规制对产学研生态技术合作创新及扩散的影响研究．软科学．2018（01）：1－6.

［2802］张峥，高明明，王红倩．相对知识规模对制造业企业并购创新绩效的影响研究．软科学．2018（01）：57－61.

［2803］张美月，林媛媛．环境规制对企业技术创新影响的实证研究——基于福建省33个工业行业的面板数据．三明学院学报．2018（01）：20－26.

［2804］曾鹏，吕立君．论网络商标侵权及其法律规制．三峡大学学报（人文社会科学版）．2018（04）：65－69.

［2805］骆东平，刘道炎，崔晓辉．民事虚假诉讼规制研究．三峡大学学报（人文社会科学版）．

2018（01）：82－86.

［2806］刘阿丹．我国行政垄断的规制思考．厦门广播电视大学学报．2018（03）：63－68.

［2807］郭俊．江西省南康家具产业规制的现状与优化对策．厦门广播电视大学学报．2018（01）：31－37.

［2808］刘美萍．新时代政府与市场关系构建探索．厦门特区党校学报．2018（06）：55－59.

［2809］臧传琴，吕杰．环境规制效率的区域差异及其影响因素——基于中国2000－2014年省际面板数据的经验考察．山东财经大学学报．2018（01）：35－43.

［2810］刘瑞波，潘光杰，许佑民．中资银行跨国并购的多元动机及其博弈决策分析．山东财经大学学报．2018（03）：51－60.

［2811］王蓓，蒋琳瑶．"一带一路"背景下中国企业海外并购的劳动法律风险及防范．山东财经大学学报．2018（06）：5－12.

［2812］熊跃敏，陈亢睿．当事人虚假陈述的认定与规制——以司法裁决为中心的考察．山东大学学报（哲学社会科学版）．2018（06）：74－81.

［2813］杨喆，许清清，徐保昌．环境规制强度与工业结构绿色转型——来自山东省工业企业的经验证据．山东大学学报（哲学社会科学版）．2018（06）：112－120.

［2814］褚红丽．新型政商关系的构建："亲"上加"清"．山东大学学报（哲学社会科学版）．2018（05）：140－149.

［2815］祁述裕，陆筱璐．论放宽文化市场准入——扩大文化市场开放的若干思考．山东大学学报（哲学社会科学版）．2018（03）：1－8.

［2816］郑文风，王凤荣．存量改革视域下的企业并购与资本配置效率——基于目标公司融资约束缓解的实证研究．山东大学学报（哲学社会科学版）．2018（02）：118－132.

［2817］张永亮．建设工程合同中背靠背条款的适用及其规制．山东法官培训学院学报．2018（06）：43－52.

［2818］洪筱琳，方燕．"信访型"行政滥诉案件频发的经济分析与规制——基于边际效用理论的视角．山东法官培训学院学报．2018（06）：14－23.

［2819］陈东强．建设工程价款优先受偿权的行使与规制．山东法官培训学院学报．2018（05）：44－57.

［2820］厚德顺，王涛．规范与规制：车损物业责任的逻辑进路．山东法官培训学院学报．2018（03）：124－133.

［2821］王洪伟．违法信访刑法规制疑难问题研析．山东法官培训学院学报．2018（02）：121－129.

［2822］刘庆国．重复诉讼的识别与规制——以《民事诉讼法司法解释》第247条为视角．山东法官培训学院学报．2018（02）：146－156.

［2823］徐妍．关于国内资源依赖型企业跨国并购重组现状研究．山东纺织经济．2018（04）：7－8.

［2824］李中东，管晓洁．食品安全可追溯信息传递有效性研究．山东工商学院学报．2018（03）：55－62.

［2825］朱启荣，刘璇．贸易对环境影响的理论与实证研究综述．山东工商学院学报．2018（01）：17－23.

［2826］王清柏．怎样提高餐饮食品安全监管水平．山东工业技术．2018（17）：237－248.

［2827］陈宏．关于股权并购法律实务的几点看法．山东国资．2018（07）：96－97.

［2828］陈红岩．并购实务中的七大关键问题及解决方案．山东国资．2018（08）：98－100.

［2829］宋向前．如何做好并购交易中的尽职调查．山东国资．2018（10）：100－101.

［2830］张翀．企业并购特殊性税务处理的筹划思路．山东国资．2018（11）：102.

［2831］徐天宝，张红芳．省企牵手央企创造成功并购的典范——山能临矿并购菏泽煤电“解码”．山东国资．2018（12）：34－39.

［2832］陈鹏．人工智能对公共政策议程的影响．山东行政学院学报．2018（06）：16－21.

［2833］阚园芳．论保险欺诈与不可抗辩条款的衡平与规制．山东行政学院学报．2018（04）：59－64.

［2834］刘璐，朱晓静，马莹．2010—2016年中国上市公司跨国并购分析．山东行政学院学报．2018（05）：93－97.

［2835］周琰．商业银行不良贷款成因及防范．山东行政学院学报．2018（04）：104－108.

［2836］王利宾．滥用科研经费刑法规制的经济分析．山东警察学院学报．2018（06）：27－32.

［2837］尹晋．大同煤矿同生浩然煤业有限公司兼并重组整合项目设计分析．山东煤炭科技．2018（08）：214－216.

［2838］闻丽英，李星．“三权分置”下农地经营权流转的政策法律规制．山东农业大学学报（社会科学版）．2018（04）：74－78.

［2839］狄行思．论农产品责任的法律规制及困境破解．山东农业大学学报（社会科学版）．2018（02）：75－78.

［2840］吴楠．对海外代购行为刑法规制的思考．山东农业工程学院学报．2018（06）：79－80.

［2841］杨伟程，王莉，王思成，洪蜀亮．人大代表贿选及其控制研究述评与建议．山东人大工作．2018（09）：19－21.

［2842］张婷，丁文，张平．组织学习理论视域下中国足球产业升级与产权配置优化——从AC米兰、国际米兰国际并购事件说开来．山东体育学院学报．2018（03）：31－37.

［2843］王杰．基于信息经济学的孤儿作品问题研究．山东图书馆学刊．2018（03）：14－18.

［2844］陈超凡，韩晶，毛渊龙．环境规制、行业异质性与中国工业绿色增长——基于全要素生产率视角的非线性检验．山西财经大学学报．2018（03）：65－80.

［2845］陈东，陈爱贞．GVC嵌入、政治关联与环保投资——来自中国民营企业的证据．山西财经大学学报．2018（02）：69－83.

［2846］杨嵩．CEO偏好、公司特征与并购——基于我国上市公司面板数据的实证分析．山西财经大学学报．2018（03）：81－93.

［2847］于世宁．基于价值链的并购后整合的研究．山西财经大学学报．2018（S1）：15－16.

［2848］张丽丽．定向增发并购中大股东的角色：支持还是利益输送——基于上市公司并购非上市公司的实证研究．山西财经大学学报．2018（07）：82－97.

［2849］梁雯，刘淑莲，李济含．网络位置、董事经验与企业并购．山西财经大学学报．2018（07）：98－111.

［2850］张雨，吴先明．海外并购、产业创新绩效与工业生产率增长——传导机制及其检验．山西财经大学学报．2018（12）：15－29.

［2851］王良辉，张俊瑞，曹建安．论董事联结的“双刃剑效应”——基于并购绩效的实证研究．山西财经大学学报．2018（12）：76－91.

［2852］胡春阳．市场势力与僵尸企业绩效——基于修正Lerner指数的实证检验．山西财经大学学报．2018（03）：52－64.

［2853］张凯丽，孙伟．海尔集团并购通用家电财务绩效分析．山西财政税务专科学校学报．2018（06）：31－34.

［2854］张韶国，胡传东．我国互联网金融消费者权益保护机制完善探讨．山西财政税务专科学校学报．2018（04）：24－28.

[2855] 李越．互联网现金贷发展现状分析及监管建议．山西财政税务专科学校学报．2018 (01)：32－36.

[2856] 杨健，许思琦．后存贷比时代商业银行流动性风险监管研究．山西大学学报（哲学社会科学版）．2018 (02)：119－127.

[2857] 白燕茹．农村精准扶贫中政府与社会组织合作的法律治理．山西高等学校社会科学学报．2018 (02)：42－45.

[2858] 张建江，韩晓丽．监管新规下 P2P 网络借贷风险及其防范的探究．山西广播电视大学学报．2018 (02)：80－84.

[2859] 姚可可，陈同扬，衡嫒嫒．中国企业海外逆向并购人力资源系统重构路径研究——以联想收购 IBM PC 为例．山西科技．2018 (04)：15－20.

[2860] 蒋峻峰，魏如约．基于 EVA 的双汇跨国并购绩效研究．山西能源学院学报．2018 (03)：121－124.

[2861] 殷萍．平台经济发展中平台企业的垄断与反垄断研究．山西农经．2018 (24)：139.

[2862] 张云云．支付宝罚款背后的法律问题探究．山西农经．2018 (11)：100－104.

[2863] 郑毅夫．论共享经济的法律规制问题．山西农经．2018 (11)：118－119.

[2864] 耿长庆．水利风景资源开发的利益博弈及规制机制．山西农经．2018 (04)：103.

[2865] 李东海，方瑜聪．浅谈股权众筹的法律规制．山西农经．2018 (04)：117－118.

[2866] 彭文．新型城镇化过程中农地参与 PPP 模式的积极意义及法治规制．山西农经．2018 (03)：5－7.

[2867] 姚欢迎，沈依睿，卫宇晗，李影娣．基于共享经济对合肥市网约车的发展现状分析和规制建议．山西农经．2018 (02)：68－69.

[2868] 王珍珍．“携程”并购“去哪儿网”的财务绩效研究．山西农经．2018 (12)：71.

[2869] 牛东旗，林淼．阿里巴巴并购雅虎中国实例分析．山西农经．2018 (14)：113.

[2870] 黄大明．P2P 借贷平台风险与风险控制浅析．山西农经．2018 (20)：84－85.

[2871] 王亚楠．烟草行业互联网领域监管探索．山西农经．2018 (17)：124.

[2872] 桑桐．我国商业银行理财产品监管问题研究．山西农经．2018 (17)：109.

[2873] 王文彪．浅谈强化监管并合理使用村级管理费的初步成效．山西农经．2018 (11)：42－52.

[2874] 牛延玲．加强集体“三资”监管　规范农村财务管理．山西农经．2018 (11)：43－45.

[2875] 向长艳．自媒体时代网络谣言的刑法规制．山西农业大学学报（社会科学版）．2018 (06)：71－76.

[2876] 许丹琳．供给侧改革背景下农业可持续发展的法律保障．山西农业大学学报（社会科学版）．2018 (02)：7－12.

[2877] 文兰，王俊峦，吴立衡．新媒体时代高校学生话语权引导平衡与法律规制研究．山西青年职业学院学报．2018 (03)：29－31.

[2878] 刘忠正．论网络谣言规制的法律路径．山西青年职业学院学报．2018 (01)：48－51.

[2879] 赵娜．滴滴与优步中国合并的反垄断分析．山西青年职业学院学报．2018 (03)：53－56.

[2880] 刘婷，徐建康．道路交通犯罪刑法规制的完善．山西省政法管理干部学院学报．2018 (04)：71－74.

[2881] 丁瑞．网络直播法律问题规制．山西省政法管理干部学院学报．2018 (04)：109－111.

[2882] 马中英．关于人工智能潜在风险引发的法理思考．山西省政法管理干部学院学报．2018 (04)：100－102.

[2883] 茅莹．收受礼金行为的刑法规制．山西省政法管理干部学院学报．2018 (03)：76－79.

[2884] 张远照．红绿灯乱象之法律规制．山西省政法管理干部学院学报．2018（02）：36－39.

[2885] 董凡．移动互联网犯罪刑法规制的困境与出路．山西省政法管理干部学院学报．2018（02）：73－76.

[2886] 秦开炎．其他传销参与人员的法律规制．山西省政法管理干部学院学报．2018（02）：21－24.

[2887] 李杰．我国职业篮球联赛的反垄断法律规制．山西省政法管理干部学院学报．2018（02）：71－72.

[2888] 周扬明．基于辩证思维的马歇尔悖论之解构．山西师大学报（社会科学版）．2018（06）：16－19.

[2889] 胡照耕．煤矿兼并重组整合项目取用水合理性分析．山西水利．2018（11）：8－9.

[2890] 洪宁波．煤矿通风瓦斯超限预控监管技术及其系统．陕西煤炭．2018（03）：145－147.

[2891] 张凌云，贺亚雄，李敬媛，张超．榆林市防雷安全监管信息化平台简介．陕西气象．2018（06）：35－38.

[2892] 卢二坡，杜俊涛．环境策略互动与长江经济带的生态效率．陕西师范大学学报（哲学社会科学版）．2018（06）：68－78.

[2893] 薛其宇．互联网企业间数据不正当竞争的规制路径．汕头大学学报（人文社会科学版）．2018（12）：62－68.

[2894] 马涛．犯罪化论题内间谍行为的刑法规制．汕头大学学报（人文社会科学版）．2018（10）：81－86.

[2895] 孙娟娟．政府规制的兴起、改革与规制性治理．汕头大学学报（人文社会科学版）．2018（04）：70－77.

[2896] 赵宝玉，李国强．普惠金融视域下法律规制高利贷的困境与出路——兼论高利贷法律规制的民刑衔接．汕头大学学报（人文社会科学版）．2018（03）：35－41.

[2897] 杨贺童，王宜巧，周攀．征信平台如何在农村供应链金融中控制风险——以茶产业种植为例．商场现代化．2018（03）：27－28.

[2898] 叶馨醇．论网络购物中的知假买假行为．商场现代化．2018（24）：23－24.

[2899] 倪雅倩．我国消费金融发展的现状、问题及对策．商场现代化．2018（24）：27－28.

[2900] 何博伦．第三方物流企业市场准入制度研究．商场现代化．2018（19）：44－45.

[2901] 任雅雯．互联网金融规制风险的策略研究．商场现代化．2018（19）：129－130.

[2902] 郭燕伟．电子商务中消费者权益侵害与规制．商场现代化．2018（18）：17.

[2903] 张鸿鹏．微商市场准入制度的构建研究．商场现代化．2018（18）：179－180.

[2904] 高经．商业特许经营：经济法视野下的考察与分析．商场现代化．2018（17）：29－30.

[2905] 程袁源．互联网时代下社交电商的发展及其法律规制．商场现代化．2018（14）：28－29.

[2906] 张剑芸．电子商务信用评价的法律规制．商场现代化．2018（08）：6－7.

[2907] 刘娟，刘康馨．环境规制对企业绩效影响文献综述．商场现代化．2018（07）：92－93.

[2908] 顾妍．在企业招标采购中建立负面清单进行管理的策略研究．商场现代化．2018（04）：76－77.

[2909] 李莉．微商市场准入制度的构建研究．商场现代化．2018（01）：15－16.

[2910] 吴书含．“一带一路”下中国企业海外并购的影响因素探究．商场现代化．2018（01）：57－58.

[2911] 贾晓维．苦练内功　提高海外并购成功率——以海尔为例．商场现代化．2018（04）：34－35.

[2912] 梁圆皓．光明食品集团并购 Tnuva 协同效应分析．商场现代化．2018（07）：20－21.

[2913] 唐兰，唐伏阳．企业并购重组的税收筹划分析——以苏州高新收购东菱振动为例．商场现代化．2018 (09)：100－101.

[2914] 陈静如．并购对商业银行财务绩效的影响实证研究．商场现代化．2018 (11)：168－169.

[2915] 刘艺．我国民营企业多元化海外并购的风险防范研究．商场现代化．2018 (13)：114－115.

[2916] 徐璐．企业跨国并购中的组织文化分析．商场现代化．2018 (16)：88－89.

[2917] 王野．企业并购中资产评估相关问题研究．商场现代化．2018 (17)：170－171.

[2918] 徐力宁．对企业并购重组后组织机构整合优化的分析．商场现代化．2018 (20)：102－103.

[2919] 赵芳苓．企业并购的财务风险及防范措施——以蒙牛并购雅士利为例．商场现代化．2018 (21)：107－108.

[2920] 卢文俊．新三板企业并购税收筹划问题研究．商场现代化．2018 (21)：136－137.

[2921] 盖兆研．互联网金融发展与监管浅析．商场现代化．2018 (19)：123－124.

[2922] 顾惠明．我国互联网金融监管问题研究．商场现代化．2018 (15)：134－135.

[2923] 丰笑笑．浅析第三方支付机构的问题和监管．商场现代化．2018 (12)：157－158.

[2924] 陈华祺．金融科技的发展历程及监管．商场现代化．2018 (12)：160－161.

[2925] 吴自豪，方美芳．基于主成分分析的微商用户网上购物综合评价．商场现代化．2018 (06)：20－22.

[2926] 张翘楚．论互联网金融背景下商业银行的并购重组．商丘师范学院学报．2018 (05)：89－92.

[2927] 赵晓雷．自贸试验区引领市场准入制度改革．商讯．2018 (20)：117－118.

[2928] 温婧．揭电商大数据杀熟套路：算法投放．商讯．2018 (01)：20－22.

[2929] 李星．摩拜收购由你　单车行业并购潮到来?．商讯．2018 (01)：15－16.

[2930] 李宛珊．中粮糖业的糖王晋级路：左手并购右手融资．商讯．2018 (01)：4－5.

[2931] 王宗耀．鲁亿通并购昇辉电子　碧桂园扮演什么角色?．商讯．2018 (01)：6－8.

[2932] 王宗耀．快乐购百亿并购迷雾重重　诸多疑点待解答．商讯．2018 (02)：115－117.

[2933] 苗野．房企并购：看面子都是土豪　看里子全是负债．商讯．2018 (03)：30－31.

[2934] 孙吉正．好时并购金丝猴三年消化不良　双方矛盾激化．商讯．2018 (03)：10－11.

[2935] 汤包子．大康农业当国际接盘侠　并购标的巨亏2亿．商讯．2018 (03)：12－13.

[2936] 吴绵强．恒康医疗医院收购术：超17亿并购澳洲PRP. 商讯．2018 (03)：120－122.

[2937] 叶政．用数学逻辑解析海外并购风险．商讯．2018 (04)：102－103.

[2938] 张绮芸．中国平安并购案例绩效研究——基于事件研究法的实证分析．商讯．2018 (04)：47－48.

[2939] 鲁静文．并购重组落潮　创业板业绩增长“失速”．商讯．2018 (06)：62－64.

[2940] 赵东孜．企业并购中目标企业的定价分析．商讯．2018 (12)：94－95.

[2941] 黄博文．并购中信地产业务　中海乘势分享央企整合红利．商讯．2018 (13)：35－36.

[2942] 蔡不蔡．知识经济时代　海外并购无形资产估值策略．商讯．2018 (15)：103－104.

[2943] 王丛．成功的并购如何避免这三个坑．商讯．2018 (15)：94－97.

[2944] 王海憋，何剑岭．中信证券大举收购广州证券预示券商“并购大年”将至?．商讯．2018 (17)：53－54.

[2945] 金瑛．论互联网金融监管的必要性与核心原则．商讯．2018 (05)：68－69.

[2946] 李素寻．互联网时代，企业的威胁与机遇．商业故事．2018 (01)：14－15.

[2947] 李文希，陈倩，周华．基于“S－C－P”框架的房地产业分析．商业故事．2018 (05)：24.

[2948] 吴雯雯，丁睿令．环境规制对企业绩效的影响研究——以纺织业A股上市公司为例．商业会计．2018（22）：49－51.

[2949] 赵银银．基于环境规制企业融资机制的财务治理效应分析．商业会计．2018（06）：31－33.

[2950] 高松．国企集团并购重组进程中影响资源配置的内部不利因素及应对策略分析．商业会计．2018（01）：20－22.

[2951] 姚懿轩．基于财务困境视角的融创并购乐视的战略动因研究．商业会计．2018（01）：48－51.

[2952] 张锐，何锦．风险管理工具在跨国并购中的运用．商业会计．2018（01）：52－54.

[2953] 倪筱楠，肖梦瑶．循证管理在企业并购审计中的应用．商业会计．2018（02）：78－80.

[2954] 孔令军．企业并购绩效的研究方法探究．商业会计．2018（06）：29－31.

[2955] 孙欣鹏，王淑梅．跨国并购中的财务风险与防范——以青岛海尔并购通用家电为例．商业会计．2018（11）：42－44.

[2956] 彭佳莹，徐泽宇，张庆年，李靠队．企业杠杆并购的风险防范与控制——以龙薇传媒收购万家文化为例．商业会计．2018（11）：47－48.

[2957] 陈安萍．政府因素对国有饭店集团跨国并购风险的影响．商业会计．2018（12）：35－37.

[2958] 胡晓明，刘梦雅．基于并购的目标企业乘数法估值研究．商业会计．2018（14）：15－18.

[2959] 魏炜．不同支付方式对上市公司并购长期绩效的影响．商业会计．2018（14）：37－40.

[2960] 刘钦文，陈振宁．基于计划行为理论的亏损企业并购意愿的影响因素研究．商业会计．2018（16）：60－66.

[2961] 王玉翠，马琳．融创中国并购乐视网案例研究．商业会计．2018（17）：96－97.

[2962] 解云霞．上市公司并购新三板公司的财务风险及防范．商业会计．2018（17）：40－43.

[2963] 魏炜．关联交易对房地产业上市公司并购绩效的影响——基于EVA指标．商业会计．2018（19）：54－56.

[2964] 何佳迅，谌蓓，臧红文．并购商誉的计量分析——以银江股份为例．商业会计．2018（21）：73－75.

[2965] 马骁，秦杰．企业跨所有制并购绩效的实证研究．商业会计．2018（21）：48－51.

[2966] 闫理．并购整合阶段的财务风险管理探讨．商业会计．2018（22）：39－41.

[2967] 李运熙．中国企业跨国并购财务风险与控制策略．商业会计．2018（22）：85－87.

[2968] 杨先站，顾洁．对赌协议与并购绩效关系研究——基于数据包络分析（DEA）的经验证据．商业会计．2018（23）：18－21.

[2969] 李飞．企业并购活动中财务风险控制策略研究．商业会计．2018（23）：26－28.

[2970] 叶好，叶琪．环境规制对我国制造业就业质量的影响．商业经济．2018（09）：57－61.

[2971] 黄藩燚．政府管制下出租车行业发展问题与对策建议——以南昌市为例．商业经济．2018（06）：41－42.

[2972] 何悦．环境规制下技术创新与环保型中小企业成长性研究．商业经济．2018（04）：131－133.

[2973] 雒祎凡．节能减排下政府与厂商的博弈分析．商业经济．2018（03）：116－119.

[2974] 张琪琪，涂静云，罗悦明，沈永刚．我国婴幼儿奶粉质量安全现状及应对策略．商业经济．2018（03）：80－81.

[2975] 史宁，王雪超．政府在社会信用体系建设中的作用分析．商业经济．2018（08）：1－3.

[2976] 刘娜．论工业企业海外并购的动因与成效——以美的收购库卡为例．商业经济．2018（01）：86－87.

［2977］赵晶．以 DM 公司并购 NYW 案例浅析 VIE 结构企业并购实务．商业经济．2018（04）：86－88.

［2978］张馨元，孙圆，黄文宣．企业并购财务风险产生的原因分析．商业经济．2018（08）：94－95.

［2979］程璞．对资金或价值转移服务商反洗钱监管的思考．商业经济．2018（05）：139－141.

［2980］荀妍妍，俞蕾．浅谈排污监管信息共享平台的设计．商业经济．2018（04）：116－118.

［2981］魏嘉．哈尔滨市公交服务质量监管问题研究．商业经济．2018（03）：20－21.

［2982］章静敏．网络经济环境下电子商务发展新方向刍议．商业经济研究．2018（20）：74－76.

［2983］王世波，赵金楼，赵英姝．黑龙江省区域经济发展对策——基于网络经济的视角．商业经济研究．2018（06）：151－154.

［2984］吕来明，郑国华．论电子商务中比价插件服务的利益平衡与行为规制．商业经济研究．2018（19）：83－84.

［2985］罗小燕，黄欣荣．共享经济研究综述．商业经济研究．2018（01）：185－188.

［2986］凌铭泽．大区域流通背景下我国企业跨国并购绩效分析及提升策略．商业经济研究．2018（01）：108－110.

［2987］林威，董德福．区域内产业价值链上的小微企业联合发展探析．商业经济研究．2018（01）：138－140.

［2988］王晔．国有企业与民营企业跨国并购的动因与比较．商业经济研究．2018（08）：101－105.

［2989］张慧敏，潘婧．混合并购对上市公司市值管理效果影响的实证研究．商业经济研究．2018（22）：157－161.

［2990］李敏．监管视角下农产品电子商务发展态势与路径分析．商业经济研究．2018（01）：119－121.

［2991］卢代富，刘云亮．“宽进严管”下市场主体监管新挑战和新对策．商业经济与管理．2018（03）：58－65.

［2992］张珣，徐彪．企业并购情境下群际冲突对员工信任的影响机制研究——一个有中介的调节模型．商业经济与管理．2018（09）：46－55.

［2993］郑甜．金融科技的崛起及监管．商业文化．2018（22）：61－64.

［2994］唐士亚．运用监管科技促进互联网金融均衡规制——以 P2P 网贷市场准入规制为例的研究．商业研究．2018（12）：57－63.

［2995］徐莉萍，刘铭倩，刘宁．环境规制能有效抑制哪些企业环境犯罪行为？——来自 2011－2015 年上市公司的证据．商业研究．2018（10）：138－146.

［2996］刘章生，宋德勇，刘桂海．环境规制对制造业绿色技术创新能力的门槛效应．商业研究．2018（04）：111－119.

［2997］李帅，黄颖．企业跨国破产域外效力的法律规制——基于“一带一路”背景下的分析．商业研究．2018（04）：146－153.

［2998］何玉梅，罗巧，朱筱薇．环境规制、生态创新与企业竞争力——基于矿产资源企业数据的分析．商业研究．2018（03）：132－137.

［2999］陈雨柯．财政分权下“强波特假说”的再验证——企业环保创新和非环保创新的视角．商业研究．2018（01）：143－152.

［3000］窦炜，方俊．我国上市公司并购支付方式与业绩承诺——基于 2008—2014 年沪深上市公司并购重组事件的分析．商业研究．2018（09）：84－90.

［3001］高厚宾．跨国并购整合对技术创新绩效的影响及资源互补性和文化距离的调节作用．

商业研究.2018（10）：98－107.

［3002］周绍妮，王言，宋梦雅.机构投资者持股能抑制国企高杠杆并购吗？.商业研究.2018（10）：118－127.

［3003］田雅群，何广文，张正平.基于市场势力的农村商业银行贷款市场风险承担与效率分析.商业研究.2018（06）：133－142.

［3004］唐琼琼.第三方资助纠纷解决规制模式的国际经验及思考.上海财经大学学报.2018（06）：140－152.

［3005］陈兵.美国药品领域反向支付的反垄断司法经验解读与启示——以反垄断审查规则为线索.上海财经大学学报.2018（05）：123－138.

［3006］陈学辉.我国公路经营权契约规制论——以政府特许经营协议为中心.上海财经大学学报.2018（01）：140－152.

［3007］冯苏苇.共享移动性创新、规制变革及其社会障碍.上海城市规划.2018（02）：25－28.

［3008］黄少卿，程若楠.移动互联网技术与城市出租汽车行业监管改革.上海城市规划.2018（02）：29－34.

［3009］董哲.服务贸易商业存在FTA规制研究——以贸易投资规则融合为视角.上海对外经贸大学学报.2018（05）：5－16.

［3010］杨立民.中国涉外法律服务准入机制的争议、现状与比较.上海对外经贸大学学报.2018（03）：15－24.

［3011］吴加明，陈钢.精明抑或罪恶：网购环境下严重滥用商标权的刑事规制.上海公安高等专科学校学报.2018（06）：71－78.

［3012］项谷，朱能立.利用计算机技术手段窃取他人虚拟财产行为的刑法规制.上海公安高等专科学校学报.2018（02）：70－78.

［3013］石肖然，陆冰，汪克峰.双边市场视角下家政服务O2O平台准入机制研究.上海管理科学.2018（06）：44－48.

［3014］周宁康.我国高科技上市公司并购绩效影响因素研究.上海管理科学.2018（01）：101－104.

［3015］庞锐辉，朱国泓.社会信任是否影响上市公司并购重组交易的达成——一个初步的实证研究.上海管理科学.2018（04）：42－45.

［3016］王直民，鲍海君，黄莉.城市地下空间开发利用中的桩基冲突及其规制.上海国土资源.2018（03）：73－77.

［3017］张晓航，张子龙，李深伟，杜鹃，李平，田桢干.国际船舶压载水管理及《公约》生效后检验检疫监管措施的思考和建议.上海海洋大学学报.2018（03）：447－450.

［3018］姚明，陈广明.学前教育机构规制研究——基于司法裁判与立法等社会规范的实证分析.上海教育科研.2018（07）：88－92.

［3019］王几高.我国杠杆收购中规制财务资助的制度逻辑和规则重构——以降低代理成本为视角.上海金融.2018（08）：36－41.

［3020］李佳，刘道云.上市公司高管薪酬畸高问题成因与规制.上海金融.2018（07）：85－91.

［3021］钟志勇.电子支付市场准入制度完善论.上海金融.2018（06）：81－86.

［3022］杨星亮.政府承诺的法律规制——对“撤函事件”的法律思索.上海金融.2018（02）：82－86.

［3023］马仁敏.A股并购事件异常收益的影响因素研究——以信息技术行业为例.上海金融.2018（02）：67－73.

［3024］张耀杰，史本山，金大祥，李楼生.具有证券背景的独立董事有助于企业并购吗.上

海金融 . 2018 (09): 29 – 36.

[3025] 蔡政元，巴曙松 . 基于国别估值视角下的跨国并购研究 . 上海金融 . 2018 (10): 1 – 11.

[3026] 姜宇 . 论资产管理业务法律规制的第三支柱：信义义务规则——兼评《关于规范金融机构资产管理业务的指导意见》. 上海金融 . 2018 (12): 53 – 59.

[3027] 中国人民银行马鞍山市中心支行课题组 . 博弈论视角下 FinTech 创新与监管问题研究 . 上海金融 . 2018 (09): 88 – 92.

[3028] 许一览 . 国内企业在德国的融资模式——以金融租赁公司为例 . 上海金融 . 2018 (06): 93 – 95.

[3029] 赵磊 . 环境规制对我国制造业创新效率的影响研究 . 上海经济 . 2018 (02): 86 – 97.

[3030] 张丽丽 . 上市公司实施定向增发的影响因素分析——以实现并购为目的的上市公司为样本 . 上海经济 . 2018 (02): 98 – 107.

[3031] 孙英杰，林春 . 试论环境规制与中国经济增长质量提升——基于环境库兹涅茨倒 U 型曲线 . 上海经济研究 . 2018 (03): 84 – 94.

[3032] 李瑞海，王冰洁 . 企业兼并的产业绩效问题研究综述 . 上海立信会计金融学院学报 . 2018 (03): 110 – 120.

[3033] 罗贞，王艳菊，冯志龙，汤爱军 . 以创建农产品质量安全区为抓手确保闵行区农产品质量安全 . 上海农业科技 . 2018 (05): 30 – 31.

[3034] 胡凯，刘茜 . 中国企业的跨国并购：动因驱动与风险分析——以海尔并购通用家电为例 . 上海商学院学报 . 2018 (02): 21 – 27.

[3035] 周爱国，宋晶，洪志燕 . 基于融资偏好视角的企业并购内部影响因素研究 . 上海商学院学报 . 2018 (03): 60 – 68.

[3036] 刘功润 . 区块链价值分析、发展态势与监管建议 . 上海商学院学报 . 2018 (02): 1 – 5.

[3037] 李金璐，汪琴 . 论虚假医药广告的法律规制 . 上海商业 . 2018 (01): 47 – 49.

[3038] 海乐 . 对上市公司并购重组的思考 . 上海商业 . 2018 (04): 36 – 38.

[3039] 杨怡红 . 准公共物品供给中的政府角色定位——以公私合作制为视角 . 上海市经济管理干部学院学报 . 2018 (06): 44 – 51.

[3040] 彭炜玉，胡哲敏 . 国企分类改革视角下政府干预市场之边界 . 上海市经济管理干部学院学报 . 2018 (06): 10 – 17.

[3041] 顾振华 . 上海市食品安全监管变革的历史回顾 . 上海预防医学 . 2018 (01): 26 – 31.

[3042] 尹玟燮，栗鹏飞，王淼 . 韩国人工智能规制现状研究 . 上海政法学院学报 (法治论丛). 2018 (06): 91 – 102.

[3043] 张建文 . 如何规制数字金融资产：加密货币与智能契约——俄罗斯联邦《数字金融资产法》草案评述 . 上海政法学院学报 (法治论丛). 2018 (05): 14 – 23.

[3044] 许多奇，唐士亚 . 信息视野下的 P2P 网贷监管：从信息规则到信息规制 . 上海政法学院学报 (法治论丛). 2018 (05): 75 – 83.

[3045] 石超 . 论中国互联网发展基础之汉字字库单字的规制之道——从利益平衡角度出发 . 邵阳学院学报 (社会科学版). 2018 (03): 49 – 56.

[3046] 吴绩新，王瑾，金超奇 . 纺织行业水污染治理的环境规制及其绩效测评 . 绍兴文理学院学报 (人文社会科学). 2018 (06): 110 – 115.

[3047] 陈东利 . 关于 TSG N0001—2017 的分析与探讨 . 设备管理与维修 . 2018 (14): 7 – 8.

[3048] 莫奇卉，张泽荣 . 美容类医疗器械界定及应用技术 . 设备管理与维修 . 2018 (07): 59 – 60.

[3049] 廖藏宜，王宇田 . 我国公立医院药品规制政策的合理性思辨及规制路径选择 . 社会保

障研究．2018（03）：58－69.

［3050］吕鹏．增长联盟与兼并重组的对价悖论——以G省民营石油市场重组案为例．社会发展研究．2018（04）：86－104.

［3051］李安安．互联网金融平台的信息规制：工具、模式与法律变革．社会科学．2018（10）：99－107.

［3052］毕金平．欧盟卡特尔和解制度研究及启示．社会科学．2018（02）：96－107.

［3053］舒铭．“校园贷”网络借贷平台的刑法规制．社会科学动态．2018（08）：37－44.

［3054］沈烁．住宅价格的形成与表现——基于价值、生产价格和垄断价格的逻辑．社会科学动态．2018（04）：65－71.

［3055］王玉辉．日本串通投标反垄断规制制度．社会科学辑刊．2018（01）：129－135.

［3056］宁立志．规制专利权滥用的法律范式论纲．社会科学辑刊．2018（01）：121－128.

［3057］张梓太，李晨光．生态环境损害政府索赔的路径选择．社会科学辑刊．2018（03）：116－122.

［3058］王燕，臧旭恒．经营者集中反垄断审查事后评估——基于我国商务部无条件通过的案例．社会科学研究．2018（02）：55－63.

［3059］孙良国，燕艳．功能视野下约定违约金过高调整1.3倍规则的反思和改进——兼评《合同法司法解释》（二）第29条．社会科学研究．2018（06）：75－87.

［3060］问清泓．共享经济下劳动规章制度异变及规制．社会科学研究．2018（03）：87－99.

［3061］何文杰．现货中远期网络交易平台交易的法律规制研究．社会科学研究．2018（02）：95－104.

［3062］杨峻．论网络服务提供者的公共行政职能及法律规制——以个人信息保护为视角．社会科学战线．2018（08）：265－270.

［3063］任福生，宋海春．行政调查的特别情形及其法律规制．社会科学战线．2018（07）：272－276.

［3064］徐岱，杨猛．论我国金融机构反洗钱对恐怖主义犯罪的预控与规制．社会科学战线．2018（06）：197－205.

［3065］肖文，韩沈超．地区企业所得税收入比重对OFDI的影响——基于全国总样本和分样本的回归检验．社会科学战线．2018（03）：50－55.

［3066］张卫伟．论人民“获得感”的生成：逻辑规制、现实困境与破解之道——学习习近平关于人民获得感的重要论述．社会主义研究．2018（06）：8－15.

［3067］周剑云．论欧盟市场滥用的刑事规制．深圳社会科学．2018（02）：143－150.

［3068］高艳军，洪晓梅．网络言论自由的法律规制探析．沈阳干部学刊．2018（06）：31－33.

［3069］魏玉东．大数据时代国外网络隐私保护的典型模式及对我国的启示．沈阳工程学院学报（社会科学版）．2018（04）：456－460.

［3070］宋力，李琳．高管信息融合能力、内部整合效果与并购绩效．沈阳工业大学学报（社会科学版）．2018（05）：440－445.

［3071］王灏．电子商务活动中纯粹经济损失的侵权行为及其规制．沈阳师范大学学报（社会科学版）．2018（02）：103－107.

［3072］栾福茂，李华，尹雷．综合化经营下商业银行交叉业务风险防控．沈阳师范大学学报（社会科学版）．2018（03）：30－35.

［3073］张翕．金融推介的法律规制路径——以英国的监管思路为借鉴．审计观察．2018（04）：62－67.

［3074］许瑾光．企业并购融资风险及对策建议．审计观察．2018（06）：88－91.

［3075］柴能勇．政府规制视角下的PPP项目跟踪审计问题研究．审计研究.2018（06）：41－47.

［3076］余海宗，何娜，夏常源．地方政府环境规制与审计费用——来自民营重污染上市公司的经验证据．审计研究.2018（04）：77－85.

［3077］李世刚，章卫东．民营企业党组织参与董事会治理的作用探讨．审计研究.2018（04）：120－128.

［3078］唐清泉，曾诗韵，蔡贵龙，陈文川．审计师提供并购尽职调查会影响财务报表的审计质量吗？．审计研究.2018（01）：94－102.

［3079］郑春美，李晓．并购商誉与审计服务定价．审计研究.2018（06）：113－120.

［3080］李卫红，白杨．环境规制能引发“创新补偿”效应吗？——基于“波特假说”的博弈分析．审计与经济研究.2018（06）：103－111.

［3081］于明涛，潘爱玲．政府竞争水平差异有利于提升企业跨地区并购绩效吗？．审计与经济研究.2018（02）：81－92.

［3082］姚海鑫，李璐．共享审计可以提高并购绩效吗？——来自中国A股上市公司的经验证据．审计与经济研究.2018（03）：29－39.

［3083］关娜．我国文化创意产业风险控制和审计监督研究．审计与理财.2018（02）：36－38.

［3084］张国凤，岳宏志，何炼成．绿色审计视角下我国环境规制创新激励策略探索．审计与理财.2018（05）：46－48.

［3085］严曼娟，刘严庆．发挥国家审计在国有企业并购中的监督作用．审计月刊.2018（03）：20－21.

［3086］郝净净，卫盼盼，关海玲．环境规制、产业结构调整与就业实证研究．生产力研究．2018（12）：75－78.

［3087］王毅，关海玲．环境规制对产业结构升级的影响研究——基于中国省际面板模型的分析．生产力研究.2018（12）：89－93.

［3088］张禹，魏振锋．电商销售模式下农产品安全控制研究．生产力研究.2018（06）：96－100.

［3089］娄迎军．新形势下电子商务C2C模式交易诚信问题的博弈分析与应对．生产力研究．2018（03）：18－22.

［3090］宋颖．新常态下中国生态文明建设的路径与对策分析．生态经济.2018（12）：223－226.

［3091］李凯风，吴伟伟．绿色金融规制下江苏省城市全要素能源效率研究．生态经济.2018（12）：99－105.

［3092］王正明，赵晶，王为东．环境规制对产业结构调整影响的路径与机制研究．生态经济．2018（11）：109－115.

［3093］张学功，柴敏．环境规制作用下污染就近转移的机制分析——来自地级市层面实证研究．生态经济.2018（11）：188－193.

［3094］杨舒婷，曾刚．区域差异视角下环境规制的生态创新效应研究．生态经济.2018（09）：41－49.

［3095］蒋秀兰，戴维旺，罗鹏飞．制造业企业生态创新推进机制探究．生态经济.2018（08）：64－69.

［3096］贺颖．生态经济视角下的西部地区城市竞争力影响因素分析．生态经济.2018（07）：99－103.

［3097］王怀明，王辉．公众参与、环境规制政策与企业技术创新．生态经济.2018（07）：88－93.

[3098] 张国勇. 环境规制对技术创新的影响研究——基于辽宁省的实证分析. 生态经济. 2018 (06): 68-72.

[3099] 胡元林, 张萌萌, 朱雁春. 环境规制对企业绩效的影响——基于企业资源视角. 生态经济. 2018 (06): 73-78.

[3100] 姜跃, 韩水华. 碳交易规制下的最优订货策略研究. 生态经济. 2018 (06): 46-50.

[3101] 周杰文, 张云, 蒋正云. 创新要素集聚对绿色经济效率的影响——基于空间计量模型的实证分析. 生态经济. 2018 (06): 57-62.

[3102] 谢波, 单灿阳, 张成浩. 科技创新、环境规制对区域生态效率的影响研究. 生态经济. 2018 (04): 86-92.

[3103] 高萍, 王小红. 财政投入、环境规制与绿色技术创新效率——基于2008~2015年规模以上工业企业数据的实证. 生态经济. 2018 (04): 93-99.

[3104] 胡元林, 李雪. 自愿型环境规制影响企业绩效的路径研究. 生态经济. 2018 (04): 100-103.

[3105] 胡元林, 杨爽. 环境规制、资源管理对企业绩效影响的实证研究. 生态经济. 2018 (03): 63-67.

[3106] 周艳菊, 张振陆. 中国环境规制阻力系数的构建: 基于规制阻力来源的考察. 生态经济. 2018 (02): 216-220.

[3107] 夏赟, 张鹏, 乔璐. 科技企业跨国并购创新绩效影响研究回顾——基于距离的视角. 石河子大学学报 (哲学社会科学版). 2018 (02): 96-101.

[3108] 张爱华, 张杰. 环境规制与经济增长的地区差异研究——基于Dagum基尼系数分解. 石家庄学院学报. 2018 (02): 55-63.

[3109] 彭兴华. 论欧盟与美国关于兼并的反垄断合作. 石家庄学院学报. 2018 (04): 107-115.

[3110] 彭兴华. 欧盟和美国对网上销售纵向限制的反垄断规制——兼议对我国的启示. 石家庄学院学报. 2018 (01): 116-123.

[3111] 卢腾达. 民事纠纷调解前置程序的法律规制研究——以上海法院诉调对接的"先行调解"模式为样板参考. 时代法学. 2018 (02): 75-85.

[3112] 刘倩男, 王震. 新公共管理中的市场化工具——"用者付费". 时代金融. 2018 (33): 301-302.

[3113] 胡君旸. 共享经济法律规制的进路与策略. 时代金融. 2018 (36): 340-345.

[3114] 田露. "一带一路" 背景下环境规制对FDI的影响研究. 时代金融. 2018 (35): 372-380.

[3115] 胡一鸣. 我国低成本航空公司竞争战略研究. 时代金融. 2018 (27): 275-280.

[3116] 马雪萌. 微商交易中的消费者权益保护问题研究. 时代金融. 2018 (26): 295-296.

[3117] 李雅茜. 互联网与移动互联网金融理财的法律规制. 时代金融. 2018 (24): 32-34.

[3118] 张亚闻. 农村普惠金融法律规制研究——基于传统银行信贷业务. 时代金融. 2018 (20): 90-92.

[3119] 鲍月, 曹悦. 环境规制对煤炭行业生产效率的影响. 时代金融. 2018 (17): 277-278.

[3120] 字梅. 解析巍山彝族葬礼中的经济学. 时代金融. 2018 (14): 308.

[3121] 施亚楠. 网约车政府规制困境分析——基于政府管制俘获理论. 时代金融. 2018 (14): 276.

[3122] 扈润楠, 姜鲁. 大数据背景下互联网金融风险及规制路径. 时代金融. 2018 (11): 45-46.

［3123］杨肖婷．农村信用合作社合作金融性质异化的法律规制．时代金融．2018（06）：76－77.

［3124］韩月辉，赵欣．企业资本运作中的税法规制分析．时代金融．2018（05）：126.

［3125］高天．互联网金融风险规制路径．时代金融．2018（05）：31.

［3126］郭敏．我国行业间收入差距的探究．时代金融．2018（02）：263－264.

［3127］段坤朋．企业并购绩效评价研究方法评述．时代金融．2018（03）：119－120.

［3128］汤显炜，缪彬彬．基于DEA方法的技术并购创新效率研究——以制造业高技术上市公司为例．时代金融．2018（06）：230－232.

［3129］朱志红，鲁城．我国互联网企业并购趋势研究．时代金融．2018（06）：136.

［3130］卢宁文，杨胭脂．融资约束对并购绩效的影响研究——基于支付方式的中介效应．时代金融．2018（05）：237－239.

［3131］蒋华春，王海侠．我国上市公司并购绩效及其影响因素的文献综述研究．时代金融．2018（05）：142.

［3132］门韶娟，杨文珊．互联网企业并购的风险与防范．时代金融．2018（05）：160－166.

［3133］张秋雪，李思思．万达并购传奇影业的并购风险分析．时代金融．2018（11）：132.

［3134］廖琴芳．并购整合的内部控制研究——基于江森自控临港工厂的案例分析．时代金融．2018（12）：174－177.

［3135］韩蒙婷．云贵川三省上市公司并购绩效实证研究——基于因子分析法．时代金融．2018（12）：54－55.

［3136］倪耀琦．中国互联网企业并购逻辑研究——基于资源观的BAT并购战略比较分析．时代金融．2018（15）：102－103.

［3137］段庆茹，陈艳蓉．紫光股份并购展讯电信案例研究．时代金融．2018（17）：191－202.

［3138］刘梦婷，李孟浩．基于案例的跨国并购财务风险分析与规避策略．时代金融．2018（18）：172－173.

［3139］刘英团．从并购中缔造超级增长的战略——读《大并购时代》．时代金融．2018（19）：68－69.

［3140］韩群红．并购企业高管薪酬外文文献综述．时代金融．2018（23）：145－148.

［3141］杨洪波，左东升．基于EVA的并购绩效分析——以中文传媒并购智明星通为例．时代金融．2018（24）：176.

［3142］陈建淇．奇虎360反向并购江南嘉捷案例分析．时代金融．2018（24）：183－188.

［3143］苏站站．上市公司并购重组价值评估与交易定价的关系．时代金融．2018（27）：155－159.

［3144］龚卓铭．金融控股公司并购协同效应研究．时代金融．2018（29）：160.

［3145］杜海波．多方位税收优惠政策、助力企业兼并重组——企业重组税收优惠政策梳理．时代金融．2018（30）：130－131.

［3146］郑宇花，蔡迪雅，王熠琛，周乐婧．影视业高溢价并购问题探析——以华谊兄弟并购东阳美拉为例．时代金融．2018（30）：294－295.

［3147］李蓉，王淑梅．新形势下我国企业并购的动因及策略分析．时代金融．2018（32）：196－204.

［3148］孔丽，周筑平．企业并购中特殊业务会计处理探析．时代金融．2018（33）：119－123.

［3149］张晶．企业并购的财务风险分析．时代金融．2018（36）：115－117.

［3150］李正科．探析上市公司并购风险防范．时代金融．2018（36）：192－194.

［3151］冯静．P2P网络贷款平台监管的对策分析．时代金融．2018（36）：176.

［3152］马芳芳．强化铁路建设资金监管工作的思考．时代金融．2018（33）：213－214.

［3153］魏永成，王丽霞，胡庆，唐黎明，彭宇．房地产行业洗钱风险及监管研究．时代金融．2018（33）：221－226.
［3154］曾小强．对实施“穿透式监管”的思考．时代金融．2018（33）：169－170.
［3155］李新尚，黄炎．数字货币及监管展望．时代金融．2018（32）：11－13.
［3156］薛淑琴．浅谈微信支付中存在的洗钱风险及对策．时代金融．2018（32）：53.
［3157］马昕娅．我国债券市场信用评级发展现状及问题研究．时代金融．2018（32）：214－216.
［3158］胡邦．互联网金融潜在风险及监管对策研究．时代金融．2018（30）：32－33.
［3159］孙军．大数据时代互联网金融风险预警及监管研究．时代金融．2018（30）：37－38.
［3160］唐娜．“强监管”对商业银行的影响分析．时代金融．2018（30）：81－83.
［3161］李佳．保险科技的风险及国外监管的经验借鉴．时代金融．2018（30）：356－357.
［3162］解颖．大数据时代的互联网金融风险监管探讨．时代金融．2018（29）：59－60.
［3163］张政华．纪念币发行遇冷问题亟待解决．时代金融．2018（27）：198.
［3164］钟加海．反洗钱视角下的比特币监管对策研究．时代金融．2018（27）：233－234.
［3165］冷雪强．我国在网络虚拟货币监管中存在的问题及对策．时代金融．2018（26）：7－8.
［3166］曲俊丞．网络金融风险及其监管措施研究．时代金融．2018（26）：58－59.
［3167］梁梦龙．互联网金融监管背景下互联网金融发展的策略研究．时代金融．2018（24）：41－48.
［3168］关银泽．事业单位财政资金监管现状和改善对策．时代金融．2018（24）：251－254.
［3169］王斌．我国互联网金融监管研究．时代金融．2018（23）：42－43.
［3170］程璞．FATF 黄金行业洗钱风险报告对我国反洗钱工作的启示．时代金融．2018（21）：225－226.
［3171］丁爽．对中国“影子银行”金融风险的监管研究．时代金融．2018（21）：30－39.
［3172］徐展峰．本外币一体化视角下跨境资金流动监管模式的国际经验借鉴及监管建议．时代金融．2018（21）：24－25.
［3173］杨小锋，张春生．数字货币发展与国际监管动态．时代金融．2018（20）：12－13.
［3174］严言．中国证券公司监管问题研究．时代金融．2018（20）：197.
［3175］夏一帆．区块链技术下的金融体系发展及监管．时代金融．2018（18）：24－25.
［3176］杨菲．县域金融监管问题及相关策略探讨．时代金融．2018（18）：22－23.
［3177］姜姝彤．我国商业银行衍生金融工具运用及监管研究．时代金融．2018（18）：78－80.
［3178］甘泉，吴晓亮．对互联网征信监管方式的探析．时代金融．2018（17）：25－29.
［3179］汪毅恒．中资商业银行加强反洗钱工作建议．时代金融．2018（17）：128.
［3180］杨玉波，庄家慧．互联网金融监管创新研究——基于监管与创新动态博弈的视角．时代金融．2018（15）：24－27.
［3181］薛淞．探究近几年我国第三方支付的发展与监管．时代金融．2018（15）：237－238.
［3182］李晓晓，杨子琦．我国现金贷业务存在的问题及监管建议．时代金融．2018（14）：56－59.
［3183］王海祥．小额贷款公司监管问题研究．时代金融．2018（14）：161－167.
［3184］郑焕欢．严监管下的银行资产配置趋势．时代金融．2018（12）：87－89.
［3185］张年康．日本黄金市场监管对我国的启示．时代金融．2018（12）：189－190.
［3186］闫晓茹．《资产评估法》的颁布对资产评估行业发展的影响．时代金融．2018（11）：219.
［3187］杨婷婷．浅析新形势下商业承兑汇票风险及监管对策．时代金融．2018（09）：243.
［3188］朱金．共享经济发展现状研究．时代金融．2018（08）：25－26.

[3189] 毛凤娇，徐晓芝．我国互联网金融风险及对策分析．时代金融．2018（02）：72－73.

[3190] 柳莉娟．基于大数据背景下的反洗钱监管问题研究．时代金融．2018（02）：23.

[3191] 王倩瑜．互联网领域的竞争与公平．时代金融．2018（26）：37－38.

[3192] 刘洋．并购重组中业绩补偿账务处理的探讨．时代经贸．2018（03）：58－59.

[3193] 丁建松．上市公司并购融资方式研究．时代经贸．2018（03）：12－14.

[3194] 王瑞标．中国上市公司并购的短期股价效应研究．时代经贸．2018（04）：16－18.

[3195] 曹华珍．我国企业海外并购融资问题研究．时代经贸．2018（04）：61－64.

[3196] 薛彦梅．并购交易中的财务风险评估及防范．时代经贸．2018（05）：40－42.

[3197] 李春晓．中国企业跨国并购融资研究．时代经贸．2018（05）：52－55.

[3198] 刘益军．论企业的并购融资．时代经贸．2018（06）：62－65.

[3199] 钱金珠．企业并购中无形资产品牌整合研究．时代经贸．2018（08）：62－65.

[3200] 余国珍．论企业并购中的融资选择和风险防范．时代经贸．2018（11）：6－8.

[3201] 邵巧蓉．并购融资财务活动的案例分析．时代经贸．2018（11）：27－29.

[3202] 曾瑞兰．企业并购协同效应分析．时代经贸．2018（11）：61－63.

[3203] 王芳．万达并购后的偿债能力变化研究．时代经贸．2018（16）：58－61.

[3204] 陈黎静．影响企业并购绩效的问题研究．时代经贸．2018（17）：56－59.

[3205] 陈群娣．国有企业并购重组中的债权和债务处理探究．时代经贸．2018（18）：75－76.

[3206] 常俊峰．关于投资并购管理的经验借鉴分析．时代经贸．2018（21）：26－27.

[3207] 孔国星．论跨国并购中的财务风险问题．时代经贸．2018（23）：16－18.

[3208] 房玲．试析企业并购重组财务风险的防范．时代经贸．2018（35）：27－28.

[3209] 杨尧．网约车合并中垄断认定标准的法律问题研究．时代经贸．2018（16）：94－96.

[3210] 王凝玉．网约车问题频出，是否该继续存在？．时代农机．2018（09）：164.

[3211] 邓斌．农产品质量安全监管现存问题与对策．时代农机．2018（01）：164.

[3212] 刘学平，王春艳，高珣，刘婷婷，徐凯．我国中药饮片质量问题及强化监管的对策．实用药物与临床．2018（09）：1081－1084.

[3213] 卢晶，陈霞．食品安全规制效果及其影响因素分析．食品安全导刊．2018（36）：22.

[3214] 梅辉．以公众健康为基础的食品营养规制分析．食品安全导刊．2018（30）：76.

[3215] 邵建芳．食品药品监管规制改革调查——以大连市为例．食品安全导刊．2018（21）：30－31.

[3216] 李凤超．对食品安全规制效果及其影响因素的思考．食品安全导刊．2018（18）：14.

[3217] 欧洲牛羊肉．来自爱尔兰的欧洲牛肉获得中国市场准入．食品安全导刊．2018（13）：21.

[3218] 马驰．食品安全规制效果及其影响因素分析．食品安全导刊．2018（03）：25.

[3219] 郑杨，尚红叶，杨秀松．发达国家食用农产品市场准入对我国的启示．食品安全质量检测学报．2018（24）：6395－6399.

[3220] 蒋涛．外卖餐饮行业隐藏的法律问题探究．食品安全质量检测学报．2018（14）：3875－3878.

[3221] 杨柳，杨庆懿．保健食品安全信任及建立安全信任政策的研究．食品安全质量检测学报．2018（05）：1200－1204.

[3222] 周婉茹．我国食品安全监管的经济学内容分析与探讨．食品安全质量检测学报．2018（19）：5252－5254.

[3223] 郭阳，刁佳林，张国光，朱冬雪，曾慧芳，孙江．电商平台下农产品质量安全对策与监管模式的探究．食品安全质量检测学报．2018（17）：4493－4496.

[3224] 冯海静，郎爽，杨志超，刘佳，贾丽．互联网＋外卖食品的安全问题．食品安全质量

检测学报 . 2018（16）：4218－4222.

［3225］张睿海 . 基于政府事前控制视角解读食品安全法的实施与监管 . 食品安全质量检测学报 . 2018（09）：2235－2239.

［3226］刘佳萌，孙玉凤，王淼，黄亚涛，李敏敏，卢嘉，金诺，贺妍，范蓓 . 在“一个健康”理念下完善中国养猪业中耐甲氧西林金黄色葡萄球菌的监管体系（英文）. 食品安全质量检测学报 . 2018（04）：687－693.

［3227］袁华平，徐刚，王海，江伟 . 昆山市周市镇小微型餐饮单位的特点及监管模式探讨 . 食品安全质量检测学报 . 2018（03）：673－676.

［3228］戴萌娜，张建华，井淇，周珊 . 食品添加罂粟壳根源分析与对策研究 . 食品工业 . 2018（01）：243－245.

［3229］张兰兰 . 网络餐饮服务食品安全监管相关法规解读 . 食品科学技术学报 . 2018（05）：9－12.

［3230］吉丽颖 . 法经济学视角下中国食品安全事件的规制维度 . 食品与机械 . 2018（12）：63－66.

［3231］刘素君 . 食品安全管理的刑法规制问题 . 食品与机械 . 2018（04）：85－88.

［3232］陈丽 . 网络订餐对食品安全的影响及法律规制 . 食品与机械 . 2018（03）：86－88.

［3233］刘旭霞，王琪 . 食品非转基因标识使用的法律规制 . 食品与机械 . 2018（02）：83－87.

［3234］朱勤滨 . 清代前期出海帆船规制的变化与适用 . 史学月刊 . 2018（06）：100－108.

［3235］王维 . 新媒体视域下群体心理特征与影响探析 . 世纪桥 . 2018（09）：83－84.

［3236］孙铜阳 . 网络借贷的危害及刑法规制的重要性研究 . 世纪桥 . 2018（09）：81－82.

［3237］张艳梅，安平 . 高校互联网舆情监管及其对策研究 . 世纪桥 . 2018（10）：94－96.

［3238］严厚福 . 美国《弗兰克劳滕伯格 21 世纪化学物质安全法》的“风险规制”制度 . 世界环境 . 2018（06）：70－72.

［3239］范庆泉，张同斌 . 中国经济增长路径上的环境规制政策与污染治理机制研究 . 世界经济 . 2018（08）：171－192.

［3240］刘悦，周默涵 . 环境规制是否会妨碍企业竞争力：基于异质性企业的理论分析 . 世界经济 . 2018（04）：150－167.

［3241］蒋殿春，谢红军 . 外资并购与目标企业生产率：对中国制造业数据的因果评估 . 世界经济 . 2018（05）：99－124.

［3242］马本，郑新业，张莉 . 经济竞争、受益外溢与地方政府环境监管失灵——基于地级市高阶空间计量模型的效应评估 . 世界经济文汇 . 2018（06）：27－48.

［3243］郭锐欣，张鹏飞 . 公用事业民营化困境的经济学分析 . 世界经济文汇 . 2018（06）：17－26.

［3244］王忠诚，薛新红，张建民 . 东道国资本管制与中国对外直接投资：来自上市企业跨国并购的微观证据 . 世界经济研究 . 2018（02）：113－123.

［3245］朱婕，任荣明 . 东道国制度环境、双边投资协议与中国企业跨国并购的区位选择 . 世界经济研究 . 2018（03）：109－126.

［3246］贾玉成，张诚 . 经济周期、经济政策不确定性与跨国并购：基于中国企业跨国并购的研究 . 世界经济研究 . 2018（05）：65－79.

［3247］陈岩，郭文博 . 制度风险与跨国并购成败：大国外交和经济“软实力”的调节作用 . 世界经济研究 . 2018（05）：51－64.

［3248］贺凯 . 亚太地区的制度制衡与竞争性多边主义 . 世界经济与政治 . 2018（12）：60－83.

［3249］张乐勤，陈素平 . 基于 PLS－PATH 方法的科技创新对资源利用绩效边际效应测度与分

析．世界科技研究与发展．2018（03）：302－315.

［3250］刘翔宇，谢屹，杨桂红．美国国家公园特许经营制度分析与启示．世界林业研究．2018（05）：81－85.

［3251］黄艺．“一带一路”国家贸易便利化对中国农产品出口的影响研究．世界农业．2018（08）：102－109.

［3252］刘晓丹．美国、欧盟和日本食品添加剂安全规制及对中国的启示．世界农业．2018（04）：62－67.

［3253］田曦，王晓敏．基于“一带一路”背景的欧盟农用地买卖市场投资规制研究．世界农业．2018（03）：86－91.

［3254］鲁锡杰．中国农业企业境外并购研究——以光明集团、中粮集团为例．世界农业．2018（06）：176－182.

［3255］张丁凡．专利药的定价机制与垄断．市场观察．2018（08）：51.

［3256］李晨曦．浅析资源型企业海外并购风险与防范．市场论坛．2018（06）：22－24.

［3257］王钰涵．对并购中负商誉会计处理问题的思考．市场论坛．2018（06）：27－29.

［3258］常城．去中心化互联网金融法律监管——比特币大热背后的冷思考．市场论坛．2018（09）：55－57.

［3259］张璇．城乡统筹背景下农村金融市场监管法律问题研究．市场论坛．2018（06）：46－48.

［3260］黄珂．我国P2P网贷存在的问题及对策探讨．市场论坛．2018（04）：44－46.

［3261］龙恒．基于互联网的共享经济发展现状．市场论坛．2018（03）：80－82.

［3262］翟利敏．论掠夺性定价中损失补偿的可能性．市场研究．2018（12）：64.

［3263］祁馨禾．由“大数据杀熟”现象引发的思考．市场研究．2018（07）：67－68.

［3264］任世赢．中国企业海外并购的困境及对策．市场研究．2018（01）：50－51.

［3265］王妤婕．房地产企业并购的财务风险及对策．市场研究．2018（06）：56－57.

［3266］唐红英．横向并购对公司资产专用性投资的影响．市场研究．2018（10）：59－60.

［3267］唐红英．资产专用性与公司横向并购绩效的关系研究．市场研究．2018（11）：45－47.

［3268］胡芷榕．以P2P网络借贷平台为例论对互联网洗钱的监管创新．市场研究．2018（10）：26－27.

［3269］高堃，张嘉兴，杜卫东．河南省食品安全公众满意度调查报告．市场研究．2018（04）：8－9.

［3270］曹莹．脱钩改制背景下注册会计师行业的监管．市场研究．2018（03）：63－64.

［3271］唐心怡．上市公司会计信息虚假披露的动机与监管．市场研究．2018（01）：65－66.

［3272］郑阳，郎平．论限定转售价格的反垄断法规制．市场周刊．2018（12）：171－172.

［3273］霍叙娟．放松对电信行业的规制．市场周刊．2018（09）：12－13.

［3274］郑阳，郎平．论垄断损害赔偿对反垄断法宽恕制度的影响．市场周刊．2018（08）：124－125.

［3275］马荣健．企业并购中财务风险管理研究．市场周刊．2018（07）：73－74.

［3276］扈银平．浅析跨国并购中的国家安全审查机制．市场周刊．2018（09）：135－136.

［3277］尹慧敏，王姝．滴滴并购巴西“99出租车”的效应与风险分析．市场周刊．2018（09）：23－24.

［3278］陈冀伟．企业并购资产价值评估方法的发展研究．市场周刊．2018（11）：20－21.

［3279］吕梦成．跨国并购绩效影响因素研究文献综述．市场周刊．2018（11）：26－28.

［3280］钱治宇．商誉及商誉减值相关问题研究．市场周刊．2018（12）：116－118.

［3281］马海波．房价高企：土地用途管制之殇．市场周刊．2018（08）：4－5.

［3282］安瑞瑞．共享行业产业规制探究——以共享单车为例．市场周刊（理论研究）．2018（05）：111－112.

［3283］杨洁．论农村集体经济组织成员资格认定．市场周刊（理论研究）．2018（03）：151－152.

［3284］曹太云．我国上市公司跨国并购的动因及绩效分析——以腾讯公司为例．市场周刊（理论研究）．2018（03）：40－41.

［3285］李明娟，李维嘉．医药企业并购财务绩效研究．市场周刊（理论研究）．2018（05）：83－84.

［3286］杨晓杰，赵荣荣．战略型并购目标企业价值评估研究．市场周刊（理论研究）．2018（05）：21－22.

［3287］张依依，张玮麟．最后一公里的困惑——共享单车满意度提升策略研究．市场周刊（理论研究）．2018（02）：100－101.

［3288］姜新，于雅馨．网络广告策略初探．市场周刊（理论研究）．2018（02）：79－80.

［3289］赵子墨，李娜，张洁．互联网背景下对我国新闻媒体规制的思考——从“刺死辱母者案”谈起．视听．2018（03）：176－177.

［3290］周笑．网络视听媒体亟需监管转型：他律与自律平衡．视听界．2018（06）：43－44.

［3291］申萌，王叶．节能减排的就业结构优化效应：一个文献综述．首都经济贸易大学学报．2018（06）：54－61.

［3292］庞磊．OFDI逆向技术溢出门槛与母国技术进步——基于绿地投资与企业海外并购的比较．首都经济贸易大学学报．2018（04）：49－57.

［3293］王镝，李灿．环境规制的技术进步效应与环境质量——基于中国省际面板数据（2000－2016）的实证分析．首都师范大学学报（社会科学版）．2018（03）：72－79.

［3294］应晨林，金学斌．我国职业体育中的行政垄断及其规制研究．首都体育学院学报．2018（02）：132－135.

［3295］郑伟．金达威的跨境并购思维．首席财务官．2018（03）：44－47.

［3296］刘阳．并购的路径依赖与价值投资．首席财务官．2018（05）：52－54.

［3297］刘阳．2018年八大国际并购趋势．首席财务官．2018（06）：59－63.

［3298］张润泽．走出去VS回本土：对外并购融资新趋势．首席财务官．2018（06）：18－20.

［3299］刘阳．当“反脆弱”成为并购伴侣．首席财务官．2018（07）：58－59.

［3300］孙亮，刘艳春．基于拓展VaR模型的我国上市公司短期海外并购风险度量研究．数理统计与管理．2018（04）：741－752.

［3301］吴刚，陈兰芳，张仪彬，付焯．WEEE拆解企业数量及其演化研究．数学的实践与认识．2018（21）：61－70.

［3302］原逸超，石岿然．基于演化博弈理论的WEEE方面政府环境规制策略研究．数学的实践与认识．2018（16）：55－63.

［3303］郭启光．煤炭行业技术效率与全要素生产率增长研究——基于SBM模型和GML指数．数学的实践与认识．2018（14）：1－11.

［3304］曹志杰．传媒产业新业态发展路径研究——以短视频行业为例．数字传媒研究．2018（05）：1－7.

［3305］余家柱．惠州市人社业务数据监管监控大屏展示系统的设计．数字技术与应用．2018（10）：148－149.

［3306］曹亚楠，王沛晗．数字经济背景下广告服务商常设机构税收规制的新发展．税务研究．2018（07）：84－92.

［3307］邹越．竞争性垄断视野下互联网企业市场支配地位的认定．税务与经济．2018（04）：

1－6.

［3308］陈雷．税务行政裁量权的法律规制——以税务和解的授权界限为例．税务与经济.2018（03）：75－82.

［3309］王洪丽，杨印生，舒坤良．多重规制下小农户质量安全生产行为的重塑——以吉林省水稻种植农户为例．税务与经济.2018（03）：61－67.

［3310］佘鹏峰．激励与约束：税法规制自贸区金融创新的理路．税务与经济.2018（01）：68－73.

［3311］米恒．论法律对网络言论的规制与尺度——以国家治理能力现代化为视角．四川行政学院学报.2018（06）：63－69.

［3312］覃俊清．网络社交平台行政规制初探．四川行政学院学报.2018（05）：37－41.

［3313］赵涟漪．我国社会组织参与社会治理的法律保障问题研究．四川行政学院学报.2018（01）：46－50.

［3314］钟涛，袁江山．医保反欺诈领域的实践与探索．四川劳动保障.2018（05）：31.

［3315］刘盛．自贸区非银行支付机构跨境支付问题及其对策．四川理工学院学报（社会科学版）.2018（04）：74－92.

［3316］宋光辉，罗运芬．建立健全郫都区儿菜种子质量监管体系．四川农业科技.2018（01）：74－76.

［3317］王方．声誉机制、信息基础与我国慈善组织规制优化．四川师范大学学报（社会科学版）.2018（03）：31－38.

［3318］辜蜀嘉．基于产业组织模式工业化的装配式建筑成本控制．四川水泥.2018（11）：303.

［3319］陈文超．我国利用未公开信息交易规制制度探究——以《证券法修订草案》第93条为中心．四川职业技术学院学报.2018（02）：40－47.

［3320］郜乃达．论恶意抢注老字号的法律规制．四川职业技术学院学报.2018（01）：13－19.

［3321］沈俊杰．从牙行到公所：明清苏州工商业的中介组织．苏州大学学报（法学版）.2018（04）：67－76.

［3322］蒋莉．基因编辑和人类生殖：社会伦理及法律规制．苏州大学学报（法学版）.2018（04）：125－134.

［3323］李年清．美国食品安全风险规制中的科学咨询制度及其启示．苏州大学学报（法学版）.2018（03）：51－61.

［3324］利安隆正式启动并购凯亚化工．塑料助剂.2018（06）：53.

［3325］臧阿月．论我国不法忠诚折扣行为的反垄断规制．绥化学院学报.2018（08）：26－29.

［3326］杜君彦．共享单车押金的法律性质及其规制——以非法融资为角度．太原城市职业技术学院学报.2018（07）：203－207.

［3327］张林．论P2P网贷平台非法集资的刑法规制．太原城市职业技术学院学报.2018（07）：197－199.

［3328］于夕媛，王笑笑．浅析空包刷单乱象的法律规制．太原城市职业技术学院学报.2018（07）：187－188.

［3329］毛宁仙．公安机关治安传唤行为的法律属性研究．太原城市职业技术学院学报.2018（05）：192－194.

［3330］沈伟杰，闫卉卉．论民办学前教育机构的法律规制．太原城市职业技术学院学报.2018（03）：195－197.

［3331］汤瑞．FRAND原则与标准必要专利反垄断规制的关系探析．太原城市职业技术学院学

报 . 2018 (03): 200 - 201.

[3332] 毛宁仙. 公安机关治安传唤行为法律规制研究. 太原城市职业技术学院学报 . 2018 (01): 193 - 195.

[3333] 余文磊. 专利权行使中垄断协议的反垄断法规制. 太原城市职业技术学院学报 . 2018 (01): 200 - 201.

[3334] 钟原. 论第三方监管的引入与网络治理的法治转型——从威权管制到公私合作. 太原理工大学学报（社会科学版）. 2018 (02): 7 - 13.

[3335] 惠志斌. 数字加密货币的形成机制与风险监管研究. 探索与争鸣 . 2018 (09): 91 - 95.

[3336] 郝晓艳, 吴学花. 环境规制对中国制造业全要素生产率的影响研究. 特区经济 . 2018 (09): 32 - 35.

[3337] 范璐. 中国民营企业基于并购的价值实现研究. 特区经济 . 2018 (12): 139 - 141.

[3338] 郭忠亚. "互联网 +" 背景下对网络食品安全的监管. 特区经济 . 2018 (07): 116 - 117.

[3339] 潘源. 供给侧改革背景下市场化对行业创新的影响——基于我国工业行业数据分析. 特区经济 . 2018 (01): 34 - 35.

[3340] 周庆山, 黄伟群. 共享经济的信息模式与规制. 特区实践与理论 . 2018 (06): 55 - 59.

[3341] 肖君拥, 张志朋. 被遗忘权的法理与规制. 特区实践与理论 . 2018 (05): 50 - 54.

[3342] 王延奎. 创新与规制: 完善深圳市龙岗区社会治理之格局. 特区实践与理论 . 2018 (01): 79 - 82.

[3343] 李常明, 金路. 基于特种设备检验检测机构专项监督检查问题的分析及建议. 特种设备安全技术 . 2018 (06): 60 - 61.

[3344] 徐翔, 陈华荣. 群众体育风险 "破窗效应" 的产生机理和规避路径. 体育文化导刊 . 2018 (05): 32 - 35.

[3345] 邹举, 朱浩然. 模式、竞争与规制: 媒体融合背景下的欧洲体育传播市场. 体育与科学 . 2018 (05): 33 - 38.

[3346] 钟原. 大数据时代垄断协议规制的法律困境及其类型化解决思路. 天府新论 . 2018 (02): 66 - 75.

[3347] 夏庆锋. 民法典合同法编之商事合同规制刍议. 天津大学学报（社会科学版）. 2018 (04): 323 - 329.

[3348] 崔金珍, 张淼. 从 "万宝之争" 看上市公司敌意收购及其法律规制. 天津大学学报（社会科学版）. 2018 (04): 317 - 322.

[3349] 赵息, 褚洪辉, 陈妍庆. 管理层能力、内部控制有效性与跨国并购绩效. 天津大学学报（社会科学版）. 2018 (01): 14 - 19.

[3350] 范懿. 环渤海地区政府信息公开滥诉问题规制——以比例原则为角度. 天津法学 . 2018 (04): 71 - 76.

[3351] 王海员, 毛宇, 王鸿彬. 当前形势下天津市农产品（种植业）质量安全监管的对策措施. 天津农林科技 . 2018 (04): 29 - 31.

[3352] 陆岷峰, 李蔚. 我国市场准入负面清单制度研究. 天津商务职业学院学报 . 2018 (04): 18 - 24.

[3353] 孙明蕾. 上市公司并购重组中对赌契约对并购绩效的影响——基于北京光线传媒并购重组案例研究. 天津商务职业学院学报 . 2018 (06): 58 - 64.

[3354] 王佳佳. 限定交易行为的反垄断规制. 天津商业大学学报 . 2018 (02): 67 - 73.

[3355] 张滨, 段殷, 宋小平. 浅谈发挥联合审批资源作用促进区内企业参保缴费. 天津社会保险 . 2018 (03): 15 - 16.

［3356］王军．“主体间性教育”理念在高校课堂的运用．天津市教科院学报．2018（05）：27－29.

［3357］段宏磊，杨成，周东华．中国体育彩票产业职能重合行为的法律规制——基于俄罗斯《保护竞争法》的经验启示．天津体育学院学报．2018（06）：479－484.

［3358］张惠彬，刘迪琨．体育赛事传播权的法律规制与运营模式——来自欧洲的经验及启示．天津体育学院学报．2018（02）：122－130.

［3359］杨帆．电商炒作信用行为的多元规制方法探究．天津中德应用技术大学学报．2018（04）：123－127.

［3360］贾劲松，黄辉．天然气液化项目收并购问题浅析．天然气技术与经济．2018（05）：62－64.

［3361］刘婕．BP公司和阿拉斯加燃气管线开发公司签署约束性天然气销售协议．天然气勘探与开发．2018（02）：6.

［3362］董康银，孙仁金．价格规制对天然气需求弹性的影响——以北京地区为例．天然气与石油．2018（01）：110－117.

［3363］冯淑珍．保障与规制——网络舆论依法治理的两个向度．天水行政学院学报．2018（06）：42－46.

［3364］王昀．事实婚姻的法律规制之完善——以我国《民法典·婚姻家庭编》之编制为背景．天水行政学院学报．2018（03）：102－106.

［3365］彭凯．警察权行政程序规制．天水行政学院学报．2018（02）：106－109.

［3366］刘旭．群体性事件的规范应对和刑法方法．天水行政学院学报．2018（02）：110－113.

［3367］陈凤彪，屈百会．铁路货运市场监管创新发展研究．铁道货运．2018（03）：45－48.

［3368］张君周．我国民航公安警务信息化建设及立法规制．铁道警察学院学报．2018（02）：16－20.

［3369］实行全国统一的市场准入负面清单制度．铁合金．2018（05）：18.

［3370］吴烈，魏丽娟．收益法在企业并购中的应用．铁路采购与物流．2018（03）：38－41.

［3371］徐晓东．加强制度约束提高劳动防护用品管理工作质量．铁路采购与物流．2018（07）：70－71.

［3372］AT&T收购获批或刺激TMT并购．通信企业管理．2018（07）：64.

［3373］孙永杰．一波三折　博通并购高通案再生变数．通信世界．2018（07）：12.

［3374］孙永杰．生不逢时　高通并购恩智浦缘何流产？．通信世界．2018（21）：8.

［3375］李军．探究电信网间互联互通相关问题．通讯世界．2018（01）：20－21.

［3376］高新军．回眸美国转轨时代．同舟共进．2018（09）：88－90.

［3377］石旭斋．全面依法治国基本方略下的权力规制——兼论习近平法治思想中的权力制约思想．铜陵学院学报．2018（05）：44－48.

［3378］杨晓姝，王有兴，刘文龙．环境税与企业绿色生产：文献回顾与研究展望．铜陵学院学报．2018（03）：31－36.

［3379］钱叶梅，林腾．某市15家疫苗接种单位第二类疫苗管理现状与对策分析．铜陵职业技术学院学报．2018（04）：44－47.

［3380］智瑞芝，何锫．环境规制对浙江省制造业绿色技术创新影响研究——基于行业异质性的视角．统计科学与实践．2018（03）：33－37.

［3381］吴培力，张鑫，贺翔．合理规制政府信息公开申请权滥用的对策研究——以宁波市为例．统计科学与实践．2018（02）：18－21.

［3382］白仲林，杜阳，王雅兰．准入制度改革、同业竞争与银行业市场进入决策机制升级．

统计研究. 2018 (05): 62-74.

[3383] 任耘. 我国乡村文化遗产开发的竞合博弈与策略. 统计与决策. 2018 (15): 68-70.

[3384] 陈俊华, 吕林峰. 基于Stackelberg微分博弈的北京自住房价格规制模型. 统计与决策. 2018 (14): 46-49.

[3385] 郭宏毅. 环境规制对制造业产业集聚影响的实证分析. 统计与决策. 2018 (10): 139-142.

[3386] 李冠杰. 开放经济下环境规制强度对环境污染的外部性影响研究. 统计与决策. 2018 (08): 105-108.

[3387] 张倩. 环境规制、外商直接投资与企业技术创新关系的再审视. 统计与决策. 2018 (08): 177-181.

[3388] 岳鸿飞. 基于环境规制的我国绿色技术创新效率测算. 统计与决策. 2018 (08): 100-104.

[3389] 王敏, 王琴梅, 万博. 中国互联网普及的空间差异及其影响因素分析. 统计与决策. 2018 (07): 101-104.

[3390] 姚小剑, 何珊, 杨光磊. 强度维度下的环境规制对绿色技术进步的影响. 统计与决策. 2018 (06): 78-82.

[3391] 王夫冬, 周梅华. 基于价格规制和第三方物流参与的三级供应链协调机制研究. 统计与决策. 2018 (06): 39-43.

[3392] 何琴. 煤炭行业投入产出效率测算及差异化分析. 统计与决策. 2018 (02): 118-122.

[3393] 黄清煌, 高明. 环境规制对经济绩效影响的实证检验. 统计与决策. 2018 (02): 113-117.

[3394] 张平, 蔡国庆, 张鹏鹏. 环境规制对技术创新影响的Meta回归分析. 统计与决策. 2018 (01): 112-116.

[3395] 王夫冬, 周梅华. 基于价格规制的两级供应链协调机制探讨. 统计与决策. 2018 (01): 55-58.

[3396] 郑雅君, 崔永梅. 企业家社会资本对企业并购决策的影响. 统计与决策. 2018 (12): 185-188.

[3397] 周萍, 王宇露, 黄明. 母国金融市场化和地方政府干预对企业海外并购行为影响的实证分析. 统计与决策. 2018 (13): 168-172.

[3398] 王菲. 跨国公司在华并购影响因素的实证分析. 统计与决策. 2018 (23): 185-188.

[3399] 危怀安, 李松涛. 第三方支付信息安全监管影响因素及决策分析. 统计与决策. 2018 (08): 59-63.

[3400] 李松涛, 危怀安. 第三方支付信息安全监管的多元化调查分析. 统计与决策. 2018 (04): 168-171.

[3401] 石喜爱, 李廉水, 刘军. "互联网+"对制造业就业的转移效应. 统计与信息论坛. 2018 (09): 66-73.

[3402] 甄琳, 王疆, 郭健全. 什么影响了中国金融业跨国并购的区位选择? ——基于心理距离角度的研究. 投资研究. 2018 (02): 61-73.

[3403] 魏明, 路珍竹. 横向并购是否提升了公司绩效? ——基于PSM-DID模型的分析. 投资研究. 2018 (09): 76-89.

[3404] 易斌, 郭华. 政府购买图书馆服务的法律规制研究. 图书馆杂志. 2018 (02): 18-23.

[3405] 饶艳超, 段良晓, 朱秀丽. 并购业绩承诺方式的激励效应研究. 外国经济与管理. 2018 (07): 73-83.

［3406］张双鹏，周建．企业并购战略的决策动因述评：从理性预期到行为研究．外国经济与管理．2018（10）：107－121.

［3407］朱慧超，李克．批评隐喻分析视角下“并购”语篇中的隐喻研究．外文研究．2018（04）：15－21.

［3408］徐珺，王清然．语言的经济价值分析：基于语言服务业并购交易的实证研究．外语电化教学．2018（01）：54－62.

［3409］姜萱．环境规制的产业结构调整效应研究——基于皖江城市带的实证分析．皖西学院学报．2018（04）：58－63.

［3410］杨鹏程．宋代典当利率的法律规制．皖西学院学报．2018（04）：54－57.

［3411］秦赞谨．论我国网络直播的法律规制．网络安全技术与应用．2018（08）：123－124.

［3412］张靓驰．网络祭祀中的政府规制研究．网络安全技术与应用．2018（06）：82－83.

［3413］丁晴．人工智能的公共安全问题与对策．网络空间安全．2018（07）：36－41.

［3414］沈亚坤．类校园贷法律风险规制的问题研究．唯实（现代管理）．2018（03）：59－62.

［3415］吴纪树．患者安全法律规制的国际经验与中国路径．卫生经济研究．2018（10）：50－53.

［3416］王莉．商业长期护理保险市场影响因素及发展分析．卫生经济研究．2018（08）：19－23.

［3417］颜玲琴．护理本科生毕业论文完成情况调查分析．卫生职业教育．2018（06）：93－94.

［3418］俞黎黎，韦朝华，霍江华，钱炳俊，郝瑞峰，卞勇华，何苗，黄思怡．盐城居民食品安全现状认知调查．卫生职业教育．2018（19）：130－131.

［3419］龚燃．国外商业对地观测卫星公司典型并购案件分析．卫星应用．2018（03）：32－33.

［3420］李蕾蕾．环境规制对企业出口的影响．未来与发展．2018（05）：108－112.

［3421］陈上海，何春．市场创新之法治尊重：论共享单车的法律规制．未来与发展．2018（01）：33－38.

［3422］汪涛武．电子商务的福利效应及其作用机理分析．未来与发展．2018（04）：51－55.

［3423］戴彦艳．网络仇恨言论的法律规制．渭南师范学院学报．2018（07）：31－37.

［3424］吴健，李善麟，李英花，周旺明，周莉，代力民．生态系统服务研究进展．温带林业研究．2018（01）：14－19.

［3425］姚荣．公、私立大学界分命题的现实挑战与重新诠释．温州大学学报（社会科学版）．2018（01）：11－20.

［3426］何奇，沈家全，姜罗罗．基于金融数据分析的美国银行并购杠杆率研究．温州大学学报（自然科学版）．2018（01）：49－55.

［3427］张鹏．新严而致精——马健《文化规制论》读后．文化学刊．2018（07）：238－239.

［3428］朱偲媛．个人网络求助的法律监管探究．文化学刊．2018（07）：157－160.

［3429］李磊．中国传统政治中的监察制．文化纵横．2018（03）：68－75.

［3430］邹新．当代大学生网络政治参与中的非理性行为及其规制．无锡商业职业技术学院学报．2018（01）：52－54.

［3431］王苑奇，何智炜，石璺．移动慢性病监控管理系统的发展与策略探究．无线互联科技．2018（11）：119－123.

［3432］郝宏展．企业选择并购战略的权衡思考．芜湖职业技术学院学报．2018（03）：20－22.

［3433］王磊．试论我国涉外民事诉讼协议管辖规则体系的改进．武大国际法评论．2018（04）：17－35.

［3434］韩晋，刘继烨．“敌人刑法”的国际刑法法规范诠释——基于防御国际恐怖主义犯罪的思考．武大国际法评论．2018（05）：41－61.

［3435］李汝义．航空碳排放的法律规制：域外经验与中国实践．武大国际法评论．2018

(04)：146－157.

［3436］高乐鑫．国际航线联营和天空开放的借力融合与演变．武大国际法评论.2018（04）：129－145.

［3437］齐绍洲，徐佳．环境规制与制造业低碳国际竞争力——基于二十国集团“波特假说”的再检验．武汉大学学报（哲学社会科学版）.2018（01）：132－144.

［3438］左卫民，安琪．监察委员会调查权：性质、行使与规制的审思．武汉大学学报（哲学社会科学版）.2018（01）：100－105.

［3439］邹伟勇，张丽苹，罗元政．环境规制对纺织经济效率的影响．武汉纺织大学学报.2018（06）：63－68.

［3440］雷文心，黄慧，王珍义．技术并购模式、技术相关性与企业创新绩效．武汉纺织大学学报.2018（06）：69－72.

［3441］朱冲．职务犯罪案件中技术侦查适用相关问题研究．武汉公安干部学院学报.2018（03）：46－51.

［3442］钱伟，李勃，杨芳．“行人优先”通行权具体适用中的困境与规制研究——以最高人民法院第90号指导案例为例．武汉交通职业学院学报.2018（02）：7－12.

［3443］赵增奎，张宁．以区块链技术完善我国对外投资监管框架．武汉金融.2018（11）：4－8.

［3444］刘瀛洲．互联网时代第三方债务催收存在的问题及建议．武汉金融.2018（10）：77－79.

［3445］贺立．美国虚拟货币监管经验及对我国的启示．武汉金融.2018（07）：54－58.

［3446］陈华，陈荣．我国产业资本型金融控股公司关联交易风险：监管现状与监管策略．武汉金融.2018（07）：36－39.

［3447］曹军．县域反洗钱监管存在的问题及政策建议——以荆门市为例．武汉金融.2018（07）：81－84.

［3448］夏金鹤．反洗钱视角下受益所有权及透明度标准研究．武汉金融.2018（06）：85－87.

［3449］蔚赵春，徐剑刚．智能投资顾问的理论框架与发展应对．武汉金融.2018（04）：9－16.

［3450］张景云，陈碧莹．中国奢侈品品牌的培育与跨文化传播策略研究．武汉理工大学学报（社会科学版）.2018（05）：160－167.

［3451］杨怀中，温帅凯．基因编辑技术的伦理问题及其对策．武汉理工大学学报（社会科学版）.2018（03）：28－32.

［3452］谷文林，林宁，彭筱恩．内部控制、高管代理成本与并购绩效．武汉理工大学学报（信息与管理工程版）.2018（04）：460－465.

［3453］谈江辉．我国上市公司并购支付方式选择影响因素研究．武汉商学院学报.2018（02）：45－52.

［3454］苏昊．运动员虚假广告代言的法律规制——新《广告法》的变革与超越．武汉体育学院学报.2018（11）：43－49.

［3455］崔汪卫．论奥运隐性营销行为的法律规制——兼评《奥林匹克标志保护条例》有关条款．武汉体育学院学报.2018（10）：55－59.

［3456］李振宇．社会福利的权利属性与法治规制．武陵学刊.2018（05）：112－120.

［3457］王松，李艳，黄福华．农产品物流供给的政府分类监管基于市场规制的博弈分析．物流工程与管理.2018（11）：8－12.

［3458］杨柳，卢巧舒．政府规制下的农产品物流效率研究——基于长沙现代服务综合试点的问卷分析．物流工程与管理.2018（08）：4－6.

［3459］戴欢，陆萍．股权结构与公司并购绩效关系研究——基于中小板上市公司的数据．物

流工程与管理.2018（10）：118－121.

［3460］赵秉元，孙天全．电子商务快递包装绿色化的法律规制研究．物流技术.2018（07）：8－14.

［3461］梁璐莉，吕文红，葛家丽，刘亚京．无人机物流发展综述．物流技术.2018（12）：41－45.

［3462］姜宝，薛海亮，李剑．基于演化博弈的我国船舶排放控制区（ECA）规制策略研究．物流科技.2018（07）：70－74.

［3463］曾玉湘．加强流通环节监管　确保湖南生鲜农产品安全．物流科技.2018（02）：51－53.

［3464］杨静，李鹏程，李无忧，闫俊杰．带有恶意串谋检测的机会感知数据转发机制．西安电子科技大学学报.2018（05）：149－156.

［3465］胡峻峰．用户画像机制下信息定向推送的权利保护与法律规制．西安电子科技大学学报（社会科学版）.2018（04）：36－43.

［3466］刘存杰，徐利兰．基于地域文化视域的秦腔服饰艺术内涵．西安工程大学学报.2018（04）：403－408.

［3467］岳芃，王柄权，郝威亚．中国区域间产业分布的本地市场效应．西安交通大学学报（社会科学版）.2018（03）：23－33.

［3468］潘峰，王琳．环境规制中地方规制部门与排污企业的演化博弈分析．西安交通大学学报（社会科学版）.2018（01）：71－81.

［3469］胡胜强．群众体育服务的合作供给模式研究．西安体育学院学报.2018（05）：565－570.

［3470］童春荣，张凯．体育竞技伤害行为的刑法规制——基于正当化事由的考察．西安体育学院学报.2018（01）：28－35.

［3471］叶林，吴烨．智能化资管业务的法律规制．西北工业大学学报（社会科学版）.2018（04）：69－75.

［3472］刘露．多中心治理下的非物质文化遗产保护模式探究．西北民族大学学报（哲学社会科学版）.2018（03）：35－45.

［3473］程杰贤，郑少锋．政府规制对农户生产行为的影响——基于区域品牌农产品质量安全视角．西北农林科技大学学报（社会科学版）.2018（02）：115－122.

［3474］马兴栋，霍学喜．外部规制对农户标准化生产遵从行为的影响——以苹果种植户为例．西北农林科技大学学报（社会科学版）.2018（02）：123－130.

［3475］侯军岐，杨思雨．种业企业快速并购战略决策及影响因素排序．西北农林科技大学学报（社会科学版）.2018（01）：131－138.

［3476］刘洪源．非上市公司股权并购过程中存在的风险与防范研究．西部财会.2018（08）：52－54.

［3477］朱锡峰．从商誉减值看上市公司并购风险防范——从一宗失败的并购案例说起．西部财会.2018（11）：37－40.

［3478］廖天良．浅谈企业并购重组过程中的税务筹划．西部财会.2018（12）：23－25.

［3479］黄盛秦．动态质押的法律属性界定与内部关系厘清．西部法学评论.2018（04）：107－119.

［3480］任雪瑶．广电业发展的融媒体环境．西部广播电视.2018（24）：1－2.

［3481］李琳，房晓飞．关于网络视频直播监管方式的探索研究．西部广播电视.2018（19）：36－37.

［3482］杨波明．省级广播电视安全播出监管体系存在的问题及对策．西部广播电视.2018

(12)：202－203.

[3483] 陈秀慧．新媒体时代知识变现发展前景．西部广播电视.2018 (07)：1－3.

[3484] 袁映奇．房地产行业反洗钱国际经验借鉴及启示．西部金融.2018 (09)：88－91.

[3485] 刘卫平，任兆麟，薛高，夏汶钰．金融科技监管机制研究及建议．西部金融.2018 (07)：55－58.

[3486] 石球．交叉性金融产品、风险传染与金融监管研究．西部金融.2018 (01)：30－34.

[3487] 吴群琪，张羽琦．我国网约车业态发展中的新问题与规制创新．西部论坛.2018 (01)：65－70.

[3488] 周莉，孙英姿．中国银行并购国开村镇银行的短期绩效研究——基于事件研究法的实证分析．西部皮革.2018 (08)：54.

[3489] 姚远琨．中国企业跨国并购的财务风险——以万达并购AMC的案例研究．西部皮革.2018 (10)：25－26.

[3490] 胡苹苹．基于比较所有权优势的中国企业跨国并购策略分析．西部皮革.2018 (11)：103－105.

[3491] 林燕彬．企业并购财务风险分析．西部皮革.2018 (14)：13.

[3492] 周玲．基于敌意并购下的反并购策略探析——以“万科股权之争”为例．西部皮革.2018 (14)：67－68.

[3493] 白文，王佳．蒙牛并购雅士利财务协同效应分析．西部皮革.2018 (15)：107.

[3494] 王赵亮，杨景博．百度并购91无线财务风险控制研究．西部皮革.2018 (24)：89.

[3495] 王娅．中国虚拟货币发展中的问题及其对策．西部皮革.2018 (16)：43－44.

[3496] 李雨航．我国城镇职工基本养老保险基金监管问题研究．西部皮革.2018 (16)：21.

[3497] 赵坤．基于航空物流链的危险品运输监管的研究．西部皮革.2018 (14)：32.

[3498] 王静怡，孙泽群．对我国非营利组织资金监管问题的研究——以红十字会为例．西部皮革.2018 (07)：124.

[3499] 梁礼明，吴健．区域产业视域下地方高校专业设置及动态优化机制探析．西部素质教育.2018 (24)：1－3.

[3500] 阎楠楠．论大数据时代下网络平台数据报送的法律规制．西部学刊.2018 (11)：94－96.

[3501] 李岩，丁菲菲．论多元规制矩阵下公众人物的隐私报道．西部学刊.2018 (07)：92－93.

[3502] 徐娟，叶健霖．我国食品安全多元法律规制的路径选择及其实现．西昌学院学报（社会科学版）.2018 (04)：23－27.

[3503] 石华平，易敏利．环境规制对企业出口贸易影响的实证研究——基于2004—2015年中国企业出口的省际面板数据．西华大学学报（哲学社会科学版）.2018 (03)：93－100.

[3504] 罗航，成欢．透视区块链技术在经济和金融领域的应用．西华大学学报（哲学社会科学版）.2018 (02)：66－70.

[3505] 周志波，张卫国．农业面源污染环境税规制机制研究进展．西南大学学报（社会科学版）.2018 (03)：43－51.

[3506] 宋琳．财政风险金融化视阈下的地方债置换法律规制问题研究．西南大学学报（社会科学版）.2018 (01)：62－69.

[3507] 姚曦，李娜．网络社会形态下传播关系的重构——对媒介融合本质的认识．西南交通大学学报（社会科学版）.2018 (05)：20－27.

[3508] 高瑜玲．环境规制对工业技术创新的影响——基于行业异质性视角．西南交通大学学报（社会科学版）.2018 (01)：115－122.

[3509] 陆岷峰，李蔚．关于金融准入及金融牌照审批体制改革研究．西南金融.2018 (06)：

3 – 8.

［3510］刘澈，蔡欣，彭洪伟，封莉．第三方支付监管的国际经验比较及政策建议．西南金融．2018（03）：42 – 47.

［3511］赵红丽，张刚．供给侧改革背景下的上市公司并购重组研究．西南金融．2018（09）：71 – 76.

［3512］孔海涛，张永恒．环境规制、企业利润率与产业转移．西南民族大学学报（人文社科版）．2018（12）：118 – 127.

［3513］赖继．股权众筹中公众投资人保护制度研究——兼论《股权众筹试点管理办法》的立法完善．西南民族大学学报（人文社科版）．2018（09）：106 – 111.

［3514］葛明驷．视听新媒体自我规制：多重语境与路径选择．西南民族大学学报（人文社科版）．2018（08）：122 – 128.

［3515］陈俊豪．警察权的规制：自由与秩序的平衡——《治安管理处罚法》的理论判断与立法完善．西南民族大学学报（人文社科版）．2018（02）：111 – 117.

［3516］王伟，孙芳城．金融发展、环境规制与长江经济带绿色全要素生产率增长．西南民族大学学报（人文社科版）．2018（01）：129 – 137.

［3517］梁双陆，张梅．基于混合寡头竞争的外资并购“僵尸企业”微观机制分析．西南民族大学学报（人文社科版）．2018（02）：137 – 142.

［3518］王建华，张勇军．新媒体时代突发事件中政府信息公开的实证与进路分析．西南政法大学学报．2018（06）：119 – 127.

［3519］袁淼英．我国证券智能投顾运营商市场准入制度的构建．西南政法大学学报．2018（03）：56 – 64.

［3520］周书环．英国对网络淫秽色情传播的规制体系研究．西南政法大学学报．2018（02）：82 – 93.

［3521］李振杰，高峰．网络借贷的行政监管与刑法规制．西南政法大学学报．2018（01）：86 – 95.

［3522］侯东德，樊沛鑫．快递行业习惯的制度演化与法律规制．西南政法大学学报．2018（01）：113 – 118.

［3523］张锐．清宫戏衣初探——以故宫藏乾隆时期的“蟒”为例．戏曲艺术．2018（02）：131 – 136.

［3524］伍格致，游达明．“绿色悖论”再探析——基于经济政策不确定性视角．系统工程．2018（10）：61 – 72.

［3525］赵黎明，陈妍庆．环境规制、公众参与和企业环境行为——基于演化博弈和省级面板数据的实证分析．系统工程．2018（07）：55 – 65.

［3526］张菁菁，梅强，刘素霞，仲晶晶．安全生产评价服务市场违规防治演化研究．系统工程．2018（07）：123 – 133.

［3527］高燕燕，黄国良，李强，刘天竹．国企多元化并购异象的根源与市场反应——基于制度基础观的研究．系统工程．2018（01）：81 – 90.

［3528］余淑秀，卢山冰，沈锐．中国乘用车市场需求及兼并重组福利效应模拟．系统工程．2018（12）：32 – 39.

［3529］孙林，陈收．互联网环境下企业前向并购时机选择．系统工程．2018（12）：11 – 21.

［3530］徐春明，赵道致，闵杰．减排规制下基于存货影响销售模式的易变质产品库存优化模型．系统工程理论与实践．2018（06）：1512 – 1524.

［3531］张国兴，张振华，高杨，陈张蕾，李冰，杜焱强．环境规制政策与公共健康——基于

环境污染的中介效应检验．系统工程理论与实践．2018（02）：361－373.

［3532］郭倩雯，李仲飞．公交乘客福利补贴及公交企业运营管制．系统工程理论与实践．2018（04）：994－1002.

［3533］李杰，张睿，徐勇．电商平台监管与商家售假演化博弈．系统工程学报．2018（05）：649－661.

［3534］李双燕，王彤．基于不完全契约的并购对赌协议激励模型与案例．系统管理学报．2018（06）：1036－1043.

［3535］宋军，薛志宏，吴丹．基于小波分解的持续时间不同的股市操纵研究．系统管理学报．2018（06）：1019－1027.

［3536］梅强，仲晶晶，张菁菁，刘素霞．溢出效应下集群企业安全生产决策的演化路径．系统管理学报．2018（01）：40－49.

［3537］徐松鹤．公众参与下地方政府与企业环境行为的演化博弈分析．系统科学学报．2018（04）：68－72.

［3538］李继红，岳艳萍．基于互补性服务的 Geom/Geom/1 排队顾客均衡策略研究．系统科学与数学．2018（05）：605－612.

［3539］党英群，李冠杰．咸阳市医疗服务价格规制研究．咸阳师范学院学报．2018（02）：75－78.

［3540］葛涛，李金叶，马莉．环境规制、融资约束与中国企业出口绿色技术含量．现代财经（天津财经大学学报）．2018（12）：96－109.

［3541］赵息，马杰．环境规制与绿色创新的关系研究——基于金融发展与人力资本调节效应的实证分析．现代财经（天津财经大学学报）．2018（02）：63－72.

［3542］杜剑，于芝麦．上市公司并购交易中的成本粘性和价值创造．现代财经（天津财经大学学报）．2018（09）：61－76.

［3543］铁信．英法比铁路企业将联合实施 ERTMS　增强区域高铁网络互联互通性．现代城市轨道交通．2018（09）：79.

［3544］石亮，苗勃．我国出版业外资准入规制的变与不变．现代出版．2018（05）：26－30.

［3545］石亮，苗勃．网络出版的边界及其规制问题辨析．现代出版．2018（02）：5－8.

［3546］陈冬，唐式校．生猪屠宰监管措施．现代畜牧科技．2018（06）：139.

［3547］张爱军，秦小琪．自媒体对网络主权的功能性扩张与规制．现代传播（中国传媒大学学报）．2018（10）：74－79.

［3548］王敏，王毅．互联网时代西方媒介规制政策的转型与重构——以澳大利亚媒体法律改革为例．现代传播（中国传媒大学学报）．2018（06）：9－13.

［3549］易旭明，倪琳．中国传媒市场结构的变迁、模型及优化．现代传播（中国传媒大学学报）．2018（06）：129－134.

［3550］吴飞，孔祥雯．智能连接时代个人隐私权的终结．现代传播（中国传媒大学学报）．2018（09）：25－31.

［3551］王超，包先雨，邢军，王飞．基于区块链技术的跨境电商贸易链与联盟链研究．现代电子技术．2018（21）：169－172.

［3552］陈永生．刑事诉讼中搜查手机的法律规制——以美国赖利案为例的研究．现代法学．2018（06）：135－154.

［3553］蒋大兴．金融“脱实向虚”之规制逻辑——以上市公司并购重组规制为例．现代法学．2018（05）：79－94.

［3554］王迁．论版权法对滥用技术措施行为的规制．现代法学．2018（04）：52－73.

［3555］黄辉．中国股权众筹的规制逻辑和模式选择．现代法学．2018（04）：94－109.

［3556］阳建勋．公司治理与金融监管互动中的银行股东道德风险规制．现代法学．2018（04）：122－135.

［3557］肖顺武．从管制到规制：集体经营性建设用地入市的理念转变与制度构造．现代法学．2018（03）：94－108.

［3558］解正山．大额持股披露义务规制．现代法学．2018（03）：28－43.

［3559］沈伟．金融科技的去中心化和中心化的金融监管——金融创新的规制逻辑及分析维度．现代法学．2018（03）：70－93.

［3560］谭冰霖．论第三代环境规制．现代法学．2018（01）：118－131.

［3561］王晓晔．论相关市场界定在滥用行为案件中的地位和作用．现代法学．2018（03）：57－69.

［3562］李德旺．理念、规范与塑造历程：美国早期行政自我规制的全面解读——读杰里·马肖《创设行政宪制：被遗忘的美国行政法百年史（1787～1887）》．现代法治研究．2018（03）：128－137.

［3563］张潇尹，杜彦其．山西省矿业生态环境规制：政策、评价与优化．现代管理科学．2018（11）：54－56.

［3564］陈志，张亮亮．新时代颠覆性创新规制研究．现代管理科学．2018（10）：6－8.

［3565］吴宇飞．共享经济的反竞争风险及政策应对．现代管理科学．2018（04）：18－20.

［3566］戚庆余．分业监管体制下多层嵌套资管产品的法律规制．现代管理科学．2018（02）：51－53.

［3567］刁鹏飞，傅强，刁昊飞．“一带一路”背景下我国企业海外并购估值风险研究．现代管理科学．2018（03）：79－81.

［3568］闫旭．连锁股东对企业并购发生率的影响研究．现代管理科学．2018（04）：103－105.

［3569］张淦，杜晴．商业银行并购效率研究述评及未来展望．现代管理科学．2018（06）：88－90.

［3570］陈颖，刘小鸽．并购基金价值创造模式研究：海外与国内的比较．现代管理科学．2018（08）：45－48.

［3571］许言，段楚涵．金融“脱虚向实”背景下的企业并购重组研究．现代管理科学．2018（10）：64－66.

［3572］陈颖．国内并购基金的发展形势及对策研究——基于价值创造的视角．现代管理科学．2018（10）：67－69.

［3573］许言．经济结构转型背景下我国高新技术产业并购发展研究．现代管理科学．2018（11）：69－71.

［3574］刘兰凤．企业并购惯性模式与机制——基于我国企业的经验研究．现代管理科学．2018（01）：106－108.

［3575］史丁莎，王晓楠．监管新规下金融资产管理公司债转股业务发展探析．现代管理科学．2018（10）：100－102.

［3576］刁鹏飞，门明．我国私募基金监管：境外经验及其启示．现代管理科学．2018（01）：15－17.

［3577］何任，李梦姣．钢铁企业横向并购价值创造源自效率还是市场势力？——基于宝钢并购武钢的案例研究．现代管理科学．2018（02）：112－114.

［3578］魏钧一．谈塑化剂折射出的公司社会责任之法律规制问题．现代国企研究．2018（12）：100－181.

［3579］王飞．基于政府管制行为的公司治理结构问题分析．现代国企研究．2018（10）：130.

［3580］杨义梅．我国企业人力资源短板分析及对策．现代国企研究．2018（06）：34.

［3581］贾金玉．互补性的强强联合是打造一流企业的有效途径．现代国企研究．2018（07）：78－79.

［3582］刘英团．并购套利的逻辑与趋势——读托马斯·柯克纳《并购套利：全球并购投资策略》．现代国企研究．2018（09）：94－96.

［3583］沈明华．企业并购会计处理方法的分析与研究．现代国企研究．2018（18）：55.

［3584］曾陆．企业并购的财务风险分析及防范．现代国企研究．2018（18）：71－72.

［3585］杨向前．企业并购领域中融资支付的风险防控措施．现代国企研究．2018（18）：125.

［3586］刘英团．资本与战略的角逐——读《大并购：互联网时代资本与战略重构》．现代国企研究．2018（19）：94－96.

［3587］张会利．浅析政府监管部门如何提高企业的安全生产监管．现代国企研究．2018（12）：65.

［3588］蒋家岗．市政工程质量检测与监管之浅见．现代国企研究．2018（12）：169.

［3589］谢丽．基于三医监管平台下的医疗机构卫生统计工作思考．现代国企研究．2018（08）：143.

［3590］姜洪德．财政专项资金监管的问题与对策．现代国企研究．2018（04）：158.

［3591］杨飚．朗盛与滤膜过滤系统生产商 Polymem 签署市场销售及分销合作协议．现代化工．2018（08）：212.

［3592］杨涛．环境监测制度规范化研究．现代交际．2018（23）：248－250.

［3593］刘爽．国际农产品贸易绿色壁垒法律规制研究．现代交际．2018（20）：52－53.

［3594］邱月，王娇娇．从网络暴力现象看言论自由的法律规制．现代交际．2018（18）：29－30.

［3595］王艺霖，胡思宁．网络小额诈骗行为的刑法规制．现代交际．2018（18）：33－34.

［3596］陈一飞．个人信息保护的现实困境与法律规制思考．现代交际．2018（14）：27－28.

［3597］陈一飞．朋友圈微商法律规制微探．现代交际．2018（14）：31－32.

［3598］张洋．网络直播兴盛下的法律思考．现代交际．2018（12）：51－53.

［3599］陈一飞．“医闹”成因分析及法律规制研究．现代交际．2018（12）：55－56.

［3600］王思懿．从“三角协调”到“治理均衡器”：西方国家高等教育治理模式的现代转向．现代教育管理．2018（07）：112－117.

［3601］张治栋，秦淑悦．环境规制、产业结构调整对绿色发展的空间效应——基于长江经济带城市的实证研究．现代经济探讨．2018（11）：79－86.

［3602］乔美华．环境规制对 R&D 创新效率影响的双重效应——基于省际工业面板数据经验研究．现代经济探讨．2018（09）：79－89.

［3603］程东祥，朱虹，王启万，陈静．供给侧结构改革的发生机制研究——基于不同经济学视角．现代经济探讨．2018（06）：37－42.

［3604］李强．正式与非正式环境规制的减排效应研究——以长江经济带为例．现代经济探讨．2018（05）：92－99.

［3605］谢波，贾鲜，易泽华．环境规制对服务业全球价值链地位的影响——基于 45 个 OECD 国家面板数据的实证研究．现代经济探讨．2018（05）：70－77.

［3606］孙玉阳，宋有涛，王慧玲．环境规制对产业结构升级的正负接替效应研究——基于中国省际面板数据的实证研究．现代经济探讨．2018（05）：86－91.

［3607］彭薇．跨国并购是否有助于提高企业动态生产效率：“一带一路”战略背景下中国 A 股制造业上市公司的证据．现代经济探讨．2018（01）：41－50.

［3608］贺晓宇，沈坤荣．跨国并购促进了企业创新能力提升吗？——基于制造业上市公司的微观证据．现代经济探讨．2018（07）：78－86.

［3609］吴松彬，张凯，黄惠丹．R&D 税收激励与中国高新制造企业创新的非线性关系研究——基于企业规模、市场竞争程度的调节效应分析．现代经济探讨．2018（12）：61－69.

［3610］王雨佳．供给侧改革下能源关系及价格现状——以煤电产业链为例．现代经济探讨．2018（07）：26－33.

［3611］周德．基于纯粹公共理论模型的军民科研成果转化效益研究．现代经济信息．2018（15）：59－60.

［3612］米黎钟，陈晴．创业初期企业的合法性获取机制研究——基于创业计划书．现代经济信息．2018（24）：25－27.

［3613］胡燕．区域经济竞争与协调发展问题研究．现代经济信息．2018（23）：465.

［3614］郭婷．绿色经济视角下我国污染产业转移防治研究．现代经济信息．2018（21）：100.

［3615］赵凯东．互联网专车市场竞争行为的经济法问题探讨．现代经济信息．2018（20）：290－292.

［3616］章惠萍．利用第三方支付平台洗钱行为的法律规制研究．现代经济信息．2018（18）：309－310.

［3617］张婷．最高人民法院第 67 号指导案例分析——兼议《合同法》对分期付款合同规制不足．现代经济信息．2018（17）：310.

［3618］杨新贺．共享单车的法律规制．现代经济信息．2018（16）：318.

［3619］汤竣博．网约车监管现状及法律规制研究．现代经济信息．2018（09）：337.

［3620］范谦．基于地方政府竞争视角下环境规制对区域生态效率的影响分析．现代经济信息．2018（08）：67－69.

［3621］王昕．环境规制政策的创新机制研究．现代经济信息．2018（04）：45－46.

［3622］曹振东．试论民间借贷的激励性的法律规制．现代经济信息．2018（01）：288－290.

［3623］栾时雨．浅谈反垄断法的可诉性问题及其实现模式研究．现代经济信息．2018（21）：282.

［3624］孙娜娜．大数据下的价格歧视分析研究．现代经济信息．2018（10）：172.

［3625］魏然．上市还是并购：信息不对称视角下的风险退出机制研究．现代经济信息．2018（02）：326.

［3626］阎雪生．并购重组中的会计与税务问题处理实务．现代经济信息．2018（03）：265.

［3627］胡莞莞．企业生命周期视角下关联交易对上市公司并购绩效的影响研究．现代经济信息．2018（03）：151.

［3628］李才寓．苹果公司的并购发展之路．现代经济信息．2018（05）：373.

［3629］温福兴．企业并购风险问题研究．现代经济信息．2018（06）：45－46.

［3630］姜月，方铭泽．基于最终控制权属性角度研究并购绩效．现代经济信息．2018（06）：130.

［3631］李娟．中国油企跨国并购典型特征及对策研究．现代经济信息．2018（07）：176－178.

［3632］刘杨雪莹．上市影视公司并购价值链延伸效应分析——以华策影视为例．现代经济信息．2018（07）：189－191.

［3633］梁晓凤，梁杰．我国上市公司不同模式并购绩效比较分析文献综述．现代经济信息．2018（07）：96.

［3634］郑薇．企业并购财务战略的选择和分析．现代经济信息．2018（08）：221－222.

［3635］黄映梅．新常态下企业并购中的财务风险与对策分析．现代经济信息．2018（09）：

286.

[3636] 吴学升．上市公司并购重组中存在的问题以及应对策略研究．现代经济信息．2018（09）：105.

[3637] 郭慧．谈企业并购税务筹划及财务风险的应对．现代经济信息．2018（10）：220.

[3638] 王同娟．论并购重组后对子公司的后续管控．现代经济信息．2018（10）：70－71.

[3639] 黄磊，陈顺泰．谈企业并购中的财务风险及防范．现代经济信息．2018（11）：240.

[3640] 刘莹．简述企业并购的财务风险及防范．现代经济信息．2018（11）：261.

[3641] 罗敏．上市公司进行海外并购后的财务整合及协同．现代经济信息．2018（11）：200－202.

[3642] 崔男．中国企业跨国并购风险与防范对策研究．现代经济信息．2018（12）：108.

[3643] 蔡小倩，钟媛．中国企业跨国并购现状与建议研究．现代经济信息．2018（12）：138.

[3644] 苏站站．上市公司并购支付方式选择的影响因素分析．现代经济信息．2018（13）：168－169.

[3645] 张纯．整合人力资源，成功实现并购．现代经济信息．2018（15）：53－54.

[3646] 曹礼创．中国民营企业跨国并购动因研究．现代经济信息．2018（15）：147.

[3647] 魏倩．产业并购基金所涉及的结构化主体合并问题的实务分析．现代经济信息．2018（15）：290.

[3648] 覃宇．关于城市燃气企业并购的若干思考．现代经济信息．2018（16）：24－25.

[3649] 王旭．企业并购会计研究．现代经济信息．2018（17）：269.

[3650] 王晓阳．企业并购过程中财务相关问题探讨．现代经济信息．2018（17）：181－182.

[3651] 张静．企业跨境并购过程中的税收筹划．现代经济信息．2018（19）：163－164.

[3652] 周丹．市场时机对上市公司并购投资行为的影响．现代经济信息．2018（22）：65.

[3653] 何国彬．浅析采取兼并重组方式解决国有企业“僵尸企业”治理．现代经济信息．2018（22）：88.

[3654] 苏志强．论企业并购财务风险与防范．现代经济信息．2018（22）：242.

[3655] 吴怡玲．企业并购财务风险及其防范措施研究．现代经济信息．2018（23）：223.

[3656] 吴雪文．商业银行并购金融业务的创新趋势．现代经济信息．2018（23）：268.

[3657] 杨璐源．OTA 监管政策现状及问题探究．现代经济信息．2018（09）：394.

[3658] 姜迪．基层财政资金监管和内部控制体系建设初探．现代经济信息．2018（08）：143.

[3659] 赵俊豪．数字货币的金融性风险．现代经济信息．2018（07）：328－330.

[3660] 潘君辉．农林局的财政资金监管探讨——基于临海市农林局的财务监察实例．现代经济信息．2018（07）：261.

[3661] 王怡靓．加强互联网小额信贷监管的思考．现代经济信息．2018（06）：325.

[3662] 王舒可．我国互联网金融风险现状及监管策略．现代经济信息．2018（04）：313.

[3663] 任高芳．浅析金融科技信贷发展及其监管建议．现代经济信息．2018（04）：305－306.

[3664] 王娜．试论民间金融的法律监管制度．现代经济信息．2018（02）：339.

[3665] 吴芊惠．利率市场化、市场势力与银行风险承担的研究．现代经济信息．2018（15）：299.

[3666] 唐杰．关于互联网相关市场界定的探讨．现代经济信息．2018（04）：323－324.

[3667] 许春华，王艳．排他性促销对消费者购买意愿影响综述．现代企业．2018（01）：54－55.

[3668] 耿超丽．我国上市公司并购融资存在的风险及对策．现代企业．2018（01）：49－57.

[3669] 赵艺梦．秀强股份的多元化并购绩效分析．现代企业．2018（02）：58－59.

[3670] 郭盼盼．企业并购中问题与应对措施——以吉利并购沃尔沃为例．现代企业．2018

(05)：29－30.

［3671］唐心怡．我国上市公司并购融资风险及防范．现代企业．2018（05）：43－44.

［3672］姜吕琴．我国企业并购融资方式的现状及存在风险与应对．现代企业．2018（05）：47－48.

［3673］刘睿林．企业并购协同效应的三种检验方式．现代企业．2018（06）：28－29.

［3674］刘慧坡．互联网企业并购风险及防范措施——基于美团并购大众点评的案例分析．现代企业．2018（08）：88－89.

［3675］章琦，冯业栋．新创企业领导人受教育程度与企业并购决策——基于创业板上市公司股权集中度的调节作用．现代企业．2018（09）：27－28.

［3676］李娜．美团和大众点评网的并购重组与价值创造．现代企业．2018（12）：31－32.

［3677］杨静．暴力伤医规制的思考．现代商贸工业．2018（36）：130－131.

［3678］吴树慧．从共享“专车”到共享单车——我国城市共享经济的规制路径研究．现代商贸工业．2018（30）：24－26.

［3679］唐紫玥．论网络言论自由的法律规制．现代商贸工业．2018（26）：129－131.

［3680］张隐霞．共享单车企业健康发展与政府规制分析．现代商贸工业．2018（25）：49－50.

［3681］崔浩洋，于文辉．商标恶意注册的法律规制．现代商贸工业．2018（24）：155－156.

［3682］阮佳钰，张珍．环境规制对企业绿色创新绩效影响研究．现代商贸工业．2018（21）：151－153.

［3683］高耀清．母子公司交叉持股法律规制研究．现代商贸工业．2018（21）：131－132.

［3684］侯丽婷．我国网络直播面临的法律风险与规制建议探析．现代商贸工业．2018（17）：128－129.

［3685］吴丹丹，徐怀伏．生物制药产业创新与政府激励性规制机制设计．现代商贸工业．2018（16）：12－14.

［3686］薛礼浚，邵蓉．国外药品价格规则比较及对我国的启示．现代商贸工业．2018（13）：65－66.

［3687］杨建仁，叶开斌，吴华凤．供给侧结构性改革视角下陶瓷产业规制研究．现代商贸工业．2018（06）：1－4.

［3688］郭艳超．格式合同的法律经济学分析．现代商贸工业．2018（05）：153－154.

［3689］曹悦，鲍月．环境规制的经济增长效应分析——基于省级面板模型的实证．现代商贸工业．2018（04）：11－13.

［3690］李沅静．博弈论在市场竞争中的应用．现代商贸工业．2018（03）：66－67.

［3691］李莉．企业并购策划与整合问题探讨．现代商贸工业．2018（04）：47－48.

［3692］张春梅．企业并购及后续整合的风险管理研究——以百度并购91无线为例．现代商贸工业．2018（05）：63－64.

［3693］张惠，邹蔷薇．我国企业海外并购的财务风险分析与控制对策．现代商贸工业．2018（07）：77－78.

［3694］刘美玲，叶苗苗，潘田如．宁波民营企业跨国并购中的金融支持问题研究．现代商贸工业．2018（13）：55－57.

［3695］姚玉剑．非上市公司股权并购的程序风险及防范．现代商贸工业．2018（13）：112－113.

［3696］李依桐，赵雅玲．宝钢与武钢并购中的财务问题研究．现代商贸工业．2018（14）：109－110.

［3697］章婕璇．并购企业的文化融合研究．现代商贸工业．2018（18）：125－127.

[3698] 苗明慧，叶淑珺．星星科技连续并购动因与绩效研究．现代商贸工业．2018（19）：65－66.

[3699] 彭钰钦．平衡记分卡视角下掌趣科技并购动网先锋绩效评价．现代商贸工业．2018（20）：70－72.

[3700] 牟宇轩．公司股权结构与并购绩效关系的研究综述．现代商贸工业．2018（19）：109－111.

[3701] 邵巍．并购溢价率评估模型中资本投向因素研究——基于制造业上市公司的经验数据．现代商贸工业．2018（29）：106－108.

[3702] 周佳慧．我国上市公司敌意收购与并购防御研究——基于浙民投收购ST生化的案例分析．现代商贸工业．2018（28）：142－143.

[3703] 钟雨桐，杨景海．实物期权定价模型在企业并购价值评估中的应用研究．现代商贸工业．2018（30）：116－118.

[3704] 鄢星．海航集团并购路径及并购影响分析．现代商贸工业．2018（31）：68－69.

[3705] 田淑荣．自主研发与扩张并购战略的对比——以智飞生物和沃森生物为例．现代商贸工业．2018（31）：64－67.

[3706] 樊佩．复杂环境下民营企业跨境并购的外部风险——以华为公司为例．现代商贸工业．2018（33）：38－39.

[3707] 冯丽．我国民营企业海外并购问题分析．现代商贸工业．2018（33）：37.

[3708] 冯丽．我国民营企业海外并购建议．现代商贸工业．2018（34）：38－39.

[3709] 包琪．我国食品行业上市公司并购绩效研究——基于三全食品并购“各龙凤实体”的案例分析．现代商贸工业．2018（03）：55－56.

[3710] 蔡东夏．新形势下互联网企业并购动因及问题分析——以滴滴并购优步中国为例．现代商贸工业．2018（02）：43－44.

[3711] 刘珍，汤云．“互联网＋”环境下共享经济的发展研究．现代商贸工业．2018（35）：20－21.

[3712] 赵虎林．我国互联网金融规范和发展路径研究．现代商贸工业．2018（35）：147－149.

[3713] 张乘源．新经济形势下的区块链的发展之路探讨．现代商贸工业．2018（32）：66－67.

[3714] 王凡凡．外企食品质量安全监管体系的重构——以“福喜事件”为例．现代商贸工业．2018（18）：48－50.

[3715] 宋玲芝．大数据下金融创新探析．现代商贸工业．2018（10）：111－112.

[3716] 刘菲．建设工程分包管理存在的经济风险及应对方案．现代商贸工业．2018（09）：114－115.

[3717] 龙昀，李隽波．跨境电商监管现状与改进策略研究．现代商贸工业．2018（06）：53－54.

[3718] 王莉娜．中国民营企业海外投资绩效的影响因素研究——基于国内市场势力的视角．现代商贸工业．2018（25）：33－34.

[3719] 张启宸．环境规制对企业的影响研究．现代商业．2018（35）：119－120.

[3720] 朱瑜婕．我国股权众筹的风险防范与法律规制．现代商业．2018（31）：137－139.

[3721] 王雅菲．我国上市公司会计信息披露制度研究．现代商业．2018（31）：146－147.

[3722] 许圣举．网络搭售行为的法律规制．现代商业．2018（26）：177－178.

[3723] 王祎．公司控股股东滥用控制权的法律规制．现代商业．2018（21）：79－80.

[3724] 陈美辰．网络刷单行为法律规制的前世今生——从“电商起诉刷单平台第一案”落槌到新《反不正当竞争法》实施．现代商业．2018（17）：184－186.

[3725] 杨健，何菲．论我国共享单车市场规制的完善．现代商业．2018（14）：169－170.

[3726] 高旭东．论我国网约车的发展困境及其法律规制．现代商业．2018（09）：154－155.

[3727] 缪轩永．关于市场进入壁垒的若干思考．现代商业．2018（07）：43－44.

[3728] 张楚研．企业并购的反垄断法规制程序．现代商业．2018（05）：245－247.

[3729] 宋明．加强保险公司控制权规制研究．现代商业．2018（05）：166－168.

[3730] 曾蛟．我国企业并购战略动因分析．现代商业．2018（01）：135－136.

[3731] 杜世平．新三板企业并购成因、现状与方式选择问题研究．现代商业．2018（02）：163－164.

[3732] 赵隽鸽，丁辉，朱光好．对我国纺织服装企业并购的思考．现代商业．2018（03）：34－35.

[3733] 李萍丰，黄明健，黄寿强，付宣．国企重组并购案例实战与剖析——以湖南涟邵建设工程（集团）有限责任公司为例．现代商业．2018（04）：151－153.

[3734] 刘娇龙．企业并购面临的风险及应对措施．现代商业．2018（04）：168－169.

[3735] 陈金森，宋治．优酷并购土豆的协同效应分析．现代商业．2018（04）：60－61.

[3736] 李秀丽，王璐璐．基于事件研究法的三一重工并购德国普茨迈斯特价值创造研究．现代商业．2018（06）：172－173.

[3737] 吴依洒．浅析控股兼并中合并商誉的会计处理．现代商业．2018（06）：183－184.

[3738] 张佩婷．联想并购摩托罗拉移动绩效研究．现代商业．2018（07）：112－113.

[3739] 梁圆皓．浅析中国企业跨国并购的动因、问题及对策．现代商业．2018（07）：120－121.

[3740] 陈元荧．技术跨越型企业并购整合的条件和现实问题．现代商业．2018（11）：105－106.

[3741] 马立峰．项目并购在企业发展当中的直接推动作用研究．现代商业．2018（12）：89－90.

[3742] 付皓健．浅议企业在跨国并购中的财务风险．现代商业．2018（13）：140－141.

[3743] 张语铄，薛婷予．日本媒体报道视野下的中国企业海外并购的研究——以“鸿海并购夏普”一案为中心．现代商业．2018（14）：87－90.

[3744] 袁宗祥．企业并购中的财务风险及其控制．现代商业．2018（06）：181－182.

[3745] 汤怡，路晓迪，张银婷，刘晓钰．谈中国企业海外并购中的人力资源整合问题——以均胜并购德国普瑞为例．现代商业．2018（15）：49－50.

[3746] 赵婷玮，赵园艺，刘特．哈佛分析框架下青岛啤酒并购的财务绩效分析．现代商业．2018（15）：158－159.

[3747] 翟海霞，金思达，马隽，张梦雪．企业并购中的税收筹划方案研究．现代商业．2018（16）：145－146.

[3748] 施雪梅．刍议上市公司并购重组后的财务管理问题及措施．现代商业．2018（17）：116－117.

[3749] 梁海涛．政府控制影响资产评估增值率了吗？——基于上市公司并购重组经验数据．现代商业．2018（18）：178－179.

[3750] 何昊轩，唐枫沂，郑春序．并购支付方式对企业绩效的影响研究．现代商业．2018（20）：125－127.

[3751] 刘佳．企业并购财务风险问题研究．现代商业．2018（22）：140－141.

[3752] 陆凤兴．我国企业跨国并购财务准备与考虑因素．现代商业．2018（24）：124－125.

[3753] 刘丹，尉京红．关联交易对评估值与交易价格间差异影响的实证研究——基于2011－2017年上市公司并购重组数据．现代商业．2018（25）：120－121.

[3754] 周禹彤，张文迪，张琳梓．“轻资产”并购产生巨额商誉问题研究．现代商业．2018

（26）：140－141.

［3755］翟雄鹰．企业并购策划与整合问题探讨．现代商业．2018（27）：118－119.

［3756］绳家强．企业并购后财务整合存在的问题和应对措施探究．现代商业．2018（30）：150－151.

［3757］俞善民，冯吉．浅谈企业并购中的财务风险．现代商业．2018（33）：139－140.

［3758］李娜，李聪．政府对网络餐饮食品安全监督管理提升策略研究．现代商业．2018（35）：43－44.

［3759］高雨辰．商业银行理财业务的发展与监管分析．现代商业．2018（35）：100－101.

［3760］沙依兰．共享经济下网约车平台管理问题探究．现代商业．2018（25）：112－113.

［3761］章雅筠．我国售电主体改革研究．现代商业．2018（23）：52－53.

［3762］臧高谊．关于集团化公司外派财务总监的管理探讨．现代商业．2018（22）：138－139.

［3763］王怡雯．关于中央银行独立性问题的思考研究．现代商业．2018（20）：84－85.

［3764］梁华杰．上市公司委托代理问题与对策．现代商业．2018（19）：112－117.

［3765］曹倩．我国跨境电子商务海关征税监管探讨．现代商业．2018（11）：35－36.

［3766］杨帆．我国P2P网络借贷平台的风险控制与监管转型．现代商业．2018（13）：88－89.

［3767］薄涛．政府与社会资本合作（PPP）财政风险监管问题研究．现代商业．2018（04）：115－116.

［3768］龚渝淇．金融科技与监管危机——以网络信贷平台与虚拟货币为例．现代商业．2018（03）：104－105.

［3769］李晓莉．排污权交易中的政府监管职能研究．现代商业．2018（02）：250－251.

［3770］申水红，王京妹，吴迪．我国网络借贷平台发展现状浅探．现代商业．2018（02）：113－114.

［3771］朱博晨．基于博弈论的跨境电子商务监管问题探究．现代商业．2018（02）：61－63.

［3772］郑渝川．“大数据杀熟”为什么是不合理的？．现代商业银行．2018（09）：93－96.

［3773］王恩超．试论危害食品安全犯罪的刑法规制．现代食品．2018（24）：42－44.

［3774］申瑶．我国食品添加剂使用现状及监管对策研究．现代食品．2018（24）：63－66.

［3775］翟娅丽，张琳，王一茹．我国食品安全监管法律问题研究．现代食品．2018（22）：55－58.

［3776］张九玲．浅谈网络订餐食品安全监管．现代食品．2018（09）：64－66.

［3777］谢燕，周道志，曾凤仙．主要发达国家食品安全监管体系研究．现代食品．2018（07）：60－62.

［3778］谢恒，唐佑林，朱哲．供给侧改革视角下湖南省食品安全监管问题研究．现代食品．2018（07）：72－74.

［3779］田磊．基于公众参与的我国食品安全监管体系研究．现代食品．2018（06）：67－69.

［3780］陈良兴．对冷冻肉类食品监管的思考．现代食品．2018（06）：5－7.

［3781］罗琨．以色列通信监听法律规制．现代世界警察．2018（05）：29－33.

［3782］易旭明，黄熠．网络直播市场的竞争与规制调查研究．现代视听．2018（12）：47－51.

［3783］刘金星．短视频平台监管的困局与破局．现代视听．2018（07）：8－12.

［3784］马晓宁．小型水利工程建设领域存在问题分析．现代物业（中旬刊）．2018（09）：135.

［3785］本莉．中国房地产双轨制对房价影响的多重视角分析．现代物业（中旬刊）．2018（04）：241.

［3786］王群英．农村流通环节食品药品安全监管现状及对策．现代医学与健康研究电子杂志．

2018（02）：194.

［3787］雒敏．新形势下社会资本并购公立医院的现状及策略研究．现代医院管理．2018（03）：1－3.

［3788］张群，马力胜男．浅析企业并购成本及其控制．现代营销（创富信息版）．2018（11）：172－173.

［3789］宗子薇．法律规制、区域差异与企业环境信息披露——基于《环保法》的研究1．现代营销（经营版）．2018（12）：79－80.

［3790］王璐．互联网环境下商业诋毁行为及其法律规制．现代营销（经营版）．2018（05）：87.

［3791］季晨雨．互联网＋企业并购重组财务风险分析——以蘑菇街和美丽说合并为例．现代营销（经营版）．2018（05）：86.

［3792］庞锦虹．中国上市公司并购活动文献综述研究．现代营销（经营版）．2018（07）：29.

［3793］毛玥．杠杆并购与壳资源的风险与控制——以龙薇传媒收购万家文化为例．现代营销（经营版）．2018（10）：169.

［3794］张钰涵．互联网金融的风险与监管研究．现代营销（经营版）．2018（12）：207.

［3795］牛玲．医保基金监管问题分析．现代营销（经营版）．2018（09）：171.

［3796］李志敏．我国P2P网贷平台监管问题及对策．现代营销（经营版）．2018（06）：119.

［3797］李淼．互联网金融风险规制及其发展路径略谈．现代营销（下旬刊）．2018（09）：246－247.

［3798］李珊英，姜锐．规制视角下我国邮轮产业发展的影响因素分析．现代营销（下旬刊）．2018（08）：93－94.

［3799］李卫刚．知识产权的法律属性分析和知识产权垄断的法律规制探讨．现代营销（下旬刊）．2018（07）：185.

［3800］王岑婷．新常态下企业并购会计方面问题分析．现代营销（下旬刊）．2018（01）：247.

［3801］孟家怡．关于并购融资方式的资本成本比较分析．现代营销（下旬刊）．2018（02）：132－133.

［3802］黄尾吴．文化企业并购财务风险研究．现代营销（下旬刊）．2018（06）：216－217.

［3803］成建辉．维护中小股东权益的经济法理论基础——以外资并购为视角．现代营销（下旬刊）．2018（06）：242－244.

［3804］陈金权．央企并购地方国企绩效分析．现代营销（下旬刊）．2018（06）：11－13.

［3805］南金伟，付浩．连续并购的绩效分析研究——以海航收购CWT物流供应商为例．现代营销（下旬刊）．2018（07）：140.

［3806］盛华．企业并购绩效分析的案例研究．现代营销（下旬刊）．2018（07）：81－83.

［3807］范钰雯．论中小企业并购的财务风险与防范．现代营销（下旬刊）．2018（08）：229.

［3808］刘畅．浅谈并购中企业的价值评估．现代营销（下旬刊）．2018（09）：32.

［3809］体盈．食品企业跨国并购财务风险的识别浅析．现代营销（下旬刊）．2018（09）：224.

［3810］王亮．内保外贷：能源型企业并购及项目开发融资新途径．现代营销（下旬刊）．2018（11）：55.

［3811］林琛．金融证券市场监管方面存在的问题分析．现代营销（下旬刊）．2018（04）：236.

［3812］程懿丰．试论新常态下的互联网金融监管．现代营销（下旬刊）．2018（02）：24－25.

［3813］曾祥银，王燕红，温德琦．关于构筑农产品质量安全全程监管体系的思考．现代园艺．

2018 (09): 164－165.

[3814] 韩爽. 我国农村民间借贷法律规制研究. 乡村科技. 2018 (01): 36－37.

[3815] 王志芳, 彭志炜. 宣威市农产品质量安全监管的重点、难点及对策. 乡村科技. 2018 (32): 62－63.

[3816] 吴家星. 建宁县森林资源概况与发展对策. 乡村科技. 2018 (31): 68－69.

[3817] 吴朝霞, 葛冰馨. 排污权交易试点的波特效应研究——基于中国11个试点省市的数据. 湘潭大学学报（哲学社会科学版）. 2018 (06): 37－40.

[3818] 邝嫦娥, 邹伟勇. 环境规制与能源消费碳排放——理论分析及空间实证. 湘潭大学学报（哲学社会科学版）. 2018 (05): 81－86.

[3819] 陈灿祁, 张卫东. 论邮政行业反垄断执法中的相关市场界定. 湘潭大学学报（哲学社会科学版）. 2018 (05): 59－63.

[3820] 郝海龙. 浅谈中国企业海外并购后的整合及管控. 橡塑技术与装备. 2018 (06): 22－25.

[3821] 中国轮胎业最大境外并购案已到收官阶段. 橡塑技术与装备. 2018 (09): 60－61.

[3822] 周晓勇. 关于消防产品认证制度的相关探讨. 消防界（电子版）. 2018 (17): 51－52.

[3823] 贺明华. 政府规制能增强消费者采纳共享经济模式的意愿吗?. 消费经济. 2018 (05): 48－55.

[3824] 黄安琪, 胡林果. 涉嫌传销的“知识付费”模式调查. 小康. 2018 (11): 86－87.

[3825] 王珏玢, 潘晔. 亲证App“杀熟”透支消费者信任. 小康. 2018 (11): 84－85.

[3826] 王保春. 我国轨道交通价格研究. 新会计. 2018 (01): 51－53.

[3827] 邹晓峰, 苏鹏程. 管理层能力与产能过剩行业并购绩效关系研究. 新疆财经. 2018 (03): 39－47.

[3828] 王秀丽, 胡叶, 陈继萍. 溢价并购下的商誉减值研究——以蓝色光标公司为例. 新疆财经. 2018 (05): 32－40.

[3829] 苏欣. 我国股权众筹风险防控研究. 新疆财经大学学报. 2018 (04): 70－78.

[3830] 乐菲菲, 张金涛. 环境规制、政治关联丧失与企业创新效率. 新疆大学学报（哲学·人文社会科学版）. 2018 (05): 16－24.

[3831] 张京凯. 以敷国用：宋代户绝田流转与规制问题研究. 新疆大学学报（哲学·人文社会科学版）. 2018 (01): 42－52.

[3832] 徐天柱. 网约车崛起背景下出租车规制制度改革探讨. 新疆大学学报（哲学·人文社会科学版）. 2018 (01): 16－23.

[3833] 党梦雅, 魏景赋, 田文举. “一带一路”倡议、所有权性质和支付方式与企业跨国并购绩效. 新疆农垦经济. 2018 (10): 50－57.

[3834] 曹昱亮, 李秀媛. 全球创新链视角的跨国并购技术创新能力提升效应——基于吉利并购沃尔沃的案例. 新疆社会科学. 2018 (03): 42－50.

[3835] 宋伟锋. 商标权保护物权化研究——以吉利并购沃尔沃股权案为例. 新疆社科论坛. 2018 (05): 31－36.

[3836] 苏剑. 共享经济：动因、问题和前景. 新疆师范大学学报（哲学社会科学版）. 2018 (02): 126－131.

[3837] 林翰, 陈伟雄. 商业银行“三套利”生成机理及监管规制研究. 新金融. 2018 (09): 36－39.

[3838] 胡妍, 莫志锴, 杜晓颖. 上市公司并购新三板挂牌企业问题研究. 新金融. 2018 (09): 55－60.

[3839] 池茜, 陈浒. 国内外校园网络信贷平台比较及相关规制. 新经济. 2018 (01): 53－55.

［3840］李佳琦．我国 P2P 网贷监管问题探讨．新经济．2018（Z1）：61－64.

［3841］吕昱江．新常态经济规制及其制约机制完善．新经济导刊．2018（10）：69－72.

［3842］冯明．政府与互联网企业关系面临挑战．新经济导刊．2018（05）：50－54.

［3843］蔡昌，张赛，王思月．中联重科的并购策略．新理财．2018（04）：54－57.

［3844］沈春晖．理性面对并购重组市场．新理财．2018（06）：28－30.

［3845］于跃．CFO 的跨境并购攻略．新理财．2018（09）：34－35.

［3846］王祯祯．中国并购投资步伐放缓．新理财．2018（09）：37.

［3847］李婉．新闻媒介中动态社交语言的表征、趋向及规制．新媒体研究．2018（02）：7－8.

［3848］聂丹．新媒体传播乱象与应对策略．新媒体研究．2018（18）：54－55.

［3849］苗玲玲，王飞，孙培炎．网络舆情传播事件预警机制与渎职侦办规制研究．新闻爱好者．2018（11）：60－63.

［3850］夏冬灵，刘秋雨，王子翼．媒介融合在中国的发展趋势及路径研究——评《规制变革：中国媒介融合发展的路径选择研究》．新闻爱好者．2018（11）：120.

［3851］谭天，方洁，李易阳．2017 年度新兴媒体发展状况综述．新闻爱好者．2018（08）：50－54.

［3852］张璟．我国对互联网泄密规制的问题和对策．新闻传播．2018（11）：9－10.

［3853］郁丽佳．浅析新媒体广告监管执法中的对策．新闻传播．2018（23）：37－38.

［3854］何慧平．浅析网络新闻舆论的公共管理困境与对策．新闻传播．2018（21）：71－72.

［3855］陈明．算法推荐的“歧途”及规制之策．新闻窗．2018（05）：40－41.

［3856］王炎龙，李玲．媒介规制与媒介生产：一种把关的制衡——基于 2006～2016 年广播影视法律法规和政策的分析．新闻大学．2018（05）：102－108.

［3857］窦锋昌．新《广告法》的规制效果与规制模式转型研究——基于 45 起典型违法广告的分析．新闻大学．2018（05）：109－116.

［3858］窦佳乐，黄迎新．自媒体广告的规制失灵与多主体规制体系建构——一项基于自媒体人深度访谈的探索性研究．新闻大学．2018（05）：117－123.

［3859］邵国松，杨丽颖．在线行为广告中的隐私保护问题．新闻界．2018（11）：32－41.

［3860］李毅，戴林莉．论我国比较广告的法律规制——以立法衔接与补足为视角．新闻界．2018（08）：78－83.

［3861］王炎龙，邓颖．版权保护规制的权利再平衡——基于《著作权法（修订草案送审稿）》的分析．新闻界．2018（06）：89－95.

［3862］韩仁哲，李季刚．新《广告法》下自然人虚假荐证责任制度之完善——基于保护与规制的平衡视角．新闻界．2018（03）：55－60.

［3863］范松楠，任悦．短视频的政治经济分析．新闻论坛．2018（03）：47－50.

［3864］李砚青，杨威．网络集群行为的生成逻辑及规制引导——“朋友圈集晒 18 岁芳华照”引发的思考．新闻前哨．2018（02）：61－63.

［3865］李丹，张菊兰．浅析自媒体广告的监管策略．新闻世界．2018（03）：83－86.

［3866］王辉．网络化时代我国网络媒体的社会责任与法律规制．新闻研究导刊．2018（17）：16－17.

［3867］蒋家鑫．新闻媒体视角下反转新闻的成因与规制探究——以榆林孕妇坠楼事件为例．新闻研究导刊．2018（13）：113.

［3868］周怀君．“互联网＋”背景下广播电视新闻传播的规制探析．新闻研究导刊．2018（07）：113－115.

［3869］唐连新．浅析自媒体新闻传播存在问题的成因与规制．新闻研究导刊．2018（04）：99.

［3870］林书源．社交媒体短视频内容监管探究——以“抖音”App 为例．新闻研究导刊．2018（14）：113.

［3871］李铁成，关艳鸽．关于新媒体背景下政府部门做好网络舆情监管的研究．新闻研究导刊．2018（02）：253－254.

［3872］方师师．算法如何重塑新闻业：现状、问题与规制．新闻与写作．2018（09）：11－19.

［3873］程文静．物联网时代新闻传播面临的挑战与应对．新闻战线．2018（24）：31－34.

［3874］王莉萍．数字音乐平台的媒体属性及其内容规制．新闻战线．2018（20）：146－147.

［3875］张琳．新媒体时代新闻作品的版权保护——以“今日头条案”为例．新闻战线．2018（20）：81－82.

［3876］崔保国，王竟达．互联网的规制与网络媒体的自制．新闻战线．2018（17）：61－64.

［3877］许前川．公民网络言论自由的法律规制．新闻战线．2018（16）：21－22.

［3878］王海，申龙飞，周婧怡．俄罗斯媒体市场化转型与集中化发展的政府规制导向．新闻战线．2018（13）：145－149.

［3879］杨熙玲．浅析新闻传播的法律规制．新闻战线．2018（09）：120－121.

［3880］马思源，姜文琪．推荐算法规制的他山之石．新闻战线．2018（05）：106－108.

［3881］王爱军．网络隐私权立法保护的完善策略．新闻战线．2018（04）：28－29.

［3882］赵峰．数据时代的监控型侦查——评《风险社会中犯罪的规制和侦查》．新闻战线．2018（02）：152.

［3883］苏卡妮．新闻舆论监督权及其法律规制．新闻战线．2018（02）：30－31.

［3884］何广宇．国际经济贸易发展探析——评《经济贸易、国际投资与跨国并购：世界经济研究》．新闻战线．2018（20）：182.

［3885］丁薇．新媒体环境下的主流价值传播．新闻战线．2018（17）：121－122.

［3886］闵涛．微博广告的监管制度．新闻战线．2018（16）：26－27.

［3887］梁方朦，徐铁光．论网络视频直播的伦理规制．新西部．2018（35）：89－90.

［3888］臧姗．深化商事制度改革研究．新西部．2018（24）：100－190.

［3889］刘子豪．农村生活垃圾处理的法律规制．新西部．2018（23）：96－97.

［3890］赵澜旭．新形势下工商管理职能转变探究．新西部．2018（14）：84－85.

［3891］张东方．第三方支付洗钱问题法律规制研究．新西部．2018（12）：81－82.

［3892］杨思敏．近年来我国行政不作为问题研究综述．新西部．2018（09）：85－86.

［3893］宋文然．医患纠纷的法律规制路径研究．新西部．2018（09）：103－104.

［3894］朱建峰．新时代农村经济中的环境污染问题实证研究——以江西省农村为例．新西部．2018（05）：48－49.

［3895］庄志坚．虚假诉讼法律规制模式之现实境遇及制度改善．新余学院学报．2018（05）：89－93.

［3896］朱恒．论古代索债致人自尽的法律规制及其检视．新余学院学报．2018（02）：61－65.

［3897］陆丹．遗弃罪刑法规制的完善路径研究．新余学院学报．2018（01）：38－43.

［3898］翟帅．域外个人信息保护立法模式与规制范围之反思．信息安全研究．2018（07）：611－618.

［3899］黄旗绅，程奥，曹旭栋．网络涉军负面虚假信息研究．信息安全研究．2018（09）：863－868.

［3900］曹建峰，祝林华．欧洲数据产权初探．信息安全与通信保密．2018（07）：30－38.

［3901］徐纬地．网络安全：均衡、主权与军控．信息安全与通信保密．2018（04）：38－44.

［3902］唐巧盈．向左走，向右走？——美国“网络中立”政策的博弈之路．信息安全与通信

保密.2018 (01): 52 –57.

[3903] 李世寅. 化方为圆: 区块链技术在金融领域中的运用分析及解困之道. 信息安全与通信保密.2018 (02): 34 –45.

[3904] 王金全, 孙天宇. 低空空域监管中雷达、通信、导航技术的有效运用. 信息记录材料.2018 (11): 88 –89.

[3905] 蔡万强. 一种利旧的新型模块化室分后备电源方案. 信息通信.2018 (07): 207 –208.

[3906] 罗珞珈, 熊惟楚, 王颖. 我国基础电信企业与互联网企业竞争规制研究. 信息通信技术与政策.2018 (11): 80 –83.

[3907] 全湘溶, 张全斌. 浅析数据产权界定和应用规制中的若干问题. 信息通信技术与政策.2018 (10): 91 –94.

[3908] 师文欣. 信息传递视角下大数据"杀熟"现象成因及对策研究. 信息与电脑 (理论版).2018 (15): 143 –144.

[3909] 邓灵斌.《国家情报法》规制下的国家安全与个人信息保护之考量——兼论英国情报监听制度及其借鉴. 信息资源管理学报.2018 (04): 29 –34.

[3910] 扶晴晴. 中资企业面临的美国监管风险及应对建议. 信阳农林学院学报.2018 (02): 25 –28.

[3911] 李一明. 社会办医疗机构能否提供公共卫生服务——经济学"科斯灯塔"之谜在卫生领域的解读. 邢台学院学报.2018 (04): 16 –17.

[3912] 张洋, 陈淑玲. 论网络表达权的保障与规制. 邢台学院学报.2018 (03): 120 –122.

[3913] 韩陛贤, 李智. 网络技术赋权的内部逻辑及其法律规制. 邢台学院学报.2018 (03): 123 –126.

[3914] 朱婉婉. 网络虚拟财产的继承问题研究. 宿州学院学报.2018 (12): 48 –51.

[3915] 杨培华. 公民个人信息的刑法保护. 宿州学院学报.2018 (07): 20 –23.

[3916] 臧阿月. C2C 模式下网络交易征税问题的法律规制探析. 宿州学院学报.2018 (05): 41 –45.

[3917] 陈维超, 王秀珊. 台湾传媒融合规制的发展历程及其实践困境. 徐州工程学院学报 (社会科学版).2018 (01): 91 –95.

[3918] 方明. 个人信息多元保护模式探究. 学海.2018 (06): 198 –203.

[3919] 郑伦幸. 论我国专利劫持的法律规制. 学海.2018 (06): 204 –209.

[3920] 杨建. 刑罚规制个体自决事务的限度——以"不优先救母入刑"案为例. 学海.2018 (06): 210 –216.

[3921] 宋钰. 俄罗斯洗钱犯罪的刑法规制及其启示. 学理论.2018 (10): 135 –136.

[3922] 李博. 自媒体言论自由的刑法规制研究. 学理论.2018 (08): 118 –119.

[3923] 王焕然, 王艺霖. 我国民间借贷的法律监管研究. 学理论.2018 (06): 118 –119.

[3924] 陈亚男. 中国体育产业海外并购风险识别与防范. 学理论.2018 (06): 98 –99.

[3925] 杨菁. 高校"校园贷"问题治理研究. 学理论.2018 (04): 115 –117.

[3926] 胡晶, 刘阳. 论乡村网络信息建设如何融入乡村振兴战略. 学术交流.2018 (12): 128 –135.

[3927] 刘文燕, 张天衣. 网络诽谤行为刑法规制的问题与对策. 学术交流.2018 (10): 90 –97.

[3928] 李雅男. 数据保护行为规制路径的实现. 学术交流.2018 (07): 65 –72.

[3929] 李振利, 李毅. 论算法共谋的反垄断规制路径. 学术交流.2018 (07): 73 –82.

[3930] 徐建中, 于泽卉. "三权分置"视野下农地市场运行障碍与破解. 学术交流.2018 (07): 102 –107.

[3931] 程龙．自动驾驶车辆交通肇事的刑法规制．学术交流．2018（04）：81－87.

[3932] 卢有学，窦泽正．论刑法如何对自动驾驶进行规制——以交通肇事罪为视角．学术交流．2018（04）：73－80.

[3933] 索志林，高鹏．微信电子商务营销的衍生困境与市场规制探析．学术交流．2018（03）：109－115.

[3934] 刘东霞．从"特权"到"权利"：新财产在美国的发展——以判例为中心的考察．学术交流．2018（02）：85－92.

[3935] 赵人行，李晓龙．互联网医疗发展环境、目标及展望．学术交流．2018（02）：127－132.

[3936] 付春光，叶泽樱．马克思产业安全思想研究．学术界．2018（11）：151－161.

[3937] 张力，陈鹏．机器人"人格"理论批判与人工智能物的法律规制．学术界．2018（12）：53－75.

[3938] 许根宏．人工智能传播规制基础：伦理依据与伦理主体的确立．学术界．2018（12）：93－103.

[3939] 陈兵．我国反垄断执法十年回顾与展望——以规制滥用市场支配地位案件为例的解说．学术论坛．2018（06）：1－12.

[3940] 解学芳，臧志彭．文化产业上市公司国有资本与民营资本控制力比较研究．学术论坛．2018（01）：141－149.

[3941] 谭德庆，商丽娜．制造业升级视角下环境规制对区域绿色创新能力的影响研究．学术论坛．2018（02）：86－92.

[3942] 丁国峰，陈明辰．论我国成品油市场行政性垄断行为的规制路径．学术探索．2018（03）：87－94.

[3943] 游文亭．人工智能民事侵权责任研究．学术探索．2018（12）：69－77.

[3944] 程波辉，奇飞云．共享单车的政府规制：一个分析框架——基于15个城市的政策文本分析．学术研究．2018（11）：62－67.

[3945] 宋亚辉．食品安全风险的规制体制设计．学术研究．2018（09）：53－60.

[3946] 高秦伟．消费者知情权保护与食品科技的规制．学术研究．2018（07）：48－57.

[3947] 梁琦，陈时国．城市多重逻辑、网约车规制与规制失灵．学术研究．2018（05）：52－57.

[3948] 周燕．政府应该反垄断吗——一个基础理论层面上的探讨．学术研究．2018（11）：89－97.

[3949] 刘亚平，梁芳．监管国家的中国路径：以无证查处为例．学术研究．2018（09）：44－52.

[3950] 蔡守秋．环境权实践与理论的新发展．学术月刊．2018（11）：89－103.

[3951] 魏下海，张天华，李经．最低工资规制与中国企业的市场存活．学术月刊．2018（03）：87－97.

[3952] 马永祥．融资担保公司非法集资活动规制研究——兼评国务院《融资担保公司监督管理条例》．学习论坛．2018（03）：92－96.

[3953] 刘然，张旭霞．城市公共空间中共享单车的负外部性治理——解读、困境与规制路径．学习论坛．2018（01）：71－76.

[3954] 张留禄，刘宇畅．企业并购技术整合风险分析与评价体系构建．学习论坛．2018（05）：41－46.

[3955] 王轩，王睿．从信息产业并购看资本市场助力实体经济发展．学习论坛．2018（09）：42－46.

[3956] 刘弘阳．我国地方政府差异性补贴的规制路径——以欧盟国家援助行政审查模式为借

鉴．学习与实践．2018（09）：51－59.

［3957］陈秀红．“给付”与“规制”：中国社会政策公平性检视及未来建构．学习与实践．2018（06）：92－100.

［3958］夏清华，娄汇阳．规模与垄断如何影响企业商业模式创新——对熊彼特假说的新检验．学习与实践．2018（04）：22－34.

［3959］饶丽虹．企业跨国并购后的情绪性冲突问题研究．学习与实践．2018（10）：64－71.

［3960］陈英姿，夏欣．东北地区环境规制与经济增长关系的实证研究．学习与探索．2018（09）：119－125.

［3961］赵静，王宇哲．产业政策的治理逻辑及制度塑性．学习与探索．2018（01）：105－111.

［3962］周玲，刘海，张聪逸．云南省开展生产建设项目“天地一体化”监管工作探讨．亚热带水土保持．2018（04）：68－70.

［3963］周念利，李玉昊，刘东．多边数字贸易规制的发展趋向探究——基于WTO主要成员的最新提案．亚太经济．2018（02）：46－54.

［3964］邱强，王赛，张统勋．亚太国家环境规制对我国OFDI的影响研究．亚太经济．2018（01）：120－125.

［3965］杨波，朱洪飞．政治稳定性、经济自由度与跨国并购区位选择——基于美国企业的实证研究．亚太经济．2018（04）：47－55.

［3966］左婧．公司团体分类方式研究——“生产要素集合”理论的视角．延安大学学报（社会科学版）．2018（01）：101－106.

［3967］李岳．“套路贷”刑法规制的回应与展望．延安职业技术学院学报．2018（03）：19－22.

［3968］万里鹏．我国专利行政处罚的权限冲突及其规制路径．延边大学学报（社会科学版）．2018（02）：92－100.

［3969］史修瑞．论政府在共享单车规制中的职责．延边党校学报．2018（02）：46－49.

［3970］任胜钢，项秋莲，何朵军．自愿型环境规制会促进企业绿色创新吗？——以ISO14001标准为例．研究与发展管理．2018（06）：1－11.

［3971］李梦洁，杜威剑．环境规制与企业出口产品质量：基于制度环境与出口持续期的分析．研究与发展管理．2018（03）：111－120.

［3972］张峰，田文文．环境规制与技术创新：制度情境的调节效应．研究与发展管理．2018（02）：71－81.

［3973］戎珂，肖飞，王勇，康正瑶．互联网创新生态系统的扩张：基于并购视角．研究与发展管理．2018（04）：14－23.

［3974］古定威，丁岚，骆品亮．P2P网贷平台信用风险控制的演化博弈分析．研究与发展管理．2018（03）：12－21.

［3975］谢祺．清末边疆危机下中央与云南当局围绕盐课的博弈．盐业史研究．2018（02）：22－34.

［3976］祁维寿．青海互助县农畜产品安全生产监管现状、问题及对策．养殖与饲料．2018（10）：112－113.

［3977］安文利，张胜华，马骏，李金元．湖北十堰市生猪屠宰监管的思考．养殖与饲料．2018（08）：117－118.

［3978］龚健，徐彦，赖鹏，陈义生，房杏春，胡成松，Reddy Chinta Srinivasa，张国华．高端口服固体仿制药的设计及其产品关键质量属性的控制——以FDA批准的琥珀酸美托洛尔缓释片为例．药学进展．2018（09）：644－654.

［3979］程新．钢铁联合企业突发环境事件风险评估的研究．冶金动力．2018（06）：1－4.

[3980] 牟鹏涛．对我国医疗器械软件监管工作的思考和建议．医疗装备．2018（11）：200－202.

[3981] 衡敬之．国际医疗旅游研究概览——以国际医疗旅游的风险及其规制研究为重点．医学与法学．2018（02）：76－81.

[3982] 李茜．非医学胎儿性别鉴定的法律规制——以基因非医学胎儿性别检测为视角．医学与法学．2018（01）：22－25.

[3983] 余园园，张秀敏，陈晓琳，郑伊琳，朱雪波．基于国际经验视角的我国外资办医存在的问题及对策分析．医学与社会．2018（04）：19－22.

[3984] 管晞羽，史呈伟，冷斌，郭伯堂，辛野，曹强，王彧．论媒体对医疗问题监督的约束与规制．医学与哲学（A）．2018（04）：64－67.

[3985] 李润生．论《中医药法》的不足及其矫正——扶持保护为重的立法政策之批评．医学与哲学（A）．2018（03）：20－23.

[3986] 傅书勇，杨悦，于金冉．中美药品说明书管理的法律法规比较．医药导报．2018（10）：1291－1294.

[3987] 胡红燕，苏春芝，王筱萍，吴建浓．多层防御系统对医患纠纷的防控效果分析．医院管理论坛．2018（05）：32－34.

[3988] 李计．跳出“血汗钱”泥沼　继电器产业步入高端市场——郭航利创新研发的继电器监测诊断及远程控制技术．仪器仪表用户．2018（10）：3－4.

[3989] 陈文昊．作为义务中“支配领域性说”于我国的反思与修正．宜宾学院学报．2018（01）：59－66.

[3990] 李婉婷．视频聚合行为的法律规制——以《著作权法》和《反不正当竞争法》为例．宜宾学院学报．2018（05）：47－54.

[3991] 贾章范．视频监控场域下公共场所隐私权的理论建构．宜宾学院学报．2018（04）：72－80.

[3992] 卢永红．我国企业并购中的定价问题研究．宜春学院学报．2018（07）：48－53.

[3993] 李春青，刘奕彤．北京清代醇亲王府南府建筑研究．遗产与保护研究．2018（04）：103－108.

[3994] 黄国群，楚一莎．娱乐产业IP运营机理及其规制研究．艺术百家．2018（02）：99－104.

[3995] 王樱洁．中国网络视听产业发展现状与概念廓清．艺术科技．2018（12）：115－245.

[3996] 王绍喜．理财产品广告的法律规制——对一则广告行政处罚案的思考．银行家．2018（10）：137－139.

[3997] 钟维．资金池理财产品的法律规制．银行家．2018（04）：135－137.

[3998] 王兰，李天鹏．破局与重构：校园贷协同规制新路探寻．银行家．2018（03）：142－144.

[3999] 李皓．高新技术产业并购助力经济转型．银行家．2018（11）：94－95.

[4000] 杨旭然．并购引发钛白粉格局骤变．英才．2018（01）：90－91.

[4001] 徐晗．2017年A股十大并购案例．英才．2018（04）：80－83.

[4002] 张延陶，修思禹．李书福　吉利并购式进化．英才．2018（06）：18－25.

[4003] 谢泽锋．中国半导体十大海外并购案例．英才．2018（06）：47－49.

[4004] 徐晗．闻泰科技　百亿半导体并购大案．英才．2018（07）：80－81.

[4005] 孙亚雄．博通再掀并购巨浪．英才．2018（08）：14.

[4006] 张延陶．跨界并购频现　院线格局悄然重塑．英才．2018（09）：56－57.

［4007］谢泽锋．思源电气　跨境半导体并购又一单．英才．2018（Z2）：80－81.

［4008］赵文佳．中成股份　并购补短．英才．2018（Z2）：26－27.

［4009］本刊编辑部，安亚杰，于平平．兼并重组升温．营销界（农资与市场）．2018（01）：32－33.

［4010］彭聪，袁鹏．环境规制强度与中国省域经济增长——基于环境规制强度的再构造．云南财经大学学报．2018（10）：37－51.

［4011］汪海凤，白雪洁．环境规制、企业异质性与外部投资偏向．云南财经大学学报．2018（02）：91－102.

［4012］张艾莲，封军丽，刘柏．文化和制度距离、跨国并购与“一带一路”投资．云南财经大学学报．2018（06）：38－47.

［4013］杨一介．宅基地使用权规制规则反思：冲突与回应．云南大学学报（社会科学版）．2018（04）：118－127.

［4014］李秉厚．人工智能对公安行政处罚裁量权的法律规制．云南警官学院学报．2018（04）：97－101.

［4015］金莲．新型毒品犯罪法律规制探讨．云南警官学院学报．2018（01）：28－32.

［4016］王浩然．劳务派遣用工单位惩戒权研究．云南科技管理．2018（05）：41－44.

［4017］刘紫薇．环境规制对环境污染的空间溢出效应研究．云南民族大学学报（自然科学版）．2018（05）：444－450.

［4018］黄辉．高等教育 PPP 模式的法律规制研究．云南社会科学．2018（06）：142－146.

［4019］祁畅．中国非上市公众公司监管的结构性变革——兼论中国公众公司的法律内涵重构．云南社会科学．2018（01）：76－82.

［4020］侯天佐．“互联网＋”背景下网络统战工作的创新发展．云南社会主义学院学报．2018（01）：26－31.

［4021］张晓明，王应明，施海柳．考虑非期望规模收益的创新型企业并购决策．运筹学学报．2018（01）：42－54.

［4022］夏良杰，白永万，秦娟娟，李友东．碳交易规制下信息不对称供应链的减排和低碳推广博弈研究．运筹与管理．2018（06）：37－45.

［4023］潘峰，王琳．中国式分权下地方政府环境规制执行研究——以排污收费为例．运筹与管理．2018（02）：152－158.

［4024］张彦博，寇坡，张丹宁，于清雅．企业污染减排过程中的政企合谋问题研究．运筹与管理．2018（11）：184－192.

［4025］刘洪久，胡彦蓉，马卫民，孙伟国．产业生命周期视角下的并购期权价值评估方法优化研究．运筹与管理．2018（01）：31－36.

［4026］关健，闫研．超竞争环境下企业困境并购定价与时机选择的期权博弈分析．运筹与管理．2018（07）：58－67.

［4027］刘烨，曲怡霏，方磊，裴冬雪．CEO 年龄、公司治理与海外并购——来自我国沪深股市的经验数据（2009～2014）．运筹与管理．2018（10）：174－184.

［4028］邱磊，刘小兵．中国铁路路网自然垄断属性及其管制研究．运筹与管理．2018（12）：181－186.

［4029］张海军．网络预约出租汽车规制研究．运输经理世界．2018（04）：94－97.

［4030］吉安集团“超速”并购北欧纸业．造纸装备及材料．2018（01）：5.

［4031］彭立志，倪鹏．信用评级选购与评级机构监管．债券．2018（07）：69－74.

［4032］李海澈，张军，王春鹏．商业医疗保险欺诈的危害与法律规制——以投保方欺诈为关

注点．长白学刊．2018（06）：80－84.

［4033］张丽，刘明．我国出租车政策变迁的动力机制——基于倡导联盟框架的分析．长白学刊．2018（05）：84－91.

［4034］杜传忠，陈维宣，胡俊．中国新经济发展存在的问题及监管思路．长白学刊．2018（04）：92－98.

［4035］张运书，李玉文．评级失灵与矫正：网络借贷信用评级规制路径．长春大学学报．2018（09）：75－80.

［4036］左晓慧，刘爽．中国企业海外并购绩效分析．长春工程学院学报（社会科学版）．2018（04）：28－31.

［4037］滕忠红．中国资本海外体育并购的现状、风险与管控．长春教育学院学报．2018（05）：43－46.

［4038］高思敏．政府与社会资本合作（PPP）项目融资法律问题研究．长春金融高等专科学校学报．2018（03）：92－96.

［4039］邢瑞淼，闫文军．视频聚合行为应如何规制——以界定信息网络传播权的涵盖范围为视角．长春理工大学学报（社会科学版）．2018（03）：26－31.

［4040］吴志宇，徐诗阳．论网约车市场的法律规制．长春理工大学学报（社会科学版）．2018（01）：35－40.

［4041］江铭，郭金秀．利益相关者视角下企业并购多种博弈模式研究．长春师范大学学报．2018（03）：77－84.

［4042］张晓茹，田金明．福建自贸区离岸金融宏观审慎监管研究．长春师范大学学报．2018（03）：58－61.

［4043］黄宝辉．浙江省残疾人无障碍旅游市场开发探讨．长江大学学报（社会科学版）．2018（04）：80－82.

［4044］郑丽娜，路瑶，沈颖．网约车市场准入制度研究．长江大学学报（社会科学版）．2018（04）：70－72.

［4045］屈小娥．中国生态效率的区域差异及影响因素——基于时空差异视角的实证分析．长江流域资源与环境．2018（12）：2673－2683.

［4046］张英浩，陈江龙，程钰．环境规制对中国区域绿色经济效率的影响机理研究——基于超效率模型和空间面板计量模型实证分析．长江流域资源与环境．2018（11）：2407－2418.

［4047］陈骏．“人工代孕”的立法与规制初探——以风险社会为视角．长江论坛．2018（02）：65－69.

［4048］周权．“试衣间性行为”的法律规制问题——对《治安管理处罚法》第44条的法教义学反思．长江师范学院学报．2018（06）：89－94.

［4049］陈赟，定玲丞．政府投资工程项目招投标纵向合谋成因分析．长沙理工大学学报（自然科学版）．2018（02）：30－36.

［4050］陈赟，吴灿灿，朱文喜．基于证据推理的政府工程招标人与投标人合谋倾向强度测算方法．长沙理工大学学报（自然科学版）．2018（01）：57－62.

［4051］杨铁铮．共享单车押金属性及其法律规制研究．长沙民政职业技术学院学报．2018（02）：57－60.

［4052］任建安．网络直播乱象的法律规制．长沙民政职业技术学院学报．2018（01）：64－66.

［4053］周权．组织刷单炒信行为的刑法规制——以非法经营罪为切入点展开．长治学院学报．2018（04）：16－19.

［4054］陈兆誉．互联网经济中炒信行为的规制路径．浙江大学学报（人文社会科学版）．2018

(06): 203 - 215.

[4055] 颜士梅，陈丽哲，张钢．并购情境下领导群体原型典型性与下属上向信任的关系——组织身份凸显性的调节作用．浙江大学学报（人文社会科学版）.2018（03）：217 - 230.

[4056] 诸竹君，黄先海，张胜利．跨国并购能提高企业加成率吗？——事实与机制．浙江大学学报（人文社会科学版）.2018（06）：216 - 233.

[4057] 张骏德．美国公共电视研究的新创获——评王哲平教授的《美国公共电视：观念、价值与规制》．浙江工业大学学报（社会科学版）.2018（04）：7 - 356.

[4058] 高辉，相亚成．价格规制视角的 PPP 项目合理投资回报率研究．浙江工业大学学报（社会科学版）.2018（03）：280 - 285.

[4059] 谢洪明，钱莹，李春阳．制度质量对跨国并购绩效的影响——制度距离和跨国并购经验的调节效应．浙江工业大学学报（社会科学版）.2018（03）：267 - 272.

[4060] 徐士伟，门成昊．企业创新投入与短期并购绩效——企业年龄和负债水平的调节作用．浙江金融．2018（01）：41 - 47.

[4061] 赵大伟．我国互联网银行风险与监管研究．浙江金融．2018（01）：3 - 8.

[4062] 孙娜．全面实施市场准入负面清单制度．浙江经济．2018（03）：50 - 51.

[4063] 赵慧宇，刘银兰，王祥云，徐明飞，苍涛，杨桂玲，王新全，胡桂仙．浙江茭白农药残留质量安全现状、隐患及对策．浙江农业科学．2018（03）：504 - 506.

[4064] 杨桂玲，赵慧宇，梁森苗，黄茜斌，刘银兰．杨梅农药使用与监管的思考．浙江农业科学．2018（01）：51 - 53.

[4065] 王小章，冯婷．从身份壁垒到市场性门槛：农民工政策 40 年．浙江社会科学．2018（01）：4 - 9.

[4066] 王磊．加强取用水监管　促进最严格水资源管理制度贯彻落实．浙江水利科技．2018（04）：69 - 71.

[4067] 洪伟光．论“一带一路”战略下我国海外投资环境风险的法律保护．浙江万里学院学报．2018（02）：24 - 29.

[4068] 徐晓明．行政黑名单制度：性质定位、缺陷反思与法律规制．浙江学刊．2018（06）：73 - 80.

[4069] 宋华琳．行政法学视角下的认证制度及其改革——以药品 GMP 认证为例．浙江学刊．2018（01）：65 - 76.

[4070] 张红．监管沙盒及与我国行政法体系的兼容．浙江学刊．2018（01）：77 - 86.

[4071] 马英娟．监管的概念：国际视野与中国话语．浙江学刊．2018（04）：49 - 62.

[4072] 张丝雨．中美律师庭外言论规制比较研究．镇江高专学报．2018（04）：57 - 61.

[4073] 胡艳芳．澳大利亚信用评级监管体系：实践及启示．征信．2018（11）：52 - 55.

[4074] 冯鸿凌．宏观审慎视角下系统重要性金融机构监管取向研究．征信．2018（09）：72 - 76.

[4075] 漆世濠．多元化信用服务市场发展与信息主体权益保护的权衡——美国信用修复市场监管的矛盾与启示．征信．2018（05）：41 - 44.

[4076] 吴杰．共享经济、风险管理与信用机制建设．征信．2018（01）：16 - 19.

[4077] 谭秀云．刑事扣押的“相当理由”证明标准及其规制路径．证据科学．2018（02）：186 - 196.

[4078] 钟朝阳，韦晓一．行贿人证言的证据法分析及使用规制．证据科学．2018（01）：5 - 15.

[4079] 樊纪伟．日本应对高频交易的规制及启示．证券市场导报．2018（07）：65 - 70.

[4080] 张弋羲．地方债券偿债风险的法律规制——基于 30 省、市综合财力的考察．证券市场导报．2018（07）：57 - 64.

[4081] 汪青松．欧盟关联交易规制规则的最新变革与启示．证券市场导报．2018（02）：4－9.

[4082] 梁雯，刘淑莲，李济含．独立董事网络中心度与企业并购行为研究．证券市场导报．2018（01）：54－63.

[4083] 彭志，肖土盛．上市公司并购重组与内幕交易行为研究．证券市场导报．2018（01）：30－39.

[4084] 王啸．规范和发展产业型并购重组的规则完善与监管微调．证券市场导报．2018（03）：4－13.

[4085] 宋清华，李帅．上市公司并购新三板公司的财富效应研究．证券市场导报．2018（03）：23－33.

[4086] 孙棋琳．美国三角并购结构的变迁及启示．证券市场导报．2018（04）：69－78.

[4087] 邓可斌，李洁妮．政企纽带与并购绩效：生命周期视角的重新审视．证券市场导报．2018（05）：41－51.

[4088] 朱滔，李梦姣．盈利预测补偿协议与跨区域并购的价值创造．证券市场导报．2018（05）：23－31.

[4089] 王建伟，钱金晶．并购重组市场化改革问题及监管对策研究——基于深市并购重组交易的经验数据．证券市场导报．2018（10）：44－51.

[4090] 陈兴华．推进能源替代的司法路径——从生物柴油民企诉中石化拒绝交易案谈起．郑州大学学报（哲学社会科学版）．2018（01）：34－40.

[4091] 王群勇，陆凤芝．环境规制能否助推中国经济高质量发展？——基于省际面板数据的实证检验．郑州大学学报（哲学社会科学版）．2018（06）：64－70.

[4092] 喻国明，侯伟鹏，程雪梅．"人机交互"：重构新闻专业主义的法律问题与伦理逻辑．郑州大学学报（哲学社会科学版）．2018（05）：79－83.

[4093] 许立伟，王跃生．绿地投资抑或跨国并购——中国对外直接投资选择方式的东道国因素分析．郑州大学学报（哲学社会科学版）．2018（04）：67－71.

[4094] 高启明．美国通用机场建设的经验剖析及借鉴．郑州航空工业管理学院学报．2018（06）：1－7.

[4095] 张巧良，何珮珺．企业并购、技术创新与过剩产能化解——来自新能源行业的证据．郑州航空工业管理学院学报．2018（02）：33－43.

[4096] 佟岩，蒲思帆，王志秀，盖士娇．创新驱动型并购与企业创新绩效——基于股权结构的视角．郑州航空工业管理学院学报．2018（06）：26－35.

[4097] 姚明，吴天卉．我国婚恋网站规制研究——基于 S 网站的实证分析．郑州轻工业学院学报（社会科学版）．2018（05）：37－46.

[4098] 王炳．我国反垄断指南的尴尬法律地位与救赎方法．政法论丛．2018（06）：147－157.

[4099] 段礼乐．羞辱性执法的信息经济学阐释——以企业负面信息发布制度为分析对象．政法论丛．2018（01）：124－133.

[4100] 许光耀．掠夺性定价行为的反垄断法分析．政法论丛．2018（02）：50－60.

[4101] 吴洪淇．律师职业伦理的评价样态与规制路径——基于全国范围问卷调查数据的分析．政法论坛．2018（02）：85－96.

[4102] 袁文全，徐新鹏．共享经济视阈下隐蔽雇佣关系的法律规制．政法论坛．2018（01）：119－130.

[4103] 王利宾．经济犯罪死刑规制的命运——从吴英案谈起．政法学刊．2018（05）：79－84.

[4104] 崔明轩．论网络直播中的违法犯罪及其法律规制．政法学刊．2018（04）：31－37.

[4105] 吴伟光．构建网络经济中的民事新权利：代码空间权．政治与法律．2018（04）：

111 - 123.

[4106] 杨志琼. 利用第三方支付非法取财的刑法规制误区及其匡正. 政治与法律. 2018 (12): 36 - 50.

[4107] 薛前强. 论股东资助和补偿董事选举的法律规制——兼议我国防范董事选任利益输送的前置性变革. 政治与法律. 2018 (09): 105 - 116.

[4108] 柴云乐. 污染环境罪行政从属性的三重批判——兼论刑法对污染环境行为的提前规制. 政治与法律. 2018 (07): 57 - 65.

[4109] 王新红. 不干预、规制与自律: 限制自带消费品入场消费行为的法解释学分析. 政治与法律. 2018 (02): 141 - 149.

[4110] 冯术杰. 知识产权条约视角下新型竞争行为的规制. 知识产权. 2018 (12): 3 - 13.

[4111] 宋健. 商标权滥用的司法规制. 知识产权. 2018 (10): 33 - 39.

[4112] 张鹏. 规制商标恶意抢注规范的体系化解读. 知识产权. 2018 (07): 17 - 32.

[4113] 张鹏. 《刑法》第217条"复制发行"概念的解释与适用. 知识产权. 2018 (04): 58 - 71.

[4114] 华劼. 区块链技术与智能合约在知识产权确权和交易中的运用及其法律规制. 知识产权. 2018 (02): 13 - 19.

[4115] 祝建军. 囤积商标牟利的司法规制——优衣库商标侵权案引发的思考. 知识产权. 2018 (01): 33 - 40.

[4116] 车红蕾. 交易成本视角下标准必要专利禁令救济滥用的司法规制. 知识产权. 2018 (01): 50 - 58.

[4117] 向波. 著作权集体管理组织: 市场功能、角色安排与定价问题. 知识产权. 2018 (07): 68 - 76.

[4118] 孟云, 董昀. 工程总承包项目风险识别与控制的实践探讨——鲁家山循环经济(静脉)产业基地宣教中心建设项目的思考. 知识经济. 2018 (21): 91 - 92.

[4119] 李想. 加入TiSA谈判对我国国有金融企业监管带来的挑战与机遇. 知识经济. 2018 (19): 65 - 66.

[4120] 丁寰翔. 我国农产品生产流通法律规制分析. 知识经济. 2018 (17): 82 - 83.

[4121] 关溪媛, 肖呈阳. 论互联网金融的行政监管与刑法规制. 知识经济. 2018 (09): 47 - 49.

[4122] 郑英杰. 收费公路产业的垄断属性探析. 知识经济. 2018 (12): 78 - 86.

[4123] 郭亮亮. 企业收购兼并的风险分析及其防范思考. 知识经济. 2018 (01): 24 - 26.

[4124] 张玉洁. 跨国并购理论及战略思想研究——以中国交建海外并购战略为例. 知识经济. 2018 (03): 25 - 27.

[4125] 杜芳. 企业并购财务整合应该注意的问题解析. 知识经济. 2018 (05): 88 - 90.

[4126] 李杰. 试论医药企业并购的财务风险及管控. 知识经济. 2018 (08): 85 - 86.

[4127] 袁侃. 并购保证与补偿保险——中资保险公司的历史责任和机遇与挑战. 知识经济. 2018 (20): 44 - 46.

[4128] 薛金燕. 融创并购之后的财务状况分析及风险警示. 知识经济. 2018 (21): 54 - 56.

[4129] 李森升. 共享经济的发展现状、问题及对策. 知识经济. 2018 (10): 6 - 7.

[4130] 林蕾, 章海音. 探讨我国离岸金融市场的监管机制. 知识经济. 2018 (06): 37 - 38.

[4131] 凌碰. 内幕交易监管是否有益于噪音交易者——基于kyle模型的理论分析. 知识经济. 2018 (05): 58 - 60.

[4132] 王琪. 高速公路运营企业高管激励机制研究. 知识经济. 2018 (12): 105 - 107.

[4133] 倪月莉. 我国机电产品进入泰国市场的准入要求与流程. 质量与认证. 2018 (06):

88 - 89.

[4134] 柏淼．论我国网络交易的商法规制．智库时代．2018 (29): 167 - 171.

[4135] 毛玉娟．张掖市非公立医疗机构的发展与规制．智库时代．2018 (28): 287 - 288.

[4136] 张云云．大数据“杀熟”行为的法律规制研究．智库时代．2018 (49): 106 - 109.

[4137] 赵俊．企业跨境并购的财务风险研究．智库时代．2018 (46): 45 - 46.

[4138] 孔旭成．基于并购动机的并购绩效评价．智库时代．2018 (51): 160 - 162.

[4139] 曾永春．从“会销”现象谈老年群体与保健品．智库时代．2018 (49): 191 - 205.

[4140] 王晓明．地方债治理相关问题研究．智库时代．2018 (45): 64 - 66.

[4141] 莫姣姣．互联网约租车法律规制的问题与对策分析．智库时代．2018 (39): 292 - 293.

[4142] 李一，金依欣．网络视频传播及其规制引领——基于“快手”平台的分析．中共杭州市委党校学报．2018 (06): 46 - 50.

[4143] 陈明辉，李明．我国自媒体网络治理体系面临的问题及其完善．中共杭州市委党校学报．2018 (04): 82 - 88.

[4144] 石宏亮．党员言论自由的界限初探．中共合肥市委党校学报．2018 (04): 43 - 45.

[4145] 郭素萍，李晓雪．论我国格式条款的立法规制及完善．中共济南市委党校学报．2018 (04): 112 - 116.

[4146] 马铭婉．我国公平竞争审查制度的规制模式论析．中共乐山市委党校学报．2018 (06): 75 - 80.

[4147] 范奇．地方政府治理的差异与平衡分析．中共乐山市委党校学报．2018 (02): 68 - 75.

[4148] 李晏，杨涵．论网络暴力的法律规制．中共山西省直机关党校学报．2018 (01): 54 - 58.

[4149] 石学峰．容错免责机制的功能定位与路径建构——以规制“为官不为”问题为视角．中共天津市委党校学报．2018 (05): 8 - 13.

[4150] 申珅．云南省烟叶生产问题探析——以云南省A市为例．中共云南省委党校学报．2018 (05): 106 - 110.

[4151] 刘再春．政府购买公共服务的风险防控思路与对策．中共珠海市委党校珠海市行政学院学报．2018 (03): 49 - 53.

[4152] 明星．首届中关村并购峰会聚焦科技创新资源与资本高效对接．中关村．2018 (01): 19.

[4153] 本刊编辑部．抵制不端行为，净化学术风气．中国癌症防治杂志．2018 (06): 426.

[4154] 庞渤．现代职业安全与健康规制改革方向及对策——评《新常态下中国职业安全与健康规制研究》．中国安全科学学报．2018 (12): 168.

[4155] 本刊讯．应急部和国资委联合召开中央企业安全生产工作视频会议．中国安全生产．2018 (07): 4.

[4156] 应急管理部和国资委联合召开中央企业安全生产工作视频会议．中国安全生产科学技术．2018 (07): 134.

[4157] 危废处理行业推行外延并购提高处理能力　行业蓝海扩容有商机．中国包装．2018 (11): 89 - 90.

[4158] 杨文潇．共享经济下保险规制探讨——以共享汽车为例．中国保险．2018 (11): 44 - 47.

[4159] 章小兵．道路交通事故赔偿中的不诚信诉讼及其法律规制．中国保险．2018 (08): 52 - 56.

[4160] 杜志民．论文明社会下网络言论的法律规制．中国报业．2018 (15): 86 - 87.

[4161] 李珊珊．新媒体环境下中国民营企业融资模式——上市公司并购调查研究．中国报业．2018 (02): 63 - 65.

[4162] 黄国春．新闻类App竞争语境下主流媒体App突围和规制．中国编辑．2018 (05):

22－25.

［4163］国家市场监管总局等八部门联合印发《关于实施企业标准“领跑者”制度的意见》. 中国标准化. 2018（15）：40.

［4164］于皓，蓝燕. 浅析对广西有色金属冶炼业加强监管的必要性. 中国标准化. 2018（10）：181－182.

［4165］邓勇. 医院并购风险与规避对策. 中国财政. 2018（16）：49－52.

［4166］崔晓波，鹿永恒. 关于推动并购重组业务持续发展的调研与思考——以中国工商银行河南分行为例. 中国城市金融. 2018（05）：44－46.

［4167］东振彩，陈蕾伊，高晓喆，康倩，杨璐，王冬. 加强医务工作者职业道德建设的实施效果分析. 中国城乡企业卫生. 2018（10）：16－18.

［4168］周正亚，毛雪婷. 欧盟新媒体广告规制体系建构. 中国出版. 2018（16）：69－72.

［4169］徐顽强，王剑平，王文彬. 中国传媒产业的融合实践及趋势. 中国出版. 2018（13）：30－33.

［4170］王晓巍. 智能编辑：人工智能写作软件使用者的著作权侵权规制. 中国出版. 2018（11）：49－52.

［4171］张淑玲. 破解黑箱：智媒时代的算法权力规制与透明实现机制. 中国出版. 2018（07）：49－53.

［4172］余人，袁玲. 全民阅读规制建设与差异化推广. 中国出版. 2018（01）：49－52.

［4173］袁文焕，李国强，张天琦. 关于生鲜乳质量源头监管的几点体会. 中国畜牧兽医文摘. 2018（04）：28.

［4174］王春立，张红莲. 畜禽规模养殖场动物卫生监管的现状及对策. 中国畜牧兽医文摘. 2018（02）：57.

［4175］唐国策，刘源. 扶贫先扶智　扶贫必扶智——中国动物疫病预防控制中心赴丰宁开展产业扶贫. 中国畜牧业. 2018（01）：12－13.

［4176］李佳睿，王善高. 我国不同规模生猪养殖技术效率分析——基于共同随机前沿生产函数模型. 中国畜牧杂志. 2018（05）：139－144.

［4177］王东杰，董晓霞，王玉庭. 全球化背景下跨境并购对中国乳业的影响分析. 中国畜牧杂志. 2018（04）：132－136.

［4178］李媛，刘芳，王琛. “一带一路”背景下中国乳制品企业跨境并购分析——以蒙牛和伊利为例. 中国畜牧杂志. 2018（12）：128－131.

［4179］孔祥鸣，李炳有，杜贵贤，曹海彬. 加强养殖场监管措施探索. 中国畜禽种业. 2018（09）：18－19.

［4180］徐惠亮. 诸城市实施畜牧业全覆盖监管. 中国畜禽种业. 2018（09）：26.

［4181］谢云鹏，薛红波，李树志. 规模饲养场监管新模式. 中国畜禽种业. 2018（07）：9.

［4182］孔祥鸣，陈华，张晓强，康雨馨，文宝宝，曹海彬. 动物防疫条件合格证发放存在问题及建议. 中国畜禽种业. 2018（06）：14－15.

［4183］胥苗苗. 环保准入门槛为进口二手船降温. 中国船检. 2018（08）：62－65.

［4184］赵博. 集运市场并购史——现象比想象更复杂. 中国船检. 2018（02）：20－24.

［4185］颜小忠. 关于依法监管与问责覆盖志鉴编纂全过程的思考. 中国地方志. 2018（02）：4－8.

［4186］李月娥，李佩文，董海伦. 产权性质、环境规制与企业环保投资. 中国地质大学学报（社会科学版）. 2018（06）：36－49.

［4187］张殿元，张殿宫. 人文、技术和规制：认知网络传播媒介的三个维度. 中国地质大学

学报（社会科学版）.2018（05）：135－142.

［4188］李静．农地确权、资源禀赋约束与农地流转．中国地质大学学报（社会科学版）.2018（03）：158－167.

［4189］王莺嘉．学术札记与排他性判断——惠栋《公羊古义》的研究取向．中国典籍与文化．2018（01）：137－146.

［4190］毕陈帅，冯云，耿周杰．特种设备有关法律法规对电梯施工活动规制的分析．中国电梯．2018（20）：15－18.

［4191］卢锐昌．自动扶梯出入口阻挡装置不规范设置的隐患风险分析．中国电梯．2018（19）：69－70.

［4192］杨捷，程麒台．外资行业准入限制下的电影企业境外融资模式浅析——以博纳影业境外上市为例．中国电影市场．2018（02）：24－25.

［4193］Molex、Phoenix Digital Corporation宣布达成市场与销售协议．中国电子商情（基础电子）.2018（05）：29.

［4194］宫婷．动物卫生监督行政处罚自由裁量权的自我规制．中国动物检疫．2018（03）：51－53.

［4195］李熙，罗冬生，陈宇明，扶亚祥，文炼钢，谭镜明，柯勇．湖南长沙市病死畜禽无害化处理监管分析．中国动物检疫．2018（10）：50－53.

［4196］陈少渠，陈冯硕．河南省羊奶质量安全监管思考．中国动物检疫．2018（09）：40－43.

［4197］孟伟，马文涛，张荣森，于辉，李正．河南省濮阳市注水猪肉专项整治活动分析．中国动物检疫．2018（08）：49－51.

［4198］李雪松，徐凤云，丁春水，占松鹤．安徽省强制免疫疫苗管理模式分析．中国动物检疫．2018（07）：43－46.

［4199］何述辉，陈波，舒念辉，印剑，邓勇，李权，周杰．关于地方畜禽屠宰立法的思考．中国动物检疫．2018（07）：51－53.

［4200］关婕葳，李鹏，张劭俣，马冲，单佳蕾．对生猪注药注水违法行为监管的思考．中国动物检疫．2018（07）：60－62.

［4201］于宏，刘滨，李雷．法制视角下对我国兽药监管的审视．中国动物检疫．2018（02）：31－34.

［4202］王亚辉．兽药生产经营变革及其影响因素分析．中国动物检疫．2018（02）：35－38.

［4203］刘倩，牟婵，万思敬．山东省青岛市畜禽屠宰管理现状．中国动物检疫．2018（01）：46－49.

［4204］外资银行行政许可事项实施办法修改中外资银行市场准入标准进一步统一．中国对外贸易．2018（03）：34.

［4205］赵爱玲．哪些中外因素将影响2018年中企跨境并购．中国对外贸易．2018（02）：8－13.

［4206］郭枫．“一带一路”为中国企业跨境并购提供新机遇．中国对外贸易．2018（04）：22－23.

［4207］郭枫．2017年中企跨境并购回落　新兴产业更受资本关注．中国对外贸易．2018（04）：19－22.

［4208］郭枫．2018年中国企业跨境并购继续平稳增长．中国对外贸易．2018（04）：23.

［4209］评估咨询为A股上市公司海外并购保驾护航．中国对外贸易．2018（04）：27.

［4210］武威．跨境并购面临新的风险和挑战．中国对外贸易．2018（12）：16.

［4211］张红．PPP项目资产证券化的风险及其规制．中国法律评论．2018（04）：190－196.

［4212］赵雷．羞辱、社会规范与法律规制．中国法律评论．2018（04）：119－132.

［4213］刘红臻．经济法哲学：经济法的“法理”表达．中国法律评论．2018（03）：110－115.

［4214］张吉豫．人工智能良性创新发展的法制构建思考．中国法律评论．2018（02）：108－118.

［4215］李世阳．链条式钓鱼软件的运行机制及其刑法规制．中国法律评论．2018（02）：154－159.

［4216］胡凌．人工智能视阈下的网络法核心问题．中国法律评论．2018（02）：86－95.

［4217］曹炜．环境监管中的“规范执行偏离效应”研究．中国法学．2018（06）：258－279.

［4218］马一德．商标权行使与姓名权保护的冲突与规制．中国法学．2018（04）：178－194.

［4219］郑智航．网络社会法律治理与技术治理的二元共治．中国法学．2018（02）：108－130.

［4220］汪蕾．连云港市预售资金监管工作的探索与创新．中国房地产．2018（31）：56－59.

［4221］相光明，蒋慧冷，佳蔚，李恒，王春晓，王勇，冷佳蔚．蜂蜜全产业链质量安全控制探讨．中国蜂业．2018（09）：58－61.

［4222］兰兰．并购时代．中国服饰．2018（10）：20－21.

［4223］李冬雨，章雷，路伟，王兴功．军队驻京医疗机构放射防护工作现状与分析．中国辐射卫生．2018（01）：89－91.

［4224］张文利，孙剑．钢铁企业海外并购及融合发展路径初探．中国钢铁业．2018（09）：42－45.

［4225］焦海涛．反垄断法制度体系与企业风险应对（二）．中国港口．2018（10）：54－56.

［4226］杨小秋，曲中林．国家规制下地方本科院校转型发展的省域差异性研究．中国高教研究．2018（04）：97－102.

［4227］林荣日，张天骄．试论我国公立高校内部权力的规制与监控．中国高教研究．2018（01）：35－42.

［4228］陈春梅，阙明坤．美国营利性高校“三合一”监管的路径、问题及启示．中国高教研究．2018（09）：47－52.

［4229］王莹．科研项目经费实施全过程监管的法规困境及完善策略．中国高校科技．2018（04）：23－24.

［4230］张清，张蓉．论类型化人工智能法律责任体系的构建．中国高校社会科学．2018（04）：134－141.

［4231］周媄娜．文化创意产业投资基金的风险识别与控制．中国高新区．2018（09）：9.

［4232］胡启航．“校园贷”平台的行政法律规制研究．中国高新区．2018（04）：257－258.

［4233］宋鹤鸣．人肉搜索的法律规制问题探讨．中国高新区．2018（03）：268－269.

［4234］吴奕苇．擅自转移夫妻共同财产的法律规制——以第66号指导案例为例．中国高新区．2018（03）：250－251.

［4235］肖万紫．“互联网＋法律”：浅析网络谣言的刑法规制．中国高新区．2018（03）：262－263.

［4236］李沅澄．万科控制权之争——从法律规制与公司治理视角解读．中国高新区．2018（03）：248－249.

［4237］邹航．网约车的法律规制与监管．中国高新区．2018（03）：256－257.

［4238］金宇浩．浅谈高中生学习互联网金融风险规制途径．中国高新区．2018（01）：120.

［4239］张晶．浅析新形势下耕地资源保护工作的创新发展．中国高新区．2018（14）：267.

［4240］李文科．关于土地管理制度的创新发展研究．中国高新区．2018（13）：255.

［4241］邓子实．共享单车押金的性质及其监管问题的思考．中国高新区．2018（09）：279.

［4242］王朝政．浅谈加强医疗安全管理及探索医疗服务监管新模式．中国高新区．2018

(06): 251.

[4243] 刘晓龙. 职业卫生技术服务探讨. 中国高新区. 2018 (06): 270.

[4244] 施雨竹. 从"海底捞事件"浅析我国食品安全监管现状及对策. 中国高新区. 2018 (04): 253-255.

[4245] 王罕, 张倩, 杨子军. 浅议"一带一路"背景下中国企业对外投资模式. 中国工程咨询. 2018 (04): 19-23.

[4246] 张梦婷, 俞峰, 钟昌标, 林发勤. 高铁网络、市场准入与企业生产率. 中国工业经济. 2018 (05): 137-156.

[4247] 戚聿东, 李颖. 新经济与规制改革. 中国工业经济. 2018 (03): 5-23.

[4248] 韩超, 桑瑞聪. 环境规制约束下的企业产品转换与产品质量提升. 中国工业经济. 2018 (02): 43-62.

[4249] 梁上坤, 李丹, 谷旭婷, 马逸飞. 借壳上市与杠杆增持下的并购风险叠加——基于上海斐讯借壳慧球科技的案例研究. 中国工业经济. 2018 (06): 136-155.

[4250] 杨威, 宋敏, 冯科. 并购商誉、投资者过度反应与股价泡沫及崩盘. 中国工业经济. 2018 (06): 156-173.

[4251] 国家三部门首次联合召开全国民营企业民主管理现场会. 中国工运. 2018 (10): 27-28.

[4252] 丁兆威. 智能交通行业的资本与并购. 中国公共安全. 2018 (06): 70-72.

[4253] 沙万中, 王俪睿, 吕金峰. 犯罪侦防中视频监控存在问题及其法律规制. 中国公共安全（学术版). 2018 (01): 98-102.

[4254] 朱宇奇. 警用无人机参与反恐攻击行动的法律规制研究. 中国公共安全（学术版). 2018 (01): 18-24.

[4255] 谷秉宇, 张鹏, 韩冬, 白宗英. 论微信谣言的法律规制. 中国公共安全（学术版). 2018 (01): 92-97.

[4256] 郑晓霞, 缪伟, 张海燕, 王雯倩. 互联网医疗企业发展与监管现状分析. 中国公共卫生管理. 2018 (05): 584-588.

[4257] 蔡乌赶, 李广培. 碳交易框架下企业生态创新策略研究. 中国管理科学. 2018 (12): 168-176.

[4258] 刘维奇, 张晋菁. 考虑消费者预期后悔的价格歧视策略研究. 中国管理科学. 2018 (05): 1-8.

[4259] 郑湘明, 关健, 闫研. 超竞争环境下企业困境并购定价与时机研究. 中国管理科学. 2018 (06): 115-123.

[4260] 吴常亮. 地方网约车新政对比分析及改进建议——基于政府管制理论和共享经济视角. 中国管理信息化. 2018 (20): 187-188.

[4261] 孔晓楠. 旅行社人才流失及并购整合策略初探. 中国管理信息化. 2018 (04): 78-81.

[4262] 宋璞御. 国内并购绩效研究综述. 中国管理信息化. 2018 (07): 55-58.

[4263] 郝丽萍, 王俊帅. 戴尔并购EMC的财务风险分析及对策研究. 中国管理信息化. 2018 (11): 14-15.

[4264] 罗婷. 中国烟草行业的兼并重组分析. 中国管理信息化. 2018 (20): 78-79.

[4265] 张明敏. 互联网企业并购动机及风险分析——以阿里巴巴并购饿了么为例. 中国管理信息化. 2018 (22): 66-67.

[4266] 杨滢. 数字货币交易存在的风险和监管策略研究. 中国管理信息化. 2018 (22): 100-101.

[4267] 李泽坤. T科技小额贷款公司的信贷风险控制问题及对策研究. 中国管理信息化. 2018

(11)：93－94.

［4268］罗文钦．浅析上市公司信息披露的监管．中国管理信息化．2018（03）：36－38.

［4269］吴淑芹．政府投资项目的监管研究．中国管理信息化．2018（01）：100－101.

［4270］夏威，王丽童．从泥沙俱下到风清气正——网络视听节目低俗化现象的流变与治理．中国广播．2018（10）：60－62.

［4271］吕然．网络直播的监管问题及对策（二）——我国网络直播监管的不足与完善．中国广播．2018（02）：51－54.

［4272］成竹．多维度治理与规制短视频失范现象．中国广播电视学刊．2018（12）：27－29.

［4273］张阿源．网络平台自制综艺节目的兴起、现状及发展．中国广播电视学刊．2018（10）：57－60.

［4274］殷乐．网络视听业的发展态势及监管思路．中国广播电视学刊．2018（07）：6－9.

［4275］温世君，张腾之．监管升级带给网络视听行业的变革与机遇．中国广播电视学刊．2018（07）：14－15.

［4276］李昊冉．论我国食品安全监管制度的完善．中国国际财经（中英文）．2018（09）：211－212.

［4277］沈佳萍．房地产企业并购重组中的风险防范对策之我见．中国国际财经（中英文）．2018（01）：138－139.

［4278］刘寒．中国国有能源企业并购美国技术公司的可行性研究．中国国际财经（中英文）．2018（02）：165.

［4279］冯少强．中小企业开拓国际市场的困境与策略分析——以江苏金昇集团为例论述我国中小企业跨国并购．中国国际财经（中英文）．2018（02）：150－151.

［4280］陈华．企业并购后财务整合的研究．中国国际财经（中英文）．2018（03）：248－250.

［4281］许志伟．浅议企业并购重组财务风险的防范．中国国际财经（中英文）．2018（03）：67.

［4282］李梅林．浅谈中国企业海外并购的金融风险及应对策略．中国国际财经（中英文）．2018（05）：178.

［4283］韩晶．探究企业并购重组过程中的财务风险及控制．中国国际财经（中英文）．2018（06）：117.

［4284］谭艳谷．企业并购业务中估值问题研究．中国国际财经（中英文）．2018（07）：114－116.

［4285］尚尔军．试析国有企业并购的财务风险防范策略．中国国际财经（中英文）．2018（07）：128.

［4286］李玉荣．新常态下企业并购会计相关问题浅析．中国国际财经（中英文）．2018（08）：56.

［4287］尹杰琼．论企业并购财务风险控制问题探析．中国国际财经（中英文）．2018（09）：172.

［4288］邢艳艳．浅谈国有企业会计内部控制．中国国际财经（中英文）．2018（08）：96－97.

［4289］潘安安．浅议金融证券市场监管中的问题及对策．中国国际财经（中英文）．2018（08）：247.

［4290］陈雪球．我国财务高级会计师监管问题探微．中国国际财经（中英文）．2018（07）：59.

［4291］高珑嫣．互联网金融监管的分析．中国国际财经（中英文）．2018（04）：281.

［4292］高蔓丽．农村经济发展与农村金融服务的矛盾与思考．中国国际财经（中英文）．2018（01）：238.

［4293］付娆．浅谈共享经济发展现状．中国国际财经（中英文）．2018（01）：181－182.

［4294］李春晖，刘思遥．我国企业海外及非洲并购现状与风险应对．中国国情国力．2018（05）：38－41.

［4295］黄鑫，李霞．以市场化原则完善债券市场违约风险管理．中国国情国力．2018（06）：19－22.

［4296］章阳阳．地勘单位多元化业务探索——基于行业进入退出壁垒盈利性矩阵的分析．中国国土资源经济．2018（08）：50－53.

［4297］侯海生．矿业市场监管的非政府因素——依靠市场力量监管市场主体的讨论．中国国土资源经济．2018（12）：4－8.

［4298］郭琳琳，张兴．对新形势下我国矿产资源勘查开发监管的思考．中国国土资源经济．2018（10）：70－73.

［4299］曾二秀．中英选择管辖协议效力及执行比较研究——基于轩辉国际物流有限公司与智利南美轮船有限公司三法域诉讼案的分析．中国海商法研究．2018（04）：15－27.

［4300］叶正国．我国网络规制的组织构造及其优化路径．中国行政管理．2018（09）：144－150.

［4301］王虎峰，甘铁立．新时期的卫生行业综合监管：根由、路径及价值考量．中国行政管理．2018（10）：17－25.

［4302］王亚男，董旭辉，陈颖．生态环境部体制下农业面源监管的难点与应对建议．中国环境管理．2018（02）：53－55.

［4303］王吉春．海洋生态环境犯罪的刑事程序法规制研究．中国环境管理干部学院学报．2018（06）：31－34.

［4304］周京，李方一．环境规制对企业绩效与价值的影响——基于重污染上市企业经验数据．中国环境管理干部学院学报．2018（01）：22－25.

［4305］鄢德奎，陈德敏．环境监测技术服务社会化的政策文本研究．中国环境监测．2018（02）：73－76.

［4306］郭锡超，张灵俐．政府规制、交易费用与“互联网＋”——以城市出租车行业为例．中国集体经济．2018（30）：149－150.

［4307］张超．P2P 模式下非法集资行为的刑法规制．中国集体经济．2018（27）：103－104.

［4308］刘巧云．从刑法谦抑性视角分析网络借贷的刑法规制．中国集体经济．2018（15）：99－100.

［4309］朱博文．简述 PC 客户端网络游戏企业的经营策略对市场垄断化的影响．中国集体经济．2018（24）：124－125.

［4310］宋晓峰．如何对被并购企业进行财务风险评估．中国集体经济．2018（12）：108－109.

［4311］庞鑫．企业并购中专利资产价值评估存在的问题及对策．中国集体经济．2018（13）：119－120.

［4312］王汉平，杨祎，赵丹丹．我国民营企业海外并购财务风险分析——以万达集团并购美国传奇影业为例．中国集体经济．2018（14）：140－141.

［4313］付英俊．浅议建筑工程企业并购的财务分析．中国集体经济．2018（17）：132－133.

［4314］梁显群．新形势下企业并购中存在的财务风险及对策探析．中国集体经济．2018（22）：133－134.

［4315］马孟迪，杨超，刘青．我国资本市场并购风险及风险控制研究．中国集体经济．2018（23）：50－51.

［4316］冯玮祎．企业并购会计处理与信息披露的若干问题研究．中国集体经济．2018（26）：122－123.

[4317] 吴海鹏．浅析中国企业的国际并购之路．中国集体经济．2018（01）：18－19.

[4318] 王玮晔，张煦．浅谈资产评估在上市公司并购重组中的作用．中国集体经济．2018（01）：100－101.

[4319] 宋杰．关于审慎监管框架下的外汇管理实践与探讨．中国集体经济．2018（34）：66－67.

[4320] 刘宇舜．探究互联网金融风险及监管．中国集体经济．2018（31）：106－107.

[4321] 王启龙．财政税收相关问题及改进策略分析．中国集体经济．2018（26）：79－80.

[4322] 罗程．网约车的行政规制研究．中国集体经济．2018（16）：93－94.

[4323] 屠晓萌，王金荣．我国 P2P 网络借贷在强监管下的规范性发展研究．中国集体经济．2018（11）：108－109.

[4324] 姚恩雪，唐仁强．公民参与学校食品安全监管的困境研究．中国集体经济．2018（08）：163－164.

[4325] 邢鑫一．协议控制模式法律监管问题探析．中国集体经济．2018（06）：116－117.

[4326] 汤凌飞．对反垄断法中“不公平高价”的理解与思考．中国价格监管与反垄断．2018（11）：30－32.

[4327] 单寒琪．滥用市场支配地位的举证责任分配．中国价格监管与反垄断．2018（05）：17－22.

[4328] 张炜，张正明．竞争法在能源领域的应用．中国价格监管与反垄断．2018（05）：11－13.

[4329] 王志强，陆夏．开展公平竞争审查的经济学分析方法初探．中国价格监管与反垄断．2018（05）：23－27.

[4330] 苑晟．关于经营者利用优势地位实施不正当价格行为的监管机制研究．中国价格监管与反垄断．2018（04）：9－15.

[4331] 亓玉霞．互联网行业滥用市场支配地位认定中的相关问题分析——基于“奇虎诉腾讯垄断案”的思考．中国价格监管与反垄断．2018（12）：14－20.

[4332] 马君慧．相关市场界定在竞争分析中的意义研究．中国价格监管与反垄断．2018（10）：33－38.

[4333] 叶青，黄亚．非法从事网络支付结算业务的刑法规制探讨——以全国首例“花呗套现”入刑案为蓝本．中国检察官．2018（12）：17－22.

[4334] 宋庆跃，王翠杰．监督视野下变更指控罪名的适用与规制．中国检察官．2018（11）：23－26.

[4335] 胡公枢．“套路贷”的刑法规制路径．中国检察官．2018（08）：24－27.

[4336] 龚亚明，杨辉刚，钟会兵．虚假下单后侵吞数额较大财物行为的刑法规制．中国检察官．2018（06）：69－74.

[4337] 王海桥，宋敏敏．吸毒行为入刑之理性分析．中国检察官．2018（03）：18－21.

[4338] 刘雪梅，肖梦涵．论矿山安全监管渎职犯罪的司法认定．中国检察官．2018（22）：22－27.

[4339] 郑卫东，于春来．建立中国白酒中甜味剂监管技术支撑体系的初步探讨．中国检验检测．2018（05）：36－39.

[4340] 王宇．网络支付市场规制分析．中国金融．2018（17）：98－99.

[4341] 刘燕，王晓明．金融消费者保护的规制框架．中国金融．2018（14）：90－92.

[4342] 方重，崔佳．中资企业跨境并购监管．中国金融．2018（03）：56－57.

[4343] 朱宁，张溪婷．“一带一路”中企并购风险．中国金融．2018（03）：53－55.

[4344] 宋毅成，张琦．并购基金应回归实体经济．中国金融．2018（03）：58－59.

[4345] 刘杰．中国企业海外并购的金融支持．中国金融．2018（19）：68－70.

[4346] 黎阳. 触达小微企业 助力民营经济——银联联合商业银行推出小微企业卡. 中国金融家. 2018 (12): 58-59.

[4347] 韩宇. 我国矿业矿企并购模式及经济分析. 中国金属通报. 2018 (09): 256-257.

[4348] 郝红梅. 中国市场准入管理全面转型. 中国经济报告. 2018 (10): 43-46.

[4349] 周子勋. 大幅放宽市场准入彰显中国深化开放决心. 中国经济报告. 2018 (08): 4-5.

[4350] 梁劲锐, 史耀疆, 席小瑾. 清洁生产技术创新、治污技术创新与环境规制. 中国经济问题. 2018 (06): 76-85.

[4351] 谢玮. 科创板+注册制来了 哪些公司将捷足先登. 中国经济周刊. 2018 (44): 54-55.

[4352] 孙庭阳. 上市公司并购重组"业绩对赌"集中到期 "添堵"的对赌. 中国经济周刊. 2018 (23): 52-54.

[4353] 胡巍. 环保领域违法失信联合惩戒显威力 企业"一处失信, 处处受限". 中国经济周刊. 2018 (29): 25-28.

[4354] 上半年我国并购交易额下滑18%, 数量仍在高位. 中国经济周刊. 2018 (35): 54-57.

[4355] 贾国强. 57亿元商誉压顶, 再搞391亿元关联交易 昔日"股神"上海莱士: 巨亏同时又要巨资并购. 中国经济周刊. 2018 (47): 58-59.

[4356] 荣晨. 现代规制理念与我国价格规制现代化. 中国经贸导刊. 2018 (15): 26-31.

[4357] 李子文. 我国平台经济的发展现状和规制问题. 中国经贸导刊. 2018 (04): 64-67.

[4358] 王春雨. 电子商务行业进入壁垒与法律规制分析——基于双边市场理论. 中国经贸导刊 (中). 2018 (20): 20-22.

[4359] 叶淑珺, 苗明慧. 浅析洛阳钼业海外并购动因与财务绩效. 中国经贸导刊 (中). 2018 (23): 79-80.

[4360] 陈茜. 阿里巴巴大规模并购的财务动因分析. 中国经贸导刊 (中). 2018 (23): 100-101.

[4361] 杨道玲. 我国企业海外投资并购的现状、问题及对策研究. 中国经贸导刊 (中). 2018 (29): 4-6.

[4362] 万秉承, 舒本耀. 军品市场"一站式"准入管理机制研究——基于制度性交易成本视角. 中国军转民. 2018 (12): 89-92.

[4363] 王晋萍. 探索如何构建民用产业并购能力的评估体系. 中国军转民. 2018 (02): 73-76.

[4364] 孟奇勋, 吴乙婕, 金明浩. 专利聚合模式的运营影响及反垄断规制. 中国科技论坛. 2018 (03): 107-116.

[4365] 雷兵, 钟镇. 社会福利视角下中文期刊数据库定价机制分析与策略建议. 中国科技期刊研究. 2018 (10): 963-970.

[4366] 项露, 王聪. 环境规制与煤炭行业就业、煤矿安全的互动关系研究. 中国矿业. 2018 (07): 26-29.

[4367] 郭智渊, 周梅华, 彭红军. 价格规制下煤电供应紧张的机理及长期契约研究. 中国矿业. 2018 (03): 10-16.

[4368] 武羡慧, 郭琛. 基于复杂网络的我国矿业并购演变过程分析. 中国矿业. 2018 (12): 58-64.

[4369] 徐文进, 姚竞燕. 公司治理语境下高级管理人员规制路径探析——以公司法与劳动法的规范冲突化解为视角. 中国劳动. 2018 (06): 71-77.

[4370] 赵磊, 朱燕. 我国劳动力市场歧视及规制路径. 中国劳动. 2018 (06): 14-20.

[4371] 赵磊, 刘文华. 社会保险法治化政策研究专题 失业保险法律规制与实践. 中国劳动. 2018 (05): 33-41.

[4372] 中国劳动和社会保障科学研究院课题组，黄昆，涂伟，李文静．劳动力市场灵活性与法律规制研究——从《劳动合同法》实施效果评估出发的研究．中国劳动．2018 (03)：34－47.

[4373] 刘文华．社会保险法治化政策研究专题　工伤保险法律规制与实践．中国劳动．2018 (02)：29－37.

[4374] 赵磊，刘文华．社会保险法律规制研究．中国劳动．2018 (01)：43－51.

[4375] 龙慧芳，方华．战略新兴产业同构现状及其政府规制研究．中国林业经济．2018 (03)：39－43.

[4376] 李晓，刘洋，王馨怡．医疗器械临床试验监管存在的问题与对策．中国临床药理学与治疗学．2018 (08)：841－845.

[4377] 李猛．"一带一路"中我国企业海外投资风险的法律防范及争端解决．中国流通经济．2018 (08)：109－118.

[4378] 薛丽．物流企业代收货款"七位一体"规制模式研究——基于山东临沂商城物流市场的调查．中国流通经济．2018 (07)：103－111.

[4379] 川北．11部委联合下发做好"僵尸企业"及去产能企业债务处置工作通知　积极稳妥处置"僵尸企业"　有效防范化解企业债务风险．中国轮胎资源综合利用．2018 (11)：9－10.

[4380] 顾正平，向文磊．终结互联网竞争的丛林法则　新《反不正当竞争法》视野下的竞争规制．中国律师．2018 (05)：48－50.

[4381] 孔瑾．公司并购过程中的业绩补偿机制及其实务应对．中国律师．2018 (06)：58－60.

[4382] 本刊评论员．煤炭行业兼并重组大潮正兴．中国煤炭工业．2018 (02)：14－16.

[4383] 林泉，刘娜．我国民用无人机的立法规制．中国民航飞行学院学报．2018 (03)：58－62.

[4384] 李楷，李滨．互联网金融垄断对传统金融的影响及其监管．中国民商．2018 (12)：18.

[4385] 高春兰，赵荻．养老机构服务质量管理体系建设研究．中国民政．2018 (06)：48－49.

[4386] 江磊．政府审计的合谋风险分析和防范．中国内部审计．2018 (05)：82－86.

[4387] 谢勇征．浅析会计师事务所共享特征对上市公司并购交易的影响．中国内部审计．2018 (02)：84－87.

[4388] 孙灵灵，曹佳丽．内部审计视角下的第三方支付监管有效性．中国内部审计．2018 (04)：70－71.

[4389] 冯永晟，史丹．增量配电改革与电力体制改革．中国能源．2018 (12)：25－32.

[4390] 本刊编辑部．煤炭企业兼并重组转型升级加快．中国能源．2018 (02)：1.

[4391] 王春艳，付强，侯韩芳，李晶．政府食品安全监管第三方评估研究初探．中国酿造．2018 (02)：198－200.

[4392] 孙同全．从制度变迁的多重逻辑看农民资金互助监管的困境与出路．中国农村经济．2018 (04)：41－53.

[4393] 付非，郑锴，翁苏湘．中低收入国家私营和公共卫生系统治疗效果与监管分析．中国农村卫生事业管理．2018 (01)：4－6.

[4394] 杨福云．我国天然橡胶企业跨境并购的实践、启示和建议．中国农垦．2018 (02)：43－45.

[4395] 杨思雨，侯军岐．我国种子企业并购决策因素及其排序研究．中国农业大学学报．2018 (04)：183－190.

[4396] 袁翠清．我国校园性骚扰法律规制探究——以美国相关法律为对比．中国青年社会科学．2018 (06)：109－115.

[4397] 杨菲菲．十年磨一剑，反垄断法"牙齿"越来越硬．中国人大．2018 (16)：32－33.

[4398] 李小健．电商恶性竞争，该歇了．中国人大．2018 (12)：29.

［4399］孙娟娟．挪威渔业的规制：昨天、今天和明天．中国人大．2018（07）：52－54.

［4400］邱士雷，王子龙，刘帅，董会忠．非期望产出约束下环境规制对环境绩效的异质性效应研究．中国人口·资源与环境．2018（12）：40－51.

［4401］秦炳涛，葛力铭．相对环境规制、高污染产业转移与污染集聚．中国人口·资源与环境．2018（12）：52－62.

［4402］初钊鹏，卞晨，刘昌新，朱婧．基于演化博弈的京津冀雾霾治理环境规制政策研究．中国人口·资源与环境．2018（12）：63－75.

［4403］游达明，邓亚玲，夏赛莲．基于竞争视角下央地政府环境规制行为策略研究．中国人口·资源与环境．2018（11）：120－129.

［4404］黄庆华，胡江峰，陈习定．环境规制与绿色全要素生产率：两难还是双赢？．中国人口·资源与环境．2018（11）：140－149.

［4405］高苇，成金华，张均．异质性环境规制对矿业绿色发展的影响．中国人口·资源与环境．2018（11）：150－161.

［4406］周源，张晓东，赵云，陈璐怡，薛澜．绿色治理规制下的产业发展与环境绩效．中国人口·资源与环境．2018（09）：82－92.

［4407］吴力波，孙可哿，时志雄．环境规制下中国煤炭发电企业成本技术效率研究．中国人口·资源与环境．2018（08）：31－38.

［4408］王为东，卢娜，张财经．空间溢出效应视角下低碳技术创新对气候变化的响应．中国人口·资源与环境．2018（08）：22－30.

［4409］宋德勇，赵菲菲．环境规制、资本深化对劳动生产率的影响．中国人口·资源与环境．2018（07）：159－167.

［4410］王晓红，冯严超．环境规制对中国循环经济绩效的影响．中国人口·资源与环境．2018（07）：136－147.

［4411］朱向东，贺灿飞，李茜，毛熙彦．地方政府竞争、环境规制与中国城市空气污染．中国人口·资源与环境．2018（06）：103－110.

［4412］陶长琪，李翠，王夏欢．环境规制对全要素能源效率的作用效应与能源消费结构演变的适配关系研究．中国人口·资源与环境．2018（04）：98－108.

［4413］雷平，曹黎明，赵连荣．乡土官员对区域经济与环境发展路径的影响．中国人口·资源与环境．2018（04）：163－176.

［4414］黄建欢，谢优男，余燕团．城市竞争、空间溢出与生态效率：高位压力和低位吸力的影响．中国人口·资源与环境．2018（03）：1－12.

［4415］袁宝龙．制度与技术双“解锁”是否驱动了中国制造业绿色发展？．中国人口·资源与环境．2018（03）：117－127.

［4416］叶琴，曾刚，戴劭勍，王丰龙．不同环境规制工具对中国节能减排技术创新的影响——基于285个地级市面板数据．中国人口·资源与环境．2018（02）：115－122.

［4417］刘家悦，谢靖．环境规制与制造业出口质量升级——基于要素投入结构异质性的视角．中国人口·资源与环境．2018（02）：158－167.

［4418］陈林，李湖佳．企业职工教育与混合所有制改革．中国人口科学．2018（06）：92－102.

［4419］杨欣．规制“新业态”？快递业产业模式对劳动关系的影响及法律管制调整．中国人力资源开发．2018（02）：81－88.

［4420］陈志军．对大数据技术应用的合理刑法规制．中国人民公安大学学报（社会科学版）．2018（06）：105－110.

［4421］陈帅锋，姜宇．毒品犯罪的法律规制：预防性立法与谦抑性原则的平行发展．中国人民公安大学学报（社会科学版）.2018（06）：122－129.

［4422］侯文杰．网约车行政执法的困境与监管模式选择．中国人民公安大学学报（社会科学版）.2018（06）：150－156.

［4423］张雍锭，张学超．我国持有不安全食品犯罪化的理论探讨．中国人民公安大学学报（社会科学版）.2018（03）：60－67.

［4424］刘中阳，刘军．光明食品集团跨国并购乳品企业战略浅析．中国乳业.2018（03）：32－35.

［4425］薄文广，徐玮，王军锋．地方政府竞争与环境规制异质性：逐底竞争还是逐顶竞争？．中国软科学.2018（11）：76－93.

［4426］单丽雪．“互联网＋”商业模式创新法律规制机制研究．中国软科学.2018（04）：183－192.

［4427］王赫奕，王义保．供给侧改革的动因与规制研究：基于政府与市场的博弈关系．中国软科学.2018（03）：76－85.

［4428］陈俊龙，汤吉军，汤昊．企业交叉所有权行为与政府规制研究——兼论混合所有制企业的国有股最优比例．中国软科学.2018（01）：171－182.

［4429］眭纪刚，刘影．创新发展中的竞争与垄断．中国软科学.2018（09）：54－63.

［4430］余鹏翼，王满四．上市公司董事多重职位与企业并购绩效研究．中国软科学.2018（01）：100－109.

［4431］邓秀媛，傅超，傅代国．企业社会责任对海外并购影响的实证研究．中国软科学.2018（01）：110－126.

［4432］郭毅，陈凌，朱庆虎．“一带一路”国家跨国并购网络关系发展及影响因素研究．中国软科学.2018（07）：129－137.

［4433］刘刚，梁晗，殷建瓴．风险投资声誉、联合投资与企业创新绩效——基于新三板企业的实证分析．中国软科学.2018（12）：110－125.

［4434］钟美瑞，张亿军，黄健柏，樊玉林．基于内生性视角的战略性矿产资源关税替代性政策评价研究——以萤石矿为例．中国软科学.2018（02）：1－10.

［4435］宋清辉．跨界并购推动企业升级转型．中国商界.2018（08）：44－45.

［4436］郑樱翠．基于价值创造和风险控制角度探讨中国电影产业的发展．中国商论.2018（30）：149－150.

［4437］段安琪．农村金融借贷业的发展及其法律规制．中国商论.2018（30）：35－36.

［4438］邵京京，王奉龙．环境规制对国际贸易的影响——基于贸易增加值视角．中国商论．2018（23）：80－82.

［4439］陈冬冬．信用炒作行为的犯罪化研究．中国商论.2018（21）：181－182.

［4440］张杰艳，郭金易，吴成．互联网消费信贷适用进路研究——以高校学生校园网贷现状为切入．中国商论.2018（02）：45－46.

［4441］牟一雪．企业进行海外跨国并购的风险管理——以双汇跨国并购为例．中国商论.2018（06）：76－77.

［4442］王紫荆．跨国并购中的文化整合．中国商论.2018（06）：70－71.

［4443］朱淑俊．我国民营企业跨国并购的战略动机研究．中国商论.2018（06）：72－75.

［4444］杨璐源．跨国公司跨境并购的法律问题研究．中国商论.2018（08）：74－75.

［4445］谢虹．企业并购之重中之重：整合——上海JW公司并购NX公司后整合方案设计及实施．中国商论.2018（10）：100－103.

[4446] 耿嘉成，吴思翔，许婷妮．机构投资者异质性与国企关联并购中的支持与掏空行为．中国商论．2018（12）：172－178.

[4447] 史安明．企业并购的财务效应分析．中国商论．2018（17）：98－99.

[4448] 史金涛．谈国有企业不同并购重组方式中的纳税筹划风险．中国商论．2018（18）：20－21.

[4449] 扈永福．中国企业海外并购的财务风险研究．中国商论．2018（19）：88－89.

[4450] 詹明盛．外汇管理合规性下民营企业境外并购的现状问题研究．中国商论．2018（19）：92－94.

[4451] 李在杰．并购重组中的会计与税务问题处理实务．中国商论．2018（20）：111－112.

[4452] 陈春梅．基于平衡计分卡评价企业的并购绩效——以蒙牛并购雅士利为例．中国商论．2018（21）：179－180.

[4453] 郝淼．游说公司在中美跨国并购中的作用与局限性分析．中国商论．2018（21）：52－53.

[4454] 曲京山，张明轩，赵宇晖．我国航空公司并购重组的经济价值研究．中国商论．2018（23）：100－101.

[4455] 时光林．我国跨国并购中的融资风险研究——以双汇并购史密斯菲尔德为例．中国商论．2018（23）：68－69.

[4456] 胡景然．浅析跨国并购财务风险及防范．中国商论．2018（24）：76－77.

[4457] 刁爱华．零售企业并购中的文化整合研究．中国商论．2018（26）：3－8.

[4458] 周忠辉．我国工程机械行业海外并购的研究与思考——基于三一重工并购德国普茨迈斯特案例．中国商论．2018（32）：70－71.

[4459] 夏瑞平．中国企业海外并购的新特征及对策分析．中国商论．2018（32）：72－73.

[4460] 刘海涛．宝能收购万科中的反并购融资风险分析．中国商论．2018（33）：32－33.

[4461] 丁小慧．并购重组中的会计与税务问题处理实务探讨．中国商论．2018（33）：157－158.

[4462] 罗婷婷．非金融中资企业境外债券发行的相关政策及监管趋势分析．中国商论．2018（34）：37－39.

[4463] 李贺．全面预算管理在铁路运输企业中的实施及思考．中国商论．2018（33）：155－157.

[4464] 赵曼竹．P2P 网络贷款的风险与监管研究．中国商论．2018（28）：37－38.

[4465] 单梦雨，戴明．P2P 网络借贷风险的防控策略．中国商论．2018（21）：20－22.

[4466] 梁剑，魏旭辉．众筹融资的风险与监管研究．中国商论．2018（09）：37－38.

[4467] 吕志雄．星巴克中国市场涉嫌垄断事件的分析．中国商论．2018（26）：4－7.

[4468] 汤其良．浅析基层特种设备安全监管工作的难点与对策．中国设备工程．2018（05）：130－131.

[4469] 朱新力，余军．行政法视域下权力清单制度的重构．中国社会科学．2018（04）：109－131.

[4470] 樊兢．进口国规制环境对中国高新技术产品出口效率的影响——基于“一带一路”沿线 47 个国家的实证研究．中国社会科学院研究生院学报．2018（06）：45－56.

[4471] 林丽梅，刘振滨，杜焱强，苏时鹏，郑逸芳．生猪规模养殖户污染防治行为的心理认知及环境规制影响效应．中国生态农业学报．2018（01）：156－166.

[4472] 邹世英，唐永杰．排污许可规制与技术体系概况．中国生态文明．2018（01）：44.

[4473] 梅凤乔．生态环境损害赔偿有赖于规制——国外有关经验及其对我们的启示．中国生态文明．2018（01）：74－76.

［4474］李晓东．全球化工业务并购好戏连台．中国石化．2018（02）：72－74.

［4475］余木宝．全球油气业务并购波澜不惊．中国石化．2018（02）：68－71.

［4476］王学栋，赵小静．滥用政府信息公开申请权行为的法律规制——兼论国外实践对中国的启示．中国石油大学学报（社会科学版）．2018（01）：41－48.

［4477］丰月，冯铁拴．管制、共治与组合：环境政策工具新思考．中国石油大学学报（社会科学版）．2018（04）：50－57.

［4478］张银平．新时期企业兼并重组要有新举措．中国石油和化工．2018（02）：45.

［4479］王曦，胡菁菁，郜峰，赵喆，蒋平，王子健．低油价下油气并购市场走势及其启示．中国石油企业．2018（03）：34－38.

［4480］茵子．在并购中扩张，在扩张中转型．中国石油企业．2018（07）：109.

［4481］侯明扬．全球油气并购升温．中国石油石化．2018（07）：48－49.

［4482］唐民皓．独立第三方的兴起、培育与规制——试论药品安全治理模式转型的一个切入点．中国食品药品监管．2018（07）：19－23.

［4483］臧克承．我国药品检查规制刍议．中国食品药品监管．2018（05）：17－21.

［4484］郭薇．欧盟药品广告规制对中国的启示．中国食品药品监管．2018（01）：32－36.

［4485］马明，徐文君．2016年化妆品行业行政处罚情况分析．中国食品药品监管．2018（08）：27－31.

［4486］宋华琳．美国疫苗监管法律制度评介及启示．中国食品药品监管．2018（08）：32－37.

［4487］王海燕．近十年我国化妆品监管情况分析．中国食品药品监管．2018（05）：35－43.

［4488］陈守清，徐磊．刍议“地沟油”的治理与监管．中国食品药品监管．2018（04）：50－53.

［4489］张雪艳，王素珍．我国保健食品监管制度发展沿革及思考．中国食品药品监管．2018（04）：60－66.

［4490］闫志刚，房军．互联网保健食品监管研究．中国食物与营养．2018（11）：30－33.

［4491］叶毓聪，车承．P2P网络借贷的风险规制研究．中国市场．2018（36）：194－196.

［4492］郝丽娜．城市公交成本规制探讨．中国市场．2018（31）：33－34.

［4493］王贺．环境规制视角下河南省工业行业转型升级．中国市场．2018（26）：52－54.

［4494］常龙刚，刘学波，张璐．提高保健食品的市场准入审批制度．中国市场．2018（25）：123－125.

［4495］韦绍波．零担物流信用问题及其规制策略研究．中国市场．2018（24）：178－179.

［4496］成纪宏．基于共享经济背景下互联网专车服务的政府规制问题初探．中国市场．2018（05）：111－112.

［4497］黄昱橙，张雨濛．六种环境规制对企业绿色技术创新的影响研究——基于一汽企业的实证分析．中国市场．2018（03）：229－230.

［4498］柳第．雾霾治理背景下的煤炭清洁化利用法律规制．中国市场．2018（03）：227－228.

［4499］赵笑笑．论煤炭清洁化利用中践行排放标准的相关问题．中国市场．2018（02）：104－105.

［4500］程义涵．中国工商银行跨国并购分析——以哈利姆银行和南非标准银行为例．中国市场．2018（10）：69－70.

［4501］张昊．当前中国上市公司海外并购的主要障碍与挑战．中国市场．2018（14）：82－83.

［4502］付树民．物业公司并购的尽职调查和财务整合．中国市场．2018（19）：107－109.

［4503］谢欢艳，林宇聪，叶铖．中国企业并购过程中的人力资源管理问题．中国市场．2018（20）：107－108.

［4504］孙颖．简析汽车行业海外并购问题及对策措施．中国市场．2018（25）：64－83.

［4505］王佩群．管理层能力、内部控制有效性与跨国并购绩效探讨．中国市场．2018（28）：78－80.

［4506］胡竹寅．企业并购重组的文化融合策略探析．中国市场．2018（31）：90－92.

［4507］车荣花．全面尽职调查在防范企业并购风险中的重要性分析．中国市场．2018（31）：94－95.

［4508］吴永胜．新收入准则对收入信息披露监管的挑战及建议．中国市场．2018（20）：70－71.

［4509］赵文红，史志华．运用内部控制理念进行财政扶贫资金监管研究．中国市场．2018（19）：44－45.

［4510］陈雅英．完善互联网金融创新机制助力实体经济的发展．中国市场．2018（11）：16－17.

［4511］李园园．互联网金融的特殊性及其监管探究．中国市场．2018（08）：60－63.

［4512］张延悦．我国煤炭清洁利用的法律监管．中国市场．2018（02）：235－242.

［4513］李永平．农村三资管理监管问题的相关思考．中国市场．2018（02）：190－194.

［4514］许漫．城市房屋租赁市场发展状况及对策探讨．中国市场．2018（01）：28－29.

［4515］牛秋纯．论中国P2P农户小额信贷的风险及其监管策略．中国市场．2018（01）：12－15.

［4516］朱益俊，宗思言．反垄断执法典型案例分析——某燃气公司滥用市场支配地位指定交易案．中国市场监管研究．2018（02）：75－76.

［4517］崔立群．市场主体退出制度研究．中国市场监管研究．2018（11）：16－18.

［4518］徐梦醒．恶意商标抢注的认定与制度应对．中国市场监管研究．2018（07）：18－22.

［4519］陶钧．商标侵权纠纷中“权利用尽”规则与“平行进口”的法律规制．中国市场监管研究．2018（07）：23－30.

［4520］周盛．住所申报制风险分析及建议．中国市场监管研究．2018（07）：76－78.

［4521］张娟，叶磊．改善市场准入环境　助力上海北大门建设．中国市场监管研究．2018（05）：47－49.

［4522］宋亚辉．竞价排名广告规制模式的转型——从政府规制到受监督的自我规制．中国市场监管研究．2018（04）：40－47.

［4523］伊春英，张鹏飞，朱田原，陈雪彤，罗正恩，王枭泽，赵戏波．以党的十九大精神为指引　推动首都市场监管事业高质量发展．中国市场监管研究．2018（04）：15－17.

［4524］国家市场监督管理总局发展研究中心课题组，刘永娥，叶宝文．互联网广告市场监管的对策研究．中国市场监管研究．2018（11）：53－61.

［4525］凌锋．深化商事制度改革　优化营商环境．中国市场监管研究．2018（06）：5－10.

［4526］刘筠筠，翟仟仟．保健食品网络营销监管研究．中国市场监管研究．2018（06）：19－23.

［4527］周清杰，宋珊珊，王石磊．北京市场食品安全有关问题研究——基于2008年至2017年的数据分析．中国市场监管研究．2018（06）：28－31.

［4528］罗泽胜．新经济发展中的包容审慎监管原则——以共享出行为例．中国市场监管研究．2018（06）：66－70.

［4529］李秀玉，钟洲．反垄断执法中的数据选择探析．中国市场监管研究．2018（09）：69－72.

［4530］林航．经营者集中反垄断审查的国际合作．中国市场监管研究．2018（09）：50－51.

［4531］陈兵．互联网平台经济运行的规制基调．中国特色社会主义研究．2018（03）：51－60.

［4532］杨海霞．开启园区并购模式．中国投资．2018（03）：38－39.

［4533］王璇．德国关闭中资并购大门？．中国投资．2018（11）：49－50.

［4534］白中科，周伟，王金满，赵中秋，曹银贵，周妍．再论矿区生态系统恢复重建．中国土地科学．2018（11）：1－9.

［4535］唐鹏，石晓平，曲福田．政府管制、土地违法与土地财政．中国土地科学．2018

(07)：15－21.

［4536］龚梅，周冬梅．跨境并购谨防关联交易风险．中国外汇．2018（06）：22－23.

［4537］杭东霞．上市公司跨境并购要点梳理．中国外汇．2018（08）：20－21.

［4538］古成林．直击并购现场．中国外汇．2018（08）：39－42.

［4539］姚影．剖析跨境并购项下的内保外贷．中国外汇．2018（09）：57－59.

［4540］赵子郡．债务下沉融资推动离岸并购．中国外汇．2018（09）：54－56.

［4541］姚影．防范跨境并购的洗钱风险．中国外汇．2018（10）：37－39.

［4542］徐珊，李菲菲．聚焦高科技企业跨境并购．中国外汇．2018（11）：52－55.

［4543］汪灵罡．搭建跨境并购离岸基金．中国外汇．2018（11）：55－57.

［4544］雷嘉美，刘洁．物流仓储行业跨境并购融资解析．中国外汇．2018（15）：60－62.

［4545］单菁．跨境并购的"资金管理术"．中国外汇．2018（18）：24－26.

［4546］李茜．重塑并购整合思路．中国外汇．2018（19）：58－59.

［4547］晏澜菲．负面清单出炉加速农业领域发展．中国外资．2018（15）：32.

［4548］朱淑娣．国际经济行政法视野下的金融行政规制．中国外资．2018（13）：87－89.

［4549］滕乐．外资并购的反垄断规制．中国外资．2018（13）：53－54.

［4550］李泽伟．北京放宽六大领域外资准入限制．中国外资．2018（13）：58－59.

［4551］王琳，蒋博文．从"联邦贸易委员会诉莫顿盐业案"看论价格歧视行为．中国外资．2018（15）：87－89.

［4552］慕雨果．外资并购安全审查欧盟没有统一机制．中国外资．2018（07）：48.

［4553］唐波．莞版"外资十条"将出炉　推动重点企业开展跨国并购．中国外资．2018（09）：63.

［4554］张茜．外资保险企业看中中国市场　引发新一轮并购热潮．中国外资．2018（17）：52－53.

［4555］胡振虎，贾英姿．美国 FIRRMA 试点计划实施对全球外资并购影响深远．中国外资．2018（23）：46－47.

［4556］曹艳林，陈璞．人工智能：美好前景面临法规空缺．中国卫生．2018（08）：76－77.

［4557］李霞．我国基层食品药品监管存在的主要问题及应对办法．中国卫生产业．2018（17）：162－164.

［4558］宾莉，李申扬．监管条件下的医学检验问题探究．中国卫生产业．2018（13）：140－142.

［4559］郑曦，何晖雄，黄少伟，陈善隆，缪伟．互联网医疗研究综述：回顾、现状与监管．中国卫生法制．2018（04）：28－33.

［4560］聂文环．对执业医师违法行为的监管思考．中国卫生法制．2018（02）：47－49.

［4561］莫军，陈梦曦，张遵真．"三全、三亮、三化"公共场所卫生监管策略探讨．中国卫生监督杂志．2018（06）：593－596.

［4562］缪伟，陈善隆，郑曦，郑晓霞，林众，陈建明，张海燕，林善通，何晖雄，徐建清．互联网医疗监管机制研究和监管模型设计．中国卫生监督杂志．2018（03）：303－311.

［4563］卢中南，毛洁，卢伟．简析美国远程医疗的发展现况和监管模式．中国卫生监督杂志．2018（03）：352－355.

［4564］张浩元．创新思维　革新举措，探索预防接种监管新模式．中国卫生监督杂志．2018（01）：98－100.

［4565］邢书霞，李琳，袁欢，王钢力．国内外口腔清洁护理用品监管体系的比较．中国卫生检验杂志．2018（12）：1534－1536.

［4566］王亦龙，何爱红，张雪梅．民族地区社会资本办医发展实践、制约因素与规制路径探析．中国卫生经济．2018（10）：19－22.

［4567］王少波，冯嵩．医保身份电子审核设计及应用．中国卫生信息管理杂志．2018（01）：51－53.

［4568］阳明春，田野，邹武捷，韩晟，史录文，管晓东．政府管制与取消管制对药品价格的影响研究——以消化类药品为例．中国卫生政策研究．2018（09）：53－58.

［4569］夏莺歌，赵晓娟，陈庆锟，张福康．新型健康服务业的主要特点及监管策略．中国卫生政策研究．2018（10）：72－75.

［4570］谷万民．网上无线电发射设备销售监管初探．中国无线电．2018（12）：20－22.

［4571］周钰哲．国外微小卫星监管措施研究．中国无线电．2018（08）：20－22.

［4572］张瓅心．网约车平台企业垄断的认定、测度与规制研究——基于双边市场理论与市场价格形成机制．中国物价．2018（12）：25－27.

［4573］吴秀荣．世界主要国家对滥用相对优势地位的规制及给我国的立法启示．中国物价．2018（11）：30－33.

［4574］胡宗金．论行政处罚对互联网金融的规制界限——由天价罚单引发的思考．中国物价．2018（08）：26－29.

［4575］万秉承，张梦瑜，舒本耀．建立军品市场准入管理机制研究——基于制度性交易成本视角．中国物价．2018（08）：76－79.

［4576］申珅．烟草业生产规制研究综述．中国物价．2018（05）：31－33.

［4577］郭琎．新规制经济学的产生、发展与前沿理论综述．中国物价．2018（05）：27－30.

［4578］周适，杨娟．发达国家电网企业财务规制的经验及启示．中国物价．2018（04）：28－32.

［4579］赵全新．深入推进价格领域“放管服”改革的思考．中国物价．2018（04）：33－35.

［4580］武靖州．制度性交易成本治理之道研究．中国物价．2018（03）：3－7.

［4581］罗晨煜．民事执行案件中司法拍卖的价格规制问题研究．中国物价．2018（01）：51－53.

［4582］戚昌厚，柏明远．序数效用需求曲线不兼容消费者剩余．中国物价．2018（03）：36－39.

［4583］袁金华．企业并购的公司治理效应及其法律完善——以万科控制权之争为视角．中国物价．2018（03）：77－80.

［4584］宋立丰，宋远方，黄振江．治理结构、外部合法性与并购绩效关系研究——基于中国科技类上市公司的实证分析．中国物价．2018（03）：73－76.

［4585］邵贞棋，杨丹．并购方产权性质与审计费用关系研究——基于商誉高估程度的中介检验．中国物价．2018（12）：46－48.

［4586］刘健．商业银行信用卡业务风险管理研究．中国物价．2018（04）：46－48.

［4587］《2018中国物业管理“资本·上市·并购”调研报告》案例精选．中国物业管理．2018（05）：14.

［4588］本刊编辑部．大咖齐聚杭州，热议资本“新时代”——2018中国物业管理资本·上市·并购高峰论坛圆满召开．中国物业管理．2018（06）：14－15.

［4589］赵富林．拥抱资本　创新发展——《2018中国物业管理资本·上市·并购调研报告》摘要．中国物业管理．2018（06）：18－19.

［4590］本刊编辑部．借力资本　开创未来——2018中国物业管理资本·上市·并购高峰论坛代表感言．中国物业管理．2018（06）：39－42.

［4591］兰青山，肖苏萍，黄掌欣，袁春平，王继永，付春梅．谈经典名方现阶段政策法规之启示．中国现代中药．2018（07）：780－784.

［4592］邓海卓．网络公益众筹法律规制研究．中国乡镇企业会计．2018（03）：281－283.

［4593］陈帮，徐程．我国中小企业民间借贷市场的问题及对策．中国乡镇企业会计．2018（01）：13－14.

［4594］郭行炜．我国石油企业跨国并购财务风险分析．中国乡镇企业会计．2018（01）：77－78.

［4595］薛凤凤．联想集团并购摩托罗拉移动公司的财务绩效分析．中国乡镇企业会计．2018（01）：69－70.

［4596］李晓．腾讯并购芬兰 Super Cell 公司的动因分析．中国乡镇企业会计．2018（01）：70－71.

［4597］王北军，张清．美的并购东芝家电后的财务整合研究．中国乡镇企业会计．2018（01）：72－74.

［4598］胡期欣．从内部控制协同效应看企业并购——以跨国并购为例．中国乡镇企业会计．2018（04）：228－230.

［4599］张宪．文娱产业并购基金会计处理的案例解析．中国乡镇企业会计．2018（04）：34－35.

［4600］张秀云．企业兼并重组税收优惠政策及税收筹划问题分析．中国乡镇企业会计．2018（07）：32－33.

［4601］傅燕萍．浅析企业并购中的财务风险问题．中国乡镇企业会计．2018（07）：107－108.

［4602］金弦歌．并购对价与融资方式选择——均胜电子系列并购案例分析．中国乡镇企业会计．2018（08）：37－39.

［4603］尹芳．浅议企业投资并购后财务整合存在的问题及完善措施．中国乡镇企业会计．2018（08）：108－109.

［4604］王燕妮．管窥上市公司并购绩效的研究方法．中国乡镇企业会计．2018（09）：25－26.

［4605］李楠．“长远之计”还是“救命稻草”？——基于思美传媒频繁并购的案例分析．中国乡镇企业会计．2018（09）：117－118.

［4606］吴城垦，任一平．企业并购财务风险研究．中国乡镇企业会计．2018（10）：87－88.

［4607］王彩娥．企业并购前的尽职调查以及风险防范．中国乡镇企业会计．2018（12）：122－123.

［4608］倪旭春．目前形势下房地产行业并购财务操作实务．中国乡镇企业会计．2018（12）：123－124.

［4609］钱朝侠．关于区级企业国资监管工作的探讨．中国乡镇企业会计．2018（10）：145－146.

［4610］周丽霞．完善专项资金监管机制　提高财政资金使用效益．中国乡镇企业会计．2018（09）：86－87.

［4611］蒋美荣．如何加强对校办企业监管问题的探讨．中国乡镇企业会计．2018（04）：249－250.

［4612］刘春玲，陈玲芳．我国商业银行信息披露问题探析．中国乡镇企业会计．2018（03）：162－163.

［4613］张卓娜，孙琦，杨艳伟．国内市场季铵盐类消毒剂使用情况调查．中国消毒学杂志．2018（01）：23－25.

［4614］吴冬云．药品经营企业 GSP 认证后的监管强化思考．中国新技术新产品．2018（13）：135－136.

［4615］周颖．浅谈质量技术监督部门对企业标准化的监管．中国新技术新产品．2018（05）：123－124.

［4616］张文彪，张乐乐，刘辉，陈亮．政府采购电子化面临的制度困境分析．中国新通信．2018（24）：120.

[4617] 王颖，苏醒师．关于公用行业管理职能下放后安全监管工作的研究和思考．中国新通信．2018（18）：223－224.

[4618] 邹宜諠，陈云，邵蓉，周斌．浅谈中药炮制及其辅料的监管现状与完善．中国新药杂志．2018（20）：2346－2350.

[4619] 陈云，邹宜諠，张晓慧，周斌．韩国与日本干细胞药品审批、监管及对我国的启示．中国新药杂志．2018（03）：267－272.

[4620] 谢君泽．网络立法规制的三种方法．中国信息安全．2018（08）：37－39.

[4621] 戈晶晶．数据中心产业投资并购活跃．中国信息界．2018（03）：52－54.

[4622] 张茅．着力推动市场监管改革创新 建立企业信用监管长效机制．中国信用．2018（05）：10－12.

[4623] 岁正阳．11部门联合大战“僵尸企业” 依法追究恶意逃废债等责任主体．中国信用．2018（12）：50.

[4624] 多项外资银行、保险机构市场准入申请获得批准．中国信用卡．2018（12）：79.

[4625] 党鸿钧．小面额货币恶意支付法律规制探析．中国信用卡．2018（04）：67－68.

[4626] 本刊讯．中国银联联合商业银行推出小微企业卡．中国信用卡．2018（12）：80.

[4627] 张全印．机遇与挑战：人工智能带来的刑事风险与刑法应对．中国刑警学院学报．2018（06）：14－20.

[4628] 赵博．运用人像识别技术的公交重点人口监管方法与系统设计．中国刑警学院学报．2018（04）：124－128.

[4629] 王华伟．刷单炒信的刑法适用与解释理念．中国刑事法杂志．2018（06）：95－111.

[4630] 郑勇．非法经营罪的扩张：原因及其对策．中国刑事法杂志．2018（01）：100－110.

[4631] 云鹤．互联网售烟行为的规制．中国烟草学报．2018（01）：111－115.

[4632] 李磊，周宁波，屈湘辉．新型烟草制品市场发展及法律监管．中国烟草学报．2018（02）：100－110.

[4633] 徐国．会员日为什么打85折．中国药店．2018（09）：28.

[4634] 赵振基．并购防火墙．中国药店．2018（01）：32－33.

[4635] 赵振基．并购潮中高商誉．中国药店．2018（02）：13－14.

[4636] 庞然．这样防范并购商誉风险 评《并购潮中高商誉》．中国药店．2018（03）：16.

[4637] 姜志敏．江西：火热的并购行情．中国药店．2018（04）：113－115.

[4638] 徐国．资本拐点到来，并购大潮回落．中国药店．2018（11）：74－75.

[4639] 赵笑妍，石荣丽．药品招标议价虚高现象的反合谋博弈分析．中国药房．2018（22）：3035－3041.

[4640] 弓志军．我国药品广告监督管理的现状与特点．中国药房．2018（07）：891－896.

[4641] 汪巨峰，杨威，郭健敏，韩玲．国际上对植物药的监管及新药的申报要求．中国药理学与毒理学杂志．2018（01）：51－57.

[4642] 王聪．全国食品摊贩和小餐饮立法情况分析．中国药师．2018（02）：318－319.

[4643] 任磊，陈云，邵蓉．经济刑法学视野下生产销售假药的规制问题研究．中国药事．2018（01）：92－96.

[4644] 刘可君，郭世富，崔乐，黄颖．基因测序技术在临床检验领域的应用及国内外监管现状比较研究．中国药事．2018（11）：1520－1530.

[4645] 屈浩鹏，赵振宇．基于监管视角的药品生产企业分级监管模型构建．中国药事．2018（10）：1309－1313.

[4646] 路长飞，崔小康，刘文文，李玉基，吴世福．省级药品不良反应监测服务药品安全监

管工作模式探讨．中国药物警戒．2018（01）：24－27.

［4647］戴罡，李彤彤，张方．近年全球制药企业并购趋势分析．中国药学杂志．2018（23）：2065－2068.

［4648］雷震，陈燕萍．《医疗保险经办中的法律规制问题》．中国医疗保险．2018（10）：32.

［4649］娄宇．论医疗服务协议对骗保行为的规制方法——惩罚性赔偿的法理与制度设计．中国医疗保险．2018（10）：17－20.

［4650］娄宇．规制基本医保支付欺诈行为的思考．中国医疗保险．2018（05）：8－10.

［4651］马宇，黄华波．医保基金监管法制建设问题探讨．中国医疗保险．2018（10）：29－32.

［4652］张博源，李筱永，赵晓佩，牛田园．放松管制背景下中医药服务风险治理的法治应对——基于医患双方的调查．中国医学伦理学．2018（06）：688－692.

［4653］孙阳．网上药店“店中店”模式法律关系与风险对策思考．中国医药导刊．2018（05）：316－320.

［4654］何玉婵，郭文，周斌．中国药企的海外并购现状及策略．中国医药工业杂志．2018（06）：853－858.

［4655］陈云，邹宜誼，邵蓉，周斌．美国干细胞产业发展政策与监管及对我国的启示．中国医药工业杂志．2018（12）：1733－1741.

［4656］曹萌，李建平．CAR－T细胞技术产品欧美监管情况探讨．中国医药工业杂志．2018（10）：1459－1464.

［4657］赵晓佩．中医师承人员执业准入制度探讨：促进与规制并重．中国医院．2018（05）：13－15.

［4658］刘杨从，张韶辉，郭珩，叶小春，刘金伟，魏天龙，李璐璐，邓体瑛，张耕．新医改形势下药师参与住院药费控制成效分析．中国医院药学杂志．2018（02）：189－191.

［4659］李妙．大数据时代加强个人金融信息保护问题探析——以完善法律规制及主体责任为视角．中国银行业．2018（12）：99－101.

［4660］徐强，刘晓．基于监管实践的同业业务类型梳理与规范建议．中国银行业．2018（10）：60－62.

［4661］赵江平．以监管改革为契机　力争将消保职能提升为行为监管新角色．中国银行业．2018（10）：87－89.

［4662］银行业对外开放新步伐．中国银行业．2018（06）：18－19.

［4663］汪芳．银行业专业人员职业资格考试调研分析及与市场准入挂钩的思考——以安徽省六安市为例．中国银行业．2018（01）：82－83.

［4664］林海．并购重组：上市银行做大做强的快车道．中国银行业．2018（07）：43－45.

［4665］黄钰琳．官方回应获赞，涉事企业开工6年未检修，两部门联合约谈——张家口“11·28”爆燃事故敲响年关安全“警钟”．中国应急管理．2018（12）：36－39.

［4666］邓纲，张元华．网络司法拍卖买受人悔拍行为规制研究．中国应用法学．2018（05）：103－113.

［4667］杨学文．张家港联合铜业：向“国内领先、行业一流”的现代化铜精炼企业迈进．中国有色金属．2018（06）：21.

［4668］薛璇，董少华．撑大局　怀大智　存大勇——从多氟多并购中宁硅业说起．中国有色金属．2018（17）：50－53.

［4669］歌华有线参与发起设立并购基金，基金目标总规模100亿元．中国有线电视．2018（02）：181.

［4670］李佳．广播电视广告创新发展及监管策略探析．中国有线电视．2018（01）：56－59.

[4671] 朱晖，路岩．IUU规制国际协作方式及对我国启示．中国渔业经济．2018（05）：4－11.

[4672] 赵媛媛．如何完善我国网上银行监管法律制度．中国战略新兴产业．2018（12）：209.

[4673] 闻璋．创新公共资源交易科研新模式．中国招标．2018（48）：7－9.

[4674] 武文卿．优化营商环境　继续放宽外资市场准入．中国招标．2018（48）：15－17.

[4675] 崔文迁．全球交易所行业并购经验及启示．中国证券期货．2018（05）：18－22.

[4676] 刘春彦，徐圣艳，刘伯一．美国及澳大利亚虚拟货币及首次代币发行监管最新进展评析．中国证券期货．2018（02）：63－71.

[4677] 武佳薇，杨阳．关于CFTC监管美国能源商品市场的执法案件分析．中国证券期货．2018（01）：84－91.

[4678] 黄小平．美国场外衍生品市场发展监管的演变与启示．中国证券期货．2018（01）：47－49.

[4679] 席涛．市场准入负面清单与产业政策、相关法律的修订与衔接．中国政法大学学报．2018（03）：47－60.

[4680] 覃华平．国际仲裁中的第三方资助：问题与规制．中国政法大学学报．2018（01）：54－66.

[4681] 何红锋，徐亚立．投标报价低于成本的法律规制研究．中国政府采购．2018（08）：6－8.

[4682] 吕小明，罗凯世，赵威，解小平．中美种业兼并重组对比分析．中国种业．2018（10）：1－4.

[4683] 李建红，董琳娜，邓志文，欧阳昊婷．加强农作物种子质量监管的思考．中国种业．2018（08）：12－13.

[4684] 申慧慧，汪泓，吴联生．本地审计师的合谋效应．中国注册会计师．2018（08）：66.

[4685] 刘小刚．并购重组业绩承诺的财税处理——基于斯太尔的案例研究．中国注册会计师．2018（01）：115－119.

[4686] 高方露，康健．国有企业并购重组效率影响因素研究．中国注册会计师．2018（01）：54－59.

[4687] 杨奎．银企直联、现金弹性与上市公司兼并收购．中国注册会计师．2018（01）：77－81.

[4688] 王芸，周钰萍．并购商誉会计计量的探讨——基于金利科技并购宇瀚光电案例分析．中国注册会计师．2018（03）：115－118.

[4689] 胡伟，李婧．我国国有企业跨国并购现状分析——基于技术获取视角．中国注册会计师．2018（08）：54－57.

[4690] 范树奎．并购重组助推文化产业实现跨越发展．中国资产评估．2018（01）：31－33.

[4691] 胡晓明，吴铖铖．上市公司并购重组评估增值情况分析．中国资产评估．2018（01）：40－46.

[4692] 李昱哲，梅丽霞．并购重组中互联网企业估值定价问题研究．中国资产评估．2018（04）：20－24.

[4693] 邵春燕，谢明云．我国国有文化企业并购模式分析．中国资产评估．2018（05）：16－22.

[4694] 岳修奎，刘灿灿，徐明瑜，刘珺茹．上市公司并购重组中股份定价研究．中国资产评估．2018（05）：23－32.

[4695] 苑泽明，席燕．文化企业并购评估中的投资价值分析．中国资产评估．2018（07）：22－28.

[4696] 刘灿灿，徐明瑜，岳修奎，翁羽丰．企业并购中的协同效应分析——基于投资价值估值案例的研究．中国资产评估．2018（10）：50－56.

［4697］再协．政策推动再生资源行业健康化发展行业迎来兼并重组浪潮．中国资源综合利用．2018（09）：190.

［4698］曾宪勤．上市公司海外矿产资源并购风险分析——以吉恩镍业退市为例．中国资源综合利用．2018（12）：82－86.

［4699］本刊编辑部．从金融机构改革看未来监管格局．中国总会计师．2018（03）：28－29.

［4700］张健．企业并购重组中的税收筹划方法探析．中国总会计师．2018（01）：118－119.

［4701］唐莉容．企业并购中的审计风险研究．中国总会计师．2018（02）：94－95.

［4702］顾华统．"一带一路"下通信施工企业海外并购探讨．中国总会计师．2018（03）：116－117.

［4703］马宏．企业并购后的财务整合效应探析．中国总会计师．2018（04）：110－112.

［4704］赵建勇．企业并购之财务尽调与整合．中国总会计师．2018（04）：55－57.

［4705］路堃．股权融资和债权融资视角下的企业财务结构管窥——以联合利华（英国）为例．中国总会计师．2018（06）：134－136.

［4706］刘志耕．对并购重组"三高后遗症"的思析．中国总会计师．2018（06）：18.

［4707］杨琳，苏希鹏，叶飞，张维，邢杨，李惠，嵇征，刘倩，刘冰冰，牛捷．某市职业病危害防治评估结果分析．中华劳动卫生职业病杂志．2018（12）：899－903.

［4708］王莲峰，刘润涛．无真诚使用意图商标注册的立法规制．中华商标．2018（09）：86－92.

［4709］明星楠．商标确权阶段适用经济赔偿与规制恶意注册、恶意异议．中华商标．2018（08）：26－28.

［4710］王莲峰，康瑞．法律责任视角下商标恶意抢注的司法规制．中华商标．2018（07）：68－72.

［4711］逯遥．绝对性条款规制名人姓名商标的法律适用．中华商标．2018（05）：71－75.

［4712］王金勇，崔娜．商标代理机构申请注册商标的法律规制体系亟需完善．中华商标．2018（01）：34－35.

［4713］刘爱霞，朱依敏．国际人类辅助生殖技术监督与质量管理模式．中华生殖与避孕杂志．2018（08）：632－635.

［4714］陈捷，林军，李立中．学术论文不端行为的法律责任与对策．中华医学科研管理杂志．2018（01）：19－23.

［4715］吕婧，陈敏生，沈晓思，盛奇伟，徐同镭，陈蓓．基于风险防控的现代医院管理核心制度研究．中华医院管理杂志．2018（03）：177－180.

［4716］邹国伟，周振江．环境规制、政府竞争与工业企业绩效——基于双重差分法的研究．中南财经政法大学学报．2018（06）：13－21.

［4717］陈强远，李晓萍，曹晖．地区环境规制政策为何趋异？——来自省际贸易成本的新解释．中南财经政法大学学报．2018（01）：73－83.

［4718］姜楠．环保财政支出有助于实现经济和环境双赢吗？．中南财经政法大学学报．2018（01）：95－103.

［4719］吴浩强，刘树林．关联并购视角的企业文化与技术创新效率．中南财经政法大学学报．2018（03）：65－72.

［4720］成琼文，余升然．电解铝行业产能过剩的促进力与抑制力——基于土地要素和环境规制视角．中南大学学报（社会科学版）．2018（04）：107－116.

［4721］游达明，张杨，袁宝龙．官员晋升锦标赛体制下环境规制、央地分权对环境污染的影响研究．中南大学学报（社会科学版）．2018（03）：66－77.

［4722］刘乃梁．银行业反垄断规制权的配置与实现．中南大学学报（社会科学版）．2018

(01)：55 – 62.

[4723] 韩瑞波，叶娟丽．政企合谋、草根动员与环境抗争——以冀南 L 镇 D 村为例．中南大学学报（社会科学版）. 2018（03）：145 – 151.

[4724] 关健，杨白沙，段澄梦．企业并购溢价决策中的群体极化效应研究——TMT 同质性与 CEO 权力的调节作用．中南大学学报（社会科学版）. 2018（04）：97 – 106.

[4725] 尤婷．论生态环境损害赔偿制度．中南林业科技大学学报（社会科学版）. 2018（06）：57 – 62.

[4726] 王仁祥，郭联邦．环境规制与污染密集型产业转移——基于我国中部地区的实证研究．中南林业科技大学学报（社会科学版）. 2018（01）：33 – 38.

[4727] 吴光恒．政府网络舆情调控规制探究．中南民族大学学报（人文社会科学版）. 2018（03）：165 – 169.

[4728] 张力．先占取得的正当性缺陷及其法律规制．中外法学 . 2018（04）：883 – 909.

[4729] 曹志勋．停止侵害判决及其强制执行　以规制重复侵权的解释论为核心．中外法学 . 2018（04）：1070 – 1100.

[4730] 彭岳．分享经济规制现状及方法改进．中外法学 . 2018（03）：763 – 781.

[4731] 胡帮达．安全和发展之间：核能法律规制的美国经验及其启示．中外法学 . 2018（01）：208 – 230.

[4732] 刘庄．影子银行的第三类风险．中外法学 . 2018（01）：194 – 207.

[4733] 王晓晔．市场界定在反垄断并购审查中的地位和作用．中外法学 . 2018（05）：1324 – 1338.

[4734] 赵莉莉．反垄断法相关市场界定中的双边性理论适用的挑战和分化．中外法学 . 2018（02）：512 – 531.

[4735] 徐海成，徐兴博，贾锐宁．收费公路激励性规制中有效成本识别问题研究——基于区域间比较竞争视角．中外公路 . 2018（02）：323 – 327.

[4736] 朱冬．拼多多靠“小镇青年”撕开了 BAT 的口子，“得小镇者得天下”的秘诀你知道吗？．中外管理 . 2018（09）：30 – 31.

[4737] 刘行凯．浅谈产业转型视角下工业用地控制指标．中外建筑 . 2018（09）：122 – 125.

[4738] 张尔婳．论我国风电企业海外投资的法律风险及其防范——以金风科技海外并购案为例．中外能源 . 2018（09）：8 – 17.

[4739] 杨军．智能控制专业对接智慧型产业的校企合作课程建设．中外企业家 . 2018（32）：194.

[4740] 周蕊．房地产信托股权模式的创新与规制研究．中外企业家 . 2018（29）：64.

[4741] 解天蘅．浅谈共享经济视野下网约车的监管问题．中外企业家 . 2018（20）：79.

[4742] 张洁．企业并购中的税务与会计处理对策．中外企业家 . 2018（08）：17 – 18.

[4743] 王耀邦．“新三板”企业并购存在的问题与对策探析．中外企业家 . 2018（09）：1 – 2.

[4744] 陈阳．电商企业并购的动因及风险控制研究．中外企业家 . 2018（09）：112 – 113.

[4745] 郑显贵．企业并购成败的关键是财务整合的有效性．中外企业家 . 2018（09）：115 – 116.

[4746] 方楠，雒敏．新形势下医药行业并购的现状和策略研究．中外企业家 . 2018（10）：65 – 66.

[4747] 贺代将．企业并购的财务风险．中外企业家 . 2018（10）：163 – 165.

[4748] 张弛．管理者权力、企业并购与薪酬水平．中外企业家 . 2018（16）：121 – 122.

[4749] 申诗展．中国企业境外并购的风险分析与研究．中外企业家 . 2018（21）：67 – 68.

[4750] 姜美子．企业并购的筹资与支付方式选择．中外企业家．2018（23）：48－49.

[4751] 范春阳．环保企业并购与整合的风险与防范分析．中外企业家．2018（27）：207.

[4752] 贾子渊．物流企业的并购与建议——以华贸收购德祥为例．中外企业家．2018（30）：69.

[4753] 李家涛．海尔集团并购的协同效应研究．中外企业家．2018（30）：217.

[4754] 杨笛．并购重组中的财务问题——文献综述．中外企业家．2018（30）：12.

[4755] 韩臻．新常态下上市公司并购模式创新路径探析．中外企业家．2018（33）：39.

[4756] 林娜．中国公司海外并购现状分析与对策研究．中外企业家．2018（35）：27－28.

[4757] 秦洪文．企业并购重组相关税务处理问题研究．中外企业家．2018（36）：20.

[4758] 王语聪．关于现阶段我国互联网金融监管现状分析．中外企业家．2018（34）：66.

[4759] 刘娟．食品安全监管的对策分析．中外企业家．2018（29）：220－221.

[4760] 朱远，孟祥辉，杨洋，王亚超．加强对招投标代理机构与评标专家的监管．中外企业家．2018（26）：99－100.

[4761] 陈莹．企业费用报销监管存在的问题及应对措施．中外企业家．2018（20）：32－33.

[4762] 付松．房屋建筑工程质量检测技术与监管研究．中外企业家．2018（18）：111.

[4763] 刘勇．关于建设用地批后监管的探讨．中外企业家．2018（17）：209－210.

[4764] 吴才添，邱丽洪．我国互联网金融监管问题研究．中外企业家．2018（17）：68.

[4765] 洪传尧，伦祖炜．存款准备金交存监管中存在的问题和建议——以海南省为例．中外企业家．2018（08）：225.

[4766] 龙盈夙．问题银行业金融机构市场退出制度的完善路径分析．中外企业家．2018（08）：31－32.

[4767] 郭刚．资管新规及流动性风险管理分析，银行业流动性监管趋严——规范同业业务，重塑理财业务．中外企业家．2018（01）：30.

[4768] 刘琪，潘晓菲．消费级无人机法律规制问题研究．中小企业管理与科技（上旬刊）．2018（10）：93－96.

[4769] 梁小婉，林木琼，蔡剑南，张凯文．公平竞争审查视野下网约车规制路径研究．中小企业管理与科技（上旬刊）．2018（04）：121－122.

[4770] 张宇琪．企业并购的财务协同效应．中小企业管理与科技（上旬刊）．2018（07）：63－64.

[4771] 王世庆．交通运输与现代物流融合发展研究．中小企业管理与科技（下旬刊）．2018（07）：30－32.

[4772] 全通．浅析资产管理公司并购重组业务．中小企业管理与科技（下旬刊）．2018（01）：37－38.

[4773] 杨硕，从颖．中国企业海外并购及整合现状调查与研究．中小企业管理与科技（下旬刊）．2018（10）：68－69.

[4774] 许海龙．互联网金融风险的类型及控制措施探讨．中小企业管理与科技（下旬刊）．2018（10）：46－49.

[4775] 周靖．湖北商事制度改革成效及优化研究．中小企业管理与科技（中旬刊）．2018（11）：88－89.

[4776] 邹昊林．互联网金融股权众筹行为刑法规制论．中小企业管理与科技（中旬刊）．2018（02）：91－92.

[4777] 刘锴．我国民营企业海外并购绩效影响因素研究．中小企业管理与科技（中旬刊）．2018（10）：65－66.

[4778] 曲慧英．积极探索做好新形势下生态环保工作．中小企业管理与科技（中旬刊）．2018

(04)：88－89.

[4779] 张硕羽．我国“分享经济”的监管困境及改革方向．中小企业管理与科技（中旬刊）．2018（01）：66－67.

[4780] 李斌，张晓冬．政企合谋视角下中国环境污染转移的理论与实证研究．中央财经大学学报．2018（05）：72－81.

[4781] 李路，肖土盛．收购方管理层职位变迁：基于中国并购市场的证据．中央财经大学学报．2018（03）：51－64.

[4782] 刘娥平，关静怡．股价高估、定增并购价格偏离与市场绩效．中央财经大学学报．2018（08）：62－75.

[4783] 孙飞显，刘喆，赵景海．物联网金融业态下的动产融资押物监管模型．中州大学学报．2018（06）：110－113.

[4784] 陈希．隐名投资现象的法律规制．中州学刊．2018（10）：68－71.

[4785] 蔡应巧．农村食品安全监管探讨．种业导刊．2018（07）：25－26.

[4786] 谢霖枫，李向玉．监管与合规：对农作物种子代理销售广告行为法律适用探讨——以云梦工商管理局对“极峰30”种子处罚案为例．种子．2018（12）：140－142.

[4787] 多小珍．浅析陇川县强化种子市场监管和严格品种退出机制的具体措施．种子科技．2018（09）：42－46.

[4788] 刘乃粱．权利变迁视角下中国银行业反垄断的基本逻辑．重庆大学学报（社会科学版）．2018（02）：108－118.

[4789] 王雷鸣，吴朝霞．基础教育安全热点法律分析——以边缘伤害行为为切入点．重庆第二师范学院学报．2018（05）：118－122.

[4790] 王帅，傅颖．民营银行经营风险及其法律规制研究．重庆第二师范学院学报．2018（03）：15－18.

[4791] 宣潇然．我国移动互联网行业的垄断问题及其对策．重庆第二师范学院学报．2018（03）：11－14.

[4792] 冯娴君．知识产权领域中的反垄断规制研究．重庆电子工程职业学院学报．2018（01）：32－35.

[4793] 杨光丽，黄晓燕．职业院校教学质量系统管理生成模式研究．重庆电子工程职业学院学报．2018（03）：1－4.

[4794] 程博，何磊，阮丞华．经济增长、制度环境与大气污染——基于省级面板数据的实证检验．重庆工商大学学报（社会科学版）．2018（01）：27－41.

[4795] 李昂．困境与出路：房地产市场调控的法律规制．重庆行政（公共论坛）．2018（04）：45－46.

[4796] 郭秉贵，邓小兵．社会管理创新背景下广播电视规制方式改革探析．重庆科技学院学报（社会科学版）．2018（04）：30－33.

[4797] 刘军跃，田盛文，李军锋，杨雪程，刘宛鑫．环境规制对重庆制造业集聚的影响．重庆理工大学学报（社会科学）．2018（11）：54－64.

[4798] 王芳．消费风险警示适用的法律限度．重庆理工大学学报（社会科学）．2018（01）：96－103.

[4799] 常纪文，汤方晴，吴平．中国水治理的法制建设问题与对策建议．重庆理工大学学报（社会科学）．2018（05）：1－6.

[4800] 仇鑫华，刘戒骄．英国天然气产业政策及启示——基于机制分析视角．重庆理工大学学报（社会科学）．2018（03）：37－46.

[4801] 张一鸣．法治城市建设中的规制创新：基于政府规章备案审查的视角．重庆社会科学．2018（12）：47－60.

[4802] 唐海涛，陈功．“一带一路”沿线国家教育服务外资准入规制及我国法规完善．重庆社会科学．2018（10）：52－63.

[4803] 徐翔．生态环境的刑法保护路径．重庆社会科学．2018（02）：67－74.

[4804] 王子今．“秦暴”评议：以秦兼并天下的历史舆论为对象．重庆师范大学学报（社会科学版）．2018（04）：5－11.

[4805] 朱静洁．互联网企业滥用相对优势地位行为的法律规制研究．重庆邮电大学学报（社会科学版）．2018（01）：53－62.

[4806] 童彬．公共视频监控图像信息利用与保护的基本法律问题与立法规制．重庆邮电大学学报（社会科学版）．2018（05）：55－63.

[4807] 文立彬．涉数据网络犯罪的规制困境与优化路径．重庆邮电大学学报（社会科学版）．2018（05）：40－47.

[4808] 周杨，何泓宇．我国《反不正当竞争法》对网络直播平台不正当竞争行为适用探究．重庆邮电大学学报（社会科学版）．2018（05）：64－71.

[4809] 彭俊磊．技术侦查中大数据取证的法律规制．重庆邮电大学学报（社会科学版）．2018（05）：26－33.

[4810] 胡丽．自媒体时代“网络话语权”的二元结构解析与规制．重庆邮电大学学报（社会科学版）．2018（02）：23－30.

[4811] 卢安文，孔德星．互联网信息服务业不正当竞争研究综述．重庆邮电大学学报（社会科学版）．2018（01）：96－102.

[4812] 邹开亮，刘佳明．大数据产业相关市场界定的困境与出路．重庆邮电大学学报（社会科学版）．2018（05）：34－39.

[4813] 刘琳．商品房价格变动影响因素与宏观调控路径选择——基于商品房双重属性和市场结构进行分析．住宅与房地产．2018（25）：4－9.

[4814] 唐磊，倪博，胡姗．谈企业兼并重组对行业发展的影响．住宅与房地产．2018（13）：288.

[4815] 刘艾曼．浅析技术并购中的知识产权尽职调查．装备机械．2018（04）：57－60.

[4816] 孙祥超，潘玉桐，贺姝峒，张宁．钢铁联合企业分工序核算碳排放量方法研究．资源节约与环保．2018（03）：75－78.

[4817] 王永刚．节能环保在建筑行业的应用管理．资源节约与环保．2018（02）：35－36.

[4818] 孙康，付敏，刘峻峰．环境规制视角下中国海洋产业转型研究．资源开发与市场．2018（09）：1290－1295.

[4819] 张娜，李小胜，李少付．环境规制下区域创新环境对工业企业技术创新效率的影响研究．资源开发与市场．2018（05）：605－610.

[4820] 王彩萍，别婉文，徐红罡．中国企业跨国并购旅游业务的特征与绩效．资源开发与市场．2018（05）：735－740.

[4821] 王疆，雷祺琪．中国企业对东盟跨国并购的区位选择及其决定因素．资源开发与市场．2018（07）：962－966.

[4822] 宋益，黄健柏，钟美瑞，张亿军．外部性成本内部化视角下战略性矿产资源关税替代性政策研究——以稀土矿为例．资源科学．2018（03）：611－622.

[4823] 彭民，杨洪波，雷鸣，付会霞．页岩油气开发水环境保护要求与规制政策．资源与产业．2018（02）：65－70.

［4824］翟丽，王君萍，甄建斌．环境规制对区域生态效率的影响．资源与产业．2018（01）：55－60.

［4825］崔学刚，方创琳，张蔷．京津冀城市群环境规制强度与城镇化质量的协调性分析．自然资源学报．2018（04）：563－575.

［4826］孙兰英，周星．共享经济视野下城市网约车监管政策创新——基于全国234篇网约车新政的政策文本分析．综合运输．2018（12）：44－49.

［4827］贺明光，孙可朝，刘振国．旅游交通业态及发展趋势研究．综合运输．2018（11）：1－7.

［4828］李发启，骆谦，胡丽，徐小涵．常德市粮食质量安全监测体系建设探讨．作物研究．2018（S1）：39－40.

［4829］易军华，伍千志，贺艳艳，蔡承志，向抚，徐宗雁．石门县农产品质量安全监管现状与对策．作物研究．2018（S1）：41－42.

［4830］陈志兵，刘阳，陈学凡，雷明．推广区块链应用　助推乡村振兴．作物研究．2018（S1）：87－89.

2019年

［1］刘畅，朱靖，虞亮，刘维民．营财一体应对输配电价改革．安徽电气工程职业技术学院学报．2019（04）：16－22.

［2］吴君媛．论我国市政公用事业特许经营的规制困境与改革——以第三方评估的参与模式为视角．安徽行政学院学报．2019（03）：53－62.

［3］陈永龙．基层农产品质量安全监管问题与思路——以肥西县为例．安徽农学通报．2019（08）：98－100.

［4］肖三虎．泾县种植业农产品质量安全监管现状与溯源管理．安徽农学通报．2019（06）：78－80.

［5］姜家生，朱娇，王蜀君，田涛．生态文明视角下安徽省农业环境规制强度和生产技术进步研究．安徽农业大学学报（社会科学版）．2019（05）：35－40.

［6］陶运来，张居舟，殷俊峰．新监管模式下食品安全监管与食品检验机构发展的对策探讨．安徽农业科学．2019（16）：257－259.

［7］陶雪芹．比特币的法律规制研究．安徽商贸职业技术学院学报（社会科学版）．2019（04）：47－50.

［8］何靖．违规大额持股的法律分析及规制路径．安徽商贸职业技术学院学报（社会科学版）．2019（04）：39－42.

［9］程广斌，陈曦．可持续发展新路径：环境规制和技术进步——基于门槛效应的实证检验．安徽师范大学学报（人文社会科学版）．2019（03）：69－77.

［10］宁光杰，姜现．我国垄断行业与非垄断行业间的工资差距——基于流动人口数据的分析．安徽师范大学学报（人文社会科学版）．2019（06）：122－132.

［11］蔡竣．对“恶意挖角”行为竞争法规制的审视——以全国首例网络主播跳槽案为切入点．安徽职业技术学院学报．2019（01）：56－58.

［12］潘赛楠．网络借贷平台的监管困境及规制路径．安庆师范大学学报（社会科学版）．2019（06）：82－84.

[13] 张会娳. 地理标志保护产品地方政府规制研究. 安顺学院学报. 2019 (06): 93-98.

[14] 邓连文. 专利权垄断与限制滥用的规制探索. 百色学院学报. 2019 (02): 123-129.

[15] 张睿妍, 赵平俊. 浅谈新时代短视频行业的规制与发展. 北方传媒研究. 2019 (05): 70-73.

[16] 陈婷, 李酉歆. 信息流广告规制的困境与出路. 北方传媒研究. 2019 (02): 46-48.

[17] 李小草. 网络平台的"避风港"适用及多重规制研究——兼评我国首例小程序侵权案. 北方法学. 2019 (05): 26-37.

[18] 徐可. 互联网平台的责任结构与规制路径——以审查义务和经营者责任为基础. 北方法学. 2019 (03): 150-160.

[19] 丁延龄. 网约车监管制度的反思理性法设计. 北方法学. 2019 (03): 64-72.

[20] 魏建国. 当代中国地方法治竞争的兴起: 原因、意义及完善趋向. 北方法学. 2019 (01): 5-23.

[21] 胡安琪, 李明发. 网络平台用户协议中格式条款司法规制之实证研究. 北方法学. 2019 (01): 53-62.

[22] 叶威. 美国加密货币反洗钱监管路径研究. 北方金融. 2019 (12): 73-79.

[23] 董铸辉. 论我国信用违约互换的法律监管路径选择. 北方金融. 2019 (08): 68-71.

[24] 张群辉. 区块链技术在票据市场的应用、风险与规制. 北方金融. 2019 (06): 18-22.

[25] 曾宪力. 规范还是关闭P2P? ——基于国际经验的研究. 北方金融. 2019 (12): 47-52.

[26] 魏鹏飞. 我国金融科技发展与监管研究. 北方金融. 2019 (11): 8-12.

[27] 张晨阳, 孙柏峰, 胡大伟. 金融科技发展及监管的国际经验借鉴. 北方金融. 2019 (10): 61-66.

[28] 曹雯. P2P网络借贷平台风险及监管问题思考. 北方金融. 2019 (07): 9-14.

[29] 王一舟. 高利贷边界标准的重新认定——基于对民间借贷利率客观主义模式的反思. 北方经贸. 2019 (10): 60-63.

[30] 李美儒, 庞允琛. 大数据杀熟的法律规制与市场监管体制. 北方经贸. 2019 (06): 65-68.

[31] 庞海峰, 贾馥华, 庞舒月. 生产类上市公司并购对绩效影响的分析. 北方经贸. 2019 (04): 124-126.

[32] 王朕卿, 辛彩云, 张利. 中国企业跨行业并购具体方式及分析. 北方经贸. 2019 (05): 37-39.

[33] 齐云凤. 企业并购中收购方的财务尽职调查研究. 北方经贸. 2019 (09): 73-74.

[34] 张倩茹, 夏斌. 基于知识图谱的国内并购绩效研究热点与趋势. 北方经贸. 2019 (10): 40-43.

[35] 全晓. 事件研究法下中国上市企业跨境并购绩效探析. 北方经贸. 2019 (10): 78-79.

[36] 申雪. 我国互联网企业并购效应分析——以昆仑万维为例. 北方经贸. 2019 (10): 134-135.

[37] 赵鹏, 刘汉卿. 跨国并购绩效及影响因素文献综述. 北方经贸. 2019 (11): 48-50.

[38] 闫艳艳, 付金存. 新形势下企业并购面临的财务风险及应对措施. 北方经贸. 2019 (11): 143-145.

[39] 严聪, 李均丰. 我国上市公司并购重组被否原因分析——以神州数码为例. 北方经贸. 2019 (11): 146-147.

[40] 张露. 国内P2P网络借贷风险监管与发展问题分析. 北方经贸. 2019 (05): 112-113.

[41] 杨少华. 网约车平台监管问题实践研究. 北方经贸. 2019 (01): 79-80.

[42] 胡实. 公共利益规制研究: 以土地征收为例. 北方论丛. 2019 (05): 57-67.

［43］陈伟华．营商环境下民营企业的法律保护研究．北方论丛．2019（02）：38－40.

［44］贾元．基因权利保护和基因技术应用行为的法律规制研究．北方民族大学学报（哲学社会科学版）．2019（02）：144－150.

［45］陈颖．我国控股型并购基金价值创造效应及影响因素研究．北方民族大学学报（哲学社会科学版）．2019（06）：170－176.

［46］吕冰洋，贺颖．分权、分税与市场分割．北京大学学报（哲学社会科学版）．2019（03）：54－66.

［47］田欣，陈帅，徐晋涛．环境规制对中国水污染企业的影响——基于"两控区"政策的实证研究．北京大学学报（自然科学版）．2019（05）：941－950.

［48］付婧．美国电影审查和电影分级制度的合宪性审思——以美国宪法第一修正案为中心．北京电影学院学报．2019（11）：95－108.

［49］钟若愚，屈沙．劳动力市场分割、就业机会不平等与城乡工资差异——基于中国综合社会调查（CGSS）数据的研究．北京工商大学学报（社会科学版）．2019（06）：88－104.

［50］刘刚，谢贵勇．交通基础设施、流通组织规模与农产品流通市场分割．北京工商大学学报（社会科学版）．2019（03）：28－40.

［51］曹宁，李善民．并购重组中内幕交易为何如此频繁？——基于社会关系视角的经验研究．北京工商大学学报（社会科学版）．2019（01）：9－19.

［52］罗琦，杨婉怡．股票错误定价与公司并购：研究述评．北京工商大学学报（社会科学版）．2019（05）：81－91.

［53］张迅雷，黄玉芬，王雅慧．论我国电动自行车的行政法律规制．北京工业职业技术学院学报．2019（04）：101－103.

［54］黄萱．网络服务提供者的著作权间接侵权责任探析．北京工业职业技术学院学报．2019（03）：123－126.

［55］臧阿月．互联网经济背景下比特币的法律属性与风险监管．北京工业职业技术学院学报．2019（03）：118－122.

［56］北京市政协第十三届委员会第一次会议党派提案．北京规划建设．2019（01）：63－64.

［57］刘赫喆．行政合同中潜在缔约人公平竞争权的保护——以缔约行政主体优益权规制为切入点．北京行政学院学报．2019（06）：94－103.

［58］李成玲．现代行政法意义上的城市空间利益．北京行政学院学报．2019（03）：82－91.

［59］龙卫球，王琦．民法典合同编对拖欠中小企业债款行为的规制．北京航空航天大学学报（社会科学版）．2019（02）：1－7.

［60］伍富坤．竞争法法域下平台"二选一"的困境与应对．北京化工大学学报（社会科学版）．2019（04）：53－59.

［61］黄磊，杜昌顺．融合群稀疏与排他性稀疏正则项的神经网络压缩情感分析方法．北京化工大学学报（自然科学版）．2019（02）：103－112.

［62］张良学，徐晴．艺术类高校舆情危机对策研究．北京教育（德育）．2019（12）：38－40.

［63］赵春玲．从授权到限权：技术侦查措施程序评价与展望．北京警察学院学报．2019（02）：14－18.

［64］初钰霖．芬太尼类物质滥用的扩张形势与防控策略．北京警察学院学报．2019（03）：109－115.

［65］钱振华，张懿．基因编辑技术规制思想探析．北京科技大学学报（社会科学版）．2019（05）：78－87.

［66］张新文，张国磊．环保约谈、环保督查与地方环境治理约束力．北京理工大学学报（社

会科学版). 2019 (04): 39－46.

[67] 张浩，涂国平. 考虑偷排行为下的企业环境策略演化博弈——基于环境税收减征政策视角. 北京理工大学学报（社会科学版). 2019 (04): 21－28.

[68] 赵领娣，徐乐. 投入产出视角下工业技术创新的环境规制协同效应. 北京理工大学学报（社会科学版). 2019 (04): 1－12.

[69] 尹建华，王森，张玲玲. 制度同构下企业环境战略的异质性响应——来自重污染行业上市公司社会责任报告的经验分析. 北京理工大学学报（社会科学版). 2019 (04): 47－55.

[70] 毛建辉，管超. 环境规制、政府行为与产业结构升级. 北京理工大学学报（社会科学版). 2019 (03): 1－10.

[71] 陈兵. 从高通案看韩国规制滥用知识产权垄断新发展. 北京理工大学学报（社会科学版). 2019 (03): 158－165.

[72] 张真源，黄锡生. 资源环境承载能力监测预警的制度功能与完善. 北京理工大学学报（社会科学版). 2019 (01): 162－170.

[73] 周杰琦，梁文光，张莹，韩颖. 外商直接投资、环境规制与雾霾污染——理论分析与来自中国的经验. 北京理工大学学报（社会科学版). 2019 (01): 37－49.

[74] 陆菊春，欧阳寒旭，韩璐. 多主体互动博弈下建筑企业低碳转型的演化机理. 北京理工大学学报（社会科学版). 2019 (01): 17－26.

[75] 杨宽. 条约单方退出的国际法律规制的完善——从美国退出《巴黎协定》谈起. 北京理工大学学报（社会科学版). 2019 (01): 154－161.

[76] 徐士伟，陈德棉，陈鑫，乔明哲. 企业社会责任信息披露与并购绩效——垄断度与组织冗余的权变效应. 北京理工大学学报（社会科学版). 2019 (01): 74－80.

[77] 杨志强，曹鑫雨，胡小璐. 大股东的业绩补偿承诺抑制上市公司研发创新吗？——基于重大重组并购的经验证据. 北京理工大学学报（社会科学版). 2019 (03): 116－125.

[78] 孔一. 生涯犯罪人的法律规制. 北京联合大学学报（人文社会科学版). 2019 (03): 99－106.

[79] 范成龙. 青年“网络民粹主义”现象的解读与规制. 北京青年研究. 2019 (01): 61－67.

[80] 徐永伟. 黑社会性质组织“保护伞”的刑法规制检视与调试——以涉黑犯罪与腐败犯罪的一体化治理为中心. 北京社会科学. 2019 (05): 4－14.

[81] 李莉. 论金融消费者权益保护视角下股权众筹的监管. 北京社会科学. 2019 (09): 107－115.

[82] 郭毅玲. 中日劳务派遣法律规制的比较分析. 北京市工会干部学院学报. 2019 (01): 49－54.

[83] 李建星. 体育赞助合同冲突的法律规制路径. 北京体育大学学报. 2019 (11): 117－125.

[84] 汪全胜，张奇. 我国高危险性体育项目法律责任设置的问题与完善. 北京体育大学学报. 2019 (12): 11－19.

[85] 陈丛刊，陈宁. “拼凑应对”理论视阈下体育社会组织治理的困境及其消解. 北京体育大学学报. 2019 (08): 67－75.

[86] 祁郁. 网络语言传播的弊端与规制. 北京印刷学院学报. 2019 (S1): 51－53.

[87] 邵馨仪. “共享经济”城市民宿的法律规制. 北京印刷学院学报. 2019 (09): 31－33.

[88] 陈婵娟. 会吟社的创办规制及其影响. 北京印刷学院学报. 2019 (04): 17－19.

[89] 李文书，刘益. 传媒企业并购互联网企业财务绩效分析——以中文传媒并购智明星通为例. 北京印刷学院学报. 2019 (11): 68－70.

[90] 杨彩霞，李新建．虚假好评式刷单行为的规范分析及其刑法规制路径．北京邮电大学学报（社会科学版）．2019（06）：37－45.

[91] 王疆，黄嘉怡．跨国并购动因、吸收能力与企业创新绩效．北京邮电大学学报（社会科学版）．2019（02）：84－91.

[92] 吴蔼怡．论商标反向混淆的认定及法律规制——以“非诚勿扰”案为视角．北京政法职业学院学报．2019（04）：97－101.

[93] 安超杰．论移动终端外挂软件的刑法规制．北京政法职业学院学报．2019（04）：80－86.

[94] 张媛媛．作品人物名称的著作权与反不正当竞争保护之维．北京政法职业学院学报．2019（03）：98－103.

[95] 苏珊．论我国配子子女知情权的保护．北京政法职业学院学报．2019（03）：104－109.

[96] 黄颖贤．体育赛事画面转播的反不正当竞争法规制．北京政法职业学院学报．2019（03）：86－91.

[97] 叶婷婷．论个人网络求助行为应受慈善法调整．北京政法职业学院学报．2019（02）：36－41.

[98] 时怡．论虚假诉讼的识别及其规制——以最高人民法院2016年第68号指导案例为例．北京政法职业学院学报．2019（01）：84－89.

[99] 郑智航，徐昭曦．大数据时代算法歧视的法律规制与司法审查——以美国法律实践为例．比较法研究．2019（04）：111－122.

[100] 叶姗．城市道路资源经营性使用的法律规制——基于互联网租赁自行车市场的发展．比较法研究．2019（02）：116－130.

[101] 郭雳，赵轶君．机构投资者投票顾问的法律规制——美国与欧盟的探索及借鉴．比较法研究．2019（01）：152－171.

[102] 彭德雷．数字贸易的“风险二重性”与规制合作．比较法研究．2019（01）：172－186.

[103] 刘强．黑龙江省环境规制对技术创新的影响分析．边疆经济与文化．2019（07）：4－5.

[104] 白佳玉，李恩庆，密晨曦．志愿船的国际法律规制及中国应对．边界与海洋研究．2019（01）：82－98.

[105] 吴锋．规制与革新：2018年传媒政策的逻辑主线及趋势前瞻．编辑之友．2019（01）：5－9.

[106] 许慧敏，谢绍静．标准必要专利禁令救济滥用的反垄断法规制．标准科学．2019（09）：41－45.

[107] 林佳璐．团体标准法律适用中的争议问题研究．标准科学．2019（06）：21－24.

[108] 程军，陈雅钦，王彬彬，梁静．基于ECFA早收清单的海峡两岸货物贸易及准入市场研究．标准科学．2019（04）：27－31.

[109] 王志坚，谭光建．“权健事件”背后的法律问题．标准生活．2019（03）：26－29.

[110] 邹勇．劳动力市场分割与家庭资本交互作用下的学历效应研究．兵团教育学院学报．2019（06）：47－54.

[111] 刘璐．网络暴力行为的刑法规制研究．才智．2019（34）：237.

[112] 蒋勇．跨境电子商务与金融服务监管研究．才智．2019（12）：197.

[113] 惠航．市场价格壁垒的形成原因与打破市场价格壁垒的制度考虑．财富生活．2019（20）：113－115.

[114] 刘永青．共享经济背景下高校新媒体平台建设的法律规制研究．财富时代．2019（09）：136－137.

[115] 朱子路．共享经济背景下互联网专车法律规制问题研究．财富时代．2019（09）：237.

［116］晏浩然．共享经济视角下网约车法律规制探究．财富时代．2019（07）：234.

［117］陈佳怡．第三方支付中客户的备付金风险的金融法规制．财富时代．2019（07）：136.

［118］张燕燕，谷玉方，夏冬蕊．上市企业并购的内控管理路径探究——以首旅酒店并购如家酒店为例．财富时代．2019（07）：60－61.

［119］秦铁庄．基于内部审计的企业并购财务风险控制．财富时代．2019（08）：109.

［120］刘凤春．国有企业并购重组的趋势、模式和挑战．财富时代．2019（11）：144.

［121］孙美玲．合并对价分摊评估应用与改进分析——以中联重科合并奇瑞重工为例．财会通讯．2019（35）：113－116.

［122］欧建猷，张荣武．风险投资会损害中小股东利益吗？——基于合谋掏空视角．财会通讯．2019（26）：3－7.

［123］董梦瑶．定向增发式并购业绩承诺期间的盈余管理研究．财会通讯．2019（02）：13－17.

［124］韩金红，唐燕玲．VIE 模式境外上市中国企业并购动因及绩效研究——以阿里巴巴并购优酷土豆为例．财会通讯．2019（02）：62－65.

［125］杜雪燕．企业并购过程中亏损资产包的交易设计．财会通讯．2019（02）：83－87.

［126］董薇．并购企业国际化水平对海外并购溢价的影响研究．财会通讯．2019（05）：40－44.

［127］叶淞文，傅凌玲，李军．不完全合约理论视角下企业并购估值调整机制研究．财会通讯．2019（05）：59－65.

［128］何珮珺，张巧良．市场结构视角下横向并购对企业创新能力的影响——来自战略性新兴产业的证据．财会通讯．2019（05）：21－26.

［129］仲其安．主并企业高管团队的异质性与并购绩效实证研究——基于主并企业创新能力视角．财会通讯．2019（05）：36－39.

［130］曾春华，李开庆．高管超额薪酬与公司并购绩效关系研究．财会通讯．2019（06）：78－83.

［131］闵剑，叶贝．管理层能力、政治关联与跨国并购绩效．财会通讯．2019（06）：40－43.

［132］刘志杰，郭芳兵．高管过度自信、高管持股与并购绩效．财会通讯．2019（06）：49－52.

［133］何珊．传统企业互联网并购转型绩效研究——以电广传媒为例．财会通讯．2019（08）：61－65.

［134］韩蕾．基于价值链嵌入视角的企业并购整合路径研究——以创维数字并购欧洲 Strong 为例．财会通讯．2019（10）：40－44.

［135］孙召亮．业绩补偿承诺、共享审计与并购溢价相关性研究．财会通讯．2019（10）：18－22.

［136］戚拥军，刘安心．限售股解禁与公司并购行为——基于创业板公司的经验证据．财会通讯．2019（11）：25－28.

［137］林俊．企业海外并购税务风险分析——基于并购阶段视角．财会通讯．2019（14）：121－124.

［138］孙永生，肖飒．企业并购中协同价值评估——以久其软件并购瑞意恒动为例．财会通讯．2019（14）：51－56.

［139］郝玉萍．企业并购财务协同效应评价研究——以互联网行业为例．财会通讯．2019（14）：57－61.

［140］徐静，姜永强．互联网企业并购中财务风险研究——以去哪儿网并购案为例．财会通讯．2019（14）：107－110.

［141］何任，邵帅．机构投资者对企业并购绩效的影响研究——高管过度自信的中介效应检验．财会通讯．2019（18）：48－52.

［142］庄婉婷．高管薪酬激励、董事会治理与并购绩效．财会通讯．2019（18）：69－73.

［143］朱永明，赵程程，贾明娥，赵健．税收优惠对企业研发投入的影响研究——基于所有制与地区市场化的联合调节效应．财会通讯．2019（18）：92－97.

［144］李婉琼．企业并购中业绩奖励会计处理探究．财会通讯．2019（19）：78－81.

［145］孙洁．社会资本视角下上市公司异地并购的进与退——以中科英华并购为例．财会通讯．2019（20）：45－48.

［146］张瑞军．“PE＋上市公司”并购基金的风险控制体系构建．财会通讯．2019（20）：102－106.

［147］刘璐璐．内部审计质量、关联并购与企业绩效．财会通讯．2019（21）：40－43.

［148］李自连．企业并购商誉减值风险管理探究．财会通讯．2019（23）：118－121.

［149］程金凤．不同融资方式下海外并购管理绩效分析．财会通讯．2019（23）：42－45.

［150］刘亚茹．新三板中小企业并购重组案例分析．财会通讯．2019（23）：79－82.

［151］刘小刚，乐晓梅．并购重组业绩承诺与市场反应——基于浙江广厦的案例分析．财会通讯．2019（29）：49－53.

［152］柴芳芳．对赌协议下公司并购重组绩效研究——以开元股份并购恒企教育、中大英才为例．财会通讯．2019（29）：58－61.

［153］鲍金良，塞寒．现金持有、估值水平与企业并购支付方式．财会通讯．2019（30）：99－103.

［154］赵瑞．公司并购业绩补偿会计处理探析——以宇顺电子并购雅视科技为例．财会通讯．2019（31）：65－69.

［155］解云霞．并购新三板公司存在的问题及启示．财会通讯．2019（32）：102－105.

［156］张琴．并购重组业绩承诺与公司绩效．财会通讯．2019（36）：64－68.

［157］周冰，陈富永．董事网络能提升企业并购绩效吗？——基于信息不对称视角．财会通讯．2019（36）：69－73.

［158］李根红．并购商誉、投资效率与企业价值．财会通讯．2019（36）：74－77.

［159］王杏芬，胡艳梅．连续并购商誉减值风险研究——以天神娱乐为例．财会通讯．2019（35）：43－48.

［160］王蓉．分析师关注度、股权结构与公司长期并购绩效．财会通讯．2019（36）：78－82.

［161］郑秀丽．机构持股、混合并购与企业财务风险．财会通讯．2019（36）：83－86.

［162］刘磊，高原，谢晓俊．财务视角下企业并购对赌风险与防范——以高升控股并购莹悦网络为例．财会通讯．2019（35）：103－105.

［163］饶丹，苏钊贤．审计视角下养老保险基金监管问题研究．财会通讯．2019（34）：79－83.

［164］刘林欣．企业并购中财务整合风险及规避措施．财会学习．2019（01）：40－42.

［165］黄宝连．新经济形势下企业并购的税收筹划方向研究．财会学习．2019（02）：113－114.

［166］程敏．企业并购中文化整合模式及操作方法研究．财会学习．2019（02）：131.

［167］张韵婕．跨境并购中的企业创新绩效成长——基于 J 公司的案例分析．财会学习．2019（03）：170－172.

［168］陈芳．上市公司并购重组财务会计问题初探．财会学习．2019（03）：76－77.

［169］刘畅．企业并购财务风险及防范．财会学习．2019（04）：60－61.

［170］赵光锐．上市公司外延并购的商誉减值风险分析与应对．财会学习．2019（06）：93－94.

［171］刘虎．企业并购重组中业绩承诺的风险识别与应对分析．财会学习．2019（08）：208.

［172］徐洋．企业并购中财务管理存在的问题及对策．财会学习．2019（08）：63.

［173］赵玉凤．企业并购后财务整合问题研究．财会学习．2019（09）：17－19.
［174］张弘晔．企业并购中的商誉会计问题研究．财会学习．2019（09）：119－121.
［175］张彤平．企业并购重组中的财务风险分析．财会学习．2019（12）：68－69.
［176］黄春燕．企业并购战略与操作实务．财会学习．2019（12）：129－131.
［177］王其坤．企业并购融资及风险管控．财会学习．2019（13）：190－191.
［178］赵时梅．国有企业并购中的财务问题研究．财会学习．2019（13）：61－63.
［179］刘锋．探讨房地产企业并购重组中税务风险管控．财会学习．2019（14）：170－171.
［180］陈娟．国企改革背景下的国有企业投资并购研究．财会学习．2019（14）：212－214.
［181］陈业进．企业并购的动因及策略解析．财会学习．2019（14）：186－187.
［182］贺学春．对企业并购相关财务问题的探索．财会学习．2019（17）：22－23.
［183］张彤．企业并购中的财务管理及风险防范问题探讨．财会学习．2019（17）：39－41.
［184］丁超．试析企业并购重组的整合与管控．财会学习．2019（17）：189－190.
［185］李敢．企业并购财务风险分析与防范．财会学习．2019（18）：53－55.
［186］刘满荣．企业并购中财务问题探讨．财会学习．2019（18）：25－26.
［187］徐朝霞．对企业并购整合管理的思考．财会学习．2019（19）：178－179.
［188］甘梦云．民营企业海外并购对价、融资方式与汇率风险研究——以S企业收购马来西亚A公司为例．财会学习．2019（19）：217－219.
［189］张向华．浅析新形势下勘察设计企业的并购与重组．财会学习．2019（20）：196－198.
［190］邵焰．民营企业上市公司海外并购研究——以××集团并购库卡集团为例．财会学习．2019（20）：227－232.
［191］考连玉．企业并购中的会计问题及处理策略．财会学习．2019（20）：166.
［192］柏茜．投资并购中的税收筹划研究．财会学习．2019（20）：191.
［193］郝洪玉．企业并购中资本成本率如何确定以及对企业价值评定的影响．财会学习．2019（21）：140－141.
［194］刘艳．基于企业并购重组中的税务风险控制分析．财会学习．2019（23）：165－166.
［195］李星阁．基于内部控制框架视角的医药流通企业并购整合．财会学习．2019（24）：234－235.
［196］赵光锐．企业并购的财务风险控制研究．财会学习．2019（24）：4－5.
［197］李强．民营企业并购中的财务风险防范与控制．财会学习．2019（24）：16－17.
［198］王晓梅．中国民营企业融资模式——上市公司并购．财会学习．2019（24）：187－188.
［199］付凯．企业并购重组中资产评估与具体方法研究．财会学习．2019（24）：189－191.
［200］付佳．国有企业并购财务风险的防范．财会学习．2019（28）：65－67.
［201］颜月清．关于税务问题对并购重组业务的影响分析．财会学习．2019（29）：154－155.
［202］高东文．企业并购风险及规避策略．财会学习．2019（29）：190－191.
［203］许杏燕．企业并购重组的风险分析及控制措施．财会学习．2019（30）：197－198.
［204］严松平．浅谈中小企业并购的财务风险与防范．财会学习．2019（32）：55－57.
［205］齐新方．混合所有制背景下国有企业并购民营企业财务整合．财会学习．2019（33）：63－65.
［206］袁伟．国有企业并购财务风险的分析与防范．财会学习．2019（33）：73－74.
［207］梁利光．企业并购前的尽职调查以及风险防范．财会学习．2019（33）：216－217.
［208］李惟杰．企业并购中的财务问题及处理策略．财会学习．2019（34）：43－44.
［209］郑育仁．简述医院并购的财务核查．财会学习．2019（35）：46－47.
［210］李丽．财政部门如何加强社保资金的监管．财会学习．2019（12）：35－36.

［211］张奇．风险投资机构对创业板上市公司并购绩效的影响．财会研究．2019（03）：38－43.

［212］徐玲，徐臻，王雪纯，赵诗珂．价值链协同框架下跨界并购的分析与启示——对思创医惠并购案的解读．财会研究．2019（06）：32－37.

［213］陈彦睿．商业银行并购历程中的不完全信息定价谈判博弈分析．财会研究．2019（12）：59－63.

［214］冷琳．企业合并中的三个难点问题解析．财会月刊．2019（15）：88－91.

［215］蔡海静，吴扬帆，周畅．政府环境规制强度对企业碳信息披露的影响——基于董事会独立性视角．财会月刊．2019（24）：83－89.

［216］叶杰．环境规制与企业排污策略选择．财会月刊．2019（22）：115－123.

［217］汪朝阳．空间异质性、城市金融发展与产业结构——基于环境规制的视角．财会月刊．2019（22）：134－141.

［218］柯緦．基于DSD原则的税务争议解决机制反思．财会月刊．2019（19）：162－166.

［219］蔡传里，许桂华．环境规制的实际效果检验：实现经济与环境双赢了吗．财会月刊．2019（09）：131－141.

［220］吴文洁，刘雪梦．区域异质性、环境规制与制造业产业升级．财会月刊．2019（06）：108－116.

［221］马冬玲，李明．政府竞争、环境规制与产业结构升级——基于东中西部地级市的比较．财会月刊．2019（04）：134－140.

［222］钟学思，徐静静，李洪涛．环境规制、知识产权保护与外商直接投资．财会月刊．2019（02）：140－149.

［223］姜月运，姜元祯．异常审计费用与审计质量关系检验——基于可变基础异常应计．财会月刊．2019（05）：95－105.

［224］何任，甘入文．高校独董、管理者过度自信与企业并购绩效——来自我国民营上市公司的经验证据．财会月刊．2019（01）：40－48.

［225］姚瑞，冯鑫宇．高杠杆融资与信息披露不规范的危害——以龙薇传媒并购万家文化为例．财会月刊．2019（03）：40－46.

［226］毛文娟，张丽贤．行业竞争环境、资产专用性与纵向并购协同效应——基于蒙牛并购现代牧业的事件分析．财会月刊．2019（05）：9－17.

［227］武晓林，卢闯．风险投资可以提高企业并购绩效吗．财会月刊．2019（09）：26－34.

［228］周利芬，李秀莲．并购业绩失诺的经济后果及原因探析——以黄河旋风并购上海明匠事件为例．财会月刊．2019（11）：27－34.

［229］颜淑姬，许永斌．轻资产类上市公司定增并购后长期业绩表现——昙花一现还是细水长流？．财会月刊．2019（11）：43－52.

［230］苑泽明，李萌．并购商誉的后续计量：减值抑或摊销——基于股票市场“黑天鹅”事件的思考．财会月刊．2019（12）：3－9.

［231］张洽．企业并购中CEO与股东动态控制权配置的博弈分析．财会月刊．2019（18）：37－43.

［232］赵璐，于长春．目标方盈余质量与并购决策关系分析．财会月刊．2019（17）：15－22.

［233］钟海，况学文．公司战略与公司并购、并购溢价．财会月刊．2019（20）：29－36.

［234］李阳一．企业并购中的财务风险防范．财会月刊．2019（S1）：72－87.

［235］张秋生，刘新新．上市公司现金并购中的盈余管理与绩效．财会月刊．2019（22）：8－15.

［236］王杏芬，刘秋妍．消耗性生物资产信息披露及监管问题剖析——以獐子岛为例．财会月刊．2019（23）：84－91.

[237] 王海波．我国“法链”监管模式的现状、问题及优化路径．财会月刊．2019（21）：152－158.

[238] 田冠军，郑灵曦．“一带一路”倡议下国有企业境外投资社会责任监管体系构建．财会月刊．2019（05）：171－176.

[239] 许恋天．互联网金融反垄断中的相关市场界定．财会月刊．2019（01）：119－126.

[240] 吕富生．论私人的政府数据使用权．财经法学．2019（06）：24－35.

[241] 吴沈括，何露婷．网络缓存的法律认定及其规制——以快播案为分析视角．财经法学．2019（05）：41－56.

[242] 郭殊，夏秋艳．社会系统论视角下行政规划的法律规制——以香港特区海港案为例．财经法学．2019（05）：150－160.

[243] 谢杰．期货市场内幕交易的法律规制．财经法学．2019（05）：16－28.

[244] 林华．网络谣言治理的政府机制：法律界限与权力约束．财经法学．2019（03）：121－130.

[245] 李海，胡麓珂．首次代币发行（ICO）监管再思考——以德国现行法为视角．财经法学．2019（02）：3－16.

[246] 李帅．共享经济信息不对称环境下的决策算法规制——以区块链共识模型为规制思路．财经法学．2019（02）：17－28.

[247] 李茜．大数据时代司法裁判的路径探索——以大数据分析证明方式的提出与规范为视角．财经法学．2019（02）：29－44.

[248] 童德华．刑法再法典化的知识路径及其现实展开．财经法学．2019（01）：46－59.

[249] 漆彤，卓峻帆．加密货币的法律属性与监管框架——以比较研究为视角．财经法学．2019（04）：126－141.

[250] 冯欣．我国医疗服务价格规制对相关交易成本的影响研究——以新增医疗服务价格项目为例．财经界．2019（01）：112－114.

[251] 律星光．“非禁即入”　市场准入负面清单制度全面实施．财经界．2019（01）：13－14.

[252] 姚茂竹．企业并购财务风险的防范探讨．财经界．2019（01）：158－159.

[253] 陆晓雯．机械设备制造企业并购过程中财务尽职调查关注事项．财经界．2019（04）：149.

[254] 李红亮．中国企业开展海外投资并购所需要的专业知识和技能．财经界．2019（04）：72－74.

[255] 张绍爱．基于我国新会计准则企业并购会计处理方法分析．财经界．2019（19）：162－163.

[256] 彭晋谦．我国企业并购融资方式选择及优化探析．财经界．2019（35）：32－34.

[257] 林伟．零售行业并购案例研究．财经界．2019（35）：59－61.

[258] 高桂平．企业并购中基于被并购方视角下的风险及其防范．财经界．2019（35）：73－74.

[259] 许竹歆．关于第三方支付的风险与监管分析．财经界．2019（07）：114.

[260] 王泓凯．影视产业投融资模式与风险控制策略．财经界（学术版）．2019（03）：56.

[261] 李平文，李积会，王雪．关于电价交叉补贴的思考．财经界（学术版）．2019（29）：241－242.

[262] 章伟杰．上市公司并购重组定价问题思考．财经界（学术版）．2019（05）：34－35.

[263] 赵海．企业并购中的财务问题研究．财经界（学术版）．2019（05）：84－85.

[264] 史涛．探讨上市公司并购重组财务风险及应对措施．财经界（学术版）．2019（06）：82－83.

［265］房爱华．浅议企业境外并购财务风险防范．财经界（学术版）．2019（08）：104－105.

［266］陈小芳．并购重组交易中业绩承诺补偿之所得税探析．财经界（学术版）．2019（09）：157.

［267］孙佑民．轻资产类公司并购中的价值评估研究．财经界（学术版）．2019（11）：57.

［268］宫艳艳．新时期企业并购风险及防范再思考．财经界（学术版）．2019（11）：62.

［269］杨敏．基于国有企业并购重组过程中的财务风险控制问题研究．财经界（学术版）．2019（14）：88－89.

［270］肖诗瑶．我国半导体企业海外并购的逆向技术溢出效应．财经界（学术版）．2019（23）：50.

［271］陈士浩．医药企业并购的财务风险及管控策略研究．财经界（学术版）．2019（27）：97－98.

［272］赵娜．企业并购财务风险分析及控制研究．财经界（学术版）．2019（30）：168－169.

［273］鄢超．企业并购主要法律风险及其防范．财经界（学术版）．2019（32）：95－98.

［274］于莹．聚合支付发展现状、盈利模式及监管对策研究．财经界（学术版）．2019（26）：94.

［275］郭金花，郭淑芬．国家综合配套改革试验区设立促进了地方产业结构优化吗——基于合成控制法的实证分析．财经科学．2019（08）：69－81.

［276］杨烨，谢建国．创新扶持、环境规制与企业技术减排．财经科学．2019（02）：91－105.

［277］余珮，李珉迪．跨国并购战略性新兴企业的绩效研究——基于资源基础观与制度基础相结合的视角．财经科学．2019（12）：78－92.

［278］王啸宇，佟代泉．场域视角下养老产业组织的激励与规制政策研究．财经理论研究．2019（06）：42－52.

［279］吴浩强．产权性质视角的企业文化与并购技术创新效率．财经理论研究．2019（04）：94－102.

［280］徐莉萍，王英卓，刘宁，张淑霞．地方政府环境规制与企业迁移行为——基于中国工业企业数据库样本的成本视角．财经理论与实践．2019（04）：81－87.

［281］蒋辉宇．ICO融资行为的挑战：我国非法集资行为刑法规制路径的反思与应然选择．财经理论与实践．2019（02）：12－19.

［282］马影，王满，马勇，于浩洋．监督还是合谋：多个大股东与公司内部控制质量．财经理论与实践．2019（02）：83－90.

［283］文明，瞿晨，何运信．外资并购对目标企业生产率的提升效应研究．财经理论与实践．2019（02）：142－148.

［284］毛军，梁宏志．财税竞争、空间关联与我国市场一体化发展．财经论丛．2019（11）：20－29.

［285］陆立军，陈丹波．地方政府间环境规制策略的污染治理效应：机制与实证．财经论丛．2019（12）：104－113.

［286］肖晓军，陈志鹏．环境规制对出口商品技术复杂度的影响效应及其约束条件——基于我国省际面板数据的门槛回归分析．财经论丛．2019（10）：104－112.

［287］何兴邦．环境规制与城镇居民收入不平等——基于异质型规制工具的视角．财经论丛．2019（06）：104－112.

［288］黄光灿，白东北，王珏．FDI对中国工业行业的选择效应研究——基于环境规制博弈的联立方程．财经论丛．2019（09）：103－112.

［289］白雪洁，程于思．《食品安全法》是否保障了食品安全？——基于国际比较回归合成控

制法的规制效果推估．财经论丛．2019（04）：104－112.

［290］宋德勇，赵菲菲．环境规制的产业转移效应分析——基于资源禀赋转换的视角．财经论丛．2019（03）：104－112.

［291］肖汉雄．不同公众参与模式对环境规制强度的影响——基于空间杜宾模型的实证研究．财经论丛．2019（01）：100－109.

［292］周绍妮，王中超，操群．高管权力、机构投资者与并购绩效．财经论丛．2019（09）：73－81.

［293］汪传江．跨城市并购交易网络的层级性特征与企业控制权流动规律研究——基于336个城市间动态有向加权网络的分析．财经论丛．2019（06）：12－20.

［294］林子樱，韩立新．相对优势地位理论视域下的航运联盟规制．财经问题研究．2019（12）：41－48.

［295］程博，翟云岭．海域资源综合利用视域下的使用权配置研究．财经问题研究．2019（03）：43－49.

［296］王文举，姚益家．碳税规制下地方政府与企业减排行为分析．财经问题研究．2019（11）：39－46.

［297］卢洪友，王蓉，余锦亮．"营改增"改革、地方政府行为与区域环境质量——基于财政压力的视角．财经问题研究．2019（11）：74－81.

［298］赵建国，李贤儒．投资进入规制改革是否提升了公共医疗服务质量？．财经问题研究．2019（11）：98－104.

［299］卢福财，詹先志．环境污染对制造业空间集聚的影响——基于新经济地理学视角．财经问题研究．2019（09）：36－44.

［300］王淑敏．寻求更加适中的行为——《海盗行为的国际法与国内法双重属性协调规制研究》评介．财经问题研究．2019（05）：145.

［301］肖兴志．企业间纵向关系理论研究的新探索——《跨国公司垄断势力纵向传导机制及规制研究》评介．财经问题研究．2019（04）：129.

［302］刘瑶，程聪．中国企业跨国并购与全球价值链布局研究．财经问题研究．2019（01）：44－51.

［303］王春林，刘淑莲．高管权力与并购绩效：信息披露质量的调节效应．财经问题研究．2019（06）：91－98.

［304］程冕，许自坚，史本山．组织资本对企业并购与并购绩效的影响研究．财经问题研究．2019（11）：137－145.

［305］于迪，宋力，侯巧铭．管理者认知能力与并购业绩承诺的实现——基于业绩补偿方式中介效应和股权激励调节效应．财经问题研究．2019（12）：137－143.

［306］张谦，陈青祝，陈一飞．"免费"商业模式下电商平台排他性行为研究．财经研究．2019（06）：141－152.

［307］蒋为，周荃，干铠骏．国内市场规模扩张的方言壁垒及其出口效应——基于本地市场效应的视角．财经研究．2019（05）：125－138.

［308］徐志伟，李蕊含．污染企业的生存之道："污而不倒"现象的考察与反思．财经研究．2019（07）：84－96.

［309］徐巍，祝娟，刘磊．管制背景下的上市资格获取与地方产业发展．财经研究．2019（04）：30－41.

［310］杨慧辉，潘飞，刘钰莹．控制权变迁中的权力博弈与股权激励设计动机——基于上海家化的案例分析．财经研究．2019（08）：140－152.

［311］邓博夫，刘佳伟，吉利．政府补助是否会影响企业避税行为？．财经研究．2019（01）：109－121.

［312］马慧．共同分析师与公司并购——基于券商上市的准自然实验证据．财经研究．2019（02）：113－125.

［313］任曙明，陈强，王倩，韩月琪．海外并购为何降低了中国企业投资效率？．财经研究．2019（06）：128－140.

［314］行伟波．中国内部统一大市场的建设与前景．财经智库．2019（05）：115－124.

［315］李鹏升，陈艳莹．环境规制、企业议价能力和绿色全要素生产率．财贸经济．2019（11）：144－160.

［316］郭进．环境规制对绿色技术创新的影响——“波特效应”的中国证据．财贸经济．2019（03）：147－160.

［317］何砚，陆文香．环境管制如何影响了中国企业的出口行为——基于企业融资异质性视角．财贸研究．2019（12）：30－47.

［318］余东华，崔岩．双重环境规制、技术创新与制造业转型升级．财贸研究．2019（07）：15－24.

［319］赵建国，李自炜．政府医疗服务价格规制是否提升了公共福利——基于中国省际动态面板数据的实证研究．财贸研究．2019（07）：53－62.

［320］王海，尹俊雅，李卓．开征环保税会影响企业TFP吗——基于排污费征收力度的实证检验．财贸研究．2019（06）：87－98.

［321］崔宝玉，孙迪．农民合作社联合社合法性的动态获取机制——基于扎根理论的研究．财贸研究．2019（04）：30－40.

［322］黎文飞，唐清泉．VC/PE对并购资产评估机构选择的影响．财贸研究．2019（07）：98－110.

［323］刘慧凤，杨晓彤．地方财政政策对文化企业并购行为的促进效应研究．财贸研究．2019（10）：64－77.

［324］刘静，唐嘉敏，刘为．海外文化企业并购风险控制探析——以万达收购美国传奇影业为例．财务管理研究．2019（01）：92－96.

［325］张瑞君，邹洋，刘贤伟．交叉上市与公司违规——来自我国AH股的经验证据．财务研究．2019（04）：74－83.

［326］陈艳利，高莹，徐亚楠．股权结构、市场化程度与国有企业并购绩效——来自我国国有制造业上市公司的经验证据．财务研究．2019（01）：54－62.

［327］黄赟．价格规制会计相关问题探讨．财务与会计．2019（07）：41－43.

［328］熊波．中小型企业参与国际市场投资并购的启示——以水晶光电投资日本光驰为例．财务与会计．2019（06）：36－39.

［329］邓平．上市公司定增并购商誉核算探究．财务与会计．2019（08）：45－47.

［330］武礼英．民营企业“走出去”海外并购财务风险分析与防范．财务与会计．2019（14）：40－43.

［331］黄宏斌，胡议丹．从天神娱乐并购案例看上市公司商誉减值存在的问题及对策．财务与会计．2019（17）：24－28.

［332］余四林，袁野，张庆．银亿股份海外并购决策中存在的问题及建议．财务与会计．2019（20）：84－86.

［333］张晨燕，严佳佳．新形势下我国房地产企业混合并购风险控制研究——以嘉凯城并购明星时代与艾美影院为例．财务与会计．2019（24）：46－48.

［334］黄晓蓓，钟宏武．我国上市公司精准扶贫投入与成效现状研究——基于2017年度精准扶贫信息的分析．财务与会计．2019（09）：21－25.

［335］陈琪．关于上市公司商誉减值乱象的思考．财务与会计．2019（07）：36－40.

［336］潘舒畅，黄宁霞．上市公司商誉及会计处理存在的问题与建议．财务与会计．2019（01）：58－60.

［337］姚慧兰．会计稳健性对企业并购行为的影响研究．财务与金融．2019（01）：46－49.

［338］张楠．基于民航产业视角的普遍服务文献述评．财政监督．2019（16）：87－90.

［339］陈敬淑．新形势下国企并购中存在的财务风险分析．财政监督．2019（18）：103－107.

［340］闫聚陈，李小娇．非贫困县财政专项扶贫资金监管探讨——以河北省邢台县为例．财政监督．2019（17）：54－58.

［341］王皓如，倪志良．我国政府采购内部控制建设的问题及对策分析．财政监督．2019（15）：10－14.

［342］贾秋宇．发挥大数据优势　加强扶贫融资监管——基于河北省的调研．财政监督．2019（10）：15－18.

［343］李信宇．公用事业类上市公司政府补助的法律规制——以竞争中立为视角．财政科学．2019（03）：73－84.

［344］张程，师玉朋．分权体制下环境规制、工业企业投资偏好与雾霾脱钩——来自制造业上市企业的证据．财政科学．2019（03）：40－47.

［345］湖北省襄阳市财政局课题组，范景玉，马善记，葛炜．扶贫领域项目资金监管问题研究——以湖北省襄阳市谷城县为例．财政科学．2019（01）：130－137.

［346］李琛，赵军，李喜洲．财政分权、政府行为与对外直接投资：抑制还是促进．财政研究．2019（05）：77－91.

［347］夏蜀．平台金融：自组织与治理逻辑转换．财政研究．2019（05）：118－129.

［348］解洪涛，张建顺．总会计师外部委派制度提高了高校科研资金使用效率吗——基于双重差分模型的实证检验．财政研究．2019（04）：102－116.

［349］张雨心，左栋．态势感知模式下的互联网“问题地图”监管工作探究．测绘通报．2019（07）：118－121.

［350］李娜，姜元军．基于GIS和Mongodb的城镇污水处理监管平台研究与实现．测绘与空间地理信息．2019（06）：93－96.

［351］郑田丹，白欣灵．动态演化博弈视角的环境规制与产业国际竞争力再检验．产经评论．2019（06）：70－86.

［352］王兵，杨欣怡．中国工业行业全要素生产率分析（1981～2015）：波特假说的验证．产经评论．2019（06）：87－107.

［353］丁正良，于冠一．买方势力与资产专用性对中国制药业技术创新影响的实证．产经评论．2019（02）：20－37.

［354］周凤秀，温湖炜．绿色产业集聚与城市工业部门高质量发展——来自国家生态工业示范园政策的准自然实验．产经评论．2019（01）：5－19.

［355］杨万中，蒋传海．基于购买历史的价格歧视、投资激励与厂商竞争分析．产经评论．2019（04）：5－20.

［356］张美英．中国文化产业发展的政府规制研究．产权导刊．2019（06）：31－36.

［357］中国企业并购与国企混改峰会在成都举行．产权导刊．2019（09）：17－18.

［358］吕雪萱．从西岸到东岸，美国华资银行并购后日益壮大．产权导刊．2019（12）：13－17.

［359］张小义．雅士利并购多美滋的动因研究．产业创新研究．2019（02）：53－54.

［360］陈镜宇，刘超，高凡．浅谈金融体系改革背景下的互联网金融监管策略．产业创新研究．2019（10）：107－111.

［361］聂文鑫．美国投资银行分离型经营模式与德国综合型模式的比较分析与思考．产业创新研究．2019（06）：47－48.

［362］刘凯，邓玉，郭培丽．FDI投资动机、环境规制与中国工业能源强度．产业经济评论．2019（05）：94－124.

［363］秦光远，康妮，刘旭营，程宝栋．环境规制与造纸产业增长：一个文献综述．产业经济评论．2019（03）：102－112.

［364］陈剑，张晨钰．互联网时代的隐私信息、企业策略与政府监管：一个文献综述．产业经济评论．2019（06）：41－61.

［365］郭放，黄国鸾，王立彦．上市公司独立董事独立性在两个任期内的变化．产业经济评论．2019（02）：96－117.

［366］梁丹．企业规模、市场势力与技术创新——基于新实证产业组织的视角．产业经济评论．2019（05）：59－76.

［367］张柏杨，魏强．市场势力的获取与潜在福利损失——以我国制造业为例．产业经济评论．2019（04）：29－42.

［368］吕承超，王媛媛．金融市场分割、信贷失衡与技术创新产出——基于企业异质性的制造业上市公司数据分析．产业经济研究．2019（06）：63－75.

［369］石大千，胡可，陈佳．城市文明是否推动了企业高质量发展？——基于环境规制与交易成本视角．产业经济研究．2019（06）：27－38.

［370］王杰，段瑞珍，孙学敏．环境规制、产品质量与中国企业的全球价值链升级．产业经济研究．2019（02）：64－75.

［371］彭飞，董颖．取消农业税、财政压力与雾霾污染．产业经济研究．2019（02）：114－126.

［372］崔广慧，姜英兵．环保产业政策支持对劳动力需求的影响研究——基于重污染上市公司的经验证据．产业经济研究．2019（01）：99－112.

［373］李斌，詹凯云，胡志高．环境规制与就业真的能实现“双重红利”吗？——基于我国“两控区”政策的实证研究．产业经济研究．2019（01）：113－126.

［374］丁一兵，刘紫薇．中国制造业企业跨国并购能改善微观绩效吗——基于企业异质性和东道国特征的实证检验．产业经济研究．2019（02）：1－12.

［375］涂燕．赛腾股份并购菱欧科技案例分析．产业科技创新．2019（04）：49－50.

［376］杨涛．浅谈对第三方环境监测机构监管和协作．产业科技创新．2019（18）：101－102.

［377］秦璇，叶宏亮，孙思晴，余儒逸，胡洁．P2P乱象及治理．产业科技创新．2019（03）：52－54.

［378］孙敏．强化地方市政府环境保护责任的思考．产业与科技论坛．2019（14）：207－208.

［379］杨玉婷，白宇璇．网络广告中的不正当竞争行为的规制探讨——以“人人网诉瓜子网”一案为中心．产业与科技论坛．2019（21）：38－39.

［380］徐漪．网络直播的兴起与规制．产业与科技论坛．2019（19）：15－17.

［381］宋莉莉，张杰．预期违约的规制途径研究．产业与科技论坛．2019（18）：30－31.

［382］伊凌嵩，杜宇．论人工智能刑法规制．产业与科技论坛．2019（17）：33－34.

［383］刘爽．“一带一路”倡议创制国际法的路径探究．产业与科技论坛．2019（17）：38－39.

［384］冯昊，徐旸，张一泓，成飞．我国输配电价成本监审问题研究——国内现状与国际经验．产业与科技论坛．2019（09）：113－114.

［385］王鹤．证据合法性的实践隐忧与规制思考——评“两高一部”电子数据证据规定．产业与科技论坛．2019（04）：31－32.

［386］肖莹．上市公司海外并购的动因与绩效分析——以三一重工并购普茨迈斯特为例．产业与科技论坛．2019（17）：109－110.

［387］王瑞山．互联网领域反垄断规制的难点探讨．产业与科技论坛．2019（13）：36－37.

［388］肖志远．基于政府规制与激励的新疆生物质能产业发展研究．昌吉学院学报．2019（05）：7－16.

［389］邹卫中，苏建国．行政公益诉讼中检察监督困境与应对模式研究．常州大学学报（社会科学版）．2019（04）：37－45.

［390］李明．安全生产规制政策执行中地方政府与企业关系研究．常州大学学报（社会科学版）．2019（02）：28－35.

［391］徐妍，殷露阳．非营利组织营利性收入的税法规制探讨——以德国体育协会营利性收入的税收优惠为例．常州大学学报（社会科学版）．2019（02）：10－20.

［392］林尧．公共视频监控中的隐私权保护问题研究．常州工学院学报（社科版）．2019（06）：92－97.

［393］谭悦，李晓明．冒用他人移动支付平台账户侵财行为的刑法规制——以支付宝平台为例．常州工学院学报（社科版）．2019（06）：98－103.

［394］宫璐璐．我国婴儿安全岛的困境与法律规制——以南平市婴儿安全岛为例．常州工学院学报（社科版）．2019（01）：102－107.

［395］曹美霞，章颖薇．管理者过度自信、支付方式与并购绩效的实证研究．巢湖学院学报．2019（06）：34－41.

［396］夏海利．环境规制对省级经济增长的影响——基于省级面板数据联立方程组模型的分析．成都大学学报（社会科学版）．2019（05）：29－36.

［397］王丽华．中小企业环境规制的目标与原则研究．成都行政学院学报．2019（06）：48－52.

［398］段琳瑛，李书巧．大城市网约车政策差异化及影响因素分析．成都行政学院学报．2019（05）：23－26.

［399］吴卫东．行政公益诉讼对违法行政行为的监督规制．成都行政学院学报．2019（03）：34－37.

［400］邓春生．中英美 P2P 网络借贷法律规制的对比分析．成都理工大学学报（社会科学版）．2019（05）：42－47.

［401］孙红梅，雷喻捷．长三角城市群产业发展与环境规制的耦合关系：微观数据实证．城市发展研究．2019（11）：19－26.

［402］杨白冰，姚晓明．环境规制对地区经济增长的短期和长期效应——基于面板协整和误差修正模型的研究视角．城市发展研究．2019（09）：116－124.

［403］顾爽，史孟娅．临汾市大气污染治理困境浅析——基于政策工具视角．城市建设理论研究（电子版）．2019（02）：207－208.

［404］苏跃江，胡郁葱，李晓玉．城市公共汽车运营管理模式的改革路径．城市交通．2019（06）：63－70.

［405］刘宝琴．2019 地产收并购融资策略与建议．城市开发．2019（12）：60－62.

［406］陈玉洁，仲伟周．环境规制对创新产出的影响——基于区域吸收能力视角的分析．城市问题．2019（11）：69－78.

［407］宋德勇，杨秋月．环境规制与人力资本在破解资源诅咒中的作用．城市问题．2019（09）：62－73.

[408] 周宇飞，胡求光．隐性经济视角下环境规制对环境污染的影响——基于浙江省经验证据的分析．城市问题．2019（08）：4－12.

[409] 李卫兵，陈楠，王滨．排污收费对绿色发展的影响．城市问题．2019（07）：4－16.

[410] 邓荣荣，李亚芳．居民主观视角下的低碳试点城市政策绩效评价——基于保定市的调查．城市学刊．2019（05）：33－40.

[411] 何顺民，曹文泉．网购平台个性化推荐算法的伦理困境及规制——以移动电商“淘宝”为例．城市学刊．2019（03）：1－6.

[412] 张静晓，刘润畅．环境规制下城市绿色创新效率演变研究——以西安市为例．城市与环境研究．2019（04）：34－50.

[413] 刘杰，刘紫薇，焦珊珊，王丽，唐智亿．中国城市减碳降霾的协同效应分析．城市与环境研究．2019（04）：80－97.

[414] 秦炳涛，黄羽迪．工业集聚有助于污染减排吗？．城市与环境研究．2019（04）：51－62.

[415] 谢慧明，吴应龙，沈满洪．水制度量化研究进展：对象、方法与框架．城市与环境研究．2019（03）：83－97.

[416] 李玉红，王皓．违法排污视角下京津冀工业颗粒物排放研究．城市与环境研究．2019（01）：16－30.

[417] 张仕廉，熊维娜．环境规制对我国建筑业就业效应的区域影响研究．城市住宅．2019（08）：157－160.

[418] 马天秋．“套路贷”的法律问题与规制路径．池州学院学报．2019（02）：31－35.

[419] 彭晴菲．网约专车营业权规制研究．赤峰学院学报（汉文哲学社会科学版）．2019（09）：55－60.

[420] 杨渊，蒋志如．试论历史变迁中精神病人的刑事规制．赤峰学院学报（汉文哲学社会科学版）．2019（09）：50－54.

[421] 张小雨．试论我国竞业禁止制度．赤峰学院学报（汉文哲学社会科学版）．2019（06）：60－63.

[422] 王煌．论我国公民个人信息的刑法保护．赤峰学院学报（汉文哲学社会科学版）．2019（06）：56－59.

[423] 白贵，康智．民国新闻纪录片伦理规制的历史考察．出版发行研究．2019（12）：106－110.

[424] 沈悦，孙宝国．媒介治理视域下“一带一路”的国家形象认同建构．出版发行研究．2019（10）：29－34.

[425] 王影航．版权技术保护措施滥用行为规制探析．出版发行研究．2019（09）：52－55.

[426] 冯洁．新中国成立初期（1949～1966年）我国对外出版贸易的制度建构．出版发行研究．2019（09）：104－107.

[427] 马梅凤．数字时代出版市场犯罪的刑法规制论．出版发行研究．2019（02）：66－68.

[428] 王雅芬，韦俞村．自媒体“洗稿”的著作权法规制．出版广角．2019（18）：68－70.

[429] 王清，咸秀柔．20世纪50年代美国漫画行业自律制度探微．出版科学．2019（02）：106－111.

[430] 黄先蓉，程梦瑶．澳大利亚网络内容监管及对我国的启示．出版科学．2019（03）：104－109.

[431] 曾树灿，林伟明，窦达林，梁东明．深圳市对经营环节病死禽的无害化处理对策．畜牧兽医科技信息．2019（12）：40－41.

[432] 顾颖．移动互联网下自媒体媒介规制现状及问题浅析．传播力研究．2019（28）：115.

[433] 宋泽蓉，张艳．美国互联网广告业自我规制的特色与启示．传播力研究.2019（27）：179.

[434] 肖高超．基于安全性刍议人工智能时代的制度安排与法律规制．传播力研究.2019（22）：252.

[435] 向一帆．从符号建构论的视角观察网络直播的规制问题．传播力研究.2019（17）：263－292.

[436] 张潮．植入式广告法律规制的域外考察．传播力研究.2019（10）：138.

[437] 瞿榕．论影视文化产业并购中资本市场的角色定位．传播力研究.2019（30）：198.

[438] 曹艳艳．基层广播电视监管的重要性与策略探讨．传播力研究.2019（15）：228－231.

[439] 王敏．"先审后播"背景下弹幕内容生产的规制路径与意义．传媒.2019（18）：76－78.

[440] 左志新．短视频的爆发、规制和引领．传媒.2019（05）：8.

[441] 陈曦，吴晓艳．短视频平台的用户心理分析及其规制——以抖音为例．传媒.2019（03）：86－88.

[442] 刘磊．浅析新媒体内容版权的侵权与规制．传媒.2019（01）：88－90.

[443] 陈龙．媒体融合背景下媒介文化发展的国家意志和逻辑．传媒观察.2019（05）：5－14.

[444] 曾立荣．公权辟谣失范的规制理路研究．传媒论坛.2019（24）：13－14.

[445] 张惠妮．"互联网＋"背景下广播电视新闻传播的规制探析．传媒论坛.2019（24）：34－35.

[446] 朱旺．新媒体传播中信息不对称现象的规制策略．传媒论坛.2019（16）：74.

[447] 谈琳．移动互联网时代科技新闻的价值选择和规制——以科技日报实践为例．传媒论坛.2019（13）：23－28.

[448] 王博．影视作品抄袭问题的法律规制研究．传媒论坛.2019（09）：161－162.

[449] 韩旭至．人工智能不是人：从主体构建批判到非主体规制策略．大连海事大学学报（社会科学版）.2019（04）：19－28.

[450] 蒋勇，杨巧．分权视角下环境规制竞争对就业的影响——基于省际空间面板模型的分析．大连理工大学学报（社会科学版）.2019（06）：57－65.

[451] 贾引狮，林秀芹．互联网环境下版权许可格式合同的兴起与应对．大连理工大学学报（社会科学版）.2019（06）：74－80.

[452] 蒋云飞．危险废弃物风险的社会共治及其制度回应．大连理工大学学报（社会科学版）.2019（05）：88－93.

[453] 叶明，王岩．人工智能时代数据孤岛破解法律制度研究．大连理工大学学报（社会科学版）.2019（05）：69－77.

[454] 朱莲花，张聪，杨连生．大学生感知的课堂环境、学习方式对学习成果的影响研究．大连理工大学学报（社会科学版）.2019（05）：114－120.

[455] 黄薇君．专利联营异化的法律规制．大连理工大学学报（社会科学版）.2019（04）：96－103.

[456] 任超，孙超．付费搜索的反不正当竞争法规制——以《反不正当竞争法》修改为背景．大连理工大学学报（社会科学版）.2019（04）：81－88.

[457] 闻志强．考试作弊类犯罪的理解和适用分析——以《刑法修正案（九）》为主视角．大连理工大学学报（社会科学版）.2019（02）：100－108.

[458] 谷宇，王轶群，郭苏莹，朱淑．人民币汇率水平变动及波动性对企业投资的影响研究——基于制造业上市公司的经验分析．大连理工大学学报（社会科学版）.2019（05）：8－15.

[459] 韩玲，杨民．人口老龄化背景下保健品欺诈的刑法规制．大连民族大学学报.2019

(02)：168-172.

[460] 古龙高，古璇．习近平“一带一路”开放思想研究．大陆桥视野．2019 (01)：54-59.

[461] 章辉，贺志丽．域外劳务派遣监管特点及其启示．大庆社会科学．2019 (04)：83-85.

[462] 张平，陈应长．暴行入罪及其规范化．大庆师范学院学报．2019 (05)：54-61.

[463] 陈杨，谢青霞．我国小产权房法律规制问题研究．大庆师范学院学报．2019 (04)：72-79.

[464] 马诗清．网络传谣行为在寻衅滋事罪视域下的认定．大庆师范学院学报．2019 (02)：37-44.

[465] 张安毅，李丹．人类体外胚胎的属性及法律规制探讨．大庆师范学院学报．2019 (01)：63-67.

[466] 林天祺．行政机关举报答复行为的司法审查及滥诉规制．大庆师范学院学报．2019 (01)：68-75.

[467] 《大社会》杂志联合广东营销学会即将推出一系列企业培训课程．大社会．2019 (03)：79.

[468] 鲍嵘，牛晓雨．马克思历史存在论法哲学视域下的大学章程建设．大学教育科学．2019 (01)：23-26.

[469] 屈振辉．我国高校教师职称评审改革评析．大学教育科学．2019 (01)：47-52.

[470] 詹绍文，吴思谊．地方非物质文化遗产的保护与传承——以秦腔保护为例．大众文艺．2019 (22)：2-3.

[471] 胡泊．独立学院毕业生就业难的理论分析——以 Y 大学 X 学院为例．大众文艺．2019 (20)：216-217.

[472] 代淇．绿色广告的管理困局及其化解．大众文艺．2019 (09)：179-180.

[473] 徐紫笛．基于钻石模型的传媒产业集群发展研究．大众文艺．2019 (07)：157-158.

[474] 蒋伟．电力市场化改革下销售电价的现状与展望．大众用电．2019 (06)：8-9.

[475] 孟凡强，万海远，吴珊珊．所有制分割、户籍歧视与代际城乡工资差异．当代财经．2019 (06)：13-25.

[476] 余珮，彭歌．环境规制强度与中国对美国直接投资的区位选择．当代财经．2019 (11)：3-13.

[477] 刘斌斌，严武，黄小勇．信贷错配对我国绿色技术创新的影响分析——基于地区环境规制差异的视角．当代财经．2019 (09)：60-71.

[478] 金达，沈宏亮．公众环境参与能否缓解结构性失业——基于面板门槛模型的分析．当代财经．2019 (07)：107-117.

[479] 上官绪明，葛斌华．地方政府税收竞争、环境治理与雾霾污染．当代财经．2019 (05)：27-36.

[480] 徐雨婧，胡珺．货币政策、管理者过度自信与并购绩效．当代财经．2019 (07)：85-95.

[481] 肖慧敏．自生锚、外在锚与中国企业境外并购股权决策．当代财经．2019 (09)：82-94.

[482] 周丽萍，张毓卿．东道国交通设施如何影响中国企业海外并购——基于“一带一路”倡议真实效应的研究．当代财经．2019 (11)：14-24.

[483] 王云云．我国无抗养猪发展趋势研究．当代畜牧．2019 (12)：52-54.

[484] 魏修治，慕明春．刑法“传播淫秽物品犯罪”的传播学再解读．当代传播．2019 (06)：79-83.

[485] 刘燕南，吴浚诚．互联网原生广告中隐私悖论的嬗变与规制．当代传播．2019 (06)：84-87.

[486] 周勇．智能洗稿法律规制研究．当代传播．2019 (04)：76 –79.

[487] 唐英，冯博博．短视频广告的传播特征及监管路径．当代传播．2019 (05)：92 –93.

[488] 林彦君．孟电“津”牌文化促进并购企业文化融合．当代电力文化．2019 (02)：30 –31.

[489] 纪君．中国电视剧产业动力：模式与机制．当代电视．2019 (12)：59 –61.

[490] 孙鹏．素人回归、慢综艺兴起与传受权力重构：中国电视真人秀节目的生产转向——以《嗨！看电视》为中心的考察．当代电视．2019 (04)：49 –52.

[491] 蓝轩．从好莱坞经验看我国电影企业并购路径．当代电影．2019 (09)：75 –78.

[492] 王继荣．我国经营者集中竞争评估审查因素的改造及完善路径：以波特“五力模型”为基础．当代法学．2019 (04)：118 –125.

[493] 沈伟．地方保护主义的司法抑制之困：中央化司法控制进路的实证研究——以执行涉外仲裁裁决内部报告制度为切入视角．当代法学．2019 (04)：60 –78.

[494] 冯洋．从隐私政策披露看网站个人信息保护——以访问量前500的中文网站为样本．当代法学．2019 (06)：64 –74.

[495] 童春荣．黑社会性质组织犯罪之预防性刑法规制研究．当代法学．2019 (05)：67 –78.

[496] 姚万勤．对通过新增罪名应对人工智能风险的质疑．当代法学．2019 (03)：3 –14.

[497] 龚浩川．论敌意收购中大额持股变动违法之法律责任——基于证券监管与司法裁判的实证研究．当代法学．2019 (02)：63 –73.

[498] 熊樟林．论《行政处罚法》修改的基本立场．当代法学．2019 (01)：101 –111.

[499] 李俊峰．“忠诚折扣”的垄断违法性判定——以利乐公司行政处罚案为材料．当代法学．2019 (02)：82 –92.

[500] 曹旭东．瞬变电磁法在兼并重组矿井水文地质调查中的应用分析．当代化工研究．2019 (04)：97 –98.

[501] 齐潇湘．D公司并购S公司案例分析——基于事件研究法和会计指标分析法．当代会计．2019 (03)：159 –160.

[502] 戴宙松．公司并购财务风险及防范控制研究．当代会计．2019 (06)：109 –110.

[503] 张小银．有限合伙制并购基金的控制权认定与财务处理问题研究．当代会计．2019 (06)：16 –17.

[504] 薛浩然．中国化工并购XZD案例分析——基于事件分析法的短期绩效分析．当代会计．2019 (09)：114 –115.

[505] 朱渝梅．房地产企业并购财务风险防范研究．当代会计．2019 (10)：77 –78.

[506] 覃韦丰．浅谈国有企业并购重组税务风险及对策建议．当代会计．2019 (10)：19 –20.

[507] 安军伟．试析房地产项目股权并购与资产并购的对比．当代会计．2019 (14)：9 –10.

[508] 王亚娟．如何快速实现企业并购后财务整合．当代会计．2019 (17)：152 –153.

[509] 李新策．企业并购过程中出现财务风险的成因及对策研究．当代会计．2019 (17)：156 –157.

[510] 马雯蕙．企业并购后财务风险的研究．当代会计．2019 (21)：9 –10.

[511] 官为娟．探究民营企业并购中存在的财务风险及解决方法．当代会计．2019 (21)：74 –75.

[512] 李如．企业并购重组中的税收筹划策略探讨．当代会计．2019 (23)：136 –137.

[513] 张田娟．探究集团并购重组后的财务管理．当代会计．2019 (23)：63 –64.

[514] 倪茂业．企业内部审计和企业效益之间的关系研究．当代会计．2019 (18)：84 –85.

[515] 华越．浅谈中小学会计集中核算．当代会计．2019 (05)：106 –107.

[516] 潘青锋．财政预算投资评审在政府投资监管过程中的重要性．当代会计．2019 (05)：

144 – 145.

［517］张辉．应用型人才培养中提高毕业设计质量的探索．当代教育实践与教学研究．2019（02）：164 – 165.

［518］黄若云，周墙静．外商直接投资会导致东道国环境污染吗？——来自长江经济带的经验证据．当代金融研究．2019（05）：41 – 53.

［519］朱勤，段义学．平台企业成长路径分析——基于“新美大”的案例分析．当代经济．2019（09）：94 – 97.

［520］徐宇翔，王军英．森林碳汇产业的环境规制策略选择．当代经济．2019（08）：104 – 106.

［521］赵强，宋晓薇，黄一铭．金融资源配置促进战略性新兴产业创新分析——以河南省为例．当代经济．2019（07）：41 – 43.

［522］刘斐，王书平．京津冀区域经济可持续增长与环境优化政策研究．当代经济．2019（06）：56 – 61.

［523］徐文华，郑嘉琳．环境规制助推绿色技术创新研究——基于长江经济带的检验．当代经济．2019（05）：108 – 111.

［524］王玉婧．服务经济的环境效应及气候变化关系分析．当代经济．2019（04）：112 – 116.

［525］刘小军，徐勤凤．兼并重组、行业集中度与研发投入——基于产能过剩行业研究．当代经济．2019（10）：19 – 21.

［526］张丽琼．构建高质量发展的广西资本市场问题研究．当代经济．2019（09）：68 – 70.

［527］李伯轩．引智新形势下外国机制革新的人来华工作法律监管原则与路径．当代经济．2019（07）：8 – 13.

［528］路遥．“一带一路”背景下人民币国际化的法律规制．当代经济管理．2019（11）：93 – 97.

［529］孙玉阳，宋有涛，杨春荻．环境规制对经济增长质量的影响：促进还是抑制？——基于全要素生产率视角．当代经济管理．2019（10）：11 – 17.

［530］岳宇君，胡汉辉．城市共享单车治理问题的多理论视角解析．当代经济管理．2019（07）：68 – 72.

［531］张夏恒．区块链引发的法律风险及其监管路径研究．当代经济管理．2019（04）：79 – 83.

［532］李国祥，张伟．环境分权、环境规制与工业污染治理效率．当代经济科学．2019（03）：26 – 38.

［533］毕睿罡，王钦云．政企合谋视角下的环境治理——基于官员考核标准变化的准自然实验．当代经济科学．2019（04）：62 – 75.

［534］孙婧雯，张晓岚，张超．股票流动性、机构投资者与企业并购．当代经济科学．2019（02）：108 – 121.

［535］林小燕．关于推进福建省扶贫（惠民）资金在线监管系统工作的若干思考．当代农村财经．2019（12）：22 – 23.

［536］郑阿宁，邱孟根．农村集体资产监管机制创新的探索与思考．当代农村财经．2019（07）：30 – 32.

［537］林小燕．浅析水利专项资金使用管理存在的问题及对策．当代农村财经．2019（01）：34 – 35.

［538］张军旗．乌苏市大型工程机械培训的现状及发展对策．当代农机．2019（10）：75 – 77.

［539］胡建国，裴豫．人力资本、社会资本与大学生就业质量——基于劳动力市场分割理论的探讨．当代青年研究．2019（05）：109 – 116.

［540］白玉，Wei Chen. 青年婚恋中“忠诚协议”签订问题及法律规制. 当代青年研究.2019（06）：66－71.

［541］超1.2亿！　益鑫泰用了15年证明，产品联合开发和技术创新才是企业壮大的王牌. 当代水产.2019（11）：48－49.

［542］毕海东. 全球治理地域性、主权认知与中国全球治理观的形成. 当代亚太.2019（04）：115－150.

［543］曹国军. 从地方艺术资源进初中音乐课堂谈非遗的保护与传承——以岭南民间舞蹈为例. 当代音乐.2019（05）：164－166.

［544］张夏恒，冀芳. 面向新生代农民工的微信公众号研究. 当代职业教育.2019（01）：75－82.

［545］宋佩玉. 新中国成立初期上海外资进出口企业的监管与清理. 当代中国史研究.2019（03）：54－64.

［546］彭插三. 电子数据和电子文件法律规制比较研究. 档案管理.2019（06）：16－19.

［547］周林兴. 档案机构改革背景下档案学研究的定位与展望. 档案学通讯.2019（05）：109－111.

［548］姚明. 我国档案管理地方立法研究——基于66部地方性法规的实证分析. 档案学研究.2019（03）：68－73.

［549］王子芃，王晓源. 基于大数据背景下的档案法律策略研究. 档案学研究.2019（01）：56－60.

［550］徐忠. 周恩来支持试办托拉斯的历史回顾. 党史文汇.2019（02）：4－8.

［551］陈国飞. 网络言论自由的滥用与规制. 党政干部学刊.2019（04）：18－23.

［552］张怀印. 数字经济时代企业市场支配地位认定：基于德国反垄断执法案例的评析. 德国研究.2019（04）：114－129.

［553］曾彩霞，朱雪忠. 欧盟对大数据垄断相关市场的界定及其启示——基于案例的分析. 德国研究.2019（01）：111－124.

［554］王向辉. 浅析新监管形势下银行开展网络贷业务及风险管理. 低碳世界.2019（11）：248－249.

［555］刘健会. 金科并购的“瓜田李下”. 地产.2019（11）：27－30.

［556］陆佳. 我国国有企业财政补贴的作用机理、现实迷失与硬预算约束. 地方立法研究.2019（05）：23－38.

［557］张效羽. 互联网平台经济下地方立法边界的重构——以网约车立法为例. 地方立法研究.2019（03）：19－30.

［558］何跃军. 法规影响分析程序：提升立法质量的事前之道. 地方立法研究.2019（05）：85－105.

［559］任梅，王小敏，刘雷，孙方，张文新. 中国沿海城市群环境规制效率时空变化及影响因素分析. 地理科学.2019（07）：1119－1128.

［560］盖美，展亚荣. 中国沿海省区海洋生态效率空间格局演化及影响因素分析. 地理科学.2019（04）：616－625.

［561］吴加伟，陈雯，袁丰，魏也华，杨柳青. 中国企业本土并购双方的地理格局及其空间关联研究. 地理科学.2019（09）：1434－1445.

［562］贺灿飞，李振发，陈航航. 区域一体化与制度距离作用下的中国企业跨境并购. 地理科学进展.2019（10）：1501－1513.

［563］王磊，王琰琰，张宇. 环境规制对京津冀工业发展的门槛效应. 地域研究与开发.2019

(01)：132－137.

[564] 龙禹，胡蔚，马倩，谈金晶，李扬．输配电价下电网企业全周期动态投资发展机制．电力系统及其自动化学报．2019（08）：143－150.

[565] 陈莉．并购8个月实现两位数增长，海尔给Candy带去了什么．电器．2019（11）：46－48.

[566] 朱丽芳．人工智能技术在应用中的安全风险与管控研究．电信工程技术与标准化．2019（12）：33－37.

[567] 李彤，苗成林，吕军，史猛．基于寡头定价的动态频谱接入控制．电讯技术．2019（01）：7－12.

[568] 张爱萍．基于物联网的工程总承包项目物资全过程监管技术．电子技术与软件工程．2019（12）：250.

[569] 关景新，尹娟，舒位光．基于NB－IoT的环保设备运行监管系统的设计与应用．电子技术与软件工程．2019（09）：50－52.

[570] 王雪．共享单车押金性质与法律规制之探讨——从共享单车押金退还案件说起．电子科技大学学报（社科版）．2019（05）：45－51.

[571] 张俊，林卿，王江泉．工业竞争力升级对碳生产率的影响研究．电子科技大学学报（社科版）．2019（01）：94－103.

[572] 薛晓东，刘思含，汤问，刘耀．市场准入负面清单制度下监管措施的优化研究——以中国（四川）自由贸易试验区为例．电子科技大学学报（社科版）．2019（04）：65－71.

[573] 周秀娟，王宇涛．论我国股权众筹监管法律制度的完善——对美国《Jobs法案》第三部分考察的启示．电子科技大学学报（社科版）．2019（01）：62－68.

[574] 李强．P2P网络借贷的研究综述与现实发展．电子科技大学学报（社科版）．2019（05）：37－44.

[575] 叶碧涵，孙绍荣．基于三方博弈模型的外卖合谋监管制度设计．电子商务．2019（07）：13－16.

[576] 郭欣．物流企业成功跨境并购后的效果评价——以圆通并购先达国际为例．电子商务．2019（05）：9－10.

[577] 顾晓安，陈钰颖．互联网企业并购的全流程风险识别与评估方法研究．电子商务．2019（08）：59－61.

[578] 张建芹．"共享单车"发展中监管问题研究．电子商务．2019（08）：24－26.

[579] 鲁勇，刘胜题．基于政策和企业角度的跨境电商新政调整研究．电子商务．2019（03）：30－31.

[580] 魏小雨．政府主体在互联网平台经济治理中的功能转型．电子政务．2019（03）：46－56.

[581] 寿志勤，黄学华，郭亚光，陈正光，许君，汪晓胜．电子政务服务整体绩效评估转型研究——安徽模式的问题检视与重构．电子政务．2019（10）：108－116.

[582] 龚晓莺，王海飞．当代数字经济的发展及其效应研究．电子政务．2019（08）：51－62.

[583] 王雅芬，韦俞村．商标恶意诉讼的识别与法律规制．电子知识产权．2019（08）：4－13.

[584] 郭珺．信息交换反垄断规制的域外法镜鉴．电子知识产权．2019（05）：37－47.

[585] 丁碧波．国际化背景下专利主张实体诉讼行为的规制．电子知识产权．2019（05）：83－96.

[586] 张燕龙．非法规避版权保护技术措施类行为的刑法应对——以美国法为对象的比较研究．电子知识产权．2019（03）：42－51.

[587] 杨凯旋．韩国商标法使用义务规则的新变化及对我国的借鉴．电子知识产权．2019

(03): 59-69.

[588] 张小号，权彦敏．恶意知识产权诉讼威胁立法规制之最简方案——评英国《知识产权（恶意威胁）法》．电子知识产权．2019 (02): 73-80.

[589] 郑友德．马克斯普朗克创新与竞争研究所专题研讨“人工智能、创新和竞争：新工具抑或新规则?”．电子知识产权．2019 (08): 41-47.

[590] 高唤栋．信用卡平台竞争案件中双边市场理论的适用——美国联邦最高法院“俄亥俄州诉美国运通公司案”评述．电子知识产权．2019 (04): 51-63.

[591] 苏汶宇，王彦．政府间事权与支出责任划分规制研究——基于“权责法定”原则的视角．东北财经大学学报．2019 (02): 52-58.

[592] 李井林，戴宛霖，阳镇．海外并购支付与融资方式选择：风险承担视角——基于双汇国际与中联重科海外并购案的比较．东北财经大学学报．2019 (03): 28-38.

[593] 华忆昕．企业社会责任的可持续公司法路径．东北大学学报（社会科学版）．2019 (06): 623-630.

[594] 田鹏颖，戴亮．大数据时代网络伦理规制研究．东北大学学报（社会科学版）．2019 (03): 221-227.

[595] 冉斌，陈明．政府规制能力对农民工职业安全的影响机制．东北大学学报（社会科学版）．2019 (03): 261-267.

[596] 于冠一，修春亮，赵昌松．辽宁省环境规制约束下的雾霾脱钩效应分析．东北大学学报（自然科学版）．2019 (03): 435-440.

[597] 郑云虹，高茹，李岩．基于环境规制的污染企业区际间转移决策．东北大学学报（自然科学版）．2019 (01): 144-149.

[598] 郭晓玲，李凯，农蓓．买方市场势力对下游企业产品质量创新激励的影响．东北大学学报（自然科学版）．2019 (08): 1197-1204.

[599] 毋爱斌，杜崇．自治与规制平衡视角下的律师调解制度．东北农业大学学报（社会科学版）．2019 (06): 27-33.

[600] 丁国民，马芝钦．垄断协议二分法的现实困境与因应策略——以轴辐协议为视角．东北农业大学学报（社会科学版）．2019 (05): 39-46.

[601] 张卫彬，张圣曼．企业逃废银行债务问题立法规制研究．东北农业大学学报（社会科学版）．2019 (04): 25-30.

[602] 杨仕兵，张闯玉．涉人工智能产品犯罪的刑法规制研究．东北农业大学学报（社会科学版）．2019 (03): 38-42.

[603] 王秀哲．公共安全视频监控地方立法中的个人信息保护研究．东北师大学报（哲学社会科学版）．2019 (05): 57-68.

[604] 史本叶，赵铮．海外并购的融资模式与财富效应——基于A股上市企业海外并购交易数据的实证研究．东北师大学报（哲学社会科学版）．2019 (02): 139-148.

[605] 席志国．民法典编纂视野下的动产担保物权效力优先体系再构建——兼评《民法典各分编（草案）二审稿》第205-207条．东方法学．2019 (05): 48-59.

[606] 王禄生．论“深度伪造”智能技术的一体化规制．东方法学．2019 (06): 58-68.

[607] 徐凤．人工智能算法黑箱的法律规制——以智能投顾为例展开．东方法学．2019 (06): 78-86.

[608] 石冠彬．论民法典对买卖型担保协议的规制路径——以裁判立场的考察为基础．东方法学．2019 (06): 18-29.

[609] 倪铁．监察技术调查权运作困境及其破局．东方法学．2019 (06): 41-50.

［610］冯辉．“维护公司价值及股东权益所必需”而回购的法律规制．东方法学．2019（06）：114－122.

［611］杨治坤．区域治理的基本法律规制：区域合作法．东方法学．2019（05）：93－100.

［612］季卫东．人工智能开发的理念、法律以及政策．东方法学．2019（05）：4－13.

［613］郑佳宁．平台经济时代快递增值服务的立法规制．东方法学．2019（04）：14－22.

［614］王冠．基于区块链技术ICO行为之刑法规制．东方法学．2019（03）：137－148.

［615］汪明亮．治理侵犯公民个人信息犯罪之刑罚替代措施．东方法学．2019（02）：16－28.

［616］崔志伟．区块链金融：创新、风险及其法律规制．东方法学．2019（03）：87－98.

［617］蔡一博．智能合约与私法体系契合问题研究．东方法学．2019（02）：68－81.

［618］杨东．“共票”：区块链治理新维度．东方法学．2019（03）：56－63.

［619］何渊．智能社会的治理与风险行政法的建构与证成．东方法学．2019（01）：68－83.

［620］王康．人类基因编辑实验的法律规制——兼论胚胎植入前基因诊断的法律议题．东方法学．2019（01）：5－20.

［621］凯伦·杨，林少伟．区块链监管：“法律”与“自律”之争．东方法学．2019（03）：121－136.

［622］陈兵．经济分析法在韩国垄断规制法中的适用可能与局限——基于对垄断规制法目的的合宪性解释．东疆学刊．2019（02）：105－110.

［623］尹章池，吴慧思．新媒体语境下反转新闻的归因、归责和规制研究——以榆林产妇坠亡事件为例．东南传播．2019（07）：162－164.

［624］辛磊．经营者集中审查标准的案例研究．东南大学学报（哲学社会科学版）．2019（S2）：96－102.

［625］周佑勇．论智能时代的技术逻辑与法律变革．东南大学学报（哲学社会科学版）．2019（05）：67－75.

［626］苗泽一．大数据医疗的应用风险与法律规制研究．东南大学学报（哲学社会科学版）．2019（05）：87－95.

［627］董娟，李骁原．互联网金融领域刑法规制探究．东南大学学报（哲学社会科学版）．2019（S1）：30－32.

［628］吕凯，耿康宁．七天无理由退换货规则对微商的适用问题研究．东南大学学报（哲学社会科学版）．2019（S1）：24－29.

［629］刘柳．新时代枫桥经验视野下的治理法治化——从新型习惯的角度切入．东南学术．2019（04）：28－39.

［630］王爱国，刘洋．政府绿色政策与低碳企业投资行为的相关性研究．东岳论丛．2019（07）：127－139.

［631］中际旭创：创新机制推动并购后整合．董事会．2019（Z1）：64.

［632］吴通控股：并购吸纳行业优质人才．董事会．2019（Z1）：79.

［633］沈永锋，崇雨晨．天山生物并购被骗谁之过？．董事会．2019（03）：58－59.

［634］沈永锋．暴风中迷失的并购基金．董事会．2019（06）：62－63.

［635］张伟华．业绩对赌：并购交易的买方毒药？．董事会．2019（08）：60－61.

［636］薛璐璐．酒店卫生“灯下黑”乱象规制．度假旅游．2019（01）：96－97.

［637］邓林．滥用知识产权及市场支配地位的法律规制．对外经贸．2019（07）：97－98.

［638］林亚婷．论网店转让的法律性质与规制．对外经贸．2019（07）：99－103.

［639］徐亚东．环境行政公益诉讼前置程序研究——以保障行政权行使为视角．对外经贸．2019（03）：111－113.

[640] 刘进雄. 海外并购的战略规划研究. 对外经贸. 2019 (10): 37 - 40.

[641] 郑建安. P2P 网络借贷的风险分析及规制建议. 对外经贸. 2019 (05): 124 - 127.

[642] 方瑞安. CPTPP 电信服务贸易规则对中国的挑战. 对外经贸实务. 2019 (10): 18 - 20.

[643] 武立栋, 钮小静. 跨国公司在华农业投资法律规制措施的完善路径. 对外经贸实务. 2019 (08): 27 - 30.

[644] 施元红. 负面清单管理制度的发展现状、问题及提升路径. 对外经贸实务. 2019 (08): 60 - 62.

[645] 董瑞玲. 数字贸易国际规则的分歧及中国的应对. 对外经贸实务. 2019 (06): 40 - 43.

[646] 徐晔彪. 经济转型背景下我国消费金融风险规避探讨——基于美国消费金融发展经验与启示. 对外经贸实务. 2019 (04): 61 - 64.

[647] 王红, 曾亚丹, 邵连强. 中国民营企业海外并购的问题及对策分析. 对外经贸实务. 2019 (06): 78 - 81.

[648] 周利芬. 民营医药企业海外并购的战略动因与风险. 对外经贸实务. 2019 (07): 79 - 83.

[649] 滕涛, 徐雪峰. 美国对中国企业在美并购安全审查的现状、趋势以及应对之策——兼论美国投资安全审查机制的新进展. 对外经贸实务. 2019 (09): 41 - 44.

[650] 康晶晶. 套路贷的刑法规制研究. 鄂州大学学报. 2019 (01): 35 - 37.

[651] 张鑫, 王明辉. 我国人工智能发展的现状、问题与促进政策. 发展研究. 2019 (08): 29 - 33.

[652] 丁刚, 郭瑶瑶. 福建省构建市场导向的绿色技术创新体系探究. 发展研究. 2019 (02): 41 - 49.

[653] 项安波, 王念. 国企兼并重组要重整合、求实效. 发展研究. 2019 (07): 12 - 16.

[654] 黄一诺. 我国主要金融风险点及防范对策建议. 发展研究. 2019 (03): 81 - 84.

[655] 课题组国务院发展研究中心新工业革命的中国战略研究, 赵昌文, 周毅. 推进新工业革命的五个长期性问题. 发展研究. 2019 (02): 10 - 13.

[656] 娄宇. 民法典的选择: 劳动合同抑或雇佣合同——《德国民法典》第 611a 条修订的教义学分析与启示. 法律科学 (西北政法大学学报). 2019 (05): 141 - 155.

[657] 刘鑫. 人工智能生成技术方案的专利法规制——理论争议、实践难题与法律对策. 法律科学 (西北政法大学学报). 2019 (05): 82 - 92.

[658] 王俣璇. 格式条款的规制协调与反垄断路径改进. 法律科学 (西北政法大学学报). 2019 (05): 128 - 140.

[659] 程莹. 元规制模式下的数据保护与算法规制——以欧盟《通用数据保护条例》为研究样本. 法律科学 (西北政法大学学报). 2019 (04): 48 - 55.

[660] 鲁甜. 音乐采样法律规制路径的解析与重构——以美、德规制路径为视角. 法律科学 (西北政法大学学报). 2019 (04): 130 - 141.

[661] 林洹民. 自动决策算法的法律规制: 以数据活动顾问为核心的二元监管路径. 法律科学 (西北政法大学学报). 2019 (03): 43 - 53.

[662] 蔡睿. 分期付款买卖中出卖人解除权的制度构造与立法反思——兼评最高人民法院 67 号指导案例. 法律科学 (西北政法大学学报). 2019 (03): 122 - 136.

[663] 崔靖梓. 算法歧视挑战下平等权保护的危机与应对. 法律科学 (西北政法大学学报). 2019 (03): 29 - 42.

[664] 李延舜. 公共视频监控中的公民隐私权保护研究. 法律科学 (西北政法大学学报). 2019 (03): 54 - 63.

[665] 彭文华. 累犯认定: 现实问题、路径选择与技术规制. 法律科学 (西北政法大学学报).

2019（03）：83－95.

［666］焦海涛．环境保护与反垄断法绿色豁免制度．法律科学（西北政法大学学报）.2019（03）：107－121.

［667］王镭．电子数据财产利益的侵权法保护——以侵害数据完整性为视角．法律科学（西北政法大学学报）.2019（01）：38－48.

［668］张善根．入罪拟或信用治理：高利贷衍生犯罪的“中西”疗法．法律科学（西北政法大学学报）.2019（01）：103－111.

［669］戴曙．我国涉外协议管辖制度的理解与适用．法律适用.2019（17）：81－90.

［670］李展硕．“无歧视”专利许可与反垄断法释义——华为诉 IDC. 案再思考．法律适用.2019（24）：31－40.

［671］刘佳欣．反不正当竞争法视角下的流量劫持——以流量劫持典型案例为分析样本．法律适用.2019（18）：80－88.

［672］赵俊梅．聚合平台深度链接的法律适用问题．法律适用.2019（15）：74－82.

［673］吴佩乘．竞争法视野下涉外 OEM 案件法律适用的路径探索——基于“东风案”的思考．法律适用.2019（14）：33－40.

［674］伏创宇．我国网约顺风车规制中“非法运营”的认定．法律适用.2019（14）：66－76.

［675］市场监管总局发布禁止滥用市场支配地位新规．法人.2019（08）：8.

［676］梁瑛．家门口的野蛮人 KKR 世纪并购案兼论 LBO/MBO 收购模式．法人.2019（08）：90－91.

［677］张伟华．如何获取并购交易政府审批．法人.2019（08）：95－98.

［678］吴永辉．论国际商事法庭的管辖权——兼评中国国际商事法庭的管辖权配置．法商研究.2019（01）：142－155.

［679］杨利华．第三方支付行业竞争的反垄断法规制．法商研究.2019（06）：127－138.

［680］杨桦．论地方立法对民间规范的吸收与规制——基于制度性事实理论的分析．法商研究.2019（05）：103－111.

［681］张凌寒．算法权力的兴起、异化及法律规制．法商研究.2019（04）：63－75.

［682］吴贤静．土壤环境风险的法律规制．法商研究.2019（03）：140－149.

［683］徐涤宇．非常态缔约规则：现行法检讨与民法典回应．法商研究.2019（03）：11－21.

［684］吴秀尧．消费者权益保护立法中信息规制运用之困境及其破解．法商研究.2019（03）：115－126.

［685］郑戈．迈向生命宪制——法律如何回应基因编辑技术应用中的风险．法商研究.2019（02）：3－15.

［686］凌维慈．住房政策的任务分化及法律控制．法商研究.2019（02）：53－65.

［687］高秦伟．个人信息保护中的企业隐私政策及政府规制．法商研究.2019（02）：16－27.

［688］金善明．《反垄断法》文本的优化及其路径选择——以《反垄断法》修订为背景．法商研究.2019（02）：66－77.

［689］刘乃梁．银行业反垄断规制的冲突及其协调．法商研究.2019（01）：43－53.

［690］王聪．“共同善”维度下的算法规制．法学.2019（12）：66－77.

［691］金善明．公平竞争审查机制的制度检讨及路径优化．法学.2019（12）：3－17.

［692］张青．法官职业安全的刑事法保护．法学.2019（12）：115－132.

［693］胡苑．论威慑型环境规制中的执法可实现性．法学.2019（11）：152－164.

［694］陈家林．法益理论的问题与出路．法学.2019（11）：3－17.

［695］杨猛．网络金融平台反洗钱 KYC 的刑事风险与规制．法学.2019（11）：107－117.

[696] 胡建国，刘柒．美国对华反补贴中“公共机构”的泛化及法律规制．法学.2019（10）：62－74.

[697] 卢纯昕．反不正当竞争法在知识产权保护中适用边界的确定．法学.2019（09）：30－42.

[698] 王彦明，王红云．国企高管自定薪酬的局限性及其法律规制．法学.2019（08）：119－135.

[699] 陈兵．互联网经济下重读“竞争关系”在反不正当竞争法上的意义——以京、沪、粤法院2000～2018年的相关案件为引证．法学.2019（07）：18－37.

[700] 王全兴，王甜甜．集体建设用地“入市”中的政府优先购买权．法学.2019（06）：31－48.

[701] 于海防．人工智能法律规制的价值取向与逻辑前提——在替代人类与增强人类之间．法学.2019（06）：17－30.

[702] 张占江．论反不正当竞争法的谦抑性．法学.2019（03）：45－59.

[703] 汪青松．区块链系统内部关系的性质界定与归责路径．法学.2019（05）：130－142.

[704] 李剑．多产品下的相关市场界定——基于中国经营者集中典型案例的反思．法学.2019（10）：49－61.

[705] 谭冰霖．论政府对企业的内部管理型规制．法学家.2019（06）：74－87.

[706] 朱开鑫．网络著作权间接侵权规则的制度重构．法学家.2019（06）：114－126.

[707] 肖竹．劳动者集体行动的法律规制——以正当性判断为核心．法学家.2019（02）：41－55.

[708] 杨彩霞．多元化网络共犯行为的刑法规制路径体系之重构．法学家.2019（02）：29－40.

[709] 杨绪峰．假想防卫的体系性反思．法学家.2019（01）：149－163.

[710] 郭传凯．人工智能风险规制的困境与出路．法学论坛.2019（06）：107－117.

[711] 周长军，庞常青．民用无人机隐私侵权行为的法律规制——一个比较法的分析．法学论坛.2019（06）：85－94.

[712] 刘建利．尖端医疗行为的刑法挑战及应对．法学论坛.2019（06）：127－134.

[713] 徐继敏，张洪亮．论监察留置裁量及其有效规制．法学论坛.2019（04）：125－135.

[714] 曹磊．法律漏洞补充行为的失范与规制．法学论坛.2019（04）：71－79.

[715] 曹阳．互联网领域滥用相对优势地位行为的法律规制．法学论坛.2019（03）：79－88.

[716] 张凌寒．算法规制的迭代与革新．法学论坛.2019（02）：16－26.

[717] 王倩云．人工智能背景下数据安全犯罪的刑法规制思路．法学论坛.2019（02）：27－36.

[718] 曹胜亮．我国行业协会限制竞争行为规制路径的反思与重构．法学论坛.2019（02）：56－62.

[719] 吴昱江．香港现行法律对煽动性言论的规制．法学论坛.2019（01）：104－113.

[720] 魏昌东．监督职能是国家监察委员会的第一职能：理论逻辑与实现路径——兼论中国特色监察监督系统的规范性创建．法学论坛.2019（01）：25－36.

[721] 何萍，张金钢．刑法目的解释的教义学展开．法学论坛.2019（01）：76－83.

[722] 梁立宝．恐怖信息网络传播的刑法规制及其完善．法学论坛.2019（01）：154－160.

[723] 高凛．我国食品安全社会共治的困境与对策．法学论坛.2019（05）：96－104.

[724] 罗莉．专利行政部门在开放许可制度中应有的职能．法学评论.2019（02）：61－71.

[725] 王康．基因正义论——以民法典编纂与基因歧视司法个案为背景．法学评论.2019（06）：147－159.

[726] 陈晓华．国有企业法律规制与政治规制：从竞争到融合．法学评论.2019（06）：111－124.

[727] 何香柏．环境规制的权力行使与制度约束——美国谢弗林案的借鉴．法学评论．2019（05）：173－186.

[728] 李国海．行政性垄断受益经营者可制裁性分析．法学评论．2019（05）：72－81.

[729] 刘乃梁．包容审慎原则的竞争要义——以网约车监管为例．法学评论．2019（05）：122－132.

[730] 应飞虎．禁止抑或限制？——知假买假行为规制研究．法学评论．2019（04）：63－78.

[731] 王全兴，刘琦．我国新经济下灵活用工的特点、挑战和法律规制．法学评论．2019（04）：79－94.

[732] 班小辉．“零工经济”下任务化用工的劳动法规制．法学评论．2019（03）：106－118.

[733] 洪艳蓉．双层SPV资产证券化的法律逻辑与风险规制．法学评论．2019（02）：84－98.

[734] 张小宁．经济刑法机能的重塑：从管制主义迈向自治主义．法学评论．2019（01）：63－75.

[735] 张江莉．论相关产品市场界定中的“产品界定”——多边平台反垄断案件的新难题．法学评论．2019（01）：184－196.

[736] 蓝学友．规制抽象危险犯的新路径：双层法益与比例原则的融合．法学研究．2019（06）：134－149.

[737] 李嵩誉．土地流转中的环境规制研究．法学杂志．2019（11）：58－64.

[738] 李建伟．董事会规模强制规制模式的解释与反思．法学杂志．2019（10）：31－43.

[739] 赵万一，苏志猛．社会责任区分理论视域下互联网企业社会责任的私法规制．法学杂志．2019（10）：63－72.

[740] 蔡慧永．虚假网络流量法律问题刍议——兼论不正当竞争行为的评判标准．法学杂志．2019（10）：100－107.

[741] 何潇．独立担保之商事法理品格辨析——以担保法体系型构为视域．法学杂志．2019（09）：131－140.

[742] 于文轩．生物安全风险规制的正当性及其制度展开——以损害赔偿为视角．法学杂志．2019（09）：79－86.

[743] 李国海，彭诗程．制裁行政垄断受益经营者：动因、范式与规则．法学杂志．2019（08）：88－97.

[744] 刘友华．算法偏见及其规制路径研究．法学杂志．2019（06）：55－66.

[745] 孙峰．网售自制食品的法律规制研究．法学杂志．2019（04）：132－140.

[746] 黄晓亮．食品犯罪的行政法基础论析．法学杂志．2019（03）：51－59.

[747] 王红举．非法催收贷款行为的刑法规制．法学杂志．2019（03）：60－66.

[748] 颜苏．金融控股公司框架下数据共享的法律规制．法学杂志．2019（02）：61－70.

[749] 汪家元．我国夫妻约定财产制之适用困境与规制完善．法学杂志．2019（01）：90－97.

[750] 王霁霞．共享经济的法律规制逻辑——以网约车行政案件为切入点的分析．法学杂志．2019（01）：75－89.

[751] 曾田田，张静．国企并购重组股权制改革的法律规制研究．法制博览．2019（26）：254.

[752] 刘菊．设区的市亟待以地方立法促进文物保护和合理利用．法制博览．2019（19）：163－164.

[753] 肖婉琳．论长沙市古建筑保护地方立法的完善．法制博览．2019（18）：98－99.

[754] 武小欣．新环保法中公益诉讼制度的相关问题分析．法制博览．2019（12）：238.

[755] 汪亚萍．未成年人校园欺凌法律责任的思考．法制博览．2019（36）：200－201.

［756］樊永强．虚假民事诉讼的困境与规制．法制博览．2019（36）：98－99.

［757］陈桂华．德国、日本循环经济立法及对我国的启示．法制博览．2019（35）：90－92.

［758］徐进，张若琳．刍议钓鱼执法的行为界限——从美国刑法中的警察圈套论及．法制博览．2019（35）：161－162.

［759］袁星辰．人工智能应用于无人驾驶的法律规制分析和立法展望．法制博览．2019（34）：111－112.

［760］江虹，曾晓春．论非婚同居立法规制的域外借鉴．法制博览．2019（34）：195－196.

［761］林硕．全球视野下商业贿赂刑法规制问题再探讨．法制博览．2019（34）：175－176.

［762］边睿吉．雅安市共享民宿规制现状研究．法制博览．2019（34）：93－94.

［763］刘津平．浅谈恶意消费七天无理由退货的法律规制．法制博览．2019（34）：179－180.

［764］陆垚．浅析一人公司法人人格否认诉讼的法律规制．法制博览．2019（34）：199－200.

［765］李丹，毛博．"一带一路"倡议相关法律制度研究．法制博览．2019（33）：105－106.

［766］王紫阳．市场规制法的作用．法制博览．2019（33）：175－176.

［767］谢晖．我国网络社会失范行为的法律规制——以网络舆情为视角．法制博览．2019（31）：37－39.

［768］刘佳佳，毕知非，牟倩影，张月．现行法律制度对生育歧视问题的规制与不足——以北京市为例．法制博览．2019（31）：25－26.

［769］赵瑜华．网络不正当竞争行为法律规制初探．法制博览．2019（31）：32－34.

［770］李磊．共享经济下的法律良性规制．法制博览．2019（31）：183－184.

［771］丁雪萍，吴四江．套路贷犯罪及其规制措施．法制博览．2019（30）：216－217.

［772］徐占国．上市公司反收购研究．法制博览．2019（28）：124－125.

［773］殷宇潼．论我国网络言论自由．法制博览．2019（27）：248.

［774］王丽洁．对于营利性民间融资治理的思考．法制博览．2019（27）：27－29.

［775］周丽娜．浅析私募股权投资中对赌协议的法律规制．法制博览．2019（27）：216－217.

［776］姜程．浅析纵向价格垄断协议．法制博览．2019（27）：239.

［777］董文显．关于网约车规制的行政法理分析．法制博览．2019（27）：242.

［778］李衡．法治视域下自媒体平台信息传播的规制路径探析．法制博览．2019（27）：236.

［779］罗玲苑．不正当竞争行为解读兼评《反不正当竞争法》与其他部门法的衔接．法制博览．2019（26）：19－21.

［780］陈云翔．关于网约车法律规制的思考．法制博览．2019（26）：208－210.

［781］王璐．《电子商务法》对中国跨境电商的影响分析．法制博览．2019（26）：238－240.

［782］黄丽娜，杨晓玲，杨晓宁．法官逐级遴选制度语境下的程序规制．法制博览．2019（26）：5－8.

［783］刘雅鑫．行政问责制度的问题与路径研究．法制博览．2019（25）：102－104.

［784］陈雪强．我国农村地区高额彩礼的法律规制．法制博览．2019（25）：242－243.

［785］贾伟，李鹏飞．高额彩礼的司法规制路径．法制博览．2019（25）：14－16.

［786］孙敏华．论食品安全犯罪若干问题的解释适用．法制博览．2019（25）：249.

［787］骆璐．自动驾驶汽车涉交通犯罪的刑法规制与发展．法制博览．2019（25）：20－22.

［788］孔阳．浅谈网络谣言刑法治理的基本立场．法制博览．2019（25）：236－237.

［789］林昌．隐名投资现象的法律规制探究．法制博览．2019（25）：252.

［790］王子欣．网络购物平台刷单行为的法律规制．法制博览．2019（25）：233－234.

［791］鄢羽瞳．网约车信息不一致乱象规制研究．法制博览．2019（25）：91－92.

［792］石秦．浅谈网络经济不正当竞争行为及其法律适用．法制博览．2019（25）：218－219.

［793］张春梦．人工智能时代算法与法律规制．法制博览．2019（24）：243－245.

［794］刘泽仁．浅谈网络语言暴力的刑法规制及对策研究．法制博览．2019（24）：121－123.

［795］李凤梅．略论我国高校校园贷市场及其法律规制*——以互联网金融为背景．法制博览．2019（24）：61－62.

［796］聂汪林．互联网时代的言论自由之我见．法制博览．2019（23）：229－231.

［797］林创．网络暴力的法律规制研究．法制博览．2019（23）：78－80.

［798］乔骏超．人工智能时代的制度安排与法律规制．法制博览．2019（23）：207－209.

［799］郭季瑜．电子商务格式合同的规制研究．法制博览．2019（23）：269.

［800］黄爱．非法催收贷款行为的刑法规制．法制博览．2019（23）：263.

［801］平瑶，兰愚山，何家雨，刘子荷．保健食品宣传的法律规制．法制博览．2019（23）：35－36.

［802］朱哲．我国互联网金融监管的法律规制问题研究．法制博览．2019（23）：72－74.

［803］邱莹莹．网络直播法律规制研究．法制博览．2019（22）：271.

［804］赵凯，陈雨晴．网络版权行政保护新问题及其对策．法制博览．2019（22）：134－135.

［805］蒋漫．对家庭冷暴力的危害及法律规制的相关分析．法制博览．2019（22）：191－192.

［806］金波，赵京．浅析知假买假行为的法律规制．法制博览．2019（22）：235－237.

［807］陈海军．我国民间借贷法律问题研究文献综述．法制博览．2019（22）：264.

［808］钟祺．P2P网贷平台的刑事法律风险及规制．法制博览．2019（22）：132－133.

［809］黄玲玲．我国高利贷行为的刑法规制问题研究．法制博览．2019（22）：260.

［810］叶世武．论我国电子商务法对代购的规制．法制博览．2019（22）：182－185.

［811］周轩，刘明天．人肉搜索的法律规制研究．法制博览．2019（21）：225.

［812］段佳慧，胡君倩．法律视角下的企业数据逐利问题研究．法制博览．2019（21）：84－85.

［813］王佳辉．公益性众筹平台的法律风险及规制．法制博览．2019（20）：79.

［814］徐楠楠．论网络言论的刑法规制．法制博览．2019（20）：257.

［815］郭静．论网络环境下我国版权犯罪的刑法完善．法制博览．2019（20）：104－105.

［816］顾啸宇，徐琼微．认罪认罚从宽制度下的上诉权问题研究．法制博览．2019（20）：192－194.

［817］成沛燕，徐学伟，代指纤．我国网络直播立法的缺陷及完善．法制博览．2019（19）：18－20.

［818］王梓凡．社会责任规制下网络短视频平台的法律监管研究．法制博览．2019（19）：39.

［819］邱琳．从网络暴力现象看言论自由的法律规制．法制博览．2019（19）：236.

［820］赵志宇．大数据背景下，用户个人信息保护的法律构建．法制博览．2019（19）：262.

［821］马新蒙．网络犯罪的刑法应对新理念探析．法制博览．2019（19）：73－74.

［822］夏德磊．论网络刷单的法律规制．法制博览．2019（19）：99－100.

［823］魏子顺．我国股权众筹的法律规制分析．法制博览．2019（19）：152－154.

［824］蒋敏慧．网约车致人损害侵权责任问题研究．法制博览．2019（18）：108－109.

［825］谷玉珂．"一带一路"背景下铁路集装箱多式联运法律规制的困境——基于《合同法》、《海商法》的分析．法制博览．2019（18）：184－185.

［826］万泓．论互联网时代版权刑法保护的完善．法制博览．2019（18）：207－209.

［827］陈冬梅．网络犯罪的刑法规制浅析．法制博览．2019（18）：232.

［828］王慧，杨泽琛，熊玲，薛景．论互联网金融的刑法规制．法制博览．2019（18）：238.

［829］陈东．电子商务环境下不正当竞争的法律规制．法制博览．2019（18）：235.

［830］魏子顺．共享经济法律规制的进路与策略探析．法制博览．2019（18）：167－169.

［831］程楠．我国互联网保险监管法律问题研究．法制博览．2019（18）：180－182.

［832］孟庆荣．信息化背景下我国网络社会治理法律对策研究．法制博览．2019（17）：211.

［833］姚宇波．美国校园欺凌的法律规制及其挑战．法制博览．2019（17）：126－127.

［834］罗日明，刘岚涛，徐晓妍．我国网络短视频的法律规制研究．法制博览．2019（17）：1－5.

［835］章敏．我国网络谣言的法律规制评析．法制博览．2019（17）：189－190.

［836］齐佳胜．商标反向混淆侵权的法律规制研究．法制博览．2019（17）：21－23.

［837］吕莘梓．电子商务时代消费警示制度的规制与发展．法制博览．2019（17）：27－29.

［838］孙涛．网络购物纠纷的规制探究．法制博览．2019（17）：194－196.

［839］李伟．对“控制下交付”法律规制完善的浅见——以刑事诉讼法为背景．法制博览．2019（17）：98－99.

［840］余彦茜．P2P 网络借贷的刑事风险及对策．法制博览．2019（16）：203－204.

［841］娄梦．论互联网金融刑法规制的“两面性”．法制博览．2019（16）：187－189.

［842］王建松，马顺鑫，何加成．浅析大学生套路贷的防范与规制．法制博览．2019（16）：193－195.

［843］陈静，刘雅倩，翟一竹，许楠，马怡宁．民间借贷的刑法规制研究．法制博览．2019（16）：76－78.

［844］邴贵硕．浅谈自媒体广告的治理．法制博览．2019（16）：239.

［845］张亭．论经济法律关系中权义结构的特殊性．法制博览．2019（16）：270.

［846］赵冰．网约车经济法规范与公平竞争审查制度．法制博览．2019（16）：215.

［847］蒯嘉诚，曹京涛．论个人网络求助信息公示的法律规制．法制博览．2019（15）：35－36.

［848］曾茂辉．论电子商务虚假评价的现状及立法完善．法制博览．2019（15）：229.

［849］戴美霞．拒绝交易行为的认定及规制．法制博览．2019（15）：234.

［850］熊波．浅论网络海外代购的风险及其规制．法制博览．2019（15）：260.

［851］孙梦洋．论诉讼欺诈的定性分析．法制博览．2019（15）：67－68.

［852］魏新宇．浅论民事虚假诉讼的规制．法制博览．2019（15）：121－122.

［853］郑克韬，胡承武．环境执法中的“以罚代刑”现象及其规制策略分析．法制博览．2019（14）：259.

［854］郭俊杰，卢雄江．网络直播行政处罚问题透析．法制博览．2019（14）：62－63.

［855］巩肖肖．交易费用决定“不公平”的合同及其规制．法制博览．2019（14）：234.

［856］王婧蓉．App 格式条款环境下网络隐私权的保护研究．法制博览．2019（14）：137－138.

［857］严景．人工智能中的算法歧视与应对——以某公司人工智能简历筛选系统性别歧视为视角．法制博览．2019（14）：127－128.

［858］曹京涛，蒯嘉诚．立法论视角下中国网络慈善的法律规制．法制博览．2019（13）：66－67.

［859］王云燕．我国城市养犬管理法律规制研究．法制博览．2019（13）：193－195.

［860］谢月．论高级人工智能的有限法律人格．法制博览．2019（13）：16－18.

［861］刘顺献．浅谈格式合同免责条款的民商法规制．法制博览．2019（13）：280.

［862］李雅卓．基因权的私法证成及规制．法制博览．2019（13）：79.

［863］赵学丰．我国民间资本的宪法地位及其保护策略．法制博览．2019（12）：202－203.

［864］安稳．网络直播的法律规制．法制博览．2019（12）：220.

［865］奂童鹤．关于我国行政计划程序立法的思考．法制博览．2019（12）：89－90.

［866］汤苏琨．浅谈民商法的规制与企业商事的信用缺失．法制博览．2019（12）：240.
［867］吴双．论家庭暴力的法律规制．法制博览．2019（12）：241.
［868］刘雨菡，林泽，张芙蓉，马巧丽，徐亚．“网络直播”现象的问题及其刑法规制．法制博览．2019（12）：48－49.
［869］丁人杰，徐园园．中国预付式消费相关法律规制问题探究．法制博览．2019（12）：208.
［870］张春燕．论我国P2P网贷平台的异化及规制．法制博览．2019（12）：177－178.
［871］郭田田．虚假网络公益众筹的刑法规制．法制博览．2019（11）：20－21.
［872］李雪莹．网络直播违法现象法律预防与规制．法制博览．2019（11）：231.
［873］李正，陈艺璇，赵嘉怡，朱铭遥．论网络直播侵权行为的规制——以传播权整合扩张为思路．法制博览．2019（11）：90－91.
［874］张昊．浅析我国网约车的相关法律问题．法制博览．2019（11）：173－174.
［875］邓宇婷．P2P网络借贷的经济法监管与规制研究——以校园贷乱象为视角．法制博览．2019（11）：22－23.
［876］丁人杰．浅析民间借贷的激励性法律规制．法制博览．2019（11）：209.
［877］刘家源．网约车的法律困境及突破．法制博览．2019（11）：226.
［878］李漫．互联网竞争中非公益必要不干扰原则的适用——兼评新《反不正当竞争法》“互联网专条”．法制博览．2019（10）：156－158.
［879］朱博，杨佳琪，钟圣麒．网络环境下诋毁商誉行为的法律规制初探．法制博览．2019（10）：205.
［880］张昊．网络不正当竞争行为现状及法律规制．法制博览．2019（10）：55－56.
［881］吴卓玲．浅议《电子商务法》实施所带来的影响．法制博览．2019（10）：249.
［882］李鹏．论我国技术侦查措施的法律规制．法制博览．2019（10）：186.
［883］罗卓然．欧盟倡导下的投资法院体系的可行性研究．法制博览．2019（10）：81－82.
［884］谭惠芳．论反垄断与保护知识产权规制研究．法制博览．2019（09）：199.
［885］肖俊杰．探讨第三方支付风险的金融法规制．法制博览．2019（09）：173－175.
［886］王广涛，张欣瑞．共享单车经济商业模式有序运转的法律保障研究．法制博览．2019（09）：50－51.
［887］伍琴琴，代艳丽．浅析我国招投标法中的问题与完善对策．法制博览．2019（09）：242.
［888］王宏钰．虚假诉讼的识别与规制问题研究．法制博览．2019（09）：45－46.
［889］乔雪吟．人工智能时代的制度安排与法律规制．法制博览．2019（08）：251.
［890］徐泽明．网络犯罪的特征与刑法规制研究．法制博览．2019（08）：114－115.
［891］杨翼飞．标准必要专利的许可费问题及反垄断规制．法制博览．2019（08）：21－23.
［892］管心竹．守文持正：经济法对于互联网竞争秩序的规制．法制博览．2019（08）：217.
［893］宋贻强．延迟退休语境下老年就业歧视的法律规制．法制博览．2019（07）：33－36.
［894］孟君．我国校园欺凌法律规制体系的建构．法制博览．2019（07）：181－182.
［895］王萌．代孕合同法律问题研究．法制博览．2019（07）：263.
［896］胡银滟．法理学视野下完善大学生网贷市场的法律规制探讨．法制博览．2019（07）：232.
［897］蒲小雨，游甜，邹小芳．浅析我国女性就业的反歧视法律规制．法制博览．2019（06）：238.
［898］池贝贝，吉安娜，王春蕊，杨双溧．城市环境治理视角下流动摊位的规制研究——以某

某大学周边环境为例．法制博览．2019（06）：23－24.

［899］房明燕．论土地征收中农村外嫁女资格认定问题．法制博览．2019（06）：204.

［900］吴红军．浅谈民商法的规制与企业商事信用的缺失．法制博览．2019（06）：253.

［901］任迎迎．对人工智能时代的新思考．法制博览．2019（06）：260.

［902］高华，罗伊茹．家庭中未成年人隐私权保护研究．法制博览．2019（06）：35－36.

［903］刘蓓．大数据时代下的隐私．法制博览．2019（06）：71－72.

［904］李树楠．论“洗稿”行为的定性及法律规制．法制博览．2019（06）：73－74.

［905］谭骁．P2P网络借贷的刑法规制问题分析．法制博览．2019（06）：140.

［906］巫春燕．构建醉驾案附条件不起诉制度之探讨．法制博览．2019（06）：142.

［907］王珮珊．经济法中权力主体的经济法律责任探析．法制博览．2019（06）：165－166.

［908］李俐莹，韩艳杰．网络刷单行为法律问题研究．法制博览．2019（06）：194.

［909］于明月．论网络空间主权的正当性．法制博览．2019（05）：96－98.

［910］吴过．论网络游戏的法律规制．法制博览．2019（05）：248.

［911］展志勇．中美贸易战背景下对中国房地产金融法律的研究——中国房地产业该何去何从．法制博览．2019（05）：227.

［912］陈美竹．虚假民事诉讼及其法律规制．法制博览．2019（05）：242.

［913］郑磊．收受礼金刑法规制浅议．法制博览．2019（04）：18－20.

［914］林强．对移动互联网犯罪刑法规制的分析．法制博览．2019（04）：245.

［915］刘意．淘宝网上刷单行为所涉法律问题与法律规制．法制博览．2019（04）：260.

［916］韩艳杰，李俐莹．网络刷单行为法律问题探析．法制博览．2019（04）：236.

［917］杨茜茜．电子证据运用的困境与对策．法制博览．2019（04）：209－210.

［918］曹力．规制虚假民事诉讼的路径．法制博览．2019（04）：1－4.

［919］孙佳新．论我国校园霸凌的现状及法律对策．法制博览．2019（03）：183－184.

［920］朱琲．浅论网络诽谤罪的定罪处罚标准．法制博览．2019（03）：122－123.

［921］王梦蕾，王宏平，袁墨兮禾，格桑拉姆．“互联网＋”时代下法制新闻舆论引导机制研究．法制博览．2019（03）：258.

［922］任婉晴，张耕铭．浅析校园暴力问题及其法律规制．法制博览．2019（02）：140－141.

［923］林苗，应佳梦，韩小梅．非法资金盘的防范问题．法制博览．2019（02）：90－91.

［924］刘桂良．论互联网金融刑法规制的“两面性”．法制博览．2019（02）：249.

［925］冯烨，武瑕．网络平台搭售行为法律规制研究．法制博览．2019（02）：24－26.

［926］高家坤，黄楚丞，田竞，王蓝天．网购刷单行为的竞争法规制实证研究．法制博览．2019（02）：47－49.

［927］李静．对当前校园霸凌法律规制的分析、探讨．法制博览．2019（01）：207.

［928］沙福花，赵华，曹彦平，李雪亮，陈盼盼．虐童行为的法律规制研究．法制博览．2019（01）：55.

［929］周洁，黄瑛，孙婕．网络金融犯罪变迁与刑法规制转向探究．法制博览．2019（01）：262.

［930］黄琛希．京津冀经济合作之立法保障研究．法制博览．2019（01）：20－22.

［931］杨丰合．论《反不正当竞争法》中对不正当有奖销售行为的法律规制．法制博览．2019（01）：92－93.

［932］孙炜．浅谈网上银行的风险及其法律规制．法制博览．2019（01）：118－119.

［933］王靓雯，朱颖．对互联网背景下的“微商”与“传销”现象的法律探讨．法制博览．2019（01）：248.

［934］余晨曦，沈羽．独家音乐版权现状的竞争法分析．法制博览．2019（14）：50－51.

［935］魏溢男．搭售中单一垄断利润理论的反垄断法学研究．法制博览．2019（27）：123－125.

［936］陈韬．企业并购防御机制的决策权法律研究．法制博览．2019（06）：208.

［937］杜亭亭．知识产权价值评估在企业并购中的法律界定．法制博览．2019（24）：250－251.

［938］赵敏．基于公司并购的法律风险防范措施研究．法制博览．2019（25）：79－80.

［939］张讷．中国企业赴德并购的机遇与风险．法制博览．2019（25）：17－19.

［940］贾欣．公司并购的法律风险防范措施研究．法制博览．2019（33）：123－124.

［941］霍冠禹．浅析我国专利代理机构的法律监管．法制博览．2019（30）：65－66.

［942］高榕．共享经济下网约车监管问题研究．法制博览．2019（27）：133－134.

［943］谭振宁．证券行业反洗钱监管研究．法制博览．2019（25）：77－78.

［944］王新磊．经济法视角下共享单车法律监管．法制博览．2019（25）：169－171.

［945］杨沛馨．论大数据时代下，平台对个人信息的监管必要性．法制博览．2019（23）：121－122.

［946］翁石强．我国商品房预售资金监管制度问题及对策．法制博览．2019（18）：199－200.

［947］张颖．新时代下对共享单车的监管．法制博览．2019（17）：188－190.

［948］王成．浅议新型烟草制品市场监管问题及对策．法制博览．2019（11）：167－168.

［949］李博文．PPP模式下养老服务业政府监管法律问题研究．法制博览．2019（11）：64.

［950］杜萌萌．网约顺风车运营监管问题研究．法制博览．2019（11）：212.

［951］黄力．论我国第三方支付的法律监管．法制博览．2019（09）：185－187.

［952］黄保华．共享单车押金监管法律问题研究．法制博览．2019（09）：198.

［953］陈鉴杰．网络银行监管法律制度分析与研究．法制博览．2019（09）：207.

［954］安勇华．农产品质量安全监管法律体系建设之探讨．法制博览．2019（06）：93－94.

［955］赵娜．银行卡清算市场监管制度研究．法制博览．2019（06）：267.

［956］黎博思．我国网络监管的意义与立法．法制博览．2019（03）：74－76.

［957］田瑞镝．浅析我国影子银行体系风险及法律监管．法制博览．2019（01）：175－176.

［958］朱向阳．互联网行业市场支配地位的分析．法制博览．2019（06）：111－112.

［959］王华伟，寇辉，刘顺明．网络造谣行为的法律规制研究．法制与经济．2019（12）：107－108.

［960］刘媛．共享单车行政规制的现状及反思．法制与经济．2019（12）：29－30.

［961］张潇．网约车法律规制问题的思考．法制与经济．2019（12）：78－79.

［962］王焱．汽车抵押模式“套路贷”的司法规制路径研究——基于214例刑事案件的实证研究．法制与经济．2019（11）：8－11.

［963］石垠涛．企业转让定价涉税风险的法律规制研究．法制与经济．2019（11）：82－85.

［964］程桦．网络暴力的治理困境及法律对策．法制与经济．2019（10）：132－133.

［965］张春蕾．对监察委员会侦查权的法律规制的探讨．法制与经济．2019（10）：41－42.

［966］关雨桐．论网络直播规制的行政法保护．法制与经济．2019（10）：58－59.

［967］周雍，陈奎良．论互联网征信中被征信人的隐私权保护．法制与经济．2019（10）：67－69.

［968］刘美辰．论电子商务平台搜索展示规则的制定权——以《电子商务法》第十七条为视角．法制与经济．2019（10）：85－86.

［969］罗邦民．论同股不同权的法律规制——以科创板表决权差异机制为视角．法制与经济．

2019（10）：72－73.

［970］马心怡．甘肃省循环经济 PPP 模式的法律规制．法制与经济．2019（10）：106－108.

［971］韩婧媛．国际法视域下的网络安全立法研究．法制与经济．2019（09）：142－143.

［972］李洪海．知识产权滥用及其法律的规制．法制与经济．2019（08）：31－32.

［973］李忠亮，贾清．微信交易的法律规制研究．法制与经济．2019（08）：5－7.

［974］杨鸣雨．数据交易安全法律问题研究．法制与经济．2019（07）：65－67.

［975］王茜．浅析共享经济时代劳动关系的认定与规制——以劳动关系和社会保障为视角．法制与经济．2019（06）：68－69.

［976］游斯媛．民商法规制视角下的企业商事信用缺失分析．法制与经济．2019（06）：87－88.

［977］时瑞，徐冉．人工智能时代智能机器人刑事责任的追究与刑罚探析．法制与经济．2019（05）：109－110.

［978］司颖锜．我国上市公司股东代表诉讼法律规制研究．法制与经济．2019（05）：36－38.

［979］闫晗．P2P 监管规制中构建信用修复机制的设想．法制与经济．2019（05）：100－102.

［980］陈继峰．论民商法对企业商事信用缺失的规制．法制与经济．2019（04）：61－62.

［981］孙骄阳．民间借贷第三方债务催收法律规制的现实考量．法制与经济．2019（04）：65－66.

［982］李云．论暴力催收行为的源头治理．法制与经济．2019（03）：131－132.

［983］李文博．无人驾驶汽车的刑法规制探究．法制与经济．2019（03）：10－14.

［984］黄炎娇．恶意注册商标行为的司法判例研究——基于规制恶意注册商标典型案例．法制与经济．2019（02）：5－9.

［985］王芳．论规避执行行为及应对措施——基于一起特殊的房地产在建工程执行案件视阈分析．法制与经济．2019（02）：20－21.

［986］赵先祥．基于资本认缴制的有限责任公司股东表决权的规制探析．法制与经济．2019（02）：81－83.

［987］龙长飞．“互联网＋”背景下新型用工关系的定性和规制．法制与经济．2019（02）：46－49.

［988］李建桥．国际贸易中电子合同欺诈问题研究．法制与经济．2019（01）：84－86.

［989］王炜．探析虐童问题的刑法规制．法制与经济．2019（01）：121－122.

［990］刘帅君．第三方支付法律规制问题研究．法制与经济．2019（01）：79－81.

［991］谢润康．网络约车的法律规制问题研究．法制与经济．2019（01）：99－100.

［992］刘柳．浅析准入前国民待遇原则对我国外资准入法律规制的影响．法制与经济．2019（01）：152－153.

［993］赵敏．基于上市公司跨国跨境并购的若干法律问题研究．法制与经济．2019（08）：96－97.

［994］邓德宏．证券市场监管问题研究．法制与经济．2019（11）：92－93.

［995］朱筱婧．环境监管失职罪法律适用探析．法制与经济．2019（05）：123－124.

［996］王坷坷．我国 P2P 网络借贷平台监管法律问题研究．法制与经济．2019（05）：103－104.

［997］张照．监管背景下商业银行合规经营的路径探索．法制与经济．2019（05）：96－97.

［998］姜希驹，王双权．多方协同下的网约车监管路径优化探析——以“滴滴出行”为例．法制与经济．2019（04）：58－60.

［999］王晓军．金融控股公司的监督立法建议．法制与经济．2019（01）：106－107.

［1000］孙海燕，唐科，任亭亭，周秀华，徐忠．论反垄断法中相关产品市场的界定．法制与

经济.2019（06）：108－110.

［1001］李曼，常明阳.论互联网平台相关市场界定——以奇虎腾讯垄断案判决为研究内容.法制与经济.2019（01）：112－113.

［1002］刘凌宇.论滥用市场支配地位的分析框架.法制与社会.2019（15）：54－57.

［1003］马思源.解构与重构：我国民营经济发展的法治困境及其破解.法制与社会.2019（35）：62－63.

［1004］李金蔚.从劳动经济学角度对新兴热点城市“人才争夺战”的分析.法制与社会.2019（21）：137－138.

［1005］周章明，刘小宏.新时期我国民事执行制度的完善探究.法制与社会.2019（15）：22－23.

［1006］崔明巍，李飞.网络直播的规范化博弈：市场与法治.法制与社会.2019（36）：72－73.

［1007］李青.民用无人机的监管与公民隐私的法律保护分析.法制与社会.2019（36）：42－43.

［1008］黎汉岩.经济法中权力主体的经济法律责任.法制与社会.2019（35）：7－13.

［1009］曾芳钰.数字货币规制体系的中国路径.法制与社会.2019（35）：60－61.

［1010］闫春多.我国未成年人校园欺凌的法律规制.法制与社会.2019（34）：34－35.

［1011］叶淦荣.校园欺凌现象的法律分析.法制与社会.2019（34）：36－37.

［1012］冯明伟.医患关系的民法规制研究.法制与社会.2019（34）：218－219.

［1013］贾东明.数字音乐独家版权反垄断规制的路径探析.法制与社会.2019（34）：32－33.

［1014］赖淑瑾.商业秘密视角下的客户信息保护研究.法制与社会.2019（34）：64－67.

［1015］董婷.网络直播视阈下高校思想政治教育工作探析.法制与社会.2019（34）：186－194.

［1016］钟洁伟.民法典编纂背景下我国夫妻忠实义务的完善.法制与社会.2019（33）：210－212.

［1017］姚杏.制作出售外挂软件的刑法规制研究.法制与社会.2019（33）：49－51.

［1018］任亚萍.构建贫困农村邪教预警机制的路径探析.法制与社会.2019（32）：137－138.

［1019］王红彬.浅析公安机关懈怠侦查应对之策.法制与社会.2019（32）：169－170.

［1020］张露露.医改中行政指导程序的规制分析.法制与社会.2019（32）：35－36.

［1021］朱沁宇.论网约车法律规制现状和演进方向.法制与社会.2019（32）：216－217.

［1022］朱恒，文明.大学生参与手机网络游戏存在的社会问题及其规制.法制与社会.2019（31）：145－146.

［1023］戴雅倩.老年人广场舞失范行为的法律规制.法制与社会.2019（31）：139－140.

［1024］黄婧怡.植入式广告法律问题研究——以综艺为对象.法制与社会.2019（31）：59－60.

［1025］高戟，焦志伟.重大行政决策程序法律规制实践问题及对策研究.法制与社会.2019（31）：117－118.

［1026］寸德宏，李海霞.大数据背景下微信用户网络隐私权的保护.法制与社会.2019（31）：13－14.

［1027］郭莎莎.聚众犯罪的情境性特征及刑法规制分析.法制与社会.2019（31）：217－218.

［1028］王小曼，董思毓.浅析白领犯罪的原因及对策.法制与社会.2019（31）：219－220.

［1029］李洪莲，郭子瑜.规制动画电影的必要性及可行性分析与规制.法制与社会.2019（31）：53－54.

［1030］樊瑷铱，郭爽.论电视剧植入式广告的法律规制.法制与社会.2019（31）：55－56.

［1031］潘瑞.从经济法角度论刷单行为法律规制之完善.法制与社会.2019（31）：77－78.

［1032］谭和平，卢敬文.校园贷的法律规制.法制与社会.2019（31）：83－84.

[1033] 胡骏华，赵芳．论我国刑事被害人的权利保障与规制．法制与社会．2019 (31)：100－102.

[1034] 冯又鹤，肖瑜，郑海．律师政治性辩护之规制．法制与社会．2019 (31)：106－108.

[1035] 赵俊娟．篮球暴力行为刑法规制浅析．法制与社会．2019 (30)：42－43.

[1036] 吴若蘅．论慈善捐赠人权利的法律规制完善．法制与社会．2019 (29)：38－39.

[1037] 潘笛．民间文艺版权保护的法律规制问题研究．法制与社会．2019 (29)：204－206.

[1038] 刘玉婵．司法实践中 DNA 证据的运用与规制．法制与社会．2019 (29)：217－218.

[1039] 徐宏泉．论第三方支付平台的法律规制．法制与社会．2019 (28)：62－63.

[1040] 栗阳．快递包装绿色化法律问题研究．法制与社会．2019 (27)：47－48.

[1041] 姜志明．基于行政法秩序分析行政批示行为．法制与社会．2019 (27)：128－129.

[1042] 刘鸿楠．网络交易安全与民商法保护的相关性窥探．法制与社会．2019 (27)：11－12.

[1043] 张艳芳，荀红红．浅议我国页岩气开发中水资源的法律保护．法制与社会．2019 (26)：143－144.

[1044] 李庆锋．大数据时代个人数据信息采集的法律规制模式探析．法制与社会．2019 (25)：124－125.

[1045] 张美玲．金融综改视角下互联网金融的法律规制与设想．法制与社会．2019 (25)：64－65.

[1046] 郝金月．金融市场开放背景下我国金融安全法律规制研究．法制与社会．2019 (25)：66－67.

[1047] 刘瑶，吴世瑶．对我国非婚同居法律规制的构想．法制与社会．2019 (24)：32－34.

[1048] 李文成．奥菲系统论解析对中国的启示．法制与社会．2019 (23)：246－247.

[1049] 王慧斌，赵雪冰．大数据交易中法律问题的规制．法制与社会．2019 (23)：7－9.

[1050] 孙菊飞．浅析网络诽谤的刑法规制．法制与社会．2019 (23)：49－50.

[1051] 周潞．网络谣言刑法治理的基本立场探究．法制与社会．2019 (23)：55－56.

[1052] 张雅露．器官移植之法理思考——基于我国法律规制的“本土化”研究．法制与社会．2019 (22)：217－218.

[1053] 汪琰婷．互联网金融理财风险的法律规制．法制与社会．2019 (22)：61－62.

[1054] 王泽华，徐向，潘韵竹．共有产权房产权转让的法律规制研究．法制与社会．2019 (21)：35－36.

[1055] 徐颖．同人作品人物形象借用的法律规制．法制与社会．2019 (21)：37－38.

[1056] 王淑瑶．反垄断法与电子商务法相关问题研究．法制与社会．2019 (21)：9－10.

[1057] 郭磊．瑕疵股权出资的法律责任及解决策略．法制与社会．2019 (21)：66－67.

[1058] 周秋岚．网络言论自由的法律边界及其规制——以“德阳安医生”事件为例．法制与社会．2019 (20)：46－47.

[1059] 赵小婉．“中度抽象水准”的实现——对《药品行政法专论》的解读．法制与社会．2019 (20)：216－217.

[1060] 杨慧雯．规制校园暴力的法律问题分析．法制与社会．2019 (20)：55－56.

[1061] 吴玥．共享单车营运的法律风险及其规制．法制与社会．2019 (20)：129－130.

[1062] 刘玖一．我国秘密侦查制度的法治化道路研究．法制与社会．2019 (19)：27－28.

[1063] 周朝魁，曹尧．论商品房买卖合同中“霸王条款”的规制．法制与社会．2019 (19)：52－54.

[1064] 郭奕．浅议碰瓷现象的原因与对策．法制与社会．2019 (19)：137－139.

[1065] 王钟仪．人工智能时代面临的刑事风险及其应对．法制与社会．2019 (19)：6－8.

［1066］马思源．伴侣动物受遗赠权的伦理基础与法律规制．法制与社会．2019（18）：221－222.

［1067］李春晖．浅析出租车行业的垄断现象．法制与社会．2019（18）：70－71.

［1068］黄钰鹏．论“专利流氓”的法律规制——以李某松案为例．法制与社会．2019（17）：45－46.

［1069］丁彦飞．担保市场法律规制模式研究．法制与社会．2019（17）：73－74.

［1070］李国平．论行政行为形式选择自由．法制与社会．2019（16）：212－213.

［1071］金晓洁．生育权问题研究——女性在婚姻中的生育权保障问题．法制与社会．2019（16）：218－219.

［1072］任鑫淼．论童模行业发展的法律规制．法制与社会．2019（15）：131－132.

［1073］李润琪．关于违规股份增持行为法律规制的探讨．法制与社会．2019（15）：60－61.

［1074］黄才宏．关于担保性委托公证的风险防控探析．法制与社会．2019（15）：96－97.

［1075］王圆圆．警察武器使用法律规制思考．法制与社会．2019（14）：100－101.

［1076］潘睿．完善校园虐待儿童案件法律规制的研究．法制与社会．2019（14）：33－34.

［1077］邹竞颖．互联网股权众筹平台民事责任研究——以信息披露瑕疵为中心的展开．法制与社会．2019（14）：62－67.

［1078］尚静．对于“见危不救”行为立法规制的法理分析．法制与社会．2019（13）：224－225.

［1079］温远，周雅文，胡昕妍．新形势下网络募捐平台的法律规制．法制与社会．2019（13）：41－43.

［1080］刘坤．人工智能时代的刑事风险．法制与社会．2019（13）：214－215.

［1081］吴倩倩．上市公司主动退市法律规制研究．法制与社会．2019（13）：72－73.

［1082］徐千童．学术不端对公民受教育权的负作用探究——基于“翟天临事件”的探讨．法制与社会．2019（12）：144－145.

［1083］王媛媛．欧洲人类胚胎干细胞技术专利适格性研究及启示．法制与社会．2019（12）：207－208.

［1084］张筱萌．浅议新闻舆论监督与司法公正的冲突及协调发展建议．法制与社会．2019（12）：92－93.

［1085］潘亚楠．网络时代隐私权保护问题研究．法制与社会．2019（11）：41－42.

［1086］杨蕊宁．浅谈我国民事虚假诉讼的规制与防范．法制与社会．2019（11）：103－104.

［1087］李雪梅．微信刷票的法律规制．法制与社会．2019（10）：68－69.

［1088］秦辉．刑事规制视域下我国职务犯罪治理体系的构建．法制与社会．2019（10）：36－37.

［1089］周欣．浅析《电子商务法》施行后的若干法律问题．法制与社会．2019（10）：80－84.

［1090］武佳姗，叶浩蓉．规范互联网租赁自行车的法律规制研究——基于“乱停乱放”视角．法制与社会．2019（09）：66－68.

［1091］蒋慧婷．论网络言论自由的政府规制．法制与社会．2019（09）：131－132.

［1092］何平．外卖食品的安全监管规制．法制与社会．2019（08）：166－167.

［1093］彭芃．中学生的网络欺凌及以法律规制为中心的惩治建议．法制与社会．2019（08）：209－211.

［1094］丁忆柔．试论虚假民事诉讼的规制——以民间借贷为视角．法制与社会．2019（08）：87－88.

［1095］李锦明．我国宪法宣誓制度的现状及立法规制．法制与社会．2019（07）：18－19.

［1096］胡天琦，刘雪营．“抢票软件”法律规制研究．法制与社会．2019（07）：38－39.

［1097］孙文婷．涉数据网络犯罪中对网络平台的刑事规制及反思．法制与社会．2019（07）：40－42.

［1098］纪智媛．“套路贷”的新型套路及法律规制．法制与社会．2019（07）：54－55.

［1099］于耀程．浅析网络环境下无卡方式信用卡诈骗的刑法规制．法制与社会．2019（06）：80－82.

［1100］王琳欢，陈宣霖．浅谈大学生创业网络信贷风险规制法律问题．法制与社会．2019（06）：83－84.

［1101］陈希，张竞丹．浅析外空环境开发利用的法律问题．法制与社会．2019（06）：211－212.

［1102］李忠宽．和谐语境下建筑企业社会责任的法律规制．法制与社会．2019（05）：243－244.

［1103］王静波．高校网络暴力问题规制研究．法制与社会．2019（05）：147－148.

［1104］谭嘉琪．校园网贷的法律规制问题．法制与社会．2019（05）：83－84.

［1105］王嘉文．完善饮酒驾车管理体系问题探究．法制与社会．2019（04）：54－57.

［1106］叶紫樱．新时期校园欺凌现状及法律规制路径探析．法制与社会．2019（04）：155－157.

［1107］肖志强．探析网络犯罪与刑法理论的冲突和思考．法制与社会．2019（04）：243－244.

［1108］邓博遥．我国代孕行为法律规制研究．法制与社会．2019（03）：43－44.

［1109］庞翊君．行政批示的法律规制问题研究．法制与社会．2019（03）：120－122.

［1110］郑惠心．网络视频直播的版权纠纷及规制．法制与社会．2019（03）：50－51.

［1111］梁爽．论行政执法裁量的行政规制．法制与社会．2019（02）：15－17.

［1112］李妍，孔维旭，长晓东．共享单车监管中存在的问题及法律规制——以兰州地区为例．法制与社会．2019（02）：139－140.

［1113］王菲．大数据时代的经济法理念变革与规制创新．法制与社会．2019（02）：13－14.

［1114］王丹屏．“互联网＋”视野下对网络主播的法律规制研究．法制与社会．2019（01）：54－55.

［1115］程晨．互联网时代网络隐私权的刑法保护．法制与社会．2019（01）：243－244.

［1116］岳泉松．共享单车法律问题探讨．法制与社会．2019（01）：62－63.

［1117］何丹，李炳录．市场混淆行为的认定与规制——试论新修订《反不正当竞争法》的法律适用．法制与社会．2019（01）：68－73.

［1118］章昉炅．民事滥诉规制机制研究——以过滤与惩戒为视角．法制与社会．2019（01）：98－99.

［1119］胡君倩，段佳慧．杀熟与数据场景下消费者权利保护问题研究．法制与社会．2019（17）：55－56.

［1120］刘海涛．关于外资并购对我国的影响分析及法律对策探讨．法制与社会．2019（03）：68－69.

［1121］余保才．P2P 网络贷款监管的不足与完善．法制与社会．2019（36）：66－67.

［1122］刘婷．关于电信诈骗中的若干难点问题分析．法制与社会．2019（33）：85－86.

［1123］王苏芳．校园网络欺凌中的侵权责任探究．法制与社会．2019（29）：46－47.

［1124］蔡辰琳．电商化趋势对网约车平台监管的挑战与应对．法制与社会．2019（27）：87－88.

［1125］佀玉杰．对数字货币的法律问题的探讨．法制与社会．2019（21）：207－217.

［1126］费凡．民间借贷融资平台监管．法制与社会．2019（15）：62－63.

［1127］林鹏飞．论 P2P 网络借贷的法律风险与对策．法制与社会．2019（15）：64－65.

[1128] 刘练军，张玲．我国疫苗行业的监管问题及其完善机制．法制与社会.2019（13）：118－119.

[1129] 周燕，臧峰羽．我国网约车监管现状与法律应对．法制与社会.2019（13）：39－40.

[1130] 余同．两起“校园贷”案件的启示．法制与社会.2019（03）：149－150.

[1131] 伍娅程．金融消费者权益保护的立法完善．法制与社会.2019（02）：247－248.

[1132] 周丽．粤桂合作特别试验区循环经济联动执法监管机制构建研究．法制与社会.2019（01）：132－134.

[1133] 白金帆．浅析互联网相关市场的界定——以腾讯奇虎案为视角．法制与社会.2019（14）：70－72.

[1134] 刘晓恒．反垄断法中滥用市场支配行为的分析．法制与社会.2019（08）：69－70.

[1135] 周辉．算法权力及其规制．法制与社会发展.2019（06）：113－126.

[1136] 张吉豫．智能社会法律的算法实施及其规制的法理基础——以著作权领域在线内容分享平台的自动侵权检测为例．法制与社会发展.2019（06）：81－98.

[1137] 郑玉双．生命科技与人类命运：基因编辑的法理反思．法制与社会发展.2019（04）：185－201.

[1138] 卢超．社会性规制中约谈工具的双重角色．法制与社会发展.2019（01）：144－161.

[1139] 徐伟功，曹潇潇．损害赔偿救济适用于排他性管辖协议的可能与困局：以法律基础为核心的分析．法治社会.2019（06）：67－77.

[1140] 张永忠，沈玩辉．我国不正当竞争行为的规制路径及其优化．法治社会.2019（05）：12－20.

[1141] 段礼乐，高建成．规制视野下食品安全公益诉讼的主体资格扩张．法治社会.2019（04）：92－101.

[1142] 裴仕彬．新加坡检察裁量权之法律规制及其启示．法治社会.2019（02）：116－126.

[1143] 魏昌东，尤广宇．“旋转门型”利益冲突罪：美国经验、立法根据与借鉴路径．法治社会.2019（01）：34－45.

[1144] 秦芳菊，石少侠．微商主体的类型化与主体行为的二元化——兼论对微商主体与行为的法律规制．法治现代化研究.2019（05）：13－27.

[1145] 范良聪．从经济规制到经济治理——经济法功能定位转变的可能进路．法治现代化研究.2019（04）：158－171.

[1146] 黄学贤，李凌云．行政措施的性质界定及其法律规制．法治现代化研究.2019（03）：21－34.

[1147] 姜瀛．从“网络寻衅滋事罪”到“编造、故意传播虚假信息罪”——适用关系、优化路径与规制场域．法治现代化研究.2019（02）：119－129.

[1148] 许迎春．论美国管制性征收制度及其对我国的启示．法治研究.2019（04）：138－150.

[1149] 孙建丽．算法自动化决策风险的法律规制研究．法治研究.2019（04）：108－117.

[1150] 徐颖．泛分享经济及其法律规制原则．法治研究.2019（04）：151－160.

[1151] 余佳楠．公司资本不足下的股东贷款及其规制——风险激励的视角．法治研究.2019（02）：132－141.

[1152] 秦飞．应用与规制：人工智能在澳大利亚警务应用中的观察与启示．犯罪研究.2019（06）：105－110.

[1153] 海外并购＋精准营销　聚力品牌内生发展．纺织科学研究.2019（06）：62－65.

[1154] 谢非．人工智能时代下预防性刑法观之倡导．佛山科学技术学院学报（社会科学版）.2019（04）：14－20.

[1155] 伍海挺. 简析滥用市场支配地位. 福建茶叶. 2019 (04): 153 – 154.

[1156] 许恋天. 论互联网金融治理之二元共治模式. 福建行政学院学报. 2019 (01): 109 – 120.

[1157] 纪玉俊, 邵泓增. 我国工业集聚与环境质量的互动关系——基于 280 个地级市面板数据的分析. 福建江夏学院学报. 2019 (02): 11 – 20.

[1158] 李若晗. 论智能投顾的投资者保护——以算法语境下营运者义务的更新为视角. 福建金融. 2019 (11): 48 – 55.

[1159] 栾春旭. 金融衍生品市场操纵行为的识别与规制——以国内证券市场首个 ETF 操纵交易案为例. 福建金融. 2019 (11): 64 – 69.

[1160] 侯卉程. 互联网金融隐私权语境下用户画像使用的法律规制. 福建金融. 2019 (07): 72 – 78.

[1161] 吴一波, 刘晓宇. 论私募债券欺诈发行行为的刑事规制——以国内首例私募债券欺诈发行案为例. 福建金融. 2019 (02): 66 – 71.

[1162] 陈希颖. 台湾地区金融控股公司监管及统计框架启示. 福建金融. 2019 (06): 45 – 50.

[1163] 刘东. 基于实物期权模型的企业并购定价博弈研究. 福建金融管理干部学院学报. 2019 (03): 20 – 28.

[1164] 许新承. 互联网背景下《反不正当竞争法》适用的困境及其对策. 福建警察学院学报. 2019 (04): 77 – 85.

[1165] 杨明松, 郑辉. 民间标会的异化演变及政府规制路径思考——以“宁德会案”为例. 福建警察学院学报. 2019 (02): 82 – 89.

[1166] 李璐佳. 苏宁商业模式转型的财务风险与启示. 福建论坛 (人文社会科学版). 2019 (04): 48 – 56.

[1167] 邹卫星, 陈雪峰, 刘砚砚. 为什么产能难以规制? ——兼论新中国成立以来的产能调控效应. 福建论坛 (人文社会科学版). 2019 (07): 31 – 40.

[1168] 李军, 柳建闽. 刑事司法解释中兜底条款的适用. 福建农林大学学报 (哲学社会科学版). 2019 (03): 90 – 102.

[1169] 吴妍. 发改委、教育部联合推动建设产教融合型企业. 福建轻纺. 2019 (06): 3.

[1170] 综合. 林书豪代言、跨国并购, 特步多品牌战略全面铺开. 福建轻纺. 2019 (09): 29 – 30.

[1171] 综合. 千亿巨头紫金矿业 80 亿元增发, 海外并购新项目. 福建轻纺. 2019 (12): 6.

[1172] 林珊, 张莉. 论冷冻胚胎的法律地位及其法律规制. 福建师大福清分校学报. 2019 (01): 24 – 30.

[1173] 姜野, 李拥军. 破解算法黑箱: 算法解释权的功能证成与适用路径——以社会信用体系建设为场景. 福建师范大学学报 (哲学社会科学版). 2019 (04): 84 – 92.

[1174] 孟凡壮. 全球视野下克隆人技术的法律规制. 福建师范大学学报 (哲学社会科学版). 2019 (04): 93 – 102.

[1175] 朱体正. 仿人机器人的法律风险及其规制——兼评《民法典人格权编 (草案二次审议稿)》第 799 条第一款. 福建师范大学学报 (哲学社会科学版). 2019 (04): 117 – 128.

[1176] 赵宣凯, 何宇, 朱欣乐, 苏治. “互联网 +”式并购对提高上市公司市场价值的影响. 福建师范大学学报 (哲学社会科学版). 2019 (01): 28 – 39.

[1177] 李德有, 赖才书, 王剑光, 吴新龙, 温雄明. 新形势下从“安全管理”升级为“安全服务”. 福建冶金. 2019 (06): 48 – 52.

[1178] 王世杰, 蔡先晖, 郭丽. 我国民营银行资本准入与经营绩效的实证分析. 福州大学学

报（哲学社会科学版）. 2019（04）: 28－35.

[1179] 叶颉，汤安英，谢志忠．我国民资设立民营银行的市场准入难易度实证分析．福州大学学报（哲学社会科学版）. 2019（03）: 73－78.

[1180] 王庆．妨害安全驾驶罪论略．阜阳职业技术学院学报 . 2019（04）: 86－89.

[1181] 丁会芬．新时代互联网金融市场治理的路径突破．阜阳职业技术学院学报 . 2019（02）: 100－104.

[1182] 程孟琳．论我国兼职劳动的法律规制．阜阳职业技术学院学报 . 2019（01）: 97－100.

[1183] 张海鹏．非营利民办学校法人类型再造．复旦教育论坛 . 2019（06）: 34－40.

[1184] 孙阳春．管办评三方的权力边界能够完全廓清吗——基于不完全契约理论的思考．复旦教育论坛 . 2019（06）: 70－75.

[1185] 刘旭东．高校性骚扰法治化治理路径探析．复旦教育论坛 . 2019（01）: 31－37.

[1186] 李宇英．"竞争中立"规制水平的国际比较研究．复旦学报（社会科学版）. 2019（02）: 166－176.

[1187] 景维民，张景娜．市场分割对经济增长的影响：基于地区发展不平衡的视角．改革 . 2019（09）: 103－114.

[1188] 张小筠，刘戒骄．新中国70年环境规制政策变迁与取向观察．改革 . 2019（10）: 16－25.

[1189] 詹新宇，曾傅雯．经济竞争、环境污染与高质量发展：234个地级市例证．改革 . 2019（10）: 119－129.

[1190] 张鑫，王明辉．中国人工智能发展态势及其促进策略．改革 . 2019（09）: 31－44.

[1191] 熊鸿儒．我国数字经济发展中的平台垄断及其治理策略．改革 . 2019（07）: 52－61.

[1192] 汪平，周行．公用事业企业实际控制人、股权资本成本与政府规制改革．改革 . 2019（05）: 134－147.

[1193] 方天舟．浅析当代个人信息保护的法律规制．改革与开放 . 2019（18）: 77－79.

[1194] 孙明卉．论网络舆论监督的法律规制．改革与开放 . 2019（14）: 71－73.

[1195] 陈丽然．信息型市场操纵犯罪的驱动机制与管控问题研究．改革与开放 . 2019（13）: 10－13.

[1196] 黄仁韬．国际贸易投资规则发展趋势与中国的应对．改革与开放 . 2019（10）: 15－16.

[1197] 曹耘齐．不良"校园贷"的危害、成因与防范．改革与开放 . 2019（03）: 60－62.

[1198] 陈真真，周游．全面依法治国背景下网络民主的法律规制探析．改革与开放 . 2019（01）: 49－52.

[1199] 胥雅楠，王倩倩，董润，汪辛怡，吴峥．"大数据杀熟"的现状、问题与对策分析．改革与开放 . 2019（01）: 15－20.

[1200] 吴稼葆．"一带一路"背景下国有企业海外并购研究．改革与开放 . 2019（17）: 4－7.

[1201] 姜晨，陈涛．我国引渡外逃腐败人员的困境及完善建议．甘肃广播电视大学学报 . 2019（04）: 65－67.

[1202] 顾子皓．体育赛事直播节目版权保护的困境及对策．甘肃广播电视大学学报 . 2019（03）: 39－43.

[1203] 李娜娜．金融不良贷款催收的法律规制探析．甘肃广播电视大学学报 . 2019（01）: 43－47.

[1204] 何鹏斐．论发行法定数字货币的法律问题．甘肃广播电视大学学报 . 2019（05）: 69－72.

[1205] 呼军艳．消费者食品农药残留风险感知影响因素研究．甘肃行政学院学报 . 2019（04）: 115－123.

[1206] 杜娥. P2P 网贷非法集资风险的法律规制研究. 甘肃金融. 2019 (12): 13 – 18.

[1207] 马一洁. 浅析社交金融的法律规制. 甘肃金融. 2019 (11): 28 – 33.

[1208] 朱铭婕. 数据权利保护矛盾与法律路径探析. 甘肃金融. 2019 (11): 22 – 27.

[1209] 陈园园. 新加坡金融科技监管创新对我国的启示. 甘肃金融. 2019 (08): 12 – 18.

[1210] 张蔚. 从"相互保"更名事件看保险科技的创新发展及监管问题. 甘肃金融. 2019 (07): 36 – 41.

[1211] 郭常民，徐淑芬. 小额贷款公司反洗钱监管工作的实践与思考. 甘肃金融. 2019 (06): 30 – 32.

[1212] 陈晀. 英国双峰监管模式下的金融消费者保护模式对我国的启示. 甘肃金融. 2019 (03): 12 – 17.

[1213] 郑芙蓉，亓鲁. 融资性担保公司洗钱风险与监管——以庆阳市为例. 甘肃金融. 2019 (03): 69 – 71.

[1214] 谢磊. 金融供给侧结构性改革背景下银行保险监管的新使命. 甘肃金融. 2019 (02): 4 – 8.

[1215] 朱晨旭. 大数据时代下政府网络公关的现实考量和提升策略. 甘肃科技. 2019 (16): 26 – 28.

[1216] 王吉河，李卿沛，孙花. 金昌市农产品质量安全监管工作存在的问题及对策建议. 甘肃农业. 2019 (05): 86 – 87.

[1217] 杨利华. 第三方支付行业经营者集中的竞争影响评估. 甘肃社会科学. 2019 (06): 182 – 188.

[1218] 陈刚，关辉国. 网络经济对消费者价值认知与消费行为的影响. 甘肃社会科学. 2019 (04): 184 – 191.

[1219] 吕磊. 美国专利主张实体的法律规制及对我国的启示. 甘肃社会科学. 2019 (03): 53 – 60.

[1220] 孙佑海，王倩. 民法典侵权责任编的绿色规制限度研究——"公私划分"视野下对生态环境损害责任纳入民法典的异见. 甘肃政法学院学报. 2019 (05): 62 – 69.

[1221] 孟凡骞. 侦查讯问程序违法的法律规制. 甘肃政法学院学报. 2019 (05): 99 – 109.

[1222] 董棒棒，李莉，唐洪松，苏洋. 环境规制、FDI 与能源消费碳排放峰值预测——以西北五省为例. 干旱区地理. 2019 (03): 689 – 697.

[1223] 张慧利，李星光，夏显力. 市场 VS 政府: 什么力量影响了水土流失治理区农户水土保持措施的采纳?. 干旱区资源与环境. 2019 (12): 41 – 47.

[1224] 孙玉阳，宋有涛，李皓芯，陈阳，郭宏. 中国环境规制领域研究热点及进展分析——基于 Citespace 和 Spss 图谱量化分析. 干旱区资源与环境. 2019 (11): 135 – 142.

[1225] 司瑞石，潘嗣同，袁雨馨，陆迁. 环境规制对养殖户废弃物资源化处理行为的影响研究——基于拓展决策实验分析法的实证. 干旱区资源与环境. 2019 (09): 17 – 22.

[1226] 丁凡琳，陆军，赵文杰. 新经济地理学框架下环境问题研究综述. 干旱区资源与环境. 2019 (06): 23 – 32.

[1227] 史建军. 城镇化进程中生态环境响应的时空分异及影响因素研究. 干旱区资源与环境. 2019 (05): 60 – 66.

[1228] 温湖炜，周凤秀. 环境规制与中国省域绿色全要素生产率——兼论对《环境保护税法》实施的启示. 干旱区资源与环境. 2019 (02): 9 – 15.

[1229] 葛杨. 粤港澳大湾区保险业互联互通机制初步探究. 港澳研究. 2019 (04): 74 – 81.

[1230] 王柏杰，刘漂. 政企合谋、资源丰裕度与"资源诅咒"——来自中国 41 个资源型城市

的经验证据．高等财经教育研究．2019（02）：60－65.

［1231］路苗．管理者过度自信、分析师关注与并购溢价．高等财经教育研究．2019（01）：86－94.

［1232］陈永进，周洪运．我国环境群体性事件产生的原因及应对策略——基于利益主体博弈视角．高等建筑教育．2019（02）：153－159.

［1233］欧以克，付倩．开放改革以来我国高等教育政策价值取向演变分析．高教论坛．2019（10）：41－44.

［1234］刘宁宁．地方保护主义与优质高等教育入学机会关系的探讨．高教探索．2019（12）：13－20.

［1235］刘亮军．非营利性民办高校政府监管的“善治”选择．高教探索．2019（11）：84－89.

［1236］肖国芳．权力规制视域下的校院两级管理改革路向研究．高教探索．2019（10）：12－16.

［1237］胡颖菲．校园外卖食品安全问题及监管对策研究——以浙江衢州高校为例．高校后勤研究．2019（03）：30－31.

［1238］徐娟，贾永堂．大学高层次人才流动乱象及其治理——基于政府规制与市场设计理论的探析．高校教育管理．2019（03）：97－106.

［1239］周志强，亓晶．行业院校战略行为与外部政策的耦合问题研究．高校教育管理．2019（01）：36－43.

［1240］张兆方，何伟军，袁亮，安敏．基于不完全契约理论的水利水电工程项目治理研究．工程管理学报．2019（04）：105－110.

［1241］乔柱，刘伊生．大数据背景下我国电子招投标监管研究．工程管理学报．2019（01）：1－5.

［1242］孔祥晴．交通工程施工的安全防治和监管探讨．工程技术研究．2019（06）：153－154.

［1243］樊倩．消防监督管理工作产业化发展理论初探．工程建设与设计．2019（10）：222－223.

［1244］唐志添．关于做好城市轨道交通工程监督管理工作的经验．工程质量．2019（08）：13－17.

［1245］朱丹，何云峰．工作时间规制：劳动价值保护的视角．工会理论研究（上海工会管理职业学院学报）．2019（03）：4－11.

［1246］陆敬波，徐子晔．超时工作现象与劳动法制度设计的应对．工会理论研究（上海工会管理职业学院学报）．2019（03）：12－20.

［1247］刘诚．劳动合同立法的回顾与思考．工会理论研究（上海工会管理职业学院学报）．2019（01）：24－31.

［1248］亚历克斯·德·鲁伊特，马廷·布朗，约翰·伯吉斯，姚建华，房小琪．零工工作与第四次工业革命：概念和监管挑战．工会理论研究（上海工会管理职业学院学报）．2019（03）：56－64.

［1249］戴顺阳．高邮市总工会联合其他部门汇编政策文件服务企业发展．工会信息．2019（01）：57.

［1250］黄金枝，曲文阳．环境规制对城市经济发展的影响——东北老工业基地波特效应再检验．工业技术经济．2019（12）：34－40.

［1251］舒扬，孔凡邦．内生视角下环境规制、产业集聚与城市绿色全要素生产率——以长江经济带城市为例．工业技术经济．2019（10）：49－57.

［1252］陈晓，李美玲，张壮壮．环境规制、政府补助与绿色技术创新——基于中介效应模型的实证研究．工业技术经济．2019（09）：18－25.

［1253］范秋芳，王嫚，李苏．“一带一路”沿线国家贸易便利化水平对中国出口贸易影响研究．工业技术经济．2019（08）：20－31.

［1254］丁显有，肖雯，田泽．长三角城市群工业绿色创新发展效率及其协同效应研究．工业技术经济．2019（07）：67－75.

［1255］焦国伟，冯严超．环境规制与中国城市生态效率提升——基于空间计量模型的分析．工业技术经济．2019（05）：143－151.

［1256］周柯，王尹君．环境规制、科技创新与产业结构升级．工业技术经济．2019（02）：137－144.

［1257］胡宗义，张丽娜，李毅．基于技术进步的环境回弹效应研究．工业技术经济．2019（02）：44－51.

［1258］彭代彦，张俊．环境规制对中国全要素能源效率的影响研究——基于省际面板数据的实证检验．工业技术经济．2019（02）：59－67.

［1259］王志刚，徐传谌．现阶段中国房地产业市场结构优化研究——基于市场集中度的实证分析．工业技术经济．2019（01）：125－132.

［1260］高明，陈巧辉．不同类型环境规制对产业升级的影响．工业技术经济．2019（01）：91－99.

［1261］李健，薛程．政府约束机制下环境质量监管三方演化博弈分析及仿真研究．工业技术经济．2019（04）：58－66.

［1262］汪传江．中国城市间投资网络的结构特征与演化分析——基于企业并购视角．工业技术经济．2019（02）：87－96.

［1263］袁小玉．不法行为的规制路径：以被规制者的“遵从”为视角．公安学研究．2019（06）：44－59.

［1264］欧元军，何剑．论公安案件法制审核制度的功能定位．公安学研究．2019（06）：1－21.

［1265］倪春乐．大数据背景下的侦查创新与现实局限．公安学研究．2019（04）：91－104.

［1266］史全增．论我国法规范中警械的概念使用误区与制度革新．公安学研究．2019（02）：75－92.

［1267］李晓梅，白浩然．双重政府权力运作：农村脱贫场景的治理逻辑——基于国家级贫困县村庄减贫实践的调研．公共管理学报．2019（04）：48－60.

［1268］黄奕辉，李旭辉，谢帮华．基于物联网的公路养护施工安全智能监管系统应用研究．公路．2019（12）：282－285.

［1269］梁士斌．铁路法修订草案征求意见稿发布　禁止霸座与惩戒失信行为等拟入法．公民与法（综合版）．2019（08）：10－12.

［1270］钢铁：兼并重组再塑行业格局．股市动态分析．2019（04）：44.

［1271］钢铁：兼并重组进程加速．股市动态分析．2019（22）：44.

［1272］林然．延安必康：持续大举并购　积累高额商誉．股市动态分析．2019（27）：27.

［1273］林然．昊海生科：频繁并购发家　命脉在别人手中．股市动态分析．2019（36）：32－33.

［1274］三只松鼠：无辣条产业并购的具体意向．股市动态分析．2019（43）：30.

［1275］李新剑，范彦成，吴红迪．“蛇吞象”式并购的合法性获取及双重品牌效应——基于多案例的研究．管理案例研究与评论．2019（04）：401－416.

［1276］袁博．新兴产业产能过剩对市场供求关系的影响及对策．管理工程师．2019（02）：15－23.

［1277］伍格致，游达明．环境规制对技术创新与绿色全要素生产率的影响机制：基于财政分权的调节作用．管理工程学报．2019（01）：37－50.

［1278］张凯，董远山．双边平台中用户运营成本与定价策略选择．管理工程学报．2019（03）：153－161.

［1279］孟凡臣，刘博文．跨文化吸收能力：跨国并购背景下知识转移过程的探索．管理工程学报．2019（02）：50－60.

［1280］周子博，李志斌．雾霾污染与中国城市出口产品升级．管理观察．2019（25）：50－54.

［1281］张洁．法商思维下的企业规制管理探究．管理观察．2019（25）：9－10.

［1282］邓英，陈蓉．社会办医的新时期：机遇、挑战与策略．管理观察．2019（16）：68－69.

［1283］郭玉川．论我国足球“假赌黑”的生成机理及治理对策．管理观察．2019（11）：103－106.

［1284］郑云浩．中国企业跨国并购的风险与应对．管理观察．2019（04）：9－11.

［1285］葛晓艺．管理层激励、产权性质与并购绩效．管理观察．2019（05）：35－36.

［1286］党慧．企业并购与可持续增长的文献述评．管理观察．2019（08）：54－55.

［1287］陶珏琳．对吉利控股集团跨境并购的研究．管理观察．2019（23）：31－32.

［1288］孙炳家．房地产企业并购后的财务整合探究．管理观察．2019（31）：25－27.

［1289］胡满姣．上市公司并购风险分析．管理观察．2019（34）：152－154.

［1290］冯俊彦．成品油市场监管中行政主体职责之厘定——以查处无证无照经营成品油为视角．管理观察．2019（32）：99－101.

［1291］张能鲲，杜伦，齐颖．新时期医院并购环节财务管控实施策略探究．管理会计研究．2019（04）：67－74.

［1292］李文颖，张雪妍，陈宋生．中期自愿审计、支付策略与年度盈余质量．管理科学．2019（05）：113－128.

［1293］于洪鉴，陈艳，陈邑早．CEO自恋与并购非公开环节行为决策的实验研究．管理科学．2019（05）：102－112.

［1294］叶光亮，王世强，陈逸豪．混合所有制改革与最优专利授权——基于不对称信息的寡头博弈．管理科学学报．2019（11）：54－68.

［1295］李伟，李世杰，李凯．定价权争夺视角下买方势力的作用及效应研究．管理科学学报．2019（07）：20－33.

［1296］吕朋悦，赵红，王宗水，刘苇．分享经济消费模式偏好对商业分享系统社区认同及顾客忠诚影响研究．管理评论．2019（08）：132－145.

［1297］李颖，徐小峰，郑越．环境规制强度对中国工业全要素能源效率的影响——基于2003～2016年30省域面板数据的实证研究．管理评论．2019（12）：40－48.

［1298］李广平．基于演化博弈分析的政府规制对企业劳务派遣用工行为影响研究．管理评论．2019（10）：191－199.

［1299］何金花，田志龙．中国海外投资项目政治风险的演化：基于合法性视角的案例研究．管理评论．2019（06）：277－288.

［1300］王磊，刘海邻，贺学会．私募股权投资与企业并购——基于创业板市场的证据．管理评论．2019（01）：27－38.

［1301］李秉祥，简冠群，李浩．业绩补偿承诺、定增并购双价格偏离与整合效应．管理评论．2019（04）：19－33.

［1302］钟子英，邓可斌．顺水巧推舟：顶级财务顾问专业能力的并购市场证据．管理评论．2019（05）：213－230.

［1303］李善民，公淑玉，庄明明．文化差异影响CEO的并购决策吗？．管理评论．2019（06）：144－159.

［1304］庄飞鹏．非审计服务、制度环境与审计质量——基于企业联合购买审计服务与非审计服务的视角．管理评论．2019（10）：212－221.

［1305］李善民，杨继彬，钟君煜．风险投资具有咨询功能吗？——异地风投在异地并购中的功能研究．管理世界．2019（12）：164－180.

［1306］李嘉楠，孙浦阳，唐爱迪．贸易成本、市场整合与生产专业化——基于商品微观价格数据的验证．管理世界．2019（08）：30－43.

［1307］孙国峰，陈实．论ICO的证券属性与法律规制．管理世界．2019（12）：45－52.

［1308］李世杰，李伟．产业链纵向价格形成机制与中间产品市场垄断机理研究——兼论原料药市场的垄断成因及反垄断规制．管理世界．2019（12）：70－85.

［1309］戚聿东，张任之．新时代国有企业改革如何再出发？——基于整体设计与路径协调的视角．管理世界．2019（03）：17－30.

［1310］邵帅，张可，豆建民．经济集聚的节能减排效应：理论与中国经验．管理世界．2019（01）：36－60.

［1311］贾俊雪，孙传辉．公平与效率权衡：垄断、居民收入分配与最优财政货币政策．管理世界．2019（03）：48－63.

［1312］仇童伟，罗必良．"好"的代理人抑或"坏"的合谋者：宗族如何影响农地调整？．管理世界．2019（08）：97－109.

［1313］谢洪明，章俨，刘洋，程聪．新兴经济体企业连续跨国并购中的价值创造：均胜集团的案例．管理世界．2019（05）：161－178.

［1314］逯东，黄丹，杨丹．国有企业非实际控制人的董事会权力与并购效率．管理世界．2019（06）：119－141.

［1315］高艺，杨高升，谢秋皓．省际贸易壁垒、环境规制与绿色全要素生产率——基于空间溢出效应与门槛特征．管理现代化．2019（05）：90－94.

［1316］廖歆欣，刘运国，蓝海林．境内证券公司集团海外并购的整合与协同效应——以海通证券对海通银行的并购与整合为例．管理现代化．2019（01）：51－57.

［1317］薛求知，冯锋．跨国并购完成的研究综述与展望．管理现代化．2019（05）：117－120.

［1318］姚林．我国期货市场违法行为与法律规制研究．管理现代化．2019（03）：26－29.

［1319］史丁莎，王晓楠．电子支付产业发展下中小银行的机遇与对策．管理现代化．2019（01）：1－4.

［1320］徐琪，高晓晴．考虑信息共享情形下的共享平台库存订购与再分配策略研究．管理学报．2019（11）：1719－1728.

［1321］李娅楠，林军，钱艳俊．环境规制下企业绿色生产决策及技术学习因素影响研究．管理学报．2019（05）：721－727.

［1322］苏郁锋，张延平，周翔．互联网初创企业制度拼凑与整合策略多案例研究．管理学报．2019（02）：168－179.

［1323］马歆，薛天天，Ali Waqas，王继东．环境规制约束下区域创新对碳压力水平的影响研究．管理学报．2019（01）：85－95.

［1324］赵伟光，李凯．考虑消费者异质偏好的产品线定价策略识别及其效应分析．管理学报．2019（12）：1854－1863.

［1325］王维，李宏扬．新一代信息技术企业技术资源、研发投入与并购创新绩效．管理学报．2019（03）：389－396.

［1326］黄嫚丽，张明，皮圣雷，陆诗夏．中国企业逆向跨国并购整合组态与并购整合绩效关系研究．管理学报．2019（05）：656－664.

［1327］李洪，叶广宇，赵文丽．知识距离与中国企业跨国并购的创新绩效研究．管理学报．2019（09）：1366－1374.

［1328］朱海波，陈树萍．三网融合产业规制分析．广播电视信息．2019（10）：16.

［1329］黄梅兰，邱宏．智能舆情分析技术在广播电视监管业务中的应用．广播电视信息．2019（11）：55－56.

［1330］靳建军．金昌广播电视台综合广播网络播出安全监管系统的设计分析．广播电视信息．2019（10）：68－70.

［1331］彭小光，单雪松，王世为．互联网视听节目智能监管平台研究及设计．广播与电视技术．2019（10）：22－26.

［1332］王华春，平易，崔伟．地方政府环境保护支出竞争的空间效应研究．广东财经大学学报．2019（04）：49－59.

［1333］阳李．剩余控制权视域下的运动式执法——法律经济学的视角．广东财经大学学报．2019（06）：100－112.

［1334］成德宁，韦锦辉．不同类型环境规制影响我国产业竞争力的效应分析．广东财经大学学报．2019（03）：26－33.

［1335］彭文斌，文泽宙，邝嫦娥．中国城市绿色创新空间格局及其影响因素．广东财经大学学报．2019（01）：25－37.

［1336］陈晓珊，刘洪铎．机构投资者持股、高管超额薪酬与公司治理．广东财经大学学报．2019（02）：46－59.

［1337］郭跃芳．企业并购税收制度的完善——评《企业并购税收重点、难点及案例分析》．广东财经大学学报．2019（02）：113－114.

［1338］刘鹏，何冬梅．兼并重组能有效化解产能过剩吗——基于PSM－DID方法的实证检验．广东财经大学学报．2019（03）：4－13.

［1339］赵璨，曹伟，叶子菱．客户关系、市场势力与企业创新产出．广东财经大学学报．2019（05）：22－37.

［1340］蒋冬梅，万安丽．广东城市生活垃圾减量化法律规制体系的构建．广东第二师范学院学报．2019（02）：107－112.

［1341］叶燚，边作为．环境规制、中介效应与区域经济发展．广东行政学院学报．2019（04）：81－89.

［1342］张爱军，江飞亚．微信政治朋友圈传播信息的表象及其解构．广东行政学院学报．2019（04）：38－46.

［1343］柯卫，汪振庭．论网络言论自由法律规制的界限．广东行政学院学报．2019（04）：54－60.

［1344］任胜利．从制度经济学视角看产权要素市场发展．广东经济．2019（07）：14－23.

［1345］牛文浩，周颖，李娅芳．我国房地产市场洗钱行为的经济伦理视角审视．广东开放大学学报．2019（02）：106－112.

［1346］韩宝国．宽带骨干网络垄断厂商的规制问题研究．广东轻工职业技术学院学报．2019（01）：15－19.

［1347］杨建军．司法数据公开及其程序规制．广东社会科学．2019（06）：216－225.

［1348］杨志江，刘志铭，邹文．技术引进、环境规制与低碳经济增长——基于中国省际面板数据的经验研究．广东社会科学．2019（05）：36－43.

［1349］吴秀尧．互联网定向广告的法律规制：一个比较法的视角．广东社会科学．2019（03）：244－253.

[1350] 黄彦瑜. 治理、可持续性及其演化研究. 广东社会科学. 2019 (02): 205 - 212.

[1351] 李睿. 论我国新媒体报道刑事案件的法律规制及完善建议. 广东石油化工学院学报. 2019 (05): 21 - 25.

[1352] 吴晔晖. 基于区块链技术的建设工程动态监测及监管一体化系统研究. 广东土木与建筑. 2019 (09): 30 - 32.

[1353] 余鹏翼, 陈新, 敖润楠, 陈文婷. 并购重组与公司治理机制研究综述. 广东外语外贸大学学报. 2019 (01): 5 - 13.

[1354] 张宇成. 深度剖析印刷包装上市企业并购案例探寻其中规律. 广东印刷. 2019 (05): 14 - 15.

[1355] 胡晓明, 朱羽灿. 三用户导向的互联网游戏企业投资价值研究——以天润数娱并购拇指游玩为例. 广西财经学院学报. 2019 (05): 132 - 139.

[1356] 王殿宇. 人工智能刑事主体资格之否定及其进路. 广西大学学报 (哲学社会科学版). 2019 (05): 94 - 101.

[1357] 陈洪兵, 陈禹衡. 刑法领域的新挑战: 人工智能的算法偏见. 广西大学学报 (哲学社会科学版). 2019 (05): 85 - 93.

[1358] 赖兰芳. 理想信念教育是开展党内政治生活首要任务的逻辑层次. 广西教育学院学报. 2019 (03): 90 - 94.

[1359] 程意, 孟庆荣, 朱锐琳. "互联网 +" 餐饮市场食品安全监管困境与策略的研究. 广西教育学院学报. 2019 (01): 85 - 87.

[1360] 李永波, 尹斌. 基于 DEMATEL 的企业环境行为影响因素研究. 广西经济管理干部学院学报. 2019 (01): 26 - 33.

[1361] 周子旋. 上市公司并购价值创造效应分析——以"宝万之争"为例. 广西经济管理干部学院学报. 2019 (02): 38 - 44.

[1362] 崔仕绣. 我国生态刑法立法模式的中外考察. 广西警察学院学报. 2019 (06): 1 - 6.

[1363] 覃炳文. 论重大行政决策主体的立法规制. 广西警察学院学报. 2019 (02): 1 - 6.

[1364] 蒋巍. 人工智能犯罪的主体定位与责任分配问题研究. 广西民族大学学报 (哲学社会科学版). 2019 (05): 199 - 204.

[1365] 石建忠. 健康视域下雇佣农民工过度劳动成因与规制对策. 广西民族大学学报 (哲学社会科学版). 2019 (03): 42 - 48.

[1366] 田玉. P2P 网贷的风险及其监管策略. 广西民族师范学院学报. 2019 (04): 73 - 76.

[1367] 李珍刚, 古桂琴. 民族地区农村数字经济发展的公共服务供给研究. 广西民族研究. 2019 (06): 131 - 138.

[1368] 曹阳. 互联网中滥用相对优势地位行为成因与危害性的法学思考——兼对我国互联网中滥用相对优势地位行为典型案例分析. 广西师范学院学报 (哲学社会科学版). 2019 (04): 151 - 160.

[1369] 王宇航, 徐文, 徐娜. 我国互联网非法销售药品的特点、监管难点及对策实证分析. 广西医学. 2019 (16): 2147 - 2149.

[1370] 陈琦. 刑法视域下抢公交车方向盘行为之定性——兼及"重庆公交车坠江事件"司乘冲突类案件的实证研究. 广西政法管理干部学院学报. 2019 (04): 57 - 62.

[1371] 刘建辉. 论法律保留原则在规制行政立法上的功能及其实现. 广西政法管理干部学院学报. 2019 (04): 3 - 9.

[1372] 尹捷. "深度链接"行为的著作权法规制研究——以信息网络传播权的侵权判定标准为视角. 广西政法管理干部学院学报. 2019 (03): 50 - 54.

［1373］焦娟．共享经济用工法律规制研究．广西政法管理干部学院学报．2019（03）：24－27.

［1374］彭艳芬，梁秋花．浅析网络谣言的刑法规制．广西政法管理干部学院学报．2019（02）：52－55.

［1375］杨浩．网络商标侵权的刑法规制研究．广西政法管理干部学院学报．2019（01）：103－107.

［1376］唐安然．论性骚扰的侵权责任——以《民法典分编（草案）》为基础．广西政法管理干部学院学报．2019（01）：49－56.

［1377］郭海丽．论商行为规制的基本原则．广西质量监督导报．2019（10）：187－188.

［1378］李艺岑．普惠金融制度构建——从商业银行服务定价规制谈起．广西质量监督导报．2019（09）：244－247.

［1379］秦占全．环境规制对企业绿色技术创新的影响研究．广西质量监督导报．2019（06）：178－179.

［1380］曾佳志，徐宇翔．供给侧结构性改革下的电影产业结构优化研究．广西质量监督导报．2019（05）：159－160.

［1381］胡娟．我国民间借贷利率的法律规制．广西质量监督导报．2019（05）：255.

［1382］黄成．耦合经济法论视域下对高房价调控对策的思考．广西质量监督导报．2019（03）：171－172.

［1383］周毅，张良．地方政府干预对制造业产能过剩的影响机理与治理研究．广西质量监督导报．2019（03）：24－25.

［1384］靳璇，黄琨．环境规制与企业技术创新演化博弈研究．广西质量监督导报．2019（02）：63－64.

［1385］何玲．论在华跨国公司环境责任的规制．广西质量监督导报．2019（01）：182－183.

［1386］党苏平．青岛海尔并购通用家电案例分析．广西质量监督导报．2019（01）：104－105.

［1387］明祎琳．基于管理层动机的并购商誉分析．广西质量监督导报．2019（01）：33－58.

［1388］刘卓琳．论述经济下行背景下企业如何思考并购决策．广西质量监督导报．2019（02）：51.

［1389］朱清钰．行为财务理论及其在公司并购活动中的应用．广西质量监督导报．2019（03）：165.

［1390］吴婷．企业并购中财务风险问题研究．广西质量监督导报．2019（03）：173.

［1391］白晓旭．信托融资在海外并购项目中的优劣分析——以金钰集团并购加拿大银铅锌矿为例．广西质量监督导报．2019（04）：95.

［1392］张帅，黄琨．基于产业演进与风险规避视角的航运公司并购有效性评价——以中远海运集团为例．广西质量监督导报．2019（04）：113－115.

［1393］于海楠．我国医药行业并购财务绩效分析——以上海莱X为例．广西质量监督导报．2019（05）：97－98.

［1394］吴亚男，余国新．新疆天业并购对短期财务绩效的影响．广西质量监督导报．2019（05）：111.

［1395］唐钰．海外并购对中资银行效率的影响研究．广西质量监督导报．2019（07）：196－201.

［1396］回艳娇，赵琪．企业并购动机分析——以滴滴并购优步为例．广西质量监督导报．2019（07）：93－94.

［1397］路媛媛，朱稳稳，台梦迪．海航集团并购融资问题研究——以并购英迈公司为例．广西质量监督导报．2019（08）：87.

［1398］万玉洁．我国旅游上市企业并购绩效研究——以宋城演艺为例．广西质量监督导报．2019（08）：107－108.

［1399］李小琴．关于上市公司企业并购商誉减值问题的思考——以某娱乐公司为例．广西质量监督导报．2019（09）：144.

［1400］倪楠．房企“抢滩”养老市场　靠合作和并购杀入产业链．广西质量监督导报．2019（10）：3.

［1401］魏甜甜．探究中国海外并购企业的中西方管理机制融合．广西质量监督导报．2019（10）：179－180.

［1402］张敬群．新零售布局下阿里巴巴并购饿了么案例分析．广西质量监督导报．2019（10）：105.

［1403］刘芳洁，李援亚．浅析企业并购前的财务风险分析与防范——以格力电器并购珠海银隆为例．广西质量监督导报．2019（12）：115－117.

［1404］胡凤轩．短视频的监管与价值困境研究．广西质量监督导报．2019（09）：178－179.

［1405］方心君．消费者维权事件法律内核研究．广西质量监督导报．2019（09）：241－242.

［1406］宋琪，孙丽娟．商品房预售法律制度研究．广西质量监督导报．2019（08）：255－256.

［1407］姚阳．浅析电力市场监管．广西质量监督导报．2019（07）：230.

［1408］张淼，侯雨欣．我国互联网金融的监管研究．广西质量监督导报．2019（06）：241－242.

［1409］彭凡，姚世斌．基于数字货币交易平台 IEO 模式探析．广西质量监督导报．2019（04）：189.

［1410］孙璐．我国股市存在的问题及相应对策．广西质量监督导报．2019（03）：37.

［1411］胡莎．对人工智能体作为刑事责任主体的反思．广州大学学报（社会科学版）．2019（02）：109－115.

［1412］姚叶青，司明娅．套路贷的犯罪轮廓、认定困境与刑法规制．广州广播电视大学学报．2019（06）：95－100.

［1413］邸莹，王吉春．人工智能时代下的风险分析与刑法规制．广州市公安管理干部学院学报．2019（01）：52－56.

［1414］孙文明．刑法对 P2P 互联网金融借贷的刑法规制研究．贵阳学院学报（社会科学版）．2019（03）：69－72.

［1415］窦峥．投放兴奋剂行为的刑法规制探究．贵阳学院学报（社会科学版）．2019（03）：79－84.

［1416］刘刚，江帆．我国“赔偿减刑”的适用与完善研究．贵阳学院学报（社会科学版）．2019（02）：75－78.

［1417］孔群喜，陈慧，倪晔惠．中国企业 OFDI 逆向技术溢出如何提升绿色技术创新——基于长江经济带的经验证据．贵州财经大学学报．2019（04）：100－111.

［1418］周茜，葛扬．环境规制约束能倒逼我国产业技术创新吗——基于 Lagrange 函数模型的分析与讨论．贵州财经大学学报．2019（06）：36－43.

［1419］袁晓玲，李浩，邸勍．环境规制强度、产业结构升级与生态环境优化的互动机制分析．贵州财经大学学报．2019（01）：73－81.

［1420］吕昭河，徐双丽，张凤云．出口需求变动、创新活动对中国出口企业国际市场势力的影响研究．贵州财经大学学报．2019（06）：1－15.

［1421］邵慰，孙慧梦，俞晓波．我国僵尸企业的识别、形成机制及治理研究．贵州商学院学报．2019（03）：57－63.

［1422］李华武，吕明瑜．经济发展新常态视域下的并购反垄断与产业政策关系论．贵州社会科学．2019（04）：117－125.

［1423］张娟，史喆．并购经验是否为并购企业创造价值——基于 Meta 方法的多重误设定偏倚分析．贵州社会科学．2019（11）：134－144.

［1424］谷骞．论预防接种损害的国家赔偿责任——从《疫苗管理法》第九十六条切入．贵州社会科学．2019（08）：68－74.

［1425］陆强，杨蕙铭．占用城市道路许可延续的法律规制——以长沙市某地铁站建设施工为例．贵州省党校学报．2019（03）：96－101.

［1426］李东澍，肖宇．论股东知情权的保护、规制及其完善——对《公司法》与《〈公司法〉司法解释（四）》相关规定之反思．贵州省党校学报．2019（02）：71－78.

［1427］崔岐恩，张晓霞．价值品质及其生成路径．贵州师范大学学报（社会科学版）．2019（04）：87－94.

［1428］可晓．人工智能的伦理调适与法律规制．桂海论丛．2019（05）：112－116.

［1429］赵威，王译．正当防卫在轻微违法案件中的适用研究．桂海论丛．2019（01）：110－116.

［1430］谢丹，罗金丹．智能武器的法律挑战与规制．国防．2019（12）：29－34.

［1431］许红，李玉涛，郭湛．从管制到市场：市场主导型停车政策的文献综述．国际城市规划．2019（06）：70－78.

［1432］徐偲骕，姚建华．“看不见”的国际传播：跨境数据流动与中国应对．国际传播．2019（06）：46－56.

［1433］罗鹏．从美国克莱顿集团诉加拿大案看东道国对外资的环境执法．国际法研究．2019（02）：102－116.

［1434］邢恩焱．浅谈海外并购整合．国际工程与劳务．2019（05）：57－58.

［1435］李静．我国马拉松赛事的法律规制研究．国际公关．2019（07）：240－241.

［1436］吴琳．网络公益众筹的法律困境及相关法律制度的完善．国际公关．2019（04）：95－97.

［1437］张贵洪，陈夏娟．论全球治理中的权威分享——以联合国多边环境谈判为例．国际观察．2019（06）：135－154.

［1438］陈歆．美国银行业发展和监管研究．国际金融．2019（11）：36－42.

［1439］张伟，董伟，张丰麒，岳洋，赵毅，楚晓杰．德国区块链技术在金融科技领域中的应用、监管思路及对我国的启示．国际金融．2019（09）：76－80.

［1440］刘道云．货币危机的监管防范与应对——俄罗斯货币危机的启示．国际金融．2019（06）：71－75.

［1441］徐慧琳，杨望，王振山．开放式创新与企业创新——基于中国沪深 A 股上市公司跨国并购的经验研究．国际金融研究．2019（11）：86－96.

［1442］周英超，李东红．在合作共赢中实现跨国并购整合——以潍柴并购凯傲集团为例．国际经济合作．2019（04）：108－114.

［1443］金源，李蕾．跨国企业逆向知识转移中管控机制的作用——中国化工并购法国安迪苏的案例分析．国际经济合作．2019（06）：80－88.

［1444］汤婧．国际数字贸易监管新发展与新特点．国际经济合作．2019（01）：74－79.

［1445］张栋浩，樊此君．环境规制如何影响外企规模——基于港澳台企业和非港澳台企业的异质性分析．国际经贸探索．2019（10）：53－70.

［1446］张金矜．论最惠国待遇条款适用于投资实体待遇的限制性发展趋势．国际经贸探索．2019（05）：105－120.

［1447］高疆，盛斌．国际贸易规则演进的经济学：从市场准入到规制融合．国际经贸探索．2019（05）：4－21.

［1448］李冬冬．WTO 国民待遇规则适用中的“真实联系”要求．国际经贸探索．2019（02）：100－112.

［1449］董静然．美国外资并购安全审查制度的新发展及其启示——以《外国投资风险审查现代化法案》为中心．国际经贸探索．2019（03）：99－112.

［1450］江小敏，李宏兵，赵春明．人民币汇率、市场结构与技能工资差距．国际经贸探索．2019（08）：84－103.

［1451］肖蓓．中国企业投资“一带一路”沿线国家的生态环境风险及法律对策研究．国际论坛．2019（04）：89－103.

［1452］江璐．精英的合谋——澳大利亚对华民意研究（2014－2018）．国际论坛．2019（05）：86－98.

［1453］寇蔻，李莉文．德国的外资安全审查与中企在德并购面临的新挑战．国际论坛．2019（06）：96－111.

［1454］方凯．美国电信反垄断规制及对中国的启示．国际贸易．2019（12）：43－49.

［1455］胡枚玲，张军旗．论 CPTPP 规制合作的新范式及中国应对．国际贸易．2019（10）：35－41.

［1456］武赟杰，杨荣珍．基于 WTO 框架下的欧盟补贴政策研究．国际贸易．2019（10）：42－48.

［1457］李佳，刘阳子．中国对欧盟直接投资：在规制与挑战中前行．国际贸易．2019（09）：55－62.

［1458］温军，张森，蒋仁爱．“一带一路”倡议下知识产权与标准化国际合作的战略思考．国际贸易．2019（07）：88－96.

［1459］滕梓源，胡勇．跨国并购促进技术创新的绩效、影响因素及策略．国际贸易．2019（02）：11－17.

［1460］葛顺奇，林乐，陈江滢．中国企业跨国并购与东道国安全审查新制度．国际贸易．2019（10）：49－57.

［1461］周经，王馗．国内市场分割影响了中国对外直接投资吗——基于企业微观数据的实证研究．国际贸易问题．2019（11）：61－76.

［1462］张彩云．科技标准型环境规制与企业出口动态——基于清洁生产标准的一次自然实验．国际贸易问题．2019（12）：32－45.

［1463］王毅，黄先海，余骁．环境规制是否降低了中国企业出口国内附加值率．国际贸易问题．2019（10）：117－131.

［1464］马淑琴，戴军，温怀德．贸易开放、环境规制与绿色技术进步——基于中国省际数据的空间计量分析．国际贸易问题．2019（10）：132－145.

［1465］唐杰英．环境规制、两控区政策与 FDI 的区位选择——基于中国企业数据的实证研究．国际贸易问题．2019（05）：117－129.

［1466］江心英，赵爽．双重环境规制视角下 FDI 是否抑制了碳排放——基于动态系统 GMM 估计和门槛模型的实证研究．国际贸易问题．2019（03）：115－130.

［1467］赵玉意．涉环境国际投资仲裁法律适用中规则选择的困境与出路——国际规则关系的维度．国际贸易问题．2019（01）：147－159.

［1468］闵剑，刘忆．全球价值链、融资约束与跨国并购绩效——来自中国制造业企业的证据．国际贸易问题．2019（03）：71－84.

[1469] 贾玉成，张诚．经济周期背景下的不确定性与跨国并购：对中国企业的实证分析．国际贸易问题．2019（03）：146－160.

[1470] 赵奇伟，吴双．企业政治关联、不透明度与跨国并购绩效——基于投资者视角的微观证据．国际贸易问题．2019（03）：26－40.

[1471] 徐晓慧，李杰，黄先海．企业内部治理对跨国并购绩效的影响——基于不同制度环境的研究．国际贸易问题．2019（03）：14－25.

[1472] 孙翔宇，孙谦，胡双凯．中国企业海外并购溢价的影响因素．国际贸易问题．2019（06）：145－159.

[1473] 周晶晶，赵增耀．东道国经济政策不确定性对中国企业跨国并购的影响——基于二元边际的视角．国际贸易问题．2019（09）：147－160.

[1474] 杨娜，陈烨，李昂．高管海外经历、管理自主权与企业后续海外并购等待时间．国际贸易问题．2019（09）：161－174.

[1475] 曹清峰，董朋飞，李宏．关税壁垒的“筛选效应”与企业海外并购成功率．国际贸易问题．2019（10）：163－174.

[1476] 庞磊，朱彤．中国企业海外并购与母国技术进步同化吸收与异化排斥效应测度——基于中国数据的实证分析．国际贸易问题．2019（12）：121－135.

[1477] 周凤秀，温湖炜，钟成林．中国企业跨国并购对制造业部门创新绩效的影响——基于超越对数随机前沿模型的实证分析．国际商务（对外经济贸易大学学报）．2019（02）：143－156.

[1478] 薛新红，王忠诚．东道国金融发展异质性与中国企业跨国并购的区位选择．国际商务（对外经济贸易大学学报）．2019（05）：73－87.

[1479] 高厚宾，王蔷瑞．跨国并购中资源互补性对创新绩效的影响——文化距离与吸收能力的调节作用．国际商务（对外经济贸易大学学报）．2019（06）：123－134.

[1480] 陈子然，叶陈刚．企业并购前后财务绩效对比研究——以阿里巴巴并购优酷土豆为例．国际商务财会．2019（01）：48－53.

[1481] 关欣．主并企业文化强度与并购绩效关系的实证研究——来自中国上市公司的经验数据．国际商务财会．2019（04）：55－60.

[1482] 阚萌．基于 Fuzzy－AHP 分析法的海外并购风险综合评价——以复星医药并购印度 Gland Pharma 公司为例．国际商务财会．2019（06）：53－55.

[1483] 陈璐．企业并购财务尽职调查应关注的重点．国际商务财会．2019（07）：38－41.

[1484] 薛雨佳．企业并购中的估值与定价——以 A 公司为例．国际商务财会．2019（09）：27－31.

[1485] 蒋海波，张庆麟．晚近投资条约对规制权的表达：内涵、目的及原则．国际商务研究．2019（04）：36－44.

[1486] 陈敏娟，蔡濛萌．基于双重区域异质性的 FDI 环境效应研究．国际商务研究．2019（03）：88－96.

[1487] 龚新蜀，李梦洁．OFDI、环境规制与中国工业绿色全要素生产率．国际商务研究．2019（01）：86－96.

[1488] 高翔，李凌．中国企业海外并购区位选择影响因素研究．国际商务研究．2019（03）：39－48.

[1489] 白俊，张雄君，丁斌．中国成为亚洲天然气价格发现中心的机遇与挑战．国际石油经济．2019（08）：6－16.

[1490] 徐东，崔宝琛，唐建军．国内油气资源对外合作面临的新变化及对策建议．国际石油经济．2019（10）：44－51.

［1491］周佳强．中国船供油市场外资准入趋势及影响．国际石油经济．2019（07）：63－67.

［1492］陈嘉茹．2019年版外商投资准入负面清单对中国油气行业的影响．国际石油经济．2019（07）：57－62.

［1493］刘朝全．“一带一路”油气项目收并购与安全问题考量．国际石油经济．2019（03）：11－15.

［1494］侯明扬．2018年全球油气资源并购市场特点及前景展望．国际石油经济．2019（03）：37－45.

［1495］李伟，粟科华，冠忠，辛静．美国独立地下储气库运营模式与启示——以Youth Gas储气库公司为例．国际石油经济．2019（03）：73－80.

［1496］尹磊，葛辉．论美国单边主义税收措施的域外管辖权效力．国际税收．2019（07）：74－78.

［1497］赵洲．关于构建“增长友好型”国际税收规则的几点思考．国际税收．2019（04）：66－71.

［1498］古成林．对“走出去”企业跨境并购的税务建议．国际税收．2019（02）：41－44.

［1499］李俊明．论商誉内涵及其在税法上的证明——基于对我国台湾地区并购商誉案的分析．国际税收．2019（05）：56－61.

［1500］汤耀琪．“人类命运共同体”思想对外空资源开发、利用国际法律规制的发展．国际太空．2019（07）：47－52.

［1501］曹心怡．外层空间物体所有权放弃的国际法规制构想．国际太空．2019（06）：54－57.

［1502］时方．互联网传销刑法规制研究．国家检察官学院学报．2019（06）：101－114.

［1503］郑曦．刑事侦查中远程在线提取电子数据的规制．国家检察官学院学报．2019（05）：113－128.

［1504］时延安，王熠珏．比特币洗钱犯罪的刑事治理．国家检察官学院学报．2019（02）：47－62.

［1505］尤广宇，魏昌东．从交易禁止到利益冲突：美国贿赂犯罪立法体系的建设路径．国家检察官学院学报．2019（01）：161－176.

［1506］王霁霞．高校信息公开的法律规制逻辑——以32起高校信息公开行政诉讼案件为切入点的分析．国家教育行政学院学报．2019（01）：55－61.

［1507］余明洋．惩罚与预防：我国森林火灾防范之规制路径．国家林业和草原局管理干部学院学报．2019（02）：42－45.

［1508］白倩倩．人工智能的风险及其法律规制．国家治理．2019（07）：38－43.

［1509］罗小利．我国矿业权出让监测监管新形势及其制度优化．国土资源情报．2019（02）：31－36.

［1510］朱荣，温伟荣．关于我国上市公司并购重组估值风险的研究．国有资产管理．2019（11）：19－26.

［1511］陈峥嵘．落实并购重组注册制改革　优化科创板并购重组制度．国有资产管理．2019（11）：34－36.

［1512］刘青山．中央企业兼并重组试点　注重战略引领　探索市场化重组整合路径．国资报告．2019（05）：50－53.

［1513］曹勇，叶海波．网络预约出租汽车服务的法律规制．哈尔滨工业大学学报（社会科学版）．2019（03）：15－20.

［1514］胡东，刘锐．网约车法律规制的路径建构．哈尔滨工业大学学报（社会科学版）．2019（02）：20－26.

[1515] 周长城，曹亚娟．绿色生活方式与美好生活构建：政府环保工作的效用分析．哈尔滨工业大学学报（社会科学版）.2019（01）：43－51.

[1516] 王曙光，李金耀，章力丹．促进区域协调发展财税规制的主体与路径．哈尔滨商业大学学报（社会科学版）.2019（01）：85－94.

[1517] 张权，陈昆玉，刘娟．管理者过度自信与并购决策关系研究——基于股权制衡的调节作用．哈尔滨商业大学学报（社会科学版）.2019（03）：74－84.

[1518] 李铁牛，李渡．我国县级政府府际关系优化问题研究——以改革“条块”结构为视角．哈尔滨师范大学社会科学学报．2019（03）：30－33.

[1519] 方婷，赖玉中．涉人工智能犯罪刑法规制的路径探讨．哈尔滨师范大学社会科学学报．2019（06）：76－79.

[1520] 刘健楠，李松岩．维护警察执法权威的路径探讨．哈尔滨师范大学社会科学学报．2019（05）：71－74.

[1521] 孔颖琳．《反不正当竞争法》中商业贿赂域外适用讨论．哈尔滨师范大学社会科学学报．2019（03）：64－68.

[1522] 余珊．论社交网络众筹平台的法律规制——以“轻松筹”为研究样本．哈尔滨师范大学社会科学学报．2019（02）：54－56.

[1523] 张红显．公共政策制定的社会风险评估研究．哈尔滨师范大学社会科学学报．2019（01）：30－33.

[1524] 林浩鼎．信用监管视角下的我国信用体系完善研究．哈尔滨师范大学社会科学学报．2019（05）：75－78.

[1525] 施关根，钟坚龙．行政审批“最多跑一次”改革中政府权力的定位与重塑——以浙江省K区企业投资项目行政审批集成式改革省级试点为例．哈尔滨市委党校学报．2019（02）：37－42.

[1526] 闫福增．区域环境协同治理的体制匹配精准性研究——以山西临汾环境数据造假案为例．哈尔滨市委党校学报．2019（01）：37－41.

[1527] 张旭，万文博，王政．机遇与挑战：中资并购国外足球俱乐部的SWOT势态分析．哈尔滨体育学院学报．2019（01）：47－53.

[1528] 张洪．共享汽车存在的法律问题及其规制．哈尔滨学院学报．2019（12）：55－57.

[1529] 王金苗．论“现金贷”风险的法律规制．哈尔滨学院学报．2019（12）：62－66.

[1530] 杜宇，王艺霖．论虚假诉讼罪的刑法规制．哈尔滨学院学报．2019（09）：41－43.

[1531] 陈天琪．“人肉搜索”视角下隐私权保护的法律规制．哈尔滨学院学报．2019（07）：69－71.

[1532] 李嘉斌．司法腐败中律师勾兑行为规制探析——以法官与律师的纯利博弈为视角．哈尔滨学院学报．2019（05）：44－48.

[1533] 夏青，王昱斐，薛倩玉，占韦威，于志慧．博弈论视角下第三方支付反洗钱监管研究．哈尔滨学院学报．2019（05）：32－36.

[1534] 舒登维．乡村“扫黑除恶”规制困境与出路．哈尔滨职业技术学院学报．2019（04）：119－121.

[1535] 孙丽敏，潘威．环境管理会计在政府综合财务报告中的应用．哈尔滨职业技术学院学报．2019（06）：111－113.

[1536] 毕莹，王蔚．“一带一路”倡议下无纸贸易便利化国际法律规制动向及其对我国的启示．海关与经贸研究．2019（05）：84－99.

[1537] 沈松奎．水利工程建设安全管理控制要点分析．海河水利．2019（05）：24－25.

[1538] 王文生．坚持节水优先　强化用水监管　全面加强海河流域水资源管理．海河水利．

2019（02）：1－3.

［1539］李优树，罗静，刘扬，杨颖博．海外并购行业转换与我国产业转型升级的协同性研究．海南大学学报（人文社会科学版）.2019（01）：69－77.

［1540］袁天荣，赵晴，宋丽君．资本市场错误定价、分析师跟踪与并购融资方式选择．海南大学学报（人文社会科学版）.2019（04）：40－47.

［1541］吴华倩．从滴滴与UBER合并案浅谈经营者集中．海南广播电视大学学报.2019（01）：93－96.

［1542］许丽．论智能投顾的法律风险与应对．海南金融.2019（09）：43－50.

［1543］陈秋竹，邓若翰．P2P网贷规制的反思与改进——基于近期P2P集中倒闭事件的思考．海南金融.2019（02）：33－42.

［1544］罗炜玮．证券智能投顾的概念、准入及算法规制．海南金融.2019（02）：75－81.

［1545］单建军．数字货币发展现状与监管研究．海南金融.2019（10）：77－81.

［1546］中国人民银行海口中心支行课题组，金武．基于大数据的金融监管研究．海南金融．2019（03）：71－75.

［1547］叶军，吴朝平．"断直连"背景下支付产业的发展与监管．海南金融.2019（01）：51－56.

［1548］韩芳，程思超，李函晟，玄立平，王佳．完善我国金融控股公司反洗钱监管的政策研究．海南金融.2019（01）：57－61.

［1549］张怀岭．德国外资监管"风暴"下的中企并购困局与应对——基于中企并购个案的分析．海外投资与出口信贷.2019（06）：32－36.

［1550］郑飞虎，伍燕然，胡松明，江婕．中企跨境负债融资并购中杠杆收购风险点研究．海外投资与出口信贷.2019（06）：42－44.

［1551］林丽敏．大数据背景下我国个人数据安全保障体系的构建．海峡法学.2019（04）：38－44.

［1552］王琍韵．浅析新能源企业并购对市场与财务绩效的影响研究．海峡科技与产业.2019（01）：36－38.

［1553］胡联升．环境规制、技术创新与绿色发展动态交互影响研究——基于PVAR模型．海峡科学.2019（06）：50－53.

［1554］钱薇雯，陈璇．中国海洋环境规制对海洋技术创新的影响研究——基于环渤海和长三角地区的比较．海洋开发与管理.2019（07）：70－76.

［1555］王薇．我国纵向垄断协议的法律规制研究．邯郸职业技术学院学报.2019（01）：19－23.

［1556］王进怡．从沉默到言说——读《房间里的大象：生活中的沉默和否认》．汉字文化．2019（11）：90－92.

［1557］马迅．非治安性拘留的理性扩张与法律规制——兼论人身自由罚的法治转轨．行政法学研究.2019（05）：85－94.

［1558］程雁雷，隋世锋．论学区划分的法律属性及其法律规制．行政法学研究.2019（05）：95－105.

［1559］张晓莹．行政处罚视域下的失信惩戒规制．行政法学研究.2019（05）：130－144.

［1560］曾凡燕．"礼让行人"规范的实施路径——全国首例"斑马线罚款案"评析．行政法学研究.2019（03）：64－77.

［1561］余积明．自动驾驶汽车产业治理的框架和要点．行政法学研究.2019（02）：114－125.

［1562］崔俊杰．自动驾驶汽车准入制度：正当性、要求及策略．行政法学研究.2019（02）：90－103.

［1563］李梦琳．论网络直播平台的监管机制——以看门人理论的新发展为视角．行政法学研究．2019（04）：123－132.

［1564］袁文瀚．信用监管的行政法解读．行政法学研究．2019（01）：18－31.

［1565］满鑫，李淮．新时代行政法学的新使命——中国法学会行政法学研究会2018年年会综述．行政法学研究．2019（01）：93－105.

［1566］严超．烟草控制与产业去正常化：中国烟草监管机制改革的路径选择．行政管理改革．2019（01）：86－92.

［1567］李若兰．自动驾驶汽车网络安全的法律规制．行政管理改革．2019（10）：43－49.

［1568］李帅．人工智能的风险预测与行政法规制——一个功能论与本体论相结合的视角．行政管理改革．2019（10）：50－58.

［1569］黄勇，王喆．互联网广告落地页审查责任法律规制辨析．行政管理改革．2019（10）：33－42.

［1570］杨燕绥，刘懿．全民医疗保障与社会治理：新中国成立70年的探索．行政管理改革．2019（08）：4－12.

［1571］王霁霞，符大卿．自动驾驶汽车道路测试的法律规制．行政管理改革．2019（08）：37－43.

［1572］赵宁，苏玉洁．网络订餐食品安全监管多元共治法律机制研究．行政科学论坛．2019（06）：40－43.

［1573］卢晓蕊．河南省“互联网＋监管”系统建设的实践与思考．行政科学论坛．2019（12）：24－27.

［1574］战建华，林闽钢．农村合作组织的能促型发展：基于规制—功能框架的分析．行政论坛．2019（01）：130－136.

［1575］龚会莲，胡胜强．公共危机预警策略的选择逻辑与比较分析．行政论坛．2019（03）：138－144.

［1576］李韬．项目制效率损失的内在结构与改进．行政论坛．2019（03）：23－30.

［1577］侯睿．基于最小二乘法的传媒企业并购对企业技术进步影响实证研究．行政事业资产与财务．2019（08）：27－28.

［1578］孙颖．关于强化跨境税源监管的几点思考．行政事业资产与财务．2019（24）：22－23.

［1579］吴纪树．我国未成年人网络安全保护法律规制问题探析．行政与法．2019（12）：53－59.

［1580］赵辉．试论新时代行政检察权能．行政与法．2019（12）：85－91.

［1581］杨霞，杨小军．行政审批制度法治化改革的困境与路径．行政与法．2019（10）：50－58.

［1582］顾大松，周苏湘．动态监管视阈下共享经济地方市场准入制度之构建．行政与法．2019（10）：59－67.

［1583］学人．行政与法．2019（07）：2.

［1584］刘惠明，闫鹏佳．生态环境损害赔偿制度的立法建议——以规制企业生态损害行为为视角．行政与法．2019（03）：109－117.

［1585］李迎春．养犬、规制与社区治理．杭州（周刊）．2019（04）：42.

［1586］都红雯，朱晓东．中外股权众筹融资法律规制比较分析及启示．杭州电子科技大学学报（社会科学版）．2019（02）：11－18.

［1587］任重，陈琦．企业跨国并购绩效评估及影响因素研究综述．杭州电子科技大学学报（社会科学版）．2019（01）：27－32.

［1588］江乾坤，潘诗雯．经济政策不确定性与企业并购．杭州电子科技大学学报（社会科学版）．2019（06）：1－7.

[1589] 巴曙松，汪钦，陈雨桦．创业板上市公司并购业务中的商誉减值探讨——以第一批上市的28家公司为例．杭州师范大学学报（社会科学版）.2019（04）：89－103.

[1590] 杨薇．波音、空客主导的民机制造业两大并购案的影响与启示．航空财会.2019（03）：55－57.

[1591] 余真，马天月．中国企业跨境并购融资策略分析．航空财会.2019（04）：22－25.

[1592] 游录宝，张军峰，马林南．点汇聚技术的发展与应用研究．航空计算技术.2019（06）：114－119.

[1593] 王帝．基于Maklink图与遗传算法的动态改航策略研究．航空计算技术.2019（01）：50－53.

[1594] Gottlieb Craig，李璇．售后服务市场的数字化将使并购加剧．航空维修与工程.2019（02）：19.

[1595] Moores Victoria，李韵.MRO并购市场牌局未定．航空维修与工程.2019（05）：20－22.

[1596] 李启科．关于国有企业并购工作的探讨．航天工业管理.2019（01）：17－19.

[1597] 吴菁敏，丁国民．堵疏结合的虚拟货币法治化路径研究——以比特币为例．合肥工业大学学报（社会科学版）.2019（01）：63－68.

[1598] 戴婷．论信用卡逾期还款违约责任的限度．合肥工业大学学报（社会科学版）.2019（01）：40－46.

[1599] 许灿英．算法合谋反竞争问题初探．合肥工业大学学报（社会科学版）.2019（02）：61－66.

[1600] 李强．“一带一路”背景下金融投资风险防范．合作经济与科技.2019（22）：72－73.

[1601] 程娜，张湘华．农村劳动力外流原因及对策．合作经济与科技.2019（13）：81－83.

[1602] 崔蓓蕾．我国食品安全政府规制研究．合作经济与科技.2019（11）：186－187.

[1603] 牛蕾．长安区公共交通发展问题与对策．合作经济与科技.2019（11）：188－190.

[1604] 潘静，沈新鸿，蔡惠峰．“互联网金融”非法集资案件特征及监管研究．合作经济与科技.2019（08）：186－187.

[1605] 张彦强，张伟，姚丽萍．环境治理对企业技术创新作用机制研究．合作经济与科技.2019（07）：54－57.

[1606] 谢博，高怡娟，肖事成．高校共享经济与创新创业双向发展研究．合作经济与科技.2019（06）：124－125.

[1607] 武戈，应淑雯．“波特假说”文献综述．合作经济与科技.2019（05）：142－143.

[1608] 许芝芝．我国生态破坏问题立法评析．合作经济与科技.2019（05）：186－189.

[1609] 李君，吴学花．市场激励型环境规制与绿色全要素生产率研究．合作经济与科技.2019（03）：138－140.

[1610] 孙金坤，陈默．郑州市民间融资现状及法律规制探究．合作经济与科技.2019（03）：34－37.

[1611] 田露．环境规制强度对资源型产业绿色技术创新的影响．合作经济与科技.2019（03）：118－119.

[1612] 谢荣军．投资估值思维陷阱研究．合作经济与科技.2019（21）：66－67.

[1613] 王恒玉，陈囿蓉．产品差异化理论及相关实证研究动态．合作经济与科技.2019（07）：84－86.

[1614] 林子昂，叶秋彤，钟俊滨．技术并购能否为企业创新注入新活力．合作经济与科技.2019（08）：115－120.

[1615] 甘梦云．董事会资本与企业并购绩效研究．合作经济与科技.2019（09）：118－121.

[1616] 杨应辉．企业资源、横向并购与并购绩效．合作经济与科技．2019（11）：140－142.

[1617] 范晓慧．企业并购税务筹划方案分析．合作经济与科技．2019（17）：170－171.

[1618] 陈卫芸．上市公司代理动机并购下盈余管理行为分析．合作经济与科技．2019（20）：122－123.

[1619] 陈昕冉．逆全球化视阈下中企海外并购研究．合作经济与科技．2019（24）：65－67.

[1620] 张淼，庄锦艳．互联网金融风险与监管．合作经济与科技．2019（18）：66－67.

[1621] 罗雯钰．电商平台应对网红售假策略探究．合作经济与科技．2019（15）：94－95.

[1622] 武贤凯，姜方桃，薛晶晶．"互联网＋"外卖食品供应链安全监管体系研究．合作经济与科技．2019（13）：166－168.

[1623] 陈显中，陈岩．河北省互联网金融发展研究．合作经济与科技．2019（12）：69－72.

[1624] 肖洋．"冰上丝绸之路"视域下中国参与北极航运安全治理的考量因素．和平与发展．2019（03）：102－113.

[1625] 孙文远，夏凡．城市低碳化的就业效应——基于空间外溢视角的分析．河北地质大学学报．2019（05）：90－96.

[1626] 潘凤湘，蔡守秋．国外公众共用物理论对我国环境资源治理的启示．河北法学．2019（11）：83－105.

[1627] 林东．论中央银行的宪法地位：制度反思与规范建构．河北法学．2019（12）：78－88.

[1628] 岳宇君，胡汉辉．我国网络视听内容规制的重构：基于 OTT TV 的思考．河北法学．2019（12）：89－100.

[1629] 杜小奇．多元协作框架下算法的规制．河北法学．2019（12）：176－190.

[1630] 曾哲，梭娅．行政举报答复行为可诉性的规制路径探析．河北法学．2019（12）：29－41.

[1631] 迟颖．自我行为中的利益冲突及其规制——《民法总则》第168条解释论．河北法学．2019（10）：86－106.

[1632] 焦海涛．公平竞争审查制度的实施激励．河北法学．2019（10）：107－121.

[1633] 杨建军，李姝卉．CRISPR/Cas9 人体基因编辑技术运用的法律规制——以基因编辑婴儿事件为例．河北法学．2019（09）：44－57.

[1634] 邓超．互联网金融发展的刑法介入路径探析——以 P2P 网络借贷行为的规制为切入点．河北法学．2019（05）：162－177.

[1635] 吕新建．论正当程序对社会稳定风险评估的规制．河北法学．2019（03）：120－128.

[1636] 李振利，李毅．数字市场中平台限制竞争行为规制的研究——以我国颁布的《电子商务法》为背景．河北法学．2019（03）：90－108.

[1637] 蒋小红．试论国际投资法的新发展——以国际投资条约如何促进可持续发展为视角．河北法学．2019（03）：42－56.

[1638] 赵自轩．网店转让的法律解读与规制．河北法学．2019（01）：139－158.

[1639] 黄勇，严文斌．CDR 视角下的风险探究——从 ADR 到 CDR 如何更为稳健．河北法学．2019（04）：22－34.

[1640] 霍艳梅，刘志军，孟庆瑜，和金生．公平竞争审查制度的理论认识与实践探索．河北工程大学学报（社会科学版）．2019（03）：92－96.

[1641] 柯阳友，蒋楠．医疗诉讼证明妨碍制度之实证分析．河北工业大学学报（社会科学版）．2019（01）：57－63.

[1642] 程晓飞，薛铁成．厘辨与选择：人工智能理财独立登记规制路径研究．河北公安警察职业学院学报．2019（03）：53－58.

[1643] 徐艳霞，张钦．当前高校校园不良贷的新发展与规制路径．河北公安警察职业学院学

报.2019 (01): 74 - 77.

[1644] 王晓波，常江，郭雯静．非银行支付机构垄断趋势及监管．河北金融.2019 (10): 57 - 60.

[1645] 高宏业，邓东雅，安侪杰．雄安新区金融科技发展与监管创新模式．河北金融.2019 (10): 46 - 49.

[1646] 陈秀明．提高个人分拆结售汇监管效能的思考．河北金融.2019 (02): 54 - 57.

[1647] 保定银保监分局课题组，李哲，赵怡然．智慧金融业务风险监管难点及应对措施——以雄安新区为例．河北金融.2019 (01): 9 - 12.

[1648] 李桂荣，温绍涵，王乐娜．不同产权性质的企业履行环境责任对企业价值的影响研究——来自重污染行业上市公司的经验数据．河北经贸大学学报.2019 (05): 92 - 100.

[1649] 沈宏亮．中国消费品安全治理的路径依赖性与模式选择——基于政府规制与产品责任组合配置的视角．河北经贸大学学报.2019 (05): 18 - 23.

[1650] 常瑞祥，关乐宁，安树伟．空间视角下工业结构对雾霾影响的研究．河北经贸大学学报（综合版).2019 (01): 52 - 60.

[1651] 高海生，孙世卫．假冒伪劣食品的产生与食品安全监管问题分析．河北科技师范学院学报.2019 (03): 72 - 80.

[1652] 潘文富，陈俊男．文化行业并购溢价中的商誉探析．河北能源职业技术学院学报.2019 (03): 39 - 42.

[1653] 杜静怡，董梦华．京津冀一体化背景下企业融资效率研究——以A公司为例．河北农机.2019 (08): 115 - 116.

[1654] 孟原玉．浅析中国传统孝亲文化对中国法治建设的影响．河北农机.2019 (11): 108 - 109.

[1655] 柳婧．网购合同格式条款的法律规制．河北农机.2019 (09): 103 - 104.

[1656] 刘畅．论商业秘密保护中的竞业禁止制度．河北农机.2019 (08): 85 - 86.

[1657] 李国森．浅析非法采矿罪的定罪与处罚．河北农机.2019 (08): 89 - 90.

[1658] 孙瑞津．我国网络言论自由问题法律规制研究．河北农机.2019 (08): 100 - 101.

[1659] 徐婷婷．浅谈我国征收房产税的必要性．河北农机.2019 (08): 103 - 104.

[1660] 葛晓琳．关于“人肉搜索类网络暴力”法律规制的研究．河北农机.2019 (07): 84 - 85.

[1661] 王斌．互联网货币的法律风险防范与监管．河北农机.2019 (06): 83 - 84.

[1662] 张豆豆．论我国劳务派遣制度的缺陷与完善．河北农机.2019 (06): 119 - 120.

[1663] 李博．网络游戏语言暴力行为的法律规制．河北农机.2019 (05): 72 - 74.

[1664] 郭文杰．我国校园贷的法律问题研究．河北农机.2019 (05): 73 - 74.

[1665] 李明东．公司经营范围制度的废止．河北农机.2019 (02): 96 - 97.

[1666] 张华通．开放条件下我国金融监管研究．河北农机.2019 (02): 73 - 74.

[1667] 孙淑静．操纵证券市场行为法律规制研究．河北企业.2019 (12): 145 - 147.

[1668] 张志龙．互联网保险合同的法律风险和规制路径探究．河北企业.2019 (10): 149 - 150.

[1669] 欧阳泽堃．转基因食品侵权案中举证责任承担问题研究．河北企业.2019 (09): 133 - 135.

[1670] 张泉露．我国海外投资的法律问题研究．河北企业.2019 (09): 141 - 142.

[1671] 唐娟．我国数字遗产继承的法律问题研究．河北企业.2019 (08): 138 - 140.

[1672] 陈风俊．浅析税收社会化征管的问题及其规制．河北企业.2019 (08): 28 - 29.

[1673] 王媛．浅析大数据背景下的企业数据权利．河北企业.2019 (06): 157 - 158.

[1674] 侯湘荣．共享经济下的法律风险问题研究——以共享单车为例．河北企业．2019（06）：159－160.

[1675] 张劭宁．政府规制理论及其在行政实践中的应用．河北企业．2019（05）：49－51.

[1676] 刘晓婷．浅析第三方支付平台的运营风险及规制．河北企业．2019（05）：103－104.

[1677] 沈道涵．完善我国 P2P 网贷监管规制体系的思考．河北企业．2019（03）：37－38.

[1678] 贾润田．人工智能发展对著作权挑战的初探．河北企业．2019（02）：150－151.

[1679] 姬倩．关于有害国际税收竞争规制的研究．河北企业．2019（01）：133－135.

[1680] 李珂．湖北沙隆达跨国并购的财务预警与防范．河北企业．2019（04）：112－113.

[1681] 陈浩．互联网行业并购动因研究．河北企业．2019（04）：118－119.

[1682] 欧青青．企业并购溢价的风险管理．河北企业．2019（04）：49－50.

[1683] 张影．中国企业跨国并购存在的问题及对策研究．河北企业．2019（05）：47－48.

[1684] 赵云芳，靳江燕，朱晶晶．互联网企业并购的财务风险及防范——以海航科技并购当当网为例．河北企业．2019（06）：102－103.

[1685] 郑璐．我国移动支付监管研究．河北企业．2019（12）：47－48.

[1686] 汪伏源．浅析“共享经济”模式下押金监管法律问题——以“共享单车”为视角．河北企业．2019（10）：138－139.

[1687] 郑林宇．对食品安全问题的法律思考．河北企业．2019（03）：153－154.

[1688] 江悦．论规制政府信息公开申请权滥用的美国程序弹性规制模式．河北青年管理干部学院学报．2019（01）：80－84.

[1689] 姜密．论宋代“不抑兼并”的土地政策与合法的土地买卖．河北师范大学学报（哲学社会科学版）．2019（05）：28－36.

[1690] 王桢，窦峥．困境与出路：我国性侵运动员犯罪行为的刑事规制探究．河北体育学院学报．2019（01）：19－27.

[1691] 潘磊．大型体育场馆免费低收费开放补助资金使用管理研究——基于 A 省 7 座体育场馆的实地调查．河北体育学院学报．2019（03）：26－32.

[1692] 张爱军，李圆．人工智能时代的算法权力：逻辑、风险及规制．河海大学学报（哲学社会科学版）．2019（06）：18－24.

[1693] 马雷．反思与借鉴：美国网络安全信息共享规制研究．河海大学学报（哲学社会科学版）．2019（05）：76－81.

[1694] 王腾，周海炜，田鸣．企业地理位置对企业社会责任的合法化作用机制研究．河海大学学报（哲学社会科学版）．2019（04）：66－73.

[1695] 谷佳慧．司法产品公共性及差异化布局——美国税务诉讼经验．河南财经政法大学学报．2019（03）：73－80.

[1696] 孙晋，卫才旺．自贸区政府采购中公平竞争审查的理论检视和制度匡正．河南财经政法大学学报．2019（06）：85－93.

[1697] 王淑敏，王若男．中国建设自由贸易港的离岸金融创新制度研究．河南财经政法大学学报．2019（06）：94－101.

[1698] 赵加兵．版权合理使用保险建构的必要性及其制度安排．河南财经政法大学学报．2019（05）：94－104.

[1699] 阙占文，黄笑翀．论惩罚性赔偿在环境诉讼中的适用．河南财经政法大学学报．2019（04）：45－50.

[1700] 高重迎，于良东．新型市场下反垄断法的适用困境与破解．河南财经政法大学学报．2019（04）：87－96.

［1701］陈丹，陈阳．网约车规制中合作治理的框架及实现路径．河南财经政法大学学报．2019（03）：96－103.

［1702］何小勇．兼职劳动的法理基础及其规制路径选择．河南财经政法大学学报．2019（02）：123－136.

［1703］曾泓竣，曾千容．基于国际比较视角的股权众筹平台法律规制研究．河南财政税务高等专科学校学报．2019（05）：58－62.

［1704］杨海波．欧盟企业并购管辖权门槛制度研究——以欧盟4064/89、139/2004号条例为研究对象．河南财政税务高等专科学校学报．2019（01）：42－45.

［1705］魏丽丽．规制商标恶意抢注的立法检视与完善．河南大学学报（社会科学版）．2019（03）：64－69.

［1706］杨婉青．相互保险组织会员权利实现困境及救济途径．河南大学学报（社会科学版）．2019（03）：58－63.

［1707］王康辉，王晶晶．论我国环境犯罪的刑法规制研究．河南工程学院学报（社会科学版）．2019（03）：43－46.

［1708］金宁．论低价销售的法律规制．河南工程学院学报（社会科学版）．2019（03）：34－37.

［1709］高露梅．移动医疗App法律规制探析．河南工业大学学报（社会科学版）．2019（04）：36－43.

［1710］袁昕．建设美丽中国视角下高校生活垃圾分类管理的困境与出路．河南工业大学学报（社会科学版）．2019（03）：113－120.

［1711］楼晴昊．反不正当竞争法对用户数据保护的困境与出路——基于用户数据抓取行为的分析．河南广播电视大学学报．2019（04）：18－22.

［1712］贾健，赵亚坤．社会体育伤害行为的正当化及其界限——以业余足球中的伤害为例．河南警察学院学报．2019（06）：73－81.

［1713］单奕铭，万方亮．民营企业家破坏市场经济秩序犯罪实证研究——以北京市102份判决书为样本．河南警察学院学报．2019（05）：49－54.

［1714］朱建华，谷超．论我国刑法平等原则之实质欠缺及立法规制．河南警察学院学报．2019（05）：74－79.

［1715］郭雨洒，邓志皓．论知识产权诉权滥用及其规制．河南科技．2019（33）：25－28.

［1716］詹启智，李亚杰．论商标抢注行为的法律规制．河南科技．2019（21）：8－13.

［1717］钟大莉，常文凯．贵州省水资源强监管能力建设的初步探索．河南科技．2019（20）：90－91.

［1718］王银芳，郑庆昌．中部六省环境规制强度与新型城镇化质量协调性分析．河南科技大学学报（社会科学版）．2019（03）：86－94.

［1719］臧阿月．格式合同中“霸王条款”的规制路径研究——以共享单车格式合同为例．河南科技学院学报．2019（01）：24－29.

［1720］王静然．刑罚积极预防视域下我国邪教犯罪刑法规制的完善．河南科技学院学报．2019（01）：47－52.

［1721］魏文松．张力与弥合：监察法与国家赔偿制度的衔接问题．河南社会科学．2019（10）：32－38.

［1722］王利宾．民间融资风险治理机制研究——以法律经济学为分析视角．河南社会科学．2019（09）：43－48.

［1723］齐湘泉，文媛怡．构建“一带一路”个人数据跨境传输法律制度：分歧、共识与合作路径．河南师范大学学报（哲学社会科学版）．2019（06）：71－80.

［1724］刘英基. 制造业国际竞争力提升的绿色技术进步驱动效应——基于中国制造业行业面板数据的实证分析. 河南师范大学学报（哲学社会科学版）. 2019（05）：46－52.

［1725］闫雨. 我国网络恐怖主义犯罪的立法规制与治理. 河南师范大学学报（哲学社会科学版）. 2019（03）：65－70.

［1726］严火其，刘畅. 乡村文化振兴：基层软治理与公共性建构的契合逻辑. 河南师范大学学报（哲学社会科学版）. 2019（02）：46－51.

［1727］郑秋凤，张佩国. 社会资本介入微商传播的运作边界与风险规制逻辑. 河南师范大学学报（哲学社会科学版）. 2019（01）：144－149.

［1728］魏明逵，李昇. 校园App泛滥现状及解决路径选择——基于高校安装App的调查与思考. 河南司法警官职业学院学报. 2019（04）：117－122.

［1729］卞亚璇. 共享经济的规制策略. 河南司法警官职业学院学报. 2019（03）：90－95.

［1730］李春庚. DNA鉴定意见的审查与规制研究——以卢荣新案为样本. 河南司法警官职业学院学报. 2019（01）：100－105.

［1731］谭庆芳，陈雪松. 大数据环境下社区矫正监管模式创新研究. 河南司法警官职业学院学报. 2019（01）：36－39.

［1732］沈志康. 网络骗捐行为的法律规制——以大病众筹平台的完善为视角. 黑河学刊. 2019（04）：123－126.

［1733］阎楠楠. 互联网新型不正当竞争行为探析. 黑河学刊. 2019（01）：119－121.

［1734］尹秀芳.《劳动合同法》对产业转型升级的影响——基于企业发展的视角. 黑河学院学报. 2019（12）：68－71.

［1735］梁丹丹，甘黎黎. 快递污染治理的政策工具及优化. 黑河学院学报. 2019（08）：80－82.

［1736］沈永敏. 网络舆情法律规制路径分析. 黑河学院学报. 2019（01）：31－32.

［1737］唱晓阳，姜会明. 吉林省小规模生猪散养户退出生产决策影响因素研究. 黑龙江畜牧兽医. 2019（24）：23－27.

［1738］王乙幸，钱巍. 乳品企业的市场占有率对其市场势力的影响. 黑龙江畜牧兽医. 2019（08）：24－27.

［1739］周维莉，蔡文伯. 我国地方本科高校转型发展困境的新制度主义分析. 黑龙江高教研究. 2019（12）：60－64.

［1740］黄蕾. 高校学生创业的立法规制. 黑龙江高教研究. 2019（10）：143－147.

［1741］杨超，徐天伟. 专业学位研究生教育“双导师制”的制度设计及构建路径. 黑龙江高教研究. 2019（01）：66－70.

［1742］王占军，石焕霞. 美国州立院校学费定价权——从州政府控制到去管制. 黑龙江高教研究. 2019（07）：81－86.

［1743］季平平. 澳大利亚滥用市场支配地位之立法刍议. 黑龙江工业学院学报（综合版）. 2019（03）：103－107.

［1744］陈静. 反垄断视野下的忠诚折扣行为研究. 黑龙江工业学院学报（综合版）. 2019（02）：109－114.

［1745］宋源宁，徐成. 网络购物中刷单行为的法律规制及刑法适用. 黑龙江工业学院学报（综合版）. 2019（10）：101－106.

［1746］陈宏刚. 兰州市共享单车可持续发展问题分析. 黑龙江工业学院学报（综合版）. 2019（08）：58－63.

［1747］孙盈. 第三方支付方式下冒用行为的刑法规制——以支付宝花呗为例. 黑龙江工业学院学报（综合版）. 2019（06）：90－94.

［1748］高源．护盘式回购的监管问题研究——基于对《公司法》修改的思考．黑龙江工业学院学报（综合版）.2019（04）：117－121.

［1749］王长华．哈萨克斯坦公路工程项目监管流程体系介绍．黑龙江交通科技.2019（10）：207－209.

［1750］闫中平，李玲．网约车监管的困境与治理策略．黑龙江交通科技.2019（07）：258－259.

［1751］宋威．银行理财子公司业务发展模式研究．黑龙江金融.2019（01）：61－62.

［1752］谢春朋，姚春艳．共享经济下网约车的监管研究．黑龙江科学.2019（15）：118－119.

［1753］董金朋，张园园，孙世民．政府环境规制强度与蛋鸡养殖场清洁生产行为的进化博弈分析．黑龙江农业科学.2019（07）：140－144.

［1754］陈冲，刘达．新常态背景下环境规制与中国经济发展质量研究．黑龙江社会科学.2019（06）：9－17.

［1755］徐建．东北地区电商产业发展法律问题研究．黑龙江社会科学.2019（04）：104－107.

［1756］魏小雨．现代社会治理中的多元主体共治网络．黑龙江社会科学.2019（02）：100－105.

［1757］岳宇君，胡汉辉．论城市共享单车的规制体制：在政府规制与自我规制之间．黑龙江社会科学.2019（02）：62－67.

［1758］汤仙月．P2P网络借贷行为刑法规制研究．黑龙江社会科学.2019（01）：119－124.

［1759］薄萧．论深层链接的定性与著作权规制．黑龙江生态工程职业学院学报.2019（05）：68－70.

［1760］杨廷华，姜平．论我国个人破产法律制度构建的必要性和可行性．黑龙江生态工程职业学院学报.2019（03）：61－63.

［1761］兰妍君．第三方资助国际投资仲裁的滥诉问题及规制——基于“一带一路”视角．黑龙江生态工程职业学院学报.2019（01）：53－56.

［1762］李迎旭．技术创新与产业竞争力的提升——环境规制趋严背景下的传导机制研究．黑龙江生态工程职业学院学报.2019（01）：37－39.

［1763］陈积雪．论排他性封闭空间下的作为义务．黑龙江省政法管理干部学院学报.2019（01）：49－53.

［1764］白云，赵翀．网络暴力问题规制的对策研究．黑龙江省政法管理干部学院学报.2019（06）：55－58.

［1765］莫志．信息披露公平性原则的扩张与限制．黑龙江省政法管理干部学院学报.2019（04）：63－67.

［1766］张馨文．网络刷单行为的共犯形态研究．黑龙江省政法管理干部学院学报.2019（03）：43－47.

［1767］刘晓宇．人工智能视阈下自动驾驶汽车事故责任法律问题研究．黑龙江省政法管理干部学院学报.2019（02）：63－67.

［1768］陈轩禹，杨艺．对赌协议的法律规制研究．黑龙江省政法管理干部学院学报.2019（02）：125－130.

［1769］覃俊清．网络社交平台行政规制之核心概念展开．黑龙江省政法管理干部学院学报．2019（01）：19－23.

［1770］陆一敏．高级别智能汽车肇事的刑法规制．黑龙江省政法管理干部学院学报.2019（01）：39－43.

［1771］刘海华．集贸市场衡器监管探讨．衡器.2019（10）：46－48.

［1772］杨月君，王东波．唐代民间武器的管制与启示．衡水学院学报.2019（05）：123－128.

［1773］陈雄，尹智辉．社区服务中互助养老的法律规制——以株洲市为例．衡阳师范学院学报.2019（05）：69－75.

［1774］沈娜，赵冠男．论盗窃网络虚拟财产的刑法规制．衡阳师范学院学报.2019（04）：59－64.

［1775］郭珽，王磊．完善我国要素价格的市场化形成机制．宏观经济管理.2019（08）：18－24.

［1776］杨娟，郭珽．我国垄断行业改革进展与深化思路．宏观经济管理.2019（05）：38－44.

［1777］迟铮，王佳元．环境规制、环境成本内部化与国外对华反生态倾销．宏观经济研究．2019（11）：123－130.

［1778］林春艳，宫晓蕙，孔凡超．环境规制与绿色技术进步：促进还是抑制——基于空间效应视角．宏观经济研究.2019（11）：131－142.

［1779］王凤平，吴允，周祎庆．嵌入全球价值链影响资源型产业技术进步效果及途径的实证研究．宏观经济研究.2019（06）：83－94.

［1780］徐炎泽，崔文奎．社会投资建设项目规制研究．宏观经济研究.2019（05）：51－59.

［1781］雷文妮，曹玉瑾，纪斑．进入壁垒冲击、生产率分布与经济波动——基于异质性企业模型的研究．宏观经济研究.2019（03）：97－109.

［1782］张为杰，任成媛，胡蓉．中国式地方政府竞争对环境污染影响的实证研究．宏观经济研究.2019（02）：133－142.

［1783］季华，刘海波．跨国并购溢价度、公司国际化程度与并购绩效．宏观经济研究.2019（06）：58－72.

［1784］石璋铭，江朦朦．并购、融合与高技术企业成长．宏观经济研究.2019（10）：78－87.

［1785］董志勇，雷阳，李成明．生产网络与企业并购：一个行业关联度的研究视角．宏观质量研究.2019（04）：1－17.

［1786］董邦俊，赵聪．强监管背景下互联网金融犯罪侦防研究——以 P2P 网贷为中心．湖北大学学报（哲学社会科学版）.2019（05）：126－134.

［1787］王力．一个学位规制研究样本的发生机制考察——为学位条例修订而作．湖北第二师范学院学报.2019（12）：87－91.

［1788］曹梅．P2P 网络借贷平台出现的问题及规制路径探究．湖北第二师范学院学报.2019（06）：26－29.

［1789］闫登辉．共享经济的非犯罪化规制研究．湖北第二师范学院学报.2019（03）：59－64.

［1790］华子岩．论行政批示的法律规制．湖北工程学院学报.2019（04）：76－82.

［1791］裴雅娜，王晓灵．我国转轨时期政府俘获的内涵、原因和规制研究．湖北工程学院学报.2019（02）：80－84.

［1792］代文，齐航．碳减排约束、信息不对称与研发投入的研究与展望．湖北工业大学学报．2019（03）：30－34.

［1793］胡欣琪．P2P 网络集资刑法规制范围之试限缩．湖北工业职业技术学院学报.2019（04）：34－38.

［1794］王国红，黎婧婷，胡奂文，万琦．环境规制对中国外商直接投资的影响：基于“两控区”的准自然实验．湖北经济学院学报.2019（06）：27－36.

［1795］赵瑾，郭利京．环保标语对农户环保参与意愿和认同的影响．湖北经济学院学报.2019（05）：64－71.

［1796］纪玉俊，郑金鑫．环境规制促进了产业升级吗——基于我国两控区设立的准自然实验研究．湖北经济学院学报.2019（05）：78－88.

［1797］王文倩，李宗尧．长江经济带环境规制对就业影响的空间异质性．湖北经济学院学报．2019（03）：51－58.

［1798］李志华，王文倩，王凤祥．环境规制、民间投资与绿色全要素生产率．湖北经济学院学报．2019（01）：41－46.

［1799］顾书桂．关于习近平“房子是用来住的”思想的上海住房政策思考．湖北经济学院学报．2019（01）：54－62.

［1800］李井林，戴宛霖，胡伟．中国企业跨国并购：PE 的作用——基于中联重科并购 CIFA 的案例分析．湖北经济学院学报．2019（01）：71－82.

［1801］李井林，周献敏，姚晓林．创新与并购：研究述评与展望．湖北经济学院学报．2019（04）：56－68.

［1802］李想．涉医犯罪的刑事法规制及其完善路径．湖北经济学院学报（人文社会科学版）．2019（06）：80－83.

［1803］臧阿月．大数据时代下算法合谋的反垄断规制．湖北经济学院学报（人文社会科学版）．2019（06）：73－76.

［1804］吴云朋．绿色发展理念下完善环境与资源犯罪的立法思考．湖北经济学院学报（人文社会科学版）．2019（05）：71－75.

［1805］辜佳慧，孔维霞．我国行政性垄断法律规制体系研究．湖北经济学院学报（人文社会科学版）．2019（05）：63－67.

［1806］崔星璐．论刑法分则对少数民族风俗习惯的保护．湖北经济学院学报（人文社会科学版）．2019（04）：86－88.

［1807］雷琼芳．论大数据垄断的法律规制．湖北经济学院学报（人文社会科学版）．2019（01）：86－88.

［1808］董方红．企业跨国并购融资方式选择及其风险控制研究——以东山精密并购案为例．湖北经济学院学报（人文社会科学版）．2019（08）：55－58.

［1809］刘凯．跨国并购可以提高并购公司绩效吗？——以中国天楹并购 Ur baser 为例．湖北经济学院学报（人文社会科学版）．2019（10）：69－71.

［1810］杨丹丹．论辅警管理的法律规制——以《吉林省公安机关警务辅助人员管理办法》为例．湖北警官学院学报．2019（06）：152－159.

［1811］任雨凡．法律与保险协调中的环境风险规制——以《环境污染强制责任保险管理办法（草案）》为中心．湖北警官学院学报．2019（03）：72－80.

［1812］张瑞．民事公益诉讼视野下格式条款之司法规制路径．湖北警官学院学报．2019（02）：57－68.

［1813］孙世超，张枝涛．“婚内强奸”的犯罪化路径研究．湖北警官学院学报．2019（01）：90－97.

［1814］徐丹彤．我国警察携带枪支的法律问题研究．湖北警官学院学报．2019（01）：71－79.

［1815］温青美．论共享经济平台经营者的商法规制．湖北警官学院学报．2019（01）：36－45.

［1816］曲亚囡，李佳．海洋生态补偿的行政法规制研究．湖北开放职业学院学报．2019（15）：102－103.

［1817］李云捷，余璟．城市社区法治化进程中社区主体间的法律关系研究．湖北开放职业学院学报．2019（08）：110－113.

［1818］刘媛．浅谈校园贷对高职院校学生的危害及防范建议．湖北开放职业学院学报．2019（23）：30－31.

［1819］张维宇．如何加强对我国 P2P 网络借贷平台的监管．湖北开放职业学院学报．2019

(16)：113－114.

［1820］申晨，宰茁．基于区块链技术的互联网金融监管路径优化．湖北开放职业学院学报．2019（11）：93－94.

［1821］蒋帛婷．论互联网不正当竞争中消费者权益的保护——以《反不正当竞争法》修改为视角．湖北科技学院学报．2019（03）：45－48.

［1822］李心蕊．行政行为研究现状之检视——以2012－2017年主要法学期刊论文为对象．湖北科技学院学报．2019（01）：55－60.

［1823］涂红星，陈静．环境规制对工业技术创新的影响——基于中国水泥制造业的实证研究．湖北理工学院学报（人文社会科学版）．2019（01）：44－53.

［1824］钟晨宁．由包买商制度引发的"资本主义"定义争论——在布罗代尔论经济史的背景下．湖北理工学院学报（人文社会科学版）．2019（06）：64－72.

［1825］袁明达．特困地区制度环境、创业动机与农民工新创企业成长——基于武陵山和罗霄山片区的调查分析．湖北民族学院学报（哲学社会科学版）．2019（04）：78－85.

［1826］李莉．基于博弈论的工程招投标合谋行为分析研究．湖北农机化．2019（24）：165－166.

［1827］李立军．高校外卖食品安全问题及监管策略研究．湖北农机化．2019（24）：177－178.

［1828］仇伟，卢东宁．基于VAR模型的农业碳排放影响因素及其动态响应机制分析．湖北农业科学．2019（24）：271－276.

［1829］赵国锋．乡村振兴战略下现代农业产业体系构建路径研究——以陕西关中地区为例．湖北农业科学．2019（19）：73－77.

［1830］李华武．我国并购反垄断豁免的实体规则体系：理论阐释与实证研究．湖北社会科学．2019（03）：80－87.

［1831］马路瑶．风险社会视阈下人类胚胎基因编辑的刑事立法立场．湖北社会科学．2019（11）：153－161.

［1832］占善刚，施瑶．民事诉讼中当事人无正当理由不出庭之规制研究．湖北社会科学．2019（11）：144－152.

［1833］张淑芳，杨宁．共同体视域下算法推送机制的信息茧房效应规制．湖北社会科学．2019（10）：171－177.

［1834］白云锋．"互联网＋"时代的行政规制图景——基于237份网约车规范的分析．湖北社会科学．2019（06）：120－128.

［1835］薛飞．我国互联网金融发展现状及问题分析．湖北社会科学．2019（06）：56－60.

［1836］王育宝，陆扬，胡芳肖．环境规制中利益相关者关系及规制路径分析．湖北师范大学学报（哲学社会科学版）．2019（04）：68－76.

［1837］张应强．制度规约与一般高校生存——读《重点大学建设对一般高校发展的影响》．湖北师范大学学报（哲学社会科学版）．2019（02）：155－156.

［1838］许和连，钱愈嘉，邓玉萍．环境污染与劳动力迁移——基于CGSS调查数据的经验研究．湖南大学学报（社会科学版）．2019（02）：68－76.

［1839］王红霞，孙寒宁．电子商务平台单方变更合同的法律规制——兼论《电子商务法》第34条之局限．湖南大学学报（社会科学版）．2019（01）：137－144.

［1840］杨露雯，王超，易兵．环境规制对皮革类上市企业财务绩效的实证研究．湖南工程学院学报（社会科学版）．2019（03）：13－18.

［1841］肖军．民办幼儿园政府规制与反规制研究．湖南工业大学学报（社会科学版）．2019（03）：72－80.

［1842］彭科．“医养结合”模式下老年人权益保障的法律规制．湖南工业大学学报（社会科学版）.2019（01）：44－50.

［1843］张晓飞．微商经营模式的规制困境及进路探析．湖南工业职业技术学院学报.2019（03）：67－72.

［1844］彭忆，肖润佳．关联并购、机构投资者持股与并购绩效研究．湖南工业职业技术学院学报.2019（02）：45－50.

［1845］易兵，蒋淑玲，范润卿．我国企业跨国并购财务风险分析与防范措施研究．湖南工业职业技术学院学报.2019（03）：56－61.

［1846］刘梦．论劳动者言论自由与忠实义务的平衡．湖南广播电视大学学报.2019（01）：37－42.

［1847］方红莉，刘宏斌．我国警察职业伦理的失范与规制研究．湖南警察学院学报.2019（03）：98－104.

［1848］周鸿焕．民族乡村精准扶贫的法治保障研究．湖南警察学院学报.2019（01）：24－29.

［1849］毛俊响，郑谨策．商业化基因检测中的人权问题研究．湖南警察学院学报.2019（01）：50－59.

［1850］陈兰兰，左黎明.ICO涉嫌经济犯罪特征分析及监管研究．湖南警察学院学报.2019（03）：79－84.

［1851］乔青，张绍谦．刑法谦抑理论下金融犯罪圈的界定．湖南科技大学学报（社会科学版）.2019（04）：99－105.

［1852］郭小安，韩放．英美网络谣言治理的法律规制与行业规范．湖南科技大学学报（社会科学版）.2019（01）：154－161.

［1853］柏乐乐．保护与传承：基于建水紫陶地方文化元素的校本课程设计．湖南科技学院学报.2019（06）：107－109.

［1854］李桂林，李唐玥．暴力伤医的法律成因与应对研究．湖南科技学院学报.2019（12）：84－86.

［1855］阮致远．“三权分置”背景下土地经营权的立法规制——以民法典的编纂为视角．湖南科技学院学报.2019（07）：89－92.

［1856］张燕宇．盗版技术演变中的版权刑法保护嬗变．湖南科技学院学报.2019（06）：68－70.

［1857］靳以．论个人信息的网络泄露及其规制．湖南科技学院学报.2019（03）：84－86.

［1858］李荻凡．评析欧盟投资者诉国家争端解决机制的改革——以利益平衡为视角．湖南科技学院学报.2019（03）：103－105.

［1859］李婧．网络诽谤侮辱问题的刑法规制．湖南科技学院学报.2019（02）：78－81.

［1860］朱静．网络经济垄断治理中反垄断法的应对进路．湖南科技学院学报.2019（06）：62－63.

［1861］王磊．我国企业并购的财务风险及其防范管理．湖南科技学院学报.2019（04）：87－89.

［1862］王佳，池峰．我国彩票的融资机理与监管适配——基于审计视角．湖南科技学院学报.2019（09）：58－60.

［1863］游达明，邓颖蕾．企业清洁技术创新水平及其影响因素的区域差异——基于市场型环境规制视角．湖南农业大学学报（社会科学版）.2019（02）：62－67.

［1864］龚志军，攸清娃．基于个体识别的大数据运用法律规制的基本原则．湖南人文科技学院学报.2019（02）：21－27.

［1865］莫万友．移动支付中数据安全法律问题探析．湖南社会科学.2019（04）：50－56.

［1866］钱玉文，吴炯．论商业银行适当性义务的性质及适用．湖南社会科学.2019（04）：

64－73.

［1867］王良顺，汪洁．实现量刑均衡之路径研究——兼析《人民法院量刑指导意见（试行）》．湖南社会科学．2019（01）：73－80.

［1868］谢妮．课程知识的开放性与个体的自我关怀——兼与叶波博士商榷．湖南师范大学教育科学学报．2019（02）：112－117.

［1869］姚荣．从“管理法”走向“平衡法”：高校惩戒教师行为的法律规制研究．湖南师范大学教育科学学报．2019（05）：30－39.

［1870］姚荣．国家管制与市场调节之间：我国高校教师人事自主权行使的双重机制及其矫正．湖南师范大学教育科学学报．2019（02）：36－47.

［1871］秦涛，吴义和．民办幼儿园政府依法监管的困境与出路．湖南师范大学教育科学学报．2019（01）：34－42.

［1872］金昱茜．德国法定养老保险精算制度的法律保障的经验与启示．湖南师范大学社会科学学报．2019（02）：46－54.

［1873］粟刚，谢保卫．光伏发电项目并购的技术难点和对策．湖南水利水电．2019（06）：107－111.

［1874］严书．非税收入票据电子化管理．湖南税务高等专科学校学报．2019（05）：64－71.

［1875］陈晓春，肖雪．社会组织参与法治社会建设的路径探析．湖湘论坛．2019（04）：53－60.

［1876］刘伟．论我国反垄断与政府管制的谐和．湖湘论坛．2019（04）：138－148.

［1877］蒋洁．人工智能开发企业社会责任及其法律规制．湖湘论坛．2019（02）：28－36.

［1878］唐潇潇，李蕊．互联网投融资平台的规制逻辑．湖湘论坛．2019（01）：87－95.

［1879］陈永伟．人工智能的算法合谋挑战．互联网经济．2019（04）：42－47.

［1880］丁杰，邢霞．互联网空间中道德与责任对网络话语的规制探讨．互联网天地．2019（02）：36－42.

［1881］曾雄．“大数据杀熟”的竞争法规制——以个性化定价的概念展开．互联网天地．2019（09）：26－32.

［1882］浅秋．“年货节”折扣背后的经济学．互联网周刊．2019（03）：20－21.

［1883］李曙光，蒋红，郎黎薇，张秀英，张璐作．预防患者跌倒 APS 规范化实践体系的构建及应用．护理学杂志．2019（13）：1－4.

［1884］江奇高．企业并购中财务风险的防范措施．花炮科技与市场．2019（04）：54－55.

［1885］杜宇晖．企业并购后的财务整合．花炮科技与市场．2019（04）：89－90.

［1886］曾敏，李业旗．简政放权的现实意义研究．花炮科技与市场．2019（01）：22－25.

［1887］陈兆熙．民营企业石油商业储备的法律规制．华北电力大学学报（社会科学版）．2019（06）：85－95.

［1888］李强，韦薇．长江经济带环境规制效率时序变化及影响因素研究．华北电力大学学报（社会科学版）．2019（03）：9－17.

［1889］肖可．我国大额持股披露制度：现状、不足与完善．华北金融．2019（03）：24－33.

［1890］王维全．互联网金融市场准入的经验与启示．华北金融．2019（02）：42－48.

［1891］万光彩，陶云凯，叶龙生．环境规制、产业转型与安徽经济高质量发展．华东经济管理．2019（11）：24－29.

［1892］肖远飞，吴允．财政分权、环境规制与绿色全要素生产率——基于动态空间杜宾模型的实证分析．华东经济管理．2019（11）：15－23.

［1893］邢丽云，俞会新．环境规制对企业绿色创新的影响——基于绿色动态能力的调节作用．华东经济管理．2019（10）：20－26.

［1894］张翼，王书蓓．政府环境规制、研发税收优惠政策与绿色产品创新．华东经济管理．2019（09）：47－53.

［1895］冉启英，徐丽娜．环境规制、省际产业转移与污染溢出效应——基于空间杜宾模型和动态门限面板模型．华东经济管理．2019（07）：5－13.

［1896］丁绪辉，张紫璇，吴凤平．双控行动下环境规制对区域碳排放绩效的门槛效应研究．华东经济管理．2019（07）：44－51.

［1897］冉斌，陈明．农民工职业安全社会层面影响因素研究——基于向后逐步回归法的测算．华东经济管理．2019（06）：167－171.

［1898］田昆儒，田雪丰．多个大股东、创新投资与市场表现——基于倾向得分匹配法（PSM）的分析．华东经济管理．2019（12）：119－128.

［1899］吴道友，程佳琳．企业跨国并购协同整合策略与情境匹配研究——一项模糊集定性比较分析（fsQCA）的尝试．华东经济管理．2019（07）：178－184.

［1900］俞灵琦．大数据带来的是“精准定位”还是“价格歧视”？．华东科技．2019（12）：46－47.

［1901］章小杉．人工智能算法歧视的法律规制：欧美经验与中国路径．华东理工大学学报（社会科学版）．2019（06）：63－72.

［1902］高汉，胡超颖．绿色并购对中国高耗能行业上市企业绩效的影响．华东师范大学学报（哲学社会科学版）．2019（06）：162－172.

［1903］齐延平，何晓斌．算法社会言论自由保护中的国家角色．华东政法大学学报．2019（06）：6－16.

［1904］张欣．从算法危机到算法信任：算法治理的多元方案和本土化路径．华东政法大学学报．2019（06）：17－30.

［1905］张凌寒．搜索引擎自动补足算法的损害及规制．华东政法大学学报．2019（06）：31－45.

［1906］郑海平．网络诽谤刑法规制的合宪性调控——以2014—2018年间的151份裁判文书为样本．华东政法大学学报．2019（03）：55－70.

［1907］商浩文．美国首例“幌骗”型高频交易刑事定罪案及其借鉴．华东政法大学学报．2019（02）：156－167.

［1908］占善刚，刘洋．部分请求容许性的“同案不同判”及其规制——基于107份裁判文书的文本分析．华东政法大学学报．2019（02）：181－192.

［1909］王军．论“行政机关”的认定——以美国法为中心的考察．华东政法大学学报．2019（01）：166－177.

［1910］姚瑶．水上交通肇事逃逸的刑法规制．华东政法大学学报．2019（01）：158－165.

［1911］李振林．非法利用个人金融信息行为刑法规制强化论．华东政法大学学报．2019（01）：81－93.

［1912］邢会强．个人所得的分类规制与综合规制．华东政法大学学报．2019（01）：17－26.

［1913］解丽霞，徐文蔚，李泉然．包容性社会政策视角下的农民工市民化问题研究．华南理工大学学报（社会科学版）．2019（05）：70－78.

［1914］李春芳，彭榕．商标囤积现象的规制．华南理工大学学报（社会科学版）．2019（06）：81－88.

［1915］李帅．互联网数据治理的时代挑战及行政法应对．华南理工大学学报（社会科学版）．2019（03）：89－98.

［1916］王黎．寡头治村：村级民主治理的异化．华南农业大学学报（社会科学版）．2019（06）：121－129.

[1917] 孙道萃．网络不正当竞争犯罪的司法巡思与立法应对．华南师范大学学报（社会科学版）．2019（05）：142－153.

[1918] 肖扬宇．网络脱域环境下的犯罪变迁与治理路径．华南师范大学学报（社会科学版）．2019（03）：139－145.

[1919] 殷继国．论创新友好型规制模式的逻辑意蕴与路径选择．华南师范大学学报（社会科学版）．2019（02）：142－148.

[1920] 张涛．大数据时代个人信息匿名化的规制治理．华中科技大学学报（社会科学版）．2019（02）：76－85.

[1921] 齐鹏飞．论大数据视角下的隐私权保护模式．华中科技大学学报（社会科学版）．2019（02）：65－75.

[1922] 李卫兵，刘方文，王滨．环境规制有助于提升绿色全要素生产率吗？——基于两控区政策的估计．华中科技大学学报（社会科学版）．2019（01）：72－82.

[1923] 孙致陆．贸易开放背景下国际小麦贸易市场势力实证分析．华中农业大学学报（社会科学版）．2019（04）：1－14.

[1924] 黄寰，杨梅，王珏．长江经济带经济增长与环境污染脱钩的效应及驱动因素研究．华中师范大学学报（自然科学版）．2019（05）：643－657.

[1925] 李自托．我国轮胎行业并购战略研究．化学工业．2019（02）：8－13.

[1926] 周甜甜．铁路黑名单的法律规制．怀化学院学报．2019（04）：71－76.

[1927] 杨仕兵，张闯玉．完善网络言论失范行为法律规制的思考——基于43个“网络辱警”案件的实证分析．怀化学院学报．2019（02）：79－84.

[1928] 高拉杰．隐名股东法律问题探析．怀化学院学报．2019（02）：85－89.

[1929] 李婧．刑法对于个体网络借贷平台的规制作用．怀化学院学报．2019（01）：79－81.

[1930] 高敏．基因编辑婴儿视角的基因技术犯罪研究．怀化学院学报．2019（01）：86－88.

[1931] 徐天柱，徐湘明，郑大军．出租车行业规制制度改革刍议——从承包费失当问题产生和治理的角度．淮北师范大学学报（哲学社会科学版）．2019（02）：55－59.

[1932] 刘垠，刘卓然．消费者自主选择权刍议——以餐饮业“谢绝自带酒水”为视角．淮北职业技术学院学报．2019（03）：94－96.

[1933] 杨少奎．对股东表决权的反思与规制——以资本认缴制改革为背景．淮海工学院学报（人文社会科学版）．2019（12）：16－18.

[1934] 闫康．监察机关留置措施的规制问题研究．淮海工学院学报（人文社会科学版）．2019（08）：28－31.

[1935] 侯佩仙．商业化人格权探析．淮海工学院学报（人文社会科学版）．2019（07）：25－28.

[1936] 张浩，尹晓波．网络谣言的刑法规制．淮海工学院学报（人文社会科学版）．2019（06）：30－33.

[1937] 阮琴．《反不正当竞争法》对未注册商标的保护．淮海工学院学报（人文社会科学版）．2019（01）：28－31.

[1938] 黄丽娜．论诚实信用原则对民事诉讼当事人的适用．淮南师范学院学报．2019（01）：10－14.

[1939] 蔡贤斌．浅谈基于新会计准则的企业并购会计核算．淮南职业技术学院学报．2019（03）：133－135.

[1940] 叶楚天．大数据下网约车及TNPs的“互联网＋”监管．淮阴工学院学报．2019（06）：36－41.

[1941] 段宗志，龚银银，洪正杰．环境规制对建筑业发展的影响研究．淮阴工学院学报．2019

(03): 33－38.

［1942］张婷婷．我国商业银行不良资产证券化的法律制度研究．环渤海经济瞭望．2019 (12): 159－160.

［1943］李毅．循环经济 ppp 模式的法律规制——以城市生活垃圾处理为中心之展开．环渤海经济瞭望．2019 (10): 167－168.

［1944］胡雨涵．合同因隐藏的不合意无效与重大误解可撤销的选择——以法的经济学分析为视角．环渤海经济瞭望．2019 (09): 168－169.

［1945］肖雁飞，尹慧．环境规制出口效应实证研究——基于广东省高新技术产业分析．环渤海经济瞭望．2019 (07): 148－149.

［1946］姜飞．基于“混合式”教学模式的高校教学改革问题研究——以《公司并购与重组》和《经济法》课程为例．环渤海经济瞭望．2019 (02): 194.

［1947］赵亚男．论证券公司境外并购中的问题与对策．环渤海经济瞭望．2019 (02): 8.

［1948］潘亚辉．国有企业并购重组的风险和挑战探究．环渤海经济瞭望．2019 (03): 17－18.

［1949］杨俏文．企业并购财务风险及其防范研究．环渤海经济瞭望．2019 (07): 168－169.

［1950］何雅．兼并重组——鞍钢股份未来发展的突破口．环渤海经济瞭望．2019 (08): 58－59.

［1951］杨倩．新常态下企业并购会计面临的问题与对策．环渤海经济瞭望．2019 (10): 153.

［1952］方程．企业跨境并购影响因素分析．环渤海经济瞭望．2019 (11): 53.

［1953］沈桂名．基于 EVA 评价指标的并购绩效分析——以三全食品收购龙凤为例．环渤海经济瞭望．2019 (12): 34－37.

［1954］张蔚文．互联网消费金融的发展与监管分析．环渤海经济瞭望．2019 (09): 39.

［1955］孙文远，夏凡．经济增长约束下环境规制的综述研究．环境保护与循环经济．2019 (05): 72－76.

［1956］李智，李枷宇，李帅娜．环境规制下长江经济带创新效率研究——基于三阶段 DEA 和 Malmquist 指数．环境保护与循环经济．2019 (05): 77－82.

［1957］张凌键，胡鹏，刘勇．环境规制对产业绩效的影响研究．环境保护与循环经济．2019 (02): 77－81.

［1958］贺业菊，彭跃，金福杰．社会化环境监测机构的监管现状调查与研究．环境保护与循环经济．2019 (02): 87－90.

［1959］李书颖．低碳经济法律制度研究——评《低碳经济的政策法律规制》. 环境工程．2019 (09): 214.

［1960］徐淑民，陈瑛，滕婧杰，胡俊杰，薛宁宁．中国一般工业固体废物产生、处理及监管对策与建议．环境工程．2019 (01): 138－141.

［1961］孙彩萍，孙启宏，王维，刘孝富，王莹，罗镭，刘柏音，邱文婷．固定源大气污染物监管技术框架及应用研究．环境工程技术学报．2019 (06): 741－747.

［1962］证监会紧盯并购重组，杜绝讲故事企业上市吸金．环境经济．2019 (17): 5.

［1963］卞元超，吴利华，白俊红．市场分割与经济高质量发展：基于绿色增长的视角．环境经济研究．2019 (04): 96－114.

［1964］张丹，陈乐一．环境规制、产业结构升级与经济波动——基于动态面板门槛模型的实证研究．环境经济研究．2019 (02): 92－109.

［1965］朱英明，刘素霞，李玉见，裴宇，乔汉青．产业集聚对环境污染的减缓效应：理论与实证．环境经济研究．2019 (01): 86－107.

［1966］史亚东．论中国环境治理中的非正式制度创新研究．环境科学与管理．2019 (09): 1－5.

［1967］李颖．低碳排放监管与中国低碳物流业发展研究．环境科学与管理．2019（09）：15－19.

［1968］王莹，彭秀丽．基于演化博弈的矿产资源生态补偿机制研究．环境科学与技术．2019（S1）：261－266.

［1969］陈耀强，焦毅，王健礼，赵明．在用车的排放现状与治理．环境生态学．2019（02）：59－65.

［1970］常明，奚云霄，马冰然，官响．中国“十二五”期间环境规制效率时空差异与驱动机制研究．环境污染与防治．2019（07）：860－863.

［1971］姚荣，徐鹤．基于环境规制中国对“一带一路”火电投资实证分析．环境污染与防治．2019（06）：737－742.

［1972］杨罕玲，秦虎，汪维．美国油气行业甲烷减排措施及启示．环境影响评价．2019（01）：20－23.

［1973］张家欢．深圳市中心区主要第三产业污染控制的分析．环境与发展．2019（07）：68－69.

［1974］董秋池．环境给排水系统管理存在问题及措施探讨．环境与发展．2019（11）：206－207.

［1975］刘钰淇．“放管服”改革背景下环评审批与监管探析——以贵安新区为例．环境与发展．2019（01）：200－201.

［1976］蒋长流，江成涛．基于低碳转型的环境管理职能变革研究．环境与可持续发展．2019（05）：109－113.

［1977］克里斯托弗·布施．个性化经济中的算法规制和（不）完美执行．环球法律评论．2019（06）：5－19.

［1978］沈伟伟．算法透明原则的迷思——算法规制理论的批判．环球法律评论．2019（06）：20－39.

［1979］丁晓东．用户画像、个性化推荐与个人信息保护．环球法律评论．2019（05）：82－96.

［1980］孙南翔．美国经贸单边主义：形式、动因与法律应对．环球法律评论．2019（01）：179－192.

［1981］喻海松．刑事电子数据的规制路径与重点问题．环球法律评论．2019（01）：35－47.

［1982］严娟．共享经济下政府职能让渡与管理补位的路径研究．黄冈职业技术学院学报．2019（06）：110－113.

［1983］李炳炎．中国特色社会主义共享经济的形成与发展．黄河科技学院学报．2019（06）：58－68.

［1984］张文涛，康进军．宝钢并购武钢财务风险及应对研究．会计师．2019（03）：21－22.

［1985］林岚．企业并购财务风险的定量分析．会计师．2019（05）：35－36.

［1986］于培友，牛晓童，于静．浅谈企业高杠杆并购风险与控制——以龙薇传媒收购万家文化为例．会计师．2019（05）：40－41.

［1987］宋金铭，康进军．杠杆式并购在企业并购中的应用——以吉利并购沃尔沃为例．会计师．2019（07）：79－80.

［1988］彭文华．国有资本并购控股民营上市公司的分析．会计师．2019（07）：27－29.

［1989］黄明．企业并购中财务风险的防范对策研究——以首旅酒店并购如家为例．会计师．2019（08）：34－35.

［1990］李双双．房地产企业股权并购涉税问题研究．会计师．2019（09）：40－41.

［1991］杨裔光．投资并购中对赌协议及其价值分析．会计师．2019（10）：27－28.

［1992］张文涛，康进军．并购行为对公司股价的影响——以宝钢并购武钢为例．会计师．2019（11）：18－19.

［1993］张峻睿．社交领域并购的绩效研究——以陌陌并购探探为例．会计师．2019（11）：23－24.

［1994］宋金铭，康进军．企业并购对公司股价的影响研究．会计师．2019（13）：3－4.

［1995］王青．“对赌协议”在企业并购中的应用研究．会计师．2019（17）：28－29.

［1996］王青．上市公司并购后的商誉减值研究．会计师．2019（18）：5－6.

［1997］陈伟．国企参与上市公司并购重组的思考．会计师．2019（21）：31－32.

［1998］叶斌．企业并购后的财务整合解构．会计师．2019（21）：26－27.

［1999］乐晓娟．股权并购中尽职调查存在的问题及对策．会计师．2019（23）：63－64.

［2000］刘超．警惕SPV融资工具带来的“高杠杆”及其他衍生风险．会计研究．2019（04）：58－64.

［2001］宋晓华，蒋潇，韩晶晶，赵彩萍，郭亦玮，余中福．企业碳信息披露的价值效应研究——基于公共压力的调节作用．会计研究．2019（12）：78－84.

［2002］王爱国，张志，王守海．政府规制、股权结构与资本成本——兼谈我国公用事业企业的“混改”进路．会计研究．2019（05）：11－19.

［2003］任宏达，王琨．产品市场竞争与信息披露质量——基于上市公司年报文本分析的新证据．会计研究．2019（03）：32－39.

［2004］潘爱玲，刘昕，吴倩．跨所有制并购、制度环境与民营企业债务融资成本．会计研究．2019（05）：3－10.

［2005］翟进步，李嘉辉，顾桢．并购重组业绩承诺推高资产估值了吗．会计研究．2019（06）：35－42.

［2006］蔡宁．文化差异会影响并购绩效吗——基于方言视角的研究．会计研究．2019（07）：43－50.

［2007］孙甲奎，肖星．独立董事投行经历与上市公司并购行为及其效应研究——来自中国市场的证据．会计研究．2019（10）：64－70.

［2008］付春．企业并购各方报表项目的所得税事项会税考量．会计之友．2019（05）：48－54.

［2009］吴德军．绿色创新国内外研究动态．会计之友．2019（16）：2－7.

［2010］辛宇．环境规制对绿色投资影响的实证研究——基于媒体监督视角．会计之友．2019（14）：91－96.

［2011］金银凤，郑石桥，周敏李．企业审计内容：一个理论框架．会计之友．2019（05）：157－161.

［2012］郑石桥，周敏李．企业审计主体：一个理论框架．会计之友．2019（03）：154－159.

［2013］郑石桥，周敏李．企业审计需求：一个理论框架．会计之友．2019（02）：155－159.

［2014］李连枝．PPP项目价格机制构建研究．会计之友．2019（01）：32－37.

［2015］赵国宇，禹薇．大股东持股、董事会争夺与合谋掏空——来自民营上市公司的经验证据．会计之友．2019（11）：59－66.

［2016］姜月运，姜元祯，杨帅．审计合谋、客户议价与审计质量——基于异常审计费用角度．会计之友．2019（09）：147－154.

［2017］王前锋，谢雨婷．股权激励、内部控制与长期并购绩效．会计之友．2019（07）：120－126.

［2018］丁华，张祥华．企业重大资产跨国并购财务政策选择研究．会计之友．2019（09）：32－37.

［2019］侯晓红，杨静．成本粘性与企业并购中的价值创造．会计之友．2019（12）：29－34.

［2020］刘建勇，江秋丽．海外并购、技术创新与企业产能过剩．会计之友．2019（12）：

100 - 104.

［2021］汪海霞，王新．政府补贴与企业研发投入——所有制和政治关联的联合调节效应．会计之友．2019（14）：45 - 51.

［2022］施文，高珂，孙慧芳．新兴行业并购、公司盈利能力与经营效率．会计之友．2019（13）：77 - 81.

［2023］黄宏斌，姚禹．基于市值管理的企业并购分析——以吉利汽车并购沃尔沃为例．会计之友．2019（15）：93 - 101.

［2024］任灵梅．Earn - out 支付法在上市公司业绩平滑方面的巧妙运用——以蓝色光标并购案为例．会计之友．2019（16）：132 - 135.

［2025］张际萍．会计准则弹性与企业并购商誉价值相关性研究．会计之友．2019（19）：65 - 70.

［2026］陈冀伟，国文婷．高声誉的财务顾问会提高并购绩效吗？．会计之友．2019（19）：103 - 109.

［2027］何任，樊粉芬，王纯．收购公司分析师跟进、代理成本与并购绩效．会计之友．2019（19）：91 - 96.

［2028］池昭梅，乔桐．中国制造业海外并购绩效研究——以旗滨集团并购马来西亚旗滨公司为例．会计之友．2019（20）：67 - 72.

［2029］李井林，戴宛霖，姚晓林．并购对价与支付方式：业绩承诺与风险承担——基于蓝色光标并购博杰广告的案例分析．会计之友．2019（20）：61 - 66.

［2030］池昭梅，李慧芳．政治关联与企业海外并购绩效研究——以新都化工并购马来西亚嘉施利为例．会计之友．2019（21）：59 - 63.

［2031］刘磊，陈欢，谢晓俊．业绩“暴雷”与并购商誉会计计量——基于高升控股并购案例的分析．会计之友．2019（23）：34 - 38.

［2032］陶萍，彭晓洁．管理层权力、股权集中度与并购商誉．会计之友．2019（23）：38 - 44.

［2033］李晓龙，刘金林，李耀瑞，曾思程．自信共享理念对并购决策锚定效应的影响．会计之友．2019（24）：49 - 54.

［2034］孙再凌，刘瑞．外部压力对企业环境信息披露的监管有效吗？——基于辉丰生物环保督查的案例分析．会计之友．2019（15）：86 - 92.

［2035］潘华，杨硕．PPP 的税收激励与多元监管研究．会计之友．2019（13）：35 - 40.

［2036］许敏，濮郁卉．“放管服”背景下高校科研监管行为演化博弈分析．会计之友．2019（04）：142 - 145.

［2037］赵金煜，邢潇雨，刘彩霞．基于 KMRW 模型的养老 PPP 项目社会资本方监管研究．会计之友．2019（01）：27 - 31.

［2038］王德花．政府监管存在的问题及建议．机构与行政．2019（06）：58 - 60.

［2039］其他组织利用国有资产举办的事业单位法人登记监管工作的实践与思考．机构与行政．2019（05）：46 - 48.

［2040］“互联网 + 事业单位监管”数据共享调查研究．机构与行政．2019（03）：58 - 59.

［2041］王磊．中牟县分散农户农产品质量安全监管工作的探索与实践．基层农技推广．2019（03）：112 - 114.

［2042］徐承红，潘忠文．区域绿色水资源效率提升的门槛效应——基于异质性环境规制的视角．吉林大学社会科学学报．2019（06）：83 - 94.

［2043］齐文浩，李佳俊．食品安全规制中消费者信息分享行为探析——基于复杂社会网络的视角．吉林大学社会科学学报．2019（06）：140 - 148.

［2044］王晓红，冯严超，焦国伟．环境规制对中国城市发展质量的影响研究．吉林大学社会

科学学报．2019（04）：19－29.

［2045］金日秀，郑军男．环境风险的新挑战与刑法的应对．吉林大学社会科学学报．2019（02）：52－65.

［2046］吴真，梁甜甜．企业环境信息披露的多元治理机制．吉林大学社会科学学报．2019（01）：39－46.

［2047］赵立立．公司收购中目标公司董事信义义务判断标准之构建．吉林工商学院学报．2019（02）：110－113.

［2048］李灵会．标准必要专利禁令救济滥用的反垄断法规制研究．吉林工商学院学报．2019（01）：99－102.

［2049］张强．“问题疫苗”事件背后的若干法律问题剖析．吉林广播电视大学学报．2019（05）：122－123.

［2050］姚林华．基于内生增长模型的金融发展创新与环境污染关系研究．吉林金融研究．2019（01）：7－13.

［2051］晏闪．基于核心企业的产业并购基金研究．吉林金融研究．2019（10）：19－25.

［2052］陈洪亮，常晶．互联网贷款监管存在的问题与对策研究．吉林金融研究．2019（12）：27－29.

［2053］刘大宇，马春丽．关于完善我国金融机构风险处置法律框架的思考．吉林金融研究．2019（11）：65－68.

［2054］黄昕．浅析我国支付创新的风险防范问题．吉林金融研究．2019（09）：46－49.

［2055］于畅．基于演化博弈模型的反洗钱监管有效性问题研究．吉林金融研究．2019（07）：53－56.

［2056］李文慧．吉林省联合惩戒安全生产领域失信行为　工矿商贸企业10种行为被纳入联合惩戒范围．吉林劳动保护．2019（05）：9－10.

［2057］何山．无人机遥测技术在水土保持监管中的应用．吉林农业．2019（20）：45.

［2058］刘阳，李双龙．以强化监管推动农产品质量安全的研究——基于对远安县创建省级农产品质量安全县工作的调查．吉林农业．2019（06）：85－86.

［2059］苏晓晨．论受益型侵权行为的法律规制．吉林省教育学院学报．2019（08）：148－152.

［2060］曾世宏，杨鹏．分享经济治理公共服务供给“缺口”的机理、路径与对策．吉林师范大学学报（人文社会科学版）．2019（01）：69－76.

［2061］赵永康，袁心语，邢尊明．大型体育赛事隐性市场行为的类型化研究及防范策略．吉林体育学院学报．2019（06）：42－47.

［2062］张泽君，张建华，张健，隋凤娟，李婷文．甘肃群众体育与竞技体育协调发展的影响因素与治理策略．吉林体育学院学报．2019（05）：15－21.

［2063］李挚萍．主持人语．吉首大学学报（社会科学版）．2019（05）：61.

［2064］朱炳成．面向公众健康保障的生态环境法律规制转型．吉首大学学报（社会科学版）．2019（05）：100－108.

［2065］胡建刚．规制与问责：英美警察自由裁量权的多元治理．吉首大学学报（社会科学版）．2019（05）：48－60.

［2066］游达明，张杨，袁宝龙．财政分权与晋升激励下环境规制对产业结构升级的影响．吉首大学学报（社会科学版）．2019（02）：21－32.

［2067］吴宁铂．CCAMLR规制IUU捕鱼的措施评估与反思．极地研究．2019（01）：103－113.

［2068］杨念，滕玮，韩斌，黄树成．多属性中心密文定长属性加密访问控制方案．计算机工程与设计．2019（10）：2765－2772.

[2069] 刘海峰，薛超，梁星亮．基于二元 Lagrange 插值多项式的门限方案．计算机工程与应用．2019（17）：107－111.

[2070] 谭跃生，章世杨，王静宇．基于多授权中心的 CP－ABE 属性撤销方案．计算机工程与应用．2019（13）：78－84.

[2071] 蒋凌燕，王晓光．物联网技术下重复质押风险的防范．计算机工程与应用．2019（09）：223－229.

[2072] 陈玉玉，李帮义，柏庆国，陈信同，唐娟．基于产品拆卸性设计的循环率规制的影响研究．计算机集成制造系统．2019（07）：1817－1827.

[2073] 章志明，邓建刚．安全有效的无线传感器网络溯源数据方法．计算机科学与探索．2019（04）：608－619.

[2074] 陈盼盼．大数据时代个人隐私的伦理问题研究．计算机时代．2019（08）：106－109.

[2075] 王亚琼，史国振，谢绒娜，李凤华，王雅哲．卫星网络中支持策略隐藏的多授权访问控制方案．计算机应用．2019（02）：470－475.

[2076] 沙涛，刘梦君，李丹，刘树波．公租房背景下 NB－IoT 安全智能锁系统解决方案．计算机应用研究．2019（06）：1797－1802.

[2077] 胡文华，孔华锋．印度数据本地化与跨境流动立法实践研究．计算机应用与软件．2019（08）：306－310.

[2078] 刘益．阿里以 20 亿美金完成收购网易考拉　解读中国进口跨境电商并购“第一案”．计算机与网络．2019（18）：9－11.

[2079] 汪林．淘集集宣布并购重组失败　社交电商的红利是否已过．计算机与网络．2019（24）：7－8.

[2080] 王定星，张晶．环境规制对现存企业迁移行为的影响研究．技术经济．2019（12）：31－41.

[2081] 余亮．中国公众参与对环境治理的影响——基于不同类型环境污染的视角．技术经济．2019（03）：97－104.

[2082] 朱欢．中国环境污染治理投资的空间非均衡性——基于相对剥夺理论．技术经济．2019（01）：81－88.

[2083] 薛求知，冯锋．中国企业跨国并购的信号作用．技术经济．2019（07）：71－81.

[2084] 金露露，王子晨．区域一体化对城市绿色创新水平的影响研究——基于长三角 26 个城市的动态空间面板实证检验．技术经济与管理研究．2019（11）：111－116.

[2085] 王翔．工业发展质量与环境规制、技术创新的关系研究．技术经济与管理研究．2019（10）：100－105.

[2086] 田丽芳，李赟鹏．我国能效提升面临的障碍及路径选择——基于绿色增长理念．技术经济与管理研究．2019（08）：21－25.

[2087] 张玉卓．新旧规制经济学范式比较．技术经济与管理研究．2019（06）：90－94.

[2088] 李军．改革开放 40 年之产业结构升级——基于 CiteSpace 的文献计量分析．技术经济与管理研究．2019（06）：100－107.

[2089] 王军，燕波涛．环境规制、技术创新与煤炭产业可持续发展．技术经济与管理研究．2019（03）：108－112.

[2090] 岳宇君，胡汉辉．基于多理论视角的共享单车治理对策研究．技术经济与管理研究．2019（02）：86－91.

[2091] 赖红波，储艳霞．环境规制政策演变对中国医药制造业创新效率的影响研究．技术与创新管理．2019（04）：405－410.

［2092］王雪宇，刘芹．环境规制、产业集群对企业创新投入影响的研究．技术与创新管理．2019（03）：320－325.

［2093］叶红雨，袁源．联合风险投资对企业技术创新影响的实证分析——基于CEO权力的调节作用．技术与创新管理．2019（05）：532－537.

［2094］李娟，罗鄂湘．中小型制造企业技术并购与创新绩效——制度环境和行业竞争互动的调节作用．技术与创新管理．2019（06）：721－727.

［2095］张栩．并购基金设计策略与并购方财务优化．技术与市场．2019（03）：220.

［2096］姚彩利．技术革新下互联网金融监控对策研究．技术与市场．2019（11）：165－166.

［2097］彭中礼，刘世杰．从“特殊性”到“去特殊性”——人工智能法律规制路径审视．济南大学学报（社会科学版）．2019（04）：29－42.

［2098］何涛．新媒体时代中原优秀传统文化传播中的政府主导作用探讨．济南职业学院学报．2019（01）：106－108.

［2099］吴贤静．区域环境风险的法律规制．暨南学报（哲学社会科学版）．2019（11）：40－50.

［2100］樊兰．环境规制对工业企业集聚的影响——基于不同所有制企业的比较研究．暨南学报（哲学社会科学版）．2019（11）：89－100.

［2101］朱炳成．环境健康风险预防原则的理论建构与制度展开．暨南学报（哲学社会科学版）．2019（11）：51－62.

［2102］岳红举．《预算法》视阈下政府性基金的法律规制．暨南学报（哲学社会科学版）．2019（07）：76－84.

［2103］原凯．金融正义视阈中的我国普惠金融立体规制研究．暨南学报（哲学社会科学版）．2019（07）：85－96.

［2104］毛建辉，苏冬蔚．环境规制与区域技术创新：促进还是抑制？——基于政府行为视角的分析．暨南学报（哲学社会科学版）．2019（05）：1－16.

［2105］孙彦峰，谭杰．地方高校对人口较少民族传统文化保护与传承的路径探析——以佳木斯大学保护与传承赫哲族传统文化为例．佳木斯大学社会科学学报．2019（06）：162－164.

［2106］黄正方．产品市场竞争、高管权力与公司并购绩效．佳木斯职业学院学报．2019（01）：274－275.

［2107］陈凌，章迪禹．蒂森钢铁帝国启示录（上）　奥古斯特·蒂森的铁血创业史．家族企业．2019（04）：66－69.

［2108］袁奋强，朱王赟罂，张媛媛．制度规制下的中国上市公司股利政策选择．嘉兴学院学报．2019（01）：107－113.

［2109］刘玮，王宝亮．共享经济发展中政府监管的挑战与展望．嘉应学院学报．2019（05）：53－56.

［2110］付艳丽．公共经济学与公共产品定价机制——评科学出版社《公共经济学》．价格理论与实践．2019（11）：170.

［2111］胡一伟．中国电价水平高低之辩——基于电价调整后中外电价水平的比较．价格理论与实践．2019（07）：69－72.

［2112］刘晓红．地方环境保护支出对大气污染治理的影响研究．价格理论与实践．2019（03）：143－146.

［2113］许光建，苏泠然．新时代药价形成机制研究．价格理论与实践．2019（11）：4－10.

［2114］尹珊珊．区域大气污染联合防治规制研究——行政命令性规制与激励性机制相结合施策．价格理论与实践．2019（09）：50－53.

［2115］郭娜，吴清萍，李建平．价格理论创新与深化价格机制改革——中国价格协会高校价

格理论与教学研究会第35次年会观点综述．价格理论与实践．2019（09）：37.

［2116］荣高升，妙旭娟，韩晓宇，赵学花，贾政豪，李东伟．英国输配电激励规制的经验及其启示——兼论激励性规制理论基础．价格理论与实践．2019（08）：67－70.

［2117］孔凡文，李鲁波．环境规制、环境宜居性对经济高质量发展影响研究——以京津冀地区为例．价格理论与实践．2019（07）：149－152.

［2118］翟巍．行政限定型经济垄断行为的反垄断规制．价格理论与实践．2019（07）：43－46.

［2119］翟巍．市场外生型价格暴利垄断行为的规制路径．价格理论与实践．2019（10）：30－33.

［2120］沈蕾，卜训娜．共享单车可持续发展问题研究．价格理论与实践．2019（07）：65－68.

［2121］王磊．电网投资成本规制控制研究进展．价格理论与实践．2019（07）：37－42.

［2122］王文君．汽车行业排他分销协议反垄断法研究．价格理论与实践．2019（06）：46－50.

［2123］赵鹏飞．网约车规制政策对城市环境的影响研究——以北京市为例．价格理论与实践．2019（03）：139－142.

［2124］冯晓丽，杨雪儿，胡东欧．外资准入对中国成品油零售市场的影响研究——兼析中国成品油价格将进一步市场化．价格理论与实践．2019（03）：159－162.

［2125］孙红霞，李蕾，冉梦丽．环境污染空间转移及治理研究——基于山东省城市群的经验实证．价格理论与实践．2019（03）：134－138.

［2126］刘奥龙．环境规制政策对行业就业和工资水平的差异性研究．价格理论与实践．2019（02）：129－132.

［2127］戴龙．关于《电子商务法》对滥用优势地位规制的适用研究．价格理论与实践．2019（02）：28－32.

［2128］张超，乔宁，陈杰，龚思宇，张维静，汪洋，陈婧．电力市场出清机制理论与现实探索——基于市场主体对风险厌恶特性及激励相容机制的设计．价格理论与实践．2019（10）：128－132.

［2129］万相昱，唐亮，王典典．炒作型并购对股票溢价影响的量化研究．价格理论与实践．2019（04）：108－111.

［2130］刘超，郑忱阳．上市公司溢价并购对股价波动影响研究——兼析商誉“失真”的逻辑．价格理论与实践．2019（05）：92－95.

［2131］邹开亮，郎帅．论相对封闭区域畸高价格行为的法律规制——基于对垄断高价行为综合治理的路径探析．价格理论与实践．2019（08）：23－28.

［2132］阎新奇．关于中国大宗商品定价权的文献评述．价格月刊．2019（10）：7－13.

［2133］冯丽丽，史雪杨，郄娇．河北省环境规制工具现状与问题分析．价值工程．2019（35）：21－23.

［2134］朱力．环境规制对企业全球价值链升级的影响研究——基于出口国内增加值的视角．价值工程．2019（32）：137－140.

［2135］张琳琳．低碳约束下中国物流业效率及影响因素研究．价值工程．2019（26）：129－131.

［2136］王冠淳，王梓琦，张天祺，付佩佳，官莉，邵月龄．公众积分消费交换平台的构建与规制研究．价值工程．2019（23）：82－85.

［2137］侯毅苇，李林汉．基于VAR模型探讨保定市环境规制与经济发展之间的关系．价值工程．2019（05）：42－44.

［2138］熊立华，陈学综．S公司间接物料分类研究．价值工程．2019（03）：77－80.

［2139］张金松．政府规制下的双渠道逆向供应链的治理机制．价值工程．2019（03）：74－76.

［2140］王宁致，樊婉晴，林冰儿，赖雨晴．关于A股上市企业海外并购绩效影响因素的实证

分析．价值工程．2019（14）：192－196.

［2141］王伟．并购类型与并购绩效．价值工程．2019（18）：68－70.

［2142］李健，贾云杰，陈栋，刘勇．某航空标准件企业生产调度与设备维护联合优化．价值工程．2019（20）：268－273.

［2143］赵雪立．中国企业跨国并购财务风险分析与防范．价值工程．2019（26）：19－20.

［2144］曾炜．人工智能的全球规制．检察风云．2019（16）：26－27.

［2145］田梦驰，侯利阳．消费者被算法算计的利与弊．检察风云．2019（14）：16－17.

［2146］赵运锋．人工智能不应作为刑事责任主体．检察风云．2019（06）：28－29.

［2147］胡洁人．预付消费模式中的消费者权利保护．检察风云．2019（03）：26－27.

［2148］杨天易．借并购转嫁巨额债务的代价．检察风云．2019（02）：40－41.

［2149］张慧双，任旭，彭兆祺，倪明珠．养老 PPP 项目机会主义行为及其监管研究——基于演化博弈模型．建筑经济．2019（06）：47－51.

［2150］吕刚．对基于政府规制的航空公司收益管理分析．建筑与预算．2019（10）：65－68.

［2151］李强，王琰．环境规制与经济增长质量的 U 型关系：理论机理与实证检验．江海学刊．2019（04）：102－108.

［2152］李涛．高龄劳动者就业中年龄歧视的法律规制．江海学刊．2019（01）：157－163.

［2153］陈润根．搜索引擎相关产品市场的界定——回到单边市场的再梳理．江汉大学学报（社会科学版）．2019（03）：5－15.

［2154］蒋小燕．社会治理视域下反校园暴力立法的价值取向．江汉论坛．2019（10）：141－144.

［2155］廖红伟，高锡鹏．要素配置与资源型产业经济增长——基于东北地区 87 家国有森工企业数据分析．江汉论坛．2019（09）：26－35.

［2156］彭文斌，文泽宙．绿色创新与中国经济高质量发展．江汉论坛．2019（09）：36－43.

［2157］耿晔强，李园园．环境规制、政府补贴与企业研发投入——基于中国制造业企业的经验分析．江汉论坛．2019（07）：11－20.

［2158］陈能军，王娟．制度质量与出口结构优化的关系测度——基于 2003—2016 年中国与“一带一路”沿线 58 个国家的经验数据．江汉论坛．2019（04）：16－21.

［2159］陈东景，彭明铭，刘瑞超．FDI 与环境规制对产业结构升级的影响研究．江汉学术．2019（05）：84－93.

［2160］贾玉娇．社会保障与经济发展关系的变迁逻辑——一项基于劳动贡献率的理论研究．江淮论坛．2019（03）：141－147.

［2161］吴思远．我国职务犯罪调查模式之法治化进路．江淮论坛．2019（03）：128－134.

［2162］程子薇．诋毁商誉行为的反不正当竞争法规制研究．江淮论坛．2019（03）：115－119.

［2163］肖月．我国民间融资利率法律规制的反思与重构．江淮论坛．2019（01）：146－151.

［2164］谢新水，袁汝兵．论促进共享经济可持续发展的合作规制治理模式——以后规制国为视域．江苏大学学报（社会科学版）．2019（06）：36－43.

［2165］武毅英，杨冬．学术劳动力市场分割下的高校人才竞争问题审视．江苏高教．2019（11）：32－42.

［2166］姚荣．破除“结构性悖论”：我国公立高等学校法律地位的再认识．江苏高教．2019（06）：51－60.

［2167］江国华，贺馨宇．规则与方法：PPP 项目风险及其三阶规制论．江苏行政学院学报．2019（02）：128－136.

［2168］杨延玉，王海东，戴玮．基于智慧化监管平台的工程质量安全监管研究．江苏建筑．

2019（05）：117－120.

［2169］邢鸿飞，刘嫣然．论政府购买服务独立规制的方式．江苏警官学院学报．2019（05）：28－35.

［2170］郑琳．行政滥诉的定义、类型及其规制．江苏警官学院学报．2019（05）：20－27.

［2171］孙海涛，纪颖群．政府购买法律服务的行政程序规制．江苏警官学院学报．2019（04）：41－48.

［2172］陈秀萍，王妮．共享单车的行政规制探析．江苏警官学院学报．2019（02）：94－100.

［2173］何江．论房地产市场法律规制与政策调控．江苏科技大学学报（社会科学版）．2019（01）：50－56.

［2174］李月红，赵博扬．大学生网络信贷问题风险防范研究．江苏科技信息．2019（07）：35－37.

［2175］李月红，马源，王偲琪，吴彤，陈子希．“共享单车”引发的问题规制研究．江苏科技信息．2019（05）：37－39.

［2176］栾维栋．企业并购中目标公司隐性债务防范机制初探——以企业股权收购为例．江苏科技信息．2019（08）：15－17.

［2177］王书晴．并购对企业绩效的影响分析．江苏科技信息．2019（27）：24－27.

［2178］李玥莹．管理层结构对企业并购的影响分析．江苏科技信息．2019（29）：17－19.

［2179］岳雪峰，王运圣．“宽带乡村”建设模式：国际经验及其启示．江苏农业科学．2019（11）：17－23.

［2180］梁晋刚，徐俊锋，焦悦，刘鹏程，张秀杰．转基因作物快速检测技术进展与展望．江苏农业科学．2019（21）：71－74.

［2181］周应恒，张获．农业上市公司市场势力与企业绩效的关系．江苏农业科学．2019（09）：315－318.

［2182］杨虹，张柯．环境规制对FDI影响的探究．江苏商论．2019（08）：105－108.

［2183］吴俊，何荟军．不平衡报价背景下甲方代理的博弈分析．江苏商论．2019（11）：108－112.

［2184］程达军．中国企业海外并购中企业文化力的锻造：要素与路径．江苏商论．2019（01）：52－57.

［2185］杨雯，姚晓林，王迪．创新驱动下长电科技跨国并购风险及绩效研究．江苏商论．2019（02）：53－56.

［2186］张萌．海外并购的风险分析与防范策略．江苏商论．2019（03）：55－57.

［2187］马欣萌．企业并购会计问题探究．江苏商论．2019（05）：82－85.

［2188］卢新新，蒋倩．三亚婚纱摄影行业发展研究．江苏商论．2019（08）：19－21.

［2189］葛景波，张榕锋，刘帅，王雨．新业态视角下共享经济发展模式研究．江苏商论．2019（02）：71－75.

［2190］侯宇．美国准征收制度之演变．江苏社会科学．2019（04）：159－165.

［2191］曹阳．我国对违反“爬虫协议”行为的法律规制研究．江苏社会科学．2019（03）：159－167.

［2192］任平，郭一丁．论新现代性的中国道路与中国逻辑——对五四运动以来百年历史的现代性审思．江苏社会科学．2019（02）：1－12.

［2193］朱锦程．新常态下我国艺术品电商平台的监管路径转向及其政策供给．江苏师范大学学报（哲学社会科学版）．2019（04）：109－116.

［2194］吴昌南，钟家福．中国售后市场反垄断政策实施难点与政策体系构建．江西财经大学

学报 . 2019 (01): 95 – 102.

[2195] 李紫阳. 顺风车网络平台的义务定型及刑事责任认定——由郑州空姐案、温州幼师案引发的思考. 江西警察学院学报 . 2019 (01): 60 – 66.

[2196] 李练军. 农业企业环境动因、环境战略与成长绩效关系研究——来自江西农业企业的数据调查. 江西科技师范大学学报 . 2019 (05): 41 – 50.

[2197] 王中政, 赵爽. 我国核能风险规制的现实困境及完善路径. 江西理工大学学报 . 2019 (06): 37 – 43.

[2198] 刘勇, 刘超, 黄海溶, 马洋, 董科, 吴冬梅. 句容市农产品质量安全监管工作的思考. 江西农业 . 2019 (24): 108 – 115.

[2199] 曹阳. 互联网滥用相对优势地位行为的认定及其法律规制——强制不兼容的类型化视角. 江西社会科学 . 2019 (08): 174 – 183.

[2200] 肖建新. 宋代赋税审计的基本法律规制. 江西社会科学 . 2019 (06): 125 – 139.

[2201] 颜晓燕, 金辛玫, 童图军. 我国环境规制的研究热点与发展脉络——基于 CNKI 的可视化分析. 江西社会科学 . 2019 (05): 99 – 110.

[2202] 王志强. 基于“保持距离型”理论的以“管资本”为主的国资监管新框架. 江西社会科学 . 2019 (05): 238 – 246.

[2203] 孙本雄. 多次犯立法中行政法与刑法交叉问题研究. 江西社会科学 . 2019 (03): 196 – 204.

[2204] 王成. 人工智能法律规制的正当性、进路与原则. 江西社会科学 . 2019 (02): 5 – 14.

[2205] 孙那. 人工智能的法律伦理建构. 江西社会科学 . 2019 (02): 15 – 23.

[2206] 段泽孝. 人工智能时代互联网诱导行为的算法规制. 江西社会科学 . 2019 (02): 24 – 32.

[2207] 徐晔, 孙家豪. 相邻区域环境规制促进或抑制当地技术创新投入? ——基于技术溢出与污染溢出角度. 江西师范大学学报 (自然科学版). 2019 (03): 260 – 267.

[2208] 高原君. 网约车平台存在的问题及治理建议. 交通企业管理 . 2019 (06): 37 – 39.

[2209] 陈赟, 陈梦黎, 李晶晶. 基于群体案例的政府投资工程招标人与投标人合谋行为分析. 交通企业管理 . 2019 (02): 92 – 95.

[2210] 王冰涛. 公路养护管理问题及应对措施. 交通世界 . 2019 (27): 132 – 133.

[2211] 段丽刚. 道路桥梁施工质量保障措施. 交通世界 . 2019 (25): 132 – 133.

[2212] 侯军强. 公路工程施工管理中的问题及对策. 交通世界 . 2019 (Z2): 212 – 213.

[2213] 应明程. 基于拉姆塞定价模型的轨交定价政策研究——以上海轨交为例. 交通与港航. 2019 (04): 91 – 95.

[2214] 朱乃一, 陈林玲, 吴越. 基于 PMC 政策评价模型的杭州网约车政策分析. 交通运输部管理干部学院学报 . 2019 (02): 38 – 43.

[2215] 荣朝和. 破除行政垄断是铁路改革必须解决的核心问题. 交通运输研究 . 2019 (04): 2 – 18.

[2216] 赵润杰. 税收监管问题探讨. 焦作大学学报 . 2019 (04): 45 – 47.

[2217] 张志君. 5G 背景下传媒规制创新研究. 教育传媒研究 . 2019 (06): 18 – 21.

[2218] 陈清洋, 阿希塔. 面向新时代的文娱政策与规制探析. 教育传媒研究 . 2019 (04): 19 – 22.

[2219] 王樱洁. 中国网络视听产业规制的演变与效果. 教育传媒研究 . 2019 (04): 23 – 25.

[2220] 贾建国. 制度化视角: 校本课程建设的实践反思与优化策略. 教育导刊 . 2019 (08): 66 – 71.

[2221] 韩月. 教育政策创新扩散的风险及其规制——以新高考改革试点为例. 教育发展研究.

2019（12）：37－42.

［2222］潘海生，韩喜梅，何一清．竞争与规制：职业院校混合所有制办学的治理逻辑．教育发展研究．2019（09）：63－70.

［2223］程宏波，曾晗，王勋．行业企业与高校研究生联合培养基地的建设与实践．教育教学论坛．2019（34）：151－152.

［2224］劳凯声，蔡春，寇彧，田汉族，姚金菊，蔡海龙，罗爽．教育惩戒：价值、边界与规制（笔谈）．教育科学．2019（04）：1－10.

［2225］刘军豪．幼儿园教师专业发展的制度依赖表征、归因及作用．教育科学论坛．2019（31）：57－61.

［2226］房敏．应用型本科高校青年教师专业发展的制度基础研究．教育评论．2019（01）：108－111.

［2227］周德松．教育考试机构社会考试治理刍议．教育现代化．2019（A0）：255－256.

［2228］兰海洁．从政府职能角度浅析大学生心理健康教育管理的属性．教育现代化．2019（38）：245－246.

［2229］李嘉耕．新制度主义视阈下教师专业发展制度体系分析．教育现代化．2019（55）：120－121.

［2230］姚荣．自治与法治之间：高校教师人事自主权的法律规制研究．教育学报．2019（03）：65－75.

［2231］邓凡．“校园欺凌”治理的法律困境与出路——基于法社会学的视角．教育学术月刊．2019（10）：71－77.

［2232］方建新，王璞．关于大气污染问题的环境监测及对策研究．节能．2019（06）：141－142.

［2233］袁玉袭．生态环境管理体制改革背景下基层环境规制问题分析．节能．2019（04）：139－140.

［2234］张伟杰．基于排污许可制的环境管理现状分析．节能与环保．2019（08）：26－27.

［2235］刘程悦，张宏树．论游戏出海与中国文化软实力建设．今传媒．2019（11）：40－45.

［2236］何积兵．新形势下加强养殖场监管的措施．今日畜牧兽医．2019（02）：75.

［2237］杨军伟．浅谈当前“双随机、一公开”新监管模式下如何理解和抓好消防安全专项治理工作．今日消防．2019（10）：54－55.

［2238］何秋洁，周志兰，何南君．全国碳市场建设背景下企业对碳市场响应动因及对策分析——以四川省为例．金陵科技学院学报（社会科学版）．2019（03）：30－34.

［2239］皮海洲．并购重组新规落地“炒壳”还需谨慎．金融博览（财富）．2019（11）：94.

［2240］黄剑飞，陈雷雷，赵洪进．我国房地产企业海外并购的财富效应研究——基于事件研究法的实证分析．金融发展评论．2019（03）：36－47.

［2241］祝敏，宁金辉，苑泽明．机构投资者异质性、环境规制与企业环保投资．金融发展研究．2019（07）：12－20.

［2242］刘传哲，张彤，陈慧莹．环境规制对企业绿色投资的门槛效应及异质性研究．金融发展研究．2019（06）：66－71.

［2243］蔡政元，巴曙松．中资企业海外并购的问题及对策建议．金融发展研究．2019（02）：26－31.

［2244］刘绪光，肖翔．金融科技影响金融市场的路径、方式及应对策略．金融发展研究．2019（12）：79－82.

［2245］李述琴．支付业务融合的国际监管实践与借鉴．金融发展研究．2019（11）：81－86.

［2246］陈歆．加密资产的监管方法及未来方向．金融发展研究．2019（09）：67－70．

［2247］卜又春．零售支付市场发展与大数据监管的思考．金融发展研究．2019（04）：50－54．

［2248］祁琳，刘涛，刘坤．反洗钱监管合作问题探析．金融会计．2019（10）：61－65．

［2249］马先勇，袁雷．金融控股公司关联交易、信息反映质量及其监管研究——基于2008－2017年我国上市银行数据的分析．金融会计．2019（05）：42－50．

［2250］杨帆．金融监管中的数据共享机制研究．金融监管研究．2019（10）：53－68．

［2251］刘超，徐丹丹，郑忱阳．商誉、高溢价并购与股价崩盘风险．金融监管研究．2019（06）：1－20．

［2252］贺大兴．为什么完全竞争市场最终会导致垄断？．金融教育研究．2019（02）：42－50．

［2253］张万祥．花明天的钱，也让明天有钱可花——校园贷的法律规制研究．金融经济．2019（16）：17－19．

［2254］许翔宁．民间借贷的发展状况和法律规制．金融经济．2019（14）：8－10．

［2255］王翰卿．关于征信报告造假的法律问题研究．金融经济．2019（10）：132－133．

［2256］张一弛．我国共享经济发展的困境与法律规制．金融经济．2019（08）：37－39．

［2257］穆朗峰．从中国先进制造业发展现状看进入壁垒及其突破．金融经济．2019（08）：27－30．

［2258］郑晓丽，屠世超．奖励制众筹的法律风险及应对策略．金融经济．2019（04）：89－91．

［2259］赵小樱．中国企业海外逆向并购与技术创新．金融经济．2019（08）：46－47．

［2260］邱忠科．我国商业银行并购财务顾问业务研究．金融经济．2019（10）：150－151．

［2261］黄湘源．并购重组必须谨防放水风险．金融经济．2019（13）：29－30．

［2262］孙翰雯．多元化并购对企业绩效的影响研究——以华谊兄弟并购银汉科技为例．金融经济．2019（14）：92－93．

［2263］陆岷峰．金融科技：银行业兼并重组的新型“催化剂”．金融经济．2019（15）：27－28．

［2264］洪醒醒．“直接赔付条款”应用初探．金融经济．2019（22）：34－35．

［2265］陈晓凌．印度推出国家支付二维码对我国条码支付监管的启示．金融经济．2019（18）：110－111．

［2266］邹熙．我国影子银行发展趋势及其风险研究．金融经济．2019（16）：138－139．

［2267］肖鸿博，肖彧萍．银行内保外贷套利监管对策研究．金融经济．2019（12）：115－116．

［2268］伦诗媛．影子银行的监管及其存在的问题．金融经济．2019（12）：42－44．

［2269］周晨阳．完善我国支付体系监管框架的探索与思考——从支付体系发展核心指标看监管思路的发展．金融经济．2019（08）：73－76．

［2270］张爱佳．我国P2P网络借贷平台的风险与防范．金融经济．2019（04）：147－148．

［2271］靳龑．资管新规下市场新机遇与融资新要求．金融经济．2019（04）：3－5．

［2272］刘喜和，王洁远．溢价并购、商誉减值与股票收益率波动效应．金融经济学研究．2019（03）：83－93．

［2273］尹亚红．海外并购对技术创新有促进作用吗．金融经济学研究．2019（03）：137－149．

［2274］陈林，翟宇佳，周立宏，程爱珊．上市公司并购行为的规模效率——基于金融体制改革与服务实体经济效率视角．金融经济学研究．2019（05）：151－160．

［2275］邓鸣茂，梅春．高溢价并购的达摩克斯之剑：商誉与股价崩盘风险．金融经济学研究．2019（06）：56－69．

［2276］王虹，何佳．高管舆情危机是否扩大了股价崩盘风险．金融经济学研究．2019（06）：70－82．

［2277］潘琦敏．金融科技的法律监管探讨．金融科技时代．2019（08）：40－43．

[2278] 赵双剑，黄菁清．金融科技创新下的区块链应用机制研究．金融科技时代．2019（08）：20－24.

[2279] 王文选．巧用Nginx反向代理解决监管机构与被监管单位间多点接入问题．金融科技时代．2019（04）：33－36.

[2280] 孙春广．金融科技、互联网金融及监管探析．金融科技时代．2019（02）：17－24.

[2281] 张保珍，王井．对完善地方金融监管协调机制的调查与思考——以江西景德镇为例．金融科技时代．2019（01）：83－85.

[2282] 龙超，叶小娇．农村合作金融社会价值、立法规制与我国农村合作金融发展．金融理论探索．2019（05）：8－15.

[2283] 陈瑞．国有企业并购重组研究——基于金融机构的视角．金融理论与教学．2019（02）：9－10.

[2284] 李文河，李勃欣．中企海外并购中协同效应的实现．金融理论与教学．2019（04）：52－55.

[2285] 张盼，李冬．房地产投资信托基金制度构建的法律问题研究．金融理论与实践．2019（07）：112－118.

[2286] 文学舟，丁晓丽，袁仕陈．环境规制下绿色融资担保风险防控的演化博弈分析．金融理论与实践．2019（02）：17－24.

[2287] 马奔．高管的证券背景、短任期效应与上市公司并购．金融理论与实践．2019（02）：79－86.

[2288] 卫晓锋．数字普惠金融的风险与监管．金融理论与实践．2019（06）：49－54.

[2289] 曹桂全，刘晓曦，谭庆美．目标企业创新能力对并购双方收益的影响——基于中国A股市场的实证分析．金融论坛．2019（04）：15－28.

[2290] 邱铌．幌骗监管的检讨与完善——以英国为借鉴．金融市场研究．2019（05）：52－60.

[2291] 彼得·李，陈曦．杠杆如何改变并购业务．金融市场研究．2019（05）：85－90.

[2292] 方净植．企业并购重组：问题与对策．金融市场研究．2019（08）：119－131.

[2293] 乔恩·弗罗斯特，莱昂纳多·甘巴科尔塔，黄毅，申铉松，巴勃罗·兹宾登，刘冬影．大型科技公司来敲门：金融结构的消融．金融市场研究．2019（09）：17－29.

[2294] 诺伯特·盖拉德，迈克·瓦博，蒋敏杰．信用评级机构准监管权的丧失之路（上）．金融市场研究．2019（05）：125－136.

[2295] 王兵，肖文伟．环境规制与中国外商直接投资变化——基于DEA多重分解的实证研究．金融研究．2019（02）：59－77.

[2296] 杨威，赵仲匡，宋敏．多元化并购溢价与企业转型．金融研究．2019（05）：115－131.

[2297] 方健．金融市场分割、国有经济投资与经济增长——基于OLG模型的理论与实证．金融与经济．2019（11）：81－86.

[2298] 张晨，方领．并购溢价过高么？——基于我国A股155个并购事件的实证分析．金融与经济．2019（12）：12－18.

[2299] 史丁莎，黄亦炫，王晓楠．监管新规下中小银行资管业务发展探析．金融与经济．2019（01）：79－82.

[2300] 于一男．人脸识别支付应用研究．金融纵横．2019（12）：32－36.

[2301] 骆胜男，周世虹．我国临床用药安全的法律规制探析．锦州医科大学学报（社会科学版）．2019（06）：40－43.

[2302] 汪勇．意识形态安全视域下高校思想政治理论课的守正创新．锦州医科大学学报（社会科学版）．2019（06）：92－95.

［2303］张健，周世虹．基因编辑科技的法律规制思考．锦州医科大学学报（社会科学版）．2019（05）：11－14.

［2304］石婷婷，张苏．高校特殊群体体育权利与志愿服务长效机制路径研究．锦州医科大学学报（社会科学版）．2019（02）：66－69.

［2305］蔡恩泽．新版市场准入负面清单如何发挥正能量？．进出口经理人．2019（01）：32－33.

［2306］陈智永．住宅小区物业管理中的治理问题初探．晋阳学刊．2019（03）：108－113.

［2307］李毅，胡宗义，刘亦文，唐建阳．碳强度约束政策对中国城市空气质量的影响．经济地理．2019（08）：21－28.

［2308］邝嫦娥，文泽宙，彭文斌．影子经济影响绿色创新效率的门槛效应．经济地理．2019（07）：184－193.

［2309］田时中，张浩天，李雨晴．税收竞争对中国环境污染的影响的实证检验．经济地理．2019（07）：194－204.

［2310］刘汉初，樊杰，周道静，张海朋．2000年以来中国高耗能产业的空间格局演化及其成因．经济地理．2019（05）：110－118.

［2311］克里斯托弗·r. 莱斯利，时建中，时武涛．掠夺性定价与补偿．经济法研究．2019（01）：317－358.

［2312］崔广慧，姜英兵．环境规制对企业环境治理行为的影响——基于新《环保法》的准自然实验．经济管理．2019（10）：54－72.

［2313］王舒扬，吴蕊，高旭东，李晓华．民营企业党组织治理参与对企业绿色行为的影响．经济管理．2019（08）：40－57.

［2314］窦炜，Hua Sun，郝颖．“高溢价”还是“高质量”？——我国上市公司并购重组业绩承诺可靠性研究．经济管理．2019（02）：156－171.

［2315］安郁强，陈选娟．估值套利与公司并购——来自中国企业并购的新证据．经济管理．2019（03）：73－89.

［2316］潘红波，饶晓琼，张哲．并购套利观：来自内部人减持的经验证据．经济管理．2019（03）：107－123.

［2317］张龙文，魏明海．公司并购与分析师评级乐观性——基于声誉和利益关联的实证研究．经济管理．2019（03）：90－106.

［2318］张双鹏，周建．投资者如何将多重信息转化为确定的判断？——代表性信号与并购市场反应构型研究．经济管理．2019（09）：75－91.

［2319］刘勰，孟勇．制度距离与我国企业海外并购效率．经济管理．2019（12）：22－39.

［2320］唐勇军，李鹏．董事会特征、环境规制与制造业企业绿色发展——基于2012—2016年制造业企业面板数据的实证分析．经济经纬．2019（03）：73－80.

［2321］邝嫦娥，路江林．环境规制对绿色技术创新的影响研究——来自湖南省的证据．经济经纬．2019（02）：126－132.

［2322］郝淑双，朱喜安．中国区域绿色发展水平影响因素的空间计量．经济经纬．2019（01）：10－17.

［2323］裴瑱，彭飞．文化距离与中国海外并购绩效：基于跨国并购经验的实证研究．经济经纬．2019（05）：72－78.

［2324］王明涛，谢建国．寻租、市场分割与企业超额回报——基于中国制造业企业的经验研究．经济科学．2019（03）：67－79.

［2325］冯阔，林发勤，陈珊珊．我国城市雾霾污染、工业企业偷排与政府污染治理．经济科学．2019（05）：56－68.

[2326] 胡浩然．清洁生产环境规制能提升产品质量吗？．经济科学．2019（03）：93－105.

[2327] 张永旺，宋林．环境规制与创新的出口质量效应——技术开发与技术改造谁扮演了更重要的角色．经济科学．2019（02）：53－65.

[2328] 孟昌，李词婷．网络平台企业免费产品相关市场界定与案例应用——以视频平台为例．经济理论与经济管理．2019（10）：101－112.

[2329] 刘涛．地区环境规制对我国制造业转移的作用研究．经济论坛．2019（10）：36－42.

[2330] 吴凡，向东．科技资源配置中政府角色法律规制研究．经济论坛．2019（09）：140－145.

[2331] 刘明广．环境规制、政府科技资助对企业绿色创新的影响研究．经济论坛．2019（07）：21－29.

[2332] 谌仁俊，肖庆兰，兰受卿，刘嘉琪．中央环保督察能否提升企业绩效？——以上市工业企业为例．经济评论．2019（05）：36－49.

[2333] 丁杰．绿色信贷政策、信贷资源配置与企业策略性反应．经济评论．2019（04）：62－75.

[2334] 罗能生，徐铭阳，王玉泽．空气污染会影响企业创新吗？．经济评论．2019（01）：19－32.

[2335] 谢建国，周雨婷．区域贸易自由化与中国企业的跨国并购——基于企业微观并购数据的研究．经济评论．2019（05）：123－141.

[2336] 王磊，张肇中．国内市场分割与生产率损失：基于企业进入退出视角的理论与实证研究．经济社会体制比较．2019（04）：30－42.

[2337] 张茂玉．关于我国网络犯罪及刑法规制的几点思考．经济师．2019（12）：77－79.

[2338] 于夕媛，陈润泽．大数据“杀熟”的法律规制．经济师．2019（05）：56－57.

[2339] 陈秋林．民营企业进入垄断行业的现状和对策．经济师．2019（05）：278－279.

[2340] 黎黎．我国企业跨国并购财务风险成因及化解对策建议．经济师．2019（01）：12－14.

[2341] 刘纨廷．浅析国有企业投资并购问题与对策．经济师．2019（02）：256－257.

[2342] 史和新．公司并购重组下的价值创造．经济师．2019（04）：150－152.

[2343] 朱杰，李家乐，吴宁松．互联网企业并购动因与风险分析——以饿了么并购百度外卖为例．经济师．2019（05）：269－270.

[2344] 孙迎辰，王晓腾．并购重组支持国有企业混合所有制改革探析．经济师．2019（10）：66－67.

[2345] 张恒．国有企业并购民营企业后财务整合问题研究．经济师．2019（12）：106－108.

[2346] 李曦．基于“一带一路”的福建民营企业跨境并购研究．经济师．2019（12）：214－215.

[2347] 黄瑞．美国互联网金融监管特色及对我国的启示——兼论我国互联网金融标准化建设的必要性．经济师．2019（09）：136－138.

[2348] 冯志华，余明桂．环境保护、地方官员政绩考核与企业投资研究．经济体制改革．2019（04）：136－144.

[2349] 盛毅，陈东．竞争中立原则及对国有企业规制的研究进展评述．经济体制改革．2019（04）：11－18.

[2350] 曾倩，曾先峰，岳婧霞．东盟贸易便利化对中国出口贸易的影响．经济体制改革．2019（02）：187－194.

[2351] 吴敏洁，徐常萍，唐磊．环境规制与制造业产业结构升级——影响机理及实证分析．经济体制改革．2019（01）：135－139.

[2352] 单春霞，仲伟周，耿紫珍，周明学．环境规制、行业异质性对工业行业技术创新的影

响研究．经济问题．2019（12）：60－67.

［2353］樊建锋，王纯阳，郭江涛，李文俊．遗产旅游地社会责任行为的驱动机理研究．经济问题．2019（11）：120－128.

［2354］聂丽，张利江．政府与排污企业在绿色技术创新中的演化博弈分析与仿真．经济问题．2019（10）：79－86.

［2355］姚婷，曹霞，吴朝阳．一般工业固体废物治理及资源化利用研究．经济问题．2019（09）：53－61.

［2356］王建秀，赵梦真，刘星茹．中国企业自愿环境规制的驱动因素研究．经济问题．2019（07）：87－94.

［2357］曹霞，冯莉．生态环境管理体制改革背景下基层环境规制问题研究．经济问题．2019（03）：17－22.

［2358］杨菲，许瑜，史贝贝，程锐．政府引导、产业转移与经济发展——来自合成控制法的非参数估计．经济问题探索．2019（12）：181－190.

［2359］杨思维，苟露峰，毛艳华．市场分割、对外开放与城市群经济增长——以粤港澳大湾区为例．经济问题探索．2019（11）：125－133.

［2360］马青，傅强，王庆宇．产业绿色转型能缓解城乡收入不平等吗？——基于政府规制的耦合互动分析．经济问题探索．2019（11）：94－111.

［2361］郭晓蓓．环境规制对制造业结构升级的影响研究——基于路径分析与面板数据模型检验．经济问题探索．2019（08）：148－158.

［2362］刘伯凡，吴莉昀．财政分权理论中的环境污染治理问题——地方政府规制选择视角下的研究评述．经济问题探索．2019（08）：181－190.

［2363］和军，谢思．改革开放以来我国规制经济学研究演进．经济问题探索．2019（07）：18－25.

［2364］佟家栋，陈霄．出口扩张、环境规制与能源效率——来自中国城市层面的经验证据．经济问题探索．2019（06）：174－184.

［2365］赵文军，葛纯宝．我国经济增长方式影响因素研究——基于248个城市数据的实证分析．经济问题探索．2019（06）：9－19.

［2366］沈伯平，陈怡．政府转型、制度创新与制度性交易成本．经济问题探索．2019（03）：173－180.

［2367］尚清，李文祥．粮食安全视角下欧盟—加勒比论坛国EPA出口限制规则探讨及启示．经济问题探索．2019（02）：51－56.

［2368］孔海涛，于庆瑞，张小鹿．环境规制、经济集聚与城市生产率．经济问题探索．2019（01）：75－87.

［2369］李亚波，李元旭．美国经济政策不确定性与中国海外并购．经济问题探索．2019（01）：106－118.

［2370］唐晓华，高鹏．全球价值链视角下中国制造业企业海外并购的动因与趋势分析．经济问题探索．2019（03）：92－98.

［2371］陈晓红，朱蕾，汪阳洁．驻地效应——来自国家土地督察的经验证据．经济学（季刊）．2019（01）：99－122.

［2372］贺颖，吕冰洋．行政性分权与地区市场分割——基于地级市的研究．经济学报．2019（04）：127－157.

［2373］乔岳，魏建．波斯纳与佩尔兹曼对规制经济学的贡献．经济学动态．2019（08）：148－160.

［2374］徐璐，叶光亮，刘诚．寡头市场中最优贸易政策与企业竞争地位．经济学动态．2019（10）：64－78.

［2375］霍兵．保罗·米尔格罗姆对当代经济学的贡献．经济学动态．2019（05）：149－160.

［2376］宋敏，甘煦，林晚发．债券信用评级膨胀：原因、影响及对策．经济学动态．2019（03）：134－147.

［2377］张三保，曹锐．中国城市营商环境的动态演进、空间差异与优化策略．经济学家．2019（12）：78－88.

［2378］齐良书，刘岚．中国劳动力市场上的工作时间及其户籍差距．经济学家．2019（11）：45－54.

［2379］袁凯华，彭水军，陈泓文．国内价值链推动中国制造业出口价值攀升的事实与解释．经济学家．2019（09）：93－103.

［2380］孙晓华，郑辉．资源型地区经济转型模式：国际比较及借鉴．经济学家．2019（11）：104－112.

［2381］白让让．我国经营者集中的反垄断审查与执法者的“行为性救济”偏好分析——兼论专利密集领域的执法困境．经济研究．2019（02）：166－181.

［2382］罗楚亮，梁晓慧，滕阳川．面向真实世界的劳动经济学研究——第三届劳动经济学前沿论坛综述．经济研究．2019（08）：198－203.

［2383］杜龙政，赵云辉，陶克涛，林伟芬．环境规制、治理转型对绿色竞争力提升的复合效应——基于中国工业的经验证据．经济研究．2019（10）：106－120.

［2384］刘修岩，杜聪，李松林．自然地理约束、土地利用规制与中国住房供给弹性．经济研究．2019（04）：99－115.

［2385］王镝，唐茂钢．土地城市化如何影响生态环境质量？——基于动态最优化和空间自适应半参数模型的分析．经济研究．2019（03）：72－85.

［2386］范子英，赵仁杰．法治强化能够促进污染治理吗？——来自环保法庭设立的证据．经济研究．2019（03）：21－37.

［2387］钟宁桦，温日光，刘学悦．“五年规划”与中国企业跨境并购．经济研究．2019（04）：149－164.

［2388］李晓溪，杨国超，饶品贵．交易所问询函有监管作用吗？——基于并购重组报告书的文本分析．经济研究．2019（05）：181－198.

［2389］李兰冰，阎丽，黄玖立．交通基础设施通达性与非中心城市制造业成长：市场势力、生产率及其配置效率．经济研究．2019（12）：182－197.

［2390］张曾莲，郝佳赫．经济增长、产业结构调整、金融发展与地方政府债务规模控制．经济研究参考．2019（07）：56－66.

［2391］孔喜梅．中国产业经济学70年：学科发展历程与前景展望．经济研究参考．2019（18）：46－60.

［2392］林劼，田凤平．环境规制对企业投资取向的影响——基于重污染行业上市公司的实证研究．经济研究参考．2019（03）：65－81.

［2393］刘戒骄，张小筠，王文娜．新中国70年产业组织政策变革及展望．经济研究参考．2019（16）：92－100.

［2394］董少明，陈平花．供给侧结构性改革导向下国有企业并购重组绩效评估与提升路径．经济研究参考．2019（01）：78－90.

［2395］王向楠．近年中国保险业潜在风险的十个领域．经济研究参考．2019（02）：5－15.

［2396］李叶妍，张中祥．“十四五”时期互联网行业及平台反垄断规制改革建议．经济研究

参考 . 2019 (21): 12 – 18.

[2397] 余玉语 . 以经济学理论研究贵州产业扶贫问题 . 经济研究导刊 . 2019 (12): 37 – 38.

[2398] 于叙珍 . 环境规制、技术创新与企业经营绩效 . 经济研究导刊 . 2019 (28): 8 – 33.

[2399] 张振安，张丽娟 . 论成本效益分析法在立法评估中的应用 . 经济研究导刊 . 2019 (14): 195 – 197.

[2400] 史长宽 . 环境规制约束下企业绿色技术创新演化轨迹探讨 . 经济研究导刊 . 2019 (13): 15 – 16.

[2401] 王雪宇，刘芹 . 环境规制对于企业绿色技术创新的影响效应分析 . 经济研究导刊 . 2019 (05): 8 – 11.

[2402] 纪汉霖，赵洁 . 汽车产业并购绩效及影响因素分析 . 经济研究导刊 . 2019 (04): 36 – 41.

[2403] 柯燕青 . 新经济形势下的中国企业海外并购分析 . 经济研究导刊 . 2019 (04): 174 – 175.

[2404] 张亚朋 . 蒙牛并购君乐宝后的财务整合探析 . 经济研究导刊 . 2019 (05): 167 – 170.

[2405] 周士元 . 高管的政治关联对上市公司并购绩效的影响研究 . 经济研究导刊 . 2019 (07): 77 – 78.

[2406] 丁梧桐，邱强 . 企业连续并购的绩效分析——以复星医药为例 . 经济研究导刊 . 2019 (13): 11 – 12.

[2407] 陈建兰 . 我国传统企业并购的融资风险研究——以美的集团并购库卡为例 . 经济研究导刊 . 2019 (23): 122 – 124.

[2408] 刘文姣 . 中国企业跨国并购财务风险控制研究 . 经济研究导刊 . 2019 (32): 14 – 15.

[2409] 乔蓝聪 . 游戏行业并购中高业绩承诺风险与防范 . 经济研究导刊 . 2019 (32): 20 – 22.

[2410] 张舵，鲁强 . "PE + 上市公司"型并购基金价值创造路径与效益分析 . 经济研究导刊 . 2019 (32): 138 – 140.

[2411] 程春生 . 福建企业兼并重组的困难与对策 . 经济研究导刊 . 2019 (33): 92 – 93.

[2412] 李子庆 . 多主体参与视角下网络视频直播不良内容监管对策研究 . 经济研究导刊 . 2019 (36): 153 – 154.

[2413] 许恋天 . 互联网金融监管与反垄断执法二元共治 . 经济与管理 . 2019 (01): 59 – 62.

[2414] 洪巍，王虎 . 政府监管下的网络推手与意见领袖合谋行为研究——基于前景理论的演化博弈分析 . 经济与管理 . 2019 (03): 18 – 25.

[2415] 费威 . 废弃食品回收处理的政府惩罚规制分析 . 经济与管理评论 . 2019 (01): 24 – 33.

[2416] 张晶，岳爽 . 基于单边引力模型的中资金融机构跨境并购研究 . 经济与管理评论 . 2019 (02): 103 – 117.

[2417] 邵春燕，冯晨星，李洪霞 . 融资约束对文化企业并购绩效的影响——基于支付方式的中介作用 . 经济与管理评论 . 2019 (03): 61 – 70.

[2418] 刘雅甜，林平，吴绪亮 . 忠诚折扣的反垄断经济分析 . 经济与管理研究 . 2019 (02): 70 – 81.

[2419] 涂正革，周涛，谌仁俊，甘天琦 . 环境规制改革与经济高质量发展——基于工业排污收费标准调整的证据 . 经济与管理研究 . 2019 (12): 77 – 95.

[2420] 秦明，齐晔 . 环境规制的收入分配效应研究 . 经济与管理研究 . 2019 (11): 70 – 81.

[2421] 王群勇，陆凤芝 . 环境规制影响农民工城镇就业的空间特征 . 经济与管理研究 . 2019 (06): 56 – 71.

[2422] 刘津汝，曾先峰，曾倩 . 环境规制与政府创新补贴对企业绿色产品创新的影响 . 经济与管理研究 . 2019 (06): 106 – 118.

［2423］王晓红，包英男．政府管制、企业经营与环保监管博弈．经济与社会发展．2019（04）：48－54.

［2424］卢江，陈弼文．论新中国70年劳动关系演进——基于政府与市场作用的视角．经济纵横．2019（10）：24－34.

［2425］熊鸿儒．数字经济时代反垄断规制的主要挑战与国际经验．经济纵横．2019（07）：83－92.

［2426］刘志成．要素市场化配置的主要障碍与改革对策．经济纵横．2019（03）：93－101.

［2427］袁远．监管视角下互联网金融消费者保护研究．经济纵横．2019（06）：122－128.

［2428］以创新驱动型并购撬动更大价值．经理人．2019（12）：12－13.

［2429］廖凡．国家主权、正当程序与多边主义——全球行政法视角下的"一带一路"合作机制构建．经贸法律评论．2019（06）：25－36.

［2430］张继红．我国互联网金融广告行为的法律规制．经贸法律评论．2019（05）：132－143.

［2431］张生．美国跨境数据流动的国际法规制路径与中国的因应．经贸法律评论．2019（04）：79－93.

［2432］吴三林．浅析苏宁易购并购家乐福中国．经营管理者．2019（10）：94－95.

［2433］于在洋．全球化下网络犯罪的法律规制．经营与管理．2019（06）：81－83.

［2434］谷瑞婷．国内上市公司审计合谋的发生因由和治理措施．经营与管理．2019（10）：45－47.

［2435］刘涛．内蒙古新三板企业并购的现状、问题与举措．经营与管理．2019（02）：94－97.

［2436］杭婷婷．上市公司并购重组下的商誉减值风险及防范对策——以长园集团为例．经营与管理．2019（04）：38－40.

［2437］张梦婷．线上线下完美融合的"新零售"如何实现最优纳税筹划——以"阿里巴巴"并购"饿了么"为例．经营与管理．2019（06）：35－37.

［2438］陆玉玲，李小胜．环境规制和城镇化对碳排放的影响——基于STIRPAT模型和EKC假说的实证研究．荆楚理工学院学报．2019（05）：26－33.

［2439］朱仁宗．原料药行业变革进行时．精细与专用化学品．2019（02）：6－8.

［2440］谢桂娟．环境规制对建筑业的影响——基于中介效应的分析．景德镇学院学报．2019（06）：58－61.

［2441］王利宾．论民间融资刑法规制的基本立场．警学研究．2019（06）：82－89.

［2442］贾建平．平衡论视角下自媒体意见表达权的行政法规制．警学研究．2019（05）：86－90.

［2443］张淑芬．近年来我国犯罪化的走向——基于对刑法修正案的考察．警学研究．2019（04）：77－85.

［2444］韩玲．网络传销的司法认定．警学研究．2019（02）：23－28.

［2445］詹馥静．数字市场中的单方排他性和剥削性行为——中国的视角．竞争政策研究．2019（05）：65－76.

［2446］黄军．共同滥用市场支配地位行为的反垄断规制．竞争政策研究．2019（03）：51－62.

［2447］顾正平．2018年国际反垄断经典案例评析（上）．竞争政策研究．2019（02）：39－54.

［2448］张骏．转售价格维持的排他性理论及其反垄断执法含义．竞争政策研究．2019（01）：69－77.

［2449］Council Oxera Economics，喻玲，赖美霞，兰江华，赵天赟．当算法设定价格：谁输谁赢．竞争政策研究．2019（05）：42－63.

［2450］吴莉娟．互联网新型不正当竞争行为的类型化研究——兼论《反不正当竞争法》类型化条款之完善．竞争政策研究．2019（06）：29－58.

［2451］邱福恩．药品专利“反向支付和解协议”反垄断规制的国际比较研究．竞争政策研究．2019（06）：75－84.

［2452］柳欣玥．垄断协议规制中算法合谋分类研究．竞争政策研究．2019（05）：10－41.

［2453］田小军，曹建峰，朱开鑫．企业间数据竞争规则研究．竞争政策研究．2019（04）：5－19.

［2454］Yun John M.，周丽霞．大数据时代到来后的反垄断法．竞争政策研究．2019（04）：20－36.

［2455］吴太轩，谭羽．数字音乐版权独家授权协议的反垄断法分析．竞争政策研究．2019（04）：38－46.

［2456］陶冠东．规制知识产权滥用行为的多维认识．竞争政策研究．2019（03）：40－50.

［2457］陈耿华，刘阳．2019年“互联网领域反垄断法前沿问题学术研讨会”综述．竞争政策研究．2019（03）：64－75.

［2458］唐要家，钱声．平台最惠国条款的竞争效应与反垄断政策．竞争政策研究．2019（04）：56－64.

［2459］陈永伟，黄蕴华．金融科技的竞争问题：挑战和应对．竞争政策研究．2019（03）：27－38.

［2460］赫伯特·霍温坎普，兰磊．平台与合理原则：评美国运通案．竞争政策研究．2019（05）：78－105.

［2461］韩伟，高雅洁．欧盟2019年《数字时代竞争政策报告》．竞争政策研究．2019（04）：76－82.

［2462］张茜．“互联网平台竞争法律问题研讨会”综述．竞争政策研究．2019（04）：84－89.

［2463］顾正平．2018年国际反垄断经典案例评析（下）．竞争政策研究．2019（03）：10－25.

［2464］贾申，姜宁．显示面板市场竞争现状分析．竞争政策研究．2019（02）：74－84.

［2465］黄彦钦．多边平台相关市场界定方法构建与应用．竞争政策研究．2019（01）：90－102.

［2466］耿竞．电子商务合同缔约制度的缺陷与完善．九江学院学报（社会科学版）．2019（03）：111－115.

［2467］吴秋梅．浅析“滴滴出行”的发展现状及其法律规制的地方实践——以西宁市为例．决策探索（下）．2019（02）：52－53.

［2468］刘玉国，谌琦．互联网平台企业的社会责任与规制管理．决策与信息．2019（05）：83－91.

［2469］大数据时代下的检测平台管理模式——航天云检．军民两用技术与产品．2019（04）：38－39.

［2470］江艳婷．环境规制、科技创新与经济增长互动关系研究——基于SVAR模型的实证检验．喀什大学学报．2019（06）：24－31.

［2471］俞止漂，王帅．异质型环境规制对企业绩效的影响机制研究．开发研究．2019（02）：154－160.

［2472］韩雪梅，何文博，杨克虎．我国农产品质量安全监管领域研究热点可视化分析．开发研究．2019（04）：137－143.

［2473］刘博文．新时期企业跨境并购考察．开放导报．2019（01）：107－109.

［2474］孙自豪．微媒体时代网络舆论监督的法律规制研究．开封教育学院学报．2019（10）：263－264.

［2475］黄伟庆．人工智能机器人的刑事责任认定问题研究．开封教育学院学报．2019（08）：

252－253.

［2476］杨楚昕．浅析我国互联网金融监管历程．开封教育学院学报．2019（03）：275－276.

［2477］朱昕怡．中国商业言论自由的法律规制．开封教育学院学报．2019（01）：240－242.

［2478］陈莹莹，黄华艳．保健食品监管法律问题探讨．开封教育学院学报．2019（02）：251－252.

［2479］董新林．辽上京规制和北宋东京模式．考古．2019（05）：3－19.

［2480］闫玲玲．规制与流动：智媒时代的个人信息保护——基于欧盟GDPR本土化的一项研究．科技传播．2019（20）：131－133.

［2481］张爱军，方凯．媒体扩张背景下自媒体发展刍议．科技传播．2019（17）：104－105.

［2482］翟敏．网络环境下舆论反转的成因与规制——以“王凤雅事件”为例．科技传播．2019（01）：109－110.

［2483］郭硕，梁娟，杨佳欣，胡钰．大学生直播发展现状浅析及应对研究——以河南大学为例．科技传播．2019（07）：131－134.

［2484］赵爱维．新媒体视阈下网络内容传播特征及监管模式初探．科技传播．2019（06）：105－106.

［2485］李尊辉，张硕，董霄霄．互联网环境下共享单车的停车区域规划调查报告——以山东省为例．科技创新导报．2019（26）：245－247.

［2486］于露．物联网专业与企业联合培养应用型人才的探讨与研究．科技创新导报．2019（29）：211－212.

［2487］刘婷婷．我国煤电企业发展困境分析及对策建议．科技创新与应用．2019（21）：109－112.

［2488］钱寒晗，李永波，张浩，于新钰．对电力零售市场准入规则的调研分析．科技创新与应用．2019（17）：38－39.

［2489］张庭溢，柯丽芬．市场化碳排放规制政策实施探讨．科技创新与应用．2019（06）：67－68.

［2490］蔡秋萍．信息化时代食品安全监管的发展对策．科技创新与应用．2019（27）：128－129.

［2491］林佳祺．互联网平台并购的反垄断问题研究．科技创业月刊．2019（01）：45－48.

［2492］叶昱圻，范丹．环境规制对劳动力就业影响分析——基于中国制造业25个行业面板数据分析．科技促进发展．2019（11）：1274－1280.

［2493］张乐勤，陈素平．创新驱动战略实施对工业环境效率的影响及演化规律探析．科技促进发展．2019（03）：318－325.

［2494］郑毅，杨琪．并购动机、高管更替与企业安全生产绩效——基于沪深A股上市公司的实证研究．科技促进发展．2019（03）：249－262.

［2495］周丹，李季梅，姚晓晖，陈安．中国应急产业体系构建．科技导报．2019（16）：21－29.

［2496］王志鹏．产城融合导向下产业园区规划中规划手法的研究——以盘南产业园区控制性详细规划为例．科技风．2019（16）：129.

［2497］苏萍．基于学生管理工作下“校园贷”行为规制与风险防控的探究．科技风．2019（32）：243－247.

［2498］马艳丽．钢铁联合企业发电最优配置模式研究．科技风．2019（03）：196.

［2499］于晓，李芳芳，刘英梅，李云．提高村民参与农村生态环境监管治理的探讨．科技风．2019（21）：137.

［2500］魏思宝．论如何加强物流、寄递环节涉烟违法行为监管．科技风．2019（15）：212－213.

［2501］邓峰，杨婷玉．市场分割对省域创新效率的空间相关性研究——基于创新要素流动视角．科技管理研究．2019（17）：19－29.

［2502］韩春花，姜子元，佟泽华，孙杰，耿佃友．复杂动态环境下产业集群知识协同能力评价研究．科技管理研究．2019（23）：83－92.

［2503］谢雄标，孙理军，吴越，周敏．网络关系、管理者认知与企业环境技术创新行为——基于资源型企业的实证分析．科技管理研究．2019（23）：142－150.

［2504］郗永勤，吉星．我国工业行业碳排放效率实证研究——考虑非期望产出 SBM 超效率模型与 DEA 视窗方法的应用．科技管理研究．2019（17）：53－62.

［2505］类骁，韩伯棠．环境规制、产业集聚与贸易绿色技术溢出门槛效应研究．科技管理研究．2019（17）：220－225.

［2506］孙立成，王淦，张济建．碳规制下考虑碳排放转移影响的供应链企业最优运营策略．科技管理研究．2019（15）：216－223.

［2507］孙丽文，王丹涪，赵鹏，韩莹．基于 RAGA－PP 模型的中国产业结构低碳优化研究．科技管理研究．2019（12）：222－229.

［2508］王英，董轲萌．产业集聚的环境效应及其空间溢出——以江苏装备制造业为例．科技管理研究．2019（10）：248－255.

［2509］靳卫东，刘敬富．市场结构、行政壁垒与技术创新——来自中国高技术产业的经验证据．科技管理研究．2019（10）：91－100.

［2510］马骏，王改芹．环境规制对产业结构升级的影响——基于中国沿海城市系统广义矩估计的实证分析．科技管理研究．2019（09）：163－169.

［2511］尹庆民，李田田．环境规制的节水效应分析——基于正式环境规制与非正式环境规制的视角．科技管理研究．2019（08）：236－244.

［2512］高牟．制药企业产品跳转行为的法律规制——基于产品创新与产品垄断的视角．科技管理研究．2019（06）：177－183.

［2513］陈璇，钱薇雯．环境规制与行业异质性对制造业企业技术创新的影响——基于我国沿海与内陆地区的比较．科技管理研究．2019（01）：111－117.

［2514］许长新，陈灿君．技术并购对企业创新绩效的影响——基于技术知识视角的一种分析．科技管理研究．2019（14）：158－164.

［2515］张娜娜，苏敏艳，郑慧凌，王紫红，高山．技术并购对医药企业创新绩效的影响：基于吸收能力和动态能力的分析．科技管理研究．2019（21）：147－153.

［2516］汪森芳，张琼．基于高铁竞争关系下民航的策略研究．科技和产业．2019（08）：8－12.

［2517］全媚，乐琦，王志发．中国上市公司跨行业并购与产业重组：基于社会网络分析的研究．科技和产业．2019（07）：80－86.

［2518］林春雷，高雅平，岳美慧．检测行业并购扩张模式的经验研究——以“华测检测”为例．科技和产业．2019（11）：50－55.

［2519］张武军，张唯玮，郭宁宁．标准必要专利权人滥用市场支配地位的反垄断问题研究——以高通案为例．科技进步与对策．2019（07）：131－137.

［2520］孙凤娥，田治威．区域创新效率提升之道：选择性保护还是全面开放．科技进步与对策．2019（08）：35－43.

［2521］殷群，李子文．创新溢出如何影响我国省际环境全要素生产率——基于 DEA－ESDA 方法的实证分析．科技进步与对策．2019（24）：45－54.

［2522］孙瑜晨．专利反向支付协议反垄断规制探论：美国的经验及启示．科技进步与对策．2019（24）：128－135.

［2523］吴旭晓．中国区域绿色创新效率演进轨迹及形成机理研究．科技进步与对策．2019（23）：36－43.

［2524］孙丽文，任相伟，李翼凡．战略柔性、绿色创新与企业绩效——动态环境规制下的交互和调节效应模型．科技进步与对策．2019（22）：82－91.

［2525］张峰，宋晓娜．提高环境规制能促进高端制造业“绿色蜕变”吗——来自绿色全要素生产率的证据解释．科技进步与对策．2019（21）：53－61.

［2526］唐代盛．非正常专利申请行为法律规制现状、反思与重构．科技进步与对策．2019（22）：112－117.

［2527］吕君，张士强，王颖，杨梦洁．基于扎根理论的新能源企业绿色创新意愿驱动因素研究．科技进步与对策．2019（18）：104－110.

［2528］宁金辉，金宇，张永贝．环境污染责任保险与企业创新：促进还是抑制．科技进步与对策．2019（17）：90－97.

［2529］李健，鲁亚洲．京津冀创新能力预测与影响因素研究．科技进步与对策．2019（12）：37－45.

［2530］陈宇科，刘蓝天．环境规制强度、企业规模对技术创新质量的影响．科技进步与对策．2019（16）：84－90.

［2531］徐建中，赵亚楠．FDI知识溢出对区域低碳创新网络效率的门槛效应研究．科技进步与对策．2019（09）：34－42.

［2532］赵莉，薛钥，胡逸群．环境规制强度与技术创新——来自污染密集型制造业的实证．科技进步与对策．2019（10）：59－65.

［2533］张峰，史志伟，宋晓娜，闫秀霞．先进制造业绿色技术创新效率及其环境规制门槛效应．科技进步与对策．2019（12）：62－70.

［2534］江小国，张婷婷．环境规制对中国制造业结构优化的影响——技术创新的中介效应．科技进步与对策．2019（07）：68－77.

［2535］董会忠，刘帅，刘明睿，唐磊．创新质量对绿色全要素生产率影响的异质性研究——环境规制的动态门槛效应．科技进步与对策．2019（06）：43－50.

［2536］裴潇，蒋安璇，叶云，汪发元．民间投资、环境规制与绿色技术创新——长江经济带11省市空间杜宾模型分析．科技进步与对策．2019（08）：44－51.

［2537］吕荣杰，呼静，张义明．生产性服务业集聚对区域技术转移的作用机制——协同创新与环境规制视角．科技进步与对策．2019（02）：51－58.

［2538］高俊光，赵诗雨，陈劲．技术标准形成过程中规制的作用机理研究综述——规制主体视角．科技进步与对策．2019（04）：154－160.

［2539］于渤，王文熹．环境规制能够改善技术学习的绿色绩效吗？——一个带调节效应的环境学习曲线模型．科技进步与对策．2019（02）：126－134.

［2540］赵凯，王健．产品差异与技术差距影响研发溢出的理论探讨——基于企业竞争合作策略视角．科技进步与对策．2019（01）：28－35.

［2541］梁宏，吴映玉，陈松．新兴市场海外并购的持续创新效果及影响因素研究——来自A股上市公司的实证．科技进步与对策．2019（10）：76－83.

［2542］王成军，刘茹玥，孙笑明，王雅兰，王春艳．并购企业关键研发者合作网络变化及影响因素研究．科技进步与对策．2019（10）：66－75.

［2543］王新红，张转军．并购对创新投入的影响及持续性研究——并购类型与主并企业特征视角．科技进步与对策．2019（16）：91－99.

［2544］茅迪，施建军，陈效林．知识相关性对创新绩效影响的实证研究——企业技术并购视

角．科技进步与对策．2019（15）：129－136.

［2545］杨青，周绍妮．技术并购能够带来技术创新效应吗——收购公司成长潜力视角．科技进步与对策．2019（24）：100－108.

［2546］高厚宾．新兴市场企业跨国并购促进技术创新了吗——基于 PSM－DID 的实证研究．科技进步与对策．2019（03）：19－25.

［2547］孟凡臣，赵中华．国际并购企业跨文化吸收能力评价案例研究．科技进步与对策．2019（01）：97－104.

［2548］王宛秋，王雪晴．董事长－总经理任职经验异质性与技术敏感性对企业技术并购规模的影响．科技进步与对策．2019（05）：130－137.

［2549］向昕．对工程建设中串通招投标问题的分析和思考．科技经济导刊．2019（26）：51－53.

［2550］牛琳．对我国共享单车的现状调查及分析——以郑州为例．科技经济导刊．2019（18）：136－195.

［2551］史长宽．环境规制驱动绿色技术创新文献综述．科技经济导刊．2019（05）：118－119.

［2552］唐建科．新法环境下教育企业设立的特殊规制．科技经济导刊．2019（01）：139－142.

［2553］高照义．企业并购重组后的财务管理对策分析．科技经济导刊．2019（06）：227.

［2554］江瑞祺．互联网企业并购简析——以阿里巴巴并购优酷土豆为例．科技经济导刊．2019（11）：193－194.

［2555］朱建宏．基于财务战略的混合所有制并购存在的问题及解决途径分析．科技经济导刊．2019（19）：232.

［2556］逯海涛．全球价值链视角下中资企业海外并购绩效评价研究．科技经济导刊．2019（22）：193－194.

［2557］陈雨曦．新常态下的上市公司并购重组研究．科技经济导刊．2019（25）：190－203.

［2558］伍婉君．企业并购中的财务风险及对策研究．科技经济导刊．2019（26）：234.

［2559］孙安晔．国企改革背景下的国有企业投资并购研究．科技经济导刊．2019（28）：240.

［2560］张刘钰．IPO 及并购融资中财务造假的动因、手段及启示．科技经济导刊．2019（31）：128－203.

［2561］葛晶晶．我国上市公司股份回购监管问题及国际经验启示．科技经济导刊．2019（30）：241.

［2562］袁帅，李佳霖．经济转型背景下我国文化产业高质量发展蜕变期的问题与对策．科技经济导刊．2019（29）：244.

［2563］齐仪林．国内外对比分析并购所产生商誉的后续计量问题——减值还是摊销？．科技经济市场．2019（03）：61－63.

［2564］贾琳．可持续发展视角下互联网企业并购纳税筹划研究．科技经济市场．2019（07）：42－43.

［2565］何春花．企业恶意并购与反并购策略分析——以“鄂武商股权之争”为例．科技经济市场．2019（07）：67－69.

［2566］肖铁锋．企业并购中的商誉会计问题分析．科技经济市场．2019（09）：28－29.

［2567］王晋．常州企业走出去参与跨国并购存在的问题及路径研究．科技经济市场．2019（11）：47－50.

［2568］孙语婕，姚晓林，李井林．全产业链布局、目标公司竞争优势与物联网企业并购绩效——以高新兴并购为例．科技与创新．2019（22）：1－4.

［2569］杨琳．气象服务市场合规性监管初探．科技与创新．2019（16）：97－99.

［2570］李安．人工智能时代数据竞争行为的法律边界．科技与法律．2019（01）：61－70.

[2571] 孙晋，赵泽宇．互联网平台经营者市场支配地位界定的系统性重构——以《反垄断法》第18条的修订为中心．科技与法律．2019（05）：76－87.

[2572] 张惠彬．作品元素商品化利用的法律治理——以“金庸诉江南案”为考察中心．科技与法律．2019（06）：19－25.

[2573] 韩伟．安全与自由的平衡——数据安全立法宗旨探析．科技与法律．2019（06）：41－48.

[2574] 贺宁，胡汝为．临床研究大数据流动与共享的法律规制研究．科技与法律．2019（06）：49－58.

[2575] 杨勤法，丁庭威．新时代人工智能技术发展的法律规制．科技与法律．2019（05）：53－59.

[2576] 莫林．共享平台的信息规制义务．科技与法律．2019（05）：68－75.

[2577] 张怀印，甘竞圆．人工智能生成物著作权归属问题研究——谁有资格放弃《阳光失了玻璃窗》的版权？．科技与法律．2019（03）：34－41.

[2578] 陈伟伟，杨胜果，刘毅．人体胚胎基因编辑的伦理及法律问题研究——以“基因编辑婴儿”事件为分析对象．科技与法律．2019（02）：61－65.

[2579] 刘学涛．个人数据保护的法治难题与治理路径探析．科技与法律．2019（02）：19－26.

[2580] 林炜，钟昌标．环境规制对制造业绩效的影响机制——基于地方政府竞争视角分析．科技与管理．2019（05）：1－10.

[2581] 张旭，庞顺新．成熟资源型城市绿色转型仿真研究．科技与管理．2019（03）：45－55.

[2582] 匡鹏．授权立法背景下分享经济的规制问题研究——以网约车发生事故难获保险理赔为视角．科技与金融．2019（09）：81－86.

[2583] 田晓丽，常笑璇．交易平台下两阶段专利技术许可双边匹配问题研究．科技与经济．2019（05）：37－41.

[2584] 王舜淋，张向前．互联互通蓝图下中国产业转型升级与亚太经合组织成员系统协调与控制研究．科技与经济．2019（04）：81－85.

[2585] 王欣，杨丽．环境规制对全要素能源效率的影响——基于超效率SBM模型的再检验．科技与经济．2019（06）：101－105.

[2586] 姜书竹．论跨国并购在技术创新中的重要性．科技与经济．2019（01）：56－60.

[2587] 赵鹏，孙亚范．我国制造企业跨国并购绩效评析——基于48个上市公司案例的经验数据．科技与经济．2019（05）：101－105.

[2588] 赵春燕．上市公司并购重组研究综述．科技资讯．2019（20）：219－221.

[2589] 刘小海．云会计的监管机制研究．科技资讯．2019（17）：56－57.

[2590] 李金旭．高校校园网络舆情监管机制研究．科技资讯．2019（13）：245－247.

[2591] 时小侬．金融脱媒背景下的互联网金融监管与稳健经营——以湖南省为例．科技资讯．2019（12）：83－84.

[2592] 宋强．水环境治理的国际比较及启示．科技资讯．2019（01）：121－123.

[2593] 彭丹旎．公共经济学视角下警察服务职能定位探究．科教导刊（上旬刊）．2019（04）：150－151.

[2594] 高雪丽．新媒体时代言论自由的法律边界．科教导刊（下旬）．2019（09）：174－175.

[2595] 刘光富，郭凌军．环境规制、环境责任与绿色创新关系实证研究——一个调节的中介模型．科学管理研究．2019（04）：2－6.

[2596] 屈晶．企业技术并购与创新绩效的关系研究——基于战略匹配与技术差距的调节作用分析．科学管理研究．2019（02）：122－126.

[2597] 韩贺洋．技术并购整合目标、管理模式和创新绩效理论研究．科学管理研究．2019

(06)：119 - 123.

[2598] 刘尧．浅谈加强房屋土建质量控制．科学技术创新．2019 (19)：122 - 123.

[2599] 季磊，额尔敦套力．城镇化、环境规制会促进区域技术进步么？．科学决策．2019 (10)：54 - 72.

[2600] 佟岩，张赟，黄静．企业并购与创新产出——基于关联并购与横向并购的分析．科学决策．2019 (02)：1 - 20.

[2601] 沈慧君，徐戈，黄灿．高校技术排他性许可影响因素的实证研究．科学学研究．2019 (06)：1033 - 1042.

[2602] 葛安茹，唐方成．合法性、匹配效应与创新生态系统构建．科学学研究．2019 (11)：2064 - 2072.

[2603] 原毅军，陈喆．环境规制、绿色技术创新与中国制造业转型升级．科学学研究．2019 (10)：1902 - 1911.

[2604] 尚洪涛，祝丽然．提升新能源企业环境研发补贴绩效的内外规制研究．科学学研究．2019 (10)：1825 - 1835.

[2605] 李园园，李桂华，邵伟，段珅．政府补助、环境规制对技术创新投入的影响．科学学研究．2019 (09)：1694 - 1701.

[2606] 张建清，龚恩泽，孙元元．长江经济带环境规制与制造业全要素生产率．科学学研究．2019 (09)：1558 - 1569.

[2607] 魏江，赵齐禹．规制合法性溢出和企业政治战略——基于华为公司的案例研究．科学学研究．2019 (04)：651 - 663.

[2608] 谷晨，王迎军，崔连广，余军．创业制度环境对创业决策的影响机制．科学学研究．2019 (04)：711 - 720.

[2609] 闫文军，邢瑞淼．保护与规制：法律在生物技术发展中的作用探析．科学学研究．2019 (02)：206 - 208.

[2610] 王旭，褚旭．中国制造业绿色技术创新与融资契约选择．科学学研究．2019 (02)：351 - 361.

[2611] 张峰，宋晓娜．环境规制、资源禀赋与制造业绿色增长的脱钩状态及均衡关系．科学学与科学技术管理．2019 (04)：32 - 47.

[2612] 赵黎明，陈妍庆．创新存量、技术互补性与跨国并购技术创新绩效．科学学与科学技术管理．2019 (02)：68 - 83.

[2613] 林润辉，李飞，桂原，李娅，厉娜．企业高管团队影响跨国并购模式选择研究——特征驱动还是角色使然．科学学与科学技术管理．2019 (07)：88 - 104.

[2614] 洪祥骏，高雨辰．企业内部集团化与外部财务顾问如何缓解中国高科技企业并购中的制度不完备：基于中国的实证分析．科学学与科学技术管理．2019 (08)：57 - 70.

[2615] 郑月龙，秦国静，刘思漫，冷峥峥．符合环境规制下企业节能减排技术改进的演化博弈分析．科学与管理．2019 (06)：58 - 67.

[2616] 黄嘉文．企业社会网络总是有用吗？——一个文献综述．科研管理．2019 (09)：57 - 64.

[2617] 毕茜，于连超．环境税与企业技术创新：促进还是抑制？．科研管理．2019 (12)：116 - 125.

[2618] 蔡乌赶，李青青．环境规制对企业生态技术创新的双重影响研究．科研管理．2019 (10)：87 - 95.

[2619] 陈怡安，赵雪苹．制度环境与企业家精神：机制、效应及政策研究．科研管理．2019 (05)：90 - 100.

［2620］赵丽娟，张玉喜，潘方卉．政府R&D投入、环境规制与农业科技创新效率．科研管理．2019（02）：76－85.

［2621］吴波，邱静．制度压力、网络位置与集群企业电商实践采纳．科研管理．2019（02）：35－43.

［2622］王哲，李帮义，王玥．再制造品环境税征收政策研究．科研管理．2019（02）：186－198.

［2623］张能鲲，何宇，张永冀．中国医药上市公司并购与技术创新研究．科研管理．2019（02）：12－21.

［2624］李飞，陈岩，张李叶子．海外并购整合、网络嵌入均衡与企业创新质量．科研管理．2019（02）：22－34.

［2625］程聪．我国资源型企业跨国并购决策模式研究：国家制度与组织惯例的视角．科研管理．2019（06）：111－120.

［2626］杜健，丁飒飒，吴晓波．基于二次创新理论的吉利跨国并购案例研究．科研管理．2019（06）：130－143.

［2627］丁玲，吴金希．企业生态位演化研究：联想跨国并购案例．科研管理．2019（10）：151－160.

［2628］周晶晶，蒋薇薇，赵增耀．中国企业跨国并购提升了其研发能力吗？——来自“一带一路”沿线国家的证据．科研管理．2019（10）：37－47.

［2629］李飞，陈岩，金红．数字经济下内外网络均衡对中国海外并购质量的影响——复杂知识缺口弥合效果的视角．科研管理．2019（12）：73－84.

［2630］尤佳君．强人工智能时代的算法规制．克拉玛依学刊．2019（05）：75－79.

［2631］梁晶．浅谈航空公司价格差异化的应用．空运商务．2019（03）：40－42.

［2632］许民利，邹康来，简惠云．“互联网＋”环境下考虑消费者行为的资源回收策略．控制与决策．2019（08）：1745－1753.

［2633］叶仕安，杜芳娟，陈晓亮．地方理论视角下矿业遗产的保护与旅游发展战略——以贵州务川汞矿为例．矿业研究与开发．2019（08）：141－145.

［2634］陈志芳，余雪琴．创新能力与环境规制对区域生态效率的影响——基于动态空间杜宾模型的实证研究．昆明理工大学学报（社会科学版）．2019（06）：49－59.

［2635］刘婉婉．代孕行为的伦理审视与法律规制．昆明理工大学学报（社会科学版）．2019（04）：34－39.

［2636］韩跃红．创新的道德边界：对基因编辑婴儿事件伦理规制的反思．昆明理工大学学报（社会科学版）．2019（02）：30－35.

［2637］张弟．数字版权技术措施规避行为的刑法评价．昆明学院学报．2019（02）：77－82.

［2638］杨利华．第三方支付行业垄断协议的法律规制．兰州财经大学学报．2019（05）：107－115.

［2639］蒋玮．重识管辖权异议：前提假定与内在机理．兰州大学学报（社会科学版）．2019（04）：140－148.

［2640］徐盈艳．社会工作专业建构：一个制度嵌入视角的分析．兰州大学学报（社会科学版）．2019（02）：24－33.

［2641］张月雅．基于CP－ABE算法的可追责方案．兰州工业学院学报．2019（06）：65－68.

［2642］贾敬达．互联网背景下保险组织模式的转变与监管．兰州工业学院学报．2019（02）：88－92.

［2643］张天姝．论自动驾驶汽车的法律规制．兰州教育学院学报．2019（11）：165－168.

［2644］徐菲．投诉举报人滥用行政诉权之规制路径探究．兰州教育学院学报．2019（11）：169－171.

［2645］项通．互联网民营借贷平台法律规制完善路径探究．兰州教育学院学报．2019（02）：150－152.

［2646］张婷．关于兼职劳动法律保护的实务探讨．兰州文理学院学报（社会科学版）．2019（05）：46－50.

［2647］徐姗，张桂芝．反垄断法规制公用企业的不足与完善——以《反垄断法》第七条为例．兰州文理学院学报（社会科学版）．2019（03）：46－51.

［2648］张锋．日本食品安全风险规制模式研究．兰州学刊．2019（11）：90－99.

［2649］张耕，孙正樑．自贸区知识产权产品平行进口的法理分析．兰州学刊．2019（06）：36－45.

［2650］贾甫．资本积累、金融发展与收入分配问题研究．兰州学刊．2019（02）：65－77.

［2651］李干，董保华．再谈《劳动合同法》的失衡问题——对钱叶芳教授商榷的回应．兰州学刊．2019（02）：38－53.

［2652］韩茗然．互联网第三方支付市场准入法律问题研究．廊坊师范学院学报（社会科学版）．2019（03）：101－108.

［2653］孙静．劳动力市场理论综评．劳动保障世界．2019（33）：72.

［2654］殷海华．浅谈智能监管对医疗保险管理的影响与措施．劳动保障世界．2019（35）：37－39.

［2655］丰雅婷．浅谈我国社会保险基金监管存在的问题及建议．劳动保障世界．2019（23）：68.

［2656］罗孟玲．我国社会保险基金监管存在的问题及其对策．劳动保障世界．2019（12）：39.

［2657］郑雅婷．环境规制视角下 FDI 对林业生态环境的影响研究．老区建设．2019（16）：26－37.

［2658］刘茜茜，鲁强．“PE＋上市公司”型并购基金价值创造路径与协同效应分析——以 A 公司为例．老区建设．2019（12）：34－38.

［2659］彭琳．论平台就业的社会风险及其法律规制．老字号品牌营销．2019（07）：66－67.

［2660］袁骞，史训华．政策组合对企业绿色绩效或低碳转型的影响．老字号品牌营销．2019（06）：12－13.

［2661］郭爽．基于“学校—政府—企业联合”的校企合作模式探讨．老字号品牌营销．2019（08）：32－33.

［2662］肖康康．目的论视角下的碳排放权性质界定——基于试点区法律文本的分析．乐山师范学院学报．2019（11）：87－93.

［2663］王智．互联网企业信息垄断规制研究——以个人信息的强化保护为视角．乐山师范学院学报．2019（01）：97－104.

［2664］程相萍．企业换股并购中换股比例的确定方法探析——宝钢换股吸收合并武钢案例研究．理财．2019（07）：58－61.

［2665］赵新江．全通教育并购巴九灵的波折．理财．2019（11）：40－41.

［2666］刘恩东．国外对网络内容的监管与治理．理论导报．2019（06）：53－55.

［2667］刘传春，李远．“一带一路”倡议与全球治理的完善——以国际公共产品有效供给为视角的分析．理论导刊．2019（10）：108－115.

［2668］崔亚虹．地方高校对少数民族非物质文化遗产的传承与保护研究．理论观察．2019（08）：128－130.

［2669］于佳宾，刘省非，景言，沈锐．齐齐哈尔市中小学校外辅导市场发展对策研究．理论

观察.2019（11）：137－139.

［2670］金悦，韩召敬.买卖尸体犯罪行为刑法规制的困境及建议.理论观察.2019（09）：127－129.

［2671］李垚，刘俊英.行政自由裁量权的存在依据及控制路径研究.理论观察.2019（06）：71－74.

［2672］张运运.名人姓名遭抢注的法律规制研究.理论观察.2019（03）：111－114.

［2673］阳亦婷.特别程序中异议权的滥用及规制.理论观察.2019（03）：104－107.

［2674］肖琳.以非法经营罪处罚民间高利贷之商榷.理论观察.2019（02）：111－114.

［2675］唐铁三.关于网络直播法律规制、文化道德问题的研究.理论观察.2019（01）：98－100.

［2676］粟丽玉.经济新常态背景下资本逻辑之规制.理论界.2019（09）：18－26.

［2677］张克克.破解住房短缺问题：租购同权的内涵确证、困境溯源及路径规制.理论界.2019（04）：60－67.

［2678］赵天水.我国语境下的实质违法性争论.理论界.2019（01）：34－41.

［2679］李欣隆，曹刚.科技风险与伦理规制.理论视野.2019（04）：30－34.

［2680］李婕.垄断抑或公开：算法规制的法经济学分析.理论视野.2019（01）：66－69.

［2681］郭渐强，陈荣昌.网络平台权力治理：法治困境与现实出路.理论探索.2019（04）：116－122.

［2682］董凡.竞争法视域下标准必要专利禁令救济滥用行为的司法适用问题.理论探索.2019（02）：108－114.

［2683］赖虹宇，吴越.关于关联担保越权合同效力的综合判断.理论探索.2019（02）：121－128.

［2684］彭五堂，余斌.经济高质量发展问题的三级追问.理论探索.2019（03）：14－20.

［2685］刘桂芝，崔子傲.地方政府权责清单中的交叉职责及其边界勘定.理论探讨.2019（05）：168－176.

［2686］陈志恒，纪希春.全球价值链重构视角下吸引外商直接投资的国际经验与国内对策.理论探讨.2019（02）：88－93.

［2687］于广益.新兴权利语境下的信息公开：制度逻辑和建构方向.理论与改革.2019（05）：166－176.

［2688］张爱军，师琦.人工智能与网络社会情绪的规制.理论与改革.2019（04）：34－46.

［2689］林坤.冲突与衡平：论分居探望权的司法规制.理论月刊.2019（08）：139－145.

［2690］马光泽.网约车元规制：功能、合法性及其实践重塑.理论月刊.2019（08）：93－100.

［2691］王国飞.全球碳排放环境风险法律规制：批判与省思.理论月刊.2019（08）：76－83.

［2692］谢思，和军.环境规制对区域经济增长的机理分析与影响研究.理论月刊.2019（01）：108－115.

［2693］杨培娜.从“籍民入所”到“以舟系人”：明清华南沿海渔民管理机制的演变.历史研究.2019（03）：23－40.

［2694］黄天弘，杨果果.企业扶贫的行为属性与规制策略.连云港师范高等专科学校学报.2019（02）：104－108.

［2695］臧阿月.互联网背景下数字音乐独家授权模式的反垄断研究.连云港师范高等专科学校学报.2019（01）：15－18.

［2696］陈禹衡，贾宗非.虚拟财产贿赂的刑法规制研究.廉政文化研究.2019（06）：40－47.

[2697] 陈希，潘博．制度分析视角下我国高校反腐倡廉制度建设实效性探微．廉政文化研究．2019（01）：62－70.

[2698] 章勇．利益规制：新时代基层腐败治理的制度逻辑．廉政文化研究．2019（01）：92.

[2699] 姜源丰．以刑法学视角浅谈网络谣言的治理问题．辽东学院学报（社会科学版）．2019（01）：29－32.

[2700] 佟苍松．共享单车的商品属性与市场无效率．辽宁大学学报（哲学社会科学版）．2019（06）：86－93.

[2701] 唐晓华，高鹏．中国先进制造业海外技术并购的创新效应分析．辽宁大学学报（哲学社会科学版）．2019（03）：42－54.

[2702] 李亚杰，李沛浓．研发投资、技术并购对装备制造企业持续竞争力的影响．辽宁大学学报（哲学社会科学版）．2019（06）：76－85.

[2703] 林圆圆．学前教育市场的偏好与规制：一个交易费用的分析框架．辽宁工业大学学报（社会科学版）．2019（06）：43－46.

[2704] 于彦琳，张嫣婷．非法吸收公众存款案件刑事规制的规范与认同．辽宁公安司法管理干部学院学报．2019（06）：56－61.

[2705] 张谋义．民间借贷虚假诉讼之法理分析与规制探究．辽宁公安司法管理干部学院学报．2019（06）：91－95.

[2706] 崔仕绣．扫黑除恶进程中的刑法理性与法治路径．辽宁公安司法管理干部学院学报．2019（03）：1－7.

[2707] 邵雅靖．“村霸”的生成机理与规制路径．辽宁公安司法管理干部学院学报．2019（01）：1－6.

[2708] 孔庆波，卞宏波．利用比特币实施违法犯罪行为过程探析．辽宁公安司法管理干部学院学报．2019（01）：82－88.

[2709] 赵昕竹．民办学前教育机构虐童行为法律规制问题研究．辽宁广播电视大学学报．2019（02）：105－109.

[2710] 李凤梅，孙旗．跨境数据流动的法律规制研究．辽宁行政学院学报．2019（05）：54－58.

[2711] 常宇豪，陈慧慧，王旺．网络环境中的不正当竞争行为及其规制——兼评《反不正当竞争法》第十二条．辽宁教育行政学院学报．2019（01）：15－22.

[2712] 张国运．对我国公用事业产品定价机制的思考．辽宁经济．2019（06）：28－30.

[2713] 宫一丁，陈岩．企业跨国并购的财务风险及防范措施．辽宁农业职业技术学院学报．2019（05）：58－60.

[2714] 王志祥，单奕铭．互联网金融犯罪刑法规制探究．辽宁师范大学学报（社会科学版）．2019（03）：57－62.

[2715] 曹锦秋，任怡多．辽宁自贸区融资租赁业相关法律问题研究．辽宁师范大学学报（社会科学版）．2019（02）：32－36.

[2716] 谭晓蕾，王瑞超，岳华，陈峰．某军队中小医院合理用药监管的几点做法．临床合理用药杂志．2019（31）：170－171.

[2717] 钱浩．关于医疗损害案件的医疗安全监管之思考．临床医药文献电子杂志．2019（90）：190.

[2718] 朱海波，汪婷婷．重大行政决策程序类型化法律问题．岭南学刊．2019（03）：114－121.

[2719] 张茉楠．论直面新型全球化的全球价值链治理框架．领导决策信息．2019（05）：23.

[2720] 胡锦璐．多中心理论下政府对“互联网＋”的规制转变．领导科学．2019（16）：12－15.

[2721] 王潇爽．基层政策容易“变形”的风险节点及防治思路．领导科学．2019（19）：37－40.

[2722] 王秀芬．合作、独立与监管：智库建设的政府途径．领导科学．2019（02）：30－33.

[2723] 冯杰．浅论网络谣言的法律制度规制．领导科学论坛．2019（13）：67－70.

[2724] 祁芮如．电子竞技游戏网络直播的著作权保护探析．柳州职业技术学院学报．2019（06）：30－35.

[2725] 宋源宁．寻衅滋事罪“口袋化”的思考．柳州职业技术学院学报．2019（04）：21－25.

[2726] 赵跃．论集资诈骗罪主观非法占有之司法认定——以 S 省 Y 市法院为调查对象．柳州职业技术学院学报．2019（01）：39－43.

[2727] 王璐．论美国枪支自由的影响和枪支管控措施．陇东学院学报．2019（01）：91－94.

[2728] 邓丽娜，亓朋．环境规制对中国企业出口行为的影响——基于二元边际的微观视角分析．鲁东大学学报（哲学社会科学版）．2019（01）：67－73.

[2729] 邓达奇．科技发展中法律与伦理的双重变奏：案例、逻辑与建构．伦理学研究．2019（06）：73－80.

[2730] 王冠军．刷单行为的解释逻辑及规制进路．洛阳理工学院学报（社会科学版）．2019（05）：50－56.

[2731] 臧阿月．论我国政府采购领域中行政垄断行为的规制．洛阳理工学院学报（社会科学版）．2019（03）：59－65.

[2732] 管媛媛．校园“裸贷”法律规制研究．洛阳理工学院学报（社会科学版）．2019（01）：42－47.

[2733] 邹光勇，刘明宇，何建民，刘鹏．公共景区与在线旅行平台垄断及其价格协调与政策规制．旅游学刊．2019（03）：12－27.

[2734] 朱梅，汪德根．旅游业环境责任解构与规制．旅游学刊．2019（04）：77－95.

[2735] 张玉钧，张海霞．国家公园的游憩利用规制．旅游学刊．2019（03）：5－7.

[2736] 傅林放．旅游网络交易平台法律规制问题研究．旅游研究．2019（01）：70－84.

[2737] 孙艳．旅游网络交易平台法律规制问题研究．旅游纵览（下半月）．2019（20）：35－36.

[2738] 徐何生．可持续旅游下景区门票收费规制研究．旅游纵览（下半月）．2019（08）：42－43.

[2739] 陈熹．碳汇与碳税——森林保护的综合性规制机制论析．绿色科技．2019（22）：230－231.

[2740] 张独一，韩婧，代海军．土壤污染刑事规制探究．绿色科技．2019（14）：145－146.

[2741] 霍勤．南京某城镇综合开发 PPP 项目监管体系研究．绿色科技．2019（24）：269－271.

[2742] 亓长东，陈小洪．经验与启示：日本钢铁业的治污减排．绿叶．2019（Z1）：45－53.

[2743] 陈江生，沈非，张滔．论美国对华“贸易战”的本质——基于《帝国主义论》视角．马克思主义研究．2019（11）：69－79.

[2744] 徐安琪，孙阳春．第三方教育评估道德风险的激励性规制．煤炭高等教育．2019（04）：63－68.

[2745] 李莉文．“逆全球化”背景下中国企业在美并购的新特征、新风险与对策分析．美国研究．2019（01）：9－25.

[2746] 钟明春，刘婧族．环境规制的就业效应研究．绵阳师范学院学报．2019（04）：30－37.

[2747] 夏军营．人工智能行为的入刑化思考——以人工智能汽车肇事为切入点．绵阳师范学院学报．2019（01）：79－82.

[2748] 姜娇．论我国网络言论自由的刑法边界——由“鸿茅药酒”事件引发的思考．绵阳师

范学院学报 . 2019 (01): 66 – 71.

[2749] 冯广东，李义东，郝司阳 . 欧洲航空运输市场“3 + 2”格局是如何形成的 . 民航管理 . 2019 (12): 8 – 11.

[2750] 武蓉 . 向航空器发动机抛硬币行为定性与规制 . 民航管理 . 2019 (09): 86 – 89.

[2751] 商宇琦 . 规制与自拟：论隐元拟寒山诗及其独创性 . 闽江学院学报 . 2019 (03): 1 – 9.

[2752] 赖斌慧 . 高管权力、自由现金流量与并购溢价研究 . 闽南师范大学学报（哲学社会科学版）. 2019 (04): 27 – 33.

[2753] 城田吉孝 . 百貨店法制定に関する研究 . 名古屋文理大学纪要 . 2019.

[2754] 缪家清，邱亨嘉，王禹尧 . 浅谈过度医疗侵权行为法律界定与非诉救济 . 名医 . 2019 (01): 286 – 288.

[2755] 陈孝虹 . 药品分级和监管在西药房管理中的应用 . 名医 . 2019 (06): 288.

[2756] 冯健飞 . 从电影《了不起的盖茨比》看当今文学经典改编新趋势 . 名作欣赏 . 2019 (06): 31 – 33.

[2757] 四川大学将与海外企业联合培养 3D 打印专业人才 . 模具工业 . 2019 (04): 9.

[2758] 银宝山新、天正模具联合成立合资企业 . 模具制造 . 2019 (07): 32.

[2759] 朱婉婉 . 网络直播中不正当竞争行为的法律规制 . 牡丹江大学学报 . 2019 (09): 16 – 18.

[2760] 邵道萍 . 气候变化背景下能源效率法律规制的正当性 . 牡丹江大学学报 . 2019 (04): 1 – 4.

[2761] 刘玉玲 . 人工智能的刑事法律地位研究 . 牡丹江大学学报 . 2019 (01): 97 – 101.

[2762] 张小喜 . P2P 金融问题平台驱动因素的法律规制分析 . 纳税 . 2019 (02): 193 – 194.

[2763] 张君艳 . 企业并购中的财务风险分析与防范对策 . 纳税 . 2019 (01): 143.

[2764] 何莲 . 房地产企业并购重组税收筹划探讨 . 纳税 . 2019 (02): 70 – 71.

[2765] 杜梦月，柏思萍，朱建军 . 国企并购民企的风险管理 . 纳税 . 2019 (03): 260 – 261.

[2766] 季敏 . 上市公司并购重组的监管难点与对策分析 . 纳税 . 2019 (03): 189 – 192.

[2767] 李毅 . 企业并购中的纳税筹划研究关键探索 . 纳税 . 2019 (03): 62.

[2768] 季小马 . 上市公司并购中尽职调查与成本控制问题研究 . 纳税 . 2019 (06): 231 – 232.

[2769] 李泰山 . 国有企业跨国并购财务整合研究 . 纳税 . 2019 (07): 72 – 75.

[2770] 张宏峰 . 影视传媒行业并购的财务风险与防范措施 . 纳税 . 2019 (09): 129.

[2771] 王聪，朱海晶 . 高溢价并购相关文献综述 . 纳税 . 2019 (09): 196.

[2772] 倪梦娇 . 上市公司支付方式与并购绩效研究 . 纳税 . 2019 (10): 158 – 159.

[2773] 孙友东 . 我国企业并购中的财务问题 . 纳税 . 2019 (11): 152.

[2774] 王学超 . 物业企业项目并购中的思考——以 RC 物业公司并购为例 . 纳税 . 2019 (12): 135 – 136.

[2775] 赵科荣，王媛媛，刘霞 . 企业并购会计与税务处理的有效措施分析 . 纳税 . 2019 (12): 21.

[2776] 郁慧青 . 内部控制有效性对并购绩效的影响 . 纳税 . 2019 (13): 256 – 259.

[2777] 姚远琨 . 股权资本、社会资本与并购防御——基于万科管理层与并购方控制权争夺的案例研究 . 纳税 . 2019 (16): 243 – 245.

[2778] 田培 . 企业并购中的文化冲突与整合 . 纳税 . 2019 (16): 297.

[2779] 王丽华 . 论企业并购重组方案及财税处理方法 . 纳税 . 2019 (17): 12 – 14.

[2780] 马玉彪 . 企业并购与重组的风险研究 . 纳税 . 2019 (17): 230.

[2781] 彭光彦 . 浅析国有企业并购财务风险问题与对策 . 纳税 . 2019 (17): 155.

[2782] 王巧琳 . 浅谈企业并购重组后的财务整合 . 纳税 . 2019 (19): 123 – 126.

[2783] 杨林．企业并购的财务风险研究．纳税．2019（21）：39－40.

[2784] 黄一峰．探讨企业跨境并购过程中的税收筹划．纳税．2019（22）：44－47.

[2785] 李崇瑛．企业并购的财务风险识别及并购后的财务整合探讨．纳税．2019（22）：86－88.

[2786] 孟汉卿．企业并购风险及其防范——以万达并购传奇影业为例．纳税．2019（23）：183－184.

[2787] 李笑奴．我国企业并购的财务风险与控制．纳税．2019（24）：86－88.

[2788] 方程．上市公司跨境并购融资方式的研究．纳税．2019（26）：194.

[2789] 夏华丽．试析企业并购的会计与税务问题．纳税．2019（30）：9－10.

[2790] 张晓静．企业并购重组中的税收筹划方法探析．纳税．2019（30）：27－28.

[2791] 王彪．企业并购后财务整合的常见问题及对策分析．纳税．2019（30）：46－47.

[2792] 何鑫，郝煜暄，姜弘羽．试析横向并购对企业绩效的影响——以上港集团为例．纳税．2019（31）：278.

[2793] 左美琪，陆俊宏，郭东，黄超．并购商誉对企业价值的影响．纳税．2019（32）：214.

[2794] 梁键锋．“一带一路”背景下中国企业跨国并购的风险研究．纳税．2019（34）：183－185.

[2795] 卢沛毅．企业并购重组中的税收筹划探讨．纳税．2019（34）：47－50.

[2796] 李婕．国有企业并购重组企业所得税税务风险探讨．纳税．2019（34）：14－17.

[2797] 刘云英．企业并购涉及的财务尽职调查浅谈．纳税．2019（36）：129.

[2798] 刘梦婷．互联网金融监管的必要性与核心原则．纳税．2019（30）：225.

[2799] 闫萌．对企业表外融资分析与监管的探讨．纳税．2019（28）：218－222.

[2800] 庞颖．基于民营企业财政补贴资金监管思考．纳税．2019（22）：85－88.

[2801] 赵晋清．金融控管常态化分析研究．纳税．2019（21）：174－175.

[2802] 方艳．中国影子银行现状及监管．纳税．2019（13）：239.

[2803] 田鹏程．新时期政府对金融创新监管存在的问题及对策．纳税．2019（09）：161－162.

[2804] 杨舒涵．医保基金监管工作现状及对策研究．纳税．2019（08）：214.

[2805] 王国炜．试论经济法视角下互联网金融模式风险监管．纳税．2019（08）：188.

[2806] 刘慧，张文清，郭怡萍，黄晓佳．我国互联网金融的发展与监管．纳税．2019（05）：247.

[2807] 张英．论会计行业与会计人员的监管．纳税．2019（04）：104－107.

[2808] 尚浩．基于加强社保基金监管维护企业职工权益初探．纳税．2019（02）：242.

[2809] 史天星，王菲．浅谈反垄断中相关市场的认定问题——以“滴滴”“优步”合并案为例．纳税．2019（16）：209.

[2810] 赵儒煜，孙宁志．市场分割结构及其对区域经济的影响．南昌大学学报（人文社会科学版）．2019（06）：33－44.

[2811] 袁小平，成兴兴．福利三角的自主性、张力与整合策略研究——基于农民工培训政策的分析．南昌大学学报（人文社会科学版）．2019（06）：72－80.

[2812] 郭莉．我国网络舆论监督权力的法律规制历程．南昌航空大学学报（社会科学版）．2019（01）：35－43.

[2813] 许俊伟，葛冬寻．论强化私募股权投资基金监管对我国发展普惠金融的意义与作用．南昌师范学院学报．2019（02）：16－19.

[2814] 左文君．从全球治理看国际网络空间安全治理的实践难题及法治困境．南都学坛．2019（05）：81－87.

[2815] 郭庆珠．法治视域下行政备案的规范化思考．南都学坛．2019（03）：77－81.

［2816］王博．上市公司并购重组业绩承诺的问题、监管难点及对策．南方金融．2019（09）：80－85.

［2817］刘晓宁．绿地投资还是跨国并购：中国企业 OFDI 模式选择研究．南方经济．2019（02）：69－85.

［2818］李旎，文晓云，郑国坚，胡志勇．并购交易中的信息传递机制研究——基于业绩承诺的视角．南方经济．2019（06）：29－47.

［2819］涂缦缦，左畅航．水资源保护的地方立法探讨——以广东省河源市新丰江水库为例．南方论刊．2019（08）：81－84.

［2820］何伟，侯德斌．我国共享经济发展现状与法律规制．南方论刊．2019（07）：18－20.

［2821］丘俊冰．互联网行业市场支配地位认定研究——以搜索引擎市场为例．南方论刊．2019（10）：21－25.

［2822］李彦辉．计算机在机械和电子控制产业领域中的应用分析．南方农机．2019（07）：131.

［2823］商继宁，李严红．新形势下农机安全监理工作的现状及对策．南方农机．2019（17）：255.

［2824］李伟，叶威．大数据时代 Cookie 技术滥用行为的法律规制．南海法学．2019（06）：79－91.

［2825］李烨，贺富永．我国民用航空器留置权的构建．南海法学．2019（06）：69－78.

［2826］姚叶．数据纠纷的法律规制：现状、困境、对策．南海法学．2019（06）：92－102.

［2827］高平，张能全．撤回起诉规制研究——对“控诉中心主义”的扭转．南海法学．2019（06）：11－30.

［2828］俞蔚．论金融风险防范化解中司法规制的逻辑与进路．南海法学．2019（05）：77－88.

［2829］朱雨昕．滥用行政诉权行为的司法识别与规制——以 102 份申请履行法定职责案件判决书为分析样本．南海法学．2019（04）：70－82.

［2830］罗许生．房地产市场暴利行为监管路径变迁．南海法学．2019（04）：48－58.

［2831］徐娟．通过宪法保护人类基因编辑中的生命尊严．南海法学．2019（03）：72－81.

［2832］温薇．论行政合同的单方面变更与解除．南海法学．2019（01）：38－52.

［2833］马栋．注意力平台相关市场界定方法的反思与重构．南海法学．2019（04）：104－112.

［2834］陈南岳，乔杰．产业结构升级、环境规制强度与经济增长的互动关联研究．南华大学学报（社会科学版）．2019（05）：43－50.

［2835］段平方，侯淑娟．基于美式模板和欧式模板下中国数字贸易规则体系的构建．南华大学学报（社会科学版）．2019（05）：51－59.

［2836］李想，朱冬元，齐睿．基于 Meta 分析的地方政府竞争与环境质量关系研究．南华大学学报（社会科学版）．2019（01）：56－65.

［2837］崔广慧，姜英兵．环保产业政策支持与污染减排：效果及作用机制研究．南京财经大学学报．2019（06）：18－28.

［2838］郭捷，杨立成．环境规制、经济发展水平对技术创新的影响研究——以我国民族八省区为例．南京财经大学学报．2019（05）：45－54.

［2839］李光龙，范贤贤．产业集聚、外商直接投资与绿色全要素生产率．南京财经大学学报．2019（05）：1－10.

［2840］尚晶，刘海英．中国工业节能绩效与环保绩效协调性研究——基于 NDDF 测算的全要素生产率视角．南京财经大学学报．2019（01）：88－98.

［2841］刘争，黄浩．中国省际能源效率及其影响因素研究——基于 Shephard 能源距离函数的

SFA模型．南京财经大学学报．2019（01）：99－108.

［2842］周樨平．消费者保护法视角下搭售行为的规制——从最高人民法院指导性案例79号切入．南京大学学报（哲学·人文科学·社会科学）．2019（05）：140－149.

［2843］李友根．中国经济法治七十年考——以投机倒把行为的规制史为研究对象．南京大学学报（哲学·人文科学·社会科学）．2019（05）：21－33.

［2844］丁国民，李丹红．B2C模式下互联网应用软件捆绑下载的法律问题研究．南京航空航天大学学报（社会科学版）．2019（02）：41－47.

［2845］王启，陆汉栋．新时代我国高校科研诚信规制的保障机制探索．南京理工大学学报（社会科学版）．2019（05）：51－55.

［2846］李敏．PPP模式的法律风险及其规制．南京理工大学学报（社会科学版）．2019（02）：82－88.

［2847］刘瑞翔．区域经济一体化对资源配置效率的影响研究——来自长三角26个城市的证据．南京社会科学．2019（10）：27－34.

［2848］邓搴．政府购买公共服务的主体结构及其程序构造之展开．南京社会科学．2019（07）：99－105.

［2849］刘云甫．区域行政行为的内涵及其法律规制初探．南京社会科学．2019（04）：87－93.

［2850］曾哲，曾心良．权责清单软法属性的证成及规制．南京社会科学．2019（01）：102－108.

［2851］巫强，余鸿晖．中国制造业企业出口模式选择研究：基于市场势力和生产率的视角．南京社会科学．2019（08）：11－21.

［2852］李光龙，范贤贤．贸易开放、外商直接投资与绿色全要素生产率．南京审计大学学报．2019（04）：103－111.

［2853］贺宝成，王家伟，王娇杨．地方政府竞争、法制环境与财政科技投入效率——基于2008～2016年省际面板数据的空间计量分析．南京审计大学学报．2019（03）：103－111.

［2854］何任，邵帅，杨青．财务独立董事能否抑制高管的价值损毁行为？——基于我国A股上市公司并购的经验证据．南京审计大学学报．2019（02）：20－29.

［2855］管华．我国高考加分政策的宪法规制．南京师大学报（社会科学版）．2019（03）：106－115.

［2856］汪全胜，张奇．我国高危险性体育项目行政许可条件设置的完善——基于现行法律文本的考察．南京体育学院学报．2019（12）：1－8.

［2857］胡晓翔．艳阳与乌云——疫苗规制的思考．南京医科大学学报（社会科学版）．2019（01）：10－12.

［2858］王萱萱，石仿，黄石平，陈家应．构筑综合监管保障体系，强化疫苗安全治理．南京医科大学学报（社会科学版）．2019（01）：21－23.

［2859］孙瑞瑞．共享经济背景下网约顺风车的行政监管研究．南京邮电大学学报（社会科学版）．2019（03）：44－52.

［2860］姚明．我国中药材立法研究——基于38部法律规范的实证分析．南京中医药大学学报（社会科学版）．2019（04）：250－254.

［2861］贺小刚，朱丽娜，吕斐斐，贾植涵．创业者缘何退出：制度环境视角的研究．南开管理评论．2019（05）：101－116.

［2862］吴先明，张雨．海外并购提升了产业技术创新绩效吗——制度距离的双重调节作用．南开管理评论．2019（01）：4－16.

［2863］蔡庆丰，陈熠辉，吴杰．家族企业二代的成长经历影响并购行为吗——基于我国上市

家族企业的发现．南开管理评论．2019（01）：139－150.

［2864］李洪，叶广宇，赵文丽．距离产生美：跨国并购中个人/集体主义价值观差异的不对称效应．南开管理评论．2019（06）：152－164.

［2865］薄文广，崔博博，陈璐琳．环境规制对工业企业选址的影响——基于微观已有企业和新建企业数据的比较分析．南开经济研究．2019（04）：37－57.

［2866］王勇，谢婷婷，郝翠红．环境成本上升如何影响企业就业增长？——基于排污费修订政策的实证研究．南开经济研究．2019（04）：12－36.

［2867］刘海洋，林令涛，戴美虹．国有企业增进还是拖累社会就业？．南开经济研究．2019（02）：62－77.

［2868］陈兵．大数据的竞争法属性及规制意义．南开学报（哲学社会科学版）．2019（01）：192.

［2869］刘芳．“UGC”网络亚文化对青少年自我认同的影响及其规制．南通大学学报（社会科学版）．2019（03）：106－112.

［2870］朱雅琼．我国实施市场准入负面清单之挑战与应对．南通航运职业技术学院学报．2019（03）：24－26.

［2871］高志刚，田丰．中巴经济走廊背景下贸易便利化水平对中巴出口贸易效率影响研究．南亚研究．2019（02）：136－156.

［2872］蒋圣力，朱忻艺．外层空间网络攻击的法律定性问题探究．南阳师范学院学报．2019（02）：16－20.

［2873］潘春梅．网络暴力伦理问题研究．内江科技．2019（09）：144－150.

［2874］赵丽芳，李明，张晓奇．环境规制对上市公司技术创新能力与经营绩效的影响．内蒙古财经大学学报．2019（04）：29－31.

［2875］宣春艳．地方政府债务外部性效应规制路径研究．内蒙古财经大学学报．2019（04）：12－14.

［2876］张占军，珠拉．万达电影跨国并购经济效果实证分析．内蒙古财经大学学报．2019（03）：50－53.

［2877］彭萍莉．谈非物质文化遗产保护与公共图书馆地方文献资源建设的关系．内蒙古科技与经济．2019（24）：109－110.

［2878］曹文婧．中国烟草行业行政管理规制问题浅谈．内蒙古科技与经济．2019（13）：22－23.

［2879］朱秀嘉．论图书馆监管改革创新发展．内蒙古科技与经济．2019（12）：143－149.

［2880］邹小燕．发电市场的环境规制博弈模型．内蒙古煤炭经济．2019（20）：109.

［2881］于萌．企业并购重组中的税收筹划．内蒙古煤炭经济．2019（13）：64－66.

［2882］智宝岩．兼并重组煤矿设计时的若干问题．内蒙古煤炭经济．2019（20）：73－75.

［2883］刘虹．关于山西煤炭供应链金融监管与风险评价研究．内蒙古煤炭经济．2019（06）：69－70.

［2884］问延安，方长征．我国民用无人机监管：现状、问题与对策．内蒙古农业大学学报（社会科学版）．2019（01）：52－57.

［2885］李楠博．环境规制与企业绿色技术创新——一个条件过程分析．内蒙古社会科学（汉文版）．2019（06）：109－115.

［2886］梁琳．关于高质量发展时期进一步扩大开放需要关注的几个问题．内蒙古社会科学（汉文版）．2019（04）：112－117.

［2887］胡洁，张卓媛．企业并购重组中异议股东股权（份）回购请求权研究．内蒙古师范大学学报（哲学社会科学版）．2019（01）：90－103.

[2888] 郃焱燚，郝晓燕．协同治理视角下实现食品安全政府管理与企业自我规制的研究综述．内蒙古统计．2019（05）：48－52.

[2889] 娄杰海，薛宇，李雨茜，王维超．影响电改落地的电网体制障碍及破解思路．能源．2019（10）：57－62.

[2890] 鲁东侯．全球油气资源并购市场风云再起．能源．2019（05）：82－84.

[2891] 林益楷．全球第六大油气并购案尘埃落定，谁是最大赢家？．能源．2019（06）：44－47.

[2892] 李天荣．兼并重组矿井排水系统设计研究．能源技术与管理．2019（03）：116－117.

[2893] 周晖杰，李南，毛小燕．企业环境行为的三方动态博弈研究．宁波大学学报（理工版）．2019（02）：108－113.

[2894] 李璟娜，吴洁，张琪睿．基于平衡计分卡的均胜电子跨境并购绩效研究．宁波工程学院学报．2019（02）：61－67.

[2895] 并购重组：横向整合打开成长空间．宁波经济（财经视点）．2019（11）：21－22.

[2896] 李汝萍，颜进．文化传媒上市公司并购互联网公司的即时收益与潜在风险初探．宁波经济（三江论坛）．2019（01）：11－15.

[2897] 陈胜，姜福．中国企业在新加坡投资的风险与防范．宁德师范学院学报（哲学社会科学版）．2019（02）：27－33.

[2898] 张圣曼．政府公共服务购买法律规制问题完善研究．宁夏大学学报（人文社会科学版）．2019（06）：102－105.

[2899] 王峰．公共产品市场化供给的政府监管——以浙江省湖州市城市公共交通为研究对象．宁夏党校学报．2019（06）：99－104.

[2900] 张军，王文彬．乡村振兴视野下管控城市垃圾入村的法律规制研究．宁夏党校学报．2019（03）：101－105.

[2901] 万里鹏．行政权的边界界定及其规制研究．宁夏社会科学．2019（01）：85－91.

[2902] 许小桦，雷国铨．地方政府间农产品质量规制策略博弈研究——以福建省产茶区为例．农产品质量与安全．2019（05）：81－88.

[2903] 李宸坤，张杰．农村民间组织与乡村治理研究．农村．农业．农民（B版）．2019（07）：41.

[2904] 张帆．新常态下中资企业跨境并购市场前景及银行服务策略选择．农村金融研究．2019（05）：51－56.

[2905] 闫婷．环境规制对企业技术创新影响研究．农村经济与科技．2019（12）：120－198.

[2906] 姜孝波．政策导向与低效发展：政府规制视角下基层供销社的发展历程研究．农村经济与科技．2019（08）：220－222.

[2907] 董坤，周晨琳．对加快我国空气污染治理法治化进程的探析——以哈尔滨地区为例．农村经济与科技．2019（06）：3－4.

[2908] 吴淑娟．试析共享经济的法律规制．农村经济与科技．2019（04）：256－257.

[2909] 王帆．A公司并购B公司税收筹划案例分析．农村经济与科技．2019（03）：167－169.

[2910] 詹晓惠．企业并购财务风险分析与控制．农村经济与科技．2019（06）：126－128.

[2911] 冯姜奇，周芷伊．浅析互联网时代企业并购的动因及效应——以阿里巴巴并购饿了么为例．农村经济与科技．2019（17）：183－185.

[2912] 方晓红．完善农村金融服务探析．农村经济与科技．2019（19）：83－84.

[2913] 陈小君．依法推进农村集体经济有效实现．农村经营管理．2019（01）：47.

[2914] 王修法．农村小型农田水利工程管理的发展．农村实用技术．2019（04）：11.

[2915] 郑守伟．控制鱼虾类养殖病害促进水产业发展探究．农家参谋．2019（07）：147.

［2916］李明轩．论“人肉搜索”侵权的法律规制．农家参谋．2019（23）：169.

［2917］吕隋鑫．试论森林法规制的研究．农家参谋．2019（15）：66.

［2918］罗单．商事理念下非法吸收公众存款罪的适用．农家参谋．2019（06）：294－295.

［2919］钟占辉，左芮凡，赵旺．吉利集团并购战略实施的个案分析．农家参谋．2019（01）：285－286.

［2920］张媛．股票支付方式下并购方盈余管理对股票价格的影响．农家参谋．2019（05）：260.

［2921］冯荟岭．企业并购的财务风险及对策．农家参谋．2019（08）：186－189.

［2922］郭丹阳．中国企业海外并购的机遇与挑战问题研究——以吉利并购沃尔沃为例．农家参谋．2019（11）：213.

［2923］谢玉娟．关于中国上市公司并购重组企业价值评估分析．农家参谋．2019（17）：150.

［2924］陈泽浩．我国私募股权投资基金企业跨国并购业务发展研究——以中联重科并购 CIFA 为例．农家参谋．2019（21）：142－143.

［2925］李博，李佳吏．加油站油气回收设施检测与监管中的几点思考．农家参谋．2019（20）：167.

［2926］郝燕茹．奶牛散养户生鲜乳质量安全监管研究．农家参谋．2019（20）：142.

［2927］周丰生．加强农机监管促进农业发展．农家参谋．2019（20）：84.

［2928］邓润娣．加强质量监管保障畜禽产品安全．农家参谋．2019（14）：174.

［2929］郑谦．浅谈基层农产品质量安全监管存在的问题及管理对策．农家参谋．2019（13）：12－213.

［2930］程秀丽．互联网模式下反腐倡廉研究．农家参谋．2019（13）：190.

［2931］张嘉仪．网络短视频的法律规制问题研究．农家参谋．2019（13）：194.

［2932］吴振平．动物检疫的工作重点分析．农家参谋．2019（10）：175.

［2933］宋燕．水产品质量安全监管系统控制要点分析．农家参谋．2019（03）：201.

［2934］官涛，郝孟军，罗美琴，刘福华．提高宜宾市天然气汽车运行安全管理措施分析．农家参谋．2019（04）：291－292.

［2935］夏英．企业应提高品牌保护壁垒．农经．2019（07）：31.

［2936］赵成录．关于林业精准扶贫脱贫的实践与探索．农民致富之友．2019（09）：232.

［2937］王利，黄洁，薛仁风．云南省元江县水稻传统地方品种的保护与可持续利用．农学学报．2019（11）：1－5.

［2938］熊鹰，杜兴端，李晓．四川省构建农产品质量安全监管长效机制研究．农学学报．2019（07）：74－79.

［2939］郭元成，刘倩，吴海燕，梁朝阳．青岛：健全体制机制　凝聚执法合力　全力保障农产品质量安全．农药科学与管理．2019（08）：8－12.

［2940］肖瓴．筑牢内控防线　夯实合规基础．农业发展与金融．2019（04）：28－29.

［2941］温赞勇．基层畜牧兽医动物防疫工作重点．农业工程技术．2019（32）：97－98.

［2942］黄兰菊．甘肃玛曲县畜产品质量安全监管工作存在的问题与解决措施．农业工程技术．2019（32）：103.

［2943］黄小兰，吴琪媛．“浦江葡萄”质量监管体系调查．农业工程技术．2019（32）：108－109.

［2944］谭翔，欧晓明，陈曦．农业企业食品安全行为机理研究——基于企业高管个人特质的视角．农业技术经济．2019（06）：132－144.

［2945］杨丹，唐羽．合谋视角下的农民合作社绩效与评级．农业技术经济．2019（03）：75－86.

［2946］张复宏，张吉国，宋晓丽，庞桂娟．中美苹果出口贸易及其在“一带一路”国家市场势力的对比分析．农业技术经济．2019（01）：135－144.

［2947］吕璐．提高农产品质量安全水平的主要措施．农业技术与装备．2019（08）：31－32.

［2948］柴丽．探讨种子市场有效监管的可行方式．农业技术与装备．2019（06）：52－53.

［2949］西鹏．网络经济背景下我国农业国际贸易发展趋势研究．农业经济．2019（01）：125－127.

［2950］李晓红．河南省绿色金融产业发展问题研究．农业经济．2019（06）：112－114.

［2951］张睿海．城乡融合视野下构建我国农村社会保障体系的法律规制．农业经济．2019（12）：54－56.

［2952］毕琳琳．集体经营性建设用地使用权流转市场规制研究．农业经济．2019（11）：91－92.

［2953］张勉．绿色发展战略视野下我国农村环境治理的法律规制．农业经济．2019（11）：6－8.

［2954］杨威．浅谈农村民间借贷的风险及规制．农业经济．2019（10）：111－112.

［2955］徐芳，赵筱．产业链下乡村社区旅游公共服务市场化供给与政府激励性规制．农业经济．2019（09）：54－55.

［2956］郑长虹．农村土地承包经营权转让的现实诱因、实现路径与法律规制研究．农业经济．2019（04）：89－91.

［2957］刘颖．民法视野下我国农村民间金融发展的法律规制研究．农业经济．2019（02）：60－62.

［2958］柏娜，杨光．全球农化领域大举并购的原因、影响和应对．农业经济．2019（07）：106－108.

［2959］马兴栋，霍学喜．苹果标准化生产、规制效果及改进建议——基于山东、陕西、甘肃3省11县960个苹果种植户的调查分析．农业经济问题．2019（03）：37－48.

［2960］胡新艳，罗明忠，张彤．权能拓展、交易赋权与适度管制——中国农村宅基地制度的回顾与展望．农业经济问题．2019（02）：73－81.

［2961］刘婷．转基因食品强制标识的效力：基于美国联邦法案的考察．农业经济问题．2019（02）：125－134.

［2962］李晓霞．农产品质量安全监管与机制技术创新．农业开发与装备．2019（03）：59－61.

［2963］王艳花．武威市凉州区乡镇级农产品质量安全监管现状及对策．农业科技与信息．2019（14）：51－52.

［2964］张弟．我国农业面源污染的法律规制研究．农业农村部管理干部学院学报．2019（01）：28－32.

［2965］邹洪毅．博弈理论视角下的农贸市场监督管理研究．农业农村部管理干部学院学报．2019（01）：57－60.

［2966］周琼，蒯祎．芹菜中毒死蜱高残留原因探析．农业与技术．2019（17）：65－66.

［2967］张钰宸，赵连静．国内乳制品质量提升对进口乳制品消费的影响．农业展望．2019（01）：109－112.

［2968］鲍宏铮．中国核电企业在欧盟中东欧成员国的前景分析．欧亚经济．2019（01）：91－107.

［2969］俞胜杰，林燕萍．2017 年欧盟竞争政策报告．欧洲法律评论．2019（00）：170－204.

［2970］魏怡然．预测性警务与欧盟数据保护法律框架：挑战、规制和局限．欧洲研究．2019（05）：86－102.

［2971］吴青．习近平网络强国战略思想的意蕴阐论与践行策略．攀登．2019（06）：8－14.

［2972］昂文才措．新形势下玉树网络舆情监管研究．攀登．2019（04）：58－61.

［2973］张腾，刘晓旭．自媒体环境下表达自由的规制．攀枝花学院学报．2019（06）：40－44.

［2974］黄子秋．我国水资源市场配置下的政府监管研究．萍乡学院学报．2019（05）：49－52.

［2975］王钲翔．“营改增”对建筑业进入壁垒影响的实证分析．莆田学院学报．2019（04）：42－48.

［2976］解春丽．人类胚胎基因编辑的法律规制．濮阳职业技术学院学报．2019（06）：25－27.

［2977］王金莹．高空抛物致害行为的法律分析——从《中华人民共和国侵权责任法》第87条展开．濮阳职业技术学院学报．2019（03）：27－30.

［2978］董新新．数据匿名化的法律规制．濮阳职业技术学院学报．2019（02）：46－50.

［2979］陈佳慧，李儒俊．我国出版业跨界经营问题．濮阳职业技术学院学报．2019（01）：107－110.

［2980］姚咏．从“排斥”到“聚合”——对大数据整体性思维的反思．普洱学院学报．2019（06）：39－41.

［2981］陈婷．基于法律意识的大学生网络犯罪规制策略研究．齐鲁师范学院学报．2019（02）：15－19.

［2982］刘佳．企业合并时“抢先合并”行为的反垄断法规制．齐齐哈尔大学学报（哲学社会科学版）．2019（12）：95－99.

［2983］乔露露，袁平红．网络平台垄断势力识别及规制研究．齐齐哈尔大学学报（哲学社会科学版）．2019（12）：49－51.

［2984］叶秀，董慧慧，李岚．论差序格局下的我国环境信用法律制度建设．齐齐哈尔大学学报（哲学社会科学版）．2019（11）：76－79.

［2985］陈诗雨，杨芳．人类基因编辑技术伦理问题探微．齐齐哈尔大学学报（哲学社会科学版）．2019（08）：101－104.

［2986］邓志宏，孙佳灵．我国人工智能法律规制问题初探．齐齐哈尔大学学报（哲学社会科学版）．2019（06）：89－92.

［2987］崔理博，赵明非．无人驾驶汽车侵权的责任分析与法律规制．齐齐哈尔大学学报（哲学社会科学版）．2019（05）：82－84.

［2988］李幸幸．抖音涉及的法律问题研究．齐齐哈尔大学学报（哲学社会科学版）．2019（03）：80－83.

［2989］刘文燕，薄舒悦．环境群体性事件刑法规制的探讨．齐齐哈尔大学学报（哲学社会科学版）．2019（03）：84－86.

［2990］叶镝，徐立．人工智能对现行刑法的挑战与完善思路．齐齐哈尔大学学报（哲学社会科学版）．2019（01）：89－92.

［2991］李晓玲，余美芳．并购商誉信息对企业权益资本成本的影响研究．齐齐哈尔大学学报（哲学社会科学版）．2019（11）：55－60.

［2992］于月东．营改增规制下房地产开发企业的成本管理策略分析．企业改革与管理．2019（17）：171－222.

［2993］何岚辉．重污染企业责任动力机制研究．企业改革与管理．2019（16）：5－6.

［2994］林鹂．高速公路产业化经营及政府规制研究．企业改革与管理．2019（03）：212－214.

［2995］杨强．中资银行海外并购的非系统性风险及其防范研究．企业改革与管理．2019（05）：109－110.

［2996］彭华．企业并购的财务风险及其防范措施．企业改革与管理．2019（05）：148－170.

［2997］梁艳霞．企业并购财务风险及其防范措施研究．企业改革与管理．2019（06）：139－

166.

［2998］王明芬．关于企业并购所得税费用的研究．企业改革与管理．2019（06）：148－149.

［2999］侯顺利．信托业参与资本市场并购业务的模式分析．企业改革与管理．2019（08）：110－111.

［3000］赵敬霞．企业并购后的财务整合问题及其强化对策．企业改革与管理．2019（09）：161－162.

［3001］郑墨林．企业并购重组中的管理整合措施研究．企业改革与管理．2019（12）：9－17.

［3002］赵军．企业并购后的财务整合研究．企业改革与管理．2019（13）：124－133.

［3003］谢勇辉．企业并购战略及商誉减值风险分析——以奥飞娱乐为例．企业改革与管理．2019（14）：48－49.

［3004］林冰儿，薛岚韵．互联网企业并购的财务风险分析——以阿里巴巴收购饿了么为例．企业改革与管理．2019（15）：57－58.

［3005］王梨英，乔庆林．国际化企业跨国并购的整合模式研究．企业改革与管理．2019（15）：3－4.

［3006］尚春秀．互联网企业并购的财务风险及其防范．企业改革与管理．2019（17）：63－64.

［3007］张磊．关于并购重组中业绩补偿账务处理问题的探讨．企业改革与管理．2019（18）：141－154.

［3008］张红生．企业并购重组中的税收筹划策略探讨．企业改革与管理．2019（18）：150－151.

［3009］姜静．房地产项目并购流程分析及风险防范建议．企业改革与管理．2019（19）：49－52.

［3010］袁润辉，刘静．上市公司并购中业绩补偿的会计处理问题研究．企业改革与管理．2019（21）：114－115.

［3011］刘瑞侠．房地产项目并购方式和流程建议．企业改革与管理．2019（22）：211－213.

［3012］汪华平．企业并购重组税务筹划的常见方法及其选择．企业改革与管理．2019（22）：147－155.

［3013］贺成功，范佳龙，何凡，白鹏飞，杨钦斌．国企并购重组后的企业文化融合研究．企业改革与管理．2019（23）：181－183.

［3014］胡红燕．我国企业海外并购的财务风险及防控措施．企业改革与管理．2019（24）：165－181.

［3015］杨亚坤．基于国际化背景的上市公司跨国并购影响因素研究．企业改革与管理．2019（24）：12－13.

［3016］欧阳剑，张庆．商誉：并购中的“达摩克利斯之剑”——天广中茂为何遭遇股价崩盘？．企业管理．2019（01）：50－54.

［3017］徐大丰，张正凯，曲琦．境外并购中的信息化整合．企业管理．2019（08）：110－112.

［3018］梁彦，郑辉．现代控制技术助力遂宁产业升级研究综述．企业技术开发．2019（06）：111－113.

［3019］林阳．土地资源错配对雾霾污染的影响——门槛效应的实证研究．企业经济．2019（10）：34－40.

［3020］张洁，李明，康凯．碳税规制下部分延期支付策略对供应链网络均衡的影响．企业经济．2019（04）：12－19.

［3021］果鸽．民事诉讼中当事人缺席的法律规制问题研究．企业科技与发展．2019（11）：122－124.

［3022］杨志江．环境规制与经济增长方式绿色转型．企业科技与发展．2019（08）：28－30.

[3023] 管晞羽，刘禹含．论监察委员会调查权特性．企业科技与发展.2019（07）：261－262.

[3024] 尹飞霄．跨境电商与贸易便利化的互动机制探析．企业科技与发展.2019（03）：52－53.

[3025] 曹晓岩．三一重工并购德国大象与双汇国际并购案的融资方式比较研究．企业科技与发展.2019（03）：203－204.

[3026] 滕宪灵．从商誉减值看上市公司合并风险防范——以L公司并购B广告公司为例．企业科技与发展.2019（03）：207－208.

[3027] 涂强．基于扎根理论的企业跨国并购协同效应研究．企业科技与发展.2019（03）：212－213.

[3028] 李忠磊，严浩坤．阿里巴巴网络技术有限公司并购合一集团有限公司财务风险防控分析．企业科技与发展.2019（04）：203－204.

[3029] 王兰娟．我国企业跨国并购整合研究——基于汇孚集团收购FinnKarelia案例分析．企业科技与发展.2019（06）：42－43.

[3030] 方晶，陈雷，王东亮．探索资产评估价值对企业并购重组的作用与影响．企业科技与发展.2019（07）：214－215.

[3031] 宋雨姗．互联网行业并购动因与财务风险研究．企业科技与发展.2019（07）：246－248.

[3032] 廖治宇，宋小芳．并购中不同支付方式的税收筹划．企业科技与发展.2019（12）：166－167.

[3033] 黄舒莹，林泓．我国共享经济发展研究．企业科技与发展.2019（12）：20－21.

[3034] 胡丁鑫．现行经济环境下第三方支付平台风险与监管分析——以支付宝为例．企业科技与发展.2019（10）：229－230.

[3035] 杨金柳．发电企业安全监管工作之浅析．企业科技与发展.2019（09）：221－222.

[3036] 张杰．美国事故车维修巨头兼并重组对中国汽车后市场的影响．汽车维修与保养.2019（02）：22－24.

[3037] 王嘉文．网约车平台监管的规制"失灵"问题研究．汽车与安全.2019（07）：78－84.

[3038] 杨建明．浅谈重点机动车查验工作存在的问题及对策．汽车与安全.2019（09）：48－52.

[3039] 杨尚利．浅析机动车安全技术检验监管难点及注意事项．汽车与安全.2019（04）：47－49.

[3040] 朱敏慧．兼并重组加速业务布局．汽车与配件.2019（11）：4.

[3041] 张杰．新康众"五珠连发"并购嘉实多代理商，"买买买"模式能否买出后市场"独角兽"？．汽车与配件.2019（20）：62－63.

[3042] 高驰．普华永道：未来，并购重组将是汽车零部件行业的发展大势．汽车与配件.2019（21）：31－33.

[3043] 朱敏慧．面对困境：开放合作、并购重组．汽车与配件.2019（21）：4.

[3044] 张学刚，郭启光，邢智仓．环渤海地区生态效率的变化轨迹、影响因素与提升路径研究．前沿.2019（06）：104－112.

[3045] 王豪，李庆雷．基于信息不对称理论的"一日游"乱象治理研究．黔南民族师范学院学报.2019（02）：94－98.

[3046] 刘锴．海外并购对青岛市制造业产业升级的影响与策略研究．青岛职业技术学院学报.2019（01）：24－29.

[3047] 滕涛．浅谈实物期权理论在产业并购中的应用．青海金融.2019（11）：23－26.

[3048] 中国人民银行泉州市中心支行课题组，林印印．小额贷款公司可持续发展问题浅析——以福建泉州惠安辖区小额贷款公司为例．青海金融.2019（08）：61－64.

［3049］殷光娴．金融广告治理及行政监管．青海金融．2019（04）：37－40.

［3050］彭长华．大数据时代我国食品安全的伦理考量．青海社会科学．2019（06）：99－104.

［3051］葛其明，徐冬根．多层次资本市场建设下的差异化信息披露制度——兼论科创板信息披露的规制．青海社会科学．2019（03）：132－141.

［3052］丁国峰，毕金平．竞争政策视野下我国成品油市场行政垄断之规制新探．青海社会科学．2019（02）：143－151.

［3053］庄叔乔．公正司法与网络舆论的冲突与平衡．青海社会科学．2019（01）：142－147.

［3054］周伟．地方政府生态环境监管：困境阐述与消解路径．青海社会科学．2019（01）：38－44.

［3055］冯泽华．新闻网站超链接侵权的著作权法规制．青年记者．2019（30）：81－82.

［3056］江作苏，刘志宇．版权场域中的犬儒伦理弥散现象与规制之策．青年记者．2019（28）：42－44.

［3057］李应杰．融媒时代新闻媒介的传播偏差现象及规制．青年记者．2019（27）：32－33.

［3058］季为民．互联网媒体与青少年——基于近十年中国青少年互联网媒体使用调查的研究报告．青年记者．2019（25）：9－14.

［3059］邢祥，胡学峰．新时代新闻发布工作值得关注的五大关系．青年记者．2019（25）：57－58.

［3060］苗玲玲，王飞，陆旭．网络暴力传播行为的刑法规制．青年记者．2019（01）：70－71.

［3061］辜晓进．媒体在兼并整合中求发展（外7则）．青年记者．2019（34）：86－87.

［3062］季为民．建立中国特色未成年人互联网运用保护规制体系．青年探索．2019（04）：5－16.

［3063］杜智涛，刘琼，俞点．未成年人网络保护的规制体系：全球视野与国际比较．青年探索．2019（04）：17－30.

［3064］王竞一．外资并购法律问题的思考．青年与社会．2019（06）：41.

［3065］冯惠敏，李昊天．触法少年惩戒制度的合理建构——刑事责任年龄降低说的理论反思．青少年犯罪问题．2019（06）：5－11.

［3066］张欣欣，蔡晶波．网络食品质量监管研究．轻工标准与质量．2019（03）：38－39.

［3067］赵辉，吕红．社会组织参与食品安全监管研究．轻工标准与质量．2019（03）：40－41.

［3068］裴宁欣．人工智能发展中的科技伦理与法律规制．轻工科技．2019（02）：124－125.

［3069］陆海明．网络餐饮食品安全监管模式的研究．轻工科技．2019（05）：137－138.

［3070］意娜．数字时代大平台的文化政策与伦理关切．清华大学学报（哲学社会科学版）．2019（02）：194－197.

［3071］张扬欢．责任规则视角下的专利开放许可制度．清华法学．2019（05）：186－208.

［3072］蔡培如．被遗忘权制度的反思与再建构．清华法学．2019（05）：168－185.

［3073］胡晓红．“改进技术”限制性要求规制模式的中国选择——对美国“301报告”相关指责的回应．清华法学．2019（03）：171－183.

［3074］汤欣，神田秀树，朱大明．公开要约收购的法律规制：从中国到日本．清华法学．2019（02）：28－48.

［3075］朱大明，行冈睦彦．控制股东滥用影响力的法律规制——以中日公司法的比较为视角．清华法学．2019（02）：68－86.

［3076］沈朝晖，饭田秀总，段磊．中日公司新股发行制度的功能主义比较．清华法学．2019（02）：87－108.

［3077］夏宁敏．产业互联网时代平台进化四部曲．清华管理评论．2019（12）：104－111.

［3078］陈劲，尹西明，蒋石梅．跨国并购视角下，吉利整合式创新“逆袭”之路．清华管理评论．2019（03）：102－110.

［3079］杨政银，杨博．跨国并购：汽车零部件企业的转型升级战略．清华管理评论．2019（Z2）：10－16.

［3080］王勇，李子颐，刘梦楚．安踏并购亚玛芬，勇敢迈出全球化步伐？．清华管理评论．2019（11）：108－114.

［3081］蒋韬．规范涉金融个人数据分析市场　促进普惠金融发展繁荣．清华金融评论．2019（09）：100－102.

［3082］王宏宇，刘刊．证券投资咨询制度变革及路径选择研究．清华金融评论．2019（03）：83－88.

［3083］赵令欢．充分发挥并购基金作用　盘活经济存量．清华金融评论．2019（03）：23－24.

［3084］于涛，谭人友．传统行业跨境并购重组的产融启示——基于兖州煤业的案例分析．清华金融评论．2019（05）：89－92.

［3085］杨兆全．上市公司并购中的法律风险与防控．清华金融评论．2019（09）：43－44.

［3086］蔡建春．深化资本市场供给侧结构性改革　更好发挥市场化并购重组主渠道作用．清华金融评论．2019（09）：21－23.

［3087］程浩，陈丹．推进并购类投贷联动　支持小微企业发展．清华金融评论．2019（10）：73－78.

［3088］黄国波．中资企业海外并购投资的价值创造——从投前到投后．清华金融评论．2019（12）：16－18.

［3089］相丽玲，陈秀兰．个人征信信息保护研究综述．情报科学．2019（09）：170－176.

［3090］吴超，华佳敏．安全信息不对称下安全规制机制研究．情报杂志．2019（02）：110－115.

［3091］周晨虹．社区空间秩序重建：基层政府的空间治理路径——基于J市D街的实地调研．求实．2019（04）：54－64.

［3092］国胜铁，姚常成．我国城市群知识创新的空间结构演变趋势——来自Web of Science核心数据库的经验证据．求是学刊．2019（04）：54－63.

［3093］马长山．智慧社会的治理难题及其消解．求是学刊．2019（05）：91－98.

［3094］董新义．投资劝诱的金融私法规制：困境及出路．求是学刊．2019（05）：117－127.

［3095］韩召颖，吕贤．美国对中资并购实施安全审查的经济民族主义分析．求是学刊．2019（04）：150－162.

［3096］马竞遥．绿色原则在民法典分则编的体系化实现——以矿业权的民法规制为中心．求索．2019（05）：55－62.

［3097］刘险峰．从政府规制到多元治理：节能管理模式的发展与变革．求索．2019（02）：81－88.

［3098］安凡所．农民工劳动力市场的契约特征及其关系治理．求索．2019（01）：76－82.

［3099］韦念好，班婷．跨境交付类服务贸易新业态外汇管理探析．区域金融研究．2019（07）：64－68.

［3100］马广奇，赵仲．基于金融规制理论的中国互联网金融监管思考．区域金融研究．2019（02）：21－24.

［3101］杨波，邓慧麟．网络效应、转移成本与搭售行为研究：基于社会福利的视角．区域金融研究．2019（09）：84－91.

［3102］李停．市场准入、R&D激励与高新技术行业社会福利最大化．区域经济评论．2019

(05)：125－132.

[3103] 赵然．逆向跨国并购驱动产业快速升级的路径研究．区域经济评论．2019（06）：137－145.

[3104] 丛立先，起海霞．中国企业海外并购的知识产权风险防控．区域与全球发展．2019（03）：91－107.

[3105] 郭妙琳．劳动力市场分割、资源配置与人力资本综述．区域治理．2019（50）：92－94.

[3106] 白若奇．网络不良行为的法律规制．区域治理．2019（48）：134－136.

[3107] 林星．商标注册行为的类型化．区域治理．2019（48）：233－235.

[3108] 韩童．行政规制手段中的声誉机制．区域治理．2019（46）：121－123.

[3109] 吴凌凤．智能投顾中信义义务法律规制考量．区域治理．2019（45）：147－149.

[3110] 高峡．我国自动驾驶技术法律规制．区域治理．2019（44）：147－149.

[3111] 张尚竹．网络环境中言论自由权的行使边界．区域治理．2019（44）：84－86.

[3112] 姜璎桓．网络谣言的法律规制．区域治理．2019（44）：153－155.

[3113] 史延军．互联网金融视角下我国众筹的法律规制．区域治理．2019（44）：144－146.

[3114] 刘芃铄．大数据背景下价格调整行为法律问题．区域治理．2019（44）：141－143.

[3115] 刘莉．环境规制与经济高质量发展．区域治理．2019（43）：40－42.

[3116] 杨亮亮，刘轩志．环境规制视角下水污染时空演变机制．区域治理．2019（41）：125－127.

[3117] 原海珍．公民网络监督权的法律规制．区域治理．2019（39）：127－129.

[3118] 张培准．转售价格维持协议的违法性．区域治理．2019（39）：115－117.

[3119] 姜子禹．上海供水行业价格形成和成本规制．区域治理．2019（33）：215－217.

[3120] 徐嘉城．我国世界自然遗产保护问题及相关立法规制．区域治理．2019（28）：116－118.

[3121] 林雪．互联网下企业并购案例分析．区域治理．2019（32）：127－129.

[3122] 杨秋钰．有关提高企业并购整合后效益的几点思考——以 A 企业并购 B 企业为例．区域治理．2019（37）：147－149.

[3123] 宋春杰，于立．我国 M 企业海外并购 N 公司风险识别及控制．区域治理．2019（45）：209－211.

[3124] 刘晓楠．A 公司并购 B 公司并购绩效影响．区域治理．2019（50）：217－219.

[3125] 孙世雄．金融深化视野下的互联网金融监管．区域治理．2019（45）：202－204.

[3126] 王鹏．美国慈善与慈善法相关问题之迷思．区域治理．2019（44）：105－107.

[3127] 陈聪．互联网金融的法律规制．区域治理．2019（36）：130－132.

[3128] 张宏伟．电商平台监管与农产品生产商产品质量博弈．区域治理．2019（35）：216－218.

[3129] 朱依曦，陈瑾瑜．环境规制对高技术产业创新的影响分析．全国流通经济．2019（34）：127－129.

[3130] 沈畅．从 SCP 视角透析类克拉克有效竞争市场优劣势——以短视频行业为例．全国流通经济．2019（34）：140－141.

[3131] 周晓萍．风险治理语境下基本养老金投资的法律规制．全国流通经济．2019（29）：168－169.

[3132] 赵冬磊．“套路贷”的刑法规制路径．全国流通经济．2019（08）：134－135.

[3133] 米一鸣．阿里投资和腾讯投资“垄断”格局分析．全国流通经济．2019（07）：83－84.

[3134] 曾庆纬．论中国企业海外并购的风险及对策研究．全国流通经济．2019（01）：44－45.

[3135] 孙利利. 再论上市公司并购协同效应. 全国流通经济.2019 (08): 60-61.

[3136] 李天虎. 论并购融资方式的选择问题. 全国流通经济.2019 (08): 56-57.

[3137] 陈伟. 海外并购的财务整合研究. 全国流通经济.2019 (09): 38-39.

[3138] 沈建文. 我国上市公司跨国并购财务风险问题研究. 全国流通经济.2019 (11): 46-47.

[3139] 潘燕虹. 企业海外并购后的财务整合问题研究. 全国流通经济.2019 (13): 10-11.

[3140] 倪箫吟. 中国上市公司跨国并购的整合效应分析——以联想集团并购IBM PC业务为例. 全国流通经济.2019 (13): 7-9.

[3141] 俞雯. 企业并购动因的财务研究. 全国流通经济.2019 (13): 75-76.

[3142] 周颖. 国有企业并购中的财务问题研究. 全国流通经济.2019 (14): 61-64.

[3143] 郭海. 浅谈轻资产类公司的并购估值. 全国流通经济.2019 (14): 67-68.

[3144] 方兰声. 关于企业并购重组过程中的税收筹划研究. 全国流通经济.2019 (15): 143-144.

[3145] 张鹏. 浅析我国企业的跨国并购现状、正负效应及风险防范措施. 全国流通经济.2019 (15): 21-22.

[3146] 严贵清, 林婕. "一带一路"背景下光明乳业跨国并购问题研究. 全国流通经济.2019 (18): 47-48.

[3147] 杨杉. 企业并购重组后内部控制的探析. 全国流通经济.2019 (18): 96-97.

[3148] 王艺澄. 混合并购对上市公司盈利能力的影响研究. 全国流通经济.2019 (19): 90-92.

[3149] 傅晨熙. 文化长城收购联汛教育并购案例分析. 全国流通经济.2019 (22): 81-82.

[3150] 黄云. 企业并购融资及风险控制. 全国流通经济.2019 (24): 87-88.

[3151] 李锋. 企业并购过程中存在问题及对策分析. 全国流通经济.2019 (24): 91-92.

[3152] 傅乐玙, 沈霞芬, 陈高才. 同伴效应对企业并购决策的影响. 全国流通经济.2019 (24): 158-159.

[3153] 裴蔚. 浅论国企投资并购中的法律风险及对策. 全国流通经济.2019 (25): 72-74.

[3154] 赵京春. 企业跨国并购中的风险分析及对策建议——以HY集团并购西班牙C公司为例. 全国流通经济.2019 (26): 32-33.

[3155] 程燕芳. 股东违规行为的成因及市场反应分析研究——以康尼机电并购龙昕科技为例. 全国流通经济.2019 (28): 64-65.

[3156] 石庆鹏. 企业并购的财务风险. 全国流通经济.2019 (33): 108-110.

[3157] 郭贻新. 企业并购中的财务风险的控制. 全国流通经济.2019 (34): 77-78.

[3158] 张梦云. 企业并购绩效文献评述. 全国流通经济.2019 (35): 91-92.

[3159] 王涛, 王金梁. 浅谈国有企业并购民营企业之后的财务整合. 全国流通经济.2019 (36): 74-75.

[3160] 刘晓宇. 股票期权激励模式与企业创新的研究. 全国流通经济.2019 (22): 19-20.

[3161] 张磊. "互联网+"时代下共享经济发展现状及其对策研究——以共享单车为例. 全国流通经济.2019 (19): 141-142.

[3162] 唐远义. 企业财务价格监管的积极作用和发展前景探析. 全国流通经济.2019 (19): 55-56.

[3163] 顾春燕, 赵振军. 基于演化博弈的共享经济监管模式研究. 全国流通经济.2019 (18): 131-133.

[3164] 张李江. 探讨影子银行对中小企业融资模式的影响. 全国流通经济.2019 (17): 156-158.

[3165] 黄志凌. 积极推动企业并购重组具有重大战略意义. 全球化.2019 (03): 30-42.

［3166］杨娟．数字经济制度环境建设的国际经验和启示．全球科技经济瞭望．2019（03）：20－23.

［3167］王宏，乔岩．我国行业工资差距最新趋势、国际比较、实证研究与调控建议．全球科技经济瞭望．2019（09）：35－46.

［3168］刘克佳．美国保护个人数据隐私的法律法规及监管体系．全球科技经济瞭望．2019（04）：4－11.

［3169］阿计．财政立法的建设路径．群言．2019（04）：53－54.

［3170］朱英明．聚力打造环境高质量区域集群．群众．2019（16）：36－37.

［3171］周倩．基于企业并购中的经济性裁员制度探究．人力资源．2019（18）：69.

［3172］欧阳茗荟．论新型不正当有奖销售行为的分类与规制．人民法治．2019（24）：82－85.

［3173］于冲．人工智能的刑法评价路径：从机器规制向算法规制．人民法治．2019（17）：20－23.

［3174］黄克同，张浩．自动驾驶汽车　法律规制的新动向．人民法治．2019（16）：94－96.

［3175］黄锡生．生活垃圾强制分类的制度困境及其破解．人民法治．2019（14）：19－22.

［3176］李川崟．尽快完善我国的案外人异议虚假诉讼规制机制．人民法治．2019（14）：68－71.

［3177］王波．依法强化金融基础设施建设．人民法治．2019（13）：22－25.

［3178］王婉鑫．共享经济视阈下劳动关系的法律规制．人民法治．2019（12）：82－84.

［3179］常畅．共享经济视角下网约车法律规制．人民法治．2019（12）：74－75.

［3180］柏武．远程公证的国际经验及借鉴．人民法治．2019（11）：50－53.

［3181］张琪．电子证据取证权与隐私权的冲突及协调．人民法治．2019（10）：82－84.

［3182］宋云博，霍晨．外商投资法准入制度承载的法治精神．人民法治．2019（07）：24－27.

［3183］李鑫．公园广场舞的立法规制．人民法治．2019（06）：54－55.

［3184］杜嘉雯．互联网金融犯罪的刑法规制．人民法治．2019（06）：70－73.

［3185］李欣朔．共享单车押金监管的风险及防范．人民法治．2019（06）：60－61.

［3186］曹帅，杜沂霖．构建民营经济健康发展的法治环境．人民法治．2019（02）：105－106.

［3187］何申健．注重过程管控，实施精细管理　推动公交行业走内涵发展新路——公交运行管理机制改革的“南海模式”．人民公交．2019（05）：60－64.

［3188］何茂亮．试论公交企业的成本规制管理．人民公交．2019（04）：60－62.

［3189］李晓明，褚础．企业产权刑法保护与经济刑法转型之思考．人民检察．2019（17）：21－24.

［3190］高维俭．未成年人刑事监护制度研究．人民检察．2019（15）：15－22.

［3191］余凌云，李晴．新中国行政法学七十年的发展与进路．人民检察．2019（13）：35－40.

［3192］刘宪权，汤君．人工智能时代数据犯罪的刑法规制．人民检察．2019（13）：31－34.

［3193］郭研．操纵证券市场罪的立法检视及司法适用．人民检察．2019（13）：74－77.

［3194］郑辉，潘松．诉讼监督视角下民事虚假诉讼案件办理机制的建构．人民检察．2019（08）：33－36.

［3195］孙卫华．认罪认罚从宽后又上诉的分析与规制．人民检察．2019（07）：56－58.

［3196］浙江省杭州市人民检察院课题组．涉网络支付犯罪规制的实践范例．人民检察．2019（06）：58－62.

［3197］邓绍根．规制与管理：宋代官方新闻发布机制．人民论坛．2019（29）：142－144.

［3198］王喜．网络失范言论的产生与刑法规制．人民论坛．2019（28）：90－91.

［3199］孙迎春．加强对电商“炒信”行为的民事法律规制．人民论坛．2019（24）：41－43.

［3200］李振东．互联网金融治理何以“越治越难”．人民论坛．2019（24）：52－53.

[3201] 管秀雪．优化网络舆论生态系统策略研究．人民论坛．2019（24）：226－227.

[3202] 宋才发．新时代网络强国建设的要求及法治举措．人民论坛．2019（21）：113－115.

[3203] 杨守云．以环境规制促进产业结构升级．人民论坛．2019（16）：90－91.

[3204] 秦嗣权．新媒体营销不可触碰法律底线．人民论坛．2019（14）：96－97.

[3205] 殷娅莉．加强党内激励从何处入手．人民论坛．2019（13）：62－63.

[3206] 林沈节．以法律手段拧紧网络食品的"安全阀"．人民论坛．2019（12）：80－81.

[3207] 刘明．大变局下的全球治理，公众如何认识．人民论坛．2019（10）：38－39.

[3208] 魏丽婷．如何划定自媒体意见表达的边界．人民论坛．2019（08）：114－115.

[3209] 隋英霞，唐冰开．互联网金融的监管分寸如何拿捏．人民论坛．2019（05）：82－83.

[3210] 荆磊，祝滨滨．强化监管推进跨境电商既快又好发展．人民论坛．2019（28）：54－55.

[3211] 徐睿，许正中．医美新经济监管的美国启示．人民论坛．2019（26）：90－91.

[3212] 易崇艳．能源环境问题的时代拷问．人民论坛．2019（24）：122－123.

[3213] 李新慧．旅游共享经济发展困境的破解之道．人民论坛．2019（24）：106－107.

[3214] 杨源哲．对商事仲裁机构负责人监管缺失的原因及对策．人民论坛．2019（23）：114－115.

[3215] 廖理．我国个人征信业发展现状及思考．人民论坛．2019（20）：76－77.

[3216] 沈伟民．电商物流信息隐私权监管四策．人民论坛．2019（18）：108－109.

[3217] 林枫．清代政府如何监管土地交易．人民论坛．2019（09）：142－144.

[3218] 田海鑫．民事虚假诉讼的检察监督机制．人民论坛·学术前沿．2019（21）：78－81.

[3219] 陈曦．智能化时代的市场经济：创新、风险与规制．人民论坛·学术前沿．2019（21）：6－14.

[3220] 李文姝，刘道前．人工智能视域下的信息规制——基于隐私场景理论的激励与规范．人民论坛·学术前沿．2019（06）：70－77.

[3221] 霍敬裕．"放管服"背景下的互联网餐饮治理研究．人民论坛·学术前沿．2019（20）：112－115.

[3222] 周煊．中央企业境外资产监管问题研究．人民论坛·学术前沿．2019（18）：83－87.

[3223] 袁泉．电子商务法视野下的个人信息保护．人民司法．2019（01）：13－16.

[3224] 杨越，刘昊波．对买方滥用市场支配地位拒绝交易的反垄断法规制．人民司法．2019（20）：91－96.

[3225] 阿计．财政立法亟待升级完善．人民之声．2019（03）：49.

[3226] 丁一兵，刘紫薇．日本企业跨国并购的生产率效应．日本问题研究．2019（01）：32－43.

[3227] 崔健．日本供给侧结构性改革的时机、措施与效果研究．日本学刊．2019（03）：87－110.

[3228] 李慧敏，王忠．产业政策与竞争政策能否协调——日本产业政策与竞争政策协调机制及其启示．日本学刊．2019（02）：98－116.

[3229] 格兰仕起诉天猫"涉嫌滥用市场支配地位"获受理．日用电器．2019（11）：1.

[3230] 刘恕．我国化妆品功效宣称监管浅析．日用化学品科学．2019（01）：22－25.

[3231] 张秋娇．论中国食品安全与食品企业法律责任规制——书评《食品安全法律控制研究》．肉类研究．2019（06）：90－91.

[3232] 冯策．圣元　聚焦核心产业，持续并购布局．乳品与人类．2019（05）：44－45.

[3233] 詹好，邵靳天，黄智威．"大数据杀熟"：概念澄清及解决方案．软件．2019（08）：62－65.

[3234] 长内厚．日本工匠精神的优缺点．软件和集成电路．2019（09）：44－45.

[3235] 罗王平，冯朝胜，秦志光，袁丁，廖娟平，刘霞．一种面向公有云的密文共享方案．软件学报．2019（08）：2517－2527.

[3236] 王志祥，龚新蜀．社会资本对区域创新能力的影响效应——传导机制与实证检验．软科学．2019（11）：125－130.

[3237] 蒙大斌，张诚，李宁．空间交易成本对创新网络空间拓扑的影响研究——以京津冀医药产业为例．软科学．2019（11）：22－28.

[3238] 潘明明，谢荣见．科技创新驱动绿色生态效率空间分异探析——基于地区市场分割视角．软科学．2019（10）：20－25.

[3239] 杨朝均，刘冰，毕克新．政府管制下内外资企业绿色创新扩散的演化博弈研究．软科学．2019（12）：86－91.

[3240] 苗苗，苏远东，朱曦，蒋玉石，张红宇．环境规制对企业技术创新的影响——基于融资约束的中介效应检验．软科学．2019（12）：100－107.

[3241] 蓝虹，王柳元．绿色发展下的区域碳排放绩效及环境规制的门槛效应研究——基于SE－SBM与双门槛面板模型．软科学．2019（08）：73－77.

[3242] 沈宏亮，金达．异质性环境规制、工业企业研发与就业技能结构——基于空间面板杜宾模型的实证研究．软科学．2019（08）：39－43.

[3243] 邱士雷，王子龙，吴朋，刘帅，吴宗杰．资源环境约束下中国ETFP演变的空间计量分析．软科学．2019（07）：86－93.

[3244] 石华平，易敏利．环境规制与技术创新双赢的帕累托最优区域研究——基于中国35个工业行业面板数据的经验分析．软科学．2019（09）：40－45.

[3245] 李敏杰，王健．外商直接投资质量与中国绿色全要素生产率增长．软科学．2019（09）：13－20.

[3246] 许学国，张俊杰．交互视角下环境规制对工业生态效率的影响．软科学．2019（06）：67－71.

[3247] 俞会新，王怡博，孙鑫涛，李中圆．政府规制与环境非政府组织对污染减排的影响研究．软科学．2019（06）：79－83.

[3248] 李强，韦薇．长江经济带经济增长质量与生态环境优化耦合协调度研究．软科学．2019（05）：117－122.

[3249] 李天德，陈红霞．国外价格规制研究述评——兼论深化竞争性产业价格规制研究的建议．软科学．2019（05）：17－21.

[3250] 范莉莉，褚媛媛．中国冶金企业环保规制、低碳技术创新与企业绩效．软科学．2019（04）：62－65.

[3251] 仲伟周，陈玉洁．环境规制对异质性就业的影响机制及政策涵义——基于中国地级市动态面板数据的分析．软科学．2019（03）：5－8.

[3252] 白雪洁，曾津．空气污染、环境规制与工业发展——来自二氧化硫排放的证据．软科学．2019（03）：1－4.

[3253] 胡强，曹柬，楼婷渊，江潇，周根贵．翻新产品竞争下闭环供应链决策及政府政策作用分析．软科学．2019（03）：13－19.

[3254] 傅祥斐，崔永梅，李昊洋，张开元．机构投资者调研、信息披露质量与并购公告市场反应．软科学．2019（08）：1－6.

[3255] 石俊国，陆子群，陈彬．政府补助、市场势力与企业创新．软科学．2019（11）：53－58.

[3256] 罗方园．景区经营者滥用市场支配地位的反垄断法规制．三明学院学报．2019（05）：47－52.

[3257] 蔡晓东．艺术品作者精神权利与作品合理使用——英美法与大陆法比较视角．三峡大学学报（人文社会科学版）.2019（03）：86－91.

[3258] 杜野．如何识别引发森林火灾的雷击火——以一起雷击火灾的勘查为例．森林防火．2019（02）：12－14.

[3259] 刘志云，刘盛．金融科技法律规制的创新——监管沙盒的发展趋势及本土化思考．厦门大学学报（哲学社会科学版）.2019（02）：21－31.

[3260] 蔡庆丰，陈诣之．金融资源与企业并购——从地区不平衡到企业再平衡的解释．厦门大学学报（哲学社会科学版）.2019（04）：29－40.

[3261] 邝瑜婷．政府数据开放下网络爬虫的法律规制．厦门特区党校学报.2019（06）：73－77.

[3262] 王微微，谭咏琳．大气污染与经济增长关系的再检验——基于门槛回归模型对179个地级以上城市的分组研究．山东财经大学学报.2019（05）：14－24.

[3263] 徐晓雯，孙超，王梦迪．财政分权体制下地方政府环境规制的治污效应研究．山东财经大学学报.2019（05）：67－81.

[3264] 郑敬斌，刘敏．中国特色社会主义文化自信生成的动力机制．山东大学学报（哲学社会科学版）.2019（05）：63－71.

[3265] 陈时国，曹旭东．规制空间、规制过程与规制失灵：基于出租车数量规制的分析．山东大学学报（哲学社会科学版）.2019（04）：73－86.

[3266] 何文剑，苗妙，张红霄．制度环境、企业家精神配置与企业绩效——来自中国制造业上市公司的经验证据．山东大学学报（哲学社会科学版）.2019（04）：40－54.

[3267] 李丹林，曹然．新媒体治理视域下的表达权规制研究．山东大学学报（哲学社会科学版）.2019（04）：109－116.

[3268] 程子薇．事实陈述、意见表达与我国误导性司法认定标准的构建．山东大学学报（哲学社会科学版）.2019（03）：24－33.

[3269] 刘慧凤．税收优惠对文化资本配置的影响——基于文化企业并购视角的研究．山东大学学报（哲学社会科学版）.2019（03）：44－57.

[3270] 刘璐，杨蕙馨，崔恺媛．文化距离、母公司能力与跨国并购绩效——基于中国上市公司跨国并购样本的实证研究．山东大学学报（哲学社会科学版）.2019（04）：55－64.

[3271] 潘娟．从“口袋化”到“去口袋化”：非法经营罪兜底项规制范围的司法限缩——基于刑法第225条第4项运行样态的分析．山东法官培训学院学报.2019（01）：22－32.

[3272] 方琳琳，冯艳楠．“里应外合”式操纵证券市场犯罪实务研究．山东法官培训学院学报.2019（06）：101－110.

[3273] 周雅莉．行业壁垒视角下的吉利汽车发展之路．山东纺织经济.2019（01）：26－28.

[3274] 向丽烨．行业的进入壁垒和盈利水平分析——以互联网银行业为例．山东纺织经济．2019（01）：17－18.

[3275] 朱文可．零售电商并购绩效分析——苏宁并购红孩子．山东纺织经济.2019（01）：34－35.

[3276] 贾钊泽．融资约束对并购绩效的影响．山东纺织经济.2019（04）：37－39.

[3277] 赵冬飞．中国企业跨国并购的绩效和风险分析——以吉利为例．山东纺织经济.2019（08）：22－24.

[3278] 陶光辉．并购法务要诀：深入尽调　简明操作．山东国资.2019（Z1）：117－119.

[3279] 邓雪．用人单位单方劳动合同变更权法律规制研究——从一则调岗案例谈起．山东行政学院学报.2019（06）：86－92.

[3280] 罗财富．上市公司投资者违规大额持股的法律规制．山东行政学院学报.2019（01）：

49－55.

［3281］周楠，谢依婷．公益组织与商业组织的合作困境与对策．山东行政学院学报．2019（05）：86－91.

［3282］张继明．高校教师服务体系建构中的创新与规制．山东教育（高教）．2019（06）：37－39.

［3283］赵昌文：高度重视平台经济健康发展．山东经济战略研究．2019（08）：50－52.

［3284］刘期湘，宋凡．互联网＋人工智能时代“网络水军”的刑法规制及限度．山东警察学院学报．2019（06）：21－29.

［3285］王立峰．法律中的政党：普通法传统．山东警察学院学报．2019（04）：5－14.

［3286］胡江，刘宛春．互联网金融犯罪的刑事规制路径探究——以金融创新背景下的刑法谦抑性为视角．山东警察学院学报．2019（04）：101－108.

［3287］唐稷尧．大数据时代中国刑法对企业数据权的保护与规制论纲．山东警察学院学报．2019（03）：30－38.

［3288］张小玲．毒品犯罪侦查中通讯监听的失谬与规制．山东警察学院学报．2019（01）：80－85.

［3289］储槐植，李梦．网络谣言的刑法规制探究．山东警察学院学报．2019（01）：19－26.

［3290］邓亮．互联网金融风险整治背景下网络借贷领域犯罪的侦防机制研究．山东警察学院学报．2019（02）：60－71.

［3291］高玉玲，徐咏军．健康医疗大数据访问权的法律规制．山东科技大学学报（社会科学版）．2019（05）：71－77.

［3292］胡锦璐．经济行政诉讼理论问题探讨——基于最高人民法院公布的十大经济行政典型案例．山东理工大学学报（社会科学版）．2019（01）：36－40.

［3293］周权．结果无价值论视野下自动驾驶的法律规制——以交通肇事罪为切入点．山东农业大学学报（社会科学版）．2019（02）：103－107.

［3294］曲亚囡，刘一祎，段穷．依法治校背景下大学生网瘾规制的路径研究．山东农业工程学院学报．2019（01）：167－170.

［3295］鲁彦，曲创．互联网平台跨界竞争与监管对策研究．山东社会科学．2019（06）：112－117.

［3296］何晓星．中国的市场经济为什么能够存在和发展？——改革开放40年对“当代世界经济之谜”的回答．山东社会科学．2019（03）：90－99.

［3297］姜玉贞，宋全成．社会养老服务福利治理的局限性及其成因分析——基于RHLJ社区养老服务中心案例的分析．山东社会科学．2019（11）：110－117.

［3298］王胜伟，蒋岩波．互联网市场创新发展及其规制问题研究．山东社会科学．2019（06）：76－81.

［3299］柯卫，汪振庭．我国网络言论的法律规制．山东社会科学．2019（03）：131－136.

［3300］张杨波，侯斌．重新理解网络众筹：在求助与诈捐之间——以罗尔事件为例．山东社会科学．2019（02）：80－87.

［3301］陈银娥，赵子坤．我国民营上市公司跨所有制并购绩效研究．山东社会科学．2019（11）：140－145.

［3302］王华星，石大千．新型城镇化有助于缓解雾霾污染吗——来自低碳城市建设的经验证据．山西财经大学学报．2019（10）：15－27.

［3303］陈凡，周民良．国家级承接产业转移示范区是否加剧了地区环境污染．山西财经大学学报．2019（10）：42－54.

［3304］曹辉，潘悦．“校园贷”的违规乱象、规制体系与高校应对．山西财经大学学报．2019（S1）：47－51.

［3305］余东华，邢韦庚．政绩考核、内生性环境规制与污染产业转移——基于中国285个地级以上城市面板数据的实证分析．山西财经大学学报．2019（05）：1－15.

［3306］毛建辉．政府行为、环境规制与区域技术创新——基于区域异质性和路径机制的分析．山西财经大学学报．2019（05）：16－27.

［3307］张平淡，袁浩铭，杜雯翠．环境法治、环保投资与治污减排．山西财经大学学报．2019（04）：17－30.

［3308］李珊珊，马艳芹．环境规制对全要素碳排放效率分解因素的影响——基于门槛效应的视角．山西财经大学学报．2019（02）：50－62.

［3309］蒋尧明，赖妍．高管海外背景对企业社会责任信息披露的影响——基于任职地区规制压力的调节作用．山西财经大学学报．2019（01）：70－86.

［3310］曾国安，耿勇．政企合谋与房价——来自中国城市的证据．山西财经大学学报．2019（11）：1－13.

［3311］李碧瑶．奢侈消费的消费税法律规制．山西财税．2019（11）：31－34.

［3312］杨琨，顾颖．我国商业银行并购重组效率研究——基于PCA－DEA方法和Malmquist指数的实证分析．山西财税．2019（08）：36－44.

［3313］王茜．“网络中立”存废之争及可借鉴经验——基于经济法价值视野．山西财政税务专科学校学报．2019（03）：49－55.

［3314］陈枫．互联网保险视阈下第三方平台之功能定位探析．山西财政税务专科学校学报．2019（03）：14－18.

［3315］郑靖川．互联网金融监管的价值取向．山西财政税务专科学校学报．2019（04）：14－17.

［3316］卜素．人工智能中的“算法歧视”问题及其审查标准．山西大学学报（哲学社会科学版）．2019（04）：124－129.

［3317］李晨凯．浅析山西省农村“煤改气”工程问题与对策．山西建筑．2019（21）：196－198.

［3318］梁雪洁．生态公园保护地方立法若干问题探析．山西经济管理干部学院学报．2019（04）：68－71.

［3319］李晏，王键．公司并购中债权人利益保护路径研究．山西经济管理干部学院学报．2019（01）：69－73.

［3320］唐安然．自动驾驶汽车行政规制的域外借鉴．山西警察学院学报．2019（02）：45－50.

［3321］韩育林．警察出枪规范的构建探析．山西警察学院学报．2019（01）：85－89.

［3322］李雪健，秦琦．侵犯网络账号的行为定性与刑法规制．山西警察学院学报．2019（01）：5－11.

［3323］罗林奇．经济法权利主体的经济法律责任分析．山西农经．2019（04）：165.

［3324］王鹤．探析我国会计师事务所审计失败的原因．山西农经．2019（11）：165.

［3325］闫乃壮．巨额并购商誉成因及后续计量问题探究——以银禧科技并购兴科电子为例．山西农经．2019（20）：148－149.

［3326］周晓谦．上市公司跨境并购风险及对策研究．山西农经．2019（20）：144－145.

［3327］孙寒．浅析智能投资顾问的法律问题及其监管．山西农经．2019（24）：15－16.

［3328］郑伟，卢擎华．《粮食质量安全监管办法》政策解读．山西农经．2019（10）：65－66.

［3329］罗亚平．加强财政扶贫资金审核监管的措施分析．山西农经．2019（09）：168.

［3330］徐琪．浅析我国商业银行监管中存在的问题及对策．山西农经．2019（05）：143－144.

[3331] 谢培熙．多重制度逻辑下的扶贫产业经营主体创新——以Y县为例．山西农业大学学报（社会科学版）．2019（05）：53－58.

[3332] 殷世豪，李艳阳．行政规章部门利益化的防范与规制．山西青年职业学院学报．2019（03）：41－45.

[3333] 张宇帆，邢朵朵．论网约车的行政许可规制．山西青年职业学院学报．2019（03）：46－49.

[3334] 朱安迪．智能算法时代默示合谋的认定及责任归属．山西青年职业学院学报．2019（02）：46－50.

[3335] 黎耀斌．人身保险合同中保险人的催告义务．山西省政法管理干部学院学报．2019（04）：100－103.

[3336] 刘鲲．轻微刑事案件和解撤案的规制路径．山西省政法管理干部学院学报．2019（03）：87－90.

[3337] 李素琴，程亮生．我国劳动就业的立法规制与完善建议．山西省政法管理干部学院学报．2019（02）：87－90.

[3338] 吴嘉敏．实名制下网络服务提供者的版权保护及责任承担．山西省政法管理干部学院学报．2019（02）：52－55.

[3339] 刘子凡．互联网环境下不正当竞争行为的法律规制——以修订后的《反不正当竞争法》为视角．山西省政法管理干部学院学报．2019（02）：61－63.

[3340] 祁芮如．共享单车骑行事故之法律规制．山西省政法管理干部学院学报．2019（01）：99－102.

[3341] 王丽洁．中央—地方协同民间融资立法体系的构建．山西省政法管理干部学院学报．2019（01）：37－41.

[3342] 夏雪．我国股权众筹的法律规制．山西省政法管理干部学院学报．2019（01）：50－52.

[3343] 穆宇．房屋共享外部性影响的法律规制．山西省政法管理干部学院学报．2019（01）：56－58.

[3344] 陈国飞．全球视域下的网络言论自由立法研究．陕西行政学院学报．2019（04）：89－93.

[3345] 郑东瑞．民法视野下个人数据隐私利益保护．陕西行政学院学报．2019（04）：100－104.

[3346] 欧阳国．土地管理法修改下宅基地管理制度改革法理研判．陕西行政学院学报．2019（03）：96－102.

[3347] 穆随心．南非中资企业劳动法律风险防范与化解——以南非集体劳动关系的法律规制为中心．陕西师范大学学报（哲学社会科学版）．2019（05）：17－27.

[3348] 高学强．人工智能时代的算法裁判及其规制．陕西师范大学学报（哲学社会科学版）．2019（03）：161－168.

[3349] 刘伟，燕波．非控股股东董事与国企高管更换研究——基于股东合谋的视角．汕头大学学报（人文社会科学版）．2019（04）：39－46.

[3350] 刘畅．电子商务企业税收法律问题研究．商场现代化．2019（23）：34－35.

[3351] 杨欣．产业经济学视角下的金融业金融分业和混业的思考．商场现代化．2019（21）：125－126.

[3352] 施康姿．浅析《电子商务法》对平台经营者的规制．商场现代化．2019（14）：77－78.

[3353] 朱乔乔．浅析《电子商务法》对个人代购行为的影响．商场现代化．2019（12）：66－67.

[3354] 王琪．浅析大数据时代下的价格歧视．商场现代化．2019（12）：35－37.

[3355] 李超．物流视角下快递监管问题研究．商场现代化．2019（11）：46－47.

［3356］郑婷婷．对商业众筹的界定与法律规制．商场现代化．2019（07）：120－121.

［3357］徐怡．“微商”的相关法律问题研究．商场现代化．2019（04）：18－19.

［3358］孙科教．植入式商品广告法律规制研究．商场现代化．2019（01）：14－15.

［3359］李雪梅．国有企业兼并重组实践研究．商场现代化．2019（03）：96－97.

［3360］杨悦．跨国并购中的双重网络嵌入对装备制造业技术创新的影响——基于程序化扎根理论．商场现代化．2019（04）：148－149.

［3361］冯艳琴．民营企业海外并购绩效影响因素分析．商场现代化．2019（04）：116－117.

［3362］冯园林，闫欣．文化整合中的错误和建议——基于联想并购IBM的PC部门的案例分析．商场现代化．2019（04）：119－120.

［3363］王天艺．互联网巨头阿里巴巴的并购特点及启示．商场现代化．2019（05）：187－188.

［3364］张政杰．海外并购对我国公司股价影响的实证研究——以吉利并购沃尔沃为例．商场现代化．2019（06）：24－25.

［3365］朱静静，徐萍．中小企业破产兼并的财务问题研究．商场现代化．2019（06）：115－117.

［3366］林鑫渊．企业并购中资产评估的相关问题分析．商场现代化．2019（06）：124－125.

［3367］汪笑．浅析企业并购重组的合理避税．商场现代化．2019（08）：117－118.

［3368］李雨霏．国企并购行为对高管薪酬激励的影响．商场现代化．2019（10）：86－87.

［3369］涂林清．企业境外并购的现状问题研究．商场现代化．2019（10）：89－90.

［3370］许越洋．关于国际金融危机下中国企业并购行为探析．商场现代化．2019（13）：187－188.

［3371］赵慧茹．阿里巴巴并购饿了么动因及财务风险研究．商场现代化．2019（14）：164－165.

［3372］孙伟艳，赵芝琳．互联网企业并购财务风险分析．商场现代化．2019（18）：94－95.

［3373］陈璐．跨国并购的财务绩效评价——以美的并购库卡为例．商场现代化．2019（20）：153－154.

［3374］张岩帆．海尔并购通用涉及的投融资问题研究．商场现代化．2019（21）：4－5.

［3375］施超．国有企业并购的价值重塑．商场现代化．2019（21）：104－105.

［3376］黄美亮．基于高并购溢价的商誉及其减值研究．商场现代化．2019（21）：165－166.

［3377］陈婕莹．杠杆收购与并购融资的方法研究——以艾派克收购利盟为例．商场现代化．2019（24）：117－118.

［3378］王若曦．浅析连续并购的动因及风险——以BS公司为例．商场现代化．2019（24）：111－112.

［3379］张维．关于互联网金融的风险与监管探讨．商场现代化．2019（24）：130－131.

［3380］姚铭．国有企业混合所有制改革中的监管问题研究．商场现代化．2019（08）：94－95.

［3381］王唤斌，张翱．互联网金融风险的监管与防范措施研究．商场现代化．2019（06）：175－176.

［3382］吴宁宁．如何发挥国有企业监管中的审计功能思考．商场现代化．2019（05）：120－121.

［3383］赵长明．互联网金融中第三方支付的法律监管．商场现代化．2019（02）：119－120.

［3384］赵征．网络舆论暴力的刑法规制研究．商丘职业技术学院学报．2019（05）：14－22.

［3385］武文强．刑事政策视野下探讨刑法之完善——以犯罪圈扩大为视角．商丘职业技术学院学报．2019（02）：15－18.

［3386］张先俊．城市公交成本规制探析．商讯．2019（27）：167－168.

［3387］盛晓慧．利益分析视角下城市出租车行业政府规制研究．商讯．2019（23）：11－12.

［3388］覃宇．创业板市场与中小企业融资模式创新的关联性分析．商讯．2019（19）：18－19.

［3389］殷伟萍．绿色技术创新与碳排放研究综述．商讯．2019（09）：171－173.

［3390］戴安娜，王明清．整体性治理视域下我国网约车的监管困境与治理路径．商讯．2019（06）：6－7.

［3391］吴娇．企业并购税收筹划问题的研究．商讯．2019（01）：94－95.

［3392］王晓杰．上市公司在并购企业中加强内控管理的方法分析．商讯．2019（04）：156－157.

［3393］任培培．我国投资银行与企业并购问题的研究．商讯．2019（05）：81－82.

［3394］王玉，严章瑶，杜枪兰．中国医药企业并购溢价影响因素分析——基于2013～2018年31起并购案例．商讯．2019（07）：38－39.

［3395］黄敬超．探索企业并购中对赌协议的应用．商讯．2019（08）：73－75.

［3396］卢梦茹．山鹰国际跨境并购北欧纸业的财务绩效分析．商讯．2019（09）：160－161.

［3397］魏晓栋．浅谈企业并购中财务尽职调查存在的风险控制．商讯．2019（09）：83－85.

［3398］谢玲芳．国有企业并购重组民营企业存在的问题及对策．商讯．2019（10）：65－67.

［3399］程黎．浅谈上市公司并购中的税务筹划风险与对策．商讯．2019（11）：37－38.

［3400］方程．全球化背景下企业跨境并购的问题与对策．商讯．2019（13）：98.

［3401］臧芹．企业投资并购过程中财务风险防范策略研究．商讯．2019（14）：74－76.

［3402］黄璐璐．企业常见并购重组方式涉税分析．商讯．2019（17）：45－46.

［3403］徐尧．企业并购后人力资源整合问题研究．商讯．2019（20）：192－193.

［3404］张小刚．液化天然气接收站项目并购问题浅析．商讯．2019（22）：178－190.

［3405］陈莉．企业并购中财务整合问题与对策．商讯．2019（24）：103－105.

［3406］赵瑾．企业并购重组中纳税筹划的实践分析．商讯．2019（24）：130－132.

［3407］姚安青．探究企业并购重组过程中的财务风险及控制．商讯．2019（26）：40－41.

［3408］王文正．企业并购中的融资风险浅析．商讯．2019（26）：128－130.

［3409］唐菊莲．企业并购中群体心理重构的探讨．商讯．2019（26）：132.

［3410］张雅会．经济全球化下我国工程机械行业海外并购的动因及模式分析——以徐工集团为例．商讯．2019（28）：15－16.

［3411］沈红梅．企业并购后财务整合问题研究．商讯．2019（28）：54－56.

［3412］巩文娟．科技公司并购重组中的财务风险与防范策略分析．商讯．2019（28）：36－38.

［3413］赵振洋．我国上市医药企业并购重组中的商誉减值问题分析．商讯．2019（31）：100－102.

［3414］周晶．医疗器械商业公司并购重组中的财务风险与防范措施．商讯．2019（31）：80－81.

［3415］曾志红．浅谈大型企业并购重组的动因、模式以及挑战．商讯．2019（32）：88－89.

［3416］吴飞锋．新经济形势下印染企业并购的税收筹划方向研究．商讯．2019（33）：127－128.

［3417］李晓兰．企业并购会计研究．商讯．2019（33）：37－38.

［3418］李美美．新能源行业并购溢价决策中的锚定效应研究．商讯．2019（34）：160－162.

［3419］牟万友．工业企业并购重组中的财务及税收问题研究．商讯．2019（34）：42－44.

［3420］李硕．机械公司并购重组中的财务及税收问题研究．商讯．2019（35）：40－42.

［3421］刘媛媛．关于企业并购会计方面问题研究．商讯．2019（35）：75.

［3422］陈唯．中国企业跨国并购的财务风险研究——以腾讯公司并购supercell为例．商讯．2019（35）：10－11.

[3423] 朱亚荣．“新三板”企业并购的问题与应对策略．商讯.2019 (36)：136－152.

[3424] 吴丽珊．基层财政资金监管和内部控制体系建设研究．商讯.2019 (35)：169－171.

[3425] 李祥朋．浅析 PPP 项目中的财务风险管控．商讯.2019 (34)：20－21.

[3426] 秦琪．大数据时代背景下的企业财会变革与应对策略研究．商讯.2019 (28)：108－109.

[3427] 虎连继．浅析社会保险基金监管工作中存在的问题与应对措施．商讯.2019 (28)：154－155.

[3428] 袁梦雅．我国金融市场存在的风险分析及防范策略探讨．商讯.2019 (19)：32－34.

[3429] 庞长征，丁娅．从电力企业谈我国人力资源社保管理存在的问题和建议．商讯.2019 (18)：185－186.

[3430] 张家贵．行政事业单位会计集中核算后财务监督与管理分析．商讯.2019 (16)：169－170.

[3431] 蒋晓燕．关于高速公路项目建设资金管理的思考．商讯.2019 (13)：141－142.

[3432] 程曦．金融科技监管的国际经验、趋势与启示研究．商讯.2019 (13)：24－25.

[3433] 杨楠．基于区块链技术的互联网金融监管的研究．商讯.2019 (10)：18.

[3434] 梁旭东．完善财务稽核监管力度　提升内部控制管理水平．商讯.2019 (04)：166－168.

[3435] 肖夏．关于加强大额资金监督管理方式的探讨．商讯.2019 (01)：59－60.

[3436] 姚蓝．曲美家居海外并购难言乐观．商业观察.2019 (06)：54－55.

[3437] 严盛杰，唐建伟，吴君民．政府管制视角下的钢铁行业环境信息披露研究．商业会计.2019 (15)：76－79.

[3438] 张明威，李玉菊，缪艺韬，于佳春．基于企业能力视角的战略并购绩效评价——以美的集团并购德国库卡为例．商业会计.2019 (03)：39－43.

[3439] 杨玉国．互联网企业战略并购动因与财务协同效应分析——以腾讯并购中国音乐集团为例．商业会计.2019 (05)：33－36.

[3440] 帅晓林．我国企业海外并购的风险分析与对策研究．商业会计.2019 (06)：100－102.

[3441] 胡晓馨，黄晓波．并购商誉及其减值风险：案例分析与实证检验．商业会计.2019 (09)：16－20.

[3442] 陈卓．网点零售业务并购的财务风险分析及防范对策．商业会计.2019 (10)：36－38.

[3443] 罗迎春．国有企业并购后控股企业财务整合问题及对策．商业会计.2019 (12)：117－119.

[3444] 吴成，王云岗，蒋弢．新形势下我国企业跨境并购面临的挑战与应对．商业会计.2019 (16)：60－63.

[3445] 黄维千，甘雨．中国移动集团成功并购 Paktel 的因素分析与启示．商业会计.2019 (16)：63－65.

[3446] 张可馨．腾讯并购 Supercell 绩效研究．商业会计.2019 (17)：68－70.

[3447] 张倩，夏正桐．互联网企业并购零售企业的财务风险与防控研究——以阿里巴巴并购高鑫零售为例．商业会计.2019 (19)：42－44.

[3448] 刘毅．我国制造业企业海外并购财务风险分析与防范．商业会计.2019 (20)：63－65.

[3449] 熊伟，李惠贞．国有企业董事长背景特征对企业并购行为影响的实证研究．商业会计.2019 (20)：41－45.

[3450] 张伦萍，周莉．“去产能”背景下国有企业并购动因探析——基于宝钢吸收合并武钢的案例研究．商业会计.2019 (21)：85－87.

[3451] 黄爱富，池昭梅．社会资本视角下管理者职能履历与跨国并购绩效研究——以柳工收购波兰 HSW 公司为例．商业会计．2019（21）：12－15.

[3452] 徐晓晖．基于赛腾股份的可转债并购会计处理探究．商业会计．2019（22）：67－69.

[3453] 张琼之，张一弛．我国民营企业跨国并购中的财务风险研究——以联想并购卢森堡银行为例．商业会计．2019（23）：43－46.

[3454] 丁凯．从“BT 电子票据违约案”看电子商业汇票的治理．商业会计．2019（22）：98－100.

[3455] 何珊，姜天天．天津市在线城市民宿法律规制研究．商业经济．2019（09）：37－39.

[3456] 郭柱希．新常态下基于佩尔兹曼模型的钢铁产业规制分析．商业经济．2019（02）：74－76.

[3457] 蒋子腾，汪天钰，李志伟．基于战略创业视角的美团并购行为分析．商业经济．2019（03）：109－112.

[3458] 杨玉国．上市公司并购风险类型、原因及防范——来自宝能恶意兼并万科的启示．商业经济．2019（03）：102－104.

[3459] 王佳，赵玥，刘宇宁．创新型企业海外技术并购问题研究．商业经济．2019（04）：84－86.

[3460] 彭慧．上市公司并购中的业绩补偿承诺问题研究．商业经济．2019（05）：109－110.

[3461] 胡亚玲．环保产业并购分析——以盈峰环境并购中联环境为例．商业经济．2019（06）：119－120.

[3462] 吴佳芮，张忠华．基于平衡计分卡的企业并购绩效评价研究．商业经济．2019（07）：65－67.

[3463] 谢荣．互联网企业并购动因与财务效应分析——以阿里巴巴并购饿了么为例．商业经济．2019（08）：78－79.

[3464] 陈依萍．矿产资源型企业并购重组绩效研究——以红阳能源为例．商业经济．2019（10）：100－101.

[3465] 王楠．管理者过度自信、支付方式与并购溢价的关系研究．商业经济．2019（10）：107－109.

[3466] 董鹏，刘志华，郑习全，赵鑫楠．网红经济的发展研究．商业经济．2019（02）：135－136.

[3467] 陈中耀，李坤．网络经济对居民消费倾向的影响分析．商业经济研究．2019（17）：64－67.

[3468] 陈玲．网络经济发展与农村居民消费升级关系的实证分析．商业经济研究．2019（16）：129－132.

[3469] 杜浩波．网络经济对农村居民消费影响的实证分析．商业经济研究．2019（10）：120－122.

[3470] 刘荣婷．网络经济对居民消费行为的影响探究——基于消费者行为学视角．商业经济研究．2019（01）：44－46.

[3471] 马琦．电子商务分割商品市场的静态与动态影响．商业经济研究．2019（16）：79－82.

[3472] 邵晴．流通产业运行对国内统一市场的影响研究．商业经济研究．2019（13）：13－16.

[3473] 田丽．市场分割、产业趋同与经济增长的关系探讨．商业经济研究．2019（10）：183－185.

[3474] 程瀚锋，白明，陈鼎玉．“二重开放”对物流效率的经济效应研究．商业经济研究．2019（08）：91－94.

［3475］李文超．政府强制与市场激励中介变量下的流通产业绿色转型研究．商业经济研究．2019（21）：33－36.

［3476］曲理萍．论市场准入制度变化对商贸流通业的影响．商业经济研究．2019（17）：37－39.

［3477］闫永博．开放条件下共享经济的消费行为及规制．商业经济研究．2019（14）：59－63.

［3478］高立英，窦志信．政府行为对商贸流通产业发展影响机制分析——基于系统动力学的实证．商业经济研究．2019（13）：17－19.

［3479］吴梓林，唐华军，赵维．我国消费升级影响因素实证分析——基于供给侧和需求侧二维视角．商业经济研究．2019（11）：43－46.

［3480］王刚．商贸流通业结构升级与我国对外贸易相关性检验．商业经济研究．2019（07）：117－119.

［3481］吕来明，郑国华．电子商务法新规对微商的规制及其影响．商业经济研究．2019（05）：80－82.

［3482］佟林杰，郭诚诚．大数据权力扩张、异化及规制路径．商业经济研究．2019（04）：190－192.

［3483］李想．基于转移成本的双边市场竞争策略分析．商业经济研究．2019（11）：61－64.

［3484］董丽萍，张宇扬．我国互联网公司并购效应实证分析．商业经济研究．2019（06）：153－157.

［3485］易淼清．我国制造业产业链整合与跨境并购协同策略研究．商业经济研究．2019（11）：172－175.

［3486］李欣亮，董浩洁，胡晓琳，刘烨．电子商务企业并购重组法律风险分析与防范．商业经济研究．2019（15）：121－123.

［3487］苟聪聪．零售业上市公司并购绩效的实证分析．商业经济研究．2019（19）：115－118.

［3488］王敏．企业市场势力与产业稳定关系的实证分析——谈商贸流通业发展方向．商业经济研究．2019（17）：114－116.

［3489］褚静静，徐晶晶，李建媛．投资多元化、流通业市场势力与市场稳定．商业经济研究．2019（14）：21－24.

［3490］洪勇，王万山．技术创新、市场分割与收入不平等——基于中国省级面板数据的分析．商业经济与管理．2019（09）：57－67.

［3491］王张铭，梁巧转，侯继磊．要素市场分割对货币政策区域产出效应的影响——基于全国省际静态面板数据的实证研究．商业经济与管理．2019（05）：81－87.

［3492］周珺．政府规制与流通企业多种所有制竞争均衡．商业经济与管理．2019（12）：17－29.

［3493］李陈华，王庚．产品质量、议价能力与通道费．商业经济与管理．2019（11）：5－17.

［3494］王莉．健全我国企业环保信用评价法律制度的正当性面向．商业经济与管理．2019（09）：88－96.

［3495］陈蓉．共享单车预付押金的法律性质及其法律规制．商业经济与管理．2019（09）：79－87.

［3496］蒋辉宇．受捐赠人特定型网络募捐的法律认可与合理规制——兼论与证券公开发行行为的比较分析．商业经济与管理．2019（07）：88－97.

［3497］张亮亮，苏涛永，张健．中国物流产业技术效率：时空分异、影响因素与演进逻辑——基于PP－SFA模型的实证分析．商业经济与管理．2019（04）：30－45.

［3498］刘新民，孙向彦，吴士健．政府规制下众创空间创业生态系统发展的演化博弈分析．商业经济与管理．2019（04）：71－85.

［3499］彭正银，吴晓娟．制度压力下平台型企业合法性获取演化研究——以滴滴出行为例．

商业经济与管理 . 2019（04）：58－70.

［3500］于连超，张卫国，毕茜 . 环境执法监督促进了企业绿色转型吗？. 商业经济与管理 . 2019（03）：61－73.

［3501］张志坚，王学渊，赵连阁 . 社会资本对生活垃圾减量的影响及其作用机制 . 商业经济与管理 . 2019（02）：85－97.

［3502］黄苹 . 基于跨国并购的创新网络嵌入、网络异质性与创新质量研究 . 商业经济与管理 . 2019（10）：70－79.

［3503］周志方，陈佳纯，曾辉祥 . 产品市场竞争对企业水信息披露的影响研究——基于2010～2016年中国高水敏感性行业的经验证据 . 商业经济与管理 . 2019（11）：70－86.

［3504］何蕴虹 . 并购核心底层与商业逻辑关系 . 商业文化 . 2019（36）：44－47.

［3505］向超，张新民 . 土地经营权市场准入规制的制度检视与路径优化 . 商业研究 . 2019（11）：53－60.

［3506］叶雄彪 . 网络销售区别定价现象的法律应对 . 商业研究 . 2019（10）：144－152.

［3507］黄锡生，何江 . 论我国环境治理中的“政企同责” . 商业研究 . 2019（08）：143－152.

［3508］普莫喆，郑风田，丁冬 . 粮食托市收储内部监管及合谋防范——基于政府规制视角的双层委托代理分析 . 商业研究 . 2019（08）：118－125.

［3509］唐士亚 . P2P网贷市场准入模式之生成与嬗变——从备案制到清单制的转化研究 . 商业研究 . 2019（08）：126－134.

［3510］杨慧慧 . 环境管制方式对能源效率影响的差异性——基于内生视角下的PVAR方法的分析 . 商业研究 . 2019（07）：67－76.

［3511］柯达 . 数字货币监管路径的反思与重构——从“货币的法律”到“作为法律的货币” . 商业研究 . 2019（07）：133－142.

［3512］张倩倩，张瑞，张亦冰 . 环境规制下外商直接投资对环境质量的影响——基于不同行业组的比较研究 . 商业研究 . 2019（05）：61－68.

［3513］徐建中，张楠 . 低碳经济背景下黑龙江省制造业低碳转型发展研究 . 商业研究 . 2019（04）：90－96.

［3514］任雪娇，郭韬，丁小洲 . 制度环境对创新型企业创新绩效影响的门槛效应 . 商业研究 . 2019（04）：106－115.

［3515］蔡睿 . 从“两线三区”到“显失公平”：民间借贷暴利规制路径之嬗变 . 商业研究 . 2019（04）：135－145.

［3516］国瀚文 . 中国新“反不正当竞争法”的司法适用——基于“互联网专条”的分析与实践 . 商业研究 . 2019（03）：146－152.

［3517］闫夏秋 . 新金融监管体制下银行业监管体制的路径选择 . 商业研究 . 2019（03）：105－114.

［3518］李珊珊，罗良文 . 地方政府竞争下环境规制对区域碳生产率的非线性影响——基于门槛特征与空间溢出视角 . 商业研究 . 2019（01）：88－97.

［3519］李新剑 . 中国企业海外并购合法性问题的历史演变——身份落差与群体认知的共演 . 商业研究 . 2019（03）：133－138.

［3520］于海瀛，董沛武 . 跨国并购企业文化整合情景演化与系统仿真研究 . 商业研究 . 2019（08）：100－109.

［3521］刘大维，费威，尹涛 . 零售商回收与制造商处理过期食品模式下三方演化博弈 . 商业研究 . 2019（02）：62－73.

［3522］张华，唐珏 . 官员变更与雾霾污染——来自地级市的证据 . 上海财经大学学报 . 2019

(05): 110 - 125.

[3523] 聂鑫. 专利恶意诉讼的反垄断法规制框架. 上海财经大学学报. 2019 (03): 107 - 121.

[3524] 陈兵. 法治视阈下数字经济发展与规制系统创新. 上海大学学报 (社会科学版). 2019 (04): 100 - 115.

[3525] 郭倩. 海洋娱乐产业法律规制研究——以海洋主题公园为视角. 上海大学学报 (社会科学版). 2019 (01): 101 - 111.

[3526] 蒋璇芳, 张庆麟. 欧盟外国直接投资审查立法研究——从产业政策的角度. 上海对外经贸大学学报. 2019 (02): 84 - 98.

[3527] 叶岚, 王有强. 中国数字化监管的实践过程与内生机制——以上海市 L 区市场监管案例为例. 上海行政学院学报. 2019 (05): 70 - 79.

[3528] 于晓, 李芳芳, 刘英梅, 李云. 新时代提升公众参与生态环境监管的探讨. 上海化工. 2019 (10): 23 - 25.

[3529] 肖奎. 我国境外发行人境内上市的市场准入监管研究. 上海金融. 2019 (02): 61 - 68.

[3530] 蓝发钦, 蔡娜婷. 经济政策不确定性与企业并购. 上海金融. 2019 (10): 19 - 27.

[3531] 王凡平. 经济增加值是比会计指标更好的考核工具吗? ——基于 A 股上市公司并购的研究. 上海金融. 2019 (10): 36 - 40.

[3532] 阮少凯. 网贷风险准备金制度的困境及替代机制研究. 上海金融. 2019 (09): 44 - 50.

[3533] 胡文伟, 李湛, 李芸逸, 徐吟川. 股权投资基金在科技并购市场的引领作用分析. 上海经济. 2019 (01): 83 - 95.

[3534] 姜琪, 王璐. 平台经济市场结构决定因素、最优形式与规制启示. 上海经济研究. 2019 (11): 18 - 29.

[3535] 余东华, 崔岩. 环境规制影响制造业技术进步偏向性研究. 上海经济研究. 2019 (06): 72 - 82.

[3536] 杨骞, 秦文晋, 刘华军. 环境规制促进产业结构优化升级吗?. 上海经济研究. 2019 (06): 83 - 95.

[3537] 李泽众, 沈开艳. 环境规制对中国新型城镇化水平的空间溢出效应研究. 上海经济研究. 2019 (02): 21 - 32.

[3538] 胡文伟, 李湛. 不同融资方式下的科技企业并购绩效比较研究——基于因子分析与 Wilcoxon 符号秩检验的实证分析. 上海经济研究. 2019 (11): 94 - 107.

[3539] 张静, 郑建国, 刘姜. 不同交易模式下跨境电商的利益协调机制分析. 上海理工大学学报. 2019 (04): 350 - 358.

[3540] 王秋阳, 刘慧. 资源错配视角下的经济增长研究评述. 上海立信会计金融学院学报. 2019 (06): 109 - 118.

[3541] 宋俊贤, 李海涛, 周娴. 以创建国家农产品质量安全市为抓手保障常州市新北区农产品质量安全. 上海农业科技. 2019 (05): 24 - 25.

[3542] 郑俊镗. 对标“竞争中性”再谈国企改革　第二次“入世”之规制. 上海企业. 2019 (05): 68 - 72.

[3543] 2019 年中国跨境并购 50 强. 上海企业. 2019 (05): 79 - 80.

[3544] 何海洲, 何菲. 互联网医疗平台提供者的法律规制. 上海商业. 2019 (08): 57 - 58.

[3545] 吴蕾. 共享经济下网约车的法律规制. 上海商业. 2019 (08): 51 - 52.

[3546] 洪瑞阳, 徐金锋. C2C 模式下微商产品质量法律规制研究. 上海商业. 2019 (08): 55 - 56.

[3547] 黄晓玥, 孙红梅. 环境规制对企业环境信息披露质量的影响分析——基于沪市 A 股重

污染公司的数据．上海商业．2019（06）：4－10.

［3548］郭海燕．并购失败产生的风险及政策建议．上海商业．2019（02）：53－54.

［3549］黄敬超．我国安防产业投资与并购的战略分析与思考．上海商业．2019（07）：43－44.

［3550］宋魏冰洁．阿里巴巴并购中的价值评估分析．上海商业．2019（11）：32－33.

［3551］黄兆良．股权众筹的法律规制研究．上海市经济管理干部学院学报．2019（06）：39－44.

［3552］赵敏，赵立立．机构投资者参与上市公司治理的法律规制．上海市经济管理干部学院学报．2019（04）：10－16.

［3553］张惠彬．人工智能时代体育新闻的版权之困与纾解之道——以腾讯机器记者为考察对象．上海体育学院学报．2019（02）：33－39.

［3554］邓志鹏，郭爱萍，杨向东，项嘉汇，吴静宇，傅蓉华，刘宏凯．餐饮具集中消毒监管中“政社合作”模式的探索应用．上海预防医学．2019（08）：692－695.

［3555］卢伟，朱素蓉，谢洪彬，袁璧翡，蒋收获．上海市健康服务业监管机制探讨——基于卫生监督视角．上海预防医学．2019（07）：539－544.

［3556］卢伟．包容审慎，促进健康服务业规范化发展．上海预防医学．2019（07）：525－526.

［3557］王丽华，吴益民．全球变暖法律规制的国际公约路径研究——以《巴黎协定》的分析为样本．上海政法学院学报（法治论丛）．2019（05）：1－14.

［3558］张素华，孙畅．合乘车法律规制的缺漏与完善路径——以风险社会理论为视角．上海政法学院学报（法治论丛）．2019（03）：92－102.

［3559］高全喜．协商民主、数字网络社会与合作治理．上海政法学院学报（法治论丛）．2019（01）：113－119.

［3560］孙晋，孙凯茜．适应竞争抗辩的基础理论与实践展开．上海政法学院学报（法治论丛）．2019（01）：63－72.

［3561］余孝军，何南昆．住房租赁市场监管的进化博弈分析．邵阳学院学报（自然科学版）．2019（04）：1－8.

［3562］马驰，程亚川，刘伟．炼化企业联合车间物资精细化管理．设备管理与维修．2019（11）：110－111.

［3563］周扬，谢宇．二元分割体制下城镇劳动力市场中的工作流动及其收入效应．社会．2019（04）：186－209.

［3564］苏祥．农民参保行为研究——基于新制度主义的解释．社会保障研究．2019（04）：52－60.

［3565］丁瑜，杨凯文．妇联购买“反家暴”社会工作服务的制度变迁研究——以 M 市某反家暴专项服务项目为例．社会工作．2019（05）：62－75.

［3566］赵文聘．风险及规制：网络大病互助的集成治理．社会建设．2019（04）：13－22.

［3567］陈水生．中国限制性政策的运作逻辑：基于政策能力的解释框架．社会科学．2019（11）：3－13.

［3568］李建伟，毛快．董事会人数违限的规范适用研究．社会科学．2019（05）：95－104.

［3569］周博文，张再生．众创、众创经济与众创治理．社会科学．2019（02）：58－70.

［3570］符平，李敏．平台经济模式的发展与合法性建构——以武汉市网约车为例．社会科学．2019（01）：76－87.

［3571］阳小华，靳如意．长江经济带产业结构调整的实践向度．社会科学动态．2019（12）：53－56.

［3572］李酣，曲敬格，黄圆圆．市场准入规制影响宏微观经济高质量发展的研究综述．社会科学动态．2019（11）：50－56.

[3573] 李冬慧，倪艳．环境规制对企业环境绩效的影响研究述评．社会科学动态．2019 (07)：64－69.

[3574] 陈兵．互联网平台经济发展的法治进路．社会科学辑刊．2019 (02)：155－159.

[3575] 王雍君．公共财政与社会改善：基于社会物品的偏好观与共同体观．社会科学家．2019 (06)：7－11.

[3576] 郭剑平．桂林市电动四轮车的立法规制研究．社会科学家．2019 (12)：120－131.

[3577] 雷鹏飞，孟科学．碳金融市场促进区际碳污染转移规避的机制与路径．社会科学家．2019 (10)：34－41.

[3578] 高歌．环境政策实践的研究回顾与启示．社会科学家．2019 (09)：54－59.

[3579] 关海玲．环境规制、全要素生产率与制造业产业集聚．社会科学家．2019 (07)：43－52.

[3580] 禹竹蕊．新时代规制语境下市场监管体系的构建．社会科学家．2019 (07)：37－42.

[3581] 陈宗波．我国生物信息安全法律规制．社会科学家．2019 (01)：96－103.

[3582] 王天恩．论人工智能发展的伦理支持．社会科学文摘．2019 (10)：5－7.

[3583] 张富利．全球风险社会下人工智能的治理之道——复杂性范式与法律应对．社会科学文摘．2019 (09)：71－73.

[3584] 张泽鹏，刘蓓．伴侣家庭“拟家式”调整初论．社会科学战线．2019 (05)：276－280.

[3585] 李坤．郑州市共享单车发展现状与治理路径探究．社会与公益．2019 (12)：28－31.

[3586] 韩新华．网络暴力内容的规制：标准、机制及方式．社会治理．2019 (03)：64－70.

[3587] 张志安，谭江华．疏导、整合与规制：调赔结合的医疗纠纷化解模式探索．社会治理．2019 (01)：89－94.

[3588] 丁雪枫．黑格尔的爱国道德思想及当代启示．社科纵横．2019 (04)：94－100.

[3589] 王海峰．民族地区生态文明与乡村振兴的互动逻辑及路径选择——以甘南藏族自治州生态文明小康村建设为例．社科纵横．2019 (12)：40－46.

[3590] 曹培忠，周艳波．论“二孩政策”背景下“丧偶式家庭”抚养模式及其法律规制．社科纵横．2019 (06)：75－79.

[3591] 曹培忠，周艳波．论跨区水污染一体化防治及其法律规制．社科纵横．2019 (03)：87－92.

[3592] 闫斌．网络直播行业的法律风险与规制．社科纵横．2019 (02)：75－79.

[3593] 袁野．论中国一人公司内部治理结构的完善．社科纵横．2019 (01)：109－114.

[3594] 钟成林，胡雪萍．异质性环境规制、制度协同与城市建设用地生态效率．深圳大学学报（人文社会科学版）．2019 (06)：70－81.

[3595] 王佃利，唐菁阳．约束性程度、损失嵌入性与社区政策执行模式．深圳大学学报（人文社会科学版）．2019 (06)：100－109.

[3596] 陶立业，刘桂芝．地方政府权责清单中交叉职责的规制理路．深圳大学学报（人文社会科学版）．2019 (04)：108－115.

[3597] 许立勇，高宏存．“包容性”新治理：互联网文化内容管理及规制．深圳大学学报（人文社会科学版）．2019 (02)：51－57.

[3598] 王利民，宫双霞．惩罚性违约金的接纳与规制：以当事人中心主义为视角．深圳大学学报（人文社会科学版）．2019 (02)：74－82.

[3599] 黄惠．科环集团联合动力公司荣获“辉煌70年清洁能源创新发展成就最具卓越贡献企业奖”．神华科技．2019 (09)：96.

[3600] 张振宇，田明华，李建军，杨娱，王芳，侯向娟．环境规制视角下的山西省出口贸易

发展．沈阳大学学报（社会科学版）.2019（06）：670－674.

［3601］刘岩．商标平行进口不正当竞争认定研究．沈阳工业大学学报（社会科学版）.2019（06）：505－513.

［3602］未良莉，王立平，王俊强．对外贸易、FDI与污染密集型产业转移实证研究．沈阳工业大学学报（社会科学版）.2019（06）：514－519.

［3603］宋力，王振兴，侯巧铭．财务冗余对企业并购活动的影响研究．沈阳工业大学学报（社会科学版）.2019（05）：438－442.

［3604］李忠壹，邢志人．以问题为导向的地方华侨权益保护立法研究——基于辽宁地区侨务实践．沈阳师范大学学报（社会科学版）.2019（03）：85－89.

［3605］赵婧薇．个人网络募捐行为的规制策略．沈阳师范大学学报（社会科学版）.2019（06）：54－58.

［3606］彭国强，高庆勇．治理能力现代化背景下美国体育产业的制度治理与启示．沈阳体育学院学报.2019（04）：10－17.

［3607］黄道名，郭世晨，杨群茹，陈丛刊，蔡广．中国资本并购海外足球俱乐部风险识别研究——基于扎根理论的分析．沈阳体育学院学报.2019（06）：42－49.

［3608］刘迪，赵向芳，薛成.IPO异常审计收费与IPO后的业绩表现．审计研究.2019（04）：111－118.

［3609］吕怀立，杨聪慧．承销商与审计师合谋对债券发行定价的影响——基于个人层面的经验数据．审计研究.2019（03）：111－119.

［3610］刘向强，李沁洋．会计师事务所声誉与并购业绩补偿承诺．审计研究.2019（06）：79－86.

［3611］于连超，张卫国，毕茜．环境税会倒逼企业绿色创新吗?．审计与经济研究.2019（02）：79－90.

［3612］李百兴，王博．新环保法实施增大了企业的技术创新投入吗?——基于PSM－DID方法的研究．审计与经济研究.2019（01）：87－96.

［3613］蒋亚含，李晓慧．强强联合真的是最优组合吗?——基于IPO中券商和企业组合的视角．审计与经济研究.2019（06）：111－121.

［3614］李璐，姚海鑫．共享审计能抑制并购商誉泡沫吗?——来自中国上市公司的经验证据．审计与经济研究.2019（05）：32－42.

［3615］邓梅娇．审计把脉地方国有粮食企业监管．审计月刊.2019（04）：44－45.

［3616］徐洲．企业的跨国并购融资支付方式的探究．生产力研究.2019（02）：143－146.

［3617］崔新坤．委托代理理论视角下PPP合同的局限及监管研究．生产力研究.2019（09）：36－41.

［3618］张佰尚，唐攀，冯军．新时代我国电子商务产品质量监管的对策研究．生产力研究.2019（06）：99－102.

［3619］龚新蜀，韩俊杰．对外直接投资改善母国环境了吗?——基于中国市场一体化视角．生态经济.2019（12）：112－118.

［3620］孙博文，谢贤君，程志强．城乡劳动力市场一体化的可持续减贫效应——基于OECD绿色增长框架下的绿色减贫效率．生态经济.2019（12）：197－204.

［3621］王冉，孙涛．基于超效率DEA模型的环境规制对中国区域绿色经济效率影响研究．生态经济.2019（11）：131－136.

［3622］赵玉杰．环境规制对海洋科技创新引致效应研究．生态经济.2019（10）：143－153.

［3623］丛榕，胡元林．基于竞争视角的环境规制对企业绩效的影响研究．生态经济.2019

(10): 154-159.

[3624] 胡绪华，陈默．产业协同集聚促进绿色创新了吗？——基于动态视角与门槛属性的双重实证分析．生态经济．2019 (10): 58-65.

[3625] 吴以，张浩，杨夏妮．省域绿色创新、组织冗余对企业绩效的影响研究——基于中国制造业上市公司的经验分析．生态经济．2019 (10): 66-73.

[3626] 常明，奚云霄，官响．公众能否准确评价政府环保成效——基于 CGSS2015 的实证分析．生态经济．2019 (09): 212-215.

[3627] 付恒春，薛晔，王慧雯．环境规制视角下中国 SO_2 排放的空间效应研究．生态经济．2019 (09): 187-193.

[3628] 马喆亮，胡元林．逐利本性还是市场激励？——基于重污染企业绿色行为的调查研究．生态经济．2019 (09): 164-169.

[3629] 类骁，韩伯棠．贸易溢出对我国绿色技术创新效率的影响研究——基于环境规制的门槛效应实证．生态经济．2019 (08): 163-166.

[3630] 王喜平，杨莉坤．排污费对火力发电环境治理效率的门限效应研究．生态经济．2019 (07): 168-173.

[3631] 陈红梅，王鉴雪．环境规制下工业企业技术创新两阶段效率评价与对比分析．生态经济．2019 (06): 150-156.

[3632] 肖远飞，杨双鹏．环境规制视角下我国资源型产业国际竞争力实证研究．生态经济．2019 (05): 151-158.

[3633] 张英辉．产业链纵向结构、政府规制与风电产业困境．生态经济．2019 (05): 88-93.

[3634] 孙振清，边敏杰，陈文倩．我国区域绿色创新能力溢出效应研究．生态经济．2019 (05): 71-76.

[3635] 薛俭，吉小琴，朱清叶．环境规制、FDI 对我国区域经济增长的影响——基于“两控区”政策的实证分析．生态经济．2019 (03): 140-145.

[3636] 左玲玲，陈建平．环境规制对我国区域经济增长的差异影响研究．生态经济．2019 (03): 146-151.

[3637] 王树强，庞晶．排污权跨区域交易对绿色经济的影响研究．生态经济．2019 (02): 174-179.

[3638] 钱莎莎，高明，黄清煌．环境规制实现了节能减排与经济增长的双赢？．生态经济．2019 (01): 154-160.

[3639] 高晓龙，程会强，郑华，欧阳志云．生态产品价值实现的政策工具探究．生态学报．2019 (23): 8746-8754.

[3640] 林丽梅，韩雅清．规模化生猪养殖户环境友好行为的影响因素及规制策略：基于扎根理论的探索性研究．生态与农村环境学报．2019 (10): 1259-1267.

[3641] 李柯，毛雪婷．EASA 跨境广告投诉处理体系建构及启示．声屏世界．2019 (10): 92-94.

[3642] 彭冰．短视频利益保护的规制研究．声屏世界．2019 (07): 43-44.

[3643] 迟铭，张春朗．角色与责任：传媒结构的合理建构——读《美国公共电视：观念、价值与规制》．声屏世界．2019 (03): 66-68.

[3644] 杨柳．网络安全视域下大学生网络直播失范行为媒介规制研究．声屏世界．2019 (01): 64-66.

[3645] 龚海军，胡明．等保工具箱在广播电视视听网站漏洞扫描上的应用．声屏世界．2019 (S1): 15-17.

[3646] 石棣溪．自媒体新闻传播的伦理失范及对策探析．声屏世界．2019（08）：84－87.
[3647] 刘波．海外经营外汇及融资并购风险防范．施工企业管理．2019（05）：116－118.
[3648] 王华，花德政，田伟，徐海燕．地方湿地立法保护的思考：以《盐城市黄海湿地保护条例》起草为例．湿地科学与管理．2019（02）：26－28.
[3649] 翟晓舟，周梦溪．大数据知识产权法律规制研究．石河子大学学报（哲学社会科学版）．2019（05）：24－28.
[3650] 崔登峰，李博文．环境规制对企业技术创新的影响机制研究——基于我国重污染行业上市公司的实证检验．石河子大学学报（哲学社会科学版）．2019（03）：48－55.
[3651] 杨永凯．企业大数据财产权利的归属及交易规制．石河子大学学报（哲学社会科学版）．2019（01）：61－66.
[3652] 李荣，陈祉璇．大数据反垄断的挑战与规制优化．石河子大学学报（哲学社会科学版）．2019（05）：16－23.
[3653] 王帅．我国垄断性国有企业规制的反垄断法回应．石家庄铁道大学学报（社会科学版）．2019（03）：76－81.
[3654] 叶蕴雪．网络餐饮食品安全监管法律问题研究．石家庄铁道大学学报（社会科学版）．2019（02）：96－100.
[3655] 卜立景．内部控制视角下高校会计基础工作规范探究．石家庄职业技术学院学报．2019（03）：28－30.
[3656] 李艳华．全球跨境数据流动的规制路径与中国抉择．时代法学．2019（05）：106－116.
[3657] 杨德群．论公序良俗对婚外性行为的法律规制．时代法学．2019（03）：47－54.
[3658] 黄军．视频网站商业模式竞争法保护的反思与完善．时代法学．2019（03）：55－68.
[3659] 顾建亚．美国立法冗余问题探析及其中国借鉴．时代法学．2019（02）：95－100.
[3660] 董成惠．低价竞争的立法刍议——兼评《反不正当竞争法》新规定．时代法学．2019（01）：60－71.
[3661] 朱娅洁．中国互联网骨干网接入定价分析．时代金融．2019（21）：90－91.
[3662] 王俊峦．大众创业万众创新背景下校园网贷的法律规制研究．时代金融．2019（20）：139－140.
[3663] 邓君华．论我国商业银行社会责任的法律规制．时代金融．2019（09）：166－168.
[3664] 赵宇雁．我国股权众筹的法律风险及防范．时代金融．2019（08）：121－123.
[3665] 金嘉怡．电影院中爆米花是否可以卖的便宜些？——电影院爆米花的定价策略．时代金融．2019（30）：144－145.
[3666] 陈思嘉，李鑫．商家电子会员的定价策略分析．时代金融．2019（12）：79－80.
[3667] 沈逸婷，李勇．并购促进产业结构优化的影响分析．时代金融．2019（06）：225－227.
[3668] 张思璐，王雷．并购对我国高技术企业研发投入的影响研究．时代金融．2019（06）：236－237.
[3669] 黄百惠．广告业资本并购的战略思考．时代金融．2019（08）：144－145.
[3670] 刘月．企业并购按关联程度进行分类的研究．时代金融．2019（08）：182－187.
[3671] 汪一骏．美的集团横向并购小天鹅的动因分析．时代金融．2019（11）：89－90.
[3672] 阳小平．金融企业并购及并购中的财务风险管理．时代金融．2019（11）：56－57.
[3673] 柳艳．企业并购中的税收筹划研究．时代金融．2019（12）：91－92.
[3674] 李文河，王明刚．关于企业并购中建立协同效应机制的思考．时代金融．2019（13）：56－57.
[3675] 黄鹏程．“一带一路”背景下洛阳钼业海外并购的财务战略分析．时代金融．2019

(17)：27－29.

［3676］刘晓钰，东海．关于资本结构选择、内部控制与企业并购绩效的研究．时代金融．2019(24)：50－52.

［3677］吴京育，张雯．关于海外并购财务风险控制的研究——以西王食品为例．时代金融．2019（29）：76－78.

［3678］刘蕾蕾，胡凯，杨忠智．杠杆收购下如何提高信息披露质量——以龙薇传媒并购万家文化为例．时代金融．2019（30）：113－115.

［3679］张贺．在滇金融机构跨境并购业务面临的机遇与挑战．时代金融．2019（31）：42－43.

［3680］彭清良．并购贷款中的风险及应对措施研究．时代金融．2019（36）：96－99.

［3681］唐明侠．浅议反洗钱工作发展与保险业反洗钱义务．时代金融．2019（31）：80－81.

［3682］高倩．英国金融广告监管机制研究．时代金融．2019（29）：123－124.

［3683］蔡学英．论互联网金融的伦理问题及对策．时代金融．2019（26）：22－24.

［3684］杨丽．我国商业银行理财业务的发展和监管浅析．时代金融．2019（25）：29－30.

［3685］严帅帅，李京泰，黄思维．管制的得与失．时代金融．2019（23）：136－137.

［3686］邓钊．我国互联网金融的基础风险与监管思考．时代金融．2019（21）：15－16.

［3687］倪利．互联网金融风险现状及监管策略——以第三方支付为例．时代金融．2019(20)：21－22.

［3688］杜宏宇．《电子商务法》实施，代购行业将何去何从？．时代金融．2019（17）：110－111.

［3689］陶楠如．互联网信贷信用风险分析．时代金融．2019（15）：145－149.

［3690］王梦．国内互联网金融的发展——基于文献的研究．时代金融．2019（12）：97－98.

［3691］高洁．浅谈私募投资基金的现状及发展．时代金融．2019（12）：61－62.

［3692］姚瑶．不完全信息博弈下内部审计外包的监管策略．时代金融．2019（09）：197－200.

［3693］韩煜．我国电子商务平台企业的市场集中度分析．时代金融．2019（05）：55－56.

［3694］王学思．浅谈我国互联网金融乱象与规制．时代经贸．2019（34）：13－14.

［3695］王梓璇，段博宁．自动驾驶汽车侵权行为的法律规制研究．时代经贸．2019（12）：86－89.

［3696］陈冀伟．搜寻匹配理论综述及在企业并购中的应用启示．时代经贸．2019（04）：93－94.

［3697］鞠清华．企业并购重组中的税收筹划探讨．时代经贸．2019（05）：46－47.

［3698］陈文忠．对企业并购后财务资源整合的研究．时代经贸．2019（07）：64－65.

［3699］唐大娟．企业并购成本构成及其成本效应研究．时代经贸．2019（19）：66－67.

［3700］田书权．农村商业银行并购策略研究．时代经贸．2019（29）：8－9.

［3701］屈航．企业并购支付方式和筹资问题及对策分析．时代经贸．2019（29）：64－65.

［3702］王燕．企业并购重组过程中的财务风险及控制．时代经贸．2019（35）：27－28.

［3703］龚龙强，杨娜，徐友谊，邓智良，张海峰．结合 IATF16949 质量管理体系提升员工执行力．时代汽车．2019（10）：14－15.

［3704］王洪用．论农村集体土地征收补偿协议相对人违约的规制．实事求是．2019（01）：81－88.

［3705］吴安青，王延吉．激励悖论对串通投标规制的启示．实验室研究与探索．2019（06）：260－264.

［3706］贾晓萌，李雪，何啸．基于扎根理论的早餐食品安全规制问题．食品安全导刊．2019(09)：182.

［3707］陶鑫．浅谈美国医用食品（Medical Foods）的监管法规与市场准入．食品安全导刊．

2019（Z1）：42－43.

［3708］汪敏俐，高键．食品安全规制效果及其影响因素分析．食品安全导刊．2019（03）：8－9.

［3709］王莹，侯宇，宋金隆．农村食品安全现状及监管能力提升的建议．食品安全导刊．2019（24）：167.

［3710］董姣姣，姚晓倩，王婧，彭斌．近十年中国婴幼儿配方奶粉监管的发展及现状研究．食品安全导刊．2019（23）：74－77.

［3711］李进进．外卖餐饮业的食品安全监管对策研究．食品安全导刊．2019（13）：68－71.

［3712］尹立明．加强食品质量检验监管的策略．食品安全导刊．2019（12）：90.

［3713］黄萍．快速测技术在食品安全监管中的应用及发展．食品安全导刊．2019（06）：97.

［3714］陈夫志，金良，花长红．美国与中国的食品接触材料监管体系对比分析．食品安全质量检测学报．2019（19）：6700－6703.

［3715］丁玉芳，生吉萍．中国转基因食品风险规制路径的选择．食品安全质量检测学报．2019（02）：539－545.

［3716］赵艺林．基于市场监督的食品安全法规执行效果监管．食品安全质量检测学报．2019（22）：7812－7818.

［3717］杨晓宇．美国食品安全标准管理模式对我国食品安全监管的借鉴启示．食品安全质量检测学报．2019（16）：5556－5560.

［3718］余超，何洁仪．餐饮环节使用食品添加剂存在的问题与监管现状．食品安全质量检测学报．2019（12）：3689－3693.

［3719］李姗姗，莫颖宁．从药事管理的角度谈我国保健品的监管．食品安全质量检测学报．2019（03）：779－782.

［3720］刘燕．网络经济下粮食流通组织对粮价影响机理．食品工业．2019（04）：228－231.

［3721］周田田，张弯弯，王立平．转基因食品的安全监管．食品工业．2019（11）：271－275.

［3722］崔淼，郑宏丹．中国旅游食品安全保障体系的构建及对策．食品工业．2019（10）：275－279.

［3723］钱贵明，李翔．从农场到餐桌的转基因标识研究．食品工业．2019（05）：255－259.

［3724］似庆岑．大数据时代食品安全的法律规制研究——评《食品安全法律法规》．食品科技．2019（12）：375－376.

［3725］于杨曜，林路索．我国食品接触塑料包装制品再生利用的法律规制：以PET饮料瓶为例．食品科学．2019（19）：370－377.

［3726］孙华庚，刘丹，刘岱琳，王媚，刘莹．人参提取物中农药残留去除工艺的研究进展．食品研究与开发．2019（22）：215－220.

［3727］白云岗，李秋玥．大型食品生产企业监管模式创新研究．食品研究与开发．2019（16）：198－201.

［3728］董姝言．网售自制食品的法律规制分析——评《食品安全法律法规与标准》．食品与发酵工业．2019（17）：299.

［3729］印伟．中国食品安全领域犯罪的立法检视与优化维度．食品与机械．2019（12）：105－107.

［3730］张瑜．网络食品安全犯罪的刑法规制．食品与机械．2019（01）：105－108.

［3731］王银宏．人性、宗教信仰与帝国秩序——1555年《奥格斯堡宗教和约》及其规制意义．史学月刊．2019（11）：77－86.

［3732］司丹．居家养老服务合同的法律规制．世纪桥．2019（08）：74－75.

[3733] 刘文燕，王明才．我国环境刑法保护的现状及解决路径．世纪桥．2019（06）：90－93.

[3734] 刘燕，赵海霞．污染型制造业空间格局演变的特征及影响因素分析——以长江经济带中下游地区为例．世界地理研究．2019（04）：96－104.

[3735] 唐克．论自行车路权的法律保障．世界环境．2019（04）：87.

[3736] 唐克．新塑料经济全球承诺书：第三代环境规制的稳健起步．世界环境．2019（06）：88.

[3737] 李斌锐．交通运输企业“绿色化”中环境规制方式的选择．世界环境．2019（04）：86.

[3738] 刘颖．中国碳减排法律制度的完善研究．世界环境．2019（01）：89.

[3739] 李嘉楠，代谦，庄嘉霖．开放、市场整合与经济空间变迁：基于近代中国开埠的证据．世界经济．2019（09）：27－51.

[3740] 陈旭，邱斌，刘修岩，李松林．多中心结构与全球价值链地位攀升：来自中国企业的证据．世界经济．2019（08）：72－96.

[3741] 蓝嘉俊，方颖，马天平．就业结构、刘易斯转折点与劳动收入份额：理论与经验研究．世界经济．2019（06）：94－118.

[3742] 李月，徐永慧．结构性改革与经济发展方式转变．世界经济．2019（04）：53－76.

[3743] 万威，龙小宁，庞东亮．行业间竞争与价格市场化：来自中国民航业改革的证据．世界经济．2019（03）：168－192.

[3744] 王勇，李雅楠，俞海．环境规制影响加总生产率的机制和效应分析．世界经济．2019（02）：97－121.

[3745] 汪敏达，李建标，曲亮，乜标．相安无事还是轮流坐庄：双寡头动态默契合谋的实验研究．世界经济．2019（07）：171－192.

[3746] 傅强，王庆宇，张兴敏．环境规制引起了跨境河流污染的“边界效应”吗？——基于省级政府环境管制行为的视角．世界经济文汇．2019（06）：88－104.

[3747] 郭树龙．中间品进口与企业污染排放效应研究．世界经济研究．2019（09）：67－77.

[3748] 郑翔中，高越．FDI与中国能源利用效率：政府扮演着怎样的角色？．世界经济研究．2019（07）：78－89.

[3749] 阙澄宇，黄志良．资本账户开放对货币国际化的影响：基于制度环境视角．世界经济研究．2019（06）：17－27.

[3750] 吴先明，张玉梅．国有企业的海外并购是否创造了价值：基于PSM和DID方法的实证检验．世界经济研究．2019（05）：80－91.

[3751] 黄瑞玲，余飞．市场分割提升了工业企业的增加值率吗？——来自中国工业企业的经验证据．世界经济与政治论坛．2019（06）：50－77.

[3752] 曹清峰，李宏，董朋飞．关税壁垒降低了中国企业海外并购成功率吗？．世界经济与政治论坛．2019（02）：129－148.

[3753] 孙江明，居文静．跨国并购对我国企业创新绩效的影响——基于上市公司数据的实证研究．世界经济与政治论坛．2019（02）：149－172.

[3754] 徐国钧，郭智勇，温佳豪，刘青松．中国蜂蜜在国际市场的定价话语权——基于国际市场势力的实证分析．世界农业．2019（03）：77－83.

[3755] 应对国外市场准入壁垒，推动汽车出口高质量发展——2019重点汽车出口市场政策法规宣讲会在武汉成功召开．世界汽车．2019（08）：96－99.

[3756] 彭金彪．连锁药店并购风险及整合策略研究．世界最新医学信息文摘．2019（21）：187.

[3757] 陈建宇．浅谈垄断的原因、影响及反垄断相关措施．市场观察．2019（03）：59.

[3758] 张莹莹．共享经济下押金法律问题探究——以ofo为例．市场论坛．2019（04）：70－72.

[3759] 刘婷婷．我国股权众筹行为的法律规制．市场论坛.2019（02）：61－63.

[3760] 张毅．浅析企业并购及并购中的商誉问题．市场论坛.2019（01）：71－73.

[3761] 兰思雨．医药行业企业并购的整合研究．市场论坛.2019（03）：55－57.

[3762] 王姝敏．浅析企业并购的动因与风险防范．市场论坛.2019（06）：64－66.

[3763] 卢乐宁．药品行业超高定价行为的反垄断法适用探讨．市场研究.2019（01）：37－38.

[3764] 徐宇翔，林锐．环境规制下林业碳汇产业的绿色发展路径．市场研究.2019（08）：20－21.

[3765] 章琎．互联网金融市场监管法律探析．市场研究.2019（05）：33－34.

[3766] 王光丽．开放经济下的出口产品质量分析．市场研究.2019（04）：25－28.

[3767] 闵思梦．电子商务环境下大学生群体价格歧视认知及可接受程度分析．市场研究.2019（04）：9－11.

[3768] 涂继盛．审计合谋的原因分析和治理对策．市场研究.2019（03）：64－65.

[3769] 武鑫．华策影视并购后盈利能力分析．市场研究.2019（03）：58－59.

[3770] 徐礼志．中国企业海外并购审计与风险防范．市场研究.2019（06）：40－42.

[3771] 黎青．中国企业海外并购现状分析．市场研究.2019（09）：44－45.

[3772] 刘添琦，侯茂章．我国制造业企业海外并购估价风险审计分析．市场研究.2019（12）：41－42.

[3773] 刘静茹，李佳．中国人寿保险公司营销环境及策略分析．市场周刊.2019（11）：82－83.

[3774] 金珈印．环境规制对工业能源效率的影响研究——基于行业异质性视角．市场周刊.2019（10）：52－54.

[3775] 赵春杰．“反向混淆”的法律规制．市场周刊.2019（08）：149－150.

[3776] 赵春杰．算法共谋的规制思路．市场周刊.2019（07）：155－156.

[3777] 古丽拜克热木·吾布力卡斯木．风险视角下的互联网金融法律规制探究．市场周刊.2019（07）：157－158.

[3778] 代晓焜．双重股权结构在我国的适用性分析——尤以创新型公司为例．市场周刊.2019（02）：146－149.

[3779] 刘晓婷．算法合谋与反垄断．市场周刊.2019（08）：153－155.

[3780] 吴巧．中国创业板上市公司并购重组的绩效研究．市场周刊.2019（01）：10－11.

[3781] 牛甜甜．基于对赌协议的被并购企业盈利外推研究——以信息技术企业为例．市场周刊.2019（03）：80－82.

[3782] 宋雪．基于长短期窗口的连续并购绩效分析——以复星医药为例．市场周刊.2019（07）：3－6.

[3783] 李怡．企业并购审计风险及应对相关研究．市场周刊.2019（11）：86－88.

[3784] 苏永桂．“保险＋物联网＋维保＋养老”电梯安全监管模式探讨．市场周刊.2019（12）：13－14.

[3785] 傅语涵．网红3.0时代网红微博广告的法律边界探讨与制度构建．视听.2019（06）：238－240.

[3786] 李慧．从“咪蒙被封”思考当今自媒体的乱象与规制．视听.2019（06）：143－144.

[3787] 钟海芳，李筱琛．社会主义改造时期我国出版业规制管理研究．视听.2019（01）：227－228.

[3788] 王苑丞，刘露．刍议自媒体广告的管理．视听.2019（07）：223－225.

[3789] 张婷鹤．浅谈新媒体环境下自媒体乱象的监管与启示．视听.2019（02）：121－122.

[3790] 吴军．自媒体洗稿行为的规范与治理．视听界.2019（06）：96－98.

[3791] 柳彤．龙凤辨微——从首都博物馆藏金银器上的龙凤纹样看明代宫廷的等级规制（下）．收藏家．2019（06）：73－78.

[3792] 柳彤．龙凤辨微——从首都博物馆藏金银器上的龙凤纹样看明代宫廷的等级规制（上）．收藏家．2019（05）：51－56.

[3793] 吴宜群，吴立娟．电子烟危害及其监管现状．首都公共卫生．2019（05）：223－225.

[3794] 唐晓华，孙元君．环境规制对区域经济增长的影响——基于产业结构合理化及高级化双重视角．首都经济贸易大学学报．2019（03）：72－83.

[3795] 翟业虎，许峻实．3D 打印带来的知识产权挑战与应对．首都经济贸易大学学报．2019（03）：105－112.

[3796] 刘帅，杨刚强．环境规制竞争与污染治理．首都经济贸易大学学报．2019（02）：72－81.

[3797] 沈朝晖，张然然．企业社会责任的反身法路向．首都经济贸易大学学报．2019（01）：103－112.

[3798] 姜晓婧，苏美丽．资产专用性视角下战略性新兴产业并购创新绩效．首都经济贸易大学学报．2019（06）：56－67.

[3799] 小田部胤久，郑子路．什么是“审美生命”——席勒“审美教育”论再考．首都师范大学学报（社会科学版）．2019（05）：68－73.

[3800] 常鑫．中国相互保险的法律规制：检视与完善．首都师范大学学报（社会科学版）．2019（04）：66－73.

[3801] 袁钢．律师“不正当竞争”的正当规制．首都师范大学学报（社会科学版）．2019（01）：43－52.

[3802] 朱光，刘虎，杜欣蒙．隐私忧虑背景下的移动医疗 App 使用意愿研究——基于三方博弈的视角．数据分析与知识发现．2019（05）：93－106.

[3803] 高凌云，易先忠．外资并购对目标企业生存的影响．数量经济技术经济研究．2019（04）：61－81.

[3804] 王晓迪，王玉燕，于兆青，梁佳平．“产品包邮”策略下电商供应链的决策研究．数学的实践与认识．2019（14）：10－22.

[3805] 李春发，张金松，王晟锴．政府规制下的第三方废旧手机回收演化博弈分析．数学的实践与认识．2019（14）：68－76.

[3806] 陈绍刚，王浩先．非线性需求下两类价格歧视交互效应的动态博弈分析．数学的实践与认识．2019（02）：84－90.

[3807] 刘守娥．患者下肢临床护理风险及规制路径研究．双足与保健．2019（05）：62－63.

[3808] 王占永，吕高尚，熊文彬．民用核安全泵的不符合项监管实践研究．水泵技术．2019（S1）：81－82.

[3809] 何俊鹏．大型水电工程建筑市场资源要素准入管理．水电与新能源．2019（02）：34－38.

[3810] 龙海游，刘思若．关于规范节水灌溉市场的思考．水利发展研究．2019（08）：37－39.

[3811] 哈月新，张荣，姚代顺．洮河流域水生态问题及治理措施探讨．水利发展研究．2019（06）：51－53.

[3812] 王贵作，刘政平．浅析水利强监管与水利社会化监督．水利发展研究．2019（06）：1－2.

[3813] 章新苏，杨业政，陈艳丽．水利检测单位监管中的信息核查问题及对策．水利发展研究．2019（05）：58－60.

[3814] 车田超，朱必勇，朱平安．加强水利工程招标投标监管　促进江苏招标投标市场健康发展．水利建设与管理．2019（06）：78－80.

[3815] 马骏，王改芹．环境规制对制造业产业结构升级的影响．水利经济．2019（02）：26－30.

[3816] 胡慎南．骨干水源工程建设安全生产费使用与监管的探讨．水利水电工程设计．2019（01）：47－49.

[3817] 廉鹏涛，潘二恒，解建仓，梁骥超，冯永祥，汪风．水权确权问题及动态确权实现．水利信息化．2019（05）：20－25.

[3818] 钱凯旋，解建仓，闫小斌，左岗岗，于碧含，冯永祥．基于规制的灌区配水管理．水利信息化．2019（05）：14－19.

[3819] 李智广，任志勇，李子轩．基于侵蚀因子显性变化的区域水蚀动态监管方法研究．水土保持通报．2019（05）：329－336.

[3820] 谢燮．交通运输市场规制的总体框架及其在新时代的变革．水运管理．2019（08）：5－9.

[3821] 耿庆波，洪汇勇，鲁诗翰．对我国 LNG 燃料动力船有效监管的思考和建议．水运管理．2019（09）：21－23.

[3822] 刘峰．新时代税收秩序：国家治理的基因性力量．税务研究．2019（12）：22－28.

[3823] 侯卓．税改试点的多维检视与法律规制．税务研究．2019（09）：57－62.

[3824] 张怡，吕俊山．双重规制下法律概念“税收”辨析——兼论《税收征管法》中并列法律概念问题．税务研究．2019（03）：58－62.

[3825] 黄建文，钱俊文．欠税公告的法律规制与司法救济．税务研究．2019（02）：76－80.

[3826] 杨超，刘长翠，雒晨旭．不同补偿方式下并购重组业绩承诺补偿的所得税处理．税务研究．2019（01）：114－120.

[3827] 莫旻丹．协同治理视野下的监督受托人：制度困境与法律进路．税务与经济．2019（04）：11－19.

[3828] 董飞武．虚开增值税专用发票罪目的犯观点之否定．税务与经济．2019（03）：74－82.

[3829] 张磊．论新股发行制度改革背景下欺诈上市的法律规制．税务与经济．2019（02）：6－12.

[3830] 蒋小杰．基于全球正义视角的全球治理规制重建．思想战线．2019（01）：85－92.

[3831] 许传蓉，欧捷．“超市中的经济学”教学设计．思想政治课教学．2019（09）：55－59.

[3832] 陈桂生．环境治理悖论中的地方政府与公民社会：一个智猪博弈的模型．四川大学学报（哲学社会科学版）．2019（02）：85－93.

[3833] 张良．我国民法典合同法编格式条款立法研究．四川大学学报（哲学社会科学版）．2019（01）：133－140.

[3834] 黄瑞玲，肖尧中．微电影的传播特征及监管路径探析．四川行政学院学报．2019（01）：61－67.

[3835] 徐军，徐薇．河长制视野下的非法采砂入刑问题探析．四川环境．2019（03）：176－180.

[3836] 邹海英，陈文韬，袁素芬，余秋良．排污许可制度实施的精细化管理探索．四川环境．2019（02）：129－133.

[3837] 陈志红．易地扶贫搬迁工程质量监管模式及方法．四川建材．2019（07）：170－172.

[3838] 周妍，杨春燕．基于语义差异法对小尺度街区公共空间评价研究——以成都市大源国际中心为例．四川建筑．2019（02）：9－11.

[3839] 舒洪水，史林鑫．校园 P2P 网络借贷平台的刑法规制．四川警察学院学报．2019（05）：31－38.

[3840] 张垚，严露婕．未成年人罪错行为的处遇困境及应对出路——以我国近 5 年 90 件未成年人涉罪新闻报道为研究样本．四川警察学院学报．2019（04）：75－83.

［3841］张俊，金光明，张颖．“大数据侦查及相关法律问题”学术研讨会会议综述．四川警察学院学报．2019（01）：121－127．

［3842］孟卧杰，王天敏．高校学生“网络水军”失范行为的法律分析．四川警察学院学报．2019（01）：89－95．

［3843］张灵佳．地方经济发展水平对养老保险参保结构的影响．四川劳动保障．2019（01）：35．

［3844］邓春生．网络借贷平台风险规制体系的审视及完善．四川理工学院学报（社会科学版）．2019（05）：54－66．

［3845］曹璐．国外农产品质量监管制度对我国的启示．四川农业科技．2019（09）：73－77．

［3846］葛文龙．社会自我规制：政府与社会协同构建研究．四川省干部函授学院学报．2019（02）：118－122．

［3847］郑聿舒，安丽．中美外资并购国家安全审查制度的对比研究．四川省干部函授学院学报．2019（02）：130－133．

［3848］杨艳，赵晓龙．政府规制如何影响猪肉价格？．四川省情．2019（12）：41－42．

［3849］李丽娜，李林汉．环境规制对经济发展的影响——基于省际面板数据的分析．四川师范大学学报（社会科学版）．2019（03）：43－52．

［3850］张乐勤．基于边际分析方法的生态效率驱动因子识别与趋势预测．四川师范大学学报（自然科学版）．2019（04）：560－568．

［3851］丁肇明．4 基于博弈论的环保类 PPP 项目监管研究．四川水泥．2019（04）：348－349．

［3852］张效羽，宋心然．网约车合规化的困境及其化解．苏州大学学报（法学版）．2019（01）：1－8．

［3853］查云飞．国家保护义务视角下的顺风车规制——以 35 份地方规范性文件为分析对象．苏州大学学报（法学版）．2019（01）：9－17．

［3854］陈锦波．规制层次与管控理念：自动驾驶汽车的监管进路．苏州大学学报（法学版）．2019（01）：18－25．

［3855］高涓，乔桂明．省级地方政府环境保护财政支出绩效评价——基于非期望产出的 Window－SBM 三阶段模型．苏州大学学报（哲学社会科学版）．2019（06）：103－111．

［3856］周俊博．翻译产业规制路径研究．太原城市职业技术学院学报．2019（11）：38－41．

［3857］栾宁．互联网时代网络刷单行为的刑法规制．太原城市职业技术学院学报．2019（11）：195－197．

［3858］陶银球，张媛．商业贿赂民事救济路径研究．太原城市职业技术学院学报．2019（11）：189－191．

［3859］马丽艳．论通谋虚假离婚的效力及法律规制．太原城市职业技术学院学报．2019（09）：201－203．

［3860］盛欣．国际法视野下的领网权．太原城市职业技术学院学报．2019（07）：192－195．

［3861］尤文森．“虚假仲裁”频发的成因与防治．太原城市职业技术学院学报．2019（03）：194－196．

［3862］史志贵．关于扩充村镇银行资本金和股权监管改革的思考．太原城市职业技术学院学报．2019（04）：172－173．

［3863］葛金芬．自动驾驶车辆制造商的刑事责任认定与规制．太原理工大学学报（社会科学版）．2019（04）：19－26．

［3864］赵晏民，王译．我国警察出庭作证制度的功能受限及其回正．太原理工大学学报（社会科学版）．2019（04）：10－18．

［3865］高全喜．未来世界的法律拟制．太原学院学报（社会科学版）．2019（04）：102－103．

[3866] 崔宇琪，许霄腾．区块链金融监管沙盒制度探究．太原学院学报（社会科学版）．2019（01）：29-37.

[3867] 李远辉．建立和完善粤港澳大湾区市场化人才机制的思考．探求．2019（03）：56-61.

[3868] 张晓．数字内容产业的风险源头管理．探求．2019（02）：116-120.

[3869] 黄新华，陈宝玲．政府规制的技术嵌入：载体、优势与风险．探索．2019（06）：64-72.

[3870] 陈鹏．算法的权力和权力的算法．探索．2019（04）：182-192.

[3871] 陈吉栋．播撒信任的技术幽灵——区块链法律研究述评．探索与争鸣．2019（12）：84-94.

[3872] 韩旭至．算法维度下非个人数据确权的反向实现．探索与争鸣．2019（11）：141-150.

[3873] 熊波．人工智能刑事风险的样态评价与规制理念．探索与争鸣．2019（05）：134-142.

[3874] 利普斯基．后金融危机十年的持续挑战与应对．探索与争鸣．2019（04）：33-37.

[3875] 郜莹．地方金融机构风险与监管研究——以辽宁省为例．唐都学刊．2019（03）：109-112.

[3876] 姚明．论"党的治国理政思想"主题出版的立法保障与优化——基于现行出版立法的实证分析．唐山学院学报．2019（01）：31-36.

[3877] 宋博通，黄秀梅．基于合成控制法的新型产业用地供给对城市GDP增速的影响研究——以深圳市为例．特区经济．2019（11）：22-25.

[3878] 贺斌．对外开放对改革的作用机制——基于FDI溢出对市场分割的抑制效应以及司法环境的调节作用．特区经济．2019（12）：87-92.

[3879] 柏思萍，陈晓蓉，冯晓琰，瞿晓龙．"政府规制"下南宁烟草预算定额标准预测模型设计．特区经济．2019（10）：135-138.

[3880] 王舜淋，张向前．互联互通蓝图下中国产业转型升级与经济中高速增长实证分析．特区经济．2019（07）：37-43.

[3881] 黄艺璇．碳规制对中国出口贸易竞争力的影响探究——基于固定效应模型的实证研究．特区经济．2019（03）：96-100.

[3882] 刘青．企业跨国并购文化整合研究——以海尔跨国并购为例．特区经济．2019（02）：152-154.

[3883] 芦亚伟．基于利益相关者的上市公司并购价值研究．特区经济．2019（10）：154-157.

[3884] 者贵昌，卢超．我国企业海外并购路径的分析与探讨．特区经济．2019（11）：77-80.

[3885] 刘博文．跨境并购的传统评价标准在中国企业实践中的不适性研究．特区经济．2019（11）：147-149.

[3886] 王浩．互联网金融风险分析及监管建议．特区经济．2019（02）：97-99.

[3887] 戎朝，上官凯云．"互联网实时转播"法律定性的思考——中超直播侵权案之侵犯广播权认定事宜之商榷．体育成人教育学刊．2019（03）：21-24.

[3888] 戎朝，上官凯云．"中国国家队"统一招商背后的法律问题分析及建议．体育成人教育学刊．2019（01）：9-17.

[3889] 吴海英，李佳遥．从规制到良序：大学生羽毛球裁判员能力的培养．体育科技．2019（04）：127-128.

[3890] 杨明．川东土家族巴渝舞仪式的身体记忆变迁研究．体育科技文献通报．2019（06）：16-18.

[3891] Mitten Matthew J.，郭树理．美国中学与大学体育的管理机制与司法治理．体育科研．2019（05）：51-59.

[3892] 李永奇．高校体育教学中开展野外生存训练可行性研究．体育世界（学术版）．2019

(05): 92 – 93.

［3893］周青山. 美国职业体育兴奋剂控制的特点及对我国的启示. 体育学刊. 2019 (06): 82 – 87.

［3894］何俊, 钟秉枢, 张磊. 传统与转型: 论我国优势项目运动队拟制宗族的未来走向. 体育与科学. 2019 (04): 46 – 52.

［3895］邢金明, 武圣博, 周鹏, 刘波. 社会实践理论下我国职业篮球球迷暴力成因与规制策略. 体育与科学. 2019 (01): 90 – 96.

［3896］张琴, Zhang James J. 效益·风险·策略: 中国资本域外并购足球俱乐部思考. 体育与科学. 2019 (05): 107 – 112.

［3897］刘津, 王晓星. 人情关系: 市场的非价格协调机制. 天府新论. 2019 (04): 84 – 93.

［3898］崔煜. 共享单车与政府规制: 基于空间生产理论的阐释. 天府新论. 2019 (03): 118 – 125.

［3899］王桢. 向死而生: 我国附属刑法的立法批判与体系重构. 天府新论. 2019 (01): 120 – 133.

［3900］杨曦. 政府特许经营视野中的共享单车及其规制. 天府新论. 2019 (01): 100 – 110.

［3901］钟念, 李廉水, 张三峰. 环境规制对企业创新绩效影响及实现机制研究——基于中国企业调查数据的经验分析. 天津大学学报 (社会科学版). 2019 (06): 481 – 493.

［3902］董娟, 陈磊. 火车霸座行为现场惩戒的法律探讨. 天津大学学报 (社会科学版). 2019 (04): 327 – 331.

［3903］赵息, 张景文. 去产能背景下建材行业并购绩效研究. 天津大学学报 (社会科学版). 2019 (01): 1 – 7.

［3904］赵青. 对《电子商务法》第 35 条完善方案的思考——以韩国的相关立法、实践及理论为启示. 天津法学. 2019 (04): 31 – 38.

［3905］付大学, 刁博文. 信访制度实施的行政诉讼因应——从信访行政处理行为可诉性切入. 天津法学. 2019 (01): 20 – 25.

［3906］薛克鹏. 经济法的实施模式及其创新. 天津法学. 2019 (01): 12 – 19.

［3907］钱彩平. 国外网络舆情治理: 特色模式、典型经验与现实启示. 天津行政学院学报. 2019 (06): 43 – 49.

［3908］靳永翥. 文化整合性治理: 一种人与环境和谐发展的新愿景. 天津行政学院学报. 2019 (03): 3 – 10.

［3909］丁雨. 政府采购代理机构监管问题探究. 天津经济. 2019 (04): 41 – 44.

［3910］刘子涵. "苹果公司避税案" 评析及启示. 天津商务职业学院学报. 2019 (05): 54 – 60.

［3911］吕姝洁. 私力救济视角下自媒体意见表达问题的探析及推进路径. 天津商业大学学报. 2019 (06): 68 – 73.

［3912］廖筠, 杨丹丹, 胡伟娟. 环境规制是否影响了碳排放权交易价格? ——以天津市碳排放交易所为例. 天津商业大学学报. 2019 (02): 24 – 32.

［3913］陈长明, 付金辉. 试析国有资产金融管理公司变革下的法律规制. 天津社会保险. 2019 (01): 78.

［3914］徐家林, 徐正旭, 王华倬. 我国职业运动员行为失范治理: 中国逻辑与欧美借鉴. 天津体育学院学报. 2019 (02): 137 – 143.

［3915］王晓楠, 周玉洁. 移动互联时代网络暴力的法律规制. 天津职业院校联合学报. 2019 (09): 109 – 113.

［3916］粟科华，李伟，辛静，寇忠．管网独立后我国储气库公司的经营策略探讨．天然气工业．2019（09）：132－139.

［3917］白俊，张雄君．对于组建国家油气管网公司的思考及建议．天然气工业．2019（07）：127－132.

［3918］郭海涛，周淑慧，赵忠德，梁严，朱锋，张倩．顺应改革趋势，促进公平开放——新版《油气管网设施公平开放监管办法》解读．天然气工业．2019（06）：137－146.

［3919］高振，黄辉，侯建国．LNG 槽车项目并购要点及实践启示．天然气技术与经济．2019（05）：75－78.

［3920］吴晓珊．网络小说版权市场独家交易的竞争法思考．天水行政学院学报．2019（05）：98－103.

［3921］储琪．治理与回应：弱人工智能视野下网络犯罪的行为类型与规制．天水行政学院学报．2019（05）：84－88.

［3922］张贵声．公共法律服务体系规制及现状．天水行政学院学报．2019（05）：104－108.

［3923］盛浩．融资型民间借贷的刑法规制界限——从非法吸收公众存款罪切入．天水行政学院学报．2019（04）：99－104.

［3924］颜美宁．网络环境下“复制发行”概念的解释与适用．天水行政学院学报．2019（04）：90－94.

［3925］李佳．基因编辑行为的宪法规制．天中学刊．2019（05）：14－19.

［3926］吕志祥，成小江．“快递垃圾”之绿色重构与法律规制．天中学刊．2019（02）：27－30.

［3927］罗秋科，邓惠朋．SC31 联合我国龙头企业助推国际自动识别和数据采集技术标准发展．条码与信息系统．2019（04）：18－20.

［3928］王贝贝．新时代我国民航公安安保规制研究．铁道警察学院学报．2019（05）：34－39.

［3929］刘卉．我国指定居所监视居住制度的适用与完善．铁道警察学院学报．2019（04）：91－96.

［3930］黄辰．债券回购中法律风险与刑事司法认定．铁道警察学院学报．2019（03）：85－93.

［3931］陈杰，付宏渊．工程项目招投标多利益主体合谋进化博弈研究．铁道科学与工程学报．2019（09）：2378－2386.

［3932］刘卫红，张翼翔，尹冰艳．第三方网络平台售票行为的法律规制与完善．铁道运输与经济．2019（02）：107－110.

［3933］宋丹丹．京沪高速铁路委托运输管理模式发展研究．铁道运输与经济．2019（07）：28－32.

［3934］国资委综合局．国资委与应急管理部联合召开中央企业安全生产工作视频会．铁路采购与物流．2019（05）：18.

［3935］王震．加强铁路工程质量安全监管措施的探讨．铁路工程技术与经济．2019（01）：40－43.

［3936］谢涛，滕济凯．非对称群组密钥交换协议的叛逆追踪性．通信技术．2019（05）：1210－1214.

［3937］陈逸涛，周志洪，陈恭亮．基于隐私保护的央行数字货币监管审计架构．通信技术．2019（12）：3032－3038.

［3938］孔垂源．互联网企业并购绩效评价研究．通讯世界．2019（01）：216－218.

［3939］秦超，张璟艳，王诚．基于物联网技术的涉密资产监管系统研究．通讯世界．2019（08）：178－179.

［3940］王效俐，马利君．政府管制对企业家精神的影响研究——基于30个省份的面板数据．

同济大学学报（社会科学版）.2019（02）：107－117.

［3941］于娜，何文韬．基于博弈视角探索新兴产业绿色技术创新演化模式．铜陵学院学报．2019（04）：42－47.

［3942］尹佳雯．对第三者侵犯配偶权的归责边界和规制路径．铜陵职业技术学院学报．2019（04）：14－17.

［3943］祁芮如．电商刷单问题的法律规制．铜陵职业技术学院学报．2019（02）：16－20.

［3944］胡琼，朱敏．工资上涨、劳动力市场规制与制造业企业雇佣结构调整研究．统计科学与实践．2019（11）：9－12.

［3945］许家云．互联网如何影响工业结构升级？——基于互联网商用的自然实验．统计研究．2019（12）：55－67.

［3946］陶长琪，徐茉．短面板约束下固定效应空间动态面板模型的估计与模拟．统计研究．2019（09）：115－128.

［3947］于斌斌，金刚，程中华．环境规制的经济效应："减排"还是"增效"．统计研究．2019（02）：88－100.

［3948］石露．论"微商"的行政规制——基于"登记准入制度"的思考．统计与管理．2019（06）：118－123.

［3949］刘明广．双重环境规制、政府科技资助与企业绿色创新．统计与管理．2019（06）：13－17.

［3950］郭艳玲．我国慈善信托税收优惠制度构建探讨．统计与管理．2019（05）：78－81.

［3951］殷秀清，张峰．环境规制、技术创新与制造业能源消费结构均衡度演变．统计与决策．2019（24）：114－118.

［3952］张忠杰．环境规制对产业结构升级的影响——基于中介效应的分析．统计与决策．2019（22）：142－145.

［3953］张庆，乔会珠．OECD国家FDI、环境规制、技术进步与就业关系研究．统计与决策．2019（19）：137－140.

［3954］何琴．政府安全规制强度对企业技术进步的实证检验．统计与决策．2019（11）：175－178.

［3955］武运波，高志刚．环境规制、技术创新与工业经营绩效研究．统计与决策．2019（09）：102－105.

［3956］何宜庆，吴铮波，陈睿．制造业产业转移、环境规制对城镇化扩张的生态效率影响．统计与决策．2019（07）：145－148.

［3957］郑冰洁．基于AHP－GRAM模型的企业跨国并购法律风险评价．统计与决策．2019（11）：179－182.

［3958］张浛．高管联结、权力寻租与并购绩效关系的实证检验．统计与决策．2019（22）：171－175.

［3959］王宛玥，高小红．中小企业总经理持股、并购类型与并购绩效．统计与决策．2019（24）：185－188.

［3960］吴烨．食品安全博弈行为与监管优化策略．统计与决策．2019（08）：52－55.

［3961］章志华．环境规制促进OFDI逆向技术溢出了吗？．统计与信息论坛．2019（12）：104－109.

［3962］朱冠平，扈文秀，章伟果，付强．金融冲击、股权结构与企业并购行为——基于GARCH模型视域．统计与信息论坛．2019（05）：34－40.

［3963］马啸腾，陈战光，尚飞．政治关联会影响券商的经济后果吗？．投资研究．2019（11）：

142－159.

［3964］孙玉红，马志鑫，王一鸣．进口国国内规制、文化距离对中国服务出口的阻力效应研究——基于扩展引力模型的分析．投资研究．2019（04）：107－124.

［3965］刘煜，王疆．知识产权保护强度、知识距离与跨国并购股权选择．投资研究．2019（02）：4－13.

［3966］申桂萍，张娟．何种经验更能推动企业做出跨国并购决策？．投资研究．2019（08）：124－142.

［3967］龙文，郭莹，王振，冯海红．媒体报道会影响上市公司并购重组后的收益率吗？．投资研究．2019（11）：65－80.

［3968］周菊，陈欣．并购重组支付方式与并购溢价——基于交易成本与信息不对称的解释．投资研究．2019（12）：81－93.

［3969］国文婷，陈冀伟．标的公司市场势力对并购定价的影响研究——财务顾问经验的调节作用．投资研究．2019（11）：81－95.

［3970］刘艳．博弈论视角下准公共物品私人自愿供给研究——以民间图书共享为例．图书馆工作与研究．2019（08）：17－25.

［3971］李英珍．国外规制绝版作品数字化利用的版权制度模式及其对我国的启示．图书馆工作与研究．2019（10）：41－48.

［3972］陈学宇．数据库出版商超高定价的反垄断法规制研究．图书馆建设．2019（05）：98－107.

［3973］东方．欧盟、美国跨境数据流动法律规制比较分析及应对挑战的“中国智慧”．图书馆杂志．2019（12）：92－97.

［3974］赵培云．搜索引擎竞价排名对消费者权益的影响及其改进设想．图书情报导刊．2019（01）：35－40.

［3975］黄益军，吕振奎．文旅教体融合：内在机理、运行机制与实现路径．图书与情报．2019（04）：44－52.

［3976］刘晓君，成亚静．全装修住宅开发行为影响因素．土木工程与管理学报．2019（01）：16－23.

［3977］冯璐．加快并购重组，推动国有企业混合所有制改革．团结．2019（03）：58－60.

［3978］刘颖．市场化与集团化对学前教育普惠和质量的挑战：英国的案例．外国教育研究．2019（04）：18－31.

［3979］黄再胜．网络平台劳动的合约特征、实践挑战与治理路径．外国经济与管理．2019（07）：99－111.

［3980］陈岩，郭文博．跨国并购提高了中国企业的竞争优势吗？——基于区域性与非区域性企业特定优势的检验．外国经济与管理．2019（04）：139－152.

［3981］曾春影，茅宁，易志高．CEO的知青经历与企业并购溢价——基于烙印理论的实证研究．外国经济与管理．2019（11）：3－14.

［3982］徐彬．《野草在歌唱》中帝国托拉斯语境下的农场“新”秩序．外国文学研究．2019（05）：101－111.

［3983］汪海宝，贺凯．国际秩序转型期的中美制度竞争——基于制度制衡理论的分析．外交评论（外交学院学报）．2019（03）：56－81.

［3984］周亚敏．全球价值链中的绿色治理——南北国家的地位调整与关系重塑．外交评论（外交学院学报）．2019（01）：49－80.

［3985］刘国强，袁晓薇．场景、规制与表征建构：文化批判视野下短视频的传播逻辑解读．

皖西学院学报．2019（04）：141－146.

［3986］邓小华，陈慧华．环境规制约束下制造业技术创新影响实证分析．皖西学院学报．2019（02）：89－93.

［3987］曾惠芝，赵建中．影子银行的内涵及运行机制分析．皖西学院学报．2019（02）：30－35.

［3988］鞠徽．打击网络恐怖主义的策略研究．网络空间安全．2019（11）：87－92.

［3989］魏波，刘晓昊．个人信息数据网络收集与管理的行政规制．网络空间安全．2019（05）：12－17.

［3990］闫飞．网络安全法律涉外管辖权问题研究．网络空间安全．2019（03）：53－57.

［3991］刘璐．个人信息保护与企业合理使用的衡平规制．网络空间安全．2019（01）：18－23.

［3992］邹萍，李艳东，王肖，邓祖强，周静．区块链监管的现状与展望．网络空间安全．2019（06）：51－56.

［3993］王宏宇．数据时代的大数据数据源垄断法律规范．网络空间安全．2019（12）：78－82.

［3994］杨文伟，邢玉清．基于二元非对称多项式的公平秘密共享方案．网络与信息安全学报．2019（01）：22－29.

［3995］房旭峰．自媒体言论自由的法律思考．潍坊工程职业学院学报．2019（02）：105－108.

［3996］尹庄．医保基金有效监管的机制创新——以镇江市医保反欺诈“亮剑”行动为例．卫生经济研究．2019（04）：25－27.

［3997］陈珉惺，许铁峰，宋捷，彭颖，王月强，谢春艳，王常颖，陈多，何达，金春林．部分国家及地区社会办医准入现状及启示．卫生软科学．2019（09）：34－39.

［3998］田丽芳，裴晓勇．医疗服务价格规制的利益关系分析．卫生软科学．2019（09）：78－82.

［3999］卢晓军．航天PPP项目中遥感数据产品价格政策研究．卫星应用．2019（04）：34－39.

［4000］马阳阳，陈丹丹．法律关系视角下：形式的创新还是本质的变革？——基于“共享经济”当前发展状况的探讨．未来与发展．2019（01）：16－22.

［4001］江舟．互联网行业反垄断规制的挑战与建议——以奇虎360与腾讯QQ案为例．未来与发展．2019（01）：29－32.

［4002］朱鸿．金融周期对跨国并购的驱动效应：基于面板门限模型的分析．未来与发展．2019（10）：53－64.

［4003］常建新，赵吉阳．雾霾约束下我国城市可持续发展效率研究．渭南师范学院学报．2019（06）：48－57.

［4004］杨海琛．“互联网+”时代背景下反垄断法的相关问题研究．文化学刊．2019（09）：144－149.

［4005］李甜甜．地方古建保护的新实践——以山西广仁王庙为例．文物世界．2019（06）：51－54.

［4006］呼艳．博物馆文创产品开发与侵权责任．文物世界．2019（05）：75－77.

［4007］谢雳．文艺产业化研究的美学视角——评《产业化进程中文艺创作的美学规制研究》．文艺生活（艺术中国）．2019（06）：124－125.

［4008］杨怡红．标准必要专利制定中不披露信息行为的反垄断规制．无锡商业职业技术学院学报．2019（04）：51－55.

［4009］樊梦培．环境规制对绿色经济的影响研究综述．无锡商业职业技术学院学报．2019（01）：37－42.

［4010］顾艳辉．基于知识兼并与创新的企业核心竞争力建设——以中国中车公司为例．无锡职业技术学院学报．2019（06）：50－54.

［4011］张雨燕，高晓涵．网络直播形式的特征及治理问题分析．无线互联科技．2019（10）：

161－162.

［4012］冯俊彦．涉刑人身损害赔偿案件审理顺序研究．梧州学院学报．2019（05）：47－53.

［4013］史安玲，朱万里．环境规制、金融发展与区域创新能力．梧州学院学报．2019（04）：1－9.

［4014］孔陇，刘彦钊．“一带一路”战略下企业跨国并购的财务风险分析．梧州学院学报．2019（01）：1－5.

［4015］钟昌标．《外商投资法》与中国对外开放模式的转型．武汉大学学报（哲学社会科学版）．2019（05）：138－147.

［4016］张金钢．互联网金融领域内非法吸收公众存款罪的刑法规制．武汉公安干部学院学报．2019（01）：47－51.

［4017］宋莉莉．针对妨碍安全驾驶案件的刑法规制路径研究．武汉交通职业学院学报．2019（01）：31－35.

［4018］李想，詹蕾，张永祥．基于经济法基本原则的高速铁路客票价格歧视微观分析．武汉交通职业学院学报．2019（03）：1－6.

［4019］叶德珠，吴梦真，杨冰．CEO、CFO合谋对企业盈余管理水平的影响——基于任职时间的考虑．武汉金融．2019（05）：39－44.

［4020］蒋冠宏．外商并购是“创造”还是“破坏”了我国企业的市场价值．武汉金融．2019（06）：4－13.

［4021］温权．并购传闻与投资者识别．武汉金融．2019（11）：45－50.

［4022］陆岷峰，徐博欢．互联网金融伦理秩序研究．武汉金融．2019（05）：72－76.

［4023］邓凤姣，马洁．金融机构客户受益所有人身份识别问题研究．武汉金融．2019（05）：84－85.

［4024］张静．境内外“现金贷”业务发展及监管现状．武汉金融．2019（01）：32－36.

［4025］苏芳，蔡莎．金融危机背景下银行市场势力对非利息业务影响研究．武汉金融．2019（10）：58－67.

［4026］李晓明，褚础．论“风险社会”中的预防刑法与规制刑法——兼论我国刑法颁布40周年的立法理念变迁．武汉科技大学学报（社会科学版）．2019（02）：198－205.

［4027］夏云娇，刘锦．美国国家公园的立法规制及其启示．武汉理工大学学报（社会科学版）．2019（04）：124－130.

［4028］刘新全．论思想政治教育接受习惯及其生成．武汉理工大学学报（社会科学版）．2019（04）：143－148.

［4029］苑大超，马银波．绿色发展理念下环境风险预防法律制度研究．武汉理工大学学报（信息与管理工程版）．2019（04）：388－392.

［4030］陶志文，张智勇，石艳，张艳伟，石永强．碳税规制下多目标冷链物流配送路径优化．武汉理工大学学报（信息与管理工程版）．2019（01）：51－56.

［4031］孙胜祥，杨成斌，魏华．激励和监管对装备采购中技术创新的影响．武汉理工大学学报（信息与管理工程版）．2019（06）：620－625.

［4032］田蒙蒙．运动员伤病风险的社会法规制：源起、规范与完善．武汉体育学院学报．2019（11）：49－56.

［4033］叶宋忠．体育与养老产业融合对体育产业结构升级影响的实证研究．武汉体育学院学报．2019（05）：36－43.

［4034］赵杰宏，马洪．赛事直播节目网络盗播的规制困境与出路．武汉体育学院学报．2019（03）：39－44.

[4035] 张鹏．国际体育仲裁中比例原则适用研究．武汉体育学院学报．2019（01）：58－61.

[4036] 胡向腊．互联网个人信息保护的法律规制思考．武汉冶金管理干部学院学报．2019（04）：36－38.

[4037] 胡向腊．论我国地方金融监管权的回归与发展．武汉冶金管理干部学院学报．2019（03）：24－26.

[4038] 李铭峰．大数据时代公民信息安全视野下警察权规制研究．武警学院学报．2019（11）：52－56.

[4039] 陈宇辉．UGC 模式下网络视频治安监管问题研究．武警学院学报．2019（09）：44－48.

[4040] 曹竞婧．我国传媒产业的法律规制现状及发展完善．武陵学刊．2019（04）：60－63.

[4041] 蓝宏斌．新时代广播电视广告监管分析与技术研究．武夷学院学报．2019（01）：55－59.

[4042] 赵燕妮．基于 RFID 技术的食品、药品智能包装应用研究．物联网技术．2019（01）：86－87.

[4043] 陈伟，李冬丽．云南花卉冷链物流发展不足的经济学分析——基于内生增长模型．物流工程与管理．2019（04）：34－37.

[4044] 王波，罗云，陈彩云．中国互联网信托：内生逻辑、运营模式与风险规制．西安财经学院学报．2019（03）：76－83.

[4045] 康萍，刘戍玄．“一带一路”倡议、制度和文化差异与跨国并购企业创新绩效．西安财经学院学报．2019（04）：109－115.

[4046] 项益鸣，鲁婕．企业社会责任的内生动机与管理体系构建——以西子联合控股有限公司为例．西安电子科技大学学报（社会科学版）．2019（01）：1－7.

[4047] 王小红，闫晓霞，陈钰洁．环境规制下技术创新对经济绩效的影响．西安工程大学学报．2019（06）：691－696.

[4048] 张祯宇．自动定价算法的反垄断法律规制研究．西安建筑科技大学学报（社会科学版）．2019（04）：84－89.

[4049] 蒋勇．个人信息保护视野下中国电子取证规制的程序法转向．西安交通大学学报（社会科学版）．2019（06）：140－148.

[4050] 刘海英，丁莹．环境补贴能实现经济发展与治污减排的双赢吗？——基于隐性经济的视角．西安交通大学学报（社会科学版）．2019（05）：83－91.

[4051] 林秀梅，关帅．环境规制对中国制造业升级的非线性影响——基于面板平滑迁移模型的经验分析．西安交通大学学报（社会科学版）．2019（04）：1－8.

[4052] 刘辉．论金融法的结构理性——基于金融禀赋结构理论视角．西安交通大学学报（社会科学版）．2019（03）：124－135.

[4053] 何强，盖文亮．职业体育的垄断、竞争与资源配置研究——兼论我国篮球职业化改革的新时代指向．西安体育学院学报．2019（03）：264－268.

[4054] 王满仓，葛晶，康建华．网络经济、人力资本与家庭创业决策．西北大学学报（哲学社会科学版）．2019（03）：111－122.

[4055] 朱雪忠，彭祥飞．论专利侵权诉讼滥用的规制：价值与模式．西北大学学报（哲学社会科学版）．2019（04）：49－57.

[4056] 钱锦宇，刘学涛．营商环境优化和高质量发展视角下的政府机构改革：功能定位及路径分析．西北大学学报（哲学社会科学版）．2019（03）：86－93.

[4057] 胡建．城乡一体化背景下农村社区治理的现代转型．西北大学学报（哲学社会科学版）．2019（02）：54－62.

[4058] 白胜洁．论 19 世纪末 20 世纪初俄国的纺织工业垄断．西北大学学报（哲学社会科学

版).2019 (05): 144-152.

[4059] 高国柱.我国航天法立法所依托的国内法律环境分析.西北工业大学学报（社会科学版).2019 (04): 71-80.

[4060] 陈禹衡."控制""获取"还是"破坏"——流量劫持的罪名辨析.西北民族大学学报（哲学社会科学版).2019 (06): 95-103.

[4061] 刘学在，刘鋆.不起诉契约的实务检视及适用规制.西北民族大学学报（哲学社会科学版).2019 (06): 79-86.

[4062] 李长健，李曦.乡村多元治理的规制困境与机制化弥合——基于软法治理方式.西北农林科技大学学报（社会科学版).2019 (01): 78-84.

[4063] 徐隆彬.苏联《历史档案》杂志的创办与停刊.西伯利亚研究.2019 (05): 56-61.

[4064] 吴颖红.共享经济下职能让渡与管理补位的路径研究.西部财会.2019 (09): 76-79.

[4065] 铁卫，顾荣华.互联网+背景下C2C电子商务税收征管博弈分析.西部财会.2019 (05): 16-20.

[4066] 李雨轩.论警察行政自由裁量权的异化及其法律规制.西部法学评论.2019 (06): 123-131.

[4067] 李青.标准必要专利权人违反FRAND承诺的反垄断法规制——以欧盟为考察对象.西部法学评论.2019 (06): 72-81.

[4068] 刘博涵.资本丛林的达摩克利斯之剑——论金融刑法的价值诉求、法益目标与学科定位.西部法学评论.2019 (06): 112-122.

[4069] 张郁.现金贷的风险治理进路研究——以金融消费者保护为视角.西部法学评论.2019 (04): 82-93.

[4070] 王学辉，王亚栋.论作为行政处罚种类的交通违法记分.西部法学评论.2019 (03): 46-56.

[4071] 杨彬权.我国给付行政民营化法律保障机制研究.西部法学评论.2019 (03): 57-67.

[4072] 崔保峰.5G时代背景下我国制订"广播电视法"内容规制的思考.西部广播电视.2019 (10): 69-70.

[4073] 刘俊洁.媒体融合时代用户隐私保护问题探究.西部广播电视.2019 (10): 80-81.

[4074] 安秋霖.近20年来韩国规制对电影产业制片环节的影响研究.西部广播电视.2019 (07): 9.

[4075] 杨晨.浅析算法分发的伦理问题及对策.西部广播电视.2019 (16): 27-28.

[4076] 申健.开源软件在网络视听监管中地应用.西部广播电视.2019 (09): 218-220.

[4077] 上官萌，张洁丽.基于DEA模型的房地产上市公司并购效率分析.西部金融.2019 (02): 36-40.

[4078] 张悦，罗鄂湘.环境规制、技术创新与经济增长——基于不同类型环境规制的比较分析.西部经济管理论坛.2019 (02): 32-39.

[4079] 董成惠.商业补贴之不正当价格竞争的法律解析.西部经济管理论坛.2019 (03): 90-96.

[4080] 叶红雨，鲁瑶.联合风险投资对企业技术创新影响的实证研究——基于股权结构的调节作用.西部经济管理论坛.2019 (04): 56-63.

[4081] 王巍，马慧.本地交通基础设施建设对企业区位选择的异质性影响——基于中国地级市制造业细分行业层面的实证分析.西部论坛.2019 (06): 97-109.

[4082] 肖娟，潘辉.地方金融监管：探本·问诊·治策.西部论坛.2019 (06): 35-43.

[4083] 任胜钢，李波.排污权交易对企业劳动力需求的影响及路径研究——基于中国碳排放

权交易试点的准自然实验检验．西部论坛．2019（05）：101－113.

［4084］宋瑛，张海涛，廖赛．环境规制抑制了技术创新吗？——基于中国装备制造业的异质性检验．西部论坛．2019（05）：114－124.

［4085］宋爽．环境规制的空间外溢与中国污染产业投资区位转移．西部论坛．2019（02）：113－124.

［4086］蒋培．从“生态自发”到“生态自觉”——太湖流域地区农民垃圾处置行为改变研究．西部论坛．2019（03）：115－124.

［4087］李海婷．波特假说框架下环境规制对企业技术创新和绩效的影响——基于新疆天富能源的案例研究．西部皮革．2019（06）：112－114.

［4088］刘佳鑫．青岛海尔并购通用电气的动因驱动与绩效研究．西部皮革．2019（01）：104.

［4089］李星颖，韦明，李嘉敏．浅析企业并购负商誉会计处理问题．西部皮革．2019（06）：70.

［4090］孟令彬．企业高估值并购风险研究——以游久游戏为例．西部皮革．2019（06）：84－85.

［4091］朱超凡．海南航空并购瑞士空港财务风险分析．西部皮革．2019（08）：38.

［4092］程佳琪．浅谈我国企业跨国并购的财务风险及对策．西部皮革．2019（14）：105.

［4093］郭放，范宜新．阿里巴巴并购高德软件的财务绩效分析．西部皮革．2019（14）：34.

［4094］乔怡榕．晋城市煤炭企业兼并重组的问题分析．西部皮革．2019（24）：77.

［4095］张夏恒．基于区块链技术的学术不端行为规制研究．西部学刊．2019（23）：5－9.

［4096］刘智鸿．论我国证券内幕交易的法律规制．西部学刊．2019（22）：138－141.

［4097］张天姝．新媒体背景下网络谣言的产生原因及刑法规制探析．西部学刊．2019（10）：130－134.

［4098］雷盟．论预防性责任对环境污染损害的救济功能．西部学刊．2019（09）：118－121.

［4099］崔德旗．我国弱势群体权益保护的宪法规制——基于比较宪法视角之分析．西部学刊．2019（04）：39－44.

［4100］王志成．论唐政府对铜钱的管制与统一铸币权的确立．西部学刊．2019（08）：111－113.

［4101］张海荣，张罡伟．浅析鄂尔多斯露天煤矿土地复垦监管．西部资源．2019（05）：187－188.

［4102］王志英．网络虚假信息的刑法规制．西藏科技．2019（05）：36－39.

［4103］苏云，魏再金．有偿删帖行为之刑法规制误区及其匡正——兼评《关于办理利用信息网络实施诽谤等刑事案件适用法律若干问题的解释》第七条．西华大学学报（哲学社会科学版）．2019（03）：12－18.

［4104］袁亦力，卢山．区块链技术在著作权确权和交易中的运用及其法律规制．西华大学学报（哲学社会科学版）．2019（02）：19－24.

［4105］查一凡，贾健．二元化视角下的监护失职行为刑事治理模式研究——保安处分与刑罚处罚并存互补．西华大学学报（哲学社会科学版）．2019（02）：25－31.

［4106］秦天，彭珏，邓宗兵．农业面源污染、环境规制与公民健康．西南大学学报（社会科学版）．2019（04）：91－99.

［4107］吕屹云．环境规制对产能过剩及产业结构调整的影响分析．西南大学学报（自然科学版）．2019（09）：106－111.

［4108］陶宇，申俊，杨薇．空气污染视角下中国工业能源环境效率的空间效应及其影响因素研究．西南大学学报（自然科学版）．2019（06）：107－117.

［4109］周志波，张卫国．基于环境税的两部门政策与农业面源污染规制．西南大学学报（自然科学版）．2019（03）：89－100.

［4110］周志波，张卫国．环境税规制农业面源污染研究——不对称信息和污染者合作共谋的影响．西南大学学报（自然科学版）．2019（02）：75－89.

［4111］梁斌，夏科．“医疗三监管”平台对控制医疗费用增长的成效分析．西南国防医药．2019（08）：875－877.

［4112］周坤琳，李悦．回应型理论下人脸数据运用法律规制研究．西南金融．2019（12）：78－87.

［4113］卞金鑫．P2P风险处置的现状、国际经验和借鉴．西南金融．2019（05）：56－62.

［4114］杨帆．资产管理业规制路径探析：单一资本规制框架的完善．西南金融．2019（05）：31－38.

［4115］吴越，蒲琴，关玉．大宗商品现货与衍生交易法律规制研究．西南金融．2019（04）：61－70.

［4116］李玉辉，张华，张宝中．数据画像领域个人金融信息保护问题及其对策研究．西南金融．2019（02）：83－89.

［4117］毛志刚．P2P网贷评级视域下金融消费者保护法律问题研究．西南金融．2019（01）：18－29.

［4118］石磊，李慧敏．国外媒介融合研究知识图谱——基于文献计量学方法的分析．西南民族大学学报（人文社科版）．2019（11）：163－173.

［4119］高正斌，倪志良．财政压力、环境规制与污染．西南民族大学学报（人文社科版）．2019（10）：115－124.

［4120］苟正金，吴炜．宅基地使用权退出法律规制研究——以江西省某县为调查对象．西南民族大学学报（人文社科版）．2019（07）：82－86.

［4121］张燕龙．论非法信息网络传播行为的刑法规制．西南民族大学学报（人文社科版）．2019（06）：95－100.

［4122］陈禹衡．流量劫持的刑法规制思考——以第102号指导性案例为视角．西南石油大学学报（社会科学版）．2019（06）：76－83.

［4123］我国全面实施市场准入负面清单制度稀土项目核准等管理政策不断完善．稀土信息．2019（01）：35－37.

［4124］李叶晔．非遗音乐保护传承与地方专业音乐教育结合的客观原则．戏剧之家．2019（32）：172.

［4125］蒙顾文，梁靓．地方艺术院校在本土音乐非物质文化遗产传承与保护中所扮演的角色．戏剧之家．2019（27）：176－177.

［4126］陈莉芳．推进创新创业教育和服装制版与工艺专业教育相结合．戏剧之家．2019（24）：184.

［4127］徐紫笛．媒体融合背景下中国传媒产业集群化发展研究．戏剧之家．2019（14）：221－222.

［4128］张慧．房间里的大象——新媒体模式下的沉默与打破．戏剧之家．2019（27）：230－231.

［4129］彭本红，王圆缘，屠羽．政府规制视角下EPR契约设计及仿真分析．系统仿真学报．2019（09）：1811－1818.

［4130］曲薪池，侯贵生，孙向彦．政府规制下企业绿色创新生态系统的演化博弈分析——基于初始意愿差异化视角．系统工程．2019（06）：1－12.

［4131］荣俊美，朱立龙．政府管制下双渠道药品供应链质量控制策略．系统工程．2019（05）：99－108.

［4132］陈晓，张壮壮，李美玲．环境规制、产业结构变迁与技术创新能力．系统工程．2019（03）：59－68.

［4133］郎庆喜，肖忠东，赵冰，曹斌斌．“征税＋限额交易”环境规制下工业共生链演化博弈行为分析．系统工程．2019（02）：38－57.

［4134］管欣，张哲薇，陈张蕾，高杨．政府规制下的医患纠纷演化博弈模型．系统工程理论与实践．2019（12）：3151－3162.

［4135］陈佳，曾勇，李强．生命周期视角下并购对资产风险溢价的影响．系统工程学报．2019（03）：372－382.

［4136］周家文，邓丽．需求不确定和后悔效应下的企业定价策略研究．系统科学学报．2019（03）：114－118.

［4137］李国祥，张伟．环境分权之于外商直接投资区位选择的影响．现代财经（天津财经大学学报）．2019（08）：36－50.

［4138］张成虎，符国群．谁更可能为儿童的垃圾食品需求买单？　不同代际间的决策差异．现代财经（天津财经大学学报）．2019（04）：78－95.

［4139］林春，孙英杰．环境规制与全要素生产率：水平效应与增长效应．现代财经（天津财经大学学报）．2019（03）：52－67.

［4140］孙早，屈文波．环境规制影响能源消费的直接效应和间接效应．现代财经（天津财经大学学报）．2019（03）：41－51.

［4141］简冠群，李秉祥，李浩．业绩补偿承诺、研发投入与定增并购价值创造．现代财经（天津财经大学学报）．2019（04）：51－61.

［4142］蒋薇，张晓明．终极所有权视角下的关联并购行为研究．现代财经（天津财经大学学报）．2019（09）：69－85.

［4143］吴佩乘，杜微科．新“反不正当竞争法”视角下出版物“混淆署名”问题研究．现代出版．2019（02）：55－58.

［4144］肖建华，陈莉．网络出版洗稿侵权行为的法律规制向度．现代出版．2019（01）：47－49.

［4145］刘益，王梓薇，付海燕，杨荣．境外出版机构在华设立办事机构的功能与监管策略研究．现代出版社．2019（01）：13－16.

［4146］白贵，康智．抗战时期广播的伦理冲突及战时规制．现代传播（中国传媒大学学报）．2019（11）：37－41.

［4147］易旭明，倪琳．国际经济思潮的变迁与中西传媒规制的转型．现代传播（中国传媒大学学报）．2019（08）：120－125.

［4148］陈信凌，邓年生．新媒体垄断竞争的溢出效应与规制路径．现代传播（中国传媒大学学报）．2019（06）：1－6.

［4149］张志安，周嘉琳．基于算法正当性的话语建构与传播权力重构研究．现代传播（中国传媒大学学报）．2019（01）：30－36.

［4150］焦海涛．纵向非价格垄断协议的反垄断法规制：困境与出路．现代法学．2019（04）：123－139.

［4151］徐万龙．不作为犯中支配理论的法教义学批判．现代法学．2019（03）：195－209.

［4152］彭文华．人工智能的刑法规制．现代法学．2019（05）：135－151.

［4153］何启豪．国家治理现代化背景下的保险法理论新范式——以保险人作为私人监管者为中心的考察．现代法学．2019（04）：90－104.

［4154］卢代富．经济法中的国家干预解读．现代法学．2019（04）：116－122.

［4155］汪庆华．人工智能的法律规制路径：一个框架性讨论．现代法学．2019（02）：54－63.

[4156] 应飞虎．消费者立法中的信息工具．现代法学．2019（02）：119－136.

[4157] 高全喜．虚拟世界的法律化问题．现代法学．2019（01）：58－74.

[4158] 郑永宽．过失相抵与无过错责任．现代法学．2019（01）：125－135.

[4159] 刘宪权．涉人工智能犯罪刑法规制的路径．现代法学．2019（01）：75－83.

[4160] 单飞跃，薛克鹏，鲁篱，金福海，甘强．改革开放40年中国经济法学研究的回顾和展望笔谈．现代法学．2019（01）：173－193.

[4161] 孙晋，袁野．学术数据库经营者不公平高价行为的规制困局及其破解．现代法学．2019（05）：89－104.

[4162] 孙洪良，张哲畅．大数据交易中法律风险控制研究．现代法治研究．2019（03）：51－58.

[4163] 杨峥晖．新常态下我国推进绿色发展的思考．现代工业经济和信息化．2019（01）：46－47.

[4164] 杨颖．长三角地区火电企业效率及其影响因素的研究述评与展望．现代管理科学．2019（07）：43－45.

[4165] 刘青．长三角地区的环境约束与经济高质量发展．现代管理科学．2019（06）：67－69.

[4166] 谭观福．多边贸易体制下互联网的规制．现代管理科学．2019（02）：21－23.

[4167] 张静．区块链技术对民法的影响——以知识产权制度为例．现代管理科学．2019（01）：48－50.

[4168] 顾晓安，黄逸雨．上市公司、外部审计师与证监部门对会计信息披露质量的影响研究——基于“三方博弈主体四阶段”动态博弈的视角．现代管理科学．2019（10）：87－91.

[4169] 颜熔荣，张天西．上市公司并购业绩补偿承诺的短期市场反应研究——基于中小板和创业板上市公司的实证检验．现代管理科学．2019（03）：90－93.

[4170] 梅凤乔，陈梓正，张爽，熊中浩．海外投资并购的环境尽职调查研究．现代管理科学．2019（04）：15－17.

[4171] 许言，张馨瑜．高新技术产业并购推动经济高质量发展面临的机遇与挑战．现代管理科学．2019（05）：59－62.

[4172] 张玉缺．一带一路背景下企业海外并购财务协同效应定量分析．现代管理科学．2019（07）：90－93.

[4173] 卢文华．美国并购浪潮对我国并购市场的启示．现代管理科学．2019（11）：9－11.

[4174] 孟晓宏．我国生鲜零售行业的并购动因分析．现代管理科学．2019（12）：36－38.

[4175] 何超，关伟．互联网金融信用风险管理的文献综述．现代管理科学．2019（04）：49－51.

[4176] 贺凯．美国印太战略实质与中国的制度制衡——一种基于国际关系理论的政策分析．现代国际关系．2019（01）：13－21.

[4177] 蒋熙翔．并购与新建投资的选择策略探析．现代国企研究．2019（08）：83－85.

[4178] 程名．中国企业跨国并购的风险分析．现代国企研究．2019（12）：467.

[4179] 李锦．央地重组兼并的逻辑及趋势．现代国企研究．2019（15）：12－17.

[4180] 陈锡荣．国际并购将助力我国化工产业迈向中高端．现代化工．2019（05）：5－9.

[4181] 张德华．家电企业的结构驱动与技术驱动．现代家电．2019（02）：40－43.

[4182] 马宏霞．多元治理视角的社会组织参与社会保障的思考．现代交际．2019（24）：212－213.

[4183] 于慧洋．多元主体博弈下网络言论自由法律规制研究．现代交际．2019（20）：59－60.

[4184] 左海宁．论共享单车押金的属性及规制方式．现代交际．2019（12）：58－60.

[4185] 王广涛，张欣瑞．共享单车经济商业盈利模式及风险规制研究．现代交际．2019（08）：41－42.

［4186］曹淑娴．共享经济的政府监管问题——以共享单车为例．现代交际．2019（07）：72－74.

［4187］高伊然．个人信息保护规则与人工智能技术的法律冲突．现代交际．2019（07）：53－54.

［4188］张欣瑞．网络环境中侵犯著作权行为法律规制的民刑衔接．现代交际．2019（06）：42－44.

［4189］张玉明．行政首长出庭应诉制的规制——基于《司法解释》第129条分析．现代交际．2019（06）：50－51.

［4190］苏和生．大数据时代下网络谣言的法律规制探析．现代交际．2019（01）：65－66.

［4191］王利平，吴秀玲．校企合作立法中的责任主体及其驱动与规制——基于高等教育现代化视角的对策性研究．现代教育管理．2019（04）：76－80.

［4192］王虁．中国式财政分权下的地方政府行为与地方银行经营效率．现代经济探讨．2019（12）：32－40.

［4193］雷娜，刘妍．国内市场一体化对出口技术复杂度提升的门槛效应研究．现代经济探讨．2019（12）：66－75.

［4194］仝文涛，顾晓光．市场分割对制造业升级的影响效应研究．现代经济探讨．2019（11）：106－112.

［4195］李瑞琴．环境规制、制度质量与绿色技术创新．现代经济探讨．2019（10）：19－27.

［4196］沈友耀，薛恒．论高频交易操纵的规制路径．现代经济探讨．2019（07）：127－132.

［4197］袁晓玲，吕文凯．从“资源引致”向“效率引致”——基于政府效率、引资优惠及溢出效应对FDI的影响分析．现代经济探讨．2019（07）：10－18.

［4198］罗开艳，田启波．雾霾污染下的污染企业慈善捐赠行为研究．现代经济探讨．2019（05）：88－98.

［4199］田洪刚，吴学花．环境规制经济效应的区域异质性研究．现代经济探讨．2019（04）：71－79.

［4200］吕铖钢．地方金融权的法律配置．现代经济探讨．2019（04）：127－132.

［4201］范红忠，章合杰．金融自由化的异质影响研究——基于TFP增长率的视角．现代经济探讨．2019（03）：16－22.

［4202］宋德勇，杨秋月，程星．环境规制提高了居民主观幸福感吗？——来自中国的经验证据．现代经济探讨．2019（01）：7－15.

［4203］邵帅．环境规制的区域产能调节效应——基于空间计量和门槛回归的双检验．现代经济探讨．2019（01）：86－95.

［4204］史冬梅，李晓雅．生态保护下地方民营企业金融支持研究．现代经济信息．2019（08）：325.

［4205］陈坤钰．电子商务平台搭售行为的法律规制问题探究．现代经济信息．2019（22）：291.

［4206］王侃．试论信用秩序维持的经历与启示．现代经济信息．2019（20）：23－24.

［4207］王昕悦．互联网企业横向并购的反垄断规制研究——以DD收购UD为例．现代经济信息．2019（19）：18－20.

［4208］李纯．浅论网约车经营监管法律问题．现代经济信息．2019（13）：343.

［4209］张航．电力企业的会计责任与财务报告的改进探讨．现代经济信息．2019（11）：255.

［4210］许洋，李静．网购中恶意差评行为的法律问题研究．现代经济信息．2019（06）：336－337.

［4211］韦渝，李京勋．重庆江小白酒业营销策略探析．现代经济信息．2019（04）：162.

［4212］谢涛．探究共享经济法律规制的进路与策略．现代经济信息．2019（03）：342.

［4213］王沛文．网络借贷平台的规制研究．现代经济信息．2019（01）：332.

［4214］吴城垦，雷春香．浅谈中小工业企业并购财务整合问题及对策．现代经济信息．2019（01）：183－184.

［4215］李梦雪．企业并购的风险管理研究．现代经济信息．2019（01）：32－34.

［4216］黄禁．技术并购对企业创新绩效影响研究——基于政治联系新视角．现代经济信息．2019（01）：87.

［4217］蒋玲．企业并购重组的财务协同效应研究．现代经济信息．2019（02）：296.

［4218］李俊良，洪创洲．从多阶段财务绩效看互联网企业并购事件——以腾讯并购supercell为例．现代经济信息．2019（03）：205－206.

［4219］魏少玲，吴雪．融创中国并购乐视的财务风险研究．现代经济信息．2019（06）：147－148.

［4220］张莉．对企业并购后的财务整合问题探讨．现代经济信息．2019（06）：274.

［4221］乔博轩．企业并购后的财务整合问题及对策研究．现代经济信息．2019（11）：321.

［4222］徐小洲．企业并购的税收筹划方向分析与解读．现代经济信息．2019（13）：145－146.

［4223］袁建明，段妍芜．企业并购的财务风险问题研究．现代经济信息．2019（14）：232.

［4224］刘晨璐．上市公司并购重组定价问题研究．现代经济信息．2019（14）：80.

［4225］蔡恒儿．滴滴打车与快的打车并购风险分析．现代经济信息．2019（16）：321－322.

［4226］蔡炜．我国上市公司并购重组的产业结构优化效应探析．现代经济信息．2019（16）：21－22.

［4227］杜丕信．浅析国有企业并购民营企业股权的探索．现代经济信息．2019（17）：32－33.

［4228］敖然．我国钢铁企业并购绩效与企业成长性的关系．现代经济信息．2019（19）：21－23.

［4229］李洪刚．探讨企业并购后的财务整合问题．现代经济信息．2019（24）：233.

［4230］李雷．现代金融危机的成因和对中国经济的启示．现代经济信息．2019（20）：11.

［4231］罗斌元，朱琬平．基于博弈论视角的众包平台最优监管策略研究．现代经济信息．2019（18）：17－19.

［4232］闫莉．我国P2P网络借贷的发展现状及趋势研究．现代经济信息．2019（15）：335.

［4233］刘峰．农产品质量安全监管存在的问题及建议．现代农业科技．2019（02）：201.

［4234］李曼，王健铮．“互联网＋”背景下我国网络募捐法律问题研究．现代农业研究．2019（08）：117－118.

［4235］张希，郭雨桐．对赌协议法律问题研究．现代农业研究．2019（07）：123－124.

［4236］杜宇，王艺霖．论虚假诉讼的刑法规制．现代农业研究．2019（05）：113－115.

［4237］杨盛丰．我国水排污权交易的法律规制问题及完善对策．现代企业．2019（04）：79－80.

［4238］周玉堂．义煤集团人力资源管理模式在兼并重组煤矿中的运用．现代企业．2019（01）：14－15.

［4239］洪艺昕．浅谈企业并购重组——以东航与上航为例．现代企业．2019（01）：36－37.

［4240］舒迅．企业并购中的财务风险问题——以美的并购库卡为例．现代企业．2019（02）：104－105.

［4241］李宣．完善和创新企业并购的融资方式．现代企业．2019（03）：56－57.

［4242］许丽．煤炭企业兼并重组税收筹划相关问题探讨．现代企业．2019（10）：104－105.

［4243］孙萌芽．南京新百跨境并购英国HOF案例分析与启示．现代企业．2019（11）：104－105.

［4244］何丽新，陈昊泽．日本保险的自由化及其限制——以《保险业法》制度变迁为切入点．现代日本经济．2019（03）：35－48.

[4245] 毛景．长期照护风险的规制——日本的立法经验及其借鉴．现代日本经济．2019(03)：73－83.

[4246] 张敏，林志刚．打造小而有效的政府——日本规制改革的回顾与评析．现代日本经济．2019(01)：9－22.

[4247] 李赋．“后申遗”时代地方高校图书馆参与区域非遗保护研究．现代商贸工业．2019(21)：25－27.

[4248] 吴攸然．“破坏性膜拜团体”法律规制路径分析．现代商贸工业．2019(35)：148－149.

[4249] 孙铁文．手机App收集用户个人敏感信息规制分析——由“ZAO”软件隐私风波引发的思考．现代商贸工业．2019(32)：166－168.

[4250] 郜梦菲．我国上市公司反收购法律问题研究．现代商贸工业．2019(32)：136.

[4251] 姜锐，李珊英，盛方清．我国邮轮母港的规制现状与发展对策．现代商贸工业．2019(28)：28－31.

[4252] 屈炫锦．土家族婚嫁习俗的法律保护与规制探析．现代商贸工业．2019(30)：164.

[4253] 李茗萱．网络暴力的法律规制探讨．现代商贸工业．2019(25)：158－159.

[4254] 林妤婕．“套路贷”的刑法规制问题研究．现代商贸工业．2019(25)：132－134.

[4255] 付慧姝．网络借贷信用评级制度探讨．现代商贸工业．2019(21)：176－177.

[4256] 杨鹏宇．价格法在新时代的完善与发展探讨．现代商贸工业．2019(17)：142－143.

[4257] 缑倩雯．环境规制、技术创新与区域产业升级的关联机制研究．现代商贸工业．2019(14)：11－13.

[4258] 曹悦．环境规制对产业结构升级的效应研究——基于我国省际面板的实证分析．现代商贸工业．2019(13)：7－9.

[4259] 刘婧睿．自动驾驶及其法律问题探析．现代商贸工业．2019(14)：161－163.

[4260] 韦筱．QFII在我国发展现状、问题及前景分析．现代商贸工业．2019(12)：53－54.

[4261] 吕衍超．以共享经济模式促进区域绿色发展探讨．现代商贸工业．2019(11)：21－23.

[4262] 邵亚光．利用他人实施商业诋毁行为的法律规制探讨．现代商贸工业．2019(09)：144－147.

[4263] 徐杨．消费者视角下环境规制对绿色品牌关系跃迁的影响研究．现代商贸工业．2019(09)：68－69.

[4264] 杨小蕾．家庭暴力的法律规制探讨．现代商贸工业．2019(06)：156－157.

[4265] 孙珍杰．网络刷单行为的定性以及刑法规制研究．现代商贸工业．2019(06)：160－162.

[4266] 沈宇晨．共享单车无序停放的规制现状探析．现代商贸工业．2019(06)：67－69.

[4267] 赵珩瞳．从疫苗事件看儿童健康权的法律保护．现代商贸工业．2019(05)：135－137.

[4268] 吴智南．明星偷税漏税的法律规制探讨．现代商贸工业．2019(05)：129－131.

[4269] 王力．论问题疫苗的多轨公法规制．现代商贸工业．2019(01)：128－130.

[4270] 孙扬清．论中小学教师惩戒权的运用及其法律规制．现代商贸工业．2019(01)：143－144.

[4271] 蔡桢，杨泽龙．网络电信诈骗现状调查及刑法规制研究．现代商贸工业．2019(03)：128－129.

[4272] 王逸文．非法校园贷法律问题研究．现代商贸工业．2019(03)：133－135.

[4273] 李公科．燃气项目股权并购重组法律实务问题解读．现代商贸工业．2019(04)：135－136.

[4274] 黄楠．我国上市公司并购的支付方式影响因素和绩效研究．现代商贸工业．2019（05）：91－94.

[4275] 董乐颖．论企业并购中人力资源整合冲突管理．现代商贸工业．2019（07）：67－68.

[4276] 董玥．企业并购重组行为中的税务问题探讨．现代商贸工业．2019（08）：109－110.

[4277] 李盛．同一控制下企业并购动机与绩效研究——以三花智控并购三花汽零为例．现代商贸工业．2019（14）：87－89.

[4278] 王艺．互联网企业并购研究——以阿里收购优酷土豆集团为例．现代商贸工业．2019（13）：43－44.

[4279] 闵捷．马克思资本积累理论与双汇公司并购探讨．现代商贸工业．2019（17）：135－136.

[4280] 闵捷．并购的马克思主义理论解析．现代商贸工业．2019（18）：130－131.

[4281] 李子昊．医药企业并购财务风险管理策略探究．现代商贸工业．2019（16）：115－116.

[4282] 胡韵云．中国企业海外并购风险及控制分析．现代商贸工业．2019（19）：35－36.

[4283] 杨应辉．并购中溢出与拔靴效应实证研究综述．现代商贸工业．2019（19）：100－101.

[4284] 朱渝梅，霍二珠．房地产企业常见并购方式涉税分析．现代商贸工业．2019（29）：107－110.

[4285] 刘录敬，于宁宁．企业并购中财务风险分析及其防范——以A公司并购B公司为例．现代商贸工业．2019（31）：85－88.

[4286] 宋巳予，邢慧茹．农业上市公司产业链并购绩效研究——以金新农并购武汉天种为例．现代商贸工业．2019（32）：1－3.

[4287] 张艳芳．Q并购L业绩承诺风险研究．现代商贸工业．2019（34）：111.

[4288] 林思宇．市场时机与公司并购：文献综述．现代商贸工业．2019（35）：104－106.

[4289] 沈圳．银行业保险业监管融合研究．现代商贸工业．2019（30）：124－125.

[4290] 徐野，徐睿，徐爽．加强国企招标采购监管的建议．现代商贸工业．2019（24）：160.

[4291] 胡静敏，李发宗．宁波市网约车监管现状与对策研究．现代商贸工业．2019（24）：60－62.

[4292] 黄淑珍．商业银行内部控制失效研究——以浦发银行为例．现代商贸工业．2019（19）：120－121.

[4293] 张绍婵，冯国忠．移动医疗App监管问题探究．现代商贸工业．2019（11）：90－91.

[4294] 朱嘉豪．网约车经营服务监管法律问题研究．现代商贸工业．2019（10）：140－142.

[4295] 杨涛，石风光．基层视角下徐州市“阳光扶贫”监管系统研究．现代商贸工业．2019（10）：13－15.

[4296] 罗穆东．我国房地产金融风险及其对策分析．现代商贸工业．2019（06）：111－112.

[4297] 陆长江．金融监管趋严下房地产企业现状及融资模式分析．现代商贸工业．2019（03）：88－89.

[4298] 陈诗旖．基于P2P网贷行业现状的互联网金融监管未来发展趋势研究．现代商贸工业．2019（03）：125－126.

[4299] 罗青青．中国影子银行现状及监管研究．现代商贸工业．2019（01）：85－86.

[4300] 王羽雯．国际四大所市场势力变动分析．现代商贸工业．2019（15）：37－39.

[4301] 王钰．浅谈环境规制、环境绩效与环境信息披露．现代商业．2019（35）：142－143.

[4302] 孙力．反不正当竞争法中网购返现索要好评的虚假宣传行为评述．现代商业．2019（35）：6－7.

[4303] 任丹妮．政府规制过程中的外部性分析．现代商业．2019（33）：154－155.

[4304] 高杰．天然气产业规制研究．现代商业．2019（32）：48－49.

[4305] 侯晓笛．环境规制对我国水产品出口贸易的影响研究．现代商业．2019（28）：77－79.

[4306] 杨可娜．网约车市场的“杀熟”现象及规制策略．现代商业．2019（22）：11－12.

[4307] 王孜然．共享经济的法律规制探析．现代商业．2019（20）：11－12.

[4308] 张铸伟．共享经济的社会现状及规制方案．现代商业．2019（20）：18－19.

[4309] 葛芹增，王文倩．环境规制、民间投资与经济增长．现代商业．2019（15）：76－78.

[4310] 周莉芬．内控视角下固定资产购置中的成本控制策略分析．现代商业．2019（13）：120－121.

[4311] 田大溶．基于 SCP 模型的“网红经济”分析及盈利模式探索．现代商业．2019（06）：188－190.

[4312] 曹菡雯．垄断的低效益与反垄断规制——基于对高通公司反垄断案的分析．现代商业．2019（04）：93－94.

[4313] 罗佑安．浅议我国的自然垄断行业及政府管制．现代商业．2019（04）：111－112.

[4314] 应蕾，卢明湘．政府采购中采购员参与合谋的防范研究．现代商业．2019（36）：151－153.

[4315] 曹馨月．基于演化博弈的物流金融信用风险研究．现代商业．2019（21）：110－112.

[4316] 朱莹．三级价格歧视的经济学分析——以航空公司为例．现代商业．2019（16）：28－29.

[4317] 郭亦洁．展览门票、价格歧视与社会福利．现代商业．2019（03）：169－170.

[4318] 孙绍泽．浅谈价格歧视问题．现代商业．2019（02）：172－173.

[4319] 曹晶洁．互联网企业并购财务风险及防范研究——以优酷土豆并购案为例．现代商业．2019（05）：133－136.

[4320] 农红棉．基于 EVA 的企业并购绩效评价研究——以华闻传媒并购漫友文化为例．现代商业．2019（06）：57－58.

[4321] 曹海娟．论我国企业并购的财务风险及防范．现代商业．2019（07）：145－146.

[4322] 李忱运．我国互联网企业并购的动因分析——基于阿里巴巴并购饿了么．现代商业．2019（11）：102－104.

[4323] 杨莹．中国企业跨境并购整合法律风险管理探析．现代商业．2019（19）：114－115.

[4324] 张惠，刘淑梅．中外企业并购中的跨文化整合研究——以山东潍柴集团并购意大利法拉帝集团为例．现代商业．2019（30）：154－155.

[4325] 沈可夫，朱凤．企业能力视角下的并购绩效分析——以卧龙电驱并购 GIM 为例．现代商业．2019（31）：154－156.

[4326] 侯亚丽，岳宝宏．中科金财并购商誉形成、减值测试与会计处理．现代商业．2019（31）：165－166.

[4327] 裴卓童．高管薪酬激励和股权激励对企业并购绩效的影响研究——基于产权性质的视角．现代商业．2019（32）：119－120.

[4328] 王馨雨．共享经济视角下我国众筹平台模式及监管问题探究．现代商业．2019（31）：34－35.

[4329] 王聪语．我国移动支付发展问题研究．现代商业．2019（23）：24－25.

[4330] 张朝宏．新业态视角下共享经济的监管研究．现代商业．2019（19）：13－14.

[4331] 彭震．预算统计下企业能耗监管模式构建研究．现代商业．2019（17）：134－135.

[4332] 陈钊，王雪红，刘悦欣，李金盛．浅析我国非营利组织的筹资问题．现代商业．2019（16）：107－110.

[4333] 吕华峰．浅谈互联网金融发展过程中存在的问题与对策．现代商业．2019（13）：90－91.

[4334] 李桂明．完善农村市场食品安全风险防范的法律机制．现代商业．2019 (12): 173－174.

[4335] 杨斓．我国拓展训练行业的发展及前景研究．现代商业．2019 (09): 46－47.

[4336] 李健平，王世民．消费者参与下的网约车安全监管分析．现代商业．2019 (06): 190－192.

[4337] 邱宜干．我国国有金融资产监管问题探讨．现代商业．2019 (06): 84－85.

[4338] 李嘉豪．关于互联网金融的思考．现代商业．2019 (04): 155－156.

[4339] 侯越．浅谈企业风险管理如何与内部审计有效融合．现代商业．2019 (02): 132－133.

[4340] 姚思宇．互联网金融的现状　发展困境与对策研究．现代商业．2019 (01): 107－108.

[4341] 孙颖．"好想你"并购"百草味"——一次"百年好合"的联姻．现代审计与会计．2019 (12): 22－25.

[4342] 杨永兴．食品安全规制效果及其影响因素分析．现代食品．2019 (05): 134－136.

[4343] 陈思宇，陈婷，赵佳．动物源食品抗生素滥用的规制分析．现代食品．2019 (02): 32－35.

[4344] 杨韶红，贾来．浅谈发挥第三方检验检测机构在农产品质量安全监管中的作用——基于湖南省第三方农产品质量安全检验检测机构现状的调查报告．现代食品．2019 (16): 192－196.

[4345] 周燕．基层食品安全监管问题探究．现代食品．2019 (15): 120－121.

[4346] 朱凌毅，顾铭清．生产领域食品安全监管的问题与对策研究．现代食品．2019 (15): 122－125.

[4347] 余雅芹．网购食品安全监管问题探析．现代食品．2019 (12): 145－146.

[4348] 邢泽萌．从公共服务的非竞争性与非排他性看城市的结构分化与城市价值及对京津冀一体化的借鉴价值．现代营销（经营版）．2019 (01): 68－69.

[4349] 陈风俊．中美贸易战的法律思考及其如何破题．现代营销（经营版）．2019 (08): 126－127.

[4350] 欧阳童珊．我国互联网不正当竞争行为法律规制问题之浅析．现代营销（经营版）．2019 (06): 163.

[4351] 郭灼，黄国胜．校园安全视域下大学生消费信贷规制对策研究．现代营销（经营版）．2019 (06): 207－208.

[4352] 胡七丹，彭盈．可持续供应链协同管理综述．现代营销（经营版）．2019 (06): 159.

[4353] 黄炎娇．恶意注册商标行为及其法律适用综述．现代营销（经营版）．2019 (03): 100－103.

[4354] 江林宇，庄毅，吴宇辰，许俊炜．浅析企业海外并购面临的挑战及应对措施．现代营销（经营版）．2019 (01): 55.

[4355] 徐晶晶．不同支付方式下并购商誉对企业绩效的影响研究．现代营销（经营版）．2019 (03): 177.

[4356] 邵玉双．连锁董事对企业并购绩效影响的实证研究．现代营销（经营版）．2019 (03): 180.

[4357] 姚钰华．新企业会计准则下企业并购的会计处理方法研究．现代营销（经营版）．2019 (03): 200－201.

[4358] 郭建华，梁运吉．企业并购财务风险控制问题的研究．现代营销（经营版）．2019 (07): 177.

[4359] 席益卿．浅谈企业如何进行并购方式的选择．现代营销（经营版）．2019 (07): 170.

[4360] 方珂．关于私募股权投资并购退出模式分析及策略探讨．现代营销（经营版）．2019

(10)：190 – 191.

[4361] 刘芷莹．企业并购财务风险及其防范研究——以中国平安银行为例．现代营销（经营版）. 2019 (12)：226 – 227.

[4362] 徐卫良．交换条件视角下高校后勤服务监管的必要性探讨．现代营销（经营版）. 2019 (12)：149.

[4363] 黄志诚．浅析我国网络银行的发展与监管对策．现代营销（经营版）. 2019 (03)：193.

[4364] 周丽娟，谢晓敏，朱晓英．中国影子银行发展研究．现代营销（经营版）. 2019 (03)：223 – 224.

[4365] 方培蓓．公共经济学视角下郊区农民就业情况调研报告．现代营销（下旬刊）. 2019 (09)：108 – 109.

[4366] 白洁．"一带一路"背景下我国金融投资发展方略谈．现代营销（下旬刊）. 2019 (12)：28 – 29.

[4367] 廖子劲．知识产权滥用的反垄断法规制研究．现代营销（下旬刊）. 2019 (11)：177 – 178.

[4368] 杜芸．"一带一路"背景下中国国际工程承包发展现状研究．现代营销（下旬刊）. 2019 (10)：122 – 123.

[4369] 张鑫．以司法规制视角探讨我国商业银行格式条款问题．现代营销（下旬刊）. 2019 (02)：58 – 59.

[4370] 张佳佳．试论微商的法律困境与对策．现代营销（下旬刊）. 2019 (01)：112 – 113.

[4371] 孙净．浅谈外资并购对企业治理结构的影响．现代营销（下旬刊）. 2019 (03)：144 – 145.

[4372] 涂林清．关于上市公司并购重组的思考．现代营销（下旬刊）. 2019 (04)：36 – 37.

[4373] 张悦．并购重组助力企业提质增效——基于海尔集团的案例研究．现代营销（下旬刊）. 2019 (05)：167.

[4374] 武晓丽．中航资本并购坦达公司财务风险识别、评估及防范．现代营销（下旬刊）. 2019 (05)：60 – 61.

[4375] 王丽娜．政府对企业并购活动的影响研究．现代营销（下旬刊）. 2019 (06)：22 – 23.

[4376] 韩璐．关于我国外资并购的绩效的探讨．现代营销（下旬刊）. 2019 (06)：130 – 131.

[4377] 王丽平．论并购重组中的业绩承诺与盈余管理．现代营销（下旬刊）. 2019 (06)：160 – 161.

[4378] 孙燕．我国海外并购及财务整合．现代营销（下旬刊）. 2019 (06)：178 – 179.

[4379] 尹永梅．企业多元化并购的财务协同效应分析．现代营销（下旬刊）. 2019 (07)：159 – 161.

[4380] 刘硕．互联网游戏企业并购的财务风险分析——以腾讯并购 supercell 为例．现代营销（下旬刊）. 2019 (07)：211 – 212.

[4381] 陈洪浙．论跨国并购融资风险问题．现代营销（下旬刊）. 2019 (08)：42 – 43.

[4382] 何灵平．从资产运营效率看企业并购带来的变化．现代营销（下旬刊）. 2019 (08)：44 – 45.

[4383] 施孝平．企业并购失败原因及其影响研究．现代营销（下旬刊）. 2019 (08)：46 – 47.

[4384] 郭悦．对我国企业跨国并购中融资问题的几点探讨．现代营销（下旬刊）. 2019 (10)：35 – 36.

[4385] 逯佳俊．公司并购前后绩效理论分析．现代营销（下旬刊）. 2019 (11)：57 – 58.

[4386] 蒋瑶. 中美贸易摩擦背景下的中国企业赴美并购分析. 现代营销（下旬刊）. 2019（12）：16－17.

[4387] 张游睿. 互联网金融的监管困境分析. 现代营销（下旬刊）. 2019（07）：248－249.

[4388] 李敏. 互联网下校园贷的发展与规制探讨. 现代营销（信息版）. 2019（05）：217.

[4389] 严丰成. 浅谈规制经济研究中的政策偏好与现实反差. 现代营销（信息版）. 2019（05）：110.

[4390] 杨文斌. 电力企业的会计责任与财务报告的改进探讨. 现代营销（信息版）. 2019（03）：33.

[4391] 张子煜，谭诗琪. 浅谈连续并购的动因及绩效分析——以阿里巴巴集团为例. 现代营销（信息版）. 2019（04）：105－106.

[4392] 郭军. 基于技术并购流程的内部控制作用机制研究. 现代营销（信息版）. 2019（05）：125－126.

[4393] 魏道琼. 新常态下企业并购会计方面问题分析. 现代营销（信息版）. 2019（07）：31.

[4394] 易克. 企业并购重组过程中的税收筹划探讨. 现代营销（信息版）. 2019（07）：38－39.

[4395] 曹梦迪. 海外并购的财务影响研究——以海尔收购斐雪派克为例. 现代营销（信息版）. 2019（08）：141.

[4396] 刘玉霞. 跨境并购企业的可持续发展——基于"一带一路"背景研究. 现代营销（信息版）. 2019（09）：101.

[4397] 董长胜. 企业并购中资产评估存在的问题与解决措施. 现代营销（信息版）. 2019（11）：125.

[4398] 李多萍. 就海航科技并购当当网为例——企业并购中财务风险与对策研究. 现代营销（信息版）. 2019（12）：128－129.

[4399] 孙宇涵. 关于我国车险改革对车险市场影响的思考. 现代营销（信息版）. 2019（08）：65.

[4400] 刘乘乘. "互联网＋"视角下食品安全监管模式研究. 现代营销（信息版）. 2019（04）：40.

[4401] 赵世杰. 共享经济下的政府管理和政府角色. 现代营销（信息版）. 2019（03）：129.

[4402] 程树品，吴德举，闫九明，李晓蒙，张然，陈锦瑶，张立实. 四川省特殊食品监管和产业发展存在的问题及对策. 现代预防医学. 2019（06）：1008－1010.

[4403] 危浩. 环境规制视角下畜禽养殖污染现状及对策——以揭阳空港经济区为例. 乡村科技. 2019（06）：113－115.

[4404] 葛正艳，薛立，印婉楸，王健. 南京市六合区农产品质量安全监管工作调查分析. 乡村科技. 2019（33）：49－50.

[4405] 张二平. 提高森林管护工作质量的途径分析. 乡村科技. 2019（27）：82－83.

[4406] 管小霞. 兰州市农资市场监管措施研究. 乡村科技. 2019（27）：42－43.

[4407] 黄新文. 乡镇农产品质量安全监管现状与对策研究——以广西壮族自治区种植业为例. 乡村科技. 2019（22）：27－29.

[4408] 王维义. 农产品质量安全监管信息化建设研究. 乡村科技. 2019（13）：67－68.

[4409] 田朝州. 马关县农产品质量安全监管存在的问题及建议. 乡村科技. 2019（01）：47－48.

[4410] 何雅菲. 自雇创业还是雇佣就业——基于中国女性流动人口收入差异的考量. 湘潭大学学报（哲学社会科学版）. 2019（03）：36－44.

[4411] 谭曼，段明. 中国债务催收行业立法论纲. 湘潭大学学报（哲学社会科学版）. 2019（06）：64－68.

［4412］宋丽颖，崔帆．环境规制、环境污染与居民健康——基于调节效应与空间溢出效应分析．湘潭大学学报（哲学社会科学版）.2019（05）：60－68.

［4413］肖冬梅，陈晰．硬规则时代的数据自由与隐私边界．湘潭大学学报（哲学社会科学版）.2019（03）：59－65.

［4414］张爱军，秦小琪．网络政治意识形态传播的动力、特性及其规制．湘潭大学学报（哲学社会科学版）.2019（01）：157－162.

［4415］阎海峰，周海波，李桐．我国企业海外上市对跨国并购的影响研究．湘潭大学学报（哲学社会科学版）.2019（02）：87－93.

［4416］高辉，金佳桦，周露露．我国交通运输 PPP 项目 A－J 效应研究．项目管理技术.2019（01）：55－60.

［4417］陈赟，张畅．政府投资工程业主代表与投标单位合谋主观均衡条件分析．项目管理技术.2019（04）：7－13.

［4418］王志亮，霍成帅．企业并购绩效的影响因素及评价方法研究．项目管理技术.2019（04）：43－47.

［4419］巨星系并购版图“再落一子”　拟斥资 58 亿元控股轮胎巨头中策橡胶．橡塑技术与装备.2019（13）：16.

［4420］蓝美娟，徐金虎．乡村振兴背景下温州民宿消防安全治理研究．消防界（电子版）.2019（20）：14－15.

［4421］伍再华，谢佳玉，郭新华．消费金融市场规制：国外实践与中国镜鉴．消费经济.2019（03）：43－51.

［4422］马丁·里维斯，范乐思，Friedman Danny，Lotan Hen. 通过并购实现转型的六个要素．销售与管理.2019（11）：52－54.

［4423］马腾，马卉．冲突管理视域下的女大学生群体冷暴力规制对策研究．校园心理.2019（05）：383－385.

［4424］邱韵．“大数据杀熟”谁之祸？．协商论坛.2019（05）：30－33.

［4425］郭师绪．童模经济：“被绑架的童年”终须法律规制．新产经.2019（06）：82－83.

［4426］林洁如．在线旅游出新规　有望终结大数据杀熟．新产经.2019（11）：77－79.

［4427］何志平．海南建设国际教育创新岛进程中中外合作办学的规制供给．新东方.2019（05）：24－31.

［4428］李苗．国外自由贸易港专门立法的启示．新东方.2019（04）：26－30.

［4429］吕泽宇．上市公司资产并购重组财务绩效研究．新会计.2019（05）：31－35.

［4430］宋国宁．盈利预测在企业并购中的应用．新会计.2019（05）：54－57.

［4431］程锐，马莉莉．西部地区自贸区建设与地方经济发展．新疆财经.2019（05）：15－27.

［4432］管超．环境规制对我国工业经济发展的影响研究．新疆财经.2019（03）：38－49.

［4433］杨怡红．互联网平台粉丝集资应援行为的法理分析及风险规制——以 Owhat 和摩点为例．新疆财经大学学报.2019（04）：72－78.

［4434］王东，刘妍.COSO 框架下政府采购风险监管体系的构建．新疆财经大学学报.2019（04）：60－71.

［4435］王东，程园园．区块链技术在政府采购信息管理中的应用：优势、趋势与法律规制框架．新疆财经大学学报.2019（02）：74－80.

［4436］李宇立，段勇．外资并购中的政府干预——基于嘉士伯系列并购的案例分析．新疆财经大学学报.2019（01）：49－58.

［4437］杨飞镖，杨光维．浅谈伊宁市非洲猪瘟防控工作．新疆畜牧业.2019（02）：40－42.

［4438］徐建宇，纪晓岚．迈向社区规制治理：一个分析框架．新疆大学学报（哲学・人文社会科学版）．2019（02）：24－34．

［4439］朱金鹤，王雅莉．中国省域绿色全要素生产率的测算及影响因素分析——基于动态GMM方法的实证检验．新疆大学学报（哲学・人文社会科学版）．2019（02）：1－15．

［4440］陈锁．公众参与、政府管制对环境治理的影响研究——来自中国省际面板数据的经验证据．新疆农垦经济．2019（09）：61－70．

［4441］许荣．环境规制条件下中国羊毛生产效率测度及时空特征分析．新疆农垦经济．2019（07）：69－75．

［4442］杜欢政，刘飞仁．以绿色发展保障农产品安全：浙江衢江的经验．新疆农垦经济．2019（04）：60－65．

［4443］刘菁，庄晋财．农民专业合作社技术合作创新的演化博弈分析．新疆农垦经济．2019（02）：49－62．

［4444］郭楠楠，王疆．产业集聚、产业异质性与跨国并购区位选择——零膨胀负二项回归模型．新疆农垦经济．2019（11）：75－83．

［4445］薛芳，张照红，程锁明．对昌吉市农产品质量安全监管工作的几点思考．新疆农垦科技．2019（09）：33－34．

［4446］杨莉萍．比较法视域下药品专利反向支付协议的反垄断法规制．新疆社会科学．2019（05）：100－107．

［4447］王花，俞淼．转基因产品贸易的国际法律规制——以非传统国家安全保障为视角．新疆师范大学学报（哲学社会科学版）．2019（03）：138－144．

［4448］杨婧．网约车平台中心辐射型卡特尔规制问题研究．新疆师范大学学报（哲学社会科学版）．2019（03）：131－137．

［4449］孔巧丽．新世纪我国高职教育教师政策演变、特点及趋势．新疆职业教育研究．2019（01）：39－43．

［4450］郑联盛，艾莺，胡滨．香港“监管沙盒”机制：政策框架、政府职能与启示．新金融．2019（11）：23－29．

［4451］刘子平．美国的“非法集资”及其规制经验．新金融．2019（10）：35－40．

［4452］李佩遥．互联网经济下维持转售价格的法经济学研究．新经济．2019（05）：42－45．

［4453］王文明．“首付贷”的刑法规制研究．新经济．2019（Z1）：50－53．

［4454］厉广雷．游走在法律边缘：低速电动车的法律规制．新经济．2019（01）：58－61．

［4455］杜爽，刘志鹏．新一代人工智能经济风险及防控思路．新经济．2019（05）：74－78．

［4456］唐十三．品类十三律：靶向创业，逆向并购．新经济导刊．2019（01）：69－73．

［4457］于跃．罗乾宜：详解国网理财关键．新理财．2019（11）：43－47．

［4458］蔡宾．引领第六次并购浪潮．新理财．2019（01）：77－78．

［4459］王一扬．海外并购新考量．新理财．2019（01）：31－32．

［4460］李雯琦，何瑛，周慧琴．重视跨行业并购新兴产业动因．新理财．2019（Z1）：25－29．

［4461］丁建英．为A股并购做点什么．新理财．2019（Z1）：118－120．

［4462］姚辑．跨境并购中的高新技术价值评估．新理财．2019（07）：29－33．

［4463］李徽徽．跨境并购的顶层战略设计及实践．新理财．2019（10）：28－31．

［4464］范拓源，左龙佩兰．中资企业海外并购的经营规律．新理财．2019（10）：32－33．

［4465］并购重组市场迎政策利好，看七大看点．新理财．2019（11）：8－9．

［4466］孙浩．权力聚合：今日头条算法推送的反思与规制探析．新媒体研究．2019（09）：40－41．

［4467］许玲君．高校党员教育管理新媒体平台监管研究——以宁夏幼儿师范高等专科学校为例．新媒体研究．2019（18）：41－42.

［4468］权根花，郭洪军，黄鹤，钱锐，任岚峰，司占军，宋宇．动物及产品全程监管追溯掌上通系统的研究．新农业．2019（05）：68－69.

［4469］邵鹏，童禹婷．呵护原创：基于互联网规治视域的网络洗稿现象研究．新闻爱好者．2019（12）：50－53.

［4470］袁慧侠．网络新闻跟帖评论及规制管理模式研究．新闻爱好者．2019（10）：32－35.

［4471］王俊杰．网络媒体舆论传播负效应及其治理．新闻爱好者．2019（07）：87－89.

［4472］王一岚．县级媒体融合的规制重构研究．新闻爱好者．2019（06）：55－58.

［4473］陈晔．2018 年我国短视频监管与治理．新闻爱好者．2019（06）：36－40.

［4474］陈欣钢，张凯莉．论媒体融合环境下地方媒体公信力的建构．新闻传播．2019（18）：17－18.

［4475］王洪杰．论律师业务互联网营销中的技术滥用及其规制．新闻传播．2019（01）：13－15.

［4476］吴迪．新媒体环境下网约车合理监管的路径．新闻传播．2019（06）：19－20.

［4477］邹军．基于欧盟《通用数据保护条例》的个人数据跨境流动规制机制研究．新闻大学．2019（12）：16－27.

［4478］雷丽莉．微博“热搜榜”与互联网信息服务的规制．新闻记者．2019（10）：81－87.

［4479］付红安．技术与制度：区块链新闻平台的网络法规制．新闻界．2019（05）：76－83.

［4480］朱春阳．垄断、创新与融合：新时期以来我国传媒业变革的基本路径．新闻界．2019（10）：10－16.

［4481］方朝晖，夏德元．国内短视频研究热点演变与议题追踪——基于 CiteSpace 对知网数据库（2010—2017）的考察．新闻论坛．2019（01）：47－50.

［4482］何日辉．自媒体传播乱象及其规制研究．新闻前哨．2019（08）：48－50.

［4483］王丽君．自媒体软广告的规范治理研究．新闻世界．2019（01）：86－88.

［4484］张三清．法制新闻采编的“忌”与“规”．新闻研究导刊．2019（22）：169－170.

［4485］吴纪树．网络直播的法律风险与规制．新闻研究导刊．2019（21）：127－168.

［4486］段平华．著作权视角下网络新闻转载的法律规制．新闻研究导刊．2019（20）：57－58.

［4487］张鑫，程景．新媒体环境下新闻伦理问题思考．新闻研究导刊．2019（14）：64－143.

［4488］张钰灏．“人肉搜索”的特点、成因及管理．新闻研究导刊．2019（13）：62－63.

［4489］孔姗姗．试论微信朋友圈隐私权的法律保护．新闻研究导刊．2019（10）：49－51.

［4490］辛梦雪．从“吴虹飞案”看网络表达自由的边界．新闻研究导刊．2019（03）：94.

［4491］赵凯旋．反叛、合谋与迷惘——从女性主义视角看《延禧攻略》中的三位典型人物．新闻研究导刊．2019（02）：128－129.

［4492］李慧．资本爱上广告——从世界第一传播集团 WPP 并购重组看广告产业发展轨迹．新闻研究导刊．2019（22）：227－228.

［4493］廖秉宜，姜佳妮．中国网络视频产业组织优化与规制政策研究．新闻与传播评论．2019（03）：64－74.

［4494］付红安．区块链新闻平台内容生产的法律规制研究．新闻与传播评论．2019（02）：70－79.

［4495］罗斌．传播侵权类型化及其立法体例研究．新闻与传播研究．2019（07）：72－91.

［4496］彭桂兵，陈煜帆．取道竞争法：我国新闻聚合平台的规制路径——欧盟《数字版权指令》争议条款的启示．新闻与传播研究．2019（04）：62－84.

［4497］王颖．新闻传媒企业的财务管理创新——评《新闻集团传媒产业价值链研究》．新闻与

写作．2019（11）：116.

［4498］姬德强．平台理论视野中的媒体融合——以短视频驱动的媒体融合为例．新闻与写作．2019（06）：11－19.

［4499］温晓亮．日本对媒体表达自由的规制与隐蔽干预．新闻战线．2019（08）：108－109.

［4500］朱瑞．从占领阵地、提升“四力”到扩大主流版图——中国媒体融合政策的演进、挑战及新调试框架．新闻战线．2019（06）：17－20.

［4501］屈高翔．后真相时代媒介审判的扩张与规制．新闻战线．2019（04）：119－121.

［4502］王思文．公共舆论场中个人隐私分级制与财产权制的建立．新闻知识．2019（02）：54－59.

［4503］岳晨．浅析互联网时代青少年的网络安全与监管．新闻知识．2019（10）：88－91.

［4504］李于兰，何慧敏．行政协议中行政优益权的法律规制——以55篇行政裁判文书为例．新西部．2019（23）：84－85.

［4505］杨一帆．公益创投对机构养老服务的优化分析．新西部．2019（21）：26－27.

［4506］方晴，陈栩栖．新时代虐童问题的刑法规制研究．新西部．2019（21）：103－104.

［4507］王海飞．新时期房地产行业良性发展的机制研究．新西部．2019（15）：76－77.

［4508］唐亚红．对我国现行遗失物法律规制的建议．新西部．2019（11）：82－83.

［4509］王婧瑶．中外合作办学市场准入问题与对策探析．新西部．2019（09）：124－125.

［4510］熊沛瑶．论互联网金融刑法规制的“两面性”．新西部．2019（03）：85－86.

［4511］冯艳琴．跨国并购对上市公司创新绩效的影响探究．新西部．2019（14）：76－81.

［4512］孔伟．规制与善俗：明初佛教的基层社会控制功能．新乡学院学报．2019（11）：56－60.

［4513］孟昱含．聚合平台深度链接行为法律属性研究．新乡学院学报．2019（04）：22－25.

［4514］黄道丽，胡文华．全球数据本地化与跨境流动立法规制的基本格局．信息安全与通信保密．2019（09）：22－28.

［4515］郭美蓉．网络空间治理中的国际法路径．信息安全与通信保密．2019（05）：48－55.

［4516］吴沈括，霍文新．欧洲议会和理事会关于欧盟机构个人数据处理第2018/1725号条例分析．信息安全与通信保密．2019（04）：30－34.

［4517］杨帆．间谍行动的国际法规制及其对网络间谍治理的启示．信息安全与通信保密．2019（01）：17－19.

［4518］彭朝晖．人工智能在监管科技中的应用探讨．信息记录材料．2019（08）：54－55.

［4519］张子淇，杨筱敏，姜涵．我国信息通信市场准入管理变革探究．信息通信技术与政策．2019（04）：38－41.

［4520］黄金，李强治．互联网平台“垄断”的本质与治理思路．信息通信技术与政策．2019（03）：23－25.

［4521］李秦梓，张春飞，姜涵，罗珞珈．新技术新监管背景下的算法治理研究．信息通信技术与政策．2019（04）：30－34.

［4522］袁玮，姜涵．ICT新生态监管挑战与机遇．信息通信技术与政策．2019（04）：35－37.

［4523］邱晨曦，张倩．互联网行业市场竞争监管创新与启示．信息通信技术与政策．2019（04）：42－45.

［4524］刘今超．促进互联网新业态健康发展的思考．信息通信技术与政策．2019（03）：29－31.

［4525］任伟，吴晓晨，王志鹏．移动互联网管理中存在的问题及解决策略．信息系统工程．2019（06）：52.

［4526］项慧玲．大数据在国际资本流动监测管理中的应用探讨．信息系统工程．2019（06）：162－164.

[4527] 冯婷婷．金融科技起源、发展及监管探究．信息系统工程．2019（06）：153－154.

[4528] 侯鑫彧．互联网金融洗钱风险与监管科技应用探析．信息系统工程．2019（04）：83－85.

[4529] 陈旭，李珊珊．药品供应链质量规制策略研究．信息与管理研究．2019（01）：1－18.

[4530] 谢新洲，李佳伦．中国互联网内容管理宏观政策与基本制度发展简史．信息资源管理学报．2019（03）：41－53.

[4531] 余中根．《民办教育促进法实施条例》修订的动因、重心及立法建议——兼评《民办教育促进法实施条例（修订草案）（送审稿）》．信阳师范学院学报（哲学社会科学版）．2019（01）：68－72.

[4532] 孙元君，张慧．环境规制、产业结构升级与区域经济增长．信阳师范学院学报（哲学社会科学版）．2019（02）：48－53.

[4533] 曲亚囡，刘一祎．信息化背景下我国网络社会治理法律对策研究．邢台学院学报．2019（01）：111－114.

[4534] 牟红亮，吴灼亮．基于专利统计的绿色技术创新与环境规制关系研究——以安徽省为例．宿州学院学报．2019（06）：5－10.

[4535] 曾珍，吴义根．安徽省经济发展文化建设和生活质量的协调发展研究．宿州学院学报．2019（05）：21－27.

[4536] 李扬，李晓宇．大数据时代企业数据权益的性质界定及其保护模式建构．学海．2019（04）：180－186.

[4537] 林英贤．地方社会组织政策效度评价——基于广东省社会组织负责人的调查数据．学会．2019（05）：18－27.

[4538] 徐壮，周建峰．论人事保证的效力．学理论．2019（09）：82－83.

[4539] 查凯凯．纵向价格垄断协议法律问题研究．学理论．2019（08）：92－94.

[4540] 张希．电子商务信用评价体系的法律完善．学理论．2019（08）：95－96.

[4541] 薛泽长，丁玮．众筹平台个人求助的法律责任及规制．学理论．2019（07）：107－110.

[4542] 张瑞瑞，薛栋升．马克思社会技术思想对建设科技强国的启示．学理论．2019（06）：29－30.

[4543] 张杰，宋莉莉．智能医疗机器人侵权的法律规制．学理论．2019（06）：91－92.

[4544] 徐娟．地方立法的治理功能及其有效发挥．学术交流．2019（05）：74－82.

[4545] 苑承丽．俄罗斯前科制度研究．学术交流．2019（09）：186.

[4546] 孙放．公地悲剧理论下集体诉讼的经济逻辑与制度构建．学术交流．2019（07）：74－83.

[4547] 徐伟学．大数据语境下的涉税信息共享与信用规制．学术界．2019（12）：129－135.

[4548] 鲁照旺．从外部性看主流经济学的谬误．学术界．2019（08）：66－74.

[4549] 何国华．商标平行进口关系重心的位移与反不正当竞争法的补充规制．学术论坛．2019（06）：95－102.

[4550] 李海波，刘佩瑶．当代大学生畸形消费行为及规制．学术论坛．2019（04）：131－136.

[4551] 董新凯．反垄断法规制标准必要专利运用时的利益平衡——兼评《关于滥用知识产权的反垄断指南（征求意见稿）》．学术论坛．2019（04）：27－35.

[4552] 蒋大兴．《商法通则》/《商法典》总则的可能体系——为什么我们认为“七编制”是合适的．学术论坛．2019（01）：38－54.

[4553] 芦思姮．制度传导视域下资源国家的发展悖论：“资源诅咒”与“路径依赖”．学术探索．2019（08）：59－66.

[4554] 陈思明．新时代法治新动能研究．学术探索．2019（05）：1－9.

[4555] 李杰．民间组织：地方立法规制民间规范新路径．学术研究．2019（07）：39－44.

[4556] 周樨平．电子商务平台的安全保障义务及其法律责任．学术研究．2019（06）：66－73.

[4557] 陈林．公平竞争审查、反垄断法与行政性垄断．学术研究．2019（01）：106－113.

[4558] 朱勇．“官法同构”：中国古代的大国治理之路．学术月刊．2019（11）：95－104.

[4559] 程大中，虞丽，汪宁．服务业对外开放与自由化：基本趋势、国际比较与中国对策．学术月刊．2019（11）：40－59.

[4560] 程艳．流通产业市场治理结构的理论分析．学术月刊．2019（07）：56－65.

[4561] 戴昕．重新发现社会规范：中国网络法的经济社会学视角．学术月刊．2019（02）：109－123.

[4562] 陈钊，邓东升．互联网金融的发展、风险与监管——以P2P网络借贷为例．学术月刊．2019（12）：42－50.

[4563] 胡凌．从开放资源到基础服务：平台监管的新视角．学术月刊．2019（02）：96－108.

[4564] 范奇．论高校学位撤销的权限设定与行为定性——基于行政“组织＋行为”法的分析框架．学位与研究生教育．2019（08）：14－27.

[4565] 杨杰．撤销学位授权点的法治化路径探析．学位与研究生教育．2019（08）：8－14.

[4566] 周泽中．行政约谈的规制功能及其法治约束．学习论坛．2019（12）：86－96.

[4567] 王学辉，邓稀文．也谈行政协议族的边界及其判断标准．学习论坛．2019（01）：81－91.

[4568] 胡小伟．专利滥诉的司法规制路径构造．学习与实践．2019（12）：75－82.

[4569] 刘再起，张瑾．中国特色自由贸易试验区开放升级研究——基于负面清单的分析．学习与实践．2019（12）：28－36.

[4570] 曹胜亮，张晓萌．人工智能时代数据竞争的法律规制．学习与实践．2019（10）：83－91.

[4571] 王三秀，刘丹霞．家庭功能重塑：残疾人贫困治理的路径转向．学习与实践．2019（07）：98－107.

[4572] 黄音，黄淑敏．大数据驱动下食品安全社会共治的耦合机制分析．学习与实践．2019（07）：26－33.

[4573] 熊琦．环境法益视野下长江流域非法采砂行为刑法规制的重构．学习与实践．2019（07）：67－74.

[4574] 刘为勇．应对老年虐待：权益保护缺失与规制完善．学习与实践．2019（05）：59－67.

[4575] 任颖．司法责任制的功能定位与优化路径．学习与实践．2019（05）：51－58.

[4576] 陈晓济，沈开举，王金鑫．“限权—赋权”框架下流动人口管制公共选择与创新路径．学习与实践．2019（03）：95－104.

[4577] 王燕玲，韩蓄．人工智能体的刑事风险与应对措施．学习与实践．2019（03）：11－19.

[4578] 孙晋，袁野．区块链技术应用的反垄断隐忧及应对．学习与实践．2019（09）：81－90.

[4579] 杨新铭．促进民营经济发展的政策选择．学习与探索．2019（11）：89－96.

[4580] 郭剑鸣，蔡文婷．不可完全合约、内部性与城市公用事业政府监管的行政监督惰性．学习与探索．2019（04）：35－43.

[4581] 钱鹤群．欧盟规制影响评估制度及其对我国规制改革的启示．学习与探索．2019（02）：93－100.

[4582] 单新国．政府市场监管权行使范围法律规制的范式选择．学习月刊．2019（12）：54－56.

[4583] 石东洋．网约车管理的法律规制．学习月刊．2019（04）：54－56.

[4584] 吕玉辉．新时代条件下的市民自组织：功能与规制．学习月刊．2019（02）：19－22.

[4585] 何铭，孙亮亮．“互联网＋”新模式下反腐理念和方式的创新研究．学校党建与思想教育．2019（04）：55－56.

[4586] 石芬芬，田魏龙，万佳蕾．无人机遥感技术在江西省生产建设项目水土保持监管中的

应用．亚热带水土保持．2019（04）：65－67.

［4587］韩志华．美国主流文化对特朗普政府对华政策的影响．亚太安全与海洋研究．2019（04）：113－124.

［4588］郭中元，邹立刚．外国军舰南海“航行自由行动”的国际法剖析．亚太安全与海洋研究．2019（05）：65－75.

［4589］杜鹏举．陕北地区地方语言保护研究．亚太教育．2019（09）：175－176.

［4590］庄钰静，王敬波．自贸区负面清单制度与我国现行市场准入法关系研究．亚太经济．2019（05）：131－135.

［4591］谌仁俊，黄诗茜，姬晓晨，陶为婕．推进工业高质量发展的城市环境政策选择．亚太经济．2019（03）：113－124.

［4592］伊馨，蔡秀玲．日本应对美日贸易摩擦的做法及其启示．亚太经济．2019（02）：87－93.

［4593］王喆，王碧珺，张明．“一带一路”沿线跨境并购的特征、影响因素及展望——基于美、英、日、中的国际比较．亚太经济．2019（01）：98－109.

［4594］张晗，张华荣．中国企业海外并购与产业结构升级研究．亚太经济．2019（01）：110－119.

［4595］刘斌，潘彤．美国对华投资并购安全审查的最新进展与应对策略．亚太经济．2019（02）：101－111.

［4596］陈颖．我国并购基金的价值创造效应及其影响因素研究——基于“上市公司＋PE”型并购基金的实证检验．亚太经济．2019（06）：100－109.

［4597］黄柏权，肖竹．试论“宜红茶区”线路遗产地方社会价值及其保护利用．烟台大学学报（哲学社会科学版）．2019（03）：102－111.

［4598］仇伟．农业经济发展、环境规制与农业碳排放相关性的协整检验．延安大学学报（社会科学版）．2019（03）：59－64.

［4599］吴玉炜．实践中行政允诺的问题分析及其完善．延安职业技术学院学报．2019（04）：14－17.

［4600］陈柄臣．“一带一路”下的广西北部湾经济区：机遇、风险及其法律对策．沿海企业与科技．2019（05）：3－7.

［4601］梁文才．“一带一路”建设中我国海外承包工程非商业性风险保险规制及完善研究．沿海企业与科技．2019（03）：3－7.

［4602］池昭梅，韩玉，李逸飞．“一带一路”建设中我国民营上市企业的跨国并购研究——以旗滨集团并购马来西亚旗滨公司为例．沿海企业与科技．2019（01）：8－12.

［4603］陶长琪，丁煜．双重环境规制促进还是抑制技能溢价？．研究与发展管理．2019（05）：114－124.

［4604］汤学良，顾斌贤，康志勇，宗大伟．环境规制与中国企业全要素生产率——基于“节能减碳”政策的检验．研究与发展管理．2019（03）：47－58.

［4605］马艳艳，孔梦晗，张晓蕾．环境规制能提升企业研发努力？——基于价值链和组织行为双重视角的实证研究．研究与发展管理．2019（01）：118－131.

［4606］董建卫，施国平，郭立宏．联合风险投资、竞争者间接联结与企业创新．研究与发展管理．2019（02）：91－101.

［4607］姚晓林，李井林，毕金玲．创新驱动下信息技术企业并购效应研究——基于产品市场和资本市场双重视角．研究与发展管理．2019（05）：125－136.

［4608］董劼．论“人肉搜索”中的公民权利保护——以隐私权与言论自由的冲突为视角．盐城工学院学报（社会科学版）．2019（04）：31－35.

［4609］廖斯．网络洗稿行为的法律性质与规制路径探究．盐城工学院学报（社会科学版）．2019（02）：24－30.

［4610］倪玉平．包世臣盐业思想研究．盐业史研究．2019（03）：111－120.

［4611］王琳．我国职业教育校企合作的困境与对策——基于新制度主义合法性视角．扬州大学学报（高教研究版）．2019（06）：7－11.

［4612］陈玥光，陶加强．央地分权下波特假说的再检验——基于中国制造业上市公司数据．扬州大学学报（人文社会科学版）．2019（05）：44－53.

［4613］高富平，孔洁琼．论公司决议中的表决权回避．扬州大学学报（人文社会科学版）．2019（03）：44－52.

［4614］石继华，吴有凤，李强．扬州地方高校参与非遗保护与传承的优势及路径探析．扬州教育学院学报．2019（04）：74－77.

［4615］季哲迪．视频“刷量”法律问题刍议．扬州教育学院学报．2019（01）：57－60.

［4616］严波波，董作军，孙国君．欧盟公告机构介绍及对我国疫苗安全监管的启示．药学研究．2019（06）：370－372.

［4617］吴礼云，孙凯，吴刚．钢铁联合企业构建无人化能源输配站所的探索和思考．冶金动力．2019（05）：4－6.

［4618］方璐，吴国金，宋慧麟．稳健经营的特钢企业——以大冶特钢为例，写在并购兴澄之前．冶金经济与管理．2019（03）：14－19.

［4619］仝永娟，蔡九菊，王连勇，胡绍伟，张琦，王鑫．钢铁联合企业的用水需求分析．冶金能源．2019（05）：3－9.

［4620］杨越，朱燕刚，王天鹰．国外医用耗材管理经验对我国耗材管理的启示．医疗卫生装备．2019（04）：64－66.

［4621］占洁洁，许恩超．强化中药调剂监管在减少中药房相关差错及不良事件中的应用．医疗装备．2019（11）：65－66.

［4622］甄守民，曹燕，姚旭，朱礼军．我国人类遗传资源国际合作现状及管理对策．医学信息学杂志．2019（08）：47－52.

［4623］候雄，刘玉秀，钱蕾，徐乐，史兆荣．医疗人工智能发展的伦理问题及疏解．医学研究生学报．2019（10）：1080－1083.

［4624］王莹，刘静，田野，张鑫，孙燕荣．人类基因编辑的法律规制研究．医学研究杂志．2019（05）：5－8.

［4625］吴金艳，刘芷函，羊海燕．法经济学视角下医疗美容行业的规制．医学与法学．2019（06）：31－34.

［4626］黄禹夫．证据视域下患者就医信息管理制度探讨．医学与法学．2019（06）：73－77.

［4627］沈运峰．论罪犯转诊权的规制．医学与法学．2019（05）：56－61.

［4628］邓明攀，刘春林．健康医疗大数据应用中的权利保护和行为规制．医学与法学．2019（04）：39－46.

［4629］陶涛，何敏．城乡民间养老机构的发展．医学与法学．2019（04）：83－86.

［4630］孙寒宁．“健康中国”视域下药品零售不当促销现状的原因分析（下）．医学与法学．2019（03）：57－62.

［4631］李想，王毓倩，唐义红．浅述我国艾滋病社会保障制度构建．医学与法学．2019（02）：79－85.

［4632］刘苏爽．紧急救治的法律规制及其实现路径．医学与法学．2019（01）：29－33.

［4633］章祝，陶然．浅析保健品虚假广告的法律规制与监管体制．医学与法学．2019（06）：

89－92.

［4634］文才，廖文，冯浩．关于微信公众号等新媒体医疗广告推送的监管建议．医学与法学．2019（05）：62－64.

［4635］戴瑞明，何世英，蒋曼，王颖，白鸽，罗力．上海市长期护理保险制度推行中的经验及存在的问题．医学与社会．2019（02）：9－13.

［4636］刘喜珍．老龄健康风险的特征、来源及其伦理规制．医学与哲学．2019（23）：25－28.

［4637］李芬静．非法人体试验行为的刑法规制及立法对策．医学与哲学．2019（15）：62－66.

［4638］王玥月，孔圆峰，郁希阳，郭克强，李宇阳．医药领域商业贿赂法规演进及其思考——基于116例典型案例的法律实证研究．医学与哲学．2019（09）：65－69.

［4639］周麟．论允许原则规制下医患关系调试策略．医学与哲学．2019（08）：61－65.

［4640］王志鑫．规制与引导：对媒体报道医疗纠纷的法律思考．医学争鸣．2019（04）：26－29.

［4641］杨世颖，周健，张丽，吕扬，杜冠华．我国化学药物晶型研究现状与进展．医药导报．2019（02）：177－182.

［4642］吴亚美，张春梅，叶欢瑶，李育梅，徐辉，王凌燕，王宋超，汪淑敏．医疗服务信息披露的利益相关集团及分析．医院管理论坛．2019（02）：9－11.

［4643］汤贞友．论专利当然许可被许可人的独立诉权——基于诉权约定的取得．宜宾学院学报．2019（03）：47－54.

［4644］卢宇，娄瀚文．犯罪网络化对法益影响的类型化分析及对策．宜宾学院学报．2019（05）：62－70.

［4645］张雅萍，李晓红，李红帅．论网络言语的道德失范与规制．宜春学院学报．2019（07）：86－90.

［4646］李杰．大数据技术的伦理规制及其限度．宜春学院学报．2019（05）：15－18.

［4647］李春青，李僔生．清代北京蒙古阿拉善亲王府历史沿革与建筑特征研究．遗产与保护研究．2019（05）：100－106.

［4648］肖雅．岳阳地方曲艺“河市道情”的传承保护．艺海．2019（12）：162－163.

［4649］王琪．中国大运河沿线文化符号解读——以北京四合院为论述中心．艺术科技．2019（11）：19－20.

［4650］陈雨萌．传播视域下红色文化空壳化的成因与规制．艺术科技．2019（05）：158－190.

［4651］高文勇．论党内法规效力的基本内涵与实践路径．阴山学刊．2019（04）：45－51.

［4652］董新义．我国金融广告事前规制的构建．银行家．2019（04）：131－133.

［4653］胡雪．助推理论在金融消费者保护监管规制中的应用．银行家．2019（03）：46－47.

［4654］邢瑞利．印度洋安全治理中的私营安保公司．印度洋经济体研究．2019（03）：134－150.

［4655］陈翠．印刷企业并购行为对产业集约发展的影响．印刷经理人．2019（05）：48－49.

［4656］应雄．长城汇理　中国并购基金路在何方？．英才．2019（Z1）：92－93.

［4657］孙亚雄．乐普医疗　并购之路还能走多远？．英才．2019（Z2）：60－61.

［4658］胡锟．长电科技　封测巨头的尴尬并购．英才．2019（Z3）：78－79.

［4659］罗文壮．公共事务领域限定交易行为的反垄断分析．营销界．2019（52）：282－283.

［4660］王思薇，陈梦瑶．内部控制对中国房地产业上市公司财务绩效的影响研究．营销界．2019（42）：214－218.

［4661］李婷婷．网络会计的发展趋势及对策研究．营销界．2019（51）：231－232.

［4662］朱婷．区块链背景下移动支付的法律规制探析．营销界．2019（21）：111－112.

［4663］杨仁梅，刘锐，孙文语．商界视点：互联网企业并购动机与风险．营销界．2019

(11)：69 - 71.

[4664] 张上剑．企业并购重组中的税收筹划方法探析．营销界．2019 (19)：142 - 143.

[4665] 周小君．浅谈企业并购中资产评估现存问题及应对．营销界．2019 (19)：115 - 116.

[4666] 李晶．重组业绩补偿承诺对并购溢价的影响研究．营销界．2019 (21)：121.

[4667] 宝露日．文化传媒企业并购中对赌协议运用及风险研究——基于尚世影业与华谊兄弟案例对比．营销界．2019 (25)：33 - 35.

[4668] 李晶．研究解读：定向增发式并购业绩承诺期间的盈余管理．营销界．2019 (26)：120 - 121.

[4669] 王文正．我国企业并购重组的纳税筹划探讨．营销界．2019 (29)：67 - 68.

[4670] 证监会正在制定上市公司并购重组制度方面的相关规则．营销界．2019 (30)：5.

[4671] 李倩．企业跨国并购财务风险研究．营销界．2019 (33)：232 - 233.

[4672] 陈华．企业并购融资方式选择及优化研究．营销界．2019 (34)：59 - 60.

[4673] 梁伟旋．关于不同并购方式对税收结果的影响．营销界．2019 (32)：216 - 217.

[4674] 杜娟．管理者过度自信与企业并购．营销界．2019 (38)：223 - 224.

[4675] 萨其尔．企业海外并购风险研究——基于 A 企业并购 B 企业案例．营销界．2019 (42)：20 - 22.

[4676] 潘虹．企业并购重组中的财务风险与防范策略分析．营销界．2019 (47)：257 - 261.

[4677] 魏首博．企业并购绩效的文献综述．营销界．2019 (47)：284 - 298.

[4678] 潘念．并购效应研究——以 A 公司并购为例．营销界．2019 (48)：53 - 54.

[4679] 陈沛伶．企业并购重组的风险分析及控制措施．营销界．2019 (48)：289 - 290.

[4680] 陈璐．X 公司并购中的财务风险问题研究．营销界．2019 (51)：273 - 274.

[4681] 陈敏薇，刘宗洋，朱昊天，赵一凡．云计算对企业联合的影响及对策．营销界．2019 (52)：236 - 237.

[4682] 胡悬悬．连续并购业绩承诺风险研究——以 H 公司为例．营销界．2019 (52)：179 - 180.

[4683] 薛佩，李莉．机构投资者持股、会计稳健性与并购绩效．营销界．2019 (52)：244 - 275.

[4684] 黄文玲，梁颖，方永美，陈炜颖，毛小娟．探讨回应性监管理论在我国食用农产品市场监管中的应用．营销界．2019 (46)：1 - 2.

[4685] 朱华琳．对粤港商业医疗保险合作的研究与建议．营销界．2019 (25)：161 - 162.

[4686] 高艺，廖秋敏．排污费改变了中国稀土出口吗？——来自微观企业的证据．有色金属科学与工程．2019 (06)：97 - 106.

[4687] 韩伟．互联网社会治理路径、问题及其法治化．榆林学院学报．2019 (05)：24 - 29.

[4688] 彭本利，龚娜．风险防范：房地产全过程监管法律机制的构建．玉林师范学院学报．2019 (04)：109 - 115.

[4689] 刘博雅，闫德华．风险刑法理论视阈下准备实施恐怖活动罪分析．玉溪师范学院学报．2019 (05)：72 - 81.

[4690] 刘伟，龚治宇，张铄．先前经验和政治关联对新创企业并购决策的影响——制度环境的调节作用．预测．2019 (06)：32 - 38.

[4691] 陈禹衡．《法国刑法典》对中国校园欺凌犯罪治理的镜鉴——基于 54 份校园欺凌案件刑事裁判的分析．预防青少年犯罪研究．2019 (03)：3 - 16.

[4692] 管伟康．未成年人犯罪防治研究．预防青少年犯罪研究．2019 (02)：3 - 12.

[4693] 洪琪，李锐．移动医疗 App 的风险评估与管理．预防医学．2019 (06)：637 - 639.

[4694] 陈平，罗艳．环境规制促进了我国碳排放公平性吗？——基于环境规制工具分类视角．云南财经大学学报．2019（11）：15－25.

[4695] 陈红玲，张祥建，刘潇．平台经济前沿研究综述与未来展望．云南财经大学学报．2019（05）：3－11.

[4696] 于克信，胡勇强，宋哲．环境规制、政府支持与绿色技术创新——基于资源型企业的实证研究．云南财经大学学报．2019（04）：100－112.

[4697] 范红忠，章合杰．进入壁垒、审慎监管与银行风险承担——利率市场化条件下的理论与实证．云南财经大学学报．2019（03）：51－62.

[4698] 王海，尹俊雅．乡土情结的环境治理效应——基于官员异质性视角的实证考察．云南财经大学学报．2019（02）：80－92.

[4699] 王怡．中国地方政府环境规制非完全执行路径锁定与解锁研究——基于央地分权视角．云南财经大学学报．2019（10）：13－19.

[4700] 王永明．民族事务治理体系的现代化：标准、困境及路径．云南行政学院学报．2019（03）：52－58.

[4701] 于耀程．中国规制枪支走私的法律完善——以行政立法为分析视角．云南行政学院学报．2019（02）：113－119.

[4702] 赵亚宁．恐怖主义犯罪的刑法学界定．云南警官学院学报．2019（04）：45－51.

[4703] 钟华．我国秘密侦查制度的立法研究——基于《刑事诉讼法》再修改的思考．云南警官学院学报．2019（03）：86－92.

[4704] 李志浩，张志锋．农村土地流转中的精英俘获与利益合谋研究．云南农业大学学报（社会科学版）．2019（05）：115－122.

[4705] 顾长河．中国金融领域收益权的立法研究．云南社会科学．2019（02）：23－28.

[4706] 张玮智．执行转破产程序启动难的原因与对策．运城学院学报．2019（02）：66－70.

[4707] 李森彪，邢文杰．双边市场下商家和电子商务平台的演化博弈分析．运筹与管理．2019（09）：75－84.

[4708] 吴士健，孙向彦，周忠宝．过度自信、违约补偿与众创投资平台三边道德风险规制．运筹与管理．2019（08）：156－163.

[4709] 何寿奎．固定经营期下基于运行绩效的 PPP 项目服务价格形成机制研究．运筹与管理．2019（08）：141－149.

[4710] 夏良杰，柳慧，张萌，原白云，李妍．强制减排规制下基于碳减排利润增量分享契约的供应链协调研究．运筹与管理．2019（05）：92－98.

[4711] 侯文华，杨丹丹．基于医保规制和消费者效用的双渠道医药供应链竞争策略．运筹与管理．2019（02）：8－15.

[4712] 孔繁彬，原毅军．环境规制、环境研发与绿色技术进步．运筹与管理．2019（02）：98－105.

[4713] 潘燕春，杨雯，马建华，马楠，陈智民，周明．C&T 条件下碳排放核查三方博弈研究．运筹与管理．2019（09）：66－74.

[4714] 欧阳井凤．社会转型期广场舞形态的社会生态考察．运动．2019（02）：5－6.

[4715] 张婧琳，蔡少渠．世界典型城市出租汽车行业管制之启示．运输经理世界．2019（06）：86－89.

[4716] 杨仁达，王迅．“软”“硬”合谋　彰显民族文化魅力——广西杂技团《瑶心鼓舞——蹬鼓》评析．杂技与魔术．2019（01）：38.

[4717] 赵泽君，蒋丽华．数据挖掘技术及其法律问题研究．枣庄学院学报．2019（01）：95－99.

［4718］孙丹琳．造纸及纸制品行业的环境税征收现状研究及企业应用．造纸科学与技术．2019（05）：82－86.

［4719］李芳．维美德完成对全球化制浆造纸供应商 GL&；V 的并购．造纸信息．2019（04）：87.

［4720］邹怡，郭彩云，陈悦龙．深度挖掘工业大数据价值　助力造纸企业实现智能制造——访广州博依特智能信息科技有限公司联合创始人李继庚．造纸信息．2019（11）：9－12.

［4721］谭海鸣．利率市场化、分层定价及商业银行的应对之策．债券．2019（09）：22－28.

［4722］李逊．锰矿市场势力测度研究．粘接．2019（08）：28－32.

［4723］孙欣，曾菊芬．中国区域绿色技术创新效率的空间分布及影响因素分析．长安大学学报（社会科学版）．2019（06）：29－44.

［4724］田喜清，韩伟．无人驾驶汽车及其法律规制．长安大学学报（社会科学版）．2019（01）：24－31.

［4725］闫海．政府引导基金支持创业投资的法律规制问题探讨．长白学刊．2019（05）：108－113.

［4726］臧彤，王海坤．体育、文化、旅游产业融合发展的困境与思考．长春大学学报．2019（12）：82－85.

［4727］苏泠然．中国民航运输业政府规制面临的挑战与对策思考．长春大学学报．2019（11）：92－95.

［4728］马凯莉．用人单位劳动管理权的法律规制探析．长春教育学院学报．2019（10）：38－40.

［4729］马鸿雁，高斯瑀，杨睿琦．我国互联网金融监管问题研究．长春金融高等专科学校学报．2019（05）：46－49.

［4730］魏庆凯．P2P 网络借贷的风险与监管问题分析．长春金融高等专科学校学报．2019（01）：42－46.

［4731］周佳熠，赫然．关于我国保健品行业宣传监管规制的法律研究．长春理工大学学报（社会科学版）．2019（06）：15－20.

［4732］汪肇东，孙秋玉，柯春莉．利用网络控制他人自杀的刑法规制——从“蓝鲸死亡游戏”谈起．长春理工大学学报（社会科学版）．2019（05）：28－32.

［4733］王如愿，刘淑波．共享单车政府监管之探讨．长春理工大学学报（社会科学版）．2019（04）：27－31.

［4734］陈茁，雷德鹏．被科学技术遮蔽的劳动控制向度研究．长春理工大学学报（社会科学版）．2019（02）：57－61.

［4735］周新军，柴源，王婕．论国际贸易中转基因农产品安全的国际法规制．长春师范大学学报．2019（07）：63－69.

［4736］邵道萍．能源效率法律规制的反思与变革——以气候变化应对为背景．长春师范大学学报．2019（03）：83－88.

［4737］钟菁．无人驾驶汽车应用的刑事风险分析．长春师范大学学报．2019（01）：54－59.

［4738］赵晨芳．数字经济时代互联网企业反垄断的挑战与应对——由“谷歌利用算法滥用支配地位”案切入．长春市委党校学报．2019（02）：35－40.

［4739］王由海．政府信息公开权利滥用及其应对．长春市委党校学报．2019（06）：9－12.

［4740］高艳丽，董捷，李璐，李红波．碳排放权交易政策的有效性及作用机制研究——基于建设用地碳排放强度省际差异视角．长江流域资源与环境．2019（04）：783－793.

［4741］邹东妮．国际投资仲裁中争端解决条款的冲突之应对．长江论坛．2019（05）：76－82.

［4742］陈恺．论“套路贷”犯罪的司法规制．长江师范学院学报．2019（01）：92－99.

［4743］田柯．外商直接投资监管的法律制度效率——基于法经济学的分析．长江师范学院学报．2019（01）：39－46．

［4744］张黎明，陶永刚．黄岩几种地方特色蔬菜品种及保护利用建议．长江蔬菜．2019（13）：19－21．

［4745］崔丽．流动摊贩规制的“正本”与“清源”——以商个人法律体系的完善为视角．长沙大学学报．2019（03）：86－89．

［4746］杨丽华，薛莹，董晨晨．“一带一路”背景下中国ODI的行为特征及环境风险表征．长沙理工大学学报（社会科学版）．2019（04）：52－62．

［4747］黄磊．社交媒体数据创新驱动力形成机制及规制探析．长沙理工大学学报（社会科学版）．2019（02）：21－29．

［4748］姚岱，陈梦黎，陈赟．政府投资工程招投标人合谋行为监测画像研究．长沙理工大学学报（社会科学版）．2019（04）：71－78．

［4749］逯恒纳，石东洋．城市景观风貌的科学界定及立法规制．长沙民政职业技术学院学报．2019（03）：44－47．

［4750］马赛．“公交闹”行为的刑法规制路径研究．长沙民政职业技术学院学报．2019（03）：52－56．

［4751］葛文龙．自动驾驶汽车的行政法规制研究．长沙民政职业技术学院学报．2019（02）：44－47．

［4752］刘柯柯，丁杰．人身损害视角下物业保安义务研究．长沙民政职业技术学院学报．2019（02）：63－67．

［4753］师为硕．新发展理念下政府采购串标行为治理研究．招标采购管理．2019（06）：33－36．

［4754］吴振全．论新时代招投标行业改革的必要性．招标采购管理．2019（01）：34－37．

［4755］李璐璐．基于博弈论的招标代理合谋防范机制研究．招标采购管理．2019（03）：32－36．

［4756］毛林繁．谈深化国有工业企业采购制度改革．招标与投标．2019（04）：9－11．

［4757］李德品．浅谈如何区分招投标监管与公共资源交易监管．招标与投标．2019（06）：22－25．

［4758］张作农．刍议有关法律服务招投标的乱象——以福建省有关政府购买法律服务相关实践为例．招标与投标．2019（02）：43－45．

［4759］叶真男，王飞儿，嵇灵烨，俞洁．基于多目标控制的苕溪流域农业产业结构调整．浙江大学学报（农业与生命科学版）．2019（01）：66－74．

［4760］胡铭，钱文杰．侦查与调查：职务犯罪追诉的模式演进及制度完善．浙江大学学报（人文社会科学版）．2019（05）：97－113．

［4761］郭瑞，文雁兵．高新技术产业绿色创新研究：效率测算与FDI区位选择．浙江大学学报（人文社会科学版）．2019（05）：224－239．

［4762］赵骏，向丽．跨境电子商务建设视角下个人信息跨境流动的隐私权保护研究．浙江大学学报（人文社会科学版）．2019（02）：58－71．

［4763］胡文苑．档案出境许可审查的基本范式——以注销外资企业的会计档案出境为例．浙江档案．2019（02）：14－16．

［4764］刘仁琦．我国刑事再审程序启动实体限制规则研究．浙江工商大学学报．2019（03）：60－67．

［4765］陆小华，杨益航．论涉法新闻报道的规制——以无罪推定为视角．浙江工商大学学报．2019（02）：45－54．

［4766］陈真亮．从生态之治到生态善治：环境治理体系与能力现代化之图景．浙江工业大学

学报（社会科学版）.2019（04）：388－390.

［4767］张晓丹．优惠型单用途商业预付卡类非法集资犯罪的刑法规制．浙江金融．2019（11）：49－56.

［4768］梁文才．第三方资助下商事仲裁利益冲突的合理规制．浙江金融．2019（05）：15－22.

［4769］陶莺，林仙云，曲亮．海外并购：企业转型升级的新发力点．浙江经济．2019（12）：33－35.

［4770］杨晶．海亮股份海外投资及并购的若干启示．浙江经济．2019（23）：50－51.

［4771］戴健民．渠道管理与反垄断合规——时尚行业的全球视野．浙江理工大学学报（社会科学版）.2019（05）：535－541.

［4772］徐劲科，陈洲，陈昱嘉，黄虞．中国时尚、零售业跨境并购交易法律问题研究．浙江理工大学学报（社会科学版）.2019（05）：524－534.

［4773］阳晓伟，杨春学．“公地悲剧”与“反公地悲剧”的比较研究．浙江社会科学．2019（03）：4－13.

［4774］邓慧慧，杨露鑫．高质量发展目标下市场分割的效率损失与优化路径．浙江社会科学．2019（06）：4－14.

［4775］马长山．AI法律、法律AI及“第三道路”．浙江社会科学．2019（12）：4－11.

［4776］胡铭，龚中航．大数据侦查的基本定位与法律规制．浙江社会科学．2019（12）：12－20.

［4777］杨建顺．论土地征收的正当程序．浙江社会科学．2019（10）：4－20.

［4778］李敏，符平．网约车经营模式的传统回归：一个市场控制观的视角．浙江社会科学．2019（06）：15－24.

［4779］范晓宇．“行政性强制技术转让”规制的边界——兼评《外商投资法》第22条．浙江社会科学．2019（05）：60－66.

［4780］何东，卢志朋．规制与自由：从跳蚤市场、夜市街到共享经济．浙江社会科学．2019（05）：14－22.

［4781］陈鹏．算法的权力：应用与规制．浙江社会科学．2019（04）：52－58.

［4782］董明．环境治理中的企业社会责任履行：现实逻辑与推进路径——一个新制度主义的解析．浙江社会科学．2019（03）：60－73.

［4783］缑倩雯，蔡宁，信瑶瑶．企业环境行为脱耦的成因研究——基于制度逻辑视角．浙江社会科学．2019（02）：19－27.

［4784］龚振军．论扩张解释与类推解释的区分及类推解释的逻辑证立路径．浙江师范大学学报（社会科学版）.2019（06）：68－82.

［4785］蔡彪．我国公民提起环境民事公益诉讼的障碍及制度建议．浙江树人大学学报（人文社会科学版）.2019（02）：106－110.

［4786］陈洁．提高民办学校质量管理成效的建议——基于《民办教育促进法实施条例（修订草案）（送审稿）》的若干思考．浙江树人大学学报（人文社会科学）.2019（01）：14－19.

［4787］徐侠民，杨波，杨露．贸易便利化对中国与中东欧农产品贸易影响的比较分析．浙江万里学院学报．2019（05）：7－14.

［4788］罗美珍．我国网络交易征税问题法律规制探析．浙江万里学院学报．2019（04）：24－29.

［4789］杨静．侦查讯问中“引诱”“欺骗”方法的合理规制．浙江万里学院学报．2019（04）：41－46.

［4790］王文韬．论我国特色刑事缺席审判制度的具体构建．浙江万里学院学报．2019（04）：12－17.

［4791］刁梦梦．论行政黑名单制度及其法律规制．浙江万里学院学报．2019（03）：34－40.

[4792] 尹捷. 论政府采购领域中行政垄断行为的反垄断规制. 浙江万里学院学报. 2019 (02): 28 – 33.

[4793] 赵春兰. 电子商务领域专利侵权法律规制——行政保护引领下的 ODR 协同治理机制. 浙江万里学院学报. 2019 (01): 22 – 27.

[4794] 陈丹, 石东强. P2P 互联网金融问题探析——以“校园贷”为视角. 浙江万里学院学报. 2019 (01): 10 – 15.

[4795] 凌维慈. 城市土地国家所有制背景下的正义城市实现路径. 浙江学刊. 2019 (01): 14 – 24.

[4796] 姜渊.《大气污染防治法》规制思路与手段的思辨与选择. 浙江学刊. 2019 (05): 124 – 132.

[4797] 郑观, 范克韬. 区块链时代的信任结构及其法律规制. 浙江学刊. 2019 (05): 115 – 123.

[4798] 安永康. 以资源为基础的多元合作“监督空间”构建——以我国食品安全领域为例. 浙江学刊. 2019 (05): 103 – 114.

[4799] 王伟, 熊文邦. 我国信用服务业分类规制研究. 征信. 2019 (12): 9 – 16.

[4800] 范明珠, 杨军. 互联网金融征信滥用的法律规制问题研究. 征信. 2019 (09): 39 – 44.

[4801] 史志颖, 李新功. 反腐败力度、环境规制与企业技术创新实证研究. 征信. 2019 (08): 63 – 70.

[4802] 金香爱, 李岩峰. 政府产业投资基金法律规制路径探析. 征信. 2019 (05): 80 – 84.

[4803] 陈禹衡. 大数据时代侵犯个人征信信息的刑法规制. 征信. 2019 (04): 36 – 41.

[4804] 管百海. 基于融资本质的共享单车押金问题研究. 征信. 2019 (07): 84 – 86.

[4805] 杜朝运, 王建胜. 商业银行洗钱风险自评估现状及监管对策. 征信. 2019 (07): 61 – 65.

[4806] 孔婷, 刘莉. 欧盟信用评级机构最新监管草案研究及启示. 征信. 2019 (04): 68 – 71.

[4807] 谢金静. 互联网金融理财产品监管争议分析——以余额宝为例. 征信. 2019 (03): 5 – 11.

[4808] 杜闻. 论英美民事诉讼中的专家选购及其规制困境. 证据科学. 2019 (04): 403 – 418.

[4809] 李雅健, 郑飞. 乱象与规制: 中国刑事证据保管制度研究. 证据科学. 2019 (01): 35 – 52.

[4810] French Peter, 曹洪林, 雷艺璟. 英国声纹鉴定的发展历史. 证据科学. 2019 (06): 730 – 740.

[4811] 范黎红. 信用违约互换 (CDS) 市场内幕交易的法律规制. 证券市场导报. 2019 (08): 60 – 68.

[4812] 袁康, 邓阳立. 道德风险视域下的金融科技应用及其规制——以证券市场为例. 证券市场导报. 2019 (07): 13 – 19.

[4813] 池骋. 保单贴现及其证券化的法律规制与经验借鉴——以美国的相关实务与法制为研究中心. 证券市场导报. 2019 (06): 58 – 68.

[4814] 肖函. 互联网金融背景下券商经纪业务佣金“价格战”的法律规制. 证券市场导报. 2019 (03): 71 – 78.

[4815] 关静怡, 刘娥平. 业绩承诺增长率、并购溢价与股价崩盘风险. 证券市场导报. 2019 (02): 35 – 44.

[4816] 韩宏稳, 唐清泉, 黎文飞. 并购商誉减值、信息不对称与股价崩盘风险. 证券市场导报. 2019 (03): 59 – 70.

[4817] 杨宗杭, 曹硕, 杨琨, 邹冬. 我国资本市场生态的特点、问题及优化路径. 证券市场

导报.2019（05）：4－13.

［4818］苗沛霖.论纵向非价格垄断协议的法律规制.郑州大学学报（哲学社会科学版）.2019（06）：18－23.

［4819］赵智敏.基于“五常”传统伦理视角的网络直播行为失范与规制.郑州大学学报（哲学社会科学版）.2019（03）：119－122.

［4820］宁立志，杨妮娜.专利拒绝许可的反垄断法规制.郑州大学学报（哲学社会科学版）.2019（03）：15－21.

［4821］梁会君.所有制差异、选择效应与企业国际化路径.郑州航空工业管理学院学报.2019（03）：60－71.

［4822］马榕，叶建华.信息不对称、股票流动性与并购支付方式.郑州航空工业管理学院学报.2019（01）：102－112.

［4823］王聪.论PPP项目咨询机构的制度规制.郑州轻工业学院学报（社会科学版）.2019（Z1）：75－83.

［4824］邹贤启.以一流营商环境促进湖北高质量发展.政策.2019（11）：29－32.

［4825］温岭市政协经科委课题组，江涌清，马利彪，陈丽莎.优化营商环境　促进经济高质量发展.政策瞭望.2019（09）：40－42.

［4826］侯佳儒.环境损害救济：从侵权法到事故法.政法论丛.2019（05）：127－138.

［4827］杨硕.股权众筹中介机构的功能解释与立法规制.政法论丛.2019（02）：80－91.

［4828］林少伟.美国公司法联邦主义的历史演变及其启示.政法论丛.2019（01）：137－152.

［4829］张世明.义利之和：企业社会责任与并购.政法论丛.2019（04）：54－67.

［4830］任自力.中国保险费率监管制度的改革与思考.政法论丛.2019（02）：104－114.

［4831］张卫平.诉讼请求变更的规制及法理.政法论坛.2019（06）：58－74.

［4832］张崇胜.证券欺诈行为规制的立法模式——兼议《证券法》第五条之修改.政法学刊.2019（06）：35－42.

［4833］熊文邦.日本对非法传销的法律规制及启示.政法学刊.2019（05）：92－99.

［4834］黄喆.区域行政协调的立法检视与规制完善.政法学刊.2019（04）：12－18.

［4835］柯卫，汪振庭.域外网络言论自由法律规制的比较及启示.政法学刊.2019（03）：5－9.

［4836］杜磊.监察自治理论及其适用界限研究.政法学刊.2019（01）：7－14.

［4837］王苏醒.略论户籍管理立法的服务为本理念.政法学刊.2019（03）：116－120.

［4838］王慧.以提案为抓手　助推“老字号”保护地方立法　厦门市政协推动“老字号”立法的回顾.政协天地.2019（06）：30－31.

［4839］林莉.建言资政，助推港澳台侨企业发展　全国政协港澳台侨委员会与省政协开展联合调研小记.政协天地.2019（05）：5－6.

［4840］吴汉洪.西方产业组织理论在中国的引进及相关评论.政治经济学评论.2019（01）：3－21.

［4841］殷继国.大数据市场反垄断规制的理论逻辑与基本路径.政治与法律.2019（10）：134－148.

［4842］熊波.网络服务提供者刑事责任“行政程序前置化”的消极性及其克服.政治与法律.2019（05）：50－65.

［4843］余煜刚.行政自制中信息工具的法理阐释——行政伦理柔性制度化的“可能”与“限度”.政治与法律.2019（12）：65－77.

［4844］涂龙科.“套路贷”犯罪的刑法规制研究.政治与法律.2019（12）：35－42.

[4845] 张锋. 我国协商型环境规制构造研究. 政治与法律. 2019 (11): 100－112.

[4846] 刘艳红. 网络爬虫行为的刑事规制研究——以侵犯公民个人信息犯罪为视角. 政治与法律. 2019 (11): 16－29.

[4847] 王世杰. 论行政行为的构成要件效力. 政治与法律. 2019 (09): 64－81.

[4848] 刘启川. 权力清单推进机构编制法定化的制度建构——兼论与责任清单协同推进. 政治与法律. 2019 (06): 13－25.

[4849] 周海源. 行政权力清单制度深化改革的方法论指引. 政治与法律. 2019 (06): 26－39.

[4850] 胡苑. 环境法律"传送带"模式的阻滞效应及其化解. 政治与法律. 2019 (05): 133－144.

[4851] 邓刚宏. 食品生产经营者自我规制模式的构建. 政治与法律. 2019 (03): 101－110.

[4852] 胡斌. 论"行政制规权"的概念建构与法理阐释. 政治与法律. 2019 (01): 80－97.

[4853] 陈金钊. "法律解释权"行使中的"尊重和保障人权". 政治与法律. 2019 (01): 67－79.

[4854] 张守文. 人工智能产业发展的经济法规制. 政治与法律. 2019 (01): 2－10.

[4855] 宁立志, 傅显扬. 论数据的法律规制模式选择. 知识产权. 2019 (12): 27－35.

[4856] 刁云芸. 涉数据不正当竞争行为的法律规制. 知识产权. 2019 (12): 36－44.

[4857] 徐棣枫, 孟睿. 规制专利申请行为: 专利法第四次修改草案中的诚实信用原则. 知识产权. 2019 (11): 69－78.

[4858] 戴文骐. 认真对待商标权: 恶意抢注商标行为规制体系的修正. 知识产权. 2019 (07): 33－46.

[4859] 张体锐. 知识产权非实施行为的法律规制. 知识产权. 2019 (07): 47－55.

[4860] 周澎. 网站屏蔽制度的国际发展及本土化构建. 知识产权. 2019 (07): 56－65.

[4861] 贾学胜. 著作权刑法保护视阈下"复制发行"的法教义学解读. 知识产权. 2019 (06): 25－34.

[4862] 何培育, 蒋启蒙. 回归抑或超越: 专利间接侵权与共同侵权理论之辨. 知识产权. 2019 (05): 46－57.

[4863] 刘影, 眭纪刚. 日本大数据立法增设"限定提供数据"条款及其对我国的启示. 知识产权. 2019 (04): 88－96.

[4864] 李春晖. 专利恶意诉讼之认定标准及法律责任. 知识产权. 2019 (04): 31－43.

[4865] 仲春. 标准必要专利与反垄断法的最新国际实践——美国 FTC 诉高通公司垄断一审案研究. 知识产权. 2019 (11): 17－30.

[4866] 曾田. 网络内容平台竞争与反垄断问题研究. 知识产权. 2019 (10): 45－60.

[4867] 饶爱民. 专利联营反垄断法分析的考量因素. 知识产权与市场竞争研究. 2019 (01): 101－111.

[4868] 黄绪政. 建筑行业经济增长与环境保护的关系解析. 知识经济. 2019 (13): 46－47.

[4869] 许华, 刘佳华. 环境规制对西部地区工业企业技术创新的影响. 知识经济. 2019 (10): 12－13.

[4870] 高豪. 新常态下中国企业跨国并购的战略选择. 知识经济. 2019 (03): 28－30.

[4871] 王旭东. 中国企业并购德国制造业的区位优势分析. 知识经济. 2019 (04): 63－67.

[4872] 张青. 企业并购中对赌协议的优势与弊端——以国瓷材料为例. 知识经济. 2019 (19): 33－34.

[4873] 李晗. 企业并购中的专利风险研究综述. 知识经济. 2019 (22): 95－97.

[4874] 鞠秀颖. 企业并购后财务整合问题探讨. 知识经济. 2019 (28): 74－75.

[4875] 余燕娜．企业并购中的财务风险研究．知识经济．2019（33）：104－107.

[4876] 李艳琴．传统企业互联网转型并购的特点与动因分析．知识经济．2019（36）：54－55.

[4877] 李志英．企业反并购策略选择——以广发证券公司为例．知识经济．2019（34）：85－87.

[4878] 周杰．浅析新型烟草制品市场发展及监管策略．知识经济．2019（30）：59－62.

[4879] 张慧芳．企业会计造假行为及监管演化博弈分析．知识经济．2019（12）：74－75.

[4880] 刘晟．聚合支付的规范与发展．知识经济．2019（10）：29－31.

[4881] 梁薇．理财新规对银行业转型的影响展望．知识经济．2019（12）：57－66.

[4882] 彭志勇．关于区块链技术在 PPP 项目监管中的应用思考．知识经济．2019（06）：25－27.

[4883] 孙晓娟，王青梅．公共危机事件中政府公信力困境与应对的思考．知与行．2019（03）：70－75.

[4884] 公丕潜．论我国行政诉讼法中被告逾期举证的法律后果与规制路径．知与行．2019（04）：36－41.

[4885] 张毫．小微企业融资法律风险梳理及应对．知与行．2019（03）：82－86.

[4886] 陈小云．共享经济下政府职能让渡与管理补位的路径研究．职大学报．2019（05）：69－73.

[4887] 邢卓尔．刍议针对市场混淆行为的反不正当竞争法规制．职业技术．2019（01）：97－100.

[4888] 师慧丽，任臻，周春燕．组织社会学新制度主义视域下德国“双元制”校企合作制度研究．职业技术教育．2019（19）：67－72.

[4889] 蒋文超．制度互补性视域下中德现代学徒制职业教育模式比较研究．职业技术教育．2019（07）：74－79.

[4890] 赵娟．组织合法性对食品安全监管的影响——基于组织分析的新制度主义视角．治理研究．2019（02）：107－115.

[4891] 沈彬．规制电商的“界面霸权”，才能杜绝恶意搭售．智慧中国．2019（05）：76－77.

[4892] 谭浩亮．焦点算子“只”的量级与非量级用法．智库时代．2019（21）：247－248.

[4893] 罗娅．基于新型信息化产业视角的项目控制投资方法中存在的问题与对策．智库时代．2019（12）：30－33.

[4894] 李彬彬．“一带一路”倡议下精准扶贫对地方民间艺术的保护与传承研究．智库时代．2019（37）：9－10.

[4895] 郑丽茹．教育精准扶贫推进中的扶持路径探究．智库时代．2019（26）：19－22.

[4896] 郑换伟，周琳潇，王珊珊．共享单车“共同治理”方案研究．智库时代．2019（15）：1－2.

[4897] 李正生．互联网分享经济对行政法规制的挑战与对策研究．智库时代．2019（08）：42－43.

[4898] 张慧．基于苏州金融小镇和并购基金小镇双翼建设视角的校企共享服务中心研究．智库时代．2019（29）：215－217.

[4899] 陈礼甲，蔡金玲．企业并购中的财务风险分析与防范研究．智库时代．2019（34）：54－55.

[4900] 谭硕．企业并购财务风险分析与防范探讨．智库时代．2019（44）：29－33.

[4901] 何建松．加强劳务协作队伍监管和备案工作的重要性．智库时代．2019（47）：289－290.

[4902] 许妍．基层中药饮片质量监管问题及对策建议．智库时代．2019（24）：263－264.

[4903] 刘梦月，魏荟颖，付锦泉．我国金融科技发展存在的问题以及对策研究．智库时代．

2019（18）：294－295.

［4904］尹梦琪，张扬．互联网＋条件下公益众筹平台的治理问题——以A公司为例．智库时代．2019（08）：143－144.

［4905］刘若愚．短视频的监管问题研究．智库时代．2019（04）：167－168.

［4906］谢正娟．探索“三账一表”监管方式筑牢扶贫项目资金监管“防火墙”．智库时代．2019（01）：11－12.

［4907］王超．共享单车相关商品市场的界定．智库时代．2019（18）：289－290.

［4908］华宇．现代有轨电车运营企业物资联合采购措施研究．智能城市．2019（24）：80－81.

［4909］刘景丰．加强施工管理提高水利工程质量分析．智能城市．2019（12）：111－112.

［4910］丁佳蓉，朱淑文．第三方验证下的基于无线信道特征的密钥提取．智能计算机与应用．2019（02）：108－111.

［4911］赵小芳．NPE专利投机行为的法律规制．中北大学学报（社会科学版）．2019（04）：88－93.

［4912］钟坚龙，施关根．行政审批集成式改革中政府权力的定位与重塑．中共乐山市委党校学报．2019（02）：94－100.

［4913］丁杰，刘柯柯．现金贷业务的法律规制路径研究．中共乐山市委党校学报．2019（01）：88－93.

［4914］黎业明．穿透式金融监管：价值冲突与边界厘定．中共南昌市委党校学报．2019（01）：39－42.

［4915］张富利，张丹萍．监察委员会职务犯罪调查权论析．中共青岛市委党校．青岛行政学院学报．2019（06）：94－100.

［4916］姚远，刘迎迎．“格式条款”法律规制的检视与完善．中共青岛市委党校．青岛行政学院学报．2019（03）：68－74.

［4917］胡汛．影视植入式广告的法律规制．中共青岛市委党校．青岛行政学院学报．2019（03）：89－93.

［4918］曲崇明．“四新经济”的监管：新理念与新模式．中共青岛市委党校．青岛行政学院学报．2019（05）：71－76.

［4919］陈国飞．网络言论自由规制中具体权益价值的协调平衡．中共山西省委党校学报．2019（06）：94－97.

［4920］张天虹，张帆．《监察法》《刑法》衔接视域下监察对象的界定．中共山西省委党校学报．2019（05）：80－83.

［4921］谢时研．新监察体制下监察权规制的体系建构．中共山西省委党校学报．2019（01）：83－87.

［4922］杨静，马运瑞．加强药品流通监管的对策探讨．中共山西省委党校学报．2019（01）：75－78.

［4923］施关根，钟坚龙．行政审批“最多跑一次”改革中政府权力的定位与重塑——以浙江省K区行政审批集成式改革试点为例．中共太原市委党校学报．2019（01）：26－31.

［4924］刘泽宇．关于太原市餐饮食品安全建设的分析．中共太原市委党校学报．2019（01）：22－25.

［4925］吴建雄，张咏涛．论国家监察创制的文化自信．中共中央党校（国家行政学院）学报．2019（04）：107－115.

［4926］李爱华．论新时代中国国际塑造力的提高．中共中央党校（国家行政学院）学报．2019（03）：28－37.

［4927］林鸿潮．行政审批制度改革与行政许可效力的类别化扩张．中共中央党校（国家行政学院）学报．2019（02）：68－73.

［4928］金梦．中国人工智能立法的科学性探析．中共中央党校（国家行政学院）学报．2019（01）：104－112.

［4929］王国军．公司治理：关联交易规制的视角．中国保险．2019（10）：6－7.

［4930］李晓斌．保险公司关联交易的规制．中国保险．2019（10）：8－11.

［4931］巩剑．并购风险与并购保险．中国保险．2019（09）：49－53.

［4932］王哲．中国钢企兼并重组“加速跑”．中国报道．2019（08）：62－64.

［4933］王雅芬，韦俞村．图片版权商业维权诉讼的引导与规制．中国报业．2019（23）：82－84.

［4934］李金明．新媒体视频直播法律问题研究．中国报业．2019（04）：22－23.

［4935］薛尧云．企业品牌跨界联合营销探析——以Uber（优步）为例分析．中国报业．2019（14）：44－45.

［4936］张力，刘婉．互联网平台反垄断任重道远．中国报业．2019（23）：48－49.

［4937］孔喆．孔子庙建筑制度研究．中国编辑．2019（03）：98.

［4938］饶世权．论美国对互联网出版业规制的探索．中国编辑．2019（02）：76－82.

［4939］马千越．标准化视域下商品条码规制方向探究．中国标准化．2019（18）：217－218.

［4940］邵锐坤．论智慧电梯的法律规制．中国标准化．2019（18）：225－226.

［4941］庞淑婷，程光伟，刘颖．“一带一路”市场农产食品贸易及其技术性贸易壁垒分析．中国标准化．2019（07）：160－164.

［4942］庄伟，霍楠，杨慧，孔英，胡鹏宇．利用产业并购基金推动检验检测行业结构升级的研究．中国标准化．2019（03）：42－47.

［4943］胡水英，彭晓光，饶青锋．临床输血绩效考核方案在输血病案质控中的应用．中国病案．2019（03）：14－17.

［4944］湖北省襄阳市财政局课题组，范景玉，马善记，葛炜．扶贫领域项目资金监管问题研究．中国财政．2019（21）：49－52.

［4945］关振国．课堂教学评价：提升高校思政课课堂教学效率的助力器．中国成人教育．2019（12）：76－79.

［4946］姚承曦．美国投资管理经典案例研究．中国城市金融．2019（02）：80.

［4947］张珂．中资商业银行跨境并购整合之道——以中国工商银行（土耳其）股份有限公司为例．中国城市金融．2019（09）：50－52.

［4948］程浩．做好并购业务　当好排头兵．中国城市金融．2019（11）：46－49.

［4949］孟晖．移动阅读中的伦理失范现象及规制措施研究．中国出版．2019（22）：31－34.

［4950］文杰．数据新闻作品使用数据的著作权法规制——兼谈《著作权法（修订草案送审稿）》的相关规定．中国出版．2019（15）：45－49.

［4951］郝明英．论网络出版者权的法律规制．中国出版．2019（13）：16－20.

［4952］王云鹤，何佳磊．论视频聚合App中深层链接的法律规制．中国出版．2019（07）：51－55.

［4953］沈君菡，周茂君．知识付费模式下的市场逻辑与发展策略．中国出版．2019（07）：38－42.

［4954］蒋曼，鲍建武，郑嘉毅，戴瑞明，宋阳，李星辉，王颖．上海市长期护理保险评估环节的监管研究．中国初级卫生保健．2019（07）：28－30.

［4955］徐翔．物流业　并购整合　方兴未艾．中国储运．2019（01）：39.

［4956］余飞．物流业并购时代已经来临．中国储运．2019（01）：40－41.

［4957］徐翔．2018 年顺丰的并购节奏：补短板．中国储运．2019（01）：47－49.

［4958］余飞．并购，以“规模”解开“散乱”之结．中国储运．2019（01）：50－51.

［4959］余飞．并购——挑战和风险并存．中国储运．2019（01）：52－53.

［4960］徐翔．阿里的并购逻辑．中国储运．2019（01）：42－44.

［4961］张婷，李传学，李坤正．济宁加大地方特色品种保护开发力度．中国畜牧业．2019（14）：73－74.

［4962］孟蕊，许萍，郑金龙，赵海燕．环境规制下我国大规模生猪养殖生产效率研究．中国畜牧杂志．2019（02）：122－126.

［4963］李军红．泾川县畜产品质量安全存在问题及对策．中国畜禽种业．2019（12）：5－6.

［4964］徐增强．动物跨区域调运监管工作存在问题及对策．中国畜禽种业．2019（11）：16.

［4965］张少安．畜牧兽医卫生方面存在的问题及对策．中国畜禽种业．2019（11）：25.

［4966］李月健，党飞祥．关于“互联网＋”畜牧兽医监管的思考．中国畜禽种业．2019（06）：27.

［4967］李京芳，潘晓芳，李宏伟．试论禽畜规模养殖场监管要点．中国畜禽种业．2019（06）：51.

［4968］韩晶晶，杨新义，龚智国，张永林，郭燕．畜禽养殖档案监管发现的问题及对策．中国畜禽种业．2019（04）：45.

［4969］陈婷．论动物防疫在畜产品质量安全中的重要性．中国畜禽种业．2019（03）：73－74.

［4970］王志雄．浅谈违规节目内容综合管理系统在监管中的应用．中国传媒大学学报（自然科学版）．2019（04）：15－18.

［4971］徐剑华．班轮业集体豁免条例存废再起波澜．中国船检．2019（01）：46－49.

［4972］徐剑华．集运业并购交易，谁将登场？．中国船检．2019（06）：32－38.

［4973］桂傲然．现代重工并购大宇造船对全球船舶动力产业格局影响几何．中国船检．2019（12）：65－68.

［4974］叶强．家庭教育立法中的家庭教育权再探．中国德育．2019（22）：28－31.

［4975］逯进，王晓飞．低碳试点政策对中国城市技术创新的影响——基于低碳城市试点的准自然实验研究．中国地质大学学报（社会科学版）．2019（06）：128－141.

［4976］杨仁发，李娜娜．环境规制与中国工业绿色发展：理论分析与经验证据．中国地质大学学报（社会科学版）．2019（05）：79－91.

［4977］安然．宽严之间：污染环境罪的司法适用之检视．中国地质大学学报（社会科学版）．2019（05）：35－45.

［4978］杜威剑．环境规制政策能够促进过剩产能治理吗？——来自中国工业企业的微观证据．中国地质大学学报（社会科学版）．2019（04）：57－71.

［4979］熊波，杨碧云．命令控制型环境政策改善了中国城市环境质量吗？——来自“两控区”政策的“准自然实验”．中国地质大学学报（社会科学版）．2019（03）：63－74.

［4980］肖磊．社会源废弃物信息获取的模式选择及其法律规制．中国地质大学学报（社会科学版）．2019（02）：45－55.

［4981］杨解君，姚志伟．论网络广告语言文字的法律规制．中国地质大学学报（社会科学版）．2019（02）：99－108.

［4982］马允．论国家公园“保护优先”理念的规范属性——兼论环境原则的法律化．中国地质大学学报（社会科学版）．2019（01）：91－108.

［4983］肖建忠，黎明，王小林．中国民用天然气价格规制的公共福利效应与阶梯定价优化情景分析．中国地质大学学报（社会科学版）．2019（01）：46－58.

［4984］叶泽，姚军，吴永飞，何姣．考虑用户需求的电价交叉补贴及社会福利计量研究．中国电力．2019（12）：113－122.

［4985］张超，赵茜，许钊，尤培培．基于需求价格弹性的电价交叉补贴理论问题研究．中国电力．2019（08）：144－148.

［4986］张翔，洪笑峰，黄国日，韩士琦．配售电公司的不对称监管框架设计．中国电力．2019（11）：159－166.

［4987］陈敏曦．增量配电改革辨得失．中国电力企业管理．2019（34）：10－16.

［4988］叶泽．省级电网输配电价定价办法存在的主要问题及解决思路．中国电力企业管理．2019（31）：42－47.

［4989］王鹏，曹雨洁．2018年电力市场化改革的回顾与展望．中国电力企业管理．2019（13）：54－57.

［4990］赵爱玲．2019年中企海外并购　亮点将在一带一路地区．中国对外贸易．2019（04）：24－25.

［4991］赵爱玲．中美贸易战成影响上半年中企海外并购主因．中国对外贸易．2019（09）：20－21.

［4992］赵爱玲．中企并购意愿依然强劲　生命科学领域最受青睐．中国对外贸易．2019（12）：26－27.

［4993］艾渺．面对全球化浪潮　并购扮演重要角色．中国对外贸易．2019（12）：44－45.

［4994］赵澍．地方企业专利保护与促进对策的研究．中国发明与专利．2019（05）：65－69.

［4995］季欣．发展中国家对专利引发市场垄断的应对．中国发明与专利．2019（12）：12－18.

［4996］殷实，刘静，张伟．由“牙膏添加氨甲环酸事件”谈相关专利审查过程中如何把握法五条的妨害公共利益．中国发明与专利．2019（04）：124－128.

［4997］刘志成，李清彬．把握当前数据垄断特征　优化数据垄断监管．中国发展观察．2019（08）：45－48.

［4998］郑鹏程．论搭售的违法判断标准．中国法学．2019（02）：183－201.

［4999］朱勇．论中国古代的“六事法体系”．中国法学．2019（01）：25－45.

［5000］侯利阳．市场与政府关系的法学解构．中国法学．2019（01）：186－203.

［5001］邢会强．我国《证券法》上证券概念的扩大及其边界．中国法学．2019（01）：244－263.

［5002］王传英，崔丽月．全球语言服务业并购重组研究．中国翻译．2019（02）：120－129.

［5003］孔晨，房亚楠，陈安．老挝溃坝事件原因及救援策略．中国防汛抗旱．2019（03）：33－36.

［5004］黄宇健．加强乡村旅游用地法律规制建设．中国房地产．2019（18）：70－75.

［5005］杨剑泳，俞明轩．房地产企业横向并购绩效评价研究——以阳光城地产为例．中国房地产．2019（24）：14－18.

［5006］李钱斐．浅析我国长租公寓发展前景及REITs融资风险．中国房地产．2019（34）：39－44.

［5007］李洋．浅谈对办公、商业项目分割的监管．中国房地产．2019（31）：63－64.

［5008］蒋和平．管好用好房屋“养老金”切实维护业主合法权益．中国房地产．2019（19）：67－70.

［5009］牟伟，于磊，陈娟．厘清登记监管职能　顺利实现“一次办好”．中国房地产．2019（07）：21－23.

［5010］王军．大数据时代校园学生个人信息的法律保护与规制．中国高等教育．2019（20）：

52 - 53.

［5011］龚向和，魏文松．学术规范的功能定位、合理限度及其法律制度体系建构．中国高教研究．2019（11）：69 - 76.

［5012］张绍丽，郑晓齐．学术腐败治理的理念创新与实现路径．中国高校科技．2019（12）：8 - 11.

［5013］杜寅．功利与规制视域下的社会源危险废物法律制度完善．中国高校社会科学．2019（05）：52 - 60.

［5014］钱玉文，周晓杰．网约车模式的法律规制研究．中国高校社会科学．2019（03）：60 - 72.

［5015］肖建华，柴芳墨．论数据权利与交易规制．中国高校社会科学．2019（01）：83 - 93.

［5016］闫志刚，张成岗．美国"保健食品"监管百年：科学、产业与监管博弈．中国高校社会科学．2019（06）：104 - 114.

［5017］邓慧慧，杨露鑫．雾霾治理、地方竞争与工业绿色转型．中国工业经济．2019（10）：118 - 136.

［5018］刘志东，高洪玮．中国制造业出口对美国企业创新的影响．中国工业经济．2019（08）：174 - 192.

［5019］王博，梁洪，张晓玫．利率市场化、货币政策冲击与线上线下民间借贷．中国工业经济．2019（06）：60 - 78.

［5020］刘戒骄．竞争中性的理论脉络与实践逻辑．中国工业经济．2019（06）：5 - 21.

［5021］胡志高，李光勤，曹建华．环境规制视角下的区域大气污染联合治理——分区方案设计、协同状态评价及影响因素分析．中国工业经济．2019（05）：24 - 42.

［5022］任胜钢，郑晶晶，刘东华，陈晓红．排污权交易机制是否提高了企业全要素生产率——来自中国上市公司的证据．中国工业经济．2019（05）：5 - 23.

［5023］邱国栋，郭蓉娜．企业克服"两种陷阱"的后卢因式战略变革——基于"抛弃政策"与二元视角的研究．中国工业经济．2019（05）：174 - 192.

［5024］史贝贝，冯晨，康蓉．环境信息披露与外商直接投资结构优化．中国工业经济．2019（04）：98 - 116.

［5025］董直庆，王辉．环境规制的"本地—邻地"绿色技术进步效应．中国工业经济．2019（01）：100 - 118.

［5026］李海舰．《跨国公司垄断势力纵向传导机制及规制研究》评介．中国工业经济．2019（01）：4.

［5027］蔡庆丰，田霖．产业政策与企业跨行业并购：市场导向还是政策套利．中国工业经济．2019（01）：81 - 99.

［5028］潘爱玲，刘昕，邱金龙，申宇．媒体压力下的绿色并购能否促使重污染企业实现实质性转型．中国工业经济．2019（02）：174 - 192.

［5029］张明，陈伟宏，蓝海林．中国企业"凭什么"完全并购境外高新技术企业——基于94个案例的模糊集定性比较分析（fsQCA）．中国工业经济．2019（04）：117 - 135.

［5030］宋贺，段军山．财务顾问与企业并购绩效．中国工业经济．2019（05）：155 - 173.

［5031］陈爱贞，张鹏飞．并购模式与企业创新．中国工业经济．2019（12）：115 - 133.

［5032］刘鑫．效率逻辑和合法性规制博弈对职工劳动报酬权实现的影响．中国工运．2019（08）：61 - 63.

［5033］本刊编辑部．方案三：兼并收购．中国公路．2019（23）：48.

［5034］任艳玲，王涛，罗阿东，王瑞，周富强，曹琦琦，李树庆，王佳英，陈浪．甜瓜产业应对国际农药残留技术性贸易壁垒分析．中国瓜菜．2019（04）：1 - 7.

［5035］张宇．中国企业跨境并购与境外资产管控模式．中国管理会计．2019（01）：56－65.

［5036］周天一，常维，陈青祝．平台竞争、排他性协议与竞争瓶颈．中国管理科学．2019（10）：209－216.

［5037］叶泽，吴永飞，张新华，刘思强，何姣．需求响应下解决交叉补贴的阶梯电价方案研究——基于社会福利最大化视角．中国管理科学．2019（04）：149－159.

［5038］纪建悦，张懿，任文菡．环境规制强度与经济增长——基于生产性资本和健康人力资本视角．中国管理科学．2019（08）：57－65.

［5039］李芳，马鑫，洪佳，叶春明．政府规制下非对称信息对闭环供应链差别定价的影响研究．中国管理科学．2019（07）：116－126.

［5040］余长林．腐败如何影响了中国的环境污染？——基于非正规经济的视角．中国管理科学．2019（05）：140－148.

［5041］汪明月，刘宇，杨文珂．环境规制下区域合作减排演化博弈研究．中国管理科学．2019（02）：158－169.

［5042］蒋传海，周天一，朱蓓．消费者寻求多样化与厂商折扣定价竞争．中国管理科学．2019（09）：169－174.

［5043］吴士亮，仲琴，张庆民．考虑计算资源容量的云服务垄断定价研究．中国管理科学．2019（08）：107－117.

［5044］黄春萍，赵林，刘璞，都扬扬，张芙幸．新创企业品牌联合伙伴选择的计算实验研究．中国管理科学．2019（08）：129－141.

［5045］魏群．公共服务多元主体供给视角下的校车服务研究．中国管理信息化．2019（09）：181－183.

［5046］沈伟民．社会组织参与乡村振兴管理的法律依据与规制研究．中国管理信息化．2019（24）：169－170.

［5047］杨辛夷．环境规制工具类型与企业环境成本关系的实证分析．中国管理信息化．2019（21）：4－8.

［5048］李蕾．我国商业银行理财产品法律规制研究．中国管理信息化．2019（16）：145－146.

［5049］刘铮毅．我国自然垄断行业发展现状研究．中国管理信息化．2019（08）：149－150.

［5050］谢雨霖，邱静．离岸企业避税规制浅析．中国管理信息化．2019（07）：28－29.

［5051］李诗侃．政府审批制度改革与民营企业市场准入研究．中国管理信息化．2019（06）：202－203.

［5052］朱姝．企业并购的税收筹划——以蒙牛并购雅士利为例．中国管理信息化．2019（01）：48－51.

［5053］岳尧．中国中车并购财务战略评价研究．中国管理信息化．2019（02）：22－24.

［5054］杨义莹．企业并购所得税税收筹划研究——以KE医疗为例．中国管理信息化．2019（02）：37－38.

［5055］苏靖丹，巫宝莹，农红棉．基于平衡计分卡的企业并购战略绩效评价研究——以宝钢股份吸收合并武钢股份为例．中国管理信息化．2019（03）：39－41.

［5056］梁霞．企业并购带来的节税效应．中国管理信息化．2019（15）：27－29.

［5057］杨攀．企业并购重组中的财务及税收问题研究．中国管理信息化．2019（18）：35－36.

［5058］树友林，陆怡安．并购支付方式对并购绩效的影响研究．中国管理信息化．2019（19）：4－7.

［5059］耿大源，庞明．试论企业并购中的财务风险．中国管理信息化．2019（21）：24－26.

［5060］宁翠荣．地震系统工程建设项目监管探析．中国管理信息化．2019（13）：90－91.

［5061］李春天．高危企业安全生产监管策略研究．中国管理信息化．2019（08）：78－79.

［5062］武宝贵．关于加强互联网金融监管探讨．中国管理信息化．2019（03）：101－103.

［5063］刘金星．论网络综合治理下自媒体的法律规制．中国广播．2019（11）：71－74.

［5064］国家广播电视总局发展研究中心发布《亚太地区网络视听发展与治理情况报告》．中国广播．2019（06）：94.

［5065］杨林．收视率造假行为的规制研究．中国广播电视学刊．2019（01）：38－40.

［5066］蒋锋．多措并举畅通货币政策传导机制．中国国情国力．2019（11）：15－18.

［5067］陈爱贞．企业并购现状与发展趋势．中国国情国力．2019（05）：23－25.

［5068］甘志霞，贾雅男．企业跨国并购的文化融合研究．中国国情国力．2019（05）：40－42.

［5069］刘进雄．企业并购应首先制定战略规划．中国国情国力．2019（12）：38－42.

［5070］郝睿，杨雲．探析 P2P 网络借贷“爆雷潮”成因及对策．中国国情国力．2019（01）：21－25.

［5071］李显冬，陈佩云．矿业权公示途径之探析．中国国土资源经济．2019（05）：4－9.

［5072］蔡莉妍．论航运领域滥用市场支配地位行为的判定标准及其法律规制．中国海商法研究．2019（04）：101－109.

［5073］李金龙，乔建伟．改革开放以来出租车行业政府规制政策变迁及其启示——以倡议联盟框架为视角．中国行政管理．2019（12）：80－86.

［5074］薛澜，赵静．走向敏捷治理：新兴产业发展与监管模式探究．中国行政管理．2019（08）：28－34.

［5075］王帅．法治、善治与规制——亲清政商关系的三个面向．中国行政管理．2019（08）：99－104.

［5076］李晓方．理念、激励与共享经济的敏捷治理：基于地方政府网约车监管实践的实证分析．中国行政管理．2019（06）：42－48.

［5077］夏蜀．规制第三方实施：理论溯源与经济治理现代化．中国行政管理．2019（06）：49－55.

［5078］张力．先证后核、消极许可与规制工具试验．中国行政管理．2019（05）：39－45.

［5079］湛中乐，李烁．公民滥用政府信息获取权的法律规制——兼评《政府信息公开条例》的修订．中国行政管理．2019（04）：19－25.

［5080］谢尧雯．论电子政务中的个人信息保护：美国经验与启示．中国行政管理．2019（02）：140－146.

［5081］卢超．互联网信息内容监管约谈工具研究．中国行政管理．2019（02）：41－46.

［5082］郭冠男．如何认识并全面实施市场准入负面清单制度．中国行政管理．2019（01）：6－9.

［5083］范佳佳．中国政府数据开放许可协议（CLOD）研究．中国行政管理．2019（01）：23－29.

［5084］陈少威，范梓腾．数字平台监管研究：理论基础、发展演变与政策创新．中国行政管理．2019（06）：30－35.

［5085］邓义斌，杨小钢，涂航，胡飞孔，陈佳元．基于国标主要规定的内河船舶生活污水排放监管系统设计．中国航海．2019（04）：104－108.

［5086］俞远，高扬．浅析污染源自动监控数据质量的影响因素．中国环保产业．2019（07）：67－68.

［5087］舒安东．环境规制减排效果的门槛效应分析．中国环境管理．2019（06）：64－68.

［5088］邓可祝．大数据条件下环境规制的变革——环境信息规制功能的视角．中国环境管理．

2019（05）：100－106.
［5089］李巍．应对环境风险的反身规制研究．中国环境管理．2019（03）：114－119.
［5090］汪明月，李颖明，毛逸晖，张浩．市场导向的绿色技术创新机理与对策研究．中国环境管理．2019（03）：82－86.
［5091］张园园，孙世民，王军一．畜禽养殖清洁生产：国外经验与启示．中国环境管理．2019（01）：128－131.
［5092］陈宇，张小海．基于信息披露的企业环保动因厘析．中国环境管理干部学院学报．2019（05）：33－35.
［5093］孙博文，傅鑫羽，任俊霖，赵秋运，傅帅雄，张娜．环境规制的蓝色红利效应研究．中国环境科学．2019（08）：3518－3529.
［5094］秦炳涛，葛力铭．中国高污染产业转移与整体环境污染——基于区域间相对环境规制门槛模型的实证．中国环境科学．2019（08）：3572－3584.
［5095］付晓．会展业并购的真相．中国会展．2019（03）：60－64.
［5096］韩建民，张靖．从准公共产品理论角度探究共享单车的发展．中国集体经济．2019（12）：59－60.
［5097］胡劼．代理关系对企业内部资本市场效率的影响刍议．中国集体经济．2019（21）：44－45.
［5098］于彧．论电子商务格式合同的司法裁判规制．中国集体经济．2019（30）：93－94.
［5099］杨露雯．纺织皮革类上市企业环境规制绩效测算研究．中国集体经济．2019（29）：25－27.
［5100］王楚涵．网络骗捐的刑法规制研究．中国集体经济．2019（24）：103－104.
［5101］王丰．中国电力行业规制改革历程．中国集体经济．2019（23）：57－58.
［5102］何成琴．浅析《民法总则》中的代理制度．中国集体经济．2019（16）：99－102.
［5103］柴紫璇，喻言．转售价格维持的竞争效应及反垄断规制——以汽车产业为例．中国集体经济．2019（12）：85－88.
［5104］蔡怀柔．出租车行业规制研究——以出租车特许经营为视角．中国集体经济．2019（12）：124－126.
［5105］牟荣华．共享汽车安全保障问题研究．中国集体经济．2019（09）：164－165.
［5106］朱敬知．经济法体系问题之我见．中国集体经济．2019（08）：98－99.
［5107］董国军．网络舆论监督法律规制的基本原则．中国集体经济．2019（07）：127－128.
［5108］陈曦，杨萍．农村集体土地征收补偿费分配制度的困境与完善．中国集体经济．2019（04）：1－2.
［5109］徐冲．企业并购重组中的税收筹划探讨．中国集体经济．2019（06）：100－101.
［5110］庄仙．爱使股份跨界并购动因和效果分析．中国集体经济．2019（07）：114－117.
［5111］张静静．上市公司并购重组中业绩承诺的风险研究——以新日恒力并购博雅干细胞为例．中国集体经济．2019（10）：95－97.
［5112］尚玉箫，刘璐，李哲，渠媛媛，潘蓓蓓．互联网企业并购整合分析——以滴滴并购Uber为例．中国集体经济．2019（11）：81－83.
［5113］李一鸣，骆公志．腾讯控股并购Suppercell的绩效分析．中国集体经济．2019（11）：118－120.
［5114］孙明阳．浅析公司并购的财务风险分析及控制．中国集体经济．2019（16）：126－128.
［5115］李哲莉．企业并购后财务整合实践及问题研究．中国集体经济．2019（17）：126－128.
［5116］王金荣，林琳．运用SWOT分析法分析企业海外并购风险．中国集体经济．2019

(20)：84－85.

［5117］申爱萍．企业并购重组中的财务风险与防范策略分析．中国集体经济.2019（22）：136－137.

［5118］许晓颖．航空公司并购的财务整合问题研究．中国集体经济.2019（25）：138－139.

［5119］张子煜，钱妤，张文婷．浅谈企业的反向并购．中国集体经济.2019（33）：51－52.

［5120］魏闪闪，杨超，尹涵．我国企业跨国并购的动因和策略选择．中国集体经济.2019（35）：11－12.

［5121］邴晓楠．试论企业并购重组过程中的财务风险及控制．中国集体经济.2019（34）：149－150.

［5122］李嘉仪．浅议公司兼并收购——以汉能并购为例．中国集体经济.2019（02）：111－112.

［5123］唐建明．关于加强土地补偿费管理的思考．中国集体经济.2019（36）：4－5.

［5124］王玉岩．货币基金风险和创新发展模式的探析．中国集体经济.2019（31）：104－105.

［5125］赵安妮．养老机构监管政策的历史变迁及变化趋势．中国集体经济.2019（28）：166－168.

［5126］刘元鹏，田国忠．基于Logit模型的P2P网络借贷平台的风险评估．中国集体经济.2019（26）：87－89.

［5127］任志鑫．“一带一路”背景下的国有企业财务管理优化策略．中国集体经济.2019（20）：144－145.

［5128］陈苗青．移动互联网广告监管模式研究．中国集体经济.2019（20）：60－61.

［5129］宋儒孝南．强化理念引导　筑梦诚信保险——对新时代中国保险诚信意识体系建构的几点思考．中国集体经济.2019（10）：108－109.

［5130］陈瑞基．互联网金融的风险防范．中国集体经济.2019（08）：84－85.

［5131］苗永旺，葛长荣．云南地方鸡资源的发掘、保护与利用．中国家禽.2019（23）：1－8.

［5132］卢立志．地方蛋鸭品种保护与利用．中国家禽.2019（18）：1－5.

［5133］武玉环，朱宁，秦富．农户蛋鸡养殖规模意愿、行为及影响因素分析——基于中国八省实地调研数据．中国家禽.2019（18）：76－80.

［5134］张一武．论互联网平台竞争案件中优势传导理论的适用——以滥用市场支配地位案例研究为视角．中国价格监管与反垄断.2019（11）：42－49.

［5135］冯意．以法益保护观构建剥削性滥用市场支配地位行为的分析框架．中国价格监管与反垄断.2019（10）：20－26.

［5136］大成反垄断团队．经营者承诺制度在中国反垄断执法中的运用．中国价格监管与反垄断.2019（09）：38－39.

［5137］禁止滥用市场支配地位行为暂行规定．中国价格监管与反垄断.2019（07）：8－11.

［5138］曾彩霞，朱雪忠．论大数据垄断的概念界定．中国价格监管与反垄断.2019（12）：25－30.

［5139］季树忠，田家欣，王状武，颜涛，张雷．竞争不充分领域市场价格行为监管研究．中国价格监管与反垄断.2019（11）：32－41.

［5140］高重迎，李雨阳．企业合作行为的反垄断审查思考．中国价格监管与反垄断.2019（12）：31－37.

［5141］鄢晓实．伪造居民身份证复制本是否构成犯罪．中国检察官.2019（24）：80.

［5142］雷志春，孙峥．言论双层区分语境下网络诽谤犯罪的刑法规制．中国检察官.2019（23）：34－36.

［5143］胡金龙，周雯雯．金融犯罪的规制困境与治理对策．中国检察官．2019（19）：48－51.

［5144］孟辰飞．环境法益的刑法保护——以刑法谦抑性为视角．中国检察官．2019（19）：44－47.

［5145］黄河．新时期网络空间扫黑除恶与法律规制．中国检察官．2019（18）：3－4.

［5146］杨会新，王富世．论公益诉讼对格式条款的规制．中国检察官．2019（17）：53－56.

［5147］徐乔．网络时代对非法经营的规制．中国检察官．2019（16）：64－67.

［5148］王恰．串通"投标报价"的刑法教义学阐释．中国检察官．2019（10）：19－23.

［5149］陈娟，陈红霞，张爽．网络技术灰黑产刑法规制初探．中国检察官．2019（06）：10－15.

［5150］许丹，张润平，杨程．开设黑客网站行为的刑法规制．中国检察官．2019（04）：30－32.

［5151］周伟．组织他人赴澳门赌博的行为定性．中国检察官．2019（04）：79.

［5152］钱立波，胡公枢．"套路贷"行为规制刍议．中国检察官．2019（03）：26－29.

［5153］蔡庸文，焦步宏．涉众型合同诈骗犯罪的社会分析与规制．中国检察官．2019（01）：37－40.

［5154］类承曜，陈礼清．债券市场的两大症结及影响．中国金融．2019（18）：68－70.

［5155］周小川．信息科技与金融政策的相互作用．中国金融．2019（15）：9－15.

［5156］李明肖．加强结构性存款监管．中国金融．2019（21）：34－36.

［5157］宋毅成，颜苏．产业链并购与上市公司质量．中国金融．2019（03）：53－54.

［5158］陈峥嵘．科创板并购重组注册制试点落地．中国金融．2019（17）：76－77.

［5159］安青松．资本市场并购重组制度建设经验．中国金融．2019（19）：100－102.

［5160］李佚，董方冉．金融改革开放续写新篇——2018年第12期封面回眸．中国金融家．2019（Z1）：86－87.

［5161］程丹．完善并购重组不是放任炒壳．中国金融家．2019（07）：141.

［5162］甄薇薇．浅析专利恶意诉讼及其法律规制．中国金属通报．2019（07）：149－150.

［5163］邓萍．我国矿山地质环境保护研究．中国金属通报．2019（01）：204－206.

［5164］保罗·罗默．全球化与追赶型经济增长．中国经济报告．2019（03）：115－120.

［5165］贺小刚，吕斐斐，王博霖，杨昊．制度环境与新创企业的经营效率．中国经济问题．2019（06）：86－103.

［5166］李明辉，杨鑫，赵宁．审计师质量、政府管制与基金会捐赠收入——基于"郭美美"事件的研究．中国经济问题．2019（01）：80－92.

［5167］刘守英，熊雪锋．产权与管制——中国宅基地制度演进与改革．中国经济问题．2019（06）：17－27.

［5168］王山．实施竞争政策，应对复杂经济形势．中国经济周刊．2019（22）：105－106.

［5169］吴鹏杰．国际技术转让与美国政府管制有何玄机？．中国经济周刊．2019（14）：101－103.

［5170］郭志强．龙湖地产拿地有一套：联手直播平台合谋"定向出让"土地？．中国经济周刊．2019（15）：76－77.

［5171］李建伟．推进营商环境法治化、改革开放制度化——评《市场准入负面清单（2019年版）》．中国经贸导刊．2019（23）：17－18.

［5172］申海平．建设透明度更高的市场准入法律规范体系的重要举措——评《市场准入负面清单（2019年版）》．中国经贸导刊．2019（23）：9－10.

［5173］任启明．巩固优化营商环境最重要的成果——评《市场准入负面清单（2019年版）》．中国经贸导刊．2019（23）：10－13.

［5174］陈升．《市场准入负面清单（2019年版）》实现重要突破．中国经贸导刊．2019（23）：

14－16.

［5175］张振，孟可心．大力推动经济高质量发展．中国经贸导刊．2019（06）：4－12.

［5176］本刊讯．国家发展改革委　商务部联合召开全面实施市场准入负面清单制度工作部署视频会．中国经贸导刊．2019（08）：47.

［5177］张振，吴欣静．全面实施市场准入负面清单　完善社会主义市场经济体制．中国经贸导刊．2019（01）：31－34.

［5178］李海燕，颜慧，陈卓．浅议企业家海外投资并购综合能力的培养和提高．中国经贸导刊．2019（21）：58－61.

［5179］李志超，陈刚．激励与惩罚：博弈论视角下"车闹"纠纷的法律规制——基于重庆公交车坠江事件的思考．中国经贸导刊（中）．2019（07）：109－111.

［5180］黄群，刘明远．共享经济背景下网约车法律规制问题研究．中国经贸导刊（中）．2019（06）：117－118.

［5181］史长宽．国际资本和贸易影响绿色技术创新的机理分析．中国经贸导刊（中）．2019（03）：22－23.

［5182］周凌轲，黄颖，王普玉．关于套利贸易的理论思考．中国经贸导刊（中）．2019（03）：24－25.

［5183］张莉．基于防范合谋的和谐劳动关系分析．中国经贸导刊（中）．2019（07）：104－106.

［5184］李长江，谌昱．我国企业兼并重组的根本任务、重点行业和可持续发展策略．中国经贸导刊（中）．2019（02）：115－118.

［5185］张明威，李玉菊，于佳春，缪艺韬．美国企业并购的特点、动因及启示．中国经贸导刊（中）．2019（05）：23－25.

［5186］缪艺韬，李玉菊，张明威，于佳春．2014 年以来沪深上市公司并购特点及未来趋势展望．中国经贸导刊（中）．2019（06）：53－55.

［5187］蔡雨欣．中国企业赴美并购案例分析．中国经贸导刊（中）．2019（07）：58－59.

［5188］张莉苑．传统传媒企业并购互联网企业的价值创造分析．中国经贸导刊（中）．2019（09）：91－93.

［5189］马晓荣．夹着尾巴崛起的金元帝国——美国百年发展历史回眸．中国军转民．2019（06）：51－60.

［5190］李永慧，李华晶，庞雅宁，李璟琦．绿色发展制度环境、创业活动与经济增长关系研究．中国科技论坛．2019（11）：146－154.

［5191］庞祯敬，叶子荣．公众对转基因农业技术态度形成中体制性信任的结构维度——基于微博平台互动评论的质性研究．中国科技论坛．2019（08）：114－122.

［5192］刘骏．制度创新如何面对自动驾驶——基于道路测试制度的观察与反思．中国科技论坛．2019（07）：44－51.

［5193］吕希琛，徐莹莹，徐晓微．环境规制下制造业企业低碳技术扩散的动力机制——基于小世界网络的仿真研究．中国科技论坛．2019（07）：145－156.

［5194］孙薇，侯煜菲，周彩红．制造业绿色竞争力评价与预测——以江苏省为例．中国科技论坛．2019（04）：124－132.

［5195］徐成龙，庄贵阳．环境规制下中国工业空间结构的动态演化及驱动因素．中国科技论坛．2019（03）：53－60.

［5196］梁艳．知识产权直接证券化的逻辑与进路——以驱动科技创新为视角．中国科技论坛．2019（02）：109－117.

［5197］汪芳，夏湾．产能过剩、政府规制与制造业升级——基于行业面板数据的实证分析．中国科技论坛．2019（01）：46－56.

［5198］郭壬癸．标准必要专利禁令救济滥用司法规制困境与完善．中国科技论坛．2019（01）：143－151.

［5199］印波，郑肖垚，郭建泉．组织论文买卖、代写行为入刑必要性研究．中国科学基金．2019（06）：555－562.

［5200］黄可嘉，赵勇，马虹．"强规制型"科研诚信治理的特征及启示：以挪威经验为例．中国科学基金．2019（06）：563－570.

［5201］徐广平，宋新华，崔彬．中国稀土市场政策规制研究．中国矿业．2019（05）：13－17.

［5202］张艳飞，邢佳韵，龙涛，陈其慎，郑国栋，王秋舒，贾德龙，黄琳，贾晓戈，魏江桥．全球大型矿业公司发展动向分析．中国矿业．2019（12）：46－51.

［5203］徐广平，崔彬．国际铁矿石价格形成的经济分析及对策建议．中国矿业．2019（S2）：80－84.

［5204］肖磊．多元治理语境下的环境权力优化及其制度因应．中国矿业大学学报（社会科学版）．2019（03）：59－69.

［5205］吴勇，刘琦．平台用工的劳动关系认定及权益保护．中国劳动．2019（12）：19－30.

［5206］仲琦，车红霞．共享经济下新就业形态的日本法律规制和劳动者保护．中国劳动．2019（06）：61－75.

［5207］吴志强．我国劳动力资本化的现状、影响因素与对策研究——以江西为例．中国劳动．2019（03）：84－96.

［5208］唐霁松．构建长效风险管理体系完善社保基金监管体制．中国劳动．2019（08）：5－14.

［5209］杨云君．论我国职业病防治法律规制的进路及完善．中国劳动关系学院学报．2019（06）：88－96.

［5210］李国俊，张盼．"家庭办公"的工伤认定标准探究．中国劳动关系学院学报．2019（03）：78－84.

［5211］周子凡．《资本论》视角破解外卖骑手身份之谜．中国劳动关系学院学报．2019（01）：56－64.

［5212］李长江．供给侧结构性改革背景下兼并重组企业劳动关系的协调力研究——以东部沿海地区制造企业为例．中国劳动关系学院学报．2019（03）：57－68.

［5213］阎维博．金融对外开放中信用评级监管挑战与制度因应．中国流通经济．2019（12）：115－123.

［5214］孙妍．论国有企业在中美贸易中的身份困境与纾解之道．中国流通经济．2019（09）：54－63.

［5215］张阳．数字支付中心化规制的争议与可能．中国流通经济．2019（07）：105－115.

［5216］赵竞竞．我国民间借贷利率影响因素及规范路径——基于浙江787户家庭的调查数据．中国流通经济．2019（03）：121－128.

［5217］刘向东，郭艾．零供交易自律国际经验及启示．中国流通经济．2019（01）：3－14.

［5218］张民元．从律师视角商榷《国家职业资格目录》．中国律师．2019（11）：91－93.

［5219］廖晓丽．从反垄断执法案例看高管的法律责任追究．中国律师．2019（02）：56－57.

［5220］高倩．机上使用便携式电子设备的法律规制分析．中国民航飞行学院学报．2019（05）：67－71.

［5221］曾繁荣．COSO和WBCSD联合发布　企业风险管理框架用于解决环境、社会和治理（ESG）相关风险的指南（二）．中国内部审计．2019（05）：10－15.

［5222］曾繁荣．COSO 和 WBCSD 联合发布　企业风险管理框架用于解决环境、社会和治理（ESG）相关风险的指南（三）．中国内部审计．2019（06）：10－13.

［5223］曾繁荣．COSO 和 WBCSD 联合发布　企业风险管理框架用于解决环境、社会和治理（ESG）相关风险的指南（六）．中国内部审计．2019（09）：30－34.

［5224］曾繁荣．COSO 和 WBCSD 联合发布　企业风险管理框架用于解决环境、社会和治理（ESG）相关风险的指南（七）．中国内部审计．2019（10）：40－43.

［5225］赵建勇，李勇，孙蕾．新疆地区白酒生产许可现场审核中常见问题分析．中国酿造．2019（01）：200－203.

［5226］于婷，于法稳．环境规制政策情境下畜禽养殖废弃物资源化利用认知对养殖户参与意愿的影响分析．中国农村经济．2019（08）：91－108.

［5227］张园园，吴强，孙世民．生猪养殖规模化程度的影响因素及其空间效应——基于 13 个生猪养殖优势省份的研究．中国农村经济．2019（01）：62－78.

［5228］刘渝，宋阳．基于超效率 SBM 的中国农业水资源环境效率评价及影响因素分析．中国农村水利水电．2019（01）：102－107.

［5229］陈志超，孙绍荣．基本医疗保障骗保行为的制度工程学治理研究．中国农村卫生事业管理．2019（09）：624－629.

［5230］李继德．对重庆加强“变拖”监管的践悟．中国农机监理．2019（02）：30－34.

［5231］薛前强．网络拍卖司法辅助机构的法律规制．中国拍卖．2019（11）：18－22.

［5232］李成．进一步完善职业分类大典动态更新制度的思考．中国培训．2019（03）：41.

［5233］董坤．第七届海外汽车市场准入制度与技术法规国际研讨会在昆明成功召开．中国汽车．2019（12）：7－13.

［5234］王艺璇．城市快递小哥的职业流动及其影响因素——基于劳动力市场分割理论的实证研究．中国青年研究．2019（08）：12－18.

［5235］阮博．爱国主义视域下青年“精日”现象论析．中国青年研究．2019（05）：17－23.

［5236］杨光影．“精致劣质图像”的生产与“虚拟社区意识”的形成——论抖音短视频社区青年亚文化的生成机制．中国青年研究．2019（06）：79－86.

［5237］余志林，丁浩，王信敏．基于系统动力学的山东省油气产业能耗控制研究．中国人口·资源与环境．2019（05）：79－87.

［5238］王蓉娟，吴建祖．环保约谈制度何以有效？——基于 29 个案例的模糊集定性比较分析．中国人口·资源与环境．2019（12）：103－111.

［5239］宋德勇，杨秋月．环境规制打破了“资源诅咒”吗？——基于跨国面板数据的经验分析．中国人口·资源与环境．2019（10）：61－69.

［5240］谢婷婷，刘锦华．绿色信贷如何影响中国绿色经济增长？．中国人口·资源与环境．2019（09）：83－90.

［5241］黄磊，吴传清．长江经济带城市工业绿色发展效率及其空间驱动机制研究．中国人口·资源与环境．2019（08）：40－49.

［5242］丁绪辉，高素惠，吴凤平．环境规制、FDI 集聚与长江经济带用水效率的空间溢出效应研究．中国人口·资源与环境．2019（08）：148－155.

［5243］初钊鹏，卞晨，刘昌新，朱婧．雾霾污染、规制治理与公众参与的演化仿真研究．中国人口·资源与环境．2019（07）：101－111.

［5244］于连超，张卫国，毕茜．环境税对企业绿色转型的倒逼效应研究．中国人口·资源与环境．2019（07）：112－120.

［5245］司红运，施建刚，陈进道，吴光东，王欢明．从《中国人口·资源与环境》审视国

内的可持续发展研究——主题脉络、知识演进与新兴热点．中国人口·资源与环境．2019（07）：166－176.

［5246］龚梦琪，刘海云，姜旭．中国低碳试点政策对外商直接投资的影响研究．中国人口·资源与环境．2019（06）：50－57.

［5247］陶静，胡雪萍．环境规制对中国经济增长质量的影响研究．中国人口·资源与环境．2019（06）：85－96.

［5248］翟华云，刘亚伟．环境司法专门化促进了企业环境治理吗？——来自专门环境法庭设置的准自然实验．中国人口·资源与环境．2019（06）：138－147.

［5249］董正爱，胡泽弘．协商行政视域下生态环境损害赔偿磋商制度的规范表达．中国人口·资源与环境．2019（06）：148－155.

［5250］于向宇，李跃，陈会英，李成宇．“资源诅咒”视角下环境规制、能源禀赋对区域碳排放的影响．中国人口·资源与环境．2019（05）：52－60.

［5251］钟娟，魏彦杰．产业集聚与开放经济影响污染减排的空间效应分析．中国人口·资源与环境．2019（05）：98－107.

［5252］展进涛，徐钰娇．环境规制、农业绿色生产率与粮食安全．中国人口·资源与环境．2019（03）：167－176.

［5253］何爱平，安梦天．地方政府竞争、环境规制与绿色发展效率．中国人口·资源与环境．2019（03）：21－30.

［5254］赵领娣，徐乐．基于长三角扩容准自然实验的区域一体化水污染效应研究．中国人口·资源与环境．2019（03）：50－61.

［5255］苏昕，周升师．双重环境规制、政府补助对企业创新产出的影响及调节．中国人口·资源与环境．2019（03）：31－39.

［5256］孙鹏，宋琳芳．基于非期望超效率－Malmquist面板模型中国海洋环境效率测算．中国人口·资源与环境．2019（02）：43－51.

［5257］侯卓，黄家强．财政自主与环境善治：环境税法实施中的法域协调．中国人口·资源与环境．2019（02）：25－33.

［5258］张娟，耿弘，徐功文，陈健．环境规制对绿色技术创新的影响研究．中国人口·资源与环境．2019（01）：168－176.

［5259］潘海英，朱彬让，周婷．基于实验经济学的水权市场有效性研究．中国人口·资源与环境．2019（08）：112－121.

［5260］陆敏，苍玉权，李岩岩．强制减排交易机制外企业会自愿减排么？．中国人口·资源与环境．2019（05）：21－29.

［5261］李晓曼，孟续铎，郑祁．我国非正规就业市场的功能定位与政策选择．中国人力资源开发．2019（06）：79－87.

［5262］陆雪．关于非全日制用工认定标准的一些思考．中国人力资源社会保障．2019（03）：44－45.

［5263］应奎碧，武倩．刑事政策视域下合理解决“校闹”之路径探析．中国人民大学教育学刊．2019（04）：40－51.

［5264］应奎碧，徐亚奇．规制“校闹”行为之多中心校园治理模式研究．中国人民大学教育学刊．2019（03）：45－57.

［5265］熊达．论“诚信”的层次性及建设路径．中国人民大学学报．2019（03）：112－121.

［5266］常凯，郑小静．雇佣关系还是合作关系？——互联网经济中用工关系性质辨析．中国人民大学学报．2019（02）：78－88.

［5267］程雷．刑事司法中的公民个人信息保护．中国人民大学学报．2019（01）：104－113.

［5268］彭玉伟．认罪认罚从宽法律规制之检视与优化．中国人民公安大学学报（社会科学版）．2019（06）：84－93.

［5269］张学永，李春华．网络传销的刑法规制研究．中国人民公安大学学报（社会科学版）．2019（05）：79－88.

［5270］孙明泽．英国通讯截取程序立法：历程、特征及启示．中国人民公安大学学报（社会科学版）．2019（04）：148－156.

［5271］马方，王文娟．侦查伦理语境下网络监控措施的边界研究．中国人民公安大学学报（社会科学版）．2019（03）：37－44.

［5272］郑翔，山茂峰．功能进路的网约车安全与秩序之治——从网约车准入规范异化谈起．中国人民公安大学学报（社会科学版）．2019（03）：146－156.

［5273］何能高，许双燕．个人信息保护新型路径研究——以刑法保护为侧重点．中国人民公安大学学报（社会科学版）．2019（02）：80－89.

［5274］肖鹏燕，王飞鹏．美国大学实习生权益保护制度体系与启示．中国人事科学．2019（07）：89－95.

［5275］郝晓燕，魏文奇．我国乳业发展政府激励性规制的主要实践及启示．中国乳品工业．2019（05）：37－41.

［5276］李小芹．羊奶产业质量安全监管初探．中国乳业．2019（08）：137－138.

［5277］刘维华，李昕．奶牛散养户生鲜乳质量安全监管研究．中国乳业．2019（01）：65－68.

［5278］曾彩霞，朱雪忠．必要设施原则在大数据垄断规制中的适用．中国软科学．2019（11）：55－63.

［5279］罗富政，罗能生．政府竞争、市场集聚与区域经济协调发展．中国软科学．2019（09）：93－107.

［5280］张峰，宋晓娜，董会忠．粤港澳大湾区制造业绿色竞争力指数测度与时空格局演化特征分析．中国软科学．2019（10）：70－89.

［5281］史昱．中国科研诚信政策的演变与评价（1949－2017年）．中国软科学．2019（10）：158－164.

［5282］鄢德奎．中国邻避冲突规制失灵与治理策略研究——基于531起邻避冲突个案的实证分析．中国软科学．2019（09）：72－81.

［5283］朱金生，李蝶．技术创新是实现环境保护与就业增长“双重红利”的有效途径吗？——基于中国34个工业细分行业中介效应模型的实证检验．中国软科学．2019（08）：1－13.

［5284］杨芷晴．教育如何影响农业绿色生产率——基于我国农村不同教育形式的实证分析．中国软科学．2019（08）：52－65.

［5285］刘和旺，刘博涛，郑世林．环境规制与产业转型升级：基于“十一五”减排政策的DID检验．中国软科学．2019（05）：40－52.

［5286］李小荣，王田力，马海涛．并购重组中资产评估机构选择存在同行效应吗？．中国软科学．2019（04）：109－124.

［5287］江涛，陈富永，汤思禹．基于“关系型”社会情境的董事网络对并购绩效影响研究．中国软科学．2019（11）：183－192.

［5288］卢修亮．我国林业有害生物航空防治发展现状与前景分析．中国森林病虫．2019（03）：40－44.

［5289］栗阳．电子商务快递包装污染法律问题研究．中国商论．2019（20）：9－10.

［5290］黄卓铭．人工智能养老利弊分析及对策建议．中国商论．2019（19）：214－215.

[5291] 李兰．共享态势下“共享单车”市场规制研究——以浙江省为例．中国商论．2019（15）：9－12.

[5292] 李宛真．我国反不正当竞争法对互联网刷单炒信行为的法律规制．中国商论．2019（14）：242－244.

[5293] 刘悦．关于国际绿色贸易壁垒法律规制的若干思考．中国商论．2019（02）：102－103.

[5294] 张永亮．我国原油市场的供需、行业运作模式及现状探讨．中国商论．2019（24）：4－6.

[5295] 贺子男．平台横向兼并对定价的影响．中国商论．2019（01）：234－235.

[5296] 毛松英．企业并购后的财务整合．中国商论．2019（02）：181－182.

[5297] 曾弘．企业并购重组中业绩承诺的风险识别与应对．中国商论．2019（05）：135－136.

[5298] 张佳倩，孔玉生．基于过程导向的企业并购活动纳税筹划研究．中国商论．2019（07）：53－54.

[5299] 王得瑶，吴红敏．机构投资者持股对公司并购成功率的影响研究．中国商论．2019（12）：61－63.

[5300] 张小琴．试述企业并购过程中如何做好税务筹划．中国商论．2019（13）：46－47.

[5301] 沈申雨．依托并购重组促进制造业企业转型升级效果的实证研究——基于江苏省制造业上市公司并购交易．中国商论．2019（15）：222－226.

[5302] 尤彦华．企业并购的动因及策略研究．中国商论．2019（16）：156－158.

[5303] 张帆．上市公司并购重组的财务风险及应对措施．中国商论．2019（16）：180－181.

[5304] 刘俞宏．企业跨国并购中的财务风险分析及防范——基于腾讯收购supercell的案例分析．中国商论．2019（16）：85－87.

[5305] 吴冰．国有企业市场化并购转型的实践意义及绩效评价．中国商论．2019（16）：119－121.

[5306] 方志中．“马太效应”影响下的物流企业并购策略分析．中国商论．2019（17）：18－19.

[5307] 贾志凡，马忠民．中国企业跨国并购的风险控制策略研究．中国商论．2019（17）：106－107.

[5308] 张莉．简析美国国家安全审查及对中企并购策略的建议．中国商论．2019（18）：72－73.

[5309] 宋丽娟．上市公司并购重组的商誉问题探究．中国商论．2019（18）：89－91.

[5310] 林燕，曾韵清．企业间并购的理论文献综述．中国商论．2019（19）：137－140.

[5311] 郭猛．关于上市公司并购重组中的商誉减值问题分析．中国商论．2019（19）：145－146.

[5312] 林芬．上市公司并购重组的内部控制研究．中国商论．2019（20）：150－151.

[5313] 卜江勇．企业并购中财务风险的相关思考．中国商论．2019（20）：175－176.

[5314] 肖翔，代庆会，权忠光．并购商誉减值原因及对策研究．中国商论．2019（21）：136－138.

[5315] 杨达利．银行业跨国并购效率的研究综述．中国商论．2019（22）：95－97.

[5316] 朱玉纯．国有企业并购过程中的税务风险及防范措施．中国商论．2019（24）：44－45.

[5317] 王可，何东骏，陈鸿辉．基于ISM模型的消费者维权难的影响因素分析．中国商论．2019（23）：101－104.

[5318] 周海霞．数字普惠金融的发展及风险监管．中国商论．2019（23）：38－39.

[5319] 杨大伟，孟丽．浅析自贸区入驻企业的法律风险及监管对策．中国商论．2019（21）：235－236.

[5320] 卢琦．跨境电商运营现状分析．中国商论．2019（21）：92－93.

[5321] 陈飞宇. 浅谈集团化财务管理外派财务总监制. 中国商论.2019 (18): 187 – 188.

[5322] 李霄. 第三方支付问题及监管措施浅析. 中国商论.2019 (16): 56 – 57.

[5323] 陈晶. "一带一路" 建设中推进跨境电商贸易金融合作研究. 中国商论.2019 (15): 91 – 92.

[5324] 徐璐. 新个人所得税改革对收入调节作用的思考. 中国商论.2019 (14): 43 – 44.

[5325] 刘琳. 中国 P2P 网络借贷的现状及展望. 中国商论.2019 (11): 15 – 16.

[5326] 梁晓鸣, 陈白玉. 我国互联网金融发展现状及风险监管问题研究. 中国商论.2019 (09): 29 – 30.

[5327] 马伟伟, 申亚峰, 胡樱子. 互联网金融对传统金融中介的影响与监管. 中国商论.2019 (01): 20 – 21.

[5328] 姜本熹. 改进炼铁制约设备提升整个钢铁联合企业效益——广义设备费用消耗理论的提出及探讨. 中国设备工程.2019 (01): 64 – 67.

[5329] 聂靖. 基于物联网的电梯安全监管系统设计探讨. 中国设备工程.2019 (23): 118 – 119.

[5330] 叶光亮, 程龙. 论纵向并购的反竞争效应. 中国社会科学.2019 (08): 88 – 110.

[5331] 李静. 不当得利纠纷与合同纠纷的重复起诉规制. 中国社会科学院研究生院学报.2019 (05): 77 – 88.

[5332] 朱理, 曾友林. 电子商务法与竞争法的衔接: 体系逻辑与执法展望. 中国社会科学院研究生院学报.2019 (02): 104 – 112.

[5333] 蔡婧萌. 论搭售行为的反垄断法分析——对杠杆理论的质疑和对价格歧视的新认识. 中国社会科学院研究生院学报.2019 (04): 71 – 79.

[5334] 夏佳奇, 何可, 张俊飚. 环境规制与村规民约对农户绿色生产意愿的影响——以规模养猪户养殖废弃物资源化利用为例. 中国生态农业学报 (中英文).2019 (12): 1925 – 1936.

[5335] 徐鹏. 国际法如何规制海洋倾废?. 中国生态文明.2019 (04): 43 – 48.

[5336] 吕忠梅. 从后果控制到风险预防 中国环境法的重要转型. 中国生态文明.2019 (01): 10 – 14.

[5337] 董心月, 蒋蓉, 里扎·阿德列提别克, 邵蓉. 美国生物类似药的使用与医疗保险支付策略分析——基于 Pfizer vs. Johnson 案的思考. 中国生物工程杂志.2019 (12): 95 – 102.

[5338] 任静, 邹婉侬, 宋敏. 跨国种业公司并购形成的国际种业竞争新格局变化趋势研究——以知识产权为例. 中国生物工程杂志.2019 (07): 108 – 117.

[5339] 金苏, 李敏. 浅析国内外药品临床试验期间药学变更的监管及技术评价考虑. 中国生物制品学杂志.2019 (02): 243 – 248.

[5340] 白俊. 城市燃气企业应在扩大天然气消费上做足文章. 中国石化.2019 (10): 21 – 24.

[5341] 宋建宇. 国际化工并购热度不减. 中国石化.2019 (02): 70 – 72.

[5342] 余木宝. 全球油气业务并购进入活跃期. 中国石化.2019 (02): 67 – 69.

[5343] 孙瑞华, 熊雁琳. 环境规制对中国制造业出口竞争力的影响. 中国石油大学学报 (社会科学版).2019 (02): 28 – 36.

[5344] 李兆阳. 经营者拒绝许可知识产权行为的规制. 中国石油大学学报 (社会科学版). 2019 (01): 41 – 47.

[5345] 华欣. 市场准入负面清单制全面实施. 中国石油和化工.2019 (01): 77.

[5346] 本刊讯. 今年化工并购活动可能降温. 中国石油和化工.2019 (02): 77.

[5347] 罗阿华. 并购重组开年唱大戏, 上市化企成为急先锋. 中国石油和化工.2019 (02): 76.

[5348] 赵晓飞. 并购重组逐渐回暖, 定向增发持续遇冷 2019 年, 拿什么 "挽救" 化企再融

资市场？. 中国石油和化工 . 2019（03）：32－35.

[5349] 邹联宁，徐金龙，冯桂波，周文静，李灼明．进口原油酸值硫含量高低带来的风险分析．中国石油和化工标准与质量 . 2019（22）：162－163.

[5350] 张村，刘颖，肖永庆．中药炮制规范修订、执行及监管的相关问题探讨．中国实验方剂学杂志 . 2019（19）：195－197.

[5351] 赵林．中药材和中药饮片若干监管政策规制问题的探讨．中国食品药品监管 . 2019（10）：52－67.

[5352] 宋华琳，刘炫．药品检查法律制度的发展与改革．中国食品药品监管 . 2019（04）：4－12.

[5353] 孙娟娟，陈松．食用农产品合格证管理的制度创新与法制保障．中国食品药品监管 . 2019（03）：39－47.

[5354] 邢栋．公私合作——当代中国疫苗监管制度改革之价值考与路径考．中国食品药品监管 . 2019（01）：66－74.

[5355] 杨金．中小学校食品安全问题及对策建议．中国食品药品监管 . 2019（12）：89－92.

[5356] 张琳琳，金江军．食品安全全生命周期信息化监管模式研究．中国食品药品监管 . 2019（03）：35－38.

[5357] 梁毅，范琳琳．美国疫苗技术规范和监管制度分析．中国食品药品监管 . 2019（03）：14－21.

[5358] 周赞梅，邓红燕．职业教育背景下食用菌企业在校企合作中的法律规制研究．中国食用菌 . 2019（12）：150－152.

[5359] 肖纪连．冬虫夏草的采集管理及立法规制则．中国食用菌 . 2019（04）：8－10.

[5360] 邹纯川，黄恒学，徐淑华．公共管理视域下多元主体参与食用菌安全监管的路径研究．中国食用菌 . 2019（08）：129－131.

[5361] 孟双武．高校产业集团财务控制模式探析——基于C大学产业集团财务控制模式的应用研究．中国市场 . 2019（24）：83－84.

[5362] 王艺斌．市场准入负面清单下市场资源配置研究．中国市场 . 2019（28）：62－63.

[5363] 李楠．医院内部审计职能分析及措施．中国市场 . 2019（35）：145－146.

[5364] 崔恒力，周寅．非法期货交易的认定标准探究．中国市场 . 2019（32）：34－38.

[5365] 刘振琳．中国网约车规制政策的演变及其原因探析．中国市场 . 2019（25）：48－50.

[5366] 王双陆．企业知识产权运营及其法律规制研究．中国市场 . 2019（24）：97－107.

[5367] 齐伟，袁帅，姜芮．共享经济的含义、问题及法律规制．中国市场 . 2019（24）：193－194.

[5368] 杨星．中国影子银行的形态、风险及其规制对策．中国市场 . 2019（12）：42－43.

[5369] 宋垚．四川省工业绿色全要素生产率及其影响因素．中国市场 . 2019（10）：53－54.

[5370] 陈红海，周伟杰．安徽省汽车产业发展现状与对策研究．中国市场 . 2019（08）：57－58.

[5371] 曹鸿宇．中欧双边投资协定谈判的主要挑战及应对．中国市场 . 2019（08）：75－77.

[5372] 张薰尹．共享经济的规制理念和原则——以网约车为例．中国市场 . 2019（06）：187－188.

[5373] 樊裕．新经济条件下“多规合一”的法律规制问题研究．中国市场 . 2019（03）：13－16.

[5374] 刘富成，庄泽华，张萌．博弈论视角下道德风险与基本医疗保险监督问题研究．中国市场 . 2019（05）：56－57.

[5375] 苑素梅，崔妍，尹晓钢．论传统文化在企业并购中的桥梁作用——以阿里巴巴集团为例．中国市场 . 2019（02）：99－100.

[5376] 于佳春，李玉菊，张明威，缪艺韬．企业并购绩效评价方法的比较分析．中国市场．2019（04）：81－82.

[5377] 刘畅．出版产业并购现状与发展趋势．中国市场．2019（07）：73－82.

[5378] 朱念．房地产企业并购融资风险及对策研究．中国市场．2019（09）：82－83.

[5379] 闫文萃．中国医药企业的海外投资并购及未来发展趋势探究．中国市场．2019（10）：15－22.

[5380] 郭桢洋．对我国医药行业并购重组发展趋势的探讨．中国市场．2019（11）：56－58.

[5381] 孟司雨，杨丽明，张帆．基于资本运作模式的上市公司海外并购风险控制研究．中国市场．2019（11）：11－13.

[5382] 刘禹彤．企业并购的财务风险识别及并购后的财务整合探讨．中国市场．2019（12）：83－85.

[5383] 宫正，张钟学．我国上市公司的并购绩效分析．中国市场．2019（15）：6－10.

[5384] 姜晶晶．浅析"上市公司＋PE"型并购基金对企业创新的影响．中国市场．2019（15）：19－21.

[5385] 邓世光．并购业绩补偿的会计处理探析．中国市场．2019（18）：1－5.

[5386] 王凯仪．我国并购市场及投资银行并购业务的机遇探析．中国市场．2019（23）：38－40.

[5387] 陈晓函．会计师事务所对并购财务尽职调查业务的风险防范研究．中国市场．2019（24）：50－51.

[5388] 张红霞．企业并购后合并财务报表的处理分析．中国市场．2019（26）：141－142.

[5389] 俞月仙，杨剑．长城影视并购商誉研究．中国市场．2019（30）：125－126.

[5390] 王溪红．企业并购重组中财务管理问题探究．中国市场．2019（36）：81－83.

[5391] 马丽．网络市场政府监管方式的检视与革新．中国市场．2019（27）：10－11.

[5392] 王先林．电子商务领域限定交易行为的法律适用．中国市场监管研究．2019（11）：9－13.

[5393] 郝俊淇．经营者竞争约束的来源与市场支配地位的认定．中国市场监管研究．2019（11）：23－28.

[5394] 杨超，苏永辉．查办上海 GPO 垄断协议案的几点思考．中国市场监管研究．2019（03）：63－65.

[5395] 卢均晓．贯彻落实《优化营商环境条例》　营造国际一流营商环境．中国市场监管研究．2019（12）：57－60.

[5396] 梁晨．网络餐饮食品安全风险规制的理念塑造与制度完善．中国市场监管研究．2019（11）：43－48.

[5397] 丁茂中．国企规制条款的立法完善．中国市场监管研究．2019（11）：14－17.

[5398] 倪珑，周纬韡．网络游戏行业不正当竞争行为规制研究．中国市场监管研究．2019（09）：66－70.

[5399] 潘传龙，张佰尚．电商领域商业诋毁行为规制研究．中国市场监管研究．2019（08）：48－51.

[5400] 孙娟娟．网络零售主导下的"食品私法"及其新发展．中国市场监管研究．2019（07）：5－9.

[5401] 陈沛．大数据共享机制在推进行政审批改革中的几点思考．中国市场监管研究．2019（06）：35－38.

[5402] 倪泰．电商领域商业诋毁行为规制研讨会观点摘要．中国市场监管研究．2019（06）：75－78.

[5403] 谢岳雄．粤港澳大湾区市场监管体制机制的协调与优化对策．中国市场监管研究．2019（06）：63－68.

[5404] 宋林霖，陈志超．对完善“双随机、一公开”监管模式的思考．中国市场监管研究．2019（06）：20－22.

[5405] 吕品．从企业登记审查角度谈市场准入便利化．中国市场监管研究．2019（06）：14－17.

[5406] 宋亚辉．以法律手段规制虚假广告的基本原理．中国市场监管研究．2019（05）：12－17.

[5407] 金林海．市场监管执法中适用推定研究．中国市场监管研究．2019（03）：56－60.

[5408] 宋亚辉．互联网广告规制模式的转型．中国市场监管研究．2019（02）：23－28.

[5409] 闫海，韩旭．广告绝对化用语的认定、规制与处罚．中国市场监管研究．2019（02）：33－37.

[5410] 杨梅，张真平，毛玥．基层医疗器械监管中存在的问题及对策．中国市场监管研究．2019（11）：57－59.

[5411] 许光夫．医疗器械产业发展及监管重点问题研究．中国市场监管研究．2019（09）：56－60.

[5412] 张严方．我国食品安全监管研究．中国市场监管研究．2019（06）：45－48.

[5413] 王苑亭．经营者集中审查视角下的反垄断规制——“反垄断大讲堂”之二．中国市场监管研究．2019（06）：57－59.

[5414] 段文龙，康孟佼，高艳春，谭克龙，吴涛，杨劲松．我国兽医诊断制品管理概况与监管建议．中国兽药杂志．2019（04）：81－85.

[5415] 江苏打造千亿级绿色蔬菜产业　将建设200个全程质量控制示范园区．中国蔬菜．2019（01）：76.

[5416] 陈凯，高歌．绿色生活方式内涵及其促进机制研究．中国特色社会主义研究．2019（06）：92－98.

[5417] 邢华，胡潆月．大气污染治理的政府规制政策工具优化选择研究——以北京市为例．中国特色社会主义研究．2019（03）：103－112.

[5418] 王高阳，李建标．混合所有制改革的政策实践与理论演进．中国特色社会主义研究．2019（03）：35－41.

[5419] 刘玉玲．济南教区两堂区联合爱心企业举办春节送温暖活动．中国天主教．2019（01）：36－64.

[5420] 张小虎．化解对非投资的环境法律风险．中国投资（中英文）．2019（14）：74－75.

[5421] 吕成，蒋仁开．土地使用权转让法律规制的困境与出路．中国土地科学．2019（11）：21－27.

[5422] 薛键．跨境并购金融再发力．中国外汇．2019（01）：54－56.

[5423] 姚影．巧解跨境并购投贷联动业务模式．中国外汇．2019（01）：57－59.

[5424] 姚影．跨境并购金融风险的应对策略．中国外汇．2019（Z1）：49－51.

[5425] 张伟华．中企海外并购：与全球共舞．中国外汇．2019（Z1）：54－56.

[5426] 马继勋．参透并购交易价格调整机制．中国外汇．2019（08）：24－25.

[5427] 薛键，李建军．跨境并购之典范：中企投资葡萄牙．中国外汇．2019（08）：26－27.

[5428] 冯博．并购基金“面面观”．中国外汇．2019（08）：21－23.

[5429] 陈超，邹琳，陈尚礼，李伟杰．透视中国上市公司海外并购．中国外汇．2019（11）：61－63.

[5430] 周冰，黄雪卉，雷嘉美，刘洁．境内上市公司境外并购“三步曲”．中国外汇．2019（12）：21－23.

[5431] 姚影．中美贸易摩擦下银行跨境并购业务新发展．中国外汇．2019 (13): 52 - 54.

[5432] 何会斌．从生命周期视角看并购保险．中国外汇．2019 (13): 63 - 65.

[5433] 潘圆圆．对外并购：数量下降，结构日益多元化．中国外汇．2019 (14): 76 - 77.

[5434] 姚辑．高新技术在跨境并购中的价值评估．中国外汇．2019 (14): 16 - 18.

[5435] 王峰，王潜．并购交易合规利剑：反腐败尽职调查．中国外汇．2019 (15): 59 - 61.

[5436] 杨俊．海外并购中的人力资源整合之道．中国外汇．2019 (19): 60 - 61.

[5437] 姚影．巧用融资工具　助力跨境并购．中国外汇．2019 (19): 53 - 55.

[5438] 于璐，乔兵．海外并购全生命周期外汇风险管理．中国外汇．2019 (24): 24 - 26.

[5439] 杨忠静．关于中国对海牙《选择法院协议公约》声明的思考．中国外资．2019 (17): 90 - 92.

[5440] 叶蔚然．劳动力市场改革：中国人口迁移的基本逻辑和根本动力．中国外资．2019 (13): 34 - 38.

[5441] 包兴安．交易所债市"百花待放"专家建议放开商业银行和外资准入限制．中国外资．2019 (18): 38 - 39.

[5442] 王笑．外资准入养老金管理市场　我国养老金投资管理水平将进一步提升．中国外资．2019 (17): 52.

[5443] 徐明棋．海纳百川：更广领域扩大外资市场准入．中国外资．2019 (11): 35.

[5444] 朱淑娣，孙秀丽．金融行政执法须直面全球化挑战．中国外资．2019 (01): 84 - 85.

[5445] 钟威楠．多元化战略下跨国并购的战略选择．中国外资．2019 (01): 50 - 52.

[5446] 陈洪杰．开放新措施吸引特色外资行　中小金融机构将成并购对象．中国外资．2019 (11): 30 - 31.

[5447] 江维．第三方检测机构并购现状及动因．中国外资．2019 (13): 66 - 68.

[5448] 商务部谈商务信用联合惩戒对象名单管理：内外资企业一视同仁．中国外资．2019 (17): 8 - 9.

[5449] 刘杰．中企境外并购政策建议．中国外资．2019 (17): 48 - 50.

[5450] 张治锋，邢艺伟，郑忠良．中国企业海外并购风险及对策研究．中国外资．2019 (21): 94 - 95.

[5451] 周一帆．外资涌入！国内券商掀起并购潮，是抱团取暖，还是寡头垄断？．中国外资．2019 (24): 7 - 8.

[5452] 陈周．医疗质量管理中存在的问题及解决途径浅析．中国卫生标准管理．2019 (08): 3 - 5.

[5453] 彭莹，陈露，张巧，邢家圆，于春秋，秦迎新，姜新．吉林市护工行业现状分析及对策．中国卫生产业．2019 (07): 114 - 115.

[5454] 王强．骨科手术器械消毒情况及其监管研究．中国卫生产业．2019 (04): 175 - 176.

[5455] 姬雨童，李筱永．"互联网 + 中医"的法律规制问题研究．中国卫生法制．2019 (06): 16 - 19.

[5456] 闫海，张华琴．药品广告规制：准则、监管与责任．中国卫生法制．2019 (06): 1 - 5.

[5457] 刘焱，芮沁．论兴奋剂滥用的刑法规制．中国卫生法制．2019 (06): 25 - 29.

[5458] 方子豪，孟彦辰．互联网背景下个人医疗募捐行为的法律规制研究．中国卫生法制．2019 (05): 12 - 16.

[5459] 魏子一．民间中医师资格准入与执业规制研究．中国卫生法制．2019 (04): 83 - 87.

[5460] 万思敏．基因编辑的法律规制．中国卫生法制．2019 (04): 29 - 34.

[5461] 张红升，余占洪，姬鹏翔，赵元，肖军翔．试析卫生行政处罚中"坦白从宽"的适用

路径．中国卫生法制．2019（03）：21－27.

［5462］施雄文，谢雄伟．药品安全犯罪的刑法规制完善——以问题疫苗为视角．中国卫生法制．2019（03）：1－7.

［5463］单国钧，睢素利．代孕协议的效力问题和规制建议——从一则代孕协议被认定有效的案例谈起．中国卫生法制．2019（02）：1－6.

［5464］殷戈．四川省农村饮水工程建设和监管现状及对策分析．中国卫生监督杂志．2019（03）：266－271.

［5465］胡良玉．《徐州市现制现售饮用水管理办法》的实践与探索．中国卫生监督杂志．2019（02）：195－199.

［5466］徐贻萍，钱婕，彭翔，胡峰，金益行．浅谈新业态形势下涉水产品监管的发展走向．中国卫生监督杂志．2019（01）：90－93.

［5467］彭接文，陈少威，谭彦君，陈子慧．食品安全审计在肉制品生产企业监管中的运用分析．中国卫生监督杂志．2019（01）：23－29.

［5468］李悦．新中国成立70周年以来药品价格法律监管：历史回眸、现状检视与未来方向．中国卫生经济．2019（07）：5－10.

［5469］郑雪倩，岳靓．以法治保障医务人员身心健康．中国卫生人才．2019（08）：27－29.

［5470］王洪婧，于贞杰，王薇，王树华，胡友利，张建华．“法治中国”背景下中医医师的法律规制．中国卫生事业管理．2019（08）：612－615.

［5471］冯林林，陈小嫦．论人体试验侵权引入惩罚性赔偿的必要性．中国卫生事业管理．2019（03）：235－238.

［5472］戴瑞明，何世英，蒋曼，王颖，白鸽，罗力．信息系统在长期护理保险监管中的重要性．中国卫生资源．2019（01）：35－37.

［5473］黎光，黎翔宇，赵冬菊．历史文化名城保护与地方经济可持续发展研究．中国文物科学研究．2019（02）：50－56.

［5474］本刊讯．贵州发布实施两部无线电管理地方法规规章FAST电磁环境保护力度进一步加大．中国无线电．2019（05）：6.

［5475］李晓颖．知识产权许可中回授的反垄断经济分析．中国物价．2019（08）：36－39.

［5476］单爽．性别对我国部门间工资收入差异的影响研究．中国物价．2019（05）：68－70.

［5477］《中国物价》杂志简介．中国物价．2019（12）：2.

［5478］龙俊．类型化视野下商业诋毁法律规制的立法优化．中国物价．2019（11）：48－51.

［5479］尚珂，胡晨．自然垄断规制的改进路径研究．中国物价．2019（11）：43－47.

［5480］《中国物价》杂志被评定为“2018年中国人文社会科学期刊AMI综合评价”A刊《中国物价》杂志简介．中国物价．2019（11）：0.

［5481］胡宗金．哄抬物价行为的规制策略与路径选择研究——以非法经营罪的反思为视角．中国物价．2019（07）：51－53.

［5482］张皓翔，王庚．零售商的通道费问题研究综述．中国物价．2019（06）：87－90.

［5483］郭琎，杨娟．激励性规制中对标分析的应用实践及启示．中国物价．2019（04）：39－41.

［5484］郝玉玲，俞贺楠．企业安排残疾人就业的劳动立法困境与改进建议．中国物价．2019（03）：88－90.

［5485］马德隆．铁路PPP面临的垄断与市场化间的矛盾及对策研究．中国物价．2019（08）：43－46.

［5486］王丹．优化反横向垄断协议政策促进经济高质量发展研究．中国物价．2019（05）：38－41.

[5487] 周利芬，李炜．业绩补偿承诺与并购风险关系研究——以黄河旋风并购上海明匠为例．中国物价.2019 (08)：62－65.

[5488] 金爱华．互联网金融监管研究综述及展望．中国物价.2019 (11)：74－76.

[5489] 郭晓萧．我国数字经济可持续发展面临的挑战与对策研究．中国物价.2019 (04)：10－12.

[5490] 吴燕．面向可持续发展的城市公共交通财政补贴机制探讨．中国物流与采购.2019 (14)：65－66.

[5491] 董明颢．互联网金融风险规制路径．中国物流与采购.2019 (04)：57－58.

[5492] 侯洪亮．"互联网+"背景下的网约车监管研究．中国物流与采购.2019 (06)：61－62.

[5493] 樊蕊，郝翌彤．募捐平台中对受助人个人信息的限制性保护——以水滴筹为例．中国物流与采购.2019 (05)：64－65.

[5494] 从"成功并购"到"并购成功"——记乐生活·华特物业的华丽转身．中国物业管理.2019 (09)：12－13.

[5495] 中奥到家：全产业链并购成为突围"利器"．中国物业管理.2019 (10)：64－67.

[5496] 郑希圣．浅析高职院校校办产业财务会计风险防范与控制．中国乡镇企业会计.2019 (06)：85－86.

[5497] 刘珊，常媛．浅析环境规制下钢铁行业环境会计信息披露现状．中国乡镇企业会计.2019 (07)：98－99.

[5498] 张中庆．"互联网+会计"下的会计信息质量特征分析．中国乡镇企业会计.2019 (03)：242－243.

[5499] 冯正华．私募股权投资在我国公司并购中的作用简析．中国乡镇企业会计.2019 (01)：22－24.

[5500] 张启越，康晓娜．阿里巴巴并购饿了么案例分析与思考．中国乡镇企业会计.2019 (02)：84－85.

[5501] 钟茜文．我国互联网企业并购时存在的风险及控制对策分析．中国乡镇企业会计.2019 (02)：86－87.

[5502] 沈海峰．民营企业跨国并购融资问题研究——以艾派克收购利盟为例．中国乡镇企业会计.2019 (03)：15－16.

[5503] 郭晓铭．华谊兄弟并购银汉科技财务绩效分析．中国乡镇企业会计.2019 (03)：94－95.

[5504] 宋玉华．企业并购的财务效应分析．中国乡镇企业会计.2019 (04)：83－84.

[5505] 苏琦．我国企业跨国并购的绩效研究——以青岛海尔并购美国通用家电为例．中国乡镇企业会计.2019 (04)：85－86.

[5506] 王妍．浅谈上市公司并购重组中的业绩补偿承诺及其影响．中国乡镇企业会计.2019 (04)：88－89.

[5507] 陈宇轩．～*ST巴士并购商誉形成及其后续计量问题研究．中国乡镇企业会计.2019 (05)：26－28.

[5508] 郑家东．关于上市公司并购重组的思考．中国乡镇企业会计.2019 (05)：24－25.

[5509] 徐迎港．企业并购财务风险研究．中国乡镇企业会计.2019 (06)：81－82.

[5510] 刘姗姗．基于中小民营企业并购中存在的财务风险探究．中国乡镇企业会计.2019 (09)：104－105.

[5511] 张荣莉．新形势下国内上市公司的并购绩效．中国乡镇企业会计.2019 (09)：9－12.

[5512] 骆晶晶．国企并购的财务风险分析及应对措施探讨．中国乡镇企业会计.2019 (10)：69－70.

［5513］罗石军．企业并购中的财务风险研究．中国乡镇企业会计．2019（12）：76－80.
［5514］周霞．基于我国共享经济监督管理的探讨．中国乡镇企业会计．2019（06）：248－249.
［5515］东靖飞．守初心、担使命　创新引领消防产业进步．中国消防．2019（10）：62－64.
［5516］胡致远．当前我国检验检疫监管制度改革思考．中国新技术新产品．2019（11）：128－129.
［5517］毛文茜．公民网络言论自由的法律规制问题研究．中国新通信．2019（24）：242－243.
［5518］张诗琪．滴滴顺风车案法律问题探析．中国新通信．2019（11）：221－222.
［5519］王昊悦．网络暴力的法律规制手段研究．中国新通信．2019（08）：147－148.
［5520］贺讯．网络异化公关行为的刑法规制研究．中国新通信．2019（08）：229－231.
［5521］唐万迎．P2P网贷平台涉及刑法问题的研究．中国新通信．2019（05）：225.
［5522］刘航远．高校性骚扰法律治理路径研究．中国新通信．2019（04）：137－138.
［5523］贺子豪．网约车规制路径研究——以“滴滴顺风车事件”为思考．中国新通信．2019（04）：158－159.
［5524］崔睿泽．论家庭暴力的法律界定．中国新通信．2019（02）：221－222.
［5525］王珂欣．网络广告的法律治理路径研究．中国新通信．2019（02）：224－226.
［5526］张广宸．化工行业上市公司并购过程中的整合风险研究——以万华化学收购万华化工为例．中国新通信．2019（04）：211－213.
［5527］向雨婷．食品行业上市公司并购过程中的整合风险研究——以黑芝麻收购礼多多为例．中国新通信．2019（04）：217－219.
［5528］孙涵琳．家电行业上市公司并购中的整合风险研究——以美的集团并购库卡为例．中国新通信．2019（04）：214－216.
［5529］孟姣，王一博．移动互联网公共信息安全保障机制的分析．中国新通信．2019（15）：156.
［5530］姚立新，郑强．制药创新激励不足的原因与FDA采取的对策．中国新药杂志．2019（09）：1025－1036.
［5531］方中坚，陈李平，王俊彦，李祥斌，李璠，吴伟家，沈扬鹏，刘怡萍，范松华，邵明立．医药企业并购中知识产权和专利问题探讨．中国新药杂志．2019（13）：1547－1552.
［5532］李新英，董江萍．美国FDA组合式医药产品监管现状简析．中国新药杂志．2019（22）：2681－2686.
［5533］南都智库发布多份信息安全年度报告．中国信息安全．2019（12）：95.
［5534］侯嘉斌，李军．人工智能武器：法律风险与规制路径．中国信息安全．2019（12）：90－93.
［5535］赵淑钰．生物识别信息法律规制的国际经验与启示．中国信息安全．2019（11）：37－39.
［5536］许长帅．数据立法的重点及切入点．中国信息安全．2019（08）：88－92.
［5537］洪延青．人脸识别技术的法律规制研究初探．中国信息安全．2019（08）：85－87.
［5538］李佳，王京婕．全球跨境电子取证法律冲突及应对思考．中国信息安全．2019（05）：38－40.
［5539］谢永江，袁璐．视频安全问题及其法律规制．中国信息安全．2019（04）：29－31.
［5540］戈晶晶．法律促进平台经济健康发展．中国信息界．2019（05）：27－31.
［5541］岁正阳．以“打假”名义恶意索赔将被规制　国家市场监管总局发布《市场监督管理投诉举报处理暂行办法》．中国信用．2019（12）：45.
［5542］张希梅．大数据信息开发的伦理规制．中国信用．2019（04）：126.
［5543］李川．个人信息犯罪的规制困境与对策完善——从大数据环境下滥用信息问题切入．

中国刑事法杂志 . 2019（05）：34 – 47.

［5544］时延安 . 刑法的伦理道德基础 . 中国刑事法杂志 . 2019（03）：28 – 45.

［5545］张可 . 大数据侦查之程序控制：从行政逻辑迈向司法逻辑 . 中国刑事法杂志 . 2019（02）：131 – 144.

［5546］王顶明 . 关于创新型企业与一流高校联合招收培养博士生的思考 . 中国研究生 . 2019（05）：55 – 57.

［5547］高峻峻 . S&；OP：连锁企业的“联合参谋总部”（一）. 中国药店 . 2019（03）：84 – 85.

［5548］赵安琪 . 四川：并购狂潮过后的调整期 . 中国药店 . 2019（04）：138 – 139.

［5549］高峻峻 . S&；OP：连锁企业的“联合参谋总部”（二）. 中国药店 . 2019（04）：160 – 162.

［5550］高峻峻 . S&；OP：连锁企业的“联合参谋总部”（三）. 中国药店 . 2019（05）：84 – 85.

［5551］曹诗雨，武志昂 . 我国临床试验中人类遗传资源政府规制研究 . 中国药事 . 2019（02）：131 – 136.

［5552］苏哲，邢书霞，王钢力 . “药妆品”全球监管情况以及对我国的启示 . 中国药事 . 2019（12）：1383 – 1390.

［5553］杨悦 . 深刻领会新《药品管理法》中体现的“四个最严”监管 . 中国药事 . 2019（11）：1206 – 1211.

［5554］王越，周良彬，王悦，李健，张春青 . 美国和日本医疗器械数据库系统构建思路探析 . 中国药事 . 2019（10）：1181 – 1186.

［5555］张孝明，杨振，石大伟，李丽莉，孙彬裕，李颖 . 欧盟和美国血筛试剂批签发监管制度研究及启示 . 中国药事 . 2019（09）：1071 – 1078.

［5556］黄志成，高敏，贝雷，陈旭 . 药品上市许可持有人制度对药品监管工作的影响和思考 . 中国药事 . 2019（05）：493 – 498.

［5557］何柳，王蕾，方升，姜帅，徐广会，李妮，龚蕉椒，罗业涛，张仲 . 企业流程再造联合血栓通用于急性缺血性卒中静脉溶栓临床观察 . 中国药业 . 2019（14）：63 – 66.

［5558］赵祥欣，朱清，胡彬 . 医疗器械经营企业质量管理现状与监管对策 . 中国药业 . 2019（03）：83 – 86.

［5559］黄华波 . 加强医保基金监管和打击欺诈骗保工作的思考 . 中国医疗保险 . 2019（03）：32 – 35.

［5560］田佳鑫 . 对再生医学与组织工程医疗产品审评的浅显思考 . 中国医疗器械信息 . 2019（23）：1 – 2.

［5561］王越，周良彬，汤京龙，谭瑞芬，张春青 . 口腔科医疗器械产品分类技术与监管的研究 . 中国医疗器械信息 . 2019（19）：6 – 9.

［5562］邹艳果，许耘 . 辅助生殖用取卵针和胚胎移植导管产品监管现状和注册申报要求 . 中国医疗器械信息 . 2019（09）：1 – 3.

［5563］湛娜 . 胰岛素笔用针头应用及监管对策的思考 . 中国医疗器械杂志 . 2019（01）：63 – 64.

［5564］牛田园，张博源，赵晓佩 . 中医养生保健服务的法律规制 . 中国医学伦理学 . 2019（03）：407 – 411.

［5565］高峰，罗雪琼，张建伟 . 医院大数据平台建设及其在医疗行为监管中的应用 . 中国医学装备 . 2019（03）：168 – 171.

［5566］史敬华 . 医疗行业信息安全等级保护的安全监管技术 . 中国医药导报 . 2019（05）：

177－180.

［5567］杨婉娟，李静莉．美国医疗器械命名进展及启示．中国医药导报.2019（03）：49－52.

［5568］胡骏，薛礼浚，邵蓉．发达国家药品质量管理特点研究和启示．中国医药工业杂志．2019（09）：1072－1078.

［5569］汪冠宇，Audrey Jia，袁丹，王云翊，王勇．纳米药物开发的监管：化学制造和控制角度的法规解析（英文）．中国医药工业杂志.2019（10）：1215－1227.

［5570］刘乾坤，马骋宇．互联网医疗健康服务平台隐私保护现状及对策研究．中国医院.2019（09）：16－19.

［5571］周奕男，熊雪晨，曹晓琳，何世英，戴瑞明，罗力．“放管服”背景下医疗机构准入程序变化和调整思路．中国医院管理.2019（11）：18－20.

［5572］颜建周，赵丹，张晓宇，邵蓉．欧盟超说明书用药驱动因素分析及对我国的启示．中国医院药学杂志.2019（15）：1511－1516.

［5573］姚影．商业银行如何理性支持中国企业跨境并购．中国银行业.2019（03）：46－48.

［5574］乔永远，孔祥．银行业的并购重组现状研究．中国银行业.2019（06）：62－64.

［5575］崔树贤，汤志贤．防止“病从口入”：在韩中资银行并购融资业务探析．中国银行业．2019（09）：65－66.

［5576］徐文标．杭州：5家企业联合开展员工安全定位研究．中国应急管理.2019（05）：50.

［5577］编者按．中国应用法学.2019（06）：23.

［5578］李亚凝．无人机分类与法律规制——兼评《无人驾驶航空器飞行管理暂行条例（征求意见稿）》．中国应用法学.2019（06）：24－40.

［5579］张雯，颜君．“刷流量”网络黑灰产业的监管与规制——以司法纠纷解决路径为切入点．中国应用法学.2019（05）：105－115.

［5580］吴建端．国内外无人机规制的新近发展态势．中国应用法学.2019（06）：41－64.

［5581］同利平，张毅．邮政电子商务法律规制——以《中华人民共和国电子商务法》为视角．中国邮政.2019（02）：56－57.

［5582］杨学文．张家港联合铜业公司通过安全标准化二级企业复审验收．中国有色金属.2019（17）：22.

［5583］王文．三网融合下有线电视发展规制重组问题探析．中国有线电视.2019（06）：572－574.

［5584］高峰．浅谈中国企业跨国并购的总体环境及对策分析．中国远洋海运.2019（06）：58－61.

［5585］Wallis Keith，徐亦宁．兼并还将继续．中国远洋海运.2019（09）：11－60.

［5586］提供专利加分是否具有倾向性？．中国招标.2019（27）：48.

［5587］武文卿．国办41号文向地方保护等行为说“不”．中国招标.2019（25）：6－7.

［5588］耿鸿武．我国医药集中采购进入第五个新阶段．中国招标.2019（48）：23－28.

［5589］师为硕．供给侧改革背景下的高校政府采购串标行为．中国招标.2019（17）：23－26.

［5590］闻璋．着力八字方针　支持民资参与“混改”．中国招标.2019（13）：16－19.

［5591］杜宇.2018年版负面清单实行动态调整．中国招标.2019（06）：13－15.

［5592］闻璋．《市场准入负面清单（2018年版）》拟定原则．中国招标.2019（05）：13－15.

［5593］武文卿．我国市场准入负面清单制度进入全面实施新阶段．中国招标.2019（04）：7－9.

［5594］对企业债券招标发行参与人实施失信联合惩戒．中国招标.2019（42）：8.

［5595］雷晓冰．期权交易的本质及其法律规制的核心．中国证券期货.2019（03）：60－64.

［5596］王博，孙秋实．非法证券期货突出问题、监管难点及对策研究．中国证券期货．2019（03）：86－92.

［5597］孙巍，张笑晨．海外并购的模式比较及建议．中国证券期货．2019（01）：67－71.

［5598］马晓旭，谢小卉．美英对期货公司资本金监管及借鉴．中国证券期货．2019（04）：80－85.

［5599］陈建伟，朱良玉．美国私募获准投资者制度最新变革．中国证券期货．2019（01）：93－96.

［5600］陈健．知识产权动态化探析——基于知识产权使用规则．中国政法大学学报．2019（05）：50－64.

［5601］袁晓磊．论滥用市场支配地位私人诉讼之举证困境及对策．中国政法大学学报．2019（04）：102－111.

［5602］赵赤．英美刑法中不作为犯罪化规制的最新发展及我国借鉴．中国政法大学学报．2019（05）：5－12.

［5603］吕垚瑶．我国高利贷刑法治理策略的反思与重构．中国政法大学学报．2019（04）：127－136.

［5604］霍玉芬．民营企业平等参与国有资产产权交易的正当性证成．中国政法大学学报．2019（04）：63－74.

［5605］薛晗．中国存托凭证制度的规制逻辑与完善路径．中国政法大学学报．2019（02）：92－103.

［5606］张堂云．中国加入GPA：历程回眸与未来展望．中国政府采购．2019（10）：28－36.

［5607］邓小华．职业教育治理现代化的中国逻辑．中国职业技术教育．2019（10）：51－58.

［5608］张源．质量规制、研发能力与企业绩效的关系．中国质量．2019（05）：88－91.

［5609］当月要闻．中国质量技术监督．2019（09）：5.

［5610］陈坤．我国市场主体登记注册制度70年发展历程．中国质量技术监督．2019（08）：28－33.

［5611］罗克研．轻松筹联合多家健康龙头企业成立全球首个慢病管理联盟．中国质量万里行．2019（11）：85.

［5612］张乾，肖琴．中国芯片的全球并购投资该走向何方．中国中小企业．2019（02）：70－71.

［5613］袁亚兰．新能源汽车产业链上企业纵向并购绩效研究——以江特电机为例．中国中小企业．2019（07）：81－84.

［5614］蒋红伍．中国矿业企业海外并购面临的风险及应对策略．中国中小企业．2019（08）：204－205.

［5615］吴慕毓．企业并购后整合内部控制及风险的分析．中国中小企业．2019（09）：108－109.

［5616］徐岗．企业并购后财务整合问题及对策研究．中国中小企业．2019（11）：115－116.

［5617］武亚威．公司并购后的财务整合分析——以康恩贝并购贵州拜特为例．中国中小企业．2019（12）：173－174.

［5618］毛雨濛．影响并购活动效益的因素的实证分析．中国中小企业．2019（12）：150－151.

［5619］廖友国，熊建益，沈波．新经济统计测度体系与理论界定分析．中国中小企业．2019（07）：110－111.

［5620］黄珊珊，侯军岐．种业企业并购决策风险识别研究．中国种业．2019（03）：19－21.

［5621］马玉璞，侯军岐，王纪元．加强种业整合平台建设，促进我国种业并购整合．中国种业．2019（03）：14－16.

[5622] 徐怡帆，侯军岐．基于大数据的种业企业并购决策思路．中国种业．2019（03）：16－18.

[5623] 郑会艳，侯军岐．种业企业并购决策模式研究．中国种业．2019（05）：28－31.

[5624] 马玉璞，侯军岐．种业企业并购数据挖掘决策．中国种业．2019（07）：11－13.

[5625] 李彦，侯军岐．种业并购决策支持系统可行性分析．中国种业．2019（07）：23－24.

[5626] 张军．两种企业并购重组方式的账务处理及税收分析．中国注册会计师．2019（03）：113－116.

[5627] 王军辉．上市公司并购后新增产能在商誉减值测试中的不同处理．中国注册会计师．2019（04）：118－120.

[5628] 于波成．并购失败对上市公司年报影响研究．中国注册会计师．2019（09）：84－87.

[5629] 杨俏文，黄思涵．上市公司并购重组"类借壳"模式应用案例研究．中国注册会计师．2019（10）：117－122.

[5630] 李涛，丛红艳．避免双重征税协定对"走出去"企业跨国并购的影响．中国注册会计师．2019（11）：40－46.

[5631] 钟毅．基于FA－GPDEA组合模型的并购绩效实证研究．中国注册会计师．2019（11）：67－72.

[5632] 王晓红．并购收益、财务重述与高管薪酬变动的影响研究．中国注册会计师．2019（12）：59－64.

[5633] 杨玉莹，潘自强．属于会计差错更正还是财务舞弊？——基于安信信托的案例分析．中国注册会计师．2019（10）：123－125.

[5634] 邵春燕，李英琦，付光林．高管团队垂直对特征对文化企业并购绩效影响的实证研究．中国资产评估．2019（03）：11－20.

[5635] 胡晓明，汪昊．上市公司并购重组业绩承诺实现情况分析．中国资产评估．2019（05）：23－28.

[5636] 王伟红，曲昱晓，牛杰．融资租赁企业海外并购风险评价研究——以渤海金控并购C2为例．中国资产评估．2019（08）：38－47.

[5637] 朱荣，温伟荣．高业绩承诺下我国上市公司并购重组估值风险研究．中国资产评估．2019（09）：31－40.

[5638] 刘国超，关峰，任秀怡．XC公司并购海外能源公司资产评估技术案例研究．中国资产评估．2019（12）：46－56.

[5639] 茅清香．浅析海外企业并购后的财务整合——以P公司并购海外N公司为例．中国总会计师．2019（01）：72－74.

[5640] 王全有．对企业并购后财务整合的思考．中国总会计师．2019（02）：54－56.

[5641] 刘洋．并购重组与财务决策的风险探究．中国总会计师．2019（03）：60－63.

[5642] 宋宝龙．国有企业跨国并购动机和并购目标探析——以A企业并购德国B公司为例．中国总会计师．2019（04）：48－51.

[5643] 杜克禹．房地产企业并购商誉会计处理的研究．中国总会计师．2019（08）：81.

[5644] 黄国勇．国有企业并购财务风险问题与对策．中国总会计师．2019（10）：92－93.

[5645] 陈新华．企业并购重组中的财务风险及并购后的整合控制管理．中国总会计师．2019（11）：78－80.

[5646] 邱明峰．能源类企业海外并购协同效应研究——以昊华能源为例．中国总会计师．2019（12）：125－127.

[5647] 胡公枢，Jiaxin L. I. 海洋生态环境保护的刑事规制——基于Y市污染环境罪的司法实践．中华海洋法学评论．2019（04）：71－113.

[5648] 詹程．房地产企业绿色建筑开发行为的影响因素分析．中华建设．2019（12）：56－57.

[5649] 杨晋玲．认真对待婚姻家庭领域中的习惯——以民法典婚姻家庭编的制定为背景．中华女子学院学报．2019（01）：12－17.

[5650] 石月炜．“不良影响”条款应否规制“误认误购”标志探析——评万达影视传媒有限公司诉商标评审委员会商标申请驳回复审行政案．中华商标．2019（10）：62－65.

[5651] 夏欢．《商标法》第四十四条第一款对商标恶意注册的规制——“黑人”系列商标无效宣告案评析．中华商标．2019（09）：65－68.

[5652] 杨恩义．“以其他不正当手段取得注册”条款的适用——评维多利亚的秘密公司诉商标评审委员会、第三人庆鹏公司商标权无效宣告请求行政纠纷案．中华商标．2019（08）：41－45.

[5653] 徐楠楠．对使用虚假材料提交商标注册申请行为的思考和规制建议．中华商标．2019（07）：63－65.

[5654] 熊北辰．商标恶意抢注行为的规制——商标法第四十四条第一款适用问题研讨．中华商标．2019（02）：48－52.

[5655] 宗永辉，费敏，宣自学，王维，方晴霞，蒋家翔，苏奥南，何强，黄东胜，张国兵．“互联网＋”中药饮片代煎及配送服务监管体系构建．中华医院管理杂志．2019（04）：341－345.

[5656] 杨永梅，王振宇，池文瑛．浙江省公立医院大型医用设备管制效应分析．中华医院管理杂志．2019（01）：46－49.

[5657] 张可．市场一体化有利于改善环境质量吗？——来自长三角地区的证据．中南财经政法大学学报．2019（04）：67－77.

[5658] 李锴，齐绍洲，杨勇．异质性气候政策与出口低碳技术含量．中南财经政法大学学报．2019（02）：105－115.

[5659] 张海玲．技术距离、环境规制与企业创新．中南财经政法大学学报．2019（02）：147－156.

[5660] 胡弼成，欧阳鹏．共建共治共享：大学治理法治化新格局——基于习近平的社会治理理念．中南大学学报（社会科学版）．2019（06）：153－161.

[5661] 柯达．论补充性货币的法律规制——兼论数字货币的补充性监管．中南大学学报（社会科学版）．2019（05）：30－37.

[5662] 张庆麟，钟俐．析《美墨加协定》之ISDS机制的改革——以东道国规制权为视角．中南大学学报（社会科学版）．2019（04）：41－50.

[5663] 史长宽．市场类环境工具对经济增长的影响效应与作用机制——基于产业结构的视角．中南大学学报（社会科学版）．2019（02）：78－88.

[5664] 姜晓晴，文占权，张宁，曹常影，张彦昭，刘传绪．互联网虚假药品广告现状研究．中南药学．2019（01）：151－154.

[5665] 易在成．WTO补贴制度欧洲化方案评析．中山大学学报（社会科学版）．2019（03）：163－174.

[5666] 朱佳青，李广众．汇率跳跃风险对跨国并购的影响研究．中山大学学报（社会科学版）．2019（03）：175－185.

[5667] 刘娥平，关静怡．寅吃卯粮：标的公司盈余管理的经济后果——基于并购溢价与业绩承诺实现的视角．中山大学学报（社会科学版）．2019（04）：197－207.

[5668] 李善民，公淑玉，杨继彬．CEO文化背景对并购绩效的影响研究——基于南北文化差异视角．中山大学学报（社会科学版）．2019（05）：195－207.

[5669] 叶军．经营者集中反垄断控制限制性条件的比较分析和选择适用．中外法学．2019（04）：1095－1119.

[5670] 戴昕．理解社会信用体系建设的整体视角　法治分散、德治集中与规制强化．中外法学．2019（06）：1469－1491.

[5671] 万勇．人工智能时代的版权法通知—移除制度．中外法学．2019（05）：1254－1269.

[5672] 梅夏英．在分享和控制之间　数据保护的私法局限和公共秩序构建．中外法学．2019（04）：845－870.

[5673] 李剑．制度成本与规范化的反垄断法　当然违法原则的回归．中外法学．2019（04）：1004－1024.

[5674] 申晨．论婚姻无效的制度构建．中外法学．2019（02）：455－476.

[5675] 张占江．不正当竞争行为认定范式的嬗变　从"保护竞争者"到"保护竞争"．中外法学．2019（01）：203－223.

[5676] 侯利阳．轴辐协议的违法性辨析．中外法学．2019（06）：1598－1616.

[5677] 王涛．华为起诉美国政府　背后是怎样的"战法"?．中外管理．2019（04）：80－82.

[5678] 任新茹，宫礼坤，马天祥，王丽杉．价格规制对天然气需求弹性的影响——以山东地区为例．中外能源．2019（02）：15－21.

[5679] 李金蔚．从劳动经济学角度对新兴热点城市"人才争夺战"的分析——大学生高素质劳动力怎样选择新兴城市劳动力市场．中外企业家．2019（27）：211－212.

[5680] 贺艳梅．我国农村公共物品供给制度重构的法律路径．中外企业家．2019（27）：217.

[5681] 李晓，刘桁瑞，李峰，莫毅豪．网约车平台的治理探讨．中外企业家．2019（09）：46－47.

[5682] 管敬韬．中石化海外并购Addax公司绩效研究．中外企业家．2019（03）：64－65.

[5683] 梁文瑞．企业重组并购形势下的资产管理风险与对策研究．中外企业家．2019（03）：38－39.

[5684] 刘金喜．上市公司并购重组的融资决策管理探究．中外企业家．2019（06）：9.

[5685] 曹英明．TCL海外并购失败的原因分析．中外企业家．2019（11）：14.

[5686] 于海波．机构投资者兼并/收购公司相关问题的思考．中外企业家．2019（11）：7.

[5687] 黄洪娟．企业并购财务风险及规避策略研究．中外企业家．2019（13）：16－17.

[5688] 王君．简述企业并购重组中业绩承诺的风险识别及应对．中外企业家．2019（18）：52－53.

[5689] 姜洪．企业海外并购的风险分析．中外企业家．2019（18）：58－59.

[5690] 孙丹．试论我国企业并购中杠杆收购的应用性．中外企业家．2019（19）：29－30.

[5691] 赵旭阳．并购所带来的技术资源对于企业经营绩效的影响研究——以吉利并购沃尔沃为例．中外企业家．2019（20）：37－38.

[5692] 王碧莹．我国企业并购重组税收问题研究．中外企业家．2019（21）：37.

[5693] 郭嘉莉．技术并购对创新绩效影响文献综述．中外企业家．2019（21）：72.

[5694] 李丹．TCL并购失败的应对策略．中外企业家．2019（22）：60.

[5695] 刘世平．论企业并购重组中政府控制对重组绩效的影响．中外企业家．2019（22）：48－49.

[5696] 刘军华．上市公司盈余管理与并购承诺达成．中外企业家．2019（22）：44－46.

[5697] 戚赛．医药行业并购对企业财务绩效影响分析——以上海医药为例．中外企业家．2019（23）：34－35.

[5698] 赵芝琳，孙伟艳．互联网企业的并购动因及风险分析．中外企业家．2019（25）：3.

[5699] 孙瑞婷．并购对企业研发创新的影响．中外企业家．2019（29）：36－37.

[5700] 彭宣．试析业绩承诺协议设置、私募股权与上市公司并购绩效．中外企业家．2019

(30)：43.

[5701] 王琳．家电行业跨国并购财务风险识别与防范研究——以美的并购库卡为例．中外企业家.2019 (36)：52-53.

[5702] 贾伟然，张晓君．我国企业跨国并购中人力资源整合的策略分析．中外企业家.2019 (35)：80.

[5703] 马潇．企业并购融资方案设计思路——并购JH创新模式．中小企业管理与科技（上旬刊).2019 (06)：93-94.

[5704] 李信珍．企业并购财务风险控制研究．中小企业管理与科技（中旬刊).2019 (10)：60-61.

[5705] 李顺利．企业并购财务风险防范对策研究．中小企业管理与科技（中旬刊).2019 (11)：57-58.

[5706] 马凤金．关于生态环境行业安全管理的思考．中小企业管理与科技（中旬刊).2019 (02)：34-64.

[5707] 孟晓芸．关于铁路建设单位对建设资金流向监管的探讨．中小企业管理与科技（中旬刊).2019 (01)：74-75.

[5708] 陈曦．中国自然资源资产收益分配研究．中央财经大学学报.2019 (05)：109-120.

[5709] 李小荣，王新然，田粟源．出具并购重组估值报告的动因研究——来自调查问卷的证据．中央财经大学学报.2019 (12)：50-62.

[5710] 恩佳，何雄浪，陈锁．环境规制对民族地区环境污染的影响研究——基于影子经济的视角．中央民族大学学报（哲学社会科学版).2019 (01)：86-97.

[5711] 王诗颖，朱佳栋．我院近两年ICU患者抗生素使用情况与监管对策．中医药管理杂志.2019 (16)：41-42.

[5712] 刘凡．我国虚拟货币的货币地位与法律监管——日本虚拟货币法律规制的借鉴与发展．中州大学学报.2019 (06)：48-54.

[5713] 鞠真．人工智能生成物的著作权认定及其规制．中州大学学报.2019 (05)：46-51.

[5714] 陈禹衡，尹航．盗用个人跨境电商额度的刑法规制和治理．中州大学学报.2019 (04)：40-45.

[5715] 陈博文，胡尚慧．论基因编辑的风险及法律规制．中州大学学报.2019 (02)：42-46.

[5716] 宁立志，杨妮娜．专利独家许可的反垄断法分析．中州学刊.2019 (04)：45-51.

[5717] 李嵩誉．绿色原则在农村土地流转中的贯彻．中州学刊.2019 (11)：90-94.

[5718] 郭德香，陈昱州．住房按揭贷款的风险及其规制．中州学刊.2019 (09)：63-66.

[5719] 高留志，栗婧怡．我国城市社区互助养老模式的构建及法律规制——基于河南省六市养老现状的调研．中州学刊.2019 (08)：79-84.

[5720] 申进忠．我国化学品环境规制的不足与完善．中州学刊.2019 (06)：93-98.

[5721] 王鹏祥，孟昱含．论污染环境行为的刑法治理．中州学刊.2019 (06)：61-67.

[5722] 王伟．失信惩戒的类型化规制研究——兼论社会信用法的规则设计．中州学刊.2019 (05)：43-52.

[5723] 刘少谷．刑法规制假冒专利行为的困境与对策．中州学刊.2019 (03)：55-59.

[5724] 周广亮．协同治理视域下国家食品安全监管路径研究．中州学刊.2019 (02)：73-79.

[5725] 佟屏亚．中国种业兼并重组大势——国进民退．种子科技.2019 (02)：1-2.

[5726] 佟屏亚．全球种子产业三大并购事件落下帷幕．种子科技.2019 (03)：1-2.

[5727] 张继春．浅议种子的互联网销售与监管．种子科技.2019 (08)：20-22.

[5728] 周仕慧，何恒，谭应江．农产品质量安全监管及检测．种子科技.2019 (05)：51-53.

[5729] 张绍珊，周为．农产品质量安全监管检测存在问题及对策．种子科技．2019（04）：11.

[5730] 白德淳．关于增强林业育苗技术和苗期监管工作的思考．种子科技．2019（03）：81.

[5731] 钟三宇．普惠金融的税法规制．重庆大学学报（社会科学版）．2019（04）：137－146.

[5732] 吴翔宇，丁云龙．农民合作经济组织的制度演进研究．重庆大学学报（社会科学版）．2019（05）：60－70.

[5733] 赵吟．互联网股权融资投资者准入的法律规制．重庆大学学报（社会科学版）．2019（04）：126－136.

[5734] 聂帅钧．共享电单车的政府监管研究．重庆大学学报（社会科学版）．2019（01）：162－177.

[5735] 李强，丁春林．环境规制、空间溢出与产业升级——来自长江经济带的例证．重庆大学学报（社会科学版）．2019（01）：17－28.

[5736] 罗雪燕，熊明芯，林强．医疗卫生体制改革中利益相关者的博弈分析．重庆第二师范学院学报．2019（03）：31－35.

[5737] 张振新．论公众的网络群体行为与法律制度的关系．重庆电子工程职业学院学报．2019（01）：50－55.

[5738] 解德渤，王思懿，叶强，林杰，任增元，李峰，廖伟伟，刘爱生．思维·价值·秩序：中国高等教育治理现代化的变革之路（笔谈）．重庆高教研究．2019（03）：61－85.

[5739] 姚荣．从政策思维走向法治思维：我国高等教育治理现代化的核心要义．重庆高教研究．2019（03）：49－60.

[5740] 黄伟．中国民航法律规制的发展与完善．重庆工商大学学报（社会科学版）．2019（06）：109－114.

[5741] 李新剑，吴红迪，范彦成．多维距离对跨国并购股权进入模式的影响研究——以中国企业海外并购股权控制强度为例．重庆工商大学学报（社会科学版）．2019（01）：54－61.

[5742] 张毅．网络直播抽奖行为的刑法规制及治理逻辑．重庆广播电视大学学报．2019（05）：41－47.

[5743] 周润．比特币交易的法律规制．重庆广播电视大学学报．2019（02）：31－38.

[5744] 李清林，赵云芬．中小企业环境责任保险的政府补贴法律规制研究．重庆行政．2019（06）：46－48.

[5745] 岳树梅，丛文．“一带一路”能源合作环境法律规制研究．重庆行政．2019（05）：66－68.

[5746] 商湉．套路贷的基本特征和法律规制研究．重庆行政．2019（05）：74－76.

[5747] 宋英俊．从国家政策规制看改革开放以来国有企业改革历程．重庆行政．2019（05）：61－62.

[5748] 毛彦钧．乡村振兴战略背景下农村生活垃圾处理的法律规制．重庆行政．2019（04）：67－69.

[5749] 金运韬．基因编辑技术的法律规制——以免疫艾滋病的基因编辑技术为例．重庆行政．2019（01）：46－47.

[5750] 李昂．行政相对人在行政协议中违约责任的法律规制．重庆行政．2019（01）：39－40.

[5751] 刘兴远，夏阳，王彬炜．超过一定规模的危险性较大的建筑边坡工程范围探讨．重庆建筑．2019（04）：40－42.

[5752] 李盼道，宋晔琴．共享单车的供给模式及政府规制．重庆交通大学学报（社会科学版）．2019（06）：47－53.

[5753] 王熠珏．我国虚拟货币规制的嬗变与反思．重庆交通大学学报（社会科学版）．2019

(03)：8－14.

［5754］周苏湘．当前网约车行政规制的局限与转型．重庆交通大学学报（社会科学版）.2019(02)：56－62.

［5755］张宇润，孙锦程．高校不正当竞争行为的法律规制探讨．重庆科技学院学报（社会科学版）.2019（01）：26－29.

［5756］张梅，陈春伟，李冰茹．新媒体监督、环境规制与企业绿色发展理念——基于中国重污染行业的实证分析．重庆理工大学学报（社会科学）.2019（09）：62－70.

［5757］张艳云，黄涛．环境规制与企业创新：基于对千家企业节能行动的分析．重庆理工大学学报（社会科学版）.2019（06）：43－49.

［5758］肖远飞，吴允．FDI、环境规制政策和区域绿色创新效率．重庆理工大学学报（社会科学）.2019（06）：50－62.

［5759］张军，郭希宇．FDI与环境污染的关系研究——来自中国的经验数据．重庆理工大学学报（社会科学）.2019（02）：17－25.

［5760］《重庆理工大学学报（社会科学）》2019年栏目选题计划．重庆理工大学学报（社会科学）.2019（02）：2－157.

［5761］岳宝宏，何蒙巧．民营企业海外并购财务风险评价体系的构建．重庆理工大学学报(社会科学).2019（01）：48－59.

［5762］张克森．隐性环境规制与节能减排的关系研究——以中国东部地区2005—2016年95城市面板数据为例．重庆社会科学.2019（10）：80－91.

［5763］吕垚瑶．我国高利贷刑法治理的困境与破解路径．重庆社会科学.2019（09）：100－110.

［5764］唐旭．第三方电子支付平台法律监管制度的完善．重庆社会科学.2019（08）：64－73.

［5765］谭建伟，张智文．经济新常态下环境规制对政治关联丧失企业研发投入的影响——基于我国制造业上市公司的实证分析．重庆社会科学.2019（07）：53－64.

［5766］刘三洋，秦策．网络犯罪共犯规制独立化治理模式论．重庆社会科学.2019（07）：88－98.

［5767］周园，杨珊．深度链接著作权侵权认定的现实路径与制度创新．重庆社会科学.2019(04)：50－60.

［5768］李永升，李晓．“校园贷”侵犯高校学生合法权益的刑法规制．重庆社会科学.2019(01)：63－72.

［5769］董景荣，张海涛，王亚飞．环境规制对技术进步的影响——基于中国装备制造业的实证检验．重庆师范大学学报（自然科学版）.2019（01）：129－136.

［5770］吕新军，程博文，田怡．环境规制与产业结构动态调整：基于ECM模型的再考察．重庆文理学院学报（社会科学版）.2019（06）：19－30.

［5771］江童．城市共享单车发展存在的问题及规制路径探析——基于多中心治理的视角．重庆文理学院学报（社会科学版）.2019（01）：48－56.

［5772］周光涛，刘伊，苏巧莲，王清磊，杨作强，王伟，袁隽明，冯泽永．医生集团的监管探讨．重庆医学.2019（15）：2686－2689.

［5773］胡丽，郭振豪．超级网络平台限制交易行为的反垄断规制．重庆邮电大学学报（社会科学版）.2019（05）：43－50.

［5774］李毅，王迪．世贸组织背景下中国数据本地化存储要求的评析．重庆邮电大学学报(社会科学版).2019（04）：34－43.

［5775］童彬．数据财产权的理论分析和法律框架．重庆邮电大学学报（社会科学版）.2019

(01)：50－57.

[5776] 文立彬．侵犯公民个人信息罪刑事判决实证研究——以2015－2018年335份相关生效判决为样本．重庆邮电大学学报（社会科学版）.2019（01）：22－32.

[5777] 国瀚文．互联网企业数据识别反垄断法律监管规制．重庆邮电大学学报（社会科学版）.2019（02）：37－46.

[5778] 曾迪．大数据背景下互联网平台反垄断法适用难题及对策研究．重庆邮电大学学报（社会科学版）.2019（03）：37－44.

[5779] 徐玺，轩梓翰．多元共治视角下中国土壤重金属污染治理模式探究．周口师范学院学报.2019（02）：59－64.

[5780] 徐剑华．"并购高手"沙迪家族和他们的达飞轮船集团．珠江水运.2019（03）：14－19.

[5781] 何可人．城市混合社区的排他性与包容性——一个城市与建筑设计课题引发的思考．住区.2019（04）：140－153.

[5782] 杜文杰．调控政策下的房地产企业并购分析．住宅与房地产.2019（06）：18－130.

[5783] 冯霞．房屋建筑和市政基础设施工程质量监督管理．住宅与房地产.2019（36）：103.

[5784] 孔凡勇．wokank移动式特种设备监管难点与对策．装备维修技术.2019（04）：169.

[5785] 舒本耀．"一站式"装备市场准入审查管理创新．装甲兵工程学院学报.2019（03）：17－21.

[5786] 汪国雨．环境规制下产业结构变迁的跨区协同效应——基于空间杜宾模型的研究．资源开发与市场.2019（07）：889－895.

[5787] 王维，李存芳．企业转移行为胁迫效应干预因子的分析与检验——以资源枯竭型企业转移为例．资源开发与市场.2019（06）：750－756.

[5788] 黄娟，孙坤鑫．环境规制、市场集中与环境效率——来自中国工业行业面板数据的检验．资源开发与市场.2019（05）：646－653.

[5789] 许长新，胡丽媛．环境规制、技术创新与经济增长——基于2008—2015年中国省际面板数据的实证分析．资源开发与市场.2019（01）：1－6.

[5790] 李新仓，王军力，卞宏波．农地规模经营法律规制的正当性与制度构建．资源开发与市场.2019（01）：107－111.

[5791] 邱青，俞静．信用评级与并购溢价的关系研究——基于不同的并购支付方式．资源开发与市场.2019（03）：395－401.

[5792] 陈志峰．能源消费税与用能权交易制度的协调使用．资源科学.2019（12）：2205－2215.

[5793] 于艳丽，李桦，薛彩霞．政府规制与社区治理对茶农减量施药行为的影响．资源科学.2019（12）：2227－2236.

[5794] 李芬妮，张俊飚，何可．非正式制度、环境规制对农户绿色生产行为的影响——基于湖北1105份农户调查数据．资源科学.2019（07）：1227－1239.

[5795] 徐乐，赵领娣．重点产业政策的新能源技术创新效应研究．资源科学.2019（01）：113－131.

[5796] 刘华军，彭莹．雾霾污染区域协同治理的"逐底竞争"检验．资源科学.2019（01）：185－195.

[5797] 李瑞达，马爽，缪东玲．清洁技术与治污技术对废气排放影响的实证研究——基于中国EKC. 资源与产业.2019（06）：60－68.

[5798] 杨赫，杨栋会，刘方．环境规制、产业转移与资源配置．资源与产业.2019（03）：38－45.

［5799］韩璇，袁勇，王飞跃．区块链安全问题：研究现状与展望．自动化学报．2019（01）：206－225.

［5800］苏宇．论算法规制的价值目标与机制设计．自然辩证法通讯．2019（10）：8－15.

［5801］张海柱．食品安全风险治理中的科学与政治：欧盟经验与启示．自然辩证法通讯．2019（04）：85－91.

［5802］董妍．风险规制视角下处罚法定原则在新兴科技领域执法中的困境——以人类遗传资源行政处罚为视角．自然辩证法通讯．2019（03）：103－109.

［5803］李春玲，王西营．基于并购后资源整合的航空公司竞争力．综合运输．2019（02）：5－9.

2020 年

［1］杨明．网游直播产业中游戏开发商的反垄断规制（英文）．China Legal Science. 2020（02）：64－83.

［2］魏楚，郑新业，龚华燕．能源效率提升的新视角——基于市场分割的检验（英文）．Social Sciences in China. 2020（01）：59－78.

［3］王先林．论我国垄断协议规制制度的实施与完善——以《反垄断法》修订为视角．安徽大学学报（哲学社会科学版）．2020（01）：109－117.

［4］陈兵．互联网市场支配地位认定方法再探．安徽大学学报（哲学社会科学版）．2020（06）：80－88.

［5］谢云飞，韩刚，朱牧野．环境规制与工业产业竞争力——基于不同类型环境规制手段的比较分析．安徽广播电视大学学报．2020（04）：1－6.

［6］吕坤鹏．大数据时代环境行政规制的变革及其优化．安徽行政学院学报．2020（03）：84－91.

［7］贾晓越．共享经济视野下在线短租业的监管研究．安徽行政学院学报．2020（01）：41－45.

［8］周羽中．价格算法合谋的反垄断规制——事前管控与事后追责．安徽警官职业学院学报．2020（05）：26－33.

［9］张义成．定价算法共谋的反垄断法规制．安徽警官职业学院学报．2020（05）：34－38.

［10］乔淑贞．“刷脸”技术的立法规制——兼议个人信息权保护．安徽警官职业学院学报．2020（02）：10－12.

［11］李新剑，江梅霞，彭永翠．基于社会网络理论的中国企业海外并购合法性研究．安徽商贸职业技术学院学报（社会科学版）．2020（04）：11－15.

［12］王福君．我国装备制造业海外并购的发展历程、风险挑战与趋势对策．鞍山师范学院学报．2020（03）：22－30.

［13］赵春杰．规制电商平台限定交易协议的合理边界．保山学院学报．2020（01）：103－108.

［14］陈慧华．监管视角下智能投顾算法的应用风险治理研究．保险职业学院学报．2020（03）：70－74.

［15］何小伟，陈泉彤．网络互助平台的风险分析与监管初探．保险职业学院学报．2020（01）：18－21.

［16］魏德．反垄断法规制滥用标准必要专利权之反思．北方法学．2020（03）：149－160.

［17］李激汉．新《证券法》下内幕交易主体范围确定之构想．北方法学．2020（06）：77－86.

［18］董淳锷．规制“规避”：中国民商法的技术选择、制度演进与改进策略．北方法学．2020（03）：14－25.

［19］杨巍．悖信援引时效抗辩权的法律规制．北方法学．2020（02）：16－25.

［20］庞冬梅，иванович рарог алексей. 欧亚经济联盟框架下海关管控领域犯罪及其刑法规制路径研究．北方法学．2020（01）：15－26.

［21］胡宏雁．跨国并购中的国家安全审查问题及应对——知识产权的利益考量视角．北方法学．2020（06）：116－122.

［22］匡敏洁．负面清单制度下对市场准入法律制度的思考．北方金融．2020（08）：80－85.

［23］朱皖敏．关联交易的法律规制研究．北方金融．2020（06）：77－82.

［24］齐尧．非金融企业影子银行化的影响与风险规制研究．北方金融．2020（02）：76－79.

［25］朱锡俊．基金“老鼠仓”行为的规制——基于入罪模式之比较．北方金融．2020（01）：48－52.

［26］陈倩．电商时代网红直播带货的法律规制探析．北方经贸．2020（08）：78－80.

［27］倪颖．债权让与通知法律效力的分析——以债权多重让与的规制为中心．北方经贸．2020（07）：53－55.

［28］刘珊，常媛．环境规制下石化与冶金环境会计信息披露对比．北方经贸．2020（06）：77－79.

［29］陈雨婷．保荐代表人准入门槛与 IPO 资源配置效率——基于中国 A 股市场的实证分析．北方经贸．2020（01）：107－111.

［30］童珍珍，王明国．基于投资型并购企业价值评估方法的选择探讨．北方经贸．2020（09）：138－139.

［31］杨天宇．以美的并购库卡看企业并购效果．北方经贸．2020（10）：53－55.

［32］聂明珠，刘慧萍．基于政府与小农散户博弈视角的农产品质量安全规制路径选择．北方园艺．2020（07）：159－165.

［33］冷雨童，张建江，艾尔肯·沙木沙克．网络暴力行为成因及可能触及的法律问题研究．北京城市学院学报．2020（05）：52－58.

［34］赖德胜，苏丽锋．人力资本理论对中国劳动力市场研究的贡献．北京大学教育评论．2020（01）：80－89.

［35］田欣，陈帅，徐晋涛．环境规制和路径依赖对水污染密集型行业分布的影响——基于长江流域的实证分析．北京大学学报（自然科学版）．2020（02）：352－364.

［36］邢变变．新旧《档案法》规制下档案开放利用在司法案件中的变化与应对——以中国裁判文书网 39 篇文书所涉案件为例．北京档案．2020（11）：10－13.

［37］陶旻翰．托拉斯还是乌托邦？——论战后“南京影院公司”．北京电影学院学报．2020（01）：74－81.

［38］周清杰，张志芳．进入规制强度对创业质量的影响研究——基于跨国数据的分析．北京工商大学学报（社会科学版）．2020（05）：107－116.

［39］王雅茹，刘淑莲．企业声誉与并购溢价决策——基于业绩期望差距的调节效应．北京工商大学学报（社会科学版）．2020（01）：76－89.

［40］孔宁宁，吴蕾，陈绾墨．并购重组业绩承诺实施风险与中小股东利益保护——以雅百特为例．北京工商大学学报（社会科学版）．2020（02）：69－79.

［41］易芳，孟昌，陈丽月．交易型平台企业规制中的相关市场界定——以网约车平台为例．北京工商大学学报（社会科学版）．2020（06）：115－124.

［42］王永洁．平台型非标准就业与劳动力市场规制．北京工业大学学报（社会科学版）．2020（03）：94 –100.

［43］张田歌．论深度伪造技术的法律规制．北京工业职业技术学院学报．2020（03）：124 –127.

［44］刘祥坠．众包平台监管中的演化博弈与仿真分析．北京工业职业技术学院学报．2020（03）：115 –119.

［45］尹少成．“互联网 +”背景下快递新业态规制的法律框架．北京行政学院学报．2020（04）：101 –109.

［46］曹思婕．休闲农业和乡村旅游法律规制问题研究．北京行政学院学报．2020（03）：90 –98.

［47］王文婷．财税治腐的路径证成——兼论财税治腐的功能变革．北京行政学院学报．2020（01）：103 –112.

［48］黄道丽，胡文华．中国数据安全立法形势、困境与对策——兼评《数据安全法（草案）》．北京航空航天大学学报（社会科学版）．2020（06）：9 –17.

［49］周学峰．个人信息保护立法中的基础问题探讨．北京航空航天大学学报（社会科学版）．2020（03）：1 –7.

［50］王媛媛，邢哲．中国司法鉴定市场化的危机与应对．北京航空航天大学学报（社会科学版）．2020（02）：143 –153.

［51］罗昆，肖海银．股权型基金会的法人治理问题探讨．北京航空航天大学学报（社会科学版）．2020（01）：15 –20.

［52］刘光才，靳璐．民航旅客个人信息保护的法律规制研究．北京航空航天大学学报（社会科学版）．2020（01）：122 –128.

［53］陈波，刘珊君，王萍萍．企业并购对军用技术创新的影响．北京航空航天大学学报（社会科学版）．2020（04）：97 –107.

［54］李旭东．平台企业价格轴辐合谋的认定．北京化工大学学报（社会科学版）．2020（01）：90 –95.

［55］张蓓．大数据技术在金融领域的应用及其监管．北京经济管理职业学院学报．2020（01）：16 –23.

［56］赵长江，周涵月．区块链犯罪的认定困境与规制．北京警察学院学报．2020（06）：94 –100.

［57］王嘉．我国食品安全犯罪研究的科学知识图谱分析．北京警察学院学报．2020（06）：88 –93.

［58］陈烨．网络时代言论自由的法律边界及刑法规制．北京警察学院学报．2020（02）：11 –22.

［59］王利宾．食药环犯罪规制对策研究．北京警察学院学报．2020（01）：7 –12.

［60］张涛．论大数据警务及其法律控制．北京科技大学学报（社会科学版）．2020（03）：69 –77.

［61］李莉，张婷．旅游中零负团费的法律规制．北京科技大学学报（社会科学版）．2020（02）：113 –118.

［62］屈文波，李淑玲．中国环境污染治理中的公众参与问题——基于动态空间面板模型的实证研究．北京理工大学学报（社会科学版）．2020（06）：1 –10.

［63］蔡海亚，赵永亮，焦微玲．环境规制对制造业价值链攀升的影响效应．北京理工大学学报（社会科学版）．2020（06）：11 –19.

［64］金璐，黄志华．区块链技术下 ICO 行为的风险研判及刑法规制．北京理工大学学报（社会科学版）．2020（06）：123 –129.

［65］周杰琦，梁文光．环境规制能否有效驱动高质量发展？——基于人力资本视角的理论与经验分析．北京理工大学学报（社会科学版）. 2020（05）：1－13.

［66］王明敏，齐延平．社会系统论视角下区块链应用的法律规制．北京理工大学学报（社会科学版）. 2020（05）：113－125.

［67］马海良，董书丽．不同类型环境规制对碳排放效率的影响．北京理工大学学报（社会科学版）. 2020（04）：1－10.

［68］李德山，张郑秋．环境规制对城市绿色全要素生产率的影响．北京理工大学学报（社会科学版）. 2020（04）：39－48.

［69］王鹏鹏．论个人信用信息公开的私法规制．北京理工大学学报（社会科学版）. 2020（03）：144－150.

［70］骆海燕，屈小娥，胡琰欣．环保税制下政府规制对企业减排的影响——基于演化博弈的分析．北京理工大学学报（社会科学版）. 2020（01）：1－12.

［71］鞠可一，周得瑾，吴君民．环境规制可以“双赢”吗？——中国工业行业细分视角下的强“波特假说”研究．北京理工大学学报（社会科学版）. 2020（01）：21－28.

［72］何江．论环境规制中的法院角色——从环境公益诉讼的模式选择说开去．北京理工大学学报（社会科学版）. 2020（01）：141－149.

［73］赵昕，白雨，丁黎黎，薛岳梅．政府参与下核证减排量质押融资演化博弈．北京理工大学学报（社会科学版）. 2020（01）：29－40.

［74］高秦伟．食品安全法治中的自我规制及其学理反思．北京联合大学学报（人文社会科学版）. 2020（03）：50－63.

［75］吴一凡．维护金融安全　保护群众利益——提高地方金融监督管理条例立法质量．北京人大 . 2020（11）：26－27.

［76］孟昌，庞燕岭．北京市出租车需求量测算与数量规制——基于课题组调查问卷和官方数据的测算．北京社会科学 . 2020（05）：4－16.

［77］陈龙，张力．单向促进还是双向加成——中国制造业与服务业就业互动关系研究．北京师范大学学报（社会科学版）. 2020（06）：128－142.

［78］张一杰．我国原油期货法律规制研究．北京石油管理干部学院学报 . 2020（04）：38－42.

［79］张静，刘涛．福建省产业集聚与生态环境问题实证分析．北京印刷学院学报 . 2020（05）：102－105.

［80］石露．登记准入制度在微商行业适用的可行性分析．北京印刷学院学报 . 2020（03）：100－106.

［81］魏龙，张虎．环境规制对绿色技术创新效率：促进还是抑制？——基于创新价值链和空间外溢的双重视角．北京邮电大学学报（社会科学版）. 2020（04）：48－58.

［82］赵宏中，黄品涛．环境规制、研发投入对绿色技术创新的影响研究．北京邮电大学学报（社会科学版）. 2020（02）：67－75.

［83］李素琴，程亮生．我国重婚立法规制的制度路径——基于近年三起重婚案件的样本分析．北京政法职业学院学报 . 2020（04）：7－14.

［84］汤磊．规制铁路统一调度指挥权：网运合一与分离的路径选择．北京政法职业学院学报．2020（01）：16－22.

［85］朱燕华．规制商标恶意抢注的民事责任制度的建立．北京政法职业学院学报 . 2020（01）：73－77.

［86］汪庆华．算法透明的多重维度和算法问责．比较法研究 . 2020（06）：163－173.

［87］解志勇，雷雨薇．基于“醉驾刑”的“行政罚”之正当性反思与重构．比较法研究．

2020（06）：54－75.

［88］邢会强．人脸识别的法律规制．比较法研究．2020（05）：51－63.

［89］时业伟．跨境数据流动中的国际贸易规则：规制、兼容与发展．比较法研究．2020（04）：173－184.

［90］杨志琼．数据时代网络爬虫的刑法规制．比较法研究．2020（04）：185－200.

［91］孔祥俊．论非使用性恶意商标注册的法律规制——事实与价值的二元构造分析．比较法研究．2020（02）：54－71.

［92］皮勇．论中国网络空间犯罪立法的本土化与国际化．比较法研究．2020（01）：135－154.

［93］邓峰．公司合规的源流及中国的制度局限．比较法研究．2020（01）：34－45.

［94］杨大可．德国校园欺凌法律规制体系及司法实践探析．比较教育研究．2020（12）：100－106.

［95］施颖雯．算法新闻失实成因及其规制路径．编辑学刊．2020（02）：27－31.

［96］周澎．“VR＋阅读障碍者图书”出版的著作权制度困境、价值与展望——兼评《中华人民共和国著作权法（修正案草案）》．编辑之友．2020（09）：94－100.

［97］张艳．美国互联网广告业自我规制：多元主体与路径选择——以广告数据欺诈防范为切入点．编辑之友．2020（07）：108－112.

［98］韩立新，张秀丽．交往视域下的媒介使用责任主体研究．编辑之友．2020（05）：44－51.

［99］张波．人工智能新闻出版的监管难点与优化路向．编辑之友．2020（03）：35－40.

［100］杜忠锋，罗敬．话语分析视角下我国媒介融合的话语嬗变及其内在逻辑．编辑之友．2020（01）：12－18.

［101］孟茹．算法时代西方网络广告监管的转向研究．编辑之友．2020（07）：102－107.

［102］巩巧琴，李欢，孙宇宁，沈崇文，张继光．波兰铁路市场准入机制研究．标准科学．2020（11）：174－180.

［103］张欣．2010—2020年国内民用无人机法律监管问题研究综述．滨州学院学报．2020（05）：35－43.

［104］边缘．论我国行政诉讼法中被告逾期举证的法律后果与规制途径．财富时代．2020（08）：35－36.

［105］马扶摇．反敌意收购下目标公司决定权归属模式辨析．财富时代．2020（07）：235－236.

［106］黄天翔．企业并购风险投资中的相关问题及应对措施．财富时代．2020（01）：90－91.

［107］张婉滢．浅析资产评估偏差对企业并购重组的影响．财富时代．2020（02）：59.

［108］卢琳．天神娱乐连续并购高溢价成因分析．财富时代．2020（02）：150.

［109］李雪菊，徐雨佳，崔晨明．浅议LVMH并购蒂芙尼．财富时代．2020（03）：84.

［110］贺潇．高新技术企业并购风险研究——以兆易创新收购思立微为例．财富时代．2020（05）：44－46.

［111］谭振兴．浅谈国有资本具有实际控制力的混合所有制并购企业财务管控．财富时代．2020（06）：76－77.

［112］陆佩鸣．联合利润基数确定法在建筑业施工项目中的应用——以A企业为例．财富时代．2020（10）：78－79.

［113］纪世乾．阿里巴巴并购饿了么案例分析．财富时代．2020（12）：78－79.

［114］施鸿．基于财务战略矩阵的企业合并财务评价．财会通讯．2020（02）：117－120.

［115］胡文悦，张晓花．企业环保社会责任对绿色创新的倒逼效应研究．财会通讯．2020

(24)：58-62.

[116] 段英文．环境规制、财务竞争力与医药行业上市企业研发投入．财会通讯．2020 (22)：90-92.

[117] 唐定芬，邢鹤．企业环境信息披露法律规制中美比较．财会通讯．2020 (19)：138-141.

[118] 张慧霞．环境规制、动态创新能力与企业财务绩效．财会通讯．2020 (24)：54-57.

[119] 王骏飞．环境规制、绿色信贷与创业板企业债务融资能力．财会通讯．2020 (12)：71-74.

[120] 刘颖，何锦明．环境规制、融资效率与研发投入．财会通讯．2020 (10)：49-52.

[121] 吴以，彭思琪，杨夏妮．代理成本、环境规制与技术创新．财会通讯．2020 (09)：78-83.

[122] 蔡海静，谢乔昕，滕军．环境规制、行业异质性与内部人减持规模．财会通讯．2020 (07)：62-66.

[123] 杨晶．融资约束、非正式环境规制与绿色并购．财会通讯．2020 (04)：60-63.

[124] 阳秋林，刘微，华文英．环境规制、内部控制与债务融资成本．财会通讯．2020 (05)：71-75.

[125] 刘艳春．审计师背景特征对会计稳健性的影响研究．财会通讯．2020 (17)：48-51.

[126] 贺宝成，阮孝青，赵丹．法制环境与审计合谋——基于演化博弈与PSM-Logit模型的分析．财会通讯．2020 (11)：15-20.

[127] 傅金平．审计合谋的推定与治理分析．财会通讯．2020 (05)：125-128.

[128] 郭慧敏．董事异质性、大股东隧道效应与关联并购绩效．财会通讯．2020 (01)：56-59.

[129] 岳双喜．上市公司并购新三板企业的目标选择——以兴民智通并购九五智驾为例．财会通讯．2020 (02)：103-105.

[130] 兰岚．产业演进视角下企业并购绩效分析——以乐普医疗为例．财会通讯．2020 (06)：105-108.

[131] 夏芸，林子昂．技术并购与企业经济绩效——以高新技术企业为例．财会通讯．2020 (06)：19-22.

[132] 毛丽娟，洪泽慧．并购重组中业绩补偿协议的签订逻辑——基于利益相关者视角．财会通讯．2020 (08)：13-16.

[133] 史永进．基于并购重组的新三板僵尸企业“自救”策略探析．财会通讯．2020 (10)：109-113.

[134] 王晓军，赵俊俊．并购融资监管问题研究——基于“宝万之争”的案例．财会通讯．2020 (12)：142-146.

[135] 饶静，曾丽欢，许怡婷．管理层过度自信、公司治理与并购溢价．财会通讯．2020 (12)：24-28.

[136] 翟帅．日本法上公司反并购实践对我国的启示．财会通讯．2020 (14)：152-156.

[137] 李建刚．并购回售模式下业绩补偿终止动因及影响分析——以众生药业并购凌晟药业为例．财会通讯．2020 (14)：166-170.

[138] 倪艳，朱红媛．医药上市公司外延式并购商誉减值研究——以新华医疗为例．财会通讯．2020 (14)：107-110.

[139] 周利芬，王建勤．业绩补偿承诺对并购短期绩效的影响研究——以黄河旋风并购上海明匠为例．财会通讯．2020 (14)：162-165.

[140] 彭佑元，韩冰清．游戏行业超高溢价并购绩效研究——以凯撒文化为例．财会通讯．

2020（16）：90－93.

［141］邱帆，赵兴明，刘胜强．基于业务流程的“爱尔眼科＋PE”并购基金风险探究．财会通讯．2020（16）：136－138.

［142］姚海鑫，王选乔．同伴效应对企业并购溢价决策的影响——基于行业层面的实证．财会通讯．2020（16）：74－78.

［143］王厚明，孙春燕．不同估值法下跨国并购目标公司估值分析．财会通讯．2020（18）：116－120.

［144］汤小芳．社会责任、并购溢价与IPO审计收费．财会通讯．2020（19）：49－52.

［145］于迪，宋力，侯巧铭．业绩承诺与并购溢价交互作用研究．财会通讯．2020（20）：86－88.

［146］邓亚昊．标的企业并购支付方式选择探析——基于股东类型差异视角．财会通讯．2020（22）：111－114.

［147］杨聪聪，曾爱民，兰茜，陈梦瑶．市值管理名义下利益侵占行为研究——以金一文化系列并购为例．财会通讯．2020（24）：166－170.

［148］袁春生，王思思．基于高管联结视角的公司并购决策同群效应研究．财会通讯．2020（24）：29－33.

［149］杨琳惠．风险投资、代理成本与并购绩效．财会通讯．2020（24）：34－37.

［150］刘建勇，李琪．资产评估机构声誉与并购业绩承诺激进程度．财会通讯．2020（19）：86－89.

［151］关于核定2020～2022年省级电网输配电价的通知．财会学习．2020（31）：4.

［152］郭艳．浅谈城市公交财政补贴如何与绩效挂钩．财会学习．2020（14）：79－80.

［153］周金娥．医院修缮工程结算审计模式研究．财会学习．2020（19）：117－118.

［154］郑再杰．大股东与高管合谋下掏空方式分析与预防对策研究．财会学习．2020（08）：236－237.

［155］杜辉．企业并购重组中企业所得税税务问题研究．财会学习．2020（01）：1－3.

［156］李媛．关于企业并购中的财务风险分析及其防范措施探讨．财会学习．2020（01）：33－34.

［157］刘丽娜．房地产企业并购重组的税收筹划及其风险分析．财会学习．2020（02）：1－3.

［158］程渡．中国制造业企业海外并购问题分析．财会学习．2020（02）：201－202.

［159］商强．企业并购后的财务整合效应探析．财会学习．2020（03）：7－9.

［160］吕庆翔．企业并购中的财务风险及防范．财会学习．2020（04）：31－32.

［161］李胜．浅析企业并购过程中股票交换率的确定．财会学习．2020（05）：263－265.

［162］赵黎鲲．并购重组中的几种定价方法及其影响．财会学习．2020（05）：228－229.

［163］翟伟伟．房地产企业并购的财务风险及对策探析．财会学习．2020（06）：50－51.

［164］于卫．民营公司并购重组存在问题及对策分析．财会学习．2020（06）：194－195.

［165］许梅芳．上市企业并购重组中资产评估增值率探讨．财会学习．2020（06）：203－205.

［166］吴锦．企业并购重组后的财务管理对策解析．财会学习．2020（07）：60－62.

［167］许胡寅．企业并购的税务筹划与税务风险．财会学习．2020（08）：215－217.

［168］赵逸胤．并购整合阶段的财务风险管理探讨．财会学习．2020（08）：75－77.

［169］任江．企业并购中的财务风险防范与控制．财会学习．2020（10）：7－9.

［170］杨万强．基于战略联盟重构视角探析企业并购管理．财会学习．2020（11）：240－242.

［171］于圣华．电池制造公司并购重组过程中的财务风险及控制．财会学习．2020（11）：51－53.

[172] 曲睿姣．企业海外并购重组中的财务风险及其防控策略．财会学习．2020（14）：72－74.
[173] 吴文考．科研单位并购中的财务整合及风控．财会学习．2020（14）：16－17.
[174] 张衍斌．新形势下我国企业并购重组中的财务风险分析．财会学习．2020（14）：39－41.
[175] 王忠芳．并购方案对商誉确认金额的影响．财会学习．2020（15）：148－149.
[176] 侯晓莉．管理层过度自信对企业并购决策的影响研究．财会学习．2020（15）：173－174.
[177] 谷泽潭．关于企业并购中财务整合分析及风控探讨．财会学习．2020（15）：29－30.
[178] 陈曰琴．关于"国有物业企业市场并购中的风险管控"．财会学习．2020（16）：209－211.
[179] 霍二珠．房地产企业并购风险及防范建议．财会学习．2020（17）：238－240.
[180] 帅志峰．浅析燃气企业并购整合的相关问题．财会学习．2020（17）：251－253.
[181] 王作武．浅谈中国企业并购马来西亚企业后的财务整合——以G公司跨国并购P公司为例．财会学习．2020（20）：185－186.
[182] 刘兴．企业并购的财务风险控制探讨．财会学习．2020（22）：58－59.
[183] 胡伟青．企业并购的会计与税务问题探索．财会学习．2020（23）：155－156.
[184] 林少春．并购行为对企业风险承担的影响研究．财会学习．2020（24）：173－174.
[185] 马振．企业并购后财务整合要点及策略研究．财会学习．2020（30）：48－49.
[186] 林慧婷．上市公司并购可能存在的问题及应对措施．财会学习．2020（31）：139－140.
[187] 马兰．企业并购整合中的问题及应对策略．财会学习．2020（32）：54－55.
[188] 李慧雅．县级财政对民生资金监管的对策探究．财会学习．2020（35）：15－16.
[189] 孟庆超．地方政府产业引导基金的投资后监管与效果评价分析．财会学习．2020（29）：139－140.
[190] 刘力．地方高校科研经费"负面清单"管理模式探讨．财会学习．2020（26）：148－149.
[191] 闫渭．乡镇财政专项资金使用监管中的问题及对策．财会学习．2020（14）：30－32.
[192] 刘义军．关于上市公司财务舞弊问题研究及监管对策分析．财会学习．2020（12）：44－45.
[193] 刘斌．地方债治理相关问题研究．财会学习．2020（02）：218－220.
[194] 高凯歌，何其凝，周道．海外并购、产权性质与企业创新绩效——基于我国A股上市公司的实证检验．财会研究．2020（01）：39－46.
[195] 王梦娇，喻强．浅谈并购商誉的劣质性和后续计量——以美的集团并购库卡为例．财会研究．2020（02）：33－35.
[196] 张楠．"互联网+"背景下企业并购动因及其效果分析．财会研究．2020（03）：52－54.
[197] 傅生旺．美团并购摩拜单车的财务风险探究．财会研究．2020（04）：49－51.
[198] 姚之朋．并购商誉、产权性质与审计费用．财会研究．2020（04）：52－58.
[199] 赵选民，吉月明．互联网企业并购动因及其协同效应分析——以阿里巴巴并购饿了么为例．财会研究．2020（05）：54－58.
[200] 蔡琼瑶，王成方．我国半导体企业跨国并购绩效研究——以长电科技并购星科金朋为例．财会研究．2020（08）：35－41.
[201] 李莉莎．P2P网络借贷增信的法律规制．财会月刊．2020（23）：134－143.
[202] 蒲方合．论期房预售资金监管．财会月刊．2020（20）：103－110.
[203] 叶建木，李颖．环境规制异质性能抑制企业信息"漂绿"行为吗．财会月刊．2020（17）：39－46.

[204] 赵玉林，陈泓兆．异质性技术创新与绿色全要素生产率提升．财会月刊．2020（18）：145－152.

[205] 陈晓，李美玲，张壮壮．贸易摩擦视角下环境规制对我国碳排放转移的影响．财会月刊．2020（17）：119－125.

[206] 梁晓源，谭跃．绿色税收能提高企业环保投资效率吗．财会月刊．2020（16）：9－17.

[207] 杨柳，甘佺鑫，马德水．公众环境关注度与企业环保投资——基于绿色形象的调节作用视角．财会月刊．2020（08）：33－40.

[208] 宋建波，张海清．政府研发补贴的有效性：引导、竞争与规制．财会月刊．2020（08）：9－15.

[209] 陈晓，张壮壮．地方政府竞争、环境规制与我国污染排放．财会月刊．2020（03）：117－124.

[210] 黄维娜，袁天荣．绿色并购现状、成因及政策启示．财会月刊．2020（03）：9－15.

[211] 李洪东，宋慧冰，彭建青，郝颖．集团财务资源集中与海外并购绩效．财会月刊．2020（06）：27－35.

[212] 池昭梅，黎曦．Earnout：并购重组中业绩补偿困境突破——基于数知科技的跨境并购案例．财会月刊．2020（07）：9－18.

[213] 姚海鑫，林炜珈．并购商誉对股权融资成本的影响——基于经营风险和信息不对称维度．财会月刊．2020（10）：17－25.

[214] 蒋弘，刘星，柏仲．投资吸引力、融资约束与并购融资决策——基于情绪 ABC 理论．财会月刊．2020（10）：35－43.

[215] 盛明泉，李永文．僵尸企业并购重组绩效研究——以宝钢并购武钢为例．财会月刊．2020（11）：13－20.

[216] 刘建勇，俞亮．资产评估机构聘请主体影响并购重组定价吗．财会月刊．2020（14）：32－39.

[217] 杜晶，吴莉．控股股东股权质押与定增并购中的业绩承诺．财会月刊．2020（14）：40－49.

[218] 孙世攀，申建云．社会责任感、区域市场环境与目标公司绩效——来自企业并购的证据．财会月刊．2020（18）：123－131.

[219] 程瑶．并购财富效应与公司治理．财会月刊．2020（20）：39－45.

[220] 黄岩，宋常．并购业绩承诺偏向被并方吗——协议的风险因素分析．财会月刊．2020（20）：30－38.

[221] 向涛．浅谈企业并购风险．财会月刊．2020（S1）：85－87.

[222] 周雪峰，韩永飞．技术寻求型跨国并购与企业创新：研究综述及展望．财会月刊．2020（23）：106－115.

[223] 查媛媛，万良勇．并购交易特征、公司治理与并购重组问询函严重性．财会月刊．2020（24）：16－25.

[224] 何红渠，李冰洁．内部控制缺陷加剧了并购商誉减值问题吗——基于产权、市场化程度和机构投资者调节作用的研究．财会月刊．2020（02）：75－82.

[225] 林兢，郑楠楠．“PE＋上市公司”型并购基金与公司价值创造——以博雅生物为例．财会月刊．2020（01）：42－49.

[226] 焦海涛．互联网不兼容行为的规制路径选择．财经法学．2020（05）：132－148.

[227] 薛克鹏．野生动物产业规制的双重失灵及其矫正——非法野生动物产业链的法律分析．财经法学．2020（04）：99－107.

[228] 徐文鸣，张玉美．新《证券法》、程序化交易和市场操纵规制．财经法学.2020（03）：95－106.

[229] 董新义．论上市公司股东代理权征集滥用的规制——以新《证券法》第 90 条为对象．财经法学.2020（03）：107－123.

[230] 毛立琦．数据产品保护路径探究——基于数据产品利益格局分析．财经法学.2020（02）：94－109.

[231] 刘仲旭．新时代经济下企业并购中存在的会计问题探究．财经界.2020（01）：31－32.

[232] 廖启龙．企业并购中的财务风险及防范措施探讨．财经界.2020（01）：209－210.

[233] 吴雪花．上市公司并购重组商誉及其减值问题探究．财经界.2020（04）：92－93.

[234] 黄梦茹．探究国有企业集团并购过程中的税务风险管理．财经界.2020（04）：238－239.

[235] 范如水．企业并购中资产评估存在的问题与解决措施．财经界.2020（05）：99.

[236] 高文靖．互联网企业并购财务风险分析．财经界.2020（05）：175.

[237] 韩莹．企业并购后财务整合研究．财经界.2020（08）：161－162.

[238] 崔慧．对企业并购商誉计量问题的探讨与研究．财经界.2020（09）：79－81.

[239] 李娟．企业并购重组税收筹划策略问题探讨．财经界.2020（10）：243－244.

[240] 樊俊臣．上市公司并购重组的风险及防范措施．财经界.2020（10）：58－59.

[241] 郭燕婷．医药企业并购财务风险控制探讨．财经界.2020（11）：148－149.

[242] 方红．企业并购重组中业绩承诺的风险识别与应对．财经界.2020（11）：79－81.

[243] 叶鹏．基于民营医院并购后的财务整合探究．财经界.2020（13）：184－185.

[244] 何红雨．中国企业海外投资并购中财务风险防控．财经界.2020（14）：188－189.

[245] 任兵兵．商誉与并购管理的思考．财经界.2020（16）：139－140.

[246] 桂素娟．并购企业后财务整合的实践．财经界.2020（17）：198－199.

[247] 高激飞．企业并购重组后财务整合探讨．财经界.2020（18）：174－175.

[248] 曾颖瑜．关于国有企业并购民营企业工作的探讨．财经界.2020（22）：56－57.

[249] 黄秀艳．房地产企业并购后财务整合的问题与对策分析．财经界.2020（21）：144－145.

[250] 张霞．上市公司并购重组商誉及其减值问题分析．财经界.2020（21）：20－21.

[251] 黄伟．企业并购重组的财务整合与管控．财经界.2020（20）：169－170.

[252] 蔡清明．试析企业并购之杠杆收购的负效应．财经界.2020（20）：98－99.

[253] 李晓峰．企业并购重组过程中价值评估及涉税会计问题探讨．财经界.2020（23）：233－234.

[254] 李黎明．企业并购重组中的财务风险及控制．财经界.2020（24）：170－171.

[255] 张云艳．浅析企业并购的财务效应．财经界.2020（25）：216－217.

[256] 吕一九．对企业并购中商誉会计问题的分析与研究．财经界.2020（29）：193－194.

[257] 宫占宇．企业并购重组在房地产公司中的应用研究．财经界.2020（27）：61－62.

[258] 简红红．私营企业并购重组中的财务及税收问题研究．财经界.2020（27）：227－228.

[259] 张雪峰．企业并购重组税务筹划探讨．财经界.2020（27）：224－225.

[260] 张静．浅析企业并购重组过程中的税收筹划．财经界.2020（31）：247－248.

[261] 何成俊．探究企业并购重组过程中的财务风险及控制．财经界.2020（32）：104－105.

[262] 孙红朝，康亚楠．浅析公司并购后新旧股东与经营者利益关系的博弈．财经界.2020（33）：31－32.

[263] 胡婵，林江景．我国并购所得税制度改革的回顾与展望．财经界.2020（35）：211－

212.

［264］余玲．换股并购应用于企业资产重组的探讨．财经界．2020（35）：85－86.

［265］温利夏．企业并购重组中的税收筹划研究．财经界．2020（36）：227－228.

［266］杨晓芳．运用信息技术提升物价医保监管探析．财经界．2020（28）：50－51.

［267］张爱华．加强地方金融企业监管防范化解金融风险．财经界．2020（23）：16－70.

［268］王建芳．加强基层医疗机构内部审计及监管措施．财经界．2020（19）：239－240.

［269］柳建成．医保基金监管存在的问题及对策探讨．财经界．2020（05）：251.

［270］毕艺蓝．刍议全球金融科技监管的现状与未来走向．财经界．2020（01）：38.

［271］李洪涛，王丽丽．城市群协调发展的距离、分割与一体化．财经科学．2020（10）：65－79.

［272］赵峰，冯吉光，白佳飞．产业转移与大气污染：空间扩散与治理．财经科学．2020（12）：83－95.

［273］彭文平，潘昕彤．环境规制下的银行关系资本："类保险"的作用机制——基于新《环保法》实施的自然实验．财经科学．2020（09）：14－27.

［274］鲁篱，程瀚．网络慈善众筹平台监管的困境与规制优化——以"水滴筹"为研究样本．财经科学．2020（09）：121－132.

［275］周清香，何爱平．环境规制能否助推黄河流域高质量发展．财经科学．2020（06）：89－104.

［276］李虹，赵青雯．省域环境竞争、内部控制与企业环保投资——基于两阶段意向合法化研究．财经科学．2020（03）：92－106.

［277］胡斌红，杨俊青．环境规制与劳动收入份额：可以实现双赢吗．财经科学．2020（02）：92－105.

［278］隋军，许坤．价格歧视与银企共生损害——基于 PSM 方法的新证据．财经科学．2020（03）：41－52.

［279］罗熠．医药专利诉讼中反向支付协议的反垄断问题探究．财经理论研究．2020（04）：106－112.

［280］王世崇．国有企业履行社会责任中的政府职能分析．财经理论研究．2020（03）：62－72.

［281］丰佳栋，武启帆，张慧，孟如意．跨国并购战略逻辑可行性检验研究．财经理论研究．2020（03）：83－93.

［282］许丹琳．我国要约规制型消费者冷静期制度的反思与完善．财经理论与实践．2020（06）：149－154.

［283］朱晓婷，张瀚．大数据背景下保险人合同解除权的制度重构．财经理论与实践．2020（05）：146－153.

［284］宋思淼，刘淑莲，梁雯．雇佣保护影响企业并购决策吗？．财经理论与实践．2020（02）：69－76.

［285］张苇锟，杨明婉．用户多归属、平台竞争与排他性交易．财经论丛．2020（11）：103－112.

［286］覃予，王翼虹．环境规制、融资约束与重污染企业绿色化投资路径选择．财经论丛．2020（10）：75－84.

［287］傅祥斐，郑雷，赵立彬．投资者网络搜索、监管问询与并购公告市场反应．财经论丛．2020（06）：63－73.

［288］许汝俊，王雪平．行业专长视角下上市公司并购财务顾问聘任及变更策略研究．财经论丛．2020（11）：73－82.

［289］戴维奇，姜浩然．监管与反监管：CEO自恋与公司创业投资．财经论丛．2020（12）：78－87.

［290］叶斌，熊秉元．企业合同纠纷案件中的司法地方保护主义．财经问题研究．2020（11）：22－31.

［291］蔡红君，方燕．技术动态性、市场多边性与互联网反垄断认识误区．财经问题研究．2020（05）：30－38.

［292］王向楠，吴婷．数字时代中国保险业网络风险特征及规制研究．财经问题研究．2020（11）：62－71.

［293］斯丽娟．环境规制对绿色技术创新的影响——基于黄河流域城市面板数据的实证分析．财经问题研究．2020（07）：41－49.

［294］韩国高，邵忠林．环境规制、地方政府竞争策略对产能过剩的影响．财经问题研究．2020（03）：29－38.

［295］王天童，孙烨．目标公司信息透明度与并购溢价．财经问题研究．2020（01）：54－62.

［296］高扬．私募机构持股在企业并购中的信号传递效应研究．财经问题研究．2020（05）：56－65.

［297］徐高彦，蒋冬翟，胡世亮．并购扩张战略、成本粘性与衰退企业反转．财经问题研究．2020（05）：102－110.

［298］张先治，杜春明．管理层能力与并购过程价值创造．财经问题研究．2020（12）：78－88.

［299］白让让．平台产业反垄断规制的执法范式、困境和新趋势——基于“谷歌购物案”的研究述评．财经问题研究．2020（11）：42－50.

［300］武威，刘玉廷．政府采购与企业创新：保护效应和溢出效应．财经研究．2020（05）：17－36.

［301］黄赜琳，姚婷婷．市场分割与地区生产率：作用机制与经验证据．财经研究．2020（01）：96－110.

［302］万江滔，魏下海．最低工资规制对企业劳动收入份额的影响——理论分析与微观证据．财经研究．2020（07）：64－78.

［303］王中超，周绍妮，王言．产业政策会影响国有企业混合所有制改革吗？．财经研究．2020（06）：110－124.

［304］逯进，赵亚楠，苏妍．“文明城市”评选与环境污染治理：一项准自然实验．财经研究．2020（04）：109－124.

［305］张丽敏，靳庆鲁，张佩佩．IPO成长性管理与公司并购——基于创业板上市公司的证据．财经研究．2020（06）：125－139.

［306］陈林，张家才．数字时代中的相关市场理论：从单边市场到双边市场．财经研究．2020（03）：109－123.

［307］施磊，喻乐，谢旭，张晶，刘学，陈启鑫．输配电价改革的进展与探索．财经智库．2020（04）：114－125.

［308］王磊，马源，冯永晟，郭琎．互联网平台企业拒绝交易行为：内在逻辑及政策取向．财经智库．2020（06）：114－127.

［309］计小青，乔越，赵景艳．劳动力市场分割、社会信任和资本积累效率．财贸经济．2020（11）：83－96.

［310］盛斌，赵文涛．地区全球价值链、市场分割与产业升级——基于空间溢出视角的分析．财贸经济．2020（09）：131－145.

［311］牛婧，魏修建．官员流动、地区间关联与省际贸易往来．财贸经济．2020（06）：128－143.

[312] 张昊．居民消费扩张与统一市场形成——“本土市场效应”的国内情形．财贸经济．2020（06）：144－160.

[313] 刘穷志，张莉莎．财政承受能力规制与PPP财政支出责任变化研究．财贸经济．2020（07）：5－20.

[314] 徐志伟，刘晨诗．环境规制的“灰边”效应．财贸经济．2020（01）：145－160.

[315] 蒋冠宏，曾靓．融资约束与中国企业对外直接投资模式：跨国并购还是绿地投资．财贸经济．2020（02）：132－145.

[316] 黄灿，俞勇，郑鸿．经济政策不确定性与企业并购：中国的逻辑．财贸经济．2020（08）：95－109.

[317] 刘晴，桂晶晶，程玲．贸易政策不确定性与企业出口依存度——基于国内产品市场一体化视角的分析．财贸研究．2020（09）：1－15.

[318] 周杰琦，徐国祥．全球化对绿色经济增长是“诅咒”还是“福音”？——基于要素市场扭曲视角的分析．财贸研究．2020（08）：14－27.

[319] 杨艳，车明，胡珊．规制波动会抑制地方投资吗？．财贸研究．2020（10）：52－61.

[320] 王竹君，魏婕，任保平．异质型环境规制背景下双向FDI对绿色经济效率的影响．财贸研究．2020（03）：1－16.

[321] 毛建辉，管超．环境规制抑制产业结构升级吗？——基于政府行为的非线性门槛模型分析．财贸研究．2020（03）：29－42.

[322] 华忆昕，许恒，马清．网约车平台公司并购的福利效应研究．财贸研究．2020（09）：88－98.

[323] 罗宏，秦际栋．高管薪酬攀比与企业并购．财贸研究．2020（11）：97－110.

[324] 余丽霞，刘逸，李雨函．企业海外并购中的风险及对策研究——以海航集团为例．财务管理研究．2020（03）：18－24.

[325] 郑煜琦，汤新华．影视行业上市公司并购行为研究——以北京文化为例．财务管理研究．2020（05）：71－75.

[326] 孙理．在承债式并购中使用“过桥贷款＋并购贷款”融资模式研究——以临港奉贤公司并购S公司为例．财务管理研究．2020（05）：66－70.

[327] 陈雪婷，王洪宇，包红霏．创业板上市公司商誉减值原因及经济后果研究——以坚瑞沃能并购沃特玛为例．财务管理研究．2020（06）：68－72.

[328] 经莹，冯丽艳，吕海文．并购重组业绩承诺的财务效应研究——以坚瑞沃能收购沃特玛为例．财务管理研究．2020（08）：102－106.

[329] 蒋一帆．制造业企业海外并购整合研究——以美的集团并购德国库卡为例．财务管理研究．2020（09）：79－86.

[330] 张继德，相里媛，薛荣斌．大宗巨头嘉能可精准并购模式探究．财务管理研究．2020（10）：12－22.

[331] 孟庆斌，杨志豪，师倩．资本市场开放下的“沪伦通”研究：理论、现象与研究机会．财务研究．2020（03）：54－61.

[332] 宋献中，陈幸幸，王玥．绿色低碳发展视角下的企业投融资行为研究：综述与展望．财务研究．2020（06）：15－25.

[333] 耿云江，赵欣欣．环境规制、绿色创新与企业绩效——基于重污染上市公司的经验检验．财务研究．2020（02）：15－24.

[334] 裘益政，杜文娟．环境规制、流动性风险与债务融资成本．财务研究．2020（02）：84－92.

[335] 蒋胐，毛晓怡，易阳．控股股东股权质押与高溢价并购．财务研究．2020（01）：91－102.

[336] 柳建华，徐悦，蔡贵龙．管理者过度自信与并购支付：企业成长压力的调节作用．财务研究．2020（06）：71－82.

[337] 向利，马永金．同一控制下企业合并重组股权转让个人所得税问题探析．财务与会计．2020（24）：56－60.

[338] 刘艳．企业合并过程中的或有对价问题探讨．财务与会计．2020（23）：49－52.

[339] 陈斌才．同一控制下企业合并税收筹划案例分析．财务与会计．2020（13）：61－65.

[340] 李梦羽，沈彦波，杨克智．企业合并会计处理存在的问题与改进．财务与会计．2020（07）：58－60.

[341] 卜华，杨宇晴，张瑞英．关于合并购买是否构成业务的探讨．财务与会计．2020（02）：53－56.

[342] 许金叶．并购行为中的商誉相关会计处理问题探讨．财务与会计．2020（05）：37－40.

[343] 黄靓．企业“走出去”并购重组税务风险管理——以FHCM并购美国PIL项目为例．财务与会计．2020（07）：68－71.

[344] 计惠．并购重组业绩补偿会计和税务处理存在的问题．财务与会计．2020（08）：56－58.

[345] 王成方，潘颉，张颖．并购商誉的形成及后续减值问题浅析．财务与会计．2020（15）：73－74.

[346] 林镇江，林榕娟，张瑞琛，陈晓艺．海尔智家并购GEA财务协同效应实现路径分析．财务与会计．2020（16）：25－28.

[347] 孙召亮，徐伟，薛峰．权益法下投资方与联（合）营企业交易的抵销处理解析．财务与会计．2020（23）：53－56.

[348] 李江，刘春学，蒋睿，万兆海．环境规制对中部地区产业结构升级的影响研究．财务与金融．2020（05）：64－70.

[349] 郭榕倩．企业并购溢价对企业绩效的影响研究——基于我国沪深A股的实证检验．财务与金融．2020（01）：53－59.

[350] 余胜田．海尔跨国并购通用家电的绩效研究．财政监督．2020（15）：99－104.

[351] 司海健，崔永梅．基于并购双方共享审计策略对企业价值的影响研究．财政监督．2020（15）：77－80.

[352] 邓小京，李立．产业扶贫信贷通助力脱贫攻坚的调查研究——以江西省石城县为例．财政监督．2020（18）：62－65.

[353] 王韬．提升监管局财政数据监管能力的实践与思考．财政监督．2020（15）：12－15.

[354] 罗振军．夯实预算绩效监管　提高财政资金效益——以湖南省长沙市芙蓉区为例．财政监督．2020（10）：69－71.

[355] 金珧汉．地方财政国库资金暂付款项成因分析及监管问题探讨．财政监督．2020（08）：65－70.

[356] 胡少先．加强财会监督的思考与建议．财政监督．2020（05）：9－14.

[357] 张明．我国地方政府债务及风险防范监管实践发展．财政监督．2020（03）：61－72.

[358] 彭玮．财政支持打赢污染防治攻坚战的政策研究——基于广东省的调研．财政监督．2020（02）：74－77.

[359] 杨彦伟，胡艳敏．着力提升“五力”　助力财政扶贫资金监管——以河北省涉县为例．财政监督．2020（02）：57－61.

[360] 唐明义，朱晓华，朱鹏程，朱宗畴，邢倜，王清华．加强财政扶贫资金监管的思考——

以湖北省恩施州为例．财政监督．2020（01）：57－60.

［361］钟军委，郝秀琴．逻辑与路径：对中国地方政府债务问题的反思与规制．财政科学．2020（05）：64－71.

［362］刘俸奇，张同斌．财政收支结构变动、产业结构转型与环境质量改善．财政研究．2020（10）：57－73.

［363］闫华红，王亚茹．管理层权力、法制环境与企业并购商誉．财政研究．2020（08）：118－128.

［364］陈金萍，张黎明，蒋美容．一种抗合谋的矢量空间数据指纹方案．测绘科学．2020（01）：149－156.

［365］陈金萍，张黎明，蒋美容，王昊．运用GD－PBIBD编码的矢量空间数据数字指纹算法．测绘通报．2020（08）：81－86.

［366］王洪昌，蔡姬雯，刘禹鑫，李冰．自然资源监管核查移动平板系统关键技术的研究与实现．测绘与空间地理信息．2020（S1）：73－75.

［367］李增福，曾林，叶永卫．市场分割如何影响企业的技术创新表现．产经评论．2020（05）：23－41.

［368］刘备，董直庆．技术进步的能源偏向诱发“碳锁定效应”了吗．产经评论．2020（04）：133－148.

［369］赵立祥，赵蓉，张雪薇．碳交易政策对我国大气污染的协同减排有效性研究．产经评论．2020（03）：148－160.

［370］张宝友，唐宇飞，杨玉香，孟丽君，于艳娜．标准对提升物流服务质量的市场结构门槛效应与机制研究．产经评论．2020（03）：32－48.

［371］唐要家，尹钰锋．算法合谋的反垄断规制及工具创新研究．产经评论．2020（02）：5－16.

［372］李梅，赵乔，包于巧．外来者劣势与海外并购企业的生产率提升．产经评论．2020（01）：67－81.

［373］刘帷韬，刘德学，邓路．基于企业异质性分组的进口产品、贸易自由化与出口产品质量．产经评论．2020（05）：136－151.

［374］赵云佳，陆清，兰鸿博，罗钰加．环境规制、企业创新与污染排放．产业创新研究．2020（14）：19－21.

［375］赵俊粟．政府支持背景下农业保险创新的风险及其规制．产业创新研究．2020（14）：28－29.

［376］周桂荣，李晓慧．环境规制对中国制造业绿色转型的影响．产业创新研究．2020（03）：5－10.

［377］庞晴，查贵勇．苏宁易购并购家乐福中国效应分析．产业创新研究．2020（06）：1－3.

［378］刘慧芳．中小企业并购的财务风险及防范策略．产业创新研究．2020（07）：80－81.

［379］包懿．浅析房地产企业并购中财务方面的风险与防范．产业创新研究．2020（09）：74－76.

［380］吴飞华．企业并购重组后的财务管理对策解析．产业创新研究．2020（09）：101－102.

［381］黎珂韵．我国企业跨国并购动机及财务风险控制．产业创新研究．2020（09）：104－105.

［382］刘泽琪，李欣荣．物美集团并购麦德龙中国动因、风险和整合策略．产业创新研究．2020（10）：19－20.

［383］严华鑫，王婷．并购贷款主要风险及对策分析．产业创新研究．2020（11）：24－25.

［384］孙慧．跨国并购企业的文化管理．产业创新研究．2020（15）：67－68.

［385］燕玲，刘素坤，贾兴飞．吸收能力、并购整合与上市公司创新能力研究综述．产业创新研究．2020（16）：64－65.

［386］赵争春．我国家电行业海外并购动因及绩效研究．产业创新研究．2020（18）：95－96.

［387］王贤彬，黄亮雄．官员交流与经济发展——中国情景研究的回顾与展望．产业经济评论．2020（06）：70－85.

［388］郑平，陶云飞，李中仁．地方政府竞争与当代中国区域经济发展：一个文献综述．产业经济评论．2020（05）：15－28.

［389］刘和旺，李泱泱，郑世林．碳排放交易试点对企业转型升级的影响．产业经济评论．2020（06）：86－104.

［390］李芳芳，李亚光．国家治理和产业高质量发展——2019中国产业经济研究学术年会观点综述．产业经济评论．2020（02）：112－124.

［391］姚博，汪红驹．高铁、市场整合与区域高质量发展．产业经济研究．2020（06）：1－14.

［392］宗慧隽，李真．最低工资标准、劳动力市场分割与资源配置效率．产业经济研究．2020（04）：74－89.

［393］卞元超，吴利华，周敏，白俊红．国内市场分割与雾霾污染——基于空间自滞后模型的实证研究．产业经济研究．2020（02）：45－57.

［394］文争为，王琪红．市场分割和国内跨区域市场扩张．产业经济研究．2020（02）：32－44.

［395］范欣，李尚．市场分割诱发了企业产能过剩吗？．产业经济研究．2020（01）：15－27.

［396］李振洋，白雪洁．产业政策如何促进制造业绿色全要素生产率提升？——基于鼓励型政策和限制型政策协同的视角．产业经济研究．2020（06）：28－42.

［397］张冬洋．环境政策如何影响中国企业升级？——来自“两控区”政策的准自然实验．产业经济研究．2020（05）：73－85.

［398］李涵，滕兆岳，伍骏骞．公路基础设施与农业劳动生产率．产业经济研究．2020（04）：32－44.

［399］金晓雨．行政审批制度改革、市场准入与异质性企业研发．产业经济研究．2020（04）：102－114.

［400］张彩云，苏丹妮．环境规制、要素禀赋与企业选址——兼论“污染避难所效应”和“要素禀赋假说”．产业经济研究．2020（03）：43－56.

［401］韩国高，王昱博．环境税对OECD国家制造业产能利用率的效应研究——兼议对中国制造业高质量发展的启示．产业经济研究．2020（02）：87－101.

［402］马红梅，郝美竹．中国高铁建设与沿线城市生产性服务业集聚：影响机制与实证检验．产业经济研究．2020（01）：99－113.

［403］王秀娟，冯双玲，叶小红，赵丽．地方高校参与非物质文化遗产传承与保护的融合化研究．产业科技创新．2020（10）：117－118.

［404］尹珊珊，谭正航．现代大学制度建设背景下公立高校内部人控制问题治理路径．产业科技创新．2020（17）：118－120.

［405］严翔．空间溢出视角下长江经济带生态环境对科技创新发展的响应检验．产业科技创新．2020（09）：19－20.

［406］李鑫．基于政府治理的中小学校外培训机构问题及对策研究．产业科技创新．2020（02）：102－103.

［407］郭浪栈．国企兼并重组后意识形态与企业文化认同路径研究．产业科技创新．2020（02）：20－22.

［408］胡青．企业并购融资风险及对策建议探究．产业科技创新．2020（26）：81－82.

[409] 李轩. 企业跨国并购风险研究. 产业科技创新. 2020 (27): 98-99.

[410] 姜工琼, 陈波, 瞿霞, 王海容. 我国医疗器械监管研究综述. 产业科技创新. 2020 (05): 110-114.

[411] 张媛媛. 环境污染视角下提升江苏科技创新能力的策略. 产业与科技论坛. 2020 (19): 24-25.

[412] 马文静, 杨传明. 不同类型环境规制强度的比较及评价. 产业与科技论坛. 2020 (17): 76-77.

[413] 王庆. 传播传染病病毒行为的刑法规制探究. 产业与科技论坛. 2020 (17): 38-39.

[414] 阮煜飏, 叶英毅. 网络犯罪的刑法规制论析. 产业与科技论坛. 2020 (13): 34-35.

[415] 李巍. 海南游艇安全准入法律规制研究. 产业与科技论坛. 2020 (11): 33-35.

[416] 杨屹峰. 互联网背景下电子票据法律问题探讨. 产业与科技论坛. 2020 (08): 28-29.

[417] 柴广成, 袁成康. 中国采矿业环境规制对财务绩效的影响研究——基于企业研发投入的中介效应. 产业与科技论坛. 2020 (07): 70-72.

[418] 李艳. 我国企业并购后存在的问题与对策. 产业与科技论坛. 2020 (09): 197-198.

[419] 赵秉龙, 孙琪. "一带一路"背景下浙江省民营企业跨国并购风险防范对策研究. 产业与科技论坛. 2020 (12): 26-27.

[420] 徐莉玲. 国有航运企业并购重组中的政府行为偏差研究. 产业与科技论坛. 2020 (24): 213-214.

[421] 马继迁. 人力资本、劳动力市场分割与失地农民的工作获得. 常州大学学报 (社会科学版). 2020 (05): 54-61.

[422] 肖雁飞, 廖双红, 吴艳萍. 不同类型环境法调整机制对企业财务绩效的影响研究. 常州大学学报 (社会科学版). 2020 (04): 30-40.

[423] 王卫星, 王亚萍. 石油化工行业绿色创新效率及其影响因素研究. 常州大学学报 (社会科学版). 2020 (04): 51-61.

[424] 李启平, 陈丽楠. 环境规制趋紧、研发投入增加与地区经济均衡发展. 常州大学学报 (社会科学版). 2020 (03): 37-46.

[425] 李胜利, 张一武. 政府采购领域反垄断宽恕制度的引入问题研究——以恶意串通行为发现模式的转化为视角. 常州大学学报 (社会科学版). 2020 (02): 22-30.

[426] 胡宇行. 禁食野生动物的规范含义、规制范围及法制化路径. 常州工学院学报 (社科版). 2020 (06): 90-95.

[427] 杨阳, 应文舒. 互联网黑色产业犯罪的现状考察及规制路径. 常州工学院学报 (社科版). 2020 (04): 100-106.

[428] 刘欣怡. 国际法视野下全球数字经济规则体系构建研究. 成都行政学院学报. 2020 (06): 46-50.

[429] 孙始行. 数字音乐平台中翻唱歌曲录音制品的法律定性及其规制研究. 成都理工大学学报 (社会科学版). 2020 (05): 25-31.

[430] 胡梅. 论我国专利间接侵权与共同侵权的关系——以美国的发展为视角. 成都理工大学学报 (社会科学版). 2020 (03): 21-27.

[431] 郭振豪. 网络平台滥用市场支配地位案例研究. 成都理工大学学报 (社会科学版). 2020 (05): 16-24.

[432] 陈丛刊, 肖磊. 新兴体育社会组织培育与监管研究. 成都师范学院学报. 2020 (05): 105-111.

[433] 张明斗, 毕佳港. 城乡劳动力市场的制度性分割及一体化建设研究. 城市. 2020 (04):

46－55.

［434］刘婷．房企并购持续，行业分化加剧．城市开发．2020（02）：66－67.

［435］崔海涛．港股物业上市公司 2020 中期财报盘点：中期业绩普涨，并购扩大版图．城市开发．2020（15）：67－69.

［436］本刊编辑部．2020 物业管理行业收并购事件盘点．城市开发．2020（23）：26－35.

［437］王舸．关于城镇燃气项目并购中安全尽职调查的探讨．城市燃气．2020（06）：37－40.

［438］徐露．燃气集团公司横向并购的现状分析．城市燃气．2020（11）：43－46.

［439］解东来．美国燃气输配运营监管、管道更新改造和对我国的启示　第一部分：燃气输配运营监管要求．城市燃气．2020（10）：9－16.

［440］陈海波，姜娜娜，刘洁．新型城镇化试点政策对区域生态环境的影响——基于 PSM－DID 的实证检验．城市问题．2020（08）：33－41.

［441］夏海力，叶爱山．环境规制的作用效应及其异质性分析——基于我国 285 个城市的面板数据．城市问题．2020（05）：88－96.

［442］孙博文．市场分割影响城市经济增长的新经济地理解释．城市与环境研究．2020（03）：3－28.

［443］董会忠，韩沅刚．环境规制约束下“2＋26”城市全要素能源效率评价与提升策略．城市与环境研究．2020（03）：93－111.

［444］武力超，韩华桂．环境规制、绿色技术创新和地区环境质量．城市与环境研究．2020（02）：38－65.

［445］陈雨舍．我国建筑企业海外并购文化差异表现与对策．城市住宅．2020（01）：96－98.

［446］刘涵．我国建筑企业跨国并购整合路径及战略研究．城市住宅．2020（02）：107－110.

［447］许传军．建设工程质量监督管理工作的创新与发展．城市住宅．2020（09）：178－179.

［448］蒋艳．行政法视域下自动驾驶汽车的法律规制研究．池州学院学报．2020（04）：43－46.

［449］张先砉，衡砺寒．滑翔伞运动的现实困境及发展规制研究．赤峰学院学报（自然科学版）．2020（11）：67－70.

［450］张炼，王传美．基于空间效应多层回归模型的空气污染实证．赤峰学院学报（自然科学版）．2020（02）：20－24.

［451］李君，刘益．我国出版企业海外并购的对象选择．出版参考．2020（04）：20－21.

［452］王琳．网络游戏直播的著作权合理使用与反垄断规制研究．出版发行研究．2020（09）：55－62.

［453］饶先成．困境与出路：人工智能编创物的保护路径选择与构建．出版发行研究．2020（11）：80－87.

［454］丛立先．《民法典》的实施与版权合同的完善．出版发行研究．2020（10）：5－12.

［455］王岩．数字音乐版权独家授权的反垄断法规制——以纵向非价格垄断协议为分析进路．出版发行研究．2020（07）：85－91.

［456］王海霞．人工智能时代算法新闻的版权保护机制研究．出版发行研究．2020（02）：46－50.

［457］王勇安，乔子宁．出版概念重构与出版学学科自信重塑．出版广角．2020（16）：15－19.

［458］苏玲玲．我国网络著作权侵权表现及保护规制研究．出版广角．2020（14）：40－42.

［459］胡玉荣．网络内容生产平台版权的规制进路．出版广角．2020（09）：68－70.

［460］刘志杰，智慧．技术赋能 or 技术附庸：智媒时代文化产业的技术垄断与规制．出版广角．2020（06）：34－37.

［461］张乾．互联网时代“洗稿”现象的可责性及保护路径．出版广角．2020（05）：38－40.

［462］张绕新．互联网广告的法律监管刍议．出版广角．2020（02）：80－82.

［463］王清，田伊琳．网红隐性广告透明化规制：必要性、规制模式与标准．出版科学．2020（02）：74－81.

［464］王馨竹．从控烟措施看商标权与公共健康的冲突——以 PM 与乌拉圭仲裁案为例．滁州职业技术学院学报．2020（04）：66－69.

［465］李斌，李媛，谢茵，赵倩明，王为升．加强当前乳品监管的措施及建议．畜牧兽医科技信息．2020（08）：16－17.

［466］陆续．对生猪屠宰检验检疫监管模式的思考．畜牧兽医科技信息．2020（07）：57.

［467］徐位梅．当前生猪屠宰监管存在的问题和对策．畜牧兽医科技信息．2020（02）：49－50.

［468］张宥著，苏芳琼．基层饲料行业监管存在问题及对策．畜牧兽医科学（电子版）．2020（14）：136－137.

［469］古丽达娜·沙合木拉提．基层兽药经营和使用环节监管．畜牧兽医科学（电子版）．2020（10）：52－53.

［470］徐祖武，王姣．规模养殖环节监管对策．畜牧兽医科学（电子版）．2020（04）：81－82.

［471］贾青，王均良．关于做好“瘦肉精”监管工作的七点建议．畜牧兽医杂志．2020（05）：27－31.

［472］魏娟，孙保权，陆嵩勇，夏祖和．谈新常态下养殖环节兽药监管工作中存在的问题及对策．畜牧业环境．2020（12）：34－35.

［473］李东升，石萍萍．生猪屠宰监管存在的问题和对策．畜牧业环境．2020（05）：26.

［474］谢美雅．环境规制对畜禽养殖污染防治的影响研究．畜禽业．2020（11）：45－46.

［475］李文举．加强兽药使用环节监管　保障动物源性食品安全．畜禽业．2020（08）：58－60.

［476］王开雄．从非洲猪瘟防控的角度浅谈网购动物的监管．畜禽业．2020（02）：47.

［477］徐怀丽．基于我国新媒体法律监管问题研究．传播力研究．2020（18）：109－110.

［478］王秀．互联网用户生成内容（UGC）的版权保护困境研究．传播力研究．2020（16）：136－137.

［479］王浩．三网融合下广播电视新闻传播规制的路径探讨．传播力研究．2020（06）：67－69.

［480］李启超．“互联网＋”背景下广播电视新闻传播的规制探析．传播力研究．2020（04）：184－185.

［481］王赋韬，施勇勤．人工智能与教育出版融合发展初探．传播与版权．2020（11）：106－108.

［482］钟厚基．运用法律规制加强突发公共卫生事件中的网络舆论引导．传播与版权．2020（06）：203－205.

［483］张婷．网络直播中的刑事风险、刑事责任及其规制研究．传播与版权．2020（06）：193－195.

［484］赵锦锦，陈亚威．游戏直播的著作权与竞争法规制探析．传播与版权．2020（04）：186－187.

［485］李凤．电商平台中恶意投诉行为的规制——基于通知删除规则的思考．传播与版权．2020（02）：167－169.

［486］都翔蕤，李凌霄．共同体思维在网络治理中的逻辑与耦合．传媒．2020（13）：91－93.

［487］潇潇．新闻资讯类短视频平台应如何规制——以梨视频为例．传媒．2020（13）：47－49.

［488］夏令蓝，宋姣．后疫情时代“直播带货”规范化研究．传媒．2020（13）：94－96.

［489］王彤．5G 时代网络直播的趋势与规制．传媒．2020（09）：54－56.

［490］贾丽云．“人机协同”模式下智能新闻版权规制新路径．传媒．2020（06）：83－85.

[491] 赵玉文．抖音短视频内容传播的伦理失范与规制．传媒．2020（01）：52－54.

[492] 段海涛，张玉．网络公众话语权存在的问题与规制．传媒论坛．2020（23）：153－154.

[493] 刘佳怡．数字出版盗版侵权行为的法律规制策略．传媒论坛．2020（18）：74－76.

[494] 张琳．加强新媒体舆论监督法律规制探析．传媒论坛．2020（14）：159－161.

[495] 马梦婕，陈凡雨，吴絮芬．我国网络直播乱象的认知与规制研究．传媒论坛．2020（14）：27－29.

[496] 夏爱宇．融媒环境中新闻媒介的传播偏差及纠正．传媒论坛．2020（06）：42.

[497] 韩佳丽．自媒体传播行为的特点及其规制路径探析．传媒论坛．2020（01）：169.

[498] 郭凝．云计算技术在新媒体监管工作中的运用．传媒论坛．2020（10）：33－35.

[499] 桑东辉．人工智能与残疾人权益保障的风险防控研究．创新．2020（06）：89－99.

[500] 王相友，朱继英，许英超，李学强．基于产教融合的欠发达地区中小企业研究生联合培养基地建设——以山东希成农业机械科技有限公司研究生工作站为例．创新创业理论研究与实践．2020（21）：163－165.

[501] 何建洪，赵慧祺，崔雨晴，王淞立，李雨桐．产业政策推动了技术创新吗？——基于我国移动通信技术发展的分析．创新科技．2020（12）：1－14.

[502] 苏斌，丁文婷，肖凡．环境规制、绿色创新对经济高质量发展影响研究．创新科技．2020（12）：22－32.

[503] 乔森，陈起霞．能源消耗、环境规制与经济高质量发展．创新科技．2020（05）：38－48.

[504] 任群罗，段鑫，李明蕊．环境规制视角下 FDI 对碳排放强度的影响研究．创新科技．2020（04）：16－26.

[505] 高璇．基于知识图谱的我国共享经济研究特征与趋势可视化分析．创新科技．2020（02）：30－37.

[506] 曹珊．监管改革背景下行政检查法律规制研究——以《广东省行政检查办法》出台为契机．创造．2020（11）：59－64.

[507] 赵俐，李斌．网络智能时代大数据交易的法律规制．大理大学学报．2020（07）：100－108.

[508] 李盼道，吴金赛．中小学教师有偿家教存在的原因及其有效规制研究．大理大学学报．2020（05）：91－98.

[509] 陈琦，蔡楠．突发公共卫生事件应对中的国际客轮运输安全立法：制度审视与规则重构．大连海事大学学报（社会科学版）．2020（05）：1－10.

[510] 顾凯辉．中国海警局侦查权的法律规制与完善．大连海事大学学报（社会科学版）．2020（04）：28－34.

[511] 赵祖斌．论行政许可视域下非法经营罪在种子经营中的适用界限——以陆丰市“CR 世农 301”萝卜种子案为例．大连海事大学学报（社会科学版）．2020（01）：50－57.

[512] 王丹，杨劲松．法律规制视域下学生欺凌成因与应对策略——基于某小学学生欺凌事件的案例分析．大连教育学院学报．2020（04）：74－76.

[513] 吴良志．环境公益诉讼中释明权的扩张与规制．大连理工大学学报（社会科学版）．2020（06）：91－99.

[514] 郑佳宁，邬小丽．智能寄递服务的私法规制．大连理工大学学报（社会科学版）．2020（06）：75－83.

[515] 章小杉．人类胚胎基因编辑的宪法界限：一个基于尊严的分析．大连理工大学学报（社会科学版）．2020（05）：113－120.

[516] 肖姗姗．论智能机器人的法律人格及其刑事责任规范．大连理工大学学报（社会科学

版).2020 (05): 104 - 112.

[517] 李文吉.论人工智能时代的预防性刑法立法.大连理工大学学报(社会科学版).2020 (05): 96 - 103.

[518] 柯达.区块链证券结算的法律规制——基于信息系统的视角.大连理工大学学报(社会科学版).2020 (05): 77 - 87.

[519] 李瑞雪.技术伦理下智能投顾算法治理问题研究.大连理工大学学报(社会科学版).2020 (05): 88 - 95.

[520] 张涛.自动化系统中算法偏见的法律规制.大连理工大学学报(社会科学版).2020 (04): 92 - 102.

[521] 宁金辉,苑泽明.环境污染责任保险对企业投资效率的影响——基于绿色信贷的研究.大连理工大学学报(社会科学版).2020 (04): 48 - 57.

[522] 崔丽.基因权利的法理基础与规制进路——由"基因编辑婴儿"引发的思考.大连理工大学学报(社会科学版).2020 (03): 101 - 107.

[523] 胡元聪,廖娟.人工智能的负外部性及其经济法规制.大连理工大学学报(社会科学版).2020 (03): 71 - 79.

[524] 李超光,林秀芹.《电子商务法》下"恶意错误通知"认定标准研究.大连理工大学学报(社会科学版).2020 (03): 115 - 121.

[525] 任小静,屈小娥.我国区域生态效率与环境规制工具的选择——基于省际面板数据实证分析.大连理工大学学报(社会科学版).2020 (01): 28 - 36.

[526] 张惠彬,刘诗蕾.挑战与回应:人工智能创作成果的版权议题.大连理工大学学报(社会科学版).2020 (01): 76 - 81.

[527] 刘沛佩,郭靖祎.自动化交易监管:美国的发展及对我国的启示.大连理工大学学报(社会科学版).2020 (03): 122 - 128.

[528] 邓福林.浅析奥飞娱乐高溢价并购的风险成因及控制措施.大陆桥视野.2020 (08): 55 - 57.

[529] 马三喜,李娅娇.大庆市进口食品安全监管存在问题及对策研究.大庆社会科学.2020 (02): 92 - 96.

[530] 马波."法律人"模式的理性构造:人性预设与理想类型.大庆师范学院学报.2020 (03): 32 - 39.

[531] 张权奇.网络规制的中立性研究.大众标准化.2020 (20): 63 - 64.

[532] 彭爽.论知识产权跨境交易避税的税法规制.大众标准化.2020 (18): 192 - 193.

[533] 龚涵.西方传媒规制变迁与发展下的启示.大众标准化.2020 (17): 57 - 58.

[534] 林晓君.欧盟MDR法规下医疗器械产品监管机制解读.大众标准化.2020 (13): 146 - 148.

[535] 许可,陶永华.南通书画文化整合保护与传承研究——以拟建南通地方名贤书画博物馆为例.大众文艺.2020 (09): 135 - 136.

[536] 季洁.我国地方政府消费券的财政法规制研究.当代财经.2020 (11): 26 - 37.

[537] 周杰琦,韩兆洲.环境规制、要素市场改革红利与绿色竞争力:理论与中国经验.当代财经.2020 (09): 3 - 15.

[538] 罗斌,凌鸿程,苏婷.环境分权与企业创新:促进抑或阻碍——基于环境信息披露质量的中介效应分析.当代财经.2020 (04): 113 - 124.

[539] 朱滔.国有企业董事长领薪安排与管理层薪酬激励——基于"委托 - 监督 - 代理"三层代理框架的研究.当代财经.2020 (07): 124 - 137.

[540] 范黎波，尚铎．“近水楼台”还是“舍近求远”：独立董事地理距离对掏空程度的影响．当代财经．2020（06）：138－148.

[541] 余玉苗，冉月．并购支付方式、目标方参与公司治理与业绩承诺实现．当代财经．2020（03）：137－148.

[542] 蒋尧明，杨李娟．并购商誉会影响审计收费吗．当代财经．2020（08）：128－138.

[543] 吴倩，潘爱玲，邱金龙．高铁通车、地区间信任与资本跨区流动——基于企业异地并购的视角．当代财经．2020（10）：75－86.

[544] 李昭熠．智能传播数据库偏见成因与规制路径．当代传播．2020（01）：93－97.

[545] 李俊新．降低市场准入门槛　持续优化营商环境．当代党员．2020（08）：30.

[546] 彭文华．背信及其刑法规制．当代法学．2020（06）：88－98.

[547] 张永强．预防性犯罪化立法的正当性及其边界．当代法学．2020（04）：104－115.

[548] 周晓晨．论受害人自甘冒险现象的侵权法规制．当代法学．2020（02）：33－43.

[549] 万江．政府管制的私法效应：强制性规定司法认定的实证研究．当代法学．2020（02）：96－107.

[550] 郭旨龙．中国刑法何以预防人工智能犯罪．当代法学．2020（02）：44－55.

[551] 王雪羽．论拟制自认在我国的扩张适用．当代法学．2020（01）：139－147.

[552] 郝俊淇．市场支配地位与实质性市场势力之辨析——兼及《反垄断法》第 17 条第 2 款的修改．当代法学．2020（03）：141－150.

[553] 范艳鑫．西山煤电煤矿安全监控系统联网监管平台的设计与实施．当代化工研究．2020（21）：52－53.

[554] 王银环．浅析易制毒化学品安全监管策略．当代化工研究．2020（07）：36－37.

[555] 郭婷．企业文化视角下的内部控制分析——以煤炭公司非煤产业为例．当代会计．2020（08）：149－150.

[556] 汪馨妮．企业并购财务绩效分析——以吉利并购沃尔沃为例．当代会计．2020（02）：69－71.

[557] 成晓毅．企业并购财务风险分析与防范．当代会计．2020（02）：7－8.

[558] 李坤榕，邓丽云．论并购的动因和绩效——基于 A 公司的案例分析．当代会计．2020（09）：124－126.

[559] 常荣庆．企业并购中的目标企业价值评估风险及防范研究——以 QS 公司并购 LW 公司为例．当代会计．2020（11）：151－152.

[560] 王雪洁．企业并购会计刍议．当代会计．2020（16）：137－138.

[561] 徐汝涛．国有企业并购中的财务分析问题研究．当代会计．2020（17）：96－97.

[562] 许志权．“一带一路”背景下企业海外并购的税务风险分析——基于 A 企业并购的案例分析．当代会计．2020（18）：123－126.

[563] 卢丹．产业并购基金相关会计处理及资本结构影响．当代会计．2020（18）：117－118.

[564] 薛赵月．高新技术企业并购财务尽职调查特点与重点．当代会计．2020（21）：80－81.

[565] 张莉娜．风险导向审计在跨国企业并购中的运用．当代会计．2020（23）：97－98.

[566] 傅树京．新制度主义视角下校长专业发展制度体系的协同效应．当代教育科学．2020（07）：42－47.

[567] 孙天琦．英国改革案例：强化行为监管　夯实伦敦金融中心地位．当代金融家．2020（04）：114－123.

[568] 李卓遥，姚爱萍．互联网企业并购绩效案例研究．当代金融研究．2020（01）：64－74.

[569] 魏丽莹．国际另类投资机构主要业务模式及并购实践——基于对黑石集团并购案例的分

析．当代金融研究．2020（05）：64－77.

［570］张子昂，郭红欣，刘立．经济法视角下的刷单行为法律规制思考．当代经济．2020（11）：112－114.

［571］邝嫦娥，刘书凝，宾佳玉．环境规制对工业污染减排的影响研究——来自湖南省的经验证据．当代经济．2020（05）：76－79.

［572］田盛旺．我国医疗器械上市公司并购整合协同效应研究——以鱼跃医疗为例．当代经济．2020（05）：38－40.

［573］梁彦红，王延川．数字市场背景下的算法合谋．当代经济管理．2020（09）：93－97.

［574］梁双陆，刘林龙，崔庆波．自贸区的成立能否推动区域产业结构转型升级？——基于国际数据的合成控制法研究．当代经济管理．2020（08）：36－46.

［575］刘祎，杨旭，黄茂兴．环境规制与绿色全要素生产率——基于不同技术进步路径的中介效应分析．当代经济管理．2020（06）：16－27.

［576］刘帅，杨丹辉．反腐败能够抑制环境污染吗？——基于反腐败与环境规制交互作用的分析．当代经济管理．2020（03）：27－33.

［577］殷阿娜，李从欣．环境规制对京津冀经济生态化发展的异质性效应研究．当代经济管理．2020（05）：66－71.

［578］陈素梅，李钢．环境管制对产业升级影响研究进展．当代经济管理．2020（04）：49－56.

［579］黎文飞，唐清泉．关系式婚姻：VC/PE 并购退出对象的选择及经济后果．当代经济管理．2020（08）：80－88.

［580］杨勃，张宁宁．新兴经济体企业逆向跨国并购的新型整合战略研究——文献评述与整合框架构建．当代经济管理．2020（05）：26－34.

［581］朱文涛，蔡凌，朱洪平．铁路提速是否抑制了外围城市的居民收入增长．当代经济科学．2020（01）：60－70.

［582］陈艳莹，张润宇，李鹏升．环境规制的双赢效应真的存在吗？——来自中国工业污染源重点调查企业的证据．当代经济科学．2020（06）：96－107.

［583］郭然，原毅军．生产性服务业集聚能够提高制造业发展质量吗？——兼论环境规制的调节效应．当代经济科学．2020（02）：120－132.

［584］陈昊，丁晓钦．绿色制造机理的政治经济学分析．当代经济研究．2020（07）：15－26.

［585］杨慧玲，张力．数字经济变革及其矛盾运动．当代经济研究．2020（01）：22－34.

［586］常妍婷．制度因素影响下的跨国公司治理问题研究．当代农机．2020（03）：78－80.

［587］陶志欢．青年群体性孤独的技术逻辑及其规制．当代青年研究．2020（02）：75－81.

［588］燕道成，谈阔霖．青年网络话语“动物化”的传播逻辑及其规制．当代青年研究．2020（01）：56－60.

［589］李绪延．化工行业施工作业演化博弈行为分析与管理策略研究．当代石油石化．2020（02）：49－54.

［590］裴佳勇，刘东斌，吴雁平．论法律规制下的档案“销有据”特征——新修订《档案法》的规制解读．档案管理．2020（06）：5－6.

［591］姚明．档案犯罪刑事惩治研究：反思与重构——基于最高人民法院公布案件的实证分析．档案学研究．2020（05）：44－49.

［592］许顺富．怎样夯实市场经济基础性制度，保障市场公平竞争．党课参考．2020（14）：17－32.

［593］推动形成优势互补高质量发展的区域经济布局．党课参考．2020（01）：3－4.

［594］刘聪颖．网络色情直播行为的刑法规制——基于罪与非罪动态平衡的博弈．党政干部学

刊.2020（10）：24－30.

［595］党振兴.个人名誉权保护的法律规制探究.党政干部学刊.2020（02）：40－44.

［596］沈伟，黄桥立.竞争中性原则的欧盟实践和经验——兼议对我国国有企业改革的启示.德国研究.2020（04）：111－129.

［597］曾彩霞，朱雪忠.欧盟数据可携权在规制数据垄断中的作用、局限及其启示——以数据准入为研究进路.德国研究.2020（01）：133－147.

［598］刘山陵，隋亮.论淫秽物品认定标准——兼谈公民人权保障.德州学院学报.2020（03）：84－86.

［599］王雪乾.多专业PPP项目工程造价的控制与监管.低碳世界.2020（04）：188－189.

［600］乔纳森·H.阿德勒，罗杰·E.迈纳斯，安德鲁·P.莫里斯，布鲁斯·扬德尔，梁馨丹.扬德尔理论下的电子烟规制.地方立法研究.2020（06）：44－81.

［601］贾开.跨境数据流动全球治理的“双目标”变革：监管合作与数字贸易.地方立法研究.2020（04）：49－59.

［602］汤磊.美国行政立法僵化的成因与应对.地方立法研究.2020（04）：60－69.

［603］郑笑楠，郑先兴.论汉服文化的本质、规制及其应用.地方文化研究.2020（05）：62－70.

［604］汤玉权.地方治理中的“政治任务”话语：生成逻辑、实践检视与使用规制.地方治理研究.2020（04）：2－13.

［605］巩灿娟，徐成龙，张晓青.黄河中下游沿线城市水资源利用效率的时空演变及影响因素.地理科学.2020（11）：1930－1939.

［606］邹辉，段学军.中国化工产业布局演变与影响机理研究.地理科学.2020（10）：1646－1653.

［607］段松江，唐爽，胡世林.面向自然资源监管的遥感督察系统建设研究.地理空间信息.2020（11）：9－11.

［608］许堞，马丽.粤港澳大湾区环境协同治理制约因素与推进路径.地理研究.2020（09）：2165－2175.

［609］戴其文，杨靖云，张晓奇，胡森林.污染企业/产业转移的特征、模式与动力机制.地理研究.2020（07）：1511－1533.

［610］计启迪，陈伟，刘卫东.全球跨境并购网络结构及其演变特征.地理研究.2020（03）：527－538.

［611］王淑英，卫朝蓉.环境规制与工业碳生产率的空间溢出效应——基于中国省级面板数据的实证研究.地理与地理信息科学.2020（03）：83－89.

［612］邬明权，王标才，牛铮，黄文江.工程项目地球大数据监测与分析理论框架及研究进展.地球信息科学学报.2020（07）：1408－1423.

［613］姚成胜，曹紫怡，韩媛媛.工业集聚、人口城镇化、土地城镇化与环境污染.地域研究与开发.2020（05）：145－149.

［614］郭一鸣，蔺雪芹，王岱.中国城市能源效率空间演化特征及影响因素——基于两阶段Super SBM的分析.地域研究与开发.2020（02）：8－13.

［615］王文哲，孔庆洋，郭斌.中部地区环境规制的产业结构调整效应分析.地域研究与开发.2020（01）：19－23.

［616］张海生，曹喆，杨昌海，骆雲鹏，华回春.基于AdaBoost－DT算法的电力市场串谋行为识别研究.电力工程技术.2020（02）：152－158.

［617］张磊，杨易斐.电力设计企业并购策略和风险防范实践调研.电力勘测设计.2020

(02): 65 – 69.

[618] 卢彬，赵紫原．日子很难过 增量配电改革问题出在哪．电力设备管理．2020 (08): 25 – 26.

[619] 梁雨林，郑晓洁，周平，刘海，张炀楠．增量配电业务放开下试点区运营场景分析．电力系统及其自动化学报．2020 (08): 91 – 97.

[620] 董晋喜，谭忠富，王佳伟，王利利，李强，王尧．电力体制改革背景下输配电价关键问题综述．电力系统及其自动化学报．2020 (03): 113 – 122.

[621] 吴纪树．算法推荐新闻的法律挑战及其规制．电视研究．2020 (07): 78 – 80.

[622] 杨幸芳．电视节目传播中链接行为的法律规制——以《舌尖上的中国》版权保护案为例．电视研究．2020 (05): 59 – 61.

[623] 李道强，乔松博，庄晓丹，龚建荣，孙瑜，金骆松．顺价模式下浙江售电市场关键问题研究．电网技术．2020 (08): 2830 – 2836.

[624] 张雷，王牧耕．激励性规制下的中国合拍片市场演进及绩效．电影评介．2020 (01): 104 – 108.

[625] 白牧蓉，张嘉鑫．移动支付服务合同的法律规制浅析．电子科技大学学报（社会科学版）．2020 (04): 27 – 35.

[626] 吴雪萍，高明．基于灰色投影关联模型的工业结构、环境管制与大气污染关系研究——以福州市为例．电子科技大学学报（社科版）．2020 (02): 96 – 103.

[627] 蔡乌赶，叶沛筠．企业生态创新驱动机制研究梳理与展望．电子科技大学学报（社会科学版）．2020 (02): 68 – 76.

[628] 李智，黄琳芳．数字货币监管的国际合作．电子科技大学学报（社科版）．2020 (01): 12 – 19.

[629] 李倩，任启芳．平衡记分卡视角下互联网企业并购绩效评价——以携程并购去哪儿为例．电子商务．2020 (01): 55 – 56.

[630] 张婧，周文成．我国跨境电商并购重组的纳税筹划探析——以天泽信息并购有棵树为例．电子商务．2020 (01): 57 – 58.

[631] 陈立梅，苏梅．互联网医疗企业并购中的商誉减值研究．电子商务．2020 (02): 61 – 62.

[632] 宋璐，秦军．互联网企业并购动因及风险——以滴滴出行并购优步为例．电子商务．2020 (10): 45 – 46.

[633] 郭芳，占宇庭．电商企业跨国并购绩效分析——以阿里巴巴集团为例．电子商务．2020 (11): 11 – 13.

[634] 戴江秀，魏静．中国电商企业跨境并购风险研究．电子商务．2020 (12): 59 – 60.

[635] 洪小娟，戈书杰．电子商务环境下会计信息披露研究．电子商务．2020 (04): 50 – 51.

[636] 孟靖贻，李宏畅．P2P 网络平台风险控制研究．电子商务．2020 (03): 51 – 52.

[637] 李谦．美国场景化司法规制数据爬取的经验与启示．电子政务．2020 (11): 86 – 98.

[638] 李晶．“监管沙盒”视角下数字货币规制研究．电子政务．2020 (11): 74 – 85.

[639] 石婧，常禹雨，祝梦迪．人工智能“深度伪造”的治理模式比较研究．电子政务．2020 (05): 69 – 79.

[640] 张涛．后真相时代深度伪造的法律风险及其规制．电子政务．2020 (04): 91 – 101.

[641] 李晓方，王友奎，孟庆国．政务服务智能化：典型场景、价值质询和治理回应．电子政务．2020 (02): 2 – 10.

[642] 杨莉萍．欧美药品行业产品跳转行为的法律规制及其启示．电子知识产权．2020 (12): 87 – 100.

[643] 贾章范．论算法解释权不是一项法律权利——兼评《个人信息保护法（草案）》第二十五条．电子知识产权．2020（12）：49－61.

[644] 袁慧．欧盟数据跨境转移中的充分决定机制研究．电子知识产权．2020（11）：56－69.

[645] 徐瑛晗．动态商标形式审查要件研究．电子知识产权．2020（10）：26－39.

[646] 何培育，李源信．"换皮游戏"司法规制的困境及对策探析．电子知识产权．2020（09）：17－28.

[647] 高奇．《证据新规》下版权诉讼中的区块链证据：需求、规制及治理应对．电子知识产权．2020（09）：91－102.

[648] 时明涛．大数据时代企业数据权利保护的困境与突破．电子知识产权．2020（07）：61－73.

[649] 范思博．数据跨境流动中的个人数据保护．电子知识产权．2020（06）：85－97.

[650] 董慧娟，贺朗．新"商标法"背景下恶意注册之类型化及规制——以商标审查程序为重点．电子知识产权．2020（06）：48－59.

[651] 王佳佳．掠夺性创新的反垄断规制．电子知识产权．2020（06）：71－84.

[652] 詹爱岚，沈建娅．商标注册"不良影响"条款的规制目的与判定标准：基于中欧立法及司法实践的比较．电子知识产权．2020（05）：103－113.

[653] 张今，卢结华．商标法第十五条的价值定位与适用规则研究．电子知识产权．2020（02）：4－11.

[654] 曾俊．论欧盟版权改革对短视频分享平台责任之启示．电子知识产权．2020（01）：23－32.

[655] 方燕．网络产业反垄断规制的重新审视．东北财经大学学报．2020（02）：70－80.

[656] 柯达．论区块链数字货币的非法集资刑法规制．东北大学学报（社会科学版）．2020（06）：86－93.

[657] 林晨雨，符正平，刘晓运．互联网场域边缘企业合法性获取及其制度创业过程研究——以滴滴出行为例．东北大学学报（社会科学版）．2020（06）：31－41.

[658] 宁烨，鞠阳，王姗姗．技术相关性对海外并购创新绩效的影响——基于技术获取型海外并购的实证研究．东北大学学报（社会科学版）．2020（06）：42－49.

[659] 廖信林，张棋飞．区域商品市场一体化与高质量发展——以安徽省为例．东北农业大学学报（社会科学版）．2020（05）：1－13.

[660] 王杰．法律人工智能规制路径探析．东北农业大学学报（社会科学版）．2020（05）：36－41.

[661] 王科．新冠肺炎疫情相关谣言内容分析及治理反思——基于368个样本的Nvivo 11分析．东北农业大学学报（社会科学版）．2020（05）：27－35.

[662] 吴太轩，何昊洋．互联网即时通讯领域谣言法律规制问题及破解．东北农业大学学报（社会科学版）．2020（02）：20－27.

[663] 张明诚，吴勃．交通事故中自动驾驶汽车制造商刑事责任再审视——以增设产品过失犯罪为切入．东北农业大学学报（社会科学版）．2020（01）：60－66.

[664] 姚伟．价值与路径：高质量发展背景下幼儿园质量文化建设探寻．东北师大学报（哲学社会科学版）．2020（06）：97－104.

[665] 章志远．监管新政与行政法学的理论回应．东方法学．2020（05）：66－74.

[666] 王国柱．论商标故意侵权的体系化规制．东方法学．2020（05）：140－150.

[667] 李本灿．刑事合规制度的法理根基．东方法学．2020（05）：32－44.

[668] 江溯．自动化决策、刑事司法与算法规制——由卢米斯案引发的思考．东方法学．2020

(03): 76 -88.

[669] 石静霞. 数字经济背景下的WTO电子商务诸边谈判: 最新发展及焦点问题. 东方法学. 2020 (02): 170 -184.

[670] 许多奇. 论跨境数据流动规制企业双向合规的法治保障. 东方法学. 2020 (02): 185 -197.

[671] 魏露露. 互联网创新视角下社交平台内容规制责任. 东方法学. 2020 (01): 27 -33.

[672] 韩旭至. 数据确权的困境及破解之道. 东方法学. 2020 (01): 97 -107.

[673] 孙毅, 靳卫东. 1918—1937年青岛盐业的市场困境及其成因. 东方论坛. 2020 (06): 19 -29.

[674] 刘毅. 国有企业并购民营企业后企业文化有效融合的探索. 东方企业文化. 2020 (S1): 9 -10.

[675] 邓力川, 张龙, 周异琛, 朱玮. 新形势下卷烟市场监管问题、原因及对策探讨. 东方企业文化. 2020 (S1): 163 -164.

[676] 苏琳, 杨娜. 新加坡移动支付的发展及监管模式探析. 东方企业文化. 2020 (S1): 155 -156.

[677] 裴净净. 互联网法院涉网案件协议管辖规则构建研究. 东莞理工学院学报. 2020 (04): 80 -86.

[678] 宋恺. 新世纪以来我国新媒体治理与规范史述评. 东南传播. 2020 (01): 127 -130.

[679] 王艳华. 风险分析框架下的电力企业风险问题探析. 东南大学学报 (哲学社会科学版). 2020 (S2): 116 -119.

[680] 马龙倩. 国内代孕乱象及其规制路径. 东南大学学报 (哲学社会科学版). 2020 (S2): 58 -62.

[681] 应瑞瑶, 田聪聪, 张兵兵. "节能减排" 政策、出口产品范围调整与企业加成率. 东南大学学报 (哲学社会科学版). 2020 (04): 47 -59.

[682] 翟高远. 论我国儿童家庭暴力防治体系的合理构建. 东南大学学报 (哲学社会科学版). 2020 (S1): 98 -101.

[683] 刘伟. 民法典语境下高利贷刑法规制路径的反思与重构. 东南大学学报 (哲学社会科学版). 2020 (03): 117 -126.

[684] 董直庆, 刘备, 蔡玉程. 财富水平与能源偏向型技术进步——来自地区面板数据的经验证据. 东南大学学报 (哲学社会科学版). 2020 (02): 41 -53.

[685] 陈洁. 我国国际和解协议准予救济制度的构建——以《新加坡调解公约》的签署为契机. 东南大学学报 (哲学社会科学版). 2020 (02): 92 -101.

[686] 龚伟伟, 赵太宏, 肖雨龙, 业海燕. 基于医院安全文化背景下的病案质量监管探索实践. 东南国防医药. 2020 (04): 428 -430.

[687] 肖艺能. 互联网时代的社会化知识生产与知识产权制度——一个马克思主义经济学观点. 东南学术. 2020 (04): 180 -187.

[688] 单飞跃, 徐开元. "社会主义市场经济" 的宪法内涵与法秩序意义. 东南学术. 2020 (02): 136 -142.

[689] 陈道英. 我国互联网非法有害信息的法律治理体系及其完善. 东南学术. 2020 (01): 222 -228.

[690] 郑碧霞, 施海柳. 考虑协同效应的企业并购决策方法研究——以福州市63家生物与新医药企业为例. 东南学术. 2020 (02): 207 -216.

[691] 陈少晖, 陈平花. 国有企业并购重组的绩效差异评价与提升路径研究. 东南学术. 2020

（06）：85－95.

［692］肖建国，庄诗岳．论民事执行权与行政权的冲突与协调．东岳论丛.2020（06）：161－172.

［693］葛明驷．“后真相”时代网络民粹主义主导舆论的机制及其治理．东岳论丛.2020（05）：118－124.

［694］薄燕娜．保险公司实际控制人的范畴界定与监管规制．东岳论丛.2020（02）：127－135.

［695］蒋大兴．贸易管制/贸易报复与跨国界的公司治理——中兴通讯案如何扭曲了公司治理的演绎路径？．东岳论丛.2020（02）：113－126.

［696］王保民，庄叔乔．棚户区改造中的补偿问题反思及应对．东岳论丛.2020（04）：149－155.

［697］杨为乔．德展健康：并购式市值管理玄机．董事会.2020（05）：78－79.

［698］苏世民．穿越周期迷雾——金融风暴前的超级并购．董事会.2020（06）：90－93.

［699］杨为乔．大晟系另类自救：捆绑风险式融资并购．董事会.2020（11）：9.

［700］王雅雯．地方保护与区域经济高质量发展．对外经贸.2020（02）：83－89.

［701］杨豪，张辉，魏丽美．中国网络借贷业转型迭代法律风险研究．对外经贸.2020（10）：88－91.

［702］付康，张辉.P2P网贷平台市场准入制度风险与转型研究．对外经贸.2020（09）：72－74.

［703］钟佳．我国银行业反垄断规制路径探析．对外经贸.2020（09）：106－109.

［704］邹开亮，王霞．征信法规的经济法化及完善路径．对外经贸.2020（09）：84－87.

［705］李宇．试论反垄断法的谦抑性——从政府规制经济的公益理论出发．对外经贸.2020（06）：98－101.

［706］王慧敏．区域贸易协定视角下服务贸易便利化趋势研究及中国应对策略．对外经贸．2020（06）：23－27.

［707］马琳琳．论区块链背景下数据跨境流动的规制路径及中国应对．对外经贸.2020（05）：35－39.

［708］张鹏，李芪铭．环境规制视角下FDI对生态效率的影响机制．对外经贸.2020（04）：12－17.

［709］翟伟峰，姚海彦，蒋洪印．制造业跨国公司并购双方创新资源整合策略研究．对外经贸．2020（06）：36－41.

［710］石琴．利用导向和探索导向对技术并购策略的影响．对外经贸.2020（08）：90－91.

［711］白媛媛．跨境电商零售进口监管研究．对外经贸.2020（08）：35－37.

［712］王宇辰．欧盟反垄断视阈下网络平台的支配地位问题探赜．对外经贸.2020（01）：102－105.

［713］张世军．推进“一带一路”沿线国家投资便利化的挑战与对策．对外经贸实务.2020（06）：81－84.

［714］董静然．数字贸易的国际法规制探究——以CPTPP为中心的分析．对外经贸实务.2020（05）：5－10.

［715］尹庆伟．“一带一路”建设投融资模式的风险及规制策略．对外经贸实务.2020（03）：77－80.

［716］龙朝晖．“一带一路”背景下人民币国际化的风险与规制路径．对外经贸实务.2020（03）：54－57.

［717］李月娥．从一则腾讯收购案例分析互联网行业海外并购的财务风险防范．对外经贸实务．2020（01）：76－79.

［718］杨丽明．中国民企海外并购面临的主要税务风险与防范机制．对外经贸实务．2020（04）：81－84.

［719］闫贤贤，王晓丽，张林俊．中美贸易摩擦背景下中国企业跨境并购新趋势与新策略．对外经贸实务．2020（05）：81－84.

［720］张继方，王勃．区块链技术在医药产品跨境物流中的应用优势及实施路径——以国际医药交易中心为例．对外经贸实务．2020（05）：68－72.

［721］张鹏．外援条件性的运作逻辑及实施限度——基于欧盟援助乌克兰的历史考察．俄罗斯东欧中亚研究．2020（02）：95－110.

［722］张天姝．论自动驾驶汽车的法律规制．鄂州大学学报．2020（01）：7－10.

［723］杨磊，马育红，王玉杰．区块链智能合约的法律规制．发展．2020（02）：24－25.

［724］黄君洁，韩笑．地方政府官员个人特征对环境保护支出的影响研究——基于县级地方政府领导数据．发展研究．2020（02）：70－81.

［725］项安波，王念．国企兼并重组要重整合、求实效．发展研究．2020（12）：14－18.

［726］白双庆，陈凌岚．金融科技对我国金融业发展影响初探．发展研究．2020（12）：43－47.

［727］何其生．间接管辖权制度的新发展及中国的模式选择．法律科学（西北政法大学学报）．2020（05）：188－200.

［728］杨翱宇．数据财产权益的私法规范路径．法律科学（西北政法大学学报）．2020（02）：65－78.

［729］丁晓东．论企业数据权益的法律保护——基于数据法律性质的分析．法律科学（西北政法大学学报）．2020（02）：90－99.

［730］江山．论纵向非价格限制的反垄断规制．法律科学（西北政法大学学报）．2020（01）：131－143.

［731］张力．土地公有制对农村经营性建设用地入市改革的底线规制．法律科学（西北政法大学学报）．2020（06）：100－113.

［732］曾大鹏．公司关联担保三大类型的效力解释．法律科学（西北政法大学学报）．2020（06）：144－155.

［733］曹云吉．判决主文明确化：程序法理与权力分工．法律科学（西北政法大学学报）．2020（06）：42－52.

［734］马长山．数字社会的治理逻辑及其法治化展开．法律科学（西北政法大学学报）．2020（05）：3－16.

［735］尹亚军．以社会之名重构广告的规制进路．法律科学（西北政法大学学报）．2020（05）：159－168.

［736］冯洁语．论赌博借贷的民法教义学构造——以从赌博到赌博借贷的公私法体系透视为线索．法律科学（西北政法大学学报）．2020（04）：139－149.

［737］吴元元．连坐、法团主义与法律治道变革——以行业协会为中心的观察．法律科学（西北政法大学学报）．2020（03）：3－20.

［738］徐志强．雇主“拒绝协商”型不当劳动行为的法律认定与规制路径．法律科学（西北政法大学学报）．2020（03）：114－128.

［739］万勇．深层链接法律规制理论的反思与重构．法律科学（西北政法大学学报）．2020（01）：36－45.

［740］邵晨．搜索中立与搜索引擎平台的博弈．法律适用．2020（04）：46－55.

［741］张晨颖．排他交易反垄断规制的结构性反思．法律适用．2020（07）：93－104.

［742］王新龙，李茜．公共批评与公职人员名誉保护的法律规制——唐某国与唐某红名誉权纠

纷案．法律适用．2020（24）：140－148.

［743］贾元．网络虚假认证灰色产业链相关行为的刑法规制．法律适用．2020（22）：33－44.

［744］江必新．司法审判中的价值考量．法律适用．2020（19）：38－52.

［745］王庆翔．论我国信托法信托设立制度之完善——基于法律行为的视角．法律适用．2020（18）：83－93.

［746］牛正浩，刘允霞．虚假仲裁规制与案外人权利保障．法律适用．2020（17）：146－160.

［747］连洋，马明亮，王佳．认罪认罚从宽案件中抗诉的冲突与规制——以全国104件认罪认罚抗诉案件为分析对象．法律适用．2020（14）：85－96.

［748］蒋为杰．刑事涉案财物没收的规制．法律适用．2020（11）：52－59.

［749］章光园．传统社会中的健讼规制及其当代启示．法律适用．2020（08）：140－152.

［750］靳建丽．虚假诉讼范围之界定——从立法与现实、民事与刑事的冲突谈起．法律适用．2020（08）：20－30.

［751］韩冰．涉黑涉恶违法犯罪的司法认定与防控路径．法律适用．2020（08）：55－65.

［752］贾茵．保护规范理论在公法相邻权行政案件中的域外案例与适用指引．法律适用．2020（08）：66－79.

［753］汪千力，张成东．疫情防控期间玩忽职守行为刑法规制的困境与出路．法律适用．2020（07）：62－71.

［754］薛峰，张婷婷，李静怡，徐志文．疫情防控应急征用的法律风险与合法性规制．法律适用．2020（06）：80－90.

［755］张凌寒，胡泽宇．商标恶意注册行为规制中的诚实信用原则适用．法律适用．2020（06）：133－140.

［756］张勇．抗拒疫情防控措施行为的刑法规制——以苟某涉嫌以危险方法危害公共安全等案件为例．法律适用．2020（06）：40－48.

［757］张元华．论网络司法拍卖的制度优势与未来选择．法律适用．2020（03）：59－70.

［758］毛海波．“请托”问题的法律性质认定与裁判路径选择．法律适用．2020（02）：63－73.

［759］卢建平，司冰岩．刑事一体化视野下网络商业谣言的法律规制——以损害商业信誉、商品声誉罪为例．法律适用．2020（01）：102－113.

［760］刘少阳，戴宇鑫．“先予仲裁”引发的仲裁问题与执行监督规制——最高人民法院《关于仲裁机构“先予仲裁”裁决或者调解书立案、执行等法律适用问题的批复》释评．法律适用．2020（01）：38－49.

［761］李艳丽．受托之“重”　上市公司并购重组与受托经营模式．法人．2020（06）：74－77.

［762］银昕．反垄断新规呼之欲出　美团、京东、阿里股价下挫．法人．2020（12）：71－73.

［763］立方律师事务所反垄断团队．2019中国反垄断调查案件盘点．法人．2020（03）：54－57.

［764］丁茂中．论我国经营者集中控制制度的立法完善．法商研究．2020（02）：31－43.

［765］于浩．我国个人数据的法律规制——域外经验及其借鉴．法商研究．2020（06）：139－151.

［766］田宏杰．刑法法益：现代刑法的正当根基和规制边界．法商研究．2020（06）：75－88.

［767］屠凯．论文化权利与表达自由的界分．法商研究．2020（05）：89－102.

［768］周围．过期专利许可费条款的反垄断法规制．法商研究．2020（05）：172－183.

［769］苏宇．区块链治理的政府责任．法商研究．2020（04）：59－72.

［770］赵磊．区块链类型化的法理解读与规制思路．法商研究．2020（04）：46－58.

［771］潘林．股份回购中资本规制的展开——基于董事会中心主义的考察．法商研究．2020（04）：114－128.

[772] 杜景林．合同解除的体系建构．法商研究．2020（03）：84－98.

[773] 王国柱．论著作权法对剽窃侵权的独立规制．法商研究．2020（03）：183－196.

[774] 赵树文．认缴资本制下公司信息披露的法律规制．法商研究．2020（03）：169－182.

[775] 张倩雯．数据本地化措施之国际投资协定合规性与中国因应．法商研究．2020（02）：85－98.

[776] 刘大洪．网约顺风车服务的经济法规制．法商研究．2020（01）：16－29.

[777] 殷继国．大数据经营者滥用市场支配地位的法律规制．法商研究．2020（04）：73－87.

[778] 袁波．电子商务领域“二选一”行为竞争法规制的困境及出路．法学．2020（08）：176－191.

[779] 丁茂中．我国《反垄断法》的修订路径．法学．2020（05）：133－150.

[780] 吴小帅．论刑法与生物安全法的规范衔接．法学．2020（12）：36－49.

[781] 张继恒．经济法法理学的定位、意义及体系．法学．2020（11）：112－124.

[782] 喻玲．算法消费者价格歧视反垄断法属性的误读及辨明．法学．2020（09）：83－99.

[783] 江河．论军事活动规制国际法的碎片化与开放性——从“乌克兰舰船扣押案”切入．法学．2020（09）：179－191.

[784] 谭冰霖．单位行政违法双罚制的规范建构．法学．2020（08）：127－142.

[785] 陈琦．邮轮旅游经营者法律定位分歧的破解——以《旅游法》《海商法》的制度冲突为视角．法学．2020（06）：141－156.

[786] 王敏远．“醉驾”型危险驾驶罪综合治理的实证研究——以浙江省司法实践为研究样本．法学．2020（03）：109－123.

[787] 陈兵．因应超级平台对反垄断法规制的挑战．法学．2020（02）：103－128.

[788] 周围．算法共谋的反垄断法规制．法学．2020（01）：40－59.

[789] 王晨竹．竞争法与反倾销法的功能性冲突及协调路径．法学．2020（09）：68－82.

[790] 黄丽娟．保险人恶意不当理赔的责任建构．法学家．2020（05）：163－175.

[791] 武亦文．保单贴现的法律规制路径．法学家．2020（02）：133－148.

[792] 丁晓东．个人信息的双重属性与行为主义规制．法学家．2020（01）：64－76.

[793] 吴尚轩．论中国双层股权上市的规制．法学论坛．2020（06）：148－157.

[794] 董岩．环境公益损害救济诉求下排除危害责任的解释论分析．法学论坛．2020（03）：151－160.

[795] 董文．民法典编纂视域下的大规模侵权定位．法学论坛．2020（03）：89－94.

[796] 李潇洋．组织框架下表决权拘束协议的体系规制．法学论坛．2020（03）：104－111.

[797] 秦天宝，刘彤彤．自然保护地立法的体系化：问题识别、逻辑建构和实现路径．法学论坛．2020（02）：131－140.

[798] 虞青松．算法行政：社会信用体系治理范式及其法治化．法学论坛．2020（02）：36－49.

[799] 刘晗，叶开儒．平台视角中的社会信用治理及其法律规制．法学论坛．2020（02）：62－73.

[800] 刘柳．网络餐饮服务第三方平台资质审核义务“履行难”困境及大数据实施对策．法学论坛．2020（02）：24－35.

[801] 侯佳儒，尚毓嵩．大数据时代的环境行政管理体制改革与重塑．法学论坛．2020（01）：13－21.

[802] 张宝．从危害防止到风险预防：环境治理的风险转身与制度调适．法学论坛．2020（01）：22－30.

[803] 王文静．论侵犯商业秘密罪中“重大损失”的认定原则．法学评论．2020（06）：161－172.

[804] 郭传凯．走出网络不当竞争行为规制的双重困境．法学评论．2020（04）：144－155.

[805] 宁园．健康码运用中的个人信息保护规制．法学评论．2020（06）：111－121.

[806] 郭哲．反思算法权力．法学评论．2020（06）：33－41.

[807] 徐英军．金融风险生成的契约群逻辑及其法律规制．法学评论．2020（06）：64－74.

[808] 曹鎏．论职务违法调查的理论逻辑、规制路径及证据规则．法学评论．2020（05）：184－196.

[809] 汪燕．行政许可制度对国家治理现代化的回应．法学评论．2020（04）：51－58.

[810] 周阳．区块链技术在政府监管中的定位及法律规制——基于海关监管的视角．法学评论．2020（01）：94－105.

[811] 杜辉．“设区的市”环境立法的理想类型及其实现——央地互动的视角．法学评论．2020（01）：126－135.

[812] 叶开儒．数据跨境流动规制中的“长臂管辖”——对欧盟 GDPR 的原旨主义考察．法学评论．2020（01）：106－117.

[813] 彭凤莲．假劣疫苗刑法规制的回应性与整全性．法学评论．2020（01）：61－70.

[814] 常鹏翱．违法建筑的公法管制与私法因应．法学评论．2020（04）：78－87.

[815] 赵旭东．公司治理中的控股股东及其法律规制．法学研究．2020（04）：92－108.

[816] 刘权．网络平台的公共性及其实现——以电商平台的法律规制为视角．法学研究．2020（02）：42－56.

[817] 刘燕．“对赌协议”的裁判路径及政策选择——基于 PE/VC 与公司对赌场景的分析．法学研究．2020（02）：128－148.

[818] 陈刚．解释与规制：程序法定主义下的大数据侦查．法学杂志．2020（12）：1－17.

[819] 杨丹．生命科技时代的刑法规制——以基因编辑婴儿事件为中心．法学杂志．2020（12）：71－80.

[820] 刘斌．股东出资形式的规制逻辑与规范重构．法学杂志．2020（10）：61－69.

[821] 王静．生态环境损害赔偿刑法规制研究——以环境损害赔偿与环境民事公益诉讼顺位考量为视角．法学杂志．2020（09）：104－110.

[822] 林凌，贺小石．人脸识别的法律规制路径．法学杂志．2020（07）：68－75.

[823] 金璐．规则与技术之间：区块链技术应用风险研判与法律规制．法学杂志．2020（07）：84－93.

[824] 黄京平．幅度刑量刑建议的相对合理性——《刑事诉讼法》第 201 条的刑法意涵．法学杂志．2020（06）：100－111.

[825] 李易坪．法治思维视阈下科技伦理教育观完善探析——基于当下科技发展中学术道德失范行为现象的思考．法学杂志．2020（05）：121－130.

[826] 毕玉谦，洪霄．民事诉讼生成权利规制探析——以“人脸识别第一案”为切入点．法学杂志．2020（03）：53－62.

[827] 陈姿含．基因编辑法律规制实践研究：以民事诉讼目的为视角．法学杂志．2020（03）：63－72.

[828] 郭旨龙．移动设备电子搜查的制度挑战与程序规制——以英美法为比较对象．法学杂志．2020（03）：101－113.

[829] 刘晶明．私募股权投资基金退出机制法律完善研究——以防范系统性金融风险为视角．法学杂志．2020（02）：97－104.

[830] 彭新林．论“套路贷”犯罪的刑事规制及其完善．法学杂志．2020（01）：57－67.

[831] 郭玮．累积犯视域下网络账号恶意注册行为的规制．法学杂志．2020（01）：119－131.

[832] 温辉．行政诉讼法中“监督管理职责”的理解与适用．法学杂志．2020（04）：100－108.

[833] 赵吟．智能投顾的功能定位与监管进路．法学杂志．2020（01）：68－73.

[834] 何锋．地区垄断的法律规制．法制博览．2020（17）：49－51.

[835] 覃静容，李进平．自媒体时代网络谣言的法律治理路径探析．法制博览．2020（36）：185－186.

[836] 陈娟．关于网络舆论监督的法律规制的几点思考．法制博览．2020（36）：117－118.

[837] 陈鑫．共享经济的法律规制探究．法制博览．2020（35）：37－39.

[838] 顾宵．民事恶意诉讼产生的程序法漏洞及规制．法制博览．2020（35）：163－164.

[839] 李公科．民间借贷法律规则适用解读．法制博览．2020（35）：11－13.

[840] 董文奇．保险合同上不公平问题的研究．法制博览．2020（35）：159－160.

[841] 蒲杨．网络谣言的法律完善探究．法制博览．2020（35）：126－127.

[842] 栗倩．“套路贷”的刑法规制与防控思考．法制博览．2020（34）：82－83.

[843] 陈鹏．问题银行强制退出法律规制研究．法制博览．2020（34）：30－31.

[844] 郭悦．“互联网＋”视域下不正当竞争行为的认定研究．法制博览．2020（34）：40－41.

[845] 欧运东，谢宇程．网络暴力行为的困境与规制．法制博览．2020（33）：187－188.

[846] 王汝琴．网络言论自由权的滥用现象研究．法制博览．2020（33）：51－52.

[847] 董文奇．我国网络名誉权现存的法律问题与完善．法制博览．2020（33）：109－110.

[848] 仲崇毅．我国网络犯罪的刑法规制困境及对策研究．法制博览．2020（33）：57－58.

[849] 董文奇．我国野生动物保护立法的缺陷与完善．法制博览．2020（32）：141－142.

[850] 成玟庆．韩国食品安全法律规制考察．法制博览．2020（32）：5－10.

[851] 艾展刚．互联网金融犯罪刑法规制优化研究．法制博览．2020（32）：33－34.

[852] 高宇．人工智能时代刑事风险与刑法完善路径．法制博览．2020（32）：143－144.

[853] 解玉良．民商法视域下对P2P网贷担保问题的研究．法制博览．2020（31）：14－15.

[854] Elchin Gadirov. 忠诚折扣的法律规制问题研究．法制博览．2020（30）：140－141.

[855] 芦晶．青少年网络欺凌现象及其刑法规制．法制博览．2020（29）：118－119.

[856] 宋玉．论合同订立的法律规制．法制博览．2020（29）：122－123.

[857] 马静．虚假诉讼罪司法适用若干问题研究．法制博览．2020（28）：88－89.

[858] 杨辉．美国铁路产业管制政策演变．法制博览．2020（27）：175－176.

[859] 陈书桦．非法放贷行为的刑法规制研究．法制博览．2020（27）：42－44.

[860] 王梓涵．网络空间自卫权研究．法制博览．2020（27）：70－71.

[861] 赵彦仲，邹滔滔，卫驰，张宏羽，薛遥遥．正当防卫法律问题研究．法制博览．2020（26）：171－172.

[862] 逄志龙．我国“网络碰瓷”行为的法律规制探究．法制博览．2020（26）：132－133.

[863] 颜园．供给侧改革背景下经济法面临的挑战研究．法制博览．2020（26）：60－61.

[864] 甘佩仪．浅谈“五险一金”黑名单制度．法制博览．2020（25）：124－126.

[865] 毛玥又．关于P2P网络借贷刑法问题分析．法制博览．2020（24）：59－60.

[866] 程佳慧．初析抽奖式有奖销售．法制博览．2020（24）：157－158.

[867] 陆菁．新媒体下网络直播的法律风险及其防范探究．法制博览．2020（23）：178－179.

[868] 强宣璋．论民间融资的刑法规制．法制博览．2020（23）：174－175.

[869] 范煜杰，龚澍，罗鸣洋．浅析我国共享住宿行业行政规制及发展方向．法制博览．2020（23）：180－181.

[870] 李慧，孙碧涛，庞志莹．探析我国劳务派遣法律规制路径．法制博览．2020（23）：56－57.

[871] 詹晶晶．老年人精神赡养制度探究．法制博览．2020（22）：98－99.

[872] 林凡惠．浅谈对治安管理处罚裁量权的自我规制．法制博览．2020（21）：198－199.

[873] 代炤兴．“一房二卖”法律规制研究．法制博览．2020（21）：122－123.

[874] 王磊．我国反有组织犯罪刑事规制的不足与对策．法制博览．2020（21）：75－76.

[875] 马凤．计算机网络犯罪的刑法规制现状及完善建议．法制博览．2020（22）：112－114.

[876] 周薇钰．框架理论视角下涉警网络舆情的规制路径探究．法制博览．2020（20）：198－199.

[877] 赵宇．区块链技术在版权领域中的应用及法律问题研究．法制博览．2020（19）：95－96.

[878] 王会杰．青少年校园霸凌刑法规制研究．法制博览．2020（20）：60－61.

[879] 马忠良．论虚假诉讼罪的刑法规制．法制博览．2020（20）：84－85.

[880] 雷灿荣．我国反恐怖主义刑事立法的不足与完善．法制博览．2020（20）：106－107.

[881] 陈伟军．大数据时代网络犯罪的刑法应对——兼论人工智能犯罪的规制．法制博览．2020（20）：151－152.

[882] 董星均，孙华．自媒体时代下网络直播行业法律规制．法制博览．2020（20）：177－178.

[883] 马家强．关于破产债权确认纠纷案件受理费的法律规制．法制博览．2020（20）：72－73.

[884] 龚炜琪．比例原则视角下大数据侦查的程序控制．法制博览．2020（19）：12－14.

[885] 张春芝．论我国技术侦查措施的法律规制．法制博览．2020（17）：204－205.

[886] 史春惠，杨紫曦．网红经济下消费者权益保护的路径研究．法制博览．2020（18）：26－29.

[887] 杨澜，李欢萍，周建平，刘琦．高校“校园贷”的法律问题及其规制路径研究．法制博览．2020（17）：67－69.

[888] 邵环，张竹楠．试论我国家政服务机构的发展困境及其法律规制．法制博览．2020（18）：75－76.

[889] 马恩萍．论民事诉讼自认制度之完善——基于对虚假自认的思考．法制博览．2020（18）：88－89.

[890] 郭明．一房二卖法律问题研究．法制博览．2020（16）：131－132.

[891] 曹嘉怡．我国《电子商务法》实施过程中存在的问题及解决机制．法制博览．2020（16）：110－111.

[892] 杨蕊．网络游戏直播的著作权问题研究以及相关权利规制．法制博览．2020（15）：39－41.

[893] 吴为．P2P网贷平台非法集资犯罪的刑法规制．法制博览．2020（15）：152－153.

[894] 王早如，王乐心，冯佳美．大数据“杀熟”现象法律规制研究．法制博览．2020（15）：61－62.

[895] 齐羽涵．共享经济领域法律规制的必要性和基本路径——从保护弱势群体视角出发．法制博览．2020（15）：118－119.

[896] 范洪玮，秦子馨，陈雪．网络直播中法律风险的分析研究．法制博览．2020（14）：50－52.

[897] 刘小艳．市场准入机制的法律经济分析．法制博览．2020（14）：187－188.

[898] 姚梦茹．行政处罚案例类型化研究——基于29份公报案例的分析．法制博览．2020（14）：85－87.

[899] 赵玉洁. 联合惩戒的行政合法性分析. 法制博览. 2020 (14): 175-176.

[900] 胡淑敏. 网约车法律规制研究. 法制博览. 2020 (14): 133-134.

[901] 尹颖英. 二倍工资规定的法理学分析. 法制博览. 2020 (13): 121-122.

[902] 李国雄. 房地产众筹的商业模式与法律风险规制. 法制博览. 2020 (13): 137-138.

[903] 张少博. 互联网领域新型不正当竞争行为研究. 法制博览. 2020 (13): 99-100.

[904] 颜宝成. 论我国公平竞争审查制度的完善路径——以《反垄断法》修订为背景. 法制博览. 2020 (13): 103-104.

[905] 刘美彤. 无人驾驶汽车道路安全法律责任研究. 法制博览. 2020 (13): 107-108.

[906] 张显华. 对行政处罚自由裁量权的规制探析. 法制博览. 2020 (12): 129-130.

[907] 张安成. 民法视域下的精准医疗风险及防范措施研究. 法制博览. 2020 (12): 56-58.

[908] 林余双. 我国长租公寓行业风险控制的法律问题研究——以合同相对性为视角的分析. 法制博览. 2020 (12): 59-61.

[909] 玄敏. 食品安全犯罪刑法规制问题研究. 法制博览. 2020 (12): 125-126.

[910] 张玉明. 浅析 P2P 网贷犯罪的刑法完善. 法制博览. 2020 (12): 133-134.

[911] 程志远. 民间金融纠纷的审理探析. 法制博览. 2020 (11): 169-170.

[912] 窦莹. 共享经济时代企业灵活用工法律风险的思考. 法制博览. 2020 (11): 77-78.

[913] 高艳清. 优化营商环境背景下民营企业刑事法律风险实证分析与规制. 法制博览. 2020 (10): 133-134.

[914] 张浩宇, 陈唯一. 微信公众号侵犯著作权的现状、成因及规制. 法制博览. 2020 (09): 27-29.

[915] 董雪. 网络空间下网络犯罪的刑法规制. 法制博览. 2020 (09): 155-157.

[916] 董辰阳. 经营网络棋牌活动的刑法规制. 法制博览. 2020 (09): 178-179.

[917] 张宸浩. 光污染的立法规制. 法制博览. 2020 (08): 69-70.

[918] 陈璐. 未成年人校园欺凌法律规制路径探析. 法制博览. 2020 (08): 173-174.

[919] 刘珉. "最终解释权" 条款描述的现状及其规范规制. 法制博览. 2020 (08): 103-104.

[920] 郝亚丽, 董芳. 浅谈共享单车存在的问题与法律规制. 法制博览. 2020 (08): 199-200.

[921] 温馨睿. 论我国未成年人犯罪的刑法规制. 法制博览. 2020 (07): 179-180.

[922] 朱晓征. 大数据背景下空域治安信息管理机制的构建. 法制博览. 2020 (07): 34-36.

[923] 方凯. 民宿经营行为法律规制问题研究. 法制博览. 2020 (07): 58-59.

[924] 刘超. 行政相对人违法信息公开性质初探. 法制博览. 2020 (07): 187-188.

[925] 周泽宇. 聚众犯罪的情境性特征及刑法规制分析. 法制博览. 2020 (07): 81-82.

[926] 冯敏. 浅议监察委员会监督职权法律规制的意义. 法制博览. 2020 (06): 192-194.

[927] 钟弋. 浅议著作权侵权中的新型抄袭问题. 法制博览. 2020 (06): 190-191.

[928] 马书雷. 刑法视野下的计算机网络犯罪. 法制博览. 2020 (06): 49-50.

[929] 王宏亮. 民事虚假诉讼的刑法规制研究. 法制博览. 2020 (06): 83-84.

[930] 梁倩洁. "套路贷" 的刑法规制问题分析. 法制博览. 2020 (06): 113-114.

[931] 张宇鑫. 深层链接行为的法律规范化研究. 法制博览. 2020 (05): 112-113.

[932] 杨震佳, 王仕林. 浅析印度国内市场准入法律制度. 法制博览. 2020 (04): 35-37.

[933] 刘峰, 王武刚. 浅析网约工劳动权益保障. 法制博览. 2020 (04): 51-52.

[934] 高媛. 行政处罚案件类型化分析——以最高人民法院公报案例为样本. 法制博览. 2020 (04): 60-62.

［935］赵阿波．现代物流企业末端物流程序法律风险及规制——以A公司运输货损案件为例．法制博览．2020（03）：108－110.

［936］孙竹雨桐．非法持有毒品罪的法律适用与刑法规制．法制博览．2020（03）：179－180.

［937］刘焱．基于民生安全视域完善食品药品安全罪刑法体系．法制博览．2020（03）：78－79.

［938］盛晓伟．论知识产权跨境交易避税的税法规制．法制博览．2020（03）：72－73.

［939］刘昱麟．人工智能的法律主体地位问题研究．法制博览．2020（02）：83－84.

［940］操雪莹．无人机风险的行政法分析．法制博览．2020（02）：183－184.

［941］黄涛．论对无人机生产者的法律规制．法制博览．2020（02）：26－28.

［942］薛丹．探讨现货中远期网络交易平台交易的法律规制．法制博览．2020（02）：87－88.

［943］徐程程．我国广告事前审查与事后规范的法律规制．法制博览．2020（02）：89－90.

［944］马晨阳，肖周录．负面清单管理制度的法律问题．法制博览．2020（02）：107－108.

［945］钱红红．绿色发展理念中网络治理的行政规制实证分析．法制博览．2020（01）：60－61.

［946］陈泽豪．校园消费网贷法律规制相关问题分析．法制博览．2020（01）：95－96.

［947］张雅涛，黄牧晨．涉法舆情应对的困境与对策——以某基层法院网络舆情为视角．法制博览．2020（01）：222－223.

［948］贝蕾．公司股权收并购法律风险及其防范．法制博览．2020（02）：139－140.

［949］毛瑞琪．企业转型升级中并购重组的法律风险及其防范．法制博览．2020（04）：113－114.

［950］张文斌．企业并购重组中的税收筹划措施分析．法制博览．2020（09）：137－138.

［951］赵敏．并购交易中对价问题浅析．法制博览．2020（20）：114－115.

［952］赵立飞．房地产企业并购法律模式分析．法制博览．2020（21）：94－95.

［953］李扉．基于国有企业并购的法律风险防范措施研究．法制博览．2020（25）：166－167.

［954］吴晓丹．关于移动医疗法律监管探析．法制博览．2020（34）：191－192.

［955］别惠新．当前数字货币的法律问题及法律监管策略．法制博览．2020（34）：103－104.

［956］钱婧．新时期互联网金融法律监管的审思．法制博览．2020（33）：90－91.

［957］丰营营，胡蓉蓉．“放管服”改革背景下提升治安治理能力的途径——以富蕴县民爆物品管理为视角．法制博览．2020（30）：172－174.

［958］李珊，叶鹤峰，王元凤．浅析芬太尼类物质的滥用及管制．法制博览．2020（27）：28－29.

［959］张雪琳．论监管在跨境电商平台上销售进口保健食品的必要性．法制博览．2020（18）：165－166.

［960］滕龙飞，张丽梅．新形势下乡镇违法矿山监管存在的问题与建议．法制博览．2020（10）：216－217.

［961］周曦．医疗机构儿童用药的法律监管研究．法制博览．2020（03）：104－105.

［962］李鑫颖．人工智能时代行政法思考——基于无人驾驶技术角度．法制博览．2020（01）：103－104.

［963］徐阳．数据垄断的内涵、挑战及对策．法制博览．2020（29）：187－188.

［964］许婕．精细化管理在技术侦查程序规范中的应用．法制与经济．2020（11）：129－131.

［965］张旺旺．民事诉讼中管辖权异议存在问题及规制研究．法制与经济．2020（11）：152－153.

［966］刘子蒙．网络游戏外挂的刑法规制．法制与经济．2020（11）：104－105.

[967] 王晓娜．忠诚折扣行为反垄断法规制研究．法制与经济．2020（10）：96－97.

[968] 郭培灵．论网络洗钱犯罪的治理对策及规制．法制与经济．2020（10）：125－126.

[969] 李婷婷．区块链智能合约的合同法适用．法制与经济．2020（10）：71－72.

[970] 姚敏．高校学生散布网络虚假信息行为的法律规制问题研究．法制与经济．2020（10）：21－23.

[971] 孙梦．论地铁人脸识别安检的应用价值与风险防控．法制与经济．2020（09）：79－83.

[972] 李佳宜．网购模式下消费者权益保护探析．法制与经济．2020（09）：60－61.

[973] 周妤峰．民事诉讼中重新鉴定问题研究．法制与经济．2020（09）：93－94.

[974] 郭淑君．"时间银行"引入互助养老服务的实现路径及法律规制——以X市为例．法制与经济．2020（08）：25－26.

[975] 韦艳玲．论违法信息公开的实务困境与完善．法制与经济．2020（08）：13－15.

[976] 张媛媛．网络暴力行为的刑法规制研究．法制与经济．2020（08）：58－60.

[977] 陆凯．论《民法典》对银行卡格式条款的规制．法制与经济．2020（07）：82－84.

[978] 王乙同．共享经济模式下的网约车法律规制问题探究．法制与经济．2020（07）：101－102.

[979] 潘旭东．数字音乐市场独家版权模式的反垄断法分析．法制与经济．2020（07）：14－15.

[980] 雷狄卿．汽车自动驾驶的法律规制路径探析．法制与经济．2020（07）：167－168.

[981] 孙梦瑶．探析生活垃圾分类制度中小区物业的角色定位、权义配置与法律规制．法制与经济．2020（06）：153－156.

[982] 刘华，李春风．未成年人犯罪预防、规制体系探究——以刑事责任年龄的划分为视角．法制与经济．2020（06）：118－119.

[983] 黎梁安琪．著作权刑事司法保护的现状、问题与反思——基于100份刑事判决书的实证分析．法制与经济．2020（05）：11－14.

[984] 王媛．对我国民间集资行为刑法规制完善的研究．法制与经济．2020（05）：125－126.

[985] 徐敏星，钱宇．大数据时代网络App强制搜集用户信息的民事规制．法制与经济．2020（04）：60－62.

[986] 左媛媛．消费类网络借款者资质审核体系分析及实践．法制与经济．2020（04）：80－81.

[987] 姜琳．民间票据融资法律问题研究．法制与经济．2020（04）：152－153.

[988] 邓晨亮．对立法增设"非法放贷罪"必要性之探析．法制与经济．2020（03）：106－107.

[989] 姚春艳．论网络淫秽电子信息涉罪的刑法完善．法制与经济．2020（03）：125－126.

[990] 王域洋．快递业"霸王条款"的立法规制．法制与经济．2020（02）：103－104.

[991] 刘啸宇．网络环境下著作权侵权问题研究．法制与经济．2020（02）：22－23.

[992] 张筱彤．网络谣言现状调研报告——以传播险情类案件为例．法制与经济．2020（01）：135－137.

[993] 边光辉．企业并购重组的法律风险探析．法制与经济．2020（05）：82－84.

[994] 陶奕．跨境并购交割条件的法律性质分析．法制与经济．2020（07）：103－105.

[995] 郭宁．论网络时代下我国律师庭外言论的规制．法制与社会．2020（36）：71－72.

[996] 王祥英．网络知识产权犯罪若干问题的研究．法制与社会．2020（36）：22－23.

[997] 付云娇．行政自由裁量权的存在依据及其规制路径研究．法制与社会．2020（36）：191－192.

[998] 陈颖．"直播带货"法律规制研究．法制与社会．2020（34）：23－24.

[999] 才凤敏．网络舆论监督的行政法规制论纲．法制与社会．2020（34）：97－98.

[1000] 蓝斌. 生态扶贫视角下侵害野生动物犯罪预防对策研究——以广西为例. 法制与社会. 2020 (33): 137-138.

[1001] 蔡国柱. 我国应对药品专利反向支付协议的反垄断研究. 法制与社会. 2020 (33): 45-46.

[1002] 王婧媛. 私人数字货币的法律属性与法律规制分析. 法制与社会. 2020 (33): 52-53.

[1003] 孙丽娟. 行政诉讼立案登记制实施中存在的问题及规制探索. 法制与社会. 2020 (33): 66-67.

[1004] 柏巍. 论社会治理中行政不作为的危害与实践规制. 法制与社会. 2020 (32): 89-90.

[1005] 李永欣. 新民事诉讼证据规定下当事人虚假陈述的法律规制. 法制与社会. 2020 (31): 73-74.

[1006] 金莉萍，王嫔嫔. 网络直播中的违法行为和执法现状研究. 法制与社会. 2020 (30): 35-36.

[1007] 饶荣荣. 浅析“卡农”行为的刑法规制——以帮助信息网络犯罪活动罪之适用为视角. 法制与社会. 2020 (30): 23-24.

[1008] 张玉琪. 网络商业混淆行为的反不正当竞争法规制研究. 法制与社会. 2020 (30): 43-44.

[1009] 王赫曈. 我国旅游业乱象的法律规制研究. 法制与社会. 2020 (30): 130-131.

[1010] 向莉. 互联网时代言论自由的法律边界. 法制与社会. 2020 (28): 109-110.

[1011] 郭子莹. 网约车市场垄断问题调查及法律对策研究. 法制与社会. 2020 (28): 111-112.

[1012] 张登福. 律师自媒体的功能及法律规制. 法制与社会. 2020 (27): 122-123.

[1013] 张玉. 浅析“互联网+”时代短视频传播的新特点与发展问题规制. 法制与社会. 2020 (26): 124-125.

[1014] 张誉龄. 论微信公众账号“洗稿”作品著作权侵权判定及规制. 法制与社会. 2020 (25): 35-36.

[1015] 吴俊彦，唐文军. “法商融合”助推企业规制管理与发展. 法制与社会. 2020 (24): 146-147.

[1016] 贾逸玮. 论移动终端应用程序用户协议的法律规制. 法制与社会. 2020 (24): 9-10.

[1017] 李长平. 经济法视域下我国房地产宏观调控行为透析. 法制与社会. 2020 (24): 104-105.

[1018] 刘莹. 长株潭地区大气污染协同治理法律规制研究. 法制与社会. 2020 (23): 147-148.

[1019] 李晓堰，张冬先. 论电子病历的法律风险规制. 法制与社会. 2020 (23): 12-13.

[1020] 卢微羽. 诱惑侦查与控制下交付的界限及法律规制分析——以毒品犯罪为切入点. 法制与社会. 2020 (22): 79-81.

[1021] 魏晓欣，程勇. 论突发事件下网络教学的法律规制. 法制与社会. 2020 (22): 144-146.

[1022] 隋喜鑫. 民间借贷纠纷的刑法边界与刑事规制分析. 法制与社会. 2020 (22): 18-19.

[1023] 孙屹淼. 关于我国就业歧视的法律规制研究. 法制与社会. 2020 (21): 126-127.

[1024] 马冰冉. 论退休再就业人员劳动权益保障. 法制与社会. 2020 (21): 124-125.

[1025] 程琳. 校园网贷问题的法律探析. 法制与社会. 2020 (21): 41-42.

[1026] 江涛. “直播带货”的法律规制. 法制与社会. 2020 (20): 18-19.

[1027] 张诗曼，姚天冲. 管窥人工智能换脸技术的法律风险与防范. 法制与社会. 2020

(19): 4 - 7.

［1028］邢文娟. 权利边界语境下标准必要专利中国解决方案研究. 法制与社会. 2020 (19): 8 - 10.

［1029］许金道. 大数据时代的经济法理念变革与规制创新策略. 法制与社会. 2020 (19): 17 - 18.

［1030］马校培. 非诉行政执行裁执分离模式的法律规制. 法制与社会. 2020 (18): 83 - 84.

［1031］崔晨煜. 粉丝集资应援行为的定性及风险规制. 法制与社会. 2020 (18): 53 - 54.

［1032］滕宇. 窃取"网络虚拟财产"行为的刑法规制探索. 法制与社会. 2020 (17): 48 - 49.

［1033］王大中. 人格权在民法典中的定位——以人格权的主观权利属性为切入点. 法制与社会. 2020 (16): 28 - 31.

［1034］杜巧萍, 李伊红. 论互联网金融犯罪的防控格局构建——从非法集资行为的刑事界定入手. 法制与社会. 2020 (16): 63 - 64.

［1035］张康康. 企业社会责任的可持续公司法路径. 法制与社会. 2020 (16): 55 - 56.

［1036］张蕾. 网络直播的法律风险与规制. 法制与社会. 2020 (15): 51 - 52.

［1037］高峰, 王晓瑜. 第三方支付法律规制研究综述. 法制与社会. 2020 (15): 70 - 86.

［1038］冯振国. 新时期网络空间扫黑除恶与法律规制. 法制与社会. 2020 (14): 123 - 126.

［1039］黄敬涛. 格式合同免责条款的民商法规制研究. 法制与社会. 2020 (14): 32 - 33.

［1040］陈伟丹, 李方远. 弱人工智能刑事主体地位的否定. 法制与社会. 2020 (14): 214 - 215.

［1041］黄晨东. 南海伏季休渔行政法律探究——以粤西硇洲岛为例. 法制与社会. 2020 (13): 125 - 126.

［1042］许航. 个人信息泄露的合同法规制. 法制与社会. 2020 (12): 211 - 213.

［1043］董晋. 浅谈网络言论自由犯罪: 行为失范与刑法规制. 法制与社会. 2020 (12): 30 - 31.

［1044］汪宁. 刑法视野下的网络暴力规制研究. 法制与社会. 2020 (12): 207 - 208.

［1045］但晓琳. 共享经济的法律规制. 法制与社会. 2020 (12): 65 - 66.

［1046］夏欢. 应否定不法原因给付的返还请求权——胡某诉朱某居间合同纠纷案. 法制与社会. 2020 (11): 45 - 46.

［1047］秦扬, 杨丰源. 地方能源立法与地方能源政策界限研究. 法制与社会. 2020 (11): 35 - 36.

［1048］胡槿. 新闻媒体侵权的法律问题初探. 法制与社会. 2020 (11): 62 - 63.

［1049］崔建强. 违约金过高的法律规制. 法制与社会. 2020 (11): 82 - 88.

［1050］杜盛芳. 网络暴力的法理学视角分析——以《网络信息内容生态治理规定》为依据. 法制与社会. 2020 (10): 44 - 45.

［1051］张毅, 李茂林, 牛敏杰. 媒体报道中的新闻侵权与法律规制初探. 法制与社会. 2020 (10): 31 - 32.

［1052］王钰. 组织考试作弊罪的问题研究. 法制与社会. 2020 (10): 39 - 40.

［1053］唐驰. 刍议校园暴力的刑法规制. 法制与社会. 2020 (10): 35 - 36.

［1054］梁鹏. 人工智能时代下隐私权问题探究. 法制与社会. 2020 (09): 206 - 207.

［1055］张慧敏. 网络诽谤的刑法规制——以"两高"司法解释为背景. 法制与社会. 2020 (09): 41 - 42.

［1056］揭扬. 探讨民事虚假诉讼的刑法规制. 法制与社会. 2020 (09): 99 - 100.

［1057］薛钢. 浅谈消防现场监督检查权的形式及其规制问题. 法制与社会. 2020 (08): 36 - 37.

［1058］王雪. 民用无人机法律风险分析与防控. 法制与社会. 2020 (08): 57 - 59.

［1059］ 李苗．校园霸凌行为现状及法律规制问题研究．法制与社会．2020（08）：133－134.
［1060］ 谭源．网络游戏不正当竞争的司法规制及其应对．法制与社会．2020（08）：38－39.
［1061］ 孟诩．微博维权行为的相关法律规制研究．法制与社会．2020（07）：37－80.
［1062］ 彭超暄．建筑工程非法转包及违法分包问题法律规制研究．法制与社会．2020（07）：38－39.
［1063］ 朱昊．虚拟货币的刑法规制——以比特币为视角．法制与社会．2020（07）：70－71.
［1064］ 曾铭宇．金融控股公司关联交易的法律规制．法制与社会．2020（07）：81－82.
［1065］ 王树林．行政法视角下我国警察枪支使用裁量权规制研究．法制与社会．2020（06）：28－29.
［1066］ 蒙丹琳．非法采运海砂行为的刑事法律规制办法浅谈．法制与社会．2020（06）：30－31.
［1067］ 吴苏婷．竞价排名的反不正当竞争法问题研究．法制与社会．2020（06）：56－57.
［1068］ 郝春海．分享经济下政府对分享网络平台的规制探析．法制与社会．2020（05）：126－127.
［1069］ 陈奎，冯钰．论我国“闹大式”维权的合理规制．法制与社会．2020（05）：139－140.
［1070］ 沈自鸣．恶意注册商标问题的成因及法律规制建议．法制与社会．2020（05）：64－65.
［1071］ 耿玲玲．大学生对新型传销的认知程度现状分析及刑法规制——基于“微传销”的兴起．法制与社会．2020（05）：154－155.
［1072］ 何家成，何杰．新《土地管理法》对小产权房问题的规制．法制与社会．2020（03）：52－53.
［1073］ 胡冰燕．民间借贷的法理分析与规制建议．法制与社会．2020（03）：78－79.
［1074］ 梁友明．量刑规范化视角下法官自由裁量权的异化及规制．法制与社会．2020（03）：104－105.
［1075］ 张远．刑法在反恐怖主义犯罪领域的困境及对策．法制与社会．2020（01）：3－4.
［1076］ 蒋思阳，李瑞．基于在线开放课程的合作学习模式探索——以《罪犯心理测量》课程为例．法制与社会．2020（01）：201－202.
［1077］ 崔华．浅析药品行业垄断——以原料药垄断典型案例为主要视角．法制与社会．2020（33）：39－40.
［1078］ 邓黎黎．股权并购与投资新设模式的法律比较分析．法制与社会．2020（15）：68－69.
［1079］ 潘华军．国有企业“纪监警企”联合预防职务犯罪工作实践探索和对策研究．法制与社会．2020（21）：98－99.
［1080］ 蔡伟．上市公司股权并购的实体性风险及防范建议．法制与社会．2020（22）：52－53.
［1081］ 王圣平．公司并购法律风险防范．法制与社会．2020（22）：54－55.
［1082］ 张姗姗．环境影响评价制度的困境——基于 11 份生效法律文书的实证分析．法制与社会．2020（35）：27－28.
［1083］ 陈松．我国互联网金融监管的法律问题与对策探讨．法制与社会．2020（28）：42－43.
［1084］ 张晶．如何在法制框架内高效执法提升监管效能．法制与社会．2020（08）：152－153.
［1085］ 郑春桥，官映然．浅析新型烟草制品的法律监管问题．法制与社会．2020（02）：33－34.
［1086］ 杨涛．知识产权专有性特质的理论阐释．法制与社会发展．2020（03）：150－168.
［1087］ 王怀勇，常宇豪．个人信息保护的理念嬗变与制度变革．法制与社会发展．2020（06）：140－159.
［1088］ 金善明．竞争治理的逻辑体系及其法治化．法制与社会发展．2020（06）：105－124.
［1089］ 张新平．智能视频监控之法律与技术的嵌合治理．法制与社会发展．2020（05）：206－

224.

[1090] 吴亚可．当下中国刑事立法活性化的问题、根源与理性回归．法制与社会发展．2020 (05)：102－120.

[1091] 孟融．国家治理体系下社会信用体系建设的内在逻辑基调．法制与社会发展．2020 (04)：162－179.

[1092] 胡国梁．政治性疫情谣言的治理．法治社会．2020 (06)：27－40.

[1093] 邓可祝．民法典视角下侵权法的环境规制功能研究．法治社会．2020 (04)：23－35.

[1094] 张培田，唐犀，周倩琳．信息服务设备后门和技术漏洞的威胁及其法律应对．法治社会．2020 (02)：26－35.

[1095] 冯文杰．商标权刑法保护之历史演进与立法完善．法治社会．2020 (01)：51－61.

[1096] 石经海，唐渠渠．恐惧抑或不知：人工智能刑法规制争议的数学考察．法治社会．2020 (01)：82－90.

[1097] 杨小军，姚瑶．行政规范性文件的司法审查强度研究．法治现代化研究．2020 (03)：1－9.

[1098] 李昌庚．国企高管业绩考核机制的法律规制与完善路径．法治现代化研究．2020 (02)：175－184.

[1099] 王世涛．法院罚款的权力属性与法律规制．法治现代化研究．2020 (02)：131－139.

[1100] 郑显文．唐代司法自由裁量权的法律规制及其实践价值．法治现代化研究．2020 (01)：49－67.

[1101] 陈兵，赵青．互联网平台封禁行为的反垄断法解读．法治现代化研究．2020 (03)：95－107.

[1102] 张泽辰．信息型操纵证券市场行为模式探究及风险防控——以大额持股变动与因果关系为视角．法治研究．2020 (02)：23－30.

[1103] 杨林．刑事涉案财物处置程序的生命周期检视与功能定位——兼评扫黑除恶中刑事涉案财物处置现状．法治研究．2020 (02)：11－22.

[1104] 常鹏翱．住房买卖合同网签备案何以必要．法治研究．2020 (04)：28－36.

[1105] 张磊，吴波．集资类犯罪中第三方服务提供者的刑法规制．犯罪研究．2020 (05)：67－72.

[1106] 安曦萌．金融犯罪刑事司法政策评述．犯罪研究．2020 (02)：26－33.

[1107] 冯卫国，李婷．论大数据和信息犯罪及刑法规制．犯罪与改造研究．2020 (10)：14－20.

[1108] 陈奕屹．网络犯罪中灰色推广手段的作用及对策研究．犯罪与改造研究．2020 (08)：2－10.

[1109] 任航，谢昭宇．区块链2.0时代智能合约的犯罪风险及其应对——以The DAO黑客事件为例．犯罪与改造研究．2020 (03)：2－7.

[1110] 浙江省司法厅课题组，马柏伟．浙江省监管改造“修心教育”项目成效评估报告．犯罪与改造研究．2020 (04)：25－33.

[1111] 高扬．互联网违法广告如何规制．方圆．2020 (24)：60－63.

[1112] 周小康．无人机亟需法律规制．方圆．2020 (21)：66－67.

[1113] 周绪平．法律如何规制盗刷别人里程．方圆．2020 (19)：69.

[1114] 郭利亚．我国互联网股权众筹法律规制问题研究．福建茶叶．2020 (03)：77.

[1115] 程群．规制俘获理论下的社会工作评估．福建茶叶．2020 (03)：270－271.

[1116] 任雪霞．茶文化下国有企业并购民营企业的财务风险研究．福建茶叶．2020 (08)：94－95.

[1117] 陈雷刚.20世纪90年代初中国应对西方制裁的历史经验.福建党史月刊.2020（08）：61-64.

[1118] 马光.论自主武器的国际法规制.福建江夏学院学报.2020（04）：36-43.

[1119] 马忠法，张艺凝.论新闻聚合行为的著作权法规制.福建江夏学院学报.2020（03）：53-62.

[1120] 马光.论网络间谍活动的规制——以《塔林手册》为视角.福建江夏学院学报.2020（02）：63-70.

[1121] 谭洪益.海外并购经验、管理者能力和海外并购绩效.福建江夏学院学报.2020（05）：23-35.

[1122] 谢霓.对信用卡合同格式条款的规制研究——基于金融消费者权益保护的视角.福建金融.2020（02）：44-51.

[1123] 郑孝仁，曹春源，危虹敏.互联网涉众型金融犯罪的防控应对.福建金融.2020（11）：73-77.

[1124] 林莹.论地方高校保护与传承南音的路径优化.福建金融管理干部学院学报.2020（04）：53-57.

[1125] 尹若素.我国智能投顾开展的法律挑战及应对.福建金融管理干部学院学报.2020（03）：40-47.

[1126] 李超，马亦骋.区块链征信：应用、风险及其监管.福建金融管理干部学院学报.2020（03）：11-16.

[1127] 周航.第三方支付反垄断分析中相关服务市场的界定.福建金融管理干部学院学报.2020（03）：32-39.

[1128] 钱倩倩.流量劫持的行为辨析及其刑法规制思路.福建警察学院学报.2020（04）：60-70.

[1129] 王璐.不履行防疫义务行为的刑事责任探析.福建警察学院学报.2020（03）：6-11.

[1130] 王元勋.刍议强人工智能的刑事主体地位.福建警察学院学报.2020（01）：87-94.

[1131] 王超.刷单行为的类型、成因及其规制.福建警察学院学报.2020（01）：95-100.

[1132] 江三良，赵梦婵.市场整合促进全要素生产率提升的路径分析——来自长江经济带的证据.福建论坛（人文社会科学版）.2020（03）：83-91.

[1133] 胡元聪，曲君宇.商业信息数据有偿共享制度构建研究.福建论坛（人文社会科学版）.2020（09）：82-96.

[1134] 陈梅英，谢晓佳，郑桂榕.政府规制、合作组织治理与农户有机肥施用行为——以茶叶种植户为例.福建农林大学学报（哲学社会科学版）.2020（06）：61-69.

[1135] 贺晨霞.互联网金融创新的刑法介入问题研究.福建农林大学学报（哲学社会科学版）.2020（04）：106-112.

[1136] 孙伟峰，蓝碧裕，俞建功.防范P2P网贷异化风险的法律对策.福建农林大学学报（哲学社会科学版）.2020（02）：95-100.

[1137] 董少明，陈平花.国有企业并购重组中政府角色定位的偏差与矫正.福建农林大学学报（哲学社会科学版）.2020（01）：49-54.

[1138] 林国栋.自媒体的现状及监管对策.福建农林大学学报（哲学社会科学版）.2020（04）：94-98.

[1139] 综合.世茂、福晟开启2020第一起千亿级别地产大并购.福建轻纺.2020（01）：3.

[1140] 吴妍.三部委联合发文，阶段性减免企业社会保险费.福建轻纺.2020（04）：1.

[1141] 易小丽.金融开放对地区间资本错配的影响及矫正.福建商学院学报.2020（04）：

20－32.

［1142］吴维香，林寿富．我国制造业绿色转型及其影响因素研究．福建商学院学报．2020（02）：1－11.

［1143］王娜，王丙智，刘文．第三方支付平台定价策略研究述评．福建商学院学报．2020（05）：48－54.

［1144］张海东，袁博．双重二元劳动力市场与城市居民的阶层认同——来自中国特大城市的证据．福建师范大学学报（哲学社会科学版）．2020（01）：25－37.

［1145］游钟豪，林来梵．监察法规立法规制探讨．福建师范大学学报（哲学社会科学版）．2020（06）：106－114.

［1146］李文静，栾群．人工智能时代算法的法律规制：现实、理论与进路．福建师范大学学报（哲学社会科学版）．2020（04）：148－157.

［1147］揭仕华．农村水电站生态流量改造及监管措施探讨．福建水力发电．2020（01）：55－59.

［1148］王丽静．地方高校图书馆参与非物质文化遗产保护工作初探——以闽江师范高等专科学校图书馆为例．福建图书馆学刊．2020（02）：43－46.

［1149］李雅芳．聚焦"三点"共治共管　书写食安精彩答卷．福建质量技术监督．2020（11）：29－30.

［1150］王涛，陈海汉．自愿协议下环境规制对制造业企业生态创新的交互动态影响．福州大学学报（哲学社会科学版）．2020（06）：39－47.

［1151］荆珍，侯光明．公众应对环境健康风险的法律规制研究．福州大学学报（哲学社会科学版）．2020（06）：66－71.

［1152］蔡乌赶，许凤茹．环境规制如何影响空气污染？——基于中国284个地级市数据的实证研究．福州大学学报（哲学社会科学版）．2020（05）：33－40.

［1153］卢杰锋．职场性骚扰的用人单位责任——从《民法典》第1010条展开．妇女研究论丛．2020（05）：87－96.

［1154］王刚．"醉驾"刑法规制的缺陷及完善．阜阳师范大学学报（社会科学版）．2020（02）：115－119.

［1155］王欣伟．数字经济的经济法规制问题研究．阜阳职业技术学院学报．2020（01）：82－86.

［1156］丁丹，刘平养．江浙沪农村农业融合发展的制度供给特征——基于186份政策文本的分析．复旦学报（自然科学版）．2020（04）：460－467.

［1157］刘站，常焙筌，田增瑞．我国医疗器械产业集中度影响因素的实证研究．复旦学报（自然科学版）．2020（04）：468－475.

［1158］祝志勇，刘昊．市场分割、地区异质性与经济增长质量．改革．2020（04）：86－99.

［1159］陈蕾，周艳秋．区块链发展态势、安全风险防范与顶层制度设计．改革．2020（06）：44－57.

［1160］游达明，欧阳乐茜．环境规制对工业企业绿色创新效率的影响——基于空间杜宾模型的实证分析．改革．2020（05）：122－138.

［1161］陈泽荣，方思吟．试论"金融科技"监管的法制化路径．改革与开放．2020（Z1）：38－40.

［1162］康纪田，刘卫常．现代产权二元分置的理论与制度价值．改革与战略．2020（03）：9－20.

［1163］江小国，何建波．从四个维度把握制造业高质量发展的推进路径．改革与战略．2020（11）：73－82.

［1164］高旋．论信用规制的理论供给、制度逻辑与结构设计．改革与战略．2020（08）：28－37.

[1165] 甘霖. 升级开放型经济之广西应对方略——借鉴黔、渝、滇的策略与经验. 改革与战略. 2020 (06): 41-52.

[1166] 池昭梅，曹沛杰. 基于大股东风险分担视角的中国企业海外并购绩效研究——以万业企业并购印尼印中矿业为例. 改革与战略. 2020 (11): 117-124.

[1167] 王宇楷. 互联网背景下个人信息再利用之规制. 甘肃广播电视大学学报. 2020 (06): 39-44.

[1168] 屈佳，陈航. 刑事裁判文书说理强化与规范化论要——以《关于加强和规范裁判文书释法说理的指导意见》为视角. 甘肃广播电视大学学报. 2020 (04): 46-52.

[1169] 巩海平，周雪莹. 我国排污权交易法律规制之反思. 甘肃广播电视大学学报. 2020 (02): 67-72.

[1170] 张霞飞，曹现强. 空间边界争议：对城市产权混合社区冲突的理论解释——"隔离墙争议"的扎根理论研究. 甘肃行政学院学报. 2020 (06): 66-79.

[1171] 左扬尚瑜，晁恒. 基于偏离-份额法的中国污染密集型制造业空间转移研究. 甘肃行政学院学报. 2020 (02): 98-106.

[1172] 吴明熠. 从听证走向协商：公众参与行政决策的实践反思与程序嬗变. 甘肃行政学院学报. 2020 (02): 46-61.

[1173] 郑华良，赖诗攀. 交易费用与出租汽车政府规制模式选择——基于Q市个案的分析. 甘肃行政学院学报. 2020 (01): 114-124.

[1174] 夏俊. 证券区块链：技术变革下的风险及规制路径. 甘肃金融. 2020 (04): 31-35.

[1175] 杨丽萍，贾汝明. 关于上市公司并购重组高商誉监管的几点思考——以甘肃辖区监管为例. 甘肃金融. 2020 (03): 10-13.

[1176] 李宏勋，李艺. 环境规制对我国天然气消费影响研究——基于技术创新的中介效应检验. 甘肃科学学报. 2020 (05): 122-128.

[1177] 刘慧，张培洁. 基于CVM的国家重点生态功能区生态补偿标准测算——以围场县为例. 甘肃科学学报. 2020 (05): 145-152.

[1178] 王玲. 国家赋权与话语表达：灾害嵌入下农民身份的重构与治理转型. 甘肃理论学刊. 2020 (06): 113-119.

[1179] 刘辉娟，王翠萍，王娇. 永登县农产品质量安全监管工作现状及对策. 甘肃农业. 2020 (12): 66-67.

[1180] 马峰，闫兴华，戴玮，李长斌. 敦煌市农产品质量安全监管现状与对策. 甘肃农业. 2020 (10): 92-94.

[1181] 刘军德. 关于规范开展农村土地流转　不断加强土地监管的对策建议. 甘肃农业. 2020 (09): 65-67.

[1182] 张克雅. 民勤县农产品质量安全监管存在的问题及应对措施. 甘肃农业. 2020 (08): 99-100.

[1183] 朱良勇. 天水市农产品质量安全监管工作现状及发展对策. 甘肃农业. 2020 (04): 65-66.

[1184] 林秀芹. 商业秘密知识产权化的理论基础. 甘肃社会科学. 2020 (02): 11-20.

[1185] 王建文，方志伟. 人工智能辅助地方立法的风险治理. 甘肃社会科学. 2020 (05): 69-75.

[1186] 贾明顺. 标准必要专利的权利属性及其法律限制. 甘肃社会科学. 2020 (05): 142-147.

[1187] 谷超. 高利转贷罪适用现状之批判及其匡正. 甘肃社会科学. 2020 (03): 163-169.

［1188］徐学民．定向可转债在并购重组中的应用分析．甘肃冶金．2020（02）：110－113.

［1189］张瑞萍，周嘉会．突发公共卫生事件中哄抬物价行为的执法分析与法律完善建议．甘肃政法大学学报．2020（06）：101－114.

［1190］郭玉新．论数字科技企业纵向合并的反垄断法规制．甘肃政法大学学报．2020（06）：53－64.

［1191］方润．网络仇恨言论的法律识别．甘肃政法学院学报．2020（03）：40－52.

［1192］秦天宝．论实验室生物安全法律规制之完善．甘肃政法学院学报．2020（03）：1－11.

［1193］郭云峰．论自然资源国家所有权的复合权利属性．甘肃政法学院学报．2020（01）：125－142.

［1194］王太祥，滕晨光，张朝辉．非正式社会支持、环境规制与农户地膜回收行为．干旱区资源与环境．2020（08）：109－115.

［1195］李瑞前．环境规制能否促进技术创新？——基于文献统计视角．干旱区资源与环境．2020（07）：54－61.

［1196］陈东景，孙兆旭，郭继文．中国工业用水强度收敛性的门槛效应分析．干旱区资源与环境．2020（05）：85－92.

［1197］王丽，张岩，高国伦．环境规制、技术创新与碳生产率．干旱区资源与环境．2020（03）：1－6.

［1198］杨皓天，马骥．环境规制对养殖场生态效率的影响研究——基于SFA方法及门限回归的实证分析．干旱区资源与环境．2020（01）：27－33.

［1199］邵善波．成文宪法对香港司法体制的规制及香港司法改革问题．港澳研究．2020（04）：3－16.

［1200］胡德鑫．学科演进视域下新工科建设制度困境与行动路径．高等工程教育研究．2020（03）：49－54.

［1201］徐暾．析论国家科研项目经费管理的法律治理．高教探索．2020（07）：27－34.

［1202］王晓强，戴栗军．教育惩戒权的行政法规制．高教探索．2020（01）：24－30.

［1203］逯颖，董俊．会计专硕校企联合培养的可持续发展研究——基于企业需求的调查分析．高教学刊．2020（32）：17－20.

［1204］郑寿．网络“圈层化”背景下的大学生思想政治教育．高校辅导员学刊．2020（03）：51－55.

［1205］陆体艳．“负面清单”模式下的高校后勤物业服务外包监管．高校后勤研究．2020（12）：19－20.

［1206］田岩．高校学生公寓社会化委托服务招标与监管研究．高校后勤研究．2020（S1）：56－58.

［1207］柳友荣，张蕊．历史制度主义视角下我国本科教学评估政策研究．高校教育管理．2020（05）：115－124.

［1208］姚荣．高等教育质量保障规制体制的理想类型、变革趋势与启示．高校教育管理．2020（02）：71－84.

［1209］李琳，张志果，余忻，安玉敏，陶相婉，林国峰，徐至澄．基于政府监管视角的城市供水系统效能评估方法研究．给水排水．2020（08）：140－143.

［1210］梁涛，韩超，张志果．建设智慧供水全流程监管“一张网”的思考．给水排水．2020（06）：157－162.

［1211］牛晗，韩超，梁涛，余忻，张志果．工业互联网体系架构在城市供水全过程监管业务化平台建设中的应用．给水排水．2020（06）：163－167.

[1212] 郭芳辰，彭湛．我国P2P网络借贷异化模式及法律规制．工程经济．2020（06）：72－74.

[1213] 刘树艳，刘小凤．并购商誉对建筑企业盈利能力的影响研究．工程经济．2020（01）：52－55.

[1214] 汪晶晶，韩益亮，陈家勇，杨晓元．一种新的多用户位置隐私保护方案．工程科学与技术．2020（05）：178－185.

[1215] 王荣锌．关于“双随机一公开”监管模式的探讨．工程质量．2020（10）：50－52.

[1216] 高盛立．建设阶段消防工程的全过程监管——新《消防法》对建设阶段消防工程管理的影响．工程质量．2020（07）：9－12.

[1217] 魏广萍．后疫情时代劳动关系二元结构的局限与反思——基于社会法实质正义理念视角．工会理论研究（上海工会管理职业学院学报）．2020（06）：24－32.

[1218] 邱婕，李轶捷．补齐短板：“共享员工”模式的实践与规制．工会理论研究（上海工会管理职业学院学报）．2020（06）：15－23.

[1219] 马少楠．工会应重视企业并购重组中的劳动关系处理．工会信息．2020（17）：25－27.

[1220] 李锋，余菡．模仿创新企业进入时机和动态定价联合决策问题研究．工业工程．2020（05）：11－21.

[1221] 许梦博，潘远超．环境规制对中国地区工业绿色生产率的影响研究——基于动态空间面板模型的分析．工业技术经济．2020（12）：54－61.

[1222] 李尽法，王秋月．绿色研发投入对碳生产率的空间溢出效应——基于财政分权的调节作用．工业技术经济．2020（11）：83－91.

[1223] 叶莉，房颖．政府环境规制、企业环境治理与银行利率定价——基于演化博弈的理论分析与实证检验．工业技术经济．2020（11）：99－108.

[1224] 宋德勇，李项佑，李超．资源枯竭城市转移支付对绿色技术创新的影响——赋能激励抑或政策陷阱．工业技术经济．2020（11）：19－27.

[1225] 刘金全，魏阙．创新、产业结构升级与绿色经济发展的关联效应研究．工业技术经济．2020（11）：28－34.

[1226] 朱东波．环境规制、技术创新与中国工业结构绿色转型．工业技术经济．2020（10）：57－64.

[1227] 尹庆民，顾玉铃．环境规制对绿色经济效率影响的门槛模型分析——基于产业结构的交互效应．工业技术经济．2020（08）：141－147.

[1228] 李金叶，张润天．环境规制与企业治污创新——基于多Agent模型．工业技术经济．2020（07）：137－143.

[1229] 张彦博，段天然，陈阳阳．基于双重委托代理的企业绿色技术应用道德风险分析．工业技术经济．2020（05）：83－90.

[1230] 孙玉阳，穆怀中，范洪敏，侯晓娜，张志芳．环境规制对产业结构升级异质联动效应研究．工业技术经济．2020（04）：89－95.

[1231] 蒋伏心，侍金环．环境规制对社会劳动生产率的影响研究．工业技术经济．2020（03）：154－160.

[1232] 邓峰，陈春香．R&D投入强度与中国绿色创新效率——基于环境规制的门槛研究．工业技术经济．2020（02）：30－36.

[1233] 庞庆华，周未沫，杨田田．长江经济带碳排放、产业结构和环境规制的影响机制研究．工业技术经济．2020（02）：141－150.

[1234] 吴丹，吴野．贸易便利化对中国从“一带一路”国家进口的影响——基于贸易引力模型的实证分析．工业技术经济．2020（02）：73－81.

[1235] 王济干，马韵鸿．长江经济带工业环境规制效率时序及空间分异研究．工业技术经济．2020 (01)：113 – 121.

[1236] 陶爱萍，俞子燕．环境规制、技能结构演进与技能溢价．工业技术经济．2020 (01)：122 – 128.

[1237] 王磊，宋佳，闫敏．出口贸易与产业绿色效率提升．工业技术经济．2020 (01)：144 – 151.

[1238] 曾江洪，刘诗绮，李佳威．多元驱动的绿色创新对企业经济绩效的影响研究．工业技术经济．2020 (01)：13 – 22.

[1239] 李轩，金博，李珮萍．中国与东北亚周边国家贸易便利化的影响因素分析．工业技术经济．2020 (01)：87 – 93.

[1240] 苏灵，许迪雅．提名董事权条款、并购概率与公司价值——基于中国民营上市公司的证据．工业技术经济．2020 (11)：109 – 119.

[1241] 谯冉，吴广宇．新时代设立袭警罪的必要性和可行性探讨．公安教育．2020 (08)：42 – 45.

[1242] 赖彦西．论待办案件与指导性案例相似性识别规则的建立——以侦查自由裁量权的规制为视角．公安教育．2020 (07)：42 – 44.

[1243] 安汇玉．“高利贷”犯罪治理路径审视．公安学刊（浙江警察学院学报）．2020 (06)：92 – 101.

[1244] 杨兆青，贾岩．继承、移植、形塑与创新：中国刑事警察制度的演进．公安学刊（浙江警察学院学报）．2020 (02)：38 – 47.

[1245] 戴超，余凌云．论作为声誉罚的公布违法事实行为．公安学刊（浙江警察学院学报）．2020 (01)：70 – 77.

[1246] 石莹．论醉驾入刑的实施效果与完善策略——以 589 份醉酒型危险驾驶罪判决书为样本．公安学刊（浙江警察学院学报）．2020 (01)：77 – 83.

[1247] 王嘉，李春雷．回顾·反思·展望：危害食品安全犯罪研究（1985—2019）．公安学研究．2020 (05)：68 – 96.

[1248] 余丽，陈志军．对妨害公共交通工具安全驾驶行为的刑法规制研究．公安学研究．2020 (04)：96 – 122.

[1249] 史全增，解源源．行政执法案例指导制度建构的理论反思与矫治——以公安行政执法为重点．公安学研究．2020 (02)：1 – 30.

[1250] 谢贞发．政府间环境事权划分研究：一个综述．公共财政研究．2020 (01)：84 – 96.

[1251] 李娉，杨宏山．政企互动与规制重建：企业家如何推进政策创新？——基于深圳改革经验的实证分析．公共管理学报．2020 (03)：49 – 61.

[1252] 凌争，段司超．“抓大放小”：基层有限规制协管员“以权谋利”的逻辑——基于 B 市 Z 区城管协管员案例．公共管理学报．2020 (01)：59 – 69.

[1253] 徐换歌，蒋硕亮．政府效能、腐败规制对营商环境的优化效应研究——来自跨国面板数据的经验证据．公共管理与政策评论．2020 (01)：84 – 96.

[1254] 张振波．从逐底竞争到策略性模仿——绩效考核生态化如何影响地方政府环境治理的竞争策略？．公共行政评论．2020 (06)：114 – 131.

[1255] 徐换歌．评比表彰何以促进污染治理？——来自文明城市评比的经验证据．公共行政评论．2020 (06)：151 – 169.

[1256] 刘建伟．浅议对全球私营军事安保产业的规制．公共外交季刊．2020 (04)：53 – 60.

[1257] 董博，杨若嘉，凌筱逸．新媒体时代背景下高校虚拟社区问题规制——以 QQ 表白墙

为例．公关世界．2020（22）：48－49.

［1258］蔡贝贝．公共安全视频系统建设与公民信息保护法律规制研究．公关世界．2020（12）：83－84.

［1259］魏臻．论商标权与姓名权的冲突与规制．公关世界．2020（10）：107－108.

［1260］谭笑，张励行．政府规制下高速公路服务区绿色建筑发展的三方演化博弈分析．公路交通科技（应用技术版）．2020（08）：311－315.

［1261］王伦刚．并购战略下集团型企业会计建设风险防范研究．股市动态分析．2020（08）：15－16.

［1262］米莉，陶娅，樊婷．环境规制与企业行为动态博弈对经营绩效的影响机理——基于北方稀土的纵向案例研究．管理案例研究与评论．2020（05）：602－616.

［1263］李飞星，胡振华．传统产业集群企业区域价值链市场势力塑造路径．管理案例研究与评论．2020（01）：1－15.

［1264］陈玉玉，李帮义，柏庆国，王哲，王玥，周扬．碳交易环境下政府循环率规制对生产者尽规模式的影响机理．管理工程学报．2020（04）：154－160.

［1265］潘峰，王琳．演化博弈视角下地方环境规制部门执法策略研究．管理工程学报．2020（03）：65－73.

［1266］孙世敏，李玲格，刘奕彤．合谋掏空、业绩预期与高管薪酬契约有效性．管理工程学报．2020（06）：57－65.

［1267］刘井建，李惠竹，张冬妮，付杰．高管股权激励与大股东掏空抑制研究：大股东异质特征和制度情境的调节效应．管理工程学报．2020（03）：20－31.

［1268］韩坤，张凤琴，郑利海，张伟娜，刁文会．业财融合提升大型联合企业“两金”管理水平的实践．管理会计研究．2020（06）：69－73.

［1269］马骏，朱斌，何轩．家族企业何以成为更积极的绿色创新推动者？——基于社会情感财富和制度合法性的解释．管理科学学报．2020（09）：31－60.

［1270］张国兴，刘薇，保海旭．多重环境规制对区域产业结构变动的时滞效应．管理科学学报．2020（09）：95－107.

［1271］方芳，杨岚，周亚虹．环境规制，企业演化与城市制造业生产率．管理科学学报．2020（04）：22－37.

［1272］曹柬，赵韵雯，吴思思，张雪梅，周根贵．考虑专利许可及政府规制的再制造博弈．管理科学学报．2020（03）：1－23.

［1273］王云，李延喜，马壮，宋金波．环境行政处罚能以儆效尤吗？——同伴影响视角下环境规制的威慑效应研究．管理科学学报．2020（01）：77－95.

［1274］斯丽娟，曹昊煜．排污权交易对污染物排放的影响——基于双重差分法的准自然实验分析．管理评论．2020（12）：15－26.

［1275］曾倩，曾先峰，岳婧霞．产业结构、环境规制与环境质量——基于中国省际视角的理论与实证分析．管理评论．2020（05）：65－75.

［1276］于鹏，李鑫，张剑，薛雅伟．环境规制对技术创新的影响及其区域异质性研究——基于中国省级面板数据的实证分析．管理评论．2020（05）：87－95.

［1277］李新军，陈美娜，达庆利．碳交易视角下政府管制的汽车制造企业闭环供应链优化决策．管理评论．2020（05）：269－279.

［1278］张弛，张兆国，包莉丽．企业环境责任与财务绩效的交互跨期影响及其作用机理研究．管理评论．2020（02）：76－89.

［1279］黄伟，王丹凤，宋晓迎．公众积极参与社会治理总是有效么？——基于生态水利工程

建设的博弈分析．管理评论．2020（11）：297－307.

［1280］鲁渤，文一景，邢戬，宋东平．基于TEI@I方法论的环渤海港口竞争合作策略研究．管理评论．2020（07）：246－257.

［1281］于晓东，李宇萍，刘刚．"去家族化"如何影响家族企业战略？——基于跨国并购视角的动态分析．管理评论．2020（03）：238－251.

［1282］张耀杰，李杰刚，史本山．企业与证券公司的股权关联对企业并购的影响．管理评论．2020（08）：29－39.

［1283］张永冀，何宇，张能鲲，段相域．中国医药上市公司技术并购与绩效研究．管理评论．2020（08）：131－142.

［1284］周常宝，王洪梁，林润辉，冯志红，李康宏．新兴市场企业跨国并购后组织内部合法性的动态演化机制——基于社会心理学视角．管理评论．2020（09）：251－265.

［1285］王艳，徐淑芳，何竺虔．谁更能顺水推舟？　来自并购绩效影响因素的经验证据．管理评论．2020（09）：280－295.

［1286］韩晓亮，净浪，崔如鸿，陆凤彬．基于面板数据的我国企业并购对行业影响实证分析．管理评论．2020（12）：78－85.

［1287］王宛秋，马红君．技术邻近性、研发投入与技术并购创新绩效——基于企业生命周期的视角．管理评论．2020（06）：104－113.

［1288］彭聪，申宇，张宗益．高管校友圈降低了市场分割程度吗？——基于异地并购的视角．管理世界．2020（05）：134－144.

［1289］许恒，张一林，曹雨佳．数字经济、技术溢出与动态竞合政策．管理世界．2020（11）：63－84.

［1290］王林辉，王辉，董直庆．经济增长和环境质量相容性政策条件——环境技术进步方向视角下的政策偏向效应检验．管理世界．2020（03）：39－60.

［1291］王垒，曲晶，赵忠超，丁黎黎．组织绩效期望差距与异质机构投资者行为选择：双重委托代理视角．管理世界．2020（07）：132－153.

［1292］魏江，王丁，刘洋．来源国劣势与合法化战略——新兴经济企业跨国并购的案例研究．管理世界．2020（03）：101－120.

［1293］颜士梅，张钢．并购整合中身份凸显性转化以及对离职意愿的影响：多案例研究．管理世界．2020（08）：110－127.

［1294］程聪．中国企业跨国并购后组织整合制度逻辑变革研究：混合逻辑的视角．管理世界．2020（12）：127－145.

［1295］殷贺，王为东，王露，江红莉．低碳技术进步如何抑制碳排放？——来自中国的经验证据．管理现代化．2020（05）：90－94.

［1296］李林，杨嘉怡，胡梓欣．环境规制与创新行为的国际研究评述．管理现代化．2020（04）：114－118.

［1297］邱玉霞，袁方玉．共享经济理论研究框架与展望．管理现代化．2020（03）：123－126.

［1298］孙丽文，任相伟．企业绿色转型驱动因素及作用机理研究——跨层交互因素的整合分析框架．管理现代化．2020（02）：67－70.

［1299］杨炜炜，叶广宇．制度距离、整合模式与中国服务业跨国并购绩效．管理现代化．2020（05）：20－23.

［1300］杨帅，程邯晓．组织如何从经验中学习：基于并购的视角．管理现代化．2020（05）：49－51.

［1301］胡关子，王益谊．新形势下标准化促进创新的趋势及我国应对．管理现代化．2020

(03)：52－55.

［1302］刘贝妮，赵海珠，卢强．制度视域下联合办公空间紧张状态的演化与平衡研究述评．管理学报．2020（12）：1881－1891.

［1303］长青，孙宁，张强，张璐．机会窗口、合法性阈值与互联网创业企业战略转型——支付宝2004～2019年纵向案例研究．管理学报．2020（02）：177－185.

［1304］刘林青，陈紫若．共同依赖与中国企业并购的倒U形关系研究．管理学报．2020（08）：1139－1149.

［1305］黄嫚丽，张钺，李静．基于时间过程视角的连续并购研究综述．管理学报．2020（09）：1412－1422.

［1306］安海彦，姚慧琴．环境规制强度对区域经济竞争力的影响——基于西部省级面板数据的实证分析．管理学刊．2020（03）：27－37.

［1307］买佳豪．“十四五”规划看商事制度改革．光彩．2020（12）：32－33.

［1308］郭振南．有线电视网频道信息监管系统设计与应用．广播电视信息．2020（05）：101－103.

［1309］魏立．谈卫星广播电视传输平台的未来发展．广播电视信息．2020（01）：84－86.

［1310］孙瑞瑞．省级广播电视全媒体监管平台的关键技术分析．广播与电视技术．2020（06）：140－143.

［1311］李杨．广播电视网络安全监管系统设计研究．广播与电视技术．2020（06）：136－139.

［1312］张小筠，刘戒骄，李斌．环境规制、技术创新与制造业绿色发展．广东财经大学学报．2020（05）：48－57.

［1313］王长明，赵景峰，程锐．中国出口逆势增长的内部制度安排探究：贸易便利化视角．广东财经大学学报．2020（03）：4－17.

［1314］李丹．算法共谋：边界的确定及其反垄断法规制．广东财经大学学报．2020（02）：103－112.

［1315］徐文．论共享平台的发展偏差与分类矫治．广东财经大学学报．2020（01）：67－79.

［1316］关静怡，刘娥平．对赌协议影响高管减持吗——基于A股上市公司定增并购事件的实证研究．广东财经大学学报．2020（02）：68－81.

［1317］赵文霞．经济周期、市场势力与对华贸易壁垒．广东财经大学学报．2020（04）：20－33.

［1318］李淑琴．我国非特殊用途化妆品监管的回顾与展望．广东化工．2020（08）：74－75.

［1319］陈娟，杨银萍．疫情背景下网络购物恶意差评行为的规制．广东经济．2020（08）：80－89.

［1320］李迎旭，周亮锦，吴敏灵．环境规制对技术创新绩效影响及区域差异实证研究．广东经济．2020（02）：82－89.

［1321］赵斯羽．广东资历框架与香港资历架构合法化过程的比较研究．广东开放大学学报．2020（06）：1－7.

［1322］黄秋．论区块链智能合约之法律属性及规制．广东开放大学学报．2020（02）：61－65.

［1323］李建伟，岳万兵．股份有限公司向管理层贷款的规制模式反思——兼论《公司法》第115条的废止．广东社会科学．2020（06）：215－225.

［1324］王自力，黎绍凯，陈林．上游产业管制与企业产能利用率：基于垂直供应链视角．广东社会科学．2020（05）：32－40.

［1325］郑勇．信息不对称视域下植入式广告的法律矫正．广东社会科学．2020（02）：245－253.

［1326］叶姗．税收优惠政策制定权的预算规制．广东社会科学．2020（01）：232－242.

[1327] 李蕊．管制及其改进：中国土地管理制度改革的逻辑进路．广东社会科学．2020 (04)：234－242.

[1328] 张雪莲．深层链接的法律规制．广东石油化工学院学报．2020 (02)：29－32.

[1329] 卢惠珊，谢绵陛．并购商誉减值、内部控制与股价崩盘风险关系研究．广东石油化工学院学报．2020 (03)：84－89.

[1330] 舒丽慧，陈工．政府规制、绿色创新意愿与绿色技术创新能力——基于中国能源企业的证据．广西财经学院学报．2020 (04)：115－124.

[1331] 秦炳涛，谢润彬，葛力铭．FDI、经济增长与环境污染的关系研究——基于中国省际面板数据的分析和检验．广西财经学院学报．2020 (02)：81－96.

[1332] 叶志锋，夏智程，肖庆飞．银企合谋、政府干预与僵尸企业信贷融资．广西财经学院学报．2020 (02)：34－46.

[1333] 赵慧，张浓，焦捷．地方金融发展、知识产权保护与创新型企业资本结构动态调整．广西大学学报（哲学社会科学版）．2020 (05)：103－109.

[1334] 尤乐．论经济特区法规之变通的本相：效力、限制与监督．广西大学学报（哲学社会科学版）．2020 (06)：125－130.

[1335] 王卓．新闻聚合平台著作权侵权的法律规制．广西大学学报（哲学社会科学版）．2020 (06)：137－142.

[1336] 刘玉燕．我国巡游型出租车行业行政性垄断问题分析．广西教育学院学报．2020 (05)：31－36.

[1337] 韦洁．境内银行卡清算市场的《反垄断法》分析——从中国银联视角切入．广西教育学院学报．2020 (02)：38－41.

[1338] 姚明，李畅．解构与重塑：公共图书馆领域刑事犯罪解剖．广西警察学院学报．2020 (06)：58－64.

[1339] 王苏醒，涂镇鸿．惩罚措施对村规民约法治功能有效性的影响——基于F省Q市Y县的实证调查．广西警察学院学报．2020 (05)：7－17.

[1340] 刘琳璘．我国突发公共事件背景下警察权的运行与重构．广西警察学院学报．2020 (05)：44－51.

[1341] 陈禹衡，王金雨．重大疫情中妨害疫情防控的刑法规制路径选择．广西警察学院学报．2020 (04)：1－9.

[1342] 文立彬．性骚扰刑事规制的域外立法借鉴与本土路径选择．广西警察学院学报．2020 (04)：10－18.

[1343] 孙荣，许鑫．"空间生产"视角下新型弹性出行消费——以网约车为例．广西民族大学学报（哲学社会科学版）．2020 (05)：165－173.

[1344] 司海燕．涉民族因素煽动言论刑法规制边界．广西民族大学学报（哲学社会科学版）．2020 (01)：183－189.

[1345] 胡青．第三方支付平台在涉毒案件中的问题探析．广西民族师范学院学报．2020 (02)：86－88.

[1346] 张林．自媒体空间主流意识形态话语"传播力"的提升策略．广西社会科学．2020 (12)：47－52.

[1347] 孙明泽．初查阶段电子数据收集程序规制研究．广西社会科学．2020 (10)：105－111.

[1348] 韩新华，李丹林．从二元到三角：网络空间权力结构重构及其对规制路径的影响．广西社会科学．2020 (05)：104－110.

[1349] 郑泽宇，陈德敏．乡村振兴的立法考量——基本法与促进法的视角．广西社会科学．

2020（08）：108－114.

［1350］卢勇．自媒体普法传播的趋势、问题及规制．广西社会科学．2020（06）：112－116.

［1351］毕文轩．互联网不正当竞争行为规制的类型化分析．广西社会科学．2020（06）：117－124.

［1352］柳飒．论粤港澳合作中行政协议的法律规制．广西社会科学．2020（01）：119－125.

［1353］贾健，赵亚琨．人类基因安全是一项独立的刑法法益吗？——基于否定论的立场．广西社会科学．2020（01）：112－118.

［1354］彭凯．论土司文化遗产的地方立法保护——以《来宾市忻城土司文化遗产保护条例》为展开．广西社会主义学院学报．2020（04）：89－94.

［1355］汤学兵，张岩．基于DPSIR模型的中国省际环境质量评价与影响因素分析．广西师范大学学报（哲学社会科学版）．2020（04）：60－83.

［1356］吴晓林．技术赋能与科层规制——技术治理中的政治逻辑．广西师范大学学报（哲学社会科学版）．2020（02）：73－81.

［1357］孙志建．事中事后监管工具结构创新：五年实践的回顾与展望．广西师范大学学报（哲学社会科学版）．2020（01）：42－54.

［1358］谢登斌，段苏颖，谢婷．民族地区义务教育教师合理流动运行机制及实践规制的建构——新型城镇化背景下的思考．广西师范大学学报（哲学社会科学版）．2020（01）：87－94.

［1359］葛奕飞，郑彦斌．带有纠删或纠错性质的隐私保护信息检索方案．广西师范大学学报（自然科学版）．2020（03）：33－44.

［1360］朱朋飞，夏天．提供、出售“滴滴出行”外挂行为的刑法规制探讨．广西政法管理干部学院学报．2020（05）：63－69.

［1361］张倩，周澎．姓名商业性使用行为规制路径探析．广西政法管理干部学院学报．2020（05）：110－117.

［1362］龙晟，黄焕瑜．行政创新与行政法——广西行政法学研究会2019年学术研讨会综述．广西政法管理干部学院学报．2020（04）：124－130.

［1363］李昌盛，陈俊．监察调查初步核实制度：渊源探寻、目的重塑与改革优化．广西政法管理干部学院学报．2020（03）：3－13.

［1364］曹红冰，李岩．人工智能产品致人损害民事责任探析．广西政法管理干部学院学报．2020（03）：72－77.

［1365］王丽，李艳．论“新类型作品”侵权行为的反不正当竞争法规制．广西政法管理干部学院学报．2020（03）：52－58.

［1366］许锦洲．不法利益视角下未批先建行为规制研究．广西政法管理干部学院学报．2020（02）：108－113.

［1367］聂文琪．《反不正当竞争法》一般条款与网络条款关系的界定．广西政法管理干部学院学报．2020（01）：120－125.

［1368］汪文杰，黄梦月，杨春磊．民事虚假诉讼认定的规范化探讨．广西政法管理干部学院学报．2020（01）：71－75.

［1369］鲁睿．大时代数据背景下关于体育产业金融风险控制——基于金融法视角的可行路径．广西质量监督导报．2020（10）：250－251.

［1370］职秀秀．电商平台“二选一”行为的法律规制．广西质量监督导报．2020（10）：246－247.

［1371］高翔，刘蔓菁，卢潇琴．新医改背景下民营医院发展模式及其政策规制述评．广西质量监督导报．2020（09）：78－79.

［1372］邱勇涛．公司法中反射损失的规制研究．广西质量监督导报．2020（09）：245－247.

［1373］刘雅倩．经济行政垄断的法律规制问题研究．广西质量监督导报．2020（09）：252－254.

［1374］王玲玲．论网络侵权的法律规制．广西质量监督导报．2020（08）：271－272.

［1375］余秋璇．互联网行业市场之反垄断探讨．广西质量监督导报．2020（08）：275－276.

［1376］邬江南．关于无单放货法律规制的研究——以《鹿特丹规则》的视角．广西质量监督导报．2020（08）：254－255.

［1377］王春莉，岑荣述．我国第三方支付监管现状与完善对策研究．广西质量监督导报．2020（07）：52－53.

［1378］高翔，许宇森，廖水滔．新医改背景下广东省民营医院发展模式及其政策规制研究——以经营目的划分的视角．广西质量监督导报．2020（06）：15－16.

［1379］徐莎．浅谈网络软件捆绑安装的法律制度研究——以消费者权益保护为视角．广西质量监督导报．2020（06）：234－235.

［1380］蒋寒琪．论大数据对竞争市场的冲击及竞争法律体系的完善．广西质量监督导报．2020（06）：248－249.

［1381］高翔，冯皓锦，许宇森．新医改背景下广东省民营医院发展模式及其政策规制研究——以资本性质划分的视角．广西质量监督导报．2020（05）：65－66.

［1382］徐阳．对赌协议的法律问题研究．广西质量监督导报．2020（05）：247－248.

［1383］牛文芳．环境规制对技能溢价的影响研究．广西质量监督导报．2020（03）：28－29.

［1384］刘文斐．对我国市场规制立法的梳理．广西质量监督导报．2020（02）：240－241.

［1385］赵志浩．涉网不正当竞争的市场规制法律适用．广西质量监督导报．2020（02）：255－256.

［1386］王芸芸．当事人虚假陈述的认定及规制．广西质量监督导报．2020（02）：234－235.

［1387］武戈，侍磊．绿色技术创新背景下我国制造业升级研究．广西质量监督导报．2020（02）：196－197.

［1388］张志康，邱思萍．论我国智能投顾的主体法律规制．广西质量监督导报．2020（01）：237－238.

［1389］彭俊华．“以购代捐”精准扶贫模式中道德风险的法律应对．广西质量监督导报．2020（05）：249－251.

［1390］毕辰琛．上市公司并购重组相关立法存在的问题及修改建议研究．广西质量监督导报．2020（01）：232－233.

［1391］彭祎婷．我国民营企业跨国并购问题研究．广西质量监督导报．2020（01）：151.

［1392］袁显平，贺桥路．盈余管理、高管特征与并购绩效．广西质量监督导报．2020（01）：141.

［1393］刘元庆．企业并购绩效研究文献综述．广西质量监督导报．2020（03）：179－180.

［1394］杨雲麟．并购中业绩承诺的风险分析——以H企业为例．广西质量监督导报．2020（04）：94－95.

［1395］李源平．浅析企业频繁并购的风险效应．广西质量监督导报．2020（04）：133－134.

［1396］刘佳．跨国并购研究综述．广西质量监督导报．2020（05）：201－202.

［1397］刘星，韩钰杰．环旭电子海外并购案例分析——基于事件分析法．广西质量监督导报．2020（06）：105－115.

［1398］卢婧．企业并购与重组．广西质量监督导报．2020（06）：188－189.

［1399］毛超姝．基于价值链嵌入视角下的海外并购整合路径研究——以海尔并购GE为例．广

西质量监督导报.2020（07）：152－153.

［1400］宋丹.A集团海外并购风险问题研究.广西质量监督导报.2020（09）：127－128.

［1401］张云保，李绍甫.如何降低企业并购风险.广西质量监督导报.2020（09）：205－206.

［1402］蔡月.企业并购动因及影响分析——以A集团并购B公司为例.广西质量监督导报.2020（10）：106－107.

［1403］冯紫微.BP神经网络在企业并购价值评估中的应用——以B公司并购为例.广西质量监督导报.2020（10）：127－128.

［1404］倪家渭，周婷，谭敏秋，钱怡菲，仲书贤.价值链视角下我国汽车产业海外并购动因分析——以吉利收购戴姆勒Smart为例.广西质量监督导报.2020（12）：217－218.

［1405］张磊.跨国并购案例分析——三一重工并购德国普茨迈斯特.广西质量监督导报.2020（12）：107－108.

［1406］陆益杰.华伍股份并购安德科技动因及效果分析.广西质量监督导报.2020（12）：201－202.

［1407］柴瑗，蒋依君，杨思维.中石化海外并购Addax的动机与绩效分析.广西质量监督导报.2020（12）：105－106.

［1408］田晴.我国股权众筹的法律监管困境及完善.广西质量监督导报.2020（08）：266－267.

［1409］梁月.浅析我国股权众筹发展现状及问题.广西质量监督导报.2020（02）：83－84.

［1410］霍琳.互联网金融监管存在的问题及对策研究.广西质量监督导报.2020（02）：145－147.

［1411］林娟.论刑法规制假冒专利行为的困境——以刑事判决的阙如为视角.广州广播电视大学学报.2020（04）：101－105.

［1412］武希迎.复杂现代性视阈中网络表达失范及其干预.广州广播电视大学学报.2020（03）：88－91.

［1413］马春辉.论冒用他人支付宝账户进行“花呗套现”的刑法规制.广州广播电视大学学报.2020（02）：92－97.

［1414］夏军，孙树峰.对未成年人网络色情信息的治理探究.广州市公安管理干部学院学报.2020（03）：3－12.

［1415］张豫辰，张嵩悦.突发公共卫生事件中公安数据信息公开及其程序控制.广州市公安管理干部学院学报.2020（01）：3－8.

［1416］李宾，孙韡.行政黑名单设定的行政法价值约束.贵阳市委党校学报.2020（01）：45－49.

［1417］龚振黔，龚婷.谈道德与法律在网络社会治理中的功能.贵阳学院学报（社会科学版）.2020（02）：48－53.

［1418］温湖炜，钟启明.环境保护税改革能否撬动企业绿色技术创新——来自中国排污费征收标准变迁的启示.贵州财经大学学报.2020（03）：91－100.

［1419］倪瑛，陈柏云，王忆雯.金融发展、环境规制与绿色全要素生产率——基于空间杜宾模型的实证分析.贵州财经大学学报.2020（03）：12－21.

［1420］董石正，郑建明.银行信贷顺周期性特征与逆监管有效性研究.贵州财经大学学报.2020（05）：46－52.

［1421］钱宁.法经济学视角下我国西部地区生态环境治理的困境与出路.贵州大学学报（社会科学版）.2020（06）：69－79.

［1422］曹波，文小丽.高空抛物危及公共安全的司法认定规则——兼评《最高人民法院关于

依法妥善审理高空抛物、坠物案件的意见》. 贵州大学学报（社会科学版）. 2020（03）：94－103.

［1423］任惠华，邓发前. 低烈度侦讯行为的法律规制. 贵州警察学院学报. 2020（05）：26－32.

［1424］谭诗涯. 公民围观拍摄警察执法的法律问题研究. 贵州警察学院学报. 2020（04）：40－46.

［1425］王筱. 性贿赂的刑法规制路径. 贵州警察学院学报. 2020（03）：24－30.

［1426］林需需. 强人工智能刑事责任主体地位之再肯定. 贵州警察学院学报. 2020（03）：31－37.

［1427］胡树琪. 人工智能作为刑事主体的可行性探析. 贵州警察学院学报. 2020（02）：43－50.

［1428］张学文. 科技风险的刑法焦虑与回应. 贵州警察学院学报. 2020（01）：54－62.

［1429］罗艳，陈平. 环境规制与污染产业转移的空间交互溢出效应研究——基于空间联立方程的实证分析. 贵州社会科学. 2020（07）：145－153.

［1430］杜传忠，刘志鹏. 数据平台：智能经济时代的关键基础设施及其规制. 贵州社会科学. 2020（06）：108－115.

［1431］苏玉菊. 论公共卫生风险规制评估——科学不确定情形下的行动论证. 贵州社会科学. 2020（04）：74－79.

［1432］张枭. 互联网经济“下半场”的垄断危机与管制对策——基于互联网寡头市场动态均衡模型. 贵州社会科学. 2020（09）：138－146.

［1433］张帆，李娜. 基于委托代理理论的碳排放政府规制分析. 贵州省党校学报. 2020（01）：5－10.

［1434］谢时研. 中国监察权规制的理论脉络追溯. 贵州省党校学报. 2020（01）：88－93.

［1435］孙智. 商业秘密单独立法保护的正当性浅论——以商业秘密的特殊性及其与专利的制度互补性为视角. 贵州师范大学学报（社会科学版）. 2020（02）：141－148.

［1436］杨易. 证券市场互联网大数据的分类及影响研究. 贵州师范大学学报（社会科学版）. 2020（03）：97－108.

［1437］吴磊，许剑. 论能源安全的公共产品属性与能源安全共同体构建. 国际安全研究. 2020（05）：3－28.

［1438］吴慧，张欣波. 国家安全视角下南极法律规制的发展与应对. 国际安全研究. 2020（03）：3－20.

［1439］何其生. 统一化与分割化：《海牙判决公约》下的不动产问题. 国际法学刊. 2020（01）：33－55.

［1440］徐树，陈雪雯. 国际投资仲裁中第三方资助的披露规则研究. 国际法学刊. 2020（03）：113－139.

［1441］王若源，张君周. 对美国法域外效力实现路径的规范观察及借鉴——以民航业为视角. 国际法学刊. 2020（04）：81－93.

［1442］弗朗西斯科·弗兰西奥尼，张伟，孙圆圆. 私营军事安保公司规制中的安全与人权：母国的作用. 国际法研究. 2020（05）：115－128.

［1443］马兰. 金融数据跨境流动规制的核心问题和中国因应. 国际法研究. 2020（03）：82－101.

［1444］汪星岑，杜焕芳. 国际投资仲裁证据特免权的实践与规制. 国际法研究. 2020（02）：104－116.

［1445］陈爽. 新媒体言论自由及其规制——以微博为例. 国际公关. 2020（12）：16－17.

［1446］李萌. 法律人工智能的风险与规制. 国际公关. 2020（06）：157－159.

［1447］夏梦雅. 对赌协议中股权回购的履约风险及对策——基于并购重组场景的分析. 国际

金融 . 2020（09）：61－67.

［1448］郭伟，刘扬．法国绿色金融的监管与实践．国际金融 . 2020（05）：70－80.

［1449］刘媛媛．开放经济、产业集聚与区域碳减排效应．国际经济合作 . 2020（04）：72－80.

［1450］胡滨．从强化监管到放松管制的十年轮回——美国金融监管改革及其对中国的影响与启示．国际经济评论 . 2020（05）：102－122.

［1451］邓富华，沈和斌．进口贸易自由化对制造业资源错配的影响——基于中国加入 WTO 的自然实验．国际经贸探索 . 2020（06）：73－88.

［1452］陈丽娴，魏作磊．制造业企业产出服务化有利于出口吗——基于 Heckman 模型的 PSM－DID 分析．国际经贸探索 . 2020（05）：16－34.

［1453］王俊，徐明，梁洋华 . FTA 环境保护条款会制约污染产品进出口贸易吗——基于产品层面数据的实证研究．国际经贸探索 . 2020（09）：103－118.

［1454］韩永红，梁佩豪．突发公共卫生事件中过度限制性措施的国际法规制．国际经贸探索 . 2020（07）：85－97.

［1455］李青，韩永辉，韦东明．文化交流与企业海外并购——基于“一带一路”孔子学院的经验研究．国际经贸探索 . 2020（08）：81－96.

［1456］李亚波，杨荣海，张斯．“一带一路”沿线国家恐怖袭击对中国海外并购影响分析．国际经贸探索 . 2020（08）：68－80.

［1457］张怀岭．开放与安全平衡背景下英国外资审查改革路径及影响．国际贸易 . 2020（09）：68－75.

［1458］戴翔，张二震，张雨．双循环新发展格局与国际合作竞争新优势重塑．国际贸易 . 2020（11）：11－17.

［1459］廖丽，曹慧卓．中美贸易摩擦背景下强制技术转让问题研究．国际贸易 . 2020（05）：83－89.

［1460］陈怀锦，周孝．中美贸易摩擦下外向型企业的应对与政策诉求——基于 2019 年“降成本”调查的分析．国际贸易 . 2020（01）：22－30.

［1461］张晓涛，徐微茵，郑艺．私募股权投资基金在跨国并购交易中的角色与作用——以中联重科并购 CIFA 为例．国际贸易 . 2020（12）：85－92.

［1462］刘信恒．国内市场分割与出口产品质量升级——来自中国制造业企业的证据．国际贸易问题 . 2020（11）：30－44.

［1463］张建，李占风．对外直接投资促进了中国绿色全要素生产率增长吗——基于动态系统 GMM 估计和门槛模型的实证检验．国际贸易问题 . 2020（07）：159－174.

［1464］高翔，袁凯华．清洁生产环境规制与企业出口技术复杂度——微观证据与影响机制．国际贸易问题 . 2020（02）：93－109.

［1465］康志勇，汤学良，刘馨．环境规制、企业创新与中国企业出口研究——基于“波特假说”的再检验．国际贸易问题 . 2020（02）：125－141.

［1466］张文菲，金祥义．跨国并购有利于企业创新吗．国际贸易问题 . 2020（10）：128－143.

［1467］刘亮，沈桂龙，李昊匡．异质性因素与中国企业跨国并购行为——基于全球价值链布局的视角．国际贸易问题 . 2020（10）：144－159.

［1468］安磊，沈悦．企业“走出去”能否抑制经济“脱实向虚”——来自中国上市企业海外并购的经验证据．国际贸易问题 . 2020（12）：100－116.

［1469］李光泗，韩冬．竞争结构、市场势力与国际粮食市场定价权——基于国际大豆市场的分析．国际贸易问题 . 2020（09）：33－49.

［1470］姚辑．国际并购中尽职调查的主流新趋势：一体化、ESG、OFAC、新技术的应用．国

际融资．2020（06）：47－50.

［1471］黄文辉，王文英．无偿划转形式下企业并购的特点、优势及风险防控．国际融资．2020（12）：60－62.

［1472］中国人民大学中国普惠金融研究院课题组，顾雷．助贷业务创新与监管研究（二）．国际融资．2020（06）：51－61.

［1473］李琛，赵军．对外直接投资增长的“中国故事”——基于财政分权与地方政府行为视角的解读．国际商务（对外经济贸易大学学报）．2020（02）：62－77.

［1474］姚洪心，高涛．环境规制、要素投入异质性与中国制造业绿色出口．国际商务（对外经济贸易大学学报）．2020（01）：27－43.

［1475］于立宏，苏晨．中国制造业跨国并购与绿地投资的创新溢出效应——基于中介效应和调节效应的微观机制．国际商务（对外经济贸易大学学报）．2020（05）：94－109.

［1476］孔宁宁，吴蕾，侯瑞劼．大股东参与定增并购、业绩承诺与利益输送——基于百润股份收购巴克斯酒业案例的研究．国际商务（对外经济贸易大学学报）．2020（06）：122－136.

［1477］宋建波，张彦松，文彪．交叉上市公司会计信息质量与A－H股溢价率——基于信息不对称视角的分析．国际商务财会．2020（09）：68－76.

［1478］陈树民，王菲菲．跨境并购中的财务攻略——以中化集团海外资产出售为例．国际商务财会．2020（01）：26－28.

［1479］蒋光超，王超．上市公司并购非上市企业的行业特征．国际商务财会．2020（01）：93－96.

［1480］孙南申．信用规制中的企业信用修复路径．国际商务研究．2020（06）：5－18.

［1481］栾信杰，邹佳慧．消除团体标准逆向选择的规制与对策研究．国际商务研究．2020（04）：97－108.

［1482］范冰仪．论国际投资仲裁中第三方资助披露问题．国际商务研究．2020（02）：78－88.

［1483］王淑敏，李银澄．自由贸易港区的立法模式：台湾地区的实践及其对海南自贸港的借鉴意义．国际商务研究．2020（01）：73－84.

［1484］刘志一．《能源宪章条约》下可再生能源投资仲裁案及启示——以西班牙投资仲裁案为主线的考察．国际商务研究．2020（01）：96－108.

［1485］胡斌，曾文革．论独立调查机制对多边开发银行公众问责制度的发展．国际商务研究．2020（01）：50－62.

［1486］吕淼．国家管网公司成立对城市燃气行业的影响及政策建议．国际石油经济．2020（06）：19－23.

［1487］孙文宇，刘四洋，陈蕊．中国天然气管网市场化改革中的问题及国外经验借鉴．国际石油经济．2020（02）：39－44.

［1488］侯明扬，谭榕，郑轶丹，贺媛媛．2019年全球油气资源并购市场特点及前景展望．国际石油经济．2020（03）：44－51.

［1489］王建，侯婉婉，冯金．低油价下的国际油气并购市场及应对策略．国际石油经济．2020（05）：81－86.

［1490］刘初春，郎岩松．中国石油贸易政策应加快改革创新——新加坡、韩国石油贸易政策借鉴．国际石油经济．2020（08）：18－22.

［1491］任晓光，粟科华，刘建勋，李鹏，李伟，陶冰星，寇忠．美国储气调峰体系现状及其对中国的启示．国际石油经济．2020（06）：33－40.

［1492］白振瑞，牟效毅．竞争性市场环境下的储气库监管——美英储气库监管经验及启示．国际石油经济．2020（06）：24－32.

［1493］杨雷．国外天然气托运商制度及其对中国的启示．国际石油经济．2020（03）：15－19.

［1494］陈守海．中国天然气产业发展面临的主要问题及立法建议．国际石油经济．2020（02）：23－32.

［1495］郭海涛，何兆成．国家管网公司成立对中国天然气产业链的影响——“中国石油学会石油经济专业委员会战略学组油气论坛”综述．国际石油经济．2020（01）：28－35.

［1496］杨卫华．加强税收协调　营造粤港澳大湾区良好营商税收环境．国际税收．2020（09）：39－42.

［1497］王菲，童桐．从西方到本土：企业“漂绿”行为的语境、实践与边界．国际新闻界．2020（07）：144－156.

［1498］刘宏松，程海烨．跨境数据流动的全球治理——进展、趋势与中国路径．国际展望．2020（06）：65－88.

［1499］刘金河，崔保国．数据本地化和数据防御主义的合理性与趋势．国际展望．2020（06）：89－107.

［1500］董汀．国际海缆建设的规制与安全问题——以首条跨太平洋海缆建设为例．国际政治研究．2020（04）：26－48.

［1501］李忠夏．风险社会治理中的宪法功能转型．国家检察官学院学报．2020（06）：3－15.

［1502］涂龙科，郑力凡．经济刑法法益二元“双环结构”之证成、判断与展开．国家检察官学院学报．2020（06）：101－114.

［1503］杨东，臧俊恒．数据生产要素的竞争规制困境与突破．国家检察官学院学报．2020（06）：143－159.

［1504］李德胜．从舆论热点案件看刑法解释的价值决断．国家检察官学院学报．2020（05）：114－128.

［1505］熊跃敏，郭家珍．禁止重复起诉和禁止另行起诉的区分与适用．国家检察官学院学报．2020（05）：147－161.

［1506］林越坚，岳向阳．互联网金融消费者保护的制度逻辑与法律建构．国家检察官学院学报．2020（03）：150－164.

［1507］苗梅华．智慧治理的时代面向与挑战．国家检察官学院学报．2020（01）：103－112.

［1508］肖建国．民事程序构造中的检察监督论纲——民事检察监督理论基础的反思与重构．国家检察官学院学报．2020（01）：70－89.

［1509］陈兵．如何加强对算法的治理．国家治理．2020（27）：35－39.

［1510］王峰．社区治理应加强三方面制度体系构建．国家治理．2020（26）：30－32.

［1511］陆俊．智能官僚主义的技术规制和动因分析——技术批判理论的视角．国家治理．2020（25）：26－29.

［1512］郭小平．智能传播的算法风险及其治理路径．国家治理．2020（22）：40－45.

［1513］王锴．人脸识别在治理领域的应用与规制．国家治理．2020（20）：24－25.

［1514］周健奇．新技术变革如何引领能源新经济发展——数字时代能源平台的发展与规范．国家治理．2020（03）：36－39.

［1515］文燕，梁海卫，何好平，陈天红，昂正同，谢克列，马祖恕，余林花，黄国道，孙先如，樊建平，李守葆．基于完善产业链的大型冶炼企业并购整合实践．国企管理．2020（07）：22－31.

［1516］李春．环境规制对技术创新的影响分析——基于2005～2017年我国省际面板数据的实证研究．国土与自然资源研究．2020（05）：29－32.

［1517］汤文豪，吴初国，曹庭语，吴树明．加拿大联邦能源监管体制研究及启示．国土资源情报．2020（04）：11－16.

[1518] 萨米尔·阿明，陈俊昆，韩志伟．新帝国主义的结构．国外理论动态．2020（01）：33－40.

[1519] 张大维．国际风险治理：分析范式、框架模型与方法策略——基于公共卫生风险治理的视角．国外社会科学．2020（05）：99－111.

[1520] 孙晋，阿力木江·阿布都克尤木，徐则林．中国数字贸易规制的现状、挑战及重塑——以竞争中立原则为中心．国外社会科学．2020（04）：45－57.

[1521] 倪娟，赵晓梦，唐国平．环境规制强度测算方法研究新进展及展望．国外社会科学．2020（02）：64－75.

[1522] 魏怡然．智能互联的隐私风险：法律挑战与欧盟规制．国外社会科学．2020（02）：106－116.

[1523] 王树义，赵小姣．恢复性司法治理环境犯罪的澳大利亚经验与中国镜鉴．国外社会科学．2020（01）：50－59.

[1524] 王康．中国特色国家生物安全法治体系构建论纲．国外社会科学前沿．2020（12）：4－19.

[1525] 邓卫玲，朱国平．浅议投资并购"对赌协议"的积极作用——市属企业收购民营企业资产评估管理案例分析．国有资产管理．2020（11）：29－31.

[1526] 徐萍，付兵．网络谣言的传播机理与治理途径研究．哈尔滨工业大学学报（社会科学版）．2020（05）：112－118.

[1527] 张鲁萍．公法视域下的信用承诺及其规制研究．哈尔滨工业大学学报（社会科学版）．2020（05）：23－29.

[1528] 王歌雅，张小余．"错误出生"的侵权样态与法律规制．哈尔滨工业大学学报（社会科学版）．2020（02）：41－47.

[1529] 王玉薇．网络犯罪司法治理的困境与出路．哈尔滨工业大学学报（社会科学版）．2020（01）：32－37.

[1530] 洪勇，张应华．空间溢出条件下中国省区间市场分割研究——基于省级面板数据的空间计量分析．哈尔滨商业大学学报（社会科学版）．2020（04）：71－83.

[1531] 芈斐斐，张自力．环境税促进了企业创新成果吗？——来自中国企业专利数据的实证研究．哈尔滨商业大学学报（社会科学版）．2020（06）：80－90.

[1532] 江炎骏，许德友．新型政商关系能够引导民营企业履行社会责任吗？——基于中国城市政商关系排行榜的实证研究．哈尔滨商业大学学报（社会科学版）．2020（01）：66－77.

[1533] 郭健全，李梦梦．针对不同目标国中国企业的并购绩效——文化距离与收购者特征的共同影响．哈尔滨商业大学学报（社会科学版）．2020（01）：88－99.

[1534] 周红根，范昕昕．股权制衡度、高管激励偏好与企业并购绩效．哈尔滨商业大学学报（社会科学版）．2020（02）：103－115.

[1535] 马亚红．并购商誉、市场化程度与公司股利政策．哈尔滨商业大学学报（社会科学版）．2020（04）：46－61.

[1536] 赵晓阳，胥朝阳，李子妍．机遇预期还是损失规避：经济政策不确定性对企业并购的影响．哈尔滨商业大学学报（社会科学版）．2020（06）：91－105.

[1537] 魏明．美国加强涉华经济间谍法律规制的研究．哈尔滨师范大学社会科学学报．2020（01）：78－85.

[1538] 董少明，陈少晖．高管薪酬、在职消费与国企并购绩效——基于267家国有上市公司的实证研究．哈尔滨师范大学社会科学学报．2020（01）：86－89.

[1539] 肖海，张坤生．智能网联汽车法律规制及路权前瞻．哈尔滨学院学报．2020（12）：

60 – 63.

[1540] 沈燕，张晶．网络虚假广告的规制困境与刑法修正．哈尔滨学院学报．2020（07）：78 – 81.

[1541] 倪明，王咏．企业经营信息秘密的法律规制．哈尔滨学院学报．2020（05）：51 – 54.

[1542] 刘雨昕，马秋．共享经济模式演变及法律规制．哈尔滨学院学报．2020（04）：58 – 61.

[1543] 马奕宁．商标平行进口法律问题研究．哈尔滨学院学报．2020（03）：35 – 37.

[1544] 费玄淑．数字普惠金融的发展与风险监管研究．哈尔滨学院学报．2020（03）：51 – 53.

[1545] 郑文华．全球化背景下企业跨国并购动因与风险分析——以海信电器并购东芝电视为例．哈尔滨学院学报．2020（01）：50 – 53.

[1546] 向欣怡．基于个人信息安全视角的大学生网络诈骗研究．哈尔滨职业技术学院学报．2020（03）：101 – 103.

[1547] 佘建明．长江三角洲区域一体化发展中的海关监管制度改革与发展路径探析．海关与经贸研究．2020（06）：12 – 26.

[1548] 梁咏，侯初晨．后疫情时代国际经贸协定中环境规则的中国塑造．海关与经贸研究．2020（05）：93 – 112.

[1549] 徐凯，韩鹏，刘博静．海河流域实行取用水监管工作浅论．海河水利．2020（03）：4 – 6.

[1550] 徐长锁．加强水资源监管在漳河上游落实节水优先．海河水利．2020（02）：9 – 10.

[1551] 张永明．强监管　抓保护　促节水　努力建设幸福漳卫南运河．海河水利．2020（02）：3 – 4.

[1552] 周维伟，高磊．我国水权交易平台的建设进展与对策建议．海河水利．2020（02）：11 – 13.

[1553] 韩鹏．海河流域水资源管理中落实“补短板、强监管”的思考．海河水利．2020（01）：1 – 2.

[1554] 沈景，张晴晴，金今花．南京市居民无偿献血问题的实证研究与社会性规制探讨．海军医学杂志．2020（05）：589 – 593.

[1555] 曹晓路．海南自由贸易港金融创新的法律规制．海南大学学报（人文社会科学版）．2020（03）：38 – 44.

[1556] 林弋筌．环境规制、技术投入与工业转型升级——基于中国地级及以上城市面板数据的经验分析．海南大学学报（人文社会科学版）．2020（01）：79 – 88.

[1557] 符蕾，李亚东．非理性冲击抑或理性协同的并购动能？．海南大学学报（人文社会科学版）．2020（03）：68 – 78.

[1558] 彭梦茹，赵俊翔．虚假诉讼法律规制——以第三人撤销之诉适用为中心．海南广播电视大学学报．2020（02）：100 – 107.

[1559] 寇韵棋，任超．数字经济时代互联网企业滥用市场支配地位的反垄断法规制——以欧盟谷歌案为例．海南金融．2020（05）：42 – 50.

[1560] 魏佳卿．履行对赌协议的法律规制研究：美国经验及其启示．海南金融．2020（06）：37 – 44.

[1561] 胡睿．我国股权代持法律规制的问题及对策研究．海南金融．2020（06）：31 – 36.

[1562] 李江，刘春学，蒋睿．环境规制、城市化与产业结构升级．海南金融．2020（05）：65 – 74.

[1563] 郑丁灏．金融科技视域下金融控股公司的监管转型——兼议《金融控股公司监督管理试行办法（征求意见稿）》．海南金融．2020（02）：66 – 73.

[1564] 蔚美乐，岳宝宏．跨国并购中对赌协议设计的案例研究——以东方国信的并购交易为例．海南金融．2020（03）：62－67.

[1565] 曾宪力．国内注册制改革若干问题刍议．海南金融．2020（11）：35－42.

[1566] 汤嫣然．互联网大数据产业相关市场界定方法探析．海南金融．2020（07）：32－38.

[1567] 陈利强，范甜慧．海南自由贸易港旅游业开放的法治保障．海南热带海洋学院学报．2020（06）：61－67.

[1568] 张舜栋．围填海造地的法律规制现状与对策．海南热带海洋学院学报．2020（01）：28－34.

[1569] 张国勋，王大坤．美国国家安全审查新规对我国企业跨境并购的影响．海外投资与出口信贷．2020（04）：36－40.

[1570] 王一剑，朱硕晟．中资企业海外并购绩效影响因素及并购建议．海外投资与出口信贷．2020（06）：15－18.

[1571] 刘博涵．两岸规制套取科研经费行为的比较研究：刑法教义与制度变革．海峡法学．2020（03）：10－19.

[1572] 冯莉，陈明添．困境与出路：大数据“杀熟”的法律规制．海峡法学．2020（03）：88－94.

[1573] 马忠法，胡玲．论跨国公司投资环境责任的国际法规制．海峡法学．2020（01）：47－55.

[1574] 任燕珠，林明宇．新经济时代新型金融犯罪原因与防范探析．海峡法学．2020（02）：36－42.

[1575] 陈钰霜，肖智锋，吴秀萍．2016 年我院门急诊医师用药临界差错处方分析．海峡药学．2020（02）：178－179.

[1576] 盖美，张晴．中国沿海地区经济结构变动对海洋环境的影响．海洋经济．2020（04）：25－36.

[1577] 林竹明，滕闪，谢忱．福建省海洋非法采砂行为管控初探．海洋开发与管理．2020（11）：35－39.

[1578] 方朋钦．新时代背景下网络政治参与的群体分化及排他性研究．邯郸职业技术学院学报．2020（02）：26－29.

[1579] 严美琪．政府信息公开申请中对公民知情权的保障及限制．邯郸职业技术学院学报．2020（03）：6－11.

[1580] 南鹏飞．餐饮浪费行为的治理现状及规制路径探析．汉江师范学院学报．2020（05）：37－44.

[1581] 郜庆．优化数字经济营商环境背景下支配地位认定条款之重塑．行政法学研究．2020（05）：77－90.

[1582] 徐晓明．行政许可后续监管体系中的从业限制法律责任：基本类型、法律属性及法律规制．行政法学研究．2020（06）：117－127.

[1583] 于鹏，冯亦浓．行政诉讼证明妨碍及其法律规制研究——以民事诉讼为参照．行政法学研究．2020（06）：128－143.

[1584] 陆海波．论转基因食品标识的使用标准及其限度．行政法学研究．2020（05）：149－160.

[1585] 王伟．非正常经营企业强制性市场退出机制研究——优化营商环境背景下的行政规制路径．行政法学研究．2020（05）：53－67.

[1586] 张亮．论普通野生动物利用的法律规制——以全国人大常委会的决定文本为展开．行政法学研究．2020（04）：95－104.

［1587］肖冬梅．“后真相”背后的算法权力及其公法规制路径．行政法学研究．2020（04）：3－17.

［1588］孔祥稳．面向人工智能风险的行政规制革新——以自动驾驶汽车的行政规制为中心而展开．行政法学研究．2020（04）：18－33.

［1589］张恩典．人工智能算法决策对行政法治的挑战及制度因应．行政法学研究．2020（04）：34－45.

［1590］李润生．论医疗人工智能的法律规制——从近期方案到远期设想．行政法学研究．2020（04）：46－57.

［1591］安永康．基于风险而规制：我国食品安全政府规制的校准．行政法学研究．2020（04）：133－144.

［1592］王瑞雪．公法视野下的信用联合奖惩措施．行政法学研究．2020（03）：82－94.

［1593］肖洒．信息公开缠讼司法规制的实效性考察．行政法学研究．2020（03）：149－160.

［1594］孙清白．人工智能算法的“公共性”应用风险及其二元规制．行政法学研究．2020（04）：58－66.

［1595］张雨田，于昊．新中国成立70周年与行政法的发展——中国法学会行政法学研究会2019年年会综述．行政法学研究．2020（02）：89－96.

［1596］薛刚凌，宋龙飞．论行政法制度在经济领域的拓展——以腐败治理为视角．行政法学研究．2020（02）：47－62.

［1597］蔡元臻．知识产权伪造行为的法律规制：一种行政主导下的分流机制．行政法学研究．2020（02）：109－122.

［1598］林华．网络谣言治理市场机制的构造．行政法学研究．2020（01）：66－76.

［1599］刘晗．分享经济平台的社会公平问题与规制重构．行政法学研究．2020（01）：55－65.

［1600］孙娟娟．从规制合规迈向合作规制：以食品安全规制为例．行政法学研究．2020（02）：123－133.

［1601］沈荣华．优化营商环境的内涵、现状与思考．行政管理改革．2020（10）：24－31.

［1602］成协中．“放管服”改革的行政法意义及其完善．行政管理改革．2020（01）：36－44.

［1603］闫志刚，江德元．在分散与统一之间——美国食品安全监管事权划分探析．行政管理改革．2020（01）：85－93.

［1604］杨雯晖．机构养老服务中政府与市场的角色定位与思考．行政科学论坛．2020（03）：35－38.

［1605］李峰．社会组织参与公共服务的制度分析．行政论坛．2020（05）：134－139.

［1606］孙崇明，叶继红．转型进程中开发区管理体制何以“内卷化”？——基于行政生态学的分析．行政论坛．2020（01）：42－48.

［1607］廖小琦．上市公司并购重组融资方式选择影响因素分析．行政事业资产与财务．2020（05）：72－74.

［1608］屠欢．并购中的业绩奖励会计处理问题研究．行政事业资产与财务．2020（14）：71－74.

［1609］陈叶如，苏臻颖．医疗服务项目价格管理思考．行政事业资产与财务．2020（19）：121－122.

［1610］刘小问．新常态下完善医保基金监管的具体对策分析．行政事业资产与财务．2020（11）：63－64.

［1611］顾东冬．论内部审计在公立医院科研经费使用中的监管作用．行政事业资产与财务．2020（01）：116－117.

［1612］沈明远．家庭暴力法律规制之完善．行政与法．2020（12）：96－103.

［1613］刘琦．优化营商环境的经济法解析．行政与法．2020（10）：87－96.

［1614］陈晨．竞争法视域下互联网屏蔽广告行为之辨．行政与法．2020（09）：119－129.

［1615］陈秀萍，黄婉秋．个人大病求助互联网服务平台行政规制研究——以水滴筹为例．行政与法．2020（04）：34－42.

［1616］罗佳．政府规制视阈下中国企业海外维权进路探究．行政与法．2020（01）：118－129.

［1617］曾祥华．关于行政许可改革关键问题的思考——从食品经营许可改革谈起．杭州师范大学学报（社会科学版）．2020（04）：121－129.

［1618］袁志涛，李键，余庆．海上风电工程施工通航安全监管体系构建研究．航海．2020（05）：62－66.

［1619］张凤元，李媛，宋浩源．国有企业治理质量及内部审计监督效率提升路径的积极探索与思考——对《国有资本投资运营公司内部审计规制体系构建研究》一文的评述．航空财会．2020（02）：28－31.

［1620］陈国刚，李伟慧，俞传坤，朱太球，俞凤娣．浙江荣盛并购赐富的成功案例分析．合成纤维．2020（03）：54－56.

［1621］连浩琼．环境法律规制模式的反身法改良．合肥工业大学学报（社会科学版）．2020（03）：67－72.

［1622］朱力，杨志远．环境规制对僵尸企业形成的影响研究．合肥工业大学学报（社会科学版）．2020（03）：60－66.

［1623］洪小东．劳动者违反竞业限制与保密义务的经济法规制——一个“反不正当竞争”的视角．合肥工业大学学报（社会科学版）．2020（01）：46－51.

［1624］牛瑞峰．民事庭审指挥权规制问题研究．合肥学院学报（综合版）．2020（01）：36－40.

［1625］武阙，李梦婷．智慧养老产业模式与成本控制研究．合作经济与科技．2020（07）：14－15.

［1626］叶璇，田信桥．环境保护地方立法权下移风险防控研究．合作经济与科技．2020（03）：184－185.

［1627］邓智勇．人工智能背景下保险法律研究．合作经济与科技．2020（22）：186－187.

［1628］徐礼志．制度因素对陕西省外商投资的影响．合作经济与科技．2020（21）：50－53.

［1629］向富瑶．人工智能编创作品合理使用制度研究．合作经济与科技．2020（16）：184－185.

［1630］宋艳艳．环境规制对企业环境治理行为的影响．合作经济与科技．2020（08）：13－15.

［1631］林静文．环境规制、股权结构与企业环保投资．合作经济与科技．2020（08）：59－63.

［1632］廖志成．基于内部环境审计构建企业环境管理决策支持系统．合作经济与科技．2020（08）：131－133.

［1633］曹玉婷．网络借贷中金融消费者权益保护法律思考．合作经济与科技．2020（08）：184－185.

［1634］宋歌，刘胜男，孟超．环境规制对安徽纺织业国际竞争力的影响．合作经济与科技．2020（07）：16－19.

［1635］田靖源．我国劳务派遣法律规制思考．合作经济与科技．2020（07）：183－185.

［1636］李康．我国金融业差异化监管法律规制研究．合作经济与科技．2020（06）：187－189.

［1637］李雪霖．不同类型资源型地区环境规制测度研究．合作经济与科技．2020（05）：42－43.

［1638］季泽玉，黎海日，张政，杨月，牛梦佳．电子转发抽奖中商家行为法律规制研究．合作经济与科技．2020（04）：190－192.

［1639］朱力宁．我国 P2P 网络借贷法律规制问题．合作经济与科技．2020（03）：182－183.

［1640］杨君岐，安文琪．企业并购、自主研发与经营绩效．合作经济与科技．2020（01）：120－122.

［1641］黄德红，赵双蕾．移动互联网对并购的影响．合作经济与科技．2020（04）：106－108.

［1642］江欣．实控人持股、内部控制与并购商誉．合作经济与科技．2020（04）：142－143.

［1643］沈梦林，刘琳．企业并购财务风险及控制．合作经济与科技．2020（05）：134－135.

［1644］刘淼．企业并购下泡沫化商誉探析．合作经济与科技．2020（10）：186－187.

［1645］王梦娇，李杨．并购商誉风险及后续计量．合作经济与科技．2020（12）：171－173.

［1646］王宇航，周琪．互联网游戏企业并购过程中对赌协议应用．合作经济与科技．2020（13）：94－97.

［1647］王妍妍，陶丽娇．“PE＋上市公司”模式下企业跨界并购绩效分析．合作经济与科技．2020（14）：106－110.

［1648］付姗姗．企业并购财务风险及防范．合作经济与科技．2020（18）：124－125.

［1649］孙丽方，李丽．民营企业跨国并购财务风险防范．合作经济与科技．2020（20）：158－161.

［1650］周慧琴．业绩承诺与并购风险．合作经济与科技．2020（21）：85－87.

［1651］张钰欣，谢宪文．企业跨国并购财务风险及防范．合作经济与科技．2020（24）：105－107.

［1652］王颢臻．互联网游戏企业并购财务风险及防控．合作经济与科技．2020（24）：153－155.

［1653］邵书怀．小额贷款公司发展困局及对策．合作经济与科技．2020（24）：68－70.

［1654］王晓燕．银行业竞争行为规制研究．合作经济与科技．2020（20）：68－70.

［1655］廖征论，全洁如．影子银行文献综述．合作经济与科技．2020（13）：48－50.

［1656］王兴发．取消许可后银行账户管理问题及建议．合作经济与科技．2020（09）：66－67.

［1657］戴文桥．我国数字货币发展、应用与监管问题．合作经济与科技．2020（04）：74－75.

［1658］孙元君．P2P网贷平台刑法规制的批评与反思．河北北方学院学报（社会科学版）．2020（06）：63－67.

［1659］周淑婉．民事诉讼中管辖权异议的滥用与规制．河北北方学院学报（社会科学版）．2020（02）：58－63.

［1660］雷狄卿．智能投资顾问发展的法律困境与规制路径．河北北方学院学报（社会科学版）．2020（03）：47－50.

［1661］赵金龙，张磊．双重股权制度中的“日落条款”．河北大学学报（哲学社会科学版）．2020（05）：146－153.

［1662］王燃．论美国公开权制度与中国民事权利体系的不可兼容性．河北大学学报（哲学社会科学版）．2020（02）：113－124.

［1663］王纬，尚文霞．将长城保护纳入地方政府绩效评估的研究——基于绩效棱柱模型视角．河北地质大学学报．2020（03）：130－135.

［1664］李国柱，张婷玉．环境规制减轻了环境污染吗？——基于结构方程的实证研究．河北地质大学学报．2020（06）：88－93.

［1665］康纪田，刘卫常．沿宪法路径构建矿藏资源现代产权制度．河北法学．2020（08）：136－159.

［1666］杨欣．改革试验中地方“先行先试权”的法律性质与走向分析．河北法学．2020（07）：68－81.

［1667］郭雷楠，陈敬根．国际保赔集团成员协会垄断法律问题研究．河北法学．2020（02）：

180－191.

［1668］曹亚伟．国内法域外适用的冲突及应对——基于国际造法的国家本位解释．河北法学．2020（12）：81－101.

［1669］胡安琪，李明发．网络消费格式管辖条款三维规制体系论：方式、对象及逻辑顺位．河北法学．2020（11）：102－117.

［1670］肖梦黎．平台型企业的权力生成与规制选择研究．河北法学．2020（10）：73－87.

［1671］崔志伟．刑法立法上的主体针对性与平等性之辨．河北法学．2020（09）：83－100.

［1672］徐娟，杜家明．智慧司法实施的风险及其法律规制．河北法学．2020（08）：188－200.

［1673］吴喜，梁阿敏．新媒体视域下的平等权保护——对网络仇恨言论的反思．河北法学．2020（07）：24－38.

［1674］孙南翔．论网络个人信息的商业化利用及其治理机制．河北法学．2020（07）：96－113.

［1675］刘鹤挺．人工智能作品侵犯著作权罪的规制逻辑与完善面向．河北法学．2020（06）：121－127.

［1676］李晓明．"正当防卫"四十年："于欢案"映射刑法第20条的修改．河北法学．2020（04）：46－63.

［1677］白佳玉，王琳祥．中国参与北极治理的多层次合作法律规制研究．河北法学．2020（03）：66－79.

［1678］马勇．刑事司法中的规范创制行为及其规制——以审判中心主义为视角．河北法学．2020（01）：150－164.

［1679］王超，张玉丽，李鸿旭．京津冀绿色创新效率与环境规制关系研究——以高技术产业和高耗能产业为例．河北工程大学学报（自然科学版）．2020（02）：107－112.

［1680］高昕．微商食品安全监管机制的功能障碍与完善路径．河北工业大学学报（社会科学版）．2020（03）：31－35.

［1681］马天一．电子侵入获取权利人商业秘密的刑法规制——以《刑法修正案（十一）》（草案）为视角．河北公安警察职业学院学报．2020（03）：53－56.

［1682］陈帅．人工智能时代无人驾驶的刑法规制及发展．河北公安警察职业学院学报．2020（02）：48－52.

［1683］计宁．快递包装污染治理法律问题研究．河北环境工程学院学报．2020（06）：88－91.

［1684］林进龙，赵锐福．中国垃圾革命的理论意蕴与实践路径．河北环境工程学院学报．2020（03）：64－67.

［1685］魏凯悦．法域视角下农村生活垃圾分类现状与对策．河北环境工程学院学报．2020（02）：52－55.

［1686］成新轩，韩艳林．京津冀劳动力市场一体化水平测度及其推进对策研究．河北经贸大学学报．2020（05）：72－77.

［1687］赵树文，侯一凡，王嘉伟．经济法视阈下的竞争中性原则解析．河北经贸大学学报．2020（04）：100－108.

［1688］康书生，穆君．中国国有企业境外投资方式分析与选择．河北经贸大学学报．2020（03）：55－63.

［1689］杨生平，张晶晶．资本逻辑的现代性悖论及其合理规制——论马克思对《资本论》语境下的资本逻辑批判．河北经贸大学学报．2020（02）：16－23.

［1690］隋论论，李芳．论中国慈善宣言信托制度的构建——以单方承诺之慈善捐赠的法律规制为背景．河北科技大学学报（社会科学版）．2020（02）：47－54.

［1691］孙日华，任欣．胚胎基因编辑的刑事风险及其法律规制．河北科技大学学报（社会科学版）．2020（01）：52－56.

［1692］孙日华，张井忠．网络短视频的价值研判与规制．河北科技师范学院学报（社会科学版）．2020（04）：1－7.

［1693］杨林利．行政诉讼滥用诉权与不正当行使诉权界限探析——以既有裁判文书为对象的分析．河北科技师范学院学报（社会科学版）．2020（04）：75－81.

［1694］任倩．行业协会视角下的直销行业监管问题研究．河北科技师范学院学报（社会科学版）．2020（02）：74－79.

［1695］马林莹．从建筑规制与陈设看热河文庙的皇家色彩．河北民族师范学院学报．2020（03）：33－39.

［1696］丁双全．二维码支付的法律风险及对策研究．河北民族师范学院学报．2020（01）：102－109.

［1697］成金婷．婚约彩礼的法律规制研究．河北农机．2020（10）：82－83.

［1698］张思达．网络购物中刷单行为的法律规制及其完善．河北农机．2020（10）：90－91.

［1699］艾庆菲．论网络表达权的保护与规制．河北农机．2020（07）：70－72.

［1700］薛寅栋．论网络借贷的法律规制．河北农机．2020（03）：94－95.

［1701］庞敏．论电子合同法律规制的完善．河北农机．2020（03）：95－96.

［1702］周月月．大数据时代下公民个人信息滥用的刑法规制．河北农机．2020（03）：108－109.

［1703］王璐．现行民事虚假诉讼司法处罚问题探析．河北农机．2020（03）：118－120.

［1704］黄建委．论我国反垄断法中的中小企业保护．河北农机．2020（03）：125－126.

［1705］施凌虹．双重劳动关系引发的用人单位之用工管理问题．河北企业．2020（11）：126－127.

［1706］李强．网络不正当竞争行为现状及法律规制．河北企业．2020（10）：149－150.

［1707］石赫岩．OFDI对中国工业经济绿色增长的影响．河北企业．2020（10）：76－77.

［1708］冯丹萍．环境规制对我国出口产品质量的影响——基于产品选择视角．河北企业．2020（07）：73－74.

［1709］白彦梅．人工智能参与证券监管的法律规制研究——以证券投资顾问为视角．河北企业．2020（07）：143－144.

［1710］田超．进入壁垒与中国养老制造业困局破解——以上海卡布奇诺电子科技公司为例．河北企业．2020（06）：131－132.

［1711］尹晓敏．《反垄断法》视野下忠实折扣的认定与规制．河北企业．2020（03）：143－145.

［1712］底萌妍，黄秋敏，李雪筠，杨国莉，温绍涵．企业履行环境责任对企业价值的影响探讨．河北企业．2020（02）：101－102.

［1713］黄耀华．人工智能技术风险及其法律规制．河北企业．2020（01）：147－148.

［1714］王士娟．论经济犯罪的智能化特点研究．河北企业．2020（01）：149－150.

［1715］翟鑫．兖州煤业海外并购绩效分析．河北企业．2020（01）：83－84.

［1716］霍顺生，李新．并购企业加快企业文化融合的对策．河北企业．2020（01）：109－110.

［1717］王雪淼．业绩对赌下并购的绩效研究．河北企业．2020（02）：84－86.

［1718］马啸龙．森马集团并购Kidiliz绩效研究．河北企业．2020（04）：109－110.

［1719］李荣苹．互联网企业并购财务风险研究——以天神娱乐并购幻想悦游为例．河北企业．2020（04）：15－16.

［1720］熊云剑．从 LX 集团并购 IBM 看企业并购财务风险的防范．河北企业．2020（07）：93－94.

［1721］张晟义，陈明月．企业并购财务风险控制及规避措施——以吉利并购沃尔沃为例．河北企业．2020（11）：8－10.

［1722］牟晓萍，甄文明．基于 EVA 的科迪乳业并购绩效分析．河北企业．2020（12）：81－83.

［1723］冯新艳．企业养老保险基金监管存在的问题与对策研究．河北企业．2020（03）：40－41.

［1724］郝静．论行政法视域下正当程序对信用监管机制的规制．河北青年管理干部学院学报．2020（05）：82－87.

［1725］吴明熠．网络舆情风险的行政法规制．河北青年管理干部学院学报．2020（03）：63－69.

［1726］卢堂仪，宣刚．论网络赌球的刑法规制．河北体育学院学报．2020（05）：1－8.

［1727］郜邦国，沈克印．草根体育组织的合法性困境与应对策略——基于新制度主义的分析视角．河北体育学院学报．2020（04）：45－51.

［1728］师璇．中国足协财务平衡政策的文本优化与实效保障．河北体育学院学报．2020（01）：1－8.

［1729］钟茂初．生态环境政策机制的有效性——兼论塞勒行为经济学认识的政策启示．河北学刊．2020（01）：154－161.

［1730］刘蕾，董欣静，蓝煜昕．社会组织参与乡村社会治理的合法性获取策略研究．河海大学学报（哲学社会科学版）．2020（03）：82－89.

［1731］杨东，林禹岐．数字经济平台竞争背景下“二选一”行为的理论廓清．河南财经政法大学学报．2020（02）：66－73.

［1732］刘双阳．风险泛在语境下间接危险犯的扩张逻辑与教义限缩——以信息散布型网络犯罪为视角．河南财经政法大学学报．2020（06）：86－99.

［1733］王雯慧，张旭东．公平原则视角下未检车辆免责条款析论．河南财经政法大学学报．2020（05）：94－102.

［1734］张家宇．劳动合同法中规制与自治的平衡——以经济性裁员为中心的展开．河南财经政法大学学报．2020（04）：100－109.

［1735］张鲁萍．行政黑名单的法律性质及规制研究．河南财经政法大学学报．2020（02）：20－29.

［1736］李飞．浪费人制度疏证．河南财经政法大学学报．2020（02）：155－166.

［1737］莫洪宪，尚勇．产权保护视角下非法集资行为刑事规制的教义学重塑．河南财经政法大学学报．2020（02）：95－105.

［1738］谭晨．欧盟纵向限制裁判经验及启示——评 HB 冰淇淋公司案兼议《反垄断法》第十四条的修订．河南财经政法大学学报．2020（01）：156－166.

［1739］梁远高．动态质押的解释路径与法律效果．河南财经政法大学学报．2020（03）：80－91.

［1740］关迎霞．有限合伙制私募股权基金的税法规制．河南财政税务高等专科学校学报．2020（05）：69－71.

［1741］程娟．共享经济的政府规制——以共享住宿为例．河南财政税务高等专科学校学报．2020（04）：65－69.

［1742］张素敏．电信诈骗中“买卖自己银行卡”行为的定性与规制．河南财政税务高等专科学校学报．2020（01）：71－74.

［1743］王笑笑．浅议资管新规下信托产品刚性兑付之法律效力和规制路径．河南财政税务高等专科学校学报．2020（01）：75－79.

［1744］李政阳．我国直销企业退出机制的激活与完善．河南财政税务高等专科学校学报．2020

(01)：50－55.

[1745] 刘佳．人工智能算法共谋的反垄断法规制．河南大学学报（社会科学版）．2020（04）：80－87.

[1746] 张倩倩．环境规制下FDI对环境质量的影响——基于污染密集型行业分类的门槛效应研究．河南大学学报（社会科学版）．2020（03）：93－99.

[1747] 张芳婷．线上猥亵儿童行为的刑法规制．河南工程学院学报（社会科学版）．2020（03）：75－79.

[1748] 杜贝贝．网络盗窃犯罪立法规制研究．河南工程学院学报（社会科学版）．2020（02）：50－54.

[1749] 杨祖卿．滥用市场支配地位诉讼举证责任研究——基于20份判例的实证分析．河南工学院学报．2020（05）：65－68.

[1750] 籍艳丽．科技创新对工业绿色全要素生产率的门槛效应分析——基于环境规制视角．河南工学院学报．2020（03）：30－34.

[1751] 朱梁璧合，姚保松．大数据时代个性化定价的法律困境与治理建议．河南工业大学学报（社会科学版）．2020（06）：56－62.

[1752] 杨尊源．论消费外部性问题的经济法规制路径选择——以必要性与合理性为视角．河南工业大学学报（社会科学版）．2020（03）：8－16.

[1753] 沈思达，沈开举．国际法庭秩序下恶意诉讼制度的主要规定．河南工业大学学报（社会科学版）．2020（01）：44－49.

[1754] 张硕．互联网内容规制中未成年人的权利保护．河南广播电视大学学报．2020（04）：37－41.

[1755] 刘彩云．虚假民事诉讼的识别与规制．河南广播电视大学学报．2020（03）：33－37.

[1756] 杨悦灵．我国民事虚假诉讼的形成原因与法律规制．河南广播电视大学学报．2020（01）：37－42.

[1757] 王利宾．刑法预防性立法问题及解决途径．河南教育学院学报（哲学社会科学版）．2020（06）：49－55.

[1758] 安汇玉，汪明亮．环境监管失职罪司法适用面临的问题及化解路径．河南警察学院学报．2020（04）：37－46.

[1759] 王雅丽．电信网络诈骗犯罪刑事控制体系构建分析．河南警察学院学报．2020（06）：42－50.

[1760] 张琦．醉驾型危险驾驶罪法定刑模式的优化与重构——以24881份裁判文书为视角的展开．河南警察学院学报．2020（06）：87－93.

[1761] 随庆军，韩玉芳．口袋罪视角下的寻衅滋事罪．河南警察学院学报．2020（06）：94－101.

[1762] 唐云阳．智慧城市视阈下智慧侦查的可持续路径构建．河南警察学院学报．2020（06）：114－121.

[1763] 欧锦雄．人类生殖秩序的刑法保护——滥用基因编辑技术破坏人类生殖秩序的刑法规制．河南警察学院学报．2020（05）：67－74.

[1764] 陈小彪，储虎．论网络爬虫行为的刑法应对．河南警察学院学报．2020（05）：83－92.

[1765] 刘德法，蔡阳杰．黄河流域生态环境问题刑事规制研究．河南警察学院学报．2020（05）：58－66.

[1766] 蔡颖．在饲料添加剂中加入人药不构成生产、销售伪劣产品罪——以李某某案为例．河南警察学院学报．2020（02）：71－77.

[1767] 李世琦．论注册驰名商标淡化侵权行为的法律规制．河南科技．2020 (36): 62－69.

[1768] 梁晨．知识产权重复侵权的规制方法．河南科技．2020 (33): 52－55.

[1769] 靳金歌．论商标抢注行为的法律规制．河南科技．2020 (33): 81－86.

[1770] 许辉猛，韩亚杰．用户生成内容的版权规制研究．河南科技．2020 (33): 100－104.

[1771] 吕金鑫，王宇晴，王晨宁．论短视频的版权规制．河南科技．2020 (27): 99－101.

[1772] 陈容．著作权商业维权的法律性质及规制．河南科技．2020 (15): 94－97.

[1773] 李柯霏．浅议商标恶意抢注及其规制．河南科技．2020 (09): 64－67.

[1774] 彭冲．网络商标权侵权行为的刑法规制．河南科技．2020 (03): 98－100.

[1775] 刘化冰．刑事诉讼中情况说明的证据属性及规制．河南科技大学学报 (社会科学版)．2020 (06): 64－70.

[1776] 聂圣．论《商法通则》优化营商环境的制度构建．河南科技大学学报 (社会科学版)．2020 (06): 79－85.

[1777] 孙宇．新冠疫情背景下哄抬价格的法律规制与反思．河南科技大学学报 (社会科学版)．2020 (05): 76－86.

[1778] 李鑫源．性贿赂入刑问题探析．河南科技大学学报 (社会科学版)．2020 (04): 69－75.

[1779] 石晓琳．人工智能体刑事主体资格之否定．河南科技大学学报 (社会科学版)．2020 (02): 74－82.

[1780] 王静然．立法本意解读下猥亵儿童罪的刑法规制缺陷与完善．河南科技学院学报．2020 (11): 44－49.

[1781] 张小虎，杨双瑜．论肯尼亚的环境法律规制与投资风险防范．河南科技学院学报．2020 (07): 27－33.

[1782] 陶明卉，王子龙．异质视角下国际技术转移对绿色技术创新效率的影响分析．河南科学．2020 (07): 1140－1147.

[1783] 刘梦佳．区块链合谋的反垄断法思考．河南牧业经济学院学报．2020 (03): 54－59.

[1784] 陶雪芹．大数据时代算法歧视的风险防控和法律规制．河南牧业经济学院学报．2020 (02): 64－68.

[1785] 张毓菲．搜查手机的法律规制——以赖利案与伍瑞案为分析样本．河南牧业经济学院学报．2020 (01): 58－63.

[1786] 苗沛霖．论公平竞争审查的法制化建构及其优化方略．河南社会科学．2020 (08): 72－80.

[1787] 吴真．论自愿环境协议中行政优益权的规制——以比例原则为视角．河南社会科学．2020 (06): 82－90.

[1788] 关慧明，刘力钢．中国企业海外并购绩效评价——基于A股上市公司的海外并购案例．河南社会科学．2020 (07): 44－52.

[1789] 任佳艺，沈开举．论我国网约车规制中的动态合作体系建构．河南社会科学．2020 (04): 82－89.

[1790] 王珏．农业大数据反垄断的挑战与法律规制．河南师范大学学报 (哲学社会科学版)．2020 (05): 56－64.

[1791] 戈含锋，李芳．生态文明及风险社会下的中国农药立法完善．河南师范大学学报 (哲学社会科学版)．2020 (05): 65－73.

[1792] 张逸昕，张杰．创新驱动、政府规制与资源型城市转型效率研究——基于Super－SBM模型的实证分析．河南师范大学学报 (哲学社会科学版)．2020 (02): 37－44.

[1793] 杨玉晓，申琳琳．重大疫情防控网络谣言治理法治化研究．河南司法警官职业学院学

报.2020（03）：41－47.

［1794］余贺伟.人权视野下代孕合法化问题之思考.河南司法警官职业学院学报.2020（02）：40－47.

［1795］徐宏，赵越.网络黑色产业链的发展趋势与刑法规制.河南司法警官职业学院学报.2020（02）：58－66.

［1796］翟慎海.疫情防控背景下编造、故意传播虚假信息行为的刑法规制.河南司法警官职业学院学报.2020（02）：67－71.

［1797］王勇.网红带货法律规制探析.河南司法警官职业学院学报.2020（02）：72－75.

［1798］杨木高.罪犯释放和安置若干问题研究.河南司法警官职业学院学报.2020（02）：5－9.

［1799］王宏鑫.经济制裁的国际人权法规制.河南司法警官职业学院学报.2020（01）：90－95.

［1800］魏庆凯.比特币的洗钱风险与防范.河南司法警官职业学院学报.2020（04）：54－58.

［1801］陈玉修，王煜宏，罗海英.英国核动力厂项目法规标准体系及监管理念研究.核安全.2020（06）：67－72.

［1802］滕磊，王帅，彭婧.浅谈我国核电厂退役安全监管现状.核安全.2020（05）：11－15.

［1803］陈诚，程训敏.对规制足球迷失范行为的思考.菏泽学院学报.2020（02）：140－142.

［1804］沈永敏.数字经济时代经济法的治理模式.黑河学院学报.2020（11）：21－22.

［1805］左荣昌，余乐.武装无人机域外打击的国际法弹性规制探究.黑河学院学报.2020（01）：30－32.

［1806］朱丹丹.Facebook被裁定滥用市场支配地位案的评介与反思.黑河学院学报.2020（02）：29－33.

［1807］王善高，徐章星，崔钊达，王琪.环境规制对生猪养殖产业集聚的影响研究.黑龙江畜牧兽医.2020（16）：1－6.

［1808］黄培根，王芳，张英楠.考虑环境因素下四川省生猪生产效率及影响因素研究.黑龙江畜牧兽医.2020（12）：8－14.

［1809］马军，胡童.草原生态治理要素集聚对治理能力的影响——以内蒙古盟市为例.黑龙江畜牧兽医.2020（22）：1－5.

［1810］张英楠，吴一辉，郑循刚，姜娜，刘刈，吴进.政府规制视角下畜禽养殖废弃物能源化利用模式选择与优化策略——以四川省沼气工程为例.黑龙江畜牧兽医.2020（08）：7－13.

［1811］唐世纲.我国大学治理体系规制化及其变革.黑龙江高教研究.2020（03）：66－69.

［1812］周瑞.环境规制、空间溢出与经济增长.黑龙江工程学院学报.2020（02）：47－54.

［1813］孙翔宇.不足与完善：注意力经济时代背景下标题党的公法治理.黑龙江工业学院学报（综合版）.2020（12）：68－72.

［1814］梁宝钿，何达亿，吴曼如.P2P网络借贷平台集资诈骗罪的刑法规制研究.黑龙江工业学院学报（综合版）.2020（07）：117－123.

［1815］王思宜.网络虚假交易的竞争法规制研究.黑龙江工业学院学报（综合版）.2020（03）：143－148.

［1816］卢宇婷，史健达.浅析标准必要专利的反垄断规制.黑龙江工业学院学报（综合版）.2020（02）：87－91.

［1817］宋源宁.拒不支付劳动报酬入刑合理性反思.黑龙江工业学院学报（综合版）.2020（01）：112－117.

［1818］杨祖卿.互联网金融消费者保护的困境与出路.黑龙江工业学院学报（综合版）.2020（05）：140－144.

[1819] 李康．互联网不良资产处置法律规制研究．黑龙江金融．2020（02）：73－75.

[1820] 王鹤．外汇领域反洗钱监管的要求措施与实施研究．黑龙江金融．2020（12）：22－24.

[1821] 中国人民银行佳木斯市中心支行课题组．对非法买卖企业账户问题的调查与思考．黑龙江金融．2020（11）：47－48.

[1822] 罗璠．转型监管中地方法人金融机构反洗钱监管演化路径分析．黑龙江金融．2020（08）：16－18.

[1823] 王咏梅．基层央行"八小时以外"监管的难点及对策．黑龙江金融．2020（06）：37－38.

[1824] 刘雪青．供给侧结构性改革下加强粮食流通监管思考．黑龙江粮食．2020（08）：51－53.

[1825] 刘畅．论外籍渔船在我国管辖海域非法捕捞犯罪的刑法规制．黑龙江社会科学．2020（06）：122－128.

[1826] 王梦宇．论网络法治评估体系的建构．黑龙江社会科学．2020（04）：121－129.

[1827] 刘国华，罗欣，张力之．论我国公民个人信息的刑法保护．黑龙江社会科学．2020（04）：108－113.

[1828] 武艺．我国环境规制的减排效应研究．黑龙江社会科学．2020（01）：81－85.

[1829] 胡进．我国职业安全规制的演进特征及趋势研究——基于职业安全规制政策的文本分析．黑龙江生态工程职业学院学报．2020（04）：54－57.

[1830] 祁晓飞．论个人破产免责制度滥用的防范．黑龙江生态工程职业学院学报．2020（04）：68－71.

[1831] 赵爽．论毒品犯罪诱惑侦查的司法规制．黑龙江生态工程职业学院学报．2020（03）：85－88.

[1832] 王贺．互联网平台企业滥用市场支配地位的反垄断规制研究．黑龙江省政法管理干部学院学报．2020（06）：77－83.

[1833] 李锦淮．刑法中阶层式占有判断标准之提倡——以二重性占有概念为基础．黑龙江省政法管理干部学院学报．2020（04）：38－43.

[1834] 赵小勇，杨林波．论注册制下证券发行刑事法律制度的变革．黑龙江省政法管理干部学院学报．2020（06）：30－34.

[1835] 杨国强．网络谣言法律规制的不足及完善路径．黑龙江省政法管理干部学院学报．2020（05）：33－36.

[1836] 王悦玥．网页元标签不正当竞争行为研究——基于"商标性使用"及"售前混淆理论"的分析．黑龙江省政法管理干部学院学报．2020（05）：74－79.

[1837] 刘艳平，薛涛，Kebede Sintayehu Demeke. 互联网创新发展中的经济法治理念与径路．黑龙江省政法管理干部学院学报．2020（05）：64－67.

[1838] 李石松．论"保护的责任"对国际强制干预的影响和构建．黑龙江省政法管理干部学院学报．2020（04）：126－129.

[1839] 魏小来．法经济学视域下重复诉讼行为规制问题的研究．黑龙江省政法管理干部学院学报．2020（02）：97－102.

[1840] 郑哲文，黄蕾．我国互联网企业搭售行为的反垄断法规制．黑龙江省政法管理干部学院学报．2020（02）：77－83.

[1841] 宋健，陆志明．对仿建中国古建筑的行为进行法律规制的思考．黑龙江省政法管理干部学院学报．2020（01）：65－68.

[1842] 吕雅妮．我国判决理由中判断的效力路径规制研究．黑龙江省政法管理干部学院学报．2020（01）：98－102.

[1843] 郭瑞翌．自由、法治价值观视阈下相互保险法律制度完善．黑龙江省政法管理干部学

院学报.2020（03）：77－82.

［1844］刘丹阳，尚福华，官民．浅析我国水产品质量安全监管制度．黑龙江水产.2020（04）：21－23.

［1845］沈国根．浅谈市场用电子秤作弊现象及监管措施．衡器.2020（09）：50－51.

［1846］刘欣戎．论区块链信息服务提供者的法律界定．衡阳师范学院学报.2020（01）：42－48.

［1847］杨尹佩．融媒体时代广播组织权制度向网络环境的延伸——基于WIPO版权与相关权常设委员会最新发展动向的分析．衡阳师范学院学报.2020（01）：89－95.

［1848］孙涛．我国民事合伙的重新审视及完善．红河学院学报.2020（03）：151－155.

［1849］王磊．加快推进互联网平台竞争监管现代化．宏观经济管理.2020（11）：63－71.

［1850］郭琎．英美铁路价格规制实践与借鉴．宏观经济管理.2020（10）：84－90.

［1851］田小秋．存有争议的几个价格相关问题探析．宏观经济管理.2020（06）：45－50.

［1852］李金龙，王颖纯．普惠金融发展存在的主要问题及政策启示．宏观经济研究.2020（09）：58－67.

［1853］陈清，张文明．生态产品价值实现路径与对策研究．宏观经济研究.2020（12）：133－141.

［1854］郭蕾，肖有智．碳排放权交易试点的创新激励效应研究．宏观经济研究.2020（11）：147－161.

［1855］张瀚元，殷晓鹏．贸易壁垒对产业链下游寡头市场均衡的影响——以大豆产业链为例．宏观经济研究.2020（10）：42－57.

［1856］谷继建，郑强，肖端．绿色发展背景下FDI与中国环境污染的空间关联分析．宏观经济研究.2020（09）：119－129.

［1857］黄小勇，刘斌斌.FDI方式选择及其对中国绿色技术创新的影响——基于采掘业数据的经验分析．宏观经济研究.2020（07）：114－123.

［1858］黄娟．中间品贸易自由化、环境规制与工业污染排放．宏观经济研究.2020（06）：144－152.

［1859］杨萍．推动与竞争政策相适应的投资政策转型．宏观经济研究.2020（06）：5－13.

［1860］董杨．生态文明建设视阈下农业环境规制的投资效率问题研究．宏观经济研究.2020（05）：118－129.

［1861］毛渊龙，袁祥飞．集聚外部性、城市规模和环境污染．宏观经济研究.2020（02）：140－153.

［1862］陈佳琦，赵息，牛箫童．融资约束视角下支付方式对并购绩效的影响研究．宏观经济研究.2020（04）：16－27.

［1863］邓睿．农民工社会资本的就业质量效应分异——基于回报差异和劳动力市场分割的双重视角．宏观质量研究.2020（05）：27－41.

［1864］胡晖，唐恩宁．环境权益交易对企业高质量生产的影响——基于碳排放权交易的经验证据．宏观质量研究.2020（05）：42－57.

［1865］詹先明，刘军，李庆华．鄂州市活禽市场监管中存在的问题及建议．湖北畜牧兽医.2020（05）：42－43.

［1866］张荣芳，弭晶．非典型劳动者社会保险权实现的法理逻辑与立法进路．湖北大学学报（哲学社会科学版）.2020（05）：149－157.

［1867］张金鑫，王红玲．环境规制、农业技术创新与农业碳排放．湖北大学学报（哲学社会科学版）.2020（04）：147－156.

［1868］吴娟．论食品安全问题的刑法规制．湖北第二师范学院学报.2020（09）：21－25.

［1869］盛洁．中国文化创意产业的现状及良性发展路径探究．湖北第二师范学院学报．2020（07）：67－71.

［1870］刘宇飞．行政性失信惩戒：概念、问题检视及规制路径．湖北工程学院学报．2020（04）：114－119.

［1871］郭丰，宋倩倩．中美保健品监管法律制度的比较性分析．湖北工业职业技术学院学报．2020（04）：56－60.

［1872］赵海星，孙钦军．结构性嵌入和功能性融入——党建引领基层社会治理的双重逻辑．湖北行政学院学报．2020（04）：84－89.

［1873］吴楠．大数据企业参与社会治理的自律与他律．湖北行政学院学报．2020（04）：54－58.

［1874］潘胜文，刘童．放松管制视角下中国自然垄断领域国有企业改革的策略与路径探索．湖北行政学院学报．2020（01）：44－49.

［1875］纪玉俊，尹晓婧．交易成本、地区比较优势与大国雁阵式产业集聚．湖北经济学院学报．2020（04）：58－68.

［1876］周文山，顾东晓．环境保护政策、企业创新投入与企业绩效——基于中介效应检验模型的研究．湖北经济学院学报．2020（04）：92－100.

［1877］郑群辉，王丽沛．论行政协议单方变更权的法律规制．湖北经济学院学报（人文社会科学版）．2020（12）：38－41.

［1878］牛秉儒．污染海洋犯罪的刑法规制研究．湖北经济学院学报（人文社会科学版）．2020（12）：52－55.

［1879］吴萍萍，刘丹，伍嘉庆，吴欣雨，裴湘琴，吴玥，陈天赐．人工智能在实际应用中的主体资格研究．湖北经济学院学报（人文社会科学版）．2020（10）：98－100.

［1880］胡娅．新冠肺炎疫情中慈善捐赠法律规制探析．湖北经济学院学报（人文社会科学版）．2020（09）：63－65.

［1881］潘宇靖．职务犯罪调查中通讯监听的法律规制问题研究——以《监察法》第28条为中心．湖北经济学院学报（人文社会科学版）．2020（06）：79－81.

［1882］杨梦莹．P2P网络借贷平台非法集资行为的法律规制——以行刑衔接为视角．湖北经济学院学报（人文社会科学版）．2020（05）：77－81.

［1883］郭万重．基于经济法性质下对PPP项目合同适用探究．湖北经济学院学报（人文社会科学版）．2020（03）：65－68.

［1884］卿松，贾梦．跨国并购绩效的影响因素研究：综述及展望．湖北经济学院学报（人文社会科学版）．2020（01）：77－79.

［1885］赵欢欢．乡村振兴背景下农村闲置住房发展民宿的法律规制．湖北经济学院学报（人文社会科学版）．2020（01）：111－114.

［1886］田圣斌，陈玉玉．网络借贷行为规制的刑法思路．湖北警官学院学报．2020（06）：55－63.

［1887］高洁，张高文．公安机关裁量性基准的反思与司法规制路径．湖北警官学院学报．2020（06）：33－43.

［1888］栾兴良．数据保护原则视阈下大数据侦查的立法规制．湖北警官学院学报．2020（05）：5－18.

［1889］康雷闪，刘永志．营商环境下我国民营企业保护与规制的博弈．湖北警官学院学报．2020（04）：125－133.

［1890］肖姗姗．论涉疫犯罪行为的刑法应对及基本立场选择．湖北警官学院学报．2020（04）：25－39.

［1891］易军．对非法集资行为的认定及其法律规制问题的检视．湖北警官学院学报．2020（02）：94－102.

［1892］王欢．警务监控情境下公共领域隐私权研究．湖北警官学院学报．2020（01）：70－79.

［1893］刘礼伟，江依帆，周宇君．药物临床试验中受试者权益保护的法律规制．湖北科技学院学报（医学版）．2020（06）：549－552.

［1894］刘建．乡村振兴视野下家风文化治理的演变逻辑及体系重构．湖北民族大学学报（哲学社会科学版）．2020（05）：145－152.

［1895］李嘉．林业精准扶贫脱贫的实践与探索．湖北农机化．2020（03）：65.

［1896］王刚，俞宏斌，许唯，王斌华．农产品质量安全监管中的问题及对策．湖北农机化．2020（16）：32－33.

［1897］克丽比努尔·艾尼．我国"三品一标"农产品质量安全监管问题及对策研究．湖北农机化．2020（07）：191.

［1898］游锡火．中国畜产品民间质量声誉形成机制及实证检验．湖北农业科学．2020（09）：122－126.

［1899］何沅晶，苏攀达，文超．长江经济带城市绿色发展质量测度及其影响因素分析．湖北农业科学．2020（23）：222－229.

［1900］江国华，沈翀．论突发公共卫生事件中的信息权力及法律规制．湖北社会科学．2020（11）：136－142.

［1901］黎慈．人工智能嵌入行政执法的法理分析：现状、风险与应对．湖北社会科学．2020（07）：133－140.

［1902］潘昆，马晓迪，沈敏．制度理论和跳板理论下企业跨国并购的绩效研究——基于企业所有权的调节作用．湖北社会科学．2020（03）：81－92.

［1903］孙烨，魏佰洋．定价偏误、修正成长机会和并购动力．湖北社会科学．2020（09）：78－88.

［1904］黄继生．新制度主义理论视角下推进参政党制度建设研究．湖北省社会主义学院学报．2020（06）：15－19.

［1905］余佳露．区块链技术在征信领域的法律规制研究．湖北文理学院学报．2020（07）：32－37.

［1906］李松，黄小平，张雅静，黄建华，郭敏智．农产品产地准出与市场准入运行机制探讨．湖北植保．2020（06）：8－11.

［1907］姜涛．民间资本投资农村基础设施研究述评和展望．湖南财政经济学院学报．2020（04）：60－69.

［1908］卢军锋．电商法背景下兽药网络销售监管模式探讨．湖南畜牧兽医．2020（04）：20－24.

［1909］张靖．美国反垄断法对掠夺性购买的规制及其启示．湖南大学学报（社会科学版）．2020（06）：140－146.

［1910］易玲，邢家仪．重混创作行为的著作权法规制研究．湖南大学学报（社会科学版）．2020（06）：133－139.

［1911］刘先根，杨俊卿．锚定效应视域下的融媒体建设探析．湖南大众传媒职业技术学院学报．2020（01）：26－30.

［1912］彭波．论行政约谈法治化路径．湖南工业大学学报（社会科学版）．2020（06）：95－102.

［1913］陈雄，李泽坤．农村"邻里互助"养老法律规制研究．湖南工业大学学报（社会科学版）．2020（04）：1－7.

[1914] 曹湘平，刘姝．并购商誉对企业风险承担的影响研究．湖南工业大学学报（社会科学版）.2020（06）：39－46.

[1915] 赵迪雅．论广播组织权保护模式的困境与出路——基于“以信号为基础的方法”进路．湖南广播电视大学学报．2020（04）：63－70.

[1916] 吴卫群，曹细玉．“互联网＋”环境下社会组织的结构转型与监管．湖南行政学院学报．2020（01）：5－11.

[1917] 吕帅，张训志，尹伟．警用无人机研究的文献综述．湖南警察学院学报．2020（06）：105－111.

[1918] 于语和，谭天枢．元代政府关于无业游民的法律规制及对今日之启示．湖南警察学院学报．2020（05）：60－70.

[1919] 胡江涛，刘期湘．罪刑法定视阈下非法集资行为刑法规范研究．湖南警察学院学报．2020（05）：77－84.

[1920] 蒋露．警察荣誉制度的实践、运行原理与机制．湖南警察学院学报．2020（03）：121－128.

[1921] 涂鸣越．警察选择性执法的规制研究．湖南警察学院学报．2020（02）：81－89.

[1922] 刘美智子．3D 打印枪支的风险与规制．湖南警察学院学报．2020（01）：25－32.

[1923] 叶萍．立法中的协商式监督．湖南科技大学学报（社会科学版）.2020（05）：136－142.

[1924] 杨勇．辩护律师退庭的三种形态及规制．湖南科技大学学报（社会科学版）.2020（06）：121－128.

[1925] 马怀德，李淮．聚焦行政权力规范运行的行政法学——2019 年行政法学研究述评．湖南科技大学学报（社会科学版）.2020（03）：118－134.

[1926] 李诗音，龚日朝．环境规制与实体企业技术创新——基于 FDI 中介效应的检验．湖南科技大学学报（社会科学版）.2020（01）：109－114.

[1927] 黄生权，唐小敏．股权激励和内部控制对上市公司融资约束的影响——基于 2009—2018 年战略性新兴产业数据．湖南农业大学学报（社会科学版）.2020（02）：65－72.

[1928] 刘佳明．大数据“杀熟”的定性及其法律规制．湖南农业大学学报（社会科学版）.2020（01）：56－61.

[1929] 李胜利，张一武．疫情防控期间涨价型哄抬价格行为的认定研究——以正常销售价格的确定为视角．湖南人文科技学院学报．2020（04）：30－37.

[1930] 肖海军，丁昕．公司决议不成立之诉独立性价值探讨．湖南人文科技学院学报．2020（01）：1－10.

[1931] 曾嘉．上市公司审计风险行为动态演化博弈分析．湖南人文科技学院学报．2020（02）：62－68.

[1932] 龙俊．信息工具视野下媒体舆情法律规制研究．湖南社会科学．2020（03）：37－46.

[1933] 陈灿平，穆亨．新型恐吓行为之刑法规制及扩展分析．湖南社会科学．2020（01）：39－45.

[1934] 陈永国．加强新时代党外知识分子协商民主建设的思考．湖南省社会主义学院学报．2020（03）：33－35.

[1935] 应品广，张玉涛．澳大利亚教育惩戒的理念变迁、实践经验及其启示．湖南师范大学教育科学学报．2020（01）：61－68.

[1936] 姚荣．从合法性走向最佳性：公立高校与政府分权的逻辑嬗变．湖南师范大学教育科学学报．2020（06）：25－35.

[1937] 刘旭东．教育惩戒权的立法规制研究．湖南师范大学教育科学学报．2020（01）：48－55.

[1938] 姚荣．高等教育领域“放管服”改革的意图、效应及其深化——基于《高等教育法》首次执法检查报告的分析．湖南师范大学教育科学学报．2020（02）：1－10.

[1939] 王小钢．环境法典风险预防原则条款研究．湖南师范大学社会科学学报．2020（06）：34－43.

[1940] 张志彬．政府环境规制、企业转型升级与城市环境治理——基于35个重点城市面板数据的实证研究．湖南师范大学社会科学学报．2020（06）：146－154.

[1941] 钭晓东．无废城市建设下危险废物风险法律规制论纲——“三维机理”阐释与“三元路径”探索．湖南师范大学社会科学学报．2020（03）：1－10.

[1942] 靖学青．城镇化、环境规制与产业结构优化——基于长江经济带面板数据的实证研究．湖南师范大学社会科学学报．2020（03）：119－128.

[1943] 张晏．国家公园内保护地役权的设立和实现——美国保护地役权制度的经验和借鉴．湖南师范大学社会科学学报．2020（03）：18－25.

[1944] 易前良．网络中立：媒介架构视域下互联网规制的政策渊源与利益协商．湖南师范大学社会科学学报．2020（01）：120－126.

[1945] 肖北庚．政府采购法制现代转型之逻辑基点与制度重构．湖南师范大学社会科学学报．2020（01）：47－53.

[1946] 刘国强，汤志豪．去蔽勒庞：身体规制与多维的集群“非理性”．湖南师范大学社会科学学报．2020（01）：134－144.

[1947] 谷小科，杜红梅，王明春．生猪规模养殖最优环境规制强度的选择——基于绿色全要素生产率的视角．湖南师范大学自然科学学报．2020（04）：80－87.

[1948] 和军，谢思．基于竞争中性的政府监管：国际比较与改革方向．湖湘论坛．2020（03）：91－101.

[1949] 付百峰，尹怀斌．网络圈群视域下高校班级管理困境与应对策略．湖州师范学院学报．2020（12）：88－93.

[1950] 郭兆晖，马晓飞．构建数字经济时代反垄断与不正当竞争规制体系．互联网经济．2020（Z2）：28－34.

[1951] 吴滢．算法价格歧视行为的法律规制路径探析．互联网天地．2020（12）：32－35.

[1952] 何波．试论网络谣言与虚假辟谣行为的法律规制．互联网天地．2020（10）：50－54.

[1953] 陈维宣，呼丽梦，吴绪亮．特朗普政府放松规制改革对互联网行业影响分析．互联网天地．2020（05）：23－26.

[1954] 董雪琪．地摊管理的行政法规制．花炮科技与市场．2020（03）：19－25.

[1955] 单俊辉，冯修冉．《中华人民共和国反垄断法》对行政性垄断规制研究．花炮科技与市场．2020（02）：26－27.

[1956] 兰虹，赵佳伟．晋升规制、反向淘汰与组织结构优化．华北电力大学学报（社会科学版）．2020（06）：56－65.

[1957] 黄晋，陈颖．日本的劳务派遣制度对我国的启示——基于同工同酬的视角．华北电力大学学报（社会科学版）．2020（06）：80－88.

[1958] 刘向晖．论非价值性物品的社会性规制：范围、发生机制及其治理．华北电力大学学报（社会科学版）．2020（05）：60－67.

[1959] 李瑞雪，杨常雨，李静．小微企业股权众筹融资规制的逻辑与路径研究．华北电力大学学报（社会科学版）．2020（02）：93－100.

[1960] 王超．加强国际监管合作打击非法网络炒汇的思考．华北金融．2020（10）：39－45.

[1961] 姜其林，苏晋绥，米丽星．基于央行视角下我国法定数字货币发展趋势与监管挑战．华北金融．2020（04）：84－94.

[1962] 吴旭，姜德鑫．试论人工智能作曲作品的法律制度建构．华北理工大学学报（社会科学版）．2020（01）：11－16.

[1963] 李国庆，李明玥．我国基本医疗保险骗保法律问题研究．华北水利水电大学学报（社会科学版）．2020（03）：70－74.

[1964] 余东华，张昆．要素市场分割、技术创新能力与制造业转型升级．华东经济管理．2020（11）：43－53.

[1965] 晋盛武，赵劲松，王帅．环境规制对我国资源型城市就业的影响机制及实证分析．华东经济管理．2020（12）：65－73.

[1966] 陶静，胡雪萍，王少红．环境规制影响经济增长质量的技术创新路径．华东经济管理．2020（12）：48－56.

[1967] 马卫东，唐德善，史修松．环境规制与企业家精神之间的双重红利效应研究——来自中国经验的研究（2000－2017 年）．华东经济管理．2020（10）：94－104.

[1968] 李启庚，冯艳婷，余明阳．环境规制对工业节能减排的影响研究——基于系统动力学仿真．华东经济管理．2020（05）：64－72.

[1969] 吴小节，马美婷，杨尔璞，汪秀琼．中国产业政策研究综述．华东经济管理．2020（05）：81－95.

[1970] 肖远飞，周博英，李青．环境规制影响绿色全要素生产率的实现机制——基于我国资源型产业的实证．华东经济管理．2020（03）：69－74.

[1971] 王治皓，廖科智，齐岳．内部控制、机构投资者与上市公司海外并购绩效．华东经济管理．2020（10）：120－128.

[1972] 张涛．个人数据保护中“通过设计保护隐私”的基本原理与制度建构．华东理工大学学报（社会科学版）．2020（06）：129－144.

[1973] 李振，吴柏钧，潘春阳．探索“减排—增长”的双赢发展之路——基于中国环境政策评估文献的分析．华东理工大学学报（社会科学版）．2020（05）：110－122.

[1974] 申素平，周航．风险规制视角下的学校安全与教育法治．华东师范大学学报（教育科学版）．2020（10）：89－100.

[1975] 胡劲松，张晓伟．教师惩戒行为及其规制．华东师范大学学报（教育科学版）．2020（03）：25－31.

[1976] 贺来．关系性价值观：“价值观间”的价值自觉．华东师范大学学报（哲学社会科学版）．2020（01）：10－18.

[1977] 刘迎霜．恶意诉讼规制研究——以侵权责任法为中心．华东师范大学学报（哲学社会科学版）．2020（01）：97－106.

[1978] FEROZE Nazia，程同顺，FAROOQMuhammad Sabil，袁同凯．海外并购：政治归属，基于“一带一路”倡议的公平性（英文）．华东师范大学学报（自然科学版）．2020（S1）：15－23.

[1979] 李剑．中国行政垄断的治理逻辑与现实——从法律治理到行政性治理．华东政法大学学报．2020（06）：106－122.

[1980] 赵微．车船肇事及“逃逸”的刑法规制．华东政法大学学报．2020（06）：137－151.

[1981] 金耀．个人信息私法规制路径的反思与转进．华东政法大学学报．2020（05）：75－89.

[1982] 梅传强，童春荣．恐怖融资行为的预防性刑法规制．华东政法大学学报．2020（05）：130－142.

[1983] 袁雪石．整体主义、放管结合、高效便民：《行政处罚法》修改的“新原则”．华东政

法大学学报.2020（04）：17－30.

［1984］刘晗，叶开儒．网络主权的分层法律形态．华东政法大学学报.2020（04）：67－82.

［1985］王迁．论规制视频广告屏蔽行为的正当性——与“接触控制措施”的版权法保护相类比．华东政法大学学报.2020（03）：59－80.

［1986］郑少华，王慧．大数据时代环境法治的变革与挑战．华东政法大学学报.2020（02）：77－87.

［1987］张守文．反垄断法的完善：定位、定向与定则．华东政法大学学报.2020（02）：6－16.

［1988］成振林．环境规制对我国造纸产业技术创新影响的研究．华东纸业.2020（03）：40－42.

［1989］蔡莉妍．智能船舶法律规制的困境与突破．华南理工大学学报（社会科学版）.2020（06）：1－9.

［1990］殷继国，沈鸿艺，岳子祺．人工智能时代算法共谋的规制困境及其破解路径．华南理工大学学报（社会科学版）.2020（04）：33－41.

［1991］刘江伟．有限责任公司为股权转让提供担保的规制——基于公司债权人利益保护的视角．华南理工大学学报（社会科学版）.2020（02）：91－101.

［1992］郑玲丽.3D打印外资监管挑战及规制路径．华南理工大学学报（社会科学版）.2020（01）：82－93.

［1993］钟锦文，钟昕．污染防治攻坚战中数量型环境规制优化．华南农业大学学报（社会科学版）.2020（04）：76－88.

［1994］林鸿潮，赵艺绚．突发事件应对中的个人信息利用与法律规制——以新冠肺炎疫情应对为切入点．华南师范大学学报（社会科学版）.2020（03）：120－133.

［1995］张骏，张立森．网络平台市场支配地位的认定．华侨大学学报（哲学社会科学版）.2020（05）：101－112.

［1996］白雪，李锋武，李卓，王芍，艾芸，李尔春．降糖类中成药和保健食品中非法添加化学药物检测技术的研究进展．华西药学杂志.2020（03）：338－341.

［1997］张恩典．反算法歧视：理论反思与制度建构．华中科技大学学报（社会科学版）.2020（05）：60－71.

［1998］梁鸿飞．预防型行政公益诉讼：迈向“过程性规制”的行政法律监督．华中科技大学学报（社会科学版）.2020（04）：85－94.

［1999］唐林，罗小锋，张俊飚．环境规制如何影响农户村域环境治理参与意愿．华中科技大学学报（社会科学版）.2020（02）：64－74.

［2000］龙俊．数字音乐版权独家授权的竞争风险及其规制方法．华中科技大学学报（社会科学版）.2020（02）：83－94.

［2001］黄陈辰．大数据时代侵犯公民个人信息罪行为规制模式的应然转向——以“AI换脸”类淫秽视频为切入．华中科技大学学报（社会科学版）.2020（02）：105－113.

［2002］付丽霞．大数据价格歧视行为之非法性认定研究：问题、争议与应对．华中科技大学学报（社会科学版）.2020（02）：95－104.

［2003］张锋．环境污染社会第三方治理研究．华中农业大学学报（社会科学版）.2020（01）：118－123.

［2004］黄寰，王玮，尹涛涛．科技创新、环境规制与经济发展的空间效应研究——以长江经济带为例．华中师范大学学报（自然科学版）.2020（04）：567－575.

［2005］黄寰，秦思露，刘玉邦，王珏．环境规制约束下资源型城市产业转型升级研究．华中师范大学学报（自然科学版）.2020（04）：576－586.

［2006］黄振斌．全世界农化领域大举并购的原因分析及应对措施．化工管理.2020（26）：

1 –2.

[2007] 曾月香. 化工上市公司并购中的整合风险及管控措施. 化工管理.2020 (31): 28 –29.

[2008] 黄萍萍. 国家药品监督管理局查询系统的"药妆"质量研究. 化工管理.2020 (31): 186 –188.

[2009] 邹志锋，王坚军，谢颖，景钱涌. 进出口危险化学品及其包装检验监管中的问题及对应策略. 化工设计通讯.2020 (12): 91 –92.

[2010] 张霞，王艳. 强化食品安全全领域监管. 化工设计通讯.2020 (03): 226 –236.

[2011] 谭悦，敖双红. 高校退学处理行为的法律规制与大学生权利的保障. 怀化学院学报. 2020 (04): 131 –135.

[2012] 肖俊斌，游奎. 企业并购行为对企业双元创新投入的影响研究. 怀化学院学报.2020 (06): 38 –41.

[2013] 王雪琪. "对赌协议"履行障碍与风险规制——兼议"九民纪要"第5条. 淮北职业技术学院学报.2020 (05): 114 –116.

[2014] 蒋淑旭，胡丹. 人脸识别中个人生物识别信息的法律保护. 淮北职业技术学院学报. 2020 (03): 74 –77.

[2015] 李瑞. 论单位贷款诈骗行为的刑法规制. 淮北职业技术学院学报.2020 (03): 78 –81.

[2016] 江雨洋. 试论19世纪末美国标准石油公司的垄断特点及影响. 淮北职业技术学院学报. 2020 (06): 85 –88.

[2017] 屈婷婷. 可转债在并购重组中的运用及展望. 淮南师范学院学报.2020 (04): 37 –40.

[2018] 张进. 大数据背景下关于算法合谋反垄断规制研究. 淮南职业技术学院学报.2020 (02): 143 –145.

[2019] 潘思思. 公司高管适用劳动法之困局及对策研究. 淮阴工学院学报.2020 (06): 31 –35.

[2020] 从宇乾. 论数字货币交易平台的法律监管. 淮阴工学院学报.2020 (02): 32 –36.

[2021] 刘琦. 产业集聚对雾霾污染防治的影响机制——基于外部性视角. 环渤海经济瞭望. 2020 (12): 31 –32.

[2022] 李亚茹. 个人信用算法评分存在的问题与法律对策. 环渤海经济瞭望.2020 (12): 165 –166.

[2023] 纪路宇. 我国高铁的票价形成机制研究——以广深高铁为例. 环渤海经济瞭望.2020 (01): 135 –136.

[2024] 苗壮. 对大数据杀熟现象的经济学分析. 环渤海经济瞭望.2020 (04): 161.

[2025] 陈萍. 大数据环境下并购后财务整合的若干问题研究. 环渤海经济瞭望.2020 (02): 181.

[2026] 王哲宇. 文创产业并购中的评估溢价分析. 环渤海经济瞭望.2020 (10): 60 –62.

[2027] 袁清. 网络餐饮平台监管义务研究. 环渤海经济瞭望.2020 (12): 55 –56.

[2028] 章蕊荔. 完善医疗保险监管体制的思考. 环渤海经济瞭望.2020 (02): 184.

[2029] 张劲松. 新常态下餐饮行业价格欺诈的监管. 环渤海经济瞭望.2020 (01): 63.

[2030] 梁增然. 我国环境行政公益诉讼制度演变的三条主线. 环境保护.2020 (16): 14 –18.

[2031] 张锋. 协商规制视域下环境行政合同制度研究. 环境保护.2020 (09): 55 –57.

[2032] 史学瀛，孙成龙. 企业自我环境规制与排污许可制的互动进阶. 环境保护.2020 (07): 36 –40.

[2033] 尹珊珊. 区域大气污染地方政府联合防治的激励性法律规制. 环境保护.2020 (05): 60 –65.

[2034] 王曦. 中国环境治理概念模型：一个新范式工具. 环境保护.2020 (Z2): 12 –18.

［2035］谢海波．环境治理中地方政府环保履职的完善与制度保障．环境保护．2020（Z2）：23－27.

［2036］卢锟，张岩．环境治理规则的层级结构与功能定位．环境保护．2020（Z2）：51－55.

［2037］杨华国．论环境治理中的公众监督：基于新范式的分析．环境保护．2020（Z2）：37－41.

［2038］李莉娜，夏青，秦承华，刘通浩，敬红，潘本锋．挥发性有机物排放监测监管主要问题和对策探析．环境保护．2020（15）：27－32.

［2039］申开丽，刘瑜，毛惠萍．环境规制与制造业产业结构协调性分析——以浙江省为例．环境保护科学．2020（06）：12－18.

［2040］秦浩．地方政府环境治理中的注意力配置——基于20项省域生态环境保护政策的NVivo分析．环境保护与循环经济．2020（08）：77－84.

［2041］邢娜．地方立法推动生态环境保护——评《环境保护法教程》．环境工程．2020（03）：194.

［2042］薛君．环境规制对企业环保投资行为的影响探析——评《环境规制企业环保投资与企业价值》．环境工程．2020（09）：263.

［2043］杨海菊，闭馨月．广西典型自然保护区监管天地一体化技术应用探究．环境监测管理与技术．2020（03）：59－62.

［2044］李淑文，卢迪．从"理性经济人"向"理性生态人"转变——企业承担环境责任的制度建构．环境经济．2020（13）：58－63.

［2045］雷英杰．国家发展改革委等六部门联合印发《指导意见》 9个"不得"，民营环保企业获政策力挺．环境经济．2020（12）：34－35.

［2046］乔晓楠，王一博．差别化水价对水污染治理的影响．环境经济研究．2020（02）：1－17.

［2047］杜雯翠，张晓旋．环境规制对劳动需求的影响测算与机制检验——来自山东省造纸行业的准自然实验．环境经济研究．2020（04）：116－130.

［2048］李光勤，郭畅，薛青．中国环境分权对出口贸易的影响——基于地方政府竞争和环境规制的调节效应．环境经济研究．2020（04）：131－151.

［2049］侯建，董雨，陈建成．雾霾污染、环境规制与区域高质量发展．环境经济研究．2020（03）：37－55.

［2050］陈浩，冯艳，魏文栋．环境污染信息公开是否提升了城市技术创新？．环境经济研究．2020（03）：56－75.

［2051］周亚雄，张蕊．公众参与环境保护的机制与效应——基于中国CGSS的经验观察．环境经济研究．2020（03）：76－97.

［2052］张长江，陈雨晴，温作民．高管团队特征、环境规制与企业环境绩效．环境经济研究．2020（03）：98－114.

［2053］全禹澄，李志青．寻找合适的环境规制强度指标——基于中国排污收费政策的视角．环境经济研究．2020（01）：56－77.

［2054］汪太鹏．按基准排水（气）量折算浓度的自动监控企业监管研究．环境科学与管理．2020（08）：125－129.

［2055］袁长伟，孙璐，李铜铜，袁强．基于PVAR模型的环境规制与公路运输效率关系探究．环境科学与技术．2020（05）：221－229.

［2056］孙小燕，韩志明，焦学军．垃圾焚烧炉膛烟气温度计算模型的探讨——满足烟气850℃以上停留2s的监管要求．环境卫生工程．2020（05）：48－53.

［2057］尹妮妮，汪克亮．基于环境压力视角的东北老工业基地生态效率研究．环境污染与防治．2020（12）：1542－1548.

［2058］申开丽，张盈盈，姜利杰，刘瑜，毛惠萍．浙江省环境规制与产业结构的耦合协调分析．环境污染与防治.2020（06）：795－800.

［2059］张学刚．环境规制强度测算现状及趋势．环境与发展.2020（07）：4－5.

［2060］施枭彬．加强社会环境检测机构监管推进环境监测市场有序发展．环境与发展.2020（10）：206－209.

［2061］张艳艳，李莉莉．污水处理厂自测质量问题及建议．环境与发展.2020（09）：149－150.

［2062］蒲敏，沈晓冬．生活垃圾处理设施运营监管现状与展望．环境与发展.2020（06）：225－226.

［2063］黄德生，刘智超，张彬，冯雁，张莉．生态环保政策对经济发展的作用机理分析．环境与可持续发展.2020（04）：16－25.

［2064］崔金星．陆海统筹视域下入海排污口监管体制的重塑与展望．环境与可持续发展.2020（04）：99－105.

［2065］贺蓉，徐祥民，王彬，王卓玥，张昱恒，崔金星．我国排污许可制度立法的三十年历程——兼谈《排污许可管理条例》的目标任务．环境与可持续发展.2020（01）：90－94.

［2066］赵杰超，张英香，金浩，陈健．美国国防工业职业安全与健康法制体系研究及启示．环境与职业医学.2020（09）：915－921.

［2067］王贵松．风险规制行政诉讼的原告资格．环球法律评论.2020（06）：159－173.

［2068］孔祥稳．网络平台信息内容规制结构的公法反思．环球法律评论.2020（02）：133－148.

［2069］刘天骄．数据主权与长臂管辖的理论分野与实践冲突．环球法律评论.2020（02）：180－192.

［2070］刘彬．“规则制华”政策下中国自由贸易协定的功能转向．环球法律评论.2020（01）：176－192.

［2071］余佳楠．个人信息作为企业资产——企业并购中的个人信息保护与经营者权益平衡．环球法律评论.2020（01）：99－112.

［2072］武迪．专利许可制度的反垄断规制研究．黄冈职业技术学院学报.2020（02）：63－68.

［2073］郭婷．基于因子分析法的保利地产并购及绩效评价研究．黄冈职业技术学院学报.2020（06）：101－105.

［2074］刘书伦，申玉霞．基于云服务的济源市医疗废物处置监管系统设计．黄河科技学院学报.2020（02）：13－17.

［2075］吴泽斌，朱迪，刘立刚．我国稀土出口的管制经济学分析．黄金科学技术.2020（03）：391－400.

［2076］辛冬青．企业并购中的涉税事项处理刍议．会计师.2020（06）：81－82.

［2077］高凤霞.H科技股份有限公司并购重组绩效分析．会计师.2020（08）：87－88.

［2078］王梦娇，毛万虎．家电企业海外并购财务绩效分析——以美的集团并购德国库卡为例．会计师.2020（08）：3－4.

［2079］常旺玲．关于对赌协议财税处理的探讨——以SHJK并购ALGX对赌为例．会计师.2020（08）：12－13.

［2080］吕辉．基于财务视角的企业并购效应分析．会计师.2020（08）：44－45.

［2081］罗小明．现代企业并购中的财务风险及防范措施．会计师.2020（09）：21－22.

［2082］吴永茂．房地产企业并购税务筹划与风险控制．会计师.2020（10）：20－21.

［2083］郝必传．并购重组业务中的税务风险防范探讨．会计师.2020（10）：31－32.

［2084］张双旗．企业并购重组中的税收筹划探讨．会计师．2020（11）：46－47.

［2085］滕盛源．企业并购的财务效益分析．会计师．2020（12）：18－19.

［2086］叶嘉，郭倩雯，李巧丽．上市公司并购引起商誉减值问题的研究．会计师．2020（13）：10－11.

［2087］曲欣玥．高溢价并购对企业财务的影响及启示．会计师．2020（15）：24－25.

［2088］蔡思梦，刘英明．浅析高溢价并购的估值问题与经济后果．会计师．2020（16）：19－20.

［2089］王威．平衡计分卡视角下互联网企业并购的绩效评价及启示．会计师．2020（19）：29－30.

［2090］张优勤．A 公司“三高”并购遭遇合同诈骗的启示．会计师．2020（20）：32－34.

［2091］邓淑玲，朱紫娟．跨界并购财务风险及防范．会计师．2020（21）：17－18.

［2092］刘霞．A 公司并购 B 公司的财务绩效分析．会计师．2020（24）：35－36.

［2093］崔德志．如何在收购兼并过程中审时审势审视．会计师．2020（24）：22－23.

［2094］晏晓丽．如何加强对中介机构审计质量的监管．会计师．2020（21）：51－52.

［2095］张为国，解学竟．商誉会计准则：政治过程、改革争议与我们的评论．会计研究．2020（12）：3－17.

［2096］谢东明．地方监管、垂直监管与企业环保投资——基于上市 A 股重污染企业的实证研究．会计研究．2020（11）：170－186.

［2097］赵华，朱锐．企业去杠杆的财务内涵：基于复杂适应系统的理论解析．会计研究．2020（10）：164－176.

［2098］王彦超，郭小敏，余应敏．反垄断与债务市场竞争中性．会计研究．2020（07）：144－166.

［2099］陈羽桃，冯建．企业绿色投资提升了企业环境绩效吗——基于效率视角的经验证据．会计研究．2020（01）：179－192.

［2100］王陈豪，王轶，李红波．宗族文化与企业并购收益．会计研究．2020（02）：101－116.

［2101］李路，肖土盛，贺宇倩，王雪丁．收购方管理层语言经历、文化整合与并购绩效．会计研究．2020（02）：90－100.

［2102］王佳星，刘淑莲．专用资产、财务困境与并购标的概率．会计研究．2020（03）：95－109.

［2103］李晶晶，郭颖文，魏明海．事与愿违：并购业绩承诺为何加剧股价暴跌风险？．会计研究．2020（04）：37－44.

［2104］佟岩，王茜，曾韵，华晨．并购动因、融资决策与主并方创新产出．会计研究．2020（05）：104－116.

［2105］朱冰．《劳动合同法》和公司并购绩效——基于双重差分模型的实证检验．会计研究．2020（06）：108－133.

［2106］任力，何苏燕．并购溢价对股权质押时机选择影响的经验研究．会计研究．2020（06）：93－107.

［2107］谭燕，徐玉琳，赵旭雯，蒋华林．高管权力、前任安排与并购商誉减值．会计研究．2020（07）：49－63.

［2108］王艳，何竺虔，汪寿阳．民营企业并购的协同效应可以实现吗？．会计研究．2020（07）：64－77.

［2109］周中胜，贺超，韩燕兰．高管海外经历与企业并购绩效：基于“海归”高管跨文化整合优势的视角．会计研究．2020（08）：64－76.

［2110］廖珂，谢德仁，张新一．控股股东股权质押与上市公司并购——基于市值管理的视角．会计研究．2020（10）：97－111.

［2111］谢纪刚，张秋生．上市公司并购的价值构成与商誉减值会计新模式——兼论《企业合并：披露、商誉与减值（讨论稿）》．会计研究．2020（12）：18－28.

［2112］徐经长，何乐伟，杨俊华．创新是公司并购的驱动因素吗——来自中国上市公司的经验证据．会计研究．2020（12）：29－42.

［2113］祝继高，苏嘉莉，黄薇．股权结构、股权监管与财务业绩——来自中国寿险业股权监管的经验证据．会计研究．2020（06）：61－74.

［2114］吕雪晶，陈志斌，李东阳，王诗雨．政府规制与企业财务风险——来自中国A股上市公司的经验证据．会计与经济研究．2020（05）：56－67.

［2115］沈永建，尤梦颖，梁方志．政府管制与企业行为：述评与展望．会计与经济研究．2020（03）：81－95.

［2116］李强，施滢波．市场激励型环境规制与企业环保投资——考虑地方政府竞争的调节作用．会计之友．2020（09）：51－58.

［2117］黄建文，李凤凤．税法中扣缴义务人扣款行为的法律规制．会计之友．2020（09）：132－136.

［2118］田昕加，张广美．环境信息披露、环境规制与企业经营绩效．会计之友．2020（06）：43－49.

［2119］曹丽梅，徐一辰．机构投资者参与定向增发的动机研究——以葛洲坝为例．会计之友．2020（22）：66－72.

［2120］郑小平，刘璐．青岛海尔跨国并购通用家电的风险控制分析．会计之友．2020（05）：118－124.

［2121］冯钰钰，冯玮玮，池昭梅．管理层特征对企业海外并购绩效的影响——以三一重工和柳工为例．会计之友．2020（05）：112－117.

［2122］蒋薇．大股东持股、债务融资与并购溢价．会计之友．2020（07）：70－77.

［2123］黄虹，仲致鸣．并购溢价、对赌协议与商誉减值．会计之友．2020（10）：78－84.

［2124］王艳．海南航空海外并购风险及其启示．会计之友．2020（11）：2－9.

［2125］梁永忠．突变级数下绿色并购三重绩效评价体系研究．会计之友．2020（14）：103－109.

［2126］宋清，刘慧芳．业绩补偿承诺规避高溢价并购风险作用研究——以HH上市公司并购MJ公司为例．会计之友．2020（14）：46－51.

［2127］桂良军，张创创，李丽．内部控制、机构持股与企业并购绩效．会计之友．2020（17）：81－87.

［2128］王先鹿，王一峰．业绩承诺与风险防范探析——以东方精工并购普莱德为例．会计之友．2020（19）：95－100.

［2129］树友林，陆怡安．“一带一路”背景下企业并购风险研究——以高端装备制造业为例．会计之友．2020（21）：93－97.

［2130］胥朝阳，徐菲，赵晓阳．高管持股、内部控制与国有企业并购绩效．会计之友．2020（01）：59－64.

［2131］戴书松，涂莹．产品市场势力、市场竞争与债券融资成本．会计之友．2020（18）：20－25.

［2132］王振宇．混凝土行业下一个十年的风口在哪？——试析并购重组之充分必要性．混凝土世界．2020（05）：54－56.

［2133］纪鹏．浅议现阶段我国电价过渡期的关键问题及解决措施．机电信息．2020（02）：122－123.

［2134］刘安达．如何下活机关职能运行监管“一盘棋”．机构与行政．2020（09）：20－22.

［2135］李峰．构建机关职能运行监管“东营模式”．机构与行政．2020（09）：18－20.

［2136］魏衍新，王家胜，纪文祺．其他组织利用国有资产举办事业单位规范管理研究．机构与行政．2020（06）：35－37.

［2137］筑基础　优流程　强监管　不断提升机构编制管理效能．机构与行政．2020（05）：42－44.

［2138］关于审批、监管、执法“三方衔接”的探析．机构与行政．2020（04）：51－53.

［2139］任书升．淄博市探索建立为机关提供支持保障类事业单位改革和管控机制．机构与行政．2020（03）：30－33.

［2140］赵伟．职能运行监管涉及的几个概念关系探析．机构与行政．2020（03）：39－41.

［2141］卢建平，姜瀛．疫情防控下网络谣言的刑法治理．吉林大学社会科学学报．2020（05）：40－51.

［2142］刘海英，王殿武，尚晶．绿色信贷是否有助于促进经济可持续增长——基于绿色低碳技术进步视角．吉林大学社会科学学报．2020（03）：96－105.

［2143］徐以祥．我国环境法律规范的类型化分析．吉林大学社会科学学报．2020（02）：66－74.

［2144］张志远，齐天贺．基于三方演化博弈视角下的国家审计风险研究．吉林大学社会科学学报．2020（04）：128－139.

［2145］孙烨，王天童．信息透明度、地理区位与公司并购目标选择．吉林大学社会科学学报．2020（02）：98－109.

［2146］蒋晨丽．旅游产业发展中的风险管理与控制方法研究．吉林工程技术师范学院学报．2020（08）：33－35.

［2147］郑戌妮．经营者承诺制度适用范围研究．吉林工商学院学报．2020（05）：106－110.

［2148］郑一丹．ROBOTS协议下数据抓取行为规制研究——以《反不正当竞争法》为视角．吉林工商学院学报．2020（06）：89－94.

［2149］王玉燕，张晓翠．环境规制、技术进步和制造业高质量发展．吉林工商学院学报．2020（06）：5－12.

［2150］张晓晴．类型化视角下商业诋毁主体要件的扩张．吉林工商学院学报．2020（05）：101－105.

［2151］任妍姣．论付费搜索广告不正当竞争性质之认定——以《反不正当竞争法》为视角．吉林工商学院学报．2020（03）：108－113.

［2152］邢程程．规制商标恶意抢注的制度反思和立法完善——以我国《商标法》第四次修改为背景．吉林工商学院学报．2020（01）：109－113.

［2153］丁会芬．新时代下互联网金融的法律规制．吉林工商学院学报．2020（01）：99－102.

［2154］闫金宵．论搭售的行为本体要件——单一商品认定的重构．吉林工商学院学报．2020（03）：114－119.

［2155］王梦影．双边市场下互联网产业搭售行为的反垄断法研究．吉林工商学院学报．2020（02）：104－107.

［2156］谢承烜．关于加强我国校园治理法治化的研究．吉林广播电视大学学报．2020（04）：111－113.

［2157］柯卓然．经济新常态下互联网金融监管探析．吉林广播电视大学学报．2020（04）：159－160.

［2158］李吉．关于我国数字货币的法律监管路径探析．吉林金融研究．2020（08）：48－50.

［2159］魏宸．海外并购溢价受外部代理人影响因素的实证研究．吉林金融研究．2020（03）：31－38.

［2160］郑柒．不同性质私人部门的 PPP 项目产出绩效监管研究．吉林水利．2020（07）：45－52.

［2161］王桢．运动员年龄造假行为的刑法规制探究．吉林体育学院学报．2020（04）：21－28.

［2162］王小钢．个体清洁空气权何以可能——兼论环境权利的宪法表达．吉首大学学报（社会科学版）．2020（06）：48－55.

［2163］李平，刘桂清．产业政策限制竞争法律规制的理论逻辑与制度路径．吉首大学学报（社会科学版）．2020（06）：102－111.

［2164］汤静．旅游法实施机制创新的理论逻辑与现实路径．吉首大学学报（社会科学版）．2020（06）：112－119.

［2165］朱海龙，唐辰明．智慧养老的社会风险与法律制度安排．吉首大学学报（社会科学版）．2020（05）：27－36.

［2166］梅宏．生态破坏责任及其入法路径．吉首大学学报（社会科学版）．2020（03）：24－36.

［2167］史学瀛，杨博文．我国碳排放权交易处罚规则与履约风险规制路径．吉首大学学报（社会科学版）．2020（01）：39－47.

［2168］王国飞．碳市场语境下的碳排放环境风险：生成逻辑与行政规制．吉首大学学报（社会科学版）．2020（01）：72－84.

［2169］周健，屈冉．一种抗合谋攻击的区块链私钥管理方案．计算机工程．2020（11）：23－28.

［2170］杨小东，裴喜祯，陈桂兰，王美丁，王彩芬．支持用户撤销的多用户多副本数据公开审计方案．计算机工程．2020（12）：150－156.

［2171］刘伎昭，董跃钧．基于空间推理的车联网虚假消息检测方法．计算机工程与设计．2020（12）：3327－3331.

［2172］黄胜，李胜，朱菁．面向并购重组类公告的信息抽取．计算机工程与设计．2020（05）：1420－1426.

［2173］王夫森，李志淮，田娜．提升分片规模和有效性的多轮 PBFT 验证方案．计算机工程与应用．2020（24）：102－108.

［2174］彭维平，郭凯迪，宋成，闫玺玺．面向外包数据的可追踪防泄漏访问控制方案．计算机工程与应用．2020（06）：117－125.

［2175］陈信同，李帮义，王哲，魏杉汀．政府率规制对再制造竞争的影响．计算机集成制造系统．2020（02）：522－530.

［2176］朱聪聪，乔治，王志伟．基于抗泄漏无证书的智能电网隐私保护协议．计算机技术与发展．2020（06）：87－93.

［2177］刘帅，甘国华，刘明熹，房勇，汪寿阳．一种基于拓扑结构及分配机制设计的多子块激励共识机制．计算机科学．2020（07）：268－277.

［2178］袁驰．基于身份的动态层簇式无线传感网络认证算法．计算机应用．2020（11）：3236－3241.

［2179］叶吉祥，曹文慧．一种用户自我感知的位置隐私保护算法．计算机应用与软件．2020（09）：310－314.

［2180］孟雨．第三方软件付费抢票业务是套路还是服务．计算机与网络．2020（02）：14.

［2181］秦知东．《反垄断法》11 年后迎来首次“大修”．计算机与网络．2020（02）：11.

［2182］李赫．并购和投资将成为云厂商的“重头戏”．计算机与网络．2020（14）：12－13.

［2183］邱洋冬．市场分割与区域创新溢出．技术经济．2020（02）：164－170.

[2184] 冯俊华，臧倩文．工业企业生态效率与科技创新耦合协调及影响因素研究．技术经济．2020（07）：35－42.

[2185] 曾冰．环境约束下中国省域旅游经济效率及其影响因素的空间计量分析．技术经济．2020（06）：141－146.

[2186] 魏巍．异质性环境规制、清洁型技术结构与区域工业环境效率提升．技术经济．2020（06）：119－130.

[2187] 孙丽文，李翼凡，任相伟．产业结构升级、技术创新与碳排放——一个有调节的中介模型．技术经济．2020（06）：1－9.

[2188] 任相伟，孙丽文．动态能力理论视角下战略柔性对企业绩效的影响研究——差异化动态环境规制强度的调节效应．技术经济．2020（01）：25－33.

[2189] 王静．我国企业跨国并购的现状、问题及对策建议．技术经济．2020（02）：73－78.

[2190] 狄振鹏，潘敏，李世美．同行业企业并购决策的同伴效应及内在机制．技术经济．2020（02）：30－36.

[2191] 魏锋，陈宏，张峰．兼并模式下再制造O2O供应链运作决策研究．技术经济．2020（03）：94－101.

[2192] 夏芸，叶秋彤，王珊珊．创业板上市公司海外技术并购的创新效应——基于PSM－DID模型的实证分析．技术经济．2020（08）：10－20.

[2193] 李光荣，杨锦绣，黄颖．基于事件树与模糊集理论的产业链协同并购风险评价研究．技术经济．2020（12）：26－35.

[2194] 李永辉．地方官员晋升竞争与企业资源配置效率——基于我国397家上市公司面板数据的实证分析．技术经济与管理研究．2020（02）：13－17.

[2195] 郑艳玲．废弃电器电子产品EPR规制下消费者延伸责任研究．技术经济与管理研究．2020（11）：16－19.

[2196] 田丽芳，刘亚丽．双重环境规制对经济高质量发展的门槛效应分析——基于地方政府竞争视角．技术经济与管理研究．2020（08）：20－25.

[2197] 罗明，范如国，张应青．工业能源效率的多主体行为影响机制分析——异质性主体研究视角．技术经济与管理研究．2020（08）：72－78.

[2198] 魏洁云，江可申，牛鸿蕾，梁子婧．可持续供应链协同绿色产品创新研究．技术经济与管理研究．2020（08）：38－42.

[2199] 刁心薇，曾珍香．环境规制对我国能源效率影响的研究——基于省际数据的实证分析．技术经济与管理研究．2020（03）：92－97.

[2200] 郭泰岳．上市公司并购中目标企业价值评估研究——以互联网企业为例．技术经济与管理研究．2020（01）：73－78.

[2201] 刘博文，任颋．跨境并购经验对优质人才获取的影响——来自双方战略共识的调节作用．技术经济与管理研究．2020（02）：55－59.

[2202] 田宇涵．中国国企财务风险对海外投资并购影响——以上市国有企业为例．技术经济与管理研究．2020（06）：15－19.

[2203] 孟阳．高管并购经验与企业并购研究——基于并购数量与质量双重视角．技术经济与管理研究．2020（05）：53－59.

[2204] 刘明广．环境规制、绿色创新与企业绩效的关系研究．技术与创新管理．2020（06）：539－547.

[2205] 高莉莉，张富程．我国互联网金融监管的研究热点与发展趋势——基于Citespace的可视化分析．技术与创新管理．2020（04）：407－412.

［2206］刘占波．无人机在大气环境监管中的应用分析．技术与市场．2020（09）：111－112.

［2207］赵玉增，毕一玲．基层协商民主与治理能力现代化及其程序规制．济南大学学报（社会科学版）．2020（06）：27－37.

［2208］彭中礼，王亮．法治视野中的智慧治理．济南大学学报（社会科学版）．2020（06）：16－26.

［2209］刘树艳，刘小凤．并购商誉、产权性质与企业全要素生产率——基于制造业上市公司的实证研究．济南大学学报（社会科学版）．2020（02）：102－111.

［2210］蒋策，张伟．多维视域下公共物品价值最大化问题探究——以孔子博物馆为例．济宁学院学报．2020（02）：9－16.

［2211］杨和平．浅析民间金融借贷风险成因及风控措施——以福建省南安市为例．济宁学院学报．2020（03）：73－79.

［2212］冯仁梅．CBL联合企业微信资源管理在护理教学中的应用．济源职业技术学院学报．2020（02）：64－67.

［2213］刘超．“自然保护地”法律概念之析义与梳正．暨南学报（哲学社会科学版）．2020（10）：24－39.

［2214］李锴，齐绍洲．碳减排政策与工业结构低碳升级．暨南学报（哲学社会科学版）．2020（12）：102－116.

［2215］李建星．加速到期条款之内容规制．暨南学报（哲学社会科学版）．2020（09）：118－132.

［2216］傅京燕，程芳芳．二氧化硫排污权交易对经济增长“量”和“质”的影响研究．暨南学报（哲学社会科学版）．2020（06）：94－107.

［2217］马陈骏．论司法鉴定程序立法中的“学科分制”条款．暨南学报（哲学社会科学版）．2020（04）：101－109.

［2218］宁红丽．平台格式条款的强制披露规制完善研究．暨南学报（哲学社会科学版）．2020（02）：56－69.

［2219］曹蕙．设区的市地方立法中的地方特色研究——以历史文化保护立法为分析样本．佳木斯职业学院学报．2020（05）：57－58.

［2220］王棋．论我国校园欺凌行为法律规制．佳木斯职业学院学报．2020（02）：58－59.

［2221］Emilio Calvano．《科学》提议保护消费者利益免受人工智能（AI）及垄断的侵害．家电科技．2020（06）：13.

［2222］姚明，叶静．我国社会科学普及地方立法研究——基于13部地方性法律文件的实证分析．嘉应学院学报．2020（04）：53－57.

［2223］张小余．全国首例“暗刷流量”案的规范刍议与实践指引．嘉应学院学报．2020（01）：61－66.

［2224］卢均晓．论类型化的不正当限制交易行为——以“二选一”行为规制为视角．价格理论与实践．2020（08）：23－28.

［2225］孙睿，方燕．数字时代下大数据对企业竞争力的影响机制研究．价格理论与实践．2020（03）：171－174.

［2226］王磊．互联网平台竞争监管研究最新进展．价格理论与实践．2020（02）：25－30.

［2227］依绍华．构建高质量流通体系　助力“双循环”新发展格局．价格理论与实践．2020（09）：9－11.

［2228］初保驹，朱少林．新电改背景下阶梯分时电价模型优化研究．价格理论与实践．2020（02）：43－46.

［2229］冯艺，连俊华．市场一体化对企业技术创新的影响研究——基于提升创新要素流动性视角的分析．价格理论与实践．2020（09）：164－167.

［2230］刘维军．环境规制对工业竞争力的非线性效应研究——基于资本深化与技术创新的视角．价格理论与实践．2020（09）：148－151.

［2231］承上．后疫情时代企业并购的反垄断规制．价格理论与实践．2020（07）：44－47.

［2232］郑嘉琳，徐文华．数字经济助推我国经济高质量发展的作用机制研究——基于区域异质性视角的分析．价格理论与实践．2020（08）：148－151.

［2233］于飞，苏彩云．环境规制、行业竞争与企业绿色创新关系研究．价格理论与实践．2020（07）：166－169.

［2234］马艳菲，孔冠超．我国互联网金融企业跨境数据流动相关问题研究．价格理论与实践．2020（04）：152－155.

［2235］邹开亮，王霞．大数据算法背景下就业歧视规制初探．价格理论与实践．2020（06）：37－42.

［2236］山茂峰，郑翔．算法价格歧视反垄断规制的逻辑与进路．价格理论与实践．2020（05）：27－31.

［2237］杨娟．自然垄断行业成本规制国际实践及启示．价格理论与实践．2020（01）：62－64.

［2238］赵公正，魏洪波，钟弥嘉．从近两次国际油价暴跌比较看欧佩克面临的困境．价格理论与实践．2020（06）：17－20.

［2239］孙波，李志恒，谢敬东，李思敏．现货市场下发电商合谋竞价问题研究——基于云模型构建发电商合谋竞价评判模型的模拟分析．价格理论与实践．2020（01）：57－61.

［2240］伍世安，傅伟，杨青龙．互联网时代免费经济现象的经济学基础探析．价格月刊．2020（06）：34－39.

［2241］叶明，郭江兰．数字经济时代算法价格歧视行为的法律规制．价格月刊．2020（03）：33－40.

［2242］胡立新，王彩铃．环境规制、环保投资与企业竞争力研究．价值工程．2020（14）：94－97.

［2243］宋紫微．中介服务机构对非正规创业正规化转型的调节作用研究．价值工程．2020（01）：135－137.

［2244］孙敏．对寡头垄断市场的发展分析．价值工程．2020（20）：113－116.

［2245］邓蕃．并购绩效评价研究．价值工程．2020（08）：181－183.

［2246］郭肖君．灰色关联度分析法在综合绩效评价中的应用——以H企业并购V项目为例．价值工程．2020（11）：104－107.

［2247］赵喜亮，吕永杰．实施联合测绘提高测绘企业服务质量．价值工程．2020（17）：50－51.

［2248］林世祺，罗志勇，黄源，李秋健．基于“互联网＋”技术的防雷安全监管平台研究．价值工程．2020（05）：226－228.

［2249］本刊编辑部．算法时代的App犯罪预警．检察风云．2020（23）：10.

［2250］庄嘉．锻造数据安全的追责锁链．检察风云．2020（19）：18－19.

［2251］李建伟．立法促进与规制的十大关注方向．检察风云．2020（16）：15－17.

［2252］黄小明．“患者保护条款”详解．检察风云．2020（12）：13－14.

［2253］杨东，张昕炎．数据竞争的国际执法案例与启示．检察风云．2020（03）：56－57.

［2254］邹点，王孟钧，陈芳．基于SCP范式的我国养老地产市场分析及发展建议．建筑经济．2020（12）：100－103.

［2255］韦海民，贺广学，李轶豪．PPP模式下地下综合管廊项目运营价格调整研究．建筑经济．

2020 (04): 51 – 55.

[2256] 孙贤斌，董小琴，何江泉，严肖锋．信息不对称理论下工程项目合谋问题管理分析．建筑经济．2020 (S1): 159 – 163.

[2257] 辛士波，絮美娜，徐玲．城市住区容积率配置效率问题研究．建筑经济．2020 (08): 103 – 109.

[2258] 杜亚灵，左玉晨，王华，柯洪．私人部门性质对PPP项目产出绩效监管的影响及其优化建议——基于情境模拟实验研究．建筑经济．2020 (05): 25 – 29.

[2259] 赵龙，张雪涛．历史城镇景观保护与管理之国际规制回顾与评述．建筑师．2020 (02): 96 – 105.

[2260] 彭军，刘泳杏，魏春雨．从规制到自主的"教与学"空间——1903年以来我国学前教育建筑的演变研究．建筑学报．2020 (02): 30 – 36.

[2261] 希木力格，郝占国．基于场所精神浅谈历史街区改造中的地方特色建设——以席力图召五塔寺区段保护更新为例．建筑与文化．2020 (12): 119 – 121.

[2262] 丁晓欣，崔超峰．深圳市公共住房监管问题及对策研究．建筑与预算．2020 (05): 31 – 34.

[2263] 陈兵．竞争法治下平台数据共享的法理与实践——以开放平台协议及运行为考察对象．江海学刊．2020 (01): 152 – 161.

[2264] 江永红，申慧玲．环境规制模式与就业技能结构升级：理论机理与实证检验．江海学刊．2020 (05): 248 – 253.

[2265] 吕方园．论"网络无害通过权"国际规则体系的构建．江海学刊．2020 (04): 160 – 166.

[2266] 徐伟功，杨怡忱．我国涉外管辖协议的区分标准探析．江汉大学学报（社会科学版）．2020 (02): 5 – 16.

[2267] 李丹青，钟成林，胡俊文．环境规制、政府支持与绿色技术创新效率——基于2009—2017年规模以上工业企业的实证研究．江汉大学学报（社会科学版）．2020 (06): 38 – 49.

[2268] 石佑启，王诗阳．互联网送餐中劳动监察的困境及路径选择．江汉论坛．2020 (12): 120 – 127.

[2269] 袁康，刘汉广．公共数据治理中的政府角色与行为边界．江汉论坛．2020 (05): 120 – 127.

[2270] 周昌发．论网络交易中虚假信用评价的法律规制．江汉论坛．2020 (05): 113 – 119.

[2271] 殷宇飞，杨雪锋．环境规制、技术创新与城市产业结构升级——基于113个城市样本数据．江汉论坛．2020 (04): 48 – 55.

[2272] 王国飞．中国国家碳市场信息公开：实践迷失与制度塑造．江汉论坛．2020 (04): 131 – 139.

[2273] 陈兵．互联网市场固化趋态的竞争法响应．江汉论坛．2020 (03): 122 – 130.

[2274] 吴隽雅．土壤环境治理公私合作的法制因应．江淮论坛．2020 (05): 140 – 149.

[2275] 李怀胜．公民个人信息保护的刑法扩展路径及策略转变．江淮论坛．2020 (03): 114 – 122.

[2276] 陈禹衡．解释与适用：生产销售假口罩行为的刑法规制研究．江南大学学报（人文社会科学版）．2020 (02): 73 – 80.

[2277] 嵇留洋．高校信息披露对产学研合作公共地悲剧的治理研究．江苏大学学报（社会科学版）．2020 (03): 113 – 124.

[2278] 孟涵，陈烨．人工智能与涉数据网络犯罪初探．江苏第二师范学院学报．2020 (02):

106－109.

［2279］王明生，马维振．公民网络政治参与法律规制面临的困境与出路．江苏行政学院学报．2020（03）：83－89.

［2280］朱梦璇．刑法介入竞技体育伤害行为的研究．江苏警官学院学报．2020（05）：46－51.

［2281］狄为，白晓童．机构投资者与券商协同对IPO定价效率的影响——基于中国创业板市场的数据分析．江苏科技大学学报（社会科学版）．2020（03）：97－104.

［2282］夏鋆添．基于智慧课堂的教学实践与效果评价——以“企业并购”为例．江苏科技信息．2020（18）：77－80.

［2283］颜伟．加强地方种质资源保护　促进种业发展和乡村振兴．江苏农村经济．2020（05）：32－34.

［2284］俞建飞，李炜．“一带一路”倡议下涉农企业海外并购现状与对策．江苏农村经济．2020（08）：51－52.

［2285］张月义，景娜，宋明顺．食品企业质量安全信息公开行为的经济学分析．江苏农业科学．2020（10）：322－327.

［2286］潘兴蔚．企业内部环境审计规制路径的案例研究——以A化工企业为例．江苏商论．2020（07）：109－112.

［2287］韩如．医药行业商业贿赂犯罪实证研究．江苏商论．2020（07）：132－135.

［2288］潘兴蔚．企业内部环境审计规制路径研究．江苏商论．2020（06）：84－87.

［2289］王晨光．对我国企业环境会计信息披露研究现状的探究．江苏商论．2020（05）：95－97.

［2290］潘兴蔚，陈洁，单长吉，邹明嘉．基于复杂适应系统的企业内部环境审计规制研究．江苏商论．2020（05）：121－124.

［2291］黄伟强．试论信息资本主义的发展及影响．江苏商论．2020（10）：131－133.

［2292］吕泽均．美国影视传媒业并购新热潮——基于“迪士尼－福克斯”并购案的分析．江苏商论．2020（01）：29－31.

［2293］邬展霞，郑丹娜．境外资本“迂回投资”并购我国科创企业的财税法律问题研究——以海外N公司并购为例．江苏商论．2020（10）：79－83.

［2294］张远媛．坚瑞沃能并购巨额商誉减值成因及防范研究．江苏商论．2020（12）：75－77.

［2295］倪梦娇，周莎．上市公司股权结构与并购绩效的实证研究．江苏商论．2020（12）：96－98.

［2296］戴文桥．P2P网络借贷平台“爆雷”的原因与对策．江苏商论．2020（05）：33－35.

［2297］武永春，许联锋．强化城市社区民宿监管的必要性与对策．江苏商论．2020（04）：19－21.

［2298］郭新茹，陈天宇．长三角文化市场区域合作与一体化路径研究．江苏社会科学．2020（02）：80－88.

［2299］徐文雅，徐美瑾，段玉玉．南京G医院医保骗保行为的风险防控．江苏卫生事业管理．2020（03）：337－339.

［2300］袁书海．重点药品监控管理的实践体会．江苏卫生事业管理．2020（08）：1071－1074.

［2301］周波，王昊博．一起某外卖平台未对食品经营者审查食品经营许可证案的调查．江苏预防医学．2020（04）：465－466.

［2302］陈幸欢．野生动物保护地方立法家长主义与趋同性省思——基于23部省级法规的词频与文本分析．江西财经大学学报．2020（06）：138－147.

［2303］刘怿．算法语境下信义义务在金融领域的扩张．江西财经大学学报．2020（06）：125－137.

[2304] 蒋岩波，黄娟．网约车行业规制路径的选择——从行政规制走向合作规制．江西财经大学学报．2020（03）：138－147.

[2305] 喻玲，兰江华．滥用市场支配地位诉讼举证困境及对策研究——基于67份判决书的实证分析．江西财经大学学报．2020（04）：122－134.

[2306] 石磊．网络谣言的刑法规制研究．江西电力职业技术学院学报．2020（07）：141－143.

[2307] 于明华．民事诉讼中当事人举证期限制度研究．江西电力职业技术学院学报．2020（01）：154－155.

[2308] 李昌勇．企业并购动因及风险分析——以吉利收购戴姆勒股份为例．江西电力职业技术学院学报．2020（03）：137－139.

[2309] 章诚豪．重大疫情期间编造、故意传播虚假信息罪的司法适用．江西警察学院学报．2020（06）：106－112.

[2310] 王晶晶．监控类技术侦查程序规制问题实证研究．江西警察学院学报．2020（05）：35－43.

[2311] 贾健，杨琪琪．快递犯罪的治理研究——何以实现快递安全？．江西警察学院学报．2020（05）：61－68.

[2312] 苗艺楠．新型教唆他人自杀行为的刑法分析．江西警察学院学报．2020（05）：69－75.

[2313] 龙敏．智能汽车安全问题的刑法思考．江西警察学院学报．2020（04）：44－50.

[2314] 谭明阳．刷单组织者的刑法适用——兼对新增罪名论的反驳．江西警察学院学报．2020（04）：69－76.

[2315] 郭世杰．中国恐怖主义犯罪研究的框架探讨．江西警察学院学报．2020（03）：90－94.

[2316] 徐放．人类胚胎基因编辑行为的刑法学规制．江西警察学院学报．2020（02）：5－10.

[2317] 丁鹏．基因编辑行为不宜入罪——以风险刑法入罪化之反思为视角．江西警察学院学报．2020（02）：11－17.

[2318] 熊吉琛．侵犯商业秘密行为刑法规制强化论．江西警察学院学报．2020（02）：99－107.

[2319] 刘小荣．关于在校女学生援助交际问题的法律思考．江西警察学院学报．2020（01）：61－66.

[2320] 钱日彤．网络刷单套现的犯罪态势及其刑事规制路径．江西警察学院学报．2020（01）：95－101.

[2321] 吴雯雯，常晓溪．环境规制是否影响了企业经营绩效？——以A股重污染行业上市公司为例．江西理工大学学报．2020（06）：34－40.

[2322] 蒋岩波，黄娟．卡特尔行为反垄断法与刑法的协同规制．江西社会科学．2020（10）：190－198.

[2323] 许娟，秦登峰．大数据挖掘技术下的企业产权平等保护．江西社会科学．2020（10）：153－162.

[2324] 汪亚峰，熊婷燕．行业协会参与我国食品安全治理探讨．江西社会科学．2020（09）：224－230.

[2325] 刘伟．网络直播犯罪研究．江西社会科学．2020（05）：168－178.

[2326] 商希雪．生物特征识别信息商业应用的中国立场与制度进路——鉴于欧美法律模式的比较评价．江西社会科学．2020（02）：192－203.

[2327] 单奕铭．“毒驾”入刑的争议问题及应然思路．江西社会科学．2020（01）：212－219.

[2328] 饶斌，周晓波．上市公司并购重组的对赌协议规划及风险控制．江西社会科学．2020（03）：211－220.

[2329] 尹亚红，刘佳舟．海外并购、金融发展与高技术制造业技术创新关系研究．江西社会科学．2020（07）：52－63.

[2330] 李祖军，王娱瑷．社会主义核心价值观在裁判文书说理中的运用与规制．江西师范大学学报（哲学社会科学版）．2020（04）：58－65.

[2331] 肖扬宇．技术风险犯罪的现实展开、规制逻辑及治理革新．江西师范大学学报（哲学社会科学版）．2020（04）：66－73.

[2332] 赵艳红．大数据监控措施的法律规制研究——以隐私权为中心的探讨．交大法学．2020（04）：132－148.

[2333] 李有，程金华．行政、司法与金融规制冲突——对金融借款利率上限的实证研究．交大法学．2020（03）：121－142.

[2334] 李鸿漫．关于完善公交企业规制成本补贴落实的建议．交通财会．2020（11）：76.

[2335] 牟奕峰．事业单位所属企业国有资产监管浅析．交通财会．2020（11）：42－45.

[2336] 孙继超，武婷婷．中国基建企业“走出去”面临的机遇与挑战．交通企业管理．2020（06）：4－6.

[2337] 曾文鼎．新形势下公交补贴发展的变革——以深圳新一轮补贴政策为例．交通与运输．2020（S2）：204－208.

[2338] 张哲辉．以信用为基础的水路运输市场监管机制研究．交通运输部管理干部学院学报．2020（03）：11－15.

[2339] 丁芝华，李燕霞．社会性规制视角下城市机动车限行的合理性研究．交通运输研究．2020（04）：86－94.

[2340] 李子梦．大数据杀熟的违法性分析及规制．焦作大学学报．2020（04）：17－20.

[2341] 卢宇泽，赵萍．环境规制下技术创新对经济增长的影响分析．焦作大学学报．2020（03）：74－77.

[2342] 刘旭东．“高校教育惩戒”范畴论辩及司法规制——基于司法案例的研究．教育发展研究．2020（01）：44－51.

[2343] 陈武元，徐振锋，蔡庆丰．教育国际交流对中国“一带一路”海外并购的影响——基于孔子学院和来华留学教育的实证研究．教育发展研究．2020（21）：37－46.

[2344] 刘倩婧．基于产业复合型人才培养的工业智能控制专业群构建．教育教学论坛．2020（01）：378－379.

[2345] 孙明英．政府与省属大学规制关系生成逻辑的实证研究．教育学术月刊．2020（12）：24－29.

[2346] 申素平，周航．学校安全治理现代化：基本原则与未来取向．教育研究．2020（08）：121－132.

[2347] 郭平．中小学在线教育培训机构发展的现实困境与策略选择．教育与教学研究．2020（03）：116－128.

[2348] 白琼，李骥，李宗师．美国医院患者安全监督及管理策略．解放军医院管理杂志．2020（06）：598－600.

[2349] 黄心瑶．传媒产业市场结构研究的知识地图．今传媒．2020（08）：102－104.

[2350] 胡曦．网络直播中的伦理失范及其法律规制．今传媒．2020（06）：37－39.

[2351] 蒋孝舒．新《广告法》视阈下网红广告规制研究．今传媒．2020（05）：57－58.

[2352] 覃家盼．试论地方非遗文化的传承和保护——以武宣《壮欢》为例．今古文创．2020（46）：33－34.

[2353] 苏霞，田梅，张蕾，左晓磊，赵兴鑫．畜产品质量安全现存问题及对策．今日畜牧兽

医 . 2020 (12): 1 – 2.

[2354] 陶雪江 . 生猪屠宰检验检疫监管模式分析 . 今日畜牧兽医 . 2020 (09): 2 – 3.

[2355] 曾剑锋，黄辉 . 如何做好牛的屠宰检疫工作 . 今日畜牧兽医 . 2020 (08): 37.

[2356] 钟耿标，王鹏 . 浅谈屠宰场如何做好牛羊肝片吸虫的检疫 . 今日畜牧兽医 . 2020 (08): 38.

[2357] 徐圃全 . 动物疫病防控与畜产品质量安全监管对策 . 今日畜牧兽医 . 2020 (05): 63.

[2358] 潘仙友 . 环境治理政策对绿色技术创新的影响效应分析 . 今日科苑 . 2020 (01): 45 – 49.

[2359] 张楠 . 高层建筑防火安全隐患及对应策略探讨 . 今日消防 . 2020 (07): 110 – 111.

[2360] 夏小禾 . 美国是如何控制产业链的? . 今日制造与升级 . 2020 (06): 14 – 15.

[2361] 陈小贞 . 人类胚胎的刑法保护探微 . 金华职业技术学院学报 . 2020 (02): 64 – 68.

[2362] 王重尧 . 法治中国视域下司法统一的理论逻辑与实践意义 . 金陵法律评论 . 2020 (01): 76 – 90.

[2363] 郭雳 . 民间借贷利率规制宜动态化、差异化、精细化 . 金融博览 . 2020 (09): 55 – 57.

[2364] 刘胜利 . 中资银行并购财务顾问业务发展机遇 . 金融博览 . 2020 (12): 56 – 57.

[2365] 王薇，张刚 . 供给侧改革背景下的上市公司并购重组模式研究 . 金融发展评论 . 2020 (07): 18 – 30.

[2366] 乔羽，马晓君，杨佳 . 绿色税收对工业企业绿色创新效率的双重影响效应 . 金融发展研究 . 2020 (12): 59 – 67.

[2367] 陈岱松，孙亚南 . 护盘式股份回购的弊端及风险防控机制探究——兼评《公司法》第 142 条第六项 . 金融发展研究 . 2020 (04): 79 – 86.

[2368] 孙天驰 . 双面滴滴，一个垄断嫌疑人的自我洗白 . 金融法苑 . 2020 (01): 58 – 65.

[2369] 任丽丽 . 支付机构收单业务风险与监管研究 . 金融会计 . 2020 (03): 69 – 75.

[2370] 袁雷 . 基于宏观审慎管理的金融控股公司会计信息披露研究——站在并表监管的视角 . 金融会计 . 2020 (02): 28 – 34.

[2371] 彭德荣，廖卫东，刘淼 . 银行业市场竞争是否缓解了中小企业面临的信贷约束——基于我国银行业放松管制的证据 . 金融监管研究 . 2020 (05): 66 – 80.

[2372] 李晓青，郑小妮，刘金豪 . 可持续供应链金融如何影响中小企业融资绩效——基于环境规制视角 . 金融监管研究 . 2020 (03): 70 – 84.

[2373] 王远志 . 我国银行金融数据跨境流动的法律规制 . 金融监管研究 . 2020 (01): 51 – 65.

[2374] 李晓楠 . 区块链金融基础设施监管研究 . 金融监管研究 . 2020 (10): 85 – 97.

[2375] 周晔，梁利梅 . 银行贷款市场势力与风险承担——基于规模修正 Lerner 指数与传统 Lerner 指数的对比检验 . 金融监管研究 . 2020 (10): 18 – 33.

[2376] 崔海燕 . 信息不对称视域下刷单炒信行为规制研究 . 金融经济 . 2020 (10): 45 – 52.

[2377] 程宇薇 . 股权众筹法律规制问题研究 . 金融经济 . 2020 (10): 38 – 44.

[2378] 邹开亮，彭榕杰 . 大数据"杀熟"的法律定性及其规制——基于"算法"规制与消费者权益保护的二维视角 . 金融经济 . 2020 (07): 51 – 57.

[2379] 吴定玉，詹霓 . 管理者过度自信对股价崩盘风险的影响研究——基于并购商誉的中介作用 . 金融经济学研究 . 2020 (05): 108 – 120.

[2380] 黄能 . 央行数字货币系统综述及影响简析 . 金融科技时代 . 2020 (09): 54 – 57.

[2381] 唐明 . 移动金融 App 安全管理模式探索 . 金融科技时代 . 2020 (09): 91 – 93.

[2382] 万鹏 . 数字化时代大湾区保险跨境服务平台中的科技应用——基于区块链在跨境保险业融合发展的实践探索 . 金融科技时代 . 2020 (07): 19 – 22.

[2383] 张非凡 . 反洗钱非现场监管系统建设 . 金融科技时代 . 2020 (06): 76 – 78.

[2384] 吴帛翰，朱凌祉．我国知识产权证券化法律实践及其完善．金融理论探索．2020（03）：70－80.

[2385] 叶楠，胡玲．腾讯公司跨国并购的绩效分析——基于事件研究法．金融理论探索．2020（01）：61－68.

[2386] 李珍，夏中宝．新《证券法》中操纵市场条款修订的得失评析．金融理论与实践．2020（07）：82－89.

[2387] 曾远．税银互动多元目标机制的实证检视与路径优化．金融理论与实践．2020（05）：34－40.

[2388] 俞莹，易荣华．新兴市场“国际板”的规制分析及其启示——以智利、南非和印度为例．金融理论与实践．2020（05）：88－94.

[2389] 徐慧琳，杨望，王振山．跨国并购与新兴市场跨国企业公司治理——以中国沪深A股上市公司为例．金融论坛．2020（09）：72－80.

[2390] 贺丹．破产重整中违约债券转让的法律规制．金融市场研究．2020（04）：87－101.

[2391] 肖翔，周钰博，杨海盟．金融科技监管沙盒实践的国际比较．金融市场研究．2020（12）：27－35.

[2392] 刘倩，朱书尚，吴非．城市群政策能否促进区域金融协调发展？——基于方言视角下的实证检验．金融研究．2020（03）：39－57.

[2393] 张可．区域一体化、环境污染与社会福利．金融研究．2020（12）：114－131.

[2394] 胡珺，黄楠，沈洪涛．市场激励型环境规制可以推动企业技术创新吗？——基于中国碳排放权交易机制的自然实验．金融研究．2020（01）：171－189.

[2395] 王姝勋，董艳．期权激励与企业并购行为．金融研究．2020（03）：169－188.

[2396] 赵烁，施新政，陆瑶，刘心悦．兼并收购可以促进劳动力结构优化升级吗？．金融研究．2020（10）：150－169.

[2397] 赵乐，王琨．高管团队内部网络与并购绩效．金融研究．2020（11）：170－187.

[2398] 赵大伟，李文华．人工智能技术在债券行业应用问题研究．金融与经济．2020（12）：86－90.

[2399] 方健．金融市场分割、资本管制与资产价格——来自AH股上市公司的证据．金融与经济．2020（11）：4－10.

[2400] 朱锦强．银行间与交易所市场信用债定价比较研究．金融与经济．2020（06）：22－28.

[2401] 周之田．个人金融信息保护中的政府监管权研究．金融与经济．2020（11）：91－96.

[2402] 李凯风，夏勃勃．环境规制、金融资源配置与工业绿色发展耦合协调研究．金融与经济．2020（07）：11－19.

[2403] 沈志康．我国个人所得税反避税规则完善研究．金融与经济．2020（05）：61－66.

[2404] 何雄浪，陈锁．环境规制促进还是抑制了技术创新？——基于空间溢出效应的视角．金融与经济．2020（01）：50－57.

[2405] 蒋弘，刘星．创新竞争压力、融资约束与并购融资决策．金融与经济．2020（03）：13－20.

[2406] 谢文武，叶聪颖，汪涛．信息不对称视角下并购商誉对股价崩盘的影响研究．金融与经济．2020（04）：26－33.

[2407] 朱冠平，扈文秀，车闪闪．企业经营风险对并购行为的影响和机制．金融与经济．2020（09）：83－89.

[2408] 霍顺生，姜圣才．基于生态文明理念建设无废资源绿色矿山的路径与模式——以冶金矿山实践为例．金属矿山．2020（02）：182－187.

[2409] 沈宇超．人工智能在医疗领域应用中的法律问题分析．锦州医科大学学报（社会科学版）.2020（04）：24－30.

[2410] 吕雪萱．从西岸到东岸，美国华资银行并购后日益壮大　另一种扎根．进出口经理人．2020（02）：56－60.

[2411] 李礼．网络暴力的道德批判与规制．晋阳学刊.2020（06）：98－104.

[2412] 冯中越，鞠磊．城市公用事业特许经营的规制治理．晋阳学刊.2020（04）：83－95.

[2413] 赵银翠．网络众筹平台权力及其行政法规制．晋阳学刊.2020（03）：123－129.

[2414] 周乾，王博元．中国信托业监管影响分析制度的构建．晋中学院学报.2020（04）：53－56.

[2415] 许亚岚．新格局下筑牢金融风险防火墙．经济.2020（11）：68－71.

[2416] 程钰，李晓彤，孙艺璇，陈延斌．我国沿海地区产业生态化演变与影响因素．经济地理.2020（09）：133－144.

[2417] 蔺鹏，孟娜娜．环境约束下京津冀区域经济发展质量测度与动力解构——基于绿色全要素生产率视角．经济地理.2020（09）：36－45.

[2418] 张仁杰，董会忠．基于省级尺度的中国工业生态效率的时空演变及影响因素．经济地理.2020（07）：124－132.

[2419] 赵明亮，刘芳毅，王欢，孙威．FDI、环境规制与黄河流域城市绿色全要素生产率．经济地理.2020（04）：38－47.

[2420] 杨烨，谢建国．环境信息披露制度与中国企业出口国内附加值率．经济管理.2020（10）：39－58.

[2421] 陈仕华，张章，宋冰霜．何种程度的失败才是成功之母？——并购失败程度对后续并购绩效的影响．经济管理.2020（04）：20－36.

[2422] 王震宇．德国以《反限制竞争法》和日本以《禁止私人垄断及确保公正交易法》命名《反垄断法》的背后原因．经济管理文摘.2020（07）：161－162.

[2423] 杜朝运，陈贻磊．业绩承诺、公司并购与绩效提升．经济界.2020（04）：65－70.

[2424] 江三良，赵梦婵，程永生．异质性人力资本集聚与产业结构升级——基于知识溢出匹配视角．经济经纬.2020（05）：81－89.

[2425] 秦琳贵，沈体雁．地方政府竞争、环境规制与全要素生产率．经济经纬.2020（05）：1－8.

[2426] 刘耀彬，熊瑶．环境规制对区域经济发展质量的差异影响——基于HDI分区的比较．经济经纬.2020（03）：1－10.

[2427] 徐成龙，庄贵阳．基于环境规制的环渤海地区工业集聚对生态效率的时空影响．经济经纬.2020（03）：11－19.

[2428] 朱莲美，杨以诺．并购商誉是否影响企业创新投入？——来自中国战略新兴产业的经验考察．经济经纬.2020（04）：99－107.

[2429] 赵彦锋，汤湘希．产业政策会提升并购商誉吗？．经济经纬.2020（05）：99－106.

[2430] 张修平，高鹏，王化成．业绩冲击与商业信用——基于集团控股上市公司的经验证据．经济科学.2020（02）：48－60.

[2431] 韩永辉，李子文，韩铭辉．人民币汇率对出入境并购的动态影响研究——基于三元GARCH的汇率变动和波动分析．经济科学.2020（04）：46－57.

[2432] 吕冰洋，贺颖．迈向统一市场：基于城市数据对中国商品市场分割的测算与分析．经济理论与经济管理.2020（04）：13－25.

[2433] 于明远．过度医疗、预算约束与医疗行业激励性规制．经济理论与经济管理.2020

(09)：102-112.

[2434] 董雪兵，赵传羽，叶兵．双边市场、不完全信息与二级价格歧视．经济理论与经济管理．2020 (01)：97-112.

[2435] 余鹏翼，敖润楠，陈文婷．CEO年龄、风险承担与并购．经济理论与经济管理．2020 (02)：87-102.

[2436] 邹艳，王丹丹．长江经济带环境规制效率时空演化分析——基于DEA共识性交叉效率模型．经济论坛．2020 (09)：41-50.

[2437] 陈筱贞．共享经济“下半场”的秩序规制．经济论坛．2020 (05)：146-152.

[2438] 张静晓，蒲思，李慧，彭夏清．不同类型环境规制对中国建筑业绿色技术创新效率的影响．经济论坛．2020 (03)：66-75.

[2439] 郭炳南，唐利．外商直接投资、经济集聚与长江经济带城市绿色经济效率．经济论坛．2020 (02)：65-77.

[2440] 刘春燕．我国科技企业海外并购动因与效果研究——以远景收购日产AESC为例．经济论坛．2020 (10)：103-109.

[2441] 王明涛，谢建国．中国出口企业“低加成率悖论”：基于市场分割的再检验．经济评论．2020 (05)：63-81.

[2442] 李珊珊，罗良文．碳价格对中国区域碳生产率的潜在影响．经济评论．2020 (02)：36-51.

[2443] 滕兆岳，李涵．交通运输成本与农业机械化．经济评论．2020 (01)：84-95.

[2444] 洪祥骏，赵婧，马征．券商监管与声誉价值：中国证券市场治理与企业并购绩效．经济评论．2020 (02)：86-105.

[2445] 何彬．腐败如何使规制低效？一项来自环境领域的证据．经济社会体制比较．2020 (06)：102-111.

[2446] 王勇，陈美瑛．平台经济治理中的私人监管和规制．经济社会体制比较．2020 (04)：62-68.

[2447] 门洪华，葛天任．国家如何治理网络空间？——基于美日德俄印的比较分析．经济社会体制比较．2020 (04)：79-88.

[2448] 陈少威，贾开．跨境数据流动的全球治理：历史变迁、制度困境与变革路径．经济社会体制比较．2020 (02)：120-128.

[2449] 聂辉华，李靖，方明月．中国煤矿安全治理：被忽视的成功经验．经济社会体制比较．2020 (04)：110-119.

[2450] 苏小方，张方方．企业失信行为的制度经济学分析及治理思路．经济社会体制比较．2020 (02)：174-181.

[2451] 王妍，吴一迪．FDI对辽宁省装备制造业产业安全影响的实证分析．经济师．2020 (02)：137-138.

[2452] 王乐．跨国公司通过专利运营控制产业链、价值链与供应链的机制研究．经济师．2020 (01)：72-73.

[2453] 云小鹏，马莉．京津冀跨区域生态文明建设制度体系法治完善研究．经济师．2020 (12)：11-13.

[2454] 蒙雅琦，何琳，杨林，田永．“新规制”前后碳会计的确认与计量．经济师．2020 (12)：122-123.

[2455] 赵新，赵云芬．转基因食品安全的法律规制研究．经济师．2020 (12)：79-80.

[2456] 王乐乐．论我国社会企业的法律规制．经济师．2020 (09)：69-70.

［2457］王爱．我国应对离岸公司国际避税的法律问题研究．经济师．2020（09）：75－76.

［2458］姜婉舒．环境规制与产业经济的可持续发展——以山西省煤炭产业为例．经济师．2020（08）：133－134.

［2459］张瑜．互联网金融视域下“校园贷”大学生权益保护法律机制研究．经济师．2020（02）：71－72.

［2460］包道宽．环境规制、污染外部性与产业空间分布演化研究．经济师．2020（01）：76－79.

［2461］胡波．厘清商品价值的计算问题　正确理解劳动价值理论．经济师．2020（01）：79－81.

［2462］宋恋．企业并购中的财务风险与防范研究．经济师．2020（01）：149－150.

［2463］尹玥，周妍婕．企业并购价值评估研究．经济师．2020（02）：277－278.

［2464］薛明路．并购战略性新兴企业对传统企业转型升级的影响因素分析．经济师．2020（03）：279－281.

［2465］王昌盛．企业兼并的意义在于提升资本价值．经济师．2020（06）：273.

［2466］邹愉．国外矿产资源开发外资利用监管政策启示与借鉴．经济师．2020（09）：57－59.

［2467］时小侬．普惠金融发展的风险监管探析．经济师．2020（07）：111－112.

［2468］庞佳璇，郝惠泽．基于区块链技术跨境支付模式分析及监管探析．经济师．2020（06）：56－57.

［2469］杨晓英．体制改革后如何加强高校校属企业管理的几点思考．经济师．2020（04）：204－205.

［2470］顾国庆．科研经费监管背景下高校教师职业形象分析与重塑．经济师．2020（03）：226－228.

［2471］张新招．加强社保基金监管　防范化解基金风险．经济师．2020（03）：40－41.

［2472］张杰．基于民间融资的影子银行监管研究．经济师．2020（01）：176－177.

［2473］王珊珊，杨璐维．环境治理与经济高质量发展——基于中国省际面板数据的实证分析．经济视角．2020（01）：65－75.

［2474］张骞，梁曙霞．对外贸易、经济增长与污染物排放关系的实证研究——基于中国省际面板数据．经济视角．2020（01）：84－93.

［2475］贺正楚，李玉洁，刘大能．交通产业链上企业工程项目成本控制的影响因素研究．经济数学．2020（03）：1－8.

［2476］周四军，罗欣，刘影，范迪．环境规制强度影响能源效率的门槛效应研究——基于PSTR模型．经济数学．2020（01）：9－19.

［2477］闫寒．金融服务业负面清单的国际经验借鉴．经济体制改革．2020（06）：172－177.

［2478］马洪坤，杨振宇．基于交叉持股理论的国有企业混合所有制改革研究．经济体制改革．2020（06）：94－101.

［2479］夏艳玲．“放管服”改革背景下我国养老服务规制研究．经济体制改革．2020（04）：27－32.

［2480］王小龙，陈金皇，许敬轩．税收管理员制度、征管独立性与企业税收遵从．经济体制改革．2020（06）：131－138.

［2481］李昆，周庆鸽．资本市场开放与并购商誉——基于“沪港通”的实证研究．经济体制改革．2020（03）：137－143.

［2482］樊亚男，陆莎．城市生活垃圾分类技术创新及影响因素分析——基于专利授权量的实证研究．经济问题．2020（12）：121－129.

［2483］许瑞恒，林欣月．多元补偿主体、环境规制与海洋经济可持续发展．经济问题．2020（11）：58－67.

［2484］王建秀，刘星茹，尹宁．社会公众监督与企业绿色环境绩效的关系研究．经济问题．2020（08）：70－77.

［2485］闫莹，孙亚蓉，耿宇宁．环境规制政策下创新驱动工业绿色发展的实证研究——基于扩展的CDM方法．经济问题．2020（08）：86－94.

［2486］关海玲，武祯妮．地方环境规制与绿色全要素生产率提升——是技术进步还是技术效率变动？．经济问题．2020（02）：118－129.

［2487］彭树远．我国省域全要素能源效率研究——基于三阶段全局UHSBM模型．经济问题．2020（01）：11－19.

［2488］林靖宇，邓睦军，李蔚．中国区域协调发展的空间政策选择．经济问题探索．2020（08）：11－21.

［2489］董洪超，蒋伏心．交通基础设施对中国区域市场一体化的影响研究——基于动态面板模型的实证分析．经济问题探索．2020（05）：26－39.

［2490］郑洁，刘舫，赵秋运，付才辉．环境规制与高质量创新发展：新结构波特假说的理论探讨．经济问题探索．2020（12）：171－177.

［2491］常红，王军．环境规制对经济增长的影响研究——基于技术创新门槛的经验分析．经济问题探索．2020（11）：41－51.

［2492］杨丹，周萍萍，周祎庆．绿色创新、环境规制影响产业高质量发展机制研究——基于调节效应和门槛效应的分析．经济问题探索．2020（11）：121－131.

［2493］唐晓华，孙元君．环境规制对中国制造业高质量发展影响的传导机制研究——基于创新效应和能源效应的双重视角．经济问题探索．2020（07）：92－101.

［2494］石华平，易敏利．环境规制对高质量发展的影响及空间溢出效应研究．经济问题探索．2020（05）：160－175.

［2495］林秀梅，关帅．环境规制对制造业升级的空间效应分析——基于空间杜宾模型的实证研究．经济问题探索．2020（02）：114－122.

［2496］李彦，王鹏，梁经伟．生态旅游示范区对区域经济绿色发展的影响研究——基于准自然实验的视角．经济问题探索．2020（02）：21－30.

［2497］王林辉，杨博．环境规制、贸易品能耗强度与中国区域能源偏向型技术进步．经济问题探索．2020（02）：144－157.

［2498］刘自敏，朱朋虎，杨丹，冯永晟．交叉补贴、工业电力降费与碳价格机制设计．经济学（季刊）．2020（02）：709－730.

［2499］常延龙，龙小宁，孟磊．异地审理、司法独立性与法官裁决——基于广东省江门市司法制度改革的实证研究．经济学（季刊）．2020（01）：101－120.

［2500］万威，龙小宁．经济增长“绕道”而行了吗？——二级公路收费取消的影响研究．经济学（季刊）．2020（03）：897－912.

［2501］张俊，钟春平，彭飞．交通可达性的提高是否加剧了中国跨省河流污染？——来自中国工业企业的证据．经济学（季刊）．2020（02）：617－636.

［2502］尹振东，聂辉华．腐败、官员治理与经济发展．经济学（季刊）．2020（02）：411－432.

［2503］叶光亮，陈逸豪，徐化愚．混合经济与最优跨国技术授权——基于运输成本创新的空间价格歧视模型．经济学（季刊）．2020（02）：545－566.

［2504］范庆泉，储成君，刘净然，张铭毅．环境规制、产业升级与雾霾治理．经济学报．2020（04）：189－213.

［2505］周越，徐隽翊．中国经济中的垂直市场与企业动态——基于DSGE的模型研究．经济

学报.2020（03）：20－52.

［2506］陈旭，邱斌.多中心结构、市场整合与经济效率.经济学动态.2020（08）：70－87.

［2507］孙博文.环境经济地理学研究进展.经济学动态.2020（03）：131－146.

［2508］陈林，万攀兵.产品质量规制与电影在线评分——基于经典估计贝叶斯平均法和倾向得分匹配法.经济学动态.2020（03）：69－85.

［2509］林木西.中国特色国民经济学的建设与发展.经济学家.2020（12）：15－23.

［2510］洪银兴.实现要素市场化配置的改革.经济学家.2020（02）：5－14.

［2511］赵敏，邱海平，王金秋.列宁的帝国主义论及其当代价值——纪念列宁诞辰150周年.经济学家.2020（12）：5－14.

［2512］安同良，杨晨.互联网重塑中国经济地理格局：微观机制与宏观效应.经济研究.2020（02）：4－19.

［2513］胡乐明，王杰.非自愿性、非中立性与公共选择——兼论西方公共选择理论的逻辑缺陷.经济研究.2020（12）：182－199.

［2514］马述忠，房超.线下市场分割是否促进了企业线上销售——对中国电子商务扩张的一种解释.经济研究.2020（07）：123－139.

［2515］陈登科.贸易壁垒下降与环境污染改善——来自中国企业污染数据的新证据.经济研究.2020（12）：98－114.

［2516］李青原，肖泽华.异质性环境规制工具与企业绿色创新激励——来自上市企业绿色专利的证据.经济研究.2020（09）：192－208.

［2517］余泳泽，孙鹏博，宣烨.地方政府环境目标约束是否影响了产业转型升级？.经济研究.2020（08）：57－72.

［2518］沈坤荣，周力.地方政府竞争、垂直型环境规制与污染回流效应.经济研究.2020（03）：35－49.

［2519］王世强，陈逸豪，叶光亮.数字经济中企业歧视性定价与质量竞争.经济研究.2020（12）：115－131.

［2520］张克中，欧阳洁，李文健.缘何“减税难降负”：信息技术、征税能力与企业逃税.经济研究.2020（03）：116－132.

［2521］李广众，朱佳青，李杰，李新春.经理人相对绩效评价与企业并购行为：理论与实证.经济研究.2020（03）：65－82.

［2522］李善民，黄志宏，郭菁晶.资本市场定价对企业并购行为的影响研究——来自中国上市公司的证据.经济研究.2020（07）：41－57.

［2523］杜宇玮.发挥超大规模市场优势　加快经济高质量发展.经济研究参考.2020（02）：5－10.

［2524］张培丽，阴朴谦，管建洲.人口、资源与环境经济学研究新进展及未来研究方向.经济研究参考.2020（01）：27－45.

［2525］陈煌鑫，邹文杰，马晓伟.生态文明试验区资源环境承载力及其影响因素研究——以福建省为例.经济研究参考.2020（17）：94－109.

［2526］魏国江，冯思宇，魏艺，赵剑波，苏培添.绿色技术创新中的市场失灵空间分层与转移.经济研究参考.2020（15）：103－114.

［2527］涂志辉，姜玲，欧阳明荟.环境规制的就业效应是否存在区域异质性——基于“两控区”PSM－DID研究.经济研究参考.2020（13）：72－83.

［2528］余官胜，王灿玺.海外并购能提升企业高管薪酬吗——基于上市公司数据的实证研究.经济研究参考.2020（11）：92－105.

[2529] 张军. 依托大数据技术优化营商环境对策研究. 经济研究导刊. 2020 (28): 114-115.

[2530] 李迟芳，马毅，李丹. "三农P2P"产业发展与风险控制模式研究. 经济研究导刊. 2020 (08): 31-34.

[2531] 张小涛，王雅琳，刘金铭. 内地投资者情绪对AH股价差的影响研究. 经济研究导刊. 2020 (09): 86-88.

[2532] 周子寒，王颖. 互联网背景下金融科技助力城商银行发掘长尾市场. 经济研究导刊. 2020 (36): 55-57.

[2533] 宋潮. 网络直播带货行为的规制研究. 经济研究导刊. 2020 (32): 157-158.

[2534] 郭莲. 网络平台借贷的法律规制探析. 经济研究导刊. 2020 (31): 148-149.

[2535] 宋友艳. 人工智能风险的刑法思考. 经济研究导刊. 2020 (22): 151-152.

[2536] 郑孟云. 商标恶意囤积的法经济学分析. 经济研究导刊. 2020 (10): 191-194.

[2537] 宋佳音. 从规制商标注而不用现象的角度谈新《商标法》的修订. 经济研究导刊. 2020 (09): 198-199.

[2538] 熊晓能. 大数据时代cookie技术中的法律规制问题研究——以个人信息权为视角. 经济研究导刊. 2020 (05): 188-189.

[2539] 曹宇，袁力. 由"快播案"谈网络犯罪案件审判中"技术中立原则"的适用. 经济研究导刊. 2020 (01): 195-197.

[2540] 刘闽雪. 论我国公平竞争自我审查制度之缺陷及完善. 经济研究导刊. 2020 (01): 187-189.

[2541] 韩红. "互联网+"背景下金融风险规制路径. 经济研究导刊. 2020 (01): 76-96.

[2542] 杨云. 高度发展商品经济蕴含的高级社会组织形式. 经济研究导刊. 2020 (24): 5-6.

[2543] 唐诗意. 利益衡量理论视角下反垄断法介入数字音乐独家授权模式的正当性分析. 经济研究导刊. 2020 (02): 198-199.

[2544] 霍增辉，陈洁怡，潘子阳. 基于熵值法的并购协同效应分析——以昆仑万维收购闲徕互娱为例. 经济研究导刊. 2020 (02): 161-163.

[2545] 沈伟志. 化工产业并购整合的绩效分析——基于A股上市公司2011—2018年数据. 经济研究导刊. 2020 (05): 140-146.

[2546] 路艳芹，宫桦秋. 青岛海尔并购通用家电的绩效研究. 经济研究导刊. 2020 (05): 23-24.

[2547] 康乐. 企业并购协同效应分析——以浦发银行并购上海信托为例. 经济研究导刊. 2020 (07): 63-65.

[2548] 路倩影. 或有对价支付法能减少商誉减值带来的风险吗？——以蓝色光标并购WAVS为例. 经济研究导刊. 2020 (08): 193-194.

[2549] 唐春. 财务尽职调查对房地产并购风险的思考. 经济研究导刊. 2020 (09): 85-88.

[2550] 罗怡琪. 企业并购重组税务筹划的常见方法. 经济研究导刊. 2020 (11): 159-160.

[2551] 郭道玥，孟庆军. 互联网文化公司并购活动对公司股价影响分析. 经济研究导刊. 2020 (15): 42-45.

[2552] 张可，郭金玲. AEH并购基金体外孵化风险分析. 经济研究导刊. 2020 (15): 53-57.

[2553] 陈宏斐，黄春连，谢余波. B公司被A公司并购财务协同效应浅析. 经济研究导刊. 2020 (17): 154-156.

[2554] 谭中明，倪雅梅，马庆. 中资银行海外并购的长期协同效应研究——以招商银行并购香港永隆银行为例. 经济研究导刊. 2020 (25): 78-80.

[2555] 吴宗喜. 中资企业并购海外足球俱乐部的风险与规避研究. 经济研究导刊. 2020

(26): 21 – 22.

[2556] 周雪. 浅析中信证券并购广州证券后的整合问题. 经济研究导刊. 2020 (26): 106 – 107.

[2557] 谭中明, 赵广, 刘媛媛. 中国商业银行跨国并购长期财务绩效评价研究——以中国建设银行并购巴西BIC银行为例. 经济研究导刊. 2020 (30): 83 – 84.

[2558] 吴宗喜. 中国企业并购海外体育俱乐部风险管理框架研究. 经济研究导刊. 2020 (32): 5 – 6.

[2559] 杨明. 企业财务造假与监管的博弈分析. 经济研究导刊. 2020 (32): 113 – 114.

[2560] 赵歌. 金融科技视角下银行对民营企业的信贷支持及监管分析. 经济研究导刊. 2020 (31): 59 – 60.

[2561] 陈李学. 探析财政票据监管与税收发票的关系. 经济研究导刊. 2020 (29): 127 – 128.

[2562] 王丰阁, 张瑞雪. P2P网络借贷平台风险识别与监管研究. 经济研究导刊. 2020 (11): 119 – 120.

[2563] 申伟宁, 柴泽阳, 戴娟娟. 京津冀城市群环境规制竞争对雾霾污染的影响. 经济与管理. 2020 (04): 15 – 23.

[2564] 彭桥, 陈浩. 消费者购买历史与企业产品定价策略选择. 经济与管理. 2020 (02): 43 – 49.

[2565] 王建华, 王恒, 孙俊. 基于订餐平台视角的食品安全监管策略. 经济与管理. 2020 (03): 79 – 85.

[2566] 马海涛, 岳林峰. 知识产权保护实践中的地方政府因素. 经济与管理评论. 2020 (04): 56 – 64.

[2567] 岳贤平. 标准专利许可中保护与反垄断的价格协调机制研究. 经济与管理研究. 2020 (12): 41 – 54.

[2568] 余东华, 张昆. 要素市场分割、产业结构趋同与制造业高级化. 经济与管理研究. 2020 (01): 36 – 47.

[2569] 陈维民. 环境规制、经济分权与工业生产效率. 经济与管理研究. 2020 (12): 55 – 67.

[2570] 张华, 冯烽. 非正式环境规制能否降低碳排放? ——来自环境信息公开的准自然实验. 经济与管理研究. 2020 (08): 62 – 80.

[2571] 于良春, 甘超. 垄断与竞争: 中国医疗行业市场效率分析. 经济与管理研究. 2020 (06): 47 – 58.

[2572] 谢贤君, 王晓芳. 市场准入规范化对绿色增长水平的影响——基于经济合作与发展组织绿色增长战略视角. 经济与管理研究. 2020 (02): 3 – 18.

[2573] 许佩, 吴姗姗. 环境分权体制下中央政府与地方政府协同环境治理研究. 经济与管理研究. 2020 (12): 124 – 141.

[2574] 杨继东, 崔琳, 周方伟, 赵文哲. 经济增长、财政收入与土地资源配置——基于工业用地出让的经验分析. 经济与管理研究. 2020 (08): 29 – 43.

[2575] 高翀, 孔德松. 并购中的业绩承诺条款与股价崩盘风险. 经济与管理研究. 2020 (07): 77 – 93.

[2576] 张红霞, 杨蕙馨. 跳板理论视角下跨国并购对双元创新的影响机制与未来展望. 经济与管理研究. 2020 (09): 98 – 111.

[2577] 董成惠. 低价竞争法律类型化的比较研究. 经济与社会发展. 2020 (04): 39 – 49.

[2578] 王海南, 崔长彬. 京津冀劳动力市场一体化水平测度与完善对策. 经济纵横. 2020 (08): 40 – 51.

［2579］刘元元．中国国际商事法庭司法运作中的协议管辖：挑战与应对措施．经贸法律评论．2020（06）：1－16.

［2580］理查德·吉尔伯特，黄昆．排他性交易的经济学分析和反垄断执法．经贸法律评论．2020（05）：93－117.

［2581］丁茂中．论滥用市场支配地位行为规范的立法完善．经贸法律评论．2020（02）：120－134.

［2582］申晨．《民法典》离婚登记冷静期的正当性分析．经贸法律评论．2020（06）：52－67.

［2583］王云鹏，丁丁．论负面清单对安全审查范围的标定．经贸法律评论．2020（04）：1－16.

［2584］成协中．优化营商环境的法治保障：现状、问题与展望．经贸法律评论．2020（03）：1－16.

［2585］刘冰玉．规制塑料废物跨境转移的里程碑：《巴塞尔公约》修正案的影响．经贸法律评论．2020（02）：47－59.

［2586］宁度．部分并购的反垄断经济与法律分析．经贸法律评论．2020（06）：111－130.

［2587］吴畅．合谋下的大股东掏空与盈余管理分析．经营管理者．2020（08）：86－87.

［2588］国金．并购热 全球狂潮再起．经营管理者．2020（01）：23.

［2589］倪弘真．海外并购商誉减值风险的防范——以南京新百为例．经营与管理．2020（06）：67－71.

［2590］吴晓丹，周利芬．业绩承诺促成并购风险的原因探析——以立思辰并购汇金科技事件为例．经营与管理．2020（07）：41－45.

［2591］吴道友，夏雨．“一带一路”背景下浙商企业跨国并购协同整合策略研究——以万丰航空产业系列跨国并购为例．经营与管理．2020（10）：30－33.

［2592］李美玲，周利芬，张文雨，张家健，钟映葵，蔡金岐．业绩承诺对上市公司绩效的影响分析——以“合力泰”并购“电子部品件”事件为例．经营与管理．2020（12）：6－10.

［2593］陈科宇．大数据产业相关产品市场界定法律问题研究．经营与管理．2020（05）：99－102.

［2594］吴杨伟，李晓丹．环境规制对中国制造业贸易竞争力的影响．荆楚学刊．2020（03）：45－53.

［2595］朱山，朱明璋．明清景德镇御窑厂规制布局探考．景德镇陶瓷．2020（06）：17－20.

［2596］王苹．“自愿加班”之法律规制．景德镇学院学报．2020（05）：90－94.

［2597］金娟．论善意文明保全及对过度保全的法律规制．景德镇学院学报．2020（04）：86－90.

［2598］何顿，陈云良．汽车销售中金融服务费收取乱象及规制——以“西安奔驰女车主维权事件”为例．景德镇学院学报．2020（01）：95－99.

［2599］苏珊·尼格拉·施奈德，乔治·E·托马斯．策划排斥与特权：作为新自由主义工具的历史、遗产和自然．景观设计学．2020（06）：60－85.

［2600］范淼．论反恐刑法扩张化适用的基础与风险．警学研究．2020（06）：69－77.

［2601］张东平．社交网络的色情报复及其规制．警学研究．2020（04）：87－94.

［2602］安俊衡．电信诈骗犯罪防控路径探析．警学研究．2020（02）：50－59.

［2603］吴菊萍．民间金融机构暴雷的表象与实质——以P2P为视角．警学研究．2020（05）：9－14.

［2604］毕金平．《反垄断法》宽大制度之完善建议．竞争法律与政策评论．2020（00）：15－18.

［2605］Thomas K. Cheng，彭玮婕，吴飞．转售价格维持的消费者行为学方法．竞争法律与政策评论．2020（00）：85－159.

［2606］汪逸丰．国际经贸规则下国有企业的补贴政策研究．竞争情报．2020（06）：50－57.

［2607］戴维·S. 埃文斯. 数字世界的纵向约束. 竞争政策研究. 2020（06）：31－45.

［2608］谭晨. 国际航空联营反垄断审查的逻辑和路径——基于国外经验和中国实践的观察. 竞争政策研究. 2020（06）：75－91.

［2609］袁波. 走出互联网领域反垄断法分析的七个误区——以“微信封禁飞书”事件为中心. 竞争政策研究. 2020（01）：46－58.

［2610］吴太轩，谭娜娜. 算法默示合谋反垄断规制困境及其对策. 竞争政策研究. 2020（06）：63－74.

［2611］王健，吴宗泽. 反垄断迈入新纪元——评美国众议院司法委员会《数字化市场竞争调查报告》. 竞争政策研究. 2020（04）：63－83.

［2612］万为众. 药企博弈机制与反向支付的经济政策规制. 竞争政策研究. 2020（03）：50－58.

［2613］王融. 论个人信息保护与市场竞争的互动关系——从个人信息保护视角观察. 竞争政策研究. 2020（02）：18－32.

［2614］孟雁北. 论大数据竞争带给法律制度的挑战. 竞争政策研究. 2020（02）：5－17.

［2615］方燕. 论经济学分析视域下的大数据竞争. 竞争政策研究. 2020（02）：33－59.

［2616］张超. 论著作权集体管理组织的垄断问题治理出路——兼评《关于滥用知识产权的反垄断指南（征求意见稿）》. 竞争政策研究. 2020（01）：59－69.

［2617］韩伟，任怡，骆梦琪. OECD 针对 COVID－19 疫情的竞争政策回应. 竞争政策研究. 2020（04）：85－90.

［2618］马泰成. 差别取价与价格挤压：美国法与欧陆法之比较. 竞争政策研究. 2020（06）：93－106.

［2619］陈晓珊. 国有企业横向并购反垄断控制的审查标准研究. 竞争政策研究. 2020（03）：40－49.

［2620］宁度. 美国《纵向合并指南》的介评与启示：以竞争损害的认定为中心. 竞争政策研究. 2020（05）：90－106.

［2621］《关于知识产权领域的反垄断指南》解读. 竞争政策研究. 2020（04）：20－23.

［2622］韩伟. 纵向合并指南. 竞争政策研究. 2020（03）：75－82.

［2623］陈永伟. 平台条件下的相关市场界定：若干关键问题和一个统一分析流程. 竞争政策研究. 2020（03）：5－17.

［2624］张凯. 数字经济背景下，我国网络支付市场的竞争政策与创新发展. 竞争政策研究. 2020（03）：31－38.

［2625］王勇. 我国劳动合同“中止”制度之立法分析. 就业与保障. 2020（24）：185－186.

［2626］王连朋. 道路客运产权型集约化经营模式及适应性分析. 决策探索（下）. 2020（09）：49－50.

［2627］邓凯，吴灏文. 数字化助推：一种智慧城市的公共政策视角. 决策探索（下）. 2020（08）：11－15.

［2628］王晓栋，刘慧翩. 中国企业跨国并购案例及特征分析. 决策探索（下）. 2020（06）：68－69.

［2629］张玮. 上海城市轨道交通运营安全监管优化对策研究. 决策探索（中）. 2020（08）：12－13.

［2630］李佳，陶涛，王邦宇. 疫情防控中大数据应用的逻辑及其规制路径——以新冠肺炎疫情为例. 决策与信息. 2020（07）：67－76.

［2631］叶爱山，龚利. 强化环境规制能促进长江经济带“绿色蜕变”吗——基于绿色全要素生产率视角. 决策咨询. 2020（05）：67－72.

[2632] 范子艾，蒋祖存．从单位社区到后单位社区：组织场域视角下社区集体行动的逻辑．决策咨询．2020（04）：90－96.

[2633] 刘晓宇．我国公平竞争审查制度的分阶段实施与规划落实．决策咨询．2020（04）：47－52.

[2634] 丁佳，谢臻．银行外汇业务监管趋势分析与合规经营研究．开发性金融研究．2020（04）：34－41.

[2635] 方永恒，霍璐欣．环境规制、政府补贴与绿色产业发展——基于我国30省（市、区）的实证分析．开发研究．2020（06）：39－47.

[2636] 孟望生，邵芳琴．环境规制如何影响地区经济增长效率？——基于甘肃省14个市州的数据经验．开发研究．2020（04）：44－49.

[2637] 彭兰．UGC视频版权侵权的可责性分析与规制路径——从B站UP主“巫师财经”作品的争议谈起．科技传播．2020（18）：133－135.

[2638] 苏丽洁．个人数据泄露问题及其规避——以2019年网络爬虫事件为例．科技传播．2020（16）：179－182.

[2639] 王嘉傲，丁晨曦．论区块链的法律规制．科技传播．2020（05）：145－152.

[2640] 张莹，何淑芸，邱铄．行业集中度对环境效率的影响研究——以技术创新为中介变量．科技创业月刊．2020（12）：1－10.

[2641] 李青青，朱泰玉，高兵．环境规制对企业绿色创新的影响研究．科技创业月刊．2020（08）：7－14.

[2642] 杨天天．信息不对称下基于合约菜单的政府采购规制．科技创业月刊．2020（08）：95－97.

[2643] 盛艳燕．绿色发展理念、环境规制与企业文化重构案例研究．科技创业月刊．2020（06）：75－78.

[2644] 丁辉．在线旅游行业并购动因及并购绩效研究．科技创业月刊．2020（08）：33－38.

[2645] 黄菲菲，周运兰．上市公司控股股东股权质押融资问题及对策研究．科技创业月刊．2020（02）：13－15.

[2646] 周茂春，刘冠赢．区域异质性视角下环境规制对煤炭行业创新技术的影响研究．科技促进发展．2020（12）：1570－1578.

[2647] 靳镇通，刘红．中国共享单车发展历程及协同治理研究．科技促进发展．2020（08）：946－951.

[2648] 冯亚娟，王雪，祁乔．环境分权对绿色创新的影响——环境规制和研发补贴的中介作用．科技促进发展．2020（02）：176－183.

[2649] 吴何奇．医疗大数据的价值、风险与法律规制——基于新型冠状病毒肺炎疫情治理的思考．科技导报．2020（23）：31－38.

[2650] 冯烨．STS视角下微整形科技及其应用的伦理规制．科技导报．2020（15）：101－110.

[2651] 陈艳．规制民事虚假诉讼的路径探究．科技风．2020（12）：209.

[2652] 郭碧娟．人工智能，法律应该怎样面对——兼评《人工智能法律规制研究》．科技风．2020（05）：207.

[2653] 谢巧丽，周明智，全珍珍．企业并购的动因及价值效应分析．科技风．2020（01）：221－222.

[2654] 胡泽章．基于会计信息质量提升的会计监督探讨．科技风．2020（12）：202.

[2655] 廖安．网约车监管问题探析．科技风．2020（06）：214.

[2656] 万丹．息烽县最严格水资源管理制度取用水监管建设方案探讨．科技风．2020（01）：

112.

［2657］董亚宁，顾芸，李嘉，贺灿飞．空间一体化视角下高技术产业创新增长研究．科技管理研究．2020（23）：1－6.

［2658］郭爱君，杨春林，钟方雷．我国区域科技创新与生态环境优化耦合协调的时空格局及驱动因素分析．科技管理研究．2020（24）：91－102.

［2659］郭卫香，孙慧．环境规制、技术创新对全要素碳生产率的影响研究——基于中国省域的空间面板数据分析．科技管理研究．2020（23）：239－247.

［2660］吴卫红，盛丽莹，刘佳明，张爱美，唐方成．环境规制对高耗能产业创新绩效的影响研究——基于价值链视角的两阶段分析．科技管理研究．2020（23）：248－254.

［2661］苏培添，魏国江，张玉珠．中国环境规制有效性检验——基于技术创新的中介效应．科技管理研究．2020（22）：223－233.

［2662］赵立祥，冯凯丽，赵蓉．异质性环境规制、制度质量与绿色全要素生产率的关系．科技管理研究．2020（22）：214－222.

［2663］王磊，谭清美，种曌天，吴六三．智能生产与服务网络体系中军地新型产业联盟结构及其界壳研究．科技管理研究．2020（20）：155－165.

［2664］向智才，金晋，张朝阳．我国药品专利强制许可制度的法律规制研究．科技管理研究．2020（19）：147－152.

［2665］左扬尚瑜，晁恒，陈珍启．污染密集型产业布局及影响因素研究进展．科技管理研究．2020（12）：229－238.

［2666］常青山，侯建，宋洪峰，陈建成．科技人力资源对工业绿色转型的门槛效应——基于环境规制的视角．科技管理研究．2020（12）：220－228.

［2667］闫莹，孙亚蓉，俞立平，展婷变．环境规制对工业绿色发展的影响及调节效应——来自差异化环境规制工具视角的解释．科技管理研究．2020（12）：239－247.

［2668］颜青，殷宝庆．环境规制工具对绿色技术进步的差异性影响．科技管理研究．2020（12）：248－254.

［2669］高艺，杨高升，谢秋皓．公众参与理论视角下环境规制对绿色全要素生产率的影响——基于空间计量模型与门槛效应的检验．科技管理研究．2020（11）：232－240.

［2670］孙丽文，赵鹏，任相伟，韩莹．碳排放权交易减轻中国工业碳锁定了吗？——基于DID及SDID方法的实证分析．科技管理研究．2020（09）：205－211.

［2671］王韧．环境规制与绿色技术创新的动态关联——基于“波特假说”的再检验．科技管理研究．2020（08）：243－250.

［2672］王玉燕，刘晓娟，卢山山．全球价值链下环境规制与技术进步能否实现双赢？——来自中国工业行业的经验研究．科技管理研究．2020（08）：260－266.

［2673］赵莉，胡逸群．环境规制强度与行业绩效关系研究——基于两类创新的中介作用．科技管理研究．2020（05）：243－251.

［2674］秦颖，孙慧．自愿参与型环境规制与企业研发创新关系——基于政府监管与媒体关注视角的实证研究．科技管理研究．2020（04）：254－262.

［2675］孙丽文，赵鹏，李少帅，杜娟．中国省域碳锁定空间溢出效应及影响因素分析——基于空间面板模型的实证检验．科技管理研究．2020（03）：225－232.

［2676］朱喆，徐顽强．科技类社会组织资源获取模式评价——基于武汉市的实证研究．科技管理研究．2020（19）：243－250.

［2677］陈双，冷祥彪．我国企业在德国技术获取型并购风险研究——基于PEST－SWOT模型分析．科技管理研究．2020（11）：191－199.

[2678] 张郑秋，赵云佳，龙妃凤．政府管制、油价下跌与中国产业部门价格水平变动研究——基于改进的投入产出价格影响模型．科技和产业．2020（08）：74－78.

[2679] 徐云．高管激励、环境规制与企业环保投入．科技和产业．2020（01）：129－135.

[2680] 陈绍刚，李罗赟，刘品婷．互联网新商业模式下寡头厂商定价研究——基于共享经济市场的分析．科技和产业．2020（04）：1－8.

[2681] 曹明霞．中小学校外培训机构的规范与监管研究——以江苏省为例．科技和产业．2020（10）：158－163.

[2682] 许学国，周燕妃．基于三阶段 Malmquist－PNN 的区域绿色创新效率评价与智能诊断研究．科技进步与对策．2020（24）：54－62.

[2683] 雷玉桃，张淑雯，孙菁靖．环境规制对制造业绿色转型的影响机制及实证研究．科技进步与对策．2020（23）：63－70.

[2684] 宋德勇，李项佑，李超，岳鸿飞．中国低碳城市建设的创新驱动效应评估——兼论多重嵌套试点示范机制的完善．科技进步与对策．2020（22）：28－37.

[2685] 徐薛飞，王丽丽，陈尚．不同技术创新形式在环境规制与工业绿色增长关系中的作用．科技进步与对策．2020（19）：68－76.

[2686] 刘光星．日本促进创新事业发展的法制变革：理论、安排与启示．科技进步与对策．2020（18）：114－122.

[2687] 郭捷，杨立成．环境规制、政府研发资助对绿色技术创新的影响——基于中国内地省级层面数据的实证分析．科技进步与对策．2020（10）：37－44.

[2688] 罗蓉蓉．美国专利主张实体合法性检视及中国的应对策略．科技进步与对策．2020（04）：137－146.

[2689] 张兆国，常依，曹丹婷，张弛．高管任期、企业技术创新与环境绩效实证研究——以新环保法施行为事件窗口．科技进步与对策．2020（12）：73－81.

[2690] 张振华，唐莉，刘薇．环境规制科技政策对科技进步与经济增长的影响．科技进步与对策．2020（05）：131－140.

[2691] 沈宏亮，金达．非正式环境规制能否推动工业企业研发——基于门槛模型的分析．科技进步与对策．2020（02）：106－114.

[2692] 钟永红，曾奕航．股权并购与目标企业创新产出关系研究——以科技类上市企业为例．科技进步与对策．2020（18）：90－97.

[2693] 吴航，陈劲．跨国并购整合中的协同与创新：整合动机与整合度的匹配．科技进步与对策．2020（23）：1－8.

[2694] 张晨，万相昱．并购能够提高创新性么——来自高新技术产业上市公司的实证．科技进步与对策．2020（01）：102－111.

[2695] 马双，邹琳．知识重叠、知识库特性与创新绩效——来自机械制造企业技术并购的实证．科技进步与对策．2020（01）：146－152.

[2696] 潘慧冰，张宠．浅谈我国建设工程招投标管理．科技经济导刊．2020（26）：47－48.

[2697] 刘泽鹏．人工智能下的数据收集和隐私保护．科技经济导刊．2020（19）：25－26.

[2698] 赵经纬．金融衍生工具的规制问题研究．科技经济导刊．2020（11）：230.

[2699] 张河瑶圆．工商管理对促进经济发展的影响探析．科技经济导刊．2020（09）：195－196.

[2700] 李伟庆．先进制造企业并购审计的风险与管理策略研究．科技经济导刊．2020（09）：14－15.

[2701] 白雨帆，张琴．浅析中国企业跨国并购绩效的影响因素——基于多维距离视角．科技

经济导刊 . 2020（11）：172 – 173.

［2702］王冠杰 . 中国企业跨国并购财务风险与防范对策 . 科技经济导刊 . 2020（12）：163 – 164.

［2703］叶顺喜 . 被并购企业代理成本控制的实务研究 . 科技经济导刊 . 2020（19）：196 – 197.

［2704］耿晓兰，王世民 . 企业并购中潜在风险及其防范措施 . 科技经济导刊 . 2020（20）：193 – 194.

［2705］梁杰，林彤，陈怡秀 . 企业合并中反向并购案例设计与解析 . 科技经济导刊 . 2020（31）：232 – 233.

［2706］李敏才，李思杰 . 问询函制度对并购信息披露质量的影响及其经济后果——基于亚夏汽车与神州数码的比较研究 . 科技经济导刊 . 2020（35）：162 – 166.

［2707］刘晓庆 . 广西地方金融监管现状、问题及对策 . 科技经济导刊 . 2020（13）：178 – 179.

［2708］孙立军 . 区块链政府职能模式的探索 . 科技经济导刊 . 2020（13）：137 – 218.

［2709］李雪 . 区块链监管对策思考 . 科技经济导刊 . 2020（12）：228.

［2710］周群 . 发挥乡镇经管站在农村资金监管中的作用 . 科技经济导刊 . 2020（02）：228.

［2711］张倩倩 . FDI 是否提升了中国绿色全要素生产率水平——基于中国省级面板数据实证检验 . 科技经济市场 . 2020（03）：159 – 160.

［2712］王燕婷，林春春，邓梅英，何静雯，徐晓萱，肖碧云 . 企业并购价值评估方法的比较研究 . 科技经济市场 . 2020（01）：69 – 70.

［2713］韩敬雨 . 基于因子分析法的环保企业并购绩效研究——以中原环保为例 . 科技经济市场 . 2020（02）：77 – 78.

［2714］王钊灿，宋梦园 . 上市公司并购中的财务风险及控制研究 . 科技经济市场 . 2020（05）：28 – 29.

［2715］邓小华 . SN 并购 JLF 的财务风险防范及对策研究 . 科技经济市场 . 2020（05）：38 – 39.

［2716］单婧 . 互联网企业并购的风险防控——以美团点评并购摩拜单车为例 . 科技经济市场 . 2020（07）：110 – 111.

［2717］桂明杰 . “一带一路”倡议下安徽汽车产业跨国并购研究 . 科技经济市场 . 2020（08）：149 – 150.

［2718］张若涵 . 企业并购财务整合情况分析——以 DS 智能公司并购 JX 医疗公司为例 . 科技经济市场 . 2020（11）：10 – 14.

［2719］万磊 . 关于公共资源交易管理体制改革的探讨 . 科技经济市场 . 2020（11）：64 – 66.

［2720］彭林华 . 可转债市场的问题及监管对策研究 . 科技经济市场 . 2020（06）：43 – 45.

［2721］屠健 . 我国政府开放数据政策执行影响因素研究——基于政策执行综合模型视角 . 科技情报研究 . 2020（01）：92 – 98.

［2722］郭德忠 . 论版权滥用的法律规制——以禁止版权滥用原则为视角 . 科技与出版 . 2020（11）：81 – 87.

［2723］万志前，张成 . 材料转移协议中延展性权利条款的竞争法分析及规制 . 科技与法律 . 2020（06）：48 – 57.

［2724］梅术文，曹文豪帅 . 我国统一化数字版权交易平台的构建 . 科技与法律 . 2020（06）：9 – 15.

［2725］陈玉梅，从宇乾 . 大数据时代基因信息保护的制度架构 . 科技与法律 . 2020（06）：58 – 64.

［2726］梁伟亮 . 人工智能时代公司社会责任的软法规制 . 科技与法律 . 2020（05）：84 – 94.

［2727］文铭，刘博 . 人脸识别技术应用中的法律规制研究 . 科技与法律 . 2020（04）：77 – 85.

［2728］饶先成．“诚实信用原则”引入专利驳回和无效理由的法律构造——兼评专利法第四次修正案（草案）第二十条．科技与法律．2020（04）：22－30.

［2729］华劼．社交媒体网络直播版权侵权法律规制研究．科技与法律．2020（04）：37－43.

［2730］胡元聪，曲君宇．智能无人系统开发与应用的法律规制．科技与法律．2020（04）：65－76.

［2731］李秀丽．F_1 代杂交种品种权保护：特点、问题及规制．科技与法律．2020（03）：49－54.

［2732］刘双阳．衍生数据刑法保护进路的多重考察——兼论财产权客体的时代变迁．科技与法律．2020（03）：86－94.

［2733］王威，万志敏，王婉婷．光明乳业海外并购市场效应与影响因素研究．科技与管理．2020（01）：37－42.

［2734］任曙明，宋建民，李莲青．高管的并购烙印能否提升企业绩效．科技与管理．2020（05）：53－64.

［2735］周沁菡．对“人工智能法律规制”的可视化分析——基于2009－2019年被引文献和突现词．科技与金融．2020（08）：65－69.

［2736］周慧颖，王世进．环境规制下OFDI对绿色技术创新的影响——基于长江经济带的实证研究．科技与经济．2020（06）：26－30.

［2737］程华，黄诗倩．环境政策工具、信息不对称与绿色创新——基于有调节的中介模型．科技与经济．2020（06）：31－35.

［2738］万雨，刘志英．环境规制与长江经济带绿色技术创新——基于平衡面板数据的实证检验．科技与经济．2020（05）：31－35.

［2739］黄芳，蒋莹，石盛林．创业自我效能感、环境感知与创业意愿研究——基于南京高校教师的调研．科技与经济．2020（01）：81－85.

［2740］卢阳，叶丽岚．长江经济带环境规制对产业结构升级的影响分析．科技智囊．2020（07）：16－20.

［2741］高亚军．我国企业并购的发展趋势与展望——以香港上市公司为例．科技智囊．2020（12）：5－11.

［2742］张亮亮，陈志．培育数据要素市场需加快健全数据产权制度体系．科技中国．2020（05）：15－18.

［2743］张翼燕．韩国的监管沙盒制度．科技中国．2020（02）：100－101.

［2744］梁媛媛．企业并购的财务风险及其防范措施．科技资讯．2020（17）：51－52.

［2745］张丽．完善社区嵌入式养老服务定价机制的思路．科学发展．2020（02）：109－113.

［2746］马瑞华，郑玉刚．海外技术并购对我国技术赶超的抑制与应对——理论与实践双维度探讨．科学管理研究．2020（02）：44－49.

［2747］周全，韩贺洋．金融科技发展及风险演进分析．科学管理研究．2020（06）：127－133.

［2748］周全，韩贺洋．数字经济时代下金融科技发展、风险及监管．科学管理研究．2020（05）：148－153.

［2749］刘书文，欧燕．钢化联合企业生产能源一体化智能管控系统探讨．科学技术创新．2020（22）：98－99.

［2750］杨永浦，赵建军．生态治理现代化的价值旨趣、实践逻辑及核心策略．科学技术哲学研究．2020（04）：112－117.

［2751］王常柱，武杰，张守凤．大数据时代网络伦理规制的复杂性研究．科学技术哲学研究．2020（02）：107－113.

［2752］徐雷，杨家辉，郑理．“两型社会”试验区设立是否助推了区域工业绿色发展？．科学

决策 . 2020（12）：1 –26.

［2753］宋华，张国林，刘岑婕，阳立高 . 环境规制对我国省级产业结构优化的影响效应研究 . 科学决策 . 2020（09）：68 –85.

［2754］白桦，陈金东 . 互联网保险监管探析 . 科学决策 . 2020（05）：81 –93.

［2755］郭然，原毅军 . 环境规制、研发补贴与产业结构升级 . 科学学研究 . 2020（12）：2140 –2149.

［2756］王雅佳 . 科技创新风险的刑法规制：实践、理念与范式 . 科学学研究 . 2020（04）：714 –722.

［2757］张肇中，王磊 . 技术标准规制、出口二元边际与企业技术创新 . 科学学研究 . 2020（01）：180 –192.

［2758］张振华，张国兴，马亮，刘薇 . 科技领域环境规制政策演进研究 . 科学学研究 . 2020（01）：45 –53.

［2759］肖丁丁，王保隆，田文华 . 海外技术并购对双元能力成长模式的影响研究 . 科学学研究 . 2020（11）：2048 –2057.

［2760］吴航，陈劲 . 跨国并购动机与整合过程中的制度复杂性战略响应 . 科学学研究 . 2020（09）：1570 –1578.

［2761］王向阳，齐莹，金慧琦 . 组织兼容性、跨国并购知识转移与企业国际化 . 科学学研究 . 2020（10）：1828 –1836.

［2762］胡江峰，黄庆华，潘欣欣 . 环境规制、政府补贴与创新质量——基于中国碳排放交易试点的准自然实验 . 科学学与科学技术管理 . 2020（02）：50 –65.

［2763］黄天航，赵小渝，陈凯华 . 技术创新、环境污染和规制政策——转型创新政策的视角 . 科学学与科学技术管理 . 2020（01）：49 –65.

［2764］赵中华 . 国际并购中双方知识员工的风险识别与评估 . 科学学与科学技术管理 . 2020（04）：68 –82.

［2765］胡潇婷，高雨辰，金占明，李纪珍 . 海外并购对企业探索式和利用式创新绩效的影响研究：基于中国的实证分析 . 科学学与科学技术管理 . 2020（09）：35 –54.

［2766］吴航，陈劲 . 跨国并购影响创新绩效的中介机制：制度复杂性战略响应视角 . 科学学与科学技术管理 . 2020（11）：31 –47.

［2767］印波 . 至善、因袭与实用：科研诚信案件查处规范制定的价值准则 . 科学与社会 . 2020（04）：85 –101.

［2768］肖建飞 . 理论共识与认识分歧——对极端主义研究的考察 . 科学与无神论 . 2020（04）：25 –31.

［2769］雷安军，王留彦 . 欧美主要国家对邪教的法治化管理模式比较研究 . 科学与无神论 . 2020（06）：49 –53.

［2770］张家豪 . 贺建奎事件法律责任探析 . 科学咨询（科技·管理）. 2020（08）：44 –46.

［2771］姚杰峻，刘洪斌 . 浅谈会计信息失实的治理 . 科学咨询（科技·管理）. 2020（02）：78 –79.

［2772］王君美，王巧玲，胡玉莹，杨咏东 . 不完全信息、技术授权契约与社会福利效应 . 科研管理 . 2020（11）：153 –163.

［2773］方建春，张宇燕，吴宛珊 . 中国能源市场分割与全要素能源效率研究 . 科研管理 . 2020（10）：268 –277.

［2774］葛安茹，唐方成 . 基于合法性视角的新物种涌现机理研究：花椒直播的案例分析 . 科研管理 . 2020（12）：112 –120.

［2775］熊广勤，石大千，李美娜．低碳城市试点对企业绿色技术创新的影响．科研管理．2020（12）：93－102.

［2776］刘强，王伟楠，陈恒宇．《绿色信贷指引》实施对重污染企业创新绩效的影响研究．科研管理．2020（11）：100－112.

［2777］张强，孙宁，张璐，王建国，郝晓燕．机会窗口驱动下的互联网创业企业合法化机制研究．科研管理．2020（08）：171－180.

［2778］尹建华，弓丽栋，王森．失信惩戒与寒蝉效应——来自地区环保处罚记录的经验分析．科研管理．2020（01）：254－264.

［2779］郭文钰，杨建君．对外搜寻战略与企业新产品绩效的关系研究——企业家导向和竞争的联合调节作用．科研管理．2020（02）：162－171.

［2780］尹建华，王森，弓丽栋．重污染企业环境绩效与财务绩效关系研究：企业特征与环境信息披露的联合调节效应．科研管理．2020（05）：202－212.

［2781］黄苹，蔡火娣．跨国并购对企业技术创新质变的影响研究——基于技术互补性调节分析．科研管理．2020（06）：80－89.

［2782］严焰，池仁勇．技术相似性与并购后创新绩效关系的再探讨——基于企业技术吸收能力的调节作用．科研管理．2020（09）：33－41.

［2783］陶亮．区块链金融视域下智能合约的法律规制．克拉玛依学刊．2020（05）：64－71.

［2784］蔡金花．中小学数字教材建设的政府规制研究．课程．教材．教法．2020（09）：19－25.

［2785］周慧妮，吴鹏，王筱纶．基于价格歧视的双寡头竞争企业网络广告投放模式测评与策略研究．控制与决策．2020（08）：1953－1965.

［2786］王轶慧．有色金属企业并购财务风险管理——评《中国有色金属行业并购财务风险研究》．矿业研究与开发．2020（03）：162.

［2787］程明，吴波，董家魁，李星．自媒体时代突发公共事件网络谣言治理：框架重构、生成机制与规制消解．昆明理工大学学报（社会科学版）．2020（06）：106－113.

［2788］林秀群，吴振嘉，唐向阳．工业行业全要素碳排放效率及影响因素研究．昆明理工大学学报（社会科学版）．2020（02）：58－67.

［2789］倪传洲．人类命运共同体视域下的污染环境罪规制模式反思．昆明理工大学学报（社会科学版）．2020（02）：17－24.

［2790］杨玉晓．黑恶势力犯罪刑法治理研究．昆明理工大学学报（社会科学版）．2020（01）：24－30.

［2791］杨佳媛．公共图书馆对民族地方文献的收集保护和利用策略．兰台内外．2020（13）：59－60.

［2792］刘晓凤，张筠，李慧．民族地区公共图书馆地方特色资源的采集、保护及阅读推广——以湖南省凤凰县图书馆为例．兰台世界．2020（03）：109－111.

［2793］张之佐．明朝诏书规制考：以皇帝遗诏和即位诏为中心．兰台世界．2020（11）：168－171.

［2794］张学成，陈能敏，梁亚民．中国区域绿色生产效率研究——基于三阶段 Undesirable－SBM 与空间杜宾模型．兰州财经大学学报．2020（06）：72－80.

［2795］陈冲，郭媚媚．环境规制与产业结构升级：影响机理与实证检验．兰州财经大学学报．2020（04）：103－113.

［2796］崔立志，陈秋尧．城市雾霾治理对全要素生产率影响的实证分析．兰州财经大学学报．2020（04）：92－102.

［2797］周淳．证券服务机构诚信义务统合论．兰州大学学报（社会科学版）．2020（06）：

78 - 85.

[2798] 吴建祖，郑秋虾．东道国环境规制与中国对外直接投资动因——来自“一带一路”沿线国家的经验证据．兰州大学学报（社会科学版）. 2020（04）：49 - 59.

[2799] 陈冉，侯贵生，曲薪池．政府规制、患者初始使用意愿与移动医疗 App 行业发展演化研究．兰州大学学报（社会科学版）. 2020（02）：38 - 45.

[2800] 俞金香．碳捕获与封存立法规制研究——以鄂尔多斯碳捕获与封存项目的实证调研为视角．兰州大学学报（社会科学版）. 2020（02）：161 - 168.

[2801] 杨三正，王帅．论技术市场反垄断规制的独立化．兰州大学学报（社会科学版）. 2020（02）：151 - 160.

[2802] 谌爱群．农村畜禽养殖污染的法律规制．兰州教育学院学报 . 2020（05）：86 - 89.

[2803] 杨红，张豪．行政执法信息公示制度脱困研究．兰州文理学院学报（社会科学版）. 2020（01）：58 - 63.

[2804] 武晓红，吴杨彩．论网络犯罪的刑法应对选择——从刑法谦抑性谈起．兰州文理学院学报（社会科学版）. 2020（01）：64 - 68.

[2805] 张锋．风险规制视域下环境信息公开制度研究．兰州学刊 . 2020（07）：88 - 97.

[2806] 罗玉辉，廖敏伶．中国农业发展机遇研究：基于政府规制的视角．兰州学刊 . 2020（06）：72 - 84.

[2807] 王彦明，戴燕．新时代地方经济立法质量提升路径探讨——以成本效益分析方法的适用为中心．兰州学刊 . 2020（05）：69 - 80.

[2808] 刘华涛，李俊利．自然垄断行业政府管制引入合作治理的困境及其化解．兰州学刊 . 2020（02）：121 - 130.

[2809] 雷卫．券商介入是否影响新三板公司被并购的短期财富效应——基于券商网络资源视角．兰州学刊 . 2020（04）：110 - 128.

[2810] 黄庆余．网约车的监管模式——基于公共运营商的视角．兰州学刊 . 2020（05）：47 - 59.

[2811] 何宏庆．数字普惠金融风险：现实表征与化解进路．兰州学刊 . 2020（01）：68 - 78.

[2812] 姚愔怡．网约车驾驶员与网约车平台用工关系法律规制探讨．劳动保障世界 . 2020（09）：9 - 10.

[2813] 关梦颖．互联网经济下“劳动碰瓷”行为的法律规制．劳动保障世界 . 2020（06）：5 - 7.

[2814] 李文菲，潘登．关于国有企业并购重组的人力资源整合问题及对策．劳动保障世界 . 2020（08）：4 - 5.

[2815] 张磊．“三治融合”视域下乡村治理规则的重建之道．老区建设 . 2020（06）：25 - 30.

[2816] 鲍伊帆．地方政府税收优惠承诺的效力探析——以最高人民法院典型案例为研究视角．老区建设 . 2020（02）：72 - 78.

[2817] 王莉莉．浅谈取消企业银行账户许可制度后的监管建议．老区建设 . 2020（12）：41 - 46.

[2818] 杨佳．企业并购中财务风险分析与防范．老字号品牌营销 . 2020（04）：78 - 79.

[2819] 展春蕊．网络信息安全对第三方支付信息安全权的要求．老字号品牌营销 . 2020（02）：30 - 31.

[2820] 周良发．区块链技术赋能宣传思想工作创新：价值、隐忧与规制之道．理论导刊 . 2020（08）：121 - 126.

[2821] 杜敏捷．我国民事恶意诉讼的法律规制．理论观察 . 2020（07）：107 - 109.

[2822] 解文．政府规制视角下流量经济发展的问题与对策．理论观察 . 2020（02）：77 - 79.

[2823] 宋潮．网络直播行为的监管研究．理论观察 . 2020（02）：108 - 110.

［2824］吴必健．爱的动机与爱的基础之反思——基于弗洛姆《爱的艺术》的理论．理论界．2020（05）：38－44.

［2825］胡鹏鹏．社会本位视角下过滤视频广告行为的竞争法规制．理论界．2020（12）：61－66.

［2826］陈晓宇．电信诈骗犯罪成因及治理研究．理论界．2020（11）：68－75.

［2827］郭志远，潘燕杰．大数据背景下网络空间治理的法治化研究．理论视野．2020（08）：56－62.

［2828］陈姿含．公共领域算法决策的几个问题探讨．理论探索．2020（03）：113－120.

［2829］张青卫．委托——代理视角下《劳动合同法》的完善．理论探索．2020（02）：110－119.

［2830］陈富良，郭建斌．数字经济反垄断规制变革：理论、实践与反思——经济与法律向度的分析．理论探讨．2020（06）：5－13.

［2831］张丽莉，赵善琛．我国装备制造业产业安全问题研究．理论探讨．2020（02）：126－130.

［2832］刘煜．行政滥诉的法经济学分析．理论学刊．2020（04）：110－118.

［2833］刘伟．政治经济学与中国特色社会主义．理论学习与探索．2020（03）：10－12.

［2834］张爱军，孙玉寻．社交媒体的政治伦理边界．理论与改革．2020（06）：67－80.

［2835］王浩，曾子为．论预防式社会性监管——以化工行业风险监管为例．理论与改革．2020（05）：97－114.

［2836］游海疆．基层食品安全领域中的“合谋监管”——基于M市的多案例分析．理论与改革．2020（06）：132－148.

［2837］万为众．论中国规制食品浪费立法路径的选择．理论与现代化．2020（06）：80－92.

［2838］王仲羊．刑事诉讼中的个人信息保护——以科技定位侦查为视角．理论月刊．2020（12）：111－121.

［2839］王文熹，傅丽．我国用能权交易市场法律制度之完善．理论月刊．2020（11）：150－160.

［2840］刘洁．中美日家庭金融资产结构的对比分析及启示．理论月刊．2020（11）：70－77.

［2841］刘蕊．环境犯罪治理中刑事和解扩张适用及法律规制．理论月刊．2020（07）：133－143.

［2842］许俊伟．新时代我国互联网金融治理——基于政府规制的反思与优化．理论月刊．2020（04）：85－93.

［2843］吴思红．乡村振兴中财政专项资金公平效率损失的内在逻辑——基于样板示范与市场化运作的分析视角．理论月刊．2020（06）：87－96.

［2844］木尼热·祖尼纳．诉讼时效与执行时效衔接存在的问题与完善建议．连云港师范高等专科学校学报．2020（03）：39－43.

［2845］叙永纪．合谋私分补贴　三村干部“遭起”．廉政瞭望．2020（19）：80.

［2846］张绍丽，郑晓齐．学术腐败治理的理念创新与实现路径．廉政文化研究．2020（01）：91.

［2847］李海峰，杨玉华．监察一体化模式下指定管辖的意蕴与规制．廉政文化研究．2020（04）：45－52.

［2848］何鹏．筑牢粮食质量安全基石的途径．粮食科技与经济．2020（06）：34－35.

［2849］李立军．我国食品添加剂管理中存在的问题与对策．粮食科技与经济．2020（05）：135－136.

［2850］吴琼，宋安东．食品安全监督抽样工作存在的问题和建议．粮食与饲料工业．2020（01）：5－7.

［2851］刘雪青．供给供给侧结构性改革下加强粮加强粮食流通监管思考．粮油与饲料科技．2020（05）：1－4.

［2852］林芮毅．反垄断法视角下的标准必要专利权规制研究．辽东学院学报（社会科学版）．2020（05）：47－52.

［2853］赵学刚，马羽男．算法偏见的法律矫正研究．辽宁大学学报（哲学社会科学版）．2020（05）：82－90.

［2854］金永刚．关于能源效率问题的内涵、逻辑及影响因素的研究综述．辽宁大学学报（哲学社会科学版）．2020（02）：51－58.

［2855］张晓旭，姚海鑫，王选乔．基于科学知识图谱的中国并购研究演进趋势与前沿热点．辽宁大学学报（哲学社会科学版）．2020（01）：98－107.

［2856］刘光彦，赵颖，刘光伟．技术研发、科技并购、人力资本对高新技术企业绩效的影响——基于A股28家企业的数据研究．辽宁工程技术大学学报（社会科学版）．2020（02）：90－97.

［2857］郑毅，钟明慧．并购动机、高管更替与企业绩效——基于沪深A股上市公司的实证研究．辽宁工程技术大学学报（社会科学版）．2020（05）：333－342.

［2858］周茂春，董晓音．联合干预机制对新能源企业的创新激励效应与差异问题研究．辽宁工程技术大学学报（社会科学版）．2020（06）：419－426.

［2859］张青青．环境规制对产业结构升级的影响研究——基于技术创新和人力资本视角．辽宁工业大学学报（社会科学版）．2020（06）：16－19.

［2860］张小宁．人工智能时代机器人执法的理念、风险与规制．辽宁公安司法管理干部学院学报．2020（05）：45－53.

［2861］李雪，钱程．程序正义视域下：我国刑事搜查制度的逻辑、困境与出路．辽宁公安司法管理干部学院学报．2020（05）：73－81.

［2862］孔祥参．论非法经营罪在司法中的扩张及其规制．辽宁公安司法管理干部学院学报．2020（04）：76－83.

［2863］赵学敏．新冠肺炎疫情背景下妨害传染病防治行为的刑法规制探究．辽宁公安司法管理干部学院学报．2020（04）：24－30.

［2864］张鹏飞，郝举．重大疫情下网络谣言应对与信息治理研究．辽宁公安司法管理干部学院学报．2020（03）：12－18.

［2865］王为雄．我国证券法对选择性信息披露问题的立法研究——以美国证券立法为视角．辽宁公安司法管理干部学院学报．2020（02）：77－82.

［2866］本刊编辑部．撤稿公告．辽宁公安司法管理干部学院学报．2020（01）：104.

［2867］朱娅妮，高习智．论网络谣言犯罪的刑法规制．辽宁公安司法管理干部学院学报．2020（01）：39－44.

［2868］郑天城．偷逃高速公路通行费的刑法规制．辽宁公安司法管理干部学院学报．2020（01）：45－52.

［2869］张序．构建我国公共服务规制框架体系．辽宁行政学院学报．2020（05）：56－61.

［2870］韩光耀，石佳佳．论教育惩戒自由裁量权的合理规制．辽宁教育行政学院学报．2020（03）：39－42.

［2871］尹悦．金融创新的税法规制研究——以上海自贸区为例．辽宁经济．2020（08）：22－23.

［2872］戴滢．互联网金融的失范现象及其刑法规制研究．辽宁经济．2020（07）：28－31.

［2873］罗逸宁，周宇辰．基于大数据视域分析经济法理念及规制的革新．辽宁经济．2020（07）：22－23.

［2874］唐坚．政府经济治理研究．辽宁经济．2020（03）：6－11.

[2875] 胡敏. 混合并购对上市公司市值管理影响的研究. 辽宁经济. 2020 (03): 28－29.

[2876] 伍心怡. 企业跨国并购的财务风险研究——以通用家电并购案为例. 辽宁经济. 2020 (05): 84－85.

[2877] 胡鑫. 央企并购重组财务绩效研究——以南北车并购为例. 辽宁经济. 2020 (05): 68－69.

[2878] 李格. 基于事件研究法的企业并购短期绩效分析——以苏宁并购天天快递为例. 辽宁经济. 2020 (05): 38－39.

[2879] 彭飞, 栾建多. 企业并购的财务风险问题研究. 辽宁经济. 2020 (05): 80－81.

[2880] 万馨. 浅析企业并购风险及解决对策. 辽宁经济. 2020 (05): 86－87.

[2881] 王长亮, 马坤. 集团并购后的盈利能力分析——以MD集团并购KK集团为例. 辽宁经济. 2020 (06): 27－29.

[2882] 赵雅薇. 基于业绩承诺到期视角的并购绩效研究——以华录百纳为例. 辽宁经济. 2020 (10): 43－45.

[2883] 王静, 马淑蕊. 产品市场竞争对企业并购绩效的影响研究——基于信息不对称的视角. 辽宁经济. 2020 (11): 40－41.

[2884] 李潇涵. 经济新常态下银行监管改革研究——以NS银行为例. 辽宁经济. 2020 (03): 80－82.

[2885] 周渊钧, 周涵. 我国警察防卫权法律规制研究. 辽宁警察学院学报. 2020 (03): 84－87.

[2886] 陈雨禾. 高利贷行为及其衍生异化犯罪的规制及治理——兼论高利贷与“套路贷”的异同. 辽宁警察学院学报. 2020 (03): 45－50.

[2887] 欧阳茗荟. 法律视野下的网络舆情规制. 辽宁警察学院学报. 2020 (02): 79－84.

[2888] 刘书博. 我国四大国有商业银行资本监管的问题研究. 辽宁科技学院学报. 2020 (05): 65－67.

[2889] 陈兵, 程前. 互联网经济发展对反垄断法调适的影响及应对——以《〈反垄断法〉修订草案（公开征求意见稿）》为视角. 辽宁师范大学学报（社会科学版）. 2020 (05): 51－63.

[2890] 曾哲, 丁俊文. 从“常态化”到“法治化”: 监察谈话的类型、限度及规制. 辽宁师范大学学报（社会科学版）. 2020 (02): 31－40.

[2891] 杨超, 宋子玉, 杨纯吉, 尹涵. 高管团队的同质性、异质性与企业并购绩效关系的实证研究. 辽宁师范大学学报（自然科学版）. 2020 (04): 455－462.

[2892] 王会宗. 中国体育产业供给侧结构性改革与打破行政垄断的研究进展分析. 聊城大学学报（社会科学版）. 2020 (04): 105－114.

[2893] 张延辉, 高建刚. 环境管制对山东省工业企业生产率的影响——兼论波特假说是否成立. 聊城大学学报（社会科学版）. 2020 (01): 114－120.

[2894] 王齐齐. 国内环境税研究回顾及展望（1998～2019年）——基于CiteSpace的可视化分析. 林业经济. 2020 (07): 27－40.

[2895] 李研. 构建森林生态资源产权交易机制的理论探索. 林业经济问题. 2020 (02): 181－188.

[2896] 丁文广, 穆阳洁, 李玮丽, 李田田. 我国国家公园实施共同管理的前期探索. 林业资源管理. 2020 (05): 23－29.

[2897] 王延吉, 吕新春, 程欣荣. 源头控制、过程治理、终端处置, 实现鲁西化工（聊城）新材料产业园区废水零排放. 磷肥与复肥. 2020 (07): 12－13.

[2898] 刘玉燕. 我国民用无人机监管之立法探究. 岭南师范学院学报. 2020 (03): 119－124.

[2899] 卓惠萍. 给付—规制视角下农村贫困妇女脱贫策略的反思与完善. 领导科学. 2020

(02): 119 - 122.

[2900] 严旭. 信息传递视角下单位信息不对称的典型表现与防控对策. 领导科学. 2020 (05): 42 - 45.

[2901] 李芳凡, 叶杜诚. 村干部合谋腐败的机理与治理路径分析. 领导科学. 2020 (02): 105 - 109.

[2902] 付小颖. 区块链赋能政府治理的技术逻辑与应用路径. 领导科学. 2020 (16): 27 - 30.

[2903] 张誉千. 基层"看起来很努力"现象的制度缘由与破解之策. 领导科学. 2020 (15): 18 - 21.

[2904] 张玉洁. 资源错配影响单位能力的表现与变革思路. 领导科学. 2020 (13): 47 - 49.

[2905] 周卓华. 大数据和人工智能时代企业人力资源管理策略探析. 领导科学. 2020 (12): 98 - 101.

[2906] 张帅. 民营企业民间融资的刑事法律风险探究——以优化营商环境为视角. 六盘水师范学院学报. 2020 (04): 36 - 42.

[2907] 司颖锜. 消费者保护视角下大数据"杀熟"的法律规制. 六盘水师范学院学报. 2020 (02): 71 - 77.

[2908] 周元松. 环境风险规制新论. 洛阳理工学院学报 (社会科学版). 2020 (05): 43 - 47.

[2909] 袁佳音. 人工智能时代我国刑法面临的挑战及应对. 洛阳理工学院学报 (社会科学版). 2020 (01): 60 - 64.

[2910] 胡维. 环境规制异质性与企业经营绩效. 绿色财会. 2020 (08): 21 - 27.

[2911] 姚文英, 吴澜玉波. 高溢价并购视角下的商誉减值——以远方光电为例. 绿色财会. 2020 (03): 27 - 30.

[2912] 李惠民, 范学红, 韩晓云. 高职名师工作室助力地方生态环境保护实践探索——以李惠民名师工作室为例. 绿色科技. 2020 (13): 232 - 233.

[2913] 朱林明. 福州市台江区生态环境监管执法网格化管理探析. 绿色科技. 2020 (06): 164 - 165.

[2914] 汪奇兵, 李勍圆愿. 短视频客户端内容低俗化现象与规制. 媒体融合新观察. 2020 (01): 74 - 76.

[2915] 张倩倩, 丁日佳. 环境规制政策对京津冀地区煤炭消费量的影响. 煤炭工程. 2020 (02): 156 - 160.

[2916] 焦英博. 设立生态项目管理办公室 ERPO 与提升煤炭矿区治理效率的思考. 煤炭加工与综合利用. 2020 (03): 72 - 74.

[2917] 赵阳. 中国工业碳减排效率评价及影响因素研究. 煤炭经济研究. 2020 (12): 46 - 50.

[2918] 王向前, 刘晓蝶, 夏咏秋. 环境规制、互联网普及率与绿色全要素能源效率研究——以长江经济带为例. 煤炭经济研究. 2020 (11): 18 - 24.

[2919] 刘满芝, 陈芝芝, 黄晓蓉. 去产能政策视角下煤炭产业结构、行为与绩效. 煤炭经济研究. 2020 (03): 30 - 40.

[2920] 孙明清. 煤炭企业并购重组财务协同机制研究. 煤炭经济研究. 2020 (05): 83 - 88.

[2921] 徐宏远. 博弈论视角下民主测评囚徒困境的规制理路. 秘书之友. 2020 (12): 4 - 7.

[2922] 张明武, 杜林. 基于 NTRU 的单向抗合谋代理重加密方案. 密码学报. 2020 (02): 187 - 196.

[2923] 季裕玲. 网络直播打赏中的法律问题分析. 绵阳师范学院学报. 2020 (04): 43 - 47.

[2924] 邹旖旎. 股权众筹的非法集资刑事风险及规制路径探究. 绵阳师范学院学报. 2020 (01): 57 - 62.

[2925] 田圣斌，彭杨．网络舆情风险防控机制及其在高校统战工作中的应用．民主与科学．2020（05）：32－37.

[2926] 唐勇，吴侃．应急征用的法律规制——以“大理扣押征用口罩事件”为切入点．民族论坛．2020（01）：42－46.

[2927] 郗春媛．在场与悬置：跨境婚姻实践逻辑与现实困境——以云南富宁田蓬镇跨境婚姻为研究个案．民族学刊．2020（05）：26－35.

[2928] 许添元．暴利行为的刑法规制研究．闽南师范大学学报（哲学社会科学版）．2020（01）：13－17.

[2929] 陈颖．并购基金价值创造：研究述评与展望．闽南师范大学学报（哲学社会科学版）．2020（03）：15－23.

[2930] 童谣．论我国合同监管的实现方式．牡丹江大学学报．2020（11）：19－24.

[2931] 马龙倩，沈平生．网盘版权秩序的失范及规制对策．牡丹江大学学报．2020（08）：31－35.

[2932] 程汝旭．对被执行公司恶意变更法定代表人的探讨．牡丹江大学学报．2020（03）：23－26.

[2933] 谢慧，张育玮．从《少年的你》反观法律视角下校园霸凌现象举隅．牡丹江大学学报．2020（02）：93－97.

[2934] 周星辰．虚列被告规避管辖的识别与规制．牡丹江大学学报．2020（01）：85－88.

[2935] 杨迎．论烟草行业资金监管系统的科学构建及应用策略．纳税．2020（36）：187－188.

[2936] 卢雅琼．个人所得税纳税义务之规避及其规制．纳税．2020（34）：38－39.

[2937] 张世法．浅谈互联网企业并购重组的反垄断分析——以DD公司并购UB公司为案例．纳税．2020（19）：173－174.

[2938] 王涛．关于企业并购前的财务尽职调查．纳税．2020（01）：150.

[2939] 胡占友．企业并购重组中的涉税评估问题探讨．纳税．2020（02）：19－21.

[2940] 冉春辉．浅谈企业并购与企业价值评估．纳税．2020（02）：204.

[2941] 杜文雅．房地产企业并购财务风险防控分析．纳税．2020（04）：133.

[2942] 王锋超．互联网企业并购中的税收筹划策略．纳税．2020（06）：35.

[2943] 解芳．浅谈企业并购重组财务风险及控制．纳税．2020（08）：45－46.

[2944] 畦道胜．上市公司并购重组财务会计问题探讨．纳税．2020（08）：71－73.

[2945] 周银．国有企业不同并购重组方式的纳税筹划风险分析．纳税．2020（11）：36－38.

[2946] 谢智勇．浅谈企业并购融资和支付方式对税务筹划的影响．纳税．2020（11）：37－38.

[2947] 刘小永．探析煤炭企业兼并重组中的财务风险．纳税．2020（13）：127－129.

[2948] 夏杰．企业并购会计研究．纳税．2020（16）：65－67.

[2949] 孙丰合．探析会计信息可比性对企业并购的影响．纳税．2020（16）：110－112.

[2950] 李海倩．企业并购的财务风险识别与控制对策探讨．纳税．2020（17）：95－96.

[2951] 杨章顺．上市公司并购民营企业的财务资源整合重组探讨．纳税．2020（17）：139－141.

[2952] 孙燕琴．企业并购重组中的涉税风险及控制策略．纳税．2020（21）：11－12.

[2953] 乔瑞，张朔．A公司并购E公司的财务风险分析．纳税．2020（21）：112－113.

[2954] 吴昌旻．房地产企业并购的税务筹划与税务风险探索．纳税．2020（25）：48－49.

[2955] 戴文静．关于医药流通企业并购中财务尽职调查的研究．纳税．2020（26）：79－80.

[2956] 吴国章．企业并购与财会管理探讨．纳税．2020（27）：155－156.

[2957] 胡驰文．上市企业并购重组中的税务筹划研究．纳税．2020（30）：37－38.

［2958］鄢胜雄．并购重组中的会计与税务问题处理研究．纳税．2020（31）：27－28.

［2959］郭丰淳．企业并购会计问题研究．纳税．2020（32）：91－92.

［2960］卓榕平．企业并购过程中的财务风险控制问题研究．纳税．2020（32）：111－112.

［2961］丁振芝．商业集团并购中的财务整合探讨．纳税．2020（33）：111－112.

［2962］周玉琼．企业并购后合并财务报表的处理探讨．纳税．2020（33）：155－156.

［2963］王加能．企业并购中的财务风险防范．纳税．2020（34）：99－100.

［2964］林天琪．企业并购的动因、财务风险及防范、问题及对策研究．纳税．2020（35）：120－121.

［2965］陈丽娅．跨境并购中的税务规划考量．纳税．2020（36）：9－10.

［2966］陈志容．企业并购中重点财务风险及防范的研究．纳税．2020（36）：104－105.

［2967］钟永皇．上市公司税务会计信息披露存在的问题及对策．纳税．2020（24）：30－31.

［2968］刘亚军，杜娟．外资并购中驰名商标的流失与对策．南昌大学学报（人文社会科学版）．2020（06）：87－93.

［2969］陶长琪，冷琴．异质性环境规制对就业结构的非线性影响研究．南昌工程学院学报．2020（04）：1－7.

［2970］安永康．作为风险规制工具的行政执法信息公开——以食品安全领域为例．南大法学．2020（03）：129－146.

［2971］洪国盛．论消费者保护法上的履行欺诈．南大法学．2020（03）：33－53.

［2972］孙山．诚实信用原则条款在商标救济程序中的体系化适用．南大法学．2020（03）：147－166.

［2973］李剑．反垄断违法还是管制逃避？——基于79号指导性案例的研究．南大法学．2020（01）：152－166.

［2974］冯晓青，刁佳星．科技成果产权交易中的权属问题及其风险防范对策．南都学坛．2020（01）：68－75.

［2975］成德宁，李新锐．环境规制与产业竞争力关系的再认识及政策启示．南都学坛．2020（01）：115－119.

［2976］朱程程．大数据杀熟的违法性分析与法律规制探究——基于消费者权益保护视角的分析．南方金融．2020（04）：92－99.

［2977］王鹏飞．金融控股公司机构准入监管的困境与应对．南方金融．2020（12）：35－43.

［2978］高明．信用评级机构民事法律责任的国际规制及反思．南方金融．2020（10）：66－78.

［2979］张叶东，王智伟．家族信托破产隔离功能滥用的法律规制——兼议信托法和个人破产制度的协调．南方金融．2020（08）：92－99.

［2980］马勇．预付式交易场景下消费信贷的异化及制度导正．南方金融．2020（08）：51－59.

［2981］曹允春，林浩楠，李彤．供应链金融创新发展下的风险变化及防控措施．南方金融．2020（04）：36－44.

［2982］丁国民，龙圣锦．商业银行参与企业环境信用规制的法律责任研究．南方金融．2020（01）：93－99.

［2983］陈泽艺，李常青．媒体追捧影响并购溢价吗？——来自上市公司重大资产重组的经验证据．南方金融．2020（09）：17－30.

［2984］汤文宽，易志高，汤建洋．公司并购期间的策略性媒体披露行为及市场效应——来自中国A股上市公司的经验证据．南方金融．2020（02）：32－44.

［2985］项国鹏，万时宜，黄大明．新创企业合法性门槛的跨越机制——基于事件系统理论的案例研究．南方经济．2020（12）：108－125.

［2986］林秀梅，关帅．环境规制推动了产业结构转型升级吗？——基于地方政府环境规制执行的策略互动视角．南方经济．2020（11）：99－115.

［2987］金晓雨，宋嘉颖．环境规制、技术距离与异质性企业研发选择．南方经济．2020（06）：70－86.

［2988］刘敏，朱亚鹏，辜良烈．双边政治关系与中国企业跨国并购成功率——基于联合国大会投票数据的研究．南方经济．2020（07）：18－38.

［2989］刘娥平，李泽熙．业绩承诺的价值与定增并购价格偏离——基于B－S期权定价模型．南方经济．2020（10）：37－55.

［2990］邢灿．民营能源企业兼业规制初探．南方论刊．2020（12）：60－63.

［2991］傅楚楚．“大数据杀熟”行为的消费者权益保护困境．南方论刊．2020（10）：56－59.

［2992］李欣芮．高利贷问题的刑事规制研究．南方论刊．2020（07）：39－42.

［2993］侯宇锋．网络个人求助的法律规制问题研究——以水滴筹为例．南方论刊．2020（06）：63－66.

［2994］朱翔宇．论第三人侵犯债权之民事救济——以“高铁霸座”为例．南方论刊．2020（05）：60－62.

［2995］戴滢．侵犯网络虚拟财产行为的罪间边界研究．南方论刊．2020（04）：54－55.

［2996］刘伟．“包工头”法律地位的明晰及法律规制．南方论刊．2020（04）：59－61.

［2997］林天睿，秦枫．大学生网络借贷问题探究．南方论刊．2020（02）：104－107.

［2998］高建树．社会系统论视野中的规制俘获．南方论刊．2020（01）：69－71.

［2999］翟率宇．浅析互联网平台下新型用工关系的定性——以互联网专车和e代驾为例．南方论刊．2020（01）：18－21.

［3000］龙世发，杨天伟．浅析我国食品安全法律监管问题研究．南方论刊．2020（10）：67－68.

［3001］李扶中．增量配电网价格机制探讨及建议．南方能源建设．2020（S1）：24－28.

［3002］杨金松．基于生态林业发展的程序化育苗技术研究．南方农机．2020（01）：82.

［3003］郭莹．基于社会共治原则的农村食品安全问题及对策．南方农机．2020（12）：62.

［3004］海力怕木·吾麦尔．农产品中农药残留检测技术与监管措施分析．南方农业．2020（35）：178－179.

［3005］邓兴树，钟文佳．岑溪市农产品质量安全监管治理措施浅析．南方农业．2020（24）：90－91.

［3006］彭南勇．网约车平台法律属性的理论反思与责任建构．南海法学．2020（03）：85－95.

［3007］李婕．比特币的犯罪风险及刑法规制．南海法学．2020（03）：6－13.

［3008］韩铄．算法如何平等：算法歧视审查机制的建立．南海法学．2020（02）：114－124.

［3009］周远洋．行政授权事项范围的界定．南海法学．2020（02）：10－21.

［3010］龚志军，林若吟．基于个体识别的大数据运用法律规制研究．南海法学．2020（01）：21－29.

［3011］叶雄彪，孙玲．论自动驾驶汽车的法律规制．南海法学．2020（01）：82－93.

［3012］邹晓玫，李金潭．网络服务提供者市场准入法律体系研究——功能主义进路下的“三维度”构建．南海法学．2020（01）：30－39.

［3013］邓荣荣，张翱祥．FDI、环境规制与中国的碳排放强度——基于门槛面板模型的实证．南华大学学报（社会科学版）．2020（04）：61－68.

［3014］陈南岳，乔杰．环境规制类型与省域经济高质量发展．南华大学学报（社会科学版）．2020（04）：69－79.

［3015］董成惠．低价竞争的反思．南华大学学报（社会科学版）．2020（04）：80－89.

[3016] 吴玉姣. 地方立法主体扩容后对立法重复的重新审视. 南华大学学报（社会科学版）. 2020（02）: 94－100.

[3017] 张江莉, 刘倚宁. 论网约车平台经营者集中现象的反垄断规制——以中俄 Uber 并购案为分析视角. 南华大学学报（社会科学版）. 2020（01）: 79－84.

[3018] 于立宏, 王艳. 国有产权对绿色技术创新是促进还是挤出? ——基于资源型产业负外部性特征的实证分析. 南京财经大学学报. 2020（05）: 78－86.

[3019] 王小芳, 刘帅成. 图书定价制度何以异国异情? ——基于演化博弈视角的比较研究. 南京财经大学学报. 2020（04）: 65－75.

[3020] 蒋长流, 司怀涛. 环境规制、研发投入与产业结构调整. 南京财经大学学报. 2020（02）: 18－26.

[3021] 常健, 王清粤. 论系统重要性金融机构的法律特征与风险规制. 南京大学学报（哲学·人文科学·社会科学）. 2020（01）: 63－77.

[3022] 陈爱贞. 企业并购的行业创新效应与产业创新发展. 南京大学学报（哲学·人文科学·社会科学）. 2020（05）: 23－36.

[3023] 任睿, 张超, 庞继芳. 有限理性下多粒度 q－RO 模糊粗糙集的最优粒度选择及其在并购对象选择中的应用. 南京大学学报（自然科学版）. 2020（04）: 452－460.

[3024] 杜辉. 公私交融秩序下环境法的体系化. 南京工业大学学报（社会科学版）. 2020（04）: 19－29.

[3025] 张济建, 宋雅静, 万安位. 减排制度黏性效应对碳排放的作用机理——基于中国省际面板数据的实证分析. 南京工业大学学报（社会科学版）. 2020（04）: 62－75.

[3026] 聂鑫. 论专利恶意诉讼识别标准及其规制进路. 南京理工大学学报（社会科学版）. 2020（04）: 40－45.

[3027] 孟珍. "三权分置"背景下宅基地流转的法律规制. 南京理工大学学报（社会科学版）. 2020（03）: 72－76.

[3028] 刘敏, 岳晓林. "有市无场"与"有场无市": 马路劳务市场及其治理困境. 南京农业大学学报（社会科学版）. 2020（05）: 38－47.

[3029] 李辉. 权力监督与治理体系现代化建设: 从"最多跑一次"改革看中国廉能政府建设. 南京社会科学. 2020（02）: 10－17.

[3030] 丁晓蔚. 基于区块链技术的网络谣言防控和治理研究. 南京社会科学. 2020（12）: 109－116.

[3031] 王燕玲. 新型网络支付的刑事风险与刑法应对. 南京社会科学. 2020（12）: 93－98.

[3032] 雷槟硕, 张斌峰. "禁止法官拒绝裁判"义务的规范构造. 南京社会科学. 2020（10）: 95－100.

[3033] 侯东德, 田少帅. 金融科技包容审慎监管制度研究. 南京社会科学. 2020（10）: 87－94.

[3034] 冯子轩. 风险治理维度的公众参与模式及其实现——以战略环境评价为例. 南京社会科学. 2020（08）: 73－81.

[3035] 秦芳菊. 我国商业银行绿色信贷的法律进路. 南京社会科学. 2020（05）: 82－88.

[3036] 沙依甫加玛丽·肉孜, 邓峰. 资本市场扭曲与绿色经济效率——基于空间杜宾模型的实证分析. 南京审计大学学报. 2020（01）: 93－102.

[3037] 马广奇, 张保平, 沈李欢. 研发投资、舞弊风险与审计费用. 南京审计大学学报. 2020（03）: 1－12.

[3038] 王爱群, 闫盼盼, 赵东. 海归董事降低了跨国并购溢价吗? ——基于沪深 A 股上市公司的经验证据. 南京审计大学学报. 2020（03）: 40－50.

［3039］陈欣，宋玉禄，李振东．频繁并购重组与异常审计收费．南京审计大学学报．2020（03）：23－32.

［3040］林学军，官玉霞．融资约束与企业并购——来自中国上市公司的经验证据．南京审计大学学报．2020（03）：51－60.

［3041］闫立，吴何奇．重大疫情治理中人工智能的价值属性与隐私风险——兼谈隐私保护的刑法路径．南京师大学报（社会科学版）．2020（02）：32－41.

［3042］李琛．万科城市乐跑赛的商业运营及投融资现状研究．南京体育学院学报．2020（08）：23－30.

［3043］傅钢强，冯祎中，周红伟．新时代背景下户外运动组织市场准入机制研究．南京体育学院学报．2020（06）：31－35.

［3044］韩瑞霞，徐剑．网络主权视域下当前互联网治理的主要问题、成因及监管对策．南京邮电大学学报（社会科学版）．2020（05）：41－52.

［3045］王圣鸣，田侃，陆超，文庆．应急中医方案在突发疫情中的发布规制探究．南京中医药大学学报（社会科学版）．2020（04）：261－265.

［3046］李勇建，邓芊洲，赵秀堃，申进忠，王军锋．生产者责任延伸制下的绿色供应链治理研究——基于环境规制交互分析视角．南开管理评论．2020（05）：134－144.

［3047］汪旭晖，王东明．市场服务还是企业规制：电商平台治理策略对消费者信任影响的跨文化研究．南开管理评论．2020（04）：60－72.

［3048］张耕，高鹏翔．行业多元化、国际多元化与公司风险——基于中国上市公司并购数据的研究．南开管理评论．2020（01）：169－179.

［3049］黄福广，王贤龙，田利辉，孙凌霞．标的企业风险资本、协同效应和上市公司并购绩效．南开管理评论．2020（04）：96－106.

［3050］杜健，郑秋霞，郭斌．坚持独立或寻求依赖？“蛇吞象”式跨国并购的整合策略研究．南开管理评论．2020（06）：16－26.

［3051］杨道广，王佳妮，陈汉文．业绩预告：“压力”抑或“治理”——来自企业创新的证据．南开管理评论．2020（04）：107－119.

［3052］陈琪．环保投入能提高企业生产率吗——基于企业创新中介效应的实证分析．南开经济研究．2020（06）：80－100.

［3053］耿晔强，都帅帅．环境规制、技术进步与企业实际工资．南开经济研究．2020（05）：3－23.

［3054］苏丹妮．全球价值链嵌入如何影响中国企业环境绩效？．南开经济研究．2020（05）：66－86.

［3055］张彩云，夏勇，王勇．总量控制对资源配置的影响：基于“两控区”和约束性污染控制政策的考察．南开经济研究．2020（04）：185－205.

［3056］张文菲，金祥义，张诚．跨国并购、市场化进程与企业创新——来自上市企业的经验证据．南开经济研究．2020（02）：203－225.

［3057］邵志浩，才国伟．企业存在策略性的媒体信息管理行为吗？——来自中国上市公司并购重组的证据．南开经济研究．2020（03）：103－122.

［3058］眭强，冼国明．外资并购对目标企业产能利用率的影响．南开学报（哲学社会科学版）．2020（04）：44－52.

［3059］李泽广，覃家琦．融资约束与商业信用渠道的流动性提供——基于企业异质性视角的研究．南开学报（哲学社会科学版）．2020（06）：59－70.

［3060］曹磊．我国网约车地方立法中的规制措施及完善路径．南通大学学报（社会科学版）．

2020（06）：72－80.

［3061］王德政．“互联网＋”时代中国的暗网犯罪及其刑法规制．南通大学学报（社会科学版）．2020（02）：101－108.

［3062］阮莉云，覃福晓．越南2018年《竞争法》对反垄断规制部分的修改．南亚东南亚研究．2020（02）：94－108.

［3063］徐晓，李天宇．河南省高校科研诚信现状及改善对策．南阳理工学院学报．2020（03）：77－81.

［3064］刘晋，刘菁菁．“预付费式”会员卡的法律规制．南阳师范学院学报．2020（02）：20－23.

［3065］高婧．地摊经济规范发展研究．内蒙古财经大学学报．2020（05）：132－134.

［3066］胡进．协同治理视角下的共享汽车规制问题研究．内蒙古科技与经济．2020（17）：40－42.

［3067］王晓红，王梦瑶，郝婷．环境规制、政府补助对制造业上市公司投资效率影响研究．内蒙古科技与经济．2020（14）：37－38.

［3068］史彦英．高溢价并购动因及经济后果研究——基于华谊兄弟收购东阳美拉的分析与讨论．内蒙古科技与经济．2020（17）：63－65.

［3069］吴培，胡庆十．海外并购战略动因及启示——以腾讯并购 Riot Games 为例．内蒙古科技与经济．2020（18）：47－48.

［3070］许达．新田煤矿兼并重组后安全监测监控系统的设计研究．内蒙古煤炭经济．2020（06）：131－132.

［3071］苑红硕，徐丽军．互联网企业并购财务风险及规避策略探析．内蒙古煤炭经济．2020（11）：88－89.

［3072］刘斌．浅谈神木市“能源云”顶层设计思路．内蒙古煤炭经济．2020（08）：1－3.

［3073］彭凯．蒙古族音乐类非物质文化遗产的地方立法保护——以《通辽市蒙古族音乐类非物质文化遗产保护条例》为切入点．内蒙古民族大学学报（社会科学版）．2020（05）：108－113.

［3074］姚明，赵建国．民族医药保护发展研究——基于地方立法的视角．内蒙古民族大学学报（社会科学版）．2020（01）：117－124.

［3075］衣保中，郭思齐．产业集聚对中国工业行业技术创新的影响研究——基于不同环境规制行业的比较．内蒙古社会科学．2020（06）：109－118.

［3076］韩英夫．论区域性环境行政的法治逻辑．内蒙古社会科学．2020（06）：98－108.

［3077］自正法，韩铁柱．流通知情权与侵犯公民个人信息罪的法益及其刑事保护边界．内蒙古社会科学．2020（05）：89－97.

［3078］罗志敏．高校科研诚信宣教机制研究．内蒙古社会科学．2020（04）：156－162.

［3079］张世明，胡洁．专利联营滥用市场支配地位类型学分析．内蒙古师范大学学报（哲学社会科学版）．2020（01）：31－60.

［3080］曹阳．关于山水控制权之争的企业并购法分析．内蒙古师范大学学报（哲学社会科学版）．2020（01）：61－68.

［3081］籍艳丽．环境规制对工业绿色全要素生产率影响的区域异质性——基于省际面板数据的检验．内蒙古统计．2020（03）：14－18.

［3082］卢延国．能源转型与公司战略评论　天然气直供是与非．能源．2020（05）：56－60.

［3083］彭立斌，尹明．“邮票法”：增量配电新思路．能源．2020（04）：83－85.

［3084］曹家军．不同环境政策对碳排放的差异化影响．能源．2020（11）：68－69.

［3085］徐进．后疫情时代电力央企开展跨国并购的新思考．能源．2020（07）：62－66.

[3086] 李宁，侯明扬．美国页岩资产并购活动冲击全球油气资源市场．能源．2020（11）：84－87.

[3087] 申军．生物安全法律规制的法国经验．宁波经济（财经视点）．2020（04）：50－51.

[3088] 丁国民，赵妍．网络借贷平台市场准入制度研究．宁德师范学院学报（哲学社会科学版）．2020（02）：41－46.

[3089] 王君君．基于共享单车发展轨迹的转型路径思考．宁德师范学院学报（哲学社会科学版）．2020（01）：46－51.

[3090] 王琨，刘长海，王瑄，刘文帅，张成莲．深化“放管服”改革　推进农业农村审批服务便民化．宁夏农林科技．2020（04）：48－49.

[3091] 马超．矿山安全生产领域规制的域外经验．宁夏师范学院学报．2020（12）：60－64.

[3092] 严月卉，宋良荣．政府环境补贴对环境治理绩效的影响研究综述．农场经济管理．2020（06）：44－48.

[3093] 蔡晨帆，周竺玮琪．小农户视角下的自产自销研究——基于浙江安吉茶农的调查．农村．农业．农民（B版）．2020（07）：20－22.

[3094] 韩钰，臧传琴．绿色金融、环境规制与污染密集型产业的区域差异分析——基于1995－2017年的区域面板数据．农村金融研究．2020（05）：64－71.

[3095] 庹国柱．论农业保险监管制度的建设和改革．农村金融研究．2020（03）：3－8.

[3096] 邓远远，朱俊峰，王建华．风险规制下病死猪无害化处理补偿标准考量——基于养殖户受偿意愿的视角．农村经济．2020（12）：130－136.

[3097] 石华平，易敏利．环境规制、非农兼业与农业面源污染——以化肥施用为例．农村经济．2020（07）：127－136.

[3098] 于连超，张卫国，毕茜．禁养区政策能实现环境保护和经济发展的双赢吗？．农村经济．2020（06）：91－98.

[3099] 王浴青，温涛．农产品纵向市场价格传递和市场势力——基于油菜籽产业链的实证．农村经济．2020（10）：97－106.

[3100] 唐婉颖，叶学平．中国B股市场的功能演变以及未来去向探析．农村经济与科技．2020（16）：92－94.

[3101] 杨娟娟．贵州旅游井喷式增长与旅游业可持续发展研究．农村经济与科技．2020（07）：138－139.

[3102] 周柯，许静．环境规制对西北五省产业结构转型的影响．农村经济与科技．2020（24）：196－197.

[3103] 曹天翔．消费者权益保护视角下大数据“杀熟”现象的研究．农村经济与科技．2020（06）：101－119.

[3104] 金柏宏，丛之华．绿色农产品消费市场存在的问题及对策建议．农村经济与科技．2020（03）：148－149.

[3105] 邹萍．关于企业并购会计方面问题研究．农村经济与科技．2020（02）：114－115.

[3106] 李竹．甲骨文并购仁科案对我国的启示．农村经济与科技．2020（03）：168－169.

[3107] 张文进．未按标签标注内容违规使用农药的监管分析．农村经济与科技．2020（19）：57－58.

[3108] 肖雅文．浅析我国互联网金融的风险与监管对策．农村经济与科技．2020（14）：87－88.

[3109] 荆新瑜．我国第三方跨境支付发展现状及问题探究．农村经济与科技．2020（14）：91－93.

[3110] 梁建霞．聚焦农村“三资”监管　壮大村级集体经济的观察与思考．农村经济与科技．

2020（12）：100－101.

［3111］程萍．农村数字普惠金融的创新发展与监管．农村经济与科技.2020（09）：132－136.

［3112］陈正茂．浅谈林业自然保护区的野生动物保护．农村实用技术.2020（05）：111.

［3113］韩福彬，程晓春，鲁秦圣，崔东君，周哲，董荞，文田．北京地区输配电价相关问题的探讨．农电管理.2020（11）：31－32.

［3114］杨国山，李玉环，刘永成，高强．解决甘肃省农业排灌电价交叉补贴的方法．农电管理.2020（10）：31－34.

［3115］刘瑾．激励生态农业发展的环境经济政策分析．农机使用与维修.2020（09）：52－53.

［3116］隋云峰．农机使用的规范化监管与执法科学性探析．农机使用与维修.2020（03）：56.

［3117］柳琪．除了创新，还要设置进入壁垒．农机市场.2020（07）：12.

［3118］方存勇．霍山县全国绿色食品原料茶叶标准化生产基地创建监管措施及建议．农技服务.2020（06）：110－111.

［3119］申彬你，张琦，彭石永．水城县水利工程建设现状及质量监管对策．农技服务.2020（04）：110－112.

［3120］郭梦晗．网络购物消费者知情权研究．农家参谋.2020（02）：239.

［3121］刘国芳．企业并购融资风险及策略探讨．农家参谋.2020（03）：167－168.

［3122］郭嘉莉．我国上市公司并购财务效应分析——以阿里巴巴并购饿了么为例．农家参谋.2020（09）：215.

［3123］余昕．探析杠杆收购在海外并购中的应用．农家参谋.2020（20）：152.

［3124］杨大雨，林旭辉．市政公用工程施工现场的安全管理措施．农家参谋.2020（14）：219.

［3125］罗兰芳，袁正伟，彭芳芳，刘勇军，朱淑珍．桃源县农产品质量安全监管的对策探讨．农家参谋.2020（14）：15.

［3126］李兴杰，郭少颖，安晓珂，吴琼，赵江义．病死畜禽集中无害化处理收集体系中专用车的建议．农家参谋.2020（12）：174.

［3127］曾佳．浅析唐县农产品质量安全现状与发展对策．农家参谋.2020（08）：13.

［3128］李东生．新形势下农产品质量安全监管的难点与对策．农家参谋.2020（08）：63.

［3129］何艺．安全质量监管在建筑工程施工现场的运用．农家参谋.2020（01）：137.

［3130］李博阳．农村集体成员资格界定的路径方式与治理效应——基于第一批农村集体产权改革试验区的案例研究．农林经济管理学报.2020（05）：593－601.

［3131］朱云．食用农产品流通环节抽样问题解析．农业工程技术.2020（29）：86－87.

［3132］余晓芳．云南双柏县农产品质量安全存在的问题及改进措施．农业工程技术.2020（26）：84.

［3133］李强．山东流峪镇农村集体产权制度改革探索与实践．农业工程技术.2020（26）：8－11.

［3134］李琳，董自庭．陕西省山阳县优质农产品产业现状、问题及发展建议．农业工程技术.2020（26）：12－14.

［3135］任红．“互联网+”农产品质量安全监管模式初探．农业工程技术.2020（11）：84－86.

［3136］金满水．农田水利工程规划设计的问题及策略．农业工程技术.2020（08）：34.

［3137］朱晓颖，刘月岩，初同伟．山东省聊城市茌平区“三品一标”发展研究初探．农业工程技术.2020（06）：62－63.

［3138］殷平．县域农业农村部门双随机抽查管理系统的设计与思考．农业工程技术.2020（02）：91－93.

[3139] 吴一平，俞洋，刘向华，陈素云，李婷婷．规模化猪场绿色健康养殖行为分析——基于三维协同分析框架．农业技术经济．2020（06）：116－130.

[3140] 罗小锋，杜三峡，黄炎忠，唐林，余威震．种植规模、市场规制与稻农生物农药施用行为．农业技术经济．2020（06）：71－80.

[3141] 司瑞石，陆迁，张淑霞．环境规制对养殖户病死猪资源化处理行为的影响——基于河北、河南和湖北的调研数据．农业技术经济．2020（07）：47－60.

[3142] 王卓，张舒媛．从公共物品属性角度分析我国扶贫政策阶段性特征及建议．农业经济．2020（11）：100－102.

[3143] 薛明府，陈健．新型城镇化进程中的农业生态化建设困境与出路．农业经济．2020（10）：26－28.

[3144] 王钦颢．新时代背景下我国农村水环境污染的法律规制困境与出路．农业经济．2020（07）：37－39.

[3145] 姜英国．农村电子商务发展的法律规制问题研究．农业经济．2020（07）：135－137.

[3146] 杨彬．承包经营权流转中政府引导行为的法律规制研究．农业经济．2020（04）：103－104.

[3147] 杨琳．我国农业股权众筹平台运行中的法律规制．农业经济．2020（02）：108－109.

[3148] 段小力，杜为公，程若玉．绿色农产品“柠檬市场”的形成及其规避机制研究．农业经济．2020（02）：135－137.

[3149] 王慧泽，乔俊峰．博弈还是合谋？村庄权力结构及其行为逻辑研究．农业经济．2020（10）：38－40.

[3150] 刘瑜．我国农产品质量安全监管问题及对策分析．农业经济．2020（04）：136－138.

[3151] 娄丽娜．新型农村金融机构法律制度研究．农业经济．2020（02）：106－107.

[3152] 张锦华，胡雯．从“产权管制”到“市场分割”——农民工工资决定机制研究．农业经济问题．2020（11）：25－41.

[3153] 赵又琳．渔业资源衰退背景下渔业补贴规制问题研究．农业经济问题．2020（08）：91－102.

[3154] 顾海英，王常伟．转变生产消费方式诉求下的动物福利规制分析——基于防控新冠肺炎的思考．农业经济问题．2020（03）：17－23.

[3155] 苏笑天．关于我国互联网金融问题的探讨．农业科技与信息．2020（20）：127－128.

[3156] 孙瑞英，马晓伟．基于博弈分析的网络舆情政府供给侧监管研究．农业图书情报学报．2020（02）：29－37.

[3157] 张露引．种植规模市场规制与稻农生物农药施用行为．农业与技术．2020（19）：44－45.

[3158] 刘禹．公共产品视阈下转基因产品贸易规制的合作．农业与技术．2020（04）：157－159.

[3159] 赵菲．社会化环境监测机构质量监管智能化初探．农业与技术．2020（08）：113－114.

[3160] 段艳红，文博，刘英英．乳制品安全问题研究．农业灾害研究．2020（06）：128－129.

[3161] 田洪进，邹德全，邹承立，吴心路．防雷安全监管对象属性特征及其监管技术思考．农业灾害研究．2020（05）：38－39.

[3162] 蒋惠亚，李发，田耘．固定污染源排污许可证核发工作的问题与建议．农业灾害研究．2020（04）：139－140.

[3163] 赵纪周，赵晨．法德“嵌入式双边主义”的韧性——评乌尔里希·克罗茨和约阿希姆·希尔德的《锻塑欧洲》．欧洲研究．2020（05）：136－152.

[3164] 严昊．网络谣言：界定、困境与规制．攀登．2020（04）：96－101.

[3165] 卢欣雨，刘健西．环境规制及产业升级视角下的皮革产业发展环境分析．皮革科学与工程．2020（06）：84－88.

[3166] 靳江涛．我国雾霾治理存在的问题及解决措施分析．皮革制作与环保科技．2020（02）：45－47.

[3167] 李梦雨．文创产业知识产权运营及其法律规制研究．品牌研究．2020（04）：17－18.

[3168] 武培星．金融属地管理的溯源与展望．品牌研究．2020（04）：54－55.

[3169] 刘丹青，王百瑞，李俊丽．文化传承背景下地方优秀传统文化的传承与保护——以汉中市为例．品位经典．2020（03）：66－67.

[3170] 叶继林，钱力．地方历史文化保护立法前必要性评估的规范与完善．萍乡学院学报．2020（01）：42－45.

[3171] 邢程程．真诚使用意图商标注册制的立法完善——兼评我国新修《商标法》第4条．萍乡学院学报．2020（02）：25－29.

[3172] 李峰．环境群体性事件的刑法规制探析．濮阳职业技术学院学报．2020（05）：46－48.

[3173] 王帅．非法集资与民间借贷的界分及合理法律规制路径．濮阳职业技术学院学报．2020（04）：48－52.

[3174] 戴学东．虚假民事诉讼的成因与规制．普洱学院学报．2020（05）：38－40.

[3175] 丁一志．动机、规避与分化：网约车管制下央地政府行为分析．齐鲁学刊．2020（04）：118－126.

[3176] 张红显．行政决策风险评估主体机制研究．齐鲁学刊．2020（02）：106－113.

[3177] 刘宁元，闫飞．区块链技术应用与GDPR紧张关系的构成及调和．齐鲁学刊．2020（02）：99－105.

[3178] 高翔．非物质文化遗产保护与地方高校内涵发展的融合困境、路径与机制．齐齐哈尔大学学报（哲学社会科学版）．2020（06）：184－188.

[3179] 张亚苗，刘刚．终身监禁的刑法规制研究．齐齐哈尔大学学报（哲学社会科学版）．2020（10）：78－81.

[3180] 黄保轩，储贝贝．再审中诉讼请求变更的处理．齐齐哈尔大学学报（哲学社会科学版）．2020（09）：87－90.

[3181] 王琳琳．当前中国社会的民粹主义倾向及有效规制．齐齐哈尔大学学报（哲学社会科学版）．2020（08）：26－30.

[3182] 谌倩，何琴．我国职业安全规制体制改革的演变及发展趋势．齐齐哈尔大学学报（哲学社会科学版）．2020（07）：67－70.

[3183] 左荣昌，左师昌．人工智能换脸犯罪的刑法规制研究．齐齐哈尔大学学报（哲学社会科学版）．2020（07）：96－99.

[3184] 王映雪．附条件不起诉制度下检察机关监督考察权及其法律规制．齐齐哈尔大学学报（哲学社会科学版）．2020（07）：103－106.

[3185] 董惠姗，王洪涛．新冠疫情下野生动物资源保护的刑法规制．齐齐哈尔大学学报（哲学社会科学版）．2020（03）：88－90.

[3186] 贾薛飞．非法吸收公众存款罪的法律问题探究．齐齐哈尔大学学报（哲学社会科学版）．2020（03）：85－87.

[3187] 郭如心，于若冰．基于企业战略视角的制度性进入壁垒研究．企业改革与管理．2020（14）：11－12.

[3188] 莫亚军．成本收益分析法在美国管制中的实际应用研究．企业改革与管理．2020（12）：19－21.

［3189］乔君灿．网约顺风车市场的经济法规制．企业改革与管理．2020（09）：53－54.
［3190］徐波．互联网平台企业并购的动因与风险研究．企业改革与管理．2020（01）：11－13.
［3191］李倩．企业并购协同效应及其案例研究．企业改革与管理．2020（01）：14－15.
［3192］陈思遥．国有企业兼并重组与金融创新的策略探讨．企业改革与管理．2020（05）：135－136.
［3193］李小敏．基于企业并购重组的人力资源尽职调查流程分析．企业改革与管理．2020（06）：84－85.
［3194］何迅培．企业并购的财务风险及防范措施分析．企业改革与管理．2020（06）：139－140.
［3195］戴浩俊．联合重组企业营销团队建设实践——以南方水泥有限公司为例．企业改革与管理．2020（07）：104－106.
［3196］孟鹏．国企并购重组后的风险识别与财务整合分析．企业改革与管理．2020（10）：3－4.
［3197］马韬．新冠肺炎疫情对企业并购的影响研究．企业改革与管理．2020（12）：7－8.
［3198］汤显梅．企业并购财务风险的应对与控制．企业改革与管理．2020（13）：123－124.
［3199］谢春燕．国有企业并购民营企业的风险及防范措施探讨．企业改革与管理．2020（15）：45－46.
［3200］赵月．企业并购前后的人力资源整合策略探讨．企业改革与管理．2020（19）：92－93.
［3201］杨士彦．上市公司并购新三板公司风险研究．企业改革与管理．2020（20）：5－6.
［3202］邓晋升．房地产企业不同并购模式税务筹划研究．企业改革与管理．2020（21）：122－123.
［3203］吴勇华．基于企业并购的会计问题研究．企业改革与管理．2020（21）：126－127.
［3204］牟乐海．企业并购重组后的财务管理对策分析．企业改革与管理．2020（23）：122－123.
［3205］耿志新．企业并购会计处理与信息披露问题研究．企业改革与管理．2020（23）：112－113.
［3206］陈颖．上市公司重组并购中的未分配利润归属问题研究．企业改革与管理．2020（24）：18－19.
［3207］吴静．商业银行合规风险管理存在的问题及其完善对策．企业改革与管理．2020（18）：129－130.
［3208］江锐华．国企财务总监的定位及监管情况分析．企业改革与管理．2020（08）：139－140.
［3209］蒙长玉，陈瑾焱，郭志军．税收分成、城市土地资源配置与环境规制效率．企业观察家．2020（10）：70－71.
［3210］煤炭国企兼并重组的趋势与形式．企业观察家．2020（11）：48－51.
［3211］江聃．国企改革三年行动方案支持国企和民企兼并重组．企业观察家．2020（11）：40－41.
［3212］李勇坚，夏杰长，刘悦欣．数字经济平台垄断问题：表现与对策．企业经济．2020（07）：20－26.
［3213］王邦兆，唐亦飞，张同建．县（区）环境规制下制造型企业绿色技术创新驱动机理研究．企业经济．2020（12）：30－37.
［3214］俞志方，杨永强．代持股执行异议裁判的理论基础及规制路径分析．企业经济．2020（11）：147－154.

［3215］ 毕鹏，李盼盼．环境规制、政府支持与企业创新产出．企业经济．2020（06）：70－79.

［3216］ 王敏杰，谢子远．环境规制如何影响中国制造业价值链升级？．企业经济．2020（02）：12－18.

［3217］ 马蓝迪．非营利组织信息披露的理论和现实路径研究——基于上市公司信息披露的经验依据．企业科技与发展．2020（03）：176－178.

［3218］ 周彦均．浅析北方国际合作股份有限公司并购税收筹划．企业科技与发展．2020（01）：156－157.

［3219］ 李皓．助力国有企业医疗混改的实践与探索——天津民生并购重组郑煤集团总医院案例浅析．企业科技与发展．2020（05）：257－258.

［3220］ 施婉思，林子楚，郑思妙，白敏静．皇氏集团混合并购御嘉影视的协同效应研究．企业科技与发展．2020（08）：132－135.

［3221］ 杨小河．企业跨行业并购的财务风险研究．企业科技与发展．2020（09）：139－140.

［3222］ 杨晓丹，赵彤晖．基于经济后果观的商誉后续计量方法选择研究——以天神娱乐并购幻想悦游为例．企业科技与发展．2020（10）：159－163.

［3223］ 李岳馨．浅析企业并购财务风险及控制．企业科技与发展．2020（11）：101－103.

［3224］ 施若，陈炫慧．数字金融的风险与监管探析．企业科技与发展．2020（12）：126－127.

［3225］ 李沁璇，刘昱良．基于物联网的气瓶安全追溯管理体系构建初探．企业科技与发展．2020（08）：90－91.

［3226］ 刘景瑞．浅析我国影子银行的效应及未来监管探索．企业科技与发展．2020（04）：139－140.

［3227］ 涂鑫，张志康．P2P 网贷的异化和风险研究．企业科技与发展．2020（02）：160－161.

［3228］ 收并购企业的文化融合实践与研究．企业文明．2020（06）：13－16.

［3229］ 魏琦，周红伟，李林静．不同监管强度下碳排放权交易违约行为的实验研究．气候变化研究进展．2020（03）：345－354.

［3230］ 郑菊芳．疫情形势下，中小企业并购方面的法律问题．汽车维修与保养．2020（06）：91－93.

［3231］ 银保监会发文：车商禁止强制搭售保险．汽车维修与保养．2020（07）：12.

［3232］ 杨斯琦，刘东．国家治理现代化视野下“买分卖分”现象探究．汽车与安全．2020（07）：80－84.

［3233］ 傅剑华，刘佳仪，董坤，朱毅．泰国汽车市场准入制度及技术法规介绍．汽车与配件．2020（20）：66－69.

［3234］ 朱敏慧．2019 年度行业盘点　零部件行业之收购兼并篇．汽车与配件．2020（01）：32－33.

［3235］ 疫情过后，汽车行业兼并购需求将提速？．汽车与配件．2020（07）：28－31.

［3236］ 高驰．普华永道：2021 年汽车零部件行业并购交易数量或创历史新高．汽车与配件．2020（23）：26－27.

［3237］ 众车企表示：上海新能源市场准入门槛过高．汽车与新动力．2020（02）：5.

［3238］ 刘宇，申杨柳，贾宁．智能网联汽车商用化的市场准入路径．汽车纵横．2020（11）：54－56.

［3239］ 张慧霞，郭志芳．国有企业并购民营企业风险分析及规避策略．前进．2020（01）：49－50.

［3240］ 冯娜，温艳，赵威．药品集中招标采购中“串标”合谋的“囚徒困境”研究．青岛大学学报（自然科学版）．2020（02）：135－139.

[3241] 徐祥运，周日怡，王羽．少数民族大学生就业观念现状研究——以辽宁省部分高校为例．青岛科技大学学报（社会科学版）．2020（03）：93－99.

[3242] 陈为智，高梦丽．我国机构养老规制政策的发展、问题及其完善．青岛科技大学学报（社会科学版）．2020（01）：66－71.

[3243] 苑素梅，崔妍，亓萌雪．传统文化对企业并购的影响研究．青岛农业大学学报（社会科学版）．2020（02）：41－45.

[3244] 兰松山．县域反洗钱监管有效性探讨．青海金融．2020（03）：54－56.

[3245] 冯旭，唐治国．大变局下网络主体异化消解的思政教育之维．青海民族研究．2020（03）：71－77.

[3246] 蔡燕，方慧．清代土司司法制度研究的重要史料——内阁刑科题本所涉土司案件述评．青海民族研究．2020（01）：15－22.

[3247] 李宁．城乡融合视阈下乡村生态治理困境及其路径创新．青海社会科学．2020（04）：42－48.

[3248] 薛才玲，钟新，韩童，李超．政府管制失效两重面向：生成逻辑、消解进路——基于契约经济学视角．青海社会科学．2020（02）：51－56.

[3249] 翟凯，何士青．论大数据质量的法律保障：困境、变革与新塑．青海社会科学．2020（02）：172－180.

[3250] 万为众．论二十世纪竞争法之演进——基于发展论视角．青海师范大学学报（哲学社会科学版）．2020（01）：39－46.

[3251] 彭桂兵，叶晨鑫．信息疫情治理的法律路径分析．青年记者．2020（33）：11－13.

[3252] 孙海荣，张君尧．网络直播火爆背后的侵权问题及保护规制．青年记者．2020（31）：69－71.

[3253] 杨谨瑜．智媒时代智能广告运作的数据困境及应对．青年记者．2020（31）：52－53.

[3254] 马文良，陆高峰．微信十年：在政府规制与自我治理中成长．青年记者．2020（27）：87－88.

[3255] 孙江，张梦可．新闻算法分发对隐私权的冲击及规制．青年记者．2020（27）：91－92.

[3256] 何天秀．公共卫生事件网络舆情治理与法律规制．青年记者．2020（26）：9－10.

[3257] 葛思坤．算法视域下媒介伦理失范的表现与规制．青年记者．2020（26）：21－22.

[3258] 尹珊珊．智媒时代假新闻泛滥原因剖析及规制．青年记者．2020（08）：30－31.

[3259] 郭蔚．情感调解类节目的突出问题及规制思考．青年记者．2020（08）：75－76.

[3260] 张晶晶，王伟亮．2019年中国传媒法研究述评——基于新闻传播学类CSSCI来源期刊之论文．青年记者．2020（07）：72－74.

[3261] 党东耀，刘迎雪．智媒时代传媒业的变革与创新．青年记者．2020（06）：37－38.

[3262] 田飞龙，薛皓元．香港国安法与“一国两制”的法治巩固．青年探索．2020（05）：5－21.

[3263] 井世洁，邹利．“校园欺凌”的网络表达与治理——基于LDA主题模型的大数据分析．青少年犯罪问题．2020（06）：60－68.

[3264] 孙伯龙．规制理论视域下校外线上培训治理的困境与转型．青少年犯罪问题．2020（04）：53－63.

[3265] 雷庚．论运用从业限制保护未成年人免受性侵的困境与出路．青少年犯罪问题．2020（03）：96－103.

[3266] 胡莎．育儿行为刑法规制盲区及其应对——兼论“父亲高铁疑似猥亵儿童事件”．青少年犯罪问题．2020（03）：87－95.

[3267] 牟糖醇．域外网络儿童色情犯罪的规制状况及启示．青少年学刊．2020（04）：16－21.

[3268] 郑景元．合作社商人：农地三权分置的新实践．清华大学学报（哲学社会科学版）．2020（04）：186－199.

[3269] 冯果，薛亦飒．中国存托凭证存托人“自益行为”的规制进路——以《证券法》的规制逻辑为基础展开．清华法学．2020（06）：128－146.

[3270] 杨宇冠．刑事诉讼中伪证问题的法律规制．清华法学．2020（06）：112－127.

[3271] 王彦志．从程序到实体：国际投资协定最惠国待遇适用范围的新争议．清华法学．2020（05）：182－207.

[3272] 陈寒非，高其才．新乡贤参与乡村治理的作用分析与规制引导．清华法学．2020（04）：5－17.

[3273] 郑少华，王慧．绿色原则在物权限制中的司法适用．清华法学．2020（04）：159－179.

[3274] 王成．《民法典》与法官自由裁量的规范．清华法学．2020（03）：19－31.

[3275] 袁国何．论追诉时效的溯及力及其限制．清华法学．2020（02）：50－70.

[3276] 程凤朝．运用并购重组手段，助力双循环战略落地．清华管理评论．2020（10）：12－18.

[3277] 汪小亚，刘传会，郭增辉，余梁．数据伦理建设在金融科技发展中不可或缺．清华金融评论．2020（01）：91－94.

[3278] 姚影．新冠疫情下中企跨境并购危中有机．清华金融评论．2020（11）：97－100.

[3279] 鲁思睿，刘芳羽．大学生对淘宝刷单的认知和参与状况的实证分析．清远职业技术学院学报．2020（03）：33－39.

[3280] 林华．普通网络谣言与焦点网络谣言的传播逻辑异同．情报杂志．2020（09）：116－120.

[3281] 刘杰．情报工作的政治逻辑：情报政治化研究新视角．情报杂志．2020（05）：28－32.

[3282] 王磊．共享经济下网约车监管的法律问题研究．求是学刊．2020（02）：120－131.

[3283] 吴倩．互联网金融机构的反洗钱内部控制演化博弈分析．区域金融研究．2020（03）：22－28.

[3284] 陶菊花．我国互联网黄金业务监管发展研究．区域金融研究．2020（07）：68－73.

[3285] 韩淑媛，黎齐．互联网小贷监管问题研究．区域金融研究．2020（04）：37－41.

[3286] 张敦伟．分离主义运动中的动员模式：一种关于怨恨政治的族群冲突解释．区域与全球发展．2020（02）：71－92.

[3287] 付冀鲁．展望与完善网络空间中的国际法治理理论路径．区域治理．2020（04）：154－156.

[3288] 陶佳．我国农村扶贫小额信贷风险法律规制机制现状与问题．区域治理．2020（01）：88－90.

[3289] 徐卓．产业链金融保理业务风险控制实务研究．全国流通经济．2020（09）：145－146.

[3290] 张敏．中国民航业规制政策探析．全国流通经济．2020（31）：157－159.

[3291] 宋梅，田文利．京津冀协同发展下上市公司环境会计信息披露的法律规制——基于京津冀地区化工类上市公司的实证分析．全国流通经济．2020（30）：184－189.

[3292] 谢丽映．我国智能投顾的法律规制．全国流通经济．2020（27）：69－71.

[3293] 丁春颖．“营改增”规制下房地产开发企业成本管理对策探讨．全国流通经济．2020（24）：170－172.

[3294] 陈远．我国互联网不正当竞争行为的法律规制现状与完善对策．全国流通经济．2020（19）：152－153.

[3295] 刘若琳，马左崇骥．环境规制下商业银行碳金融发展现状分析．全国流通经济．2020

(11): 144-145.

[3296] 秦文迪．浅析我国高收入人群个人所得税税收征管的法律规制．全国流通经济．2020 (11): 156-157.

[3297] 肖庆华．共享经济的法律规制．全国流通经济．2020 (08): 136-137.

[3298] 郭蕾．共享经济的非犯罪化规制研究——以共享单车为例．全国流通经济．2020 (03): 137-138.

[3299] 赵治涵．我国反垄断法宽恕制度探讨．全国流通经济．2020 (34): 154-156.

[3300] 宋雪玲．协同定价的证明方法——美国的经验与启示．全国流通经济．2020 (29): 15-17.

[3301] 杨新华．康美药业审计失败存在审计合谋吗?．全国流通经济．2020 (30): 169-171.

[3302] 张蓝可．雀巢跨国并购的经验分析以及对国内企业的启示．全国流通经济．2020 (04): 61-62.

[3303] 魏铭辉．企业并购动机和效能探析——美团并购摩拜案例．全国流通经济．2020 (04): 67-69.

[3304] 张敏，孙喜坤，丁燕芳．钢铁行业并购财务风险的分析与控制对策．全国流通经济．2020 (05): 104-105.

[3305] 王清怡，张淼．企业并购中财务资源整合效果评价研究．全国流通经济．2020 (05): 92-93.

[3306] 刘国芳．企业并购融资途径分析——以吉利并购沃尔沃为例．全国流通经济．2020 (06): 92-93.

[3307] 唐帅．探讨中央企业并购后财务整合问题．全国流通经济．2020 (08): 86-88.

[3308] 马剑英．论企业收并购后的财务管理重点、难点及解决方案——基于物业服务行业．全国流通经济．2020 (09): 97-99.

[3309] 汤文德．国有企业并购中的财务问题探究．全国流通经济．2020 (09): 93-94.

[3310] 张小艺．管理层背景对上市公司并购决策的影响．全国流通经济．2020 (10): 105-107.

[3311] 蔡清明．文化企业并购评估中的投资价值研究．全国流通经济．2020 (11): 104-105.

[3312] 陈云娟．高管风险偏好与企业并购绩效．全国流通经济．2020 (14): 85-86.

[3313] 张子瑗．浅析华润医药并购江中药业中的财务风险．全国流通经济．2020 (15): 94-95.

[3314] 陈景涛．探析上市企业并购重组中的财务风险．全国流通经济．2020 (16): 87-88.

[3315] 詹国飞．互联网企业并购的财务风险研究．全国流通经济．2020 (16): 111-112.

[3316] 文东红．企业并购财务后果案例分析．全国流通经济．2020 (16): 107-108.

[3317] 陈慧兰．跨国并购环境导致的财务风险研究．全国流通经济．2020 (17): 15-16.

[3318] 潘超霞．企业并购中的财务风险分析．全国流通经济．2020 (17): 100-102.

[3319] 洪迪群．企业并购的财务风险分析．全国流通经济．2020 (19): 68-69.

[3320] 刘郑．企业并购失败原因研究．全国流通经济．2020 (19): 77-78.

[3321] 张雅荃．企业并购中的业绩承诺会计处理探析．全国流通经济．2020 (19): 165-167.

[3322] 沈彩妹．企业并购的财务绩效研究．全国流通经济．2020 (19): 74-76.

[3323] 张金洪．企业并购后的盈利能力分析．全国流通经济．2020 (20): 86-87.

[3324] 周密林．新三板公司特点及被并购动因分析．全国流通经济．2020 (20): 88-89.

[3325] 孙春霞．对企业并购的税收筹划的探究．全国流通经济．2020 (20): 164-165.

[3326] 邓曼玲．企业并购中的商誉分析．全国流通经济．2020 (29): 158-162.

[3327] 蒙立元，谢文玉．商誉减值对上市公司经营绩效的影响研究——以银禧科技并购兴科

电子为例．全国流通经济．2020（32）：57－59.

［3328］汪惠珠．企业并购财务整合的现状与优化路径分析．全国流通经济．2020（32）：66－68.

［3329］张宸，陈娟．业绩承诺下被并购方财务造假——以年富供应链为例．全国流通经济．2020（32）：174－176.

［3330］李晋军．企业并购中尽职调查存在的问题初探．全国流通经济．2020（36）：95－97.

［3331］汪怡．浅议“直播带货”存在的法律问题及完善建议．全国流通经济．2020（33）：9－11.

［3332］胡雪丹．证券投资交易行为分析及其对市场的影响．全国流通经济．2020（32）：161－163.

［3333］徐明．互联网金融产品的发展趋势及创新．全国流通经济．2020（31）：163－165.

［3334］梅发贵，邬付均，陈玺如．农村商业银行反洗钱业务问题及对策研究——以Y农村商业银行为例．全国流通经济．2020（27）：144－146.

［3335］覃志博．浅析环境会计信息披露现状．全国流通经济．2020（26）：174－176.

［3336］宋思源．关于数字经济时代的监管挑战分析．全国流通经济．2020（23）：12－14.

［3337］闫琳．美国P2P网贷平台监管经验及对我国的启示．全国流通经济．2020（22）：150－152.

［3338］贺东．卷烟营销网建动态监管服务体系研究．全国流通经济．2020（10）：16－17.

［3339］杨松．我国ST公司会计寻租问题研究．全国流通经济．2020（08）：181－182.

［3340］康凤清．新时期药品流通监管发展现状及对策分析．全国流通经济．2020（01）：47－48.

［3341］汤玉姣，宋伟，王仁文．贸易战背景下赴美技术并购的制度风险应对．全球科技经济瞭望．2020（10）：15－21.

［3342］黄永源，朱晟君，王少剑．基于制度背景与经济活动交互效应的广东省PM2.5污染驱动因素分析．热带地理．2020（01）：74－87.

［3343］宋欣伟．新时代社会治理现状与法律规制建设．人才资源开发．2020（18）：53－54.

［3344］熊正良．完善刑法经济规制　保护市场经济发展．人大建设．2020（12）：46－47.

［3345］吴敦．市域社会治理现代化与地方立法探求——以《盐城市黄海湿地保护条例》为视角．人大研究．2020（11）：51－54.

［3346］李超．人工智能辅助立法：现状、困境及其因应．人大研究．2020（04）：14－20.

［3347］张献勇．议员利益回避的宪法规制．人大研究．2020（03）：51－55.

［3348］张浩，陈全思．我国智能网联汽车数据跨境流动的法律规制．人工智能．2020（04）：40－46.

［3349］李文静．人工智能挑战传统法律体系的三个基本问题与应对．人工智能．2020（04）：86－92.

［3350］陈姿含，郭琪．人工智能法律规制变迁机理与价值导向．人工智能．2020（04）：13－23.

［3351］银丹妮，许定乾．人脸识别技术应用及其法律规制．人工智能．2020（04）：32－39.

［3352］张夏明，张艳．人工智能应用中数据隐私保护策略研究．人工智能．2020（04）：76－84.

［3353］盛亦男，侯佳伟．政策规制、市场机制与流动人口的不确定性居留意愿．人口与经济．2020（06）：17－34.

［3354］朱金生，李蝶．环境规制、技术创新与就业增长的内在联系——基于中国34个细分工业行业PVAR模型的实证检验．人口与经济．2020（03）：123－141.

［3355］孙文远，周寒．环境规制对就业结构的影响——基于空间计量模型的实证分析．人口与经济．2020（03）：106－122.

［3356］王红霞，张瑜．服务类预付式消费法律规制研究．人民法治．2020（06）：52－55.

[3357] 胡勇，陈开腾，吴为．空包网的特点及治理路径．人民检察．2020（16）：32－36.

[3358] 高艳东，李哲．第三方支付领域恶意投诉的规制．人民检察．2020（16）：61－66.

[3359] 刘艳红，杨志琼．网络爬虫的入罪标准与路径研究．人民检察．2020（15）：26－31.

[3360] 郝家英，王伟．滥食野生动物及其制品行为的刑法思考．人民检察．2020（10）：21－24.

[3361] 刁雪云．电信网络诈骗中改号软件提供行为的刑法认定．人民检察．2020（09）：72－75.

[3362] 冯昌波．涉疫情网络谣言惩治的难点与应对．人民检察．2020（07）：14－17.

[3363] 欧阳本祺．疫情期间刑法对谣言的合理界定．人民检察．2020（07）：5－9.

[3364] 莫洪宪．重大疫情防控中信息犯罪的刑事规制边界．人民检察．2020（07）：10－13.

[3365] 高艳东，李哲．优化营商环境视野下恶意投诉的规制．人民检察．2020（06）：72－77.

[3366] 全威巍．保健食品犯罪的刑法规制．人民检察．2020（04）：78－79.

[3367] 郜庆．垄断协议视角下的最惠国待遇条款．人民论坛．2020（15）：252－253.

[3368] 于永达．"无接触"如何深度拓展社会治理空间．人民论坛．2020（18）：38－41.

[3369] 刘益灯．跨境电子商务发展的法律问题及规范引导．人民论坛．2020（26）：100－102.

[3370] 孟雁北．直播带货中主播商业宣传行为的规制研究．人民论坛．2020（25）：116－119.

[3371] 刘赫男．大病众筹的立法规制．人民论坛．2020（23）：90－91.

[3372] 张奇．破解疫情应对中的野生动物法律难题．人民论坛．2020（15）：244－245.

[3373] 边蕾．为"互联网＋医疗"筑牢法律屏障．人民论坛．2020（15）：240－241.

[3374] 贺江华．创业投资政府引导基金的法律规制研究．人民论坛．2020（15）：232－233.

[3375] 李庆峰．人脸识别技术的法律规制：价值、主体与抓手．人民论坛．2020（11）：108－109.

[3376] 杨梦露．发展人工智能的法律规制重点在哪里．人民论坛．2020（11）：106－107.

[3377] 郭如愿．大数据时代民法典人格权编对个人信息的定位与保护．人民论坛．2020（09）：108－109.

[3378] 郑晓英，李力．运用法律手段严厉整治"校园贷"．人民论坛．2020（Z1）：134－135.

[3379] 陈甦，刘小妹．以法律规制和引领"短视频"长效发展．人民论坛．2020（04）：92－95.

[3380] 刘晓姝．人工智能技术的法律规制探析．人民论坛．2020（02）：54－55.

[3381] 阎晓磊．网络版权行政保护的挑战与对策．人民论坛．2020（02）：138－139.

[3382] 邓锦雷．强化对直播带货的柔性约束．人民论坛．2020（23）：60－61.

[3383] 朱文鑫．重拳出击整治环评乱象．人民论坛．2020（21）：112－113.

[3384] 邓国胜．网络众筹平台骗捐诈捐现象频发，如何破．人民论坛．2020（01）：51－53.

[3385] 胡加祥．我国《生物安全法》的立法定位与法律适用——以转基因食品规制为视角．人民论坛·学术前沿．2020（20）：22－35.

[3386] 毛立志．涉数据网络犯罪的法律规制研究．人民论坛·学术前沿．2020（19）：110－113.

[3387] 王振东，金田林．环境规制影响建筑业发展的机制与路径．人民论坛·学术前沿．2020（18）：140－143.

[3388] 杨东．后疫情时代数字经济理论和规制体系的重构——以竞争法为核心．人民论坛·学术前沿．2020（17）：48－57.

[3389] 陈璟．"直播带货"的法治化监管路径探索．人民论坛·学术前沿．2020（17）：124－127.

[3390] 谈毅．区块链与智慧城市群相互赋能发展策略研究．人民论坛·学术前沿．2020（05）：76－81.

［3391］祝建军．标准必要专利滥用市场支配地位的反垄断法规制．人民司法．2020（13）：50－55.

［3392］丁晓峰．机动车商业保险中超额承保的司法规制．人民司法．2020（26）：51－54.

［3393］宁韬，崔丹妮．合理拓宽与适当规制：审委会列席制度研究．人民司法．2020（22）：14－19.

［3394］赵玉东．不动产司法拍卖交付难之破解．人民司法．2020（19）：99－102.

［3395］王齐齐，李晓东，夏定乾．网络谣言及其刑法规制．人民司法．2020（13）：68－72.

［3396］黄伯青，李杰文．金融创新背景下的金融犯罪变迁与审判思路调整．人民司法．2020（04）：66－72.

［3397］李玲．执行异议权滥用的防范与规制．人民司法．2020（04）：82－86.

［3398］刘浩，何寿奎．监管成本驱动下施工企业围标行为演化博弈分析．人民长江．2020（08）：177－185.

［3399］刘浩，马琳，王雅雯，王思月．公共服务视野下的城市空间正义问题——以山东省Q市为例．人文地理．2020（02）：65－74.

［3400］张沛全．“互联网＋”背景下文化市场治理策略．人文天下．2020（Z2）：64－69.

［3401］温军，邓沛东，张倩肖．数字经济创新如何重塑高质量发展路径．人文杂志．2020（11）：93－103.

［3402］马丽梅，史丹，高志远．国家能源转型的价格机制：兼论新冠疫情下的可再生能源发展．人文杂志．2020（07）：104－116.

［3403］程承坪，彭欢．中国人工智能的经济风险及其防范．人文杂志．2020（03）：30－39.

［3404］杨泽华，王湘波．国家化妆品监督抽检问题分析及监管建议．日用化学品科学．2020（09）：17－21.

［3405］张兆伦，唐颖，赵华．新《条例》和法规背景下的化妆品安全与风险评估．日用化学品科学．2020（09）：11－16.

［3406］舒婷婷，叶浪萍．浅谈化妆品法规新动态——基于进口化妆品备案数据．日用化学品科学．2020（06）：18－21.

［3407］龙朝晖．跨境贸易中的食品安全研究——书评《食品安全比较研究——从美、欧、中的食品安全规制到全球协调》．肉类研究．2020（03）：104－105.

［3408］闫璐．基于CiteSpace V的国际环境规制可视化分析研究．软件导刊．2020（05）：173－177.

［3409］王力，孙中义．河长制的环境与经济双重红利效应研究——基于长江经济带河长制政策实施的准自然实验．软科学．2020（11）：40－45.

［3410］丁杰，胡蓉．区域性环境规制与绿色信贷政策的有效性——基于重污染企业信贷融资视角．软科学．2020（12）：61－67.

［3411］肖晓军，杨志强，曾荷．环境规制视角下贸易出口对中国绿色全要素生产率的影响——基于省际面板数据的非线性实证检验．软科学．2020（10）：18－24.

［3412］汪万，杨坤．责任式创新下多主体协同机制演化博弈研究．软科学．2020（06）：17－25.

［3413］邢丽云，俞会新．绿色动态能力对企业环境创新的影响研究——环境规制和高管环保认知的调节作用．软科学．2020（06）：26－32.

［3414］王炳成，麻汕，马媛．环境规制、环保投资与企业可持续性商业模式创新——以股权融资为调节变量．软科学．2020（04）：44－50.

［3415］张峰，薛惠锋．乡村振兴背景下要素错配与环境规制对承接产业转移的影响．软科学．2020（03）：25－31.

[3416] 陈文婷，师翌华．官员变更与企业并购——基于信息环境变化的实证研究．软科学．2020（05）：70－75.

[3417] 李洪，叶广宇．并购顾问与中国企业海外并购溢价——基于关系结构的分析．软科学．2020（05）：57－63.

[3418] 崔永梅，张亚，曾德麟，司海健．跨国并购背景下的企业自主创新能力演化机制研究．软科学．2020（06）：8－16.

[3419] 蒋淼，吕清正．地方政府补贴之公平竞争审查及其路径优化．三明学院学报．2020（01）：33－38.

[3420] 魏雪莲．开放条件下中国国有商业银行跨国并购效率分析——以交通银行并购巴西BBM银行为例．三明学院学报．2020（05）：23－30.

[3421] 李重新．精准扶贫：准公共产品的内生变革．三峡大学学报（人文社会科学版）．2020（02）：54－56.

[3422] 慎先进，申丰熊．论有偿委托合同任意解除权的法律规制——以我国《民法典》第933条为基础展开．三峡大学学报（人文社会科学版）．2020（06）：95－99.

[3423] 林枫，饶浪，张晓燕．异质性环境规制对技术创新二阶段的影响——市场化的调节效应．三峡大学学报（人文社会科学版）．2020（05）：61－67.

[3424] 刘炯．经济犯罪视域下的刑法保护前置化及其限度．厦门大学学报（哲学社会科学版）．2020（04）：128－140.

[3425] 时延安．互联网金融行为的规制与刑事惩罚．厦门大学学报（哲学社会科学版）．2020（04）：99－107.

[3426] 熊进光．互联网金融刑民交叉案件的法律规制．厦门大学学报（哲学社会科学版）．2020（04）：120－127.

[3427] 丁丽柏，陈喆．论WTO对安全例外条款扩张适用的规制．厦门大学学报（哲学社会科学版）．2020（02）：127－140.

[3428] 雷蕾．网络犯罪的刑法规制困境及对策．厦门广播电视大学学报．2020（02）：61－65.

[3429] 林春艳，宫晓蕙．SO_2排污权交易试点政策的创新效应分析．山东财经大学学报．2020（06）：76－87.

[3430] 叶红雨，杨静．环境规制对企业绩效影响的实证研究——基于企业社会责任的调节作用．山东财经大学学报．2020（02）：99－107.

[3431] 刘瑞波，王成．捆绑销售的理论解析、策略选择与研究展望．山东财经大学学报．2020（02）：91－98.

[3432] 连增，谢丹，孙文莉，何蓉．中国在“一带一路”沿线国家的跨境并购分析：基于语言和文化的视角．山东财经大学学报．2020（04）：5－16.

[3433] 郭熙保，龚广祥．属地经营、市场扩张和企业创新——来自中国制造业数据的证据．山东大学学报（哲学社会科学版）．2020（01）：70－91.

[3434] 潘爱玲，吴倩．官员更替与重污染企业绿色并购——基于政府环境绩效考核制度的实证研究．山东大学学报（哲学社会科学版）．2020（04）：146－160.

[3435] 李寿平．外空安全面临的新挑战及其国际法律规制．山东大学学报（哲学社会科学版）．2020（03）：52－62.

[3436] 徐娟．基因编辑婴儿技术的社会风险及其法律规制．山东大学学报（哲学社会科学版）．2020（02）：98－107.

[3437] 郭传凯．食品安全追溯监管的困境与出路．山东法官培训学院学报．2020（06）：115－128.

［3438］赵晨笑．论冷冻胚胎的法律地位及其法律规制．山东法官培训学院学报．2020（04）：91－98.

［3439］朱烨，梁勇．野生动物保护之环境公益诉讼路径探析．山东法官培训学院学报．2020（03）：18－32.

［3440］张辉，项在亮．银行自营贷款计收复利的正当性及规制研究．山东法官培训学院学报．2020（03）：66－77.

［3441］徐兴军．比较法视野下的虚假民事诉讼规制研究．山东法官培训学院学报．2020（03）：54－65.

［3442］李畅．政府信息公开诉权滥用的司法规制．山东法官培训学院学报．2020（02）：163－175.

［3443］山东省青岛市中级人民法院行政庭课题组，李胜良，刘英，张杰．从审判权力运行角度谈专业法官会议的功能定位．山东法官培训学院学报．2020（05）：181－192.

［3444］顾芳锦．职场性骚扰中雇主的法律责任研究．山东工会论坛．2020（06）：87－94.

［3445］冯成丰．“黄金降落伞”能在劳动法上平稳降落吗？——从 ST 围海事件引发的经济补偿金问题思考．山东工会论坛．2020（05）：100－108.

［3446］刘一依．日本电传劳动法律调适及对我国的启示．山东工会论坛．2020（03）：77－84.

［3447］李富成．用人单位单方变更工作地点的理论重述与规制路径——以调动权的正当性和合理性认定为中心．山东工会论坛．2020（03）：67－76.

［3448］郝明．资本与人的发展的关系及其当代启示——基于《1857—1858 年经济学手稿》的考察．山东工会论坛．2020（03）：52－59.

［3449］李烨，贺富永．劳动者分层保护理论下飞行员劳动主体规制探究．山东工会论坛．2020（01）：35－41.

［3450］王炜．水发能源：并购是一种经营策略．山东国资．2020（11）：28－30.

［3451］林恩祥．重大突发公共卫生事件风险管理研究——以新冠肺炎疫情为例．山东行政学院学报．2020（04）：109－115.

［3452］陈禹衡，尹航．论侵犯人工智能生成物版权的刑法规制．山东行政学院学报．2020（01）：56－61.

［3453］王毅．浅谈食品安全问题及其对策．山东化工．2020（17）：261－263.

［3454］孙娜，刘宁宁．关于放射源在线监管的应用与探讨．山东化工．2020（16）：242－244.

［3455］彭艳菲，王翠青，李倩茹，王丽，王苗苗．废矿物油对生态环境的影响及监管现状研究．山东化工．2020（03）：198－199.

［3456］吴志宇．传媒从事证券市场信息报道的法律规制——新《证券法》的突破、不足与完善构想．山东警察学院学报．2020（06）：34－41.

［3457］马方，张升魁．认罪认罚从宽背景下诱供的合法性控制——以侦查阶段为视角．山东警察学院学报．2020（06）：59－68.

［3458］江涌．立法规制大数据侦查的理论思考．山东警察学院学报．2020（06）：81－88.

［3459］卢雪澜，官志刚．警务的谦抑性研究．山东警察学院学报．2020（04）：141－150.

［3460］谭秀云．刑事扣押客体范围的规制困境及其出路．山东警察学院学报．2020（04）：33－44.

［3461］王志祥，安冉．涉基因技术行为的刑法规制问题研究——以基因编辑婴儿事件的定性为切入点．山东警察学院学报．2020（02）：5－12.

［3462］陈仪．行政规范性文件后评估制度及其完善．山东科技大学学报（社会科学版）．2020（06）：52－60.

[3463] 张莹莹．政府与社会组织合作的困境与出路——基于公私法融合的视角．山东科技大学学报（社会科学版）．2020（06）：100－108.

[3464] 张煌，黄关．大数据时代的分配正义挑战与规制原则．山东科技大学学报（社会科学版）．2020（02）：22－27.

[3465] 袁旺然．重混音乐创作中利用他人作品行为的法律规制．山东科技大学学报（社会科学版）．2020（01）：48－55.

[3466] 王三兴，汪莹．外商直接投资、制度质量与绿色全要素生产率——基于Malmquist－Luenberger指数的实证研究．山东农业工程学院学报．2020（09）：69－76.

[3467] 王兆鑫，翟月玲．我国企业环境犯罪风险的防控理路构建．山东农业工程学院学报．2020（03）：75－80.

[3468] 赵秀莉．"共享用工"中的劳动关系——风险与规制．山东青年政治学院学报．2020（05）：99－104.

[3469] 佟爱琴，任梓铭，郝雨桐，黄禁．管理层权力、企业并购与薪酬差距激励效应研究．山东青年政治学院学报．2020（02）：100－109.

[3470] 马治国，赵龙．价值冲突：公共领域理论的式微与著作权扩张保护的限度．山东社会科学．2020（10）：134－138.

[3471] 陈岱云，陈希．人口年龄结构变动及其效应问题研究——基于山东省人口普查的资料．山东社会科学．2020（11）：103－110.

[3472] 何阳，娄成武．流动治理：场域转换的治理机遇、风险及规制路径．山东社会科学．2020（08）：85－91.

[3473] 时延安，孟珊．规制、合规与刑事制裁——以食品安全为论域．山东社会科学．2020（05）：45－50.

[3474] 冯恺，陈汶佳．我国校园欺凌法律治理的问题检视．山东社会科学．2020（03）：189－192.

[3475] 丁国峰．论我国成品油市场之反垄断法规制——从竞争政策与产业政策的关系协调展开．山东社会科学．2020（02）：150－155.

[3476] 王凤荣，郑文风，李亚飞．政治关联、金融关联与民营企业债务融资——基于并购视角的实证分析．山东社会科学．2020（01）：104－113.

[3477] 刘云亮．家族信托财产的法律价值及规制．山东师范大学学报（社会科学版）．2020（01）：76－84.

[3478] 刘大伟，高继伟，刘继源．临朐县农田水利工程维护监管现状及对策．山东水利．2020（09）：74－75.

[3479] 尹凯，刘曙光，周广科．山东水利建设市场监管的主要做法．山东水利．2020（03）：68－70.

[3480] 袁凯华，余远，高翔．国内价值链能否推动中国制造的服务化转型——来自区际分工视角的经验证据．山西财经大学学报．2020（11）：42－56.

[3481] 白雪洁，王晓林．工业化水平如何影响FDI的碳生产率．山西财经大学学报．2020（05）：1－14.

[3482] 周耿，范从来，王颖达．信息披露、价格歧视与众筹绩效．山西财经大学学报．2020（09）：44－57.

[3483] 徐成凯，金宇，富钰媛．私募股权投资与企业研发操纵：监督还是合谋——基于高技术企业的实证分析．山西财经大学学报．2020（08）：114－125.

[3484] 李济含，刘淑莲，宋思淼．国企并购绩效与高管变更——行业冲击还是权力防御．山

西财经大学学报.2020（04）：80－93.

［3485］蓝发钦，国文婷．并购溢价的参照点效应——来自中国上市公司换股并购样本的经验证据．山西财经大学学报.2020（04）：109－126.

［3486］王玉喜．企业并购的财务绩效分析方法评价．山西财经大学学报.2020（S1）：26－28.

［3487］马林，王一帆．企业集团财务公司破产金融监管法规制研究．山西财政税务专科学校学报.2020（02）：17－20.

［3488］马甜．一个关于资管新规的数学解释．山西财政税务专科学校学报.2020（03）：29－32.

［3489］范玉吉，郭琪．网络空间治理视阈下淫秽色情信息的网络传播规制研究．山西大同大学学报（社会科学版）.2020（04）：30－37.

［3490］李继刚，李娅茹．共享经济下网约车的法律规制．山西大同大学学报（社会科学版）.2020（04）：25－29.

［3491］程尧，蔡一军．人工智能背景下算法演进的风险及其法律规制——以域外模式为视角．山西大同大学学报（社会科学版）.2020（02）：33－39.

［3492］杜运苏．生产性服务业集聚与企业出口国内附加值率——来自中国的经验证据．山西大学学报（哲学社会科学版）.2020（05）：132－144.

［3493］辜镔程．档案工作者职业权力的合法性审视．山西档案.2020（01）：48－53.

［3494］梁瑞平．新形势下抗震设防监管模式探讨．山西地震.2020（01）：53－55.

［3495］丁涛，李金昊．污染治理视角下的政府与企业双主体互动博弈行为研究．山西高等学校社会科学学报.2020（10）：44－49.

［3496］冯丽华．排污许可证制度的污染减排效应分析．山西化工.2020（02）：139－141.

［3497］卫晨曙．美国刑事司法人工智能应用介评．山西警察学院学报.2020（04）：22－28.

［3498］马嘉阳．客观归属下监督过失因果关系的认定．山西警察学院学报.2020（03）：34－39.

［3499］宋行健．论非法获取人脸识别信息的刑法规制．山西警察学院学报.2020（02）：5－9.

［3500］牟双武．微罪入刑的必要性考察——立足于具体行为微罪化的现实需要．山西警察学院学报.2020（02）：24－28.

［3501］刘菲．警察权力研究综述．山西警察学院学报.2020（01）：43－47.

［3502］潘玉林．产业功能园区开发建设过程中财务风险管理控制探析．山西农经.2020（02）：160－162.

［3503］阚涵梦．地方政府与地理标志农产品保护：必然、实然与应然逻辑．山西农经.2020（10）：32－33.

［3504］李京梅，张金哲．环境规制对我国污染密集型产业国际竞争力影响研究．山西农经.2020（15）：35－38.

［3505］罗中健．农村污水处理现状与法律规制研究——以广西玉林市为例．山西农经.2020（08）：75－76.

［3506］杨涵．彩礼的法律性质及返还规制研究．山西农经.2020（03）：46－47.

［3507］刘鑫鑫．圆通并购先达财务绩效研究．山西农经.2020（01）：156－157.

［3508］褚天扬．管理者过度自信加剧了并购商誉减值问题吗？——基于行为经济学的视角．山西农经.2020（05）：88－91.

［3509］徐宁，何云．互联网企业并购的动因与效应分析．山西农经.2020（07）：27－28.

［3510］徐珊．浅析物业企业上市过程中收并购处理．山西农经.2020（08）：159－160.

［3511］康乃硕，池明泽．企业并购整合的财务风险及控制研究．山西农经.2020（11）：133－135.

［3512］张玉平．海信电器并购东芝映像财务风险研究．山西农经.2020（13）：119－120.

［3513］王翢．债务错估对并购活动的影响研究．山西农经．2020（13）：154－156.

［3514］温旻昊，林宏举．纳思达跨国并购重组实例分析．山西农经．2020（16）：167－168.

［3515］王艳博．企业并购中的税务与会计处理对策．山西农经．2020（17）：155－156.

［3516］贾豪毅．企业并购财务尽职调查存在问题及对策研究．山西农经．2020（21）：142－143.

［3517］赵月旭．农村集体“三资”监管模式创新途径研究．山西农经．2020（24）：76－77.

［3518］韩旺，杨晓桐．并购重组中业绩承诺的问题及对策研究．山西农经．2020（23）：144－145.

［3519］李淑敏，赵国斌，门龙飞．浅析光伏扶贫在化解新冠肺炎疫情影响中的作用．山西农经．2020（19）：50－51.

［3520］谢晓伟，姜赵．大数据背景下农产品质量安全监管系统的建设研究．山西农经．2020（07）：91－93.

［3521］刘一丹．以区块链技术助力乡村振兴——以安徽省食药用菌行业为例．山西农经．2020（06）：30－31.

［3522］陈洪娥．乡镇财政资金监管的问题及对策．山西农经．2020（05）：116－117.

［3523］钱红森，曲智．浅析影子银行监管的国际改革及对我国的启示．山西农经．2020（04）：164－165.

［3524］张鹏富．我国《野生动物保护法》的完善．山西省政法管理干部学院学报．2020（04）：33－34.

［3525］曾健．食用野生动物的法律规制．山西省政法管理干部学院学报．2020（04）：30－32.

［3526］李丰．网络营销的法律规制．山西省政法管理干部学院学报．2020（04）：109－111.

［3527］王奇彦．股权投资中估值调整协议效力问题探究．山西省政法管理干部学院学报．2020（03）：57－59.

［3528］刘宇飞．地方先行立法的基本原则与规制路径——基于社会信用地方立法的实证研究．山西省政法管理干部学院学报．2020（02）：20－23.

［3529］赵一明．大数据时代的个人信息保护——从合同义务到信托义务．山西省政法管理干部学院学报．2020（02）：57－60.

［3530］赵超．大数据“杀熟”的现实困境与规制策略．山西省政法管理干部学院学报．2020（01）：34－36.

［3531］黄新华．深化供给侧结构性改革的规制政策变革路径．山西师大学报（社会科学版）．2020（02）：39－44.

［3532］蒋淼．第三方网络平台销售限制的反垄断规制——欧盟的经验与启示．汕头大学学报（人文社会科学版）．2020（05）：53－59.

［3533］陈梓铭．论惩罚性赔偿司法和行政维度的法律实施指引——对《消法》和《食安法》惩罚性赔偿的实证材料解析．汕头大学学报（人文社会科学版）．2020（03）：61－68.

［3534］刘伟，许俊标．大股东控制下的股权制衡与并购绩效．汕头大学学报（人文社会科学版）．2020（02）：42－48.

［3535］宋智超，张迪生，桂舟，成虹燕．保健品的市场规制和消费者权益保护的法律问题研究．商场现代化．2020（10）：11－13.

［3536］杨梦凡．电子商务平台上“刷单炒信”行为的刑法规制．商场现代化．2020（02）：53－54.

［3537］冉慧宇．上市公司跨国并购动因及风险防范分析——以H企业为例．商场现代化．2020（02）：88－89.

[3538] 杨帆，敖润楠．我国跨国并购研究现状及展望．商场现代化．2020（06）：82－83.

[3539] 关宏文．企业并购中的财务风险防范．商场现代化．2020（06）：153－154.

[3540] 李松．“一带一路”背景下我国跨境并购企业境外税务风险防范研究．商场现代化．2020（06）：173－174.

[3541] 屈哲锋．浅谈企业并购财务尽职调查中内外部团队的分工与协作．商场现代化．2020（08）：151－154.

[3542] 李镕杉，朱玉赞，郭懿文，何文美．上市公司高溢价并购下大额商誉减值问题探析．商场现代化．2020（09）：143－145.

[3543] 赵克辉，赵东升．“一带一路”背景下民营企业跨国并购财务整合研究——以浙江省为例．商场现代化．2020（09）：146－150.

[3544] 张可．企业并购中的反并购策略研究．商场现代化．2020（11）：82－84.

[3545] 马悦，周莎．上市公司关联交易对并购绩效的影响研究．商场现代化．2020（13）：142－144.

[3546] 魏群．企业并购财务风险识别与防范研究．商场现代化．2020（14）：181－183.

[3547] 刘超，巩新颖，王泳雁．从企业文化整合的角度分析吉利集团并购沃尔沃．商场现代化．2020（15）：25－27.

[3548] 周恬慧．企业并购的财务效应分析——以古井贡酒并购黄鹤楼酒业为例．商场现代化．2020（17）：181－183.

[3549] 杜宏宇．企业并购中存在的问题及对策研究．商场现代化．2020（18）：129－131.

[3550] 梁鸿雁．基于财务分析视角的互联网企业并购研究——以优酷并购土豆为例．商场现代化．2020（18）：158－160.

[3551] 侯晋慧．广州药业换股并购白云山的协同效应分析——基于传统财务指标评价方法．商场现代化．2020（21）：151－153.

[3552] 杨敏．企业并购中的财务风险防范．商场现代化．2020（21）：166－168.

[3553] 王璐．电商企业并购的财务风险及其防范研究．商场现代化．2020（22）：158－160.

[3554] 黄鹏杰．加密货币的监管规范与流通性初探．商场现代化．2020（01）：62－64.

[3555] 刘大鹏．行政性垄断及反垄断的法律规制．商洛学院学报．2020（05）：64－68.

[3556] 何念武，耶磊，王娟英．“放管服”视域下地方高校的科技改革．商洛学院学报．2020（02）：92－96.

[3557] 魏丽丽．商标恶意抢注的行政确权规制探讨．商丘师范学院学报．2020（05）：65－69.

[3558] 郑淑珺．网络欺凌的成因剖析与规制手段．商丘师范学院学报．2020（01）：88－92.

[3559] 沈伟，董炜堃．国际仲裁第三方资助的披露制度研究——以香港和新加坡立法监管为切入．商事仲裁与调解．2020（02）：117－137.

[3560] 俞敏，梁童钰．浅析 VIE 架构下企业税收风险及监管趋势．商学研究．2020（04）：83－92.

[3561] 乔彬，王沛霖，雷春，庞临然．环境规制、本地市场效应与产业空间多重均衡．商学研究．2020（03）：5－15.

[3562] 唐红涛，郭凯歌．电子商务市场监管三方演化博弈及仿真分析．商学研究．2020（02）：34－45.

[3563] 赵建琳．吉利沃尔沃“10 年一剑”：中国式并购，万亿全球汽车集团“出鞘”．商学院．2020（07）：96－97.

[3564] 江东东．浅谈文化产业项目策划风险控制．商讯．2020（28）：140－141.

[3565] 黄宇敏，钱建军．浅议对场外交易市场做市商的法律规制．商讯．2020（23）：159－

161.

［3566］程天鸾．浅谈我国市政公用行业市场化与政府管制．商讯．2020（21）：153－155.

［3567］郭晓岚．浅谈市场规制裁量权控制机制的完善．商讯．2020（08）：169.

［3568］郭晓岚．市场规制权路径调整的完善分析．商讯．2020（07）：178.

［3569］刘冰茹．企业并购财务风险管控探析．商讯．2020（01）：48－50.

［3570］黄冬蔓．企业并购财务风险的分析与防范．商讯．2020（02）：51－52.

［3571］李昀东．潍柴动力并购PSI财务绩效分析．商讯．2020（06）：30－33.

［3572］陈舒婷．上市公司并购重组支付方式综述．商讯．2020（08）：144－146.

［3573］白秀琴．国有企业并购财务风险问题与对策浅析．商讯．2020（09）：25－27.

［3574］卢心迪．浅析中国企业海外并购的财务风险与对策．商讯．2020（09）：43－45.

［3575］石美金．试论企业并购重组过程中的财务风险及控制策略．商讯．2020（09）：50－51.

［3576］薛艳萍．企业并购的财务风险与防范研究．商讯．2020（11）：14－16.

［3577］张德建．国有企业并购重组中可能存在的风险及风险控制．商讯．2020（11）：109－111.

［3578］朴希春．并购后的财务管理分析．商讯．2020（14）：64－65.

［3579］徐慧．企业并购中的财务风险防范．商讯．2020（14）：82－83.

［3580］邓荣超．企业并购相关的财务风险分析及防控措施探讨．商讯．2020（16）：42－43.

［3581］王均，陈娣．国企改革背景下大型建筑安装企业投资并购研究．商讯．2020（16）：109－110.

［3582］叶绍新．房地产企业并购财务风险研究．商讯．2020（18）：70－72.

［3583］王兆楠．企业并购中运用对赌协议的风险及应对研究．商讯．2020（19）：109－111.

［3584］赵嵘．中国企业跨境并购的动因及影响．商讯．2020（19）：89－90.

［3585］王辉．探析上市公司并购重组的问题和建议．商讯．2020（20）：110－111.

［3586］罗敏．浅析企业并购重组中的财务风险及控制对策．商讯．2020（21）：43－44.

［3587］何芳．企业并购管理与整合的问题与措施研究．商讯．2020（23）：105－106.

［3588］徐良果，吴晓慧．基于被并购公司视角分析CEO即将退休是否影响公司并购．商讯．2020（23）：1－4.

［3589］刘立杰．国有企业并购融资方式的选择及风险控制研究．商讯．2020（23）：116－118.

［3590］严先发．企业并购重组中的财务风险及控制策略．商讯．2020（24）：70－71.

［3591］杨镇玮．关于企业并购重组的问题探究．商讯．2020（24）：118－119.

［3592］郑舒宁．上市公司控股股东股权质押与频繁资产并购的行为后果——以誉衡药业为例．商讯．2020（25）：13－14.

［3593］孙爱军．浅谈企业并购重组财务风险防范．商讯．2020（25）：48－50.

［3594］张笛．事务所应对公司并购审计风险控制研究．商讯．2020（27）：169－170.

［3595］黄贵滨．企业并购中的税收筹划问题浅探．商讯．2020（31）：95－96.

［3596］胡桂芬．浅析企业并购整合风险及对策——以B企业为例．商讯．2020（31）：5－6.

［3597］熊为峰．基于并购视角的企业价值评估探讨．商讯．2020（35）：104－105.

［3598］廖丽玲．企业并购重组中的税收筹划措施思考．商讯．2020（35）：92－93.

［3599］郭敏．企业并购审计风险及应对研究．商讯．2020（36）：83－84.

［3600］石赵赞．企业兼并重组税收优惠政策及税收筹划问题探讨．商讯．2020（36）：91－92.

［3601］刘小嘉．我国影子银行风险及监管对策研究．商讯．2020（19）：63－65.

［3602］李敏．学校教育经费管理研究——强化教育经费监管的现时思考探究．商讯．2020（18）：157－158.

［3603］诸葛晓英．村集体经济组织全面预算管理的困境及对策探究．商讯．2020（15）：150－151.

［3604］刘华．我国医保基金监管现存问题及应对．商讯．2020（10）：155－157.

［3605］熊平津．惠州市上市公司会计信息披露问题研究．商讯．2020（02）：31－32.

［3606］杨泽南．对互联网金融的思考．商讯．2020（02）：108.

［3607］李洪伟．关联企业实质合并破产重整法律规制．商业观察．2020（09）：84－85.

［3608］张保林．基于回声模型的创新集群演化分析．商业观察．2020（02）：128－130.

［3609］司宪花．企业并购中的财务整合研究．商业观察．2020（01）：111－112.

［3610］时春华．企业兼并收购中的问题和对策研究．商业观察．2020（01）：153.

［3611］王珍．TCL寻找面板业并购机会．商业观察．2020（07）：64.

［3612］刘宇浩，孙永乐．乳制品质量事件对企业市场势力的实证研究．商业观察．2020（01）：172.

［3613］吕明晗，徐光华．股权再融资、环境规制与企业环保投资．商业会计．2020（19）：12－15.

［3614］张立恒．环境规制对河南省工业企业绿色技术创新的影响研究．商业会计．2020（17）：15－18.

［3615］崔也光，周畅，刘禹晴．控排企业纳入、会计规制与碳市场流动性研究——基于试点市场的面板数据．商业会计．2020（15）：4－11.

［3616］黄建文，赵欢．基于房地产拍卖的税收核定法律规制研究．商业会计．2020（07）：100－102.

［3617］骆怡宁．企业固定资产损失确认计量的税费核算规制解析．商业会计．2020（05）：58－61.

［3618］谷立娜，吴涛．私募股权投资基金海外投资的风险防控研究——基于中信产业基金海外并购柏盛国际的案例．商业会计．2020（01）：75－79.

［3619］皮志平．企业并购重组财务风险分析与控制策略．商业会计．2020（03）：54－56.

［3620］周霞．上市公司规避并购商誉风险的对策探讨．商业会计．2020（03）：78－80.

［3621］王正军，曹东瑜．军民融合背景下的企业并购绩效研究——以尤洛卡并购师凯科技为例．商业会计．2020（04）：53－56.

［3622］赵世君，潘正佳，张翔宇．我国企业跨国并购财务风险及防范——以JL公司并购WOL为例．商业会计．2020（04）：49－52.

［3623］徐慧娟，李宁．传统行业上市公司并购互联网企业绩效研究．商业会计．2020（07）：78－80.

［3624］钱淑琼，朱芸菲．并购商誉、风险承担与企业破产风险——以A股上市公司为例．商业会计．2020（08）：28－31.

［3625］周菊平．企业并购与财务监管研究．商业会计．2020（12）：64－66.

［3626］郅彦，石美琪．上市公司并购商誉问题研究——以雷柏科技并购乐汇天下为例．商业会计．2020（13）：103－105.

［3627］郭春光．基于投资并购目的的企业财务尽职调查探讨．商业会计．2020（13）：35－38.

［3628］王正军，王结晶．上市公司并购重组动因分析——以宝钢、武钢合并为例．商业会计．2020（14）：51－53.

［3629］宋逸．软件与信息技术服务业高溢价并购问题研究——以东华软件并购至高通信为例．商业会计．2020（16）：47－50.

［3630］陈海宁．企业并购重组财务管理问题研究．商业会计．2020（18）：68－70.

[3631] 邢文茜．电影产业跨国并购战略选择及绩效分析．商业会计．2020（19）：78－81.

[3632] 江乾坤，罗安琪．我国互联网企业海外并购的数据风险研究．商业会计．2020（19）：4－8.

[3633] 孙晓琳，曹东阳．制度环境、企业并购与产业升级．商业会计．2020（21）：11－16.

[3634] 宋罗越，张征华．消费升级背景下零售类上市公司并购绩效研究——以苏宁易购并购家乐福中国为例．商业会计．2020（21）：31－36.

[3635] 费凡．股权结构对上市公司并购绩效的影响．商业会计．2020（23）：39－42.

[3636] 胡歆，张佑林．环境规制对区域污染的空间影响实证研究．商业经济．2020（08）：125－129.

[3637] 于丽萍．反垄断视阈下中国企业对俄投资的法律风险及应对．商业经济．2020（07）：104－105.

[3638] 何荣．环境规制中地方政府与企业合谋行为的演化研究．商业经济．2020（06）：138－141.

[3639] 程艳平．加快政府创新友好型法律规制建设研究——以网约车规制为例．商业经济．2020（04）：129－130.

[3640] 王雪峰，魏忠俊，陈辉．环境规制对经济增长质量的影响研究：以长株潭城市群为例．商业经济．2020（03）：24－27.

[3641] 吕佳，李新昌．环境规制对中国产业升级的影响研究．商业经济．2020（01）：52－53.

[3642] 章俊杰．中国企业跨国并购分析．商业经济．2020（01）：78－79.

[3643] 张伊伊．安踏体育并购FILA的短期绩效研究．商业经济．2020（03）：96－97.

[3644] 伍进，周箫．旅游企业跨国并购风险防范案例探讨．商业经济．2020（03）：72－74.

[3645] 张丹．企业并购财务风险及防范措施．商业经济．2020（03）：84－85.

[3646] 旷昕．以跨国并购为主的中国对发达国家直接投资初探．商业经济．2020（04）：68－70.

[3647] 张锐．应对和反制——我国企业海外并购政治风险管理的新局面．商业经济．2020（05）：75－76.

[3648] 周乐婧，余鲲鹏．“互联网＋”背景下中国新兴独角兽企业并购估值分析．商业经济．2020（06）：75－77.

[3649] 于快，徐大展．企业跨国并购财务整合问题研究．商业经济．2020（06）：85－86.

[3650] 李佳谕，李彬．我国民营企业海外并购中的财务风险研究．商业经济．2020（11）：81－82.

[3651] 吴德银．强化当前国有企业监管的几点思考．商业经济．2020（01）：120－121.

[3652] 丁立会，王法涛，余红心．基于Hotelling模型的网络零售平台竞争策略研究．商业经济．2020（06）：71－74.

[3653] 周炜，段联合．网络经济对地区与国际贸易影响的实证研究——基于湖北省面板数据．商业经济研究．2020（22）：145－148.

[3654] 刘艺洁，潘峰．市场分割与本地消费的关系——基于我国30个省级区域样本的实证．商业经济研究．2020（16）：48－51.

[3655] 张晓燕．市场分割与本地商业竞争力提升——基于商品批发业集聚的经验分析．商业经济研究．2020（14）：37－40.

[3656] 李若愚．居民消费升级、产业结构调整与环境保护——基于我国地方数据的检验．商业经济研究．2020（13）：186－188.

[3657] 董晔卉．市场整合视角下区域农产品流通效率评价．商业经济研究．2020（07）：132－135.

［3658］李玉梅．市场分割环境下城乡商贸流通一体化运行及实现路径．商业经济研究．2020（05）：34－37.

［3659］许一平．环境规制、技术创新促进流通产业绿色增长路径研究．商业经济研究．2020（23）：29－32.

［3660］熊若婵．环境规制对江西农产品出口的影响实证分析．商业经济研究．2020（21）：172－174.

［3661］赵明霞，徐维莉．中国与新加坡贸易便利化水平比较及其启示．商业经济研究．2020（21）：158－161.

［3662］郝颖．国际贸易管制抬头与中国企业社会责任的政策调适．商业经济研究．2020（15）：131－135.

［3663］李倩倩，董会忠，曾文霞．长三角城市群物流产业集聚时空格局及影响因素研究．商业经济研究．2020（05）：148－151.

［3664］杜鑫．跨国零售商纵向行为的表征、分析及规制路径．商业经济研究．2020（02）：31－34.

［3665］曹武军，周马玲，薛朝改．政府规制对跨境电商产业发展的影响机理研究——基于演化博弈论和系统动力学视角．商业经济研究．2020（01）：62－65.

［3666］吴宗奎．消费升级背景下零售类上市公司并购效应及趋势分析．商业经济研究．2020（06）：168－171.

［3667］娄磊，蒋海新，张曌．我国上市公司并购绩效实证研究．商业经济研究．2020（10）：172－176.

［3668］王敏芳．商贸流通业上市公司并购交易特点与并购绩效分析．商业经济研究．2020（17）：168－170.

［3669］董一心．零售企业成长能力对并购绩效的影响分析．商业经济研究．2020（20）：123－125.

［3670］李伟，滕云．成本粘性对零售业上市公司并购绩效的影响．商业经济研究．2020（21）：130－133.

［3671］施静．零售企业产品竞争、战略差异与债务融资成本．商业经济研究．2020（23）：117－120.

［3672］戴书松，丁畅．企业战略、环境不确定性与产品市场势力．商业经济研究．2020（01）：88－90.

［3673］胡婧男．规制理论引导下的电力经济改革．商业文化．2020（28）：22－23.

［3674］段亮．成品油市场准入门槛再降低的利与弊．商业文化．2020（11）：32－33.

［3675］赵春雪．国企并购过程中的财务风险控制．商业文化．2020（07）：72－75.

［3676］金少华．上市公司并购重组业绩承诺问题、监管难点及对策．商业文化．2020（31）：122－123.

［3677］张佳琳，严复海．上市公司并购重组商誉及减值问题探析．商业文化．2020（35）：98－99.

［3678］国瀚文．滥用市场支配地位隐私权保护研究——以完善数据要素市场为背景．商业研究．2020（10）：144－152.

［3679］林海，王腾坤．中国食品加工业出口贸易结构研究．商业研究．2020（09）：60－70.

［3680］范欣，宋冬林．税收竞争与市场分割．商业研究．2020（04）：93－102.

［3681］董会忠，韩沅刚．开放与绿色理念下如何提升工业生态效率？——基于“污染天堂”假说的验证．商业研究．2020（12）：75－84.

［3682］刘新民，孙向彦，吴士健．政府规制下众创融资生态系统发展的三方演化博弈分析．商业研究．2020（11）：114－124．

［3683］韩孟孟，闫东升．环境规制能提升全球价值链分工地位吗？——来自中国制造业行业的经验证据．商业研究．2020（10）：33－41．

［3684］雷新途，方柳卿．言多必失：产品市场掠夺风险会影响年报前瞻性信息披露吗？．商业研究．2020（10）：73－88．

［3685］何兴邦．异质型环境规制与中国经济增长质量——行政命令与市场手段孰优孰劣？．商业研究．2020（09）：82－91．

［3686］杨露鑫，刘玉成．环境规制与地区创新效率：基于碳排放权交易试点的准自然实验证据．商业研究．2020（09）：11－24．

［3687］苏雪琴，刘乃梁．平台经济视阈下的股权控制和市场竞争．商业研究．2020（08）：146－152．

［3688］刘家明，耿长娟．从分散监管到协同共治：平台经济规范健康发展的出路．商业研究．2020（08）：37－44．

［3689］李瑞前，张劲松．不同类型环境规制对地方环境治理的异质性影响．商业研究．2020（07）：36－45．

［3690］乔大丽．利益相关者视域下的药品安全社会共治研究．商业研究．2020（04）：146－152．

［3691］王艳梅，李泽昱．区块链金融监管模式研究：问题、借鉴、路径．商业研究．2020（03）：145－152．

［3692］宋典，宋培，陈喆．环境规制下中国工业绿色转型的技术路径选择：自主创新或技术外取？．商业研究．2020（02）：101－110．

［3693］刘帅，刘凤艳，汪奕鹏．经济增长目标、异质性环境规制与产能利用率．商业研究．2020（02）：21－33．

［3694］王克强，李国祥．环境规制的环境——经济效应研究．商业研究．2020（02）：34－43．

［3695］宋贺，常维．风险投资对企业并购决策的影响及作用机制．商业研究．2020（02）：9－20．

［3696］于洪涛．并购动机与并购绩效——基于节约交易成本视角及进一步投资需求的检验．商业研究．2020（06）：75－84．

［3697］张安军，史开瑕．并购商誉与产品市场竞争地位对企业经营绩效的交互影响——来自A股制造业上市公司经验证据．商业研究．2020（07）：63－71．

［3698］张国珍，潘爱玲，邱金龙．期望理论解构下的并购业绩承诺与标的方盈余管理．商业研究．2020（09）：121－131．

［3699］黄慧心．探析数字经济的经济法规制问题．商展经济．2020（10）：70－72．

［3700］魏艳珍．企业并购中的税务筹划风险与对策．商展经济．2020（10）：102－104．

［3701］何阅新．企业并购重组后的绩效问题探究．商展经济．2020（10）：96－98．

［3702］陈珺．跨境数据流动的一般问题研究．商展经济．2020（13）：13－15．

［3703］李鑫．新市场环境下金融创新的风险控制分析．商展经济．2020（04）：69－71．

［3704］詹馥静．大数据领域滥用市场支配地位的反垄断规制——基于路径检视的逻辑展开．上海财经大学学报．2020（04）：138－152．

［3705］叶姗．个人所得税纳税义务之规避及其规制．上海财经大学学报．2020（05）：124－137．

［3706］吴瑕．新开发银行内部治理规制研究．上海财经大学学报．2020（05）：138－152．

［3707］张锋．后疫情时代自愿性环境协议制度研究．上海财经大学学报．2020（06）：140－

152.

［3708］于连超，张卫国，毕茜，董晋亭．环境政策不确定性与企业环境信息披露——来自地方环保官员变更的证据．上海财经大学学报．2020（02）：35－50.

［3709］谭晨．互联网平台经济下最惠国条款的反垄断法规制．上海财经大学学报．2020（02）：138－152.

［3710］罗劲博．企业高管的跨组织任职与并购决策－基于行业协会的视角．上海财经大学学报．2020（01）：85－99.

［3711］张洽，袁天荣．CEO 校友关系会影响并购决策与并购效果吗．上海财经大学学报．2020（03）：82－96.

［3712］王新新，孔祥西，姚鹏．招爱还是致厌：并购条件下品牌真实性作用研究．上海财经大学学报．2020（05）：49－63.

［3713］陈兵，赵青．我国剥削性滥用行为违法性判定基准审视——以非价格型剥削性滥用为视角．上海大学学报（社会科学版）．2020（03）：68－80.

［3714］石静霞，鄢雨虹．论服务跨境提供中的“禁止要求当地存在规则”——兼论对我国服务市场开放的启示．上海对外经贸大学学报．2020（03）：56－71.

［3715］翟育明，王震，王春华．企业跨国并购交易完成的影响因素及模式研究．上海对外经贸大学学报．2020（06）：105－112.

［3716］干可欣．“绿改停”的法律规制——兼及《物权法》第七十四条之解释．上海房地．2020（11）：48－53.

［3717］徐昊．侵犯公民个人信息犯罪的刑法规制研究．上海公安学院学报．2020（06）：33－40.

［3718］蒋艳．进路抑或退路：货车“超载入刑”的合理性审视．上海公安学院学报．2020（03）：43－50.

［3719］熊思齐．双边市场的价格歧视在历史行为下的二期模型．上海管理科学．2020（03）：54－59.

［3720］张颖．自媒体网络舆情特点与非正义性的表现分析．上海管理科学．2020（03）：117－119.

［3721］王铮．融产结合、收购兼并是我们行之有效的成长模式——访上实集团总裁、上海医药董事长周军．上海国资．2020（06）：20－22.

［3722］金琳．东方投行成功助力跨境并购半导体企业．上海国资．2020（08）：46－47.

［3723］李萌，苗波，叶林．科层互动视角下的政策试验——以深圳市环境影响评价立法变迁为例．上海行政学院学报．2020（06）：53－65.

［3724］张锋．协商型环境风险规制机制的建构．上海行政学院学报．2020（06）：90－100.

［3725］高树明．企业并购决策体系的构建与实践．上海化工．2020（03）：62－67.

［3726］林喜芬．疫情期间刑事司法治理的挑战与回应．上海交通大学学报（哲学社会科学版）．2020（05）：23－31.

［3727］崔聪聪，许智鑫．机器学习算法的法律规制．上海交通大学学报（哲学社会科学版）．2020（02）：35－47.

［3728］舒登维．冒名顶替上大学刑法规制研究．上海教育科研．2020（12）：11－15.

［3729］马忠法，胡玲．网络空间命运共同体构建中的金融安全国际法．上海金融．2020（10）：69－79.

［3730］孙树光．私募股权基金管理人非法集资行为的定罪机制研究．上海金融．2020（04）：31－35.

［3731］胡奕明，李昀．“三类股东”持股与公司并购的实证研究．上海金融．2020（03）：

26－35.

［3732］王疆，张达炜．金融环境不确定性、组织间模仿与中国企业跨国并购的区位选择．上海金融．2020（04）：45－53.

［3733］蒋弘，刘星，张鹤．实际控制人性质、董事会保守程度与并购融资偏好．上海金融．2020（05）：33－43.

［3734］文春艳．企业异质性市场势力对全要素生产率的影响分析——基于我国制造业企业数据．上海经济．2020（01）：41－56.

［3735］方书生．近代中国市场结构的演化：以火柴业为中心．上海经济研究．2020（07）：118－127.

［3736］夏俊．证券区块链：法律风险、技术挑战及监管对策．上海立信会计金融学院学报．2020（02）：39－49.

［3737］安琪琪．崇明区农产品质量安全监管队伍建设情况调研．上海农业科技．2020（06）：52－54.

［3738］张晓笑，顾红霞．浅谈崇明区农产品质量安全监管现状与策略．上海农业科技．2020（04）：37－39.

［3739］孙爽，张宇．浅谈崇明区蔬菜标准园创建现状及发展对策．上海农业科技．2020（04）：17－29.

［3740］张树山，韩雪峻，姜红菊，戴建军，吴彩凤，孙玲伟，张德福．"静态保种"在中国地方猪种遗传资源保护中的应用进展．上海农业学报．2020（05）：148－152.

［3741］朱莺．新冠疫情背景下中成药企业需通过并购重组布局东盟区域产业链．上海企业．2020（11）：67－69.

［3742］张银平．加快推进重要领域的国有资本并购重组．上海企业．2020（12）：78－82.

［3743］郑辉．从地方制度实践浅析我国社会信用立法的规制重点．上海人大月刊．2020（10）：48－50.

［3744］刘正东．"二选一"等市场差别对待行为的竞争法应对粗探．上海人大月刊．2020（08）：45－46.

［3745］徐俊．网络刷单炒信恶劣亟需良法予以规制．上海人大月刊．2020（07）：49－50.

［3746］沈伟，靳思远．《民法典》视角下意思自治原则与司法抑制现实之间的张力——以民间借贷利率司法规制为线索．上海商学院学报．2020（04）：44－64.

［3747］张志刚，施丽芳．算法的法律规制研究．上海商业．2020（09）：123－126.

［3748］何荣．基于三方演化博弈的企业"漂绿"问题研究．上海商业．2020（06）：109－112.

［3749］姚镕波，张婵．"美丽中国"语境下城乡污染转移问题之浅谈．上海商业．2020（05）：96－98.

［3750］卿诗蕊．中国企业参与泰国 OTT TV 市场的法律风险与防范．上海商业．2020（05）：44－47.

［3751］赵德军．我国创业板上市公司并购动因及绩效研究．上海商业．2020（01）：68－71.

［3752］李云菲．中企跨境并购绩效研究．上海商业．2020（09）：20－23.

［3753］梁姣姣．混合所有制改革、内部控制与融资约束——基于民营上市公司跨所有制并购的实证检验．上海商业．2020（10）：45－46.

［3754］邢若晨．并购商誉高估值的绩效研究——以华谊兄弟并购东阳拉美为例．上海商业．2020（12）：32－34.

［3755］李伟民．《民法典》视域中区块链的法律性质与规制．上海师范大学学报（哲学社会

科学版). 2020 (05): 46 – 57.

[3756] 顾蓓蓓，周大壮. 加强地方种质资源的保护与利用　促进启东农业经济发展. 上海蔬菜. 2020 (05): 7 – 8.

[3757] 郭树理. 权利抑或特权：奥运会参赛权法律性质辨析——平昌冬奥会俄罗斯运动员及辅助人员体育仲裁案例述评. 上海体育学院学报. 2020 (01): 39 – 48.

[3758] 朱佳娴，施绿燕，颛孙燕，张闯，俞佳宁. 欧盟、美国、日本药品上市许可持有人制度分析及启示. 上海医药. 2020 (01): 47 – 51.

[3759] 陈京春. 对人工智能的科学判断与刑法的理性应对. 上海政法学院学报 (法治论丛). 2020 (06): 66 – 81.

[3760] 杜文俊，陈超. 贪污贿赂犯罪的刑罚配置模式探究——基于法定犯时代的重构. 上海政法学院学报 (法治论丛). 2020 (05): 108 – 118.

[3761] 郭天武，吕嘉淇. 民族分离主义的治理及法律应对——以上海合作组织区域安全合作为视角. 上海政法学院学报 (法治论丛). 2020 (04): 29 – 39.

[3762] 路遥. 海南自由贸易港投资法律体制建构研究. 上海政法学院学报 (法治论丛). 2020 (04): 40 – 45.

[3763] 汪明亮，安汇玉. 私募基金管理人之背信运用受托财产罪规制. 上海政法学院学报 (法治论丛). 2020 (03): 78 – 93.

[3764] 崔埈璿，栗鹏飞. 从根源处逐渐扩大的间隔——韩国公司法的变迁. 上海政法学院学报 (法治论丛). 2020 (06): 109 – 117.

[3765] 胡世全. 法经济学视角下的著作权合理使用制度——兼议《著作权法》第三次修订的"封闭或开放". 韶关学院学报. 2020 (04): 36 – 41.

[3766] 易楚钧. 互联网金融背景下 P2P 网络借贷平台的风险及规制. 韶关学院学报. 2020 (04): 65 – 69.

[3767] 严爱玲，江宏，甘泉. 组织学习、董事会治理与技术并购创新绩效. 邵阳学院学报 (社会科学版). 2020 (02): 56 – 62.

[3768] 袁明. 中国政府购买服务的可能陷阱及其规避路径. 社会工作与管理. 2020 (01): 82 – 87.

[3769] 刘乃梁. "预防垄断行为"的理论逻辑及其制度展开. 社会科学. 2020 (12): 90 – 99.

[3770] 周超，毛胜根. 社会治理工具的分类与型构——基于社会治理靶向和行动逻辑的分析. 社会科学. 2020 (10): 43 – 52.

[3771] 褚添有. 地方政府生态环境治理失灵的体制性根源及其矫治. 社会科学. 2020 (08): 64 – 75.

[3772] 张磊，徐琳. 服务贸易国内规制的国际治理：基于 USMCA 对 CPTPP 的比较研究. 社会科学. 2020 (07): 35 – 46.

[3773] 钟维. 中国式智能投顾：本源、异化与信义义务规制. 社会科学. 2020 (04): 90 – 98.

[3774] 李毅，李振利. 数字经济背景下对消费者实行个性化定价违法边界的研究. 社会科学. 2020 (02): 110 – 122.

[3775] 龙秋羽. 稽查局"专司"偷逃骗抗税行为查处的法律定性. 社会科学动态. 2020 (04): 85 – 89.

[3776] 张瑞涵，袁莉. 网络"黑公关"的法律责任. 社会科学动态. 2020 (09): 46 – 51.

[3777] 李宜达. 疫情时期口罩厂商会趁机牟取暴利吗？——基于微观经济学视角及博弈分析. 社会科学动态. 2020 (07): 53 – 59.

[3778] 付强. 区域异质、政府竞争与电力市场规制绩效：机制及其影响分析. 社会科学辑刊.

2020（04）：149－155.

［3779］王洪波．历史唯物主义的公共性维度下主体公共精神的当代建构．社会科学辑刊．2020（04）：47－52.

［3780］秦天宝．《生物安全法》的立法定位及其展开．社会科学辑刊．2020（03）：134－147.

［3781］蔡濛萌，薛福根．我国金融发展的减污效应——基于省级面板数据经验．社会科学家．2020（12）：82－87.

［3782］李涛．技术理性视阈下的网络信息法治路径探析——以美国技术理性考察为例．社会科学家．2020（12）：109－114.

［3783］梅传强，董为．总体国家安全观视角下我国间谍罪立法问题检视与修正建议．社会科学家．2020（09）：104－110.

［3784］陈岳飞，方向．我国食品安全犯罪刑法规制的应然路径．社会科学家．2020（02）：124－129.

［3785］劳东燕．个人数据的刑法保护模式．社会科学文摘．2020（12）：73－75.

［3786］任颖．从回应型到预防型的公共卫生立法．社会科学文摘．2020（11）：74－76.

［3787］胡江伟，周云倩．新闻算法分发的技术伦理冲突及其规制．社会科学文摘．2020（11）：11－12.

［3788］徐俊忠．“研究阐释好”新时代重大理论：何以可能．社会科学文摘．2020（10）：17－19.

［3789］姜涛．生物安全风险的刑法规制．社会科学文摘．2020（10）：65－67.

［3790］崔俊杰．个人信息安全标准化进路的反思．社会科学文摘．2020（09）：75－77.

［3791］张守文．经济法的法治理论构建：维度与类型．社会科学文摘．2020（08）：68－70.

［3792］欧阳友权．新媒体创作自由的艺术规约．社会科学文摘．2020（06）：109－111.

［3793］许德风．欺诈的民法规制．社会科学文摘．2020（05）：67－69.

［3794］戴昕．理解社会信用体系建设的整体视角：法治分散、德治集中与规制强化．社会科学文摘．2020（02）：70－72.

［3795］乔榛，刘瑞峰．大数据算法的价格歧视问题．社会科学研究．2020（05）：90－96.

［3796］曹理．上市公司股东权公开征集的中国模式．社会科学战线．2020（12）：271－275.

［3797］王春业．论政府与社会资本合作（PPP）的行政法介入．社会科学战线．2020（11）：211－220.

［3798］董直庆，谭玉松．经济自由与绿色技术创新的关系及其成因．社会科学战线．2020（09）：99－109.

［3799］徐岱，白玥．论中国特色法治体系下刑法观念的冲突与均衡．社会科学战线．2020（09）：209－220.

［3800］皮建才，张鹏清．垂直结构、环境规制与产能过剩．社会科学战线．2020（08）：56－62.

［3801］刘婧娇，王笑啸．去商品化与再排斥：社会政策的双面效应——基于中国长期护理保险的考察．社会科学战线．2020（04）：237－245.

［3802］董雪兵，赵传羽．双边市场、不完全信息与基于购买行为的价格歧视．社会科学战线．2020（04）：59－75.

［3803］逄嘉宁．董事会跨文化敏感度对企业海外并购持股策略的影响——基于国家文化差异的视角．社会科学战线．2020（04）：258－263.

［3804］郑小碧．平台型市场势力与贸易便利化改革路径．社会科学战线．2020（04）：46－58.

［3805］张安毅．人工智能侵权：产品责任制度介入的权宜性及立法改造．深圳大学学报（人文社会科学版）．2020（04）：112－119.

[3806] 廖望. 上市公司外部审计的连带赔偿责任探讨. 深圳社会科学.2020 (04): 92-104.

[3807] 陈道英. 人工智能中的算法是言论吗?——对人工智能中的算法与言论关系的理论探讨. 深圳社会科学.2020 (02): 138-146.

[3808] 王健, 吴宗泽. 自主学习型算法共谋的事前预防与监管. 深圳社会科学.2020 (02): 147-158.

[3809] 孙莉, 张平安. 新媒体时代灾害新闻谣言的传播机理与管理机制探析. 深圳信息职业技术学院学报.2020 (05): 22-28.

[3810] 张兆民. 互联网同城货运型平台规制发展与监管措施——基于货拉拉、快狗打车的案例分析. 深圳职业技术学院学报.2020 (06): 16-21.

[3811] 宋力, 周静. 并购能力对并购绩效的影响——基于支付方式中介与业绩承诺调节效应. 沈阳工业大学学报 (社会科学版).2020 (06): 521-526.

[3812] 任达, 郭睿. 不同付款模式下多供应商主导的垂直并购策略研究. 沈阳工业大学学报 (社会科学版).2020 (05): 428-433.

[3813] 张嵩, 王晓梅. 基于平衡计分卡的企业并购绩效研究——以光大证券并购新鸿基金融为例. 沈阳建筑大学学报 (社会科学版).2020 (02): 167-173.

[3814] 王宇航. 搜索引擎"优先展示自家产品"行为与反垄断问题探析——以反垄断法视角看互联网产业反垄断问题. 沈阳农业大学学报 (社会科学版).2020 (01): 34-39.

[3815] 刘佳慧, 马会. 东北老工业基地产业结构优化升级的中观路径. 沈阳师范大学学报 (社会科学版).2020 (04): 35-40.

[3816] 余福海. 新冠肺炎疫情背景下东京奥运会备战的现实困境及其规制探究. 沈阳体育学院学报.2020 (05): 17-23.

[3817] 武恒光, 马丽伟, 李济博. 企业并购重组中共有审计师与并购业绩承诺. 审计研究. 2020 (03): 95-104.

[3818] 王晓祺, 宁金辉. 强制社会责任披露能否驱动企业绿色转型?——基于我国上市公司绿色专利数据的证据. 审计与经济研究.2020 (04): 69-77.

[3819] 陈耿, 严彩红. 代理冲突、激励约束机制与并购商誉. 审计与经济研究.2020 (02): 65-76.

[3820] 邱金龙, 潘爱玲, 吴倩, 张志平. 产业政策影响了衰退期企业的并购决策吗?. 审计与经济研究.2020 (06): 95-104.

[3821] 胡颖. 企业并购风险与绩效分析. 审计与理财.2020 (08): 33-36.

[3822] 郜子萍. 针对上市公司会计舞弊监管的对策分析. 审计与理财.2020 (12): 40-41.

[3823] 罗蕾. 上市公司会计信息披露监管存在的问题及对策研究. 审计与理财.2020 (09): 46-47.

[3824] 李娜. 论慈善信托税收优惠及其监管的制度构建. 审计与理财.2020 (07): 23-24.

[3825] 周程. 金融分权、金融市场分割与地区专业化. 生产力研究.2020 (07): 22-26.

[3826] 侯德贤, 任晓唐. 现代中介服务产业发展与城市空间功能协同性——以上海为例. 生产力研究.2020 (09): 92-101.

[3827] 关伟, 魏胜, 许淑婷. 中国工业分行业能源效率变化及其影响因素. 生产力研究.2020 (06): 19-22.

[3828] 冯卉. 关联交易公平性保障机制探讨——兼议《公司法司法解释 (五)》. 生产力研究. 2020 (04): 162-166.

[3829] 陈峰立, 黄向宇, 袁宝龙. 基于突变检测的环境规制前沿可视化分析——以 CSSCI 数据库为例. 生产力研究.2020 (01): 12-15.

[3830] 林春雷，陈艳．企业生命周期视角下的内部控制与上市公司并购绩效．生产力研究．2020（12）：144－149.

[3831] 徐晨，张英明，刘辉．高管团队良好的教育背景能提高企业价值吗？——基于研发投入、市场势力的链式中介效应．生产力研究．2020（06）：68－72.

[3832] 葛海虹，赵静，王蕾，刘济宁，韦洪莲．国际化学品GLP监管体系发展概况与启示．生态毒理学报．2020（03）：11－20.

[3833] 甘远平，上官鸣．环境管制对企业环保投资的影响研究．生态经济．2020（12）：135－140.

[3834] 段晓歌，汪泓，高凯，熊万．环境规制、调整成本对企业R&D的影响．生态经济．2020（12）：141－146.

[3835] 洪铮，罗雄飞．环境规制、产业结构对收入不平等的影响研究．生态经济．2020（12）：147－153.

[3836] 许莹莹，唐培钧．“河长制”政策效应及地区异质性研究．生态经济．2020（12）：181－186.

[3837] 刘满凤，朱文燕．不同环境规制工具触发“波特效应”的异质性分析——基于地方政府竞争视角．生态经济．2020（11）：143－150.

[3838] 王翔，王天天．地方政府间竞争压力、环境规制与技术创新研究．生态经济．2020（11）：151－158.

[3839] 刘淑茹，贾箫扬，党继强．中国工业绿色全要素生产率测度及影响因素研究．生态经济．2020（11）：46－53.

[3840] 谢波，李冬梅．环境规制对制造业结构转型升级的影响——基于要素流动配置的中介效应研究．生态经济．2020（11）：132－136.

[3841] 韩楠，黄娅萍．环境规制、公司治理结构与重污染企业绿色发展——基于京津冀重污染企业面板数据的实证分析．生态经济．2020（11）：137－142.

[3842] 董理，于艳丽，李桦，李琳．多重政府规制、市场收益与果农减量施药．生态经济．2020（11）：106－110.

[3843] 邵帅，侯效敏．排污权有偿使用和交易制度对绿色技术创新水平的影响．生态经济．2020（11）：165－171.

[3844] 熊万，高凯，汪泓，段晓歌．长三角地区高技术产业集聚的环境污染效应．生态经济．2020（10）：173－178.

[3845] 葛林．环境规制政策强度与经济高质量发展——基于省际面板数据的实证研究．生态经济．2020（09）：169－174.

[3846] 梁睿，高明，吴雪萍．环境规制与大气污染减排关系的进一步检验——基于经济增长的门槛效应分析．生态经济．2020（09）：182－187.

[3847] 陈春香，邓峰．产业转移对区域绿色创新效率的空间效应分析．生态经济．2020（09）：72－77.

[3848] 曹英，杨晓艳．不同环境规制下基于微分博弈的供应链低碳协调策略研究．生态经济．2020（08）：41－48.

[3849] 冯正强，周晓珂．环境规制强度对FDI技术溢出效应的影响分析——基于行业异质性角度．生态经济．2020（08）：169－174.

[3850] 高孟菲，于浩，郑晶．黄河流域绿色水资源效率及空间驱动因素研究．生态经济．2020（07）：44－50.

[3851] 李佳澍．环境规制与全要素生产率提升——技术进步还是技术效率？．生态经济．2020

(06): 157－163.

[3852] 宁凌，宋泽明．海洋环境规制、海洋金融支持与海洋产业结构升级——基于动态面板GMM估计的实证分析．生态经济．2020 (06): 151－156.

[3853] 马光红，夏加蕾．环境规制背景下绿色产品技术创新多主体演化博弈分析．生态经济．2020 (05): 50－56.

[3854] 孙振清，蔡琳琳，葛馨童．组合政策下双寡头企业绿色创新博弈分析．生态经济．2020 (05): 57－64.

[3855] 李荣锦，杨阳．环境规制、金融资源配置与绿色发展效率．生态经济．2020 (05): 147－152.

[3856] 廖卫东，刘淼．自治、博弈与激励：我国农村人居环境污染治理的制度安排．生态经济．2020 (05): 194－199.

[3857] 平智毅，吴学兵，吴雪莲．长江经济带碳排放效率的时空差异及其影响因素分析．生态经济．2020 (03): 31－37.

[3858] 郭炳南，刘堂发，唐利，林基．环境规制对长江经济带生态福利绩效的门槛效应研究．生态经济．2020 (03): 155－161.

[3859] 刘满凤，陈梁，廖进球．环境规制工具对区域产业结构升级的影响研究——基于中国省级面板数据的实证检验．生态经济．2020 (02): 152－159.

[3860] 杜军，寇佳丽，赵培阳．海洋环境规制、海洋科技创新与海洋经济绿色全要素生产率——基于DEA－Malmquist指数与PVAR模型分析．生态经济．2020 (01): 144－153.

[3861] 项英辉，张豪华．环境规制提高建筑业碳生产率了吗？——基于空间计量和门槛效应的实证分析．生态经济．2020 (01): 34－39.

[3862] 徐菁鸿．环境规制的技术创新效应及其异质性研究——基于中国271个城市数据的实证检验．生态经济．2020 (01): 154－160.

[3863] 曹兰芳，曾玉林．林地确权、政府管制与资源异质性农户林业管护行为——基于湖南省7年连续观测数据．生态学报．2020 (18): 6694－6703.

[3864] 谢洲，谢华，覃昕，杨瑞刚，彭波，易鸥，张薇琳．基于生态服务价值的产业园区生态控制线分析．生态与农村环境学报．2020 (10): 1285－1292.

[3865] 李莉，董棒棒，敬盼．环境规制背景下新疆能源碳排放峰值预测与情景模拟研究．生态与农村环境学报．2020 (11): 1444－1452.

[3866] 吴静，刘斌．国内外定制式增材制造医疗器械监管法规概述及对行业发展的思考．生物骨科材料与临床研究．2020 (05): 65－70.

[3867] 彭浩，毛义华，苏星．基于平行系统理论的塔式起重机监管系统设计与应用．施工技术．2020 (24): 19－23.

[3868] 黄明凤，石榴．环境规制对西部地区绿色经济效率的影响研究——基于环境规制政策工具的视角．石河子大学学报（哲学社会科学版）．2020 (05): 17－25.

[3869] 付玉梅，吴梦琦，张丽平．基于指标分析法和事件研究法下企业并购绩效及动因分析——以“美的”二次并购小天鹅为例．石河子大学学报（哲学社会科学版）．2020 (02): 77－84.

[3870] 姜密．再论宋代的土地政策——对“不抑兼并”政策的含义重新解释．石家庄学院学报．2020 (01): 103－109.

[3871] 张绍辉，毕国强，杨姝，刘盈，张晓辉，郭亚飞，李海军．中国石油勘探与生产工程监督服务市场发展现状分析与管理对策．石油工业技术监督．2020 (11): 5－8.

[3872] 徐东，晏飞，石凯．创新性交易机制在国有企业海外油气并购的应用研究．石油规划

设计 . 2020（02）：1－4.

［3873］张洁 . 海外并购企业外籍员工流失现象浅析 . 石油化工管理干部学院学报 . 2020（06）：42－45.

［3874］包康赟 . 论算法解释的基本原则——来自司法公开的启示 . 时代法学 . 2020（06）：40－55.

［3875］张瑞 . 民法典时代格式条款行政规制研究——基于地方性法规文本的实证分析 . 时代法学 . 2020（04）：10－24.

［3876］罗蓉蓉 . 论标准必要专利拒绝许可行为的规制——兼谈《专利法》第 48 条第 2 款强制许可的适用 . 时代法学 . 2020（03）：53－60.

［3877］李代华 . 强制执行请求权移转探析——兼议闲鱼网络平台民事判决书之买卖 . 时代法学 . 2020（03）：91－99.

［3878］俞胜杰 .《通用数据保护条例》第 3 条（地域范围）评注——以域外管辖为中心 . 时代法学 . 2020（02）：94－106.

［3879］何小勇 . 农药犯罪的主体罪名选择与适用研究 . 时代法学 . 2020（02）：28－40.

［3880］叶明，张晓萌 . 电子商务平台 MFN 条款的反垄断法分析 . 时代法学 . 2020（01）：18－24.

［3881］高仕银 . 计算机网络犯罪规制中的“未经授权”与“超越授权”——中美比较研究 . 时代法学 . 2020（01）：93－107.

［3882］韩港平 . 影响 AH 股价差的因素——基于深港通的数据 . 时代金融 . 2020（36）：82－84.

［3883］彭佳丽 . 欧盟环境税规范制度及其对我国的镜鉴 . 时代金融 . 2020（33）：135－137.

［3884］张琳琪 . 深度链接行为定义与法律规制探究 . 时代金融 . 2020（33）：117－119.

［3885］张梅 . 规制经济学的产生和发展 . 时代金融 . 2020（30）：90－92.

［3886］袁利芳 . 美国环境税的收入功能与规制功能探析 . 时代金融 . 2020（29）：105－107.

［3887］贺若云 . 非营利法人营利活动的法律规制研究 . 时代金融 . 2020（23）：154－156.

［3888］周俊俊 . 商业银行个人贷款“搭售”问题研究 . 时代金融 . 2020（22）：83－85.

［3889］黄美娟 . 论保险公司财务信息披露的不足及改进对策 . 时代金融 . 2020（20）：63－64.

［3890］李映娇 . 高频交易及其法律问题探析 . 时代金融 . 2020（18）：156－158.

［3891］陈虹 . 法国环境税双重功能及对我国的启示 . 时代金融 . 2020（17）：96－98.

［3892］李雯静 . 环境税功能定位探析——以英国环境税为例 . 时代金融 . 2020（15）：109－110.

［3893］牛佩鑫 . 论公司交叉持股的法律因应 . 时代金融 . 2020（14）：35－37.

［3894］杨嘉敏 . 互联网金融风险规制途径浅析 . 时代金融 . 2020（14）：2－3.

［3895］王造鸿，迟文嘉 . 我国政府经济管制的发展与存在问题探析 . 时代金融 . 2020（10）：68－69.

［3896］马睿 . 我国资本市场存在的问题及完善建议 . 时代金融 . 2020（10）：26－27.

［3897］米一帆 . 互联网金融风险规制路径研究 . 时代金融 . 2020（03）：13－14.

［3898］于斯卓 .“上市公司＋PE”型并购基金风险分析——以爱尔眼科为例 . 时代金融 . 2020（05）：59－60.

［3899］张灵灵，凌正华 . 青岛海尔并购通用电气财务绩效浅析 . 时代金融 . 2020（14）：92－93.

［3900］卢浩仪，卢宁文 . 品牌并购为并购方股东创造财富吗？. 时代金融 . 2020（14）：117－118.

［3901］杨乐 . 中信银行昆明分行联合盘龙区政府开展“送金融知识入企业”活动 . 时代金融 . 2020（16）：11.

[3902] 刘嘉鑫．跨国并购的财务风险——以吉利汽车并购沃尔沃汽车为例．时代金融．2020 (18)：73－74.

[3903] 徐艳．企业并购中的财务风险问题及其规避策略．时代金融．2020 (20)：114－115.

[3904] 邓国攀．中国企业海外并购融资架构与价值提升——以亨通光电并购华为海洋为例．时代金融．2020 (21)：77－78.

[3905] 马雪萍．天山生物并购失败原因及对策分析．时代金融．2020 (26)：61－62.

[3906] 徐咏仪．“一带一路”背景下中国企业海外并购分析．时代金融．2020 (26)：47－49.

[3907] 刘子涵．跨境并购中的并购保险分析．时代金融．2020 (30)：70－72.

[3908] 金少余，顾晓敏．业绩承诺对上市公司并购绩效的影响研究．时代金融．2020 (33)：85－87.

[3909] 何煦．T公司并购财务绩效案例研究．时代金融．2020 (35)：150－152.

[3910] 杨虓，王丽荣，张红岗，刘熙哲．基于FAHP法的并购风险评估研究．时代金融．2020 (36)：149－150.

[3911] 杨超，韩树昶．城市商业银行异地分支机构属地业务空心化问题研究．时代金融．2020 (36)：146－148.

[3912] 李华．大数据技术在支付行业监管中的应用分析．时代金融．2020 (35)：6－8.

[3913] 王聃．互联网金融监管法律问题研究．时代金融．2020 (35)：12－14.

[3914] 龙潜．分析金融控股公司应对《金融控股公司监督管理试行办法（征求意见稿）》的准备和未来发展趋势．时代金融．2020 (35)：21－23.

[3915] 丁军，赵苏阳．英国金融科技监管政策对我国互联网金融风险防控的启示．时代金融．2020 (31)：54－56.

[3916] 龙云安，袁静，廖晓宇．自贸试验区金融监管研究．时代金融．2020 (29)：25－28.

[3917] 张晨曜．我国对冲基金的现状及监管对策．时代金融．2020 (29)：101－104.

[3918] 韩育．我国互联网金融监管改革方向初探．时代金融．2020 (26)：14－15.

[3919] 涂国章．贵州高校校园网贷现状分析与建议对策．时代金融．2020 (24)：191－192.

[3920] 陈彦辰．区块链与现代货币分析．时代金融．2020 (09)：107－108.

[3921] 戴雯婕，宋剑奇．“互联网＋”化妆品营销中《电子商务法》监管问题研究．时代金融．2020 (06)：123－124.

[3922] 胡天伊．美国社区银行监管机制对促进我国中小银行发展的启示．时代金融．2020 (03)：50－51.

[3923] 崔琳琳．组织行为视角下的征信信息安全监管机制研究．时代金融．2020 (03)：110－111.

[3924] 丁素娥．反垄断私人诉讼应当引入专家意见制度．时代金融．2020 (29)：111－113.

[3925] 莫丽．共享经济下保险规制探讨——以共享汽车为例．时代经贸．2020 (17)：99－100.

[3926] 杨玉霞．我国医药制造业SCP分析．时代经贸．2020 (20)：62－63.

[3927] 陈小妹．软件产品定价的常见问题及定价策略．时代经贸．2020 (05)：34－35.

[3928] 潘鹏程．中国企业海外并购动因及其效应研究——以中国化工并购先正达为例．时代经贸．2020 (02)：47－49.

[3929] 钱瑶．上市公司并购重组财务风险分析．时代经贸．2020 (08)：6－7.

[3930] 刘兴彪．企业并购重组的风险与防范建议．时代经贸．2020 (11)：62－63.

[3931] 卢梦．内部审计视角下浅谈企业并购风险．时代经贸．2020 (11)：72－73.

[3932] 陈旭．基于事件研究法的企业并购绩效研究——以阿里巴巴并购饿了么为例．时代经

贸.2020（16）：68－69.

［3933］董重．浅谈并购企业的财务会计整合．时代经贸.2020（17）：25－26.

［3934］赵琳琳，张思檬．刍议企业并购中的税务筹划．时代经贸.2020（30）：58－59.

［3935］李芳蓉．当前城乡居民基本养老保险基金监管存在的问题及对策建议．时代经贸.2020（23）：69－70.

［3936］曹京徽．我国上市公司并购重组中业绩承诺效用分析——以蓝色光标并购案为例．时代经贸.2020（13）：60－62.

［3937］杜文杰，张洪广．进口新能源汽车监管研究．时代汽车.2020（04）：47－48.

［3938］原源鲜，黄杰．浅析网络刷单行为法律规制的缺陷及完善．实事求是.2020（03）：83－89.

［3939］邹旭．食品安全规制效果及其影响因素分析．食品安全导刊.2020（36）：35.

［3940］曾望军．规制失范、文化失调与整合失衡：我国食品安全问题生成的社会归因．食品安全导刊.2020（34）：52－57.

［3941］史新瑞．公众健康视角下的食品营养规制策略分析．食品安全导刊.2020（15）：81.

［3942］陈泠利，夏华锁．筑牢食安防线　广州市市场监管局开启AI智能溯源监管模式．食品安全导刊.2020（08）：26－27.

［3943］赵健．食品检验检测中存在的问题及应对措施．食品安全导刊.2020（06）：4－5.

［3944］刘豆豆，崔向荣．大数据环境下互联网食品销售安全问题分析与监管策略．食品安全导刊.2020（36）：57－58.

［3945］姚菲，刘家麒．论农贸市场场内经营者索证齐全的重要性．食品安全导刊.2020（36）：46－47.

［3946］王帅，杨柳，吴松．浅谈乡镇散装白酒市场监管．食品安全导刊.2020（36）：69.

［3947］尹茂源，宋晗，冯蒙蒙．社会化食品检验检测机构监管问题研究．食品安全导刊.2020（36）：32－33.

［3948］杨帆，鞠国泉，杨芮．封闭式农贸市场食品安全监管问题探究．食品安全导刊.2020（33）：11－14.

［3949］臧汝瑛，许振伟．食品检验检测机构运行管理中存在的问题及改进建议．食品安全导刊.2020（33）：24－26.

［3950］崔淼，吴澎．我国法律监管体系对线上食品市场适用性问题的分析及对策研究．食品安全导刊.2020（27）：10－11.

［3951］李丹萍，许素芬，许阿思．食品安全监管的紧迫性及对应措施．食品安全导刊.2020（27）：50.

［3952］李彩艳．二方审核在政府监管中的作用．食品安全导刊.2020（24）：56.

［3953］陈羚，谢海洋．网络食品安全监管问题探讨．食品安全导刊.2020（21）：46.

［3954］宫晓光．农村集体聚餐监管存在的问题与对策．食品安全导刊.2020（18）：2.

［3955］王莺亚．学校食堂食品安全监管存在的问题及其对策．食品安全导刊.2020（18）：15.

［3956］赖礼碧．破解网络订餐“监管难”问题的探索——以泉州市推进网络订餐食品安全监管为例．食品安全导刊.2020（16）：58－60.

［3957］文小娟．食品安全监管中快速检测技术的应用研究．食品安全导刊.2020（15）：21.

［3958］侯腾镛．产品质量监管的几点思考．食品安全导刊.2020（15）：60.

［3959］宫晓光．中小学周边的食品监管问题之探究．食品安全导刊.2020（15）：7.

［3960］蒋天宾，邢婧．网络食品安全问题研究．食品安全导刊.2020（15）：11.

［3961］赖婷．蔬菜制品中常见不合格项目的原因分析．食品安全导刊.2020（12）：101.

［3962］陶清源．探讨网络食品经营存在的问题及监管对策．食品安全导刊．2020（03）：16－17.

［3963］丁玉．食品质量安全检验监管问题的解决对策．食品安全导刊．2020（03）：28.

［3964］洪成春．食品安全监管存在问题及对策．食品安全导刊．2020（03）：34.

［3965］赫文龙，何伟，王啸宇，陈云志，宫国强．食品安全监管中的限时报告要求．食品安全质量检测学报．2020（18）：6518－6522.

［3966］杨洋，李立，罗季阳，尹昱，程雅晴．美国智慧食品安全监管方法及启示．食品安全质量检测学报．2020（14）：4856－4860.

［3967］贺巍．食品安全犯罪刑法规制的完善研究——评《食品安全犯罪的罪与罚》．食品工业．2020（11）：381.

［3968］柳春光．食品安全犯罪的刑法规制——评《危害食品药品安全犯罪的防制对策》．食品工业．2020（11）：349－350.

［3969］杨志勇．生态管理理念下食品企业竞争力问题．食品工业．2020（10）：288－291.

［3970］张瑞．转基因食品法律规制研究——评《转基因食品法律规制研究》．食品工业．2020（01）：360－361.

［3971］冯艳娟．新时代构建食品安全监管体系的必要性及策略探究．食品工业．2020（12）：196－200.

［3972］雷俐丽．经济发展视角下食品安全监管模式优化策略．食品工业．2020（11）：268－271.

［3973］师景双，袁超，杨振东，高牡丹，吴珍珍，任雪梅．网络餐饮服务食品安全问题及监管建议．食品工业．2020（11）：275－278.

［3974］刘金梅．食品生产企业质量信用评价体系设计．食品工业．2020（11）：253－257.

［3975］杜方方．消费者宽恕意愿对食品安全问题监管的影响分析．食品工业．2020（08）：219－222.

［3976］舒煜．食品安全危机消费者宽恕意愿形成机理——基于网络负面口碑调节作用．食品工业．2020（05）：267－270.

［3977］朱琍．网购食品安全法律责任制度与监管模式．食品工业．2020（02）：213－216.

［3978］王立平，王丹，韩月贝，李赫婧，薛晨玉，姜洁．基于ISO 16140验证食品中沙门氏菌实时荧光PCR方法．食品科技．2020（04）：327－332.

［3979］肖虹飞．公共管理视角下的食品安全规制体系建设研究——评《食品公共安全规制》．食品科技．2020（08）：307－308.

［3980］刘婷．欧盟转基因食品审慎监管经验及对我国的启示．食品科学．2020（05）：282－289.

［3981］张凯华，臧明伍，王守伟，李丹，张哲奇，李笑曼．中国香港食用农产品供应及监管经验借鉴．食品科学．2020（03）：281－287.

［3982］程相台．新时期我国转基因食品法律规制的研究方向．食品研究与开发．2020（04）：20.

［3983］梁耀中，蒋岩波．保健食品虚假宣传的经济学分析及规制研究．食品与机械．2020（12）：60－64.

［3984］王永刚．网络外卖食品安全监管机制的创建与完善．食品与机械．2020（11）：74－76.

［3985］李淑霞，薛芳，姜颖．网络餐饮服务食品安全监管研究与探索．食品与药品．2020（04）：301－303.

［3986］钱森林，孟飞．新规实施下集装箱强制称重的监管现状及建议．世界海运．2020（09）：17－19.

［3987］马午萱．固废管理之危险废物的法律规制．世界环境．2020（03）：87.

［3988］张昊．地区间生产分工与市场统一度测算："价格法" 再探讨．世界经济．2020（04）：52－74.

［3989］徐志伟，殷晓蕴，王晓晨．污染企业选址与存续．世界经济．2020（07）：122－145.

［3990］杨剑侠，张杰．产能限制下纵向持股的上游企业竞争与产能投资效应研究．世界经济．2020（09）：122－146.

［3991］郭晓冬，王攀，吴晓晖．机构投资者网络团体与公司非效率投资．世界经济．2020（04）：169－192.

［3992］臧成伟，蒋殿春．"主场优势" 与国有企业海外并购倾向．世界经济．2020（06）：52－76.

［3993］陈胜蓝，刘晓玲．最低工资与跨区域并购：基于劳动力成本比较优势的视角．世界经济．2020（09）：49－72.

［3994］强永昌，杨航英．长三角区域一体化扩容对企业出口影响的准自然实验研究．世界经济研究．2020（06）：44－56.

［3995］戴美虹，李丽娟．民营经济破局"出口低端锁定"：互联网的作用．世界经济研究．2020（03）：16－32.

［3996］肖挺．政府规制的歧视性与服务贸易：基于中国上市企业数据的检验．世界经济研究．2020（10）：18－31.

［3997］赵君丽，童非．并购经验、企业性质与海外并购的外来者劣势．世界经济研究．2020（02）：71－82.

［3998］杨波，周丽萍．东道国交通运输能力与中国企业跨国并购：基于生产率调节效应的视角．世界经济研究．2020（01）：96－106.

［3999］蒋冠宏．跨国并购和国内并购对企业市场价值的影响及差异：来自中国企业的证据．世界经济研究．2020（01）：82－95.

［4000］薛安伟．后全球化背景下中国企业跨国并购新动机．世界经济研究．2020（02）：97－105.

［4001］葛璐澜，金洪飞．"一带一路" 沿线国家制度环境对中国企业海外并购区位选择的影响研究．世界经济研究．2020（03）：60－71.

［4002］尹达，綦建红．经济政策不确定性与企业跨境并购：影响与讨论．世界经济研究．2020（12）：105－117.

［4003］管传靖．霸权异化与贸易政策的选择．世界经济与政治．2020（02）：123－154.

［4004］崔宁波，巴雪真．丹麦农药和化肥规制及对中国的启示．世界农业．2020（11）：73－80.

［4005］刘春明，周杨．中国规模化生猪养殖环境效率的空间相关及溢出效应．世界农业．2020（08）：105－113.

［4006］平力群．经济大国后的政府边界调整与规制改革——读刘轩著《日本经济转型与治理变革论》．世界知识．2020（18）：71.

［4007］张馨心，杨逢柱，刘宁，杨婕，王梅红．中医药国际健康旅游发展的法律问题探讨．世界中医药．2020（01）：120－124.

［4008］郭子莹．网约车市场垄断问题调查及对策研究．市场观察．2020（12）：85.

［4009］陈文．关于广西电价交叉补贴问题的探讨．市场论坛．2020（08）：53－54.

［4010］刘桂海，崔福龙，刘小红．真房源实现的制约因素及规制路径．市场论坛．2020（05）：55－57.

［4011］汤丽华．国有企业跨国并购的风险防范研究．市场论坛．2020（01）：46－49.

［4012］王旭东．中德并购视域下 CEO "本地化" 策略研究．市场论坛．2020（04）：4－8.

［4013］田长海．广西小额贷款公司监管现状研究．市场论坛．2020（09）：17－20.

［4014］卜寒．劳动力市场分割与收入的性别差异——基于中国综合社会调查（CGSS）数据．市场研究．2020（04）：50－51.

［4015］祁雪凡．中国产业结构调整中的环境政策分析．市场研究．2020（03）：11－13.

［4016］刘帅帅．我国企业跨国并购的现状及动因分析．市场研究．2020（02）：46－48.

［4017］徐众，季颖．实物期权定价模型在企业并购估值中的应用．市场研究．2020（03）：61－63.

［4018］徐雪．互联网普及率、环境规制与城市产业结构转型升级．市场周刊．2020（09）：66－68.

［4019］叶延坤，夏新蓉．基于SCP框架的我国电影产业研究．市场周刊．2020（09）：69－72.

［4020］沈鸿艺，岳子祺，陈名芮，刘家熳，蔡俊亮．人工智能时代自主类算法共谋的规范监管．市场周刊．2020（08）：164－168.

［4021］代传花．电商平台“二选一”行为的反垄断分析．市场周刊．2020（07）：158－160.

［4022］张子山，刘伟乐．创业学习、组织敏捷性与合法性获取．市场周刊．2020（07）：23－24.

［4023］周健军．中国医药产业集中度与影响因素实证研究——基于2011～2018年数据．市场周刊．2020（06）：42－44.

［4024］朱璐璐．环境规制对技术创新的影响研究——基于装备制造业．市场周刊．2020（05）：35－36.

［4025］陈杰．商事中“空转费”的法律规制．市场周刊．2020（05）：147－149.

［4026］赵子明．浅析投资信托新应用：智能投顾的信托法本质．市场周刊．2020（04）：160－162.

［4027］李会云．完善企业融资相关政策建议的思考．市场周刊．2020（03）：150－151.

［4028］范晓双．股权回购式对赌协议的效力研究．市场周刊．2020（01）：158－161.

［4029］赖敏．我国民间借贷市场法律规制问题研究．市场周刊．2020（01）：162－163.

［4030］肖欣怡．海尔并购通用家电的协同效应研究．市场周刊．2020（01）：91－92.

［4031］陈蕾．基于宏微观视角的跨国并购动因分析．市场周刊．2020（02）：1－2.

［4032］高长春，余晨辉，袁超．创意产业链异质企业纵向并购契约设计．市场周刊．2020（08）：1－5.

［4033］贺美玲．我国投资银行并购业务发展面临的问题及对策研究．市场周刊．2020（08）：133－135.

［4034］王凡迪．金融科技监管沙盒在中国的应用与启示．市场周刊．2020（10）：131－133.

［4035］金雨赟，李超．互联网背景下食品安全监管问题研究——以扬州市第三方网络外卖平台为例．市场周刊．2020（09）：38－40.

［4036］翟欣瑶．新时代背景下互联网金融反洗钱监管工作面临的困境及对策建议．市场周刊．2020（05）：123－124.

［4037］兰曦宇，罗仕琪，谈诗琪，顾博航．注册制改革背景下我国上市公司信息披露问题研究．市场周刊．2020（03）：134－135.

［4038］徐晓飞．我国第三方支付的风险与监管．市场周刊．2020（02）：112－113.

［4039］柴玉婧．移动互联网时代青少年短视频使用的价值迷失与回归路径探析．视听．2020（12）：149－150.

［4040］伦雪晴．纪录片《看不见的战争》中的媒体新闻框架建构研究．视听．2020（09）：184－185.

［4041］董烁．新媒体时代短视频传播的失范及规制．视听．2020（08）：162－163.

［4042］白倩雨．革新与突破：打破综艺节目市场“壁垒”．视听．2020（08）：19－21.

［4043］赵征．移动互联时代的舆论引导．视听．2020（04）：215－216.

［4044］福斯特建筑事务所将在深圳前海建造模块化人才公寓．室内设计与装修．2020（04）：143.

［4045］何晓星，岳玉静．“边际效用递减”规律在网络经济中失效了吗？．首都经济贸易大学学报．2020（06）：43－58.

［4046］朱淑娣，孙秀丽．论金融领域行政执法的国际合规性．首都师范大学学报（社会科学版）．2020（02）：44－52.

［4047］丘萍，张鹏．地方认同与世界遗产保护意愿研究——以京杭大运河杭州段为例．首都师范大学学报（自然科学版）．2020（02）：41－51.

［4048］时建中，李四红．体育赛事转播权市场销售行为的反垄断法规制研究及启示．首都体育学院学报．2020（03）：267－273.

［4049］李秀平，曹中东，袁建华．动物卫生监督执法存在的问题与对策．兽医导刊．2020（15）：68.

［4050］郝建锋．新形势下生猪屠宰监管实践与思考．兽医导刊．2020（15）：55.

［4051］黄子祺．生猪屠宰检疫监管的践行．兽医导刊．2020（11）：62.

［4052］陈龙，王迈．肉鸡屠宰的检疫与监督管理．兽医导刊．2020（03）：54.

［4053］李娅，刘润芳，刘锁，余昆华．动物检疫的工作重点探讨．兽医导刊．2020（01）：51.

［4054］李小胜，束云霞．环境政策对空气污染控制与地区经济的影响——基于命令控制型工具的实证．数理统计与管理．2020（04）：691－704.

［4055］仓定帮，魏晓平，曹明．我国化石能源消费多因素分析——基于新能源替代与能源技术进步视角．数理统计与管理．2020（01）：1－11.

［4056］王许亮．中国服务品市场分割、空间互动及影响因素．数量经济技术经济研究．2020（02）：70－89.

［4057］滕泽伟．中国服务业绿色全要素生产率的空间分异及驱动因素研究．数量经济技术经济研究．2020（11）：23－41.

［4058］张三峰．中国私营企业治污投资与生产性投资研究．数量经济技术经济研究．2020（09）：141－159.

［4059］邓宗兵，何若帆，陈钲，朱帆．中国八大综合经济区生态文明发展的区域差异及收敛性研究．数量经济技术经济研究．2020（06）：3－25.

［4060］卓丽洪．互联网金融与经济安全构成要素关联度实证研究．数量经济技术经济研究．2020（02）：3－25.

［4061］李佼瑞，拓博洋，林子飞．能源消耗与经济增长质量的动力学分析．数学的实践与认识．2020（18）：147－159.

［4062］张静进，李颖明．基于LISREL的污染密集型企业区域迁移影响因素分析．数学的实践与认识．2020（01）：63－71.

［4063］沈敏奇，黄侃梅．影子银行监管的动态博弈与演化博弈分析——基于“吹哨人”视角．数学的实践与认识．2020（23）：295－306.

［4064］牟有伟．网络技术标准国际机制探析．数字技术与应用．2020（10）：212－215.

［4065］李萌，郭纪萍．弱人工智能犯罪的规制方法研究．数字通信世界．2020（07）：153－154.

［4066］秦炳南．浅析网络直播中的监管问题——以未成年保护为视角．数字通信世界．2020（03）：153.

[4067] 尚文绣，彭少明，王煜，方洪斌，武见，许明一．缺水流域用水竞争与协作关系——以黄河流域为例．水科学进展．2020（06）：897－907.

[4068] 邓刚，张茵琪，李维朝，曹逵，黄文超．美国非联邦所属大坝的安全监管．水利发展研究．2020（11）：66－75.

[4069] 周维伟．加强水利前期工作项目经费监管的思考．水利发展研究．2020（03）：34－37.

[4070] 赖秀萍，孙付华，沈菊琴，高鑫，张丹丹．基于WSR的区域排水权分配影响因素研究．水利经济．2020（04）：74－80.

[4071] 童纪新，曹曦文．江苏省水污染、环境规制与高质量经济发展．水利经济．2020（03）：7－12.

[4072] 葛均启．基于公共物品理论桑园镇农村饮水问题研究．水利科学与寒区工程．2020（02）：101－103.

[4073] 李景山．刍议一带一路倡议下民警对长江水域船舶的消防监管．水上消防．2020（05）：8－13.

[4074] 乔恋杰，万君宇，周春波．生产建设项目水土保持遥感监管工作的成效与思考．水土保持应用技术．2020（06）：50－51.

[4075] 王英敏．水土保持信息化区域监管在辽东地区的应用．水土保持应用技术．2020（04）：27－29.

[4076] 孟望生，邵芳琴．黄河流域环境规制和产业结构对绿色经济增长效率的影响．水资源保护．2020（06）：24－30.

[4077] 金超．可税性视角下刷单的税法规制．税收经济研究．2020（03）：78－84.

[4078] 何冠文，刘婧，翁耀城，陈伟强．粤港澳大湾区金融创新的税法规制研究．税收经济研究．2020（02）：58－65.

[4079] 熊永灏，贺渝，文传浩．提高污染物排放征收标准能否促进企业创新投资——基于长江经济带的实证分析．税收经济研究．2020（01）：77－87.

[4080] 王凤飞，贾康．电子商务税收征管：现实诉求与应对举措．税务研究．2020（08）：124－128.

[4081] 吴晓红，万素林．困境与出路：出口退税制度法律规制研究．税务研究．2020（08）：90－95.

[4082] 李俊英，黄轶琛．税收优先权适用范围的法律规制研究．税务研究．2020（05）：83－89.

[4083] 岳红举，钱俊成．资源税、费及租相协调配合的财税法治逻辑．税务研究．2020（05）：104－110.

[4084] 马小朋．个案视角下并购重组中个人所得税政策改进初探．税务研究．2020（07）：131－134.

[4085] 彭程．论环境保护税法中规制诱导规范的优化．税务与经济．2020（06）：1－11.

[4086] 汤媛媛．区块链风险治理：困境与规制．税务与经济．2020（05）：37－42.

[4087] 刘聪，曲国丽，杨英．政府与NGO“合作伙伴”关系形成条件研究．税务与经济．2020（04）：27－32.

[4088] 董飞武．无货对开、环开增值税专用发票行为入罪问题研究．税务与经济．2020（03）：67－75.

[4089] 张莉．环境规制、绿色技术创新与制造业转型升级路径．税务与经济．2020（01）：51－55.

[4090] 蒋冬梅．论城市生活垃圾减量化法律规制体系的构建——基于加拿大卑诗省的成功范例．司法警官职业教育研究．2020（03）：46－53.

［4091］方元．宽严相济刑事政策视野下的版权保护．司法警官职业教育研究．2020（02）：42－47.

［4092］严松．事实与价值的双重变奏：重大灾疫舆情的规制方略探究．思想教育研究．2020（04）：37－42.

［4093］阮博．法律保障爱国主义的学理根据与实践路向．思想理论教育．2020（12）：50－55.

［4094］王敬波．面向分享经济的合作规制体系构建．四川大学学报（哲学社会科学版）．2020（04）：102－112.

［4095］邓曦泽．利益背反作为打破串谋的一般策略研究——兼对诺奖得主梯若尔“防范串谋原理”的批评．四川大学学报（哲学社会科学版）．2020（06）：161－173.

［4096］马赛．区块链技术应用的刑事风险及其应对——以数字货币洗钱犯罪为视角．四川警察学院学报．2020（03）：109－116.

［4097］朱江洪．非法吸收公众存款罪限缩路径探析．四川警察学院学报．2020（01）：108－113.

［4098］付明．做好就业创业补助资金监管的思考．四川劳动保障．2020（06）：28.

［4099］郭琛．新媒体技术革命下广告自律审查机制的适应性规制．四川轻化工大学学报（社会科学版）．2020（03）：44－54.

［4100］程建华，李玲．新时代民营经济高质量发展的难点与策略研究——以台州市为例．四川省社会主义学院学报．2020（01）：35－41.

［4101］张华泉，王淳．乡村振兴背景下土地流转用途规制可有效抑制“非粮化”倾向吗？——基于三方动态博弈的视角．四川师范大学学报（社会科学版）．2020（03）：59－65.

［4102］雷浩然．纵向非价格限制规制：日本经验与中国选择．四川文理学院学报．2020（03）：67－73.

［4103］褚儒．电影工业美学的产业经济学解读与中国电影工业体系建构刍议．四川戏剧．2020（04）：5－10.

［4104］任倩．行政处罚中裁量权问题研究——以税务处罚为中心．四川职业技术学院学报．2020（02）：25－31.

［4105］江国华，卢宇博．论我国突发公共卫生事件应急处置制度的法律规制．苏州大学学报（法学版）．2020（03）：18－26.

［4106］朱桐辉，王玉晴．电子数据取证的正当程序规制——《公安电子数据取证规则》评析．苏州大学学报（法学版）．2020（01）：121－132.

［4107］李文吉．P2P网络借贷平台异化的刑法教义学分析——以《网络借贷信息中介机构业务活动管理暂行办法》为分析对象．苏州大学学报（法学版）．2020（01）：106－120.

［4108］许娟．利用爬虫技术侵犯企业数据知识产权法益的司法解释．苏州大学学报（哲学社会科学版）．2020（01）：47－58.

［4109］张建文．网络大数据产品的法律本质及其法律保护——兼评美景公司与淘宝公司不正当竞争纠纷案．苏州大学学报（哲学社会科学版）．2020（01）：35－46.

［4110］曹然，徐敏．公共利益：英国传媒规制的一条主线．苏州大学学报（哲学社会科学版）．2020（01）：162－171.

［4111］孔伟．规制与化民：明初理学的基层控制及其成效．苏州科技大学学报（社会科学版）．2020（01）：10－18.

［4112］刘宇飞．自媒体“洗稿”现象的版权规制研究．绥化学院学报．2020（12）：43－46.

［4113］周雨婷，王文烂．中国森林康养产业发展现状与对策建议．台湾农业探索．2020（05）：76－80.

［4114］吴加明，倪惠华．规制违反一个中国原则涉台广告的法律难题及政策思考．台湾研究．2020（06）：82－89.

［4115］胡枚玲．论新近大型自由贸易协定规制合作的不同路径及中国选择．太平洋学报．2020（08）：95－106.

［4116］李浩梅．国家管辖范围以外区域海洋遗传资源的国际治理——欧盟方案及其启示．太平洋学报．2020（06）：72－83.

［4117］崔盈．核变与共融：全球环境治理范式转换的动因及其实践特征研究．太平洋学报．2020（05）：40－52.

［4118］刘睿文．我国人才补贴的法律规制研究——以15个新一线城市大学生落户政策为例．太原城市职业技术学院学报．2020（11）：172－175.

［4119］王艳杰，许阔林．资管新规背景下银行理财业务发展探究．太原城市职业技术学院学报．2020（11）：179－181.

［4120］柯冬英．互连网环境下体育赛事直播权法律保护研究．太原城市职业技术学院学报．2020（07）：176－178.

［4121］韩静，王烨．巨额商誉泡沫消失的经济后果探究——以宋城演艺并购六间房为例．太原城市职业技术学院学报．2020（11）：27－30.

［4122］高明，吴雨瑶．激励与惩罚：城市生活垃圾源头分类中的主体行为分析——基于演化博弈的视角．太原理工大学学报（社会科学版）．2020（05）：47－57.

［4123］李兆阳．行政垄断下经营者责任的反垄断法规制．太原理工大学学报（社会科学版）．2020（03）：41－50.

［4124］马聪慧．短视频作品地位否定及规制路径——以社交类短视频为例．太原学院学报（社会科学版）．2020（05）：48－56.

［4125］李居正，刘天宇．失信联合惩戒中的名誉权保护研究．泰山学院学报．2020（04）：79－86.

［4126］陈雪玉．人力资源培训市场管理法治化问题研究．探求．2020（05）：58－65.

［4127］谢新水．论源于人性的人工智能监管难题．探索．2020（02）：34－44.

［4128］关保英．机构改革中条块关系调控的法律强化．探索与争鸣．2020（11）：43－45.

［4129］黄再胜．人工智能时代的价值危机、资本应对与数字劳动反抗．探索与争鸣．2020（05）：124－131.

［4130］谭天枢．唐代对于官私畜产的法律规制刍议．唐山师范学院学报．2020（05）：62－69.

［4131］刘春伶，曹美玲，史育华．从经典回归到理论创新——兼论马克思主义经典著作对高校思想政治理论课建设的规制与导引．唐山师范学院学报．2020（02）：110－114.

［4132］姜密．论宋代“不抑兼并”的土地政策与均贫富．唐山师范学院学报．2020（01）：59－64.

［4133］贺斌．司法环境、地方保护与FDI溢出效应．特区经济．2020（02）：96－101.

［4134］陈懿珂．社会共治理念下电商经营者好评返现问题研究．特区经济．2020（09）：134－136.

［4135］胡子韬．镇海区绿色发展及影响因素分析．特区经济．2020（05）：52－58.

［4136］王辉．广东对外劳务参与“一带一路”建设的法律挑战与规制．特区经济．2020（02）：33－36.

［4137］王洪宇．市场主体登记之外电商经营者准入制度分析．特区经济．2020（01）：80－82.

［4138］周雪林．基于区块链技术的供应链金融发展研究．特区经济．2020（08）：87－89.

［4139］谢意浓，谢荣华．医疗与药品的监管体制、机制和现状的调查分析．特区经济．2020

（07）：96－98.

［4140］唐东红．管好衡器计量　确保客户利益．特区经济．2020（07）：154－156.

［4141］傅小随．先行示范区要加快构建更具弹性的审慎包容监管制度．特区实践与理论．2020（01）：74－79.

［4142］闫建华，田华钢．政府购买公共体育服务的法律规制与冲突．体育成人教育学刊．2020（03）：10－13.

［4143］蔡继云，于建志，吴新宇．全球化背景下体育社会组织善治改革机制研究．体育科技．2020（06）：31－32.

［4144］王锡营，郭桂坤，王晓琼．美国职业体育联盟"中国行"的市场壁垒研究．体育科技文献通报．2020（11）：136－137.

［4145］崔汪卫．奥运会网络隐性营销法律规制研究．体育科学．2020（11）：84－90.

［4146］李智，黄琳芳．国际体育赛事中运动员数据采集的法律规制．体育科学．2020（09）：44－52.

［4147］张程龙，成瑜，谭小勇．行政法视角下的反兴奋剂法律规制．体育科研．2020（04）：8－15.

［4148］王克阳．反兴奋剂教育路径之研究——基于社会控制理论的视角．体育科研．2020（04）：16－21.

［4149］刘畅．可卡因管制在反兴奋剂实践中的探析：以2021年实施版《世界反兴奋剂条例》为例．体育科研．2020（03）：73－81.

［4150］吴相雷，王政，严姣．体育社会组织公信力提升的现实困境与优化策略——基于苏州市体育社会组织发展的研究．体育科研．2020（04）：43－51.

［4151］克劳斯·费维克，唐志威．德国体育法导论：协会自治与法律规制之间（下篇）——体育法中的兴奋剂与民事责任．体育与科学．2020（06）：11－19.

［4152］克劳斯·费维克，唐志威．德国体育法导论：协会自治与法律规制之间（中篇）——国际性、多重效果与素材动态综合的视角．体育与科学．2020（05）：43－53.

［4153］克劳斯·费维克，唐志威．德国体育法导论：协会自治与法律规制之间（上篇）——自我规制与双轨制的视角．体育与科学．2020（04）：27－37.

［4154］张鹏．奥运规则之于主办国立法影响研究．体育与科学．2020（04）：88－94.

［4155］张雨．论网络定向广告的法律规制——以个人信息保护为视角．天府新论．2020（05）：96－104.

［4156］陈梦寻．论危害网络安全罪的罪名体系．天津大学学报（社会科学版）．2020（05）：472－478.

［4157］张世明．经营者集中审查附条件批准的理论检视．天津法学．2020（04）：7－17.

［4158］曹波，杨婷．非法催收不予保护债务入刑的正当根据与规范诠释．天津法学．2020（04）：72－80.

［4159］石巍，黄家星．"深度伪造"的风险与法律规制——兼论《民法典》相关规则适用．天津法学．2020（04）：48－55.

［4160］朱国华，张佳依．协同治理理念下电子商务信用失范现象及对策．天津法学．2020（03）：57－63.

［4161］董成惠．"低价倾销"之不正当价格竞争的法律解读．天津法学．2020（02）：56－64.

［4162］陈婉玲，毕春颖．黑名单制度的渊源、价值与适用．天津法学．2020（01）：24－31.

［4163］王诚，刘阳阳．论政府数据开放的收费定价及其法律规制．天津行政学院学报．2020（02）：88－95.

［4164］夏良杰，白帆，孙莹．碳交易规制下减排成本信息不对称的供应链决策研究．天津商务职业学院学报．2020（04）：3－13.

［4165］刘剑．疫情期间部分商品实施“限价”措施的经济法思考．天津商业大学学报．2020（03）：14－18.

［4166］纪玉俊，宋金泽．我国环境规制的产业升级效应研究．天津商业大学学报．2020（01）：19－27.

［4167］徐国冲，赵晓雯．政府购买公共服务的“公共性拆解”风险及其规制．天津社会科学．2020（03）：83－88.

［4168］刘瑛，高逸．健康医疗数据法律规制研究．天津师范大学学报（社会科学版）．2020（02）：59－63.

［4169］黄洁，谭萍．论互联网劳动关系的保护．天津市工会管理干部学院学报．2020（01）：39－44.

［4170］李晏，黄怡．全面二孩政策下规制女性就业性别歧视的法律思考．天津市工会管理干部学院学报．2020（01）：59－64.

［4171］张曙光．严重科研失信行为的刑法规制．天津市教科院学报．2020（03）：45－50.

［4172］张颖慧，邢尊明．体育产业统计分类的内在逻辑与统计范围的边界控制研究．天津体育学院学报．2020（06）：666－671.

［4173］陈艳，王霁霞．兴奋剂入罪立法模式思考与建议——基于行为类型化的分析．天津体育学院学报．2020（03）：269－275.

［4174］王翠娥．制度环境视域下大学生创业制度环境分析．天津中德应用技术大学学报．2020（02）：61－65.

［4175］穆宇．我国农村社会养老保险制度的法律规制．天津中德应用技术大学学报．2020（01）：118－121.

［4176］王波．“互联网＋”背景下企业并购中财务风险及防范策略．天津中德应用技术大学学报．2020（01）：122－127.

［4177］天工．低气价加快城市燃气企业并购．天然气工业．2020（09）：155.

［4178］王雪．互联网交易平台公司的产品属性及责任——以双边市场的“两性”表象为视角．天水行政学院学报．2020（03）：98－103.

［4179］董凯特．政府网络治理中面临的伦理问题及伦理规制．天水行政学院学报．2020（06）：26－30.

［4180］周心怡．“校园贷”的法律规制．天水行政学院学报．2020（02）：110－114.

［4181］王一冰．“一带一路”背景下反腐败的国际预控合作机制．天水行政学院学报．2020（01）：100－106.

［4182］李超．我国资产管理业务法律监管走向——2020年信托界“塌方”引发的思考．天水行政学院学报．2020（06）：107－112.

［4183］陈蓓．混业经营趋势下金融科技的监管原则——以科技驱动型监管为视角．天水行政学院学报．2020（04）：124－128.

［4184］潘忠文，李志献，徐承红．环境规制与区域绿色水资源效率提升——基于长江经济带的实证分析．调研世界．2020（11）：10－17.

［4185］邱洋冬．环境规制、目标引领与企业绿色创新——基于大气污染防治重点城市的经验证据．调研世界．2020（09）：19－26.

［4186］田秀杰，唐蕊，周春雨．基于碳排放视角的政府环境治理政策效果研究．调研世界．2020（03）：30－36.

[4187] 于冲，王宸．恶意爬取数据行为的刑法评价思路与边界．铁道警察学院学报．2020（06）：55－63.

[4188] 马成龙．新冠肺炎疫情防控期间公安机关执法规范化提升研究．铁道警察学院学报．2020（05）：102－108.

[4189] 王红建，刘辉．应急处置措施的法律规制——兼评新冠肺炎疫情防控中的应急处置措施．铁道警察学院学报．2020（03）：53－62.

[4190] 解永照．完善非法涉枪行为法律责任体系的路径探究．铁道警察学院学报．2020（03）：48－52.

[4191] 朱文喜，郭亚宾，陈赟，李晶晶．工程项目投标人与招标人合谋报价区间测算模型研究．铁道科学与工程学报．2020（11）：2969－2976.

[4192] 陈杰，侯云飞．工程项目招投标多利益主体合谋行为识别研究．铁道科学与工程学报．2020（03）：784－790.

[4193] 龚连平．加强非运输企业联合党支部建设的探索与思考．铁道运营技术．2020（04）：55－57.

[4194] 朱颖婷，单杏花．线性需求下铁路客运差别定价模型研究．铁路计算机应用．2020（01）：25－28.

[4195] 董宏伟，王琪，王洁．监管政策亮剑互联网平台经济反垄断加速规制．通信世界．2020（33）：30－31.

[4196] 张韬略，金蕾．解铃还须系铃人——论我国商标法第十条第二款之废除及地名标志禁注制度的重构．同济大学学报（社会科学版）．2020（06）：112－124.

[4197] 张治栋，王顺晴．市场分割、对外开放与城市绿色效率——以长江经济带为例．铜陵学院学报．2020（04）：3－8.

[4198] 孙伟，马思雨．中国八大经济区生态效率测度及影响因素研究——来自中国285个地级市面板数据的经验证据．铜陵学院学报．2020（06）：14－19.

[4199] 邓明峰，郭跃．我国行政合同中优益权规制研究．铜陵学院学报．2020（03）：74－78.

[4200] 蒋帛婷．工程咨询行业海外并购经营战略思考——以苏交科为例．铜陵学院学报．2020（01）：48－51.

[4201] 侯亚丽，岳宝宏．基于因子分析法的民营企业海外并购绩效研究．统计理论与实践．2020（05）：18－22.

[4202] 钱雪亚，宋文娟．城市基本公共服务面向农民工开放度测量研究．统计研究．2020（03）：33－47.

[4203] 申创，赵胜民，李莹．利率市场化、非利息收入与银行净息差——兼论分类非利息收入的差异化影响路径．统计研究．2020（05）：68－81.

[4204] 张宏翔，王铭槿．公众环保诉求的溢出效应——基于省际环境规制互动的视角．统计研究．2020（10）：29－38.

[4205] 姚增福．环境规制、农业投资与农业环境效率趋同——"波特假说"和投资调整成本整合框架的分析．统计研究．2020（08）：50－63.

[4206] 陈斌，李拓．财政分权和环境规制促进了中国绿色技术创新吗？．统计研究．2020（06）：27－39.

[4207] 胡宗义，李毅．环境信息披露的污染减排效应评估．统计研究．2020（04）：59－74.

[4208] 严文龙，陈宋生，田至立．审计定价管制与交易剩余——2010年审计定价管制失效的自然实验．统计研究．2020（07）：93－103.

[4209] 籍艳丽．能源价格对工业绿色全要素生产率的影响——基于环境规制直接及调节效应

的分析．统计与管理．2020（10）：18－22.

［4210］张源．论我国行政性垄断法律规制的完善．统计与管理．2020（05）：105－108.

［4211］陈晨．并购对企业绩效影响的实证研究．统计与管理．2020（07）：55－58.

［4212］黎腾升．组织资本对并购绩效的影响及其作用机制——基于中国全部A股上市公司数据．统计与管理．2020（08）：52－58.

［4213］高江涛，李红，邵金鸣．基于DEA模型的中国粮食产业安全评估．统计与决策．2020（23）：61－65.

［4214］郭轶舟，冯华．互联网产业安全评价指标体系构建．统计与决策．2020（03）：163－166.

［4215］汪成鹏，吴锦桃．市场分割对地区环境污染影响的实证．统计与决策．2020（23）：66－69.

［4216］陈维佳，汤明，张杨．财政分权与市场分割互动策略．统计与决策．2020（13）：154－158.

［4217］葛浩然，朱占峰，钟昌标，朱耿．环境规制对区域海洋经济转型的影响研究．统计与决策．2020（24）：111－114.

［4218］田雪航，何爱平．环境规制对经济增长影响的实证分析．统计与决策．2020（24）：115－118.

［4219］江剑敏，刘莹，王斐兰．中国生产性服务业走出去的实现路径——基于需求与规制视角．统计与决策．2020（23）：117－121.

［4220］嵇正龙，宋宇．环境规制、企业进入与经济增长．统计与决策．2020（23）：50－55.

［4221］曹凌燕．政绩考核与地方环境规制策略．统计与决策．2020（21）：168－172.

［4222］张红霞，李猛，王悦．环境规制对经济增长质量的影响．统计与决策．2020（23）：112－117.

［4223］李文鸿，曹万林．FDI、环境规制与区域绿色创新效率．统计与决策．2020（19）：118－122.

［4224］陈璇，钱薇雯．环境规制对制造业产业转移和结构升级的双重影响．统计与决策．2020（18）：109－113.

［4225］张治栋，陈竞．环境规制、产业集聚与绿色经济发展．统计与决策．2020（15）：114－118.

［4226］周萍，张宇东，周海燕．食品安全风险认知下消费者决策能力提升机制研究．统计与决策．2020（12）：176－179.

［4227］蔡璐．社会性规制绩效测度的省际比较．统计与决策．2020（09）：58－61.

［4228］李芳，马鑫，洪佳．考虑质量不确定的双渠道闭环供应链契约协调研究．统计与决策．2020（09）：176－180.

［4229］路正南，罗雨森．中国双向FDI对二氧化碳排放强度的影响效应研究．统计与决策．2020（07）：81－84.

［4230］穆向明．评《共享经济的法律规制》．统计与决策．2020（05）：2－189.

［4231］迟春洁，吴耀杰．环境规制对工艺创新、产品创新影响的实证．统计与决策．2020（02）：174－178.

［4232］温倩，邹可．基于创新能力的互联网企业并购行为研究．统计与决策．2020（04）：176－180.

［4233］吴立凡，付宇．网络外部性条件下传统企业混合兼并行为分析．统计与决策．2020（08）：180－184.

[4234] 叶苗苗，徐四星，蔡永斌．并购商誉对企业社会责任影响的效应分析．统计与决策．2020（13）：167－170.

[4235] 武天兰，范黎波．正式制度距离、结构整合与跨境并购绩效．统计与决策．2020（12）：160－165.

[4236] 徐霓妮，王朋吾．国有企业并购改革对企业全要素生产率的影响．统计与决策．2020（19）：174－177.

[4237] 徐维祥，徐志雄，刘程军．能源结构、生态环境与经济发展——门槛效应与异质性分析．统计与信息论坛．2020（10）：81－89.

[4238] 杨仁发，郑媛媛．环境规制、技术创新与制造业高质量发展．统计与信息论坛．2020（08）：73－81.

[4239] 邹乐欢，季强，刘纪显．厂商异质性、环境规制与中国经济波动——基于六部门DSGE模型的数值分析．统计与信息论坛．2020（06）：122－128.

[4240] 杜威望．资管新规对省域影子银行发展的政策效应评估及启示．投资研究．2020（11）：59－74.

[4241] 郝军章，翟嘉，高亚洲．投资者进出对股票市场波动性影响研究——基于投资者异质信念定价模型．投资研究．2020（07）：83－96.

[4242] 周晨，余威健．FDI、劳动力要素禀赋与环境污染——基于中国省际面板数据的实证研究．投资研究．2020（03）：4－19.

[4243] 周菊，陈欣．并购业绩补偿承诺选择的动因研究——基于信息不对称的解释．投资研究．2020（01）：51－59.

[4244] 凌筱婷．东道国民众好感度影响中国企业海外并购的绩效吗？．投资研究．2020（09）：82－96.

[4245] 吉洋杉，张盼盼．距离、信息通信技术与我国企业跨国并购区位选择．投资研究．2020（09）：97－109.

[4246] 解学竟，麻志明，张海燕，韩深任．高质量法律顾问有助于提升并购方股东价值吗？——基于A股上市公司的证据．投资研究．2020（12）：4－22.

[4247] 袁晨雨．基于市场结构及竞争战略理论的合生元并购案例分析．投资与创业．2020（19）：62－63.

[4248] 鲍新元．我国医药企业跨国并购案例分析——以A并购B为例．投资与创业．2020（21）：1－3.

[4249] 莫琴晓．房地产企业并购财务风险及财务整合研究．投资与创业．2020（22）：69－71.

[4250] 袁锋．并购视角下企业对赌中个人所得税征管问题研究．投资与创业．2020（24）：30－32.

[4251] 袁朝．京沪高铁上市及并购相关问题研究．投资与创业．2020（24）：130－132.

[4252] 宋美燚．上市公司并购重组业绩承诺的问题、监管难点及对策．投资与创业．2020（24）：15－17.

[4253] 崔湧，许杰．大都市乡村振兴背景下农村集体资产管理研究——以上海市宝山区为例．投资与创业．2020（20）：49－51.

[4254] 乔伟荣．民办图书馆法律规制与保障研究．图书馆建设．2020（06）：92－99.

[4255] 朱悦．大数据背景下的个人信息法律保护研究综述．图书馆论坛．2020（07）：36－45.

[4256] 刘睿文．公共卫生事件中个人信息法律保护研究——以新冠肺炎疫情为切入点．图书情报导刊．2020（09）：34－38.

[4257] 许明，黄孔雀．英国高等教育市场准入制度改革：动因、举措与特征．外国教育研究．

2020（11）：15－30.

［4258］余利川．欧洲大学学术治理的结构嬗变与制度逻辑．外国教育研究．2020（09）：48－62.

［4259］刘志阳，赵陈芳，李斌．数字社会创业：理论框架与研究展望．外国经济与管理．2020（04）：3－18.

［4260］陈文婷，师翌华，余鹏翼．基于 Meta 分析的信息披露影响并购重组的文献综述．外国经济与管理．2020（12）：30－43.

［4261］乔璐，赵广庆，吴剑峰．距离产生美感还是隔阂？国家间距离与跨国并购绩效的元分析．外国经济与管理．2020（12）：119－133.

［4262］曾宪聚，陈霖，严江兵，杨海滨．高管从军经历对并购溢价的影响：烙印——环境匹配的视角．外国经济与管理．2020（09）：94－106.

［4263］刘凡，程俐若．以区块链技术攫取虚拟货币行为的定性探析．皖西学院学报．2020（06）：64－67.

［4264］李泽诚．新冠肺炎疫情网络舆论监督的法律规制研究．网络安全技术与应用．2020（05）：150－152.

［4265］贾海阳．网络领域中的反不正当竞争问题研究．网络安全技术与应用．2020（03）：97－99.

［4266］卢南琼．广播电视与视听新媒体行业网络安全监管探讨．网络安全技术与应用．2020（01）：120－121.

［4267］袁俊．人脸识别国际监管经验及规制建议．网络空间安全．2020（07）：120－124.

［4268］安宝双．跨境数据流动：法律规制与中国方案．网络空间安全．2020（03）：1－6.

［4269］马改然．大数据时代个人信息刑法保护的困境与出路．网络空间安全．2020（03）：7－11.

［4270］冯若涵．数据竞争的规制：数据的利用与数据保护的协调．网络空间安全．2020（01）：1－5.

［4271］刘宗媛，黄忠义，孟雪．中外区块链监管政策对比分析．网络空间安全．2020（06）：19－24.

［4272］王晓波，李凡．中国互联网医院发展的现状及规制．卫生经济研究．2020（11）：23－25.

［4273］徐莹莹．市场分割会影响企业出口产品价格吗？．未来与发展．2020（04）：44－49.

［4274］马晓刚．轨道交通 TOD 实效性理论逻辑和内在规制．未来与发展．2020（09）：47－50.

［4275］刘剑．社区逻辑、家族逻辑与个体创业决策：来自浙江的经验．温州职业技术学院学报．2020（02）：58－65.

［4276］丰兴康．地方文创企业如何打破非遗保护传承困局——以贵州梅子留香企业为例．文化产业．2020（05）：78－79.

［4277］蓝轩．美国影视企业并购重组：进程、影响和启发．文化产业．2020（20）：126－131.

［4278］蓝轩．传媒企业并购重组的回顾与前瞻．文化产业．2020（21）：1－7.

［4279］周晓晓．基于地方文化保护与传承的杭州地方方言调研报告．文化创新比较研究．2020（29）：181－183.

［4280］申晶晶．地方文化保护与传承中非遗传承人的日常实践分析．文化创新比较研究．2020（07）：29－30.

［4281］张琼艺，吕平．中朝海上贸易对朝鲜近代海关设立的影响——基于条约体制视角下的研究．文化创新比较研究．2020（12）：197－198.

［4282］宋文兴．中国古代文化规制实践及启示．文化创新比较研究．2020（09）：32－33.

[4283] 刘红玉．西方数字帝国主义的形成及垄断新样态——以列宁的帝国主义理论为基础．文化软实力．2020（01）：30-36.

[4284] 魏雅玲．关联担保的法律规制浅析．文化学刊．2020（12）：148-150.

[4285] 侯宇锋，陈羿妃．校园贷犯罪的刑法规制研究．文化学刊．2020（06）：130-135.

[4286] 李瑞霞．新形势下我国过度医疗侵权的法律规制．文化学刊．2020（05）：179-181.

[4287] 袁祥境．校园欺凌的刑法规制研究．文化学刊．2020（04）：154-156.

[4288] 杜昱萱．从同人作品的合法性看著作权法的限制与例外．文化学刊．2020（01）：168-170.

[4289] 富鹏程．区域视角下良渚文化因素的排他性与独立性．文物春秋．2020（04）：3-9.

[4290] 韦春凤．地方博物馆如何做好铁器文物保护．文物鉴定与鉴赏．2020（11）：108-109.

[4291] 冷筱玥．自由贸易试验区负面清单制度的完善策略研究．无锡商业职业技术学院学报．2020（01）：44-48.

[4292] 何文芳．大数据"杀熟"的违法性分析．无锡商业职业技术学院学报．2020（03）：61-64.

[4293] 苏良晨，冯欣怡，徐彦虹，张慧，潘美澍．5G时代携号转网背景下运营商利益分配及应对策略．无线互联科技．2020（12）：135-138.

[4294] 高凡．软件反向工程规避技术措施例外研究．梧州学院学报．2020（05）：45-51.

[4295] 翟静波．"知假买假"行为的经济法规制．梧州学院学报．2020（04）：53-59.

[4296] 李仁真，杨凌．国际金融领域市场分割现象及其治理路径研究．武大国际法评论．2020（05）：66-86.

[4297] 肖军．仲裁地法院对国际投资仲裁裁决的司法审查——以加拿大司法实践为例．武大国际法评论．2020（04）：94-108.

[4298] 冯洁菡．额外卫生措施的国际法规制——以《国际卫生条例》和SPS协定为视角．武大国际法评论．2020（03）：15-31.

[4299] 高建树，李晶．数字贸易规则的"求同"与"存异"——以欧盟RTAs电子商务章节为例．武大国际法评论．2020（02）：114-136.

[4300] 张亮，黎东铭．规制合作的CETA范式：生成逻辑、文本内容与实践进展．武大国际法评论．2020（02）：60-79.

[4301] 黄良盛．恶意欠薪的主要成因及法律规制．武汉公安干部学院学报．2020（02）：45-50.

[4302] 赵心语．失信联合惩戒的立法规制．武汉交通职业学院学报．2020（01）：28-34.

[4303] 李凯风，陈奇．绿色信贷如何影响工业绿色全要素生产率．武汉金融．2020（10）：45-50.

[4304] 闫旭．企业网络对企业并购行为的影响机制研究．武汉金融．2020（05）：65-70.

[4305] 张晓燕，于倩．高管联结能提高并购企业的业绩吗？——基于内部控制的视角．武汉金融．2020（10）：51-58.

[4306] 王芸，李伟峰，沈浩．经济政策不确定性是否抑制了企业的并购商誉？．武汉金融．2020（11）：53-60.

[4307] 孙树强，王文龙．英国系统重要性银行额外资本要求研究——兼论对我国的启示．武汉金融．2020（08）：71-78.

[4308] 王天恩．人工智能算法的伦理维度．武汉科技大学学报（社会科学版）．2020（06）：645-653.

[4309] 李珏．"场域"视角下再论网络诽谤的刑法规制．武汉理工大学学报（社会科学版）．2020（06）：73-78.

［4310］李贤森．人类命运共同体思想引领下绿色“一带一路”建设中的环境法律规制．武汉理工大学学报（社会科学版）．2020（05）：110－116.

［4311］朱瑛，江剑敏，郭锦全．食品安全管理的规制倾向与公众参与研究．武汉轻工大学学报．2020（01）：22－29.

［4312］刘扬，王锐．高管自信对企业并购商誉绩效的影响研究．武汉轻工大学学报．2020（01）：82－89.

［4313］吴蔚．对外贸易、外商直接投资与我国绿色全要素生产率增长——基于省际面板数据的实证分析．武汉商学院学报．2020（02）：57－60.

［4314］王桢．罪名选择与路径转变：操控竞技体育比赛犯罪的刑法规制探究．武汉体育学院学报．2020（12）：46－52.

［4315］袁钢．奥运会广告规制研究——兼论北京冬奥会广告规制应对．武汉体育学院学报．2020（07）：48－55.

［4316］汪全胜，宋琳璘，张奇．我国高危险性体育项目的立法缺陷及其完善．武汉体育学院学报．2020（06）：46－53.

［4317］易贰．电商平台“二选一”的法律规制之困及其改进．武汉冶金管理干部学院学报．2020（03）：21－24.

［4318］李巍涛，崔晓娟．论社会思潮流转与法律制度变迁——以美国产品质量监管为对象的考察．武陵学刊．2020（01）：57－66.

［4319］李伟刚，崔敬敬．邮轮企业并购风险及其防范对策研究．物流工程与管理．2020（04）：147－148.

［4320］秦军，王天昶．“互联网＋”背景下传统零售企业并购转型绩效研究．物流工程与管理．2020（05）：136－138.

［4321］申洪亮．天然气长输管道管输定价规制研究．物流技术．2020（10）：31－35.

［4322］杨代勇．无人机物流配送中面临的法律问题及规范．物流技术．2020（10）：18－22.

［4323］陈静，计国君．新零售模式下多渠道零售商横向并购决策．物流技术．2020（10）：36－42.

［4324］王娟，黄月希．“一带一路”倡议下制造业企业海外并购财务风险研究——以恒安并购皇城为例．物流科技．2020（05）：156－160.

［4325］杨萍．动产流动质押中物流企业监管风险与防范．物流科技．2020（08）：156－157.

［4326］李燕．农地产权结构对中国农业环境效率的影响．西安财经学院学报．2020（02）：61－67.

［4327］李艳．聚合链接行为的著作权法与反不正当竞争法适用的冲突与解决．西安电子科技大学学报（社会科学版）．2020（03）：55－60.

［4328］谢桂花，王林萍．制度环境对新生代农民工返乡创业意愿影响实证分析．西安电子科技大学学报（社会科学版）．2020（03）：29－37.

［4329］曹波，陈娟．非法放贷行为司法犯罪化的时间效力研究．西安电子科技大学学报（社会科学版）．2020（02）：85－94.

［4330］廖望．被保险人妨碍代位规制体系的重构．西安电子科技大学学报（社会科学版）．2020（02）：71－84.

［4331］闫丽珍．移动互联网企业并购的财务风险防范——以陌陌科技并购探探为例．西安航空学院学报．2020（02）：59－64.

［4332］徐汉明，孙逸啸．算法媒体的权力、异化风险与规制框架．西安交通大学学报（社会科学版）．2020（06）：128－136.

［4333］冯宗宪，贾楠亭，程鑫．环境规制、技术创新与企业产权性质．西安交通大学学报（社会科学版）．2020（05）：77－86.

［4334］邱洋冬，陶锋．“资源诅咒”效应的微观机制解释——基于企业创新与技术选择视角．西安交通大学学报（社会科学版）．2020（05）：99－110.

［4335］王家庭，梁栋．中国文化制造业绿色全要素生产率测度及其影响因素研究．西安交通大学学报（社会科学版）．2020（05）：53－65.

［4336］马治国，刘慧．中国区块链法律治理规则体系化研究．西安交通大学学报（社会科学版）．2020（03）：72－80.

［4337］陈姿含．数字货币法律规制：技术规则的价值导向．西安交通大学学报（社会科学版）．2020（03）：64－71.

［4338］逯进，王晓飞，刘璐．低碳城市政策的产业结构升级效应——基于低碳城市试点的准自然实验．西安交通大学学报（社会科学版）．2020（02）：104－115.

［4339］姚志伟，沈燚．人工智能创造物不真实署名的风险与规制．西安交通大学学报（社会科学版）．2020（01）：133－140.

［4340］杨冬民，明丽丽，杨博捷．后疫情时代环境规制对陕西省产业结构优化的影响研究．西安理工大学学报．2020（04）：456－460.

［4341］姚小剑，张英琳，夏丹丹．环境规制对绿色技术进步影响的实证研究．西安石油大学学报（社会科学版）．2020（05）：34－42.

［4342］郑玲玲，崔国文．中国资本海外足坛并购的环境、风险与对策．西安体育学院学报．2020（05）：583－587.

［4343］于冲．数据安全犯罪的迭代异化与刑法规制路径——以刑事合规计划的引入为视角．西北大学学报（哲学社会科学版）．2020（05）：93－102.

［4344］银红武．论国际投资仲裁“程序滥用”及其规制．西北大学学报（哲学社会科学版）．2020（02）：69－81.

［4345］孙晋，徐则林．民法典下竞争性国有企业改革法律适用之困境．西北工业大学学报（社会科学版）．2020（04）：107－115.

［4346］张凌寒，杜婧．民法典背景下无人机侵害个人隐私的法律规制．西北工业大学学报（社会科学版）．2020（03）：85－92.

［4347］郑佳宁．用户行为信息商业化运用的规制路径．西北工业大学学报（社会科学版）．2020（03）：78－84.

［4348］袁昊．新兴权利视域下互联网平台数据垄断的法律规制．西北民族大学学报（哲学社会科学版）．2020（05）：81－91.

［4349］郭如愿．论个人信息的智能合约保护——立基于智能合约的民事合同属性．西北民族大学学报（哲学社会科学版）．2020（05）：59－70.

［4350］李婷，林辉煌．双重公共性与双重排他性——集体土地所有权的有机特征体系．西北农林科技大学学报（社会科学版）．2020（06）：35－44.

［4351］陈涛．扶贫政策的负外部性及其化解．西北农林科技大学学报（社会科学版）．2020（02）：52－60.

［4352］魏丽莉，杨颖．中国绿色金融政策的演进逻辑与环境效应研究．西北师大学报（社会科学版）．2020（04）：101－111.

［4353］罗连发．政府规制对企业生产率的影响——基于我国强制认证制度的一个实证分析．西北师大学报（社会科学版）．2020（04）：112－121.

［4354］倪娟．浅析企业并购业务中的风险与防范．西部财会．2020（09）：56－58.

［4355］刘颖文．企业并购支付与融资方式选择探析——基于西部矿业并购大梁矿业的案例分析．西部财会．2020（10）：49－52.

［4356］张彤璞．市场势力及产品差异化与上市公司盈余管理——基于服装纺织行业上市公司的实证分析．西部财会．2020（11）：71－75.

［4357］孔祥承．监察法律漏洞填补论．西部法学评论．2020（04）：1－13.

［4358］刘学在，刘悦．论超诉讼请求判决的识别与规制——以2015年至2019年390份民事判决书为样本．西部法学评论．2020（03）：49－63.

［4359］普莎．“后真相”时代舆情反转事件的成因及规制探析．西部广播电视．2020（05）：50－51.

［4360］魏祎远．中美对电视真人秀节目监管的比较研究．西部广播电视．2020（23）：153－155.

［4361］王文涛．网络音频的特点及监管探析．西部广播电视．2020（07）：29－30.

［4362］罗小伟．劳动力市场扭曲的原因、影响与测度：一个文献综述视角．西部金融．2020（04）：12－19.

［4363］夏俊．我国智能投顾市场准入监管研究．西部金融．2020（02）：83－87.

［4364］叶红雨，姜舒．双重环境规制约束下技术创新对工业绿色增长的影响．西部经济管理论坛．2020（04）：38－46.

［4365］杨永莲，宋文飞．环境规制对工业绿色全要素生产率的长短期异质性影响效应．西部经济管理论坛．2020（03）：81－88.

［4366］高志刚，李明蕊．正式和非正式环境规制碳减排效应的时空异质性与协同性——对2007～2017年新疆14个地州市的实证分析．西部论坛．2020（06）：84－100.

［4367］李晟婷，周晓唯，李娟伟．供给侧与需求侧产业政策效应的异质性与协同性——基于中国环保产业的系统动力学仿真分析．西部论坛．2020（04）：24－36.

［4368］周五七，陶靓．环境规制影响中国劳动力就业的区域异质性——基于产业结构门槛效应的实证检验．西部论坛．2020（01）：100－110.

［4369］史蓉如．新媒体广告：“吆喝式”的变异与规制．西部皮革．2020（14）：116.

［4370］郎昕然，高阳．新媒体时代下动画创作的审美研究——以《茶杯头》为例．西部皮革．2020（02）：150－153.

［4371］曾小康．关于广告效应对消费者掠夺的文献分析．西部皮革．2020（04）：155.

［4372］吕秦玥．企业并购财务风险分析及其风险防范研究．西部皮革．2020（06）：71.

［4373］卫倩．对美团公司并购摩拜后财务协同效应的研究．西部皮革．2020（10）：77.

［4374］张婷．跨国并购财务风险控制研究．西部皮革．2020（12）：37.

［4375］郭轩宁，李楠．浅析公司并购重组产生的问题及对策．西部皮革．2020（12）：53－57.

［4376］姚舒晨．HE并购TY财务风险分析．西部皮革．2020（12）：83.

［4377］施天怡．企业并购理论及发展研究．西部皮革．2020（14）：77.

［4378］武怡梦．企业并购中的财务风险及对策研究．西部皮革．2020（14）：95.

［4379］刘雅楠，张倩．物流企业并购财务风险识别与控制分析．西部皮革．2020（16）：83.

［4380］范慧芸．文化产业与地方竞争：地方版权保护的法治逻辑．西部学刊．2020（04）：90－92.

［4381］章晓倩．里根政府的行政管制改革与启示．西部学刊．2020（21）：148－150.

［4382］马明明．认缴制下股东表决权行使标准研究．西部学刊．2020（21）：61－64.

［4383］张铁臣，丁慧源．黑龙江秸秆污染法律规制研究．西部学刊．2020（20）：74－76.

［4384］昝甜鸽．农村生活垃圾污染治理的法律规制研究．西部学刊．2020（18）：79－82.

[4385] 林星阳．竞争性国企及其纵向价格垄断立法模式探究．西南交通大学学报（社会科学版）．2020（06）：130－139.

[4386] 伍富坤．滥用相对优势地位的《反垄断法》调整．西南交通大学学报（社会科学版）．2020（03）：132－141.

[4387] 江会芬，吉翔．市场分割条件下的金融市场利率传导——基于短期和中期两路径并存视角．西南金融．2020（08）：23－32.

[4388] 唐峰．金融科技应用中金融消费者保护的现实挑战与制度回应．西南金融．2020（11）：64－75.

[4389] 索朗杰措．缓解贫困视域下生态补偿机制的研究——基于国内外的分析．西南金融．2020（07）：47－55.

[4390] 朱小川．我国金融市场基础设施管理：现状、难点和立法路径．西南金融．2020（04）：12－21.

[4391] 马妍妍，俞毛毛．绿色信贷能够降低企业污染排放么？——基于双重差分模型的实证检验．西南民族大学学报（人文社科版）．2020（08）：116－127.

[4392] 安孟，张诚．环境规制是否加剧了工资扭曲．西南民族大学学报（人文社会科学版）．2020（07）：118－128.

[4393] 汪平，周行．环境规制与股权资本成本——基于企业行为中介效应的分析．西南民族大学学报（人文社科版）．2020（06）：131－142.

[4394] 何春，刘荣增．中国环境规制与城镇减贫效应研究．西南民族大学学报（人文社科版）．2020（04）：111－119.

[4395] 顾剑华，占迎，李梦．中国区域间产业转移的全要素碳排放效率动态效应研究．西南师范大学学报（自然科学版）．2020（11）：40－47.

[4396] 曾哲，李轩．论行政处罚风险规制功能的补强．西南石油大学学报（社会科学版）．2020（05）：69－76.

[4397] 李胜利，臧阿月．药品专利反向支付协议的反垄断规制．西南石油大学学报（社会科学版）．2020（05）：51－61.

[4398] 袁泉．农村集体经济组织之破产适用．西南石油大学学报（社会科学版）．2020（02）：36－42.

[4399] 郭水文．论企业并购后的整合策略．西南石油大学学报（社会科学版）．2020（06）：21－27.

[4400] 梅传强，曾婕．私人数字货币犯罪刑法规制研究．西南政法大学学报．2020（06）：109－121.

[4401] 苏桑妮．从数据载体到数据信息：数据安全法益本位之回归．西南政法大学学报．2020（06）：97－108.

[4402] 汪世虎，陈素华．金融科技视野下中小证券投资者权益保护法律机制研究．西南政法大学学报．2020（03）：117－128.

[4403] 李瑞琴．市场化进程提升了环境规制的有效性吗？——基于绿色技术创新视角的"波特假说"再检验．西南政法大学学报．2020（02）：125－139.

[4404] 赵天宇．网络服务合同中不平等条款的类型及其法律规制——以虚拟财产权的保护为视角．西南政法大学学报．2020（02）：37－49.

[4405] 李文姝．放松管制抑或行政恣意——选择性执法规制的初步观察．西南政法大学学报．2020（01）：19－26.

[4406] 廖建凯．"大数据杀熟"法律规制的困境与出路——从消费者的权利保护到经营者算

法权力治理．西南政法大学学报．2020（01）：70－82.

［4407］孙莹．人工智能算法规制的原理与方法．西南政法大学学报．2020（01）：83－95.

［4408］胡威．强监管背景下助贷企业经营策略研究．戏剧之家．2020（12）：214－216.

［4409］王宇奇，万文天．绿色发展导向下的区域环境规制决策模型．系统工程．2020（01）：14－25.

［4410］肖忠东，曹全垚，郎庆喜，舒文俊，李洁琳．环境规制下的地方政府与工业共生链上下游企业间三方演化博弈和实证分析．系统工程．2020（01）：1－13.

［4411］周鸿卫，李红娟．基于 Stackelberg 博弈的金融联结合约设计．系统工程．2020（05）：125－133.

［4412］于迪，宋力．主并企业合作并购的微分博弈策略．系统工程．2020（05）：75－83.

［4413］王芳，郭雷．人机融合社会中的系统调控．系统工程理论与实践．2020（08）：1935－1944.

［4414］汪明月，李颖明，管开轩．政府市场规制对企业绿色技术创新决策与绩效的影响．系统工程理论与实践．2020（05）：1158－1177.

［4415］汪明月，李颖明，史文强，郝亮，全水萍．不同环境规制下企业废旧产品回收的动态决策研究．系统工程理论与实践．2020（01）：103－118.

［4416］彭可，吴震，唐积强，郭海凤．P2P 网络借贷市场最优结构状态与监管模式研究——基于不同监管阶段的演化博弈分析．系统工程理论与实践．2020（09）：2327－2338.

［4417］张奇，李曜明，唐岩岩，高原，刘伯瑜．新能源汽车“双积分”政策对生产商策略与社会福利影响研究．系统工程理论与实践．2020（01）：150－169.

［4418］宫晓婷，迟国泰，赵志冲．防船东欺诈的运费价差合约拍卖模型研究．系统工程学报．2020（03）：354－364.

［4419］周香芸，田益祥．经济周期分离下评级机构串谋激励约束机制研究．系统工程学报．2020（02）：210－221.

［4420］周香芸，田益祥．基于 Markov－评级选购双声誉模型的评级机构串谋激励约束机制．系统管理学报．2020（05）：905－914.

［4421］黄顺武，贾捷．非自主歧视配售规则与投资者报价决策．系统管理学报．2020（02）：231－239.

［4422］覃梦，罗美玲，李刚，余诗含．基于 LBS 的移动定向优惠券策略．系统管理学报．2020（02）：282－293.

［4423］翟育明，王震，殷蒙蒙，王春华．基于定性比较分析的企业跨国技术并购模式与绩效．系统管理学报．2020（04）：676－683.

［4424］盛鹏飞，魏豪豪．环境规制与中国工业部门的全球价值链提升——基于“波特假说”的再检验．现代财经（天津财经大学学报）．2020（07）：85－98.

［4425］赵欣，杨世忠，侯德帅．政府补贴与并购商誉：政策预期与现实悖论．现代财经（天津财经大学学报）．2020（03）：99－113.

［4426］张莹，陈艳．CEO 声誉与企业并购溢价研究．现代财经（天津财经大学学报）．2020（04）：64－81.

［4427］马勇，王满，彭博．非国有股东委派董事对国企并购绩效的影响研究．现代财经（天津财经大学学报）．2020（05）：20－40.

［4428］刘昕，潘爱玲．跨所有制并购能否抑制民营企业的避税行为？．现代财经（天津财经大学学报）．2020（10）：65－79.

［4429］曾江洪，曾琪姗，黄向荣．市场错误定价、支付方式与并购商誉——基于成长性的调

节作用．现代财经（天津财经大学学报）. 2020（11）：79－97.

［4430］郭修远．论政府监管和公众网络舆论对生态环境的影响——基于中国省级面板数据检验．现代传播（中国传媒大学学报）. 2020（09）：151－157.

［4431］陈清，吴联俊．规制俘虏理论视角中的网红经济发展路径及对策．现代传播（中国传媒大学学报）. 2020（08）：129－132.

［4432］张文祥，杨林．新闻聚合平台的算法规制与隐私保护．现代传播（中国传媒大学学报）. 2020（04）：140－144.

［4433］马澈．隐私、言论与平台规制——基于扎克伯格听证会的议题分析与思考．现代传播（中国传媒大学学报）. 2020（01）：29－33.

［4434］黄玉波，杨金莲．美国信息流广告的规制框架及其借鉴意义．现代传播（中国传媒大学学报）. 2020（01）：133－137.

［4435］梅楠，戴超．传媒企业并购行为及商誉对绩效的影响．现代传播（中国传媒大学学报）. 2020（06）：136－140.

［4436］李政亮．电影技术与文本、美学、市场的壁垒与融合．现代电影技术．2020（07）：21－26.

［4437］张晓君．数据主权规则建设的模式与借鉴——兼论中国数据主权的规则构建．现代法学．2020（06）：136－149.

［4438］陈耿华．我国竞争法竞争观的理论反思与制度调适——以屏蔽视频广告案为例．现代法学．2020（06）：165－179.

［4439］赵吟．开放银行模式下个人数据共享的法律规制．现代法学．2020（03）：138－150.

［4440］王晓晔．论电商平台“二选一”行为的法律规制．现代法学．2020（03）：151－165.

［4441］郑佳宁．电子商务平台经营者的私法规制．现代法学．2020（03）：166－179.

［4442］赵磊．区块链技术的算法规制．现代法学．2020（02）：108－120.

［4443］郭富青．我国企业住所与经营场所分离与分制改革的法律探析．现代法学．2020（02）：145－156.

［4444］唐林垚．人工智能时代的算法规制：责任分层与义务合规．现代法学．2020（01）：194－209.

［4445］解正山．算法决策规制——以算法“解释权”为中心．现代法学．2020（01）：179－193.

［4446］唐士亚．信息视角下的互联网金融规制工具原理——一个信息工具的分析框架．现代法治研究．2020（04）：10－18.

［4447］蒋鹏祥，叶秀．后真相时代的“算法”规训研究——以“非现实性冲突”为切入点．现代法治研究．2020（04）：26－34.

［4448］王威智．论“第三姓”的法律规制及实现路径．现代法治研究．2020（03）：55－67.

［4449］乌尔里克·卡蓬，姜孝贤．经由法治的透明运用实现善治．现代法治研究．2020（03）：111－118.

［4450］乌尔里克·卡蓬，姜孝贤．论善治．现代法治研究．2020（01）：83－93.

［4451］王蕙心．被“主宰”的网络言论市场——以对自动化“水军”的多元规制视角切入．现代法治研究．2020（01）：70－82.

［4452］马忠民，季爱萍．环境规制视角下促进企业低碳投资决策行为研究．现代工业经济和信息化．2020（09）：6－8.

［4453］赵志春，苏墨，牛颐媛．金融制度与金融产品创新关系的实证研究．现代工业经济和信息化．2020（07）：24－26.

［4454］时昊苏．前沿药品定价机制分类研究及我国进口药品定价机制改革建议．现代管理科学．2020（01）：106－108.

［4455］韩立余．适应国际法规则的中国国有企业改革．现代国企研究．2020（Z1）：100－103.

［4456］徐华旭．“并购王”的重组共识．现代国企研究．2020（03）：82－83.

［4457］史爱苹．山能兖矿：两家世界500强企业的强强联合．现代国企研究．2020（08）：76－79.

［4458］韩德民，汪子辰．App过度收集与使用个人信息的法律规制问题研究．现代交际．2020（13）：84－85.

［4459］吕振云．多维视角的教师惩戒权的规制与问责研究．现代交际．2020（13）：157－158.

［4460］孔杏如，刘秋悦．网络服务合同格式条款的提示义务之法律探究．现代交际．2020（11）：59－60.

［4461］吕美晔，成鑫钰．并购行为对上市企业技术创新绩效的影响研究．现代金融．2020（06）：7－11.

［4462］廖直东，姚凤民．市场分割会阻碍工业部门技术进步模式转型吗．现代经济探讨．2020（07）：108－116.

［4463］周经，黄凯．市场分割是否影响了OFDI逆向技术溢出的创新效应？．现代经济探讨．2020（06）：70－77.

［4464］应梵，翟云岭．网络平台用工关系中的合同性质认定研究．现代经济探讨．2020（12）：126－132.

［4465］李思慧，徐保昌．环境规制与技术创新——来自中国地级市层面的经验证据．现代经济探讨．2020（11）：31－40.

［4466］乔美华．环境信息披露与经济高质量发展．现代经济探讨．2020（07）：44－50.

［4467］巩灿娟，张晓青．中国区域间环境规制对绿色经济效率的空间效应及其分解．现代经济探讨．2020（04）：41－47.

［4468］宁金辉．公众环境诉求促进了企业创新吗．现代经济探讨．2020（04）：75－83.

［4469］肖权，赵路．异质性环境规制、FDI与中国绿色技术创新效率．现代经济探讨．2020（04）：29－40.

［4470］王雅莉，朱金鹤．地方政府间多维竞争对城市污染的影响研究．现代经济探讨．2020（04）：48－58.

［4471］侯林岐，张杰．多维政绩考核、地方政府竞争与城市生产效率损失．现代经济探讨．2020（01）：19－28.

［4472］任超．大数据反垄断法干预的理论证成与路径选择．现代经济探讨．2020（04）：123－132.

［4473］邹辉鸿，张镱洋，李爽．“大数据价格歧视”现象的合规性探究．现代经济信息．2020（02）：147－148.

［4474］龚文波．公司股权并购投资过程的风险探讨．现代经济信息．2020（07）：18－19.

［4475］霍志明．企业并购中会计问题的探讨．现代经济信息．2020（09）：89－90.

［4476］马雯．我国商业银行并购财务顾问业务研究．现代经济信息．2020（09）：125－126.

［4477］傅丽梅．华谊兄弟高溢价并购的经济后果研究．现代经济信息．2020（12）：144－145.

［4478］陈可意．网约车行业监管的法律问题研究．现代经济信息．2020（13）：142－143.

［4479］王杉杉．国资委角色冲突背景下的政府投资监管法律制度研究．现代经济信息．2020（11）：141－143.

［4480］陈苗芳．基于监管视角下人身保险的思考．现代经济信息．2020（11）：166－167.

［4481］张芬．美英日资产证券化监管模式对我国的启发．现代经济信息．2020（09）：121－123.

［4482］曹杨，于芷若．我国农药上市公司并购重组对财务绩效的影响研究．现代农药．2020（05）：9－14.

［4483］郑古月．强化土地流转监管　确保农民切身利益．现代农业．2020（05）：92－93.

［4484］开琛．乡村振兴背景下农业科技创新地方立法保护探析．现代农业科技．2020（02）：225－227.

［4485］唐敏．“三品一标”监管存在的问题及对策．现代农业科技．2020（15）：234.

［4486］陶杰，麦景郁．农产品质量检测监管存在的问题及对策．现代农业科技．2020（02）：212－215.

［4487］王鹏超．浅谈食用农产品监管面临的挑战．现代农业研究．2020（02）：131－132.

［4488］纪志林．“互联网＋”时代产业经济发展策略．现代企业．2020（06）：80－81.

［4489］冯钦馨．电子商务平台内经营者售后服务的法律规制．现代企业．2020（02）：124－125.

［4490］黄奎聪．论对技术贸易中限制性条款的法律规制．现代企业．2020（01）：92－93.

［4491］莫舒程．我国银行业垄断行为的法律规制．现代企业．2020（01）：98－99.

［4492］滕云啸，王岩洲．市场竞争中算法合谋的反垄断规制．现代企业．2020（11）：112－113.

［4493］吴晛莉．大型企业之间并购失败的动因探究．现代企业．2020（01）：40－41.

［4494］朱雪妍，章雁．基于平衡计分卡的医疗企业并购绩效评价——以美年健康并购慈铭体检为例．现代企业．2020（01）：69－70.

［4495］杜娟．产业结构改革与并购风险综述．现代企业．2020（02）：79－80.

［4496］张英杰．企业并购风险及控制研究．现代企业．2020（04）：47－48.

［4497］于渝．中泰化学并购业绩承诺的效应分析．现代企业．2020（05）：32－33.

［4498］苟清霞．XY股份并购MR宇航案例分析．现代企业．2020（06）：56－57.

［4499］蔡亚妮．美的集团跨国并购德国库卡案例研究与借鉴．现代企业．2020（08）：38－39.

［4500］李星辰．国企改革背景下的国有企业投资并购对策．现代企业．2020（10）：54－55.

［4501］覃爽．搜索引擎企业不正当竞争问题中相关市场的界定．现代企业．2020（02）：65－66.

［4502］曲薪池，侯贵生．基于三方演化博弈的平台信息安全治理研究．现代情报．2020（07）：114－125.

［4503］宁译萱，尹勇，李琼．基于空间杜宾模型的中国省际雾霾污染影响因素分析．现代商贸工业．2020（26）：44－46.

［4504］裴倩倩．环境规制与技术进步对绿色大巴采用影响研究．现代商贸工业．2020（22）：125－128.

［4505］朱晔．混合所有制改革在推动国有企业投资效率提升中的作用探究．现代商贸工业．2020（15）：134.

［4506］王子茹．互联网金融时代“校园贷”规制路径探析．现代商贸工业．2020（12）：135－136.

［4507］彭朝阳．互联网个人求助法律规制路径探析．现代商贸工业．2020（08）：156－157.

［4508］谭龙剑，张玲宵．我国负面清单制度的法律探析．现代商贸工业．2020（04）：148－150.

［4509］李智荣，李嘉．公平竞争审查制度对行政垄断的规制研究．现代商贸工业．2020

(06)：138－140.

［4510］沈嘉琦．我国巨灾风险证券化触发条款的法律性质分析．现代商贸工业.2020（01)：140－142.

［4511］曾筱璐，严超，胡雅宇，邱爱民．全面开放背景下金融风险及法律规制研究．现代商贸工业.2020（01)：147－148.

［4512］李双双．券商在公司治理中的角色：合谋或是监督——以ST康美为例．现代商贸工业.2020（22)：102－104.

［4513］黄恩，李茁岚．食品上市公司并购绩效研究——以H公司为例．现代商贸工业.2020（05)：67－69.

［4514］胡广宁，傅颀．鞋服行业企业并购的协同效应分析——以贵人鸟企业并购杰之行为例．现代商贸工业.2020（05)：69－72.

［4515］刘鹏．基于多案例的跨界并购、社会责任和企业绩效研究．现代商贸工业.2020（04)：99－101.

［4516］张嘉慧，马佳丽，黄嫦娇．电子商务行业企业并购的财务风险研究——以阿里巴巴企业为例．现代商贸工业.2020（06)：109－110.

［4517］刘琪．企业并购对会计信息的需求与供给探析．现代商贸工业.2020（12)：90.

［4518］严新亚，王忠吉．企业并购绩效研究方法综述．现代商贸工业.2020（12)：93.

［4519］丁鑫星，傅颀．跨行业并购对赌协议防范商誉减值风险研究——以华谊兄弟并购银汉科技为例．现代商贸工业.2020（14)：86－89.

［4520］张维康．国有企业并购的动因及协同效应分析——以宝钢并购武钢为例．现代商贸工业.2020（20)：132－134.

［4521］王俊飞．中国电商企业跨境并购策略研究．现代商贸工业.2020（20)：18－19.

［4522］辛桐．企校联合学徒制培养模式下美容企业获益探析．现代商贸工业.2020（24)：79－80.

［4523］张志芳．上市公司视角下企业并购动因及绩效影响因素分析．现代商贸工业.2020（23)：103－104.

［4524］王淳祥．投资银行与企业兼并探讨．现代商贸工业.2020（24)：127－128.

［4525］高凯旋．以浦发银行并购上海信托为例分析并购协同效应．现代商贸工业.2020（32)：111－112.

［4526］李公科．燃气项目并购法律尽职调查中的评价与解释方法．现代商贸工业.2020（34)：110－112.

［4527］王克武，丁莫愁．新形势下卷烟市场监管的完善与创新．现代商贸工业.2020（27)：56－57.

［4528］王志平，陈姗姗．劳动力市场分割与明瑟收益率研究．现代商业.2020（36)：106－110.

［4529］普蔚．旅游零负团费模式产生原因及治理对策．现代商业.2020（24)：5－6.

［4530］王昱崴，王高展，汪志杰．我国同业拆借市场内部联动关系研究．现代商业.2020（22)：96－97.

［4531］房安庆．时空视角下环境规制对技术创新的影响研究．现代商业.2020（34)：23－25.

［4532］席琳，张美琳．分享经济下对分享网络平台的规制探析．现代商业.2020（32)：27－28.

［4533］章子怡．刍议政府产业规制的行为属性与其决策交易成本的可能性关联．现代商业.2020（29)：47－49.

［4534］刘琼，万国海．初探微信电子商务营销的衍生困境与市场规制．现代商业.2020

(22)：20 – 21.

[4535] 冯佳琪．浅析食品安全风险与法律规制．现代商业．2020（02）：22 – 23.

[4536] 杨穗豪．大数据“杀熟”的法律问题研究．现代商业．2020（27）：42 – 44.

[4537] 叶佳，章磊．基于监管导向的审计质量博弈分析．现代商业．2020（21）：190 – 192.

[4538] 魏庆庆，葛力．我国政府价格歧视管制问题研究．现代商业．2020（08）：13 – 14.

[4539] 傅波，欧军．浅析并购风险及防范措施——基于特发信息并购案例．现代商业．2020（01）：138 – 139.

[4540] 王恒玉，路畅．企业兼并的动机及其效应研究动态．现代商业．2020（02）：94 – 95.

[4541] 赵京春．HCB公司跨国并购会计问题研究．现代商业．2020（03）：30 – 31.

[4542] 刘典，姚雨非，刘意涵，赵晴飞，张蒙．多维度并购经验学习对并购绩效的影响效应——基于我国上市公司并购事件实证研究．现代商业．2020（04）：20 – 24.

[4543] 原丽娜．企业并购的财务风险管理研究——以锦江国际并购法国卢浮为例．现代商业．2020（05）：184 – 186.

[4544] 张舟，黄宇．电力企业海外并购思考——基于N公司并购P公司的案例研究．现代商业．2020（10）：92 – 93.

[4545] 唐龙，丁丽萍．企业并购财务风险问题研究．现代商业．2020（10）：189 – 190.

[4546] 雷彩云．联想跨国并购摩托罗拉移动案例研究．现代商业．2020（11）：20 – 21.

[4547] 王莹莹．国有上市公司混合所有制下并购企业财务融合途径探讨．现代商业．2020（11）：143 – 144.

[4548] 谢争珍．传统企业并购互联网企业的财务风险探析．现代商业．2020（11）：96 – 98.

[4549] 臧维，赵联东，安芮．代工企业海外并购目标选择与绩效——基于双元能力的调节作用．现代商业．2020（11）：153 – 155.

[4550] 梁神妹．关于上市公司并购中尽职调查的研究．现代商业．2020（12）：135 – 136.

[4551] 陶蕴彬．企业并购财务风险分析与防范——以医疗器械企业为例．现代商业．2020（17）：169 – 170.

[4552] 吴庭威．浅议并购中小企业过程中如何做好财务风险分析及防范．现代商业．2020（18）：183 – 184.

[4553] 吴之星．关于企业并购重组中的税务筹划的分析．现代商业．2020（20）：157 – 158.

[4554] 李卓．我国上市煤炭企业并购对财务绩效影响研究．现代商业．2020（23）：140 – 141.

[4555] 徐建波．浅谈企业并购重组后的集团财务管控．现代商业．2020（24）：158 – 159.

[4556] 陈云杰．上市公司并购商誉高估值的风险管控．现代商业．2020（25）：142 – 143.

[4557] 高国宏．探究证监会反馈意见是否构成并购审核结果的事前信号．现代商业．2020（28）：75 – 81.

[4558] 王书森．企业并购中融资风险分析．现代商业．2020（30）：80 – 81.

[4559] 麻文婉．美的集团并购库卡财务风险控制研究．现代商业．2020（31）：138 – 140.

[4560] 王月丹．企业并购中的财务风险及管控探析．现代商业．2020（33）：187 – 188.

[4561] 梁惠雅，张艺莹．我国家电业跨境并购的创造价值探讨——以海尔的并购发展为案例．现代商业．2020（35）：94 – 98.

[4562] 陈晓丽．强化问责和责任：金融领域人工智能发展的监管对策．现代商业．2020（35）：73 – 75.

[4563] 王闻雁．从数字货币看货币发展．现代商业．2020（33）：67 – 69.

[4564] 王宏道，颜坤林．金融科技监管模式探析．现代商业．2020（14）：145 – 146.

[4565] 胡玲，李燕伟．中小城市公共自行车发展对策研究——以临河区为例．现代商业．2020

(11): 57 - 58.

[4566] 方敏. 对资管产品非标投资业务监管的思考. 现代商业. 2020 (01): 98 - 99.

[4567] 曾小康, 张欢. 行业垄断对社会福利净损失的影响——以电信行业为例. 现代商业. 2020 (08): 30 - 31.

[4568] 徐梓晗, 任学文, 吴昀萱. 基于 HY 公司并购风险的研究. 现代审计与会计. 2020 (08): 24 - 25.

[4569] 姜博. 保险公司发展及银行人关注的主要风险点. 现代审计与会计. 2020 (07): 41 - 42.

[4570] 姜紫萱. 外卖食品安全问责机制的法律规制探究. 现代食品. 2020 (08): 132 - 135.

[4571] 刘欢. 2019 年上半年与 2020 年上半年陕西省食品监督抽检情况对比. 现代食品. 2020 (21): 222 - 224.

[4572] 吴昊欣. 我国食品质量安全现状及质量监管对策探析. 现代食品. 2020 (20): 156 - 157.

[4573] 陶丽娜. 网络订餐食品安全监管问题及对策研究. 现代食品. 2020 (19): 144 - 146.

[4574] 范翔羽. 食品监管 "互联网 +" 模式探索. 现代食品. 2020 (16): 141 - 143.

[4575] 吴曙霞, 金竹, 祝聪聪, 陈芝晨. 第三方检测机构食用农产品抽检重点难点分析. 现代食品. 2020 (12): 205 - 207.

[4576] 陈雪琴. 从保健食品市场现状探讨监管对策. 现代食品. 2020 (11): 225 - 228.

[4577] 李立军. 基于供应链管理视角下的食品安全问题研究. 现代食品. 2020 (08): 150 - 152.

[4578] 刘欢. 2019 年四川省食品监督抽检情况分析. 现代食品. 2020 (08): 153 - 155.

[4579] 沈俪娜. 标准化在生产加工领域食品安全监管过程中的作用探究. 现代食品. 2020 (07): 147 - 149.

[4580] 陶清源. 我国食品安全监管存在问题探析. 现代食品. 2020 (07): 150 - 152.

[4581] 陈丰瑞. 城市街边小餐饮食品安全管理的建议与对策. 现代食品. 2020 (06): 113 - 115.

[4582] 刘欢. 2018—2020 年全国春节期间食品专项抽检情况分析. 现代食品. 2020 (04): 135 - 137.

[4583] 孙燕华, 谢薇, 郑建萍. 高校食堂社会化服务监管体系构建研究——以云南艺术学院为例. 现代食品. 2020 (04): 36 - 38.

[4584] 王永权, 黄月琴. 完善我国保健食品监管的有效对策探讨. 现代食品. 2020 (03): 22 - 23.

[4585] 章瑜, 肖聪伟, 钟国豪, 徐娜娜, 匡佩琳. 保健食品经营监督检查现状与监管对策研究. 现代食品. 2020 (03): 49 - 52.

[4586] 荆祎, 傅雷, 顾小花. 基于食品营养与食品安全监管并重的应用分析. 现代食品. 2020 (02): 124 - 125.

[4587] 钟晨滑. 我国食品添加剂生产、监管及应用中存在的问题及分析. 现代食品. 2020 (01): 15 - 17.

[4588] 程磊. 2019 年广播电视新闻事业与新闻舆论工作回顾. 现代视听. 2020 (01): 5 - 11.

[4589] 奥美凯并购 Controlled Polymers, 进一步扩大全球业务范围. 现代塑料. 2020 (05): 8.

[4590] 黄继朝. 美国对战后 "日台条约" 签订的干预: 双向规制. 现代台湾研究. 2020 (03): 61 - 67.

[4591] 袁旭. 从物业并购看未来物业服务业发展逻辑. 现代物业 (中旬刊). 2020 (05): 12 - 13.

[4592] 刘杨．“院校＋建筑类企业”联合培养住房城乡建设领域施工现场专业人员初探．现代物业（中旬刊）. 2020（07）：182－183.

[4593] 彭琳．互联网经济下平台型就业风险规制．现代盐化工. 2020（01）：94－95.

[4594] 丁宣宣．雷柏科技并购乐汇天下商誉减值研究．现代盐化工. 2020（03）：125－126.

[4595] 庞丹，刘思潮．我国区块链在金融领域的法律监管问题研究．现代营销（经营版）. 2020（06）：154－156.

[4596] 刘思潮，庞丹．电子商务环境下不正当竞争的法律规制．现代营销（经营版）. 2020（06）：160－162.

[4597] 崔景隆，贾占英．中华老字号企业商业秘密保护的法律研究．现代营销（经营版）. 2020（06）：163－165.

[4598] 郭嘉欣．浅析企业并购重组的合理避税．现代营销（经营版）. 2020（02）：200.

[4599] 余昕．跨国并购绩效研究．现代营销（经营版）. 2020（09）：206－207.

[4600] 冀强强．地方政府债务风险监管研究．现代营销（经营版）. 2020（10）：38－39.

[4601] 罗昕．注册制改革下我国资本市场监管策略分析——基于瑞幸财务造假案例．现代营销（经营版）. 2020（10）：222－223.

[4602] 许健．关于农村文化市场监管现状分析及其对策探讨．现代营销（经营版）. 2020（02）：33.

[4603] 张萌．“相互宝”的法律属性与监管研究．现代营销（经营版）. 2020（01）：72.

[4604] 苏尚彬．新能源汽车市场产能过剩危机的成因与对策研究．现代营销（下旬刊）. 2020（10）：104－105.

[4605] 谢玥．“一带一路”背景下我国对外金融投资风险与对策．现代营销（下旬刊）. 2020（05）：6－7.

[4606] 陈显龙．经济法视阈下分享经济规制问题．现代营销（下旬刊）. 2020（10）：250－251.

[4607] 刘雅琼，姜天赐．农村金融助推乡村建设研究．现代营销（下旬刊）. 2020（09）：18－19.

[4608] 周玉华．企业资本运作中的税法规制研究．现代营销（下旬刊）. 2020（07）：202－203.

[4609] 池蕾．我国快递丢失与损毁赔偿问题研究．现代营销（下旬刊）. 2020（02）：255－256.

[4610] 白思宇，李燕玉．我国垄断石油公司的竞争对石油产业市场结构的影响．现代营销（下旬刊）. 2020（10）：102－103.

[4611] 成源．芯片市场的垄断与反垄断．现代营销（下旬刊）. 2020（10）：100－101.

[4612] 袁强．试论大数据营销存在的失范问题．现代营销（下旬刊）. 2020（01）：69－70.

[4613] 张超．浅析化工企业并购重组的整合与管控．现代营销（下旬刊）. 2020（01）：156－157.

[4614] 郭彬．现代企业并购中的财务风险及防范．现代营销（下旬刊）. 2020（01）：235－236.

[4615] 张羽佳．试论基于新常态下的企业并购会计方面问题．现代营销（下旬刊）. 2020（01）：238－239.

[4616] 梁慧强．论企业跨境并购的财务风险问题．现代营销（下旬刊）. 2020（02）：52－53.

[4617] 李珠苹．企业并购视阈下的会计问题略谈．现代营销（下旬刊）. 2020（02）：54－55.

[4618] 韩旺，何泽海，何育聪．企业并购绩效及影响因素文献综述．现代营销（下旬刊）. 2020

(04)：50－51.

[4619] 谢鹰．企业并购中的商誉问题研究．现代营销（下旬刊）.2020（04）：52－53.

[4620] 刘何影．新常态下企业并购会计方面问题探究．现代营销（下旬刊）.2020（04）：54－55.

[4621] 孟鹏．企业并购过程中的税收筹划探讨．现代营销（下旬刊）.2020（04）：55－56.

[4622] 洪迪群．上市公司并购活动中业绩承诺问题研究．现代营销（下旬刊）.2020（05）：44－45.

[4623] 张丽蕊．新零售业态下企业并购的动因及效果研究——以苏宁易购并购家乐福中国为例．现代营销（下旬刊）.2020（08）：128－129.

[4624] 王静．矿业并购中的财务风险及防控策略．现代营销（下旬刊）.2020（09）：248－249.

[4625] 秦丽媛，陈漫雪．股权结构对并购绩效影响的文献综述．现代营销（下旬刊）.2020（09）：108－109.

[4626] 嵇凤珠，张昊．制造企业并购后的会计信息系统整合探究．现代营销（下旬刊）.2020（10）：234－235.

[4627] 肖滨江．并购重组中的控制权选择及其对企业战略的影响．现代营销（下旬刊）.2020（10）：24－25.

[4628] 邱佩宁．新常态下企业并购会计方面问题探究．现代营销（下旬刊）.2020（11）：214－215.

[4629] 倪朝彦．哈佛分析框架下均胜集团并购的财务绩效分析．现代营销（下旬刊）.2020（12）：230－231.

[4630] 陶龙飞．轻资产公司并购产生的商誉问题分析．现代营销（下旬刊）.2020（12）：48－49.

[4631] 曹云．新常态背景下企业并购会计方面问题分析．现代营销（下旬刊）.2020（12）：228－229.

[4632] 雷灿钧，王颖，沙亚·巩力杰，王文海，谭婷婷，张可馨．对网约顺风车运营监管问题的研究．现代营销（下旬刊）.2020（11）：160－161.

[4633] 张帅康，孙婧，徐婧媛，吴雨彤．社交电商监管机制优化问题研究．现代营销（下旬刊）.2020（06）：200－201.

[4634] 程世伟．浅谈影子银行对我国货币政策的影响．现代营销（下旬刊）.2020（01）：34－35.

[4635] 李楠兰．企业金融经济效益及其风险防范策略研究．现代营销（信息版）.2020（01）：18－19.

[4636] 顾生兵．JL公司海外并购整合阶段的财务风险控制研究．现代营销（信息版）.2020（01）：16－17.

[4637] 高旭．企业并购中的财务风险分析与防范措施．现代营销（信息版）.2020（01）：11.

[4638] 杨尚林．论资产评估在上市公司并购重组中的作用．现代营销（信息版）.2020（02）：20.

[4639] 赵小男．新常态下企业并购会计方面问题分析．现代营销（信息版）.2020（02）：26.

[4640] 张青．A企业并购动因及财务绩效分析．现代营销（信息版）.2020（05）：20－21.

[4641] 王天尧．日本企业跨国并购的经验启示．现代营销（信息版）.2020（05）：224－225.

[4642] 善文．晚清翻译家严复故居．现代中文学刊.2020（02）：122.

[4643] 福斯特建筑事务所为深圳设计模块化公寓．现代装饰.2020（04）：189.

[4644] 周丽丽，左振超．我国农村生态环境治理中社区参与机制完善路径．乡村科技．2020（20）：33－34.

[4645] 姜志忠．卓尼县农产品质量安全监管工作措施．乡村科技．2020（09）：28－29.

[4646] 叶树文．松材线虫病预防存在的问题及对策．乡村科技．2020（05）：70－71.

[4647] 杨雪艳．我国农田水利工程建设存在的问题及对策．乡村科技．2020（03）：123－124.

[4648] 黄湘鹭，刘敏，邢书霞，孙磊．全球化妆品法规中祛斑美白类产品的相关规定．香料香精化妆品．2020（06）：91－96.

[4649] 李燕，资树荣．农地产权结构、农地经营规模与农业环境效率．湘潭大学学报（哲学社会科学版）．2020（02）：56－61.

[4650] 段泽孝．调控与助推：政策变迁中的利益兼顾及其路径选择——以城镇小区配套幼儿园移交政策为例．湘潭大学学报（哲学社会科学版）．2020（06）：46－52.

[4651] 彭文斌，尹勇．环境规制、绿色创新与空间效应——基于281个地级市面板数据的实证研究．湘潭大学学报（哲学社会科学版）．2020（05）：86－91.

[4652] 付丽娜，贺灵．环境规制对工业绿色创新的影响及其空间异质性研究．湘潭大学学报（哲学社会科学版）．2020（05）：92－97.

[4653] 陈杰，付宏渊．工程项目招投标多利益主体合谋行为倾向影响因素研究．湘潭大学学报（哲学社会科学版）．2020（03）：43－51.

[4654] 周金娥．医院建设工程委托审计合谋分析及治理路径研究．项目管理技术．2020（08）：70－73.

[4655] 吴智磊．基于演化博弈理论的工程咨询单位与承包商合谋治理研究．项目管理技术．2020（03）：15－19.

[4656] 陈力．论消防责任事故法律规制的缺陷与完善．消防界（电子版）．2020（22）：81－82.

[4657] 王洋，张鹏．新形势下消防监管“双随机、一公开”模式探讨．消防界（电子版）．2020（18）：63－64.

[4658] 陈伟，臧路路．基于《电商法》建立消防监管网络平台的研究．消防界（电子版）．2020（15）：71－72.

[4659] 张锦旭．消防安全重点单位监管的重点和难点．消防界（电子版）．2020（13）：88－89.

[4660] 叶颖．行业单位消防安全标准化管理的思考．消防科学与技术．2020（08）：1174－1177.

[4661] 李瑜敏，蒋艳，董长贵．中国电力交叉补贴：规模测算、需求弹性与福利分析．消费经济．2020（01）：35－45.

[4662] 刘开雄．合同编：建立更具时代性的合同制度．小康．2020（17）：26－27.

[4663] 东升．一家钢铁联合企业的58年．小康．2020（31）：75.

[4664] 张顺，秦静，贾滨，丁倩岚．二冲程园林机械尾气排放在用监管探讨．小型内燃机与车辆技术．2020（05）：62－65.

[4665] 刘艳，段茹，琚名扬．支持密钥隔离的属性代理重加密方案．小型微型计算机系统．2020（03）：598－602.

[4666] 王静静．财务舞弊、合谋性沉默与道德推脱．新会计．2020（05）：19－22.

[4667] 王阔．对赌协议条款设计与分析——基于蓝色光标并购博杰广告案例．新会计．2020（06）：30－34.

[4668] 刘建民，沈金丽．放管服改革、营商环境与企业并购绩效——基于企业家精神的视角．新会计．2020（08）：6－10.

[4669] 杨玉国．杠杆并购在企业扩张中运用——基于双汇并购案例．新会计．2020（12）：37－42.

[4670] 陈秧秧．沙特资本市场信息披露制度及其监管演变．新会计．2020（03）：9－18.

[4671] 潘明明，蔡书凯．R&D 投入与区域技术创新：地区市场分割的门槛效应检验．新疆财经大学学报．2020（03）：27－36.

[4672] 王东，谢珍贞．区块链技术在跨境电商协同发展中的应用路径与法律规制框架．新疆财经大学学报．2020（03）：64－71.

[4673] 富新梅．横向持股的反垄断规制思考．新疆财经大学学报．2020（01）：64－73.

[4674] 陈浩，杨路路．技术进步的经济效益与环境成本弹性变化——基于环境污染变动率的实证分析．新疆农垦经济．2020（04）：74－83.

[4675] 郭玮．网络数据爬取行为的刑法规制研究——以非法获取计算机信息系统数据罪为视角．新疆社会科学．2020（03）：91－97.

[4676] 胡文韬，魏巍，汪苏洋．从伦港交易所并购邀约看全球金融治理．新金融．2020（02）：25－29.

[4677] 储溢泉．并购中的价格锚定：金融创新还是价值掠夺——基于上市公司并购重组的案例分析．新金融．2020（03）：50－55.

[4678] 付雅欣．大数据背景下拒绝交易行为的反垄断规制．新经济．2020（08）：81－85.

[4679] 任天一．美国法视角下 SEP 超高定价行为的法律规制——“错误成本”与法律规制路径选择．新经济．2020（06）：97－102.

[4680] 郑万吉．企业跨国多元化并购动因：理论与实证评述．新经济．2020（09）：30－33.

[4681] 吉洋杉．地理距离对我国企业跨国并购行为是否失去了影响？——基于信息技术发展研究视角．新经济．2020（10）：40－45.

[4682] 殷艳霞．省属企业海外并购的风险识别及应对措施．新经济．2020（10）：64－65.

[4683] 刘洋．建投能源的并购交易被否关键．新理财．2020（04）：24－25.

[4684] Smith Paul. 商誉与企业并购的会计准则．新理财．2020（09）：71－74.

[4685] 王军，杨珂．融合媒体价值网商业模式的构成要素与商业逻辑——以“界面・财联社”为例．新媒体研究．2020（06）：45－47.

[4686] 张玲．新媒体时代消费维权舆情的引导与规制研究．新媒体研究．2020（20）：78－80.

[4687] 陈铭．新媒体环境下 UGC 问题及监管对策探析．新媒体研究．2020（12）：29－32.

[4688] 董志勇，蒋少翔，梁银鹤．非公经济高质量发展的制度障碍及其优化路径．新视野．2020（06）：28－34.

[4689] 向长艳．自媒体言论监管面临的挑战、问题及策略研究．新闻爱好者．2020（02）：48－52.

[4690] 向青平．我国传媒上市公司并购绩效影响因素的实证研究．新闻大学．2020（08）：85－98.

[4691] 周逵，黄典林，董晨宇．国家与市场之间的“调和人”：传媒转型与治理中行业协会的角色功能．新闻与传播研究．2020（12）：40－61.

[4692] 张沐华．从执行的视角论地方政府规制政策的失灵——以江苏响水“3・21”特大化工爆炸事故为例．新西部．2020（09）：60－71.

[4693] 郭振豪．电商平台“二选一”的法律规制．新余学院学报．2020（03）：60－65.

[4694] 袁俊．论人脸识别技术的应用风险及法律规制路径．信息安全研究．2020（12）：1118－1126.

[4695] 陈阳．著作权法下“换脸技术”的法律约束缺位与规制路径．信息安全研究．2020（12）：1109－1117.

[4696] 肖志宏．我国主权数字货币安全风险及法律规制．信息安全研究．2020（12）：1101－

1108.

［4697］何瑾灿．数据权属理论场景主义选择——基于二元论之辩驳．信息安全研究．2020（10）：919－932.

［4698］邱波．滥用爬虫技术的刑事风险与刑法应对．信息安全研究．2020（09）：830－838.

［4699］陈立彤，赵云虎，刘骥，张建民，赵中星．网络爬虫获取数据的商业秘密规制路径研究．信息安全研究．2020（08）：751－758.

［4700］孙娅苹．车联网安全监管策略研究．信息安全与通信保密．2020（02）：106－114.

［4701］冯鹏一．论携号转网行为的私法规制．信息通信技术与政策．2020（01）：12－15.

［4702］李娜，沈岑，牛海鹏．携号转网管理政策体系研究．信息通信技术与政策．2020（01）：9－11.

［4703］解晋．环境规制的能源错配纠正效应研究．信息系统工程．2020（02）：98－99.

［4704］孔得伟．浅析信息获取、大数据“杀熟”与价格歧视．信息系统工程．2020（10）：86－87.

［4705］晁艳锋．新型电子政务基础设施安全监管体系建设研究．信息系统工程．2020（12）：83－84.

［4706］毕海波．探索建立外汇管理微观市场大数据监管平台．信息系统工程．2020（02）：60－61.

［4707］于波雅．刑事视域下智能算法的应用与反思．信息与电脑（理论版）．2020（04）：59－63.

［4708］陶雪芹．互联网企业用户数据抓取行为的法律规制研究．信阳农林学院学报．2020（02）：10－14.

［4709］邵宜添．我国农产品监管研究的可视化知识图谱分析．信阳农林学院学报．2020（03）：89－93.

［4710］张帆．环境规制的技术进步效应及其异质性研究——基于我国 271 个城市面板数据的实证检验．信阳师范学院学报（哲学社会科学版）．2020（01）：60－65.

［4711］蔺辰泽．公司并购对赌协议中参与主体的刑事法律风险分析．信阳师范学院学报（哲学社会科学版）．2020（01）：49－53.

［4712］李新剑，余治国，蒋培．中国企业海外并购合法性获取研究．许昌学院学报．2020（04）：97－101.

［4713］李燕，杨朝越．科创板双层股权结构公司特别表决权的行使限制研究．学海．2020（02）：140－145.

［4714］李玲玲．仲裁司法审查中“违背公共利益”的滥用与规制．学理论．2020（06）：75－77.

［4715］李宏伟．“一带一路”建设中企业海外并购法律风险及其防范．学理论．2020（04）：71－74.

［4716］刘敬东，李青原．论第三方资助国际投资仲裁及其规制．学术交流．2020（12）：68－78.

［4717］李阳阳．妨害监察行为刑法规制的困境及其疏解——基于《监察法》与《刑法》衔接的视角．学术交流．2020（10）：54－64.

［4718］乔大丽．元规制和自我规制视域下的共治型药品安全规制模式研究．学术交流．2020（05）：103－111.

［4719］张瑞萍．环境治理的协同融合和制度设计．学术界．2020（09）：93－101.

［4720］刘志强，宋海超．寻衅滋事罪司法解释“三性”审视．学术界．2020（05）：82－92.

［4721］陈兵．数字经济新业态的竞争法治调整及走向．学术论坛．2020（03）：26－38.

［4722］王权典．我国生态保护红线立法理念及实践路径探讨．学术论坛．2020（05）：25－34.

［4723］蒋巍．恶意数据爬取行为的刑法规制研究．学术论坛．2020（03）：48－54.

［4724］陈兵．法治经济下规制算法运行面临的挑战与响应．学术论坛．2020（01）：11－21.

［4725］石经海，金舟．涉公共卫生突发事件犯罪的刑法规范体系完善——基于从“管理”到“治理”的考察与展望．学术探索．2020（08）：102－111.

［4726］李明超．行政“黑名单”的法律属性及其行为规制．学术研究．2020（05）：73－77.

［4727］陈越峰．风险行政的行为法构造——以重大风险设施选址为参照事项．学术月刊．2020（06）：98－110.

［4728］聂辉华．从政企合谋到政企合作——一个初步的动态政企关系分析框架．学术月刊．2020（06）：44－56.

［4729］聂辉华，林佳妮．中国的问题归根结底都是政治经济学问题——聂辉华教授访谈．学术月刊．2020（06）：179－184.

［4730］曾昭腾，黄新华．基于制度性交易成本的“放管服”改革研究．学习论坛．2020（07）：68－74.

［4731］杨振，韩磊．城乡统一建设用地市场构建：制度困境与变革策略．学习与实践．2020（07）：27－34.

［4732］朱健辰，金俭．注意义务视角下网络空间的法律规制．学习与实践．2020（09）：32－39.

［4733］朱炳成．环境健康风险的公法规制路径．学习与实践．2020（04）：98－106.

［4734］谢富胜，江楠．偏好、不完全信息与权力博弈——劳动力市场歧视形成机制的比较分析．学习与探索．2020（04）：82－89.

［4735］汪亚菲，张春莉．人工智能治理主体的责任体系构建．学习与探索．2020（12）：83－88.

［4736］张闵诏，董玉庭．自动驾驶中危险驾驶行为的刑法应对．学习与探索．2020（12）：89－94.

［4737］杨东，陈哲立．数字资产发行与交易的穿透式分层监管．学习与探索．2020（10）：80－91.

［4738］刘丹鹭，黄志军．可贸易的服务业、市场结构与城市收入分配．学习与探索．2020（05）：98－105.

［4739］王嘉渊．支持性社会组织的平台化趋向：发展局限与路径选择．学习与探索．2020（06）：45－52.

［4740］赵家章，丁国宁．美国对华高技术企业投资并购的安全审查与中国策略选择．亚太经济．2020（01）：71－79.

［4741］马海波．过度医疗：医疗服务管制之殇．延安大学学报（社会科学版）．2020（04）：72－76.

［4742］姜承宏．大数据时代公民个人信息安全的法律保护与检视．延边教育学院学报．2020（04）：57－60.

［4743］殷聪，周于靖．电子商务交易中商家盗图行为的危害、根源及规制措施探析．沿海企业与科技．2020（04）：21－24.

［4744］海怡博．我国上市公司并购重组中资产评估增值率分析．沿海企业与科技．2020（01）：8－15.

［4745］沈曦．企业卡特尔合谋行为检验模型——基于 OPEC 的实证研究（1995—2016）．盐城工学院学报（社会科学版）．2020（01）：37－48.

［4746］王鑫，李秀芳．大数据杀熟的生成逻辑与治理路径——兼论“新熟人社会”的人际失信．燕山大学学报（哲学社会科学版）．2020（02）：57－63.

［4747］霍正刚，徐益，周振国．政府规制下装配式建筑产业发展的演化博弈分析．扬州大学

学报（自然科学版）.2020（05）：1－8.

［4748］李姝婷．兼并收购尽职调查中的财务风险控制．冶金财会.2020（05）：19－23.

［4749］黄卫东．浅谈企业转型发展背景下的保卫团队建设——以南京钢铁联合有限公司保卫部为例．冶金企业文化.2020（04）：45－46.

［4750］马幸荣．地方政府竞争的法律规制研究．伊犁师范学院学报（社会科学版）.2020（02）：73－78.

［4751］方安，王茜，王蕾，杨晨柳．我国患者医疗数据隐私保护制度体系及其现实挑战．医学信息学杂志.2020（05）：11－17.

［4752］崔晓．故意传播艾滋病行为的刑法规制．医学与法学.2020（06）：65－70.

［4753］邱明岸．我国传染病防治失职刑事判决阙如的成因及反思．医学与法学.2020（06）：71－75.

［4754］高露梅．多主体利益视角下健康医疗数据利用及保护的法制优化．医学与法学.2020（06）：53－58.

［4755］黄术．新冠疫情背景下对《商标法》“其他不良影响”条款的理解和运用．医学与法学.2020（05）：8－13.

［4756］陈绍辉．论强制治疗行为的法律规制．医学与法学.2020（04）：25－30.

［4757］刘孟林，刘永强．“关于全面禁食野生动物的决定”之思考与相关法修改建议．医学与法学.2020（03）：20－24.

［4758］陈禹衡，王金雨．有关野生动物类的犯罪之刑法规制研究——基于疫情防控背景下之空白罪状的视角．医学与法学.2020（03）：13－19.

［4759］黄锐，游欣月，蒲清荣．我国中药材监管的问题及其对策．医学与法学.2020（03）：56－58.

［4760］宋晓波．循延迟复工令劳动者相应期间薪酬问题之法律规制．医学与法学.2020（02）：16－19.

［4761］姚山春．基因编辑技术应用的法律及伦理规制探析——以CRISPR/Cas9技术为例．医学与法学.2020（01）：9－15.

［4762］章伟，吴奇飞．卫生体系视角下的中国与印度医疗旅游业比较研究．医学与社会.2020（05）：54－59.

［4763］于慧玲，李玮．非法人体试验的实质化犯罪证成与刑法规制．医学与哲学.2020（22）：57－63.

［4764］李振良．疫病态势下国家健康权力行使的伦理规制．医学与哲学.2020（11）：7－10.

［4765］黄鹏．基因编辑技术临床应用的伦理问题与审查制度规制．医学与哲学.2020（09）：36－40.

［4766］金小慧，项剑铮，金徐徐，俞静．软式内镜临床应用追溯系统的设计与构建．医院管理论坛.2020（07）：75－77.

［4767］唐袁元．新冠肺炎疫情下行政征用之法律规制——以大理市“征用”重庆市口罩为例．宜宾学院学报.2020（07）：25－34.

［4768］张一武．疫情期间涨价型哄抬价格行为的柔性规制研究——以告诫制度的形式化问题为视角．宜宾学院学报.2020（07）：15－24.

［4769］徐放．数据视角下网络爬取行为的刑法学规制．宜春学院学报.2020（11）：51－55.

［4770］李萌．“档案犯罪”刑法规制的局限与重构．宜春学院学报.2020（04）：41－44.

［4771］鲍雨．新业态背景下“关联”劳务派遣用工的行为解构和规制路径探究．宜春学院学报.2020（01）：30－34.

[4772] 张卫民，谢晗．基于地方文化馆免费开放的少数民族非物质文化遗产保护审思——来自芷江侗族自治县的调查研究．艺海．2020（08）：156－157.

[4773] 靳凯飞．张家界地方戏传承和保护现状——以张家界阳戏、慈利汉剧为例．艺海．2020（03）：22－23.

[4774] 马健．文化规制学与中国文化规制改革．艺术管理（中英文）．2020（01）：5－13.

[4775] 许立勇．区域文化"新治理"：京津冀公共文化协同规制路径研究．艺术管理（中英文）．2020（01）：14－20.

[4776] 狄鑫，李瑞娜．地方剧种传承人群保护与培养研究．艺术教育．2020（10）：102－105.

[4777] 张明生．浅析英国脱欧对中资企业赴英投资并购的影响．银行家．2020（05）：95－97.

[4778] 罗思平．美国银行业并购趋势及其启示．银行家．2020（08）：68－71.

[4779] 言午．恩捷股份 云南首富的"寡头式"并购野心．英才．2020（Z4）：60－61.

[4780] 张延陶，姚利磊，丁景芝，顾天娇，陶冶，孙栋，朱志飞．中远海运 并购式进化．英才．2020（Z5）：30.

[4781] 顾天娇．闻泰科技、韦尔股份 百亿并购受难记．英才．2020（Z5）：56－58.

[4782] 林雨晴．以知识产权法为基础的大数据经济法律保护与规制研究．营销界．2020（52）：174－175.

[4783] 高芳．运用现代信息化技术实现公交机务精细化管理的分析．营销界．2020（52）：94－95.

[4784] 刘久菡．强化环境规制推动企业绿色技术创新对策研究．营销界．2020（43）：31－32.

[4785] 陈文彬．民间借贷的法律风险及其规制研究．营销界．2020（33）：36－37.

[4786] 刘蕾．经济法原理在金融法领域中的应用分析．营销界．2020（24）：75－76.

[4787] 刘艳平，赵达．矫正正义视角下的金融消费者保护．营销界．2020（15）：140－141.

[4788] 宋玉池．探析市场监管源起、基本特征及价值取向．营销界．2020（02）：180－181.

[4789] 朱倩．跨行业并购教育类资产动因及效果分析——以K企业为例．营销界．2020（03）：78－79.

[4790] 吴家宜．"蛇吞象"式并购的风险分析——以A公司并购案为例．营销界．2020（03）：76－77.

[4791] 李政洁．我国互联网行业并购现状研究．营销界．2020（04）：52－54.

[4792] 王翊晟．企业并购财务协同分析．营销界．2020（11）：147－148.

[4793] 谭润琳，王子莹，李伟静，侯婉婷，苏雅哲，陈薇．我国家电企业海外并购财务风险评估与风险控制研究．营销界．2020（16）：132－133.

[4794] 樊鑫敏．公司并购重组新支付工具问题研究——以赛腾股份为例．营销界．2020（16）：181－182.

[4795] 张耀文．企业并购中财务风险分析与控制研究——以海尔并购通用电气为例．营销界．2020（19）：30－31.

[4796] 尹卓绝．将TVP－VAR模型应用于系统性金融风险的监测和预警．营销界．2020（51）：185－186.

[4797] 高小民．行政管理经济理性与社会理性的统一．营销界．2020（22）：152－153.

[4798] 王志超．对公共资源实行集中交易与监管的意义与路径探索．营销界．2020（07）：108－109.

[4799] 张天清．试析我国证券市场监管问题与对策．营销界．2020（07）：67－68.

[4800] 封福霖．基于演化博弈的旅游市场监管机制．营销界．2020（02）：172－173.

[4801] 于涛．基于色分法制作立体电视节目的一种简易方式——以Final Cut Pro为例．影视制

作.2020（11）：41－48.

［4802］贾润新.联合包裹持续扩张　助力企业发展.邮政研究.2020（03）：30.

［4803］徐玮.新常态下邮政普遍服务信息化管控探究.邮政研究.2020（03）：15－17.

［4804］于飞，胡泽民，袁胜军.打开制度压力与企业绿色创新之间的黑箱——知识耦合的中介作用.预测.2020（02）：1－9.

［4805］陈禹衡.分类与预防：儿童邪典作品的刑法规制研究.预防青少年犯罪研究.2020（06）：19－28.

［4806］胡霞，周俐莎，胡璨瑀.网络直播对未成年群体的负面效应及规制对策研究——基于对C市中学生2500份调查问卷的分析.预防青少年犯罪研究.2020（06）：65－74.

［4807］罗猛，田坤.应对突发公共卫生事件的刑事政策思考.预防青少年犯罪研究.2020（02）：52－57.

［4808］郑玉双，刘默.人类基因编辑的行政监管.预防青少年犯罪研究.2020（01）：51－62.

［4809］张怡亮.地方政府债券发行选择和绩效管理问题研究.预算管理与会计.2020（10）：60－63.

［4810］财政部有关负责人就五部门联合发文强化疫情防控重点保障企业资金支持答记者问.预算管理与会计.2020（02）：10－11.

［4811］章诚豪.非法集资案件中追赃挽损机制的困境与应对.豫章师范学院学报.2020（04）：125－128.

［4812］郭兆晖，孙金山，郭路.基于劳动力就业视角的中国经济增长分析：理论与实践.云南财经大学学报.2020（12）：19－26.

［4813］王伟，孔繁利.交通基础设施建设、互联网发展对区域市场分割的影响研究.云南财经大学学报.2020（07）：3－16.

［4814］龚梦琪，尤喆，刘海云，成金华.环境规制对中国制造业绿色全要素生产率的影响——基于贸易比较优势的视角.云南财经大学学报.2020（11）：15－25.

［4815］朱风慧，刘立峰.我国产业结构升级与经济高质量发展——基于地级及以上城市经验数据.云南财经大学学报.2020（06）：42－53.

［4816］解晋.要素市场扭曲的增长方式效应研究.云南财经大学学报.2020（03）：20－30.

［4817］罗斌，凌鸿程.环境分权与地区经济增长的内在作用机制——基于央地关系的调节作用.云南财经大学学报.2020（02）：32－48.

［4818］张安军.市场竞争、并购商誉与投资效率.云南财经大学学报.2020（02）：74－88.

［4819］昆明市动物疫病预防控制中心举办昆明市畜牧产业发展论坛暨单位成立65周年纪念活动.云南畜牧兽医.2020（01）：2.

［4820］焦经川.区块链与法律的互动：挑战、规制与融合.云南大学学报（社会科学版）.2020（03）：128－144.

［4821］李洪佳.公共服务购买中的政府责任及实现机制——以担保国家理论为视角.云南行政学院学报.2020（01）：145－151.

［4822］王文雅.控制新兴业态下毒资流动的产业链条视角分析.云南警官学院学报.2020（03）：25－30.

［4823］刘刚.云南边境地区“三非问题”法律困境及综合治理思考.云南警官学院学报.2020（06）：104－110.

［4824］李亚琳.公安机关辟谣：权力来源与规制研究.云南警官学院学报.2020（04）：77－82.

［4825］莫小娇.非政府组织参与民族村村社治理的现实困境与有效途径——基于龙脊古壮寨的分析.云南科技管理.2020（05）：59－64.

［4826］徐睿．宋朝的茶叶垄断与金国的突破尝试．云南民族大学学报（哲学社会科学版）．2020（05）：139－144.

［4827］朱娇，王蜀君，章甜甜，田涛．中国农业环境规制强度和生产技术进步．云南农业大学学报（社会科学版）．2020（02）：71－76.

［4828］文小梅．互联网金融审判模式之构建和程序规范．云南社会科学．2020（03）：95－103.

［4829］任祥．网络反腐的边际递减效应及其规制调适论析．云南师范大学学报（哲学社会科学版）．2020（05）：66－76.

［4830］潘峰，刘月，王琳．公众参与视角下的央地环境规制博弈分析．运筹与管理．2020（06）：113－123.

［4831］吴斌，程晶，宋琰．心理账户视角下电商平台“杀熟”现象演化博弈分析．运筹与管理．2020（11）：37－44.

［4832］倪冠群．基于消费限制的歧视价格决策及其效应分析．运筹与管理．2020（11）：93－101.

［4833］徐梦，李凯．考虑海外代购的品牌商定价模型研究．运筹与管理．2020（08）：148－157.

［4834］万晓榆，陈业建．新能源分时租赁汽车监管机制的演化博弈分析．运筹与管理．2020（02）：79－87.

［4835］刘杰，李苑，白小瑜，王丽，唐智亿，欧颖琳，闵晨．环境规制、空间溢出与城市大气污染——以关中地区为例．灾害学．2020（04）：1－7.

［4836］周先伟．算法歧视：表现、影响及其法律规制．枣庄学院学报．2020（04）：118－123.

［4837］刘军勇．造纸技术创新对行业利润的影响及程度测算研究．造纸科学与技术．2020（05）：60－65.

［4838］曹韶山．纵向垄断协议认定方法分析．造纸装备及材料．2020（03）：228－229.

［4839］李明俞．企业并购中的税收筹划．造纸装备及材料．2020（04）：79－80.

［4840］魏婕．完善新时代要素市场化配置的体制机制．长安大学学报（社会科学版）．2020（03）：15－19.

［4841］师博．夯实新时代社会主义市场经济的基础性制度．长安大学学报（社会科学版）．2020（03）：6－9.

［4842］秦鹏，段芮．论环境税纵向利益冲突的法律调适——基于博弈论思维框架下的研究．长白学刊．2020（06）：78－84.

［4843］计红．僵尸企业的法律认定与规制对策．长春大学学报．2020（09）：94－98.

［4844］尚正茂．竞争法视域下的数据驱动型市场：概念、特征与趋势．长春大学学报．2020（09）：109－112.

［4845］黄邦根，夏鸣，张梦婷．商业银行宏观审慎监管效果研究．长春工业大学学报．2020（02）：203－208.

［4846］张珂嘉．网络平台下的劳动关系定位．长春教育学院学报．2020（11）：36－41.

［4847］黄瑛琦．论中介型 P2P 网贷平台的刑事风险及规制限度．长春理工大学学报（社会科学版）．2020（03）：34－39.

［4848］陈雯，陈玲芳．环境规制对技术创新的影响——基于产业集聚的中介效应．长春理工大学学报（社会科学版）．2020（02）：109－114.

［4849］柴鑫．网络表达自由的规制与法治化治理．长春市委党校学报．2020（02）：17－21.

［4850］许旭．电商背景下新流通产业链集群发展机制研究．长江技术经济．2020（S1）：

203 – 204.

［4851］胡晖，朱钰琦，方德斌，邓悦．环境规制影响产业结构的路径与机制——基于湘鄂赣皖地区城市的实证研究．长江流域资源与环境．2020（12）：2620 – 2635.

［4852］黄磊，吴传清．环境规制对长江经济带城市工业绿色发展效率的影响研究．长江流域资源与环境．2020（05）：1075 – 1085.

［4853］吴加伟，陈雯，耿佩，杨柳青．经济转型背景下工业污染时空格局演变及其驱动因素研究——以长江三角洲地区为例．长江流域资源与环境．2020（03）：535 – 546.

［4854］左泽东，蒋先福．区块链技术的监管风险与应对路径．长沙理工大学学报（社会科学版）．2020（06）：111 – 126.

［4855］苏荣瞬．共享经济下的消费者权益保护：基于分时租赁模式．长沙民政职业技术学院学报．2020（04）：59 – 63.

［4856］张文华．国家治理现代化视域下新媒体参与重大疫情治理研究．长沙民政职业技术学院学报．2020（01）：139 – 141.

［4857］黄旦旦．我国发行法定数字货币的法律问题及解决思路．长沙民政职业技术学院学报．2020（02）：40 – 42.

［4858］田文华．我国基金会法律监管制度完善研究．长沙民政职业技术学院学报．2020（01）：56 – 59.

［4859］李洪琳，戎袁杰，刘明巍．基于 SCP 范式的招标采购策略研析．招标采购管理．2020（04）：51 – 53.

［4860］丁霖．论环境行政处罚裁量的规制——以生态环境治理体系现代化为框架．浙江工商大学学报．2020（02）：150 – 160.

［4861］张真康．基于地方规制视角的新业态从业者工伤保险刍议．浙江工商职业技术学院学报．2020（01）：1 – 6.

［4862］何培育，马雅鑫．社交类 App 收集用户个人信息的法律规制探析．浙江工业大学学报（社会科学版）．2020（03）：273 – 280.

［4863］徐维祥，郑金辉，刘程军．环境规制、绿色技术创新与城镇化效率——基于空间计量与门槛效应视角．浙江工业大学学报（社会科学版）．2020（01）：31 – 38.

［4864］张友连，胡洁林．论法治营商环境中的“包容审慎”监管——基于《优化营商环境条例》的分析．浙江工业大学学报（社会科学版）．2020（03）：267 – 272.

［4865］陈伟，钟亚萍．竞争中性的适用范围研究．浙江金融．2020（12）：47 – 56.

［4866］王龑．地方政府帮助地方银行改善经营绩效了吗？——基于“地方保护”和“行政干预”的视角．浙江金融．2020（01）：70 – 80.

［4867］许东彦，佟孟华，林婷．环境信息规制与企业绩效——来自重点排污单位的准自然实验．浙江社会科学．2020（05）：4 – 14.

［4868］刘琳．我国商标反向混淆司法规制的困境与出路．浙江树人大学学报（人文社会科学）．2020（06）：98 – 103.

［4869］陈宇光．高质量发展背景下的区域能源碳排放规制研究——以浙江为例．浙江树人大学学报（人文社会科学）．2020（05）：82 – 87.

［4870］安帅奇．标准必要专利反垄断规制问题探析．浙江树人大学学报（人文社会科学）．2020（02）：102 – 107.

［4871］钱礼繁．数据侦查行为的法律规制．浙江万里学院学报．2020（05）：60 – 63.

［4872］王敏杰，刘利民．中外环境规制差异对制造业出口的影响．浙江万里学院学报．2020（03）：1 – 10.

[4873] 丁会芬. 论地方政府非税收入法律规制. 浙江万里学院学报. 2020 (01): 38-43.

[4874] 刘泽刚. 大数据隐私权的不确定性及其应对机制. 浙江学刊. 2020 (06): 48-58.

[4875] 刘长秋. 代孕立法规制的基点与路径——兼论《人口与计划生育法》为何删除"禁止代孕条款". 浙江学刊. 2020 (03): 124-132.

[4876] 于佳佳. 刑法对高利贷的"打击点"——以日本法为比照的评析. 浙江学刊. 2020 (02): 106-116.

[4877] 应家赟, 叶良芳. 侵犯域名行为的保护法益及其刑法规制. 浙江学刊. 2020 (01): 128-137.

[4878] 谢新水. 人工智能发展: 规划赋能、技术自主性叠加与监管复杂性审视. 浙江学刊. 2020 (02): 78-87.

[4879] 夏亦冬. 非法放贷行为入刑的再思考. 镇江高专学报. 2020 (03): 50-54.

[4880] 汤晓玉. 个人信息保护视域下电子取证法律问题规制. 镇江高专学报. 2020 (01): 60-64.

[4881] 梅帅. 社会治理视域下失信惩戒机制: 治理意义、要素构造与完善方向. 征信. 2020 (12): 39-45.

[4882] 黄现清. 跨境数据流动规制中个人隐私数据的保护研究. 征信. 2020 (10): 43-48.

[4883] 陈彦达, 隋学深, 王玉凤. 成本收益法在美国金融规制影响分析中的应用与启示. 征信. 2020 (10): 61-68.

[4884] 杨茜茜, 黄春秀, 杨阳. 在营 P2P 网贷机构接入征信系统问题探讨. 征信. 2020 (06): 43-46.

[4885] 翟泉明. 关于基层央行应对非正常征信投诉的建议. 征信. 2020 (06): 47-50.

[4886] 张晓冉. 构建个人信用机制的理论研究——基于信息经济学的视角. 征信. 2020 (05): 37-43.

[4887] 李兆利. 新型个人信息保护体系构建研究. 征信. 2020 (04): 54-59.

[4888] 郭秉贵. 失信联合惩戒的正当性及其立法限度. 征信. 2020 (02): 58-63.

[4889] 李二勇, 耿得科, 王文丽. 2013 年以来监管推动中国信用评级质量提高了吗?. 征信. 2020 (11): 48-55.

[4890] 阎维博. 非传统信用评级业务的法律争议与监管回应. 征信. 2020 (01): 45-50.

[4891] 王怀勇, 钟文财. 统一化与差异化: 债券市场内幕交易规制的困境与法制进路. 证券市场导报. 2020 (12): 66-76.

[4892] 吕成龙. 内幕交易的"源头规制": 动因、经验与路径. 证券市场导报. 2020 (09): 60-69.

[4893] 周聖. 证券市场网络风险的法律规制研究——以国际实践新发展为视角. 证券市场导报. 2020 (06): 60-69.

[4894] 楼秋然. 国企高管薪酬: 个性特征、中国问题与规制路径. 证券市场导报. 2020 (06): 2-11.

[4895] 林少伟, 解军. 我国分级董事会践行状况与规制路径研究. 证券市场导报. 2020 (06): 32-40.

[4896] 林雨佳. 证券期货市场人工智能交易的刑法规制. 证券市场导报. 2020 (05): 72-78.

[4897] 华泰证券课题组, 李筠, 吴加荣, 李燃, 苗家伟, 周文威. 证券从业人员失职行为管理研究. 证券市场导报. 2020 (03): 11-19.

[4898] 李萍, 李胜兰, 陈同合. 并购对企业 R&D 投资的挤出效应研究——基于并购前后资产负债率变动的视角. 证券市场导报. 2020 (05): 20-27.

[4899] 张海晴，文雯，宋建波．并购业绩补偿承诺与商誉减值研究．证券市场导报．2020（09）：44－54.

[4900] 郑嘉义，王建伟．深市公司并购重组情况及绩效分析．证券市场导报．2020（11）：62－67.

[4901] 徐丽杰．环境规制对中国区域碳排放的影响效应研究．郑州航空工业管理学院学报．2020（01）：68－77.

[4902] 丁超．优化金融市场营商环境的司法路径研析．郑州师范教育．2020（04）：23－28.

[4903] 高文杰．人工智能的人权逻辑阐释及其伦理秩序建构．郑州师范教育．2020（04）：29－34.

[4904] 杨猛宗．人工智能机器人劳动者主体身份的反思与应然转向．政法论丛．2020（06）：100－109.

[4905] 汪劲．论《国家公园法》与《自然保护地法》的关系．政法论丛．2020（05）：128－137.

[4906] 韩波．论虚假诉讼的规制方式：困扰与优化．政法论丛．2020（04）：114－125.

[4907] 李晓明．再论我国刑法的"三元立法模式"．政法论丛．2020（03）：23－36.

[4908] 陆璐．"FinTech"赋能：科技金融法律规制的范式转移．政法论丛．2020（01）：137－148.

[4909] 沈伟．地下借贷市场去影子化：法与金融的视角．政法论丛．2020（04）：78－89.

[4910] 杨志壮．营商环境优化的"监管"与"去监管"权衡．政法论丛．2020（04）：101－113.

[4911] 刘云．互联网平台反垄断的国际趋势及中国应对．政法论坛．2020（06）：92－101.

[4912] 应飞虎．行为经济学视野中三高食品的法律规制．政法论坛．2020（04）：19－34.

[4913] 李怀胜．滥用个人生物识别信息的刑事制裁思路——以人工智能"深度伪造"为例．政法论坛．2020（04）：144－154.

[4914] 杨成铭，魏庆．人工智能时代致命性自主武器的国际法规制．政法论坛．2020（04）：133－143.

[4915] 高薇．弱者的武器：网络呼吁机制的法与经济学分析．政法论坛．2020（03）：80－92.

[4916] 聂立泽，刘林群．法人犯罪的义务犯本质与单一犯罪性质之确证．政法学刊．2020（05）：80－93.

[4917] 田春雷，于美瑶．我国智能投顾法律规制困境的破解．政法学刊．2020（05）：73－79.

[4918] 肖扬宇．犯罪参与体系视域下首要分子的刑事责任评价向度．政法学刊．2020（03）：35－41.

[4919] 曹宝丽．行政自由裁量权监督的法律规制——以美国行政法的重构为切入点．政法学刊．2020（02）：82－90.

[4920] 乔晓楠，李欣．非生产部门的价值分割：理论逻辑与经验证据．政治经济学评论．2020（04）：22－49.

[4921] 丁茂中．论规范垄断协议行为的立法完善．政治与法律．2020（03）：141－150.

[4922] 王伟．数字内容平台版权集中的法律规制研究．政治与法律．2020（10）：134－147.

[4923] 洪丹娜．算法歧视的宪法价值调适：基于人的尊严．政治与法律．2020（08）：27－37.

[4924] 张玉洁．国家所有：数据资源权属的中国方案与制度展开．政治与法律．2020（08）：15－26.

[4925] 梁志文．论算法排他权：破除算法偏见的路径选择．政治与法律．2020（08）：94－106.

［4926］吴加明．疫情期间哄抬物价行为的刑事规制．政治与法律．2020（07）：56－68.

［4927］卢建平，皮婧靖．中国刑法犯罪化与非犯罪化的述评与展望——以犯罪化与非犯罪化的概念解构为切入点．政治与法律．2020（07）：2－17.

［4928］曹鎏．论“基本法”定位下的我国《行政处罚法》修改——以2016年至2019年的行政处罚复议及应诉案件为视角．政治与法律．2020（06）：28－40.

［4929］孟凡壮．网络谣言扰乱公共秩序的认定——以我国《治安管理处罚法》第25条第1项的适用为中心．政治与法律．2020（04）：71－80.

［4930］张平寿．网络犯罪计量对象海量化的刑事规制．政治与法律．2020（01）：54－69.

［4931］徐明．我国商标恶意诉讼的司法规制优化研究——以民事抗辩权为展开进路．知识产权．2020（11）：86－96.

［4932］刘维．论混淆使用注册商标的反不正当竞争规制．知识产权．2020（07）：42－49.

［4933］李胜利，尹捷．药品行业产品跳转行为的反垄断规制．知识产权．2020（07）：82－96.

［4934］王德夫．论大数据时代的市场竞争风险和法律应对．知识产权与市场竞争研究．2020（01）：163－184.

［4935］李金果．基于并购动机对我国商誉后续计量的探讨．知识经济．2020（10）：30－31.

［4936］刘雅兰．国际金融垄断资本主义发展及其当代启示分析．知识经济．2020（19）：36－37.

［4937］谢伟峰．基于平衡计分卡的企业并购协同效应分析．知识经济．2020（03）：25－27.

［4938］毛雨濛．浅谈支付方式对美国并购活动效益的影响．知识经济．2020（09）：23－25.

［4939］王盛．房地产股权并购探索．知识经济．2020（16）：69－70.

［4940］陈杰．永春堂　并购后连遇黑天鹅．知识经济．2020（17）：13－15.

［4941］陈杰．直销企业并购围城．知识经济．2020（17）：10.

［4942］范丽霞．企业并购尽职调查阶段财务风险管理研究——基于A公司并购B公司项目．知识经济．2020（19）：69－70.

［4943］王哲环．刍议企业并购中的财务管理及风险防范．知识经济．2020（19）：79－97.

［4944］沈祖燕．国家电网“放管服”改革：内涵、困境及未来发展．知识经济．2020（15）：56－58.

［4945］刘宗仁．疫情预警信息虚假性的刑法认定标准探究．知与行．2020（02）：46－51.

［4946］陶亮．智慧数据的法律挑战——当代“数据陷阱”的法律及应对．知与行．2020（01）：45－50.

［4947］吴昆，王柏清，吴锋．论职业教育企业跨界与规制——基于现代学徒制试点企业的实证分析．职教论坛．2020（07）：142－147.

［4948］范竹君，徐国庆．在规制与市场之间：职业院校教材管理体系的构建．职教论坛．2020（04）：27－32.

［4949］俞冰，郑晓梅．制度化参与：职业院校教师职前培养三方共育研究．职教论坛．2020（02）：88－93.

［4950］张艳琴，李月．互联网企业商业行为的经济法研究．质量与市场．2020（16）：92－94.

［4951］杨凯．关于企业并购中的重点财务问题．质量与市场．2020（09）：13－15.

［4952］王有文．新形势下食品安全监管的难题与方向．质量与市场．2020（17）：84－86.

［4953］曾德祝．上市公司财务信息披露质量问题与监管．质量与市场．2020（02）：15－16.

［4954］徐春梅．第三方环境检测行业存在的问题及对策探讨．质量与市场．2020（01）：48－49.

［4955］陈泽．农药市场监管工作存在的问题与建议．质量与市场．2020（01）：43－44.

［4956］任豪．财税法视角下国有企业腐败治理机制研究．治理现代化研究．2020（05）：35－46.

［4957］冯子轩，刘捷鸣．环境标准治理的软法进路．治理现代化研究．2020（05）：77－86.

［4958］夏勇，张彩云，苏丹妮．城市经济增长与工业 SO_2 排放污染脱钩的空间特征．治理研究．2020（05）：96－108.

［4959］王英，唐雲．评比表彰与城市治理——来自国家环境保护模范城市创建的经验证据．治理研究．2020（05）：38－49.

［4960］刘露，杨晓雷．新基建背景下的数据治理体系研究——以数据生命周期为总线的治理．治理研究．2020（04）：59－66.

［4961］王宏伟，申玉华，姜英子．我国药品上市后质量安全主要监管方式分析．智慧健康．2020（04）：16－17.

［4962］查语涵．人工智能领域个人信息数据安全法律问题研究．智库时代．2020（08）：250－251.

［4963］刘雄．城市道路施工质量管理问题研究．智能城市．2020（04）：92－93.

［4964］朱文锋．基于GIS的惠州市“三旧”改造监管与服务系统设计．智能计算机与应用．2020（07）：261－263.

［4965］胡宁．经济法视角下市场监管方式创新策略研究．中阿科技论坛（中英阿文）．2020（05）：140－141.

［4966］李玉平．市政工程监理现场规范化管理措施．中阿科技论坛（中英阿文）．2020（03）：40－41.

［4967］杨爽．论网络虚假宣传行为的法律规制．中阿科技论坛（中英文）．2020（10）：186－189.

［4968］张春凤．特种设备安全监管多元共治模式探索．中阿科技论坛（中英文）．2020（08）：49－52.

［4969］赵锐，罗旭艳．论自媒体洗稿的著作权侵权认定与规制路径．中北大学学报（社会科学版）．2020（03）：126－130.

［4970］孙世轩．股权激励透视下对董事恣意规制的法理逻辑——以山西票号的制度经验为比较样本．中北大学学报（社会科学版）．2020（03）：70－77.

［4971］赵改萍，张莹莹．浅析网络失范言论的原因及对策——基于《乌合之众——大众心理研究》的理论视角．中北大学学报（社会科学版）．2020（02）：39－46.

［4972］李一．有效推进网络社会治理的十大行动策略．中共杭州市委党校学报．2020（05）：75－82.

［4973］汪锦军，江培燕．重构后疫情时代的野生动物交易监管逻辑．中共杭州市委党校学报．2020（05）：31－36.

［4974］马荣花，李全文．安徽利用外资的发展历程、主要问题与对策．中共合肥市委党校学报．2020（05）：20－23.

［4975］张芳．我国城市养犬法律规制研究．中共合肥市委党校学报．2020（03）：59－64.

［4976］江凯帆．智能“换脸”技术的侵权风险及其法律规制研究．中共南京市委党校学报．2020（06）：35－43.

［4977］胡江涛．互联网企业侵犯公民个人信息行为的刑法规制研究．中共南京市委党校学报．2020（03）：36－42.

［4978］陈勇勤．资本研究与统计方法．中共宁波市委党校学报．2020（02）：122－128.

［4979］李瑞雪．我国工业绿色全要素生产率的区域差异及影响因素分析．中共青岛市委党校．青岛行政学院学报．2020（02）：47－53.

［4980］郭锐．网络舆论监督的法律规制．中共山西省委党校学报．2020（04）：121－124.

［4981］石学峰．全面从严治党进程中“为官不为”行为的类型与规制．中共天津市委党校学

报．2020（04）：12－20.

［4982］郑功成．中国慈善事业发展：成效、问题与制度完善．中共中央党校（国家行政学院）学报．2020（06）：52－61.

［4983］曹鎏．“放管服”改革背景下行政检查监管目标实现研究．中共中央党校（国家行政学院）学报．2020（03）：126－132.

［4984］中国肺部AI第一证，推想科技成为全球唯一获批在四大市场准入．中关村．2020（11）：14.

［4985］潘亚楠．基于法制意识的矿业安全生产管理研究——评《矿业安全法律规制问题研究》．中国安全科学学报．2020（12）：187.

［4986］张永红．基于风险规制视角的中学校园安全管理制度建设与运行——评《中小学校园安全风险规制研究》．中国安全科学学报．2020（06）：189－190.

［4987］陈芳，陈茜，徐碧晨．基于文本挖掘的管制运行风险主题分析．中国安全生产科学技术．2020（11）：47－52.

［4988］王晓星．短视频监管：风口下的一场硬仗．中国报业．2020（08）：16－17.

［4989］于渊宁，柳琪林．住院医师规范化培训学员投诉、评估检查与基地建设质量的博弈分析．中国毕业后医学教育．2020（02）：154－161.

［4990］李晶，曹然．技术哲学视域下网络短视频的现状与发展趋势．中国编辑．2020（10）：86－91.

［4991］李容华，刘瑾，徐海宁．标准作为治理工具及其立法观察．中国标准化．2020（11）：59－66.

［4992］陈要武，马洪超，王胜男．俄罗斯联邦食品标准化及市场监管概况．中国标准化．2020（13）：12－14.

［4993］韩红美，王蓉，解振海．新的监管模式下企业标准自我声明公开和监督制度的研究．中国标准化．2020（08）：145－148.

［4994］崔洋海，李小莹，冀冰心，王欣，张艳红．医疗新技术临床应用的监管与档案管理．中国病案．2020（12）：49－50.

［4995］娄冰．博物馆文化创意产品开发的理论依据研究．中国博物馆．2020（01）：8－12.

［4996］陈虹羽．环境规制对地区清洁技术产业发展的影响研究．中国产经．2020（12）：119－121.

［4997］楼军龙．企业所有权与控制权分离对并购的影响．中国产经．2020（04）：99－100.

［4998］全国工商联、生态环境部联合召开支持服务民营企业绿色发展座谈会．中国产经．2020（13）：85－87.

［4999］周宗兰．企业并购重组与优化国有资产结构．中国产经．2020（14）：107－108.

［5000］龙雪竹．财务管理对并购重组后企业融合的推动分析．中国产经．2020（19）：137－138.

［5001］周志密．试论国有企业并购后控股企业财务整合问题及对策．中国产经．2020（21）：79－80.

［5002］李伟园．试论我国企业海外并购中的风险及应对策略．中国产经．2020（23）：63－64.

［5003］林冲．企业并购尽职调查问题与对策探析．中国产经．2020（23）：69－70.

［5004］林燕霞．并购重组后企业财务战略转型之路探究．中国产经．2020（24）：109－110.

［5005］牛爽．企业并购中的税务筹划风险与对策．中国产经．2020（24）：113－114.

［5006］庞振贤．企业并购中的财务风险防范．中国产经．2020（24）：115－116.

［5007］郑苗苗，桑宁霞．中国成人教育学的规制与觉醒．中国成人教育．2020（16）：15－19.

［5008］申琦．新制度主义视角下技能人才成长的制度政策研究——以山东省技能人才政策为例．中国成人教育．2020（12）：66－70.

［5009］杨明．论著作权公示原则的确立及实践路径——以《著作权法》修法为契机．中国出版．2020（19）：21－25.

［5010］丛立先．论民法典对我国网络出版的规制与法治保障．中国出版．2020（17）：11－16.

［5011］孟磊．区块链技术在版权登记中的应用难题与对策．中国出版．2020（17）：58－61.

［5012］张韵．技术规制：数字平台版权价值体系的重构．中国出版．2020（11）：56－59.

［5013］王翼泽．版权许可格式合同扩大版权人权利范围的应对．中国出版．2020（08）：61－64.

［5014］袁锋．新技术时代版权法“通知－删除”规则问题与完善．中国出版．2020（07）：50－53.

［5015］邹禹同，张志安．知识付费语境下自媒体著作权保护困境与对策．中国出版．2020（04）：58－62.

［5016］高华，陈龙．药品安全的网络化治理研究．中国储运．2020（01）：143－144.

［5017］邹剑敏．开启我国地方鸡种保护与开发的新征程．中国畜牧业．2020（06）：28－30.

［5018］潘玉春．加快推进地方猪遗传资源保护与利用．中国畜牧业．2020（06）：25－27.

［5019］司西波．探析非洲猪瘟防范措施．中国畜禽种业．2020（11）：129.

［5020］刘鹤．乡镇畜牧兽医站监管规模养殖场防疫对策．中国畜禽种业．2020（08）：16－17.

［5021］倪迪．生猪屠宰厂监管存在问题及对策．中国畜禽种业．2020（08）：29.

［5022］周青．关于藏书山羊发展与检疫工作的思考．中国畜禽种业．2020（08）：56－57.

［5023］杨兴梅，蔡桂英，邓丽芬．鹤庆县饲料市场监管主要做法、存在问题及建议．中国畜禽种业．2020（03）：6.

［5024］成祖斌．浅析畜禽养殖存在的问题与管理措施．中国畜禽种业．2020（02）：15－16.

［5025］张新陆．做好新时期屠宰检疫监管工作．中国畜禽种业．2020（02）：62.

［5026］吕仕熙．加强畜禽养殖监管推动畜牧业绿色发展．中国畜禽种业．2020（02）：41.

［5027］周缨．融合出版环境下对“出版”概念表述的再思考．中国传媒科技．2020（11）：25－27.

［5028］高婉君．规制视角下5G时代互联网危机治理研究．中国传媒科技．2020（02）：48－50.

［5029］黄雪忠，顾鹏程，张磊．从国际邮轮公司兼并重组看本土企业发展路线图．中国船检．2020（10）：38－41.

［5030］郑功成．退役军人保障立法的基本思路与关键问题．中国党政干部论坛．2020（11）：44－49.

［5031］闻渊．新闻媒体时代下网络舆论监督权力制约的形成机制——评《权力制约视域下网络舆论监督的法律规制》．中国党政干部论坛．2020（10）：99－100.

［5032］熊樟林．依法而为　让地名变更不再“任性”．中国地名．2020（01）：5－6.

［5033］徐彦坤，祁毓，宋平凡．环境处罚、公司绩效与减排激励——来自中国工业上市公司的经验证据．中国地质大学学报（社会科学版）．2020（04）：72－89.

［5034］许冬兰，张敏．环境规制对全球价值链攀升的影响：促进还是抑制？——基于低碳TFP的中介效应检验．中国地质大学学报（社会科学版）．2020（03）：75－89.

［5035］丁斐，庄贵阳，刘东．环境规制、工业集聚与城市碳排放强度——基于全国282个地级市面板数据的实证分析．中国地质大学学报（社会科学版）．2020（03）：90－104.

［5036］江河，胡梦达．全球海洋治理与BBNJ协定：现实困境、法理建构与中国路径．中国地质大学学报（社会科学版）．2020（03）：47－60.

［5037］徐保昌，潘昌蔚，李思慧．环境规制抑制中国企业规模扩张了吗？．中国地质大学学

报（社会科学版）.2020（02）：74－91.

［5038］马莉，范孟华，曲昊源，李捷，赵铮，武泽辰，陈珂宁．中国电力市场建设路径及市场运行关键问题．中国电力.2020（12）：1－9.

［5039］神瑞宝，代贤忠，蒋东方，韩新阳，鲁强，靳晓凌．日本家用燃料电池热电联供系统在中国应用的经济性分析．中国电力.2020（10）：74－79.

［5040］刘卫东．基于边界条件的售电市场模式与开放路径设计．中国电力企业管理.2020（34）：40－44.

［5041］赵墨林，赵晨旭，孙晓新．电力市场建设之路任重道远．中国电力企业管理.2020（18）：11－12.

［5042］王鹏．以机制创新促进中长期交易市场健康发展．中国电力企业管理.2020（13）：38－39.

［5043］沈贤义．从电价变迁看本轮电改．中国电力企业管理.2020（10）：54－56.

［5044］刘自敏，申颢．从交叉补贴视角看输配电价改革．中国电力企业管理.2020（07）：31－33.

［5045］沈贤义，彭立斌．降低企业电力成本的可行性措施．中国电力企业管理.2020（01）：48－51.

［5046］姜梦婷，张丽霞．电商平台侵权的《民法典》规制探析．中国电信业.2020（10）：36－41.

［5047］宋凡．《民法典》时代下“深度伪造”科技风险与应对模式．中国电信业.2020（10）：28－32.

［5048］许长帅．数据立法的两个基础问题．中国电信业.2020（08）：49－53.

［5049］王林信．新时期电力市场营销策略研究．中国电业.2020（02）：84－85.

［5050］刘晓春，王敏昊．外卖平台对餐饮商家“独家交易”行为有待规制．中国对外贸易.2020（07）：52－53.

［5051］益达．数字时代的反垄断法规则亟待创新．中国对外贸易.2020（05）：38－39.

［5052］中债资信海外投资研究团队．全球海外直接投资回顾：投资步伐放缓　跨国并购大幅缩减．中国对外贸易.2020（05）：31－34.

［5053］中债资信海外投资研究团队．全球投资延续下滑　新兴产业为中国跨境并购热点．中国对外贸易.2020（05）：31.

［5054］中债资信海外投资研究团队.2020中国对外直接投资趋势展望：一带一路绿地投资前景广阔　高新技术领域并购有望提升．中国对外贸易.2020（05）：37.

［5055］艾渺．全球企业并购乍暖还寒．中国对外贸易.2020（09）：44－45.

［5056］赵爱玲．“双循环”新格局下，企业并购迎来发展新机遇．中国对外贸易.2020（12）：36－37.

［5057］谭羽．标准必要专利权人滥用市场支配地位的行为类型——以“美国FTC诉高通垄断案”为视角．中国发明与专利.2020（03）：100－106.

［5058］郜宙翔，江庆莹，莫凡．美国2020年《特别301报告》的影响及对策分析．中国发明与专利.2020（12）：97－102.

［5059］胡迪，闫春德．浅谈对商标恶意注册及恶意维权的规制．中国发明与专利.2020（12）：103－107.

［5060］杜颖，杨玉婷．新型冠状病毒肺炎疫情防控中的非正常申请商标注册问题研究．中国发明与专利.2020（04）：13－18.

［5061］韩冰．《中欧全面投资协定》市场准入谈判与应对建议．中国发展观察.2020（Z6）：

35－39.

［5062］李有，沈伟．金融司法的安全和效率周期之困——以“职业放贷人”司法审判为切入．中国法律评论．2020（05）：84－98.

［5063］张守文．宪法问题：经济法视角的观察与解析．中国法律评论．2020（02）：76－87.

［5064］蓝学友．互联网环境中金融犯罪的秩序法益：从主体性法益观到主体间性法益观．中国法律评论．2020（02）：130－145.

［5065］李广德．我国公共卫生法治的理论坐标与制度构建．中国法学．2020（05）：25－43.

［5066］印波．传销犯罪的司法限缩与立法完善．中国法学．2020（05）：243－262.

［5067］崔晓静．论中国特色国际税收法治体系之建构．中国法学．2020（05）：163－183.

［5068］苏宇．算法规制的谱系．中国法学．2020（03）：165－184.

［5069］张晨颖．共同市场支配地位的理论基础与规则构造．中国法学．2020（02）：108－128.

［5070］吴越．现货与期货交易的界分标准与法律规制．中国法学．2020（02）：48－68.

［5071］田宏杰．立法扩张与司法限缩：刑法谦抑性的展开．中国法学．2020（01）：166－183.

［5072］杨东．论反垄断法的重构：应对数字经济的挑战．中国法学．2020（03）：206－222.

［5073］端木．住建部：放宽建筑市场准入限制．中国房地产．2020（36）：6.

［5074］赵鑫明．德国《民法典》的住房租赁规制及借鉴．中国房地产．2020（13）：27－32.

［5075］何竞平．基于需求层次理论的房地产广告诉求策略——兼论其法律规制．中国房地产．2020（06）：30－34.

［5076］武化．大型房企收并购方式拿地比例上升．中国房地产．2020（02）：6.

［5077］单雪芹，许子静，梁建祝．房地产并购项目成本管理关键影响因素研究——基于全过程视角．中国房地产．2020（06）：48－54.

［5078］张言星．公司治理、支付方式与企业并购——基于深沪房地产上市公司的分析．中国房地产．2020（15）：35－41.

［5079］房玲，羊代红．穿透式融资监管下房企融资突围方向．中国房地产．2020（35）：10－13.

［5080］杨帆．冒名顶替他人高考学籍行为的法律规制——兼论对顶替者刑事制裁的可能性．中国高教研究．2020（09）：56－60.

［5081］孔德兰，蒋文超．现代学徒制人才培养模式比较研究——基于制度互补性视角．中国高教研究．2020（07）：103－108.

［5082］邱静远．从“作弊入刑”谈国家考试的法律规制．中国高教研究．2020（03）：65－70.

［5083］毛艳玲．高校青年教师的培养与教学管理——评《规制与引领：地方新建本科高校教学管理制度研究》．中国高校科技．2020（08）：104.

［5084］陈江宁，周晶．数字经济时代并购重组新模式思考．中国工业和信息化．2020（08）：60－65.

［5085］刘自敏，邓明艳，杨丹，马源．降低企业用能成本可以提高能源效率与社会福利吗——基于交叉补贴视角的分析．中国工业经济．2020（03）：100－118.

［5086］杨勃，许晖．企业逆向跨国并购后的组织身份管理模式研究．中国工业经济．2020（01）：174－192.

［5087］徐佳，崔静波．低碳城市和企业绿色技术创新．中国工业经济．2020（12）：178－196.

［5088］史丹，李少林．排污权交易制度与能源利用效率——对地级及以上城市的测度与实证．中国工业经济．2020（09）：5－23.

［5089］王班班，莫琼辉，钱浩祺．地方环境政策创新的扩散模式与实施效果——基于河长制政策扩散的微观实证．中国工业经济．2020（08）：99－117.

［5090］王璐，吴群锋，罗頔．市场壁垒、行政审批与企业价格加成．中国工业经济．2020

(06)：100－117.

［5091］潘越，汤旭东，宁博，杨玲玲．连锁股东与企业投资效率：治理协同还是竞争合谋．中国工业经济．2020（02）：136－164.

［5092］蔡庆丰，陈熠辉．开发区层级与域内企业并购．中国工业经济．2020（06）：118－136.

［5093］杨莹．论技术侦查程序中的裁量权及其规制．中国公共安全（学术版）．2020（01）：140－143.

［5094］李凡．互联网金融背景下的公安监管与治理初探．中国公共安全（学术版）．2020（01）：107－109.

［5095］訾春艳，胡银环，程思雨，夏仕笑，邓璐．国外疫苗安全监管措施比较及对我国的启示．中国公共卫生．2020（05）：840－844.

［5096］夏树华，倪淑萍，褚红辉．金山区小型医疗机构医疗废物处置现状与监管模式探讨．中国公共卫生管理．2020（01）：74－77.

［5097］夏德建，王勇，石国强．自建 VS. 并购：物流一体化竞争下的电商平台演化博弈．中国管理科学．2020（04）：122－130.

［5098］李巍，张汉江，杨柳．基于市场划分的再制造许可费对定价策略的影响．中国管理科学．2020（06）：94－103.

［5099］张旭东．金融机构对农户的贷款模式探究．中国管理信息化．2020（23）：150－151.

［5100］王彦逢．并购公司资产价值对股票价格波动的影响研究．中国管理信息化．2020（04）：134－135.

［5101］兴祉杉．浅析我国石油企业海外并购的风险防范．中国管理信息化．2020（06）：53－54.

［5102］李莉．中国企业跨国并购中的文化冲突及整合研究．中国管理信息化．2020（15）：118－119.

［5103］孙燕娥．企业跨国并购后的群际交际研究．中国管理信息化．2020（16）：127－129.

［5104］唐颖．企业并购职业教育学校的动因分析．中国管理信息化．2020（18）：143－144.

［5105］肖江洁．上市公司并购商誉减值动因分析及建议．中国管理信息化．2020（19）：4－5.

［5106］周莎．高管风险偏好对并购绩效的影响——以中小板和创业板上市公司为例．中国管理信息化．2020（19）：18－22.

［5107］李毅．我国建筑业特级总承包企业的并购问题探析．中国管理信息化．2020（20）：89－90.

［5108］王建．企业并购中的财务整合问题分析．中国管理信息化．2020（21）：24－26.

［5109］程雪．金飞达并购奥特佳案例分析．中国管理信息化．2020（24）：6－7.

［5110］朱镜霖．中国企业跨国并购的财务风险分析——以海尔并购通用家电为例．中国管理信息化．2020（24）：44－45.

［5111］杨再兴，郭彤荔．2019 年全国探矿权转让监测监管研究．中国管理信息化．2020（18）：198－201.

［5112］徐志斌．浅谈康得新巨额财务造假警示．中国管理信息化．2020（10）：8－9.

［5113］桂淑艳，刘志群．基于 PCA 的 P2P 网贷平台风险监管研究．中国管理信息化．2020（01）：136－139.

［5114］刘莹莹．冲突、博弈与平衡——元政策视角下的多维网络规制研究．中国广播．2020（03）：58－62.

［5115］陈麟，李函笑．短视频平台算法的法律规制研究．中国广播电视学刊．2020（04）：61－63.

［5116］牛慧清，董佳莹．互联网逻辑下谈话类节目的生产规制与传播路径．中国广播电视学

刊.2020（04）：55－58.

［5117］吴炜华.反智主义、信息疫情与“后真相”合谋——美国媒体的涉华疫情报道.中国广播电视学刊.2020（08）：15－19.

［5118］梁善明.国民政府航空公路建设奖券研究（1933～1937）.中国国家博物馆馆刊.2020（12）：116－128.

［5119］武春友，郭玲玲.绿色增长理论与实践的国际比较研究.中国国情国力.2020（05）：37－41.

［5120］徐强.我国企业境外并购现状及其国际比较.中国国情国力.2020（01）：11－13.

［5121］朱清，丁晓彤，夏鹏，周铸，吴昊.气候变化背景下国际大型矿业企业减碳分析.中国国土资源经济.2020（11）：59－64.

［5122］李晓玉，张丽.美国航运法下无船承运人服务协议及其启示.中国海商法研究.2020（04）：64－73.

［5123］韩立新，林子樱.航运联盟格局下中国反垄断豁免的法律应对.中国海商法研究.2020（02）：89－96.

［5124］罗猛，过怡安.北极地区旅游资源开发的法律困境与解决路径.中国海商法研究.2020（02）：58－66.

［5125］樊威.欧盟海洋油气勘探开发作业安全的法律规制及对中国的启示.中国海商法研究.2020（01）：103－112.

［5126］邢国时.让区块链助力海事监管与服务.中国海事.2020（12）：37－38.

［5127］梁小成.“互联网＋海事监管”研究与实践.中国海事.2020（11）：49－51.

［5128］管建强，郑一.国际法视角下自主武器的规制问题.中国海洋大学学报（社会科学版）.2020（03）：105－114.

［5129］张晏瑲，黄平伟.论国际法对人为水下噪音规制的必要性与中国的立法完善.中国海洋大学学报（社会科学版）.2020（01）：47－57.

［5130］徐晓明.外部行政备案管理：机制属性、缺陷反思与法律规制.中国行政管理.2020（11）：17－24.

［5131］仇叶.基层服务型政府建设中的服务泛化问题及其解决.中国行政管理.2020（11）：32－40.

［5132］皮俊锋，陈德敏.农村人居环境整治的实践经验、问题检视与制度建构——以重庆市地方实践为切入视角.中国行政管理.2020（10）：153－155.

［5133］冀玮.市场监管中的“安全”监管与“秩序”监管——以食品安全为例.中国行政管理.2020（10）：14－20.

［5134］韩万渠.行政自我规制吸纳法治压力：地方政府信息公开绩效及其生成机理.中国行政管理.2020（07）：56－63.

［5135］陈浩天.后扶贫时代脱贫清单的数字化运作及信息共享理路.中国行政管理.2020（07）：78－83.

［5136］王洛忠，都梦蝶.环境政策中的规制机制：基于“限塑令”的制度语法学分析.中国行政管理.2020（05）：79－85.

［5137］陈升，李兆洋，唐雲.清单治理的创新：市场准入负面清单制度.中国行政管理.2020（04）：95－101.

［5138］王瑞雪.公法视野下的环境信用评价制度研究.中国行政管理.2020（04）：125－129.

［5139］卓越，郑逸芳.政府工具识别分类新捋.中国行政管理.2020（02）：102－107.

［5140］杨逢银，张钊，杨颜澧.“微公益”失范的发生机理与跨界规制.中国行政管理.2020

(02): 60-66.

[5141] 赵晓燕，胡坚堃，黄有方．班轮企业合并背景下的服务网络优化．中国航海．2020 (02): 112-117.

[5142] 罗戈津和马斯克就发射价格掐上了．中国航天．2020 (06): 78.

[5143] 张守钗，贺伟．零售药店执业药师注册情况分析及对策研究．中国合理用药探索．2020 (05): 12-16.

[5144] 中商联与相关行业组织和龙头企业联合发布五项商贸服务业经营服务防控指南．中国化妆品．2020 (03): 17.

[5145] 中国商业联合会　中国连锁经营协会　中国百货商业协会联合发布《商贸零售企业在新型冠状病毒流行期间经营服务防控指南（暂行)》．中国化妆品．2020 (03): 18-20.

[5146] 王领，曾川，陈陆香玉，刘佳伟，张守文．我国化妆品监管现状浅析与建议．中国化妆品．2020 (07): 103-106.

[5147] 陈芳，史慧敏．市场分割对长江经济带能源环境效率影响研究．中国环境管理．2020 (04): 104-111.

[5148] 区树添．土壤污染风险规制中的行政裁量研究．中国环境管理．2020 (05): 125-129.

[5149] 于文轩，杨胜男．环境法视域下的生物安全风险规制．中国环境管理．2020 (03): 114-120.

[5150] 徐建华，范世炜，薛澜．环境风险规制的经济成本及次生影响——决策中需要重视的向度．中国环境管理．2020 (02): 56-61.

[5151] 关成华，李晴川．环境规制对技术创新效率的影响分析——基于创新链视角的两阶段实证检验．中国环境管理．2020 (02): 105-112.

[5152] 高旭阔，席子云．组合措施下政府与企业排污行为演化博弈．中国环境科学．2020 (12): 5484-5492.

[5153] 沈晓梅，于欣鑫，姜明栋，王磊．基于全过程治理的环境规制减排机制研究——来自长江经济带数据的实证检验．中国环境科学．2020 (12): 5561-5568.

[5154] 张峰，王晗，薛惠锋．环境资源约束下中国工业绿色全要素水资源效率研究．中国环境科学．2020 (11): 5079-5091.

[5155] 侯建，常青山，陈建成，宋洪峰．环境规制视角下制造业绿色转型对能源强度的影响．中国环境科学．2020 (09): 4155-4166.

[5156] 陈迪，孟乔钰，石磊，马中，陆根法．中央环保督察“回头看”的市场反应——基于重污染行业上市公司的影响分析．中国环境科学．2020 (07): 3239-3248.

[5157] 范丹，梁佩凤，刘斌．雾霾污染的空间外溢与治理政策的检验分析．中国环境科学．2020 (06): 2741-2750.

[5158] 周一峰，蒋嶷川，王涛．大宗商品交易市场监管与服务技术研究．中国基础科学．2020 (03): 49-52.

[5159] 刘沙沙．产业互联网下的企业战略转型策略及转型控制．中国集体经济．2020 (33): 63-65.

[5160] 叶威，刘晶金．政府规制下可持续供应链协调研究．中国集体经济．2020 (32): 89-92.

[5161] 郎艳．房地产调控中的土地市场规制研究．中国集体经济．2020 (24): 19-20.

[5162] 郭晨露．试论网络环境下的商标侵权．中国集体经济．2020 (20): 118-119.

[5163] 刘湘辉，黄冬梅．连片特困地区青年创业环境优化研究——基于对湘西地区 355 位创业青年的调研．中国集体经济．2020 (19): 25-26.

[5164] 李红平．我国金融企业会计诚信问题研究探析．中国集体经济．2020 (18): 100-101.

［5165］李欢．环境规制对云南省产业结构合理化的影响分析．中国集体经济．2020（17）：31－32.

［5166］张欣，张贵群．基于市场调节的城市出租车价格规制分析．中国集体经济．2020（11）：66－67.

［5167］肖纪连．海洋渔业船员权益的国际法规制．中国集体经济．2020（08）：89－90.

［5168］韩素娟．生态文明建设背景下环境规制对西部地区产业结构升级的影响研究．中国集体经济．2020（01）：26－27.

［5169］宋璐．互联网企业并购的财务风险分析研究——以阿里巴巴并购饿了么为例．中国集体经济．2020（04）：127－128.

［5170］贺珊，杨超．企业并购类型及绩效研究．中国集体经济．2020（05）：72－73.

［5171］叶杰霖．跨境并购中国有资产保值风险及改进对策分析——基于Z公司案例的研究．中国集体经济．2020（07）：88－90.

［5172］黄珊．国企改革背景下的国有企业投资并购分析．中国集体经济．2020（09）：85－91.

［5173］李晖．简析房地产开发企业并购业务的法律问题．中国集体经济．2020（17）：113－114.

［5174］王绮滢，赖应良．“一带一路”、高额外汇储备与企业海外并购问题研究．中国集体经济．2020（17）：23－26.

［5175］曾丹．治理结构、支付方式和互联网企业并购绩效．中国集体经济．2020（21）：90－93.

［5176］孙畅，刘柯蒙，杨超．企业并购动因与风险及其案例分析．中国集体经济．2020（23）：46－47.

［5177］孙焘．如何开展国有企业区域性基层联合党支部工作．中国集体经济．2020（24）：59－60.

［5178］赵良苗，张旭．“一带一路”背景下中国企业海外并购研究——以“洛阳钼业海外并购IXM”为例．中国集体经济．2020（25）：27－29.

［5179］戴悦媛，何卫红．上市公司产业并购基金运作模式及绩效研究——以旋极信息并购泰豪智能为例．中国集体经济．2020（25）：82－85.

［5180］高原．并购重组的交易结构设计：维度与工具．中国集体经济．2020（30）：83－84.

［5181］裘杉．企业并购支付方式选择问题的研究．中国集体经济．2020（33）：70－71.

［5182］徐红梅．探讨如何加强集团企业的并购管理．中国集体经济．2020（33）：85－86.

［5183］文彩，林啟丛．文化差异与并购文献综述．中国集体经济．2020（36）：76－77.

［5184］方晶，陈雷，王东亮．浅析企业并购前的尽职调查．中国集体经济．2020（01）：59－60.

［5185］何丽．加强农村集体“三资”监管　推进农村经济可持续发展．中国集体经济．2020（24）：1－2.

［5186］周燕．对完善中小微企业融资担保体系的探讨．中国集体经济．2020（22）：101－102.

［5187］段煜君．个人跨境汇款服务的公共性及监管对策．中国集体经济．2020（19）：100－101.

［5188］宋改改，吴伟容．我国互联网金融的发展及其监管问题研究．中国集体经济．2020（13）：84－85.

［5189］印宝玉．预付卡公司资金如何监管．中国集体经济．2020（02）：65－66.

［5190］陆俊贤，贾晓旭，唐修君，樊艳凤，马尹鹏，高玉时．我国种禽质量安全监管体系建设及对策研究．中国家禽．2020（10）：100－104.

［5191］陈兵，赵青．开启平台经济领域反垄断新局面．中国价格监管与反垄断．2020（12）：21－23.

［5192］经营者反垄断合规指南．中国价格监管与反垄断．2020（10）：3－5.

［5193］林永泽．原料药垄断问题及政府规制的路径探析．中国价格监管与反垄断．2020（12）：24－28.

［5194］蔡婧萌．我国民航业的公平竞争审查研究——以三类政策措施为研究对象．中国价格监管与反垄断．2020（11）：43－49.

［5195］陈兵，马贤茹，胡珍．从监管科技到科技监管与法治监管的统合——《数字经济下竞争法实施重点与难点》研讨会综述．中国价格监管与反垄断．2020（11）：27－31.

［5196］张守文．“双循环”与竞争法治的“内外兼修”．中国价格监管与反垄断．2020（11）：32－36.

［5197］林琪琪．纵向价格垄断规制之认定——反垄断法修订思考．中国价格监管与反垄断．2020（09）：52－58.

［5198］于澜．数据驱动型并购中隐私风险的反垄断规制．中国价格监管与反垄断．2020（05）：31－36.

［5199］谭书卿．算法共谋法律规制的理论证成和路径探索．中国价格监管与反垄断．2020（03）：24－30.

［5200］崔海燕．大数据时代“数据垄断”行为对我国反垄断法的挑战．中国价格监管与反垄断．2020（01）：56－64.

［5201］官敏．论差别待遇中“条件相同”的认定——以中国电信垄断案为视角．中国价格监管与反垄断．2020（10）：57－63.

［5202］高重迎，李晔．数据平台价格歧视行为的反垄断规制问题分析．中国价格监管与反垄断．2020（07）：19－25.

［5203］王世轩．强监管　严执法　全力稳定疫情防控期间市场价格秩序——兼评我国搭售规则中的“正当理由”．中国价格监管与反垄断．2020（06）：20－27.

［5204］何文芳．大数据“杀熟”的价格违法性分析．中国价格监管与反垄断．2020（04）：52－55.

［5205］韦香怡．浅析第三方支付平台的相关市场界定方法．中国价格监管与反垄断．2020（02）：31－37.

［5206］徐洋洋，刘诗楦．网络谣言在中国的刑事规制：创新、困境与优化．中国监狱学刊．2020（05）：42－52.

［5207］周阔．全面依法治国语境下关于监狱的法律主体定位研究．中国监狱学刊．2020（03）：75－81.

［5208］陆旭，郑丽莉．以数据为媒介侵犯传统法益行为的刑法规制．中国检察官．2020（24）：65－71.

［5209］林森，金琳．疫情防控视角下涉野生动物相关行为的法律规制．中国检察官．2020（23）：18－20.

［5210］陈岑，曾为欢，周硕鑫．网络账号黑产链的规制研究．中国检察官．2020（11）：40－43.

［5211］杨永华，李德胜．肇事逃逸案件多重侵害致死的刑法因果关系研究．中国检察官．2020（09）：19－22.

［5212］徐旺明．醉酒驾驶入刑的反思．中国检察官．2020（09）：23－26.

［5213］陈国根，吴强林．拒绝执行防控措施造成病患传播疫情危险的刑法规制．中国检察官．2020（08）：9－15.

［5214］李轲，亓淑云．互联网金融犯罪的规制路径探析．中国检察官．2020（07）：18－21.

［5215］冯昌波．涉疫情网络谣言的刑事规制难点与司法应对．中国检察官．2020（05）：7－9.

[5216] 金琳．利用平台漏洞恶意注册网络虚拟账号套取优惠券的认定．中国检察官.2020 (04): 8-12.

[5217] 马诗清．网上发布非法PUA信息的法律规制．中国检察官.2020 (02): 13-17.

[5218] 贾佳，韩复伟．医疗垃圾分类管理领域公益诉讼问题研究．中国检察官.2020 (01): 57-60.

[5219] 万滋胜．内外合谋，空手套取改制企业资产用于出资行为的分析．中国检察官.2020 (02): 74.

[5220] 顾伟驷，吕上一，丁月茹，孔德彭．自媒体下信息伦理规制及青少年权益保护研究．中国教育信息化.2020 (14): 15-18.

[5221] 毛婧，祁占勇，答喆．教育培训机构的法律属性与法律规制．中国教育学刊.2020 (08): 66-70.

[5222] 周佳．论教师教育惩戒自由裁量权的规制．中国教育学刊.2020 (01): 50-54.

[5223] 周勇．管理规制是破解教育惩戒权困局的有效抓手．中国教育学刊.2020 (01): 39-45.

[5224] 王信．从金融危机应对看防疫体系建设．中国金融.2020 (Z1): 163-165.

[5225] 袁增霆．银行理财子公司转型新论．中国金融.2020 (13): 56-57.

[5226] 闫晗，边鹏.BigTech对大型银行的挑战．中国金融.2020 (04): 35-36.

[5227] 张明生．银行创新联动与跨境并购．中国金融.2020 (02): 78-79.

[5228] 王俊霖．并购贷款加大权益资金供给．中国金融.2020 (11): 76-77.

[5229] 李庶民．价格歧视．中国金融家.2020 (01): 132.

[5230] 陈忠伟．企业跨国并购的文化整合初探．中国金属通报.2020 (12): 82-83.

[5231] 宋佩玉．监管与清理：新中国成立初期上海外资公用事业改造的历史考察．中国经济史研究.2020 (04): 172-181.

[5232] 於勇成，褚红丽，魏建．司法行政化背景下的市场分割——一个跨期合作选择模型．中国经济问题.2020 (04): 122-136.

[5233] 张莉，李舒雯，农汇福．土地规制度量及其对住宅用地价格的影响．中国经济问题.2020 (04): 104-121.

[5234] 万威，龙小宁．价格市场化、市场竞争与生产数量——基于中国取消机票价格上限规制的准自然实验研究．中国经济问题.2020 (01): 123-136.

[5235] 侯隽．并购不断、直播带货、科技赋能…… 零售驶向新蓝海．中国经济周刊.2020 (01): 47-49.

[5236] 刘振中．发达国家新经济监管的六点经验做法．中国经贸导刊.2020 (02): 66-68.

[5237] 何倩，张弓．京津冀实施“气代煤”改造农村地区居民采暖成本及补贴政策分析．中国经贸导刊.2020 (17): 64-68.

[5238] 贾进．干线港口统一规划：探寻新时代长江高质量发展新路径．中国经贸导刊.2020 (20): 35-38.

[5239] 本刊讯．国家发展改革委等六部门联合印发支持民营节能环保企业健康发展的实施意见．中国经贸导刊.2020 (10): 54.

[5240] 陈拙，陈贝琋．我国烟草专卖制度的缺陷与改革思路．中国经贸导刊（中）.2020 (04): 45-47.

[5241] 邓浩．民间高利贷的刑法规制浅析．中国经贸导刊（中）.2020 (12): 174-176.

[5242] 黄小菲，林淼．中美科技发展战略比较．中国经贸导刊（中）.2020 (11): 17-20.

[5243] 胡萍．环境规制对第二产业出口价值的影响．中国经贸导刊（中）.2020 (05): 114-115.

[5244] 胡萍，孟繁博．环境规制对第三产业出口价值的影响．中国经贸导刊（中）.2020(03)：114－115.

[5245] 田丽媛．网红直播带货的法律规制探讨．中国经贸导刊（中）.2020(02)：133－134.

[5246] 程鉴冰．以贸易高质量发展助推中国—中东欧合作迈上新台阶．中国经贸导刊（中）.2020(02)：15－17.

[5247] 方绵红，宋佳音．试论商标抢注行为的法律规制．中国经贸导刊（中）.2020(01)：123－125.

[5248] 顾岩．医药企业并购估值研究——以A公司为例．中国经贸导刊（中）.2020(02)：89－91.

[5249] 王晓军，房娜娜，赵俊俊．对赌并购对财务信息披露的影响——以航天通信为例．中国经贸导刊（中）.2020(05)：89－91.

[5250] 韩之阳，姚晓林，李井林．全球技术获取、优势产品研发与复星医药并购．中国经贸导刊（中）.2020(10)：55－56.

[5251] 左赛男．我国TMT行业海外并购绩效及影响因素分析——基于上市公司的经验数据．中国经贸导刊（中）.2020(10)：16－18.

[5252] 魏欣，杨明月．互联网企业海外并购的财务风险研究——以腾讯为例．中国经贸导刊（中）.2020(11)：148－149.

[5253] 邱爽．业绩补偿承诺对标的企业激励效应研究——以苏大维格并购华日升为例．中国经贸导刊（中）.2020(12)：136－137.

[5254] 杜青青，陈玮．促进我国住房租赁市场发展的金融问题浅析．中国经贸导刊（中）.2020(01)：92－93.

[5255] 田凯旋，李美娟．主导零售商市场势力对行业绩效的影响效应．中国经贸导刊（中）.2020(08)：33－35.

[5256] 田凯旋，李美娟．大型零售商市场势力的影响效应研究．中国经贸导刊（中）.2020(07)：152－154.

[5257] 宋健．降低企业准入门槛　激发市场主体活力——住建部副部长易军谈建设工程企业资质管理制度改革．中国勘察设计.2020(12)：10－11.

[5258] 郭刚．并购重组风起云涌　勘察设计企业如何应对?．中国勘察设计.2020(11)：60－63.

[5259] 张延昭．明远楼的建造与明清贡院规制的确定．中国考试.2020(07)：54－63.

[5260] 于文领，安同良，胡小丽．大国博弈视角下中美转基因农产品标识规制策略演化研究．中国科技论坛.2020(08)：168－176.

[5261] 汪明月，李颖明．政府市场规制驱动企业绿色技术创新机理．中国科技论坛.2020(06)：85－93.

[5262] 陈传夫，焦钰巧．科研伦理规范的调查与体系优化研究．中国科技论坛.2020(05)：24－31.

[5263] 吴洁，刘沙沙，盛永祥，王建刚，刘鹏，施琴芬．不同技术并购模式下知识基础和知识整合对企业创新绩效的影响．中国科技论坛.2020(06)：94－102.

[5264] 李杨，方婉如．跨国并购对企业创新的影响——基于中国上市公司数据研究．中国科技论坛.2020(12)：114－123.

[5265] 王仁和，李兆辰，韩天明，陈玲．平台经济的敏捷监管模式——以网约车行业为例．中国科技论坛.2020(10)：84－92.

[5266] 洪学海，汪洋，廖方宇．区块链安全监管技术研究综述．中国科学基金.2020(01)：

18－24.

［5267］万亮，方文培，王成园，王善勇．复杂社会网络视角下企业绿色转型的研究述评与展望——一个整合性分析框架（英文）．中国科学技术大学学报．2020（10）：1330－1342.

［5268］李慧敏，陈光．论数据驱动创新与个人信息保护的冲突与平衡——基于对日本医疗数据规制经验的考察．中国科学院院刊．2020（09）：1143－1151.

［5269］李德茂，曾艳，周桔，王钦宏，孙际宾，江会锋，马延和．生物制造食品原料市场准入政策比较及对我国的建议．中国科学院院刊．2020（08）：1041－1052.

［5270］卢硕，张文忠，李佳洺．资源禀赋视角下环境规制对黄河流域资源型城市产业转型的影响．中国科学院院刊．2020（01）：73－85.

［5271］靳妮倩君．政府环境规制下的煤炭产业供应链动态减排策略研究．中国矿业．2020（08）：24－30.

［5272］李海婷．环境规制对矿业产业结构优化的影响研究综述．中国矿业．2020（02）：21－25.

［5273］张华，鹿爱莉．对矿产品国际贸易定价权本质的探讨．中国矿业．2020（01）：41－45.

［5274］王飞跃，苗琦，李培．矿业权人勘查开采信息公示制度监管效能刍议．中国矿业．2020（12）：26－30.

［5275］史瑾瑾．矿产勘查开采监管的理论与实践剖析．中国矿业．2020（S2）：14－17.

［5276］管斌，万超．论我国金融监管权“央－地”配置制度的科学设计．中国矿业大学学报（社会科学版）．2020（01）：25－40.

［5277］李安安，范鑫．公司实质参与对赌协议的合法性解构：合同自由与公司规制．中国矿业大学学报（社会科学版）．2020（01）：51－68.

［5278］姜宇，蓝江．数字资本积累中的免疫机制——以美国制裁华为反观资本主义共同体的开放和保护．中国矿业大学学报（社会科学版）．2020（06）：68－80.

［5279］林艳琴，林禛雨．共享用工的性质认定及法律规制．中国劳动．2020（06）：53－67.

［5280］仲琦．日本平台经济下的“类雇员”概念建构及其启示．中国劳动关系学院学报．2020（04）：83－91.

［5281］薛长礼．多重劳动用工关系的法理与法律规制．中国劳动关系学院学报．2020（04）：16－27.

［5282］周华．后疫情时代共享用工的可持续发展及法律规制．中国劳动关系学院学报．2020（04）：92－100.

［5283］周宝妹．暴力和骚扰的劳动法规制——国际劳工标准的影响与借鉴．中国劳动关系学院学报．2020（03）：69－76.

［5284］范围．从排斥到促进：中国高龄劳动者就业规制的反思与转型．中国劳动关系学院学报．2020（02）：43－59.

［5285］王倩．共享经济用工中的劳动关系认定理论研究综述．中国劳动关系学院学报．2020（02）：76－82.

［5286］张彩红，任启芳．基于SCP范式的中国乳业市场绩效的实证分析．中国林业经济．2020（03）：34－37.

［5287］翟云，王涛，王海学，钱思源，何春俐，谢松梅．突发公共卫生事件对药物临床试验实施的影响及应对策略．中国临床药理学杂志．2020（12）：1746－1751.

［5288］王淼．数字经济发展的法律规制——研讨会专家观点综述．中国流通经济．2020（12）：114－124.

［5289］李猛，胡振娟．我国劳动合同经济补偿金制度的改良路径与法律重塑．中国流通经济．2020（11）：90－101.

［5290］赵祖斌．反不正当竞争公益诉讼：消费者权益保护的另一途径．中国流通经济．2020（11）：102－112.

［5291］阎维博．《电子商务法》中的信用评价：运行逻辑与实施路径．中国流通经济．2020（10）：117－128.

［5292］蒋大兴．公司法改革的“社会主义（公共主义）逻辑”．中国流通经济．2020（07）：3－16.

［5293］承上．人工智能时代个性化定价行为的反垄断规制——从大数据杀熟展开．中国流通经济．2020（05）：121－128.

［5294］郭隽奎．茵维若与米其林构建战略伙伴意向书因疫情而延期．中国轮胎资源综合利用．2020（10）：46.

［5295］沈颖程．“买卖不破租赁”原则的规制．中国律师．2020（11）：30－32.

［5296］龙翼飞，赫欣．民政部门担任监护人的民法典规制．中国民政．2020（15）：39－41.

［5297］郑艳，王忠祥．承德地方民族历史文化的保护和挖掘——从京津冀协同发展的视角阐述．中国民族博览．2020（06）：68－69.

［5298］伏妍亭．文物保护工作的意义和要求浅析．中国民族博览．2020（02）：230－231.

［5299］闫怡然．历史文化风貌区保护的地方实践与思考——基于规划文本、地方法规与技术导则的分析．中国名城．2020（04）：45－50.

［5300］梁新鸿．外派参股公司高管履职存在的问题及建议．中国内部审计．2020（09）：94－95.

［5301］陈诗波，李伟．美国FDA食品安全监管科技支撑体系建设经验及启示．中国酿造．2020（08）：221－224.

［5302］刘长全．以农地经营权配置与保护为重点的农地制度改革——法国经验与启示．中国农村经济．2020（11）：131－144.

［5303］盖豪，颜廷武，张俊飚．感知价值、政府规制与农户秸秆机械化持续还田行为——基于冀、皖、鄂三省1288份农户调查数据的实证分析．中国农村经济．2020（08）：106－123.

［5304］李晗，陆迁．产品质量认证能否提高农户技术效率——基于山东、河北典型蔬菜种植区的证据．中国农村经济．2020（05）：128－144.

［5305］何寿奎，刘浩．水环境治理下农村绿色产业升级机理研究．中国农村水利水电．2020（11）：62－66.

［5306］尚旭东，王磊．农业产业化联合体：再组织二重维度、交易费用节约与市场势力重塑．中国农民合作社．2020（01）：17－19.

［5307］褚力其，姜志德，任天驰．中国农业碳排放经验分解与峰值预测——基于动态政策情景视角．中国农业大学学报．2020（10）：187－201.

［5308］高佳琛，张卫民．环境规制对企业环保投资的影响．中国农业会计．2020（04）：6－7.

［5309］王克飞．高质量发展背景下企业并购动因及绩效研究．中国农业会计．2020（03）：76－78.

［5310］范昕昕，周红根．现金持有水平、混合股权与企业并购绩效浅议．中国农业会计．2020（07）：30－32.

［5311］谭琳元，李先德．基于贸易视角的中国大麦产业安全分析．中国农业资源与区划．2020（04）：117－123.

［5312］戴俊，傅彦铭．环境规制、产业结构对能源效率的影响．中国农业资源与区划．2020（09）：55－63.

［5313］杨皓天，马骥．环境规制下养殖户的环境投入行为研究——基于双栏模型的实证分析．中国农业资源与区划．2020（03）：94－102.

[5314] 李慈强．完善平台经济治理规则与法律．中国品牌．2020（12）：90.

[5315] 翟巍．规制电商市场“二选一”监管势在必行．中国品牌．2020（10）：88.

[5316] 阎志．并购之道：保持善意．中国企业家．2020（01）：88.

[5317] 李艳艳．世茂福晟“千亿并购”僵局．中国企业家．2020（10）：96－100.

[5318] 尹天露，高晓欢，韩建军．我国家庭医生签约服务背景下社区卫生服务机构诱导需求的防范和规制研究．中国全科医学．2020（34）：4315－4319.

[5319] 李齐，郭成玉．数据资源确权的理论基础与实践应用框架．中国人口·资源与环境．2020（11）：206－216.

[5320] 胡剑波，闫烁，王蕾．中国出口贸易隐含碳排放效率及其收敛性．中国人口·资源与环境．2020（12）：95－104.

[5321] 曹翔，滕聪波，张继军．“一带一路”倡议对沿线国家环境质量的影响．中国人口·资源与环境．2020（12）：116－124.

[5322] 张宝．规制内涵变迁与现代环境法的演进．中国人口·资源与环境．2020（12）：155－163.

[5323] 杜浩渺，苗波．气候工程国际法的框架——以平流层太阳辐射管理为例．中国人口·资源与环境．2020（11）：34－42.

[5324] 解丹琪，张忠民．环境犯罪的生态经济伦理维度及其司法规制．中国人口·资源与环境．2020（10）：113－120.

[5325] 刘满凤，陈梁．环境信息公开评价的污染减排效应．中国人口·资源与环境．2020（10）：53－63.

[5326] 吴磊，贾晓燕，吴超，彭甲超．异质型环境规制对中国绿色全要素生产率的影响．中国人口·资源与环境．2020（10）：82－92.

[5327] 康鹏辉，茹少峰．环境规制的绿色创新双边效应．中国人口·资源与环境．2020（10）：93－104.

[5328] 吕朝凤，余啸．排污收费标准提高能影响FDI的区位选择吗？——基于SO_2排污费征收标准调整政策的准自然实验．中国人口·资源与环境．2020（09）：62－74.

[5329] 程宏伟，胡栩铭．生态问责制度对政商关系转型的影响分析．中国人口·资源与环境．2020（09）：164－176.

[5330] 杨冕，晏兴红，李强谊．环境规制对中国工业污染治理效率的影响研究．中国人口·资源与环境．2020（09）：54－61.

[5331] 卢洪友，张奔．长三角城市群的污染异质性研究．中国人口·资源与环境．2020（08）：110－117.

[5332] 车东晟．政策与法律双重维度下生态补偿的法理溯源与制度重构．中国人口·资源与环境．2020（08）：148－157.

[5333] 赵新泉，王闪闪，李庆．市场交易补偿可再生能源的正外部性研究．中国人口·资源与环境．2020（08）：42－50.

[5334] 范庆泉，储成君，高佳宁．环境规制、产业结构升级对经济高质量发展的影响．中国人口·资源与环境．2020（06）：84－94.

[5335] 上官绪明，葛斌华．科技创新、环境规制与经济高质量发展——来自中国278个地级及以上城市的经验证据．中国人口·资源与环境．2020（06）：95－104.

[5336] 范丹，孙晓婷．环境规制、绿色技术创新与绿色经济增长．中国人口·资源与环境．2020（06）：105－115.

[5337] 孙华平，杜秀梅．全球价值链嵌入程度及地位对产业碳生产率的影响．中国人口·资

源与环境.2020（07）：27-37.

［5338］韩颖，寇坡.隐性经济视角下中国环境污染治理困境及对策研究.中国人口·资源与环境.2020（07）：73-81.

［5339］王晓祺，郝双光，张俊民.新《环保法》与企业绿色创新："倒逼"抑或"挤出"？.中国人口·资源与环境.2020（07）：107-117.

［5340］陈斌，余曼.碳排放规制下不同信息分享模式影响的比较研究.中国人口·资源与环境.2020（05）：69-80.

［5341］王立杰，吕建军.基于市场结构视角的环境规制政策社会福利效应分析.中国人口·资源与环境.2020（05）：81-89.

［5342］任晓松，刘宇佳，赵国浩.经济集聚对碳排放强度的影响及传导机制.中国人口·资源与环境.2020（04）：95-106.

［5343］沈能，胡怡莎，彭慧.环境规制是否能激发绿色创新？——基于点-线-面三维框架的可视化分析.中国人口·资源与环境.2020（04）：75-84.

［5344］王为东，王冬，卢娜.中国碳排放权交易促进低碳技术创新机制的研究.中国人口·资源与环境.2020（02）：41-48.

［5345］胡江峰，黄庆华，潘欣欣.碳排放交易制度与企业创新质量：抑制还是促进.中国人口·资源与环境.2020（02）：49-59.

［5346］祝睿，秦鹏.中国碳标识内容规范化的原则与进路.中国人口·资源与环境.2020（02）：60-69.

［5347］徐红，赵金伟.研发投入的绿色技术进步效应——基于城市层面技术进步方向的视角.中国人口·资源与环境.2020（02）：121-128.

［5348］黄锡生，张真源.论中国环境预警制度的法治化——以行政权力的规制为核心.中国人口·资源与环境.2020（02）：158-167.

［5349］潘翻番，徐建华，薛澜.自愿型环境规制：研究进展及未来展望.中国人口·资源与环境.2020（01）：74-82.

［5350］熊勇清，王溪.新能源汽车技术创新激励的政策选择："扶持性"抑或"门槛性"政策？.中国人口·资源与环境.2020（11）：98-108.

［5351］陈明华，王山，刘文斐.黄河流域生态效率及其提升路径——基于100个城市的实证研究.中国人口科学.2020（04）：46-58.

［5352］朱艳秋.就业非正规性："共享员工"的现实缺陷与规制进路.中国人力资源开发.2020（12）：70-80.

［5353］苏晖阳.新型用工劳动关系的法律规制研究.中国人力资源开发.2020（05）：70-86.

［5354］周湘林，聂建峰."双一流"建设：大学内部治理模式转型及其规范.中国人民大学教育学刊.2020（02）：5-16.

［5355］钟维.中国式智能投顾：规制路径与方案选择.中国人民大学学报.2020（03）：122-131.

［5356］王仲羊.大数据时代手机定位侦查的制度挑战与法律规制.中国人民公安大学学报（社会科学版）.2020（06）：55-63.

［5357］许桂敏，张转.非法获取公民个人信息行为的智化、解读与规制——基于技术的多维面向.中国人民公安大学学报（社会科学版）.2020（06）：130-142.

［5358］胡业勋，王彦博.社会治安防控体系中智能化嵌入困境及优化.中国人民公安大学学报（社会科学版）.2020（04）：130-139.

［5359］贾长森.情理因素对行刑的影响及其必要规制.中国人民公安大学学报（社会科学版）.

2020（03）：116－128.

［5360］毕惜茜．审讯中人工智能的应用与思考．中国人民公安大学学报（社会科学版）.2020（03）：30－36.

［5361］梅传强，盛浩．新精神活性物质数量计算的困境、症结与完善．中国人民公安大学学报（社会科学版）.2020（02）：9－20.

［5362］张俊，唐雪莲，赵宇．论区块链技术挑战下的警务工作．中国人民公安大学学报（社会科学版）.2020（01）：136－146.

［5363］孙明泽．刑事诉讼电子数据冻结的程序规制研究．中国人民公安大学学报（社会科学版）.2020（01）：58－66.

［5364］杜宇，吴传清，邓明亮．政府竞争、市场分割与长江经济带绿色发展效率研究．中国软科学．2020（12）：84－93.

［5365］周新苗，唐绍祥，刘慧宏．中国绿色债券市场的分割效应及政策选择研究．中国软科学．2020（11）：42－51.

［5366］刘玉凤，高良谋．异质性环境规制、地方保护与产业结构升级：空间效应视角．中国软科学．2020（09）：84－99.

［5367］邱国栋，汪玖明．风投运作变异的本土分析与治理对策——基于“对赌协议”的研究．中国软科学．2020（11）：26－41.

［5368］刘和旺，刘池，郑世林．《环境空气质量标准（2012）》的实施能否助推中国企业高质量发展？．中国软科学．2020（10）：45－55.

［5369］李仲平．美国《拜杜法案》的补贴困境及其对中国的启示．中国软科学．2020（10）：1－11.

［5370］李毅，胡宗义，何冰洋．环境规制影响绿色经济发展的机制与效应分析．中国软科学．2020（09）：26－38.

［5371］曹越，辛红霞，张卓然．新《环境保护法》实施对重污染行业投资效率的影响．中国软科学．2020（08）：164－173.

［5372］田红彬，郝雯雯．FDI、环境规制与绿色创新效率．中国软科学．2020（08）：174－183.

［5373］宋文月，任保平．政府治理对产业结构变迁的影响及区域差异．中国软科学．2020（07）：77－91.

［5374］廖文龙，董新凯，翁鸣，陈晓毅．市场型环境规制的经济效应：碳排放交易、绿色创新与绿色经济增长．中国软科学．2020（06）：159－173.

［5375］禄雪焕，白婷婷．绿色技术创新如何有效降低雾霾污染？．中国软科学．2020（06）：174－182.

［5376］李小平，余东升，余娟娟．异质性环境规制对碳生产率的空间溢出效应——基于空间杜宾模型．中国软科学．2020（04）：82－96.

［5377］王洪庆，张莹．贸易结构升级、环境规制与我国不同区域绿色技术创新．中国软科学．2020（02）：174－181.

［5378］刁莉，赵伊凡，宋思琪．我国中资银行海外并购的动因、策略与政策研究．中国软科学．2020（01）：184－192.

［5379］武天兰，范黎波．中国上市企业跨国并购交易持续时间研究：资源与制度视角．中国软科学．2020（02）：120－128.

［5380］牛晓晨，邢源源，孟凡臣．跨国技术并购因素组态与创新绩效因果关系研究——基于模糊集定性比较分析．中国软科学．2020（08）：20－35.

［5381］刘刚，殷建瓴，耿天成．产业间距离、技术异质性与企业并购绩效——基于 A 股上市企业的实证研究．中国软科学．2020（12）：104－116.

［5382］金立刚．莱蒙国际联合创始人刘智：用量子思维赋能企业创新．中国商界．2020（05）：107.

［5383］邵天钟．关于“一带一路”背景下我国金融投资发展的思考．中国商论．2020（21）：43－44.

［5384］许堤．共享单车押金规制的法律问题研究．中国商论．2020（19）：5－7.

［5385］蔡航．私人数字货币的法律属性与法律规制．中国商论．2020（15）：61－62.

［5386］封蔼然，李婵娟．新制度经济学视角下我国自然垄断产业的改革研究．中国商论．2020（12）：176－177.

［5387］卢超超．民间融资行为的法律规制：理念检视与路径转换．中国商论．2020（11）：28－29.

［5388］孙秋雨．环境规制对产业结构升级的影响．中国商论．2020（08）：236－237.

［5389］程雨．信息发展下计算机网络与经济发展的关系研究．中国商论．2020（08）：240－241.

［5390］赵君丽，刘江薇．双重环境规制对不同进入动机 FDI 的影响效应研究．中国商论．2020（06）：220－224.

［5391］李进孝．金融借贷的风险防范和诉讼应对．中国商论．2020（05）：56－57.

［5392］李迎旭，雷海东．环境规制、技术创新与汕头特色产业出口竞争力分析——以玩具产业为例．中国商论．2020（05）：192－195.

［5393］王丹尼．共享经济法律规制的研究进路与反思．中国商论．2020（03）：108－109.

［5394］罗睿．论低碳经济下的国际贸易新发展．中国商论．2020（02）：75－76.

［5395］钟玉明．民营企业的并购扩张分析——以复星集团为例．中国商论．2020（03）：65－69.

［5396］申茜．国有企业混合所有制改革的经验探讨——以重庆长电联合公司为例．中国商论．2020（04）：227－228.

［5397］朱骁一．基于市值管理的公司跨行业并购与产业重组研究．中国商论．2020（04）：49－50.

［5398］谢同海．企业并购重组过程存在的问题及解决对策分析．中国商论．2020（04）：161－163.

［5399］朱雪晶．国有企业投资并购研究．中国商论．2020（05）：52－53.

［5400］李斌，李玉芳．中国企业“一带一路”背景下的跨国并购绩效研究．中国商论．2020（08）：95－98.

［5401］黄汉春．非上市企业并购中的财务风险探讨．中国商论．2020（09）：51－52.

［5402］任立媛．我国企业并购融资方式选择及优化研究．中国商论．2020（11）：78－79.

［5403］王新舒．企业并购重组中业绩补偿的风险研究——以信雅达并购上海科匠为例．中国商论．2020（14）：56－57.

［5404］郑煜琦，汤新华．上市公司商誉减值问题分析——以 H 电气公司并购销售端 M 外贸公司为例．中国商论．2020（15）：8－11.

［5405］刘凌宇，王鹏．并购模式对上市公司并购绩效的影响．中国商论．2020（15）：69－71.

［5406］梁紫霞．探析财务尽职调查方法在企业并购中的应用．中国商论．2020（15）：145－146.

［5407］陈璇．浅谈吉利集团并购沃尔沃汽车．中国商论．2020（01）：134－135.

［5408］张继标．上市公司并购重组中税务师的重要性．中国商论．2020（01）：173－174.

［5409］鞠雪莲．互联网金融的运作模式与发展策略研究．中国商论．2020（19）：69－70.

[5410] 王攀. 关于加强国有企业资产管理的思考. 中国商论. 2020 (04): 182 – 183.

[5411] 庞璐. 浅析公司法与公司监管体系. 中国商论. 2020 (02): 168 – 169.

[5412] 于静. 承压设备市场准入制度中美模式对比分析. 中国设备工程. 2020 (01): 116 – 117.

[5413] 王昉, 张铎. 民国时期铁路规制思想的发展与演变——基于1912 – 1937年中华全国铁路协会刊物的考察. 中国社会经济史研究. 2020 (01): 61 – 71.

[5414] 丁晓东. 论算法的法律规制. 中国社会科学. 2020 (12): 138 – 159.

[5415] 胡明. 科研合同的功能性规制. 中国社会科学. 2020 (09): 68 – 92.

[5416] 宋华琳. 中国的比较行政法研究: 回顾与展望. 中国社会科学评价. 2020 (03): 76 – 90.

[5417] 韩伟. 数字经济中的隐私保护与支配地位滥用. 中国社会科学院研究生院学报. 2020 (01): 37 – 45.

[5418] 张爱军, 梁赛. 论情感在政治传播中的作用——一个新的视角. 中国社会科学院研究生院学报. 2020 (04): 72 – 80.

[5419] 曹俊. 野生动物保护, 修法要点是什么? ——对话十三届全国政协常委、中国法学会副会长、中国法学会环境资源法学研究会负责人吕忠梅. 中国生态文明. 2020 (01): 31 – 38.

[5420] 张振华, 张国兴. 地方政府竞争视角下跨区域环境规制的演化博弈策略研究. 中国石油大学学报 (社会科学版). 2020 (04): 9 – 16.

[5421] 纪玉俊, 李志婷. 制造业集聚影响城市绿色全要素生产率的门槛效应. 中国石油大学学报 (社会科学版). 2020 (01): 25 – 33.

[5422] 王文清. 扬长补短　强强携手　2020年化企并购大戏已然开幕. 中国石油和化工. 2020 (05): 38 – 41.

[5423] 李月清. "一维盈利"三种模式. 中国石油企业. 2020 (05): 32 – 33.

[5424] 李丰, 廖群山, 刘芳, 吴素娟. BP百年养成逻辑: 兼并购成就超级巨头. 中国石油企业. 2020 (07): 61 – 66.

[5425] 徐东. 疫情以来首笔并购有何悬机?. 中国石油石化. 2020 (16): 40 – 41.

[5426] 朱润民. 行业惨淡, 康菲大手笔并购. 中国石油石化. 2020 (22): 31.

[5427] 祝雨筱, 刘慧, 邢飞, 姜欢. 泰国食品接触材料监管及标准现状. 中国食品卫生杂志. 2020 (03): 267 – 270.

[5428] 朱俊奇, 茆京来. 我国食品安全监管政策质性评价. 中国食品卫生杂志. 2020 (01): 53 – 56.

[5429] 林振顺. 浅议网络销售处方药的法律规制. 中国食品药品监管. 2020 (01): 66 – 73.

[5430] 许晓辉, 闫君, 赵波, 吴福祥, 王小乔. 食品检验检测机构质量控制关键点探讨. 中国食品药品监管. 2020 (12): 52 – 56.

[5431] 许建斌. 张家口市食品"三小"业态治理提升对策及实践. 中国食品药品监管. 2020 (12): 70 – 73.

[5432] 潘建红, 王静, 张慧. 生物等效性研究和生物类似药研究的等效性判定标准. 中国食品药品监管. 2020 (12): 24 – 28.

[5433] 梅婧, 杨晓栋, 李少春. 人工智能医疗的循证和监管. 中国食品药品监管. 2020 (12): 62 – 69.

[5434] 高志男. 市场监管执法如何合理运用责令改正. 中国食品药品监管. 2020 (10): 60 – 63.

[5435] 沈洁. 对新时期化妆品安全监管工作的思考. 中国食品药品监管. 2020 (10): 64 – 67.

[5436] Rodier Celine, Bujar Magda, 曾亚莉. 聚焦加速审评通道和国际化——2010 ~ 2019年国外六大监管机构新药审批情况分析. 中国食品药品监管. 2020 (09): 54 – 71.

[5437] 董润生，崔浩，谢义白，李宗．医疗机构制剂配制现状及问题成因探析．中国食品药品监管．2020（05）：20－23.

[5438] 汪颖．代餐食品发展现状及监管建议．中国食品药品监管．2020（03）：72－75.

[5439] 唐剑，姚鹏．医疗器械 GMP 现场检查中有关工艺用水系统的监管思考．中国食品药品监管．2020（02）：47－53.

[5440] 周辉．农村市场食用菌安全风险的防范．中国食用菌．2020（08）：215－217.

[5441] 何犇．质量安全追溯体系在食用菌产品中的应用．中国食用菌．2020（07）：111－113.

[5442] 彭长江，薛秀娟，魏华．政府支持背景下食用菌市场创新的风险及其法律规制．中国食用菌．2020（06）：86－88.

[5443] 贾维．食用菌菌种监管办法的安全法律责任体系的重构．中国食用菌．2020（02）：231－233.

[5444] 王琦．食用菌产业安全监管问题法律研究．中国食用菌．2020（01）：99－101.

[5445] 岳文河，吴永霞．食用菌企业并购与增强市场竞争力分析．中国食用菌．2020（03）：85－87.

[5446] 宋海鸥．食用菌生产质量安全和监管．中国食用菌．2020（07）：222－224.

[5447] 李平，文廷娟．食用菌产品安全生产中的问题与对策分析．中国食用菌．2020（07）：219－221.

[5448] 陈伟．对我国数字经济发展的分析．中国市场．2020（34）：193－195.

[5449] 饶朦．环境规制、经济增长和产业结构高级化探究——基于江西省十一个市面板数据的实证分析．中国市场．2020（32）：61－62.

[5450] 孟帆，李远贤，程玉杰．隐形经济改善对环境污染治理的影响分析——基于第三方监管作用的视角．中国市场．2020（26）：126－127.

[5451] 任啸天．“996”强制加班现象法律规制研究．中国市场．2020（26）：106－108.

[5452] 赵志浩．互联网领域不正当竞争的法律规制——以《反不正当竞争法》的适用为中心．中国市场．2020（15）：13－14.

[5453] 郁玉立．产业融合视角下中国互联网金融的发展困境研究．中国市场．2020（14）：45－46.

[5454] 曾雅琪．从“财”“政”“法”三维度治理地方政府债务．中国市场．2020（12）：3－5.

[5455] 白金辉，郭宇晴，刘奥，张月琦，陈贤聪．出租车行业及其规制理论起源与发展．中国市场．2020（10）：62－63.

[5456] 尚卫东，孙志伟．我国营商环境规制建设的反思与创新探究．中国市场．2020（12）：6－8.

[5457] 韩奕，王鹏程．环境规制下阿克苏地区苹果全要素生产率测度．中国市场．2020（09）：67－68.

[5458] 吴俊．大型企业的监管之道——梯若尔与加尔布雷思垄断理论的一个比较．中国市场．2020（05）：10－13.

[5459] 李琦．汽车销售中区域限制的思考．中国市场．2020（24）：138－139.

[5460] 王媛．并购商誉、产权性质与公司价值．中国市场．2020（02）：37－38.

[5461] 付国梅，李富昌．金融机构海外并购风险控制研究．中国市场．2020（02）：76－77.

[5462] 刘慧芳．签有盈利预测补偿协议的互联网企业并购风险研究——以 SZ 公司并购 KM 公司为例．中国市场．2020（08）：54－55.

[5463] 何雨霜．互联网企业并购中的商誉减值问题研究．中国市场．2020（09）：187－188.

[5464] 殷群花．非同一控制下企业并购的所得税处理探讨．中国市场．2020（10）：144－145.

[5465] 黄莉莉．中资企业跨境并购的分析．中国市场．2020（11）：80－81.

[5466] 付晓云．我国钢铁企业并购重组绩效研究——以宝钢并购武钢为例．中国市场．2020（16）：56－57.

[5467] 李占强．企业并购重组的财务整合与管控．中国市场．2020（18）：68－69.

[5468] 陈洪辉．企业并购重组的风险分析及控制措施．中国市场．2020（20）：84－88.

[5469] 陈洳璠．阿里巴巴并购饿了么案例分析——互联网企业并购动机与财务风险分析．中国市场．2020（21）：92－94.

[5470] 李晓俊．探究企业并购重组过程中的财务风险及控制．中国市场．2020（22）：95－96.

[5471] 牛彩苹．企业并购中的筹资渠道探讨．中国市场．2020（23）：52－53.

[5472] 张威威．浅谈并购重组的企业所得税税务风险．中国市场．2020（23）：94－98.

[5473] 李淑艳．企业并购的财务效益分析．中国市场．2020（23）：95－96.

[5474] 王清灵．机构持股对并购长期绩效影响研究——管理层权力的中介效应检验．中国市场．2020（25）：8－10.

[5475] 杨娟．企业并购重组的风险分析及控制措施．中国市场．2020（26）：92－95.

[5476] 莫迪．浅谈并购基金的账务处理．中国市场．2020（28）：46－47.

[5477] 金辉．探讨房地产项目并购方式及建议．中国市场．2020（31）：69－70.

[5478] 郭晓静．并购过程中财务尽职调查的探讨．中国市场．2020（33）：60－61.

[5479] 陈元仁．莆田市医疗保险基金实行会计集中核算的优势与不足．中国市场．2020（14）：146－147.

[5480] 武琨．金融科技时代银行业发展与监管．中国市场．2020（11）：51－52.

[5481] 王万利．深化工程招投标监管的意义及措施．中国市场．2020（08）：107－108.

[5482] 阎昱宏，张鹏飞，何晓爽．上海市中小型旅行社留学生研学旅游产品调查分析．中国市场．2020（13）：137－139.

[5483] 韩晶晶，张权．中国电信业社会福利损失及影响因素实证研究．中国市场．2020（11）：58－59.

[5484] 吴东海，张天．德国联邦卡特尔局怎样规制“二选一”——分析 CTS Eventim 滥用市场支配地位案．中国市场监管研究．2020（11）：38－42.

[5485] 丁茂中．限定交易相对人进行交易的行为认定研究．中国市场监管研究．2020（06）：43－46.

[5486] 陈兵．提升反垄断立法质量　推动国家治理现代化．中国市场监管研究．2020（06）：36－38.

[5487] 林路索，于杨曜．完善家庭私厨法律规制的思考．中国市场监管研究．2020（11）：9－12.

[5488] 何茂斌．电商平台“二选一”行为规制的法律适用．中国市场监管研究．2020（11）：34－38.

[5489] 宋林霖，张玉坤．市场监管内涵界定：多学科视角综述．中国市场监管研究．2020（10）：57－59.

[5490] 宋亚辉．网络直播带货的商业模式与法律规制．中国市场监管研究．2020（08）：9－15.

[5491] 孙颖，周义博．食品欺诈的规制路径选择．中国市场监管研究．2020（06）：51－55.

[5492] 王文华．网红“直播带货”的法律规制探析．中国市场监管研究．2020（05）：29－32.

[5493] 石珍，张琴．全面依法治国背景下行政“黑名单”制度及其法律规制．中国市场监管研究．2020（04）：62－66.

[5494] 孙晋，万召宗，徐则林．滥用市场支配地位实施“忠诚折扣”行为的性质——以利乐

案和伊士曼案为例．中国市场监管研究．2020（11）：25－30.

［5495］郝俊淇．滥用市场支配地位与排除、限制竞争的可分性．中国市场监管研究．2020（06）：39－42.

［5496］吴赟．化妆品经营使用环节监管现状及对策研究．中国市场监管研究．2020（02）：40－43.

［5497］张洪涛．深化部门合作 完善拍卖监管体制．中国市场监管研究．2020（02）：63－64.

［5498］平台经济的治理与规范．中国市场监管研究．2020（03）：73－75.

［5499］杨春．发展乡村农业旅游对挖掘保护地方文化资源的意义——评《休闲农业与乡村旅游》．中国蔬菜．2020（03）：119.

［5500］屠建学．黄河河道保护地方立法研究．中国水利．2020（22）：44－47.

［5501］宋美荣．强化水利事业单位固定资产监管刍议．中国水利．2020（06）：52－53.

［5502］陈凤玉，刘伟，李昊洋，赵伟，陈华鑫．南平市水利行业强监管制度体系创新探索．中国水利．2020（02）：42－44.

［5503］杜婧，张怡．太湖流域片水土保持信息管理系统建设及应用．中国水土保持．2020（12）：72－76.

［5504］周宁，李超，吕志学，史彦林，张利，勇丽波，李日新，林凤祥．黑龙江省生产建设项目水土保持监管实践．中国水土保持．2020（08）：4－6.

［5505］吴静，夏青．税务尽职调查：海外投资并购的关键一步．中国税务．2020（01）：48－49.

［5506］马杰．司法鉴定乱象的法律规制——以文物司法鉴定为例．中国司法鉴定．2020（06）：66－69.

［5507］卢莹．消费型 DNA 数据库在刑事侦查中的运用及规制．中国司法鉴定．2020（03）：65－68.

［5508］田欣，刘彬，钱贵霞．基于 SCP 范式的中国饲料加工业产业组织研究．中国饲料．2020（05）：101－108.

［5509］和军，谢思．国际竞争中性监管改革效果评价与启示．中国特色社会主义研究．2020（04）：31－39.

［5510］魏新政．《SPS 协议》框架下我国食品安全标准立法规制体制研究．中国调味品．2020（08）：191－194.

［5511］贾蕊．料酒中爱德万甜及其他甜味剂检测方法分析及安全管制．中国调味品．2020（06）：194－197.

［5512］张长春．破除民间投资进入壁垒．中国投资（中英文）．2020（ZA）：3.

［5513］方勇，黄建洲，罗成．浅谈地方生态保护红线的评估问题——以湖北黄冈市为例．中国土地．2020（02）：37－39.

［5514］赵谦，董亚辉．土地复垦监管行为规范的主体性合作治理形式选择．中国土地科学．2020（03）：24－30.

［5515］戴金平，范猛，沈文慧．中国金融开放的测度与评估．中国外汇．2020（17）：28－31.

［5516］张伟华．跨境并购方兴未艾．中国外汇．2020（Z1）：57－59.

［5517］姚影．跨境并购需精准施策．中国外汇．2020（05）：68－70.

［5518］余虹志．避开跨境并购新暗礁．中国外汇．2020（12）：21－22.

［5519］张伟华．海外并购反垄断审查风险防控．中国外汇．2020（14）：14－16.

［5520］张伟华．疫情下的跨境并购及交易实务．中国外汇．2020（18）：14－16.

［5521］余虹志．拆解数字经济并购估值．中国外汇．2020（20）：22－23.

［5522］张伟华．中企赴东盟并购方兴未艾．中国外汇．2020（24）：18－19.

[5523] 董超，柳辛．东南亚并购投资中的汇率风险管控．中国外汇．2020（24）：22－24.

[5524] 喻伟光．产业园区收付费系统中的内部控制．中国外资．2020（04）：74－75.

[5525] 雷书婷．金融服务实体经济的困境及化解之道．中国外资．2020（21）：56－57.

[5526] 黄凯．后疫情时代的外资规制新变化．中国外资．2020（13）：38－39.

[5527] 李敏航．企业财务管理中业财融合存在的问题与对策研究．中国外资．2020（10）：66－67.

[5528] 范子萌．基金托管市场准入降格　外资行摩拳擦掌．中国外资．2020（09）：76.

[5529] 张琼斯，张骄．金融市场开放越来越敞亮　外资拥抱“中国机会”．中国外资．2020（01）：46－47.

[5530] 张化冰．企业并购重组中的税收筹划分析．中国外资．2020（04）：98－99.

[5531] 孟雁北．美国外资并购国家安全审查制度内含悖论．中国外资．2020（05）：92－93.

[5532] 任飞．上市公司并购重组财务风险及管控分析．中国外资．2020（06）：46－47.

[5533] 李曦．轻资产公司并购商誉减值风险诱因分析及应对建议．中国外资．2020（08）：37－38.

[5534] 徐芳．企业海外并购后财务整合的关键环节与完善建议．中国外资．2020（08）：87－88.

[5535] 刘亦杰．中资银行海外并购策略及建议．中国外资．2020（14）：7－8.

[5536] 李荣江．企业并购重组中的财务风险与防范策略．中国外资．2020（16）：19－21.

[5537] 李保伟．国有企业并购民营企业的财务风险研究．中国外资．2020（16）：37－38.

[5538] 李剑．企业投资并购财务尽职调查的措施探讨．中国外资．2020（20）：34－36.

[5539] 黄超，王强．对开展卫生健康团体标准化良好行为评价的思考．中国卫生标准管理．2020（21）：1－5.

[5540] 黄超，索瑶，王强．我国医疗机构感染暴发事件的分析与思考．中国卫生标准管理．2020（12）：136－139.

[5541] 闫芮，宋鑫．国家基本公共卫生服务项目乡村协作机制研究．中国卫生产业．2020（06）：189－191.

[5542] 谢承烜．对我国有条件代孕合法化的再思考．中国卫生法制．2020（06）：69－76.

[5543] 郑孟孟．食品职业打假索赔法律规制路径探析．中国卫生法制．2020（05）：32－37.

[5544] 刘颖．院内中药制剂的价值与规制路径．中国卫生法制．2020（04）：47－49.

[5545] 邱明岸，谢雄伟．论人体胚胎基因编辑行为的刑法规制——以基因编辑婴儿事件为视角．中国卫生法制．2020（04）：7－12.

[5546] 汪丽青．欧洲国家人类辅助生殖的法律规制．中国卫生法制．2020（03）：63－67.

[5547] 曹艳林，王晨光．完善我国传染病疫情防控法律规制探讨．中国卫生法制．2020（03）：57－62.

[5548] 王萍，刘晴晴．欧盟保健食品综合治理考察与经验借鉴．中国卫生法制．2020（02）：62－66.

[5549] 李想，侯琴，徐正东．论二孩政策下保障女性生育意愿的法律思考．中国卫生法制．2020（02）：14－18.

[5550] 张红升．论卫生行政处罚之询问——以非法行医调查询问为例．中国卫生法制．2020（01）：12－18.

[5551] 鄢广．论患者知情同意权之行使与规制．中国卫生法制．2020（01）：19－21.

[5552] 李戈，刘洪，高闻捷，贝文．违法宣传超声刀医疗美容引发的监管思考．中国卫生法制．2020（03）：78－80.

[5553] 杨满娣．医调委的困境与出路探讨．中国卫生法制．2020（02）：102－104.

[5554] 傅蓉华，郭爱萍，刘宏凯，王卓，吴静宇．消毒产品生产企业告知承诺审批改革后事中事后监管方式的探讨．中国卫生法制．2020 (01)：80-82.

[5555] 盛凯琳，陈竞波，倪胜，李宇阳．浙江省医疗美容机构发展、监管现状与治理对策．中国卫生法制．2020 (01)：83-88.

[5556] 朱悦，段颖，关露超．医养结合机构医疗卫生服务监管对策和建议．中国卫生监督杂志．2020 (01)：37-40.

[5557] 张平，吴登丰．政策规制、医院选择及对分级诊疗的影响效应研究．中国卫生经济．2020 (10)：19-24.

[5558] 郑大喜，程燕．医保对医院收费行为监管的政策演进、特点和启示．中国卫生经济．2020 (07)：14-19.

[5559] 吴染，沈宇超．浅析在法律层面重大疫情网络谣言的法律规制．中国卫生人才．2020 (11)：36-39.

[5560] 薛原，杨令．"互联网+"背景下网上药店市场经营现状与监管对策探讨．中国卫生事业管理．2020 (05)：376-379.

[5561] 周光华，徐向东，吴士勇．省域互联网医院监管平台需求分析及功能设计．中国卫生信息管理杂志．2020 (06)：721-724.

[5562] 段占祺，苏畅，谭坤，张子武，潘惊萍．信息化在卫生行政监管中的应用探讨．中国卫生信息管理杂志．2020 (02)：145-150.

[5563] 刘汉强，张宇飞，孙宇航，徐晗宇，姜鑫．"互联网+医疗"的监管问题与对策探析．中国卫生质量管理．2020 (03)：1-4.

[5564] 金广予，张之薇，俞宏博，魏建军，虞涛．某三级甲等医院消毒供应外包质量和感染控制的风险管理．中国卫生资源．2020 (03)：271-274.

[5565] 高泰帜，张瑾玮，庞东亮．小机场发展、交叉补贴与差异化收费研究．中国物价．2020 (04)：84-87.

[5566] 周晗燕．非税收入的法律规制与降低企业非税负担．中国物价．2020 (12)：31-33.

[5567] 李惠雯．预付式消费中的信托保障机制研究．中国物价．2020 (10)：93-96.

[5568] 姚武华，高德步．"长三角"一体化战略的经济功能、空间经济关系协调与政策支撑．中国物价．2020 (08)：11-14.

[5569] 李宏舟，王帅，白青峰．RPI-X 规制在美国输配电价监管中的应用及对我国的启示．中国物价．2020 (07)：66-70.

[5570] 孙其华．论疫情防控期间哄抬物价行为的识别与规制．中国物价．2020 (06)：68-71.

[5571] 张蕊，孙瑞红．环境规制变化及其对邮轮产业的影响．中国物价．2020 (02)：86-89.

[5572] 郭琎．铁路价格规制的理论基础研究综述．中国物价．2020 (01)：69-71.

[5573] 高梦沉．基于演化博弈的转型经济中官员腐败问题研究．中国物价．2020 (02)：90-92.

[5574] 闫旭．企业网络对企业并购绩效的影响研究．中国物价．2020 (03)：86-89.

[5575] 陈建，张广建．跨国并购对企业创新效率的影响研究．中国物价．2020 (04)：76-79.

[5576] 王叶舍．上市公司股权结构与并购绩效关系研究．中国物价．2020 (09)：41-44.

[5577] 宋常，王嘉．并购业绩补偿承诺对股价同步性的影响研究——基于信息不对称的视角．中国物价．2020 (12)：75-78.

[5578] 李佳欣．基于中小股东利益保护的对赌协议风险研究——以华谊并购东阳为例．中国物价．2020 (12)：66-68.

[5579] 周春志，王莹．我国金融控股公司发展现状与监管思考．中国物价．2020 (08)：66-69.

[5580] 王春艳，董继刚．博弈视角下房地产市场利益六方的分与合．中国物价．2020 (07)：

78-81.

[5581] 林凯旋．我国商业银行的系统性风险溢出效应研究．中国物价．2020（06）：36-38.

[5582] 李凤超．股权质押的风险及其对上市公司影响研究综述．中国物价．2020（05）：68-70.

[5583] 苏鹏，孙巍．市场势力视角下猪肉产业链的价格非对称传导分析．中国物价．2020（08）：50-53.

[5584] 高长春，余晨辉．产权结构、市场势力与星级酒店绩效关系研究——基于NEIO与SS-CP的复合分析．中国物价．2020（08）：45-49.

[5585] 陈泽荣，刘敏娴．试论公司减资制度的法律规制．中国物流与采购．2020（11）：54-55.

[5586] 王乐．浅析食品安全规制对食品物流的影响．中国物流与采购．2020（08）：75.

[5587] 周珂弘，徐晶．人工智能推荐系统应用下的消费者个人信息权法律保护研究．中国物流与采购．2020（20）：38-39.

[5588] 杨步韵，江婷婷．影响跨国并购交易完成的因素探讨．中国物流与采购．2020（07）：42-43.

[5589] 戈李．航空制造企业设备零配件联合采购模式研究．中国物流与采购．2020（20）：26-27.

[5590] 林卉．我国第三方支付的风险及监管——从监管风险角度分析．中国物流与采购．2020（10）：67.

[5591] 杭州率先动用地方立法权规范物业服务企业收集业主信息．中国物业管理．2020（10）：2.

[5592] 敬力嘉．论编造、故意传播虚假信息的刑法规制——虚假疫情信息依法从严治理．中国西部．2020（03）：106-111.

[5593] 许欢．整合并购将成为未来十年TIC行业主旋律．中国纤检．2020（09）：46-48.

[5594] 汤绍均．简析企业并购中的财务风险管理．中国乡镇企业会计．2020（01）：42-43.

[5595] 刘齐齐．蓝帆医疗并购整合柏盛国际分析：路径、效应与绩效．中国乡镇企业会计．2020（02）：17-19.

[5596] 南仁行．并购过程中目标企业价值评估的财务风险和控制．中国乡镇企业会计．2020（03）：74-75.

[5597] 高国红．互联网企业并购财务风险分析．中国乡镇企业会计．2020（03）：76-77.

[5598] 袁悦．基于模糊层次分析法的互联网企业并购风险评价——以阿里巴巴并购饿了么为例．中国乡镇企业会计．2020（03）：71-73.

[5599] 杨渠．企业并购中的财务风险探究．中国乡镇企业会计．2020（05）：54-55.

[5600] 李珏彬．我国企业并购后的财务整合风险问题探讨．中国乡镇企业会计．2020（05）：56-58.

[5601] 杨雪．上市医疗企业并购的财务风险及防控策略研究．中国乡镇企业会计．2020（11）：64-65.

[5602] 张绍爱．企业并购财务风险的影响因素及防范对策研究．中国乡镇企业会计．2020（12）：67-68.

[5603] 宁望波．企业并购后财务整合探析．中国乡镇企业会计．2020（12）：71-72.

[5604] 周建鹏．大型企业网络安全监管创新思考．中国新通信．2020（03）：142.

[5605] 陈云，李珊珊，邵蓉，周斌．欧洲前沿疗法药物的监管、审批及其启示．中国新药杂志．2020（15）：1681-1690.

[5606] 陈昊．生物类似药的特殊性与监管措施探讨．中国新药杂志．2020（11）：1201-1204.

[5607] 鲁传颖．中美科技竞争的历史逻辑与未来展望．中国信息安全．2020（08）：70-73.

[5608] 桂畅旎．国际网安立法三年回顾及启示．中国信息安全．2020（06）：59－63.

[5609] 杨东，刘炼箴．数字经济时代反垄断法重构的有益尝试——评《关于平台经济领域的反垄断指南（征求意见稿）》．中国信息安全．2020（12）：74－77.

[5610] 梁宪飞．对人工智能时代算法歧视的思考．中国信息化．2020（07）：54－55.

[5611] 何玲．银保监会：坚决防止影子银行回潮．中国信用．2020（08）：47.

[5612] 王伟．信用秩序的法律规制　民法典与社会信用法的功能界定．中国信用．2020（07）：112－114.

[5613] 李仪，陶宇．大数据技术下消费者个人信用信息共享的治理机制．中国信用．2020（02）：126.

[5614] 杨曦．互联网消费信贷中个人征信信息的法律保护．中国信用．2020（02）：126.

[5615] 数字化应用推动个人征信体系不断完善——全联并购公会“探讨疫情对个人征信体系的冲击与应对问题”主题闭门专业研讨会部分专家观点摘编．中国信用．2020（09）：110－111.

[5616] 张璇．关于支付市场垄断与跨市场竞争问题的探讨．中国信用卡．2020（07）：56－60.

[5617] 谯冉，吴广宇．新时代维护警察执法权威视阈下袭警入刑问题探析．中国刑警学院学报．2020（04）：5－11.

[5618] 张俊，唐雪莲，赵涛．区块链技术的警务应用．中国刑警学院学报．2020（03）：108－117.

[5619] 张雷，胡江．网络贩毒犯罪电子证据的收集和审查．中国刑警学院学报．2020（01）：109－116.

[5620] 张成东．“套路贷”中诈骗行为的认定与刑法规制．中国刑警学院学报．2020（01）：40－46.

[5621] 纵博．隐私权视角下的大规模监控措施类型化及其规范．中国刑事法杂志．2020（06）：55－71.

[5622] 吴桐．科技定位侦查的制度挑战与法律规制——以日本 GPS 侦查案为例的研究．中国刑事法杂志．2020（06）：72－89.

[5623] 裴炜．论刑事电子取证中的载体扣押．中国刑事法杂志．2020（04）：120－136.

[5624] 肖扬宇．美国《反海外腐败法》的新动向及我国国内法表述．中国刑事法杂志．2020（02）：158－176.

[5625] 梁坤．论初查中收集电子数据的法律规制——兼与龙宗智、谢登科商榷．中国刑事法杂志．2020（01）：39－57.

[5626] 李琰，喻佳洁，李幼平．医学服务、科研和教育中的伦理原则、监管与公共监督．中国循证医学杂志．2020（01）：108－111.

[5627] 丁关良，陈奕玮．集体经营性建设用地市场化之私法规制的完善研究——以《民法典》“物权编”与《土地管理法》衔接为例．中国延安干部学院学报．2020（05）：121－128.

[5628] 王宗林，李春林．自然灾害预警系统在海盐行业的应用分析．中国盐业．2020（07）：23－25.

[5629] 汪偌宁，韩晟，樊迪，史录文，陈敬．取消药品价格管制对药品价格的影响研究．中国药房．2020（03）：257－260.

[5630] 张雅娟，方来英．药品集中采购制度的发展与改革研究．中国药房．2020（21）：2561－2566.

[5631] 项心妍，杜爽，丁杨，周建平．脂质体注射剂的应用现状及其发展趋势．中国药科大学学报．2020（04）：383－393.

[5632] 宋佳阳，武志昂，胡明．美国人体细胞、组织以及基于细胞和组织的产品的捐赠者资

格监管研究．中国药师．2020（11）：2238－2242.

［5633］李香玉，梅妮，陈桂良．美国食品药品监督管理局关于“新兴制药技术”的监管理念与实践．中国药事．2020（07）：836－839.

［5634］霍增辉．药品管理法修订背景下医疗机构制剂监管创新与完善．中国药事．2020（05）：514－519.

［5635］刘志磊，李洁，高恩明，李小芳，杨建红，张辉．以部分疫苗为例分析我国预防用生物制品的改良情况．中国药事．2020（01）：1－4.

［5636］徐杨燕．医药代表备案制的实施现状及相关思考．中国药物经济学．2020（02）：23－26.

［5637］周漪颖，崔巍，张鑫，杜晗，蔡雨佳，王方敏，周文华．新精神活性物质分类现状与管制展望．中国药物滥用防治杂志．2020（06）：311－317.

［5638］高京，孙强，宋英杰．药械组合产品上市后质量安全监管的国际经验探讨．中国药物评价．2020（03）：178－180.

［5639］刘文，王翀，朱炯．突发公共卫生事件中药品应急监管态势分析．中国药学杂志．2020（20）：1736－1740.

［5640］范长生，赵蒙蒙，谢洋，刘君．关于医保谈判药品价值评估和支付标准形成的若干探讨．中国医疗保险．2020（11）：73－77.

［5641］杨华．损害医保基金安全不当行为之厘清——基于国内外文献的研究．中国医疗保险．2020（10）：76－80.

［5642］娄宇．《规制基本医保支付欺诈行为的思考》．中国医疗保险．2020（10）：80.

［5643］郭敏，赵钦风，焦晨，黄艳然，王健．国内外医保基金监管信用体系建设综述．中国医疗保险．2020（11）：25－29.

［5644］王奕婷．湖南省新时期医保基金“大监管”模式的实践研究．中国医疗保险．2020（11）：49－54.

［5645］胡智强，张文秀．我国医保基金审计监管体系研究．中国医疗保险．2020（04）：29－32.

［5646］丁峰，陈华，许宝洪．张家港基本医保引入第三方监管服务的实践初探．中国医疗保险．2020（02）：41－43.

［5647］姚明，叶春．加速我国护理产业发展的法律保障研究．中国医疗管理科学．2020（06）：8－12.

［5648］张坤智，晁园，谢昕，郑超，王越，甄辉．“医疗旅游”背景下泰国和印度尼西亚医疗器械市场准入要求．中国医疗器械信息．2020（19）：1－3.

［5649］湛娜，曾珠．医用防护口罩监管浅析．中国医疗器械信息．2020（23）：8－9.

［5650］沙迪．医学工程科在医疗器械使用监管中的作用研究．中国医疗器械信息．2020（15）：155－157.

［5651］郭丽歆，孟宪媛．胰岛素笔用针头应用及监管对策的思考．中国医疗器械信息．2020（14）：23－24.

［5652］姜义兵，尹丹，刘望，凌竞平，高芃．基于MDR的风险防控体系构建及应用效果评价．中国医疗设备．2020（11）：149－153.

［5653］朱晓奇，刘博京．人工智能的“伦理边界”与“道德超载”．中国医学伦理学．2020（07）：831－835.

［5654］刘依然，马芬，高岳林，李莉娜．三级综合医院医疗新技术临床应用管理实践研究．中国医学装备．2020（09）：139－143.

［5655］朱德伟，宋欣阳，沈云辉．海外中药发展现状及产业链控制思考．中国医药导报．2020（29）：189－192.

[5656] 张汉成，吕群蓉．论紧急医疗措施权合理行使的规制路径．中国医药导报．2020 (02)：181－184.

[5657] 王越，王悦，张春青，戎善奎，江潇，余新华．按医疗器械管理的美容类产品国际监管法规概述．中国医药导刊．2020 (12)：878－882.

[5658] 基于药品全产业链数字化管理模式的研究．中国医药导刊．2020 (09)：666－668.

[5659] 王圣超．执业药师人脸识别在线监管系统建设的探索与实践．中国医药导刊．2020 (09)：669－672.

[5660] 李琨，吴世敬，安泰，何昆仑．基于UDI编码的医用耗材供应链信息化管理实践．中国医药导刊．2020 (01)：69－72.

[5661] 魏宝康，王健．中国药械组合产品的开发、应用与监管现状．中国医药工业杂志．2020 (07)：933－937.

[5662] 陈仕学，王小合，金涛，赵中华，张邢炜．杭州市公立医院综合改革中的监管实践与启示．中国医院管理．2020 (05)：11－15.

[5663] 李莹，李文君，卢梦情，席晓宇．美国临方配制制剂及其对我国的借鉴意义．中国医院药学杂志．2020 (16)：1776－1780.

[5664] 李莹，李文君，卢梦情，席晓宇．中日两国医疗机构配制制剂对比研究．中国医院药学杂志．2020 (07)：831－834.

[5665] 崔唯，强凯，王晓宇．传统京剧戏衣“上下五色”穿戴规制形成与特点探析．中国艺术．2020 (03)：64－73.

[5666] 张帆．浅析跨境并购中的交易结构设计．中国银行业．2020 (01)：76－78.

[5667] 刘晓锋，张向荣，王勇．“优进劣转”监管政策下的村镇银行主发起行股权并购探索．中国银行业．2020 (Z1)：75－77.

[5668] 林海．上市银行资本市场运作之并购重组．中国银行业．2020 (07)：27－29.

[5669] 段云华．并购重组在商业银行不良资产处置领域的应用．中国银行业．2020 (12)：85－87.

[5670] 胡鹏翔．我国突发事件信息法律规制探讨．中国应急管理科学．2020 (06)：12－23.

[5671] 宗艳霞．总体国家安全观视角下反恐怖主义行政权规制研究．中国应急管理科学．2020 (04)：10－15.

[5672] 王祯军．网络安全紧急状态制度的意义及启动条件研究．中国应急管理科学．2020 (01)：42－47.

[5673] 刘爱英．加强对消防设施维护保养检测机构消防监管的对策及方法．中国应急救援．2020 (05)：38－40.

[5674] 郭宗杰，崔茂杰．电商平台“二选一”排他性交易法律适用研究．中国应用法学．2020 (02)：104－118.

[5675] 熊文聪．电商平台“二选一”的法律问题辨析——以反垄断法为视角．中国应用法学．2020 (02)：133－144.

[5676] 许光耀．互联网产业中排他性交易行为的反垄断法分析方法．中国应用法学．2020 (01)：37－48.

[5677] 杜颖，刘斯宇．电商平台恶意投诉的构成分析与规制创新．中国应用法学．2020 (06)：17－30.

[5678] 黄茂钦，周坤琳．金融数据治理的激励与规制路径探析．中国应用法学．2020 (06)：111－124.

[5679] 程朝辉，宁宣凤．可靠电子签名技术法律规制研究．中国应用法学．2020 (04)：

170－187.

［5680］段宏磊，沈斌．互联网经济领域反垄断中的“必要设施理论”研究．中国应用法学．2020（04）：49－63.

［5681］中国应用法学研究所课题组，曹士兵，牛凯，丁文严，王德夫．电子商务平台“二选一”行为的法律性质与规制．中国应用法学．2020（04）：137－155.

［5682］张广亚，周围．规制“二选一”行为的反垄断法适用．中国应用法学．2020（02）：119－132.

［5683］李曙光．金融法若干前沿问题探讨．中国应用法学．2020（01）：20－34.

［5684］王健，季豪峥．电子商务平台限定交易行为的竞争法分析．中国应用法学．2020（01）：63－83.

［5685］成文娟，郎梦佳．电商环境下知识产权恶意投诉行为的认定与规制．中国应用法学．2020（01）：95－111.

［5686］张文瑾．注册制改革背景下上市公司差异化信息披露制度探究．中国应用法学．2020（01）：168－187.

［5687］皮埃尔·N·勒瓦尔，黄源源，陈俊华．美国司法部诉 Visa 和 MasterCard 案——美国联邦第二巡回上诉法院判决．中国应用法学．2020（05）：197－208.

［5688］赵玉杰．环境规制对海洋经济技术效率的影响——基于动态空间面板模型的实证分析．中国渔业经济．2020（01）：56－63.

［5689］刘渝，何伟，朱擎．“红、黄牌”制度评价，规制政府采购供应商“灰色行为”．中国招标．2020（10）：29－30.

［5690］邓峰．PPP 市场面临法律危机？．中国招标．2020（01）：56－60.

［5691］陈学敏．环境侵权损害惩罚性赔偿制度的规制——基于《民法典》第 1232 条的省思．中国政法大学学报．2020（06）：57－69.

［5692］陈广辉．“有偿请托”的私法定性及其司法规制．中国政法大学学报．2020（06）：162－173.

［5693］孟醒．智慧法院建设对接近正义的双刃剑效应与规制路径．中国政法大学学报．2020（06）：33－44.

［5694］陈范宏．管制的异化：商业特许经营合同权义配置失衡研究．中国政法大学学报．2020（05）：83－101.

［5695］郭红欣．基于风险预防的疫情预警机制反思．中国政法大学学报．2020（04）：131－143.

［5696］朱笑延．突发公共卫生事件刑法介入的特别模式——从妨害传染病防治罪切入．中国政法大学学报．2020（04）：157－169.

［5697］杜永波．市场准入负面清单制度与产业法协同性考量．中国政法大学学报．2020（04）：45－54.

［5698］秦天宝．生物安全视角下《野生动物保护法》的修订：逻辑起点、类型化方法及主要建议．中国政法大学学报．2020（03）：113－126.

［5699］翟巍．生物安全法治视野下动物次生品的界分与规制．中国政法大学学报．2020（03）：173－185.

［5700］龙俊．重大突发公共事件中价格管制的正当性及其法律规制．中国政法大学学报．2020（03）：186－205.

［5701］郑景元．论合作社形式的法律变迁．中国政法大学学报．2020（02）：98－106.

［5702］白纶．《民法典》无偿合同规范模式研究——以赠与及间接赠与的法律规制为中心．

中国政法大学学报.2020（01）：100－115.

［5703］任际，曹荞．我国《政府采购法》修订的重点问题．中国政府采购.2020（10）：17－20.

［5704］李杰．深改背景下政府采购履约立法完善的思考．中国政府采购.2020（08）：63－67.

［5705］付鑫羽，吴志凤．草甘膦制剂的质量状况及监管对策．中国植保导刊.2020（09）：81－84.

［5706］深化检验检测市场准入改革　服务疫情防护和经济发展．中国质量监管.2020（07）：26－27.

［5707］完善监管规制体系　推进消费环境建设．中国质量监管.2020（07）：16－17.

［5708］市场监管总局组织中国质量奖获奖企业　开展抗击疫情推动复工复产联合倡议活动．中国质量监管.2020（03）：5.

［5709］李余粮．“放”“管”“服”三措并举　让市场主体“进得来”“活得好”“做得大”．中国质量万里行.2020（11）：69－70.

［5710］刘回春．投诉举报处理暂行办法实施　鼓励在线消费纠纷解决机制“职业打假”被规制．中国质量万里行.2020（01）：10－11.

［5711］刘回春．精准施策　共克时艰　市场监管总局等联合出台《支持复工复产十条》针对企业面临实际困难提出措施和办法．中国质量万里行.2020（05）：14－16.

［5712］市场监管总局组织中国质量奖获奖企业开展抗击疫情推动复工复产联合倡议活动．中国质量与标准导报.2020（02）：18.

［5713］吴冕．联想并购富士通的动因分析．中国中小企业.2020（02）：87－88.

［5714］薛红艳．房地产企业并购重组的风险防范．中国中小企业.2020（02）：156－157.

［5715］杨新颖．券商同业并购后的财务整合问题探析．中国中小企业.2020（03）：184－185.

［5716］祁钧业，苗媛媛．企业并购巨额商誉的形成及防范．中国中小企业.2020（05）：211－212.

［5717］马春飞．房地产企业收并购过程中的税务问题．中国中小企业.2020（07）：179－180.

［5718］倪红娣．国有企业市场化并购转型的实践意义．中国中小企业.2020（07）：181－182.

［5719］陈小雪．探讨民营企业并购重组中的财务及税收问题．中国中小企业.2020（10）：160－161.

［5720］朱红霞．企业并购重组的税收风险控制．中国中小企业.2020（10）：166－167.

［5721］何春艳．集团并购活动内部控制评价体系设计．中国中小企业.2020（11）：97－98.

［5722］杨麟．建筑企业并购业务财务管理分析．中国中小企业.2020（12）：213－214.

［5723］赵治华．房地产企业并购价值评估探讨．中国中小企业.2020（12）：215－216.

［5724］唐健元．关于中药新药研制技术要求的思考和建议．中国中药杂志.2020（16）：4009－4016.

［5725］杨艳丹，侯军岐．种业企业并购整合风险种类及控制研究．中国种业.2020（03）：5－7.

［5726］张宇航，侯军岐．种业企业并购整合估值研究．中国种业.2020（03）：7－9.

［5727］王思阳，侯军岐．种业企业并购整合决策支持系统构建研究．中国种业.2020（03）：9－11.

［5728］祝静，侯军岐．种业企业并购风险来源与种类分析．中国种业.2020（12）：12－14.

［5729］刘建喜，蔺胜权，苏秀娟．新疆生产建设兵团农作物种子质量监管问题探究．中国种业.2020（03）：36－37.

［5730］刘欢，关秋菊，郜江晶．邯郸市种业发展调研及思考．中国种业.2020（01）：27－28.

［5731］郭利京，林云志．非洲猪瘟和新冠肺炎疫情背景下的中国生猪市场分割研究．中国猪

业.2020（05）：17－25.

[5732] 蒋小娟．建筑工程质量检测机构监管方法浅析．中国住宅设施.2020（07）：64－72.

[5733] 冷琳．诹议增减资股权交易中的三个难点问题．中国注册会计师.2020（07）：95－99.

[5734] 崔也光，刘思源．环境规制对企业盈余管理的影响：促进还是抑制？．中国注册会计师.2020（05）：56－63.

[5735] 张向荣．并购商誉减值对股价崩盘风险的影响研究．中国注册会计师.2020（03）：43－48.

[5736] 吴勇，陈慧，朱卫东．内部控制缺陷披露与并购绩效．中国注册会计师.2020（03）：49－55.

[5737] 林新田．商誉减值与资产减值的关系——基于A公司并购B公司的案例分析．中国注册会计师.2020（03）：117－120.

[5738] 王成方，潘颉．并购商誉的确认与计量——基于新三板公司的案例分析．中国注册会计师.2020（04）：119－121.

[5739] 郭鑫颖．并购双方共享审计对并购目标选择的影响研究．中国注册会计师.2020（05）：71－75.

[5740] 郑煜琦，汤新华．溢价并购与审计定价研究．中国注册会计师.2020（06）：58－62.

[5741] 彭瑞清．股权并购中评估增值对后续利润影响的案例分析．中国注册会计师.2020（11）：116－119.

[5742] 刘建勇，查琪，安艺文．目标企业社会责任与并购溢价．中国注册会计师.2020（12）：75－79.

[5743] 徐丹丹，李向亮，王生龙．虚假资产评估报告界定研究．中国资产评估.2020（05）：27－31.

[5744] 朱磊，张彤，张志红．企业并购行为中的同群效应分析——基于集体“爆雷”事件的思考．中国资产评估.2020（03）：47－53.

[5745] 邵佩，左庆乐．不同并购动机下目标企业价值评估方法探索．中国资产评估.2020（09）：20－23.

[5746] 刘灿灿，徐明瑜．上市公司比较法在企业价值评估中的应用——基于并购重组案例的研究．中国资产评估.2020（10）：63－80.

[5747] 杜洋，王鹏．省级电网企业基于电网潮流拓扑的多维客户价值精益反映模型应用实践．中国总会计师.2020（11）：62－64.

[5748] 王小翠，吴剑峰，高彦茜，冯丹．政府会计制度下规制成本在公立医院的应用．中国总会计师.2020（11）：130－131.

[5749] 周士国．关于投资并购中的财务尽职调查路径探索．中国总会计师.2020（03）：68－69.

[5750] 张雅荃．企业并购中融资方式和资金支付方式的比较分析．中国总会计师.2020（05）：110－111.

[5751] 彭献武，戴嘉琪，蒋微微．浅析基于企业并购业务的财务管理．中国总会计师.2020（06）：27－29.

[5752] 郭金石．国有企业并购后的财务整合风险与应对措施研究．中国总会计师.2020（09）：70－71.

[5753] 张若涵．企业并购效果评价及分析——以达实智能并购久信医疗为例．中国总会计师.2020（11）：46－49.

[5754] 钟大强．我国医药商业企业并购财务风险动态管控模型研究．中国总会计师.2020（11）：28－31.

［5755］白平彦．并购投资中对赌模式应用的思考——以东新电碳并购阳煤集团煤化工资产为例．中国总会计师．2020（12）：51－55.

［5756］李曦，于宁．用人单位应对职场性骚扰问题探究——以劳动争议案件审理为视角．中华女子学院学报．2020（01）：32－38.

［5757］曾梦倩，杨敏，万善德．跨境电商语境下商标侵权恶意投诉规制对策建议．中华商标．2020（08）：69－73.

［5758］曾薇．企业字号与注册商标的冲突规制．中华商标．2020（Z1）：102－104.

［5759］郭东科．商标权滥用的司法规制演变与发展．中华商标．2020（01）：33－37.

［5760］李宗辉．人工智能商标侵权和不正当竞争的法律规制研究．中华商标．2020（01）：29－32.

［5761］杨怡帆．论高校科研经费监管的必要性及实现路径．中华医学科研管理杂志．2020（04）：305－309.

［5762］唐子艳，吴沛渃．医疗美容市场的法律规制亟待规范．中华医学杂志．2020（20）：1529－1531.

［5763］李芳．维美德完成对造纸技术与服务供应商 PMP 集团的并购．中华纸业．2020（21）：85.

［5764］柯美高．贸易自由化对中国消费污染的影响及机制研究．中南财经政法大学学报．2020（05）：125－136.

［5765］刘艳霞，祁怀锦，刘斯琴．融资融券、管理者自信与企业环保投资．中南财经政法大学学报．2020（05）：102－112.

［5766］李宝礼，邵帅，张学斌．中国土地供给的空间错配与环境污染转移——来自城市层面的经验证据．中南大学学报（社会科学版）．2020（06）：103－118.

［5767］成琼文，贺显祥，李宝生．绿色技术创新效率及其影响因素——基于我国 35 个工业行业的实证研究．中南大学学报（社会科学版）．2020（02）：97－107.

［5768］姜微，刘俊昌，胡皓．我国林业生态效率时空演变及环境规制门槛效应研究．中南林业科技大学学报．2020（06）：166－174.

［5769］王兆峰，周颖，叶茂．雾霾污染对旅游产业发展的时空动态影响及其规制研究——以长株潭城市群为例．中南林业科技大学学报．2020（02）：156－165.

［5770］任颖．从“后果控制”到“风险规制”：公共卫生事件法律应对模式转型．中南民族大学学报（人文社会科学版）．2020（03）：174－180.

［5771］田圣斌，刘锦．社会治理视域下网络暴力的识别与规制．中南民族大学学报（人文社会科学版）．2020（03）：168－173.

［5772］刘文，朱炯，胡骏，王翀，胡增峣．《药品质量抽查检验管理办法》中体现的“四个最严”分析与建议．中南药学．2020（10）：1776－1780.

［5773］卢超．事中事后监管改革：理论、实践及反思．中外法学．2020（03）：783－800.

［5774］郑曦．人工智能技术在司法裁判中的运用及规制．中外法学．2020（03）：674－696.

［5775］丁晓东．个人信息权利的反思与重塑　论个人信息保护的适用　前提与法益基础．中外法学．2020（02）：339－356.

［5776］晓庄．科创板 UV 涂料第一股：《中外管理》杂志联合出品人企业：松井股份 6 月 9 日上市．中外管理．2020（06）：14.

［5777］李玲霞，莫日根．清代蒙古藏传佛寺大殿模数制探析——以乌兰察布盟为例．中外建筑．2020（12）：27－30.

［5778］徐东，唐建军，高永刚，石凯．基于“波特五力”模型的中国油气上游领域进入分析

及国有石油公司应对策略．中外能源．2020（01）：12－16.

［5779］李雷，范莹莹．竞争有序前提下促进中国天然气产业高质量发展的思考．中外能源．2020（01）：5－11.

［5780］齐家荣．我国移动支付产业链风险控制研究．中外企业家．2020（09）：103.

［5781］白虹．整体性治理视角下的地方环境保护发展策略研究．中外企业家．2020（06）：238.

［5782］任韵霖．浅议网络经济中的不正当竞争行为与法律适用．中外企业家．2020（18）：241.

［5783］张爽．地方政府公交票款补贴项目绩效评价与分析——以北方某市为例．中外企业家．2020（14）：11－12.

［5784］李琛．从制度视角解析我国制造业生态效率的提升路径——《环境规制与制造业生态效率研究》书评．中外企业家．2020（10）：226.

［5785］张舒．风险社会下企业规避垄断的法理依据及具体路径．中外企业家．2020（01）：256.

［5786］刘志慧．商业银行并购的法律研究．中外企业家．2020（01）：32.

［5787］王波．浅谈上市公司并购中的税务筹划风险与对策．中外企业家．2020（01）：4－5.

［5788］孙嘉昊．企业并购中的财务管理研究．中外企业家．2020（05）：55.

［5789］程春生．企业兼并重组的经验与启示．中外企业家．2020（05）：9.

［5790］李兴．关于国有企业并购民营企业的一些浅见．中外企业家．2020（07）：102.

［5791］吴微．双向业绩承诺在并购重组中的激励效应研究．中外企业家．2020（09）：116.

［5792］杨晨．浅析企业并购的动因．中外企业家．2020（10）：30.

［5793］刘玉美，李欢．高管特征与并购绩效研究综述．中外企业家．2020（11）：28.

［5794］赵铁成．关于企业并购会计方面问题研究．中外企业家．2020（13）：29－30.

［5795］张少岩．中国工商银行跨境并购动机与绩效研究．中外企业家．2020（15）：2－3.

［5796］李杰．房地产企业并购重组中的风险研究．中外企业家．2020（16）：30－31.

［5797］罗炎杜．集团企业并购中的税收风险及应对策略分析．中外企业家．2020（16）：34－35.

［5798］朱刘艳，欧阳乐，李超．“一带一路”战略下我国商业银行海外并购的风险防范——以民生银行并购联合银行为例．中外企业家．2020（20）：19－20.

［5799］刘蔓蔓．浅谈互联网金融监管的分析．中外企业家．2020（17）：85.

［5800］武弘扬．县级财政资金监管存在的问题及对策．中外企业家．2020（16）：25.

［5801］梅金荣．事业单位财政资金监管现状和改善对策．中外企业家．2020（14）：73－74.

［5802］周芳．商业银行会计风险及防范措施．中外企业家．2020（13）：20.

［5803］胡寿芳．公共资源交易监管的理论与实践探析．中外企业家．2020（09）：16.

［5804］覃斐亮．基于混合策略博弈的黄金市场持牌机构行为监管研究．中外企业家．2020（06）：108－110.

［5805］范淑玲，崔嘉珊，于文杰．浅谈乳制品质量安全与健康．中外企业家．2020（01）：225.

［5806］王楠．人工智能背景下劳动法的机遇与挑战——以“劳动者劳动权”为视角．中外企业文化．2020（08）：58－59.

［5807］傅豪，耿玖思．收益法应用于轻资产公司并购项目的研究．中外企业文化．2020（08）：73－74.

［5808］郑安安．私募股权投资基金法律问题探讨．中外企业文化．2020（12）：24－25.

［5809］陈光辉．微传播环境下的大学生网络舆论监管和治理路径．中外企业文化．2020

(12): 110 - 111.

[5810] 黄子婧. 三类并购改写全球玩具格局. 中外玩具制造. 2020 (04): 42 - 43.

[5811] 刘海安, 曹澜. 我国空域使用权的物权化解析与思考. 中小企业管理与科技 (上旬刊). 2020 (01): 140 - 142.

[5812] 谢册, 苏建宁, 吴少飞. 京津冀协同发展背景下人力资本配置与优化路径研究. 中小企业管理与科技 (上旬刊). 2020 (12): 112 - 113.

[5813] 孙朝磊. 环境规制对产业结构升级异质联动效应研究. 中小企业管理与科技 (上旬刊). 2020 (10): 34 - 35.

[5814] 马临芳. 人工智能时代的制度安排与法律规制. 中小企业管理与科技 (上旬刊). 2020 (08): 91 - 92.

[5815] 陈浩. 上市公司市值管理自治性对策建议. 中小企业管理与科技 (上旬刊). 2020 (08): 34 - 35.

[5816] 李海波. 企业并购商誉确认计量存在的问题及相关策略分析. 中小企业管理与科技 (上旬刊). 2020 (01): 124 - 125.

[5817] 许芳, 余韵, 彭灵芝, 向湘湘. 首旅酒店的并购与重组探析. 中小企业管理与科技 (上旬刊). 2020 (10): 112 - 113.

[5818] 蔡慧. 江苏省数字金融现状及政策优化. 中小企业管理与科技 (下旬刊). 2020 (09): 72 - 73.

[5819] 高梦燕. 企业并购的财务风险及防范研究——基于快的、滴滴并购案例. 中小企业管理与科技 (下旬刊). 2020 (03): 56 - 57.

[5820] 杨小林. 通过联合设计开发, 快速实现工程技术升级——中小制造企业突破技术制约的实践. 中小企业管理与科技 (下旬刊). 2020 (10): 132 - 133.

[5821] 陈东林. 试论资产评估偏差对企业并购重组的影响. 中小企业管理与科技 (下旬刊). 2020 (10): 70 - 71.

[5822] 刘中付. 基于生态环境治理体系的环境行政处罚裁量研究. 中小企业管理与科技 (中旬刊). 2020 (11): 116 - 117.

[5823] 许世珍. 软件信息行业并购评估研究——以 D 公司并购 H 公司的收益法评估为例. 中小企业管理与科技 (中旬刊). 2020 (03): 118 - 119.

[5824] 孙伟艳, 张志强. 企业并购风险与防范对策研究. 中小企业管理与科技 (中旬刊). 2020 (06): 76 - 77.

[5825] 李新刚. 关于加强并购重组支持国企改革力度的思考. 中小企业管理与科技 (中旬刊). 2020 (12): 80 - 81.

[5826] 周凤鸣. 我国互联网金融监管现状及体系构建. 中小企业管理与科技 (中旬刊). 2020 (07): 60 - 61.

[5827] 吴立元, 赵扶扬, 刘研召. CPI 与 PPI 的趋势分化再研究——从大宗商品价格和劳动力市场分割的视角. 中央财经大学学报. 2020 (09): 70 - 80.

[5828] 钟娟, 魏彦杰. 污染就近转移的驱动力: 环境规制抑或经济动机?. 中央财经大学学报. 2020 (10): 115 - 128.

[5829] 佟岩, 冉敏, 王茜. 战略类型、股权结构与创新驱动型并购. 中央财经大学学报. 2020 (03): 44 - 52.

[5830] 简冠群. 大股东控制力、业绩补偿承诺与关联并购价值创造——基于股东关系联盟的新测算. 中央财经大学学报. 2020 (07): 58 - 70.

[5831] 曾江洪, 曾琪姗, 黄向荣. 内部控制影响长期并购绩效的中介效应研究——董事持股

的异质性情境．中央财经大学学报．2020（10）：102－114.

［5832］刘凌．环保大趋势下农村小微企业的绿色转型实践研究．中央民族大学学报（哲学社会科学版）．2020（05）：103－110.

［5833］涂新莉，曾召．岭南中医特色专科在海外传播发展研究．中医药导报．2020（11）：13－16.

［5834］姚成香，刘慧，周雪芳．以过程管控为核心加强中药处方调剂质量监管的应用效果．中医药管理杂志．2020（06）：136－137.

［5835］苑言博．平台垄断下的网络文学作家权益保护．中州大学学报．2020（04）：47－51.

［5836］葛秋萍，王珏．大数据技术应用中个人数字身份的伦理规制．中州学刊．2020（10）：95－101.

［5837］李腾．"深度伪造"技术的刑法规制体系构建．中州学刊．2020（10）：53－62.

［5838］罗斌．著作权视域下新闻聚合平台规制的路径．中州学刊．2020（07）：49－55.

［5839］范晓宇．药品技术转让行政规制的规范重构．中州学刊．2020（03）：53－59.

［5840］王莲峰．规制商标恶意注册的法律适用问题研究．中州学刊．2020（01）：52－59.

［5841］长闽珠．20 世纪 90 年代初中国应对西方"制裁"的历史回眸．钟山风雨．2020（05）：6－9.

［5842］侯国虎．农产品质量安全监管检测工作的难点与策略探究．种子科技．2020（05）：100－102.

［5843］李子光，杨桐．论当前种子市场监管存在问题及对策．种子科技．2020（02）：20－21.

［5844］张伊娜，牛永佳，张学良．长三角一体化发展的边界效应研究——基于城际消费流视角．重庆大学学报（社会科学版）．2020（05）：1－13.

［5845］蒲艳萍，彭聚飞，张玉珂．劳动力市场多重分割下的城乡劳动力工资差异及其分解．重庆大学学报（社会科学版）．2020（02）：69－84.

［5846］杨玉晓．区块链金融衍生品刑法规制研究．重庆大学学报（社会科学版）．2020（06）：127－137.

［5847］刘超，张润．督促程序电子化改革的规则阐释、实践发展与完善路径．重庆大学学报（社会科学版）．2020（05）：207－215.

［5848］邓建鹏，邓集彦．稳定币 Libra 的风险与规制路径．重庆大学学报（社会科学版）．2020（02）：141－152.

［5849］胡朝阳．大数据背景下个人信息处理行为的法律规制——以个人信息处理行为的双重外部性为分析视角．重庆大学学报（社会科学版）．2020（01）：131－145.

［5850］徐棣枫，孟睿．网络服务提供者专利法规制——《侵权责任法》第 36 条在专利法领域的具体化和专利法四修修正案草案第 71 条的完善．重庆大学学报（社会科学版）．2020（01）：146－158.

［5851］赵刚．反不正当竞争法如何规制视频刷量行为——评爱奇艺公司与飞益公司不正当竞争纠纷案．重庆电子工程职业学院学报．2020（03）：40－46.

［5852］姚荣．新公共管理语境下大学自治权限分配的公法争议及其解决．重庆高教研究．2020（02）：72－90.

［5853］张文爱，樊梦培．分类环境规制与绿色经济效率——基于省级面板数据的空间溢出分析．重庆工商大学学报（社会科学版）．2020（02）：44－53.

［5854］缪梓文．商业数据保护模式探析．重庆广播电视大学学报．2020（04）：68－74.

［5855］李超．人工智能算法歧视的法律规制研究．重庆广播电视大学学报．2020（02）：42－48.

［5856］左荣昌，黄冬玲，余悦文．人工智能换脸视域下人格权保护困境及治理探究．重庆广

播电视大学学报.2020(02):49-57.

[5857] 孙鹏飞.智能合约的规范分析:主体性、风险及其规制.重庆广播电视大学学报.2020(03):53-58.

[5858] 江剑敏,任勇.福建省技术创新的经济贡献差异研究.重庆交通大学学报(社会科学版).2020(02):62-68.

[5859] 王俊伟,杨杰.网约车颠覆性创新界定及监管对策.重庆交通大学学报(社会科学版).2020(01):27-34.

[5860] 邹俊,张芳.促进长三角区域创新网络一体化发展的对策.重庆科技学院学报(社会科学版).2020(05):43-47.

[5861] 李新剑,彭永翠,朱桐.制度距离、社会资本与中国企业海外并购合法性研究.重庆科技学院学报(社会科学版).2020(01):43-47.

[5862] 陈星,梁丁.大数据时代个人信息利用的法律规制.重庆理工大学学报(社会科学).2020(06):86-93.

[5863] 黄文瀚.论监察留置措施的合宪性规制.重庆理工大学学报(社会科学).2020(03):129-140.

[5864] 文洁,刘运佳.多维视角下FDI对我国二氧化硫排放的影响——基于多层线性模型的实证分析.重庆理工大学学报(社会科学).2020(01):43-52.

[5865] 梅传强,盛浩.《专利法》修正背景下专利犯罪的刑法规制调整.重庆理工大学学报(社会科学).2020(01):109-119.

[5866] 何雪锋,薛霞,李艳秋,何伟.博弈论视角下政府采购参与主体行为分析.重庆理工大学学报(社会科学).2020(12):55-63.

[5867] 黄庆余.纵向并购的反垄断问题研究.重庆理工大学学报(社会科学).2020(02):106-112.

[5868] 文泽宙,熊磊.环境规制对城市雾霾污染的空间影响研究——基于中国262个城市的经验证据.重庆理工大学学报(自然科学).2020(12):237-246.

[5869] 徐晓惠.后《民法典》时代买卖型担保的规制路径——以裁判立场的考察为基础.重庆社会科学.2020(10):111-121.

[5870] 俞胜杰,林燕萍.《通用数据保护条例》域外效力的规制逻辑、实践反思与立法启示.重庆社会科学.2020(06):62-79.

[5871] 戴钱佳.异质性环境规制对物流业绿色全要素生产率的影响研究——基于技术创新的中介效应分析.重庆文理学院学报(社会科学版).2020(06):63-74.

[5872] 李睿,史蓉.网络中立帮助行为的刑法分析.重庆邮电大学学报(社会科学版).2020(06):49-58.

[5873] 吴太轩,赵致远.电商平台"二选一"行为的反垄断法规制——兼论滥用相对优势地位理论的适用不足.重庆邮电大学学报(社会科学版).2020(06):59-68.

[5874] 吴太轩,闫静.网络竞争场景下视频广告过滤行为认定反思及理路重构——基于42例司法判决的文本分析.重庆邮电大学学报(社会科学版).2020(04):52-61.

[5875] 赵长江,张议芳.智能汽车取证的法律规制研究.重庆邮电大学学报(社会科学版).2020(03):34-41.

[5876] 吴昂.分享经济的法律定位及规制策略.重庆邮电大学学报(社会科学版).2020(01):57-64.

[5877] 卢安文,冯斐倩.共享经济监管服务外包中的合谋行为研究.重庆邮电大学学报(社会科学版).2020(04):101-110.

[5878] 多家企业联合成立燃料电池研发公司　助推中国氢能发展. 重型汽车. 2020 (03): 2.

[5879] 陈宁, 邹梅珠, 徐辰, 胡梅花, 陈华, 黄伟良. 国家监察权的规制与监督深化改革的思考. 周口师范学院学报. 2020 (06): 41-44.

[5880] 吴铠. BIM技术在创新航道建设工程廉政监管机制的应用研究. 珠江水运. 2020 (06): 100-101.

[5881] 张雪琳. 论商品房预售资金的法律监管. 住宅与房地产. 2020 (15): 13-14.

[5882] 叶永红, 宋玉华. 政府投资EPC项目管理中存在的问题及建议. 住宅与房地产. 2020 (04): 16.

[5883] 谢臣. 结构化合伙制并购基金的典型会计处理问题探析. 注册税务师. 2020 (01): 49-52.

[5884] 张世超. 我国A股上市公司并购重组及相关税收政策简析. 注册税务师. 2020 (11): 40-46.

[5885] 姜新录, 吴健. 从一起案例看划转税收政策在上市公司并购重组中的运用. 注册税务师. 2020 (11): 28-32.

[5886] 刘畅, 刘瑞璞. 基于明官袍标本的胸背和补子规制新证. 装饰. 2020 (09): 84-86.

[5887] 林爱华, 乔红芳, 沈利生. 环境规制对绿色发展水平的作用效果——基于断点存在时的面板被调节中介分析. 资源开发与市场. 2020 (12): 1334-1342.

[5888] 叶红雨, 李奕杰. 异质性环境规制对我国全要素能源效率的影响研究. 资源开发与市场. 2020 (07): 688-694.

[5889] 黄秋凤, 李月娥, 张钊铭, 谭建芳. 环境规制与企业全要素生产率能实现双赢吗?——基于两控区政策的实证研究. 资源开发与市场. 2020 (03): 291-297.

[5890] 宦吉娥, 张睿祎. 英国油气经济采收率最大化战略及其启示. 资源开发与市场. 2020 (06): 611-615.

[5891] 岳立, 薛丹. 黄河流域沿线城市绿色发展效率时空演变及其影响因素. 资源科学. 2020 (12): 2274-2284.

[5892] 冯斐, 冯学钢, 侯经川, 霍殿明, 唐睿. 经济增长、区域环境污染与环境规制有效性——基于京津冀地区的实证分析. 资源科学. 2020 (12): 2341-2353.

[5893] 熊爱华, 丁友强, 胡玉凤. 低碳门槛下绿色创新补贴对全要素生产率的影响. 资源科学. 2020 (11): 2184-2195.

[5894] 葛建平, 刘佳琦. 关键矿产战略国际比较——历史演进与工具选择. 资源科学. 2020 (08): 1464-1476.

[5895] 熊航, 静峥, 展进涛. 不同环境规制政策对中国规模以上工业企业技术创新的影响. 资源科学. 2020 (07): 1348-1360.

[5896] 高翠云, 王倩. 绿色经济发展与政府环保行为的互动效应. 资源科学. 2020 (04): 776-789.

[5897] 杨波, 万筱雯, 胡梦媛. 中国资源类企业海外并购区位选择研究——基于东道国制度质量视角. 资源科学. 2020 (09): 1788-1800.

[5898] 张在旭, 黄卓琳. 中国省际绿色技术创新效率测度及影响因素研究. 资源与产业. 2020 (06): 1-8.

[5899] 王保乾, 谢贝. 工业绿色水资源效率动态演进与空间溢出效应研究——以长江经济带为例. 资源与产业. 2020 (05): 10-18.

[5900] 陈妍, 梅林, 程叶青. 环境规制、资源禀赋对东北地区产业转型的影响机制研究. 资源与产业. 2020 (05): 28-36.

［5901］高艺，杨高升，谢秋皓．异质性环境规制对绿色全要素生产率的影响机制——基于能源消费结构的调节作用．资源与产业．2020（03）：1－10.

［5902］黄德春，杨哲成．长江经济带环境污染治理投资对生态效率的影响研究．资源与产业．2020（03）：11－19.

［5903］马骏，刘怡．环境规制对中国房地产业绿色发展的影响分析——基于31个省份的面板数据．资源与产业．2020（04）：41－48.

［5904］尹庆民，樊梦易．双向FDI对我国碳排放影响的门槛效应分析——基于环境规制视角．资源与产业．2020（01）：24－31.

［5905］张颖，仇晓雪．企业社会责任对跨国并购绩效的影响——基于沪深A股上市企业的实证研究．资源与产业．2020（06）：55－65.

［5906］邹琨，程柏华．马克思主义视域下的技术权力与规制．自然辩证法通讯．2020（02）：103－109.

［5907］黄永源，朱晟君．公众环境关注、环境规制与中国能源密集型产业动态．自然资源学报．2020（11）：2744－2758.

［5908］王康，李志学，周嘉．环境规制对碳排放时空格局演变的作用路径研究——基于东北三省地级市实证分析．自然资源学报．2020（02）：343－357.

［5909］宋华东，侯梦珠，王静，姜照华．交通运输企业并购整合与创新发展．综合运输．2020（10）：10－13.

第七部分

国内反垄断与规制案例及热点介绍

2018 年

[1] 内蒙古自治区公安厅滥用行政权力排除限制竞争行为案（来源：国家市场监督管理总局）

案件简述

2013 年 4 月 23 日，内蒙古自治区公安厅印发《全区印章治安管理信息系统整合联网及推广使用新型防伪印章实施方案》（以下简称“60 号文”），直接指定内蒙古恭安金丰网络印章科技有限责任公司（简称“金丰公司”）统一负责全区新型防伪印章系统软件的开发建设。在执行“60 号文”过程中，内蒙古自治区公安厅采取各种措施强制各盟市公安机关和刻章企业卸载正在使用的、经公安部检测通过的系统软件，统一安装金丰公司开发的系统软件，并要求刻章企业向金丰公司购买刻章设备和装有加密电子芯片的硬质章材。

判罚依据

内蒙古公安厅的相关做法，违反了《反垄断法》第八条“行政机关和法律、法规授权的具有管理公共事务职能的组织不得滥用行政权力，排除、限制竞争”的规定，属于《反垄断法》第三十二条所列“限定或者变相限定单位或者个人经营、购买、使用其指定的经营者提供的商品”的行为和第三十七条所列“制定含有排除、限制竞争内容的规定”的行为。

（一）排除和限制了印章系统软件市场的竞争

1. 各地公安机关和刻章企业在选择印章系统软件上拥有自主权。2000 年 4 月，公安部颁布《印章治安管理信息系统标准》（以下简称《标准》），并下发《关于贯彻执行〈印章治安管理信息系统标准〉的通知》，要求各地公安机关认真贯彻执行《标准》，所应用的印章系统软件必须经过公安部检测并符合《标准》，同时严禁借推广应用印章系统为名，强制更换印章或推行“防伪印章”。2001 年 8 月 31 日，公安部又下发《关于规范印章治安管理信息系统建设的通知》（以下简称“公安部 2512 号文”），明确要求“严禁独家垄断。各省、自治区、直辖市必须通过公开招标的方式，选择 3 家以上的系统软件在本省范围内供各地、州、市推广使用”。因此，各地公安机关和刻章企业在选择系统软件上拥有一定的自主权。“60 号文”出台前，内蒙古自治区 10 个盟市自行选择了经公安部检测评估合格的系统软件，在各自辖区内建立了印章系统。自治区印章系统软件市场是竞争性、开放性的。

2. 内蒙古公安厅相关做法排除和限制了系统软件市场竞争，形成并强化了金丰公司的垄断地位。“60 号文”规定由一家企业统一建设全区印章系统，本身就违背了“公安部 2512 号文”的精神和要求，而且未经招投标程序直接指定金丰公司，剥夺了其他系统软件供应商参与竞争的机会，也侵犯了各盟市公安机关和刻章企业自主选择系统软件的权利。“60 号文”出台后，内蒙古公安厅强迫各盟市公安机关和刻章企业卸载运行良好的现有系统软件，统一安装金丰公司的系统软件，将盟市公安机关拒绝安装金丰公司系统软件视为“不作为”“乱作为”，责令相关负责人检讨整改，对未安装金丰公司系统软件的刻章企业的刻章申请不予审批备案，迫使 7 个盟市更换原有的系统软件，2 个盟市原有软件供应商被迫与金丰公司开展合作，导致大量供应商被清除出系统软件市场，形成和强化了金丰公司的垄断地位，严重破坏了公平竞争的市场秩序。

（二）排除和限制了章材和刻章设备市场的竞争，增加了刻章企业和印章用户的成本

“60 号文”出台前，刻章企业可以自行选购经过公安部鉴定合格的章材（包括铜质和塑料），自行购置符合《标准》的刻章设备。章材和刻章设备市场存在竞争，交易价格由买卖双方协商确定。据调查章材价格一般在 10 元/枚至 35 元/枚之间。“60 号文”出台后，内蒙古公安厅强迫刻章

企业更换金丰公司开发的装有加密电子芯片的新型防伪印章，购买金丰公司统一定制的新型防伪印章章材（每枚最低 55 元、最高 85 元）；采购与金丰公司系统软件配套的“中晶高清扫描仪”（每台 1 600 元）、速拍证卡读写一体机（每台 4 800 元）、全铜印章雕刻设备（每台 4 万元）等硬件设备，据调查这些设备价格要比一般市场价格高出一倍以上。上述做法大大增加了刻章企业的生产成本，导致印章价格明显上涨，加重了印章用户的负担。“60 号文”出台前，每枚印章价格最高不超过 200 元。“60 号文”出台后，金丰公司向刻章企业推荐的指导价为每枚 280 元。

判罚结果

为恢复公平竞争的市场秩序，保障有关经营者的合法权益，市场监管总局建议内蒙古公安厅作出如下整改：

1. 停止滥用行政权力，强迫各盟市公安机关安装金丰公司系统软件、卸载已有系统软件，强迫刻章企业向金丰公司购买章材和刻章设备的行为。

2. 废止“60 号文”关于指定金丰公司负责全区新型防伪印章系统软件的开发建设、强迫各地公安机关和刻章企业安装金丰公司系统软件等排除、限制竞争的规定。

3. 撤销与金丰公司签订的《新型防伪印章治安管理信息系统建设合同》，该合同自始无效。

4. 按照公安部治安管理局 2018 年 3 月印发的《加强和改革印章刻制业治安管理工作实施方案》（公传发〔2018〕202 号）的部署要求，通过公开招标方式，确定自治区层面的印章系统承建商或运维商，并向经过公安部检测评估合格的系统软件开放自治区印章系统的数据接口。

5. 恢复印章系统软件市场、章材市场、刻章设备市场的公平竞争秩序，允许各盟市公安机关和刻章企业自行选择印章系统承建商或运维商、章材和刻章设备供应商。

［2］山东银座家居等六家商场垄断协议案（来源：国家市场监督管理总局反垄断局）

案件简述

2016 年初，山东省工商行政管理局检查过程中发现《齐鲁晚报》等媒体报道，六家当事人签订协议准备联合阻止场内商户外出参加第三方展销会，山东省工商行政管理局予以高度重视。2016 年 3 月 14 日，济南市工商局也向山东省工商行政管理局报告称，六家当事人涉嫌达成联合抵制交易的垄断协议，本局随即进行了初步核查。2016 年 7 月 27 日，山东省工商行政管理局根据《中华人民共和国反垄断法》《工商行政管理机关查处垄断协议、滥用市场支配地位案件程序规定》，将前期核查情况书面报工商总局，2016 年 8 月 31 日，工商总局授权山东省工商行政管理局查办该案。2016 年 10 月 14 日，经山东省工商行政管理局机关负责人批准，山东省工商行政管理局正式立案调查。

经查，2015 年底，六家当事人的负责人聚餐时，一致认为目前第三方营销平台已经严重影响济南家居商场的正常经营。2016 年 1 月，六家当事人经过协商，以规范经营秩序、保护消费者权益为理由，由山东东亚金星家居有限公司起草，联合签订了《告全体商户书—关于各大家居商场严禁商户参与各类商场外销售活动的通知》（以下简称“《告全体商户书》”），其主要内容包括“自 2016 年 4 月 1 日起，严禁所有商户参与此类由各媒体各网站及第三方营销平台组织的所有商场外销售活动，一经发现，各家居商场均将严肃查处，并将联合采取有效措施直至清除出场”。为及时制止该协议的实施，2016 年 3 月 29 日，山东省工商行政管理局与济南市工商局执法人员对六家当事人进行了行政约谈，要求其依法经营，于 2016 年 4 月 1 日前废止《告全体商户书》。行政约谈后，六家当事人向山东省工商行政管理局报送了整改报告，并废止了《告全体商户书》。

判罚依据

证据一：当事人营业执照（副本），证明当事人主体资格；

证据二：当事人法人代表身份证复印件、当事人授权委托书、被委托人身份证复印件，证明当事人法人代表、被委托人身份资格；

证据三：《告全体商户书—关于各大家居商场严禁商户参与各类商场外销售活动的通知》，证明当事人达成垄断协议；证据四：《告全体商户书》作废声明、当事人整改报告、当事人场内各商户签字回执、当事人法人代表或被委托人的询问笔录、当事人场内商户调查问卷，证明当事人未实际实施垄断协议。

以上有关证据，已由当事人或相关责任人签字或盖章确认并查证属实。2017 年 9 月 26 日、27 日，山东省工商行政管理局分别向六家当事人直接送达了《山东省工商行政管理局行政处罚听证告知书》，当事人均提出了听证申请。经六家当事人申请，山东省工商行政管理局政策法规处延期至 2017 年 12 月 19 日举行听证会。听证会上，案件调查人员对六家当事人涉嫌违法的事实、证据、依据及行政处罚建议进行了陈述，六家当事人及其委托代理人提出了证明自己主张的证据，并进行了陈述、申辩，案件调查人员与六家当事人及其委托代理人进行了互相辩论。听证会后，山东省工商行政管理局政策法规处出具《听证报告》，认为该案程序合法，事实清楚，证据充分，适用法律准确，处罚适当。

山东省工商行政管理局认为，六家当事人营业范围涉及家具、建筑装饰材料、灯具、工艺品的批发、零售，场地承租等业务，处于同一地域范围内，在产品特性方面具有明显的可替代性，具有直接的竞争关系。各媒体、各网站及第三方营销平台中，众多经营者的经营范围与六家当事人的经营范围存在重合的业务，在产品特性方面具有可替代性，具有竞争关系。因此，六家当事人之间，六家当事人与各媒体、各网站及第三方营销平台中的同种业务经营者，是《中华人民共和国反垄断法》所指的具有竞争关系的经营者。我国法律支持和鼓励市场主体之间依法自由平等竞争，反对各种妨碍市场竞争的垄断和不正当竞争行为，《中华人民共和国反垄断法》保护的亦是市场公平竞争。六家当事人和各媒体、各网站、第三方营销平台应以合法经营维护市场竞争秩序，均有公平获取与相关商户交易的机会，相关商户也应具有合法选择多种方式宣传、销售商品的权利。六家当事人的联合限制行为，其表象是为了规范经营秩序，但实际上阻碍了各媒体、各网站、第三方营销平台与相关商户之间的正常交易，同时限制了相关商户自由选择交易对象的权利，影响了消费者自由选取商品的便利性，因此，该行为实质上是六家当事人达成联合排除、限制竞争的垄断行为。综上，山东省工商行政管理局认为，六家当事人的行为违反了《中华人民共和国反垄断法》第十三条第一款第（五）项“联合抵制交易”和《工商行政管理机关禁止垄断协议行为的规定》第七条第一款第（三）项“联合限定特定经营者不得与其具有竞争关系的经营者进行交易”的规定。

判罚结果

当事人达成垄断协议后，经山东省工商行政管理局行政约谈，他们对违法行为进行了整改，及时废止了《告全体商户书》，并未实际实施垄断协议。因此，山东省工商行政管理局按照《中华人民共和国反垄断法》第四十六条第一款“尚未实施所达成的垄断协议的，可以处五十万元以下的罚款”的规定，决定对当事人处罚如下：

1. 山东东亚金星家居有限公司，处以罚款 100 000. 00 元；
2. 山东银座家居有限公司，处以罚款 100 000. 00 元；
3. 山东银座家居有限公司博览中心，处以罚款 100 000. 00 元；
4. 济南红星美凯龙世博家居生活广场有限公司，处以罚款 100 000. 00 元；
5. 济南宏吉达家居有限公司，处以罚款 100 000. 00 元；
6. 济南居然之家家居建材市场物业管理有限公司，处以罚款 100 000. 00 元。

[3] 附加限制性条件批准依视路国际与陆逊梯卡集团合并案反垄断审查决定（来源：国家市场监督管理总局反垄断局）

案件简述

2017 年 5 月 23 日，市场监管总局收到本案经营者集中反垄断申报。经审核，市场监管总局认为该申报材料不完备，要求申报方予以补充。2017年8月17日，市场监管总局确认经补充的申报材料符合《反垄断法》第二十三条规定，对此项经营者集中申报予以立案并开始初步审查。2017年9月15日，市场监管总局决定对此项经营者集中实施进一步审查。2017年12月13日，经申报方同意，市场监管总局决定延长进一步审查期限。2018年2月11日，进一步审查延长阶段届满时，申报方申请撤回案件并得到市场监管总局同意。2018年3月7日，市场监管总局对申报方的再次申报予以立案审查。市场监管总局认为，此项集中对中国光学镜片、光学镜架、太阳镜批发市场和眼镜产品零售市场，具有或可能具有排除、限制竞争效果。目前，本案处于进一步审查延长阶段，截止日期为2018年8月30日。

判罚依据

根据《反垄断法》第二十七条规定，从参与集中的经营者在相关市场的市场份额及其对市场的控制力、对消费者和其他有关经营者的影响等方面，深入分析了此项经营者集中对市场竞争的影响，认为此项集中对中国中高端光学镜片、低端光学镜片、中高端光学镜架、低端光学镜架、中高端太阳镜批发市场和眼镜产品零售市场，具有或可能具有排除、限制竞争效果。

（一）集中加强了集中后实体在相关市场的控制力

1. 集中加强了集中后实体在中国中高端光学镜片和低端光学镜片批发市场的控制力。在中高端光学镜片市场，依视路和陆逊梯卡的合计市场份额分别为40%～45%，竞争者市场份额为20%～25%。在低端光学镜片批发市场，依视路和陆逊梯卡的合计市场份额为30%～35%，排名2～5位竞争者合计市场份额为5%～10%，远低于集中后实体。在中高端光学镜片和低端光学镜片批发市场，竞争者难以对集中后实体形成有效竞争约束。

2. 集中加强了集中后实体在中国中高端太阳镜批发市场的控制力。依视路和陆逊梯卡在中国中高端太阳镜批发市场合计市场份额为35%～40%，排名2～5位竞争者合计市场份额不足30%，难以对其形成有效竞争约束。陆逊梯卡拥有自有品牌太阳镜雷朋和欧克利，通过独占授权许可方式运营香奈儿、宝格丽和普拉达等10个高端奢侈品牌。

3. 集中消除了两家领先竞争者的潜在竞争，进一步加强了集中后实体在各相关市场的控制力。本次交易中，依视路和陆逊梯卡在中高端光学镜片、低端光学镜片、中高端太阳镜批发市场横向重叠有限，但双方作为各自潜在的竞争者，均投入大量的研发资金进入彼此占据领先地位的产品市场。

（二）集中后实体有动机在光学镜片、光学镜架和太阳镜批发市场进行捆绑或搭售，可能具有排除、限制竞争的效果

1. 集中后实体可能将中高端光学镜片、低端光学镜片和中高端光学镜架、低端光学镜架进行捆绑或搭售。对依视路光学镜片和陆逊梯卡光学镜架产品的批发价格、毛利率等进行的临界转移比率分析表明，光学镜片与光学镜架的捆绑或搭售，可以增加集中后实体的利润，符合企业利润最大化的运营策略。

2. 集中后实体可能将中高端光学镜片、低端光学镜片和中高端太阳镜进行捆绑或搭售。眼镜产品零售店通常会同时批量采购光学镜片、光学镜架和太阳镜，尽管光学镜片和太阳镜不是互补品，但基于交易后实体在镜片和太阳镜市场的市场控制力分析，以及对此捆绑和搭售行为进行的经济分析显示，两种产品捆绑或搭售是可行的销售策略。

3. 竞争者和买方力量难以消除集中产生的排除、限制竞争影响。

眼镜产品行业竞争者通常分别专注于在光学镜片市场或在光学镜架和太阳镜市场运营，但市场份额远低于集中后实体。如果集中后实体进行捆绑或搭售，竞争者难以采用相同的销售策略进行反制，不足以对集中后实体形成有效竞争约束。

4. 相关市场短期内不会出现新的有效竞争者。

光学镜片、光学镜架和太阳镜市场具有一定的进入难度。光学镜片制造技术要求较高，研发投

入大，近年来市场上基本没有新进入者。光学镜架和太阳镜品牌知名度建设周期长、投入大。相关市场短期内不会出现实力相当的新进入者，难以形成有效竞争约束。

（三）集中可能在眼镜产品零售市场具有排除、限制竞争的效果

1. 集中后实体有动机增加自有零售店数量，通过封锁热销产品，对非自有零售店设置不合理交易条件，增强自有零售店竞争力。陆逊梯卡自 2017 年起在中国实施“STARS 计划”以加强其零售渠道掌控能力，拒绝加入该计划的经销商无法获得陆逊梯卡品牌授权。在存在横向重叠的五个城市市场中，集中后实体在北京和广州眼镜产品零售市场份额排名第一。

2. 集中将进一步削弱买方议价能力，损害消费者利益。由于依视路和陆逊梯卡分别在中高端光学镜片、低端光学镜片和中高端太阳镜市场拥有市场控制力，且其运营的眼镜品牌多为眼镜产品零售店的必需品牌。集中可能削弱下游眼镜产品零售店的议价能力，挤压其利润空间。

判罚结果

1. 没有正当理由，不进行眼镜产品搭售，包括但不限于不得拒绝向中国眼镜店铺单独供应眼镜镜片、镜架、太阳镜、整副眼镜产品（并提供必要的商标授权），不得在交易时附加不合理的交易条件，仅在“整副眼镜”中供应的镜片或镜架除外。

2. STARS 计划应在获得市场监管总局批准后，向中国眼镜店铺提供，供其自愿选择。在任何情况下，中国眼镜店铺均可自主选择通过交易双方及集中后实体批发系统订购镜架和太阳镜。

本着公平、合理、无歧视的原则向所有有意愿、并遵守所有财务义务及中国法律法规的中国眼镜店铺提供交易双方及集中后实体品牌组合内的所有镜架、太阳镜和必要的商标授权（木九十、Wakeup、Aojo、暴龙和陌森旗下目前仅由单一品牌专卖店专营的产品除外）。

3. 不得对中国眼镜店铺（单一品牌专卖店和特许经营店除外）强加排他性条件，禁止或采取不正当手段限制其销售竞争者的镜片、镜架和太阳镜产品。

4. 本着公平、合理、无歧视的原则提供眼镜产品和必要的商标授权，不得对条件相同的交易相对人在交易价格等交易条件上实行差别待遇。

5. 没有正当理由不得以低于成本的价格销售眼镜产品。

6. 对中国目标业务实施的经营者集中，应当于协议签署之日起 10 个工作日内报告市场监管总局。

［4］中国石油天然气股份有限公司大庆油田公司天然气分公司垄断行为案（来源：国家市场监督管理总局反垄断局）

案件简述

根据《中华人民共和国反垄断法》等法律法规，本机关依法对中国石油天然气股份有限公司大庆油田公司天然气分公司（以下简称“中石油大庆油田天然气分公司”）与交易相对人达成并实施价格垄断协议的行为进行了调查。并于 2018 年 1 月 22 日依法向中石油大庆油田天然气分公司送达了行政处罚事先告知书，告知其涉嫌违法的事实、拟作出的行政处罚决定、理由和依据，以及依法享有陈述、申辩或要求举行听证的权利。中石油大庆油田天然气分公司在法定期限内没有向本机关提出陈述、申辩意见，也没有要求举行听证。

判罚依据

中石油大庆油田天然气分公司的上述行为违反了《中华人民共和国反垄断法》第十四条第（二）项的规定，属于达成并实施“限定向第三人转售商品的最低价格”垄断协议的违法行为，严重排除、限制了天然气产品的市场竞争，损害了终端客户和消费者的合法权益，破坏了公平竞争的市场环境。

经查，中石油大庆油田天然气分公司和中国石油天然气股份有限公司天然气销售大庆分公司（以下简称“中石油天然气销售大庆分公司”）与哈尔滨、齐齐哈尔、大庆地区（以下简称“哈大齐地区”）13 家下游 CNG（压缩天然气）母站经营者达成并实施了限定转售 CNG 天然气最低价格

的垄断协议，违反了《反垄断法》第十四条有关规定。

一、限定下游 CNG 母站转售 CNG 天然气最低价格

1. 召开会议商定最低转售价格。2016 年 8 月 11 日、8 月 25 日，中石油大庆油田天然气分公司与中石油天然气销售大庆分公司相关负责人召集 13 家 CNG 母站开会，要求各家 CNG 母站向子站转售价格不得低于 2.25 元/立方，并从 2016 年 9 月 1 日起统一执行。此前，各 CNG 母站根据市场状况自行确定向子站的转售价格，价格水平在 1.76 元/立方到 2.30 元/立方之间，但主要集中在 2.00 元/立方左右。

2. 组织签订《哈大齐 CNG 市场销售协议》。上述会议后，中石油大庆油田天然气分公司与中石油天然气销售大庆分公司组织下游 13 家 CNG 母站于 2016 年 8 月 29 日共同签署了《哈大齐（NG）市场销售协议》，明确规定自 2016 年 9 月 1 日起 CNG 母站按照 2.25 元/立方最低销售价格对外销售 CNG 天然气，任何母站不得低于最低销售价格。

3. 下发《补充通知》，推动最低限价付诸实施。2016 年 9 月 2 日，中石油大庆油田天然气分公司与中石油天然气销售大庆分公司向 13 家 CNG 母站下发了《关于执行〈哈大齐 CNG 市场销售协议〉的补充通知》，要求严格按照约定的最低限价对外销售，对于拒不执行的，威胁停气。

二、在中石油大庆油田天然气分公司监督下，下游 CNG 母站实施了价格垄断协议

1. 下游 CNG 母站实施了最低限价。经查，从 2016 年 9 月 1 日起哈大齐地区 CNG 母站即按照 2.25 元/立方最低限价对外销售。

2. 要求 CNG 母站定期上报销售价格等数据，跟踪最低限价执行情况。《哈大齐 CNG 市场销售协议》签订后，中石油大庆油田天然气分公司与中石油天然气销售大庆分公司要求 CNG 母站定期上报销售对象、销售气量、销售单价，跟踪最低销售限价执行情况；2017 年 4 月 19 日，向 CNG 母站发放了《母站客户调查表》和《母站客户调查问卷》，对《哈大齐 CNG 市场销售协议》签订后的“外销情况”“地板价执行情况”等进行了问卷调查，进一步跟踪监督限价执行情况。

3. 成立监督小组，监督各 CNG 母站最低限价执行情况，对拒不执行的以削减计划、限气甚至停气相威胁。为监督下游 CNG 母站价格执行情况，中石油大庆油田天然气分公司与中石油天然气销售大庆分公司组织成立“监督小组”，通过现场检查的方式，重点监督各家 CNG 母站价格执行情况。

另查明，中石油大庆油田天然气分公司 2016 年度 CNG 天然气销售收入为 646 亿元。

判罚结果

中石油大庆油田天然气分公司的上述行为违反了《中华人民共和国反垄断法》第十四条第（二）项的规定，属于达成并实施“限定向第三人转售商品的最低价格”垄断协议的违法行为，严重排除、限制了天然气产品的市场竞争，损害了终端客户和消费者的合法权益，破坏了公平竞争的市场环境。考虑到中石油大庆油田天然气分公司在调查过程中能够积极配合，如实陈述相关事实，及时自查自纠，撤销了《哈大齐 CNG 市场销售协议》并进行全面整改，依据《中华人民共和国反垄断法》第四十六条第一款、第四十九条规定，本机关处理决定如下：

1. 责令中国石油天然气股份有限公司大庆田公司天然气分公司立即停止上述违法行为。

2. 对中国石油天然气股份有限公司大庆油田公司天然气分公司处以二〇一六年度 CNG 天然气销售收入六亿四千六百万元百分之六的罚款，计三千八百七十六万元。

依据《中华人民共和国行政处罚法》第四十六条第三款规定，中石油大庆油田天然气分公司应当自收到本行政处罚决定书之日起十五日内，携本行政处罚决定书将罚款上缴国库。收款人全称：国家发展和改革委员会—中央财政汇缴专户；账号：711101018980000107；开户银行：中信银行总行营业部。

依据《中华人民共和国行政处罚法》第五十一条第（一）项和第（三）项规定，中石油大庆油田天然气分公司到期不缴纳罚款的，每日按罚款数额的百分之三加处罚款，同时本机关可以申请

人民法院强制执行。

中石油大庆油田天然气分公司如对上述行政处罚决定不服可以自收到本行政处罚决定书之日起六十日内，向国家发展和改革委员会申请行政复议；或者自收到本行政处罚决定书之日起六个月内，依法向人民法院提起行政诉讼。行政复议或者诉讼期间，本行政处罚决定不停止执行。

2019 年

[1] 伊士曼公司滥用市场支配地位案（来源：国家市场监督管理总局反垄断局）

案件简述

2017 年 8 月 16 日，经原国家工商行政管理总局授权，上海市市场监督管理局对伊士曼（中国）投资管理有限公司涉嫌滥用市场支配地位行为立案调查。经查，本案当事人属于伊士曼集团，系伊士曼集团中国区经营总部，主要负责 Texanol 品牌 2，2，4 - 三甲基 - 1，3 - 戊二醇单异丁酸酯、TXIB 品牌增塑剂、Optifilm 品牌 2，2，4 - 三甲基 - 1，3 - 戊二醇二异丁酸酯在中国大陆地区的销售业务。在本案中，相关商品市场为醇酯十二成膜助剂市场，涉及的相关地域市场为中国大陆市场。由于醇酯十二成膜助剂行业进入壁垒较高，当事人在中国大陆醇酯十二成膜助剂市场长期保持较高市场份额，在财力条件等方面具有明显优势，且未受到明显竞争约束，客户对其产品存在较大程度的依赖。因此，认定当事人在相关市场具有市场支配地位。

在 2013 ~ 2015 年，当事人实施了没有正当理由限定交易的滥用市场支配地位行为。①当事人与国内相关涂料企业签订并实施了含有限制最低采购数量条款和照付不议条款的排他性协议。经查，当事人在中国大陆市场主要以订单销售模式向其直销客户及经销代理商销售醇酯十二，在原有订单销售方式的基础上，以伊士曼化工公司的名义与六家直销客户增加签订了由其提供的长期格式条款合同，合同显示，当事人与上述六家直销签约客户约定了未来两至三年内醇酯十二成膜助剂的销售单价及每一合同年度的最低采购量，为保证最低采购数量条款实施，当事人还在合同中对上述六家客户附加了关于在任何情况下都应当按照合同约定之年度最小采购量付款的格式条款。②当事人以最低采购数量为生效条件，签订并实施了含有“最惠国待遇”等条款的排他性协议。伊士曼化工公司与某公司于 2013 年签订了全球框架采购协议《成膜助剂合作与佣金协议》。协议显示，2013 年 7 月 ~ 2016 年 12 月，若该公司及其全球关联公司通过伊士曼化工公司采购的成膜助剂总量达到其全球总需求量的一定份额以上，则可在伊士曼全球销售区域内享受最惠国待遇。2013 ~ 2016 年，当事人在上述框架协议基础上，以齐鲁伊士曼公司名义与该公司签订并实施了附属销售激励协议。协议约定，若该公司及其在中国境内各关联公司采购醇酯十二及醇酯十六达到约定数量，则给予该公司约定比例的销售折扣。经查证，当事人通过该协议锁定了该公司在中国地区至少 75% 以上醇酯十二产品需求量。

处罚依据

市场监督管理局认为，当事人签署并实施的含有最低采购数量条款、照付不议条款的长期协议及《成膜助剂合作与佣金协议》均属于排他性协议，其主要内容是要求或诱导购买商主要从一个供应商处购买某特定类型的产品。本案中，当事人在相关市场内实施的排他性协议促使交易相对方向当事人及其关联公司购买大部分甚至全部醇酯十二成膜助剂，限制了交易相对方与其他竞争对手的交易，进而损害了相关市场的竞争。①上述排他性协议对交易相对方产生了具有限定交易效果的数量强制义务。当事人根据签约客户的产品需求情况，设定比非签约情况下更低的合同价格，诱使签约客户承诺未来 2 ~ 3 年关于合同商品的年度最低采购数量。在照付不议协议中，数量强制义务所带来的限定交易效果十分明显。②在特定市场条件下，当事人实施的限定交易行为在相关市场内产生了严重的市场封锁效果；③当事人实施的限定交易行为具有明显的反竞争效果，对直销客户产生了直接的锁定效应，在特定时期，最惠国待遇协议和照付不议协议的同时生效可以产生市场封锁的叠加效应，并且当事人实施的限定交易行为在客户群体中产生了间接的排除、限制竞争效果；④当事人实施上述排他性协议无正当理由。

当事人通过排他性协议锁定了相关市场内具有一定影响力客户的大部分需求，对相关市场产生了明显的排除、限制竞争效果，构成了《反垄断法》第十七条第一款第四项："禁止具有市场支配地位的经营者从事下列滥用市场支配地位的行为：（四）没有正当理由，限定交易相对人只能与其进行交易或者只能与其指定的经营者进行交易"规定的违法行为，应当予以行政处罚。

判罚结果

市场监督管理局认为，2013～2015 年，当事人利用其在中国大陆醇酯十二成膜助剂市场的支配地位，实施排除、限制竞争的限定交易行为构成了《反垄断法》第十七条第一款第（四）项规定的滥用市场支配地位行为。依据《反垄断法》第四十七条、第四十九条的规定，对当事人作出如下处罚决定：

1. 责令停止违法行为；

2. 对当事人处以其 2016 年度销售额 487 574 226.99 元 5% 的罚款，合计 24 378 711.35 元人民币。

[2] 丰田汽车（中国）投资有限公司垄断案（来源：国家市场监督管理总局反垄断局）

案件简述

依据《中华人民共和国反垄断法》，原江苏省物价局经授权，自 2017 年 12 月起，对丰田汽车（中国）投资有限公司涉嫌在雷克萨斯品牌汽车销售中存在价格垄断行为进行了调查，江苏省政府机构改革后，本案由江苏省市场监督管理局依法继续管辖。经查，当事人存在以下违法事实：①当事人与经销商达成了限定经销商网络报价和部分车型整车转售价格的协议。限定江苏省内经销商整车销售网络报价，要求江苏省内经销商在互联网平台（汽车之家、易车网）销售雷克萨斯汽车时，统一按照各车型建议零售价进行报价，经销商不得擅自降低网络报价；限定江苏省内经销商部分车型整车销售价格，限制经销商销售雷克萨斯 ES200、ES300h、NX200、CT200、RX450、NX300、LX570、LS 系列等重点车型最低转售价格。②当事人实施了限定经销商网络报价和部分车型整车转售价格的协议，并通过多项管理措施实施价格控制，经销商执行了当事人的价格要求。主要包括：当事人将统一网络报价作为区域经理考核指标；从 2016 年起要求经销商上传发票至当事人销售管理系统，组织专门人员对上传的发票进行检查，超出限价要求的，经销商必须说明原因；对低价销售的经销商，当事人区域销售经理通过协力会、微信群和电话的方式告知会被削减下月相关车型配车。并且，经销商执行了当事人的价格要求。根据对江苏省内雷克萨斯经销商的调查，江苏省经销商自 2015 年 6 月起均按照当事人要求在汽车之家、易车网等网站将网络销售价格统一为各车型建议零售价。结合各地区经销商实际销售数据分析，虽然经销商销售价格不尽相同，但优惠幅度在每次限价要求后整体出现下降。当事人区域销售经理要求经销商相互监督销售价格，发现低价销售行为可以向其投诉举报，并进行干预，从而实施对经销商整车销售价格控制。

处罚依据

市场监督管理局认为，当事人与经销商处于雷克萨斯汽车销售链条的不同环节，各自具有独立的法律地位，经销商为当事人交易相对人。当事人统一经销商网络报价、限定经销商转售商品最低价格的行为，属于与交易相对人达成并实施"固定向第三人转售商品的价格"、"限定向第三人转售商品的最低价格"的垄断协议，违反了《反垄断法》第十四条的规定。

当事人凭借自身优势地位及严格的管理措施，对经销商作出的统一网络报价和对部分车型整车转售价格的限定，具有较强的约束力。当事人的行为排除、限制了市场竞争，损害了消费者利益。

首先是排除、限制了品牌内的竞争。当事人的行为限制了经销商间的价格竞争，剥夺了经销商自主定价权，使资源无法得到合理配置，侵害了经销商的合法权益。其次是削弱了品牌间的竞争。在汽车品牌经销领域，随着与当事人类似行为的累积效应增加，会明显削弱各汽车品牌间的竞争，最终破坏汽车市场竞争秩序。最后是损害了消费者利益。当事人的行为使消费者无法享受到因充分竞争而带来的好处，被迫去接受非竞争形成的价格，承担更高的购买成本，失去了自由选择权，损害了消费者的合法利益。

判罚结果

综合当事人违法行为的性质、程度和持续时间等因素，考虑到当事人积极配合调查，承认存在违反《反垄断法》的行为，主动整改，依据《反垄断法》第四十六条、第四十九条的规定，责令当事人停止违法行为，并决定对当事人处上一年度（2016 年度）销售额 2% 的罚款，即 87 613 059. 48 元。

［3］衢州市 8 家混凝土企业实施垄断协议案（来源：国家市场监督管理总局反垄断局）

案件简述

2018 年 12 月 14 日，浙江省市场监督管理局根据总局批复授权，对“衢州混凝土行业涉嫌垄断”成立专案组立案调查。经查，2018 年 4 月，衢州开隆建材有限公司起草了《混凝土行业自律公约》，之后衢州商品混凝土有限公司与衢州虎山混凝土有限公司、衢州金厦非凡建材有限公司、衢州鑫业建材有限公司、衢州山河建材有限公司、衢州天广建材有限公司、衢州园闰节能科技有限公司、衢州开隆建材有限公司经磋商达成《混凝土行业自律公约》，约定从 2018 年 5 月 1 日起，执行市场配额机制，其中 5 月份衢商和鑫业公司占市场份额的 27. 4902%、虎山公司占市场份额的 14. 2451%、金厦公司占市场份额的 14. 2451%、园闰公司占市场份额的 13. 7451%、山河公司占市场份额的 13. 7451%、天广公司占市场份额的 11. 5294%、开隆公司占市场份额的 5%。因开隆公司为新成立公司其市场份额逐月递增，直至第一年达到 8%、第二年达到 9%，第三年达到 10%，其每月增加份额部分由其他七家公司按比例承担。《混凝土行业自律公约》还约定，500 方以上项目承接，必须经事先预分配后再签订供货合同，500 方以下的项目由各家销售经理通气后决定由哪家做；约定价格按衢州市造价站发布的信息价，下浮 2 ~8 个点。为保证《混凝土行业自律公约》履行，还约定建立月度会议碰头机制、实行总经理行业维护风险金制度、实行奖惩机制、实行调拨金制度。

《混凝土行业自律公约》达成后，衢州商品混凝土有限公司及虎山、金厦、园闰、鑫业、山河、天广、开隆公司市场部或销售部经理分别于 2018 年 6 月 14 日在开隆公司、7 月 18 日在衢商公司、8 月 16 日在虎山公司召开碰头会，会议对每家公司 5 月、6 月、7 月 3 个月的实际供应方量、市场份额、收支的调拨金进行了确定，还对各公司 5 月、6 月、7 月 3 个月在谈或已谈成的项目进行了备案，并形成 3 份会议纪要、3 份项目分配名单，均由各公司市场部或销售部经理签字确认。其中按照市场份额及各公司实际供应方量，计算出 5 月、6 月两个月各公司收支调拨金如下：虎山公司支付 1 371 164 元给衢商公司，金厦公司支付 852 132 元给衢商公司、支付 244 171 元给山河公司、支付 126 938 元给开隆公司，园闰公司支付 863 532 元给天广公司、支付 1 167 217 元给开隆公司。上述 6 笔调拨金各公司已与 2018 年 7 月底 8 月初完成实际支付，支付金额根据《混凝土行业自律公约》约定，现金支付为会议确定金额的 80%。其中 7 月 26 日虎山公司以泵送费的形式支付衢商公司 1 096 931. 2 元，7 月 30 日金厦公司通过该公司副总经理张育标个人账户以调拨金名义分别支付衢商公司出纳吴兴梅个人账户 681 705. 6 元、山河公司法定代表人姜达清个人账户 195 336. 8 元，7 月 30 日金厦公司通过该公司出纳汪志娜母亲池三妹个人账户以调拨金名义支付开隆公司出纳吴萍个人账户 101 550. 4 元，8 月 2 日园闰公司以 5 月、6 月调拨金名义分别支付天广公司市场部经理王云飞个人账户 690 825. 6 元、开隆公司出纳吴萍个人账户 933 773. 6 元。上述 6 笔资金往来金额正好是约定应支付 5 ~6 月调拨金的 80%。（总计约定应支付 4 625 154 元，实际按照 80% 支付 3 700 123.2 元）。7 月份调拨金因案发未实际支付。

处罚依据

市场监督管理局认为，因预拌混凝土生产运输等特殊因素，衢州市区范围内 2018 年 5 月至 7 月预拌混凝土均由涉案的 8 家当事人供应，8 家当事人在衢州市区预拌混凝土市场互为竞争对手。衢州虎山混凝土有限公司与其他 7 家混凝土生产企业为达到市场限制竞争为目的，以《行业自律公约》形式达成并实施了垄断协议，划分了衢州市区预拌混凝土市场份额、限制预拌混凝土生产数量及销售数量，从而获取了对衢州市区预拌混凝土市场的绝对控制权利，排除和限制了正常的市场竞争。

当事人的垄断行为违反了《中华人民共和国反垄断法》第十三条第一款第（二）项“禁止具有竞争关系的经营者达成下列垄断协议：（二）限制商品的生产数量或销售数量；”《工商行政管理机关禁止垄断协议行为的规定》第四条第一款第（一）项“禁止具有竞争关系的经营者就限制商品的生产数量或者销售数量达成下列垄断协议：（一）以限制产量、固定产量、停止生产等方式限制商品的生产数量或者限制商品特定品种、型号的生产数量”之规定，属于通过达成并实施垄断协议，限制商品生产数量或销售数量的违法行为。

判罚结果

根据《中华人民共和国反垄断法》第四十六条第一款、《工商行政管理机关禁止垄断协议行为的规定》第十条，以及《中华人民共和国反垄断法》第四十九条之规定，考虑到 8 家当事人垄断协议后商品混凝土供应影响范围仅限衢州市区，且持续时间较短仅 3 个月，决定对当事人处罚如下：

1. 责令停止违法行为；

2. 处衢州商品混凝土有限公司 2017 年度销售额 1% 的罚款，共计 1 372 435 元；处衢州虎山混凝土有限公司 2017 年度销售额 1% 的罚款，1 613 191 元；处衢州金厦非凡建材有限公司 2017 年度销售额 1% 的罚款，共计 1 071 833 元；处衢州鑫业建材有限公司 2017 年度销售额 1% 的罚款，共计 869 445 元；处衢州山河建材有限公司 2017 年度销售额 1% 的罚款，共计 1 019 125 元；处衢州天广建材有限公司 2017 年度销售额 1% 的罚款，共计 763 484 元；处衢州园闰节能科技有限公司 2017 年度销售额 1% 的罚款，共计 998 964 元；由于衢州开隆建材有限公司 2017 年度未投产，上一年度无销售额。

2020 年

[1] 葡萄糖酸钙原料药垄断案（来源：国家市场监督管理总局反垄断局）

案件简述

2019 年 5 月 23 日起，市场监管总局依据《中华人民共和国反垄断法》（以下简称《反垄断法》）对山东康惠医药有限公司（以下简称康惠公司）、潍坊普云惠医药有限公司（以下简称普云惠公司）、潍坊太阳神医药有限公司（以下简称太阳神公司）涉嫌实施垄断行为开展了调查。经查，康惠公司、普云惠公司和太阳神公司于 2015 年 8 月至 2017 年 12 月滥用在中国注射用葡萄糖酸钙原料药销售市场上的支配地位，实施了以不公平的高价销售商品、附加不合理交易条件的行为，排除、限制了市场竞争，损害了消费者利益。

当事人在中国注射用葡萄糖酸钙原料药销售市场具有市场支配地位。2015 年 8 月至 2017 年 12 月，当事人通过包销、大量购买或者要求生产企业不对外销售等方式，控制了中国注射用葡萄糖酸钙原料药销售市场。一是当事人包销了江西新赣江生产的注射用葡萄糖酸钙原料药。二是当事人大量购买了浙江瑞邦生产的注射用葡萄糖酸钙原料药。三是当事人与成都倍特达成了不对外销售注射用葡萄糖酸钙原料药的合作协议。根据《反垄断法》第十八条规定，市场监管总局依据以下因素，认定当事人在中国注射用葡萄糖酸钙原料药销售市场具有市场支配地位。一是当事人占有较高的市场份额，市场竞争不充分；二是当事人具有控制销售市场的能力；三是下游制剂生产企业对当事人依赖程度较高；四是其他经营者进入相关市场的难度较大。

当事人实施了滥用市场支配地位行为。2015 年 8 月至 2017 年 12 月，当事人滥用在中国注射用葡萄糖酸钙原料药销售市场上的支配地位，实施了以不公平的高价销售商品、附加不合理交易条件的行为。一方面以不公平的高价销售商品。当事人控制中国注射用葡萄糖酸钙原料药销售市场后，以不公平的高价对外销售注射用葡萄糖酸钙原料药，获得了高额垄断利润。一是与购进成本相比，当事人的销售价格明显不公平。当事人从浙江瑞邦和江西新赣江购买注射用葡萄糖酸钙原料药后，以超过成本价数倍的价格对外销售。2017 年当事人采购注射用葡萄糖酸钙原料药的价格多为 80 元/公斤左右，当事人销售价格多为 760 ~2 184 元/公斤，提价达 9. 5 倍至 27. 3 倍。二是与历史价格相比，当事人的销售价格明显不公平。2014 年注射用葡萄糖酸钙原料药的市场价格为 40 元/公斤左右。当事人控制销售市场后，以明显不公平的高价向制剂生产企业销售。与 2014 年相比，2017 年注射用葡萄糖酸钙原料药销售价格上涨达 19 倍至 54. 6 倍。三是当事人内部层层加价以不公平的高价销售原料药。当事人内部分工负责，康惠公司、普云惠公司采购注射用葡萄糖酸钙原料药后，由太阳神公司向制剂生产企业销售，通过在当事人内部流转过票的方式，提高销售价格。例如，2017 年 2 月，康惠公司向上海锦帝九州（安阳）有限公司（以下简称安阳九州）销售注射用葡萄糖酸钙原料药 5 300 公斤，康惠公司要求普云惠公司和太阳神公司分别按流程完成该笔原料药销售，首先普云惠公司开票至太阳神公司，单价是 100 元/公斤，再由太阳神公司开票至安阳九州，单价是 760 元/公斤，通过当事人内部流转，价格上涨达 7. 6 倍。另一方面附加不合理交易条件。当事人控制中国注射用葡萄糖酸钙原料药销售市场后，强制要求制剂生产企业将生产出的葡萄糖酸钙注射液回购给当事人，或者作为当事人的代工厂，按照当事人的指令销售葡萄糖酸钙注射液，否则不供应注射用葡萄糖酸钙原料药。

当事人的行为排除、限制了市场竞争，损害了葡萄糖酸钙注射液生产企业和患者利益。一是排除、限制了市场的竞争。当事人通过多种方式控制注射用葡萄糖酸钙原料药销售市场后，统一高价对外销售，排除、限制了中国注射用葡萄糖酸钙原料药销售市场的竞争。当事人强制要求制剂生产企业将葡萄糖酸钙注射液回购给当事人或者其指定的其他公司，由当事人负责销售，排除、限制了葡萄糖酸钙注射液市场的竞争。二是损害了葡萄糖酸钙注射液生产企业的利益。葡萄糖酸钙注射液生产企业为了避免中标后不能正常供应葡萄糖酸钙注射液而被招采平台纳入“黑名单”，不得不接受当事人提出的不合理要求，高价购买原料药并将葡萄糖酸钙注射液交由当事人销售，自主经营权受到侵害。当事人以不公平的高价销售原料药，造成注射用葡萄糖酸钙原料药市场价格上涨，损害了制剂生产企业的利益。三是推高了葡萄糖酸钙注射液的市场价格，增加了国家医保支出，损害了患者的利益。葡萄糖酸钙注射液是国家基本药物、临床必需药品，是常用的低价药。当事人控制注射用葡萄糖酸钙原料药销售市场后大幅提价，提高了葡萄糖酸钙注射液生产成本。当事人强制要求制剂生产企业将葡萄糖酸钙注射液交由其销售，基本控制了中国葡萄糖酸钙注射液市场，造成葡萄糖酸钙注射液价格明显上涨，国家医保支出明显增加。当事人的行为推高了市场价格，造成葡萄糖酸钙注射液市场供应紧张，有些省份将其列入短缺药品清单，患者不能正常用药，利益受到严重损害。

判罚依据

当事人的行为违反了《反垄断法》第十七条第一款第（一）、（五）项规定，构成滥用市场支配地位行为。

经核实，康惠公司、普云惠公司、太阳神公司作为实施垄断行为的共同主体，形式上存在互相销售行为，根据《反垄断法》第四十七条、第四十九条规定，考虑到当事人的行为情节严重、性质恶劣、持续时间较长，排除、限制了相关市场的竞争，严重损害了制剂生产企业和患者的利益，康惠公司在垄断行为实施过程中起主导作用，普云惠公司起次要作用，太阳神公司起辅助作用等因素。

判罚结果

为恢复公平竞争的市场秩序，保障有关经营者的合法权益，于2020年4月9日对当事人作出如下处理：

1. 对山东康惠医药有限公司没收违法所得1.089亿元，并处2018年销售额10%的罚款，计1.438亿元；合计2.527亿元（大写：人民币贰亿伍仟贰佰柒拾万元整）；

2. 对潍坊普云惠医药有限公司没收违法所得605万元，并处2018年销售额9%的罚款，计4 830万元；合计5 435万元（大写：人民币伍仟肆佰叁拾伍万元整）；

3. 对潍坊太阳神医药有限公司没收违法所得605万元，并处2018年销售额7%的罚款，计1 240万元；合计1 845万元（大写：人民币壹仟捌佰肆拾伍万元整）。

［2］浙江省湖州市二手车交易市场企业达成并实施垄断协议案（来源：国家市场监督管理总局反垄断局）

案件简述

2020年7月9日浙江省市场监督管理局对浙江省湖州市二手车交易市场企业涉嫌达成并实施垄断协议行为进行立案调查。根据商务部《二手车流通管理办法》《国家税务总局关于二手车经销企业发票使用有关问题的公告》等规定，二手车交易应在二手车交易市场进行，并由交易市场出具交易发票，作为车辆办理过户的依据。根据公安部《机动车登记规定》，二手车交易实行机动车登记户籍管辖的原则，二手车交易只能在机动车户籍地进行交易，即湖州市的二手车只能在湖州市范围内的二手车交易市场进行交易。目前，湖州市具有资质的二手车交易市场5家，分属湖州江南二手车交易市场有限公司（以下简称湖州江南）、安吉大众二手车交易市场有限公司（以下简称安吉大众）、德清县顺达二手车交易市场有限公司（以下简称德清顺达）、浙江浙北二手车交易市场有限公司（以下简称浙江浙北）、长兴领航二手车交易服务有限公司（以下简称长兴领航）。上述5个公司均从事二手车交易服务，向客户收取交易服务费，且湖州市的二手车只能在上述5家二手车交易市场进行交易。湖州江南、安吉大众、德清顺达在湖州市二手车交易服务市场是具有竞争关系的经营者。浙江浙北、长兴领航虽因股东相互参股构成共同控制关系，但不影响其分别与湖州江南、安吉大众、德清顺达之间具有的竞争关系。

2011年2月，由湖州江南牵头，安吉大众、德清顺达、浙江浙北等二手车交易市场企业召开了湖州市二手车交易市场第一次工作会议，对统一湖州市二手车交易服务收费标准达成一致。2011年3月1日，上述4家二手车交易市场企业形成《关于统一湖州市二手车交易服务收费标准的报告》，报送给当时的主管部门湖州市贸易与粮食局，4家二手车交易市场企业均在该文件上盖章确认。该报告的主要内容就交易服务费达成统一标准，附件中对各类车辆根据年份、排量、质量等情况不同规定了交易服务费具体收费标准，并于2011年4月1日起执行。

2014年7月，长兴领航成立后参与湖州市尤其是长兴县的二手车交易服务市场竞争。2016年5月起，为避免相互竞争，长兴领航与浙江浙北相互参股后，也执行了2011年2月湖州市二手车交易市场第一次工作会议上湖州江南、安吉大众、德清顺达、浙江浙北达成的二手车交易服务费收费标准。上述5家二手车交易市场企业均在营业场所公示了统一的二手车交易服务费收费标准。

上述事实，主要有以下证据证明：

第一组证据：湖州江南、德清顺达、安吉大众、浙江浙北、长兴领航的营业执照复印件、二手车交易市场登记证复印件，证明当事人从事二手车交易服务的主体资格的事实；

第二组证据：2020 年 5 月 20 日制作的对当事人的现场检查笔录及照片打印件，证明现场检查情况和当事人在营业场所公示二手车交易服务收费标准的事实；

第三组证据：从湖州江南、德清顺达、安吉大众、浙江浙北处提取的《关于统一湖州市二手车交易服务收费标准的报告》文件复印件，证明当事人达成统一收费标准并下发文件的事实；

第四组证据：浙江浙北、长兴领航变更登记材料，交易服务费发票等，证明 2016 年 5 月长兴领航与浙江浙北相互参股，长兴领航执行湖州统一的二手车交易服务费收费标准；

第五组证据：各当事人法定代表人或者委托代理人询问笔录，证明当事人达成统一收费标准并实际执行的事实；

第六组证据：各当事人 2011 ~ 2019 年的财务报表，出具的情况说明及相关支出的证明材料，各年度二手车交易的转让合同、销售发票、车辆信息、交易服务费发票等，证明当事人实际执行收费标准的情况和当事人 2011 年以来的违法收入、2019 年度销售额的情况；

第七组证据：各当事人收取二手车交易服务费的原始凭证和清单，证明各当事人实施垄断协议的事实；

第八组证据：举报人的举报材料和询问笔录，证明案件来源和被举报企业涉嫌实施垄断行为的事实。

判罚依据

湖州江南与安吉大众、德清顺达、浙江浙北、长兴领航等二手车交易市场企业达成并实施固定二手车交易服务价格的行为，违反了《中华人民共和国反垄断法》第十三条第一款第（一）项“禁止具有竞争关系的经营者达成下列垄断协议：（一）固定或者变更商品价格”的规定，属于具有竞争关系的经营者达成并实施垄断协议行为。

《中华人民共和国反垄断法》第四十六条第一款“经营者违反本法规定，达成并实施垄断协议的，由反垄断执法机构责令停止违法行为，没收违法所得，并处上一年度销售额百分之一以上百分之十以下的罚款；尚未实施所达成的垄断协议的，可以处五十万元以下的罚款”、第四十九条“对本法第四十六条、第四十七条、第四十八条规定的罚款，反垄断执法机构确定具体罚款数额时，应当考虑违法行为的性质、程度和持续的时间等因素”。

判罚结果

为恢复公平竞争的市场秩序，保障有关经营者的合法权益，2020 年 10 月 13 日对当事人作出如下处理：

1. 责令当事人停止违法行为。

2. 对湖州江南作出如下行政处罚：没收违法所得 2 238 148. 83 元，并处 2019 年度销售额 5% 的罚款 464 730. 4 元，共计罚没款 2 702 879. 23 元（大写：贰佰柒拾万贰仟捌佰柒拾玖元贰角叁分）。

3. 对安吉大众作出如下行政处罚：没收违法所得 889 766. 16 元，并处 2019 年度销售额 4% 的罚款 126 219. 43 元，共计罚没款 1 015 985. 59 元（大写：壹佰零壹万伍仟玖佰捌拾伍元伍角玖分）。

4. 对德清顺达作出如下行政处罚：没收违法所得 440 395. 92 元，并处 2019 年度销售额 4% 的罚款 160 435. 83 元，共计罚没款 600 831. 75 元（大写：陆拾万零捌佰叁拾壹元柒角伍分）。

5. 对浙江浙北作出如下行政处罚：没收违法所得 646 639. 41 元，并处 2019 年度销售额 4% 的罚款 156 562. 93 元，共计罚没款 803 202. 34 元（大写：捌拾万叁仟贰佰零贰元叁角肆分）。

6. 对长兴领航作出如下行政处罚：没收违法所得 333 297. 33 元，并处 2019 年度销售额 2% 的罚款 81 960. 84 元，共计罚没款 415 258. 18 元（大写：肆拾壹万伍仟贰佰伍拾捌元壹角捌分）。

［3］丰巢网络收购中邮智递股权未依法申报违法实施经营者集中案（来源：国家市场监督管理总局反垄断局）

案件简述

收购方：丰巢网络。2019 年在深圳市注册成立，通过协议控制深圳市丰巢科技有限公司，主要从事快递末端投递服务中的智能快件箱业务。丰巢网络是深圳明德控股发展有限公司和顺丰控股股份有限公司的关联公司，最终控制人（略）。丰巢网络2019年度全球营业额为（略）（币种下同），中国境内营业额为（略）。被收购方：中邮智递。2012年在四川省成都市注册成立，原最终控制人是中国邮政集团有限公司。中邮智递主要从事快递末端投递服务中的智能快件箱业务。2019年度全球和中国境内营业额均为（略）。本交易为股权重组，丰巢网络以换股方式取得中邮智递100%股权。具体交易情况如下：

2020年5月13日，丰巢网络与中邮智递原股东浙江驿宝签署《标的股权转让协议》，收购中邮智递0.1%股权。中邮资本、成都三泰、浙江驿宝、明德控股、丰巢网络与丰巢开曼签署《减资协议》，除丰巢网络外的中邮智递原股东退出公司，减资完成后丰巢网络持有中邮智递100%股权。丰巢开曼等与中邮智递原股东签署《丰巢开曼股权购买协议》和《丰巢开曼股东协议》，中邮智递原股东合计购买丰巢开曼28.68%股权。5月14日，丰巢网络受让浙江驿宝所持中邮智递0.1%股权并完成变更登记，丰巢网络成为中邮智递股东。5月15日，中邮智递的法定代表人变更为丰巢网络指定人员，丰巢网络指定人员担任公司总经理及财务总监的任命生效。5月18日，各交易交割完成。（略）中邮智递由丰巢网络接管。

本案构成未依法申报违法实施的经营者集中。根据《反垄断法》第二十条规定“经营者集中是指下列情形：（一）经营者合并；（二）经营者通过取得股权或者资产的方式取得对其他经营者的控制权；（三）经营者通过合同等方式取得对其他经营者的控制权或者能够对其他经营者施加决定性影响”。丰巢网络以换股方式取得中邮智递100%股权，取得单独控制权，属于《反垄断法》第二十条规定的经营者集中。丰巢网络2019年度全球营业额为（略），中国境内营业额为（略）；中邮智递2019年度全球和中国境内营业额均为（略），达到《国务院关于经营者集中申报标准的规定》第三条规定的申报标准，属于应当申报的情形。根据《反垄断法》第二十一条规定“经营者集中达到国务院规定的申报标准的，经营者应当事先向国务院反垄断执法机构申报，未申报的不得实施集中”。2020年5月18日，交易完成交割，在此之前未向市场监管总局申报，违反《反垄断法》第二十一条，构成未依法申报违法实施的经营者集中。

本案不具有排除、限制竞争的效果。市场监管总局就丰巢网络收购中邮智递股权对市场竞争的影响进行了评估，评估认为，该项经营者集中不会产生排除、限制竞争的效果。

判罚依据

《反垄断法》第四十八条规定“经营者违反本法规定实施集中的，由国务院反垄断执法机构责令停止实施集中、限期处分股份或者资产、限期转让营业以及采取其他必要措施恢复到集中前的状态，可以处五十万元以下的罚款”。《反垄断法》第四十九条规定“对本法第四十六条、第四十七条、第四十八条规定的罚款，反垄断执法机构确定具体罚款数额时，应当考虑违法行为的性质、程度和持续的时间等因素”。

判罚结果

为恢复公平竞争的市场秩序，保障有关经营者的合法权益，2020年12月14日处丰巢网络50万元人民币罚款的行政处罚。

第八部分

国内反垄断与规制相关政策法规

一、典型政策与法规（全文）

2018 年

[1] 国务院关于改革国有企业工资决定机制的意见

一、总体要求

（一）指导思想。

全面贯彻党的十九大精神，以习近平新时代中国特色社会主义思想为指导，认真落实党中央、国务院决策部署，统筹推进“五位一体”总体布局和协调推进“四个全面”战略布局，坚持以人民为中心的发展思想，牢固树立和贯彻落实新发展理念，按照深化国有企业改革、完善国有资产管理体制和坚持按劳分配原则、完善按要素分配体制机制的要求，以增强国有企业活力、提升国有企业效率为中心，建立健全与劳动力市场基本适应、与国有企业经济效益和劳动生产率挂钩的工资决定和正常增长机制，完善国有企业工资分配监管体制，充分调动国有企业职工的积极性、主动性、创造性，进一步激发国有企业创造力和提高市场竞争力，推动国有资本做强做优做大，促进收入分配更合理、更有序。

（二）基本原则。

——坚持建立中国特色现代国有企业制度改革方向。坚持所有权和经营权相分离，进一步确立国有企业的市场主体地位，发挥企业党委（党组）领导作用，依法落实董事会的工资分配管理权，完善既符合企业一般规律又体现国有企业特点的工资分配机制，促进国有企业持续健康发展。

——坚持效益导向与维护公平相统一。国有企业工资分配要切实做到既有激励又有约束、既讲效率又讲公平。坚持按劳分配原则，健全国有企业职工工资与经济效益同向联动、能增能减的机制，在经济效益增长和劳动生产率提高的同时实现劳动报酬同步提高。统筹处理好不同行业、不同企业和企业内部不同职工之间的工资分配关系，调节过高收入。

——坚持市场决定与政府监管相结合。充分发挥市场在国有企业工资分配中的决定性作用，实现职工工资水平与劳动力市场价位相适应、与增强企业市场竞争力相匹配。更好发挥政府对国有企业工资分配的宏观指导和调控作用，改进和加强事前引导和事后监督，规范工资分配秩序。

——坚持分类分级管理。根据不同国有企业功能性质定位、行业特点和法人治理结构完善程度，实行工资总额分类管理。按照企业国有资产产权隶属关系，健全工资分配分级监管体制，落实各级政府职能部门和履行出资人职责机构（或其他企业主管部门，下同）的分级监管责任。

二、改革工资总额决定机制

（三）改革工资总额确定办法。按照国家工资收入分配宏观政策要求，根据企业发展战略和薪酬策略、年度生产经营目标和经济效益，综合考虑劳动生产率提高和人工成本投入产出率、职工工资水平市场对标等情况，结合政府职能部门发布的工资指导线，合理确定年度工资总额。

（四）完善工资与效益联动机制。企业经济效益增长的，当年工资总额增长幅度可在不超过经济效益增长幅度范围内确定。其中，当年劳动生产率未提高、上年人工成本投入产出率低于行业平均水平或者上年职工平均工资明显高于全国城镇单位就业人员平均工资的，当年工资总额增长幅度应低于同期经济效益增长幅度；对主业不处于充分竞争行业和领域的企业，上年职工平均工资达到政府职能部门规定的调控水平及以上的，当年工资总额增长幅度应低于同期经济效益增长幅度，且职工平均工资增长幅度不得超过政府职能部门规定的工资增长调控目标。

企业经济效益下降的，除受政策调整等非经营性因素影响外，当年工资总额原则上相应下降。其中，当年劳动生产率未下降、上年人工成本投入产出率明显优于行业平均水平或者上年职工平均工资明显低于全国城镇单位就业人员平均工资的，当年工资总额可适当少降。

企业未实现国有资产保值增值的，工资总额不得增长，或者适度下降。

企业按照工资与效益联动机制确定工资总额，原则上增人不增工资总额、减人不减工资总额，但发生兼并重组、新设企业或机构等情况的，可以合理增加或者减少工资总额。

（五）分类确定工资效益联动指标。根据企业功能性质定位、行业特点，科学设置联动指标，合理确定考核目标，突出不同考核重点。

对主业处于充分竞争行业和领域的商业类国有企业，应主要选取利润总额（或净利润）、经济增加值、净资产收益率等反映经济效益、国有资本保值增值和市场竞争能力的指标。对主业处于关系国家安全、国民经济命脉的重要行业和关键领域、主要承担重大专项任务的商业类国有企业，在主要选取反映经济效益和国有资本保值增值指标的同时，可根据实际情况增加营业收入、任务完成率等体现服务国家战略、保障国家安全和国民经济运行、发展前瞻性战略性产业以及完成特殊任务等情况的指标。对主业以保障民生、服务社会、提供公共产品和服务为主的公益类国有企业，应主要选取反映成本控制、产品服务质量、营运效率和保障能力等情况的指标，兼顾体现经济效益和国有资本保值增值的指标。对金融类国有企业，属于开发性、政策性的，应主要选取体现服务国家战略和风险控制的指标，兼顾反映经济效益的指标；属于商业性的，应主要选取反映经济效益、资产质量和偿付能力的指标。对文化类国有企业，应同时选取反映社会效益和经济效益、国有资本保值增值的指标。劳动生产率指标一般以人均增加值、人均利润为主，根据企业实际情况，可选取人均营业收入、人均工作量等指标。

三、改革工资总额管理方式

（六）全面实行工资总额预算管理。工资总额预算方案由国有企业自主编制，按规定履行内部决策程序后，根据企业功能性质定位、行业特点并结合法人治理结构完善程度，分别报履行出资人职责机构备案或核准后执行。

对主业处于充分竞争行业和领域的商业类国有企业，工资总额预算原则上实行备案制。其中，未建立规范董事会、法人治理结构不完善、内控机制不健全的企业，经履行出资人职责机构认定，其工资总额预算应实行核准制。

对其他国有企业，工资总额预算原则上实行核准制。其中，已建立规范董事会、法人治理结构完善、内控机制健全的企业，经履行出资人职责机构同意，其工资总额预算可实行备案制。

（七）合理确定工资总额预算周期。国有企业工资总额预算一般按年度进行管理。对行业周期性特征明显、经济效益年度间波动较大或存在其他特殊情况的企业，工资总额预算可探索按周期进行管理，周期最长不超过三年，周期内的工资总额增长应符合工资与效益联动的要求。

（八）强化工资总额预算执行。国有企业应严格执行经备案或核准的工资总额预算方案。执行过程中，因企业外部环境或自身生产经营等编制预算时所依据的情况发生重大变化，需要调整工资总额预算方案的，应按规定程序进行调整。

履行出资人职责机构应加强对所监管企业执行工资总额预算情况的动态监控和指导，并对预算执行结果进行清算。

四、完善企业内部工资分配管理

（九）完善企业内部工资总额管理制度。国有企业在经备案或核准的工资总额预算内，依法依规自主决定内部工资分配。企业应建立健全内部工资总额管理办法，根据所属企业功能性质定位、行业特点和生产经营等情况，指导所属企业科学编制工资总额预算方案，逐级落实预算执行责任，建立预算执行情况动态监控机制，确保实现工资总额预算目标。企业集团应合理确定总部工资总额预算，其职工平均工资增长幅度原则上应低于本企业全部职工平均工资增长幅度。

（十）深化企业内部分配制度改革。国有企业应建立健全以岗位工资为主的基本工资制度，以岗位价值为依据，以业绩为导向，参照劳动力市场工资价位并结合企业经济效益，通过集体协商等形式合理确定不同岗位的工资水平，向关键岗位、生产一线岗位和紧缺急需的高层次、高技能人才倾斜，合理拉开工资分配差距，调整不合理过高收入。加强全员绩效考核，使职工工资收入与其工作业绩和实际贡献紧密挂钩，切实做到能增能减。

（十一）规范企业工资列支渠道。国有企业应调整优化工资收入结构，逐步实现职工收入工资化、工资货币化、发放透明化。严格清理规范工资外收入，将所有工资性收入一律纳入工资总额管理，不得在工资总额之外以其他形式列支任何工资性支出。

五、健全工资分配监管体制机制

（十二）加强和改进政府对国有企业工资分配的宏观指导和调控。人力资源社会保障部门负责建立企业薪酬调查和信息发布制度，定期发布不同职业的劳动力市场工资价位和行业人工成本信息；会同财政、国资监管等部门完善工资指导线制度，定期制定和发布工资指导线、非竞争类国有企业职工平均工资调控水平和工资增长调控目标。

（十三）落实履行出资人职责机构的国有企业工资分配监管职责。履行出资人职责机构负责做好所监管企业工资总额预算方案的备案或核准工作，加强对所监管企业工资总额预算执行情况的动态监控和执行结果的清算，并按年度将所监管企业工资总额预算执行情况报同级人力资源社会保障部门，由人力资源社会保障部门汇总报告同级人民政府。同时，履行出资人职责机构可按规定将有关情况直接报告同级人民政府。

（十四）完善国有企业工资分配内部监督机制。国有企业董事会应依照法定程序决定工资分配事项，加强对工资分配决议执行情况的监督。落实企业监事会对工资分配的监督责任。将企业职工工资收入分配情况作为厂务公开的重要内容，定期向职工公开，接受职工监督。

（十五）建立国有企业工资分配信息公开制度。履行出资人职责机构、国有企业每年定期将企业工资总额和职工平均工资水平等相关信息向社会披露，接受社会公众监督。

（十六）健全国有企业工资内外收入监督检查制度。人力资源社会保障部门会同财政、国资监管等部门，定期对国有企业执行国家工资收入分配政策情况开展监督检查，及时查处违规发放工资、滥发工资外收入等行为。加强与出资人监管和审计、税务、纪检监察、巡视等监督的协同，建立工作会商和资源共享机制，提高监督效能，形成监督合力。

对企业存在超提、超发工资总额及其他违规行为的，扣回违规发放的工资总额，并视违规情形对企业负责人和相关责任人员依照有关规定给予经济处罚和纪律处分；构成犯罪的，由司法机关依法追究刑事责任。

六、做好组织实施工作

（十七）国有企业工资决定机制改革是一项涉及面广、政策性强的工作，各地区、各有关部门要统一思想认识，以高度的政治责任感和历史使命感，切实加强对改革工作的领导，做好统筹协调，细化目标任务，明确责任分工，强化督促检查，及时研究解决改革中出现的问题，推动改革顺利进行。各省（自治区、直辖市）要根据本意见，结合当地实际抓紧制定改革国有企业工资决定机制的实施意见，认真抓好贯彻落实。各级履行出资人职责机构要抓紧制定所监管企业的具体改革实施办法，由同级人力资源社会保障部门会同财政部门审核后实施。各级人力资源社会保障、财政、国资监管等部门和工会要各司其职，密切配合，共同做好改革工作，形成推进改革的合力。广大国有企业要自觉树立大局观念，认真执行国家有关改革规定，确保改革政策得到落实。要加强舆论宣传和政策解读，引导全社会正确理解和支持改革，营造良好社会环境。

（十八）本意见适用于国家出资的国有独资及国有控股企业。中央和地方有关部门或机构作为实际控制人的企业，参照本意见执行。

本意见所称工资总额，是指由企业在一个会计年度内直接支付给与本企业建立劳动关系的全部职工的劳动报酬总额，包括工资、奖金、津贴、补贴、加班加点工资、特殊情况下支付的工资等。

[2] 国务院关于积极有效利用外资推动经济高质量发展若干措施的通知

一、大幅度放宽市场准入，提升投资自由化水平

（一）全面落实准入前国民待遇加负面清单管理制度。2018 年 7 月 1 日前修订出台全国和自由贸易试验区外商投资准入特别管理措施（负面清单），与国际通行规则对接，全面提升开放水平，以开放促改革、促发展、促创新。负面清单之外的领域，各地区各部门不得专门针对外商投资准入进行限制。（发展改革委、商务部牵头，各有关部门、各省级人民政府按职责分工负责）

（二）稳步扩大金融业开放。放宽外资金融机构设立限制，扩大外资金融机构在华业务范围，拓宽中外金融市场合作领域。修订完善合格境外机构投资者（QFII）和人民币合格境外机构投资者（RQFII）有关规定，建立健全公开透明、操作便利、风险可控的合格境外投资者制度，吸引更多境外长期资金投资境内资本市场。大力推进原油期货市场建设，积极推进铁矿石等期货品种引入境外交易者参与交易。深化境外上市监管改革，支持符合条件的境内企业到境外上市，稳妥有序推进在境外上市公司的未上市股份在境外市场上市流通。支持外资金融机构更多地参与地方政府债券承销。（财政部、商务部、人民银行、银保监会、证监会按职责分工负责）

（三）持续推进服务业开放。取消或放宽交通运输、商贸物流、专业服务等领域外资准入限制。加大自由贸易试验区范围内电信、文化、旅游等领域对外开放压力测试力度。（中央宣传部、中央网信办、发展改革委、工业和信息化部、交通运输部、农业农村部、商务部、文化和旅游部、粮食和储备局等有关部门按职责分工负责）

（四）深化农业、采矿业、制造业开放。取消或放宽种业等农业领域，煤炭、非金属矿等采矿业领域，汽车、船舶、飞机等制造业领域外资准入限制。（发展改革委、工业和信息化部、自然资源部、农业农村部、商务部等有关部门按职责分工负责）

二、深化“放管服”改革，提升投资便利化水平

（五）持续推进外资领域“放管服”改革。外商投资准入负面清单内投资总额 10 亿美元以下的外商投资企业设立及变更，由省级人民政府负责审批和管理。支持地方政府开展相对集中行政许可权改革试点。在全国推行负面清单以外领域外商投资企业商务备案与工商登记“一口办理”。（商务部、市场监管总局等有关部门、各省级人民政府按职责分工负责）

（六）提高外商投资企业资金运用便利度。进一步简化资金池管理，允许银行审核真实、合法的电子单证，为企业办理集中收付汇、轧差结算业务。放宽企业开展跨国公司外汇资金集中运营管理试点备案条件。支持跨国企业集团办理跨境双向人民币资金池业务。（人民银行、外汇局按职责分工负责）

（七）提升外国人才来华工作便利度。研究出台支持政策，依法保障在华工作外国人才享有基本公共服务。为符合国家支持导向的中国境内注册企业急需的外国人才提供更加便利的外国人来华工作许可管理服务。积极推进外国高端人才服务“一卡通”试点，进一步简化工作许可办理程序。（外交部、司法部、人力资源社会保障部、外专局等有关部门按职责分工负责）

（八）提升外国人才出入境便利度。中国境内注册企业选聘的外国人才，符合外国人才签证实施办法规定条件的，可凭外国高端人才确认函向驻外使馆、领馆或者外交部委托的其他驻外机构申请 5 ~ 10 年有效、多次入境，每次停留期限不超过 180 天的人才签证，免除签证费和急件费，可在 2 个工作日内获发签证。（外交部、外专局等有关部门按职责分工负责）

三、加强投资促进，提升引资质量和水平

（九）优化外商投资导向。积极吸引外商投资以及先进技术、管理经验，支持外商全面参与海南自由贸易港建设，强化自由贸易试验区在扩大开放吸引外资方面的先行先试作用。（商务部牵头，国务院自由贸易试验区工作部际联席会议成员单位按职责分工负责）引导外资更多投向现代农业、

生态建设、先进制造业、现代服务业，投向中西部地区。进一步落实企业境外所得抵免、境外投资者以境内利润直接投资以及技术先进型服务企业的税收政策。（发展改革委、财政部、商务部、税务总局按职责分工负责）

（十）支持外商投资创新发展。积极落实外商投资研发中心支持政策，研究调整优化认定标准，鼓励外商投资企业加大在华研发力度。进一步落实高新技术企业政策，鼓励外资投向高新技术领域。（科技部、财政部、商务部、海关总署、税务总局按职责分工负责）

（十一）鼓励外资并购投资。鼓励地方政府根据市场化原则建立并购信息库，引导国内企业主动参与国际合作。允许符合条件的外国自然人投资者依法投资境内上市公司。比照上市公司相关规定，允许外商投资全国中小企业股份转让系统挂牌公司。完善上市公司国有股权监督管理制度，进一步提高国有控股上市公司及其国有股权流转的公开透明程度，为符合条件的国内外投资者参与国有企业改革提供公平机会。（发展改革委、商务部、国资委、证监会等有关部门、各省级人民政府按职责分工负责）

（十二）降低外商投资企业经营成本。允许各地支持制造业企业依法按程序进行厂房加层、厂区改造、内部用地整理及扩建生产、仓储场所，提升集约化用地水平，不再增收地价款。支持外商投资企业科学用工，通过订立以完成一定工作任务为期限的劳动合同、短期固定期限劳动合同满足灵活用工需求。完善外商投资企业申请实行综合计算工时工作制和不定时工作制的审批流程，缩短审批时限。加快推进多双边社会保障协定商签工作，切实履行已签署社会保障协定的条约义务，依据协定内容维护在华外国劳动者的社会保障权益，免除企业和员工对协定约定社会保险险种的双重缴费义务。（人力资源社会保障部、自然资源部、住房城乡建设部按职责分工负责）

（十三）加大投资促进工作力度。鼓励各地提供投资促进资金支持，强化绩效考核，完善激励机制。支持各地在法定权限范围内制定专项政策，对在经济社会发展中作出突出贡献的外商投资企业及高层次人才给予奖励。充分运用因公临时出国管理有关政策，为重大项目洽谈、重大投资促进活动等因公出访团组提供便利。各地在招商引资过程中，应遵守国家产业政策、土地利用政策、城乡规划和环境保护等要求，注重综合改善营商环境，给予内外资企业公平待遇，避免恶性竞争。（中央外办、外交部、发展改革委、财政部、自然资源部、生态环境部、商务部、外专局、各省级人民政府按职责分工负责）

四、提升投资保护水平，打造高标准投资环境

（十四）加大知识产权保护力度。推进专利法等相关法律法规修订工作，大幅提高知识产权侵权法定赔偿上限。严厉打击侵权假冒行为，加大对外商投资企业反映较多的侵犯商业秘密、商标恶意抢注和商业标识混淆不正当竞争、专利侵权假冒、网络盗版侵权等知识产权侵权违法行为的惩治力度。严格履行我国加入世界贸易组织承诺，外商投资过程中技术合作的条件由投资各方议定，各级人民政府工作人员不得利用行政手段强制技术转让。加强维权援助和纠纷仲裁调解，推进纠纷仲裁调解试点工作，推动完善知识产权保护体系。（中央宣传部、最高人民法院、全国打击侵权假冒工作领导小组办公室、司法部、市场监管总局、知识产权局按职责分工负责）

（十五）保护外商投资合法权益。完善外商投资企业投诉工作部际联席会议制度，协调解决涉及中央事权的制度性、政策性问题。建立健全各地外商投资企业投诉工作机制，各部门要加强对地方对口单位的指导和监督，及时解决外商投资企业反映的不公平待遇问题。各地不得限制外商投资企业依法跨区域经营、搬迁、注销等行为。（商务部牵头，有关部门、各省级人民政府按职责分工负责）

五、优化区域开放布局，引导外资投向中西部等地区

（十六）拓宽外商投资企业融资渠道。允许西部地区和东北老工业基地的外商投资企业在境外发行人民币或外币债券，并可全额汇回所募集资金，用于所在省份投资经营。在全口径跨境融资宏观审慎管理框架内，支持上述区域金融机构或经批准设立的地方资产管理公司按照制度完善、风险

可控的要求，向境外投资者转让人民币不良债权；在充分评估的基础上，允许上述区域的银行机构将其持有的人民币贸易融资资产转让给境外银行。（发展改革委、财政部、人民银行、银保监会、外汇局按职责分工负责）

（十七）降低外商投资企业物流成本。在中西部地区和东北老工业基地建设陆空联合开放口岸和多式联运枢纽，加快发展江海、铁空、铁水等联运。支持增加中西部和东北老工业基地国际国内航线和班次。加强中欧班列场站、通道等基础设施建设，优化中欧班列发展环境，促进中欧班列降本增效。完善市场调节机制，调整运输结构，提高运输效率，加强公路、铁路、航空、水运等领域收费行为监管，进一步降低西部地区物流成本。（发展改革委、交通运输部、海关总署、市场监管总局、铁路局、民航局、中国铁路总公司按职责分工负责）

（十八）加快沿边引资重点地区建设。鼓励地方统筹中央有关补助资金和自有财力，支持边境经济合作区、跨境经济合作区、边境旅游试验区建设。鼓励政策性、开发性金融机构在业务范围内加大对边境经济合作区、跨境经济合作区企业的信贷支持力度。积极支持注册地和主要生产地均在边境经济合作区、跨境经济合作区，符合条件的内外资企业，申请首次公开发行股票并上市。（财政部、商务部、文化和旅游部、人民银行、银保监会、证监会、各省级人民政府按职责分工负责）

（十九）打造西部地区投资合作新载体。在有条件的地区高标准规划建设若干个具有示范引领作用的国际合作园区，试点探索中外企业、机构、政府部门联合整体开发，支持园区在国际资本、人才、机构、服务等领域开展便利进出方面的先行先试。（中央财办、外交部、发展改革委、科技部、人力资源社会保障部、商务部、人民银行、海关总署、市场监管总局、外专局等有关部门、各省级人民政府按职责分工负责）

六、推动国家级开发区创新提升，强化利用外资重要平台作用

（二十）促进开发区优化外资综合服务。省级人民政府依法赋予国家级开发区地市级经济管理权限，制定发布相应的赋权清单，在有条件的国家级开发区试点赋予适宜的省级经济管理审批权限，支持国家级开发区稳妥高效用好相关权限，提升综合服务能力。支持国家级开发区复制推广上海市浦东新区“证照分离”改革经验，创新探索事中事后监管制度措施。借鉴国际先进经验，鼓励外商投资企业参与区中园、一区多园等建设运营。（自然资源部、住房城乡建设部、商务部、市场监管总局等有关部门、各省级人民政府按职责分工负责）

（二十一）发挥开发区示范带动提高利用外资水平的作用。省级人民政府依法制定支持国家级开发区城市更新、工业区改造的政策，优化土地存量供给，引进高技术、高附加值外商投资企业和项目。各地在安排土地利用计划时，对国家级开发区主导产业引进外资、促进转型升级等用地予以倾斜支持。在国家级开发区招商引资部门、团队等实行更加灵活的人事制度，提高专业化、市场化服务能力。进一步提升国家级开发区建设的国际化水平。（人力资源社会保障部、自然资源部、住房城乡建设部、商务部、各省级人民政府按职责分工负责）

（二十二）加大开发区引资金融支持力度。引导各类绿色环保基金，按照市场化原则运作，支持外资参与国家级开发区环境治理和节能减排，为国家级开发区引进先进节能环保技术、企业提供金融支持。地方政府可通过完善公共服务定价、实施特许经营模式等方式，支持绿色环保基金投资国家级开发区相关项目。鼓励设立政府性融资担保机构，提供融资担保、再担保等服务，支持国家级开发区引进境外创新型企业、创业投资机构等，推进创新驱动发展。（发展改革委、科技部、工业和信息化部、财政部、生态环境部、商务部等有关部门按职责分工负责）

（二十三）健全开发区双向协作引资机制。在东部地区国家级开发区建设若干产业转移协作平台，推进产业项目转移对接合作。支持地方制定成本分担和利益分享、人才交流合作、产业转移协作等方面的措施，推动东部地区国家级开发区通过多种形式在西部地区、东北老工业基地建设产业转移园区。支持东部与中西部地区国家级开发区合作引入国际双元制职业教育机构，增加外商投资企业人力资源有效供给。（发展改革委、教育部、工业和信息化部、人力资源社会保障部、自然资

源部、住房城乡建设部、商务部等有关部门、各省级人民政府按职责分工负责）

［3］中共中央　国务院关于完善国有金融资本管理的指导意见

一、总体要求

（一）指导思想。高举中国特色社会主义伟大旗帜，以习近平新时代中国特色社会主义思想为指导，全面贯彻党的十九大和全国金融工作会议精神，坚持和完善社会主义基本经济制度，以依法保护各类产权为前提，以提高国有金融资本效益和国有金融机构活力、竞争力和可持续发展能力为中心，以尊重市场经济规律和企业发展规律为原则，以服务实体经济、防控金融风险、深化金融改革为导向，统筹国有金融资本战略布局，完善国有金融资本管理体制，优化国有金融资本管理制度，促进国有金融机构持续健康经营，为推动金融治理体系和治理能力现代化，保障国家金融安全，促进经济社会持续健康发展提供强大支撑。

（二）基本原则

——坚持服务大局。毫不动摇地巩固和发展公有制经济，保持国有金融资本在金融领域的主导地位，保持国家对重点金融机构的控制力，更好地服务于我国社会主义市场经济的发展。

——坚持统一管理。通过法治思维和法治方式推动国有金融资本管理制度创新。加强国有金融资本的统一管理、穿透管理和统计监测，强化国有产权的全流程监管，落实全口径报告制度。

——坚持权责明晰。厘清金融监管部门、履行国有金融资本出资人职责的机构和国有金融机构的权责，完善授权经营体系，清晰委托代理关系。放管结合，健全激励约束机制，严防国有金融资本流失。

——坚持问题导向。聚焦制约国有金融资本管理的问题和障碍，加强协调，统筹施策，理顺管理体制机制，完善基本管理制度，促进国有金融资本布局优化、运作规范和保值增值，切实维护资本安全。

——坚持党的领导。落实全面从严治党要求，加强国有金融机构党的领导和党的建设，推动管资本与管党建相结合，保证党的路线方针政策和重大决策部署不折不扣贯彻落实。

（三）主要目标

建立健全国有金融资本管理的“四梁八柱”，优化国有金融资本战略布局，理顺国有金融资本管理体制，增强国有金融机构活力与控制力，促进国有金融资本保值增值，更好地实现服务实体经济、防控金融风险、深化金融改革三大基本任务。

——法律法规更加健全。制定出台国有金融资本管理法律法规，明晰出资人的法律地位，实现权由法授、权责法定。履行国有金融资本出资人职责的机构依法行使相关权利，按照权责匹配、权责对等原则，承担管理责任。

——资本布局更加合理。有进有退、突出重点，进一步提高国有金融资本配置效率，有效发挥国有金融资本在金融领域的主导作用，继续保持国家对重点国有金融机构的控制力，显著增强金融服务实体经济的能力。

——资本管理更加完善。以资本为纽带，以产权为基础，规范委托代理关系，完善国有金融资本管理方式，创新资本管理机制，强化资本管理手段，发挥激励约束作用，加强基础设施建设，进一步提高管理的科学性、有效性。

——党的建设更加强化。加强党对国有金融机构的领导，强化国有金融机构党的建设，巩固党委（党组）在公司治理中的法定地位，发挥党委（党组）的领导作用，为国有金融资本管理提供坚强有力的政治保证、组织保证和人才支撑。

二、完善国有金融资本管理体制

国有金融资本是指国家及其授权投资主体直接或间接对金融机构出资所形成的资本和应享有的权益。凭借国家权力和信用支持的金融机构所形成的资本和应享有的权益，纳入国有金融资本管理，法律另有规定的除外。

（四）优化国有金融资本配置格局。统筹规划国有金融资本战略布局，适应经济发展需要，有进有退、有所为有所不为，合理调整国有金融资本在银行、保险、证券等行业的比重，提高资本配置效率，实现战略性、安全性、效益性目标的统一。既要减少对国有金融资本的过度占用，又要确保国有金融资本在金融领域保持必要的控制力。对于开发性和政策性金融机构，保持国有独资或全资的性质。对于涉及国家金融安全、外溢性强的金融基础设施类机构，保持国家绝对控制力。对于在行业中具有重要影响的国有金融机构，保持国有金融资本控制力和主导作用。对于处于竞争领域的其他国有金融机构，积极引入各类资本，国有金融资本可以绝对控股、相对控股，也可以参股。继续按照市场化原则，稳妥推进国有金融机构混合所有制改革。

（五）明确国有金融资本出资人职责。国有金融资本属于国家所有即全民所有。国务院代表国家行使国有金融资本所有权。国务院和地方政府依照法律法规，分别代表国家履行出资人职责。按照权责匹配、权责对等、权责统一的原则，各级财政部门根据本级政府授权，集中统一履行国有金融资本出资人职责。国务院授权财政部履行国有金融资本出资人职责。地方政府授权地方财政部门履行地方国有金融资本出资人职责。履行出资人职责的各级财政部门对相关金融机构，依法依规享有参与重大决策、选择管理者、享有收益等出资人权利，并应当依照法律法规和企业章程等规定，履职尽责，保障出资人权益。

（六）加强国有金融资本统一管理。完善国有金融资本管理体制，根据统一规制、分级管理的原则，财政部负责制定全国统一的国有金融资本管理规章制度。各级财政部门依法依规履行国有金融资本管理职责，负责组织实施基础管理、经营预算、绩效考核、负责人薪酬管理等工作。严格规范金融综合经营和产融结合，国有金融资本管理应当与实业资本管理相隔离，建立风险防火墙，避免风险相互传递。各级财政部门根据需要，可以分级分类委托其他部门、机构管理国有金融资本。

（七）明晰国有金融机构的权利与责任。充分尊重企业法人财产权利，赋予国有金融机构更大经营自主权和风险责任。国有金融机构应当严格遵守有关法律法规，加强经营管理，提高经济效益，接受政府及其有关部门、机构依法实施的管理和监督。国有金融机构应当依照法律法规以及企业章程等规定，积极支持国家重大战略实施，建立和完善法人治理结构，健全绩效考核、激励约束、风险控制、利润分配和内部监督管理制度，完善重大决策、重要人事任免、重大项目安排和大额度资金运作决策制度。

（八）以管资本为主加强资产管理。履行国有金融资本出资人职责的机构应当准确把握自身职责定位，科学界定出资人管理边界，按照相关法律法规，逐步建立管理权力和责任清单，更好地实现以管资本为主加强国有资产管理的目标。遵循实质重于形式的原则，以公司治理为基础，以产权监管为手段，对国有金融机构股权出资实施资本穿透管理，防止出现内部人控制。按照市场经济理念，积极发挥国有金融资本投资、运营公司作用，着力创新管理方式和手段，不断完善激励约束机制，提高国有金融资本管理的科学性、有效性。

（九）防范国有金融资本流失。强化国有金融资本内外部监督，严格股东资质和资金来源审查，加快形成全面覆盖、制约有力的监督体系。坚持出资人管理和监督的有机统一，强化出资人监督，动态监测国有金融资本运营。加强对国有金融资本重大布局调整、产权流转和境外投资的监督。完善国有金融机构内部监督体系，明确相关部门监督职责，完善监事会监督制度，强化内部流程控制。加强审计、评估等外部监督和社会公众监督，依法依规、及时准确披露国有金融机构经营状况，提升国有金融资本运营透明度。

三、优化国有金融资本管理制度

（十）健全国有金融资本基础管理制度。建立健全全流程、全覆盖的国有金融资本基础管理体系，完善产权登记、产权评估、产权转让等管理制度，做好国有金融资本清产核资、资本金权属界定、统计分析等工作。加强金融企业国有产权流转管理，及时、全面、准确反映国有金融资本产权变动情况。规范金融企业产权进场交易流程，确保转让过程公开、透明。加强国有金融资本评估监管，独立、客观、公正地体现资产价值。整合金融行业投资者保险保障资源，完善国有重点金融机构恢复和处置机制，强化股东、实际控制人及债权人自我救助责任。

（十一）落实国有金融资本经营预算管理制度。按照统一政策、分级管理、全面覆盖的原则，加强金融机构国有资本收支管理。规范国家与国有金融机构的分配关系，全面完整反映国有金融资本经营收入，合理确定国有金融机构利润上缴比例，平衡好分红和资本补充。结合国有金融资本布局需要，不断优化国有金融资本经营预算支出结构，建立国有金融机构资本补充和动态调整机制，健全国有金融资本经营收益合理使用的有效机制。国有金融资本经营预算决算依法接受人大及其常委会的审查监督。

（十二）严格国有金融资本经营绩效考核制度。通过界定功能、划分类别，分行业明确差异化考核目标，实行分类定责、分类考核，提高考核的科学性、有效性，综合反映国有金融机构资产营运水平和社会贡献，推动金融机构加强经营管理，促进金融机构健康发展，有效服务国家战略。加强绩效考核结果运用，建立考核结果与企业负责人履职尽责情况、员工薪酬水平的奖惩联动机制。

（十三）健全国有金融机构薪酬管理制度。对国有金融机构领导人员实行与选任方式相匹配、与企业功能性质相适应、与绩效考核相挂钩的差异化薪酬分配办法。对党中央、国务院，地方党委和政府及相关机构任命的国有金融机构领导人员，建立正向激励机制，合理确定基本年薪、绩效年薪和任期激励收入。对市场化选聘的职业经理人，实行市场化薪酬分配机制。探索建立国有金融机构高管人员责任追究和薪酬追回制度。探索实施国有金融企业员工持股计划。

（十四）加强金融机构和金融管理部门财政财务监管。财政部门负责制定金融机构和金融管理部门财务预算制度，并监督执行。进一步完善金融企业财务规则，完善中国人民银行独立财务预算制度和其他金融监管部门财务制度，建立金融控股公司等金融集团和重点金融基础设施财务管理制度。各级财政部门依法对本级国有金融机构进行财务监管，规范企业财务行为，维护国有金融资本权益。继续加强银行、证券、保险、期货、信托等领域保障基金财政财务管理，健全财务风险监测与评价机制，防范和化解财务风险，保护相关各方合法权益。

四、促进国有金融机构持续健康经营

（十五）深化公司制股份制改革。加大国有金融机构公司制改革力度，推动具备条件的国有金融机构整体改制上市。推进凭借国家权力和信用支持的金融机构稳步实施公司制改革。根据不同金融机构的功能定位，逐步调整国有股权比例，形成股权结构多元、股东行为规范、内部约束有效、运行高效灵活的经营机制。

（十六）健全公司法人治理结构。规范股东（大）会、董事会、监事会与经营管理层关系，健全国有金融机构授权经营体系，出资人依法履行职责。推进董事会建设，完善决策机制，加强董事会在重大决策、选人用人和激励机制等方面的重要职责。按照市场监管与出资人职责相分离的原则，理顺国有金融机构管理体制。建立董事会与管理层制衡机制，规范董事长、总经理（总裁、行长）履职行为，建立健全权责对等、运转协调、有效制衡的国有金融机构决策执行监督机制，充分发挥股东（大）会的权力机构作用、董事会的决策机构作用、监事会的监督机构作用、高级管理层的执行机构作用、党委（党组）的领导作用。

（十七）建立国有金融机构领导人员分类分层管理制度。坚持党管干部原则与董事会依法产生、董事会依法选择经营管理者、经营管理者依法行使用人权相结合，不断创新实现形式。上级党组织和履行国有金融资本出资人职责的机构按照管理权限，加强对国有金融机构领导人员的管理，根据不同机构类别和层级，实行不同的选人用人方式。推行职业经理人制度，董事会按市场化方式选聘和管理职业经理人，并建立相应退出机制。

（十八）推动国有金融机构回归本源、专注主业。推动国有金融机构牢固树立与实体经济俱荣俱损理念，加强并改进对重点领域和薄弱环节的服务，围绕实体经济需要，开发新产品、开拓新业务。规范金融综合经营，依法合规开展股权投资，严禁国有金融企业凭借资金优势控制非金融企业。发挥好绩效目标的导向作用，引导国有金融机构把握好发展方向、战略定位、经营重点，突出主业、做精专业，提高稳健发展能力、服务能力与核心竞争力。

（十九）督促国有金融机构防范风险。强化国有金融机构防范风险的主体责任。推动国有金融机构细化完善内控体系，严守财务会计规则和金融监管要求，强化自身资本管理和偿付能力管理，保证充足的风险吸收能力。督促国有金融机构坚持审慎经营，加强风险源头控制，动态排查信用风险等各类风险隐患，健全风险防范和应急处置机制。规范产融结合，按照金融行业准入条件，严格限制和规范非金融企业投资参股国有金融企业，参股资金必须使用自有资金。各级财政部门、中央和国家机关有关部委以及地方政府不得干预金融监管部门依法监管。

五、加强党对国有金融机构的领导

（二十）充分发挥党委（党组）的领导作用。坚持党要管党、从严治党，坚持党对国有金融机构的领导不动摇，发挥党委（党组）的领导作用。坚持党的建设与国有金融机构改革同步谋划、党的组织及工作机构同步设置、党委（党组）负责人及党务工作人员同步配备、党建工作同步开展。国有金融机构党委（党组）把方向、管大局、保落实，重点管政治方向、领导班子、基本制度、重大决策和党的建设，切实承担好、落实好从严管党治党责任。把加强党的领导和完善公司治理统一起来，将党建工作总体要求纳入国有金融机构章程，明确国有金融机构党委（党组）在公司治理结构中的法定地位，规范党委（党组）参与重大决策的内容和程序规则，把党委（党组）会议研究讨论作为董事会决策重大问题的前置程序。合理确定党委（党组）领导班子成员和董事会、监事会、管理层双向进入、交叉任职比例。

（二十一）进一步加强领导班子和人才队伍建设。坚持党管干部原则，坚持好干部标准，建设高素质领导班子。按照对党忠诚、勇于创新、治企有方、兴企有为、清正廉洁的要求，选优配强国有金融机构一把手，认真落实“一岗双责”。把党委（党组）领导与董事会依法选聘管理层、管理层依法行使用人权有机结合起来，加大市场化选聘力度。健全领导班子考核制度。培养德才兼备的优秀管理人员，造就兼具经济金融理论与实践经验的复合型人才。制定金融高端人才计划，重视从一线发现人才，精准引进海外高层次人才，加快建立健全国有金融机构集聚人才的体制机制。

（二十二）切实落实全面从严治党“两个责任”。压紧压实国有金融机构党委（党组）主体责任和纪检监察机构监督责任。健全国有金融机构领导人员职业道德约束制度，加强党性教育、法治教育、警示教育，引导国有金融机构领导人员坚定理想信念，正确履职行权，廉洁从业，勤勉敬业。依法依规规范金融管理部门工作人员到金融机构从业行为，相关部门要制定实施细则，严格监督执行，限制金融管理部门工作人员离职后到原任职务管辖业务范围内的金融机构、原工作业务直接相关的金融机构工作，规范国有金融机构工作人员离职后到与原工作业务相关单位从业行为，完善国有金融管理部门和国有金融机构工作人员任职回避制度，杜绝里应外合、利益输送行为，防范道德风险。坚持运用法治思维和法治方式反腐败，完善标本兼治的制度体系，加强纪检监察、巡视监督和日常监管，严格落实中央八项规定及其实施细则精神，深入推进党风廉政建设和反腐败斗争，努力构筑国有金融机构领导人员不敢腐、不能腐、不想腐的有效机制。

六、协同推进强化落实

（二十三）加强法治建设。健全国有金融资本管理法律法规体系，做好相关法律法规的立改废释工作。按照法定程序，加快制定国有金融资本管理条例，明确授权经营体制，为完善国有金融资本管理体制机制夯实法律基础。研究建立统一的国有金融资本出资人制度，明确出资人的权利、义务和责任。完善和落实国有金融资本管理各项配套政策。

（二十四）加强协调配合。履行国有金融资本出资人职责的机构要与人民银行、金融监管部门加强沟通协调和信息共享，形成工作合力。履行国有金融资本出资人职责的机构在制定完善国有金融资本管理制度时，涉及其他金融管理部门有关监管职责的，应当主动征求有关部门意见。

其他金融管理部门在制定发布相关监管政策时，要及时向履行国有金融资本出资人职责的机构通报相关情况。

（二十五）严格责任追究。建立健全国有金融机构重大决策失误和失职、渎职责任追究倒查机制，严厉查处侵吞、贪污、输送、挥霍国有金融资本的行为。建立健全国有金融资本管理的监督问责机制，对形成风险没有发现的失职行为，对发现风险没有及时提示和处置的渎职行为，加大惩戒力度。对重大违法违纪问题敷衍不追、隐匿不报、查处不力的，严格追究有关部门和相关人员责任，构成犯罪的，坚决依法追究刑事责任。

（二十六）加强信息披露。建立统一的国有金融资本统计监测和报告制度，完整反映国有金融资本的总量、投向、布局、处置、收益等内容，编制政府资产负债表，报告国有金融机构改革、资产监管、风险控制、高级管理人员薪酬等情况。国有金融资本情况要全口径向党中央报告，并按规定向全国人大常委会报告国有金融资产管理情况，具体报告责任由财政部承担。各级财政部门定期向同级政府报告国有金融资本管理情况。国务院和地方政府应当对履行出资人职责机构的履职情况进行监督，依法向社会公布国有金融资本状况，接受社会公众的监督。

［4］关于积极推进电力市场化交易 进一步完善交易机制的通知

一、提高市场化交易电量规模

（一）各地要总结电力市场化交易工作经验，结合实际，进一步加快推进电力体制改革，加快放开发用电计划，加快放开无议价能力用户以外的电力用户参与交易，扩大市场主体范围，构建多方参与的电力市场，大幅提高市场化交易电量规模，统筹协调好扩大市场化交易规模和放开发用电计划。开展电力现货市场试点地区，可根据实际设计发用电计划改革路径。

（二）各地应结合实际，统筹发展用电侧放开节奏，做好供需总量平衡，进一步明确放开各类发电企业、电力用户和售电企业进入市场的时间，明确放开比例，制定具体工作方案，并进一步完善和规范参与市场化交易的发电企业、电力用户和售电企业等市场主体准入标准、准入程序和退出机制，向社会公布。

（三）各地要取消市场主体参与跨省跨区电力市场化交易的限制，鼓励电网企业根据供需状况、清洁能源配额完成情况参与跨省跨区电力交易，首先鼓励跨省跨区网对网、网对点的直接交易，对有条件的地区，有序支持点对网、点对点直接交易，促进资源大范围优化配置和清洁能源消纳。北京、广州两个电力交易中心要积极创造条件，完善规则，加强机制建设，搭建平台，组织开展跨省跨区市场化交易。

（四）为促进清洁能源消纳，支持电力用户与水电、风电、太阳能发电、核电等清洁能源发电企业开展市场化交易。抓紧建立清洁能源配额制，地方政府承担配额制落实主体责任，电网企业承担配额制实施的组织责任，参与市场的电力用户与其他电力用户均应按要求承担配额的消纳责任，履行清洁能源消纳义务。

二、推进各类发电企业进入市场

（一）加快放开煤电机组参与电力直接交易，《中共中央 国务院关于进一步深化电力体制改革的若干意见》文件颁布实施后核准的煤电机组，原则上不再安排发电计划，投产后一律纳入市场化交易，鼓励支持环保高效特别是超低排放机组通过电力直接交易和科学调度多发电。

（二）在统筹考虑和妥善处理电价交叉补贴的前提下，有序放开水电参与电力市场化交易。消纳不受限地区，根据水电站多年平均或上年实际发电能力，综合考虑外送和本地消纳，安排优先发电计划，在保障优先发电优先购电的基础上，鼓励水电积极参与电力市场化交易。水电比重大或消纳受限地区，可根据实际情况有序放开水电，扩大水电参与市场化交易比例。进一步完善优先发电优先购电制度，建立水电等优质电源优先采购机制，提升对居民、农业等优先购电用户的保障能力。

（三）在确保供电安全的前提下，完善和创新交易规则，推进规划内的风电、太阳能发电等可再生能源在保障利用小时数之外参与直接交易、替代火电发电权交易及跨省跨区现货交易试点等，通过积极参与市场化交易，增加上网电量，促进消纳。各地要结合实际合理确定可再生能源保障利用小时数，做好优先发电保障和市场化消纳的衔接。

（四）拥有燃煤自备电厂的企业按照国家有关规定承担政府性基金及附加、政策性交叉补贴、普遍服务和社会责任，取得电力业务许可证，达到能效、环保要求，成为合格市场主体后，有序推进其自发自用以外电量按交易规则参与交易。为促进和鼓励资源综合利用，对企业自发自用的余热、余压、余气发电等资源综合利用机组，继续实施减免系统备用费和政策性交叉补贴等相关支持政策。

（五）在保证安全的情况下，稳妥有序推进核电机组进入市场，在保障优先发电计划外，鼓励核电机组通过参与交易实现多发。

（六）有序开展分布式发电市场化交易试点工作，参与交易的应科学合理确定配电电价。

（七）参与交易的发电企业，其项目的单位能耗、环保排放、并网安全应达到国家和行业标准。不符合国家产业政策、节能节水指标未完成、污染物排放未达到排放标准和总量控制要求、违规建设、未取得电力业务许可证（依法豁免许可的除外）等发电企业不得参与。

三、放开符合条件的用户进入市场

（一）在确保电网安全、妥善处理交叉补贴和公平承担清洁能源配额的前提下，有序放开用户电压等级及用电量限制，符合条件的 10 千伏及以上电压等级用户均可参与交易。支持年用电量超过 500 万千瓦时以上的用户与发电企业开展电力直接交易。2018 年放开煤炭、钢铁、有色、建材 4 个行业电力用户发用电计划，全电量参与交易，并承担清洁能源配额。

（二）支持高新技术、互联网、大数据、高端制造业等高附加值的新兴产业以及各地明确的优势特色行业、技术含量高的企业参与交易，可不受电压等级及用电量限制。

（三）支持工业园区、产业园区和经济技术开发区等整体参与交易，在园区内完成电能信息采集的基础上，可以园区为单位，成立售电公司，整体参与市场化交易。园区整体参与交易的偏差电量，可探索建立在园区企业中余缺调剂和平衡的机制。

（四）条件允许地区，大工业用户外的商业企业也可放开进入市场，可先行放开用电量大、用电稳定的零售、住宿和餐饮服务行业企业（例如酒店、商场等），并逐步放开商务服务、对外贸易及加工、金融、房地产等企业参与交易。

（五）在制定完善保障措施的条件下，稳妥放开铁路、机场、市政照明、供水、供气、供热等公共服务行业企业参与交易。

（六）结合电力市场建设进度，鼓励和允许优先购电的用户本着自愿原则，进入市场。

（七）各地可以结合实际情况，自行确定用户电压等级及用电量限制，扩大放开的范围，新增大工业用户原则上通过参与交易保障供电。参与市场交易的电力用户，其单位能耗、环保排放应达到标准。

四、积极培育售电市场主体

（一）积极推进售电企业参与交易，售电企业履行相关程序后，可视同大用户与发电企业开展电力直接交易，从发电企业购买电量向用户销售，或通过交易机构按规则参与各类交易。规范售电公司经营行为，鼓励售电公司依靠降低成本和提供增值服务参与竞争。

（二）鼓励供水、供气、供热等公共服务行业和节能服务公司从事售电业务。鼓励电能服务商、负荷集成商、电力需求侧管理服务商等扩大业务范围，帮助用户开展电力市场化交易。

（三）积极支持各类售电公司代理中小用户参与交易，帮助用户了解用电曲线，探索建立对售电企业的余缺调剂平衡和偏差考核机制，提高市场化意识，减少市场风险。

五、完善市场主体注册、公示、承诺、备案制度

（一）发电企业、电力用户和售电企业等市场主体需在电力交易机构注册成为合格市场主体；

交易机构提供各类市场主体注册服务，编制注册流程、指南，对市场主体进行注册培训。

（二）发电企业、电力用户按要求和固定格式签署信用承诺书，向交易机构提交注册材料，并对提交材料的真实性、准确性、合规性和完备性负责，交易机构收到企业提交的注册申请和注册材料后，原则上在7个工作日内完成材料完整性核验，注册自动生效。售电企业按《售电公司准入与退出管理办法》有关规定进行注册。

（三）发电企业、电力用户和售电企业等市场主体完成注册程序后，纳入市场主体目录，获得交易资格。交易机构按期将市场主体注册情况向能源监管机构、省级政府有关部门和政府引入的全国性行业协会、信用服务机构备案，对市场主体目录实施动态管理。

六、规范市场主体交易行为

（一）发电企业、电力用户和售电企业注册成为合格市场主体后，自愿在电力交易平台按照批准和公布的交易规则参与各类交易，遵守有关规定，服从统一调度管理和市场运营管理，接受政府有关部门监管。市场主体选择进入市场，在3年内不可退出，通过市场竞争形成价格。各地区有关部门要最大限度减少对微观事务的干预，充分尊重和发挥企业的市场主体地位，不得干预企业签订合同，不得强制企业确定电量和电价，不得干扰合同履行，不得实行地方保护。

（二）发电企业与电力用户、售电企业进行直接交易的，为保障公平竞争，电力交易机构应开展对市场交易的审核，市场主体要严格执行包含政府性基金及附加和政策性交叉补贴在内的输配电价，要切实承担清洁能源配额，落实优先购电责任，有关情况及时报告各地政府相关部门。

（三）电力用户原则上应全电量参与电力市场，可自主选择向发电企业直接购电或向售电企业购电。

（四）发电企业与电力用户、售电企业进行直接交易的，应按市场交易规则和电网企业签订三方购售电合同，明确相应的权利义务关系、交易电量和价格、服务等事项，鼓励签订1年以上中长期合同，可由各地组织集中签订，也可自行协商签订，签订的合同由电力交易机构汇总和确认，由电力调度机构进行安全校核。鼓励各地根据实际情况规范直接交易合同，推荐交易双方按统一合同样本签订中长期交易合同。

（五）电力交易机构要加强自身能力建设，搭建公开透明、功能完善、按市场化方式运行的电力交易平台，发挥市场在能源资源优化配置中的决定性作用。要切实发挥好电力交易机构在市场交易核查工作中的第三方监管作用，保证各类主体市场交易行为有序规范。

七、完善市场化交易电量价格形成机制

（一）促进输配以外的发售电由市场形成价格，鼓励交易双方签订中长期市场化交易合同，在自主自愿、平等协商的基础上，约定建立固定价格、“基准电价+浮动机制”、随电煤价格并综合考虑各种市场因素调整等多种形式的市场价格形成机制，分散和降低市场风险。电力用户的用电价格，由三部分相加组成，包括与发电企业、售电企业协商定价机制确定的价格、政府有关部门明确的输配电价（含损耗）和政府性基金及附加。

（二）协商建立“基准电价+浮动机制”的市场化定价机制，基准电价可以参考现行目录电价或电煤中长期合同燃料成本及上年度市场交易平均价格等，由发电企业和电力用户、售电企业自愿协商或市场竞价等方式形成。

在确定基准电价的基础上，鼓励交易双方在合同中约定价格浮动调整机制。鼓励建立与电煤价格联动的市场交易电价浮动机制，引入规范科学、双方认可的煤炭价格指数作为参考，以上年度煤炭平均价格和售电价格为基准，按一定周期联动调整交易电价，电煤价格浮动部分在交易双方按比例分配。具体浮动调整方式由双方充分协商，在合同中予以明确，浮动调整期限应与电煤中长期合同的期限挂钩。

（三）探索建立随产品价格联动的交易电价调整机制。生产成本中电费支出占比较高的行业，交易双方可参考产品多年平均价格或上年度价格，协商确定交易基准电价、基准电价对应的产品价格、随产品价格联动的电价调整机制等，当产品价格上涨或下降超过一定区间或比例时，电价联动调整，由交易双方共同承担产品价格波动的影响。

（四）交易双方签订年度双边合同后，可探索建立与月度集中竞价相衔接的价格浮动调整机制，根据月度竞价结果，由双方自主协商，对双边合同价格进行调整确认。

（五）探索建立高峰用电市场化机制。积极推进电力现货市场建设，通过市场化机制形成不同时段价格，补偿高峰电力成本；现货市场建立前，参与市场化交易的电力用户应执行峰谷电价政策，合理体现高峰用电的成本和价值差异。

（六）2018年放开煤炭、钢铁、有色、建材等4个行业电力用户发用电计划，全电量参与交易，通过市场化交易满足用电需求，建立市场化价格形成机制。具体实施方案见附件。

八、加强事中事后监管

（一）政府有关部门要有针对性地制定和完善相关法规政策，加强制度建设，着力保障电力市场健康运行。发电企业、电力用户和售电企业要牢固树立法律意识、契约意识和信用意识，合同一经签订必须严格履行。地方经济运行部门会同有关部门和单位对电力市场化交易合同履行情况实行分月统计，发挥大数据平台作用，电力直接交易相关信息纳入平台管理。能源监管机构对市场主体履行合同和执行市场运行规则等情况进行监管。

（二）各相关部门要建立健全交易合同纠纷协调仲裁机制，对市场主体在合同履约过程中产生的纠纷及时进行裁决，营造公平公正的市场环境，坚决避免因合同纠纷造成用户可靠供电受到影响，妥善解决因不可抗力因素造成合同难以执行等问题，避免市场主体受到不公平待遇。

九、加快推进电力市场主体信用建设

国家发展改革委、国家能源局会同有关方面加快推进电力市场主体信用体系建设，针对不同市场主体建立信用评价指标体系，引入全国性行业协会、信用服务机构和电力交易机构，建立信用评价制度，开展电力直接交易数据采集工作，实行市场主体年度信息公示，实施守信联合激励和失信联合惩戒机制，强化信用意识，限制有不良信用记录的市场主体参与电力市场化交易。建立完善红名单、黑名单制度，对于遵法守信，信用评价良好以上的市场主体，纳入红名单，研究给予同等条件下市场交易优先等激励措施；对于违反交易规则和有失信行为的市场主体，纳入不良信用记录，情节特别严重或拒不整改的，经过公示等有关程序后，纳入失信企业黑名单；强制退出的市场主体，直接纳入失信企业黑名单。

［5］中共中央　国务院关于建立更加有效的区域协调发展新机制的意见

一、总体要求

（一）指导思想。以习近平新时代中国特色社会主义思想为指导，全面贯彻党的十九大和十九届二中、三中全会精神，认真落实党中央、国务院决策部署，坚持新发展理念，紧扣我国社会主要矛盾变化，按照高质量发展要求，紧紧围绕统筹推进“五位一体”总体布局和协调推进“四个全面”战略布局，立足发挥各地区比较优势和缩小区域发展差距，围绕努力实现基本公共服务均等化、基础设施通达程度比较均衡、人民基本生活保障水平大体相当的目标，深化改革开放，坚决破除地区之间利益藩篱和政策壁垒，加快形成统筹有力、竞争有序、绿色协调、共享共赢的区域协调发展新机制，促进区域协调发展。

（二）基本原则

——坚持市场主导与政府引导相结合。充分发挥市场在区域协调发展新机制建设中的主导作用，更好发挥政府在区域协调发展方面的引导作用，促进区域协调发展新机制有效有序运行。

——坚持中央统筹与地方负责相结合。加强中央对区域协调发展新机制的顶层设计，明确地方政府的实施主体责任，充分调动地方按照区域协调发展新机制推动本地区协调发展的主动性和积极性。

——坚持区别对待与公平竞争相结合。进一步细化区域政策尺度，针对不同地区实际制定差别化政策，同时更加注重区域一体化发展，维护全国统一市场的公平竞争，防止出现制造政策洼地、地方保护主义等问题。

——坚持继承完善与改革创新相结合。坚持和完善促进区域协调发展行之有效的机制，同时根据新情况新要求不断改革创新，建立更加科学、更加有效的区域协调发展新机制。

——坚持目标导向与问题导向相结合。瞄准实施区域协调发展战略的目标要求，破解区域协调发展机制中存在的突出问题，增强区域发展的协同性、联动性、整体性。

（三）总体目标

——到 2020 年，建立与全面建成小康社会相适应的区域协调发展新机制，在建立区域战略统筹机制、基本公共服务均等化机制、区域政策调控机制、区域发展保障机制等方面取得突破，在完善市场一体化发展机制、深化区域合作机制、优化区域互助机制、健全区际利益补偿机制等方面取得新进展，区域协调发展新机制在有效遏制区域分化、规范区域开发秩序、推动区域一体化发展中发挥积极作用。

——到 2035 年，建立与基本实现现代化相适应的区域协调发展新机制，实现区域政策与财政、货币等政策有效协调配合，区域协调发展新机制在显著缩小区域发展差距和实现基本公共服务均等化、基础设施通达程度比较均衡、人民基本生活保障水平大体相当中发挥重要作用，为建设现代化经济体系和满足人民日益增长的美好生活需要提供重要支撑。

——到 21 世纪中叶，建立与全面建成社会主义现代化强国相适应的区域协调发展新机制，区域协调发展新机制在完善区域治理体系、提升区域治理能力、实现全体人民共同富裕等方面更加有效，为把我国建成社会主义现代化强国提供有力保障。

二、建立区域战略统筹机制

（四）推动国家重大区域战略融合发展。以“一带一路”建设、京津冀协同发展、长江经济带发展、粤港澳大湾区建设等重大战略为引领，以西部、东北、中部、东部四大板块为基础，促进区域间相互融通补充。以“一带一路”建设助推沿海、内陆、沿边地区协同开放，以国际经济合作走廊为主骨架加强重大基础设施互联互通，构建统筹国内国际、协调国内东中西和南北方的区域发展新格局。以疏解北京非首都功能为“牛鼻子”推动京津冀协同发展，调整区域经济结构和空间结构，推动河北雄安新区和北京城市副中心建设，探索超大城市、特大城市等人口经济密集地区有序疏解功能、有效治理“大城市病”的优化开发模式。充分发挥长江经济带横跨东中西三大板块的区位优势，以共抓大保护、不搞大开发为导向，以生态优先、绿色发展为引领，依托长江黄金水道，推动长江上中下游地区协调发展和沿江地区高质量发展。建立以中心城市引领城市群发展、城市群带动区域发展新模式，推动区域板块之间融合互动发展。以北京、天津为中心引领京津冀城市群发展，带动环渤海地区协同发展。以上海为中心引领长三角城市群发展，带动长江经济带发展。以香港、澳门、广州、深圳为中心引领粤港澳大湾区建设，带动珠江－西江经济带创新绿色发展。以重庆、成都、武汉、郑州、西安等为中心，引领成渝、长江中游、中原、关中平原等城市群发展，带动相关板块融合发展。加强“一带一路”建设、京津冀协同发展、长江经济带发展、粤港澳大湾区建设等重大战略的协调对接，推动各区域合作联动。推进海南全面深化改革开放，着力推动自由贸易试验区建设，探索建设中国特色自由贸易港。

（五）统筹发达地区和欠发达地区发展。推动东部沿海等发达地区改革创新、新旧动能转换和区域一体化发展，支持中西部条件较好地区加快发展，鼓励国家级新区、自由贸易试验区、国家级开发区等各类平台大胆创新，在推动区域高质量发展方面发挥引领作用。坚持“输血”和“造血”相结合，推动欠发达地区加快发展。建立健全长效普惠性的扶持机制和精准有效的差别化支持机制，加快补齐基础设施、公共服务、生态环境、产业发展等短板，打赢精准脱贫攻坚战，确保革命老区、民族地区、边疆地区、贫困地区与全国同步实现全面建成小康社会。健全国土空间用途管制制度，引导资源枯竭地区、产业衰退地区、生态严重退化地区积极探索特色转型发展之路，推动形成绿色发展方式和生活方式。以承接产业转移示范区、跨省合作园区等为平台，支持发达地区与欠发达地区共建产业合作基地和资源深加工基地。建立发达地区与欠发达地区区域联动机制，先富带后富，促进发达地区和欠发达地区共同发展。

（六）推动陆海统筹发展。加强海洋经济发展顶层设计，完善规划体系和管理机制，研究制定陆海统筹政策措施，推动建设一批海洋经济示范区。以规划为引领，促进陆海在空间布局、产业发展、基础设施建设、资源开发、环境保护等方面全方位协同发展。编制实施海岸带保护与利用综合规划，严格围填海管控，促进海岸地区陆海一体化生态保护和整治修复。创新海域海岛资源市场化配置方式，完善资源评估、流转和收储制度。推动海岸带管理立法，完善海洋经济标准体系和指标体系，健全海洋经济统计、核算制度，提升海洋经济监测评估能力，强化部门间数据共享，建立海洋经济调查体系。推进海上务实合作，维护国家海洋权益，积极参与维护和完善国际和地区海洋秩序。

三、健全市场一体化发展机制

（七）促进城乡区域间要素自由流动。实施全国统一的市场准入负面清单制度，消除歧视性、隐蔽性的区域市场准入限制。深入实施公平竞争审查制度，消除区域市场壁垒，打破行政性垄断，清理和废除妨碍统一市场和公平竞争的各种规定和做法，进一步优化营商环境，激发市场活力。全面放宽城市落户条件，完善配套政策，打破阻碍劳动力在城乡、区域间流动的不合理壁垒，促进人力资源优化配置。加快深化农村土地制度改革，推动建立城乡统一的建设用地市场，进一步完善承包地所有权、承包权、经营权三权分置制度，探索宅基地所有权、资格权、使用权三权分置改革。引导科技资源按照市场需求优化空间配置，促进创新要素充分流动。

（八）推动区域市场一体化建设。按照建设统一、开放、竞争、有序的市场体系要求，推动京津冀、长江经济带、粤港澳等区域市场建设，加快探索建立规划制度统一、发展模式共推、治理方式一致、区域市场联动的区域市场一体化发展新机制，促进形成全国统一大市场。进一步完善长三角区域合作工作机制，深化三省一市在规划衔接、跨省重大基础设施建设、环保联防联控、产业结构布局调整、改革创新等方面合作。

（九）完善区域交易平台和制度。建立健全用水权、排污权、碳排放权、用能权初始分配与交易制度，培育发展各类产权交易平台。进一步完善自然资源资产有偿使用制度，构建统一的自然资源资产交易平台。选择条件较好地区建设区域性排污权、碳排放权等交易市场，推进水权、电力市场化交易，进一步完善交易机制。建立健全用能预算管理制度。促进资本跨区域有序自由流动，完善区域性股权市场。

四、深化区域合作机制

（十）推动区域合作互动。深化京津冀地区、长江经济带、粤港澳大湾区等合作，提升合作层次和水平。积极发展各类社会中介组织，有序发展区域性行业协会商会，鼓励企业组建跨地区跨行业产业、技术、创新、人才等合作平台。加强城市群内部城市间的紧密合作，推动城市间产业分工、基础设施、公共服务、环境治理、对外开放、改革创新等协调联动，加快构建大中小城市和小城镇协调发展的城镇化格局。积极探索建立城市群协调治理模式，鼓励成立多种形式的城市联盟。

（十一）促进流域上下游合作发展。加快推进长江经济带、珠江－西江经济带、淮河生态经济带、汉江生态经济带等重点流域经济带上下游间合作发展。建立健全上下游毗邻省市规划对接机制，协调解决地区间合作发展重大问题。完善流域内相关省市政府协商合作机制，构建流域基础设施体系，严格流域环境准入标准，加强流域生态环境共建共治，推进流域产业有序转移和优化升级，推动上下游地区协调发展。

（十二）加强省际交界地区合作。支持晋陕豫黄河金三角、粤桂、湘赣、川渝等省际交界地区合作发展，探索建立统一规划、统一管理、合作共建、利益共享的合作新机制。加强省际交界地区城市间交流合作，建立健全跨省城市政府间联席会议制度，完善省际会商机制。

（十三）积极开展国际区域合作。以“一带一路”建设为重点，实行更加积极主动的开放战略，推动构建互利共赢的国际区域合作新机制。充分发挥“一带一路”国际合作高峰论坛、上海合作组织、中非合作论坛、中俄东北－远东合作、长江－伏尔加河合作、中国－东盟合作、东盟与中日韩合作、中日韩合作、澜沧江－湄公河合作、图们江地区开发合作等国际区域合作机制作用，加强区域、次区域合作。支持沿边地区利用国际合作平台，积极主动开展国际区域合作。推进重点开发开放试验区建设，支持边境经济合作区发展，稳步建设跨境经济合作区，更好发挥境外产能合作园区、经贸合作区的带动作用。

五、优化区域互助机制

（十四）深入实施东西部扶贫协作。加大东西部扶贫协作力度，推动形成专项扶贫、行业扶贫、社会扶贫等多方力量多种举措有机结合互为支撑的“三位一体”大扶贫格局。强化以企业合作为载体的扶贫协作，组织企业到贫困地区投资兴业、发展产业、带动就业。完善劳务输出精准对接机制，实现贫困人口跨省稳定就业。进一步加强扶贫协作双方党政干部和专业技术人员交流，推动人才、资金、技术向贫困地区和边境地区流动，深化实施携手奔小康行动。积极引导社会力量广泛参与深度贫困地区脱贫攻坚，帮助深度贫困群众解决生产生活困难。

（十五）深入开展对口支援。深化全方位、精准对口支援，推动新疆、西藏和青海、四川、云南、甘肃四省藏区经济社会持续健康发展，促进民族交往交流交融，筑牢社会稳定和长治久安基础。强化规划引领，切实维护规划的严肃性，进一步完善和规范对口支援规划的编制实施和评估调整机制。加强资金和项目管理，科学开展绩效综合考核评价，推动对口支援向更深层次、更高质量、更可持续方向发展。

（十六）创新开展对口协作（合作）。面向经济转型升级困难地区，组织开展对口协作（合作），构建政府、企业和相关研究机构等社会力量广泛参与的对口协作（合作）体系。深入开展南水北调中线工程水源区对口协作，推动水源区绿色发展。继续开展对口支援三峡库区，支持库区提升基本公共服务供给能力，加快库区移民安稳致富，促进库区社会和谐稳定。进一步深化东部发达省市与东北地区对口合作，开展干部挂职交流和系统培训，建设对口合作重点园区，实现互利共赢。

六、健全区际利益补偿机制

（十七）完善多元化横向生态补偿机制。贯彻绿水青山就是金山银山的重要理念和山水林田湖草是生命共同体的系统思想，按照区际公平、权责对等、试点先行、分步推进的原则，不断完善横向生态补偿机制。鼓励生态受益地区与生态保护地区、流域下游与流域上游通过资金补偿、对口协作、产业转移、人才培训、共建园区等方式建立横向补偿关系。支持在具备重要饮用水功能及生态服务价值、受益主体明确、上下游补偿意愿强烈的跨省流域开展省际横向生态补偿。在京津冀水源涵养区、安徽浙江新安江、广西广东九洲江、福建广东汀江－韩江、江西广东东江、广西广东西江流域等深入开展跨地区生态保护补偿试点，推广可复制的经验。

（十八）建立粮食主产区与主销区之间利益补偿机制。研究制定粮食主产区与主销区开展产销合作的具体办法，鼓励粮食主销区通过在主产区建设加工园区、建立优质商品粮基地和建立产销区储备合作机制以及提供资金、人才、技术服务支持等方式开展产销协作。加大对粮食主产区的支持力度，促进主产区提高粮食综合生产能力，充分调动主产区地方政府抓粮食生产和农民种粮的积极性，共同维护国家粮食安全。

（十九）健全资源输出地与输入地之间利益补偿机制。围绕煤炭、石油、天然气、水能、风能、太阳能以及其他矿产等重要资源，坚持市场导向和政府调控相结合，加快完善有利于资源集约节约利用和可持续发展的资源价格形成机制，确保资源价格能够涵盖开采成本以及生态修复和环境治理等成本。鼓励资源输入地通过共建园区、产业合作、飞地经济等形式支持输出地发展接续产业和替代产业，加快建立支持资源型地区经济转型长效机制。

七、完善基本公共服务均等化机制

（二十）提升基本公共服务保障能力。在基本公共服务领域，深入推进财政事权和支出责任划分改革，逐步建立起权责清晰、财力协调、标准合理、保障有力的基本公共服务制度体系和保障机制。规范中央与地方共同财政事权事项的支出责任分担方式，调整完善转移支付体系，基本公共服务投入向贫困地区、薄弱环节、重点人群倾斜，增强市县财政特别是县级财政基本公共服务保障能力。强化省级政府统筹职能，加大对省域范围内基本公共服务薄弱地区扶持力度，通过完善省以下财政事权和支出责任划分、规范转移支付等措施，逐步缩小县域间、市地间基本公共服务差距。

（二十一）提高基本公共服务统筹层次。完善企业职工基本养老保险基金中央调剂制度，尽快实现养老保险全国统筹。完善基本医疗保险制度，不断提高基本医疗保险统筹层级。巩固完善义务教育管理体制，增加中央财政对义务教育转移支付规模，强化省、市统筹作用，加大对“三区三州”等深度贫困地区和集中连片特困地区支持力度。

（二十二）推动城乡区域间基本公共服务衔接。加快建立医疗卫生、劳动就业等基本公共服务跨城乡跨区域流转衔接制度，研究制定跨省转移接续具体办法和配套措施，强化跨区域基本公共服务统筹合作。鼓励京津冀、长三角、珠三角地区积极探索基本公共服务跨区域流转衔接具体做法，加快形成可复制可推广的经验。

八、创新区域政策调控机制

（二十三）实行差别化的区域政策。充分考虑区域特点，发挥区域比较优势，提高财政、产业、土地、环保、人才等政策的精准性和有效性，因地制宜培育和激发区域发展动能。坚持用最严格制度最严密法治保护生态环境的前提下，进一步突出重点区域、行业和污染物，有效防范生态环境风险。加强产业转移承接过程中的环境监管，防止跨区域污染转移。对于生态功能重要、生态环境敏感脆弱区域，坚决贯彻保护生态环境就是保护生产力、改善生态环境就是发展生产力的政策导向，严禁不符合主体功能定位的各类开发活动。相关中央预算内投资和中央财政专项转移支付继续向中西部等欠发达地区和东北地区等老工业基地倾斜，研究制定深入推进西部大开发和促进中部地区崛起的政策措施。动态调整西部地区有关产业指导目录，对西部地区优势产业和适宜产业发展给予必要的政策倾斜。在用地政策方面，保障跨区域重大基础设施和民生工程用地需求，对边境和特殊困难地区实行建设用地计划指标倾斜。研究制定鼓励人才到中西部地区、东北地区特别是“三区三州”等深度贫困地区工作的优惠政策，支持地方政府根据发展需要制定吸引国内外人才的区域性政策。

（二十四）建立区域均衡的财政转移支付制度。根据地区间财力差异状况，调整完善中央对地方一般性转移支付办法，加大均衡性转移支付力度，在充分考虑地区间支出成本因素、切实增强中西部地区自我发展能力的基础上，将常住人口人均财政支出差异控制在合理区间。严守生态保护红线，完善主体功能区配套政策，中央财政加大对重点生态功能区转移支付力度，提供更多优质生态产品。省级政府通过调整收入划分、加大转移支付力度，增强省以下政府区域协调发展经费保障能力。

（二十五）建立健全区域政策与其他宏观调控政策联动机制。加强区域政策与财政、货币、投资等政策的协调配合，优化政策工具组合，推动宏观调控政策精准落地。财政、货币、投资政策要服务于国家重大区域战略，围绕区域规划及区域政策导向，采取完善财政政策、金融依法合规支持、协同制定引导性和约束性产业政策等措施，加大对跨区域交通、水利、生态环境保护、民生等重大工程项目的支持力度。对因客观原因造成的经济增速放缓地区给予更有针对性的关心、指导和支持，在风险可控的前提下加大政策支持力度，保持区域经济运行在合理区间。加强对杠杆率较高地区的动态监测预警，强化地方金融监管合作和风险联防联控，更加有效防范和化解系统性区域性金融风险。

九、健全区域发展保障机制

（二十六）规范区域规划编制管理。加强区域规划编制前期研究，完善区域规划编制、审批和实施工作程序，实行区域规划编制审批计划管理制度，进一步健全区域规划实施机制，加强中期评估和后评估，形成科学合理、管理严格、指导有力的区域规划体系。对实施到期的区域规划，在后评估基础上，确需延期实施的可通过修订规划延期实施，不需延期实施的要及时废止。根据国家重大战略和重大布局需要，适时编制实施新的区域规划。

（二十七）建立区域发展监测评估预警体系。围绕缩小区域发展差距、区域一体化、资源环境协调等重点领域，建立区域协调发展评价指标体系，科学客观评价区域发展的协调性，为区域政策制定和调整提供参考。引导社会智库研究发布区域协调发展指数。加快建立区域发展风险识别和预警预案制度，密切监控突出问题，预先防范和妥善应对区域发展风险。

（二十八）建立健全区域协调发展法律法规体系。研究论证促进区域协调发展的法规制度，明确区域协调发展的内涵、战略重点和方向，健全区域政策制定、实施、监督、评价机制，明确有关部门在区域协调发展中的职责，明确地方政府在推进区域协调发展中的责任和义务，发挥社会组织、研究机构、企业在促进区域协调发展中的作用。

十、切实加强组织实施

（二十九）加强组织领导。坚持和加强党对区域协调发展工作的领导，充分发挥中央与地方区域性协调机制作用，强化地方主体责任，广泛动员全社会力量，共同推动建立更加有效的区域协调发展新机制，为实施区域协调发展战略提供强有力的保障。中央和国家机关有关部门要按照职能分工，研究具体政策措施，协同推动区域协调发展。各省、自治区、直辖市要制定相应落实方案，完善相关配套政策，确保区域协调发展新机制顺畅运行。

（三十）强化协调指导。国家发展改革委要会同有关部门加强对区域协调发展新机制实施情况跟踪分析和协调指导，研究新情况、总结新经验、解决新问题，重大问题要及时向党中央、国务院报告。

［6］国务院办公厅关于全面推行行政规范性文件合法性审核机制的指导意见

一、总体要求

（一）指导思想。以习近平新时代中国特色社会主义思想为指导，全面贯彻党的十九大和十九届二中、三中全会精神，认真落实党中央、国务院决策部署，按照依法治国、依法执政、依法行政共同推进，法治国家、法治政府、法治社会一体建设的要求，全面推行规范性文件合法性审核机制，维护国家法制统一、尊严、权威，加快建设法治政府，提高政府治理能力。

（二）主要目标。进一步明确规范性文件合法性审核的范围、主体、程序、职责和责任，建立健全程序完备、权责一致、相互衔接、运行高效的合法性审核机制，落实审核工作要求，加大组织保障力度，确保所有规范性文件均经过合法性审核，保证规范性文件合法有效。

二、严格落实工作措施

（三）明确审核范围。各地区、各部门要结合工作实际，从制定主体、公文种类、管理事项等方面，确定纳入规范性文件合法性审核的标准和范围，编制规范性文件制定主体清单，明确规范性文件的公文种类，列明规范性文件管理事项类别。凡涉及公民、法人和其他组织权利义务的规范性文件，均要纳入合法性审核范围，确保实现全覆盖，做到应审必审。行政机关内部执行的管理规范、工作制度、机构编制、会议纪要、工作方案、请示报告及表彰奖惩、人事任免等文件，不纳入规范性文件合法性审核范围。

（四）确定审核主体。各级人民政府及其部门要明确具体承担规范性文件合法性审核工作的部门或者机构（以下统称审核机构）。以县级以上人民政府或者其办公机构名义印发的规范性文件，或者由县级以上人民政府部门起草、报请本级人民政府批准后以部门名义印发的规范性文件，由同级人民政府审核机构进行审核；起草部门已明确专门审核机构的，应当先由起草部门审核机构进行审核。国务院部门制定的规范性文件，由本部门审核机构进行审核。省、自治区、直辖市和设区的市人民政府部门制定的规范性文件，由本部门审核机构进行审核，也可以根据实际需要由本级人民政府确定的审核机构进行审核。县（市、区）人民政府部门、乡镇人民政府及街道办事处制定的规范性文件，已明确专门审核机构或者专门审核人员的，由本单位审核机构或者审核人员进行审核；未明确专门审核机构或者专门审核人员的，统一由县（市、区）人民政府确定的审核机构进行审核。

（五）规范审核程序。各地区、各部门要根据实际情况确定规范性文件合法性审核程序，明确起草单位、制定机关办公机构及审核机构的职责权限，严格执行材料报送、程序衔接、审核时限等工作要求。起草单位报送的审核材料，应当包括文件送审稿及其说明，制定文件所依据的法律、法规、规章和国家政策规定，征求意见及意见采纳情况，本单位的合法性审核意见，以及针对不同审核内容需要的其他材料等。起草单位直接将文件送审稿及有关材料报送制定机关办公机构的，制定机关办公机构要对材料的完备性、规范性进行审查。符合要求的，转送审核机构进行审核；不符合要求的，可以退回，或者要求起草单位在规定时间内补充材料或说明情况后转送审核机构进行审核。起草单位直接将文件送审稿及有关材料报送审核机构进行审核的，审核机构要对材料的完备性、规范性进行审核，不符合要求的，可以退回，或者要求起草单位在规定时间内补充材料或说明情况。除为了预防、应对和处置突发事件，或者执行上级机关的紧急命令和决定需要立即制定实施规范性文件等外，合法性审核时间一般不少于 5 个工作日，最长不超过 15 个工作日。

（六）明确审核职责。审核机构要认真履行审核职责，防止重形式、轻内容、走过场，严格审核以下内容：制定主体是否合法；是否超越制定机关法定职权；内容是否符合宪法、法律、法规、规章和国家政策规定；是否违法设立行政许可、行政处罚、行政强制、行政征收、行政收费等事项；是否存在没有法律、法规依据作出减损公民、法人和其他组织合法权益或者增加其义务的情形；是否存在没有法律、法规依据作出增加本单位权力或者减少本单位法定职责的情形；是否违反规范性文件制定程序。审核机构要根据不同情形提出合法、不合法、应当予以修改的书面审核意见。起草单位应当根据合法性审核意见对规范性文件做必要的修改或者补充；特殊情况下，起草单位未完全采纳合法性审核意见的，应当在提请制定机关审议时详细说明理由和依据。

（七）强化审核责任。要充分发挥合法性审核机制对确保规范性文件合法有效的把关作用，不得以征求意见、会签、参加审议等方式代替合法性审核。未经合法性审核或者经审核不合法的文件，不得提交集体审议。审核机构未严格履行审核职责导致规范性文件违法，造成严重后果的，依纪依法追究有关责任人员的责任；未经合法性审核或者不采纳合法性审核意见导致规范性文件违法，造成严重后果的，依纪依法追究有关责任人员的责任。

三、健全审核工作机制

（八）完善审核工作方式。审核机构可以根据工作需要，采用多种方式进行合法性审核，提高质量和效率。对影响面广、情况复杂、社会关注度高的规范性文件，如审核过程中遇到疑难法律问题，要在书面征求意见的基础上，采取召开座谈会、论证会等方式听取有关方面意见。要建立健全专家协助审核机制，充分发挥政府法律顾问、公职律师和有关专家作用。

（九）发挥审核管理信息平台作用。要积极探索利用信息化手段推进规范性文件合法性审核机制建设，完善合法性审核管理信息平台，制定建设标准，统一格式、文本等各项管理要求，做好与公文管理系统和政务信息公开平台的衔接，实现电子审核一体化和平台互联互通。建立合法性审核台账，对已审核的规范性文件实行动态化、精细化管理。建立合法性审核信息共享机制，充分利用大数据技术和资源，加强对审核数据的统计分析，推动信息共享和整合，切实提高审核实效。

四、加大组织保障力度

（十）加强组织领导。各地区、各部门要充分认识全面推行规范性文件合法性审核机制的重要意义，主要负责同志作为本地区、本部门规范性文件合法性审核工作第一责任人，要切实加强对规范性文件合法性审核机制建设工作的领导，听取合法性审核工作情况汇报，及时研究解决工作中的重要问题。要结合本地区、本部门实际制定具体实施意见，进一步完善工作制度，明确责任分工和时间进度要求，细化具体措施，确保各项工作落实到位。

（十一）注重能力建设。各地区、各部门要高度重视规范性文件合法性审核能力建设，认真落实审核责任。要设立专门工作机构或者明确相关机构负责合法性审核工作，配齐配强审核工作力量，确保与审核工作任务相适应。要加强合法性审核人员正规化、专业化、职业化建设，建立健全定期培训和工作交流制度，多形式开展业务学习和经验交流，全面提升合法性审核人员的政治素质和业务能力。

（十二）强化指导监督。各地区、各部门要将规范性文件合法性审核机制建设情况纳入法治政府建设督察内容，将规范性文件合法性审核工作纳入法治政府建设考评指标体系，建立情况通报制度，对工作扎实、成效显著的予以表扬激励，对工作开展不力的及时督促整改，对工作中出现问题造成不良后果的依纪依法问责。各级人民政府对所属部门、上级人民政府对下级人民政府要加强指导监督，发现问题及时纠正。审核机构要建立健全统计分析、规范指导、沟通衔接、问题通报等机制，加强共性问题研究，定期向制定机关、起草单位通报本地区、本部门合法性审核情况和存在的问题，切实提高规范性文件质量。

司法部负责组织协调、统筹推进、督促指导本意见贯彻落实工作。要及时跟踪了解落实情况，督促检查指导规范性文件合法性审核机制建设，总结交流推广工作经验，研究协调解决共性问题。各地区、各部门要将本意见的贯彻落实情况和工作中遇到的重要事项及时报司法部。

2019 年

［1］公平竞争审查第三方评估实施指南

一、总则

第一条　为建立健全公平竞争审查第三方评估机制，鼓励支持政策制定机关在公平竞争审查工作中引入第三方评估，提高审查质量和效果，推动公平竞争审查制度深入实施，根据《国务院关于在市场体系建设中建立公平竞争审查制度的意见》（国发〔2016〕34 号，以下简称《意见》）要求，制定本指南。

第二条　本指南所称第三方评估，是指受政策制定机关委托，由利害关系方以外的组织机构，依据一定的标准和程序，运用科学、系统、规范的评估方法，对有关政策措施进行公平竞争评估，或者对公平竞争审查其他有关工作进行评估，形成评估报告供政策制定机关决策参考的活动。

第三条　第三方评估应当遵循客观公正、科学严谨、专业规范、公开透明、注重实效的原则。

第四条　各级公平竞争审查工作联席会议办公室委托第三方评估机构，对本级公平竞争审查制度总体实施情况进行评估，可以参照本指南执行。

二、适用范围和评估内容

第五条　政策制定机关在开展公平竞争审查工作的以下阶段和环节，均可以引入第三方评估。

（一）对拟出台的政策措施进行公平竞争审查；

（二）对经公平竞争审查出台的政策措施进行定期评估；

（三）对适用例外规定出台的政策措施进行逐年评估；

（四）对公平竞争审查制度实施前已出台的政策措施进行清理；

（五）对公平竞争审查制度实施情况进行综合评估；

（六）与公平竞争审查工作相关的其他阶段和环节。

第六条　对拟出台的政策措施进行公平竞争审查时存在以下情形之一的，鼓励引入第三方评估：

（一）政策制定机关拟适用例外规定的；

（二）社会舆论普遍关注、对社会公共利益影响重大的；

（三）存在较大争议、部门意见难以协调一致的；

（四）被多个单位或者个人反映或者举报涉嫌违反公平竞争审查标准的。

第七条　对拟出台的政策措施进行公平竞争审查时引入第三方评估，应当重点评估以下内容：

（一）是否涉及市场主体经济活动；

（二）是否违反公平竞争审查标准。如违反标准，分析对市场竞争的具体影响，并提出调整建议；

（三）是否符合适用例外规定的情形和条件。如不符合，提出调整建议。

第八条　对经公平竞争审查出台的政策措施进行定期评估时引入第三方评估，应当重点评估以下内容：

（一）此前做出的审查结论是否符合《意见》要求；

（二）政策措施出台后是否产生新的排除、限制竞争问题；

（三）法律法规政策变动情况对政策措施实施的影响；

（四）对评估发现排除、限制竞争的政策措施提出调整建议。

第九条　对适用例外规定出台的政策措施进行逐年评估时引入第三方评估，应当重点评估以下内容：

（一）此前做出的适用例外规定结论是否符合《意见》要求；

（二）政策措施是否达到预期效果；

（三）政策措施出台后是否出现对竞争损害更小的替代方案；

（四）法律法规政策变动情况对政策措施实施的影响；

（五）对评估发现不符合例外规定的政策措施提出调整建议。

第十条　对公平竞争审查制度实施前已出台的政策措施进行清理时引入第三方评估，应当重点评估以下内容：

（一）梳理属于清理范围的政策措施清单；

（二）评估相关政策措施是否排除、限制竞争；

（三）对排除、限制竞争的政策措施提出废止、调整、设置过渡期、适用例外规定等建议。

第十一条　对公平竞争审查制度实施情况进行综合评估时引入第三方评估，应当重点评估以下内容：

（一）工作部署落实情况，包括印发方案、建立机制、督查指导、宣传培训等；

（二）增量政策措施审查情况，包括审查范围是否全面，审查流程是否规范、审查结论是否准确等；

（三）存量政策措施清理情况，包括清理任务是否完成、清理范围是否全面、清理结果是否准确等；

（四）制度实施成效，包括经审查调整政策措施的情况、经清理废止调整政策措施的情况，以及公平竞争审查在预防和纠正行政性垄断、维护市场公平竞争、促进经济高质量发展等方面的作用等；

（五）总结分析制度实施中存在的问题，提炼可复制、可推广、能示范的制度性、机制性经验等；

（六）利害关系人、社会公众以及新闻媒体对制度实施情况的相关评价和意见建议等；

（七）其他与公平竞争审查工作相关的内容。

三、评估机构

第十二条　本指南所称第三方评估机构，是指与政策制定机关及评估事项无利害关系，且具备相应评估能力的实体性咨询研究机构，包括政府决策咨询及评估机构、高等院校、科研院所、专业咨询公司、律师事务所及其他社会组织等。

第十三条　政策制定机关可以参考以下条件，选择第三方评估机构：

（一）遵守国家法律法规和行业相关规定，组织机构健全、内部管理规范；

（二）在法学、经济学、公共政策等领域具有一定的影响力，拥有专业的研究团队，具备评估所需的理论研究、数据收集分析和决策咨询能力；

（三）在组织机构、人员构成、经费来源上独立于政策制定机关；

（四）与所评估的政策措施及其他事项无利害关系；

（五）能够承担民事责任，社会信誉良好；

（六）具体评估所需的其他条件。

四、评估程序和方法

第十四条　第三方评估按照下列程序进行：

（一）确定评估事项。政策制定机关可以根据实际需要，自行决定将有关政策措施或者公平竞争审查其他工作委托第三方评估机构进行评估。委托工作由政策制定机关的公平竞争审查机构负责。

（二）选择评估机构。政策制定机关通过政府采购确定第三方评估机构，签订委托协议，明确评估事项、质量要求、评估费用、评估时限、权责关系及违约责任等。

按照本指南第七条规定对相关政策措施进行事前评估后，再按照第八条或者第九条规定对同一项政策措施进行事后评估，原则上不得委托同一个第三方评估机构。

（三）制订评估方案。第三方评估机构根据政策制定机关的要求，组建评估小组，制订评估方案，明确具体的评估目标、内容、标准、方法、步骤、时间安排及成果形式等，经政策制定机关审核同意后组织实施。

（四）开展评估工作。第三方评估机构通过全面调查、抽样调查、网络调查、实地调研、舆情跟踪、专家论证等方式方法，汇总收集相关信息，广泛听取意见建议，全面了解真实情况，深入开展研究分析，形成评估报告。评估报告一般应包括基本情况、评估内容、评估方法、评估结论、意见建议、评估机构主要负责人及参与评估工作人员的签名、评估机构盖章以及需要说明的其他问题等。

（五）验收评估成果。政策制定机关对评估报告及其他评估工作情况进行验收。对符合评估方案要求的，履行成果交接、费用支付等手续；对不符合评估方案要求的，可以根据协议约定要求第三方评估机构限期补充评估或者重新评估。

第十五条　第三方评估应当遵循《意见》明确的基本分析框架和审查标准，并综合运用以下方法进行全面、客观、系统、深入的评估。

（一）定性评估。通过汇总、梳理、提炼、归纳相关资料和信息，运用相关基础理论，对政策措施影响市场竞争情况、制度实施情况等形成客观的定性评估结果。

（二）定量评估。使用规范统计数据，运用科学计算方法，对政策措施对市场竞争的影响程度、制度实施成效等形成准确的量化评估结论。定量评估应更多应用现代信息技术。

（三）比较分析。对政策措施实施前后的市场竞争状况进行对比分析。

（四）成本效益分析。将可以量化的竞争损害成本与政策措施取得的其他效益进行对比分析。

（五）第三方评估机构认为有助于评估的其他方法。

五、评估成果及运用

第十六条　评估成果所有权归政策制定机关所有。未经政策制定机关许可，第三方评估机构和有关个人不得对外披露、转让或许可他人使用相关成果。

第十七条　评估成果作为政策制定机关开展公平竞争审查、评价制度实施成效、制定工作推进方案的重要参考依据。鼓励各政策制定机关以适当方式共享评估成果。

第十八条　对拟出台的政策措施进行第三方评估的，政策制定机关应当在书面审查结论中说明评估相关情况。最终做出的审查结论与第三方评估结果不一致或者未采纳第三方评估相关意见建议的，应当在书面审查结论中说明理由。

六、保障措施和纪律要求

第十九条　第三方评估经费纳入政府预算管理，政策制定机关严格按照有关财务规定加强评估经费管理。

第二十条　政策制定机关在不影响正常工作的前提下，应当积极配合第三方评估工作，主动、全面、准确提供相关资料和情况，不得以任何形式干扰评估工作、敷衍应付评估活动或者预先设定评判性、结论性意见。

第二十一条　第三方评估机构及其工作人员应当严格遵守国家法律法规，严守职业道德和职业规范；严格履行保密义务，对评估工作中涉及国家秘密、商业秘密和个人隐私的必须严格保密，涉密文件和介质以及未公开的内部信息要严格按相关规定使用和保存；不得干扰政策制定机关正常工作，不得参与任何影响评估真实性、客观性、公正性的活动。

第二十二条　第三方评估机构在评估工作中出现以下情形之一的，有关政策制定机关应当及时向本级联席会议报告，由本级联席会议逐级上报部际联席会议，由部际联席会议进行通报：

（一）出现严重违规违约行为；

（二）政策制定机关根据第三方评估机构做出的评估报告得出公平竞争审查结论，并出台相关政策措施，被认定违反公平竞争审查标准。

对存在失信行为的，推送至全国信用信息共享平台，记入其信用档案。

七、附则

第二十三条　本指南由公平竞争审查工作部际联席会议办公室负责解释。

第二十四条　本指南自发布之日起生效，有效期三年。

［2］中华人民共和国反不正当竞争法

第一章　总则

第一条　为了促进社会主义市场经济健康发展，鼓励和保护公平竞争，制止不正当竞争行为，保护经营者和消费者的合法权益，制定本法。

第二条　经营者在生产经营活动中，应当遵循自愿、平等、公平、诚信的原则，遵守法律和商业道德。

本法所称的不正当竞争行为，是指经营者在生产经营活动中，违反本法规定，扰乱市场竞争秩序，损害其他经营者或者消费者的合法权益的行为。

本法所称的经营者，是指从事商品生产、经营或者提供服务（以下所称商品包括服务）的自然人、法人和非法人组织。

第三条　各级人民政府应当采取措施，制止不正当竞争行为，为公平竞争创造良好的环境和条件。

国务院建立反不正当竞争工作协调机制，研究决定反不正当竞争重大政策，协调处理维护市场竞争秩序的重大问题。

第四条　县级以上人民政府履行工商行政管理职责的部门对不正当竞争行为进行查处；法律、行政法规规定由其他部门查处的，依照其规定。

第五条　国家鼓励、支持和保护一切组织和个人对不正当竞争行为进行社会监督。

国家机关及其工作人员不得支持、包庇不正当竞争行为。

行业组织应当加强行业自律，引导、规范会员依法竞争，维护市场竞争秩序。

第二章　不正当竞争行为

第六条　经营者不得实施下列混淆行为，引人误认为是他人商品或者与他人存在特定联系：

（一）擅自使用与他人有一定影响的商品名称、包装、装潢等相同或者近似的标识；

（二）擅自使用他人有一定影响的企业名称（包括简称、字号等）、社会组织名称（包括简称等）、姓名（包括笔名、艺名、译名等）；

（三）擅自使用他人有一定影响的域名主体部分、网站名称、网页等；

（四）其他足以引人误认为是他人商品或者与他人存在特定联系的混淆行为。

第七条　经营者不得采用财物或者其他手段贿赂下列单位或者个人，以谋取交易机会或者竞争优势：

（一）交易相对方的工作人员；

（二）受交易相对方委托办理相关事务的单位或者个人；

（三）利用职权或者影响力影响交易的单位或者个人。

经营者在交易活动中，可以以明示方式向交易相对方支付折扣，或者向中间人支付佣金。经营者向交易相对方支付折扣、向中间人支付佣金的，应当如实入账。接受折扣、佣金的经营者也应当如实入账。

经营者的工作人员进行贿赂的，应当认定为经营者的行为；但是，经营者有证据证明该工作人员的行为与为经营者谋取交易机会或者竞争优势无关的除外。

第八条　经营者不得对其商品的性能、功能、质量、销售状况、用户评价、曾获荣誉等作虚假或者引人误解的商业宣传，欺骗、误导消费者。

经营者不得通过组织虚假交易等方式，帮助其他经营者进行虚假或者引人误解的商业宣传。

第九条　经营者不得实施下列侵犯商业秘密的行为：

（一）以盗窃、贿赂、欺诈、胁迫、电子侵入或者其他不正当手段获取权利人的商业秘密；

（二）披露、使用或者允许他人使用以前项手段获取的权利人的商业秘密；

（三）违反保密义务或者违反权利人有关保守商业秘密的要求，披露、使用或者允许他人使用其所掌握的商业秘密；

（四）教唆、引诱、帮助他人违反保密义务或者违反权利人有关保守商业秘密的要求，获取、披露、使用或者允许他人使用权利人的商业秘密。

经营者以外的其他自然人、法人和非法人组织实施前款所列违法行为的，视为侵犯商业秘密。

第三人明知或者应知商业秘密权利人的员工、前员工或者其他单位、个人实施本条第一款所列违法行为，仍获取、披露、使用或者允许他人使用该商业秘密的，视为侵犯商业秘密。

本法所称的商业秘密，是指不为公众所知悉、具有商业价值并经权利人采取相应保密措施的技术信息、经营信息等商业信息。

第十条　经营者进行有奖销售不得存在下列情形：

（一）所设奖的种类、兑奖条件、奖金金额或者奖品等有奖销售信息不明确，影响兑奖；

（二）采用谎称有奖或者故意让内定人员中奖的欺骗方式进行有奖销售；

（三）抽奖式的有奖销售，最高奖的金额超过五万元。

第十一条　经营者不得编造、传播虚假信息或者误导性信息，损害竞争对手的商业信誉、商品声誉。

第十二条　经营者利用网络从事生产经营活动，应当遵守本法的各项规定。

经营者不得利用技术手段，通过影响用户选择或者其他方式，实施下列妨碍、破坏其他经营者合法提供的网络产品或者服务正常运行的行为：

（一）未经其他经营者同意，在其合法提供的网络产品或者服务中，插入链接、强制进行目标跳转；

（二）误导、欺骗、强迫用户修改、关闭、卸载其他经营者合法提供的网络产品或者服务；

（三）恶意对其他经营者合法提供的网络产品或者服务实施不兼容；

（四）其他妨碍、破坏其他经营者合法提供的网络产品或者服务正常运行的行为。

第三章　对涉嫌不正当竞争行为的调查

第十三条　监督检查部门调查涉嫌不正当竞争行为，可以采取下列措施：

（一）进入涉嫌不正当竞争行为的经营场所进行检查；

（二）询问被调查的经营者、利害关系人及其他有关单位、个人，要求其说明有关情况或者提供与被调查行为有关的其他资料；

（三）查询、复制与涉嫌不正当竞争行为有关的协议、账簿、单据、文件、记录、业务函电和其他资料；

（四）查封、扣押与涉嫌不正当竞争行为有关的财物；

（五）查询涉嫌不正当竞争行为的经营者的银行账户。

采取前款规定的措施，应当向监督检查部门主要负责人书面报告，并经批准。采取前款第四项、第五项规定的措施，应当向设区的市级以上人民政府监督检查部门主要负责人书面报告，并经批准。

监督检查部门调查涉嫌不正当竞争行为，应当遵守《中华人民共和国行政强制法》和其他有关法律、行政法规的规定，并应当将查处结果及时向社会公开。

第十四条　监督检查部门调查涉嫌不正当竞争行为，被调查的经营者、利害关系人及其他有关单位、个人应当如实提供有关资料或者情况。

第十五条　监督检查部门及其工作人员对调查过程中知悉的商业秘密负有保密义务。

第十六条　对涉嫌不正当竞争行为，任何单位和个人有权向监督检查部门举报，监督检查部门接到举报后应当依法及时处理。

监督检查部门应当向社会公开受理举报的电话、信箱或者电子邮件地址，并为举报人保密。对实名举报并提供相关事实和证据的，监督检查部门应当将处理结果告知举报人。

第四章　法律责任

第十七条　经营者违反本法规定，给他人造成损害的，应当依法承担民事责任。

经营者的合法权益受到不正当竞争行为损害的，可以向人民法院提起诉讼。

因不正当竞争行为受到损害的经营者的赔偿数额，按照其因被侵权所受到的实际损失确定；实际损失难以计算的，按照侵权人因侵权所获得的利益确定。经营者恶意实施侵犯商业秘密行为，情节严重的，可以在按照上述方法确定数额的一倍以上五倍以下确定赔偿数额。赔偿数额还应当包括经营者为制止侵权行为所支付的合理开支。

经营者违反本法第六条、第九条规定，权利人因被侵权所受到的实际损失、侵权人因侵权所获得的利益难以确定的，由人民法院根据侵权行为的情节判决给予权利人五百万元以下的赔偿。

第十八条　经营者违反本法第六条规定实施混淆行为的，由监督检查部门责令停止违法行为，没收违法商品。违法经营额五万元以上的，可以并处违法经营额五倍以下的罚款；没有违法经营额或者违法经营额不足五万元的，可以并处二十五万元以下的罚款。情节严重的，吊销营业执照。

经营者登记的企业名称违反本法第六条规定的，应当及时办理名称变更登记；名称变更前，由原企业登记机关以统一社会信用代码代替其名称。

第十九条　经营者违反本法第七条规定贿赂他人的，由监督检查部门没收违法所得，处十万元以上三百万元以下的罚款。情节严重的，吊销营业执照。

第二十条　经营者违反本法第八条规定对其商品作虚假或者引人误解的商业宣传，或者通过组织虚假交易等方式帮助其他经营者进行虚假或者引人误解的商业宣传的，由监督检查部门责令停止违法行为，处二十万元以上一百万元以下的罚款；情节严重的，处一百万元以上二百万元以下的罚款，可以吊销营业执照。

经营者违反本法第八条规定，属于发布虚假广告的，依照《中华人民共和国广告法》的规定处罚。

第二十一条　经营者以及其他自然人、法人和非法人组织违反本法第九条规定侵犯商业秘密的，由监督检查部门责令停止违法行为，没收违法所得，处十万元以上一百万元以下的罚款；情节严重的，处五十万元以上五百万元以下的罚款。

第二十二条　经营者违反本法第十条规定进行有奖销售的，由监督检查部门责令停止违法行为，处五万元以上五十万元以下的罚款。

第二十三条　经营者违反本法第十一条规定损害竞争对手商业信誉、商品声誉的，由监督检查部门责令停止违法行为、消除影响，处十万元以上五十万元以下的罚款；情节严重的，处五十万元以上三百万元以下的罚款。

第二十四条　经营者违反本法第十二条规定妨碍、破坏其他经营者合法提供的网络产品或者服务正常运行的，由监督检查部门责令停止违法行为，处十万元以上五十万元以下的罚款；情节严重的，处五十万元以上三百万元以下的罚款。

第二十五条　经营者违反本法规定从事不正当竞争，有主动消除或者减轻违法行为危害后果等法定情形的，依法从轻或者减轻行政处罚；违法行为轻微并及时纠正，没有造成危害后果的，不予行政处罚。

第二十六条　经营者违反本法规定从事不正当竞争，受到行政处罚的，由监督检查部门记入信用记录，并依照有关法律、行政法规的规定予以公示。

第二十七条　经营者违反本法规定，应当承担民事责任、行政责任和刑事责任，其财产不足以支付的，优先用于承担民事责任。

第二十八条　妨害监督检查部门依照本法履行职责，拒绝、阻碍调查的，由监督检查部门责令改正，对个人可以处五千元以下的罚款，对单位可以处五万元以下的罚款，并可以由公安机关依法给予治安管理处罚。

第二十九条　当事人对监督检查部门作出的决定不服的，可以依法申请行政复议或者提起行政诉讼。

第三十条　监督检查部门的工作人员滥用职权、玩忽职守、徇私舞弊或者泄露调查过程中知悉的商业秘密的，依法给予处分。

第三十一条　违反本法规定，构成犯罪的，依法追究刑事责任。

第三十二条　在侵犯商业秘密的民事审判程序中，商业秘密权利人提供初步证据，证明其已经对所主张的商业秘密采取保密措施，且合理表明商业秘密被侵犯，涉嫌侵权人应当证明商业秘密权利人提供初步证据合理表明商业秘密被侵犯，且提供以下证据之一的，涉嫌侵权人应当证明其不存在侵犯商业秘密的行为：

（一）有证据表明涉嫌侵权人有渠道或者机会获取商业秘密，且其使用的信息与该商业秘密实质上相同；

（二）有证据表明商业秘密已经被涉嫌侵权人披露、使用或者有被披露、使用的风险；

（三）有其他证据表明商业秘密被涉嫌侵权人侵犯。

第五章　附则

第三十三条　本法自 2018 年 1 月 1 日起施行。

［3］禁止垄断协议暂行规定

第一条　为了预防和制止垄断协议，根据《中华人民共和国反垄断法》（以下简称反垄断法），制定本规定。

第二条　国家市场监督管理总局（以下简称市场监管总局）负责垄断协议的反垄断执法工作。

市场监管总局根据反垄断法第十条第二款规定，授权各省、自治区、直辖市市场监督管理部门（以下简称省级市场监管部门）负责本行政区域内垄断协议的反垄断执法工作。

本规定所称反垄断执法机构包括市场监管总局和省级市场监管部门。

第三条　市场监管总局负责查处下列垄断协议：

（一）跨省、自治区、直辖市的；

（二）案情较为复杂或者在全国有重大影响的；

（三）市场监管总局认为有必要直接查处的。

前款所列垄断协议，市场监管总局可以指定省级市场监管部门查处。

省级市场监管部门根据授权查处垄断协议时，发现不属于本部门查处范围，或者虽属于本部门查处范围，但有必要由市场监管总局查处的，应当及时向市场监管总局报告。

第四条　反垄断执法机构查处垄断协议时，应当平等对待所有经营者。

第五条　垄断协议是指排除、限制竞争的协议、决定或者其他协同行为。

协议或者决定可以是书面、口头等形式。

其他协同行为是指经营者之间虽未明确订立协议或者决定，但实质上存在协调一致的行为。

第六条　认定其他协同行为，应当考虑下列因素：

（一）经营者的市场行为是否具有一致性；

（二）经营者之间是否进行过意思联络或者信息交流；

（三）经营者能否对行为的一致性作出合理解释；

（四）相关市场的市场结构、竞争状况、市场变化等情况。

第七条　禁止具有竞争关系的经营者就商品或者服务（以下统称商品）价格达成下列垄断协议：

（一）固定或者变更价格水平、价格变动幅度、利润水平或者折扣、手续费等其他费用；

（二）约定采用据以计算价格的标准公式；

（三）限制参与协议的经营者的自主定价权；

（四）通过其他方式固定或者变更价格。

第八条　禁止具有竞争关系的经营者就限制商品的生产数量或者销售数量达成下列垄断协议：

（一）以限制产量、固定产量、停止生产等方式限制商品的生产数量，或者限制特定品种、型号商品的生产数量；

（二）以限制商品投放量等方式限制商品的销售数量，或者限制特定品种、型号商品的销售数量；

（三）通过其他方式限制商品的生产数量或者销售数量。

第九条　禁止具有竞争关系的经营者就分割销售市场或者原材料采购市场达成下列垄断协议：

（一）划分商品销售地域、市场份额、销售对象、销售收入、销售利润或者销售商品的种类、数量、时间；

（二）划分原料、半成品、零部件、相关设备等原材料的采购区域、种类、数量、时间或者供应商；

（三）通过其他方式分割销售市场或者原材料采购市场。

前款规定中的原材料还包括经营者生产经营所必需的技术和服务。

第十条　禁止具有竞争关系的经营者就限制购买新技术、新设备或者限制开发新技术、新产品达成下列垄断协议：

（一）限制购买、使用新技术、新工艺；

（二）限制购买、租赁、使用新设备、新产品；

（三）限制投资、研发新技术、新工艺、新产品；

（四）拒绝使用新技术、新工艺、新设备、新产品；

（五）通过其他方式限制购买新技术、新设备或者限制开发新技术、新产品。

第十一条　禁止具有竞争关系的经营者就联合抵制交易达成下列垄断协议：

（一）联合拒绝向特定经营者供应或者销售商品；

（二）联合拒绝采购或者销售特定经营者的商品；

（三）联合限定特定经营者不得与其具有竞争关系的经营者进行交易；

（四）通过其他方式联合抵制交易。

第十二条　禁止经营者与交易相对人就商品价格达成下列垄断协议：

（一）固定向第三人转售商品的价格水平、价格变动幅度、利润水平或者折扣、手续费等其他费用；

（二）限定向第三人转售商品的最低价格，或者通过限定价格变动幅度、利润水平或者折扣、手续费等其他费用限定向第三人转售商品的最低价格；

（三）通过其他方式固定转售商品价格或者限定转售商品最低价格。

第十三条　不属于本规定第七条至第十二条所列情形的其他协议、决定或者协同行为，有证据证明排除、限制竞争的，应当认定为垄断协议并予以禁止。

前款规定的垄断协议由市场监管总局负责认定，认定时应当考虑下列因素：

（一）经营者达成、实施协议的事实；

（二）市场竞争状况；

（三）经营者在相关市场中的市场份额及其对市场的控制力；

（四）协议对商品价格、数量、质量等方面的影响；

（五）协议对市场进入、技术进步等方面的影响；

（六）协议对消费者、其他经营者的影响；

（七）与认定垄断协议有关的其他因素。

第十四条　禁止行业协会从事下列行为：

（一）制定、发布含有排除、限制竞争内容的行业协会章程、规则、决定、通知、标准等；

（二）召集、组织或者推动本行业的经营者达成含有排除、限制竞争内容的协议、决议、纪要、备忘录等；

（三）其他组织本行业经营者达成或者实施垄断协议的行为。

本规定所称行业协会是指由同行业经济组织和个人组成，行使行业服务和自律管理职能的各种协会、学会、商会、联合会、促进会等社会团体法人。

第十五条　反垄断执法机构依据职权，或者通过举报、上级机关交办、其他机关移送、下级机关报告、经营者主动报告等途径，发现涉嫌垄断协议。

第十六条　举报采用书面形式并提供相关事实和证据的，反垄断执法机构应当进行必要的调查。书面举报一般包括下列内容：

（一）举报人的基本情况；

（二）被举报人的基本情况；

（三）涉嫌垄断协议的相关事实和证据；

（四）是否就同一事实已向其他行政机关举报或者向人民法院提起诉讼。

反垄断执法机构根据工作需要，可以要求举报人补充举报材料。

第十七条　反垄断执法机构经过对涉嫌垄断协议的必要调查，决定是否立案。

省级市场监管部门应当自立案之日起 7 个工作日内向市场监管总局备案。

第十八条　市场监管总局在查处垄断协议时，可以委托省级市场监管部门进行调查。

省级市场监管部门在查处垄断协议时，可以委托下级市场监管部门进行调查。

受委托的市场监管部门在委托范围内，以委托机关的名义实施调查，不得再委托其他行政机关、组织或者个人进行调查。

第十九条　省级市场监管部门查处涉嫌垄断协议时，可以根据需要商请相关省级市场监管部门协助调查，相关省级市场监管部门应当予以协助。

第二十条　反垄断执法机构对垄断协议进行行政处罚的，应当依法制作行政处罚决定书。

行政处罚决定书的内容包括：

（一）经营者的姓名或者名称、地址等基本情况；

（二）案件来源及调查经过；

（三）违法事实和相关证据；

（四）经营者陈述、申辩的采纳情况及理由；

（五）行政处罚的内容和依据；

（六）行政处罚的履行方式、期限；

（七）不服行政处罚决定，申请行政复议或者提起行政诉讼的途径和期限；

（八）作出行政处罚决定的反垄断执法机构名称和作出决定的日期。

第二十一条　涉嫌垄断协议的经营者在被调查期间，可以提出中止调查申请，承诺在反垄断执法机构认可的期限内采取具体措施消除行为影响。

中止调查申请应当以书面形式提出，并由经营者负责人签字并盖章。申请书应当载明下列事项：

（一）涉嫌垄断协议的事实；

（二）承诺采取消除行为后果的具体措施；

（三）履行承诺的时限；

（四）需要承诺的其他内容。

反垄断执法机构对涉嫌垄断协议调查核实后，认为构成垄断协议的，应当依法作出处理决定，不再接受经营者提出的中止调查申请。

第二十二条　反垄断执法机构根据被调查经营者的中止调查申请，在考虑行为的性质、持续时间、后果、社会影响、经营者承诺的措施及其预期效果等具体情况后，决定是否中止调查。

对于符合本规定第七条至第九条规定的涉嫌垄断协议，反垄断执法机构不得接受中止调查申请。

第二十三条　反垄断执法机构决定中止调查的，应当制作中止调查决定书。

中止调查决定书应当载明被调查经营者涉嫌达成垄断协议的事实、承诺的具体内容、消除影响的具体措施、履行承诺的时限以及未履行或者未完全履行承诺的法律后果等内容。

第二十四条　决定中止调查的，反垄断执法机构应当对经营者履行承诺的情况进行监督。

经营者应当在规定的时限内向反垄断执法机构书面报告承诺履行情况。

第二十五条　反垄断执法机构确定经营者已经履行承诺的，可以决定终止调查，并制作终止调查决定书。

终止调查决定书应当载明被调查经营者涉嫌垄断协议的事实、承诺的具体内容、履行承诺的情况、监督情况等内容。

有下列情形之一的，反垄断执法机构应当恢复调查：

（一）经营者未履行或者未完全履行承诺的；

（二）作出中止调查决定所依据的事实发生重大变化的；

（三）中止调查决定是基于经营者提供的不完整或者不真实的信息作出的。

第二十六条　经营者能够证明被调查的垄断协议属于反垄断法第十五条规定情形的，不适用本规定第七条至第十三条的规定。

第二十七条　反垄断执法机构认定被调查的垄断协议是否属于反垄断法第十五条规定的情形，应当考虑下列因素：

（一）协议实现该情形的具体形式和效果；

（二）协议与实现该情形之间的因果关系；

（三）协议是否是实现该情形的必要条件；

（四）其他可以证明协议属于相关情形的因素。

反垄断执法机构认定消费者能否分享协议产生的利益，应当考虑消费者是否因协议的达成、实施在商品价格、质量、种类等方面获得利益。

第二十八条　反垄断执法机构认定被调查的垄断协议属于反垄断法第十五条规定情形的，应当终止调查并制作终止调查决定书。终止调查决定书应当载明协议的基本情况、适用反垄断法第十五条的依据和理由等内容。

反垄断执法机构作出终止调查决定后，因情况发生重大变化，导致被调查的协议不再符合反垄断法第十五条规定情形的，反垄断执法机构应当重新启动调查。

第二十九条　省级市场监管部门作出中止调查决定、终止调查决定或者行政处罚告知前，应当向市场监管总局报告。

省级市场监管部门向被调查经营者送达中止调查决定书、终止调查决定书或者行政处罚决定书后，应当在 7 个工作日内向市场监管总局备案。

第三十条　反垄断执法机构作出行政处理决定后，依法向社会公布。其中，行政处罚信息应当依法通过国家企业信用信息公示系统向社会公示。

第三十一条　市场监管总局应当加强对省级市场监管部门查处垄断协议的指导和监督，统一执法标准。

省级市场监管部门应当严格按照市场监管总局相关规定查处垄断协议案件。

第三十二条　经营者违反本规定，达成并实施垄断协议的，由反垄断执法机构责令停止违法行为，没收违法所得，并处上一年度销售额百分之一以上百分之十以下的罚款；尚未实施所达成的垄断协议的，可以处五十万元以下的罚款。

行业协会违反本规定，组织本行业的经营者达成垄断协议的，反垄断执法机构可以对其处五十万元以下的罚款；情节严重的，反垄断执法机构可以提请社会团体登记管理机关依法撤销登记。

反垄断执法机构确定具体罚款数额时，应当考虑违法行为的性质、情节、程度、持续时间等因素。

经营者因行政机关和法律、法规授权的具有管理公共事务职能的组织滥用行政权力而达成垄断协议的，按照前款规定处理。经营者能够证明其达成垄断协议是被动遵守行政命令所导致的，可以依法从轻或者减轻处罚。

第三十三条　参与垄断协议的经营者主动报告达成垄断协议有关情况并提供重要证据的，可以申请依法减轻或者免除处罚。

重要证据是指能够对反垄断执法机构启动调查或者对认定垄断协议起到关键性作用的证据，包括参与垄断协议的经营者、涉及的商品范围、达成协议的内容和方式、协议的具体实施等情况。

第三十四条　经营者根据本规定第三十三条提出申请的，反垄断执法机构应当根据经营者主动报告的时间顺序、提供证据的重要程度以及达成、实施垄断协议的有关情况，决定是否减轻或者免除处罚。

对于第一个申请者，反垄断执法机构可以免除处罚或者按照不低于百分之八十的幅度减轻罚款；对于第二个申请者，可以按照百分之三十至百分之五十的幅度减轻罚款；对于第三个申请者，可以按照百分之二十至百分之三十的幅度减轻罚款。

第三十五条　本规定对垄断协议调查、处罚程序未做规定的，依照《市场监督管理行政处罚程序暂行规定》执行，有关时限、立案、案件管辖的规定除外。

反垄断执法机构组织行政处罚听证的，依照《市场监督管理行政处罚听证暂行办法》执行。

第三十六条　本规定自2019年9月1日起施行。2009年5月26日原国家工商行政管理总局令第42号公布的《工商行政管理机关查处垄断协议、滥用市场支配地位案件程序规定》、2010年12月31日原国家工商行政管理总局令第53号公布的《工商行政管理机关禁止垄断协议行为的规定》同时废止。

［4］禁止滥用市场支配地位行为暂行规定

第一条　为了预防和制止滥用市场支配地位行为，根据《中华人民共和国反垄断法》（以下简称《反垄断法》），制定本规定。

第二条　国家市场监督管理总局（以下简称“市场监管总局”）负责滥用市场支配地位行为的反垄断执法工作。

市场监管总局根据反垄断法第十条第二款规定，授权各省、自治区、直辖市市场监督管理部门（以下简称“省级市场监管部门”）负责本行政区域内滥用市场支配地位行为的反垄断执法工作。

本规定所称反垄断执法机构包括市场监管总局和省级市场监管部门。

第三条　市场监管总局负责查处下列滥用市场支配地位行为：

（一）跨省、自治区、直辖市的；

（二）案情较为复杂或者在全国有重大影响的；

（三）市场监管总局认为有必要直接查处的。

前款所列滥用市场支配地位行为，市场监管总局可以指定省级市场监管部门查处。

省级市场监管部门根据授权查处滥用市场支配地位行为时，发现不属于本部门查处范围，或者虽属于本部门查处范围，但有必要由市场监管总局查处的，应当及时向市场监管总局报告。

第四条　反垄断执法机构查处滥用市场支配地位行为时，应当平等对待所有经营者。

第五条　市场支配地位是指经营者在相关市场内具有能够控制商品或者服务（以下统称商品）价格、数量或者其他交易条件，或者能够阻碍、影响其他经营者进入相关市场能力的市场地位。

本条所称其他交易条件是指除商品价格、数量之外能够对市场交易产生实质影响的其他因素，包括商品品种、商品品质、付款条件、交付方式、售后服务、交易选择、技术约束等。

本条所称能够阻碍、影响其他经营者进入相关市场，包括排除其他经营者进入相关市场，或者延缓其他经营者在合理时间内进入相关市场，或者导致其他经营者虽能够进入该相关市场但进入成本大幅提高，无法与现有经营者开展有效竞争等情形。

第六条　根据反垄断法第十八条第一项，确定经营者在相关市场的市场份额，可以考虑一定时期内经营者的特定商品销售金额、销售数量或者其他指标在相关市场所占的比重。

分析相关市场竞争状况，可以考虑相关市场的发展状况、现有竞争者的数量和市场份额、商品差异程度、创新和技术变化、销售和采购模式、潜在竞争者情况等因素。

第七条　根据反垄断法第十八条第二项，确定经营者控制销售市场或者原材料采购市场的能力，可以考虑该经营者控制产业链上下游市场的能力，控制销售渠道或者采购渠道的能力，影响或者决定价格、数量、合同期限或者其他交易条件的能力，以及优先获得企业生产经营所必需的原料、半成品、零部件、相关设备以及需要投入的其他资源的能力等因素。

第八条　根据反垄断法第十八条第三项，确定经营者的财力和技术条件，可以考虑该经营者的资产规模、盈利能力、融资能力、研发能力、技术装备、技术创新和应用能力、拥有的知识产权等，以及该财力和技术条件能够以何种方式和程度促进该经营者业务扩张或者巩固、维持市场地位等因素。

第九条　根据反垄断法第十八条第四项，确定其他经营者对该经营者在交易上的依赖程度，可以考虑其他经营者与该经营者之间的交易关系、交易量、交易持续时间、在合理时间内转向其他交易相对人的难易程度等因素。

第十条　根据反垄断法第十八条第五项，确定其他经营者进入相关市场的难易程度，可以考虑市场准入、获取必要资源的难度、采购和销售渠道的控制情况、资金投入规模、技术壁垒、品牌依赖、用户转换成本、消费习惯等因素。

第十一条　根据反垄断法第十八条和本规定第六条至第十条规定认定互联网等新经济业态经营者具有市场支配地位，可以考虑相关行业竞争特点、经营模式、用户数量、网络效应、锁定效应、技术特性、市场创新、掌握和处理相关数据的能力及经营者在关联市场的市场力量等因素。

第十二条　根据反垄断法第十八条和本规定第六条至第十条认定知识产权领域经营者具有市场支配地位，可以考虑知识产权的替代性、下游市场对利用知识产权所提供商品的依赖程度、交易相对人对经营者的制衡能力等因素。

第十三条　认定两个以上的经营者具有市场支配地位，除考虑本规定第六条至第十二条规定的因素外，还应当考虑市场结构、相关市场透明度、相关商品同质化程度、经营者行为一致性等因素。

第十四条　禁止具有市场支配地位的经营者以不公平的高价销售商品或者以不公平的低价购买商品。

认定“不公平的高价”或者“不公平的低价”，可以考虑下列因素：

（一）销售价格或者购买价格是否明显高于或者明显低于其他经营者在相同或者相似市场条件下销售或者购买同种商品或者可比较商品的价格；

（二）销售价格或者购买价格是否明显高于或者明显低于同一经营者在其他相同或者相似市场条件区域销售或者购买商品的价格；

（三）在成本基本稳定的情况下，是否超过正常幅度提高销售价格或者降低购买价格；

（四）销售商品的提价幅度是否明显高于成本增长幅度，或者购买商品的降价幅度是否明显高于交易相对人成本降低幅度；

（五）需要考虑的其他相关因素。

认定市场条件相同或者相似，应当考虑销售渠道、销售模式、供求状况、监管环境、交易环节、成本结构、交易情况等因素。

第十五条　禁止具有市场支配地位的经营者没有正当理由，以低于成本的价格销售商品。

认定低于成本的价格销售商品，应当重点考虑价格是否低于平均可变成本。平均可变成本是指随着生产的商品数量变化而变动的每单位成本。涉及互联网等新经济业态中的免费模式，应当综合考虑经营者提供的免费商品以及相关收费商品等情况。

本条所称“正当理由”包括：

（一）降价处理鲜活商品、季节性商品、有效期限即将到期的商品和积压商品的；

（二）因清偿债务、转产、歇业降价销售商品的；

（三）在合理期限内为推广新商品进行促销的；

（四）能够证明行为具有正当性的其他理由。

第十六条　禁止具有市场支配地位的经营者没有正当理由，通过下列方式拒绝与交易相对人进行交易：

（一）实质性削减与交易相对人的现有交易数量；

（二）拖延、中断与交易相对人的现有交易；

（三）拒绝与交易相对人进行新的交易；

（四）设置限制性条件，使交易相对人难以与其进行交易；

（五）拒绝交易相对人在生产经营活动中，以合理条件使用其必需设施。

在依据前款第五项认定经营者滥用市场支配地位时，应当综合考虑以合理的投入另行投资建设或者另行开发建造该设施的可行性、交易相对人有效开展生产经营活动对该设施的依赖程度、该经营者提供该设施的可能性以及对自身生产经营活动造成的影响等因素。

本条所称“正当理由”包括：

（一）因不可抗力等客观原因无法进行交易；

（二）交易相对人有不良信用记录或者出现经营状况恶化等情况，影响交易安全；

（三）与交易相对人进行交易将使经营者利益发生不当减损；

（四）能够证明行为具有正当性的其他理由。

第十七条　禁止具有市场支配地位的经营者没有正当理由，从事下列限定交易行为：

（一）限定交易相对人只能与其进行交易；

（二）限定交易相对人只能与其指定的经营者进行交易；

（三）限定交易相对人不得与特定经营者进行交易。

从事上述限定交易行为可以是直接限定，也可以是以设定交易条件等方式变相限定。

本条所称“正当理由”包括：

（一）为满足产品安全要求所必须；

（二）为保护知识产权所必须；

（三）为保护针对交易进行的特定投资所必须；

（四）能够证明行为具有正当性的其他理由。

第十八条　禁止具有市场支配地位的经营者没有正当理由搭售商品，或者在交易时附加其他不合理的交易条件：

（一）违背交易惯例、消费习惯或者无视商品的功能，将不同商品捆绑销售或者组合销售；

（二）对合同期限、支付方式、商品的运输及交付方式或者服务的提供方式等附加不合理的限制；

（三）对商品的销售地域、销售对象、售后服务等附加不合理的限制；

（四）交易时在价格之外附加不合理费用；

（五）附加与交易标的无关的交易条件。

本条所称“正当理由”包括：

（一）符合正当的行业惯例和交易习惯；

（二）为满足产品安全要求所必须；

（三）为实现特定技术所必须；

（四）能够证明行为具有正当性的其他理由。

第十九条　禁止具有市场支配地位的经营者没有正当理由，对条件相同的交易相对人在交易条件上实行下列差别待遇：

（一）实行不同的交易价格、数量、品种、品质等级；

（二）实行不同的数量折扣等优惠条件；

（三）实行不同的付款条件、交付方式；

（四）实行不同的保修内容和期限、维修内容和时间、零配件供应、技术指导等售后服务条件。

条件相同是指交易相对人之间在交易安全、交易成本、规模和能力、信用状况、所处交易环节、交易持续时间等方面不存在实质性影响交易的差别。

本条所称“正当理由”包括：

（一）根据交易相对人实际需求且符合正当的交易习惯和行业惯例，实行不同交易条件；

（二）针对新用户的首次交易在合理期限内开展的优惠活动；

（三）能够证明行为具有正当性的其他理由。

第二十条　反垄断执法机构认定本规定第十四条所称的“不公平”和第十五条至第十九条所称的“正当理由”，还应当考虑下列因素：

（一）有关行为是否为法律、法规所规定；

（二）有关行为对社会公共利益的影响；

（三）有关行为对经济运行效率、经济发展的影响；

（四）有关行为是否为经营者正常经营及实现正常效益所必须；

（五）有关行为对经营者业务发展、未来投资、创新方面的影响；

（六）有关行为是否能够使交易相对人或者消费者获益。

第二十一条　市场监管总局认定其他滥用市场支配地位行为，应当同时符合下列条件：

（一）经营者具有市场支配地位；

（二）经营者实施了排除、限制竞争行为；

（三）经营者实施相关行为不具有正当理由；

（四）经营者相关行为对市场竞争具有排除、限制影响。

第二十二条　供水、供电、供气、供热、电信、有线电视、邮政、交通运输等公用事业领域经营者应当依法经营，不得滥用其市场支配地位损害消费者利益。

第二十三条　反垄断执法机构依据职权，或者通过举报、上级机关交办、其他机关移送、下级机关报告、经营者主动报告等途径，发现涉嫌滥用市场支配地位行为。

第二十四条　举报采用书面形式并提供相关事实和证据的，反垄断执法机构应当进行必要的调查。书面举报一般包括下列内容：

（一）举报人的基本情况；

（二）被举报人的基本情况；

（三）涉嫌滥用市场支配地位行为的相关事实和证据；

（四）是否就同一事实已向其他行政机关举报或者向人民法院提起诉讼。

反垄断执法机构根据工作需要，可以要求举报人补充举报材料。

第二十五条　反垄断执法机构经过对涉嫌滥用市场支配地位行为必要的调查，决定是否立案。

省级市场监管部门应当自立案之日起 7 个工作日内向市场监管总局备案。

第二十六条　市场监管总局在查处滥用市场支配地位行为时，可以委托省级市场监管部门进行调查。

省级市场监管部门在查处滥用市场支配地位行为时，可以委托下级市场监管部门进行调查。

受委托的市场监管部门在委托范围内，以委托机关的名义实施调查，不得再委托其他行政机关、组织或者个人进行调查。

第二十七条　省级市场监管部门查处涉嫌滥用市场支配地位行为时，可以根据需要商请相关省级市场监管部门协助调查，相关省级市场监管部门应当予以协助。

第二十八条　反垄断执法机构对滥用市场支配地位行为进行行政处罚的，应当依法制作行政处罚决定书。

行政处罚决定书的内容包括：

（一）经营者的姓名或者名称、地址等基本情况；

（二）案件来源及调查经过；

（三）违法事实和相关证据；

（四）经营者陈述、申辩的采纳情况及理由；

（五）行政处罚的内容和依据；

（六）行政处罚的履行方式、期限；

（七）不服行政处罚决定，申请行政复议或者提起行政诉讼的途径和期限；

（八）作出行政处罚决定的反垄断执法机构名称和作出决定的日期。

第二十九条　涉嫌滥用市场支配地位的经营者在被调查期间，可以提出中止调查申请，承诺在反垄断执法机构认可的期限内采取具体措施消除行为影响。

中止调查申请应当以书面形式提出，并由经营者负责人签字并盖章。申请书应当载明下列事项：

（一）涉嫌滥用市场支配地位行为的事实；

（二）承诺采取消除行为后果的具体措施；

（三）履行承诺的时限；

（四）需要承诺的其他内容。

反垄断执法机构对涉嫌滥用市场支配地位行为调查核实后，认为构成涉嫌滥用市场支配地位行为的，应当依法作出处理决定，不再接受经营者提出的中止调查申请。

第三十条　反垄断执法机构根据被调查经营者的中止调查申请，在考虑行为的性质、持续时间、后果、社会影响、经营者承诺的措施及其预期效果等具体情况后，决定是否中止调查。

第三十一条　反垄断执法机构决定中止调查的，应当制作中止调查决定书。

中止调查决定书应当载明被调查经营者涉嫌滥用市场支配地位行为的事实、承诺的具体内容、消除影响的具体措施、履行承诺的时限以及未履行或者未完全履行承诺的法律后果等内容。

第三十二条　决定中止调查的，反垄断执法机构应当对经营者履行承诺的情况进行监督。

经营者应当在规定的时限内向反垄断执法机构书面报告承诺履行情况。

第三十三条　反垄断执法机构确定经营者已经履行承诺的，可以决定终止调查，并制作终止调查决定书。

终止调查决定书应当载明被调查经营者涉嫌滥用市场支配地位行为的事实、承诺的具体内容、履行承诺的情况、监督情况等内容。

有下列情形之一的，反垄断执法机构应当恢复调查：

（一）经营者未履行或者未完全履行承诺的；

（二）作出中止调查决定所依据的事实发生重大变化的；

（三）中止调查决定是基于经营者提供的不完整或者不真实的信息作出的。

第三十四条　省级市场监管部门作出中止调查决定、终止调查决定或者行政处罚告知前，应当向市场监管总局报告。

省级市场监管部门向被调查经营者送达中止调查决定书、终止调查决定书或者行政处罚决定书后，应当在 7 个工作日内向市场监管总局备案。

第三十五条　反垄断执法机构作出行政处理决定后，依法向社会公布。其中，行政处罚信息应当依法通过国家企业信用信息公示系统向社会公示。

第三十六条　市场监管总局应当加强对省级市场监管部门查处滥用市场支配地位行为的指导和监督，统一执法标准。

省级市场监管部门应当严格按照市场监管总局相关规定查处滥用市场支配地位行为。

第三十七条　经营者滥用市场支配地位的，由反垄断执法机构责令停止违法行为，没收违法所得，并处上一年度销售额百分之一以上百分之十以下的罚款。

反垄断执法机构确定具体罚款数额时，应当考虑违法行为的性质、情节、程度、持续时间等因素。

经营者因行政机关和法律、法规授权的具有管理公共事务职能的组织滥用行政权力而滥用市场支配地位的，按照前款规定处理。经营者能够证明其从事的滥用市场支配地位行为是被动遵守行政命令所导致的，可以依法从轻或者减轻处罚。

第三十八条　本规定对滥用市场支配地位行为调查、处罚程序未做规定的，依照《市场监督管理行政处罚程序暂行规定》执行，有关时限、立案、案件管辖的规定除外。

反垄断执法机构组织行政处罚听证的，依照《市场监督管理行政处罚听证暂行办法》执行。

第三十九条　本规定自 2019 年 9 月 1 日起施行。2010 年 12 月 31 日原国家工商行政管理总局令第 54 号公布的《工商行政管理机关禁止滥用市场支配地位行为规定》同时废止。

[5] 制止滥用行政权力排除、限制竞争行为暂行规定

第一条　为了预防和制止滥用行政权力排除、限制竞争行为，根据《中华人民共和国反垄断法》（以下简称《反垄断法》），制定本规定。

第二条　国家市场监督管理总局（以下简称“市场监管总局”）负责滥用行政权力排除、限制竞争行为的反垄断执法工作。

市场监管总局根据反垄断法第十条第二款规定，授权各省、自治区、直辖市人民政府市场监督管理部门（以下统称“省级市场监管部门”）负责本行政区域内滥用行政权力排除、限制竞争行为的反垄断执法工作。

本规定所称反垄断执法机构包括市场监管总局和省级市场监管部门。

第三条　市场监管总局负责对下列滥用行政权力排除、限制竞争行为进行调查，提出依法处理的建议（以下简称“查处”）：

（一）在全国范围内有影响的；

（二）省级人民政府实施的；

（三）案情较为复杂或者市场监管总局认为有必要直接查处的。

前款所列的滥用行政权力排除、限制竞争行为，市场监管总局可以指定省级市场监管部门查处。

省级市场监管部门查处滥用行政权力排除、限制竞争行为时，发现不属于本部门查处范围，或者虽属于本部门查处范围，但有必要由市场监管总局查处的，应当及时向市场监管总局报告。

第四条　行政机关和法律、法规授权的具有管理公共事务职能的组织不得滥用行政权力，实施下列行为，限定或者变相限定单位或者个人经营、购买、使用其指定的经营者提供的商品和服务（以下统称商品）：

（一）以明确要求、暗示、拒绝或者拖延行政审批、重复检查、不予接入平台或者网络等方式，限定或者变相限定经营、购买、使用特定经营者提供的商品；

（二）通过限制投标人所在地、所有制形式、组织形式等方式，限定或者变相限定经营、购买、使用特定投标人提供的商品；

（三）没有法律、法规依据，通过设置项目库、名录库等方式，限定或者变相限定经营、购买、使用特定经营者提供的商品；

（四）限定或者变相限定单位或者个人经营、购买、使用其指定的经营者提供的商品的其他行为。

第五条　行政机关和法律、法规授权的具有管理公共事务职能的组织不得滥用行政权力，实施下列行为，妨碍商品在地区之间的自由流通：

（一）对外地商品设定歧视性收费项目、实行歧视性收费标准，或者规定歧视性价格、实行歧视性补贴政策；

（二）对外地商品规定与本地同类商品不同的技术要求、检验标准，或者对外地商品采取重复检验、重复认证等措施，阻碍、限制外地商品进入本地市场；

（三）没有法律、法规依据，采取专门针对外地商品的行政许可、备案，或者对外地商品实施行政许可、备案时，设定不同的许可或者备案条件、程序、期限等，阻碍、限制外地商品进入本地

市场；

（四）没有法律、法规依据，设置关卡、通过软件或者互联网设置屏蔽等手段，阻碍、限制外地商品进入本地市场或者本地商品运往外地市场；

（五）妨碍商品在地区之间自由流通的其他行为。

第六条　行政机关和法律、法规授权的具有管理公共事务职能的组织不得滥用行政权力，实施下列行为，排斥或者限制外地经营者参加本地的招标投标活动：

（一）不依法发布信息；

（二）明确外地经营者不能参与本地特定的招标投标活动；

（三）对外地经营者设定歧视性的资质要求或者评审标准；

（四）通过设定与招标项目的具体特点和实际需要不相适应或者与合同履行无关的资格、技术和商务条件，变相限制外地经营者参加本地招标投标活动；

（五）排斥或者限制外地经营者参加本地招标投标活动的其他行为。

第七条　行政机关和法律、法规授权的具有管理公共事务职能的组织不得滥用行政权力，实施下列行为，排斥或者限制外地经营者在本地投资或者设立分支机构：

（一）拒绝外地经营者在本地投资或者设立分支机构；

（二）没有法律、法规依据，对外地经营者在本地投资的规模、方式以及设立分支机构的地址、商业模式等进行限制；

（三）对外地经营者在本地的投资或者设立的分支机构在投资、经营规模、经营方式、税费缴纳等方面规定与本地经营者不同的要求，在安全生产、节能环保、质量标准等方面实行歧视性待遇；

（四）排斥或者限制外地经营者在本地投资或者设立分支机构的其他行为。

第八条　行政机关和法律、法规授权的具有管理公共事务职能的组织不得滥用行政权力，强制或者变相强制经营者从事反垄断法规定的垄断行为。

第九条　行政机关不得滥用行政权力，以规定、办法、决定、公告、通知、意见、会议纪要等形式，制定、发布含有排除、限制竞争内容的市场准入、产业发展、招商引资、招标投标、政府采购、经营行为规范、资质标准等涉及市场主体经济活动的规章、规范性文件和其他政策措施。

第十条　反垄断执法机构依据职权，或者通过举报、上级机关交办、其他机关移送、下级机关报告等途径，发现涉嫌滥用行政权力排除、限制竞争行为。

第十一条　对涉嫌滥用行政权力排除、限制竞争行为，任何单位和个人有权向反垄断执法机构举报。反垄断执法机构应当为举报人保密。

第十二条　举报采用书面形式并提供相关事实和证据的，反垄断执法机构应当进行必要的调查。书面举报一般包括下列内容：

（一）举报人的基本情况；

（二）被举报人的基本情况；

（三）涉嫌滥用行政权力排除、限制竞争行为的相关事实和证据；

（四）是否就同一事实已向其他行政机关举报或者向人民法院提起诉讼。

第十三条　反垄断执法机构负责所管辖案件的受理。省级以下市场监管部门收到举报材料或者发现案件线索的，应当在 7 个工作日内将相关材料报送省级市场监管部门。

对于被举报人信息不完整、相关事实不清晰的举报，受理机关可以通知举报人及时补正。

第十四条　反垄断执法机构经过对涉嫌滥用行政权力排除、限制竞争行为的必要调查，决定是否立案。

当事人在上述调查期间已经采取措施停止相关行为，消除相关后果的，可以不予立案。

省级市场监管部门应当自立案之日起 7 个工作日内向市场监管总局备案。

第十五条　立案后，反垄断执法机构应当及时进行调查，依法向有关单位和个人了解情况，收集、调取证据。

第十六条　市场监管总局在查处涉嫌滥用行政权力排除、限制竞争行为时，可以委托省级市场监管部门进行调查。

省级市场监管部门在查处涉嫌滥用行政权力排除、限制竞争行为时，可以委托下级市场监管部门进行调查。

受委托的市场监管部门在委托范围内，以委托机关的名义进行调查，不得再委托其他行政机关、组织或者个人进行调查。

第十七条　省级市场监管部门查处涉嫌滥用行政权力排除、限制竞争行为时，可以根据需要商请相关省级市场监管部门协助调查，相关省级市场监管部门应当予以协助。

第十八条　被调查单位和个人有权陈述意见。

反垄断执法机构应当对被调查单位和个人提出的事实、理由和证据进行核实。

第十九条　经调查，反垄断执法机构认为构成滥用行政权力排除、限制竞争行为的，可以向有关上级机关提出依法处理的建议。

在调查期间，当事人主动采取措施停止相关行为，消除相关后果的，反垄断执法机构可以结束调查。

经调查，反垄断执法机构认为不构成滥用行政权力排除、限制竞争行为的，应当结束调查。

第二十条　反垄断执法机构向有关上级机关提出依法处理建议的，应当制作行政建议书。行政建议书应当载明以下事项：

（一）主送单位名称；

（二）被调查单位名称；

（三）违法事实；

（四）被调查单位的陈述意见及采纳情况；

（五）处理建议及依据；

（六）反垄断执法机构名称、公章及日期。

前款第五项规定的处理建议应当具体、明确，可以包括停止实施有关行为、废止有关文件并向社会公开、修改文件的有关内容并向社会公开文件的修改情况等。

第二十一条　省级市场监管部门在提出依法处理的建议或者结束调查前，应当向市场监管总局报告。提出依法处理的建议后 7 个工作日内，向市场监管总局备案。

反垄断执法机构认为构成滥用行政权力排除、限制竞争行为的，依法向社会公布。

第二十二条　市场监管总局应当加强对省级市场监管部门查处滥用行政权力排除、限制竞争行为的指导和监督，统一执法标准。

省级市场监管部门应当严格按照市场监管总局相关规定查处滥用行政权力排除、限制竞争行为。

第二十三条　对反垄断执法机构依法实施的调查，当事人拒绝提供有关材料、信息，或者提供虚假材料、信息，或者隐匿、销毁、转移证据，或者有其他拒绝、阻碍调查行为的，反垄断执法机构可以向其上级机关、监察机关等反映情况。

第二十四条　反垄断执法机构工作人员滥用职权、玩忽职守、徇私舞弊或者泄露执法过程中知悉的国家秘密和商业秘密的，依照有关规定处理。

第二十五条　本规定自 2019 年 9 月 1 日起施行。2009 年 5 月 26 日原国家工商行政管理总局令第 41 号公布的《工商行政管理机关制止滥用行政权力排除、限制竞争行为程序规定》、2010 年 12 月 31 日原国家工商行政管理总局令第 55 号公布的《工商行政管理机关制止滥用行政权力排除、限制竞争行为的规定》同时废止。

[6] **国务院办公厅关于促进平台经济规范健康发展的指导意见**

一、优化完善市场准入条件，降低企业合规成本

（一）推进平台经济相关市场主体登记注册便利化。放宽住所（经营场所）登记条件，经营者通过电子商务类平台开展经营活动的，可以使用平台提供的网络经营场所申请个体工商户登记。指导督促地方开展“一照多址”改革探索，进一步简化平台企业分支机构设立手续。放宽新兴行业企业名称登记限制，允许使用反映新业态特征的字词作为企业名称。推进经营范围登记规范化，及时将反映新业态特征的经营范围表述纳入登记范围。（市场监管总局负责）

（二）合理设置行业准入规定和许可。放宽融合性产品和服务准入限制，只要不违反法律法规，均应允许相关市场主体进入。清理和规范制约平台经济健康发展的行政许可、资质资格等事项，对仅提供信息中介和交易撮合服务的平台，除直接涉及人身健康、公共安全、社会稳定和国家政策另有规定的金融、新闻等领域外，原则上不要求比照平台内经营者办理相关业务许可。（各相关部门按职责分别负责）指导督促有关地方评估网约车、旅游民宿等领域的政策落实情况，优化完善准入条件、审批流程和服务，加快平台经济参与者合规化进程。（交通运输部、文化和旅游部等相关部门按职责分别负责）对仍处于发展初期、有利于促进新旧动能转换的新兴行业，要给予先行先试机会，审慎出台市场准入政策。（各地区、各部门负责）

（三）加快完善新业态标准体系。对部分缺乏标准的新兴行业，要及时制定出台相关产品和服务标准，为新产品新服务进入市场提供保障。对一些发展相对成熟的新业态，要鼓励龙头企业和行业协会主动制定企业标准，参与制定行业标准，提升产品质量和服务水平。（市场监管总局牵头，各相关部门按职责分别负责）

二、创新监管理念和方式，实行包容审慎监管

（一）探索适应新业态特点、有利于公平竞争的公正监管办法。本着鼓励创新的原则，分领域制定监管规则和标准，在严守安全底线的前提下为新业态发展留足空间。对看得准、已经形成较好发展势头的，分类量身定制适当的监管模式，避免用老办法管理新业态；对一时看不准的，设置一定的“观察期”，防止一上来就管死；对潜在风险大、可能造成严重不良后果的，严格监管；对非法经营的，坚决依法予以取缔。各有关部门要依法依规夯实监管责任，优化机构监管，强化行为监管，及时预警风险隐患，发现和纠正违法违规行为。（发展改革委、中央网信办、工业和信息化部、市场监管总局、公安部等相关部门及各地区按职责分别负责）

（二）科学合理界定平台责任。明确平台在经营者信息核验、产品和服务质量、平台（含App）索权、消费者权益保护、网络安全、数据安全、劳动者权益保护等方面的相应责任，强化政府部门监督执法职责，不得将本该由政府承担的监管责任转嫁给平台。尊重消费者选择权，确保跨平台互联互通和互操作。允许平台在合规经营前提下探索不同经营模式，明确平台与平台内经营者的责任，加快研究出台平台尽职免责的具体办法，依法合理确定平台承担的责任。鼓励平台通过购买保险产品分散风险，更好保障各方权益。（各相关部门按职责分别负责）

（三）维护公平竞争市场秩序。制定出台网络交易监督管理有关规定，依法查处互联网领域滥用市场支配地位限制交易、不正当竞争等违法行为，严禁平台单边签订排他性服务提供合同，保障平台经济相关市场主体公平参与市场竞争。维护市场价格秩序，针对互联网领域价格违法行为特点制定监管措施，规范平台和平台内经营者价格标示、价格促销等行为，引导企业合法合规经营。（市场监管总局负责）

（四）建立健全协同监管机制。适应新业态跨行业、跨区域的特点，加强监管部门协同、区域协同和央地协同，充分发挥“互联网+”行动、网络市场监管、消费者权益保护、交通运输新业态协同监管等部际联席会议机制作用，提高监管效能。（发展改革委、市场监管总局、交通运输部等相关部门按职责分别负责）加大对跨区域网络案件查办协调力度，加强信息互换、执法互助，形成监管合力。鼓励行业协会商会等社会组织出台行业服务规范和自律公约，开展纠纷处理和信用评

价，构建多元共治的监管格局。（各地区、各相关部门按职责分别负责）

（五）积极推进“互联网 + 监管”。依托国家“互联网 + 监管”等系统，推动监管平台与企业平台联通，加强交易、支付、物流、出行等第三方数据分析比对，开展信息监测、在线证据保全、在线识别、源头追溯，增强对行业风险和违法违规线索的发现识别能力，实现以网管网、线上线下一体化监管。（国务院办公厅、市场监管总局等相关部门按职责分别负责）根据平台信用等级和风险类型，实施差异化监管，对风险较低、信用较好的适当减少检查频次，对风险较高、信用较差的加大检查频次和力度。（各相关部门按职责分别负责）

三、鼓励发展平台经济新业态，加快培育新的增长点

（一）积极发展“互联网 + 服务业”。支持社会资本进入基于互联网的医疗健康、教育培训、养老家政、文化、旅游、体育等新兴服务领域，改造提升教育医疗等网络基础设施，扩大优质服务供给，满足群众多层次多样化需求。鼓励平台进一步拓展服务范围，加强品牌建设，提升服务品质，发展便民服务新业态，延伸产业链和带动扩大就业。鼓励商品交易市场顺应平台经济发展新趋势、新要求，提升流通创新能力，促进产销更好衔接。（教育部、民政部、商务部、文化和旅游部、卫生健康委、体育总局、工业和信息化部等相关部门按职责分别负责）

（二）大力发展“互联网 + 生产”。适应产业升级需要，推动互联网平台与工业、农业生产深度融合，提升生产技术，提高创新服务能力，在实体经济中大力推广应用物联网、大数据，促进数字经济和数字产业发展，深入推进智能制造和服务型制造。深入推进工业互联网创新发展，加快跨行业、跨领域和企业级工业互联网平台建设及应用普及，实现各类生产设备与信息系统的广泛互联互通，推进制造资源、数据等集成共享，促进一二三产业、大中小企业融通发展。（工业和信息化部、农业农村部等相关部门按职责分别负责）

（三）深入推进“互联网 + 创业创新”。加快打造“双创”升级版，依托互联网平台完善全方位创业创新服务体系，实现线上线下良性互动、创业创新资源有机结合，鼓励平台开展创新任务众包，更多向中小企业开放共享资源，支撑中小企业开展技术、产品、管理模式、商业模式等创新，进一步提升创业创新效能。（发展改革委牵头，各相关部门按职责分别负责）

（四）加强网络支撑能力建设。深入实施“宽带中国”战略，加快 5G 等新一代信息基础设施建设，优化提升网络性能和速率，推进下一代互联网、广播电视网、物联网建设，进一步降低中小企业宽带平均资费水平，为平台经济发展提供有力支撑。（工业和信息化部、发展改革委等相关部门按职责分别负责）

四、优化平台经济发展环境，夯实新业态成长基础

（一）加强政府部门与平台数据共享。依托全国一体化在线政务服务平台、国家“互联网 + 监管”系统、国家数据共享交换平台、全国信用信息共享平台和国家企业信用信息公示系统，进一步归集市场主体基本信息和各类涉企许可信息，力争 2019 年上线运行全国一体化在线政务服务平台电子证照共享服务系统，为平台依法依规核验经营者、其他参与方的资质信息提供服务保障。（国务院办公厅、发展改革委、市场监管总局按职责分别负责）加强部门间数据共享，防止各级政府部门多头向平台索要数据。（发展改革委、中央网信办、市场监管总局、国务院办公厅等相关部门按职责分别负责）畅通政企数据双向流通机制，制定发布政府数据开放清单，探索建立数据资源确权、流通、交易、应用开发规则和流程，加强数据隐私保护和安全管理。（发展改革委、中央网信办等相关部门及各地区按职责分别负责）

（二）推动完善社会信用体系。加大全国信用信息共享平台开放力度，依法将可公开的信用信息与相关企业共享，支持平台提升管理水平。利用平台数据补充完善现有信用体系信息，加强对平台内失信主体的约束和惩戒。（发展改革委、市场监管总局负责）完善新业态信用体系，在网约车、共享单车、汽车分时租赁等领域，建立健全身份认证、双向评价、信用管理等机制，规范平台经济参与者行为。（发展改革委、交通运输部等相关部门按职责分别负责）

（三）营造良好的政策环境。各地区各部门要充分听取平台经济参与者的诉求，有针对性地研究提出解决措施，为平台创新发展和吸纳就业提供有力保障。（各地区、各部门负责）2019 年底前建成全国统一的电子发票公共服务平台，提供免费的增值税电子普通发票开具服务，加快研究推进增值税专用发票电子化工作。（税务总局负责）尽快制定电子商务法实施中的有关信息公示、零星小额交易等配套规则。（商务部、市场监管总局、司法部按职责分别负责）鼓励银行业金融机构基于互联网和大数据等技术手段，创新发展适应平台经济相关企业融资需求的金融产品和服务，为平台经济发展提供支持。允许有实力有条件的互联网平台申请保险兼业代理资质。（银保监会等相关部门按职责分别负责）推动平台经济监管与服务的国际交流合作，加强政策沟通，为平台企业走出去创造良好外部条件。（商务部等相关部门按职责分别负责）

五、切实保护平台经济参与者合法权益，强化平台经济发展法治保障

（一）保护平台、平台内经营者和平台从业人员等权益。督促平台按照公开、公平、公正的原则，建立健全交易规则和服务协议，明确进入和退出平台、商品和服务质量安全保障、平台从业人员权益保护、消费者权益保护等规定。（商务部、市场监管总局牵头，各相关部门按职责分别负责）抓紧研究完善平台企业用工和灵活就业等从业人员社保政策，开展职业伤害保障试点，积极推进全民参保计划，引导更多平台从业人员参保。加强对平台从业人员的职业技能培训，将其纳入职业技能提升行动。（人力资源社会保障部负责）强化知识产权保护意识。依法打击网络欺诈行为和以“打假”为名的敲诈勒索行为。（市场监管总局、知识产权局按职责分别负责）

（二）加强平台经济领域消费者权益保护。督促平台建立健全消费者投诉和举报机制，公开投诉举报电话，确保投诉举报电话有人接听，建立与市场监管部门投诉举报平台的信息共享机制，及时受理并处理投诉举报，鼓励行业组织依法依规建立消费者投诉和维权第三方平台。鼓励平台建立争议在线解决机制，制定并公示争议解决规则。依法严厉打击泄露和滥用用户信息等损害消费者权益行为。（市场监管总局等相关部门按职责分别负责）

（三）完善平台经济相关法律法规。及时推动修订不适应平台经济发展的相关法律法规与政策规定，加快破除制约平台经济发展的体制机制障碍。（司法部等相关部门按职责分别负责）

涉及金融领域的互联网平台，其金融业务的市场准入管理和事中事后监管，按照法律法规和有关规定执行。设立金融机构、从事金融活动、提供金融信息中介和交易撮合服务，必须依法接受准入管理。

[7] 中共中央　国务院关于营造更好发展环境支持民营企业改革发展的意见

一、总体要求

（一）指导思想。以习近平新时代中国特色社会主义思想为指导，全面贯彻党的十九大和十九届二中、三中、四中全会精神，深入落实习近平总书记在民营企业座谈会上的重要讲话精神，坚持和完善社会主义基本经济制度，坚持“两个毫不动摇”，坚持新发展理念，坚持以供给侧结构性改革为主线，营造市场化、法治化、国际化营商环境，保障民营企业依法平等使用资源要素、公开公平公正参与竞争、同等受到法律保护，推动民营企业改革创新、转型升级、健康发展，让民营经济创新源泉充分涌流，让民营企业创造活力充分迸发，为实现“两个一百年”奋斗目标和中华民族伟大复兴的中国梦作出更大贡献。

（二）基本原则。坚持公平竞争，对各类市场主体一视同仁，营造公平竞争的市场环境、政策环境、法治环境，确保权利平等、机会平等、规则平等；遵循市场规律，处理好政府与市场的关系，强化竞争政策的基础性地位，注重采用市场化手段，通过市场竞争实现企业优胜劣汰和资源优化配置，促进市场秩序规范；支持改革创新，鼓励和引导民营企业加快转型升级，深化供给侧结构性改革，不断提升技术创新能力和核心竞争力；加强法治保障，依法保护民营企业和企业家的合法权益，推动民营企业筑牢守法合规经营底线。

二、优化公平竞争的市场环境

（三）进一步放开民营企业市场准入。深化"放管服"改革，进一步精简市场准入行政审批事项，不得额外对民营企业设置准入条件。全面落实放宽民营企业市场准入的政策措施，持续跟踪、定期评估市场准入有关政策落实情况，全面排查、系统清理各类显性和隐性壁垒。在电力、电信、铁路、石油、天然气等重点行业和领域，放开竞争性业务，进一步引入市场竞争机制。支持民营企业以参股形式开展基础电信运营业务，以控股或参股形式开展发电配电售电业务。支持民营企业进入油气勘探开发、炼化和销售领域，建设原油、天然气、成品油储运和管道输送等基础设施。支持符合条件的企业参与原油进口、成品油出口。在基础设施、社会事业、金融服务业等领域大幅放宽市场准入。上述行业、领域相关职能部门要研究制定民营企业分行业、分领域、分业务市场准入具体路径和办法，明确路线图和时间表。

（四）实施公平统一的市场监管制度。进一步规范失信联合惩戒对象纳入标准和程序，建立完善信用修复机制和异议制度，规范信用核查和联合惩戒。加强优化营商环境涉及的法规规章备案审查。深入推进部门联合"双随机、一公开"监管，推行信用监管和"互联网＋监管"改革。细化明确行政执法程序，规范执法自由裁量权，严格规范公正文明执法。完善垄断性中介管理制度，清理强制性重复鉴定评估。深化要素市场化配置体制机制改革，健全市场化要素价格形成和传导机制，保障民营企业平等获得资源要素。

（五）强化公平竞争审查制度刚性约束。坚持存量清理和增量审查并重，持续清理和废除妨碍统一市场和公平竞争的各种规定和做法，加快清理与企业性质挂钩的行业准入、资质标准、产业补贴等规定和做法。推进产业政策由差异化、选择性向普惠化、功能性转变。严格审查新出台的政策措施，建立规范流程，引入第三方开展评估审查。建立面向各类市场主体的有违公平竞争问题的投诉举报和处理回应机制并及时向社会公布处理情况。

（六）破除招投标隐性壁垒。对具备相应资质条件的企业，不得设置与业务能力无关的企业规模门槛和明显超过招标项目要求的业绩门槛等。完善招投标程序监督与信息公示制度，对依法依规完成的招标，不得以中标企业性质为由对招标责任人进行追责。

三、完善精准有效的政策环境

（七）进一步减轻企业税费负担。切实落实更大规模减税降费，实施好降低增值税税率、扩大享受税收优惠小微企业范围、加大研发费用加计扣除力度、降低社保费率等政策，实质性降低企业负担。建立完善监督检查清单制度，落实涉企收费清单制度，清理违规涉企收费、摊派事项和各类评比达标活动，加大力度清理整治第三方截留减税降费红利等行为，进一步畅通减税降费政策传导机制，切实降低民营企业成本费用。既要以最严格的标准防范逃避税，又要避免因为不当征税影响企业正常运行。

（八）健全银行业金融机构服务民营企业体系。进一步提高金融结构与经济结构匹配度，支持发展以中小微民营企业为主要服务对象的中小金融机构。深化联合授信试点，鼓励银行与民营企业构建中长期银企关系。健全授信尽职免责机制，在内部绩效考核制度中落实对小微企业贷款不良容忍的监管政策。强化考核激励，合理增加信用贷款，鼓励银行提前主动对接企业续贷需求，进一步降低民营和小微企业综合融资成本。

（九）完善民营企业直接融资支持制度。完善股票发行和再融资制度，提高民营企业首发上市和再融资审核效率。积极鼓励符合条件的民营企业在科创板上市。深化创业板、新三板改革，服务民营企业持续发展。支持服务民营企业的区域性股权市场建设。支持民营企业发行债券，降低可转债发行门槛。在依法合规的前提下，支持资管产品和保险资金通过投资私募股权基金等方式积极参与民营企业纾困。鼓励通过债务重组等方式合力化解股票质押风险。积极吸引社会力量参与民营企业债转股。

（十）健全民营企业融资增信支持体系。推进依托供应链的票据、订单等动产质押融资，鼓励第三方建立供应链综合服务平台。民营企业、中小企业以应收账款申请担保融资的，国家机关、事业单位和大型企业等应付款方应当及时确认债权债务关系。推动抵质押登记流程简便化、标准化、规范化，建立统一的动产和权利担保登记公示系统。积极探索建立为优质民营企业增信的新机制，鼓励有条件的地方设立中小民营企业风险补偿基金，研究推出民营企业增信示范项目。发展民营企业债券融资支持工具，以市场化方式增信支持民营企业融资。

（十一）建立清理和防止拖欠账款长效机制。各级政府、大型国有企业要依法履行与民营企业、中小企业签订的协议和合同，不得违背民营企业、中小企业真实意愿或在约定的付款方式之外以承兑汇票等形式延长付款期限。加快及时支付款项有关立法，建立拖欠账款问题约束惩戒机制，通过审计监察和信用体系建设，提高政府部门和国有企业的拖欠失信成本，对拖欠民营企业、中小企业款项的责任人严肃问责。

四、健全平等保护的法治环境

（十二）健全执法司法对民营企业的平等保护机制。加大对民营企业的刑事保护力度，依法惩治侵犯民营企业投资者、管理者和从业人员合法权益的违法犯罪行为。提高司法审判和执行效率，防止因诉讼拖延影响企业生产经营。保障民营企业家在协助纪检监察机关审查调查时的人身和财产合法权益。健全知识产权侵权惩罚性赔偿制度，完善诉讼证据规则、证据披露以及证据妨碍排除规则。

（十三）保护民营企业和企业家合法财产。严格按照法定程序采取查封、扣押、冻结等措施，依法严格区分违法所得、其他涉案财产与合法财产，严格区分企业法人财产与股东个人财产，严格区分涉案人员个人财产与家庭成员财产。持续甄别纠正侵犯民营企业和企业家人身财产权的冤错案件。建立涉政府产权纠纷治理长效机制。

五、鼓励引导民营企业改革创新

（十四）引导民营企业深化改革。鼓励有条件的民营企业加快建立治理结构合理、股东行为规范、内部约束有效、运行高效灵活的现代企业制度，重视发挥公司律师和法律顾问作用。鼓励民营企业制定规范的公司章程，完善公司股东会、董事会、监事会等制度，明确各自职权及议事规则。鼓励民营企业完善内部激励约束机制，规范优化业务流程和组织结构，建立科学规范的劳动用工、收入分配制度，推动质量、品牌、财务、营销等精细化管理。

（十五）支持民营企业加强创新。鼓励民营企业独立或与有关方面联合承担国家各类科研项目，参与国家重大科学技术项目攻关，通过实施技术改造转化创新成果。各级政府组织实施科技创新、技术转化等项目时，要平等对待不同所有制企业。加快向民营企业开放国家重大科研基础设施和大型科研仪器。在标准制定、复审过程中保障民营企业平等参与。系统清理与企业性质挂钩的职称评定、奖项申报、福利保障等规定，畅通科技创新人才向民营企业流动渠道。在人才引进支持政策方面对民营企业一视同仁，支持民营企业引进海外高层次人才。

（十六）鼓励民营企业转型升级优化重组。鼓励民营企业因地制宜聚焦主业加快转型升级。优化企业兼并重组市场环境，支持民营企业做优做强，培育更多具有全球竞争力的世界一流企业。支持民营企业参与国有企业改革。引导中小民营企业走“专精特新”发展之路。畅通市场化退出渠道，完善企业破产清算和重整等法律制度，提高注销登记便利度，进一步做好“僵尸企业”处置工作。

（十七）完善民营企业参与国家重大战略实施机制。鼓励民营企业积极参与共建“一带一路”、京津冀协同发展、长江经济带发展、长江三角洲区域一体化发展、粤港澳大湾区建设、黄河流域生态保护和高质量发展、推进海南全面深化改革开放等重大国家战略，积极参与乡村振兴战略。在重大规划、重大项目、重大工程、重大活动中积极吸引民营企业参与。

六、促进民营企业规范健康发展

（十八）引导民营企业聚精会神办实业。营造实干兴邦、实业报国的良好社会氛围，鼓励支持民营企业心无旁骛做实业。引导民营企业提高战略规划和执行能力，弘扬工匠精神，通过聚焦实业、做精主业不断提升企业发展质量。大力弘扬爱国敬业、遵纪守法、艰苦奋斗、创新发展、专注品质、追求卓越、诚信守约、履行责任、勇于担当、服务社会的优秀企业家精神，认真总结梳理宣传一批典型案例，发挥示范带动作用。

（十九）推动民营企业守法合规经营。民营企业要筑牢守法合规经营底线，依法经营、依法治企、依法维权，认真履行环境保护、安全生产、职工权益保障等责任。民营企业走出去要遵法守法、合规经营，塑造良好形象。

（二十）推动民营企业积极履行社会责任。引导民营企业重信誉、守信用、讲信义，自觉强化信用管理，及时进行信息披露。支持民营企业赴革命老区、民族地区、边疆地区、贫困地区和中西部、东北地区投资兴业，引导民营企业参与对口支援和帮扶工作。鼓励民营企业积极参与社会公益、慈善事业。

（二十一）引导民营企业家健康成长。民营企业家要加强自我学习、自我教育、自我提升，珍视自身社会形象，热爱祖国、热爱人民、热爱中国共产党，把守法诚信作为安身立命之本，积极践行社会主义核心价值观。要加强对民营企业家特别是年轻一代民营企业家的理想信念教育，实施年轻一代民营企业家健康成长促进计划，支持帮助民营企业家实现事业新老交接和有序传承。

七、构建亲清政商关系

（二十二）建立规范化机制化政企沟通渠道。地方各级党政主要负责同志要采取多种方式经常听取民营企业意见和诉求，畅通企业家提出意见诉求通道。鼓励行业协会商会、人民团体在畅通民营企业与政府沟通等方面发挥建设性作用，支持优秀民营企业家在群团组织中兼职。

（二十三）完善涉企政策制定和执行机制。制定实施涉企政策时，要充分听取相关企业意见建议。保持政策连续性稳定性，健全涉企政策全流程评估制度，完善涉企政策调整程序，根据实际设置合理过渡期，给企业留出必要的适应调整时间。政策执行要坚持实事求是，不搞“一刀切”。

（二十四）创新民营企业服务模式。进一步提升政府服务意识和能力，鼓励各级政府编制政务服务事项清单并向社会公布。维护市场公平竞争秩序，完善陷入困境优质企业的救助机制。建立政务服务“好差评”制度。完善对民营企业全生命周期的服务模式和服务链条。

（二十五）建立政府诚信履约机制。各级政府要认真履行在招商引资、政府与社会资本合作等活动中与民营企业依法签订的各类合同。建立政府失信责任追溯和承担机制，对民营企业因国家利益、公共利益或其他法定事由需要改变政府承诺和合同约定而受到的损失，要依法予以补偿。

八、组织保障

（二十六）建立健全民营企业党建工作机制。坚持党对支持民营企业改革发展工作的领导，增强“四个意识”，坚定“四个自信”，做到“两个维护”，教育引导民营企业和企业家拥护党的领导，支持企业党建工作。指导民营企业设立党组织，积极探索创新党建工作方式，围绕宣传贯彻党的路线方针政策、团结凝聚职工群众、维护各方合法权益、建设先进企业文化、促进企业健康发展等开展工作，充分发挥党组织的战斗堡垒作用和党员的先锋模范作用，努力提升民营企业党的组织和工作覆盖质量。

（二十七）完善支持民营企业改革发展工作机制。建立支持民营企业改革发展的领导协调机制。将支持民营企业发展相关指标纳入高质量发展绩效评价体系。加强民营经济统计监测和分析工作。开展面向民营企业家的政策培训。

（二十八）健全舆论引导和示范引领工作机制。加强舆论引导，主动讲好民营企业和企业家故事，坚决抵制、及时批驳澄清质疑社会主义基本经济制度、否定民营经济的错误言论。在各类评选表彰活动中，平等对待优秀民营企业和企业家。研究支持改革发展标杆民营企业和民营经济示范城市，充分发挥示范带动作用。

［8］关于促进劳动力和人才社会性流动体制机制改革的意见

一、总体要求

以习近平新时代中国特色社会主义思想为指导，全面贯彻党的十九大和十九届二中、三中、四中全会精神，坚持和加强党的全面领导，坚持以人民为中心的发展思想，立足基本国情，把握发展规律，注重市场引领、政府引导，注重改革发力、服务助力，搭建横向流动桥梁、纵向发展阶梯，激发全社会创新创业创造活力，构建合理、公正、畅通、有序的社会性流动格局，引导个人发展融入国家富强、民族复兴进程，促进经济持续健康发展、社会公平正义、国家长治久安。

二、推动经济高质量发展，筑牢社会性流动基础

（一）实施就业优先政策创造流动机会。坚持把稳定和扩大就业作为经济社会发展的优先目标，将就业优先政策置于宏观政策层面，加强政策协调配合，确保经济运行在合理区间，统筹发展资本密集型、技术密集型、知识密集型和劳动密集型产业，创造更充分的流动机会。培育和壮大经济发展新动能，发展新一代信息技术、高端装备、数字创意等新兴产业，实施传统产业智能化改造提升工程，培育智慧农业、现代物流等产业，提供更高质量流动机会。研究机器人、人工智能等技术对就业影响的应对办法。

（二）推动区域协调发展促进流动均衡。建立健全城乡融合发展体制机制和政策体系，推进新型城镇化建设和乡村振兴战略实施，引导城乡各类要素双向流动、平等交换、合理配置。统筹区域协调发展，建立区域合作机制、区域互助机制、区际利益补偿机制，支持中西部、东北地区培育优势特色产业，促进区域间流动机会均衡。优化行政区划设置，以中心城市和城市群为主体构建大中小城市和小城镇协调发展格局，拓宽城市间流动空间。

（三）推进创新创业创造激发流动动力。加强基础学科建设，深化产教融合，加快高层次技术技能型人才培养，开展跨学科和前沿科学研究，推进高水平科技成果转化，厚植创新型国家建设根基。进一步规范行政程序、行政行为和自由裁量权，营造便捷高效、公平竞争、稳定透明的营商环境，压缩企业开办时间，发挥银行、小额贷款公司、创业投资、股权和债券等融资渠道作用，提高民营企业和中小微企业融资可获得性，促进各种所有制经济健康稳定发展。高质量建设一批创业培训（实训）基地、创业孵化基地和农村创新创业园，鼓励劳动者通过创业实现个人发展。

三、畅通有序流动渠道，激发社会性流动活力

（四）以户籍制度和公共服务牵引区域流动。全面取消城区常住人口300万以下的城市落户限制，全面放宽城区常住人口300万至500万的大城市落户条件。完善城区常住人口500万以上的超大特大城市积分落户政策，精简积分项目，确保社会保险缴纳年限和居住年限分数占主要比例。推进基本公共服务均等化，常住人口享有与户籍人口同等的教育、就业创业、社会保险、医疗卫生、住房保障等基本公共服务。稳妥有序探索推进门诊费用异地直接结算，提升就医费用报销便利程度。进一步发挥城镇化促进劳动力和人才社会性流动的作用，全面落实支持农业转移人口市民化的财政政策，推动城镇建设用地增加规模与吸纳农业转移人口落户数量挂钩，推动中央预算内投资安排向吸纳农业转移人口落户数量较多的城镇倾斜。

（五）以用人制度改革促进单位流动。加大党政人才、企事业单位管理人才交流力度，进一步畅通企业、社会组织人员进入党政机关、国有企事业单位渠道。降低艰苦边远地区基层公务员招录门槛，合理设置基层事业单位招聘条件，对退役军人、村（社区）干部等可进行专项或单列计划招录招聘。完善并落实基本养老保险关系跨地区跨制度转移接续办法。

（六）以档案服务改革畅通职业转换。流动人员人事档案可存放在公共就业服务机构、公共人才服务机构等档案管理服务机构，存档人员身份不因档案管理服务机构的不同发生改变。与单位解除劳动关系的大中专毕业生，可凭与原单位解除劳动关系证明、新单位接收证明转递档案。加快档案管理服务信息化建设，推进档案信息全国联通，逐步实现档案转递线上申请、异地通办。研究制定各类民生档案服务促进劳动力和人才社会性流动的具体举措。

四、完善评价激励机制，拓展社会性流动空间

（七）拓展基层人员发展空间。完善艰苦边远地区津贴政策，落实高校毕业生到艰苦边远地区高定工资政策。加快推行县以下事业单位管理岗位职员等级晋升制度，优化基层和扶贫一线教育、科技、医疗、农技等事业单位中高级专业技术岗位设置比例。根据不同职业、不同岗位、不同层次人才特点和职责，坚持共通性与特殊性、水平业绩与发展潜力、定性与定量评价相结合，实行差异化评价。

（八）加大对基层一线人员奖励激励力度。创新基层人才激励机制，对长期在基层一线和艰苦边远地区工作的人才，加大爱岗敬业表现、实际工作业绩、工作年限等评价权重。完善新时代劳动模范和先进工作者评选办法，增加基层单位、一线岗位、技能人才评先选优比例。研究提高技术技能人才表彰规格和层级的具体标准和类型。贯彻落实促进科技成果转化法有关规定，研究制定科研人员获得的职务科技成果转化现金奖励计入当年本单位绩效工资总量但不受总量限制且不纳入总量基数的具体操作办法。

（九）拓宽技术技能人才上升通道。推进职业资格与职称、职业技能等级制度有效衔接，推动实现技能等级与管理、技术岗位序列相互比照，畅通新职业从业人员职业资格、职称、职业技能等级认定渠道。鼓励用人单位建立首席技师、特级技师等岗位，建立技能人才聘期制和积分晋级制度。支持用人单位打破学历、资历等限制，将工资分配、薪酬增长与岗位价值、技能素质、实绩贡献、创新成果等因素挂钩。

五、健全兜底保障机制，阻断贫困代际传递

（十）推进精准扶贫促进贫困群体向上流动。坚持因村因户因人精准施策，聚焦“三区三州”等深度贫困地区和特殊贫困群体，深入推进产业、就业、社会保险、健康、教育扶贫工作，确保如期打赢脱贫攻坚战。积极应对外部环境变化、市场波动、产业结构变化对脱贫地方和脱贫人口的冲击，及时跟进研究针对性扶持政策措施。研究制定收入水平略高于建档立卡贫困户的群体支持政策。

（十一）推进教育优先发展保障起点公平。推进城乡义务教育一体化发展，实现县域内校舍建设、师资配备、生均公用经费基准定额等标准统一。落实国家学生资助政策，保障家庭经济困难学生、残疾学生等受教育权利。健全以居住证为主要依据的随迁子女义务教育入学政策，确保居住证持有人在居住地依法享受义务教育。继续实施支援中西部地区招生协作计划、重点高校招收农村和贫困地区学生专项计划、职业教育东西协作行动计划及技能脱贫千校行动，在贫困县对口支援建设一批中等职业学校（含技工学校），增加农村地区、贫困地区、贫困家庭学生上大学的机会和接受优质高等教育的机会。

（十二）推进公平就业保障困难人员发展机会。建设统一开放、竞争有序的人力资源市场，保障城乡劳动者享有平等的就业权利，依法纠正身份、性别等就业歧视现象。强化公共就业服务，构建多元化供给体系、多渠道供给机制，逐步实现就业扶持政策常住人口全覆盖。加强就业援助，精准识别就业援助对象，制定个性化援助计划，实施优先扶持和重点帮助。对通过市场渠道难以实现就业的困难人员，可通过公益性岗位予以安置，确保零就业家庭动态“清零”。

（十三）强化社会救助提高困难群众流动能力。推进城乡低保统筹发展，健全低保标准动态调整机制，确保农村低保标准达到国家扶贫标准。全面落实特困人员救助供养制度，进一步加强和改进临时救助工作，切实保障困难群众基本生活。推进未成年人社会保护和农村留守儿童关爱保护工作，加强孤儿和事实无人抚养儿童基本生活保障工作，强化对困境儿童的生活、教育、安全等全方位保障服务。

六、组织实施

（十四）加强组织领导。各地区各有关部门要充分认识促进劳动力和人才社会性流动的重要意义，紧扣人民群众现实需求，聚焦关键问题，形成工作合力，结合实际抓好各项政策措施的贯彻

落实。

（十五）强化法治保障。健全促进劳动力和人才社会性流动领域法律法规，清理妨碍流动的法律法规和政策性文件。认真落实“谁执法谁普法”普法责任制，加强促进劳动力和人才社会性流动相关法律法规学习宣传，积极开展以案释法。加强行政执法和仲裁队伍建设，保障劳动力和人才合法流动权益。

（十六）营造良好氛围。开展多渠道宣传，培育和践行社会主义核心价值观，营造尊重劳动、尊重知识、尊重人才、尊重创造的浓厚氛围，形成“幸福都是奋斗出来的”舆论环境，为实现“两个一百年”奋斗目标、实现中华民族伟大复兴的中国梦集聚强大动力。

2020 年

[1] 中共中央　国务院关于深化医疗保障制度改革的意见

一、总体要求

（一）指导思想。以习近平新时代中国特色社会主义思想为指导，全面贯彻党的十九大和十九届二中、三中、四中全会精神，坚持以人民健康为中心，加快建成覆盖全民、城乡统筹、权责清晰、保障适度、可持续的多层次医疗保障体系，通过统一制度、完善政策、健全机制、提升服务，增强医疗保障的公平性、协调性，发挥医保基金战略性购买作用，推进医疗保障和医药服务高质量协同发展，促进健康中国战略实施，使人民群众有更多获得感、幸福感、安全感。

（二）基本原则。坚持应保尽保、保障基本，基本医疗保障依法覆盖全民，尽力而为、量力而行，实事求是确定保障范围和标准。坚持稳健持续、防范风险，科学确定筹资水平，均衡各方缴费责任，加强统筹共济，确保基金可持续。坚持促进公平、筑牢底线，强化制度公平，逐步缩小待遇差距，增强对贫困群众基础性、兜底性保障。坚持治理创新、提质增效，发挥市场决定性作用，更好发挥政府作用，提高医保治理社会化、法治化、标准化、智能化水平。坚持系统集成、协同高效，增强医保、医疗、医药联动改革的整体性、系统性、协同性，保障群众获得高质量、有效率、能负担的医药服务。

（三）改革发展目标。到 2025 年，医疗保障制度更加成熟定型，基本完成待遇保障、筹资运行、医保支付、基金监管等重要机制和医药服务供给、医保管理服务等关键领域的改革任务。到 2030 年，全面建成以基本医疗保险为主体，医疗救助为托底，补充医疗保险、商业健康保险、慈善捐赠、医疗互助共同发展的医疗保障制度体系，待遇保障公平适度，基金运行稳健持续，管理服务优化便捷，医保治理现代化水平显著提升，实现更好保障病有所医的目标。

二、完善公平适度的待遇保障机制

公平适度的待遇保障是增进人民健康福祉的内在要求。要推进法定医疗保障制度更加成熟定型，健全重特大疾病医疗保险和救助制度，统筹规划各类医疗保障高质量发展，根据经济发展水平和基金承受能力稳步提高医疗保障水平。

（四）完善基本医疗保险制度。坚持和完善覆盖全民、依法参加的基本医疗保险制度和政策体系，职工和城乡居民分类保障，待遇与缴费挂钩，基金分别建账、分账核算。统一基本医疗保险统筹层次、医保目录，规范医保支付政策确定办法。逐步将门诊医疗费用纳入基本医疗保险统筹基金支付范围，改革职工基本医疗保险个人账户，建立健全门诊共济保障机制。

（五）实行医疗保障待遇清单制度。建立健全医疗保障待遇清单制度，规范政府决策权限，科学界定基本制度、基本政策、基金支付项目和标准，促进医疗保障制度法定化、决策科学化、管理规范化。各地区要确保政令畅通，未经批准不得出台超出清单授权范围的政策。严格执行基本支付范围和标准，实施公平适度保障，纠正过度保障和保障不足问题。

（六）健全统一规范的医疗救助制度。建立救助对象及时精准识别机制，科学确定救助范围。

全面落实资助重点救助对象参保缴费政策，健全重点救助对象医疗费用救助机制。建立防范和化解因病致贫返贫长效机制。增强医疗救助托底保障功能，通过明确诊疗方案、规范转诊等措施降低医疗成本，提高年度医疗救助限额，合理控制贫困群众政策范围内自付费用比例。

（七）完善重大疫情医疗救治费用保障机制。在突发疫情等紧急情况时，确保医疗机构先救治、后收费。健全重大疫情医疗救治医保支付政策，完善异地就医直接结算制度，确保患者不因费用问题影响就医。探索建立特殊群体、特定疾病医药费豁免制度，有针对性免除医保目录、支付限额、用药量等限制性条款，减轻困难群众就医就诊后顾之忧。统筹医疗保障基金和公共卫生服务资金使用，提高对基层医疗机构的支付比例，实现公共卫生服务和医疗服务有效衔接。

（八）促进多层次医疗保障体系发展。强化基本医疗保险、大病保险与医疗救助三重保障功能，促进各类医疗保障互补衔接，提高重特大疾病和多元医疗需求保障水平。完善和规范居民大病保险、职工大额医疗费用补助、公务员医疗补助及企业补充医疗保险。加快发展商业健康保险，丰富健康保险产品供给，用足用好商业健康保险个人所得税政策，研究扩大保险产品范围。加强市场行为监管，突出健康保险产品设计、销售、赔付等关键环节监管，提高健康保障服务能力。鼓励社会慈善捐赠，统筹调动慈善医疗救助力量，支持医疗互助有序发展。探索罕见病用药保障机制。

三、健全稳健可持续的筹资运行机制

合理筹资、稳健运行是医疗保障制度可持续的基本保证。要建立与社会主义初级阶段基本国情相适应、与各方承受能力相匹配、与基本健康需求相协调的筹资机制，切实加强基金运行管理，加强风险预警，坚决守住不发生系统性风险底线。

（九）完善筹资分担和调整机制。就业人员参加基本医疗保险由用人单位和个人共同缴费。非就业人员参加基本医疗保险由个人缴费，政府按规定给予补助，缴费与经济社会发展水平和居民人均可支配收入挂钩。适应新业态发展，完善灵活就业人员参保缴费方式。建立基本医疗保险基准费率制度，规范缴费基数政策，合理确定费率，实行动态调整。均衡个人、用人单位、政府三方筹资缴费责任，优化个人缴费和政府补助结构，研究应对老龄化医疗负担的多渠道筹资政策。加强财政对医疗救助投入，拓宽医疗救助筹资渠道。

（十）巩固提高统筹层次。按照制度政策统一、基金统收统支、管理服务一体的标准，全面做实基本医疗保险市地级统筹。探索推进市地级以下医疗保障部门垂直管理。鼓励有条件的省（自治区、直辖市）按照分级管理、责任共担、统筹调剂、预算考核的思路，推进省级统筹。加强医疗救助基金管理，促进医疗救助统筹层次与基本医疗保险统筹层次相协调，提高救助资金使用效率，最大限度惠及贫困群众。

（十一）加强基金预算管理和风险预警。科学编制医疗保障基金收支预算，加强预算执行监督，全面实施预算绩效管理。适应异地就医直接结算、“互联网＋医疗”和医疗机构服务模式发展需要，探索开展跨区域基金预算试点。加强基金中长期精算，构建收支平衡机制，健全基金运行风险评估、预警机制。

四、建立管用高效的医保支付机制

医保支付是保障群众获得优质医药服务、提高基金使用效率的关键机制。要聚焦临床需要、合理诊治、适宜技术，完善医保目录、协议、结算管理，实施更有效率的医保支付，更好保障参保人员权益，增强医保对医药服务领域的激励约束作用。

（十二）完善医保目录动态调整机制。立足基金承受能力，适应群众基本医疗需求、临床技术进步，调整优化医保目录，将临床价值高、经济性评价优良的药品、诊疗项目、医用耗材纳入医保支付范围，规范医疗服务设施支付范围。健全医保目录动态调整机制，完善医保准入谈判制度。合理划分中央与地方目录调整职责和权限，各地区不得自行制定目录或调整医保用药限定支付范围，逐步实现全国医保用药范围基本统一。建立医保药品、诊疗项目、医用耗材评价规则和指标体系，健全退出机制。

（十三）创新医保协议管理。完善基本医疗保险协议管理，简化优化医药机构定点申请、专业评估、协商谈判程序。将符合条件的医药机构纳入医保协议管理范围，支持“互联网 + 医疗”等新服务模式发展。建立健全跨区域就医协议管理机制。制定定点医药机构履行协议考核办法，突出行为规范、服务质量和费用控制考核评价，完善定点医药机构退出机制。

（十四）持续推进医保支付方式改革。完善医保基金总额预算办法，健全医疗保障经办机构与医疗机构之间协商谈判机制，促进医疗机构集体协商，科学制定总额预算，与医疗质量、协议履行绩效考核结果相挂钩。大力推进大数据应用，推行以按病种付费为主的多元复合式医保支付方式，推广按疾病诊断相关分组付费，医疗康复、慢性精神疾病等长期住院按床日付费，门诊特殊慢性病按人头付费。探索医疗服务与药品分开支付。适应医疗服务模式发展创新，完善医保基金支付方式和结算管理机制。探索对紧密型医疗联合体实行总额付费，加强监督考核，结余留用、合理超支分担，有条件的地区可按协议约定向医疗机构预付部分医保资金，缓解其资金运行压力。

五、健全严密有力的基金监管机制

医疗保障基金是人民群众的“保命钱”，必须始终把维护基金安全作为首要任务。要织密扎牢医保基金监管的制度笼子，着力推进监管体制改革，建立健全医疗保障信用管理体系，以零容忍的态度严厉打击欺诈骗保行为，确保基金安全高效、合理使用。

（十五）改革完善医保基金监管体制。加强医保基金监管能力建设，进一步健全基金监管体制机制，切实维护基金安全、提高基金使用效率。加强医疗保障公共服务机构内控机构建设，落实协议管理、费用监控、稽查审核责任。实施跨部门协同监管，积极引入第三方监管力量，强化社会监督。

（十六）完善创新基金监管方式。建立监督检查常态机制，实施大数据实时动态智能监控。完善对医疗服务的监控机制，建立信息强制披露制度，依法依规向社会公开医药费用、费用结构等信息。实施基金运行全过程绩效管理，建立医保基金绩效评价体系。健全医疗保障社会监督激励机制，完善欺诈骗保举报奖励制度。

（十七）依法追究欺诈骗保行为责任。制定完善医保基金监管相关法律法规，规范监管权限、程序、处罚标准等，推进有法可依、依法行政。建立医疗保障信用体系，推行守信联合激励和失信联合惩戒。加强部门联合执法，综合运用协议、行政、司法等手段，严肃追究欺诈骗保单位和个人责任，对涉嫌犯罪的依法追究刑事责任，坚决打击欺诈骗保、危害参保群众权益的行为。

六、协同推进医药服务供给侧改革

医药服务供给关系人民健康和医疗保障功能的实现。要充分发挥药品、医用耗材集中带量采购在深化医药服务供给侧改革中的引领作用，推进医保、医疗、医药联动改革系统集成，加强政策和管理协同，保障群众获得优质实惠的医药服务。

（十八）深化药品、医用耗材集中带量采购制度改革。坚持招采合一、量价挂钩，全面实行药品、医用耗材集中带量采购。以医保支付为基础，建立招标、采购、交易、结算、监督一体化的省级招标采购平台，推进构建区域性、全国性联盟采购机制，形成竞争充分、价格合理、规范有序的供应保障体系。推进医保基金与医药企业直接结算，完善医保支付标准与集中采购价格协同机制。

（十九）完善医药服务价格形成机制。建立以市场为主导的药品、医用耗材价格形成机制，建立全国交易价格信息共享机制。治理药品、高值医用耗材价格虚高。完善医疗服务项目准入制度，加快审核新增医疗服务价格项目，建立价格科学确定、动态调整机制，持续优化医疗服务价格结构。建立医药价格信息、产业发展指数监测与披露机制，建立药品价格和招采信用评价制度，完善价格函询、约谈制度。

（二十）增强医药服务可及性。健全全科和专科医疗服务合作分工的现代医疗服务体系，强化基层全科医疗服务。加强区域医疗服务能力评估，合理规划各类医疗资源布局，促进资源共享利用，加快发展社会办医，规范“互联网 + 医疗”等新服务模式发展。完善区域公立医院医疗设备配置管理，引导合理配置，严控超常超量配备。补齐护理、儿科、老年科、精神科等紧缺医疗服务短板。做好仿制药质量和疗效一致性评价受理与审评，通过完善医保支付标准和药品招标采购机制，支持优质仿制药研发和使用，促进仿制药替代。健全短缺药品监测预警和分级应对体系。

（二十一）促进医疗服务能力提升。规范医疗机构和医务人员诊疗行为，推行处方点评制度，促进合理用药。加强医疗机构内部专业化、精细化管理，分类完善科学合理的考核评价体系，将考核结果与医保基金支付挂钩。改革现行科室和个人核算方式，完善激励相容、灵活高效、符合医疗行业特点的人事薪酬制度，健全绩效考核分配制度。

七、优化医疗保障公共管理服务

医疗保障公共管理服务关系亿万群众切身利益。要完善经办管理和公共服务体系，更好提供精准化、精细化服务，提高信息化服务水平，推进医保治理创新，为人民群众提供便捷高效的医疗保障服务。

（二十二）优化医疗保障公共服务。推进医疗保障公共服务标准化规范化，实现医疗保障一站式服务、一窗口办理、一单制结算。适应人口流动需要，做好各类人群参保和医保关系跨地区转移接续，加快完善异地就医直接结算服务。深化医疗保障系统作风建设，建立统一的医疗保障服务热线，加快推进服务事项网上办理，提高运行效率和服务质量。

（二十三）高起点推进标准化和信息化建设。统一医疗保障业务标准和技术标准，建立全国统一、高效、兼容、便捷、安全的医疗保障信息系统，实现全国医疗保障信息互联互通，加强数据有序共享。规范数据管理和应用权限，依法保护参保人员基本信息和数据安全。加强大数据开发，突出应用导向，强化服务支撑功能，推进医疗保障公共服务均等可及。

（二十四）加强经办能力建设。构建全国统一的医疗保障经办管理体系，大力推进服务下沉，实现省、市、县、乡镇（街道）、村（社区）全覆盖。加强经办服务队伍建设，打造与新时代医疗保障公共服务要求相适应的专业队伍。加强医疗保障公共管理服务能力配置，建立与管理服务绩效挂钩的激励约束机制。政府合理安排预算，保证医疗保障公共服务机构正常运行。

（二十五）持续推进医保治理创新。推进医疗保障经办机构法人治理，积极引入社会力量参与经办服务，探索建立共建共治共享的医保治理格局。规范和加强与商业保险机构、社会组织的合作，完善激励约束机制。探索建立跨区域医保管理协作机制，实现全流程、无缝隙公共服务和基金监管。更好发挥高端智库和专业机构的决策支持和技术支撑作用。

八、组织保障

（二十六）加强党的领导。各级党委和政府要把医疗保障制度改革作为重要工作任务，把党的领导贯彻到医疗保障改革发展全过程。严格按照统一部署，健全工作机制，结合实际制定切实可行的政策措施。将落实医疗保障制度改革纳入保障和改善民生的重点任务，确保改革目标如期实现。

（二十七）强化协同配合。加强医疗保障领域立法工作，加快形成与医疗保障改革相衔接、有利于制度定型完善的法律法规体系。建立部门协同机制，加强医保、医疗、医药制度政策之间的统筹协调和综合配套。国务院医疗保障主管部门负责统筹推进医疗保障制度改革，会同有关部门研究解决改革中跨部门、跨区域、跨行业的重大问题，指导各地区政策衔接规范、保障水平适宜适度。

（二十八）营造良好氛围。各地区各部门要主动做好医疗保障政策解读和服务宣传，及时回应社会关切，合理引导预期。充分调动各方支持配合改革的积极性和主动性，凝聚社会共识。重要改革事项要广泛听取意见，提前做好风险评估。遇到重大情况，及时向党中央、国务院请示报告。

［2］关于构建现代环境治理体系的指导意见

一、总体要求

（一）指导思想。以习近平新时代中国特色社会主义思想为指导，全面贯彻党的十九大和十九届二中、三中、四中全会精神，深入贯彻习近平生态文明思想，紧紧围绕统筹推进“五位一体”总体布局和协调推进“四个全面”战略布局，认真落实党中央、国务院决策部署，牢固树立绿色发展理念，以坚持党的集中统一领导为统领，以强化政府主导作用为关键，以深化企业主体作用为根本，以更好动员社会组织和公众共同参与为支撑，实现政府治理和社会调节、企业自治良性互动，完善体制机制，强化源头治理，形成工作合力，为推动生态环境根本好转、建设生态文明和美丽中国提供有力制度保障。

（二）基本原则

——坚持党的领导。贯彻党中央关于生态环境保护的总体要求，实行生态环境保护党政同责、一岗双责。

——坚持多方共治。明晰政府、企业、公众等各类主体权责，畅通参与渠道，形成全社会共同推进环境治理的良好格局。

——坚持市场导向。完善经济政策，健全市场机制，规范环境治理市场行为，强化环境治理诚信建设，促进行业自律。

——坚持依法治理。健全法律法规标准，严格执法、加强监管，加快补齐环境治理体制机制短板。

（三）主要目标。到2025年，建立健全环境治理的领导责任体系、企业责任体系、全民行动体系、监管体系、市场体系、信用体系、法律法规政策体系，落实各类主体责任，提高市场主体和公众参与的积极性，形成导向清晰、决策科学、执行有力、激励有效、多元参与、良性互动的环境治理体系。

二、健全环境治理领导责任体系

（四）完善中央统筹、省负总责、市县抓落实的工作机制。党中央、国务院统筹制定生态环境保护的大政方针，提出总体目标，谋划重大战略举措。制定实施中央和国家机关有关部门生态环境保护责任清单。省级党委和政府对本地区环境治理负总体责任，贯彻执行党中央、国务院各项决策部署，组织落实目标任务、政策措施，加大资金投入。市县党委和政府承担具体责任，统筹做好监管执法、市场规范、资金安排、宣传教育等工作。

（五）明确中央和地方财政支出责任。制定实施生态环境领域中央与地方财政事权和支出责任划分改革方案，除全国性、重点区域流域、跨区域、国际合作等环境治理重大事务外，主要由地方财政承担环境治理支出责任。按照财力与事权相匹配的原则，在进一步理顺中央与地方收入划分和完善转移支付制度改革中统筹考虑地方环境治理的财政需求。

（六）开展目标评价考核。着眼环境质量改善，合理设定约束性和预期性目标，纳入国民经济和社会发展规划、国土空间规划以及相关专项规划。各地区可制定符合实际、体现特色的目标。完善生态文明建设目标评价考核体系，对相关专项考核进行精简整合，促进开展环境治理。

（七）深化生态环境保护督察。实行中央和省（自治区、直辖市）两级生态环境保护督察体制。以解决突出生态环境问题、改善生态环境质量、推动经济高质量发展为重点，推进例行督察，加强专项督察，严格督察整改。进一步完善排查、交办、核查、约谈、专项督察“五步法”工作模式，强化监督帮扶，压实生态环境保护责任。

三、健全环境治理企业责任体系

（八）依法实行排污许可管理制度。加快排污许可管理条例立法进程，完善排污许可制度，加强对企业排污行为的监督检查。按照新老有别、平稳过渡原则，妥善处理排污许可与环评制度的关系。

（九）推进生产服务绿色化。从源头防治污染，优化原料投入，依法依规淘汰落后生产工艺技术。积极践行绿色生产方式，大力开展技术创新，加大清洁生产推行力度，加强全过程管理，减少污染物排放。提供资源节约、环境友好的产品和服务。落实生产者责任延伸制度。

（十）提高治污能力和水平。加强企业环境治理责任制度建设，督促企业严格执行法律法规，接受社会监督。重点排污企业要安装使用监测设备并确保正常运行，坚决杜绝治理效果和监测数据造假。

（十一）公开环境治理信息。排污企业应通过企业网站等途径依法公开主要污染物名称、排放方式、执行标准以及污染防治设施建设和运行情况，并对信息真实性负责。鼓励排污企业在确保安全生产前提下，通过设立企业开放日、建设教育体验场所等形式，向社会公众开放。

四、健全环境治理全民行动体系

（十二）强化社会监督。完善公众监督和举报反馈机制，充分发挥“12369”环保举报热线作用，畅通环保监督渠道。加强舆论监督，鼓励新闻媒体对各类破坏生态环境问题、突发环境事件、环境违法行为进行曝光。引导具备资格的环保组织依法开展生态环境公益诉讼等活动。

（十三）发挥各类社会团体作用。工会、共青团、妇联等群团组织要积极动员广大职工、青年、妇女参与环境治理。行业协会、商会要发挥桥梁纽带作用，促进行业自律。加强对社会组织的管理和指导，积极推进能力建设，大力发挥环保志愿者作用。

（十四）提高公民环保素养。把环境保护纳入国民教育体系和党政领导干部培训体系，组织编写环境保护读本，推进环境保护宣传教育进学校、进家庭、进社区、进工厂、进机关。加大环境公益广告宣传力度，研发推广环境文化产品。引导公民自觉履行环境保护责任，逐步转变落后的生活风俗习惯，积极开展垃圾分类，践行绿色生活方式，倡导绿色出行、绿色消费。

五、健全环境治理监管体系

（十五）完善监管体制。整合相关部门污染防治和生态环境保护执法职责、队伍，统一实行生态环境保护执法。全面完成省以下生态环境机构监测监察执法垂直管理制度改革。实施“双随机、一公开”环境监管模式。推动跨区域跨流域污染防治联防联控。除国家组织的重大活动外，各地不得因召开会议、论坛和举办大型活动等原因，对企业采取停产、限产措施。

（十六）加强司法保障。建立生态环境保护综合行政执法机关、公安机关、检察机关、审判机关信息共享、案情通报、案件移送制度。强化对破坏生态环境违法犯罪行为的查处侦办，加大对破坏生态环境案件起诉力度，加强检察机关提起生态环境公益诉讼工作。在高级人民法院和具备条件的中基层人民法院调整设立专门的环境审判机构，统一涉及生态环境案件的受案范围、审理程序等。探索建立“恢复性司法实践+社会化综合治理”审判结果执行机制。

（十七）强化监测能力建设。加快构建陆海统筹、天地一体、上下协同、信息共享的生态环境监测网络，实现环境质量、污染源和生态状况监测全覆盖。实行“谁考核、谁监测”，不断完善生态环境监测技术体系，全面提高监测自动化、标准化、信息化水平，推动实现环境质量预报预警，确保监测数据“真、准、全”。推进信息化建设，形成生态环境数据一本台账、一张网络、一个窗口。加大监测技术装备研发与应用力度，推动监测装备精准、快速、便携化发展。

六、健全环境治理市场体系

（十八）构建规范开放的市场。深入推进“放管服”改革，打破地区、行业壁垒，对各类所有制企业一视同仁，平等对待各类市场主体，引导各类资本参与环境治理投资、建设、运行。规范市场秩序，减少恶性竞争，防止恶意低价中标，加快形成公开透明、规范有序的环境治理市场环境。

（十九）强化环保产业支撑。加强关键环保技术产品自主创新，推动环保首台（套）重大技术装备示范应用，加快提高环保产业技术装备水平。做大做强龙头企业，培育一批专业化骨干企业，扶持一批专特优精中小企业。鼓励企业参与绿色“一带一路”建设，带动先进的环保技术、装备、产能走出去。

（二十）创新环境治理模式。积极推行环境污染第三方治理，开展园区污染防治第三方治理示范，探索统一规划、统一监测、统一治理的一体化服务模式。开展小城镇环境综合治理托管服务试点，强化系统治理，实行按效付费。对工业污染地块，鼓励采用“环境修复+开发建设”模式。

（二十一）健全价格收费机制。严格落实“谁污染、谁付费”政策导向，建立健全“污染者付费+第三方治理”等机制。按照补偿处理成本并合理盈利原则，完善并落实污水垃圾处理收费政策。综合考虑企业和居民承受能力，完善差别化电价政策。

七、健全环境治理信用体系

（二十二）加强政务诚信建设。建立健全环境治理政务失信记录，将地方各级政府和公职人员在环境保护工作中因违法违规、失信违约被司法判决、行政处罚、纪律处分、问责处理等信息纳入政务失信记录，并归集至相关信用信息共享平台，依托“信用中国”网站等依法依规逐步公开。

（二十三）健全企业信用建设。完善企业环保信用评价制度，依据评价结果实施分级分类监管。建立排污企业黑名单制度，将环境违法企业依法依规纳入失信联合惩戒对象名单，将其违法信息记入信用记录，并按照国家有关规定纳入全国信用信息共享平台，依法向社会公开。建立完善上市公司和发债企业强制性环境治理信息披露制度。

八、健全环境治理法律法规政策体系

（二十四）完善法律法规。制定修订固体废物污染防治、长江保护、海洋环境保护、生态环境监测、环境影响评价、清洁生产、循环经济等方面的法律法规。鼓励有条件的地方在环境治理领域先于国家进行立法。严格执法，对造成生态环境损害的，依法依规追究赔偿责任；对构成犯罪的，依法追究刑事责任。

（二十五）完善环境保护标准。立足国情实际和生态环境状况，制定修订环境质量标准、污染物排放（控制）标准以及环境监测标准等。推动完善产品环保强制性国家标准。做好生态环境保护规划、环境保护标准与产业政策的衔接配套，健全标准实施信息反馈和评估机制。鼓励开展各类涉及环境治理的绿色认证制度。

（二十六）加强财税支持。建立健全常态化、稳定的中央和地方环境治理财政资金投入机制。健全生态保护补偿机制。制定出台有利于推进产业结构、能源结构、运输结构和用地结构调整优化的相关政策。严格执行环境保护税法，促进企业降低大气污染物、水污染物排放浓度，提高固体废物综合利用率。贯彻落实好现行促进环境保护和污染防治的税收优惠政策。

（二十七）完善金融扶持。设立国家绿色发展基金。推动环境污染责任保险发展，在环境高风险领域研究建立环境污染强制责任保险制度。开展排污权交易，研究探索对排污权交易进行抵质押融资。鼓励发展重大环保装备融资租赁。加快建立省级土壤污染防治基金。统一国内绿色债券标准。

九、强化组织领导

（二十八）加强组织实施。地方各级党委和政府要根据本意见要求，结合本地区发展实际，进一步细化落实构建现代环境治理体系的目标任务和政策措施，确保本意见确定的重点任务及时落地见效。国家发展改革委要加强统筹协调和政策支持，生态环境部要牵头推进相关具体工作，有关部门各负其责、密切配合，重大事项及时向党中央、国务院报告。

[3] 中共中央　国务院关于构建更加完善的要素市场化配置体制机制的意见

一、总体要求

（一）指导思想。以习近平新时代中国特色社会主义思想为指导，全面贯彻党的十九大和十九届二中、三中、四中全会精神，坚持稳中求进工作总基调，坚持以供给侧结构性改革为主线，坚持新发展理念，坚持深化市场化改革、扩大高水平开放，破除阻碍要素自由流动的体制机制障碍，扩大要素市场化配置范围，健全要素市场体系，推进要素市场制度建设，实现要素价格市场决定、流动自主有序、配置高效公平，为建设高标准市场体系、推动高质量发展、建设现代化经济体系打下坚实制度基础。

（二）基本原则。一是市场决定，有序流动。充分发挥市场配置资源的决定性作用，畅通要素流动渠道，保障不同市场主体平等获取生产要素，推动要素配置依据市场规则、市场价格、市场竞争实现效益最大化和效率最优化。二是健全制度，创新监管。更好发挥政府作用，健全要素市场运行机制，完善政府调节与监管，做到放活与管好有机结合，提升监管和服务能力，引导各类要素协同向先进生产力集聚。三是问题导向，分类施策。针对市场决定要素配置范围有限、要素流动存在体制机制障碍等问题，根据不同要素属性、市场化程度差异和经济社会发展需要，分类完善要素市场化配置体制机制。四是稳中求进，循序渐进。坚持安全可控，从实际出发，尊重客观规律，培育发展新型要素形态，逐步提高要素质量，因地制宜稳步推进要素市场化配置改革。

二、推进土地要素市场化配置

（三）建立健全城乡统一的建设用地市场。加快修改完善土地管理法实施条例，完善相关配套制度，制定出台农村集体经营性建设用地入市指导意见。全面推开农村土地征收制度改革，扩大国有土地有偿使用范围。建立公平合理的集体经营性建设用地入市增值收益分配制度。建立公共利益征地的相关制度规定。

（四）深化产业用地市场化配置改革。健全长期租赁、先租后让、弹性年期供应、作价出资（入股）等工业用地市场供应体系。在符合国土空间规划和用途管制要求前提下，调整完善产业用地政策，创新使用方式，推动不同产业用地类型合理转换，探索增加混合产业用地供给。

（五）鼓励盘活存量建设用地。充分运用市场机制盘活存量土地和低效用地，研究完善促进盘活存量建设用地的税费制度。以多种方式推进国有企业存量用地盘活利用。深化农村宅基地制度改革试点，深入推进建设用地整理，完善城乡建设用地增减挂钩政策，为乡村振兴和城乡融合发展提供土地要素保障。

（六）完善土地管理体制。完善土地利用计划管理，实施年度建设用地总量调控制度，增强土地管理灵活性，推动土地计划指标更加合理化，城乡建设用地指标使用应更多由省级政府负责。在国土空间规划编制、农村房地一体不动产登记基本完成的前提下，建立健全城乡建设用地供应三年滚动计划。探索建立全国性的建设用地、补充耕地指标跨区域交易机制。加强土地供应利用统计监测。实施城乡土地统一调查、统一规划、统一整治、统一登记。推动制定不动产登记法。

三、引导劳动力要素合理畅通有序流动

（七）深化户籍制度改革。推动超大、特大城市调整完善积分落户政策，探索推动在长三角、珠三角等城市群率先实现户籍准入年限同城化累计互认。放开放宽除个别超大城市外的城市落户限制，试行以经常居住地登记户口制度。建立城镇教育、就业创业、医疗卫生等基本公共服务与常住人口挂钩机制，推动公共资源按常住人口规模配置。

（八）畅通劳动力和人才社会性流动渠道。健全统一规范的人力资源市场体系，加快建立协调衔接的劳动力、人才流动政策体系和交流合作机制。营造公平就业环境，依法纠正身份、性别等就业歧视现象，保障城乡劳动者享有平等就业权利。进一步畅通企业、社会组织人员进入党政机关、国有企事业单位渠道。优化国有企事业单位面向社会选人用人机制，深入推行国有企业分级分类公开招聘。加强就业援助，实施优先扶持和重点帮助。完善人事档案管理服务，加快提升人事档案信息化水平。

（九）完善技术技能评价制度。创新评价标准，以职业能力为核心制定职业标准，进一步打破户籍、地域、身份、档案、人事关系等制约，畅通非公有制经济组织、社会组织、自由职业专业技术人员职称申报渠道。加快建立劳动者终身职业技能培训制度。推进社会化职称评审。完善技术工人评价选拔制度。探索实现职业技能等级证书和学历证书互通衔接。加强公共卫生队伍建设，健全执业人员培养、准入、使用、待遇保障、考核评价和激励机制。

（十）加大人才引进力度。畅通海外科学家来华工作通道。在职业资格认定认可、子女教育、商业医疗保险以及在中国境内停留、居留等方面，为外籍高层次人才来华创新创业提供便利。

四、推进资本要素市场化配置

（十一）完善股票市场基础制度。制定出台完善股票市场基础制度的意见。坚持市场化、法治化改革方向，改革完善股票市场发行、交易、退市等制度。鼓励和引导上市公司现金分红。完善投资者保护制度，推动完善具有中国特色的证券民事诉讼制度。完善主板、科创板、中小企业板、创业板和全国中小企业股份转让系统（新三板）市场建设。

（十二）加快发展债券市场。稳步扩大债券市场规模，丰富债券市场品种，推进债券市场互联互通。统一公司信用类债券信息披露标准，完善债券违约处置机制。探索对公司信用类债券实行发行注册管理制。加强债券市场评级机构统一准入管理，规范信用评级行业发展。

（十三）增加有效金融服务供给。健全多层次资本市场体系。构建多层次、广覆盖、有差异、大中小合理分工的银行机构体系，优化金融资源配置，放宽金融服务业市场准入，推动信用信息深度开发利用，增加服务小微企业和民营企业的金融服务供给。建立县域银行业金融机构服务“三农”的激励约束机制。推进绿色金融创新。完善金融机构市场化法治化退出机制。

（十四）主动有序扩大金融业对外开放。稳步推进人民币国际化和人民币资本项目可兑换。逐步推进证券、基金行业对内对外双向开放，有序推进期货市场对外开放。逐步放宽外资金融机构准入条件，推进境内金融机构参与国际金融市场交易。

五、加快发展技术要素市场

（十五）健全职务科技成果产权制度。深化科技成果使用权、处置权和收益权改革，开展赋予科研人员职务科技成果所有权或长期使用权试点。强化知识产权保护和运用，支持重大技术装备、重点新材料等领域的自主知识产权市场化运营。

（十六）完善科技创新资源配置方式。改革科研项目立项和组织实施方式，坚持目标引领，强化成果导向，建立健全多元化支持机制。完善专业机构管理项目机制。加强科技成果转化中试基地建设。支持有条件的企业承担国家重大科技项目。建立市场化社会化的科研成果评价制度，修订技术合同认定规则及科技成果登记管理办法。建立健全科技成果常态化路演和科技创新咨询制度。

（十七）培育发展技术转移机构和技术经理人。加强国家技术转移区域中心建设。支持科技企业与高校、科研机构合作建立技术研发中心、产业研究院、中试基地等新型研发机构。积极推进科研院所分类改革，加快推进应用技术类科研院所市场化、企业化发展。支持高校、科研机构和科技企业设立技术转移部门。建立国家技术转移人才培养体系，提高技术转移专业服务能力。

（十八）促进技术要素与资本要素融合发展。积极探索通过天使投资、创业投资、知识产权证券化、科技保险等方式推动科技成果资本化。鼓励商业银行采用知识产权质押、预期收益质押等融资方式，为促进技术转移转化提供更多金融产品服务。

（十九）支持国际科技创新合作。深化基础研究国际合作，组织实施国际科技创新合作重点专项，探索国际科技创新合作新模式，扩大科技领域对外开放。加大抗病毒药物及疫苗研发国际合作力度。开展创新要素跨境便利流动试点，发展离岸创新创业，探索推动外籍科学家领衔承担政府支持科技项目。发展技术贸易，促进技术进口来源多元化，扩大技术出口。

六、加快培育数据要素市场

（二十）推进政府数据开放共享。优化经济治理基础数据库，加快推动各地区各部门间数据共享交换，制定出台新一批数据共享责任清单。研究建立促进企业登记、交通运输、气象等公共数据开放和数据资源有效流动的制度规范。

（二十一）提升社会数据资源价值。培育数字经济新产业、新业态和新模式，支持构建农业、工业、交通、教育、安防、城市管理、公共资源交易等领域规范化数据开发利用的场景。发挥行业协会商会作用，推动人工智能、可穿戴设备、车联网、物联网等领域数据采集标准化。

（二十二）加强数据资源整合和安全保护。探索建立统一规范的数据管理制度，提高数据质量和规范性，丰富数据产品。研究根据数据性质完善产权性质。制定数据隐私保护制度和安全审查制度。推动完善适用于大数据环境下的数据分类分级安全保护制度，加强对政务数据、企业商业秘密和个人数据的保护。

七、加快要素价格市场化改革

（二十三）完善主要由市场决定要素价格机制。完善城乡基准地价、标定地价的制定与发布制度，逐步形成与市场价格挂钩动态调整机制。健全最低工资标准调整、工资集体协商和企业薪酬调查制度。深化国有企业工资决定机制改革，完善事业单位岗位绩效工资制度。建立公务员和企业相当人员工资水平调查比较制度，落实并完善工资正常调整机制。稳妥推进存贷款基准利率与市场利率并轨，提高债券市场定价效率，健全反映市场供求关系的国债收益率曲线，更好发挥国债收益率曲线定价基准作用。增强人民币汇率弹性，保持人民币汇率在合理均衡水平上的基本稳定。

（二十四）加强要素价格管理和监督。引导市场主体依法合理行使要素定价自主权，推动政府定价机制由制定具体价格水平向制定定价规则转变。构建要素价格公示和动态监测预警体系，逐步建立要素价格调查和信息发布制度。完善要素市场价格异常波动调节机制。加强要素领域价格反垄断工作，维护要素市场价格秩序。

（二十五）健全生产要素由市场评价贡献、按贡献决定报酬的机制。着重保护劳动所得，增加劳动者特别是一线劳动者劳动报酬，提高劳动报酬在初次分配中的比重。全面贯彻落实以增加知识价值为导向的收入分配政策，充分尊重科研、技术、管理人才，充分体现技术、知识、管理、数据等要素的价值。

八、健全要素市场运行机制

（二十六）健全要素市场化交易平台。拓展公共资源交易平台功能。健全科技成果交易平台，完善技术成果转化公开交易与监管体系。引导培育大数据交易市场，依法合规开展数据交易。支持各类所有制企业参与要素交易平台建设，规范要素交易平台治理，健全要素交易信息披露制度。

（二十七）完善要素交易规则和服务。研究制定土地、技术市场交易管理制度。建立健全数据产权交易和行业自律机制。推进全流程电子化交易。推进实物资产证券化。鼓励要素交易平台与各类金融机构、中介机构合作，形成涵盖产权界定、价格评估、流转交易、担保、保险等业务的综合服务体系。

（二十八）提升要素交易监管水平。打破地方保护，加强反垄断和反不正当竞争执法，规范交易行为，健全投诉举报查处机制，防止发生损害国家安全及公共利益的行为。加强信用体系建设，完善失信行为认定、失信联合惩戒、信用修复等机制。健全交易风险防范处置机制。

（二十九）增强要素应急配置能力。把要素的应急管理和配置作为国家应急管理体系建设的重要内容，适应应急物资生产调配和应急管理需要，建立对相关生产要素的紧急调拨、采购等制度，提高应急状态下的要素高效协同配置能力。鼓励运用大数据、人工智能、云计算等数字技术，在应急管理、疫情防控、资源调配、社会管理等方面更好发挥作用。

九、组织保障

（三十）加强组织领导。各地区各部门要充分认识完善要素市场化配置的重要性，切实把思想和行动统一到党中央、国务院决策部署上来，明确职责分工，完善工作机制，落实工作责任，研究制定出台配套政策措施，确保本意见确定的各项重点任务落到实处。

（三十一）营造良好改革环境。深化“放管服”改革，强化竞争政策基础地位，打破行政性垄断、防止市场垄断，清理废除妨碍统一市场和公平竞争的各种规定和做法，进一步减少政府对要素的直接配置。深化国有企业和国有金融机构改革，完善法人治理结构，确保各类所有制企业平等获取要素。

（三十二）推动改革稳步实施。在维护全国统一大市场的前提下，开展要素市场化配置改革试点示范。及时总结经验，认真研究改革中出现的新情况新问题，对不符合要素市场化配置改革的相关法律法规，要按程序抓紧推动调整完善。

［4］中共中央　国务院关于新时代加快完善社会主义市场经济体制的意见

一、总体要求

（一）指导思想。以习近平新时代中国特色社会主义思想为指导，全面贯彻党的十九大和十九届二中、三中、四中全会精神，坚决贯彻党的基本理论、基本路线、基本方略，统筹推进“五位一体”总体布局和协调推进“四个全面”战略布局，坚持稳中求进工作总基调，坚持新发展理念，坚持以供给侧结构性改革为主线，坚持以人民为中心的发展思想，坚持和完善社会主义基本经济制度，以完善产权制度和要素市场化配置为重点，全面深化经济体制改革，加快完善社会主义市场经济体制，建设高标准市场体系，实现产权有效激励、要素自由流动、价格反应灵活、竞争公平有序、企业优胜劣汰，加强和改善制度供给，推进国家治理体系和治理能力现代化，推动生产关系同生产力、上层建筑同经济基础相适应，促进更高质量、更有效率、更加公平、更可持续的发展。

（二）基本原则

——坚持以习近平新时代中国特色社会主义经济思想为指导。坚持和加强党的全面领导，坚持和完善中国特色社会主义制度，强化问题导向，把握正确改革策略和方法，持续优化经济治理方式，着力构建市场机制有效、微观主体有活力、宏观调控有度的经济体制，使中国特色社会主义制度更加巩固、优越性充分体现。

——坚持解放和发展生产力。牢牢把握社会主义初级阶段这个基本国情，牢牢扭住经济建设这个中心，发挥经济体制改革牵引作用，协同推进政治、文化、社会、生态文明等领域改革，促进改革发展高效联动，进一步解放和发展社会生产力，不断满足人民日益增长的美好生活需要。

——坚持和完善社会主义基本经济制度。坚持和完善公有制为主体、多种所有制经济共同发展，按劳分配为主体、多种分配方式并存，社会主义市场经济体制等社会主义基本经济制度，把中国特色社会主义制度与市场经济有机结合起来，为推动高质量发展、建设现代化经济体系提供重要制度保障。

——坚持正确处理政府和市场关系。坚持社会主义市场经济改革方向，更加尊重市场经济一般规律，最大限度减少政府对市场资源的直接配置和对微观经济活动的直接干预，充分发挥市场在资源配置中的决定性作用，更好发挥政府作用，有效弥补市场失灵。

——坚持以供给侧结构性改革为主线。更多采用改革的办法，更多运用市场化法治化手段，在巩固、增强、提升、畅通上下功夫，加大结构性改革力度，创新制度供给，不断增强经济创新力和竞争力，适应和引发有效需求，促进更高水平的供需动态平衡。

——坚持扩大高水平开放和深化市场化改革互促共进。坚定不移扩大开放，推动由商品和要素流动型开放向规则等制度型开放转变，吸收借鉴国际成熟市场经济制度经验和人类文明有益成果，加快国内制度规则与国际接轨，以高水平开放促进深层次市场化改革。

二、坚持公有制为主体、多种所有制经济共同发展，增强微观主体活力

毫不动摇巩固和发展公有制经济，毫不动摇鼓励、支持、引导非公有制经济发展，探索公有制多种实现形式，支持民营企业改革发展，培育更多充满活力的市场主体。

（一）推进国有经济布局优化和结构调整。坚持有进有退、有所为有所不为，推动国有资本更多投向关系国计民生的重要领域和关系国家经济命脉、科技、国防、安全等领域，服务国家战略目标，增强国有经济竞争力、创新力、控制力、影响力、抗风险能力，做强做优做大国有资本，有效防止国有资产流失。对处于充分竞争领域的国有经济，通过资本化、证券化等方式优化国有资本配置，提高国有资本收益。进一步完善和加强国有资产监管，有效发挥国有资本投资、运营公司功能作用，坚持一企一策，成熟一个推动一个，运行一个成功一个，盘活存量国有资本，促进国有资产保值增值。

（二）积极稳妥推进国有企业混合所有制改革。在深入开展重点领域混合所有制改革试点基础上，按照完善治理、强化激励、突出主业、提高效率要求，推进混合所有制改革，规范有序发展混

合所有制经济。对充分竞争领域的国家出资企业和国有资本运营公司出资企业，探索将部分国有股权转化为优先股，强化国有资本收益功能。支持符合条件的混合所有制企业建立骨干员工持股、上市公司股权激励、科技型企业股权和分红激励等中长期激励机制。深化国有企业改革，加快完善国有企业法人治理结构和市场化经营机制，健全经理层任期制和契约化管理，完善中国特色现代企业制度。对混合所有制企业，探索建立有别于国有独资、全资公司的治理机制和监管制度。对国有资本不再绝对控股的混合所有制企业，探索实施更加灵活高效的监管制度。

（三）稳步推进自然垄断行业改革。深化以政企分开、政资分开、特许经营、政府监管为主要内容的改革，提高自然垄断行业基础设施供给质量，严格监管自然垄断环节，加快实现竞争性环节市场化，切实打破行政性垄断，防止市场垄断。构建有效竞争的电力市场，有序放开发用电计划和竞争性环节电价，提高电力交易市场化程度。推进油气管网对市场主体公平开放，适时放开天然气气源和销售价格，健全竞争性油气流通市场。深化铁路行业改革，促进铁路运输业务市场主体多元化和适度竞争。实现邮政普遍服务业务与竞争性业务分业经营。完善烟草专卖专营体制，构建适度竞争新机制。

（四）营造支持非公有制经济高质量发展的制度环境。健全支持民营经济、外商投资企业发展的市场、政策、法治和社会环境，进一步激发活力和创造力。在要素获取、准入许可、经营运行、政府采购和招投标等方面对各类所有制企业平等对待，破除制约市场竞争的各类障碍和隐性壁垒，营造各种所有制主体依法平等使用资源要素、公开公平公正参与竞争、同等受到法律保护的市场环境。完善支持非公有制经济进入电力、油气等领域的实施细则和具体办法，大幅放宽服务业领域市场准入，向社会资本释放更大发展空间。健全支持中小企业发展制度，增加面向中小企业的金融服务供给，支持发展民营银行、社区银行等中小金融机构。完善民营企业融资增信支持体系。健全民营企业直接融资支持制度。健全清理和防止拖欠民营企业中小企业账款长效机制，营造有利于化解民营企业之间债务问题的市场环境。完善构建亲清政商关系的政策体系，建立规范化机制化政企沟通渠道，鼓励民营企业参与实施重大国家战略。

三、夯实市场经济基础性制度，保障市场公平竞争

建设高标准市场体系，全面完善产权、市场准入、公平竞争等制度，筑牢社会主义市场经济有效运行的体制基础。

（一）全面完善产权制度。健全归属清晰、权责明确、保护严格、流转顺畅的现代产权制度，加强产权激励。完善以管资本为主的经营性国有资产产权管理制度，加快转变国资监管机构职能和履职方式。健全自然资源资产产权制度。健全以公平为原则的产权保护制度，全面依法平等保护民营经济产权，依法严肃查处各类侵害民营企业合法权益的行为。落实农村第二轮土地承包到期后再延长 30 年政策，完善农村承包地“三权分置”制度。深化农村集体产权制度改革，完善产权权能，将经营性资产折股量化到集体经济组织成员，创新农村集体经济有效组织形式和运行机制，完善农村基本经营制度。完善和细化知识产权创造、运用、交易、保护制度规则，加快建立知识产权侵权惩罚性赔偿制度，加强企业商业秘密保护，完善新领域新业态知识产权保护制度。

（二）全面实施市场准入负面清单制度。推行“全国一张清单”管理模式，维护清单的统一性和权威性。建立市场准入负面清单动态调整机制和第三方评估机制，以服务业为重点试点进一步放宽准入限制。建立统一的清单代码体系，使清单事项与行政审批体系紧密衔接、相互匹配。建立市场准入负面清单信息公开机制，提升准入政策透明度和负面清单使用便捷性。建立市场准入评估制度，定期评估、排查、清理各类显性和隐性壁垒，推动“非禁即入”普遍落实。改革生产许可制度。

（三）全面落实公平竞争审查制度。完善竞争政策框架，建立健全竞争政策实施机制，强化竞争政策基础地位。强化公平竞争审查的刚性约束，修订完善公平竞争审查实施细则，建立公平竞争审查抽查、考核、公示制度，建立健全第三方审查和评估机制。统筹做好增量审查和存量清理，逐

步清理废除妨碍全国统一市场和公平竞争的存量政策。建立违反公平竞争问题反映和举报绿色通道。加强和改进反垄断和反不正当竞争执法，加大执法力度，提高违法成本。培育和弘扬公平竞争文化，进一步营造公平竞争的社会环境。

四、构建更加完善的要素市场化配置体制机制，进一步激发全社会创造力和市场活力

以要素市场化配置改革为重点，加快建设统一开放、竞争有序的市场体系，推进要素市场制度建设，实现要素价格市场决定、流动自主有序、配置高效公平。

（一）建立健全统一开放的要素市场。加快建设城乡统一的建设用地市场，建立同权同价、流转顺畅、收益共享的农村集体经营性建设用地入市制度。探索农村宅基地所有权、资格权、使用权“三权分置”，深化农村宅基地改革试点。深化户籍制度改革，放开放宽除个别超大城市外的城市落户限制，探索实行城市群内户口通迁、居住证互认制度。推动公共资源由按城市行政等级配置向按实际服务管理人口规模配置转变。加快建立规范、透明、开放、有活力、有韧性的资本市场，加强资本市场基础制度建设，推动以信息披露为核心的股票发行注册制改革，完善强制退市和主动退市制度，提高上市公司质量，强化投资者保护。探索实行公司信用类债券发行注册管理制。构建与实体经济结构和融资需求相适应、多层次、广覆盖、有差异的银行体系。加快培育发展数据要素市场，建立数据资源清单管理机制，完善数据权属界定、开放共享、交易流通等标准和措施，发挥社会数据资源价值。推进数字政府建设，加强数据有序共享，依法保护个人信息。

（二）推进要素价格市场化改革。健全主要由市场决定价格的机制，最大限度减少政府对价格形成的不当干预。完善城镇建设用地价格形成机制和存量土地盘活利用政策，推动实施城镇低效用地再开发，在符合国土空间规划前提下，推动土地复合开发利用、用途合理转换。深化利率市场化改革，健全基准利率和市场化利率体系，更好发挥国债收益率曲线定价基准作用，提升金融机构自主定价能力。完善人民币汇率市场化形成机制，增强双向浮动弹性。加快全国技术交易平台建设，积极发展科技成果、专利等资产评估服务，促进技术要素有序流动和价格合理形成。

（三）创新要素市场化配置方式。缩小土地征收范围，严格界定公共利益用地范围，建立土地征收目录和公共利益用地认定机制。推进国有企事业单位改革改制土地资产处置，促进存量划拨土地盘活利用。健全工业用地多主体多方式供地制度，在符合国土空间规划前提下，探索增加混合产业用地供给。促进劳动力、人才社会性流动，完善企事业单位人才流动机制，畅通人才跨所有制流动渠道。抓住全球人才流动新机遇，构建更加开放的国际人才交流合作机制。

（四）推进商品和服务市场提质增效。推进商品市场创新发展，完善市场运行和监管规则，全面推进重要产品信息化追溯体系建设，建立打击假冒伪劣商品长效机制。构建优势互补、协作配套的现代服务市场体系。深化流通体制改革，加强全链条标准体系建设，发展“互联网+流通”，降低全社会物流成本。强化消费者权益保护，探索建立集体诉讼制度。

五、创新政府管理和服务方式，完善宏观经济治理体制

完善政府经济调节、市场监管、社会管理、公共服务、生态环境保护等职能，创新和完善宏观调控，进一步提高宏观经济治理能力。

（一）构建有效协调的宏观调控新机制。加快建立与高质量发展要求相适应、体现新发展理念的宏观调控目标体系、政策体系、决策协调体系、监督考评体系和保障体系。健全以国家发展规划为战略导向，以财政政策、货币政策和就业优先政策为主要手段，投资、消费、产业、区域等政策协同发力的宏观调控制度体系，增强宏观调控前瞻性、针对性、协同性。完善国家重大发展战略和中长期经济社会发展规划制度。科学稳健把握宏观政策逆周期调节力度，更好发挥财政政策对经济结构优化升级的支持作用，健全货币政策和宏观审慎政策双支柱调控框架。实施就业优先政策，发挥民生政策兜底功能。完善促进消费的体制机制，增强消费对经济发展的基础性作用。深化投融资体制改革，发挥投资对优化供给结构的关键性作用。加强国家经济安全保障制度建设，构建国家粮食安全和战略资源能源储备体系。优化经济治理基础数据库。强化经济监测预测预警能力，充分利

用大数据、人工智能等新技术，建立重大风险识别和预警机制，加强社会预期管理。

（二）加快建立现代财税制度。优化政府间事权和财权划分，建立权责清晰、财力协调、区域均衡的中央和地方财政关系，形成稳定的各级政府事权、支出责任和财力相适应的制度。适当加强中央在知识产权保护、养老保险、跨区域生态环境保护等方面事权，减少并规范中央和地方共同事权。完善标准科学、规范透明、约束有力的预算制度，全面实施预算绩效管理，提高财政资金使用效率。依法构建管理规范、责任清晰、公开透明、风险可控的政府举债融资机制，强化监督问责。清理规范地方融资平台公司，剥离政府融资职能。深化税收制度改革，完善直接税制度并逐步提高其比重。研究将部分品目消费税征收环节后移。建立和完善综合与分类相结合的个人所得税制度。稳妥推进房地产税立法。健全地方税体系，调整完善地方税税制，培育壮大地方税税源，稳步扩大地方税管理权。

（三）强化货币政策、宏观审慎政策和金融监管协调。建设现代中央银行制度，健全中央银行货币政策决策机制，完善基础货币投放机制，推动货币政策从数量型调控为主向价格型调控为主转型。建立现代金融监管体系，全面加强宏观审慎管理，强化综合监管，突出功能监管和行为监管，制定交叉性金融产品监管规则。加强薄弱环节金融监管制度建设，消除监管空白，守住不发生系统性金融风险底线。依法依规界定中央和地方金融监管权责分工，强化地方政府属地金融监管职责和风险处置责任。建立健全金融消费者保护基本制度。有序实现人民币资本项目可兑换，稳步推进人民币国际化。

（四）全面完善科技创新制度和组织体系。加强国家创新体系建设，编制新一轮国家中长期科技发展规划，强化国家战略科技力量，构建社会主义市场经济条件下关键核心技术攻关新型举国体制，使国家科研资源进一步聚焦重点领域、重点项目、重点单位。健全鼓励支持基础研究、原始创新的体制机制，在重要领域适度超前布局建设国家重大科技基础设施，研究建立重大科技基础设施建设运营多元投入机制，支持民营企业参与关键领域核心技术创新攻关。建立健全应对重大公共事件科研储备和支持体系。改革完善中央财政科技计划形成机制和组织实施机制，更多支持企业承担科研任务，激励企业加大研发投入，提高科技创新绩效。建立以企业为主体、市场为导向、产学研深度融合的技术创新体系，支持大中小企业和各类主体融通创新，创新促进科技成果转化机制，完善技术成果转化公开交易与监管体系，推动科技成果转化和产业化。完善科技人才发现、培养、激励机制，健全符合科研规律的科技管理体制和政策体系，改进科技评价体系，试点赋予科研人员职务科技成果所有权或长期使用权。

（五）完善产业政策和区域政策体系。推动产业政策向普惠化和功能性转型，强化对技术创新和结构升级的支持，加强产业政策和竞争政策协同。健全推动发展先进制造业、振兴实体经济的体制机制。建立市场化法治化化解过剩产能长效机制，健全有利于促进市场化兼并重组、转型升级的体制和政策。构建区域协调发展新机制，完善京津冀协同发展、长江经济带发展、长江三角洲区域一体化发展、粤港澳大湾区建设、黄河流域生态保护和高质量发展等国家重大区域战略推进实施机制，形成主体功能明显、优势互补、高质量发展的区域经济布局。健全城乡融合发展体制机制。

（六）以一流营商环境建设为牵引持续优化政府服务。深入推进“放管服”改革，深化行政审批制度改革，进一步精简行政许可事项，对所有涉企经营许可事项实行“证照分离”改革，大力推进“照后减证”。全面开展工程建设项目审批制度改革。深化投资审批制度改革，简化、整合投资项目报建手续，推进投资项目承诺制改革，依托全国投资项目在线审批监管平台加强事中事后监管。创新行政管理和服务方式，深入开展“互联网＋政务服务”，加快推进全国一体化政务服务平台建设。建立健全运用互联网、大数据、人工智能等技术手段进行行政管理的制度规则。落实《优化营商环境条例》，完善营商环境评价体系，适时在全国范围开展营商环境评价，加快打造市场化、法治化、国际化营商环境。

（七）构建适应高质量发展要求的社会信用体系和新型监管机制。完善诚信建设长效机制，推进信用信息共享，建立政府部门信用信息向市场主体有序开放机制。健全覆盖全社会的征信体系，培育具有全球话语权的征信机构和信用评级机构。实施“信易＋”工程。完善失信主体信用修复机制。建立政务诚信监测治理体系，建立健全政府失信责任追究制度。严格市场监管、质量监管、安全监管，加强违法惩戒。加强市场监管改革创新，健全以“双随机、一公开”监管为基本手段、以重点监管为补充、以信用监管为基础的新型监管机制。以食品安全、药品安全、疫苗安全为重点，健全统一权威的全过程食品药品安全监管体系。完善网络市场规制体系，促进网络市场健康发展。健全对新业态的包容审慎监管制度。

六、坚持和完善民生保障制度，促进社会公平正义

坚持按劳分配为主体、多种分配方式并存，优化收入分配格局，健全可持续的多层次社会保障体系，让改革发展成果更多更公平惠及全体人民。

（一）健全体现效率、促进公平的收入分配制度。坚持多劳多得，着重保护劳动所得，增加劳动者特别是一线劳动者劳动报酬，提高劳动报酬在初次分配中的比重，在经济增长的同时实现居民收入同步增长，在劳动生产率提高的同时实现劳动报酬同步提高。健全劳动、资本、土地、知识、技术、管理、数据等生产要素由市场评价贡献、按贡献决定报酬的机制。完善企业薪酬调查和信息发布制度，健全最低工资标准调整机制。推进高校、科研院所薪酬制度改革，扩大工资分配自主权。鼓励企事业单位对科研人员等实行灵活多样的分配形式。健全以税收、社会保障、转移支付等为主要手段的再分配调节机制。完善第三次分配机制，发展慈善等社会公益事业。多措并举促进城乡居民增收，缩小收入分配差距，扩大中等收入群体。

（二）完善覆盖全民的社会保障体系。健全统筹城乡、可持续的基本养老保险制度、基本医疗保险制度，稳步提高保障水平。实施企业职工基本养老保险基金中央调剂制度，尽快实现养老保险全国统筹，促进基本养老保险基金长期平衡。全面推开中央和地方划转部分国有资本充实社保基金工作。大力发展企业年金、职业年金、个人储蓄性养老保险和商业养老保险。深化医药卫生体制改革，完善统一的城乡居民医保和大病保险制度，健全基本医保筹资和待遇调整机制，持续推进医保支付方式改革，加快落实异地就医结算制度。完善失业保险制度。开展新业态从业人员职业伤害保障试点。统筹完善社会救助、社会福利、慈善事业、优抚安置等制度。加强社会救助资源统筹，完善基本民生保障兜底机制。加快建立多主体供给、多渠道保障、租购并举的住房制度，改革住房公积金制度。

（三）健全国家公共卫生应急管理体系。强化公共卫生法治保障，完善公共卫生领域相关法律法规。把生物安全纳入国家安全体系，系统规划国家生物安全风险防控和治理体系建设，全面提高国家生物安全治理能力。健全公共卫生服务体系，优化医疗卫生资源投入结构，加强农村、社区等基层防控能力建设。完善优化重大疫情救治体系，建立健全分级、分层、分流的传染病等重大疫情救治机制。完善突发重特大疫情防控规范和应急救治管理办法。健全重大疾病医疗保险和救助制度，完善应急医疗救助机制。探索建立特殊群体、特定疾病医药费豁免制度。健全统一的应急物资保障体系，优化重要应急物资产能保障和区域布局，健全国家储备体系，完善储备品类、规模、结构，提升储备效能。

七、建设更高水平开放型经济新体制，以开放促改革促发展

实行更加积极主动的开放战略，全面对接国际高标准市场规则体系，实施更大范围、更宽领域、更深层次的全面开放。

（一）以“一带一路”建设为重点构建对外开放新格局。坚持互利共赢的开放战略，推动共建“一带一路”走深走实和高质量发展，促进商品、资金、技术、人员更大范围流通，依托各类开发区发展高水平经贸产业合作园区，加强市场、规则、标准方面的软联通，强化合作机制建设。加大西部和沿边地区开放力度，推进西部陆海新通道建设，促进东中西互动协同开放，加快形成陆海内外联动、东西双向互济的开放格局。

（二）加快自由贸易试验区、自由贸易港等对外开放高地建设。深化自由贸易试验区改革，在更大范围复制推广改革成果。建设好中国（上海）自由贸易试验区临港新片区，赋予其更大的自主发展、自主改革和自主创新管理权限。聚焦贸易投资自由化便利化，稳步推进海南自由贸易港建设。

（三）健全高水平开放政策保障机制。推进贸易高质量发展，拓展对外贸易多元化，提升一般贸易出口产品附加值，推动加工贸易产业链升级和服务贸易创新发展。办好中国国际进口博览会，更大规模增加商品和服务进口，降低关税总水平，努力消除非关税贸易壁垒，大幅削减进出口环节制度性成本，促进贸易平衡发展。推动制造业、服务业、农业扩大开放，在更多领域允许外资控股或独资经营，全面取消外资准入负面清单之外的限制。健全外商投资准入前国民待遇加负面清单管理制度，推动规则、规制、管理、标准等制度型开放。健全外商投资国家安全审查、反垄断审查、国家技术安全清单管理、不可靠实体清单等制度。健全促进对外投资政策和服务体系。全面实施外商投资法及其实施条例，促进内外资企业公平竞争，建立健全外资企业投诉工作机制，保护外资合法权益。创新对外投资方式，提升对外投资质量。推进国际产能合作，积极开展第三方市场合作。

（四）积极参与全球经济治理体系变革。维护完善多边贸易体制，维护世界贸易组织在多边贸易体制中的核心地位，积极推动和参与世界贸易组织改革，积极参与多边贸易规则谈判，推动贸易和投资自由化便利化，推动构建更高水平的国际经贸规则。加快自由贸易区建设，推动构建面向全球的高标准自由贸易区网络。依托共建“一带一路”倡议及联合国、上海合作组织、金砖国家、二十国集团、亚太经合组织等多边和区域次区域合作机制，积极参与全球经济治理和公共产品供给，构建全球互联互通伙伴关系，加强与相关国家、国际组织的经济发展倡议、规划和标准的对接。推动国际货币基金组织份额与治理改革以及世界银行投票权改革。积极参与国际宏观经济政策沟通协调及国际经济治理体系改革和建设，提出更多中国倡议、中国方案。

八、完善社会主义市场经济法律制度，强化法治保障

以保护产权、维护契约、统一市场、平等交换、公平竞争、有效监管为基本导向，不断完善社会主义市场经济法治体系，确保有法可依、有法必依、违法必究。

（一）完善经济领域法律法规体系。完善物权、债权、股权等各类产权相关法律制度，从立法上赋予私有财产和公有财产平等地位并平等保护。健全破产制度，改革完善企业破产法律制度，推动个人破产立法，建立健全金融机构市场化退出法规，实现市场主体有序退出。修订反垄断法，推动社会信用法律建设，维护公平竞争市场环境。制定和完善发展规划、国土空间规划、自然资源资产、生态环境、农业、财政税收、金融、涉外经贸等方面法律法规。按照包容审慎原则推进新经济领域立法。健全重大改革特别授权机制，对涉及调整现行法律法规的重大改革，按法定程序经全国人大或国务院统一授权后，由有条件的地方先行开展改革试验和实践创新。

（二）健全执法司法对市场经济运行的保障机制。深化行政执法体制改革，最大限度减少不必要的行政执法事项，规范行政执法行为，进一步明确具体操作流程。根据不同层级政府的事权和职能，优化配置执法力量，加快推进综合执法。强化对市场主体之间产权纠纷的公平裁判，完善涉及查封、扣押、冻结和处置公民财产行为的法律制度。健全涉产权冤错案件有效防范和常态化纠正机制。

（三）全面建立行政权力制约和监督机制。依法全面履行政府职能，推进机构、职能、权限、程序、责任法定化，实行政府权责清单制度。健全重大行政决策程序制度，提高决策质量和效率。加强对政府内部权力的制约，强化内部流程控制，防止权力滥用。完善审计制度，对公共资金、国有资产、国有资源和领导干部履行经济责任情况实行审计全覆盖。加强重大政策、重大项目财政承受能力评估。推动审批监管、执法司法、工程建设、资源开发、海外投资和在境外国有资产监管、金融信贷、公共资源交易、公共财政支出等重点领域监督机制改革和制度建设。依法推进财政预算、公共资源配置、重大建设项目批准和实施、社会公益事业建设等领域政府信息公开。

（四）完善发展市场经济监督制度和监督机制。坚持和完善党和国家监督体系，强化政治监督，严格约束公权力，推动落实党委（党组）主体责任、书记第一责任人责任、纪委监委监督责任。持之以恒深入推进党风廉政建设和反腐败斗争，坚决依规依纪依法查处资源、土地、规划、建设、工程、金融等领域腐败问题。完善监察法实施制度体系，围绕权力运行各个环节，压减权力设租寻租空间，坚决破除权钱交易关系网，实现执规执纪执法贯通，促进党内监督、监察监督、行政监督、司法监督、审计监督、财会监督、统计监督、群众监督、舆论监督协同发力，推动社会主义市场经济健康发展。

九、坚持和加强党的全面领导，确保改革举措有效实施

发挥党总揽全局、协调各方的领导核心作用，把党领导经济工作的制度优势转化为治理效能，强化改革落地见效，推动经济体制改革不断走深走实。

（一）坚持和加强党的领导。进一步增强“四个意识”、坚定“四个自信”、做到“两个维护”，从战略和全局高度深刻认识加快完善社会主义市场经济体制的重大意义，把党的领导贯穿于深化经济体制改革和加快完善社会主义市场经济体制全过程，贯穿于谋划改革思路、制定改革方案、推进改革实施等各环节，确保改革始终沿着正确方向前进。

（二）健全改革推进机制。各地区各部门要按照本意见要求并结合自身实际，制定完善配套政策或实施措施。从国情出发，坚持问题导向、目标导向和结果导向相统一，按照系统集成、协同高效要求纵深推进，在精准实施、精准落实上下足功夫，把落实党中央要求、满足实践需要、符合基层期盼统一起来，克服形式主义、官僚主义，一个领域一个领域盯住抓落实。将顶层设计与基层探索结合起来，充分发挥基层首创精神，发挥经济特区、自由贸易试验区（自由贸易港）的先行先试作用。

（三）完善改革激励机制。健全改革的正向激励体系，强化敢于担当、攻坚克难的用人导向，注重在改革一线考察识别干部，把那些具有改革创新意识、勇于改革、善谋改革的干部用起来。巩固党风廉政建设成果，推动构建亲清政商关系。建立健全改革容错纠错机制，正确把握干部在改革创新中出现失误错误的性质和影响，切实保护干部干事创业的积极性。加强对改革典型案例、改革成效的总结推广和宣传报道，按规定给予表彰激励，为改革营造良好舆论环境和社会氛围。

[5] 国务院办公厅关于进一步优化营商环境更好服务市场主体的实施意见

一、持续提升投资建设便利度

（一）优化再造投资项目前期审批流程。从办成项目前期“一件事”出发，健全部门协同工作机制，加强项目立项与用地、规划等建设条件衔接，推动有条件的地方对项目可行性研究、用地预审、选址、环境影响评价、安全评价、水土保持评价、压覆重要矿产资源评估等事项，实行项目单位编报一套材料，政府部门统一受理、同步评估、同步审批、统一反馈，加快项目落地。优化全国投资项目在线审批监管平台审批流程，实现批复文件等在线打印。（国家发展改革委牵头，国务院相关部门及各地区按职责分工负责）

（二）进一步提升工程建设项目审批效率。全面推行工程建设项目分级分类管理，在确保安全前提下，对社会投资的小型低风险新建、改扩建项目，由政府部门发布统一的企业开工条件，企业取得用地、满足开工条件后作出相关承诺，政府部门直接发放相关证书，项目即可开工。加快推动工程建设项目全流程在线审批，推进工程建设项目审批管理系统与投资审批、规划、消防等管理系统数据实时共享，实现信息一次填报、材料一次上传、相关评审意见和审批结果即时推送。2020年底前将工程建设项目审批涉及的行政许可、备案、评估评审、中介服务、市政公用服务等纳入线上平台，公开办理标准和费用。（住房城乡建设部牵头，国务院相关部门及各地区按职责分工负责）

（三）深入推进“多规合一”。抓紧统筹各类空间性规划，积极推进各类相关规划数据衔接或整合，推动尽快消除规划冲突和“矛盾图斑”。统一测绘技术标准和规则，在用地、规划、施工、

验收、不动产登记等各阶段，实现测绘成果共享互认，避免重复测绘。（自然资源部牵头，住房城乡建设部等国务院相关部门及各地区按职责分工负责）

二、进一步简化企业生产经营审批和条件

（四）进一步降低市场准入门槛。围绕工程建设、教育、医疗、体育等领域，集中清理有关部门和地方在市场准入方面对企业资质、资金、股比、人员、场所等设置的不合理条件，列出台账并逐项明确解决措施、责任主体和完成时限。研究对诊所设置、诊所执业实行备案管理，扩大医疗服务供给。对于海事劳工证书，推动由政府部门直接受理申请、开展检查和签发，不再要求企业为此接受船检机构检查，且不收取企业办证费用。通过在线审批等方式简化跨地区巡回演出审批程序。（国家发展改革委、教育部、住房城乡建设部、交通运输部、商务部、文化和旅游部、国家卫生健康委、体育总局等国务院相关部门及各地区按职责分工负责）

（五）精简优化工业产品生产流通等环节管理措施。2020 年底前将保留的重要工业产品生产许可证管理权限全部下放给省级人民政府市场监督管理部门。加强机动车生产、销售、登记、维修、保险、报废等信息的共享和应用，提升机动车流通透明度。督促地方取消对二手车经销企业登记注册地设置的不合理规定，简化二手车经销企业购入机动车交易登记手续。2020 年底前优化新能源汽车免征车辆购置税的车型目录和享受车船税减免优惠的车型目录发布程序，实现与道路机动车辆生产企业及产品公告“一次申报、一并审查、一批发布”，企业依据产品公告即可享受相关税收减免政策。（工业和信息化部、公安部、财政部、交通运输部、商务部、税务总局、市场监管总局、银保监会等国务院相关部门按职责分工负责）

（六）降低小微企业等经营成本。支持地方开展“一照多址”改革，简化企业设立分支机构的登记手续。在确保食品安全前提下，鼓励有条件的地方合理放宽对连锁便利店制售食品在食品处理区面积等方面的审批要求，探索将食品经营许可（仅销售预包装食品）改为备案，合理制定并公布商户牌匾、照明设施等标准。鼓励引导平台企业适当降低向小微商户收取的平台佣金等服务费用和条码支付、互联网支付等手续费，严禁平台企业滥用市场支配地位收取不公平的高价服务费。在保障劳动者职业健康前提下，对职业病危害一般的用人单位适当降低职业病危害因素检测频次。在工程建设、政府采购等领域，推行以保险、保函等替代现金缴纳涉企保证金，减轻企业现金流压力。（市场监管总局、中央网信办、工业和信息化部、财政部、住房城乡建设部、交通运输部、水利部、国家卫生健康委、人民银行、银保监会等相关部门及各地区按职责分工负责）

三、优化外贸外资企业经营环境

（七）进一步提高进出口通关效率。推行进出口货物“提前申报”，企业提前办理申报手续，海关在货物运抵海关监管作业场所后即办理货物查验、放行手续。优化进口“两步申报”通关模式，企业进行“概要申报”且海关完成风险排查处置后，即允许企业将货物提离。在符合条件的监管作业场所开展进口货物“船边直提”和出口货物“抵港直装”试点。推行查验作业全程监控和留痕，允许有条件的地方实行企业自主选择是否陪同查验，减轻企业负担。严禁口岸为压缩通关时间简单采取单日限流、控制报关等不合理措施。（海关总署牵头，国务院相关部门及各地区按职责分工负责）

（八）拓展国际贸易“单一窗口”功能。加快“单一窗口”功能由口岸通关执法向口岸物流、贸易服务等全链条拓展，实现港口、船代、理货等收费标准线上公开、在线查询。除涉密等特殊情况外，进出口环节涉及的监管证件原则上都应通过“单一窗口”一口受理，由相关部门在后台分别办理并实施监管，推动实现企业在线缴费、自主打印证件。（海关总署牵头，生态环境部、交通运输部、农业农村部、商务部、市场监管总局、国家药监局等国务院相关部门及各地区按职责分工负责）

（九）进一步减少外资外贸企业投资经营限制。支持外贸企业出口产品转内销，推行以外贸企业自我声明等方式替代相关国内认证，对已经取得相关国际认证且认证标准不低于国内标准的产品，允许外贸企业作出符合国内标准的书面承诺后直接上市销售，并加强事中事后监管。授权全国所有地级及以上城市开展外商投资企业注册登记。（商务部、市场监管总局等国务院相关部门及各地区按职责分工负责）

四、进一步降低就业创业门槛

（十）优化部分行业从业条件。推动取消除道路危险货物运输以外的道路货物运输驾驶员从业资格考试，并将相关考试培训内容纳入相应等级机动车驾驶证培训，驾驶员凭培训结业证书和机动车驾驶证申领道路货物运输驾驶员从业资格证。改革执业兽医资格考试制度，便利兽医相关专业高校在校生报名参加考试。加快推动劳动者入职体检结果互认，减轻求职者负担。（人力资源社会保障部、交通运输部、农业农村部等国务院相关部门及各地区按职责分工负责）

（十一）促进人才流动和灵活就业。2021 年 6 月底前实现专业技术人才职称信息跨地区在线核验，鼓励地区间职称互认。引导有需求的企业开展“共享用工”，通过用工余缺调剂提高人力资源配置效率。统一失业保险转移办理流程，简化失业保险申领程序。各地要落实属地管理责任，在保障安全卫生、不损害公共利益等条件下，坚持放管结合，合理设定流动摊贩经营场所。（人力资源社会保障部、市场监管总局、住房城乡建设部等国务院相关部门及各地区按职责分工负责）

（十二）完善对新业态的包容审慎监管。加快评估已出台的新业态准入和监管政策，坚决清理各类不合理管理措施。在保证医疗安全和质量前提下，进一步放宽互联网诊疗范围，将符合条件的互联网医疗服务纳入医保报销范围，制定公布全国统一的互联网医疗审批标准，加快创新型医疗器械审评审批并推进临床应用。统一智能网联汽车自动驾驶功能测试标准，推动实现封闭场地测试结果全国通用互认，督促封闭场地向社会公开测试服务项目及收费标准，简化测试通知书申领及异地换发手续，对测试通知书到期但车辆状态未改变的无需重复测试、直接延长期限。降低导航电子地图制作测绘资质申请条件，压减资质延续和信息变更的办理时间。（工业和信息化部、公安部、自然资源部、交通运输部、国家卫生健康委、国家医保局、国家药监局等国务院相关部门及各地区按职责分工负责）

（十三）增加新业态应用场景等供给。围绕城市治理、公共服务、政务服务等领域，鼓励地方通过搭建供需对接平台等为新技术、新产品提供更多应用场景。在条件成熟的特定路段及有需求的机场、港口、园区等区域探索开展智能网联汽车示范应用。建立健全政府及公共服务机构数据开放共享规则，推动公共交通、路政管理、医疗卫生、养老等公共服务领域和政府部门数据有序开放。（国家发展改革委牵头，中央网信办、工业和信息化部、公安部、民政部、住房城乡建设部、交通运输部、国家卫生健康委等相关部门及各地区按职责分工负责）

五、提升涉企服务质量和效率

（十四）推进企业开办经营便利化。全面推行企业开办全程网上办，提升企业名称自主申报系统核名智能化水平，在税务、人力资源社会保障、公积金、商业银行等服务领域加快实现电子营业执照、电子印章应用。放宽小微企业、个体工商户登记经营场所限制。探索推进“一业一证”改革，将一个行业准入涉及的多张许可证整合为一张许可证，实现“一证准营”、跨地互认通用。梳理各类强制登报公告事项，研究推动予以取消或调整为网上免费公告。加快推进政务服务事项跨省通办。（市场监管总局、国务院办公厅、司法部、人力资源社会保障部、住房城乡建设部、人民银行、税务总局、银保监会、证监会等国务院相关部门及各地区按职责分工负责）

（十五）持续提升纳税服务水平。2020 年底前基本实现增值税专用发票电子化，主要涉税服务事项基本实现网上办理。简化增值税等税收优惠政策申报程序，原则上不再设置审批环节。强化税务、海关、人民银行等部门数据共享，加快出口退税进度，推行无纸化单证备案。（税务总局牵头，人民银行、海关总署等国务院相关部门按职责分工负责）

（十六）进一步提高商标注册效率。提高商标网上服务系统数据更新频率，提升系统智能检索功能，推动实现商标图形在线自动比对。进一步压缩商标异议、驳回复审的审查审理周期，及

时反馈审查审理结果。2020 年底前将商标注册平均审查周期压缩至 4 个月以内。（国家知识产权局负责）

（十七）优化动产担保融资服务。鼓励引导商业银行支持中小企业以应收账款、生产设备、产品、车辆、船舶、知识产权等动产和权利进行担保融资。推动建立以担保人名称为索引的电子数据库，实现对担保品登记状态信息的在线查询、修改或撤销。（人民银行牵头，国家发展改革委、公安部、交通运输部、市场监管总局、银保监会、国家知识产权局等国务院相关部门按职责分工负责）

六、完善优化营商环境长效机制

（十八）建立健全政策评估制度。研究制定建立健全政策评估制度的指导意见，以政策效果评估为重点，建立对重大政策开展事前、事后评估的长效机制，推进政策评估工作制度化、规范化，使政策更加科学精准、务实管用。（国务院办公厅牵头，各地区、各部门负责）

（十九）建立常态化政企沟通联系机制。加强与企业和行业协会商会的常态化联系，完善企业服务体系，加快建立营商环境诉求受理和分级办理“一张网”，更多采取“企业点菜”方式推进“放管服”改革。加快推进政务服务热线整合，进一步规范政务服务热线受理、转办、督办、反馈、评价流程，及时回应企业和群众诉求。（国务院办公厅牵头，国务院相关部门和单位及各地区按职责分工负责）

（二十）抓好惠企政策兑现。各地要梳理公布惠企政策清单，根据企业所属行业、规模等主动精准推送政策，县级政府出台惠企措施时要公布相关负责人及联系方式，实行政策兑现“落实到人”。鼓励推行惠企政策“免申即享”，通过政府部门信息共享等方式，实现符合条件的企业免予申报、直接享受政策。对确需企业提出申请的惠企政策，要合理设置并公开申请条件，简化申报手续，加快实现一次申报、全程网办、快速兑现。（各地区、各部门负责）

［6］经营者集中审查暂行规定

第一章　总则

第一条　为规范经营者集中反垄断审查工作，根据《中华人民共和国反垄断法》（以下简称反垄断法）和《国务院关于经营者集中申报标准的规定》，制定本规定。

第二条　国家市场监督管理总局（以下简称市场监管总局）负责经营者集中反垄断审查工作，并对违法实施的经营者集中进行调查处理。

市场监管总局根据工作需要，可以委托省、自治区、直辖市市场监管部门实施经营者集中审查。

第三条　本规定所称经营者集中，是指反垄断法第二十条所规定的下列情形：

（一）经营者合并；

（二）经营者通过取得股权或者资产的方式取得对其他经营者的控制权；

（三）经营者通过合同等方式取得对其他经营者的控制权或者能够对其他经营者施加决定性影响。

第四条　判断经营者是否通过交易取得对其他经营者的控制权或者能够对其他经营者施加决定性影响，应当考虑下列因素：

（一）交易的目的和未来的计划；

（二）交易前后其他经营者的股权结构及其变化；

（三）其他经营者股东大会的表决事项及其表决机制，以及其历史出席率和表决情况；

（四）其他经营者董事会或者监事会的组成及其表决机制；

（五）其他经营者高级管理人员的任免等；

（六）其他经营者股东、董事之间的关系，是否存在委托行使投票权、一致行动人等；

（七）该经营者与其他经营者是否存在重大商业关系、合作协议等；

（八）其他应当考虑的因素。

第五条　市场监管总局开展经营者集中反垄断审查工作时，应当平等对待所有经营者。

第二章　经营者集中申报

第六条　经营者集中达到国务院规定的申报标准（以下简称申报标准）的，经营者应当事先向市场监管总局申报，未申报的不得实施集中。

经营者集中未达到申报标准，但按照规定程序收集的事实和证据表明该经营者集中具有或者可能具有排除、限制竞争效果的，市场监管总局应当依法进行调查。

第七条　营业额包括相关经营者上一会计年度内销售产品和提供服务所获得的收入，扣除相关税金及附加。

第八条　参与集中的经营者的营业额，应当为该经营者以及申报时与该经营者存在直接或者间接控制关系的所有经营者的营业额总和，但是不包括上述经营者之间的营业额。

经营者取得其他经营者的组成部分时，出让方不再对该组成部分拥有控制权或者不能施加决定性影响的，目标经营者的营业额仅包括该组成部分的营业额。

参与集中的经营者之间或者参与集中的经营者和未参与集中的经营者之间有共同控制的其他经营者时，参与集中的经营者的营业额应当包括被共同控制的经营者与第三方经营者之间的营业额，且此营业额只计算一次。

金融业经营者营业额的计算，按照金融业经营者集中申报营业额计算相关规定执行。

第九条　相同经营者之间在两年内多次实施的未达到申报标准的经营者集中，应当视为一次集中，集中时间从最后一次交易算起，参与集中的经营者的营业额应当将多次交易合并计算。经营者通过与其有控制关系的其他经营者实施上述行为，依照本规定处理。

前款所称两年内是指从第一次交易完成之日起至最后一次交易签订协议之日止的期间。

第十条　市场监管总局加强对经营者集中申报的指导。在正式申报前，经营者可以以书面方式就集中申报事宜向市场监管总局提出商谈的具体问题。

第十一条　通过合并方式实施的经营者集中，合并各方均为申报义务人；其他情形的经营者集中，取得控制权或者能够施加决定性影响的经营者为申报义务人，其他经营者予以配合。

同一项经营者集中有多个申报义务人的，可以委托一个申报义务人申报。被委托的申报义务人未申报的，其他申报义务人不能免除申报义务。申报义务人未申报的，其他参与集中的经营者可以提出申报。

申报人可以自行申报，也可以依法委托他人代理申报。

第十二条　申报文件、资料应当包括如下内容：

（一）申报书。申报书应当载明参与集中的经营者的名称、住所、经营范围、预定实施集中的日期，并附申报人身份证件或者注册登记文件，境外申报人还须提交当地公证机关的公证文件和相关的认证文件。委托代理人申报的，应当提交授权委托书。

（二）集中对相关市场竞争状况影响的说明。包括集中交易概况；相关市场界定；参与集中的经营者在相关市场的市场份额及其对市场的控制力；主要竞争者及其市场份额；市场集中度；市场进入；行业发展现状；集中对市场竞争结构、行业发展、技术进步、国民经济发展、消费者以及其他经营者的影响；集中对相关市场竞争影响的效果评估及依据。

（三）集中协议。包括各种形式的集中协议文件，如协议书、合同以及相应的补充文件等。

（四）参与集中的经营者经会计师事务所审计的上一会计年度财务会计报告。

（五）市场监管总局要求提交的其他文件、资料。

申报人应当对申报文件、资料的真实性负责。

第十三条　申报人应当对申报文件、资料中的商业秘密、未披露信息或者保密商务信息进行标注，并且同时提交申报文件、资料的公开版本和保密版本。申报文件、资料应当使用中文。

第十四条　市场监管总局应当对申报人提交的文件、资料进行核查，发现申报文件、资料不完备的，可以要求申报人在规定期限内补交。申报人逾期未补交的，视为未申报。

第十五条　市场监管总局经核查认为申报文件、资料符合法定要求的，应当自收到完备的申报文件、资料之日予以立案并书面通知申报人。

第十六条　经营者集中未达到申报标准，参与集中的经营者自愿提出经营者集中申报，市场监管总局收到申报文件、资料后经审查认为有必要立案的，应当按照反垄断法予以立案审查并作出决定。

第十七条　符合下列情形之一的，经营者可以作为简易案件申报，市场监管总局按照简易案件程序进行审查：

（一）在同一相关市场，参与集中的经营者所占的市场份额之和小于百分之十五；在上下游市场，参与集中的经营者所占的市场份额均小于百分之二十五；不在同一相关市场也不存在上下游关系的参与集中的经营者，在与交易有关的每个市场所占的市场份额均小于百分之二十五；

（二）参与集中的经营者在中国境外设立合营企业，合营企业不在中国境内从事经济活动的；

（三）参与集中的经营者收购境外企业股权或者资产，该境外企业不在中国境内从事经济活动的；

（四）由两个以上经营者共同控制的合营企业，通过集中被其中一个或者一个以上经营者控制的。

第十八条　符合本规定第十七条但存在下列情形之一的经营者集中，不视为简易案件：

（一）由两个以上经营者共同控制的合营企业，通过集中被其中的一个经营者控制，该经营者与合营企业属于同一相关市场的竞争者，且市场份额之和大于百分之十五的；

（二）经营者集中涉及的相关市场难以界定的；

（三）经营者集中对市场进入、技术进步可能产生不利影响的；

（四）经营者集中对消费者和其他有关经营者可能产生不利影响的；

（五）经营者集中对国民经济发展可能产生不利影响的；

（六）市场监管总局认为可能对市场竞争产生不利影响的其他情形。

第三章　经营者集中审查

第十九条　市场监管总局应当自立案之日起三十日内，对申报的经营者集中进行初步审查，作出是否实施进一步审查的决定，并书面通知经营者。

市场监管总局决定实施进一步审查的，应当自决定之日起九十日内审查完毕，作出是否禁止经营者集中的决定，并书面通知经营者。符合反垄断法第二十六条第二款规定情形的，市场监管总局可以延长本款规定的审查期限，最长不得超过六十日。

第二十条　在市场监管总局作出审查决定之前，申报人要求撤回经营者集中申报的，应当提交书面申请并说明理由。经市场监管总局同意，申报人可以撤回申报。

集中交易情况或者相关市场竞争状况发生重大变化，需要重新申报的，申报人应当申请撤回。

撤回经营者集中申报的，审查程序终止。市场监管总局同意撤回申报不视为对集中的批准。

第二十一条　在审查过程中，市场监管总局可以根据审查需要，要求申报人在规定时限内补充提供相关文件、资料。

申报人可以主动提供有助于对经营者集中进行审查和作出决定的有关文件、资料。

第二十二条　在审查过程中，参与集中的经营者可以通过信函、传真、电子邮件等方式向市场监管总局就有关申报事项进行书面陈述，市场监管总局应当听取当事人的陈述。

第二十三条　在审查过程中，市场监管总局可以根据审查需要，征求有关政府部门、行业协会、经营者、消费者等单位或者个人的意见。

第二十四条　审查经营者集中，应当考虑下列因素：

（一）参与集中的经营者在相关市场的市场份额及其对市场的控制力；

（二）相关市场的市场集中度；

（三）经营者集中对市场进入、技术进步的影响；

（四）经营者集中对消费者和其他有关经营者的影响；

（五）经营者集中对国民经济发展的影响；

（六）应当考虑的影响市场竞争的其他因素。

第二十五条　评估经营者集中的竞争影响，可以考察相关经营者单独或者共同排除、限制竞争的能力、动机及可能性。

集中涉及上下游市场或者关联市场的，可以考察相关经营者利用在一个或者多个市场的控制力，排除、限制其他市场竞争的能力、动机及可能性。

第二十六条　评估参与集中的经营者对市场的控制力，可以考虑参与集中的经营者在相关市场的市场份额、产品或者服务的替代程度、控制销售市场或者原材料采购市场的能力、财力和技术条件，以及相关市场的市场结构、其他经营者的生产能力、下游客户购买能力和转换供应商的能力、潜在竞争者进入的抵消效果等因素。

评估相关市场的市场集中度，可以考虑相关市场的经营者数量及市场份额等因素。

第二十七条　评估经营者集中对市场进入的影响，可以考虑经营者通过控制生产要素、销售和采购渠道、关键技术、关键设施等方式影响市场进入的情况，并考虑进入的可能性、及时性和充分性。

评估经营者集中对技术进步的影响，可以考虑经营者集中对技术创新动力、技术研发投入和利用、技术资源整合等方面的影响。

第二十八条　评估经营者集中对消费者的影响，可以考虑经营者集中对产品或者服务的数量、价格、质量、多样化等方面的影响。

评估经营者集中对其他有关经营者的影响，可以考虑经营者集中对同一相关市场、上下游市场或者关联市场经营者的市场进入、交易机会等竞争条件的影响。

第二十九条　评估经营者集中对国民经济发展的影响，可以考虑经营者集中对经济效率、经营规模及其对相关行业发展等方面的影响。

第三十条　评估经营者集中的竞争影响，还可以综合考虑集中对公共利益的影响、参与集中的经营者是否为濒临破产的企业等因素。

第三十一条　市场监管总局认为经营者集中具有或者可能具有排除、限制竞争效果的，应当告知申报人，并设定一个允许参与集中的经营者提交书面意见的合理期限。

参与集中的经营者的书面意见应当包括相关事实和理由，并提供相应证据。参与集中的经营者逾期未提交书面意见的，视为无异议。

第三十二条　为减少集中具有或者可能具有的排除、限制竞争的效果，参与集中的经营者可以向市场监管总局提出附加限制性条件承诺方案。

市场监管总局应当对承诺方案的有效性、可行性和及时性进行评估，并及时将评估结果通知申报人。

市场监管总局认为承诺方案不足以减少集中对竞争的不利影响的，可以与参与集中的经营者就限制性条件进行磋商，要求其在合理期限内提出其他承诺方案。

第三十三条　根据经营者集中交易具体情况，限制性条件可以包括如下种类：

（一）剥离有形资产、知识产权等无形资产或者相关权益（以下简称剥离业务）等结构性条件；

（二）开放其网络或者平台等基础设施、许可关键技术（包括专利、专有技术或者其他知识产权）、终止排他性协议等行为性条件；

（三）结构性条件和行为性条件相结合的综合性条件。

剥离业务一般应当具有在相关市场开展有效竞争所需要的所有要素，包括有形资产、无形资产、股权、关键人员以及客户协议或者供应协议等权益。剥离对象可以是参与集中经营者的子公司、分支机构或者业务部门。

第三十四条　承诺方案存在不能实施的风险的，参与集中的经营者可以提出备选方案。备选方案应当在首选方案无法实施后生效，并且比首选方案的条件更为严格。

承诺方案为剥离，但存在下列情形之一的，参与集中的经营者可以在承诺方案中提出特定买方和剥离时间建议：

（一）剥离存在较大困难；

（二）剥离前维持剥离业务的竞争性和可销售性存在较大风险；

（三）买方身份对剥离业务能否恢复市场竞争具有重要影响；

（四）市场监管总局认为有必要的其他情形。

第三十五条　对于具有或者可能具有排除、限制竞争效果的经营者集中，参与集中的经营者提出的附加限制性条件承诺方案能够有效减少集中对竞争产生的不利影响的，市场监管总局可以作出附加限制性条件批准决定。参与集中的经营者未能在规定期限内提出附加限制性条件承诺方案，或者所提出的承诺方案不能有效减少集中对竞争产生的不利影响的，市场监管总局应当作出禁止经营者集中的决定。

第四章　限制性条件的监督和实施

第三十六条　对于附加限制性条件批准的经营者集中，义务人应当严格履行审查决定规定的义务，并按规定向市场监管总局报告限制性条件履行情况。

市场监管总局可以自行或者通过受托人对义务人履行限制性条件的行为进行监督检查。通过受托人监督检查的，市场监管总局应当在审查决定中予以明确。受托人包括监督受托人和剥离受托人。

义务人，是指附加限制性条件批准经营者集中的审查决定中要求履行相关义务的经营者。

监督受托人，是指受义务人委托并经市场监管总局评估确定，负责对义务人实施限制性条件进行监督并向市场监管总局报告的自然人、法人或者其他组织。

剥离受托人，是指受义务人委托并经市场监管总局评估确定，在受托剥离阶段负责出售剥离业务并向市场监管总局报告的自然人、法人或者其他组织。

第三十七条　通过受托人监督检查的，义务人应当在市场监管总局作出审查决定之日起十五日内向市场监管总局提交监督受托人人选。限制性条件为剥离的，义务人应当在进入受托剥离阶段三十日前向市场监管总局提交剥离受托人人选。受托人应当符合下列要求：

（一）独立于义务人和剥离业务的买方；

（二）具有履行受托人职责的专业团队，团队成员应当具有对限制性条件进行监督所需的专业知识、技能及相关经验；

（三）能够提出可行的工作方案；

（四）过去五年未在担任受托人过程中受到处罚；

（五）市场监管总局提出的其他要求。

市场监管总局评估确定受托人后，义务人应当与受托人签订书面协议，明确各自权利和义务，并报市场监管总局同意。受托人应当勤勉、尽职地履行职责。义务人支付受托人报酬，并为受托人提供必要的支持和便利。

第三十八条　附加限制性条件为剥离的，剥离义务人应当在审查决定规定的期限内，自行找到合适的剥离业务买方、签订出售协议，并报经市场监管总局批准后完成剥离。剥离义务人未能在规定期限内完成剥离的，市场监管总局可以要求义务人委托剥离受托人在规定的期限内寻找合适的剥离业务买方。剥离业务买方应当符合下列要求：

（一）独立于参与集中的经营者；

（二）拥有必要的资源、能力并有意愿使用剥离业务参与市场竞争；

（三）取得其他监管机构的批准；

（四）不得向参与集中的经营者融资购买剥离业务；

（五）市场监管总局根据具体案件情况提出的其他要求。

买方已有或者能够从其他途径获得剥离业务中的部分资产或者权益时，可以向市场监管总局申请对剥离业务的范围进行必要调整。

第三十九条　义务人提交市场监管总局审查的监督受托人、剥离受托人、剥离业务买方人选原则上各不少于三家。在特殊情况下，经市场监管总局同意，上述人选可少于三家。

市场监管总局应当对义务人提交的受托人及委托协议、剥离业务买方人选及出售协议进行审查，以确保其符合审查决定要求。

限制性条件为剥离的，市场监管总局上述审查所用时间不计入剥离期限。

第四十条　审查决定未规定自行剥离期限的，剥离义务人应当在审查决定作出之日起六个月内找到适当的买方并签订出售协议。经剥离义务人申请并说明理由，市场监管总局可以酌情延长自行剥离期限，但延期最长不得超过三个月。

审查决定未规定受托剥离期限的，剥离受托人应当在受托剥离开始之日起六个月内找到适当的买方并签订出售协议。

第四十一条　剥离义务人应当在市场监管总局审查批准买方和出售协议后，与买方签订出售协议，并自签订之日起三个月内将剥离业务转移给买方，完成所有权转移等相关法律程序。经剥离义务人申请并说明理由，市场监管总局可以酌情延长业务转移的期限。

第四十二条　经市场监管总局批准的买方购买剥离业务达到申报标准的，取得控制权的经营者应当将其作为一项新的经营者集中向市场监管总局申报。市场监管总局作出审查决定之前，剥离义务人不得将剥离业务出售给买方。

第四十三条　在剥离完成之前，为确保剥离业务的存续性、竞争性和可销售性，剥离义务人应当履行下列义务：

（一）保持剥离业务与其保留的业务之间相互独立，并采取一切必要措施以最符合剥离业务发展的方式进行管理；

（二）不得实施任何可能对剥离业务有不利影响的行为，包括聘用被剥离业务的关键员工，获得剥离业务的商业秘密或者其他保密信息等；

（三）指定专门的管理人，负责管理剥离业务。管理人在监督受托人的监督下履行职责，其任命和更换应当得到监督受托人的同意；

（四）确保潜在买方能够以公平合理的方式获得有关剥离业务的充分信息，评估剥离业务的商业价值和发展潜力；

（五）根据买方的要求向其提供必要的支持和便利，确保剥离业务的顺利交接和稳定经营；

（六）向买方及时移交剥离业务并履行相关法律程序。

第四十四条　监督受托人应当在市场监管总局的监督下履行下列职责：

（一）监督义务人履行本规定、审查决定及相关协议规定的义务；

（二）对剥离义务人推荐的买方人选、拟签订的出售协议进行评估，并向市场监管总局提交评估报告；

（三）监督剥离业务出售协议的执行，并定期向市场监管总局提交监督报告；

（四）协调剥离义务人与潜在买方就剥离事项产生的争议；

（五）按照市场监管总局的要求提交其他与义务人履行限制性条件有关的报告。

未经市场监管总局同意，监督受托人不得披露其在履行职责过程中向市场监管总局提交的各种报告及相关信息。

第四十五条　在受托剥离阶段，剥离受托人负责为剥离业务找到买方并达成出售协议。

剥离受托人有权以无底价方式出售剥离业务。

第四十六条　审查决定应当规定附加限制性条件的期限。

根据审查决定，限制性条件到期自动解除的，经市场监管总局核查，义务人未违反审查决定的，限制性条件自动解除。义务人存在违反审查决定情形的，市场监管总局可以适当延长附加限制性条件的期限，并及时向社会公布。

根据审查决定，限制性条件到期后义务人需要申请解除的，义务人应当提交书面申请并说明理由。市场监管总局评估后决定解除限制性条件的，应当及时向社会公布。

限制性条件为剥离，经市场监管总局核查，义务人履行完成所有义务的，限制性条件自动解除。

第四十七条　审查决定生效期间，市场监管总局可以主动或者应义务人申请对限制性条件进行重新审查，变更或者解除限制性条件。市场监管总局决定变更或者解除限制性条件的，应当及时向社会公布。

市场监管总局变更或者解除限制性条件时，应当考虑下列因素：

（一）集中交易方是否发生重大变化；

（二）相关市场竞争状况是否发生实质性变化；

（三）实施限制性条件是否无必要或者不可能；

（四）应当考虑的其他因素。

第五章　对违法实施经营者集中的调查

第四十八条　经营者集中达到申报标准，经营者未申报实施集中、申报后未经批准实施集中或者违反审查决定的，依照本章规定进行调查。

第四十九条　对涉嫌违法实施经营者集中，任何单位和个人有权向市场监管总局举报。市场监管总局应当为举报人保密。

举报采用书面形式，并提供举报人和被举报人基本情况、涉嫌违法实施经营者集中的相关事实和证据等内容的，市场监管总局应当进行必要的核查。

第五十条　对有初步事实和证据表明存在违法实施经营者集中嫌疑的，市场监管总局应当予以立案，并书面通知被调查的经营者。

第五十一条　被调查的经营者应当在立案通知送达之日起三十日内，向市场监管总局提交是否属于经营者集中、是否达到申报标准、是否申报、是否违法实施等有关的文件、资料。

第五十二条　市场监管总局应当自收到被调查的经营者依照本规定第五十一条提交的文件、资料之日起三十日内，对被调查的交易是否属于违法实施经营者集中完成初步调查。

属于违法实施经营者集中的，市场监管总局应当作出实施进一步调查的决定，并书面通知被调查的经营者。经营者应当停止违法行为。

不属于违法实施经营者集中的，市场监管总局应当作出不实施进一步调查的决定，并书面通知被调查的经营者。

第五十三条　市场监管总局决定实施进一步调查的，被调查的经营者应当自收到市场监管总局书面通知之日起三十日内，依照本规定关于经营者集中申报文件、资料的规定向市场监管总局提交相关文件、资料。

市场监管总局应当自收到被调查的经营者提交的符合前款规定的文件、资料之日起一百二十日内，完成进一步调查。

在进一步调查阶段，市场监管总局应当按照反垄断法及本规定，对被调查的交易是否具有或者可能具有排除、限制竞争效果进行评估。

第五十四条　在调查过程中，被调查的经营者、利害关系人有权陈述意见。市场监管总局应当对被调查的经营者、利害关系人提出的事实、理由和证据进行核实。

第五十五条　市场监管总局在作出行政处罚决定前，应当将作出行政处罚决定的事实、理由和依据告知被调查的经营者。

被调查的经营者应当在市场监管总局规定的期限内提交书面意见。书面意见应当包括相关事实和证据。

第五十六条　市场监管总局对违法实施经营者集中应当依法作出处理决定，并可以向社会公布。

第六章　法律责任

第五十七条　经营者违反反垄断法规定实施集中的，依照反垄断法第四十八条规定予以处罚。

第五十八条　申报人隐瞒有关情况或者提供虚假材料的，市场监管总局对经营者集中申报不予立案或者撤销立案，并可以依照反垄断法第五十二条规定予以处罚。

第五十九条　受托人未按要求履行职责的，由市场监管总局责令改正；情节严重的，可以要求义务人更换受托人，并对受托人处三万元以下的罚款。

第六十条　剥离业务的买方未按规定履行义务，影响限制性条件实施的，由市场监管总局责令改正，并可以处三万元以下的罚款。

第七章　附则

第六十一条　市场监管总局以及其他单位和个人对于知悉的商业秘密、未披露信息或者保密商务信息承担保密义务，但根据法律法规规定应当披露的或者事先取得权利人同意的除外。

第六十二条　对未达到申报标准但是具有或者可能具有排除、限制竞争效果的经营者集中，市场监管总局可以依照本规定收集事实和证据，并进行调查。

第六十三条　在审查或者调查过程中，市场监管总局可以组织听证。听证程序依照《市场监督管理行政许可程序暂行规定》《市场监督管理行政处罚听证暂行办法》执行。

第六十四条　对于需要送达经营者的书面文件，送达方式参照《市场监督管理行政处罚程序暂行规定》执行。

第六十五条　本规定自2020年12月1日起施行。

二、其他政策与法规（索引）

2018年

[1] 食盐专营办法（2017年12月26日中华人民共和国国务院令第696号修订）

[2] 国务院办公厅关于推进电子商务与快递物流协同发展的意见

[3] 国务院办公厅关于推进农业高新技术产业示范区建设发展的指导意见
[4] 国务院办公厅关于改革完善仿制药供应保障及使用政策的意见
[5] 中共中央　国务院关于支持海南全面深化改革开放的指导意见
[6] 国务院关于粮食部门深化改革实行两条线运行的通知
[7] 国务院办公厅关于促进“互联网 + 医疗健康”发展的意见
[8] 关于加强农业产业化领域金融合作助推实施乡村振兴战略的意见
[9] 国务院办公厅关于开展工程建设项目审批制度改革试点的通知
[10] 国务院办公厅关于推进奶业振兴保障乳品质量安全的意见
[11] 工业互联网平台建设及推广指南
[12] 关于扩大进口促进对外贸易平衡发展的意见
[13] 关于大力发展实体经济积极稳定和促进就业的指导意见
[14] 国务院关于推进国有资本投资、运营公司改革试点的实施意见
[15] 关于深化电子商务领域知识产权保护专项整治工作的通知
[16] 国务院办公厅关于改革完善医疗卫生行业综合监管制度的指导意见
[17] 国务院办公厅关于加强核电标准化工作的指导意见
[18] 国家发展改革委　民航局关于促进通用机场有序发展的意见
[19] 国家发展改革委办公厅关于建立特色小镇和特色小城镇高质量发展机制的通知
[20] 国务院关于促进天然气协调稳定发展的若干意见
[21] 关于发展数字经济稳定并扩大就业的指导意见
[22] 关于完善促进消费体制机制进一步激发居民消费潜力的若干意见
[23] 农业农村部关于支持长江经济带农业农村绿色发展的实施意见
[24] 国务院关于推动创新创业高质量发展打造“双创”升级版的意见
[25] 财政部贯彻落实实施乡村振兴战略的意见
[26] 完善促进消费体制机制实施方案（2018～2020 年）
[27] 中国（海南）自由贸易试验区总体方案
[28] 优化口岸营商环境促进跨境贸易便利化工作方案
[29] 国务院办公厅关于保持基础设施领域补短板力度的指导意见
[30] 工业和信息化部关于工业通信业标准化工作服务于“一带一路”建设的实施意见
[31] 国务院办公厅关于聚焦企业关切进一步推动优化营商环境政策落实的通知
[32] 关于深入推进民航绿色发展的实施意见
[33] 关于实施进一步支持和服务民营经济发展若干措施的通知
[34] 工业和信息化部　中国农业银行关于推进金融支持县域工业绿色发展工作的通知
[35] 国务院关于支持自由贸易试验区深化改革创新若干措施的通知
[36] 交通运输部办公厅关于进一步深化改革加快推进出租汽车行业健康发展有关工作的通知
[37] 工业和信息化部关于加快推进虚拟现实产业发展的指导意见
[38] 国务院办公厅关于加快发展体育竞赛表演产业的指导意见
[39] 市场监督管理行政处罚程序暂行规定
[40] 市场监督管理行政处罚听证暂行办法
[41] 中国银保监会关于规范银行业金融机构异地非持牌机构的指导意见
[42] 国务院关于加快推进农业机械化和农机装备产业转型升级的指导意见

2019 年

[43] 国家标准委等十部门关于培育发展标准化服务业的指导意见

[44] 国务院反垄断委员会关于汽车业的反垄断指南
[45] 国务院反垄断委员会关于知识产权领域的反垄断指南
[46] 国务院反垄断委员会横向垄断协议案件宽大制度适用指南
[47] 国务院反垄断委员会垄断案件经营者承诺指南
[48] 文化和旅游部关于实施旅游服务质量提升计划的指导意见
[49] 中共中央　国务院关于支持河北雄安新区全面深化改革和扩大开放的指导意见
[50] 国务院关于促进综合保税区高水平开放高质量发展的若干意见
[51] 商务部等12部门关于推进商品交易市场发展平台经济的指导意见
[52] 国务院办公厅关于有效发挥政府性融资担保基金作用切实支持小微企业和“三农”发展的指导意见
[53] 关于加强金融服务民营企业的若干意见
[54] 国务院关于在市场监管领域全面推行部门联合“双随机、一公开”监管的意见
[55] 粤港澳大湾区发展规划纲要
[56] 国家发展改革委关于培育发展现代化都市圈的指导意见
[57] 中共中央　国务院关于坚持农业农村优先发展做好“三农”工作的若干意见
[58] 关于推动物流高质量发展促进形成强大国内市场的意见
[59] 关于推进政府和社会资本合作规范发展的实施意见
[60] 国务院办公厅关于全面开展工程建设项目审批制度改革的实施意见
[61] 农业农村部办公厅关于加强农业科技工作助力产业扶贫工作的指导意见
[62] 关于促进中小企业健康发展的指导意见
[63] 关于统筹推进自然资源资产产权制度改革的指导意见
[64] 国家发展改革委　科技部关于构建市场导向的绿色技术创新体系的指导意见
[65] 国务院办公厅关于推进养老服务发展的意见
[66] 交通运输部等部门关于加快道路货运行业转型升级促进高质量发展意见的通知
[67] 国家标准化管理委员会　国家能源局关于加强能源互联网标准化工作的指导意见
[68] 市场监管总局办公厅关于特种设备行政许可有关事项的实施意见
[69] 国务院关于推进国家级经济技术开发区创新提升打造改革开放新高地的意见
[70] 国家发展改革委关于深化公共资源交易平台整合共享指导意见的通知
[71] 国务院办公厅关于促进家政服务业提质扩容的意见
[72] 国务院关于促进乡村产业振兴的指导意见
[73] 鼓励外商投资产业目录（2019年版）
[74] 外商投资准入特别管理措施（负面清单）（2019年版）
[75] 国家邮政局关于支持民营快递企业发展的指导意见
[76] 国务院办公厅关于加快推进社会信用体系建设构建以信用为基础的新型监管机制的指导意见
[77] 国务院办公厅关于完善建设用地使用权转让、出租、抵押二级市场的指导意见
[78] 人力资源社会保障部关于进一步规范人力资源市场秩序的意见
[79] 工业和信息化部关于促进制造业产品和服务质量提升的实施意见
[80] 关于进一步深化生态环境监管服务推动经济高质量发展的意见
[81] 国务院办公厅关于进一步做好短缺药品保供稳价工作的意见
[82] 工业和信息化部关于加快培育共享制造新模式新业态促进制造业高质量发展的指导意见
[83] 优化营商环境条例
[84] 关于深入推进医养结合发展的若干意见

[85] 交通运输部　国家发展改革委关于深化道路运输价格改革的意见
[86] 关于在国土空间规划中统筹划定落实三条控制线的指导意见
[87] 国务院关于进一步做好利用外资工作的意见
[88] 关于强化知识产权保护的意见
[89] 自然资源部关于加强规划和用地保障支持养老服务发展的指导意见
[90] 中共中央　国务院关于推进贸易高质量发展的指导意见
[91] 长江三角洲区域一体化发展规划纲要
[92] 关于深化生态环境科技体制改革激发科技创新活力的实施意见
[93] 关于促进生物天然气产业化发展的指导意见
[94] 中华人民共和国外商投资法实施条例

2020 年

[95] 国务院办公厅关于促进养老托育服务健康发展的意见
[96] 鼓励外商投资产业目录（2020 年版）
[97] 关于加快构建全国一体化大数据中心协同创新体系的指导意见
[98] 国务院办公厅关于进一步完善失信约束制度构建诚信建设长效机制的指导意见
[99] 关于推动都市圈市域（郊）铁路加快发展的意见
[100] 市场准入负面清单（2020 年版）
[101] 关于深化“互联网 + 旅游”推动旅游业高质量发展的意见
[102] 文化和旅游部关于推动数字文化产业高质量发展的意见
[103] 国务院办公厅关于推进对外贸易创新发展的实施意见
[104] 新能源汽车产业发展规划（2021—2035 年）
[105] 关于支持民营企业加快改革发展与转型升级的实施意见
[106] 关于促进特色小镇规范健康发展的意见
[107] 关于调整完善土地出让收入使用范围优先支持乡村振兴的意见
[108] 国务院办公厅关于以新业态新模式引领新型消费加快发展的意见
[109] 住房和城乡建设部等部门关于加快新型建筑工业化发展的若干意见
[110] 国务院办公厅关于进一步做好稳外贸稳外资工作的意见
[111] 交通运输部关于推动交通运输领域新型基础设施建设的指导意见
[112] 国务院办公厅关于支持多渠道灵活就业的意见
[113] 国务院关于促进国家高新技术产业开发区高质量发展的若干意见
[114] 关于支持新业态新模式健康发展激活消费市场带动扩大就业的意见
[115] 国务院办公厅关于推进医疗保障基金监管制度体系改革的指导意见
[116] 住房和城乡建设部等部门关于推动智能建造与建筑工业化协同发展的指导意见
[117] 关于扩大农业农村有效投资加快补上“三农”领域突出短板的意见
[118] 关于健全支持中小企业发展制度的若干意见
[119] 关于支持民营企业参与交通基础设施建设发展的实施意见
[120] 外商投资准入特别管理措施（负面清单）（2020 年版）
[121] 自由贸易试验区外商投资准入特别管理措施（负面清单）（2020 年版）
[122] 关于营造更好发展环境　支持民营节能环保企业健康发展的实施意见
[123] 中共中央　国务院关于新时代推进西部大开发形成新格局的指导意见
[124] 工业和信息化部关于工业大数据发展的指导意见

[125] 支持引导黄河全流域建立横向生态补偿机制试点实施方案
[126] 关于加快建立绿色生产和消费法规政策体系的意见
[127] 工业和信息化部办公厅关于推动工业互联网加快发展的通知
[128] 关于促进消费扩容提质加快形成强大国内市场的实施意见
[129] 智能汽车创新发展战略
[130] 关于大力推进海运业高质量发展的指导意见
[131] 关于深入推进财政法治建设的指导意见
[132] 省级电网输配电价定价办法
[133] 区域电网输电价格定价办法
[134] 国务院办公厅关于支持国家级新区深化改革创新加快推动高质量发展的指导意见
[135] 关于深化知识产权领域“放管服”改革营造良好营商环境的实施意见
[136] 食品生产许可管理办法
[137] 中国银保监会关于推动银行业和保险业高质量发展的指导意见
[138] 网络预约出租汽车经营服务管理暂行办法
[139] 交通运输部关于进一步提升交通运输发展软实力的意见
[140] 关于推进电力交易机构独立规范运行的实施意见
[141] 市场监管总局等四部门关于进一步推进公平竞争审查工作的通知

第九部分

国内反垄断与规制相关政府机构及学术机构

国家市场监督管理总局

根据《国家市场监督管理总局职能配置、内设机构和人员编制规定》，国家市场监督管理总局是国务院直属机构，为正部级。

一、主 要 职 责

（一）负责市场综合监督管理。起草市场监督管理有关法律法规草案，制定有关规章、政策、标准，组织实施质量强国战略、食品安全战略和标准化战略，拟订并组织实施有关规划，规范和维护市场秩序，营造诚实守信、公平竞争的市场环境。

（二）负责市场主体统一登记注册。指导各类企业、农民专业合作社和从事经营活动的单位、个体工商户以及外国（地区）企业常驻代表机构等市场主体的登记注册工作。建立市场主体信息公示和共享机制，依法公示和共享有关信息，加强信用监管，推动市场主体信用体系建设。

（三）负责组织和指导市场监管综合执法工作。指导地方市场监管综合执法队伍整合和建设，推动实行统一的市场监管。组织查处重大违法案件。规范市场监管行政执法行为。

（四）负责反垄断统一执法。统筹推进竞争政策实施，指导实施公平竞争审查制度。依法对经营者集中行为进行反垄断审查，负责垄断协议、滥用市场支配地位和滥用行政权力排除、限制竞争等反垄断执法工作。指导企业在国外的反垄断应诉工作。承担国务院反垄断委员会日常工作。

（五）负责监督管理市场秩序。依法监督管理市场交易、网络商品交易及有关服务的行为。组织指导查处价格收费违法违规、不正当竞争、违法直销、传销、侵犯商标专利知识产权和制售假冒伪劣行为。指导广告业发展，监督管理广告活动。指导查处无照生产经营和相关无证生产经营行为。指导中国消费者协会开展消费维权工作。

（六）负责宏观质量管理。拟订并实施质量发展的制度措施。统筹国家质量基础设施建设与应用，会同有关部门组织实施重大工程设备质量监理制度，组织重大质量事故调查，建立并统一实施缺陷产品召回制度，监督管理产品防伪工作。

（七）负责产品质量安全监督管理。管理产品质量安全风险监控、国家监督抽查工作。建立并组织实施质量分级制度、质量安全追溯制度。指导工业产品生产许可管理。负责纤维质量监督工作。

（八）负责特种设备安全监督管理。综合管理特种设备安全监察、监督工作，监督检查高耗能特种设备节能标准和锅炉环境保护标准的执行情况。

（九）负责食品安全监督管理综合协调。组织制定食品安全重大政策并组织实施。负责食品安全应急体系建设，组织指导重大食品安全事件应急处置和调查处理工作。建立健全食品安全重要信息直报制度。承担国务院食品安全委员会日常工作。

（十）负责食品安全监督管理。建立覆盖食品生产、流通、消费全过程的监督检查制度和隐患排查治理机制并组织实施，防范区域性、系统性食品安全风险。推动建立食品生产经营者落实主体责任的机制，健全食品安全追溯体系。组织开展食品安全监督抽检、风险监测、核查处置和风险预警、风险交流工作。组织实施特殊食品注册、备案和监督管理。

（十一）负责统一管理计量工作。推行法定计量单位和国家计量制度，管理计量器具及量值传递和比对工作。规范、监督商品量和市场计量行为。

（十二）负责统一管理标准化工作。依法承担强制性国家标准的立项、编号、对外通报和授权批准发布工作。制定推荐性国家标准。依法协调指导和监督行业标准、地方标准、团体标准制定工作。组织开展标准化国际合作和参与制定、采用国际标准工作。

（十三）负责统一管理检验检测工作。推进检验检测机构改革，规范检验检测市场，完善检验检测体系，指导协调检验检测行业发展。

（十四）负责统一管理、监督和综合协调全国认证认可工作。建立并组织实施国家统一的认证认可和合格评定监督管理制度。

（十五）负责市场监督管理科技和信息化建设、新闻宣传、国际交流与合作。按规定承担技术性贸易措施有关工作。

（十六）管理国家药品监督管理局、国家知识产权局。

（十七）完成党中央、国务院交办的其他任务。

二、机构设置

（一）办公厅。负责机关日常运转，承担信息、安全、保密、信访、政务公开、信息化等工作。组织协调市场监督管理方面重大事故的应急处置和调查处理工作。

（二）综合规划司。承担协调推进市场监督管理方面深化改革工作。组织开展相关政策研究和综合分析。拟订市场监督管理中长期规划并组织实施。承担重要综合性文件、文稿的起草工作。承担并指导市场监督管理统计工作。

（三）法规司。承担组织起草市场监督管理有关法律法规草案和规章工作。承担规范性文件以及国际合作协定、协议和议定书草案的合法性审查工作。承担依法依规设计执法程序、规范自由裁量权和行政执法监督工作。承担或参与有关行政复议、行政应诉和行政赔偿工作。组织开展有关法治宣传教育工作。

（四）执法稽查局。拟订市场监管综合执法及稽查办案的制度措施并组织实施。指导查处市场主体准入、生产、经营、交易中的有关违法行为和案件查办工作。承担组织查办、督查督办有全国性影响或跨省（自治区、直辖市）的大案要案工作。指导地方市场监管综合执法工作。

（五）登记注册局（小微企业个体工商户专业市场党建工作办公室）。拟订市场主体统一登记注册和营业执照核发的制度措施并指导实施。承担指导登记注册全程电子化工作。承担登记注册信息的分析公开工作。指导市场监督管理方面的行政许可。扶持个体私营经济发展，承担建立完善小微企业名录工作。在中央组织部指导下，指导各地市场监督管理部门配合党委组织部门开展小微企业、个体工商户、专业市场的党建工作。

（六）信用监督管理司。拟订信用监督管理的制度措施。组织指导对市场主体登记注册行为的监督检查工作。组织指导信用分类管理和信息公示工作，承担国家企业信用信息公示系统的建设和管理工作。建立经营异常名录和“黑名单”，承担市场主体监督管理信息和公示信息归集共享、联合惩戒的协调联系工作。

（七）反垄断局。拟订反垄断制度措施和指南，组织实施反垄断执法工作，承担指导企业在国外的反垄断应诉工作。组织指导公平竞争审查工作。承担反垄断执法国际合作与交流工作。承办国务院反垄断委员会日常工作。

（八）价格监督检查和反不正当竞争局（规范直销与打击传销办公室）。拟订有关价格收费监督检查、反不正当竞争的制度措施、规则指南。组织实施商品价格、服务价格以及国家机关、事业性收费的监督检查工作。组织指导查处价格收费违法违规行为和不正当竞争行为。承担监督管理直销企业、直销员及其直销活动和打击传销工作。

（九）网络交易监督管理司。拟订实施网络商品交易及有关服务监督管理的制度措施。组织指导协调网络市场行政执法工作。组织指导网络交易平台和网络经营主体规范管理工作。组织实施网络市场监测工作。依法组织实施合同、拍卖行为监督管理，管理动产抵押物登记。指导消费环境建设。

（十）广告监督管理司。拟订广告业发展规划、政策并组织实施。拟订实施广告监督管理的制度措施，组织指导药品、保健食品、医疗器械、特殊医学用途配方食品广告审查工作。组织监测各类媒介广告发布情况。组织查处虚假广告等违法行为。指导广告审查机构和广告行业组织的工作。

（十一）质量发展局。拟订推进质量强国战略的政策措施并组织实施，承担统筹国家质量基础设施协同服务及应用工作，提出完善质量激励制度措施。拟订实施产品和服务质量提升制度、产品质量安全事故强制报告制度、缺陷产品召回制度，组织实施重大工程设备质量监理和产品防伪工作，开展服务质量监督监测，组织重大质量事故调查。

（十二）产品质量安全监督管理司。拟订国家重点监督的产品目录并组织实施。承担产品质量国家监督抽查、风险监控和分类监督管理工作。指导和协调产品质量的行业、地方和专业性监督。承担工业产品生产许可管理和食品相关产品质量安全监督管理工作。承担棉花等纤维质量监督工作。

（十三）食品安全协调司。拟订推进食品安全战略的重大政策措施并组织实施。承担统筹协调食品全过程监管中的重大问题，推动健全食品安全跨地区跨部门协调联动机制工作。承办国务院食品安全委员会日常工作。

（十四）食品生产安全监督管理司。分析掌握生产领域食品安全形势，拟订食品生产监督管理和食品生产者落实主体责任的制度措施并组织实施。组织食盐生产质量安全监督管理工作。组织开展食品生产企业监督检查，组织查处相关重大违法行为。指导企业建立健全食品安全可追溯体系。

（十五）食品经营安全监督管理司。分析掌握流通和餐饮服务领域食品安全形势，拟订食品流通、餐饮服务、市场销售食用农产品监督管理和食品经营者落实主体责任的制度措施，组织实施并指导开展监督检查工作。组织食盐经营质量安全监督管理工作。组织实施餐饮质量安全提升行动。指导重大活动食品安全保障工作。组织查处相关重大违法行为。

（十六）特殊食品安全监督管理司。分析掌握保健食品、特殊医学用途配方食品和婴幼儿配方乳粉等特殊食品领域安全形势，拟订特殊食品注册、备案和监督管理的制度措施并组织实施。组织查处相关重大违法行为。

（十七）食品安全抽检监测司。拟订全国食品安全监督抽检计划并组织实施，定期公布相关信息。督促指导不合格食品核查、处置、召回。组织开展食品安全评价性抽检、风险预警和风险交流。参与制定食品安全标准、食品安全风险监测计划，承担风险监测工作，组织排查风险隐患。

（十八）特种设备安全监察局。拟订特种设备目录和安全技术规范。监督检查特种设备的生产、经营、使用、检验检测和进出口，以及高耗能特种设备节能标准、锅炉环境保护标准的执行情况。按规定权限组织调查处理特种设备事故并进行统计分析。查处相关重大违法行为。监督管理特种设备检验检测机构和检验检测人员、作业人员。推动特种设备安全科技研究并推广应用。

（十九）计量司。承担国家计量基准、计量标准、计量标准物质和计量器具管理工作，组织量值传递溯源和计量比对工作。承担国家计量技术规范体系建立及组织实施工作。承担商品量、市场计量行为、计量仲裁检定和计量技术机构及人员监督管理工作。规范计量数据使用。

（二十）标准技术管理司。拟订标准化战略、规划、政策和管理制度并组织实施。承担强制性国家标准、推荐性国家标准（含标准样品）和国际对标采标相关工作。协助组织查处违反强制性国家标准等重大违法行为。承担全国专业标准化技术委员会管理工作。

（二十一）标准创新管理司。承担行业标准、地方标准、团体标准、企业标准和组织参与制定国际标准相关工作。承担全国法人和其他组织统一社会信用代码相关工作。管理商品条码工作。组织参与国际标准化组织、国际电工委员会和其他国际或区域性标准化组织活动。

（二十二）认证监督管理司。拟订实施认证和合格评定监督管理制度。规划指导认证行业发展并协助查处认证违法行为。组织参与认证和合格评定国际或区域性组织活动。

（二十三）认可与检验检测监督管理司。拟订实施认可与检验检测监督管理制度。组织协调检验检测资源整合和改革工作，规划指导检验检测行业发展并协助查处认可与检验检测违法行为。组织参与认可与检验检测国际或区域性组织活动。

（二十四）新闻宣传司。拟订市场监督管理信息公布制度，承担新闻宣传、新闻发布管理工作。组织市场监督管理舆情监测、分析和协调处置工作。协调组织重大宣传活动。

（二十五）科技和财务司。拟订实施相关科技发展规划和技术机构建设规划，提出国家质量基础设施等重大科技需求，承担相关科研攻关、技术引进、成果应用工作。承担机关和直属单位预决算、财务审计、国有资产、基本建设和各类资金、专用基金及制装管理工作。指导市场监督管理系统装备配备工作。

（二十六）人事司。承担机关和直属单位的干部人事、机构编制、劳动工资和教育工作。指导相关人才队伍建设和基层规范化建设工作。

（二十七）国际合作司（港澳台办公室）。承担市场监督管理方面的国际交流与合作工作，承担涉及港澳台的交流与合作事务。承担有关国际合作协定、协议、议定书的签署和执行工作。承担技术性贸易措施有关工作。承担机关和直属单位外事工作。

机关党委。负责机关和在京直属单位的党群工作。

离退休干部办公室。负责机关离退休干部工作，指导直属单位的离退休干部工作。

三、政策法规（反垄断部分）

国务院反垄断委员会关于平台经济领域的反垄断指南
关于禁止滥用知识产权排除、限制竞争行为的规定（2020 年修订版）
经营者集中审查暂行规定
经营者反垄断合规指南
市场监管总局等四部门关于进一步推进公平竞争审查工作的通知
关于支持疫情防控和复工复产反垄断执法的公告
市场监管总局等四部门关于开展妨碍统一市场和公平竞争的政策措施清理工作的通知
禁止垄断协议暂行规定
禁止滥用市场支配地位行为暂行规定
制止滥用行政权力排除、限制竞争行为暂行规定
市场监管总局关于印发《反垄断案件专用文书格式范本》的通知
国务院反垄断委员会垄断案件经营者承诺指南
国务院反垄断委员会横向垄断协议案件宽大制度适用指南
国务院反垄断委员会关于知识产权领域的反垄断指南
国务院反垄断委员会关于汽车业的反垄断指南
市场监管总局关于反垄断执法授权的通知
关于规范经营者集中案件申报名称的指导意见
关于经营者集中简易案件申报的指导意见

经营者集中反垄断审查办事指南
关于经营者集中申报文件资料的指导意见
关于经营者集中申报的指导意见
监督受托人委托协议示范文本
关于印发《公平竞争审查制度实施细则（暂行）》的通知
关于禁止滥用知识产权排除、限制竞争行为的规定
关于经营者集中附加限制性条件的规定（试行）
关于经营者集中简易案件适用标准的暂行规定
未依法申报经营者集中调查处理暂行办法
关于评估经营者集中竞争影响的暂行规定
经营者集中审查办法
经营者集中申报办法
金融业经营者集中申报营业额计算办法
国务院关于经营者集中申报标准的规定
中华人民共和国反垄断法

武汉大学知识产权法研究所

武汉大学知识产权法研究所于2008年由武汉大学批准设立，是一个专门从事知识产权法学理论与应用研究的教学与科研机构。自成立以来，研究所在知识产权法学教学、科研、服务社会等方面取得了一系列成果，扩大了武汉大学知识产权法学的学科影响力。2012年，经研究所全体同仁的共同努力，“知识产权法学”二级学科博士学位授权点经武汉大学学位评定委员会第八届六次会议审核通过并获国务院学位办批准备案，并于2013年起开始正式招生。“知识产权法学”博士学位授权点将设立“知识产权法基础理论”“国际知识产权法”“知识产权执法”以及“新类型知识产权法”四个主要的研究方向。这是武汉大学法学院继体育法博士点后的另一个目录外二级学科博士学位授权点，是武汉大学学科建设方面的新突破。

研究所整合了武汉大学法学院经济法、环境法、国际法、民商法等教研室从事知识产权法相关研究的现有力量，初步形成了以所长宁立志教授、秦天宝教授、聂建强教授、余敏友教授、冯洁菡教授、李承亮副教授、邓社民副教授等一线名师领衔的研究队伍。研究所承担了法律硕士、全校工程硕士必修课、本科生通识课以及留学生双语课等知识产权法的教学任务。在《中国法学》《法学研究》《法学评论》《法商研究》《法律科学》《政法论丛》《知识产权》《法学》等CSSCI以及SSCI、EI出版物等重点刊物发表论文数十篇；主持或承担了国家社会科学基金、教育部人文社科基地重大课题等多项科研项目。目前共编写知识产权法教材两部，其中宁立志教授主编的《知识产权法》获得中国大学出版社协会优秀教材二等奖。此外，研究所还建立了“知识产权与竞争法研究网”，为老师和学生们提供了一个知识产权研究的交流平台。

研究所举办过多次专门的知识产权法学研讨会，与学术界、实务界保持了广泛而密切的联系。如每年定期举办的知识产权博士论坛、知识产权审判证据规则高级研讨会、武汉大学无形资产保护跨学科博士沙龙等，获得了校内外的一致好评。研究所培育的知识产权方向博士研究生理论功底扎实、学术能力突出，在各类学术交流中取得了优异的成绩。其中于连超博士的论文《私有标准及其

反垄断法规制》获得首届“中华法学硕博英才奖”一等奖。今后，武汉大学知识产权法研究所将继续加强知识产权法学学科的建设，为我国知识产权法学专业人才的培养、知识产权法学研究的发展和国家知识产权战略的实施贡献一份力量。

中国人民大学反垄断与竞争政策研究中心

反垄断与竞争政策研究中心（Antitrust and Competition Policy Center，ACPC）具有国际化、专业化和政、学、研相结合的特点，不仅致力于反垄断与竞争政策领域的学术研究，还与反垄断执法机构紧密合作，以高水平学术成果指导政策制定。ACPC 为竞争政策制定、反垄断执法提供智力支持，在维护公平竞争环境、实现资源优化配置以及保护消费者合法利益等方面发挥着重要的作用。ACPC 通过国内外学术研究、交流，促进当代产业组织理论的发展，推动学术成果传播；并结合中国实践，开展有针对性的政策分析及理论研究，为中国反垄断与竞争政策贡献研究成果。

ACPC 研究人员符合反垄断跨学科研究的特点，主要来自本校相关院系，包括汉青经济与金融高级研究院、法学院、经济学院、商学院，及其他兄弟院校，涵盖国内知名经济学者和法学学者，同时与沃顿、斯坦福、加州伯克利等国际同行，日本、韩国、新加坡等区域的一流机构建立合作关系，搭建国内外反垄断与竞争政策权威理论研究平台。

中国人民大学未来法制研究院

一、成立背景

近年来，互联网、大数据、人工智能、区块链、物联网等科学技术飞速发展，并以人们未曾想见的速度、广度和深度得到日益广泛的应用。这将为社会生活带来前所未有的重大变革，也为全球法治领域带来了巨大的挑战和机遇。

2017 年 9 月 8 日，中国人民大学法学院正式成立未来法治研究院，聚焦新一轮科技革命为法学领域带来的挑战及社会发展中的重大法治前沿问题，积极促进法学与当代科技发展及司法实践的紧密结合与交融汇通，建构对科技革命带来的新问题具有回应能力、对中国法律实践和法律体系具有解释力、对国际学术发展具有影响力的研究和教育平台。

中国人民大学未来法治研究院目前拥有多名具有跨学科背景、海外留学背景、学缘结构多元的优秀学者，研究方向涵盖个人信息保护与数据治理、人工智能与法律规制、平台责任与平台监管，金融科技与技术驱动型监管、网络犯罪与网络安全、智慧司法理论及技术等重要领域。

二、发展规划与使命

中国人民大学未来法治研究院将通过举办主题研讨会、前沿讲座、专题读书会、课程改革、建设实验室、对外交流等多种机制，探讨新技术变革所涉及的法学理论和法学问题分析框架及研究方法，针对新技术革命对法治提出的挑战给予法律规范和司法实践层面的回应，探索掌握新技术的复合型法律人才的培养路径。

中国人民大学未来法治研究院致力于成为新技术与法律紧密结合的研究平台，成为未来法学领军人物的孵化平台，成为面向世界法学界、具有重要国际影响力的合作平台，为新技术相关国内、国际规则的制定提供理论支撑和人才储备，服务于社会进步和人类文明的发展。

同济大学法学院知识产权与竞争法研究中心

同济知识产权与竞争法研究中心成立于 2011 年，是同济大学法学院下设的教学和科研机构。目前，中心的职能和任务是负责同济大学法学院的知识产权法学科方向建设，承担法学院本科生知识产权法与竞争法以课程及研究生有关知识产权法、竞争法课程的教学和科研任务。目前中心的全职教学科研人员有张伟君教授、袁秀挺副教授、张韬略副教授等，由张伟君教授担任研究中心主任，张韬略副教授担任研究中心副主任，负责中心的发展规划和日常运作。

中心依托日常教学和科研活动，从几个方向出发，大力推进知识产权法与竞争法的学术研究和人才培养：（1）建立同济知识产权与竞争法研究中心的网站平台，从国别、专题研究到一般信息速递，持续关注和介绍国际国内的学术经典、最新成果和时事动态；（2）组织教师和学生的联合编辑团队，出版《知识产权与竞争法研究》年刊，深入研究知识产权与竞争法的交叉领域；（3）引导和支持同济大学法学院知识产权研究会学术自治、正确发展，鼓励好保障学生积极开展知识产权学术沙龙等系列学术活动，为同济大学法学院学生的知识产权研究会营造一个良好的学术氛围；（4）承接来自国家以及企业的其他知识产权委托培训任务，加强中心师生与国家社会的互动。

附录

国外反垄断机构、法规和案例

机构和法规介绍

美　　国

1. United States Department of Justice Antitrust Division

http：//www. usdoj. gov/atr/

（1） U. S. Department of Justice and the Federal Trade Commission Vertical Merger Guidelines

https：//www. justice. gov/atr/page/file/1290686/download

（2） Merger Remedies Manual

https：//www. justice. gov/atr/page/file/1312416/download

（3） Updated Guidance Regarding the Use of Arbitration and Case Selection Criteria

https：//www. justice. gov/atr/page/file/1336516/download

（4） 2019 Policy Statement on Remedies for Standards – Essential Patents Subject to Voluntary F/Rand Commitments

https：//www. justice. gov/atr/page/file/1228016/download

2. United States Federal Trade Commission Antitrust and Competition division

https：//www. ftc. gov/

（1） Joint FTC – DOJ Antitrust Statement Regarding COVID – 19

https：//www. ftc. gov/system/files/documents/public_statements/1569593/statement_on_coronavirus_ftc – doj – 3 – 24 – 20. pdf

（2） Joint FDA – FTC Statement Regarding Collaboration to Advance Competition in the Biologic Marketplace

https：//www. ftc. gov/system/files/documents/public_statements/1565273/v190003fdaftcbiologicsstatement. pdf

（3） Statement of Basis and Purpose：Final Revisions to the Jewelry Guides

https：//www. ftc. gov/system/files/documents/public_statements/1393857/g71001_jewelry_guides_statement_of_basis_and_purpose_final_8 – 8 – 18. pdf

加 拿 大

Canadian Competition Bureau

https：//www. competitionbureau. gc. ca/eic/site/cb – bc. nsf/eng/home

（1） Guide to the Labelling of Stuffed or Filled Textile Articles

https：//www. competitionbureau. gc. ca/eic/site/cb – bc. nsf/eng/04473. html

（2） Intellectual Property Enforcement Guidelines

https：//www. competitionbureau. gc. ca/eic/site/cb – bc. nsf/eng/04421. html

（3） Abuse of Dominance Enforcement Guidelines

https：//www. competitionbureau. gc. ca/eic/site/cb – bc. nsf/eng/04420. html

英　　国

The U. K. Competition and Markets Authority

https：//www. gov. uk/government/organisations/competition – and – markets – authority

（1） Mergers：Guidance on the CMA's jurisdiction and procedure （2020 – revised guidance）

https：//assets. publishing. service. gov. uk/government/uploads/system/uploads/attachment _ data/file/987640/Guidance_on_the_CMA_s_jurisdiction_and_procedure_2020. pdf

（2） Guidance on requests for internal documents in merger investigations

https：//assets. publishing. service. gov. uk/government/uploads/system/uploads/attachment _ data/file/925400/Internal_documents_in_merger_investigations. pdf

（3） Merger remedies guidance

https：//assets. publishing. service. gov. uk/government/uploads/system/uploads/attachment _ data/file/764372/Merger_remedies_guidance. pdf

（4） Mergers：Exceptions to the duty to refer

https：//assets. publishing. service. gov. uk/government/uploads/system/uploads/attachment _ data/file/898406/Mergers_Exceptions_to_the_duty_to_refer. pdf

（5） Good practice in the design and presentation of consumer survey evidence in merger cases

https：//assets. publishing. service. gov. uk/government/uploads/system/uploads/attachment _ data/file/708169/Survey_good_practice. pdf

（6） Guidance on the CMA's mergers intelligence function

https：//assets. publishing. service. gov. uk/government/uploads/system/uploads/attachment _ data/file/947380/CMA56_dec_2020. pdf

（7） The CMA's investigation procedures in Competition Act 1998 cases：CMA8

https：//www. gov. uk/government/publications/guidance – on – the – cmas – investigation – procedures – in – competition – act – 1998 – cases/guidance – on – the – cmas – investigation – procedures – in – competition – act – 1998 – cases

德　　国

Germany's National Competition Regulator （The Bundeskartellamt）

https：//www. bundeskartellamt. de/EN/Home/home_node. html

（1） Act against Restraints of Competition （Competition Act – GWB）

http：//www. gesetze – im – internet. de/englisch_gwb/

（2） Act against Unfair Competition

https：//www. gesetze – im – internet. de/englisch_uwg/englisch_uwg. html

俄 罗 斯

The Federal Antimonopoly Service of the Russian Federation

https：//en. fas. gov. ru/

（1） Amendments to the Federal Law "On Protection of Competition"

http：//en. fas. gov. ru/documents/documentdetails. html？ id = 15353

(2) Amendments to the Federal Law on Protection of Competition and Amendments to the Code on Adminitrative Offences

http://en.fas.gov.ru/documents/documentdetails.html?id=153451.

案 例 介 绍

2018 年

1. The Commission fines Qualcomm €997 million for abuse of dominant market position

From: https://ec.europa.eu/commission/presscorner/detail/en/IP_18_421

Introduction

Qualcomm is by far the world's largest supplier of LTE baseband chipsets. Qualcomm held a dominant position in the global market for LTE baseband chipsets over the period investigated (i. e. between at least 2011 and 2016). This is based in particular on its very high market shares, amounting to more than 90% for the majority of the period. The market is also characterised by high barriers to entry.

Then as today, Apple was a key customer for LTE baseband chipsets, being an important maker of smartphones and tablets with a premium brand image worldwide. In 2011, Qualcomm signed an agreement with Apple, committing to make significant payments to Apple on condition that the company would exclusively use Qualcomm chipsets in its "iPhone" and "iPad" devices. In 2013, the term of the agreement was extended to the end of 2016.

Analysis

The agreement made clear that Qualcomm would cease these payments, if Apple commercially launched a device with a chipset supplied by a rival. Furthermore, for most of the time the agreement was in place, Apple would have had to return to Qualcomm a large part of the payments it had received in the past, if it decided to switch suppliers. This meant that Qualcomm's rivals were denied the possibility to compete effectively for Apple's significant business, no matter how good their products were.

Qualcomm's practices amount to an abuse of Qualcomm's dominant position in LTE baseband chipsets by preventing competition on the merits.

2. Competition and Markets Authority (CMA) provisionally finds Fox/Sky deal not in the public interest

From: https://www.gov.uk/government/news/cma-provisionally-finds-foxsky-deal-not-in-the-public-interest

Introduction

Fox is a Delaware corporation, listed on the NASDAQ Global Select Market. It is a global media company and currently holds approximately a 39% stake in Sky. Sky is a public company, listed on the London Stock Exchange. Like Fox, News Corp is a Delaware corporation listed on the NASDAQ Global Select Market. News Corp owns 100% of News UK and Ireland Limited (News UK was previously known as News International). Its portfolio includes The Times, The Sunday Times, The Sun and The Sun on Sunday, all their respective websites and a number of UK radio networks including TalkSport and Radio UK. Fox announced that it also announced it was continuing its proposed acquisition of the shares in Sky it does not own.

Analysis

The CMA has provisionally found that if the deal went ahead, as currently proposed, it is likely to operate against the public interest. It would lead to the Murdoch Family Trust (MFT), which controls Fox and News Corporation (News Corp), increasing its control over Sky, so that it would have too much control over news providers in the UK across all media platforms (TV, Radio, Online and Newspapers), and therefore too much influence over public opinion and the political agenda.

While there are a range of other news outlets serving UK audiences, the CMA has provisionally found that they would not be sufficient to moderate or mitigate the increased influence of the MFT if the deal went ahead.

3. AT&T Wins Approval for $85.4 Billion Time Warner Deal in Defeat for Justice Dept.

From: https://www.investopedia.com/investing/att-and-time-warner-merger-case-what-you-need-know/

Introduction

Time Warner is one of the largest media and entertainment companies in the world, controlling a number of popular brands including TNT, TBS, CNN, and HBO, as well as the Warner Bros. line of enterprises.

If AT&T's acquisition of Time Warner was to go through, the telecommunications titan would be able to market Time Warner's massive pool of content to other cable companies and consumers. It would also aim to collect usage data regarding viewership of the content, with the ultimate goal being able to construct a digital advertising arm to compete with major rivals like Facebook (FB) and Google (GOOG).

Analysis

AT&T - Time Warner is considered a vertical merger, as AT&T is a content distributor and Time Warner is a content creator. The DOJ has argued that this type of consolidation would give the merged AT&T - Time Warner the ability to raise prices, thwarting the competition's ability to compete by forcing them to raise prices to maintain carriage rights. The government has also argued that the newly rolled back net neutrality rules would no longer protect AT&T from, say, throttling Netflix if it didn't purchase and distribute Time Warner content.

However, the judge, Richard J. Leon of United States District Court in Washington, said the Justice Department had not proved that the telecom company's acquisition of Time Warner would lead to fewer choices for consumers and higher prices for television and internet services. The judge approved the blockbuster merger between AT&T and Time Warner, rebuffing the government's effort to stop the $85.4 billion deal. In a decision that is expected to unleash a wave of corporate takeovers.

4. The Commission fines Google €4.34 billion for illegal practices regarding Android mobile devices to strengthen dominance of Google's search engine

From: https://ec.europa.eu/commission/presscorner/detail/en/IP_18_4581

Introduction

Google is dominant in the national markets for general internet search throughout the European Economic Area (EEA), i.e. in all 31 EEA Member States. Google has shares of more than 90% in most EEA Member States. There are high barriers to enter these markets. Android is a licensable smart mobile operating system. Through its control over Android, Google is dominant in the worldwide market (excluding China) for licensable smart mobile operating systems, with a market share of more than 95%. There are high barriers to entry in part due to network effects.

Analysis

Google has engaged in three separate types of practices, which all had the aim of cementing Google's dominant position in general internet search.

1) Illegal tying of Google's search and browser apps

2) Illegal payments conditional on exclusive pre – installation of Google Search

3) Illegal obstruction of development and distribution of competing Android operating systems

these three types of abuse form part of an overall strategy by Google to cement its dominance in general internet search. First, Google's practices have denied rival search engines the possibility to compete on the merits. Furthermore, Google's practices also harmed competition and further innovation in the wider mobile space, beyond just internet search. The Commission's fine of €4 342 865 000 takes account of the duration and gravity of the infringement.

5. Royal Mail fined £50m for breaking competition law

From: https: //www. ofcom. org. uk/about – ofcom/latest/features – and – news/royal – mail – whistl – competition – law

Introduction

In January 2014, Royal Mail issued contractual notices to change its wholesale prices for other postal operators to access its delivery network. These services, known as ' access mail ', are worth £1. 5bn to Royal Mail each year. They involve access operators such as Whistl collecting and sorting bulk mail from large organisations-such as bank statements, utility bills and information from councils-before handing mail over to Royal Mail to complete delivery.

Any company wishing to collect bulk mail has no choice but to use Royal Mail's access mail services to deliver a large proportion of those letters.

In practice, if a company wished to start delivering bulk mail in some parts of the country, as Whistl did, it would have to pay Royal Mail around 0. 25p (1. 2%) more per letter than companies that used Royal Mail to deliver across the whole UK. In this way, Royal Mail sought to charge higher prices for the same services.

Analysis

Royal Mail's notified price changes discriminated against its competitors in bulk mail delivery. In effect, Royal Mail used its position as a near-monopoly provider of delivery services to penalise any wholesale customer that sought to compete with it in bulk mail delivery.

Royal Mail's conduct was reasonably likely to put other companies at a competitive disadvantage, and restrict competition from the moment the price changes were notified. The price difference between the price plans would have had a material impact on a delivery competitor's profits, making it significantly harder for new companies to enter the bulk mail delivery market.

As a result of this infringement, Ofcom have imposed a penalty of £50 000 000.

6. The Commission fines Guess €40 million for anticompetitive agreements to block cross – border sales

From: https: //ec. europa. eu/commission/presscorner/detail/en/IP_18_6844

Introduction

In June 2017, the Commission opened a formal antitrust investigation into the distribution agreements and practices of Guess to assess whether it illegally restricted retailers from selling cross-border to consumers within the EU Single Market.

The Commission investigation has found that Guess' distribution agreements restricted authorised retailers from:

using the Guess brand names and trademarks for the purposes of online search advertising;

selling online without a prior specific authorisation by Guess. The company had full discretion for this authorisation, which was not based on any specified quality criteria;

selling to consumers located outside the authorised retailers' allocated territories;

cross-selling among authorised wholesalers and retailers; and independently deciding on the retail price at which they sell Guess products.

The agreements allowed Guess to partition European markets. The Commission has observed that in Central and Eastern European countries the retail prices of Guess products are, on average, 5% ~10% higher than in Western Europe.

Analysis

Guess' distribution agreements tried to prevent EU consumers from shopping in other Member States by blocking retailers from advertising and selling cross-border. This allowed the company to maintain artificially high retail prices, in particular in Central and Eastern European countries. So, the Commission today fined the clothing company Guess €39 821 000.

2019 年

1. The Commission fines Google €1.49 billion for abusive practices in online advertising

From: https://ec.europa.eu/commission/presscorner/detail/en/IP_19_1770

Introduction:

Google was by far the strongest player in online search advertising intermediation in the European Economic Area (EEA), with a market share above 70% from 2006 to 2016. In 2016 Google also held market shares generally above 90% in the national markets for general search and above 75% in most of the national markets for online search advertising, where it is present with its flagship product, the Google search engine, which provides search results to consumers.

Google's provision of online search advertising intermediation services to the most commercially important publishers took place via agreements that were individually negotiated. The Commission has reviewed hundreds of such agreements in the course of its investigation and found that:

Starting in 2006, Google included exclusivity clauses in its contracts. This meant that publishers were prohibited from placing any search adverts from competitors on their search results pages. The decision concerns publishers whose agreements with Google required such exclusivity for all their websites.

As of March 2009, Google gradually began replacing the exclusivity clauses with so-called "Premium Placement" clauses. These required publishers to reserve the most profitable space on their search results pages for Google's adverts and request a minimum number of Google adverts. As a result, Google's competitors were prevented from placing their search adverts in the most visible and clicked on parts of the websites' search results pages.

As of March 2009, Google also included clauses requiring publishers to seek written approval from Google before making changes to the way in which any rival adverts were displayed. This meant that Google could control how attractive, and therefore clicked on, competing search adverts could be.

Analysis:

Therefore, Google first imposed an exclusive supply obligation, which prevented competitors from placing any search adverts on the commercially most significant websites. Then, Google introduced what it called its "relaxed exclusivity" strategy aimed at reserving for its own search adverts the most valuable positions and at controlling competing adverts' performance. The Commission's fine of €1 494 459 000 (1.29% of Google's turnover in 2018) takes account of the duration and gravity of the infringement.

2. The Commission fines car safety equipment suppliers €368 million in cartel settlement

From: https://ec.europa.eu/commission/presscorner/detail/en/IP_19_1512

Introduction:

The European Commission has fined Autoliv and TRW a total of €368 277 000 for breaching EU antitrust rules. Takata was not fined as it revealed the cartels to the Commission.

The companies took part in two cartels for the supply of car seatbelts, airbags and steering wheels to European car producers. All three suppliers acknowledged their involvement in the cartels and agreed to settle the case.

The three car equipment suppliers addressed in this decision exchanged commercially sensitive information and coordinated their market behaviour for the supply of seatbelts, airbags and steering wheels to the Volkswagen Group and the BMW Group. The coordination to form and run the cartel took place mainly through meetings at the suppliers' business premises but also in restaurants and hotels, as well as through phone calls and e-mail exchanges.

Analysis:

The cartel is likely to have had a significant effect on European customers, since the customers affected by the cartel, the Volkswagen Group and the BMW Group sell around three of every ten cars bought in Europe.

Components such as seatbelts and airbags are essential for the safety of the millions of people that use their car to drive to work or take their children to school every day. The three suppliers colluded to increase their profits from the sale of these life-saving components. These cartels ultimately hurt European consumers and adversely impacted the competitiveness of the European automotive sector.

In setting the level of fines, the Commission took into account, in particular, the sales value in the EEA achieved by the cartel participants for the products in question, the serious nature of the infringement, its geographic scope and its duration.

3. The Commission prohibits Siemens' proposed acquisition of Alstom

From: https://ec.europa.eu/commission/presscorner/detail/sv/IP_19_881

Introduction:

Siemens, based in Germany, is active worldwide in several industrial areas with its mobility division offering a broad portfolio of rolling stock, rail automation and signalling solutions, rail electrification systems, road traffic technology, IT solutions, as well as other products and services concerning the transportation of people and goods by rail and road. Alstom, based in France, is active worldwide in the rail transport industry, offering a wide range of transport solutions (from high-speed trains to metros, trams and e-buses) and related services (maintenance and modernisation), as well as products dedicated to signalling solutions, passengers and infrastructure, rail electrification systems and digital mobility.

The merger would have brought together the two largest suppliers of various types of railway and metro signalling systems, as well as of rolling stock in Europe. The Commission received several complaints during its in-depth investigation, from customers, competitors, industry associations and trade unions. It also received negative comments from several National Competition Authorities in the European Economic Area (EEA).

Analysis:

The merger would have created the undisputed market leader in some signalling markets and a dominant player in very high-speed trains. It would have significantly reduced competition in both these areas, depriving customers, including train operators and rail infrastructure managers of a choice of suppliers and products. Without sufficient remedies, this merger would have resulted in higher prices for the signalling systems that keep passengers safe and for the next generations of very high-speed trains. The Commission prohibited the merger because the companies were not willing to address our serious competition concerns.

4. Italian Competition Authority sanctions cartel among leading operators, imposing fines of over 670 million euros

From: https://www.osborneclarke.com/insights/car-sales-financing-ica-sanctions-cartel-among-leading-operators-imposing-fines-670-million-euros/

Introduction:

In its decision dated 20 December 2018, the Italian Competition Authority (ICA) concluded an investigation into the car industry, which was initiated following the submission of a request for leniency by Daimler (and its subsidiary Mercedes Benz Financial Services Italia). The ICA decision found a single, complex, continuous cartel (The cartel members included leading operators such as Daimler, FCA, Ford, General Motors, Renault, Toyota, Volkswagen (to name a few), as well as the trade associations Assofin and Assilea.). involving the (bilateral and multilateral) exchange of sensitive information on individualised current and (in some cases) future prices and quantities.

Analysis:

The agreement was between the leading captive banks, their related automotive groups operating in Italy in the sale of vehicles by means of financial products and two trade associations. the agreement of restricting competition aims at altering the competitive dynamics in the market of car sales of their parent groups through financing issued by the respective captive banks.

In view of the seriousness and duration (2003-2017) of the infringement, the ICA fined the parties a total of approximately €678 million.

5. Bundeskartellamt prohibits Facebook from combining user data from different sources

From: https://www.bundeskartellamt.de/SharedDocs/Meldung/EN/Pressemitteilungen/2019/07_02_2019_Facebook.html

Introduction:

In December 2018, Facebook had 1.52 billion daily active users and 2.32 billion monthly active users. The company has a dominant position in the German market for social networks. With 23 million daily active users and 32 million monthly active users Facebook has a market share of more than 95% (daily active users) and more than 80% (monthly active users).

According to Facebook's terms and conditions users have so far only been able to use the social network under the precondition that Facebook can collect user data also outside of the Facebook website in the internet or on smartphone apps and assign these data to the user's Facebook account. All data collected on the Facebook website, by Facebook-owned services such as e. g. WhatsApp and Instagram and on third party websites can be combined and assigned to the Facebook user account.

Analysis:

Facebook's terms of service and the manner and extent to which it collects and uses data are in violation of the European data protection rules to the detriment of users. With regard to Facebook's future data processing policy, Bundeskartellamt is carrying out what can be seen as an internal divestiture of Facebook's data. In future, Facebook will no longer be allowed to force its users to agree to the practically unrestricted collection and assigning of non – Facebook data to their Facebook user accounts.

6. The Commission fines AB InBev €200 million for restricting cross-border sales of beer

From: https://ec. europa. eu/commission/presscorner/detail/en/IP_19_2488

Introduction:

Anheuser – Busch InBev NV/SA (AB InBev) is the world's biggest beer brewer. Its most popular beer brand in Belgium is Jupiler, which represents approximately 40% of the total Belgian beer market in terms of sales volume. AB InBev also sells Jupiler beer in other EU Member States, including the Netherlands and France. In the Netherlands, AB InBev sells Jupiler to retailers and wholesalers at lower prices than in Belgium due to increased competition.

In June 2016, the Commission opened an antitrust investigation to assess whether AB InBev abused its dominant position on the Belgian beer market by hindering imports of its beer from neighbouring countries, in breach of EU antitrust rules. In November 2017, the Commission issued a Statement of Objections.

The decision concludes that AB InBev is dominant on the Belgian beer market. This is based on its constantly high market share, its ability to increase prices independently from other beer manufacturers, the existence of barriers to significant entry and expansion, and the limited countervailing buyer power of retailers given the essential nature of some beer brands sold by AB InBev.

Analysis:

Market dominance is, as such, not illegal under EU antitrust rules. However, dominant companies have a special responsibility not to abuse their market power by restricting competition, either in the market where they are dominant or in separate markets.

AB InBev abused its dominant market position in Belgium by pursuing a deliberate strategy to restrict the possibility for supermarkets and wholesalers to buy Jupiler beer at lower prices in the Netherlands and to import it into Belgium. The overall objective of this strategy was to maintain higher prices in Belgium by limiting imports of less expensive Jupiler beer products from the Netherlands. The fine imposed by the Commission on AB InBev amounts to €200 409 000.

7. Commission fines Barclays, RBS, Citigroup, JPMorgan and MUFG €1. 07 billion for participating in foreign exchange spot trading cartel

From: https://ec. europa. eu/commission/presscorner/detail/en/IP_19_2568

Introduction:

In two settlement decisions, the European Commission has fined five banks for taking part in two cartels in the Spot Foreign Exchange market for 11 currencies – Euro, British Pound, Japanese Yen, Swiss Franc, US, Canadian, New Zealand and Australian Dollars, and Danish, Swedish and Norwegian crowns.

The first decision (so-called "Forex – Three Way Banana Split" cartel) imposes a total fine of

€811 197 000 on Barclays, The Royal Bank of Scotland (RBS), Citigroup and JPMorgan.

The second decision (so-called "Forex – Essex Express" cartel) imposes a total fine of €257 682 000 on Barclays, RBS and MUFG Bank (formerly Bank of Tokyo – Mitsubishi).

Analysis:

The Commission's investigation revealed that some individual traders in charge of Forex spot trading of these currencies on behalf of the relevant banks exchanged sensitive information and trading plans, and occasionally coordinated their trading strategies through various online professional chatrooms. The behaviour of these banks undermined the integrity of the sector at the expense of the European economy and consumers.

8. Federal Trade Commission v. Qualcomm Incorporated

From: https://en.wikipedia.org/wiki/FTC_v_Qualcomm

Introduction

Federal Trade Commission v. Qualcomm Incorporated was a noted American antitrust case, in which the Federal Trade Commission (FTC) accused Qualcomm's licensing agreements as anticompetitive, mainly because their practices excluded competition and harmed competitors in the modern chip market.

Analysis

According to the FTC, Qualcomm Incorporated violated both Section 1 and Section 2 of the Sherman Act. On May 21, 2019, the United States District Court for the Northern District of California ruled in favor of the plaintiff, the FTC, by alleging that Qualcomm had indeed violated the federal antitrust laws by (1) refusing to license its patents to direct competitors, in its relevant product market (2) by placing an extra fee on rival chip sales through its licensing of its patent, and (3) by entering in an exclusive business deal with Apple form 2011 to 2013.

9. The Commission approves GlaxoSmithKline's acquisition of Pfizer's Consumer Health Business, subject to conditions

From: https://ec.europa.eu/commission/presscorner/detail/en/IP_19_4030

Introduction:

GlaxoSmithKline ("GSK") and Pfizer's Consumer Health Business are both manufacturers and suppliers of a variety of consumer healthcare pharmaceutical. Both companies are active in the European Economic Area ("EEA") in a number of OTC product categories, namely topical pain management (creams, gels, spays and patches to treat pain locally), systemic pain management (products for oral intake targeting pain centrally), cold and flu treatments (e.g. multi-symptom treatments, antitussives), gastrointestinal treatments (e.g. antiacids, antiflatulents, antiulcerants), nutrition and digestive health (e.g. vitamins, supplements, laxatives), as well as sedatives and sleeping aids.

Analysis:

The Commission examined the effects of the proposed transaction on competition in the markets where the activities of the companies overlap.

Based on the investigation, the Commission was concerned that the acquisition would reduce competition for topical pain management products, possibly resulting in price increases in a number of EEA countries, including Austria, Germany, Ireland, Italy and the Netherlands.

To address these concerns, the companies offered to divest Pfizer's topical pain management business carried out under the ThermaCare brand globally. This includes all relevant assets that contribute to the current operation or are necessary to ensure the viability and competitiveness thereof.

These assets will have to be divested as a package to one suitable purchaser to be approved by the Commission.

10. Portuguese regulator fines 14 banks €225M for exchanging sensitive information

From: https: //www. portugalresident. com/14 – banks – fined – e225 – million – for – concerted – practices/

Introduction:

After an exhaustive, long-running investigation, Portugal's competitions authority AdC has fined 14 banks (the country's State bank, CGD, as well as Millennium BCP, BBVA, BIC, BPI, BES, BANIF, Barclays, Caixa de Credito Agricola, Montepio, Santander, Deutsche Bank and UCI) a total of €225 million euros for concerted practices of exchanging sensitive commercial information on credit products.

In its statement, AdC said that for more than a decade-between 2002 and 2013 – the banks exchanged sensitive information on the supply of retail banking credit products, including mortgages, consumer and corporate loans.

Analysis

Because each of bank knew in detail "the characteristics of the offer of other banks, which discouraged the target banks from offering better conditions to customers by eliminating competitive pressure". The scheme had a significant impact on customers.

By distorting the rules of competition through unlawful coordination that allowed them (banks) to reduce the risk and uncertainty about the performance of their direct competitors, the behaviour of the banks harmed competition, directly affecting consumers.

11. France slaps Google with $166M antitrust fine for opaque and inconsistent ad rules

From: https: //techcrunch. com/2019/12/20/france – slaps – google – with – 166m – antitrust – fine – for – opaque – and – inconsistent – ad – rules/

Introduction

In France, Google holds a dominant position in the online search market, with its search engine responsible for more than 90% of searches carried out, and holds more than 80% of the online ad market linked to searches, per the watchdog, which notes that that dominance puts requirements on it to define operating rules of its ad platform in an objective, transparent and non-discriminatory manner.

However, it found Google's wording of ad rules failed to live up to that standard—saying it is "not based on any precise and stable definition, which gives Google full latitude to interpret them according to situations."

Analysis

The watchdog's multi-year investigation of the online ad sector was instigated after a complaint by a company called Gibmedia. The French Competition Authority considers that the Google Ads operating rules imposed by Google on advertisers are established and applied under non-objective, non-transparent and discriminatory conditions. The opacity and lack of objectivity of these rules make it very difficult for advertisers to apply them, while Google has all the discretion to modify its interpretation of the rules in a way that is difficult to predict, and decide accordingly whether the sites comply with them or not. This allows Google to apply them in a discriminatory or inconsistent manner. This leads to damage both for advertisers and for search engine users.

12. German car manufacturers fined for anticompetitive practices in the purchase of steel

From: https: //www. bundeskartellamt. de/SharedDocs/Meldung/EN/Pressemitteilungen/2019/21 _ 11_2019_Bussgeld_Stahl. html

Introduction

Scrap and alloy surcharges account for a substantial part of the purchase prices for long steel. Between 2004 and the end of 2013 representatives of BMW, Daimler and Volkswagen regularly met twice a year with steel manufacturers, forging companies and large systems suppliers and exchanged information on uniform surcharges for the purchase of long steel products.

Analysis

Insofar as the surcharges were no longer negotiated individually with the suppliers as a consequence of these talks, price competition between the companies on these price components was eliminated. Germany's competition authority has fined BMW, Daimler and Volkswagen €100 million.

2020 年

1. Commission fines NBCUniversal €14. 3 million for restricting sales of film merchandise products

From: https: //ec. europa. eu/commission/presscorner/detail/MT/ip_20_157

Introduction

NBCUniversal, is a US company that operates cable and broadcast networks, as well as film and television production companies worldwide. A division of NBCUniversal is in charge of licensing intellectual property rights under NBCUniversal's brands for the production and sale of products, featuring the Minions, Jurassic World, Trolls and other popular NBCUniversal films.

In June 2017, the Commission opened an antitrust investigation into certain licensing and distribution practices of NBCUniversal to assess whether it illegally restricted traders from selling licensed merchandise freely within the EU Single Market.

Analysis

The Commission investigation has found that NBCUniversal's non-exclusive licensing agreements breached EU competition rules. NBCUniversal imposed a number of direct measures restricting out-of-territory sales by licensees. NBCUniversal imposed a number of direct measures restricting sales beyond allocated customers or customer groups. NBCUniversal imposed a number of direct measures restricting online sales. NBCUniversal also implemented a series of measures as an indirect way to encourage compliance with the sales restrictions.

2. French antitrust regulator fines Apple $1. 2 billion

From: https: //www. jdsupra. com/legalnews/the – french – competition – authority – fines – 72747/

Introduction

On March 16, 2020, the FCA fined Apple EUR 1. 1 billion for resale price maintenance and abusing the economic dependence of its commercial partners. It also levied fines of EUR 76 million (Tech Data) and EUR 63 million (Ingram Micro) on two of Apple's wholesalers for conspiring with it to allocate products and customers.

Analysis

Resale price maintenance. The FCA found that Apple took a series of measures that meant that the retail prices charged by APRs were the same as the prices offered in its own stores, thus restricting price competition between different distribution channels for Apple products.

Abuse of economic dependency. French commercial law includes a provision, not found in EU competition law, that prohibits the abuse of a commercial partner's "economic dependency," without the need to establish a dominant position. Given that APRs generated at least 70 percent of their revenues from sales of Apple products, the FCA found them to be economically dependent upon Apple. The FCA ruled that Apple abused this dependency by treating APRs differently from its own sales channels.

Partitioning products and customers with wholesalers. The FCA found that Apple allocated products and customers between its two wholesalers between 2005 and 2013. Apple intervened in the commercial policy pursued by its wholesalers by instructing them what volumes of Apple products they were to supply to which reseller outlets.

The FCA concluded that this allowed Apple to privilege its own distribution channels by controlling how both direct and indirect resellers were supplied with products.

3. FTC Imposes Conditions on Danaher Corporation's Acquisition of GE Biopharma

From: https: //www. ftc. gov/news – events/press – releases/2020/05/ftc – approves – final – order – settling – charges – danaher – corporations

Introduction&Analysis

Following a public comment period, the Federal Trade Commission has approved a final order settling charges that Danaher Corporation's acquisition of GE Biopharma would likely reduce competition in highly concentrated markets that supply biopharmaceutical companies with key inputs.

Danaher is divesting to Sartorius AG all rights and assets to research, develop, manufacture, market, and sell these products. Based in Germany, Sartorius provides bioprocessing equipment and other products to the life sciences industry.

The products to be divested include: microcarrier beads, conventional low-pressure liquid chromatography columns, conventional low-pressure liquid chromatography skids, single-use low pressure liquid chromatography skids, chromatography resins, low-pressure liquid chromatography continuous chromatography systems, single-use tangential flow filtration systems, and label-free molecular characterization instruments.

4. Amazon investment into Deliveroo cleared by CMA

From: https: //www. preiskel. com/amazon – investment – into – deliveroo – cleared – by – cma/

Introduction

Amazon announced that it would be leading a $575 million Series G investment in the food delivery business in May 2019. In December 2019, following a Phase 1 investigation, the CMA concluded that there was sufficient reason to believe that the merger would result in a significant loss of competition (SLC) and referred the deal for a Phase 2 investigation.

Soon after the CMA began its Phase 2 investigation, COVID – 19 hit Europe. The pandemic had an impact on the market and on Deliveroo's business. This caused the investigation's focus so change somewhat. At first the impact of the coronavirus looked very negative, with Deliveroo claiming it would go out of business without Amazon's investment. On the basis of these submissions, the CMA provisionally concluded that Deliveroo's exit from the market would have been worse for competition than the impact of the transaction. The CMA therefore provisionally approved Amazon's investment.

Analysis

The deal was still cleared by the CMA based on the evidence gathered prior to the pandemic, on the basis that the scale of Amazon's 16% stake would not impact on their desire to compete against Deliveroo in the restaurant and grocery delivery markets, nor would it mean that Amazon would have a large enough stake in the business to result in some significant control. However, if it were to increase its shareholding in Deliveroo, that could trigger a further investigation by the CMA.

5. Chinese company CRRC can acquire Vossloh's shunter division

From: https: //www. bundeskartellamt. de/SharedDocs/Meldung/EN/Pressemitteilungen/2020/27_04_2020_CRRC_Vossloh. html

Introduction

Vossloh Locomotives is the market leader for the manufacture of diesel-powered shunters in the European Economic Area and in Switzerland. CRRC is a subsidiary of China Railway Rolling Stock Corporation, Ltd. and the world's largest manufacturer of rolling stock. Its activities have been focused on China so far.

Analysis

Vossloh Locomotives' competitiveness has suffered considerably over the last few years. Its parent company Vossloh AG decided to sell the company already back in 2014. Since then, established rail technology manufacturers like Alstom, Stadler, and Toshiba have entered the European market with innovative traction technologies and now also offer shunters. The market for rolling stock technology is changing towards hybrid traction systems and dual mode locomotives which can be powered by both diesel engine and electricity from overhead wires. The target company Vossloh Locomotives currently does not offer such locomotives and has lost competitive strength as a result.

CRRC has been striving to enter the European markets for rail vehicles for years. However, its success in Europe has been limited so far. Bundeskartellamt's existing concerns were not reason enough to justify prohibiting the merger project.

6. FAS found Apple abusing its dominant position in the mobile apps market

From: http: //en. fas. gov. ru/press - center/news/detail. html? id =54965

Introduction

On August 10, 2020, the consideration of the antitrust case initiated against Apple Inc. (parent company Apple, USA) at the request of Kaspersky Lab. Investigation showed that Apple occupies a dominant position with a 100% share in the market for distribution of mobile applications on the iOS operating system, since it is possible to install such an application legally only from the App Store.

Analysis

Since October 2018, Apple implemented consistent policy on restricting the tools and capabilities for developing parental control applications. This, in turn, resulted in losing by third party developers of the most applications functionality. The implementation of this policy coincided with the release of the company's own pre-installed Screen time application, which has functionality similar to that of parental control applications. The FAS Commission found that Apple abused its dominant position in relation to developers of parental control mobile applications and restricted competition in the market for distribution of applications on mobile devices running the iOS operating system.

The violation was also expressed in the establishment by Apple of the right to reject, not allow any third-party application from the App Store, even if it meets all Apple requirements.

Apple will be issued a ruling with requirements to eliminate violations.

7. UK competition regulator stops FNZ – GBST merger

From: https://www.privatebankerinternational.com/news/uk – competition – regulator – stops – fnz – gbst – merger/

Introduction

On November 5, 2020, the British Competition Enforcement Agency (CMA) announced its rejection of FNZ (Australia) Bidco Pty Ltd (FNZ)'s acquisition of competitor GBST Holdings Limited (GBST). There are currently four leading technology suppliers of retail "investment platform" solutions in the UK, and FNZ and GBST are two of them.

Analysis

According to the regulator, the deal would create competition concerns in the supply of retail platform solutions to UK investment platforms. The loss of competition resulting from the deal would adversely affect investment platforms and in turn, UK consumers leveraging these platforms, deduced CMA. The regulator also observed that the combined business would be the largest supplier in the UK, holding around 50% of the market.

To address the problem, the CMA has directed FNZ to sell the entire GBST business. The regulator said that it considered 'a number of remedies' before arriving at the decision but found no solution that will properly address the competition concerns.